Oberheim/Schmitt-Gaedke
Praxishandbuch Zivilprozess

Oberheim/Schmitt-Gaedke

Praxishandbuch Zivilprozess

Strategie und Prozesstaktik aus anwaltlicher Sicht

(bis zur 9. Auflage »Erfolgreiche Taktik im Zivilprozess«)

von

Prof. Dr. Gernot Schmitt-Gaedke, LL.M. Eur.
Rechtsanwalt, Fachanwalt für gewerblichen Rechtsschutz

Begründet von

Dr. Günter Prechtel
Vors. Richter a.D. am Landgericht München

Ab der 4. Auflage allein fortgeführt und herausgegeben von

Dr. Rainer Oberheim
Vors. Richter a.D. am Oberlandesgericht Frankfurt am Main,
der das Werk bis zur 9. Auflage betreute.

Die 10. und aktuelle Auflage wurde eigenständig erstellt von

Prof. Dr. Gernot Schmitt-Gaedke, LL.M. Eur.

Luchterhand Verlag 2026

Zitiervorschlag: Oberheim/Schmitt-Gaedke, Praxishandbuch Zivilprozess Rn.

Bibliografische Information der Deutschen Nationalbibliothek

Die Deutsche Nationalbibliothek verzeichnet diese Publikation in der Deutschen Nationalbibliografie; detaillierte bibliografische Daten sind im Internet über http://dnb.d-nb.de abrufbar.

ISBN 978–3-472–09848-5

www.wolterskluwer.com

Umschlagkonzeption: Martina Busch, Grafikdesign, Homburg Kirrberg
Satz: Datagroup-Int SRL, Timisoara, Romania
Druck und Weiterverarbeitung: Wydawnictwo Diecezjalne i Drukarnia w Sandomierzu, Sandomierz, Polen

Gedruckt auf säurefreiem, alterungsbeständigem und chlorfreiem Papier.

Vorwort

Mit Freude übernehme ich die Verantwortung für dieses Werk, das Anwälten dabei helfen soll, Fehler zu vermeiden und ihre Gestaltungskräfte im Zivilprozess im Sinne ihrer Mandanten zu nutzen.

Dank der geschickten Stoffauswahl und der gekonnten Darstellung der bisherigen Autoren, Dr. Rainer Oberheim (4. bis 9. Auflage) und Dr. Günter Prechtel (1. bis 3. Auflage), hat dieses Arbeitswerkzeug mir selbst stets hervorragende Dienste erwiesen. Den Vorautoren möchte ich daher von Herzen danken, auch weil sie mich mit den Vorauflagen vor so mancher peinlichen Prozesssituation bewahrt und mir den Zivilprozess in seiner praktischen Dimension nahegebracht haben. Ganz besonders verbunden bin ich Dr. Rainer Oberheim für seine Geduld, für sein immer offenes Ohr und für die vielen Einsichten und Ratschläge, von denen ich – auch schon vor der Übernahme dieser Bearbeitung – sehr profitiert habe.

Nach 24 Jahren richterlicher Obhut geht dieses Werk nun erstmals in die Hände eines Anwalts über. Die Zielsetzung und der Zuschnitt dieses Werks werden sich dadurch nicht grundsätzlich ändern: Das Handbuch soll den Prozessvertreter dabei unterstützen, Fehler zu vermeiden, den Blick für Gestaltungsmöglichkeiten zu schärfen und diese Gestaltungsmöglichkeiten optimal zu nutzen. Außerdem soll es ihn im Umgang mit anderen Beteiligten – Mandant, Gegner, Gericht – sensibilisieren. Über allem steht das Streben nach einer langfristigen Strategie der Prozessführung, in deren Dienst sich die Prozesstaktik stellt.

Die vorliegende 10. Auflage berücksichtigt die fortschreitende Digitalisierung des Zivilprozesses (z.B. durch die Neufassung bzw. Einfügung der §§ 128a, 129a, 130a, 130e und 284 ZPO und durch das Inkrafttreten der Justizdigitalisierungs-VO am 1.5.2025), dessen Internationalisierung (durch die Einführung von Commercial Courts und der Gerichtssprache Englisch in der Zivilgerichtsbarkeit), die neue Fristenlage nach dem PostModG und den Ausbau der Musterverfahren nach falscher Kapitalmarktinformation.

Neben den Vorautoren danke ich Kollegen aus der Richter- und Anwaltschaft für viele interessante, fachkundige Anregungen und Hinweise, um deren Umsetzung ich mich bemüht habe. Besonderer Dank gilt Frau Rechtsreferendarin Alix von Hochberg für ihre große Hilfe bei der Recherche und der administrativen Betreuung dieser Auflage.

Anregungen und Kritik, Schilderungen eigener Prozesserfahrungen und unveröffentlichte Gerichtsentscheidungen nehme ich gerne unter meiner E-Mail-Adresse schmitt-gaedke@lex.tm entgegen.

Frankfurt am Main im Oktober 2025

Gernot Schmitt-Gaedke

Inhaltsverzeichnis

Abkürzungsverzeichnis

a.A.	anderer Ansicht
ABl.	Amtsblatt des Saarlandes
AcP	Archiv für die civilistische Praxis
a.F.	alte Fassung
AG	Amtsgericht, Aktiengesellschaft
AGB	Allgemeine Geschäftsbedingungen
AGBG	Gesetz zur Regelung der allgemeinen Geschäftsbedingungen
AKB	Allgemeine Bedingungen für die Kraftfahrtversicherung
AktG	Aktiengesetz
AktO	Aktenordnung
Alt.	Alternative
Anh	Anhang
Anm.	Anmerkung
AnwBl	Anwaltsblatt
ArbG	Arbeitsgericht
ArbGG	Arbeitsgerichtsgesetz
Art.	Artikel
Aufl.	Auflage
AusfG	Ausführungsgesetz
AWD	Außenwirtschaftsdienst des Betriebsberaters
BAG	Bundesarbeitsgericht
BAGE	Amtliche Sammlung der Entscheidungen des Bundesarbeitsgerichts
BauR	Baurecht
BayAGGVG	Bayerisches Gesetz zur Ausführung des Gerichtsverfassungsgesetzes
BayGVBl	Bayerisches Gesetz- und Verordnungsblatt
BayObLG	Bayerisches Oberstes Landesgericht
BayObLGZ	Entscheidungen des Bayerischen Obersten Landesgerichts in Zivilsachen
BaySchlG	Bayerisches Schlichtungsgesetz
BayVBl	Bayerische Verwaltungsblätter
BB	Betriebs-Berater
BBG	Bundesbeamtengesetz
Bd.	Band
beA	Besonderes elektronisches Anwaltspostfach
beB	Besonderes elektronisches Behördenpostfach
BetrVG	Betriebsverfassungsgesetz
BFH	Bundesfinanzhof
BGB	Bürgerliches Gesetzbuch
BGBl.	Bundesgesetzblatt
BGH	Bundesgerichtshof
BGHR	BGH-Rechtsprechung, hrsg. von den Richtern des BGH
BGHSt	Entscheidungen des Bundesgerichtshofs in Strafsachen
BGHZ	Entscheidungen des Bundesgerichtshofs in Zivilsachen

Bl.	Blatt
BORA	Berufsordnung der Rechtsanwälte
BörsenG	Börsengesetz
BRAGO	Bundesrechtsanwaltsgebührenordnung
BRAO	Bundesrechtsanwaltsordnung
BRRG	Beamtenrechtsrahmengesetz
BSG	Bundessozialgericht
BSHG	Bundessozialhilfegesetz
BT-Drs	Bundestagsdrucksache
BVerfG	Bundesverfassungsgericht
BVerfGE	Entscheidungen des Bundesverfassungsgerichts
BVerwG	Bundesverwaltungsgericht
BVerwGE	Entscheidungen des Bundesverwaltungsgerichts
CR	Computer und Recht
DAR	Deutsches Autorecht
DAVorm	Der Amtsvormund
DB	Der Betrieb
ders.	derselbe
DGVZ	Deutsche Gerichtsvollzieher-Zeitung
d.h.	das heißt
Diss.	Dissertation
DNotZ	Deutsche Notar-Zeitschrift
DRiG	Deutsches Richtergesetz
DRiZ	Deutsche Richterzeitung
DStR	Deutsches Steuerrecht
DtZ	Deutsch-Deutsche Rechts-Zeitschrift
DWiR	Deutsche Zeitschrift für Wirtschaftsrecht
EAktG	Gesetz zur Einführung der elektronischen Akte in der Justiz und zur weiteren Förderung des elektronischen Rechtsverkehrs
EG	Europäische Gemeinschaft
EGBGB	Einführungsgesetz zum Bürgerlichen Gesetzbuch
EGGVG	Einführungsgesetz zum Gerichtsverfassungsgesetz
EGStGB	Einführungsgesetz zum Strafgesetzbuch
EGZPO	Einführungsgesetz zur Zivilprozessordnung
Einf	Einführung
Einl	Einleitung
eIDAS	Verordnung (EU) Nr. 910/2014 über elektronische Identifizierung und Vertrauensdienste für elektronische Transaktionen im Binnenmarkt und zur Aufhebung der Richtlinie 1999/93/EG
EMRK	Europäische Menschenrechtskonvention
ERVG	Gesetz zur Förderung des elektronischen Rechtsverkehrs mit den Gerichten
ERVV	Verordnung über die technischen Rahmenbedingungen des elektronischen Rechtsverkehrs und über das besondere elektronische Behördenpostfach

EStG	Einkommensteuergesetz
EuGH	Europäischer Gerichtshof
EuGHMR	Europäischer Gerichtshof für Menschenrechte
EuGVÜ	Übereinkommen über die gerichtliche Zuständigkeit
EuZW	Europäische Zeitschrift für Wirtschaftsrecht
f., ff.	folgende, fortfolgende
FamFG	Gesetz über das Verfahren in Familiensachen und in den Angelegenheiten der freiwilligen Gerichtsbarkeit
FamRZ	Zeitschrift für das gesamte Familienrecht
FG	Finanzgericht, Freiwillige Gerichtsbarkeit
FGG	Gesetz über die Angelegenheiten der freiwilligen Gerichtsbarkeit
FGO	Finanzgerichtsordnung
Fn.	Fußnote
FS	Festschrift
GBO	Grundbuchordnung
GbR	Gesellschaft bürgerlichen Rechts
GenG	Genossenschaftsgesetz
GG	Grundgesetz für die Bundesrepublik Deutschland
GKG	Gerichtskostengesetz
GmbH	Gesellschaft mit beschränkter Haftung
GmbHG	Gesetz betreffend die Gesellschaften mit beschränkter Haftung
GmbHRdsch	GmbH-Rundschau
GmSOGB	Gemeinsamer Senat der Obersten Gerichtshöfe des Bundes
GNotKG	Gesetz über Kosten der freiwilligen Gerichtsbarkeit für Gerichte und Notare
GRUR	Gewerblicher Rechtsschutz und Urheberrecht
GRUR-RR	Gewerblicher Rechtsschutz und Urheberrecht, Rechtsprechungsreport
GVG	Gerichtsverfassungsgesetz
HaftpflG	Haftpflichtgesetz
HausratsVO	Verordnung über die Behandlung der Ehewohnung und des Hausrats
HessGVBl	Gesetz- und Verordnungsblatt für das Land Hessen
HGB	Handelsgesetzbuch
h.L.	herrschende Lehre
h.M.	herrschende Meinung
Hrsg.	Herausgeber, herausgegeben
i.S.d.	im Sinne der/des
i.V.m.	in Verbindung mit
InsO	Insolvenzordnung
IPRax	Praxis des Internationalen Privat- und Verfahrensrechts
IPRG	Gesetz zur Neuregelung des internationalen Privatrechts
JA	Juristische Arbeitsblätter
JAÜbBlRef	Juristische Arbeitsblätter – Übungsblätter für Referendare

jM	juris – Die Monatszeitschrift
JMBlNW	Justizministerialblatt für das Land Nordrhein-Westfalen
JR	Juristische Rundschau
Jura	Juristische Ausbildung
JurBüro	Das Juristische Büro
JuS	Juristische Schulung
JW	Juristische Wochenschrift
JZ	Juristenzeitung
KapMuG	Gesetz zur Einführung von Kapitalanleger-Musterverfahren
KfH	Kammer für Handelssachen
KG	Kammergericht, Kommanditgesellschaft
KO	Konkursordnung
KTS	Konkurs-, Treuhand- und Schiedsgerichtswesen
KV	Kostenverzeichnis zum GKG
LAG	Landesarbeitsgericht
lfd.	laufend(e)
LG	Landgericht
LM	Lindenmaier/Möhring, Nachschlagewerk des Bundesgerichtshofs
LuftVG	Luftverkehrsgesetz
m. Anm.	mit Anmerkung
m.w.N.	mit weiteren Nachweisen
MDR	Monatsschrift des Deutschen Rechts
MMR	MultiMedia und Recht
NdsRPfl	Niedersächsische Rechtspflege
n.F.	neue Fassung
NJW	Neue Juristische Wochenschrift
NJWE-FER	NJW-Entscheidungsdienst Familienrecht und Erbrecht
NJW-RR	NJW-Rechtsprechungs-Report Zivilrecht
Nr.	Nummer
NRW	Nordrhein-Westfalen
NVersZ	Neue Zeitschrift für Versicherung und Recht
NVwZ	Neue Zeitschrift für Verwaltungsrecht
NVwZ-RR	Neue Zeitschrift für Verwaltungsrecht, Rechtsprechungsreport
NWGVBl	Gesetz- und Verordnungsblatt für das Land Nordrhein-Westfalen
NZA	Neue Zeitschrift für Arbeitsrecht
NZBau	Neue Zeitschrift für Baurecht
NZG	Neue Zeitschrift für Gesellschaftsrecht
NZI	Neue Zeitschrift für das Recht der Insolvenz und Sanierung
NZM	Neue Zeitschrift für Mietrecht
NZV	Neue Zeitschrift für Verkehrsrecht
OHG	Offene Handelsgesellschaft

OLG	Oberlandesgericht
OLG-NL	OLG-Rechtsprechung Neue Länder
OLGZ	Entscheidungen der Oberlandesgerichte in Zivilsachen
OVG	Oberverwaltungsgericht
PflVersG	Pflichtversicherungsgesetz
PFV	Positive Forderungs-Verletzung
PKH	Prozesskostenhilfe
ProdHaftG	Produkthaftungsgesetz
RBerG	Rechtsberatungsgesetz
RdA	Recht der Arbeit
Rdn.	Randnummer (bei internen Verweisen)
RG	Reichsgericht
RGSt	Entscheidungen des Reichsgerichts in Strafsachen
RGZ	Entscheidungen des Reichsgerichts in Zivilsachen
RIW	Recht der internationalen Wirtschaft
Rn.	Randnummer (bei externen Verweisen)
Rpfleger	Der Deutsche Rechtspfleger
RPflG	Rechtspflegergesetz
r+s	Recht und Schaden
Rspr.	Rechtsprechung
RVG	Rechtsanwaltsvergütungsgesetz
S.	Seite
SchlHA	Schleswig-Holsteinische Anzeigen
SGG	Sozialgerichtsgesetz
s.o.	siehe oben
StGB	Strafgesetzbuch
StPO	Strafprozessordnung
str.	streitig
StV	Strafverteidiger
StVG	Straßenverkehrsgesetz
sog.	sogenannte(r)
TranspR	Transportrecht
Üb(ers).	Übersicht
UKlaG	Gesetz über Unterlassungsklagen bei Verbraucherrechts- und anderen
Verstößen	
UWG	Gesetz gegen den unlauteren Wettbewerb
VBlBW	Verwaltungsblätter für Baden-Württemberg
VersR	Versicherungsrecht
VG	Verwaltungsgericht
VGH	Verwaltungsgerichtshof

vgl.	vergleiche
VIZ	Zeitschrift für Vermögens- und Immobilienrecht
Vorbem.	Vorbemerkung
VV	Vergütungsverzeichnis zum RVG
VVG	Gesetz über den Versicherungsvertrag
VRS	Verkehrsrechtssammlung
VwGO	Verwaltungsgerichtsordnung
WarnRspr	Warneyer, Die Rechtsprechung des Reichsgerichts
WEG	Wohnungseigentumsgesetz
WG	Wechselgesetz
WM	Wertpapiermitteilungen
WRP	Wettbewerb in Recht und Praxis
WuM	Wohnungswirtschaft und Mietrecht
ZAP	Zeitschrift für die Anwaltspraxis
z.B.	zum Beispiel
ZfBR	Zeitschrift für deutsches und internationales Baurecht
ZfS	Zentralblatt für Sozialversicherung, Sozialhilfe und Versorgung
ZIP	Zeitschrift für Wirtschaftsrecht
ZMR	Zeitschrift für Miet- und Raumrecht
ZPO	Zivilprozessordnung
ZRP	Zeitschrift für Rechtspolitik
ZSEG	Gesetz über die Entschädigung von Zeugen und Sachverständigen
z.T.	zum Teil
ZVG	Zwangsversteigerungsgesetz
ZZP	Zeitschrift für Zivilprozess

Literaturverzeichnis

Aufsätze zur anwaltlichen Prozessführung

Abrahams, Präklusion und Fluchtwege im Zivilprozeß, AnwBl 1999, 111, 168.

Abramenko, Kein Rechtsmittel gegen richterliche Feststellung eines Vergleichs gem. § 278 IV ZPO? – Ein übersehenes Problem der Zivilprozessreform, NJW 2003, 1356.

Ahrens, Parteiaussage und Parteivernehmung bei Beweisnot?, MDR 2015, 185.

Ahrens, Mediationsgesetz und Güterichter, NJW 2012, 2465.

Alio, Änderungen im deutschen Rechtshilferecht – Beweisaufnahme nach der Europäischen Beweisaufnahmeverordnung, NJW 2004, 2706.

Althammer/Schäuble, Effektiver Rechtsschutz bei überlanger Verfahrensdauer, NJW 2012, 1.

Ante, Der Zugangsnachweis bei Einwurf-Einschreiben, NJW 2020, 3487.

Arnold, Zur Überprüfung tatrichterlicher Ermessensspielräume in der Berufung, ZZP 2013 (126), 63.

Arz, Das sofortige Anerkenntnis im Rahmen von Zug-um-Zug-Verurteilungen, NJW 2014, 2828.

Arz/Gemmer, Die Erstattung von Kosten der Prozessfinanzierung außerhalb des prozessualen Kostenerstattungsanspruchs, NJW 2019, 263.

Bacher, Elektronischer Rechtsverkehr in der Anwaltskanzlei, MDR 2014, 1053.

Bacher, Das besondere elektronische Anwaltspostfach, MDR 2017, 613.

Bacher, Der elektronische Rechtsverkehr im Zivilprozess, NJW 2015, 2753.

Bacher, Das Gesetz zur Förderung des elektronischen Rechtsverkehrs, MDR 2014, 998.

Bacher, Eingang von E-Mail-Sendungen bei Gericht, MDR 2002, 669.

Ball, Die Berufung nach dem ZPO-Reformgesetz, ZGS 2002, 146.

Ball, Rechtsmittel im Mietprozess nach der ZPO-Reform, NZM 2002, 409.

Balzer/Nagel, Minikameras im Straßenverkehr – Datenschutzrechtliche Grenzen und zivilprozessuale Verwertbarkeit der Videoaufnahmen, NJW 2014, 1622.

Balzer/Nagel, Das Auslesen von Fahrzeugdaten zur Unfallrekonstruktion im Zivilprozess, NJW 2016, 193.

Balzer, Schlanke Entscheidungen im Zivilprozeß, NJW 1995, 2448.

Bamberger, Die Reform der Zivilprozessordnung – Eine Wirkungskontrolle, ZRP 2004, 137.

Barth, Zum Tatsachenstoff im Berufungsverfahren nach der Reform der ZPO – eine Erwiderung, NJW 2002, 1702.

Baudewin/Wegner, Die Präklusion im Zivilprozess – Bedeutung, Chancen, Risiken, NJW 2014, 1479.

Bauer-Gerland, Belehrung über den Anwaltszwang während des Berufungsverfahrens, JR 2018, 545.

Bauer/Diller, Kündigung durch Einwurf-Einschreiben – ein Kunstfehler!, NJW 1998, 2795.

Baumert, Klageerweiterung und Widerklage in der Berufungsinstanz zur Verjährungshemmung, NJ 2014, 145.

Baumert, Nichtzulassungsbeschwerde – Darlegung und Prüfung von Revisionszulassungsgründen, MDR 2014, 1181.

Baumert, Reformierte Berufungszurückweisung durch Beschluss, MDR 2013, 7.

Baumert,	Die Neufassung des § 522 Abs. 2, 3 ZPO – Rechtsmittelfähigkeit und enger Anwendungsbereich der Zurückweisung der Berufung durch Beschluss, MDR 2011, 1145.
Bausch,	Haftungsfalle Tatbestandsberichtigung, AnwBl 2012, 126.
Beck,	Richterliche Prozessleitung, Hinweispflicht und die Mitteilung der rechtlichen Würdigung des Sachverhalts, MDR 2018, 1474.
Beck,	Besonderer Gerichtsstand bei Drittwiderklagen, WRP 2011, 414.
Becker/Kohlmann,	Zur Reichweite von § 15a RVG, EWiR 2010, 165.
Benedict,	Einschreiben und Zustellungen durch die Post – lauter Kunstfehler?, NVwZ 2000, 167.
Berger,	Beweisführung mit elektronischen Dokumenten, NJW 2005, 1016.
Betmann,	Das Adhäsionsverfahren im Lichte des Opferrechtsreformgesetzes, Kriminalistik 2004, 573.
Biallaß,	Die Erklärung zum PKH-Antrag im elektronischen Rechtsverkehr, NJW 2020, 2941.
Bilda,	Zur Bindungswirkung von Urkundenvorbehaltsurteilen, NJW 1983, 142.
Birkeneder,	Zur Aktiv- und Passivlegitimation bei Prozessen im Verkehrsschadensrecht, ZAP Fach 13, S. 865.
Bischof,	Praxisprobleme der Streitverkündung, MDR 1999, 787.
Bischof,	Terminsgebühr durch Besprechung zur Vermeidung oder Beendigung eines gerichtlichen Verfahrens (Nr. 3104 VV RVG), JurBüro 2004, 296.
Bitter,	Die Crux mit der obligatorischen Streitschlichtung nach § 15a EGZPO – Zulässige und unzulässige Strategien zur Vermeidung eines Schlichtungsverfahrens, NJW 2005, 1235.
Blank,	Der Urkundenprozeß in Mietsachen, NZM 2000, 1083.
Bleutge/Uschold,	Digital versus analog – Verwendung digitalisierter Fotos in Gutachten, NJW 2002, 2765.
Bloching/Kettinger,	Verfahrensgrundrechte im Zivilprozess – Nun endlich das Comeback der außerordentlichen Beschwerde? NJW 2005, 860.
Boemke,	Das einspruchsverwerfende Versäumnisurteil, ZZP 106 (1993), 371.
Bohlander,	Der Richter als Störfaktor, MDR 1996, 1093.
Boldt,	Die Streitverkündung: Recht des Nebenintervenienten, Baurecht 2013, 287.
Bonifacio,	Klagerücknahme und Erledigungserklärung nach der Zivilprozessreform, MDR 2002, 499.
Bonnen,	Terminsgebühr nach dem RVG – Gebührenanspruch auch im außergerichtlichen Verfahren, MDR 2005, 1084.
Borchert,	Einsatz von Videokonferenzsystemen in Gerichtsverfahren, CR 2002, 854.
Borgmann,	Der Anwalt und sein Büro: Büroorganisation, BRAK-Mitt. 1998, 16.
Borgmann,	Der Umgang mit dem Faxgerät, BRAK-Mitt. 1999, 171.
Borgmann,	Zustellung gegen Empfangsbekenntnis, BRAK-Mitt. 1998, 270.
Borgmann,	Die Rechtsprechung des BGH zum Anwaltshaftungsrecht in der Zeit von Mitte 1991 bis Mitte 2000, NJW 2000, 2953; von Mitte 2000 bis Mitte 2002, NJW 2002, 2145; von Mitte 2002 bis Ende 2004, NJW 2005, 22–30; von Ende 2005 – Ende 2007, NJW 2008, 412; von Ende 2007 bis April 2010, NJW 2010, 1924.
Born,	Die Rechtsprechung des BGH zur Wiedereinsetzung in den vorigen Stand, NJW 2005, 2042; NJW 2007, 2088; NJW 2009, 2179.

Böstinghaus,	Die neue »Räumungsverfügung« im Wohnraummietprozess, NJW 2014, 2225.
Börstinghaus,	Die Geltendmachung rückständiger Wohnraummiete im Urkundsverfahren, NZM 1998, 89.
Börstinghaus,	Muster einer Mietzinsklage im Urkundsverfahren, NZM 1998, 101.
Börstinghaus,	Klageanträge im Zusammenhang mit der Mietminderung, NZM 1998, 656.
Böttiger,	Der Einsatz von Videokonferenztechnik in der mündlichen Verhandlung, WzS 2013, 263.
Braun,	Berufung gegen das zweite Versäumnisurteil bei unschlüssiger Klage, JZ 1999, 1157.
Braun,	Die Berufung gegen das 2. Versäumnisurteil, ZZP 93 (1980), 443 (471).
Braunschneider,	Konfliktverteidigung im Zivilprozess. Warten im Sammeltermin? Die Dienstaufsichtsbeschwerde, ProzRB 2003, 49.
Braunschneider,	Zwei Falltüren auf dem Weg in die Berufung, ProzRB 2003, 302.
Braunschneider,	Die Berufung in den Zeiten der ZPO-Reform, ProzRB 2003, 366.
Braunschneider,	Landgericht, Oberlandesgericht oder Amtsgericht – Wohin mit der Berufung?, ProzRB 2004, 18.
Braunschneider,	Berufungsspezifische Wiedereinsetzungsprobleme nach dem JuMoG, ProzRB 2004, 277.
Braunschneider,	JuMoG – Fristenregelung zur Wiedereinsetzung bei der Berufungsbegründung, MDR 2004, 1045.
Braunschneider,	Wer ersetzt die Kreditkosten auf Vorschüsse?, ProzRB 2005, 212.
Bräuer,	Vor Gericht und auf hoher See …, AnwBl 1999, 551.
Bräuer,	Verjährung nach BGB zum 31.12.2004?, AnwBl 2004, 720.
Bräuer,	Der richtige Antrag im Zivilprozess: Warum er so wichtig ist, AnwBl 2005, 647.
Bräuer,	Nach dem Urteil ist vor der Berufung, AnwBl 2011, 141.
Brehm,	Arbeitsteilung zwischen Gericht und Anwalt – eine ungenutzte Chance, AnwBl 1983, 193.
Brießmann,	Kostenfolge bei übereinstimmender Erledigungserklärung wegen Verjährung, NJW 2018, 2988.
Brinkmann/Thüsing,	Pandemiefolgen in der Gewerberaummiete: Geschäftsgrundlage, Vermutung, Risikozuweisung und Verfahrensbeschleunigung, NZM 2021, 5
Brögelmann,	Automatischer Pfändungsschutz durch das P-Konto, NJ 2010, 407.
Brommann,	Die Beeinflussung der Verjährung durch sogenannte Musterprozesse, AnwBl 1985, 5.
Brosch,	Nutzungspflicht für das besondere elektronische Anwaltspostfach?, NJW 2015, 3692.
Brosch/Sandkühler,	Das besondere elektronische Anwaltspostfach – Nutzungsobliegenheiten, Funktionen und Sicherheit, NJW 2015, 2760.
Brückner/Neumann,	Die Haftung des Sachverständigen nach neuem Delikts- und Werkvertragsrecht, MDR 2003, 906.
Brügge,	Telefax und wirksame Fristenkontrolle, NJW 2004, XXVI.
Bruns,	Gespräche unter vier Augen im Zivil- und Arbeitsgerichtsprozess, MDR 2010, 417.
Bub,	Zurückweisung der Berufung nach § 522 Abs. 2 ZPO bei Klageerweiterung und Widerklage, MDR 2011, 84.

Bühren, Rechtsschutzversicherungen – Fluch oder Segen?, AnwBl 2001, 97.

Büttner, Revisionsverfahren – Änderungen durch das Zivilprozessreformgesetz, MDR 2001, 1201.

Bull, Von der Bequemlichkeit, einem Zeugen zu glauben, DRiZ 1972, 20.

Burchard, § 720a ZPO und die »Waffengleichheit«, NJW 2002, 2219.

Busse, Vorbemerkung aus anwaltlicher Sicht, in Beck@#@#@sches Richterhandbuch, 1995 S. XXXI ff.

Carlhoff/Eckstein, Fünf Wünsche an die Zivilgerichtsbarkeit, DRiZ 2014, 98.

Chab, Fallen im Reisevertragsrecht, AnwBl 2000, 446.

Chab, Büroorganisation bei Eintragung der Berufungsbegründungsfrist, BRAKMitt 2002, 25.

Chab, Vor- und Nachteile gerichtlicher Mahnverfahren, AnwBl 2002, 717.

Chab, Anwalt und Rechtsschutzversicherung, AnwBl 2003, 652.

Christopoulos, Prozessvergleich – Unbestimmte Formulierungen als Risiko fehlender Vollstreckungsfähigkeit, MDR 2014, 438.

Christopoulos/Weimann, Frist zur Sachverständigenablehnung nach Erstattung des Gutachtens, MDR 2006, 1201.

Conrad, Das Abschlussverfahren nach Erlass einer einstweiligen Verfügung im Zivilprozess, MDR 2017, 68.

Conrad, Ablehnung des Richters – Verfahren und ausgewählte Fallgruppen zur »Besorgnis der Befangenheit«, MDR 2015, 1048.

Conrad, Die Unterzeichnung zivilprozessualer bestimmender Schriftsätze für Andere, MDR 2014, 877.

Conrad, Erfolgshonorare – Zulässigkeit von Vereinbarungen für rechtsanwaltliche Prozesskostenfinanzierung und Inkassozession, MDR 2006, 848.

Cordes, Erfüllt der Beschlussvergleich das Formerfordernis der notariellen Beurkundung?, MDR 2016, 64.

Cramer, Anwaltliche Strategien im Sachverständigenbeweis aus Sicht des Arztanwalts, ZMGR 2014, 171.

Crückeberg, Unstreitige neue Tatsachen in zweiter Instanz, MDR 2003, 10.

Crückeberg, Tatsachenfeststellungen im Urteil der ersten Instanz, MDR 2003, 199.

Cube, von, Berufungsrücknahme per Zwischenruf?, NJW 2002, 40.

Cuypers, Das zuständige Gericht in Zivilsachen, ZAP Fach 13, S. 1711, 1727, 1741, 1751, 1795, 1813, 1827, 1843, 1871, 1945, 1989, 2001, 2015, 2045, 2067, 2077, 2101.

Cuypers, Das zuständige Gericht in Zivilsachen, Teil 1: Ausschließliche Gerichtsstände, ZAP Fach 13, S. 827.

Cuypers, Das zuständige Gericht in Zivilsachen, Teil 2: Probleme des allgemeinen Gerichtsstands, ZAP Fach 13, S. 883.

Cuypers, Das zuständige Gericht in Zivilsachen, Teile 3–5: Besondere Gerichtsstände. ZAP Fach 13, S. 1741, 1751, 1795.

Cuypers, Das zuständige Gericht in Zivilsachen, Teil 6: Gerichtsstandsvereinbarung, rügelose Einlassung, ZAP Fach 13, S. 1813.

Cuypers, Das zuständige Gericht in Zivilsachen, Teil 7: Eingangsgericht LG, ZAP Fach 13, S. 1827.

Cuypers, Das zuständige Gericht in Zivilsachen, Teil 8: Eingangsgericht AG, ZAP Fach 13, S. 1843.

Cuypers, Das zuständige Gericht in Zivilsachen, Teil 9: Mahnverfahren, ZAP Fach 13, S. 1871.

Cuypers, Die Streitwertbemessung und Zuständigkeit des Gerichts, MDR 2012, 381.

Cziupka, Die Erhebung der Einrede der Verjährung als erledigendes Ereignis, JR 2010, 372.

Deckenbrock, Tätigkeitsverbote des Anwalts: Rechtsfolgen beim Verstoß, AnwBl 2010, 221.

Deckenbrock, Die Haftung des Anwalts für gerichtliche Fehler, NJW 2018, 1636.

Deckenbrock/Jordan, Aktuelle Entwicklungen bei der obligatorischen außergerichtlichen Streitschlichtung nach § 15a EGZPO, MDR 2017, 376.

Deckenbrock/Jordan, Novellierung der Ausführungsgesetze zu § 15a EGZPO, MDR 2006, 421.

Deubner, Berufungszwang durch Verfahrensbeschleunigung, NJW 1987, 355.

Deubner, Die Praxis der Zurückweisung verspäteten Vorbringens, NJW 1979, 337.

Deutsch, Gedanken zum Gerichtsstand der unerlaubten Handlung (insb. bei Persönlichkeits- und Wettbewerbssachen), MDR 1967, 88.

Dierck/Griedl, Das neue Vollstreckungsmanagement, NJW 2013, 3201.

Diercks, Ist eine Teilklage kostengünstig? MDR 1995, 1099.

Dietrich, Rechtsschutz wegen überlanger Verfahrensdauer nach §§ 198 ff. GVG, ZZP 2014 (127), 169.

Dietrich, Rechtsschutz bei überlangen Gerichtsverfahren nach §§ 198 ff. GVG, ZZP 127 (2014), 169.

Dölling, Die Voraussetzungen der Beweiserhebung im Zivilprozess, NJW 2013, 3121.

Dölling, Der Vergleich mit dem PKH-berechtigten Beklagten nach neuem Recht, MDR 2013, 1009.

Dölling, Der Richter als Protokollführer – Hoffnungen und Fallstricke, DRiZ 2014, 336.

Dörnberg, Sind die §§ 513 Abs. 2, 545 Abs. 2, 571 Abs. 2 S. 2, 621e Abs. 4 ZPO verfassungskonform?, ZAP Fach 13, S. 1987.

Dörndorfer, Das neue Pfändungsschutzkonto, JurBüro 2009, 626.

Dötsch, Unmöglichkeit der Gewährung eines »doppelten« Schriftsatznachlasses, MDR 2015, 564.

Dötsch, Die prozessualen Gefahren eines Berichterstattervermerks, MDR 2014, 755.

Dötsch, Die Erklärung mit Nichtwissen als »Substantiierungsfalle«, MDR 2014, 1363.

Dötsch, Antrag auf Aufnahme in das Protokoll (§ 160 Abs. 4 ZPO), MDR 2014, 1122.

Dötsch, Auslandszeugen im Zivilprozess, MDR 2011, 269.

Dötsch, Statthaftigkeit einer Gegenverfügung, MDR 2012, 623.

Dötsch, Besonderheiten im Berufungsverfahren bei Arrest und einstweiliger Verfügung, MDR 2010, 1429.

Dötsch, Besonderheiten im Berufungsverfahren bei Arrest und einstweiliger Verfügung, MDR 2010, 1429.

Dötsch, Auslandszeugen im Zivilprozess, MDR 2011, 169.

Dombert, Ein Einzelfall? Zur richterlichen Erreichbarkeit nach »Dienstschluss«, NJW 2002, 1627.

Dommer, Die Justiz will online gehen: 160.000 Anwälten gefällt das!?, AnwBl 2012, 815.

Doms, Eine Möglichkeit zur Vereinfachung der Zwangsvollstreckung bei Zug-um-Zug Leistung, NJW 1984, 1340.

Doms, »Es wird alles bestritten«, MDR 1991, 498.

Doms, Die Zinsbescheinigung – eine Regreßfalle? NJW 1999, 2649.

Doms, Neue ZPO – Umsetzung in der anwaltlichen Praxis, NJW 2002, 777.

Dräger, Grundsätzlich keine negative Beweiskraft des Tatbestands, MDR 2015, 131.

Duckenbrodt, Die Wochenfrist zum Termin des § 123 I 1 ZPO – Hat die Woche etwa acht Tage?, NJW 2013, 2390.

Dübbers, Das neue »Einwurf-Einschreiben« der Deutschen Post AG und seine juristische Einordnung, NJW 1997, 2503.

Dübbers/Kim, Post Express – Der neue Kurierservice der Post aus juristischer Sicht, NJW 1998, 2265.

Duhme, Fristwahrung bei Verweisung des Rechtsstreits, ZAP Fach 13, S. 1961.

Ebel, Die Berufung im Zivilprozeßrechtsreformgesetz, ZRP 2001, 309.

Ebert, Verjährungshemmung durch Mahnverfahren, NJW 2003, 732.

Edenfeld, Anwaltshaftung – Beratungspflichten beim Vergleich, MDR 2001, 972.

Effer-Uhe, Selbstständiges Beweisverfahren wegen drohendem Erinnerungsverlust eines Zeugen, MDR 2018, 707.

Effer-Uhe, Möglichkeiten des elektronischen Zivilprozesses, MDR 2019, 69.

Effer-Uhe, Rechtsschutz im Adhäsionsverfahren und nach dessen Abschluss unter besonderer Berücksichtigung zivilprozessualer Rechtsbehelfe, StV 2015, 510.

Einmahl, Zeugenirrtum und Beweismaß im Zivilprozeß. Eine Fallstudie am Beispiel des Verkehrsunfallprozesses, NJW 2001, 469.

Einsiedler, Saldoklagen und Klagen aus Salden, jura 2013, 653.

Einsiedler, Die Berichtigung des Tatbestands nach § 320 ZPO, MDR 2011, 1454.

Elzer, Einseitige Erledigterklärung vor Rechtshängigkeit nach dem ZPO-Reformgesetz, NJW 2002, 2006.

Emmerich, Auswirkungen der Mietrechtsänderung auf Kündigungen, WuM 2013, 330.

Emmerich, Die Sicherungsanordnung nach § 283a ZPO, NZM 2014, 881.

Enders, Gebühren und Kostenerstattung im selbstständigen Beweisverfahren, JurBüro 2015, 169.

Enders, Prozesstaktische Möglichkeiten der unselbständigen Feststellungsklage, ZAP Fach 13, S. 405.

Enders, Welche Gebühren für die Güteverhandlung nach dem ZPO-RG? JurBüro 2001, 617.

Enders, Neue Möglichkeiten nach dem ZPO-RG – Anwaltsgebühren, JurBüro 2002, 57.

Enders, Verhandlungsgebühr über § 35 BRAGO auch bei Vergleich nach § 278 Abs. 6 ZPO?, JurBüro 2003, 1.

Enders, Mahnverfahren und nachfolgendes streitiges Verfahren – zweimal Terminsgebühr?, JurBüro 2005, 226.

Enders, Miteinklagen der Geschäftsgebühr im Prozesskostenhilfemandat, JurBüro 2010, 1, 57, 113.

Engels, Prozessrechtliche Sicherung von Ansprüchen gegen die vermögenslose BGB-Gesellschaft, MDR 2003, 1028.

Ernst, Beweisprobleme bei E-Mail und anderen Online-Willenserklärungen, MDR 2003, 1091.

Ernst,	Widerruf von Anwaltsverträgen im Fernabsatz?, NJW 2014, 817.
Eschelbach/Geipel,	Substanziierungslast des Klägers im Zivilprozess, ZAP Fach 13, S. 1669.
Eschelbach/Geipel,	Substanziierungslast des Beklagten im Zivilprozess, ZAP Fach 13, S. 1689.
Eschelbach/Geipel,	Parteianhörung – Die Verwertung im Rahmen der Beweiswürdigung (§ 141 vs. § 86 ZPO), MDR 2012, 198.
Euba,	Ein Tipp für Anwälte: Wer schnell umdenkt, für den wird vieles leichter, AnwBl 2013, 23.
Eyinck,	Zustellungsrecht und Postreform: Gemeinschaftsbriefkasten bei Ersatzzustellung durch Niederlegung, NJW 1998, 206.
Eyinck,	Entwicklung des Zustellungsrechts nach der Zustellungsreform 2002, MDR 2006, 785.
Ferber,	Das Opferrechtsreformgesetz, NJW 2004, 2562.
Fellner,	Die aktuelle Rechtsprechung zur Verletzung des Anspruchs auf Gewährung des rechtlichen Gehörs im Zivilprozess, MDR 2020, 900.
Fellner,	Zurückweisungsbeschluss – Die Bemessung und Verlängerung der Frist zur Stellungnahme, MDR 2017, 435.
Fellner,	Selbstständiges Beweisverfahren (§ 485 Abs. 2 ZPO) – Mittel der Streitschlichtung und Schaffung eines Hemmungstatbestands, MDR 2014, 66.
Fellner,	ZPO-Reform – Erste Erfahrungen im Berufungsverfahren, MDR 2003, 69.
Fellner,	Berücksichtigung eines neuen Sachvortrags mit neuen Angriffs- und Verteidigungsmitteln und die Folgen in der Berufungsinstanz, MDR 2004, 241.
Fellner,	Die neuere BGH-Rechtsprechung zum Berufungsrecht MDR 2006, 552.
Fellner,	Zulässigkeit der Drittwiderklage und die örtliche Zuständigkeit des Gerichts der Klage für den Drittwiderbeklagten, MDR 2011, 146.
Fey,	Ist das Adhäsions-Verfahren endlich tot? AnwBl 1986, 491.
Fischer, Frank O.,	RVG – Die wichtigsten Änderungen zur Rechtsanwaltsvergütung, MDR 2013, 881.
Fischer, Frank O.,	Weiterverweisung bei Wahlrechtsverbrauch?, MDR 1993, 198.
Fischer, Frank O.,	Zur Bindungswirkung rechtswidriger Verweisungsbeschlüsse im Zivilprozeß gemäß § 281 Abs. 2 S. 5 ZPO, NJW 1993, 2417.
Fischer, Frank O.,	Antragsrücknahmen im Mahnverfahren und ihre Folgen, MDR 1994, 124.
Fischer, Frank O.,	§ 495a ZPO – eine Bestandsaufnahme des »Verfahrens nach billigem Ermessen«, MDR 1994, 978.
Fischer, Frank O.,	Die Berücksichtigung »nachgereichter Schriftsätze« im Zivilprozeß, NJW 1994, 1315.
Fischer, Frank O.,	Gerichtsstandsvereinbarungen in AGB – Gerichtliche Zuständigkeit und Verweisungen, MDR 2000, 682.
Fischer, Frank O.,	Sofortiges Anerkenntnis – Ausschluss im Streitverfahren nach Widerspruch im Mahnverfahren?, MDR 2001, 1336.
Fischer, Frank O.,	Willkürliche Verweisungsbeschlüsse – Aktuelle Rechtsprechung zur Bindungswirkung, MDR 2002, 1401.
Fischer, Frank O.,	Grenzüberschreitende Prozesskostenhilfe nach dem EG-Prozesskostenhilfegesetz, ZAP Fach 13, S. 1287.
Fischer, Frank O.,	PKH-Prüfungsverfahren – Verweigerung der PKH bei Zurückhaltung von Einwänden, MDR 2006, 661.

Fischer, Gero,	Tendenzen der Rechtsprechung des BGH zum Anwaltshaftungsrecht, NJW 1999, 2993.
Fischer, Nikolaj,	Die Reform der Sachaufklärung im Lichte der Vollstreckungsmodernisierung, DGVZ 2010, 113.
Flache/Schrader,	Die Interventionswirkung der Streitverkündung im Bauprozess, NJW-Spezial 2014, 492.
Fleindl,	Mietprozesstaktik im Eigenbedarfsstreit, NZM 2014, 781.
Fleischmann,	Sachliche Zuständigkeit bei Haupt- und Hilfsantrag, NJW 1993, 506.
Flessner,	Deutscher Zivilprozess auf englisch – Der Gesetzentwurf des Bundesrats im Lichte von Staatsrecht, Grundrechten und Europarecht, NJW 2011, 3544.
Flotho,	(Die ZPO-Reform) Schneller-besser-billiger? BRAK-Mitt. 2000, 107.
Focken/Marten,	Kostengünstige Verfahrensbeendigung bei aussichtsloser Verteidigung, MDR 2005, 850.
Fölsch,	Neuerungen im Zivilprozess – Entfristung, Spezialisierung, Effizienz, NJW 2020, 801.
Fölsch,	ZPO – Änderungen durch das 1. Justizmodernisierungsgesetz 2004, MDR 2004, 1029.
Fölsch,	Rechtsmitteleinlegung unter der Bedingung der Bewilligung von Prozesskostenhilfe, NJW 2009, 2796.
Fölsch,	Die aktuelle Rechtslage zur Anrechnung der anwaltlichen Geschäftsgebühr, MDR 2009, 1137.
Fölsch,	Formulierungshilfen zur Rechtsbehelfsbelehrung im Zivilprozess, NJW 2013, 970.
Fölsch,	Aktuelle Entwicklungen zur anwaltlichen Vergütungsvereinbarung, MDR 2016, 133.
Fölsch,	Mehr Spezialisierung in der Ziviljustiz, DRiZ 2017, 166.
Foerste,	Parteiische Zeugen im Zivilprozeß, NJW 2001, 321.
Foerste,	Die Güteverhandlung im künftigen Zivilprozess, NJW 2001, 3103.
Frankenberger/Holz,	Die Verfallklausel in der Zwangsvollstreckung, RPfleger 1997, 93.
Franzen,	Maximen zum Anwaltsberuf, NJW 1984, 2263.
Franzki,	Der Sachverständige – Diener oder Herr des Richters?, DRiZ 1991, 314.
Frenz/Wübbenhorst,	Rechtsanwaltstätigkeit in anderen EU-Staaten, NJW 2011, 1262.
Friedrich,	Der Beweiswert des Einwurfeinschreibens der Deutschen Post AG, VersR 2001, 1090.
Fries,	De minimis curat mercator: Legal Tech wird Gesetz, NJW 2021, 2537.
Funke/Quarch,	Ersetzung der Schriftform durch die elektronische Form, NJW 2022, 569
Gärtner,	Zur qualifizierten elektronischen Signatur, NJ 2010, 254.
Gärtner,	Kurzer Prozess – Gedanken zu einer effizienten Arbeitsweise im richterlichen Zivildezernat, NJW 2017, 2596.
Gaier,	Der moderne liberale Zivilprozess, NJW 2013, 2871.
Gaier,	Strukturiertes Parteivorbringen im Zivilprozess, ZRP 2015, 101.
Gaier,	Der Prozessstoff des Berufungsverfahrens, NJW 2004, 110.
Gaier,	Das neue Berufungsverfahren in der Rechtsprechung des BGH, NJW 2004, 2041.
Gaier/Freudenberg,	Ist die Zivilprozessordnung noch ein modernes Verfahrensrecht?, ZRP 2013, 27.
Garcia-Scholz/Günther,	Die Klage gegen eine GbR, ProzRB 2003, 85.

Gehrlein,	Reichweite eines Geständnisses im Zivilprozess, MDR 2016, 1.
Gehrlein,	Beschlusszurückweisung einer Berufung im Zivilprozess, NJW 2014, 3393.
Gehrlein,	Erste Erfahrungen mit der reformierten ZPO – Erstinstanzliches Verfahren und Berufung, MDR 2003, 421.
Gehrlein,	Neue höchstrichterliche Rechtsprechung zur ZPO – Verfahren des ersten Rechtszuges, MDR 2004, 541.
Geipel,	Der Beweis der Arglist, ZAP Fach 13, S. 2039.
Geipel,	Der Anscheinsbeweis unter besonderer Berücksichtigung des Verkehrsrechts, NZV 2015, 1.
Geipel,	Zeugenkomplott versus Beweisbeschluss, ZAP Fach 13, S. 1735.
Geipel,	Die Rechtskraft und Vorfragen im Zivilprozess, ZAP Fach 13, S. 1883.
Geipel,	Verfahrensfehler in der ZPO-Revision, ZAP Fach 13, S. 1857.
Geipel,	Die Wiederholung einer Beweisaufnahme nach neuem Berufungsrecht, AnwBl 2005, 346.
Geipel,	Die geheimen contra legem Regeln im ordentlichen Prozess, AnwBl 2005 Heft 10.
Geipel,	Sinnlose Rügen im deutschen Recht, ZAP Fach 13, S. 1699.
Geipel,	Die Umkehr der Beweislast, ZAP Fach 13, S. 1641.
Geipel,	Das Gesetz über den Rechtsschutz bei überlangen Gerichtsverfahren aus zivilrechtlicher Sicht, ZAP Fach 13, S. 1767.
Geipel/Aalberts/Nill,	Indizien- und Anscheinsbeweis in der Prozesspraxis, ZAP Fach 13, S. 1503.
Geipel/Geisler/Nill,	Präklusion versus Prozesstaktik, ZAP Fach 13, S. 1407.
Geipel/Nill/Schultz,	Die Analyse der Zeugenaussage im ordentlichen Verfahren, ZAP Fach 13, S. 1449.
Geipel/Prechtel,	Brennpunkte des Zivilprozesses und Reaktionsmöglichkeiten auf gerichtliche Fehler, MDR 2011, 336.
Gerken,	Probleme der Anschlussberufung nach § 524 ZPO, NJW 2002, 1095.
Gerlach, von,	Die prozessuale Behandlung von Schmerzensgeldansprüchen, VersR 2000, 525.
Ghassemi-Tabar/Eckner,	Streitverkündung – Rechtsprechungsüberblick zu Möglichkeiten, Wirkungen und Kosten, MDR 2012, 1136.
Ghassemi-Tabar/Nober,	Die Richterablehnung im Zivilprozess, NJW 2013, 2686.
Giers,	Rechtsprechungsübersicht zur Sachaufklärung in der Zwangsvollstreckung, DGVZ 2014, 252.
Giers,	Die Höhe der Freibeträge nach § 115 I ZPO, FamRZ 2005, 1220.
Giesen,	Streitverkündung und Nebenintervention im Kapitalanleger-Musterverfahren, NJW 2017, 3691.
Giethmann,	Die neuen Reformgesetze in der Zwangsvollstreckung, DGVZ 2009, 157.
Gloede,	Mißbräuchliche Ablehnungsgesuche im Zivilprozeß, NJW 1972, 2067.
Goebel,	Die Erledigung der Hauptsache zwischen Anhängigkeit und Rechtshängigkeit, Prozessrecht aktiv 2004, 8.
Goebel,	Bewährt und bald auch besser bezahlt: Der Vergleich im schriftlichen Verfahren, Prozessrecht aktiv, 2004, 55.
Goebel,	Richterablehnung: Prüfen – Bewerten – Handeln, Prozessrecht aktiv (PA) 2004, 91.
Goldkamp,	Mündliche Verhandlung im Zivilprozess, ZAP Fach 13, S. 2023.

Gottwald,	Grundzüge des Verfahrens der Zwangsvollstreckung unter Berücksichtigung der neuen Gerichtsvollzieherformular-Verordnung.
Gounalakis,	Flucht in die Widerklage – Eine wirksame Umgehung der Präklusionsvorschriften? MDR 1997, 216.
Gräve/Salten,	Neues Firmenrecht – Die Parteibezeichnung der Einzelkaufleute im Zivilprozess, MDR 2003, 1097.
Grams,	Die »Erlaßfalle«, AnwBl 2000, 620.
Grams,	Wiedereinsetzung in den vorigen Stand – Antrag wegen Fristversäumnissen, MDR 2002, 1179.
Gravenhorst,	Zurückverweisung und gesetzlicher Richter, NJW 2018, 2161.
Greger,	Das Güterichterverfahren – Große Chancen, zu wenig genutzt, MDR 2017, 1107.
Greger,	Verweisung vor den Güterichter und andere Formen konsensorientierter Prozessleitung, MDR 2014, 993.
Greger,	Die Partei als Erkenntnis- und Beweismittel im Zivilprozess, MDR 2014, 313.
Greger,	Kamera on board – Zur Zulässigkeit des Videobeweises im Verkehrsunfallprozess, NZV 2015, 114.
Greger,	Ein Beitrag des Prozessrechts zur Versachlichung der fiktiven Reparaturkostenabrechnung, NJW 2002, 1477.
Greger,	Zweifelsfragen und erste Entscheidungen zur neuen ZPO, NJW 2002, 3049.
Greger,	Tatsachenfeststellung durch das Berufungsgericht – ein Menetekel aus Karlsruhe, NJW 2003, 2882.
Greger,	Die ZPO-Reform – 1000 Tage danach, JZ 2004, 805.
Greger,	Zur Frage des Unterschriftenerfordernisses trotz qualifizierter elektronischer Signatur, JZ 2010, 681.
Greiner,	Urkundenprozeß und Einrede des nichterfüllten Vertrages, NJW 2000, 1314.
Gremmer,	Der unsubstanziierte Vortrag – ein Phantomproblem? MDR 2007, 1172.
Gremmer,	Wechselhafter und widersprüchlicher Vortrag einer Partei, MDR 2010, 245.
Grziwotz/Peter,	Die einvernehmliche Streitbeilegung im Nachbarschaftsrecht, MDR 2017, 617.
Grohmann,	Zustellungen an eine Postfachadresse, DRiZ 2014, 220.
Grootens/Egner,	Erklärung mit Nichtwissen – Keine Informationsbeschaffungspflicht bei bloßer Gesamtschuldnerschaft, NJW 2019, 3182.
Grothe,	Verjährungshemmung durch Mahnbescheid bei mehreren Mängeln, NJW 2015, 17.
Grube/Stöbe,	Die Fehlerhaftigkeit des Tatbestands in erstinstanzlichen Urteilen, NJW 2018, 826.
Grunewald,	Die Entwicklung der Rechtsprechung zum anwaltlichen Berufsrecht in den Jahren 2009–2010, NJW 2010, 3551.
Grunsky,	Zum Tatsachenstoff im Berufungsverfahren nach der Reform der ZPO, NJW 2002, 800.
Günther,	Unzulässige Ablehnungsgesuche und ihre Bescheidung, NJW 1986, 281.
Gutdeutsch/Maaß,	Gerichtliche Begrenzung des Parteivortrags in Massenverfahren, NJW 2022, 1567.
Habel,	Kostenerstattung bei vorausgegangenem Versäumnisurteil, NJW 1997, 2357.

Hadidi/Mödl,	Die elektronische Einreichung zu den Gerichten, NJW 2010, 2097.
Hähnchen,	Elektronische Akten bei Gericht – Chancen und Hindernisse, NJW 2005, 2257.
Häublein,	§ 174 S. 1 BGB – eine (Haftungs-)Falle nicht nur für Rechtsanwälte, NJW 2002, 1398.
Hager,	Die Rechtsbehelfsbefugnis des Prozessunfähigen, ZZP 97 (1984), 174.
Hahn,	Die einstweilige Verfügung zwischen prozessualer Waffengleichheit und wirkungsvollem Rechtsschutz, NJW 2025, 399.
Hartmann, Peter,	Einspruch gegen Versäumnisurteil: Begründungsfrist = Notfrist, auch bei Verlängerung, NJW 1988, 2660.
Hartmann, Peter,	Zivilprozeß 2001/2001: Hundert wichtige Änderungen, NJW 2001, 2577.
Hartmann, Bernd J.,	Prozente und Prozentpunkte beim Klageantrag auf Verzugszinsen, NJW 2004, 1358.
Hartmann,	Mediationsnovelle und Gericht, MDR 2012, 941.
Hartmann,	Die neue Rechtsbehelfsbelehrung im Zivilprozess, MDR 2013, 61.
Hartung,	Das neue Rechtsanwaltsvergütungsgesetz, NJW 2004, 1409.
Haunschild,	Mit Teilklagen Gebühren sparen, AnwBl 1998, 509.
Hausherr	Die Erledigung »zwischen den Instanzen«, MDR 2010, 973.
Hansen,	Drei Jahre elektronischer Rechtsverkehr – Zwischenbilanz aus Anwendersicht, DRiZ 2010, 128.
Hansens,	Partei- und Geschäftsfähigkeit der BGB-Gesellschaft, BRAGOreport 2002, 49.
Hansens,	Beginn der Höherverzinsung im Kostenfestsetzungsverfahren, BRAGOreport 2002, 62.
Hansens,	Die ZPO-Reform, AnwBl 2002, 125.
Hansens,	Rechtsanwaltsvergütungsgesetz – Bürgerliche Rechtsstreitigkeiten, JurBüro 2004, 249.
Hansens,	Haftpflichtecke, JuBüro 2004, 456.
Hansens,	Der Spuk ist vorbei: Die Neuregelung der Gebührenanrechnung in §§ 15a, 55 RVG, ZfSch 2009, 428.
Hansens,	Der Streit um die sofortige Anwendbarkeit des § 15a RVG bei der Anrechnung der Geschäftsgebühr, ZfSch 2010, 522.
Hau,	Zivilprozesse mit geringem Streitwert: Small claims courts, small claims tracks, small claims procedures, Rabels Z 81, 570.
Hausherr,	Die Erledigung »zwischen den Instanzen«, MDR 2010, 973.
Hartmann,	Die neue Rechtsbehelfsbelehrung im Zivilprozess, NJW 2013, 61.
Hartmann,	Rechtsbehelfsbelehrung trotz Unanfechtbarkeit, NJW 2014, 117.
Hartmann-Hiller,	Die Ohnmacht der Anwälte vor dem allmächtigen Sachverständigen, NZFam 2015, 600.
Heiderhoff,	Zur Abschaffung der Anschlussberufung, NJW 2002, 1402.
Heine,	Die aktuelle Entwicklung der Rechtsprechung zur Entschädigungsklage gem. § 198 GVG wegen unangemessener Verfahrensdauer, MDR 2014, 1008.
Heine,	Überlange Gerichtsverfahren – Die Entschädigungsklage nach § 198 GVG, MDR 2012, 327.
Hendel,	Strategien des Anwalts beim zivilrechtlichen Vergleich – Empfehlungen eines Richters, AnwBl 1997, 509.
Henke,	Rücksendung unfrankierter Empfangsbekenntnisse und Aktenversendungskostenpauschale, AnwBl 1996, 403.

Henke,	Rücksendung von unfrankierten Empfangsbekenntnissen an das Gericht, AnwBl 2002, 713.
Henke,	Kann die Terminsgebühr schon anfallen, bevor eine Klage anhängig ist? AnwBl 2004, 511.
Henke,	Keine Terminsgebühr bei Anerkenntnis? AnwBl 2005, 642.
Henke,	Anrechnung der Geschäftsgebühr auf Übergangsfälle, AnwBl 2009, 709.
Henssler,	Die Klage auf künftige Leistung im Wohnraummietrecht, NJW 1989, 138.
Henssler/Kilian,	Die Neuregelung des Rechts der Vertretung durch Rechtsanwälte vor den Oberlandesgerichten durch das OLG-Vertretungsänderungsgesetz, NJW 2002, 2817.
Henssler/Deckenbrock,	Kostenerstattung bei Beauftragung mehrerer Rechtsanwälte, MDR 2005, 1321.
Henssler/Michel,	Vertretung durch sozietätsverbundene Rechtsanwälte bei einseitigen Willenserklärungen, NJW 2015, 11.
Herberger,	Zehn Anmerkungen zum »Gesetz zur Förderung des elektronischen Rechtsverkehrs mit den Gerichten«, JurPC 2013, WebDok 81/2013.
Herr,	Partei- und Amtsmaxime, DRiZ 1988, 57.
Hess,	»Private law enforcement« und Kollektivklagen, JZ 2011, 66.
Heß,	Das (Teil-)Schmerzensgeld, NJW-Spezial 2004, 63.
Heß/Burmann,	Der Abfindungsvergleich, NJW-Spezial 2004, 207.
Heß/Burmann,	Das – ewige – HWS-Trauma, NJW-Spezial 2004, 303.
Heß/Burmann,	Das Schmerzensgeld bei schweren Verletzungen, NJW-Spezial 2005, 207.
Heßeler,	Die Aktiv- und Passivlegitimation – alles ganz einfach?, NJW 2021, 996.
Hettenbach/Müller,	Die Übergabe von Papierschriftsätzen im Termin in Zeiten der beA-Nutzungspflicht, NJW 2022, 815
Heyers,	Aktuelle Entwicklungen zur Haftung von Sozien einer GbR, MDR 2013, 1322.
Hilger,	Über das Opferrechtsreformgesetz, GA 2004, 478.
Hinz,	ZPO-Reform und Mietprozess, NZM 2001, 601.
Hinz,	Zulassungsberufung und Abhilfeverfahren nach der ZPO-Reform, WuM 2002, 3.
Hinz,	ZPO-Reform – Die wichtigsten Neuerungen für den Mietprozess, WuM 2002, 352.
Hirsch,	Außergerichtliche Beilegung von Verbraucherstreitigkeiten – ein alternativer Zugang zum Recht entsteht, NJW 2013, 2088.
Hirtz,	Die Zukunft des Zivilprozesses, NJW 2014, 2529.
Hirtz,	Gegen das Mantra von der Bindung des Berufungsgerichts, NJW 2014, 1642.
Hirtz,	Reform des Zivilprozesses – Einführung der Beschlussverwerfung, MDR 2001, 1265.
Hirtz,	Modernes Zivilverfahrensrecht?, AnwBl 2004, 503.
Hirtz,	Einforderung des Rechtsgesprächs im Zivilprozess ist Anwaltssache, AnwBl 2012, 21.
Hören,	Medienöffentlichkeit im Gericht – die Änderungen des GVG, NJW 2017, 3339.
Hövel,	Säumnis nach verfristetem Einspruch, NJW 1997, 2864.

Hoffmann, Modernisierung der Zwangsvollstreckung – Das neue Gesetz zur Reform der Sachaufklärung in der Zwangsvollstreckung, BRAK-Mitteilungen 2013, 22.

Hoffmann/Borchers, Das besondere elektronische Anwaltspostfach, CR 2014, 62.

Hoffmann/Maurer, Voraussetzungen und Grenzen anwaltlicher Zeugenvorbereitung, NJW 2018, 257.

Hofmann, Einseitige und übereinstimmende Erledigungserklärung vor unzuständigem Gericht, NJW 2020, 1117.

Hogenschurz, Die zentrale Berufungs- und Beschwerdezuständigkeit in Wohnungseigentumssachen, NJW 2015, 1990.

Hogenschutz, Fristverlängerung zur Anspruchsbegründung nach Widerspruch gegen den Mahnbescheid?, MDR 2014, 1055.

Hosenfeld, Zugangsnachweise für miet- und wohnungseigentumsrechtliche Erklärungen. Segnungen und Fluch des Einwurf-Einschreibens, NZM 2002, 93.

Huber, Anwalts-Haftungsfalle »Vergleich« im »Sachverständigen-Prozess«, NJW Editorial Heft 19/2003.

Huber, Modernisierung der Justiz?, ZRP 2003, 268.

Huber, Die Reform der ZPO – eine Wirkungskontrolle/Verfahrenserneuerungen in der ersten Instanz, in Berichte A zum 65. Deutschen Juristentag, 2004 S. A 5 sowie Beilage zu NJW 27/2004 (Kurzfassungen der Gutachten).

Hülk/Timme, Kosten der Anschlussberufung bei Zurückweisung der Berufung durch Beschluss, MDR 2004, 14.

Hülsmann, Kein Geständnis während der Parteivernehmung, NJW 1997, 617.

Huff, Neues Recht – Neue Risiken. Haftungsfallen der Reformgesetze, Anwalt 4/2002 S. 6.

Husmann, Der unbezifferte Klageantrag als Abwehrrecht gegen unbillige Kostenlast und die Kostenvorschrift des § 92 Abs. 2 ZPO, NJW 1989, 3126.

Ismar, Faule Justiz?, MDR 1996, 1097.

Jäckel, Aktuelle Entwicklungen im zivilprozessualen Beweisrecht, MDR 2018, 1037.

Jaeger, Sachverständigenhaftung nach Vertrags- und Deliktsrecht, ZAP Fach 2, S. 441.

Jagenburg, Die Entwicklung des privaten Bauvertragsrechts seit 1998: BGB- und Werkvertragsfragen – Teil 2, NJW 2001, 191.

Jandt, Beweissicherheit im elektronischen Rechtsverkehr, NJW 2015, 1205.

Jaspersen, Wer trägt die Kosten für die Rücksendung des Empfangsbekenntnisses? ProzRB 2002, 83.

Jerger, Der richtige Zeitpunkt prozessualer Antragstellung – selten beachtet, häufig verpasst!, JR 2013, 47.

Jordans, Das neue Mediationsgesetz – Chancen und Anforderungen für Rechtsanwälte, MDR 2013, 65.

Jorzik, Arzthaftungsprozess – Beweislast und Beweismittel, MDR 2001, 481.

Jungbauer, Einbeziehung der Geschäftsgebühr in einen Vergleich, DAR 2008, 745.

Jungemeyer/Teichmann, Die unterbliebene Kostengrundentscheidung in Fällen einer Nebenintervention, MDR 2011, 1019.

Kahlert, Anordnung des persönlichen Erscheinens im Zivil- und Arbeitsgerichtsprozess, NJW 2003, 3390.

Kahlke, Zur Funktion von Beschwer und Rechtsschutzbedürfnis im Rechtsmittelverfahren, ZZP 94 (1981), 423.

Kaiser,	Besondere Anträge neben Zwangsvollstreckungsrechtsbehelfen des Schuldners, NJW 2014, 364.
Kaiser,	Prozesstaktisch sinnvolle Feststellungsanträge, NJW 2015, 1286.
Kaiser,	Typische Fehler in zivilprozessualen Anträgen, NJW 2017, 1223.
Karwatzki,	Der Streitbeitritt durch schlüssiges Verhalten, ZAP Fach 13, S. 1617.
Kauffmann,	Reiseprozess – Die Rechtsstellung der Mitreisenden, MDR 2002, 1036.
Keders/Walter,	Langdauernde Zivilverfahren – Ursachen überlanger Verfahrensdauern und Abhilfemöglichkeiten, NJW 2013, 1697.
Kemke,	Die Gesellschaft bürgerlichen Rechts im Prozess – Parteibezeichnung und Kostendrittwiderklage gegen die Gesellschafter, NJW 2002, 2218.
Kempe/Antochewicz,	Haftungsfall oder Rettung möglich? – Die fehlerhafte Beklagtenbezeichnung in der Klageschrift, NJW 2013, 2797.
Kempf,	Zur Problematik des Musterprozesses, ZZP 1960, 342.
Kiethe,	Auskunft und sekundäre Behauptungslast – Anspruchsdurchsetzung bei ungeklärten Sachverhalten, MDR 2003, 781.
Kiethe,	Verwertung rechtswidrig erlangter Beweismittel im Zivilprozess, MDR 2006, 965.
Kilian,	Anwaltliches Risikomanagement durch Haftungsbeschränkungsvereinbarungen, AnwBl 2013, 195.
Kindermann,	Die Anrechnung der Geschäftsgebühr, FPR 2010, 351.
Kirchhoff,	Der Verkehrsunfall im Zivilprozeß – Hinweise zur Verbesserung der Zeugenvernehmung, MDR 2000, 186.
Kirchhoff,	Der Verkehrsunfall im Zivilprozeß – Von der Schwierigkeit, Zeugen zu glauben, MDR 1999, 1473.
Kirchhoff,	Richter als Zeugen – Bericht über ein Wahrnehmungsexperiment, MDR 2001, 661.
Kirchhoff,	Zur Würdigung von Zeugenaussagen, MDR 2010, 791.
Kirschbaum,	Flucht in das Anerkenntnis nach Schluss der mündlichen Verhandlung, NJW 2012, 1329.
Klaaßen,	Die Schattenrichter, Süddeutsche Zeitung (SZ) vom 12.11.2003.
Klein,	Das Vorrang- und Beschleunigungsgebot nach § 44 EGZPO, MDR 2021, 393.
Klink,	Justizmodernisierung und Datenschutz, DRiZ 2010, 383.
Klose,	Der Prüfungsumfang bei einer Berufung gegen ein zweites Versäumnisurteil nach einem Vollstreckungsbescheid und einem ersten Versäumnisurteil, NJ 2014, 359.
Klose,	Anschlussberufung – Aktuelle Entwicklungen zur Kostenpflicht bei Wirkungslosigkeit gem. § 524 Abs. 4 ZPO, MDR 2006, 724.
Klotz,	Wiedereinsetzung in den vorigen Stand bei fehlerhafter Telefax-Übermittlung fristgebundener Schriftsätze, MDR 2011, 581.
Kluth/Böckmann,	Beweisrecht – Die zivilprozessuale Partei im Zeugenmantel, MDR 2002, 616.
Klüver,	Kein »Warten auf Godot« oder: Die Ausweitung des neuen § 940a II ZPO (auch) auf Gewerbemietverhältnisse, ZMR 2015, 10.
Knauer/Wolf,	Zivilprozessuale und strafprozessuale Änderungen durch das Erste Justizmodernisierungsgesetz – Teil 1: Änderungen der ZPO, NJW 2004, 2857.
Knoche,	Besorgnis richterlicher Befangenheit wegen der Einleitung strafrechtlicher Schritte, MDR 2000, 371.
Knodel,	Anwaltliche Pflichten und Rechte beim Tod des Mandanten, MDR 2006, 121.

Koch/Wallimann,	Die Reichweite der Rechtsbehelfsbelehrungspflicht nach § 232 ZPO: Auswirkungen einer bestehenden bzw. nichtbestehenden anwaltlichen Vertretung, NJW 2018, 267.
Koch/Wallimann,	Die Reichweite der Rechtsbehelfsbelehrungspflicht nach § 232 ZPO: Das Gesetz zur Erweiterung der Medienöffentlichkeit in Gerichtsverfahren, MDR 2018, 241.
Koch,	Die Beweislast im Rahmen der Schwimmbadaufsicht, NJW 2018, 267.
Koch,	Die Musterfeststellungsklage, MDR 2018, 1409.
Kockentiedt/Windau	Parteianhörung und richterliche Überzeugungsbildung, NJW 2019, 3348.
Kohlhaas,	Wie der Brief so das Fax, NJW – Die Haftungsseite 28/2005, S. XXVI.
Köbler,	BGH sei dank: Willkommen »elektronischer Rechtsverkehr light«, AnwBl 2015, 845.
Köhler,	Gesetzesauslegung und »gefestigte höchstrichterliche Rechtsprechung«, JR 1984, 45.
Köckerbauer,	Die Geltendmachung zivilrechtlicher Ansprüche im Strafverfahren – der Adhäsionsprozess, NJW 1994, 305.
König, Günter,	Anerkenntnis statt Säumnis – Nach dem RVG vielfach ein anwaltlicher Kunstfehler, NJW 2005, 1243.
König, Sabine,	Die ersten 1 1/2 Jahre mit der neuen ZPO, DRiZ 2003, 345.
Kopp/Schmidt,	Die richterliche Überzeugung von der Wahrheit und der Indizienbeweis im Zivilprozess, JR 2015, 51.
Koussoulis,	Aktuelle Probleme der Hauptintervention, ZZP 100 (1987), 211.
Kramer,	ZPO-Reform – Prozesskostenhilfe und Berufungsfristen nach neuem Recht, MDR 2003, 434.
Kranz,	Kapitalanleger-Musterverfahrensgesetz – Die Einführung eines Musterverfahrens im Zivilprozess, MDR 2006, 1021.
Kraus,	Zwangsvollstreckung nach StPO, ZPO und AO – Harmonie oder Konkurrenz, DGVZ 2013, 29.
Kretschmer,	»Rettung« der unzulässigen Berufung durch Klageerweiterung oder Parteiwechsel, jM 2016, 90.
Kreutz,	Fragen zu Struktur und Umsetzung des Instituts aus VO (EU) Nr. 655/2014, GPR 2017, 307.
Krüger,	Das unbekannte Risiko des zivilrechtlichen Vergleichs: Die steuerrechtlichen Folgen, NJW 2015, 203.
Krüger/Bütter,	»Justitia goes online!« – Elektronischer Rechtsverkehr im Zivilprozess, MDR 2003, 181.
Kunze/Paulus,	Die vorläufige Zahlungsanordnung – Eine Totgeburt? ZRP 2005, 44.
Lamprecht,	Das Richterbild Außenstehender, DRiZ 1988, 161.
Lamprecht,	Karlsruher Lotterie, NJW 2000, 3543.
Laghzaoui/Wirges,	Anwaltshaftung bei Verwendung von Internet und Telefax, AnwBl 1999, 253.
Lange, Günter,	Modernisierungs- und Beschleunigungswahn, ZAP-Kolumne 2003, 737.
Lange, Hans Dieter,	Der frühe erste Termin als Vorbereitungstermin, NJW 1986, 1728.
Lange, Hans Dieter,	Bezugnahme im Schriftsatz, NJW 1989, 438.
Lange, Hans Dieter,	Parteianhörung und Parteivernehmung, NJW 2002, 476.
Lange, Hans Dieter,	Bestreiten mit Nichtwissen, NJW 1990, 3233.
Lanz,	Zweiklassenrecht durch Gutachterkauf. Zur mangelnden Neutralität vieler gerichtlicher Gutachter, ZRP 1998, 337.

Lappe,	Modernes Justizkostenrecht? Kritisches zum neuen Kostenrechtsmodernisierungsgesetz, NJW 2004, 2409.
Laumen,	Der Anscheinsbeweis im Straßenverkehrsrecht – Teile 1 und 2, MDR 2020, 1345, 1415.
Laumen,	Der Beweisantrag im Zivilprozess, MDR 2020, 145.
Laumen,	Die Ablehnung von Beweisanträgen im Zivilprozess, MDR 2020, 193.
Laumen,	Die sog. tatsächliche Vermutung, MDR 2015, 1.
Laumen,	Die sekundäre Behauptungslast im Rahmen der Eigentumsvermutung, MDR 2016, 370.
Laumen,	Der Beweis für das äußere Bild, MDR 2016, 560.
Laumen,	Die Beweislastumkehr für die haftungsbegründende Kausalität bei groben Pflichtverletzungen, MDR 2017, 797.
Laumen,	Die sekundäre Behauptungslast, MDR 2019, 193.
Lechner,	Die Rechtsprechung des BGH zum neuen Berufungsrecht im Lichte der Intentionen des Gesetzgebers, NJW 2004, 3593.
Leichsenring,	Die Rücknahme der Prozessaufrechnung, NJW 2013, 2155.
Leidig/Jöbges,	Sämtliche sind ausnahmslos alle – Zur Zulässigkeit des Urkundenprozesses, NJW 2014, 892.
Lenz/Meurer,	Der heimliche Zeuge im Zivilprozeß, MDR 2000, 73.
Lepa,	Auffälligkeiten des Haftpflichtprozesses in unserer Zeit, VersR 2001, 265.
Lilie/Orben,	Zur Verfahrenswirklichkeit des Arztstrafrechts, ZRP 2002, 1.
Lindner,	Stolpersteine bei Kündigungen im Mietrecht, AnwBl 2005, 213.
Lipp,	Beschwerden wegen »greifbarer Gesetzwidrigkeit« nach der ZPO-Reform 2002, NJW 2002, 1700.
Longrée,	Das Recht auf Einsichtnahme in die Akten fremder Verfahren, MDR 2015, 805.
Löw,	Rechte und Pflichten des angestellten Rechtsanwaltes – Darstellung einiger praxisrelevanter Problemkreise, MDR 2006, 913.
Luckey,	Die Widerklage gegen Dritte – Zeugen zum Abschuss freigegeben? MDR 2002, 743.
Luckey,	Der Dritte im Bunde (und im Zivilprozess), ProzRB 2004, 247.
Luckey,	Dabeisein ist alles? Prozessuale Erscheinungspflichten und was man dagegen tun kann, ProzRB 2005, 44.
Lühmann,	Kollektiver Rechtsschutz – Ein aktueller Überblick, NJW 2020, 1706.
Lüke/Kerwer,	Eine »neuartige« Klagenhäufung, NJW 1996, 2121.
Lützen,	»Schriftlichkeit« und »Schriftform« – der unbekannte Unterschied, NJW 2012, 1627.
Lutter,	Gefahren persönlicher Haftung für Gesellschafter und Geschäftsführer einer GmbH, DB 1994, 129.
Madaus,	Die Bindungswirkung zurückverweisender Revisionsurteile, ZZP 2013 (126), 269.
Madert,	Der Gebührenerstattungsanspruch des Berufungsbeklagten bei nur zur Fristwahrung eingelegter Berufung, NJW 2003, 1496.
Mair,	Online mahnen. Bald schon gängige Praxis, Anwalt 4/2002 S. 40.
Mally,	Beweissicherung von Baumängeln, NJW 2017, 1081.
Mankowski,	Wie problematisch ist die Identität des Erklärenden bei E-Mails wirklich? NJW 2002, 2822.
Mankowski,	Für einen Anscheinsbeweis hinsichtlich der Identität des Erklärenden bei E-Mails, CR 2003, 44.

Mankowski, Zum Nachweis des Zugangs bei elektronischen Willenserklärungen, NJW 2004, 1901.

Mankowski/Höpker, Die Hemmung der Verjährung bei Verhandlungen nach § 203 BGB, MDR 2004, 721.

Mantz, Das Recht auf Waffengleichheit und die Praxis im Verfahren der einstweiligen Verfügung, NJW 2019, 953.

Mantzouranis, Die Widerklage mit Drittbeteiligung als Mittel zur Ausschöpfung des historischen Sachverhalts, ZZP 2014, 375.

Martis/Winkhart-Martis, Aktuelle Rechtsprechung zu voll beherrschbaren Risiken und Dokumentationsversäumnissen im Arzthaftungsrecht, MDR 2018, 449.

Meier/Falk, Die Höhe des Verzugszinses nach dem Schuldrechtsmodernisierungsgesetz, MDR 2002, 746.

Meiske, Das sofortige Anerkenntnis im schriftlichen Vorverfahren, NJW 1993, 1904.

Meller-Hannich, Die Neufassung von § 522 ZPO – Unbestimmte Rechtsbegriffe, Ermessen und ein neuartiges Rechtsmittel, NJW 2011, 3393.

Mertins, Die vorläufige Vollstreckbarkeit aus § 709 S. 2 ZPO, DRiZ 1983, 228.

Meurer, Baumängelprozeß – Verfahrensvorbereitung und Auswahl der richtigen Klageart, MDR 2000, 1041.

Metz, Das Haftbefehlsverfahren in der Zwangsvollstreckung, NJW 2015, 3340.

Meyer, Dieter, Über die Möglichkeiten eines zivilrechtlichen Vergleichs in der strafrechtlichen Hauptverhandlung, JurBüro 1984, 1122.

Meyer, Susanne, Verjährung von Schadensersatzansprüchen bei bezifferter verdeckter Teilklage, NJW 2002, 3067.

Meyer-Mews, Die »in dubio contra reo« – Rechtsprechungspraxis bei Aussage-gegen-Aussage-Delikten, NJW 2000, 916.

Meyke, Die Funktion der Zeugenaussage im Zivilprozeß, NJW 1989, 2032.

Meyke, Zur Anhörung der Parteien im Zivilprozeß, MDR 1987, 358.

Minwegen, Widerrechtliche Ausnutzung des gerichtlichen Mahnverfahrens und Verteidigungsmöglichkeiten, ZAP Fach 13, S. 2059.

Mischke/Girkens, Kostenvorschuss beim selbstständigen Beweisverfahren, ZAP Fach 13, S. 1739.

Mödl/Hadidi, Die elektronische Einreichung zu den Gerichten, NJW 2010, 2097.

Möller, Der gesetzliche Richter im Zivilprozess – Anwaltliche Wahl- und Gestaltungsmöglichkeiten, NJW 2009, 3632 und 3769.

Mroß, Anwälte müssen umlernen: Neue Möglichkeiten in der Zwangsvollstreckung, AnwBl 2013, 16.

Mühlhausen/Prell, Verwendung digitalisierter Fotos in technischen Gutachten, NJW 2002, 99.

Müller, Gerda, Die Rechtsprechung des BGH zur Wiedereinsetzung in den vorigen Stand, NJW 1993, 681; 1995, 3224; 1998, 497; 2000, 322.

Müller, Gerda, Typische Fehler bei der Wiedereinsetzung in den vorigen Stand, NJW 1993, 681.

Müller, Hans-Friedrich, Abhilfemöglichkeiten bei der Verletzung des Anspruchs auf rechtliches Gehör nach der ZPO-Reform, NJW 2002, 2743.

Müller, Henning, Neue Rechtsbegriffe im Zustellungsrecht – Sichere Übermittlungswege und das elektronische Empfangsbekenntnis, NJW 2017, 2713.

Müller, Henning, Die Übermittlung und Prüfung der elektronischen Signatur des gegnerischen Schriftsatzes, NJW 2015, 822.

Müller, Henning,	Neue Rechtsbegriffe im Zustellungsrecht – Sichere Übermittlungswege und das elektronische Empfangsbekenntnis, NJW 2017, 2713.
Müller/Heydn,	Der sinnlose Schlagabtausch zwischen den Instanzen auf dem Prüfstand: Für eine Abschaffung der Tatbestandsberichtigung, NJW 2005, 1750.
Müller-Teckhoff,	Rechte und Pflichten des Gerichts beim Prozessvergleich nach § 278 Abs. 6 ZPO.
Münzberg,	Titel mit Verfallklauseln, RPfleger 1997, 413.
Musielak,	Reform des Zivilprozesses, NJW 2000, 2769.
Müther,	Prozeßtaktik im Zivilprozeß, MDR 1998, 1335.
Nagel,	Haftungsquote und Anscheinsbeweis beim Verkehrsunfall mit zwei Kraftfahrzeugen, NJW 2013, 193.
Nasall,	Wenn das Wörtchen »kann« nicht wäre – ZPO-Präklusionsvorschriften und richterliche Ermessensausübung, NJW 2020, 1939.
Nasall,	Irrwege. Wege. – Die Rechtsmittelzulassung durch den BGH, NJW 2003, 1345.
Nassall,	Anhörungsrügengesetz – Nach der Reform ist vor der Reform, ZRP 2004, 164.
Netzer,	Neues Rechtsmittelrecht im Zivilprozess – Rechtstatsächliche Erkenntnisse, DRiZ 2005, 173.
Neugebauer,	Reform der Sachaufklärung, MDR 2012, 1441.
Neuhaus, Kai-Jochen,	Richterliche Hinweis- und Aufklärungspflicht der alten und neuen ZPO: Überblick und Praxishilfen, MDR 2002, 438.
Neuhaus, Ralf,	Das Opferrechtsreformgesetz 2004, StV 2004, 620.
Neuhaus/Krause,	Die Auswahl des Sachverständigen im Zivilprozess, MDR 2006, 605.
Nickel,	Änderungen im Bereich der Prozesskostenhilfe 2005, MDR 2005, 729.
Nickel,	Aktuelle Entwicklungen in der Rechtsprechung zur Prozesskostenhilfe, MDR 2010, 1227.
Nickel,	Aktuelle Entwicklungen in der Rechtsprechung zur Prozesskostenhilfe, MDR 2011, 1334.
Nieder,	Anspruchsverfolgung nach § 717 ZPO gegen Rechtsnachfolger, NJW 1975, 1000.
Nierwetberg,	Die Behandlung materiell-rechtlicher Einreden bei Beantragung des Versäumnisurteils gegen den Beklagten, ZZP 98 (1985), 442.
Nissen/Elzer,	Der Gebührenstreitwert der Stufenklage, MDR 2021, 1161.
Nober/Ghassemi-Tabar,	Die Hinweispflicht im Zivilprozess, NJW 2017, 3265.
Nowak,	Der elektronische Vertrag – Zustandekommen und Wirksamkeit unter Berücksichtigung des neuen »Formvorschriftenanpassungsgesetzes«, MDR 2001, 841.
Nugel,	Haftungsquote und Anscheinsbeweis beim Verkehrsunfall mit zwei Kraftfahrzeugen, NJW 2013, 193.
Oehler,	Zur Problematik der Sachverständigenauswahl, ZRP 1999, 285.
Olenhusen, von,	Spezialisierung im Zivilprozess – Gedanken zur Zukunftssicherung unserer Justiz, DRiZ 2014, 296.
Orfanides,	Probleme des gerichtlichen Geständnisses, NJW 1990, 3174.
Orlich,	Die Berufung gegen Versäumnisurteile, NJW 1980, 1782.
Otto/Hollands,	Kostenrisiken des Streithelfers im Bauprozeß bei Vergleich durch die Hauptparteien, BauR 2004, 1528.
Pantle,	Die Anhörung des Sachverständigen, MDR 1989, 312.
Pape,	Kostenrisiko des Anschlussberufungsklägers bei einstimmiger Zurückweisung der Berufung, NJW 2003, 1150.

Pawlowski,	Keine Bindung an »Geständnisse« im Zivilprozess, MDR 1997, 7.
Pecher,	Über zivilrechtliche Vergleiche im Strafverfahren, NJW 1981, 2170.
Peglau,	Säumnis einer Partei und kontradiktorisches Urteil im Verfahren nach § 495a ZPO, NJW 1997, 2222.
Pentz, von,	Die Rechtsprechung des BGH zur Wiedereinsetzung in den vorigen Stand, NJW 2003, 858.
Peters,	Beweislast und Anspruchsgrundlagen im Streit der Forderungsprätendenten, NJW 1996, 1246.
Petershagen,	Die Nebenforderung im schriftlichen Vorverfahren, NJW 2018, 1782.
Petzold,	Die Erfüllung im Mahnverfahren, NJW 2019, 822.
Pfeiffer,	Rechtsberühmung oder Schlüssigkeit als Zulässigkeitsvoraussetzung der Hauptintervention, ZZP 111 (1998), 131.
Piekenbrock,	Umfang und Bedeutung der richterlichen Hinweispflicht, NJW 1999, 1360.
Picker,	Schuldrechtliche Rechte gegen den Betreiber von Zwangsvollstreckung oder Teilversteigerung als »die Veräußerung hinderndes Recht« i.S.d. Drittwiderklage, JZ 2014, 431.
Plaßmeier,	Brauchen wir ein Kapitalanleger-Musterverfahren?, NZG 2005, 609.
Podlech-Trappmann,	Geschäftsgebühr und Terminsgebühr, JurBüro 2004, 351.
Praun,	Präklusion von Einwendungen im selbstständigen Beweisverfahren und Hauptsacheverfahren, BauR 2013, 1041.
Prechtel,	Das Erfordernis der Konnexität zwischen Beweismittel und -behauptung im Zivilprozess, DRiZ 2014, 262.
Prechtel,	Schriftsatznachlass ohne Antrag nach richterlichem Hinweis in der mündlichen Verhandlung, DRiZ 2013, 330.
Prechtel,	Zulässigkeit der Abtretung anwaltlicher Honorarforderungen an Rechtsanwälte angesichts § 49b Abs. 4 BRAO, NJW 1997, 1813.
Prechtel,	Gerichtsstand für anwaltliche Honorarforderungen – Der aktuelle Meinungsstand, MDR 2003, 667.
Prechtel,	Das Adhäsionsverfahren, ZAP Fach 22, S. 399.
Prechtel,	Die Streitverkündung in der Praxis, ZAP Fach 13, S. 1315.
Prechtel,	Die Wiedereinsetzung in der Praxis, ZAP Fach 13, S. 1335.
Prechtel,	Die Prozessaufrechnung in der Praxis, ZAP Fach 13, S. 1367.
Prechtel,	Haftungsfallen beim Prozessvergleich, ZAP Fach 13, S. 1373.
Prechtel,	Die Erledigung des Rechtsstreits in der Praxis, ZAP Fach 13, S. 1391.
Prechtel,	Unterschriftsprobleme im Zivilprozess, ZAP Fach 13, S. 1421.
Prechtel,	Präventive Maßnahmen zur Vermeidung der Präklusion wegen Fristversäumnis, ZAP Fach 13, S. 1431.
Prechtel,	Zustellung gegen Empfangsbekenntnis, ZAP Fach 13, S. 1445.
Prechtel,	Fehlerquellen bei der Parteibezeichnung, ZAP Fach 13, S. 1479.
Prechtel,	Entkräftung eines Sachverständigengutachtens, ZAP Fach 13, S. 1489.
Prechtel,	Anträge auf Schriftsatznachlass, ZAP Fach 13, S. 1539.
Prechtel,	Der Beweisantritt beim Urkundenbeweis, ZAP Fach 13, S. 1571.
Prechtel,	Chancen und Risiken einer Teilklage, ZAP Fach 13, S. 1621.
Prechtel,	Kostenrisiken für den Streithelfer, ZAP Fach 13, S. 1665.
Prechtel,	Anwaltszwang für den Streithelfer?, DRiZ 2008, 84.
Prechtel,	Prozesstaktische Pflichten des Anwalts, MDR 2010, 549.
Primozic,	Anwaltliche Streitwertgestaltung in der Berufungsinstanz, NJW 2020, 1272.

Prütting,	Der Zivilprozess im Jahr 2030: Ein Prozess ohne Zukunft, AnwBl 2013, 401.
Prütting,	Auf dem Weg von der mündlichen Verhandlung zur Videokonferenz, AnwBl 2013, 330.
Quadbeck,	Vollstreckung in Bausachen, MDR 2000, 570.
Quadflieg,	Erstattungsfähigkeit der Kosten eines Privatgutachtens, NJW-Spezial 2013, 649.
Radke,	Die Zukunft hängt davon ab, was wir heute tun – Auf dem Weg in die elektronische Justiz, jM 2014, 398.
Radke,	Die Zurückweisung der Berufung durch Beschluss (§ 522 Abs. 2 ZPO) – eine Verteidigungsschrift, jM 2015, 228.
Raeschke-Kessler,	Die Rechtsmittelreform im Zivilprozess von 2001 – ein Fortschritt? AnwBl 2004, 321.
Raeschke-Kessler,	Die Alternative zum Prozess, AnwBl 2012, 64.
Redeker,	Die Sicherheit von E-Mails, NJW 2002 Heft 44 S. XVIII.
Redeker,	Elektronische Kommunikation mit der Justiz – eine Herausforderung für die Anwaltschaft, AnwBl 2005, 348.
Regenfus,	Die weitere Streitverkündung, NZM 2010, 226.
Rehart,	Widerklage auf Aufhebung einer einstweiligen Verfügung – wirklich zulässig?, WRP 2017, 1307.
Reichert,	Der Zugangsnachweis beim Einwurf-Einschreiben, NJW 2001, 2523.
Reinecke,	Die Krise der freien Beweiswürdigung im Zivilprozeß oder Über die Schwierigkeit, einem Zeugen nicht zu glauben, MDR 1986, 630.
Reinecke,	Der Zeuge N.N. in der zivil- und arbeitsgerichtlichen Praxis, MDR 1990, 767.
Reinelt,	Streitverkündung bei alternativen Haftungsereignissen, ZAP Fach 13, S. 2055.
Reinelt,	Irrationales Recht, ZAP-Sonderheft für Dr. Egon Schneider, 2002, 52.
Reinfelder,	Der Rücktritt von Aufhebungsvertrag und Prozessvergleich, NZA 2013, 62.
Reinelt,	Praxisprobleme mit der Prozessfähigkeit der GbR, ZAP Fach 13, S. 1387.
Reinke,	Der Räumungsprozess im Spannungsverhältnis zwischen berufsgerichtlicher Fehlerberichtigung und Präklusion, NZM 2013, 404.
Renk,	Zur Aufgabe der Rechtsanwälte vor dem Zivilgericht, DRiZ 1996, 102.
Rensen,	§ 139 ZPO – Stärkung der ersten Instanz oder alles beim Alten?, AnwBl 2002, 633.
Rensen,	Richterliche Hinweispflicht – Streichung der Dokumentationspflicht und der obligatorischen Schriftsatzfrist?, MDR 2003, 483.
Rensen,	Gegnerische Rügen im Anwaltsprozess, MDR 2006, 266.
Rensen,	Die Kosten des Prozessfinanzierers als Schaden?, MDR 2010, 182.
Rensen,	Rechtsbehelfsbelehrungen und Wiedereinsetzung im Zivilprozess, MDR 2011, 201.
Reuß,	Anrechnung der Geschäftsgebühr auf die Verfahrensgebühr eines im Rahmen der PKH beigeordneten Rechtsanwalts, EFG 2011, 79.
Reus,	E-Mails in der anwaltlichen Praxis, MDR 2012, 882.
Reus,	Kosten unselbstständiger Anschlussrechtsmittel bei Rücknahme, Verwerfung und Zurückweisung des Hauptrechtsmittels, NJW 2018, 1846.

Riehm,	Alternative Streitbeilegung und Verjährungshemmung, NJW 2017, 113.
Riehm/Bucher,	Die Drittwiderklage, ZZP Bd. 123, 34.
Riemer,	Die Robe, des Richters liebstes Ding, DRiZ 1995, 481.
Riesenkampff,	Beweisbarkeit der form- und fristgemäßen Übermittlung durch Telefaxgeräte, NJW 2004, 3296.
Rimmelspacher,	Die Berufungsgründe im reformierten Zivilprozess, NJW 2002, 1897.
Rimmelspacher,	Die Rechtsmittel im Zivilprozess nach der Reform, Jura 2002, 11.
Rickert/König,	Die Streitverkündung gegenüber dem gerichtlich bestellten Sachverständigen, NJW 2005, 1829.
Risse,	Der Homo iuridicus – ein gefährliches Trugbild, NJW 2018, 2848.
Ritter,	Stolpersteine bei der Mandatsniederlegung, NJW 2015, 2008.
Rojahn/Jerger,	Richterliche Unparteilichkeit und Unabhängigkeit im Zeitalter sozialer Netzwerke, NJW 2014, 1147.
Rösler,	Präjudizienwirkungen im deutschen Zivilprozessrecht, ZZP 2013, 295.
Rixecker,	Die Erledigung im Verfahren der Stufenklage, MDR 1985, 633.
Rixecker,	Fehlerquellen am Weg der Fehlerkontrolle – Rechtsprobleme des reformierten Berufungsrechts in Verkehrs und Versicherungssachen, NJW 2004, 705.
Rohlfing,	Präklusion des erstmals im Berufungsrechtszug ausgeübten Widerrufsrechts, NJW 2010, 1787.
Römermann,	Rechtsdienstleistungsgesetz – Die (un)heimliche Revolution in der Rechtsberatungsbranche, NJW 2006, 3025.
Roßnagel/Nebel,	Beweisführung mittels ersetzend gescannter Dokumente, NJW 2014, 886.
Roßnagel/Pfitzmann,	Der Beweiswert von E-Mail, NJW 2003, 1209.
Roth,	Wiedereinsetzung bei besetztem Faxanschluss, NJW 2008, 785.
Rottenleuthner,	Umbau des Rechtsstaats? – Ergebnisse einer rechtstatsächlichen Untersuchung zur Praxis von § 495a ZPO, NJW 1996, 2473.
Rücker/Bell,	Das Erfolgshonorar für Rechtsanwälte, MDR 2022, 470.
Rüßmann,	Die Zeugenvernehmung im Zivilprozeß, DRiZ 1985, 41.
Saenger/Sandhaus,	Fehlende Postulationsfähigkeit und Verweisung bei Unzuständigkeit, NJW 2014, 417.
Saenger/Uphoff,	Erstattungsfähigkeit anwaltlicher Zeithonorare, NJW 2014, 1412.
Saenger/Uphoff,	Die Geltendmachung von Zinsansprüchen für verauslagte Gerichts- und Anwaltskosten, MDR 2014, 192.
Salje,	Der mißbrauchte Prozeßvergleich – ein Beispiel für kapazitätsgesteuerte Gerechtigkeit? DRiZ 1994, 285.
Salten,	Das neue Gerichtsvollzieherantragsformular, MDR 2016, 125.
Salten,	Die Bezeichnung der Hauptforderung im Mahnverfahren, MDR 1998, 1144.
Sander,	E-mails und die Beweisführung im Prozess, DR 2014, 292.
Sarres,	Die (Pflichtteils-)Stufenklage: Vor- und Nachteile einer Standardklage, ZEV 2015, 75.
Sarres,	Alternativen zur (Pflichtteils-)Stufenklage, ZEV 2015, 205.
Sass,	Die Folgen der versäumten Zahlung des Auslagenvorschusses nach § 379 ZPO, MDR 1985, 96.
Schaefer,	Was ist denn neu an der neuen Hinweispflicht?, NJW 2002, 849.
Schäfer,	Schriftsatznachlass zum Zwecke der Beweiswürdigung?, NJW 2013, 654.

Schärtel,	Die Beweislastverteilung im Arzthaftungsprozess, NJW 2014, 3601.
Schapernack,	Der Vergleich mit Widerrufsvorbehalt – Fakten und Formulierungshinweise, MDR 1996, 883.
Scharder,	Belastung der Justiz durch das Kostenmodernisierungsgesetz?, DRiZ 2004, 154.
Schaumburg,	Mündliche Verhandlungen per Videokonferenz – Erste Erfahrungen mit Videoverhandlungen beim Finanzgericht Köln, ZRP 2002, 313.
Schauseil,	Die Aktivlegitimation in Verkehrsunfallprozessen, MDR 2012, 446.
Schellenberg,	Berufungsverfahren – Der Zurückweisungsbeschluss nach § 522 Abs. 2 ZPO in der gerichtlichen Praxis, MDR 2005, 610.
Schellhammer,	Zivilprozessreform und erste Instanz, MDR 2001, 1081.
Schellhammer,	Zivilprozessreform und Berufung, MDR 2001, 1141.
Schenkel,	Rechtsmittelverfahren – Durchführung im Rahmen der Anwendung des Meistbegünstigungsprinzips, MDR 2003, 136.
Schenkel,	Berufungsverfahren – Die erstmalige Erhebung der Verjährungseinrede in zweiter Instanz, MDR 2005, 726.
Schibl,	Zug-um-Zug Urteile in der Zwangsvollstreckung, NJW 1984, 1945.
Schirmer,	Das Adhäsionsverfahren nach neuem Recht – die Stellung der Unfallbeteiligten und deren Versicherer, DAR 1988, 121.
Schmeel,	Die Ermittlung des Streitwerts der Nebenintervention, MDR 2012, 13.
Schmid,	Urkundenprozess bei rückständigen Mietnebenkosten, MDR 2013, 1266.
Schmidt,	Die Reform der Sachaufklärung in der Zwangsvollstreckung – Änderungen neu verpackt, JurBüro 2015, 395.
Schmidt,	Stärkung der Gläubigerrechte – Theorie und Praxis, JurBüro 2015, 8.
Schmidt,	Ein Jahr Reform der Sachaufklärung in der Zwangsvollstreckung, JurBüro 2014, 6.
Schmidt,	Reform der Sachaufklärung in der Zwangsvollstreckung – ein (weiterer) Zwischenbericht, JurBüro 2014, 397.
Schmidt,	Zwangsvollstreckung in Wertpapiere, DGVZ 2014, 77.
Schmidt,	Abhilfeverfahren gemäß § 321a ZPO n.F. – Selbstkorrektur der Gerichte bei Verfahrensverletzungen, MDR 2002, 915.
Schmitt,	Die Aussonderung der Kosten erfolgloser Angriffs- und Verteidigungsmittel, NJW 2021, 1131.
Schmitt-Gaedke,	Die Schutzschrift im einstweiligen Rechtsschutz, ZAP Fach 13, S. 2091.
Schmitt-Gaedke,	Gegenangriff im einstweiligen Verfügungsverfahren, ZAP Fach 13, S. 1775.
Schmitt-Gaedke,	Rechtliches Gehör und Waffengleichheit im Eilverfahren – Die Umsetzung der BVerfG-Rechtsprechung in der Praxis, ZAP 2022, 627.
Schmitz,	Die Vernehmung des GmbH-Geschäftsführers im Zivilprozeß, GmbHR 2000, 1140.
Schmude/Eichele,	Berufungsverfahren nach dem Zivilprozessreformgesetz, BRAK-Mitt. 2001, 255.
Schnabl,	Kombination von Anhörungsrüge und Befangenheitsablehnung, ZAP Fach 13, S. 1523.
Schneider,	BGH ändert Rechtsprechung zur Vergütungsvereinbarung, NJW-Spezial 2014, 475.
Schneider,	Der unbekannte § 122 II ZPO, NJW-Spezial 2013, 91.
Schneider,	Beendigung eines aussichtslosen Rechtsstreits nach Mahnverfahren, NJW-Spezial 2013, 27.

Schneider,	Schriftsatznachlass für beide Parteien, NJW-Spezial 2014, 539.
Schneider,	Wann bedeutet ein Klageabweisungsantrag eine ernsthafte und endgültige Leistungsverweigerung?, MDR 2015, 1394.
Schneider,	Der unachtsame Kfz-Fahrer: Materielle und prozessuale Überlegungen im Zusammenhang mit einem Verkehrsunfall, jura 2014, 323.
Schneider,	Abstandnahme vom Urkundenprozess im Berufungsverfahren – Ein kostenrechtliches Problem, NJW 2014, 2333.
Schneider,	Beendigung eines aussichtslosen Rechtsstreits nach Mahnverfahren, NJW-Spezial 2013, 27.
Schneider, Egon,	Die Substantiierungslast beim Bestreiten, MDR 1962, 361.
Schneider, Egon,	Die Beweiswürdigung im Zivilprozeß, MDR 1966, 561.
Schneider, Egon,	Verhandlung und Entscheidung bei der Stufenklage, MDR 1969, 624.
Schneider, Egon,	Der Streitwert bei Teilzahlung auf eine verzinsliche Hauptforderung, DRiZ 1979, 310.
Schneider, Egon,	Der Streitgenosse als Zeuge, MDR 1982, 372.
Schneider, Egon,	Problemfälle aus der Prozeßpraxis: »Der Zugang wird bestritten«, MDR 1984, 281.
Schneider, Egon,	Problemfälle aus der Prozesspraxis: »Die eigene Sachkunde des Berufungsgerichts«, MDR 1985, 199.
Schneider, Egon,	Prozesstaktik, Buchbesprechung, MDR 1987, 725.
Schneider, Egon,	Das Geständnis im Zivilprozeß, MDR 1991, 279.
Schneider, Egon,	Beschleunigende Nichtannahmeberufung? NJW 1994, 2267.
Schneider, Egon,	Entlastung der Gerichte – Eine Sisyphusarbeit, MDR 1996, 865.
Schneider, Egon,	Die neuere Rechtsprechung zur Befangenheitsablehnung im Zivilprozeß, ZAP Fach 13, S. 447.
Schneider, Egon,	Erfolglose Richterablehnung im Zivilprozeß, NJW 1996, 2285.
Schneider, Egon,	50 Jahre MDR, MDR 1997, 305.
Schneider, Egon,	Ein mißratener Prozeßvergleich, MDR 1997, 1091.
Schneider, Egon,	Vertrauensbruch durch Rechtsprechung, MDR 1997, 904.
Schneider, Egon,	Anwalt und irrender Richter, NJW 1998, 3695.
Schneider, Egon,	Beweisrechtsverstöße in der Praxis, MDR 1998, 997.
Schneider, Egon,	Individualisierung des Anspruchs im Mahnantrag, MDR 1998, 1333.
Schneider, Egon,	Prozeßtaktischer Einsatz der Widerklage, MDR 1998, 21.
Schneider, Egon,	Tendenzen und Kontroversen in der Rechtsprechung, MDR 1998, 69, 251; 1999, 193, 1033; 2000, 189, 747.
Schneider, Egon,	Versäumnisurteil wegen Verspätung des Anwalts, MDR 1998, 577.
Schneider, Egon,	Auslegung eines Begründungsverzichts als konkludenter Rechtsmittelverzicht, MDR 2000, 987.
Schneider, Egon,	Glaubhaftmachung und Beweislast bei der Befangenheitsablehnung, MDR 2000, 1304.
Schneider, Egon,	Neue Rechtsprechung zur Erlassfalle, MDR 2000, 857.
Schneider, Egon,	Ausnahmebeschwerde und Ausnahmeberufung, MDR 2001, 845.
Schneider, Egon,	Die missglückte ZPO-Reform, NJW 2001, 3756.
Schneider, Egon,	Kreative Chancen nutzen. Der Anwalt und das Prozessrecht, Anwalt 12/2001 S. 16.
Schneider, Egon,	Verhandlung über das Beweisergebnis, MDR 2001, 781.
Schneider, Egon,	Zivilprozessreform – Das neue zivilprozessuale Ablehnungsrecht, MDR 2001, 1399.
Schneider, Egon,	Das neue Berufungsverfahren, Leserbrief, NJW 2004 Heft 40 S. XVIII.

Schneider, Egon, JuMoG – ZPO-Reform, 2. Akt, AnwBl 2003, 547.

Schneider, Egon, Verfassungswidrigkeit des § 522 Abs. 3 ZPO, AnwBl 2003, 193.

Schneider, Egon, Die neue ZPO – Risiken und Kontroversen.

Schneider, Egon, ZPO-Reform – Vergütung im Verfahren über die Zulassung der Sprungrevision nach § 566 ZPO n.F., MDR 2003, 250.

Schneider, Egon, Der vorbereitende Einzelrichter im Berufungsverfahren, MDR 2003, 374.

Schneider, Egon, Verspätungsrecht im Berufungsverfahren, NJW 2003, 1434.

Schneider, Egon, ZPO-Reform 2002 – Ein kritisches Resümee, MDR 2003, 901.

Schneider, Egon, Aufklärungs- und Hinweispflicht beim Zinsantrag, Leserbrief, NJW 2004 Heft 24 S. XVI.

Schneider, Egon, Fallstricke der neuen ZPO, KammerForum-RAK Köln 2003, 187.

Schneider, Egon, Das Vorgehen bei der Richterablehnung, MDR 2005, 671.

Schneider, Egon, Kostenrechtliche Betrachtungen zum Verfahren über die Gehörsrüge nach § 321a ZPO, NJW 2002, 1094.

Schneider, Egon, Die Gehörsrüge (§ 321a ZPO), AnwBl 2002, 620.

Schneider, Egon, Praxis und Taktik im Zivilprozess, ZAP Fach 13, S. 741.

Schneider, Egon, Befangenheitsablehnung wegen Gehörsverletzung, ZAP Fach 13, S. 1093.

Schneider, Egon, Die Kostenregelung der Klagerücknahme nach neuem Recht, JurBüro 2002, 509.

Schneider, Egon, Präklusionsrecht – Gefahrenstellen und Abwehrstrategien im Überblick, MDR 2002, 684.

Schneider, Egon, Anschlußberufung – ein Pannenregister, ZAP Fach 13, S. 1169.

Schneider, Egon, Aufklärungs- und Hinweispflicht, ZAP-Kolumne 2002, 857.

Schneider, Egon, Die neue ZPO aus der Sicht des Gesetzgebers, ZAP Fach 13, S. 1147.

Schneider, Egon, Die Hüter der Vergangenheit, ZAP-Kolumne 2002, 195.

Schneider, Egon, Die Mauer, ZAP-Kolumne 2002, 251.

Schneider, Egon, Ein Jahr neue ZPO, ZAP-Kolumne 2002, 1385.

Schneider, Egon, Kehrtwendung bei Befangenheitsablehnung, ZAP-Kolumne 2002, 665.

Schneider, Egon, Korrektur der Anwaltshaftung, ZAP-Kolumne 2002, 1097.

Schneider, Egon, Neuere Rechtsprechung zur Befangenheitsablehnung im Zivilprozeß, ZAP Fach 13, S. 749.

Schneider, Egon, Rechtsanwendungsprobleme und Kostenfragen der neuen ZPO, ZAP Fach 13, S. 1105.

Schneider, Egon, ZPO-Ableger, ZAP-Kolumne 2002, 483.

Schneider, Egon, Befangenheitsanträge wegen verweigerter Terminsverlegung, ZAP Fach 13, S. 1179.

Schneider, Egon, Richtiges Vorgehen in Ablehnungsverfahren, ZAP Fach 13, S. 1183.

Schneider, Egon, Gehörsrügen, ZAP Fach 13, S. 1197.

Schneider, Egon, Der Verfall des Ablehnungsrechts, ZAP-Kolumne 2004, 281.

Schneider, Egon, Die Überprüfung des 2. Versäumnisurteils im Berufungsrechtszug, MDR 1985, 377.

Schneider, Egon, Entwertung der Mündlichkeit und Unmittelbarkeit, ZAP-Kolumne 2004, 1.

Schneider, Egon, Anforderungen an Anträge auf Fristverlängerung, ZAP Fach 13, S. 991.

Schneider, Egon, Richtiges Vorgehen in Ablehnungsverfahren, ZAP Fach 13, S. 1183.

Schneider, Egon, Übertragungspflicht und Zulassungsverbot für den Einzelrichter, ZAP Fach 13, S. 1213.

Schneider, Egon, Die grundsätzliche Bedeutung, ZAP Fach 13, S. 1225.
Schneider, Egon, Über die Grenzen der Einzelrichterzuständigkeit, ZAP Fach 13, S. 1235.
Schneider, Egon, Zweifelsfragen zur einstimmigen Zurückweisung der Berufung, ZAP Fach 13, S. 1239.
Schneider, Egon, Fehlerhafte Beweisbeschlüsse, ZAP Fach 13, S. 1255.
Schneider, Egon, Änderungen in der ZPO durch das 1. Justizmodernisierungsgesetz, ZAP Fach 13, S. 1257.
Schneider, Egon, Befangenheitsablehnung bei verweigerter Terminsverlegung, ZAP Fach 13, S. 1267.
Schneider, Egon, Glaubhaftmachung im Ablehnungsverfahren, ZAP Fach 13, S. 1273.
Schneider, Egon, Die Anhörungsrüge im Zivilprozeß, ZAP Fach 13, S. 1275.
Schneider, Egon, Beweisantizipation im PKH-Verfahren, ZAP Fach 13, S. 1305.
Schneider, Egon, Die Form des Antrags auf Verlängerung der Berufungsbegründungsfrist, ZAP Fach 13, S. 1307.
Schneider, Egon, Rechtsprobleme der Gehörsgewährung, ZAP Fach 13, S. 1309.
Schneider, Egon, Anträge auf Terminsverlegung, ZAP Fach 13, S. 1311.
Schneider, Egon, Zweitinstanzliches Präklusionsrecht, ZAP Fach 13, S. 1329.
Schneider, Egon, Die Gegenvorstellung – ein Verwirrspiel, ZAP Fach 13, S. 1333.
Schneider, Egon, Anforderungen an die anwaltliche Unterschrift, ZAP Fach 13, S. 1361.
Schneider, Egon, Anfechtbarkeit von Zuständigkeitsentscheidungen im Verhältnis des Einzelrichters zum Kollegium, ZAP Fach 13, S. 1363.
Schneider, Egon, Tatsachenbindung in der Berufungsinstanz, ZAP Fach 13, S. 1385.
Schneider, Egon, Terminsverlegung und Verstoß gegen die Wartepflicht, ZAP Fach 13, S. 1419.
Schneider, Egon, Willkürliche Zurückweisung einer Gehörsrüge nach § 321a ZPO, ZAP Fach 13, S. 1429.
Schneider, Egon, Befangenheit wegen ablehnender Äußerungen im Votum, ZAP Fach 13, S. 1443.
Schneider, Egon, Hinweise und Schriftsätze zur Stellungnahme ohne Fristsetzung, ZAP Fach 13, S. 1470.
Schneider, Egon, Anwaltliches Fragerecht bei der Zeugenvernehmung, ZAP Fach 13, S. 1471.
Schneider, Egon, Bindung des Berufungsgerichts an festgestellte Tatsachen, ZAP Fach 13, S. 1474.
Schneider, Egon, Haftung für falsche Zeugenaussagen, ZAP Fach 13, S. 1511.
Schneider, Egon, Gerichtsstand bei Vertragsanfechtung wegen arglistiger Täuschung, ZAP Fach 13, S. 1512.
Schneider, Egon, Kausalität zwischen Mittellosigkeit und Fristversäumung bei der Prozesskostenhilfe, ZAP Fach 13, S. 1521.
Schneider, Egon, PKH und Verspätungsrecht, ZAP Fach 13, S. 1530.
Schneider, Egon, Verwertung von Fremdgutachten, ZAP Fach 13, S. 1533.
Schneider, Egon, Aussetzung wegen selbstständigen Beweisverfahrens, ZAP Fach 13, S. 1534.
Schneider, Egon, Später Schriftsatz im Beschwerdeverfahren, ZAP Fach 13, S. 1536.
Schneider, Egon, Die Grundrechte im Prozess, ZAP Fach 13, S. 1547.
Schneider, Egon, Zuständigkeit bei Teil-PKH, ZAP Fach 13, S. 1580.
Schneider, Egon, Verstoß gegen die Bindung an Parteianträge, ZAP Fach 13, S. 1585.
Schneider, Egon, Neue Rechtsprechung zur Befangenheitsablehnung, ZAP Fach 13, S. 1603.

Schneider, Egon,	Ordnungsgeld gegen nicht erschienene Partei, ZAP Fach 13, S. 1603.
Schneider, Egon,	Tücken beim Versäumnisurteil, ZAP Fach 13, S. 1606.
Schneider, Egon,	Fallstricke beim Prozessvergleich, ZAP Fach 13, S. 1608.
Schneider, Egon,	Berufungsrücknahme durch Streitgenossen, ZAP Fach 13, S. 1610.
Schneider, Egon,	Zustellung an den Prozessbevollmächtigten, ZAP Fach 13, S. 1612.
Schneider, Norbert,	Kostenrechtliche Betrachtungen zum Verfahren über die Gehörsrüge nach § 321a ZPO, NJW 2002, 1094.
Schneider, Norbert,	Säumnis durch Nichtverhandeln, MDR 1992, 827.
Schneider, Norbert,	Erledigung der Hauptsache bei Aufrechnung des Beklagten – Auswirkungen auf die Kostenentscheidung, MDR 2000, 507.
Schneider, Norbert,	Die Anhörung eines Sachverständigen, ProzRB 2003, 276.
Schneider, Norbert,	Die Vergütung nach dem RVG im zivilrechtlichen Berufungsverfahren, MDR 2005, 254.
Schneider, Norbert,	Gebührenanrechnung: Anwendung des neuen § 15a RVG in Altfällen, NJW-Spezial 2010, 667.
Schneider, Norbert,	Kostenentscheidung bei Erledigung der Hauptsache durch Erhebung der Verjährungseinrede, NJW 2017, 2874.
Schneider, Norbert,	Kosten der Säumnis, NJW 2019, 556.
Schneider/Thiel,	Vergleichsabschluss (auch) über Kosten für die bedürftige Partei, NJW 2013, 3222.
Schöler,	Die isolierte Drittwiderklage als legitimes Mittel der Prozesstaktik, MDR 2011, 522.
Schönfelder,	Die Erlaßfalle – ein unmoralisches Angebot?, NJW 2001, 492.
Schobel,	Die Einbindung fachlicher Expertise in den Zivilprozess, MDR 2014, 1003.
Schons,	Anwalt, kommst Du nach Düsseldorf, lass alle Hoffnung fahren, BRAKMitt 2010, 52.
Schöpflin,	Die Parteianhörung als Beweismittel, NJW 1996, 2134.
Schreiber,	Das Mahnverfahren der ZPO, jura 2013, 680.
Schreiber,	Das Versäumnisurteil, jura 2014, 196.
Schreiber,	Possessorischer und petitorischer Besitzschutz, Jura 1993, 440.
Schroeder/Riechert,	Nochmals: Anerkenntnis statt Säumnis? – Systemwidrige Auswirkungen des RVG auf die Prozesstaktik, NJW 2005, 2187.
Schröcker,	Prozessaufrechnung als erledigendes Ereignis, NJW 2004, 2203.
Schulte am Hülse/ Welchering,	Der Anscheinsbeweis bei missbräuchlicher Bargeldabhebung an Geldautomaten mit Karte und Geheimzahl, NJW 2012, 1262.
Schultz,	Missbrauch des Mahnverfahrens durch Kapitalanleger, NJW 2014, 827.
Schultz,	Substanziierungsanforderungen an den Parteivortrag in der BGH-Rechtsprechung, NJW 2017, 16.
Schultzky,	Videokonferenzen im Zivilprozess, NJW 2003, 313.
Schumann,	Die Beweiskraft des Tatbestands im Rechtsmittelverfahren, NJW 1993, 2786.
Schwaiger,	Prozessförderungspflicht vs. taktisches Zurückhalten von Vortrag – was geht? AnwBl 2014, 554.
Schweer/Todorow,	Prozessuale Durchsetzung von Freistellungsansprüchen, NJW 2013, 3004.
Schweer/Todorow,	Freistellungsansprüche bei streitiger Hauptforderung, NJW 2013, 2072.
Schwenker,	Das besondere elektronische Anwaltspostfach (beA), MDR 2022, 671.
Schwöbbermeyer,	Juristisches Denken und Kreativität, ZRP 2001, 571.

Seibel,	Präklusion von Einwendungen gegen ein Sachverständigengutachten aus dem selbstständigen Beweisverfahren im Hauptsacheprozess, MDR 2017, 1397.
Seibel,	Der Sachverständige und die gerichtliche Leitung seiner Tätigkeit nach der ZPO, NJW 2014, 1628.
Seibel,	Führt eine Klagerücknahme zum rückwirkenden Wegfall der Verjährungshemmung?, MDR 2015, 491.
Seutemann,	Die kostengünstige Beendigung des Zivilprozesses, MDR 1996, 555.
Seutemann,	Die Anforderungen an den Sachvortrag der Parteien, MDR 1997, 615.
Sendler,	Richter und Sachverständige, NJW 1986, 2997.
Seyfarth,	Rechts und links der Prozessakte – was im Blick des Anwalts sein muss, AnwBl 2013, 29.
Siegburg,	Einstweilige Verfügung auf Eintragung einer Vormerkung zur Sicherung des Anspruchs aus § 648 Abs. 1 BGB, BauR 1990, 290.
Siegmann,	Vorbereitung der Revision in den Tatsacheninstanzen, AnwBl 2009, 249.
Siemon,	Der Gerichtsstand für anwaltliche Honorarforderungen, MDR 2002, 366.
Siemon,	ZPO-Refom – Erörterungsgebühr beim »Beschlussvergleich« nach § 278 Abs. 6 ZPO, MDR 2003, 61.
Siegel,	Das Berufungsverfahren – Gerichtliche Praxis seit der ZPO-Reform, MDR 2003, 481.
Skamel,	Verfahrensaussetzung bei Prozessaufrechnung mit rechtshängiger Gegenforderung, NJW 2015, 2460.
Skrobotz,	Zur elektronischen Form bestimmter Schriftsätze, MMR 2010, 504.
Skusa,	Die isolierte Drittwiderklage gegen Zedenten – Zulässigkeit und anwaltliche Hinweispflichten, NJW 2011, 2697.
Soehring,	Anspruch auf Terminsverlegung: Das Schattendasein von § 227 Abs. 3 ZPO, NJW 2001, 3319.
Sommer,	Maßnahmen des Strafverteidigers in der Hauptverhandlung, ZAP Fach 22, S. 101.
Spangenberg,	Die Kündigung von Wohnraummiete im Prozeß, MDR 1983, 807.
Späth,	Anforderungen an die (zeitliche) Sorgfalt bei Ausnutzung einer Notfrist bis zum letzten Tag, NJW 2000, 1621.
Spitzer,	Streitverkündung gegenüber einem gerichtlich bestellten Sachverständigen, MDR 2006, 908.
Stackmann,	Der Angriff auf defizitäre Feststellungen im zivilprozessualen Ersturteil, NJW 2013, 2929.
Stackmann,	Die Neugestaltung des Berufungs- und Beschwerdeverfahrens in Zivilsachen durch das Zivilprozessreformgesetz, NJW 2002, 781.
Stackmann,	Die erfolgversprechende Berufungsschrift in Zivilsachen, NJW 2003, 169.
Stackmann,	Anwaltliche Rügepflicht und berufungsgerichtliche Prüfungspflicht, NJW 2004, 1838.
Stackmann,	Fehlervermeidung im Berufungsverfahren, NJW 2008, 3665.
Stackmann,	Stationen der Wertfestsetzung in Zivilsachen, NJW 2009, 1004.
Stackmann,	Kein Kindergeburtstag – Fünf Jahre Kapitalanleger-Musterverfahrensgesetz, NJW 2010, 3185.
Stackmann,	Was ist gerichtsbekannt?, NJW 2010, 1409.
Stackmann,	Schriftsatz- und Schriftsatzfristprobleme im Zivilprozess, NJW 2011, 3537.

Stackmann,	Frei oder streng – Erhebung und Verwertung von Parteiangaben, NJW 2012, 1249.
Städing,	Anwendung des § 495a ZPO in der Praxis, NJW 1996, 691.
Steenbuck,	Geltendmachung außergerichtlicher Anwaltskosten im Zivilprozess, MDR 2006, 423.
Steinbeiß-Winkelmann/Sporrer,	Rechtsschutz bei überlangen Gerichtsverfahren, NJW 2014, 177.
Steinbrück,	Zertifizierung von Anwaltskanzleien nach DIN EN ISO 9000 ff. Total Quality Management in der Anwaltskanzlei, NJW 1997, 1266.
Steiner,	Zur Verpflichtung des Anwaltes, an der Zustellung von Anwalt zu Anwalt mitzuwirken, BRAK-Mitteilungen 2014, 294.
Sterzinger-Graf,	Prozent und Prozentpunkte in amtlichen Vordrucken, Leserbrief, NJW 2004 Heft 24, XVIII.
Stimpfig,	Prüfkriterien für den Aussagewert beim Zeugenbeweis, MDR 1995, 451.
Stimpfig,	Richtige Sachverhaltsfeststellung, MDR 1996, 436.
Stöber,	Notwendigkeit einer Tatbestandsberichtigung zur Vorbereitung einer Berufung, MDR 2006, 5.
Strecker,	Möglichkeiten und Grenzen der Streitbeilegung durch Vergleich, DRiZ 1983, 97.
Sturm,	Entbindung von Formularzwang für die Zwangsvollstreckung – der BGH zeigt Praxisnähe, JurBüro 2014, 284.
Sturm,	Die Anhörungsrüge in der neuesten Rechtsprechung des BVerfG, AnwBl 2018, 94.
Stürner,	Protokollierung von Aussagen im deutschen Zivilverfahren, JZ 2016, 137.
Stürner,	Grundfragen richterlicher Streitschlichtung, DRiZ 1976, 202.
Tamm,	Das Kapitalanleger-Musterverfahrensgesetz, ZHR Bd. 174, 525.
Thiele,	Die prozessualen Auswirkungen unterlassener oder fehlerhafter Belehrungshinweise gem. § 338 S. 2 ZPO bei Versäumnisverfahren, MDR 2010, 177.
Thole,	Aktuelle Entwicklungen bei der negativen Feststellungsklage, NJW 2013, 1192.
Thomas,	Zur Doppelnatur von Klageanerkenntnis und Klageverzicht, ZZP 89 (1976).
Thora,	Die Streitverkündung – vielschichtig und haftungsträchtig, NJW 2019, 3624.
Thum,	Der Antrag auf mündliche Verhandlung im Verfahren nach billigem Ermessen, NJW 2014, 3198.
Timme/Hülk,	Zweites Versäumnisurteil und Berufungsmöglichkeit gem. § 513 II ZPO, JABl. 2000, 788.
Tödtmann,	Im Feuer der Kritik. Großkanzleien fallen in Ungnade, Anwalt 5/2003 S. 18.
Toussaint,	Form- und Fristwahrung durch Telefax im Zivilprozess, NJW 2015, 3207.
Toussaint,	Rechtsmittel für die auf Prozesskostenhilfe angewiesene Partei, NJW 2014, 3209.
Treber,	Neuerungen durch das Anhörungsrügengesetz, NJW 2005, 97.
Uhlmannsiek,	Die Widerklage gegen Dritte – zulässig trotz Zeugenausschaltung?, MDR 1996, 114.

Ulber,	Der Antrag auf Verlegung des Termins wegen Verhinderung der anwaltlich vertretenen Partei, NJ 2014, 226.
Ullrich,	Außergerichtliche Kontakte zwischen Anwalt und Zeugen im Zivilprozess, NJW 2014, 1341.
Ulrich,	Selbstständiges Beweisverfahren, BauR 2013, 299.
Ulrich/Schmieder,	Die elektronische Einreichung in der Praxis, NJW 2019, 113.
Ullrich,	Der Rechtsanwalt als Weisungsempfänger bei Schriftsatzentwürfen des eigenen Mandanten, MDR 2009, 1017.
Ultsch,	Zugangsprobleme bei elektronischen Willenserklärungen. Dargestellt am Beispiel der Electronic Mail, NJW 1997, 3007.
Uth/Barthen,	Der Anscheinsbeweis von Einwurf-Einschreiben – Vermeidbare Fallstricke beim Zugangsnachweis, NJW 2021, 685.
Vahle,	»Aussage gegen Aussage«, Kriminalistik 2004, 54.
Vehslage,	Elektronisch übermittelte Willenserklärungen, AnwBl 2002, 86.
Vester,	Für eine analoge Anwendung von § 58 Abs. 2 S. 2 GKG auf vom Gericht vorgeschlagene Vergleiche, NJW 2002, 3225.
Viefhues,	Das Gesetz zur Förderung des elektronischen Rechtsverkehrs mit den Gerichten und seine Auswirkungen auf die gerichtliche und anwaltliche Praxis, ZAP Fach 13, S. 1963.
Viefhues,	Der große Flop der obligatorischen außergerichtlichen Streitschlichtung, ZAP-Aktuell 2002, 1147.
Viefhues,	Das Gesetz für die Verwendung elektronischer Kommunikationsformen in der Justiz, NJW 2005, 1009.
Viefhues,	Das neue Justizkommunikationsgesetz in der anwaltlichen Praxis, ZAP Fach 23, S. 671.
Voit,	Vorabentscheidung über einzelne Verteidigungsmittel aus prozessökonomischen Gründen, NJW 2017, 203.
Vollkommer/Huber,	Neues Europäisches Zivilverfahrensrecht in Deutschland – Das Gesetz zur Verbesserung der grenzüberschreitenden Forderungsdurchsetzung und Zustellung, NJW 2009, 1105.
Vorwerk,	Der Zugang zur Revision, WuM 2011, 455.
Vorwerk,	Strukturiertes Verfahren im Zivilprozess, NJW 2017, 2326.
Vossler,	Die »Dienstliche Erklärung« des abgelehnten Richters, MDR 2014, 10.
Vossler,	Das sofortige Anerkenntnis im Zivilprozess nach In-Kraft-Treten des Ersten Justizmodernisierungsgesetzes, NJW 2006, 1034.
Vossler,	Entscheidungszuständigkeit bei Ablehnungsersuchen gegen den Einzelrichter, MDR 2006, 304.
Vossler,	Berufungsrecht – Rechtsprechungsübersicht für die Jahre 2015/2016, MDR 2017, 309; 2015, 442.
Wagner,	Zur neueren Rechtsprechung des BVerfG und des BGH betreffend Art. 103 Abs. 1 GG bis Ende 2013, BauR 2014, 461.
Wagner,	Das Zweite Schadensersatzrechtsänderungsgesetz, NJW 2002, 2049.
Wagner,	Aktuelle Entwicklungen in der justiziellen Zusammenarbeit in Zivilsachen, NJW 2011, 1404.
Wasserl,	Reform der Sachaufklärung, DGVZ 2013, 85.
Wehrberger,	Unzutreffende Parteibezeichnung – Haftungsrisiken und Rettungsmöglichkeiten, AnwBl 2000, 684.
Wehrberger,	Besonderheiten der Streitverkündung aus Sicht des Streitverkünders, AnwBl 2001, 683.
Wenzel,	Das neue zivilprozessuale Revisionszulassungsrecht in der Bewährung, NJW 2002, 3353.

Werres, Die Wirkungen der Streitverkündung und ihre Grenzen, NJW 1984, 208.

Wertenbruch, Die Parteifähigkeit der GbR – die Änderungen für die Gerichts- und Vollstreckungspraxis, NJW 2002, 324.

Wesche, Obligatorische Schlichtung für kleine Streitwerte – Eine kritische Zwischenbilanz aus der Praxis, MDR 2003, 1029.

Westermann, Die Gesellschaft bürgerlichen Rechts auf dem Wege in die Rechtsfähigkeit, WM 2013, 441.

Westphal, Noch einmal: Gemeinschaftsbriefkasten bei Ersatzzustellung durch Niederlegung, NJW 1998, 2413.

Wetekamp, Obligatorische Streitschlichtung in Bayern und ihre Folgen für den Mietprozeß, NZM 2001, 614.

Wieser, Zivilprozessreform – Rechtliche Probleme der Güteverhandlung nach § 278 ZPO, MDR 2002, 10.

Wieser, Gleichzeitige Klage auf Leistung und auf Schadensersatz aus § 281 BGB, NJW 2003, 2432.

Wieser, Bedingtes Schadensersatzverlangen nach § 281 BGB, NJW 2003, 3458.

Wietz, Die »doppelrelevante Tatsache« am Beispiel von Mischmietverhältnissen, NZM 2015, 145.

Willems, Beweis und Beweislastverteilung bei Zugang einer e-mail, MMR 2013, 551.

Willer, Das selbstständige Beweisverfahren und die Grenzen richterlicher Vorlageanordnungen, NJW 2014, 22.

Winte, Zivilprozessreform: Die wichtigsten Änderungen für das erstinstanzliche Verfahren und das Gerichtsverfassungsgesetz, BRAK-Mitt. 2001, 246.

Wintermeier, Die Präklusion nicht vorgetragener Einwendungen gegen Gutachten aus selbstständigen Beweisverfahren, NZBau 2015, 409.

Wohlers, Die Zurückweisung eines Adhäsionsantrags wegen Nichteignung des geltend gemachten Anspruchs, MDR 1990, 763.

Woitkewitsch, Ersatzpflicht für außergerichtliche Rechtsanwalts- und Inkassokosten, MDR 2012, 500.

Wolf, Zivilprozess versus außergerichtliche Konfliktlösung – Wandel der Streitkultur in Zahlen, NJW 2015, 1656.

Wolff, Erledigung im Mahnverfahren, NJW 2003, 553.

Würfel, ZPO-Reform – Verspätetes aber unstreitiges Vorbringen in der Berufungsinstanz, MDR 2003, 1212.

Wust, Streitverkündung und Streithilfe im selbstständigen Beweisverfahren, NJW 2017, 2886.

Zahrnt, Die Rechtsprechung zur Beweislast bei Fehlern in Standardsoftware, NJW 2002, 1531.

Zehelein, Typische Fallstricke des Mietprozesses: Räumungs- und Zahlungsklage, NJW 2017, 41.

Zekoll/Bolt, Die Pflicht zur Vorlage von Urkunden im Zivilprozess – Amerikanische Verhältnisse in Deutschland?, NJW 2002, 3129.

Zierl, Praxisuntauglichkeit der ZPO-Reform!; NJW-Editorial Heft 39/2002.

Zipperer, Das Gesetz zur Einführung einer Rechtsbehelfsbelehrung im Zivilprozess und zur Änderung anderer Vorschriften vom 05.12.2012 und seine Auswirkungen auf die Insolvenzrechtspraxis, NZI 2013, 865.

Zuck, Rechtliches Gehör im Zivilprozess – Die anwaltlichen Sorgfaltspflichten nach dem Inkrafttreten des Anhörungsrügengesetzes, NJW 2005, 1226.

Zuck, Die Zurückweisung der Berufung durch Beschluss, NJW 2010, 1860.

Zuck,	Das rechtliche Interesse auf Akteneinsicht im Zivilprozess, NJW 2010, 2913.
Zuck,	Praxishinweise zur zivilprozessualen Anhörungsrüge, MDR 2011, 399.
Zuck,	Verfassungsrechtliche Rahmenbedingungen der zivilprozessualen Prozesskostenhilfe, NJW 2012, 37.
Zugehör,	Das beschränkte Mandat des Rechtsanwalts und des steuerlichen Beraters, DStR 2010, 2595.
Zedler,	Das besondere elektronische Anwaltspostfach, MDR 2015, 1163.
Zempel,	Gerichtliche Protokollierung an Stelle notarieller Beurkundung – Möglichkeiten und Grenzen, NJW 2015, 2859.
Zuck,	Verfassungsrechtliche Rahmenbedingungen der zivilprozessualen Prozesskostenhilfe, NJW 2012, 37.

Bücher zur anwaltlichen Prozessführung

Anders/Gehle	ZPO-Kommentar, 83. Aufl. München 2025 (zit. Anders/Gehle/Bearbeiter).
Asperger/Dörndorfer/Hellstab	Die Kostenfestsetzung, 24. Aufl. Köln 2021.
Assies/Beule/Heise/Strube	Handbuch des Fachanwalts Bank- und Kapitalmarktrecht, 5. Aufl. Köln 2019.
Baumbach/Hopt	HGB-Kommentar, 44. Aufl. München 2025.
Baumgärtel/Laumen/Prütting	Handbuch der Beweislast, Bd. 1–3, 5. Aufl. Köln 2023.
Bender/Häcker/Schwarz	Tatsachenfeststellung vor Gericht, 6. Aufl. München 2025.
Berger/Becker-Eberhard	Einstweiliger Rechtsschutz im Zivilrecht, Berlin 2006.
Blank/Börstinghaus	Miete (Kommentar), 6. Aufl. München 2020.
Borgmann/Jungk/Schwaiger	Anwaltshaftung, 6. Aufl. 2020.
Braunschneider	Strategien für die Berufung im Zivilprozess, Köln 2007.
Büchting/Heussen	Beck@#@#@sches Rechtsanwalts-Handbuch, 12. Aufl. München 2022.
Büßer/Tonner	Das zivilrechtliche Dezernat, 4. Aufl. 2021.
Enders/Börstinghaus	Einstweiliger Rechtsschutz, 3. Aufl. 2016.
Fahrendorf/Mennemeyer	Die Haftung des Rechtsanwalts, 10. Aufl. 2021.
Fingerhut	Vertrags- und Formularbuch, 13. Aufl. Köln 2020.
Fischer	Strafgesetzbuch (Kommentar), 69. Aufl. München 2022.
Franzen	Anwaltskunst, 3. Aufl. 2001.
Führich/Staudinger	Reiserecht, 8. Aufl. 2019.
Gaier/Wolf/Göcken	Anwaltliches Berufsrecht, Kommentar, 3. Aufl. Köln 2019.
Geigel	Der Haftpflichtprozess, 28. Aufl. 2020.
Geipel	Handbuch der Beweiswürdigung, 3. Aufl. 2016.
Gerold/Schmidt	Rechtsanwaltsvergütungsgesetz (zit. Gerold/Schmidt/Bearbeiter), 27. Aufl. München 2025.
Gottwald/Mock	Zwangsvollstreckung, Kommentar, 7. Aufl. Freiburg 2015.
Grüneberg	BGB-Kommentar, 84. Aufl. 2025 (zit. Grüneberg/Bearbeiter).
Grunsky	Taktik im Zivilprozess, 2. Aufl. Köln 1996.
Halm/Engelbrecht/Krahe	Handbuch des Fachanwalts Versicherungsrecht, 6. Aufl. Köln 2018.
Hartmann/Toussaint	Kostenrecht, 49. Aufl. 2019.
Hartung/Schons/Enders	Rechtsanwaltsvergütungsgesetz, 3. Aufl. München 2017.
Hemmer/Wüst	Die zivilrechtliche Anwaltsklausur, 12. Aufl. Würzburg 2018.
Hirtz/Oberheim/Siebert	Berufung im Zivilprozess, Handbuch, 7. Aufl. Köln 2024.
Jauernig/Hess	Zivilprozessrecht, 30. Aufl. München 2011.
Kissel/Mayer	GVG, 10. Aufl. München 2021.

Kornexl	Vertragsgestaltung 1.0, 2008.
Kramer	Die Berufung in Zivilsachen, 9. Aufl. 2022.
Krauß	Immobilienkaufverträge in der Praxis, 9. Aufl. Köln 2020.
Löwe/Rosenberg	StPO-Kommentar, 27. Aufl. 2016 ff.
Lüke	Zivilprozessrecht I – Erkenntnisverfahren und Europäisches Zivilprozessrecht, 11. Aufl. München 2021.
Meyer	GKG/FamGKG-Kommentar, 17. Aufl. 2020.
Meyer-Goßner/Schmitt	Strafprozessordnung, 68. Aufl. 2025.
Michel/Bruns	Der Schriftsatz des Anwalts im Zivilprozess, 7. Aufl. München 2022.
Mohr	Taktik im Zivilprozeß, 1998.
Münchner Kommentar zur Zivilprozessordnung	(zit. MüKo/Bearbeiter), 7. Aufl. München 2025.
Musielak/Voit	Zivilprozessordnung (Mu/Bearbeiter), 22. Aufl. München 2025.
Oberheim	Der Anwalt im Berufungsverfahren, Neuwied 2004.
Oberheim	Die Reform des Zivilprozesses, Neuwied 2002.
Oberheim	Zivilprozessrecht für Referendare, 15. Aufl. Neuwied 2022.
Oelkers/Müller	Anwaltliche Strategien im Zivilprozeß, 4. Aufl. 2001.
Prütting/Gehrlein	ZPO Kommentar, 17. Aufl. 2025 (zit. PG/Bearbeiter).
Prütting/Wegen/Weinreich	BGB Kommentar, 20. Aufl. 2025 (zit. PWW/Bearbeiter).
Rinsche	Prozeßtaktik, 4. Aufl. 1999.
Rosenberg/Schwab/Gottwald	Zivilprozessrecht (zit. R/S/G), 18. Aufl. München 2018.
Roßmann	Taktik im familiengerichtlichen Verfahren, 5. Aufl. Köln 2019.
Rothenbacher/Dörndorfer	Anwaltsstrategien bei der Zwangsvollstreckung, Stuttgart 2007.
Schellhammer	Zivilprozess, 16. Aufl. 2020.
Schilken/Brinkmann	Zivilprozessrecht, 8. Aufl. München 2022.
Schmidt-Futterer	Mietrecht (Kommentar), 15. Aufl. 2022.
Schneider, Egon	Die Klage im Zivilprozess, 3. Aufl. 2007.
Schulte-Bunert/Weinreich	FamFG Kommentar, 8. Aufl. 2025 (zit. SBW/Bearbeiter).
Schuschke/Walker/Kessen/Thole	Kölner Kommentar Vollstreckung und Vorläufiger Rechtsschutz, 8. Aufl. 2024.
Steger	Effektiver verhandeln – Strategien und Taktiken für Anwälte, 2016
Stein/Jonas	Kommentar zur Zivilprozessordnung, 23. Aufl. 2014 ff. (zit. Stein/Jonas/Bearbeiter).
Steinert/Theede/Knop	Zivilprozess, 9. Aufl. 2011.
Tempel/Graßnack/Kosziol/Seyderhelm	Materielles Recht im Zivilprozeß, 6. Aufl. 2014.
Thomas/Putzo	ZPO-Kommentar, 46. Aufl. 2025 (zit. Thomas/Putzo/Bearbeiter).
Vogt/Zimmermann	Die erfolgreiche Kanzleiorganisation, Köln 2002.
Vorwerk	Das Prozessformularbuch, 12. Aufl. München 2024.
Wagner/Hansen	Der Rechtsanwalt – Grundlagen des Anwaltsberufs, Münster 2005.
Werner/Pastor	Der Bauprozess, 17. Aufl. 2020.
Wieczorek/Schütze	Zivilprozessordnung und Nebengesetze, Kommentar, 4./5. Aufl. Berlin 2013 ff./2020 ff.
Wolf	Kanzleiorganisation, Neuwied 2007.
Zeiss/Schreiber	Zivilprozessrecht, 12. Aufl. Tübingen 2014.
Zöller	ZPO, Kommentar zur Zivilprozessordnung (zit. Zöller/Bearbeiter), 36. Aufl. Köln 2025.

Verzeichnis der grafischen Darstellungen

Kapitel 1: Einführung

Übersicht

Vorbemerkung

Der Beibringungsgrundsatz und die Dispositionsmaxime machen die Anwälte zu den Baumeistern des Zivilprozesses. Gegenstand dieser Darstellung soll es sein, Anwälten die Gestaltungsmöglichkeiten aufzuzeigen, die sich bei dieser verantwortungsvollen Tätigkeit ergeben. 1

A. Der Zivilprozess

I. Aufgaben und Funktionen

Der Zivilprozess ist das staatlich angeordnete und gesetzlich geregelte Verfahren zur Feststellung und Durchsetzung der privaten Rechte des Einzelnen. 2

Staatlich angeordnet ist der Zivilprozess, um den Rechtsfrieden zu gewährleisten. Wo der Staat für sich ein Gewaltmonopol in Anspruch nimmt und Selbsthilfe grundsätzlich verbietet, muss er dem Einzelnen zur Durchsetzung seiner privaten Rechte diesen Gewaltapparat zur Verfügung stellen. Dies geschieht nach einer Überprüfung des behaupteten Rechts in einem gerichtlichen Verfahren, sodass es einen verfassungsrechtlich verankerten Anspruch des Bürgers gegen den Staat auf Ausübung der Rechtspflege (»Justizgewährungsanspruch«) gibt. 3

Geregelt ist das Zivilprozessrecht im Gerichtsverfassungsgesetz (GVG), das festlegt, welche Gerichte es gibt und für was sie zuständig sind, sowie in der Zivilprozessordnung (ZPO), die anordnet, wie das Verfahren vor diesen Gerichten abläuft. Verfahrensrecht im weiteren Sinne enthalten daneben zahlreiche Regelungen zum Kostenrecht (vor allem das Gerichtskostengesetz, Rechtsanwaltsvergütungsgesetz) und zum internationalen Prozessrecht (z.B. die Verordnung der Europäischen Gemeinschaft über die gerichtliche Zuständigkeit und die Anerkennung und Vollstreckung von Entscheidungen in Zivil- und Handelssachen). 4

Wie alle Prozesse stellt auch der Zivilprozess ein sich fortlaufend entwickelndes, dynamisches **Verfahren** dar, bei dem nacheinander vollzogene Partei- und Gerichtshandlungen aufeinander aufbauen, den Prozess gestalten und ihn zur Entscheidungsreife führen. 5

> Mit Einreichung der Klage ist der Prozess noch nicht entscheidungsreif, es müssen vorgegebene Verfahrensschritte durchlaufen werden (§ 128 Abs. 1 ZPO), während derer sich Zulässigkeit und Begründetheit ändern können. Erst mit dem Schluss der letzten mündlichen Verhandlung enden die Gestaltungsmöglichkeiten der Parteien (§ 296a ZPO), bezogen auf diesen Zeitpunkt ergeht die gerichtliche Entscheidung. Umstände, die nach diesem Zeitpunkt eintreten, können für die Entscheidung nicht mehr berücksichtigt, allenfalls noch der Vollstreckung entgegengehalten werden (§ 767 Abs. 2 ZPO).

Ebenso wie das Verfahren in Familien- und Arbeitssachen, aber im Gegensatz zum Strafprozess sowie den Verfahren vor dem Verwaltungsgericht, dem Finanzgericht und dem Sozialgericht, dient der Zivilprozess der **Durchsetzung privatrechtlicher Ansprüche**. 6

II. Prozessphasen

7 Der Zivilprozess gliedert sich in zwei nach Zweck und Inhalt verschiedene Verfahrensteile. In einem ersten Verfahren muss **festgestellt** werden, ob dem Kläger das behauptete Recht zusteht (»Erkenntnisverfahren«), bevor dieses Recht in einem zweiten Verfahren **durchgesetzt** werden kann (»Vollstreckungsverfahren«).

8 Regelfall des **Erkenntnisverfahrens** ist das Klageverfahren, bei dem ein staatliches Gericht auf Antrag des Klägers über das behauptete Recht mündlich verhandelt und durch streitiges Urteil entscheidet (§§ 253 ff. ZPO).

Für besondere Fallgestaltungen bietet das Gesetz Alternativen zum Klageverfahren. Geldforderungen bzw. urkundlich belegbare Ansprüche können vereinfacht tituliert werden (»Mahnverfahren«, §§ 688 ff. ZPO, bzw. »Urkundenverfahren«, §§ 592 ff. ZPO), Ansprüche, deren Vollstreckung gefährdet ist bzw. die eilbedürftig sind, können vorläufig gesichert werden (»Arrest«, »einstweilige Verfügung«, §§ 916 ff. ZPO). Gerichtliche Entscheidungen unterliegen regelmäßig der Überprüfung durch Rechtsbehelfsverfahren (»Rechtsmittelverfahren«, §§ 511 ff. ZPO; »Wiederaufnahmeverfahren«, §§ 578 ff. ZPO). An die Stelle des staatlichen Gerichts kann durch vertragliche Vereinbarung der Parteien ein privates Gericht treten (»Schiedsrichterliches Verfahren«, §§ 1025 ff. ZPO).

9 Die Feststellungen dieses Urteils können dann – auf weiteren Antrag – durch staatliche Organe (Gerichtsvollzieher, Vollstreckungsgericht) im **Vollstreckungsverfahren** (§§ 704 ff. ZPO) zwangsweise durchgesetzt werden. Besteht das Recht in einem Zahlungsanspruch, wird dem Schuldner ein entsprechender Vermögenswert weggenommen und – ggf. nach Verwertung – dem Gläubiger übergeben.

10 Der Zivilprozess lässt sich in mehrere, zeitlich nacheinander ablaufende Abschnitte einteilen.

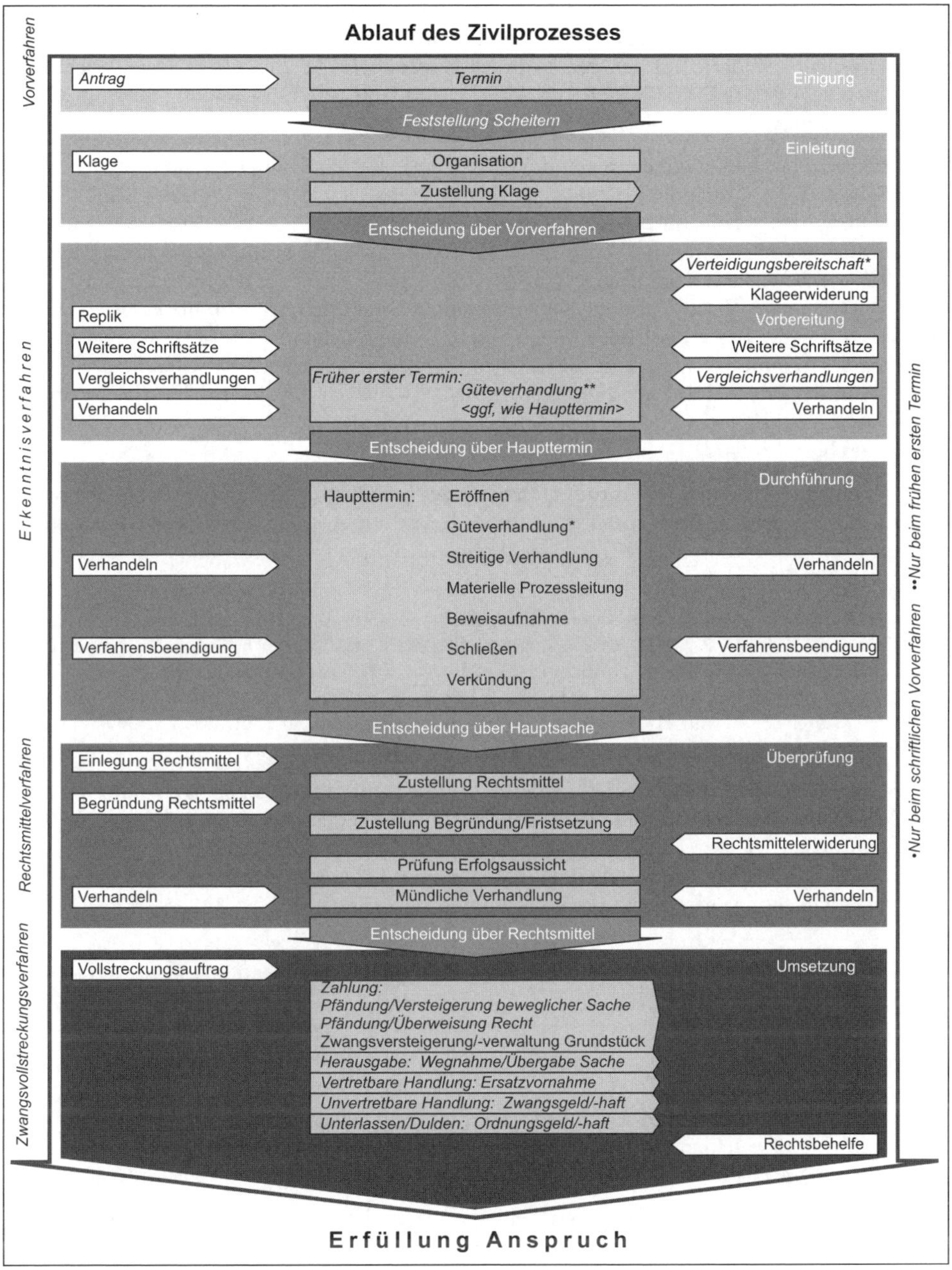

Abb. 1: Ablauf des Zivilprozesses

Für bestimmte Ausnahmefälle ordnet das Gesetz eine dem gerichtlichen Verfahren vorgeschaltete obligatorische **Einigungsphase** vor einer Gütestelle an (§ 15a EGZPO). Hier ist die Erhebung der Klage erst zulässig, wenn der Kläger zuvor ein Schlichtungsverfahren eingeleitet hat, dessen Durchführung von der Mitwirkung der Gegenpartei abhängt. 11

12 Die **Eröffnungsphase** des Prozesses wird durch Antrag des Klägers (»Klageschrift«) in Gang gesetzt. Die Klageschrift muss Gericht und Parteien bezeichnen, einen bestimmten Antrag enthalten und den Sachverhalt schildern, auf den der Anspruch gestützt wird (§ 253 ZPO). Das Gericht stellt diese Klage dem Beklagten zu (§ 271 Abs. 1 ZPO) und trifft eine Entscheidung über die Art des sich anschließenden Vorverfahrens (§ 272 Abs. 2 ZPO).

13 Die **Vorbereitungsphase** dient der Sammlung aller für die Entscheidung relevanten Tatsachen und Beweismittel, die so vollständig zusammengetragen werden sollen, dass der Prozess in seiner Hauptphase ohne weitere Verzögerungen erledigt werden kann (§ 272 Abs. 1 ZPO). Dazu dient entweder ein schriftliches Vorverfahren (§ 276 ZPO) oder ein früher erster Termin zur mündlichen Verhandlung (§ 275 ZPO). Auch wenn nach § 275 Abs. 1 und 3 ZPO im Falle des frühen ersten Termins die Möglichkeit eines Verfahrens ohne Klageerwiderung vorgesehen ist, spielt die Klageerwiderung (§ 277 ZPO) in der Praxis der beiden Verfahrensarten eine gleichermaßen wichtige Rolle zur Vorbereitung des Termins. Insgesamt ist festzustellen, dass die Unterschiede zwischen beiden Verfahrensarten in der Praxis weitgehend geebnet wurden, da auch der frühe erste Termin regelmäßig umfassend schriftlich vorbereitet wird und nur selten nach dem frühen ersten Termin ein Haupttermin durchgeführt wird.

14 Kern des Prozesses ist die **Durchführungsphase** mit der mündlichen Verhandlung (»Haupttermin«, § 279 ZPO), in der die Prozessbeteiligten (unter Beachtung der Grundsätze von Mündlichkeit, Öffentlichkeit und Unmittelbarkeit) vor Gericht über den Streit verhandeln und alle erforderlichen Prozesshandlungen vornehmen.

In der **mündlichen Verhandlung** versucht das Gericht zunächst erneut, eine gütliche Einigung herbeizuführen (§ 278 Abs. 2 ZPO). Misslingt dies, stellen die Parteien ihre Anträge und begründen diese in tatsächlicher und rechtlicher Hinsicht (§ 137 Abs. 1, 2 ZPO), wobei sich dies meist in einer Bezugnahme auf die vorbereitend eingereichten Schriftsätze erschöpft (§ 137 Abs. 3 ZPO). Ist der Vortrag der Partei unzureichend, kann das Gericht verpflichtet sein, die Partei hierauf hinzuweisen, um ein materiell gerechtes Urteil zu ermöglichen (§ 139 ZPO).

Ist eine **Beweisaufnahme** erforderlich, so erfolgt diese in der mündlichen Verhandlung (§ 278 Abs. 2 ZPO). Beweis erhoben wird grundsätzlich mit den von den Parteien angebotenen Beweisen über die zwischen den Parteien streitigen Umstände, auf die es für die Entscheidung ankommt. Das Gericht ist für den Ablauf der Beweisaufnahme verantwortlich und hat die erhobenen Beweise frei, d.h. grundsätzlich ohne gesetzliche Beweisregeln und unabhängig von der Auffassung der Parteien zu würdigen (§ 286 ZPO).

In der Regel endet die Verhandlung mit der **Entscheidung** des Gerichts in der Hauptsache (§ 310 Abs. 1 Satz 1 Alt. 1 ZPO), deren Bekanntmachung (»Verkündung«) zeitlich um bis zu drei Wochen nach dem Termin hinausgeschoben werden kann (§§ 310, 311 ZPO). Die Entscheidung ergeht in Form eines Urteils, das neben der Entscheidung über die Hauptsache und prozessuale Nebenfragen (Kosten des Rechtsstreits, Vollstreckbarkeit vor Eintritt der Rechtskraft, Zulassung von Rechtsmitteln) eine Wiedergabe des von den Parteien vorgetragenen Sachverhalts und der von ihnen erhobenen Angriffs- und Verteidigungsmittel (»Tatbestand«) sowie eine Begründung der getroffenen Entscheidung in tatsächlicher und rechtlicher Hinsicht (»Entscheidungsgründe«) enthält (§ 313 ZPO).

15 Daran kann sich eine **Überprüfungsphase** anschließen, in der im Rahmen von Rechtsmitteln die Entscheidung des Gerichts überprüft wird. Sie bedarf stets des Antrags einer Partei (»Rechtsmitteleinlegung«) und muss begründet werden. Für beides laufen Fristen. Eine erneute mündliche Verhandlung ist die Regel, unterbleibt aber bei erkennbar erfolglosen Rechtsmitteln.

Erstinstanzliche Urteile werden im Rahmen der **Berufung** überprüft, wenn die Partei mit mehr als 600 € beschwert ist oder das erstinstanzliche Gericht die Berufung zugelassen hat (§ 511 ZPO). Sie kann darauf gestützt werden, dass das angefochtene Urteil in rechtlicher oder tatsächlicher Hinsicht fehlerhaft ist (§ 513 Abs. 1 ZPO). Neue Tatsachen können in der Berufung nur ausnahmsweise noch vorgetragen werden (§§ 529 Abs. 1, 531 Abs. 2 ZPO). Berufungen gegen Urteile der Amtsgerichte werden vor den Landgerichten verhandelt, Berufungen gegen erstinstanzliche Urteile der Landgerichte vor den Oberlandesgerichten.

Eine weitere Überprüfung ist im Rahmen der **Revision** möglich, wenn das Berufungsgericht oder das Revisionsgericht diese zugelassen hat (§ 543 ZPO). Sie kann nur noch auf eine Rechtsverletzung gestützt werden (§ 545 ZPO) und wird vor dem Bundesgerichtshof verhandelt.

Die Nichteinlegung oder die Erfolglosigkeit des Rechtsmittels führt zur **Rechtskraft** der Entscheidung. Dabei beschreibt die materielle Rechtskraft, welche Wirkungen aufgrund des Urteils eintreten (Unzulässigkeit erneuter Entscheidung über denselben Streitgegenstand, Vorgreiflichkeit der Entscheidung für andere gerichtliche Verfahren, Präjudizialität), die formelle Rechtskraft, wann diese Wirkungen eintreten (Unanfechtbarkeit des Urteils). Nur in seltenen Ausnahmefällen erfolgt in Durchbrechung der einmal eingetretenen Rechtskraft eine erneute gerichtliche Befassung (Wiederaufnahme des Verfahrens).

Hat eine Partei ihr Rechtsschutzziel nicht bereits durch das Erkenntnisverfahren erreicht (was bei der Klageabweisung oder der Feststellungsklage der Fall ist), muss das Urteil praktisch **umgesetzt** werden. Erforderlich ist dies insbesondere, wenn das Gericht den Beklagten zu einer Leistung verurteilt hat. Wird diese nicht freiwillig erbracht, muss sie unter Einsatz staatlicher Gewalt zwangsweise durchgesetzt werden. Hierzu bedarf es stets eines besonderen Antrags des Gläubigers (»Vollstreckungsauftrag«, § 753 ZPO). 16

Voraussetzung der Zwangsvollstreckung ist grundsätzlich ein rechtskräftiges Urteil (§ 704 ZPO), das mit einer Vollstreckungsklausel versehen ist und dem Schuldner zugestellt wurde (§§ 724, 750 ZPO). Vollstreckt werden kann auch aus anderen Titeln, etwa noch nicht rechtskräftigen Urteilen, Vergleichen oder Urkunden, in denen der Schuldner sich der sofortigen Zwangsvollstreckung unterworfen hat (§ 794 ZPO). Ausnahmsweise kann in Deutschland auch aus ausländischen Titeln vollstreckt werden (§ 328 ZPO).

Wegen Geldforderungen wird in das Vermögen des Schuldners vollstreckt. Hierzu kann der Gerichtsvollzieher bewegliche Sachen pfänden, sie öffentlich versteigern und dem Gläubiger den Erlös auszahlen (§§ 808 ff. ZPO). Rechte des Schuldners gegen Dritte können durch das Vollstreckungsgericht gepfändet und dem Gläubiger zur Einziehung überwiesen werden (§§ 829 ff. ZPO). Grundvermögen des Schuldners kann durch das Vollstreckungsgericht im Grundbuch mit einer Sicherungshypothek belastet und im Wege der Zwangsversteigerung oder der Zwangsverwaltung zugunsten des Gläubigers verwertet werden (§§ 867, 869 ZPO). In allen Fällen muss dem Schuldner ein Existenzminimum zur Bestreitung des eigenen Lebensunterhalts verbleiben (Vollstreckungsschutz, §§ 811 ff., 850 ff. ZPO).

Hat der Schuldner eine Sache herauszugeben, so wird ihm diese vom Gerichtsvollzieher weggenommen und dem Gläubiger übergeben (§§ 883 ff. ZPO). Vertretbare Handlungen kann der Gläubiger auf Ermächtigung des Prozessgerichts durch einen Dritten vornehmen lassen und die Kosten vom Schuldner beitreiben (§ 887 ZPO). Zu unvertretbaren Handlungen wird der Schuldner vom Prozessgericht durch Zwangsgeld bzw. Zwangshaft gezwungen (§ 888 ZPO), zum Dulden oder Vornehmen von Handlungen durch Ordnungsgeld bzw. Ordnungshaft (§ 890 ZPO).

Soweit die Rechte des Schuldners im Interesse der Effektivität der Zwangsvollstreckung nicht durch die vorherige Gewährung rechtlichen Gehörs gewahrt werden können, kann der Schuldner sie durch Rechtsbehelfe geltend machen. Gegen Entscheidungen in Zwangsvollstreckungsverfahren, die ohne mündliche Verhandlung ergangen sind, findet die sofortige Beschwerde statt (§ 793 ZPO). Mit der Vollstreckungserinnerung (§ 766 ZPO) wird gerügt, dass Vollstreckungsorgane die gesetzliche vorgeschriebene Art und Weise der Zwangsvollstreckung nicht beachtet haben. Wird durch die Zwangsvollstreckung das materielle Recht eines Dritten betroffen, so kann dieser der Vollstreckung durch die Drittwiderspruchsklage entgegentreten (§ 771 ZPO) oder vorzugsweise Befriedigung verlangen (§ 805 ZPO). Die Vollstreckungsabwehrklage (§ 767 ZPO) ist einschlägig, wenn der Vollstreckungsschuldner Einwendungen und Einreden gegen den titulierten Anspruch hat, die erst nach Schluss der mündlichen Verhandlung entstanden sind.

III. Prozessmaximen

Die konkrete Ausgestaltung des Zivilprozesses wird durch eine Reihe von Grundsätzen bestimmt, die u.a. die Prozessverantwortung zwischen Gericht und Parteien verteilen. 17

18 So wie das materielle Privatrecht vom Gedanken der Privatautonomie beherrscht wird, steht der Zivilprozess unter dem Grundsatz der **Parteiherrschaft**. Können die Beteiligten sich materiell-rechtlich beliebig durch – frei gestaltbare – Verträge verpflichten, so steht es ihnen prozessrechtlich ebenso frei, zu entscheiden, ob und wie sie einen Prozess hierüber führen wollen. Die Ziviljustiz stellt somit für die Parteien einen Dienstleistungsapparat dar, den sie grundsätzlich nach eigener Entscheidung zur Beilegung ihres Konflikts in Anspruch nehmen können. Konkretisierungen des Grundsatzes der Parteiherrschaft finden sich im Rahmen der Dispositions- und der Beibringungsmaxime.

19 Aufgrund der **Dispositionsmaxime** bestimmen die Parteien, nicht das Gericht, ob und worüber ein Verfahren durchgeführt wird, wie es abläuft und wann und wie es enden soll. Praktische Ausprägungen sind der Antragsgrundsatz (kein gerichtliches Verfahren ohne Antrag einer Partei) und die Bindung des Gerichts an den gestellten Antrag (§ 308 Abs. 1 ZPO).

20 Tatsachen und Beweise werden im Zivilprozess nicht von Amts wegen durch das Gericht beschafft, sondern müssen von den Parteien beigebracht werden (**Beibringungsmaxime**). Da es allein um private Interessen geht, kann davon ausgegangen werden, dass jede Partei im eigenen Interesse alles beibringt, was eine für sie günstige Entscheidung ermöglicht. Hierauf beruhen zum Beispiel die Verpflichtung der Parteien zum Vortrag von Tatsachen (§ 138 ZPO) und die Bindung des Gerichts an übereinstimmenden Vortrag der Parteien (§ 288 ZPO).

21 Nach der klassischen Konzeption der ZPO war das Gericht nicht für die Aufklärung des Sachverhalts oder die Beschaffung von Beweismitteln zuständig, sondern allein für die Rechtsanwendung, also dafür, dass auf den von den Parteien vorgebrachten und bewiesenen Sachverhalt die einschlägigen Rechtsnormen zutreffend angewendet werden (»iura novit curia«; »da mihi facta, dabo tibi ius«). Dieser dem 19. Jh. entstammende liberale Wesenszug des Zivilprozesses ist durch spätere Reformen an vielen Stellen ergänzt worden und ist inzwischen einer weitreichenden **Mitverantwortung** des Gerichts für ein materiell gerechtes Ergebnis gewichen.

So trifft das Gericht die Pflicht zum ordnungsgemäßen Betrieb des laufenden Prozesses (sog. formelle Prozessleitungspflicht, § 136 ZPO). Ist der Vortrag der Parteien unzureichend, ist das Gericht verpflichtet, sie hierauf sowie auf die Stellung sachdienlicher Anträge, unzureichenden Sachvortrag oder übersehene rechtliche Gesichtspunkte hinzuweisen (sog. materielle Prozessleitungspflicht, § 139 ZPO). Auch für die rechtliche Bewertung des Sachverhalts ist allein das Gericht verantwortlich.

22 Grundsätzlich ist über den Prozessstoff in einem Termin zu **verhandeln**. Nur ausnahmsweise kann hierauf verzichtet werden (§ 128 Abs. 2, 3 ZPO). Für die Verhandlung gelten drei Prozessmaximen:

- Tatsachen und Beweise müssen in der Verhandlung mündlich erörtert werden (§ 128 Abs. 1 ZPO), praktisch indes wird meist nur Bezug genommen auf vorbereitende Schriftsätze (§§ 129, 282 Abs. 2, 137 Abs. 3 ZPO).
- Die mündliche Verhandlung ist regelmäßig öffentlich; dies gilt nicht für Beratungen des Gerichts und einige sensible Verfahrensgegenstände oder -teile (§§ 169, 173, 193 GVG).
- Verhandelt werden muss unmittelbar vor dem erkennenden Gericht, d.h. vor den Richtern, die später auch die Entscheidung treffen (§§ 309, 355 Abs. 1 ZPO; BGH NJW-RR 2012, 508).

23 Zu den grundlegenden Verfahrensprinzipien gehören auch sich teilweise überlagernde subjektive Rechte der Beteiligten gegenüber dem staatlichen Gericht.

- Das Recht der Parteien auf den **gesetzlichen Richter** zwingt dazu – vor Entstehen einer Streitigkeit – nach abstrakten Kriterien zu bestimmen, welcher Richter hierfür zuständig sein wird, um Beeinflussungen der Entscheidung zu verhindern (Art. 101 Abs. 1 Satz 2 GG).
- Der Anspruch auf **rechtliches Gehör** soll sicherstellen, dass die rechtlichen und tatsächlichen Standpunkte der Parteien im Prozess berücksichtigt werden. Das bedeutet nicht nur, dass ihnen Kenntnis vom Vortrag des Gegners gegeben und Gelegenheit geboten werden muss, Anträge zu stellen, Tatsachen zu behaupten und Beweise anzubieten, sondern auch, dass das Gericht das jeweilige Vorbringen zur Kenntnis nehmen und in Erwägung ziehen muss (Art. 103 Abs. 1 GG; Art. 6 EMRK; Wagner BauR 2014, 461). In der ZPO findet sich eine Reihe konkreter Ausformungen in den §§ 136–139, 141, 275, 278 Abs. 3, 335 Nr. 3 ZPO. Nur ausnahmsweise

ist deswegen die Zurückweisung verspäteten Vortrags (§ 296 ZPO) oder die Beschränkung des Rechts zum Tatsachenvortrag und zur Beweisführung möglich.

- Der Grundsatz der **Waffengleichheit** sichert die Gleichbehandlung der Parteien vor dem Richter, also die Gleichwertigkeit der prozessualen Stellung der Parteien im Zivilprozess und die Gesetzesanwendungsgleichheit in einem rechtsstaatlich fairen Verfahren. Er konkretisiert sich in der Verpflichtung, den Prozessparteien in dem von der Verfahrensordnung vorgegebenen Rahmen die Möglichkeit einzuräumen, alles für die gerichtliche Entscheidung Erhebliche vorzutragen und sämtliche zur Abwehr des gegnerischen Angriffs erforderlichen prozessualen Verteidigungsmittel geltend zu machen. Die Waffengleichheit schließt den Grundsatz auf rechtliches Gehör ein und geht über diesen hinaus: Da die Gewährung rechtlichen Gehörs darauf zielt, der Partei Einfluss auf die gerichtliche Entscheidung zu geben (vgl. § 282 Abs. 1 ZPO) stellt der Grundsatz des rechtlichen Gehörs (Art. 103 Abs. 1 GG) einen speziellen Fall des Grundsatzes der Waffengleichheit dar.
- Schließlich ist das Gericht allgemein verpflichtet, den Parteien ein **faires Verfahren** zu gewährleisten. Es widerspricht dem Grundsatz des fairen Verfahrens, wenn das Gericht bei einer fehlerhaften Rechtsbehelfsbelehrung unverhältnismäßig hohe Anforderungen an den Nachweis der Einhaltung einer Wiedereinsetzungsfrist stellt (BVerfG NJW 2021, 915), wenn das Gericht eine offensichtlich für ein anderes Gericht bestimmte Rechtsmittelschrift nicht an dieses weiterleitet (BVerfG NJW 2012, 78) oder wenn das Gericht zum Nachreichen der Urteilsgründe die Fünf-Monats-Frist ausschöpft (BVerfG NJW 2025, 2145).

B. Der Anwalt im Zivilprozess

Die Gestaltungskraft von Anwälten auf den Gang und das Ergebnis des Zivilprozesses – im Guten 24 wie im Schlechten – kann kaum überschätzt werden. Dies liegt auch daran, dass die Rolle des Anwalts nicht auf das eigentliche Prozessgeschehen beschränkt ist. Häufig ist das Prozessgeschehen Folge vorgerichtlicher anwaltlicher Beratung, Entscheidungen und Handlungen. Der Prozess hat also ein weites Vorfeld, in dem prozesstaktische Erwägungen anzustellen sind. Gute Prozessführung gründet auf gute vorprozessuale Beratung des Mandanten und setzt eine Berücksichtigung anderer Methoden der Streitbeilegung voraus.

I. Bereiche und Phasen anwaltlicher Tätigkeit

Auch wenn erfolgreiche Prozessführung regelmäßig dadurch charakterisiert ist, dass der Mandant 25 dem Anwalt vertraut und seinen Ratschlägen folgt, kann der Anwalt taktische und strategische Entscheidungen nicht selbst nach Gutdünken treffen. Nach dem von der Rechtsprechung vorgegebenen Pflichtenkonzept hat nicht er, sondern der Mandant die maßgeblichen Auswahlentscheidungen zu treffen. Der Anwalt ist verpflichtet, den Mandanten umfassend über die verfügbaren Optionen sowie deren jeweiligen Vor- und Nachteile aufzuklären, damit dieser eine informierte und für ihn passende Entscheidung treffen kann. Richtschnur ist hierbei das Gebot des sichersten Weges:

> »Die Beklagten (Rechtsanwälte) hatten dem Kläger (Mandanten) eine eigene Entscheidung in Kenntnis aller rechtlichen Umstände von Belang zu ermöglichen, nicht jedoch eine solche Entscheidung abzunehmen.« (BGH, Beschl. vom 08.10.2009 – IX ZR 235/06, Rn. 10).

> »In den Grenzen des Mandates hat er (der Rechtsanwalt) dem Mandanten diejenigen Schritte anzuraten, die zu dem erstrebten Ziele zu führen geeignet sind, und Nachteile für den Mandanten zu verhindern, soweit solche voraussehbar und vermeidbar sind. Dazu hat er dem Auftraggeber den sichersten und gefahrlosesten Weg vorzuschlagen und ihn über mögliche Risiken aufzuklären, damit der Mandant zu einer sachgerechten Entscheidung in der Lage ist … Ziel der anwaltlichen Beratung ist es, dem Mandanten eigenverantwortliche, sachgerechte (Grund-)Entscheidungen (»Weichenstellungen«) in seiner Rechtsangelegenheit zu ermöglichen. Dazu muss sich der Anwalt über die Sach- und Rechtslage klarwerden und diese dem Auftraggeber verständlich darstellen. Der Mandant benötigt, insbesondere wenn er juristischer Laie ist, nicht unbedingt eine vollständige rechtliche Analyse, sondern allein die Hinweise, die ihm im Hinblick auf die aktuelle Situation und sein konkretes Anliegen die notwendigen Entscheidungsgrundlagen liefern. Erscheint unter mehreren rechtlichen Alternativen die eine deutlich

vorteilhafter als die andere, hat der Anwalt darauf hinzuweisen und eine entsprechende Empfehlung zu erteilen … Die Erklärungen des rechtlichen Beraters müssen … dem Mandanten, der verlässlich über bestimmte Rechtsfolgen unterrichtet werden will, um darauf seine Entscheidung gründen zu können, eine annähernd zutreffende Vorstellung von den Handlungsmöglichkeiten und deren Vor- und Nachteilen vermitteln … Allerdings kann nach Art und Umfang des Mandats eine eingeschränkte Belehrung ausreichend sein, etwa bei besonderer Eilbedürftigkeit oder bei einem Aufwand, der außer Verhältnis zum Streitgegenstand steht. Eine in jeder Hinsicht lückenlose Aufklärung über alle rechtlichen Zusammenhänge und Folgen trägt vor allem bei schwieriger Sach- und Rechtslage die Gefahr in sich, den Mandanten zu überfordern und ihm so den Blick für die Entscheidung wichtiger Gesichtspunkte zu verstellen. Das würde dem Sinn und Zweck der geschuldeten Beratung zuwiderlaufen. Der Rechtsanwalt hat dem Auftraggeber daher nur die Hinweise zu erteilen, die ihm die für seine Entscheidung notwendigen Informationen liefern. Inhalt und Umfang der vom Rechtsanwalt zu leistenden Aufklärung haben sich dabei immer nach den für ihn erkennbaren Interessen des Mandanten zu richten (…)« (BGH NJW 2008, 2041).

26 Bestehen Handlungsalternativen, »müssen deren jeweilige Rechtsfolgen miteinander und mit den Handlungszielen … (des Mandanten) verglichen werden«, andernfalls liegt keine pflichtgemäße Beratung vor (BGH a.a.O.). Nur dort, wo die vom Anwalt gewählte Strategie oder Taktik konkurrenzlos oder eindeutig sicherer als jede andere Alternative ist, darf der Anwalt sie autonom und ohne Rücksprache mit dem Mandanten anwenden. Wann eine ansonsten gebotene Beratung und Entscheidung durch den Mandanten unterbleiben kann, weil sie den Mandanten (sei es wegen mangelnder Verständnisfähigkeit des Mandanten oder wegen der Komplexität des beabsichtigten Vorgehens) überfordern würde, ist pauschal nicht zu beantworten.

Hier liegt ein kaum vermeidbares Haftungsrisiko des Anwalts: Ist das von ihm gewählte taktische Vorgehen nicht erfolgreich, besteht immer die Gefahr, vom Mandanten hieraus in Regress genommen zu werden. Wie das Gericht im Regressprozess ex post die Beratungsmöglichkeit und -erforderlichkeit beurteilen wird, ist dabei kaum zu prognostizieren. Auch im eigenen Interesse sollte der Anwalt also den Mandanten grundsätzlich in taktische Überlegungen einbeziehen.

27 Eine weitere Ausnahme von der Beratungspflicht des Anwalts sieht der BGH, wenn der »Aufwand, außer Verhältnis zum Streitgegenstand steht«. Römermann (NJW 2007, 2490) macht zu Recht darauf aufmerksam, dass bei geringen Streitwerten »trotz des im RVG angelegten Systems der ›Quersubventionierung‹ der niedrigen gesetzlichen Vergütung insoweit Rechnung zu tragen sein könnte, als von einem Rechtsanwalt kein Aufwand verlangt werden kann, der ganz außer Verhältnis zum Streitgegenstand – und damit regelmäßig auch zur anwaltlichen Vergütung – steht.«

II. Anwaltliche Strategie und Taktik im Zivilprozess

28 Die Begriffe »Strategie« und »Taktik« werden in dieser Darstellung mit gleicher Bedeutung wie in der Spieltheorie bzw. im Schachspiel verwendet: Die Strategie betrifft die Anlage des Verfahrens insgesamt und umfasst langfristige Überlegungen wie die Bewertung der Gesamtsituation oder die Entwicklung eines Plans. Die Taktik betrifft hingegen die konkrete Verfahrenssituation; sie lehrt, zu welchen konkreten Folgen konkrete Einzelentscheidungen führen. Strategie entsteht in einem Abwägungsprozess und basiert zu einem nicht unwesentlichen Teil auf Erfahrungswissen. Taktisch richtiges Handeln ist Folge konkreter Berechnungen; es setzt Kenntnis und Verinnerlichung von einzelnen Prozesskonstellationen voraus.

29 Parteiherrschaft und Dispositionsmaxime weisen die Verantwortung für den Prozesserfolg den Parteien zu, schaffen ihnen aber auch enorme Spiel- und Gestaltungsräume und stellen ihnen damit eine Vielzahl strategischer und taktischer Mittel zur Verfügung. Dies gilt trotz der längst eingetretenen Abkehr von der ursprünglich streng liberalen Prozessstruktur und einer Entwicklung hin zu einer stärkeren Mitverantwortung des Gerichts für die Verwirklichung privatrechtlicher Ansprüche auch heute noch. Richterliche Befugnisse etwa im Bereich des formellen Amtsbetriebs oder der materiellen Prozessleitungspflicht lassen Parteifreiheit und Parteiverantwortung im Grundsatz unverändert.

1. Prozesstaktik

Prozesstaktik setzt zunächst die Erfassung der in einer konkreten Prozesssituation bestehenden Möglichkeiten und deren Prüfung voraus (Prozesstaktik als »Pflicht«). Sie dient also der Ermittlung von Auswahlalternativen und unterstützt den Anwalt dabei, den sichersten Weg zu erkennen. 30

▶ Beispiel:

Ist beispielsweise unklar, wann ein Anspruch verjährt, hat der Rechtsanwalt die für seinen Mandanten ungünstigste vertretbare Möglichkeit zugrunde legen und für eine Sicherung des Anspruchs sorgen (BGH WM 2008, 1560).

Gute Prozesstaktik geht aber über bloße Fehlervermeidung hinaus. Jenseits der anwaltlichen Pflichten stellt sie ein Mittel zur gelingenden Verfahrensgestaltung dar (Prozesstaktik als »Kür«). So kann es z.B. sinnvoll sein, Vortrag zurückzuhalten bzw. eigene Absichten im Sinne eines Überraschungseffekts nicht vorschnell zu offenbaren, sondern erst dann erkennbar werden zu lassen, wenn es nach den Regeln über das rechtliche Gehör prozessual geboten ist.

Prozesstaktik sollte nicht mit Rabulistik und Winkeladvokatentum gleichgesetzt werden. Ihr Gegenstand ist es nicht, »**unfaire**« Mittel anzuwenden oder den Gegner zu übervorteilen. Prozesstaktik heißt auch nicht, alle formalen Rechtspositionen im Prozess zu nutzen, nur weil sie sich anbieten, zumal ein solches Vorgehen häufig nicht nur sinnlos ist, sondern gar nach hinten losgehen kann (dazu mehr unten Rdn. 46). 31

2. Prozessstrategie

Die Strategie geht über die Einzelsituation hinaus; sie betrachtet, bewertet und formt das **Gesamtgeschehen**. Um die Zielsetzung des Mandanten gemäß dem Gebot des sichersten Weges zu erreichen, muss der Anwalt das Verfahren im Zusammenhang mit anderen Verfahren betrachten (z.B. in Patentsachen im Zusammenhang mit einer ebenfalls anhängigen Nichtigkeitsklage), grundsätzliche Verfahrensvarianten gegeneinander abwägen (z.B. das Klageverfahren mit dem Gütestellenverfahren oder dem Mahnbescheid als Alternativen vergleichen) und das Verfahren in seiner Grundarchitektur möglichst günstig ausgestalten. 32

Neben dem aus dem Begehr folgenden Hauptziel kann es **Nebenziele** geben. Hierzu gehört es für beide Parteien, im Fall eines Unterliegens zumindest die durch das Verfahren anfallenden Kosten zu minimieren. Dies kann es rechtfertigen, kostenrelevante Prozesshandlungen erst in einem späteren Prozessstadium geltend zu machen (Erweiterung einer Teilklage nach erfolgreicher Beweisaufnahme) oder einem nicht abzuwendenden Unterliegen zuvorzukommen (Klagerücknahme, sofortiges Anerkenntnis). Eventuelles Nebenziel kann auch eine Verbesserung der eigenen Rechtsstellung für die Zwangsvollstreckung oder einen Folgeprozess (Regress) sein. 33

3. Irrwege: Falsch verstandene Prozesstaktik

Falsch verstandene »Prozesstaktik« schadet nicht nur dem Ansehen des Anwalts, sondern auch dem Ansehen des Mandanten. Sie kollidiert außerdem mit dem Gebot, den sichersten Weg für den Mandanten einzuschlagen. 34

Die anwaltliche Tätigkeit dient alleine der Verwirklichung der Interessen des Mandanten. Kein zulässiges Prozessziel sind daher die eigenen Interessen des Rechtsanwalts. Dazu gehören wirtschaftliche Interessen (Gebührenmaximierung) ebenso wie soziale Interessen (standesrechtliche Rücksichtnahme auf Kollegen oder Gericht). 35

Im Interesse des Mandanten kann es auch nicht liegen, möglichst hohe Kosten zu verursachen, die im Fall seines Obsiegens vom Gegner zu tragen sind. Erweist sich der Gegner als mittellos oder erscheint eine etwaige Vollstreckung aus sonstigen Gründen aussichtslos, bleibt die obsiegende Partei »auf den Kosten sitzen«. Insoweit kann ein »Gebührenschinden« durch den Anwalt auch zu einer Haftung gegenüber dem eigenen Mandanten führen. Ein ausschließlich auf die Gebührenmaximierung ausgerichtetes Vorgehen wäre damit für den Anwalt wirtschaftlich nur vordergründig vorteilhaft.

Beziehungen des Anwalts zu Kollegen (und zum Gericht) müssen den Interessen des Mandanten untergeordnet werden. Dies gilt für Verhaltensregeln des anwaltlichen Standesrechts und erst recht für die rechtlich nicht geregelte bloße Solidarität mit Kollegen (anders E. Schneider ZAP-Kolumne »Einigkeit macht stark!«, ZAP 2003, 273, der für Solidarität der Anwälte gegenüber dem Gericht insbesondere bei richterlichem Fehlverhalten plädiert). In der Praxis lassen sich solche Konflikte häufig dadurch lösen, dass zu prozessualen, den Gegner betreffenden Fragen – ausdrücklich oder konkludent – keine Stellung genommen und die Konfliktlösung dem Gericht überlassen wird.

36 Ebenso ist es nicht Pflicht des Anwalts, den Gerichtssaal als Bühne zur Darstellung seines eigenen Egos zu benutzen. Geschraubte Formulierungen, Aggression oder Theatralik mögen den Mandanten beeindrucken. Gerichte legen hingegen keinen Wert auf Schwulst und Bombast, sondern schätzen eine sachliche Darstellung.

Aggression hat weder in Schriftsätzen noch in der Verhandlung etwas zu suchen. Eine sachliche, konsequente, unnachgiebige, aber im Ton höfliche Vorgehensweise, die auf eine nachhaltige, mandantengerechte Konfliktlösung zielt, ist regelmäßig zielführender.

Letztlich sollte sich der Anwalt darum bemühen, seine Prozessergebnisse und nicht sein Prozessverhalten für sich sprechen zu lassen; dies trägt zu einer langfristig erfolgreichen Mandantenbeziehung mehr bei als Knalleffekte.

Kapitel 2: Strategie und Taktik im Prozess

Übersicht

A. Allgemeines

I. Taktik

Der aus dem griechischen »taktike« abgeleitete Begriff der »Taktik« bezeichnet ursprünglich die Kunst der Aufstellung des Heeres und findet auch heute noch primär für die Koordination zur Verfügung stehender **militärischer** Mittel in einem Gefecht nach Kraft, Raum und Zeit Verwendung. Jeder Truppenteil soll seinen besonderen Stärken entsprechend eingesetzt, für besondere Aufgaben das optimale Mittel ausgewählt werden. Durch das sinnvoll gesteuerte Zusammenspiel der einzelnen Teile wird eine über die bloße Summe der Einzelteile hinausgehende Stärke erreicht. 37

Taktische Überlegungen werden auch im **Sport** angestellt, wo sie die Aufgaben einzelner Spieler einer Mannschaft zum Zwecke des Spielgewinns festlegen (Fußball) oder Zwischenziele definieren (Schach). 38

Mit der Taktik werden kurzfristige, begrenzte Ziele verfolgt (Gefecht/Spiel). Sie ist insoweit meist eingebunden in die auf längere Zeiträume und umfassendere Ziele ausgerichtete **Strategie**, die im übergeordneten Interesse auch die Hinnahme taktischer Nachteile erlauben kann. 39

Der Anwalt im Zivilprozess führt weder Krieg noch betreibt er ein sportliches Spiel. Er hat die rechtlichen Interessen seines Mandanten in einem gerichtlichen Verfahren durchzusetzen. Er muss rechtzeitig alle für einen Prozesserfolg notwendigen Maßnahmen treffen, insbesondere erforderliche Sicherungsmaßnahmen einleiten, die notwendigen Anträge stellen, alle relevanten Angriffs- und Verteidigungsmittel geltend machen und die gebotenen rechtsgestaltenden Prozesserklärungen abgeben. Bei zweifelhafter Rechtslage muss er vorsorglich so handeln, wie es bei einer für seinen Mandanten ungünstigen Entscheidung zur Wahrung der Belange notwendig ist. Von mehreren möglichen Handlungsalternativen hat er diejenige zu wählen, die für ihn mit höherer Wahrscheinlichkeit zum Erfolg führt (»Gebot des sichersten Wegs«). 40

Auf die **Prozessführung** übertragen kann der Begriff der Taktik als die für die Erreichung des konkreten Verfahrensziels optimale individuelle Gestaltung des Verfahrens, den sachgerechten Einsatz der verschiedenen zur Verfügung stehenden prozessualen Handlungsalternativen, die sinnvolle Koordination erforderlicher Einzelmaßnahmen verstanden werden. Dabei muss eine Abgrenzung zur Strategie nicht erfolgen: Über den konkreten einzelnen Prozess hinaus muss der Anwalt regelmäßig nicht planen, auch die Taktik erlaubt die Hinnahme vorübergehender Nachteile (z.B. die »Flucht in die Säumnis«). Erforderlich für ein sinnvolles taktisches Vorgehen ist nicht nur die umfassende Kenntnis aller gegebenen Möglichkeiten und die Fähigkeit, deren Vor- und Nachteile für den Einzelfall gegeneinander abzuwägen, sondern auch die Kompetenz, auf unerwartete, zufällig oder durch ein Verhalten des Gegners eingetretene Abweichungen vom ursprünglich erwarteten Prozessverlauf spontan und angemessen zu reagieren, eventuelle Fehler des Prozessgegners zu erkennen und hieraus nach Möglichkeit Vorteile zu ziehen. 41

II. Taktik und Fehlervermeidung

Fehlerhaft handelt der Anwalt, wenn er eine ihm obliegende Pflicht verletzt. In diesem Fall macht er sich dem Mandanten gegenüber schadensersatzpflichtig (vgl. BGH WM 2023 Heft 2, 91). Unzureichende taktische Überlegungen stellen den Prozesserfolg infrage, können bis hin zu einem Ver- 42 lust des Prozesses führen, stellen – weil der Anwalt einen Erfolg nicht schuldet – regelmäßig aber keine haftungsauslösende Pflichtverletzung dar. Taktisch richtiges Verhalten ist damit mehr als die bloße Fehlervermeidung, setzt diese aber notwendig voraus. Dass der Anwalt seine Pflichten erfüllt, muss als Minimalanforderung verstanden werden und stellt die Grundlage dafür dar, im Rahmen »richtiger« (fehlerfreier) Prozessführung die beste der richtigen Alternativen zu wählen. Wie im Eislaufsport muss auch hier die Absolvierung der grundlegenden Pflichtaufgaben der Erbringung von Höchstleistungen in der Kür vorangehen.

Auch gut gemeinte und im Interesse des Mandanten vorgenommene taktische Maßnahmen können sich als Pflichtverletzung darstellen und eine Schadensersatzpflicht auslösen.

▶ Beispiel:

43 Pflichtwidrig handelt ein Anwalt, der seine Mandantin, eine GmbH, zur Abtretung der Forderung und zur klageweisen Geltendmachung durch die Zessionarin bewegt, um den Geschäftsführer als Zeugen zu gewinnen, obwohl der Vertrag mit dem Schuldner ein Abtretungsverbot enthält (Prechtel MDR 2010, 549, 550).

Haftungsträchtig sind dabei insbesondere Änderungen des Gesetzes oder der Rechtsprechung, die nicht schnell genug berücksichtigt werden. Der Anwalt ist daher »gut beraten, auch und gerade prozesstaktische Fragen ernst zu nehmen und sich nicht nur im materiellen Recht fortzubilden« (Braunschneider ProzRB 2003, 258 – Urteilsanmerkung).

44 Allerdings lassen sich Fehlervermeidung und Taktik nicht immer klar voneinander trennen. Ob ein prozessuales Vorgehen alternativlos und damit ohnehin geboten war oder ob weitere Möglichkeiten zum gleichen Ziel hätten führen können, stellt sich bei einer ex-post-Betrachtung im Regressprozess oft anders dar als zum Zeitpunkt der Vornahme der Handlung. Auch kann ein einmal beschrittener taktischer Weg zusätzliche Pflichten und damit zusätzliche Haftungsrisiken des Anwalts begründen.

▶ Beispiel:

45 Das Nichtstellen eines Antrags in der mündlichen Verhandlung zur Vermeidung einer ansonsten drohenden nachteiligen Sachentscheidung des Gerichts und das bewusste Hinnehmen des dann ergehenden Versäumnisurteils (»Flucht in die Säumnis«, § 333 ZPO) sind eine taktische Maßnahme, deren Nichtnutzung keinen Fehler darstellt. Hat der Rechtsanwalt diese Möglichkeit aber genutzt, stellt es – anders als in anderen Fällen des Versäumnisurteils – eine Pflichtverletzung dar, wenn nachfolgend nicht Einspruch gegen das Versäumnisurteil eingelegt wird (BGH NJW 2002, 290).

III. Taktische Fouls

46 Prozesstaktik hat nichts damit zu tun, **»unfaire«** Mittel anzuwenden, den Gegner »über den Tisch zu ziehen« oder ihn in irgendeiner Form sonst zu übervorteilen. Das dahingehende Missverständnis – auch durch auf diese Weise handelnde Rechtsanwälte selbst – hat der Taktik einen anrüchigen Beigeschmack verschafft. Ein erkennbar allein taktisch motiviertes Ausnutzen formaler Rechtspositionen kann beim Gegner und beim Gericht Unwillen und Reaktionen auslösen, die die eigene Position eher schwächen. Ein taktisches Foul führt nicht nur im Sport, sondern auch im Zivilprozess schnell zu Nach- statt zu Vorteilen:

▶ Beispiele:

47 Der Anwalt, der eine Tatsache ohne Rücksprache mit seinem Mandanten »vorsorglich« bestreitet, wird mit dieser »Behauptung ins Blaue hinein« nicht gehört.

Die Partei, die dem Gegner eine Beweisführung vereitelt, muss hinnehmen, dass das Gericht die Tatsache auch ohne Beweisaufnahme als erwiesen ansieht.

Den Empfang einer gerichtlichen Mitteilung nicht oder mit einem falschen Datum zu bestätigen, hält sich sicher im Rahmen der tatsächlichen Möglichkeiten eines Rechtsanwalts, desavouiert ihn aber schnell dem Gericht und Kollegen gegenüber und kann zum Wegfall der Privilegierung einer Zustellung gegen Empfangsbekenntnis führen.

Bedacht werden sollten deswegen immer auch die Wirkungen taktischen Handelns auf den eigenen Mandanten, den Gegner, dessen Prozessbevollmächtigten und – vor allem – das Gericht. 48

»Es wäre lohnend, wenn das Thema ›Prozesstaktik‹ auch aus richterlicher Sicht dargestellt würde (...). Im Rahmen des prozessual Erlaubten kann sich vermeintliche »Prozesstaktik« auch als ›Schuss nach hinten‹ auswirken. Erfolgreiche Prozesstaktik muss letztlich das Wollen und Handeln des Richters mitberücksichtigen. Sie muss deshalb – vor allem im Interesse des eigenen Mandanten – mit der ›Prozesspsychologie‹ harmonieren. Ihre Reduktion ausschließlich auf die Eigeninteressen kann das Gegenteil dessen bewirken, was erstrebt wird« (E. Schneider MDR 1987, 725).

Taktisches Handeln muss sich ausnahmslos in den durch die Rechtsordnung gezogenen **Grenzen** halten. Dazu gehören die prozessuale Wahrheitspflicht (§ 138 Abs. 1 ZPO) sowie die Prozessförderungspflicht (§ 282 ZPO) und der Grundsatz von Treu und Glauben (§ 242 BGB). 49

Auch wenn im Zivilprozess nach verbreiteter Ansicht häufig gelogen wird, weil das Entdeckungsrisiko gering ist und ernsthafte Sanktionen nicht zu befürchten sind, ist der bewusst wahrheitswidrige Vortrag (sowohl die Behauptung als auch das Bestreiten) eine Lüge und läuft Gefahr, als Prozessbetrug gewertet zu werden. Dies gilt indes nur im Anwendungsbereich des § 138 Abs. 1 ZPO. Dieser ist auf Erklärungen über tatsächliche Umstände beschränkt und verlangt nicht den Vortrag objektiv wahrer Tatsachen, sondern verbietet den Vortrag wissentlich unwahrer Tatsachen. Vermutete oder auch nur für möglich gehaltene Tatsachen dürfen genauso behauptet werden, wie (hilfsweise) sich widersprechende Tatsachen. Die Notwendigkeit vollständigen Vortrags beinhaltet nicht die Verpflichtung zum Vortrag von Tatsachen, die eine dem Gegner günstige Rechtsfolge auslösen. Der Anwalt darf sich die Darstellung seines Mandanten auch bei Zweifeln an der Richtigkeit zu Eigen machen, sofern er sie nicht als unwahr erkannt hat (Zöller/Greger § 138 Rn. 6). Er braucht zur Klärung des Sachverhalts keine eigenen Nachforschungen anzustellen und darf den tatsächlichen Angaben des Mandanten vertrauen, solange er deren Unrichtigkeit nicht kennt oder kennen muss (BGH NJW 1989, 1154). Die Wahrheitspflicht erstreckt sich auch nicht auf Rechtsfragen. Sie verbietet es dem Anwalt damit nicht, gegen die herrschende Meinung zu argumentieren oder sogar unzutreffende Rechtsauffassungen zu vertreten, sofern er nicht den Inhalt von Urteilen oder Literaturstellen bewusst falsch vorträgt (unten Rdn. 1268 ff.).

Im Übrigen ist eine geschickte Handhabung der Prozessordnung und das **Ausschöpfen** aller zustehenden Rechte nach der ZPO prinzipiell zulässig. 50

Ferner ist es weder gesetzeswidrig noch unfair, die eigenen Absichten nicht vorschnell zu offenbaren und taktisches Handeln erst dann erkennbar werden zu lassen, wenn es prozessual geboten ist. Ob und wie der Gegner hierauf reagieren kann, richtet sich allein nach den (vom Gericht zu beachtenden) Regeln über die Gewährung rechtlichen Gehörs und muss in die eigenen Überlegungen nicht einbezogen werden. Vielfach ist es aber gerade der **Überraschungseffekt**, der den Erfolg bringt, und der deswegen als Teil der eigenen Möglichkeiten bewusst in die taktischen Überlegungen einbezogen werden sollte. 51

IV. Taktik und Prozessziel

Taktisches Handeln muss sich an dem Begehr des Mandanten orientieren. Anwaltliche Tätigkeit ist weder Selbstzweck noch objektiv bestimmt, sondern richtet sich nach dem subjektiven Interesse des Mandanten. Regelmäßig kann dieses Begehr formell mit dem angestrebten **Prozessziel** gleichgesetzt werden. 52

▶ Beispiel:

Die Partei will im Erkenntnisverfahren obsiegen: Der Kläger begehrt die Stattgabe, der Beklagte die Abweisung der Klage.

53 Entscheidend ist dabei der endgültige Erfolg am Ende des Prozesses. Auf dem Weg dahin können vorübergehende Nachteile in Kauf genommen werden. So gesehen, ist dahingehend auch eine anwaltliche Strategie möglich.

▶ Beispiel:

54 Die Flucht in die Säumnis bringt zunächst Nachteile, verschafft aber die ansonsten nicht gegebene Möglichkeit zu weiterem Tatsachenvortrag mit Erhebung des Einspruchs.

55 Manchmal kann das materielle Begehr des Mandanten besser durch einen anderen Prozess erreicht werden. Dann kann es zur Taktik gehören, den anhängigen Rechtsstreit bewusst zu opfern.

▶ Beispiel:

56 Als zulässige Prozesstaktik ist es anzusehen, wenn eine bereits anhängige Scheidungsklage zurückgenommen und unmittelbar neu eingereicht wird, um mit der neuen Anhängigkeit einen günstigeren Zeitpunkt für die materielle Berechnung des Zugewinnausgleichs zu erhalten (BGH NJW 1979, 2099).

57 Neben dem aus dem Begehr folgenden Hauptziel kann es **Nebenziele** geben. Dazu bereits oben Rdn. 33.

▶ Beispiel:

So kann es dem Kläger neben der Durchsetzung seines Schadensersatzanspruchs zusätzlich darum gehen, festzustellen, dass dieser auf einer deliktischen Handlung des Beklagten beruht, weil Forderungen aus vorsätzlich unerlaubter Handlung von der Bewilligung einer etwaigen Restschuldbefreiung nicht erfasst werden (§ 302 Nr. 1 InsO) und nach Abschluss des Insolvenzverfahrens für sie das Vollstreckungsprivileg des § 850f Abs. 2 ZPO gilt (BGH NJW 2010, 2210).

58 **Kein** zulässiges Prozessziel sind hingegen eigene Interessen des Rechtsanwalts. Dazu oben Rdn. 35.

V. Taktik und Beratung

59 Die Entscheidung für oder gegen taktische Entscheidungen hat grundsätzlich nicht der Anwalt, sondern der **Mandant** zu treffen. Der Mandant muss dazu über die in Betracht kommenden Möglichkeiten und ihre Vor- und Nachteile so informiert und beraten werden, dass er den für ihn richtigen Weg auswählen kann.

VI. Taktik und Gebot des sichersten Wegs

60 Führen mehrere Wege zu dem vom Mandanten erstrebten Rechtsschutzziel, hat der Anwalt nicht den schnellsten oder kostengünstigsten oder sonst wie zweckmäßigsten Weg anzuraten, sondern denjenigen, der die wenigsten rechtlichen Risiken für die erfolgreiche Durchführung des Auftrages aufweist. Dieses Prinzip des »rechtlich sichersten Weges« kann mit taktischen Überlegungen kollidieren. Manchmal sind Handlungsalternativen mit zusätzlichen Risiken verbunden. Während früher vereinzelt vertreten wurde, dem Anwalt sei dabei ein erheblicher eigener Entscheidungsspielraum eröffnet, geht die neuere Rechtsprechung davon aus, dass es regelmäßig dem Mandanten vorbehalten bleiben muss, Chancen und Risiken verschiedener Vorgehensweisen gegeneinander abzuwägen.

> »Ein Rechtsanwalt ist kraft des Anwaltsvertrages verpflichtet, die Interessen seines Auftraggebers in den Grenzen des erteilten Mandats nach jeder Richtung umfassend wahrzunehmen. Er hat, wenn mehrere Maßnahmen in Betracht kommen, diejenige zu treffen, die die sicherste und gefahrloseste ist. Gibt die rechtliche Beurteilung zu begründeten Zweifeln Anlass, so muss er auch die Möglichkeit in Betracht ziehen, dass sich die zur Entscheidung berufene Stelle der seinem Auftraggeber ungünstigeren Beurteilung der Rechtslage anschließt.« (BGH, Urt. vom 29.06.2006, IX ZR 76/04, Rn. 9).

Gibt es nur eine Möglichkeit, das Ziel sicher zu erreichen, so muss diese genutzt werden. In diesen Fällen spricht der BGH vom »**Gebot des sichersten Wegs**«. Praktisch ist dies vor allem, wenn es um die Wahrung von Fristen geht. Bestehen Zweifel über deren Dauer, muss sicherheitshalber die kürzere Frist gewahrt werden (BGH NJW 2008, 1235). 61

Häufiger bestehen in der Praxis mehrere Alternativen, bieten sich verschiedene Möglichkeiten des Vorgehens, mit denen das erstrebte Ziel mit einem gewissen Wahrscheinlichkeitsgrad erreicht werden kann. Hier postuliert der BGH das »**Gebot des relativ sichersten Wegs**«. Der relativ sicherste Weg ist dabei derjenige, der die größte Wahrscheinlichkeit dafür bietet, dass die Rechtsverfolgung Erfolg hat (Zugehör WM-Beilage Heft 50 Sonderbeilage 3, 1, 9). 62

Setzt der Mandant seine **Prioritäten** anders, ist er im Kosten- oder Beschleunigungsinteresse bereit, ein Erfolgsrisiko hinzunehmen, kann er für einen späteren Misserfolg den Anwalt nur dann nicht verantwortlich machen, wenn dieser ihn zuvor auf die verschiedenen Alternativen und das mit ihnen verbundene Risiko hingewiesen und ihm eine autonome Entscheidung überlassen hat. Im eigenen Interesse des Anwalts liegt es, eine solche, auf das Verlassen des sichersten Wegs gerichtete Mandantenweisung eindeutig zu dokumentieren. 63

▶ Beispiel:

Praktisch werden solche Zielkonflikte schon im Beratungsstadium relevant, wenn taktische Überlegungen angestellt werden. Ob der Anwalt z.B. dem Mandanten zur Vermeidung von Kosten eine Teilklage anrät oder nicht, damit aber jedenfalls hinsichtlich der Anspruchshöhe nur beschränkte Rechtskraft erzielt, die Verjährung des Restanspruches und zudem eine negative Feststellungswiderklage über den ganzen Anspruch riskiert, ist eine Frage der Bewertung der speziellen Interessen des Mandanten und der konkreten Situation – einschließlich der Einschätzung der wahrscheinlichen Reaktion der Gegenseite – und daher allgemeinen Ratschlägen nicht zugänglich. Dasselbe gilt für die Frage, ob der Anwalt z.B. erst einmal Eilrechtsbehelfe (Arrest, einstweilige Verfügung) anraten sollte, oder ob er sogleich eine ordentliche Klage vorschlagen sollte. Im Zweifel sollte der Anwalt alle in Betracht kommenden Möglichkeiten vorstellen und den Mandanten in die Entscheidung einbinden. 64

Entgegen einer in der Literatur vertretenen Auffassung trifft den Anwalt bei der Abwägung der mit einzelnen Handlungsalternativen verbundenen Risiken keine »Garantie-« oder »Gefährdungshaftung« (Slobodenjuk NJW 2006, 116, 117). Ist das Rechtsschutzziel auf dem vom Anwalt gewählten Weg nicht erreicht worden, begründet dies eine Anwaltshaftung nur unter den Voraussetzungen des § 276 BGB, d.h. bei Verschulden: Maßstab für eine korrekte Anwaltsdienstleistung sind die berufstypischen Anforderungen (»Standards«) an einen durchschnittlich sorgfältig handelnden, erfahrenen deutschen Rechtsanwalt (BGH NJW 2002, 1117, 1118; Fahrendorf 2006, 1912). Nur wenn für diesen von Anfang an absehbar war, dass der eingeschlagene Weg nicht der sicherste war, kommt eine Haftung in Betracht. 65

VII. Taktik und anwaltliche Ethik

Auch und gerade nach dem Wegfall der anwaltlichen Standesregeln stellt sich der Anwaltschaft die Frage nach ihrem Ethos und damit den Schranken eigener Handlungsmöglichkeiten im Prozess. Ist der Anwalt dem vom Mandanten vorformulierten Ziel schrankenlos verpflichtet oder hat er als **Organ der Rechtspflege** eine hiervon zumindest teilweise unabhängige Aufgabe? 66

Für Strafverteidiger sind diese Fragen bereits Gegenstand höchstrichterlicher Rechtsprechung. Hier hat die absolute Verfolgung von Mandanteninteressen in Form der sog. **konfrontativen** Verteidigung zu heftiger Kritik des BGH geführt. 67

»Die Möglichkeiten der Strafjustiz müssen aber auf Dauer an ihre Grenzen stoßen, wenn die Verteidigung im Strafverfahren, wie der Senat zunehmend beobachtet, zwar formal korrekt und im Rahmen des Standesrechts geführt wird, sich aber dem traditionellen Stil des Strafprozesses, der Wahrheitsfindung in einem prozessordnungsgemäßen Verfahren, nicht mehr verpflichtet fühlt und die weiten und äußersten Möglichkeiten der Strafprozessordnung in einer Weise nutzt, die mit der Wahrnehmung ihrer Aufgabe, den Angeklagten vor einem materiellen Fehlurteil oder (auch nur) einem prozessordnungswidrigen Verfahren zu schützen, nicht mehr zu erklären ist.« (BGH, Beschl. vom 25.01.2005, 3 StR 445/04).

Die konfrontative Verteidigung führt »zu einer schwerwiegenden Belastung des Strafprozesses insgesamt, zu Forderungen rechtspolitischer Gegenmaßnahmen und zu einer Veränderung der Prozesskultur, welche den Interessen der Beschuldigten nicht nützt, sondern entgegenwirkt.« (BGH, Beschl. vom 20.03.2009, 2 StR 545/08).

68 Der BGH hat es nicht bei der bloß verbalen Kritik entsprechenden anwaltlichen Verhaltens belassen, sondern daraus auch praktische Konsequenzen gezogen. So gab er die bis 2007 praktizierte Rechtsprechung zur »Rügeverkümmerung« auf, nach der eine Berichtigung des Hauptverhandlungsprotokolls ausgeschlossen war, wenn dadurch einer bereits erhobenen Revisionsrüge die Grundlage entzogen worden wäre. Anlass zur Abkehr war die Annahme des Gerichts, der Verteidiger habe einen tatsächlich nicht vorliegenden Verfahrensfehler auf einen bloß formalen Protokollierungsfehler, das Nichtprotokollieren der Verlesung der Anklageschrift, stützen wollen.

»Die veränderte Einstellung auf Seiten der Strafverteidiger hat verdeutlicht, dass sich die mit der Rechtsprechung verknüpfte Hoffnung nicht erfüllt hat, auf diese Weise – insbesondere durch den Appell an das Gewissen des die Revision begründenden Verteidigers – bewusst unwahre Verfahrensrügen zu verhindern. ... Die Änderung des anwaltlichen Ethos ist ein weiteres Argument für die Änderung der Rechtsprechung.« BGH NJW 2007, 2419.

69 Ist der Anwalt im Zivilprozess verpflichtet, auch der von ihm als sicher unbegründet erkannten Klage zum Erfolg zu verhelfen? Darf der Anwalt die Abweisung einer Klage mit allen Mitteln auch dort anstreben, wo er vom Bestehen des Anspruchs überzeugt ist? Ist Aufgabe des Anwalts die Gewährleistung eines einwandfreien Verfahrens und die Wahrung materieller und prozessualer Rechte des Mandanten oder ist er als Organ der Rechtspflege einem materiell gerechten Ergebnis verpflichtet?

Generell wird ein kompetitiver Verhandlungsstil einem kooperativen gegenüber im Zivilprozess keine Vorteile bringen. Eine Verschleppung des Verfahrens, die Erhöhung der Komplexität des Verfahrens, die Schaffung kritischer Prozesssituationen oder die bewusste Herbeiführung von absoluten Revisionsgründen schwächen die eigene Position meist stärker, als sie ihr nutzen. Der Zivilprozess bietet dem Gericht stärker als der Strafprozess Möglichkeiten, solche erkennbar taktisch motivierten Verhaltensweisen zu kompensieren und sie ggf. sogar gegen die Partei zu kehren.

Diese Überlegungen dürfen umgekehrt nicht dazu führen, dass der Anwalt sich den Vorstellungen des Gerichts devot unterwirft und versucht, um dessen Gunst zu buhlen. Eine solche »Kuschelstrategie« gefährdet die berechtigten Interessen des Mandanten, die selbstbewusst und konsequent vertreten werden müssen, auch wenn dies auf den Unwillen des Gerichts stößt.

70 Auch solche Fragen steuern taktische Überlegungen, können und sollen aber – trotz ihrer grundsätzlichen Bedeutung – in der vorliegenden, praktisch orientierten Darstellung nicht näher erörtert werden.

VIII. Richterliche Taktik

71 Taktisches Verhalten ist im Zivilprozess nicht auf die Anwälte beschränkt, sondern kommt auch aufseiten des Gerichts vor (Gärtner NJW 2017, 2596). Dem Richter ist nicht am Obsiegen (irgend-) einer Partei gelegen. Seine Prozessziele sind davon unabhängig und unterscheiden sich damit wesentlich von denen des Anwalts.

- Der Richter ist daran interessiert, das Verfahren **prozessordnungsgemäß** zu betreiben und es **zügig** zu einem Ende zu bringen.

In Anbetracht der Beschleunigungsmaxime des Zivilprozesses liegt hierin kein Widerspruch. Der Richter ist kraft Gesetzes verpflichtet, den Prozess zügig zu betreiben und alsbald einer Entscheidung zuzuführen. § 272 Abs. 1 ZPO verpflichtet das Gericht, den Rechtsstreit in einem umfassend vorbereiteten Termin zur mündlichen Verhandlung zu erledigen. Dieses Gebot zur Verfahrensbeschleunigung wird in zahlreichen weiteren Vorschriften konkretisiert (z.B. §§ 216 Abs. 2, 271 Abs. 1, 272 Abs. 3, 279 Abs. 1 und 2, 301 Abs. 1, 541 ZPO). Sachlich hat das Gericht im Rahmen der von den Parteien gestellten Anträge

(§ 308 Abs. 1 ZPO) unter Berücksichtigung des gesamten Inhalts der Verhandlungen und des Ergebnisses einer etwaigen Beweisaufnahme nach freier Überzeugung zu entscheiden (§ 286 Abs. 1 ZPO).

Das Interesse an einer möglichst raschen Entscheidung ist aber auch ein ureigenes des Richters selbst. Die Gerichtsorganisation weist ihm pro Jahr eine bestimmte Zahl von Fällen zu. Soll das Auflaufen großer Rückstände verhindert werden, muss die Zahl der Erledigungen der der Eingänge entsprechen.

Der Richter wird sich deswegen jeder Verfahrensgestaltung widersetzen, die den Prozess länger dauern lässt. Dies gilt schon für Terminsverlegungen, Fristverlängerungen und Schriftsatznachlässe, erst recht aber für nachträglich vorgetragene Angriffs- und Verteidigungsmittel, Streitgegenstandsänderungen oder -erweiterungen.

– Der Richter ist ferner daran interessiert, das Verfahren **richtig** und materiell **gerecht** zu entscheiden.

Richtig in diesem Sinne ist die Entscheidung, die unter Zugrundelegung des zu berücksichtigenden Parteivortrags und in Anwendung der einschlägigen Rechtsnormen ergeht. Gerecht ist die Entscheidung, wenn sie einen angemessenen, unparteilichen und allgemein akzeptablen Ausgleich der Interessen und der Verteilung von Gütern und Chancen zwischen den Beteiligten erreicht. Lässt das Gesetz einen Handlungs- oder Ermessensspielraum zu, wird der Richter diesen nutzen, um seine subjektive Gerechtigkeitsvorstellung zu verwirklichen.

Solche Spielräume hat der Richter vor allem im Rahmen der materiellen Prozessleitungspflicht (Hinweispflicht, § 139 ZPO).

Welches der beiden Ziele im **Kollisionsfall** vorrangig ist, ist Frage der individuellen Richterpersönlichkeit und des Einzelfalles. 72

Kein statthaftes richterliches Prozessziel (praktisch aber dennoch immer wieder anzutreffen) ist die Erleichterung der eigenen Arbeit. 73

Eine solche kann erreicht werden durch eine Beschneidung der prozessualen Rechte der Parteien. Dazu werden materielle oder prozessuale Normen bis an die Grenze des Vertretbaren zum Nachteil der Parteien ausgelegt. Beispiele dafür dürften jedem Anwalt aus seiner täglichen Arbeit zur Genüge bekannt sein. Hierher gehören die unberechtigte Verneinung der eigenen Zuständigkeit und anderer Zulässigkeitsvoraussetzungen oder überhöhte Anforderungen an die Substantiierung des Parteivortrags bzw. die Voraussetzungen streitgegenstandsändernder oder -erweiternder Prozesshandlungen (Widerklage, Aufrechnung).

Eine Erleichterung der richterlichen Arbeit wird häufig auch durch den Wegfall der Notwendigkeit der Abfassung eines Urteils angestrebt. Alternative Verfahrensbeendigungsformen wie Vergleich, Rücknahme oder Anerkenntnis erfordern einen deutlich geringeren Aufwand. Die Grenze zwischen der vom Gesetz geforderten und im Interesse der Parteien liegenden Bemühung um eine gütliche Beilegung des Rechtsstreits und dem unangebrachten Druck auf die Parteien ist fließend und wird nicht immer korrekt gezogen.

Dass es nicht zu den taktischen Zielen des Anwalts gehören darf, sich beim Richter beliebt zu machen, wurde bereits dargelegt (oben Rdn. 52). 74

Das muss aber nicht zwingend bedeuten, dass die Interessen des Mandanten nur im Konflikt sachgerecht durchgesetzt werden können. Im Einzelfall kann es nicht schaden, auch die richterlichen Ziele in die eigenen Überlegungen einzubeziehen, solange es den Prozesszielen des Mandanten nicht zuwiderläuft. Dort, wo der Anwalt häufiger mit denselben Richtern zu tun hat (kleinere Gerichte, Sonderzuständigkeiten des Gerichts für Fachanwaltsgebiete), kann der Ruf des Anwalts einen wichtigen Vorteil darstellen.

IX. Grenzen der Taktik

Die taktischen Einflussmöglichkeiten im Prozess dürfen nicht überschätzt werden. Auch wenn der Begriff der Prozesstaktik Genialität suggerieren mag (so Müther MDR 1998, 1335), schaffen taktische Überlegungen allein weder nicht bestehende materielle Rechte noch ermöglichen sie die Rechtsdurchsetzung über die prozessual gegebenen Möglichkeiten hinaus. Aussichtslose Prozesspositionen lassen sich auch durch die beste Taktik nur bedingt verbessern. Auch sind die vorliegend aufgezeigten taktischen Hinweise weder bei jedem Fall oder jedem Mandanten anwendbar, noch führen sie immer zum Erfolg. 75

Die Gründe dafür sind vielgestaltig. Eigene Fehleinschätzungen, taktische Maßnahmen des Gegners oder des Gerichts oder unvorhergesehene Entwicklungen können dazu führen, dass anfänglich Erfolg versprechende Taktiken sich im Nachhinein als kontraproduktiv erweisen. Leerlaufen können taktische Maßnahmen auch dann, wenn andere Prozessbeteiligte Fehler begehen und es deswegen nicht zu dem zu erwartenden Verfahrensverlauf kommt. Letztlich muss stets damit gerechnet werden, dass das Gericht den taktisch formell ordnungsgemäß erzielten Vorteil materiell-rechtlich für ungerecht hält und ihn deswegen durch die Anwendung von oder durch die Änderung der bisherigen Rechtsprechung konterkariert.

▶ Beispiel:

76 Die langjährige Praxis von Anwälten, Gläubigern zu einer Abtretung der Forderung zu raten, um mit dem dann nicht mehr prozessbeteiligten Zedenten einen Zeugen zu gewinnen, hat den BGH veranlasst, die bis dahin als unzulässig angesehene isolierte negative Zwischenfeststellungsdrittwiderklage gegen den Zessionar zuzulassen (BGH NJW 2008, 2852; Dräger MDR 2008, 1373; Fellner MDR 2011, 146).

B. Konsequenzen für die vorliegende Darstellung

77 Werden die genannten Grundsätze berücksichtigt, kann anwaltliche Prozesstaktik ein wirksames Mittel zur Förderung der eigenen Prozesschancen sein.

78 Neben ausgewählten Fragen aus dem Zivilprozessrecht werden **im Folgenden** die wichtigsten prozessualen Gestaltungsmöglichkeiten und Handlungsalternativen aufgezeigt, die typischen Fehler und Gefahrenquellen bei der Prozessführung benannt und praktische Tipps für eine erfolgreiche Bewältigung verfahrensrechtlicher Probleme gegeben.

Die Ausführungen orientieren sich hauptsächlich an der Ansicht des BGH, der herrschenden Meinung sowie an den praxisrelevanten Standardkommentaren (insbesondere Prütting/Gehrlein, Grüneberg, Zöller, Thomas/Putzo, Anders/Gehle), wobei aber auch auf abweichende Ansichten und Streitpunkte hingewiesen wird. Die Angabe zahlreicher Fundstellen ermöglicht eine weitere Vertiefung der jeweiligen Thematik.

Wenn manches auch banal oder längst bekannt erscheinen mag, so zeigt die Erfahrung doch, dass auch grundlegende zivilprozessuale Regeln immer wieder missachtet werden. So werden viele Selbstverständlichkeiten im »Eifer des Gefechts« häufig außer Acht gelassen. Die Schwierigkeit liegt oft nur darin, sich die prozessualen Regelungen deutlich zu machen und sie konsequent anzuwenden.

Es ist nicht möglich, sämtliche denkbaren prozessualen Varianten, die in einem Rechtsstreit auftreten können, darzustellen. Hilfreich bei der Lösung auftretender Schwierigkeiten und dem Erkennen von Gestaltungschancen ist ein Problembewusstsein, juristische Kreativität und ein gewisses prozessuales Geschick, was durch die folgenden Ausführungen gefördert werden kann.

79 Taktisches Vorgehen im Zivilprozess lässt sich nach den vorstehenden Ausführungen in folgende konkrete **Arbeitsschritte** des Rechtsanwalts gliedern:

- Prozessvorbereitend ist zu klären, welches Recht des Mandanten durchgesetzt werden soll. Im Mandantengespräch sind hierzu dessen Begehr und der Sachverhalt festzustellen. Besonderer Beachtung bedarf dabei die Frage nach möglichen Fristen, von denen die Rechtsdurchsetzung abhängt. Über das Ergebnis der rechtlichen Bewertung durch den Anwalt und die sich hieraus ergebenden Möglichkeiten ist der Mandant zu beraten. Gegebenenfalls ist es erforderlich, den Sachverhalt (z.B. durch die Ausübung materieller Gestaltungsrechte) zu vervollständigen oder einen (insbesondere durch Fristablauf) drohenden Rechtsverlust abzuwenden.

  Dieser Bereich anwaltlicher Tätigkeit hat seinen Schwerpunkt im materiellen Recht und kann deswegen in der vorliegenden, der Taktik im Zivilprozess gewidmeten Abhandlung nur am Rande gestreift werden; insoweit ist er Gegenstand des **3. Kapitels**.

- Bevor ein Klageverfahren angestoßen wird, wird sich darum bemüht, den Konflikt vor- und außergerichtlich zu lösen.

  Das **4. Kapitel** widmet sich der außergerichtlichen Streitbeilegung, die das Führen eines Klageverfahrens vermeiden und die Parteien jeweils zufriedenstellen kann.

- Treten zufällig oder aufgrund eines nicht vorhergesehenen Verhaltens des Prozessgegners Änderungen im Ablauf des ursprünglich konzipierten Verfahrens auf, so bedarf das eigene Prozessverhalten der Überprüfung und ggf. der Korrektur. Diese bergen auch häufig versteckte Fehlerquellen, die es zu beachten gilt.

  Solche Änderungen und verborgene Fallen können sich bei den Prozessbeteiligten (Parteiänderung, Streitverkündung, Nebenintervention), beim Streitgegenstand (Klageänderung, Veräußerung der streitbefangenen Sache, Erledigung der Hauptsache, Vergleich) oder beim Verfahrensablauf ergeben (Säumnisverfahren, schriftliches Verfahren). Sie werden im **5. Kapitel** behandelt.

- Die Durchsetzung des Rechts beginnt mit dem auf die Erlangung eines Vollstreckungstitels gerichteten Erkenntnisverfahren, für das die ZPO als Regelfall das allgemeine Klageverfahren (§§ 253 ff. ZPO) vorsieht.

  Inhalt und Aufbau des **6. Kapitels** orientieren sich dabei am Ablauf des allgemeinen Klageverfahrens. Ist eine außergerichtliche Streitbeilegung entbehrlich oder erfolglos, wird das Verfahren durch eine Klageschrift eingeleitet, gegen die der Beklagte sich verteidigen muss. Im sich anschließenden Vorverfahren müssen beide Parteien den Rechtsstreit in tatsächlicher und rechtlicher Hinsicht vollständig vortragen. In der mündlichen Verhandlung haben sie die praktisch oft letzte Möglichkeit, den Prozess zu gestalten.

- In den meisten erstinstanzlichen Verfahren bedarf der Streit der Parteien über Tatsachen einer Klärung durch eine Beweisaufnahme.

  Im **7. Kapitel** sind daher neben den Grundlagen des Beweisverfahrens die einzelnen Beweismittel mit ihren Voraussetzungen und Erhebungsformen darzustellen. Hinzu kommen Fälle, in denen die Beweisführung erleichtert ist. Abgerundet wird dieser Abschnitt durch einige praktisch häufig vorkommende Beweisthemen und deren prozessuale Besonderheiten.

- Für besondere Konstellationen stellt die ZPO als Alternative zum allgemeinen Klageverfahren eine Reihe von besonderen Verfahrensarten zur Verfügung, in denen das Recht tituliert werden kann.

  Gegenstand des **8. Kapitels** sind die Unterschiede, die sich dem allgemeinen Klageverfahren gegenüber im Mahnverfahren, im Urkundenverfahren, im Verfahren der Stufenklage, im amtsgerichtlichen Bagatellverfahren, im kapitalmarktrechtlichen Musterverfahren und im Adhäsionsverfahren ergeben.

- Muss das Recht vor der endgültigen Durchsetzung gesichert werden, so kommen hierfür Arrest, einstweilige Verfügung oder selbstständiges Beweisverfahren in Betracht.

  Diese Eilverfahren der ZPO werden im **9. Kapitel** behandelt.

- Drohen unerwünschte Rechtsfolgen, so kann versucht werden, deren Eintritt durch Rechtsbehelfe abzuwenden.

  Solche Rechtsbehelfe können noch in der ersten Instanz anfallen und auf einem Verhalten der Parteien beruhen (Wiedereinsetzung in den vorigen Stand, Einspruch gegen Versäumnisurteil) oder auf einem Verhalten des Gerichts (Befangenheitsablehnung, Berichtigungen von Protokoll, Tatbestand oder Urteil, Gehörsrüge). Sie können allein das Vollstreckungsverfahren betreffen (Erinnerung) oder außerhalb der ZPO geregelt sein (Dienstaufsichtsbeschwerde). Rechtsbehelfe können aber auch eine zweite Instanz eröffnen (Berufung, Beschwerde). Solche Rechtsbehelfe werden im **10. Kapitel** behandelt. Nicht Gegenstand der vorliegenden Darstellung sind die vor dem BGH zu verhandelnden Rechtsmittel, für die es einer besonderen Postulationsfähigkeit des Anwalts bedarf und die deswegen für den im Instanzenzug tätigen Anwalt nicht von Bedeutung sind.

- Liegt ein Titel vor, so bedarf die Rechtsdurchsetzung eines Vollstreckungsverfahrens, das gesondert betrieben werden muss.

  Das **11. Kapitel** stellt die für die denkbaren Vollstreckungsobjekte (bewegliches Vermögen, Rechte, unbewegliches Vermögen) unterschiedlichen Vollstreckungsanträge dar; einbezogen sind die Besonderheiten der Vollziehung einer Eilanordnung aus Arrest oder einstweiliger Verfügung.

Kapitel 3: Mandantenbeziehung und Prozessvorbereitung

Übersicht

Vorbemerkung

80 Prozesstaktische und -strategische Überlegungen müssen auch vor dem Prozess, nämlich in der Beratung und Betreuung von Mandanten angestellt werden, um Prozesse zu vermeiden oder die erwartete Prozesslage zu verbessern. Maßnahmen wie eine sinnvolle **kautelarjuristische Betreuung**, die **Schulung von Mandantenmitarbeitern** und ein echtes juristisches Risikomanagement können gerichtliche Verfahren vermeiden oder einen späteren Prozesserfolg begünstigen.

81 Zu den wesentlichen Ausprägungen der prozessvorbereitenden außergerichtlichen Tätigkeit eines Anwalts gehört zunächst das Mandantengespräch, in dem der Sachverhalt geklärt, das Mandat inhaltlich eingegrenzt und der Mandant über die rechtlichen Möglichkeiten, Chancen und Risiken aufgeklärt wird (unten Rdn. 83). Weitere Ausprägungen dieser Tätigkeit sind die vorprozessuale Korrespondenz, welche der außergerichtlichen Streitbeilegung dient (unten Rdn. 278 ff.), und ggf. die aktive Umgestaltung des Sachverhalts, beispielsweise durch die Ausübung von Gestaltungsrechten (unten Rdn. 274 ff.).

A. Mandant und Mandat

82 Effektive Zusammenarbeit mit dem Mandanten ist die Grundlage des Erfolgs im Zivilprozess. Im Austausch mit dem Mandanten baut der Anwalt das zur Bewältigung späterer Krisensituationen notwendige Vertrauen auf, informiert umfassend über den Verfahrensablauf, rechtliche Risiken und Handlungsmöglichkeiten und gewinnt gleichzeitig wichtige Informationen für die erfolgreiche Prozessführung. Der Anwalt sollte stets bedenken, dass ein Emotions- und Informationsgefälle besteht: Der Mandant ist oft emotional stärker involviert, aber sachlich weniger vertraut mit dem Prozessgeschehen. Gelungene Kommunikation kann dieser Diskrepanz entgegenwirken. Nicht

zuletzt erschließt eine sachorientierte, strukturierte Kommunikation aber auch dem Anwalt das im Mandanten verborgenen Quell an prozessentscheidenden Informationen.

I. Wahl des Kommunikationsmittels

Die ehemals von persönlichen Gesprächen in den Kanzleiräumen geprägte Mandantenkommunikation hat sich in den letzten Jahrzehnten stark gewandelt. Heute dominieren Telefon und E-Mail den Austausch, ergänzt durch Online-Meetings und schnelle schriftliche Kommunikationsformen. 83

Das Kommunikationsmittel sollte anlassbezogen gewählt werden. Wenn kein persönliches Gespräch erforderlich ist, ist nahezu immer die schriftliche Kommunikation per E-Mail vorzugswürdig. Eine Besprechung ist immer dann die bessere Wahl, wenn es darum geht, den Mandanten direkt und persönlich anzusprechen oder im vertraulichen Austausch gemeinsam zu Erkenntnissen oder Lösungen zu gelangen. Daher empfiehlt sich ein persönliches Gespräch insbesondere zur Mandatsaufnahme, zur Besprechung weichenstellender Ereignisse oder zur Vorbereitung wichtiger Entscheidungen, zur Klärung komplexer Sachverhalte oder zur Vermeidung und Lösung von Konflikten zwischen Anwalt und Mandant. Sofern die Wahl des Kommunikationsmittels nicht durch die Umstände vorgegeben ist, empfiehlt es sich, wichtigere Angelegenheiten eher im persönlichen Gespräch mit dem Mandanten zu erörtern und weniger wichtige per Telefon zu klären. Online-Besprechungen bieten häufig einen effizienten Mittelweg. Die wesentlichen Ergebnisse des Gesprächs sollten unbedingt dokumentiert werden. Eine bewährte Methode ist es, dem Mandanten im Nachgang zum Gespräch eine zusammenfassende E-Mail zu schicken.

II. Die Übernahme des Mandats

Bei der Übernahme des Mandats sind die Interessen des Mandanten zu ergründen und die Pflichten des Anwalts abzustecken. Außerdem ist es erforderlich, die Möglichkeit der Finanzierung der Rechtsdurchsetzung zu erörtern und die Honorierung der anwaltlichen Leistung zu sichern. 84

1. Zustandekommen des Anwaltsvertrags

Der Vertrag zwischen Anwalt und Mandant ist in aller Regel ein **Geschäftsbesorgungsauftrag**, also eine Unterform des freien Dienstvertrages mit Geschäftsbesorgungscharakter (§§ 611, 675 BGB); der Anwalt schuldet also grundsätzlich nicht die Erreichung des Mandantenziels. Nur ausnahmsweise kann der Vertrag Werkvertrag sein, wenn die Verpflichtung des Anwalts in einem durch ihn herbeizuführenden Erfolg, z.B. in der Erstellung eines Vertragsentwurfs oder in der Fertigung eines Gutachtens besteht (MüKoBGB/Busche § 631 Rn. 162). 85

Wie in der Regel bei entgeltlichen Geschäftsbesorgungen ist auch der Anwalt grundsätzlich, falls nämlich nicht anders vereinbart, gemäß § 614 BGB vorleistungspflichtig. Jeder Partner des Anwaltsvertrages kann grundsätzlich jederzeit frist- und grundlos kündigen, § 627 BGB, jedoch nicht zur Unzeit. Eine nicht oder verspätet oder schlecht erbrachte Leistung des Anwalts macht diesen unter den Voraussetzungen des § 280 BGB schadensersatzpflichtig, wobei der Vermögensschaden des Mandanten in der Regel nicht unmittelbar in dem Minderwert der erbrachten Leistung gegenüber der nach dem Anwaltsvertrag geschuldeten Leistung besteht (Slobodenjuk NJW 2006, 113), sondern sich erst aus den schädlichen Folgen der Schlechtberatung für das vorhandene Vermögen des Klienten ergibt. Diese Schäden kann der Mandant aufrechnungsweise gegen den Honoraranspruch des Anwalts geltend machen (vgl. OLG Zweibrücken, Urt. vom 18.10.2019, 2 U 1/19), wenn dieser noch nicht erfüllt ist. Demgegenüber kommt eine Minderung des Anwaltshonorars nach Schlechterfüllung des Anwaltsvertrages nicht in Betracht. Ist der Honoraranspruch bereits erfüllt, kommt eine Schadensersatzklage gegen den Anwalt in Betracht.

Der Abschluss des **Anwaltsvertrags** bedarf keiner besonderen Form. Immer wieder kommt es deswegen zum Streit darüber, ob nicht ein bloßes Gefälligkeitsverhältnis vorliegt. Zumindest ein Beratungsvertrag kann durch jede, ggf. auch nur über Telefon oder das Internet erteilte, Auskunft zustande kommen. 86

»Die Abgrenzung, ob den Erklärungen der Parteien ein Wille zur rechtlichen Bindung zu entnehmen ist oder die Parteien nur aufgrund einer außerrechtlichen Gefälligkeit handeln, ist anhand der Umstände des jeweiligen Einzelfalles zu bewerten. Ob bei einer Partei ein Rechtsbindungswille vorhanden ist, ist danach zu beurteilen, ob die andere Partei unter den gegebenen Umständen nach Treu und Glauben mit Rücksicht auf die Verkehrssitte auf einen solchen Willen schließen musste. Dies ist anhand objektiver Kriterien aufgrund der Erklärungen und des Verhaltens der Parteien zu ermitteln, wobei vor allem die wirtschaftliche sowie die rechtliche Bedeutung der Angelegenheit, insbesondere für den Begünstigten, und die Interessenlage der Parteien heranzuziehen sind.

Die wirtschaftliche sowie die rechtliche Bedeutung der Angelegenheit sprechen erkennbar gegen die Ansicht, der Beklagte habe die Auskunft gefälligkeitshalber erteilt. Dem Umstand, dass der Beklagte für sein Tätigwerden keine Vergütung verlangt hat, kommt kein entscheidendes Gewicht zu.

Da sich die Tätigkeit des Beklagten auf eine Auskunft bezog, muss die Frage, ob dies im Rahmen eines Vertragsverhältnisses geschehen ist, nach den hierfür maßgeblichen Gesichtspunkten beurteilt werden.

Nach ständiger Rechtsprechung des Bundesgerichtshofs ist der stillschweigende Abschluss eines Auskunftsvertrages zwischen Geber und Empfänger der Auskunft und damit eine vertragliche Haftung des Auskunftgebers für die Richtigkeit seiner Auskunft regelmäßig dann anzunehmen, wenn die Auskunft für den Empfänger erkennbar von erheblicher Bedeutung ist und er sie zur Grundlage wesentlicher Entschlüsse machen will; dies gilt insbesondere in Fällen, in denen der Auskunftgeber für die Erteilung der Auskunft besonders sachkundig oder ein eigenes wirtschaftliches Interesse bei ihm im Spiel ist. Wie der Bundesgerichtshof mehrfach ausgesprochen hat, ist dieser Rechtsprechung allerdings nicht zu entnehmen, dass für das Zustandekommen eines Auskunftsvertrages ohne Rücksicht auf die Besonderheiten des jeweiligen Falles allein schon die Sachkunde des Auskunftgebers und die Bedeutung der Auskunft für den Empfänger ausreichen. Diese Umstände stellen vielmehr lediglich Indizien dar, die, wenn auch mit erheblichem Gewicht, in die Würdigung der gesamten Gegebenheiten des konkreten Falles einzubeziehen sind.

Für den stillschweigenden Abschluss eines Auskunftsvertrages ist entscheidend darauf abzustellen, ob die Gesamtumstände unter Berücksichtigung der Verkehrsauffassung und des Verkehrsbedürfnisses den Rückschluss zulassen, dass beide Teile nach dem objektiven Inhalt ihrer Erklärungen die Auskunft zum Gegenstand vertraglicher Rechte und Pflichten gemacht haben. So hat der Bundesgerichtshof bei der rechtlichen Beurteilung von Fällen, in denen der konkludente Abschluss eines Auskunftsvertrages angenommen oder in Erwägung gezogen wurde, außer der Sachkunde des Auskunftgebers und der Bedeutung seiner Auskunft für den Empfänger jeweils auch weitere Umstände mitberücksichtigt, die für einen Verpflichtungswillen des Auskunftgebers sprechen können, wie z.B. dessen eigenes wirtschaftliches Interesse an dem Geschäftsabschluss, die Hinzuziehung des Auskunftgebers zu Vertragsverhandlungen auf Verlangen des Auskunftsempfängers oder die Einbeziehung in solche Verhandlungen als unabhängige neutrale Person.« (BGH, Urt. vom 18.12.2008, IX ZR 12/05, Rn. 7 bis 11).

Als Freiberufler unterfallen Rechtsanwälte den besonderen Vorschriften zum Schutz des Verbrauchers bei besonderen Formen des Vertragsschlusses. Deshalb kann z.B. der Anwendungsbereich der §§ 312b ff. BGB eröffnet sein, so dass ein Widerrufsrecht nach §§ 312d, 355 BGB besteht (Ernst NJW 2014, 817).

87 Im gemeinsamen Interesse von Mandanten und Anwalt liegt es, die Frage des Vertragsschlusses **eindeutig** zu klären und vorsorglich beweiskräftig zu **dokumentieren**. Um die Vertretungsbefugnis Dritten gegenüber nachweisen zu können, ist es praktisch üblich, sich die Mandatsübernahme mit einer schriftlichen Bevollmächtigung zu verbinden.

88 Für den Erwerb der Vertretungsmacht ist eine solche Schriftform nicht erforderlich. Auch zum Nachweis der Vertretungsmacht im Prozess bedarf es (entgegen § 80 Abs. 1 ZPO) einer Vollmacht nicht notwendig immer, sondern erst auf Rüge des Gegners hin (§ 88 Abs. 2 ZPO), die praktisch nur ausnahmsweise erfolgt.

Eine solche Rüge kann sich empfehlen, wenn der Gegner seinen Sitz im europäischen Ausland hat. Stellt sich erst nachträglich heraus bzw. wird behauptet, dass der Anwalt keine Vertretungsmacht hatte, kann die Entscheidung nach Art. 34 Nr. 2 EuGVVO (Brüssel Ia-VO) nicht anerkannt werden (EuGH EuZW 1996, 732; Zöller/Althammer § 88 Rn. 3). Zwar ist in diesen Fällen die Vollmacht des ausländischen Beklagten in jedem Fall von Amts wegen zu prüfen (die Vermutung des § 88 Abs. 2 Satz 2 ZPO gilt hier nicht), doch wird dies von vielen Gerichten übersehen.

Immer wieder wird die Vollmacht auch dann bestritten, wenn der Gegner (etwa bei im nichteuropäischen Raum ansässigen juristischen Personen) absehbare Schwierigkeiten hat, diese in der Form des § 80 ZPO nachzuweisen. Gelingt ihm das innerhalb der vom Gericht bestimmten Frist (§ 89 Abs. 1 ZPO) nicht, verliert er den Prozess. Die erkennbar schikanöse Rüge kann aber wegen Verstoßes gegen § 242 BGB unbeachtlich sein (Anders/Gehle/Hartmann § 88 Rn. 7).

Erforderlich kann eine Vollmachtsurkunde bei der (vorgerichtlichen oder gerichtlichen) Abgabe von einseitigen Willenserklärungen für den Mandanten sein, die der Erklärungsempfänger ohne vorgelegte Vollmacht zurückweisen kann (§ 174 BGB). Die Vollmachtsurkunde sollte deswegen nicht auf die Prozessvertretung beschränkt werden (Henssler/Michel NJW 2015, 11).

Für Nachteile, die der Mandant aus Vollmachtsmängeln erleidet, haftet der Rechtsanwalt auf Schadensersatz, ggf. hat er entstandene Prozesskosten zu tragen (§ 89 Abs. 1 Satz 3 ZPO). Daher empfiehlt sich auch die sorgfältige **Formulierung** der Vollmacht, wobei in der Praxis regelmäßig auf die einschlägigen Formulare und Formulierungsvorschläge zurückgegriffen wird. 89

Ebenso eindeutig wie die Übernahme des Mandats sollte auch dessen **Ablehnung** (unverzüglich § 44 BRAO) bzw. **Beendigung** erklärt und **dokumentiert** werden (Gefahr von »Pattex-Mandaten«, vgl. Ritter NJW 2015, 2008). 90

2. Umfang der anwaltlichen Pflichten

Bereits **vorvertraglich** können Aufklärungspflichten des Anwalts bestehen. 91

▶ **Beispiel:**

So muss der Anwalt, dessen Sozius regelmäßig den Streitgegner des Mandanten vertritt, den Mandanten bereits vor Abschluss des Anwaltsvertrages darauf hinweisen und ihm klarmachen, dass deswegen eine Vertretung des Mandanten vor Gericht gegen den Gegner nicht in Betracht kommt (BGH NJW 2008, 1307, 1308; kritisch dazu Henssler/Deckenbrock NJW 2008, 1275). Hierbei kommt es nicht darauf an, ob ein tatsächlicher oder rechtlicher Zusammenhang mit dem neuen Mandat besteht. 92

Vor Übernahme des Mandats muss der Anwalt seinen Mandanten darauf hinweisen, dass sich die Gebühren für seine Inanspruchnahme nach dem Gegenstandswert berechnen (§ 49b Abs. 5 BRAO, vgl. unten Rdn. 106). Eine schuldhafte Verletzung dieser Pflicht führt deshalb gem. §§ 280 Abs. 1, 311 Abs. 2 BGB zur Schadensersatzpflicht des Anwalts.

Die anwaltlichen **Berufspflichten** sind nicht spezifisch für den Zivilprozess ausgeformt, aber gleichermaßen bei der Vertretung von Zivilgerichten zu beachten. Hierzu zählen z.B. die anwaltlichen Pflichten 93

- zur Verschwiegenheit (§ 43a Abs. 2 BRAO; Weyland/Backman § 43a Rn. 12 ff.)
- zum Verbot der Wahrnehmung widerstreitender Interessen (§ 43a Abs. 4 BRAO; Weyland/Backman § 43a Rn. 54 ff.),
- zur Nichtumgehung des Gegenanwaltes (§ 12 BORA; Weyland/Nöker § 12 Rn. 1 ff.),
- zur unverzüglichen Unterrichtung des Mandanten über alle für den Fortgang der Sache wesentlichen Vorgänge (§ 11 BORA; Weyland/Nöker § 11 Rn. 5 ff.) und
- zur Führung von Handakten (§ 50 BRAO und § 17 BORA; Weyland/Nöker § 17 Rn. 1).

Diese und weitere spezifisch berufsrechtliche Pflichten (dazu Caspers ZAP 2024, 331, 337 ff.; ders. ZAP 2024, 473–486) werden hier nicht vertieft behandelt. Generell darf nicht übersehen werden, dass Berufs- und Vertragsrecht eng miteinander verknüpft sind und die öffentlich-rechtlichen Berufspflichten zugleich ein Teil des vertragsrechtlichen »Pflichtenprogramms« sind (vgl. Henssler/Deckenbrock NJW 2008, 1275, 1279). 94

Maßgebliche Quelle zur Bestimmung der inhaltlichen **Pflichten** ist der **Anwaltsvertrag**. Auch wenn die in der Praxis gegebenen Zustände dies nicht immer erlauben, ist darauf zu achten, das Pflichtenprogramm des Anwalts möglichst genau zu umreißen. 95

96 Die Pflichten orientieren sich am **Umfang des Mandats**. Übernimmt der Anwalt einen nur auf ein bestimmtes Geschäft oder bestimmte Maßnahmen beschränkten Auftrag (**eingeschränktes Mandat**), dann sind seine Sachverhaltsaufklärungs-, Rechtsprüfungs-, Rechtsberatungs- und Interessenvertretungspflichten durch diese spezielle Geschäftsbesorgung begrenzt. Allerdings hat der Anwalt auch bei einem eingeschränkten Mandat vor Gefahren zu warnen, die sich bei ordnungsgemäßer Bearbeitung aufdrängen, wenn er Grund zur Annahme hat, dass sein Mandant sich dieser Gefahr nicht bewusst ist, z.B. wenn Ansprüche gegen Dritte zu verjähren drohen (BGH NJW-RR 2008, 1235). Keine Prüfungs- und Beratungspflichten bestehen hinsichtlich solcher Vorgänge, die dem Anwalt nur bei Gelegenheit des Mandats bekannt werden, die aber nicht in einer inneren Beziehung zu dem Mandat stehen (BGH NJW 2002, 1117, 1118).

»Nach der Rechtsprechung des Senats hat der Anwalt den Mandanten auch innerhalb eines eingeschränkten Mandats vor Gefahren zu warnen, die sich bei ordnungsgemäßer Bearbeitung aufdrängen, wenn er Grund zu der Annahme hat, dass sein Auftraggeber sich dieser Gefahr nicht bewusst ist. Eine solche Verpflichtung kommt vor allem in Betracht, wenn Ansprüche gegen Dritte zu verjähren drohen.« (BGH NJW-RR 2008, 1235 Rn. 16).

97 Übernimmt der Anwalt einen nicht beschränkten Auftrag zur Wahrung der Mandanteninteressen aus einem bestimmten Sachverhalt (**umfassendes Mandat**), dann hat er eine umfassende Pflicht zur Wahrung aller rechtlichen Interessen des Mandanten.

»Nach gefestigter Rechtsprechung des BGH ist der um eine Beratung ersuchte Rechtsanwalt zu einer umfassenden und erschöpfenden Belehrung seines Auftraggebers verpflichtet, sofern dieser nicht eindeutig zu erkennen gibt, dass er des Rats nur in einer bestimmten Richtung bedarf« (BGH WM 2005 Heft 46, 2197, 2198).

»Unkundige muss er (der Rechtsanwalt) über die Folgen ihrer Erklärungen belehren und vor Irrtümern bewahren. In den Grenzen des Mandates hat er dem Mandanten diejenigen Schritte anzuraten, die zu dem erstrebten Ziele zu führen geeignet sind, und Nachteile für den Mandanten zu verhindern, soweit solche voraussehbar und vermeidbar sind. Dazu hat er dem Auftraggeber den sichersten und gefahrlosesten Weg vorzuschlagen und ihn über mögliche Risiken aufzuklären, damit der Mandant zu einer sachgerechten Entscheidung in der Lage ist ...« (BGH WM 2008 Heft 20, 946, 947).

98 Eine Vermutung besteht weder für ein umfassendes noch für ein eingeschränktes Mandat (vgl. BGH NJW 2006, 3496). Entscheidend ist das Rechtsschutzziel des Mandanten, das es im Gespräch herauszuarbeiten und zu konkretisieren gilt. Dazu gehört die Bestimmung von Art, Inhalt und Umfang des Rechts, um das es dem Mandanten geht, sowie um die Frage, ob dieses Recht gerichtlich nur festgestellt, zusätzlich tituliert oder umgestaltet werden soll.

Nicht immer kann der Mandant dieses Ziel selbst klar definieren. Wirtschaftliche Ziele sind oft nur vorgeschoben, verdecken dahinter liegende tiefer gehende Konflikte. Oft genug kann der Mandant sein Begehr nur vage formulieren, kennt seine Rechte nicht oder beurteilt diese falsch und weiß nicht um seine Möglichkeiten. Wichtig ist es auch in diesen Fällen, sein Begehr herauszuarbeiten und zu klären, worauf es ihm letztlich ankommt. Deswegen bedarf der Mandant schon hier häufig der anwaltlichen Beratung.

▶ Praxistipp:

99 Der Umfang der übernommenen Pflichten sollte mit dem Mandanten ausdrücklich vereinbart und nachweisbar dokumentiert werden.

100 Im Rahmen des übernommenen Mandats hat der Anwalt die Pflicht zur rechtlichen Beratung und Betreuung des Mandanten, zum Hinweis auf rechtliche Bedenken, Risiken, Schadensgefahren und zur Warnung vor aussichtslosen Maßnahmen (Aufklärungs- und Belehrungspflichten), allgemein zur vernünftigen rechtlichen Wahrung der vorgetragenen, sonst der wohlverstandenen Interessen des Mandanten vor, während und nach der Einleitung von rechtlichen, insbesondere also gerichtlichen Verfahren. Hierbei hat er den relativ sichersten, von mehreren möglichen Wegen also den sichereren Weg vorzuschlagen (oben Rdn. 62).

»Ein Rechtsanwalt ist kraft des Anwaltsvertrages verpflichtet, die Interessen seines Auftraggebers in den Grenzen des erteilten Mandats nach jeder Richtung umfassend wahrzunehmen. Er hat, wenn mehrere Maßnahmen in Betracht kommen, diejenige zu treffen, die die sicherste und gefahrloseste ist, und wenn mehrere Wege möglich sind, um den erstrebten Erfolg zu erreichen, den zu wählen, auf dem dieser am sichersten erreichbar ist. Gibt die rechtliche Beurteilung zu begründeten Zweifeln Anlass, so muss er auch die Möglichkeit in Betracht ziehen, dass sich die zur Entscheidung berufene Stelle der seinem Auftraggeber ungünstigeren Beurteilung der Rechtlage anschließt. Im Prozess ist er verpflichtet, den Versuch zu unternehmen, das Gericht davon zu überzeugen, dass und warum seine Auffassung richtig ist. [Im Übrigen] ... hat der RA seinen Mandanten vor voraussehbaren Fehlentscheidungen durch Gerichte und Behörden zu bewahren. Welche konkreten Pflichten aus diesen allgemeinen Grundsätzen abzuleiten sind, richtet sich nach dem erteilten Mandat und den Umständen des Falles.« (BGH NJW 2006, 3494, 3495).

»Der konkrete Umfang der anwaltlichen Pflichten richtet sich nach dem erteilten Mandat und den Umständen des einzelnen Falles.« (BGH NJW 1996, 2648, 2649; BGH NJW 2007, 2485, 2486).

»Nach gefestigter Rechtsprechung des BGH ist der um eine Beratung ersuchte Rechtsanwalt zu einer umfassenden und erschöpfenden Belehrung seines Auftraggebers verpflichtet, sofern dieser nicht eindeutig zu erkennen gibt, dass er des Rats nur in einer bestimmten Richtung bedarf.« (BGH NJW 2006, 501, 502).

Dabei darf der Anwalt sich nicht auf das Gericht verlassen, muss von diesem vertretene Rechtsauffassungen im Interesse seines Mandanten auch dann kritisch überprüfen, wenn diese durch Nachweise in Rechtsprechung und Schrifttum belegt und vertretbar sind, und – soweit erforderlich und im Rahmen der gegebenen Möglichkeiten – auf deren Änderung hinwirken. 101

»Der Berufungsanwalt darf dem Anraten, das Rechtsmittel zurückzunehmen, nicht folgen, ohne dass sein Mandant über die Möglichkeiten der Prozessordnung, gegen die vorläufige Auffassung des Gerichts sprechende tatsächliche und rechtliche Gesichtspunkte in der Instanz oder durch ein Rechtsmittel zur Geltung zu bringen, so aufgeklärt worden ist, dass er die wägbaren Prozessaussichten beurteilen kann. Der Rechtsanwalt muss seinen Mandanten angesichts einer empfohlenen Berufungsrücknahme über die wägbaren Prozessaussichten auch dann uneingeschränkt aufklären, wenn die Empfehlung auf dem mitgeteilten Beratungsergebnis eines Kollegialgerichts beruht« (BGH WM 2013 Heft 30, 1426).

Pflichten des Anwalts können sich nicht nur dem Mandanten, sondern auch **Dritten gegenüber** ergeben. 102

Ein echter Anwaltsvertrag, aufgrund dessen der Rechtsanwalt seinem Auftraggeber Rechtsbeistand schuldet, kann zum Inhalt haben, dass der Anwalt auch die Vermögensinteressen eines Dritten wahrzunehmen hat. Dann kann die – notfalls ergänzende – Auslegung des Vertrages ergeben, dass der Dritte in den Schutzbereich der anwaltlichen Pflichten einbezogen ist. Hieraus kann er zwar, falls nicht die Voraussetzungen des § 328 BGB vorliegen, keinen primären Anspruch auf die vertragliche Hauptleistung, wohl aber einen eigenen sekundären Schadensersatzanspruch gegen den Rechtsanwalt haben (Zugehör in Zugehör/Fischer/Sieg/Schlee, Handbuch der Anwaltshaftung, 2. Aufl., Rn. 1648). Diese Grundsätze gelten insbesondere für Anwaltsverträge mit Schutzwirkung zugunsten von Angehörigen des Mandanten (vgl. BGH NJW 2020, 3169). Voraussetzung ist, dass die Rechtsgüter des Dritten nach der objektiven Interessenlage im Einzelfall durch die Anwaltsleistung mit Rücksicht auf den Vertragszweck beeinträchtigt werden können und der Mandant ein berechtigtes Interesse am Schutz des Dritten hat (vgl. BGH NJW 2020, 3169, 3170). Verjährungsrechtlich hat sich das Institut der Sekundärhaftung durch die Neufassung des § 51b BRAO erledigt (BGH VersR 2009, 651).

Gegenstand berufsrechtlicher Verfahren ist oftmals die Beschwerde von Rechtsschutzversicherern, der Anwalt informiere nicht über den Ablauf des Mandats und nehme keine Abrechnung gegenüber dem Versicherer vor. Entsprechende Pflichten der Rechtsschutzversicherung gegenüber dürften sich nicht unmittelbar aus §§ 11, 23 BORA ergeben, möglicherweise aber aus einem gebührenpflichtigen Auftrag des Mandanten zur Abwicklung des Rechtsschutzversicherungsfalls als Vertrag zugunsten Dritter i.S.d. § 328 BGB, aus einer tatsächlichen gebührenrechtlichen Abwicklung im Geltungsbereich des § 20 Abs. 2 der Allgemeinen Bedingungen für die Rechtsschutzversicherung (ARB 75 = § 17 Abs. 8 ARB 94/ARB2000/ARB 2008/ARB 2010) oder des § 31 VVG. Besteht eine Auskunfts- und Abrechnungspflicht, stellt ein Verstoß hiergegen eine berufsrechtliche Pflichtverletzung gem. § 43 i.V.m. § 44 BRAO dar (Schulz NJW 2010, 1729).

103 Einzustehen hat der Anwalt nicht nur für eigene **Pflichtverletzungen**, sondern ggf. auch für solche **Dritter.** Ist ein Partner mit der Bearbeitung eines Auftrags befasst, so kann er sogar für vor seinem Eintritt in die Partnerschaft begangene berufliche Fehler eines anderen mit dem Auftrag befassten Partners haften, selbst wenn er sie nicht mehr korrigieren kann.

»Gemäß § 8 Abs. 1 Satz 2 PartGG in Verbindung mit § 127 HGB haftet der in eine Partnerschaft neu eintretende Gesellschafter auch für vor seinem Beitritt begründete Verbindlichkeiten der Partnerschaftsgesellschaft. Diese Erwägung trifft gleichermaßen auch für Verbindlichkeiten zu, die sich aus fehlerhafter Berufsausübung ergeben. Der neu eintretende Partner kann zwar vor seinem Eintritt nicht mit der »Bearbeitung eines Auftrags befasst« gewesen sein, danach aber schon, und dies genügt, um ihn in den Kreis der Haftenden mit einzubeziehen. Der Wortlaut von § 8 Abs. 1 Satz 2 und Abs. 2 PartGG gibt nichts her für eine Auslegung des Inhalts, dass ein Partner, der selbst keinen beruflichen Fehler zu verantworten habe, nicht hafte. Die Haftungskonzentration für berufliche Fehler im Sinne des § 8 Abs. 2 PartGG verfolgt den Zweck, die Risiken unbeteiligter Partner aus fehlerhafter Berufsausübung einzuschränken. Unbeteiligte Partner sind hierbei die Partner, die mit der Bearbeitung des in Rede stehenden Auftrages nicht befasst waren. Die Haftung ist lediglich an das Merkmal der Befassung gebunden, nicht dagegen an die Verletzungshandlung, die zu dem konkreten Berufsausübungsfehler führt. Die Beraterhaftung des § 8 Abs. 2 PartGG kann mithin als verschuldensunabhängige Handelndenhaftung verstanden werden. Sie trifft auch solche an der Bearbeitung beteiligte Partner, die selbst nicht fehlerhaft gehandelt haben. Da der Gesetzgeber eine »einfache und unbürokratische gesetzliche Regelung der Handelndenhaftung« schaffen wollte, darf ein Geschädigter denjenigen Partner in Anspruch nehmen, der sich – für ihn erkennbar – mit seiner Sache befasst hat. Auf eine schadenskausale Beteiligung des Partners am konkreten Bearbeitungsfehler kommt es nicht an« (BGH NJW 2010, 1360, 1361 f.).

3. Honorierung des Mandats, Prozesskosten

104 Da die Wahl des Vergütungsmodells keine prozessspezifische Frage, sondern ein allgemeiner Aspekt anwaltliche Tätigkeit ist, soll sich die Darstellung hierzu auf einige Anmerkungen beschränken. Die Honorierung ist zu Beginn gründlich zu erwägen. Prozesse sind oft unvorhersehbar und können – abhängig von Fall, Gegnerverhalten, Vorgehensweise des Gerichts und Zeitanspruch des Mandanten – einen enormen, nicht kalkulierbaren Arbeitsaufwand verursachen. Daher ist eine Abrechnung nach Zeitaufwand (Zeithonorar) in der Regel die beste Wahl. Sie schützt den Anwalt davor, unter Wert zu arbeiten, wenn sich die Sache als komplexer oder aufwändiger herausstellt als ursprünglich angenommen. Bei größeren Ansprüchen kann die Vereinbarung eines Erfolgshonorars erwogen werden.

Das Erfolgshonorar des Anwalts ist in §§ 3a, 4, 4a RVG geregelt. Demnach ist die Vereinbarung eines Erfolgshonorars zulässig, wenn die Forderung nicht höher als 2.000 Euro ist, es sich um eine Inkassodienstleistung handelt oder wenn der Mandant die Rechtsverfolgung ohne ein Erfolgshonorar nicht aufnehmen würde. Letzteres gilt auch dann, wenn der Mandant theoretisch Anspruch auf Prozesskostenhilfe hätte.

▶ Praxistipp:

105 Eine allgemeine Pflicht, jeden Mandanten ungefragt auf die mit der Mandatsübernahme und der gerichtlichen Durchsetzung verbundenen konkreten Kosten hinzuweisen, besteht zwar grundsätzlich nicht, von diesem Grundsatz aber gibt es zahlreiche Ausnahmen.

106 Gesetzliche Verpflichtungen zum Hinweis auf Kostenfolgen der anwaltlichen Vertretung ergeben sich

- aus **§ 12a Abs. 1 Satz 2 ArbGG.** Danach muss der Anwalt im erstinstanzlichen Arbeitsgerichtsverfahren die Partei darüber aufklären, dass eine Kostenerstattung nicht erfolgt, die Beauftragung des Anwalts für die Partei deswegen auch im Fall des Obsiegens mit eigenen Kosten verbunden sein wird (BGH, Urt. vom 11.10.2007 – XI ZR 105/06).
- aus **§ 49b Abs. 5 BRAO**, der in Zivilsachen verlangt, dass der Rechtsanwalt dann, wenn sich die zu erhebenden Gebühren nach dem Gegenstandswert richten, vor Übernahme des Auftrags hierauf hinweist. Eine Darlegung der konkret entstehenden Kosten ist dabei nicht erforderlich (BGH, Urt. vom 11.10.2007 – IX ZR 105/06).

Weitergehende Verpflichtungen zur Darlegung drohender Kosten (dazu Madert, Anwaltsgebühren in Zivilsachen, S. 22) nimmt die Rechtsprechung (BGH NJW 1969, 932, 933; BGH NJW 1980, 2128, 2130; BGH NJW 2024, 3364 Rn. 18) an, 107

- wenn der Mandant ausdrücklich nach den Kosten **fragt** oder er die Mandatserteilung erkennbar von den damit verbundenen Kosten abhängig machen will; hier ist es erforderlich, die voraussichtlich anfallenden Kosten so konkret wie möglich auszurechnen.
- wenn der Mandant die Kosten erkennbar **falsch einschätzt**; hier genügt es regelmäßig, dem Mandanten die Größenordnung der zu erwartenden Kosten klarzumachen.
- wenn die Kosten **außer Verhältnis** zum wirtschaftlichen Interesse des Mandanten stehen; auch hier kann es genügen, dem Mandanten das Missverhältnis zu verdeutlichen, ohne dass es einer konkreten Kostenberechnung bedarf.
- wenn sich Anhaltspunkte dafür ergeben, dass der Mandant die anfallenden Kosten nach seinen persönlichen und wirtschaftlichen Verhältnissen **nicht aufbringen** kann und er deswegen möglicherweise einen Anspruch auf Beratungs- oder Prozesskostenhilfe hat); hier kann es zur Beurteilung der Leistungsfähigkeit des Mandanten erforderlich sein, eine konkrete Kostenbetrachtung anzustellen.
- wenn sich die Kosten im Laufe des Rechtsstreits unerwartet **erhöhen**.

»Der Anwalt muss – abgesehen von der Hinweispflicht des § 49b Abs. 5 BRAO – ungefragt den Mandanten grundsätzlich nicht auf die gesetzliche Vergütungspflicht nach den Bestimmungen der BRAGO hinweisen. Es ist aber anerkannt, dass unter bestimmten Umständen der Anwalt nach Treu und Glauben verpflichtet sein kann, auch ohne Frage des Auftraggebers diesen über die voraussichtliche Höhe der Vergütung aufzuklären. Maßgeblich sind die Umstände des Einzelfalls. Eine Belehrungspflicht ist zwar nicht schon dann anzunehmen, wenn die Gebühren infolge der von der Partei erkannten wirtschaftlichen Bedeutung, die ihr Begehren entweder von Anfang an hat oder im Laufe des Rechtsstreits gewinnt, einen namhaften Betrag erreichen. Eine Aufklärung ist jedoch geboten, wenn – und sei es ungewollt – der Eindruck erweckt worden ist, dass es, ohne Rücksicht auf den wahren wirtschaftlichen Wert des Begehrens, bei dem zu Beginn des Verfahrens unter formalen Gesichtspunkten festgelegten und – nach Klagerweiterung – einem entsprechend fortgeschriebenen, weit geringeren Betrag bleibe.« (BGH, Beschl. vom 20.11.2008 – IX ZR 34/06 unter Hinweis auf BGH NJW 1998, 3486, 3487 und BGH NJW 2007, 2332, 2333).

Ist eine konkrete Kostenbetrachtung erforderlich, so genügt eine konkrete Berechnung der gesetzlichen Gebühren von Gericht und Rechtsanwälten aus den möglicherweise anfallenden Gebührentatbeständen unter Einbeziehung von pauschalen Auslagen und der Mehrwertsteuer. Auf die dabei bestehenden Unsicherheiten aus der Bestimmung des Streitwerts und den Anfall weiterer, nicht gesetzlich geregelter Kosten ist sinnvollerweise ergänzend hinzuweisen. 108

▶ Praxistipp:

Wegen der Schwierigkeiten der Feststellung dieser Voraussetzungen im Einzelfall kann es sich anbieten, jeden Mandanten über die voraussichtlichen Kosten der Vertretung zu informieren und dies zu dokumentieren. 109

Kann oder will die Partei das **Kostenrisiko** nicht selbst tragen, kommt eine **Verlagerung** in Betracht 110

- durch die Gewährung von Prozesskostenhilfe;

  Dazu unten Rdn. 111.

- bei Kostenübernahme durch eine Rechtsschutzversicherung;

  Hier sind eventuelle Risikoausschlüsse zu beachten. Zudem muss rechtzeitig eine Deckungszusage eingeholt werden; dazu unten Rdn. 138.

- bei Einschaltung eines Prozessfinanzierers;

  Professionelle Prozessfinanzierer sind hierzu in vielen Fällen gegen eine Erfolgsprovision bereit; unten Rdn. 139.

- bei Übertragung der Forderung auf einen Dritten zum Zwecke der gerichtlichen Geltendmachung.

In Betracht kommt dabei die Abtretung der Forderung zum Zwecke des Forderungseinzugs (Inkassozession), bei der der Zessionar Rechtsinhaber wird und im Prozess im eigenen Namen als Partei auftritt. Möglich ist daneben die bloße Ermächtigung des Dritten zur prozessualen Geltendmachung des Anspruchs (Prozessstandschaft), bei dem das Recht beim bisherigen Inhaber verbleibt und der Dritte prozessual in fremdem Namen auftritt. Dazu unten Rdn. 341.

In kostenrechtlicher Hinsicht sind beide Alternativen nicht ohne Risiko. Das gilt schon für die Honorarforderung des Anwalts, die sinnvollerweise (etwa durch Haftungsübernahme des bisherigen Rechtsinhabers) abzusichern ist.

Werden durch Inkassozession oder Prozessstandschaft Gebührenansprüche des Gerichts oder des Gegners infolge der Vermögenslosigkeit des vorgeschobenen Dritten gefährdet, behandelt sie die Praxis häufig als unwirksam (BGH NJW 1999, 1717: entscheidend ist, ob sich die Ermächtigung zur Prozessführung erkennbar als Missbrauch dieses grundsätzlich anerkannten prozessualen Instituts darstellt; einschränkend ebenso Zöller/Althammer Vor § 50 Rn. 45: reicht nicht ohne Weiteres aus).

111 Besondere taktische Überlegungen bieten sich bei der Beratungs- bzw. Prozesskostenhilfe (Rdn. 112), dem Bestehen einer Rechtsschutzversicherung (unten Rdn. 136) und der gewerblichen Prozessfinanzierung (unten Rdn. 139) an.

a) Prozesskostenhilfe

112 Prozesskostenhilfe kann der Partei gewährt werden, wenn sie die Prozesskosten nach ihren persönlichen und wirtschaftlichen Verhältnissen nicht tragen kann, ihre beabsichtigte Rechtsverfolgung hinreichende Aussicht auf Erfolg bietet und nicht mutwillig erscheint (§ 114 Abs. 1 ZPO; Zuck NJW 2012, 37; Nickel MDR 2011, 1336). Auf die entsprechende Möglichkeit muss der Anwalt seinen Mandanten hinweisen (OLG Celle, Beschl. vom 26.08.2009 – 2 W 240/09).

113 Dabei ist die Feststellung der **wirtschaftlichen Voraussetzungen** durch die Verweisung auf § 82 Abs. 2 SGB XII und zahlreiche Freibeträge in § 115 ZPO sehr schwierig geworden. Selbst spezielle Berechnungsprogramme lösen nicht alle Probleme.

▶ Praxistipp:

114 Kommt eine Bedürftigkeit des Mandanten i.S.d. §§ 114, 115 ZPO in Betracht, kann es sich empfehlen, einen Antrag unter Verwendung des Formulars nach § 117 Abs. 3 ZPO zu stellen und die Berechnung dem Gericht zu überlassen.

Auch wenn der Antrag teilweise oder vollständig zurückgewiesen wird, sind damit Nachteile nicht verbunden. Eine solche Entscheidung steht weder der anderweitig finanzierten Prozessführung noch einem neuen Antrag entgegen.

Der Versuch, sich die Prozesskostenhilfe durch Einschaltung eines Prozessstandschafters oder eines Zessionars zu erschleichen, ist nicht nur verwerflich, sondern auch untauglich. In diesen Fällen stellt die Rechtsprechung für die Beurteilung der Bedürftigkeit zumindest dann auf diejenige des Rechtsinhabers bzw. Zedenten ab, wenn kein triftiger Grund für die Ermächtigung bzw. Abtretung zu erkennen ist (Zöller/Schultzky § 114 Rn. 7 f.; str.).

115 **Gegen** einen Antrag auf die Gewährung von Prozesskostenhilfe sprechen verbleibende Kosten- und Erfolgsrisiken, ggf. auch die hierdurch eintretende Verfahrensverzögerung.

▶ Praxistipp:

116 Der Mandant muss darauf hingewiesen werden, dass ihm mit der Gewährung von Prozesskostenhilfe nicht jegliches Prozesskostenrisiko abgenommen ist.

So kann die Prozesskostenhilfe (abhängig vom Einkommen der Partei) nur gegen Zahlung von Raten bewilligt werden. Zudem sind im Fall des Unterliegens die (Anwalts-)Kosten des Gegners davon nicht umfasst (§ 123 ZPO). Außerdem kann keine Prozesskostenhilfe für das Prozesskostenhilfeverfahren selbst bewilligt werden (Zöller/Schultzky § 114 Rn. 9). Auch kann die ratenfreie Prozesskostenhilfebewilligung Vergünstigungen für den Prozessgegner zur Folge haben (§ 122 Abs. 2 ZPO; Zöller/Schultzky § 122 Rn. 15 ff.).

Für einen Antrag auf die Gewährung von Prozesskostenhilfe (§§ 114 ff. ZPO) spricht nicht nur, 117
dass die Partei von der Verpflichtung zur Tragung der Gerichtskosten befreit werden und der Anwalt von der Landeskasse bezahlt wird (§ 122 ZPO), sondern auch, dass die Partei quasi kostenlos und unverbindlich eine Vorprüfung ihrer Erfolgsaussichten durch das Gericht (und im Rahmen einer sofortigen Beschwerde gem. § 127 Abs. 2 ZPO ggf. auch durch das Berufungsgericht) bekommt.

Erfolgsaussicht besteht, wenn das Gericht einen Erfolg der antragstellenden Partei aufgrund ihrer 118
Sachdarstellung und aufgrund der vorgelegten Unterlagen zumindest rechtlich für möglich hält (OLGR Naumburg 2005, 479 m.w.N.). Erforderlich ist damit eine schlüssige Begründung des eigenen Antrags, an die indes keine überspannten Anforderungen gestellt werden dürfen (BVerfG NJW 2010, 1129).

Diese muss zum Zeitpunkt der Entscheidung vorliegen, grundsätzlich bereits mit der Antragsschrift, spätestens vor Ablauf einer vom Gericht hierfür gesetzten Frist (§ 118 Abs. 3 ZPO).

Der Kläger hat mit dem Antrag auf Bewilligung von Prozesskostenhilfe die Grundlagen der beabsichtigten Rechtsverfolgung darzutun. Diese müssen nicht explizit in der Antragsschrift ausgeführt werden, es genügt die Bezugnahme auf die Klageschrift bzw. deren Entwurf. Da das Gericht lediglich eine summarische Prüfung der Erfolgsaussichten vornimmt, sind die Anforderungen an die Darlegung nicht übermäßig hoch (OLG Saarbrücken, Beschl. vom 08.01.2010 – 6 WF 130/09 m.w.N.). Ist zu erwarten, dass eine Tatsache streitig werden wird, sind die hierfür zu Verfügung stehenden Beweismittel zu bezeichnen. Regelmäßig genügt bereits dies zur Bejahung der Erfolgsaussicht, eine Antizipation des Beweisergebnisses ist weder erforderlich noch im Regelfall zulässig. Eine Ausnahme macht die Rechtsprechung nur, wenn und soweit die Gesamtwürdigung aller bereits feststehenden Tatsachen und Indizien ein positives Beweisergebnis zugunsten des Bedürftigen als ausgeschlossen erscheinen lässt (BVerfG NJW 1997, 2754; OLG Köln NJW-RR 2008, 240).

Der Beklagte muss dartun, dass die Klage unschlüssig oder sein Vorbringen geeignet ist, die Abweisung der Klage zu rechtfertigen.

Mit Einführung des § 114 Abs. 2 ZPO im Jahr 2013 hat der Gesetzgeber die eigenständige Bedeu- 119
tung des Erfordernisses **fehlender Mutwilligkeit** besonders herausgestellt. Mutwillig ist die Rechtsverfolgung oder Rechtsverteidigung, wenn eine Partei, die keine Prozesskostenhilfe beansprucht, bei verständiger Würdigung aller Umstände von der Rechtsverfolgung oder Rechtsverteidigung absehen würde, obwohl eine hinreichende Aussicht auf Erfolg besteht. Erreicht werden soll damit, dass ein Minderbemittelter nicht besser gestellt wird als ein Bemittelter, der der seine Prozessaussichten vernünftig abwägt und dabei auch das Kostenrisiko berücksichtigt (BVerfG, Beschl. vom 18.11.2009, 1 BvR 2455/08). Es ist nicht Aufgabe der Prozesskostenhilfe, auf Kosten der Allgemeinheit Rechtsstreitigkeiten zu ermöglichen, die eine Partei, die den Prozess selbst finanzieren müsste, bei besonnener Einschätzung der Prozesschancen und -risiken nicht führen würde. Dies kann es erforderlich machen, in der Antragsschrift das hypothetische Verhalten einer selbstzahlenden Partei, die sich in der Situation des Antragstellers befindet, als Maßstab der Mutwilligkeit darzulegen.

▶ Beispiel:

Wird Prozesskostenhilfe für eine Bagatellforderung beantragt, dürfte es sinnvoll sein, darauf hinzuweisen, dass auch Selbstzahler Prozesse um niedrige Beträge führen, wenn sie die Erfolgsaussichten für ausreichend halten. So hatten in den vergangenen Jahren rund 19 Prozent der Zivilprozesse vor Amtsgerichten einen Streitwert unter 300 Euro, nur in jedem 20. Verfahren davon wurde zumindest einer Partei Prozesskostenhilfe bewilligt.

Bei gleichzeitiger Einreichung von **Antrags- und Klageschrift** hat der Antragsteller deutlich zu 120
machen, ob er die Klage unbedingt oder (nur) für den Fall der Bewilligung von Prozesskostenhilfe

eingereicht (bzw. zugestellt) haben will oder ob (zunächst) nur der Prozesskostenhilfeantrag allein behandelt werden soll.

Die Prozesshandlung ist, sofern sie nicht eindeutig ist, auszulegen. Hierauf aber sollte es der Anwalt nicht ankommen lassen, sondern eindeutig klarstellen, was er erreichen will.

Zwar kann die Klage als bedingungsfeindliche Prozesshandlung nicht unter der Bedingung der Gewährung von Prozesskostenhilfe erhoben werden, aber es kann ihre Zustellung davon abhängig gemacht werden (was die Partei allerdings schon durch die Nichteinzahlung des Kostenvorschusses erreicht – Zöller/Greger § 253 Rn. 2). Auch wenn die Klage trotzdem zugestellt wird, liegt noch keine wirksame Klageerhebung vor (OLG Köln NJW 1994, 3360, 3361; Zöller/Schultzky § 117 Rn. 13).

Für die Rechtsmitteleinlegung ist dieser Weg nicht gangbar. Soll diese von der Gewährung von Prozesskostenhilfe abhängig gemacht werden, muss die Einlegung zunächst unterbleiben, weil eine bedingte Einlegung nicht möglich ist. Stattdessen wird nur der PKH-Antrag gestellt. Wird diesem vor Ablauf der Berufungsfrist stattgegeben, kann die Einlegung noch fristgerecht erfolgen. Ist bei Gewährung der Prozesskostenhilfe die Frist zur Einlegung der Berufung bereits abgelaufen, ist ein Antrag auf Wiedereinsetzung zu stellen, da die Mittellosigkeit vor der Gewährung die Partei an der Wahrung der Frist gehindert hat. Dazu unten Rdn. 2848.

121 Im **Regelfall** empfiehlt sich die so bedingte Klageerhebung.

Mit der Erklärung, dass die Klageschrift (nur) für den Fall bzw. nach der Bewilligung der Prozesskostenhilfe dem Antragsgegner zugestellt werden bzw. eingereicht sein soll oder dass über den Prozesskostenhilfeantrag »vorab« entschieden werden möge, wird klar und eindeutig zum Ausdruck gebracht, dass sich das Gericht zunächst nur mit dem Prozesskostenhilfegesuch befassen und prozessfördernde Maßnahmen ansonsten unterlassen soll. Dies gilt auch, wenn die als Anlage beigefügte Klage als »Entwurf« gekennzeichnet oder nicht unterschrieben ist (BGH NJW-RR 2010, 278 Rn. 11; Prütting/Gehrlein/Zempel § 117 Rn. 24).

Wird bei der so bedingten Klageeinreichung Prozesskostenhilfe nicht gewährt, kann der Antragsteller ohne Weiteres von seiner – noch nicht anhängigen (BGH NJW-RR 2003, 1558) – Klage Abstand nehmen, ohne dass ihm Kosten auferlegt werden können (§ 6 GKG, § 118 Abs. 1 Satz 4 ZPO; Zöller/Philippi § 118 Rn. 28; u.U. materiell-rechtlicher Kostenerstattungsanspruch des Gegners hinsichtlich seiner außergerichtlichen Kosten). Demgegenüber wird bei einer unbedingten Klageerhebung die Klagepartei sofort Kostenschuldner und bei Rücknahme der Klage sind ihr in der Regel auch die Kosten aufzuerlegen (§ 269 Abs. 3 ZPO; BGH FamRZ 2005, 794; NJW-RR 2005, 1015).

Schließlich erspart man sich im Gegensatz zum reinen Prozesskostenhilfeantrag die (nochmalige) Fertigung und Einreichung der Klageschrift.

▶ Praxistipp:

122 Die im Prozesskostenhilfeverfahren getroffenen Aussagen des Gerichts über die Erfolgsaussichten der Klage sind ein wichtiger Anhaltspunkt, aber nicht immer zuverlässig.

Streitige tatsächliche Fragen müssen stets offenbleiben, auch im Übrigen erfolgt die Sach- und Rechtsprüfung durch das Gericht nur summarisch, zweifelhafte Rechtsfragen werden nicht abschließend entschieden, sondern zugunsten des Antragstellers unterstellt (Zöller/Schultzky § 114 Rn. 25). Dies führt häufig dazu, dass ein Prozess trotz gewährter Prozesskostenhilfe verloren geht. Denkbar ist aber auch umgekehrt, dass sich im Prozess Handlungsoptionen ergeben, die bei Beantragung der Prozesskostenhilfe nicht vorhersehbar waren, sodass eine Klage auch nach Versagung der Prozesskostenhilfe noch Erfolg haben kann.

123 Keiner besonderen Erwähnung sollte bedürfen, dass zusammen mit dem Antrag auf Gewährung von Prozesskostenhilfe die eigene **Beiordnung** zur Vertretung als Anwalt zu beantragen ist (§ 121 ZPO).

Auch ohne einen solchen Antrag wird das Gericht regelmäßig davon ausgehen, dass die Partei sich den antragstellenden Anwalt gewählt hat und dieser zur Vertretung bereits ist, sodass das Prozesskostenhilfegesuch einen stillschweigenden Beiordnungsantrag enthält (Zöller/Schultzky § 121 Rn. 4 und 14; str.).

Beigeordnet werden kann – entgegen dem Wortlaut des § 121 Abs. 1 ZPO – nicht nur ein einzelner Anwalt persönlich, sondern auch eine Rechtsanwaltssozietät (BGH NJW 2009, 440).

Wird daraufhin Prozesskostenhilfe bewilligt, darf nicht vergessen werden, die Klage sodann zu erheben bzw. es ist zu überprüfen, ob das Gericht die Zustellung nunmehr vorgenommen hat. 124

Zu den Besonderheiten der Einlegung eines Rechtsmittels nur für den Fall der Prozesskostenhilfegewährung und der dabei erforderlichen Wiedereinsetzung unten Rdn. 3832).

Dass mit der auf die Gewährung der Prozesskostenhilfe bedingten Zustellung die Erhebung der Klage verzögert wird, ist bei der Einhaltung von **Fristen** regelmäßig unproblematisch. 125

Die **Verjährung** wird durch die Bekanntgabe des erstmaligen Antrags auf Gewährung von Prozesskostenhilfe gehemmt (§ 204 Abs. 1 Nr. 14 BGB). Erfolgt die Bekanntgabe demnächst nach der Einreichung des Antrags, so tritt die Hemmung der Verjährung bereits mit der Einreichung ein (§ 167 ZPO; unten Rdn. 808, 2227). 126

Entgegen der bisherigen Rechtsprechung sind weitere Voraussetzungen hierfür nicht mehr erforderlich. So hemmt auch ein unzulässiger, unschlüssiger und unbegründeter Antrag auf Bewilligung von Prozesskostenhilfe die Verjährung (Grüneberg/Ellenberger § 204 Rn. 30). Allerdings muss der Gläubiger die Voraussetzungen für eine Zustellung durch das Gericht schaffen, insbesondere die richtige Anschrift des Schuldners angeben (BGH, Urt. vom 10.09.2015, IX ZR 255/14, Rn. 11). Damit lässt sich dieser Antrag (lediglich) für eine schnelle und einfache Verjährungshemmung einsetzen. Allerdings ist ausgeschlossen, dass der Gläubiger sich durch gestaffelte Prozesskostenhilfeanträge eine mehrfache Verjährungshemmung verschafft.

▶ Praxistipp:

Muss der Gläubiger den Lauf der Verjährungsfrist hemmen, muss er beim Gericht eine Zustellung seines Antrags unter Hinweis hierauf ausdrücklich beantragen. 127

Eine Hemmung der Verjährung ist mit dem Prozesskostenhilfeantrag nur verbunden, wenn dieser dem Beklagten bekannt gegeben wird. Eine verfassungskonforme Auslegung des § 204 Abs. 1 Nr. 14 BGB i.S.e. Verjährungshemmung schon durch den Eingang des Antrags bei Gericht hat der BGH ausdrücklich abgelehnt (BGH NJW 2008, 1939 Rn. 8 ff.). Eine Bekanntgabe des Antrags an den Gegner ist prozessrechtlich nicht zwingend, sie kann nach dem Ermessen des Gerichts unterbleiben (§ 118 Abs. 1 Satz 1 ZPO). Allerdings hält der BGH das Gericht zu einer solchen Bekanntgabe für verpflichtet, wenn der Gläubiger auf die Notwendigkeit einer Verjährungshemmung ausdrücklich hinweist und um Bekanntgabe des Antrags ersucht (unten Rdn. 813).

Besonderer Prüfung bedarf die Frage, ob durch den der Klageerhebung vorgeschalteten Prozesskostenhilfeantrag die Wahrung **anderer Fristen** gefährdet wird. 128

Materielle Klagefristen (z.B. §§ 26, 27 EGGVG oder Fristen im Privatversicherungsrecht) werden durch den bloßen Prozesskostenhilfeantrag nicht gewahrt.

Dem Beklagten kann für seine **Rechtsverteidigung gegen ein bloßes Prozesskostenhilfegesuch** vor Rechtshängigkeit grundsätzlich keine Prozesskostenhilfe bewilligt werden (Zöller/Schultzky § 114 Rn. 25; a.A. OLG Karlsruhe NJW-RR 2001, 643: sofern der Beklagte ausdrücklich zur Stellungnahme aufgefordert wurde). Der Beklagte erhält Prozesskostenhilfe frühestens nach Erhebung der Klage gegen ihn. 129

Dann besteht hinreichende Erfolgsaussicht für die Rechtsverteidigung bereits, wenn der Beklagte entscheidungserheblichen Vortrag (wirksam) bestritten hat. Insoweit ist es möglich, dass beide Parteien im Prozess Prozesskostenhilfe wegen der »Aussicht« auf Erfolg ihrer Rechtsverfolgung bzw. Rechtsverteidigung erhalten.

Es kann sich für den Beklagtenvertreter empfehlen – damit er letztlich nicht »umsonst« arbeitet – nach einer kurzen Klageerwiderung zunächst die Entscheidung über den Prozesskostenhilfeantrag abzuwarten bzw. auf einer unverzüglichen Entscheidung zu bestehen (Zöller/Schultzky § 118 Rn. 14 a.E.; Versäumnisurteil im Termin darf nicht ergehen, § 337 ZPO).

130 Für den Antrag sind die amtlichen **Formulare** zu verwenden und die entsprechenden Unterlagen beizufügen (§ 117 Abs. 3, 4 ZPO; zu finden auf der Website des Bundesministeriums für Justiz und Verbraucherschutz).

131 Über den Antrag hat das Gericht bei Vorliegen der Voraussetzungen alsbald **zu entscheiden.**

Insbesondere darf nicht erst nach Verhandlung und Beweiserhebung in der Hauptsache hierüber entschieden werden, sondern noch vor dem Verhandlungstermin (Zöller/Schultzky § 118 Rn. 13, 14).

▶ Praxistipp:

132 Der Kläger, der die Klage unabhängig von der Gewährung von Prozesskostenhilfe erhoben hat, sollte genauso wie der Beklagte nicht hinnehmen, dass die Entscheidung über seinen Prozesskostenhilfeantrag aufgeschoben wird, sondern sollte auf eine unverzügliche Entscheidung drängen.

Mit dem weiteren Prozessverlauf können sich die Erfolgsaussichten beider Parteien verschlechtern. Einlassungen und Beweisantritte des Gegners, die Vorlage von Urkunden und insbesondere eine Beweisaufnahme können die zu Beginn des Prozesses noch vorhandene Möglichkeit eines Obsiegens geringer werden oder gar entfallen lassen.

Im Extremfall wird der Prozesskostenhilfeantrag zugleich mit dem für den Antragsteller negativ ausgefallenen Urteil (mangels Erfolgsaussicht) abgelehnt. Dass bei der Entscheidung über den Prozesskostenhilfeantrag zu einem späteren Zeitpunkt auf die Sach- und Rechtslage bei Antragstellung abzustellen ist (KG FamRZ 2009, 1505; Prütting/Gehrlein/Völker/Zempel § 119 Rn. 22), ist umstritten (a.A. OLG Saarbrücken OLGR 2009, 929).

Die Beiordnung eines Anwalts muss beim Amtsgericht grundsätzlich beantragt werden (§ 121 Abs. 1, 2 ZPO), wobei das Prozesskostenhilfegesuch einen stillschweigenden Beiordnungsantrag enthält (Zöller/Schultzky § 121 Rn. 4; str.).

133 **Verzögert** das Gericht die Entscheidung, kommen folgende Maßnahmen in Betracht:
- In einem ersten Schritt sollte das Gericht selbst zur Entscheidung angehalten werden, wobei es im Ermessen des Anwalts steht, wie er diese Eingabe bezeichnen bzw. formulieren will; in Betracht kommen eine »Wiederholung« des Antrags, eine »Erinnerung« an diesen, eine »Sachstandsanfrage« oder auch eine »Anmahnung«.
- Wie in allen Fällen der Untätigkeit kann der Richter auch hier zur Einhaltung seiner Dienstpflichten durch eine Dienstaufsichtsbeschwerde angehalten werden. Selbst wenn der Dienstvorgesetzte (Präsident des Gerichts) einen Anlass für dienstaufsichtsrechtliche Maßnahmen nicht sieht, genügt der Antrag häufig, um dem Verfahren Fortgang zu geben.
- Kommt die Verzögerung der Entscheidung einer Ablehnung des Antrags gleich, lässt die h.M. eine sofortige Beschwerde gem. § 127 Abs. 2 Satz 2 ZPO zu (Zöller/Schultzky § 127 Rn. 14). Problematisch ist dabei die Einhaltung der Beschwerdefrist (§ 127 Abs. 2 Satz 3 ZPO: ein Monat), sodass sich besondere Ausführungen zum Beginn der Frist (Zeitpunkt, bis zu dem die Entscheidung spätestens hätte ergehen müssen) empfehlen.
- Nur ausnahmsweise, praktisch wohl nur bei ungerechtfertigter Verweigerung einer Entscheidung, wird sich die Verzögerung für die Partei als Grund darstellen, der Misstrauen gegen die Unparteilichkeit des Richters und damit einen Befangenheitsantrag (§ 42 Abs. 2 ZPO) rechtfertigt (Zöller/Vollkommer § 42 Rn. 24).

134 Der **Gegner** des Antragstellers hat kein Beschwerderecht; für ihn sind weder die Bewilligung der Prozesskostenhilfe noch deren Versagung oder Verzögerung anfechtbar.

Ein Beschwerderecht steht lediglich der Staatskasse zu (§ 127 ZPO). Der vorher grundsätzlich anzuhörende Gegner (§ 118 Abs. 1 ZPO) kann hier zu der »hinreichenden Aussicht auf Erfolg« der Rechtsverfolgung oder Rechtsverteidigung als Voraussetzung für die Bewilligung Stellung nehmen (OLG Frankfurt a.M. ProzRB 2003, 83: auch Gegenvorstellung unstatthaft). Die hilfsbedürftige Partei sollte auf eine Stellungnahme des Gegners unverzüglich reagieren, da sonst das Gericht u.U. (wochen-)lang wartet und sich dadurch das Verfahren unnötig verzögert.

Der die Gewährung von Prozesskostenhilfe ablehnende Beschluss erwächst zwar in formeller, nicht aber in materieller Rechtskraft. Deswegen ist im gleichen Verfahren die Stellung eines **neuen Antrags** grundsätzlich möglich. Erforderlich ist indes, dass ein entsprechendes Rechtsschutzbedürfnis gegeben ist (BGH, Beschl. vom 09.05.2019 – V ZR 274/18). Dies verneint die Rechtsprechung, wenn mit dem neuen Antrag lediglich das frühere Vorbringen wiederholt wird. Haben sich jedoch die subjektiven oder objektiven Voraussetzungen der Gewährung geändert, kann darauf ein neuer Antrag gestützt werden. Hierzu genügen häufig bereits die Änderung des Antrags, die Darlegung einer anderen Anspruchsbegründung oder der Vortrag neuer Angriffs- und Verteidigungsmittel. 135

b) Rechtsschutzversicherung

Die Kosten der beabsichtigten Rechtsverfolgung oder -verteidigung können auch durch eine Rechtsschutzversicherung abgedeckt sein (vgl. § 101 VVG). 136

Ob eine solche besteht, muss der Anwalt erfragen, bevor er einen Antrag auf Gewährung von Prozess- oder Beratungskostenhilfe stellt (§ 115 Abs. 2 ZPO). Ohne einen solchen Antrag besteht eine Pflicht zur Frage nicht, dennoch liegt sie praktisch nahe.

Besteht eine Rechtsschutzversicherung, übernimmt der Anwalt mit dem Mandat grundsätzlich auch die den Mandanten gegenüber seiner Rechtsschutzversicherung treffenden vertraglichen **Obliegenheiten.** Diese fallen vor Klageerhebung (z.B. Deckungszusage), während des Prozesses (Informationspflicht) und danach an. 137

Allgemeine Bedingungen für die Rechtsschutzversicherung (ARB 2021)

GDV-Musterbedingungen (Stand: Juni 2025)

4.1 Verhalten im Versicherungsfall/Erfüllung von Obliegenheiten

Obliegenheiten bezeichnen sämtliche Verhaltensregeln, die Sie und die versicherten Personen beachten müssen, um den Anspruch auf Versicherungsschutz zu erhalten.

4.1.1

Was müssen Sie tun, wenn ein Versicherungsfall eintritt und Sie Versicherungsschutz brauchen?

4.1.1.1

Sie müssen uns den Versicherungsfall unverzüglich mitteilen, gegebenenfalls auch telefonisch. (»Unverzüglich« heißt nicht unbedingt »sofort«, sondern »ohne schuldhaftes Zögern bzw. so schnell wie eben möglich«).

4.1.1.2

Sie müssen uns
- vollständig und wahrheitsgemäß über sämtliche Umstände des Versicherungsfalls unterrichten und
- alle Beweismittel angeben und
- uns Unterlagen auf Verlangen zur Verfügung stellen.

4.1.1.3

Kosten verursachende Maßnahmen müssen Sie nach Möglichkeit mit uns abstimmen, soweit dies für Sie zumutbar ist. (Beispiele für kostenverursachende Maßnahmen: die Beauftragung eines Rechtsanwalts, Erhebung einer Klage oder Einlegung eines Rechtsmittels)

4.1.1.4

Sie haben bei Eintritt des Versicherungsfalles nach Möglichkeit für die Abwendung und Minderung des Schadens zu sorgen, siehe § 82 VVG.

4.1.2

Wir bestätigen Ihnen den Umfang des Versicherungsschutzes, der für den konkreten Versicherungsfall besteht.

Ergreifen Sie jedoch Maßnahmen zur Durchsetzung Ihrer rechtlichen Interessen,
- bevor wir den Umfang des Versicherungsschutzes bestätigt haben und
- entstehen durch solche Maßnahmen Kosten?

Dann tragen wir nur die Kosten, die wir bei einer Bestätigung des Versicherungsschutzes vor Einleitung dieser Maßnahmen zu tragen gehabt hätten.

4.1.3

Den Rechtsanwalt können Sie auswählen.

Wir wählen den Rechtsanwalt aus,
- wenn Sie das verlangen oder
- wenn Sie keinen Rechtsanwalt benennen und uns die umgehende Beauftragung eines Rechtsanwalts notwendig erscheint.

Wenn wir den Rechtsanwalt auswählen, beauftragen wir ihn in Ihrem Namen. Für die Tätigkeit des Rechtsanwalts sind wir nicht verantwortlich.

4.1.4

Sie müssen nach der Beauftragung des Rechtsanwalts Folgendes tun:

Ihren Rechtsanwalt
- vollständig und wahrheitsgemäß unterrichten,
- die Beweismittel angeben,
- die möglichen Auskünfte erteilen,
- die notwendigen Unterlagen beschaffen und

uns auf Verlangen Auskunft über den Stand Ihrer Angelegenheit geben.

4.1.5

Wenn Sie eine der in 4.1.1 und 4.1.4 genannten Obliegenheiten vorsätzlich verletzen, **verlieren Sie Ihren Versicherungsschutz**.

Bei grob fahrlässiger Verletzung einer Obliegenheit sind wir berechtigt, unsere Leistung zu kürzen, und zwar in einem der Schwere Ihres Verschuldens entsprechenden Verhältnis. (Beispiel für »grob fahrlässiges Verhalten«: Jemand verletzt die erforderliche Sorgfalt in ungewöhnlich hohem Maße.)

Wenn Sie eine Auskunfts- oder Aufklärungsobliegenheit nach Eintritt des Versicherungsfalls verletzen, kann auch dies zum vollständigen oder teilweisen Wegfall des Versicherungsschutzes führen. Dies setzt jedoch voraus, dass wir Sie vorher durch gesonderte Mitteilung in Textform (Beispiel: Brief oder E-Mail) über diese Pflichten informiert haben.

Der Versicherungsschutz bleibt bestehen, wenn Sie nachweisen, dass Sie die Obliegenheiten nicht grob fahrlässig verletzt haben.

Der Versicherungsschutz bleibt auch in folgendem Fall bestehen: Sie weisen nach, dass die Obliegenheitsverletzung nicht die Ursache war
- für den Eintritt des Versicherungsfalls,
- für die Feststellung des Versicherungsfalls oder
  - für die Feststellung oder den Umfang unserer Leistung (zum Beispiel: Sie haben die Einlegung des Rechtsmittels mit uns nicht abgestimmt. Bei nachträglicher Prüfung hätten wir jedoch auch bei rechtzeitiger Abstimmung die Kostenübernahme bestätigt.)

Der Versicherungsschutz bleibt nicht bestehen, wenn Sie Ihre Obliegenheit arglistig verletzt haben.

4.1.6 gelöscht

4.1.7

Ihre Ansprüche auf Versicherungsleistungen können Sie nur mit unserem Einverständnis abtreten. (»Abtreten« heißt: Sie übertragen Ihre Ansprüche auf Versicherungsleistung, die Sie uns gegenüber haben, auf Ihren Rechtsanwalt oder eine andere Person.). Unser Einverständnis bedarf der Textform.

Ausnahme: Das Zustimmungserfordernis entfällt, wenn Sie auf Geld gerichtete Ansprüche gegen uns haben (zum Beispiel: Sie sind mit der Bezahlung einer Gerichtskostenrechnung ausnahmsweise in Vorleistung getreten.).

Wenn wir Sie von noch nicht bezahlten Kostenrechnungen freistellen sollen, liegt kein auf Geld gerichteter Anspruch vor.

4.1.8

Wenn ein anderer (zum Beispiel: Ihr Prozessgegner) Ihnen Kosten der Rechtsverfolgung erstatten muss, dann geht dieser Anspruch auf uns über. Aber nur dann, wenn wir die Kosten bereits beglichen haben.

Sie müssen uns die Unterlagen aushändigen, die wir brauchen, um diesen Anspruch durchzusetzen. Bei der Durchsetzung des Anspruchs müssen Sie auch mitwirken, wenn wir das verlangen.

Wenn Sie diese Pflicht vorsätzlich verletzen und wir deshalb diese Kosten von den anderen nicht erstattet bekommen, dann müssen wir über die geleisteten Kosten hinaus keine weiteren Kosten mehr erstatten. Wenn Sie grob fahrlässig gehandelt haben, sind wir berechtigt, die Kosten in einem der Schwere Ihres Verschuldens entsprechenden Verhältnis zu kürzen. Sie müssen beweisen, dass Sie nicht grob fahrlässig gehandelt haben. (Beispiel für »grob fahrlässiges Verhalten«: Jemand verletzt die im Verkehr erforderliche Sorgfalt in ungewöhnlich hohem Maße).

4.1.9

Hat Ihnen ein anderer (zum Beispiel: Ihr Prozessgegner) Kosten der Rechtsverfolgung erstattet und wurden diese zuvor von uns gezahlt? Dann müssen Sie uns diese Kosten zurückzahlen.

Der Anwalt darf sich auf Einschätzungen oder Entscheidungen der Rechtsschutzversicherung nicht **138**
verlassen. Erteilt diese eine Deckungszusage nicht rechtzeitig vor Ablauf einer Frist, stellt dies keinen Wiedereinsetzungsgrund dar (VGH München, Beschl. vom 11.01.2010 – 12 ZB 09.2756). Verweigert die Rechtsschutzversicherung Deckungsschutz, weil sie die Erfolgsaussichten verneint, muss der Anwalt den Mandaten über seine abweichende Auffassung belehren und diesem die Entscheidung über die Einleitung gerichtlicher Maßnahmen überlassen.

c) Gewerbliche Prozessfinanzierung

Gerade bei hohen Gesamtforderungen kommt auch eine gewerbliche Prozesskostenfinanzierung **139**
in Betracht (Arz/Gemmer NJW 2019, 263). Der Prozessfinanzierer lässt sich dabei am **Erfolg** des von ihm finanzierten Prozesses beteiligen. Üblich sind Abreden, nach denen der Finanzierer sämtliche Kosten der gerichtlichen Rechtsverfolgung übernimmt, während den Anspruchsinhaber die Verpflichtung trifft, im Fall einer erfolgreichen Rechtsdurchsetzung dem Finanzierer einen Teil des erstrittenen Betrages, häufig 20 bis 30 %, zu überlassen (Frechen/Kochheim NJW 2004, 1231 f.; Conrad MDR 2006, 848).

Im Einzelfall können die Grenzen des Zulässigen überschritten sein, wenn die Prozessfinanzierung dem Wesen des Anspruchs zuwiderläuft. Dies kann beim Weiterreichen von Ansprüchen auf Gewinnabschöpfung nach § 10 UWG der Fall sein (BGH NJW 2018, 3581).

Auf den Kosten der Prozessfinanzierung bleibt der Mandant endgültig sitzen. Eine **Erstattung** des auf den Finanzierer entfallenden Teils der Hauptforderung kann er unter keinem rechtlichen Gesichtspunkt verlangen (Rensen MDR 2010, 182; a.A. z.T. Arz/Gemmer NJW 2019, 263).

Auf den Kosten der Prozessfinanzierung bleibt der Mandant endgültig sitzen. Eine **Erstattung** des auf **140**
den Finanzierer entfallenden Teils der Hauptforderung kann er unter keinem rechtlichen Gesichtspunkt verlangen (Rensen MDR 2010, 182; a.A. z.T. Arz/Gemmer NJW 2019, 263).

III. Die Feststellung der Ausgangssituation

Bei Übernahme des Mandats findet der Anwalt eine konkrete tatsächliche und rechtliche Ausgangs- **141**
situation vor. Diese gilt es festzustellen, weil sich hieraus die alternativlos notwendigen und die taktisch möglichen Vorgehensweisen ergeben.

Dabei ist der Anwalt an Weisungen und Vorgaben des Mandanten grundsätzlich gebunden. Er behält seine Freiheit und seine Verantwortung und muss den Mandanten im Innenverhältnis auf Nachteile, die mit der Befolgung der Weisung verbunden sind, hinweisen. Im Außenverhältnis – etwa bei der Weiterleitung vom Mandanten gefertigter Schriftsätze – hat er deren Inhalt zu prüfen, den Mandaten vor Risiken zu warnen und (in seltenen Fällen) die Befolgung der Weisung sogar (ggf. unter Kündigung des Mandats) abzulehnen (Ullrich MDR 2009, 1017).

1. Tatsächliche Vorgaben der anwaltlichen Tätigkeit

142 Dass nur der Anwalt die Interessen seines Mandanten sachgerecht vertreten kann, der den einschlägigen Sachverhalt **vollständig und richtig** erfasst hat, versteht sich von selbst. Denn der Anwalt muss sich »über die Sachlage klar werden« (BGH NJW 2007, 2485, 2486), er muss den seiner Tätigkeit zugrunde zu legenden Sachverhalt feststellen.

a) Umfang der Sachverhaltsfeststellung

143 Unterschätzt wird häufig, welchen **Aufwand** der Anwalt betreiben muss, um sich über diesen Sachverhalt zu informieren. Dieser – mitunter sehr mühsame – Aspekt der anwaltlichen Tätigkeit kann weder delegiert noch rationalisiert werden. Der Königsweg zum Erfolg führt allein über eine möglichst umfassende und sorgfältige Informationsgewinnung über das »Wer?«, »Wann?«, »Wo?«, »Was?« und »Wie?« durch den Anwalt selbst.

Es ist die Aufgabe des Rechtsanwalts, der einen Anspruch klageweise geltend machen soll, die zu Gunsten seiner Partei sprechenden tatsächlichen und rechtlichen Gesichtspunkte so umfassend wie möglich darzustellen, damit sie das Gericht bei seiner Entscheidung berücksichtigen kann. Er darf sich nicht ohne Weiteres mit dem begnügen, was sein Auftraggeber ihm an Informationen liefert, sondern muss um zusätzliche Aufklärung bemüht sein, wenn den Umständen nach für eine zutreffende rechtliche Einordnung die Kenntnis weiterer Tatsachen erforderlich und deren Bedeutung für den Mandanten nicht ohne Weiteres ersichtlich ist (BGH NJW 2013, 2965 Rn. 8).

144 Der **Umfang** des festzustellenden Sachverhalts hängt von den gesamten Umständen des Einzelfalls ab, insbesondere dem, was der Mandant begehrt, sowie dem Inhalt des erteilten Mandats (Borgmann NJW 2020, 3567). Der Rechtsanwalt hat sich nur mit den tatsächlichen Angaben zu befassen, die zur pflichtgemäßen Erledigung des ihm übertragenen Auftrags zu beachten sind. Er braucht sich grundsätzlich nicht um die Aufklärung von Vorgängen zu bemühen, die weder nach den vom Auftraggeber erteilten Informationen noch aus Rechtsgründen in einer inneren Beziehung zu dem Sachverhalt stehen, aus dem der Mandant einen Anspruch gegen seinen Vertragspartner herleiten will (vgl. BGH AnwBl 1997, 674, 675).

▶ Beispiel:

145 Ist der Mandant mit der Abwehr unberechtigter Forderungen der Werkstatt aus der Reparatur eines unfallbeschädigten Kfz beauftragt, braucht er sich nicht mit der Frage zu befassen, ob der Unfall von einem Dritten verursacht wurde, der auf Erstattung der Kosten in Anspruch genommen werden kann.

»Liefert der von dem Mandanten mitgeteilte Sachverhalt dem Rechtsanwalt keine tatsächlichen Anhaltspunkte für rechtshindernde Einwendungen, welche die Rechtslage zugunsten des Mandanten beeinflussen könnten, ist der Rechtsanwalt, der erst in der Phase der Vertragsabwicklung beauftragt worden ist, von sich aus zu einer weiteren Erforschung des Sachverhalts insoweit nicht verpflichtet. Ohne entsprechende Anhaltspunkte hat er zum Beispiel keine Suche nach Tatsachen anzustellen, aus denen sich die Geschäftsunfähigkeit eines der Vertragspartner oder die Einordnung des Vertrags als Scheingeschäft ergeben könnte. Er hat auch nicht von sich aus danach zu forschen, ob der geschlossene Vertrag wegen eines Missverhältnisses zwischen Leistung und Gegenleistung den Wuchertatbestand erfüllt, wenn die von dem Mandanten mitgeteilten tatsächlichen Umstände hierfür keine Anhaltspunkte bieten. Entsprechendes gilt für mögliche Verstöße gegen Verbotsgesetze i.S.d. § 134 BGB.« (BGH NJW 2006, 501, 502).

Bei der Aufklärung des Sachverhalts steht zunächst nicht der Anwalt, sondern der **Mandant in der Pflicht** (»Bringschuld«). Grundsätzlich obliegt es diesem, den Anwalt wahrheitsgemäß und vollständig über den Sachverhalt zu informieren. Darauf, dass der Mandant diese Pflicht erfüllt, darf der Anwalt grundsätzlich vertrauen, d.h. er ist zu eigenen Sachverhaltsermittlungen nicht verpflichtet, muss weder investigativ noch verifizierend tätig werden (BGH NJW 1996, 2929, 2931). 146

»Grundsätzlich darf der Rechtsanwalt auf die Richtigkeit und die Vollständigkeit der tatsächlichen Angaben seines Auftraggebers vertrauen, ohne eigene Nachforschungen anstellen zu müssen (vgl. BGH NJW 1997, 2168). Dies gilt insbesondere für die Informationserteilung, welche die berufliche Tätigkeit des Auftraggebers betrifft. Der Rechtsanwalt muss sich allerdings um zusätzliche Aufklärung bemühen, wenn den Umständen nach für eine zutreffende rechtliche Einordnung die Kenntnis weiterer Tatsachen erforderlich und deren Bedeutung für den Mandanten nicht ohne Weiteres ersichtlich ist (vgl. BGH NJW 1996, 2429; BGH NJW 1998, 2048; BGH NJW 2000, 730; BGH NJW 2002, 1413).« (BGH NJW 2006, 501, 502).

So ist der Anwalt nicht verpflichtet, mögliche Zeugen zu befragen oder gar auf ihre Zuverlässigkeit abzuklopfen, Verkehrsunfallorte, ggf. auch nur Pläne oder Internet-Luftbilder zu inspizieren (so nützlich das auch gelegentlich sein kann!) oder Privatdetektive zu beauftragen.

Dies aber gilt nur im Grundsatz. Der **Rechtsanwalt** muss den Mandanten bereits auf die Notwendigkeit umfassenden Vortrags hinweisen und über die prozessrechtlichen Nachteile bei ungenügendem Vortrag belehren (BGH, NJW 1982, 437). Mit dem ihm vom Mandanten vorgetragenen Sachverhalt darf der Anwalt sich jedoch nicht immer begnügen. In einer Reihe von Fällen ist er zumindest zur Nachfrage beim Mandanten verpflichtet. 147

(1) Nachfragen muss der Anwalt, wenn der Vortrag erkennbar **unvollständig** ist. Dies ist häufig der Fall im Hinblick auf Tatsachen, deren rechtliche Relevanz der Mandant nicht erkennt. Dabei kann es genügen, dass für die rechtliche Einordnung durch den Anwalt den Umständen nach die Kenntnis weiterer Tatsachen erforderlich ist (BGH NJW 2002, 1413). Fragen muss der Anwalt damit nach allen Umständen, die zu den Voraussetzungen naheliegender Rechtsnormen gehören oder in gleich gelagerten Fällen nicht selten gegeben sind. 148

▶ Beispiel:

Wurden dem Mandanten zur Information über den Sachverhalt Kopien überlassen, so muss er sicherstellen, dass diese den jeweiligen Urkundeninhalt auch vollständig wiedergeben, dass also nicht Seiten (insbesondere Rückseiten!) fehlen. Da es »selbstverständlich« zu den »elementaren Sorgfaltsanforderungen für einen Prozessbevollmächtigten« gehört, dass er die einem ihm mitgeteilten Sachverhalt zugrunde liegenden Allgemeinen Geschäftsbedingungen zuzieht und auf ihre Relevanz prüft (LG München I NJW-RR 2003, 284), muss er bemüht sein, diese auch dann zu bekommen, wenn sie ihm nicht unaufgefordert vorgelegt werden. Insbesondere AGB befinden sich häufig auf der – u.U. nicht mitkopierten – Rückseite von Vertragsurkunden. 149

Naturgemäß fällt es Mandanten schwer, heikle, peinliche oder unangenehme Tatsachen zu offenbaren. Dies geschieht häufig erst auf gezielte Nachfrage, um die der Anwalt nicht verlegen sein darf. Einfühlungsvermögen, die richtige Fragetechnik und das richtige Timing sind hier im Beratungsgespräch essenziell. 150

Unvollständig ist der Vortrag des Mandanten häufig auch im Hinblick auf die erforderlichen Beweismittel. Deren Erforderlichkeit hat der Anwalt zu erkennen. Er muss den Mandanten auf die Notwendigkeit und die Möglichkeiten der Beweisführung hinweisen, muss nach möglichen Beweismitteln fragen, auf die Ergänzung unzureichender Beweismittel drängen und gefährdete Beweise rechtzeitig sichern. 151

▶ Praxistipp:

152 Schriftliche Unterlagen zum Sachverhalt sollte der Anwalt sich stets vollständig vorlegen lassen und selbst durchsehen, sich also nicht auf deren Zusammenfassung durch den Mandanten verlassen.

Nur so lassen sich unangenehme Überraschungen im späteren Prozess vermeiden.

▶ Beispiele:

153 Dies gilt z.B. für Vertragsurkunden, Kündigungsschreiben, Lieferscheine und Rechnungen, Abnahme- und Mängelprotokolle, Stundenlohnzettel sowie den vollständigen vorprozessualen Schriftwechsel.

Nicht entschieden hat der BGH bislang die Frage, inwieweit der Anwalt verpflichtet sein kann, sich durch ein umfangreiches, ungeordnetes Konvolut von Unterlagen zu arbeiten, um den Sachverhalt selbst festzustellen (BGH, Beschl. vom 15.10.2009 – IX ZR 232/08). Nimmt der Anwalt eine entsprechende Information durch den Mandanten widerspruchslos hin, dürfte dies aber zu bejahen sein.

154 (2) Nachfragen muss der Anwalt auch, wenn die vom Mandanten mitgeteilten Tatsachen **unklar**, **widersprüchlich** oder **erkennbar falsch** sind. Der Anwalt darf den tatsächlichen Angaben des Mandanten nicht vertrauen, wenn er deren Unrichtigkeit kennt oder kennen muss (BGH NJW 1998, 2048 (2049)). Unklarheiten und Widersprüche können sich aus der Darstellung des Mandanten selbst ergeben, aus einer Diskrepanz zu den vorgelegten Dokumenten, zu Informationen Dritter, die im Laufe der Bearbeitung bekannt werden, oder aus allgemeiner Lebenserfahrung.

▶ Beispiel:

155 Wenn die Sachverhaltsschilderung des Mandanten von seinen früheren Aussagen abweicht, zum Beispiel von Angaben, die er direkt nach einem Unfall bei der Polizei gemacht hat, muss dieser Widerspruch geklärt werden. Sollten diese widersprüchlichen Aussagen Dritten (wie einer Versicherung oder einem Gericht) bekannt sein oder werden, ist es wichtig, sie umgehend aufzuklären. Der Grund für die unterschiedlichen Angaben sollte offengelegt werden, um Zweifel an der Glaubwürdigkeit des Mandanten zu vermeiden.

156 (3) Fehlen dem Mandanten relevante Informationen, die von einem Dritten **beschafft** werden müssen, so kann sich der Anwalt nicht auf bloße Nachfragen beschränken, sondern muss ggf. eigene **Nachforschungen** anstellen.

▶ Beispiele:

157 Klassische Beispiele sind das Anfordern von Auskünften beim Einwohnermeldeamt, die Beschaffung alter Versicherungsbedingungen oder Anträge auf Einsicht in gerichtliche und behördliche Akten.

158 (4) Vertrauen darf der Anwalt nur auf ihm mitgeteilte Tatsachen, nicht aber auf **Schlussfolgerungen**, Wertungen oder Ansichten des Mandanten.

Der Anwalt kann grundsätzlich auf Angaben des Mandanten zum Sachverhalt vertrauen, solange er ihre Unrichtigkeit nicht erkennt oder erkennen muss. Dieser Vertrauensgrundsatz gilt nicht, wenn es sich bei den Angaben um rechtliche Wertungen des Mandanten oder Rechtstatsachen handelt; solche Angaben des regelmäßig rechtsunkundigen Mandanten sind unzuverlässig.

Behauptet ein Mandant, der Gegner habe »schuldhaft«, »arglistig« oder »treuwidrig« gehandelt, liegt darin eine rechtliche Wertung, die der Anwalt nicht unkritisch übernehmen darf. Hier bedarf es der Nachfrage, auf welchen Umständen die Wertung beruht, und der eigenständigen Beurteilung, inwieweit die **Schlussfolgerung** zutrifft.

Insbesondere bei der Verwendung von Rechtsbegriffen muss sorgfältig im Einzelfall geprüft werden, inwieweit der dabei vorausgesetzte Sachverhalt vorliegt. 159

▶ Beispiel:

Auch einem juristisch nicht vorgebildeten Mandanten wird davon ausgegangen werden können, dass ein entgeltlicher Eigentumsübergang vereinbart wurde, wenn er von »Kauf« redet. Trägt er vor, er habe sich eine Sache »geliehen«, mag eine Gebrauchsüberlassung anzunehmen sein; ob diese wirklich unentgeltlich war (oder ob nicht doch eine Miete vorlag), ist eher zweifelhaft. Im Vortrag von Begriffen wie »Vorfahrt« oder »Mangel« liegen so viele theoretisch denkbare tatsächliche Geschehensabläufe zugrunde, dass von einem brauchbaren Tatsachenvortrag gar nicht die Rede sein kann. 160

In all diesen Fällen muss der Anwalt um zusätzliche Aufklärung bemüht sein. Regelmäßig wird sich diese in einer Nachfrage beim Mandanten erschöpfen können oder in der Aufforderung an ihn, sich die erforderlichen Informationen zu beschaffen. Inquisitorisches Insistieren ist dabei nicht erforderlich: Ein Mandantengespräch ist keine Beweisaufnahme! 161

b) Art und Weise der Sachverhaltsfeststellung

Die sorgfältige und vollständige Klärung des Sachverhalts ist eine der anspruchsvollsten Aufgaben für einen Anwalt. 162

Die anwaltliche Sachverhaltsermittlung ist deutlich weniger typisiert als z.B. die ärztliche Anamnese. Die Fixierung des relevanten Sachverhaltes ist ein hochkomplexer Vorgang, der sich nicht auf eine schlichte Bestandsaufnahme beschränkt, sondern eine begleitende, laufend angepasste rechtliche Einordnung verlangt. Im Idealfall kommt es zu einem Wechselspiel aus Sachverhaltsdarstellung und Entwicklung der Rechtslage: Der Anwalt ordnet den Sachverhalt Anspruchsgrundlagen und Einwendungen zu, woraus sich z.B. wieder neue Lücken im Sachverhalt ergeben, die durch gezielte Fragen geschlossen werden können. Erfahrung spielt bei diesem Prozess eine mindestens ebenso große Rolle wie juristische Kompetenz und die Fähigkeit zum Zuhören. Ist der Sachverhalt unvollständig oder unrichtig festgestellt, sind nahezu alle späteren Arbeitsschritte des Anwalts zum Scheitern verurteilt.

Da Fehler weitreichende Konsequenzen haben können, sollte die Sachverhaltsermittlung nur mit äußerster Vorsicht delegiert oder standardisiert werden. Eine Standardisierung macht vor allem dann Sinn, wenn sich Lebenssachverhalte stark ähneln, wie dies z.B. in Verkehrsunfallsachen oder in Kündigungsschutzsachen gegeben sein kann. 163

Von Anwalts-Fachverlagen werden für die Sachverhaltsermittlung in typischen Konstellationen Frage- und Erfassungsbögen angeboten.

2. Zeitliche Vorgaben der anwaltlichen Tätigkeit

Zu Beginn des Mandats muss auch der zeitliche Rahmen geklärt werden, der für die anwaltliche Tätigkeit zur Verfügung steht. 164

Die Berücksichtigung zeitlicher Bedingungen gehört zu den grundlegenden anwaltlichen Pflichten.

Verjährungs- und Dringlichkeitsfristen spielen hier eine entscheidende Rolle. Nach wie vor sind Verjährungsprobleme die Ursache für einen erheblichen Teil der Anwaltshaftungsfälle. Kommt ein Mandant »in letzter Minute«, muss der Anwalt sofort und sorgfältig entscheiden, ob er das Mandat annimmt, und falls ja, sofort handeln, um eine eigene Haftung zu vermeiden. Tritt ein Rechtsverlust durch Zeitablauf nach der Übernahme des Mandats ein (etwa weil eine Befassung mit dem Fall in Form von Mandantengespräch oder Rechtsprüfung wegen Überlastung nicht sofort möglich ist), haftet der Anwalt wegen Pflichtverletzung. Das ist eine der Ausprägungen des Prinzips des sichersten Weges (Borgmann NJW 2008, 415 m.w.N.).

165 Zeitliche Anforderungen müssen nicht nur **bei** Übernahme, sondern auch **während der Mandatsbearbeitung** ständig bedacht werden. Häufig ergeben sie sich erst aus der eigenen Tätigkeit, sind schwer feststellbar oder ändern sich.

Ein funktionierendes Fristenmanagement ist daher das Kernelement eines Anwaltsbüros.

Dazu gehört auch, dass Zeitfragen nur in beschränktem Umfang auf nichtjuristisches Personal delegiert werden dürfen. Die Bedeutung solcher Fragen einerseits und die Schwierigkeit ihrer Bestimmung und Wahrung andererseits machen es erforderlich, dass der Anwalt hier selbst tätig wird.

166 Zeitbestimmungen bestehen zum einen in **Terminen**, d.h. Zeitpunkten, zu denen Handlungen vorzunehmen sind.

Termine finden sich oft dort, wo zeitabhängige Rechtsfolgen ohne weiteres Zutun eintreten oder wo mehrere Beteiligte sich zusammenfinden müssen, um Handlungen gemeinsam vorzunehmen. Wichtige Termine sind z.B. der Eintritt der materiellen Fälligkeit oder das Abhalten einer mündlichen Verhandlung vor Gericht (zur Organisation und Verwaltung anwaltlicher Termine Wolf S. 27).

167 Zum anderen bestehen Zeitbestimmungen aus **Fristen**, d.h. Zeiträumen, in denen die Handlungen vorzunehmen sind. Fristen lassen sich nach weiteren Kriterien unterteilen, so etwa vertragliche und gesetzliche Fristen, materielle und prozessuale Fristen oder absolute Fristen, nach deren Ablauf die Rechtsausübung ausgeschlossen ist, und relative Fristen, nach denen z.B. für den Gegner das Recht besteht, die Leistung zu verweigern.

Fristen spielen in allen Bereichen der Rechtsdurchsetzung eine entscheidende Rolle. Sie sind erforderlich, um Rechtsklarheit und Rechtsfrieden zu gewährleisten. Die Grundsätze der Privatautonomie im Privatrecht und der Dispositionsbefugnis im Prozessrecht stellen es dem Rechtsinhaber regelmäßig frei, von einem Recht Gebrauch zu machen oder nicht. Um diese Frage im Interesse anderer Beteiligter nicht dauerhaft offen zu lassen, ist die Geltendmachung des Rechts häufig nur innerhalb einer besonderen Zeitspanne, einer Frist, möglich.

Fristen werden aufgrund ihrer praktischen Bedeutung auch als »Freund Hein des Juristen« bezeichnet. Zutreffend an dem Vergleich ist, dass Fristversäumungen häufig plötzlich und unerwartet zum Rechtsverlust führen, anders als das natürliche Sterberisiko ist das der Fristversäumung aber beherrschbar.

168 Zur Prüfung der im Zusammenhang mit Fristen auftauchenden Probleme empfehlen sich folgende **Fragen**:

– **Läuft** im Zusammenhang mit der Rechtsdurchsetzung irgendeine Frist?

Das Problem insoweit besteht darin, die Frist überhaupt zu erkennen. Fristen können sich aus Gesetz, gerichtlicher Anordnung oder Parteivereinbarung ergeben (§ 186 BGB). Es kann sich um materielle oder prozessuale Fristen handeln. Dazu unten Rdn. 169 ff.

– Wann hat die Frist zu laufen **begonnen**?

Rechtsfristen werden nicht in ihrer natürlichen Länge nach Stunden und Minuten, sondern immer nur nach vollen Kalendertagen berechnet (»Zivilkomputation«), wobei der Ereignistag nur ausnahmsweise mitgerechnet wird (§ 187 Abs. 1, 2 BGB). Die Frist läuft damit nicht zu einer bestimmten Tageszeit, sondern immer am Ende des Tages ab. Dazu unten Rdn. 199 ff.

– Wie **lange** ist die Frist?

Rechtsfristen werden nach Tagen, Wochen, Monaten oder Jahren berechnet. Ihre Dauer ergibt sich aus dem Gesetz, der gerichtlichen Anordnung oder der Parteivereinbarung. Dazu unten Rdn. 204 ff.

– War der Lauf der Frist irgendwann **unterbrochen oder gehemmt**?

Eine gesetzliche Regelung solcher Fristströungen kennt allein das Verjährungsrecht (§§ 203 ff. BGB). Dazu unten Rdn. 187 ff.

– Wann **läuft** die Frist **ab**?

Fristen enden grundsätzlich mit dem Ablauf ihres letzten Tages (§ 188 BGB), d.h. um 23:59 Uhr, nicht erst um 24:00 Uhr (BGH NJW 2007, 2045, 2046). Spezielle Fristberechnungsfragen regeln die

§§ 189 ff. BGB. Besondere Bedeutung kommt dabei § 193 BGB zu, der bei Ablauf der Frist an einem Wochenende oder einem Feiertag den nächsten Werktag an die Stelle des letzten Tags der Frist setzt. Dazu unten Rdn. 216 ff.

– Wenn die Frist noch nicht abgelaufen ist: Wodurch kann sie **gewahrt** werden?

Grundsätzlich wird die Frist durch Vornahme der Handlung bzw. Abgabe der Erklärung gewahrt, einzig für die Wahrung der Verjährung normiert § 204 BGB eine Reihe von Alternativen. Gegebenenfalls kommt eine Verlängerung der Frist durch den Gegner oder das Gericht in Betracht. Dazu unten Rdn. 797 ff.

– Wenn die Frist bereits abgelaufen ist: Kann die Fristversäumung noch **geheilt** werden?

Eine solche Heilung ist bei materiellen Fristen grundsätzlich nicht möglich, die Wiedereinsetzung in den vorigen Stand (§§ 233 ff. ZPO, dazu unten Rdn. 824) ist nur bei bestimmten (nicht bei allen!) prozessualen Fristen möglich.

a) Arten von Fristen

Die rechtliche Überprüfung des Sachverhaltes hat sich zunächst immer der Frage zuzuwenden, ob irgendwelche Fristen zu wahren sind und welche dies sind. Fristen können sich aus einem Vertrag oder dem Gesetz ergeben. Sie können materielle oder prozessuale Fragen betreffen. In ihren Wirkungen können sie zu einem absoluten Rechtsverlust führen oder bloß dem Gegner das Recht einräumen, die Leistung zu verweigern. Fristversäumungen können endgültig oder mit Rechtsbehelfen noch heilbar sein. 169

Zur **Systematisierung** der Suche nach möglicherweise zu berücksichtigenden Fristen bietet sich die Differenzierung nach den Quellen der Frist an. Fristen, die der Anwalt zu prüfen hat, können sich unmittelbar aus dem Gesetz, aus einer gerichtlichen Anordnung oder aus einer privatrechtlichen Vereinbarung ergeben. 170

Besondere Probleme bei der Feststellung laufender Fristen ergeben sich, wenn verschiedene Fristen miteinander konkurrieren und/oder schwer voneinander abzugrenzen sind. 171

(1) **Vertraglich vereinbarte Fristen** sind anwaltlich besonders schwer feststellbar. Sie bedürfen regelmäßig einer intensiven Aufarbeitung des Sachverhalts. 172

Fristen können **Bestandteil der ursprünglichen Parteiabreden** sein. Hier finden sie sich regelmäßig in Allgemeinen Geschäftsbedingungen. 173

▶ Beispiel:

Praktisch wichtiger Anwendungsfall sind die Allgemeinen Versicherungsbedingungen im Privatversicherungsrecht. Diese enthalten auch nach Wegfall der gesetzlichen Klagefrist aus § 12 Abs. 3 VVG a.F. zahlreiche Fristen, die bei der Geltendmachung versicherungsrechtlicher Ansprüche zu beachten sind. So bestimmt etwa Nr. 2.1.1.1. AUB 2000/08, dass eine Invalidität innerhalb von 15 Monaten nach dem Unfall ärztlich festgestellt sein muss. Nach § 4 IIIb ARB 2000/08 kann der Anspruch auf Erstattung von Kosten aus der Rechtsschutzversicherung nur innerhalb von 3 Jahren nach Beendigung des Versicherungsschutzes geltend gemacht werden. § 1 IV BB-BUZ 2008 bestimmt, dass ein Anspruch auf Leistungen aus der Berufsunfähigkeitsversicherung erst ab dem Monat der Schadensanzeige besteht. 174

Praktisch schwierig kann es dabei nicht nur sein, die ursprünglich vereinbarten Versicherungsbedingungen vom Mandanten zu erhalten, sondern auch, zu prüfen, ob diese aktuell noch gelten oder im Rahmen einer Abänderungsvereinbarung durch spätere Fassungen der AVB ersetzt wurden.

Auf versicherungsvertragliche Ausschlussfristen für die Geltendmachung von Invaliditätsleistungen muss der Rechtsanwalt auch dann hinweisen, wenn er keinerlei Kenntnis vom Vorliegen von Dauerschäden beim Mandanten hat. Die Übersendung eines Merkblatts des Versicherers, das auf die Ausschlussfrist hinweist, entbindet den Rechtsanwalt nicht von seiner Hinweispflicht gegenüber dem Mandanten (OLG Karlsruhe NJW 2010, 1760).

175 Vertragliche Fristen können sich auf materielle oder auf prozessuale Rechte beziehen.

So gehört zu den vertraglich vereinbarten Fristen etwa auch die Frist zum Widerruf eines gerichtlich geschlossenen Vergleichs.

176 Nimmt man zu den vertraglichen Fristen auch diejenigen, die eine Partei der anderen setzen kann bzw. vor Geltendmachung eines Anspruchs setzen muss, so stehen dabei die **Nachfristsetzungen** des kauf- und werkvertraglichen Gewährleistungsrechts (§§ 281, 323 BGB) im Vordergrund.

Will der Verkäufer bzw. Werkunternehmer seine Verpflichtung aus einem Vertrag durch Erbringung der vereinbarten Leistung erfüllen, so muss er dies innerhalb der vom Käufer bzw. Besteller gesetzten Frist tun. Nach Ablauf der Frist läuft er Gefahr, dass der Gegner vom Vertrag zurücktritt, den vereinbarten Preis mindert oder Schadensersatz verlangt.

Materiell-rechtliche Fristsetzungen durch eine Partei sind darüber hinaus in einer Vielzahl von Fällen erforderlich bzw. möglich z.B. nach §§ 108, 148, 250 BGB.

177 Ist der Mandant vom Gläubiger einer fälligen Forderung bereits gemahnt worden, so ist **Verzug** eingetreten, die Frist für eine Erfüllung der Verbindlichkeit ohne die besonderen zusätzlichen Verzugsfolgen verstrichen.

178 Bei den vertraglichen Fristen handelt es sich grundsätzlich um Ausschlussfristen, ihre Versäumung ist nachträglich nicht mehr zu heilen. Ausnahmsweise können aber auch **Verjährungsfristen** vereinbart werden (§ 202 BGB). Dann richten sich die Rechtsfolgen einer Fristversäumung nach §§ 214 ff. BGB.

Dabei ist die Befugnis der Parteien, die gesetzlichen Verjährungsregelungen zu verlängern oder zu verkürzen, nur bei extremen Abweichungen beschränkt (§§ 202, 307, 309 Nr. 8 lit. b ee) und ff), 475 Abs. 2 BGB).

179 (2) Einfacher ist häufig das Erkennen **gerichtlicher Fristen**. Diese setzen regelmäßig eine förmliche Zustellung voraus (§ 221 ZPO), die kaum zu übersehen ist.

▶ Beispiel:

Das Gericht kann Fristen für die Klagebegründung nach Mahnbescheid (§ 697 ZPO), für die Klageerwiderung (§§ 275 ff. ZPO), für die Beibringung von Beweismitteln (§ 356 ZPO) oder für die Abgabe von Erklärungen im Allgemeinen (§ 283 ZPO) setzen.

180 (3) **Gesetzliche Fristen** aus dem materiellen Recht betreffen praktisch vor allem die Verjährung von Ansprüchen, kommen aber auch vielfältig als Ausschlussfristen für die Geltendmachung sonstiger Rechte in Betracht. Gesetzliche Fristen aus dem Prozessrecht beschränken die Geltendmachung von Angriffs- und Verteidigungsmitteln durch die Parteien.

Echte **Klagefristen** sind selten geworden. Für arbeitsrechtliche Kündigungsschutzklagen ist § 4 Satz 1 KSchG zu beachten (LAG Köln NJW 2006, 1694). Der hier ehemals besonders wichtige § 12 Abs. 3 VVG a.F. (Klagefrist für Versicherungsansprüche) wurde ersatzlos abgeschafft, weiterhin Geltung haben zahlreiche Fristen in den Versicherungsbedingungen. Auch die sich früher aus § 847 BGB a.F. ergebende Notwendigkeit, Schmerzensgeldansprüche vor dem Versterben rechtshängig zu machen, besteht nicht mehr.

181 Auf die praktisch wichtigsten gesetzlichen Fristen soll nachfolgend besonders eingegangen werden.

aa) Verjährungsfrist

182 Die Verjährung regelt die besonderen Schwierigkeiten, die bei der Geltendmachung von oder der Verteidigung gegen Ansprüche allein durch den Zeitablauf entstehen. Nach Ablauf der Verjährungsfrist kann der Schuldner die Erfüllung eines Anspruchs verweigern (§ 214 BGB).

Das vorliegende Werk erlaubt keine umfassende Darstellung des Verjährungsrechts. Hingewiesen werden soll allein auf einige wenige, in der Praxis häufig anzutreffende Fehler.

183 Die **regelmäßige Dauer der Verjährung** beträgt drei Jahre (§ 195 BGB) und beginnt mit dem Schluss des Jahres, in dem der Anspruch entstanden (= fällig geworden) ist und der Gläubiger Kenntnis von den anspruchsbegründenden Umständen erlangt hat (§ 199 Abs. 1 BGB).

Der Regelverjährung unterfallen insbesondere schuldrechtliche Ansprüche, also vertragliche Erfüllungsansprüche, deliktische und vertragliche Schadensersatzansprüche, Bereicherungsansprüche oder Ansprüche aus Geschäftsführung ohne Auftrag. Der Regelverjährung unterfallen auch Ansprüche aus Nebengesetzen, soweit diese keine Sonderregelung enthalten. Durch das Gesetz zur Anpassung von Verjährungsvorschriften wurden zahlreiche solcher früher existierenden Sonderregelungen abgeschafft.

Der sorgfältigen Prüfung bedarf schon die Frage, wann der Anspruch fällig geworden ist (dies ist keineswegs immer sofort der Fall, § 271 BGB). Häufig noch größere praktische Probleme bereitet die Frage, wann Kenntnis des Gläubigers eingetreten ist oder hätte eintreten müssen.

Liegen zwischen Entstehung des Anspruchs und Kenntnis mehr als sieben Jahre, lohnt eine Prüfung der Deckelungsfristen aus § 199 Abs. 2, 3 BGB.

Nicht für alle Ansprüche ist die gesetzliche Drei-Jahres-Frist angemessen. Im allgemeinen Verjährungsrecht selbst vorgesehen sind **besondere Verjährungsfristen** von 184
- zehn Jahren für Ansprüche aus Rechten an einem Grundstück (§ 196 BGB);
- dreißig Jahren für Herausgabeansprüche aus dinglichen Rechten sowie für titulierte Ansprüche (§ 197 Abs. 1 BGB).

Die Ausnahmefristen **beginnen** regelmäßig nicht erst mit dem Schluss des Jahres, in dem der Gläubiger Kenntnis von dem Anspruch erlangt hat. Gewährleistungsfristen beginnen regelmäßig mit der Lieferung der Sache bzw. Abnahme des Werks (§§ 438 Abs. 2, 634a Abs. 2 BGB), sonstige Ansprüche mit der Entstehung des Anspruchs (§§ 200, 201 BGB). 185

Sonderregelungen der Verjährung gelten auch beim Gewährleistungsrecht von Kauf- und Werkvertrag (§§ 438, 634a, 651g Abs. 2 BGB). Außerhalb der §§ 194 ff. BGB finden sich besondere Verjährungsfristen in den §§ 548, 591b, 606, 1057, 1226 (6 Monate), §§ 479, 801 (2 Jahre), §§ 1378, 2332 (3 Jahre), § 804 (4 Jahre) und § 852 BGB (10 bzw. 30 Jahre).

Auch zahlreiche Gesetze außerhalb des BGB enthalten Sonderfristen. Beispiele hierfür finden sich vor allem im Bereich des Handels- und Gesellschaftsrechts.

Die Parteien können von den gesetzlichen Fristen abweichen, wenn sie etwas anderes vereinbaren. 186

Besondere Umstände während des Laufs der Verjährungsfrist können dazu führen, dass diese ausgesetzt wird. Nur ausnahmsweise beginnt dabei mit dem Ende des Umstands die Verjährungsfrist **neu** zu laufen (§ 212 BGB). Regelmäßig wird der Lauf der Frist nur vorübergehend **gehemmt**, sodass die Frist nach Beendigung der Störung unter Beibehaltung der bereits verstrichenen Frist weiterläuft (§ 209 BGB). 187

Störungen im Ablauf der Verjährungsfrist bewirken grundsätzlich (nur) eine Hemmung, ein Neubeginn der kompletten Verjährungsfrist tritt nur ganz ausnahmsweise ein. Besondere Bedeutung unter den Hemmungstatbeständen kommt § 203 BGB zu, nach dem die Verjährungsfrist nicht läuft, solange Verhandlungen zwischen den Parteien geführt werden. Tatsächliche Probleme ergeben sich dabei häufig bezüglich der Frage, welches Verhalten der Parteien als »Verhandlung« anzusehen ist (BGH NJW 2007, 587 Rn. 10) und wie lange diese Verhandlungen andauern (OLG Koblenz BB 2006, 629).

Nur in den Fällen des § 212 BGB beginnt die Verjährungsfrist vollkommen neu zu laufen. Praxisrelevant ist hierbei der »Neubeginn der Verjährung« aufgrund Anerkenntnishandlungen des Schuldners gegenüber dem Gläubiger (BGH WM 2007 Heft 42, 1982), wobei es auch hier im Einzelfall sorgfältiger Prüfung bedarf, welche Handlungen als Anerkenntnis zu werten sind (Teilzahlung?).

bb) Sonstige materielle Fristen

Das materielle Recht kennt neben der Verjährung zahlreiche weitere Fristen, von denen die Rechtsausübung abhängig ist. Deren vollständige Darstellung ist im vorliegenden Zusammenhang nicht möglich. Zu den wichtigsten gesetzlichen Fristen aus dem materiellen Recht gehören: 188
- die Frist zur **Annahme eines Antrags** (§§ 147 f. BGB); spezielle Fristen gibt es für die Annahme einer Schenkung (§ 516 BGB);
- die Frist zur **Ausübung eines Vorkaufsrechts** (§ 469 BGB);

- die Frist zur **Geltendmachung von Ansprüchen** aus Reisemängeln (§ 651g Abs. 1 BGB: einen Monat ab Reiseende) oder aus Besitzschutzansprüchen wegen verbotener Eigenmacht (§ 864 Abs. 1 BGB: ein Jahr);
- die Frist zum **Widerruf** aufgrund von Verbraucherschutzvorschriften (§§ 350, 355 BGB) oder aus sonstigem Grund (§ 658 BGB);
- die Frist zur **Anfechtung** einer Willenserklärung, die wegen Irrtums unverzüglich, spätestens binnen zehn Jahren, wegen arglistiger Täuschung binnen eines Jahres erfolgen muss (§§ 121, 124 BGB); spezielle Fristen laufen für die Anfechtung familien- (§§ 1600b, 1317 BGB) oder erbrechtlicher Erklärungen (§§ 1954, 2340, 2283, 2082 f. BGB);
- die Frist zur **Kündigung** von Dauerschuldverhältnissen (§§ 314, 573c, 575a, 576, 580a, 594a, 621 ff. BGB);
- die Frist zur **Ausschlagung** einer Erbschaft (§§ 1943, 1944, 2306 BGB).

189 Sieht das materielle Recht besondere Fristen zur Geltendmachung eines Rechts nicht vor, können sich zeitliche Grenzen dafür aus allgemeinen Grundsätzen, insbesondere aus dem Prinzip von Treu und Glauben, ergeben (**Verwirkung**).

190 Während Verjährungsfristen nach ihrem Verstreichen nur zu einem Leistungsverweigerungsrecht des Schuldners führen, welches dieser nicht ausüben muss, sodass eine Rechtsdurchsetzung auch nach Fristablauf (wenn auch nur in Ausnahmefällen) noch möglich ist, handelt es sich bei den übrigen Fristen des BGB regelmäßig um **Ausschlussfristen**. Mit deren Ablauf geht das Recht unter, die Handlung kann nicht mehr vorgenommen werden.

Eine Möglichkeit zur Heilung der Versäumung einer solchen Frist gibt es nicht. Insbesondere kommt die Wiedereinsetzung in den vorigen Stand nicht (auch nicht analog) in Betracht. Der Rechtsverlust ist endgültig und unwiderruflich.

cc) Prozessuale Frist

191 Gesetzliche Fristen aus dem Prozessrecht beschränken die Geltendmachung von Angriffs- und Verteidigungsmitteln durch die Parteien.

Solche Fristen laufen insbesondere für die Anzeige der Verteidigungsbereitschaft im schriftlichen Vorverfahren (§ 276 ZPO) sowie die Einlegung und Begründung von Rechtsmitteln (§§ 517, 520, 548, 551, 569, 575 ZPO) oder sonstigen Rechtsbehelfen (§§ 339, 233, 320 f. ZPO). Sie sind nicht immer exakt vorgegeben, sondern manchmal auch generalklauselartig allgemein gehalten, so etwa die Frist für den Vortrag in der mündlichen Verhandlung (§ 282 ZPO) oder das Geltendmachen von Angriffs- und Verteidigungsmittel allgemein (§ 296 ZPO).

192 Prozessuale Fristen richten sich in der Regel an die Parteien. Insoweit spricht man von den »**eigentlichen Fristen**«, für die die §§ 221 ff. ZPO uneingeschränkt gelten.

»Uneigentliche Fristen«, die für Prozesshandlungen des Gerichts laufen (z.B. in den §§ 234 Abs. 3, 315 Abs. 2 Satz 1, 320 Abs. 2 Satz 3, 586 Abs. 2 Satz 2 ZPO), sind für den Anwalt nur ausnahmsweise von Bedeutung. Für diese gelten die §§ 221 ff. ZPO nicht (mit Ausnahme der Berechnungsvorschrift des § 222 ZPO i.V.m. den §§ 187 ff. BGB).

193 Der **Lauf** prozessualer Fristen kann aus dem Gesetz oder aus richterlicher Anordnung folgen.

Bei den gesetzlichen Fristen sind Beginn und Dauer im Gesetz vorgeschrieben. Abkürzungen oder Verlängerungen solcher Fristen kommen nur in Betracht, wo sie im Gesetz ausdrücklich zugelassen sind (z.B. in § 134 Abs. 2 ZPO). Bei den richterlichen Fristen stehen Beginn und Dauer im freien Ermessen des Gerichts (so bei der Schriftsatznachlassfrist, § 283 ZPO, oder der Frist zur Behebung eines Beweishindernisses, § 356 ZPO); Abkürzungen oder Verlängerungen sind hier nach Maßgabe der §§ 224 Abs. 2, 226 ZPO jederzeit möglich.

194 Sonderregeln enthält die ZPO für sog. **Notfristen**.

Das sind nur diejenigen, die im Gesetz ausdrücklich als solche bezeichnet sind (nur die §§ 104 Abs. 3 Satz 2, 107 Abs. 3, 276 Abs. 1 Satz 1, 339 Abs. 1, 2, 516, 552, 577 Abs. 2 Satz 1, 586 Abs. 1, 958 Abs. 1

Satz 1 ZPO). Diese laufen auch bei Ruhen des Verfahrens weiter, lassen dafür im Gegenzug – anders als die anderen Fristen – bei Versäumung eine Wiedereinsetzung in den vorigen Stand zu (§§ 251, 224 Abs. 1, 187 Satz 2, 233 ZPO).

Die **Berechnung** der Fristen erfolgt nach § 222 ZPO, §§ 187 ff. BGB. 195

Fristen beginnen nach § 187 Abs. 1 BGB mit dem im Gesetz bzw. in der richterlichen Anordnung beschriebenen Ereignis (häufig mit Zustellung der Entscheidung bzw. Fristanordnung), wobei dieser Tag für die Fristberechnung nicht mitzuzählen ist. Fristen können abweichend von §§ 186 ff. BGB (insbesondere in Eilverfahren) auch nach Stunden bemessen werden (§ 222 Abs. 3 ZPO).

Abkürzungen oder **Verlängerungen** der Fristen sind möglich durch Vereinbarung der Parteien oder – 196
auf Antrag einer Partei – durch das Gericht (§ 224 ZPO).

Dies gilt nur für Notfristen nicht. Im Übrigen dazu unten Rdn. 1515.

Gewahrt wird die Frist durch Vornahme der Prozesshandlung, regelmäßig dem Gericht gegenüber. 197

Bei schriftsätzlich vorzunehmenden Prozesshandlungen ist damit der Eingang bei Gericht entscheidend, wofür der Eingangsstempel (widerleglichen) Beweis erbringt. Der Eingang bei einer gemeinsamen Briefeingangsstelle verschiedener Justizbehörden ist nicht fristwahrend, wenn das Schreiben an die falsche Behörde adressiert ist. Elektronisch übermittelte Dokumente sind mit der Speicherung auf der Empfangseinheit des Gerichts eingegangen. Als Beweis hierfür steht die automatisiert erstellte Eingangsbestätigung zur Verfügung (§ 130a Abs. 5 ZPO). Im Übrigen dazu unten Rdn. 744.

Die **Versäumung** von Fristen im Prozess hat unterschiedliche Folgen: 198

- Die Versäumung rechtzeitigen Vortrags von Angriffs- und Verteidigungsmitteln führt unter den Voraussetzungen des § 296 ZPO zur Nichtbeachtung des Vortrags, kann aber durch genügende Entschuldigung oder sonstige Prozessstrategien verhindert werden.

  Dazu unten Rdn. 1477 ff.

- Für die Versäumung von prozessualen Fristen sieht das Gesetz in einigen Fällen spezielle Folgen vor, so etwa Kostennachteile nach (§§ 97 Abs. 2, 344 ZPO), die Fiktion ungünstiger (§§ 138 Abs. 3, 267, 269 Abs. 2 Satz 4 ZPO) oder die Schaffung sonst nicht gegebener Prozesslagen (§ 39 ZPO).
- Die Versäumung absoluter prozessualer Fristen – als solche bezeichnet man die in § 233 ZPO genannten Fristen, deren Versäumung zum unmittelbaren Prozessverlust führt (Schafft/Schmidt MDR 2001, 436, 437) – hat zur allgemeinen Folge, dass die Partei mit der entsprechenden Prozesshandlung ausgeschlossen ist (§ 230 ZPO). Warum es zu dieser Fristversäumung gekommen ist und ob diese schuldhaft erfolgte, ist dabei unbeachtlich (§ 231 Abs. 1 ZPO). Um hier unzuträgliche Rechtsfolgen zu vermeiden, sieht das Gesetz als Rechtsbehelf gegen die Versäumung solcher Fristen ein eigenes Institut vor: Ist eine absolute Frist schuldlos versäumt worden, kann die Partei verlangen, wieder so gestellt zu werden, wie sie vor Verstreichen dieser Frist prozessual stand (Wiedereinsetzung in den vorigen Stand: §§ 233 ff. ZPO).

  Dazu unten Rdn. 823.

b) Beginn der Frist

Der Beginn einer Frist hängt regelmäßig von einem **Ereignis** ab. Dies kann der Zugang einer Wil- 199
lenserklärung sein, der Eintritt einer bestimmten Kenntnis oder auch ein sonstiges Geschehen, das zunächst niemandem bekannt wird. Prozessuale Fristen beginnen regelmäßig mit der Zustellung eines Schriftstücks (z.B. einer Entscheidung), bei richterlichen Fristen mit Zustellung des Schriftstücks, in dem die Frist festgesetzt wird (§ 221 ZPO).

Praktisch wichtig ist es, den Eintritt dieses Ereignisses tatsächlich zweifelsfrei **festzustellen.** Riskant 200
(und damit regressträchtig) ist es, sich dabei auf Dritte zu verlassen. Bloße mündliche Angaben des Mandanten oder eines Korrespondenzanwalts können richtig sein, müssen dies aber nicht. Sicherer ist es stets, solche Angaben nach Möglichkeit zu verifizieren, beim Gericht oder beim Gegner nach-

zufragen, objektive Erkenntnisquellen (Zustellungsurkunden) zu nutzen oder sich zu vergewissern, welche Beweismöglichkeiten erforderlichenfalls zur Verfügung stehen.

201 Besteht das fristauslösende Ereignis in einer **Zustellung**, so beginnt die Frist nur, wenn die Zustellung wirksam war. Der Wirksamkeit der Zustellung können zahlreiche Mängel entgegenstehen.

Erforderlich ist dabei grundsätzlich eine förmliche Zustellung; die bloß formlose Übersendung einer Mitteilung der Geschäftsstelle genügt nicht. Zu möglichen Zustellungsmängeln unten Rdn. 1500. Zustellungsmängel können allerdings durch den faktischen Zugang geheilt werden (§ 189 ZPO), wobei der Zugang des zuzustellenden Originals nicht erforderlich ist, vielmehr bereits der Zugang einer Kopie ausreicht (BGH WM 2021 Heft 10, 504).

202 Ein klassisches Problem in diesem Zusammenhang betrifft die Frage nach dem **Zeitpunkt** einer Zustellung. Während diese bei Zustellung gegen Zustellungsurkunde mit dem Zeitpunkt der tatsächlichen Übergabe (oder bei der Ersatzzustellung des entsprechenden Surrogats) wirksam wird, ist eine wirksame Zustellung gegen Empfangsbekenntnis nicht schon mit dem Eingang des Schriftstücks in der Kanzlei erfolgt, sondern erst dann, wenn der Anwalt es mit dem Willen, es als zugestellt anzusehen, zur Kenntnis nimmt (BVerfG NJW 2001, 1563). Fehlerhaft ist es deswegen, wenn die Zustellung bereits mit dem Eingang bestätigt wird.

Wird eine Zustellung durch ein Versehen des Gerichts mehrfach bewirkt, ändert eine Folgezustellung nichts daran, dass die Frist bereits mit der ersten (wirksamen) Zustellung in Gang gesetzt wurde (BGH NJW 2011, 522).

▶ Praxistipp:

203 Durch eine geeignete Büroorganisation sollte sichergestellt sein, dass eine Zustellung nicht bereits mit Eingang des zuzustellenden Schriftstücks in die Kanzlei bestätigt wird, sondern erst, wenn der sachbearbeitende Anwalt es mit dem Willen, es als zugestellt anzusehen, zur Kenntnis genommen hat. Dies gilt auch für das elektronische Empfangsbekenntnis (Müller NJW 2017, 2713).

Sowohl das schriftliche (§ 175 ZPO) als auch das elektronische Empfangsbekenntnis (§ 173 Abs. 3 ZPO) begründen vollen Beweis für die Zustellung und den Zustellungszeitpunkt. Verbreitet wird die Beweiskraft aus der an sich nur für öffentliche Urkunden geltenden Vorschrift des § 418 ZPO hergeleitet (BVerfG NJW 1994, 535; BGH NJW 2007, 600, 601). Soll der Inhalt des Empfangsbekenntnisses widerlegt werden, muss der Anwalt den vollen Beweis des Gegenteils führen (BGH MDR 2012, 798; BGH NJW 2006, 1206), an den die Praxis (nicht immer zu Recht: BGH NJW 2009, 855) strenge Anforderungen stellt und der deswegen nur selten gelingt.

Die mit dem Abstellen auf den Kenntnisnahmewillen des Anwalts verbundene Gefahr einer Manipulation des Zustellungszeitpunkts durch unredliche Anwälte (»selbst gewährte Fristverlängerung«) nimmt die h.M. hin. Hat das Gericht (z.B. wegen wiederholter offensichtlich verspäteter Kenntnisnahme) Zweifel an der Redlichkeit des Anwalts, kann es künftige Zustellungen an ihn mit Zustellungsurkunde bewirken und ihm damit die Privilegierungen des § 175 ZPO entziehen.

204 Für den Fristbeginn (auch bei prozessualen Fristen: § 222 ZPO) stellt § 187 BGB nicht auf den genauen Zeitpunkt des Ereignisses ab, sondern rechnet den Tag, in den das Ereignis fällt, nicht mit, und lässt die Frist erst mit dem nächsten Tag beginnen (»**Zivilkomputation**«). Die Regelverjährungsfrist beginnt nicht bereits mit dem Ereignis, an das sie anknüpft (Fälligkeit des Anspruchs und Kenntnis des Gläubigers), sondern erst mit dem Schluss des Jahres, in den das Ereignis fällt (»**Ultimoverjährung**«, § 199 BGB).

c) Länge der Frist

205 Praktisch relevante Fristen können Tage, Wochen, Monate oder Jahre dauern. Richterliche Fristen werden zur Vermeidung von Missverständnissen oder Berechnungsproblemen regelmäßig »bis« zu einem benannten Datum gesetzt, auch dann, wenn sich daraus keine vollen Wochen oder Monate ergeben.

Typische Fehlerquellen anwaltlicher Tätigkeit ergeben sich hier aus dem Übersehen gesetzlicher Friständerungen, aus der Unkenntnis gesetzlicher Sonderfälle oder der unsorgfältigen Kenntnisnahme gerichtlicher Fristsetzungen. 206

▶ Beispiele:

Die mit der Schuldrechtsmodernisierung im Jahr 2002 eingeführte dreißigjährige Verjährungsfrist für familien- und erbrechtliche Ansprüche wurde durch Gesetz vom 24.09.2009 (BGBl. I, S. 3142) mit Wirkung vom 01.01.2010 zugunsten der allgemeinen dreijährigen Verjährungsfrist aufgegeben. 207

Während für die Einlegung der sofortigen Beschwerde grundsätzlich zwei Wochen zur Verfügung stehen (§ 569 ZPO), beträgt diese Frist bei der sofortigen Beschwerde gegen Prozesskostenhilfebeschlüsse einen Monat (§ 127 Abs. 2 Satz 3 ZPO).

Die zweiwöchige Frist zur Beantragung der Wiedereinsetzung in den vorigen Stand gegen die Versäumung von Fristen ist auf einen Monat verlängert, wenn eine Rechtsmittelbegründungsfrist versäumt wurde (§ 234 Abs. 1 Satz 2 ZPO).

Der **Fristenlauf** kann in vielfacher Form **gestört** sein. Verjährungsfristen können in ihrem Lauf gehemmt sein (§§ 203 ff. BGB) oder nach einer Unterbrechung neu in Gang gesetzt worden sein (§ 212 BGB). Prozessuale Fristen beginnen nicht, wenn das Verfahren unterbrochen (§§ 239 ff. ZPO) oder ausgesetzt (§§ 246 ff. ZPO) ist, eine bereits in Gang gesetzte prozessuale Frist stoppt in diesen Fällen und beginnt nach Beendigung der Unterbrechung oder Aussetzung neu zu laufen (§ 249 Abs. 1 ZPO). 208

Rücksicht auf typische Abwesenheitszeiten wie in den Sommermonaten wird bei keiner Frist genommen, die früheren Gerichtsferien (die den Lauf vieler Fristen hinderten) sind abgeschafft.

Bei einer **Fristverlängerung** (sei es durch das Gericht, sei es bei vertraglichen Fristen durch den Gegner) wird die neue Frist von dem Ablauf der vorigen Frist an berechnet, sofern nicht etwas anderes vereinbart oder vom Gericht bestimmt wurde (§ 224 Abs. 3 ZPO). 209

Erfolgte die Fristverlängerung bis zu einem datumsmäßig genannten Zeitpunkt (»bis zum 15.11.«), erübrigt sich diese Berechnung. Wird die Frist um einen bestimmten Zeitraum verlängert (»um einen Monat«) und fällt der letzte Tag der ursprünglichen Frist auf einen Sonntag, einen allgemeinen Feiertag (an dem Ort, an dem der Widerruf zu erklären ist, d.h. am Gerichtsstand, nicht am Ort der Kanzlei: BGH MDR 2012, 301) oder einen Sonnabend, so beginnt der verlängerte Teil jedenfalls einer prozessualen Frist erst mit dem Ablauf des nächstfolgenden Werktages (§§ 222 Abs. 2, 224 Abs. 3 ZPO; BGHZ 21, 43, 44; BGH NJW 2006, 700; BGH NJW-RR 2010, 211).

Zu beachten ist, dass prozessuale Notfristen nicht verlängert werden können (§ 224 Abs. 2 ZPO; zum Antrag auf Fristverlängerung unten Rdn. 1515).

Schwierig ist die Bestimmung der Dauer einer Frist auch, wenn sich mehrere **Fristen überlagern**. Ist dies der Fall, weil der Gesetzgeber gesetzliche Fristen verlängert oder verkürzt hat, so ergibt sich die »richtige« Frist aus den Übergangsvorschriften des Änderungsgesetzes. Manchmal laufen gesetzliche Fristen parallel und konkurrieren miteinander. 210

▶ Beispiele:

Die nach der Verkürzung der Verjährung von erb- und familienrechtlichen Ansprüchen von dreißig auf drei Jahre zum 01.01.2010 anzuwendenden Verjährungsregeln ergeben sich aus Art. 229 § 23 EGBGB. 211

Unabhängig von der Regelverjährungsfrist mit ihrem subjektiven Fristbeginn (Kenntnis des Gläubigers, § 199 Abs. 1 BGB) laufen »Deckelungsverjährungsfristen« mit einem objektiven Fristbeginn und stellen zugunsten des Schuldners sicher, dass sich der Beginn der Verjährungsfrist nicht endlos lange hinauszieht und nach 10 bzw. 30 Jahren verlässlich Verjährung eingetreten ist (§ 199 Abs. 2, 3 BGB). In diesen Fällen tritt Verjährung mit Ablauf der zuerst vollendeten Frist ein (§ 199 Abs. 2 Satz 2 BGB).

d) Ende der Frist

212 Das Ende der Frist regelt § 188 BGB.

213 – Tagesfristen enden mit Ablauf des letzten Tages der Frist.

▶ Beispiel:

Eine dreitägige Ladungsfrist, deren Anordnung der Partei am Montag zugestellt wurde, endet mit Ablauf des Donnerstags.

214 – Wochenfristen enden mit Ablauf des Wochentages, in den das fristauslösende Ereignis fiel.

▶ Beispiel

Die zweiwöchige Frist zur Einlegung eines Einspruchs gegen ein am Dienstag zugestelltes Versäumnisurteil endet mit Ablauf des Dienstags der übernächsten Woche.

215 – Monats- **und Jahresfristen** enden mit Ablauf des Monatstages, der dem Datum des Tages entspricht, in den das Ereignis fiel. Fehlt dieser Tag im Endmonat, tritt an seine Stelle der letzte Tag dieses Monats (§ 188 Abs. 3 BGB).

▶ Beispiel:

Wurde das Urteil am 13.01. zugestellt, endet die einmonatige Berufungsfrist mit Ablauf des 13.02.

Wurde das Urteil am 31.01. zugestellt, endet die einmonatige Berufungsfrist mit Ablauf des 28.02.

216 Fällt der letzte Tag der Frist auf einen Samstag, **Sonntag** oder (im Bundesland, in dem die Frist gewahrt werden muss) gesetzlichen Feiertag, so endet die Frist mit Ablauf des nächsten Werktags (§ 193 BGB).

Das gilt auch dann, wenn eine richterliche Frist bis zu einem datumsmäßig bestimmten Tag gesetzt war und dieser auf einen Samstag, Sonntag oder Feiertag fällt (Zöller/Feskorn § 222 Rn. 1).

▶ Beispiel:

217 Wurde die Frist bis zum 05.02. gesetzt und fällt dieser Tag auf einen Samstag, so endet die Frist erst mit Ablauf des Montags (07.02.).

Insbesondere die Prüfung des gesetzlichen Feiertags bedarf besonderer Sorgfalt, weil Feiertage in den einzelnen Bundesländern recht unterschiedlich gelten (OLG Frankfurt a. M. NJW 2004, 3795: Fronleichnam). Gesetzlicher Feiertag muss der Tag an dem Ort des Gerichts sein; ob er dies auch am Ort der Anwaltskanzlei ist, spielt keine Rolle (BGH MDR 2012, 301). Keine gesetzlichen Feiertage (und auch nicht als solche behandelt werden) sind Heiligabend und Silvester (24. und 31.12.).

Keinen Einfluss auf den Lauf einer Frist hat es, wenn in diese einzelne oder mehrere Wochenenden oder Feiertage fallen, solange nur der letzte Tag der Frist kein solcher Tag ist.

218 Praktisches Fristende ist **23:59 Uhr** des letzten Tages der Frist, nicht 24:00 Uhr, weil die Fristwahrung vor Ablauf der Frist erfolgen muss.

Druckt das Faxgerät des Gerichtes einen Sendebericht aus, in dem als Eingang eines fristwahrenden Faxes »24:00 Uhr« oder »00:00 Uhr« des Folgetages angegeben ist, so ist die Frist versäumt (BGH NJW 2007, 2045)!

e) Überwachung und Wahrung der Frist

Hat der Anwalt den Lauf einer Frist korrekt festgestellt, so muss er seine Tätigkeit danach ausrichten, muss sicherstellen, dass die zur Wahrung der Frist erforderlichen Tätigkeiten rechtzeitig vor Ablauf der Frist vorgenommen werden. Dies ist nicht mehr Teil der Feststellung der Ausgangssituation des Mandats, sondern gehört zu den vom Anwalt zu erbringenden prozessvorbereitenden Maßnahmen und soll deswegen im Zusammenhang damit (unten Rdn. 766 ff.) dargestellt werden. 219

IV. Die Rechtsprüfung

Kern der vorprozessualen anwaltlichen Dienstleistung ist die Pflicht zur »**gewissenhaften Prüfung der Rechtslage**«, die sich aus dem mithilfe der Mandanteninformationen fixierten Sachverhalt ergibt. 220

Der Anwalt muss den vom Mandanten geschilderten Sachverhalt daraufhin prüfen, ob er geeignet ist, den vom Auftraggeber erstrebten Erfolg herbeizuführen (Borgmann NJW 2020, 3567, 3569).

1. Anforderungen an die Rechtsprüfung

Die Rechtsprüfung soll nicht abstrakten, wissenschaftlichen Fragen dienen, sondern einem konkreten, praktischen Zweck: die Erfolgsaussichten eines ins Auge gefassten Vorgehens zu bestimmen. Soll ein Prozess geführt werden, so ist zu prüfen, ob die im Instanzenzug zuständigen Gerichte dem eigenen Begehr stattgeben werden. Da Gerichte in der Regel höchstrichterlichen und obergerichtlichen Auffassungen folgen, darf sich die Rechtsprüfung nicht auf eine freie Gesetzesinterpretation beschränken, sondern muss eine **rechtsprechungskonforme Auslegung** zugrunde legen. 221

Die Kenntnis der einschlägigen **Rechtsnormen** wird dem Anwalt ohne jede Einschränkung abverlangt. Er muss Gesetze auch dann umfassend und vollständig kennen, wenn sie abgelegenen Rechtsgebieten entstammen, neu sind oder ihre Anwendung auf den konkreten Sachverhalt fernliegt. 222

Rechtsprüfung und Rechtsberatung setzen zwingend die Kenntnis der einschlägigen Rechtsnormen voraus, zu denen auch die auf der Grundlage von Bundesgesetzen erlassenen Rechtsverordnungen gehören. Notfalls muss sich der anwaltliche Berater die mandatsbezogenen Rechtskenntnisse, soweit sie nicht zu seinem präsenten Wissen gehören, ungesäumt verschaffen und sich auch in eine Spezialmaterie einarbeiten (vgl. BGH NJW 2002, 292; BGH NJW 2004, 3487; BGH NJW 2006, 501, 502).

Es bedarf kaum näherer Darlegung, dass die Ermittlung der einschlägigen Gesetzesnormen überaus schwierig sein kann, wenn es um ein abgelegenes Rechtsgebiet oder um Fallgestaltungen geht, die in der Rechtsprechung neu sind. Wer hat zu Beginn der Klagewelle aus darlehensfinanziertem Immobilienerwerb zu Steuersparzwecken (»Schrottimmobilienfälle«) um die Jahrtausendwende herum schon an Rechtsberatung oder Haustürwiderruf gedacht (Schwintowski § 12 Rn. 190, § 13 Rn. 225)? Wer denkt heute bei einem Vertrag über die Herstellung von Einkaufswagenchips daran, dass hier die deutsche Medaillen-VO von 1974 einschlägig sein kann?

Kennt sich der Anwalt auf einem abgelegenen Rechtsgebiet nicht aus, muss er sich die Kenntnis dieses Gebietes kurzfristig selbst erarbeiten. Kann oder will er das nicht, so muss er das Mandat ablehnen (vgl. Borgmann/Jungk/Grams, S. 113 m.w.N.; Wagner/Hansen S. 95) bzw. niederlegen. Denn wenn er tätig wird, schuldet er immer eine juristisch in jeder Hinsicht korrekte Beratung.

Bei Auslegung und Anwendung der Gesetze ist grundsätzlich nur die **Auffassung der Rechtsprechung**, nicht die der Literatur zugrunde zu legen. Nur an ersterer orientiert sich der Erfolg des gerichtlichen Vorgehens. Wenn es an einer höchstrichterlichen Rechtsprechung fehlt und wenn die Instanzenrechtsprechung uneinheitlich ist, kann es geboten sein, die Argumente dieser sowie auch die etwa vorhandene rechtswissenschaftliche Diskussion zu verarbeiten. Dasselbe gilt, wenn der Anwalt im Einverständnis mit seinem Mandanten gegen eine herrschende Rechtsprechung angehen will. 223

Auf die höchstrichterliche Rechtsprechung ist auch dann abzustellen, wenn eine Befassung dieser Gerichte mit dem konkreten Fall nicht zu erwarten ist, sei es, weil der Instanzenzug nicht so weit führt oder weil Rechtsmittel nicht beabsichtigt sind (Schnabl NJW 2007, 3026 m.w.N.).

Höchstrichterliche Rechtsprechung in diesem Sinn ist vor allem, aber nicht nur, die des BGH. Dies gilt insbesondere für Rechtsgebiete, in denen sich bewusst Partikularrechte entwickelt haben (Familienrecht, Wettbewerbsrecht, Eilverfahrensrecht).

▶ **Beispiel:**

224 Streit besteht über den Anwaltszwang für Beschwerden im Eilverfahren (für Anwaltszwang z.B. OLG Hamm MDR 2008, 708; OLG Hamm NJW-RR 2003, 1075; dagegen OLG Karlsruhe NJW-RR 1993, 1470).

225 Gesetze und Rechtsprechung müssen in ihrer **aktuellen Fassung** zugrunde gelegt werden. Der Anwalt ist verpflichtet, sich hierüber ständig und zeitnah auf dem Laufenden zu halten. Änderungen müssen unmittelbar zur Kenntnis genommen und berücksichtigt werden.

»Eine Pflicht des Rechtsanwalts, darüber hinaus die veröffentlichte Instanzrechtsprechung und das Schrifttum sowie hierbei insbesondere die Aufsatzliteratur heranzuziehen, besteht zwar grundsätzlich nur in beschränktem Maße; strengere Anforderungen sind jedoch zu stellen, wenn ein Rechtsgebiet ersichtlich in der Entwicklung begriffen und (weitere) höchstrichterliche Rechtsprechung zu erwarten ist (hier: Entwicklung des Immobiliarrechts der ehemaligen DDR nach 1990). Dann muss ein Anwalt, der eine Angelegenheit aus diesem Bereich zu bearbeiten hat, auch Spezialzeitschriften in angemessener Zeit durchsehen (vgl. BGH NJW 1979, 877). Ihm muss dabei freilich insgesamt ein »realistischer Toleranzrahmen« zugebilligt werden (Vollkommer/Heinemann, Rn. 149; Zugehör, Rn. 576).« (BGH NJW 2001, 675; Einschlägiges war hier in der Zeitschrift »Agrarrecht« zu finden).

Mit dem »realistischen Toleranzrahmen« meint der BGH ersichtlich den »angemessenen« zeitlichen Rahmen, welcher durch die Veröffentlichung der Entscheidung eröffnet wird, also die Frist, innerhalb derer ein Anwalt neue Entscheidungen zur Kenntnis nehmen (oder im Bedarfsfalle auffinden) muss; diese Frist wird von der Literatur auf 3 bis 6 Wochen bemessen (Schnabl NJW 2007, 3026 m.w.N.). Die Rechtsprechung vermeidet meist konkrete Fristen und fordert eine »zeitnahe« Kenntnisnahme (BGH NJW 2001, 675; BGH NJW 2005, 3358).

Auf die Fortdauer – auch älterer, in jüngerer Zeit nicht bestätigter – Rechtsprechung darf der Anwalt vertrauen, selbst wenn »vereinzelte Stimmen in der Literatur« sich dagegen wenden. Erst wenn das Gericht selbst zu erkennen gibt, dass es hiervon abweichen wird, muss dies in die Rechtsprüfung einbezogen werden. Entsprechendes gilt für Gesetzesänderungen, die für die Beratung erst zu berücksichtigen sind, wenn sie konkret absehbar sind.

226 Keine verbindlichen Vorgaben lassen sich für die Frage aufstellen, aus welchen **Quellen** der Anwalt die zeitnahe Kenntnis von Gesetzen und Rechtsprechung beziehen soll.

227 In der Rechtsprechung werden an die Rechtskenntnis des Anwalts immer wieder völlig überzogene Anforderungen gestellt. Diese Anforderungen hat der BGH mit der Forderung, der Anwalt habe grundsätzlich jeden Rechtsirrtum zu vertreten, auf die Spitze getrieben (BGH VersR 1959, 638, 641), was zu Recht kritisiert wird.

228 Vereinzelt hat diese Kritik auch schon zu **Konsequenzen**, d.h. zu Entscheidungen geführt, die die Anforderungen an die anwaltlichen Kenntnisse weniger weit fassen.

»Die Sorgfaltspflichten ... eines Prozessbevollmächtigten dürfen nicht überspannt werden. Denn es genügt die übliche, von einem Rechtsanwalt zu fordernde Sorgfalt, der sich gewissenhaft und sachgemäß über die Rechtslage unterrichtet hat ... Deshalb genügt ein Rechtsanwalt seiner Sorgfaltspflicht, wenn er sich in einem gängigen Kommentar zur VwGO zu den Anforderungen an die Revisionsbegründung vergewissert. Er braucht nicht ohne besonderen Anlass eine Aussage in einem weit verbreiteten Kommentar, die ... auf eine nicht veröffentlichte Entscheidung eines obersten Bundesgerichts hinweist, zu hinterfragen.« (BVerwG NJW 2006, 3081).

Besonders instruktiv für mildere Ansätze in der Rechtsprechung des BGH ist das Urteil vom 22.09.2005, IX ZR 23/04, veröffentlicht in NJW 2006, 501, 502: »Der anwaltliche Berater wäre überfordert, wenn von ihm allgemein verlangt würde, dass er über eine im Wesentlichen lückenlose Gesetzeskenntnis verfügen und sie in das Beratungsgeschehen einbringen müsste. Erwartet wird von ihm nur eine mandatsbezogene Rechtskenntnis ... Hat der Rechtsanwalt in dem Bereich, der aufgrund des von dem Mandanten mitgeteilten Sachverhalts in rechtlicher Hinsicht zu prüfen ist, kein hinreichend präsentes Wissen, hat er sich, wenn er das Mandat weiterführen will, in die Rechtsmaterie in dem Maße einzuarbeiten, das für ihn erkennbar zur Wahrung des Interesses des Auftraggebers notwendig ist. Unterlässt er dies und übersieht er trotz gegebener tatsächlicher Anhaltspunkte Unwirksamkeitsgründe, kann er sich in einem nachfolgenden Regressprozess nicht darauf berufen, dass diese in einer weitgehend unbekannten Rechtsmaterie anzusiedeln seien. Liefert der von dem Mandanten mitgeteilte Sachverhalt dem Rechtsanwalt dagegen keine tatsächlichen Anhaltspunkte für rechtshindernde Einwendungen, welche die Rechtslage zugunsten des Mandanten beeinflussen könnten, ist der Rechtsanwalt, … von sich aus zu einer weiteren Erforschung des Sachverhalts insoweit nicht verpflichtet.«

2. Durchführung der Rechtsprüfung

Zur praktischen Umsetzung der vorstehend dargestellten allgemeinen Anforderungen an die anwaltliche Rechtsprüfung bietet sich die Abarbeitung folgender **fünf Fragen** an: 229

(1) Ist eine nichtstreitige Beilegung des Konflikts möglich?

Über die klassischen Möglichkeiten hinaus haben Gesetzgebung und Praxis in den letzten Jahren zahlreiche **Möglichkeiten** zur nichtstreitigen Erledigung geschaffen. Hierauf wird in Rdn. 283 ff. einzugehen sein. In diesem frühen Stadium der Mandatsberatung kommen insbesondere in Betracht: 230

- Die einseitige Konfliktbeilegung durch vollständiges Nachgeben, d.h. aufseiten des Gläubigers der Verzicht, aufseiten des Schuldners das Anerkenntnis.

  Obwohl diese auf den ersten Blick nur mit Nachteilen verbunden sind, können damit viele der Vorteile eines Vergleichs ebenfalls erreicht werden. Sache des Mandanten ist es, zu entscheiden, wie er die Vor- und Nachteile gewichtet, ob ihm z.B. der soziale Friede den Verzicht auf einen Anspruch wert ist.

- Der Versuch, den Gegner zur Mitwirkung an einer beidseitigen Konfliktbeilegung zu bewegen. Dieser kann in dem Angebot liegen, ein Schlichtungs- oder Mediationsverfahren einzuleiten oder gleich einen Vergleich zu schließen.

  Über die in Rdn. 283 ff. hinaus aufgestellten Überlegungen ist dabei zu bedenken, ob nicht das frühe Angebot auf Abschluss eines Vergleichs die eigene Position dem Gegner gegenüber schwächt. Eine solche Friedensbekundung kann den Übermut der Gegenseite fördern und sie zum Prozess ermuntern (Franzen NJW 1984, 2263). Deshalb muss derjenige, der den Vergleich will, »hart und engagiert und temperamentvoll verhandeln, er muss lästig werden, Willenskraft einsetzen und mit dem Prozess drohen« (Franzen a.a.O.: »Eine Paradoxie«). Etwas anderes kann gelten, wenn personale Bindungen zwischen den Parteien bestehen und das Angebot als deeskalierend verstanden wird.

  In diesem Zusammenhang kann auch zu überlegen sein, ob der Anwalt sogleich unter seinem Briefkopf schreiben sollte oder ob er zunächst dem Mandanten hilft, eine eigene Erklärung zu verfassen. Das Auftreten eines Anwalts macht dem Gegner die Ernsthaftigkeit der Angelegenheit bewusst, wird andererseits aber auch oft als konfliktschärfend empfunden. Dies führt dann dazu, dass sich die Gegenpartei nun auch anwaltlicher Hilfe bedient, sich die Positionen verhärten und sich der Streit, etwa durch Gegenforderungen, möglicherweise sogar ausweitet.

  Rechtserhebliche Telefonate hingegen sollte allein der Anwalt führen, um erforderlichenfalls hierfür als Zeuge zur Verfügung stehen zu können. Dabei ist § 12 BORA zu beachten, wonach eine unmittelbare Kontaktaufnahme mit einem anwaltlich vertretenen Gegner berufsrechtlich grundsätzlich unzulässig ist.

  Erfolgt die Vertretung eines Schuldners, muss zudem darauf geachtet werden, dass nicht durch das Angebot Verhandlungen i.S.d. § 203 BGB aufgenommen werden, die den Eintritt einer ansonsten bevorstehenden Verjährung hemmen.

(2) Ist das Aktivwerden der eigenen Partei erforderlich?

Bedarf ein Konflikt der gerichtlichen Entscheidung, muss das entsprechende Verfahren nicht immer selbst eingeleitet werden. Insbesondere bei gegenseitigen Ansprüchen kann häufig abgewartet werden, ob der Gegner Klage erhebt. 231

Für die Beklagtenposition im Prozess spricht ein in der Regel günstiger Gerichtsstand (§§ 12, 13 ZPO und § 33 ZPO bei Widerklage) sowie das Nichterforderlichwerden eines Gerichtskostenvorschusses.

Für die Klägerposition im Prozess spricht, dass dieser seine Klage grundsätzlich ohne Fristendruck vorbereiten kann, er sich unter mehreren Gerichtsständen einen heraussuchen kann (§ 25 ZPO), er den Streitgegenstand bestimmt und er die Forderung zur Erlangung der eigenen Zeugenstellung vorher abtreten kann.

232 Natürlich muss man darauf achten, dass der eigene Anspruch nicht **verjährt**, wobei eine Aufrechnung und die Geltendmachung des Zurückbehaltungsrechts dann immer noch möglich sind (§ 215 BGB).

▶ Beispiel:

233 Bevor der Käufer bei angefochtenem Kaufvertrag den Verkäufer auf Rückzahlung der bereits geleisteten Anzahlung an dessen Wohnsitz verklagt, kann er abwarten, bis der Verkäufer den Kaufpreisrest an seinem Wohnsitzgericht einklagt, um dann die Rückzahlung mittels einer Widerklage dort geltend zu machen.

234 Der Gegner kann auch faktisch zur Klage **gezwungen** werden, und zwar mittels negativer Feststellungsklage in Bezug auf dessen vermeintlichen Anspruch. Die Behauptungs- und Beweislast für das Bestehen des Anspruchs liegt dabei beim Gegner, so als wäre er Kläger (Zöller/Greger § 256 Rn. 18). Hingegen muss der Kläger nur (substantiiert) vortragen, dass sich der Beklagte eines bestimmten Rechts berühmt, welches ihm jedoch nicht zusteht.

(3) **Wurde der Schuldner bereits (beweisbar) zur Leistung aufgefordert?**

235 Ist dies nicht geschehen, besteht bei voreiliger Klageerhebung die Gefahr eines »sofortigen Anerkenntnisses« mit Kostentragungspflicht des Klägers gem. § 93 ZPO oder gar einer Klageabweisung (z.B. §§ 281 Abs. 1 Satz 1, 437, 634 BGB). In der Leistungsaufforderung liegt zudem eine Mahnung, sodass Verzug eintritt, sich der Haftungsumfang des Schuldners erweitert (§ 287 BGB), zusätzlich zur Hauptforderung Verzugsschadensersatz (Zinsen) verlangt werden kann (§ 288 BGB) und ggf. weitere Rechtsfolgen eintreten (z.B. Unterhalt für die Vergangenheit gem. § 1613 BGB).

Ist eine Fristsetzung bereits erfolgt, sollte eine weitere Fristsetzung kritisch überdacht werden. Mehrfache, inhaltlich unterschiedliche Fristsetzungen können aufseiten des Schuldners zu u.U. entschuldigenden Unklarheiten führen und damit genau das Gegenteil des Gewollten bewirken.

Einer Leistungsablehnung bedarf es nicht mehr. Auch die Androhung sonstiger Rechtsfolgen oder schlichte Drohungen sollten besser unterbleiben, will man sich nicht der Gefahr einer eigenen Strafbarkeit nach §§ 240, 253 StGB aussetzen. Unbedenklich ist dagegen die Mitteilung, die eigenen Rechte würden nach Ablauf der Frist (zivil- oder straf-)gerichtlich durchgesetzt.

236 Wird die Leistung aus einem gegenseitigen Vertrag geltend gemacht und ist die eigene Gegenleistung noch nicht erbracht, besteht die Gefahr, dass der Gegner sich auf sein insoweit gegebenes **Zurückbehaltungsrecht** beruft (§ 320 BGB). Im Prozess könnte dann nur eine Zug-um-Zug-Verurteilung erreicht werden (§ 322 BGB). Um die mit der Vollstreckung aus einem dermaßen beschränkten Titel verbundenen erheblichen Nachteile zu vermeiden (§§ 756, 765 ZPO), sollte dem Gegner die ihm gebührende Leistung in einer den Verzug der Annahme begründenden Art und Weise (§§ 294 ff. BGB) angeboten werden. Dann kann im späteren Prozess der Leistungsanspruch mit dem Antrag auf Feststellung des Annahmeverzugs verbunden und im Ergebnis unbedingt vollstreckt werden (unten Rdn. 276).

(4) **Bietet eine Klage Aussicht auf Erfolg?**

237 Hauptpunkt der Prüfung ist eindeutig die Frage nach den Erfolgsaussichten eines gerichtlichen Vorgehens. Hier ist die in Rdn. 220 ff. dargestellte Rechtsprüfung vorzunehmen.

238 Erfolg haben wird eine Klage, wenn sie **zulässig und begründet** ist. Ökonomische Gesichtspunkte lassen es dabei vorteilhaft erscheinen, wenn die materiellen Voraussetzungen vor den prozessualen geprüft werden. Nur wenn klar ist, dass ein Anspruch tatsächlich besteht, stellt sich die Frage, vor welchem Gericht er geltend gemacht werden kann.

Unterschiede zu einer Rechtsprüfung aus der Sicht des Gerichts ergeben sich darüber hinaus aus folgenden Erwägungen: 239

(a) Die Begutachtung durch den Anwalt erfolgt zu einem deutlich früher liegenden **Zeitpunkt** als die des Gerichts. 240

Gerichtliche Rechtsprüfungen erfolgen »ex post«, beruhen auf dem Zeitpunkt des Schlusses der letzten mündlichen Verhandlung, einem Zeitpunkt also, zu dem der Lebenssachverhalt längst abgeschlossen ist. Selbst wenn dies noch nicht der Fall sein sollte, dürfen später hinzutretende Tatsachen für die Entscheidung im Erkenntnisverfahren nicht mehr berücksichtigt werden (§§ 296a, 767 Abs. 2 ZPO). Kautelarjuristen arbeiten »ex ante«, müssen einen möglichen zukünftigen Sachverhalt vorbeugend vertragsgestaltend regeln. Der forensisch tätige Anwalt steht zeitlich dazwischen. Er wird mit dem Sachverhalt befasst, nachdem er sich im Kern bereits ereignet hat, der Streit bereits entstanden ist. Allerdings ist der Sachverhalt nicht abgeschlossen. Bis zum Zeitpunkt, auf den für die Entscheidung abzustellen ist, kann er sich ändern, um weitere Details erweitern. Dies kann ohne eigenes Zutun geschehen oder aber bewusst sachverhaltsgestaltend herbeigeführt werden. Insoweit kann von einer Betrachtung »ex nunc« gesprochen werden.

Solche zukünftigen Ungewissheiten muss der Anwalt insbesondere im Verlauf des Rechtsstreits selbst einkalkulieren. Wie das Gericht streitige Rechtsfragen beantworten wird, weiß der Anwalt nicht. Er kann und muss unter Zugrundelegung der bisherigen höchstrichterlichen Rechtsprechung mit einer gewissen Wahrscheinlichkeit ein Ergebnis vermuten. Dennoch verbleiben in Anbetracht der großen Beurteilungs-, Ermessens- und Handlungsspielräume des Gerichts in jedem Einzelfall große Unwägbarkeiten. Auch viele tatsächliche Fragen lassen sich zu diesem Zeitpunkt noch gar nicht abschließend beantworten. Sei es, dass Informationen des Mandanten oder von Dritten noch fehlen, sei es, dass das Ergebnis einer Beweisaufnahme noch nicht feststeht. Insoweit müssen an die Stelle verbindlicher Vorgaben bloße Prognosen treten.

Bereits ein einziger, bislang vielleicht noch unbekannter Gegenzeuge kann dabei zum Prozessverlust führen. Auch wenn solche Zeugen nicht ersichtlich sind, kann der Gegner in vielen Fällen zum Gegenbeweis Sachverständigengutachten anbieten. Sofern sich der Gegner nicht bereits außergerichtlich zur Forderung geäußert hat, ist man auch vor Überraschungen niemals ganz gefeit. Zudem ist immer damit zu rechnen, dass der Gegner alles – u.U. auch wahrheitswidrig – bestreitet. Regelmäßig bestritten werden z.B. die Höhe eines Schadens sowie das Vorliegen behaupteter Mängel. Besonders schwierig kann es für den Kläger werden, wenn der Beklagte den Erhalt rechtserheblicher Schreiben bestreitet, was zu einer »Art Standard-Verteidigung« geworden ist (Neuhaus/Pohlmann ZAP Fach 5 R, S. 301; unten Rdn. 2234). Auf der anderen Seite muss das Fehlen erheblicher Tatsachen dem eigenen Erfolg nicht endgültig entgegenstehen. Normvoraussetzungen, die bislang nicht vorliegen, können bis zum Schluss der letzten mündlichen Verhandlung noch nachgeholt werden. Auch wenn der Anwalt bei Prüfung der Sach- und Rechtslage grundsätzlich von dem durch den Mandanten geschilderten Sachverhalt auszugehen hat, muss er überlegen, ob dieser Sachverhalt nicht in irgendeiner Richtung noch entwicklungsfähig ist und weitere tatsächliche Umstände geschaffen werden können, die die Rechtsposition des Mandanten verbessern. In sehr viel größerem Maß als bei Richtern ist deswegen bei Anwälten Fantasie und Kreativität gefragt.

▶ Beispiel:

Liegen die tatsächlichen Voraussetzungen eines Gestaltungsrechts (Anfechtung, Kündigung, Rücktritt) vor, kann dieses Recht vom Gericht nicht berücksichtigt werden, wenn eine entsprechende Gestaltungserklärung bislang nicht abgegeben wurde. Aus anwaltlicher Sicht ist selbstverständlich, dass die fehlende Erklärung vor Klageerhebung (jedenfalls vor Schluss der letzten mündlichen Verhandlung) noch nachgeholt wird. 241

(b) Während die gerichtliche Rechtsprüfung darauf gerichtet ist, eine aus der Sicht des Richters objektiv richtige, materiell gerechte Entscheidung zu finden, ist das **Ziel** der Rechtsprüfung des Anwalts auf die subjektiven Interessen des Mandanten ausgerichtet. 242

Der Richter nimmt die Rechtsprüfung nur »für sich« vor, muss, wenn er eine aus seiner Sicht richtige Lösung gefunden hat, weitere Lösungsansätze nicht überprüfen. Er muss seine eigene Entscheidung begründen, nicht sie infrage stellen oder Alternativen dazu aufzeigen. Gibt es mehrere Möglichkeiten der Entscheidung, wählt er davon diejenige aus, die er für richtig hält.

Für den Anwalt dagegen geht es nicht um die Durchsetzung der persönlich für richtig gehaltenen Ergebnisse. Der Anwalt soll dem Rechtsschutzziel des Mandanten zum Erfolg verhelfen. Er wird unter mehreren denkbaren Alternativen deswegen diejenige wählen, die diesem Ziel am sichersten zum Erfolg verhilft und muss versuchen, das Gericht von dieser Alternative zu überzeugen.

Insbesondere ist die vom Gericht vertretene Rechtsansicht nur selten vorab bekannt bzw. sicher vorhersehbar, zumal die Rechtslage aufgrund der in jüngster Zeit vorgenommenen zahlreichen Gesetzesänderungen noch unübersichtlicher geworden ist (kritisch E. Schneider NJW 2001, 3756: die Kapazität des »juristischen Verdauungssystems« ist längst überschritten und unser Recht ist weitgehend unberechenbar geworden; Hendel JurPC Web-Doc. 68/2002 Abs. 7: »Das Rechtssystem in seiner Ausprägung als Entscheidung im Einzelfall ist nicht mehr zwingend verlässlich ex ante prognostizierbar.«).

Stets muss man damit rechnen, dass sich das Gericht einer absoluten Mindermeinung anschließt, wenn es dadurch den Prozess schneller und einfacher beenden kann. Ebenso liegt beim Kläger das Risiko eines »niemals auszuschließenden Wandels der Rechtsprechung« (BGH NJW 2004, 1665). Selbst auf klar formulierte gesetzliche Bestimmungen kann man sich nicht immer verlassen, da zuweilen die »voluntative Entscheidung des Richters« an die Stelle der gesetzgeberischen Entscheidung gesetzt wird (Reinelt a.a.O.).

Die Auslegung unbestimmter Rechtsbegriffe oder die Anwendung von Generalklauseln (§§ 138, 242 BGB) auf einen Einzelfall ist nur in Ausnahmefällen prognostizierbar. Dies gilt für die Inhaltskontrolle von Vertragsklauseln genauso (§§ 307 ff. BGB) wie für die Auslegung individueller Willenserklärungen.

Auch im Bereich anscheinend eindeutiger Normen und »einhelliger Meinung« kommt es immer wieder vor, dass »Regelungen, die jahre- oder jahrzehntelang als wirksam angesehen wurden, nunmehr nach neuer Erkenntnis von der Rechtsprechung plötzlich als unwirksam angesehen werden« (Reinelt ZAP-Sonderheft 2002 S. 54, 58).

▶ Beispiel:

243 Dass die Regeln über Haustürgeschäfte auf Verbraucherkreditverträge keine Anwendung finden können, war bis zum (die Heininger-Entscheidung des EuGH, Urt. vom 13.12.2001, C-481/99 – umsetzenden) Urteil des BGH vom 09.04.2002, XI ZR 91/99 – unbestritten, gilt seitdem indes nicht mehr.

Erst seit dem Urteil des BGH vom 28.09.2000, IX ZR 279/99 – müssen Notare und Banken damit rechnen, dass Vollmachten, die ausschließlich oder hauptsächlich für den Abschluss und die rechtliche Abwicklung eines kreditfinanzierten Wohnungskaufvertrages im Rahmen eines Bauträgermodells erteilt wurden, ein Tätigwerden in fremden Rechtsangelegenheiten ermöglichen und deswegen nach § 134 BGB i.V.m. Art. 1 § 1 Satz 1 RBerG unwirksam sein können.

244 Zentraler Bestandteil der Erfolgsaussichten einer Klage ist die **Möglichkeit zur Beweisführung**. Dies gilt für die eigene Partei genauso wie für den Gegner. Auf diese Beweisrisiken hat sich die Rechtsprüfung zu erstrecken, über sie muss der Mandant aufgeklärt werden (Grüneberg/Grüneberg § 280 Rn. 80).

Der Rechtsanwalt sollte zur Vorbereitung des Prozesses die Beweisbarkeit der Klage begründenden Tatsachen prüfen, insbesondere den Mandanten nach Beweismitteln fragen. Es stellt ein nachlässiges Prozessverhalten dar, wenn eine anwaltlich vertretene Partei erst nach Abschluss des erstinstanzlichen Verfahrens Ermittlungen tätigt, die zur Benennung eines geeigneten Zeugen führen (LG Schwerin NJW-RR 2003, 1292).

Für die Erfolgsaussicht der Klage ist nicht nur das bloße Vorhandensein von Beweismitteln entscheidend, sondern auch deren Qualität. Im Rahmen einer Beweisprognose ist deswegen abzuschätzen, ob die Beweismittel inhaltlich zur Beweisführung ausreichen. Dazu gehört die vorherige Einsichtnahme in Urkunden genauso wie die Abklärung, was Zeugen aussagen werden (unten Rdn. 2012).

Hierbei ist es – prozessual und berufsrechtlich – nicht unzulässig, mit möglichen Zeugen in Kontakt zu treten, um zu erfahren, ob und was diese bekunden können. Um deren Aussagen für den späteren Rechtsstreit nicht zu entwerten, sollte dies aber sehr vorsichtig, ohne jegliche Beeinflussungstendenz geschehen. Bei einer schriftlichen Antwort des Zeugen besteht die Gefahr, dass dieser sich damit selbst frühzeitig festlegt und der Anwalt bei der Vernehmung im Prozess nur noch wenig Chancen hat, durch geschickte Fragen eine für seinen Mandanten negative Aussage relativieren zu können (unten Rdn. 2037).

Genauso wie die eigenen Beweise sind auch die absehbaren Beweise des Gegners in eine Gesamtbeweisprognose einzubeziehen. Stehen diesem mehr und überzeugendere Beweise zur Widerlegung der eigenen Behauptung und zum Beweis von Gegenrechten zur Verfügung, kann dies die Erfolgsaussicht für einen Prozess entfallen lassen.

Dabei kann und darf der Anwalt sich nicht mit der derzeit vorhandenen Beweissituation abfinden. Beweise, die bis zur Nutzung im Prozess zu entfallen drohen, müssen gesichert (selbstständiges Beweisverfahren, unten Rdn. 2304), (noch) nicht vorhandene Beweise können beschafft werden.

Eine solche Beschaffung von Beweisen kann dem Staat überlassen werden. Ist der Sachverhalt auch strafrechtlich relevant, können über Strafanzeige bzw. Strafantrag Ermittlungen der Staatsanwaltschaft eingeleitet werden, die auch im Zivilprozess relevante Beweise zutage fördern. Dies gilt in Verkehrsunfallsachen, beim Verlust von Kapitalanlagen (OLG Koblenz NJW-RR 2002, 575) oder auch in Arzthaftungssachen (Lilie/Orben ZRP 2002, 156). Eine solche Vorgehensweise empfiehlt sich jedoch nicht, wo eine rasche Umsetzung der zivilrechtlichen Ansprüche geboten ist.

Beweismittel können auch privat beschafft werden, etwa indem Forderungen abgetreten werden, um den bisherigen Forderungsinhaber als Partei aus dem Prozess fernzuhalten und ihn so als Zeugen zu gewinnen (dazu unten Rdn. 277).

Zur Beschaffung von Beweismitteln gehört auch, Beweisurkunden vor Klageerhebung zu besorgen. Denn erfahrungsgemäß gelingt deren Heranschaffung während des Rechtsstreits manchmal nicht mehr rechtzeitig (§ 420 ZPO). Dies gilt insbesondere für Handelsregister-, Grundbuch- und Katasterauszüge, bei welchen der Antrag auf Heranziehung der entsprechenden Akten grundsätzlich nicht ausreicht (§ 432 Abs. 2 ZPO).

Sind Beweise nicht (ausreichend) vorhanden, kann die Erfolgsaussicht eines prozessualen Vorgehens sich möglicherweise aus dem Eingreifen von Beweiserleichterungen ergeben (z.B. Vermutungen oder die Umkehr der Beweislast; dazu unten Rdn. 1829).

(5) **Besteht eine realistische Aussicht auf Vollstreckung eines etwaigen Leistungstitels?**

Andernfalls ist eine Klageerhebung vor allem bei einem Zahlungsanspruch kaum sinnvoll, da der Kläger letztlich auf den Kosten »sitzen bleibt« (Anwalts- und Gerichtskosten, Vollstreckungskosten, Zins-/Liquiditätsverlust durch Sicherheitsleistung für die Vollstreckung – aber § 720a ZPO). 245

Dies ist vor allem dann anzunehmen, wenn keinerlei Vollstreckungsobjekte vorhanden sind oder eine etwaige Vollstreckung im – vor allem außereuropäischen – Ausland erfolgen müsste (OLG Dresden NJW-RR 2004, 1078: keine ernst zu nehmenden Vollstreckungsaussichten bei einer im Ausland ansässigen Briefkastenfirma, die Gewinnzusagen versandt hat).

Aufschlussreich können diesbezüglich Auskünfte aus dem Schuldnerverzeichnis (§§ 915, 915b ZPO; § 26 InsO), dem Grundbuch sowie aus dem Gewerbe- und Handelsregister sein (§§ 31, 32 InsO; eidesstattliche Versicherung abgegeben bzw. Insolvenzantrag mangels Masse abgelehnt?!).

Der nicht vorschusspflichtige Beklagte hingegen kann sich bis zum Abschluss des Verfahrens »entspannt zurücklehnen« und nach verlorener erster Instanz den Abschluss des Verfahrens durch Einlegung der Berufung verzögern (Burchard NJW 2002, 2219). Unter Umständen ist deshalb zu erwägen, (zunächst) nur einen unterhalb der Rechtsmittelgrenze bleibenden Teil der Forderung einzuklagen.

V. Die Beratung des Mandanten

Hat der Anwalt den Sachverhalt in den oben beschriebenen Grenzen aufgeklärt und sich in der zuvor bezeichneten gründlichen Weise ein zuverlässiges Bild von der Rechtslage gemacht, hat er den Mandanten über das Ergebnis seiner Sach- und Rechtsprüfung zu informieren. Diese **Rechtsbelehrung** und, mit ihr verbunden, die **Beratung** über die sich aus der Rechtsprüfung ergebenden Konsequenzen und Handlungsmöglichkeiten und deren **Erfolgsprognose**, also die Einschätzung der Erfolgsaussichten von Prozessen einerseits, die **Belehrung über rechtliche Risiken** andererseits, weisen eigene Schwierigkeiten auf (BGH NJW 2021, 3324). 246

Zu diesen Schwierigkeiten gehören Fragen der äußeren Form der anwaltlichen Beratung eigentlich nicht. Dennoch ist zu vermerken, dass nach dem OLG Düsseldorf (Urt. vom 17.07.2007 – 20 U 54/07; dazu Dahns NJW-Spezial 2008, 30) die anwaltliche Erstberatung in einem öffentlichen Café unter dem Aspekt der anwaltlichen Verschwiegenheitspflicht (§ 43a Abs. 2 BRAO) eine Verletzung seiner Fürsorgepflicht gegenüber dem Mandanten darstellt.

Die Beratungspflicht des Rechtsanwalts endet nicht mit deren Einleitung; verändert sich die rechtliche oder tatsächliche Ausgangslage im Laufe des Verfahrens, muss der Rechtsanwalt seinen Mandanten über eine damit verbundene Verschlechterung der Erfolgsaussichten aufklären (BGH NJW 2021, 3324).

1. Inhalt und Umfang der Beratung

247 Ziel der Beratung muss es sein, den Mandanten in die Lage zu versetzen, die wesentlichen Grundentscheidungen des weiteren Vorgehens **autonom und eigenverantwortlich** treffen zu können (BGH NJW-RR 1990, 1243; Seyfahrth AnwBl 2013, 29).

»Die Beklagten (Rechtsanwälte) hatten dem Kläger (Mandanten) eine eigene Entscheidung in Kenntnis aller rechtlichen Umstände von Belang zu ermöglichen, nicht jedoch eine solche Entscheidung abzunehmen.« (BGH, Beschl. vom 08.10.2009, IX ZR 235/06).

248 Die Beratung muss **richtig, verständlich** und **umfassend** sein.

»Soweit der Mandant nicht eindeutig zu erkennen gibt, dass er des Rates nur in einer bestimmten Richtung bedarf, ist der Anwalt grundsätzlich zur allgemeinen, umfassenden und möglichst erschöpfenden Belehrung des Auftraggebers verpflichtet. Unkundige muss er über die Folgen ihrer Erklärungen belehren und vor Irrtümern bewahren. Innerhalb der Grenzen des Mandates hat er dem Mandanten diejenigen Schritte anzuraten, die zu dem erstrebten Ziel zu führen geeignet sind, und Nachteile für den Mandanten zu verhindern, soweit solche voraussehbar und vermeidbar sind. Dazu hat er dem Auftraggeber den sichersten und gefahrlosesten Weg vorzuschlagen und ihn über mögliche Risiken aufzuklären, damit der Mandant zu einer sachgerechten Entscheidung in der Lage ist ... Ziel der anwaltlichen Beratung ist es, dem Mandanten eigenverantwortliche, sachgerechte (Grund-)Entscheidungen (»Weichenstellungen«) in seiner Rechtsangelegenheit zu ermöglichen. Dazu muss sich der Anwalt über die Sach- und Rechtslage klar werden und diese dem Auftraggeber verständlich darstellen.« (BGH NJW 2007, 2485; BGH NJW 2008, 2041).

a) Orientierung am Rechtsschutzziel des Mandanten

249 Zu Beginn des Mandats hat der Anwalt das Rechtsschutzziel des Mandanten festzustellen.

Schon in diesem Stadium kann eine anwaltliche Beratung erforderlich werden. Nicht alle Mandanten haben ein klares, vordefiniertes Ziel. Die tägliche Erfahrung zeigt, dass Laien ihre wirklichen (objektiven) Interessen nicht klar genug erkennen, dass sie unrealistische oder völlig überzogene Vorstellungen von diesen haben oder sie diese mit ungeeigneten Mitteln zu erreichen versuchen. Oft genug haben Barbara Salesch und Alexander Holt, die Zeitschriften-Rubrik »Dein gutes Recht« oder Berichte aus anderen (insbesondere US-amerikanischen) Rechtskreisen völlig abwegige Vorstellungen geweckt.

Geboten sein kann es, dem Mandanten die Möglichkeiten und Grenzen eines Zivilprozesses aufzuzeigen. Manchen Mandanten muss verdeutlicht werden, dass ein Zivilprozess zur moralischen Besserung des Gegners ebenso wenig geeignet ist wie »Strebungen des Gefühls« zu befriedigen (Franzen NJW 1984, 2263). Etwaigen Verärgerungen und sonstigen Emotionen des Mandanten sollte der Anwalt rationale Überlegungen entgegensetzen.

Das bedeutet nun aber nicht, dass sich das Ziel des Mandanten nur nach den rechtlichen Möglichkeiten richten muss. Emotionale, soziale oder altruistische Motive können auch objektiv irrationale Ziele rechtfertigen.

250 Auf das Rechtsschutzziel hin muss die Beratung des Mandanten ausgerichtet sein.

Dass der Mandant nicht »missbraucht« werden darf, um eigene wissenschaftliche oder sonstige Ziele zu verfolgen, versteht sich von selbst. Erfüllt der Mandant einen lange erwarteten Sachverhalt, darf er nicht gegen seine Interessen in eine grundsätzliche Klärung juristischer Streitfragen hineingezogen werden. Nur wenn er einverstanden ist und ggf. das Kostenrisiko von Dritten (Verbraucherschutzorganisation,

Mieterschutzverein, Rechtsschutzversicherung) übernommen wird, kann sein Individualinteresse an der Entscheidung zurücktreten.

b) Mandanten- und mandatsgerechte Beratung

Der Mandant ist regelmäßig nicht an rechtsdogmatischen Höhenflügen, sondern an klaren, verständlichen Ratschlägen interessiert. Er will eine **Prognose** über den Erfolg seiner Rechtsverfolgung. Die anwaltliche Beratung muss dabei einerseits mandatsgerecht, d.h. spezifisch auf die Sach- und Interessenlage des Mandanten bezogen sein – und insoweit umfassend und erschöpfend –, andererseits mandantengerecht, also auf dessen laienhaften Verständnishorizont und dessen (bei komplexen Zusammenhängen evtl. begrenztes) intellektuelles Fassungsvermögen ausgerichtet sein. 251

Insoweit kann eine Parallele zu der Notwendigkeit einer anlage- und anlegergemäßen Beratung durch Banken und andere Finanzdienstleister gezogen werden. Je komplexer die vorgeschlagene Vorgehensweise, desto gründlicher die Beratung. Je erfahrener der Kunde, desto geringer sein Beratungsbedarf.

»Der Mandant benötigt, insbesondere wenn er juristischer Laie ist, nicht unbedingt eine vollständige rechtliche Analyse, sondern allein die Hinweise, die ihm im Hinblick auf die aktuelle Situation und sein konkretes Anliegen die notwendigen Entscheidungsgrundlagen liefern. ... Eine in jeder Hinsicht lückenlose Aufklärung über alle rechtlichen Zusammenhänge und Folgen trägt vor allem bei schwieriger Sach- und Rechtslage die Gefahr in sich, den Mandanten zu überfordern und ihm so den Blick für die Entscheidung wichtigen Gesichtspunkte zu verstellen. Das würde dem Sinn und Zweck der geschuldeten Beratung zuwiderlaufen. Der Rechtsanwalt hat dem Auftraggeber daher nur die Hinweise zu erteilen, die ihm die für seine entscheidenden Informationen liefern. Inhalt und Umfang der vom Rechtsanwalt zu leistenden Aufklärung haben sich dabei immer nach den für ihn erkennbaren Interessen des Mandanten zu richten ...« (BGH NJW 2007, 2485; BGH NJW 2008, 2041).

Die damit vorgegebene Antinomie der Beratungsziele führt praktisch in nahezu jedem Fall zu einem kaum lösbaren Konflikt. Wann eine Beratung nicht zu viele und nicht zu wenige Punkte umfasst, wann sie zu einfach oder zu komplex ist, wird häufig erst ex post von einem Gericht im Regressprozess beurteilt werden können.

In Ausnahmefällen können die Anforderungen an die Gründlichkeit, Tiefe und Vollständigkeit der Rechtsprüfung und Beratung herabgesetzt sein. Dies gilt dann, wenn die Angelegenheit eilbedürftig ist oder wenn der Aufwand (und somit auch die Vergütung) des Anwalts in einem Missverhältnis zur Bedeutung des Streitgegenstandes steht, dies z.B. wegen der Komplexität der Sachlage. 252

c) Ehrliche Beratung

Die Aufklärung des Mandanten über die rechtlichen Chancen und Risiken der Sache durch den Anwalt ist so **kritisch** und **objektiv** wie möglich vorzunehmen. In der Rechtsprechung ist vielfach entschieden, dass der Anwalt dem Klienten dienstvertraglich verpflichtet ist, ein **realistisches** Bild von den Prozessaussichten zu entwerfen. Er hat die Zweifel und Bedenken darzulegen und zu erörtern, zu denen die Sachlage Anlass gibt, sowie die zur Verfügung stehenden Möglichkeiten zur Sicherung der Interessen seines Auftraggebers mit den ihnen gegebenenfalls anhaftenden Vorteilen und Risiken aufzuzeigen (BGH NJW 1991, 2839; BGH NJW-RR 2003, 1212). 253

Zur Ehrlichkeit der Beratung gehört auch die Offenlegung, dass eine sichere Prognose in keinem Fall möglich ist. Auch anscheinend klare und eindeutige Fälle können sich in eine nicht vorhergesehene Richtung entwickeln und letztlich verloren gehen; umgekehrt können auch aussichtslose Fälle gewonnen werden. 254

▶ **Praxistipp:**

Belehrt werden muss der Mandant auch über die Risiken unerwarteten Prozessverhaltens des Gegners, abweichende Rechtsansichten des Gerichts oder unvorhergesehene Änderungen der Rechtsprechung. 255

Eine realistische Belehrung hat den Grad der Wahrscheinlichkeit solcher Entwicklungen offenzulegen. Aufgabe des Anwalts ist es, weder »schwarz zu malen« noch unberechtigten Optimismus zu verbreiten. Das »Prinzip

Hoffnung« eignet sich als Maßstab genauso wenig wie professioneller Pessimismus. Geboten ist eine objektive, an den Erfahrungen der Vergangenheit orientierte Prognose, wobei eine »mathematische Genauigkeit« des Grads der Wahrscheinlichkeit nicht erwartet werden kann (OLG Frankfurt a. M. NJW 1988, 3269).

Diese Prognose darf den Einfluss eigenen taktisch geschickten und fehlerfreien Vorgehens einkalkulieren. Eine hundertprozentige Erfolgsgarantie kann daraus nicht abgeleitet werden. Das Gleiche gilt für absehbare Fehler der Gegenpartei oder des Gerichts. So gibt es zum einen eine »beachtliche Zahl krasser richterlicher Fehlurteile«, und zum anderen gehört es auch »zum anwaltlichen Erfahrungsschatz«, dass Rechtspositionen, die ein Gericht, der Gegenanwalt oder man selbst als aussichtslos bezeichnet hat, von einer höheren Instanz als zutreffend übernommen werden (Busse S. XXXV). Solche Fehler mögen ein bestimmtes Ergebnis wahrscheinlicher machen, verlassen kann man sich darauf nicht.

Die damit in keinem Fall auszuschließende Ungewissheit über den tatsächlichen Prozesserfolg rechtfertigt aber auch keinen bloß pauschalen Hinweis auf das verbleibende Restrisiko – »vor Gericht und auf hoher See …« – oder die vermutlich oft verwandten Formulierungen, dass »die Rechtslage problematisch sei« und es »eine hundertprozentige Sicherheit« in einem Rechtsstreit niemals gebe (BGH NJW-RR 2003, 1212) gewiss nicht ausreichend.

256 Ist der Prozess mit hoher Wahrscheinlichkeit **aussichtslos**, »muss der Anwalt auf den damit verbundenen Grad der Gefahr eines Prozessverlustes hinweisen« (BGH NJW 2006, 3064, 3065) und so den Mandanten vor unnützen Prozesskosten bewahren (OLG Hamm AnwBl 1987, 331). Ergibt die rechtliche Diagnose des Falles ein völliges Übergewicht der Risikofaktoren, hat der Anwalt klar und eindeutig von der Klage abzuraten (BGH NJW 1984, 791; Borgmann/Jungk/Grams, S. 170; Wagner/Hansen S. 99 f.). Wer einem Mandanten von einer aussichtslosen Klage nicht abrät, kann auf Erstattung von dessen Prozesskosten in Anspruch genommen werden (OLG Düsseldorf VersR 1973, 424).

»Hat eine Klage erkennbar keine Aussicht auf Erfolg, dann ist es eine Verletzung dienstvertraglicher Pflichten des Rechtsanwaltes, wenn er dem Mandanten mitteilt, die Klage habe überwiegende Erfolgsaussichten … Eine anhand des Gesetzes, allgemeiner Rechtssätze sowie der allgemeinen rechtswissenschaftlichen Methoden klar zu bewertende Rechtslage kann dazu führen, dass der Rechtsanwalt die Rechtslage nicht positiv darstellen darf, wenn tatsächlich ein erhebliches Prozessrisiko besteht.« (OLG Koblenz NJW-RR 2006, 1358).

▶ Beispiel:

257 Von einer naheliegenden Erfolglosigkeit einer Klage ist auszugehen, wenn der eigene Anspruch verjährt ist. Auch wenn der Gegner die Einrede der Verjährung bislang noch nicht erhoben hat, liegt diese so nahe, dass eine realistische Chance auf einen Prozesserfolg nicht besteht (OLG Celle, Urt. vom 09.11.2005, 3 U 63/99; OLG Köln, Urt. vom 25.03.1994, 19 U 136/93).

258 Das gilt auch dann, wenn der vorgetragene Sachverhalt zwar geeignet ist, den Anspruch zu begründen, die Klage also schlüssig ist, aber keine geeigneten Beweismittel für die beweisbedürftigen Tatsachen zur Verfügung stehen.

Besteht der Mandant trotz eindeutigen Abratens auf der Erhebung der Klage oder der Weiterführung eines Verfahrens, sollte der Anwalt sein Abraten und diese Weisung hinreichend dokumentieren. Hält der Anwalt die Klage bzw. das Verfahren für völlig aussichtslos, sollte er das Mandat nicht annehmen bzw. niederlegen (was ihn keinesfalls regresspflichtig macht: OLG Karlsruhe, Urt. vom 06.03.1994 – 3 U 45/93, falls es nicht zur Unzeit geschieht).

259 Ist andererseits die **Prozessprognose positiv**, so kann es ein regressträchtiger Anwaltsfehler sein, wenn der Anwalt vom Prozess abrät, ohne auf das Ausmaß der Prozesschancen hinzuweisen.

d) Taktische Beratung

260 Jede Mandantenberatung enthält notwendigerweise bereits taktische Überlegungen. Fälle, in denen es nur einen Weg zum Rechtsschutzziel des Mandanten gibt, sind eher selten. Regelmäßig werden verschiedene Wege und Möglichkeiten offenstehen. Diese zu erkennen, ihre **Vor- und Nachteile** gegeneinander abzuwägen, ist Gegenstand der Beratung.

Das Treffen taktischer Entscheidungen ist **Sache des Mandanten**, nicht des Anwalts. Der Mandant muss in diesem Stadium bereits in die taktischen Überlegungen einbezogen werden. Er muss durch die Beratung in die Lage versetzt werden, die Vor- und Nachteile verschiedener vorprozessualer oder prozessualer Möglichkeiten zu erkennen, die mit den einzelnen Alternativen verbundenen Chancen und Risiken einzuschätzen, gegeneinander abzuwägen und so letztlich eine eigenverantwortliche Entscheidung über das Vorgehen zu treffen. 261

e) Beratung über nichtjuristische Umstände

Der Anwalt ist als Rechtsberater grundsätzlich nicht verpflichtet, die **wirtschaftlichen Interessen** seines Mandanten wahrzunehmen und ihm auf unternehmerischem Gebiet Ratschläge zu erteilen. Entsprechendes gilt für alle nichtjuristischen Fragen. 262

▶ Beispiel:

Berät der Anwalt seinen Mandaten bei der Gewährung eines Darlehens an einen Dritten, der zuvor von Banken keinen Kredit erhalten hatte, muss er diesen nicht darauf hinweisen, dass das Risiko einer Nichtrückzahlung besteht (BGH, Urt. vom 19.06.2008, IX ZR 18/07). 263

Eine Ausnahme von diesem Grundsatz gilt, wo eine Beratung auch über nichtjuristische Fragen **vertraglich vereinbart** wurde. Dies kann ausdrücklich oder stillschweigend erfolgt sein. 264

Wer am Markt als »Spezialist« auch für wirtschaftliche, steuerliche, medizinische, technische, psychologische oder andere Expertenfragen um Mandanten wirbt (»Spezialkanzlei für Wirtschaftsfragen«; »Steuer- und Rechtsberatung«, »Arzthaftung«, »Verkehrsunfallfragen«), schuldet mehr als die bloße Rechtsberatung (OLG Düsseldorf, Urt. vom 26.10.2006 – 6 U 219/05). Dies gilt häufig für große Kanzleien (»Law Firms«) mit hoch spezialisierten Abteilungen (»M&A«, »due diligence«).

Keine über den rechtlichen Bereich hinausgehende Beratungspflicht ergibt sich allein aus der Bezeichnung als »Fachanwalt«. Auch Fachanwälte für Steuer- oder Gesellschaftsrecht schulden grundsätzlich nur juristische Fachkompetenz. Sie sind als solche keine Investitionsexperten und auch keine Unternehmensberater, solange sie nicht zusätzlich einen entsprechenden Anschein erwecken (BGH, Urt. vom 08.06.2004, VI ZR 199/03; LG Hamburg, Urt. vom 15.05.2003, 323 O 262/02).

Über die bloße juristische Beratung hinaus kann der Anwalt zu naheliegenden Hinweisen oder **Zweckmäßigkeitsratschlägen** verpflichtet sein, soweit diese sich auf Umstände beziehen, die eng mit dem rechtlichen Mandat verknüpft und als vom rechtlichen Mandat umfasst anzusehen sind. 265

So hat der BGH (NJW 1994, 1405, 1406) den Anwalt für verpflichtet angesehen, wirtschaftliche Ratschläge zu erteilen bzw. vor wirtschaftlichen Risiken zu warnen, wenn sie »in einem engen inneren Zusammenhang mit seiner rechtsberatenden Tätigkeit stehen und jedenfalls allgemein auch Rechtsfragen aufwerfen können«.

Frage des Einzelfalles muss es sein, inwieweit sich die anwaltliche Beratung auf **soziale Aspekte** der Rechtsverfolgung erstreckt. 266

Der gute Anwalt macht den Mandanten sicher auch auf naheliegende wirtschaftliche, persönliche und soziale Konsequenzen und Risiken solcher rechtlichen Schritte aufmerksam. Zu diesen Konsequenzen können unverhältnismäßige Rechtsverfolgungskosten gehören, die auf den Mandanten zukommen, vor allem aber auch die möglicherweise nachhaltigen Störungen persönlicher und familiärer Beziehungen bei rechtlichen Schritten gegen Verwandte oder Partner sowie die evtl. irreparablen Erschütterungen wirtschaftlicher Beziehungen zu Kunden, Lieferanten oder anderen Geschäftspartnern – ist erst einmal der rechtliche Rubikon überschritten.

Dass eine Befolgung dieser Grundsätze nicht justiziabel ist und eine Nichtbeachtung sozialer Aspekte in der Beratung keine haftungsauslösende Pflichtverletzung darstellt, bedarf keiner näheren Darlegung. Dennoch kann die mangelnde soziale Kompetenz des Anwalts verantwortlich für den Misserfolg der Klage werden. Erkennt dieser die eigentliche Ursache des Streits oder dessen Umfang nicht, darf er sich über spätere Verteidigungseinwände des Gegners nicht wundern.

f) Dokumentation der Beratung

267 Anders als der Arzt ist der Anwalt zur schriftlichen Dokumentation seiner Tätigkeit **nicht verpflichtet** (BGH NJW 2008, 371). Kommt es zu einem Regressprozess, genügt es zur Schlüssigkeit der Klage, dass der Mandant behauptet, eine zureichende Beratung sei nicht erfolgt. Dann obliegt es dem Anwalt im Rahmen der »sekundären Darlegungslast« konkret darzutun, was er zur Erfüllung seiner Vertragspflichten getan hat. Er muss »den Gang der Beratung im Einzelnen schildern, insbesondere konkrete Angaben dazu machen, welche Belehrungen und Ratschläge er erteilt und wie darauf der Mandant reagiert hat«, (BGH NJW 2007, 2485, 2486).

268 Im eigenen Interesse (**Regressprävention**) kann dem Anwalt zur Vermeidung von Schwierigkeiten bei der Rekonstruktion und bei dem Beweis des Beratungsumfangs nur dringend angeraten werden, diesen von Anfang an schriftlich zu dokumentieren.

Besser als einseitige, intern gebliebene Aktenvermerke (vgl. Dahns NJW-Spezial 2008, 414) sind dabei Bestätigungsschreiben an den Mandanten: »Sie haben uns damit beauftragt, … Wir haben Ihnen dargelegt, … Trotz unseres Vorschlags, … haben Sie uns angewiesen, …« (vgl. Römermann NJW 2007, 2490)

2. Der Vorschlag zur weiteren Vorgehensweise

269 Die Beratung des Mandanten endet grundsätzlich mit einem konkreten Vorschlag zur weiteren Vorgehensweise.

270 Für die **Form** dieses Vorschlags gibt es dabei keine Vorgaben.

Ist die Beratung des Mandanten bereits schriftlich erfolgt, wird dies den Vorschlag umfassen. Auch bei mündlicher Beratung empfiehlt sich die schriftliche Dokumentation des Vorschlags jedenfalls zur Vermeidung haftungsrechtlicher Zweifelsfragen.

Laufen Fristen für die weitere Rechtsverfolgung, muss hierauf besonders hingewiesen, ggf. dem Mandanten zur Entscheidung über das weitere Vorgehen eine Frist gesetzt werden.

Inhaltlich muss der Vorschlag grundsätzlich dem Prinzip des sichersten Wegs entsprechen (dazu oben Rdn. 60 ff.). Dazu gehört selbstverständlich, dass der Vorschlag sich an der jeweils aktuellen höchstrichterlichen Rechtsprechung ausrichtet, auch wenn der Anwalt selbst deren Ansicht nicht teilt (BGH MDR 2003, 928).

271 Unterschiedliche Auffassungen werden zu der Frage vertreten, wie **nachdrücklich** der eigene Vorschlag dem Mandanten zu unterbreiten ist.

Vertreten wird, dem Mandanten müsse die Sach- und Rechtslage, insbesondere das mit dem weiteren Vorgehen verbundene Risiko, »deutlich vor Augen geführt werden« (BGH NJW 1993, 2676; BGH NJW 2000, 725). In klaren Fällen sei ihm »mit Nachdruck« oder »dringend« zu bestimmten Maßnahmen zu raten. Vereinzelt wird sogar gefordert, die Ablehnung der Mandatsübernahme oder die Mandatsniederlegung für den Fall nicht beratungsgemäßer Entscheidung zumindest anzudrohen (Schlee AnwBl 1989, 223; OLG Hamm AnwBl 1987, 331). Letzteres ist sicher überzogen. Im Übrigen kann nur im Einzelfall unter Berücksichtigung der Erfolgsaussichten des Vorgehens einerseits und der Rechtserfahrenheit und Einsichtsfähigkeit der Partei andererseits abgewogen werden, wie deutlich der eigene Rat zu formulieren ist.

272 Ist die Rechtsdurchsetzung nach Auffassung des Rechtsanwalts **aussichtslos**, so wird er von einer weiteren Rechtsverfolgung abraten.

273 Hat die Rechtsdurchsetzung Aussicht auf **Erfolg**, so kommen je nach Stadium der Rechtsverwirklichung in Betracht:

– Außergerichtliche Maßnahmen machen die Inanspruchnahme außergerichtlicher Hilfe entbehrlich.

In Betracht kommt dabei der Versuch einer außergerichtlichen Konfliktbereinigung, sei es, dass der Gegner zur vollständigen Befriedigung des Begehrs der eigenen Partei aufgefordert wird, sei es, dass ein Vergleich vorgeschlagen wird.

– Vorgerichtliche Maßnahmen bereiten die spätere prozessuale Durchsetzung des Rechts vor.

  Im Vordergrund stehen hier die Möglichkeiten zur rechtlichen (Gestaltungsrechte) oder tatsächlichen (Zeugenerlangung) Gestaltung des Sachverhalts, um so die Erfolgsaussichten eines angestrebten gerichtlichen Verfahrens zu verbessern.

– Unabhängig davon, ob später ein Prozess beabsichtigt ist oder nicht, kann es erforderlich sein, laufende Fristen zu wahren.

  Dazu unten Rdn. 796 ff.

B. Rechtsgestaltung und Rechtswahrung

Weist der Sachverhalt noch Lücken auf, die einer Durchsetzung des Rechts entgegenstehen, so können diese ggf. durch Maßnahmen der Rechtsgestaltung und -wahrung geschlossen werden. Hierzu zählen insbesondere die – ggf. nach dem Gebot des sichersten Wegs erneute – Ausübung von Gestaltungsrechten (z.B. Kündigung, Anfechtung, Rücktrittserklärung), die (Nach-)Fristsetzung oder die Vornahme einer Abtretung. 274

Besonders fehlerträchtig ist in diesem Zusammenhang § 174 BGB: Gerade bei der Ausübung von Gestaltungsrechten bedarf es des Nachweises der Vollmacht, um der Gefahr einer Zurückweisung zu entgehen. 275

Ein wichtiger Anwendungsfall ist die beweisbare **Aufforderung** des Schuldners zur Leistung, ggf. unter Nachfristsetzung. Hiermit wird erstens der Gefahr eines sofortigen Anerkenntnisses mit Kostentragungspflicht des Klägers gem. § 93 ZPO oder gar einer Klageabweisung (z.B. §§ 281 Abs. 1 Satz 1, 634 BGB) entgegengewirkt. Zweitens tritt damit Schuldnerverzug ein, der nicht nur für den Zinsanspruch der §§ 280 Abs. 1, 2, 286, 288 BGB erforderlich ist, sondern auch für andere Ansprüche (z.B. § 1613 BGB). 276

Der Rechtswahrung dienen auch Maßnahmen zur **Stärkung und Sicherung der eigenen Beweissituation.** Im Einzelfall kann es sinnvoll sein, diese Maßnahmen bereits im Vorfeld des Prozesses zu treffen, um nicht unter Fristendruck zu handeln oder einem Verlust von Beweismitteln (z.B. der Erinnerung) vorzubeugen. 277

▶ Praxistipp:

Ergibt die Prozessvorbereitung, dass die vorhandenen Beweismittel absehbar nicht genügen, so ist zu prüfen, wie weitere Beweismittel gewonnen werden können.

Bei strafrechtlich relevanten Sachverhalten kann Strafanzeige erstattet werden, um Beweismittel durch die Ermittlungsmaßnahmen zu gewinnen.

Durch eine Abtretung an einen Dritten kann der Inhaber des Rechts von seiner Parteistellung im Prozess befreit werden, sodass er als Zeuge zur Verfügung steht. Zwar geht der Beweiswert der Vernehmung dieses Zeugen regelmäßig nicht über den einer Parteivernehmung hinaus, doch kann so eine Vernehmung unabhängig von der Ermessensausübung des Gerichts nach §§ 447, 448 ZPO erzwungen werden.

Erforderlich kann es auch sein, Informationen Dritter einzuholen oder sonstige Ermittlungen anzustellen. Dies gilt für Handelsregister-, Grundbuch- und Katasterauszüge, bei welchen der Antrag auf Heranziehung der entsprechenden Akten grundsätzlich nicht ausreicht (§ 432 Abs. 2 ZPO), für die Ermittlung von Zeugen bzw. die Erstellung von Zeugenprotokollen, von Foto- und Videodokumentationen, die Erholung eines Privatgutachtens sowie die Aufbewahrung streitgegenständlicher Objekte.

Kapitel 4: Außergerichtliche Streitbeilegung (ADR)

Übersicht

A. Gütestellenverfahren und andere Formen der ADR

278 Die Verfahren der außergerichtlichen Streitbeilegung (»Alternative Dispute Resolution«, ADR; Greger MDR 2017, 1107; Grziwotz/Peter MDR 2017, 617; Wolf NJW 2015, 1656) bilden eine sinnvolle **Zwischenebene** zwischen der vorprozessualen Korrespondenz und dem gerichtlichen Verfahren. Obwohl ihre Wirksamkeit empirisch belegt ist (oftmals sind sie weit effektiver als die vorprozessuale Korrespondenz), wird dieses Zwischengeschoss zwischen Parteischriftverkehr und Gerichtsverfahren jedoch nur in Ausnahmefällen genutzt. Dadurch bleiben große Potenziale und Gestaltungsmöglichkeiten ungenutzt. Ergänzt werden diese klassischen ADR-Methoden durch gerichtsinterne Verfahren wie das Güterichterverfahren (§ 278 Abs. 5 ZPO), das die Möglichkeiten der Konfliktbeilegung während eines bereits laufenden Prozesses erweitert.

279 Als Alternativen zum gerichtlichen Verfahren bieten sich das Schlichtungsverfahren vor der Gütestelle, die Mediation, das Schiedsgutachten (»Expert Determination«) und das Schiedsverfahren an. Unter diesen Alternativen sollte die staatlich eingerichtete Gütestelle – auch abseits der gesetzlichen Verpflichtung zu ihrer Anrufung (Rdn. 285) – die erste Wahl sein. Der Hauptgrund hierfür ist, dass vor Gütestellen nach § 794 Abs. 1 Nr. 1 ZPO vollstreckbare Vergleiche geschlossen werden können.

▶ Praxistipp:

280 Es ist jedem Prozessanwalt ans Herz zu legen, gezielt Kenntnisse und Kontakte in der alternativen Streitbeilegung (ADR) aufzubauen. Immer wieder ist zu beobachten, dass Beteiligte ihre ersten Erfahrungen mit der ADR gerade in verfahrenen und menschlich schwierigen Fällen machen. Um hier nicht ins kalte Wasser springen zu müssen, macht es Sinn, gezielt Erfahrungen in der außergerichtlichen Streitbeilegung zu sammeln.

281 Ein weiterer großer Vorteil von ADR-Verfahren liegt in der **Verjährungshemmung.** Am verlässlichsten ist insoweit das Gütestellenverfahren, da hier die Hemmung – im Gegensatz zum Normalfall des § 203 BGB – ohne Rücksicht auf die Zustimmung bzw. Verhandlungsbereitschaft der Gegenseite, in einem formalisierten Verfahren und mit § 204 Abs. 1 Nr. 4 BGB auf einer klaren gesetzlichen Grundlage eintritt und länger andauert (6-Monats-Frist des § 204 Abs. 1 BGB statt drei Monaten gemäß § 203 BGB).

▶ Praxistipp:

282 Wird eine außergerichtliche Streitbeilegung auch zur Verjährungshemmung in Betracht gezogen, so ist im Zweifelsfall ein Gütestellenverfahren zu bevorzugen.

I. Weichenstellung durch Vertragsgestaltung

Obwohl Güte- und Einigungsstellen bzw. Mediatoren grundsätzlich auch ohne entsprechende Vertragsgestaltung angerufen werden können, ist es sinnvoll, Möglichkeiten der alternativen Streitbeilegung bereits bei der Vertragsgestaltung zu bedenken. 283

▶ Praxistipp:

Regelmäßig sollte ein Antrag auf Erlass einer einstweiligen Verfügung trotz einer vereinbarten außergerichtlichen Streitbeilegung zulässig sein. Die Verfahren der außergerichtlichen Streitbeilegung (z.B. die Mediation) können das Rechtsschutzziel einer einstweiligen Verfügung nicht vermitteln. Daher verstieße es – ungeachtet der Klauselgestaltung – im Zweifelsfall gegen § 242 BGB, der Antragstellung die dilatorischen Rechte aus der Streitbeilegungsklausel entgegenzuhalten. 284

II. Gütestellenverfahren

Bekannt ist dieses Schlichtungsverfahren insbesondere durch die in § 15a EGZPO festgelegte Notwendigkeit, in bestimmten Fällen zwingend vor der Klageerhebung eine Gütestelle anzurufen (**obligatorische Anrufung**). Darüber hinaus steht die **fakultative Anrufung** von Gütestellen in allen übrigen Fällen offen. 285

Eine fähige Gütestelle zu kennen und mit dem Verfahren vertraut zu sein, ist für einen Prozessanwalt ein unschätzbar wichtiges Werkzeug. Gegenüber der bloßen Parteikorrespondenz bietet das Verfahren den klaren Vorteil, die **Verjährung zuverlässig zu hemmen** und den Konflikt in einen strukturierten Rahmen zu überführen; dies erhöht die Chance auf eine Erfüllung der Ansprüche oder Einigung ohne Prozess erheblich. Im Vergleich zu einer Klage ist das Gütestellenverfahren zudem **kostengünstiger, schneller** und gewährt den Parteien die volle **Handlungsfreiheit** bei der Lösungsfindung und Beendigung des Verfahrens. 286

▶ Praxistipp:

In der Ausgestaltung des Verfahrens setzen die staatlichen Gütestellen regelmäßig auf Mediationstechniken. Das Verfahren beruht also auf Freiwilligkeit und soll die Beteiligten dabei unterstützen, mit Unterstützung des Gütestellenvorsitzenden als neutralen Mediator selbstverantwortlich eine einvernehmliche Lösung zu erarbeiten.

Im Anwendungsbereich von § 15a EGZPO ist die vorherige Anrufung einer Gütestelle zwingende und nicht nachholbare Zulässigkeitsvoraussetzung für eine Klage (BGH NJW 2005, 437; Friedrich NJW 2003, 3534). Nach § 15a EGZPO kann das Landesrecht bestimmen, dass eine Klage bei besonderen Streitigkeiten erst zulässig ist, wenn zuvor ein Gütestellenverfahren durchgeführt wurde. Von dieser Möglichkeit haben derzeit die meisten Bundesländer – Bayern, Brandenburg, Hessen, Mecklenburg-Vorpommern, Niedersachsen, Nordrhein-Westfalen, Rheinland-Pfalz, das Saarland, Sachsen-Anhalt und Schleswig-Holstein – durch entsprechende, teils unterschiedliche Regelungen in ihren Schlichtungsgesetzen Gebrauch gemacht. 287

Die Frage, an welchem Zeitpunkt die Notwendigkeit des Gütestellenverfahrens festgemacht werden muss (Anders/Gehle/Hartmann § 15a Rn. 6 EGZPO: Zustellung der Klageschrift; a.A. Thomas/Putzo/Hüßtege § 15a Rn. 2 EGZPO: letzte mündliche Verhandlung), ist allerdings ungeklärt.

▶ Praxistipp:

Vor der Klageerhebung muss unbedingt geprüft werden, ob eine Pflicht zur Durchführung eines außergerichtlichen Gütestellenverfahrens besteht. In der Regel ist eine obligatorische Streitschlichtung bei vermögensrechtlichen Streitigkeiten bis zu einem Wert von 750 €, bei Nachbar- und Ehrstreitigkeiten außerhalb der Medien (§ 15a Abs. 1 EGZPO) sowie bei Streitigkeiten über Ansprüche nach Abschnitt 3 des Allgemeinen Gleichbehandlungsgesetzes (AGG) vorgeschrieben. Die genaue Ausgestaltung dieses Verfahrens kann je nach Landesrecht variieren. 288

289 Der Versuch einer gütlichen Einigung vor einer Gütestelle ist eine von Amts wegen zu beachtende **Prozessvoraussetzung**, und zwar für alle Streitgenossen (BGH NJW-RR 2010, 1725). Eine ohne den Einigungsversuch erhobene Klage ist unzulässig. Nachgewiesen wird er mit einer von der Gütestelle ausgestellten Bescheinigung über einen erfolglosen Einigungsversuch (§ 15a Abs. 1 Satz 2, Abs. 3 Satz 3 EGZPO).

290 Nach Klageeinreichung ist das Schlichtungsverfahren vor der Gütestelle nicht nachholbar. Ein bestehendes Schlichtungserfordernis entfällt auch nicht durch die Verbindung des schlichtungsbedürftigen Antrags mit einem nicht schlichtungsbedürftigen Klageantrag; wurde kein Schlichtungsverfahren durchgeführt, ist die Klage hinsichtlich des schlichtungsbedürftigen Antrags als unzulässig abzuweisen (BGH NJW-RR 2009, 1239).

Von dem Versuch, eine Unzulässigkeit nach § 15a Abs. 1 Satz 1 Nr. 1 EGZPO durch eine Klageerweiterung über die Wertgrenze von 750 € hinaus (§ 264 Nr. 2 ZPO; Prütting/Gehrlein/Wegen/Barth § 15a EGZPO Rn. 10) oder durch eine nachträgliche objektive Klagehäufung (§§ 5, 260 ZPO) zu überwinden (LG Kassel NJW 2002, 2256), ist im Regelfall abzuraten, da die Annahme eines Rechtsmissbrauchs naheliegt (BGH NJW-RR 2009, 1239, 1240).

Wegen des Grundsatzes der Einheit des Verfahrens soll das Güteverfahren nach einer Ansicht nicht nachgeholt werden müssen, wenn ein Gericht eines Landes ohne obligatorisches Schlichtungsverfahren an ein Gericht eines Landes verweist, das ein solches eingeführt hat (Zöller/Gummer § 15a Rn. 18 EGZPO).

291 Allerdings legt § 15a EGZPO **wichtige Ausnahmen** fest, die die meisten Ausführungsgesetze der Länder übernommen haben.

292 Die Verpflichtung zur Durchführung eines Gütestellenverfahrens besteht nicht, wenn bereits ein Mahnverfahren geführt wurde (§ 15a Abs. 2 Satz 1 Nr. 5 EGZPO).

> ▶ Praxistipp:
>
> Die Notwendigkeit eines Güteverfahrens kann bei Zahlungsansprüchen durch eine »Flucht in das Mahnverfahren« umgangen werden.

293 Auch bei Klagen, die binnen einer gesetzlichen oder gerichtlich angeordneten Frist zu erheben sind, bei Widerklagen und bei Urkundenprozessen besteht keine Pflicht zur Durchführung des Gütestellenverfahrens. Da es sich hier nicht um »Klagen« handelt, ist auch vor der Beantragung eines Mahnbescheids, vor einem Arrest oder vor einem Antrag auf Erlass einer einstweiligen Verfügung kein Gütestellenverfahren durchzuführen.

Haben beide Parteien bereits einen Einigungsversuch vor einer sonstigen Streitbeilegungsstelle unternommen (§ 15a Abs. 3 EGZPO) oder ihren (Wohn-)Sitz nicht im selben Bundesland (§ 15a Abs. 2 Satz 2 EGZPO), ist ein Schlichtungsverfahren ebenfalls nicht erforderlich.

294 Die Ausnahme des fehlenden Schlichtungserfordernisses bei unterschiedlichen (Wohn-)Sitzen ist z.B. regelmäßig bei Verkehrsunfallprozessen mit der Haftpflichtversicherung oder in Reisevertragssachen der Fall. Nach Ansicht des LG Traunstein (NJW-RR 2004, 1222) soll dies dann auch für den mitverklagten Fahrer und Versicherungsnehmer gelten, da dieser aufgrund der Versicherungsbedingungen keine eigenen Erklärungen verbindlich abgeben kann und somit die Durchführung eines Schlichtungsverfahrens ohne Einbeziehung der Haftpflichtversicherung eine »pure Förmelei« wäre.

Die landesgesetzlichen Regelungen können diesbezüglich noch weitere Einschränkungen enthalten. So ist nach dem Bayerischen Schlichtungsgesetz (Art. 2) ein Schlichtungsversuch nur erforderlich, wenn die Parteien ihren Wohnsitz, ihren Sitz oder ihre Niederlassung in demselben Landgerichtsbezirk haben. Nach dem Schlichtungsgesetz von Baden-Württemberg (§ 1 Abs. 3) besteht dieses Erfordernis hingegen auch dann, wenn alle Parteien ihren Wohnsitz in demselben oder in benachbarten Landgerichtsbezirken haben.

Sofern das landesrechtliche Schlichtungsgesetz keine Möglichkeit einer öffentlichen Zustellung bei unbekanntem Aufenthalt des Beklagten vorsieht, ist das Schlichtungsverfahren entbehrlich (BGH MDR 2004, 1310).

295 Nach § 204 Abs. 1 Nr. 4 BGB wird die **Verjährung gehemmt** durch die Bekanntgabe des Güteantrags.

Nach gefestigter Rechtsprechung tritt diese Verjährungshemmung hierbei unabhängig davon ein, ob die Gütestelle sachlich (OLG Brandenburg, Urt. vom 03.03.2010, 4 U 40/09) oder örtlich zuständig ist (BGH NJW-RR 1993, 1495). Dafür spricht der Wortlaut der Vorschrift. Da für den Güteantrag indes anders als für die Klageerhebung keine formellen Anforderungen gelten und eine Anwendung des § 281 ZPO auf die dem Landesrecht unterliegenden Gütestellen nicht möglich ist, lässt sich damit eine prozesstaktische Nutzung nicht verhindern. 296

Die Hemmung der Verjährung hängt jedoch – ebenso wie bei der Klageerhebung oder beim Mahnverfahren – davon ab, dass der Antrag hinreichend bestimmt ist (vgl. hierzu im Einzelnen Duchstein NJW 2014, 342). 297

▶ Praxistipp:

Der Antragsteller sollte daher im Gütestellenantrag – auch wenn dies für die Einleitung des Verfahrens nicht zwingend notwendig ist – sein Begehren nennen (als Orientierung können hier die Voraussetzungen des § 253 Abs. 2 Nr. 2 ZPO dienen) und den zugrundeliegenden Sachverhalt schildern. 298

III. Sonstige Einigungs- und Schlichtungsstellen

Konsensuale Streitbeilegungen sind auch vor Schlichtungs- und Gütestellen möglich, die für viele Teilbereiche des täglichen Lebens (insbesondere Verbraucherbelange) als auch für spezialisierte Rechtsgebiete eingerichtet sind. 299

Ein Beispiel für solche spezialisierten Stellen sind die bei den Industrie- und Handelskammern eingerichteten Einigungsstellen zur Beilegung von Wettbewerbsstreitigkeiten nach § 15 UWG. Vor diesen Stellen kann schnell und preiswert in einem vorgegebenen, stark vereinfachten Verfahren eine Konfliktlösung gefunden werden. 300

▶ Praxistipp:

Im Fall einer gütlichen Einigung durch Abschluss eines vor der Einigungsstelle geschlossenen Vergleichs liegt ein Titel vor, aus dem die Zwangsvollstreckung betrieben werden kann (§ 15 Abs. 7 Satz 2 UWG; §§ 797a, 794 Abs. 1 Nr. 1 ZPO).

Große Bedeutung für Streitigkeiten des täglichen Lebens haben die Verfahren nach dem Verbraucherstreitbeilegungsgesetz (VSBG) zur Schlichtung von Streitigkeiten zwischen Verbrauchern und Unternehmern aus Verbraucherverträgen im Sinne des § 310 Abs. 3 BGB. 301

Die zahlreichen Schlichtungsstellen für Verbraucher werden in der Liste des Bundesamts für Justiz gemäß § 33 Abs. 1 VSBG geführt. Dazu zählen branchenspezifische Stellen wie die Schlichtungsstelle beim Deutschen Sparkassen- und Giroverband e.V., die Schlichtungsstelle der Rechtsanwaltschaft, die der Ombudsmann der Privaten Banken, die Ombudsstelle für Investmentfonds und die Schlichtungsstelle Umzug beim Bundesverband Möbelspedition und Logistik (AMÖ) e.V.

Grundsätzliche Voraussetzung für die Anrufung jeder Verbraucherschlichtungsstelle ist, dass es sich um eine Streitigkeit aus einem Verbrauchervertrag (§ 13 BGB) handelt und der Anspruch bereits erfolglos gegenüber dem Unternehmer geltend gemacht wurde (§ 14 Abs. 1 Nr. 2 VSBG).

Um sicherzustellen, dass jeder Verbraucher Hilfe erhält, ist das Zentrum für Schlichtung e.V. als Universalschlichtungsstelle des Bundes beliehen worden. Diese Stelle wird immer dann aktiv, wenn es keine branchenspezifische Schlichtungsstelle gibt. Dabei dient sie als Lotse, indem sie Anfragende entweder an die korrekte Spezialstelle weiterleitet oder selbst den Fall übernimmt. Die Stelle ist unparteiisch, bietet keine Rechtsberatung an, analysiert aber neutral die Rechtslage und stellt ihre juristische Kompetenz in Form von Schlichtungsvorschlägen bereit. Die Anrufung ist nur zulässig, wenn der Streitwert zwischen 10 Euro und 50.000 Euro liegt. Das Verfahren ist für den Verbraucher in der Regel kostenfrei, bei Missbrauch droht eine Gebühr von höchstens 30,– €. Die Universalschlichtungsstelle erhebt hingegen vom teilnahmebereiten oder -verpflichteten Unternehmen eine Gebühr, deren Höhe sich am jeweiligen Streitwert orientiert. Der Anwalt erhält für die Vertretung im Verfahren eine 1,5-fache Geschäfts- und ggf. eine weitere 1,5-fache Einigungsgebühr (Nr. 2302, 1000 VV-RVG). Im Regelfall erhält der Verbraucher binnen 90 Tagen einen am geltenden Recht ausgerichteten Schlichtungsvorschlag, der entweder auf dem unstreitigen Sachverhalt oder auf bloßen Wahrscheinlichkeitsüberlegungen beruht; eine Beweisaufnahme findet nicht statt.

Das Verbraucherstreitbeilegungsverfahren steht nicht nur dem Verbraucher offen, sondern auch dem Unternehmer, wenn er sich diesen Weg durch eine allgemeine Erklärung auf seiner Website oder in seinen AGB vorbehalten hat (§ 36 VSBG).

Soweit die Schlichtungsstellen staatlich anerkannt sind, können die vor ihnen geschlossenen Vergleiche gemäß § 794 Abs. 1 Nr. 1 ZPO vollstreckt werden.

IV. Schiedsgutachten (Expert Determination)

302 Gerade in komplexen Fällen, deren Beurteilung von besonderen Fachkenntnissen abhängt, wie z.B. im Bereich der Software oder im Maschinenbau, hat sich das Schiedsgutachten als Instrument der Streitbeilegung etabliert. In diesem speziellen ADR-Verfahren beauftragen die Parteien einen neutralen Spezialisten damit, ihnen eine bindende (Vor-)Entscheidung über eine spezifische, meist technische oder sachliche Frage zu treffen.

▶ Praxistipp:

303 Soweit eine Gesprächsgrundlage mit der Gegenseite besteht, sollte in technisch schwierigen Fällen erwogen werden, wesentliche Streitpunkte durch die Beauftragung eines Experten abzugrenzen und zu klären.

V. Mediation

304 Eine bedeutende Rolle bei der Streitbeilegung spielt auch die Mediation. Nach § 1 Abs. 1 MediationsG ist die Mediation ein vertrauliches und strukturiertes Verfahren, bei dem Parteien mit Hilfe eines oder mehrerer Mediatoren freiwillig und eigenverantwortlich eine einvernehmliche Beilegung ihres Konflikts anstreben.

▶ Praxistipp:

305 Das sich allgemein bei ADR-Lösungen stellende Problem, die Gegenseite von einer Teilnahme am Verfahren zu überzeugen, stellt sich hier ganz besonders. Im Gegensatz zu Güte- und Einigungsstellen, die Gegner regelmäßig zu einem Termin laden, setzt das Mediationsverfahren voraus, dass die Parteien einen Mediator auswählen (§ 2 Abs. 1 MediationsG), was sich nicht selten als schwierig darstellt.

VI. Schiedsverfahren

306 In Wirtschaftsstreitigkeiten wird häufig von der Möglichkeit Gebrauch gemacht, die Zuständigkeit eines Schiedsgerichts zu vereinbaren.

Ein Schiedsgerichtsverfahren kommt nur aufgrund einer vertraglichen Abrede zwischen den Beteiligten zustande. Diese Abrede umfasst auch die Verfahrensgestaltung, die Regeln der ZPO gelten nur hilfsweise. Eine Schiedsgerichtsabrede kann auch noch nach Entstehen der Streitigkeit getroffen werden, um so ein streitiges gerichtliches Verfahren zu verhindern. Die Existenz einer wirksamen Schiedsgerichtsabrede steht der Zulässigkeit einer dennoch erhobenen Klage auf Einrede einer Partei hin entgegen (§ 1032 ZPO).

Schiedsgerichtsverfahren sind regelmäßig schneller und häufig kostengünstiger als staatliche Gerichtsverfahren. Zudem können die Schiedsrichter nach besonderer Fachkompetenz ausgesucht werden. Schiedssprüche können national nach §§ 1060 ff. ZPO für vollstreckbar erklärt werden; international gilt hierfür das New Yorker Übereinkommen über die Anerkennung und Vollstreckung ausländischer Schiedssprüche.

▶ Praxistipp:

307 Eine besonders große praktische Bedeutung haben Schiedsverfahren bei Streitigkeiten um Internet-Domains. Die Registrierungsbedingungen der meisten generischen Top-Level-Domains

(gTLDs) wie z.B. .com, .net oder .org enthalten Schiedsbedingungen, die es etwa Markeninhabern gestatten, die Übertragung oder Löschung unrechtmäßig registrierter Domains vor dem Schiedsgericht der WIPO (World Intellectual Property Organization) oder anderen Schiedsgerichten zu beantragen.

VII. Güterichterverfahren

Unabhängig von den außergerichtlichen Verfahren gewährt § 278 Abs. 5 ZPO dem Streitgericht die Möglichkeit, einen bereits laufenden Rechtsstreit an einen besonderen Güterichter abzugeben (Greger MDR 2014, 993). Dies dürfte gerade in verwickelten Situationen sinnvoll sein, da der Güterichter zur gütlichen Beilegung des Rechtsstreits alle Methoden der Konfliktbeilegung einschließlich der Mediation einsetzen kann. 308

▶ Praxistipp:

Der Kläger soll nach § 253 Abs. 3 Nr. 1 ZPO in der Klageschrift angeben, ob der Klageerhebung der Versuch einer Mediation oder eines anderen Verfahrens der außergerichtlichen Konfliktbeilegung vorausgegangen ist, bzw. ob einer Verweisung nach § 278 Abs. 5 ZPO Gründe entgegenstehen. Dadurch soll es dem Gericht ermöglicht werden, informiert über die Abgabe an den Güterichter nach § 278 Abs. 5 ZPO zu entscheiden.

B. Vorstufe zum Prozess: Mahnung, Abmahnung, Berechtigungsanfrage

Die anwaltliche Tätigkeit im Vorfeld eines Rechtsstreits kann sich in mehrfacher Hinsicht als vorteilhaft erweisen. Sie entspricht dem in § 1 Abs. 3 BORA verankerten Gebot der Konfliktvermeidung. Außerdem ermöglicht sie es, die materielle Rechtslage (etwa durch Herbeiführung der Verzugsfolgen oder eine Anfechtung) und die prozessuale Situation (beispielsweise durch Vermeidung eines Anerkenntnisses gemäß § 93 ZPO) im Interesse des Mandanten zu gestalten. 309

I. Forderungsschreiben und Mahnung

Ein Forderungsschreiben bzw. eine Mahnung ist insbesondere bei eindeutiger Rechtslage sinnvoll; eine anwaltliche Vertretung verleiht dem Anliegen besonderen Nachdruck und erhöht die Chancen einer kosten- und zeitsparenden außergerichtlichen Klärung. 310

Vorsicht ist bei der Ausübung materieller Wahl- und Gestaltungsrechte (z.B. Kündigung, Rücktritt, Anfechtung) geboten. Erstens ist die Ausübung des Rechts sorgfältig zu erwägen, da eine spätere einseitige Rücknahme grundsätzlich ausgeschlossen ist. Zweitens muss sich der Anwalt klar und eindeutig ausdrücken (BGH NJW 1996, 2648, 2650: korrekte Verwendung juristischer Fachausdrücke, hier »Kündigung« statt »Rücktritt«). Drittens ist sicherzustellen, dass der Zugang der Erklärung später beweisbar ist und dass (insbesondere bei der Abgabe einseitiger Erklärungen für den Mandanten) die Vollmacht nachgewiesen ist (§ 174 BGB; Henssler/Michel NJW 2015, 11).

Zu beachten ist ferner, dass die Mahnung und das Forderungsschreiben grundsätzlich eine Anspruchsberühmung beinhalten, so dass sie der in Anspruch genommenen Gegenseite die Möglichkeit einer negativen Feststellungsklage eröffnen (Zöller/Greger § 256 Rn. 14a). Hierüber ist der Mandant ggf. aufzuklären.

II. Abmahnung

Unter einer Abmahnung versteht man die formalisierte Aufforderung, ein bestimmtes Verhalten zu unterlassen. Grundsätzlich gibt es zwei Arten von Abmahnungen: solche, die in Dauerschuldverhältnissen bei Pflichtverletzungen erfolgen (z.B. vor einer fristlosen Kündigung), und solche, die der Durchsetzung von Unterlassungsansprüchen dienen. 311

1. Abmahnung bei Pflichtverletzungen in Dauerschuldverhältnissen

312 Die Abmahnung bei Verletzung einer Pflicht in einem Dauerschuldverhältnis ist in §§ 314 Abs. 2, 281 Abs. 3, 323 Abs. 3, 541, 543 Abs. 3, 569 Abs. 2a, 590a, 1053 f. und 1217 Abs. 1 BGB gesetzlich geregelt. Sie ist regelmäßig erforderlich, um dem Empfänger vor einer fristlosen Kündigung oder anderen Einwirkungen auf das Schuldverhältnis die Konsequenzen seines pflichtwidrigen Verhaltens aufzuzeigen und ihm die Möglichkeit zu geben, sein Verhalten zu ändern. Inhaltlich muss die Abmahnung hinreichend deutlich erkennen lassen, weshalb das Verhalten der Adressaten bestandet wird, und die Konsequenzen eines fortgesetzten Fehlverhaltens aufzeigen.

2. Abmahnung wegen Unterlassungsanspruchs

313 Die Abmahnung zur Geltendmachung eines aus einer Zuwiderhandlung resultierenden Unterlassungsanspruchs weist vier wesentliche Elemente auf: Erstens **informiert** sie den Verletzer darüber, dass er sich durch eine konkret bezeichnete Handlung rechtswidrig verhalten hat, zweitens **fordert** sie dazu **auf**, das Verhalten in Zukunft zu unterlassen und die Wiederholungsgefahr durch Abgabe einer strafbewehrten Unterlassungserklärung zu beseitigen, **drittens** droht sie für den Fall, dass dies nicht geschieht, mit einer gerichtlichen Inanspruchnahme. Das richterrechtlich und gesetzlich – auch teilweise je nach Rechtsgebiet unterschiedlich, vgl. § 13 Abs. 2 UWG, § 97a UrhG – ausgeformte Normgefüge zur Abmahnung soll hier nicht im Einzelnen ausgebreitet werden. Wichtig zu erwähnen ist allerdings, dass die Unterlassungs-Abmahnung ein scharfes Schwert darstellt: Sie beinhaltet eine Anspruchsberühmung, weshalb sie mit einer negativen Feststellungsklage und ggf. auch mit Schaden- und Kostenersatzansprüchen gekontert werden kann.

III. Berechtigungsanfrage

314 Gewissermaßen als milderes Mittel zu einer Abmahnung, aber auch zu einer Mahnung, stellt sich die Berechtigungsanfrage (auch als »Schutzrechtshinweis« bezeichnet) an. Sie dient der Benachrichtigung der Gegenseite in Fällen, in denen tatsächlich oder rechtlich Unsicherheiten hinsichtlich der Schutzrechtslage bestehen. Ihrem Inhalt nach gibt die Berechtigungsanfrage dem vermeintlichen Verletzer Gelegenheit, sein möglicherweise rechtsverletzendes Verhalten einzustellen oder aber zu erklären, weshalb er sich zu diesem Verhalten berechtigt hält.

Gerade wegen der bewussten Vermeidung einer Eskalation ist die Berechtigungsanfrage in der Praxis ein ausgesprochen effizientes Konfliktlösungsinstrument, das sich gerade in solchen Situationen bewährt, in denen ein Dialog zwischen den Parteien denkbar ist oder die Aufklärung der Sachlage noch nicht abgeschlossen ist.

Kapitel 5: Grundbegriffe und Fehlerquellen im Prozess

Übersicht

A. Änderung der Gerichtszuständigkeit

I. Zuständigkeitsfortdauer

315 Die Änderung zuständigkeitsbegründender Umstände nach Eintritt der Rechtshängigkeit berührt die einmal eingetretene örtliche und sachliche Zuständigkeit grundsätzlich nicht (§ 261 Abs. 3 Nr. 2 ZPO).

Ändert der im allgemeinen Gerichtsstand in Anspruch genommene Beklagte seinen Wohnort nach Zustellung der Klage, bleibt das ursprüngliche Gericht zuständig. Entsprechendes gilt bei Abschluss einer Zuständigkeitsvereinbarung (BGH NJW 1963, 585).

Sinkt der Streitwert einer vor dem Landgericht erhobenen Klage (z.B. durch eine teilweise Klagerücknahme oder ein Teilurteil) auf bzw. unter die Zuständigkeitsgrenze (derzeit noch 5.000 €), bleibt die sachliche Zuständigkeit des Landgerichts bestehen.

316 Etwas anderes gilt, wenn sich der Streitwert nachträglich über die **Streitwertgrenze** hinaus erhöht, etwa durch eine Klageerweiterung oder eine (den Wert der Klage übersteigende) Widerklage. Hier kann eine Fortdauer der ursprünglichen amtsgerichtlichen Zuständigkeit nur durch rügelose Einlassung der Parteien eintreten. Macht eine Partei die Unzuständigkeit geltend und beantragt dies, hat eine Verweisung an das Landgericht zu erfolgen (§ 506 ZPO).

II. Verweisung

Stellt sich im Laufe des Prozesses heraus, dass das angerufene Gericht sachlich oder örtlich **unzuständig** ist, kann zur Vermeidung einer unzulässigen Klageabweisung ein Antrag auf Verweisung an das zuständige Gericht gestellt werden (§ 281 ZPO). 317

Erforderlich kann dies werden, weil der Kläger irrtümlich ein unzuständiges Gericht angerufen hat, weil das Gericht die Auffassung des Klägers über die Zuständigkeit nicht teilt. Nur in seltenen Ausnahmefällen kann das angerufene Gericht nachträglich unzuständig werden. Anders als die übrigen Zulässigkeitsvoraussetzungen, die zum Zeitpunkt der letzten mündlichen Verhandlung vorliegen müssen, reicht es für die Zuständigkeiten aus, dass diese irgendwann während des Prozesses einmal vorgelegen haben (auch für die internationale Zuständigkeit: BayObLG FamRZ 1993, 1469). Dies folgt aus § 261 Abs. 3 Nr. 2 ZPO, der jede nachträgliche Änderung von Umständen, die für die Zuständigkeit von Bedeutung sind, für unbeachtlich erklärt (sog. perpetuatio fori). War die Zuständigkeit des Gerichts bei Rechtshängigkeit gegeben oder trat sie irgendwann im Verlauf des Prozesses ein, so dauert sie grundsätzlich fort, auch wenn die zuständigkeitsbegründenden Umstände sich ändern und das Gericht im Zeitpunkt der letzten mündlichen Verhandlung eigentlich nicht mehr zuständig wäre.

Sinn dieser Regelung ist es, dem Beklagten die Möglichkeit zu nehmen, durch dauerndes Wechseln des Wohnorts ein Sachurteil zu verhindern. Unbeachtlich sind indes nicht nur Wohnortwechsel des Beklagten, sondern auch Ermäßigungen der Klage nach § 264 ZPO, teilweise Klagerücknahmen nach § 269 ZPO und Änderungen des Gesetzes oder der Rechtsprechung (Anders/Gehle/Weber § 261 Rn. 28 f.).

Nur ausnahmsweise kommt ein Verweisungsantrag auch für den Beklagten in Betracht (etwa für die Widerklage und bei § 506 ZPO).

Auch wenn die sachliche und örtliche Zuständigkeit als Zulässigkeitsvoraussetzungen von Amts wegen zu prüfen sind, liegt die (objektive) Beweislast grundsätzlich beim Kläger, d.h. er hat das Risiko der Nichterweislichkeit zu tragen (Zöller/Greger Vor § 253 Rn. 17).

Lassen sich zuständigkeits- und anspruchsbegründende Tatsachen nicht trennen, ist die Zuständigkeit bereits gegeben, wenn die anspruchsbegründenden Tatsachen schlüssig vorgetragen werden (BAG NJW 1961, 2177; Deutsch MDR 1967, 68; Prütting/Gehrlein/Bey § 38 Rn. 20; z.B. Gerichtsstandsvereinbarung innerhalb des streitgegenständlichen Vertrages). Fehlt diese Voraussetzung, wird die Klage (lediglich) als unzulässig abgewiesen (Kosten trägt der Kläger, § 91 ZPO).

► Beispiel:

Geht der Kläger im Gerichtsstand der unerlaubten Handlung vor und ist streitig, ob es eine solche überhaupt gegeben hat, so wird die Zuständigkeit zunächst unterstellt und eine Beweisaufnahme durchgeführt. 318

Abzugrenzen ist diese Verweisung von der bloßen **Abgabe** der Sache an ein anderes Gericht. Letztere bedarf weder der Formen des § 281 BGB noch führt es dessen Folgen (Bindungswirkungen) herbei. Eine Abgabe ist möglich vor der Rechtshängigkeit der Sache, d.h. vor der Zustellung der Klage an den Beklagten. 319

► Praxistipp:

Sollen durch die Klage Fristen gewahrt werden, ist sorgfältig zu prüfen, ob dies eine vorherige Abgabe noch erlaubt. Im Zweifel muss darauf bestanden werden, dass das unzuständige Gericht die Klage zunächst zustellt (was für die Fristwahrung genügt) und danach eine förmliche Verweisung erfolgt. 320

Die Unzuständigkeit des angerufenen Gerichts muss von Anfang an bestanden haben, durch nachträgliche Handlungen (etwa eine Gerichtsstandsvereinbarung) kann sie nicht herbeigeführt werden (§ 261 Abs. 3 Nr. 2 ZPO).

Die Verweisung kann auch zusätzliche Kosten auslösen (z.B. Kosten eines zweiten Anwalts des Beklagten, § 281 Abs. 3 ZPO). Diese können vermieden oder zumindest minimiert werden, wenn der Verweisungsantrag möglichst früh gestellt wird.

Der Verweisungsantrag muss das zuständige Gericht nicht benennen. Erforderlich ist aber, dass dem Gericht hinreichend Tatsachen vorgetragen werden, anhand derer es das zuständige Gericht bestimmen kann.

321 Der Kläger muss das **zuständige Gericht** dann im Verweisungsantrag angeben, wenn mehrere Gerichte in Betracht kommen (§§ 35, 281 Abs. 1 Satz 2 ZPO).

Sind mehrere Personen als Streitgenossen verklagt, die bei verschiedenen Gerichten ihren allgemeinen Gerichtsstand haben und ein gemeinschaftlicher besonderer Gerichtsstand nicht gegeben ist, kommt anstelle der Verweisung eine Zuständigkeitsbestimmung nach § 36 Abs. 1 Nr. 3 ZPO in Betracht. Diese kann auch noch nach Klageerhebung erfolgen (Zöller/Schultzky § 36 Rn. 26). Eine Verweisung ist in diesen Fällen nur bei Abtrennung gem. § 145 Abs. 1 ZPO möglich. Bei Gesamtschuldnern ist eine solche zwar zulässig, aber in der Regel untunlich.

Ausnahmsweise kann auch der Beklagte einen Verweisungsantrag stellen (§ 506 ZPO: bei nachträglicher sachlicher Unzuständigkeit des Amtsgerichts). Sonst kann darin eine konkludente Zuständigkeitsrüge gesehen werden.

322 Der Verweisungsantrag kann auch bedingt (**hilfsweise**) für den Fall gestellt werden, dass das Gericht sich für unzuständig hält.

Dies kommt in Betracht, wenn der Kläger von der Zuständigkeit des angerufenen Gerichts ausgeht und vermeiden will, dass bei anderer rechtlicher Beurteilung die Klage abgewiesen wird. Hat das Gericht bereits einen entsprechenden (vertretbaren und nicht ersichtlich objektiv willkürlichen) Hinweis gegeben, lohnt es sich in der Regel nicht, auf dem eigenen Standpunkt zu beharren. Nicht zuletzt deshalb, weil bis zu einer etwaigen Korrektur eines etwaigen unrichtigen Prozessurteils in der zweiten Instanz viel Zeit vergehen kann und das Kostenrisiko steigt. Demgegenüber sind grundsätzlich auch fehlerhafte Verweisungen bindend (§ 281 Abs. 2 Satz 4 ZPO; Zöller/Greger § 281 Rn. 16 ff.). Dies schließt es nicht aus, das Gericht auf die Fehlerhaftigkeit seiner Rechtsansicht aufmerksam zu machen, um dadurch in Einzelfällen vielleicht doch eine – an sich ungewollte – Verweisung zu verhindern.

▶ Praxistipp:

323 Bei Unklarheiten und Zweifeln hinsichtlich der örtlichen Zuständigkeit sollte zur Vermeidung einer Klageabweisung auf jeden Fall die Verweisung hilfsweise beantragt werden.

Der Hilfsverweisungsantrag kann bereits in der Klageschrift gestellt werden. Dadurch kann man sich gegebenenfalls einen (unnötigen) Termin ersparen, da der Verweisungsbeschluss ohne mündliche Verhandlung ergehen darf.

Obgleich es keine Voraussetzung ist, wird in der Praxis häufig gleichzeitig mit dem Verweisungsantrag das Einverständnis mit einer Entscheidung ohne mündliche Verhandlung erklärt. Sinnvoll ist ein ausdrücklicher Antrag auf schriftliche Entscheidung, wenn das Gericht bereits einen Verhandlungstermin bestimmt hat und mit einer rügelosen Einlassung des Beklagten nicht zu rechnen ist.

324 Der Verweisungsantrag sollte **nicht vorschnell** gestellt werden.

Ein zu früh gestellter Verweisungsantrag kann dazu führen, dass das Gericht wegen der Bindungswirkung und Unanfechtbarkeit der Verweisung (§ 281 Abs. 2 Satz 3, 5 ZPO) Zweifeln an der Zuständigkeit zu schnell nachgibt, um die Sache einfach zu erledigen (Fischer MDR 2000, 684: »Die Phantasie derjenigen, die einen Prozess verweisen wollen, ist offenbar grenzenlos«; ders. NJW 1993, 2417: hinter falschen Verweisungsbeschlüssen – die durch einen schnellen Griff zu dem entsprechenden Formular erledigt werden – steht sehr häufig Arbeitsökonomie und nicht etwa ein Versehen oder Rechtsunkenntnis). Es ist dabei auch die Möglichkeit einer zuständigkeitsbegründenden rügelosen Einlassung des Beklagten in Betracht zu ziehen. Im schriftlichen Vorverfahren dagegen kann ein zu spät gestellter Verweisungsantrag nachteilig sein (unten Rdn. 1101).

Zu vermeiden ist auch, dass durch den Verweisungsantrag ein bis dahin gegen Streitgenossen gemeinsam geführtes Verfahren getrennt wird, da danach die Bestimmung eines gemeinsamen Gerichtsstands und somit eine erneute Verbindung nicht mehr erreicht werden kann (OLG Karlsruhe NJW-RR 2014, 444).

Der Verweisungsbeschluss ist **nicht anfechtbar** (§ 281 Abs. 2 Satz 2 ZPO). 325

Der Verweisungsbeschluss entfaltet Bindungswirkung. Dies gilt für die Parteien, die ihn nicht im Rechtsmittelzug anfechten können (§ 281 Abs. 2 Satz 2 ZPO), ebenso wie für das Gericht, an das verwiesen worden ist (§ 281 Abs. 2 Satz 4 ZPO).

Offengelassen hat der BGH, ob Ausnahmefälle denkbar sind, in denen die bindende Wirkung einer rechtskräftigen Verweisung verneint werden kann (vgl. BGH, Beschl. vom 14.05.2013, X ARZ 167/13). Wenn überhaupt, kommt eine Durchbrechung der Bindungswirkung nur bei »extremen Verstößen« gegen grundlegende materiell- und verfahrensrechtliche Vorschriften in Betracht (BGH, Beschl. vom 14.05.2013, X ARZ 167/13).

Deshalb kann die von der Verweisung nachteilig betroffene Partei die Zuständigkeit des neuen Gerichts nur mit dem Hinweis auf die fehlende Bindung rügen, damit dieses die Übernahme ablehnt bzw. ein Verfahren nach § 36 Nr. 6 ZPO einleitet.

Der Kläger trägt bei Verweisung – auch wenn er in der Hauptsache obsiegt – die entstandenen 326 **Mehrkosten**, was hauptsächlich bei Anwaltswechsel auf Beklagtenseite relevant ist (§ 281 Abs. 3 Satz 2 ZPO).

Es empfiehlt sich für den in der Hauptsache unterlegenen Beklagten, dies speziell zu beantragen. Denn diese Kostentrennung wird von den Gerichten häufig übersehen. Eine insoweit unrichtige Kostenentscheidung im Urteil ist für den Rechtspfleger im Kostenfestsetzungsverfahren bindend (Thomas/Putzo/Seiler § 281 Rn. 18). Ggf. muss der Beklagte innerhalb von zwei Wochen die Ergänzung des Urteils gem. § 321 ZPO beantragen (Zöller/Feskorn § 321 Rn. 10 f.).

▶ Praxistipp:

Das Verfahren wird bei Verweisung vor dem neuen Gericht in der Lage fortgesetzt, in der es 327 sich bei der Verweisung befand (Verfahrenseinheit).

Deshalb wirken auch die bisherigen Prozesshandlungen fort. Vor allem werden die richterlichen Fristsetzungen des Erstgerichts durch die Verweisung nicht wirkungslos (Zöller/Greger § 281 Rn. 15a; OLG Frankfurt a. M. NJW-RR 1993, 1084). Man darf daher nicht auf irgendwelche Aufforderungen des neuen Gerichts warten, während etwaige Erklärungsfristen ablaufen. Es empfiehlt sich, Anträge auf Fristverlängerung sogleich beim neuen Gericht einzureichen.

Nicht möglich ist eine Verweisung nach § 281 ZPO bei fehlender funktioneller (BGH NJW-RR 328 2001, 60) oder internationaler Zuständigkeit sowie beim falschen Rechtsweg (BGH NJW-RR 2022, 217; dort Verweisung nach § 17a Abs. 2 GVG). Nicht möglich ist eine Verweisung – trotz gestelltem Antrag – auch, wenn der Beklagte bereits angekündigt hat, sich rügelos einlassen zu wollen (§ 39 ZPO; OLG Stuttgart NJW-RR 2010, 792).

Auf eine nach § 72a GVG erfolgte Abgabe oder Verweisung eines Rechtsstreits von einer Kammer eines Landgerichts an eine andere ist § 281 ZPO weder unmittelbar noch analog anwendbar. Derartige Verweisungen entfalten daher auch keine Bindungswirkung nach § 281 Abs. 2 Satz 4 ZPO (BGHZ 71, 264; KG MDR 2019, 1176).

Nach der Verweisung geht der Rechtsstreit vor dem neuen Gericht in der Lage weiter, in der er sich 329 vor der Verweisung vor dem alten Gericht befand (Grundsatz der Verfahrenseinheit). Bereits vorgenommene Prozesshandlungen behalten ihre Wirksamkeit, wenn sie zum Zeitpunkt ihrer Vornahme wirksam waren. Dies gilt insbesondere nach einer Verweisung vom Amts- an das Landgericht für Handlungen der Partei selbst (Saenger/Sandhaus NJW 2014, 417), aber auch für Fristen, die den Parteien bereits gesetzt waren (Duhme ZAP Fach 13, S. 1961).

▶ Praxistipp:

Die zu erwartende oder erfolgte Verweisung des Rechtsstreits enthebt die Parteien nicht der 330 Notwendigkeit, laufende Fristen zu beachten. Diese dauern vor dem neuen Gericht fort.

B. Änderung der Prozessbeteiligten

331 Wer Partei des Rechtsstreits geworden ist, richtet sich nach dem »**formellen Parteibegriff**«. Entscheidend ist, wer im Rubrum als Partei bezeichnet und an der Zustellung der Klage beteiligt ist (unten Rdn. 934). Erkennt der Kläger später, dass er hierbei Fehler gemacht hat, so muss er nicht unbedingt die Klage zurücknehmen und eine neue Klage erheben. Aus prozessökonomischen Gründen muss es möglich sein, den »richtigen« Beteiligten in den Prozess einzubeziehen.

Änderungen können auf einzelne Prozessrechtsverhältnisse, etwa allein auf die Klage oder die Widerklage, beschränkt werden (BGH MDR 2019, 148).

332 Eine Änderung in Bezug auf die bisherigen Prozessbeteiligten kann erforderlich werden, wenn sich herausstellt, dass die Klage zwischen ihnen keinen Erfolg haben wird, weil sie unzulässig oder unbegründet ist, oder dass zwischen ihnen eine endgültige Beilegung des Konflikts nicht möglich sein wird und Folgeprozesse mit Dritten zu erwarten sind. In Betracht kommen dabei entweder eine Berichtigung der Prozessbeteiligten oder eine Erweiterung des Prozessrechtsverhältnisses auf am Verfahren bislang nicht beteiligte Personen.

333 Auch wenn es sich bei Parteiberichtigung und dem Parteiwechsel um zwei getrennte Institute mit jeweils eigenen Voraussetzungen und Rechtsfolgen handelt, führen sie faktisch häufig zum selben Ergebnis: Der Rechtsstreit wird mit der »richtigen« Partei fortgesetzt, eventuelle Kosten der »falschen« Partei sind vom Kläger zu tragen (für die fehlerhafte Beklagtenbezeichnung Kempe/Antochewicz NJW 2013, 2797).

I. Parteiberichtigung

334 Ist die (richtige) Partei lediglich falsch bezeichnet, so kann diese Bezeichnung berichtigt werden (»Rubrumsberichtigung«).

▶ Beispiele:

335 Im Rubrum ist der Name eines Beteiligten falsch geschrieben.

Als Partei ist der »Gemeinschuldner, vertreten durch den Insolvenzverwalter« bezeichnet, nicht (wie rechtlich erforderlich) »Insolvenzverwalter als Partei kraft Amtes«.

Eine Partei hat durch Eheschließung ihren Namen geändert.

Die Gesellschaftsform einer Partei ist falsch angegeben, wobei nur ein Unternehmen dieser Bezeichnung existiert (GmbH statt GbR).

Statt des Inhabers eines Einzelunternehmens wird eine rechtlich nicht bestehende Fantasiefirma angegeben (»Blumenladen Meier«).

336 Eine solche Berichtigung ist in der ZPO zwar nicht ausdrücklich vorgesehen, wird übereinstimmend aber aus einer analogen Anwendung der Vorschriften über die Berichtigung formaler Fehler in Protokoll (§ 164 ZPO) und Urteil (§§ 319, 320 ZPO) hergeleitet.

Liegen die Voraussetzungen einer Parteiberichtigung vor, muss das Gericht die neue Bezeichnung der Partei berücksichtigen, ohne dass es hierzu einer förmlichen Entscheidung bedarf. Nur wenn die Berichtigung erst nach Rechtskraft beantragt wird, erfolgt sie in Form eines besonderen Beschlusses (BGH NJW 1981, 1454; Rosenberg/Schwab/Gottwald, § 41 III).

337 Voraussetzung der Parteiberichtigung ist, dass die Identität der Partei von Anfang an feststeht und durch die Berichtigung nicht geändert werden soll (BGH NJW 2003, 1043; BGH MDR 2013, 420). Mit der bloßen Berichtigung kann ein Wechsel in der Person der Partei nicht erreicht werden.

Das schließt nicht aus, dass die gewählte Bezeichnung und die berichtigte Bezeichnung zwei unterschiedliche Rechtssubjekte bezeichnen. Da auch die formelle Parteibezeichnung auslegungsfähig ist, kann trotz formeller Bezeichnung eines Rechtssubjekts erkennbar ein anderes gemeint sein. 338

▶ Beispiel:

Richtet sich die Klage formell gegen die »XY-Versicherungs-AG«, die im Konzern indes nur als Holding tätig wird, kann die Auslegung der Klagebegründung ergeben, dass die Klage von Anfang an gegen die Konzerntochter »XY-Haftpflichtversicherungs-AG« gerichtet war. Wird dies im Laufe des Rechtsstreits klargestellt, liegt lediglich eine Parteiberichtigung, kein Parteiwechsel vor (OLG Hamm MDR 1991, 1201; Zöller/Althammer Vor § 50 Rn. 10). 339

▶ Praxistipp:

Der Antrag auf »Rubrumsberichtigung« verdeckt häufig eine eigentlich notwendige Parteiänderung. 340

BGH NJW-RR 2008, 582: »Nach der höchstrichterlichen Rechtsprechung ist eine Parteibezeichnung als Teil einer Prozesshandlung grundsätzlich der Auslegung zugänglich. Dabei ist maßgeblich, wie die Bezeichnung bei objektiver Deutung aus der Sicht der Empfänger (Gericht und Gegenpartei) zu verstehen ist. Es kommt darauf an, welcher Sinn der von der klagenden Partei in der Klageschrift gewählten Bezeichnung bei objektiver Würdigung des Erklärungsinhalts beizulegen ist. Bei objektiv unrichtiger oder auch mehrdeutiger Bezeichnung ist grundsätzlich diejenige Person als Partei anzusprechen, die erkennbar durch die Parteibezeichnung betroffen werden soll. Bei der Auslegung der Parteibezeichnung sind nicht nur die im Rubrum der Klageschrift enthaltenen Angaben, sondern auch der gesamte Inhalt der Klageschrift einschließlich etwaiger beigefügter Anlagen zu berücksichtigen. Dabei gilt der Grundsatz, dass die Klageerhebung gegen die in Wahrheit gemeinte Person nicht an deren fehlerhafter Bezeichnung scheitern darf, wenn diese Mängel in Anbetracht der jeweiligen Umstände letztlich keine vernünftigen Zweifel an dem wirklich Gewollten aufkommen lassen, auch dann, wenn statt der richtigen Bezeichnung irrtümlich die Bezeichnung einer tatsächlich existierenden (juristischen oder natürlichen) Person gewählt wird, solange nur aus dem Inhalt der Klageschrift und etwaigen Anlagen unzweifelhaft deutlich wird, welche Partei tatsächlich gemeint ist. Von der fehlerhaften Parteibezeichnung zu unterscheiden ist die irrtümliche Benennung der falschen, am materiellen Rechtsverhältnis nicht beteiligten Person als Partei; diese wird Partei, weil es entscheidend auf den Willen des Klägers, so wie er objektiv geäußert ist, ankommt.«

Ist der Kläger im Unklaren darüber, ob eine Parteiberichtigung genügt oder ein Parteiwechsel erforderlich ist, kann er beides miteinander verbinden, d.h. dem Berichtigungsantrag »hilfsweise« einen Parteiwechsel beifügen. In diesem Fall muss sichergestellt sein, dass auch die Voraussetzungen des Wechsels vorliegen (unten Rdn. 341).

Hat der Gegner einen Berichtigungsantrag gestellt, muss darauf geachtet werden, dass das Gericht (praktisch häufig nur die Geschäftsstelle ohne Beteiligung des Richters) nicht stillschweigend einfach die Parteibezeichnung (auf Aktendeckeln, gerichtlichen Schreiben, Urteilsrubrum etc.) ändert, ohne die Problematik erkannt zu haben. In besonderem Maß gilt dies für die Rubrumsberichtigung bei einem bereits erwirkten Titel, dessen Vollstreckung wegen ungenauer Parteibezeichnung scheitern kann (Prütting/Gehrlein/Thole § 319 Rn. 6).

II. Parteiwechsel

Klassischer, aber auch prozessual schwierigster Fall der Parteiänderung ist der Parteiwechsel. 341

1. Abgrenzung

Steht fest, dass bei Klageerhebung die »falsche« Partei in den Prozess einbezogen wurde und soll diese nunmehr durch die »richtige« Partei ersetzt werden, ist ein echter Parteiwechsel erforderlich. 342

Mit einem solchen Parteiwechsel werden die Abweisung der anhängigen Klage und die Verpflichtung, die hierdurch entstandenen Kosten zu tragen, vermieden. Zudem bleibt der Aufwand eines neuen Prozesses erspart, was insbesondere dann ins Gewicht fällt, wenn bisherige Prozessergebnisse (Beweisaufnahmen) auch der neuen Partei gegenüber verwertet werden können. Letztlich bringt der Parteiwechsel damit auch einen erheblichen Zeitgewinn.

343 Auch der Parteiwechsel führt häufig zu zusätzlichen, regelmäßig vom Kläger zu tragenden Kosten. Um diese zu vermeiden, sollte vorab überdacht werden, ob nicht andere, billigere Alternativen in Betracht kommen. In Frage kommt

- die bloße **Parteiberichtigung** (oben Rdn. 334),
- die Vornahme eines **Rechtsgeschäfts**, das materiell die Rechtslage herbeiführt, die der Prozesslage entspricht. Im Vordergrund stehen dabei Verfügungen und Ermächtigungen. Da für die Entscheidung auf den Zeitpunkt des Schlusses der letzten mündlichen Verhandlung abzustellen ist, bleibt es folgenlos, dass die Klage zu einem früheren Zeitpunkt im Prozess keine Aussicht auf Erfolg hatte.

▶ Beispiel:

344 Stellt sich im Laufe des Prozesses heraus, dass die Aktivlegitimation des Klägers fehlt, weil er die Forderung vorprozessual (sicherungshalber) abgetreten hat, kann er die materielle Berechtigung durch Rückabtretung (und sei es auch nur »zum Zwecke des Einzugs«, sog. Inkassozession) wiedererlangen. Der Kläger kann sich vom Forderungsinhaber aber zur klageweisen Geltendmachung der Forderung im eigenen Namen ermächtigen lassen (sog. gewillkürte Prozessstandschaft).

Je nach Fallgestaltung ist auch »Schadensliquidation im Drittinteresse« oder ein Forderungsrecht des Versprechensempfängers gem. § 335 BGB möglich.

Zu beachten ist immer, ob eine solche materielle Änderung eine Änderung des Sachantrags erforderlich macht, z.B. eine Umstellung des Antrags auf Leistung an den Dritten (OLG Düsseldorf NJW-RR 1988, 636: Reisevertrag; Grüneberg/Grüneberg § 335 Rn. 1; Vorb. § 249 Rn. 112).

345 Ein Parteiwechsel kann aufseiten des **Klägers** oder des **Beklagten** erfolgen; er kann auf einer gesetzlichen Anordnung (»gesetzlicher Parteiwechsel«) oder auf dem bloßen Willen der Beteiligten (»gewillkürter Parteiwechsel«) beruhen.

346 **Gesetzlich** zwingend angeordnet ist der Parteiwechsel in den Fällen der §§ 239–242 ZPO. Liegen die dort genannten Voraussetzungen vor, so tritt der Parteiwechsel automatisch und unabhängig davon ein, ob die Parteien dies wollen oder nicht.

▶ Beispiel:

347 Stirbt eine Partei nach Eintritt der Rechtshängigkeit, so treten ihre Erben automatisch in den Prozess ein (§ 239 ZPO). Hierzu wird der Prozess zunächst unterbrochen und die Erben haben Gelegenheit, sich zu melden sowie den Prozess aufzunehmen (§ 239 Abs. 1 ZPO). Tun sie dies nicht, müssen sie vom Gegner ermittelt und auf seinen Antrag hin durch das Gericht geladen werden. Folgen sie dieser Ladung und erscheinen im Termin, so wird zunächst über die Rechtsnachfolge verhandelt, hierüber ggf. durch Zwischenurteil entschieden, bevor der Rechtsstreit in der Hauptsache fortgesetzt wird. Folgen sie der Ladung nicht, so sind sie säumig: Dann wird ihre Rechtsnachfolge fingiert (§ 239 Abs. 4 ZPO), in der Hauptsache kann gegen sie ein Versäumnisurteil ergehen (§§ 330, 331 ZPO).

Mit Eröffnung des Insolvenzverfahrens verliert der Gemeinschuldner die Prozessführungsbefugnis über den zur Insolvenzmasse gehörenden Anspruch. An seiner Stelle tritt der Insolvenzverwalter in den Prozess ein (§ 240 ZPO). Hier wird das Verfahren in jedem Fall (auch bei anwaltlicher Vertretung) unterbrochen und muss vom Insolvenzverwalter gemäß §§ 85 f. InsO wieder aufgenommen werden.

Praxistipp:

Im Fall des Todes einer Partei tritt eine Unterbrechung des Verfahrens von Amts wegen nicht ein, wenn die Partei anwaltlich vertreten war (§§ 246, 86 ZPO). Zur Klärung der Sach- und Rechtslage wird es hier regelmäßig eines Unterbrechungsantrags durch den Anwalt bedürfen. 348

In anderen Fällen erlaubt das Gesetz den Austausch der Parteien nur, ohne ihn zu erzwingen. Zu einem Wechsel kommt es nur, wenn die Parteien diesen wollen. Beispiele hierfür sind der Prätendentenstreit (§ 75 ZPO), die Urheberbenennung (§§ 76, 77 ZPO) und die Veräußerung der streitbefangenen Sache (§§ 265, 266 ZPO; zur Rechtskrafterstreckung BGH NJW 2019, 310).

Dass in allen Fällen gesetzlichen Parteiwechsels die neue Partei den Rechtsstreit in der Situation übernehmen muss, in der sie ihn vorfindet, sie somit an die geschaffenen Prozesslagen (z.B. Beweisergebnisse, Geständnisse, Anerkenntnisse) gebunden ist, findet seine Rechtfertigung in der zwischen Vorgänger und Nachfolger existierenden Rechtsbeziehung und der insoweit klaren gesetzlichen Anordnung. 349

Der praktisch wichtigere **gewillkürte Parteiwechsel** ist im Gesetz nicht geregelt. Umstritten ist deswegen, unter welchen Voraussetzungen er zulässig ist und welche Rechtsfolgen er hat. 350

2. Voraussetzungen

Einigkeit besteht darüber, dass der gewillkürte Parteiwechsel aus Gründen der Prozessökonomie praeter legem grundsätzlich zuzulassen ist (Heinrich, Der gewillkürte Parteiwechsel, 1990; Roth NJW 1988, 2977; zu den Besonderheiten beim Übergang vom Gesellschafts- zum Gesellschafterprozess BGHZ 62, 131; OLG Frankfurt a. M. NJW 1977, 308). Die Voraussetzungen, unter die er zu stellen ist, hängen wesentlich von der rechtlichen Qualifizierung ab, die immer noch streitig ist. 351

Nach der Rechtsprechung (BGH NJW 1955, 1393) sind auf den gewillkürten Parteiwechsel die Vorschriften über die Klageänderung entsprechend anzuwenden: Diese regeln unmittelbar eine Änderung des Prozessobjekts (des Streitgegenstands) und enthalten eine sachgerechte Interessenabwägung auch für den Fall einer Änderung der Prozesssubjekte, den Parteiwechsel. 352

Nach Auffassung der überwiegenden Literatur (Jauernig, § 86 II; Rosenberg/Schwab/Gottwald, § 42 III 2; Stein/Jonas/Schumann, § 264 Rn. 100, alle m.w.N.) ist eine solche Analogie wegen grundsätzlicher Unterschiede beider Institute nicht möglich; der gewillkürte Parteiwechsel muss als prozessuales Institut sui generis betrachtet werden, Voraussetzungen und Rechtsfolgen können nur aus allgemeinen Grundsätzen des Prozessrechts (insbesondere aus §§ 265 Abs. 2 Satz 2, 269 Abs. 1, 263, 91a ZPO) abgeleitet werden.

Dieser Streit wirkt sich auf die für die Wirksamkeit eines gewillkürten Parteiwechsels zu fordernden Voraussetzungen nur teilweise aus. Einigkeit besteht darüber, dass der gewillkürte Parteiwechsel wegen der Dispositionsmaxime von der Zustimmung der Parteien abhängt. 353

- Ein bisheriger Kläger kann aus dieser Parteistellung nicht gegen seinen Willen verdrängt werden, sodass die Partei, die als Kläger ausscheiden soll, stets zustimmen muss.
- Der neue Kläger muss zustimmen, da niemand gegen seinen Willen Kläger werden kann.
- Ein bisheriger Beklagter muss der Rücknahme einer gegen ihn gerichteten Klage zustimmen, wenn er zur Hauptsache mündlich verhandelt hat (§ 269 Abs. 1 ZPO, vgl. auch BGH NJW 1981, 989).
- Streitig ist damit allein, ob auch der neue Beklagte zustimmen muss: Nach Auffassung der Literatur muss er nicht zustimmen, weil er sich gegen eine neu erhobene Klage auch nicht wehren könnte. Nach der Rechtsprechung ist seine Zustimmung erforderlich, weil es sich um einen Fall der Klageänderung handelt (§ 263 ZPO); allerdings kann seine Zustimmung durch rügelose Einlassung des Beklagten oder durch Bejahung der Sachdienlichkeit seitens des Gerichts ersetzt werden (§§ 267, 263 ZPO).

Die Einwilligung des Beklagten gilt entsprechend § 267 ZPO als erteilt, wenn er sich ohne Widerspruch auf die abgeänderte Klage eingelassen hat. Hat der Beklagte – ohne vorherige schriftliche Beanstandung –

einen Antrag auf Abweisung der geänderten Klage gestellt, so wird seine Einwilligung unwiderleglich vermutet (BGH NJW-RR 2005, 437).

354 Die **Sachdienlichkeit** ist dabei objektiv zu beurteilen: Entscheidend ist die Prozesswirtschaftlichkeit, d.h., die Zulassung ist sachdienlich, wenn hierdurch der mit der Führung eines neuen Prozesses verbundene Aufwand reduziert werden kann, insbesondere weil die im bisherigen Prozess erreichten Prozesslagen fortdauern. Keine Rolle spielen die subjektiven Interessen der Parteien oder die Frage einer möglichen Verzögerung der Erledigung (BGH NJW-RR 1990, 505).

355 Weitere Zulässigkeitsprobleme können sich aus den allgemeinen Zulässigkeitserfordernissen neu erhobener Klagen ergeben.

So fehlt im neuen Prozessrechtsverhältnis in der Regel ein etwaiges erforderliches Schlichtungsverfahren (oben Rdn. 278 ff.).

Klar ist, dass dem neuen Beklagten ein der Klageschrift entsprechender Schriftsatz nebst Gewährung der Einlassungsfrist zugestellt werden muss (§ 274 Abs. 3 ZPO; Zöller/Greger § 263 Rn. 20). Ein hierfür erforderlicher Kostenvorschuss ist vom Kläger einzuzahlen. Erfolgt die Klageänderung gegenüber dem im Termin anwesenden neuen Beklagten (auch hier Zustellung erforderlich, Zöller/Greger § 261 Rn. 6), darf daher kein Versäumnisurteil ergehen (§ 335 Abs. 1 Nr. 3 ZPO), sofern der Beklagte nicht rügelos verhandelt (§ 295 ZPO; Zöller/Greger § 274 Rn. 6). Für den neuen Beklagten tritt Rechtshängigkeit erst mit Zustellung des Erweiterungsschriftsatzes ein.

356 Der Parteiwechsel in **II. Instanz** folgt grundsätzlich den für die I. Instanz aufgestellten Prinzipien (BGH NJW 2003, 2172). Abweichungen ergeben sich insoweit nur für den Wechsel auf Beklagtenseite: Da der neue Beklagte hier bei seinem Eintritt in den Prozess eine Instanz verliert, bedarf es sowohl nach Auffassung der Literatur als auch der der Rechtsprechung (BGH NJW 1981, 989; BGH NJW 1984, 2104; BGH NJW 1998, 1496) seiner ausdrücklichen Zustimmung; diese kann durch rügelose Einlassung oder Bejahung der Sachdienlichkeit nicht ersetzt werden. Der ausdrücklichen Zustimmung des neuen Beklagten bedarf es ausnahmsweise nicht, wenn sich die Verweigerung der Zustimmung als Rechtsmissbrauch darstellen würde (BGH NJW-RR 2008, 176).

3. Rechtsfolgen

357 Ist der Parteiwechsel wirksam, so sind auch die neuen Parteien an die bereits geschaffenen **Prozesslagen** grundsätzlich gebunden.

Nach der Auffassung der Rechtsprechung über die Fortdauer des ursprünglichen Prozesses ist dies unproblematisch bei einer neuen Partei, die ihrem Eintritt zugestimmt hat. Würde dagegen ein neuer Beklagter auch ohne seine Zustimmung an die bisherige Prozesslage gebunden, wäre es möglich, dass ihm nach einem Anerkenntnis oder Geständnis seines Vorgängers keinerlei Gestaltungsmöglichkeiten mehr blieben. Die h.M. bezieht deswegen die Frage nach den Prozesslagen, an die die neue Partei gebunden würde, bereits bei der Prüfung der Sachdienlichkeit mit ein und verneint diese, wenn die Bindung unzumutbar weit reichen würde.

358 Unabhängig von einer Bindung an Prozesslagen ist zu beachten, dass die materiellen und prozessualen **Wirkungen der Klage** erst ab dem Zustandekommen des Prozessrechtsverhältnisses zwischen den neuen Parteien eintreten können.

▶ Beispiel:

359 Prozesszinsen schuldet der neue Beklagte erst ab Zustellung des den Parteiwechsel enthaltenden Schriftsatzes an ihn.

Ist der neue Beklagte säumig, ergeht auch dann nur ein erstes Versäumnisurteil, wenn der alte Beklagte zuvor bereits säumig war (OLG Karlsruhe NJW-RR 1993, 383).

Ist der Parteiwechsel unwirksam, ist im Wege der Auslegung zu ermitteln, ob der Prozess infolge Rücknahme der Klage im ursprünglichen Prozessrechtsverhältnis beendet ist oder ob dieses hilfsweise aufrechterhalten werden sollte. 360

III. Parteierweiterung (Beitritt)

Beim bloßen Beitritt bleibt die Partei – anders als beim Parteiwechsel – am Rechtsstreit beteiligt und scheidet nicht aus. Die Folgen des Eintritts der neuen Partei sind jedoch bei beiden Rechtsinstituten die gleichen. 361

▶ Beispiel:

In der Praxis kann es z.B. erforderlich oder vorteilhaft sein, die Klage auf weitere Personen auszudehnen, weil sich deren Verpflichtung im Laufe des bisherigen Verfahrens erst herausgestellt hat oder weil sie als Zeugen ausgeschlossen werden sollen. Auf Klägerseite kann die Erweiterung etwa erforderlich sein, wenn irrtümlich nicht alle materiell-rechtlich notwendigen Streitgenossen (z.B. Gesellschafter einer BGB-Gesellschaft) die Klage erhoben haben. 362

Einen gesetzlichen Parteibeitritt kennt nur § 856 Abs. 2 ZPO. Klagt ein Gläubiger gegen einen Drittschuldner auf Hinterlegung und entschließt sich ein weiterer Gläubiger später, dies auch zu tun, so muss er sich der schon anhängigen Klage anschließen. Eine eigene Klage wäre unzulässig (Prütting/Gehrlein/Ahrens § 856 Rn. 2; Zöller/Herget § 856 Rn. 1; Thomas/Putzo/Hüßtege, § 856 Rn. 2). In diesem Fall müssen weder der bisherige Kläger noch der Beklagte dem Beitritt zustimmen, die neuen Kläger werden notwendige Streitgenossen und sind gleichermaßen an alle bisherigen Prozesslagen gebunden.

Sieht man mit der Rechtsprechung (BGH NJW 1966, 1028; BGH NJW 1975, 1228; BGHZ 40, 185) in der Parteierweiterung einen Unterfall des Parteiwechsels und behandelt sie ebenfalls analog den Vorschriften über die Klageänderung (§§ 263 ff. ZPO), so gilt für die Zulässigkeit: 363

- Der Beitritt eines neuen Klägers setzt dessen Zustimmung (Antrag) voraus, weil niemand gegen seinen Willen Kläger wird; außerdem bedarf es der Zustimmung des Beklagten nach § 263 ZPO, wobei diese durch rügelose Einlassung oder Bejahung der Sachdienlichkeit ersetzt werden kann (§§ 263, 267 ZPO); der alte Kläger muss nicht zustimmen, weil sein Prozessrechtsverhältnis unberührt bleibt.
- Auch der Beitritt eines neuen Beklagten erfolgt nur auf Antrag des Klägers und ist von einer Zustimmung des bisherigen Beklagten, dessen Prozessrechtsverhältnis nicht betroffen wird, unabhängig; der neue Beklagte muss zustimmen (§ 263 ZPO), wobei dies ersetzt werden kann (§§ 263, 267 ZPO).

Ob ein Parteibeitritt in **II. Instanz** überhaupt möglich ist, ist streitig; ein Teil der Literatur verneint dies unter Hinweis auf die fehlende funktionelle Zuständigkeit des Berufungsgerichts zur Neubegründung eines Prozessrechtsverhältnisses. Wird die Möglichkeit eines solchen Beitritts bejaht, so ist nach allen Auffassungen beim Klägerbeitritt die (nicht ersetzbare) Zustimmung des bisherigen Beklagten, beim Beklagtenbeitritt die (nicht ersetzbare) Zustimmung des neuen Beklagten erforderlich, weil in dem neu begründeten Prozessrechtsverhältnis eine Instanz verloren geht (BGH NJW 1981, 989; BGH NJW 1989, 3225; BGH NJW 1997, 2885). 364

IV. Intervention

Eine nachträgliche Erweiterung des Kreises der Prozessbeteiligten erfolgt auch in den Fällen der Intervention. 365

1. Nebenintervention

Bei der Nebenintervention tritt ein Dritter einem bereits laufenden Rechtsstreit bei, um eine der Parteien zu unterstützen. Er verfolgt dabei ein eigenes rechtliches Interesse am Ausgang des Verfahrens. 366

Da die Initiative hierzu nicht von einem der bisherigen Prozessbeteiligten ausgeht, sondern von einem Dritten, kann die Darstellung dieses Prozessinstituts auf die Frage beschränkt werden, wie auf einen solchen Beitritt zu reagieren ist.

367 Voraussetzung ist, dass der Dritte ein rechtliches Interesse am Obsiegen der Partei hat (§ 66 Abs. 1 ZPO). Dieses rechtliche Interesse ist gegeben, wenn die Entscheidung des Rechtsstreits zumindest mittelbar auch auf die Rechtsposition des Dritten einwirkt. Dies ist der Fall, wenn die Entscheidung in ihrer Rechtskraft bzw. in ihrer Gestaltungswirkung für und gegen den Nebenintervenienten wirkt (BGH NJW-RR 2015, 992 Rn. 18) bzw. diesen berührt. Praktisch ungleich relevanter ist das rechtliche Interesse qua Präjudizialität, das insbesondere dann gegeben ist, wenn der Nebenintervenient annehmen muss, im Falle eines Prozessverlusts von der unterlegenen Partei in Anspruch genommen zu werden (Fälle des Regresses und der Akzessorietät). Ein rein ideelles, wirtschaftliches oder tatsächliches Interesse reicht indes zur Begründung des Interventionsgrunds nicht aus (BGH NJW 2016, 1020 Rn. 11).

▶ Beispiel:

368 Die Rechtsprechung erkennt ein rechtliches Interesse des Dritten an einem Rechtsstreit an, wenn eine Rechtskrafterstreckung, Titelumschreibung oder Vorgreiflichkeit für seine eigenen Rechtsverhältnisse möglich ist, letzteres insbesondere bei akzessorischen Schuldverhältnissen (z.B. Bürgschaft) oder Regressansprüchen. Hingegen reicht das mittelbare wirtschaftliche Interesse eines Gesellschafters am Ausgang einer Klage seiner Gesellschaft gegen Dritte nicht aus, um eine Nebenintervention zu begründen (BGH MDR 2019, 148).

369 Das Gericht prüft von Amts wegen die allgemeinen persönlichen Prozesshandlungsvoraussetzungen des Nebenintervenienten. Die Zulässigkeit der Nebenintervention wird jedoch nur auf »Antrag auf Zurückweisung« der Nebenintervention durch eine Partei im Rahmen eines Zwischenstreits nach § 71 ZPO geprüft (vgl. hierzu auch BGH NJW-RR 2013, 490).

▶ Praxistipp:

370 Auf die Beitrittserklärung (§ 70 ZPO) hin sollten die Parteien prüfen, ob der Beitritt ihren Interessen entspricht, und diesem erforderlichenfalls widersprechen.

371 Der Beitritt eines Dritten **zur eigenen Partei** stellt regelmäßig keinen Nachteil dar. Der Dritte verfolgt das gleiche Prozessziel, sein Hinzutreten kann eigentlich nur förderlich sein, indem er zusätzliche Angriffs- und Verteidigungsmittel (z.B. Beweise) beibringt. Die Gefahr einer Interessenkollision wird durch § 67 ZPO ausgeschlossen: Der Nebenintervenient ist zur Geltendmachung von Angriffs- und Verteidigungsmitteln nur insoweit berechtigt, als er sich damit nicht in Widerspruch zu Handlungen und Erklärungen der Partei setzt. Prozesshandlungen des Nebenintervenienten kann die Partei deswegen jederzeit (auch nachträglich!) widersprechen und sie damit unwirksam machen. Auch die Interventionswirkung (§ 68 ZPO; unten Rdn. 384) tritt nur zulasten des Nebenintervenienten, nicht zulasten der Hauptpartei ein (BGH NJW 2015, 1824; Boldt Baurecht 2013, 287).

372 Der Beitritt eines Dritten **auf Gegnerseite** erfordert eine sorgfältige Abwägung, da sich dadurch die Position des Gegners stärkt und der eigene Prozessaufwand erhöht. Dies kann den eigenen Prozesserfolg gefährden. Besonders zu beachten ist, dass die Kosten der Nebenintervention gemäß § 101 Abs. 1 ZPO dem Gegner der Hauptpartei aufzuerlegen sind, soweit er nach den allgemeinen Kostenregeln die Kosten des Rechtsstreits zu tragen hat.

373 An dem durch den Widerspruch initiierten Zwischenstreit, der regelmäßig durch Zwischenurteil zu entscheiden ist (§ 70 Abs. 2 ZPO), sind grundsätzlich alle Parteien und der Nebenintervenient beteiligt. Gegenstand der Zulässigkeitsprüfung sind sowohl die sachlichen Voraussetzungen der Nebenintervention nach § 66 ZPO (insbesondere das rechtliche Interesse des Nebenintervenienten) als auch die formalen Voraussetzungen nach § 70 ZPO. Die Zulässigkeit der vom Nebenintervenienten vorgenommenen Prozesshandlungen wird nicht in diesem Zwischenstreit geprüft. Das

Verfahren erfordert grundsätzlich eine mündliche Verhandlung, in der der Nebenintervenient sein rechtliches Interesse (§ 66 Abs. 1 ZPO) glaubhaft machen muss. Ein Versäumnisurteil ist nicht möglich, wohl aber ein Zwischenurteil nach Aktenlage (§ 251a ZPO). In der Regel endet das Verfahren auch mit einem Zwischenurteil, gegen das die sofortige Beschwerde zulässig ist. Eine Zulassung der Rechtsbeschwerde kann in Betracht kommen. Das Beschwerdeverfahren kann nicht über das Ende des Hauptprozesses hinaus fortgesetzt werden. Die Teilnahme des Nebenintervenienten am Hauptprozess und dessen Fortgang werden durch den laufenden Zwischenstreit nicht eingeschränkt. Seine vor der Entscheidung über die Zulässigkeit der Nebenintervention vorgenommenen Prozesshandlungen bleiben wirksam.

2. Hauptintervention

Von einer Hauptintervention (§ 64 ZPO, treffend auch »Einmischungsklage« genannt) spricht man bei der Klage eines Dritten gegen eine der Parteien eines anhängigen Verfahrens mit dem Vortrag, die Sache bzw. das Recht, um das dort gestritten wird, werde für sich selbst in Anspruch genommen (Koussoulis ZZP 100 [1987], 211; Pfeiffer ZZP 111 [1998], 131). 374

▶ **Beispiel:**

Verlangt der Kläger vom Beklagten Herausgabe einer Sache, von der ein Dritter meint, sie gehöre ihm, so kann er im Wege der Hauptintervention gegen den Beklagten vorgehen. Die Hauptintervention kann auch durch Leistungsklage gegen die eine Partei eines Rechtsstreits und Feststellungsklage gegen die andere Partei erhoben werden (vgl. Zöller/Vollkommer, § 64, Rn. 3). 375

Auch hier werden die bisherigen Prozessparteien ohne eigenes Zutun mit dem Beitritt eines Dritten konfrontiert. Diese Form der Einmischung können sie regelmäßig nicht verhindern. Überlegt werden kann allenfalls, ob es nicht sinnvoll ist, den bisherigen Prozess auszusetzen, bis über den Interventionsprozess entschieden ist. Ein entsprechender Antrag ist nach § 65 ZPO (und damit unabhängig von den Voraussetzungen des § 148 ZPO) beiden Parteien möglich. 376

V. Die Streitverkündung

Ist aus Sicht der bisherigen Prozessbeteiligten die Erstreckung des Prozessrechtsverhältnisses auf Dritte erforderlich, kommt eine Streitverkündung in Betracht. 377

1. Allgemeines

Die Streitverkündung ist die förmliche Benachrichtigung eines Dritten von einem anhängigen Prozess durch eine der Parteien. 378

Sinnvoll ist sie insbesondere dann, wenn eine Partei die in einem späteren Regressprozess günstige Interventionswirkung herbeiführen will, der Dritte dem Prozess aber zunächst nicht freiwillig als Nebenintervenient beitritt. Hierdurch kann die Partei vermeiden, nach einer Niederlage im ersten Prozess in einem zweiten Rechtsstreit mit einer dem ersten Urteil widersprechenden Begründung erneut zu unterliegen; sie ist also effektiv vor einem Doppelverlust geschützt. Die Streitverkündung bietet also eine kostengünstige und risikolose Vorbereitung eines möglichen zweiten Prozesses gegen einen Dritten. Da die Interventionswirkung das spätere Verfahren weitgehend präjudiziert, kann häufig ein zweiter Rechtsstreit vermieden werden. 379

Allerdings kann mit der Streitverkündung kein vollstreckungsfähiger Titel gegen den Dritten erwirkt werden. Hierzu bedarf es stets eines gesonderten Folgeprozesses. Deshalb sollte geprüft werden, ob es nicht sinnvoller ist, sofort eine Leistungsklage gegen den Dritten zu erheben. 380

Ist der Regressanspruch gegen den Dritten noch nicht fällig, kommt eine Klage auf künftige Leistung in Betracht (unten Rdn. 997), ist ein Vermögensschaden noch nicht entstanden, kann die Klage auf (künftige) Freistellung gerichtet werden (unten Rdn. 986). Nur ausnahmsweise wird es möglich sein, die Leistungsklage als isolierte Drittwiderklage im bereits laufenden Verfahren zu erheben (unten Rdn. 1464).

Praktisch wird auf die Streitverkündung häufig wenig Mühe verwendet, weil deren Zulässigkeit erst im Folgeprozess geprüft wird. Dort aber ist es für die Behebung von Fehlern zu spät (Ghassemi-Tabar/Eckner MDR 2012, 1136).

▶ Praxistipp:

381 Das Unterlassen einer Streitverkündung ist für den Anwalt genauso haftungsträchtig wie eine unwirksame Streitverkündung.

Diese Haftungsträchtigkeit wird durch die Entscheidungen BGH NJW 1983, 820; BGH NJW 2010, 3576 und OLG Düsseldorf NJW-RR 1993, 1471 illustriert.

Sobald Folgeprozesse absehbar sind, muss der Anwalt im Rahmen seiner Mandatsbearbeitung prüfen, ob Vorkehrungen zur Vermeidung künftiger rechtlicher Nachteile erforderlich sind. Diese vorausschauende Prüfungspflicht gilt selbst bei einem Mandat, das sich auf die Verfolgung eines Anspruchs gegen eine spezifische Partei beschränkt. Im Zivilprozess »bietet sich als naheliegender Weg zur Wahrung der Rechte des Mandanten die Streitverkündung an« (BGH NJW 1993, 2045).

Obwohl die Streitverkündung eines »der wirkungsvollsten prozesstaktischen Mittel der ZPO« (Werres NJW 1984, 208) ist, wird von ihr in der Praxis selten und längst nicht in allen Fällen, in denen sie sinnvoll wäre, Gebrauch gemacht. Als »gefährliche Waffe« in der Hand des Streitverkünders verdient sie auch aufseiten des Verkündungsgegners größte Beachtung (Michel/Bruns S. 196). Damit kann mittels eines einfachen Schriftsatzes ein bislang nicht beteiligter Dritter mit erheblichen rechtlichen Wirkungen in den Prozess miteinbezogen werden.

Einer Streitverkündung bedarf es nicht, wenn der Dritte dem Rechtsstreit bereits als Nebenintervenient beigetreten ist oder er sich vertraglich der Interventionswirkung unterwirft, was indes nur in Ausnahmefällen vorkommen dürfte (OLG Düsseldorf NJW-RR 1993, 1471; Zöller/Althammer § 68 Rn. 12; Rinsche Rn. 292: vielfach lässt sich die hinter dem Dritten stehende Haftpflichtversicherung darauf ein).

2. Wirkungen

382 Die Wirkungen der Streitverkündung treten mit deren Wirksamwerden ein, d.h. mit der Zustellung der Streitverkündungsschrift an den Dritten (§ 73 Satz 3 ZPO). Sie sind unabhängig davon, wie der Dritte hierauf reagiert, insbesondere unabhängig davon, ob er dem Rechtsstreit beitritt oder nicht (§ 74 Abs. 2 ZPO; Werres NJW 1984, 208).

Voraussetzung für den Eintritt der Wirkungen ist indes, dass die Streitverkündung formal ordnungsgemäß, entsprechend den Anforderungen der §§ 72, 73 ZPO, erfolgt ist (Zöller/Althammer § 74 Rn. 1).

a) Verjährungshemmung

383 Materielle Wirkung der Streitverkündung ist die Hemmung der Verjährung des Regressanspruchs (§ 204 Abs. 1 Nr. 6 BGB).

Die Hemmung tritt indes nur ein, wenn die Streitverkündung zulässig ist (insbesondere den Anforderungen der §§ 72, 73 ZPO entspricht). Sie tritt nur insoweit ein, als die Streitverkündungsschrift ausreicht, erfasst also nur Ansprüche, die von den Angaben in der Streitverkündungsschrift umfasst sind (BGH NJW 2012, 674).

▶ Beispiel:

Erfolgt die Streitverkündung ausdrücklich nur im Hinblick auf Schadensersatzansprüche aus eigenem Recht, erstreckt sich die Hemmungswirkung nicht auf Ansprüche aus abgetretenem Recht (BGH NJW 2008, 519).

Die Hemmung beginnt mit Zustellung der Streitverkündungsschrift (§§ 204 Abs. 1 Nr. 6, 209 BGB), bei einer Zustellung »demnächst« (§ 167 ZPO) bereits mit dem Eingang der Streitverkündungsschrift bei Gericht (BGH NJW 2010, 856). Sie endet 6 Monate nach der rechtskräftigen Entscheidung oder anderweitigen Beendigung des Verfahrens; bis dahin bleibt sie auch dann aufrechterhalten, wenn die Klage zurückgenommen oder als unzulässig abgewiesen wird (§ 204 Abs. 2 BGB; im Gegensatz zu früher entfällt die Wirkung nicht rückwirkend, §§ 215, 212 BGB a.F.).

▶ Praxistipp:

Zum Nachweis der Verjährungswirkung sollte eine Bescheinigung der Zustellung (§ 169 ZPO) beantragt werden.

b) Interventionswirkung

Prozessual löst die Streitverkündung zulasten des Dritten die Interventionswirkung aus (§§ 74 Abs. 3, 68 ZPO; Flache/Schrader NJW-Spezial 2014, 492). 384

Damit wird der Dritte in dem gegen ihn von der (unterstützten bzw. streitverkündenden) Hauptpartei geführten Folgeprozess nicht mit der Behauptung gehört, der vorangegangene Prozess sei unrichtig entschieden worden. 385

Dies bedeutet, dass das Gericht im Folgeprozess an die das Urteil im vorangegangenen Rechtsstreit tragenden tatsächlichen und rechtlichen Feststellungen gebunden ist und diese seiner Entscheidung zugrunde legen muss.

Die Interventionswirkungen sollen nach einer Entscheidung des BGH aber nicht eintreten, wenn für den Folgeprozess ein anderer Rechtsweg gegeben ist (BGH NJW 1993, 2539: Arbeitsgerichtsbarkeit; Zöller/Althammer § 68 Rn. 10; str., kritisch Wax LM § 256 ZPO Nr. 177 Bl. 4 – Urteilsanmerkung).

Im selbstständigen Beweisverfahren (unten Rdn. 2303) umfasst die Bindungswirkung das Beweisergebnis (Thomas/Putzo/Hüßtege § 68 Rn. 5a; Reinelt ZAP Fach 13, S. 2055). Dadurch können vor allem etwaige Mängel bereits vor Klageerhebung festgestellt, die jeweiligen Verursacher benannt und die daraus resultierenden Verpflichtungen jedes einzelnen Beteiligten beziffert werden (Graf v. Westphalen ProzRB 2005, 6 – Urteilsanmerkung: »Diese Chance wird bislang vielfach nicht genutzt«).

aa) Voraussetzungen

Voraussetzungen für die Interventionswirkung sind, dass 386

- die Feststellungen im neuen Prozess zwischen Streitverkünder oder unterstützter Partei und Drittem streitig sind;
- die vorhergehende rechtskräftige Sachentscheidung auf ihnen beruht. Es muss sich also um die Entscheidung tragende Feststellungen und nicht um sog. überschießende Feststellungen (obiter dicta) handeln (BGH WM 2004 Heft 32, 1594). Endet der Vorprozess mit einem Vergleich, tritt mangels gerichtlicher Entscheidung keine Interventionswirkung ein (Thomas/Putzo/Hüßtege § 68 Rn. 4; Thora NJW 2019, 3624);
- eine wirksame bzw. zulässige Streitverkündung vorliegt, worüber aber im laufenden Prozess nicht verhandelt und entschieden wird. Bedeutung hat diese Frage nur für einen etwaigen Folgeprozess (Prütting/Gehrlein/Gehrlein § 72 Rn. 2).

▶ Praxistipp:

Ist der Dritte dem Rechtsstreit im Vorprozess nicht beigetreten und hält er die Streitverkündung für unzulässig, so muss er dies im Folgeprozess rügen, um eine Heilung nach § 295 ZPO zu vermeiden (BGH NJW 1976, 292).

Liegen diese Voraussetzungen vor, ist die Interventionswirkung nach h.M. **von Amts wegen** zu berücksichtigen, ohne dass sich die unterstützte Partei im Folgeprozess hierauf berufen müsste (Prütting/Gehrlein/Gehrlein § 72 Rn. 1; Anders/Gehle/Bünnigmann § 68 Rn. 2; **a.A.** Thomas/Putzo/Hüßtege § 68 Rn. 2). 387

bb) Reichweite

388 Die Interventionswirkung ist nicht identisch mit der materiellen Rechtskraft. Zwar bewirken beide Institute eine Bindung von Prozessbeteiligten an das Prozessergebnis, doch geht die Interventionswirkung über die Rechtskraft hinaus. Während die materielle Rechtskraft auf die Entscheidung über den Klageanspruch (d.h. praktisch den Tenor) beschränkt ist (§ 322 ZPO), umfasst die Interventionswirkung neben der tenorierten Rechtsfolge alle entscheidungserheblichen Einzeltatsachen und deren rechtliche Bewertung, soweit die Entscheidung darauf beruht (also auch Tatbestand und Entscheidungsgründe).

Wegen dieser weitgehenden Bindung erübrigt sich ein Folgeprozess häufig, wenn der Dritte einsieht, dass seine Position dort aussichtslos ist.

389 Die weitreichende Interventionswirkung hat aber auch ihre Grenzen. So umfasst sie grundsätzlich nur positive Feststellungen.

▶ Beispiel:

390 Von der Interventionswirkung erfasst werden der Geschehensablauf eines Unfalls oder eines Pkw-Verkaufs samt Vornahme und Inhalt arglistiger Täuschungen; die rechtliche Bewertung eines Vertrages als Werkvertrag, wonach sich dann auch die Gewährleistungsrechte richten; die Feststellung, dass der im Vorprozess relevante Werkvertrag gültig ist oder die herausverlangte Sache im Eigentum des Y steht.

391 Eine »negative Interventionswirkung« gibt es nicht. Verliert die Hauptpartei im Vorprozess wegen Nichtfeststellbarkeit einer Tatsache (»non liquet«) aus Beweislastgründen, wirkt sich dies gegen den Dritten (nur) dann aus, wenn er im Folgeprozess beweispflichtig ist.

In diesem Fall ist er von der Beweisführung ausgeschlossen, da er den Beweis schon im Vorprozess als Streithelfer hätte führen können. Wenn die Beweislast hingegen im Folgeprozess die Hauptpartei trifft, muss und kann diese (erneut) Beweis antreten (BGH NJW 1983, 820; Thomas/Putzo/Hüßtege § 68 Rn. 6; Zöller/Vollkommer § 68 Rn. 10).

392 Die Interventionswirkung tritt immer zugunsten und nie zu Lasten des Streitverkünders ein. Sie wirkt damit nur zum Nachteil des Dritten (Prütting/Gehrlein/Gehrlein § 74 Rn. 6).

Erfolgt die Streitverkündung in einem selbstständigen Beweisverfahren, so umfasst die Bindungswirkung grundsätzlich jedes Beweisergebnis, das im Verhältnis zum Streitverkündeten von rechtlicher Relevanz ist (BGH NJW 2015, 559).

Höchstrichterlich bislang nicht entschieden ist die Reichweite der Interventionswirkung, wenn dem Dritten der Streit von beiden Seiten verkündet wurde (»doppelte Streitverkündung«). Der BGH hat diese Frage im Urteil vom 08.05.2008, IX ZR 180/06, offengelassen. Nur vereinzelt wird vertreten, dass eine Bindungswirkung überhaupt nicht entsteht. Nach überwiegender Auffassung tritt die Interventionswirkung zugunsten der im Vorprozess unterlegenen Partei ein, wobei der Streitverkündete die Einrede der mangelhaften Prozessführung gem. § 68 Hs. 2 i.V.m. § 67 ZPO auch auf Einwendungen stützen kann, die er im Vorverfahren wegen der Parteirolle der von ihm unterstützten Partei nicht geltend machen konnte. Vertreten wird auch, die Interventionswirkung zu Lasten des Streitverkündeten auf das für ihn erkennbare Interesse des Streitverkünders zu beschränken.

Zum Meinungsstand OLG Dresden MDR 2020, 950; Schäfer NotBZ 2016, 211; Zöller/Althammer § 72 Rn. 11; MüKo/Schultes § 72 Rn. 19, § 74 Rn. 9.

cc) Grenzen

393 Die Bindungswirkung tritt nur ein, soweit der Streitverkündete die endgültige Entscheidung (noch) beeinflussen kann. Ist dies nicht der Fall, kann er der Interventionswirkung die **Einrede der mangelhaften Prozessführung** durch den Streitverkünder entgegensetzen (§ 68 ZPO).

Hierzu muss er behaupten und erforderlichenfalls beweisen, dass die Hauptpartei den Rechtsstreit mangelhaft geführt hat, 394

▶ Praxistipp:

Mangelhaft geführt hat die Hauptpartei den Rechtsstreit insbesondere, wenn sie mögliche Angriffs- und Verteidigungsmittel nicht geltend gemacht, z.B. relevante Tatsachen nicht vorgetragen oder unrichtigen Sachvortrag des Gegners nicht bestritten, Beweismittel nicht benannt hat. 395

– und er entweder durch die Lage des Rechtsstreits oder durch Erklärungen und Handlungen der Hauptpartei gehindert war, Angriffs- und Verteidigungsmittel geltend zu machen, 396

▶ Beispiel:

Die Interventionswirkung bindet den Streitverkündeten im Folgeprozess nur insoweit, als er im Vorprozess nicht an der Geltendmachung seiner Angriffs- und Verteidigungsmittel gehindert war. Eine solche Hinderung durch die Prozesslage liegt vor, wenn die Geltendmachung dieser Mittel zum Zeitpunkt der Zustellung der Streitverkündungsschrift nicht mehr möglich war, etwa weil die Streitverkündung erst nach Schluss der mündlichen Verhandlung, in der zweiten Instanz oder nach einem Anerkenntnis der Hauptpartei erfolgte. Eine Hinderung kann auch durch Erklärungen und Handlungen der Hauptpartei eintreten, nämlich wenn sich der Streitverkündete mit seinem Angriffs- oder Verteidigungsmittel in Widerspruch zur Prozessführung der unterstützten Hauptpartei gesetzt hätte (§ 67 ZPO), so etwa, wenn die Partei eine Behauptung, die der Dritte hätte bestreiten wollen, zugestanden hat (BGH NJW 1982, 281).

Allerdings kommen dem Streitverkündeten die sich aus § 67 ZPO ergebenden Beschränkungen der Interventionswirkung nicht zugute, wenn er dem Rechtsstreit im Vorprozess nicht aufseiten des Streitverkünders, sondern aufseiten von dessen Prozessgegner beigetreten ist (BGH NJW 2021, 1242).

– oder ihm Angriffs- und Verteidigungsmittel unbekannt waren, die von der Hauptpartei absichtlich oder durch grobes Verschulden nicht geltend gemacht sind. 397

▶ Praxistipp:

Der Nachweis der Kenntnis der Hauptpartei von einem dem Streitverkündeten seinerzeit unbekannten, aber nachträglich ermittelbaren Angriffs- oder Verteidigungsmittel ist nur in absoluten Ausnahmefällen zu erbringen.

Erforderlich ist es in allen Fällen, dass der Dritte zusammen mit der Einrede nach § 68 ZPO vorträgt, welches Angriffs- oder Verteidigungsmittel er vorbringen wollte und dass dieses ein ihm günstigeres Ergebnis herbeigeführt hätte (Anders/Gehle/Bünnigmann § 68 Rn. 8). 398

▶ Praxistipp:

Liegt das eigentliche Prozessziel der Hauptpartei im Folgeprozess, so kann es sich zum Ausschluss der Einrede der mangelhaften Prozessführung empfehlen, die Streitverkündung möglichst frühzeitig zu erklären und die Prozessführung vollständig dem Streitverkündeten zu überlassen. 399

3. Voraussetzungen

Die Streitverkündung ist möglich 400
– in einem anhängigen Rechtsstreit
– einem Dritten gegenüber
– wenn ein Streitverkündungsgrund vorliegt
– mittels einer den formellen Voraussetzungen genügenden Streitverkündungsschrift.

Diese Voraussetzungen bergen eine Reihe von Zweifelsfragen.

a) Anhängiger Rechtsstreit

401 **Rechtsstreite** sind sämtliche Verfahren, in denen die ergehende Entscheidung die Rechtslage des Dritten beeinflussen kann.

Hierzu gehören das Klageverfahren (Urkundenprozess eingeschlossen), die vollstreckungsrechtlichen Gestaltungsklagen (§§ 722, 731, 767, 768, 771, 805, 891 ZPO), das Eilverfahren (Arrest, einstweilige Verfügung, a.A. LAG Nürnberg, Entsch. v. 30.11.2004, 6 Sa 691/04), das selbstständige Beweisverfahren (BGH NJW 1997, 859; BGH NJW 2009, 324; BGH NJW 2015, 559) und – wohl, wenn auch ohne praktische Bedeutung – das Mahnverfahren (Zöller/Vollkommer § 66 Rn. 2a).

Nicht zulässig ist die Streitverkündung im Musterverfahren nach dem KapMuG (BGH NJW 2017, 3718).

402 **Anhängig** ist der Rechtsstreit vom Eingang der Klage bei Gericht bis zum Eintritt der Rechtskraft der Entscheidung.

Rechtshängigkeit (Zustellung der Klage an den Beklagten) ist nicht erforderlich.

403 Die Streitverkündung ist damit auch noch nach Schluss der mündlichen Verhandlung, sogar noch nach Verkündung des Urteils möglich. Selbstverständlich kann auch Berufung eingelegt und der Streit erst im Berufungsverfahren verkündet werden.

▶ Praxistipp:

Stellt sich nach Verkündung des Urteils heraus, dass der Prozess wegen eines Verschuldens des erstinstanzlichen Prozessbevollmächtigten verloren ging, so ist zur Schadensminderung Berufung einzulegen und zur Wahrung der Regressansprüche gegen den Anwalt diesem der Streit zu verkünden.

404 Kann der Streitverkündete wegen des Schlusses der mündlichen Verhandlung auf den Rechtsstreit keinen Einfluss mehr nehmen, bleibt ihm immer noch die Möglichkeit, beizutreten und (für die Hauptpartei) **Berufung** einzulegen (§§ 66 Abs. 2; 70 ZPO).

405 Ob der Dritte ohne Einlegung der Berufung der Interventionswirkung unterfällt oder dieser die Einrede der mangelhaften Prozessführung (oben Rdn. 393) entgegensetzen kann, ist eine Frage des Einzelfalles.

Kann der Dritte wegen der Beschränkung der Möglichkeit zum Vortrag neuer Angriffs- und Verteidigungsmittel in der Berufungsinstanz (§ 531 Abs. 2 ZPO) auf den Prozessausgang nicht mehr den gewünschten Einfluss nehmen, steht ihm die Einrede zu. Insoweit bedarf es der Einlegung der Berufung erst gar nicht, wenn diese erkennbar erfolglos wäre (BGH NJW 1976, 292, 294). Bei Erhebung der Einrede im Folgeprozess muss der Dritte dann die Erfolglosigkeit der Berufung darlegen und trägt das Risiko, dass das Gericht dieser Auffassung folgt. Drohen aus der Interventionswirkung gravierende Nachteile, dürfte deswegen die Durchführung der zweiten Instanz sicherer sein. Soweit eine Präklusion nicht besteht, zum Beispiel, weil einer der Ausnahmetatbestände des § 531 Abs. 2 Nr. 1 bis 3 ZPO vorliegt oder die Berufung nur auf Rechtsfragen gestützt werden soll, ist die Einrede mangelhafter Prozessführung durch die Hauptpartei ohne Berufungseinlegung nicht möglich.

406 Für die Durchführung des Berufungsverfahrens ist der Dritte alleine verantwortlich.

▶ Praxistipp:

407 Der Dritte muss sich selbst erkundigen (z.B. mittels Rückfrage bei der Hauptpartei/dem Gericht oder Akteneinsicht gem. § 299 ZPO), wann das vollständige Urteil der Hauptpartei zugestellt wurde.

Denn ab diesem Zeitpunkt laufen die Fristen für die Einlegung und Begründung der Berufung für die Hauptpartei (§§ 517, 520 Abs. 2 ZPO), die auch für den Streitverkündeten maßgeblich sind (Zöller/Althammer § 67 Rn. 5, 8).

Eine Zustellung des Urteils an den Streitverkündeten ist dabei weder erforderlich (auch nicht bei Beitritt bereits vor der Urteilsverkündung; § 317 Abs. 1 ZPO; BGH NJW 1990, 190; Thomas/Putzo/Hüßtege § 67 Rn. 9; Zöller/Althammer § 67 Rn. 5: allenfalls formlose Mitteilung) noch hat er darauf einen Anspruch (BGH NJW 1994, 1537). Dem Dritten obliegt diesbezüglich daher eine Erkundigungspflicht, deren Verletzung Wiedereinsetzung ausschließt (Zöller/Althammer § 67 Rn. 5). Deshalb sollte der Dritte bei der Fristberechnung sicherheitshalber bis zur genauen Kenntnis des Zustellungszeitpunktes auf den Zeitpunkt der Verkündung des Urteils abstellen; keinesfalls aber auf den Zeitpunkt einer etwaigen Bekanntgabe des Urteils an ihn. Vorsorglich kann er auch noch Verlängerung der Berufungsbegründungsfrist beantragen (§ 520 Abs. 2 ZPO).

Für die Zulässigkeit einer (Wert-)Berufung ist die Höhe der Beschwer der Hauptpartei maßgebend (§ 511 Abs. 2 ZPO; Zöller/Althammer § 67 Rn. 5).

Dabei liegt im Berufungsschriftsatz des Streitverkündeten – als »typische Streithilfehandlung« für die unterlegene Partei – regelmäßig zugleich die Beitrittserklärung. Jedoch ist eine ausdrückliche Erklärung erforderlich, wenn unsicher ist, auf wessen Seite beigetreten werden soll (z.B. wenn dem Dritten von beiden Prozessparteien der Streit verkündet worden ist und der Klage im Ersturteil nur teilweise stattgegeben und im Übrigen abgewiesen wurde; BGH NJW 1994, 1537).

Im Übrigen gelangt der Streitverkündete auch bei Einlegung der Berufung nicht in eine Parteirolle (BGH NJW 1995, 778).

Denkbar ist auch, dass die Partei zunächst selbst Berufung einlegt und dem Dritten den Streit erst 408
nach Einlegung der Berufung (§ 72 Abs. 1 ZPO) verkündet.

Dabei ist nicht erforderlich, dass die Partei die Berufung weiterführt. Dies kann sie dem Dritten überlassen, welcher insbesondere die Berufungsbegründung innerhalb der für die Partei laufenden Begründungsfrist einreichen muss. Unerheblich ist es, dass die Streitverkündung bereits in erster Instanz möglich gewesen wäre. Jedoch gilt auch hier, dass die Berufung Erfolg versprechend sein muss. Nicht zulässig ist indes die Einlegung einer Anschlussberufung zum Zwecke der Streitverkündung (BGH NJW 1995, 778).

Nimmt jedoch die Partei die Berufung zurück, steht dem Dritten der Einwand mangelhafter Prozessführung wieder zu (Zöller/Althammer § 68 Rn. 12).

b) Dritter

Der Streit kann nur »Dritten« verkündet werden, d.h. Personen, die nicht Parteien des Rechtsstreits 409
sind. Auch insoweit gilt der **formelle Parteibegriff.**

▶ Beispiel:

Im Rechtsstreit gegen Gesellschaften (AG, GmbH, OHG, KG, GbR) kann ihren Gesellschaf- 410
tern der Streit verkündet werden.

Nicht Dritte sind gesetzliche Vertreter. 411

▶ Beispiel:

Damit scheidet die Streitverkündung an die Eltern im Prozess gegen deren Kinder genauso 412
aus wie die Streitverkündung gegenüber Organen (Vorstand, Geschäftsführer) bei juristischen Personen (AG, GmbH).

Fraglich ist, wie **Gesellschafter, die gleichzeitig gesetzliche Vertreter sind,** zu behandeln sind. Diese 413
werden teilweise wie Gesellschafter, teilweise aber auch wie gesetzliche Vertreter behandelt.

Nicht Dritte sind auch gerichtlich bestellte **Sachverständige** und **Richter** (§ 72 Abs. 2 ZPO; BGH 414
NJW 2006, 3214).

Streitgenossen sind jeweils nur in »ihrem« Prozessrechtsverhältnis Partei, nicht auch in dem der 415
übrigen Streitgenossen, sodass ihnen insoweit der Streit verkündet werden kann und sie zum Beitritt berechtigt sind (BGH NJW-RR 2012, 233).

▶ Beispiel:

416 Ein Kraftfahrzeughaftpflichtversicherer, der zusammen mit seinem Versicherungsnehmer verklagt ist, kann diesem zusätzlich als Streithelfer beitreten, wenn er berechtigten Anlass zu der Vermutung hat, dass der Versicherungsnehmer den Prozess nicht mit der gebotenen Sorgfalt führen wird. Das Rechtsschutzinteresse des Versicherers beschränkt sich dabei nicht auf die Abweisung der gegen sie selbst gerichteten Klage. Er hat darüber hinaus ein rechtliches Interesse i.S.v. § 66 ZPO daran, dass die Klage auch gegen den Beklagten zu 1 abgewiesen wird. Dies folgt daraus, dass im Fall einer rechtskräftigen Verurteilung des Beklagten zu 1 mit einer Inanspruchnahme der Beklagten zu 2 in einem etwaigen Deckungsprozess zu rechnen wäre, deren Erfolg mangels Bindungswirkung des Haftpflichtprozesses nicht ausgeschlossen wäre (OLG Frankfurt NJW-RR 2010, 140).

417 Verkündet werden kann der Streit auch einem **Prozessbevollmächtigten** (d.h. sowohl dem eigenen als auch dem des Gegners). § 72 Abs. 2 ZPO ist insoweit (auch analog) nicht anwendbar. Zu einer Interessenkollision zwischen seiner Aufgabe als Parteivertreter und der Wahrung eigener Interessen (§ 43a Abs. 4 BRAO, § 3 Abs. 4 BORA) kommt es nicht durch die Streitverkündung, möglicherweise aber durch das zugrunde liegende materielle Rechtsverhältnis (BGH, Urt. vom 08.02.2011, VI ZB 31/09 m.w.N.).

418 Ausgehen kann die Streitverkündung nicht nur von einer Partei, sondern auch von einem Nebenintervenienten oder einem Streitverkündeten, der dem Rechtsstreit nicht beigetreten ist (§ 72 Abs. 2 ZPO).

Eine solche »mehrstufige« Streitverkündung unterliegt den gleichen Regeln wie die Ausgangsstreitverkündung (unten Rdn. 421; Regenfus NZM 2010, 226).

c) Streitverkündungsgrund

419 Zur Streitverkündung berechtigt ist nur die Partei, die für den Fall des ungünstigen Ausgangs des Rechtsstreits gegen einen Dritten einen Anspruch auf Gewährleistung oder Schadloshaltung erheben kann oder der ein Anspruch des Dritten droht (§ 72 ZPO; OLG Köln NJW-RR 1991, 1535).

Liegen diese Voraussetzungen für beide Parteien eines Rechtsstreits dem gleichen Dritten gegenüber vor, ist auch eine doppelte Streitverkündung möglich (Zöller/Althammer § 72 Rn. 11). Die Interventionswirkung tritt in diesem Fall nur im Verhältnis zur unterlegenen Partei ein.

420 Das Vorliegen eines solchen Streitverkündungsgrundes wird von der Rechtsprechung großzügig ausgelegt (Thomas/Putzo/Hüßtege § 72 Rn. 6). In Betracht kommen folgende Fallgruppen:

421 (1) **Ansprüche auf Gewährleistung**

Denkbar sind hier Ansprüche auf Gewährleistung wegen Sach- und Rechtsmängeln (z.B. §§ 434, 435, 437 BGB).

▶ Beispiel:

Wird ein Kaufgegenstand unter gleichen Bedingungen (abgesehen vom Kaufpreis) von A an B und von diesem weiter an C verkauft (Lieferkette!; § 478 BGB) und wendet der auf Zahlung des Kaufpreises verklagte C Gewährleistungsansprüche ein, kann B dem A den Streit verkünden, wenn er im Fall der Klageabweisung seinerseits gegenüber dem A im Folgeprozess diese Ansprüche geltend machen will. Klagt hingegen zunächst A gegen B, kann B für den Fall seiner Verurteilung zur Abwehr entsprechender Ansprüche des C diesem den Streit verkünden.

422 (2) **Regressansprüche**

Hierbei handelt es sich um Ansprüche des Streitverkünders gegen den Verkündeten auf Ersatz des Schadens, den der Prozessverlust für den Verkünder zur Folge hat.

Hierher gehören Ansprüche auf Gesamtschuldnerausgleich, auch bei einfachen Streitgenossen. Werden einfache Streitgenossen als Gesamtschuldner verurteilt, so steht ihre Haftung zwar im Verhältnis zum Gläubiger, nicht aber im Verhältnis zwischen den Streitgenossen selbst rechtskräftig fest. Jedem der Streitgenossen bleibt im nachfolgenden Rechtsstreit um den Innenausgleich damit die Möglichkeit, die im Vorprozess bejahte Verbindlichkeit dem Gläubiger gegenüber und damit auch das Bestehen eines Gesamtschuldverhältnisses überhaupt infrage zu stellen (BGH NJW 2019, 1751; OLG Düsseldorf NJW-RR 1992, 922).

▶ Beispiel:

Der Käufer klagt gegen den Verkäufer wegen eines angeblich bereits bei Übergabe vorhandenen Mangels des Kaufgegenstandes. Der Verkäufer bestreitet den Mangel und verkündet seinem Lieferanten den Streit. Sollte der Mangel beim Verkauf an den Käufer vorhanden gewesen sein, müsse er auch schon bei Lieferung der Sache vorgelegen haben, sodass ihm seinerseits Schadensersatzansprüche gegen ihn zustünden:

Rückgriffsansprüche des verurteilten Bürgen gegen den Hauptschuldner, des Beauftragten gegen den Auftraggeber, des verklagten Versicherungsnehmers gegen seinen Versicherer, des Geschäftsherrn gegen seinen Erfüllungs- bzw. Verrichtungsgehilfen (§§ 279, 831 BGB).

Werden im Prozess die Haftungsgrundlagen festgestellt, so stehen auch diese im Verhältnis zum Dritten bindend fest.

(3) **Ansprüche aus alternativer Schuldnerschaft** 423

Gemeint sind hier Ansprüche des Streitverkünders gegen Dritte, die alternativ (aus dem gleichen oder einem anderen Rechtsgrund) statt des zuerst Verklagten als Schuldner der eingeklagten Leistung oder von Schadensersatz in Betracht kommen (Zöller/Althammer § 72 Rn. 8). Da vielfach die Frage der Verantwortlichkeit erst im Verlaufe des Prozesses geklärt werden kann, können damit solche Unklarheiten entschärft werden, ohne dass alle möglichen Verantwortlichen (mit entsprechenden Kostennachteilen) verklagt werden müssen.

Besonderer Überlegung bedarf hier die Prüfung, in welcher Reihenfolge die möglichen Schuldner in Anspruch genommen werden. Die in der Praxis verbreitete Übung, den »Hauptverdächtigen« zu verklagen und dem Alternativschuldner den Streit zu verkünden, kann zum Verlust aller Ansprüche führen. Abzustellen ist auf die Beweislast.

BGH NJW 1983, 820: »Ist die Hauptpartei im Ausgangsprozeß aus Gründen der Beweislast unterlegen (»non liquet«), dann steht für den Nachprozeß gegen den Streitverkündeten nicht die logische Alternative der nicht festgestellten Tatsache fest. Die Hauptpartei kann also, wenn sie beweispflichtig ist, gegenüber dem Streitverkündeten abermals aus Gründen der Beweislast unterliegen. Das gilt auch, wenn im Ausgangsprozeß das Gericht die Hauptpartei zu Unrecht als beweispflichtig behandelt hatte.«

▶ Beispiel:

Es kommen alternativ die Vertragspartnerschaft des Vertretenen (§ 164 Abs. 1 BGB) oder des Vertreters (§§ 164 Abs. 2, 179 BGB) in Betracht (BGH NJW 1982, 281).

In diesem Fall sollte zunächst der beweisbelastete Vertreter verklagt und den in Betracht kommenden Vertragspartnern der Streit verkündet werden. Kann der Vertreter den ihm obliegenden Beweis nicht führen, dann wird er bereits im Vorprozess verurteilt. Im anderen Fall wird zwar die Klage abgewiesen, jedoch muss das Gericht im Folgeprozess gegen den Vertretenen von einer wirksamen Stellvertretung ausgehen. Dieser muss dann auch aufgrund des wahrheitswidrigen Leugnens, der Auftraggeber gewesen zu sein, dem Kläger wegen schuldhafter Verletzung vertraglicher Nebenpflichten die Kosten des erfolglosen Erstprozesses erstatten (BGH NJW-RR 2005, 1585). Bei dieser Vorgehensweise ist dem Gläubiger ein Anspruchsgegner sicher, wobei die Streitverkündung auch während des Prozesses erfolgen und somit auf die Einlassung des Beklagten, nur als Vertreter gehandelt zu haben, noch sachgerecht reagiert werden kann.

Der Bauherr, der oft nicht weiß, ob und welcher Bauhandwerker (Herstellungsfehler), vielleicht auch der Architekt (Planungsfehler/Verletzung der Aufsichtspflicht), der Statiker oder der Bauunternehmer für einen Mangel verantwortlich ist, kann bei einer Klage gegen einen von ihnen durch eine Streitverkündung gegen die denkbaren anderen Schuldner verhindern, dass er letztlich auf dem Mangel sitzen bleibt, weil in späteren Verfahren die Verantwortlichkeit für den Mangel jeweils anders beurteilt wird. Dabei kann z.B. der verklagte Generalunternehmer seinerseits den Subunternehmern den Streit verkünden.

Wird die Klage des Bauherrn gegen den Architekten rechtskräftig mit der Begründung abgewiesen, für den Mangel sei allein (sonst Gesamtschuldner, Grüneberg/Grüneberg § 421 Rn. 5) der Bauhandwerker X verantwortlich, dann würde die materielle Rechtskraft dieses Urteils für eine nachfolgende Klage gegen den Bauhandwerker X ohne Bedeutung sein (Rechtskraft wirkt nur »inter partes« gem. § 322 ZPO). Hat hingegen der Bauherr dem Bauhandwerker X den Streit verkündet, so kann dieser nicht mehr einwenden, für den Mangel sei der Architekt verantwortlich.

424 Ausgeschlossen sind dagegen Fälle kumulativer Haftung, insbesondere bei Gesamtschuldnern.

Hier kann der Anspruch von vornherein in vollem Umfang sowohl dem Prozessgegner wie auch dem Dritten gegenüber geltend gemacht werden. Dies gilt aber nicht bei einer nur teilweisen kumulativen Haftung. Auch bei selbstschuldnerischer Bürgschaft scheidet eine Streitverkündung des Gläubigers gegenüber dem Bürgen aus (Zöller/Althammer § 72 Rn. 8).

▶ **Praxistipp:**

425 Die Reihenfolge der Inanspruchnahme von Alternativschuldnern richtet sich nach der Beweislast.

d) Form

426 Die Streitverkündung erfolgt durch Einreichung eines Schriftsatzes beim Prozessgericht, in welchem der Grund der Streitverkündung und die Lage des Rechtsstreits anzugeben sind (§ 73 ZPO).

427 Im Idealfall erfolgt die Streitverkündung bereits zusammen mit dem ersten bestimmenden Schriftsatz, insbesondere mit der Klage oder Klageerwiderung. Damit kann unnötiger Aufwand vermieden werden, weil die »Lage des Rechtsstreits« noch übersichtlich ist und sich weitgehend ohnehin aus dem Schriftsatz ergibt. Zudem wird die Einrede der mangelhaften Prozessführung weitgehend abgeschnitten, da sich der Streitverkündete frühzeitig am Rechtsstreit beteiligen kann. Der Vorteil der frühen Streitverkündung geht allerdings mit der Gefahr einer unvollständigen Interventionswirkung einher: Die Interventionswirkung erstreckt sich möglicherweise nicht auf einen Rechtsgrund oder Sachvortrag, der erst nach der Streitverkündung in den Prozess eingeführt wird. Dem Streitverkündungsempfänger, der dem Rechtsstreit nicht beigetreten ist, sind diese späteren Umstände unbekannt. Ihm fehlt damit die Grundlage, um nachträglich sachgerecht über einen Beitritt zu entscheiden (BGH NJW 2002, 1414).

▶ **Praxistipp:**

Es empfiehlt sich, vor Abschluss des Rechtsstreits zu überprüfen, ob die Streitverkündungsschrift die für den Folgeprozess erforderliche Wirkung entfalten kann. Ist dies nicht der Fall, kommt eine weitere Streitverkündung in Betracht (Thora NJW 2019, 3624).

Die Angabe der Lage des Rechtsstreits erfordert es nicht, den ganzen Akteninhalt wiederzugeben (Zöller/Althammer § 73 Rn. 3). Auch wenn die Beifügung von Abschriften der Klage und der Schriftsätze sowie sonstiger Unterlagen nicht vorgeschrieben ist (OLG München MDR 1989, 548: Der Verkündungsadressat ist insoweit auf Akteneinsicht angewiesen), so können diese gegebenenfalls fehlende Angaben zum Verfahrensstand ersetzen.

Der Streitverkündungsgrund muss für den Dritten zweifelsfrei erkennbar sein. Insoweit unzureichende Angaben sind eine in der Praxis häufige Fehlerquelle (Wehrberger AnwBl 2001, 685). Es ist nicht ausreichend, wenn lediglich Kopien von Schriftsätzen des Prozesses beigefügt werden und sich daraus nicht eindeutig ergibt, weshalb im Fall des Unterliegens im Rechtsstreit Ansprüche auf Gewährleistung oder Schadloshaltung gegen den Streitverkündeten in Betracht kommen sollen (BGH WM 2000 Heft 35, 1764). Zudem besteht hierbei die Gefahr, dass der Dritte im Folgeprozess bestreitet, die Anlagen erhalten zu haben. Dann hängt die Wirksamkeit der Streitverkündung davon ab, wie genau die Geschäftsstelle auf der Postzustellungsurkunde die zugestellten Schriftstücke vermerkt hat (erfahrungsgemäß häufig sehr ungenau).

Da Mängel der Streitverkündung im Folgeprozess nicht mehr korrigiert werden können, sollte dieser Schriftsatz sorgfältig erstellt werden.

▶ Praxistipp:

Da die Streitverkündung in der Praxis mitunter übersehen wird und die Zustellung des Schriftsatzes an den Dritten nicht selten unterbleibt, empfiehlt es sich, die Streitverkündung optisch hervorzuheben (idealerweise auf der ersten Seite und in räumlichem Zusammenhang mit dem Sachantrag), Adressangaben des Streitverkündeten sorgfältig zu prüfen und den Vollzug der Zustellung nach angemessener Zeit beim Gericht zu erfragen. 428

Es ist nicht möglich, das Risiko unterbliebener Amtszustellung durch eine Zustellung von Anwalt zu Anwalt zu vermeiden, da der Schriftsatz gem. § 73 ZPO bei Gericht eingereicht werden muss.

Ein Gerichtskostenvorschuss ist für die Streitverkündung bzw. deren Zustellung nicht erforderlich (§§ 12, 17 GKG i.V.m. Nr. 9002 KV-GKG).

Wirksam wird die Streitverkündung erst mit der Zustellung an den Dritten (§ 73 Satz 3 ZPO). 429
Diese Zustellung erfolgt von Amts wegen (§ 270 Abs. 1 ZP.O).

e) Sonderformen

Nur für den Beklagten existieren zwei Sonderformen der Streitverkündung. 430

- Ist dem Beklagten klar, dass er die Leistung, auf die er in Anspruch genommen ist, erbringen muss, weiß er aber nicht an wen, weil sich ihm gegenüber mehrere Gläubiger auf die Forderung berufen haben, so kann der von einem Gläubiger verklagte Schuldner dem anderen potenziellen Gläubiger den Streit verkünden und den Betrag der Forderung zugunsten der **streitenden Gläubiger** unter Verzicht auf das Recht der Rücknahme hinterlegen (§ 75 ZPO).
- Ist der Beklagte als Besitzer einer Sache (d.h. aus § 985 oder § 1007 Abs. 2 BGB) auf Herausgabe verklagt und leitet er sein Besitzrecht von einem Dritten ab, der seinerseits mittelbarer Besitzer ist (§ 868 BGB), so kann er diesen als **Urheber** seines Besitzrechts **benennen** und ihm den Streit verkünden (§ 77 ZPO).

Beide Institute sind im Rahmen der Möglichkeiten des Beklagten bereits besprochen (unten Rdn. 1454).

4. Reaktion des Dritten

Der Streitverkündungsempfänger hat vielfältige Möglichkeiten, auf eine Streitverkündung zu reagieren. Insbesondere muss er entscheiden, ob, wann und wem er beitritt (Thomas/Putzo/Hüßtege § 72 Rn. 5, § 74 Rn. 1). 431

(1) Will er sich nicht sofort entscheiden, so kann er zunächst den Ausgang des Prozesses **abwarten** und erst mit der Einlegung der Berufung beitreten (unten Rdn. 3103). 432

In diesem Fall wird der Prozess »ohne Rücksicht auf ihn fortgesetzt« (§ 74 Abs. 2 ZPO). Der Streitverkündete hat keinerlei Befugnisse und Funktionen, er bekommt keine Nachricht im Prozess (keine Abschrift von Schriftsätzen oder Entscheidungen, keine Terminsladung, kein rechtliches Gehör). Eingaben bleiben für die Entscheidung unberücksichtigt. Hat er sich von einem Anwalt beraten lassen, erwächst ihm kein Kostenerstattungsanspruch (OLG Köln NJW-RR 2002, 335, 341). Die Berufungsfrist beginnt für den Dritten mit der Urteilszustellung an die Hauptpartei (BGH NJW 1986, 257), von der er Kenntnis nicht v.A.w., sondern nur auf gesonderte Rückfrage erhält.

433 (2) Geht er davon aus, seinerseits Regressansprüche gegen weitere Dritte zu haben, so kann er diesen seinerseits den **Streit verkünden**, auch ohne selbst dem Rechtsstreit beigetreten zu sein (§ 72 Abs. 2 ZPO).

Dies führt im Bauprozess entsprechend den typischen Nachunternehmerketten nicht selten zu regelrechten Streitverkündungsketten (Otto/Hollands BauR 2004, 1528: Risiko einer »Kostenlawine«). Eine eigene Streitverkündung kommt z.B. auch in Betracht durch einen Gesamtschuldner gegenüber dem anderen, nicht verklagten, aber mithaftenden Gesamtschuldner (Gesamtschuldnerausgleich gem. § 426 BGB).

434 (3) In der Regel ist ein **Beitritt** zweckmäßig, da die regressberechtigte Partei den Prozess oft mit wenig Engagement führt, weil sie in jedem Fall ihr Ziel erreicht.

Die Beteiligung des Dritten am Prozess ist an seinen Beitritt geknüpft. Nur dann muss er zu jedem Termin geladen werden und die Schriftsätze der Gegenseite erhalten (Prütting/Gehrlein/Gehrlein § 67 Rn. 2). Durch den Beitritt eröffnet sich der Streitverkündete die Möglichkeit, in den Prozess gestaltend einzugreifen und das Prozessergebnis in seinem Sinne zu beeinflussen. Der Beitritt hat keinerlei Nachteile, ist aber mit Kostenrisiken verbunden (Prechtel ZAP Fach 13, S. 1665).

Die Kosten der Streitverkündung trägt der Streithelfer selbst, wenn und soweit die Partei, der er beitritt, unterliegt (§ 101 ZPO). Deswegen bedarf es sorgfältiger Prüfung, welcher Partei beizutreten ist (unten Rdn. 441, 444). Im Fall des Obsiegens der beigetretenen Partei trägt der Gegner auch die Kosten der Streithilfe. Zur Kostenvollstreckung bedarf es einer Kostengrundentscheidung nicht nur über die »Kosten des Rechtsstreits«, sondern auch über die »Kosten der Streithilfe«; fehlt diese, muss das Urteil nach § 321 ZPO ergänzt werden. Beenden die Parteien den Rechtsstreit durch Vergleich, können sie auch die Kosten der Streithilfe regeln, andernfalls kann das Gericht darüber durch Beschluss entscheiden. Grundsätzlich gilt die Kostenverteilung der Hauptsache auch für die Kosten der Streithilfe (»Grundsatz der Kostenparallelität«; zur Ausnahme bei der streitgenössischen Nebenintervention BGH NJW-RR 2007, 1577).

Der Grundsatz der Kostenparallelität gilt auch für andere Formen der Verfahrensbeendigung (Klagerücknahme, Erledigung der Hauptsache, Anerkenntnis, Verzicht, Säumnis).

▶ Praxistipp:

435 Ist ein Vergleich zwischen den Parteien absehbar, sollte der Streithelfer seine (Kosten-)Interessen in diesen einbringen.

Nicht ganz eindeutig zu beantworten ist die Frage nach dem Streitwert der Streitverkündung. Nach der herrschenden Ansicht ist der Streitwert der Hauptsache maßgeblich, jedenfalls dann, wenn sich der Hauptpartei angeschlossen wurde (BGH NJW 1960, 42; BGH NJW 2010, 2440; OLG Frankfurt a. M. IBR 2009, 305; OLG Hamm Beschl. vom 04.05.2011, 20 W 4/11, Runds. 2013, 632; OLG München, Beschl. vom 19.09.2016, 9 W 1577/16). Nach anderer Ansicht kommt es auf das wirtschaftliche Interesse des Streithelfers, das insbesondere aus dem Folgeprozess zu bestimmen ist, an (KG NJW-RR 2003, 133; OLG Schleswig IBR 2009, 122; OLG Köln MDR 2004, 1025; OLG Koblenz, MDR 1983, 59; OLG Hamburg, MDR 1977, 1026; OLG Hamm, OLG-Report 2008, 195; OLG Nürnberg, NJOZ 2006, 2050).

436 Beitreten kann der Dritte stets (auch bei einer doppelten Streitverkündung) nur einer Partei. Die einmal getroffene Beitrittsentscheidung ist nicht endgültig, jederzeit möglich ist ein Rücktritt vom Beitritt und ein Wechsel der Partei. Dabei muss der Beitritt durch Einreichung eines Schriftsatzes mit bestimmtem Inhalt erfolgen (§§ 70, 496 ZPO). Eine bloße Anzeige zu den Akten ist nicht ausreichend (Zöller/Althammer § 70 Rn. 1, § 74 Rn. 1). Für die bestimmte Angabe des Interventionsinteresses (§ 70 Abs. 1 Nr. 2 ZPO) genügt die Bezugnahme auf die vorausgegangene Streitverkündung (Zöller/Althammer § 70 Rn. 2).

437 (4) Angesichts des drohenden Kostenaufwands kann es ausnahmsweise ratsam sein, den Beitritt zum Prozess zu unterlassen, wenn der Dritte auf das bereits fortgeschrittene Verfahren keinen sinnvollen

Einfluss mehr nehmen kann, die Sache für die Hauptpartei aussichtslos erscheint oder vom Prozess unabhängige Verteidigungsmöglichkeiten bestehen.

Vor einem Beitritt ist der Stand des Verfahrens zu prüfen. Ebenso ist zu prüfen, ob die Streitverkündung überhaupt wirksam ist. Bei einer unwirksamen Streitverkündung – wie sie in der Praxis mangels Einhaltung der Formalien häufig vorkommt – kann es vorzugswürdig sein, nicht beizutreten, um im Folgeprozess die Unwirksamkeit rügen und damit eine Interventionswirkung vermeiden zu können.

a) Untätigbleiben oder Ablehnung des Beitritts

Bei einer wirksamen Streitverkündung trifft die Interventionswirkung den untätigen oder nicht beitretenden Dritten, sobald der Beitritt möglich gewesen wäre (§§ 74 Abs. 2 und 3, 68 ZPO). Für den Vorprozess ist die Streitverkündung in diesem Fall unbeachtlich. Somit kann der Dritte auch seine Kosten (z.B. für anwaltliche Beratung und Akteneinsicht) nicht gerichtlich festsetzen lassen (Freyberger ProzRB 2003, 174 – Urteilsanmerkung). 438

▶ Praxistipp:

Die Unwirksamkeit der Streitverkündung muss der Dritte in der ersten mündlichen Verhandlung des Folgeprozesses rügen. 439

Da die Wirksamkeit bzw. Zulässigkeit der Streitverkündung bei unterbliebenem Beitritt erst im Folgeprozess geprüft wird, tritt sonst nach § 295 ZPO Heilung ein (Zöller/Althammer § 73 Rn. 2, 4). 440

b) Beitritt beim Verkünder

Tritt der Dritte aufseiten des Verkünders bei, muss er den Rechtsstreit in der Lage annehmen, in der er sich zur Zeit des Beitritts befindet. Die vorhergehenden Prozessabschnitte, wie z.B. die Beweisaufnahmen, müssen nicht wiederholt werden. Insbesondere aber wirkt die zulasten der Partei eingetretene Präklusion auch gegenüber dem Streitverkündeten (Thomas/Putzo/Hüßtege § 67 Rn. 12). 441

Der Streitverkündete kann grundsätzlich alle Prozesshandlungen vornehmen, die die unterstützte Partei selbst vornehmen könnte (§§ 67, 74 Abs. 1 ZPO). Er kann daher z.B. selbstständig Tatsachen behaupten, bestreiten, zugestehen, Beweise antreten, Rechtsmittel einlegen sowie ebenfalls einem Dritten den Streit verkünden. Allerdings dürfen die Handlungen nicht im Widerspruch zur Hauptpartei stehen (Thomas/Putzo/Hüßtege § 67 Rn. 6, 13). So kann der Streitverkündete z.B. das, was die Hauptpartei bereits »unstreitig gestellt« hat, nicht mehr bestreiten. Im Übrigen verliert jede Erklärung des Beigetretenen in der mündlichen Verhandlung ihre Wirkung, sobald sie die Hauptpartei sofort widerruft. Dies kann Anlass sein, den Beitritt zu wechseln und nunmehr den Gegner zu unterstützen.

Im selbstständigen Beweisverfahren ist der Streithelfer berechtigt, eigene Beweisanträge zu stellen, sofern diese in einem unmittelbaren sachlichen Zusammenhang mit dem Beweisthema des Antragstellers stehen und nicht allein zulasten der unterstützten Partei gehen (OLG Düsseldorf BauR 2004, 1657: auch wenn der Streithelfer primär sich aus der Beantwortung der Beweisfrage eine Entlastung seiner Person im Verhältnis zum Streitverkündenden erhofft; LG Konstanz NJW-RR 2003, 1379: großzügige Betrachtungsweise). Zulässig sind daher vor allem solche Beweisfragen, die eine Ursache der Mängel außerhalb der Verantwortlichkeit der Hauptpartei und des Streithelfers belegen sollen.

Der Beitretende kann jedoch auch rein passiv bleiben; eine Verpflichtung zur Mitwirkung besteht nicht.

Sofern niemand gem. § 71 ZPO beantragt, die Streitverkündung zurückzuweisen, ergeht über ihre Zulässigkeit keine Entscheidung. Dabei hat der Streitverkündete selbst kein Widerspruchsrecht, sondern nur die unterstützte Partei und deren Gegner (Thomas/Putzo/Hüßtege § 71 Rn. 2; Bischof MDR 1999, 787). 442

Im Folgeprozess wird die Zulässigkeit der Streitverkündung vom Gericht jedenfalls nicht mehr geprüft, da diese Frage durch den tatsächlichen Beitritt überholt ist (Prütting/Gehrlein/Gehrlein § 74 Rn. 5). 443

c) Beitritt beim Gegner

444 Der Dritte kann auch aufseiten des Gegners des Verkünders beitreten (§ 66 ZPO).

▶ Beispiel:

445 Der Bauherr klagt gegen den Handwerker wegen behaupteter Mängel und verkündet dem Architekten den Streit. Der Dritte tritt dem Handwerker bei, da für ihn auch eine Entscheidung günstig ist, welche das Vorliegen von Mängeln verneint.

Auch Subunternehmer als Streithelfer haben meist ein Interesse daran, sich bei Mängeln des Werkes selbst zu entlasten.

446 Die Interventionswirkung tritt dann gegenüber dem Streitverkünder in gleicher Weise ein wie im Fall eines unterlassenen Beitritts und besteht gegenüber beiden Prozessparteien (BGH NJW 2021, 1242; Prütting/Gehrlein/Gehrlein § 74 Rn. 5). Allerdings kann sich der Streitverkündete im Fall des Beitritts aufseiten des Prozessgegners nicht auf die Beschränkung der Interventionswirkung nach § 67 ZPO berufen, da die Möglichkeit, bestimmte Angriffsmittel geltend zu machen, nicht auf einer mangelhaften Prozessführung des Streitverkünders, sondern auf der Parteistellung des Beigetretenen beruht (BGH NJW-RR 2021, 1242).

5. Risiken und Kosten

a) Streitverkünder

447 Der Streitverkünder trägt kein direktes prozessuales Risiko, da die Interventionswirkung nur für, nicht aber gegen ihn wirken kann. Tritt der Dritte aber aufseiten der Gegenpartei ein, kann sich der Streitverkünder zwei Gegnern ausgesetzt sehen.

Der nicht streitgenössische Streitverkündete steht weiterhin als Zeuge zur Verfügung (Prütting/Gehrlein/Gehrlein § 67 Rn. 1, § 69 Rn. 2). Das durch die Streitverkündung dokumentierte Eigeninteresse des Dritten kann jedoch dessen Glaubwürdigkeit schmälern. Ein Beitritt aufseiten des Gegners kann dazu führen, dass der Streitverkündete im Eigeninteresse zugunsten der Gegenpartei aussagt.

Um diese Risiken zu vermeiden, sollte der Abschluss einer Streitverkündungsvereinbarung mit dem potenziellen Streitverkündeten angestrebt werden. Dies lässt für das Gericht den möglichen Regressanspruch »im Dunkeln« (Luckey ProzRB 2004, 252).

448 Für die Frage der Kostentragung gilt Folgendes:
- Die geringen Kosten der Streitverkündung als solche sind zunächst vom Streitverkünder zu tragen (Thomas/Putzo/Hüßtege § 73 Rn. 8). Sie können aber u.U. als Nebenforderung im späteren Prozess gegen den Dritten geltend gemacht werden. Eine besondere Anwaltsgebühr entsteht durch die Streitverkündung nicht.
- Die Kosten des Dritten, einschließlich dessen Anwaltskosten, trägt nach § 101 ZPO niemals die unterstützte Partei, sondern
  - der unterlegene Gegner oder der Dritte, wenn der Dritte aufseiten des Streitverkünders beigetreten ist;
  - im Fall seines Unterliegens der Streitverkünder, sonst der Dritte selbst, wenn der Dritte aufseiten des Gegners beigetreten ist;

  Der Streitverkünder kann jedoch beantragen, den Beitritt aufseiten des Gegners wegen fehlender Voraussetzungen zurückzuweisen (§§ 71, 74 ZPO). Dann muss der Dritte sein rechtliches Interesse am Beitritt auf der Gegenseite dartun. Kann er dies nicht glaubhaft machen, ist der Beitritt unzulässig. Auch etwaige Mängel der Beitrittserklärung (§ 70 ZPO – Form und Inhalt) müssen vor der nächsten mündlichen Verhandlung gerügt werden, um eine Heilung gem. § 295 ZPO zu verhindern (OLG Nürnberg MDR 2005, 473; Thomas/Putzo/Hüßtege §§ 66 Rn. 11; 70 Rn. 6).

- es entstehen überhaupt keine zusätzlichen Kosten, wenn der Dritte keiner Partei beitritt (wahrscheinlichster Fall).

Für die Parteien ändert sich durch die Streitverkündung der Streitwert nicht (OLG Celle NJW-RR 2011, 1296), der Streitwert für den beigetretenen Streitverkündeten richtet sich nach seinem Interesse (Schmeel MDR 2012, 13). 449

b) Streithelfer

Im Falle des Beitritts besteht kein prozessuales Risiko des Dritten. Da er nicht Partei ist, sondern lediglich Helfer der unterstützten Partei, kann der Dritte auch nicht verurteilt werden (Thomas/Putzo/Hüßtege § 67 Rn. 2). 450

Es besteht lediglich ein überschaubares, relativ geringes Kostenrisiko. So trägt der Beigetretene nur dann die durch den Beitritt verursachten eigenen Kosten, wenn die Hauptpartei unterliegt (§ 101 ZPO), in keinem Fall jedoch die gesamten Kosten des Rechtsstreits. 451

Über die außergerichtlichen Kosten des Streithelfers muss im Urteil, mit dem die (unterstützte) Hauptpartei obsiegt hat, ausdrücklich entschieden werden. Andernfalls bildet das Urteil für den Streithelfer keinen Kostentitel (Zöller/Herget § 101 Rn. 5; Jungemeyer/Teichmann MDR 2011, 1019).

Etwas anderes mag ausnahmsweise gelten, wenn sich im Wege der Auslegung ermitteln lässt, dass sich der bloße Ausspruch über die »Kosten des Rechtsstreits« gleichwohl auf die Kosten der Nebenintervention erstrecken sollte (OLG Koblenz MDR 2002, 1338; Anders/Gehle/Göertz § 101 Rn. 13; u.U. wenn bei der Begründung der Kostenentscheidung § 101 ZPO erwähnt wird).

Sofern der Tenor des Urteils insofern unvollständig ist, etwa weil das Gericht rechtsirrig davon ausgegangen ist, dass hierüber bereits mit der allgemeinen Kostenentscheidung entschieden sei oder daran schlicht nicht gedacht hat (Freyberger ProzRB 2005, 116 – Urteilsanmerkung: »gehört zu den häufigsten Fehlern in Urteilen, an denen ein Streithelfer beteiligt ist«), kommt eine Urteilsergänzung gem. § 321 ZPO – und keine Berichtigung gem. § 319 ZPO – in Betracht, ungeachtet dessen Rechtskraft.

Zu achten ist hierbei auf die zweiwöchige Frist des § 321 Abs. 2 ZPO. Solange das Urteil dem Nebenintervenienten aber noch nicht förmlich zugestellt worden ist, hat auch die Frist noch nicht zu laufen begonnen (BGH NJW-RR 2005, 295; i.Ü. str., ob bei Fristversäumnis Wiedereinsetzung analog § 233 ZPO möglich ist, Zöller/Feskorn § 321 Rn. 12).

Im selbstständigen Beweisverfahren kann der Streithelfer des Antragsgegners eine gerichtliche Kostenentscheidung mittels eines Antrages auf Klageerhebung durch den Antragsteller unter den Voraussetzungen des § 494a ZPO erhalten, sofern dies nicht im Widerspruch zum Antragsgegner steht (Zöller/Herget § 494a Rn. 2). Wenn sich der Antragsgegner zu einem solchen Antrag nicht äußert, liegt kein Widerspruch vor (LG Regensburg NZBau 2004, 392).

Bei einem Wechsel des Dritten von der zunächst unterstützten Partei zur obsiegenden Partei sind die Kosten zu quoteln (Zöller/Herget § 101 Rn. 10 ff., str.). 452

c) Kostentragung bei Vergleich

Bei einem Vergleich ist für den (beigetretenen) Dritten grundsätzlich die zwischen den Parteien des Rechtsstreits getroffene Regelung bzw. die gesetzliche Kostenverteilung gem. § 98 ZPO maßgebend, auch wenn er am Vergleich nicht teilnimmt oder der Kläger daraufhin die Klage zurücknimmt (BGH, Beschl. vom 08.09.2011, VII ZB 24/09; **Grundsatz der Kostenparallelität**). 453

Dies gilt selbst dann, wenn die Vergleichsregelung nicht dem Verhältnis des Obsiegens und Unterliegens entspricht oder die Parteien damit bewusst die Kostenerstattungsansprüche des Streithelfers ausschließen wollten (BGH NJW-RR 2005, 1159, ausdrücklich gegen die a.A. aus OLG Zweibrücken NJW-RR 2003, 142, wonach bei »kollusivem Zusammenwirken« zulasten des Streithelfers ein Rechtsmissbrauch vorliegt).

Allerdings kann sich die unterstützte Partei damit gegenüber dem Streithelfer materiell-rechtlich schadensersatzpflichtig machen, z.B. wegen vertragswidrigen Verhaltens oder sittenwidriger Schädigung.

Schweigt der Prozessvergleich über die Kosten des Streithelfers oder sind diese von der vergleichsweisen Regelung (bewusst) ausdrücklich ausgenommen bzw. dahin gehend geregelt worden, dass er seine eigenen außergerichtlichen Kosten selbst tragen soll, so berührt das seinen prozessualen Kostenerstattungsanspruch nicht. Auf seinen Antrag muss dieser vom Gericht durch Beschluss tituliert werden (Zöller/Herget § 101 Rn. 9).

▶ Praxistipp:

454 Kostenaufhebung und hälftige Kostenteilung sind streng zu unterscheiden.

Eine vereinbarte Kostenaufhebung bzw. das Fehlen einer Kostenregelung hat zur Folge, dass jede Partei ihre eigenen Kosten selbst trägt. Dem Dritten steht daher gegen den Gegner kein Kostenerstattungsanspruch zu (BGH NJW 2003, 1948). Bei einer Kostenquotelung – z.B. bei einer hälftigen Aufteilung der Kosten – trägt der Gegner die Kosten des Dritten entsprechend der ihm zur Last fallenden Kostenquote. Im Übrigen trägt der Dritte die Kosten selbst.

Der Kostenerstattungsanspruch des Dritten entfällt, sofern dieser am Vergleich beteiligt wurde und der Anspruch dort durch eine entsprechende Regelung ausgenommen wird. Wird der Dritte nicht am Vergleich beteiligt, dann berührt dies seinen Kostenerstattungsanspruch grundsätzlich nicht, und zwar auch dann, wenn er bewusst ausgenommen wurde.

455 Dem Streithelfer ist dringend zu raten, Vergleichsverhandlungen nicht den Hauptparteien alleine zu überlassen, um eine anteilige Kostenerstattung zu erwirken, auch wenn er eine konkrete Regelung nicht erzwingen kann. Die Einbeziehung des Streithelfers in den Vergleich kann auch im Interesse der Hauptparteien liegen, da sie einen etwaigen Regressprozess vermeiden kann.

C. Änderung des Streitgegenstands

456 Eine Änderung der ursprünglichen Verfahrenskonzeption kann auch den mit der Klage geltend gemachten Streitgegenstand betreffen. Das Interesse des Klägers kann sich auf einen anderen Gegenstand oder jedenfalls nicht mehr auf eine streitige Entscheidung über den bisherigen Gegenstand richten, die Parteien können sich einigen, der Kläger kann die Klage schlicht zurücknehmen.

I. Klageänderung

457 Die Änderung des Streitgegenstands, die nach Rechtshängigkeit der Klage erfolgt, wird als **objektive Klageänderung** bezeichnet. Sie ist von der Parteiänderung zu unterscheiden, die mitunter auch als subjektive Klageänderung bezeichnet wird.

458 Geht man mit dem herrschenden zweigliedrigen Streitgegenstandsbegriff davon aus, dass der Streitgegenstand sowohl durch den Antrag als auch durch den zur Begründung vorgetragenen Lebenssachverhalt bestimmt wird, liegt eine Änderung des Streitgegenstands vor, wenn entweder der Sachantrag oder der Lebenssachverhalt oder beides geändert wird. Als Klageänderung im Sinne von § 263 ZPO wird allerdings nur die **Änderung des Klagegrundes** angesehen; nur diese ist also von der Zustimmung des Beklagten oder der Sachdienlichkeit abhängig (mehr dazu unten in Rdn. 459). Die reine **Änderung des Sachantrags** wird hingegen privilegiert, d.h. unabhängig von den Voraussetzungen des § 263 ZPO, zugelassen (dazu oben Rdn. 279).

1. Normalfall

459 Eine Änderung des Klagegrundes kann eintreten:

460 – in Form eines Klagewechsels, wenn der bisherige Streitgegenstand vollständig gegen einen anderen ausgetauscht wird.

▶ Beispiel:

Der Kläger hat zunächst einen Kaufpreisanspruch geltend gemacht und verlangt nach einer für ihn ungünstig verlaufenen Beweisaufnahme anstelle des Kaufpreises nun Zahlung von Schadensersatz aus einem Verkehrsunfall.

461 – in Form einer nachträglichen Klagehäufung, wenn der bisherige Streitgegenstand beibehalten und um einen weiteren Streitgegenstand ergänzt wird (BGH NJW-RR 1990, 318).

▶ **Beispiel:**

Der Kläger hat zunächst nur auf Zahlung ausstehender Wohnraummieten geklagt. Nachdem der Beklagte während des Rechtsstreits ausgezogen ist, erweitert der Kläger die Klage auf Zahlung von Schadensersatz wegen Beschädigung der Mietsache.

In den Fällen der nachträglichen Klagehäufung müssen sowohl die Voraussetzungen einer Klageänderung als auch die einer Klagehäufung (§ 260 ZPO) vorliegen.

a) Voraussetzungen

Möglich ist die Klageänderung bis zum Schluss der letzten mündlichen Verhandlung. 462

Die Verspätungsvorschrift des § 296 ZPO findet dabei ebenso wenig Anwendung wie § 274 (Einlassungsfrist; Zöller/Greger § 274 Rn. 30; u.U. Terminsänderung gem. § 227 ZPO oder Schriftsatzfrist gem. § 283 ZPO). Unerheblich ist daher, ob sich der Rechtsstreit durch die Klageänderung verzögert.

Vollzogen wird die Klageänderung nach § 261 Abs. 2 ZPO durch Zustellung eines Schriftsatzes 463
oder durch Verlesung eines zu Protokoll zu gebenden Schriftsatzes, ggf. auch durch Erklärung zu Protokoll (§ 297 Abs. 1 ZPO). Hinsichtlich der Antragsfassung gelten die gleichen Voraussetzungen wie bei einer Klageschrift, was sich aus dem Verweis von § 261 Abs. 2 ZPO auf § 253 Abs. 2 Nr. 2 ZPO ergibt.

Erforderlichenfalls muss ein neuer Antrag formuliert werden, der neue Anspruch ist nach Gegenstand und Grund zu individualisieren, seine Voraussetzungen sind schlüssig und hinreichend substantiiert darzulegen.

Wirksam ist die Klageänderung nur, wenn der Beklagte einwilligt – was ggf. stillschweigend erfolgen 464
kann, vgl. § 267 ZPO (dazu unten Rdn. 468) – oder das Gericht die Änderung für sachdienlich hält.

Die Befugnis des Klägers zur Bestimmung des Streitgegenstands ist nicht unbegrenzt. Sie wird mit Begründung des Prozessrechtsverhältnisses beschränkt, da dem Beklagten ab diesem Zeitpunkt ein schützenswertes Interesse an einer Sachentscheidung zusteht.

Daher darf über einen geänderten Streitgegenstand nur bei Vorliegen der gesetzlichen Voraussetzungen des § 263 ZPO entschieden werden. Die Zulässigkeit der Klageänderung ist also eine echte Sachentscheidungsvoraussetzung, so dass die Klage als unzulässig abzuweisen ist, soweit eine unzulässige Klageänderung vorliegt.

Die gerichtliche Entscheidung über die Zulässigkeit der Klageänderung ergeht entweder durch Zwischenurteil (§ 308 ZPO, sehr seltener Fall) oder zusammen mit der Hauptsache im Endurteil. Eine positive Bejahung der Zulässigkeit durch das Gericht kann dabei auch konkludent erfolgen.

▶ **Beispiel:**

Erlässt das Gericht einen Beweisbeschluss über den neuen Tatsachenvortrag, so bringt es damit 465
schlüssig zum Ausdruck, dass es über den neuen Streitgegenstand zu verhandeln und zu entscheiden gedenkt (Thomas/Putzo/Seiler § 264 Rn. 1, § 268 Rn. 4).

In jedem Fall ist die Entscheidung für beide Parteien weder isoliert noch im Rahmen eines Rechtsmittels anfechtbar (§ 268 ZPO).

Diese **Einwilligung** des Beklagten muss nicht in der mündlichen Verhandlung erfolgen (BGH NJW 466
1992, 2235, 2236). Auch bedarf es keiner ausdrücklichen Einwilligung. Nach § 267 ZPO wird die Einwilligung unwiderleglich vermutet, wenn sich der Beklagte in der mündlichen Verhandlung oder im schriftlichen Verfahren nach § 128 Abs. 2 ZPO auf die neue Klage eingelassen hat (z.B. einen Klageabweisungsantrag gestellt hat, vgl. BGH NJW 1990, 2682), ohne der Änderung zu widersprechen. Dies gilt unabhängig davon, ob sich der Beklagte der Bedeutung seiner Handlung bewusst ist. Allerdings bedarf es keines ausdrücklichen Widerspruchs. Ein ausreichender konkludenter Widerspruch liegt beispielsweise vor, wenn der Beklagte mit der Antragsstellung in der münd-

lichen Verhandlung auf einen vorbereitenden Schriftsatz Bezug nimmt, der Einwendungen gegen die Zulässigkeit der Klageänderung enthält (BGH NJW-RR 2005, 437).

▶ Praxistipp:

467 Um die Annahme einer stillschweigenden Einwilligung in die Klageänderung zu vermeiden, sollte der Beklagte seinen Widerspruch deutlich zum Ausdruck bringen (BGH NJW 1990, 2682; Prütting/Gehrlein/Geisler § 267 Rn. 4).

468 Um bei fehlender Zustimmung des Beklagten den Kläger nicht zu zwingen, eine neue Klage zu erheben, wird die Klageänderung im Interesse der Prozessökonomie auch dann zugelassen, wenn sie nach Auffassung des Gerichts **sachdienlich** ist.

Die Sachdienlichkeit ist objektiv im Hinblick auf die Prozesswirtschaftlichkeit zu beurteilen (BGH NJW 1985, 1841). Eine Klageänderung ist sachdienlich, wenn ihre Zulassung bei objektiver Beurteilung den sachlichen Streitstoff im Rahmen des anhängigen Rechtsstreits ausräumt und einem weiteren Rechtsstreit vorbeugt. Einerseits reicht es dazu nicht aus, dass aus dem bisherigen Verfahren gewonnene Prozessergebnisse auch für den neuen Streitgegenstand nutzbar gemacht werden können (BGH NJW-RR 1990, 506; BGH NJW 2000, 800). Andererseits fehlt die Sachdienlichkeit nicht schon dann, wenn aufgrund der Zulassung neue Parteierklärungen und Beweiserhebungen nötig werden und dadurch die Erledigung des Rechtsstreits verzögert wird (BGH NJW-RR 1987, 58 – st. Rspr.). Die Sachdienlichkeit kann im Allgemeinen nur dann verneint werden, wenn der Kläger einen völlig neuen Prozessstoff vorträgt, der das bisherige Ergebnis der Prozessführung unverwertbar machen würde (Thomas/Putzo/Seiler § 263 Rn. 9). Auch wenn zur Zeit der Klageänderung noch kein nennenswerter Streitstoff vorhanden ist, kann diese Voraussetzung nicht angenommen werden (BGH NJW-RR 1987, 58).

Obwohl an sich Einigkeit besteht, dass an die Sachdienlichkeit kein allzu strenger Maßstab angelegt werden darf (Thomas/Putzo/Seiler § 263 Rn. 8: ist »nicht kleinlich zu beurteilen«), kommt es immer wieder vor, dass Gerichte eine Klageänderung aus arbeitsökonomischen Gründen für unzulässig halten.

469 Die Voraussetzungen des § 263 ZPO verdrängen die Voraussetzungen anderer prozessualer Institute, die mit der Klageänderung konkurrieren können.

▶ Beispiel:

470 Ein notwendiges, durch Sachdienlichkeit nicht zu ersetzendes Zustimmungserfordernis des Beklagten lässt sich auch dann nicht aus § 269 ZPO herleiten, wenn man den alten Antrag beim Klagewechsel als zurückgenommen ansehen will.

471 Das grundsätzliche Verbot der Geltendmachung neuer Angriffs- und Verteidigungsmittel in der Berufung beschränkt die Möglichkeit einer Klageänderung in **zweiter Instanz** auf seltene Ausnahmefälle (§ 533 ZPO).

b) Folgen

472 Ist die Klageänderung **zulässig**, so wird – wie vom Kläger gewünscht – über den neuen Streitgegenstand verhandelt und entschieden.

473 Ist die Klageänderung **unzulässig**, wird die neue Klage durch Prozessurteil als unzulässig abgewiesen. Fraglich ist, was mit dem alten Streitgegenstand geschehen soll.

474 Über diesen ergeht eine Sachentscheidung, wenn er von der Klageänderung nicht erfasst war, insbesondere in den Fällen der nachträglichen Klagehäufung.

475 In den Fällen des Klagewechsels dagegen wollte der Kläger eine Entscheidung über den alten Streitgegenstand nicht mehr. Insoweit kann die Klageänderung als Rücknahme, Verzicht oder Erledigungserklärung bezüglich des alten Streitgegenstands verstanden werden. Möglich ist auch, dass der alte Streitgegenstand hilfsweise für den Fall der Erfolglosigkeit der Klageänderung beibehalten werden

sollte; dann ist zu klären, ob dieser Hilfsantrag stillschweigend gestellt wurde oder ob der Kläger insoweit mangels Antragstellung säumig ist.

Liegt eine eindeutige Erklärung des Klägers insoweit nicht vor, nimmt die Rechtsprechung hier – im optimalen Fall nach einem Hinweis gem. § 139 ZPO – eine Auslegung anhand der erkennbaren Umstände des Einzelfalles vor und gelangt dabei (auch wegen der einfachen Rechtsfolgen) häufig zu einer Rücknahme des alten Antrags (BGH NJW 1990, 505; Zeiss, § 49 III 2; Stein/Jonas/Leipold § 268 Anm. V 2). 476

Der Unterschied macht sich regelmäßig bei der Kostenentscheidung bemerkbar. Geht man davon aus, dass bezüglich des alten Streitgegenstands eine Rücknahme, ein Verzicht oder Säumnis vorliegt, hat der Kläger die hierdurch entstandenen Kosten zu tragen (§§ 91, 169, 344 ZPO). Nimmt man eine Erledigung oder einen Hilfsantrag an, kommt je nach den Umständen auch eine Kostenlast des Beklagten in Betracht (§§ 91/92, 91a ZPO).

▶ Praxistipp:

Soll eine möglicherweise unerwünschte Behandlung des alten Antrags für den Fall der Erfolglosigkeit der Klageänderung verhindert werden, ist es erforderlich, dessen Schicksal zu bestimmen, insbesondere klarzustellen, ob der alte Antrag als Hilfsantrag beibehalten werden soll. 477

▶ Beispiele:

Erfolgt die Klageänderung, weil der ursprüngliche Klagegrund sich nicht beweisen ließ, ist eine Rücknahme der alten Klage angezeigt. 478

Erfolgt die Änderung, weil der Beklagte die ursprüngliche Forderung nach Rechtshängigkeit erfüllt hat, kommt eine Erledigungserklärung in Betracht.

Ist der alte Antrag nicht aussichtslos, kann er hilfsweise aufrechterhalten werden.

2. Sonderfälle

Nicht alle Fälle der Klageänderung unterfallen den Voraussetzungen des § 263 ZPO. Einige Fälle werden gesetzlich privilegiert, sind unabhängig von der Einwilligung des Beklagten oder der Bejahung der Sachdienlichkeit durch das Gericht stets zulässig. 479

Dies meint § 264 ZPO, wenn er anordnet, diese Fälle seien »als eine Änderung der Klage nicht anzusehen«.

a) Klageberichtigung

Keine Klageänderung liegt vor, wenn der Streitgegenstand nicht geändert, sondern lediglich berichtigt, klargestellt oder konkretisiert werden soll. Offensichtliche Bezeichnungsfehler, Unklarheiten oder Darstellungsmängel können (unabhängig von den Voraussetzungen des § 263 ZPO) jederzeit berichtigt werden. 480

▶ Beispiel:

Hat der Kläger beantragt, den Beklagten zur Zahlung von 16 500 € zu verurteilen, ergibt sich aus der Begründung indes eine Forderung in Höhe von 15 600 €, so stellt die Klarstellung, dass nur der niedrigere Betrag verlangt wird, keine Klageänderung, sondern lediglich die Berichtigung eines offensichtlichen Schreibfehlers (Zahlendreher) dar. 481

Insoweit entspricht die Klageberichtigung der Protokoll- und Urteilsberichtigung (§§ 164, 319, 320 ZPO) sowie der ebenfalls ohne Weiteres möglichen Parteiberichtigung (oben Rdn. 334, unten Rdn. 2675).

b) Klageerweiterung und Klagebeschränkung

482 Die strengen Voraussetzungen der §§ 263 ff. ZPO müssen auch dann nicht vorliegen, wenn die Klageänderung lediglich in einer Erweiterung oder Beschränkung des Antrags besteht, der Klagegrund dabei aber unverändert bleibt.

Hier können die bisherigen Prozessinhalte uneingeschränkt verwertet werden, die Zulassung einer solchen Klageänderung ist dem Beginn eines neuen Prozesses gegenüber damit stets ökonomischer. Das Gesetz trägt dem Rechnung, indem es diese Form der Klageänderung den allgemeinen Voraussetzungen des § 263 ZPO entzieht und sie kraft Gesetzes stets für zulässig erklärt (§ 264 Nr. 2 ZPO).

483 Beschränkung und Erweiterung des Antrags i.S.d. § 264 Nr. 2 ZPO sind nicht nur **quantitativ**, sondern auch **qualitativ** möglich.

▶ Beispiel:

484 Um eine Klageerweiterung handelt es sich, wenn der Kläger nach durchgeführter Beweisaufnahme die bisher erhobene Teilklage erweitert und statt 3 000 € jetzt 5 000 € verlangt; das Gleiche gilt, wenn er von der Feststellungs- zur Leistungsklage übergeht (BGH NJW 1985, 1784) oder statt eines Befreiungs- einen Leistungsantrag stellt (BGH NJW 1994, 944).

Keine bloße Klagereduzierung, sondern (nur) eine teilweise Klagerücknahme liegt vor, wenn der Kläger einen von mehreren anfänglich geltend gemachten Streitgegenständen vollständig fallen lässt.

485 Ob § 264 ZPO die **Klagebeschränkung** nur von den Voraussetzungen des § 263 ZPO freistellt oder auch von denen des § 269 ZPO, ist streitig. Die h.L. (Thomas/Putzo/Seiler § 264 Rn. 6; Zöller/Greger § 264 Rn. 4a) verneint dies und fordert deswegen eine (durch die Sachdienlichkeit nicht ersetzbare) Zustimmung des Beklagten, die allerdings mangels Widerspruchs fingiert (§ 269 Abs. 2 Satz 4 ZPO) oder (z.B. durch rügelose Einlassung auf den neuen Antrag) konkludent erklärt werden kann.

c) Klageanpassung

486 Erforderlich werden kann eine Antragsänderung auch wegen nach Rechtshängigkeit eingetretener tatsächlicher Veränderungen. Hier beruht die Änderung nicht allein auf dem Willen des Klägers, sondern trägt der mit den tatsächlichen Änderungen verbundenen neuen materiellen Rechtslage Rechnung. Sowohl hinsichtlich der Voraussetzungen als auch hinsichtlich der Rechtsfolgen sind dabei zwei Fallgruppen zu unterscheiden.

aa) § 264 Nr. 3 ZPO

487 Der strengen Voraussetzungen der §§ 263 ff. ZPO bedarf es auch dann nicht, wenn der Kläger statt des ursprünglich geforderten Gegenstands wegen einer später eingetretenen Änderung einen anderen Gegenstand oder das Interesse fordert.

Erforderlich ist auch hier, dass der Klagegrund derselbe bleibt. Die Änderung muss nach Eintritt der Rechtshängigkeit eingetreten sein, wobei es genügt, dass sie dem Kläger erst nach Rechtshängigkeit bekannt geworden ist. Auf die Frage, ob er die Änderung vorher hätte kennen können, kommt es ebenso wenig an wie auf die Frage, wer die Änderung verursacht oder zu vertreten hat.

▶ Beispiel:

488 Eine Klageanpassung wird erforderlich, wenn sich während des Verfahrens herausstellt, dass die beantragte Herausgabe einer Sache nicht mehr möglich ist, weil diese untergegangen ist. Hier kann der Kläger seinen Antrag von Herausgabe (§ 985 BGB) auf Schadensersatz (z.B. nach §§ 989, 990 BGB) umstellen.

bb) §§ 265, 266 ZPO

Eine Anpassung der bisherigen Klage ist grundsätzlich nicht erforderlich, wenn eine der Parteien während des Rechtsstreits über den Streitgegenstand verfügt. 489

▶ Beispiele:

Hat der Kläger nach Rechtshängigkeit den streitgegenständlichen Anspruch abgetreten, so wird die ursprüngliche Klage hierdurch (mangels Prozessführungsbefugnis) unzulässig und (mangels Aktivlegitimation) unbegründet. 490

Hat der auf Herausgabe einer Sache in Anspruch genommene Beklagte diese an einen Dritten übereignet, wird die Klage (mangels Passivlegitimation) unbegründet.

Fand der Rechtsübergang im Rahmen einer **Gesamtrechtsnachfolge** statt, so findet ein gesetzlicher Parteiwechsel statt: Der Rechtsnachfolger tritt anstelle der bisherigen Partei in den Prozess ein, so zum Beispiel beim Tod einer Partei nach § 239 ZPO. Bei einem Rechtsübergang im Rahmen einer Einzelrechtsnachfolge kommt es nicht zu einem solchen Parteiwechsel, weil der Beklagte es ansonsten in der Hand hätte, einer Verurteilung zu entgehen, und durch ständige Veräußerungen praktisch jede Sachentscheidung verhindert werden könnte. Auch ein materiell-rechtliches Verfügungsverbot über den Streitgegenstand während der Rechtshängigkeit besteht nicht (§ 265 Abs. 1 ZPO).

Streitbefangen ist eine Sache, wenn im Prozess das Eigentum oder ein dingliches Recht an ihr geltend gemacht wird (BGH NJW 1955, 1719). Ein Anspruch ist streitbefangen, wenn es um Leistungsansprüche i.S.d. § 194 BGB geht. Veräußert wird eine Sache durch Übereignung, ein Recht durch Abtretung. Nach Rechtshängigkeit erfolgt die Veräußerung auch dann, wenn einzelne Akte bereits vorher vorgenommen wurden: Stand die Veräußerung unter einer aufschiebenden Bedingung, reicht es aus, dass diese erst während des Prozesses eingetreten ist (BGH NJW 1998, 156).

Die Veräußerung der streitbefangenen Sache hat grundsätzlich keine Auswirkungen auf den laufenden Prozess. Dieser wird unverändert fortgesetzt. Rechtskraft und Vollstreckungsmöglichkeit jedoch, die normalerweise auf die Parteien beschränkt sind (§§ 325 Abs. 1 Satz 1 Alt. 1, 725 ZPO), werden auf die Rechtsnachfolger erstreckt (§§ 325 Abs. 1 Satz 1 Alt. 2, 727 ZPO). 491

Seinen Klageantrag muss der Kläger nach überwiegender Ansicht gegen den Wortlaut des § 265 Abs. 2 Satz 1 ZPO auf Leistung an den neuen Rechtsinhaber umstellen, wenn er die Sache veräußert hat (OLG Nürnberg NJW-RR 1995, 262; LG Berlin DtZ 1992, 245). Weitere Auswirkungen auf die Anträge der Parteien hat die Veräußerung der streitbefangenen Sache nicht. 492

Dass der Kläger trotz der Veräußerung den Prozess im eigenen Namen weiterführen darf, beruht auf der gesetzlichen Prozessstandschaft, die er aus § 265 Abs. 2 Satz 1 ZPO hat. Wie jeder Prozessstandschafter darf der Kläger das ihm fremde Recht zwar prozessual geltend machen, Leistung verlangen kann er aber nur an den materiellen Rechtsinhaber. Die damit erforderliche Antragsänderung stellt eine nach § 264 Nr. 3 ZPO kraft Gesetzes zulässige Klageänderung dar.

Hat der Beklagte veräußert, kann der Kläger nicht etwa eine Verurteilung des Rechtsnachfolgers beantragen, es sei denn, dieser ist nach § 265 Abs. 2 Satz 2 ZPO oder im Wege der Parteiänderung Hauptpartei geworden (RGZ 121, 379; RGZ 60, 247; RGZ 56, 244). Allerdings kann der Kläger seinen Titel nach Eintritt der Rechtskraft auf den Rechtsnachfolger umschreiben lassen (§ 727 ZPO, ggf. durch Klauselerteilungsklage nach § 731 ZPO) und gegen diesen vollstrecken.

Veräußert der Rechtsinhaber die streitbefangene Sache nach Eintritt der Rechtshängigkeit und ergeht gegen ihn ein Urteil, so erstreckt sich dessen Rechtskraft gemäß § 325 Abs. 1 ZPO auch dann auf den Rechtsnachfolger, wenn dieser die Rechtshängigkeit bei Rechtserwerb weder kannte noch kennen musste. 493

Ebenso muss der Rechtsnachfolger des Veräußerers einen zwischen dem Veräußerer und dem Prozessgegner geschlossenen gerichtlichen Vergleich gegen sich gelten lassen, wenn und soweit der Inhalt des Vergleichs auch das Ergebnis eines Urteils in dem anhängigen Prozess sein könnte und sich die Rechtskraft eines solchen Urteils auf den Rechtsnachfolger erstreckt hätte. Unter diesen Voraussetzungen

zungen kann dem Prozessgegner gemäß §§ 795, 727 ZPO eine vollstreckbare Ausfertigung gegen den Rechtsnachfolger des Veräußerers erteilt werden (BGH NJW-RR 1987, 307; BGH NJW 1993, 1396; BGH NJW 2019, 310).

Die Bindung des Rechtsnachfolgers an die Rechtskraft des Urteils bewirkt, dass von dem oder gegen den Rechtsnachfolger eine erneute Klage über denselben Streitgegenstand nicht erhoben werden darf, weil dann auch im Verhältnis zum Rechtsnachfolger der Einwand einer bereits existierenden rechtskräftigen Entscheidung (§ 322 Abs. 1 ZPO) begründet ist. Eine Bindung an die Rechtskraft tritt zum Nachteil des Rechtsnachfolgers allerdings dann nicht ein, wenn dieser zur Verfügung über die streitbefangene Sache nicht berechtigt und beim Erwerb bezüglich der Rechtshängigkeit der Sache und der Rechtsinhaberschaft des Veräußerers gutgläubig war (§ 325 Abs. 2 ZPO i.V.m. §§ 932, 936, 892 BGB; BGH NJW 2019, 310). Zugunsten des Rechtsnachfolgers wirkt die Rechtskraft unabhängig von einer Gut- oder Bösgläubigkeit immer.

494 § 265 Abs. 2 Satz 1 ZPO verhindert nicht, dass der Rechtsnachfolger sich in den Prozess des Rechtsvorgängers einschaltet.

Für ein Aktivwerden des Rechtsnachfolgers spricht, dass häufig dieser und nicht mehr die bisherige Partei ein Interesse am Ausgang des Prozesses hat.

Der Rechtsnachfolger kann:
- Nebenintervenient werden (§§ 66 ff. ZPO), trotz Vorliegens der Voraussetzungen des § 69 ZPO allerdings nicht streitgenössischer, sondern nur einfacher Nebenintervenient, sodass er nur eingeschränkte Rechte erlangt (§ 265 Abs. 2 Satz 3 ZPO).
- Hauptintervenient werden (§ 64 ZPO); hierzu bedarf er der Zustimmung des Gegners (§ 265 Abs. 2 Satz 2 ZPO), der sich ohne Weiteres auf eine neue Hauptpartei nicht einlassen muss.
- Hauptpartei werden und den Rechtsstreit anstelle der bisherigen Partei übernehmen (§ 265 Abs. 2 Satz 2 ZPO). Hierbei handelt es sich um den Fall eines gesetzlich zugelassenen Parteiwechsels (BGH NJW 1996, 2799; OLG Celle NJW-RR 1998, 206), der nur mit Zustimmung des Rechtsnachfolgers, des Rechtsvorgängers und des Gegners möglich ist. Folge dieses Parteiwechsels ist, dass der Rechtsvorgänger ohne besondere Entscheidung des Gerichts (auch nicht über die dem Rechtsvorgänger bisher entstandenen Kosten; diese muss er im Zweifel im Wege des materiell-rechtlichen Kostenerstattungsanspruchs geltend machen) aus dem Prozess ausscheidet, der Rechtsnachfolger für ihn eintritt und dann an die bisherigen Prozessergebnisse – weil er freiwillig eintrat – voll gebunden ist.

495 In den Fällen des § 266 ZPO (Veräußerung eines streitbefangenen Grundstücks bzw. Schiffs) ist der Erwerber ohne Zustimmung des Gegners berechtigt, (auf dessen Antrag hin) sogar verpflichtet, den Rechtsstreit in der Lage, in der er sich gerade befindet, zu übernehmen, weil dem Gegner an der Fortsetzung des Prozesses mit dem Veräußerer nicht mehr gelegen sein kann (Rosenberg/Schwab/Gottwald, § 103 III 2).

Hat der Kläger die streitbefangene Sache veräußert und ist sein Rechtsnachfolger an die Rechtskraft der im vorliegenden Verfahren ergehenden Entscheidung (z.B. wegen Gutgläubigkeit) nicht gebunden, so muss der Beklagte damit rechnen, vom Rechtsnachfolger erneut in Anspruch genommen zu werden: Der Einwand rechtskräftiger Vorentscheidung greift dann nicht. In diesem Fall lässt sich ein zweiter Prozess durch Fortsetzung des ersten nicht vermeiden, sodass es hier dem Beklagten freisteht, die mangelnde Aktivlegitimation des bisherigen Klägers zu rügen (§ 265 Abs. 3 ZPO); die Klage ist dann als unbegründet abzuweisen (RGZ 49, 366).

Für eine Veräußerung durch den Beklagten gilt dies nicht. Hier kann der Kläger (OLG Brandenburg NJW-RR 1996, 724):
- die Klage nach § 264 Nr. 3 ZPO dahin ändern, dass er vom bisherigen Beklagten statt der bisherigen Leistung das Surrogat begehrt (§§ 285, 816 BGB).
- die Klage zurücknehmen und eine neue Klage gegen den Rechtsnachfolger anstrengen.
- die Hauptsache für erledigt erklären; eine neue Klage gegen den Rechtsnachfolger ist unbeschränkt nur im Fall übereinstimmender Erledigungserklärung möglich, da sich ansonsten der Rechtsnachfolger ggf. auf ein ihm günstiges, klageabweisendes Urteil berufen kann.
- den Prozess unverändert weiter betreiben (§ 265 Abs. 2 Satz 1 ZPO) und später dann gegen den Beklagten oder – falls ein Fall der Rechtskrafterstreckung vorliegt – gegen den Rechtsnachfolger vollstrecken (§§ 727, 731 ZPO).

d) Risiken und Kosten

Streitig ist, ob im Fall einer Klageänderung die Werte von altem und neuem Antrag stets zu addieren sind. Dies wird unter Hinweis auf § 5 ZPO mit der Begründung vertreten, das Nacheinandergeltendmachen verschiedener Ansprüche stehe für den Gebühren- (nicht für den Zuständigkeits-) streitwert der gleichzeitigen Geltendmachung gleich (KG MR 2008, 173; Zöller/Herget § 5 Rn. 3). Diese Auffassung verkennt indes, dass auch gebührenrechtlich zu unterschiedlichen Zeitpunkten des Verfahrens unterschiedliche Werte gelten können; so etwa im Fall der teilweisen Klagerücknahme oder übereinstimmenden Erledigungserklärung (OLG Frankfurt, Beschl. vom 04.03.2009 – 3 W 3/09; Prütting/Gehrlein/Beumers § 5 Rn. 3). **496**

Erhöht sich durch die Klageänderung der Streitwert, so löst dies eine Kostenvorschusspflicht aus (§ 12 Abs. 1 Satz 2 GKG) und führt dazu, dass alle Gebühren aus dem erhöhten Streitwert anfallen. Hält das Gericht die Klageänderung für unzulässig und geht von einer hilfsweisen Aufrechterhaltung des alten Streitgegenstands aus, führt dies zu einer Verdoppelung des Streitwerts (§ 45 Abs. 1 Satz 2 GKG). **497**

Soweit der durch die Klageänderung aufgegebene Streitgegenstand besondere Kosten verursacht hat, muss hierüber mitentschieden werden. Dies wird regelmäßig im Rahmen des Instituts möglich sein, nach dem der nicht weiter verfolgte Antrag behandelt wird. Auch kann ein Fall des § 96 ZPO vorliegen, wenn bestimmte Prozesskosten nur in Bezug auf den alten Streitgegenstand entstanden sind; soweit diese ausscheidbar sind, hat sie allein der Kläger zu tragen (BGH NJW-RR 1996, 256; Schmitt NJW 2021, 1131; Zöller/Greger, § 263 Rn. 18 ff.). **498**

▶ Beispiel:

Hat der Kläger ursprünglich 8 000 € aus Kaufvertrag verlangt, die Klage nach einer für ihn ungünstig verlaufenen Beweisaufnahme auf Zahlung von 8 000 € aus einem Werkvertrag umgestellt und bleibt dieser neue Anspruch tatsächlich unstreitig, so hat der Kläger die Kosten der Beweisaufnahme nach § 96 ZPO auch dann zu tragen, wenn er mit dem neuen Anspruch obsiegt. **499**

Hat der Kläger die ursprünglich in Höhe von 10 000 € erhobene Klage im Laufe des Rechtsstreits auf 4 000 € reduziert, so hat er die aus dem zurückgenommenen Kosten des Rechtsstreits angefallenen Kosten aus § 269 Abs. 3 ZPO zu tragen.

Soweit die Streitwerte von altem und neuem Streitgegenstand identisch sind, fallen die Prozesskosten (aus dem einfachen Streitwert) nur einmal an, da es sich nur um einen Rechtszug handelt.

Für den Kläger besteht das Risiko, dass der Beklagte den geänderten Klageanspruch sofort anerkennt oder erfüllt. Dann können ihm unter Umständen die Kosten auferlegt werden (§§ 91a, 93 ZPO). **500**

Eine unzulässige Klageänderung wird mit der Kostenfolge des § 91 ZPO durch Prozessurteil abgewiesen. **501**

Eine Änderung der **sachlichen Zuständigkeit** ist mit der Beschränkung des Streitwerts wegen § 261 Abs. 3 Nr. 2 ZPO auch dann nicht verbunden, wenn hierdurch die Streitwertgrenze unterschritten wird. Wird die Streitwertgrenze dagegen durch den neuen Streitgegenstand überschritten, bleibt die Zuständigkeit des Amtsgerichts nur bei rügeloser Einlassung des Beklagten erhalten; ansonsten muss auf seinen Antrag die Sache an das Landgericht abgegeben werden (§ 506 ZPO). **502**

Wird durch eine Klageerweiterung oder eine Widerklage nachträglich ein Anspruch in den Rechtsstreit eingeführt, für den die gesetzliche Sonderzuständigkeit einer Spezialkammer nach §§ 72a, 119a GVG begründet ist, muss der Rechtsstreit an diese abgegeben werden. Der Grundsatz der perpetuatio fori (§ 261 Abs. 3 Nr. 2 ZPO) steht dem nicht entgegen, weil er einen unveränderten Streitgegenstand voraussetzt (KG NJW-RR 2021, 62).

II. Erledigung der Hauptsache

503 Erfüllt der Beklagte nach Zustellung der Klage den gegen ihn erhobenen Anspruch, so erlischt dieser. Damit ist die Klage unbegründet und wird abgewiesen. Will der Kläger die damit verbundene Kostenlast abwenden, muss er dem Prozess einen neuen Inhalt geben. Regelmäßig erfolgt dies durch die Erklärung, die Hauptsache habe sich erledigt.

Diese Interessenlage ist nicht auf die Erfüllung der Klageforderung durch den Beklagten beschränkt, sondern tritt bei allen nachträglich eintretenden Umständen ein, die die (zunächst Erfolg versprechende) Klage unzulässig oder unbegründet machen (unten Rdn. 533). Sie ist auch nicht auf Klageverfahren beschränkt, sondern kann bereits im Mahnverfahren auftreten (dazu Wolff NJW 2003, 553; Zöller/Seibel § 696 Rn. 2).

Unter dem Oberbegriff der Erledigung der Hauptsache werden unterschiedliche Prozessinstitute zusammengefasst. Regelfall ist die dem Gericht gegenüber von beiden Parteien übereinstimmend erklärte Erledigung, die aufgrund der Dispositionsmaxime den Prozess insoweit ohne Weiteres beendet (unten Rdn. 504). Widerspricht der Beklagte der Erledigungserklärung des Klägers, so bleibt diese einseitig, sodass das Gericht über den Streit der Parteien, ob eine Erledigung eingetreten ist, entscheiden muss (unten Rdn. 526). Erklärt der Beklagte die Klage für erledigt, so kann hierin lediglich entweder eine – nur materiell, nicht prozessual erhebliche – Einwendung oder die vorweggenommene Zustimmung zur Erledigungserklärung des Klägers liegen (Anders/Gehle/Gehle § 91a Rn. 189 ff.; Bergerfurth NJW 1992, 1655, 1659; Zöller/Althammer § 91a Rn. 52). Die Erledigung muss den Streitgegenstand nicht vollständig ausschöpfen, sondern kann auf einen Teil beschränkt sein (unten Rdn. 539). Tritt das erledigende Ereignis vor Rechtshängigkeit ein, kann es nicht erledigend wirken, da es noch gar keine Hauptsache gibt (unten Rdn. 554). Ist zweifelhaft, ob ein Ereignis erledigend wirkt oder nicht, kommt eine bedingte (hilfsweise erklärte) Erledigung in Betracht (unten Rdn. 562).

1. Normalfall: Übereinstimmende vollständige Erledigungserklärung

504 Die Parteien können durch die übereinstimmende Erklärung, eine Fortsetzung des bisherigen Verfahrens nicht mehr zu wollen, dem Gericht die Sache entziehen; die Rechtshängigkeit endet, eine weitere Sachprüfung findet nicht mehr statt. Streit besteht zwischen den Parteien noch hinsichtlich der bislang angefallenen **Kosten** des Rechtsstreits.

a) Voraussetzungen

505 Eine wirksame übereinstimmende Erledigungserklärung setzt voraus, dass der Rechtsstreit zum Zeitpunkt der Erledigungserklärungen schon und noch **rechtshängig** war.

Weil die Erledigungserklärungen auf eine Beendigung der Rechtshängigkeit abzielen, gehen sie ins Leere und sind damit unbeachtlich, wenn der Rechtsstreit noch nicht rechtshängig geworden ist oder dessen Rechtshängigkeit bereits anderweitig (z.B. durch Klagerücknahme) beendet wurde. Unerheblich ist eine eventuelle Rechtshängigkeit zum Zeitpunkt des angeblich erledigenden Ereignisses (zur Erledigung vor Eintritt der Rechtshängigkeit unten Rdn. 554 ff.).

506 Beide Parteien müssen zudem eine wirksame **Erledigungserklärung** abgegeben haben.

Zu empfehlen ist stets, die gewollte Erledigung der Hauptsache also solche ausdrücklich zu bezeichnen (»wird die Hauptsache für erledigt erklärt«, »schließt sich der Beklagte der Erledigungserklärung des Klägers an«).

Andere Formulierungen bedürfen der Auslegung durch das Gericht (BGH NJW-RR 1991, 1211; BGH NJW 2007, 1460; BGH GRUR 2016, 283; OLG Köln NJW-RR 1998, 143). Eine Erledigungserklärung des Klägers liegt vor, wenn er erkennbar kein Interesse mehr an einer streitigen Entscheidung des Gerichts in der Hauptsache hat, die Kosten des Rechtsstreits aber nicht übernehmen will. Eine Zustimmung des Beklagten wird fingiert, wenn er der Erledigungserklärung des Klägers nicht innerhalb einer Notfrist von zwei Wochen seit Zustellung des Schriftsatzes widerspricht und er zuvor auf diese Folge hingewiesen worden ist (§ 91a Abs. 1 Satz 2 ZPO). Die Ausgestaltung der Frist als »Notfrist« ermöglicht indes bei schuldloser Fristversäumnis eine Wiedereinsetzung (§§ 233 ff. ZPO).

▶ Praxistipp:

Die Stellung des Klageabweisungsantrags durch den Beklagten nach einer Erledigungserklärung des Klägers stellt einen Widerspruch dar und verhindert eine übereinstimmende Erledigungserklärung. 507

Etwas anderes kann bei der nur teilweisen Erledigungserklärung gelten (unten Rdn. 539).

Ein Widerruf der Erledigungserklärung ist für den Kläger nur bis zur Zustimmung des Beklagten, danach und für den Beklagten nur noch unter den Voraussetzungen einer Wiederaufnahme des Verfahrens (§ 580 Nr. 2, 4, 7 ZPO) möglich (BGH NJW 2002, 442; Stein/Jonas/Leipold § 91a Rn. 19; Zöller/Althammer § 91a Rn. 11).

Weiterer Wirksamkeitsvoraussetzungen bedarf die übereinstimmende Erledigungserklärung nicht; insbesondere spielt es keine Rolle, ob ein erledigendes Ereignis eingetreten ist oder ob die Klage bisher zulässig und begründet war (BGH NJW 1982, 1598; Stein/Jonas/Leipold, § 91a Rn. 10; Prütting/Gehrlein/Hausherr § 91a Rn. 23; a.A. Anders/Gehle/Gehle § 91a Rn. 68; zur Erledigung vor dem unzuständigen Gericht unten Rdn. 532). 508

▶ Praxistipp:

Für die Erledigungserklärung besteht ebenso wie für die Kostenübernahmeerklärung nach gefestigter BGH-Rechtsprechung **kein Anwaltszwang** (BGH, Beschl. vom 30.05.2011, VI ZR 305/10). Nach Zustellung einer berechtigten Klage kann sich Erledigung für den Beklagten daher als kostengünstiges Mittel zur Streitbeilegung anbieten.

b) Folgen

aa) Wegfall der Rechtshängigkeit

Mit den übereinstimmenden Erledigungserklärungen **endet** die **Rechtshängigkeit** der Hauptsache. 509

Diese Wirkung tritt aufgrund der übereinstimmenden Erklärungen der Parteien ein (Dispositionsmaxime), einer Entscheidung des Gerichts bedarf es nicht (BGH NJW 1982, 1598; BGH NJW 1989, 2885, 2886).

Aufwendige und schwierige Fragen werden nicht mehr geklärt (BGH NJW-RR 2020, 983).

Mit dem Ende der Rechtshängigkeit entfällt auch die Notwendigkeit einer Fortsetzung des Prozesses über die Hauptsache; insbesondere muss eine bereits angeordnete **Beweisaufnahme** nicht mehr durchgeführt werden. Streitig ist, inwieweit das Gericht sie noch durchführen dürfte (für unzulässig halten jede weitere Beweisaufnahme Anders/Gehle/Gehle, § 91a Rn. 114 m.w.N.; für zulässig halten sie Stein/Jonas/Leipold, § 91a Rn. 27 m.w.N.; differenzierend Bergerfurth NJW 1992, 1655, 1657 m.w.N.). 510

▶ Praxistipp:

Die Parteien haben keine Möglichkeit, die Durchführung einer Beweisaufnahme durch das Gericht zu verhindern, und müssen hierdurch eventuell anfallende Kosten tragen. 511

Bereits ergangene **Entscheidungen** in dieser Sache werden analog § 269 Abs. 3 ZPO wirkungslos. Dies kann auf Antrag einer der Parteien durch einen rein deklaratorischen Beschluss klargestellt werden (KG NJW-RR 1999, 790). 512

bb) Kosten und Streitwert

Von der Erledigungserklärung nicht betroffen ist die Frage, wer die bislang angefallenen **Kosten** des Rechtsstreits zu tragen hat. Hierüber ergeht stets eine gerichtliche Entscheidung in Form eines Beschlusses (§ 91a ZPO). 513

Die Kosten des Rechtsstreits sind unter Berücksichtigung des bisherigen Sach- und Streitstands nach billigem Ermessen zu verteilen. Abzustellen ist darauf, wer ohne die Erledigungserklärungen aller Voraussicht nach die Kosten hätte tragen müssen. **Entscheidungsgrundlage** ist dabei der bisherige Stand des Verfahrens einschließlich des gesamten Parteivortrags und eventuell bereits erhobener Beweise. Bislang noch nicht gewährtes rechtliches Gehör für eine Partei ist noch nachzuholen, ansonsten dürfen die Parteien weiteren Sachvortrag nicht bringen (BGH GRUR 2010, 640; E. Schneider MDR 1976, 885).

Nach h.M. darf das Gericht dabei nur tatsächliche, nicht aber rechtliche Fragen dahinstehen lassen und muss erforderlichenfalls auch schwierige Rechtsfragen entscheiden (Schellhammer, Zivilprozess, Rn. 1463; Zöller/Althammer § 91a Rn. 26; a.A. Anders/Gehle/Gehle, § 91a Rn. 125 m.w.N.). In der Praxis kann dies nicht ohne Weiteres erwartet werden. Bei der Kostenentscheidung können auch Billigkeitserwägungen aus §§ 93 ff. ZPO Anwendung finden (LG Lübeck WuM 1993, 552).

Gegen den Kostenbeschluss ist die sofortige Beschwerde statthaft (§ 91a Abs. 2 Satz 1 ZPO). Erforderlich ist, dass die Kostenbeschwer 100 € übersteigt (§ 567 Abs. 2 Satz 1 ZPO) und die erledigte Hauptsache über dem Berufungswert (600 €) lag, da Kostenentscheidungen nur dann anfechtbar sind, wenn es auch die Hauptsache gewesen wäre (§ 91a Abs. 2 Satz 2 ZPO).

Wenn er von einem Unterliegen bei der Kostenentscheidung ausgeht, kann der Beklagte seine Erledigungserklärung mit einer kostensparenden, nicht dem Anwaltszwang unterliegenden Kostenübernahmeerklärung verbinden. Diese Erklärung bedingt eine Kostenentscheidung zu seinen Lasten (Rechtsgedanke des § 307 ZPO) und führt auch zu einer Ersparnis an Gerichtsgebühren (Nr. 1211 Nr. 4 KV-GKG).

514 Besonderer Beachtung bedürfen die verschiedenen **Streitwerte**:
- Der Zuständigkeitsstreitwert ergibt sich immer aus dem Wert der Hauptsache, da nachträgliche Wertänderungen nach § 261 Abs. 3 Nr. 2 ZPO irrelevant sind.
- Der Kostenstreitwert ändert sich durch die Erledigungserklärung, sodass einzelne Gebühren aus unterschiedlichen Werten anfallen können:
- Bis zum Zeitpunkt der wirksamen übereinstimmenden Erledigungserklärungen streiten die Parteien um die Hauptsache; somit ist auch deren Wert zugrunde zu legen.
- Ab diesem Zeitpunkt streiten die Parteien nur noch um die bis dahin angefallenen Kosten, sodass auch der Streitwert sich auf diesen Betrag reduziert.
- Der Rechtsmittelstreitwert richtet sich in der Regel nach dem Kostenstreitwert, da die Parteien nach der Erledigung nur noch um diesen beschwert sein können.

515 Einer **erneuten Klage** über denselben Streitgegenstand steht zwar keine rechtskräftige Entscheidung, in der Regel aber der Einwand treuwidrigen Verhaltens (§ 242 BGB) entgegen, da in der neuerlichen Klage nach vorheriger Erledigungserklärung ein widersprüchliches Verhalten gesehen werden kann. Wenn hingegen nachträglich die neue Klage rechtfertigende Umstände eingetreten sind, wird etwas anderes zu gelten haben (OLG Köln NJW-RR 1994, 917).

c) Risiken und Nachteile

516 Eine Erledigungserklärung ist für den Kläger nicht ohne Risiko.

517 Ob die von ihm erstrebte Beendigung des Hauptsachestreits eintritt, hängt nicht von ihm, sondern vom Verhalten des Beklagten ab.

Zu einer Zustimmung ist der Beklagte nicht verpflichtet, da er sich nicht auf die Inzidentprüfung im Rahmen der nur nach billigem Ermessen zu treffenden Kostenentscheidung verweisen lassen muss.

Widerspricht der Beklagte der Erledigung, wird der Prozess fortgesetzt (dazu unten Rdn. 526).

Dabei trägt der Kläger das Risiko, die ursprüngliche Zulässigkeit, die ursprüngliche Begründetheit und die nachträgliche Erledigung des Rechtsstreits darlegen und beweisen zu müssen. Gelingt ihm das nicht, fallen ihm die Kosten des Rechtsstreits zur Last.

518 Auch wenn es zu der beabsichtigten übereinstimmenden Erledigungserklärung kommt, steht nicht fest, ob der Kläger sein Ziel, von den Kosten freigestellt zu werden, erreicht.

Hierüber entscheidet das Gericht nach freiem Ermessen unter Berücksichtigung des bisherigen Sach- und Streitstands. Weil eine endgültige Sachaufklärung regelmäßig unterbleibt und das Gericht sich (contra legem) nicht eingehend mit den anstehenden Rechtsfragen befasst, besteht die Gefahr, dass das Gericht dabei von einem ungewissen Prozessausgang ausgeht und Kostenteilung oder Kostenaufhebung beschließt. Falls der Kläger (bislang) keinerlei Beweise für die bestrittenen und entscheidungserheblichen Punkte angeboten hat, können die Kosten ihm sogar ganz auferlegt werden. Dies kann auch dann passieren, wenn der Kläger wegen der Erfüllung überhaupt nicht mehr schlüssig vorträgt.

▶ Praxistipp:

Nicht selten trifft den Kläger bei der gerichtlichen Entscheidung nach § 91a ZPO ein Teil der Kosten auch dann, wenn er bei streitiger Entscheidung obsiegt hätte. 519

Es kann sich deswegen für den Kläger empfehlen, über Alternativen zur Erledigungserklärung nachzudenken.

d) Alternativen

Muss der Kläger befürchten, bei einer Erledigungserklärung sein Prozessziel (Freistellung von allen Prozesskosten) nicht zu erreichen, kommen Alternativen in Betracht. 520

(1) Der Kläger kann die Abgabe der **Erledigungserklärung verzögern.** 521

Ohne Erledigungserklärung wird der Prozess fortgesetzt. Hierdurch kann der Kläger eine Beweisaufnahme erreichen, in welcher die ursprüngliche Begründetheit seiner Forderung festgestellt wird. Die erforderliche Erledigterklärung kann er nach der Beweisaufnahme noch bis zum Schluss der mündlichen Verhandlung abgeben.

Abgesehen davon, dass sich dadurch die Kosten erhöhen können, muss der Kläger damit rechnen, dass das Gericht die Verzögerung der Erledigungserklärung zum Anlass für eine dem Kläger ungünstige Kostenfolge nimmt (aber Zöller/Althammer § 91a Rn. 25, 47).

(2) Befürchtet auch der Beklagte, im Rahmen der kursorischen Sachprüfung des Gerichts im Rahmen der Kostenentscheidung nach § 91a ZPO benachteiligt zu werden, können die Parteien (auch noch nach übereinstimmender Erledigungserklärung) einen (gerichtlichen oder außergerichtlichen) **Vergleich nur über die Kosten** schließen (Thomas/Putzo/Hüßtege § 91a Rn. 20; Thomas/Putzo/Hüßtege § 794 Rn. 14; BAG NJW 2004, 533: Kostenanerkenntnis). 522

Eine Entscheidung nach § 91a ZPO ist dann nicht mehr erforderlich. Allerdings muss diesbezüglich eine Übereinstimmung erzielt werden, zumal die anwaltliche Einigungsgebühr die Kosten erhöht. Deshalb erfolgte dies in der Praxis bislang äußerst selten. Allerdings ermäßigen sich in diesem Fall die Gerichtsgebühren von 3,0 auf 1,0 Gebühren (Nr. 1211 Ziff. 4 KV-GKG). Dieselbe Ermäßigung tritt ein, wenn die Parteien sich nur über die Hauptsache vergleichen und gegen den Kostenbeschluss auf Rechtsmittel verzichten (Nr. 1211 Ziff. 2 KV-GKG analog; Zöller/Feskorn § 313a Rn. 4).

(3) Statt einer Erledigungserklärung kann der Kläger die **Klage ändern** und seinen Antrag auf Ersatz der bis dahin angefallenen Kosten einschließlich der reinen Prozesskosten umstellen. In Betracht kommt dabei entweder ein bezifferter Leistungsantrag oder der Antrag auf Feststellung der Verpflichtung des Beklagten zur Erstattung aller Kosten, die dem Kläger im bisherigen Verfahren entstanden sind und noch entstehen werden. 523

Gegen die erste Alternative spricht, dass wegen der Anrechnung der Kosten auf den fortzusetzenden Prozess die Berechnung dieser Kosten nicht einfach ist (Sannwald NJW 1985, 898) und dem Kläger noch kein Schaden entstanden ist, solange er seinen Anwalt noch nicht bezahlt hat, er dann nur Freistellung von dessen Gebührenansprüchen verlangen kann. Gegen die zweite Alternative spricht, dass mit der bloßen Feststellung kein Vollstreckungstitel zu erlangen ist, es eines Folgeprozesses bedarf. Problematisch kann in beiden Fällen auch die Zulässigkeit dieser Klageänderung werden. Widerspricht ihr der Beklagte, halten viele Gerichte weder einen Fall von § 264 Nr. 3 ZPO noch die Sachdienlichkeit für gegeben. Die hierzu vorliegende ältere Rechtsprechung (BGH NJW 1957, 303; OLG München NJW

1966, 161; OLG München NJW 1976, 973) ist nach der Neuregelung des § 269 Abs. 3 Satz 3 ZPO nicht ohne Weiteres übertragbar.

524 (4) Riskant sind **Klageverzicht** und **Klagerücknahme**.

Auch wenn diese Erklärung »sofort« erfolgt, dürfte eine Kostenfreistellung des Klägers in entsprechender Anwendung des § 93 ZPO nicht möglich sein (entgegen OLG Frankfurt a. M. OLGZ 81, 100). § 93 ZPO ist eine Ausnahmevorschrift, die der Analogie nicht zugänglich ist.

Zum einen muss deswegen befürchtet werden, dass das Gericht die Kosten tatsächlich dem Kläger auferlegt (§§ 91, 269 Abs. 3, 306 ZPO). Zum anderen ist zu bedenken, dass das aufgrund eines Verzichts (auch ohne Antrag des Beklagten; Thomas/Putzo/Seiler § 306 Rn. 3) ergehende klageabweisende Urteil materielle Rechtskraft erlangt.

Bei einer Klagerücknahme trägt in jedem Fall der Kläger die Kosten. Insbesondere können diese dem Beklagten auch nicht bei einem bestehenden materiell-rechtlichen Erstattungsanspruchs nach § 269 Abs. 3 Satz 2 Alt. 2 ZPO auferlegt werden. Denn ein solcher bleibt bei der Kostenentscheidung nach Klagerücknahme grundsätzlich unberücksichtigt (BGH NJW 2004, 223; a.A. E. Schneider JurBüro 2002, 509: nicht ausgeschlossen worden und prozessökonomisch sinnvoll). Zudem scheidet eine analoge Anwendung des § 269 Abs. 3 Satz 3 ZPO bei Erledigung nach Rechtshängigkeit aus (BGH NJW 2004, 223; AG Berlin-Neukölln MDR 2003, 112; a.A. Bonifacio MDR 2002, 499).

Allenfalls dann, wenn eine Vollstreckung der Kosten beim Beklagten wenig Erfolg versprechend erscheint, ist eine Klagerücknahme zur Kostenersparnis (zwei Gerichtsgebühren entfallen!) in Erwägung zu ziehen (z.B. bei freiwilliger Räumung nach Erhebung der Räumungsklage wegen Zahlungsverzugs). Sonst aber müsste der Kläger die Kosten in einem neuen Verfahren geltend machen.

525 (5) Hat der Kläger gegen den Beklagten einen materiellen Kostenerstattungsanspruch, so kann er diesen nach Klagerücknahme im Rahmen eines Folgeprozesses geltend machen.

Wohl h.M., LG Berlin NJW-RR 2004, 647; Zöller/Greger § 269 Rn. 18d; ebenso Bonifacio MDR 2002, 499; differenzierend Elzer NJW 2002, 2006: nur ausnahmsweise, wenn im Einzelfall der Prozessausgang ungewiss ist – im Zweifel sollte das Rechtsschutzbedürfnis bejaht werden; a.A. LG Berlin ProzRB 2004, 236 (LS).

Allerdings kann der Kläger (wohl) nicht verhindern, dass der Beklagte nach Rücknahme der Klage im Vorprozess einen Kostenantrag nach § 269 Abs. 3, 4 ZPO stellt und das Gericht hierüber entscheidet, sodass das Rechtsschutzbedürfnis für den Folgeprozess über die Kosten fehlt.

2. Ausnahmefälle

a) Einseitige Erledigungserklärung des Klägers

526 Ist der Beklagte hinsichtlich einer Erledigungserklärung des Klägers der Auffassung, eine Erledigung sei nicht eingetreten oder die Klage sei schon von Anfang an unzulässig und unbegründet gewesen, so braucht er der Erledigungserklärung nicht zuzustimmen, sondern kann eine Klärung dieser Fragen durch das Gericht herbeiführen lassen. Anders als bei der übereinstimmenden Erledigungserklärung kann und muss das Gericht also eine Entscheidung auch noch in der Hauptsache treffen (Assmann, Die einseitige Erledigungserklärung, FS für Schwab, 1990; Röckle AnwBl 1993, 317).

▶ Beispiel:

527 Der Mieter hat eine Monatsmiete wegen Ausfall der Heizung auf Null gemindert und nicht bezahlt; diese Miete klagt der Vermieter ein. Während des Prozesses bezahlt der Mieter die Miete des Folgemonats ohne Zweckbestimmung. Der Vermieter verrechnet die Zahlung mit der eingeklagten Miete und erklärt danach die Hauptsache für erledigt. Der Beklagte ist der Ansicht, eine Verrechnung sei nicht möglich gewesen, weil die Klageforderung nicht bestand, sodass auch eine Erledigung nicht eingetreten sein kann. Das Gericht muss daher den nach wie vor bestehenden Streit über das Bestehen der Klageforderung entscheiden.

Anders als die übereinstimmende Erledigungserklärung hat die einseitig bleibende Erledigungserklärung des Klägers keine Regelung im Gesetz gefunden. Auch wenn die Notwendigkeit eines entsprechenden Instituts allgemein anerkannt ist, besteht noch immer Streit über die dogmatische Konstruktion. 528

Die Literatur geht teilweise noch immer von einem Institut sui generis, einer kostenprivilegierten Klagerücknahme oder einem Verzicht aus, auf den § 93 ZPO anzuwenden sei.

Die herrschende Meinung (Zöller/Althammer § 91a Rn. 35; Prütting/Gehrlein/Barnick § 91a Rn. 46) geht dagegen von einer Klageänderung aus und nimmt an, dass der Kläger nach der Erledigungserklärung jetzt Feststellung begehrt, der ursprüngliche Sachantrag sei zunächst zulässig und begründet gewesen, habe sich aber durch ein nachträgliches Ereignis erledigt, d.h. sei unzulässig oder unbegründet geworden.

aa) Voraussetzungen

Die einseitig bleibende Erledigungserklärung des Klägers hat danach nur dann Erfolg, wenn drei Voraussetzungen vorliegen. 529

(1) Es muss eine **Erledigungserklärung** des Klägers vorliegen, der der Beklagte nicht zugestimmt hat. 530

Die Erklärung ist dem Gericht gegenüber abzugeben (zur Zuständigkeit des Gerichts Vossler NJW 2002, 2373).

Korrekt wäre die Umformulierung des bisherigen Leistungs- in einen echten Feststellungsantrag, d.h., der Kläger müsste jetzt beantragen, »festzustellen, dass der Rechtsstreit in der Hauptsache erledigt ist«. Dies ist indes praktisch ungebräuchlich. Da der Kläger häufig eine übereinstimmende Erledigungserklärung anstrebt, wird er die Hauptsache für erledigt erklären oder eine dahingehend auszulegende Erklärung abgeben (oben Rdn. 506; BGH NJW 2007, 1460; OLG Hamm JurBüro 1996, 85; zu Sonderfällen BGH NJW 1989, 2885). Bleibt diese Erklärung ohne Zustimmung des Beklagten, ist sie als Feststellungsantrag i.S.d. herrschenden Meinung auszulegen.

Der Widerspruch des Beklagten kann ausdrücklich (»wird der Erledigung widersprochen«) oder konkludent erklärt werden (insbesondere durch Stellen des Klageabweisungsantrags oder Bestreiten des vom Kläger behaupteten erledigenden Ereignisses). Zu beachten ist aber, dass die Erledigungserklärung des Beklagten nach entsprechender Belehrung und Ablauf einer Notfrist von zwei Wochen fingiert wird (§ 91a Abs. 1 Satz 2 ZPO).

(2) Der jetzt neu gestellte **Feststellungsantrag** muss **zulässig** sein. 531

Die in der Erledigungserklärung zu sehende Änderung der Klage ist nach h.M. als Reduzierung des ursprünglichen Antrags gemäß § 264 Nr. 2 ZPO ohne Weiteres kraft Gesetzes immer zulässig.

Das für die jetzt vorliegende Feststellungsklage erforderliche Rechtsschutzbedürfnis (§ 256 Abs. 1 ZPO: rechtliches Interesse an alsbaldiger Feststellung) liegt ebenfalls unproblematisch in dem fortbestehenden Streit der Parteien (BGH NJW 1976, 799; BGH NJW 1986, 588).

(3) Der jetzt gestellte **Feststellungsantrag** muss **begründet** sein. Dazu ist erforderlich, 532

– dass der ursprüngliche Antrag zunächst **zulässig** war.

Hierfür gelten die allgemeinen Vorschriften.

Ist das angerufene Gericht unzuständig, muss auch die auf Feststellung der Erledigung gerichtete Klage abgewiesen werden. Etwas anderes gilt, wenn der Beklagte sich (zuständigkeitsbegründend, § 39 ZPO) eingelassen oder der Kläger vor der Erledigung bereits einen Verweisungsantrag gestellt hatte (BGH, Beschl. vom 28.02.2019, III ZR 16/18). Ein erst nach Erledigung gestellter Verweisungsantrag genügt indes nicht (BGH NJOZ 2018, 161; BGH NJW 2019, 2544; Vossler NJW 2002, 2373; Zöller/Althammer § 91a Rn. 25). Schließt sich der Beklagte der Erledigungserklärung des Klägers dagegen an, kommt es auf die Zulässigkeit der Klage nicht an. Im Rahmen des für die Kostenentscheidung nach § 91a ZPO zu unterstellenden hypothetischen Verfahrensablaufs seien (unbeschadet einer »kritischen Prüfung im Einzelfall«) sowohl der Verweisungsantrag als auch die Verweisung an das zuständige Gericht anzunehmen (BGH GRUR 2010, 1037), so dass die Unzuständigkeit unbeachtlich bleibt (Hofmann NJW 2020, 1117).

▶ Praxistipp:

Erledigt sich die Hauptsache vor einem unzuständigen Gericht, darf der Beklagte sich der Erledigungserklärung nicht anschließen.

– dass der ursprüngliche Antrag zunächst **begründet** war (BAG NJW 1996, 1980).

Hier ist eine normale Sachprüfung der zunächst erhobenen Leistungsklage durchzuführen. War die Leistungsklage zum Zeitpunkt der Erledigungserklärung noch nicht entscheidungsreif, so muss eine Beweisaufnahme durchgeführt werden. Anders als bei der übereinstimmenden Erledigungserklärung geht hier der Streit der Parteien über die Hauptsache – wenn auch in leicht modifizierter Form – weiter, der Prozess wird also nicht beendet, sondern nach normalen Grundsätzen fortgeführt.

– dass der ursprüngliche Antrag sich **erledigt** hat, d.h., wenn er nach Eintritt der Rechtshängigkeit unzulässig oder unbegründet geworden ist.

Anders als bei der übereinstimmenden Erledigungserklärung muss hier dem Gericht gegenüber nachgewiesen werden, dass das vom Kläger behauptete tatsächliche Ereignis nach Eintritt der Rechtshängigkeit eingetreten ist und es erledigend gewirkt hat.

Wichtigstes erledigendes Ereignis ist die Erfüllung des Klageanspruchs durch den Beklagten (BGH GRUR 2010, 640; OLG Düsseldorf NJW-RR 2001, 432; Bergerfurth NJW 1992, 1655; Heistermann NJW 2001, 3527). Sorgfältiger Abgrenzung bedarf dabei indes, ob eine Leistung des Beklagten tatsächlich zur Erfüllung erfolgte oder ob hiermit nicht nur eine drohende Vollstreckung abgewendet werden sollte.

▶ Beispiel:

533 Zahlt der Beklagte nach Verkündung des erstinstanzlichen Urteils, legt aber gleichzeitig Berufung ein, liegt hierin keine Erfüllung. Eine vom Kläger dennoch abgegebene Erledigungserklärung des Klägers führt zur Klageabweisung (OLG Saarbrücken NJW-RR 1998, 1068; Rixecker ZZP 96, 1983, 505).

Erledigend können aber auch andere tatsächliche Ereignisse wirken, wenn sie zur Unzulässigkeit oder Unbegründetheit der Klage führen.

▶ Beispiele:

534 Ein Vergleich der Parteien, der keine Regelung zur Kostentragung trifft.

Die Erfüllung oder Erfüllungssurrogate, z.B. die Erklärung einer Aufrechnung.

Das erledigende Ereignis muss zeitlich **nach Rechtshängigkeit** der Klage eingetreten sein (zur Erledigung vor Rechtshängigkeit unten Rdn. 554), wobei es grundsätzlich auf das Ereignis selbst, nicht auf dessen Wirksamwerden ankommt.

▶ Beispiel:

535 Ficht der Beklagte den Vertrag, aus dem der klägerische Anspruch herrührt, erst nach Zustellung der Klage an, so wirkt dies erledigend, auch wenn der Vertrag nach § 142 BGB rückwirkend (und damit zu einem Zeitpunkt vor Rechtshängigkeit) entfällt (zur erledigenden Wirkung der Aufrechnungserklärung BGH NJW 2003, 3134; Schneider MDR 2000, 507).

Streitig ist, inwieweit auch die **Verjährung** erledigend wirkt. Die gilt schon für die Frage, ob die Verjährung überhaupt erledigend wirken kann (die Erledigung bejahen: OLG Stuttgart NJW-RR 1996, 1520; OLG Koblenz NJW-RR 1996, 1520; BGH NJW 2010, 2422; die Erledigung verneinen: OLG Hamburg WRP 1982, 657; OLG Koblenz WRP 1982, 161; OLG Schleswig NJW-RR 1986, 38, 39; Brießmann NJW 2018, 2988; differenzierend El Gayar MDR 1998, 698; Peters NJW 2001, 2289; Schneider NJW 2017, 2874).

Streitig war auch, ob dabei auf die Erhebung der Verjährungseinrede oder auf den Zeitpunkt der Verjährung abzustellen ist. Wird ein bereits vor Rechtshängigkeit verjährter Anspruch eingeklagt und erhebt der Beklagte erst im Prozess die Verjährungseinrede, so war die Klage wegen der Rückwirkung der Undurchsetzbarkeit des Anspruchs (§ 214 Abs. 1 BGB) bereits von Anfang an unbegründet. Wird eine noch nicht verjährte Forderung eingeklagt und läuft die Frist (z.B. durch Stillstand des Verfahrens, § 204 Abs. 2 BGB) im Prozess ab, so wird der Anspruch erst nach Rechtshängigkeit undurchsetzbar, sodass ein erledigendes Ereignis anzunehmen ist. Der BGH hat nunmehr entschieden, dass die erstmalige Erhebung der Verjährungseinrede im Laufe des Rechtsstreits auch dann ein erledigendes Ereignis darstellt, wenn die Verjährung bereits vor Rechtshängigkeit eingetreten war (BGH NJW 2010, 2422). Der BGH hält damit an seinem formalen Erledigungsbegriff fest, den er bereits für die Aufrechnung (Aufrechnungslage vor Eintritt der Rechtshängigkeit, Aufrechnungserklärung erst nach Eintritt der Rechtshängigkeit) zugrunde gelegt hat. Die Literatur kritisiert die Negierung der materiell-rechtlichen Rückwirkungsfiktion (die ja nicht nur für Aufrechnung und Verjährung gilt, vgl. z.B. § 142 BGB) als »teleologische Entleerung des Erledigungsbegriffs« (Cziupka JR 2010, 372).

▶ Praxistipp:

Will der Beklagte nach Erhebung einer Verjährungseinrede oder Erklärung einer Aufrechnung eine Kostenentscheidung zu seinem Nachteil vermeiden, muss er sich der Erledigungserklärung des Klägers anschließen. 536

Widerspricht der Beklagte der Erledigungserklärung, wird das Gericht die Erledigung feststellen, sodass der Beklagte die Kosten in jedem Fall tragen muss (§ 91 ZPO). Schließt sich der Beklagte der Erledigungserklärung an, kann er im Rahmen der dann anstehenden Billigkeitsentscheidung über die Kosten (§ 91a ZPO) hoffen, dass das Gericht die bereits vor Klageerhebung bestehende Aufrechnungslage bzw. die bereits eingetretene Verjährung ganz oder zumindest teilweise zulasten des Klägers berücksichtigt.

bb) Folgen

Auf die einseitig bleibende Erledigungserklärung des Klägers hin ergeht eine **Sachentscheidung** des Gerichts. 537

Im Fall der Klagestattgabe stellt das Gericht in der Hauptsacheentscheidung die Erledigung der Hauptsache fest oder weist die Klage ab, die Kostenentscheidung folgt den §§ 91, 92 ZPO (nicht § 91a ZPO, der nur für die übereinstimmende Erledigungserklärung gilt). Vorläufig vollstreckbar kann nur die Kostenentscheidung erklärt werden (§§ 708 ff. ZPO).

Die Bestimmung des **Streitwerts** ist streitig (BGH NZM 1999, 21; OLG München NJW-RR 1996, 956; Prütting/Gehrlein/Barnick § 91a Rn. 43, jeweils m.w.N.): Während es für den Zuständigkeitsstreitwert immer nur auf den Wert der ursprünglichen Leistungsklage ankommen kann (jede nachträgliche Wertänderung ist nach § 261 Abs. 3 Nr. 2 ZPO unbeachtlich), kommen für den Rechtsmittel- und Kostenstreitwert der unveränderte Wert des ursprünglichen Antrags, der normale Wert eines Feststellungsantrags (d.h. etwa 50 % – 80 % des Werts der Hauptsache) oder das Kosteninteresse in Betracht. Nach der ersten Auffassung ändert sich der Streitwert durch die Erledigung nicht, nach den beiden anderen Auffassungen reduziert er sich, sodass dann zwei Streitwerte (vor und nach der Erledigung) vorliegen. 538

b) Teilweise Erledigung

Wird der Rechtsstreit nicht vollständig, sondern nur teilweise für erledigt erklärt, so ist auch hierbei danach zu differenzieren, ob dies durch die Parteien übereinstimmend oder einseitig durch den Kläger erfolgt. 539

aa) Übereinstimmende teilweise Erledigung

Erklären die Parteien den Rechtsstreit übereinstimmend teilweise für erledigt, so gelten hierfür die oben gemachten Ausführungen entsprechend. 540

Der Kläger muss seinen Sachantrag entsprechend ermäßigen. Dies ist ohne Änderung des Klagegrundes nach § 264 Nr. 2 ZPO grundsätzlich zulässig.

541 Besonderheiten ergeben sich allein daraus, dass über den noch verbleibenden Teil der Hauptsache eine Sachentscheidung zu fällen ist. Sie ergeht zusammen mit der Kostenentscheidung über den erledigten Teil einheitlich in Form eines Urteils.

▶ Praxistipp:

542 Häufig fehlerhaft sind die Nebenentscheidungen eines solchen Urteils.

Die Kostenentscheidung folgt hier zum Teil aus § 91a ZPO, zum Teil aus §§ 91, 92 ZPO (Kostenmischentscheidung). Wegen des Grundsatzes der einheitlichen Kostenentscheidung muss aus beiden Teilen eine einheitliche Quote berechnet werden, was in der Regel nur durch eine aufwendige kostenbezogene Quotelung geht, wenn die einzelnen Gebühren aus verschiedenen Streitwerten angefallen sind (Anders/Gehle/Gehle, § 91a Rn. 202).

Um den Gläubiger nicht dadurch schlechter zu stellen, dass über die Kosten des erledigten Teils nicht durch Beschluss nach § 91a ZPO, sondern durch Urteil entschieden wird, muss die Vollstreckung dieser Kosten auch dann ohne Sicherheitsleistung möglich sein, wenn das Urteil im Übrigen nur gegen Sicherheitsleistung vorläufig vollstreckt wird.

543 Gegen ein solches Urteil stehen den Parteien verschiedene Rechtsmittel zu: Soll gegen das komplette Urteil (Sach- und Kostenentscheidung) vorgegangen werden, so ist die Berufung statthaft. Soll nur die (komplette) Kostenentscheidung angegriffen werden, kann auch sofortige Beschwerde (§ 91a Abs. 2 ZPO) eingelegt werden (BGH NJW 1964, 660; BGH NJW 1967, 1131; a.A. Thomas/Putzo/Hüßtege, § 91a Rn. 54 ff. m.w.N.).

544 Streitig ist auch hier die Berechnung des Streitwerts: Während eine Auffassung nur noch den Wert der verbleibenden Hauptforderung zugrunde legen will, wollen andere Auffassungen den Wert der auf den erledigten Teil entfallenden Nebenforderungen (Zinsen) und/oder Kosten hinzurechnen (BGH NJW-RR 1995, 1089; OLG Hamm JurBüro 1991, 1122 m. Anm. Hansens; Anders/Gehle/Becker, Anh. § 3 Rn. 45, alle m.w.N.).

bb) Einseitige teilweise Erledigungserklärung

545 Widerspricht der Beklagte einer Erledigungserklärung des Klägers, bleibt diese also einseitig, so stellt der Kläger nach h.M. jetzt zwei Anträge: Neben dem verbleibenden Restsachantrag begehrt er einen Feststellungsantrag auf teilweise Erledigung. Über die oben dargestellten Grundsätze hinaus ist also zu beachten, dass ein Fall nachträglicher objektiver Klagehäufung vorliegt, an dessen Zulässigkeit wegen der weiten Fassung des § 260 ZPO Bedenken regelmäßig nicht bestehen.

546 Besonders umstritten ist hier die Streitwertberechnung, wobei von der ausschließlichen Berücksichtigung der restlichen Hauptsache über eine Hinzurechnung des Werts der auf den erledigten Teil entfallenden Zinsen und/oder der Kosten bis hin zum vollen Wert der ursprünglichen Hauptforderung alles vertreten wird (Anders/Gehle/Becker, Anh. § 3 Rn. 49 m.w.N.).

547 Die Kostenentscheidung folgt allein aus §§ 91, 92 ZPO; § 91a ZPO ist unanwendbar, sodass eine Kostenmischentscheidung nicht anfällt. Dementsprechend treten auch die oben angesprochenen Probleme bei der Entscheidung zur vorläufigen Vollstreckbarkeit nicht auf, diese folgt normalen Grundsätzen.

cc) Antrag »abzüglich am … gezahlter …«

548 Erfüllt der Beklagte den geltend gemachten Anspruch nur teilweise und ohne besondere Tilgungsbestimmung, so ist seine Zahlung nach Maßgabe des § 367 BGB auf Haupt- und Nebenforderungen zu verrechnen.

▶ Praxistipp:

Die mit einer Teilleistung möglicherweise verbundenen aufwendigen Berechnungen muss der Kläger nicht anstellen, sondern kann seinen bisherigen, auf volle Leistung gerichteten Sachantrag um den Zusatz »abzüglich am … gezahlter …« ergänzen. 549

Damit erspart der Kläger sich nicht nur die komplizierte Ausrechnung der Restschuld, sondern stellt auch sicher, dass ihm weder Zinsen noch etwas von der Hauptforderung verloren gingen. Ein »verbreiteter Fehler« ist es hingegen, im Prozess geleistete Zahlungen trotzdem von der (verzinslichen) Hauptsumme abzuziehen. Bei entsprechender Streitwertfestsetzung führt dies auch u.U. zur Verkürzung der Gebührenansprüche und in Grenzfällen zum Verlust der Berufungsmöglichkeit (Zöller/Herget § 3 Rn. 16.165; E. Schneider DRiZ 1979, 310: nahezu ausnahmslos fehlerhafte Praxis).

Die Zulässigkeit eines solchen Antrags ist durchweg anerkannt (OLG Koblenz AnwBl 1990, 172; LG Osnabrück MDR 2003, 953; Anders/Gehle/Gehle, § 91a Rn. 201; Zöller/Greger § 253 Rn. 16a, Zöller/Herget § 3 Rn. 16.165). 550

Eine solche Antragsformulierung führt zu einem entsprechend formulierten Leistungstitel. Eine den Anforderungen des § 367 BGB entsprechende Verrechnung ist dann erst im Vollstreckungsverfahren erforderlich.

Prozessual kann der Antrag »abzüglich am … gezahlter …« als teilweise übereinstimmende Erledigungserklärung (mit einer Kostenentscheidung nach § 91a ZPO), teilweise einseitige Erledigterklärung (mit einer Kostenentscheidung nach § 91 ZPO), teilweise Klagerücknahme (mit einer Kostenentscheidung nach § 269 Abs. 3 ZPO!) oder teilweiser Verzicht (mit einer Kostenentscheidung nach § 91 ZPO) aufgefasst werden. 551

Dass der Beklagte weiter einen Klageabweisungsantrag stellt, liegt an dem verbleibenden streitigen Hauptsacherest und muss nicht unbedingt auch für den vom Kläger für erledigt erklärten Teil gelten (OLG Koblenz JurBüro 1990, 392). Keine Zustimmung zur Erledigungserklärung liegt vor, wenn der Beklagte weiter ein Interesse an einer streitigen Entscheidung bekundet oder wenn er das erledigende Ereignis bestreitet.

▶ Praxistipp:

In den Genuss einer Kostenentscheidung nach § 91a ZPO kommt der Kläger nur, wenn er dem Gericht gegenüber klarstellt, dass die Antragsänderung eine teilweise Erledigungserklärung darstellt. 552

Da bei fehlender Erklärung des Klägers das Gericht die Klageermäßigung auslegt, und im Zweifel häufig von dem (für das Gericht einfachsten) Fall der teilweisen Klagerücknahme ausgeht (Thomas/Putzo/Seiler § 264 Rn. 6; Zöller/Greger § 264 Rn. 4a), sollte der Kläger unbedingt klarstellen, dass er dies als Erledigungserklärung verstanden haben will.

Vor allem wenn nach vorausgehendem Mahnbescheid mit der Anspruchsbegründung weniger geltend gemacht wird, erfolgt in der Praxis hierzu relativ selten eine Äußerung seitens der Klagepartei. 553

Zumindest sollte man eine teilweise Zahlung mitteilen, da dann das Gericht von einer stillschweigenden teilweisen Erledigungserklärung ausgehen muss (Thomas/Putzo/Seiler § 91a Rn. 6, Thomas/Putzo/Hüßtege § 264 Rn. 6). Denn nur eine solche Auslegung entspricht in der Regel dem vernünftigen Willen und der Interessenlage der – erledigt erklärenden – Partei, was maßgebend ist (a.A. Rücknahme des Streitantrags). Die Kostenentscheidung ergeht dann nach § 91a ZPO.

Sonst kann in der ermäßigten Anspruchsbegründung nämlich auch eine konkludente Teilrücknahme des Antrags auf Durchführung des streitigen Verfahrens nach § 696 Abs. 4 ZPO gesehen werden (Thomas/Putzo/Hüßtege § 696 Rn. 18: »in der Regel«), bei welcher nach verbreiteter Ansicht die entsprechende Anwendbarkeit von § 269 Abs. 3 ZPO bejaht wird (Heiß/Heiß JA 2019, 15; a.A. Thomas/Putzo/Hüßtege § 696 Rn. 19; Zöller/Vollkommer §§ 690 Rn. 24; 696 Rn. 2 m.w.N.: weil das Verfahren – im Gegensatz zur Rücknahme des Mahnantrags – anhängig bleibt, wobei über die Kosten nicht entschieden wird und es zu einem Verfahrensstillstand – bis zu einem erneuten Streitantrag – kommt; zu den verschiedenen Möglichkeiten einer Antragsrücknahme im Mahnverfahren

Fischer MDR 1994, 125). Der Kläger kann dann entweder erst nachträglich seine im Mahnverfahren insoweit angefallenen Kosten in einem neuen Prozess einklagen oder auch sogleich in dem übergeleiteten Streitverfahren über den Restbetrag mit geltend machen (LG München I, Beschl. vom 01.10.2002 – 23 T 17280 Rn. 02: Kostenantrag kann dahin gehend aufgefasst werden).

c) Erledigung vor Rechtshängigkeit

554 Übereinstimmende Erledigungserklärungen der Parteien führen ausnahmslos zu einem Wegfall der Rechtshängigkeit, unabhängig davon, wann das erledigende Ereignis stattgefunden hat. Der Wegfall der Rechtshängigkeit beruht hier nicht auf dem erledigenden Ereignis, sondern auf den übereinstimmenden Erklärungen der Parteien (Dispositionsmaxime).

Ob und gegebenenfalls wann ein erledigendes Ereignis eingetreten ist, spielt keine Rolle. Die Erledigungserklärungen an sich führen auch dann zu einer Beendigung der Rechtshängigkeit, wenn der Anlass hierfür (= das erledigende Ereignis) vor Eintritt der Rechtshängigkeit oder gar vor Anhängigkeit gelegen haben sollte. Sind sich die Parteien über die Erledigung einig und erklären sie diese dem Gericht gegenüber, so erlischt die Rechtshängigkeit oder tritt erst gar nicht ein (OLG Hamm MDR 2001, 470; OLG Köln NJW-RR 2000, 1456; OLG Koblenz NJW-RR 2000, 1092; Bergerfurth NJW 1992, 1655, 1657; Thomas/Putzo/Hüßtege § 91a Rn. 22; Zöller/Althammer § 91a Rn. 16; a.A. Anders/Gehle/Gehle § 91a Rn. 68). Werden sogar die Erledigungserklärungen vor Rechtshängigkeit abgegeben, tritt die Rechtshängigkeit erst gar nicht ein (OLG Köln NJW-RR 1996, 1023).

Liegt das erledigende Ereignis nach Verkündung des Urteils, aber noch vor Ablauf einer Rechtsmittelfrist (= **zwischen** den **Instanzen**), so können **übereinstimmende** Erledigungserklärungen noch dem Instanzgericht, nicht aber dem Rechtsmittelgericht, gegenüber abgegeben werden. Das Urteil wird dadurch nach § 269 Abs. 3 Satz 1 ZPO analog wirkungslos, es ergeht ein Kostenbeschluss nach § 91a ZPO (OLG Düsseldorf NJW-RR 2001, 1028; MüKoZPO/Lindacher § 91a Rn. 39; Zöller/Vollkommer, § 91a Rn. 21).

Eine übereinstimmende Erledigung der Hauptsache kann auch in höheren Instanzen (selbst noch in der Revision) erklärt werden und kann sich anstatt auf die Hauptsache auch auf das Rechtsmittel beziehen.

Erst nach rechtskräftigem Abschluss des Verfahrens ist auch eine übereinstimmende Erledigungserklärung nicht mehr möglich.

555 Problematisch wird der Zeitpunkt der Erledigung nur in den Fällen, in denen der Beklagte sich der Erledigung nicht anschließt, die Erklärung des Klägers also einseitig bleibt.

556 (1) Eine einseitige Erledigungserklärung des Klägers mit der Begründung, die Erledigung sei bereits **vor Rechtshängigkeit** eingetreten, ist dagegen nicht möglich. Vor der Rechtshängigkeit gibt es begrifflich noch gar keine »Hauptsache«, die sich hätte erledigen können, die Klage ist von Anfang an (d.h. vom Zeitpunkt der Rechtshängigkeit an) unzulässig bzw. unbegründet und muss daher abgewiesen werden (ständige Rechtsprechung seit BGH NJW 1982, 1598; BGH NJW-RR 1988, 1151, BGH NJW 1990, 1905, 1906; zum Zusammenfallen von Erledigung und Rechtshängigkeit OLG Nürnberg DAR 1995, 330).

Die Kostenfolge ist dabei sehr umstritten (z.B. OLG München NJW 1976, 971: Kosten Kläger gem. § 91 ZPO; a.A. Kosten sind dem Beklagten aufzuerlegen aufgrund reziproker bzw. analoger Anwendung des § 93 ZPO, wenn er zur Klage Anlass gegeben hat – bei sofortiger Erledigterklärung des Klägers, Thomas/Putzo/Hüßtege § 91a Rn. 39 oder sofortigem Klageverzicht, Zöller/Vollkommer § 91a Rn. 47 a.E.; ablehnend BGH NJW 1994, 2895). Überwiegend dürften die Gerichte die Kosten wohl (einfach) dem Kläger nach § 91 ZPO auferlegen.

Nur wenn der Kläger in schuldloser Unkenntnis der Zahlung (z.B. Gutschrift auf dem Klägerkonto am Tag der Klageeinreichung) die von vornherein unbegründete Klage erhoben hat, steht ihm ein diesbezüglicher materiell-rechtlicher Schadensersatzanspruch aus Verzug zu (Grüneberg/Grüneberg § 286 Rn. 7). Dieser wird bei der Kostenentscheidung nach § 91a ZPO zugunsten des Klägers aber nur berücksichtigt, wenn sein Bestehen sich ohne besondere Schwierigkeiten, insbesondere ohne Beweisaufnahme, feststellen lässt. Sonst kann der Kläger diesen Anspruch auf Kostenerstattung und Befreiung von den festgesetzten Kosten gegen den Beklagten noch in einem weiteren Prozess durchsetzen (BGH NJW 2002, 680) oder aber die Klage entsprechend ändern (nachfolgend). In Ausnahmefällen kann eine Erfüllungswirkung der Zahlung auch mangels ausreichender Spezifizierung ausgeblieben sein.

▶ Praxistipp:

Aufgrund eines vor Rechtshängigkeit eintretenden erledigenden Ereignisses kann die Hauptsache nicht für erledigt erklärt werden. Erforderlich ist hier eine Klagerücknahmeerklärung. 557

Nimmt der Kläger wegen der Erledigung vor Rechtshängigkeit die Klage zurück, so ergeht die Kostenentscheidung nicht zwingend zu seinen Lasten, sondern – wie im Fall der übereinstimmenden Erledigungserklärung – nach billigem Ermessen unter Berücksichtigung des bisherigen Sach- und Streitstands (§ 269 Abs. 3 Satz 3 ZPO). Hatte der Beklagte Anlass zur Klage gegeben, so treffen ihn die Kosten des Rechtsstreits (Bonifacio MDR 2002, 499; Elzer NJW 2002, 2006; Tegeder NJW 2003, 3327).

Ein »Anlass zur Einreichung der Klage« im Sinne des § 269 Abs. 3 Hs. 1 ZPO kann indes nur angenommen werden, wenn die Klage bei ihrer Einreichung zulässig und begründet war oder jedenfalls zu irgendeinem Zeitpunkt vor ihrer Einreichung zulässig und begründet gewesen wäre. Auf den Fall einer aus objektiver Sicht zu keinem Zeitpunkt aussichtsreichen Klage ist die Vorschrift nicht anwendbar (BGH NJW 2021, 941).

▶ Beispiel:

Der Beklagte bezahlt eine längst fällige Forderung erst, nachdem bereits Klage eingereicht, aber bevor ihm diese zugestellt wurde. Nimmt der Kläger die Klage zurück, hat das Gericht auf Antrag des Klägers dem Beklagten die Kosten aufzuerlegen, ohne dass es zuvor einer Zustellung der Klage an den Beklagten bedarf. 558

Ist die Erledigung der Hauptsache nach Rechtshängigkeit eingetreten, scheidet eine kostenprivilegierte Klagerücknahme aus. Dem steht der Wortlaut des § 269 Abs. 3 Satz 3 ZPO entgegen, eine die Analogie rechtfertigende Regelungslücke existiert wegen der Möglichkeit aus § 91a ZPO nicht (BGH NJW 2014, 3520). Auch die Umdeutung einer Klagerücknahmeerklärung in eine Erledigungserklärung lehnt der BGH in diesen Fällen ab (BGH NJW 2007, 1460).

Dringend anzuraten ist dem Kläger hier der substantiierte Vortrag des vorgerichtlichen Geschehensablaufs, um dem Gericht die Voraussetzungen der Kostenentscheidung darzulegen.

Die Möglichkeit einer Kostenentscheidung nach § 269 Abs. 3 Satz 3, Abs. 4 ZPO schließt eine auf den materiell-rechtlichen Kostenerstattungsanspruch gestützte separate Kostenerstattungsklage nicht aus (BGH NJW 2013, 2201 m. Anm. Elzer).

▶ Praxistipp:

Kennt der Kläger zwar den Zeitpunkt des erledigenden Ereignisses, nicht aber den der Rechtshängigkeit, kann er die Erledigungserklärung unter der (zulässigen innerprozessualen) Bedingung erklären, dass die Klage vor Erfüllung der Forderung zugestellt wurde (KG NJW-RR 1998, 1074; OLG Nürnberg DAR 1995, 330). 559

(2) Liegt das erledigende Ereignis nach Verkündung des Urteils, aber noch vor Ablauf einer Rechtsmittelfrist (= **zwischen** den **Instanzen**), so muss Berufung eingelegt werden, um dem Gericht gegenüber die Erledigung erklären zu können (Prütting/Gehrlein/Barnick § 91a Rn. 65 m.w.N.). 560

(3) Für die einseitige Erledigung der Hauptsache **in der Berufungsinstanz** gelten die Grundsätze des erstinstanzlichen Verfahrens (§ 525 ZPO). 561

Fraglich ist, ob daneben auch eine Erledigung des Rechtsmittels möglich ist. Hierfür besteht ein Bedürfnis, wenn der Rechtsmittelführer das vorinstanzliche Urteil aufrechterhalten will, sein Rechtsmittel indes erfolglos geworden ist, ohne dass er die hierdurch entstandenen Kosten durch eine Rechtsmittelrücknahme tragen will (BGH NJW-RR 2001, 1007; OLG Frankfurt a. M. NJW-RR 1989, 63; Bergerfurth NJW 1992, 1656; Gaier JZ 2001, 445; a.A. OLG Karlsruhe FamRZ 1991, 464; Thomas/Putzo/Hüßtege § 91a Rn. 8).

d) Hilfsanträge und Erledigung

562 Steht nicht fest, ob eine Erledigung wirklich eingetreten ist, kann überlegt werden, die Erledigungserklärung bedingt nur für den Fall der tatsächlichen Erledigung abzugeben.

aa) Haupterledigung und Hilfssachantrag

563 Erklärt der Kläger die Hauptsache für erledigt, ist es zulässig und oftmals sachgerecht, den ursprünglichen Antrag hilfsweise für den Fall aufrechtzuerhalten, dass das Gericht keine Erledigung annimmt.

▶ Beispiel:

564 Der Kläger erklärt die auf Unterlassung wettbewerbswidriger Handlungen gerichtete Klage für erledigt, nachdem der Beklagte sein Gewerbe aufgegeben hat. Da er nicht ausschließen kann, dass das Gericht weiterhin eine Wiederholungsgefahr annimmt, behält er hilfsweise den ursprünglichen Sachantrag bei und entgeht so der ansonsten drohenden Klageabweisung.

Wie beim Normalfall der eventuellen Klagehäufung steht auch hier der Hilfsantrag unter einer auflösenden Bedingung und wird nur im Fall der Erfolglosigkeit des Hauptantrags beschieden.

bb) Hauptsachantrag und Hilfserledigung

565 Nicht ganz unumstritten ist die Frage, ob eine Erledigungserklärung nur hilfsweise abgegeben werden kann, wenn hauptsächlich der bisherige Antrag aufrechterhalten wird (zum Meinungsstand vgl. Musielak/Voit/Flockenhaus, § 91a, Rn. 31 m.w.N.).

▶ Beispiel:

566 Hält im obigen Beispielsfall der Kläger die Wiederholungsgefahr für nicht beseitigt, muss er konsequenterweise bei seinem Sachantrag bleiben. Da er nicht sicher sein kann, dass das Gericht dem folgt, hat er ein Interesse an einer hilfsweisen Erledigungserklärung, um eine Abweisung seiner Klage zu vermeiden.

Nach herrschender Meinung ist die hilfsweise Erledigungserklärung des Klägers unzulässig (BGH NJW-RR 2011, 618 Rn. 22). Spiegelgleich ist auch die einseitige Erledigungserklärung des Beklagten unzulässig (BGH NJW 1989, 2885).

III. Vergleich

567 Die große forensische Bedeutung des Prozessvergleichs steht in scharfem Kontrast zu einer lückenhaften Regelung in der ZPO (§ 794 Abs. 1 Nr. 1 ZPO).

Getreu dem Motto »Schlichten ist besser als richten« wurden mit den Reformen des Zivilprozessrechts die Güteverhandlung (§§ 278 Abs. 2, 279 ZPO), das Schlichtungsverfahren (§ 15a EGZPO) und die Möglichkeit eines schriftlichen Vergleichsschlusses (§ 278 Abs. 6 ZPO) eingeführt.

568 Der Abschluss eines Prozessvergleichs ist allgemein in jeder Verfahrensart und in jedem Verfahrensstadium – ab Anhängigkeit des Verfahrens bis zu dessen rechtskräftiger Beendigung – möglich. Besondere Anforderungen gelten für Vergleiche in Kollektivverfahren (§§ 611 ZPO, 17 ff. KapMuG).

1. Vergleichsstrategie

569 Auch wenn das Verhandlungsgeschick ein ganz entscheidender Faktor ist, können Rechtskenntnis und gezielte Vorbereitung das Ergebnis entscheidend verbessern.

Die gründliche Vorbereitung der Güteverhandlung ist ein wesentlicher Faktor für eine erfolgreiche Verfahrensführung. Es empfiehlt sich, gemeinsam mit dem Mandanten bei der Vorbereitung verschiedene Vergleichsoptionen zu prüfen, zu diskutieren und zu bewerten. Dabei darf das Kostenrecht nicht außer Acht gelassen werden, da es regelmäßig unterschätzte Gestaltungspotenziale zugunsten des Mandanten bietet.

In der Praxis üben **Gerichte** mitunter spürbaren Druck auf die Parteien aus, um einen Vergleichsabschluss zu erreichen. 570

Vor diesem Hintergrund empfiehlt es sich, mit einer klaren Schmerzgrenze in die Vergleichsverhandlungen zu gehen, um den Druck auf die Gegenseite weiterzugeben.

Falls ein Vergleich objektiv keinen Sinn macht, sollte sich der Anwalt dem Druck nicht beugen. 571
Vergleichsbereitschaft ist nicht erzwingbar (Thomas/Putzo/Seiler § 279 Rn. 2).

Das Gericht darf auf den Willen einer Partei insbesondere nicht mit der Äußerung einwirken, ein Urteil bestimmten Inhalts sei bereits beschlossen und werde verkündet, wenn die Partei sich nicht vergleicht (Thomas/Putzo/Seiler § 794 Rn. 4; kritisch Anm. E. Schneider in BGH NJW 1966, 2399).

Hingegen ist es durchaus zulässig, dass das Gericht den Parteien seine nach dem bisherigen Verlauf gewonnene Rechtsansicht darlegt und ihnen die Risiken (Kosten, Dauer, Rechtsmittel) vor Augen führt, die ihnen nach seiner Auffassung bei Fortführung des Rechtsstreits erwachsen (BGH NJW 1966, 2399; Zöller/Greger § 278 Rn. 1: legitim, darf aber nicht als Druckmittel eingesetzt werden; auch § 287 Abs. 2 ZPO). So stehen oft auch tatsächlich die weiteren Kosten (insbesondere bei Sachverständigengutachten) zum eingeklagten Betrag außer Verhältnis, sodass sich gerade ein Teilsieg leicht in einen »Pyrrhussieg« verwandeln kann. Zudem fördern »geschickte Richter die Vergleichsbereitschaft, indem sie insbesondere Geschäftsführern und Freiberuflern unter Hinweis auf deren hohe eigene Kosten (ihrer Anwesenheit bei weiteren Terminen) pro Zeiteinheit schmeicheln« (Salje DRiZ 1994, 288).

Gerichtliche Vergleichsvorschläge und Angebote der Gegenseite sollten nicht ungeprüft abgelehnt werden. 572

Ob sich der gerichtliche Vergleichsvorschlag im konkreten Fall an der (vorläufigen) Beurteilung der jeweiligen Sach- und Rechtslage orientiert, lässt sich hier natürlich nicht beurteilen. Wenn das Gericht dies aber getan hat, wird es sich normalerweise nicht weigern, den Vorschlag auf Anfrage des Anwalts auch zu begründen. Hieraus kann dann ersichtlich sein, wie ein etwaiges Urteil lauten wird bzw. ob noch eine Aussicht (z.B. durch die Beweisaufnahme oder weiteren Sachvortrag) auf eine günstigere Entscheidung besteht. So mancher Richter hingegen macht seine Äußerungen mit dem Ziel, die Vergleichsbereitschaft der Parteien zu erhöhen. Er vermeidet es daher, eine Partei in Sicherheit zu wiegen, sondern führt stattdessen beiden Seiten gerade die Prozessrisiken vor Augen.

Der **Rechtsanwalt** ist aus dem Anwaltsvertrag verpflichtet, dem Mandanten die Vor- und Nachteile 573
eines Vergleichsabschlusses darzulegen und ihn vor unüberlegten Erklärungen zu warnen (BGH NJW 2000, 1944; Grüneberg/Grüneberg § 280, Rn. 82; Edenfeld MDR 2001, 972). Vor dem unwiderruflichen Abschluss hat der Anwalt sich grundsätzlich der vorherigen Zustimmung des Mandanten zu versichern (BGH NJW 2002, 292).

Der am Vergleichsabschluss beteiligte Anwalt trägt bei der Beratung des Mandanten eine besondere Verantwortung, zumal beim Laien nach der Lebenserfahrung eine Neigung vorhanden ist, im Rechtsstreit entsprechend der Empfehlung des Anwalts zu verfahren (BGH NJW 1966, 2399, 2401). So soll kaum eine Verfahrenssituation für den Anwalt haftungsrechtlich riskanter sein als der Abschluss eines Prozessvergleichs (E. Schneider ZAP-Kolumne 2002, 1099). Er kann sich insbesondere nicht darauf verlassen, dass ihn der gerichtliche Vergleichsvorschlag entlastet (hierzu eingehend OLG Frankfurt a. M., NJW 1988, 3269). Ein im Vertrauen auf einen unrichtigen Hinweis des Gerichts abgeschlossener Prozessvergleich ist auch nicht (wegen Wegfalls der Geschäftsgrundlage) unwirksam (OLG Hamm NJW-RR 1997, 1429: alleiniges Risiko der Partei).

Sofern nach der Prozesslage begründete Aussicht besteht, dass im Fall einer Entscheidung ein wesentlich günstigeres Ergebnis zu erzielen ist, hat der Anwalt von einem Vergleich abzuraten. Eine Prozessprognose anzustellen, ist freilich sehr schwierig und meistens mit vielen Unsicherheitsfaktoren behaftet. Deshalb ist auch ein Vergleich auf hälftiger Basis nicht immer die schlechteste Wahl, wodurch zumindest für beide Parteien das Risiko des völligen Prozessverlusts (»Alles-oder-Nichts-Entscheidung«) vermieden wird.

Die Aufklärungspflicht besteht selbst dann, wenn der Anwalt behauptet, das von ihm ausgehandelte Ergebnis sei schon das Äußerste, was bei der Gegenseite zu erreichen ist (BGH NJW 1993, 1325; BGH

NJW 2002, 292). Hierbei ist immer damit zu rechnen, dass den Mandanten der Vergleichsabschluss im Nachhinein reut und er den nachgegebenen Betrag vom Anwalt ersetzt haben will. Anwaltliche Regressfälle aus (angeblich) unzureichender Vergleichsbelehrung sind praktisch recht häufig. Deswegen sollte der Anwalt dem Mandanten auch im eigenen Interesse klar darlegen, ob er zum Vergleich rät (was von den Erfolgschancen im Prozess abhängt) und zu welchem Inhalt er rät. Insbesondere bei Abfindungsvergleichen muss sicher feststehen, was abgegolten wird.

▶ Praxistipp:

574 Daueransprüche (Arbeitseinkommen, Unterhalt, Rentenansprüche) dürfen in einen Vergleich – insbesondere in Form einer Abfindung – nur einbezogen werden, wenn ihr wirtschaftlicher Umfang zweifelsfrei festgestellt wurde.

Kann der Wert eines solchen Anspruchs (Kapitalisierung, Abzinsung) nicht selbst festgestellt werden, ist es erforderlich, sich sachkundiger Hilfe zu bedienen (unten Rdn. 589).

575 Aus richterlicher Erfahrung kann zur Vergleichsstrategie nur angemerkt werden, dass es unter Umständen nützlich sein kann, möglichst viel zu fordern bzw. Gegenforderungen geltend zu machen sowie möglichst viele Beweismittel anzubieten, aber auch Gegner und Gericht durch rechtliche Einwände zu verunsichern.

Denn bei ungeklärter Sach- und Rechtslage, vor allem bei zahlreichen Einzelpositionen, wird häufig die Klagesumme geteilt, was der »schwächeren« Partei nützen kann. Zudem ist es leichter, sich herunterhandeln zu lassen, als den Gegner heraufzuhandeln. Auch wenn der Gegner keinerlei Zweifel daran hat, dass er »im Recht ist«, wird er kaum vergleichsbereit sein.

Sind zu dem Termin bereits Zeugen geladen, so ist zu bedenken, dass der Gegner nach einer für ihn günstigen Beweisaufnahme in der Regel nicht mehr vergleichsbereit sein wird bzw. nur noch zu für ihn wesentlich besseren Bedingungen.

Vergleichsfördernd ist gelegentlich auch der Hinweis auf die eigene dürftige finanzielle Situation mit dem Angebot, freiwillig zu zahlen, wenn ein Teil der Schuld erlassen wird. Denn für den Gläubiger ist es natürlich von erheblichem Interesse, nicht nur einen vollstreckbaren Titel, sondern auch sein Geld zu bekommen. Dabei ist ein tatsächlich erlangter Teilbetrag wirtschaftlich mehr wert als eine kosten- und zeitaufwendige Zwangsvollstreckung mit ungewissem Erfolg. Hierbei bieten sich Ratenzahlungsvereinbarungen an, am besten gekoppelt mit Verfall- oder Erlassklauseln, welche für beide Parteien Vorteile bieten (unten).

Sofern dem zivilrechtlichen Anspruch eine Straftat zugrunde liegt, bietet sich für den Gläubiger eine gute Gelegenheit zum Abschluss eines Vergleiches in einem etwaigen Strafverfahren gegen den Täter, insbesondere im Rahmen des Adhäsionsverfahrens (unten Rdn. 2480).

576 Sofern man bereits von vornherein auf einen Vergleich abzielt, empfiehlt es sich, etwaige Forderungen (ggf. mit einer Widerklage) mit in den Prozess als Verhandlungsmasse einzubringen (»Vergrößerung des Kuchens, bevor man ihn teilt«).

Stellt man diese hingegen erst bei den Vergleichsverhandlungen in Aussicht, so ist der (unvorbereitete) Gegner häufig nicht bereit, diese mitzuberücksichtigen. Ferner können durch aufwendiges und gekonntes »Nebelschießen« (Franzen NJW 1984, 2262) unter Umständen die Vergleichsbereitschaft der Gegenseite und die Vergleichsbemühungen des Gerichts erhöht werden.

In strafrechtlich relevanten Fällen kann sich ein zuvor gestellter Strafantrag gegen den Gegner als nützliche Verhandlungsmasse erweisen. So ist es nämlich zulässig, dass sich eine Partei verpflichtet, einen Strafantrag (oder eine Strafanzeige) zurückzunehmen.

577 Wenn der Gegner überhaupt nicht vergleichsbereit erscheint, können eine eingehende Erörterung der Sach- und Rechtslage sowie eine selbstbewusste Darstellung der eigenen Position zuweilen doch noch zu einem Vergleichsabschluss führen. Hierfür ist es hilfreich, bereits vor dem Termin mit dem Mandanten etwaige Spielräume für Zugeständnisse abgeklärt zu haben.

Manchmal kann die Bereitschaft des Gegners zum Vergleichsabschluss auch dadurch erhöht werden, dass die Partei im Termin anbietet, den Vergleichsbetrag (ganz oder teilweise) sogleich in bar bzw. per

Scheck zu zahlen. Auch die Protokollierung einer Präambel, einer Entschuldigung oder einer Goodwill-Erklärung erleichtert zuweilen den Parteien den Abschluss.

Dabei ist die Erklärung des Gegenanwalts, sein Mandant sei zu weiteren Zugeständnissen keinesfalls bereit, häufig genauso unwahr, wie die Härte und Prozessentschlossenheit nur vorgespiegelt ist.

Zu bedenken ist jedoch, 578
- dass protokollierte Vergleichsangebote nach Ablehnung unter Umständen vom Gericht als für die Partei akzeptable Mindestangebote angesehen werden können, an welchen es sich dann auch in seiner Entscheidung orientiert.
- dass ein abgeschlossener Vergleich an sich – unabhängig vom materiellen Inhalt – auch nachteilig sein kann (unten Rdn. 2842).

2. Vergleichsinhalt

Allgemein ist zu empfehlen, den Vergleichstext möglichst selbst zu formulieren. 579

Auch hier hat es sich bewährt, mögliche Vergleichslösungen in die Verhandlungsvorbereitung einzubeziehen. Der Anwalt sollte sich nicht aufgrund etwaigen Drängens seitens des Gerichts oder des Gegners unüberlegt mit einer vorgeschlagenen Formulierung zufriedengeben. Hilfreich ist hierbei eine vorherige schriftliche stichpunktartige Fixierung der wesentlichen Punkte. Denn allzu leicht wird bei den oftmals verzwickten und sich über eine gewisse Zeit erstreckenden Vergleichsgesprächen etwas vergessen.

Inhaltliche Mängel des Vergleichs, insbesondere etwaige Rechenfehler, können nachträglich nicht gem. §§ 164, 319 ZPO berichtigt werden, sondern nur durch einen nochmaligen Vergleichsabschluss (Thomas/Putzo/Seiler § 319 Rn. 1; BayVerfGH NJW 2005, 1347: u.U. aber Anspruch auf Anpassung des Vergleichs oder unwirksam aufgrund eventuellen Dissens).

a) Präambel

Vielen Vergleichen wird eine Präambel vorangestellt. Eine solche kann rein psychologische Gründe haben (die Partei »wahrt ihr Gesicht«) oder die Motive der Parteien für den Vergleichsschluss beschreiben, was von Bedeutung sein kann, wenn dieser von der noch ausstehenden Zustimmung Dritter (z.B. der Rechtsschutzversicherung) abhängt oder wenn es um seine spätere Auslegung bei Unklarheiten geht (BGH NJW 2017, 1887). 580

▶ **Beispiel:**

Ein Vergleich kann geschlossen werden »auf (dringendes) Anraten des Gerichts«, »ohne Anerkennung einer Rechtspflicht« oder »nach eingehender Erörterung der Sach- und Rechtslage«. 581

Auch die Formulierung »ohne Anerkennung einer Rechtspflicht« lässt die Wirksamkeit des Vergleichs unberührt. Damit soll lediglich der freiwillige Charakter des Vergleichsabschlusses zum Ausdruck gebracht und verdeutlicht werden, dass sich die Partei nicht auch die vom Gegner vertretene Rechtsansicht zu eigen macht (BAG NJW 2004, 533). Auch wird damit klargestellt, dass der Vergleich keinerlei Präjudizwirkung für andere Verfahren (zwischen den Parteien, mit der Haftpflichtversicherung oder mit regresspflichtigen Dritten) haben soll, wodurch verhindert wird, dass der Vergleichsabschluss möglicherweise als Anerkenntnis (hinsichtlich etwaiger weiterer Ansprüche aus dem Rechtsverhältnis) angesehen wird.

b) Regelungsumfang

Wichtig ist es, den Regelungsumfang des Vergleichs in subjektiver, objektiver und zeitlicher Hinsicht festzuhalten. 582

Der Prozessvergleich wird zwischen den **Parteien** des Rechtsstreits abgeschlossen. 583

Es können allerdings auch am Verfahren nicht beteiligte Dritte miteinbezogen werden, was erfahrungsgemäß nicht selten erst eine umfassende Einigung zwischen allen Beteiligten ermöglicht. Materiell-rechtlich ist eine solche Einbeziehung problemlos möglich. Eine Vollstreckung durch oder gegen die Dritten ist indes nicht möglich. Dazu ist erforderlich, dass sie dem Verfahren (zumindest »zum Zwecke des Vergleichsabschlusses«) beitreten. Hierzu müssen sie entweder persönlich anwesend noch ordnungsgemäß vertreten sein, wobei im Anwaltsprozess hierfür kein Anwaltszwang besteht (Thomas/Putzo/Seiler § 794 Rn. 9, 12; str. BGH NJW 1983, 1433). Dabei beschränkt sich die Mitwirkung des Dritten darauf, dass er seine Verpflichtungserklärung zu Protokoll gibt, wodurch der Gläubiger einen vollstreckbaren Titel erhält (§ 794 Abs. 1 Nr. 1 ZPO).

584 Der Inhalt muss den **Streitgegenstand** ganz oder teilweise durch gegenseitiges Nachgeben regeln. Insoweit wird der Rechtsstreit dadurch beendet. Auch wenn durch den Vergleich bereits ergangene Titel (z.B. Vollstreckungsbescheid, Versäumnisurteil, Vorbehaltsurteil) ohne Weiteres wirkungslos werden (Thomas/Putzo/Seiler § 794 Rn. 28), kann es zur Verhinderung einer etwaigen unzulässigen Vollstreckung hilfreich sein, wenn der Kläger auf die Rechte hieraus im Vergleich ausdrücklich verzichtet.

585 Es können auch Rechtsverhältnisse miterfasst werden, die nicht Prozessgegenstand sind.

Der Gegenstand des Vergleichs muss lediglich der Verfügung der Parteien unterliegen und darf keinen gesetzwidrigen (§ 134 BGB) oder sittenwidrigen (§ 138 BGB) Inhalt haben.

Im Fall eines Widerrufsvergleichs wird sogar die Verjährung des nicht rechtshängigen Anspruchs gem. § 203 Satz 1 BGB – bis zur Erklärung des Widerrufs – gehemmt (BGH NJW 2005, 2004).

586 Der Vergleich kann lediglich die Klageforderung, alle in den Prozess eingeführten Ansprüche (also insbesondere auch Hilfs- und Aufrechnungsforderungen) oder alle gegenseitigen Ansprüche der Parteien (und damit sogar die, denen sie sich gegenwärtig gar nicht bewusst sind) erfassen. Alle Lösungen können im Einzelfall sinnvoll sein. Was genau gewollt ist, muss klargestellt werden (BGH NJW 1966, 2399).

Werden von dem (Teil-)Vergleich ausschließlich Punkte erfasst, die nicht Streitgegenstand des Verfahrens waren, liegt die Protokollierung im Ermessen des Gerichts. Besteht ein innerer Zusammenhang mit dem Rechtsstreit, kommt eine Protokollierung im Hinblick auf § 127a BGB in Betracht (BGH, Beschl. vom 03.08.2011, XII ZB 153/10).

587 Zu empfehlen ist im Normalfall, im Vergleich allenfalls nur eine Abgeltung der streitgegenständlichen Ansprüche zu vereinbaren.

Eine umfassende Abgeltung (mit Einmalzahlung; hinsichtlich sämtlicher – bekannter und unbekannter –, vorhersehbarer und nicht vorhersehbarer –, erwarteter und unerwarteter – Ansprüche aus dem streitgegenständlichen Ereignis – gleich aus welchem Rechtsgrund – für die Vergangenheit und Zukunft) ist riskant, insbesondere wenn mögliche Personen-Spätschäden in Betracht kommen oder es sich bei dem Streitgegenstand nicht um die einzige Rechtsbeziehung zwischen den Parteien handelt.

Werden einige Punkte von der Abgeltung ausgenommen, sollten diese zur Vermeidung von späteren Unklarheiten so genau wie möglich bezeichnet werden. Zu vermeiden sind hierbei allgemeine Formulierungen wie z.B. »erhebliche Verschlechterungen«. Klar wäre hingegen z.B. folgende Formulierung:

»Vorbehalten bleiben Ansprüche auf Verdienstausfall, wenn die Minderung der Erwerbsfähigkeit unfallbedingt dauerhaft 50 % übersteigt ... für den Fall der Amputation des Fußes« (Heß/Burmann NJW-Spezial 2004, 207).

Bei der Vergleichsprotokollierung ist unbedingt auf den genauen Wortlaut beim Vorlesen des Vergleichsinhaltes zu achten, um zu verhindern, dass ungewollt eine umfassende Abgeltung protokolliert wird. Dies könnte vor allem dann leicht geschehen, wenn der bei Gericht formularmäßig vorgegebene Vergleichstext die Beschränkung auf die »streitgegenständlichen Ansprüche« nicht enthält. Denn dann ist die Wahrscheinlichkeit groß, dass die umfassende Formulierung unverändert ins Protokoll übernommen wird.

588 Allerdings kann der Schuldner bei einer nur eingeschränkten Abgeltung nach Abschluss des Vergleichs bereits bestandene Gegenrechte (z.B. Aufrechnung, Zurückbehaltungsrecht) noch ausüben und mit der Vollstreckungsgegenklage geltend machen (§ 767 Abs. 2 ZPO gilt nicht für den Prozessvergleich, Thomas/Putzo/Seiler § 767 Rn. 25). Es kann sich daher u.U. empfehlen, insoweit Einredefreiheit zu vereinbaren.

Stehen dem Verletzten Ansprüche gegen mehrere Schädiger als Gesamtschuldner zu, welche nicht mitverklagt sind, kann er diesen gegenüber seinen restlichen, nicht durch die Vergleichssumme getilgten Schaden noch geltend machen. Für den Beklagten besteht dann die Gefahr der Inanspruchnahme wegen etwaiger Ausgleichsansprüche (§ 426 BGB). Deshalb sollte auch diese Frage im Vergleich möglichst mitgeregelt werden (z.B. mittels Verzicht auf Geltendmachung gegenüber solchen dritten Personen oder Freistellungsverpflichtung; OLG Frankfurt a. M., VersR 2003, 204: Vertrag zugunsten Dritter; LG Koblenz VersR 1995, 577: § 423 BGB).

Der Rechtsanwalt darf einen (bindenden) Abfindungsvergleich mit nicht unerheblicher Tragweite 589
regelmäßig nur schließen, wenn der Mandant hierüber belehrt ist und zugestimmt hat (BGH NJW 1994, 2085; oben Rdn. 574).

Dabei ist ein Abfindungsvergleich zur Regulierung der Schäden aus einer Körperverletzung regelmäßig von erheblicher Tragweite, sofern es sich nicht um Verletzungen einfacher Art handelt und aller Voraussicht nach mit Spätfolgen nicht gerechnet werden muss. Zu den zustimmungsbedürftigen Verletzungen rechnet der BGH z.B. auch das bei Verkehrsunfällen häufig auftretende und in der Gerichtspraxis nicht immer ernst genommene HWS-Schleudertrauma, welches erfahrungsgemäß zu den Unfallverletzungen gehört, die diagnostisch schwer fassbar sind und deren Verlauf schwierig vorherzusagen ist.

Es empfiehlt sich daher, den Mandanten eingehend und nachweisbar über Bedeutung und Risiken zu belehren (insbesondere über das Risiko etwaiger Fehleinschätzungen der künftigen Entwicklung sowie darüber, dass für unvorhergesehene Schäden Nachforderungen grundsätzlich ausgeschlossen sind). Dies gilt besonders bei jungen Geschädigten, welche sich von einem – mehr oder weniger hohen – Abfindungsbetrag leicht beeindrucken lassen. Aber auch hier darf der Vorteil eines Abfindungsvergleichs, die schnelle Erlangung eines u.U. nicht unerheblichen Betrages statt eines möglicherweise langjährigen Streits mit ungewissem Ausgang, nicht außer Acht gelassen werden. Hierbei entfällt für den Geschädigten auch das, bei einer alternativen Rentenzahlung allgemein bestehende, künftige Insolvenzrisiko des Schuldners (§ 843 BGB).

Im Zweifel sollte der Anwalt von einem Abfindungsvergleich eher abraten (Edenfeld MDR 2001, 974).

So ist der Vergleich insbesondere bei einem Irrtum über die Zukunftserwartungen grundsätzlich nicht unwirksam. Allenfalls bei einem krassen Missverhältnis zwischen dem Schaden und der Abfindungssumme, wenn ein Zukunftsschaden bei der Festlegung der Abfindungssumme keine oder nur eine untergeordnete Rolle gespielt hat, kann etwas anderes gelten (§§ 779 Abs. 1, 242 BGB), nicht ohne Weiteres jedoch bei unvorhergesehenen Spätfolgen (BGH NJW 1991, 1535: kein Missverhältnis bei Abfindungssumme und Schaden von eins zu drei; LG Heidelberg VersR 1995, 575: Irrtum über die künftige Abfindungspolitik des Schuldners – Aidsinfizierung; Grüneberg/Grüneberg § 242 Rn. 153, § 779 Rn. 12).

Bei Schwerverletzten (insbesondere Gehirnverletzungen) ist darauf zu achten, ob der Geschädigte auch geschäftsfähig ist (im Zweifel Gutachten, Betreuung oder Bestellung eines Pflegers; Heß/Burmann NJW-Spezial 2004, 207). Denn sonst wäre der Vergleich nichtig.

Werden (materielle und immaterielle) Zukunftsschäden vorbehalten, muss unbedingt sichergestellt 590
werden, dass diese nicht verjähren (OLG Hamm MDR 1999, 388; Grüneberg/Ellenberger § 199 Rn. 14, 31). Denn weder hat der Vorbehalt allein Einfluss auf die Verjährung, noch enthält dieser einen konkludent erklärten Verzicht auf diese Einrede.

Hierbei beträgt die (regelmäßige) Verjährungsfrist 3 Jahre (§§ 195, 199 Abs. 1 BGB – die missverständliche Formulierung des § 199 Abs. 2 BGB betrifft nur die absolute Verjährungsfrist).

Als Sicherungsmaßnahmen im Hinblick auf die (drohende) Verjährung kommen in Betracht: 591

- Ausdrücklich erklärter Verzicht auf die Verjährungseinrede (§ 202 BGB)
- Titelersetzendes Anerkenntnis (§ 197 Abs. 1 Nr. 3 BGB – Verjährungsfrist 30 Jahre!)
- Feststellungsklage (unten Rdn. 1061)
- Vereinbarung einer längeren Verjährungsfrist (§ 202 Abs. 2 BGB)
- Stundungsabrede bzw. Stillhalteabkommen (sog. pactum de non petendo; § 205 BGB; Grüneberg/Ellenberger § 205 Rn. 2).

Für ein sog. titelersetzendes Anerkenntnis ist Voraussetzung, dass dieses vom Schuldner mit dem Ziel abgegeben wird, den Gläubiger klaglos zu stellen.

Allein das Fehlen eines vereinbarten Verjährungsverzichts für Zukunftsschäden reicht zur Annahme einer derartigen Absicht nicht aus. Anders wäre dies zu beurteilen, wenn der Vergleich eine Äußerung des Beklagten enthalten würde, wonach die Ansprüche des Klägers »dem Grunde und der Höhe nach für Vergangenheit und Zukunft ersetzt werden«, oder wenn der Beklagte sonst eine Feststellungsklage des Klägers hinsichtlich des Zukunftsschadens konkret zu erwarten gehabt hätte, von deren Erhebung der Gläubiger durch die Erklärung des Vorbehalts abgehalten wurde (BGH NJW 2002, 1878; BGH NJW 2003, 1524).

Allerdings verbleibt es für künftig fällig werdende regelmäßig wiederkehrende Leistungen bei der regelmäßigen Verjährungsfrist von drei Jahren (§ 197 Abs. 2 BGB; BGH NJW 1985, 791).

Dagegen kommt es für die Entscheidung nicht wesentlich darauf an, ob ein schuldumschaffendes, vom zugrunde liegenden Haftungsgrund losgelöstes selbstständiges (sog. konstitutives) Anerkenntnis im Sinne des § 781 BGB vorliegt. Ein (solches) Anerkenntnis kann allenfalls den Neubeginn der Verjährung bewirken, jedoch nicht mehr die Verjährungsfrist bis auf 30 Jahre verlängern (§§ 195, 212 Abs. 1 Nr. 2 BGB). Im Übrigen ist die Erklärung des Schuldners, er erkenne die Ansprüche des Geschädigten an, in der Regel nur als schuldbestätigend (deklaratorisch) anzusehen.

Dabei stehen die in der Praxis beliebten Formulierungen wie »die Zahlung des Abfindungsbetrags bedeutet kein Anerkenntnis der Haftung« (BGH NJW 2002, 1878) oder »ohne Anerkennung einer Rechtspflicht« (Thüringer OLG OLG-NL 2005, 54) der Annahme eines Anerkenntnisses entgegen.

In Verkehrsunfallsachen ist bei Ansprüchen gegenüber der Kfz-Haftpflichtversicherung die Sonderregelung des § 3 Nr. 3 PflVG zu beachten.

592 Wurde ein **außergerichtlicher Abfindungsvergleich** abgeschlossen (und der vereinbarte Betrag bezahlt), endet damit die Verjährungshemmung für etwaige vorbehaltene Zukunftsschäden.

Die 3-jährige Verjährungsfrist beginnt dann diesbezüglich erneut zu laufen, soweit nicht besondere Umstände ergeben, dass die Parteien insoweit gerade keine abschließende Regulierung des gesamten Schadens – mit Ausnahme des vorbehaltenen Zukunftsschadens – wollten (BGH NJW 2002, 1878; Thüringer OLG OLG-NL 2005, 54; Grüneberg/Ellenberger § 203 Rn. 4; vgl. auch §§ 203, 212 Abs. 1 Nr. 1 BGB; § 15 VVG).

c) Leistungspflicht

593 Bestimmt werden muss auch die **Leistungspflicht** der Parteien.

Dazu gehört bereits, dass der Wille des Schuldners, sich einer Zwangsvollstreckung zu unterwerfen, eindeutig erkennbar wird. Zweifel daran bestehen insbesondere bei der Formulierung »Wir sind uns einig« (OLG Stuttgart NJW-RR 1999, 791: kein wirksamer Titel; a.A. OLG Zweibrücken, Beschl. vom 17.07.2002 – 2 WF 35/02).

Problematisch kann zum Beispiel sein, ob auf den genannten Betrag noch Mehrwertsteuer (zu den steuerlichen Risiken eines Vergleichs Krüger NJW 2015, 203) oder Zinsen zu zahlen sind, wann die Leistung fällig sein soll, ob bereits gezahlte, vollstreckte oder titulierte Teilbeträge angerechnet werden sollen und ob die Leistung von Gegenleistungen abhängen soll.

▶ Praxistipp:

594 Die Leistungspflichten der Parteien müssen im Vergleich vollstreckungsfähig formuliert werden. Dazu sollte man sich an die in Leistungsurteilen gebräuchlichen Formulierungen halten.

Der Anwalt sollte sich daher vor dem Abschluss Gedanken machen, ob und wie der Vergleich zu vollstrecken ist. Zur Kontrolle kann man sich in die Situation des Vollstreckungsorgans, speziell des Gerichtsvollziehers, versetzen, der allein aus dem, für sich heraus verständlichen Vergleichstext erkennen können muss, was er im Einzelnen zu vollstrecken hat (Zöller/Seibel § 704 Rn. 4).

▶ Beispiel:

595 Zu zahlende Beträge sind beziffert anzugeben, herauszugebende Sachen so genau zu bezeichnen, dass sie von allen anderen Gegenständen abgegrenzt werden können.

Für nicht vollstreckbar gehalten hat die Rechtsprechung die Verpflichtung zur »pünktlichen Zahlung der jeweils fälligen Miete« (BGH NJW 1957, 23) oder zur Zahlung des »vereinbarten Pachtzinses« (OLG Koblenz NJW-RR 2002, 1509). Die bloße Bestimmbarkeit (etwa durch Einholung von Auskünften Dritter) genügt für die Bestimmtheit der Verpflichtung nicht (BGH NJW 1997, 2887). Unbestimmt ist auch die »Anrechnung bereits bezahlter Beträge« (BGH NJW 2006, 695; Christopoulos MDR 2014, 438) oder die »Wiederherstellung des früheren Zustands« (LG Frankfurt NJW-RR 2021, 128).

Zur Konkretisierung können dem Vergleich Anlagen beigefügt werden.

Außerdem sollte die Regelung möglichst klar und eindeutig, im Zweifel eher ausführlich als zu knapp formuliert werden, um späteren Auslegungsstreitigkeiten über den Umfang des Vergleichs vorzubeugen (BGH NJW 2002, 1048: Pflicht des Anwalts bei Vergleichsabschluss hierfür zu sorgen; BGH NJW 2017, 1887). Des Weiteren ist einfachen und praktikablen Lösungen der Vorzug zu geben (z.B. keine Bedingungen, Gegenleistungen oder Rückabwicklungen). In jedem Fall ist auf die vollständige und richtige Niederlegung des Willens des Mandanten zu achten.

Im Übrigen sind folgende Punkte besonders zu beachten: 596

(1) Eine **Leistungsverpflichtung** sollte auch als eine solche unmissverständlich formuliert werden. 597

So ist z.B. die Formulierung »Der Beklagte schuldet« unklar. Denn dieser Ausdruck enthält nur die Erklärung, dass eine Schuld besteht (BGH NJW 1969, 1477). Damit ist aber noch nicht ohne Weiteres gesagt, dass der Beklagte das jetzt und gerade aufgrund dieses Vergleichs auch leisten soll. Offen bleibt, ob eine bloße (nicht vollstreckbare) Feststellung erfolgt ist oder ein (vollstreckbarer) Leistungstitel geschaffen werden sollte.

(2) Sollen zu den Hauptforderungen **Nebenforderungen** hinzukommen, muss dies ausdrücklich 598
festgelegt werden.

Geschuldet werden nur die im Vergleich selbst geregelten Leistungen. Zinsen, Kosten, Steuer o.Ä. werden, wenn sie im Vergleich nicht erwähnt sind, auch dann nicht geschuldet, wenn sie ursprünglich miteingeklagt waren.

(3) Bei einer Mehrheit von Gläubigern oder Schuldnern ist anzugeben, wie deren Berechtigung oder 599
Verpflichtung im **Innenverhältnis** ausgestaltet sein soll.

Insbesondere bedarf es der Klärung, ob mehrere Schuldner als Teil- oder Gesamtschuldner haften sollen. Bei Gesamtschuldnerschaft besteht der Vorteil für den Gläubiger darin, dass er von jedem der Schuldner den ganzen Betrag verlangen und vollstrecken kann (§ 421 BGB). Sofern bei mehreren Gläubigern auch noch eine etwaige Gesamtgläubigerschaft, im Vergleichstext mit aufgenommen ist, steht dieses Recht jedem einzelnen Gläubiger zu (§ 428 BGB).

(4) Problematisch sind **Anrechnungsklauseln.** 600

Angerechnet werden können
- bereits gezahlte Beträge
- bereits vollstreckte Beträge
- bereits titulierte Beträge.

Diese müssen exakt bezeichnet und beziffert werden. Die Klausel »Die Parteien sind sich einig, dass vom Antragsgegner geleistete Zahlungen in Anrechnung zu bringen sind« ist wegen inhaltlicher Unbestimmtheit nicht vollstreckungsfähig (OLG Zweibrücken MDR 2002, 541; a.A. OLGReport Zweibrücken 2002, 480). Insbesondere ist es dem Vollstreckungsorgan verwehrt, auf Überweisungsbelege oder gar privatschriftliche Zahlungsaufstellungen zurückzugreifen.

(5) Geht es um die **Abgabe von Willenserklärungen**, so sollten diese zur Vermeidung von Vollstre- 601
ckungsproblemen (sonst § 888 ZPO) schon im Vergleich selbst mit abgegeben werden (Thomas/Putzo/Seiler § 894 Rn. 3).

Bei einem Verzicht auf Ansprüche sollte sicherheitshalber die Annahmeerklärung des Schuldners ausdrücklich mit aufgenommen werden (§ 397 Abs. 1 BGB: Erlassvertrag!).

602 (6) Wichtig ist es, den geregelten **Ansprüchen** eine praktisch durchsetzbare Form zu geben.

Bei **Unterlassungs- und Handlungsansprüchen** kann es für eine etwaige Durchsetzung u.U. besser sein, eine Vertragsstrafe im Vergleich und für diese gegebenenfalls zusätzlich eine Sicherheitsleistung mit aufzunehmen.

603 Bei **Herausgabeansprüchen** sind unklare Sammelbegriffe zu vermeiden.

Denn es kann nicht dem Gerichtsvollzieher überlassen bleiben, aus einer Vielzahl von im Gewahrsam des Schuldners befindlichen Gegenständen diejenigen herauszusuchen, die unter einen im Vergleich verwendeten Sammelbegriff fallen. Vielmehr müssen die betreffenden Gegenstände identifizierbar bezeichnet sein, wozu dem Vergleich auch Aufstellungen beigefügt werden können (unten Rdn. 643).

Nicht vollstreckungsfähig sind insbesondere die folgenden Formulierungen: Der Schuldner ist verpflichtet, Belege bzw. Urkunden herauszugeben, »soweit vorhanden« oder »aus denen die Richtigkeit des Zahlenmaterials der Rechnungslegung entnommen werden kann« oder »über die Höhe der Einkünfte Belege vorzulegen« (OLG Köln MDR 1993, 83).

Ungenügend für einen Räumungstitel wäre es, wenn es lediglich heißen würde: »Die Parteien sind sich einig, dass das Mietverhältnis zum … endet.« Vielmehr muss die Pflicht zur Besitzaufgabe eindeutig zum Ausdruck kommen (AG Schöneberg NJW-RR 1991, 1488).

Hierbei kann es sich empfehlen, Fristen zu bestimmen und (Schadensersatz-)Regelungen für den Fall der Nichterfüllung zu vereinbaren (E. Schneider MDR 1997, 1091 mit dem anschaulichen Beispiel eines missratenen Prozessvergleichs).

604 (7) Die Vergleichsforderung ist grundsätzlich sofort im gesamten Umfang **fällig** (§ 271 Abs. 1 BGB) und vollstreckbar.

Da aber »aus den Umständen« etwas anderes zu entnehmen sein kann, sollte die Fälligkeit in komplexen Fällen am besten ausdrücklich geregelt werden (z.B. BAG NJW 2005, 171: Fälligkeit einer vereinbarten Abfindung normalerweise erst zum Zeitpunkt der Beendigung des Arbeitsverhältnisses).

Benötigt der Schuldner zur Bewirkung der Leistung gewisse Zeit, sollte dieser darauf hinwirken, dass eine entsprechende Frist im Vergleich ausdrücklich mit aufgenommen wird. In der Regel wird eine gewisse Stundung – mit oder ohne Zinsen – von Klägerseite auch akzeptiert.

605 Soll die Fälligkeit ganz oder teilweise aufgeschoben werden, ist eine **Zahlungsvereinbarung** erforderlich. Dabei ist neben dem jeweiligen Fälligkeitstermin die genaue Höhe der einzelnen Raten anzugeben.

Häufig werden hiermit noch besondere Klauseln dergestalt verbunden, dass dem Schuldner bei pünktlicher Zahlung eines bestimmten Teilbetrages der Rest erlassen, bei Nichtzahlung bzw. Säumnis hingegen die (gesamte) Restforderung sofort zur Zahlung fällig wird (sog. Druckvergleich).

Dadurch besteht einerseits ein gewisser Anreiz für den Schuldner, um die Erfüllung der Vergleichsforderung bemüht zu sein, andererseits ist der Gläubiger in jedem Fall durch den vollstreckbaren Vergleich abgesichert.

Zu beachten ist, dass bei den sog. Wiederauflebungs- und Rücktrittsklauseln im Gegensatz zu den Verfalls- und Erlassklauseln der Gläubiger bei Erteilung einer vollstreckbaren Ausfertigung für den Zahlungsrückstand beweispflichtig ist (§ 726 Abs. 1 ZPO!; Thomas/Putzo/Seiler § 724 Rn. 8, § 726 Rn. 3; Zöller/Seibel § 726 Rn. 8; Münzberg RPfleger 1997, 413).

Da man bei Fälligstellung lediglich des Restes damit rechnen muss, dass die Vollstreckungsorgane vom Gläubiger einen Nachweis über die bisherige Abrechnung zur Zahlung verlangen (Thomas/Putzo/Seiler Vorb. § 704 Rn. 16, 20), sollte bei Rückstand die gesamte Forderung ohne Rücksicht auf die Abrechnungslage fällig gestellt werden und nicht nur der jeweilige Kapitalrest.

Bei solchen Klauseln sollte unbedingt die Formulierung »Rückstand« im Sinne unterlassener bzw. nicht pünktlicher Zahlung gewählt werden, da im Gegensatz hierzu »Verzug« ein Verschulden voraussetzt (§ 286 Abs. 4 BGB), worüber Streit entstehen kann.

Schließlich sollte auch an eine Verzinsung gedacht werden, für deren Höhe sich die gesetzliche Regelung anbietet. Zudem ist es zweckmäßig, klarzustellen, ob vom Schuldner zu erstattende Kosten in der Ratenzahlungsregelung mitenthalten sein sollen. Sonst wären diese sofort fällig und könnten den Schuldner in unbedachte Zahlungsschwierigkeiten bringen, mit dem Risiko des Eintritts einer Verfallklausel wegen Ratenrückstandes.

(8) Werden gegenseitige Leistungspflichten vereinbart, muss auch die **Gegenleistung** vollstreck- 606
bar bezeichnet sein. Zudem müssen Verhältnis von Leistung und Gegenleistung geregelt werden.

Diese können im Synallagma stehen, sodass jeder Partei die Einrede des nicht erfüllten (Vergleichs-)Vertrages zusteht. Sinnvoller ist es häufig, beide Leistungen unabhängig voneinander zu postulieren oder eine Vorleistungspflicht für eine Partei festzuschreiben.

(9) Des Weiteren ist es oftmals ratsam, eine **Beweislastregelung** in den Vergleich aufzunehmen. 607

Um späteren Schwierigkeiten (bei der Vollstreckung), insbesondere bei den Zusatzklauseln einer Ratenzahlungsvereinbarung, vorzubeugen, kann es sich empfehlen, im Vergleich zu bestimmen, dass der Schuldner für die rechtzeitige Zahlung (bzw. sonstige Leistung) darlegungs- und beweispflichtig ist. Als maßgebender Zeitpunkt für die Erfüllung sollte am besten die Gutschrift des jeweiligen Betrages auf dem Konto (der Partei oder ihres Prozessbevollmächtigten) bestimmt werden (sog. Rechtzeitigkeitsklausel; zur Auslegung bei fehlender diesbezüglicher Vereinbarung OLG Nürnberg JurBüro 1999, 486).

d) Erlassklausel

Enthalten sein kann eine Erlassklausel, wonach bei Zahlung eines bestimmten (Teil-)Betrages bis 608
zu einem festgelegten Zeitpunkt der (grundsätzlich ebenfalls titulierte) Restbetrag der Forderung als erlassen gelten soll (»Las-Vegas-« oder »Monte-Carlo-Vergleich«; Knütel MDR 1995, 437).

e) Kosten

Grundsätzlich gehört zu einem Vergleich der Parteien auch eine Einigung über die durch den Rechts- 609
streit entstandenen Kosten.

In die Überlegungen zu der Einigung über die Kosten sollte stets auch eine eventuell angefallene vorgerichtliche Geschäftsgebühr einbezogen werden (Jungbauer DAR 2008, 745).

Können die Parteien sich über die Kosten nicht einigen, kann der Rechtsstreit nach Abschluss eines (Teil-)Vergleichs nur über die Hauptsache für erledigt erklärt und die Kostenentscheidung dann vom Gericht nach § 91a ZPO getroffen werden. Richtiger, wenn auch bestrittener Ansicht zufolge darf dann nicht auf das Nachgeben im Vergleich abgestellt werden, sondern auf die Erfolgsaussichten der Klage ohne den Vergleich (OLG Stuttgart NJW-RR 1999, 147; OLG Oldenburg NJW-RR 1992, 1466).

▶ Praxistipp:

Die Beschränkung der Vergleichswirkung auf eine Erledigung der Hauptsache und die Her- 610
beiführung einer gerichtlichen Kostenentscheidung nach § 91a ZPO erlaubt eine einvernehmliche Streitbeilegung bezüglich der Hauptsache auch dort, wo eine Einigung über die Kostentragung nicht erzielt werden kann.

Das Ausklammern der Kostenentscheidung aus dem Vergleich erspart darüber hinaus Probleme mit der Rechtsschutzversicherung und sichert den Anwalt gegen mögliche Regressrisiken ab.

aa) Kostenregelung

Das Zustandekommen eines Vergleichs hängt in vielen Fällen (nur noch) von der Verteilung der 611
Kosten ab. Denn diese ist oft maßgebend dafür, ob sich der Vergleich im Ergebnis für eine Partei überhaupt lohnt.

612 Manchmal ist die (teilweise) Übernahme der Kosten durch den Gegner leichter zu erreichen, wenn der Streitwert möglichst niedrig angesetzt werden kann und somit die von ihm zu tragenden Kosten geringer sind. Dabei können die Gerichts- und die außergerichtlichen Kosten unterschiedlich verteilt werden.

613 Bei der Kostenregelung im Vergleich ist zu beachten, dass die Vereinbarung im Zweifel nur die notwendigen Kosten i.S.d. § 91 Abs. 1 Satz 1 ZPO erfasst.

Zur Vermeidung späterer Unklarheiten und Auslegungsschwierigkeiten sollte im Vergleich daher speziell die Kostentragungspflicht bezüglich eines vorangegangenen selbstständigen Beweisverfahrens, einer Streitverkündung, eines Privatgutachtens, einer Säumnis sowie die Kosten einer bereits erfolgten Vollstreckung oder eines bereits rechtskräftig abgeschlossenen Teils des Rechtsstreits stets ausdrücklich mitgeregelt werden).

So ist regelmäßig offen, ob eine Vereinbarung im Vergleich über die »Kosten des Rechtsstreits« auch die Kosten rechtskräftig titulierter Rechtsmittelzüge oder einer bereits erfolgten (vorläufigen) Zwangsvollstreckung umfasst (BGH NJW 2017, 1887; Zöller/Geimer § 788 Rn. 14). Wird durch den Vergleich ein Vollstreckungsbescheid gegenstandslos, so können nach h.M. die bis dahin entstandenen Kosten nur in der Höhe festgesetzt werden (gem. § 788 Abs. 1 Satz 1, Abs. 2 Satz 1 ZPO), in der sie entstanden wären, wenn der Gläubiger die Vollstreckung von vornherein auf den Vergleichsbetrag beschränkt hätte (BGH NJW-RR 2004, 503; Zöller/Herget § 104 Rn. 21.49; Zöller/Geimer § 788 Rn. 14, 22; nach a.A. überhaupt keine Erstattungsfähigkeit, sofern diese nicht dem Inhalt des Vergleichs zu entnehmen ist).

Bei einer Streitverkündung muss vor allem der Gegner der unterstützten Partei die außergerichtlichen Kosten des Streithelfers im Auge behalten. Denn ohne eine gesonderte Regelung hat dieser dessen Kosten entsprechend der im Vergleich zwischen den Parteien getroffenen Kostenverteilung zu tragen, wobei die unterstützte Partei diesbezüglich eine Kostentragungspflicht in keinem Fall trifft. Die Kosten der Streitverkündung selbst gehören nicht zu den Kosten des anhängigen Rechtsstreits und treffen daher – ohne abweichende Regelung im Vergleich – den Streitverkünder (als Antragsteller) allein (Thomas/Putzo/Hüßtege § 73 Rn. 8, 91a Rn. 59).

614 Als kostengünstige Alternativen kommen vor allem in Betracht: Teilklagerücknahme und Anerkenntnis(-urteil)/Anerkenntnisurteil mit (protokolliertem) Verzicht des Klägers auf Kostenerstattung/Klagerücknahme und Verzicht des Beklagten auf Kostenerstattung bzw. Kostenantragstellung (§ 269 Abs. 4 ZPO).

Nach § 269 Abs. 2 ZPO hat bei einer Klagerücknahme der Kläger die Kosten des Rechtsstreits zu tragen, soweit nicht bereits rechtskräftig über sie erkannt ist oder sie dem Beklagten aus einem anderen Grund aufzuerlegen sind. Danach können dem Kläger die Kosten nicht auferlegt werden, wenn der Beklagte durch außergerichtlichen Vergleich zur Kostentragung verpflichtet ist oder wenn er zuvor wirksam auf die Kostenerstattung verzichtet hat (Begr. RegE S. 80).

Im Übrigen ermäßigen sich die Kosten bei Beendigung des Verfahrens durch Anerkenntnisurteil oder Klagerücknahme – ebenso wie bei einem Vergleich – um zwei Gerichtsgebühren (Nr. 1211 KV-GKG). Außerdem fällt keine anwaltliche Einigungsgebühr an (Nr. 1000 [1] VV-RVG; OLG Stuttgart NJW 2005, 2161: Bei vorheriger Stundungszusage ist auf einen Verzichtsvertrag der Parteien hinsichtlich Erstattung von – eigentlich entstandenen – Vergleichskosten zu schließen).

615 Folgende Kostenregelungen sind bei einem Prozessvergleich möglich:

616 (1) Die Parteien können sich über die Kosten **einigen**.

Praxistipp:

617 Sollen die Kosten von einem Dritten (Rechtsschutzversicherung, Staatskasse) übernommen werden, sind dessen Vorgaben bei der Kostenvereinbarung zu berücksichtigen.

Bei bestehender Rechtsschutzversicherung muss die vereinbarte Kostenquote dem Verhältnis des Obsiegens zum Unterliegen (§ 2 Abs. 3 Nr. a ARB 75) bzw. dem Verhältnis des angestrebten zum erzielten Ergebnis (§ 5 Abs. 3b ARB 94) entsprechen, um volle Kostenerstattung zu erhalten.

Dadurch soll verhindert werden, dass die versicherte Partei – zulasten der Versicherung – Kostenzugeständnisse macht, um ein weiteres Entgegenkommen der anderen Partei in der Hauptsache zu erreichen. Wohl gerade deshalb sind die Versicherer in diesem Punkt erfahrungsgemäß streng (Chab AnwBl 2003, 654).

Dabei dürfen seitens der Rechtsschutzversicherung die Erfolgsaussichten bzw. das Prozessrisiko auch dann nicht berücksichtigt werden, wenn die Kostenregelung auf einem an den Erfolgsaussichten orientierten Vorschlag des Gerichts beruht (entgegen Seutemann MDR 1996, 558 reicht hiernach eine kurze Protokollierung der rechtlichen Beurteilung des Gerichts zur Verpflichtung der Rechtsschutzversicherung nicht aus).

Wenn sich das Erfolgsverhältnis nicht (objektiv exakt) bestimmen lässt, müsste der Versicherer eine Kostenaufhebung (eigentlich) akzeptieren. Problematisch könnte es auch sein, wenn die Parteien die Kostenfrage offenlassen, womit Kostenaufhebung nach § 98 ZPO zwangsläufig gilt, dies aber – zulasten der versicherten Partei – nicht dem Verhältnis von Obsiegen und Unterliegen entspricht.

In Zweifelsfällen sollte jedenfalls die Zustimmung der Rechtsschutzversicherung eingeholt werden (widerruflicher Vergleich!), wobei ein günstiger Vergleich im Ergebnis auch dann noch vorteilhaft sein kann, wenn die Partei die Kosten (teilweise) selbst tragen muss.

Nur für Altfälle, die vor dem 01.08.2013 (erstinstanzlich oder im Rechtsmittelzug) anhängig geworden sind, ist bei Abschluss eines Vergleichs mit einem prozesskostenhilfeberechtigten Beklagten zu bedenken, dass die kostenrechtliche Privilegierung nach § 31 Abs. 3 Satz 1 GKG a.F. entfällt und beide Parteien damit kostenrechtlich schlechter stehen können, als sie im Falle einer inhaltsgleichen Entscheidung durch Urteil stünden. Bei einer Verurteilung haftete der Beklagte für die Gerichtskosten nur im Umfang der im PKH-Beschluss getroffenen Zahlungsbestimmungen (§ 122 Abs. 1 Nr. 1 lit. a ZPO) und musste dem Kläger Gerichtskosten nicht erstatten, da dieser durch § 31 Abs. 3 Satz 1 GKG von seiner Veranlasserhaftung befreit war. Übernahm der Beklagte die Kosten in einem Vergleich, konnte er vom Kläger, dessen Veranlasserhaftung bestehen blieb, auf Kostenerstattung in Anspruch genommen werden (BVerfG NJW 2000, 3271; BGH NJW 2004, 366). Für den Kläger bestand damit die Gefahr, bereits bezahlte Gerichtsgebühren nicht von der Staatskasse, sondern nur vom (mittellosen) Beklagten zurückverlangen zu können. Für den Beklagten bestand die Gefahr, Gerichtskosten tragen zu müssen. Für diese Altfälle besteht nach wie vor die Notwendigkeit, den Mandanten über diese zusätzlichen Kostenrisiken aufzuklären und ggf. von einem Vergleich abzuraten (Vester NJW 2002, 3225; Dölling MDR 2013, 1009; Schneider/Thiel NJW 2013, 3222).

▶ **Praxistipp:**

Auch in (vor dem 01.08.2013 anhängig gewordenen) Altfällen kann ein Vergleich mit dem prozesskostenhilfeberechtigten Beklagten ohne kostenrechtliche Nachteile geschlossen werden, wenn der Vergleich auf die Hauptsache beschränkt und die Kostenentscheidung dem Gericht überlassen wird. 618

Denn zum einen gilt hierfür die Ausschlussklausel der ARB (Allgemeine Bedingungen für die Rechtsschutzversicherung) nicht, und zum anderen stellt der Kostenbeschluss eine gerichtliche Entscheidung i.S.d. §§ 29 Nr. 1; 31 Abs. 3 GKG dar. Die Parteien können dem Gericht natürlich einen (übereinstimmenden) Vorschlag über die Kostenquotelung unterbreiten. Dabei dürfte ein (vorheriger oder angekündigter) Verzicht auf Rechtsmittel oder Begründung dem Gericht die gewünschte Entscheidung erleichtern, bei welcher das Gericht – wie oben dargestellt – einen gewissen Spielraum besitzt.

Durch das 2. Kostenrechtsmodernisierungsgesetz wurde § 31 Abs. 4 GKG eingefügt. Danach ist § 31 Abs. 3 GKG entsprechend anzuwenden, wenn der Beklagte sich in einem Vergleich zur Übernahme der Kosten verpflichtet, den das Gericht mit der ausdrücklichen Feststellung vorgeschlagen hat, dass die vorgeschlagene Kostenregelung der sonst zu erwartenden Kostenentscheidung entspricht. Die praktische Handhabung dieser Vorschrift muss erweisen, ob dem Beklagten die Gerichtskostenfreiheit auch dann erhalten bleibt, wenn die Vergleichsinitiative von den Parteien ausgeht und sich das Gericht den Parteivorschlag zu eigen macht (dafür Dölling MDR 2013, 1009).

▶ **Praxistipp:**

Wollen die Parteien sich in Fällen, in denen dem Beklagten Prozesskostenhilfe gewährt wurde, ohne Kostennachteile vergleichen, müssen beide Prozessbevollmächtigten darauf achten, dass 619 der die Kostenregelung enthaltende Vergleichsvorschlag des Gerichts den Hinweis enthält, dass die Kostenregelung der sonst zu erwartenden Kostenentscheidung entspricht.

Beim Richter kann insoweit ein Problembewusstsein kaum vorausgesetzt werden, da mit Fragen der Kostenerstattung auf Seiten des Gerichts vornehmlich der Kostenbeamte zuständig ist.

620 (2) Sofern die Parteien nichts anderes vereinbart haben, sind die Kosten des Vergleichs nach **§ 98 ZPO** als **gegeneinander aufgehoben** anzusehen (§ 92 Abs. 1 ZPO).

Häufig wird – insbesondere aus psychologischen Gründen, um die Verliereigenschaft einer Partei nicht so deutlich werden zu lassen – eine hälftige Kostentragung auch dann vereinbart, wenn sich Obsiegen und Unterliegen in der Hauptsache nicht gleichmäßig verteilen (Otto/Hollands BauR 2004, 1528).

Dabei ist zu beachten, dass Kostenaufhebung und Kostenteilung nicht dasselbe sind. So ist die Kostenteilung bei wesentlich höheren außergerichtlichen Kosten einer Partei günstiger, da dann jede Partei die Hälfte der gesamten Prozesskosten zu tragen hat, während bei Kostenaufhebung jede Partei ihre Kosten selbst trägt (§ 92 Abs. 1 ZPO).

Bei Kostenaufhebung indes entfällt – im Gegensatz zur Kostenteilung – der Kostenanspruch eines etwaigen Streitverkündeten (unten Rdn. 643).

621 (3) Die Parteien können jedoch auch die Anwendung des § 98 ZPO ausschließen, indem sie die Kostenregelung **gerichtlicher Entscheidung** unterstellen.

Dogmatisch wird dies erreicht, weil der Vergleich ohne Kosteneinigung lediglich einen Teilvergleich darstellt und die Parteien den Rechtsstreit bezüglich der Hauptsache, über die sie sich geeinigt haben, übereinstimmend für erledigt erklären. Die Kostenentscheidung des Gerichts ergeht dann gem. § 91a ZPO entsprechend dem mutmaßlichen Ausgang des Rechtsstreits (Thomas/Putzo/Hüßtege § 98 Rn. 4). Hierbei kann, muss aber nicht der Vergleichsinhalt berücksichtigt werden (Thomas/Putzo/Hüßtege § 91a Rn. 48; a.A. OLG Stuttgart NJW-RR 1999, 147: nur Sach- und Streitstand). Die Entscheidung wird daher häufig auf Kostenaufhebung lauten. Da im Übrigen für die Quotelung der jeweilige Streitwert maßgebend ist, kann es sich in Zweifelsfällen (insbesondere bei mehreren Ansprüchen) zur Vermeidung ungewollter Überraschungen empfehlen, vorher Streitwertfestsetzung zu beantragen.

Allerdings verursacht ein Kostenbeschluss zusätzliche Kosten. So fallen hierbei 3,0 Gerichtsgebühren an, da die Ermäßigungstatbestände Nr. 1211 Ziff. 3 und 4 KV-GKG nicht eingreifen (OLG München MDR 1996, 424; im Gegensatz zum Kostenvergleich nach Hauptsacheerledigung, OLG München MDR 1996, 209).

Haben sich die Parteien außergerichtlich auch hinsichtlich der Kostenverteilung verglichen, so hat das Gericht bei der (zwingend erforderlichen) Kostenentscheidung nach § 91a ZPO dies zugrunde zu legen (OLG Brandenburg NJW-RR 1999, einschränkend Thomas/Putzo/Hüßtege § 91a Rn. 48: Kostenregelung kann übernommen werden).

Die Gerichtsgebühren ermäßigen sich um zwei Gebühren, sowohl im Fall eines Rechtsmittelverzichts hinsichtlich des Kostenbeschlusses als auch dann, wenn die Entscheidung auf einer zuvor mitgeteilten Einigung der Parteien über die Kostentragung oder auf einer Kostenübernahmeerklärung einer Partei beruht (Nr. 1211 Ziff. 2 KV-GKG analog; Nr. 1211 Ziff. 4 KV-GKG).

622 Die gerichtliche Kostenentscheidung ist nach §§ 91a Abs. 2, 99 Abs. 2 (analog), 567 ZPO mit der sofortigen Beschwerde anfechtbar. Zu beachten ist, dass ein Verzicht auf eine Begründung als stillschweigender Rechtsmittelverzicht ausgelegt werden kann (OLG Köln MDR 2002, 109).

bb) Vergleichsgebühren

623 Für das gerichtliche Verfahren erhält der Anwalt eine Verfahrensgebühr (Teil 3 Vorbem. 3 [2]; Nr. 3100 VV-RVG) und eine Terminsgebühr (Teil 3 Vorbem. 3 [3] Nr. 2; Nr. 3104 VV-RVG). Eine Beweisgebühr gibt es nicht mehr, jedoch kann für eine besonders umfangreiche Beweisaufnahme, die sich über mindestens drei Termine erstreckt, eine Zusatzgebühr anfallen (Nr. 1010 VV-RVG).

Dabei besteht die Besonderheit der Terminsgebühr darin, dass diese im Fall eines erteilten Prozessauftrages nicht nur für die Vertretung in einem gerichtlichen Termin anfällt, sondern auch für die Mitwirkung an auf die Vermeidung oder Erledigung des Verfahrens gerichteten Besprechungen mit der Gegenseite ohne Beteiligung des Gerichts. Hierfür soll z.B. schon ein kurzes Telefongespräch mit dem Gegner (auch ohne eigenen Wortbeitrag) oder mit dem Sachbearbeiter der (gegnerischen) Versicherung oder ein Zuruf auf dem Gerichtsflur (»Wollen wir uns vergleichen?« – »Vielleicht!«) ausreichen (Bischof JurBüro 2004, 300; Hansens JurBüro 2004, 250; OLG Koblenz NJW 2005, 2162: Beweislast für den Inhalt der anwaltlichen Erledigungsbesprechung hat im Kostenfestsetzungsverfahren der Anspruchsteller).

Voraussetzung ist aber, dass ein (unbedingtes) Prozessmandat, also ein Auftrag zur Klage oder Klageabwehr bzw. zur Vertretung in einem gerichtlichen Mahnverfahren erteilt ist (Henke AnwBl 2004, 511). Nicht notwendig ist, dass der Streitgegenstand bereits anhängig ist.

Im Übrigen entsteht diese Gebühr in vollem Umfang auch bei Mitwirkung an einem schriftlichen gerichtlichen Vergleich (Nr. 3104 [1] 1 VV-RVG; str., a.A. OLG Nürnberg AnwBl 2005, 222 mit abl. Anm. Henke).

Da für die Terminsgebühr weder eine Antragstellung noch eine Erörterung erforderlich ist, können die Kosten nicht dadurch gesenkt werden, dass sogleich (nach Einführung in den Sach- und Streitstand durch das Gericht) ohne Antragstellung und ohne Erörterung der Vergleich geschlossen wird. So wird diese Gebühr – im Gegensatz zur früheren Erörterungs- bzw. Verhandlungsgebühr – bereits durch das Erscheinen des Anwalts ausgelöst.

Soweit wegen desselben Gegenstandes eine (außergerichtliche) Geschäftsgebühr (Nr. 2400 VV-RVG; Rahmengebühr 0,5 bis 2,5; im Regelfall 1,3 Gebühr) angefallen ist, wird diese zur Hälfte, jedoch höchstens mit einem Gebührensatz von 0,75 auf die Verfahrensgebühr des gerichtlichen Verfahrens angerechnet (Teil 3 Vorbem. 3 [4] VV-RVG; daher jetzt: Verfahrensgebühr 0,65; beachte jedoch § 15a RVG).

Bei Abschluss eines gerichtlichen Vergleichs ermäßigen sich die Gerichtsgebühren von 3,0 Gebühren **624**
auf 1,0 Gebühr (Nr. 1211 Nr. 3 KV-GKG), die zusätzliche Anwaltsgebühr beträgt eine 1,0 Gebühr (Einigungsgebühr, Nr. 1003 VV-RVG). Für einen außergerichtlichen Vergleich beträgt die anwaltliche Einigungsgebühr 1,5 Gebühren (Nr. 1000 VV-RVG).

Aufgrund der Änderung des § 49b Abs. 2 Satz 2 BRAO (Art. 4 Abs. 18 Nr. 1b KostMoG) ist es ausdrücklich zulässig, die Erhöhung von gesetzlichen Gebühren zu vereinbaren (auch wenn dafür im RVG Erfolgskomponenten vorgesehen sind, BR-Dr. 830/03 S. 293). Dies führt im Fall der Einigungsgebühr im Ergebnis zu einem Erfolgshonorar.

In Verbindung mit den übrigen Anwaltsgebühren ergeben sich 2,5 bis 4,45 Gebühren: **625**

- Nur außergerichtlicher Vergleich (ohne Prozessauftrag)
  1,3 Geschäftsgebühr (Regelgebühr; Nr. 2400 VV-RVG)
  <u>1,5</u> Einigungsgebühr (Nr. 1000 VV-RVG)
  2,8 Gebühren insgesamt.
- Prozessauftrag ohne Vergleich (Klageerhebung/Gerichtstermin/Beweisaufnahme)
  1,3 Verfahrensgebühr (Nr. 3100 VV-RVG)
  <u>1,2</u> Terminsgebühr (Nr. 3104 VV-RVG)
  2,5 Gebühren insgesamt.
- Prozessauftrag mit – außergerichtlichem – Vergleich (ohne Klageerhebung)
  0,8 Verfahrensgebühr (Nr. 3101 VV-RVG)
  1,2 Terminsgebühr
  <u>1,5</u> Einigungsgebühr
  3,5 Gebühren insgesamt.
- Prozessauftrag mit – gerichtlichem – Vergleich (nach Klageerhebung)
  1,3 Verfahrensgebühr
  1,2 Terminsgebühr
  <u>1,0</u> (Einigungsgebühr; Nr. 1003 VV-RVG)
  3,5 Gebühren insgesamt.
- Außergerichtliche und gerichtliche Tätigkeit ohne Vergleich
  1,30 Geschäftsgebühr
  0,65 Verfahrensgebühr (Teil 3 Vorbem. 3 [4] VV-RVG)

1,20 Terminsgebühr
3,15 Gebühren insgesamt.

- Außergerichtliche Tätigkeit mit (nachfolgendem) Prozessauftrag und außergerichtlichem Vergleich (mit oder ohne Klageerhebung!)
  1,30 Geschäftsgebühr
  0,15 Verfahrensgebühr (0,8 abzgl. 0,65 Gebühren)
  1,20 Terminsgebühr
  1,50 Einigungsgebühr
  4,15 Gebühren insgesamt.
- Außergerichtliche Tätigkeit und gerichtlicher Vergleich
  1,30 Geschäftsgebühr
  0,65 Verfahrensgebühr
  1,20 Terminsgebühr
  1,00 Einigungsgebühr
  4,15 Gebühren insgesamt.
- Außergerichtliche Tätigkeit und gerichtlicher Vergleich nach umfangreicher Beweisaufnahme
  1,30 Geschäftsgebühr
  0,65 Verfahrensgebühr
  1,20 Terminsgebühr
  1,00 Einigungsgebühr
  0,30 Zusatzgebühr
  4,45 Gebühren insgesamt.

626 Der nach dem Auftrag zur Klageerhebung oder vor Gericht geschlossene Vergleich ist für den Anwalt also umsatzträchtiger als der außergerichtliche Vergleich. Anders sieht es jedoch aus, wenn man den jeweiligen Arbeitsaufwand berücksichtigt.

627 War dem streitigen Verfahren noch ein Mahnverfahren vorausgegangen, kann sogar noch eine zweite Terminsgebühr hinzukommen.

Denn die Terminsgebühr kann auch im Mahnverfahren sowie nochmals im nachfolgenden streitigen Verfahren (also zweimal!) entstehen (Vorbem. 3.3.2 VV-RVG; Enders JurBüro 2005, 225). Da im Mahnverfahren keine gerichtlichen Termine stattfinden, verbleibt als Anwendungsbereich die Terminsgebühr für »Besprechungen ohne Beteiligung des Gerichts« zur Vermeidung oder Erledigung des (gerichtlichen Mahn-)Verfahrens (Vorbem. 3 [4] VV-RVG). Voraussetzung hierfür ist, dass der Anwalt zu diesem Zeitpunkt bereits den Auftrag zur Vertretung im gerichtlichen Mahnverfahren hatte.

Hingegen bringt für den Antragsteller ein gerichtliches Mahnverfahren alleine, d.h. ohne außergerichtliche Tätigkeit, ohne Vergleichsgespräche mit dem Gegner und ohne nachfolgendes Streitverfahren insgesamt nur 1,5 Gebühren (1,0 Verfahrensgebühr für Mahnverfahren sowie 0,5 Verfahrensgebühr für Antrag auf Vollstreckungsbescheid; Nr. 3305, 3308 VV-RVG).

628 Wegen der Geschäftsgebühr lohnt sich eine vorhergehende außergerichtliche Tätigkeit in jedem Fall – auch ohne Vergleichsabschluss.

Dabei stellt es in der Praxis sicher eine Ausnahme dar, wenn der Klageerhebung nicht zunächst eine außergerichtliche Tätigkeit des Anwalts – mit oder ohne Vergleichsbemühungen – vorangegangen ist, sondern ein Mandant ihn sofort mit einer Klage beauftragt. Abgesehen davon könnte er im Übrigen der Versuchung unterliegen, dem Mandanten wegen der Gebühren zunächst einen bedingten außergerichtlichen Auftrag mit anschließendem Klageauftrag zu empfehlen (Schrader DRiZ 2004, 157). Dabei hat der Anwalt freilich immer die ihm gegenüber dem Mandanten obliegende Verpflichtung zu beachten, die Kosten möglichst niedrig zu halten.

Zur Vermeidung von späteren Streitigkeiten und Beweisschwierigkeiten sollte sich der Rechtsanwalt die Annahme des Mandats und dessen genauen Umfang grundsätzlich schriftlich vom Mandanten bestätigen lassen.

Bei der Vertretung der beklagten Partei hingegen beschränkt sich der dem Anwalt erteilte Auftrag in aller Regel von Anfang an auf die gerichtliche Tätigkeit, sodass eine Geschäftsgebühr in diesem Fall nicht entstehen kann.

Dabei wird die außergerichtliche Geschäftsgebühr nach der ganz überwiegenden Meinung nicht von der gerichtlichen Kostenentscheidung umfasst. Soll der Mandant von diesen Kosten befreit werden, muss der Anwalt sie gerichtlich in dem Klageverfahren neben der Hauptsache (bzw. im Wege einer Widerklage) als materiell-rechtliche Forderung (Verzug, Vertragsverletzung, Delikt etc.) geltend machen (Schrader DRiZ 2004, 156). 629

f) Widerrufsvorbehalt

Der Vergleich kann widerruflich geschlossen, d.h. unter eine aufschiebende Bedingung gestellt werden (Lüke NJW 1994, 233, 234 f.; Schneider MDR 1999, 595). 630

Erforderlich ist dies, wenn der Vergleich der Zustimmung einer nicht anwesenden Person bedarf. 631

Dies ist in der Regel erforderlich, wenn die Partei nicht persönlich erschienen ist und der Anwalt nicht vorab ausdrücklich zum Vergleichsschluss ermächtigt wurde (§ 83 ZPO). Erforderlich sein kann auch eine Zustimmung der Rechtsschutzversicherung.

Aber auch bei Anwesenheit aller Beteiligten kann es sinnvoll sein, sich die endgültige Zustimmung zu dem Vergleich vorzubehalten. 632

Bei den mitunter zermürbenden Vergleichsverhandlungen lauert die Gefahr von Formulierungsfehlern. Auch wenn der Anwalt zum Abschluss des Vergleichs bevollmächtigt ist, sollte aus haftungsrechtlichen Gründen erst die Genehmigung des Mandanten eingeholt werden.

Oftmals drängen die Gerichte die persönlich anwesenden Parteien zu einem unwiderruflichen Vergleich (»hic Rhodus, hic salta«). Diesem Druck darf nicht nachgegeben werden. Auch die eilig eingeholte telefonische Zustimmung kann sich bei nachträglicher Betrachtung als überhastet erweisen. Jede Partei hat ein Recht darauf, ihre Vergleichsentscheidung in Ruhe und frei von den im Termin nie auszuschließenden äußeren Beeinflussungen zu treffen. Dementsprechend ist das Gericht nach ganz überwiegender Meinung verpflichtet, den Vergleich auf Wunsch der Parteien widerruflich zu protokollieren (§ 160 Abs. 3 Nr. 1 ZPO; a.A. MüKoZPO/Wolfsteiner § 794 Rn. 71).

Soll der Vergleich nicht widerrufen werden, kann es sich empfehlen, dies rechtzeitig dem Gegner mitzuteilen, um damit vielleicht dessen Widerrufsneigung abzuschwächen. 633

Entspricht der Vergleich nicht dem Interesse der Partei, so muss er widerrufen werden. 634

Dabei braucht keine Rücksicht auf die Interessen des Gerichts genommen zu werden. Auch wenn der Richter klar zu erkennen gegeben hat, dass er den Vergleich für sachgerecht hält oder er erkennbar keine Neigung hat, ein aufwendiges Urteil schreiben zu müssen, führt ein Vergleichswiderruf nicht zu prozessualen Nachteilen. Der häufig kolportierte Spruch »Wer widerruft, verliert!« entspricht nicht der forensischen Praxis. Wenn man ganz sicher gehen will, kann man für den Widerruf einen (plausiblen) Grund angeben und nochmals seinen guten Willen bekunden.

Ein Widerruf muss die im Vergleich festgelegten Voraussetzungen erfüllen. Dazu gehören Adressat, Frist und Form des Widerrufs. Auf die Formulierung dieser Punkte ist deswegen besondere Sorgfalt zu verwenden (Schapernack MDR 1996, 883). 635

▶ Praxistipp:

Bei Nichteinhaltung einer Widerrufsvoraussetzung wird der Vergleich wirksam. Soweit dies vom Anwalt zu vertreten ist, begründet dies Regressansprüche. 636

Die **Widerrufsfrist** sollte nicht in Form eines Zeitraums (»binnen zwei Wochen«), sondern in Form eines Endzeitpunkts (»bis zum …«) vereinbart werden. 637

Zwar gilt für das Fristende grundsätzlich § 193 BGB, wenn es (an dem Ort, an dem der Widerruf zu erklären ist, d.h. am Gerichtsstand, nicht am Sitz der Kanzlei: OLG Nürnberg GRUR-RR 2012, 224) auf einen Samstag, Sonntag oder Feiertag fällt, mit der Folge, dass der nächste Werktag maßgebend ist (Zöller/Geimer § 794 Rn. 10c: §§ 186 BGB ff.). Etwaige spätere Auslegungszweifel lassen sich von vornherein vermeiden, indem der Anwalt darauf achtet, dass als datierter letzter Tag der Frist ein Werktag vereinbart wird. Bei einer vereinbarten Schriftform ist regelmäßig diejenige des § 126 BGB gemeint (§ 127 BGB; BAG NJW 1989, 3035; OLG Hamm NJW 1992, 1705; Unterschrift!).

Die Frist sollte von Anfang an ausreichend bemessen werden. Notfalls kann bei zu knapper Frist versucht werden, noch vor Fristablauf eine Fristverlängerung mit dem Gegner zu vereinbaren (nach h.M. keine Protokollierung erforderlich, Thomas/Putzo/Hüßtege § 224 Rn. 1; Zöller/Geimer § 794 Rn. 10c).

Ist die Frist nicht in Form eines Endzeitpunkts (»bis zum ...«), sondern in Form eines Zeitraums (»binnen zwei Wochen«) vereinbart, beginnt sie im Zweifel bereits mit dem Vergleichsabschluss und nicht erst mit Erhalt des Protokolls (Thomas/Putzo/Seiler § 794 Rn. 20).

Die Frist kann vom Gericht nicht verlängert werden (Thomas/Putzo/Hüßtege § 224 Rn. 5), wohl aber einvernehmlich von beiden Parteien auch ohne Zustimmung des Gerichts (BGH NJW-RR 2018, 1023).

638 Bei Versäumung der Widerrufsfrist ist der Vergleich wirksam.

Eine Wiedereinsetzung in den vorigen Stand ist nach h.M. nicht möglich (keine Notfrist!; Thomas/Putzo/Seiler § 794 Rn. 23; einschränkend BGH NJW 1974, 106: Wiedereinsetzung möglich, wenn dies »Treu und Glauben« gebietet). In der Praxis zwar selten, aber zulässig ist die Vereinbarung der Anwendung der Wiedereinsetzungsvorschriften (Zöller/Greger § 233 Rn. 7).

Bei versäumter Widerrufsfrist kann der Vergleich in seltenen Einzelfällen durch eine Anfechtung gem. §§ 119, 123 BGB beseitigt werden (Thomas/Putzo/Seiler § 794 Rn. 35). Die Unwirksamkeit ist nach h.M. auf Antrag grundsätzlich im alten Rechtsstreit geltend zu machen (Thomas/Putzo/Seiler § 794 Rn. 36 f.).

639 Als **Erklärungsempfänger** sollte (ausschließlich) das Prozessgericht bestimmt werden.

Dann ist ein Widerruf gegenüber dem gegnerischen Prozessbevollmächtigten im Zweifel (grundsätzlich) unwirksam und Fristablauf erst um 24:00 Uhr des letzten Tages der Widerrufsfrist (OLG München NJW 1992, 3042; Thomas/Putzo/Hüßtege § 794 Rn. 21), wobei es auf den Eingang bei Gericht ankommt (BGH NJW-RR 1989, 1214: unerheblich ist das Ende der Dienstzeit oder die fristgerechte Entgegennahme durch die zuständige Geschäftsstelle). Auch ermöglicht dies zur Sicherstellung des Eingangs vor Fristablauf eine einfache und zuverlässige telefonische Nachfrage und im Übrigen eine objektive und einfache Feststellung des – rechtzeitigen – Eingangs durch eine »amtliche« Stelle.

Abzuraten ist hingegen von der Formulierung »durch schriftliche Anzeige zur Gerichtsakte« oder »Einreichung zur Geschäftsstelle«, denn es kann zweifelhaft sein, ob der Eingang im Gerichtsbriefkasten die Widerrufsfrist wahrt (verneinend LG Hagen BRAK-Mitt 2004, 160; a.A. OLG Hamm BRAK-Mitt 2005, 19: ausreichend, dass der Schriftsatz vor Fristablauf in die Verfügungsgewalt des Gerichts gelangt). Im Übrigen ist es hierbei für den Anwalt unberechenbar, wie lange der Schriftsatz benötigt, bis er in die (richtige) Akte gelangt.

Umstritten ist der Adressat, wenn dieser nicht vereinbart ist (Zöller/Geimer § 794 Rn. 10a: nur der anderen Prozesspartei und nicht dem Gericht gegenüber; a.A. BGH NJW 2005, 3576; Thomas/Putzo/Seiler § 794 Rn. 22; Grüneberg/Sprau § 779 Rn. 29; OLG Naumburg BRAK-Mitt. 2005, 20: Widerruf gegenüber beiden möglich; a.A. BVerwG NJW 1993, 2193: nur gegenüber Gericht). Dabei kann eine solche Vereinbarung auch stillschweigend getroffen sein oder sich aus den Umständen ergeben (BGH NJW-RR 2005, 1323; Zöller/Geimer § 794 Rn. 10a). Deshalb ist es im Zweifelsfalle der »sicherste Weg«, den Widerruf sowohl der anderen Partei, als auch dem Gericht gegenüber zu erklären.

640 Zur Beweiserleichterung sollte der Widerruf von der **Schriftform** bzw. der elektronischen Form abhängig gemacht werden.

Auch wenn dies nicht vereinbart wurde, sollte der rechtzeitige und formgerechte Eingang bei Gericht aus haftungsrechtlichen Gründen in beweisbarer Form sichergestellt werden (BGH NJW 1995, 521, 522). Hierfür kommen Einschreiben (mit Rückschein) und Übermittlung per Boten in Betracht.

Ein Widerruf ist auch mittels Telefax möglich (BVerfG MDR 2000, 836; Thomas/Putzo/Seiler § 794 Rn. 21; nunmehr § 127 Abs. 2 BGB). Zur Kontrolle des Eingangs (Ausdruck beim Empfänger) bietet sich hierbei eine telefonische Nachfrage an, sodass sich bei einem Widerruf am letzten Tag der Frist eine

Faxübertragung noch während der Bürozeiten des Gerichts empfiehlt (LAG Düsseldorf JurBüro 2004, 388: verspäteter Widerruf – Ursache des fehlenden Ausdrucks – bei rechtzeitiger Absendung – nicht feststellbar; Chab BRAK-Mitt. 2004, 160 – Urteilsanmerkung: »Der vorsichtige Anwalt wird wohl so agieren müssen«).

Ist ein Widerruf erfolgt, ist der Vergleich gescheitert. 641

Eine Rücknahme des (auch nur »vorsorglich« erklärten) Widerrufs ist nicht möglich (Thomas/Putzo/Seiler § 794 Rn. 22). Gegebenenfalls kann der Vergleich (auch nach § 278 Abs. 6 ZPO) neu abgeschlossen werden. Ebenso ist ein auch nur formlos oder konkludent erklärter (vorzeitiger) Verzicht auf den Widerruf bindend (Thomas/Putzo/Seiler § 794 Rn. 24).

3. Vergleichsabschluss

a) Protokollvergleich

Der in der mündlichen Verhandlung geschlossene Vergleich ist nur wirksam, wenn er formgerecht protokolliert ist. 642

Ordnungsgemäß geschlossen ist der Vergleich also nur, wenn er ausweislich des Protokolls vorgelesen wurde und ihm die Beteiligten zugestimmt haben (»vorgelesen und genehmigt«; Zöller/Schultzky § 160 Rn. 5, § 162 Rn. 6). Ein auf Tonträger aufgenommenes Protokoll muss nochmals vorgespielt werden (§ 162 ZPO).

Hierauf können die Beteiligten nicht verzichten (OLG Zweibrücken Rpfleger 2000, 461). Nicht genügend ist ferner die Feststellung »laut diktiert«. Unter Umständen kann eine Protokollberichtigung (§ 164 ZPO) helfen, wobei die Beweismöglichkeit, dass die Verlesung oder sonstige Eröffnung erfolgt und die Feststellung genehmigt worden ist, nicht durch § 165 ZPO eingeschränkt ist (Thomas/Putzo/Seiler § 165 Rn. 2; BGH NJW 1999, 2806: Protokollvermerk für § 127a BGB indes nicht erforderlich). Bei erfolgter Protokollierung gelten die §§ 415, 418 Abs. 1 ZPO.

Bei der Protokollierung sollte man genau zuhören bzw. um eine Wiederholung bitten, da diese vom Gericht häufig schnell durchgeführt wird.

▶ Praxistipp:

Urkunden, durch welche die Verpflichtung konkretisiert wird (z.B. Sachverständigengutachten, Verzeichnisse), müssen dem Protokoll als Anlage beigefügt, verlesen oder zur Durchsicht vorgelegt und genehmigt werden (§ 160 Abs. 3 Nr. 1, Abs. 5; § 162 ZPO). 643

Eine bloße Bezugnahme hierauf genügt nicht, da sich Umfang und Inhalt des Anspruchs aus dem Prozessvergleich selbst ergeben müssen (Thomas/Putzo/Seiler § 794 Rn. 11, 14; oben Rdn. 604, 2510).

Bei Fehlen dieser Anlagen oder eines entsprechenden Protokollvermerks ist der Prozessvergleich unwirksam, (dazu unten Rdn. 654). 644

(Zöller/Schultzky § 160 Rn. 5; E. Schneider MDR 1997, 1091; OLG Hamm BauR 2000, 1231: Bauunternehmer hat sich verpflichtet, die in einem Sachverständigengutachten festgestellten Baumängel zu beseitigen). Die dadurch nicht gehinderte Zwangsvollstreckung kann gem. § 707 ZPO auf Antrag einstweilen eingestellt werden (Thomas/Putzo/Seiler § 794 Rn. 41, str.).

Vor allem das Verlesen der Anlagen dürfte in der Praxis immer wieder vergessen werden. Wenn ein in das Protokoll aufgenommener Vergleich durch ein dem Protokoll als Anlage beigefügtes Schriftstück vervollständigt wird (z.B. Verzeichnis der herauszugebenden Gegenstände), ist der protokollierte Vergleich vorzuspielen bzw. vorzulesen und die ergänzende Anlage zur Durchsicht vorzulegen oder vorzulesen. Dieser Vorgang sowie die Genehmigung sind sodann im Protokoll zu vermerken.

b) Beschlussvergleich

Nach § 278 Abs. 6 ZPO kann ein gerichtlicher Vergleich auch ohne mündliche Verhandlung geschlossen werden. 645

Diese Form des Vergleichsschlusses erspart – vor allem auswärtigen – Anwälten den mit der Wahrnehmung eines eigenen Protokollierungstermins verbundenen Zeitaufwand.

Auch gebührenrechtlich ist diese Vergleichsform attraktiv. Der Anwalt erhält neben der Verfahrens- und Einigungsgebühr auch noch die volle Terminsgebühr – somit die gleichen Gebühren wie bei einem Vergleichsabschluss in mündlicher Verhandlung (Nr. 3104 Abs. 1 Nr. 1 VV-RVG). Die Terminsgebühr erhält er aber auch bereits dann, wenn er zuvor außergerichtlich die Sache zur Erzielung einer gütlichen Einigung mit dem Gegner besprochen hat (oben Rdn. 625).

646 Entweder die Parteien nehmen hierzu einen Vergleichsvorschlag des Gerichts durch Schriftsatz gegenüber dem Gericht an oder unterbreiten dem Gericht selbst einen solchen Vorschlag. Vorschlag und Annahmeerklärung müssen formgerecht erfolgen (vgl. BGH NJW 2015, 2965). Geschlossen ist der Vergleich dann, wenn das Gericht das Zustandekommen und den Inhalt durch Beschluss festgestellt hat.

Hierzu können eine telefonische Vorbereitung und Verständigung zwischen den Prozessbevollmächtigten sinnvoller sein als der Austausch zahlreicher Schriftsätze.

Das Gericht beurkundet mit dem Beschluss nach § 278 Abs. 6 ZPO die Erklärungen der Parteien. Soweit der Vergleich sich im Rahmen des Streitgegenstands hält, kann das Gericht die Protokollierung nur ablehnen, wenn gesetzliche Unwirksamkeitsgründe vorliegen (unten Rdn. 648). Ob und inwieweit Vergleichsinhalte protokolliert werden, die über den Streitgegenstand hinausgehen, liegt im Ermessen des Gerichts. Erklärungen, die mit Informations- und Belehrungspflichten verbunden sind, wird das Gericht zur Vermeidung einer eigenen Haftung häufig nicht in einen Vergleichsbeschluss aufnehmen wollen (Müller-Teckhof MDR 2014, 249).

▶ Praxistipp:

647 Lehnt das Gericht die Protokollierung von Vergleichsinhalten wegen Haftungsbedenken ab, kann es im Vergleich von Haftungsansprüchen ausdrücklich freigestellt werden.

So kann der Beschluss insbesondere nicht mit sofortiger Beschwerde angefochten, sondern nur bei Unrichtigkeiten entsprechend § 164 ZPO jederzeit berichtigt werden (Abs. 6 Satz 3; § 567 Abs. 1 ZPO; Abramenko NJW 2003, 1356 – erhebliche Rechtsunsicherheit). Bei Unwirksamkeit des Vergleichs (z.B. wegen fehlender Einigung oder Anfechtung) ist der nicht beendete Rechtsstreit auf entsprechenden Antrag weiterzuführen (Thomas/Putzo/Seiler § 794 Rn. 36).

Dem gerichtlichen Vorschlag, der vielleicht nur routinemäßig eine hälftige Teilung der Klageforderung vorsieht, sollte man daher keinesfalls vorschnell zustimmen, sondern ihn erst sorgfältig dahingehend prüfen, ob Änderungen angebracht sind, wie z.B. eine andere Quotelung, das Hinzufügen etwaiger Abgeltungsklauseln oder ein Vorbehalt bestimmter Ansprüche.

Aber auch der gemeinsame Vorschlag der Parteien ist insbesondere auf seine Bestimmtheit und Vollstreckbarkeit zu prüfen. Denn »die Praxis zeigt, dass die Parteien darauf in der Euphorie der Einigung zu wenig Wert legen und das Gericht angesichts des einvernehmlichen Textes in die Einigung nicht mehr eingreifen, sondern das Verfahren abschließen möchte« (Goebel PA 2004, 55).

648 Nicht in jeder Hinsicht steht indes der durch Beschluss festgestellte Vergleich dem in einer mündlichen Verhandlung protokollierten gleich. Umstritten und von Rechtsprechung und Lehre bislang nur teilweise geklärt ist eine ganze Reihe gesetzlich nicht geregelter Fragen:

- Aus der systematischen Stellung des § 278 Abs. 6 ZPO kann nicht gefolgert werden, dass der Beschlussvergleich nur in einer Güteverhandlung möglich wäre.

  (Schellhammer MDR 2001, 1082; Zöller/Greger § 278 Rn. 34 und Foerste NJW 2001, 3105).

- Auf die Zuständigkeit des den Beschluss erlassenden Gerichts kommt es nicht an.
- Abweichend vom Wortlaut des § 278 Abs. 6 ZPO ist ein Vergleich auch dann wirksam zustande gekommen, wenn die Parteien ihren Vorschlag zwar inhaltlich übereinstimmend, aber unabhängig voneinander in getrennten, nicht aufeinander bezogenen Schriftsätzen abgeben.

  Sog. Kreuzofferte (Knauer/Wolf NJW 2004, 2859 Fn. 39).

- Das Gericht kann den Beteiligten zwar eine Frist für die Annahme des Vorschlags setzen, deren Versäumung führt aber zu keinem Rechtsverlust.

  (Foerste NJW 2001, 3104).

Der Feststellungsbeschluss stellt einen Vollstreckungstitel dar.

So die h.M., obwohl der Beschluss im unverändert gebliebenen § 794 Abs. 1 Nr. 1 ZPO nicht ausdrücklich erwähnt ist. Der so geschlossene Vergleich ist Vollstreckungstitel »in seiner Verkörperung durch den Beschluss«.

- Offen ist, ob der Richter auch gesetzes- oder sittenwidrige Leistungen im Beschlussvergleich feststellen kann.

  Verpflichtet zur Feststellung ist der Richter nicht, wenn er die Gesetzes- oder Sittenwidrigkeit erkennt. Die Weigerung, einen Beschluss nach § 278 Abs. 6 ZPO zu erlassen, ist mit der sofortigen Beschwerde anfechtbar (§ 567 Abs. 1 Nr. 2 ZPO; str.). Fraglich ist, ob der Richter zur Prüfung der vereinbarten Leistungen auch verpflichtet ist. Der Gesetzgeber ist davon ausgegangen, dass dem Richter die Prüfung im gleichen Umfang wie bei einem protokollierten Vergleich obliegt (BT-Drs. 15/3482 S. 46 – JuMoG).

- Offen ist, welche Folgen ein inhaltlich fehlerhafter Feststellungsbeschluss hat.

  So etwa, wenn das Gericht seinen Vergleichsvorschlag beschlussmäßig feststellt und dabei etwaige gewünschte Änderungen der Parteien übersehen oder die Geschäftsstelle den Vergleichsvorschlag den Parteien versehentlich unrichtig mitgeteilt oder eine Partei überhaupt nicht zugestimmt hat? (Begr. RegE. S. 82 verweist auf §§ 123, 134, 154 BGB).

- Problematisch ist auch, inwieweit der Feststellungsbeschluss eine materiell-rechtlich erforderliche Form ersetzt.

  Für den protokollierten Vergleich ist dies ausdrücklich vorgesehen (§§ 127a, 126 Abs. 4, 129 Abs. 2 BGB). Für den Feststellungsbeschluss wird die Anwendung dieser Vorschriften bestritten, weil es insoweit an den bei einer mündlichen Verhandlung gewährleisteten Verfahrensgarantien fehlt (Knauer/Wolf NJW 2004, 2859; Zempel NJW 2015, 2859; a.A. Cordes MDR 2016, 64).

  Beinhaltet der Vergleich ein formbedürftiges Verpflichtungs- oder Verfügungsgeschäft, z.B. Grundstücksgeschäfte (§ 311b BGB) oder die Veräußerung von GmbH-Anteilen, so ersetzt der Protokollvergleich alle materiell-rechtlichen Formen (§§ 127a, 126 Abs. 4, 129 Abs. 2 BGB). Der Beschlussvergleich unterfällt kraft gesetzlicher Regelung (§ 491 Abs. 4 BGB) der Formprivilegierung für den prozessual abgeschlossenen Verbraucherdarlehensvertrag und ersetzt die Schriftform (§ 127a BGB analog). Zwischenzeitlich hat der BGH den Beschlussvergleich auch für die zur Grundbucheintragung nach § 29 GBO und die nach materiellem Recht erforderliche notarielle Beurkundung für ausreichend erachtet (BGH NJW 2017, 1946 m. Anm. Heinemann MDR 2017, 630).

  Über § 127a BGB ist auch der Fall zu lösen, dass die auf Abschluss eines Prozessvergleichs gerichteten Erklärungen der Parteien in elektronischer Form durch Nutzung eines sicheren Übermittlungswegs abgegeben werden. Während dies zur Wahrung der prozessualen Form genügt (§ 130a ZPO), muss die materiell unverzichtbare qualifizierte elektronische Signatur (§ 126a BGB) durch § 127a BGB ersetzt werden.

4. Vergleichswirkungen

Kommt ein Prozessvergleich zustande, so liegt hierin zum einen eine Prozesshandlung, weil die Rechtshängigkeit des Verfahrens beendet und ein Titel geschaffen werden soll, zum anderen muss gleichzeitig auch das materielle Rechtsverhältnis der Parteien umgestaltet werden, damit Nachforderungen ausgeschlossen sind. Wie die Aufrechnung hat der im Prozess abgeschlossene Vergleich damit eine **Doppelnatur** (BGH NJW 1985, 1962 – st. Rspr.; und h.L.: Anders/Gehle/Hunke Anh. § 307 Rn. 4 m.w.N.). **649**

a) Der wirksame Vergleich

Inhaltlich ist der Vergleich als Prozesshandlung in der ZPO nicht zusammenhängend geregelt. Wirksamkeitsvoraussetzungen ergeben sich aus § 794 Abs. 1 Nr. 1 ZPO und aus den §§ 160 ff. ZPO. Diese Normen setzen voraus, dass der Vergleich vor einem deutschen Gericht zur Beilegung des **650**

Rechtsstreits zwischen den Parteien des Rechtsstreits geschlossen wurde und in einer vollstreckungsfähigen Form zustande gekommen ist.

Gericht in diesem Sinn ist nicht nur das Prozessgericht, sondern kann auch der beauftragte oder ersuchte Richter sein, das Gericht, vor dem Prozesskostenhilfe beantragt oder ein selbstständiges Beweisverfahren durchgeführt wird, das Vollstreckungs- oder das FamFG-Gericht. Unerheblich ist, ob das Gericht zuständig oder ordnungsgemäß besetzt war.

Die Einbeziehung Dritter in den Prozess ist materiell-rechtlich möglich, prozessuale Wirkungen entfaltet sie grundsätzlich nicht. Die Rechtshängigkeit des Verfahrens können nur die Parteien beenden, eine Vollstreckung von und gegen Dritte aus dem Vergleich setzt voraus, dass sie dem Prozess zumindest zum Zwecke des Vergleichsschlusses beigetreten (und damit nicht Dritte geblieben, sondern Partei geworden) sind (BGH NJW 1983, 1433 auch dazu, dass der Dritte nicht anwaltlich vertreten sein muss).

Häufige formelle Mängel des Vergleichs ergeben sich aus der Nichteinhaltung der Protokollierungsvorschriften (§§ 160, 162, 163 ZPO).

651 Mit Wirksamwerden der Prozesshandlung des Vergleichs endet die Rechtshängigkeit des Prozesses, allerdings nicht rückwirkend, sondern nur ex nunc (OLG Koblenz MDR 1993, 687); der Vergleich stellt darüber hinaus einen Vollstreckungstitel (§ 794 Abs. 1 Nr. 1 ZPO) dar.

Sind vor Vergleichsschluss Entscheidungen des Gerichts ergangen, so werden diese analog § 269 Abs. 3 ZPO mit dem Vergleich wirkungslos (OLG Hamm NJW 1988, 1988; Schneider Rpfleger 1986, 81).

652 Als materielles Rechtsgeschäft ist der Vergleich ein Vertrag (§ 779 BGB) und bedarf daher zweier sich deckender Willenserklärungen. Inhaltlich muss ein Streit oder eine Ungewissheit über ein Rechtsverhältnis beseitigt werden. Ein Vergleich liegt nur im Fall beiderseitigen Nachgebens vor. Einer besonderen Form bedarf der materiell-rechtliche Vergleich grundsätzlich nicht.

Damit grenzt sich der Vergleich von dem nur einseitigen Nachgeben bei Verzicht oder Anerkenntnis ab; allerdings ist die Rechtsprechung großzügig und lässt schon minimales Nachgeben ausreichen (OLG München MDR 1990, 344).

Ausnahmsweise formbedürftig ist der Vergleich, wenn er ein formbedürftiges Verpflichtungs- oder Verfügungsgeschäft beinhaltet (Breetzke NJW 1971, 178), so z.B. Grundstücksgeschäfte (§ 313 BGB) oder solche über das gesamte Vermögen einer Person (§ 311 BGB); in diesen Fällen ersetzt die Einhaltung der prozessualen Form jede materiell-rechtliche Form (§ 127a BGB).

653 Materiell-rechtlich bewirkt der wirksame Vergleich, dass das zugrunde liegende Rechtsverhältnis bestehen bleibt, inhaltlich aber dem Vergleich entsprechend umgestaltet wird.

Für den Kläger entsteht damit kein neuer Anspruch, sondern er behält seinen ursprünglichen Anspruch, dessen Inhalt sich jetzt aus dem Vergleich ergibt.

b) Der unwirksame Vergleich

654 Der im Prozess geschlossene Vergleich kann entweder in materieller oder in prozessualer Hinsicht unwirksam sein.

▶ **Beispiel:**

655 Prozessual kann ein Vergleich z.B. formnichtig sein, weil der nach § 162 Abs. 1 ZPO erforderliche Vermerk über Vorlesung und Genehmigung fehlt.

Materiell-rechtlich kann einer der Beteiligten den Vergleich nach §§ 119 ff. BGB anfechten (OLG Hamm NJW-RR 2021, 1002), hiervon nach §§ 275, 326 BGB zurücktreten (Reinfelder NZA 2013, 62) oder geltend machen, dass die Voraussetzungen des § 779 BGB nicht vorliegen (OLG Zweibrücken NJW-RR 1998, 1680).

656 Ob ein solcher Mangel durch Anstrengung eines neuen Prozesses oder durch Fortsetzung des ursprünglichen Prozesses geltend zu machen ist, hängt davon ab, ob die prozessuale Wirkung des

Prozessvergleichs, der Wegfall der Rechtshängigkeit, Bestand hat oder nicht (Prütting/Gehrlein/Hansmeier § 794 Rn. 23).

▶ Praxistipp:

Ein Mangel des Vergleichs ist entweder durch Fortsetzung des alten Verfahrens oder durch Erhebung einer neuen Klage geltend zu machen. Denkbar ist, dass der Vergleich trotz prozessualer Unwirksamkeit materiell wirksam geblieben ist. **657**

Ein prozessualer Mangel verhindert – wenn er nicht bloß unwesentlich ist – den Wegfall der Rechtshängigkeit, sodass der ursprüngliche Prozess fortzusetzen ist (Pecher ZZP 97 [1984], 139; Stein/Jonas/Münzberg, § 794 Rn. 47). Ob die materiell-rechtliche Wirksamkeit des Vergleichs hierdurch berührt wird, ist Frage des Einzelfalles (§ 139 BGB analog). Ist dies nicht der Fall, besteht der Anspruch nur in seiner durch den Vergleich bestimmten Form fort. **658**

Der Kläger sollte deswegen vorab überlegen, ob er materiell an dem Vergleich festhalten will und insoweit zu den Voraussetzungen des § 19 BGB vortragen. Bleibt der Vergleich materiell wirksam, muss der Kläger bei Fortsetzung des Prozesses seinen ursprünglichen Antrag der durch den Vergleich geschaffenen materiellen Rechtslage anpassen und neu formulieren. Als Klageänderung ist nach § 264 Nr. 2, 3 ZPO zulässig.

Differenziert betrachtet werden muss ein materiell-rechtlicher Mangel des Vergleichs. Bewirkt der Mangel, dass der Vergleich von Anfang an unwirksam war (ex-tunc-Wirkung), so konnte er weder materielle noch prozessuale (§ 139 BGB analog) Wirkungen entfalten, die Rechtshängigkeit ist nicht entfallen, der ursprüngliche Prozess ist fortzusetzen. Beseitigt der Mangel den Vergleich nur für die Zukunft (»ex nunc«), so war der Vergleich zumindest zeitweise wirksam, hat damit die Rechtshängigkeit beseitigt. Erforderlich ist deswegen ein neuer Prozess, in dem die Unwirksamkeit des Vergleichs geltend gemacht wird (BGH LM Nr. 15 zu § 794 ZPO; BayObLG NZM 1999, 861). **659**

▶ Beispiel:

War der materielle Vertrag von Anfang an nichtig oder ist er infolge einer Anfechtung nach § 142 Abs. 1 BGB als von Anfang an nichtig anzusehen, so konnte er auch prozessual die Rechtshängigkeit nie beenden, diese dauert fort. Auch solche materiell-rechtlichen Mängel sind daher durch Fortsetzung des ursprünglichen Prozesses geltend zu machen (OLG Hamm NJW-RR 2021, 1002). **660**

Ist eine der Parteien vom Vergleich zurückgetreten oder macht den Wegfall der Geschäftsgrundlage oder eine vertraglich vereinbarte Aufhebungsmöglichkeit geltend, so war der Vergleich zunächst wirksam und entfällt erst ab dem Zeitpunkt der Beseitigungshandlung.

Die überwiegende Literatur hält die Unterscheidung zwischen den ex-nunc- und den ex-tunc wirkenden Mängeln für irrelevant und will auch hier die Unwirksamkeit des Vergleichs durch eine Fortsetzung des ursprünglichen Verfahrens klären (Stein/Jonas/Münzberg, § 794 Rn. 60 m.w.N.).

Ist das ursprüngliche Verfahren fortzusetzen, so genügt ein Antrag auf Terminierung an das Prozessgericht. **661**

Die Partei, die den Vergleich auch materiell für unwirksam hält, bleibt bei ihrem ursprünglichen Antrag; die Partei, die ihn für wirksam hält, muss die Feststellung seiner Wirksamkeit beantragen. Stellt sich nach der Verhandlung heraus, dass der Vergleich wirksam ist, ergeht ein Urteil auf Feststellung, dass die Rechtshängigkeit erloschen sei; ist der Vergleich unwirksam, kann dies in einem Zwischenfeststellungsurteil besonders ausgesprochen oder nach Fortsetzung des Verfahrens in der Hauptsache im Endurteil zusammen mit der Sachentscheidung festgestellt werden (BGH NJW 1996, 3345; OLG Köln NJW-RR 1996, 637; Anders/Gehle/Hunke, Anh. § 307 Rn. 39 m.w.N.; a.A. z.T. OLG Köln NJW-RR 1996, 122 und 233).

5. Vor- und Nachteile

662 Als Entscheidungshilfe und Merkposten sind nachfolgend stichwortartig die wesentlichen Vor- und Nachteile sowie die typischen Fehlerquellen eines Vergleichsabschlusses zusammenfassend aufgelistet. Maßgebend ist natürlich auch hier jeweils der konkrete Einzelfall.

a) Vorteile

663 Für einen Vergleich sprechen:

- Vollstreckbarer Titel (§ 794 Abs. 1 Nr. 1 ZPO): ohne langwierige Beweisaufnahme und Rechtsweg, schnelle Vollstreckung möglich, Minderung der Gefahr der Verschlechterung der Vollstreckungsmöglichkeiten.
- Volles Prozessrisiko eines ungünstigen Ausgangs wird abgefangen (sofortige Beendigung des Prozesses mit überschaubaren Wirkungen).
- Kostenersparnis im frühen Stadium des Prozesses (keine Beweisaufnahme, Vermeidung hoher Sachverständigenkosten, Ermäßigung um zwei Gerichtsgebühren – jedoch anwaltliche Einigungsgebühr!).
- Ersparnis von Zeit, Arbeitsaufwand und Ärger (besonders wenn zu Beginn des Prozesses abgeschlossen, keine Beeinträchtigung des eigenen Unternehmens bei Mitarbeitern als Zeugen).
- Abwendung eines drohenden Ordnungsgeldbeschlusses gem. § 141 ZPO.
- Bei Ratenzahlung mit Verfallklausel u.U. keine unsichere Vollstreckung nötig.
- Flexible und umfassende Regelung (Gesamtbereinigung) der Rechtsbeziehungen der Parteien möglich (z.B. auch für die Zukunft bei Dauerschuldverhältnissen; Miterledigung weiterer anhängiger Verfahren).
- Einbeziehung Dritter möglich (z.B. Regelung des Innenverhältnisses bei Gesamtschuldnern, Einbeziehung der Haftpflichtversicherung).
- Versöhnende Funktion, ohne Prestigeverlust (insbesondere bei Dauerschuldverhältnissen).
- Keine nachteilige Präjudizwirkung, aber in Parallelverfahren als Verhandlungsargument (trotzdem) nutzbar.

b) Nachteile und Gefahren

664 Gegebenenfalls (teilweiser) Verzicht auf eine zustehende Forderung bzw. auf einen günstigeren Ausgang des Rechtsstreits (Haftungsgefahr des Anwalts bei mangelhafter Beratung!).

- Keine Streitverkündungswirkungen (Thomas/Putzo/Hüßtege § 68 Rn. 4).

  Ein im Termin persönlich anwesender oder vertretener Streitverkündungsempfänger kann in den Vergleich miteinbezogen werden. Da bei einem Vergleich über die Hauptsache in der Berufungsinstanz ein noch nicht rechtskräftiges erstinstanzliches Urteil wirkungslos wird, soweit es nicht ausdrücklich aufrechterhalten wird (Zöller/Geimer § 794 Rn. 13), können die Streitverkündungswirkungen z.B. durch teilweise Klagerücknahme und Berufungsrücknahme in vollem Umfang u.U. noch gerettet werden.

- Nicht vollstreckbar, da Inhalt bzw. Wortlaut zu unbestimmt.
- Versäumung der Widerrufsfrist (keine Wiedereinsetzung möglich, Frist kann nicht vom Gericht verlängert werden).
- Rechtsverlust hinsichtlich etwaiger Zukunftsschäden (Vorbehalt vereinbaren sowie auf Verjährung achten!).
- Fehlerhafte Protokollierung (Vergleich ist unwirksam und Rechtsstreit ist nicht beendet!).
- Trotz Abgeltungsklausel kann der Schuldner später noch Gegenrechte geltend machen (§ 767 ZPO; z.B. Aufrechnung/Zurückbehaltungsrecht; Einredefreiheit vereinbaren!).
- Es werden Verzugszinsen und sonstige Nebenkosten sowie eine etwaige Umsatz- bzw. Mehrwertsteuer vergessen bzw. man lässt sich diesbezüglich leicht runterhandeln.

  Da aber nicht immer absehbar ist, ob der Schuldner rechtzeitig zahlen wird, sollte zumindest eine Verzinsung der Vergleichssumme ab Fälligkeit vereinbart werden. Handelt es sich bei den bislang aufgelaufenen Zinsen um einen höheren Betrag, kann und sollte der Gläubiger diesen bei den Vergleichsverhandlungen – am besten beziffert – als Verhandlungsmasse mit einbringen.

- Höhere Anwaltskosten (Einigungsgebühr! – jedoch Ermäßigung der Gerichtsgebühren).
- Rechtsschutzversicherung erstattet die Kosten nicht (Vereinbarte Kostenquote muss dem Verhältnis von Obsiegen und Unterliegen entsprechen!).
- Bei einem prozesskostenhilfeberechtigten Beklagten entfällt die kostenrechtliche Privilegierung nach § 31 Abs. 3 GKG (Gefahr der Zweitschuldnerhaftung des Klägers sowie Haftung des Beklagten für vom Kläger verauslagte Gerichtskosten).

  Der Beklagte kann seiner Inanspruchnahme nur entgehen, wenn entweder die Gerichtskosten nach dem Vergleich insgesamt der Kläger trägt oder die Entscheidung hierüber dem Gericht überlassen wird.
- Keine Rechtskraft (§ 322 ZPO).

  Es sind daher später noch möglich: Anfechtung, Rücktritt oder Berufung auf den Wegfall der Geschäftsgrundlage.

Eine Haftung des Sachverständigen gem. § 839a BGB analog soll auch in Betracht kommen, wenn sich die Parteien unter dem Eindruck eines (unerkannt) unrichtigen Gutachtens verglichen haben (BGH NJW 2020, 2471; a.A. Finkelmeier NJW 2020, 2474).

Aber Haftungsgefahr für den Anwalt, wenn er bereits aufgrund einfacher Fahrlässigkeit das (mindestens) grob fahrlässig unrichtig erstattete Gutachten nicht als solches erkennt (Huber NJW-Editorial Heft 19/2003). Aufgrund dieser – nicht zu unterschätzenden und in ihrem Umfang neuartigen – »Regressfalle« für den Anwalt wird in der Literatur dringend empfohlen, von einem Vergleich abzuraten, sobald auch nur geringe Bedenken an der Richtigkeit des Gutachtens bestehen (Brückner/Neumann MDR 2003, 908; Huber a.a.O.: Anwalt muss dessen Überprüfung durch einen Privatgutachter vor Vergleichsabschluss empfehlen).

Zu weitgehend und pauschal erscheint allerdings der Ratschlag von Jaeger (ZAP Fach 2, S. 455), dass der Anwalt nicht zu einem Vergleich raten sollte, wenn die Grundlage des Vergleichs auf einem Sachverständigengutachten beruht. Abgesehen davon besteht für die Partei, deren Vorbringen durch ein Gutachten in vollem Umfang bestätigt wurde, in der Regel auch keine Veranlassung mehr für einen Vergleichsabschluss.

In jedem Fall aber muss der Anwalt den Mandanten vor Vergleichsabschluss über diese Nebenfolge hinweisen, insbesondere bei Anhaltspunkten für ein unrichtiges Gutachten.

IV. Klagerücknahme und Verzicht

Zur Kunst der Prozessvertretung gehört die kontinuierliche Neubewertung des Verfahrensstands. 665
Verschlechtern sich die Erfolgsaussichten des Klägers im Prozessverlauf derart, dass seine Lage – selbst unter Ausschöpfung aller prozessualen Reaktionsmöglichkeiten – aussichtslos erscheint, ist eine zügige und günstige Beendigung des Verfahrens in Betracht zu ziehen. Hierbei kommen eine Rücknahme der Klage (§ 269 ZPO) und ein Verzicht (§ 306 ZPO) in Betracht.

▶ Praxistipp:

Der Prozess sollte nicht vorschnell aufgegeben werden. Auch gerichtliche Hinweise auf die 666
angebliche Erfolglosigkeit müssen nicht richtig sein.

In der Praxis drängen die Gerichte manchmal auf eine Klagerücknahme, um die Sache schnell und einfach zu erledigen. Dass der hierzu erteilte gerichtliche Hinweis auf die mangelnde Erfolgsaussicht der Klage immer auf einer eingehenden Prüfung der Sach- und Rechtslage beruht, darf bezweifelt werden. So soll es nicht selten vorkommen, dass ein Gericht den Anwalt zur Klagerücknahme in irriger Rechtsansicht veranlasst (Bräuer AnwBl 1999, 551). Insbesondere Gegenrechte des Beklagten (Einreden, Gestaltungsrechte) veranlassen Gerichte manchmal vorschnell, den Erfolg der Klage infrage zu stellen. Eine Prozessbeendigung kann nur in Betracht kommen, wenn sie aufgrund eigener gründlicher Sachprüfung erforderlich ist (Bräuer AnwBl 2004, 722).

Während der Verzicht in der Praxis sehr selten ist, spielt die Klagerücknahme mit etwa 10% aller Erledigungen eine beachtliche Rolle.

In jedem Fall birgt eine vorzeitige Beendigung des Prozesses durch den Kläger für diesen eine Reihe 667
von Nachteilen und Gefahren.

So handelt der Anwalt bei einer Klagerücknahme auf eigenes Risiko, sogar wenn diese durch einen fehlerhaften Hinweis des Gerichts des Gerichts motiviert ist (OLG Köln OLG Rspr. 3/1994 S. 7 – zit. E. Schneider NJW 1998, 3696; BayObLG NJW-RR 2001, 1654: auch keine Kostenniederschlagung wegen unrichtiger Sachbehandlung; aber auch BGH NJW 1981, 576: kein Verschulden i.S.d. § 233 ZPO; Grüneberg/Grüneberg § 280 Rn. 81 a.E.). Auch ein entsprechender Protokollvermerk (»Gericht regt dringend Klagerücknahme an«) dürfte daher den Anwalt haftungsrechtlich nicht freistellen.

Der Kläger muss hierbei vor allem auf die Verjährung achten, sofern der Anspruch u.U. nochmals gerichtlich geltend gemacht werden soll. So endet die durch die Klageerhebung eingetretene Hemmung sechs Monate nach der Klagerücknahme, d.h. danach läuft der noch offene Rest der ursprünglich gehemmten Verjährungsfrist weiter (§§ 204 Abs. 2, 209 BGB). Obgleich man in der Regel für eine neue Klage daher mehr als 6 Monate Zeit hat (Seibel MDR 2015, 491), sollte man sich zur Sicherheit trotzdem an der Mindestfrist orientieren.

Nachteilig kann auch sein, dass bei einer Klagerücknahme die Bindungswirkung einer Streitverkündung entfällt.

Schließlich hat der Kläger die Kosten des Rechtsstreits zu tragen (§ 269 Abs. 3 ZPO), welche jedoch ermäßigt sind. In jedem Fall spart er sich gegenüber einer streitigen (Klage abweisenden) Entscheidung zwei Gerichtsgebühren (KV-GKG 1211) und bei Rücknahme vor einer mündlichen Verhandlung sowie bei Beweisaufnahme auch Rechtsanwaltsgebühren. Von daher empfiehlt sich eine möglichst frühzeitige Klagerücknahme.

1. Klagerücknahme

668 Mit der Rücknahme widerruft der Kläger sein konkretes Rechtsschutzbegehren. Hiervon betroffen wird also nur die anhängige Klage. Sowohl der zugrunde liegende materiell-rechtliche Anspruch als auch dessen grundsätzliche prozessuale Durchsetzbarkeit bleiben hiervon unberührt, sodass eine neuerliche Klageerhebung jederzeit möglich ist.

Gibt der Kläger außerprozessual (z.B. im Rahmen eines Vergleichs) ein **Klagerücknahmeversprechen** ab, so handelt es sich hierbei um einen Prozessvertrag, der zur Folge hat, dass der weiter verfolgten Klage die Einrede prozessualer Arglist entgegengesetzt werden kann und diese als unzulässig abgewiesen wird (OLG Hamm VersR 1994, 834; MüKoZPO/Lüke § 269 Rn. 12 f.).

669 Die Klagerücknahme ist wirksam, wenn sie schriftsätzlich oder in mündlicher Verhandlung dem Gericht gegenüber erklärt wird (§ 269 Abs. 2 ZPO) und die Prozesshandlungsvoraussetzungen vorliegen.

Die Rücknahmeerklärung ist bedingungsfeindlich und kann auch nicht von einer innerprozessualen Bedingung abhängig gemacht werden (BGH NJW-RR 1990, 67).

Die Rücknahme kann auch nur einen Teil der Klage betreffen. Erfolgt dies nach mündlicher Verhandlung, so kann eine Zustimmung des Beklagten entbehrlich sein, wenn es sich um einen Fall des § 264 Nr. 2 ZPO handelt und man der Auffassung ist, dass diese Norm die Teilrücknahme abschließend regelt, daneben kein Raum für eine zusätzliche Anwendung des § 269 ZPO ist.

670 Die Rücknahme bedarf der Zustimmung des Beklagten, wenn die Parteien schon einmal mündlich streitig verhandelt haben (§ 269 Abs. 1 ZPO). Allerdings wird die Einwilligung nach § 269 Abs. 2 Satz 4 ZPO fingiert, wenn der hierüber belehrte Beklagte der Rücknahme nicht innerhalb von zwei Wochen nach Zustellung der Rücknahmeerklärung widersprochen hat.

Noch nicht streitig zur Hauptsache verhandelt haben die Parteien nach Rügen zur Zulässigkeit oder nach Erhebung einer Widerklage; erforderlich ist in der Regel die Stellung der Anträge (§ 137 Abs. 1 ZPO).

▶ Praxistipp:

671 Zwar ist für den Beklagten der Verzicht des Klägers vorteilhafter als die bloße Klagerücknahme. Kann er – wie regelmäßig – einen solchen Verzicht nicht erreichen, ist die Klagerücknahme immer noch besser als die Fortsetzung des Verfahrens.

Der Beklagte wird bedenken, dass eine Klagerücknahme nicht in Rechtskraft erwächst und somit der Anspruch grundsätzlich nochmals eingeklagt werden kann. Er muss aber auch befürchten, dass jede Prozessfortsetzung mit dem Risiko einer erneuten Änderung der Erfolgsaussichten verbunden und ein Sacherfolg damit zwar wahrscheinlich, nicht immer aber wirklich sicher ist.

Folge der wirksamen Klagerücknahme ist ein Wegfall der Rechtshängigkeit ipso iure, d.h. ohne dass 672
es einer besonderen Entscheidung des Gerichts hierüber bedarf (§ 269 Abs. 3 ZPO). Auf Antrag des Beklagten werden die Folgen zur Klarstellung in einem (rein deklaratorischen) Beschluss ausgesprochen (§ 269 Abs. 4 ZPO: LG Itzehoe NJW-RR 1994, 1216). Eines solchen Beschlusses bedarf es, bevor die Kosten festgesetzt werden können.

Soweit während der Rechtshängigkeit (vorläufige, noch nicht rechtskräftige) **Entscheidungen** ergangen sind, werden diese automatisch wirkungslos (§ 269 Abs. 3 Satz 1 Hs. 2 ZPO). Nimmt der Kläger die Klage erst in der Berufungsinstanz zurück, entfaltet das erstinstanzliche Urteil keine Wirkungen mehr.

Die bislang entstandenen **Kosten** hat grundsätzlich der Kläger zu tragen, da er das Verfahren veranlasst und eine Sachentscheidung, an die die Kostenlast gebunden werden könnte, verhindert hat (§ 269 Abs. 3 Satz 2 ZPO). Dies gilt nicht für die Kosten, die durch eine vorherige Säumnis des Beklagten entstanden sind, diese hat nach § 344 ZPO die säumige Partei zu tragen (OLG München NJW-RR 1998, 1078; OLG Karlsruhe NJW-RR 1996, 383; OLG Köln VersR 1993, 721 und 722; Anders/Gehle/Weber § 269 Rn. 34; Schneider NJW 2019, 556; Habel NJW 1997, 2357 m.w.N.; a.A.: OLG Brandenburg NJW-RR 1999, 871; OLG Schleswig NJW-RR 1998, 1151; OLG Rostock NJW-RR 1996, 832; Thomas/Putzo/Seiler § 269 Rn. 13). Nicht zu tragen braucht der Kläger auch die Kosten einer Widerklage, die Kosten eigener Streithelfer (§ 101 ZPO). Auf einen neuen Prozess braucht der Beklagte sich erst einzulassen, nachdem ihm die Kosten erstattet worden sind (§ 269 Abs. 6 ZPO).

Ist der Anlass zur Einreichung der Klage vor Rechtshängigkeit weggefallen und wird die Klage daraufhin zurückgenommen, so bestimmt sich die Kostentragungspflicht unter Berücksichtigung des bisherigen Sach- und Streitstandes nach billigem Ermessen. Damit wird die Kostenfolge einer Erledigung vor Rechtshängigkeit dem § 91a ZPO gleichgestellt. Dementsprechend nimmt die Rechtsprechung einen »Anlass zur Einreichung der Klage« nur an, wenn die Klage bei ihrer Einreichung zulässig und begründet war oder jedenfalls zu irgendeinem Zeitpunkt vor ihrer Einreichung zulässig und begründet gewesen wäre. Auf den Fall einer aus objektiver Sicht zu keinem Zeitpunkt aussichtsreichen Klage ist die Vorschrift nicht anwendbar (BGH NJW 2021, 941).

Allgemein entfallen rückwirkend alle mit der Rechtshängigkeit verbundenen Folgen, insbesondere die Verjährungshemmung.

2. Verzicht

Der Kläger kann das Verfahren einseitig dadurch beenden, dass er auf den mit der Klage geltend 673
gemachten Anspruch und damit auf die Möglichkeit seiner erneuten prozessualen Geltendmachung verzichtet (§ 306 ZPO).

Mit dem Verzicht erklärt der Kläger dem Gericht gegenüber, dass er eine prozessuale Durchsetzung seines Anspruchs nicht mehr will, er hierauf also **endgültig** verzichtet. Der Verzicht betrifft als Prozesserklärung nur den prozessualen Anspruch (Streitgegenstand), grundsätzlich nicht auch den materiell-rechtlichen, weil der Kläger Erklärungen hierzu in der Regel nicht abgeben will (so zutreffend die h.M.: BGH, Urt. vom 01.06.2011, I ZR 80/09; Anders/Gehle/Hunke Einf. § 306 Rn. 2; Jauernig § 47 VI; Rosenberg/Schwab/Gottwald § 134 V 2e; Stein/Jonas/Leipold § 306 Rn. 3; a.A. Thomas ZZP 89, 1976, 80). Nur bei Vorliegen besonderer Anhaltspunkte ist ausnahmsweise eine im Prozess abgegebene Erklärung auch materiell-rechtlich als Erlassvertrag nach §§ 397, 875 BGB oder als Verzichtserklärung nach § 242 BGB wirksam.

Der Verzicht bedarf einer entsprechenden Erklärung des Klägers. 674

Diese wird regelmäßig ausdrücklich erforderlich sein. Im Wege der **Auslegung** aus sonstigen Erklärungen oder konkludenten Handlungen kann sie sich nur ergeben, wenn nach außen erkennbare Umstände gegeben sind, aus denen unzweideutig folgt, dass der Kläger auf die prozessuale Durchsetzungsmöglichkeit endgültig verzichten will (BGH NJW 1981, 341). Sie muss in mündlicher Verhandlung erfolgen, ausreichend ist indes die **Bezugnahme** auf einen schriftsätzlich angekündigten Verzicht, sodass Verzichtserklärungen im Ergebnis auch im schriftlichen (Vor-)Verfahren möglich sind (OLG Hamm WRP 1992, 252; Meiske NJW 1993, 1904). Die nach § 160 Abs. 3 Nr. 1 ZPO erforderliche Protokollierung ist genauso wenig Wirksamkeitsvoraussetzung wie die nach § 162 Abs. 1 ZPO erforderliche Vorlesung und Genehmigung (BGH NJW 1984, 1465; OLG Brandenburg NJW-RR 2000, 741).

Die Verzichtserklärung kann von einer innerprozessualen Bedingung abhängig gemacht werden, solange diese nicht das Bestehen des Prozessrechtsverhältnisses selbst infrage stellt. Nicht möglich ist deswegen der Verzicht für den Fall der Erfolglosigkeit der Klage, um hierdurch z.B. in den Genuss der Kostenermäßigung nach Nr. 1211 KV-GKG zu kommen (BGH NJW 1985, 2713, 2716; OLG Düsseldorf OLGZ 77, 250; Stein/Jonas/Leipold § 307 Rn. 14 m.w.N.).

Anders als die Klagerücknahme bedarf der Verzicht nicht der Zustimmung des Beklagten, weil dieser einen vollen, seinem Antrag entsprechenden Sacherfolg erringt, nämlich die rechtskraftfähige Klageabweisung.

675 Da es sich um ein Sachurteil handelt, müssen die Zulässigkeitsvoraussetzungen gegeben sein (Stein/Jonas/Leipold § 306 Rn. 12; Prütting/Gehrlein/Thole § 306 Rn. 8). Auf die Schlüssigkeit oder Erheblichkeit des Parteivorbringens kommt es dagegen nicht an.

676 Zudem kann der Kläger nur auf Ansprüche verzichten, über die er auch **disponieren** darf.

Unwirksam ist danach z.B. der Verzicht auf Unterhalt für die Zukunft (§ 1614 BGB), der Verzicht nur eines von mehreren aus materiellem Recht notwendigen Streitgenossen oder der Verzicht in den Fällen der §§ 617, 640 ZPO.

677 Folge des Verzichts ist, dass Entscheidungsgrundlage nicht länger der streitige Tatsachenvortrag der Parteien, sondern die Prozesserklärung des Klägers ist, sodass der Rechtsstreit sofort entscheidungsreif wird. Um die Endgültigkeit des Verzichts prozessual beachtlich zu machen, ergeht ein der Rechtskraft fähiges Verzichtsurteil (§ 306 ZPO). Durch diese Endgültigkeit unterscheidet sich der Verzicht von der bloßen **Klagerücknahme**, die einer erneuten Klageerhebung nicht entgegensteht.

▶ Praxistipp:

678 Für den Kläger hat Verzicht im Vergleich zur Rücknahme nur Nachteile. Praktisch kommt er allenfalls dort in Betracht, wo ein streitiges begründetes Urteil vermieden werden soll und der Beklagte einer Rücknahme nicht zustimmt.

Der Verzicht kann also grundsätzlich weder widerrufen noch angefochten, nach § 290 ZPO analog beseitigt oder kondiziert werden. Es behält seine Wirkungen auch dann, wenn der Gegner wegen Säumnis des Beklagten zunächst Versäumnisurteil und erst auf Einspruch des Beklagten hin Anerkenntnisurteil beantragt (BGH NJW 1989, 1934; BGH NJW 1993, 1717; OLG Düsseldorf NJW-RR 1999, 1514; Zöller/Feskorn Vor § 306 Rn. 6). Hat der Beklagte nach dem Anerkenntnis erfüllt und erklärt der Kläger daraufhin den Rechtsstreit für erledigt, so kann der Beklagte sich trotz des Anerkenntnisses der Erledigungserklärung noch anschließen.

Beseitigt werden kann ein Anerkenntnis vor Erlass eines Anerkenntnisurteils mit Zustimmung des Gegners oder einseitig auch noch danach, wenn die Voraussetzungen vorliegen, unter denen ein rechtskräftiges Urteil hätte angegriffen werden können (§§ 580 Nr. 2, 4 und 7; 323 ZPO: OLG Saarbrücken NJW-RR 1997, 252; OLG Bamberg NJW-RR 1993, 1219; OLG Schleswig FamRZ 1993, 577).

Die **Kostenentscheidung** folgt allgemeinen Grundsätzen (§ 91 ZPO), sodass der Kläger als unterliegende Partei die Kosten immer alleine trägt; eine (analoge) Anwendung des § 93 ZPO ist nicht möglich (OLG Hamm MDR 1982, 676; OLG Koblenz NJW-RR 1986, 1443; Stein/Jonas/Leipold, § 306 Rn. 11; a.A. OLG Frankfurt a.M. OLGZ 1993, 480). Die **vorläufige Vollstreckbarkeit** wird mangels Schutzbedürftigkeit des Klägers ohne Sicherheitsleistung angeordnet (§ 708 Nr. 1 ZPO). Die Gerichtskosten werden beim Verzicht – wie bei der Rücknahme – um zwei Gebühren ermäßigt.

D. Änderung des Verfahrensablaufs

679 Eine Änderung des ursprünglich vorgesehenen Verfahrensablaufs kann aus verschiedenen Gründen erforderlich werden.

- Stellt sich heraus, dass das Gericht nicht zuständig ist, kann eine drohende Abweisung als unzulässig durch einen Antrag auf Verweisung an das zuständige Gericht vermieden werden (oben Rdn. 317).
- Soll eine (weitere) mündliche Verhandlung vermieden werden, kommt ein schriftliches Verfahren in Betracht (oben Rdn. 582).
- Ist ein streitiges Urteil nicht möglich, weil eine Partei am Verfahren nicht in der gebotenen Form mitwirkt, sie insbesondere in der mündlichen Verhandlung keinen Antrag stellt, so kommt die Beendigung des Verfahrens durch ein Versäumnisurteil in Betracht (unten Rdn. 686).
- Wird die Position des Klägers durch ein Verhalten des Beklagten oder durch die Rechtseinschätzung des Gerichts aussichtslos, kann er eine drohende Klageabweisung durch Rücknahme oder Verzicht abwenden (oben Rdn. 557).
- Vielfach können die Parteien auf den Ablauf des Verfahrens durch Anträge oder zumindest Anregungen gestaltend einwirken (oben Rdn. 602).

I. Schriftliches Verfahren (§ 128 ZPO)

Nur ausnahmsweise kann auf eine **mündliche Verhandlung** verzichtet und eine Entscheidung aus- 680
schließlich aufgrund eines schriftlichen Verfahrens getroffen werden. Möglich ist dies, wenn – z.B. durch Schlussurteil – nur noch über die Kosten oder über Nebenforderungen zu entscheiden ist (§ 128 Abs. 3 ZPO) oder die noch ausstehende Entscheidung nicht in Form eines Urteils, sondern als Beschluss oder Verfügung ergeht (§ 128 Abs. 4 ZPO). Außerdem kann eine mündliche Verhandlung im vereinfachten Verfahren vor dem Amtsgericht (§ 495a ZPO) entfallen. Praktisch wichtigster Fall ist das schriftliche Verfahren mit Zustimmung der Parteien (§ 128 Abs. 2 ZPO).

Sinnvoll kann dies sein, wenn eine weitere mündliche Verhandlung erforderlich wird, etwa weil beide Parteien Gelegenheit erhalten müssen, zum Vortrag des Gegners vorzutragen, oder weil eine Urkunde beigezogen werden soll und zum Gegenstand der mündlichen Verhandlung gemacht werden muss.

Die **Zustimmungserklärung** der Parteien muss in einer vorangegangenen mündlichen Verhand- 681
lung oder schriftlich abgegeben werden (BVerwG NJW 1981, 1852), das bloße Schweigen auf eine Anfrage des Gerichts genügt nicht. Sie kann unter eine innerprozessuale Bedingung gestellt werden (z.B. den Fall des Widerrufs eines Vergleichs).

Die bloß einseitig erklärte Zustimmung kann jederzeit zurückgenommen werden. Haben beide Parteien ihre entsprechende Erklärung einmal abgegeben, können diese nur bei wesentlicher Änderung der Prozesslage widerrufen werden.

▶ Praxistipp:

Wegen seiner Bindungswirkung sollte der Verzicht auf eine mündliche Verhandlung sorgfältig 682
bedacht werden. Die mündliche Verhandlung stellt regelmäßig nicht bloß eine lästige Formalie dar, sondern eröffnet Möglichkeiten der Interessenwahrung, die im schriftlichen Verfahren nicht kompensiert werden.

Die Anordnung des schriftlichen Verfahrens erfolgt durch **Beschluss.** 683

In diesem wird eine Frist zur letzten Einreichung von Schriftsätzen sowie ein Termin zur Verkündung der Entscheidung bestimmt.

Bis zu dem bestimmten Zeitpunkt können beide Parteien Schriftsätze einreichen. 684

Anders als bei Schriftsatznachlass aus § 283 ZPO ist die Befugnis der Parteien dabei nicht darauf beschränkt, zum bisherigen Vortrag des Gegners Stellung zu nehmen. Vielmehr können alle Angriffs- und Verteidigungsmittel unbeschränkt vorgetragen werden. Ist dieses Vorbringen bezogen auf den Gesamtprozess verspätet, kommt allerdings auch hier eine Zurückweisung nach § 296 ZPO in Betracht. Der Schriftsatzschluss entspricht dem Schluss der mündlichen Verhandlung. Nach Ablauf der Frist ist ein Vorbringen deswegen nach § 296a ZPO nicht mehr möglich. Erfolgt ein neuer erheblicher Vortrag einer Partei so kurz vor Ablauf der Frist, dass dem Gegner innerhalb der Frist eine Stellungnahme nicht mehr möglich ist, kommt (ggf. unter Verlegung des Verkündungstermins) ein Schriftsatznachlass in Betracht (§ 283 ZPO). Verspätete Schriftsätze können zu einem erneuten Eintritt in die mündliche Verhandlung zwingen (§ 156 ZPO).

685 Mit Verkündung der Entscheidung endet das schriftliche Verfahren.

In dem bestimmten Verkündungstermin ergeht bei Entscheidungsreife des Rechtsstreits ein Urteil, ansonsten eine Verfügung oder ein Beschluss. Die Entscheidung kann von dem jeweils mit der Sache befassten Richter getroffen werden, auch wenn dieser an einer vorher möglicherweise durchgeführten Verhandlung nicht teilgenommen hat; der Grundsatz der Unmittelbarkeit aus § 309 ZPO gilt hier also nicht (BGH NJW-RR 1992, 1065).

In jedem Fall endet damit das angeordnete schriftliche Verfahren, sodass – falls das Verfahren weitergeht – entweder ein Termin zur mündlichen Verhandlung anberaumt oder ein neuerliches schriftliches Verfahren angeordnet werden muss (BGH NJW 1960, 572). Für Letzteres bedarf es einer neuerlichen Zustimmung der Parteien.

II. Säumnisverfahren

686 Das allgemeine Verfahren setzt eine Mitwirkung beider Parteien voraus. Mangelt es daran, insbesondere weil eine Partei an der notwendigen mündlichen Verhandlung nicht mitwirkt, bedarf es einer besonderen Regelung des weiteren Verfahrensablaufs und der Entscheidung.

1. Versäumnisurteil

687 Wirkt eine Partei am Verfahren nicht in der gebotenen Form mit, indem sie insbesondere in der mündlichen Verhandlung keinen Antrag stellt, so ist eine reguläre Verfahrensbeendigung durch streitiges Urteil nicht möglich.

688 Zu einem solchen Versäumnisurteil kann es nicht nur kommen, weil eine Partei einen Termin unbeabsichtigt versäumt, sondern auch, weil sie die Säumnisfolgen bewusst herbeiführen will (»Flucht in die Säumnis«). Letzteres kommt bei aussichtsloser Prozesssituation in Betracht, um entweder eine unkomplizierte und kostengünstige Verfahrensbeendigung zu erreichen oder um sich die Chance zu erhalten, mit dem Einspruch gegen das Versäumnisurteil weitere Angriffs- und Verteidigungsmittel vorzutragen und so die eigene Prozesssituation zu verbessern.

Eine Kostenprivilegierung ist mit dem Versäumnisurteil auch dann nicht verbunden, wenn das Verfahren hierdurch endet und kein Einspruch eingelegt wird. Dass das Versäumnisurteil in den Privilegierungstatbeständen Nr. 1211 KV-GKG (Reduzierung der gerichtlichen Verfahrensgebühr von 3 auf 1) nicht erwähnt ist, stellt keine durch Analogie zu schließende Regelungslücke dar, sondern beruht auf einer bewussten Entscheidung des Gesetzgebers. Für das echte Versäumnisurteil gegen den Kläger ohne Schlüssigkeitsprüfung indes wird dennoch verbreitet eine Gebührenermäßigung angenommen (Zöller/Herget § 330 Rn. 10 m.w.N.). Auch die anwaltliche Terminsgebühr ermäßigt sich (Nr. 3105 VV-RVG).

689 Voraussetzungen eines Versäumnisurteils sind:

690 (1) Ein **Antrag** der erschienenen Partei auf Erlass eines Versäumnisurteils (§ 331 Abs. 1 Satz 1 ZPO).

Hierbei handelt es sich um einen Prozessantrag, sodass der Sachantrag grundsätzlich zusätzlich gestellt werden muss (BGH NJW 1969, 1427). Stellt der Kläger nur den Prozessantrag, so kann darin im Wege der Auslegung auch die Stellung des Sachantrags gesehen werden. Entsprechendes gilt, wenn der Kläger in einer mündlichen Verhandlung nur den Sachantrag stellt (BGH NJW 1962, 1149). Unterbleibt der Prozessantrag dagegen im schriftlichen Vorverfahren, so ist eine Auslegung nicht möglich und es muss ein Termin zur mündlichen Verhandlung bestimmt werden.

691 (2) Es muss entweder eine notwendige **mündliche Verhandlung** vor dem Prozessgericht stattfinden (§§ 331 Abs. 1 Satz 1, 332 ZPO) oder das **schriftliche Vorverfahren** angeordnet sein (§§ 331 Abs. 3, 276 ZPO; Kramer NJW 1978, 1411).

Zu den notwendigen mündlichen **Verhandlungen** gehören der frühe erste Termin, der Haupttermin und jeder Fortsetzungstermin, auch wenn er vor dem Einzelrichter oder in einer besonderen Verfahrensart (z.B. Urkunden- oder Arrestverfahren) stattfindet. Nicht hierzu gehören Verkündungstermine (§§ 283, 310 ZPO), Gütetermine (§ 279 ZPO), reine Beweistermine (nur soweit diese entgegen § 370 Abs. 1 ZPO nicht auch der mündlichen Verhandlung dienen) und Termine vor dem beauftragten oder ersuchten Richter (Zöller/Herget Vor § 330 Rn. 2).

(3) Der Beklagte muss **säumig** sein. Säumig ist, wer im Termin zur mündlichen Verhandlung entweder nicht erscheint (§ 331 ZPO; zu Sonderfällen Zöller/Herget vor § 330 Rn. 4) oder nicht verhandelt (§ 333 ZPO) bzw. im schriftlichen Vorverfahren seine Verteidigungsabsicht nicht innerhalb der zweiwöchigen Notfrist nach Klagezustellung anzeigt (§§ 331 Abs. 3, 276 Abs. 1 Satz 1, Abs. 2 ZPO). 692

Verhandeln meint grundsätzlich die Antragstellung (§ 137 Abs. 1 ZPO), umfasst aber jede aktive Beteiligung am Prozess. Säumnis liegt demnach schon dann nicht vor, wenn die Partei Ausführungen zur Zulässigkeit der Klage gemacht oder einen Klageabweisungsantrag gestellt hat. Dagegen kann in dem bloßen Antrag auf Vertagung keine Prozessbeteiligung gesehen werden. Ist verhandelt worden und verlässt die Partei den Termin vorzeitig, so liegt keine Säumnis vor (BGH NJW 1974, 2322).

Möglich ist ein nur teilweises Verhandeln, z.B. durch Stellung nur eines Teilantrags. Ist hiervon ein selbstständiger Teil des Rechtsstreits betroffen, kann bezüglich des Rests Versäumnisurteil ergehen, ansonsten ist im Wege der Auslegung zu ermitteln, ob insgesamt Säumnis vorliegt oder nicht (vgl. § 334 ZPO; BGH NJW 2002, 145).

(4) Es darf **kein** gesetzliches **Erlasshindernis** nach §§ 337, 335 ZPO bestehen. 693

Nach § 337 ZPO darf ein Versäumnisurteil nicht ergehen, wenn die Einlassungs- oder Ladungsfrist zu kurz bemessen oder die Partei ohne ihr Verschulden am Erscheinen verhindert war. Letzteres ist z.B. der Fall, wenn dem Gericht eine Entschuldigung wegen Krankheit bereits vorliegt oder es aufgrund der Witterungsbedingungen (starker Schneefall) hiervon ausgehen kann (BGH NJW 1999, 724).

Kein Versäumnisurteil ergeht (zu dem aus § 335 ZPO herleitbaren allgemeinen Gedanken OLG Hamm NJW-RR 1991, 703):

- Nach § 335 Abs. 1 Nr. 1 ZPO, wenn ein vom Gericht geforderter Nachweis noch nicht erbracht ist, z.B. ein Parteivertreter seine Vollmacht (§§ 88 Abs. 2, 80 Abs. 1 ZPO) noch nicht vorgelegt hat (LG Berlin ZMR 1987, 23).
- Nach § 335 Abs. 1 Nr. 2 ZPO, wenn die säumige Partei nicht ordnungsgemäß (d.h. nach §§ 214 ff., 191, 166 ff. ZPO) geladen war.
- Nach § 335 Abs. 1 Nr. 3 ZPO, wenn der säumigen Partei Sachanträge oder Tatsachenvorträge der erschienenen Partei nicht rechtzeitig vor dem Termin mitgeteilt wurden. **Mitgeteilt** werden müssen insbesondere Klageänderungen, Erledigungserklärungen, der Kostenantrag nach Klagerücknahme oder Vollstreckungsschutzanträge nach § 714 ZPO, nicht dagegen der Klageabweisungsantrag oder Beweisanträge. Tatsachenvortrag muss nur mitgeteilt werden, soweit er zur Schlüssigkeit der Klage erforderlich ist (Zöller/Herget § 335 Rn. 4). **Rechtzeitig** mitgeteilt ist ein Vortrag in der Klageschrift nur, wenn er die Einlassungsfrist (§ 274 Abs. 3 ZPO: 2 Wochen) wahrt; für den Vortrag in anderen Schriftsätzen muss die Frist des § 132 ZPO (1 Woche) eingehalten sein. Beide Fristen können nach § 226 ZPO abgekürzt werden.
- Nach § 335 Abs. 1 Nr. 4 ZPO, wenn im schriftlichen Vorverfahren eine ordentliche Belehrung nach § 276 Abs. 1 Satz 1, Abs. 2 ZPO unterblieben ist.

(5) Ist der Beklagte säumig, kann ein Versäumnisurteil nur ergehen, wenn die Klage zulässig und der Vortrag des Klägers schlüssig ist (BGH NJW-RR 2021, 1648). 694

Ist der Zulässigkeitsmangel noch behebbar (z.B. weil ein Formmangel noch geheilt, eine fehlende Vollmacht noch nachgereicht werden kann), so ergeht kein Versäumnisurteil. Vielmehr erhält der Kläger Gelegenheit zur Mangelbehebung durch Anberaumung eines neuen Termins. Praktisch steht dem Erlass eines Versäumnisurteils im schriftlichen Vorverfahren häufig die Unschlüssigkeit von Nebenforderungen (Zinsen, Kosten) entgegen (dazu unten Rdn. 1054; Petershagen NJW 2018, 1782). Ist der Mangel endgültig (z.B. bei bereits existierender rechtskräftiger Entscheidung oder Fehlen der deutschen Gerichtsbarkeit), so steht die endgültige Unzulässigkeit der Klage fest. Es ergeht dann kein (klagestattgebendes) Versäumnisurteil, sondern die Klage ist (durch unechtes Versäumnisurteil, unten Rdn. 698) abzuweisen.

Folge der Säumnis des Beklagten ist, dass der Tatsachenvortrag des Klägers als zugestanden anzusehen ist (§ 331 ZPO). Urteilsgrundlage wird allein das Vorbringen des Klägers (OLG Brandenburg NJW-

RR 1995, 1471). Dieses kann eine Verurteilung des Beklagten nur rechtfertigen, wenn dies schlüssig ist. Das Ergebnis einer bereits durchgeführten Beweisaufnahme bleibt ebenso unberücksichtigt wie durch den Beklagten vorgetragene erhebliche Angriffs- und Verteidigungsmittel (Nierwetberg ZZP 98 [1985], 442), es sei denn, sie sind – als anspruchsfeindliche Tatsachen – auch vom Kläger vorgetragen.

695 Das Versäumnisurteil stellt für die obsiegende Partei einen Titel dar, mit dem das Verfahren seinen Abschluss finden kann. Der unterliegenden Partei steht gegen das Versäumnisurteil der Einspruch zu, dessen wirksame Einlegung zur Fortsetzung des Verfahrens in erster Instanz führt (§ 342 ZPO).

▶ Praxistipp:

696 Das Versäumnisurteil kann in Rechtskraft erwachsen. Dies gilt für das klagestattgebende Versäumnisurteil gegen den Beklagten ebenso wie für das klageabweisende Versäumnisurteil gegen den Kläger.

697 Dies gilt auch, wenn die Klageabweisung lediglich auf einem inzwischen behobenen vorübergehenden Hindernis beruht (BGH NJW 2003, 1044; Zöller/Vollkommer Vor § 322 Rn. 56, § 330 Rn. 9, str.).

Wird demgegenüber die Klage wegen Fehlens eines bestimmten Tatbestandsmerkmals, z.B. mangelnde Fälligkeit des Anspruchs, als »zur Zeit unbegründet« durch ein kontradiktorisches Urteil abgewiesen, so kann dieser Anspruch nochmals klageweise geltend gemacht werden, wenn das bisher fehlende Tatbestandsmerkmal nunmehr gegeben ist. Im Gegensatz dazu ist bei einem klageabweisenden Versäumnisurteil, das allein auf der Säumnis des Klägers beruht und keine Begründung zur Sache enthält, der eingeklagte Anspruch endgültig verloren.

Von daher kann es u.U. prozesstaktisch besser sein, entweder die Klage zurückzunehmen oder – sofern dies mangels Einwilligung des Beklagten nicht mehr möglich ist (§ 269 ZPO) – ein (klageabweisendes) streitiges Urteil gegen sich ergehen zu lassen, gegebenenfalls nach Einspruch gegen ein bereits erlassenes Versäumnisurteil. Sofern man dies unterlassen hat, sollte man keinesfalls im zweiten Verfahren auf das Erstverfahren Bezug nehmen, in der Hoffnung, dass die Rechtskraftwirkung übersehen wird.

2. Sonderformen des Versäumnisurteils

698 Ist der Beklagte säumig und beantragt der Kläger gegen ihn den Erlass eines Versäumnisurteils, so kann ein solches nur ergehen, wenn das tatsächliche mündliche Vorbringen des Klägers dieses rechtfertigt (§ 331 ZPO). Ist die Klage unzulässig oder unschlüssig, muss sie abgewiesen werden. Dies gilt unabhängig davon, ob der Beklagte säumig ist oder nicht. Auf die unzulässige bzw. unschlüssige Klage hin ergeht damit auch bei Säumnis des Beklagten ein klageabweisendes Urteil. Dieses Urteil beruht nicht auf der Säumnis des Beklagten; es wäre genauso ergangen, wenn der Beklagte nicht säumig gewesen wäre.

Die übliche Bezeichnung als »**unechtes Versäumnisurteil**« ist trügerisch. Das unechte Versäumnisurteil ist kein Versäumnisurteil, sondern ein Endurteil. Es wird nicht als Versäumnisurteil bezeichnet und muss Tatbestand und Entscheidungsgründe aufweisen (§ 313b Abs. 1 ZPO). Es kann nicht nach § 708 Nr. 2 ZPO ohne Sicherheitsleistung für vorläufig vollstreckbar erklärt und nicht mit einem Einspruch angefochten werden (§ 338 ZPO).

699 Ist der Einspruch gegen das Versäumnisurteil unzulässig, wird er verworfen. Diese Entscheidung ergeht – unabhängig davon, ob ihr eine mündliche Verhandlung vorausgeht oder nicht – durch Urteil, § 341 Abs. 2 ZPO (»**Verwerfungsurteil**«).

700 Hat die säumige Partei zulässig Einspruch eingelegt, ist aber in dem zur Verhandlung über den Einspruch bestimmten Termin erneut säumig, wird der Einspruch durch ein »**zweites Versäumnisurteil**« verworfen (§ 345 ZPO).

Nach h.M. geht § 345 ZPO dem § 342 ZPO vor, sodass ein zweites Versäumnisurteil auch dann ergeht, wenn die Klage bei Erlass des ersten Versäumnisurteils unzulässig oder unschlüssig war (BGH NJW 1999, 2599; Anders/Gehle/Anders § 345 Rn. 3; Rosenberg/Schwab/Gottwald, § 108 V 4a.; a.A. BAG NJW 1974, 1103; Braun ZZP 93, 1980, 443; Schneider MDR 1985, 377; Thomas/Putzo/Seiler § 345 Rn. 4; Zöller/Stephan § 345 Rn. 4). Anders verhält es sich, wenn der zweiten Säumnis kein erstes Versäumnisurteil, sondern ein Vollstreckungsbescheid vorausgegangen ist; da dann noch keine richterliche Prüfung stattgefunden hat, sind Zulässigkeit und Schlüssigkeit vor Erlass des zweiten Versäumnisurteils zu prüfen (§ 700 Abs. 6 ZPO).

Ist der Einspruch unzulässig, ist er in Form eines »unechten zweiten Versäumnisurteils« zu verwerfen (BGH NJW 1995, 1561; Hövel NJW 1997, 2864).

Kein zweites Versäumnisurteil ist das »**wiederholt erste Versäumnisurteil**«, das ergeht, wenn eine 701 säumige Partei im Einspruchstermin zunächst verhandelt hat, bei der Fortsetzung des Verfahrens in einem späteren Termin aber erneut säumig wird.

Das wiederholt erste Versäumnisurteil ist ein »normales Versäumnisurteil«, dessen einzige Besonderheit in der Tenorierung besteht, die nicht auf Verurteilung oder Klageabweisung lauten kann, sondern auf Aufrechterhaltung oder Abänderung des ersten Versäumnisurteils.

3. Entscheidung nach Lage der Akten

Eine irreguläre Form des allgemeinen Verfahrens stellt die Möglichkeit des Gerichts dar, aufgrund 702 des bisherigen Akteninhalts zu entscheiden. Möglich ist dies bei Säumnis einer Partei auf Antrag der anderen Partei (§ 331a ZPO) oder bei Säumnis beider Parteien von Amts wegen (§ 251a ZPO).

Ob bei Säumnis beider Parteien alternativ das Ruhen des Verfahrens angeordnet (§§ 251a Abs. 3, 251 ZPO) oder ein neuer Termin zur mündlichen Verhandlung bestimmt wird (§§ 251a Abs. 3, 227 ZPO), steht im freien Ermessen des Gerichts, das dabei aber keine Sanktion verhängt, sondern die Interessen der Prozessbeteiligten abwägen muss (KG FamRZ 1981, 583).

Die Entscheidung nach Lage der Akten ist kein Versäumnis-, sondern ein normales **kontradiktorisches** Urteil, d.h., Urteilsgrundlage ist das beiderseitige streitige Parteivorbringen.

Voraussetzung ist, dass schon einmal streitig, d.h. in Anwesenheit beider Parteien, verhandelt wurde. 703 Das Gericht darf auch nicht sofort entscheiden, sondern muss einen Verkündungstermin bestimmen, damit die Parteien noch Gelegenheit haben, eine erneute streitige Verhandlung zu beantragen (§ 251a Abs. 2 Satz 4 ZPO).

▶ Praxistipp:

Hat das Gericht einen Termin zur Verkündung einer Entscheidung nach Lage der Akten 704 bestimmt, kann eine schuldlos säumige Partei das Vorbringen, das ihr in der versäumten mündlichen Verhandlung nicht möglich war, binnen zwei Wochen nachholen (§ 251a Abs. 2 Satz 2 ZPO).

Verwertet werden darf für die Entscheidung grundsätzlich der gesamte Akteninhalt, soweit beiden 705 Parteien hierzu rechtliches Gehör gewährt wurde, d.h., Anträge oder Angriffs- und Verteidigungsmittel, wenn sie dem Gegner mitgeteilt wurden, Beweisergebnisse, wenn beide Parteien hiervon Kenntnis nehmen konnten.

Die nach Lage der Akten zu verkündende Entscheidung kann neben einem Urteil auch in einem Beschluss, z.B. einem Hinweis-, Auflagen- oder Beweisbeschluss, bestehen; hierauf ist dann § 251a Abs. 2 ZPO nicht anwendbar.

III. Verfahrensanträge

An sich liegt der Ablauf des Verfahrens in den Händen des Gerichts. Dies schließt nicht aus, dass 706 auch eine Steuerung durch Anträge oder Anregungen der Parteien erfolgt.

1. Akteneinsicht

Für den Anwalt kann es in verschiedenen Stadien des Verfahrens sinnvoll oder sogar geboten sein, 707 Einsicht in die Gerichtsakte zu nehmen. Aus dieser ergeben sich häufig Umstände, die den Verfahrensbeteiligten nicht oder nicht so bekannt geworden sind.

Die Parteien haben (jedenfalls bis zur Rechtskraft des Urteils) ein **Recht auf Einsicht** in die Akten. Wird das Recht von einem Anwalt wahrgenommen, muss dieser seine Bevollmächtigung durch eine schriftliche Vollmacht jedenfalls dann nachweisen, wenn er sich noch nicht als Prozessbevollmächtigter bestellt hat (Zöller/Greger § 299 Rn. 2).

708 Wird die Akteneinsicht für einen – bislang am Prozess nicht beteiligten – Dritten begehrt, muss sich der Antrag an den Präsidenten des Gerichts richten und zusätzlich das rechtliche Interesse an der Einsichtnahme darlegen (§ 299 Abs. 2 ZPO; BGH NJW 2015, 1827).

Die Akteneinsicht erstreckt sich auf die gesamten Akten mit Ausnahme der Entwürfe und Vorarbeiten zu den Entscheidungen (§ 299 Abs. 4 ZPO) und der mit einem Prozesskostenhilfegesuch vorgelegten Angaben und Nachweise zu den Vermögensverhältnissen (BVerfG NJW 1991, 2078; BGH NJW 1984, 740). Die Einsicht in beigezogene Akten anderer Gerichte und Behörden wird nur dann gewährt, wenn dies von der aktenführenden Stelle nicht ausgeschlossen wurde und wenn die Akten sich (schon und noch) bei der Gerichtsakte befinden. Gegebenenfalls muss deswegen die Einsicht in Beiakten gesondert bei der jeweils aktenführenden Behörde beantragt werden.

Das Recht auf Akteneinsicht ermöglicht es grundsätzlich nur, auf der Geschäftsstelle des Gerichts Einblick in die Akten zu nehmen (BGH NJW 1961, 559). Die Herausgabe der Akten und deren Versendung ins Büro des Anwalts stehen im Ermessen des Prozessgerichts, wobei streitig ist, ob hier der Vorsitzende (BGH NJW 1973, 698) oder das Gericht insgesamt (E. Schneider MDR 1984, 108) entscheidet. Dieses Ermessen kann sich – auch durch ständige Übung – auf Null reduzieren und so zu einem Recht auf Aktenübersendung erstarken.

Die Akteneinsicht ist kostenfrei, für die Versendung der Akten fallen nach Nr. 9003 KV-GKG Auslagen in Höhe von 12 € an. Diese Auslagen decken nach h.M. nur die Kosten der Versendung an den Anwalt ab, nicht die Kosten der Rücksendung (Thüringisches OLG JurBüro 2007, 598; OLG Celle AGS 2007, 261; OLG Koblenz NJW 2006, 1072).

Wird die beantragte Akteneinsicht versagt, ist gegen die Entscheidung des Urkundsbeamten der Geschäftsstelle die Erinnerung (§ 573 ZPO), gegen die Entscheidung des Gerichts die sofortige Beschwerde (§ 567 Abs. 1 Nr. 2 ZPO) gegeben.

2. Weitere Verfahrensanträge

709 Zahlreiche weitere Verfahrensentscheidungen durch das Gericht bedürfen keines besonderen Antrags der Parteien, sind von Amts wegen möglich, können aber von den Parteien zumindest »angeregt« werden. Hierzu gehören die Anregung

- der Prozesstrennung (§ 145 ZPO),
- der vorläufigen Beschränkung der Verhandlung (§ 146 ZPO), insbesondere
  - auf die Zulässigkeit der Klage (§ 280 Abs. 1 ZPO) oder
  - auf einen Vorabstreit (§ 280 Abs. 1 ZPO),
- der Prozessverbindung (§ 147 ZPO),
- der Prozessaussetzung (§§ 148, 149, 152–154 ZPO),
- der Wiedereröffnung der mündlichen Verhandlung (§ 156 ZPO).

In allen Fällen empfiehlt es sich, einen entsprechenden »Antrag« zu begründen und dem Gericht Tatsachen mitzuteilen, anhand derer die Voraussetzungen oder die Sinnhaftigkeit einer entsprechenden Anordnung beurteilt werden kann.

710 Von Bedeutung vor allem für die Rechtzeitigkeit des Vorbringens sind darüber hinaus

- der Antrag auf Änderung (Verlegung oder Vertagung) eines Termins (§ 227 ZPO),
- der Antrag auf Änderung (Verkürzung oder Verlängerung) einer Frist (§ 224 ZPO),
- der Antrag auf Anordnung des Ruhens des Verfahrens (§ 251 ZPO).

Hierauf wird im Rahmen der Möglichkeiten zur Abwendung einer Präklusion eingegangen (unten Rdn. 1514).

E. Formerfordernisse

I. Form

Prozesshandlungen sind grundsätzlich formfrei. 711

Eine Ausnahme gilt nur bei gesetzlich angeordneten Formerfordernissen. Dabei unterscheidet die ZPO klassischerweise die Schriftform (§ 129 ZPO) und die (mündliche) Erklärung zu Protokoll der Geschäftsstelle (§ 129a ZPO).

Mündlich erfolgen Erklärungen durch gesprochene Worte, die vom Empfänger gehört werden. Hierbei handelt es sich um eine unmittelbare Kommunikation zwischen in Präsenz anwesenden Personen. Deswegen erfüllt die telefonische Übermittlung die mündliche Form nicht.

Schriftliche Erklärungen sind durch Schriftzeichen auf einem Träger fixiert und werden vom Adressaten gelesen. Ihr Vorteil liegt in der Eindeutigkeit und Dauerhaftigkeit des Erklärungsinhalts.

Im Anwaltsprozess werden diese besonderen Formerfordernisse nunmehr überlagert durch die Pflicht für Rechtsanwälte, vorbereitende Schriftsätze und deren Anlagen sowie schriftlich einzureichende Anträge und Erklärungen ausnahmslos als **elektronisches Dokument zu** übermitteln (§ 130d ZPO).

Elektronische Erklärungen bestehen aus digitalisierten Informationen. Sinnlich zur Kenntnis genommen werden können sie nur unter Zuhilfenahme von schaltungsgesteuerten Stromkreisen. Ihr Vorteil liegt in der raschen Übertragbarkeit, einfachen Speicherbarkeit und der Möglichkeit zur Weiterverarbeitung.

Die Nutzungspflicht gilt seit dem 01.01.2022. Sie ermöglicht die Führung einer elektronischen Gerichtsakte und ist ein wesentlicher Schritt hin zu dem für das Jahr 2026 projektierten papierlosen Zivilprozess. In der Übergangszeit bis dahin werden die elektronischen Dokumente durch die Gerichte ausgedruckt und in der klassischen Papierform bearbeitet.

1. Schriftform

An zahlreichen Stellen verlangt das Verfahrensrecht die Schriftform. Zum Ausdruck gebracht wird 712
dies bereits durch die verwendeten Begriffe wie »Schrift«-satz (§§ 129, 130 ZPO) oder Klage- bzw. Antrags-»schrift« (§ 253 ZPO). Zur Abgrenzung der »Schriftlichkeit« von der »Schriftform« Lützen, NJW 2012, 1627.

Grundsätzlich erfordert die Schriftform eine auf Papier verkörperte, lesbare Erklärung mit einer eigenhändigen Unterschrift des Ausstellers. Die Entwicklung moderner Kommunikationsmittel hat zu einer Einbeziehung zahlreicher weiterer Erklärungsformen in die Schriftform durch Rechtsprechung und Gesetzgeber geführt, so insbesondere das Telefax (dazu unten Rdn. 720 ff.) und die elektronische Form (dazu unten Rdn. 732 ff.). Wichtige Unterschiede bestehen dabei in den Anforderungen an die Authentisierung der Erklärung, dem Übermittlungsweg und dem (für die Fristwahrung wichtigen) Zeitpunkt ihres Wirksamwerdens.

Auch nach Inkrafttreten der Pflicht zur elektronischen Kommunikation mit den Gerichten hat die Schriftform ihre Bedeutung nicht völlig verloren. Diese Pflicht erstreckt sich auf nicht schriftlich einzureichende Auskünfte, Aussagen, Gutachten und Erklärungen Dritter, soweit sie nicht als Anlagen zu einem Schriftsatz eingereicht werden. Diese können (§ 130a Abs. 1 ZPO), müssen aber nicht (§ 130d ZPO) als elektronisches Dokument eingereicht werden. Die Einhaltung der Schriftform ist für den Anwalt auch dann ein Thema, wenn im Parteiprozess (§ 79 ZPO) auf der Gegenseite kein Kollege auftritt.

Besonderheiten gelten für Übersetzungen, deren Form sich nach § 142 Abs. 3 ZPO i.V.m. dem jeweiligen (Landes-)Dolmetschergesetz richtet. Hier ist meist die bürgerlich-rechtliche Schriftform erforderlich, die nach § 126a BGB durch eine qualifizierte elektronische Signatur gewahrt werden kann.

a) Papierform

Der historische Gesetzgeber verstand unter Schriftform ausschließlich die Verkörperung der Erklärung 713
in einer Urkunde, die neben dem in lesbaren Zeichen fixierten Text die eigenhändige Unterschrift

des Ausstellers zu enthalten hat. Übermittelt wird diese Form der Erklärung durch Übergabe des Originals an den Empfänger, ggf. unter Einschaltung eines Boten (Post). Zugegangen ist sie, sobald sie dergestalt in die Verfügungsgewalt des Empfängers gelangt ist, dass mit einer Kenntnisnahme im ordentlichen Geschäftsgang gerechnet werden kann.

Eingereicht ist die per Post versandte Klageschrift bei dem Gericht mit seinem Einwurf in den Briefkasten oder der persönlichen Übergabe an den Richter oder Urkundsbeamten, nicht bei der Übergabe an Reinigungs- oder Wachpersonal oder dem Ablegen an ungewöhnlicher Stelle im Gerichtsgebäude.

714 Das gesetzliche Schriftformerfordernis macht es erforderlich, dass der Schriftsatz von dem Aussteller eigenhändig durch **Namensunterschrift** unterzeichnet ist (§ 126 Abs. 1 BGB). Aussteller muss dabei beim Landgericht ein Rechtsanwalt sein (§ 78 ZPO).

Die Unterschrift unterscheidet den bloßen Entwurf von der rechtsverbindlichen Erklärung, mit ihr bringt der Unterzeichner äußerlich erkennbar zum Ausdruck, dass er den Inhalt des Schriftstücks geprüft hat, dieser von seinem Willen gedeckt ist und er die volle Verantwortung dafür übernimmt (BGH NJW 2003, 2028; BGH NJW-RR 2012, 1142). Sie hat eine Warnfunktion (Schutz vor unüberlegten Erklärungen), eine Beweisfunktion (Authentifizierbarkeit des Erklärenden) und eine Abschlussfunktion (Vollständigkeit der Erklärung).

Trotz der in der jüngeren Literatur geübten Kritik (entscheidend sei die Erreichung des Formzwecks, nicht die Einhaltung der Form alleine; Nw. bei Thomas/Putzo/Seiler § 129 Rn. 6) hält die h.M. am formalen Unterschriftserfordernis fest.

715 Unterschrift ist ein **Schriftzug mit individuellem Charakter**. Dabei hat die Rechtsprechung vernünftigerweise den früher erkennbaren übersteigerten Formalismus zugunsten einer flexibleren und praktikablen Betrachtungsweise aufgegeben.

BGH NJW 1997, 3380 (st. Rspr.): »Eine Unterschrift setzt einen individuellen Schriftzug voraus, der sich – ohne lesbar sein zu müssen – als Wiedergabe eines Namens darstellt und die Absicht einer vollen Unterschriftsleistung erkennen lässt. Ein Schriftzug, der als bewusste und gewollte Namenskürzung erscheint (Handzeichen, Paraphe), stellt demgegenüber keine formgültige Unterschrift dar.«

Es reicht aus, wenn das handschriftliche Gebilde von individuellem Gepräge ist und charakteristische Merkmale hat, welche die Identität dessen, von dem es stammt, ausreichend kennzeichnen. Es muss sich um ein erkennbar aus Buchstaben bestehendes Gebilde handeln, wobei Lesbarkeit genauso wenig verlangt wird wie Deutlichkeit. Wenn zumindest zwei Buchstaben als solche zu erkennen und durch einen Strich miteinander verbunden sind, sind diese als Ausdruck einer in Teilen verstümmelten Schrift, nicht aber eines Handzeichens, zu verstehen (BAG NJW 2001, 316).

Die Angabe des Vornamens ist nicht erforderlich, bei einem Doppelnamen reicht ein Namensbestandteil. Die Unterzeichnung allein mit dem Vornamen (OLG Karlsruhe NJW-RR 2000, 948) oder gar nur mit dem großgeschriebenen Anfangsbuchstaben des Namens (LAG Berlin NJW 2002, 989) genügt nicht.

Akademische oder sonstige Titel sind nicht erforderlich, auch wenn sie Namensbestandteil sind (so der Doktortitel). Unverzichtbar sollen dagegen die zum Namensbestandteil gewordenen früheren Adelstitel sein (Anders/Gehle/Anders § 129 Rn. 13, 46).

In keinem Fall reicht eine bloße Namensabkürzung (Handzeichen, Paraphe) aus.

Keine Unterschrift stellen bloße Striche, Kreise, Haken, »gekrümmte Linien«, »Schlangenlinien«, »Kritzel-Kratzel-Version« dar (BVerfG NJW 1998, 1853; BGH NJW 1999, 60; BGH NJW-RR 2017, 445; E. Schneider NJW 1998, 1842). Beanstandet wurde »ein handgeschriebenes Gebilde, das – einem leicht gegen den Uhrzeigersinn gedrehten griechischen »Alpha« in Minuskel-Form oder einem in lateinischer Schreibschrift gehaltenen Großbuchstaben »L« ohne obere Schleife ähnlich – aus einer aufliegenden Schleife mit zwei leicht gebogenen Ästen besteht, von denen der kürzere mit einer Neigung von ca. 45 Grad nach rechts oben steigt, während der etwas Längere eher waagrecht nach rechts ausläuft« (OLG Karlsruhe NJW-RR 2000, 948). Ausreichend ist es, wenn die Unterschrift sich einem auf dem Briefkopf befindlichen Namen zuordnen lässt (BGH NJW-RR 2010, 358).

Wird die Unterschrift eines Rechtsanwalts vom Gericht zurückgewiesen, die vorher jahrelang unbeanstandet geblieben ist, stellt dies einen Wiedereinsetzungsgrund dar (BVerfG NJW 1998, 1853; BGH

NJW 1999, 60). Die Schwere der drohenden Folgen bei Zurückweisung einer Unterschrift sollte einen Anwalt zu besonderer Sorgfalt, im Zweifel zum Verzicht auf Originalität und zur Verfertigung einer besonderen, den Anforderungen der Rechtsprechung genügenden »Prozessunterschrift« veranlassen.

Im Übrigen ist jedenfalls in Anbetracht der Variationsbreite, die selbst Unterschriften ein und derselben Person aufweisen, insoweit ein großzügiger Maßstab anzulegen, wenn die Autorenschaft gesichert ist (BVerfG NJW 1988, 2787; BGH NJW 1997, 3380). Unter Umständen kann daher ein Namensstempel oder die maschinenschriftliche Beifügung des Namens die Unwirksamkeit noch abwenden. Es muss sich aber in jedem Fall um einen Schriftzug handeln, der vom äußeren Erscheinungsbild erkennen lässt, dass der Unterzeichner seinen vollen Namen und nicht nur eine Abkürzung hat niederschreiben wollen (BGH NJW 1999, 60).

BGH NJW-RR 2012, 1140: »Ein aus unleserlichen Zeichen bestehender Schriftzug am Ende einer Berufungsschrift stellt jedenfalls dann eine Unterschrift i.S.d. § 130 Nr. 6 ZPO dar, wenn seine individuellen, charakteristischen Merkmale die Wiedergabe eines Namens erkennen lassen und aufgrund einer Gesamtwürdigung aller dem Berufungsgericht bei Ablauf der Berufungsfrist zur Verfügung stehenden Umstände die Identifizierung des Ausstellers ermöglichen.«

Die Unterschrift muss **eigenhändig** und **dokumententauglich** sein. 716

Deswegen reicht weder eine bloße Fotokopie noch der Abdruck eines Faksimilestempels aus. Die Benutzung eines Bleistifts genügt ebenfalls nicht, erforderlich ist ein dauerhaftes Medium wie Tinte oder Kugelschreiber (Anders/Gehle/Anders § 129 Rn. 17; a.A. Zöller/Greger § 130 Rn. 15).

Die Unterschrift muss sich grundsätzlich **auf dem Papieroriginal** befinden und – wegen der der Unterschrift zukommenden Abschlussfunktion – den Inhalt der Erklärung räumlich decken, d.h. hinter oder unter dem Text stehen (BGH NJW-RR 2004, 1364; Prütting/Gehrlein/Geisler § 253 Rn. 6). 717

Nach der Rechtsprechung aller Bundesgerichte (BGH, BVerwG, BSG, BAG) kann das Fehlen einer Unterschrift bei Vorliegen besonderer Umstände ausnahmsweise unschädlich sein, wenn sich aus anderen Anhaltspunkten eine der Unterschrift vergleichbare Gewähr für die Urheberschaft und den Willen ergibt, das Schreiben in den Rechtsverkehr zu bringen und es sich somit nicht nur um einen Entwurf handelt. Dabei sind nur spätestens bis zum Ablauf der Frist dem Gericht bekannt gewordene Umstände berücksichtigungsfähig (BGH NJW 2005, 2086 m.w.N.; Zöller/Greger § 130 Rn. 19).

Ist das Original der Klageschrift nicht unterzeichnet, wohl aber eine beigefügte Abschrift, so genügt dies jedenfalls dann, wenn das unterschriebene Exemplar bei den Akten verbleibt (BGH NJW-RR 2004, 1364). Ausreichend kann es auch sein, dass eine bloße Anlage zum Schriftsatz unterschrieben ist, wenn diese fest mit der Antragsschrift verbunden ist (BGH NJW 2010, 3661). Die lose Beifügung eines anderen unterschriebenen Schriftstücks reicht nicht aus, genauso wenig die ausdrückliche oder (etwa durch persönliche Abgabe bei Gericht) konkludente Erklärung des Anwalts, das Schriftstück solle als unterzeichnet gelten. Auf der Klageschrift selbst kann die fehlende Unterschrift nachgeholt werden (BGH NJW 1975, 1704).

Keine wirksam unterschriebene Klage liegt vor, wenn der Name des Rechtsanwalts maschinenschriftlich wiedergegeben ist. Ob etwas anderes mit dem Zusatz »Dieser Brief wurde maschinell erstellt, wird nicht eigenhändig unterschrieben« gilt, ist zumindest zweifelhaft (BGH NJW 1975, 1704: Offengelassen für das Computerfax; BVerfG NJW 2002, 3534: Einspruch gegen Strafbefehl – bei Computerfax ausreichend, zumal wenn darin Daten genannt werden, die in der Regel allein dem Betroffenen bekannt sind; ebenso LG Köln NJW 2005, 79: Einspruch gegen Versäumnisurteil durch Telefax; zum Computerfax unten Rdn. 720).

Die fehlende Unterschrift kann – auf dem Papieroriginal – **nachgeholt** werden. 718

Wirksam ist die Erklärung dann aber erst mit der Nachholung. Dies kann für die Einhaltung von Fristen von Bedeutung sein (Thomas/Putzo/Seiler § 129 Rn. 14).

Diesbezüglich sagt auch allein der Zeitpunkt der Übermittlung eines nicht unterzeichneten Schriftsatzes für sich genommen nichts aus (BGH NJW 2005, 2086: am letzten Tag des Fristablaufs).

Erfolgt die Unterzeichnung durch einen **Vertreter**, kann dieser mit seinem eigenen Namen unterzeichnen oder mit dem Namen des Vertretenen. 719

Die Unterschrift eines Mitarbeiters reicht grundsätzlich nur dann aus, wenn dieser seinerseits Anwalt ist. Eine solche Vertretung kommt insbesondere durch den allgemein bestellten Vertreter (§ 53 BRAO) oder durch den Kanzleiabwickler (§ 55 Abs. 2 Satz 3 BRAO) in Betracht. Die Angabe eines die Vertretung anzeigenden Zusatzes (»i.V.«, »für«, »nach Diktat verreist«) ist dabei nicht erforderlich, aber möglich (BGH NJW 2020, 618). Nicht zulässig ist die Floskel »im Auftrag« bzw. »i.A.«, da damit eine Verantwortung für den Inhalt nicht übernommen wird (BGH NJW 2003, 2028; BGH NJW 2013, 237; BGH MDR 2017, 52 und 784; BGH NJW 2018, 1689; anders KG BB 2002, 2151; Conrad MDR 2014, 877).

Wirksam ist die Erklärung des Vertreters, wenn die Vertretungsmacht im Zeitpunkt der Abgabe der Erklärung vorlag, auf den Zeitpunkt des Eingangs der Erklärung beim Gericht kann nicht abgestellt werden (BGH NJW 1990, 1305).

b) Telefax

720 Die Schriftform der Klage kann auch durch die Übermittlung eines Telegramms, eines Fernschreibens oder einer Telekopie (Telefax) gewahrt werden.

721 Ein Telefax ist eine einfache, billige, schnelle, bequeme und auch sichere Form der Übermittlung und ist deswegen aus der Büropraxis nicht mehr wegzudenken. Voraussetzung für die Wahrung der prozessualen Schriftform ist, dass es die Unterschrift der verantwortenden Person in der beim Empfänger eingehenden Kopie wiedergibt. Voraussetzung für die Fristwahrung sind zusätzliche besondere Sorgfaltsanforderungen beim Versand (Touissant NJW 2015, 3207).

Erforderlich ist dabei die Wiedergabe der Unterschrift in ihrer grafischen Erscheinungsform. Nicht ausreichend ist die Wiedergabe des Namens in Druckbuchstaben bzw. in der gleichen Computerschrift wie der gesamte Schriftsatz (OLG Braunschweig NJW 2004, 2024; OLG Braunschweig NJW 2005, 2112). Dabei muss die Unterschrift nicht notwendig eigenhändig auf das Original gesetzt werden. Es genügt, wenn sie einem am Computer erzeugten und ohne Erzeugung eines körperlichen Originals aus dem Computer heraus unmittelbar versandten Telefax (sog. Computerfax) als Bilddatei beigefügt wird (BVerfG NJW 2007, 3117; BGH NJW 2006, 3784). Die in der grundlegenden Entscheidung aus dem Jahr 2000 angedeutete Möglichkeit eines Hinweises darauf, dass eine Unterzeichnung wegen der gewählten Übertragungsform nicht möglich ist (BGH NJW 2000, 2340; »Dieser Schriftsatz wurde maschinell erstellt und trägt deshalb keine Unterschrift«), ist durch die Neufassung des § 130 Nr. 6 ZPO überholt (BGH NJW 2005, 2086; Zöller/Greger § 130 Rn. 18).

Zur auf die Sendevorlage aufgeklebten Blankounterschrift BGH NJW 2015, 3246.

Keinesfalls darf ein Doppel ohne Unterschrift als Faxvorlage verwendet werden.

Nicht ausreichend ist ein Telefax nach h.M. indes zum Nachweis der Prozessvollmacht nach § 80 ZPO (Thomas/Putzo/Hüßtege § 80 Rn. 8; Zöller/Althammer § 80 Rn. 8). Erforderlich ist hier die Vorlage der Papierurkunde im Original. Es ist deswegen ratsam, sich die Vollmacht bereits bei Annahme des Mandats unterschreiben zu lassen und zu den Terminen mitzunehmen (§§ 88, 89 ZPO).

722 Überwiegend verneint wird die Schriftformwahrung für andere Sonderformen des Telefax, etwa das Funkfax, den E-Mail-to-Fax-Dienst oder den E-Post-Brief (dazu Zöller/Greger § 130 Rn. 18b).

▶ Praxistipp:

Der Anwalt muss sicherstellen, dass das versandte Fax eine grafisch gestaltete Unterschrift aufweist, daher entweder seine Unterschrift einscannen oder notfalls zumindest in einer schreibschriftähnlichen Computerschrift beifügen (nach BVerfG NJW 2007, 3117; BGH NJW 2006, 3784 ist dies ausreichend).

723 Keine Rolle spielt, von welchem Anschluss die Versendung des Fax erfolgt, die Nutzung des Anschlusses eines zugelassenen Rechtsanwalts ist nicht erforderlich, die Zwischenschaltung eines privaten Übermittlers unschädlich (BGH NJW 1998, 762).

724 Eine Frist ist per Telefax nur gewahrt, wenn die gesendeten Signale noch vor Ablauf der Frist vom Telefaxgerät des Gerichts vollständig **empfangen** (gespeichert) worden sind (BGH NJW 2006, 2263 und 3500).

Damit verlangt die Rechtsprechung nicht mehr, dass das Fax vor Ablauf der Frist beim Empfänger vollständig ausgedruckt wurde (BGH NJW 2006, 2263; BGH NJW 2013, 2514). Seine auf dem Wortlaut des § 130 Nr. 6 ZPO beruhende frühere Rechtsprechung (BGH NJW 1994, 2097) hat der BGH ausdrücklich aufgegeben.

Hierbei muss der Anwalt bzw. dessen Personal besondere Sorgfalt walten lassen. Denn fehlt die eingescannte Unterschrift, so kann bei einer versäumten Frist Wiedereinsetzung grundsätzlich nur gewährt werden, wenn glaubhaft gemacht wird, dass ein Bedienungsfehler des Anwalts als Ursache ausscheidet. Unerheblich ist dabei, dass Bedienungsfehler am Computer unbemerkt bleiben können (BGH NJW 2005, 2086).

Die Sorgfaltsanforderungen an den Rechtsanwalt sind bei Nutzung eines Telefax sehr hoch, die Möglichkeiten eher gering, Wiedereinsetzung in den vorigen Stand gegen die Versäumung einer Frist bei verspätetem Eingang eines Telefax zu bekommen. Der Rechtsanwalt muss sicherstellen 725

- dass er ein funktionsfähiges Faxgerät benutzt.

  Dabei hat der Anwalt nur die Risiken seines Sendegeräts zu tragen. Störungen des Empfangsgeräts sind für ihn unverschuldet (BGH NJW 2014, 2047; BGH NJW 2015, 1027; Pape/Notthoff NJW 1996, 417).

- dass dieses sachgerecht bedient wird.

  Die technische Ausführung des Versands kann dem Kanzleipersonal überlassen werden, wenn dieses entsprechend geschult und erfahren ist (BGH NJW 2014, 225). Einer nachträglichen Kontrolle im Einzelfall bedarf es dann nicht.

- dass er eine zutreffende Empfängernummer korrekt eingibt.

  Diese muss aus einer zuverlässigen »Primärquelle« bezogen werden, d.h. aus einem geeigneten Verzeichnis oder der aktuellen Absenderangabe des Empfängers, nicht aus eigenen Listen (BGH NJW 2014, 1390; BGH NJOZ 2015, 1733). Dabei steht es der Wirksamkeit des Zugangs nicht entgegen, dass eine nicht für Fristsachen eingerichtete Zugangsmöglichkeit beim Gericht genutzt wird (Nebenstelle, unzuständige Geschäftsstelle, Verwaltungsabteilung; BGH NJW-RR 2018, 957).

- dass er mit der Übertragung rechtzeitig beginnt und sichergestellt ist, dass diese vor Ablauf der Frist (24.00 Uhr) beendet werden kann (kein »Mitternachtsfaxen«; BGH NJW-RR 2015, 1196).

  Zur Fristwahrung muss die Versendung vor Ablauf der Frist abgeschlossen, das heißt als Signal beim Empfangsgerät vollständig eingegangen, allerdings nicht auch schon ausgedruckt sein (BGH NJW 2006, 2263). Hat die Übertragung zu einem Zeitpunkt begonnen, zu dem noch mit einem Abschluss der Übermittlung vor Ablauf der Frist gerechnet werden kann (wobei wegen der möglichen Belegung des Gerichtsanschlusses eine Zeitreserve von nur wenigen Minuten regelmäßig nicht ausreicht: BVerfG NJW 2000, 574), kommt eine Wiedereinsetzung in Betracht. Dies gilt auch, wenn die Übertragung wegen eines Defekts des Empfangsgeräts scheitert. Im Zweifel muss eine Zeitreserve zur Wiederholung der Übertragung einkalkuliert werden.

- dass die Erledigung des ordnungsgemäßen Faxversands kontrolliert wird.

Dazu gehört zunächst die Prüfung des Sendeprotokolls auf die zutreffende Empfängernummer sowie die vollständige und störungsfreie Übertragung. Dazu gehört auch, dass vor Ablauf des Tages der Fristenkalender nochmals darauf überprüft wird, ob alle anstehenden Fristen gewahrt wurden. Gelöscht werden dürfen Fristen nur durch die dafür ausdrücklich bestimmte und geeignete Bürokraft oder durch den Anwalt selbst und erst, wenn sichergestellt ist, dass das Fax tatsächlich zuverlässig versandt wurde.

Ist ein Schriftsatz per Telefax übermittelt worden, bedarf es einer Bestätigung auf konventionellem Postweg durch **Nachreichung der Sendevorlage** bei Gericht nicht. Bereits das Telefax selbst stellt ein ausreichendes Original dar. 726

(BGH NJW 1993, 3141; Zöller/Greger §§ 130 Rn. 10 f., 270 Rn. 6d; kritisch § 518 Rn. 18a ff.).

In Einzelfällen kann die Nachsendung des Originals Bedeutung für eine etwaige erforderliche Wiedereinsetzung haben (unten Rdn. 823). So kann bei Empfangsstörungen seitens des Gerichts und bloßem Signalzugang dadurch der Gesamtinhalt des Schriftsatzes nachgewiesen (BGH NJW 2001, 1581) oder glaubhaft gemacht werden, dass der Anwalt das Original zwar durchaus unterschrieben hat, aber (entgegen seiner Anweisung) ein nicht unterschriebenes Doppel per Fax abgesandt worden ist (BVerfG NJW 2004, 2583).

Im Übrigen kann es sich bei mehreren Seiten empfehlen, in der Fußzeile jeder Seite die Parteien bzw. das Aktenzeichen anzugeben. Dadurch kann der Gefahr vorgebeugt werden, dass einzelne Seiten beim Gericht nicht zugeordnet werden können (BGH NJW 2004, 2228).

Die Nachreichung der Sendevorlage kann sogar Nachteile mit sich bringen. So sieht die Rechtsprechung im Eingang von Telefax und nachfolgender Sendevorlage zwei selbstständige Einlegungen eines (dann allerdings einheitlich zu behandelnden) Rechtsmittels (BGH NJW 1993, 3141; Toussant NJW 2015, 3207).

c) Sonstige Formen

727 Keine praktisch bedeutsame Rolle mehr spielen heute die anderen Formen der telegrafischen Übermittlung. Ein **Telegramm** reichte auch dann aus, wenn es fernmündlich aufgegeben wurde (und damit eine Unterschrift nie geleistet wurde), selbst wenn zu diesem Zeitpunkt eine Übersendung mit normaler Post noch möglich gewesen wäre (BAG NJW 1971, 2190). Zumindest derzeit unbedeutsam ist auch der E-Post-Brief der Deutschen Post, der das Schriftformerfordernis ebenfalls erfüllen soll (OLG Hamm, Beschl. vom 04.04.2016, 14 UF 204/15).

728 Abgesehen von diesen Ausnahmen halten der Gemeinsame Senat sowie der BGH jedoch im Grundsatz am Erfordernis der eigenhändigen Unterschrift fest. **Mündlich** kann eine Klage nur ausnahmsweise, **telefonisch** nie erhoben werden.

(BGH NJW-RR 2005, 435; NJW 2005, 2086; aber BVerfG NJW 2002, 3534, wonach diese Entscheidung weitere Ausnahmen nicht ausschließt; kritisch Zöller/Greger § 130 Rn. 21, 22).

Die mündliche Klageerhebung ist nur beim Amtsgericht und beim Landgericht dort möglich, wo ein Prozessrechtsverhältnis zwischen den Beteiligten bereits besteht, so etwa die Widerklage oder die Klageänderung (§§ 496, 261 Abs. 2, 297 ZPO).

Die telefonische Übermittlung reicht auch dann nicht, wenn beim Gericht hierüber ein schriftlicher Vermerk aufgenommen wird (BGH NJW-RR 2009, 852).

729 Wird ein elektronisches Dokument weder qualifiziert elektronisch signiert noch auf einem sicheren Übermittlungsweg eingereicht (einfache E-Mail), ist die nach § 130a ZPO erforderliche prozessuale Form nicht gewahrt. Ein solches Dokument ist deshalb, sofern die Verfahrensordnung Schriftform voraussetzt, nicht wirksam eingereicht (vgl. BGH NJW 2010, 2134; BGH NJW 2019, 2096).

BGH NJW-RR 2015, 624: »Wird eine Textdatei elektronisch auf ein Faxgerät versendet, so handelt es sich um ein sog. Computerfax. Dieses wird von der Zivilprozessordnung als schriftliches Dokument in der Form einer Telekopie eingeordnet.« (dazu oben Rdn. 721).

BGH NJW 2019, 2096: »… (war) die als PDF-Datei übermittelte Beschwerdebegründung noch nicht mit der Speicherung im elektronischen Postfach des Oberlandesgerichts am 1. Oktober 2018 in schriftlicher Form bei Gericht eingereicht, sondern erst als die Beschwerdebegründung in ausgedruckter Form dem Gericht vorlag. Dass der Verfahrensbeteiligte, der das elektronische Dokument eingereicht hat, keinen Einfluss darauf hat, wann der Ausdruck erfolgt, erfordert keine andere Beurteilung. Denn er hat sich einer Übermittlungsform bedient, die weder die Voraussetzungen für vorbereitende Schriftsätze nach § 130 ZPO noch die eines elektronischen Dokuments nach § 130a ZPO erfüllt.«

Typische Fehler bei der elektronischen Einreichung in der Praxis und Möglichkeiten zu deren nachträglicher Behebung zeigen Ulrich/Schmieder NJW 2019, 113 und Radke jM 2019, 272.

730 Mit Inkrafttreten der Nutzungspflicht elektronischer Dokumente (§ 130d ZPO) ist eine **Kombination** zwischen Papier- und elektronischer Form nicht mehr möglich.

In NJW 2015, 1527 (m. Anm. Köbler AnwBl 2015, 845) hatte der BGH es ausreichen lassen, wenn ein Schriftsatz mit bildlicher Unterschriftswiedergabe als elektronischer Anhang zu einer E-Mail bei Gericht eingereicht, dort ausgedruckt und in Papierform zur Akte genommen wird. Fristwahrend wirkte hier nicht bereits der Eingang (Speicherung: § 130 Abs. 3 ZPO) der elektronischen Datei bei Gericht, sondern erst dessen Ausdruck. Da die Einreichung allein in Papierform nicht mehr ausreicht, kommt es auf den Ausdruck nicht mehr an.

2. Erklärungen zu Protokoll

Vereinzelt können Anträge und Erklärungen dem Gericht gegenüber auch mündlich abgegeben werden. 731

Wichtigster Anwendungsbereich ist der Parteiprozess (§ 79 ZPO), in dem die obligatorische Vorbereitung der Verhandlung durch Schriftsätze (§ 129 Abs. 1 ZPO) nicht gilt. Wo das Gesetz die Abgabe einer Erklärung zu Protokoll zulässt, kann diese auch im Anwaltsprozess von der Partei selbst wirksam abgegeben werden (§ 78 Abs. 3 ZPO). Ergeht hier keine richterliche Anordnung schriftsätzlicher Vorbereitung (§ 129 Abs. 2 ZPO) und existieren auch keine speziellen Formvorschriften, sind mündliche Erklärungen möglich.

Die Erhebung einer Klage kann in dieser Form nicht erfolgen.

Abgegeben wird die Erklärung in körperlicher Anwesenheit vor der Geschäftsstelle. Die bloß telefonische Übermittlung genügt nicht. Zuständig ist dabei jedes Amtsgericht, unabhängig von der Zuständigkeit für den Prozess oder dem Wohnsitz des Erklärenden.

Das Gericht nimmt hierüber (gebührenfrei: § 1 Abs. 1 S. 1 GKG) ein Protokoll auf, das die Beweiskraft einer öffentlichen Urkunde hat (§§ 415, 418 ZPO). Dieses Protokoll wird unverzüglich an das Gericht weitergeleitet, an das sich die Erklärung richtet. Wirksam wird die Erklärung erst mit dem Eingang dort (§ 129a Abs. 2 ZPO).

Eine nicht rechtzeitig beim Prozessgericht eingehende Erklärung wahrt eine Frist nicht, auch wenn die Verzögerung vom aufnehmenden Gericht zu vertreten ist. Möglich bleibt dann nur eine Wiedereinsetzung (soweit der Anwendungsbereich des § 233 ZPO betroffen ist) oder eine Amtshaftung (BVerfG NJW 2005, 2138).

3. Elektronische Form

Der klassische Zivilprozess war papierbasiert. Schriftsätze, Anträge, Erklärungen, Urkunden und Gutachten wurden schriftlich im Original eingereicht, bei Gericht in Form einer Akte zusammengefasst und bearbeitet. Der Prozess unterschied sich damit zunehmend von der im gewerblichen und im privaten Bereich üblichen, papierlosen, elektronischen Bearbeitung von Vorgängen. Nicht nur zur Anpassung an diese Praxis, sondern auch zur Beschleunigung und Effektivierung des Prozesses strebt der Gesetzgeber unter dem Oberbegriff E-Justice eine Anpassung der Justiz an diese zeitgemäßen Arbeitsformen an. Dazu gehört nicht nur die Umstellung justizinterner Bearbeitungsmechanismen (elektronische Aktenführung), sondern auch die Schaffung digitaler Kommunikationsmöglichkeiten im Außenverhältnis zwischen den Gerichten und den Parteien, der sog. Elektronische Rechtsverkehr (ERV). Dieser Prozess läuft seit vielen Jahren und die dabei eingetretenen zahlreichen Änderungen (Siegmund NJW 2021, 3617; Schultzky MDR 2022, 201; Schmieder NJW 2019, 113) lassen es in vielen Bereichen nicht zu, auf frühere Veröffentlichungen oder Entscheidungen zurückzugreifen. 732

a) Nutzungspflicht

Kern des elektronischen Rechtsverkehrs ist die Nutzung elektronischer Dokumente. Nachdem diese zunächst als Option neben die klassische Schriftform getreten war, ist sie zumindest für Rechtsanwälte inzwischen weitgehend obligatorisch geworden. 733

- Eine passive Nutzungspflicht besteht seit dem Jahr 2018 gemäß § 175 ZPO. Seither müssen Rechtsanwälte einen Zugangsweg für elektronische Dokumente eröffnen und bereithalten.
- Mit Beginn des Jahres 2022 ist an die Stelle einiger Einzelregelungen eine allgemeine aktive Nutzungspflicht getreten. Nach § 130d ZPO müssen Rechtsanwälte Schriftsätze, Anträge und Erklärungen beim Gericht als elektronisches Dokument einreichen.

Die Pflicht zur Einreichung elektronischer Dokumente erstreckt sich auf alle Verfahrensarten, auch das Vollstreckungsverfahren und die Verfahren nach dem FamFG (§ 14b FamFG). Als elektronisches Dokument eingereicht werden müssen:

734 (1) Vorbereitende Schriftsätze

Schriftsätze sind alle schriftlichen Erklärungen einer verfahrensbeteiligten Partei an das Gericht. Nach h.M. ist der Wortlaut der §§ 130a, 130d ZPO, der auf »vorbereitende Schriftsätze« (die ein Vorbringen nur ankündigen) abstellt, zu eng. Erfasst werden auch »bestimmende Schriftsätze« (durch die eine Prozesshandlung bereits vollzogen wird).

Begründet wird dies mit den speziellen Regelungen der verfahrenseinleitenden Schriftsätze, die auf die Regelungen für vorbereitende Schriftsätze verweisen (§ 253 Abs. 4 ZPO, § 519 Abs. 4 ZPO, § 520 Abs. 5 ZPO, § 549 Abs. 2 ZPO und § 551 Abs. 4 ZPO) oder einer Analogie. In elektronischer Form eingereicht werden müssen deswegen grundsätzliche alle Schriftsätze.

735 (2) Anlagen

Auch wenn § 130d ZPO die elektronische Form für Anlagen zu Schriftsätzen ausdrücklich vorschreibt, können die Formvoraussetzungen hier nach dem Sinn und Zweck der Norm nur teilweise Anwendung finden. Nicht alle Anlagen lassen sich in das erforderliche PDF-Format umwandeln, sei es, weil dies technisch unmöglich oder nur mit Einschränkungen möglich ist, sei es, weil damit erforderliche Eigenschaften des Originals verloren gehen (Excel-Tabellen, Röntgenbilder).

Besondere Probleme ergeben sich, wenn der Rechtsanwalt Erklärungen der Partei als Anlagen einreichen muss. Werden diese Dokumente eingescannt und in elektronischer Form vorgelegt, liegt die eigenhändige Unterschrift nur in Kopie vor. Hier wird abzuwarten bleiben, ob die Rechtsprechung dies akzeptiert oder ob der Gesetzgeber eine ergänzende Regelung trifft.

Nicht in elektronischer Form, sondern im (Papier-)Original zu übermitteln sind Urkunden, die vom Gericht informatorisch oder zu Beweiszwecken angefordert oder aufgrund spezieller Normen vorzulegen sind (z.B. § 2356 BGB).

▶ **Praxistipp:**

Zumindest in einer Übergangszeit sollte das Original in Papierform zur mündlichen Verhandlung mitgebracht und erforderlichenfalls als Urkundenbeweis vorgelegt werden. Dies gilt insbesondere für die Prozessvollmacht.

Die Erklärung über die persönlichen und wirtschaftlichen Verhältnisse der Partei im Rahmen des Prozesskostenhilfeantrags darf dem Gegner nur mit Zustimmung der Partei zugänglich gemacht werden (§ 117 Abs. 2 S. 2 ZPO). Sie muss deswegen stets als separates Dokument eingereicht werden (Biallaß NJW 2020, 2941).

736 (3) Schriftlich einzureichende Anträge und Erklärungen.

Damit werden generell alle Schriftstücke erfasst, die nicht Schriftsatz oder Anlage sind (Leuring NJW 2019, 2739). Dazu gehört z.B. der Vollstreckungsauftrag an den Gerichtsvollzieher (§ 753 ZPO), wobei die vollstreckbare Ausfertigung des Titels in Papierform übergeben werden muss (Ausnahmen: §§ 754a, 829a ZPO).

737 Wird gegen die Nutzungspflicht verstoßen, ist der eingereichte Schriftsatz formunwirksam.

Weder besteht hier eine Hinweispflicht des Gerichts noch die Möglichkeit einer Nachreichung (§ 130a Abs. 6 ZPO).

Eine Ausnahme besteht nur, wenn die Übermittlung als elektronisches Dokument aus technischen Gründen (Störungen des beA, mangelnde Empfangsbereitschaft des Gerichts; nicht bloßer Bedienungsfehler) nicht erfolgt.

b) Formanforderungen

738 Die formellen Anforderungen an ein elektronisches Dokument ergeben sich aus § 130a ZPO.

(1) Als elektronisches Dokument bezeichnet man eine in digitaler Form gespeicherte Sammlung von Daten, die sich zur Bearbeitung eignet.

Rechtsgrundlage für den elektronischen Rechtsverkehr ist § 130a ZPO:
- Abs. 1 bestimmt den Anwendungsbereich des elektronischen Rechtsverkehrs (dazu oben Rdn. 733).

- Abs. 2 verlangt die Bearbeitbarkeit der elektronischen Dokumente durch die Gerichte und verweist wegen der technischen Details auf die Verordnung über die technischen Rahmenbedingungen des elektronischen Rechtsverkehrs und über das besondere elektronische Behördenpostfach (ERRV); dazu unten Rdn. 740.
- Abs. 3 verlangt zusätzlich die Authentisierung des Dokuments
  - entweder durch eine qualifizierte elektronische Signatur der verantwortenden Person (dazu unten Rdn. 742)
  - oder eine einfache Signatur der verantwortenden Person und die Einreichung auf einem sicheren Übermittlungsweg (dazu unten Rdn. 743).
- Abs. 4 definiert die möglichen sicheren Übermittlungswege (unten Rdn. 743).
- Abs. 5 bestimmt den Eingangszeitpunkt elektronischer Dokumente und schreibt eine Eingangsbestätigung vor (unten Rdn. 744).
- Abs. 6 postuliert eine besondere Hinweispflicht des Gerichts auf Beschaffenheitsmängel des Dokuments und schafft eine Eingangsfiktion.

Die Einhaltung der gesetzlichen Formvoraussetzungen ist von Amts wegen zu prüfen und steht nicht zur Disposition der Parteien (§ 295 Abs. 2 ZPO). Da der Zugang zu den Gerichten aus verfassungsrechtlichen Gründen aber durch Anforderungen des formellen Rechts nicht unverhältnismäßig erschwert werden darf, tritt eine Formunwirksamkeit nur unter Berücksichtigung des Grundsatzes der Verhältnismäßigkeit ein. Ein Formmangel führt zur Hinweispflicht des Gerichts (§ 130a Abs. 6 S. 1 ZPO; Carsten/Schmieder NJW 2019, 113), zur Möglichkeit der Behebung und zur Unwirksamkeit nur, wenn eine Bearbeitung auch danach im konkreten Fall unmöglich bleibt.

Wesentliche Informationen im Zusammenhang mit der Übertragung von elektronischen Dokumenten finden sich in Begleitdateien, insbesondere dem Prüfvermerk, dem Prüf- oder Übermittlungsprotokoll und dem Transfervermerk. 739

Der Prüfvermerk ist eine automatisch erstellte Datei, die Informationen zu Absender und Empfänger, Dateiformat, Signatur und Übermittlungsweg enthält. Der Transfervermerk dokumentiert einen Medienbruch, d.h. die Verschriftlichung der elektronischen Datei (§ 298 II, III ZPO).

(2) Zur Bearbeitung durch die Gerichte geeignet sind elektronische Dokumente nur, wenn sie dort im konkreten Einzelfall ohne wesentlichen Zusatzaufwand geöffnet, gelesen, in die Gerichtsakte gespeichert bzw. ausgedruckt, unverändert an die übrigen Verfahrensbeteiligten weitergeleitet und bearbeitet werden können. 740

Nicht geeignet sind demnach nicht öffenbare, passwortgeschützte oder virenbefallene Dateien, auch wenn sie im PDF-Format übermittelt werden.

Zwingend erforderlich ist die Verwendung des PDF-Formats. Ist eine bildliche Darstellung in PDF nicht verlustfrei möglich, kommt auch das TIFF-Format in Betracht (§ 2 Abs. 1 ERVV, zur technischen Beschreibung vgl. Socha FamRZ 2020, 1252). Eine Verwendung anderer Dateiformate – z.B. Word – erfüllt die Voraussetzungen selbst dann nicht, wenn das Gericht diese öffnen und lesen kann (BAG NJW 2023, 623).

▶ Praxistipp:

Zu empfehlen sind dabei Dateien im Format PDF/A. Dieses ist 2005 als Standardformat für die Langzeitarchivierung von elektronischen Dokumenten in der ISO-Norm 19005 definiert worden und bietet in Anbetracht der gerichtlichen Ausstattung die sicherste Möglichkeit, Informationen zu übertragen und zu konservieren.

Alle früheren Dateiformatvorgaben (druckbar, kopierbar, durchsuchbar, Vorgaben der ERVB) sind nicht mehr obligatorisch (§ 2 Abs. 2 ERVV: bloße »Soll-Vorschriften«).

(3) Wichtigste Funktion der prozessualen Form ist die Authentifizierung, d.h. der Identitätsnachweis des Verfassers einer Erklärung. Diese kann heute in zwei verschiedenen Alternativen erfolgen (§ 130a Abs. 3 Satz 1 ZPO): Die verantwortende Person kann das Dokument entweder mit einer 741

qualifizierten elektronischen Signatur versehen oder sie verwendet eine nur einfache Signatur, übermittelt das Dokument dann aber auf einem sicheren Weg.

742 Die qualifizierte elektronische Signatur entspricht der eigenhändigen Unterschrift bei der Schriftform (§ 130 Nr. 6 Hs. 1 ZPO). Allerdings existiert sie nicht körperlich, sondern stellt eine Zusatzinformation der Metadaten dar, wird also ähnlich dem Dateinamen oder dem Speicherdatum als verborgene Zusatzinformation mit der Datei verbunden.

Praktisch erfolgt eine Signierung hier durch Nutzung spezieller Hard- und Software, indem eine Magnetkarte in das Kartenlesegerät des Computers eingeführt und eine PIN eingegeben wird (OLG Braunschweig NJW 2021, 1604). Die technischen Anforderungen hierfür ergeben sich nicht mehr aus dem Signaturgesetz, sondern aus der eIDAS-Verordnung über elektronische Identifizierung und Vertrauensdienste. Für die Signatur stehen verschiedene technische Modelle zur Verfügung. Sie kann Teil der Dokumentdatei werden (Inline-Signatur) oder eigenständige Datei bleiben (Detached-Signatur). Unzulässig ist die Enveloping-Signatur, bei der die Signaturdatei das Dokument einbettet (Schmieder NJW 2019, 113). Unzulässig ist auch die Containersignatur, bei der mehrere elektronische Dokumente mit einer gemeinsamen qualifizierten elektronischen Signatur versehen werden. Nicht verwechselt werden darf dies mit der zulässigen Zusammenfassung mehrerer Erklärungen (z.B. einen Schriftsatz und Anlagen) zu einem einzigen Dokument, das dann qualifiziert elektronisch signiert wird.

▶ **Praxistipp:**

Auch wenn die Zusammenfassung von Schriftsatz und (mehreren) Anlagen in einem qualifiziert signierten Dokument zulässig ist, sollte sie unterbleiben, weil eine spätere Trennung in der Justizfachsoftware der Gerichte nicht möglich ist und die Bearbeitung des Dokuments stört.

Die Art der qualifiziert elektronischen Signatur lässt sich dem Transfervermerk oder dem Prüfvermerk entnehmen. Bei Verwendung einer unzulässigen Signatur muss das Gericht hierauf hinweisen und – ggf. nach Wiedereinsetzung – Gelegenheit zur Wiederholung der Übermittlung geben.

Ein qualifiziert elektronisch signiertes Dokument kann durch jede beliebige Person – also auch durch Angestellte oder Vertreter – übermittelt werden.

Die Übermittlung kann auf einem der sicheren Übermittlungswege (§ 130a Abs. 4 ZPO) oder über das Elektronische Gerichts- und Verwaltungspostfach (EGVP) erfolgen.

743 Die Authentifizierung ist auch durch Nutzung eines sicheren Übermittlungswegs möglich.

Die Nutzung eines sicheren Übermittlungswegs ist zur Authentifizierung geeignet, weil das dazu erforderliche elektronische Postfach nur gegen Nachweis der Identität eingerichtet werden kann und der Postfachinhaber verpflichtet ist, den Zugang zu dem Postfach so zu schützen, dass nur er selbst einen Versand aus dem sicheren Übermittlungsweg vornehmen kann. Letzteres wird durch den »Vertrauenswürdigen Herkunftsnachweis« (VHN) bestätigt, eine aus dem Prüfvermerk, dem Transfervermerk oder dem Prüfprotokoll ersichtliche elektronische Signatur. Sie fehlt z.B., wenn ein elektronisches Dokument zwar über das beA eines Rechtsanwalts verschickt wird, dabei aber nicht der Rechtsanwalt selbst, sondern Angestellte tätig waren.

»Sicher« ist der Übermittlungsweg also nicht in technischer Hinsicht, sondern im Hinblick auf die Identität des Absenders.

Sichere Übermittlungswege sind nur diejenigen des § 130a Abs. 4 ZPO. Wichtigster Fall ist die Nutzung des besonderen elektronischen Anwaltspostfach – beA (§ 31a BRAO), das jeder Anwalt persönlich mit seiner Zulassung von der BRAK erhält. Dies gilt auch für Syndikusanwälte und Rechtsanwaltsgesellschaften. Entsprechende Postfächer gibt es für Notare, Steuerberater und Behörden, öffentlich bestellte oder beeidigte Personen, Dolmetscher und Sachverständige. Gerichtsvollzieher, Berufsbetreuer sowie Verbände können das elektronische Bürger- und Organisationenpostfach (eBO) nutzen. Hinzu kommt die absenderauthentifizierte De-Mail. Mit Nutzerkonten nach dem Onlinezugangsgesetz werden die Justizportale mit denen der Verwaltung nach dem Onlinezugangsgesetz verbunden. Mit der Einrichtung weiterer sicherer Übermittlungswege ist zu rechnen.

Welcher Übermittlungsweg gewählt wurde, ergibt sich nicht aus dem Dokument selbst, sondern nur aus dem Transfervermerk, dem Prüfvermerk oder dem Prüfprotokoll.

Bei Nutzung eines sicheren Übermittlungswegs ist keine qualifiziert elektronische Signatur erforderlich, es genügt eine einfache Signatur. Diese besteht aus der schlichten Angabe der verantwortenden Person, z.B. durch den maschinenschriftlichen Namenszug unter dem Schriftsatz (bspw. »gez. Müller«) oder eine eingescannte Unterschrift. Vorname und/oder Berufsbezeichnung sind entbehrlich, ohne Namensangabe (nur »Rechtsanwalt«) aber unzureichend.

Verantwortende und einreichende Person müssen identisch sein (Leuering NJW 2019, 2739).

Soll das Dokument für den »nach Diktat verreisten« Rechtsanwalt mittels beA durch einen anderen (bevollmächtigten!) Rechtsanwalt übermittelt werden, muss das Dokument (auch) mit der einfachen Signatur des versendenden Kollegen versehen werden.

▶ Praxistipp:

Tritt nicht der Sachbearbeiter, sondern ein Vertreter als verantwortende Person und beA-Versender auf, sollte das Gericht darauf hingewiesen werden, dass die zukünftige Korrespondenz mit dem Sachbearbeiter zu führen ist.

c) Eingang und Ausgang

Nach § 130a Abs. 5 Satz 1 ZPO ist ein elektronisches Dokument bei Gericht eingegangen, sobald es 744
auf der für den Empfang bestimmten Einrichtung des Gerichts (Intermediär) gespeichert ist (BGH GRUR 2020, 980; BGH NJW-RR 2020, 1519; Schwenker MDR 2022, 671).

Dieses Datum ist aus dem Transfervermerk, dem Prüfvermerk und dem Prüfprotokoll ersichtlich. Der vom Gericht aufgebrachte Eingangsstempel soll diesem Zeitpunkt entsprechen. Tut er dies nicht (was zumindest in einer Übergangsfrist nicht selten zu erwarten ist), kann er widerlegt werden.

▶ Praxistipp:

Soweit die Einhaltung einer Frist durch den Gegner geprüft werden muss, sollte sich der Rechtsanwalt nicht auf Mitteilungen des Gerichts verlassen, sondern Einsicht in die Übermittlungsdokumente des Gerichts nehmen.

Ob und wann es heruntergeladen wird, zur Akte gelangt, dem zuständigen Richter vorgelegt oder ausgedruckt wird, ist unerheblich (BGH, Beschl. vom 28.05.2020, I ZR 214/19). Aus gerichtsinternen Versäumnissen dürfen für den Einreicher keine Verfahrensnachteile resultieren (BGH NJW-RR 2020, 1519; BGH NJW 2021, 2201; Bacher, MDR 2021, 916).

Der BGH zieht hier Parallelen zu der Telefax-Rechtsprechung (BGH NJW 2021, 2201). Damit muss der Versender, der mit einem elektronischen Dokument eine Frist wahren will, die übliche Versendungsdauer berücksichtigen.

Über den Eingang eines elektronischen Dokuments bei Gericht erhält der Absender eine automa- 745
tisierte Bestätigung (§ 130a Abs. 5 Satz 2 ZPO), aus der sich insbesondere der Zugangszeitpunkt ergibt. Auch wenn nur der Dateiname, nicht aber der Dateiinhalt selbst dokumentiert wird, spricht für diesen zumindest der Anschein (Schwenker MDR 2022, 671).

▶ Praxistipp:

Die über das beA erstellte gerichtliche Eingangsbestätigung sollte stets als separate Datei »exportiert« und ihre Integrität zeitnah mit einer (manuell angebrachten) elektronischen Signatur gesichert werden, um erforderlichenfalls über ein überzeugendes Beweismittel zu verfügen.

Bleibt bei der Übermittlung eines elektronischen Dokuments die automatisierte Bestätigung des Gerichts über den Zeitpunkt des Eingangs aus, hat ein Anwalt sich um eine Klärung der Ursache zu kümmern und eine erneute Übermittlung, gegebenenfalls auf anderem Wege, zu versuchen (OLG Koblenz NJW 2020, 1823).

Hat der Absender zunächst ein zur Bearbeitung durch das Gericht nicht geeignetes elektronisches Dokument eingereicht und ist hierauf vom Gericht hingewiesen worden (§ 130a Abs. 6 Satz 1 ZPO), so kann er das Dokument in geeigneter Form nachreichen. Macht der Absender zudem glaubhaft, dass das ursprünglich eingereichte und das nachgereichte Dokument inhaltlich übereinstimmen, gilt das elektronische Dokument als zum Zeitpunkt der früheren Einreichung eingegangen (Eingangsfiktion, § 130a Abs. 6 Satz 2 ZPO; BGH NJW 2021, 2201; Schindler NJW 2020, 2943).

746 Die Kontrolle von Ein- und Ausgang elektronischer Dokumente muss in die Kanzleiorganisation integriert werden (BGH NJW 2020, 1809; Schwenker MDR 2022, 671).

> Schon für Schriftsätze in Papierform war anerkannt, dass deren Ausgang – jedenfalls dann, wenn sie fristwahrend wirken sollten – zuverlässig und nachvollziehbar kontrolliert und dokumentiert wurde (Postausgangsbuch, Vermerk im Terminkalender). Hieran knüpft der BGH (NJW 2021, 1681) für elektronische Dokumente an:
>
> »Die anwaltlichen Sorgfaltspflichten im Zusammenhang mit der Übermittlung von fristgebundenen Schriftsätzen im Wege des elektronischen Rechtsverkehrs per beA entsprechen denen bei Übersendung von Schriftsätzen per Telefax. Auch hier ist es unerlässlich, den Versandvorgang zu überprüfen. Die Überprüfung der ordnungsgemäßen Übermittlung erfordert dabei die Kontrolle, ob die Bestätigung des Eingangs des elektronischen Dokuments bei Gericht nach § 130a Abs. 5 Satz 2 ZPO erteilt wurde. Hat der Rechtsanwalt eine solche Eingangsbestätigung erhalten, besteht Sicherheit darüber, dass der Sendevorgang erfolgreich war. Bleibt sie dagegen aus, muss dies den Rechtsanwalt zur Überprüfung und gegebenenfalls erneuten Übermittlung veranlassen.
>
> Versendet ein Rechtsanwalt fristwahrende Schriftsätze über das beA an das Gericht, hat er in seiner Kanzlei das zuständige Personal dahingehend anzuweisen, dass stets der Erhalt der automatisierten Eingangsbestätigung nach § 130a Abs. 5 Satz 2 ZPO zu kontrollieren ist. Er hat zudem diesbezüglich zumindest stichprobenweise Überprüfungen durchzuführen.«

Um sicherzugehen, schadet es nicht, anhand einer Checkliste durchzugehen, ob die Anforderungen an die Übermittlung eines fristgebundenen Schriftsatzes erfüllt sind.

Checkliste für die Übermittlung fristgebundener Schriftsätze per beA
- Vollständiger und korrekter Inhalt, einschließlich aller Anlagen.
- Datei im richtigen Format (PDF, PDF/A oder ggf. TIFF).
- Eindeutiger, individualisierender und fallbezogener Dateiname für Schriftsatz und Anlagen, um Verwechslungen zu vermeiden (z. B. „Berufungsbegründung_Az_4O20_16.pdf", nicht „Berufungsbegründung.pdf").
- Versand über das eigene beA, wenn eine einfache Signatur vorliegt; bei Versand über beA eines Kollegen ist die qualifizierte elektronische Signatur zwingend erforderlich.
- Korrekte Empfängeradresse des Gerichts und korrektes Aktenzeichen sind angegeben.
- Korrekte Zuordnung im Betreff der beA-Nachricht.

Nach dem Versand: Überprüfung der automatisierten Eingangsbestätigung des Gerichts und Abgleich dieser mit dem konkret versendeten Dokument (Dateiname!). Wird die Bestätigung nicht oder fehlerhaft angezeigt, ist umgehende Reaktion erforderlich (siehe hierzu unten Rdn. 2632).

4. Materiell-rechtliche Erklärungen

747 Prozesshandlungen bzw. prozessuale Schriftsätze können zugleich materiell-rechtliche Willenserklärungen enthalten (»**Doppelnatur**«; Prütting/Gehrlein/Dörr § 145 Rn. 10). Es muss dann aber für den Gegner eindeutig erkennbar sein, dass daneben noch eine solche Erklärung abgegeben wird (Grüneberg/Weidenkaff § 568 Rn. 6).

> So empfiehlt sich z.B. bei einer Kündigung eines Mietverhältnisses eine ausdrückliche Erklärung, da diese nach h.M. nicht in der Erhebung der Räumungsklage zu sehen ist (Zehelein NJW 2017, 41; Spangen-

berg MDR 1983, 807). Sofern die Vermieter- oder Mieterseite aus mehreren Personen besteht, muss die Kündigung auch von und gegenüber allen Vertragspartnern ausgesprochen werden (BGH NJW 2005, 1715; Grüneberg/Weidenkaff § 535 Rn. 8).

Die schriftsätzliche Erklärung wird erst mit dem Zugang an den Gegner wirksam (§ 130 Abs. 1 BGB). Dessen Zeitpunkt lässt sich durch die Zustellungsurkunde leicht nachweisen. Deshalb kann es sich empfehlen, eine außergerichtlich mit einfacher Post erfolgte Kündigung sicherheitshalber nochmals in der Klageschrift zu wiederholen, zumindest aber, wenn neue Kündigungsgründe bekannt geworden sind.

Hierbei kann es zweifelhaft sein, ob die Prozessvollmacht des (gegnerischen) Rechtsanwalts eine Empfangsvollmacht beinhaltet. Jedenfalls schließt die einem Anwalt zur Abwehr einer Räumungsklage erteilte Prozessvollmacht regelmäßig die Befugnis zum Empfang einer im Zusammenhang mit dem Rechtsstreit abgegebenen (neuen) Kündigungserklärung mit ein (BGH NJW-RR 2000, 745; str., Zöller/Althammer § 81 Rn. 10). Eine Beschränkung im Innenverhältnis wirkt im Außenverhältnis mangels Offenlegung nicht. Für den Umfang der Außenvollmacht kommt es nur darauf an, wie der Erklärungsgegner das Verhalten des Vollmachtgebers verstehen musste und durfte.

Es ist aber zu bedenken, dass die Zustellung und damit der Zugang letztlich vom Geschäftsbetrieb des Gerichtes und der Deutschen Post AG abhängen und deshalb u.U. Fristen versäumt werden können.

Nicht jedes nach § 130a ZPO wirksame elektronische Dokument erfüllt auch eine materiell-rechtlich erforderliche elektronische Form nach § 126a BGB. **748**

Während eine prozessuale elektronische Erklärung auch ohne qualifizierte elektronische Signatur wirksam ist, wenn ein sicherer Übermittlungsweg gewählt wird, gilt dies für materiell-rechtliche Erklärungen nicht. Hierfür muss entweder stets eine qualifizierte elektronische Signatur verwendet oder die klassische Schriftform eingehalten werden.

Gemäß § 126 Abs. 3 BGB kann die schriftliche Form durch die elektronische Form ersetzt werden, wenn sich nicht aus dem Gesetz etwas anderes ergibt. Ob sich dabei allein aus der Verwendung bestimmter Begriffe wie »Urkunde« oder »Aushändigung« etwas anderes ergibt, wird unterschiedlich beurteilt (Funke/Quarch NJW 2022, 569).

Ory/Weth/Müller, jurisPK-ERV Band 2, 1. Aufl., § 130a ZPO 1. Überarbeitung (Stand: 03.02.2022), Rn. 33; Kersting/Wettich in: Hoeren/Sieber/Holznagel MMR-HdB, Teil 24 Digitale Justiz Rn. 52.

Insoweit behalten die früheren Probleme der Wahrung materieller Formvorschriften durch Prozessschriftsätze ihre Bedeutung.

▶ Praxistipp:

Die Einhaltung einer materiell-rechtlich erforderlichen Schriftform bzw. elektronischen Form muss unabhängig von der prozessualen Form gewährleistet werden. Erforderlich ist entweder die Verwendung einer qualifiziert elektronischen Signatur für den Prozessschriftsatz oder eine von diesem unabhängige Erklärung dem Gegner gegenüber in Schriftform. **749**

Soll die formbedürftige materiell-rechtliche Erklärung dem Gegner gegenüber außerhalb des Prozesses per Telefax erklärt werden, muss beachtet werden, dass hierdurch **750**
- eine rechtsgeschäftlich vereinbarte schriftliche Form sowie die Textform erfüllt werden kann (§§ 126b, 127 BGB; Grüneberg/Ellenberger §§ 126 Rn. 11, 126b Rn. 3; 127 Rn. 2),
- eine gesetzlich vorgeschriebene Schriftform (§ 126 BGB) indes nicht erfüllt werden kann.

Zur Wirksamkeit einer einseitigen materiell-rechtlichen Erklärung kann auch die Vorlage einer entsprechenden **Vollmacht** gehören (Zöller/Greger § 129 Rn. 6: wird oft versäumt). Ansonsten besteht die Gefahr, dass der Beklagte das Rechtsgeschäft gem. § 174 BGB unverzüglich **zurückweist**, was insbesondere bei fristgebundenen Gestaltungsrechten zu erheblichen Nachteilen für die Partei und zur entsprechenden Haftung des Anwalts führen kann (BGH NJW 1994, 1472: pflichtwidrig – durch zurückgewiesene Kündigung Schaden i.H.v. 21 000 DM; zum Umfang der Prozessvollmacht Prütting/Gehrlein/Burgermeister § 81 Rn. 2 ff.). **751**

Auf eine von einem Rechtsanwalt im Rahmen seiner Prozessvollmacht abgegebene Erklärung findet § 174 BGB zwar keine Anwendung (BGH NJW 2003, 963 – Mieterhöhungsverlangen). Da aber zweifelhaft sein kann, ob die Prozessvollmacht auch die Abgabe einzelner materiell-rechtlicher Erklärungen deckt, ist es ratsam, eine speziell auf die Willenserklärung gerichtete Vollmacht vorzulegen.

Die Vorlage eines Telefax (Kopie!) oder einer beglaubigten Abschrift genügt nicht (BGH NJW 2001, 289; Grüneberg/Ellenberger § 174 Rn. 2). Wurden Erklärung und Vollmacht mit qualifizierter elektronischer Signatur bei Gericht eingereicht, sollte man das Gericht bitten, diese zusammen mit der Klageschrift dem Beklagten zuzustellen (a.A. Zöller/Althammer § 81 Rn. 10), da es nicht ausreicht, dass sich die Vollmachtsurkunde in den Gerichtsakten befindet, sondern sie dem Empfänger vorgelegt werden muss.

752 Bei einer im Namen einer BGB-Gesellschaft abgegebenen Willenserklärung ist zu beachten, dass entweder eine **Vollmacht** sämtlicher Gesellschafter vorzulegen oder die vom Geschäftsführer aus dem Gesellschaftsvertrag in Anspruch genommene Vertretungsmacht durch dessen Vorlage (wohl ebenfalls im Original) zu belegen ist (BGH NJW 2002, 1194: trotz etwaiger Teil-Rechtsfähigkeit).

Hieraus ergeben sich Haftungsrisiken, wenn die (von allen Gesellschaftern des Mandanten unterschriebene) Vollmacht nur auf »die Anwaltssozietät« lautet. Wenn in der Vollmacht nicht (auch) die zur Sozietät als BGB-Gesellschaft gehörenden Anwälte genannt und bevollmächtigt werden, droht eine Zurückweisung. In der Anwaltsvollmacht sollten daher diejenigen Anwälte genannt werden, die möglicherweise mit der Bearbeitung des Mandats befasst werden. Ob es ausreicht, dass der handelnde Anwalt zu den auf dem Briefbogen genannten Sozien gehört, ist sehr fraglich (bejahend Häublein NJW 2002, 1398).

▶ Praxistipp:

753 Bei einseitigen materiell-rechtlichen Willenserklärungen (z.B. Kündigung, Anfechtung) empfiehlt sich zusätzlich die Beifügung einer Originalvollmacht aller materiell Berechtigten.

II. Sonstige formelle Anforderungen

754 Über die notwendigen Inhalte des Abs. 2 hinaus enthalten die Absätze 3 und 4 weitere formelle Anforderungen an die Klageschrift.

1. Angaben zur konsensualen Streitbeilegung

755 Nach § 253 Abs. 3 Nr. 1 ZPO soll die Klageschrift Angaben darüber enthalten, ob der Klageerhebung der Versuch einer Mediation oder eines anderen Verfahrens der außergerichtlichen Streitbeilegung vorausgegangen ist.

Zu diesen Möglichkeiten oben Rdn. 283, 293 f. Spätestens beim Abfassen der Klageschrift sollen sich die Parteien und deren Rechtsanwältinnen und Rechtsanwälte mit der Frage auseinandersetzen, ob und wie sie den der beabsichtigten Klageerhebung zugrunde liegenden Konflikt außergerichtlich beilegen können und wollen. Insoweit hat die Formvorschrift Appellcharakter. Gleichzeitig dient die Angabe dem Gericht als Nachweis entsprechender Überlegungen.

756 Hat es den Versuch einer außergerichtlichen Streitbeilegung noch nicht gegeben, ist das Gericht zur Durchführung einer Güteverhandlung nach § 278 Abs. 2 ZPO verpflichtet. Dazu wird regelmäßig das persönliche Erscheinen der Parteien angeordnet. Möglich ist auch, dass das Gericht die Parteien für die Güteverhandlung vor einen hierfür bestimmten und nicht entscheidungsbefugten Richter (Güterichter) verweist (§ 278 Abs. 5 ZPO). Dies kann zu einer erheblichen Verfahrensverzögerung führen.

▶ Praxistipp:

757 Soll die Verpflichtung der Partei zum persönlichen Erscheinen im Termin zur mündlichen Verhandlung oder die mit der Befassung des Güterichters verbundene längere Verfahrensdauer vermieden werden, kann es sinnvoll sein, ein vorprozessuales Streitschlichtungsverfahren zu durchlaufen.

Durch die Wahl einer geeigneten Verfahrensart können beide Nachteile zumindest minimiert, allerdings nicht völlig vermieden werden, da das Gericht das persönliche Erscheinen oder die Befassung des Güterichters auch nach der außergerichtlichen Streitschlichtung anordnen kann.

Das Verfahren vor dem Güterichter nach § 278 Abs. 5 ZPO ist nicht identisch mit dem in einzelnen Ländern eingeführten Güterichtermodell nach § 278a ZPO. 758

Die Parteien können ein Mediationsverfahren noch nach Klageerhebung vereinbaren, als Mediator eine Richterin oder einen Richter bestimmen und Vorgaben zum Verfahren machen. Dieser unterliegt allein den Vorschriften des MediationsG, nicht denen der ZPO (»**gerichtsnahe Mediation**«). Manche Gerichte bieten den Parteien diese Möglichkeit im Rahmen eines institutionalisierten Modells (»**gerichtsinterne Mediation**«). In beiden Fällen ist das Ruhen des streitigen Verfahrens anzuordnen. Rechtsgrundlage für beide Mediationsformen ist § 278a ZPO. Schließen die Parteien eine Vereinbarung, kann diese gemäß § 796d ZPO für vollstreckbar erklärt oder dem Gericht des streitigen Verfahrens zur Feststellung nach § 278 Abs. 6 ZPO vorgelegt werden.

Im Unterschied dazu bedarf die Verweisung an den Güterichter (»**gerichtliche Mediation**«) nach § 278 Abs. 5 ZPO nicht der Zustimmung der Parteien, sondern steht allein im Ermessen des Gerichts. Der Güterichter kann von den Parteien nicht frei gewählt werden, er muss dem Gericht des streitigen Verfahrens angehören, wird von der Geschäftsverteilung bestimmt und ist gesetzlicher Richter im Sinne von § 16 Satz 2 GVG. Das Verfahren vor ihm ist Teil des gerichtlichen Verfahrens und unterliegt deswegen den Vorschriften der ZPO. Der Güterichter darf die Prozessakten auch ohne Zustimmung der Parteien einsehen, er bestimmt Termin zur Güteverhandlung gemäß den §§ 272, 216 ZPO, kann einen Vergleich protokollieren und den Streitwert festsetzen. Die durch das MediationsG geschützte Vertraulichkeit gilt nicht.

2. Streitwertangabe

§ 253 Abs. 3 Nr. 2 ZPO verlangt die Angabe des Werts des Streitgegenstands nur, wenn hiervon die Zuständigkeit des Gerichts abhängt und der Streitgegenstand nicht in einer bestimmten Geldsumme besteht. 759

Nicht erforderlich ist die Angabe damit bei allen bezifferten Zahlungsklagen. Bei anderen Klagen bedarf es einer Angabe nur, wenn nicht auch ohne ihn eindeutig ist, ob die sachliche Zuständigkeit des Amts- oder des Landgerichts gegeben ist. Ist eine Angabe erforderlich, reicht es, diese auf die Erklärung »über 5 000 €« oder »unter 5 000 €« zu beschränken.

3. Einzelrichtererklärung

§ 253 Abs. 3 Nr. 3 ZPO verlangt eine Äußerung zu einer eventuellen Entscheidung des Rechtsstreits durch den Einzelrichter (§§ 348, 348a ZPO). 760

Zwar sollen sowohl der Kläger (§ 253 Abs. 3 ZPO) als auch der Beklagte (§ 277 Abs. 1 Satz 2 ZPO) sich dazu äußern, ob einer Entscheidung der Sache durch den Einzelrichter Gründe entgegenstehen. Einfluss auf die Besetzung des Gerichts haben sie damit nur bedingt. Selbst durch übereinstimmenden Antrag können die Parteien allenfalls die Vorlage an die Kammer durch den Einzelrichter erreichen, nicht indes, dass diese auch zuständig wird (§§ 348 Abs. 3 Nr. 3, 348a Abs. 2 Nr. 2 ZPO). Dazu näher unten Rdn. 1092.

4. Allgemeine prozessvorbereitende Angaben

Da die Klageschrift gleichzeitig normaler Schriftsatz ist, finden auf sie auch die Vorschriften hierüber Anwendung (**§ 253 Abs. 4 i.V.m. §§ 130 ff. ZPO**), sodass in ihr – soweit möglich – auch Erklärungen über die tatsächlichen Behauptungen des Gegners (§ 130 Nr. 4 ZPO) enthalten und Beweismittel bezeichnet (§ 130 Nr. 5 ZPO), insbesondere Urkunden sofort beigefügt werden sollen (§ 131 ZPO). 761

Möglich ist dies allenfalls aufgrund vorprozessualer Verhandlungen der Parteien. Zwingend ist es auch dann nicht, da stets abgewartet werden kann, ob der Beklagte im Prozess an seinem bisherigen Vorbringen festhält.

5. Anlagen

762 Der nach **§ 253 Abs. 5 ZPO** für die Zustellung an den Gegner erforderlichen Abschriften bedarf es nicht, wenn die Klageschrift elektronisch eingereicht wird.

6. Kostenvorschuss

763 Nach **§ 12 Abs. 1 GKG** soll das Gericht erst tätig werden, insbesondere die Klage erst zustellen, nachdem die Gebühr für das Verfahren im Allgemeinen (Kostenverzeichnis Nr. 1210) bezahlt ist.

Dies ist regelmäßig mit Einreichung der Klage nachzuweisen. Ist die Höhe des Streitwerts unklar, kann der Kläger die vorläufige Festsetzung durch das Gericht abwarten.

Nicht zu empfehlen ist diese Vorgehensweise, wenn mit der Klage eine Frist gewahrt werden soll. Vor der Vorschusszahlung erfolgt keine Zustellung, sodass Rechtshängigkeit nicht eintreten kann. Eine Rückwirkung der nach Einzahlung des Vorschusses erfolgenden Zustellung auf den Zeitpunkt der Anhängigkeit (§ 167 ZPO) kommt nur in Betracht, wenn sich die Zustellung durch die Nichteinzahlung des Vorschusses um nicht mehr als einen Monat verzögert (BGH NJW 2002, 2794).

7. Streitgegenstandsangabe

764 Eine Bezeichnung des Streitgegenstands (»wegen ...«) ist nach § 253 Abs. 4 i.V.m. § 130 Nr. 1 ZPO möglich, zwingend ist sie nicht.

Sinn macht die »schlagwortartige Einordnung« des Falles (Prütting/Gehrlein/Prütting § 130 Rn. 3) nur, wenn sie über die bloß floskelhafte Beschreibung (»wegen Zahlung«, »wegen Forderung«) hinausgeht.

F. Fristwahrung und Wiedereinsetzung in den vorigen Stand

765 Hat die Prüfung der Ausgangslage bei Übernahme des Mandats ergeben, dass eine Frist läuft (dazu oben Rdn. 164 ff.), muss diese rechtzeitig und formgerecht gewahrt werden. Dazu ist es zunächst erforderlich, den Fristlauf zu überwachen und organisatorisch sicherzustellen, dass vor Ablauf der Frist gehandelt wird. Eventuelle Änderungen im Fristlauf müssen Berücksichtigung finden, eine Fristverlängerung sollte, wenn dies möglich und erforderlich ist, beantragt und ggf. die neue Frist berücksichtigt werden. Zur Fristenorganisation des Anwalts gehört auch, dass rechtzeitig gehandelt wird und dass die Handlung geeignet ist, die Frist zu wahren.

Gewahrt werden materielle Fristen in diesem Stadium zunächst dadurch, dass der Anwalt seinen Mandanten über die Notwendigkeit aufklärt, dass eine Frist läuft und zur Vermeidung von Rechtsnachteilen vor deren Ablauf Maßnahmen ergriffen werden müssen. Trifft der Mandant die dann erforderliche Entscheidung über das weitere Vorgehen nicht rechtzeitig, ist dem Anwalt ein Schuldvorwurf nicht zu machen, wenn er die Eilbedürftigkeit hinreichend verdeutlicht hat. Dies kann durch den Hinweis geschehen, eine bestimmte Maßnahme sei »sofort«, »umgehend«, »prompt« oder »auf der Stelle« erforderlich (BGH NJW 2011, 2889).

I. Überwachung der Frist

766 Ein zuverlässig funktionierendes **Fristenmanagement** gehört mit zu den wichtigsten Anforderungen an die Anwaltskanzlei. Hieran stellt die Rechtsprechung (insbesondere bei der Verschuldensprüfung im Rahmen der Wiedereinsetzung) sehr hohe Anforderungen. Zwar sind nach der Rechtsprechung des Bundesgerichtshofs (NJW 2007, 1453 mit Anm. Römermann) die Verfahrensgrundrechte des Bürgers (nach Art. 3 Abs. 1, Art. 103 Abs. 1, Art. 2 Abs. 1 GG i.V.m. dem Rechtsstaatsprinzip) auf rechtliches Gehör, auf wirkungsvollen Rechtsschutz und auf ein objektiv willkürfreies Verfahren »in unzumutbarer, aus Sachgründen nicht zu rechtfertigender Weise erschwert«, wenn die Anforderungen an die anwaltliche Organisation der Fristenkontrolle und damit an die Voraussetzungen der Wiedereinsetzung (und damit wiederum auf Zugang zu den Gerichten) überspannt werden (BGH NJW 2007, 1453). Gleichwohl verfolgt der Bundesgerichtshof in Fristfragen eine strenge Haftungsrechtsprechung (zu den Anforderungen BGH NJW 2006, 2638 f. und BGH NJW 2007, 1453).

> Es gehört zu den Aufgaben des Anwalts, »dafür Sorge zu tragen, dass ein fristgebundener Schriftsatz rechtzeitig erstellt wird und innerhalb der Frist bei dem zuständigen Gericht eingeht. Zu diesem Zweck muss der Prozessbevollmächtigte nicht nur sicherstellen, dass ihm die Akten von Verfahren, in denen Rechtsmittel- oder Rechtsmittelbegründungsfristen laufen, rechtzeitig vorgelegt werden. Er muss vielmehr zusätzlich eine Ausgangskontrolle schaffen, durch die zuverlässig gewährleistet wird, dass fristwahrende Schriftsätze auch tatsächlich rechtzeitig hinausgehen. Da für die Ausgangskontrolle in jedem Anwaltsbüro ein Fristenkalender unabdingbar ist, muss der Rechtsanwalt sicherstellen, dass die im Kalender vermerkten Fristen erst gestrichen werden, ... wenn die fristwahrende Maßnahme durchgeführt, der Schriftsatz also gefertigt und abgesandt oder zumindest postfertig gemacht, die weitere Beförderung der ausgehenden Post also organisatorisch zuverlässig vorbereitet worden ist.« (BGH NJW 2006, 2638 f.).

Der BGH stellt als »oberster Organisationschef der Anwaltschaft« (so Römermann a.a.O. S. 1455) **767** strikte Regeln für die Eingangs- und Ausgangskontrolle auf, deren wichtigsten im Folgenden zumindest im Ansatz dargestellt werden sollen.

Zur Fristenkontrolle muss ein geeigneter **Fristenkalender** geführt werden (Wolf S. 30 ff.). Es darf **768** in einer Rechtsanwaltskanzlei – jedenfalls dann, wenn es sich nicht um eine »law firm« mit verschiedenen, selbstständig organisierten Arbeitsgruppen handelt – nur einen (verbindlichen) Fristenkalender für die gesamte Kanzlei geben, da ansonsten die Gefahr von Überschneidungen und Übersehen von Fristabläufen besteht.

In welcher konkreten Form der Kalender geführt wird, bleibt grundsätzlich dem Anwalt überlassen. Papier-Fristenkalender haben gegenüber elektronischen Fristenkalendern den Vorteil, dass sie nicht »abstürzen« können, dass Eintragungen und Löschungen leichter persönlich zugeordnet und nachvollzogen werden können, dass sie nicht so leicht versehentlich durch das Personal gelöscht werden können. Für EDV-Kalender spricht, dass er sich leichter in den ohnehin EDV-gestützten Kanzleibetrieb integrieren lässt. Allerdings dürfen sie in ihrer Sicherheit und Zuverlässigkeit nicht hinter Papierkalendern zurückbleiben. Besondere Gefahren birgt der EDV-Kalender wegen der Möglichkeit von Eingabefehlern, der leichten (durch bloßen Mausklick!) und damit ggf. auch ungewollten Löschung von Einträgen, der mangelnden Rekonstruierbarkeit gelöschter Einträge, der Abhängigkeit von einer funktionierenden Hardware und der damit verbundenen Anfälligkeit für technische Störungen in der Hard- und Software.

Die Rechtsprechung stellt deswegen an EDV-Kalender besondere, über die Führung von Papierkalendern hinausgehende Anforderungen. Dazu gehört die Notwendigkeit, jede Eingabe (d.h. jede Eintragung, Änderung oder Löschung einer Frist) durch einen Kontrollausdruck (BGH NJW-RR 2006, 500; BGH NJW 2010, 1363) oder durch die Überprüfung einer zweiten Person (OLG Frankfurt a.M. NJW 2009, 604) zu überprüfen. Die Erledigung von Fristen darf nicht dazu führen, dass die Sache am Tag des Fristablaufs im Fristenkalender nicht mehr auftaucht und bei einer Endkontrolle nicht erkannt werden kann (BGH NJW 2000, 1957). Generell dürfte erforderlich sein, dass sich nachträglich jede Änderung nachvollziehen lässt. Nicht erforderlich dagegen ist, dass ein kompletter »Backup-Kalender« in Papierform geführt wird.

> »Verwendet ein Rechtsanwalt einen von einer Fachfirma erstellten EDV-gestützten Fristenkalender, ist es nicht erforderlich, dass er als Vorsorge für etwaige Störungen des EDV-gestützten Fristenkalenders zusätzlich einen schriftlichen Fristenkalender führt. Er genügt den Anforderungen an eine hinreichende Büroorganisation für Störfälle des EDV-gestützten Fristenkalenders aber nur, wenn gewährleistet ist, dass die Servicefirma die Reparatur im Störfall unverzüglich durchführt oder den Versuch unternimmt, vor einer Reparatur dafür zu sorgen, dass die gespeicherten Fristen per Drucker ausgegeben werden.« (BGH NJW 1997, 327).

Selbstverständlich ist, dass der EDV-Kalender – wie alle Dateien – regelmäßig elektronisch gesichert wird.

In den Fristenkalender sind sämtliche Termine, Fristen und Wiedervorlagen, ebenso Vorfristen für **769** wichtige Fristen, zu notieren (BGH NJW 2007, 1453 und dazu Anm. Römermann a.a.O.).

Eingetragen werden müssen die Haupt-(Ablauf-)fristen (BGH NJW 2001, 2975; BGH NJW 2002, 443).

Vorfristen sind nicht gesetzlich vorgeschrieben. Sie haben eine bloße Warnfunktion, sollen lediglich die Einhaltung der Hauptfrist sichern. Wird eine Vorfrist nicht, die Hauptfrist aber wohl beachtet, hat das keine Folgen. In unkomplizierten Fällen reicht eine Vorfrist von einem Tag vor Fristablauf (BGH NJW 2006, 2269, 2270).

Ob die Vorfristen identisch mit den Wiedervorlagefristen sind oder ob Letztere eine eigene Kategorie im Kalender bilden, ist Frage der individuellen Konzeption. Reine Vorfristen ohne Wiedervorlage der Sache können sinnvoll sein, um die Tätigkeit des Anwalts mittelfristig zu organisieren. Ihnen kommt dann nur die Funktion zu, sich Kapazitäten freizuhalten.

Die Vorlage einer Sache an den Anwalt zum Zwecke der Fristwahrung muss mit einem nachvollziehbaren Hinweis auf das Fristende erfolgen. Zwar ist ein doppelter Fristenkalender nicht erforderlich (BGH NJW 2000, 3006), dennoch ist der Fristablauf auch in der Handakte zu vermerken (OLG Nürnberg NJW-RR 2005, 1085: »auf«!).

Werden Vor- oder Wiedervorlagefristen verwendet, müssen sich diese im Kalender deutlich von den eigentlichen Ablauffristen unterscheiden. Ein bestimmtes Verfahren ist insoweit aber weder vorgeschrieben noch allgemein üblich (BGH NJW-RR 2005, 215: ausreichend Tageskalender mit zwei Spalten – »Wiedervorlagen« und »Fristablauf« – mit Eintragung dieser Fristen als Rotfristen; BGH NJW 1989, 2393: ausreichend Tageskalender mit Spalten – »Vorfrist in Sachen«, »Fristablauf heute« mit Eintrag solcher Fristen, deren Nichtbeachtung Rechtsnachteile mit sich ziehen kann, »Art der Frist«).

770 Fristfragen können nur teilweise auf Folgepersonal delegiert werden. Feststellung und Berechnung der Frist sind grundsätzlich Chefsache, dürfen nach der Rechtsprechung also genauso nur vom Anwalt selbst vorgenommen werden (BGH NJW 2003, 1528); ebenso die Wahrung der Frist (Fertigung von Schriftsätzen). Allerdings kann der Anwalt sich dabei auf die Kontrolle der von Angestellten »vorberechneten« Frist beschränken, muss diese Kontrolle aber in jedem Einzelfall vornehmen, darf sich insoweit nicht auf bloße Stichproben beschränken.

Besonderer Sorgfalt bedarf die anwaltliche Kontrolle bei außergewöhnlichen Fristen oder nach einer Gesetzesänderung (OLG Frankfurt a. Main, Beschl. vom 14.05.2002, 13 U 15/02: Berufungsbegründungsfrist nach dem Inkrafttreten des ZPO-Reformgesetzes muss der Anwalt selbst berechnen). Dabei können vor allem Übergangsvorschriften immer wieder eine Fehlerquelle bei der Fristenberechnung sein. Die Unkenntnis des Rechtsanwalts von einer solchen Vorschrift entschuldigt die Partei nicht (OLG Stuttgart MDR 2002, 1220: ZPO-Reform).

▶ Praxistipp:

771 Mit den Schriftstücken in der Eingangspostmappe sollte dem Anwalt ein besonderer Fristenzettel vorgelegt werden, damit er die Art und Berechnung der Frist selbst unmittelbar kontrollieren kann, falls er sie nicht selbst vornimmt (Römermann a.a.O.).

772 Dem **Folgepersonal** überlassen werden darf die Eintragung der anwaltlich berechneten/bestätigten Frist in den Fristenkalender, dessen tägliche Überwachung und die Vorlage an den Anwalt. Der Anwalt genügt seiner eigenen Pflicht durch sorgfältige Auswahl, Ausbildung und (stichprobenartige) Überwachung.

Wegen der besonderen Bedeutung von Fristfragen und der Komplexität der zu ihrer Wahrung erforderlichen Tätigkeiten muss es sich dabei um besonders ausgewählte, ausgebildete und überwachte Personen (Rechtsanwalts-Fachangestellte) handeln. Eine Auszubildende (NJW 2007, 3497, 3498) oder bloße Schreibkraft reicht genauso wenig wie ein Mitarbeiter, der wegen Unzuverlässigkeit bereits aufgefallen ist. Insbesondere die ständige Überwachung und Kontrolle muss im Zweifel dargelegt und glaubhaft gemacht werden können.

Wie es nur einen verbindlichen Fristenkalender geben darf, muss auch die Fristenkontrolle in der Hand einer einzigen Person liegen (BGH NJW 2011, 230). Wenn sich dabei wegen Schichtdienstes oder Teilzeit mehrere Fachkräfte abwechseln, muss dies sukzessive und klar definiert geschehen, damit sich nicht bei mehreren gleichzeitig zuständigen Fachkräften eine auf die andere verlässt (kritisch auch hierzu Römermann a.a.O.). Es erfordert und genügt eine mündliche (nicht notwendig zu protokollierende) Übergabebesprechung. Entsprechendes gilt bei Krankheit und Urlaub der zuständigen Mitarbeiter.

Werden Aufgaben an Mitarbeiter delegiert, bedarf es einer eindeutigen, funktionsfähigen und nachvollziehbaren Büroorganisation, in der Zuständigkeiten, Arbeitsabläufe und Vertretungsregelungen festgelegt sind (Wolf S. 63 f.). Zu regeln ist dabei nicht nur die Tätigkeit des Personals, sondern auch die des Anwalts selbst. Ein Organisationsverschulden kann vorliegen, wenn nicht klar ist, ob neben der Anwaltsgehilfin auch der Anwalt selbst für die Ausgangskontrolle zuständig ist. Solche Kompetenzüberschneidungen eröffnen nämlich Fehlerquellen, weil auch hier die Gefahr besteht, dass sich einer auf den anderen verlässt (BGH NJW 2008, 2508, 2509; BGH NJW 2011, 230).

Organisationspläne dürfen nicht bloß abstrakte, auf alle Anwaltsbüros anwendbare Anweisungen enthalten, wie dies etwa bei unkritisch von Fremdanbietern übernommenen Zertifizierungsvorgaben oder Organisationshandbüchern der Fall ist. Sie müssen vielmehr konkret auf das jeweilige Büro zugeschnitten sein, mit dem Hinzukommen oder Wegfallen jeder Funktionsstelle im Büro neu überarbeitet und vor allem in der täglichen Praxis tatsächlich auch im Detail so befolgt werden. Diese Notwendigkeit der Befolgung eigener Regeln gilt nicht nur für das Personal, sondern auch für den Anwalt. Wer selbst »flexibel« mit Vorgaben umgeht, darf deren Einhaltung durch seine Angestellten nicht erwarten und darf nicht hoffen, dass Gerichte Fehler bei der Fristwahrung als unverschuldet ansehen.

Von der allgemeinen Büroorganisation abweichende Einzelweisungen darf der Anwalt stets erteilen; er muss dies sogar, wenn eine Frist sich mit den existierenden allgemeinen Anweisungen erkennbar nicht beherrschen lässt (BGH NJW 2007, 2186, 2187). Der Anwalt darf dann grundsätzlich darauf vertrauen, dass Büroangestellte, die sich bisher als zuverlässig erwiesen haben, solche Anweisungen auch befolgen, ohne dass er die Befolgung im Einzelfall kontrollieren muss (BGH NJW 2008, 526, 527 und 2589, 2590; BGH NJW 2010, 2286 und 2287).

Die Einhaltung der Organisationsvorgaben muss ständig überwacht und kontrolliert werden. Handelt es sich um voll ausgebildetes, langjährig beanstandungsfrei tätiges Personal, kann diese Kontrolle auf – ggf. sogar seltene – Stichproben beschränkt werden. Sind Auszubildende eingebunden, ist eine Kontrolle jedes einzelnen Falles erforderlich; Stichproben reichen dann nicht (BGH NJW 2007, 3497, 3498).

Eindeutiger Regelung bedarf der **Umgang mit dem Fristenkalender**. Organisatorisch klargestellt sein **773**
muss, von wem, wann und wie dieser zu kontrollieren ist, was auf einen Eintrag hin zu veranlassen ist und wann Eintragungen geändert, insbesondere Fristen gelöscht werden dürfen.

Der Fristenkalender muss täglich geführt werden (BGH NJW-RR 1998, 1604). Eintragungen müssen sofort erfolgen, dürfen nicht verschoben werden. Am Ende des Tages darf keine Frist offenbleiben.

Eingetragen werden darf eine Frist in den Kalender nur, wenn sie vom Anwalt bestätigt wurde. Die bloße Vorberechnung durch Mitarbeiter rechtfertigt eine Eintragung nicht. Sichergestellt sein muss auch, dass jede Frist tatsächlich eingetragen wird, dass nicht eine vom Anwalt bestätigte Frist uneingetragen bleibt. Die Eintragung in den Kalender muss zum frühestmöglichen Zeitpunkt, d.h. unverzüglich nach Eingang des betreffenden Schriftstücks, erfolgen (BVerwG NJW 2005, 1001). Auch wenn der Prozessbevollmächtigte die von einem Angestellten in den Fristenkalender eingetragene Frist überprüft hat, befreit ihn dies nicht davon, im Rahmen seiner Vorbereitung einer Prozesshandlung (bei Vorlage der Handakten) die Einhaltung der für diese vorgeschriebenen Frist (nochmals) nachzuprüfen (BGH NJW-RR 2004, 1503; OLG Nürnberg NJW-RR 2005, 1085).

Die Änderung von Fristen (etwa nach einem Verlängerungsantrag) darf nicht schon mit der Einreichung des Fristverlängerungsantrages, sondern erst nach Bewilligung der Fristverlängerung im Fristenkalender berücksichtigt werden (BGH NJW-RR 2006, 1649). Dies gilt auch, wenn mit der Fristverlängerung sicher gerechnet werden darf. Der Verlängerungsantrag stellt keine die Frist wahrende Handlung dar, ist aber für einen eventuell erforderlich werdenden Wiedereinsetzungsantrag zu dokumentieren. Ist die beantragte Verlängerung vor Ablauf der ursprünglichen Frist nicht gewährt worden, muss bei Gericht nachgefragt oder die alte Frist gewahrt werden. Hat das Gericht eine

Verlängerung dem Grunde nach telefonisch zugesagt, liegt die Entscheidung schriftlich vor Ablauf der beantragten Verlängerung aber noch nicht vor, muss zumindest die beantragte Frist eingehalten werden (BGH NJW 1996, 2659); dazu ist der Ablauf der beantragten verlängerten Frist (mit einer entsprechenden Vorfrist) zu notieren und zu überwachen (BGH NJW-RR 1999, 1663).

Bei Streichen von Fristen muss kontrolliert werden, ob die gebotene Handlung auch wirklich bereits ausgeführt wurde. Die Frist ist erst zu streichen, wenn der Schriftsatz nicht nur unterschrieben, sondern auch postfertig gemacht wurde und der Postausgang durch organisatorische Vorkehrungen sichergestellt ist. Erfolgt die Fristwahrung per Fax oder elektronisch, darf eine Streichung erst erfolgen, wenn der Sendebericht ausgedruckt und auf Richtigkeit der Adresse) und Vollständigkeit der Übermittlung kontrolliert wurde (BVerfG NJW 2007, 2839; BGH NJW-RR 1998, 1360, 1361; OVG Saarlouis NJW 2008, 456, 457).

Besondere Vorsicht geboten ist bei der Fristenkontrolle von Parallelsachen. Hier müssen getrennte Akten unter getrennten kanzleiinternen Aktenzeichen geführt werden, damit eine Differenzierung auch im Fristenkalender möglich ist. Fristen müssen in jeder einzelnen Sache separat bestimmt und überwacht werden. Regelmäßig werden hier besondere Einzelanweisungen des Anwalts erforderlich (vgl. BGH NJW 2007, 1453; BGH NJW 2010, 3585).

Fristen sollten auch nicht zu spät gestrichen werden – etwa erst am Tage nach Absenden des Schriftstückes, oder gar erst beim Eingang einer Empfangsbestätigung des Gerichts. Fristen sollten am Ende eines Arbeitstages nicht im Kalender offenbleiben, das führt zu Missverständnissen. Zu einer wirksamen Ausgangskontrolle gehört eine Anordnung, durch die gewährleistet wird, dass die Erledigung der fristgebundenen Sachen am Abend eines jeden Arbeitstages anhand des Fristenkalenders von der dazu beauftragten Bürokraft überprüft wird (BGH NJW 2006, 2638, 2639).

II. Verlängerung der Frist

774 Kann eine Frist nicht eingehalten werden, kommt deren Verlängerung in Betracht. Eine solche ist entweder durch Vereinbarung der Parteien oder durch gerichtliche Entscheidung möglich.

775 Durch **Parteivereinbarung** können vertragliche Fristen geändert, insbesondere auch verlängert werden. Zu beachten ist dabei allenfalls, ob eine bestimmte Form einzuhalten ist (qualifizierte Schriftformklausel; § 313b BGB). Ist dies nicht der Fall, ist eine Verlängerung formlos und zu jeder Zeit möglich, also auch dann noch, wenn die Frist bereits abgelaufen war.

776 Parteivereinbarungen können Auswirkungen auch auf gesetzliche Fristen haben. Ausdrücklich geregelt ist dies für Verjährungsfristen (§ 202 BGB) und für prozessuale Fristen, die keine Notfristen sind (§ 221 Abs. 1 ZPO).

Soweit eine Parteivereinbarung die gewollte Fristverlängerung nicht herbeigeführt hat, kann sie zumindest im Rahmen des § 242 BGB beachtlich werden und verhindern, dass der Gegner sich auf den Fristablauf beruft.

777 Die **gerichtliche Verlängerung** ist nur bei prozessualen Fristen möglich (§ 224 Abs. 2 ZPO) und ist bei wichtigen Fristen gesetzlich besonders geregelt (z.B. für die Frist zur Begründung der Berufung, § 520 Abs. 2 ZPO, und der Revision, § 511 Abs. 2 ZPO).

778 Erforderlich für die Fristverlängerung ist stets ein **Antrag**, eine Entscheidung von Amts wegen ist nicht möglich.

Der Antrag muss die zu verlängernde Frist eindeutig bezeichnen und erkennen lassen, welche Verlängerung begehrt wird (unten Rdn. 782).

Der Antrag sollte nicht im fortlaufenden Text »versteckt« werden, damit er vom Gericht nicht (so leicht) übersehen oder übergangen wird. Nützlich kann hierbei ein entsprechendes eigenes Schriftsatzformular sein. Wird der Antrag in einem Schriftsatz mit anderen Prozesshandlungen verbunden, sollte er jedenfalls optisch deutlich herausgestellt werden.

Außerhalb einer mündlichen Verhandlung muss der Antrag verbreiteter Ansicht zufolge grundsätzlich schriftlich gestellt werden (Zöller/Feskorn § 225 Rn. 1; a.A. Thomas/Putzo/Hüßtege § 224 Rn. 4). Die in der Praxis vielfach telefonisch gestellten Gesuche wären hiernach zwar unwirksam; der Formmangel wird aber im Fall einer trotzdem gewährten Fristverlängerung geheilt (BGH NJW 2004, 1460, arg. Vertrauensschutz). 779

Der Antrag muss jedenfalls grundsätzlich **vor Fristablauf** bei Gericht eingegangen sein (BGH WM 2017 Heft 20, 950; Thomas/Putzo/Hüßtege § 224 Rn. 6; §§ 224 Abs. 2, 340 Abs. 3 Satz 2 ZPO). 780

Geht der Antrag erst nach Ablauf der Frist beim (zuständigen: BGH NJW-RR 2009, 408) Gericht ein, ist er wirkungslos, eine Fristverlängerung kann darauf nicht mehr gewährt werden (BGH NJW 1996, 997; BGH NJW 1992, 842; BGH NJW 1982, 165183, 217 Großer Zivilsenat). Soweit dieses Ergebnis bei den Rechtsmittelbegründungsfristen darauf gestützt wird, dass die angefochtene Entscheidung mit dem Ablauf der Begründungsfrist rechtskräftig geworden ist, steht dies im Widerspruch zu der Auffassung von der Hemmung des Eintritts der formellen Rechtskraft durch Einlegung des Rechtsmittels, die erst durch die Verwerfung des (durch Versäumung der Begründungsfrist unzulässig gewordenen) Rechtsmittels endet, entspricht aber der herrschenden Rechtsprechung (Hirtz/Oberheim/Siebert Kap. 1 Rn. 9, Kap. 2 Rn. 61 f. und Kap. 5 Rn. 222 jeweils m.w.N.).

▶ Praxistipp:

Ein Fristverlängerungsantrag sollte so frühzeitig vor Fristende gestellt werden, dass die Frist bei einer Nichtgewährung noch gewahrt werden kann. Gerade in Berufungsverfahren, wo Fristversäumnisse regelmäßig fatal sind, sollten die Anträge vorausschauend gestellt werden. 781

Dann ist es möglich, eventuelle Fehler des Antrags, z.B. eine unzureichende Begründung, noch vor Ablauf der Frist auszubessern. Wird der Antrag zurückgewiesen, kann die fristabhängige Prozesshandlung noch vor Ablauf der Frist vorgenommen werden.

Der Fristverlängerungsantrag muss begründet werden. Dargetan werden muss, warum die bisherige Frist nicht eingehalten werden kann. Das Gesetz (§ 224 Abs. 2 ZPO) verlangt hierfür das Vorliegen »**erheblicher Gründe**«. Trotz der Qualifikation »erheblich« stellt die Rechtsprechung an das Vorliegen solcher Gründe keine allzu hohen Anforderungen. 782

- Anlass zu Fristverlängerungsanträgen ergibt sich häufig daraus, dass die gerichtlich gesetzte Frist objektiv **zu kurz** war. Auf den Extremfall, dass damit gar keine Frist zu laufen beginnt, kann der Anwalt sich im Einzelfall nicht verlassen. Geboten ist es deswegen, eine Verlängerung zu beantragen und dabei auf die üblichen Arbeitsabläufe in einer Anwaltskanzlei (insbesondere die Rücksprache mit dem Mandanten) hinzuweisen, die eine Reaktion auf gerichtliche Anforderung in wenigen Tagen oder auch in den verbreiteten »zwei Wochen« (Geipel/Prechtel MDR 2011, 336, 337) nicht zulassen.
- Die häufig anzutreffende bloße »**Arbeitsüberlastung**« reicht in der Regel (d.h. zumindest beim ersten Verlängerungsantrag) auch dann aus, wenn sie ohne nähere Substantiierung und Glaubhaftmachung lediglich formelhaft vorgetragen wird (BVerfG NJW 1998, 3703; BVerfG NJW 2000, 1634; BVerfG NJW-RR 2001, 1076; BAG NJW 2005, 173; kritisch Zöller/Stöber § 227 Rn. 8: nur nichtssagende Begründung; LG München I NJW 2004, 79: kein ausreichender Grund, wenn Verlängerung bereits bei Fristbeginn beantragt, denn es muss sich um eine nicht vorhersehbare Arbeitsüberlastung handeln).
- Entsprechendes gilt für die **Verhinderung**, unabhängig davon, ob sie durch Urlaub, Krankheit, Schwangerschaft, Fortbildung oder Ähnliches bedingt ist und auch unabhängig davon, ob sie die Partei, den Anwalt selbst oder sein Personal betrifft (BGH NJW 2000, 2512).
- Besondere tatsächliche oder rechtliche **Schwierigkeiten** der Sache, selbst wenn das Gericht diese Einschätzung nicht teilt.
- Die Notwendigkeit weiterer **Sachaufklärung** durch Rücksprache mit dem Mandanten oder Einholung eines Parteigutachtens. Dabei muss weder dargelegt werden, warum bislang keine Besprechung mit dem Mandanten möglich war oder wer eventuelle Terminschwierigkeiten zu

verantworten hat, noch, welche Informationen der Anwalt noch benötigt oder was er mit ihm besprechen wollte (BGH NJW 2001, 3552; BVerfG NJW 2001, 812).
- Vom Gericht noch **nicht beschiedene Anträge** auf Gewährung von Prozesskostenhilfe oder Tatbestandsberichtigung.
- Beabsichtigte oder andauernde **Vergleichsverhandlungen** zwischen den Parteien (BGH NJW 1999, 430; Müller NJW 1998, 497; Stackmann NJW 2002, 783).

783 Die Gründe für die Fristverlängerung müssen **glaubhaft** gemacht sein (§ 294 Abs. 2 ZPO).

Eine ausdrückliche anwaltliche Glaubhaftmachung der Gründe schon mit dem Antrag, wie sie in § 224 Abs. 2 ZPO vorgesehen ist, wird generell nicht verlangt (BGH NJW 1999, 430; NJW-RR 1989, 1280; MDR 1994, 942). Die Glaubhaftmachung (§ 294 Abs. 1 ZPO) liegt regelmäßig in der in dem anwaltlichen Schriftsatz zu sehenden stillschweigenden anwaltlichen Versicherung (BayObLG WuM 1994, 296; OLG Köln MDR 1986, 152; OLG Köln NJW 1964, 1039; einschränkend BGH VersR 1974, 1021). Eine weitergehende Glaubhaftmachung ist nur auf besondere Anforderung des Gerichts erforderlich. Diese ergeht, wenn Zweifel am Vorliegen des behaupteten Verlängerungsgrundes bestehen (OLG Karlsruhe AnwBl 1998, 109; a.A. MüKoZPO/Rimmelspacher § 519 Rn. 14, der eine unaufgeforderte Glaubhaftmachung in der Antragsschrift für erforderlich hält). Eine unaufgeforderte anwaltliche Versicherung kostet nichts und kann insoweit den »sichersten Weg« darstellen.

Bestehen Bedenken, dass das Gericht die Fristverlängerung ablehnt, weil es das Verfahren nicht verzögern will, kann es nützlich sein, darauf hinzuweisen, dass bisherige Verzögerungen vom Gegner oder vom Gericht zu vertreten waren oder dass trotz der verlängerten Frist ein zügiger Verfahrensablauf möglich ist. Sinnvoll kann es auch sein, eine anderweitige Verfahrensbeschleunigung anzubieten, etwa durch Zustellung des zu fertigenden Schriftsatzes unmittelbar von Anwalt zu Anwalt (§ 195 ZPO). Auch ist immer wieder zu beobachten, dass telefonisch vorab erbetene Fristverlängerungen weniger häufig abgelehnt werden als rein schriftliche Anträge. Hingegen kann eine »extrem späte Antragstellung« dem Gericht Anlass geben, das Vorliegen der Gründe kritisch zu würdigen (Zöller/Feskorn § 224 Rn. 7).

▶ Praxistipp:

784 Hängt die Gewährung der Fristverlängerung von der Zustimmung des Gegners ab, sollte diese vorab eingeholt und dem Gericht mitgeteilt werden.

Erforderlich ist dies an sich nicht. Fragt das Gericht nach Antragstellung beim Gegner an, besteht die Gefahr, dass dieser erst nach Ablauf der Frist die Einwilligung verweigert. Dann kann eine Verlängerung nicht erfolgen, die ursprüngliche Frist ist versäumt, eine Wiedereinsetzung kommt – weil auf die Zustimmung des Gegners nicht vertraut werden darf – nicht in Betracht.

Von Vorteil ist hierbei, dass diese Einwilligung nicht der Schriftform bedarf, sondern es ausreicht, wenn diese vom Prozessbevollmächtigten des Berufungsklägers – auch telefonisch – eingeholt und gegenüber dem Gericht anwaltlich versichert wird (BGH NJW 2005, 72; Alpes ProzRB 2004, 161 – Urteilsanmerkung: Die Mehrzahl der Gerichte lässt diese verbreitete anwaltliche Praxis ausreichen). Denn eine fernmündliche Einwilligung ist vom Gegner einfacher und schneller zu erlangen als eine schriftliche Äußerung, zumal für ihn ein eigener Handlungsbedarf nicht gegeben ist (Kieserling ProzRB 2005, 150 – Urteilsanmerkung: »Kollegialität fällt leichter, wenn sie nicht formalisiert werden muss«).

Die gegenüber dem Anwalt des Berufungsklägers erklärte Einwilligung muss dann aber auch in dem Verlängerungsantrag erwähnt werden, da ein Vertrauen auf eine Verlängerung sonst nicht gerechtfertigt ist, es sei denn, der Gegner hat die Einwilligung unmittelbar dem Gericht gegenüber erklärt (BGH NJW-RR 2005, 865).

Zu empfehlen ist, eine solche Anfrage nicht dem Personal zu überlassen, sondern persönlich beim gegnerischen Anwalt unmittelbar nachzufragen. Dies erhöht die Chancen auch bei einem möglicherweise schwierigen Gegner erheblich. Auch sollte die Anfrage rechtzeitig erfolgen, um zu vermeiden, dass der Gegner sich unter Druck gesetzt fühlt (Kieserling a.a.O.) und dass bei Nichterteilung der Einwilligung die Frist noch eingehalten werden kann.

Dass der gegnerische Anwalt die Einwilligung erteilt, ist keineswegs sicher. Viele Anwälte gehen davon aus, mit der Einwilligung dem Gegner einen Vorteil zu verschaffen und damit die Pflichten ihrem eigenen Mandanten gegenüber zu verletzen. Zwingend ist eine solche Betrachtung nicht. Die Erfahrung lehrt, dass es in der Einwilligungspraxis deutliche regionale Unterschiede gibt. Insbesondere in überschaubaren Gerichtsbezirken hat sich eine Übung auf Gegenseitigkeit etabliert, weil der Angefragte von heute morgen Anfragender ist.

Im Übrigen möge der Anwalt Folgendes beherzigen: Der Erhalt der Einwilligung »sollte nicht zum Anlass genommen werden, die Anfertigung der Begründungsschrift ohne Not hinauszuschieben, weil die Frist alsbald wieder abläuft und die Situation sich dann erneut zuspitzen könnte« (Kramer ProzRB 2003, 360 – Urteilsanmerkung).

Auch **ohne Darlegung von Gründen** kann die Frist verlängert werden, wenn eine Verzögerung 785
des Rechtsstreits dadurch nicht eintritt. Dies wird der Fall sein, wenn die mündliche Verhandlung bereits auf einen Zeitpunkt bestimmt ist, der ausreichend lange nach Ablauf der verlängerten Frist liegt. Ob dies der Fall ist, bestimmt der Vorsitzende nach freiem Ermessen, verlassen darf sich ein Rechtsanwalt darauf nicht (BGH NJW 1992, 2426).

Erforderlich ist, dass eine **konkrete Verlängerung** beantragt wird. 786

▶ Praxistipp:

Es empfiehlt sich, im Antrag auf Fristverlängerung einen festen Zeitraum (z.B. zwei Wochen), 787
besser noch ein konkretes Datum, anzugeben.

Denn die Gerichte gewähren eine – in einem angemessenen Rahmen liegende – Fristverlängerung vielfach antragsgemäß. Dadurch kann man eine ausreichend lange Frist (ohne Anhörung des Gegners, § 225 Abs. 2 ZPO) erhalten, während die Wahrscheinlichkeit einer weiteren Fristverlängerung (ohne besondere Gründe und ohne Einverständnis des Gegners) geringer ist.

Die Verlängerungsangabe erfolgt sinnvollerweise bis zu einem zu bestimmenden Endzeitpunkt (»bis zum 12.05.«). Erfolgt sie um einen benannten Zeitraum (»um einen Monat«), beginnt die verlängerte Frist mit dem Ablauf der ursprünglichen Frist (§ 224 Abs. 3 ZPO). War das ursprüngliche Fristende auf den nachfolgenden Werktag verschoben (§ 193 BGB), beginnt die verlängerte Frist erst mit Ablauf dieses Werktags (BGH NJW 2005, 73).

Zwingend erforderlich ist die Angabe einer konkreten Frist nach der ZPO jedoch grundsätzlich nicht. Nur bei einem Antrag auf Verlängerung der Berufungsbegründungsfrist verlangt eine Mindermeinung die Angabe eines Enddatums (Zöller/Heßler § 520 Rn. 17) bzw. die Bestimmbarkeit des Endes (OLG Frankfurt a. M. MDR 2003, 471; a.A. BGH MDR 2001, 951; E. Schneider; ZAP-Kolumne »Mangel an Fairness« 2003 S. 1035; ZAP-Buch-Report Beilage 1 zu ZAP 6/05 S. 19 unter zutreffendem Hinweis auf den einschränkungslosen Gesetzeswortlaut und kritisch zur Kommentierung in Zöller; Anders/Gehle/Hartmann § 520 Rn. 9).

Die **Entscheidung** des Gerichts über die Fristverlängerung bedarf keiner besonderen Form und kann 788
den Parteien auch telefonisch bekannt gemacht werden (BGH NJW 1994, 444).

Allerdings ist größte Vorsicht beim Vertrauen auf solche Auskünfte geboten, weil Übermittlungsfehler und Beweisschwierigkeiten regelmäßig zulasten der Partei gehen (BGH NJW-RR 1989, 1279).

Wirksam ist eine Fristverlängerung auch, wenn sie von einem unzuständigen Richter oder über den beantragten Zeitpunkt hinaus gewährt wird (BGHZ 37, 125). Nicht wirksam dagegen ist die Fristverlängerung, die auf einem verspäteten, d.h. nach Ablauf der Frist bei Gericht eingegangenem Verlängerungsantrag beruht.

Weder die dem Verlängerungsantrag stattgebende noch die ihn zurückweisende Entscheidung des Vorsitzenden ist anfechtbar (§§ 567, 225 Abs. 3 ZPO).

789 Eine Fristverlängerung kommt nur der **Partei** zugute, die sie beantragt hat und der sie gewährt wurde (BGH VersR 1972, 1128).

Dies gilt insbesondere für Streitgenossen (auch notwendige). Für diese laufen jeweils eigene Fristen, deren Verlängerung gesondert beantragt und verlängert werden muss.

Es gilt dagegen nicht für bloße Streithelfer (Nebenintervenienten). Da diese keine eigenständige Partei sind, wirkt eine ihnen gewährte Fristverlängerung auch zugunsten der Partei und umgekehrt (BGH NJW 1982, 2069).

790 **Bürotechnisch** darf die Fristverlängerung erst nach ihrer Gewährung berücksichtigt werden (BGH NJW 2011, 151; Borgmann AnwBl 1992, 83; oben Rdn. 773).

Selbstverständlich sollte der Anwalt nach Eingang der Verlängerungsverfügung sorgfältig prüfen, ob dem Antrag auch wirklich in vollem Umfange stattgegeben wurde. Denn es kommt immer wieder vor, dass ein Gericht meint, die beantragte Frist kürzen zu müssen (BGH NJW-RR 2004, 785: Halbierung der beantragten maßvollen Verlängerung der Frist von 16 Tagen ohne ersichtlichen sachlichen Grund – es war noch kein Termin bestimmt!).

Solange keine Entscheidung über den Verlängerungsantrag vorliegt, darf die ursprüngliche Frist nicht gestrichen oder in die beantragte Frist geändert werden. Die verlängerte Frist darf allenfalls als besonders kenntlich gemachte vorläufige Frist eingetragen und muss vor Ablauf der alten Frist verifiziert werden (BGH NJW 2011, 151). Der Verlängerungsantrag stellt keine die Frist wahrende Handlung dar, ist aber für einen eventuell erforderlich werdenden Wiedereinsetzungsantrag zu dokumentieren (BGH NJW 1991, 1150; BGH FamRZ 1992, 297).

Auf eine telefonische Auskunft des Gerichts, die beantragte Fristverlängerung sei gewährt worden, darf der Anwalt grundsätzlich vertrauen (BGH NJW 1996, 1682). Vorsicht ist indes geboten, wenn lediglich zugesagt wird, die Frist zu verlängern, oder gar nur darauf hingewiesen wird, dass entsprechenden Anträgen regelmäßig stattgegeben wird. Vorsicht ist auch geboten, wenn die Zusage nicht vom zuständigen Vorsitzenden (§ 520 Abs. 2 Satz 2 ZPO), sondern lediglich vom Berichterstatter oder gar von der Geschäftsstelle abgegeben wird. Erweist sich eine solche Zusage als unzutreffend und wird die Frist deswegen versäumt, sollte einer Wiedereinsetzung indes nichts entgegenstehen.

791 Hat das Gericht es **unterlassen**, über einen rechtzeitig gestellten Antrag auf Verlängerung der Frist überhaupt **zu entscheiden**, ist eine Präklusion nicht zulässig (Thomas/Putzo/Seiler § 296 Rn. 9: Klageerwiderungsfrist). Hat das Gericht die Fristverlängerung zu Unrecht abgelehnt, ist der Beschluss zwar unanfechtbar (§ 225 Abs. 3 ZPO), jedoch ist die Wiedereinsetzung begründet (BGH BB 1997, 68; BVerwG NJW 1996, 2808; BVerfG NJW 1998, 3703; BayVerfGH MDR 1996, 1974). Soweit durch den Fristablauf nicht bereits Rechtskraft eingetreten ist, kommt auch eine (nachträgliche) Verlängerung der Frist aufgrund eines neuen Antrags oder einer Gegenvorstellung in Betracht.

▶ Praxistipp:

Trotzdem sollte der Verlängerungsantrag so früh gestellt werden, dass noch eine Nachfrage bei Gericht und ggf. Vornahme der fristabhängigen Prozesshandlung möglich ist (BGH AnwBl 2007, 795). Sonst kann es passieren, dass bei Erhalt des die Verlängerung verweigernden Beschlusses die Frist bereits abgelaufen ist.

792 Ist eine Frist **nicht verlängert** und deswegen versäumt worden, kommt eine Wiedereinsetzung auch bei den in § 233 ZPO genannten Fristen nur in Betracht, wenn die Fristversäumung schuldlos erfolgte. Dies nimmt die Rechtsprechung vor allem dann an, wenn die Partei auf die Gewährung der beantragten Verlängerung vertrauen durfte (BGH NJW 2004, 1742). In diesen Fällen bedarf es auch keiner telefonischen Erkundigung bei Gericht vor Ablauf der Frist.

Auf die Stattgabe seines ordnungsgemäßen Fristverlängerungsantrags darf der Anwalt vertrauen, wenn entsprechenden erstmaligen Anträgen bei hinreichender Begründung bislang stets stattgegeben worden ist. Auch darf der Anwalt darauf vertrauen, dass die Gerichte bei der Entscheidung über Verlängerungsanträge und über die Wiedereinsetzung in den vorigen Stand ein Verhalten nicht als schuldhaft ansehen, das nach der Rechtsprechung eines obersten Bundesgerichts eindeutig nicht zu beanstanden ist. Wenn aber dem betroffenen Rechtsanwalt bekannt sein muss, dass bei dem angerufenen Gericht eine strengere Handhabung von Verfahrensvorschriften zu erwarten ist, kann eine andere Beurteilung gerechtfertigt sein (BVerfG NJW 2000, 1634; BGH NJW 2001, 812; NJW-RR 2001, 1076: Arbeitsüberlastung; LG München I NJW 2004, 79: dreimaliger Hinweis auf eine restriktivere Praxis erfolgt).

Bei der praktisch besonders wichtigen Frist zur Begründung der Berufung (§ 520 Abs. 2 ZPO) darf der Berufungsführer bei Vorliegen vorstehender Voraussetzungen möglicherweise auf die erste Verlängerung um bis zu einen Monat vertrauen (§ 520 Abs. 2 Satz 3 ZPO; BGH NJW 2010, 1610). Ein Vertrauen in weitere Verlängerungen ist jedenfalls ohne die gem. § 520 Abs. 2 Satz 2 ZPO erforderliche Einwilligung des Gegners auf keinen Fall gerechtfertigt (BGH NJW 2004, 1742; zum gerechtfertigten Vertrauen bei Einwilligung des Gegners BGH NJW 2009, 3100).

III. Ausschöpfen der Frist

Überlegt werden sollte in jedem Einzelfall, ob es Sinn macht, eine Frist tatsächlich voll auszunutzen 793
und die Prozesshandlung erst »im letzten Augenblick« vorzunehmen. Grundsätzlich gehört zum Recht auf »Gewährung wirkungsvollen Rechtsschutzes« auch das Recht, »eine vom Gesetz eingeräumte Frist bis zu ihrer Grenze auszunutzen« (BGH NJW 2007, 2559; BGH NJW 2006, 601, 602). Praktisch allerdings bringt eine solche Vorgehensweise keine Vorteile, sondern schafft nur weitere **Risiken**.

Die frühere Regelung, nach der die Rechtsmittelbegründungsfrist mit der Rechtsmitteleinlegung begann, legte es nahe, das Rechtsmittel so spät wie möglich einzulegen, um eine möglichst lange Zeit zur Begründung zu haben, und führte zu einer wahren »Fristenakrobatik«. Heute beginnt die Begründungsfrist bereits mit Zustellung des Urteils und ist in ihrer Länge damit unabhängig vom Zeitpunkt der Einlegung. Ein vollständiges Ausschöpfen der Einlegungsfrist macht damit keinen Sinn mehr, begründet lediglich noch die Gefahr, die Frist durch unvorhergesehene Umstände zu versäumen.

Eine volle Ausschöpfung der Frist kann **geboten** sein, weil diese zur sachgerechten Vorbereitung und 794
Rücksprache mit dem Mandanten benötigt wird. Sie kann auch sinnvoll sein, wenn für den Gegner die gleiche Frist läuft und er keine Gelegenheit erhalten soll, auf den eigenen Vortrag noch zu reagieren.

Wird die Frist voll ausgenutzt und versucht, sie durch eine Handlung »gleichsam in letzter Minute 795
der laufenden Frist« (OVG Lüneburg NJW 2006, 1080) zu wahren, trifft den Anwalt »wegen des damit erfahrungsgemäß verbundenen Risikos« und weil er mit »Fehlern und Verzögerungen bei der Übersendung rechnen muss« eine **erhöhte Sorgfaltspflicht** im Rahmen der Vorbereitung, Durchführung und Kontrolle der Handlung (BGH NJW 2006, 2637).

IV. Wahrung der Frist

Ziel anwaltlicher Tätigkeit muss es regelmäßig sein, die Frist zu wahren, den Rechtsverlust durch 796
Zeitablauf zu verhindern. Erforderlich dazu ist die rechtzeitige Vornahme einer fristwahrenden **Handlung**. Materiell-rechtlich ist dazu regelmäßig die Ausübung des Rechts erforderlich, prozessual die Vornahme der gebotenen Prozesshandlung.

1. Materielle Fristen

Die Ausübung eines materiellen Rechts erfolgt regelmäßig in Form einer **Willenserklärung**. Häu- 797
fig – aber nicht immer – ist diese empfangsbedürftig.

Anfechtungs- oder Widerrufserklärungen müssen rechtzeitig abgegeben, Angebote rechtzeitig angenommen, Ansprüche rechtzeitig geltend gemacht werden. Soweit die Ausübung des materiellen Rechts durch eine empfangsbedürftige Willenserklärung erfolgt, richtet sich ihre Rechtzeitigkeit nach §§ 130 ff. BGB.

Deutlich breiter ist die **Optionspalette** bei der Wahrung von Verjährungsfristen. Die hierfür in 798
Betracht kommenden Maßnahmen sind in den §§ 203 ff. BGB aufgelistet. Dabei sollte man sich immer bewusst sein, dass Verjährungsfristen regelmäßig nicht endgültig gewahrt, sondern ihr Ablauf allenfalls vorübergehend gehemmt wird. Nach Ablauf der Hemmungswirkung läuft die Frist also

weiter. Zu beachten ist deswegen nicht nur, wodurch eine Hemmung herbeigeführt werden kann, sondern auch, wie lange diese andauert (vgl. § 204 Abs. 2 BGB). In den Fällen des Neubeginns läuft die Verjährungsfrist in voller Länge sofort wieder an (§ 212 BGB).

a) Verhandlungen

799 Nach § 203 BGB hemmen schwebende **Verhandlungen** zwischen Schuldner und Gläubiger über den Anspruch oder über diesen begründende Umstände die Verjährung.

Keine Verhandlungen werden damit durch die Forderung seitens des Gläubigers und die Leistungsverweigerung seitens des Schuldners in Gang gesetzt. Auch die Nichtäußerung auf ein Schreiben des Gegners ist keine Verhandlung. Im Übrigen aber ist dieser Begriff weit zu verstehen: Für ein Verhandeln genügt jeder Meinungsaustausch über den Schadensfall zwischen dem Berechtigten und dem Verpflichteten, sofern nicht sofort und eindeutig jeder Ersatz abgelehnt wird (BGH NJW 2004, 1654; BGH NJW 2007, 587).

Die Verjährung tritt nach dieser Vorschrift frühestens drei Monate nach dem Ende der Hemmung ein, d.h. nach Verweigerung der Fortsetzung der Verhandlungen durch einen Teil. Damit hat der Gläubiger die Möglichkeit, erforderlichenfalls eine erneute Hemmung durch andere Maßnahmen herbeizuführen. Dies darf jedoch nicht dahin gehend missverstanden werden, dass die Verjährungsfrist erst wieder nach drei Monaten zu laufen beginnt. Vielmehr beginnt der Lauf sofort nach dem Ende der Hemmung.

Dabei kann im Einzelfall unklar sein, ob die Verhandlung noch »schwebt« oder bereits abgebrochen oder eingeschlafen ist. Beim schlichten »Einschlafen« der Gespräche ohne eindeutige Erklärung eines Beteiligten über das Ende seiner Verhandlungsbereitschaft endet die Hemmung entsprechend dem früheren § 852 Abs. 2 BGB a.F. zu dem Zeitpunkt, zu dem der nächste Schritt nach Treu und Glauben zu erwarten gewesen wäre. Grundsätzlich muss ein Abbruch der Verhandlungen aber durch ein klares und eindeutiges Verhalten zum Ausdruck gebracht werden (BGH NJW 2004, 1654; Mankowski/Höpker MDR 2004, 721). Die Wiederaufnahme der Verhandlungen bleibt ohne Auswirkungen auf die frühere Verjährungshemmung, kann aber eine neue Hemmung begründen (BGH MDR 2017, 199). Der Anwalt des Schuldners muss daher darauf achten, den Eintritt einer unmittelbar bevorstehenden Verjährung nicht durch (unnötige) Stellungnahmen zu vereiteln.

800 Die Verjährung von Ansprüchen aus einem Versicherungsvertrag wird nach § 15 VVG bereits durch **Anmeldung** beim Versicherer gehemmt.

Ob die Rechtsprechung bei der Auslegung des Begriffs »Ansprüche aus dem Versicherungsvertrag« bei ihrer zur Verjährungsregelung des § 12 Abs. 1 VVG entwickelten engen Auslegung bleibt, oder für den Hemmungstatbestand nicht eher eine weitere Auslegung vornimmt (Looschelders/Pohlmann § 15 VVG Rn. 8), bleibt abzuwarten.

»Angemeldet« wird der Anspruch durch Erhebung einer entsprechenden Forderung, d.h. durch jedes Verhalten, das dem Versicherer klarmacht, dass er aus dem Vertrag in Anspruch genommen werden soll. Eine genaue Bezifferung oder Bezeichnung des Anspruchs ist nicht erforderlich, solange klar ist, aus welchem Versicherungsvertrag und aus welchem Lebenssachverhalt Ansprüche geltend gemacht werden sollen.

Die Hemmung dauert bis zum Zugang der Entscheidung des Versicherers, unabhängig davon, ob damit der Anspruch ganz oder teilweise anerkannt oder abgelehnt wird. Der Anspruchssteller muss erkennen können, dass der Versicherer endgültig und abschließend entscheiden wollte. Ohne eine solche Entscheidung dauert die Hemmung jedenfalls so lange fort, wie davon auszugehen ist, dass der Gläubiger an seinem Anspruch festhält.

An die Entscheidung des Versicherers können sich Verhandlungen i.S.d. § 203 BGB anschließen, die zu einer weiteren Hemmung der Verjährung führen (OLG Koblenz VersR 2009, 771).

b) Anerkenntnis

801 Nicht bloß zu einer Hemmung, sondern zu einem **Neubeginn der Verjährung** führt es, wenn der Schuldner den Anspruch dem Gläubiger gegenüber anerkennt (§ 212 BGB).

Ein solches Anerkenntnis kann ein verbales oder tatsächliches sein, etwa in Form einer Abschlagszahlung, Zinszahlung oder in sonstiger Weise. Es setzt neben einem Verhalten des Schuldners, aus dem sich eindeutig das Bewusstsein vom Bestehen des Anspruchs ergibt, das begründete Vertrauen des Gläubigers voraus, dass sich der Schuldner nicht alsbald nach Ablauf der Verjährungsfrist auf die Einrede der Verjährung berufen wird (OLG Celle OLGR 2006, 916). Ein Teilanerkenntnis unterbricht die Verjährung nur für den anerkannten Teil (BGH VersR 1960, 949), es sei denn, der Schuldner wollte den Gesamtanspruch anerkennen.

▶ Praxistipp:

Will der Schuldner die Verjährung der Gesamtforderung durch ein Anerkenntnis in Form einer Teilzahlung herbeiführen, muss er darauf achten, dass diese ausdrücklich als solche bezeichnet wird (»Teilzahlung auf die Gesamtforderung in Höhe von ...«). 802

c) Weitere Maßnahmen

Außergerichtliche Maßnahmen, die zur Hemmung der Verjährung führen können, sind (Riehm NJW 2017, 113): 803

- eine Vereinbarung der Parteien über die Verlängerung der Verjährungsfrist oder die Nichtausübung der Verjährungseinrede (**pactum de non petendo**).
- die Einleitung eines die Abnahme ersetzenden **Begutachtungsverfahrens** im Werkvertragsrecht nach § 641a BGB (§ 204 Abs. 1 Nr. 8 BGB);
- die Anmeldung eines Anspruchs im **Insolvenzverfahren** (§ 204 Abs. 1 Nr. 10 BGB);
- der Beginn eines **schiedsrichterlichen Verfahrens** (§ 204 Abs. 1 Nr. 11 BGB; also – soweit sich nicht aus der anzuwendenden Schiedsordnung ein anderes ergibt – nicht bereits die Zustellung des verfahrenseinleitenden Antrags!).

Vorgerichtliche und **gerichtliche** Maßnahmen zur Hemmung der Verjährung sind (neben der Klageerhebung, unten Rdn. 806): 804

- der Antrag auf Einleitung eines außergerichtlichen **Güteverfahrens** (§ 204 Abs. 1 Nr. 4 BGB); hier genügt die Veranlassung der Bekanntgabe, die bereits mit Aufgabe des Antrags zur Post gegeben sein kann. Die Zulässigkeit des Güteverfahrens ist nicht erforderlich (BGH NJW 1993, 1495). Streitig ist, ob die fehlende Bereitschaft zu einer tatsächlichen gütlichen Einigung zum Rechtsmissbrauch der Verjährungshemmung führt (dafür BGH NJW 2016, 233; Wagner BKR 2013, 108; Nobbe ZZB 2009, 93; dagegen BGH NJW 2016, 233; Riehm NJW 2017, 113). Nicht genügen lassen hat die Rechtsprechung den Antrag an eine erkennbar überlastete Gütestelle (OLG WM 2016, 205), die ggf. sogar rechtsmissbräuchlich sein kann. Während eine konkrete Individualisierung und Bezifferung des Anspruchs einer gütlichen Einigung oft entgegensteht und deswegen für konsensuale Streitbeilegungsversuche regelmäßig kontraproduktiv ist, ist sie für die Verjährungshemmung grundsätzlich unverzichtbar (BGH NJW 2015, 2407; BVerfG NJW-RR 2009, 1148; Riehm NJW 2017, 113). Das Ende der verjährungshemmenden Wirkung und der Beginn der 6-monatigen Nachfrist (§ 204 Abs. 2 BGB) tritt mit dem Ende des Güteverfahrens ein, sei es, dass der Gegner sich weigert, am Verfahren mitzuwirken, sei es, dass die Gütestelle das Scheitern des Verfahrens feststellt.
- die Geltendmachung im Wege einer **Prozessaufrechnung** (§ 204 Abs. 1 Nr. 5 BGB), nicht indes die Geltendmachung eines Zurückbehaltungsrechts;
- die Zustellung einer (wirksamen) **Streitverkündung** (§ 204 Abs. 1 Nr. 6 BGB);
- die Beantragung einer für die Zulässigkeit der Klage erforderlichen **Behördenentscheidung** (§ 204 Abs. 1 Nr. 12 BGB);
- die Beantragung einer gerichtlichen **Zuständigkeitsbestimmung** (§ 204 Abs. 1 Nr. 13 BGB);
- der Antrag auf Gewährung von **Prozesskostenhilfe** (§ 204 Abs. 1 Nr. 14 BGB; oben Rdn. 127).

Keine verjährungshemmende Wirkung haben dagegen: 805

- **Strafanzeige** oder Strafantrag (hingegen wird die Verjährung durch die Antragstellung im Adhäsionsverfahren gehemmt [unten Rdn. 2484, 2508]; bei Aussetzung der Verhandlung gem. §§ 148, 149 ZPO besteht die Hemmungswirkung aufgrund der Klageerhebung weiter).
- Einholung eines **Privatgutachtens** (anders bei selbstständigen Beweisverfahren!).

d) Verfahrenseinleitung

806 Wichtigster Fall der Verjährungshemmung ist die Einleitung eines gerichtlichen Verfahrens, sei es in Form einer **Klageerhebung** (§ 204 Abs. 1 Nr. 1 BGB) oder in Form der Einleitung eines besonderen Verfahrens (§ 204 Abs. 1 Nr. 1a, 2, 3, 7, 9 BGB). Insoweit kann auf die Darstellung der einzelnen verfahrenseinleitenden Prozesshandlungen Bezug genommen werden.

807 Die Verjährung wird bereits mit **Einreichung** der Klageschrift gehemmt, wenn die Zustellung »demnächst« erfolgt (§ 167 ZPO; hierzu auch oben Rdn. 126, unten Rdn. 2351), ansonsten erst mit der tatsächlichen **Zustellung** der Klage (§ 204 Abs. 1 Nr. 1 BGB, § 253 Abs. 1 ZPO; unten Rdn. 2351).

▶ Praxistipp:

808 Ist für die Hemmung der Verjährung die Zustellung einer Antragsschrift erforderlich, so muss der Antrag die für eine Zustellung erforderlichen Voraussetzungen erfüllen, um in den Genuss der Privilegierung des § 167 ZPO zu kommen.

809 Nicht »demnächst« i.S.d. § 167 ZPO erfolgt die Zustellung, wenn sie sich durch der Partei zuzurechnende Umstände verzögert, die sie bei gewissenhafter Prozessführung hätte vermeiden können (BGH NJW 2011, 1227; BGH BauR 2000, 1225). Deswegen ist bei der Klageerhebung zu achten auf

– die rechtzeitige und korrekte Einzahlung des (weiteren) **Gerichtskostenvorschusses.**

  § 12 GKG i.V.m. KV-GKG Nr. 1210; nach Anforderung durch das Gericht i.d.R. binnen 2 Wochen einzuzahlen mit Nachfragepflicht nach ca. 3 Wochen. Nach ganz h.M. und st. Rspr. des BGH – BGH NJW 2005, 291; BVerfG NJW 2001, 1125 – besteht keine Verpflichtung, den Vorschuss von sich aus einzuzahlen – a.A. ohne Aufforderung, wenn der Anwalt die Höhe bereits selbst berechnet und in der Klageschrift bzw. im Mahnantrag eingetragen hat (Hartmann, KostenG § 65 Rn. 10 GKG; Zöller/Vollkommer § 693 Rn. 5a) – im Zweifel daher sicherheitshalber ggf. zu viel und sogleich einzahlen – keine Zeitverzögerung bei Bareinzahlung oder durch Kostenmarken/Gebührenstempler – aber richtiges Aktenzeichen angeben!, BGH VersR 1995, 361. Besteht ausnahmsweise nach § 14 GKG keine Vorschusspflicht, sollte der Anwalt unbedingt darauf hinweisen.

– vollständige und richtige Anschriften einschließlich richtiger Parteibezeichnungen (BGH NJW 2001, 885; NJW 2002, 2391: Postfachanschrift reicht nicht). Sofern die Klage als unzustellbar zurückkommt, verzögert dies eine (erneute) Zustellung erfahrungsgemäß erheblich.

  Bei unbekanntem Aufenthaltsort des Beklagten ist die öffentliche Zustellung zu beantragen (§ 185 ZPO). Hierfür sind mindestens eine aktuelle Auskunft aus dem Einwohnermelderegister und/oder Gewerberegister sowie eine Postauskunft vom letzten Wohnsitz des Beklagten vorzulegen. Diese Auskünfte dürften meist genügen. Der Richter kann aber auch noch weitere Ermittlungen des Antragstellers verlangen (z.B. Auskünfte vom letzten Vermieter, Nachbarn, Arbeitgeber, Verwandten etc.; BGH MDR 2013, 484; BGH MDR 2012, 1308 und Prütting/Gehrlein/Waldner § 185 Rn. 3: grundsätzlich erforderlich).

– die Beifügung der erforderlichen **Abschriften** (§ 133 Abs. 1 ZPO); nicht erforderlich sind Abschriften bei elektronischen Dokumenten (§ 133 Abs. 1 Satz 2 ZPO).

  Bei Einreichung einer im Ausland zuzustellenden Klage ist der Kläger weder verpflichtet, eine besondere Art der Zustellung zu beantragen, noch ohne eine Aufforderung durch das Gericht etwaige weitere erforderliche Exemplare der Klageschrift einzureichen (BGH NJW 2003, 2830).

810 Inhaltliche Mängel der Antragsschrift stehen einer alsbaldigen Zustellung und der Herbeiführung der Verjährungshemmung dagegen grundsätzlich nicht entgegen. Deswegen hemmt auch die Zustellung einer unzulässigen, unsubstantiierten und unschlüssigen (aber formell wirksamen) Klage die Verjährung. Fehlende oder unzureichende Angaben können dann im Prozess nachgeholt (Grüneberg/Ellenberger § 209 Rn. 5), Mängel durch Rügeverzicht oder weitere Prozesshandlungen geheilt werden (§ 295 ZPO).

Hinsichtlich der unzulässigen Klage wurde dies für die Unterbrechung mit § 212 BGB a.F. begründet, der jedoch entfallen ist. Jetzt ist die Hemmung unabhängig vom Ausgang des Verfahrens, deshalb ist an der bisherigen Auffassung festzuhalten (Grüneberg/Ellenberger § 204 Rn. 5).

Wenn eine Zustellung »demnächst« unsicher ist, kann man sich u.U. zunutze machen, dass bei einer Klage vor dem Verwaltungs-, Sozial-, Finanz-, Arbeits- oder Strafgericht die Streitsache bereits mit ihrer Einreichung rechtshängig wird und bei Verweisung an das Zivilgericht fortwirkt (Zöller/Greger § 261 Rn. 3a). Dabei sind diese Gerichte nicht befugt, die Klage wegen etwaigen Rechtsmissbrauchs als unzulässig abzuweisen (BVerwG NJW 2001, 1513; § 17a GVG). Allerdings ist ungewiss, ob dann die Wirkungen nicht doch erst ab der erfolgten Zustellung eintreten.

Eine Verjährungshemmung tritt **nicht** ein, wenn die Klage dem Gegner überhaupt nicht zugestellt 811
wird. Der Zustellung der Klage können besonders schwere formelle Mängel der Klageschrift entgegenstehen (»Fehlen der wesentlichen Erfordernisse des § 253 Abs. 2 ZPO«, BGH NJW-RR 1989, 508). Solche Mängel hat die Rechtsprechung angenommen
- beim Fehlen oder bei der Angabe einer unzutreffenden ladungsfähigen Anschrift des Beklagten;
- bei Nichterkennbarkeit des Willens zu unbedingter Klageerhebung (OLG Köln MDR 1964, 3360);
- bei Nichtunterzeichnung der Klageschrift durch eine postulationsfähige Person (OLG Braunschweig MDR 1957, 425);
- bei unzureichender Individualisierung des Streitgegenstands (die häufig beim Mahnbescheid vorliegt, aber auch bei der Klageschrift vorkommen kann).

Eine Verjährungshemmung tritt auch dann nicht ein, wenn die (zugestellte) Klageschrift auf mate- 812
riell-rechtlichen Fehlern beruht.

Keine verjährungshemmende Wirkung haben in diesen Fällen:
- die Klage eines Nichtberechtigten (BGH NJW 2011, 2193);

  Bei Zweifeln an der Aktivlegitimation kann der Kläger sich die Forderung vorab »vorsorglich« abtreten lassen oder diese in offener Prozessstandschaft geltend machen (Heßeler NJW 2021, 996).

- die Klage gegen einen Nichtverpflichteten (BGHZ 80, 226);

  Denkbar ist dies aufgrund fehlerhafter Feststellung der Passivlegitimation, Verkennung eines Forderungsübergangs oder Verwechslung ähnlichnamiger juristischer Personen (Heßeler NJW 2021, 996); in diesen Fällen kommt eine Parteiberichtigung in Betracht.

- die Klage gegen einen Gesamtschuldner;

  Durch diese wird die Verjährung einem nicht mitverklagten weiteren Gesamtschuldner gegenüber nicht gehemmt (§ 425 Abs. 2 BGB).

- die Teilklage;

  Die Verjährungshemmung tritt nur im Umfang des erhobenen Anspruchs ein, unabhängig davon, ob die Teilgeltendmachung bewusst oder irrtümlich erfolgt. Soll die Klage bewusst auf einen Teil des Anspruchs begrenzt werden, muss die Verjährung für den Rest anderweitig gehemmt werden.

- die isolierte Auskunftsklage für einen etwaigen Leistungsanspruch (anders bei der Stufenklage!);
- die negative Feststellungsklage (BGH, Urt. vom 15.08.2012 – XII ZR 86/11) sowie Verteidigung dagegen (anders bei Leistungswiderklage!).

▶ Praxistipp:

Ist die Zustellung der Antragsschrift an den Gegner zusätzlich von einem Ermessen des Gerichts 813
abhängig, so muss die Zustellung unter Hinweis auf die Erforderlichkeit einer Verjährungshemmung ausdrücklich beantragt werden. Andernfalls müssen zusätzlich weitere verjährungshemmende Maßnahmen ergriffen werden.

Insbesondere den Antrag auf Erlass einer einstweiligen Verfügung und den Prozesskostenhilfeantrag muss das Gericht nicht zwingend zustellen (§ 204 Abs. 1 Nr. 9 und Nr. 14 BGB i.V.m. §§ 922, 118 Abs. 1 Satz 1 ZPO). Eine verfassungskonforme Auslegung des § 204 Abs. 1 BGB i.S.e. Verjährungshemmung schon durch den Eingang des Antrags bei Gericht hat der BGH zumindest für den Prozesskostenhilfeantrag ausdrücklich abgelehnt (BGH NJW 2008, 1939). Allerdings hält der BGH das Gericht zu einer solchen

Bekanntgabe für verpflichtet, wenn der Gläubiger auf die Notwendigkeit einer Verjährungshemmung ausdrücklich hinweist und um Bekanntgabe des Antrags ersucht. Dazu oben Rdn. 126 und unten Rdn. 2532.

814 Die durch Einleitung eines gerichtlichen Verfahrens eingetretene Hemmung **dauert** sechs Monate über die Beendigung des Verfahrens hinaus (§ 204 Abs. 2 BGB). Vorsicht ist geboten, wenn diese Beendigung nicht förmlich (Urteil, Rücknahme) endet, sondern durch Nichtbetreiben der Parteien. In diesem Fall beginnt die Sechs-Monats-Frist mit der letzten Prozesshandlung eines Prozessbeteiligten (Gericht, Parteien).

▶ Praxistipp:

815 Soll die Hemmungswirkung eines laufenden Verfahrens aufrechterhalten werden, muss spätestens alle sechs Monate eine verfahrensfördernde Maßnahme veranlasst werden.

816 Im **Adhäsionsverfahren** tritt die Hemmungswirkung ebenfalls bereits mit Eingang des Antrags bei Gericht ein (unten Rdn. 2484) und endet sechs Monate nach Beendigung des Verfahrens (§ 204 Abs. 2 BGB).

817 Eine **Stufenklage** (§ 254 ZPO) hemmt die Verjährung zwar nur in dem Umfang, in dem der Anspruch später beziffert wird (BGH NJW 1992, 2563), hier aber tritt die Verjährungshemmung schon mit der Klageerhebung ein, während bei getrenntem Auskunfts- und Leistungsprozess die Gefahr besteht, dass während des Auskunftsprozesses der Leistungsanspruch verjährt (Prütting/Gehrlein/Geisler § 254 Rn. 4; unten Rdn. 1010, 1017).

2. Prozessuale Fristen

818 Prozessuale Fristen werden in der Regel gewahrt durch die Vornahme einer **Prozesshandlung** dem Gericht gegenüber. Im Vordergrund steht dabei neben den in einer mündlichen Verhandlung erforderlichen Handlungen die Einreichung von Schriftsätzen. Eine damit verbundene Frist ist gewahrt, wenn das Schriftstück vor Fristablauf in die Verfügungsgewalt des zuständigen Gerichts kommt. Weitere Voraussetzungen aufseiten des Gerichts, etwa eine besondere Entgegennahme oder Quittierung, sind nicht erforderlich.

819 Übermittelt werden kann ein Schriftsatz in Form des klassischen **Briefs**. Zugegangen ist ein solcher, wenn er so in den Herrschaftsbereich des Gerichts gelangt ist, dass die Möglichkeit der Kenntnisnahme besteht und unter gewöhnlichen Umständen mit einer alsbaldigen Kenntnisnahme gerechnet werden darf (BGHZ 67, 275; BGHZ 137, 205, 208; BGH NJW 2004, 1320).

Dies ist der Fall, wenn der Brief persönlich auf der Geschäftsstelle des Gerichts abgegeben oder in den Briefkasten geworfen wird. Regelmäßig nicht ausreichend ist das bloße Einbringen des Schriftsatzes in die Räumlichkeiten des Gerichts (Zurücklassen im Gebäude, Übergabe an Hausmeister oder Putzdienst). Nach h.M. steht es dem Zugang nicht entgegen, dass eine nicht für Fristsachen eingerichtete Zugangsmöglichkeit beim Gericht genutzt wird (normaler Briefkasten neben Fristenkasten).

Wird der Brief der Post zur Beförderung überlassen, ist er erst mit der Übergabe durch die Post an das Gericht zugegangen. Insoweit trägt die Partei nicht nur das Risiko richtiger Adressierung und ausreichender Frankierung, sondern auch das allgemeine Beförderungsrisiko (BGH NJW 2007, 1751).

Fristwahrend wirkt nur der Eingang beim zuständigen Gericht. Zwar ist ein unzuständiges Gericht verpflichtet, einen Schriftsatz an das zuständige Gericht weiterzuleiten, fristwahrend wirkt aber auch dann nur der Eingang dort (BGH NJW 2006, 3499; BGH NJW 1998, 9080). Besteht eine gemeinsame Briefeingangsstelle für mehrere Gerichte, genügt der Eingang dort, wenn er an das richtige Gericht adressiert war (BGH NJW-RR 2005, 75: Berufungsbegründungsschrift in Sammelumschlag in Nachtbriefkasten von AG und LG). Geht der Schriftsatz wegen unrichtiger Adressierung von dort zunächst an ein unzuständiges Gericht und muss an das zuständige Gericht weitergeleitet werden, wo er erst nach Ablauf der Frist eingeht, ist die Frist nicht gewahrt (BGH NJW 1990, 990; BGH NJW-RR 2001, 1730). Fristwahrend wirkt die Einreichung bei einem unzuständigen auswärtigen Spruchkörper des Gerichts (BGH NJW 1967, 107). Kein Eingang bei Gericht liegt vor, wenn ein (versehentlich) an eine Anwaltskanzlei adressiertes Kuvert zwar bei der Posteingangsstelle eingeworfen, vom Gericht aber an die Anwaltskanzlei weitergeleitet wird (BGH NJW 1990, 2822).

Der rechtzeitige Einwurf in den Gerichtsbriefkasten wahrt die Frist auch dann, wenn er außerhalb der üblichen Dienstzeiten (z.B. um 23:59 Uhr) erfolgt und erst nach Fristablauf geleert wird. (Funktionierende!) Fristenbriefkästen lassen am nächsten Tag erkennen, ob ein Brief noch vor oder erst nach Mitternacht eingeworfen wurde.

Dokumentiert wird der Zugangszeitpunkt beim Brief durch einen auf dem Schriftsatz angebrachten Eingangsstempel. Zu dessen Widerlegung ist voller Gegenbeweis nötig (§§ 418 Abs. 2, 445 Abs. 2 ZPO; BGH VersR 1991, 896; BGH VersR 1998, 1439). Hierbei dürfen wegen der Beweisnot der betroffenen Partei die Anforderungen jedoch nicht überspannt werden. Die bloße, nie völlig auszuschließende Möglichkeit, dass ein Nachtbriefkasten aus technischen Gründen nicht richtig funktioniert hat oder bei der Abstempelung Fehler unterlaufen sind, reicht zur Führung des Gegenbeweises zwar nicht aus, aber zwingt das Gericht, die insoweit zur Aufklärung nötigen Maßnahmen zu ergreifen, da der Außenstehende keinen Einblick in die Funktionsweise des gerichtlichen Nachtbriefkastens sowie das Verfahren bei dessen Leerung und damit keinen Anhaltspunkt für etwaige Fehlerquellen hat (BGH NJW 2000, 1872; BGH NJW-RR 2005, 75; BGH NJW-RR 2012, 701).

Zur Bedeutung des Eingangsstempels beim Antrag auf Wiedereinsetzung unten Rdn. 870.

In eilbedürftigen Fällen außerhalb des Anwendungsbereichs von § 130d ZPO liegt es nahe, zur Übermittlung der fristwahrenden Erklärung anstelle des klassischen Schriftsatzes alternative Kommunikationsformen (**Telefax, E-Mail**) zu wählen. 820

Zu den Möglichkeiten der Wahrung erforderlicher Formen und dem für die Fristwahrung beachtlichen Zeitpunkt solcher Erklärungen oben Rdn. 711 ff.

Elektronisch übermittelte Dokumente sind eingegangen, sobald sie auf der Empfangseinrichtung des Gerichts gespeichert sind (§ 130a Abs. 5 ZPO; BGH MDR 2021, 57). 821

Empfangseinrichtung i.S.d. § 130a ZPO ist ein Server, der sich regelmäßig nicht im Gericht selbst, sondern an einem anderen Ort in der Infrastruktur der Justizverwaltung befindet. Dort wird die Nachricht des Absenders abgelegt und kann vom Empfänger abgeholt werden. Der Zeitpunkt der Abspeicherung ergibt sich aus dem Transfervermerk, dem Prüfvermerk und dem Prüfprotokoll.

Der Prüfvermerk ist eine automatisch erstellte Datei, die Informationen zu Absender und Empfänger, Dateiformat, Signatur und Übermittlungsweg enthält. Der Transfervermerk dokumentiert einen Medienbruch, d.h. die Verschriftlichung der elektronischen Datei (§ 298 Abs. 2, 3 ZPO).

Unabhängig von der Art der Übermittlung ist erforderlich, dass der eingereichte Schriftsatz dem richtigen Verfahren zweifelsfrei **zugeordnet** werden kann. 822

Feste Formvorschriften gibt es dabei nicht. Insbesondere ist es nicht zwingend erforderlich, für Rechtsanwälte aber unverzichtbar, dass Rubrum und Aktenzeichen (richtig) angegeben werden. Fehlende oder irrtümlich falsche Angaben müssen durch Auslegung ggf. auch des Schriftsatzinhalts durch das Gericht ausgelegt werden (BGH NJW 2003, 3418). Lässt sich ein Schriftsatz auch dadurch nicht zuordnen und gerät er deswegen nicht rechtzeitig zur richtigen Akte, kann er die Frist nicht wahren.

V. Wiedereinsetzung in den vorigen Stand (§ 233 ZPO)

Mit der Wiedereinsetzung in den vorigen Stand können die Rechtsfolgen der Versäumung besonderer Fristen beseitigt werden; ein Antrag auf Wiedereinsetzung kommt grundsätzlich in Betracht bei einer versäumten **Notfrist** und einer versäumten **Frist zur Begründung einer Berufung**, einer Revision, einer Nichtzulassungsbeschwerde oder einer Rechtsbeschwerde. Darüber hinaus kann auch die Versäumung einer **Wiedereinsetzungsfrist** (§ 234 Abs. 1 ZPO) selbst überwunden werden. Die Wiedereinsetzung greift selbst dann, wenn die gerichtliche Entscheidung wegen der Versäumung einer Rechtsmittelfrist mittlerweile formelle Rechtskraft erlangt hat. Wird dem Antrag stattgegeben, führt dies zu einer Wiedereinsetzung der Partei in die Rechtsposition, die sie vor der Versäumung der Frist innehatte. 823

Fristen spielen in der anwaltlichen Tätigkeit eine zentrale Rolle. Wird eine prozessuale Frist versäumt, so ist die Partei mit der vorzunehmenden Prozesshandlung ausgeschlossen (§ 230 ZPO); eine Nachholung ist dann grundsätzlich nicht mehr möglich. Damit sind regelmäßig gravierende 824

Rechtsnachteile bis hin zum endgültigen Unterliegen im Rechtsstreit verbunden. Ist die Fristversäumung vom Anwalt zu vertreten, begründet dies Regressansprüche des Mandanten gegen ihn.

Fehler im Zusammenhang mit der Wahrung von Fristen sind bei Anwälten die mit Abstand häufigste Fehlerquelle überhaupt. So betreffen z.B. mehr als 40 % aller der Allianz Versicherungs-AG gemeldeten Anwaltsfehler Fristversäumnisse (Borgmann BRAK-Mitt. 1998, 16).

Anwaltliche Fristversäumungen können darauf beruhen,
- dass der Lauf einer Frist nicht bemerkt wird;
- dass die Frist falsch berechnet wird, sei es, dass von einem falschen Fristbeginn, einer falschen Fristdauer oder einem falschen Fristende ausgegangen wird;
- dass die erforderliche Prozesshandlung nicht vor Ablauf der Frist vorgenommen wird;
- dass die vorgenommene Prozesshandlung fehlerhaft war und deswegen nicht fristwahrend wirkt.

Wegen der zur Vermeidung solcher Fehler im Einzelnen zu beachtenden Punkte oben Rdn. 164 ff. und 765 ff.

825 Ziel anwaltlicher Tätigkeit muss stets sein, Fristversäumungen zu vermeiden. Dazu genügt es nicht, die Fristvorschriften selbst zu kennen. Erforderlich ist entsprechend ausgebildetes, ständig angeleitetes und überwachtes Personal sowie eine auf die Wahrung von Fristen eingerichtete Büroorganisation.

Zu den Grundanforderungen an jede Anwaltskanzlei gehört es, laufende Fristen zu erkennen, sie zutreffend zu berechnen und zuverlässig zu wahren. Dabei darf der Anwalt sich für einfache Aufgaben (»die weder besondere Geistesarbeit noch juristische Schulung verlangen«, Zöller/Greger § 233 Rn. 23.13) hinreichend ausgebildeter, erfahrener und überwachter Mitarbeiter bedienen, muss aber über allgemeine Arbeitsanweisungen eine Organisationsstruktur vorhalten, die die Erfüllung dieser Anforderungen auch in Problemfällen gewährleistet (BGH NJW 2002, 3782; Borgmann BRAK-Mitteilungen 1998, 16).

Sichergestellt sein muss, dass der Ausgangspunkt für die Fristberechnung (Urteilszustellung) eindeutig geklärt und aktenmäßig festgehalten wird (BGH MDR 1988, 213). Gleichzeitig oder zumindest alsbald muss die Frist berechnet und ihr Ende in den Fristenkalender eingetragen werden. In diesem müssen Not-, Rechtsmittel- und Rechtsmittelbegründungsfristen besonders gekennzeichnet (BGH NJW 1989, 2393) und mit Vorfristen abgesichert sein (BGH NJW 2000, 365). Die Verwendung loser Zettel reicht nie aus, computergestützte Fristenüberwachungssysteme müssen Vorkehrungen gegen Fehleingaben enthalten und über einen Servicevertrag gegen Störungen gesichert sein. Auch nach rechtzeitiger Vorlage an den Anwalt muss die tatsächliche Wahrung der Frist durch eine Ausgangskontrolle sichergestellt sein (BGH VersR 1999, 1303). Erst dann darf eine Frist gelöscht werden (Chab BRAK-Mitteilungen 2002, 25).

Als Verschulden des Rechtsanwalts behandelt die Rechtsprechung nicht nur mangelnde Sorgfalt bei der Auswahl, Belehrung und Überwachung des Personals (BGH VersR 1972, 557), sondern zum Beispiel auch eine Arbeitsüberlastung des Personals (OLG Koblenz OLGR 1997, 300) oder eine unklare Kompetenzzuweisung (BGH VersR 1993, 206), wobei die Beweislast für das Fehlen eigenen Verschuldens bei ihm liegt (BGH VersR 1983, 401).

826 Auf die Mithilfe des Gerichts kann bei der Fristwahrung nur bedingt vertraut werden.

Eine Hinweispflicht entsprechend § 139 ZPO gibt es insoweit nicht. Nur unter besonderen Umständen ist das Gericht gehalten, einer drohenden Fristversäumnis seitens der Partei entgegenzuwirken. So darf es nicht »sehenden Auges« zuwarten, bis die Partei Rechtsnachteile erleidet (BGH NJW-RR 2004, 1364: es ist nicht zu beanstanden, wenn das Gericht erst bei der Bearbeitung des Falles und damit erst nach Ablauf der Fristen die Einhaltung der Form überprüft). Obwohl an sich problemlos möglich, ist das Gericht damit nicht gehalten, die Formwirksamkeit einer Rechtsmitteleinlegung sofort zu prüfen und ggf. noch innerhalb der laufenden Frist auf den Mangel hinzuweisen (a.A. Hirtz/Oberheim/Siebert Kap. 2 Rn. 35 ff.).

827 Die Möglichkeit einer Wiedereinsetzung in den vorigen Stand kann für den Anwalt nicht Mittel der Wahl sein, sondern dient allenfalls als »Rettungsmaßnahme« zur Vermeidung schlimmerer Folgen eines begangenen Fehlers.

Die Wiedereinsetzung macht zusätzliche Arbeit und ist in ihrer Erfolgsaussicht schwer abschätzbar. Obgleich nach ständiger Rechtsprechung des BVerfG (z.B. NJW-RR 2002, 1004; NJW 2004, 2583) die Anforderungen hierbei nicht überspannt werden dürfen, sind insbesondere die erstinstanzlichen Gerichte bei einem Wiedereinsetzungsantrag im Allgemeinen sehr kritisch und stellen hohe Sorgfaltsanforderungen an Parteien und Prozessbevollmächtigte (auch Zöller/Greger § 233 Rn. 13: berufsbedingt strenge Sorgfalt; Kohlhaas NJW 28/2005, S. XXVI: »nicht selten überzogen harte Maßstäbe«). Hierfür ist es bezeichnend, dass der BGH in Beschwerdeentscheidungen immer wieder darauf hinweisen muss, dass die gerichtliche Ablehnung der begehrten Wiedereinsetzung durch die Instanzgerichte gegen seine ständige Rechtsprechung verstößt.

In jedem Fall müssen zur Begründung des Wiedereinsetzungsantrags Interna der anwaltlichen Büroorganisation offengelegt werden.

Häufig wird dem Mandanten die Fristversäumung nicht verborgen bleiben. Selbst wenn es gelingt, einen endgültigen Rechtsverlust durch Wiedereinsetzung oder einen etwaigen Schaden durch Einschaltung der Haftpflichtversicherung abzuwenden, ist das Vertrauen des Mandanten in die Zuverlässigkeit seines Anwalts erschüttert (Müller NJW 1993, 682).

▶ Praxistipp:

Ergeben sich Anhaltspunkte dafür, dass eine Frist versäumt sein könnte, sollte unverzüglich (spätestens innerhalb einer Woche) die anwaltliche Berufshaftpflichtversicherung informiert werden. 828

Die Notwendigkeit einer entsprechenden Anzeige ergibt sich aus § 30 VVG, § 5 AVB-A. Sie erfolgt am besten telefonisch oder per Telefax direkt an die Schadenabteilung in der Zentrale, nicht an einen Makler, eine Agentur oder eine Außenstelle. Zum einen wird nur so eine spätere Leistungsverweigerung durch den Versicherer wegen Obliegenheitsverletzung verhindert, zum anderen leisten manche Versicherer Hilfestellungen bei der Formulierung des Wiedereinsetzungsantrags (Grams MDR 2002, 1179). Deswegen sollte die Anzeige auch dann erfolgen, wenn der Anwalt davon überzeugt ist, dass die Fristversäumung unverschuldet war und eine Wiedereinsetzung erfolgen wird.

▶ Praxistipp:

Hat die Fristversäumung zur Schaffung eines (vorläufig vollstreckbaren) Titels geführt, muss geprüft werden, ob parallel zum Antrag auf Wiedereinsetzung die einstweilige Einstellung der Zwangsvollstreckung gem. § 707 ZPO beantragt werden muss. 829

Da im Normalfall aber nur eine Einstellung gegen Sicherheitsleistung in Betracht kommt, sollte der Antrag auch (zumindest im Hilfsantrag) entsprechend lauten. Obgleich das Gericht bei einem Antrag auf Einstellung ohne Sicherheitsleistung diesem mit Sicherheitsleistung stattgeben muss, weisen manche Richter einen solchen Antrag (teilweise wegen fehlerhafter Formblätter!) trotzdem ab (Thomas/Putzo/Hüßtege § 707 Rn. 10). Der Beschluss ist dann grundsätzlich zwar nicht anfechtbar (§ 707 Abs. 1 ZPO), jedoch kann ihn das Gericht bis zur Endentscheidung jederzeit aufheben oder abändern. Eine Beschwerde ist daher auch immer als Änderungsantrag zu deuten (Zöller/Herget § 707 Rn. 22).

1. Voraussetzungen

a) Fristversäumung

Voraussetzung für einen Wiedereinsetzungsantrag ist zunächst, dass eine in § 233 ZPO genannte 830
Frist auch tatsächlich versäumt wurde.

▶ Praxistipp:

Auf keinen Fall sollte der Hinweis des Gerichts, eine Frist sei versäumt worden, unkritisch 831
hingenommen und vorschnell Wiedereinsetzung beantragt werden. Zur Überprüfung kann es sich empfehlen, Einsicht in die Gerichtsakte zu nehmen.

Auch Richter machen Fehler. Typische Fehlerquelle aufseiten des Gerichts ist, dass nicht hinreichend 832
gründlich geprüft wurde, ob und wann die Frist begonnen hat. Insbesondere gerichtlich veranlasste

Zustellungsfehler, die eine wirksame Zustellung und damit ein In-Gang-Setzen der Frist verhindern, werden regelmäßig übersehen. Daneben kommen Fehler bei der Berechnung der Frist, bei der Bestimmung von Fristbeginn, Fristdauer oder Fristende durch den Richter genauso häufig vor, wie entsprechende Fehler durch den Anwalt. Auch können organisatorische Mängel beim Gericht verhindert haben, dass eine fristwahrend eingegangene Prozesshandlung rechtzeitig zur Akte gelangt ist.

833 Nicht selten ist zu beobachten, dass bei (rechtzeitiger) Übermittlung des Schriftsatzes per Telefax und (verspäteter) Nachsendung des Originals versehentlich oder fälschlicherweise nur das Datum des Originaleingangs beachtet wird.

834 Zur Beantwortung der Frage, ob eine Frist versäumt wurde, die das Stellen eines Wiedereinsetzungsantrags rechtfertigt, bieten sich folgende **Prüfungsschritte** an:

835 (1) Lief überhaupt eine der in § 233 ZPO genannten **Fristen**?

Zu den Fristen, gegen deren Versäumung eine Wiedereinsetzung möglich ist, unten Rdn. 841.

Bei den in § 233 ZPO genannten Fristen handelt es sich ausschließlich um prozessuale Fristen, die kraft Gesetzes laufen. Zweifel daran, ob die Voraussetzungen für die entsprechende Frist vorliegen, dürften kaum auftauchen.

836 (2) Wann hat diese Frist zu laufen **begonnen**?

Zum Fristbeginn im Allgemeinen oben Rdn. 199.

Die Fristen des § 233 ZPO beginnen grundsätzlich mit der Zustellung einer gerichtlichen Entscheidung. Dabei setzt nur eine wirksame Zustellung die Frist in Gang. Erfolgt die Zustellung an die Parteien zu unterschiedlichen Zeitpunkten, läuft für jede Partei die Frist gesondert an.

Bei der Zustellung gegen Empfangsbekenntnis (§ 175 ZPO) ist das Schriftstück an dem Tag zugestellt, an welchem der Empfänger, insbesondere der Anwalt, vom Zugang Kenntnis erlangt und es empfangsbereit entgegengenommen hat (BGH RuS 2003, 43; BGH JurBüro 2007, 504). Daher erfolgt der Zugang nicht bereits mit Eingang in der Kanzlei. Die notwendige Empfangsbereitschaft fehlt, wenn der Anwalt die Unterschrift verweigert oder äußert, er betrachte die Zustellung als unwirksam und weise das Schriftstück deshalb zurück (Zöller/Schultzky § 175 Rn. 4). Der Mangel des Empfangswillens des Rechtsanwalts kann dabei nicht nach § 189 ZPO geheilt werden (Zöller/Schultzky § 175 Rn. 5; § 189 Rn. 10). Zu den Gefahren, die damit verbunden sind, dass die Zustellungsurkunde gar nicht, verzögert oder falsch ausgefüllt zurückgeschickt wird, unten Rdn. 914.

Dies gilt auch für das elektronische Empfangsbekenntnis (Müller NJW 2017, 2713).

837 (3) **Wie lange** dauerte die Frist?

Zur Fristdauer im Allgemeinen oben Rdn. 205.

Die Dauer der Fristen des § 233 ZPO folgt ausnahmslos aus dem Gesetz. Insoweit sollte es deswegen keine Schwierigkeiten mit der Feststellung geben.

838 (4) Wurde die Frist **unterbrochen, ausgesetzt oder verlängert**?

Zum Antrag auf Fristverlängerung unten Rdn. 1515.

Verlängerbar sind gesetzliche Fristen nur in den besonders bestimmten Fällen. Dies trifft auf die Rechtsmittelbegründungsfristen zu, nicht aber auf die übrigen Notfristen.

Werden solche Fristen bis zu einem bestimmten Endtermin (»bis zum 20.6.«) gesetzt, erübrigt sich eine Berechnung. Wird die Frist um einen bestimmten Zeitraum verlängert (»um zwei Wochen«), obliegt die Berechnung dem Anwalt. Dabei wird die neue Frist nach § 224 Abs. 3 ZPO von dem Ablauf der vorigen Frist an berechnet, sofern nicht das Gericht im einzelnen Fall etwas anderes bestimmt hat. Fällt der letzte Tag der ursprünglichen Frist auf einen Sonntag, einen allgemeinen Feiertag (an dem Ort, an dem der Widerruf zu erklären ist, d.h. am Gerichtsstand, nicht am Ort der Kanzlei: BGH MDR 2012, 301) oder einen Sonnabend, so beginnt der verlängerte Teil der Frist erst mit dem Ablauf des nächstfolgenden Werktages (§§ 222 Abs. 2, 224 Abs. 3 ZPO; BGHZ 21, 43, 44; BGH NJW 2006, 700).

▶ **Beispiel:**

Bei Zustellung des Urteils am 25.10. läuft die zweimonatige Bekanntmachungsfrist (§ 520 Abs. 2 ZPO) am 27.12. ab (§§ 222 Abs. 1 u. 2 ZPO; 187 Abs. 1; 188 Abs. 2 BGB). Die Verlängerungsfrist von einem Monat beginnt dann am 28.12. (§ 224 Abs. 3 ZPO) und endet am 27.01. (§§ 187 Abs. 2, 188 Abs. 2 BGB).

Ist das Verfahren unterbrochen (§§ 239 ff. ZPO) oder ausgesetzt (§§ 246 ff. ZPO), so beginnt eine Frist nicht, eine bereits in Gang gesetzte Frist hört auf, zu laufen. Nach Beendigung der Unterbrechung oder Aussetzung beginnt die Frist in voller Länge neu zu laufen (§ 249 Abs. 1 ZPO).

(5) Wann **lief** die Frist **ab**? 839

Zum Fristablauf im Allgemeinen oben Rdn. 212.

(6) Wodurch wurde die Frist **gewahrt**? 840

Zur Fristwahrung im Allgemeinen oben Rdn. 796.

Eine Frist ist gewahrt, wenn das Schriftstück vor Fristablauf in die Verfügungsgewalt des zuständigen Gerichts kommt und eine alsbaldige Kenntnisnahme durch das Gericht möglich und wahrscheinlich ist. Weitere Voraussetzungen aufseiten des Gerichts, etwa eine besondere Entgegennahme oder Quittierung, sind nicht erforderlich.

Unter dem Einfluss des BVerfG hat sich die Rechtsprechung hierzu in den letzten Jahren deutlich geändert. Heute gilt der Grundsatz, dass die Frist bis zur Grenze ausgenutzt werden und darauf vertraut werden kann, dass alle Behörden die organisatorischen Vorkehrungen zur Annahme von Erklärungen auch außerhalb der regulären Dienststunden treffen (Nachtbriefkasten, funktionierendes Faxgerät) und selbst fehlerhaft adressierte Erklärungen sachgerecht weiterleiten.

Unproblematisch ist die Fristwahrung bei rechtzeitiger Abgabe auf der Geschäftsstelle oder bei einer hierfür eingerichteten Einlaufstelle bzw. dem Eingang dort bei postalischem Versand. Der rechtzeitige Einwurf in den Gerichtsbriefkasten wahrt die Frist auch dann, wenn er außerhalb der üblichen Dienstzeiten (z.B. um 23:59 Uhr) erfolgt und erst nach Fristablauf geleert wird. Auch eine Übermittlung per Telefax oder E-Mail ist möglich. Nach h.M. steht es dem Zugang nicht entgegen, dass eine nicht für Fristsachen eingerichtete Zugangsmöglichkeit beim Gericht genutzt wird (normaler Briefkasten, Faxanschluss Nebenstelle; BGH NJW-RR NJW-RR 2018, 957).

Erfolgt die Einlegung der Berufung per Telefax, muss die Versendung an einen Gerichtsanschluss erfolgen und vor Ablauf der Frist abgeschlossen, d.h. als Signal beim Empfangsgerät vollständig eingegangen, allerdings nicht auch schon ausgedruckt sein (BGH NJW 2006, 2263). Hat die Übertragung zu einem Zeitpunkt begonnen, zu dem noch mit einem Abschluss der Übermittlung vor Ablauf der Frist gerechnet werden kann (wobei wegen der möglichen Belegung des Gerichtsanschlusses eine Zeitreserve von nur wenigen Minuten regelmäßig nicht ausreicht: BVerfG NJW 2000, 574), kommt eine Wiedereinsetzung in Betracht. Dies gilt auch, wenn die Übertragung wegen eines Defekts des Empfangsgeräts scheitert.

Besteht eine gemeinsame Briefeingangsstelle für mehrere Gerichte, genügt der Eingang dort, wenn er an das richtige Gericht adressiert war (BGH NJW-RR 2005, 75: Berufungsbegründungsschrift in Sammelumschlag in Nachtbriefkasten von AG und LG). Geht der Schriftsatz wegen unrichtiger Adressierung von dort zunächst an ein unzuständiges Gericht und muss an das zuständige Gericht weitergeleitet werden, wo er erst nach Ablauf der Frist eingeht, ist die Frist nicht gewahrt (BGH NJW 1990, 990; BGH NJW-RR 2001, 1730). Fristwahrend wirkt die Einreichung bei einem unzuständigen auswärtigen Spruchkörper des Gerichts (BGH NJW 1967, 107). Kein Eingang bei Gericht liegt vor, wenn ein (versehentlich) an eine Anwaltskanzlei adressiertes Kuvert zwar bei der Posteingangsstelle eingeworfen, vom Gericht aber an die Anwaltskanzlei weitergeleitet wird (BGH NJW 1990, 2822).

Regelmäßig nicht ausreichend ist das bloße Einbringen des Schriftsatzes in die Räumlichkeiten des Gerichts (Zurücklassen im Gebäude, Übergabe an Hausmeister).

Erforderlich ist, dass der eingereichte Schriftsatz dem richtigen Verfahren zweifelsfrei zugeordnet werden kann. Feste Formvorschriften gibt es dabei nicht. Insbesondere ist es nicht zwingend erforderlich, dass Rubrum und Aktenzeichen (richtig) angegeben werden. Fehlende oder irrtümlich falsche Angaben müssen durch Auslegung (ggf. auch des Schriftsatzinhalts) durch das Gericht ermittelt werden (BGH NJW 2003, 3418). Selbstverständlich sollte der Anwalt sich hierauf nicht verlassen, sondern die erforderlichen individualisierenden Angaben fehlerfrei machen.

b) Zulässigkeit

841 **Statthaft** ist der Wiedereinsetzungsantrag gegen die Versäumung einer der in § 233 ZPO besonders genannten absoluten Fristen. Dazu gehören die Notfristen und Rechtsmittelbegründungsfristen. Da es sich bei der Wiedereinsetzung um ein Ausnahmeinstitut handelt, ist die gesetzliche Aufzählung der Fristen nach h.M. abschließend und einer Analogie nicht zugänglich.

Keine Wiedereinsetzung ist deswegen möglich gegen die Versäumung der Fristen zur Tatbestandsberichtigung, Urteilsergänzung, Einlegung der Anschlussberufung oder Widerruf eines Prozessvergleichs. Nicht möglich ist eine Wiedereinsetzung auch bei materiell-rechtlichen (Verjährung) oder richterlichen Fristen.

Ausgeschlossen ist eine Wiedereinsetzung auch bei Versäumung der Wiedereinsetzungsfrist. Denkbar ist jedoch, dass die Partei sich rechtlich relevant über den Beginn oder die Dauer der Wiedereinsetzungsfrist irrt oder ihr wegen des Gebots eines fairen Verfahrens Fehler des Gerichts nicht zum Nachteil gereichen dürfen (BGH NJW-RR 2020, 1519; OLG Frankfurt a. M. OLGReport Frankfurt a.M. 2002, 202; BGH NJW 1999, 3051; BVerfG NJW 2004, 2887).

Notfristen sind nur diejenigen Fristen, die im Gesetz als solche bezeichnet werden (§ 224 Abs. 1 Satz 2 ZPO), insbesondere die Frist zum Widerspruch des Beklagten bei Klagerücknahme (§ 269 Abs. 2 Satz 4 ZPO), die Frist zur Anzeige der Verteidigungsbereitschaft im schriftlichen Vorverfahren (§ 276 Abs. 1 Satz 1 ZPO) und die Fristen zur Einlegung von Rechtsmitteln und Rechtsbehelfen (§§ 321a Abs. 2 Satz 1, 339 Abs. 1 Satz 2, 517, 548, 569 Abs. 1 Satz 1575 Abs. 1 Satz 1, 586 Abs. 1 ZPO).

842 Die Wiedereinsetzung ist **subsidiär** gegenüber der Fristverlängerung.

▶ Praxistipp:

Erkennt der Rechtsanwalt, dass er eine verlängerbare Frist voraussichtlich nicht einhalten kann, muss er durch einen rechtzeitig gestellten Antrag auf Fristverlängerung dafür Sorge tragen, dass ein Wiedereinsetzungsgesuch nicht notwendig wird (BGH MDR 2021, 958; BGH NJW 2013, 3181).

843 Die Wiedereinsetzung in den vorigen Stand kann nur innerhalb einer besonderen **Wiedereinsetzungsfrist** beantragt werden. Diese beträgt im Regelfall zwei Wochen ab Beseitigung des Hindernisses, bei der Versäumung von Rechtsmittelbegründungsfristen einen Monat.

Unabhängig von der Kenntnis des Hindernisses, endet die Wiedereinsetzungsfrist spätestens ein Jahr nach Ablauf der versäumten Frist (§ 234 Abs. 3 ZPO).

Dabei ist das Hindernis nicht erst dann behoben, wenn die bisherige Ursache der Verhinderung beseitigt ist, sondern schon dann, wenn das Fortbestehen des Hindernisses nicht mehr als unverschuldet angesehen werden kann. Die Frist des § 234 Abs. 1 ZPO beginnt somit zu laufen, sobald die Partei oder ihr Prozessbevollmächtigter die Fristversäumung erkennt – sei es durch eigene Wahrnehmung, sei es durch richterlichen Hinweis – oder bei Anwendung der gebotenen Sorgfalt die Versäumung hätte erkennen können (BGH NJW-RR 2005, 76: sobald Anlass bestand, zu prüfen, ob das Fristende richtig festgehalten war).

Mit der Verlängerung der Frist für einen Antrag auf Wiedereinsetzung nach Versäumung einer Rechtsmittelbegründungsfrist auf einen Monat wollte der Gesetzgeber der vermögenslosen Partei nach Gewährung von Prozesskostenhilfe ausreichend Zeit zur Begründung des Rechtsmittels einräumen. Auf diese Fälle aber ist der Wortlaut des § 234 Abs. 1 Satz 2 ZPO nicht beschränkt, sodass die Monatsfrist auf alle Fälle einer Versäumung der Frist zur Begründung eines Rechtsmittels anzuwenden ist (BGH NJW 2008, 1184).

▶ Praxistipp:

844 Die Antragsfrist beginnt nicht erst mit dem Hinweis des Gerichts auf die Fristversäumnis. Erforderlich ist, dass auch andere Hinweise auf eine möglicherweise versäumte Frist beachtet werden.

Die verlängerte Frist nach § 236 Abs. 2 Satz 2 ZPO gilt nur für die Versäumung von Rechtsmittelbegründungsfristen, nicht für die Fristen zur Einlegung der Rechtsmittel. Sie soll sicherstellen, dass dem bedürftigen Rechtsmittelführer, der Rechtsmittel erst nach der Bewilligung von Prozesskostenhilfe (und damit häufig zu einem Zeitpunkt, zu dem auch die Begründungsfrist bereits abgelaufen ist) einlegen will und kann, ein Monat Zeit für die (mit dem Wiedereinsetzungsantrag zu verbindende, § 236 Abs. 2 ZPO) Rechtsmittelbegründung verbleibt, sodass er nicht schlechter gestellt wird als die vermögende Partei.

Die Wiedereinsetzungsfrist kann nicht verlängert werden (§ 224 Abs. 2 ZPO).

Der **Antrag** auf Wiedereinsetzung muss gem. § 236 Abs. 2 ZPO die die Wiedereinsetzung begrün- 845
denden Tatsachen enthalten, insbesondere

– die Tatsachen, aus denen sich ergibt, dass die Fristversäumung unverschuldet war, sowie

Dabei ist konkret, substantiiert und nachvollziehbar darzulegen, wie es zu der Fristversäumung kam. Erforderlich ist nicht bloß die Schilderung des Geschehensablaufs im Einzelfall, sondern auch eine Darlegung der Kanzleiorganisation, insbesondere des Fristenmanagements im Allgemeinen. Dazu gehört die Arbeitsverteilung zwischen Anwalt und Personal genauso wie die Maßnahmen zur Auswahl, Ausbildung und Überwachung des Personals. Die von der Rechtsprechung hier aufgestellten hohen Anforderungen an die Darlegung werden vonseiten der Rechtsanwälte häufig als entwürdigend angesehen.

Zu einzelnen Wiedereinsetzungsgründen unten Rdn. 873.

– die Tatsachen, aus denen sich ergibt, dass der Wiedereinsetzungsantrag rechtzeitig gestellt wurde (Thomas/Putzo/Hüßtege § 236 Rn. 3; BGH NJW 1998, 2678; BGH NJW 2000, 592).

Hinsichtlich der Rechtzeitigkeit muss der Zeitpunkt ersichtlich sein, in dem das Hindernis weggefallen ist, das die Partei ohne ihr Verschulden an der Einhaltung der Frist gehindert hat.

Damit kann bei unverschuldeter Versäumung der ursprünglichen Frist der Wiedereinsetzungsantrag wegen verschuldeter Versäumung der Frist zur Wiedereinsetzung dann doch noch scheitern (LG München I, Beschl. vom 20.06.2003, 31 S 1228/03: Im Legen der Berufungsbegründung auf den Schreibtisch der verantwortlichen Kanzleiangestellten am Vorabend des Fristablaufs lag zwar kein Verschulden an der Versäumung der Begründungsfrist, jedoch hätte dem Anwalt, als er dann wieder in der Kanzlei war, eine Nachfrage nach der Erledigung der Arbeit oblegen).

Deshalb sollte entsprechender Vortrag sorgfältig erfolgen und im Zweifel – sei es auch nur hilfsweise – vorsorglich ein Wiedereinsetzungsantrag gestellt werden.

Liegt die Ursache für die Fristversäumnis in einem fehlerhaft datierten Empfangsbekenntnis, müssen zur Beurteilung der Rechtzeitigkeit auch Ausführungen dazu gemacht werden, wann die Zustellung des gerichtlichen Schriftstücks tatsächlich erfolgt ist (BGH NJW-RR 2005, 76).

Diese Umstände müssen somit innerhalb der Antragsfrist vollständig vorgetragen sein. Dieser Punkt 846
wird in der Praxis nicht selten übersehen – insbesondere in Bezug auf die Tatsachen, welche die Einhaltung der Frist des § 234 Abs. 1 ZPO ergeben.

Diese Frist darf nicht mit der Regelung des § 236 Abs. 2 Satz 1 Hs. 2 ZPO (»bei der Antragstellung oder im Verfahren über den Antrag«) verwechselt werden, welche nur für die Glaubhaftmachung gilt.

Liegt der Wiedereinsetzungsgrund in einem Fehler des Gerichts, so beginnt die Wiedereinsetzungsfrist erst mit der Erteilung einer ausdrücklichen Belehrung des Betroffenen über die Möglichkeit der Wiedereinsetzung zu laufen (BVerfG, Beschl. vom 27.09.2005 – 2 BvR 172/04; NStZ 2005, 238).

Nach Ablauf dieser Frist nachgeschobene Tatsachen bleiben unberücksichtigt (Ausschlussfrist). 847

Allerdings gilt dies nach Ansicht des BGH nicht für die Erläuterung unklarer oder die Ergänzung unvollständiger Tatsachen (Thomas/Putzo/Hüßtege § 236 Rn. 6), worauf man sich erforderlichenfalls zwar berufen kann, aber nicht verlassen sollte. Die Abgrenzung ist in vielen Fällen nicht eindeutig zu treffen.

Es empfiehlt sich daher, den Antrag nicht erst – wie in der Praxis üblich – am letzten Tag der Frist zu stellen, damit man fehlende oder unvollständige Angaben – u.U. nach einem Hinweis des Gerichts – noch rechtzeitig nachtragen kann.

848 Schließlich muss innerhalb der Antragsfrist die versäumte Prozesshandlung nachgeholt werden, die zweckmäßigerweise mit dem Wiedereinsetzungsantrag verbunden werden kann.

Ist die Nachholung (fristgerecht) erfolgt, kann auch Wiedereinsetzung von Amts wegen gewährt werden, soweit die Gründe für die unverschuldete Fristversäumung akten- oder offenkundig sind (§ 236 Abs. 2 Satz 2 ZPO; BGH, Beschl. vom 08.12.2010 – XII ZB 334/10; Thomas/Putzo/Hüßtege § 236 Rn. 9; insbesondere beim Prozesskostenhilfeantrag, unten Rdn. 2848).

Bei der Berufung ist zu beachten, dass bei einem Antrag auf Wiedereinsetzung in die versäumte Berufungseinlegungsfrist die Begründungsfrist unabhängig davon weiterläuft. Bei Versäumung dieser Frist muss ebenfalls Wiedereinsetzung beantragt werden. Dabei beginnt die Begründungsfrist aufgrund der ZPO-Reform gem. § 520 Abs. 2 ZPO zeitgleich mit der Einlegungsfrist, somit ab Zustellung des erstinstanzlichen Urteils (§ 517 ZPO). Zugleich wurde diese jedoch auf zwei Monate verlängert (§ 519 Abs. 2 ZPO a.F.: einen Monat – ab Einlegung der Berufung).

Hierbei ersetzt ein Antrag auf Verlängerung dieser Frist die nachzuholende Prozesshandlung, also die Rechtsmittelbegründung, nicht (Thomas/Putzo/Hüßtege § 236 Rn. 8). Der Anwalt muss daher die Berufung für eine Wiedereinsetzung innerhalb der Antragsfrist (§ 236 Abs. 2 ZPO) begründen und nicht innerhalb der beantragten (längeren) Verlängerungsfrist.

849 Auch ohne Antrag kommt ausnahmsweise eine Wiedereinsetzung von Amts wegen in Betracht (§ 236 Abs. 2 Satz 2).

Hierauf sollte der Anwalt es nicht ankommen lassen.

c) Begründetheit

850 Begründet ist der Antrag auf Wiedereinsetzung, wenn die Partei ohne ihr Verschulden an der Einhaltung der Frist verhindert war (§ 233 ZPO). Dabei steht der Wiedereinsetzung nicht nur ein Verschulden (§ 276 BGB) der Partei selbst entgegen, sondern auch ein solches ihres gesetzlichen Vertreters und ihres Bevollmächtigten (§ 85 Abs. 2 ZPO; Thomas/Putzo/Hüßtege § 233 Rn. 13a, § 85 Rn. 9). Nicht einstehen muss die Partei dagegen für das Verschulden des Gerichts oder eines Dritten. Zu Letzteren gehören auch die Hilfspersonen, derer sich der Anwalt bedient, insbesondere sein Kanzleipersonal, aber auch Privatgutachter oder Detekteien.

▶ Praxistipp:

851 Der Anwalt ist nicht für alle Fehler verantwortlich, die im Prozess auftreten. Weder haftet er für andere Personen, noch trifft ihn eine Gefährdungshaftung.

Ob ein Anwaltsverschulden vorliegt, ist deswegen im Einzelfall sorgfältig zu prüfen.

852 Schuldhaft handeln die Partei und die Personen, für die sie einzustehen hat, bereits bei leichtester Fahrlässigkeit. Sie müssen die »erforderliche Sorgfalt« wahren, wobei zu deren Bemessung objektiv auf die »Sorgfalt einer ordentlichen Prozesspartei« abgestellt wird. Individuelle Besonderheiten bleiben nach h.M. unberücksichtigt (Prütting/Gehrlein/Kazele § 233 Rn. 18). Ein bloßes Mitverschulden schließt die Wiedereinsetzung bereits aus.

Verschuldensmaßstab im Rahmen des § 233 ZPO ist nicht die äußerste oder größtmögliche Sorgfalt, sondern die von einem ordentlichen Rechtsanwalt zu fordernde übliche Sorgfalt (BGH NJW 2014, 700). Diese Floskel der Rechtsprechung darf nicht darüber hinwegtäuschen, dass sie an den »ordentlichen Rechtsanwalt« sehr hohe Anforderungen stellt.

853 Das Verschulden kann der Partei selbst oder ihrem gesetzlichen Vertreter anzulasten sein.

▶ Beispiele:

854 Aufseiten der Partei selbst hat die Rechtsprechung ein Verschulden angenommen bei Nichtzahlung eines angeforderten Kostenvorschusses, bei unterlassener oder verspäteter Information des eigenen Anwalts, beim Verlorengehen des zugestellten Schriftstücks im eigenen Verant-

wortungsbereich, beim Vergessen erforderlicher rechtswahrender Handlungen oder bei Bedienungsfehlern an eigenen technischen Geräten (Fax, Computer).

Eine schuldlose Fristversäumung wurde dagegen angenommen bei (insbesondere unvorhergesehen erforderlich werdender) Abwesenheit von Hause, wenn mit einer fristauslösenden Zustellung nicht gerechnet werden musste (BGH NJW-RR 2002, 137) oder bei plötzlicher schwerwiegender Erkrankung (insbesondere dem Eintritt der Geschäftsunfähigkeit), die eine sachgerechte Interessenwahrnehmung (etwa durch Beauftragung eines Rechtsanwalts) unmöglich macht (BGH NJW 2020, 2413; BGH JurBüro 2007, 615). Dazu können auch die mit dem Tod oder der schweren Erkrankung naher Angehöriger verbundenen psychischen Belastungen gehören.

Das Verschulden kann auch dem Anwalt anzulasten sein. Für ihn ist eine Fristversäumung nur dann unverschuldet, wenn er sie bei Anwendung der Sorgfalt, die unter Berücksichtigung der konkreten Sachlage im Verkehr erforderlich war und ihm als Rechtsanwalt vernünftigerweise zugemutet werden konnte, nicht vermeiden konnte (BGH NJW 2007, 2186, 2187). **855**

▶ **Beispiele:**

Schuldhaft handelt der Anwalt bei der Bearbeitung des Mandats durch Unkenntnis einschlägiger Rechtsnormen (BGH NJW 2011, 386) bzw. Rechtsprechung, Nichtbeschreiten des sichersten Wegs oder Delegation von Aufgaben, die nicht delegierbar sind (Bestimmung von Fristen, Fertigung von Schriftsätzen). **856**

Schuldhaft kann der Anwalt auch bei der Organisation seines Büros handeln, so etwa bei der unsorgfältigen Auswahl, Ausbildung bzw. Überwachung für die Mandatsbearbeitung eingesetzten Personals oder unzureichenden (generellen oder einzelfallbezogenen) Arbeitsanweisungen.

Zu praktisch wichtigen Wiedereinsetzungsfällen näher unten Rdn. 885 ff. **857**

Eine Wiedereinsetzung kommt nur in Betracht, wenn feststeht, dass die Fristversäumung schuldlos erfolgte. Bleibt offen, ob ein Verschulden vorliegt oder nicht, ist die Wiedereinsetzung ausgeschlossen. Damit ist der Anwalt für die negative Tatsache seines Nichtverschuldens darlegungs- und beweispflichtig (BGH NJW 2006, 1520 f.). **858**

Schon die hypothetische Möglichkeit eines Verschuldens kann der Wiedereinsetzung entgegenstehen (BGH NJW 1997, 327; BGH NJW 2005, 2086: unbemerkt gebliebener Bedienungsfehler am Computer durch Anwalt als mögliche Ursache).

▶ **Praxistipp:**

Auf die Darlegung fehlenden Verschuldens muss im Wiedereinsetzungsantrag höchste Sorgfalt gelegt werden. **859**

Es genügt nicht, zu behaupten, die Fristversäumung sei »unverschuldet« oder »unvermeidbar« gewesen, es seien »alle erforderlichen Vorkehrungen zur Fristwahrung« getroffen worden oder die Ursache der Versäumung sei »unaufklärbar«.

Sofern nicht alles im Sinne der Rechtsprechung Erforderliche dargelegt wird, ist der Wiedereinsetzungsantrag bereits von vornherein unbegründet, da dann »nicht auszuschließen ist, dass der Prozessbevollmächtigte schuldhaft eine der Partei zurechenbare Ursache für die Verspätung« gesetzt hat (BGH NJW 2000, 82; BGH NJW 2002, 2180: »Alles das lässt die Antragsschrift im Dunkeln«, statt zur Büroorganisation »einen geschlossenen Sachverhalt vorzutragen«).

Erforderlich ist ein substantiierter Vortrag zur allgemeinen Organisation fristwahrender Vorgänge im Büro, der es dem Gericht erlaubt, nachzuvollziehen, ob bei Auswahl, Ausbildung und Überwachung des eingesetzten Personals und Strukturierung der Arbeitsabläufe die Einhaltung von Fris- **860** ten grundsätzlich gewährleistet ist. Dargetan muss ferner, welche Abweichung vom vorgegebenen Geschehensablauf eingetreten ist und warum es dazu kam.

Die Partei hat durch eine aus sich heraus verständliche, geschlossene Schilderung der tatsächlichen Abläufe anzugeben, auf welchen konkreten Umständen die Fristversäumung beruht. Keinesfalls darf der Sachvortrag bereits in sich widersprüchlich sein (BGH NJW-RR 2005, 793). Da oft nur Nuancen ausschlaggebend sind, sollten die Einzelheiten möglichst genau vorgetragen werden.

Gerichte stellen an die Darlegung dieser Geschehensabläufe überaus hohe Anforderungen. Diese gilt es zu erfüllen, auch wenn sie immer wieder kritisiert und als überspannt bezeichnet werden, manchmal sogar zu Peinlichkeiten gegenüber Kollegen, dem Gericht oder dem Mandanten führen (unten Rdn. 2665). Hinzu kommt, dass die Gerichte einem Wiedereinsetzungsgesuch gegenüber von Natur aus misstrauisch sind und es akribisch durchleuchten (Borgmann BRAK-Mitt. 1999, 171).

▶ Praxistipp:

861 Bei jedem Wiedereinsetzungsantrag sollte die neueste Rechtsprechung hierzu berücksichtigt werden.

Die Anforderungen der Rechtsprechung an die einzelnen Pflichten des Anwalts unterliegen ständigen Änderungen. Insbesondere im Bereich moderner Bürotechnik (Computer, Internet, Fax, E-Mail) genügt es deswegen häufig nicht, auf den eigenen Erfahrungsschatz zurückzugreifen oder ältere Kommentarliteratur heranzuziehen.

So etwa hat der BGH die Anforderungen an die Ausgangskontrolle versandter Faxe deutlich erhöht, dabei aber – ausnahmsweise – eine Übergangsregelung angeordnet: »Wird diese Kontrolle versäumt, ist in Altfällen gleichwohl Wiedereinsetzung in den vorigen Stand zu gewähren, weil in der Rechtsprechung des BGH eine Prüfung, ob die der Akte entnommene Nummer aus einem Empfängerschreiben stammt, teils für entbehrlich erachtet wird.« (BGH NJW 2011, 312)

Zur »Rechtsprechung des BGH zur Wiedereinsetzung in den vorigen Stand« die regelmäßigen Beiträge in der NJW – zuletzt Bernau NJW 2017, 2001; aktuelle Rspr. hierzu insbesondere in den BRAK-Mitteilungen; i.Ü. z.B. die umfangreichen alphabetischen Zusammenstellungen bei Zöller/Greger § 233 Rn. 23 und Anders/Gehle/Becker § 233 Rn. 18 ff.).

862 Ein Verschulden des Anwalts kann fehlen, wenn die Fristversäumung auf einem **Fehler des Gerichts** beruht.

Ob man hier von dem Grundsatz ausgeht, dass der Partei Nachteile aus einem Fehler des Gerichts nicht erwachsen dürfen, oder annimmt, insoweit fehle die Kausalität eines nachfolgenden Partei- oder Anwaltsfehlers (Prütting/Gehrlein/Kazele § 233 Rn. 24), dürfte regelmäßig dahinstehen.

863 Ein Fehler des Gerichts kommt in Betracht,

(1) wenn es dem Gericht möglich gewesen wäre, die Fristversäumnis zu vermeiden (Zöller/Greger § 233 Rn. 21a);

Wichtigster Fall hierbei ist die Nichtweiterleitung fehladressierter Schriftsätze an den erkennbar richtigen Adressaten (BVerfG NJW 2002, 3692). Zu einer solchen Weiterleitung ist das Gericht grundsätzlich verpflichtet. Eine Fristversäumung kann dadurch aber nur vermieden werden, wenn der Schriftsatz so rechtzeitig beim falschen Gericht eingeht, dass bei ordnungsgemäßer Sachbearbeitung und Weiterleitung ein Eingang beim richtigen Gericht noch innerhalb der Frist erwartet werden kann. Eilmaßnahmen muss das Gericht genauso wenig veranlassen (BGH NJW-RR 2005, 1373; irrtümlich an Vorinstanz übermittelte Berufungsbegründung) wie eine Benachrichtigung der Partei (BGH NJW MDR 2013, 240).

Streitig ist, inwieweit das Gericht verpflichtet ist, auch auf die Behebung sonstiger erkennbarer Mängel hinzuweisen. Nur eine Mindermeinung geht davon aus, dass z.B. formelle Mängel eines Schriftsatzes (fehlende Unterschrift) sofort gerügt und damit der Partei die Möglichkeit der Behebung noch vor Fristablauf gegeben ist (vgl. Hirtz/Oberheim/Siebert Kap. 2 Rn. 36 f.). Der Gesichtspunkt der Fürsorgepflicht des Gerichts kann auch in anderen Fällen dazu führen, dass der Partei die Fristversäumnis im Ergebnis nicht angelastet werden kann (BGH VersR 1998, 1437: dem Parteivertreter war offensichtlich ein Versehen bei der Angabe der zu verlängernden Frist unterlaufen – das Gericht hätte Rückfrage stellen müssen und durfte nicht den Ablauf abwarten und »sehenden Auges« zulassen, dass die Partei Rechtsnachteile erleidet).

(2) wenn das Gericht falsche Auskünfte über für die Fristwahrung relevante Umstände gibt;

Dazu gehören Auskünfte über den Zeitpunkt von Zustellungen oder den Eingang von Schriftsätzen, über die Erforderlichkeit der Beifügung von Unterlagen (BGH NJW-RR 1997, 1020) oder über die Gewährung von Fristverlängerungen (BGH NJW 1996, 1682).

(3) wenn das Gericht eine die Frist in Gang setzende Zustellung mit dem (unzutreffenden) Hinweis auf die Unwirksamkeit der ersten Zustellung wiederholt;

Der Anwalt muss wissen, dass die erste (wirksame) Zustellung die Frist in Gang setzt, auch wenn weitere Zustellungen folgen (BGH NJW-RR 2006, 563).

Sonstige falsche Auskünfte oder Erklärungen des Gerichts begründen in der Regel keine Wiedereinsetzung, da der Anwalt deren Fehlerhaftigkeit selbst erkennen muss.

(4) wenn durch jahrelange vorherige Übung geschaffene Vertrauenstatbestände (Akzeptieren einer bestimmten Anwaltsunterschrift, standardmäßige Gewährung beantragter Fristverlängerungen) ohne Vorankündigung infrage gestellt werden;

Wichtigster Fall ist hier die jahrelange unbeanstandete Hinnahme einer Unterschrift (BVerfG NJW 1988, 2787) oder die Entgegennahme von Erklärungen der Partei (Fristverlängerungsanträge, Rücknahme eigener Anträge) im Anwaltsprozess.

(5) wenn eine Rechtsbehelfsbelehrung (dazu unten Rdn. 2592) unterblieben oder fehlerhaft ist (§ 233 Satz 2 ZPO).

Die unterbliebene oder unrichtige Rechtsbehelfsbelehrung hindert weder das In-Gang-Setzen einer Rechtsbehelfsfrist noch den Eintritt der Rechtskraft. Insoweit folgt die ZPO nicht der Regelung in anderen Verfahrensordnungen (§ 58 VwGO; § 9 Abs. 5 Satz 3 ArbGG; § 55 Abs. 1 FGO; § 66 Abs. 1 SGG), sondern setzt die »Wiedereinsetzungslösung« um.

Unterbleibt die Einlegung eines Rechtsbehelfs, weil der Beteiligte mangels ordnungsgemäßer Belehrung keine Kenntnis von der Möglichkeit oder den Erfordernissen der Einlegung hatte, kann er Wiedereinsetzung in den vorigen Stand gegen die Versäumung der Rechtsbehelfsfrist verlangen. Dass ihn in diesem Fall an der Versäumung der Frist kein Verschulden trifft, wird nach § 233 ZPO vermutet (OLG Schleswig, Beschl. vom 28.06.2010 – 15 WF 198/10).

Die gesetzliche Vermutung bei unterbliebener oder fehlerhafter Rechtsmittelbelehrung ersetzt jedoch lediglich das Erfordernis des fehlenden Verschuldens des Antragstellers. Der erforderliche ursächliche Zusammenhang zwischen Belehrungsmangel und Fristversäumung muss auch in diesen Fällen vom Antragsteller vorgetragen und vom Gericht positiv festgestellt werden (BayObLG 67, 66; OLG Düsseldorf NStZ 1986, 233, beide zu § 44 StPO). Eine Wiedereinsetzung kommt nur in Betracht, wenn der Belehrungsmangel für die Fristversäumung kausal war (BGH FamRZ 2012, 1287; BGH MDR 2011, 933; BGH FamRZ 2010, 1425; OLG Sachsen-Anhalt FuR 2018, 96; BGHZ 150, 390, 403 unter Hinweis auf § 44 Abs. 2 StPO). Ausgeschlossen ist eine Wiedereinsetzung deswegen, wenn der Beteiligte wegen vorhandener Kenntnis über seine Rechtsmittel keiner Unterstützung durch eine Rechtsmittelbelehrung bedarf. Dies ist regelmäßig der Fall bei anwaltlich vertretenen Beteiligten (BGH FamRZ 2012, 1287; FamRZ 2012, 367; OLG Naumburg MDR 2011, 387; OLG Zweibrücken NJW-RR 2011, 1016; OLG Hamm FamRB 2011, 218; BT-Drucks. 16/6308 S. 183; Hansens AGS 2021, 104; a.A. Ulrici ZZP 124 [2011], 219). Auf diese Weise wird zwar der erhöhten Schutzbedürftigkeit nicht anwaltlich vertretener Beteiligter Rechnung getragen, praktisch aber führt dies dazu, dass ein anwaltlich vertretener Beteiligter nicht über die Rechtsbehelfsmöglichkeiten belehrt werden muss.

Anders als bei der fehlenden oder unvollständigen Rechtsbehelfsbelehrung darf der Anwalt indes auf die Richtigkeit einer vorhandenen Belehrung vertrauen, sodass es hier an der Ursächlichkeit zwischen Belehrungsmangel und Fristversäumung nur fehlt, wenn die erteilte Rechtsbehelfsbelehrung offenkundig falsch war, beim Anwalt nicht einmal den Anschein der Richtigkeit zu erwecken vermochte und keine Umstände vorliegen, die ihm Veranlassung gegeben haben, sich mit der einschlägigen gesetzlichen Regelung und ihrer Interpretation durch die Rechtsprechung und Literatur näher zu befassen (BVerfG NJW 2021, 915; BGH NJW 2021, 784; BGH FamRZ 2012, 1287). Bejaht hat der BGH ein Anwaltsverschulden bei einem Widerspruch zwischen dem zugelassenen Rechtsmittel und dem Inhalt der Rechtsbehelfsbelehrung (BGH MDR 2018, 420; BGH NJW 2017, 1112 m. Anm. Heinemann NJW 2017, 1113); verneint hat er es bei der falschen Belehrung über das Beschwerdegericht in WEG-Sachen (BGH NJW 2018, 164 m.

Anm. Deckenbrock NJW 2018, 1636). Unterlag der Anwalt einem nachvollziehbaren oder unvermeidbaren Rechtsirrtum, bleibt die Wiedereinsetzung möglich (BGH MDR 2017, 841; OLG Brandenburg FamRZ 2012, 1829).

An dieser restriktiven Handhabung der Wiedereinsetzungsmöglichkeit wird zunehmend Kritik laut. Mehrfach hat das BVerfG (NJW 2021, 915) in diesem Zusammenhang auf das Gebot eines fairen Verfahrens (Art. 2 Abs. 1 GG, Art. 20 Abs. 3 GG) hingewiesen, aus dem folgt, dass das Gericht aus eigenen oder ihm zuzurechnenden Fehlern, Unklarheiten oder Versäumnissen keine Verfahrensnachteile für die Beteiligten ableiten darf. Indem die ober- und höchstrichterliche Rechtsprechung praktisch jede Unrichtigkeit als offensichtlich einordnet und so einen anwaltlichen Rechtsirrtum als nicht entschuldbar definiert, werden praktisch sämtliche Säumnisfolgen allein auf den Bürger abgewälzt. Zudem schadet es dem Bild der Justiz in der Öffentlichkeit, wenn ein Rechtsanwalt sich nicht mehr auf eine gesetzlich vorgeschriebene Rechtsbehelfsbelehrung verlassen kann und stets klüger sein muss als das insoweit ihn belehrende Fachgericht (Köhler, FamRZ 2021, 574). Insoweit dürfte mit einer Abschwächung der Voraussetzungen für die Annahme einer »offenkundig« falschen Rechtsbehelfsbelehrung zu rechnen sein.

▶ Praxistipp:

864 Soll die Wiedereinsetzung gegen die Versäumung einer Rechtsbehelfsfrist auf eine unrichtige gerichtliche Rechtsbehelfsbelehrung gestützt werden, ist es erforderlich, vorzutragen, warum auch ein Anwalt auf die Richtigkeit der Belehrung vertrauen durfte, z.B. weil die Belehrung nicht offenkundig falsch war, sie den Anschein der Richtigkeit zu erwecken vermochte (BGH FamRZ 2012, 1287), es nachvollziehbar ist, dass sie für richtig gehalten wurde oder der dadurch ausgelöste Rechtsirrtum unvermeidbar war (OLG Brandenburg FamRZ 2012, 1829).

▶ Beispiel:

Besteht in Rechtsprechung und/oder Lehre Streit über die Art des einzulegenden Rechtsbehelfs, darf ein Anwalt darauf vertrauen, dass der ihm mitgeteilte Rechtsbehelf als zulässig angesehen werden wird.

865 Zu den gerichtlichen Fehlern, die nicht zum Nachteil der Partei wirken dürfen, kann auch die verfahrensfehlerhafte Verlängerung einer Frist gehören. Allerdings ist dabei auf das Gewicht des Fehlers abzustellen.

Hat ein unzuständiger Richter gehandelt oder lagen gesetzliche Voraussetzungen der Verlängerung (etwa die Zustimmung des Gegners) nicht vor, ist die Fristverlängerung wirksam, einer Wiedereinsetzung bedarf es nicht (BGH NJW 2004, 1460, 1461; BGHZ 37, 125). Lag der Fristverlängerung dagegen ein erst nach Ablauf der ursprünglichen Frist bei Gericht eingegangener Verlängerungsantrag zugrunde, so ist die gewährte Fristverlängerung unwirksam, wenn durch den Fristablauf bereits Rechtskraft eingetreten ist; durch bloße Fristverlängerung kann die Rechtskraft nicht mehr beseitigt werden (BGHZ 116, 377).

d) Glaubhaftmachung

866 Die zur Begründung der Wiedereinsetzung vorgetragenen Tatsachen müssen gem. § 236 Abs. 2 ZPO glaubhaft gemacht werden.

867 Dieses Erfordernis der Glaubhaftmachung erfasst nicht nur die zur unverschuldeten Fristversäumnis führenden Tatsachen, sondern auch diejenigen, aus denen sich die Rechtzeitigkeit des Wiedereinsetzungsantrages ergibt.

Für die Glaubhaftmachung als besondere Form der Beweisführung genügt – im Gegensatz zur vollen Beweisführung – der Nachweis einer überwiegenden Wahrscheinlichkeit für die Richtigkeit des Vorbringens (Zöller/Geimer und Greger § 294 Rn. 1, 6). Die Beweiserhebung ist hierbei nicht an die Formen der ZPO gebunden, muss aber sofort, d.h. im Zeitpunkt der Entscheidung des Gerichts, möglich sein (§ 294 Abs. 2 ZPO).

Hilfreich ist hierbei die Ansicht des BGH, wonach es zur Glaubhaftmachung eines Versehens nicht der Darlegung von Gründen bedarf, die das Versehen erklären könnten (BGH MDR 2005, 469). In der Praxis dürfte einer Fristversäumnis auch häufig ein Versehen zugrunde liegen, dessen Gründe meist nicht (mehr) feststellbar sind.

Die Glaubhaftmachung ist nicht an die Ausschlussfrist des § 234 ZPO gebunden und kann nachgeholt werden. 868

Die für eine Wiedereinsetzung mit dem Antrag vorzubringenden Tatsachen (nicht deren rechtliche Beurteilung!) müssen spätestens bis zum Schluss der mündlichen Verhandlung bzw. bis zur Entscheidung über den Antrag glaubhaft gemacht werden. Da eine mündliche Verhandlung über den Antrag nur selten stattfindet (§ 341 ZPO: Verwerfung des Einspruchs), ist es zweckmäßig und risikoloser, die Glaubhaftmachung bereits in dem Wiedereinsetzungsantrag vorzunehmen, verbunden mit der Nachholung der versäumten Prozesshandlung (innerhalb der Antragsfrist; § 236 Abs. 2 ZPO; Thomas/Putzo/Hüßtege § 236 Rn. 7). Selbst wenn man bis zu einer entsprechenden Aufforderung seitens des Gerichts warten können soll (Zöller/Greger § 236 Rn. 7), ist es ratsam, die Glaubhaftmachung zumindest anzukündigen.

Bei gerichts- bzw. aktenkundigen Tatsachen ist eine Glaubhaftmachung natürlich nicht notwendig. Es schadet jedoch nicht, wenn der Rechtsanwalt schriftsätzlich darauf hinweist.

Zur Glaubhaftmachung ist dabei nicht die Herbeiführung einer vollen Überzeugung des Gerichts erforderlich, es genügt ein deutlich geringerer Grad von Wahrscheinlichkeit. Deswegen kann sich der Antragsteller nicht nur aller Beweismittel, sondern auch einer Versicherung an Eides statt bedienen (§ 294 ZPO). Als geeignete Mittel der Glaubhaftmachung kommen in Betracht: 869

– **Eidesstattliche Versicherung der Partei** selbst oder Dritter, insbesondere der Kanzleiangestellten.

Obgleich nach der ständigen Rechtsprechung des BGH im Regelfall eine eigene Sachdarstellung der Auskunftsperson erforderlich ist, findet sich in der Praxis häufig nur eine pauschale Bezugnahme auf den anwaltlichen Schriftsatz (BGH VersR 1988, 860: »weit verbreitete Unsitte«; BGH JurBüro 2004, 457; Zöller/Greger § 294 Rn. 4). Auch wenn dies manchen Gerichten genügt, sollte vom Anwalt auch hier der »sicherste Weg« gewählt werden. Es ist daher eher angebracht, eine detaillierte eidesstattliche Versicherung vorzulegen und im Schriftsatz hinsichtlich der Einzelheiten hierauf zu verweisen.

Auf keinen Fall sollte der Anwalt hierbei das Personal zu einer falschen Aussage veranlassen. Abgesehen von der Strafbarkeit, macht er sich dadurch nur erpressbar und riskiert zudem die Anwaltszulassung.

– **Anwaltliche** – eidesstattliche – **Versicherung.**

Neben der eidesstattlichen Versicherung der Partei (BGH NJW 1999, 3051) ist auch die anwaltliche Versicherung über Vorgänge, die der Rechtsanwalt in seiner Berufstätigkeit wahrgenommen hat, ein geeignetes Mittel zur Glaubhaftmachung (Zöller/Greger § 294 Rn. 5; § 104 Abs. 2 ZPO).

Dabei muss das Gericht eine anwaltliche Versicherung nicht ungeprüft hinnehmen, sondern hat sie daraufhin zu prüfen und zu würdigen, ob ihr Inhalt in Anbetracht der sonstigen Umstände des Einzelfalles überwiegend wahrscheinlich ist (BGH NJW-RR 2004, 1500).

Deshalb muss insbesondere darauf geachtet werden, dass die Versicherung mit der Darstellung im Wiedereinsetzungsgesuch übereinstimmt. Sonst kann die Glaubhaftmachung scheitern, wenn dort (zunächst) ein anderer, die Wiedereinsetzung nicht rechtfertigender Sachverhalt vorgetragen wird (BGH NJW 2002, 1429).

– Vorlage von Schriftstücken

Zu denken ist dabei an einen Einlieferungsschein bei der Post, Kopien des Postausgangsbuches der Kanzlei sowie des Fristen- oder Wiedervorlagekalenders oder auch nichteidesstattliche (aber unterschriebene) Erklärungen von Dritten, § 416 ZPO. Die Vorlage von Originalen oder beglaubigten Abschriften ist sinnvoll, aber nicht erforderlich, auch unbeglaubigte Kopien können zur Glaubhaftmachung genügen (Zöller/Greger § 294 Rn. 5).

– Alle echten **Beweismittel** i.S.d. ZPO, also Zeugen, Parteivernehmung, Sachverständige, Augenschein und Urkunden.

Erforderlich ist dabei jedoch, dass diese Beweise sofort erhoben werden können (§ 294 Abs. 2 ZPO). Praktische Bedeutung hat diese Form der Glaubhaftmachung deswegen nur, wenn über den Wiedereinsetzungsantrag mündlich verhandelt wird. Dann müssen die Beweismittel präsent sein, vom Antragsteller also mitgebracht werden. Eine Ladung von Zeugen findet in der Regel nicht statt (allenfalls gem. § 273 ZPO, sofern dies ohne Verfahrensverzögerung möglich ist, Zöller/Greger § 294 Rn. 3; str.). Ungenügend ist daher lediglich ein Beweisantrag durch Benennung der Zeugen. Daher sollte der Anwalt, der die Wiedereinsetzungsgründe glaubhaft machen kann, den Termin selbst wahrnehmen.

Dem Antrag beigefügte schriftliche Zeugen- oder Parteiaussagen, Gutachten, Lichtbilder oder Urkunden können ihre Glaubhaftmachungsfunktion lediglich als Schriftstücke (wie vorstehend) erfüllen.

870 Wenn sich der Anwalt allein auf die Rechtzeitigkeit eines eingegangenen Antrags – entgegen dem gerichtlichen Eingangsstempel – beruft, genügt Glaubhaftmachung nicht, sondern es ist voller Gegenbeweis nötig (§§ 418 Abs. 2, 445 Abs. 2 ZPO; BGH MDR 2017, 839, 1019 und 1111).

Hierbei dürfen wegen der Beweisnot der betroffenen Partei die Anforderungen nicht überspannt werden. Jedoch reicht insbesondere die bloße, in aller Regel nicht völlig auszuschließende Möglichkeit, dass ein Nachtbriefkasten aus technischen Gründen nicht richtig funktioniert oder bei der Abstempelung Fehler unterlaufen, zur Führung des Gegenbeweises nicht aus. Da der Außenstehende in der Regel keinen Einblick in die Funktionsweise des gerichtlichen Nachtbriefkastens sowie das Verfahren bei dessen Leerung und damit keinen Anhaltspunkt für etwaige Fehlerquellen hat, ist es jedoch zunächst Sache des Gerichts, die insoweit zur Aufklärung nötigen Maßnahmen zu ergreifen (BGH NJW-RR 2020, 499; BGH NJW 2017, 2285).

▶ Praxistipp:

871 Wird die Richtigkeit eines gerichtlichen Eingangsstempels infrage gestellt, sollte zumindest hilfsweise Wiedereinsetzung beantragt werden (BGH NJW 2000, 2280).

872 Denn hierfür reicht die Glaubhaftmachung des rechtzeitigen Einwurfs in den Gerichtsbriefkasten aus (BGH VersR 1983, 491).

Der Einwurf sollte daher vom Anwalt mit Datum und Uhrzeit stets sorgfältig in der Handakte – am besten auf der Abschrift des Schriftsatzes – vermerkt werden, vor allem bei Einwurf in den offensichtlich besonders fehleranfälligen Nachtbriefkasten. Im Übrigen ist es erforderlich, dass ein Bote über die jeweiligen Standorte der Nachtbriefkästen der örtlichen Gerichte genau aufgeklärt wird (BGH BRAK-Mitt. 2005, 21 Anm. Jungk: »Manchmal gibt es gemeinsame Nachtbriefkästen mehrerer Gerichte, manchmal befindet sich der Nachtbriefkasten – wie hier beim OLG Karlsruhe, Außensenate Freiburg – an versteckter Stelle«).

Am sichersten ist es, sich bei der persönlichen Einreichung eines bestimmenden Schriftsatzes eine Abschrift von der Einlaufstelle des Gerichts mit Datum gegenzeichnen zu lassen. Dann ersetzt der Beglaubigungsvermerk auf der Abschrift sogar die eingereichte Urschrift, falls diese versehentlich nicht unterschrieben oder an den Rechtsanwalt wieder zurückgegeben wurde (Thomas/Putzo/Seiler § 129 Rn. 9).

2. Typische Wiedereinsetzungsfälle

a) Bürofehler

873 Die häufigsten Fehler bei der Fristversäumung sind Ausführungsfehler des Büropersonals der Anwaltskanzlei (Anders/Gehle/Becker § 233 Rn. 146). Solche Fehler rechtfertigen grundsätzlich die Wiedereinsetzung in den vorigen Stand, weil ein Verschulden von Anwaltsmitarbeitern dem Mandanten nicht zugerechnet wird. Zugerechnet wird dem Mandanten jedoch jedes Verschulden des Anwalts selbst (§ 85 Abs. 2 ZPO).

▶ Praxistipp:

874 Wird die Wiedereinsetzung auf ein Büroversehen gestützt, muss detailliert klargestellt werden, dass ein Verschulden nur Mitarbeitern, nicht aber dem Anwalt selbst anzulasten ist.

875 Ein Verschulden des Anwalts kann sich ergeben
- aus der unsorgfältigen Auswahl, Ausbildung, Anweisung oder Überwachung des Personals;

Dazu unten Rdn. 877 ff.

– aus einer unzureichenden allgemeinen Büroorganisation.

Dazu unten Rdn. 880 ff.

– aus einem ungeeigneten Fristenmanagement.

Dazu unten Rdn. 885 ff.

In all diesen Bereichen kommt eine Wiedereinsetzung nur in Betracht, wenn ausgeschlossen werden 876 kann, dass der Rechtsanwalt die Fristversäumung durch ein eigenes vorwerfbares Fehlverhalten verursacht hat (BGH NJW 1999, 429). Verbleibende Zweifel schließen eine Wiedereinsetzung bereits aus.

Eine Fristversäumung wegen Arbeitsüberlastung ist ebenso wenig unverschuldet (BGH, Beschl. vom 08.05.2013 – XII ZB 396/12) wie bei (zu) geringem Personalbestand (BGH NJW 1999, 3783; BGH NJW 2000, 1664: dann erhöht sich die eigene Sorgfalt des Anwalts). Etwas anders gilt aber dann, wenn der Anwalt darauf vertraut hat, dass seinem Antrag auf Fristverlängerung wegen vorgebrachter Arbeitsüberlastung bzw. besonders starker Arbeitsbelastung entsprochen wird (BAG NJW 2005, 173; unten Rdn. 1523, 2890).

aa) Personal

Dass Mitarbeiter einmal Fehler machen, ist nie auszuschließen. Führt ein solcher Fehler zu einer 877 Fristversäumung, erfolgt regelmäßig eine Wiedereinsetzung in den vorigen Stand, da das Verschulden von Büromitarbeitern dem Mandanten nicht zugerechnet wird. Etwas anderes indes gilt, wenn dem Anwalt ein Personalverschulden vorzuwerfen ist. Der Anwalt verletzt eigene Pflichten,

– wenn er Tätigkeiten für den Mandanten Mitarbeitern überlässt, die er nur selbst hätte erledigen dürfen.

Zu den Grenzen der Delegation oben Rdn. 770.

– wenn er Tätigkeiten für den Mandanten Mitarbeitern überlässt, die er nicht mit der erforderlichen Sorgfalt ausgewählt, ausgebildet, angewiesen oder überwacht hat. Ein solches Personalverschulden des Anwalts wird dem Mandanten zugerechnet (§ 85 Abs. 2 ZPO), sodass eine Wiedereinsetzung nicht in Betracht kommt.

▶ Beispiel:

Wer Mitarbeiter anstellt, die sich bereits mehrfach als unzuverlässig erwiesen haben, handelt 878 fahrlässig, wenn er darauf vertraut, dass diese nunmehr zuverlässig Fristenangelegenheiten bearbeiten. Fahrlässig handelt auch der Anwalt, der ungelernte Kräfte einsetzt, diese selbst nicht einarbeitet, sie mit der Bedeutung von Fristen und den zu ihrer Überwachung und Wahrung erforderlichen Arbeiten nicht vertraut macht und sie nicht konkret zu den gebotenen Tätigkeiten anweist. Auch bislang zuverlässiges Personal muss in regelmäßigen Abständen nachgeschult und kontrolliert werden.

Im Wiedereinsetzungsfall muss der Anwalt **konkret darlegen**, was er zur Auswahl, Ausbildung, 879 Anweisung und Überwachung des Personals unternommen hat.

Nicht ausreichend ist allein der Vortrag, es handle sich um eine zuverlässige Bürokraft (BGH NJW 1999, 2120). Auch der allgemeine Hinweis auf sorgfältige Auswahl und Überwachung genügt nicht. Erforderlich ist ein substantiierter Vortrag zu den konkreten Handlungen des Anwalts. Dies gilt insbesondere für die regelmäßige Überwachung. Der Umfang hängt von der bisherigen Zuverlässigkeit des jeweiligen Mitarbeiters ab und kann mit zunehmender Beschäftigungsdauer geringer werden (BGH NJW 1972, 2269: zwei monatliche Stichproben erforderlich).

bb) Büroorganisation

Zu den Pflichten des Anwalts gehört es auch, sein Büro so zu organisieren, dass alle anfallenden 880 Arbeiten fehlerfrei erledigt werden können. Eine einwandfreie Büroorganisation ist erforderlich, um vermeidbare Ursachen für die Versäumung von Fristen in größtmöglichen Umfang auszuschließen (z.B. BGH NJW 1999, 429; BAG NJW 2001, 1595; Zöller/Greger § 233 Rn. 23.13).

Dazu gehört in der Regel ein **Organisationsplan**, der Zuständigkeiten (einschließlich Vertretungsregelungen) und Arbeitsabläufe detailliert regelt.

Ein solcher Organisationsplan muss auf die konkrete Anwaltspraxis zugeschnitten sein, das vorhandene Personal (einschließlich des Anwalts selbst) und alle Aufgaben umfassen. Veränderungen müssen laufend angepasst und aktualisiert werden. Er muss gewährleisten, dass bei normalem Lauf der Dinge alle Aufgaben fehlerfrei erledigt werden (BVerfG NJW 2004, 2583). Er darf nicht bloß auf dem Papier stehen, sondern muss in der täglichen Praxis »gelebt«, d.h. grundsätzlich befolgt werden (BGH NJW-RR 1997, 1153). Dazu auch oben Rdn. 772.

881 Ein allgemeiner Organisationsplan schließt **Einzelanweisungen** nicht aus. Dabei muss für den Angewiesenen aber deutlich werden, dass und inwieweit er von den allgemeinen Weisungen abweichen soll. Die Einzelweisung muss klar, verständlich und objektiv geeignet sein, den bezweckten Erfolg herbeizuführen (Thomas/Putzo/Hüßtege § 233 Rn. 15 Rn. 43; BGH NJW 2000, 2823).

Einzelweisungen des Anwalts sind nicht nur möglich, sondern sogar geboten, wenn die allgemeinen Anweisungen in besonderen Situationen erkennbar nicht zum Erfolg führen können (BGH NJW 2007, 2186, 2187). Der Anwalt darf dann grundsätzlich darauf vertrauen, dass Büroangestellte, die sich bisher als zuverlässig erwiesen haben, solche Anweisungen auch befolgen, ohne dass er die Befolgung im Einzelfall kontrollieren muss (BGH NJW 2010, 2286 und 2287; BGH NJW 2008, 526, 527 und 2589, 2590; Zöller/Greger § 233 Rn. 23.13). Sichergestellt sein muss, dass die Anweisung nicht in Vergessenheit gerät und hinreichend Gelegenheit zur Erledigung besteht (BGH NJW-RR 2004, 1361).

882 Organisationsplan oder Einzelweisung müssen dem Umstand Rechnung tragen, dass nicht alle Aufgaben auf das Folgepersonal **delegiert** werden dürfen, grundlegende Tätigkeiten allein dem Anwalt vorbehalten sind und von ihm persönlich erledigt werden müssen.

Dabei dürfen dem Büropersonal nach gefestigter höchstrichterlicher Rechtsprechung einfache Verrichtungen, vor allem rein büromäßige Aufgaben, die keine juristische Schulung verlangen, zur selbstständigen Erledigung überlassen werden (z.B. Adressierung, Frankierung, Überprüfung bestimmter Schriftsätze auf die erforderliche Unterschrift, Absenden eines Telefax; BVerfG NJW 2004, 2583). Der Anwalt kann auf eine fehlerfreie Erledigung dieser Aufgaben vertrauen und braucht das Ergebnis nicht regelmäßig zu überprüfen (BGH NJW-RR 1990, 1149; BVerfG NJW-RR 2002, 1004).

Dem Anwalt vorbehalten sind die Fertigung sachlicher Schriftsätze und die Berechnung von Fristen (oben Rdn. 772).

883 Zur Büroorganisation gehört eine hinreichende **Ausstattung** in sachlicher und personeller Hinsicht. Je nach Art und Umfang der bearbeiteten Mandate müssen Mitarbeiter in ausreichender Zahl und ausreichender Qualifikation erforderlich sein. Diesen müssen die erforderlichen Geräte (Computer, Faxgerät) und Materialien (Papier) zur Verfügung stehen. In beiden Bereichen muss mit Reserven für einen unvorhergesehenen Ausfall vorgebeugt werden.

▶ Beispiele:

884 Kann ein Schriftsatz nicht rechtzeitig gefertigt werden, weil die vorhandenen Schreibkräfte überlastet sind, liegt ein die Wiedereinsetzung ausschließender Organisationsfehler des Anwalts vor.

Ein »plötzliches Abstürzen der Computeranlage« ist nicht per se entschuldigend. Ein Organisationsverschulden ist nur dann ausgeschlossen, wenn dargelegt werden kann, dass für einen solchen (bei technischen Geräten immer einzuplanenden) Ausfall hinreichend Vorsorge getroffen wurde, etwa ein Ersatzgerät zur Verfügung stand, unvorhergesehen aber nicht genutzt werden konnte, oder die sofort in Auftrag gegebene Vor-Ort-Reparatur keinen Erfolg hatte.

Beruht der Geräteausfall auf einer Fehlbedienung (ggf. sogar durch den Anwalt selbst), ist darzulegen, ob der Bediener hinreichend geschult und geübt war, sodass er das Gerät sicher bedienen konnte (BGH NJW 2004, 2525: wegen Computerdefekt erst ein verspäteter Ausdruck und Faxübertragung möglich).

cc) Fristenmanagement

Typische Ursache für die Versäumung von Fristen ist eine mangelnde Fristenorganisation. Die zentrale Bedeutung materieller und prozessualer Fristen für die Rechtswahrung macht es unumgänglich, dass die Organisation des Anwaltsbüros hierfür in besonderem Maße eingerichtet und somit sichergestellt ist, dass alle relevanten Fristen zutreffend erkannt, berechnet, überwacht und gewahrt werden. Ein zuverlässig funktionierendes Fristenmanagement ist unverzichtbar! 885

Ein ordentliches Fristenmanagement beginnt bereits mit der Dokumentation des fristauslösenden Ereignisses, d.h. regelmäßig der Zustellung. Erfolgt diese – wie im Regelfall – durch **Empfangsbekenntnis** (§ 175 ZPO), muss sichergestellt sein, dass der Empfang nicht bereits mit dem Eingang im Büro, sondern erst mit der Kenntnisnahme durch den Anwalt festgestellt wird (Borgmann BRAK-Mitt. 1998, 270). 886

Dies kann z.B. passieren, wenn der Eingangsstempel der Kanzlei auf dem gerichtlichen Schriftstück (versehentlich) als Fristbeginn betrachtet wird, da dieser mit dem Zustellungszeitpunkt nicht immer übereinstimmt. Riskant ist es auch, den Empfang eines Urteils ohne vorgelegte Handakte zu bescheinigen. Daher sollten Urteile und Empfangsbekenntnisse sicherheitshalber überhaupt nicht gestempelt werden (OLG Düsseldorf BRAK-Mitt. 1998, 269: Wuppertaler Zustellungsverfahren: Gericht übersendet Urteilsausfertigung nach der Zustellung nochmals formlos; BGH NJW 2001, 1579: entscheidend für die Fristberechnung ist nur das Datum des Empfangsbekenntnisses und nicht des Eingangsstempels auf einer Urteilsausfertigung; auch BGH NJW 1999, 2120: Rechtsanwalt darf Empfangsbekenntnis über eine Zustellung erst unterzeichnen und zurückgeben, wenn Ablauf der Frist in Handakte und Fristenkalender notiert ist; BSG NJW 2001, 1597: erforderlich ist es auch, den Zustellungszeitpunkt zu notieren). Fehleranfällig ist es ebenfalls, wenn der Anwalt ein ihm zugesandtes zweites Empfangsbekenntnis unterzeichnet und an das Gericht zurücksendet, anstatt mitzuteilen, dass er den Empfang des Schriftstücks bereits auf einem ersten Empfangsbekenntnis bestätigt hat (BGH BRAK-Mitt. 2004, 161).

An den Beweis der Unrichtigkeit der im Empfangsbekenntnis enthaltenen Angaben (z.B. versehentlich falsch eingestellter Datums-Eingangsstempel) werden nach der Rechtsprechung strenge Anforderungen gestellt.

Bloße Zweifel genügen hierzu nicht, es ist vielmehr der volle Beweis des Gegenteils zu führen. Er verlangt, dass die Beweiswirkung des Empfangsbekenntnisses vollständig entkräftet und jede Möglichkeit ausgeschlossen ist, dass die dortigen Angaben richtig sein können; hingegen ist der Beweis des Gegenteils nicht schon dann geführt, wenn lediglich die Möglichkeit der Unrichtigkeit besteht, die Richtigkeit der Angaben also nur erschüttert ist (BGH MDR 2002, 1332: Sofern es hierbei um die Zulässigkeitsvoraussetzungen eines Rechtsmittels geht, können im Freibeweis auch eidesstattliche Versicherungen berücksichtigt werden, deren Beweiswert aber nach BGH NJW 2003, 2460 zum Nachweis der Fristwahrung regelmäßig nicht ausreichen soll).

Das Empfangsbekenntnis kann auch elektronisch abgegeben werden (§ 175 Abs. 4 ZPO).

Das elektronische Empfangsbekenntnis (eEB) nutzt einen vom Gericht zur Verfügung gestellten (d.h. definierten), strukturierten Datensatz (»XJustiz.EEB«). Zu den Details Müller NJW 2017, 2713.

Ein ordentliches Fristenmanagement erfordert darüber hinaus einen zuverlässigen **Fristenkalender**. 887

Dieser kann in Papierform oder elektronisch geführt werden. In beiden Fällen muss er sicherstellen, dass das drohende Fristende rechtzeitig erkannt wird. Wegen der dabei zu beachtenden Anforderungen oben Rdn. 766 ff.

dd) Erkrankung

Eine Erkrankung entlastet den Anwalt nicht ohne Weiteres. Jedoch kann vor allem eine plötzlich auftretende Erkrankung, für die der Anwalt keine Vorsorge treffen konnte, eine Wiedereinsetzung 888 rechtfertigen (BGH MDR 1996, 640; zu dieser Fallgruppe Zöller/Greger § 233 Rn. 23.25). Je unvorhersehbarer und kurzfristiger die Verhinderung eintritt, desto eher kann er entschuldigt sein.

Im Wiedereinsetzungsantrag muss insbesondere dargelegt werden, dass er aufgrund Erkrankung nicht in der Lage gewesen war, den Schriftsatz fristgerecht zu erstellen. Hierzu gehören Angaben über Art und Ausmaß der Erkrankung sowie dazu, wieso es ihm nicht möglich gewesen war, rechtzeitig für einen Vertreter zu sorgen (BGH BGHReport 2004, 1381: Augenerkrankung). Die bloße Vorlage eines ärztlichen Attests, in welchem »Arbeitsunfähigkeit« bescheinigt wird, reicht sicherlich nicht aus.

889 Allerdings muss in diesem Fall auch ein Organisationsverschulden ausgeschlossen sein. So muss der Anwalt nämlich für den Fall einer Verhinderung von ihm selbst sowie des Büropersonals grundsätzlich eine Vertretungsregelung aufgestellt haben bzw. durch geeignete Anweisungen für die Erledigung der Fristsachen Sorge tragen.

Sämtliche organisatorischen Maßnahmen müssen so beschaffen sein, dass auch bei unerwarteten Störungen des Geschäftsablaufs, etwa durch Überlastung oder Erkrankung der zuständigen Angestellten, Verzögerungen der anwaltlichen Bearbeitung oder ähnliche Umstände, bei Anlegung eines äußersten Sorgfaltsmaßstabes die Einhaltung der anstehenden Frist – zumindest durch ein rechtzeitiges Fristverlängerungsgesuch – gewährleistet ist (BGH MDR 2003, 710).

Die an geeignetes Büropersonal delegierte Fristenkontrolle muss auch dann noch zuverlässig vorgenommen werden können, wenn das Personal durch Krankheit und Urlaub reduziert wird. Wiedereinsetzung in den vorigen Stand kann nicht gewährt werden, wenn der Anwalt dieser Organisationspflicht nicht nachgekommen ist und die Fristversäumung auf Überlastung des Personals beruhen kann (BGH MDR 1999, 1411).

Kein Organisationsverschulden des Rechtsanwalts stellt es hingegen dar, wenn er für den Fall einer plötzlichen, nicht vorhersehbaren Erkrankung einer allein im Büro verbleibenden Mitarbeiterin am späten Nachmittag des letzten Tages einer zu wahrenden Frist keine besondere Vertretungsregelung aufgestellt hat (BGH MDR 2004, 1028: Kreislaufkollaps).

890 Erforderlichenfalls muss der Anwalt bei Erkrankung des Büropersonals (vor allen sonstigen Aufgaben!) selbst die Fristen überwachende Tätigkeit übernehmen.

891 Die bloße Übermüdung stellt keinen Wiedereinsetzungsgrund dar.

»Ein Anwalt, der beim Durchlesen und Korrigieren einer Berufungsbegründung kurz vor Ablauf der Begründungsfrist in seinem Büro am Schreibtisch einschläft und erst nach Fristablauf wieder erwacht, kann sich nicht auf einen unabwendbaren Zufall berufen.« (BGH VersR 1970, 441).

b) beA-Probleme

892 In den vergangenen Jahren wurden beA-Probleme zu einem zentralen Topos bei Wiedereinsetzungsanträgen. Die anwaltlichen Sorgfaltspflichten bei der Übermittlung fristgebundener Schriftsätze über beA entsprechen denjenigen, die bei einer Übersendung per Telefax gefordert werden (vgl. BGH NJW-RR 2022, 1069 Rn. 10; Prütting/Gehrlein/Kazele § 233 Rn. 13; siehe unten Rdn. 896 ff.): Der Anwalt muss das zu versendende Dokument auf Richtigkeit prüfen und den Übermittlungsvorgang kontrollieren, einschließlich der automatisierten Eingangsbestätigung des Gerichts. Bleibt diese aus oder zeigt einen Fehler an, muss der Anwalt aktiv werden.

Siehe für die Anforderungen an die Übermittlung per beA oben Rdn. 746.

Wird eine dieser Anforderungen unzureichend oder nicht erfüllt, führt dies nicht zu einer ordnungsgemäßen (fristgerechten) Einreichung des Schriftsatzes und ermöglicht bei Verfristung keine Wiedereinsetzung, da von unzureichender Ausgangskontrolle seitens des Anwalts auszugehen sein wird (BGH, Beschl. vom 31.08.2023, Az. VIa ZB 24/22).

Eine Wiedereinsetzung in den vorigen Stand aufgrund von Problemen mit beA scheitert in nachstehenden Fällen:

Wenn eine technische Störung glaubhaft gemacht wird, aber keine detaillierte, in sich schlüssige Darstellung aller relevanten Abläufe vorliegt, sondern pauschale Behauptungen oder unvollständige Angaben gemacht werden, wird keine Wiedereinsetzung zugelassen. Ist die Übermittlung elektronischer Schriftsätze, so wie es § 130d Satz 1 ZPO vorsieht, vorübergehend nicht möglich, kann ausnahmsweise auf Telefax oder Brief zurückgegriffen werden. Unabhängig davon, aus welcher Sphäre die Störung kommt. Die vorübergehende Unmöglichkeit ist jedoch unaufgefordert gleichzeitig mit der Ersatzeinreichung oder unverzüglich danach glaubhaft zu machen. Die Glaubhaftmachung ist zwingend mit der Ersatzeinreichung vorzunehmen, wenn dies bereits im Zeitpunkt der Ersatzeinreichung möglich ist (BGH AnwBl 2023, 174).

Wenn ein Anwalt einen Schriftsatz mit einfacher Signatur über das beA einreicht, muss er darauf achten, dass seine Unterschrift auch lesbar ist und von den Empfängern des Dokuments eindeutig zugeordnet werden kann. Andernfalls kann dies zu einer nicht ordnungsgemäßen Einreichung des Schriftsatzes führen (vgl. BGH, Beschl. vom 27.11.2023, Az. 33 S 14/23).

Wenn die Glaubhaftmachung der vorübergehenden Unmöglichkeit der Einreichung eines Schriftsatzes per beA den Schluss zulässt, dass die Unmöglichkeit nicht auf technischen, sondern auf in der Person des Beteiligten liegenden Gründen beruht (BGH, Beschl. vom 17.01.2024, XII ZB 88/23, Leitsatz).

Ein in der Person des Anwalts liegender Grund liegt insbesondere bei

- falscher PIN-Eingabe

- dem Verlust von Zugangsdaten oder

- einem unzureichenden Verständnis der Systemfunktionen

vor.

Nicht als Störungen zu qualifizieren sind ferner

- die erstmalige Nutzung des beA ohne vorherige Prüfung der Funktionsfähigkeit sowie

- ein gar nicht oder zu spät durchgeführtes Software-Update, welches für die Nutzung von beA benötigt wird.

c) Briefbeförderung

Beim Postversand muss durch organisatorische Maßnahmen gewährleistet sein, dass die hierfür vorgesehenen Schriftstücke ordnungsgemäß und rechtzeitig auf den Postweg gebracht werden. 893

Der BGH sieht in diesem Zusammenhang die allgemeine Anweisung, die in einem Postausgangsfach liegende Post von Mitarbeitern zweimal täglich frankieren und (ohne weiteren Zwischenschritt) zum Briefkasten bringen zu lassen, als ausreichend an (BGH NJW-RR 2003, 862 – nicht erforderlich, konkret darzulegen, wer den Brief zur Post gebracht hat).

Selbstverständlich sind die richtige Adressierung und ausreichende Frankierung entscheidend für eine ordnungsgemäße Beförderung.

Hierzu muss eine Anweisung vorhanden sein, bei deren Einhaltung – unabhängig vom Verschulden des Anwalts bei der Unterzeichnung eines falsch adressierten Schriftsatzes – etwaige Fristen mit Sicherheit gewahrt werden (BGH NJW 2000, 2511; auch BGH NJW 2000, 82: wegen fehlender Postleitzahl verzögerte Briefzustellung; BGH NJW 1990, 2822: fehlerhaft an die gegnerische Anwaltskanzlei adressiert; BGH NJW 2002, 2180: unzureichende Frankierung, wobei dem Anwalt eine erhebliche Gewichtsüberschreitung auffallen und er das Porto prüfen muss, sofern er den Brief persönlich in den Händen gehalten hat). Nicht ausreichend ist allein die Anweisung an die Kanzleimitarbeiter, bei Gericht telefonisch nachzufragen und sich z.B. die Fristverlängerung bestätigen zu lassen. Denn hierbei besteht die Gefahr, dass sich die Angestellten – wegen der falschen Adressierung – an das falsche Gericht wenden und daher eine unrichtige Antwort erhalten.

Geht ein formal ordnungsgemäßer Schriftsatz auf dem Postweg verloren, ist dies grundsätzlich unverschuldet. 894

Vorgetragen und glaubhaft gemacht werden müssen mittels einer aus sich heraus verständlichen, geschlossenen Schilderung die tatsächlichen Abläufe bis zur rechtzeitigen Aufgabe des Schriftsatzes zur Post, wobei ein Verlust im Verantwortungsbereich des Prozessbevollmächtigten mit überwiegender Wahrscheinlichkeit ausgeschlossen werden muss (BGH NJOZ 2017, 1643; BGH NJW 2020, 2415).

895 Eine Verzögerung durch die Post ist insbesondere dann unverschuldet, wenn die Beförderung ungewöhnlich lange dauert (Thomas/Putzo/Hüßtege § 233 Rn. 28).

Maßgebend ist hierbei die normale Postlaufzeit, wobei sich der Absender auf amtliche Laufzeitangaben verlassen darf (Zöller/Greger § 233 Rn. 23.28: Postverkehr; z.B. BVerfG NJW 2000, 2657; BVerfG NJW-RR 2008, 930: privater Kurierdienst; BGH NJW 2009, 2379; BGH NJW 2008, 587: st. Rspr. des BVerfG, des BGH und der anderen obersten Gerichtshöfe des Bundes), wie auf Leerungszeiten, die an einem Briefkasten angeschlagen sind (BGH NJW 2009, 2379).

So erreicht eine Briefsendung, die an einem Werktag vor 18.30 Uhr in den Briefkasten geworfen wird, nach Angaben der Deutschen Post AG mit einer Wahrscheinlichkeit von 93 % den Empfänger am nächsten Werktag (BGH NJW-RR 2020, 303; NJW-RR 2004, 1217).

(BVerfG NJW 2001, 744: Ein am Freitag vor der letzten Leerung eingeworfener Brief erreicht nach Auskunft der Deutschen Post AG vom 12.04.2000 den Empfänger bei normalem Postlauf spätestens am folgenden Montag; BVerfG NJW 2001, 1566: Regellaufzeit von einem Tag innerorts [1998] auch bei unvollständiger Adressierung – hier: fehlende Hausnummer und Postleitzahl des OLG Düsseldorf; aber auch BAG NJW 2000, 1669: Postlaufzeiten im normalen Briefverkehr von fünf, sechs oder mehr Tagen sind heute keine Seltenheit mehr unter Hinweis auf Anders/Gehle/Becker § 233 Rn. 39: »Seit der Privatisierung der Post ... sind möglicherweise keine wirkliche Seltenheit mehr«).

Es ist danach zu differenzieren, ob die Verzögerung auf einer zeitweise besonders starken Beanspruchung der Leistungsfähigkeit bzw. verminderten Dienstleistung der Post beruht bzw. allgemein mit erhöhtem Postaufkommen zu rechnen ist, etwa vor Feiertagen oder an Wochenenden, sind unzulässig (BVerfG NJW-RR 2000, 726; NJW 2001, 1566; BGH NJW-RR 2004, 1217).

Die Frist darf zwar bis zum letzten Tag ausgeschöpft werden, jedoch wird dadurch die Sorgfaltspflicht erhöht (Thomas/Putzo/Hüßtege § 233 Rn. 13, Späth NJW 2000, 1621).

Ein Eilbrief am letzten Tag der Frist genügt z.B. den Sorgfaltsanforderungen nicht (Thomas/Putzo/Hüßtege § 233 Rn. 29; LSG Rheinland-Pfalz NJW-RR 1993, 1216; VGH Kassel NJW 1993, 750). Auch scheidet eine Wiedereinsetzung bei einer Adressierung an ein unzuständiges Gericht aus, wenn der fristgebundene Schriftsatz nicht so rechtzeitig eingereicht wird, dass er bei Weiterleitung im »ordentlichen Geschäftsgang« noch fristgerecht beim zuständigen Gericht eingegangen wäre (BGH NJW 2000, 2511: Eingang am Nachmittag [14.18 Uhr] am Tag des Fristablaufs; NJW 2004, 516: nach 16.00 Uhr; NJW-RR 2005, 923: nach Dienstschluss – jeweils zu spät; BVerfG NJW 1995, 3173; NJW 2005, 2137: 9 Tage Zeitspanne zwischen Eingang und Fristablauf ist ausreichend, nicht jedoch 5 Tage).

Die verbreitete Praxis, die Fristen stets bis zu ihrem Ende auszunutzen, ist daher nicht ohne Risiko (Laumen ProzRB 2004, 178: »fatale Neigung der meisten Anwälte«). Der Anwalt kann dann nur hoffen, dass er sogleich vom Gericht über die falsche Adressierung oder über etwaige Unvollständigkeiten telefonisch oder per Fax in Kenntnis gesetzt wird. Eine Verpflichtung hierzu besteht jedoch nicht (BVerfG NJW 2001, 1343; BGH NJW-RR 2005, 865, 1373), zumal es höchst unwahrscheinlich ist, dass der Schriftsatz dem Richter noch innerhalb der Frist vorgelegt wird.

d) Telefax

896 Soweit keine Verpflichtung zur Einreichung per beA besteht, ergibt sich die Möglichkeit einer Übersendung per Telefax aus § 130 Nr. 6 ZPO.

897 Die Übersendung per Telefax stellt einen »schier unerschöpflichen Quell von Fehlermöglichkeiten und damit verbundenen Wiedereinsetzungsentscheidungen« dar (Chab BRAK-Mitt. 2004, 221; Anders/Gehle/Becker § 233 Rn. 164). Dabei entsprechen sich die anwaltlichen Sorgfaltspflichten bei der Übermittlung fristgebundener Schriftsätze per beA und Telefax.

898 Dabei birgt der Vorteil dieser Übermittlungsart, nämlich die Möglichkeit, erst knapp vor Fristablauf und auch außerhalb der Bürozeiten des Gerichts einen Schriftsatz zu übersenden, zugleich ein nicht unerhebliches Risiko. Denn etwaige später erkannte Mängel oder Fehler können in der Regel dann nicht mehr rechtzeitig behoben werden.

aa) Richtige Telefaxnummer

Entscheidend für den Zugang ist vor allem die richtige Telefaxnummer. 899

Bei irrtümlichem Übersenden eines Telefax an eine falsche Telefaxnummer kommt eine Wiedereinsetzung daher grundsätzlich nicht in Betracht (§ 233 ZPO; Thomas/Putzo/Hüßtege § 233 Rn. 53). Dies ist zwar anders, wenn der Anwalt das Telefax an eine ihm vom Gericht mitgeteilte falsche Nummer sendet (BGH NJW 1989, 589). Wenn es trotz zahlreicher Versuche jedoch nicht gelingt, eine Telefaxverbindung unter dieser Nummer herzustellen, muss der Anwalt diese auf ihre Richtigkeit überprüfen (BGH NJW 1999, 383).

Der anwaltlichen Sorgfaltspflicht bei der Ermittlung der richtigen Telefaxnummer ist mit einer bloßen 900
Auskunft bei der Telekom nicht Genüge getan (BGH NJW 1994, 2300; a.A. BAG NJW 2001, 1594).

Sofern es sich um ein Gericht handelt, bei dem der Rechtsanwalt zugelassen ist, muss die richtige Telefaxnummer zuverlässig bekannt sein (BGH NJW 1994, 2300). Amtliche Bekanntmachungen der Gerichte sind stets im Hinblick auf eine Änderung der Telefaxnummer zu beachten (BGH NJW 1994, 1661). Unverschuldet ist es hingegen, wenn der Rechtsanwalt bzw. sein Personal auf die Richtigkeit der Fax-Nummer in einem privaten Verzeichnis (hier: des Deutschen Anwaltsverlags) vertraut hat (BGH VersR 1997, 853; NJW 2004, 2830: Rechtsanwalt darf sich auf ein seit Jahren bewährtes EDV-Programm in der jeweils neuesten Fassung in der Regel verlassen; LAG Hamburg BRAK-Mitt. 2004, 161: es ist sicherzustellen, dass diese Software das neueste Update enthält).

Der Rechtsanwalt kann zur Ermittlung der richtigen Telefaxnummer und zum Absenden eines 901
Telefax zuverlässiges Personal beauftragen (BGH NJW 1995, 668, 2106; BGH NJW 2000, 1043; BVerfG NJW 2004, 2583).

Er muss hierbei die möglichen und zumutbaren organisatorischen Maßnahmen treffen, um eine Übermittlung an eine falsche Telefaxnummer auszuschließen (BGH NJW 1995, 668; BGH NJW 2000, 1043).

Sofern er die ständige Überprüfung der Richtigkeit der Nummern angeordnet hat, ist es unverschuldet, wenn die in seiner Kanzlei verwendeten Faxnummern nicht stets dem neuesten Stand entsprechen (BGH CR 1994, 531). Hingegen ist allein die Anweisung, »auf die richtige Empfängernummer zu achten«, nicht ausreichend (BGH NJW-RR 2005, 862). Vielmehr muss nach Anweisung des Prozessbevollmächtigten die Richtigkeit der Empfängernummer anhand eines Verzeichnisses abschließend und selbstständig und nicht nur mit der in dem selbst gefertigten Schriftsatz angegebenen Empfängernummer verglichen worden sein (Ausgangskontrolle).

Vor allem wenn der Anwalt einen fristgebundenen Schriftsatz – wie in der Praxis üblich – am letzten Tag der Frist per Fax einreichen will, muss sichergestellt sein, dass auf die Faxnummer des Empfängers ohne Schwierigkeiten zugegriffen werden kann (BGH NJW 2004, 516: Kanzleimitarbeiterin kannte Fax-Nr. des hiesigen OLG nicht).

Auch ein versehentliches Verwählen bei der Wahl der sonst richtigen Telefaxnummer durch Büroangestellte kann unverschuldet sein, wobei allerdings die erforderliche Ausgangskontrolle durchgeführt worden sein muss (oben Rdn. 825; unten Rdn. 908). Dabei soll eine hohe Verwechslungsgefahr bestehen, wenn die Nummer aus einer neben dem Telefaxgerät befindlichen Liste abgelesen wird (BGH NJW 2001, 1071). Dieser muss durch geeignete Kontrollen vorgebeugt werden, z.B. durch die Anweisung, die Nummer aus der Liste mit dem Sendeprotokoll zu vergleichen.

Tippfehler stellen vor allem bei E-Mails in der Praxis den häufigsten Grund dafür dar, dass eine 902
E-Mail den Empfänger nicht erreicht. Unabdingbar ist deswegen eine Ausgangskontrolle, bei der das Sendeprotokoll ausgedruckt und auf Vollständigkeit und Fehlerfreiheit der Übertragung sowie die zutreffenden Empfängerdaten überprüft werden.

»Überträgt eine Kanzleiangestellte die anzuwählende Telefaxnummer des Gerichts aus einem in der Akte befindlichen Schreiben des Gerichts in einen fristgebundenen Schriftsatz, erfordert die Ausgangskontrolle, die Richtigkeit der gewählten Nummer auch darauf zu kontrollieren, ob sie tatsächlich einem Schreiben des Empfangsgerichts entnommen wurde.« (BGH NJW 2011, 312).

Deshalb ist die Glaubhaftmachung einer korrekten Adressierung bei Versand einer E-Mail besonders sorgfältig zu prüfen, was regelmäßig durch Vorlage des Sendeprotokolls, das die Adresseneingabe enthält, geschehen kann. Darüber hinaus muss der Anwalt auch bei einer korrekten Adressierung noch eine gewisse Kontrolle durchführen, z.B. von der Funktion einer automatischen Rückmeldung Gebrauch machen oder die E-Mail-Eingänge eine kurze Zeit, längstens einen Tag nach Absendung, beobachten, ob eine Zurücksendung wegen etwaiger Fehler erfolgt ist. Wegen der Absendung der E-Mail allein darf der Anwalt nicht auf deren ordnungsgemäßen Zugang beim Adressaten vertrauen (OLG Düsseldorf NJW 2003, 833).

bb) Übermittlungsstörungen

903 In der Regel trägt der Faxempfänger das Risiko des Eingangs bzw. Ausdrucks der Fernkopie, während der Faxabsender die Verantwortung dafür trägt, dass der zu übermittelnde Schriftsatz vom Sendegerät fehlerfrei eingelesen und gesendet wird.

Im Normalfall ist ein Telefax bei Gericht erst eingegangen, wenn es auf der gerichtseigenen Empfangsanlage vollständig ausgedruckt ist, auch wenn dies nach Dienstschluss erfolgt (Zöller/Greger § 270 Rn. 6d). Wenn aber der Schriftsatz dort infolge technischer Störungen (z.B. Papier-/Datenstau) nicht vollständig und fehlerfrei ausgedruckt wird und sich der Gesamtinhalt des Schriftsatzes auf andere Weise einwandfrei ermitteln lässt, z.B. mittels nachgesandten Originals (BVerfG NJW 1996, 2857; BGH NJW 1995, 665; BGH NJW 2001, 1581: Empfangsprotokoll des Gerichts weist mehr Seiten aus, als ausgedruckt wurden), ist bereits dann von einem Zugang auszugehen, wenn der Inhalt vollständig durch elektrische Signale vom Sendegerät des Absenders zum Empfangsgerät des Gerichts übermittelt wurde.

Für elektronische Dokumente ist in § 130a Abs. 3 ZPO geregelt, dass ein solches eingereicht ist, sobald die für den Empfang bestimmte Einrichtung des Gerichts es aufgezeichnet hat (also auch Signalzugang; Bacher MDR 2002, 669).

904 Ist dem Rechtsanwalt das Scheitern der Übermittlung per Fax zu einem Zeitpunkt bekannt, in dem noch eine anderweitige Übermittlung in Betracht kommt, so muss nach einer Ansicht im Wiedereinsetzungsverfahren das Fehlen oder die Unmöglichkeit anderer Übermittlungsmöglichkeiten (z.B. per Telefaxgerät eines Kollegen, einer sonstigen Stelle oder per Telefon als Telegramm) dargelegt und glaubhaft gemacht werden (BGH NJW-RR 1996, 1275; BayObLG NJW-RR 1998, 418; OVG Hamburg NJW 2000, 1667; Roth NJW 2008, 785).

Aber auch BVerfG NJW 1996, 2857; BGH NJW 2000, 1636: »Von einem Rechtsanwalt, der sich und seine organisatorischen Vorkehrungen darauf eingerichtet hat, einen Schriftsatz weder selbst noch durch Boten oder per Post, sondern durch Fax zu übermitteln, kann daher beim Scheitern der gewählten Übermittlung infolge eines Defekts des Empfangsgeräts oder wegen Leitungsstörungen nicht verlangt werden, dass er unter Aufbietung aller nur denkbaren Anstrengungen innerhalb kürzester Zeit eine andere als die gewählte Zugangsart sicherstellt«; sowie

BGH NJW-RR 2003, 861, wonach es bei in der Sphäre des Gerichts liegenden Empfangsstörungen (hier: kein Ausdruck wegen fehlendem Papier) einer Wiedereinsetzung grundsätzlich nicht entgegensteht, dass der Schriftsatz noch in anderer Weise (etwa durch Aufgabe eines Blitztelegramms, Beauftragung eines Kurierdienstes mit 24-Stunden-Service oder die Übersendung des Telefax an ein anderes vor Ort residierendes Rechtsanwaltsbüro mit der Bitte um Einwurf in den Nachtbriefkasten des Gerichts) hätte rechtzeitig übermittelt werden können.

▶ **Praxistipp:**

905 Bei fristgebundenen Prozesshandlungen ist mit der Übermittlung durch Telefax so rechtzeitig zu beginnen, dass bei normalem Verlauf der Übertragung mit einem vollständigen Ausdruck des Schriftstücks, insbesondere der (letzten) Seite mit der Unterschrift, vom Empfangsgerät bis zum Ablauf der Frist um 24.00 Uhr zu rechnen ist.

Angesichts der zahlreichen Entscheidungen hierzu scheint in der Praxis die Absendung in »letzter Minute« kein Ausnahmefall zu sein.

Vgl. BVerfG NJW 1996, 2857; BGH NJW-RR 2000, 1591: Unterschrift der Berufungsbegründung auf der letzten Seite; BFH NJW 2001, 991: Eingang um 00:00 Uhr zu spät; BGH NJW 1994, 2098: 2 Minuten vor Fristablauf ist fahrlässig zu spät; BGH NJW-RR 2001, 1072: zweite Seite mit Unterschrift fehlt; BGH NJW 2004, 2525: Empfang der letzten, u.a. die Unterschrift enthaltenden Seite um 00:01 Uhr; NJW 2005, 678: bei Eingang um 00:00 Uhr Frist bereits abgelaufen).

Bei der Beurteilung des Verschuldens darf nicht unberücksichtigt bleiben, dass der Anwalt aufgrund einer zuvor abgesandten Telekopie mit einer kürzeren als der durchschnittlichen Übertragungszeit rechnen durfte (BGH NJW-RR 2001, 916: Absendung von elf Fax-Seiten um 23:57 Uhr, wobei dieselbe Anzahl zuvor in 2 Minuten und 34 Sekunden übermittelt wurde; NJW 2005, 678: Verspätung unverschuldet bei 50 Sekunden pro Seite statt wie sonst 30 Sekunden oder teilweise auch nur 14–15 Sekunden).

Dies schließt allerdings nicht aus, dass eine gewisse Zeitreserve einzukalkulieren ist (BGH NJW 2004, 2525; BVerfG NJW 2000, 574: Zeitreserve von 2 Minuten bei einem 11-seitigen Schriftsatz [jedenfalls] zu wenig und daher Fristversäumnis verschuldet).

Dabei kann zum Beweis der Rechtzeitigkeit auf die Zeitangabe der Telekom in ihrer Kundenabrechnung zurückgegriffen werden (BGH NJW 2003, 3487). 906

cc) Bedeutung des Sendeberichts

Durch die Vorlage des Sendeberichts über die ordnungsgemäße Übertragung kann eine rechtzeitige und an die richtige Empfängernummer gerichtete Absendung eines Telefax glaubhaft gemacht werden. 907

(OLG Karlsruhe NStZ 1994, 201; OLG Köln NJW 1995, 1228: zusammen mit einer eidesstattlichen Versicherung; LG Hamburg NJW-RR 1994, 1486: Vermutung der Richtigkeit)

Nach BGH MDR 1993, 387 genügt eine eidesstattliche Versicherung der mit der Übermittlung betrauten Bürokraft, dass sie sich anhand des Sendeprotokolls von der ordnungsgemäßen Funktion und dem richtigen Empfänger überzeugt hat, ohne dass dieses vorgelegt werden muss.

Diese Entscheidung ist vor allem dann relevant, wenn der Sendebericht nicht mehr auffindbar ist. Dabei stellt der BGH ausdrücklich fest, dass eine rechtliche Notwendigkeit, den Ausdruck aufzubewahren, nicht besteht.

Mit der Vorlage früherer Sendeberichte kann aber eine nicht vorhersehbare, außergewöhnlich lange Übertragungsdauer eines verspäteten Faxes glaubhaft gemacht werden (BGH NJW-RR 2001, 916; NJW 2004, 2525; NJW 2005, 678).

Davon zu unterscheiden ist der Beweis des Zugangs von abgesandten Telekopien, wofür der Sendebericht nach h.M. nicht ausreicht (unten Rdn. 908).

Der Anwalt hat zum Zwecke der Endkontrolle den Sendebericht eines Telefax auf Ordnungsgemäßheit der Absendung und etwaige Übermittlungsfehler zu überprüfen (BGH NJW 1994, 1879). 908

Insbesondere muss daraufhin kontrolliert werden, dass die richtige Empfängernummer gewählt wurde (BayObLG NJW 1995, 668; BGH NJW 2001, 1071) und dass alle zu sendenden Seiten ausweislich des Sendeprotokolls gesendet wurden (Fehler insbesondere bei der Stapelzuführung, BGH NJW-RR 2001, 1072; OLG Karlsruhe JurBüro 1998, 313; OLG Brandenburg NJW-RR 2000, 1447). Sind Angestellte damit befasst, muss eine entsprechende Weisung erteilt worden sein.

Jedenfalls, wenn der Sendebericht die ordnungsgemäße Übermittlung bestätigt, kann der Rechtsanwalt von einer telefonischen Nachfrage zwecks Überprüfung des rechtzeitigen Eingangs absehen, auch wenn der letzte Tag der Frist erreicht ist (LG Hamburg NJW-RR 1994, 1486, auch BGH NJW-RR 1992, 1021). Erst dann dürfen Fristen im Fristenkalender gelöscht werden (BGH NJW 1998, 907; OLG Nürnberg MDR 1993, 386).

Stattdessen kann die Überprüfung des Sendeberichts durch einen Kontrollanruf beim Empfänger ersetzt werden, wobei die allgemeine Anweisung genügt, die Frist erst danach zu streichen (BGH NJW-RR 2002, 60).

e) Zustellung

Ein Grund für die Wiedereinsetzung kann auch darin liegen, dass die Partei (bzw. der Anwalt) schon den Beginn der Frist schuldlos nicht erfährt. Dies kann darin begründet liegen, dass der Empfänger von der Zustellung nichts erfährt, somit nicht weiß, dass eine Frist läuft, und diese deswegen nicht wahren kann. 909

910 Eine Wiedereinsetzung kommt dabei nur in Betracht, wenn die Unkenntnis von der Zustellung unverschuldet eintrat. Dafür ist zu unterscheiden, ob die Zustellung fehlerfrei (unten Rdn. 911) oder fehlerhaft erfolgte (unten Rdn. 913).

aa) Unkenntnis der Zustellung

911 Fehlende Kenntnis von der Zustellung einer gerichtlichen Entscheidung begründet die Wiedereinsetzung, wenn sie unverschuldet ist. Häufigen Anlass zur Wiedereinsetzung gab früher die Ersatzzustellung durch Niederlegung (§§ 181, 182 ZPO), die jedoch heute aufgrund der Möglichkeit der Zustellung durch Einlegen in den Briefkasten erheblich an Bedeutung verloren hat (§ 180 ZPO).

▶ Beispiele:

912 Vorenthalten der Sendung von Angehörigen, welche diese in Empfang genommen haben, und wenn die Partei nicht damit rechnen musste (BGH LM § 233 Nr. 73; unverschuldet).

Nichtabholen der niedergelegten Sendung trotz Mitteilung aufgrund Versäumnis (Thomas/Putzo/Hüßtege § 233 Rn. 34): Grundsätzlich verschuldet, jedoch unverschuldet bei vorübergehender Abwesenheit von der Wohnung (BGH JZ 1977, 762), ohne dass der Empfänger besondere Vorkehrungen für den Empfang treffen muss (BVerfG NJW 1976, 1537: höchstens 6 Wochen Urlaubsabwesenheit), es sei denn, er musste mit einer Zustellung rechnen (insbesondere anhängiger Prozess; BGH NJW 1986, 2958; VersR 1979, 644: Auszug aus der ehelichen Wohnung; OLG Köln VersR 1993, 1127: bei Umzug ins Ausland mit unbekanntem Aufenthalt verschuldet).

Benachrichtigungszettel vermutlich versehentlich mit Werbesendungen weggeworfen, insbesondere weil in eine Werbesendung hineingerutscht:

Verschuldet: OLG München NJW-RR 1994, 702, auch wenn sich einige Postsendungen angehäuft haben sollten, LG München I, Beschl. vom 08.01.1998 – 13 T 23820/97, LAG Köln MDR 1994, 1245: bei generellem Wegwerfen der Werbesendungen ohne jegliche Durchsicht, ähnlich FG Köln NJW-RR 1994, 703: verschuldet bei Fehlen jeglicher Durchsicht der Post, im Übrigen (bei Entgegennahme und Durchsicht).

Unverschuldet, da ein Durchblättern Seite für Seite der Werbesendung daraufhin, ob nicht zufällig ein anderes Schriftstück dort hineingerutscht ist, die Anforderungen an die Sorgfaltspflicht überspannt, so auch BGH NJW 1994, 2898: 2001, 571: auch bei völlig einwandfreier Empfangsorganisation gelegentlich unvermeidbar, dass ein Benachrichtigungszettel verloren geht, z.B. weil er zwischen Werbematerial gerät.

Keinen Benachrichtigungszettel erhalten, weil abhandengekommen:

Unverschuldet (LG München I, Beschl. vom 08.01.1998 – 13 T 23820/97: [zur Glaubhaftmachung] nicht ausreichend die allgemeine Behauptung, Postsendungen seien schon öfters abhandengekommen), BGH NJW 1994, 2898: Unkenntnis des Empfängers trotz Einwurf des Benachrichtigungszettels sowie die Unaufklärbarkeit des Abhandenkommens indiziere allein noch nicht dessen mangelnde Sorgfalt bei der Postannahme, ausreichend sei eine regelmäßige Kontrolle des Briefeingangs und bislang sei eingeworfene Post noch nie verloren gegangen (auch BGH NJW-RR 1999, 428: es kann nicht verlangt werden, dass etwas vorgetragen wird, was nicht aufklärbar ist).

Verschuldet: bei mangelhafter Briefkastenanlage, es sei denn, die Partei hat als Mieter darauf keinen Einfluss (LAG Köln MDR 1994, 1245; strenger LG Köln MDR 1994, 1245: bei mangelhaftem Briefkasten verschuldet, wenn nicht zumindest der Mieter seinen Vermieter um Abhilfe gebeten hat; hins. Gemeinschaftsbriefkasten LG Neuruppin NJW 1997, 232, Eyinck NJW 1998, 206; Westphal NJW 1998, 2413; BGH NJW 2001, 832).

Ersatzzustellung nicht nachvollziehbar: Zum Nachweis der Wirksamkeit einer Ersatzzustellung nach § 180 ZPO ist es nicht erforderlich, dass der Zusteller in der Urkunde angibt, in welche Empfangseinrichtung – Briefkasten oder ähnliche Vorrichtung – er das Schriftstück eingelegt hat, und im Fall einer ähnlichen Einrichtung diese näher zu bezeichnen (BGH MDR 2006, 589).

bb) Wirksame Zustellung

In der Praxis wird oft vorschnell die Frage der Wiedereinsetzung geprüft und hierbei übersehen, dass die Notfrist noch gar nicht zu laufen begonnen hat. Hierfür ist Voraussetzung, dass die Zustellung wirksam vorgenommen wurde. Die Wirksamkeit einer Zustellung ist nicht immer einfach zu beurteilen und häufig von schwer aufklärbaren tatsächlichen Umständen abhängig. Zudem ist vieles streitig. Der Anwalt sollte die Wirksamkeit deswegen sicherheitshalber selbst prüfen und sich nicht (allein) auf das Gericht verlassen. 913

Dabei ist zu beachten, dass Zustellungsmängel auch bei Notfristen gem. § 189 ZPO geheilt sind, wenn der Adressat das Schriftstück tatsächlich erhalten hat. Zu diesem Zeitpunkt gilt das Schriftstück als zugestellt, unabhängig von der inhaltlichen Kenntnisnahme. Nicht ausreichend ist indes eine bloße Unterrichtung über den Inhalt (Zöller/Schultzky § 189 Rn. 4). Sofern ein tatsächlicher Zugang aus den Äußerungen der Partei in nachfolgenden Schriftsätzen ersichtlich ist, kann sie sich daher nicht mehr auf eine fehlende bzw. unwirksame Zustellung berufen.

Bei einem Versäumnisurteil läuft die Frist auch dann ab wirksamer Zustellung, wenn das Urteil wegen fehlerhafter Ladung zum Termin nicht hätte erlassen werden dürfen (§ 335 Abs. 1 Nr. 2 ZPO; Zöller/Herget § 338 Rn. 1, § 339 Rn. 1). In diesem Fall können der säumigen Partei nicht die abtrennbaren Kosten der Säumnis nach § 344 ZPO auferlegt werden.

▶ **Praxistipp:**

Bei einer Zustellung gegen Empfangsbekenntnis kann Unwirksamkeit u.U. wegen fehlender Unterschrift des Anwalts vorliegen, weil – was in der Praxis oft der Fall ist – nur mit einer sog. Paraphe oder einem Faksimile-Stempel unterzeichnet wurde (aber Zöller/Stöber § 189 Rn. 13, § 187 Rn. 3: Rechtsanwalt kann sich darauf nicht berufen, Rechtsmissbrauch!). 914

Wird entgegen § 172 ZPO an die Partei selbst und nicht an den Prozessbevollmächtigten zugestellt, ist die Zustellung und damit auch die Fristsetzung unwirksam (Thomas/Putzo/Hüßtege § 172 Rn. 11 f.).

Nach § 175 ZPO können Schriftstücke auch durch Telekopie, nach § 173 in elektronischer Form zugestellt werden. Das Empfangsbekenntnis kann dann auf demselben Weg zurück übermittelt werden.

Die Zustellungsurkunde bzw. die Beurkundung ist kein notwendiger Bestandteil und kein Wirksamkeitserfordernis der Zustellung mehr, sondern dient nur ihrem Nachweis. Jedoch kann deren Beweiskraft als öffentliche Urkunde nach § 418 Abs. 1 ZPO gemindert oder aufgehoben sein, wenn die in § 182 Abs. 2 ZPO aufgezählten Angaben fehlen (z.B. Name, Vorname und Unterschrift des Zustellers, Ort und Datum der Zustellung; Prütting/Gehrlein/Waldner § 182 Rn. 1, Rn. 4). 915

Bei der – besonders praxisrelevanten und fehleranfälligen – Ersatzzustellung wird insbesondere beurkundet, dass zu einem bestimmten Zeitpunkt das Schriftstück bzw. die schriftliche Mitteilung über die Niederlegung in den gemäß der Zustelladresse richtigen Briefkasten des Adressaten geworfen wurde (§§ 180, 181, 182 ZPO).

Dabei muss sich aus der Zustellungsurkunde auch ergeben, dass die Zustellung an den Adressaten selbst versucht wurde und warum diese nicht ausführbar war. Erfolgt diese durch Niederlegung, muss nach § 181 ZPO angegeben sein, auf welche Weise die erforderliche (insoweit konstitutive) schriftliche Mitteilung hierüber abgegeben wurde (AG Neuruppin NJW 2003, 2249: nicht ausreichend allein die Angabe, die Mitteilung sei in der bei gewöhnlichen Briefen üblichen Weise erfolgt; BGH NJW 1990, 176: der entsprechende vorgedruckte Text war durchgestrichen; Zöller/Stöber § 182 Rn. 8; unerheblich bei Ersatzzustellung nach § 180 ZPO, OLG Köln NJW 2005, 2026). Im aktuellen amtlichen Zustellungsvordruck ist nunmehr hierfür auch ein gesondertes Feld zum Ausfüllen vorgesehen (§ 190 ZPO; BGBl. 2004 I, S. 619, 621).

Die Beweiskraft kann gem. § 418 Abs. 2 ZPO (§ 182 Abs. 1 Satz 2 ZPO) durch den Beweis des Gegenteils widerlegt werden, wofür Glaubhaftmachung bei § 236 Abs. 2 ZPO genügen soll (Zöller/Geimer § 418 Rn. 4). Es müssten dann wohl auch die übrigen Voraussetzungen für eine Wiedereinsetzung vorliegen.

916 Für den Gegenbeweis muss nach dem Vorbringen der Partei eine gewisse Wahrscheinlichkeit für die Unrichtigkeit der bezeugten Tatsachen dargelegt werden. Es müssen konkrete Umstände dargelegt werden, die ein Fehlverhalten des Postzustellers bei der Zustellung und damit eine Falschbeurkundung in der Postzustellungsurkunde zu belegen geeignet sind (BVerwG NJW 1986, 2127, BFH NJW 1997, 3264; OLG Düsseldorf NJW 2000, 2831 mit Einzelheiten für erforderlichen Sachvortrag; BVerfG NJW-RR 2002, 1008: nur eine pauschale Behauptung reicht nicht).

Dies ist praktisch kaum möglich. Insbesondere genügen bloße Zweifel an der Richtigkeit der urkundlichen Feststellung nicht.

Nicht ausreichend ist allein die eidesstattliche Versicherung dahingehend, den Benachrichtigungszettel des Postzustellers nicht erhalten zu haben und dass der Briefkasten täglich kontrolliert wird (BVerwG NJW 1986, 2128; OLG Düsseldorf NJW 2000, 2831). Denn nach allgemeiner Lebenserfahrung kann ein darin liegender Zettel vor der Durchsicht der eingegangenen Sendungen in Verlust geraten oder bei der Durchsicht der Aufmerksamkeit entgangen sein.

▶ Praxistipp:

917 Unwirksam ist die Ersatzzustellung jedoch, wenn die Partei am Zustellungsort nicht mehr gewohnt hat, bzw. dann ist erst recht glaubhaft, dass sie kein Schriftstück bzw. keinen Benachrichtigungszettel erhalten hat.

918 Dabei gilt die Beweiskraft der Zustellungsurkunde gem. § 418 ZPO nicht dafür, dass der Zustellungsadressat unter der Zustellungsanschrift auch wohnt (Prütting/Gehrlein/Waldner § 178 Rn. 3f.). Der Postzustellungsurkunde kommt hierfür lediglich ein (beweiskräftiger) Indizwert zu (OLG Karlsruhe NJW 1997, 3183, BVerfG NJW-RR 1992, 1084, BGH NJW 1992, 1963).

Da das Gericht bei vorhandener Postzustellungsurkunde (zunächst) von einer wirksamen Zustellung ausgeht, sollte der Anwalt bei Wohnungswechsel seines Mandanten den dokumentierten Zustellungszeitpunkt mit dessen damaligem Wohnsitz vergleichen.

Eine Wohnung in diesem Sinne befindet sich dort, wo die Person ihren räumlichen Lebensmittelpunkt hat, insbesondere wenn sie dort übernachtet, unabhängig von der (fehlenden) behördlichen Anmeldung.

Unerheblich ist eine vorübergehende Abwesenheit (z.B. Urlaub, Krankenhausaufenthalt, kürzere Geschäftsreise), wenn sich während der Abwesenheit des Zustellungsempfängers der räumliche Mittelpunkt seines Lebens nicht an den neuen Aufenthaltsort verlagert. Letztlich kommt es hierbei auf die Umstände des jeweiligen Einzelfalls an (Prütting/Gehrlein/Waldner § 178 Rn. 3a; Zöller/Stöber § 178 Rn. 4 ff.). Gesichtspunkte hierfür sind die Dauer der Abwesenheit, der Kontakt zu den in der Wohnung Verbliebenen sowie die Absicht und die Möglichkeit der Rückkehr (BGH NJW 1978, 1858).

Als nicht mehr vorübergehend wurden z.B. ein mehrmonatiger ununterbrochener Aufenthalt in einer Therapieeinrichtung (OLG Hamm NStZ 1982, 521; OLG Frankfurt a.M. NStZ-RR 2003, 174: 4 Monate) oder im Ausland wegen Berufstätigkeit angesehen. Insbesondere ist die Zuweisung eines Zwangsaufenthalts ein Indiz dagegen, dass die bisherige Wohnung eines Inhaftierten während dieser Zeit der räumliche Mittelpunkt seines Lebens bleibt (BGH NJW 1951, 931; BGH NJW 1978, 1858: Strafhaft von 1 bis 2 Monaten – im Gegensatz zu einem freiwilligen Klinikaufenthalt, BGH NJW 1985, 2197; OLG Hamm NStZ-RR 2003, 189: Untersuchungshaft – bei nur 17 Tagen jedoch keine Aufgabe des bisherigen Lebensmittelpunktes).

919 Zur Entkräftung der Indizwirkung der Postzustellungsurkunde reicht ein bloßes Bestreiten nicht aus.

Vielmehr müssen in diesem Fall mittels einer plausiblen und schlüssigen Darstellung klare und vollständige Angaben über die tatsächlichen Wohnverhältnisse gemacht werden (BGH FamRZ 1990, 143; BGH NJW 1992, 1963; OLG München FamRZ 1990, 1439; auch OLG Karlsruhe NJW-RR 1992, 700; OLG Düsseldorf FamRZ 1990, 75; OLG Köln RPfleger 1975, 260).

Es ist näher darzulegen, seit wann die Partei nach Aufgabe der ursprünglichen Wohnung am neuen Aufenthaltsort wohnhaft sein will und vor allem, ob sie dort schon zum Zeitpunkt der Zustellung ihren regelmäßigen Lebensmittelpunkt hatte. Hierfür besonders geeignet ist die Vorlage von Mietverträgen oder Meldebescheinigungen (OLG Frankfurt a.M. NJW-RR 1997, 957; BGH NJW 1992, 1963: Meldebescheinigung und eidesstattliche Versicherung; BGH NJW-RR 1990, 506: Polizeiliche Meldung als Beweisanzeichen).

Unwirksam ist eine Ersatzzustellung durch Niederlegung auch dann, wenn die Mitteilung über 920
die Niederlegung lediglich durch den Briefschlitz der Haustüre ohne Auffangeinrichtung in das Innere eines Mehrparteienhauses geworfen wird (OLG Köln JurBüro 1979, 607; ebenso wenig ist Ersatzzustellung bei Schließfachanlagen möglich; BGH NJW 2001, 832: wirksam bei Einwurf in Gemeinschaftsbriefkasten). Diese Vorgaben dürften auch bei der Ersatzzustellung durch Einlegen in den Briefkasten gelten (§ 180 ZPO).

Eine Ersatzzustellung durch Niederlegung (und durch Einlegen in den Briefkasten) ist auch bei 921
juristischen Personen bzw. bei Gewerbetreibenden, die ihre Geschäfte über besondere Geschäftslokale abwickeln, generell möglich (§§ 180, 181 ZPO).

Diese sind zustellungsrechtlich natürlichen Personen gleichgestellt. Damit sind die erheblichen 922
Schwierigkeiten bei der Zustellung, insbesondere bei geschlossenen Geschäftslokalen bzw. außerhalb der Öffnungs- und Bürozeiten, beseitigt.

f) Prozesskostenhilfeantrag

Häufig kommt es vor, dass eine Partei eine Frist nicht wahren kann, weil sie aufgrund ihrer persön- 923
lichen und wirtschaftlichen Verhältnisse nicht in der Lage ist, einen Rechtsanwalt mit der Vornahme der erforderlichen Prozesshandlung zu beauftragen. Die Partei kann dann Gewährung von Prozesskostenhilfe beantragen. Dieser Antrag alleine wahrt die Frist nicht. Wird Prozesskostenhilfe erst gewährt, nachdem die Frist abgelaufen ist, kommt eine Wiedereinsetzung in den vorigen Stand in Betracht.

Hierzu bedarf es häufig keines besonderen Antrags. Sind die Gründe für die unverschuldete Fristversäumung aktenkundig, kann Wiedereinsetzung auch von Amts wegen gewährt werden (BGH NJW-RR 2000, 1590; BGH NJW-RR 2001, 570; BGH NJW 2002, 2180).

Praktisch wichtigster Anwendungsfall hierfür ist die bedürftige Partei, die Rechtsmittel nur für den Fall einer Gewährung von Prozesskostenhilfe einlegen will.

Unverschuldet ist die Fristversäumung hierbei, wenn die Partei innerhalb der Frist einen ordnungs- 924
gemäßen Prozesskostenhilfeantrag gestellt hat und Prozesskostenhilfe gewährt wird oder wenn und solange die Partei vernünftigerweise nicht mit einer Ablehnung zu rechnen brauchte (Zöller/Greger § 233 Rn. 23.29 – Prozesskostenhilfe; st. Rspr. BGH, z.B. BGH NJW-RR 2004, 1218; Unvermögen, einen Rechtsanwalt mit der notwendigen Vertretung zu beauftragen; oben Rdn. 923).

Dabei ist zu beachten, dass hierfür die Erklärung über ihre persönlichen und wirtschaftlichen Verhältnisse nach dem amtlichen Vordruck vollständig ausgefüllt, einschließlich der dazugehörigen Belege, beim zuständigen Gericht eingereicht werden muss (§ 117 Abs. 3, 4 ZPO; BGH MDR 2001, 1312; OLG Hamm MDR 2000, 1094). Gerade an der Vollständigkeit mangelt es in der Praxis häufig, was zum Verlust des Rechtsmittels führen kann.

Die **Frist** für das Wiedereinsetzungsgesuch beginnt bei Bewilligung mit der Mitteilung des Prozesskosten- 925
hilfe-Beschlusses, bei Ablehnung zuzüglich einer Überlegungsfrist von 3–4 Tagen (BGH NJW 20121, 242; BGH NJW 2009, 3038; BGH NJW-RR 2009, 789; Prütting/Gehrlein/Kazele § 234 Rn. 17). Innerhalb dieser Frist ist auch die versäumte Prozesshandlung nachzuholen (§ 236 Abs. 2 Satz 2 ZPO).

Vor Entscheidung über das Prozesskostenhilfegesuch muss die relevante Prozesshandlung selbst noch nicht vorgenommen werden, insbesondere braucht ein etwaiges Rechtsmittel weder eingelegt noch begründet zu werden.

Dadurch, dass die Frist zur Beantragung der Wiedereinsetzung gegen eine versäumte Rechtsmittel- 926
begründungsfrist nunmehr einen Monat beträgt (§ 234 Abs. 1 Satz 2 ZPO), ist sichergestellt, dass auch der bedürftigen Partei mindestens ein Monat zur Begründung bleibt.

Kapitel 6: Das Klageverfahren als prozessualer Normalfall

Übersicht Rdn.

Vorbemerkung

927 Die ZPO unterscheidet drei Klagearten, denen jeweils bestimmte Urteilsarten entsprechen: die **Leistungsklage**, die die Erfüllung eines materiellen Anspruchs (ggf. auch auf Unterlassung oder Duldung) bezweckt, die **Feststellungsklage,** mit der i.d.R. das Bestehen oder Nichtbestehen eines Rechtsverhältnisses geklärt werden soll, und die **Gestaltungsklage**, die auf die Veränderung einer konkreten rechtlichen Beziehung gerichtet ist.

928 Die Rechtsdurchsetzung im allgemeinen Klageverfahren lässt sich in folgende Etappen unterteilen: Zunächst sind Vorüberlegungen anzustellen, ehe die eigentliche Klage erhoben wird (vgl. Rdn. 929). Anschließend erfolgt die Verteidigung des Beklagten (vgl. Rdn. 1274), gefolgt vom weiteren gerichtlichen Verfahren (vgl. Rdn. 1471), das in die mündliche Verhandlung vor Gericht führt (vgl. Rdn. 1577).

A. Die Verfahrenseinleitung im allgemeinen Klageverfahren (Klageschrift)

929 Das Klageverfahren wird durch die Einreichung einer Klageschrift eingeleitet. Die formellen Anforderungen an die Klageschrift, welche das Gericht im Rahmen der Zulässigkeitsprüfung als »Ordnungsmäßigkeit der Klageerhebung« zu prüfen hat, sind in **§ 253 ZPO** festgehalten. Von besonderer praktischer Bedeutung sind hierbei die Hürden, die § 253 Abs. 2 Nr. 2 ZPO aufstellt, nämlich die Formulierung des Antrags und die Individualisierung von Gegenstand und Grund (die von der Substantiierung zu unterscheiden ist).

Inhalt der Klageschrift

Inhalt der Klageschrift

Konrad Bauer Rechtsanwalt	
An das Landgericht Hanau 63450 Hanau	**Bezeichnung Gericht** § 253 Abs. 2 Nr. 1 ZPO § 130 Nr. 1 ZPO
Ort, Datum **Klage**	
Namens des Herrn Anton Schneider, Schneeberger Straße 32, 63457 Hanau - Klägers -	**Bezeichnung Parteien** § 253 Abs. 2 Nr. 1 ZPO § 130 Nr. 1 ZPO
erhebe ich Klage gegen	
die Frau Cornelia Burger, Vereinsstraße 35, 63459 Hanau, - Beklagte -	§ 253 Abs. 2 Nr. 1 ZPO § 130 Nr. 1 ZPO
wegen Erfüllung eines Kaufvertrages.	§ 130 Nr. 1 ZPO
Im Termin zur mündlichen Verhandlung werde ich beantragen, die Beklagte zu verurteilen, dem Kläger das Grundstück Grundbuch von Hanau-Wolfgang, Bd.7, Blatt 3456, aufzulassen.	**Antrag** § 253 Abs. 2 Nr. 2 ZPO § 130 Nr. 2 ZPO
Der Wert des Streitgegenstandes beträgt 120 000,- €.	**Angabe Streitwert** § 253 Abs. 3 S. 1 ZPO
Begründung ...	**Gegenstand und Grund** § 253 Abs. 2 S. 2 ZPO § 130 Nr. 3, 5 ZPO
Einer Entscheidung des Rechtsstreits durch den Einzelrichter stehen Gründe nicht entgegen.	**Einzelrichtererklärung** § 253 Abs. 3 S. 2 ZPO
Eine beglaubigte und eine einfache Abschrift der Klageschrift sind beigefügt.	**Abschriften** § 253 Abs. 5 ZPO § 130 Nr. 1 ZPO
Gerichtsgebühren in Höhe von 3465,- € sind eingezahlt.	**Gerichtskostenvorschuss** § 12 Abs. 1 GKG § 130 Nr. 6 ZPO
Bauer Rechtsanwalt	

Abb. 2: Inhalt der Klageschrift

I. Gericht (§ 253 Abs. 2 Nr. 1 ZPO)

Erforderlich ist eine Angabe des Gerichts, an das die Klage gerichtet wird. Dieses Gericht hat die Zulässigkeit – und wenn es diese bejaht – die Begründetheit der Klage zu prüfen. 930

Ausreichend ist dabei die Bezeichnung des Gerichts im **organisatorischen** Sinn (»Amtsgericht München«, »Landgericht Frankfurt am Main«). Soll die Sache vor der **Kammer für Handelssachen** verhandelt werden, so ist dies ausdrücklich und unmissverständlich anzugeben; bekanntlich setzt die Zuständigkeit der Kammer für Handelssachen einen Antrag nach § 96 Abs. 1 GVG voraus. 931

▶ Praxistipp:

932 Bei der Angabe des Gerichts in der Klageschrift ist besondere Vorsicht geboten, wenn eine Stadt in mehrere Amtsgerichtsbezirke unterteilt ist (Hamburg, Berlin) oder über mehrere Landgerichte verfügt (München, Berlin). Dies gilt – zumindest für die Amtsgerichte – auch bei der vertraglichen Vereinbarung eines Gerichtsstands, die sinnvollerweise durch die Angabe einer bestimmten Adresse (»Sievekingplatz, Hamburg«) oder einer konkreten Gerichtszuständigkeit (»Gerichtsstand ist Hamburg unter Zuständigkeit des AG Hamburg-Mitte«) ergänzt wird.

933 Ansonsten muss weder der zuständige Spruchkörper noch gar ein konkreter Richter angegeben werden. Trotzdem empfiehlt sich die Angabe einer etwaigen speziellen funktionellen oder inhaltlichen Zuständigkeit (Mietsachen, Banksachen), um eine richtige Behandlung der Klage im Geschäftsgang zu erreichen (§ 72a GVG).

II. Parteien (§ 253 Abs. 2 Nr. 1 ZPO)

1. Allgemeine Bedeutung

934 Die Klageschrift muss die Bezeichnung der Parteien enthalten; aus dieser Angabe ergibt sich, wer Partei wird (»**formeller Parteibegriff**«).

935 Anders als es die Sollvorschrift des § 130 Nr. 1 ZPO vermuten lässt, bedarf es keiner Angabe von »Stand oder Gewerbe«. Dafür sind aber grundsätzlich über den Wortlaut des § 253 Abs. 2 Nr. 1 ZPO hinaus die **Anschriften beider Parteien** zu nennen. Die Angabe der ladungsfähigen Anschrift **des Beklagten** dient der Zustellung der Klage, aber auch der Identifizierung der Partei und ihrer Unterscheidung von anderen Personen (BGH NJW 2001, 885; Prütting/Gehrlein/Geisler § 253 Rn. 10). Durch die – ebenso grundsätzlich verpflichtende – Angabe seiner eigenen ladungsfähigen Anschrift macht sich **der Kläger** nicht nur identifizierbar, sondern ermöglicht auch die Anordnung seines persönlichen Erscheinens (BGH NJW-RR 2009, 1009) und bekräftigt seine Bereitschaft, sich möglichen nachteiligen Folgen des Prozesses, insbesondere seiner Kostentragungspflicht, zu stellen (BGH NJW 2005, 3773). Die Verpflichtung zur Angabe einer vollständigen Anschrift beider Parteien entfällt nur in absoluten Ausnahmefällen, die dem Gericht gegenüber darzulegen sind (BGH NJW 1988, 2114, 2115); allerdings dürfen die Anforderungen im Hinblick auf den Anspruch auf effektiven Rechtsschutz nicht weitergehen, als dies für die Wahrung der berechtigten Interessen des Gegners und für den ordnungsgemäßen Ablauf des Verfahrens erforderlich ist.

Dies ist regelmäßig dann erfüllt, wenn die Partei durch die angegebene Anschrift eindeutig identifiziert wird und an sie wirksam Zustellungen vorgenommen werden können.

Diesen Voraussetzungen kann die Angabe einer c/o-Anschrift genügen, wenn unter der Adresse die bezeichnete Partei selbst oder – bei juristischen Personen – ein Organ regelmäßig anzutreffen ist (BGH NJW-RR 2022, 714, vgl. auch Prütting/Gehrlein/Geisler § 253 Rn. 12; MüKoZPO/Becker-Eberhard § 253 Rn. 57; Anders/Gehle/Anders 253 Rn. 22). Bei juristischen Personen des Privatrechts genügt als ladungsfähige Anschrift regelmäßig die Angabe der im Handelsregister eingetragenen Geschäftsanschrift (BGH NJW-RR 2019, 61).

Nach absolut herrschender Meinung ist die Angabe eines Postfachs nicht ausreichend (Prütting/Gehrlein/Geisler § 253 Rn. 12; Zöller/Greger § 253 Rn. 8, a.A. vgl. Vorauflage mit Verweis auf BGH, Beschl. vom 16.06.2012 – V ZB 182/11; Grohmann DRiZ 2014, 220).

936 Im Regelfall ergibt sich aus der Natur der Sache, dass der Anwalt die Klage **im Namen der Klagepartei** erhebt. Dem wenig überzeugenden Versuch, aus der Einleitungsfloskel »erhebe ich Klage« Zweifel an einem Handeln im fremden Namen, d.h. für den Mandanten, herzuleiten, hat der BGH eine Absage erteilt (BGH NJW 2010, 3779).

Besondere Aufmerksamkeit ist der Frage zu widmen, ob **Prozessbevollmächtigte des Beklagten** benannt werden dürfen. Dies ist insbesondere dann der Fall, wenn es zur Fristwahrung einer alsbaldigen Zustellung bedarf. 937

▶ Praxistipp:

Grundsätzlich gilt, dass aus einer vorprozessualen Tätigkeit nicht auf eine Prozessvollmacht geschlossen werden kann. Daher ist die vorprozessuale Korrespondenz sorgfältig auf eine etwaige Prozessvollmacht zu prüfen.

Wird der Gegneranwalt in der Klageschrift angegeben, muss bzw. wird das Gericht an diesen die Zustellungen vornehmen. Teilt der Anwalt danach mit, er sei noch nicht oder nicht mehr zustellungsbevollmächtigt, ist die Klage nicht rechtshängig geworden. Bei der erneuten Zustellung an die Partei können dann Fristen bereits abgelaufen sein (BGH NJW-RR 2011, 997; BGH NJW 2000, 1957; BVerfG NJW 2007, 3486). Ebenso haftungsträchtig ist die umgekehrte Konstellation, in der eine in der Korrespondenz offenbarte Prozessvollmacht unberücksichtigt bleibt: In diesem Fall muss die Zustellung gemäß § 172 Abs. 1 Satz 1 ZPO an den Prozessbevollmächtigten erfolgen (Greger/Schultzky § 172, Rn. 22). Es ist also unbedingt darauf zu achten, dass der Prozessbevollmächtigte ordnungsgemäß benannt wird.

Soweit möglich und erforderlich sollen die Angaben zu den zugelassenen elektronischen Postfächern der Beteiligten gemacht werden (§ 130 Nr. 1a ZPO). Dies gilt für die eigene Anschrift genauso wie für die des Gegners und der Prozessbevollmächtigten. Anzugeben ist demnach insbesondere das De-Mail-Konto (§ 130a Abs. 4 Nr. 1 ZPO); bei Nutzung eines besonderen elektronischen Anwaltspostfachs (§ 31a BRAO; § 130a Abs. 4 Nr. 2 ZPO) genügt die Angabe von Namen und Anschrift des Anwalts. 938

Sind einzelne für die Parteibezeichnung erforderliche Angaben **unbekannt**, so müssen diese vom Kläger grundsätzlich vorprozessual ermittelt werden. Dem Kläger obliegt es, die für die Zustellung der Klage an den Beklagten erforderlichen Angaben zu beschaffen. 939

Fehlen die erforderlichen Informationen und ergeben sich diese nicht aus Verträgen und anderen Unterlagen, so sind gründliche Nachforschungen, wie z.B. eine dezidierte Nachfrage beim Mandanten, eine Einwohnermeldeamtsanfrage, eine Abfrage des Handelsregisters oder auch eine Internet-Recherche, anzustellen. Besondere Sorgfalt ist bei Namensgleichen mit gleicher Anschrift (hier kann der Zusatz »junior« bzw. »senior« erforderlich sein) und weit verzweigten Konzernen, insbesondere Versicherungen und Reiseunternehmen, anzuwenden.

Unvollständige oder ungenaue Parteibezeichnungen führen nicht ohne Weiteres zu einer Abweisung der Klage als unzulässig. Das Gericht ist gehalten, auf die Behebung des Mangels hinzuwirken. Hierzu kann das Gericht die Partei zunächst auf den Mangel hinweisen und sie zur **Berichtigung** der Angaben auffordern (§ 139 Abs. 3 ZPO). 940

Eine ungenaue oder unrichtige Parteibezeichnung kann jederzeit formlos berichtigt werden (OLG Schleswig NJW-RR 2013, 1151). Eine solche Berichtigung darf indes nicht dazu führen, dass eine andere Partei an die Stelle der bisherigen tritt. Dies ist allein unter den Voraussetzungen der Parteiänderung statthaft (Thomas/Putzo/Hüßtege Vorb. § 50 Rn. 4; Thomas/Putzo/Seiler § 253 Rn. 7; BGH MDR 2002, 1240; zur Parteiänderung und zur Abgrenzung von der bloßen Parteiberichtigung oben Rdn. 340). Eine solche Berichtigung ist nicht nur beim Beklagten möglich, sondern auch, wenn sich die klagende Partei selbst fehlerhaft bezeichnet hat (BGH NZM 2003, 235).

Wird der Mangel der Parteibezeichnung nicht berichtigt, muss im Wege der **Auslegung** versucht werden, die »richtige« Partei festzustellen. 941

BGH NJW 1981, 1454: »Die Bezeichnung der Partei allein ist für die Parteistellung nicht ausschlaggebend. Vielmehr kommt es darauf an, welcher Sinn der von der klagenden Partei in der Klageschrift gewählten Parteibezeichnung bei objektiver Würdigung des Erklärungsinhalts beizulegen ist. Bei unrichtiger äußerer Bezeichnung ist grundsätzlich die Person als Partei anzusprechen, die erkennbar durch die Parteibezeichnung betroffen werden soll.«

942 Grundlage der Auslegung sind die Klageschrift und in Einzelfällen auch spätere Prozessvorgänge. Hierbei ist nicht nur auf die formelle Bezeichnung im Rubrum abzustellen, sondern auch auf die Begründung und damit auf den der Klage zugrunde gelegten **Sachverhalt** und dessen **rechtliche Bewertung** (BGH NJW 1988, 1587; OLG Stuttgart NJW-RR 1999, 216).

Eine solche Auslegung kommt sogar bei verschiedenen eigenständigen (juristischen) Personen in Betracht (z.B. OLG Hamm NJW-RR 1991, 188: »ARAG Rechtsschutz AG« anstatt »ARAG Sachversicherung AG«; Wehrberger AnwBl 2000, 684 m.w.N.). Eine bloße Parteiberichtigung kann auch genügen, wenn erkennbar der Rechtsnachfolger der bezeichneten Beklagtenpartei verklagt werden sollte (BGH NJW 2004, 232: Klage gegen die durch Verschmelzung mit der R-Cigarettenfabriken GmbH erloschene H-Reemtsma GmbH). Etwas anderes muss gelten, wenn dem Kläger das Erlöschen des Beklagten gar nicht bekannt war und er daher deren Rechtsnachfolger nicht gemeint haben kann (BGH NJW 2002, 3110). Ebenso wenig kann angenommen werden, dass eine gegen eine verstorbene natürliche Person erhobene Klage in der Regel als gegen die Erben gerichtet auszulegen ist (BGH WM 2000, 260; Zöller/Vollkommer Vor § 50 Rn. 12). Wird eine Firma in der Klageschrift als OHG bezeichnet, handelt es sich tatsächlich aber nur um einen eingetragenen Kaufmann, so ist der Kaufmann Partei geworden. An die Stelle einer nicht existenten GbR tritt ihr »Gesellschafter« (OLG Hamm DStR 2012, 820). Richtet sich die Klage gegen eine nichtexistente Partei und kann diese auch durch eine Auslegung nicht ersetzt werden, so ist sie als unzulässig und auf Kosten des Klägers abzuweisen (BGH NJW 2010, 3100; Weimann/Terhegger NJW 2003, 1298).

▶ Praxistipp:

943 Da sich die Frage, ob der Zustellungsempfänger Partei geworden ist, auch daraus beantworten kann, ob dieser sich inhaltlich auf die Klage eingelassen hat, sollte der Beklagte bei unklaren Parteibezeichnungen zunächst die fehlende Passivlegitimation rügen und sein weiteres Verteidigungsvorbringen nur hilfsweise vortragen.

944 Die Auslegung darf aber nicht mit der rechtlichen Bewertung, insbesondere mit der Ermittlung der Passivlegitimation, vermengt werden. Ergibt die Klageschrift beispielsweise eindeutig, dass eine **falsche**, d.h. materiell nicht berechtigte oder verpflichtete **Partei** in Anspruch genommen wurde, so kann das Ergebnis nicht im Wege der Auslegung korrigiert werden.

Die aus der Bezeichnung in der Klageschrift zu beurteilende formelle Parteistellung regelt nur, wer am Prozess als Partei teilnimmt. Zwischen diesen Parteien ist dann im Rahmen der Zulässigkeitsprüfung zu klären, ob sie zur prozessualen Geltendmachung berechtigt sind (aktive und passive Prozessführungsbefugnis). Wird dies bejaht, erstreckt sich die Begründetheitsprüfung auch auf die Frage der materiellen Berechtigung bzw. Verpflichtung (Aktiv- und Passivlegitimation).

▶ Beispiel:

945 Die Eheleute Müller verhandeln gemeinsam über den Vertragsschluss, die Rechnung ist ausgestellt auf »Müller«. In diesem Fall kann zweifelhaft sein, ob Herr oder Frau Müller allein oder zusammen Vertragspartner wurden.

Kläger wird, wer in der Klageschrift als solcher bezeichnet wird. Prozessführungsbefugt ist dieser Kläger, solange er behauptet, selbst Vertragspartner geworden zu sein und damit ein eigenes Recht geltend zu machen. Begründet ist die Klage, wenn er tatsächlich Vertragspartner wurde.

Praktisch empfiehlt sich in diesen Fällen nicht, beide Ehegatten als Kläger auftreten zu lassen, weil dabei die Gefahr einer kostenpflichtigen Teilabweisung der Klage besteht. Besser ist es, dem klagenden Ehegatten vorsorglich etwaige Ansprüche des anderen Ehegatten abtreten zu lassen.

Praxistipp:

Bei einer Klage gegen den falschen Schuldner wird die Verjährung gegenüber dem wahren Rechtsträger nicht gehemmt (Grüneberg/Ellenberger § 209 Rn. 12). 946

Wenn die Mandantenangaben ungenau sind, kann bereits die Zustellung scheitern und insbesondere bei Klageeinreichung nahe am Ende der Verjährungsfrist zum Prozessverlust führen.

Im Fall einer Parteiberichtigung kann eine etwaige fehlende Zustellung an die richtige Partei u.U. in Einzelfällen noch gem. § 189 ZPO geheilt werden, z.B. wenn der Anwalt sowohl für die beklagte als auch die passiv legitimierte Partei zustellungsbevollmächtigt war (BGH NJW 1983, 2446) oder wenn die Klage weitergeleitet wurde (OLG Hamm VersR 1978, 633).

Sofern jedoch der Schuldner die fehlerhafte Klage durch falsche Informationen, z.B. auf dem bei der vorprozessualen Korrespondenz verwendeten Briefbogen, veranlasst hat oder der Kläger aufgrund sonstiger Umstände auf den Fortbestand der bisherigen Verhältnisse bei einer Rechtsänderung auf Beklagtenseite vertrauen durfte, kann u.U. die Berufung auf die Einrede der Verjährung rechtsmissbräuchlich sein (§ 242 BGB; BGH NJW 2002, 3110: Verschmelzung; Grüneberg/Ellenberger § 209 Rn. 12).

2. Praxisrelevante Beispiele

a) (Einzel-)Kaufleute, BGB-Gesellschaften, Handelsgesellschaften

Probleme treten in der Praxis häufig bei Firmenbezeichnungen und BGB-Gesellschaften auf. 947

Wird eine beklagte Partei unter ihrer Firma bezeichnet (§ 17 HGB), so ist Partei nicht die Firma, sondern allein derjenige, der zur Zeit der Rechtshängigkeit **Inhaber** ist (Thomas/Putzo/Hüßtege Vorb. § 50 Rn. 7).

Daher ist bei einer abgeleiteten Firma (§§ 22 ff. HGB) der Inhaber mit anzugeben, damit die Zwangsvollstreckung ohne Schwierigkeiten auch in das Privatvermögen des Inhabers erfolgen kann (§ 750 ZPO). Dies ist ratsam, um bei einem Inhaberwechsel die Zwangsvollstreckung problemlos durchführen zu können. Wird demgegenüber in einer Klageschrift als Inhaber einer einzelkaufmännischen Firma eine Person genannt, wird diese auch dann Partei des Verfahrens, wenn dieser Person in Wahrheit die Firma nicht gehört (BGH NJW 1999, 1871).

Werden aufgrund des gleichen Sachverhalts zwei Klagen erhoben – eine gegen eine einzelkaufmännische Firma, die andere gegen deren Inhaber – so ist die zweite Klage wegen anderweitiger Rechtshängigkeit unzulässig, da jeweils dieselbe natürliche Person in Anspruch genommen wird (§ 261 Abs. 3 Nr. 1 ZPO).

Eine **Einzelfirma** kann nur mit dem Zusatz »eingetragener Kaufmann« bzw. »eingetragene Kauffrau« oder einer entsprechenden Abkürzung (e.K./e.Kfm./e.Kfr.) firmieren (§ 19 Abs. 1 Nr. 1 HGB), sodass eine Abgrenzung zu den Geschäfts- oder Etablissementsbezeichnungen von Nicht-Kaufleuten unproblematisch möglich ist. 948

Die nach § 705 Abs. 2 BGB rechtsfähige **BGB-Gesellschaft** (vgl. insoweit auch die Vermutung des § 705 Abs. 3 BGB) kann klagen und verklagt werden (BGH NJW 2001, 1056), dies ggf. auch unter der Bezeichnung, mit welcher sie im Verkehr auftritt. 949

Dabei muss der Vertreter angegeben werden, wobei im Zweifel alle Gesellschafter gesetzliche Vertreter sind (§ 720 Abs. 1 BGB).

Da auch bei äußerlich unrichtiger Bezeichnung grundsätzlich das Rechtssubjekt als Partei anzusehen ist, das durch die fehlerhafte Bezeichnung nach deren objektivem Sinn betroffen werden soll, kann die Umstellung einer Klage von den Gesellschaftern auf die Gesellschaft keine Parteiänderung, sondern lediglich eine Parteiberichtigung darstellen (BGH NJW 2003, 1043).

Bei **Handelsgesellschaften** sind die Passivlegitimation und die richtige bzw. aktuelle Firmierung sorgfältig zu ermitteln und zu prüfen. 950

Denn häufig gibt es mehrere Unternehmen mit ähnlicher Bezeichnung, wobei manchmal zusätzlich die gesetzlichen Vertreter identisch sind. Wird hier versehentlich die falsche Gesellschaft verklagt, kommt eine Berichtigung in der Regel nicht in Betracht. Anders verhält es sich jedoch, wenn die verklagte Partei nie existiert hat (BGH NJW-RR 2004, 501).

Im Gegensatz zum Einzelkaufmann kommt der Nennung des Namens der Gesellschaft ausschlaggebende Bedeutung zu. Der irrige Zusatz eines Inhabernamens tritt demgegenüber zurück (BGH NJW 1999, 1871).

951 Die aktuelle und richtige Firmierung, die Person des Inhabers sowie ein etwaiges Erlöschen der Firma und deren Rechtsnachfolger erfährt man am sichersten durch Einsichtnahme ins **Handelsregister.**

Obwohl dort Firma, Ort der Handelsniederlassung sowie das Registergericht und die dortige Eintragungsnummer angegeben sein müssen (§ 37a HGB), erweisen sich kaufmännische Geschäftsbriefe häufig als eine unzuverlässige Quelle.

952 Besonders fehlerträchtig und somit mit größter Sorgfalt zu behandeln sind Fälle der Umwandlung. Hierbei ist wesentlich darauf abzustellen, ob der Rechtsträger noch fortbesteht oder erloschen ist.

▶ Praxistipp:

Beim bloßen Formwechsel (z.B. GmbH in eine KG; BGB-Gesellschaft in OHG; Zöller/Vollkommer Vor § 50 Rn. 11; § 50 Rn. 4b) bzw. bei der bloßen Änderung der Firma besteht die Identität des Rechtsträgers fort. Richtet sich die Klage unzutreffend also noch gegen das Unternehmen in alter Rechtsform bzw. gegen die alte Firma, so kann dies durch eine Parteiberichtigung korrigiert werden (z.B. GmbH in eine KG; BGB-Gesellschaft in OHG; Zöller/Althammer Vor § 50 Rn. 7 f.).

Anders verhält es sich, wenn die Firma nicht mehr existent ist, z.B. weil sie durch eine Verschmelzung zur Aufnahme oder durch eine Verschmelzung zur Neugründung im Wege der Gesamtrechtsnachfolge in einem anderen Rechtsträger aufgegangen ist. Die gegen eine nicht mehr existente Gesellschaft gerichtete Klage ist unwirksam und somit als unzulässig abzuweisen (BGH NJW 2002, 3110; Zöller/Althammer Vor § 50 Rn. 13). Sie hemmt die Verjährung regelmäßig nicht. Allerdings endet die Parteifähigkeit einer Gesellschaft nicht schon mit deren Auflösung und Löschung im Handelsregister, sondern erst mit der Vollbeendigung nach Abwicklung. Sofern noch Vermögen vorhanden ist, besteht die Parteifähigkeit weiterhin; ggf. ist dann eine Nachtragsliquidation durchzuführen.

953 Bei einer **»GmbH und Co. KG«** handelt es sich um eine KG. Diese wird vertreten durch ihre Komplementärin (persönliche haftende Gesellschafterin, §§ 126 Abs. 1, 161 Abs. 2 HGB), die GmbH, die ihrerseits wieder vertreten wird durch ihren Geschäftsführer (§ 35 GmbHG).

Wenn man hier etwa fälschlicherweise die Kommanditgesellschaft statt der GmbH verklagt hat, kommt eine Berichtigung der Parteibezeichnung wohl nicht in Betracht. Demgegenüber haftet die GmbH (als persönlich haftende Gesellschafterin) ebenso wie die KG (§§ 161 Abs. 2, 126 HGB). Bei Unsicherheiten bezüglich der Frage, wer von beiden Gesellschaften der Schuldner ist, sollte daher zunächst die GmbH verklagt werden, wobei die Klage nachträglich auf die KG erweitert werden kann. Denn in das Gesellschaftsvermögen der KG kann nur aus einem gegen sie ergangenen Titel vollstreckt werden (§ 129 Abs. 1 HGB).

b) Parteien kraft Amtes

954 Eine Sonderstellung aufseiten der Parteien nehmen die Personen ein, die zwar selbst Partei werden, aber kraft ihres besonderen Amtes im fremden Interesse für ein fremdes Vermögen handeln. Zu diesen gehören der **Insolvenzverwalter** (§§ 6, 7 InsO), der **Nachlassverwalter** (§ 1984 BGB), der **Testamentsvollstrecker** (§§ 2212, 2213 BGB) und der **Zwangsverwalter** (§ 152 ZVG).

In all diesen Fällen haben die materiellen Rechtsinhaber die Verfügungsbefugnis über eine Vermögensmasse verloren, an ihre Stelle tritt die Partei kraft Amtes, die im eigenen Namen handelt (so die herrschende Amtstheorie: BGHZ 51, 128). Im Rubrum ist dabei stets der Amtsträger, nie der Rechtsinhaber als Partei aufzuführen: »Klage des Rechtsanwalts X als Insolvenzverwalter über das Vermögen des Kaufmanns Y«.

III. Antrag (§ 253 Abs. 2 Nr. 2 ZPO)

1. Allgemeines

Mit einem Antrag **begehrt** eine Partei ein bestimmtes Verhalten des Gerichts. Auf den Antrag hin muss das Gericht tätig werden, über den Antrag entscheiden, sei es durch Verwerfung, Zurückweisung oder Stattgabe. Hierauf hat die Partei einen Anspruch. Insoweit unterscheidet sich der Antrag von der bloßen Anregung, auf die hin ein Tätigwerden im Ermessen des Gerichts steht. **955**

Terminologisch bezeichnet die ZPO den Antrag häufig auch als »Gesuch«, ohne dass damit ein inhaltlicher Unterschied verbunden ist.

Über die Anträge bestimmen die Parteien im Rahmen der Dispositionsmaxime den Zivilprozess, sie sind der »Dreh- und Angelpunkt« jedes zivilrechtlichen Verfahrens. Auf ihre Ausformulierung sollte daher »größtmögliche Sorgfalt« verwandt werden (Bräuer AnwBl 2005, 647). Sind die Anträge dennoch nicht geeignet, das erkennbare Prozessziel der Partei zu erreichen, hat das Gericht hierauf hinzuweisen und auf die Stellung »sachdienlicher Anträge« hinzuwirken.

Als **Sachanträge** bezeichnet man diejenigen Anträge, die Inhalt, Gegenstand und Wirkung der erstrebten Endentscheidung betreffen. Damit bezeichnet der Kläger sein Begehren, formuliert sein Prozessziel. **956**

Ein solcher Sachantrag muss in der Klageschrift enthalten sein (§ 253 Abs. 2 Nr. 2 ZPO). Keine praktische Bedeutung kommt dabei dem Umstand zu, dass die Anträge hier nur anzukündigen (»werde ich beantragen«, so der auf die §§ 128 Abs. 1, 137 Abs. 1 ZPO abstellende Wortlaut des § 130 Nr. 2 ZPO) und erst in der mündlichen Verhandlung durch Verlesung oder Bezugnahme zu stellen sind (§ 297 ZPO). Praktisch verbreitet und prozessual unbedenklich ist es, den Antrag sprachlich bereits in der Klageschrift als gestellt zu formulieren (»beantrage ich«). Nur eine Mindermeinung vertritt die Auffassung, der Antrag sei bereits in der Klageschrift zu stellen und in der mündlichen Verhandlung zu wiederholen (so Jerger JR 2014, 47).

Über den Sachantrag darf das Gericht nicht hinausgehen (§ 308 Abs. 1 ZPO).

Prozessanträge sind demgegenüber diejenigen Anträge, die allein das Verfahren betreffen. **957**

Hierzu gehören z.B. die Anträge auf Aussetzung des Verfahrens, Ruhen des Verfahrens, Verweisung des Rechtsstreits oder Erlass eines Versäumnisurteils.

Anträge gehören zu den sog. **Erwirkungshandlungen.** Sie können deswegen zurückgenommen oder abgeändert werden, solange die darauf gerichtete Handlung des Gerichts nicht erfolgt ist. Nach Rechtshängigkeit bedarf dies bei Sachanträgen regelmäßig der Zustimmung des Gegners (§§ 263, 269 ZPO). **958**

Anträge können auch unter eine innerprozessuale Bedingung, insbesondere den Erfolg oder Nichterfolg eines anderen Antrags gestellt werden (**»Hilfsanträge«**). Bei dieser Bedingung handelt es sich um eine auflösende Bedingung, sodass der Hilfsantrag sofort rechtshängig wird, er die Verjährung hemmt und über ihn verhandelt werden kann, bevor über den Hauptantrag entschieden ist. Zum Hilfsantrag näher oben Rdn. 562. **959**

Mit Hilfsanträgen kann insbesondere für den Fall vorgesorgt werden, dass das Gericht eine andere Rechtsauffassung als die Partei vertritt und der Hauptantrag der Partei deswegen erfolglos bleibt (BGH NJW 1998, 2048, 2050). Ist die Rechtsauffassung des Gerichts unbekannt, kann insoweit konkret nachgefragt werden (§ 139 Abs. 1 Satz 2 ZPO). Auch auf Einwendungen des Beklagten im laufenden Prozess kann mit Hilfsanträgen reagiert werden (§§ 263, 264 ZPO). Nicht erforderlich ist dies, wenn der Hilfsantrag bereits als ein weniger im Hauptantrag mit enthalten ist (§ 308 ZPO).

Hilfsanträge können auch dazu genutzt werden, aus unklaren oder unsicheren Sachverhalten vorzugehen. Da sich die Begründungen von Haupt- und Hilfsantrag auch widersprechen dürfen (BGH NJW 2014, 3314), können sie auf alternative vermutete Geschehensabläufe oder zu erwartende Beweisergebnisse gestützt werden.

▶ Beispiel:

960 Hält der Kläger das angerufene Gericht für zuständig, muss aber damit rechnen, dass das Gericht dies anders beurteilt, kann er an seiner Auffassung festhalten und hauptsächlich eine Sachentscheidung, hilfsweise indes eine Verweisung an das nach Auffassung des Gerichts zuständige Gericht beantragen.

961 Anträge müssen grundsätzlich ausdrücklich gestellt und ausformuliert werden. Hierauf ist im eigenen Interesse große Sorgfalt zu verwenden. Umstritten ist, ob an die Stelle des ausformulierten Antrags die Verweisung auf einen anderweitig bereits formulierten Antrag genügt (sog. **unvollständiger Antrag**; Zöller/Seibel § 697 Rn. 1: zulässig; a.A. Thomas/Putzo/Nordmeier § 697 Rn. 2; Anders/Gehle/Anders § 253 Rn. 40; Anders/Gehle/Becker § 697 Rn. 4: »Laxheit der Praxis«).

Praktisch geschieht dies häufig insbesondere, wenn nach vorangegangenem Mahnverfahren im nachfolgenden streitigen Verfahren nur der »Antrag aus dem Mahnbescheid« gestellt wird. Die Praxis lässt dies regelmäßig genügen (ähnlich wie im Termin zur mündlichen Verhandlung, in dem vom Gericht auch nur die Stellung des »Antrags aus der Klageschrift« protokolliert wird).

962 Wie alle Erklärungen der Parteien können auch Anträge ausgelegt werden, wenn sie nicht klar formuliert sind. Inhalt und Reichweite des Klagebegehrens sind dabei unter Berücksichtigung der Klagebegründung zu ermitteln. Wegen des verfassungsrechtlichen Anspruchs auf effektiven Rechtsschutz und rechtliches Gehör ist im Zweifel das als gewollt anzusehen, was nach den Maßstäben der Rechtsordnung vernünftig ist und der recht verstandenen Interessenlage der erklärenden Partei entspricht (BGH MDR 2016, 1350).

Eine solche Auslegung kann auch gegen den Wortlaut selbst erfolgen, wenn davon auszugehen ist, dass dieser auf einem Schreib- oder Rechenversehen beruht (BGH MDR 2018, 1270).

▶ Praxistipp:

963 Auch wenn Gerichte hier i.d.R. pragmatisch verfahren, sollten die Anträge durchdacht und sorgfältig formuliert sein. Es geht hierbei nicht nur darum, sich vor einer unerwünschten Auslegung zu schützen, sondern auch darum, unnötige Nebenkriegsschauplätze zu vermeiden und die Komplexität des Verfahrens nicht unnötig zu erhöhen.

964 Um die Übersichtlichkeit zu wahren, sollten Anträge im Schriftsatz gebündelt und optisch hervorgehoben werden.

Für den Tatbestand des Gerichts ist dies in § 313 Abs. 2 ZPO ausdrücklich vorgeschrieben. Für Schriftsätze der Parteien ist es zumindest ratsam. Üblicherweise werden Anträge hervorgehoben, indem sie gesammelt am Anfang des Schriftsatzes durch Fettung und Einrückung vom linken Rand deutlich sichtbar gemacht werden (anstatt verstreut an mehreren Stellen im Schriftsatz zu erscheinen). Anträge, die zusätzlich an anderen Stellen des Schriftsatzes auftauchen oder im Fließtext optisch untergehen, werden in der Praxis oft übersehen.

2. Sachanträge

965 Worauf der Sachantrag lautet, hängt primär von der Klageart ab.

Diese unterscheiden sich nach Klagegegenstand und Klageziel. Gegenstand der Feststellungsklage sind gegenwärtige Rechtsverhältnisse, ihr Ziel ist die Feststellung des Bestehens oder Nichtbestehens dieser (§ 256 ZPO). Bei der Leistungsklage geht es um Rechtsverhältnisse, aufgrund derer der Gläubiger ein Tun oder Unterlassen verlangen kann (Ansprüche, § 194 BGB), diese sollen nicht nur festgestellt, sondern tituliert, d.h. zusätzlich mit einem staatlichen Leistungsbefehl versehen werden. Bei den praktisch sehr seltenen Gestaltungsklagen geht es um die Möglichkeit, ein Rechtsverhältnis umzugestalten.

a) Leistungsanträge

Damit der Tenor eines stattgebenden Urteils einen zur Vollstreckung geeigneten Titel bilden kann, muss der Klageantrag bei der Leistungsklage **bestimmt** und eindeutig formuliert werden (§ 253 Abs. 2 Nr. 2 ZPO: »bestimmter Antrag«). 966

▶ Beispiel:

Ein Zahlungsantrag ist grundsätzlich zu beziffern. Bei Herausgabe- und Lieferungsansprüchen muss die vom Gerichtsvollzieher gem. § 883 ZPO wegzunehmende Sache eindeutig feststehen: z.B. bei einem Kfz: Typ, Baujahr, Farbe, Kennzeichen, Fahrgestell-Nr.; bei einem Räumungstitel: genaue Lage der Wohnung (z.B. Straße, Ort, 1. Stock, zweite Wohnung von links vom Aufzug aus gesehen). Bei einem vertraglichen Erfüllungsanspruch aus Kaufvertrag auf Lieferung einer Sache muss noch der Antrag auf Übereignung hinzukommen (§ 433 Abs. 1 BGB, § 894 ZPO). 967

Die Formulierung eines Leistungsantrags richtet sich einerseits nach dem zugrunde liegenden Anspruch im materiellen Recht, anderseits nach der Form der Durchsetzung im Vollstreckungsrecht. 968

Der Antrag ist Teil einer viergliedrigen »Kette«, deren erstes Glied der materielle Anspruch ist. Dieser wird durch den Klageantrag zum Gegenstand des gerichtlichen Verfahrens. An diesen Antrag ist das Gericht bei Schaffung des Titels gebunden (§ 308 Abs. 1 ZPO), der seinerseits Grundlage der Zwangsvollstreckung wird. Schließen die einzelnen Glieder nahtlos aneinander an, so ist gewährleistet, dass im Rahmen der Zwangsvollstreckung das materielle Recht des Gläubigers realisiert wird.

Der Antrag muss deswegen den materiellen Anspruch umfassen und eine Zwangsvollstreckung zulassen.

Inhalt und Formulierung von Leistungsanträgen sind deswegen genauso vielgestaltig wie die Ansprüche des BGB. Praktisch bedeutsam sind insbesondere Zahlungsansprüche, besondere Schwierigkeiten machen Unterlassungsansprüche, andere Ansprüche sind nur am Rande von Bedeutung.

aa) Zahlung

Ist der Anspruch auf Zahlung von Geld gerichtet, bereitet seine Formulierung in der Regel keine besonderen Probleme. 969

Benannt werden muss grundsätzlich ein konkreter **Betrag**. 970

▶ Beispiel:

»… den Beklagten zu verurteilen, an den Kläger … € zu zahlen.« 971

Nicht ausreichend ist eine bloße Berechnungsformel oder die Bezugnahme auf eine Bemessungsgrundlage (»die Miete für den Monat Mai zu zahlen«; »Regelunterhalt nach der Regelunterhaltsverordnung abzüglich Kindergeld zu zahlen«: OLG Düsseldorf VersR 1993, 883). Unzulässig ist der Antrag auf Zahlung »abzüglich des Schrottwerts« (BGH NJW 1994, 2349), auf Zahlung »nebst Auslagen und Gebühren« (BGHZ 45, 287), auf Zahlung »des Nettogehalts« (LG Berlin Rpfleger 1974, 29). Ist die Berechnung des konkreten Betrags aufwendig, muss der Kläger sie dennoch leisten, ist er hierzu auf die Mitwirkung Dritter oder des Beklagten angewiesen, kommt eine Auskunfts- oder Stufenklage in Betracht. Will oder kann der Kläger die Bezifferung nicht leisten, kann er sich auf eine Klage zur Feststellung des Rechtsverhältnisses beschränken.

Nur ausnahmsweise ist eine (teilweise) **unbezifferte** Formulierung des Zahlungsantrags möglich. In Betracht kommt sie bei allgemeinkundigen Daten (§ 291 ZPO). 972

Hierunter fällt bereits der Antrag auf Zinsen »in Höhe von fünf Prozentpunkten über dem Basiszinssatz« (§§ 288, 247 BGB, dazu unten Rdn. 1036). Zugelassen hat die Rechtsprechung auch den Antrag auf Zahlung eines bezifferten Betrags »zuzüglich Mehrwertsteuer« (OLG Düsseldorf NJW 1971, 436, 437).

Entscheidend ist, dass der Gerichtsvollzieher allein anhand der vollstreckbaren Ausfertigung des Urteils (ohne Tatbestand und Entscheidungsgründe) in der Lage ist, den zu vollstreckenden Betrag zu bestimmen. Im Zweifel sollte eine Bezifferung vorgenommen werden.

Zur Fallgruppe des unbezifferten Zahlungsantrags unten Rdn. 1021.

973 Grundsätzlich nicht möglich bzw. ratsam ist die Umrechnung **fremder Währungen** in Euro.

Soweit diese Währungen Wechselkursschwankungen unterliegen, trägt diese bis zum Zeitpunkt der Erfüllung der Gläubiger. Erst mit der Vollstreckung kann deswegen eine Umrechnung erfolgen. Bis dahin müssen Antrag und Urteil auf die fremde Währung lauten.

Etwas anderes gilt für die Umstellung von DM auf Euro. Hier ist eine Umrechnung nicht nur möglich, sondern sogar geboten (Wax NJW 2000, 488).

974 Unzulässig ist grundsätzlich die »**Saldoklage**« (BGH NJW 2013, 1367; Einsiedler, Saldoklagen und Klagen aus Salden, Jura 2013, 653), deren Klagebetrag sich aus nicht nachvollziehbaren Einzelforderungen zusammensetzt. Eine Ausnahme macht die Rechtsprechung für die Klage auf Zahlung von nach teilweiser Tilgung verbliebenen Mietrückständen. Keine unzulässige Saldoklage liegt vor, wenn der Gläubiger vor Klageerhebung materiell berechtigt saldiert hat (z.B. im Rahmen eines Kontokorrents). In allen Fällen ist die Darlegung der Einzelforderungen Voraussetzung für die Begründetheit der Klage.

bb) Unterlassung

975 Besondere Schwierigkeiten bereitet die Formulierung von Unterlassungsanträgen. Er muss so **konkret** gefasst sein, dass für die Verteidigung des Beklagten und für die Vollstreckung klar ist, worauf sich das Verbot erstrecken soll (BGH NJW 2000, 1792, 1794).

Unterlassungsklagen haben praktische Bedeutung insbesondere im Bereich des gewerblichen Rechtsschutzes, im Wettbewerbs- und Presserecht, zum Schutz des allgemeinen Persönlichkeitsrechts sowie zur Abwehr von Beeinträchtigungen sonstiger geschützter Rechtsgüter (Nachbarrecht, Immissionsschutz). In diesen Fällen besteht häufig Anlass zur Erwirkung einer einstweiligen Verfügung (unten Rdn. 2563).

976 Die vollstreckungsrechtlichen Besonderheiten der Unterlassungsklage legen deswegen zwei Empfehlungen nahe.

977 (1) Das zu unterlassende **Verhalten** so genau wie möglich zu bezeichnen und sämtliche möglichen **Verletzungsformen** mit einzubeziehen.

Sonst kann bei einer zu engen Spezifizierung unter Umständen der Schuldner eine im Ergebnis gleichwertige Handlung ungestraft vornehmen und somit den Vollstreckungstitel praktisch wirkungslos machen. Folglich wäre eine zweite Klage erforderlich, oder es stünde womöglich die Rechtskraft der ersten Entscheidung entgegen.

Darauf, ob das Verhalten negativ oder positiv formuliert ist, kommt es nicht an (Zöller/Seibel § 890 Rn. 2). Zur Vermeidung von späteren Schwierigkeiten sollte aber eine negative Formulierung bevorzugt werden.

Im Zweifel sollte der Unterlassungsantrag eher zu weit als zu eng gefasst werden, da ein Hinausgehen über den Antrag nicht möglich ist (§ 308 Abs. 1 ZPO), einem zu weitgehenden Antrag aber zumindest teilweise stattgegeben werden kann (BGH NJW 1999, 1332 und 2193).

Grundsätzlich unzulässig ist die bloße Wiederholung des Gesetzeswortlauts (BGH NJW 2000, 1792). Eine Ausnahme gilt dort, wo genauere Angaben nicht möglich oder dem Kläger nicht möglich oder zumutbar sind (BGH a.a.O.).

Bei der immissionsrechtlichen Unterlassungsklage, bei welcher es an jeder Möglichkeit einer Quantifizierung fehlt, sind an den Gesetzeswortlaut angelehnte Anträge mit dem Gebot, allgemein (wesentliche) Störungen bestimmter Art zu unterlassen, zulässig. Dies gilt insbesondere für die Fälle von Geruchs- und Geräuschbelästigungen, trotz der Gefahr, dass sich die Auseinandersetzung der Parteien mangels konkreter Orientierungswerte in das Vollstreckungsverfahren verlagert und dort zu prüfen ist, ob die konkrete Handlung des Schuldners von dem Unterlassungsgebot erfasst wird (§ 890 ZPO; BGH NJW 1999, 356: Schweinemästerei, Zöller/Greger § 253 Rn. 13b).

Im Wettbewerbsrecht häufig sind Bezugnahmen auf beigefügte Beispiele in Wort oder Bild (BGH WRP 2000, 205), wobei diese nicht mit Formulierungen wie »ähnlich wie die Anlage« unbestimmt werden dürfen. Als zulässig angesehen werden dagegen Bezugnahmen mit »insbesondere wie aus der Anlage ersichtlich« oder »wenn dies geschieht wie aus der Anlage ersichtlich«. Stärker als in anderen Bereichen ist die Partei hier auf Hinweise des Gerichts bei der sachdienlichen Formulierung des Antrags angewiesen, wobei die Hinweispflicht bis hin zu konkreten Formulierungsvorschlägen gehen kann.

▶ Beispiel:

»... wird beantragt, den Beklagten zu verurteilen, die wörtlich oder sinngemäß aufgestellte Behauptung zu unterlassen, der Kläger sei vorbestraft.« 978

»... wird beantragt, den Beklagten zu verurteilen, es zu unterlassen, in der an den Endverbraucher gerichteten Werbung wie nachstehend wiedergegeben zu werben: (Es folgt eine bildliche Darstellung der beanstandeten Anzeige), wobei die Worte ›Tod‹ und ›Leben‹ im Zusammenhang mit dem Produktnamen verwendet werden.«

Die Verwendung **unbestimmter Rechtsbegriffe** lässt sich dabei nicht immer vermeiden. Sie führt zumindest nicht zwingend zur Unzulässigkeit. 979

▶ Beispiel:

Als hinreichend bestimmt hat die Rechtsprechung dabei Formulierungen zugelassen wie »im Rahmen künstlerischer Auseinandersetzung«. 980

(2) Die **Androhung** von Ordnungsmitteln sollte sogleich mit beantragt werden (§ 890 Abs. 2 ZPO). 981

Denn sonst müsste ein entsprechender Beschluss gesondert beantragt werden, der dem Gegner zugestellt werden muss, was zu einer mehr oder weniger langen Verzögerung führen kann.

Ein Vergleich kann zwar eine nicht wirksame Androhung enthalten (Zöller/Seibel § 890 Rn. 12), aber Grundlage für einen gerichtlichen Androhungsbeschluss sein. Trotzdem kann es sich empfehlen, im Vergleich auch eine Vertragsstrafe zu vereinbaren.

Daneben muss für einen schlüssigen Klageantrag die Wiederholungsgefahr dargelegt werden.

Hierfür besteht in der Regel eine tatsächliche Vermutung, wenn bereits ein rechtswidriger Eingriff stattgefunden hat, außer wenn das Verhalten des Beklagten eine sichere Gewähr gegen weitere Eingriffe bietet oder die tatsächliche Entwicklung einen neuen Eingriff unwahrscheinlich macht (Grüneberg/Sprau Einf. vor § 823 Rn. 24). Somit hängt die Feststellung der Wiederholungsgefahr überwiegend vom Einzelfall ab. Eine sichere Prognose hinsichtlich der gerichtlichen Entscheidung ist deshalb kaum möglich. Jedoch kann durch eine vor Klageerhebung erfolgte vergebliche Abmahnung die Wiederholungsgefahr deutlich werden und zudem die Gefahr eines sofortigen Anerkenntnisses (§ 93 ZPO) beseitigen (unten Rdn. 2590).

Bei einer vorbeugenden Unterlassungsklage zur Abwehr eines künftigen rechtswidrigen Eingriffs muss die Erstbegehungsgefahr dargelegt werden. An deren Beseitigung sind dabei grundsätzlich weniger strenge Anforderungen zu stellen als an den Fortfall der durch eine Verletzungshandlung begründeten Gefahr der Wiederholung des Verhaltens in der Zukunft (BGH NJW 2002, 66).

▶ Beispiel:

»Für jeden Fall der Zuwiderhandlung wird dem Beklagten die Verhängung eines Ordnungsgelds bis zu einer Höhe von 250 000 € oder, auch für den Fall, dass das Ordnungsgeld nicht beigetrieben werden kann, Ordnungshaft bis zu sechs Monaten angedroht.« 982

cc) Sonstige Leistungen

Materiell-rechtliche Ansprüche können auch auf andere Leistungen gerichtet sein. Auch hier ist es erforderlich, den Antrag so zu fassen, dass er später vollstreckt werden kann. Wichtig ist es deswegen, sich bei der Antragsformulierung klarzumachen, wie die Zwangsvollstreckung ablaufen wird. 983

984 (1) Der Anspruch auf **Herausgabe** einer Sache wird vollstreckt, indem der Gerichtsvollzieher dem Schuldner diese Sache wegnimmt und sie dem Gläubiger aushändigt (§§ 883, 885, 887 ZPO). Erforderlich ist es deswegen, die herauszugebende Sache so genau zu bezeichnen, dass sie im Rahmen einer Zwangsvollstreckung von allen anderen Sachen unterschieden werden kann (BGH NJW 2003, 668).

Neben der Art der Sache ist deren Größe, Farbe, Form oder sonstige Beschaffenheit anzugeben. Technische Geräte sind nach Hersteller und Typbezeichnung, ggf. auch mit der individuellen Identifikationsnummer, zu bezeichnen. Eine Bezugnahme auf Verzeichnisse oder Listen ist nur zulässig, wenn alle dort verzeichneten Sachen herausgegeben werden sollen.

▶ Beispiel:

985 »... wird beantragt, den Beklagten zu verurteilen, an den Kläger den PKW Typ Volkswagen Polo, Baujahr 2019, Farbe Limestone grey metallic, amtliches Kennzeichen ..., Fahrzeugidentnummer ..., herauszugeben.«

986 (2) Der Anspruch auf Vornahme einer **vertretbaren Handlung** wird durch Ersatzvornahme und Beitreibung der Kosten nach § 887 ZPO vollstreckt.

Generell ist die Abgrenzung der vertretbaren von den nicht vertretbaren Handlungen problematisch. Dass neben dem Schuldner ein Dritter mitwirken muss, macht eine Handlung regelmäßig bereits unvertretbar (BayObLG NJW-RR 1989, 462). Nicht zu den Handlungen i.S.d. §§ 887, 888 ZPO gehören diejenigen, die vollstreckungsrechtlich gesondert erfasst sind (Zahlung, Herausgabe, Duldung).

Der Antrag muss in jedem Fall erkennen lassen, welche Handlung verlangt wird.

987 Muss der Schuldner den Gläubiger von der Forderung eines Dritten **freistellen** (§ 257 BGB), liegt darin regelmäßig eine vertretbare Handlung. Dabei müssen Grund, Höhe und Gläubiger des Anspruchs, von dem freigestellt werden soll, bezeichnet werden (BGH NJW 1996, 2725).

▶ Beispiel:

988 »... wird beantragt, den Beklagten zu verurteilen, den Kläger von dem sich auf 15 000 € zuzüglich fünf Prozentpunkte über dem Basiszinssatz belaufenden Zahlungsanspruch des Herrn ... aus dem zwischen diesem und den Parteien geschlossenen Darlehensvertrag über 10 000 € freizustellen.«

Dem praktischen Bedürfnis, einen Freistellungsanspruch parallel zur eigenen Inanspruchnahme durchzusetzen, ist prozessual nur bedingt zu entsprechen. Ein solches Bedürfnis besteht, um nicht dem eigenen Gläubiger gegenüber in Vorleistung treten und das Risiko einer Uneinbringlichkeit des Freistellungsanspruchs tragen zu müssen. Die bloße Streitverkündung an den Freistellungsverpflichteten bringt zwar eine Interventionswirkung und eine Verjährungshemmung, nicht aber einen vollstreckungsfähigen Titel. Ein solcher kann im Wege der Klage auf künftige Freistellung nach § 259 ZPO vor der eigenen Verurteilung zur Leistung nur erreicht werden, wenn die Freistellung auch die Abwehr unbegründeter Forderungen umfasst. Dies ist grundsätzlich der Fall bei vertraglichen Freistellungsansprüchen, nicht aber bei gesetzlichen Freistellungsansprüchen. Hier versagt die Rechtsprechung auch eine isolierte Drittwiderklage und beschränkt den Leistungsschuldner auf eine bloße Feststellung der Freistellungspflicht gegen den Freistellungsschuldner (Schweer/Todorow NJW 2013, 2072 und NJW 2013, 3004).

989 Auch **Beseitigungsansprüche** sind auf die Vornahme einer Handlung des Schuldners gerichtet. Ob es sich dabei um eine vertretbare oder nicht vertretbare Handlung handelt, ist Frage des Einzelfalles. Verlangt werden kann insbesondere die Beseitigung einer Störung zur Abwehr gegenwärtiger Beeinträchtigungen (insbesondere §§ 823, 1004 BGB) oder die Beseitigung eines Mangels im Gewährleistungsrecht (§§ 634, 535 BGB). Hier kann und darf der Klageantrag nicht die vorzunehmende Handlung beschreiben, sondern nur das erstrebte Ergebnis angeben. Die Wahl der Maßnahmen ist Recht und Pflicht des Beklagten. Der Kläger kann eine Konkretisierung der vorzunehmenden Handlung erst in der Zwangsvollstreckung vornehmen (Grüneberg/Bassenge § 1004 Rn. 26). Eine Ausnahme gilt, wenn der geschuldete Erfolg nur durch eine einzige Handlung erreicht werden kann oder wenn die Wahl der konkreten Maßnahme dem Gläubiger obliegt (so bei der kaufrechtlichen Nacherfüllung, § 439 Abs. 1 BGB).

(3) Der Anspruch auf Vornahme einer **nicht vertretbaren Handlung** wird vollstreckt durch die Verhängung von Zwangsgeld oder Zwangshaft (§ 888 ZPO). 990

Wichtiger Anwendungsfall ist die Erteilung einer Auskunft (§ 259 BGB). Bedarf diese der Mitwirkung des Schuldners, handelt es sich um eine unvertretbare Handlung. Erforderlich ist die Angabe, worüber, für welchen Zeitraum und in welcher Form (schriftlich, mündlich; geordnete Aufstellung; Belege) abzurechnen ist.

▶ **Beispiel (nach § 402 BGB):**

»wird beantragt, den Beklagten zu verurteilen, dem Kläger Auskunft darüber zu erteilen, 991

ob er Handlungen vorgenommen hat, die geeignet waren, die Verjährung des an den Kläger abgetretenen, gegen den Schuldner … gerichteten Anspruchs auf Zahlung von … € aus der Forderung … zu hemmen,

ob er seit … gegenüber dem Schuldner … erfolglos die Durchsetzung von Zahlungsansprüchen versucht hat,

wo der Schuldner … zurzeit seinen Wohnsitz hat.«

(4) Der Anspruch auf **Unterlassung** einer Handlung oder **Duldung** einer Handlung führt im Fall einer jeden Zuwiderhandlung zur Verhängung von Ordnungsgeld bis zu 250 000 € oder Ordnungshaft bis zu sechs Monaten (§ 890 ZPO). 992

Dazu oben Rdn. 981.

Bei Duldung der Zwangsvollstreckung (§§ 1147, 1297 Abs. 1 BGB) sind Forderung und Titel zu bezeichnen.

▶ **Beispiel:**

»wird beantragt, den Beklagten zu verurteilen, wegen eines Betrags von … € nebst … Zinsen seit dem … aus der Grundschuld über … €, eingetragen im Grundbuch von …, Abteilung III, laufende Nr. …, die Zwangsvollstreckung in das Hausgrundstück … in … zu dulden.« 993

(5) Der Anspruch auf Abgabe einer **Willenserklärung** bedarf keiner gesonderten Vollstreckung. Die Willenserklärung gilt mit der Rechtskraft des Urteils als abgegeben (§ 894 ZPO). 994

Dennoch müssen auch hier Inhalt und Umfang der Erklärung eindeutig formuliert sein. Infolge des Rechtsstreits verbleibende Zweifel müssen durch Auslegung der Erklärung nach § 133 BGB beseitigt werden.

▶ **Beispiel:**

»wird beantragt, den Beklagten zu verurteilen, nachstehender Grundbuchberichtigung zuzustimmen: 995

Bei dem im Grundbuch von …, eingetragenen Grundstück … ist anstelle des Beklagten der Kläger als Eigentümer einzutragen.«

Hierher gehören die Klagen auf Abgabe rechtsgeschäftlicher Erklärungen (Einigung, Auflassung, Abtretung, Zustimmung, Genehmigung), unabhängig davon, ob sie höchstpersönlich, empfangsbedürftig oder formbedürftig sind. Nicht hierher gehören Erklärungen tatsächlichen Inhalts (Abgabe der eidesstattlichen Versicherung), wobei eine Ausnahme für die Klage auf Erteilung einer Quittung gemacht wird (§ 368 BGB; RGZ 48, 398).

▶ **Beispiel:**

»wird beantragt, den Beklagten zu verurteilen, dem Kläger über die am … erfolgte Zahlung in Höhe von … € auf die Forderung … eine Quittung zu erteilen.« 996

Wird als Rechtsfolge eines Wegfalls der Geschäftsgrundlage die Anpassung eines Vertrags an veränderte Umstände verlangt, kann auf Zustimmung des Beklagten zu einem konkret ausformulierten geänderten Vertrag geklagt werden; dann erfolgt die Vollstreckung nach § 894 ZPO. Möglich ist aber auch eine Klage auf die geänderte Leistung.

dd) Klage auf künftige Leistung

997 Grundsätzlich können Forderungen erst eingeklagt werden, wenn sie materiell-rechtlich fällig sind.

Abzustellen ist dabei auf den Zeitpunkt des Schlusses der letzten mündlichen Verhandlung. Eingereicht werden kann die Klage also auch schon vor Fälligkeit, wenn sicher ist, dass das Gericht nicht vor diesem Zeitpunkt terminieren wird. Ist der Anspruch bei Schluss der mündlichen Verhandlung noch nicht fällig, wird die Klage als »derzeit unbegründet« abgewiesen. Dies steht einer späteren neuerlichen Klage nicht entgegen, das Gericht des Folgeprozesses ist an die im ersten Urteil rechtskräftige Verneinung der Fälligkeit gebunden (OLG München MDR 2016, 574).

Um es dem Gläubiger zu ersparen, bei absehbar erforderlicher Klage bis zur Fälligkeit abwarten oder bei wiederkehrenden Leistungen jede Rate neu einklagen zu müssen, wurde mit den §§ 257–259 ZPO die Möglichkeit geschaffen, im Wege einer Klage auf künftige Leistung auch Forderungen einzuklagen, die erst nach Schluss der mündlichen Verhandlung fällig werden, sei es zu einem oder zu mehreren Terminen.

§ 257 ZPO

ist anwendbar auf Ansprüche, die entweder auf (einmalige) Zahlung von Geld bzw. auf Duldung der Zwangsvollstreckung oder auf Räumung von Grundstücken bzw. Räumen (nicht von Wohnraum!) gerichtet sind (BGH NZM 2003, 231).

§ 258 ZPO betrifft Ansprüche aller Art, soweit sie auf wiederkehrende Leistungen gerichtet und ihrer Höhe nach bestimmt oder bestimmbar sind; alle diese Ansprüche dürfen nicht (mehr) von einer Gegenleistung oder einer Bedingung abhängig sein. Eine Klage auf künftige Leistung ist hier möglich, wenn die Leistung kalendermäßig bestimmt oder bestimmbar ist. Praktisch wichtigster Anwendungsfall sind Unterhaltsansprüche.

§ 259 ZPO stellt einen Auffangtatbestand dar, der auf Leistungen aller Art angewandt werden kann, soweit der Anspruch zumindest dem Grunde nach schon entstanden ist, selbst wenn eine Gegenleistung noch aussteht oder eine Bedingung noch unklar ist. Eine Klage auf künftige Leistung ist möglich, wenn zu besorgen ist, dass der Schuldner im Zeitpunkt der Fälligkeit nicht wird bezahlen wollen; steht zu befürchten, dass der Schuldner nicht wird bezahlen können (Besorgnis mangelnder Leistungs-/Vollstreckungsfähigkeit), so kommt eine Eilanordnung (Arrest, einstweilige Verfügung) in Betracht. Die Besorgnis mangelnder Leistungsbereitschaft ist regelmäßig schon dann erfüllt, wenn der Schuldner den Anspruch (im Prozess oder vorher) ernstlich bestreitet (Thomas/Putzo/Seiler § 259 Rn. 2; Zöller/Greger § 259 Rn. 5).

▶ **Beispiel:**

998 Bestreitet der Mieter die Wirksamkeit einer Kündigung und erklärt, er werde nicht ausziehen, könnte der Vermieter auf Feststellung der Beendigung des Mietverhältnisses (BGH NJW 2000, 354, 356; nicht: Wirksamkeit der Kündigung, Zöller/Greger § 256 Rn. 3a) klagen. Räumt der Mieter die Wohnung dann aber nicht, müsste in einem weiteren Prozess auf Räumung geklagt werden. Effizienter ist es daher, bereits vor Ablauf des Mietverhältnisses eine Leistungsklage auf künftige Räumung gem. § 259 ZPO zu erheben, um damit einen vollstreckbaren Titel zu erhalten (Grüneberg/Weidenkaff § 556a Rn. 25; Zöller/Greger § 259 Rn. 2). Zugleich kann auch das künftige Nutzungsentgelt bei einer fristlosen Kündigung wegen Zahlungsverzugs bis zur Herausgabe der Wohnung mit eingeklagt werden (BGH NJW 2003, 1395; Henssler NJW 1989, 138).

Die Klage auf künftige Leistung **konkurriert** dabei mit der Feststellungsklage (Thomas/Putzo/Seiler § 259 Rn. 6) und mit der erst nach Eintritt der Fälligkeit erhobenen Leistungsklage, bei Mietklagen ggf. auch mit der Sicherheitsleistung nach § 283a ZPO. 999

Die Klage auf Feststellung des Bestehens einer Leistungspflicht wird nur dann von der Leistungsklage verdrängt, wenn Letztere zu einer sofortigen Vollstreckungsmöglichkeit führt, was bei der Klage auf künftige Leistung nicht der Fall ist. Dennoch ist die Klage auf künftige Leistung zweckmäßiger, da die künftige Vollstreckungsmöglichkeit immer noch mehr bringt als die bloße Feststellung.

Grundsätzlich gilt dies auch für das Abwarten der Fälligkeit. Nur die Klage auf künftige Leistung erlaubt eine Vollstreckung unmittelbar nach Eintritt der Fälligkeit. Kaum zu verstehen ist deswegen, warum die Klage auf künftige Leistung in der Rechtspraxis ein »Schattendasein« führt (Henssler NJW 1989, 138).

Zur Sicherheitsleistung nach § 283a ZPO unten Rdn. 1082.

Vorgezogen kann bei der Klage auf künftige Leistung nur die Entscheidung, nicht indes die Leistung. In Antrag und Tenor muss deswegen der Leistungszeitpunkt angegeben werden. Dadurch wird die **Zwangsvollstreckung** entsprechend beschränkt. 1000

▶ Beispiel:

»Der Beklagte wird verurteilt, an den Kläger am …€ zu zahlen.« 1001

Die erst zukünftig eintretende Fälligkeit ist auch materiell-rechtlich beim Zinsbeginn zu berücksichtigen.

ee) Kombination von Leistung, Fristsetzung und Schadensersatz

Ist der Kläger materiell-rechtlich befugt, dem Beklagten eine Frist zur Erfüllung des Hauptanspruchs zu setzen (so z.B. nach den §§ 250, 281, 323 BGB), so kann er nach § 255 ZPO diese Fristsetzung und – unter den zusätzlichen Voraussetzungen der Klage auf künftige Leistung nach § 259 ZPO – sogar Zahlung der bei ergebnislosem Verstreichen der Frist zu zahlenden Entschädigung vorsorglich bereits im Hauptprozess mit verlangen. 1002

Hierdurch soll ein ansonsten erforderlicher Folgeprozess vermieden werden. § 255 ZPO erlaubt nicht nur das Geltendmachen mehrerer Anträge nebeneinander und damit einen Fall der Klagehäufung, sondern sogar die bedingte Verurteilung des Beklagten (BGH NJW 1999, 954; OLG Köln NJW-RR 1998, 1682). Diese hängt von der Nichterfüllung der Hauptleistung und damit nicht bloß von einer prozessualen, sondern einer materiellen Bedingung ab und stellt ggf. einen Fall der Klage auf künftige Leistung dar (BGH NJW 1999, 954; Zöller/Greger § 259 Rn. 1, § 255 Rn. 3; Wieser NJW 2003, 2432, 3458).

▶ Beispiel:

Hat der Beklagte eine mangelhafte Werkleistung erbracht und die Leistung von Schadensersatz bereits ernstlich verweigert, so kann der Kläger nach §§ 634 Nr. 4, 280 ff. BGB; 255 ZPO beantragen, 1003

1. den Beklagten zur Beseitigung des Mangels (Nacherfüllung) zu verurteilen,
2. ihm hierfür eine Frist zu setzen und
3. ihn für den Fall der Nichterfüllung zur Zahlung eines bestimmten Schadensersatzbetrages verurteilen.

Dabei ist der **erste Antrag** auf Leistung selbstverständlich den Umständen des Falles entsprechend zu konkretisieren. 1004

Beantragt ein Gläubiger, den Schuldner zur Herausgabe einer Sache zu verurteilen, diesem eine Frist zur Herausgabe der Sache zu setzen und ihn weiter zu verurteilen, nach fruchtlosem Ablauf der Frist Schadensersatz statt der Leistung zu zahlen, liegt in diesem Antrag ein Verlangen auf Schadensersatz statt der Leistung, wenn der Gläubiger nicht deutlich macht, sein Wahlrecht erst künftig ausüben zu wollen.

Wird ein Schuldner verurteilt, eine Sache an den Gläubiger herauszugeben und nach fruchtlosem Ablauf einer ihm zur Herausgabe gesetzten Frist Schadensersatz statt der Leistung zu zahlen, ist mit Eintritt der

Bedingung des Fristablaufs der im Urteil titulierte Herausgabeanspruch ausgeschlossen und der Schuldner nur noch zur Zahlung des ausgeurteilten Schadensersatzes verpflichtet, wenn sich nicht aus dem Urteil ergibt, dass die Verurteilung zur Zahlung von Schadensersatz unter der weiteren aufschiebenden Bedingung eines künftigen Schadensersatzverlangens des Gläubigers steht (BGH NJW 2018, 786).

1005 Eine Konkretisierung des mit dem **dritten Antrag** geforderten Schadensersatzbetrages ist bei einer Klage vor dem Landgericht nach § 255 ZPO erforderlich, bei einer Klage vor dem Amtsgericht nach § 510b ZPO zumindest zu empfehlen.

Im amtsgerichtlichen Verfahren lässt § 510b ZPO den Antrag auf Zahlung einer Entschädigung abweichend von § 259 ZPO auch ohne Besorgnis der Nichterfüllung zu. Allerdings hat das Amtsgericht die Höhe der Entschädigung nach freiem Ermessen festzusetzen. Damit besteht das Risiko, dass ein Betrag zugesprochen wird, der hinter den Vorstellungen des Klägers zurückbleibt. Deshalb ist zu empfehlen, einen bestimmten Betrag zu beantragen und hierzu Ausführungen zu machen. Bleibt das Gericht dann hinter der Betragsvorstellung zurück, stellt eine etwaige (Teil-)Abweisung des Entschädigungsanspruchs kein kostenrelevantes Teilunterliegen i.S.d. § 92 ZPO dar (Zöller/Herget § 510b Rn. 9).

1006 Etwaige **Einwendungen** gegen die Zwangsvollstreckung aus dem Schadensersatzurteil muss der Beklagte durch eine Vollstreckungsabwehrklage (§ 767 ZPO) geltend machen.

Hierfür kommen folgende Einwendungen in Betracht (Wieser NJW 2003, 3459): fristgerechte Erfüllung; kein Vertretenmüssen der Pflichtverletzung (§ 280 Abs. 1 Satz 2 BGB); Unerheblichkeit der Pflichtverletzung (§ 281 Abs. 1 Satz 3 BGB); bestehendes Interesse des Gläubigers an einer fristgerecht bewirkten Teilleistung (§ 281 Abs. 1 Satz 2 BGB).

ff) Stufenklage

1007 Die Stufenklage (§ 254 ZPO) bietet sich an, wenn der Kläger die Höhe seiner etwaigen Forderung nicht beziffern kann, weil ihm hierzu erforderliche Informationen vom Beklagten fehlen. Besondere praktische Bedeutung hat die Stufenklage im Familien- und Erbrecht, wo die »spannungsgeladene Nähe der familiären oder sozialen Beziehungen« oft dazu führt, dass Auskunft und Rechnungslegung gerichtlich durchgesetzt werden müssen (Rixecker MDR 1985, 633).

Die ZPO ermöglicht dem Gläubiger die Verbindung von Auskunfts- und Leistungsklage. Für das Gericht ist hierbei die sukzessive Verhandlung und Entscheidung der einzelnen Anträge erforderlich. Eine Befassung mit dem Leistungsantrag ist erst möglich, nachdem der Auskunftsanspruch gerichtlich festgestellt und vollstreckt wurde.

▶ **Beispiel:**

1008 Der Pflichtteilsberechtigte beantragt, den Erben zu verurteilen

1. ihm Auskunft über den Bestand des Nachlasses der am … in … verstorbenen Frau … zu erteilen (§ 2314 BGB);
2. an Eides statt zu versichern, dass er nach bestem Wissen den Bestand so vollständig angegeben habe, wie er dazu imstande ist (§ 260 Abs. 2 BGB);
3. an ihn 1/4 des Werts des sich aus der nach Ziff. 1 des Antrags zu erteilenden Auskunft ergebenden Nachlasses zu zahlen (§ 2303 BGB).

Weitere typische Fälle der Stufenklage sind der Unterhaltsanspruch, der Zugewinnausgleichsanspruch bei Ehescheidung, der Gewinnanspruch eines Gesellschafters und der Provisionsanspruch des Handelsvertreters.

1009 Die Stufenklage nach § 254 ZPO erlaubt es, den Auskunftsanspruch mit einem unbezifferten Zahlungsanspruch oder unbestimmten Herausgabeanspruch zu verbinden und gleichzeitig einzuklagen. Kann der Kläger bereits einen Teil des Anspruches beziffern, sollte er diesen zulässigerweise mit der Stufenklage verbinden (Thomas/Putzo/Seiler § 254 Rn. 4).

Die Stufenklage ist jedoch nur zulässig, wenn die Auskunft der Bestimmbarkeit des Leistungsanspruchs dienen soll und nicht dazu, sich damit sonstige Informationen für die Rechtsverfolgung zu verschaffen (BGH NJW 2004, 232: Antrag auf Auskunft über den Zusatz suchtfördernder Stoffe im Zigarettentabak).

Der **Vorteil** der Stufenklage besteht 1010

- in der Vermeidung von bis zu drei Einzelprozessen;

  Die Stufenklage führt deswegen nicht nur schneller zur Beendigung der Angelegenheit, sondern ist – wegen der Degression der Gebührentabelle (Prütting/Gehrlein/Geisler § 254 Rn. 38) und trotz des der isolierten Auskunftsklage gegenüber erhöhten Streitwerts (Nissen/Elzer MDR 2021, 1161) – auch billiger.
- in der sofortigen Rechtshängigkeit aller Einzelansprüche.

  Damit kann der Kläger insbesondere die Verjährung des noch unbestimmten Leistungsanspruches hemmen (Grüneberg/Ellenberger § 204 Rn. 2).
- Dem Wegfall der Notwendigkeit, den Leistungsanspruch von Beginn an substantiiert zu beziffern.

  Wird der Auskunftsanspruch weit gefasst, erstreckt er sich auf Bereiche, die der Gläubiger bislang nicht überblickt, und eröffnet so eventuelle Ansprüche, die bislang nicht im Blick des Gläubigers lagen.

Nicht verkannt werden dürfen aber auch die **Nachteile** einer Stufenklage. Deutlich stärker als bei 1011
der einfachen Leistungsklage sind hier Prozessdauer und Prozessverlauf weitgehend unabsehbar. Der Schuldner kann Auskunft und eidesstattliche Versicherung rasch und freiwillig abgeben oder sie bis in die Zwangsvollstreckung hinein zurückhalten. Er bestimmt die Struktur des Prozesses, den Umfang der anfallenden Kosten und die Dauer des Verfahrens. Hat er vorprozessual bereits Auskünfte erteilt, kann der Gläubiger nicht beurteilen, ob damit sein Auskunftsanspruch bereits erfüllt ist. Für den Gläubiger entstehen damit unvermeidbare Risiken. In besonderem Maß gilt dies dort, wo eine notarielle Auskunft erforderlich wird. Die hohen Anforderungen der Praxis an den Notar führen zu erheblichen Verzögerungen bis hin zur drohenden Verjährung (LG Stade ZEV 2014, 306).

Taktisch überlegt werden sollte deswegen, ob nicht anstelle des »langen Marschs« (Sarres ZEV 2015, 1012
75 und 205) durch die Stufenklage eine Leistungsklage erhoben wird. Fehlende Informationen lassen sich häufig durch eine vorbereitende Leistungsklage auf Akteneinsicht bzw. Herausgabe von Unterlagen oder durch sonstige eigene Recherchen gewinnen. Verbleibende Mängel in der Substantiierung können durch die dem Beklagten im Rahmen der sekundären Darlegungslast obliegende erhöhte Substantiierungslast des Bestreitens kompensiert werden.

Die Klageschrift muss nicht als Stufenklage bezeichnet werden, doch empfiehlt sich dies, um klar- 1013
zumachen, dass die prozessualen Privilegierungen des § 254 ZPO in Anspruch genommen werden sollen. Erforderlich und ausreichend ist eine Klage mit einem Auskunfts- und mindestens einem weiteren Anspruch. Typischerweise werden Auskunft, Abgabe der eidesstattlichen Versicherung und Leistung kombiniert, möglich sind aber auch zweistufige Klagen ohne den Versicherungs- oder ohne den Leistungsantrag (OLG Zweibrücken BeckRS 2004, 09275; Zöller/Greger § 254 Rn. 2). Für jede Stufe bedarf es eines gesonderten materiell-rechtlichen Anspruchs.

(1) **Erste Stufe:** Klage auf Auskunft und Rechnungslegung 1014

Eine allgemeine Auskunftspflicht kennt das BGB nicht. Als mögliche Anspruchsgrundlagen kommen z.B. in Betracht: § 1379 BGB (Bestand des Endvermögens für den Zugewinnausgleich), § 1605 BGB (Auskunft über Einkünfte und Vermögen zur Feststellung eines Unterhaltsanspruchs), § 2314 BGB (Bestand des Nachlasses), § 2027 BGB (Bestand der Erbschaft und Verbleib der Erbschaftsgegenstände), § 666 BGB bei Auftragsverhältnissen und Geschäftsbesorgungsverträgen sowie § 84a ArzneimittelG (Auskunft bei Schaden durch ein Arzneimittel); § 87c HGB (Anspruch des Handelsvertreters auf Abrechnung und Buchauszug). Sofern kein spezieller Anspruch vorhanden ist, kann u.U. auf den allgemeinen, subsidiären Auskunftsanspruch nach § 242 BGB zurückgegriffen werden (Grüneberg/Grüneberg § 261 Rn. 8).

Dabei stellen die §§ 259 ff. BGB keine Anspruchsgrundlage dar, sondern regeln lediglich den Umfang sowie die Art und Weise einer sich aus anderen Vorschriften ergebenden Auskunfts- und Rechnungslegungspflicht.

Erforderlich ist, dass die Auskunft auf Bestimmbarkeit des Leistungsanspruchs gerichtet ist. Soll sie dem Kläger nur sonstige mit der Bestimmbarkeit als solcher nicht im Zusammenhang stehende Informationen über seine Rechtsverfolgung verschaffen, ist die Stufenklage unzulässig (BGHZ 209, 358 [358] = NJW 2017, 156; BGH NJW 2012, 3722; 2000, 1645).

Üblicherweise erteilte Belege und Urkunden, die der Auskunftspflichtige nach § 259 Abs. 1 BGB vorzulegen hat, müssen im Klageantrag (ebenso der Hauptantrag selbst) genau bezeichnet werden, um vor allem später eine etwaige Vollstreckung problemlos zu ermöglichen (BGH NJW 1983, 1056; auch § 142 ZPO!).

Anträge auf Vorlegung von Belegen »soweit vorhanden« oder »aus denen die Richtigkeit des Zahlenmaterials entnommen werden kann« (OLG Köln MDR 1993, 83) sind nicht hinreichend bestimmt und daher unzulässig. Denn es kann nicht dem Gerichtsvollzieher überlassen bleiben, aus einer Vielzahl von im Gewahrsam des Schuldners befindlichen Schriftstücken diejenigen herauszusuchen, die unter einen im Vollstreckungstitel verwendeten unklaren Sammelbegriff fallen können.

Ausnahmsweise kann eine allgemeine Fassung ausreichend sein, sofern der Anspruch durch Auslegung mindestens bestimmbar ist (BGH NJW-RR 2001, 1504: Antrag auf Vorlage der vollständigen Kontounterlagen samt zugehörigen Buchungsunterlagen und Rechnungen zur Einsichtnahme – nicht Herausgabe!).

Häufig kann der Kläger nämlich auch gar nicht wissen, welche Buchungsunterlagen (Überweisungsträger, Einzahlungs- und Auszahlungsformulardurchschriften, Lastschriftbelege u.Ä.) und Rechnungen einerseits und die einzelnen in den Kontoauszügen enthaltenen Buchungen andererseits zusammengehören und welchen Inhalt die jeweiligen Belege haben. Das ergibt sich erst anhand der vorzulegenden Kontoauszüge.

1015 (2) **Zweite Stufe:** Antrag auf Versicherung der Richtigkeit der Auskunft an Eides statt

Ein Anspruch hierauf kann sich ergeben aus den §§ 259–261 BGB, aber nur unter der Voraussetzung, dass Grund zu der Annahme besteht, dass die Angaben nicht mit der erforderlichen Sorgfalt gemacht wurden. Deshalb kann es ratsam sein, diesen Antrag erforderlichenfalls erst nach Erteilung der Auskunft zu stellen bzw. zunächst nur anzukündigen.

1016 (3) **Dritte Stufe:** Antrag auf Zahlung oder Herausgabe.

Hier liegt das eigentliche Begehr des Klägers.

§ 254 ZPO erlaubt es ausdrücklich, die nach § 253 Abs. 2 Nr. 2 ZPO erforderliche bestimmte Angabe der Leistungen, die der Kläger verlangt, vorzubehalten, bis die Auskunft erteilt worden ist. Es handelt sich daher um einen gesetzlich zulässigen Fall des unbezifferten Klageantrags, für den die Besonderheiten des allgemeinen Instituts indes nur bedingt gelten, weil bei der Stufenklage der Leistungsantrag vor der Entscheidung noch beziffert wird (BGH NJW-RR 2015, 188; BGH NJW 2003, 2478).

Eine Betragsvorstellung ist zumindest erforderlich zur Bestimmung der sachlichen Zuständigkeit des angerufenen Gerichts; nur teilweise lassen sich Kostenstreitwert, Höchstbetrag der Verurteilung, Ausmaß des Teilunterliegens und Wert der Beschwer durch Abstellen auf den vor Schluss der mündlichen Verhandlung formulierten konkreten Antrag ermitteln. Nicht erforderlich ist dagegen die Angabe präziser Schätzungstatsachen, da hier die Anspruchshöhe nicht vom Ermessen des Gerichts abhängt.

Die Stufenklage setzt nicht zwingend voraus, dass der Kläger seinen Leistungsanspruch erst nach Entscheidung der übrigen Anträge präzisiert; der Kläger kann bereits bei Klageerhebung einen bestimmten Betrag fordern (BGH WM 1972, 1121) und diesen – nach den Grundsätzen der Klageänderung – im Laufe des Verfahrens an die Ergebnisse der anderen Stufen anpassen.

1017 Der – im Gesetz nicht näher geregelte – **Verfahrensablauf** ergibt sich aus der Natur der Sache.

Sämtliche Ansprüche werden mit der Klagezustellung rechtshängig. Über jede Stufe ist gesondert zu verhandeln und mittels Teil- bzw. Teilendurteil zu entscheiden (BGH NJW-RR 2015, 188). Dementsprechend darf der Anwalt in der mündlichen Verhandlung nicht alle Anträge gebündelt stellen (»Antrag aus der Klageschrift«), was eine schuldhafte, schadensersatzpflichtige Verletzung des Mandatsvertrages wäre (E. Schneider MDR 1969, 624: dies kann man geradezu als die – fehlerhafte – Regel ansehen). Über die Kosten wird erst in der letzten Stufe durch Schlussurteil entschieden (str.). Ist jedoch die Stufenklage unzulässig oder unbegründet, kann der Richter sogleich durch Endurteil insgesamt entscheiden. Jedes Teilurteil kann bei Vorliegen der übrigen Voraussetzungen mit der Berufung angefochten werden.

Ein Termin zur Verhandlung über die jeweils nächste Stufe wird erst auf Antrag einer Partei anberaumt (BGH NJW-RR 2015, 188), der nur sinnvoll ist, wenn die Auskunft erteilt wurde (u.U. gem. § 888 ZPO). Der Antrag kann erst nach formeller Rechtskraft des selbstständig anfechtbaren Teilurteils gestellt werden (Zöller/Greger § 254 Rn. 11, str.). Im Übrigen sollte er dann aber möglichst bald gestellt werden, da die Hemmung der Verjährung sechs Monate nach Erledigung der vorangegangenen Stufe endet, sofern das Verfahren nicht weiter betrieben wird (§ 204 Abs. 2 BGB; BGH NJW 1992, 2563; Grüneberg/Ellenberger § 204 Rn. 47).

Der Wechsel von der Auskunfts- zur Leistungsstufe ist stets zulässig, selbst wenn der Kläger z.B. anderweitig die Auskunft erhalten hat (§ 264 Nr. 2 ZPO). Den Antrag in der zweiten Stufe kann der Kläger ohne Rücknahme fallen lassen und sofort den Zahlungsantrag stellen (Thomas/Putzo/Seiler § 254 Rn. 6).

Wird der ersten Stufe stattgegeben, so schafft dies keine Rechtskraft für den Grund des Leistungsanspruchs. Der Beklagte kann sich also weiterhin verteidigen. Wird der Auskunftsantrag hingegen abgewiesen mit der Begründung, dass kein Leistungsanspruch besteht, steht die Rechtskraft dieses die Stufenklage insgesamt abweisenden Urteils einem bezifferten Leistungsantrag entgegen (Zöller/Vollkommer § 322 Rn. 13).

Die **Kostenentscheidung** richtet sich nach dem Obsiegen/Unterliegen der Parteien auf allen Stu- 1018
fen. Wird der Klage auf allen Stufen vollumfänglich stattgegeben, hat der Beklagte die gesamten Kosten des Rechtsstreits zu tragen. Problematisch ist die Kostenfolge bei den folgenden Varianten:

(1) Wird die eingeklagte **Auskunft erteilt**, ist statt einer einseitigen Erklärung der Erledigung des 1019
Auskunftsanspruches auf die (bezifferte) Leistungsklage überzugehen (Zöller/Vollkommer § 91a Rn. 58.44: Stufenklage; str.).

Andernfalls hat das Gericht den Antrag auf Feststellung der Erledigung der ersten Stufe durch Urteil als unzulässig abzuweisen. Denn dem Auskunftsanspruch kommt im Rahmen einer Stufenklage keine selbstständige Bedeutung zu und für eine Feststellungsklage fehlt das Rechtsschutzbedürfnis. Etwas anderes gilt für die übereinstimmende Erledigungserklärung beider Parteien, bei der es auf ein erledigendes Ereignis nicht ankommt (OLG Düsseldorf MDR 2012, 1492).

(2) Ergibt die Auskunft, dass dem Kläger **kein Leistungsanspruch** zusteht, sind die Kosten bei Kla- 1020
geabweisung oder Rücknahme des Leistungsantrages quotenmäßig zu teilen (Thomas/Putzo/Seiler § 254 Rn. 11; Zöller/Greger § 254 Rn. 6; str.).

Sofern der Kläger nicht die Verjährung unterbrechen muss, sollte er daher bei Zweifeln über das Bestehen eines Leistungsanspruches vor der Auskunftserteilung den unbezifferten Antrag noch nicht stellen.

Umstritten ist, ob bei einer solchen »stecken gebliebenen« Stufenklage eine Erledigung der Hauptsache vorliegt. Verneint man dies, so muss nach einer Ansicht die einseitige Erledigungserklärung abgewiesen werden und der Kläger trägt die Kosten (Zöller/Greger § 254 Rn. 15: Leistungsantrag bereits vor Rechtshängigkeit unbegründet; Thomas/Putzo/Seiler § 254 Rn. 6; a.A. Zöller/Vollkommer § 91a Rn. 58.44: Stufenklage – »prozessuale Erledigung des Leistungsanspruchs«; a.A. Quotelung).

Nach Ansicht des BGH (NJW 1994, 2895) liegt zwar keine Erledigung vor, der (unbegründete) Antrag, die Erledigung der Hauptsache festzustellen und dem Beklagten die Kosten aufzuerlegen, ist jedoch auszulegen als das Begehren, die Ersatzpflicht des Beklagten hinsichtlich der nutzlos aufgewendeten Kosten für die (unbegründete) Klage – sogleich in dem anhängigen Rechtsstreit – festzustellen. Ein solcher materiell-rechtlicher Schadensersatzanspruch kann dem Kläger insbesondere aus dem Gesichtspunkt des Verzuges in Bezug auf die Auskunftserteilung zustehen. Für die Begründetheit einer derartigen Feststellungsklage bedarf es nur der Prüfung, ob der Gläubiger erst durch die verspätete Auskunftserteilung Klarheit über das Nichtbestehen eines Leistungsanspruchs hatte und der Schuldner schuldhaft seiner Auskunftsverpflichtung nicht oder nicht rechtzeitig nachgekommen ist.

Bei einer übereinstimmenden Erledigungserklärung geht die Kostenentscheidung bei begründetem Auskunftsanspruch meistens zulasten des Beklagten (OLG Brandenburg MDR 2003, 893; Anders/Gehle/Anders § 254 Rn. 9; Zöller/Vollkommer § 91a Rn. 58: Stufenklage).

gg) Unbezifferter Antrag

Die Zulassung eines unbezifferten Klageantrages in den Ausnahmefällen, in welchen dem Kläger 1021
die Ermittlung der Höhe seines Anspruchs unmöglich oder – wegen des Kostenrisikos – unzumutbar ist, stellt seit langem gefestigte Rechtsprechungspraxis dar (Thomas/Putzo/Seiler § 253 Rn. 12; Grüneberg/Sprau § 847 Rn. 14; st. Rspr. seit RGZ 21, 386; BGHZ 45, 91 m.w.N.).

In diesen Fällen kann der Kläger sich darauf beschränken, die begehrte Rechtsfolge nur dem Grunde nach zu beantragen und die konkrete Bezifferung dem Gericht zu überlassen.

▶ Beispiel:

1022 »… den Beklagten zu verurteilen, an den Kläger ein Schmerzensgeld zu zahlen, dessen Höhe in das Ermessen des Gerichts gestellt wird.«

Durch einen unbezifferten Zahlungsantrag soll der Kläger das sonst bestehende Risiko einer Abweisung des zu viel Geforderten mit entsprechender Kostenbelastung (§ 92 ZPO) oder der Beantragung einer zu geringen Forderung, über die das Gericht nicht hinausgehen dürfte (§ 308 ZPO), vermeiden können.

Nicht zulässig ist hingegen ein unbezifferter Klageantrag zum Auffangen des Kostenrisikos i.S.d. § 254 BGB (Mitverschulden/Mitverursachung), insbesondere nach einer späteren Beweisaufnahme (BGH NJW 1967, 1420; Thomas/Putzo/Seiler § 253 Rn. 12).

1023 Die langjährige und mittlerweile gewohnheitsrechtlich verfestigte Akzeptanz des unbezifferten Klageantrags führt oft dazu, dass die zum Teil strengen **Zulässigkeitsvoraussetzungen** der Rechtsprechung übersehen werden.

1024 (1) Erforderlich ist zunächst, dass dem Kläger eine Bezifferung seines Anspruchs **nicht möglich** oder **nicht zumutbar** ist. Dies ist dort der Fall, wo die Höhe eines Anspruchs nicht objektiv bestimmbar, sondern vom Gericht nach freiem Ermessen festzusetzen ist.

Dies wird regelmäßig bei Klagen auf Schmerzensgeld angenommen, das nach § 253 Abs. 2 BGB als »billige Entschädigung in Geld« verlangt werden kann. Weitere klassische Anwendungsfälle sind der Entschädigungsanspruch wegen nutzlos aufgewendeter Urlaubszeit gem. § 651n Abs. 2 BGB (OLG Celle, Beschl. vom 4.9.2024 – 11 U 43/24, BeckRS 2024, 25751) und der Minderungsanspruch gem. § 536 Abs. 1 Satz 2 BGB (»angemessen herabgesetzte Miete«; Börstinghaus NZM 1998, 657).

Zulässig kann der unbezifferte Antrag ferner sein, wenn die Bezifferung durch Schätzung des Gerichts nach § 287 ZPO erfolgt (BGH NJW 1970, 281; kritisch Dunz NJW 1984, 1734; ablehnend Zöller/Greger § 253 Rn. 14a).

Nicht statthaft ist der unbezifferte Antrag dagegen dann, wenn durch ihn nur der Aufwand der eigenen Bezifferung vermieden werden soll, was beispielsweise dann der Fall ist, wenn die Höhe der Klageforderung in einem vertraglich vorgesehenen Taxwertverfahren festzustellen ist (BGH NJW 1993, 324).

Stellt sich im Laufe des Prozesses – z.B. durch einen Hinweis – heraus, dass der gestellte unbezifferte Leistungsantrag unzulässig ist, sollte ein Wechsel in einen zulässigen Feststellungsantrag nach § 264 Nr. 2 ZPO erwogen werden; dies kann bei bloßen Zweifeln an der Unzulässigkeit des unbezifferten Antrags auch durch einen Hilfsantrag erfolgen. Dies kann ggf. auch durch das Gericht im Wege der Umdeutung angenommen werden (Zöller/Greger § 256 Rn. 15c).

1025 (2) Soll das Gericht einen angemessenen Betrag festsetzen, so muss es alle für die Bemessung relevanten Tatsachen kennen. Für die Parteien führt dies zu einer erhöhten **Darlegungslast**.

▶ Beispiel:

1026 So müssen bei der Schmerzensgeldklage Art und Schwere der Verletzungen, Dauer und Intensität von Schmerzen, Inhalt und Umfang ärztlicher Maßnahmen, bisheriger und voraussichtlicher weiterer Heilungsverlauf, Wahrscheinlichkeit von Spätfolgen, Dauerschäden usw. angegeben werden.

Werden die zur Feststellung des Betrages erforderlichen tatsächlichen Grundlagen nicht vorgetragen, ist die Klage unzulässig (BGH VersR 1984, 538, 739); sie können auch weder durch den Antrag auf Ermittlung durch einen Sachverständigen ersetzt noch im Laufe des Prozesses nachgeholt werden (BGH MDR 1975, 741).

1027 (3) Zweifelhaft ist, inwieweit die Angabe einer **Betragsvorstellung** erforderlich oder sinnvoll ist.

Ein Teil der neueren Literatur (Thomas/Putzo/Seiler § 253 Rn. 12; Grüneberg/Sprau § 847 Rn. 14; v. Gerlach VersR 2000, 525) geht davon aus, Angaben zur Höhe des Anspruchs seien nicht erforderlich.

Die h.M. indes hält eine Betragsvorstellung für erforderlich zur Abgrenzung der sachlichen Zuständigkeit genauso wie zur Bestimmung des erforderlichen Kostenvorschusses (Zuständigkeits- und des Kostenstreitwerts). Von dieser Betragsvorstellung hängt auch ab, ob der dem Kläger zugesprochene Betrag ihn einerseits zur anteiligen Tragung der Kosten verpflichtet, ihm andererseits aber auch den Weg in ein Rechtsmittel eröffnet (Wert der Beschwer).

Solange die Rechtsprechung dieses Erfordernis noch nicht ausdrücklich aufgegeben hat, ist die Angabe einer Betragsvorstellung dringend zu empfehlen.

Offen ist die Frage, an welcher Stelle der Klageschrift die Betragsvorstellung erfolgen sollte. Unstreitig genügt die Angabe in den Gründen; die gegen eine Aufnahme bereits in den Antrag vorgebrachten Bedenken (Kaiser NJW 2017, 1223) überzeugen nicht.

Für den Kläger ist die Angabe der Betragsvorstellung indes mit **Chancen und Risiken** verbunden. 1028

Hierfür ist nach der Art der Betragsvorstellung zu unterscheiden. Praktisch kommt diese als Mindestbetrag oder als Circa-Betrag vor.

Beim Mindestbetrag verlangt der Kläger »mindestens« den genannten Betrag; er ist daher jeder dahinter zurückbleibenden Summe beschwert. Beim Circa-Betrag will er sich dagegen auch mit einer leicht hinter dem genannten Betrag zurückbleibenden Summe zufriedengeben. Versäumt es der Kläger, eine Betragsvorstellung zu nennen, so kann das Gericht diese durch Auslegung ermitteln (z.B. aus der Anrufung von Amts- oder Landgericht, aus der Höhe des eingezahlten Kostenvorschusses); hierauf sollte es der Anwalt nicht ankommen lassen.

Praxistipp:

Der Kläger sollte beim unbezifferten Antrag immer einen Betrag nennen, den er sich als angemessen vorstellt, und dabei deutlich machen, ob er diesen »mindestens« oder »circa« begehrt. 1029

Mit der Angabe der Betragsvorstellung besteht die Chance, dass sich das Prozessgericht an dieser jeweiligen Vorgabe – sofern einigermaßen realistisch – orientiert, anstatt einen viel zu geringen Betrag zuzusprechen. Außerdem sind diese Angaben zur Erhaltung einer Rechtsmittelmöglichkeit erforderlich (nachfolgend).

Die Angabe der (ungefähren) Größenordnung (»Circa-Betrag«) oder eines Mindestbetrags schränkt das Ermessen und die Entscheidungsbefugnis des Gerichts – vor allem nach oben hin – nicht ein (BGHZ 132, 341; BGH MDR 1986, 886 – mit Anm. Jaeger; Zöller/Greger § 253 Rn. 14). 1030

Etwas anders gilt hingegen, falls der Kläger eine Obergrenze angibt (z.B. »von nicht mehr als …«). Dann kann die unbezifferte Schmerzensgeldklage in erster Instanz auch als eine (verdeckte) Teilklage angesehen werden. Dies hätte zur – möglicherweise nachteiligen – Folge, dass zwar eine nachträgliche Mehrforderung nicht ausgeschlossen ist, diese verjährungsrechtlich aber selbstständig zu beurteilen wäre und durch die (ursprüngliche) Klageerhebung nicht gehemmt wird (BGH NJW 2002, 3769).

Wird jedoch ein angegebener Mindestbetrag nicht erreicht, trägt der Kläger – seinem Unterliegen entsprechend – die Kosten gem. § 92 Abs. 1 ZPO (Zöller/Herget § 3 Rn. 16; Anders/Gehle/Gehle § 92 Rn. 21; Stein/Jonas/Leipold § 92 Rn. 6a). 1031

Ein Teil der Rechtsprechung berücksichtigt die angegebene Größenordnung als Maßstab für eine Quotelung der Prozesskosten und bejaht ein entsprechendes Unterliegen bei einer Abweichung nach unten (BGH NJW 1984, 1807, 1810; a.A. zu Recht kritisch Zöller/Herget § 3 Rn. 16.171: »unbezifferte Klageanträge«). 1032

Die dadurch eintretende erhebliche (sinnwidrige) Einschränkung des beabsichtigten Kostenvorteils eines unbezifferten Klageantrages könnte dadurch gemildert werden, dass das Gericht zugunsten des Klägers § 92 Abs. 2 Alt. 2 ZPO anwendet (Thomas/Putzo/Hüßtege § 92 Rn. 9: es darf i.d.R. nicht mehr als 20 % vom Antrag abgewichen werden). Der klägerische Anwalt sollte zum Nutzen seines Mandanten das Gericht auf diese nicht immer geläufigen Gesichtspunkte unbedingt deutlich hinweisen. So zeigt nämlich die Verfahrenspraxis, dass die Vorschrift des § 92 Abs. 2 ZPO »so gut wie keine Anwendung findet und ein Schattendasein führt« (Husmann NJW 1989, 3126, der auch darauf hinweist, dass eigentlich § 91 ZPO zulasten des Beklagten Anwendung finden müsste).

Man könnte zur Lösung dieser Ungereimtheit aber auch als Gebührenstreitwert und damit als Basis für die Kostenentscheidung den Betrag zugrunde legen, den das Gericht – unabhängig vom tatsächlichen Prozessausgang – bei Unterstellung des klägerischen Tatsachenvortrags als wahr für angemessen hält (OLG München NJW 1968, 1937; Zöller/Herget § 3 Rn. 16: unbezifferte Klageanträge; Stein/Loyal § 2 Rn. 103; Thomas/Putzo/Hüßtege § 3 Rn. 63; a.A. OLG München NJW 1961, 1122: Streitwert richtet sich nach dem zuerkannten Betrag).

1033 Entscheidende Bedeutung hat die Betragsvorstellung für die Berufung.

Denn wenn der zugesprochene Betrag unter den Vorstellungen des Klägers liegt, ist jedenfalls eine Beschwer als allgemeines Rechtsschutzbedürfnis für die Berufung gegeben. Hingegen ist der Kläger durch das Urteil nicht beschwert, wenn der angegebene Mindestbetrag zugesprochen wird bzw. sich der zuerkannte Betrag im Rahmen der angegebenen Größenordnung bzw. Betragsvorstellung hält (BGH NJW 1999, 1339; MDR 1986, 886; NJW-RR 2004, 863; Thomas/Putzo/Seiler Vorb § 511 Rn. 23).

In der Regel fehlt die Beschwer vor allem dann, wenn der Kläger überhaupt keine Angaben zur Höhe gemacht hat, selbst wenn er den zugesprochenen Betrag als zu gering und nicht der Billigkeit entsprechend erachtet (Thomas/Putzo/Seiler Vorb § 511 Rn. 23; zur Zulässigkeit oben). Will sich der Kläger die Möglichkeit eines Rechtsmittels offenhalten, so muss er den Betrag nennen, den er auf jeden Fall zugesprochen haben will und bei dessen Unterschreitung er sich als nicht befriedigt ansehen würde.

Ist die Beschwer gegeben, muss für die Zulässigkeit der Berufung neben den sonstigen Voraussetzungen insbesondere noch die Berufungssumme erreicht sein (§ 511 ZPO).

Bei der Angabe eines Mindestbetrages kann der Kläger seinen Antrag in der Berufungsinstanz auch problemlos erhöhen. So ist dies – im Gegensatz zur Angabe einer Obergrenze – in der Berufungsinstanz nicht als eine Änderung des Streitgegenstandes und somit nicht als eine Klageänderung i.S.d. § 533 ZPO anzusehen. Denn bereits der erstinstanzlich gestellte Antrag bot die rechtliche Möglichkeit, dem Kläger ein höheres Schmerzensgeld zuzusprechen (BGH MDR 2003, 26: Größenordnung im Klageantrag 15.000 DM, zugesprochen in erster Instanz: 10.000 DM, Berufungsantrag: mindestens 60.000 DM).

1034 Der Kläger steht vor einem Dilemma.

Nennt der Kläger keinen oder einen zu geringen Mindestbetrag, nimmt er sich die Möglichkeit der Berufung, wenn ihm der zugesprochene Betrag zu niedrig erscheint. Bei einem zu hohen Mindestbetrag hingegen besteht das Kostenrisiko bei einem Teilunterliegen. Der klägerische Anwalt darf sich daher wegen der Möglichkeit eines unbezifferten Klageantrages nicht dazu verleiten lassen, ohne konkrete Absprache mit dem Mandanten keinen oder einen beliebigen Betrag zu nennen.

1035 Prozesstaktisch spricht erstinstanzlich einiges für die Angabe eines eher etwas **höheren Circa-Betrages.** Dies eröffnet die größten Chancen auf einen möglichst hohen zugesprochenen Betrag, ein geringes Kostenrisiko und meist ausreichend Rechtsmittelmöglichkeiten.

So übernehmen die Gerichte bei einem Versäumnisurteil in der Regel vor allem den angegebenen Mindestbetrag im Urteil, sofern er im noch angemessenen Rahmen liegt. Bei einem zusprechenden Urteil bleiben die Gerichte erfahrungsgemäß meist (etwas) darunter. Hingegen dürfte ein Überschreiten eher seltener vorkommen, ohne im Einzelfall ausgeschlossen zu sein (BGH MDR 1996, 886: dort hat das OLG statt des Mindestbetrages von 25 000 DM ein Schmerzensgeld in doppelter Höhe zugesprochen).

Schließlich kann dies für etwaige Vergleichsverhandlungen hilfreich sein (unten Rdn. 1073). Zu beachten ist bei einer bestehenden Rechtsschutzversicherung, dass es bei der Einklagung deutlich überhöhter Beträge Probleme mit der Kostenerstattung geben kann (§ 5 Abs. 3b ARB 94: Kostenentscheidung muss dem Verhältnis des angestrebten zum erzielten Ergebnis entsprechen).

Dabei muss der Kläger alle objektiv erkennbaren oder vorhersehbaren Verletzungsfolgen mitberücksichtigen, weil sonst etwaige spätere Nachforderungen wegen der Rechtskraft des Ersturteils nicht mehr möglich sind. Für noch nicht vorhersehbare Spätschäden bzw. Komplikationen kommt die Feststellungsklage in Betracht (unten Rdn. 1061).

Letztlich rechtfertigt ein auf Zahlung einer Rente neben einem Kapitalbetrag gestellter Antrag insgesamt kein höheres Schmerzensgeld, obgleich dies häufig das Motiv für diese Antragstellung sein dürfte (Heß/Burmann NJW-Spezial 2005, 208). Abgesehen davon kommt eine Schmerzensgeldrente in der

Regel nur bei schwersten Dauerschäden, unter denen der Verletzte immer wieder neu leidet, in Betracht (BGH NJW 1994, 1592; Grüneberg/Sprau § 847 Rn. 12).

Obgleich es auf alle maßgeblichen Umstände des jeweiligen Falles ankommt, kann ein **Hinweis auf** die bei **vergleichbaren Sachverhalten** bereits durch die Rechtsprechung zuerkannten Beträge für den Kläger durchaus nützlich sein. 1036

Gerade weil das Gesetz für die Bemessung der Höhe der »billigen Entschädigung« (§ 253 Abs. 2 BGB) beim Schmerzensgeld keinerlei Kriterien aufweist, bietet sich für den Richter die Orientierung an Präjudizien an (Rösler ZZP 2013, 295).

Für den Anwalt können dabei die bekannten Schmerzensgeldtabellen eine gute Hilfe darstellen. Zu berücksichtigen ist, dass die seit früheren Entscheidungen eingetretene Geldentwertung ebenso in Rechnung zu stellen ist wie die in der Rechtsprechung zu beobachtende Tendenz, bei der Bemessung des Schmerzensgeldes nach gravierenden Verletzungen großzügiger zu verfahren als früher (OLG Köln MDR 1992, 646: Geldentwertung rechtfertigt von vornherein einen gewissen Zuschlag). Etwaige Besonderheiten des Einzelfalls, welche einen höheren Betrag rechtfertigen können, sind vom Anwalt deutlich herauszustellen.

Allgemein als zulässig wird es auch angesehen, dass der Kläger ohne Angabe einer Betragsvorstellung Klage erhebt und das Gericht bittet, für die Einzahlung des Kostenvorschusses den **Streitwert vorläufig festzusetzen**. 1037

Dabei läuft der Kläger allerdings Gefahr, dass das Gericht den Wert recht niedrig ansetzt und im weiteren Verlauf dann darüber nicht mehr hinausgeht.

hh) Zug-um-Zug-Vorbehalt

Steht dem Beklagten ein **Zurückbehaltungsrecht** zu, sollte dem bei der Antragstellung gleich Rechnung getragen und die Leistung Zug um Zug gegen Erbringung der Gegenleistung verlangt werden (§§ 273, 274 BGB, §§ 320, 322 ZPO). 1038

Ist die Klage dann begründet, obsiegt der Kläger in voller Höhe und der Beklagte hat die gesamten Kosten zu tragen (§ 91 ZPO). Erfolgt jedoch eine Verurteilung des Beklagten Zug um Zug erst aufgrund der Geltendmachung seines Zurückbehaltungsrechts oder eines insoweit eingeschränkten Anerkenntnisses (Thomas/Putzo/Seiler § 307 Rn. 3), unterliegt der Kläger teilweise mit entsprechender Kostenbelastung (§ 92 Abs. 1 ZPO; die Verurteilung Zug um Zug ist ein Minus gegenüber der unbeschränkten Verurteilung und kein Aliud, Grüneberg/Grüneberg § 274 Rn. 2; Arz NJW 2014, 2828).

Freilich kann der Kläger zunächst abwarten, ob der Beklagte diese Einrede überhaupt geltend macht und erst daraufhin die Klage entsprechend ändern. Darin dürfte jedoch eine teilweise Klagerücknahme zu sehen sein, mit entsprechender Kostenbelastung für den Kläger und Zustimmungspflicht des Beklagten nach Beginn der mündlichen Verhandlung (§§ 264 Nr. 2, 269 ZPO).

Bei einem Antrag auf Verurteilung Zug um Zug muss die **Gegenleistung** so genau bezeichnet sein, dass sie ihrerseits zum Gegenstand einer Leistungsklage gemacht werden könnte (BGHZ 45, 287; Thomas/Putzo/Seiler § 253 Rn. 11; Kaiser NJW 2017, 1223). Sonst kann das Urteil u.U. nicht vollstreckbar sein (§ 756 ZPO). 1039

▶ Beispiel:

»... wird beantragt, den Beklagten zu verurteilen, Zug um Zug gegen Lieferung eines Kühlschranks Marke ..., Typ ..., Farbe weiß, an den Kläger 500 € zu zahlen.« 1040

Nicht hinreichend bestimmt ist die Gegenleistung: »Herstellung eines lotrechten Mauerwerks in dem Gebäude ...« (OLG Düsseldorf NJW-RR 1999, 793 »welche Wände in welchen Bereichen«?) oder die Bezeichnung in kyrillischer Schrift bzw. in russischer Sprache (MDR 2015, 2812).

▶ Praxistipp:

1041 Befindet sich der Beklagte in **Annahmeverzug** (§§ 293 ff., 298 BGB), sollte der Kläger noch einen Antrag auf Feststellung des Annahmeverzugs stellen (§ 256 ZPO, wobei der Annahmeverzug nicht Gegenstand einer isolierten Feststellungsklage sein kann, BGH NJW 2000, 2663).

Denn eine entsprechende gerichtliche Entscheidung erleichtert die Zwangsvollstreckung erheblich (Doms NJW 1984, 1340, Schibl NJW 1984, 1945). Während so der Kläger sofort mit der Zwangsvollstreckung beginnen kann (§ 726 Abs. 2 ZPO; §§ 274 Abs. 2; 322 Abs. 2 BGB), darf er andernfalls erst beginnen, wenn dem Schuldner gleichzeitig die Gegenleistung tatsächlich angeboten wird (§§ 274 Abs. 2, 322 Abs. 2 BGB; §§ 726 Abs. 2, 756, 765 ZPO). Dies kann zu praktischen Schwierigkeiten führen, wie etwa bei einer unhandlichen Sache oder bei großer räumlicher Entfernung zwischen den Parteien.

Ein wörtliches Angebot ist bereits ausreichend, wenn der Schuldner daraufhin erklärt, dass er die Leistung nicht annehmen werde (§ 756 Abs. 2 ZPO).

▶ Beispiel:

1042 »Es wird festgestellt, dass der Beklagte sich mit der Annahme des Kühlschranks Marke ..., Typ, Farbe weiß, in Verzug befindet.«

1043 Kann der Kläger nach einem Rücktritt vom Vertrag die Rücknahme oder Abholung der Sache verlangen, muss auch dies in der Zug-um-Zug verlangten Gegenleistung formuliert werden (Kaiser NJW 2017, 1223).

ii) Antrag »abzüglich am ... gezahlter ...«

1044 Hat der Beklagte vorprozessual, möglicherweise sogar mehrfach, Teilzahlungen erbracht, die nach **§ 366 Abs. 2 BGB** zunächst auf die Nebenforderungen zu verrechnen sind, kann die Berechnung der verbliebenen Forderung schwierig sein. Diese Berechnung erspart sich der Kläger, wenn er die ursprüngliche Forderung »abzüglich am ... gezahlter ...« einklagt (oben Rdn. 548).

An sich sollte dieses Berechnungsproblem mit dem Einzug von Forderungsberechnungssoftwares entfallen sein. Wo es fortbesteht, wird der Antrag praktisch meist zugelassen. Der Grund hierfür dürfte darin liegen, dass auch der Richter eine entsprechende Berechnung nicht durchführen will oder kann. Letztlich wird die Berechnung damit auf den Gerichtsvollzieher verlagert, der die Höhe der noch offenen Forderung für die Zwangsvollstreckung bestimmen muss.

Ergänzt der Kläger den ursprünglich betragsmäßig konkretisierten Antrag im Laufe des Prozesses um den Zusatz »abzüglich am ... gezahlter ...«, so liegt hierin regelmäßig eine teilweise Erledigungserklärung (OLG Koblenz AnwBl 1990, 172; Anders/Gehle/Gehle § 91a Rn. 201). Ob der Beklagte dieser zustimmt oder nicht, kann nicht allein aus seinem (wegen des streitig bleibenden Teils erforderlichen) Klageabweisungsantrag beurteilt werden, sondern bedarf im Zweifel der konkreten Rückfrage nach § 139 ZPO (OLG Koblenz JurBüro 1990, 392).

jj) Sonstige

1045 Besonderheiten können sich auch aus weiteren Anträgen ergeben.

– Teilantrag

Wird ein Anspruch nur teilweise geltend gemacht, muss der Antrag erkennen lassen, um welchen Teil es sich handelt. Erfolgt die Teilung betragsmäßig, genügt hierfür die Bezifferung.

1046 – Antrag auf Schadensersatz aus vorsätzlicher unerlaubter Handlung

Die verschärfte Haftung des aus vorsätzlicher unerlaubter Handlung verurteilten Schuldners (§§ 850 f. Abs. 2, 317 Abs. 2 Satz 2, 750 Abs. 1 Satz 2 ZPO) macht es sinnvoll, hier ausnahmsweise den Haftungsgrund in den Antrag aufzunehmen (Zöller/Herget § 850f Rn. 9; Kaiser NJW 2017, 1223; zur Unzulässigkeit eines entsprechenden Zusatzes beim Vollstreckungsbescheid BGH NJW 2005, 1663).

▶ **Beispiel:**

»wird beantragt, den Beklagten zu verurteilen, an den Kläger wegen vorsätzlicher unerlaubter Handlung … € zu zahlen.«

– (Antrags-/)Klagehäufung

Werden in einer Klage mehrere Forderungen nebeneinander geltend gemacht (objektive Klagehäufung), ist jede von ihnen den allgemeinen Grundsätzen folgend zu bezeichnen (BGH NJW 1984, 2346).

Stehen mehrere Personen auf einer Parteiseite (subjektive Klagehäufung, Streitgenossenschaft), muss der Antrag das Innenverhältnis bezeichnen (Mit-/Gesamtgläubiger; Mit-/Gesamtschuldner).

– Bürgenhaftung

Wegen der Akzessorietät der Bürgenhaftung (§ 767 Abs. 1 BGB) kann der Gläubiger Leistung nur vom Schuldner oder vom Bürgen, nicht indes von beiden erlangen. Zwischen ihnen besteht kein Gesamtschuldverhältnis. Unterschiedlich beantwortet wird die Frage, ob der Akzessorietät im Antrag Rechnung zu tragen ist.

Vertreten wird, einer solchen Einschränkung bedürfe es nicht. Schuldner und Bürge seien – unabhängig davon, ob sie in getrennten oder im gleichen Prozess in Anspruch genommen würden – uneingeschränkt zur Leistung zu verurteilen. Nach Befriedigung des Gläubigers durch einen Schuldner stehe dem anderen die Vollstreckungsgegenklage zu.

Häufiger findet sich die Ansicht, die Haftungsbeschränkung sei in Antrag und Tenor herauszustellen. Dabei sind verschiedene Formulierungen denkbar.

▶ **Beispiel:**

»wird beantragt, den Beklagten als Bürgen zu verurteilen, an den Kläger … zu zahlen.« (Zöller/Feskorn § 313 Rn. 8). **1047**

»wird beantragt, beide Beklagte wie Gesamtschuldner zu verurteilen, …« (OLG München Rpfleger 1998, 262).

kk) Nebenansprüche: Zinsen, Kosten

Nicht vergessen werden dürfen im Rahmen der Sachanträge die Ansprüche auf Zahlung von Nebenforderungen, insbesondere Zinsen und – soweit angefallen – vorgerichtlichen Kosten. **1048**

Für den **Zinsanspruch** gelten die zum Zahlungsanspruch gemachten Ausführungen: Die begehrte Leistung muss so bestimmt sein, dass sie Grundlage einer Zwangsvollstreckung werden kann. Für die Zinsen bedeutet dies Angabe des Zinssatzes, des Betrages, aus dem Zinsen begehrt werden, und des Zeitraums, für den Zinsen begehrt werden. **1049**

Die Kapitalisierung rückständiger Zinsen (Berechnung und Geltendmachung in Form eines konkreten Geldbetrags) wird nur von einer Mindermeinung für erforderlich gehalten (MüKoBGB/Lüke § 253 Rn. 132); möglich ist sie ohne Zweifel. Dabei besteht die Gefahr, dass das Gericht die Zinsen entgegen § 43 Abs. 1 GKG nicht mehr als Nebenforderung ansieht, sodass sie streitwertrelevant und beim Teilunterliegen für die Kostenquotelung berücksichtigt werden.

Auf vorgeleistete Kosten und Gebührenvorschüsse können Zinsen nur im Wege eines selbstständigen Feststellungsantrags bzw. in einem gesonderten Prozess geltend gemacht werden (Saenger/Uphoff MDR 2014, 192).

Für die Zinshöhe genügen Formulierungen wie »auf Zahlung der gesetzlichen Zinsen zu verurteilen« (OLG München IPRax 1988, 291, 293) oder »Zahlung von Zinsen nach dem Dreimonats-Libor-Satz« (OLG Frankfurt a. M. NJW-RR 1992, 684) nicht. Dagegen bestehen keine Bedenken gegen den Antrag auf Zahlung von Zinsen in Höhe von »fünf Prozentpunkten über dem Basiszinssatz«, weil es sich dabei um die gesetzliche Formulierung handelt und die Höhe des Basiszinssatzes als allgemein bekannt vorausgesetzt wird (§§ 288, 247 BGB). Den (Schwankungen unterliegenden, § 247 Abs. 1 Satz 2 BGB)

Basiszinssatz zu konkretisieren, ist nicht erforderlich. Im Bedarfsfall ist er im Internet unter www.bundesbank.de auch für vergangene Zeiträume abrufbar.

Nur selten werden noch »fünf Prozent über dem Basiszinssatz« statt der korrekten »fünf Prozentpunkte« gefordert (Bernd J. Hartmann NJW 2004, 1358). Soweit dies doch vorkommt, wird der Fehler regelmäßig durch Auslegung seitens der Gerichte behoben (BGH MDR 2013, 549; OLG Hamm NJW 2005, 2238: eine andere Auslegung kann grundsätzlich nicht ernsthaft infrage kommen); auch eine Berichtigung vor der Vollstreckung kommt in Betracht (§ 319 ZPO). Nach § 288 Abs. 2 BGB beträgt der gesetzliche Verzugszinssatz bei Rechtsgeschäften, an denen ein Verbraucher nicht beteiligt ist, nunmehr neun Prozentpunkte über dem Basiszinssatz. Ein weiter gehender Zinsschaden kann nach § 288 Abs. 3 und 4 BGB ersetzt werden, bedarf dann aber konkreter Darlegung (unten Rdn. 1161).

Der Betrag, aus dem Zinsen begehrt werden, ist regelmäßig die Hauptforderung. Hat sich diese vorprozessual geändert, kann es erforderlich sein, die einzelnen Bezugsgrößen gesondert zu benennen.

▶ Beispiel:

1050 »... wird beantragt, den Beklagten zu verurteilen, an den Kläger 10 000 € zuzüglich Zinsen in Höhe von 5 Prozentpunkten über dem Basiszinssatz aus jeweils 5 000 € seit dem 01.01.2024 und 01.03.2024 zu zahlen.«

Der Zeitpunkt, ab dem Zinsen begehrt werden, ist grundsätzlich datumsmäßig anzugeben (»ab dem 01.01.2024«). Werden Zinsen ab Rechtshängigkeit begehrt, so kann der Kläger diesen Zeitpunkt bei Klageerhebung noch nicht kennen; zulässig ist es deswegen, Zinsen »seit Rechtshängigkeit« zu beantragen. Der Angabe eines Endzeitpunkts für die Zinszahlung bedarf es nur, wenn der Verzug zum Zeitpunkt der Klageerhebung bereits beendet ist oder für bestimmte Zeiträume jeweils eigenständige Zinsansprüche gestaffelt werden.

▶ Beispiel:

1051 »... wird beantragt, den Beklagten zu verurteilen, an den Kläger 10 000 € zuzüglich Zinsen in Höhe von 5 % vom 01.01.2024 bis zum 29.02.2024, 6 % für die Zeit vom 01.03.2024 bis zum 30.06.2024 und 5,5 % seit dem 01.07.2024 zu zahlen.«

1052 Als Verzugsschaden können neben den Zinsen auch die vorgerichtlichen **Kosten** geltend gemacht werden. Die wichtigsten Fallgruppen dabei bilden die Kosten außergerichtlicher anwaltlicher Tätigkeit sowie die Inkassokosten.

Wegen der dabei bestehenden materiell-rechtlichen Probleme und den zur Begründung eines solchen Anspruchs erforderlichen Ausführungen unten Rdn. 1162.

Für die Formulierung eines entsprechenden Antrags gibt es keine Besonderheiten. Dieser Verzugsschaden ist betragsmäßig zu beziffern, sodass auf die Ausführungen zum Zahlungsantrag verwiesen werden kann.

▶ Beispiel:

1053 »... wird beantragt, den Beklagten zu verurteilen, an den Kläger 10 000 € zuzüglich außergerichtlicher Kosten in Höhe von 75 € zu zahlen.«

▶ Praxistipp:

1054 Überhöht geltend gemachte oder unschlüssig dargestellte Nebenforderungen können dem Erlass eines Versäumnisurteils im schriftlichen Vorverfahren entgegenstehen. Wird ein rasches Versäumnisurteil angestrebt, muss hier entweder besondere Sorgfalt auf die Begründung gelegt oder auf die Geltendmachung solcher Nebenforderungen ggf. verzichtet werden (Petershagen NJW 2018, 1782).

b) Gestaltungsanträge

aa) Allgemeines

Gegenstand der Gestaltungsklage ist eine zukünftige Rechtsänderung, die durch Rechtsgeschäft nicht herbeigeführt werden kann. 1055

Insoweit scheiden also die Gestaltungsrechte des BGB (Anfechtung, Kündigung, Rücktritt usw.) aus, die keiner Klage bedürfen, sondern mit Willenserklärungen ausgeübt werden (§ 143 BGB).

Gestaltungsklagen sind nur dort statthaft, wo sie das **Gesetz** ausdrücklich vorschreibt (numerus clausus). Dies ist der Fall z.B.: 1056

- im Handelsrecht bei der Auflösung von OHG oder KG (§§ 131 Abs. 1 Nr. 4, 133, 161 Abs. 2 HGB) oder der Entziehung der Geschäftsführungsbefugnis bzw. Vertretungsmacht eines Gesellschafters (§§ 117, 127 HGB);
- im Zivilprozessrecht bei der Abänderungsklage (§ 323 ZPO), der Vollstreckungsgegenklage (§§ 767, 785 ZPO), der Klage gegen die Vollstreckungsklausel (§ 768 ZPO) oder der Drittwiderspruchsklage (§ 771 ZPO).

Zur Abänderungsklage unten Rdn. 3467, zu den vollstreckungsrechtlichen Gestaltungsklagen aus §§ 767, 768, 771 ZPO unten Rdn. 3486, 3509.

Die konkrete Formulierung des **Antrags** kann und muss hier dem jeweiligen gesetzlichen Gestaltungsrecht entnommen werden. 1057

▶ Beispiel:

»die am … in … geschlossene Ehe der Parteien zu scheiden«; 1058

»dem Beklagten die Befugnis zur Vertretung der …-OHG zu entziehen«;

»die Zwangsvollstreckung aus … für unzulässig zu erklären«

bb) Abänderungsklage

Ist der Beklagte zu einer künftig fällig werdenden Leistung verurteilt worden, so konnten hierfür zukünftige Entwicklungen nur bedingt berücksichtigt werden. Unvorhergesehene Änderungen der entscheidungserheblichen Tatsachen können und müssen von den Parteien im Wege der Abänderungsklage nach § 323 ZPO geltend gemacht werden. 1059

Die Abänderungsklage ist eine prozessuale Gestaltungsklage, weil sie die Vollstreckbarkeit des früheren Urteils umgestaltet. Sie steht dabei in Konkurrenz zu anderen Rechtsbehelfen, so

- zu der Berufung (Wahlrecht: BGHZ 96, 207), die möglich ist, solange das Urteil auf zukünftige Leistung noch nicht rechtskräftig ist,
- zur Vollstreckungsgegenklage (str. Zöller/Vollkommer § 323 Rn. 19; a.A. Anders/Gehle/Weber § 323 Rn. 3; offen BGH NJW-RR 1989, 322), die bei nachträglich entstandenen materiellen Einwendungen gegeben ist,
- zu familienrechtlichen Rechtsbehelfen (§§ 620b, 654 ZPO) und
- zu allgemeinen Nachforderungsmöglichkeiten (§ 258 ZPO; §§ 812, 826 BGB).

Die Abgrenzungen sind schwierig und weitgehend streitig.

Die Abänderungsklage kann nur zwischen den Parteien stattfinden, die an dem Verfahren auf Verurteilung zu künftiger Leistung beteiligt waren, steht insoweit aber sowohl dem damaligen Kläger als auch dem damaligen Beklagten zu.

Der Kläger muss eine wesentliche Veränderung der Tatsachen vortragen und ggf. beweisen, die der Verurteilung für den Grund, den Betrag oder die Dauer der Leistung zugrunde gelegten wurden. Berücksichtigt werden dabei nur Änderungen, die nach dem Schluss der mündlichen Verhandlung im Vorverfahren entstanden sind (§ 323 Abs. 2 ZPO).

▶ **Beispiel:**

1060 »wird beantragt, das Urteil des Amtsgerichts … vom … – Az. … – mit Wirkung ab Zustellung der vorliegenden Klage wie folgt abzuändern:

Der Beklagte hat anstelle einer monatlichen Rente in Höhe von derzeit 250 € nur noch 200 € zu zahlen.«

c) Feststellungsanträge

1061 Mit der **positiven** Feststellungsklage kann das Bestehen eines gegenwärtigen Rechtsverhältnisses zwischen den Parteien festgestellt werden, mit der **negativen** Feststellungsklage das Fehlen eines solchen.

Im Zivilrecht spielt die Feststellungsklage – anders als etwa im Arbeitsrecht (Zöller/Greger § 256 Rn. 11a) – nur eine untergeordnete Rolle. Praktisch ist sie im Wesentlichen erforderlich zur Feststellung des Annahmeverzugs (oben Rdn. 253, 276, 1041) sowie zur Hemmung der Verjährung in den Fällen, in denen eine Leistungsklage (noch) nicht möglich ist (Zukunftsschäden).

aa) Voraussetzungen

1062 Gemäß § 256 ZPO ist **Gegenstand** der Feststellungsklage ein gegenwärtiges Rechtsverhältnis. Um ein solches geht es, wenn die rechtlich geregelte Beziehung zwischen einer Person und einer anderen Person oder einer Sache infrage steht.

Eine Feststellungsklage kann nicht auf die Feststellung abstrakter Rechtsfragen oder der Wirksamkeit bzw. Unwirksamkeit von Willenserklärungen oder sonstigen Rechtsverhältnissen gerichtet werden (BGH NJW-RR 1992, 252). Daher ist z.B. nicht auf Feststellung der Wirksamkeit einer Kündigung zu klagen, sondern dahin gehend, dass das Rechtsverhältnis beendet ist. Auch Tatsachen, Vorfragen oder Elemente können nicht zum Gegenstand einer Feststellungsklage gemacht werden (BGH NJW 2000, 2280; LG Berlin NJW-RR 1997, 204).

1063 Ziel der Feststellungsklage ist ein Urteil, mit dem lediglich das (Nicht-)Bestehen des Rechtsverhältnisses festgestellt wird. Hinsichtlich dieses deklaratorischen Teils stimmen Leistungs- und Feststellungsurteil überein, sodass die Feststellungsklage der Leistungsklage gegenüber ein Minus darstellt, das mangels staatlichen Leistungsbefehls (in der Hauptsache) nicht vollstreckbar ist. Dass es für eine solche Klage dennoch ein Bedürfnis gibt, muss anders als bei der Leistungsklage in jedem Fall besonders geprüft werden.

1064 Ein solches **Rechtsschutzbedürfnis** ist zu bejahen, wenn der Kläger ein rechtliches Interesse an der alsbaldigen Feststellung geltend machen kann.

Ausreichend ist dabei immer die Besorgnis der Gefährdung des geltend gemachten Rechts, z.B. durch drohende Verjährung oder Auswirkungen auf andere rechtliche Möglichkeiten des Klägers, wenn diese durch das angestrebte Urteil beseitigt werden kann (BGH NJW 1992, 436, 437 m.w.N.; zur Abgrenzung BGH NJW 1993, 648).

Das Rechtsschutzbedürfnis muss gegenwärtig sein, es fehlt grundsätzlich für die Feststellung eines durch Zeitablauf bereits beendeten Rechtsverhältnisses (»Fortsetzungsfeststellungsklage«), kann aber ausnahmsweise in dem Rehabilitierungsinteresse gesehen werden (BGH NJW-RR 2016, 1404; NJW 2010, 534).

Eine (unbezifferte) Feststellungsklage hemmt zunächst die Verjährung für den streitigen Anspruch im Ganzen (§ 204 Nr. 1 BGB; Zöller/Greger § 256 Rn. 9, 17). Nur wenn die Feststellung ausdrücklich auf einen Teil des Anspruchs beschränkt wird, schließt sie die Verjährung des Restanspruchs nicht aus. Eine spätere Klageerweiterung auf das Ganze kann dann eine Verjährung des Restanspruchs nicht mehr ausräumen (BGH NJW 1988, 1380). Ist dann in dem Urteil die Leistungspflicht des Beklagten im Grunde rechtskräftig festgestellt, verjährt dieser Anspruch allenfalls in 30 Jahren (§ 197 Abs. 1 Nr. 3 BGB). Für festgestellte Ansprüche auf regelmäßig wiederkehrende Leistungen (z.B. Verdienstausfall, Haushaltsführungsschaden), die nach dem Eintritt der formellen Rechtskraft fällig geworden sind, gilt jedoch (weiterhin) nur die kurze regelmäßige Verjährungsfrist von drei Jahren (§§ 195, 197 Abs. 2 BGB). Eine Feststellungsklage sichert somit nur das Stammrecht umfassend vor der Verjährung.

Das Rechtsschutzbedürfnis fehlt dagegen, wenn dem Kläger eine **Leistungsklage** gleichermaßen **möglich** wäre, da er hierdurch mit gleichem Aufwand zu einem weiter reichenden Ziel gelangen könnte (BGH NJW 1997, 870). 1065

▶ Beispiel:

Dass ein Verbraucherdarlehensvertrag sich nach einem Widerruf in ein Rückabwicklungsschuldverhältnis umgewandelt hat, kann nicht mit der Feststellungsklage geltend gemacht werden, weil dem Kläger eine Klage auf Leistung möglich und zumutbar ist, auch wenn sich die Berechnung der gegenseitigen Ansprüche sehr aufwendig gestaltet. Ausnahmsweise zulässig ist die bloße Feststellung, wenn gesichert ist, dass der Rechtsstreit die Meinungsverschiedenheiten der Parteien endgültig bereinigt (BGH NJW 2017, 815; BGH NJW-RR 2018, 563; Stark NJW 2017, 2315).

Dies gilt auch dann, wenn der Kläger eine Leistungsklage nur deswegen nicht erheben kann, weil ihm Informationen zur Bezifferung seines Antrags fehlen; insoweit wäre ihm zumindest die Stufenklage möglich.

Ausnahmsweise lässt die Rechtsprechung **trotz der Möglichkeit** einer **Leistungsklage** eine Feststellungsklage zu, 1066

- wenn die Leistungsklage nicht den vollen Anspruch umfassen würde (z.B., weil nur ein Teil der Forderung bislang bezifferbar ist; BGH NJW-RR 2016, 759; BGH NJW-RR 1988, 445);

  Wenn der Kläger seinen Anspruch bislang aber nur teilweise beziffern kann, ist insgesamt eine Feststellungsklage zulässig (Thomas/Putzo/Seiler § 256 Rn. 14). Er kann aber auch hinsichtlich des bezifferbaren Teils Leistungsklage und im Übrigen eine darüber hinausgehende Feststellungsklage erheben. Dies wird bei der Einklagung von Schadensersatzansprüchen empfohlen, um sich gegen das Risiko abzusichern, dass eine spätere Mehrforderung inzwischen verjährt ist, nachdem sich der Schaden aufgrund eines gerichtlichen Sachverständigengutachtens höher darstellt, als ursprünglich angenommen wurde (Meyer NJW 2002, 3067).

- wenn mit der Feststellungsklage ein über den eigentlichen Streitgegenstand hinausgehender Konflikt beigelegt werden kann (z.B. im Rahmen von Dauerschuldverhältnissen);
- wenn vom Beklagten allein aufgrund der Feststellung freiwillige Erfüllung erwartet werden kann (z.B. bei juristischen Personen des öffentlichen Rechts; OLG Braunschweig NJW-RR 1994, 1447; zur Abgrenzung OLG Düsseldorf r+s 1995, 40).

Praktisch sinnvoll ist häufig die Kombination von Leistungs- und Feststellungsklage (Kaiser NJW 2015, 1286). 1067

- Ist dem Kläger der eingetretene Schaden nur teilweise bezifferbar, so hat er die Wahl, ob er Leistung des bezifferbaren Teils und nur im Übrigen Feststellung verlangt oder insgesamt nur Feststellung. Muss wegen des nicht bezifferbaren Teils ohnehin ein Leistungsverfahren folgen, kann diesem auch der gesamte Schadensbetrag vorbehalten bleiben.
- Kann der Kläger Leistung wegen eines Zurückbehaltungsrechts des Beklagten nur Zug um Zug gegen Erbringung einer Gegenleistung verlangen, räumt der neben der Leistungsklage gestellte Antrag auf Feststellung, dass der Beklagte sich in Annahmeverzug befindet, die aus §§ 756, 765 ZPO zu erwartenden Schwierigkeiten in der Zwangsvollstreckung aus.
- Wird Leistung aus einer vorsätzlich begangenen unerlaubten Handlung begehrt, kann durch die zusätzliche Feststellung dieses Rechtsgrundes der Vollstreckungsschutz des Schuldners beschränkt werden (§ 850 Abs. 2 ZPO).
- Hat der Beklagte sich vorprozessual mit einem Gegenrecht verteidigt, kann dessen Nichtbestehen mit der negativen Feststellungsklage geltend gemacht werden.
- Ist das Recht, aus dem Leistung verlangt wird, dem Grunde nach streitig, kommt neben dem Leistungsantrag ein Zwischenfeststellungsantrag in Betracht (Mietzinszahlung und Feststellung des Bestehens eines Mietverhältnisses; Herausgabe und Feststellung des bestehenden Eigentums).

Das **Rechtsschutzbedürfnis** ist während des Prozesses immer neu zu prüfen; es reicht nicht aus, dass es bei Klageerhebung vorlag, sondern es muss während des gesamten Prozesses gegeben sein, da es 1068 nachträglich entfallen kann (BGH NJW-RR 1993, 391). Dann kann der Kläger zur Vermeidung einer Klageabweisung

- die Hauptsache für erledigt erklären (z.B., wenn der Beklagte bei einer negativen Feststellungsklage Widerklage auf Leistung erhebt; Zöller/Greger § 256 Rn. 7d) oder
- zur bezifferten Leistungsklage übergehen (§ 264 Nr. 2 ZPO), wenn diese jetzt möglich geworden ist. Dies ist zwar nicht unbedingt erforderlich, aber zweckmäßig (Zöller/Greger § 256 Rn. 7c).

▶ Beispiel:

1069 Macht der Beklagte einer negativen Feststellungsklage den Anspruch im Wege einer Wider-Leistungsklage geltend, entfällt das zunächst gegebene Rechtsschutzbedürfnis für die Feststellungsklage, sobald die Leistungsklage nicht mehr einseitig zurückgenommen werden kann (d.h., nachdem die Parteien hierüber verhandelt haben: § 269 Abs. 1 ZPO); die Feststellungsklage muss für erledigt erklärt werden, will der Kläger eine Abweisung als unzulässig vermeiden. Dies gilt nur, wenn das Ziel der Feststellungsklage von der Leistungsklage erreicht wird. Soll mit der Klage festgestellt werden, dass der Kläger Eigentümer einer Sache ist, so entfällt die Zulässigkeit nicht durch die auf Herausgabe gerichtete Widerklage, da Letztere nicht zwingend auf das Eigentum des Klägers gestützt werden muss (BGH NJW-RR 1990, 1532; Macke NJW 1990, 1651).

1070 Eine privilegierte Form der Feststellungsklage stellt die sog. (positive oder negative) **Zwischenfeststellungsklage** nach § 256 Abs. 2 ZPO dar. Diese kann nicht isoliert, sondern nur zusätzlich in Form einer Klagehäufung oder einer Widerklage erhoben werden. Ein rechtliches Interesse an der Feststellung braucht nicht vorzuliegen; anstelle dessen muss das festzustellende Rechtsverhältnis vorgreiflich für die spätere Entscheidung in der Hauptsache sein (BGHZ 83, 251, 255; BGHZ 69, 37, 42). Hierdurch kann eine Ausdehnung der Rechtskraft auch auf sonst nicht erfasste entscheidungserhebliche Vorfragen erreicht werden.

▶ Beispiel:

1071 Macht der Kläger im Wege der Leistungsklage nur einen Teil des ihm zustehenden Anspruchs geltend, so erfasst die Rechtskraft des Urteils den nicht eingeklagten Betrag nicht; einen neuen Rechtsstreit kann der Beklagte vermeiden, wenn er widerklagend Feststellung begehrt, der Anspruch bestehe insgesamt nicht.

bb) Besonderheiten der negativen Feststellungsklage

1072 Bei der negativen Feststellungsklage ist das »normale« Parteiverhältnis umgekehrt: Der Gläubiger ist nicht Kläger, sondern Beklagter. Hieraus resultieren einige **Besonderheiten**.

- Das auch hier erforderliche besondere **Rechtsschutzbedürfnis** liegt vor, wenn sich der Gegner vor allem eines Anspruchs gegenüber dem Kläger berühmt (BGH NJW-RR 2021, 1508), was regelmäßig bei einer Abmahnung – z.B. auf immaterialgüterrechtlicher, wettbewerbsrechtlicher oder presserechtlicher Grundlage – der Fall ist. Dieses Rechtsschutzbedürfnis entfällt wegen des Vorrangs der Leistungsklage, wenn der Gläubiger eine deckungsgleiche Leistungsklage erhebt und deren Rücknahme (wegen erklärten Rücknahmeverzichts oder nach § 269 Abs. 1 ZPO) nicht mehr möglich ist. Ist die Leistungsklage bereits vor der negativen Feststellungsklage erhoben worden, ist die negative Feststellungsklage wegen anderweitiger Rechtshängigkeit unzulässig (BGH NJW 1989, 2064; BGH NJW 1992, 1172; BGH NJW 1994, 3107; a.A. Thole NJW 2013, 1192).
- Das **Rechtsverhältnis**, das negiert wird, muss so genau wie möglich umschrieben sein (§ 253 Abs. 2 Nr. 2 ZPO). In der Regel empfiehlt es sich, hier auf den konkreten Wortlaut der Berühmung Bezug zu nehmen. Rechtsverhältnis in diesem Sinne ist ein Anspruch, nicht aber eine bloße Vorfrage oder ein einzelnes Element eines Rechtsverhältnisses (BGH NJW 2019, 520).

Der bloße Antrag, »festzustellen, dass der Beklagte dem Kläger nichts schulde«, ist unzulässig. Es bedarf vielmehr der Angabe des konkreten Schuldgrundes und Schuldgegenstandes bzw. eines bestimmten Rechtsverhältnisses (BGH NJW 1984, 1556). Ebenso unzulässig ist der Antrag auf Feststellung, dass ein Herstellungsverfahren des Klägers nicht von den (im Einzelnen aufgezählten) Merkmalen des nach dem Patent geschützten Verfahrens Gebrauch mache (BGH NJW 2019, 520).

– Eine **Verjährungshemmung** zugunsten des verklagten Gläubigers nach § 204 Abs. 1 Nr. 1 BGB findet nicht statt.

Auch die Verteidigung durch den Gläubiger gegen die negative Feststellungsklage führt nicht zur Verjährungshemmung. Daher steht die Rechtshängigkeit der negativen Feststellungsklage einer deckungsgleichen Feststellungsklage des Gläubigers, die ggf. als Widerklage erhoben werden kann, nicht entgegen (Zöller/Greger § 256 Rn. 17).

– Auch die **Zuständigkeit des Gerichts** ist identisch mit der einer Leistungsklage umgekehrten Rubrums (»Spiegelbildformel«, vgl. OLG München NJW-RR 2010, 645; Musielak/Voit/Foerste, § 256, Rn. 3; Zöller/Vollkommer, § 12, Rn. 3; Zöller/Greger, § 256, Rn. 20).
– Anders als bei der positiven Feststellungsklage wird für den **Streitwert** i.d.R. kein Abschlag vom Wert der Leistungsklage umgekehrten Rubrums gemacht.
– Die **Darlegungs- und Beweislast** kehrt sich durch den Wechsel der Parteistellung nicht um, sondern bleibt wie bei der Leistungs- oder der positiven Feststellungsklage (BGH NJW 1993, 1716; BGH NJW 1992, 1101).

▶ Beispiel:

Wird auf das Nichtbestehen eines vertraglichen Erfüllungsanspruchs geklagt, so müssen die Voraussetzungen dieses vertraglichen Anspruchs (insbesondere das wirksame Bestehen eines Vertrages) vom Gläubiger bewiesen werden, auch wenn dieser hier Beklagter ist; er – der Beklagte – will aus dem Bestehen des Anspruchs für sich materiell günstige Rechtsfolgen herleiten. 1073

Damit kann der Kläger den Beklagten mit relativ geringem Aufwand zwingen, Grund und Höhe des berühmten Anspruchs substantiiert vorzutragen und zu beweisen. Gelingt ihm das nicht oder steht das Nichtbestehen fest, ist die negative Feststellungsklage begründet und der Anspruch rechtskraftfähig verneint (Zöller/Greger § 256 Rn. 18, § 322 Rn. 12). Eine nachfolgende Leistungsklage mit gleichem Streitgegenstand wäre damit unzulässig, ebenso wie im Fall einer abgewiesenen Leistungsklage oder positiven Feststellungsklage.

– In **Rechtskraft** erwächst bei Klagestattgabe das Nichtbestehen des Rechtsverhältnisses, bei Klageabweisung dessen Bestehen (BGH NJW 1995, 1757; BGH NJW 1986, 2508; Thomas/Putzo/Seiler § 256 Rn. 23 f.; zum Teil a.A. Tiedtke NJW 1990, 1697).

Ein Urteil, das eine negative Feststellungsklage aus sachlichen Gründen abweist, hat grundsätzlich dieselbe Rechtskraftwirkung wie ein Urteil, welches das Gegenteil dessen, was mit der negativen Feststellungsklage begehrt wird, positiv feststellt (BGH NJW 1986, 2508). Einer nachfolgend erhobenen Leistungsklage wäre deshalb ohne nochmalige sachliche Prüfung des Anspruchs stattzugeben, sofern keine Verjährung eingetreten ist.

Die negative Feststellungsklage kann – ebenso wie die Leistungsklage – teilweise begründet sein (BGHZ 31, 358, 362).

Die negative Feststellungsklage bietet dem Schuldner die Möglichkeit, »im Wettlauf zum Gericht die Oberhand zu behalten« (Thole NJW 2013, 1192), also nicht bloß passiv auf die drohende Leistungsklage zu warten, sondern die gerichtliche Klärung selbst in Gang zu setzen. Damit erhält der Schuldner die prozessual dem Kläger zustehenden Gestaltungsmöglichkeiten, insbesondere die Bestimmung des Streitgegenstands und die Auswahl des zuständigen Gerichts. 1074 *cc) Haftpflichtprozess*

1075 Die Feststellungsklage ist insbesondere im Haftpflichtprozess (insbesondere nach Verkehrsunfällen) ein »fast ständiger Begleiter, der nicht von allen Tatrichtern gern gesehen« und entgegen der Rechtsprechung des BGH relativ restriktiv angewandt wird (Lepa VersR 2001, 266 mit Darstellung der BGH-Rechtsprechung; zum Schmerzensgeld oben Rdn. 1021).

1076 Neben der **Hemmung der Verjährung** können dadurch auch etwaige weitere Schmerzensgeldansprüche bei Zukunftsschäden gesichert werden.

Dabei kommen neben dem Schmerzensgeld als mögliche weitere Schadenspositionen in Betracht:

Bei Personenschäden ein Erwerbsschaden (§§ 842, 843 BGB) und die Heilbehandlungskosten (z.B. Arzt- und Krankenhauskosten); bei einem tödlichen Unfall u.U. Ersatzansprüche wegen entgangenem Unterhalt (§ 844 Abs. 2 BGB; § 10 StVG) und entgangener Dienste (§ 845 BGB) sowie die Beerdigungskosten (§ 844 Abs. 1 BGB). Der materielle Schaden kann bestehen aus Reparaturkosten, Sachverständigenkosten, Mietwagenkosten und Nutzungsausfall sowie Wertminderung nebst Zinsschaden (§ 849 BGB).

1077 Der Anwalt sollte daher den **Antrag** unmissverständlich formulieren. Ebenso sollte er die Feststellung der Verpflichtung des Schädigers beantragen, dem Kläger alle künftigen Schäden aus dem (bestimmt zu bezeichnenden) Schadensereignis zu ersetzen, sofern diese nicht auf Sozialversicherungsträger übergegangen sind (insoweit fehlt die Aktivlegitimation). Auch wenn davon immaterielle Schäden mit umfasst sind, sollte man dies sicherheitshalber im Antrag mit aufnehmen (»Verpflichtung des Beklagten zum Ersatz aller weiteren materiellen und immateriellen Schäden«).

Im Feststellungsantrag ist auch die vermutliche Haftungsquote des Beklagten anzugeben, um eine teilweise Klageabweisung mit entsprechender Kostenbelastung zu vermeiden. Vor allem bei Verkehrsunfällen kommt eine volle Haftung des Unfallgegners nur sehr selten in Betracht.

1078 Es ist zulässig und sinnvoll, den Feststellungsantrag neben dem bezifferten Antrag auf Schadensersatz zu stellen. Trotzdem wird selbst bei schweren Unfällen dieser Feststellungsantrag nicht immer gestellt (Rinsche Rn. 78).

1079 Dabei besteht nach der Rechtsprechung des BGH das für die **Zulässigkeit** des Antrags erforderliche Feststellungsinteresse schon dann, wenn künftige Schadensfolgen – sei es auch nur entfernt – möglich, ihre Art, ihr Umfang und ihr Eintritt aber noch ungewiss sind. Bei schweren Unfallverletzungen kann diese Voraussetzung nur verneint werden, wenn aus der Sicht des Geschädigten bei verständiger Beurteilung kein Grund bestehen kann, mit Spätfolgen immerhin zu rechnen. Auf die Wahrscheinlichkeit weiterer Schäden kommt es nicht an (BGH NJW 2004, 224; Prütting/Gehrlein/Geisler § 256 Rn. 5).

Trotz möglicher Leistungsklage wird ein Feststellungsinteresse ausnahmsweise bejaht, wenn die Abwicklung eines Versicherungsfalles voraussichtlich vereinfacht und beschleunigt wird oder wenn die Stellung und Reputation des Beklagten erwarten lassen, dass er sich an eine rechtskräftige Feststellung halten wird (insbesondere bei den großen Versicherungsunternehmen und öffentlich-rechtlichen Körperschaften und Anstalten; Zöller/Greger § 256 Rn. 8).

1080 Für die **Begründetheit** der Feststellungsklage ist – neben der Haftung dem Grunde nach – lediglich Voraussetzung, dass mit einer gewissen Wahrscheinlichkeit aus dem festzustellenden Rechtsverhältnis noch Ansprüche entstehen können (BGH NJW 1993, 2382).

Bei schweren Unfallverletzungen kann es genügen, dass eine nicht nur entfernt liegende Möglichkeit künftiger Verwirklichung der Schadensersatzpflicht durch das Auftreten weiterer unfallbedingter Leiden besteht.

1081 Wird der Klage stattgegeben, so steht die Ersatzpflicht materiell **rechtskräftig** fest, sodass das Gericht im Nachfolgeprozess daran gebunden ist. Dort ist dann nur noch über die Höhe des Anspruches bzw. bei Spätschäden auch über deren Vorliegen und Verursachung durch den zugrunde liegenden Vorfall zu befinden.

3. Sicherungsanträge

Ist zu besorgen, dass das prozessual geltend gemachte Recht nach dem rechtskräftigen Abschluss des Verfahrens nicht mehr oder nur erschwert durchzusetzen sein wird, kann in manchen Fällen zusammen mit dem Hauptsacheantrag auch ein auf den vorläufigen Schutz des Rechts gerichteter Schutzantrag gestellt werden. In Betracht kommen dabei: 1082

- ein Antrag auf Anordnung einer **Sicherheitsleistung** nach § 283a ZPO. Damit kann der auf Räumung und Zahlung rückständiger Zinsen klagende Vermieter erreichen, dass der beklagte Mieter für die zwischen Rechtshängigkeit der Klage und Erlass der Sicherungsanordnung fällig gewordenen Geldforderungen (weitere Mietzinsraten) vorab Sicherheit leisten muss.
  Voraussetzungen sind eine »hohe Erfolgswahrscheinlichkeit« der Klage und ein Überwiegen der Interessen des Vermieters. Ersteres erfordert eine Prognose des Gerichts über ausstehende Beweisergebnisse und eine kursorische Prüfung der vom Mieter geltend gemachten Gegenrechte. Letzteres setzt den Vortrag (und ggf. die Glaubhaftmachung) ihrer Interessen durch beide Parteien und deren Abwägung durch das Gericht voraus. Der Kläger muss dartun, welche besonderen, über den bloßen Ausfall der Forderung hinausgehenden Nachteile er zu befürchten hat, der Beklagte muss dartun, ob und ggf. welche Nachteile ihm durch die Hinterlegung erwachsen können. Eine unberechtigt veranlasste Sicherheitsleistung verpflichtet den Kläger zu Schadensersatz (§§ 283a Abs. 4, 717 ZPO), eine nicht geleistete Sicherheit berechtigt ihn, Räumung im Rahmen einer (gesondert zu beantragenden) einstweiligen Verfügung zu verlangen (§ 940a Abs. 4 ZPO; zur Anwendung auf Gewerbemietverhältnisse Klüver ZMR 2015, 10). Praktisch spielt die Sicherungsanordnung keine große Rolle. Anträge sind praktisch selten; wo sie gestellt werden, bleiben sie meist erfolglos (Emmerich NZM 2014, 881; Börstinghaus NJW 2014, 2225).
- ein Antrag auf Einstellung einer bereits laufenden Zwangsvollstreckung (§ 769 ZPO). Damit können der materielle Einwendungen geltend machende Vollstreckungsschuldner (Vollstreckungsgegenklage, § 767 ZPO) und der von einer Zwangsvollstreckungsmaßnahme betroffene Dritte (Drittwiderspruchsklage, § 771 ZPO) eine **Einstellung der Zwangsvollstreckung** bis zum Urteil über ihre Klage erreichen.
- ein Antrag auf Hinterlegung des Erlöses aus einer Zwangsvollstreckung (§ 805 Abs. 3 ZPO). Damit kann ein auf vorzugsweise Befriedigung klagender bevorrechtigter Gläubiger verhindern, dass der Versteigerungserlös vor Abschluss seines Verfahrens an einen anderen Gläubiger ausgezahlt wird.

Nicht mit der Hauptsacheklage verbunden werden können dagegen Eilanordnungen, die in einer gesonderten Verfahrensart zu verhandeln sind. Sie stellen einen eigenen Streitgegenstand dar, der wegen der besonderen Verfahrensgestaltung nicht mit der Hauptsache verbunden werden kann (§ 260 ZPO). Dazu gehören: 1083

- ein Antrag auf Erlass eines Arrests zur Sicherung der Zwangsvollstreckung in das bewegliche oder unbewegliche Vermögen wegen einer Geldforderung oder wegen einer Forderung, die in eine Geldforderung übergehen kann (§ 916 ZPO; dazu unten Rdn. 2529 ff.);
- ein Antrag auf Erlass einer einstweiligen Verfügung zur Sicherung eines nicht in einer Geldforderung bestehenden Anspruchs (§ 935 ZPO; dazu unten Rdn. 2568 ff.);
- ein Antrag auf Erlass einer einstweiligen Verfügung zum Zwecke der Regelung eines einstweiligen Zustands in Bezug auf ein streitiges Rechtsverhältnis (§ 940 ZPO; dazu unten Rdn. 2570 ff.);
- ein Antrag auf Erlass einer einstweiligen Verfügung zur Vorabeerfüllung eines Anspruchs, wenn bei dessen Nichterfüllung dem Gläubiger ein nicht zu ersetzender Schaden droht, während der Schuldner keine über die bloße Nichtdurchsetzbarkeit eines vermögensrechtlichen Rückforderungsanspruchs hinausgehenden Nachteile zu gegenwärtigen hat (Leistungsverfügung; dazu unten Rdn. 2575 ff.).

  Werden solche Anträge in der Klageschrift gestellt, sind sie nicht unzulässig, sondern werden gemäß § 145 Abs. 1 ZPO abgetrennt und als gesondertes Verfahren geführt. Besondere Nachteile entstehen dadurch nicht.

4. Prozessanträge

a) Kosten

1084 Über die Kosten des Verfahrens ist stets **von Amts wegen** zu entscheiden. Anträge hierzu sind grundsätzlich nicht erforderlich (§ 308 Abs. 2 ZPO) und müssen auch im Tatbestand eines Urteils nicht wiedergegeben werden.

▶ Praxistipp:

1085 Überflüssige Kostenanträge werden von Richtern mitunter als Indiz für mangelnde Prozesserfahrung angesehen; sie sollten vermieden werden.

1086 **Erforderlich** ist ein Kostenantrag nur nach der Klagerücknahme (§ 269 Abs. 4 ZPO).

Zwar nicht erforderlich, im Einzelfall aber **sinnvoll** sein können Kostenanträge, wenn nur noch über die Kosten gestritten wird oder die Kosten durch das Gericht zu verteilen sind und hierauf Einfluss genommen werden soll.

Nur noch über die Kosten zu entscheiden ist in Form eines Schlussurteils, wenn die Hauptsache durch vorangegangene Teilurteile (§§ 301, 128 Abs. 3 ZPO) oder ein Anerkenntnis (§§ 307, 99 Abs. 2 ZPO) erschöpft wurde. In Form eines Beschlusses ergeht die Entscheidung, wenn beide Parteien den Rechtsstreit in der Hauptsache für erledigt erklärt haben (§ 91a ZPO), praktisch häufig, weil insoweit ein Vergleich ohne Einigung über die Kosten geschlossen wurde.

Reine Ermessenentscheidungen des Gerichts über die Kosten fallen bei der Klagerücknahme wegen Erledigung vor Rechtshängigkeit (§ 269 Abs. 3 Satz 3 ZPO) und bei übereinstimmender Erledigungserklärung der Parteien an (§ 91a ZPO). In zahlreichen weiteren Fällen kann es sinnvoll sein, zu den tatsächlichen Voraussetzungen der (gebundenen) Kostenentscheidung des Gerichts vorzutragen, so etwa bei der Kostenentscheidung nach sofortigem Anerkenntnis (§ 93 ZPO), bei gemischten Kostenentscheidungen (z.B. Teilklagerücknahme mit Anerkenntnis) oder schlicht bei der Kostenverteilung bei teilweisem Unterliegen (§ 92 ZPO). Hier ist zu beachten, dass Kostenaufhebung bei einer anwaltlich nicht vertretenen Gegenpartei für die anwaltlich vertretene Partei ungünstiger ist als Kostenteilung (§ 92 Abs. 1 Satz 2 ZPO).

Nach § 96 ZPO können die Kosten eines ohne Erfolg gebliebenen Angriffs- oder Verteidigungsmittels der Partei auferlegt werden, die es geltend gemacht hat, auch wenn sie in der Hauptsache obsiegt. Gerichte üben ihr insoweit bestehendes Ermessen nur selten von Amts wegen aus, weswegen es sinnvoll sein kann, in geeigneten Fällen (Schmitt NJW 2021, 1131) einen entsprechenden Antrag zu stellen.

b) Vorläufige Vollstreckbarkeit

1087 Von Amts wegen und grundsätzlich unabhängig von Anträgen der Parteien ergeht auch die Entscheidung über die vorläufige Vollstreckbarkeit, sodass Anträge auch insoweit überflüssig sind und deswegen nicht gestellt werden sollten.

Insoweit sei auf die Ausführungen zum Kostenantrag, insbesondere in adjektivierter Form (oben Rdn. 1084; »den Beklagten vorläufig vollstreckbar zu verurteilen, ...«) verwiesen.

1088 Keines Antrags bedarf auch der **Vollstreckungsschutz**. Soweit dieser – wie regelmäßig – nur aus § 711 ZPO hergeleitet werden soll, ergeht die Entscheidung ohne Antrag.

Die abweichende Praxis und der vielfach anzutreffende Zusatz »hilfsweise Vollstreckungsschutz zu gewähren« stammen aus der Zeit vor 1975, als solche Anträge noch erforderlich waren.

1089 Eines Antrags bedürfen heute nur noch die »echten« **Vollstreckungsschutzanträge nach § 714 ZPO.**

Der Vollstreckungsschuldner kann Anträge nach § 712 Abs. 1 Satz 1 oder Satz 2 ZPO stellen. Voraussetzung ist, dass die Vollstreckung ihm einen nicht zu ersetzenden Nachteil brächte, sein Interesse am Unterbleiben der Vollstreckung das des Gläubigers an einer Durchführung überwiegt (§ 712 Abs. 2 ZPO) und die Voraussetzungen, unter denen ein Rechtsmittel stattfindet, nicht unzweifelhaft fehlen (§ 713 ZPO). Ist der Vollstreckungsschuldner dann zur Leistung einer Sicherheit in der Lage, so wird ihm eine unbedingte Abwendungsbefugnis zugebilligt, d.h., er kann jede Vollstreckung des Gläubigers (auch die nach Sicherheitsleistung!) durch eigene Sicherheitsleistung abwenden (§ 712 Abs. 1 Satz 1 ZPO). Kann der Schuldner eine Sicherheit nicht leisten, so wird die Zwangsvollstreckung entweder nach Maßgabe des § 720a ZPO auf sichernde Maßnahmen beschränkt oder auf die Anordnung einer vorläufigen Vollstreckbarkeit völlig verzichtet.

Der **Vollstreckungsgläubiger** kann auf Antrag eine unbedingte vorläufige Vollstreckung ohne Sicherheitsleistung erreichen (§§ 711 Satz 3, 710 ZPO). Voraussetzung ist, dass er die ihm auferlegte Sicherheit nicht oder nur unter erheblichen Schwierigkeiten leisten kann und ihm eine Aussetzung der Vollstreckung bis zur Rechtskraft der Entscheidung einen nur schwer zu ersetzenden Nachteil brächte oder für ihn unbillig wäre.

In beiden Fällen erforderlich ist hierauf gerichteter ausdrücklicher Antrag einer Partei. Er ist bis zum Schluss der mündlichen Verhandlung möglich, gehört in den Tatbestand und muss die vorgebrachten Tatsachen glaubhaft machen. 1090

▶ Praxistipp:

Vollstreckungsschutzanträge ohne besondere tatsächliche Begründung und Glaubhaftmachung werden vom Gericht häufig als überflüssige Anträge nach § 711 ZPO behandelt und bleiben deswegen folgenlos.

Nicht erforderlich sind Anträge auch zur **Sicherheitsleistung.** 1091

Art und Höhe richten sich nach § 108 ZPO i.V.m. §§ 232 ff. BGB. Die praktisch häufigste Sicherheit in Form einer Bankbürgschaft (§ 234 Abs. 1 und 3 BGB), die bis zur ZPO-Reform 2002 nur auf Antrag gestattet werden konnte, ist heute gesetzlicher Regelfall und bedarf damit keines Antrags mehr.

c) Kammerzuständigkeit beim Landgericht

Zwar sollen sowohl der Kläger (§ 253 Abs. 3 ZPO) als auch der Beklagte (§ 277 Abs. 1 Satz 2 ZPO) sich dazu äußern, ob einer Entscheidung der Sache durch den Einzelrichter Gründe entgegenstehen. Einfluss auf die Besetzung des Gerichts haben sie damit indes nur bedingt. 1092

§ 348 Abs. 1 Satz 1 ZPO postuliert die **grundsätzliche Zuständigkeit des Einzelrichters.** Eine Ausnahme gilt nur in den Fällen des § 348 Abs. 1 Satz 2 ZPO; ob eine solche Ausnahme vorliegt, kann in der Klage bzw. Klageerwiderung angegeben werden und führt dann zu einer anfänglichen Zuständigkeit der Kammer. Diese hat dann zu prüfen, ob nicht doch eine Übertragung auf den Einzelrichter in Betracht kommt (§ 348a ZPO). Zu den für diese gerichtliche Entscheidung relevanten Voraussetzungen (ebenso wie für die einer Vorlage des Rechtsstreits an die Kammer durch den Einzelrichter nach § 348a Abs. 3 ZPO) können die Parteien wenig beitragen. Ob die Sache besondere Schwierigkeiten tatsächlicher oder rechtlicher Art aufweist, entscheidet die Kammer eigenständig. Vortrag kann sich empfehlen zu einer möglichen grundsätzlichen Bedeutung. Ob die Entscheidung für eine Vielzahl ähnlich gelagerter Fälle von Bedeutung sein kann, können die Parteien manchmal besser beurteilen als das Gericht. In diesem Fall empfiehlt sich eine entsprechende Darlegung, wenn die Zuständigkeit der Kammer herbeigeführt werden soll. 1093

Welches Mitglied der nach der Geschäftsverteilung zuständigen Kammer Einzelrichter wird, richtet sich nach dem an sich nicht öffentlichen spruchkörperinternen Geschäftsverteilungsplan. Über die Einsichtnahme – ggf. auch in Form der Übersendung einer Kopie – hat der Präsident oder aufsichtführende Richter des jeweiligen Gerichts zu entscheiden, wobei es der Darlegung eines besonderen Interesses nicht bedarf (BGH NJW 2019, 3307).

Durch übereinstimmenden **Antrag** können die Parteien allenfalls die Vorlage an die Kammer durch den Einzelrichter erreichen, nicht indes, dass diese auch zuständig wird (§§ 348 Abs. 3 Nr. 3, 348a Abs. 2 Nr. 2 ZPO). 1094

Anlass dafür kann die aus dem »Sechs-Augen-Prinzip« und der gegenseitigen Kontrolle der Richter untereinander folgende generell höhere Qualität der Rechtsgewähr beim Spruchkörper sein, oder das Bedürfnis, einem unerfahrenen oder sonst unerwünschten Einzelrichter zu entgehen.

Nach dem Wortlaut der §§ 348 Abs. 3, 348a Abs. 2 ZPO führt auch ein übereinstimmender (nicht unbedingt gleichzeitig) Antrag der Parteien auf Befassung der Kammer nur dazu, dass der Einzelrichter der Kammer die Sache vorlegen muss. Ob eine Übernahme erfolgt, entscheidet die Kammer nach freiem Ermessen (Schellhammer MDR 2001, 1083; Winte BRAK-Mitt. 2001 S. 246).

Eine Mindermeinung in der Literatur vertritt indes die Auffassung, das Fehlen der Nr. 3 in § 348 Abs. 3 Satz 2 und der Nr. 2 in § 348a Abs. 2 Satz 2 ZPO stelle ein Redaktionsversehen des Gesetzgebers dar (Hartmann NJW 2001, 2584; Anders/Gehle/Göertz §§ 348 Rn. 42 ff.; 348a Rn. 18). Dann wäre die Kammer aufgrund eines übereinstimmenden Antrags zur (endgültigen) Übernahme verpflichtet.

Ein Antrag zur Kammerzuständigkeit empfiehlt sich im Bedarfsfall, auch wenn praktisch nur selten ein gleichgerichteter Antrag des Gegners oder ein der Mindermeinung folgendes Gericht anzutreffen sein wird (Bamberger ZRP 2004, 139).

1095 Gegebenenfalls kann die Zuständigkeit eines Spruchkörpers herbeigeführt werden, indem eine Verhandlung des Rechtsstreits vor der Kammer für Handelssachen beantragt wird (§ 96 GVG). Bei dieser besteht die Zuständigkeit der Kammer grundsätzlich, eine Entscheidung durch den Vorsitzenden alleine kommt nur ausnahmsweise (unter den Voraussetzungen des § 349 Abs. 2 ZPO) in Betracht.

1096 Eine Möglichkeit, die Zuständigkeit des **Einzelrichters** herbeizuführen, haben die Parteien nicht.

In diesem Fall ist allenfalls zu empfehlen, nach Möglichkeit nicht die tatsächlichen Voraussetzungen der Kammerzuständigkeiten (§§ 348 Abs. 1 Nr. 2, Abs. 3, 348a Abs. 3 ZPO), sondern die der Einzelrichterzuständigkeit (§ 348a Abs. 1 ZPO) vorzutragen. Will der Beklagte das Verfahren verzögern, kann er sich einer Übertragung auf die Kammer widersetzen und auf ein mögliches »Zuständigkeits-Hickhack« spekulieren.

1097 Wenn statt des Einzelrichters die Kammer fehlerhaft entschieden hat oder umgekehrt, kann hierauf ein **Rechtsmittel** grundsätzlich nicht gestützt werden (ausdrücklich die §§ 348 Abs. 4, 348a Abs. 3 ZPO).

Für den Fall der Beschwerde hat der BGH indes festgestellt, dass bei einer unterbliebenen Übertragung des Verfahrens an die Zivilkammer trotz grundsätzlicher Bedeutung der Rechtssache eine Verletzung des Verfassungsgebots des gesetzlichen Richters (Art. 101 Abs. 1 Satz 2 GG) vorliegt und die Entscheidung des Einzelrichters objektiv willkürlich ist. Dieser Verstoß sei vom Beschwerdegericht von Amts wegen zu berücksichtigen und das Verfahren unter Aufhebung der angefochtenen Entscheidung an den Einzelrichter zurückzuverweisen (BGH NJW 2003, 1254; BGH NJW 2004, 223, 448; BGH NJW 2003, 3112; NJW-RR 2004, 1714 – trotz § 568 Satz 3 ZPO n.F.!, der verfassungskonform auszulegen sei; OLG Frankfurt a. M. MDR 2003, 1375).

Welche Folgerungen hieraus im Hinblick auf eine fehlerhaft unterlassene Vorlage oder Übernahme gem. §§ 348 Abs. 3; 348a Abs. 1 ZPO gezogen werden können, ist noch völlig ungeklärt (auch Anders/Gehle/Hunke § 321a Rn. 32: Gehörsverletzung; Zöller/Greger § 348 Rn. 23, 24: kann mit der Berufung angefochten werden, da es sich um die falsche Besetzung des Gerichts handelt und nicht um einen Zuständigkeitsmangel i.S.d. § 513 Abs. 2 ZPO handelt; E. Schneider ZAP Fach 13, S. 1237: Aufhebung und Zurückverweisung ohne Antrag!; Begr. RegE. S. 909 spricht hingegen bei §§ 348, 348a ZPO nur von einer »Ordnungsvorschrift«, auf deren Verletzung später kein Rechtsmittel gestützt werden kann).

In der Praxis erfolgt eine Vorlage des Einzelrichters wegen »besonderer Schwierigkeiten tatsächlicher oder rechtlicher Art« eher selten (Eingeständnis eigener Überforderung!; Zöller/Greger § 348 Rn. 20; Greger JZ 2004, 815: es gibt wohl »psychologische Barrieren« – »ein alarmierender Befund«). Im Übrigen ist ein Verstoß gegen die Vorlagepflicht nach § 348 Abs. 3 Nr. 2 ZPO bei »grundsätzlicher Bedeutung« der Rechtssache vor allem dann offensichtlich, wenn der Einzelrichter im Urteil die Berufung gerade aus diesem Grunde zugelassen hat (§ 511 Abs. 4 Nr. 1 ZPO).

Möchten sich die Parteien die Möglichkeit einer Berufungszulassung insoweit erhalten, kann sich auch deshalb ein gemeinsamer Antrag – wie eingangs erwähnt – empfehlen. Denn sonst unterlässt der Einzelrichter möglicherweise die Berufungszulassung nur deshalb, um sich nicht selbst in Widerspruch zu setzen und die fehlerhafte Nichtübertragung nicht offenkundig werden zu lassen.

d) *Kammer für Handelssachen*

Der nach § 96 GVG erforderliche **Antrag** auf Verhandlung des Rechtsstreits vor der Kammer für Handelssachen kann in unterschiedlichen Formen gestellt werden. Der Kläger kann 1098
- die Klage bereits an die Kammer für Handelssachen adressieren (oben Rdn. 933):
- die Klage in der Überschrift als »Klage vor der Kammer für Handelssachen« bezeichnen;
- beantragen, den Beklagten »vor der Kammer für Handelssachen zu verurteilen«;
- einen ausdrücklichen Prozessantrag dahin zu formulieren, den Rechtsstreit vor der Kammer für Handelssachen zu verhandeln.

Rechtlich möglich sind alle diese Alternativen, praktisch muss sichergestellt werden, dass das Gericht den Antrag nicht übersieht.

e) *Commercial Chamber*

Das Justizstandort-Stärkungsgesetz gestattet es den Landesregierungen, bei hierfür eingerichteten Commercial Chambers (Zivilkammern und Kammern für Handelssachen) eine vollständige **Verfahrensführung in englischer Sprache** zu ermöglichen (§ 184a Abs. 1 GVG). Werden Zivilkammern als Commercial Chambers eingerichtet, so findet § 98 GVG auf diese keine Anwendung. 1099

Bislang (Stand September 2025) wurden Commercial Chambers in Berlin, Stuttgart, Hamburg, Frankfurt am Main, Düsseldorf, Bielefeld, Köln, Braunschweig, Hannover und Osnabrück eingerichtet, wobei – zumindest teilweise – Konzentrations- und Spezialzuständigkeiten bestehen.

Die Commercial Chambers sind zuständig, wenn die Parteien ausdrücklich oder stillschweigend Englisch als Gerichtssprache vereinbart haben (was in der Klageschrift darzulegen ist, § 606 Abs. 2 ZPO) oder wenn sich der Beklagte in seiner Klageerwiderung rügelos in englischer Sprache eingelassen hat (§ 184 Abs. 3 GVG). Um eine einheitliche Behandlung des Verfahrens sicherzustellen, müssen die Länder eine englischsprachige Behandlung von Beschwerde- und Berufungsverfahren gegen Entscheidungen der Commercial Chambers durch die Oberlandesgerichte ermöglichen (§ 184 a Abs. 1 S. 1 Nr. 1 GVG).

Soll ein Verfahren gemäß § 184a GVG vollständig in englischer Sprache geführt werden, so ist dies gemäß § 606 ZPO in der englischsprachigen Klageschrift anzugeben.

f) *Commercial Court*

Die ebenfalls durch das Justizstandort-Stärkungsgesetz neu geschaffenen erstinstanzlichen Commercial Courts werden an den Oberlandesgerichten eingerichtet. Auch sie ermöglichen eine vollständige Verfahrensführung in englischer Sprache (§ 184a Abs. 1, Abs. 3 GVG). 1100

Bis dato (Stand Oktober 2025) wurden Commercial Courts in München, Frankfurt am Main, Hamburg, Celle, Düsseldorf, Stuttgart und Dresden eingerichtet. Auch hier bestehen teilweise Konzentrationszuständigkeiten; insbesondere sind die Commercial Courts bei den OLG München, Düsseldorf und Stuttgart für ganz Bayern, Nordrhein-Westfalen und Baden-Württemberg zuständig.

Die Commercial Courts sind sachlich zuständig für bürgerliche Rechtsstreitigkeiten mit einem Streitwert von mindestens 500 000 €, wenn diese
- zwischen Unternehmern geführt werden, aber nicht auf den Gebieten des gewerblichen Rechtsschutzes, Urheberrechts und Wettbewerbsrechts geführt werden (§ 119b Abs. 1 Satz 1 Nr. 1 GVG),
- aus oder im Zusammenhang mit dem Erwerb eines Unternehmens oder von Anteilen an einem Unternehmen stehen (§ 119b Abs. 1 Satz 1 Nr. 2 GVG) oder
- zwischen Gesellschaft und Mitgliedern des Leitungsorgans oder Aufsichtsrats stattfinden.

Die Zuständigkeit des Commercial Court setzt ferner einen entsprechenden Antrag in der Klageschrift (§ 610 Abs. 1 ZPO; hier ist eine den Anforderungen des § 119b Abs. 2 GVG genügende Parteivereinbarung darzulegen) oder in der Klageerwiderung (§ 611 Abs. 1 Satz 2 ZPO, allerdings

Zustimmung des Klägers erforderlich) voraus. Noch nicht abschließend geklärt sind die Fälle, in denen der Kläger das Landgericht anruft, obwohl die ausschließliche Zuständigkeit des Commercial Court vereinbart wurde (vgl. PG/Ebert, § 611, Rn. 7).

g) weitere Verfahrensanträge

1101 Anderer Verfahrensanträge bedarf es bei der Klageerhebung in der Regel nicht.

Mit dem Sachantrag hat der Kläger sein Prozessziel offengelegt, die Ausgestaltung des Verfahrens auf dem Weg dorthin ist gesetzlich geregelt oder liegt in der Verantwortung des Gerichts (»Amtsbetrieb«). So ist etwa die manchmal anzutreffende Floskel »Um antragsgemäße Entscheidung wird gebeten«, absolut überflüssig.

Keines Antrags bedarf das **Vorverfahren.** Die Auswahl zwischen dem frühen ersten Termin (§ 275 ZPO) und dem schriftlichen Vorverfahren (§ 276 ZPO) obliegt dem Vorsitzenden nach freiem Ermessen (§ 272 Abs. 2 ZPO). Die Parteien haben insoweit weder ein Antrags- noch ein Beschwerderecht.

Praktisch nur selten Sinn macht auch eine Anregung. Viele Richter entscheiden über die Wahl der Vorverfahrensart aufgrund fest etablierter Kriterien, von denen sie kaum abzubringen sind. Etwas anderes kann gelten, wenn Umstände vorgetragen werden können, die dem Gericht nicht bekannt sind und die die Entscheidung beeinflussen können. Hat der Beklagte weder außergerichtlich noch im Widerspruch gegen einen Mahnbescheid Einwendungen gegen die Klageforderung erhoben und sind auch keine zu erwarten, kann man dies dem Gericht in der Klageschrift mitteilen, und darauf hinweisen, dass eine Güteverhandlung aussichtslos erscheint. Dann ist die Wahrscheinlichkeit größer, dass das Gericht keinen frühen ersten Termin ansetzt, sondern ein schriftliches Vorverfahren verfügt.

Unterschiedlich wird die Frage beantwortet, ob es Sinn macht, bereits in der Klageschrift den Antrag auf **Erlass eines Versäumnisurteils** für den Fall einer Säumnis des Beklagten im schriftlichen Vorverfahren (§ 331 Abs. 3 ZPO) zu stellen.

Dafür spricht, dass die Notwendigkeit eines solchen Antrags rasch eintreten kann. Ordnet das Gericht das schriftliche Vorverfahren an und unterlässt der Beklagte eine Verteidigungsanzeige, kann bereits nach rund drei Wochen der Säumnisfall vorliegen. Dabei handelt es sich um die einfachste und schnellste Möglichkeit für den Kläger, einen Titel zu erlangen und – falls der Beklagte keinen Einspruch einlegt – den gesamten Prozess zu gewinnen.

Dagegen spricht zum einen die allgemeine Überlegung, auch Prozessanträge nicht »auf Vorrat«, sondern erst zu stellen, wenn ihre Voraussetzungen tatsächlich vorliegen. Zum anderen kann der Antrag auf Erlass eines Versäumnisurteils gegen den Beklagten auch zu einer Entscheidung gegen den Kläger führen. Ist die Klage nämlich unzulässig oder unschlüssig, kann sie im Wege eines »unechten Versäumnisurteils« abgewiesen werden (Thomas/Putzo/Seiler § 331 Rn. 6; a.A. Zöller/Herget § 331 Rn. 13).

Hat der Kläger einen Antrag auf Erlass eines Versäumnisurteils gestellt, muss er deswegen besonders sorgfältig und besonders schnell auf etwaige diesbezügliche Hinweise des Gerichts reagieren (z.B. hilfsweise Verweisung beantragen) und notfalls den Antrag auf Versäumnisurteil zurücknehmen.

Da ein Antrag auf Erlass eines Versäumnisurteils auch als schon im Sachantrag enthalten gesehen werden kann (Thomas/Putzo/Seiler § 331 Rn. 2), ist es ratsam, bei Zweifeln dem Gericht gegenüber rechtzeitig klarzustellen, dass ein Antrag i.S.d. § 331 Abs. 3 ZPO nicht oder ausdrücklich nur unter der (innerprozessualen) Bedingung des Erfolgs der Klage gestellt werden soll. Dann besteht die Chance, die Klage noch bis zum bzw. im Haupttermin (§ 272 ZPO) »retten« zu können.

1102 Regelmäßig erst im weiteren Verlauf des Prozesses stellt sich die Notwendigkeit **weiterer Verfahrensentscheidungen** durch das Gericht heraus. Hierbei kommen in Betracht:
- die Änderung (Verlegung oder Vertagung) eines Termins (§ 227 ZPO),
- die Änderung (Verkürzung oder Verlängerung) einer Frist (§ 224 ZPO),
- die Prozesstrennung (§ 145 ZPO),
- die vorläufige Beschränkung der Verhandlung (§ 146 ZPO), insbesondere
- auf die Zulässigkeit der Klage (§ 280 Abs. 1 ZPO) oder

- auf einen Vorabstreit (§ 280 Abs. 1 ZPO),
- die Prozessverbindung (§ 147 ZPO),
- die Prozessaussetzung (§§ 148, 149, 152–154 ZPO),
- die Wiedereröffnung der mündlichen Verhandlung (§ 156 ZPO),
- die Anordnung des Ruhens des Verfahrens (§ 251 ZPO),
- die Verweisung des Rechtsstreits an das sachlich und örtlich zuständige Gericht (§ 281 ZPO).

Unabhängig davon, ob es sich hierbei um echte Anträge oder bloße Anregungen handelt, macht eine Geltendmachung bereits in der Klageschrift meist keinen Sinn. Diese Optionen sollen deswegen im Zusammenhang mit den nachträglichen Änderungen der ursprünglichen Verfahrenskonzeption behandelt werden.

IV. Begründung (§ 253 Abs. 2 Nr. 2 ZPO)

Wie anwaltliche Schriftsätze auf nicht-anwaltliche Leser wirken können, hat Brehm bereits 1983 1103
eindrucksvoll geschildert (Brehm AnwBl 1983, 196):

> »Eine Abkehr vom traditionellen Arbeitsstil ist (...) bei Anwälten zu beobachten. Sie neigen vielfach dazu, den Sachverhalt als »durchlaufenden Vorgang« zu betrachten. Ob zur Begründung des Anspruchs schlüssige Einzeltatsachen vorgetragen sind, erscheint nicht so wichtig. Entscheidend ist der Gesamteindruck des Schriftsatzes. Aus ihm muss hervorgehen, dass der Beklagte in böswilliger Absicht bisher jegliche Zahlung verweigert hat und der Kläger in seinem Rechtsgefühl tief gekränkt ist, auch wenn eine genaue Darlegung der Anspruchsvoraussetzungen fehlt. Rein vorsorglich bittet man das Gericht um einen Hinweis nach § 139, um dem Missverständnis vorzubeugen, man habe sich um störende Einzelheiten gekümmert.«

Wer diese Kritik ins Leere gehen lassen möchte, sollte den **Sachverhalt detailliert, chronologisch und widerspruchsfrei** präsentieren und für jede relevante Behauptung konkrete Anhaltspunkte sowie Beweismittel vorlegen, anstatt sich auf pauschale Aussagen zu verlassen. Des Weiteren erfordert eine überzeugende juristische Argumentation eine **strikte Subsumtion des dargelegten Sachverhalts unter die relevanten Rechtsnormen**, indem präzise erläutert wird, welche rechtlichen Voraussetzungen erfüllt sein müssen und wie der konkrete Sachverhalt diese erfüllt.

Wichtig ist auch die **Vermeidung von emotionalen Appellen und unsachlichen Wertungen**. Die Darstellung sollte objektiv und neutral erfolgen, ohne primär auf die Emotionen des Gerichts abzuzielen, insbesondere wenn solche Wertungen nicht durch Fakten belegt oder für die rechtliche Beurteilung irrelevant sind. Zudem ist eine **sorgfältige und vollständige Darlegung aller Anspruchsvoraussetzungen** unerlässlich, wobei alle notwendigen Elemente explizit dargelegt und mit dem Sachverhalt verknüpft werden müssen, gegebenenfalls auch unter Berücksichtigung und Entkräftung möglicher Einwendungen der Gegenseite.

Das Bewusstsein für die **Bedeutung von Details** ist entscheidend, da vermeintlich störende Einzelheiten für die rechtliche Beurteilung von großer Relevanz sein können und daher nicht vernachlässigt werden dürfen. Schließlich erfordert eine professionelle Arbeitsweise eine selbstkritische Haltung und eine **kritische Selbstprüfung des Schriftsatzes** auf Vollständigkeit, Schlüssigkeit und Präzision. Die pauschale Bitte um Hinweise nach § 139 ZPO sollte nicht als Mittel dienen, um mangelnde Sorgfalt bei der Anspruchsbegründung zu kaschieren. Vielmehr ist es die primäre Aufgabe des Anwalts, eine fundierte und vollständige Argumentation vorzulegen.

Es lohnt sich, auf Form und Inhalt eines Schriftsatzes besonderes Augenmerk zu richten.

1. Formelle Anforderungen (§ 253 Abs. 2 ZPO)

a) Inhalt und Gestaltung

Nach höchstrichterlicher Rechtsprechung ist der Anwalt dazu verpflichtet, bei Fertigung der Klage 1104
»die zugunsten seiner Partei sprechenden **tatsächlichen und rechtlichen Gesichtspunkte so umfassend wie möglich darzustellen**, damit sie das Gericht bei seiner Entscheidung berücksichtigen

kann« (BGH NJW 2002, 1413). Um einen Prozess erfolgreich zu gestalten, darf sich der Anwalt nicht auf das reine Zusammentragen von Fakten und Rechtsargumenten beschränken. Vielmehr ist es seine Aufgabe, Sachverhalt und Rechtslage durchdacht darzustellen; denn Richter sind keine Subsumtionsautomaten.

(1) **Fallbezogenheit** der Begründung.

1105 Die Begründung sollte sich mit dem individuellen Fall auseinandersetzen. Dies ergibt sich nicht nur aus einer praktischen Notwendigkeit, sondern ist rechtlich geboten: In ständiger Rechtsprechung verlangt der BGH eine aus sich heraus verständliche und auf den konkreten Streitfall zugeschnittene Darstellung (BGH NJW-RR 2020, 503), wie sie mit Textbausteinen und Patchwork-Kompositionen nur schwer zu erreichen ist. Allgemeine, lehrbuchartige Ausführungen sind also zu vermeiden.

Besonders groß ist die Gefahr einer solchen Überrationalisierung auf Kosten der juristischen Qualität bei allen Massenphänomenen wie z.B. Diesel-, Produkthaftungs- und Anlegerschutzklagen. Der Anwalt sollte hier der Versuchung widerstehen, die Prozessführung vollständig an Textbausteine abzugeben, und sich dazu zwingen, den Einzelfall weiterhin als solchen wahrzunehmen und zu bearbeiten. Dies wird auch von Gerichten geschätzt, deren Bereitschaft, sich durch offensichtlich einkopierte Passagen zu kämpfen, begrenzt ist.

(2) **Verständlichkeit** der Begründung.

1106 Der Richter kann nur den Sachverhalt seiner Entscheidung zugrunde legen, den er verstanden hat. Auch umfangreiche, komplexe und schwierige Sachverhalte sind daher so darzustellen, dass der Richter sie nachvollziehen und verstehen kann.

Nach dem Grundsatz des rechtlichen Gehörs (Art. 103 Abs. 1 GG) ist das Gericht verpflichtet, Ausführungen der Prozessbeteiligten zur Kenntnis zu nehmen und in Erwägung zu ziehen, selbst wenn dies einen besonderen Aufwand erfordert. Allerdings besteht keine Verpflichtung dazu, umfangreiche ungeordnete Anlagenkonvolute von sich aus durchzuarbeiten, um so die erhobenen Ansprüche – in Verbindung mit dem unsubstantiierten Vorbringen – an Stelle der Partei zu konkretisieren (BGH NJW 2019, 1082).

Der Anwalt sollte sich jedoch nicht allein auf diese richterliche Pflicht verlassen, sondern bedenken, dass Mängel der Begründung der vertretenen Partei zur Last fallen. Er hat sicherzustellen, dass kein relevanter Teil des Sachvortrags übersehen oder fehlerhaft ausgelegt wird und dass keine unzutreffenden Tatsachen in die Beurteilung einfließen. Voraussetzung der Vermittlung von Sachverhalt und Rechtslage ist deren verständliche Darstellung. Mancher als »unsubstantiiert« abgewiesenen Klage gebricht es nicht am substantiierten Vortrag, sondern an einer nachvollziehbaren und weniger frustrierenden Darstellung. Ein solches Verhalten beruht häufig nicht auf bloßer Bequemlichkeit. Mitunter ist der Richter schlicht mit der Flut an Informationen und der Komplexität ihrer Bezüge schlicht überfordert, was gerade bei Bau-, Arzthaftungs- oder gesellschaftsrechtlichen Streitigkeiten denkbar ist.

1107 Komplizierte Sachverhalte sind also einfach, anschaulich und übersichtlich darzustellen. Je schwieriger der Sachverhalt, desto mehr Aufwand muss in dessen Aufbereitung investiert werden.

Schwierig kann ein Sachverhalt auch dadurch werden, dass der Gegner ihn bewusst verkompliziert. Für den Beklagten kann es eine Erfolg versprechende Taktik sein, im Rahmen des rechtlich Zulässigen Widersprüche, Unschärfen und Unklarheiten in den Sachverhalt zu bringen, um dem Gericht die Erfassung des Falls zu erschweren und die Abweisung der Klage zu provozieren. Dem muss der Kläger entgegentreten – durch sachlichen Vortrag und im Bestreben, das »Odium unübersichtlicher oder gar verworrener Verhältnisse« (Franzen NJW 1984, 2263) der Gegenseite anzuheften.

▶ **Beispiel:**

1108 Ein Kontokorrentsaldo ist detailliert darzulegen, sodass dem Gericht eine vollständige rechnerische und rechtliche Überprüfung möglich ist (BGH NJW 1983, 2879). Sollen wechselseitige Leistungen über einen längeren Zeitraum abgerechnet werden, muss der Gang der Abrechnung in der Klage nachvollziehbar und prüfungsfähig dargelegt werden (BGH NJW 1984, 311). Dies gilt auch für sonstige Berechnungen.

(3) **Widerspruchsfreiheit** der Begründung. 1109

Vermieden werden sollten Widersprüche, insbesondere in der Klagebegründung selbst, aber auch mit dem vorprozessualen Vortrag, soweit dieser dem Gericht im Laufe des Rechtsstreits bekannt wird. Der Vortrag sollte auch unter Einbeziehung des vorprozessualen Schriftwechsels konsistent bleiben.

Das Gericht darf Parteivortrag nicht deshalb unberücksichtigt lassen, weil er im Widerspruch zu vorangegangenem, ausdrücklich aufgegebenem Vortrag steht. Eine Partei ist deswegen nicht daran gehindert, ihr Vorbringen im Laufe des Rechtsstreits zu ändern, insbesondere zu präzisieren, zu ergänzen oder zu berichtigen; eine Vortragsänderung kann aber bei der Beweiswürdigung Bedeutung erlangen (BGH GRUR 2016, 705 Rn. 41).

Im Rahmen der Feststellung, was für wahr und was für nicht wahr zu erachten ist, hat der Richter nach § 286 ZPO den gesamten Inhalt der Verhandlungen und das Ergebnis einer etwaigen Beweisaufnahme einzubeziehen. Im Extremfall ist es ihm gestattet, Angaben einer Partei auch ohne Beweiserhebung allein aufgrund ihres Vortrags zu glauben (BGH NJW-RR 2018, 249 Rn. 12). Widersprüche im Vortrag stehen einer solchen Überzeugungsbildung regelmäßig entgegen (BGH GRUR 2016, 705 Rn. 42).

Lassen sich Widersprüche nicht vermeiden (etwa, weil die Partei vor der Beauftragung des Anwalts eine andere tatsächliche oder rechtliche Taktik verfolgt hat), müssen diese offengelegt und erklärt werden. Es darf nicht dem Gericht oder der Gegenseite überlassen werden, diese aufzudecken.

▶ Beispiel:

Hat der Kläger vorprozessual nicht den Beklagten, sondern einen Dritten in Anspruch genommen, muss dargelegt werden, aufgrund welcher tatsächlichen oder rechtlichen Umstände der Dritte nun nicht mehr als Vertragspartner angesehen wird. 1110

(4) **Vollständigkeit** der Begründung. 1111

Die Klagebegründung sollte nach Möglichkeit bereits alle im Rechtsstreit vorzutragenden Tatsachen enthalten (»Frontloading«).

Auch vermeintliche Selbstverständlichkeiten und Nebensächlichkeiten (wie z.B. für die Partei übliche Geschehensabläufe) gehören in den Vortrag. Was für den sachkundigen Kläger klar ist, muss es für das Gericht nicht sein und darf aufgrund des Beibringungsgrundsatzes auch nicht einfach in den Sachverhalt hineingelesen werden. Werden Sachverhaltsdetails erst in der Replik oder später »nachgeschoben«, so kann dies das Misstrauen des Gerichts wecken und auch in die Beweiswürdigung einfließen (vgl. z.B. BGH GRUR 2016, 705 Rn. 42: »Das BerGer. hat nicht gewürdigt, dass der Wandel im Vortrag des Kl. erkennbar prozesstaktische Züge aufweist«).

Werden Argumente erst nachträglich und hilfsweise vorgebracht, kann dies darauf hindeuten, dass die Partei selbst von der Stichhaltigkeit ihres ursprünglichen Vortrags nicht mehr überzeugt ist. Derartige Rettungsversuche untergraben oft die eigene Position stärker, als sie diese zu festigen vermögen. Insbesondere wenn die Hilfsargumente inhaltlich bereits schwach sind, empfiehlt es sich, auf sie zu verzichten (Franzen NJW 1984, 2263).

(5) **Strukturiertheit** der Begründung. 1112

Gerade bei längeren Schriftsätzen ist Struktur eine wesentliche Vorbedingung für die Verständlichkeit. Der Vortrag muss nachvollziehbar, verständlich und überschaubar gegliedert sein (Vorwerk NJW 2017, 2326).

Zentral ist ein durchdachter und sinnvoller Aufbau der Darstellung. Insbesondere bei längeren Schriftsätzen empfiehlt es sich außerdem, eine Gliederung beizufügen.

Sollte der Stoff keine andere Ordnung vorgeben, so bietet es sich an, sich an der typischen Urteilsstruktur zu orientieren: Insbesondere sollten der Sachverhalt und die rechtliche Bewertung getrennt und dem Sachvortrag eine kurze Einführung in den Prozessstoff, in der die wesentlichen Streitpunkte hervorgehoben werden, vorausgeschickt werden.

Ansonsten sind Logik, Eingängigkeit und Vorhersehbarkeit die wichtigsten Leitlinien. Grundsätzlich sollte der Aufbau der Chronologie folgen, sich an der Anspruchsnorm orientieren, Zusammenhängendes zusammenhängend beleuchten und wichtige Gesichtspunkte hervorheben. Es kann sinnvoll sein, von der Gegenseite aufgeworfene, unerhebliche Nebenaspekte gesondert am Ende des Schriftsatzes zu erörtern, um den Blick auf die Kernpunkte des Falls nicht zu verstellen.

Im Detail ist eine strukturierte Darstellung von Informationen (z.B. in einer Tabelle) einer umständlichen Beschreibung bzw. wörtlichen Wiedergabe stets vorzuziehen. Eine solche Struktur der Begründung hilft nicht nur dem Verständnis des Richters, sondern dient auch der Selbstkontrolle des Anwalts. Sie erleichtert das spätere Erfassen des eigenen Vortrags und stellt sicher, dass alle wesentlichen Punkte abgearbeitet werden.

1113 (6) **Übersichtlichkeit** der Begründung.

Sieht man von einer expliziten Gliederung mit Überschriften in der Klagebegründung ab, muss deren Struktur anderweitig nachvollziehbar gemacht werden. Hierzu dienen eine sinnvolle Absatzbildung, Einrückungen, Textauszeichnungen (fett, kursiv) und Einleitungsfloskeln bzw. Obersätze.

Übersichtlichkeit kann sich auch aus dem Satz (keine engzeilig beschriebenen Seiten), aus dem Satzbau (keine unnötigen Schachtelsätze) sowie aus der Knappheit und Bestimmtheit der Darstellung ergeben. Überflüssige Schriftsätze sind zu vermeiden, zumal sie häufig eine Gegenrede provozieren. Denn das »weithin übliche, nicht selten in Polemik abgleitende Hin- und Herschreiben zwischen den Parteivertretern weitet den Konflikt unnötig aus und schadet der Übersichtlichkeit des Prozessstoffs« (Zöller/Greger § 129 Rn. 1).

1114 (7) **Sachlichkeit** der Begründung.

Stets sollte versucht werden, möglichst sachlich vorzutragen und auf eine bloße »Stimmungsmache« zu verzichten.

Immer wieder kommt es vor, dass Schriftsätze den relevanten Sachverhalt und stichhaltige Rechtsargumente vernachlässigen und sich stattdessen auf die Stimmungsmache durch die Skandalisierung unerheblicher Nebenaspekte konzentrieren. Solche Polemik mag dem Wunsch des Mandanten entsprechen; zu ihrer Wirkung auf die Gerichte wurde schon alles Notwendige gesagt. Es hat noch nie geschadet, selbst verwerfliche oder gar strafbare Verhaltensweisen der Gegenseite betont sachlich darzustellen.

Rechtlich gesehen ist der Stimmungsmache nicht oder kaum beizukommen. Trotz des Sachlichkeitsgebots (§ 43a Abs. 3 BRAO) ist es grundsätzlich gestattet, auch ehrverletzende Sachverhalte vorzutragen, wenn dies zur Wahrung der Rechte der Partei für erforderlich gehalten wird. In Rechtsprechung und Literatur ist anerkannt, dass der hierdurch Betroffene weder Widerruf noch Unterlassung fordern kann (sog. prozessuales Privileg, vgl. Grüneberg/Sprau Einf. vor § 823 Rn. 21; BGH NJW 2005, 279). Deshalb ist eine auf Unterlassung der Behauptung gerichtete (Wider-)Klage mangels Rechtsschutzbedürfnisses nicht zulässig (Zöller/Vollkommer § 940 Rn. 8.27: Prozessführung).

1115 (8) **Angemessenheit** der Begründung.

Angemessen muss insbesondere der Umfang der Begründung sein. Diese sollte pointiert und erkennbar gewichtet erscheinen, sich also möglichst auf die für den Anspruch wesentlichen Punkte beschränken und diese entsprechend ihrer Bedeutung und Schwierigkeit gewichten.

Relevanz statt »mehr ist mehr« ist hier das oberste Gebot.

Ausführungen zur Bedeutung der Parteien und zur Vorgeschichte sind eine Zumutung, wenn sie nicht streiterheblich sind und nichts zur Einordnung des Streitfalls beitragen. Sie können aber sehr hilfreich sein, etwa wenn es hierauf bei der Auslegung einer vertraglichen Vereinbarung ankommt (vgl. BGH NJW 2003, 2235). Eine solche zugespitzte Darstellung kann durch ein stupides Abschreiben überlassener Unterlagen nicht erreicht werden; sie setzt eine sorgfältige Erfassung, Sortierung und Prüfung der im Mandantengespräch, beim Aktenstudium oder in der Recherche gewonnenen Erkenntnisse voraus. Hier kann und muss der Anwalt zeigen, dass er seiner Aufgabe, im Parteivortrag Wesentliches von Unwesentlichem zu trennen, gerecht wird.

1116 (9) **Beschränkung** der Begründung.

In der Klage soll der erhobene Anspruch begründet werden. Grundsätzlich sollte sich der Kläger davor hüten, bereits zu allen denkbaren Einwänden und Gegenrechten (z.B. Anfechtung, Verjährung, Gegenforderungen) des Beklagten vorzutragen. Bestehen aber klare Gegenargumente und ist abzusehen, dass die Einwände erhoben werden, so sollte der Anwalt dem Gegner nicht das Feld überlassen und sich proaktiv mit den gegnerischen Argumenten auseinandersetzen.

Die Partei sollte keine Einreden und Gestaltungsrechte anstelle des Gegners vortragen, um sich gerade für den Fall der Säumnis des Gegners keine unnötigen Hindernisse zu schaffen. So kann es sich beispielsweise als fatal erweisen, selbst vorzutragen, der Gegner habe sich auf die Verjährung berufen. Bei der Schlüssigkeitsprüfung im Versäumnisverfahren ist die Verjährung der Klageforderung zu beachten, wenn der Kläger vorgetragen hat, der Beklagte habe sich außergerichtlich auf Verjährung berufen (Grüneberg/Ellenberger § 214 Rn. 2; OLG Düsseldorf NJW 1991, 2089). Sie ist sogar dann zu berücksichtigen, wenn der Beklagte nach Erhebung der Einrede im Prozess säumig wird und der Kläger die Erhebung der Einrede nur schriftsätzlich referiert hat (OLG Düsseldorf NJW 1991, 2089: »Die Einrede der Verjährung durch die Gegenseite ist nicht stichhaltig…«).

Es empfiehlt sich daher, das vorprozessuale Geschehen nur hypothetisch darzustellen (»sollte sich der Beklagte auf die Einrede der Verjährung berufen«) bzw. das Prozessgeschehen nicht wörtlich zu referieren (»Die Forderung ist nicht verjährt« statt »Die erhobene Einrede der Verjährung greift nicht«).

(10) **Originalität** der Begründung. 1117

Einzigartigkeit in Sprache, Darstellung und Inhalt unterstreicht die Besonderheit des Sachverhalts; sie gibt Argumenten Durchschlagskraft und kann dazu beitragen, den Fall aus der richterlichen »Denkschublade« des Massenfalls zu befreien. Allerdings darf die Originalität nicht übertrieben wirken oder gar ins Schrullige abgleiten; von einer »Originalität um jeden Preis« ist dringend abzuraten.

▶ Beispiel:

Möchte der Kläger als auffahrender Autofahrer den Anscheinsbeweis entkräften, so bedarf es einer überzeugenden Darlegung, warum ein Ausnahmefall vorliegt. Dies könnte beispielsweise der Fall sein, wenn der Beklagte unmittelbar vor dem Zusammenstoß unter Missachtung des Sicherheitsabstands den Fahrstreifen wechselte. 1118

b) Bezugnahme auf Anlagen und andere Unterlagen

Grundlage der Entscheidung des Gerichts ist der Streitstoff, d.h. der Sachvortrag, das Zugestehen oder Bestreiten, die Beweisantritte und die Rechtsausführungen der Parteien. Bei der Sammlung dieses Streitstoffs kommt den Schriftsätzen (§ 129 ZPO) eine zentrale Rolle zu. Um diesem Zweck gerecht zu werden, bedarf es einer eindeutigen Unterscheidung zwischen dem Inhalt der Schriftsätze und Informationen, die in anderen Dokumenten, wie z.B. beigezogenen Akten oder Anlagen, enthalten sind. Schriftsätzliches Vorbringen muss grundsätzlich vollständig und in sich geschlossen sein. Nur ausnahmsweise können in Anlagen und anderen Unterlagen enthaltene Angaben zum Streitstoff werden. 1119

aa) Bezugnahme auf Anlagen

Erforderlicher Sachvortrag kann nicht durch die bloße Vorlage von Anlagen ersetzt werden; vielmehr kann das Parteivorbringen durch eine konkrete Bezugnahme auf Anlagen lediglich ergänzt (BGH NJW 2016, 3092, Rn. 23) und erläutert (BGH NJW 2008, 69, Rn. 25) werden. Nach der höchstrichterlichen Rechtsprechung (BGH NJW 2019, 1082, Rn. 8) sind in Anlagen enthaltene Tatsachen dann zu berücksichtigen, wenn auf sie substantiiert, d.h. bezogen auf ein konkretes Sachverhaltselement, verwiesen wird, und sich dieses Sachverhaltselement dem Gericht aus der Anlage erschließt, was insbesondere dann nicht der Fall ist, wenn die Anlage dem Gericht unzumutbare Sucharbeit abverlangt. 1120

Die Wirksamkeit der Bezugnahme auf Anlagen ergibt sich also – nach hiesiger Deutung – im Zusammenspiel zwischen der Substantiierung im Schriftsatz und der Beschaffenheit der Anlage. Dabei besteht eine Wechselwirkung: Je aussagekräftiger die Anlage ist, desto pauschaler kann der Verweis ausfallen. Ist die Anlage »in sich verständlich«, so kann ihr gesamter Inhalt auch ohne wiederholende 1121

Wiedergabe im Schriftsatz oder ohne Benennung der konkret enthaltenen Tatsachen zum Parteivorbringen werden (BGH NJW-RR 2004, 639, 640; BGH NJW 2019, 1082, Rn. 8: »Es wäre eine durch nichts zu rechtfertigende Förmelei, wollte man den Prozessbevollmächtigten für verpflichtet halten, die Aufstellung abschreiben zu lassen, um sie in den Schriftsatz selbst zu integrieren«). Hingegen bedarf es bei einem umfangreichen Anlagenkonvolut einer konkreten Bezugnahme, die dem Gericht unzumutbare Sucharbeit erspart. Wie der BGH mehrfach klargestellt hat, ist das Gericht nicht verpflichtet, »umfangreiche ungeordnete Anlagenkonvolute von sich aus durchzuarbeiten, um so die erhobenen Ansprüche zu konkretisieren« (BGH NJW 2019, 1082, Rn. 8).

▶ Praxistipp:

Sowohl bei der Fertigung von Anlagen als auch bei der Bezugnahme hierauf ist äußerste Sorgfalt geboten.

Die Anlagen sind eindeutig zu bezeichnen (Anlage K1). Sie sind so knapp wie möglich, aber nicht knapper, zu gestalten. Bestehen sie aus mehreren Seiten, empfiehlt es sich, diese zu paginieren, um eindeutige Bezugnahmen zu erleichtern. Enthält eine Anlage mehrere Abbildungen, ist eine Nummerierung sinnvoll. Gerade bei Internet-Ausdrucken und Screenshots ist außerdem auf die Art der Darstellung und die Lesbarkeit zu achten.

Die Bezugnahme auf die jeweilige Anlage im Schriftsatz sollte kenntlich machen, dass der Vortragende den Inhalt der anderen Unterlagen kennt, billigt, sie in seinen Vortrag einbeziehen und damit auch mitverantworten will. Hierzu sollte die Bezugnahme konkret wie möglich formuliert werden, nicht nur, um den Anforderungen der Rechtsprechung zu genügen, sondern auch, um den Gedankenfluss des Lesers nicht zu stören und somit die Eingängigkeit des Vortrags zu wahren. Wie konkret die Bezugnahme ausfallen muss, hängt von den jeweiligen Umständen ab: Ein knapper Verweis genügt regelmäßig bei Urkunden, deren Inhalt im vorliegenden Verfahren evident anspruchsbegründende Voraussetzungen erfüllt, wie beispielsweise bei Vertragsdokumenten oder einer Mahnung. Ein substantiierter Verweis ist hingegen bei Anlagen notwendig, aus denen sich nicht unmittelbar erschließt, welche Tatsachen der Verfasser des Schriftsatzes durch die Bezugnahme einführen möchte.

Bei ordnungsgemäßer Bezugnahme wird der Anlageninhalt zum Tatsachenvortrag der Partei.

▶ Praxistipp:

Um der Geständnisfiktion des § 138 Abs. 3 ZPO zu entgehen, müssen diese Tatsachen von der Gegenseite ggf. bestritten werden.

1122 Die teilweise schwierige **Differenzierung** zwischen unzulässiger ersetzender und zulässiger ergänzender Bezugnahme kann es gebieten, bei der Klageschrift vorsichtiger zu verfahren als bei anderen vorbereitenden Schriftsätzen.

▶ Praxistipp:

Gerade wenn durch die Bezugnahme die – z.B. für die Verjährungshemmung vorausgesetzte – Individualisierung des Streitgegenstands erreicht werden soll, ist bei der Bezugnahme auf Anlagen in der Klageschrift besondere Vorsicht geboten. Hier kann es dem Kläger zum Nachteil gereichen, dass Mängel der Klageschrift nach einer Auffassung nicht durch rügelose Einlassung geheilt werden können (Thomas/Putzo/Seiler § 253 Rn. 20; a.A. BGHZ 22, 257).

bb) Bezugnahmen auf sonstige Dokumente

1123 Wenn sie nicht als Anlage beigefügt sind, müssen im Schriftsatz in Bezug genommene Dokumente dem Gericht und Gegner anderweitig vorliegen bzw. – z.B. durch Beiziehung einer anderen Akte – zugänglich sein (BGH MDR 2016, 541).

Weitgehend unproblematisch ist die Bezugnahme auf Schriftsätze in vorliegenden Akten, z.B. auf die Begründung des vorangegangenen Prozesskostenhilfeantrags und auf die in einem selbstständigen Beweisverfahren eingereichten Schriftsätze (OLG Köln, Urt. vom 11.08.2004 – 11 U 169/03). Ebenso kann ein Verweis auf ein in einem selbstständigen Beweisverfahren erstattetes Gutachten ausreichen (OLG Köln BauR 1999, 259, 260 f.).

Ansonsten können Unterlagen nur dann zur Entscheidungsgrundlage für das Gericht werden, wenn ihr Inhalt hinreichend **substantiiert** dargelegt ist (BGH NJW 1995, 1841). Soll auf beigezogene Akten Bezug genommen werden, bedarf dies grundsätzlich einer ausdrücklichen Erklärung, da von einer stillschweigenden Inbezugnahme des gesamten günstigen Akteninhalts nicht ohne Weiteres ausgegangen werden kann (BGH NJW-RR 2014, 903). Auch wenn eine ausdrückliche Bezugnahme – auch der Übersichtlichkeit halber – anzuraten ist, kann diese auch konkludent erfolgen. So hat der BGH eine konkludente Bezugnahme auf ein bei Berufungseinlegung bereits bei den Akten befindliches Prozesskostenhilfegesuch angenommen, weil im Allgemeinen keine Partei die mit einer Versäumung der Begründungsfrist verbundenen Nachteile in Kauf nehmen will (BGH NJW 2008, 1740, 1741). Grundsätzlich bedarf es konkreter Umstände, aus denen auf die Bezugnahme geschlossen werden kann, bloßes Untätigbleiben allein genügt nicht.

cc) Taktische Hinweise

Die Notwendigkeit und der Umfang der **Beifügung von Urkunden** und anderen Dokumenten sind 1124
kritisch zu prüfen. Entsprechendes gilt für **Bezugnahmen** auf anderes Vorbringen.

Dies betrifft zunächst die Frage des Ob: Nicht selten werden Dokumente vorgelegt, die für die gerichtliche Entscheidung keine rechtliche Relevanz besitzen oder sich sogar kontraproduktiv auswirken. Nicht eingereicht werden dürfen Schriftstücke, die den eigenen Vortrag unschlüssig, widersprüchlich bzw. unklar machen oder aus denen der Gegner seinerseits Nutzen ziehen kann.

Besondere Vorsicht ist bei Urkunden geboten. Bereits die bloße Erwähnung von Urkunden im Schriftsatz ist sorgfältig zu erwägen, da sie zur gerichtlichen Anordnung der Urkundenvorlage führen kann (unten Rdn. 2145).

Eine Erläuterung kann hilfreich sein: Dokumente, die aus sich heraus nicht verständlich sind, bedürfen einer Erläuterung im Schriftsatz. Ebenso erklärungsbedürftig sind Dokumente, die neben den angeführten Passagen nachteilige Informationen für die Partei enthalten. Die Vorlage von Urkunden in Auszügen birgt das Risiko, dass das Gericht eine bewusste Zurückhaltung relevanter Informationen vermutet und die Vorlage der vollständigen Urkunde anordnet.

In der Hektik der Finalisierung eines Schriftsatzes kann es leicht passieren, dass dem Schriftsatz eine Abschrift beigefügt wird, die unbemerkt grafisch vom Original abweicht oder (z.B. wegen der automatischen Neudatierung) ein falsches Datum trägt. Im eigenen Sinne sollten die Anlagen vor der Versendung an das Gericht noch einmal eingehend geprüft werden.

2. Inhaltliche Anforderungen

a) Wahrheitspflicht (§ 138 Abs. 1 ZPO)

Eine wichtige, wenn auch von vielen Parteien immer wieder missachtete Vorgabe für den Inhalt 1125
der Klagebegründung und den weiteren Vortrag beider Parteien im Prozess ergibt sich aus **§ 138 Abs. 1 ZPO**. Danach haben die Parteien ihre Erklärungen über tatsächliche Umstände vollständig und der Wahrheit gemäß abzugeben.

Wahrheit bedeutet hier subjektive Wahrhaftigkeit. Die Partei darf keine Erklärung abgeben, von der sie weiß, dass sie unrichtig ist. Verboten ist die bewusste Lüge. Nicht verboten ist der Vortrag von Tatsachen, an deren Wahrheit die Partei glaubt, ohne dass sie verpflichtet wäre, dies vorab objektiv abzuklären.

Das Gebot der Vollständigkeit verpflichtet die Partei grundsätzlich, auch ihr nachteilige Umstände vorzutragen, sofern sie zu den von ihr darzulegenden Sachverhalten gehören. Nicht erfasst werden Gegenrechte, deren tatsächliche Voraussetzungen vom Gegner vorzutragen sind, und Umstände, welche die Partei für möglich hält, ohne ihr Vorliegen positiv zu kennen.

Der Rechtsanwalt verletzt die Wahrheitspflicht nicht, wenn er durch Offenbarung der Wahrheit seine eigene Partei der bewussten Unwahrheit und damit des Prozessbetrugs bezichtigen würde (BGH NJW 1952, 1148). Er darf seiner Partei aber weder zur Lüge raten noch sich eine von ihm als unwahr erkannte Behauptung seiner Partei zu eigen machen (Thomas/Putzo/Seiler § 138 Rn. 8).

1126 Grund für die praktisch häufige Verletzung der prozessualen Wahrheitspflicht ist das Fehlen einer wirksamen **Sanktion**.

Dass ein Vortrag bewusst unwahr erfolgt ist, steht frühestens nach einer Beweisaufnahme fest. Die Entscheidung beruht in diesem Fall auf dem der Partei nachteiligen Beweisergebnis, nicht auf der anfänglichen Lüge. Ein Strafverfahren wegen Prozessbetrugs hat nur selten Aussicht auf Erfolg.

Obsiegt die Partei aufgrund einer Lüge und kann dies nachträglich bewiesen werden, rechtfertigt ggf. eine Restitutionsklage (§ 580 Nr. 4 ZPO). Erst nach Beseitigung der Rechtskraft kann der durch die unwahre Behauptung geschädigte Gegner Schadensersatz verlangen (§§ 823 Abs. 2, 826, 280 BGB).

Der bewusst lügende Anwalt kann – unabhängig von der Rechtskraft des Urteils, die ihn nicht erfasst – ehrengerichtlich und strafrechtlich verantwortlich sein und persönlich auf Schadensersatz haften.

1127 Nach h.M. (BGH JR 1958, 106) erstreckt sich die prozessuale Wahrheitspflicht nur auf den Vortrag von Tatsachen, nicht auch auf den Vortrag von Rechtsansichten, doch wird eine Einbeziehung von Rechtsausführungen zumindest dann vertreten, wenn diese durch einen Rechtsanwalt erfolgen.

Praktisch relevant ist dieser Streit nicht. Eine gegen die Wahrheitspflicht verstoßende Rechtsauffassung ist kaum vorstellbar. Dem Anwalt muss es möglich bleiben, eine Rechtsansicht auch dann zu vertreten, wenn diese (bislang) von niemandem geteilt wird.

b) Sachausführungen

aa) Beibringung

Zur Beurteilung der Voraussetzungen einer für den Rechtsstreit erheblichen Rechtsnorm darf das Gericht im Zivilprozess nur die von den Parteien vorgetragenen Tatsachen berücksichtigen, vorausgesetzt, diese sind entweder unstreitig oder (mit ebenfalls von den Parteien angebotenen Mitteln) bewiesen (Beibringungsgrundsatz).

1128 Zur Begründung seiner Klage muss der Kläger »Gegenstand und Grund des erhobenen Anspruchs« (§ 253 Abs. 2 Nr. 2 ZPO) bzw. die zur Begründung der Anträge dienenden tatsächlichen Verhältnisse angeben und dabei diejenigen Beweismittel bezeichnen, deren er sich zum Nachweis seiner Behauptungen bedienen will (§§ 253 Abs. 4, 130 Nr. 3 und 5 ZPO).

Dem Anwalt kommt dabei die Aufgabe zu, den Sachverhalt mit dem Mandanten zu klären und (nur) die erheblichen Tatsachen vollständig vorzutragen. Hierfür steht ihm grundsätzlich nur die erste Instanz zur Verfügung.

1129 Ergänzt wird der Beibringungsgrundsatz im Zivilprozess durch die Konzentrationsmaxime, die sicherstellt, dass der Rechtsstreit zügig und ohne unnötige Verzögerungen durchgeführt werden kann. Dazu ist es u.a. erforderlich, dass die Parteien ihren Vortrag rechtzeitig halten (§ 282 ZPO). Verstöße hiergegen führen zur Präklusion (§ 296 ZPO). Taktischen Überlegungen zum Umfang des eigenen Vortrags sind damit enge Grenzen gesetzt. Die Parteien dürfen Vorbringen grundsätzlich nicht aus prozesstaktischen Erwägungen zurückhalten (BGH NJW-RR 2011, 211; BGH NJW-RR 2014, 85). Dies gilt auch für Angriffs- und Verteidigungsmittel, auf die es nach derzeitiger Einschätzung der Partei noch nicht ankommt (alternativer Geschehensablauf, weiteres Beweismittel).

1130 Bewusst zurückgehalten werden können damit nur Tatsachen, die vom Gegner darzulegen sind.

Auch die Pflicht zur Vollständigkeit und Wahrheit des eigenen Vortrags (§ 138 ZPO) gebietet es nicht, solche Umstände offenzulegen. Die Parteien sind nicht gezwungen, sich vorsorglich gegen Tatsachen zu verteidigen, die noch gar nicht Gegenstand des Rechtsstreits sind (BVerfG NJW 1984, 2203; BGH NJW 1983, 2879; BGH NJW 1991, 2275), es genügt, abzuwarten, inwieweit ein Vortrag des Gegners erfolgt. Geschieht dies, greift dann aber die Notwendigkeit, hierzu unverzüglich Stellung zu nehmen (§ 138 Abs. 2 ZPO).

Dass Vortrag zu dem Gegner günstigen, aber noch nicht dargelegten Tatsachen nicht notwendig ist, bedeutet nicht, dass er stets zu unterlassen wäre. Taktisch überlegt werden kann, ob es nicht sinnvoll ist, hierauf prophylaktisch einzugehen. Gegebenenfalls kann der Gegner damit davon abgehalten werden, die Umstände überhaupt geltend zu machen (Schwaiger AnwBl 2014, 554: »dem Gegner den Wind aus den Segeln nehmen«). 1131

(1) Die Beibringung der klägerischen **Tatsachen** dient zum einen der im Rahmen der Zulässigkeit der Klage zu prüfenden Identifizierung und Individualisierung des geltend gemachten Anspruchs (§ 253 Abs. 2 ZPO), zum anderen der im Rahmen der Begründetheit zu prüfenden Schlüssigkeit der Klage (§ 331 Abs. 1 ZPO). 1132

An den Vortrag dieser Tatsachen sind verschiedene prozessuale Anforderungen zu stellen, die praktisch häufig verwechselt oder nicht sauber getrennt werden. 1133

- Die Parteien sind zum sachgerechten und ausreichenden Tatsachenvortrag nicht verpflichtet, sie tragen aber das mit einem unzureichenden Vortrag verbundene prozessuale Risiko. Das Risiko, dass eine erhebliche Tatsache nicht vorgetragen wurde (**Darlegungslast**), trägt die Partei, zu deren (materiellen) Gunsten die Rechtsfolge einer Norm wirkt, zu deren Voraussetzungen diese Tatsache gehört (dazu unten Rdn. 1136).
- Eine hinreichende **Individualisierbarkeit** erlaubt der Vortrag, wenn der geltend gemachte Anspruch (im prozessualen Sinne) von allen anderen denkbaren Ansprüchen abgegrenzt werden kann und es dem Schuldner möglich ist, zu erkennen, welcher Anspruch gegen ihn geltend gemacht werden soll (dazu unten Rdn. 1143).
- **Schlüssig** ist der Vortrag, wenn er geeignet ist, die begehrte Rechtsfolge herbeizuführen. Aufseiten des Klägers müssen dabei alle gesetzlichen Voraussetzungen einer Anspruchsgrundlage ausgefüllt sein (dazu unten Rdn. 1146).
- **Substantiiert** ist der Vortrag, wenn Tatsachen so vorgetragen werden, dass sie in Verbindung mit einem Rechtssatz geeignet sind, das geltend gemachte Recht als entstanden erscheinen zu lassen. Die Frage, wie detailreich eine Tatsache vorgetragen werden muss, hängt von der prozessualen Situation im Einzelfall, insbesondere von der Substantiierung der Einlassung des Gegners ab und kann sich im Laufe des Rechtsstreits ändern (dazu unten Rdn. 1166).

(2) Mit der Beibringung von Beweisen schafft die Partei die Grundlage für die dem Gericht obliegende Sachklärung im Rahmen einer Beweisaufnahme. 1134

Analog zum Risiko des Nichtvortrags von Tatsachen verteilt ist das Risiko, dass ein erforderlicher Beweis nicht angetreten wurde (**formelle Beweislast**) oder nicht zur erforderlichen Überzeugung des Gerichts führt (**materielle Beweislast**; dazu unten Rdn. 1950). 1135

Auch im Rahmen der Beweisführungslast (formellen Beweislast) kann die Substantiierung zum Problem werden. Hier muss die Partei regelmäßig konkrete, dem Beweis zugängliche Behauptungen unter Beweis stellen. Hat die Partei keinen Einblick in die Geschehensabläufe und ist ihr die Beweisführung deshalb erschwert, kann sie auch nur vermutete Tatsachen unter Beweis stellen. Zu einem unzulässigen Ausforschungsbeweis wird ihr Beweisantrag unter solchen Umständen erst dann, wenn die Partei ohne greifbare Anhaltspunkte für das Vorliegen eines bestimmten Sachverhalts willkürlich und rechtsmissbräuchlich Behauptungen »auf Geratewohl« oder »ins Blaue hinein« aufstellt (Musielak/Voit/Stadler § 138 Rn. 6).

bb) Darlegungslast

Da das Gericht für die Entscheidung nur die von den Parteien vorgetragenen Tatsachen berücksichtigen darf, kann es vorkommen, dass eine Tatsache, die an sich vorliegt, nicht vorgetragen wird und deswegen unberücksichtigt bleiben muss. Die Darlegungslast regelt dann, zu wessen **Nachteil** sich dies auswirkt. 1136

Entgegen einem weitverbreiteten Missverständnis regelt die Darlegungslast nicht, welche Partei eine Tatsache vortragen muss. Eine Pflicht zum Tatsachenvortrag besteht im Prozess nicht, allenfalls eine

Last, weil der Nichtvortrag für eine Partei nachteilig sein kann und es deswegen in ihrem Interesse liegen muss, die Tatsache vorzutragen.

Zu den seltenen Ausnahmefällen, in denen trotz Nichtvortrags einer Tatsache prozessual von deren Vorliegen auszugehen ist (»Positivfiktion«) unten Rdn. 1776, 1961.

1137 Die Darlegungslast trägt jede Partei für die Tatsachen, aus denen sie eine für sich (materiell) **günstige** Rechtsfolge herleiten will.

Die Darlegungslast ergibt sich damit aus dem materiellen Recht (»Normentheorie«).

▶ Beispiel:

1138 Hat der Beklagte die klägerische Forderung bereits beglichen, so wird die Klage abgewiesen, wenn dies im Prozess vorgetragen wird, unabhängig davon, ob dies durch den Kläger oder den Beklagten geschieht.

Trägt keine Partei die Erfüllung vor, wird der Beklagte zur Leistung verurteilt, obwohl die Forderung materiell-rechtlich bereits erloschen ist. Dies wirkt sich zu seinem Nachteil aus, weil er durch Vortrag der Erfüllung eine ihm günstigere Rechtsfolge hätte herbeiführen können.

1139 Insoweit ist die Darlegungslast identisch mit der **Beweislast** (unten Rdn. 1950 mit zahlreichen weiteren Beispielen). Wer zunächst die Nachteile aus dem Nichtvortrag einer Tatsache trägt, trägt später auch das Risiko, dass die Tatsache, wenn sie streitig geworden ist, nicht bewiesen werden kann, weil es an einem Beweisantritt fehlt (formelle Beweislast) oder weil die Beweisaufnahme ein non liquet ergibt (materielle Beweislast).

1140 Nicht immer lässt sich die materielle Günstigkeit ohne Weiteres feststellen. Für zahlreiche Tatsachen ist deswegen umstritten, ob sie zu den (vom Kläger vorzutragenden) Anspruchsvoraussetzungen oder zu den (vom Beklagten darzulegenden) Gegenrechten gehört.

▶ Beispiel:

1141 Verteidigt der Beklagte sich mit der Behauptung, der Vertrag, aus dem der Kläger Leistung begehrt, sei unter einer **Bedingung** zustande gekommen, so
- muss der Kläger darlegen und beweisen, dass der Vertrag ohne aufschiebende Bedingung zustande gekommen ist;
- muss der Beklagte darlegen und beweisen, dass eine aufschiebende Bedingung nachträglich vereinbart wurde;
- muss der Beklagte darlegen und beweisen, dass eine auflösende Bedingung vereinbart wurde;
- muss der Kläger darlegen und beweisen, dass eine aufschiebende Bedingung nicht eingetreten ist;
- muss der Beklagte darlegen und beweisen, dass eine auflösende Bedingung eingetreten ist.

Verteidigt der Beklagte sich mit der Behauptung, der Kläger habe ihm die Forderung **gestundet**, so
- muss der Kläger darlegen und beweisen, dass die Forderung fällig ist, weil der Vertrag ohne anfängliche Stundungsabrede zustande gekommen ist;
- muss der Beklagte darlegen und beweisen, dass die Fälligkeit der Forderung hinausgeschoben wurde, weil nachträglich eine Stundungsabrede getroffen wurde.
- Beruft der Beklagte sich auf die Nichteinhaltung einer Schriftform, so
  - muss der Beklagte darlegen und beweisen, dass eine Schriftform vereinbart wurde;
  - muss der Kläger darlegen und beweisen, dass eine vereinbarte Schriftform eingehalten wurde.

Beruft der Beklagte sich darauf, er oder der Kläger habe bloß als **Vertreter** gehandelt, so muss der Beklagte in beiden Fällen darlegen und beweisen, dass in fremdem Namen gehandelt wurde.

Praxistipp:

Die Vielzahl schwieriger und häufig streitiger Fälle der Zuordnung von Darlegungs- und Beweislast macht es sinnvoll, entweder Spezialliteratur zu Rate zu ziehen oder dem Gericht deutlich zu machen, wie die Darlegungs- und Beweislast gesehen wird, um so einen Hinweis für den Fall zu erhalten, dass das Gericht diese anders beurteilt. 1142

Eine umfassende Darstellung aller mit der Beweislast verbundenen allgemeinen Probleme und eine Darlegung der besonderen Beweislastfragen für einzelne Normen des BGB finden sich bei Baumgärtel/Laumen/Prütting, einem neunbändigen Handbuch der Beweislast.

cc) Individualisierung des Anspruchs

Den Anforderungen an eine nach § 253 Abs. 2 ZPO ordnungsgemäß erhobene Klage genügt der Kläger nur, wenn die Begründung den geltend gemachten Sachverhalt hinreichend **konkretisiert.** 1143

Nach einhelliger Auffassung wird der Streitgegenstand durch den Antrag bestimmt. Ob zusätzlich auch auf den zur Begründung der Klage vorgetragenen Lebenssachverhalt abzustellen ist (so die »zweigliedrigen Streitgegenstandsbegriffe«) oder nicht (so die »eingliedrigen Streitgegenstandsbegriffe«) ist umstritten. Überzeugender ist die Auffassung, dass sich kein für alle Fallgestaltungen einheitlicher Streitgegenstandsbegriff definieren lässt, es vielmehr einer Betrachtung des Einzelfalles bedarf und vom Ergebnis her zu beantworten ist, ob es einer Berücksichtigung des Sachverhalts bedarf oder nicht (sog. relative Streitgegenstandsbegriffe).

Unabhängig von diesem Streit ist zur Zulässigkeit der Klage erforderlich, dass der Kläger einen Lebenssachverhalt beschreibt, aus dem erkennbar wird, welches Recht verfolgt werden soll. Insoweit ist die Individualisierung eines Anspruchs im Klageverfahren einfacher als im Mahnverfahren, wo eine solche Begründung nur rudimentär möglich ist (BGH MDR 2017, 847 und 1044).

Hinreichend konkretisiert ist dieser Lebenssachverhalt, wenn er sich von allen anderen denkbaren Lebenssachverhalten **abgrenzen** lässt. 1144

Erforderlich ist deswegen die Angabe von Daten, Beträgen, Zeitpunkten und sonstigen Details (BGH MDR 2004, 824). Nicht grundsätzlich unzulässig, praktisch aber nicht zu empfehlen ist die Individualisierung durch Bezugnahme auf andere Schriftstücke (BGHReport 2003, 1438). Tatsachen von solch grundlegender Bedeutung sollten regelmäßig individuell vorgetragen werden. Dies gilt in besonderem Maß für den Anwaltsprozess (Zöller/Greger § 253 Rn. 12).

Nicht erforderlich ist, dass die vorgetragenen Umstände einen Anspruch als entstanden erscheinen lassen, nachvollziehbar oder gar bewiesen sind. All dies ist eine Frage der Begründetheit der Klage und hat mit der zur Zulässigkeit gehörenden Individualisierung des Anspruchs nichts zu tun. Nicht erforderlich ist auch die (gar zutreffende) rechtliche Qualifizierung des Anspruchs.

Lässt der Vortrag des Klägers die gebotene Individualisierung nicht zu, wird die Klage als **unzulässig** abgewiesen. 1145

dd) Schlüssigkeit

Schlüssig ist der Vortrag, wenn er geeignet ist, die begehrte **Rechtsfolge** herbeizuführen (BGH MDR 2018, 1400; NJW 1984, 2889). Erforderlich und ausreichend ist hierzu, dass der Kläger Tatsachen vorträgt, die – ihre Wahrheit unterstellt – die gesetzlichen Voraussetzungen zumindest einer Anspruchsgrundlage ausfüllen können. 1146

Der Kläger muss somit die abstrakten Tatbestandsmerkmale einer anspruchsbegründenden Norm durch den Vortrag von Tatsachen ausfüllen. Unerheblich ist dabei, wie wahrscheinlich die Darstellung ist oder dass es sich um einen unüblichen oder ungewöhnlichen Sachverhalt handelt (BGH NJW 2002, 2862; BGH NJW 1984, 2888). Ebenso wenig ist eine lückenlose Dokumentation der den geltend gemachten Anspruch rechtfertigenden Fakten erforderlich, sodass auch mithilfe von Indizien die Haupttatsachen dargelegt werden können (BGH NJW-RR 2001, 887).

Insoweit kommt es nicht auf Einzelheiten im Vortrag des Klägers an. Ob die Einlassung des Gegners den Vortrag des Klägers ergänzungs- oder beweisbedürftig macht, ist genauso unerheblich wie die Frage, ob die vorgetragenen Tatsachen zutreffen oder nicht.

▶ Beispiel:

1147 Trägt der die Rückzahlung eines Darlehens verlangende Kläger vor, er habe dem Beklagten ein Darlehen gegeben, ist die Klage unschlüssig, solange nichts zu der zum Rückzahlungsanspruch gehörenden Fälligkeit dargelegt ist (§ 488 Abs. 1 Satz 2, Abs. 3 BGB).

Macht der Kläger einen Herausgabeanspruch geltend, ist die Klage schlüssig, wenn er vorträgt, er sei Eigentümer und der Beklagte sei Besitzer (§ 985 BGB). Trägt der Kläger zusätzlich vor, er habe dem Beklagten die Sache für einen zwischenzeitlich abgelaufenen Zeitraum geliehen, ist die Klage zusätzlich aus § 604 BGB schlüssig.

1148 Schlüssig ist die Klage, wenn sie **Tatsachenvortrag zu allen Voraussetzungen** wenigstens einer Anspruchsgrundlage enthält, die auf die begehrte Rechtsfolge gerichtet ist.

Sie ist Voraussetzung für den Erlass eines Versäumnisurteils (§ 331 Abs. 2 1. HS ZPO) und für die Stattgabe der Klage durch streitiges Urteil, wenn der Beklagte das klägerische Vorbringen nicht bestreitet (§ 138 Abs. 3 ZPO).

Diese Minimalbegründung ist im Normalfall zunächst auch für die Klageschrift zu empfehlen. Denn bei zu umfangreichen Schriftsätzen können sich zum einen leichter Widersprüche einschleichen und zum anderen erhält der Gegner unter Umständen mehr Angriffspunkte.

Beim Verfahren nach § 495a ZPO (sog. Bagatellverfahren) hingegen sollte bereits von Anfang an vollständig vorgetragen werden, da bei schriftlicher Durchführung praktisch jederzeit ein Endurteil ohne gesonderten Verkündungstermin ergehen kann (unten Rdn. 2424).

1149 Dabei ist darauf zu achten,
- dass keine **Tatbestandsmerkmale** einer Anspruchsnorm weggelassen werden;
- dass die **Sachbefugnis** dargelegt wird;
- dass auch zur **Höhe** einer Geldforderung vorgetragen wird;
- dass der Kläger nicht zugleich **anspruchsfeindliche Tatsachen** vorträgt. Etwa wenn er nicht nur Tatsachen behauptet, die eine Anfechtung begründen, sondern auch deren Ausübung durch den Beklagten vorträgt.

Diese ergibt sich normalerweise aus dem streitgegenständlichen Rechtsverhältnis. Weicht jedoch die Person der Klagepartei vom ursprünglichen Rechtsinhaber ab, muss die Erlangung der Sachbefugnis nachvollziehbar dargelegt werden. Hierzu muss zumindest eine Rechtsnachfolge bzw. ein Rechtserwerb behauptet werden, da die Klage (»eigenes Recht im eigenen Namen«) sonst mangels Aktivlegitimation unschlüssig ist.

Wird ein Anspruch hingegen in gewillkürter Prozessstandschaft (»fremdes Recht im eigenen Namen«) geltend gemacht, müssen auch hierzu die Voraussetzungen dargetan werden.

▶ Praxistipp:

1150 Für einen schlüssigen und erfolgreichen Sachvortrag ist es notwendig, sich Gedanken über das angestrebte Ziel und die hierfür infrage kommenden Anspruchsnormen zu machen.

Ist die Zieldefinition fehlerhaft oder unklar, kann der gesamte Schriftsatz wertlos sein. Hierzu ist vorab die Rechtslage zu untersuchen und natürlich mit dem Mandanten zu besprechen. Der Sachvortrag sollte dann – am besten aus der Richterperspektive – unter die entsprechenden (Tatbestands-)Voraussetzungen subsumiert und auf Vollständigkeit hin kontrolliert werden. Dies unterbleibt jedoch in der Praxis offensichtlich immer wieder.

So sind oft unterschiedliche, sich gegenseitig ausschließende Ansprüche mit unterschiedlichen Voraussetzungen gegeben, vor allem bei Gewährleistungsfällen (z.B. Nacherfüllung bzw. Mängelbeseitigung, Kostenerstattung, Minderung, Schadensersatz, Aufwendungsersatz, Rückabwicklung gem. §§ 280 ff., 437, 634 BGB).

Da es sich hierbei in der Regel prozessual um selbstständige Streitgegenstände handelt, ist der Übergang von dem einen auf den anderen Anspruch eine Klageänderung i.S.d. § 263 ZPO (OLG Dresden NJW-RR 2000, 1337 m.w.N.; Grüneberg/Sprau § 634 Rn. 11; zum Baumängelprozess Meurer MDR 2000, 1041). Will der Kläger sicherstellen, dass sein Begehren erforderlichenfalls auf mehrere Ansprüche hin geprüft wird, so kann er diese in Form eines Haupt- und Hilfsantrages unter Angabe einer Reihenfolge geltend machen.

Kann die Klage auf **verschiedene rechtliche Gesichtspunkte** gestützt werden, ist der Sachvortrag so 1151
zu gestalten, dass alle in Betracht kommenden Ansprüche schlüssig dargelegt werden (BGH NJW 2002, 1413).

Sofern die Rechtslage nicht völlig einfach und eindeutig ist, kann sich ein Blick in das Gesetz (und/oder Kommentar) empfehlen. Nicht selten scheitert nämlich eine Klage in der Praxis daran, dass offensichtlich der Sachvortrag mehr oder weniger ohne eigene gedankliche Verarbeitung erfolgt. Dies geschieht vermutlich in der Meinung bzw. Hoffnung, dass der Anspruch schon irgendwie rechtlich begründet ist und sich das Gericht das Passende aus den Schriftsätzen hierzu heraussuchen wird. Oftmals gelingt es dann nicht mehr, die fehlenden Voraussetzungen im Laufe des Rechtsstreits noch (rechtzeitig und vollständig) nachzutragen. Außerdem dürfte dies für den Rechtsanwalt mehr Zeit in Anspruch nehmen, als wenn die Klage bereits von vornherein alles Erforderliche enthält.

Zudem sollten die beigefügten **Anlagen** sorgfältig geprüft werden, um zu vermeiden, dass diese 1152
dem Sachvortrag widersprechen oder diesen unklar werden lassen und dadurch die Schlüssigkeit der Klage gefährden.

Ist die Klage **unschlüssig**, so muss sie – als unbegründet – abgewiesen werden. Dies gilt nicht nur 1153
für den Fall einer streitigen Entscheidung, sondern auch bei Säumnis des Klägers (»unechtes Versäumnisurteil«, § 331 Abs. 2 ZPO). Zuvor indes muss ein Hinweis nach § 139 ZPO erfolgen.

Typische Problembereiche der Schlüssigkeit sind: 1154

(1) Bei einer Klage auf **Werklohn** muss nicht nur die Ausführung der Arbeiten vorgetragen werden, 1155
sondern auch die Beauftragung hierzu (§ 631 BGB/Vertrag!).

Weiter muss ersichtlich sein, ob sich die Höhe der geforderten Vergütung aus einer Vereinbarung ergibt oder ob die übliche Vergütung verlangt wird (§ 632 BGB). Eine Abrechnung nach geleisteter Zeit muss vereinbart sein, ebenso ein Pauschalpreis (Grüneberg/Sprau § 632 Rn. 4 ff. zu den verschiedenen Vergütungsarten). Hilfsweise sollten Ausführungen zur üblichen Vergütung mit entsprechenden Beweisangeboten (meist Sachverständigengutachten) gemacht werden.

Als Fälligkeitsvoraussetzung ist die Abnahme bzw. Abnahmereife (ordnungsgemäße Ausführung/keine wesentlichen Mängel) vorzutragen (Grüneberg/Sprau Erg § 640 Rn. 8; § 641 Rn. 4).

Will der Besteller Rechte aus einer verspäteten oder mangelhaften Leistung des Unternehmers herleiten, muss er insbesondere den Inhalt der Leistungspflicht darlegen (BGH NJW 1998, 1128).

▶ Beispiel:

Zur Geltendmachung von Mängelansprüchen reicht es aber aus, die Mangelerscheinungen 1156
hinreichend genau zu bezeichnen. Ob die Ursachen dieser Symptome tatsächlich in einer vertragswidrigen Beschaffenheit der Leistung des Auftragnehmers zu suchen sind, ist Gegenstand des Beweises und nicht Erfordernis des Sachvortrages (BGH NJW 2003, 3568: Eindringen von Wasser in Keller nach Bauarbeiten; Grüneberg/Sprau § 634 Rn. 12; § 635 Rn. 3; sog. Symptom-Rechtsprechung). Ebenso wenig ist der Kläger befugt, dem Auftragnehmer vorzuschreiben, wie er die Nachbesserung auszuführen hat. Er hat die Wahl zwischen allen geeigneten Maßnahmen. Deshalb hat im Klageantrag die Beifügung von Anordnungen, wie die Beseitigung technisch vorzunehmen ist – ebenso wie im Urteil – in der Regel zu unterbleiben.

Falls sich kein Vertragsschluss nachweisen lässt, kommt oftmals ein Anspruch aus **ungerechtfertig-** 1157
ter Bereicherung (§§ 812, 818 BGB) in Betracht, wozu dann hilfsweise Ausführungen gemacht werden sollten.

Der Empfänger der Leistungen ist in vielen Fällen deshalb (noch) bereichert, weil er Aufwendungen erspart hat (Grüneberg/Sprau § 812 Rn. 28). So kann z.B. bei einer Leistung aufgrund eines unwirksamen Werkvertrags der Umfang der Bereicherung in Höhe der entsprechenden vertraglichen Vergütung bestehen, wenn der Leistungsempfänger diese Arbeiten ohnehin in Auftrag hätte geben müssen (OLG Hamm MDR 1975, 488: bei verkaufsmäßiger Fertigstellung von Gebäuden). Bei empfangenen Dienstleistungen bemisst sich der Wertersatz nach der üblichen, hilfsweise nach der angemessenen Vergütung (Grüneberg/Sprau § 818 Rn. 22). Bejaht das Gericht einen solchen Anspruch dem Grunde nach, ohne dass dieser schlechthin entfällt, so muss es zur Höhe entweder (weitere) Feststellungen treffen und gegebenenfalls auf eine entsprechende Ergänzung des Sachvortrags hinwirken (BGH NJW 1997, 2954; § 139 ZPO) oder die Mindesthöhe der Bereicherung nach § 287 ZPO schätzen (BGH NJW 2002, 3317).

1158 (2) Bei der **Irrtumsanfechtung** muss vorgetragen werden, dass der Irrtum kausal für die Abgabe der Willenserklärung war (§ 119 BGB) und dass die Anfechtung rechtzeitig erfolgt ist (§§ 121, 124 BGB).

Im Übrigen ist zu erwägen, eine bislang unterlassene Anfechtung jetzt noch nachzuholen.

Dies ist vor allem dann erforderlich und wohl noch unverzüglich, sobald aufgrund der Einlassung des Gegners zu befürchten ist, dass ein nicht beabsichtigter Vertragsinhalt mittels Auslegung rechtlichen Bestand haben bzw. ein (schlüssiges) Verhalten als (stillschweigende) vertragsbegründende Willenserklärung ausgelegt werden könnte (Grüneberg/Ellenberger vor § 116 Rn. 17; 119 Rn. 22: bei fehlendem Erklärungsbewusstsein Anfechtungsrecht analog § 119 Abs. 1 2. Alt. BGB; Beispiel: »Trierer Weinversteigerung« – Handaufheben, um einem Bekannten zuzuwinken, als Abgabe eines Gebots). Auf der anderen Seite sollte in einem solchen Fall der Gegner möglichst konkret die Umstände vortragen, aufgrund derer er von einer konkludenten Willenserklärung ausgegangen ist. Denn eine solche sicher feststellen zu können, ist naturgemäß oftmals schwierig.

1159 (3) Bei einem (behaupteten) Vertragsschluss durch einen **Vertreter** ist dessen Vertretungsmacht sowie sein Handeln im Namen der Partei vorzutragen (§ 164 BGB).

Es müssten hierzu (wohl; streng genommen) die Tatsachen dargelegt werden, aus denen sich die rechtliche Schlussfolgerung des Auftretens »als Vertreter« (oder »als Vertragspartner«) ergeben soll (KG NJW-RR 2000, 1690 – dort aber widersprüchlicher Sachvortrag). Allerdings dürfte in der Praxis für die Schlüssigkeit regelmäßig der Vortrag ausreichen, dass eine bestimmte Person als Bevollmächtigter für eine andere bestimmte Person aufgetreten ist.

▶ **Beispiel:**

1160 Während sich z.B. bei einem Geschäftsführer einer GmbH die Vertretungsmacht aus dem Gesetz ergibt, ist ein Kommanditist zur Vertretung der Kommanditgesellschaft nicht berechtigt (§§ 35 GmbHG, 170 HGB; BGH NJW-Spezial 2005, 172). Deshalb muss im letzteren Fall bei einer behaupteten Stellvertretung zur Vertretungsmacht speziell vorgetragen werden.

Im Übrigen ist bei Vertretungsverhältnissen und allgemein bei Personenmehrheiten konkret vorzutragen, wer in welcher Weise gehandelt hat, und nicht nur pauschal und unpersönlich in der dritten Person (z.B. »es wurde …« oder »man hat …«).

Hierbei ist besonders darauf zu achten, dass Verwechslungen und ein widersprüchlicher Sachvortrag vermieden werden (KG NJW-RR 2000, 1690: Der Kläger trägt einerseits vor, der Beklagte sei »als Vertragspartner« aufgetreten, andererseits wird behauptet, er sei »als bevollmächtigter Vertreter« aufgetreten).

1161 (4) Beschränkt der Kläger seinen **Verzugsschaden** nicht auf den gesetzlichen Zinssatz (§ 288 Abs. 2 BGB), so bedarf es – neben dem Vortrag zu den gesetzlichen Verzugsvoraussetzungen (§ 286 BGB) – erweiterter Darlegungen zur Schadenshöhe.

Für die Fortdauer vertraglich vereinbarter Zinsen (§ 288 Abs. 3 BGB) genügt die Darlegung, dass und in welcher Höhe solche Zinsen für die Hauptforderung vereinbart waren.

Höhere Kreditzinsen (§ 288 Abs. 4 BGB) kann der Kläger entweder als konkreten Refinanzierungsschaden oder als entgangenen Anlagegewinn (§ 252 BGB) geltend machen. Für die erste Alternative genügt der Vortrag, er habe einen mit dem geforderten Zinssatz verzinslichen Bankkredit mindestens in Höhe der Klageforderung und mindestens seit dem verlangten Zinsbeginn in Anspruch genommen (Grüneberg/Grüneberg § 288 Rn. 7). Eine konkrete Darlegung ist erst erforderlich, wenn der Schuldner den

Zinsschaden bestreitet. Für die zweite Alternative genügt eine abstrakte Schadensdarlegung nur ausnahmsweise (BGHZ 104, 347: Banken). Grundsätzlich muss eine konkrete Darlegung erfolgen, welcher Betrag wo zu welchen Konditionen hätte angelegt werden sollen. In Anbetracht der hohen gesetzlichen Zinsen kommt ein solcher Schaden kaum in Betracht.

Nicht erforderlich ist die hilfsweise Geltendmachung des gesetzlichen Zinssatzes; dieser ist als Minus im weiter gehenden Verzugsschaden enthalten.

(5) Als Verzugsschaden geltend gemacht werden können auch die **Kosten** der Versuche vorprozessualer Anspruchsdurchsetzung (§§ 280 Abs. 1 und 2, 286 BGB). Allerdings müssen diese sachdienlich, d.h. Erfolg versprechend gewesen sein. 1162

Hierunter fallen die Kosten von Mahnschreiben nach Eintritt des Verzugs (weswegen die Kosten der ersten, verzugsbegründenden Mahnung nicht erstattungsfähig sind: BGH NJW 1985, 324), die konkret darzulegen sind; eine Pauschalierung ist nicht möglich.

Die Kosten eines Inkassobüros können bis zur Höhe der Kosten einer Anspruchsdurchsetzung durch einen Rechtsanwalt (RVG-Sätze) verlangt werden (Grüneberg/Grüneberg § 286 Rn. 49).

Weitere Aufwendungen oder Schäden sind praktisch eher selten.

Nicht mehr erforderlich (wohl aber möglich: Enders JurBüro 2010, 1, 57, 113) ist es für den Kläger, die Kosten **außergerichtlicher Tätigkeit seines Prozessbevollmächtigten** als Verzugsschaden im Prozess geltend zu machen. 1163

Eine entsprechende Notwendigkeit hatte sich aus der RVG-Reform 2004 und einer unglücklichen Auslegung der neuen Vorschriften durch den BGH ergeben.

Hatte der Kläger seinen Anwalt zunächst nur mit der außergerichtlichen Tätigkeit beauftragt, schuldete er diesem nach Nr. 2400 RVG-VV eine 0,5- bis 2,5-fache Geschäftsgebühr, die gemäß Vorbem. 3 Abs. 4 RVG-VV nur zur Hälfte, höchstens jedoch bis 0,75 auf die gerichtliche Verfahrensgebühr angerechnet wurde. Der BGH (BGH NJW 2007, 2049; BGH NJW 2007, 2050; BGH NJW 2007, 3500; BGH NJW 2008, 1323; BGH NJW-RR 2008, 1095; BGH NJW 2008, 1888; BGH NJW 2008, 3641; Junglas NJW 2008, 2377) hatte aus dieser Regelung zwei Folgerungen abgeleitet: Zum einen könne eine vorprozessual angefallene Geschäftsgebühr nicht Gegenstand einer Kostenfestsetzung nach §§ 103 ff. ZPO sein; zum anderen führe die Anrechnung der Geschäftsgebühr auf die Verfahrensgebühr dazu, dass Erstere in voller, Letztere nur in verminderter Höhe anfalle (und nicht umgekehrt!), weil die in Vorbemerkung 3 Abs. 4 RVG-VV vorgeschriebene Anrechnung auch den im Rahmen der Kostenfestsetzung zu berücksichtigenden Gebührenanspruch mindere. Der der Partei durch die vorgerichtliche anwaltliche Vertretung entstandene Schaden belief sich damit nicht bloß auf eine halbe, sondern auf die volle Geschäftsgebühr, weil die Verfahrensgebühr später im Rahmen der Kostenfestsetzung entsprechend herabgesetzt wurde. Diesen Schaden konnte (und musste) der Kläger als materiellen Schadensersatzanspruch neben der Hauptforderung mit der Klage geltend machen.

Voraussetzung für den entsprechenden materiellen Verzugsschadensersatzanspruch des Klägers war, dass die vorprozessuale Beauftragung des Rechtsanwalts zu einem Zeitpunkt erfolgt war, zu dem der Beklagte sich bereits in Verzug befand, dass der Schuldner die Erfüllung nicht bereits ernsthaft und endgültig verweigert hatte, dass es sich nicht um einen einfachen Fall handelte, zu dessen Durchsetzung es anwaltlicher Hilfe nicht bedurfte, und dass dem Kläger aufgrund seiner Kenntnisse, Fähigkeiten und Ausstattung (Jurist, eigene Rechtsabteilung) nicht die eigene Durchsetzung möglich war. Hatte der Mandant die Rechnung des Anwalts über die außergerichtliche Geschäftsgebühr (zuzüglich Auslagenpauschale und Mehrwertsteuer) bereits beglichen, konnte er vom Gegner Zahlung verlangen; war die Rechnung noch offen, ging sein Anspruch auf Freistellung.

Diese Rechtslage wurde von Anfang an allgemein als unbefriedigend empfunden. Die regelmäßige zusätzliche Forderung von außergerichtlichen Kosten komplizierte das Klageverfahren unnötig, im Kostenfestsetzungsverfahren musste festgestellt werden, ob und in welcher Höhe eine Geschäftsgebühr angefallen war. Im Mahnverfahren war eine maschinelle Berechnung der Kosten nicht mehr möglich, im Rahmen der Prozesskostenhilfe zu erstattende Gebühren mussten ggf. gekürzt werden.

All dies hat den Gesetzgeber zu einer Änderung des RVG veranlasst. Mit Art. 7 Abs. 4 Nr. 3 des Gesetzes zur Modernisierung von Verfahren im anwaltlichen und notariellen Berufsrecht, zur Errichtung einer

Schlichtungsstelle der Rechtsanwaltschaft sowie zur Änderung sonstiger Vorschriften vom 30.07.2009, der zum 05.08.2009 in Kraft trat, führte er § 15a RVG ein. Nach § 15a Abs. 1 RVG kann der Anwalt nunmehr in allen Fällen der Anrechnung von Gebühren (also auch im Fall der Vorbem. 3 Abs. 4 RVG-VV) jede Einzelgebühr in voller Höhe verlangen, solange er dabei den durch die Anrechnung begrenzten Gesamtbetrag nicht überschreitet. Damit ist der Auslegung des BGH, die Verfahrensgebühr entstehe nur in gekürzter Höhe, die Grundlage entzogen. Dies haben nahezu alle Senate des BGH zwischenzeitlich auch so entschieden (Nw. bei BGH RVGreport 2011, 2011, 27). Damit ist es wieder möglich, die Verfahrensgebühr auch in den Fällen ungeschmälert im Kostenfestsetzungsverfahren am Ende des Zivilprozesses geltend zu machen, in denen zuvor eine Geschäftsgebühr angefallen ist (zur Berechnung der dann reduzierten Geschäftsgebühr Hansens AnwBl 2009, 535, 537; Fölsch MDR 2009, 1137, 1138).

Problematisch blieb nach der Gesetzesänderung, welche Auswirkungen sie auf Altfälle hat, d.h. auf noch nicht entschiedene Fälle, in denen die Verfahrensgebühr anteilig als Nebenforderung geltend gemacht wurde. Die überwiegende Ansicht geht davon aus, § 15a RVG stelle nur eine Klarstellung der schon vor seinem Inkrafttreten geltenden Rechtslage dar, sodass auch in Altfällen eine (auch nachträgliche: BGH MDR 2011, 136) Festsetzung der Verfahrensgebühr in voller Höhe möglich sei (BGH NJW 2008, 1323; BGH NJW 2009, 3101; BGH FamRZ 2010, 456; Schneider NJW-Spezial 2010, 667). Die gegenteilige Auffassung verneint dies unter Hinweis auf die in der Schaffung des § 15a RVG zu sehende Neuregelung (Becker/Kohlmann EWiR 2010, 165; Hansens ZfSch 2010, 522, beide m.w.N.). Zum Zeitpunkt der Drucklegung dieses Werks standen einige BGH-Entscheidungen noch aus, war die Anrufung des Großen Senats nicht ausgeschlossen und damit noch offen, wie Altfälle letztlich zu behandeln sind. Letztlich wird sich diese Problematik durch Zeitablauf erledigen.

Problematisch ist die Anwendung des § 15a RVG in Prozesskostenhilfesachen. Auch im Verhältnis zur Staatskasse gilt die neue Anrechnungsregel, fraglich ist allerdings, ob die Staatskasse als »Dritter« i.S.d. Abs. 2 anzusehen ist und sich auf eine Anrechnung nur berufen kann, wenn der Auftraggeber die außergerichtliche Geschäftsgebühr gezahlt hat (hierzu Fölsch MDR 2009, 1137, 1140; Schneider DAR 2009, 353, 356; ders. AGS 2009, 361, 364; Enders JurBüro 2009, 393, 398; Hansens AnwBl 2009, 535; Müller-Rabe NJW 2009, 2913, 2916).

1164 Zwar weitgehend ungebräuchlich, aber nicht ausgeschlossen ist es, etwaige **Kreditkosten** bezüglich der verauslagten und fremdfinanzierten Vorschüsse (insbesondere für das Tätigwerden des eigenen Anwalts, für die Klagezustellung, für die Erholung von Sachverständigengutachten etc.) geltend zu machen (Braunschneider ProzRB 2005, 212; AG Wedding, Urt. vom 11.04.2002 – 22a C 325/01; LG Berlin, Urt. vom 01.06.2001 – 102 O 210/00: von Einzahlung bis Beantragung der Kostenfestsetzung Feststellungsantrag zusammen mit der Zahlungsklage, dann § 104 ZPO).

1165 (6) Bei auf **Eigentum** gestützten Klagen ist auch die Eigentümerstellung des Klägers vorzutragen.

Ungenügend, zumindest aber unklar ist es z.B., nur davon zu sprechen, dass der Kläger Halter des geschädigten Fahrzeugs ist oder es sich um »die Wohnung der Klägerin« handelt.

ee) Substantiierung

1166 Substantiiert ist der Vortrag, wenn Tatsachen so vorgetragen werden, dass sie in Verbindung mit einem Rechtssatz geeignet sind, das geltend gemachte Recht als entstanden erscheinen zu lassen (BGH NJW-RR 2020, 392, ständ. Rspr.). Die Substantiierung regelt dabei die **Einzelheiten**, aus denen sich die zur Schlüssigkeit erforderlichen Tatsachen ergeben. Die Frage, wie detailreich eine Tatsache dabei vorgetragen werden muss, hängt von der prozessualen Situation im Einzelfall, insbesondere von der Substantiierung der Einlassung des Gegners ab und kann sich im Laufe des Rechtsstreits ändern (Schultz NJW 2017, 16; Eschelbach/Geipel ZAP Fach 13, S. 1669, 1681).

▶ **Beispiel:**

Nicht geeignet, einen Reisemangel zu substantiieren, sind Behauptungen wie: »das Essen war teilweise schlecht und eintönig«, »der Service ließ zu wünschen übrig«, »das Hotel war unsauber«, »das Zimmer war laut«. Richtig wäre es, die Mängel nicht nur ihrer Art nach, sondern auch nach ihrer Intensität, Häufigkeit und Dauer sowie mit den damit verbundenen Beeinträchtigungen genau zu beschreiben.

Sofern dies nicht direkt möglich ist, sind die Umstände vorzutragen, aufgrund derer sich das Gericht eine Vorstellung davon machen kann. So erfordert z.B. der in der Praxis häufige Minderungsgrund »Baulärm« Angaben zu Lage und Art der Baustelle, eingesetzten Baugeräten, Beginn und Ende der Arbeiten, Arbeiten in der Nacht, an Sonn- und Feiertagen (Führich/Staudinger Rn. 283, 285, 512 Fn. 226: LG Stuttgart RRa 1996, 195: Hinweis Großbaustelle reicht nicht).

Darüber hinaus gibt es für die Substantiierungslast keinen in allen Fällen gleich hoch anzusetzenden, allgemeingültigen Maßstab. Das Maß der erforderlichen Substantiierung variiert, es ergibt sich nur aus den Umständen des Einzelfalles, insbesondere aus den **Einlassungen des Gegners** und kann sich im Lauf des Rechtsstreits ändern (»Wechselspiel von Vortrag und Gegenvortrag«, BGH NJW 1999, 1859). **1167**

Der Kläger darf sich bei der Klageerhebung zunächst darauf beschränken, eine Tatsache sehr grob und pauschal darzulegen. Bleibt die Tatsache unbestritten, bedarf sie keiner weiteren Konkretisierung, sondern kann so der Entscheidung zugrunde gelegt werden. Wird die Tatsache dagegen bestritten (wobei der Beklagte sich zunächst auf ein pauschales Bestreiten beschränken kann), muss der Kläger die Tatsache mit Details ausfüllen. Dem Beklagten obliegt es dann, sein Bestreiten im Hinblick auf diese Einzelheiten zu konkretisieren, anzugeben, welche dieser Details bestritten werden sollen (BGH NJW 2015, 475). Dies gilt nicht bei einem (zulässigen) Bestreiten mit Nichtwissen: Ein solches führt nicht zu einer Erhöhung der Substantiierungsanforderungen des Gegners, sondern lediglich zur Beweisbedürftigkeit der bestrittenen Tatsache (BGH MDR 2018, 1400).

Eine solche wechselseitige Steigerung der Substantiierungslast kann im Prozess mehrfach erfolgen.

▶ Beispiel:

Macht der Kläger Gewährleistungsansprüche aus einem Kaufvertrag geltend, so kann er die Voraussetzungen des § 434 BGB dartun, indem er vorträgt, **1168**
- der gekaufte Schrank sei »mangelhaft«;
- der Schrank entspreche nicht der vereinbarten Beschaffenheit;
- vereinbart worden sei eine »Echtholzoberfläche«, geliefert worden sei eine »Kunststoffoberfläche«;
- bei den Kaufverhandlungen habe er dem Verkäufer gesagt, für ihn kämen nur Möbel aus echtem Holz in Betracht, worauf der Verkäufer geantwortet habe, andere Möbel führe er gar nicht.

Bleibt die Mangelhaftigkeit unstreitig, genügt eine Substantiierung auf den ersten beiden Stufen, muss Beweis erhoben werden, geht dies nur über die Einzelheiten der beiden letzten Stufen.

Die Substantiierung stellt ein alltägliches Problem der Gerichtspraxis dar. Für den Kläger stellt sich schon **bei Abfassung der Klagebegründung** die Frage, wie viele Einzelheiten er sinnvollerweise vorträgt. Danach muss er **während des gesamten Prozesses** ständig kontrollieren, ob sein bisheriger Vortrag aufgrund der Einlassungen des Gegners, möglicherweise aber auch aufgrund von Hinweisen des Gerichts der weiteren Konkretisierung bedarf. **1169**

Nach ständiger Rechtsprechung des BGH (z.B. BGH NJW 1968, 1233; BGH NJW 1984, 2888; BGH NJW 1991, 2709; BGH NJW 2001, 1502; BGH NJW 2003, 3564; OLG München MDR 2000, 1096) sind die näheren Einzelheiten bestimmter Ereignisse nur insoweit darzulegen, als diese für die gesetzlichen Voraussetzungen der begehrten Rechtsfolge von Bedeutung sind, oder wenn der Tatsachenvortrag infolge der Einlassung des Gegners **unklar wird** und nicht mehr den Schluss auf die Entstehung des geltend gemachten Rechts zulässt, was letztlich vom Einzelfall abhängt. **1170**

Beispiel:

1171 So muss, wenn z.B. das Zustandekommen bestimmter Abreden behauptet wird, nicht unbedingt zu Einzelheiten der Umstände dieser Abreden vorgetragen werden (BGH NJW 2000, 3286). Vor allem muss der genaue Zeitpunkt nur dann vorgetragen werden, wenn es auch darauf ankommt, z.B. wegen der Einhaltung bestimmter Fristen, nicht aber schon allein deshalb, weil der Gegner bestreitet.

Es ist Sache des Tatrichters, bei der Beweisaufnahme die Zeugen nach allen Einzelheiten zu fragen, die ihm für die Beurteilung der Zuverlässigkeit der Bekundungen erforderlich erscheinen, insbesondere auch nach Ort, Zeit und Umständen der behaupteten Abreden (OLG Köln NJW-RR 1999, 1155; BGH NJW-RR 1998, 1409; NJW 2000, 3287).

1172 An die Substantiierungslast dürfen keine überzogenen **Anforderungen** gestellt werden (Prütting/Gehrlein/Prütting § 138 Rn. 10; st. Rspr. BGH, z.B. NJW-RR 2002, 1433, 1435). Sie findet ihre Grenze in dem subjektiven Wissen der Partei und der Zumutbarkeit weiterer Ausführungen (BGH NJW-RR 2005, 75).

So dürfen z.B. im Arzthaftungsprozess an die Substantiierungspflichten grundsätzlich nur »maßvolle und verständig geringe Anforderungen« gestellt werden und Lücken im Vortrag betreffend den medizinischen Sachverhalt nicht dem Kläger angelastet werden (BGH NJW-RR 1999, 1153). Die Partei darf sich auf einen solchen Vortrag beschränken, der die Vermutung eines fehlerhaften Verhaltens des Arztes aufgrund der Folgen für den Patienten gestattet (BGH NJW 2004, 2825).

Im Verkehrsunfallprozess reicht z.B. die Behauptung aus, die geschilderten Beschwerden seien auf den Verkehrsunfall zurückzuführen und hätten z.B. zu den Heilbehandlungsmaßnahmen geführt, deren Bezahlung mit der Klage geltend gemacht wird (OLG Celle NJW-RR 2004, 1367: die Auffassung des LG überspannt die Anforderungen).

Defiziten im Vortrag, die sich aus mangelnder Sachkunde ergeben, hat das Gericht durch eine gewisse Großzügigkeit selbst gegenüber pauschalierten Beweisangeboten zu begegnen (LG München I NVersZ 2000, 568: Prozess eines medizinischen Laien gegen seine Krankenversicherung). Es kann z.B. auch nicht erwartet werden, dass die Parteien Jahre zurückliegende Vorgänge noch datieren und hinsichtlich der jeweiligen Umstände ins Einzelne gehend schildern können (BGH NJW 2002, 1488).

Auch ist der Gläubiger z.B. nicht verpflichtet, vorprozessual die Schadenshöhe (durch ein Privatgutachten oder Einholung von Kostenvoranschlägen) zu ermitteln. Es genügt, wenn er die Kosten schätzt und für den Fall, dass der Schuldner die Kosten bestreitet, ein Sachverständigengutachten als Beweismittel anbietet (BGH MDR 2003, 327: Kosten für die Sanierung eines Bauwerks). Allerdings trägt der Kläger bei einer überhöhten Betragsangabe das Kostenrisiko (§ 92 ZPO).

Dabei ist die Wahrscheinlichkeit der Darstellung eine Frage der Beweiswürdigung, nicht der hinreichenden Substantiierung (BGH NJW-RR 2005, 75).

Widersprüchliche, in sich unstimmige Darlegungen genügen den Anforderungen nicht (BGH NJW-RR 1992, 848).

1173 Trotzdem muss man in der Praxis mit einer strengeren Handhabung und **überzogenen Anforderungen** rechnen.

So soll die Aktenarbeit bei manchen Richtern darauf reduziert sein, einen (vermeintlichen) Substantiierungsmangel zu entdecken, um die Klage ohne an sich erforderliche Beweisaufnahme abweisen zu können (Geipel/Prechtel MDR 2011, 336; E. Schneider MDR 1987, 725; Rensen AnwBl 2002, 635: die Substantiierungslast wird oftmals missbraucht; Laumen in Baumgärtel/Laumen/Prütting, Bd. 1 Grundlagen, § 3 Rn. 64). Erforderliche Hinweise sollen verbreitet entweder ganz unterbleiben oder Anforderungen aufstellen, die nicht eingehalten werden können (Gremmer MDR 2007, 1172). Die große Zahl der Klagen in der Literatur lässt befürchten, dass entsprechende Verhaltensweisen bei Richtern nicht selten sind.

Vielfach machen sich Anwälte diese richterliche Fehlhaltung zu eigen und rügen die (an sich nicht gegebene) mangelnde Substantiierung des gegnerischen Vortrags in der Hoffnung, der Richter werde dem folgen (Gremmer MDR 2007, 1172: »Es gibt kaum einen Prozess, in dem nicht auf Kläger- oder Beklagtenseite oder von beiden Parteien die fehlende Substanz des jeweils gegnerischen Vortrags gerügt wird.«).

▶ Praxistipp:

Auch unbegründete Kritik des Gerichts oder des Gegners an der Substantiierung des eigenen Vortrags sollte niemals unbeantwortet bleiben. 1174

Ansonsten besteht die Gefahr, dass das Gericht seine Entscheidung auf die angebliche mangelnde Substantiierung stützt. Dann kann die berechtigte Kritik erst mit der Berufung geltend gemacht werden, die erste Instanz ist verloren. Ob dem Einwand mangelnder Substantiierung mit Rechtsausführungen zum Umfang der Substantiierungspflicht entgegengetreten wird oder ob man (wider besseres Wissen) den eigenen Sachvortrag substantiiert, ist Frage des Einzelfalles.

Zu Unrecht immer wieder gefordert wird der Vortrag bloßer **Modalitäten**, d.h. von Tatsachen, die nicht zu den Voraussetzungen entscheidungserheblicher Rechtsnormen gehören, sondern den Sachverhalt lediglich abrunden. 1175

Prägnant und exemplarisch insoweit OLG Köln NJW-RR 1999, 1154, 1155: »Die Auffassung einzelner Kammern des LG, der Klagevortrag sei unsubstantiiert, weil der Kläger nicht angegeben habe, wer-wann-wo-mit wem-warum usw. etwas getan oder unterlassen habe, ist falsch und war immer falsch, findet in der Rechtsprechung des BGH keine Stütze, ist aber bisher nicht auszurotten.«

Zu warnen ist hier indes vor **Verallgemeinerungen**. Auf die Frage, zwischen wem ein Vertrag geschlossen wurde, kommt es fast immer an. Wann ein Vertrag geschlossen wurde, kann für Fristen (Verjährung) von Bedeutung sein. Wo der Vertrag geschlossen wurde, kann für das anzuwendende internationale Recht oder die Zuständigkeit eine Rolle spielen. Die Abgrenzung zwischen entscheidungserheblichen, zur Substantiierung erforderlichen Details und unerheblichen bloßen Modalitäten ist nur im Einzelfall möglich. 1176

Diese Gefahr besteht vor allem bei Streit über zahlreiche einzelne Mängel (sog. **Punktesachen**, insbesondere Bau- und Reisevertragsprozesse) oder in sonstigen langwierigen und komplizierten Verfahren. 1177

z.B. OLG Koblenz NJW-RR 2001, 65: Das LG hat die Darlegungen zu diversen Baumängeln knapp als unsubstantiiert abgetan; OLG München NJW-RR 2001, 66: 48 Rechnungen mit einer Vielzahl von Positionen – LG hat wegen nicht hinreichender Substantiierung keine Beweisaufnahme durchgeführt; Tempel/Seyderhelm S. 554: In Reiseprozessen sind gelegentlich übertriebene Anforderungen zu beobachten, welche »teilweise sogar die Grenze zur Unerfüllbarkeit überschreiten«.

Es bleibt dabei leicht ein »schaler Nachgeschmack im Mandantenverhältnis« zurück, wenn das Gericht seine Entscheidung mit dem »schillernden« Begriff (Zöller/Greger Vor § 253 Rn. 24) der fehlenden Substantiierung begründet (Seutemann MDR 1997, 616).

Hierbei kann man sich auf die Einhaltung der richterlichen **Hinweispflicht** gem. § 139 ZPO nicht immer verlassen. Bei Verstößen gegen die Hinweispflicht stehen der Partei jedoch eine Reihe von Rechtsschutzmöglichkeiten zu. 1178

So muss man insbesondere damit rechnen, dass sich manche Gerichte auf die Entscheidung des BGH NJW 1984, 310 stützen, wonach bei anwaltlich vertretenen Parteien das Gericht nicht verpflichtet ist, den Kläger auf mangelnde Substantiierung und Schlüssigkeit hinzuweisen, obwohl diese Entscheidung vom Schrifttum fast einhellig abgelehnt und auch vom BGH inzwischen revidiert wurde. Auch unabhängig davon wird die Hinweispflicht in der Praxis allgemein eher restriktiv gehandhabt.

Es empfiehlt sich daher, **im Zweifel eher mehr als zu wenig vorzutragen** (E. Schneider MDR 1987, 726: »präventive Vielschreiberei«; BGH NJW-RR 1990, 1243: Haftung des Rechtsanwaltes bei unzureichendem Sachvortrag) und auch Anlagen (z.B. Rechnungen, Vertragsurkunden etc.) mit vorzulegen, welche bei der Entscheidung über die Frage einer ausreichenden Substantiierung mit zu berücksichtigen sind (OLG München NJW-RR 2001, 66). 1179

Dies nicht auch zuletzt deshalb, weil dadurch der Gegner zu möglichst konkretem Bestreiten gezwungen wird (oben Rdn. 1167) und »auf diese Weise die Räume für ein Bestreiten in der Grauzone zur Wahrheitspflichtverletzung eng gemacht werden« (Braunschneider ProzRB 2005, 94 – Urteilsanmerkung).

Im Übrigen bedeutet das aber nicht, jeden Schriftsatz der Gegenseite mit einem Schriftsatz beantworten zu müssen, selbst wenn es in der Sache nichts mehr zu sagen gibt, was allerdings unter den Anwälten weit verbreitet ist (Hasselmann NJW 2002 Heft 45 XIV: »Grundübel«). Hingegen kann es zur Klarstellung in umfangreichen Verfahren manchmal durchaus sinnvoll sein, auf frühere eigene Schriftsätze nebst dortigen Beweisangeboten hinzuweisen.

▶ Praxistipp:

1180 Übersteigerte Anforderungen an die Substantiierung sind ein Verfahrensfehler und können auch den Anspruch auf rechtliches Gehör verletzen. Wenn dadurch die Erhebung von relevanten angebotenen Beweisen unterbleibt, liegt ein weiterer Fehler vor.

z.B. BVerfGE 84, 190; OLG Celle NJW-RR 1996, 343; OLG München NJW-RR 1997, 944; MDR 2000, 1096; OLG Köln VersR 1977, 1425.

1181 **Unsubstantiierter** Vortrag bleibt für die Sachentscheidung unberücksichtigt. Zuvor bedarf es eines Hinweises des Gerichts nach § 139 ZPO, sodass die Partei Gelegenheit hat, den Mangel im Vortrag zu beheben.

1182 Hält das Gericht Vortrag zu Unrecht für unsubstantiiert, kann die Partei:
- Wiedereintritt der schon geschlossenen mündlichen Verhandlung verlangen, solange das Urteil nicht verkündet ist (§ 159 ZPO);
- eine Fortführung des Verfahrens beantragen, wenn ein Rechtsbehelf gegen die bereits verkündete Entscheidung nicht gegeben ist (§ 321a ZPO);
- den zu Unrecht unberücksichtigt gebliebenen Vortrag nach Einlegung der Berufung (soweit diese im Übrigen zulässig ist) in zweiter Instanz vortragen, wo er dann zu berücksichtigen ist (§§ 529 Abs. 1, 531 Abs. 2 ZPO);
- die unberechtigte Zurückweisung des Vorbringens mit der Revision (§ 545 ZPO) oder der Rechtsbeschwerde (§ 576 ZPO) rügen.

1183 Von wesentlicher Bedeutung für die Anforderungen an die Substantiierung des eigenen Vortrags ist die **Einlassung des Gegners.** Je konkreter dessen Vortrag ist, umso genauer muss auch das eigene Vorbringen sein (BGH NJW 2015, 475).

▶ Beispiel:

1184 Der Vortrag, eine GmbH habe einen Vertrag abgeschlossen, genügt nur, solange der Vertragsschluss nicht in Abrede gestellt wird. Ansonsten bedarf es der Darlegung, welches Organ für die juristische Person aufgetreten ist. Fehlt es an der konkreten Benennung einzelner Personen und Vertretungsberechtigungen, ist der Vortrag unsubstantiiert, eine Beweisaufnahme (die dann einen unzulässigen Ausforschungsbeweis darstellen würde) findet nicht statt.

Wird der behauptete Vertragsabschluss bestritten, muss zusätzlich vorgetragen werden, welche Personen (nur ausnahmsweise auch zu welchem Zeitpunkt) was konkret vereinbart haben. Denn die bloße (zunächst ausreichende) Behauptung, ein Vertrag sei mit dem Beklagten abgeschlossen worden, ist nach dem Bestreiten des Beklagten nicht mehr genügend, stellt eine der Beweisaufnahme nicht zugängliche bloße Rechtsbehauptung (OLG Nürnberg JurBüro 1999, 486) dar.

Ist streitig, ob überhaupt rechtsverbindliche Willenserklärungen vorliegen, sind die relevanten Äußerungen möglichst detailliert (nach Möglichkeit im Wortlaut und unter Darlegung der äußeren Umstände) anzugeben. Ob und mit welchem Inhalt rechtlich eine Vereinbarung zustande gekommen ist, ergibt hier erst die (u.U. normative) Auslegung der beiderseitigen Erklärungen (§§ 133, 157 BGB; OLG Nürnberg JurBüro 1999, 486).

Bei konkludentem Verhalten eines Vertragsteils darf nicht lediglich das ihm zugeschriebene Erklärungsergebnis behauptet werden, sondern das tatsächliche Verhalten selbst muss so deutlich sein, dass es auf den ihm zugeschriebenen rechtlichen Erklärungsgehalt hin aus der Sicht des Empfängers unter Berücksichtigung der §§ 133, 157 BGB gewürdigt werden kann. Hierzu müssen wörtliche Erklärungen, Handlungen oder andere Umstände vorgetragen werden, mit denen ein entsprechender Vertragswille nach außen hervorgetreten ist (BGH NJW 2003, 3564).

Bei einer abgeleiteten Sachbefugnis ist die Erlangung der Rechtsinhaberschaft konkret darzulegen. Hierzu muss substantiiert vorgetragen werden, auf welche Weise der Kläger Inhaber der eingeklagten, ursprünglich einem anderen Gläubiger zustehenden Forderung geworden ist (etwa durch Abtretung oder durch gesetzlichen Forderungs- oder Vermögensübergang, z.B. gem. § 566 BGB bei Veräußerung vermieteten Wohnraums oder bei Gesellschaften durch formwechselnde Umwandlung unter Wahrung der Identität, BGH NJW-RR 2002, 1436: BGB-Gesellschaft wird zur OHG).

Ist die Klageforderung Ergebnis einer **Berechnung**, genügt in der Klageschrift zunächst die Mitteilung des Ergebnisses. Bestreitet der Beklagte die Höhe der Forderung, muss diese nachvollziehbar und verständlich konkretisiert werden. 1185

▶ Beispiel:

Bestand zwischen den Parteien ein Kontokorrentverhältnis gem. § 355 HGB, kann sich der Kläger zunächst darauf beschränken, den letzten vom Beklagten bestätigten Saldo und die danach noch eingetretenen Änderungen mitzuteilen. Wird der Saldo bestritten, muss der Kläger alle ins Kontokorrent eingestellten Forderungen im Einzelnen so detailliert darlegen, dass dem Gericht eine vollständige rechnerische und rechtliche Überprüfung möglich ist (BGH NJW 1983, 2879). 1186

Wird Werklohn aus einem BGB-Werkvertrag eingeklagt, ist die Klage unter Angabe des Rechnungsendbetrags schlüssig. Einer Konkretisierung in Form einer nachvollziehbaren bzw. prüfbaren Schlussrechnung bedarf die Klage erst nach Bestreiten der Forderungshöhe durch den Beklagten (OLG Hamm BauR 1997, 656; Jagenburg NJW 2001, 191; Werner/Pastor Rn. 1376 ff. zur umstr. Frage, ob diese beim BGB-Bauvertrag eine Fälligkeitsvoraussetzung für den Werklohn darstellt, verneinend Grüneberg/Sprau § 641 Rn. 3).

Bei einem geltend gemachten Schadensersatz sind Art und Umfang der Schäden darzustellen. Die in der Praxis nicht selten verwendete Formulierung, die Sache sei »erheblich beschädigt« worden, ist ohne die Angabe weiterer Einzelheiten völlig unsubstantiiert (OLG Hamm NJW 2003, 2543). Zur Höhe genügt zunächst die Angabe des Gesamtbetrags. Eine detaillierten Einzelaufstellung der einzelnen Schadenspositionen, wie sie etwa ein vorprozessual eingeholtes Privatgutachten leistet, ist erst erforderlich, wenn es zu einer Beweisaufnahme über die Schadenshöhe kommt.

Müssen Sachverhalte vorgetragen werden, die sich über einen längeren Zeitraum erstrecken, ist es Frage des Einzelfalles, ob eine Beschreibung genügt, aus der sich ergibt, um welche Art von Geschehnissen es geht, in welcher Frequenz, zu welchen Tageszeiten und mit welcher Dauer sie auftreten, oder ob es des Vortrags einer Vielzahl von konkreten Einzeltatsachen bedarf. Letzteres erfolgt häufig in Form sog. Protokolle. 1187

▶ Beispiel:

Für die Lärmbelästigung in einem Mietverhältnis hat der BGH eine pauschale Darlegung genügen lassen (BGH, Urt. vom 29.02.2012 – VIII ZR 155/11). Für die Bemessung von Schmerzensgeld verlangen Gerichte oft ein »Schmerzprotokoll«.

1188 Konkretisieren kann die Partei ihren Vortrag nur, wenn sie die entsprechenden Details auch kennt. Deswegen kann das Maß der erforderlichen Substantiierung auch davon abhängig sein, ob sich die maßgeblichen Vorgänge im **Wahrnehmungs- und Einflussbereich der Partei** abgespielt haben (z.B. BGH NJW-RR 2001, 1295).

Dabei darf die Partei sich regelmäßig nicht auf die Behauptung beschränken, weitere Einzelheiten seien ihr nicht bekannt. Soweit ihr das möglich und zumutbar ist, ist sie regelmäßig verpflichtet, sich die entsprechenden Kenntnisse zu verschaffen.

Da das Gericht kaum beurteilen kann, über welche Kenntnisse eine Partei verfügt oder was sie sich beschaffen kann, sollte für den Fall, dass die eigenen Erkenntnismöglichkeiten ausgeschöpft sind, hierauf ausdrücklich hingewiesen werden.

1189 Ist dem Gegner eine weitere Konkretisierung möglich und zumutbar, kann dieser anstelle der eigenen Partei zur Substantiierung gehalten sein (**sekundäre Darlegungslast**, unten Rdn. 1360). Auch hierauf sollte der Anwalt im Bedarfsfall ausdrücklich hinweisen.

1190 Ist eine Konkretisierung durch keine Partei zu erwarten, kann das Gericht verpflichtet sein, sie durch **von Amts wegen** einzuholende Gutachten vorzunehmen.

▶ Beispiel:

1191 Macht der Kläger durch Holzschutzmittel verursachte Körperschäden geltend, bedarf es nicht der Angabe medizinischer Details (BGH NJW 1995, 1160).

Bei Arztfehlern ist dem Kläger mangels Sachkunde eine weitere Darlegung der Umstände, aus denen der Kunstfehler folgt, nicht zuzumuten. Diese Aufklärung kann durch Sachverständigengutachten erfolgen (OLG Oldenburg NJW-RR 1999, 1153: nur maßvolle und geringe Anforderungen), die durch das Gericht einzuholen sind.

Bei einer behaupteten Innenvollmacht aufseiten des Beklagten braucht nicht vorgetragen zu werden, wann und bei welcher Gelegenheit (und von wem, falls mehrere in Betracht kommen) die Vollmacht erteilt wurde (BGH NJW-RR 1999, 361).

Wer Ansprüche aus fehlerhafter Kapitalanlageberatung geltend macht, muss die nicht rechtzeitige Übergabe des Emissionsprospekts darlegen und beweisen. Da es sich um eine negative Tatsache handelt, muss die andere Partei – soweit es ihr zumutbar ist – substantiiert vortragen, wann und unter welchen Umständen der Prospekt übergeben wurde (BGH NJW-RR 2017, 1520).

ff) Rechtstatsachen

1192 Zum Vortrag von Tatsachen nicht ausreichen können reine **Rechtsbegriffe**.

▶ Beispiel:

1193 Wird ein Verhalten als »sittenwidrig« oder »deliktisch« bezeichnet, kann dies die Voraussetzungen von Rechtsnormen nicht ausfüllen.

Dies gilt auch für Wertungen (z.B. »arglistig«, »grob fahrlässig«, »treuwidrig«).

Vielfach indes lassen sich Rechtsansichten und Tatsachen nicht völlig voneinander trennen. In sog. **Rechtstatsachen** fallen Tatsachen und deren rechtliche Bewertung zusammen. 1194

▶ Beispiel:

Behauptet der Kläger, er habe eine Sache »gekauft«, liegt darin nicht nur die rechtliche Qualifikation eines Vertragstyps. Umgangssprachlich wird mit dem Begriff »Kauf« auch ein bestimmter Lebenssachverhalt zusammengefasst (Einigung über einen entgeltlichen Eigentumsübergang). 1195

Rechtstatsachen (besser: deren **tatsächlicher Kern**) können als substantiierter Vortrag – auf einem niedrigen Niveau – ausreichen. 1196

Voraussetzung dafür ist: 1197

– dass es sich bei dem verwendeten Begriff um einen umgangssprachlich gebräuchlichen handelt oder zumindest in Anbetracht des Verwenders kein Zweifel daran besteht, dass der Begriff so gemeint war, wie er von den übrigen Prozessbeteiligten verstanden wird; 1198

▶ Beispiel:

Keine Bedenken dürften bei der Verwendung von Begriffen wie »Eigentum«, »Kauf«, »Miete«, »Schenkung«, »Darlehen« oder »Bürgschaft« bestehen. Den Begriff der »Leihe« indes kann ein juristischer Laie nur selten eindeutig von dem »Miete« unterscheiden. Wird der Begriff von einem Anwalt verwendet, bestehen keine Zweifel.

– dass der Begriff einen klar definierbaren tatsächlichen Kern hat. 1199

▶ Beispiel:

Dies fehlt zum Beispiel beim Begriff »Vorfahrt«, dem eine »rechts-vor-links-Situation«, ein Vorfahrtsschild, ein Stoppschild, eine Ampelanlage, Weisungen eines Polizeibeamten o.Ä. zugrunde liegen kann.

Bleiben die so vorgetragenen Sachverhalte unstreitig, kann dies für die Prozessführung genügen (Prütting/Gehrlein/Prütting § 138 Rn. 10; OLG Köln, OLG Report Köln 2003, 90). Werden die Tatsachen bestritten, müssen sie soweit konkretisiert werden, dass sie zum Gegenstand einer Beweisaufnahme gemacht werden können (unten Rdn. 1215). 1200

gg) Hilfsvorbringen

Keine Partei muss sich im Prozess darauf beschränken, nur einen Sachverhalt vorzutragen. Für den Fall, dass der Hauptvortrag den erstrebten Prozesserfolg nicht rechtfertigt, kann hilfsweise ein **anderer Sachverhalt** vorgetragen werden. 1201

Solange die Partei nicht von der Unwahrheit einer der vorgetragenen Alternativen überzeugt ist, liegt darin kein Verstoß gegen die prozessuale Wahrheitspflicht. Dies gilt selbst dann, wenn die verschiedenen Begründungen sich widersprechen oder sich gegenseitig ausschließen (BGHZ 19, 387).

Mit dem tatsächlichen Hauptvorbringen unvereinbares Hilfsvorbringen einer Partei ist unbeachtlich, wenn das Gericht das Hauptvorbringen seiner Entscheidung zugrunde legt, dieses jedoch rechtlich nicht zum angestrebten Erfolg führt (BGH MDR 2019, 1076 und 1298).

▶ Beispiel:

Macht der Kläger primär einen Werklohnanspruch geltend, kann er die Klage hilfsweise darauf stützen, dass der Beklagte ohne Rechtsgrund um die Werkleistung bereichert ist und den gleichen Betrag als Wertersatz schuldet. 1202

Abgegrenzt werden muss das bloße Hilfsvorbringen vom **Hilfsantrag**. Während ein zusätzlicher Antrag stets eine Klagehäufung begründet (»offene Klagehäufung«), ist bei zusätzlich vorgetragenen 1203

Tatsachen zweifelhaft, ob sie lediglich der Substantiierung des bereits vorliegenden Lebenssachverhalts dienen, oder ob sie einen neuen Streitgegenstand ausfüllen. Nur im letzten Fall liegt eine (verdeckte) Klagehäufung vor.

1204 Ein weiterer Streitgegenstand (und damit ein Hilfsantrag) liegt vor, wenn die hierzu vorgetragenen Tatsachen für sich allein und ohne Rückgriff auf Tatsachen des anderen Lebenssachverhalts einen eigenen materiellen Anspruch ergeben. Ein bloßes Hilfsvorbringen ist anzunehmen, wenn es sich lediglich um Ergänzungen oder teilweise Alternativen zum vorliegenden Sachverhalt handelt, ein Anspruch sich also nur unter Zuhilfenahme von Tatsachen auch aus dem schon vorliegenden Vortrag ergibt.

Einer Abgrenzung bedarf es, weil sich Hilfsantrag und Hilfsvorbringen in mehrfacher Hinsicht unterscheiden: Da beim Hilfsvorbringen nur ein einziger Streitgegenstand vorliegt, kann die Partei dem Gericht eine bestimmte Prüfungsreihenfolge nicht zwingend vorgeben, das Gericht ist frei, über welches Vorbringen es verhandeln, Beweis erheben oder entscheiden will. Etwas anderes gilt, wenn aus dem Hilfsvorbringen weniger zugesprochen werden kann als aus dem Hauptvorbringen, dann muss Letzteres vorab geklärt werden. Ein Teilurteil über das Hauptvorbringen ist nicht möglich, eine Klageabweisung im Übrigen bei Klagestattgabe aus dem Hilfsvorbringen nicht nötig. Das nachträgliche Geltendmachen oder Ändern von Hilfsvorbringen stellt keine Klageänderung i.S.d. §§ 263 ff. ZPO dar, unterliegt jedoch (anders als der Hilfsantrag) den Präklusionsmöglichkeiten des § 296 ZPO.

1205 In den Prozess eingebracht werden kann das Hilfsvorbringen entweder schon in der Klageschrift (wenn der Kläger sich hier mit vermuteten Einwendungen des Beklagten auseinandersetzt) oder nachträglich während des Verfahrens (wenn der Kläger auf Verteidigungsvorbringen des Beklagten oder auf eine seinen bisherigen Vortrag nicht bestätigende Beweisaufnahme reagiert). Unproblematisch ist es, wenn der Kläger diese neuen Tatsachen ausdrücklich vorträgt. Tut er dies dagegen nicht, ist fraglich, inwieweit im Wege der Auslegung davon ausgegangen werden kann, dass er sich vom Beklagten vorgetragene oder in einer Beweisaufnahme aufgetauchte Tatsachen **hilfsweise zu eigen gemacht** hat:

1206 (1) Nach einhelliger Ansicht ist ein solches hilfsweises Zu-eigen-machen immer dann anzunehmen, wenn im Vorbringen des Klägers hierfür **konkrete Anhaltspunkte** zu finden sind.

▶ Beispiel:

1207 Der Kläger trägt Rechtsansichten zu diesen Tatsachen vor, oder er macht sie stillschweigend zur Grundlage seines weiteren Vortrags.

1208 (2) Streitig ist, ob von einem hilfsweisen Zu-eigen-machen aller dem Kläger **günstigen** Tatsachen auch dann auszugehen ist, wenn solche konkreten Anhaltspunkte in seinem Vortrag fehlen.

Unter Zugrundelegung des Beibringungsgrundsatzes muss man dies an sich ablehnen, weil die für die Entscheidung zu beachtenden Tatsachen von den Parteien vorzutragen sind und es nicht genügt, dass sie der Berücksichtigung ihnen günstiger Tatsachen nur nicht widersprochen haben (BGH NJW 2001, 2177; BGH NJW 2000, 1641; BGH NJW-RR 1990, 507; a.A. BGH NJW 2001, 2177; BGH NJW-RR 1995, 684).

1209 Der BGH indes vertritt die Auffassung, dass sich eine Partei die bei einer Beweisaufnahme zutage tretenden ihr günstigen Umstände regelmäßig ohne Weiteres zumindest hilfsweise zu eigen macht (BGH NJW 2015, 2125; BGH NJW-RR 2010, 495).

▶ Beispiel:

1210 Die Klägerin nahm den Beklagten, ihren Zahnarzt, wegen eines Behandlungsfehlers in Anspruch. Dieser bestritt einen Fehler, Einwendungen gegen die Höhe des geforderten Schadensersatzes erhob er nicht. Der vom LG bestellte Gutachter führte u.a. aus, die im Kostenvoranschlag der Klägerin enthaltenen Arbeiten zur Sanierung des Gebisses seien teilweise nicht erforderlich. Das OLG ist davon ausgegangen, die Höhe des Schadens sei unstreitig. Dies hat der BGH beanstandet. Das Berufungsgericht habe verkannt, dass sich eine Partei die bei einer Beweisaufnahme zutage tretenden ihr günstigen Umstände regelmäßig zumindest hilfsweise zu eigen macht. Dafür, dass der Beklagte dies nicht wollte, ist nichts ersichtlich. Das Berufungsgericht durfte dieses Beweisergebnis bei seiner Entscheidungsfindung deshalb nicht als unerheblich bewerten. Die Nichtberücksichtigung des für den Beklagten günstigen Beweisergebnisses bedeutet, dass das Berufungsgericht erhebliches Vorbringen des Beklagten übergangen und damit dessen verfassungsrechtlich gewährleisteten Anspruch auf rechtliches Gehör (Art. 103 Abs. 1 GG) verletzt hat (BGH NJW-RR 2010, 495).

▶ Praxistipp:

Will der Kläger sich hilfsweise Bekundungen eines Zeugen oder Vorbringen des Beklagten zu eigen machen, sollte er dies ausdrücklich tun und nicht darauf vertrauen, dass das Gericht hiervon im Wege der Auslegung ausgeht. 1211

c) Beweisantritte

Die Klageschrift hat grundsätzlich auch bereits diejenigen Beweismittel zu bezeichnen, deren sich die Partei zum Nachweis tatsächlicher Behauptungen bedienen will. Solche Beweisanträge sind Voraussetzung für eine spätere Beweisaufnahme. 1212

Nur ausnahmsweise kommt eine Beweisaufnahme auch ohne Beweisantritt von Amts wegen in Betracht (§§ 142 ff., 273 ZPO). Hierauf darf der Anwalt nicht vertrauen. Zum einen stehen dem Gericht nicht alle Beweismittel zur Verfügung (Zeugen dürfen ohne Antrag nie vernommen werden), zum anderen fehlt dem Gericht regelmäßig die Kenntnis, welches Beweismittel für eine klärungsbedürftige Tatsache zur Verfügung steht. Als Ausnahme von der den Zivilprozess beherrschenden Beibringungsmaxime kommt eine solche Beweisaufnahme von Amts wegen praktisch so gut wie nie vor.

aa) Inhaltliche Anforderungen

Ein wirksamer Beweisantrag setzt neben der Benennung des Beweismittels die Bezeichnung der Tatsache voraus, die durch die Erhebung dieses Beweises bewiesen werden soll (Laumen MDR 2020, 145). 1213

Die Beweisbenennung erfolgt: 1214

- beim **Augenschein** durch die Bezeichnung des Gegenstands des Augenscheins (§ 371 ZPO);
- beim **Zeugen** durch Benennung des Zeugen;

  Dabei ist dieser mit vollem Namen und ladungsfähiger Anschrift zu benennen. Fehlt es an einem dieser Erfordernisse, kann der Partei eine Frist zum Nachbringen gesetzt werden (§ 356 ZPO). Überwiegend erfolgt dies nur, wenn absehbar ist, dass das Hindernis beseitigt werden kann. Ist als Zeuge lediglich »N.N.« benannt, ist Voraussetzung für eine Fristsetzung, dass erkennbar ist, wer als Zeuge benannt werden soll (»Sachbearbeiter der kreditgebenden Bank«); ist der Zeuge erkennbar »ins Blaue hinein« benannt, liegt kein wirksamer Beweisantritt vor; dazu unten Rdn. 1229 ff.

- beim **Sachverständigen** durch Bezeichnung der zu begutachtenden Punkte (§ 404 ZPO);

  Einer Benennung des Sachverständigen bedarf es dabei nicht. Dieser wird vom Gericht ausgewählt (§ 404 ZPO). Das schließt nicht aus, dass die Partei insoweit einen Vorschlag macht. Sind die Parteien sich über die Person des Sachverständigen einig, ist das Gericht hieran gebunden.

- bei **Urkunden** durch Vorlegung der Urkunde (§ 420 ZPO) oder den Antrag, dem Besitzer der Urkunde die Vorlegung aufzugeben (§ 421 ZPO) bzw. ihm hierzu eine Frist zu setzen (§ 428 ZPO);

  Erforderlich dabei ist grundsätzlich die Vorlage der Originalurkunde. Die Vorlage einer Ablichtung genügt genauso wenig, wie die bloße Ankündigung der Vorlage »im Bestreitensfall«. Letzteres ist dennoch zu empfehlen, will man die Originalurkunde nicht unnötig gefährden. Auf die Ankündigung hin ist das Gericht verpflichtet, auf die Notwendigkeit einer Vorlage hinzuweisen, wenn eine Beweisaufnahme erforderlich wird.

- bei der **Parteivernehmung** durch den Antrag, den Gegner der beweispflichtigen Partei (§ 445 ZPO) oder diese selbst (§ 447 ZPO) zu vernehmen.

1215 Die unter Beweis gestellte Tatsachenbehauptung muss so **konkret** sein, dass sie dem Beweis zugänglich ist.

Dies ist nicht der Fall, wenn die Tatsache nur durch einen Rechtsbegriff vorgetragen wurde. Dies kann für die Substantiierung der Klage genügen, bedarf indes der Konkretisierung, wenn die Tatsache vom Gegner bestritten wird. Der Beweisaufnahme muss deswegen stets eine Konkretisierung vorangehen.

▶ Beispiel:

1216 Hat der Kläger unter Beweisantritt vorgetragen, eine Sache sei »gekauft« worden, und bedarf dies nach Bestreiten durch den Beklagten des Beweises, so liegt kein wirksamer Beweisantritt vor.

Vielmehr muss der Kläger im Rahmen der aufgrund des Bestreitens erforderlich gewordenen Substantiierung seines Vortrags diejenigen Tatsachen konkret darlegen, aus denen sich der Vertragsschluss ergibt. Hierzu muss ersichtlich sein, ob insoweit bereits ein gemeinsamer, übereinstimmender Wille der Vertragsparteien bestand, der jeder weiteren Auslegung vorginge, oder ob sich eine derartige Rechtsfolge erst aufgrund einer normativen Auslegung der beiderseitigen Erklärungen ergeben soll (OLG Nürnberg JurBüro 1999, 486).

1217 Die Bezeichnung der Tatsache, über die der Beweis zu erheben ist, muss dem Beweismittel **zugeordnet** werden können. Unbeachtlich ist deswegen die zusammenfassende Benennung aller Beweismittel für das eigene Vorbringen am Ende des Schriftsatzes (»Dies alles kann beweisen ...«).

1218 Die konkrete Zuordnung von Beweisthema und Beweismittel ist aber nur ein Teil der erforderlichen Beweisantragskonnexität. Strafprozessual verlangt die Rechtsprechung neben der bestimmten Behauptung einer konkreten Tatsache die Darlegung, inwieweit das angebotene Beweismittel den Rückschluss auf das Vorliegen dieser Tatsache zulässt. So genügt es nicht, die zu beweisende Haupttatsache zu benennen, erforderlich ist der Vortrag, warum das angebotene Beweismittel hierfür ergiebig sein wird und was es ergeben soll. So muss z.B. angegeben werden, welche Wahrnehmungen ein Zeuge gemacht hat (»hat gesehen/gehört/gelesen, dass ...«) und warum, etwa »weil er zu einer bestimmten Zeit an einem bestimmten Ort war, in der Nachbarschaft wohnt, eine Akte gelesen hat usw.« (BGH, Urt. vom 06.07.1993 – 5 StR 279/93; Widmaier NStZ 1993, 602). Die neuere Rechtsprechung der Zivilsenate des BGH knüpft hieran an (BGH, Urt. vom 12.09.2013 – V ZR 291/12; BGH, Urt. vom 24.06.2003 – VI ZR 327/02), ohne diese bislang aber in vollem Umfang umzusetzen. Die hierüber geführte Diskussion (Prechtel DRiZ 2014, 262) lässt annehmen, dass auch im Zivilprozess zukünftig höhere Anforderungen an die Wirksamkeit eines Beweisantrags gestellt werden.

▶ Praxistipp:

1219 Ein Beweisantrag sollte sich nicht auf den Vortrag der Haupttatsache und eine Benennung eines hierauf gerichteten Beweismittels beschränken, sondern darlegen, warum es sich um ein ergiebiges Beweismittel handelt und was die Beweiserhebung zum Beweisthema ergeben soll.

1220 Nicht erforderlich ist, dass die Partei das **Beweisergebnis** im Sinne einer vorweggenommenen Beweiswürdigung wahrscheinlich macht (Prütting/Gehrlein/Laumen § 284 Rn. 34; Thomas/Putzo/Seiler § 284 Rn. 7).

Unklar ist, ob der Beweisführer darlegen muss, aufgrund welcher Umstände der Zeuge Kenntnis von der behaupteten Tatsache haben soll bzw. welche Anhaltspunkte er für die Richtigkeit der in das Wissen eines Zeugen gestellten Behauptung hat. Dies ist jedenfalls für eine unter Beweis gestellte, in der Person eines Dritten bestehende innere Tatsache erforderlich (unten Rdn. 1248). Im Übrigen hat der BGH festgestellt, dass »grundsätzlich keine Angabe darüber verlangt werden kann, wie der Zeuge die Tatsache erfahren hat, die in sein Wissen gestellt wird« (BGH NJW-RR 2015, 829; BGH NJW 2015, 1191; BGH NJW 1983, 2034). Allerdings verlangt die BGH-Rechtsprechung zu § 244 StPO eine Konnexität zwischen Beweismittel und Beweisbehauptung, die im Fall des Zeugenbeweises bedeutet, dass der Antrag erkennen lassen muss, weshalb der Zeuge überhaupt etwas zu dem Beweisthema bekunden können soll. Dieser Zusammenhang zwischen Beweistatsache und Beweismittel werde sich aber nach Ansicht des BGH in vielen Fällen von selbst verstehen (BGH NJW 1998, 1723).

▶ Beispiel:

Der Vortrag, dass ein Zeuge zum Beispiel zu einer bestimmten Zeit an einem bestimmten Ort war und deshalb zu einer beweiserheblichen Tatsache möglicherweise etwas bekunden kann, ersetzt nicht die Mitteilung dessen, was an dem Ort geschehen sein und was der Zeuge aufgrund eigener Wahrnehmung dazu bekunden soll. 1221

Beweisanträge, die in einem **Schriftsatz** angekündigt waren, brauchen in der mündlichen Verhandlung nicht ausdrücklich wiederholt zu werden (OLG Hamm NJW-RR 1997, 764). 1222

bb) Beweisführungslast

Der Beweisantritt obliegt der Partei, die aus der zu beweisenden Tatsache eine für sich **günstige** materielle Rechtsfolge herleiten will. 1223

Diese, auch »formelle« oder »subjektive« Beweislast genannte Beweisführungslast entspricht damit der Darlegungslast und führt praktisch dazu, dass jede Partei die Tatsachen, die sie zur Ausfüllung ihrer prozessual geltend gemachten Rechte vorträgt, auch unter Beweis zu stellen hat (Baumgärtel/Laumen/Prütting § 3 Rn. 32).

Fehlt ein Beweisantrag der beweisbelasteten Partei – und kommt es zu keiner Beweisaufnahme von Amts wegen –, bleibt die Partei **beweisfällig** und erleidet deswegen Rechtsnachteile im Prozess bis hin zum Prozessverlust. 1224

Dies gilt auch, wenn die andere Partei einen **Gegenbeweis** angeboten hat. Dieser wird grundsätzlich nur im Zusammenhang mit dem von der beweisbelasteten Partei erhoben, ohne Hauptbeweis bleibt der Gegenbeweis unerhoben. Hat das Gericht indes unter Verkennung der Beweislast den Gegenbeweis erhoben, so wird dessen Ergebnis der Entscheidung zugrunde gelegt. 1225

Für die nicht beweisbelastete Partei ist es stets sicherer, wenn die gegnerische Position nicht zum Gegenstand einer Beweisaufnahme wird. Die Beweisfälligkeit des Gegners ist immer vorteilhaft. Dagegen kann die Erhebung eines Gegenbeweises auch ein unerwünschtes Ergebnis zum eigenen Nachteil bringen.

▶ Praxistipp:

Es empfiehlt sich deswegen, Gegenbeweise erst anzubieten, wenn der Gegner den Hauptbeweis angetreten hat. 1226

Dies kann nicht für diejenigen Fälle gelten, in denen die **Beweisführungslast zweifelhaft** ist. Vorsorglich sollten für entscheidungserhebliche (bestrittene) Punkte, bei welchen die Beweislast unklar ist, Beweise angeboten werden (BGH NJW 1995, 521, 522: Rechtsanwalt muss im Zweifel die Beweislast seines eigenen Mandanten in Rechnung stellen), nicht zuletzt wegen der eingeschränkten Möglichkeit, diese noch in der Berufungsinstanz nachzureichen. Abgesehen davon können die Beweise erforderlichenfalls auch für den Gegenbeweis herangezogen werden. 1227

Vor allem wenn der ausnahmsweise nicht beweisbelastete Kläger Beweismittel anbietet, sollte z.B. mit dem üblichen Zusatz »unter Verwahrung gegen die Beweislast« deutlich gemacht werden, dass die Beweislast beim Gegner liegt. Vor allem wenn der Beklagte überhaupt keine Beweismittel angegeben hat, kann es passieren, dass das Gericht fälschlicherweise den Kläger für beweisbelastet hält und hierauf sein Urteil stützt. Wenn indes der Gegner zahlreiche Beweise angeboten hat, darf der Anwalt sich nicht dazu verleiten lassen, ohne Weiteres von dessen Beweislast auszugehen und eigene Beweisanträge zu unterlassen.

Wie das Gericht die Beweislastverteilung und Beweisbedürftigkeit beurteilt, ist normalerweise aus dem Beweisbeschluss zu erkennen. Dies bietet die Chance, bislang unterlassene Beweisanträge (insbesondere zum Gegenbeweis) nachzutragen und auf eine etwaige Unrichtigkeit der gerichtlichen Beweislastverteilung hinzuweisen.

In der Praxis indes wird der Beweisbeschluss von den Anwälten erfahrungsgemäß relativ selten überprüft. Wird dann erst in oder nach der Verhandlung reagiert, ist es in der Regel für weitere Beweisanträge zu spät (§§ 296, 296a ZPO). Möglicherweise kann auch der Gegner Nutzen aus einer eigentlich unzulässigen Beweisaufnahme ziehen und sich z.B. dessen Ergebnis zu eigen machen (oben Rdn. 1205).

1228 Wird ein Beweis erst angeboten, nachdem bereits Termin bestimmt ist, empfiehlt es sich, deren Berücksichtigung sicherzustellen. Hierzu kann beim Gericht besonders nachgefragt oder – besser – das Beweismittel zum Termin gestellt werden. Urkunden, Augenscheinsobjekte, die zu vernehmende eigene Partei oder Zeugen können mitgebracht werden. Der zu vernehmende Gegner oder ein Sachverständiger muss vom Gericht geladen werden, dies kann ausdrücklich gesondert beantragt werden.

cc) Ausforschungsbeweis und »Behauptung ins Blaue hinein«

1229 Wird die zu beweisende Tatsache nicht hinreichend bestimmt vorgetragen, ist die Beweisaufnahme grundsätzlich unzulässig (Prütting/Gehrlein/Laumen § 284 Rn. 39; Thomas/Putzo/Seiler § 284 Rn. 3). Dies gilt insbesondere, wenn die vorzutragende Tatsache durch die Beweisaufnahme erst ermittelt werden oder eine Erkenntnisquelle erschlossen werden soll (»**Beweisermittlungsantrag**« oder »Ausforschungsbeweis«).

Ein solcher kann auch dann als gegeben angesehen werden, wenn dem Beweisantrag ein widersprüchlicher Sachvortrag zugrunde liegt (LG Köln NJW-RR 2000, 132). Besonders dann, wenn Negativtatsachen in das Wissen eines Zeugen gestellt werden, liegt die Annahme eines Beweisermittlungsantrages nahe (BGH NStZ-RR 2005, 78).

1230 Eine Zurückweisung kann in vielen Fällen durch bloße Änderung der **Formulierung des Beweisantrages** vermieden werden, z.B. »dass« etwas, und nicht »ob« etwas geschehen ist. Beweisthemen sind somit als Behauptungen zu formulieren und nicht als Fragen. Zulässig ist es, eine tatsächliche Aufklärung auch hinsichtlich solcher Punkte zu verlangen, über welche die Partei kein zuverlässiges Wissen besitzt und auch nicht erlangen kann.

Es ist deshalb – ohne Verletzung der Wahrheitspflicht – zulässig, auch eine nur vermutete Tatsache, welche man für wahrscheinlich hält, zu behaupten und unter Beweis zu stellen (BGH NJW-RR 1988, 1529; NJW-RR 1999, 361; einschränkend Zöller/Greger Vor § 284 Rn. 5), insbesondere wenn die Kenntnis von Einzeltatsachen nur bei einem Sachkundigen vorhanden ist (BGH NJW 2000, 2814; BGH NJW 2003, 1400 – vor allem bei medizinischen Fragen).

1231 Unzulässig ist ein Beweisantritt auch, wenn er sich zwar auf eine bestimmt formulierte Behauptung bezieht, diese aber von der Partei erkennbar willkürlich und ohne konkreten Anhaltspunkt aufgestellt wurde. Eine solche »**Behauptung ins Blaue hinein**« ist regelmäßig unbeachtlich (BGH NJW 2020, 1470, 1471).

Dennoch muss es einer Partei möglich sein, Aufklärung auch über Tatsachen zu erreichen, die ihr nicht sicher bekannt sind. Während ein Teil der Literatur hierzu das Verbot des Ausforschungsbeweises einschränkt und diesen für zulässig erachtet, wenn er sich auf Tatsachen bezieht, die der Partei nicht bekannt sein können, schränkt die h.M. den Anwendungsbereich der Behauptung ins Blaue hinein ein und legt die genannten Voraussetzungen restriktiv aus (BGH NJW 1988, 2100, 2101; BGH NJW 1988, 60; OLG Köln NJW-RR 1992, 572; zur Kritik hieran Baumgärtel MDR 1995, 987). Erforderlich ist es danach, die unbekannte Tatsache in die Form einer positiven Behauptung zu kleiden.

So hat der BGH es ausdrücklich zugelassen, dass eine Partei Umstände, über die sie kein zuverlässiges Wissen besitzt und auch nicht erlangen kann, behauptet und unter Beweis stellt (BGH BeckRS 2020, 2199 Rn. 8).

In den »Diesel-Abgasfällen« hat der BGH die Anforderungen an die Darlegung einer Abschalteinrichtung zugunsten der Verbraucher deutlich abgesenkt, da dieser keine genauen Sachkenntnisse haben könne, wie der streitgegenständliche Motor mit seinem Abgaskontrollsystem im Einzelnen funktioniere (z.B. BGH NJW 2020, 1740).

Unzulässig ist die »Behauptung ins Blaue hinein« damit nur in den Fällen, wo sie »aufs Geratewohl gemacht«, »erkennbar aus der Luft gegriffen« ist, »die Partei selbst nicht an deren Wahrheit glaubt« und sich die Behauptung deshalb offensichtlich als »Willkür« und »Rechtsmissbrauch« darstellt (z.B. Ungereimtheiten und Auffälligkeiten des gegnerischen Vortrags; BGH NJW-RR 1996, 1212; BGH NJW-

RR 2000, 208; BGH NJW-RR 2002, 1433; OLG Köln NJW-RR 1999, 1154: unbeachtlich bei rein spekulativem Vorbringen bzw. Fantasien der Parteien; Thomas/Putzo/Seiler § 284 Rn. 3).

Bei der Annahme von (offensichtlicher) Willkür oder Rechtsmissbrauch in diesem Sinne ist jedoch Zurückhaltung geboten; in der Regel wird nur das Fehlen jeglicher tatsächlichen Anhaltspunkte für das Vorliegen des behaupteten Sachverhalts dies rechtfertigen können (BGH NJW-RR 1999, 361; OLG München MDR 2000, 1096). Nur in Zweifelsfällen hat die Partei die Anhaltspunkte oder ihre Erkenntnisquelle darzulegen (BGH NJW-RR 2002, 1433, 1435).

Ein Rechtsmissbrauch liegt nicht vor, wenn der Beweisführer plausible Anhaltspunkte für seine (vermutete) Darstellung bringt. Solche gilt es deswegen vorzutragen, wenn (etwa, weil der Beklagte diese Auffassung vertreten hat) die Gefahr besteht, dass das Gericht den eigenen Vortrag als Behauptung ins Blaue hinein behandelt.

dd) Beweiserleichterungen

Besonderheiten können sich ergeben, wenn die Partei ihren Vortrag nicht im regulären Strengbeweisverfahren beweisen, sondern eine Beweiserleichterung für sich in Anspruch nehmen will (dazu unten Rdn. 1829; Baumgärtel/Laumen/Prütting Bd. 1, §§ 7 ff.). 1232

(1) Eine **offenkundige Tatsache** (§ 291 ZPO) bedarf des Beweises nicht, in diesem Fall braucht weder Beweis angetreten noch etwas zu den Umständen der Offenkundigkeit vorgetragen zu werden. 1233

Nicht immer sollte indes darauf vertraut werden, dass das Gericht die Tatsache als offenkundig behandelt. Teilt das Gericht die Auffassung des Klägers von der Allgemeinkundigkeit nicht, will Erkenntnisse aus anderen Verfahren für das vorliegende nicht als gerichtskundig behandeln oder vertritt eine andere Auffassung zu registerkundigen Tatsachen, läuft der Kläger rasch Gefahr, als beweisfällig behandelt zu werden. Zu empfehlen ist es deswegen, die eigene Annahme der Offenkundigkeit darzulegen oder hilfsweise Beweis anzubieten.

Will das Gericht eine Tatsache als offenkundig behandeln, muss es beiden Parteien Gelegenheit zur Äußerung dazu geben (BVerfG MDR 2020, 1524; BGH NJW-RR 2022, 499).

(2) Bei Beweisverlagerungen müssen in jedem Fall die Umstände angegeben werden, aus denen auf die Haupttatsache geschlossen werden soll. Darüber hinaus empfiehlt es sich, die beabsichtigte Beweiserleichterung zu bezeichnen, ggf. zu deren Voraussetzungen vorzutragen. Dabei muss unterschieden werden: 1234

- Wird eine Tatsache **gesetzlich vermutet**, braucht sie zwar nicht vorgetragen zu werden, weil die Vermutung auch die Darlegung ersetzt. Da der Vortrag der Haupttatsache jedoch nicht ausgeschlossen ist, sollte dies sicherheitshalber geschehen. Vorgetragen werden muss der Vermutungstatbestand. Dieser muss, um die Vermutung tragen zu können, unstreitig bleiben oder seinerseits bewiesen werden, sodass es insoweit eines Beweisantritts bedürfen kann. 1235

  Die Vermutung ist widerleglich. Für den Gegner besteht deswegen die Möglichkeit, das Nichtvorliegen der vermuteten Tatsache unter Beweis zu stellen (§ 292 ZPO).

- Beim **Indizienbeweis** sind sowohl die Haupttatsache als auch die Hilfstatsachen vorzutragen. Da die in Betracht kommende Schlussfolgerung oft nicht ohne Weiteres ersichtlich ist, sollte erläutert werden, was die Partei aufgrund der Indizien für erwiesen hält (auch Zöller/Greger § 286 Rn. 9a: der Zusammenhang muss beim Beweisantritt schlüssig dargelegt werden). Wird der Schluss von den Hilfstatsachen auf die Haupttatsache auf Erfahrungssätze oder logische Prinzipien gestützt, kann es helfen, diese offenzulegen. 1236

  Der Vortrag der Hilfstatsachen muss dabei so umfassend und detailreich wie möglich sein, da jede weitere Hilfstatsache die Wahrscheinlichkeit für die Überzeugung des Gerichts von der Haupttatsache erhöht. Auch müssen die Hilfstatsachen – soweit sie nicht unstreitig bleiben – bewiesen werden.

  Da beim Indizienbeweis (anders als bei den gesetzlichen Vermutungen) nicht der Beweis des Gegenteils erforderlich ist, sondern der bloße Gegenbeweis ausreicht, kann es für den Gegner bereits genügen, einzelne Indizien zu widerlegen oder weitere, gegen die Schlussfolgerung auf die Haupttatsache sprechende Indizien vorzutragen.

1237 – Der **Anscheinsbeweis** gelingt nur bei »typischen« Sachverhalten, also solchen, die in einer Vielzahl von Fällen regelmäßig, gewöhnlich und üblich ablaufen. Um den vorzutragenden Sachverhalt als solch typischen darzustellen, bedarf es einer Darlegung seiner typischen Bestandteile, nicht jedoch ergänzender Besonderheiten. Die Darstellung der Einzelausprägungen birgt die Gefahr, dass der Fall seine Typizität verliert und als Einzelfall wahrgenommen wird.

Praktisch zu empfehlen ist der Vortrag der Haupttatsache und ihre Begründung durch den Erfahrungssatz, auf den der Anscheinsbeweis gestützt wird. Für den Gegner genügt es bereits, die Vermutung zu erschüttern, indem die Typizität des Falles widerlegt wird.

▶ Beispiel:

Die Typizität eines Auffahrunfalls (Verschulden des Auffahrenden) entfällt, wenn das vorausfahrende Fahrzeug vor dem Unfall einen Spurwechsel vollzogen hat (BGH NJW 2017, 1177).

Die Typizität eines Parkplatzunfalls (Verschulden des Rückwärtsfahrenden) entfällt, wenn nicht ausgeschlossen werden kann, dass das rückwärtsfahrende Fahrzeug im Kollisionszeitpunkt stand (BGH NJW 2016, 1098; BGH NJW 2017, 1175).

▶ Praxistipp:

1238 Der grundsätzliche Unterschied in der tatsächlichen Begründung zwischen Indizien- und Anscheinsbeweis macht es erforderlich, sich schon bei der Klageerhebung für eine dieser beiden Beweisformen zu entscheiden.

1239 (3) Für das **Freibeweisverfahren** sollte es besonderer Darlegung nicht bedürfen. Dies gilt auch für die **Glaubhaftmachung**.

In beiden Fällen ist die Führung des Beweises mit einem der regulären Beweismittel möglich. Dann erfolgt ein normaler Beweisantritt. Soll eine eidesstattliche Versicherung herangezogen werden, muss diese abgegeben bzw. vorgelegt werden, auf andere Erkenntnismöglichkeiten im Freibeweis ist hinzuweisen.

Kann bei der Glaubhaftmachung die volle Überzeugung des Gerichts nicht herbeigeführt werden, bietet es sich an, besonders darauf hinzuweisen, dass hier die bloß überwiegende Wahrscheinlichkeit bereits genügt.

1240 (4) Soll das Gericht die Höhe eines Schadens **schätzen** (§ 287 ZPO), bedarf es des Vortrags sog. Schätzungstatsachen, d.h. von Tatsachen, deren es zur Schätzung bedarf.

Geht es, wie meist, um eine Schätzung der Schadenshöhe, können dem Gericht Anhaltspunkte für die Bemessung geliefert werden (Vergleichsgrößen, Berechnungsmethoden). Sinnvoll sein kann ein Hinweis darauf, ob die Einholung eines Sachverständigengutachtens oder die Vernehmung des Beweisführers konkrete Anhaltspunkte für eine Schätzung ergeben kann (§ 287 Abs. 1 Satz 2, 3 ZPO). Für Schätzungen bei sonstigen vermögensrechtlichen Ansprüchen kann es erforderlich sein, zusätzlich auf die mit einer vollständigen Aufklärung verbundenen Schwierigkeiten hinzuweisen.

1241 (5) Im Fall der **Beweisvereitelung** muss die Vereitelung durch den Gegner dargelegt werden. Dabei sollten besonders die auf das Verschulden hindeutenden Umstände (einfache oder grobe Fahrlässigkeit, bedingter oder direkter Vorsatz) herausgestellt werden, da diese für die daraus herleitbaren Beweiserleichterungen von Bedeutung sind.

Da das Gericht bei der anzuwendenden Beweiserleichterung ein Ermessen hat, sollte dargetan werden, wie die Partei den Beweis dennoch führen könnte (Glaubhaftmachung, eigene Parteivernehmung), um auch in den Fällen, in denen es nicht zu einer Umkehr der Beweislast kommt, beweisrechtlich zu profitieren.

1242 (6) Eine echte **Umkehr der Beweislast** kommt praktisch nur sehr selten vor. Wenig Erfolg verspricht es, eine solche Umkehr für den vorliegenden Einzelfall zu postulieren. Besser ist es, aufzuzeigen, dass er einer Fallgruppe zugehört, für welche die Rechtsprechung eine solche Beweiserleichterung bereits zugelassen hat.

(7) Im Fall **gewillkürter Beweiserleichterungen** müssen Umstände und Inhalt der Beweisvereinbarung dargelegt werden. 1243

Gewillkürte Beweiserleichterungen werden nicht von Amts wegen, sondern nur auf Einrede hin berücksichtigt. Dazu indes genügt (im Wege der Auslegung) die Darstellung der Vereinbarung, einer förmlichen Rüge oder Einrede bedarf es nicht, schaden kann eine solche jedoch nicht.

ee) Taktische Hinweise

Der Beweisantrag sollte **im Schriftsatz** gleich mit der Tatsachenbehauptung verbunden und hervorgehoben werden. 1244

Für jedes Beweisthema sollte zweckmäßigerweise ein gesonderter Absatz verwendet werden.

Bei einer übertriebenen Verwendung von Absätzen indes besteht die Gefahr, dass das Gericht den Beweisantrag als nur auf den letzten Absatz bezogen ansieht. Hierbei ist es sicherer, den Beweisantrag mehrmals zu wiederholen. Zur Vermeidung von Unklarheiten sollte das Beweisangebot immer unterhalb der streitigen Behauptung bzw. des jeweiligen Absatzes stehen. Dabei ist gegen die übliche, abkürzende Bezeichnung »Beweis: Zeuge X, b.b.« bei wiederholten Beweisanträgen grundsätzlich nichts einzuwenden, sofern dann auch tatsächlich der Zeuge mit ladungsfähiger Anschrift vorher »bereits benannt« wurde. Bei umfangreicheren oder weiteren Schriftsätzen empfiehlt sich zur Vermeidung von Unklarheiten allerdings, das Beweismittel jeweils vollständig anzugeben. Dies gilt besonders bei der Formulierung »Beweis a.a.O.« oder »Beweis, wie vor« (OLG Celle NJW-RR 1992, 703: ist ausreichend, wenn diese Angabe sich auf einen vorher ausformulierten Beweisantritt bezieht).

Mit dem Beweisantrag kann man eigentlich **abwarten**, bis der Gegner bestreitet. Dieser braucht seinerseits den Gegenbeweis erst dann anzutreten, wenn die andere Partei Beweis für ihre Behauptungen angeboten hat (Anders/Gehle/Anders § 282 Rn. 7; kein Verstoß gegen §§ 282, 296 Abs. 2 ZPO). 1245

Zum einen erspart man sich damit viel unnötige Arbeit, zum anderen läuft man nicht Gefahr, eigene Beweisantritte auf für die Beweisaufnahme noch nicht hinreichend substantiierte Tatsachenbehauptungen zu beziehen.

Gegen eine solche Vorgehensweise kann sprechen, dass eine Klageschrift ohne Beweisantritt beim Gericht und möglicherweise auch beim Gegner den Eindruck einer »schwachen« Prozessposition vermittelt. In manchen Fällen kann der vorweggenommene Beweisantritt auch dazu führen, dass der Gegner diesen Punkt gar nicht (mehr) bestreitet. Zudem besteht die Gefahr, dass ein nachgeschobener Beweisantritt vom Gericht als verspätet angesehen und präkludiert wird.

Deshalb sollten zumindest diejenigen Tatsachen, deren Bestreiten zu erwarten ist, sicherheitshalber gleich (in der Klageschrift bzw. in der Klageerwiderung) unter Beweis gestellt werden. Die Notwendigkeit eines Beweises kann sich aus der Vorkorrespondenz oder aus der allgemeinen Prozesserfahrung ergeben (regelmäßig bestritten wird z.B. die Schadenshöhe oder die Ortsüblichkeit des Werklohns). Gegenbeweis sollte am besten sogleich mit dem jeweiligen Erwiderungsschriftsatz angeboten werden.

Regelmäßig ist es sinnvoll, **keine überflüssigen Beweisanträge** zu stellen. Deswegen sollte man vermeiden, mehr oder weniger für alles, auch für absolut unstreitiges oder unerhebliches Vorbringen, Beweisanträge zu stellen. 1246

Zu viele überflüssige Beweisanträge können dazu führen, dass diese vom Gericht insgesamt mit weniger Sorgfalt gelesen und relevante Beweisanträge übersehen werden.

Umgekehrt können möglichst viele Beweisanträge bereits in der Klageschrift den Gegner beeindrucken und von unnötigem Bestreiten abhalten. Sie vereinfachen und beschleunigen dann das Verfahren.

Sinnvoll kann es sein, **nur den stärksten Beweis**, den »sichersten« Zeugen zu benennen. 1247

Sofern man zu viele Zeugen angibt, besteht die Gefahr von Widersprüchen in deren Aussagen und der Erzeugung eines gewissen Unmuts beim Richter, insbesondere wenn einige der Zeugen zum Beweisthema überhaupt nichts aussagen können. Zudem kann das Gericht geneigt sein, zu versuchen – z.B. mittels erhöhter Anforderungen an den Substantiierungsgrad des unter Beweis gestellten Tatsachenvortrags –, den Rechtsstreit möglichst ohne deren Vernehmung beenden zu können. Denn sonst müsste es u.U. sämtliche angebotenen Zeugen vernehmen (Grundsatz der Erschöpfung der Beweismittel!).

Auch bemisst sich der Beweiswert von Zeugenaussagen grundsätzlich weniger nach der Zahl der vernommenen Zeugen, als nach ihrer persönlichen und sachlichen Verlässlichkeit (BGH MDR 1961, 249).

Wenn sich allerdings die Aussagen der Zeugen als wenig ergiebig erweisen und man erst dann die Vernehmung weiterer Zeugen beantragt, kann man mit diesen ausgeschlossen sein (LG Schwerin NJW-RR 2003, 1292; §§ 282, 296 Abs. 2 ZPO).

Keinesfalls darf man einzelne Beweismittel für das Berufungsverfahren aufsparen (§ 531 Abs. 2 ZPO; Stackmann 2002, 781: gelegentlich zu beobachtende Prozesstaktik).

1248 Auch sollte die **Beweisergiebigkeit** deutlich gemacht, also mitgeteilt werden, warum der angebotene Zeuge überhaupt etwas zu dem Beweisthema bekunden und den Sachvortrag bestätigen können soll (z.B. Anwesenheit am Unfallort oder beim Vertragsabschluss).

Denn wenn der Beweisantrag nicht erkennen lässt, weshalb der Zeuge überhaupt etwas zu dem Beweisthema bekunden können soll, besteht die Gefahr, dass dieser Antrag vom Gericht abgelehnt wird (insbesondere wegen sog. fehlender Konnexität; Beweisantizipation, Annahme von Willkür oder weil der Beweisantrag als bloßer Ausforschungsbeweis angesehen wird; oben Rdn. 1229).

1249 **Gegenbeweise** sollten erst angeboten werden, wenn der Hauptbeweis durch den Gegner bereits angetreten wurde. Bestehen Zweifel über die Beweisführungslast, muss als sicherster Weg Beweis angetreten werden (oben Rdn. 1227).

1250 Im Einzelfall kann es sich empfehlen, Beweisanträge zu wiederholen.

Insbesondere in länger andauernden oder umfangreichen Prozessen ist nicht auszuschließen, dass das Gericht einen Beweisantrag übersieht oder »vergisst«. Eines wiederholenden Hinweises bedarf es spätestens, wenn der Beweisantritt in einem Beweisbeschluss oder einer terminsvorbereitenden Verfügung unberücksichtigt geblieben ist.

Ein solcher Hinweis kann auch dazu führen, dass das Gericht auf den Grund der Nichterhebung des Beweises hinweist. Im Regelfall nämlich begründet das Gericht die Ablehnung von Beweisanträgen nicht, erst aus dem Urteil ist dann erkennbar, woran die Beweiserhebung gescheitert ist. In erkennbar zweifelhaften Fällen kann es sich empfehlen, das Gericht konkret zu fragen, ob etwaige rechtliche Bedenken gegen den Beweisantrag bestehen. Ergibt sich so ein Mangel im Beweisantritt, hat die Partei meist noch die Möglichkeit, den Antrag nachzubessern.

Sofern das Gericht einen relevanten Beweisantrag nicht beachtet, kann der Zeuge noch im Termin mitgebracht werden. Dies bietet die Chance, dass er dann doch noch vernommen wird.

1251 Wegen der drohenden Zurückweisung als verspätet praktisch nur selten erfolgreich wird die im Strafprozess geübte Praxis sein, nach der Beweisaufnahme weitere **Hilfsbeweisanträge** (»affirmative Beweisanträge«) für den Fall zu stellen, dass das Gericht nicht bereits aufgrund der bisherigen Beweisaufnahme von einem bestimmten Ergebnis ausgeht.

Hierzu stellt die Partei für sie günstige Sachverhalte durch bislang noch nicht herangezogene Beweismittel unter Beweis, die nach ihrer Auffassung bereits feststehen. Lehnt das Gericht den Beweisantrag dann als bereits bewiesen ab oder unterstellt es die behaupteten Tatsachen als wahr, so kann es diese im Urteil praktisch nicht mehr übergehen.

d) Rechtsausführungen

aa) Grundsatz

1252 Rechtsausführungen sind für die Klagebegründung nicht vorgeschrieben, denn »die Kenntnis des allgemein gültigen, in Deutschland geltenden deutschen Rechts wird vom deutschen Richter bedingungslos gefordert« (Prütting/Gehrlein/Laumen § 293 Rn. 1). Der dies umschreibende historische Ausspruch **»iura novit curia«** (»Die Kurie [das Gericht] kennt ihr/das Recht«) mag zwar für das 19. Jahrhundert mit noch relativ überschaubarer Gesetzeslage und Rechtsprechungsstand noch zutreffend gewesen sein, kann aber im gegenwärtigen Zeitalter keine unbedingte Geltung mehr beanspruchen.

Auch wenn die Gerichte über den Streitgegenstand unter allen in Betracht kommenden rechtlichen Gesichtspunkten von Amts wegen zu entscheiden haben, kann man nicht in jedem, insbesondere rechtlich kompliziert gelagerten und etwa zivilrechtliche Nebengebiete betreffenden Fall davon ausgehen, dass das Gericht das Recht (umfassend) kennt und auch zutreffend anwendet. Wird ein für eine große Vielzahl von Fällen zuständiger Richter an einem kleinen, sachlich schlecht ausgestatteten Gericht mit rechtlichen Spezialfragen aus selten vorkommenden Nebengebieten (etwa dem Versicherungs-, Transport- oder Baurecht) konfrontiert, fehlt ihm hierzu nicht nur die erforderliche Erfahrung, sondern auch die Zeit und die Möglichkeit, sich hier ausreichend einzuarbeiten. Zumindest in diesen Fällen kann der Anwalt davon ausgehen, dass der Richter Rechtsausführungen nicht als anmaßende Belehrung ansieht, sondern vielmehr als willkommene Hilfe begrüßt.

»Rechtsausführungen« i.S.d. vorliegenden Darstellung sind nicht notwendig rechtswissenschaftlich fundierte Darlegungen. Angesprochen sind damit vielmehr allgemein Argumente zur Rechtsfertigung der eigenen Ansicht. Diese müssen nachvollziehbar und überzeugend sein (dazu oben Rdn. 1104 ff.). Sie ergeben sich im Zivilprozess naturgemäß vorwiegend aus dem Gesetz und der juristischen Methodenlehre, aber z.B. auch aus den Grundsätzen der Logik und der allgemeinen Lebenserfahrung.

Praxistipp:

Der Vortrag von Rechtsausführungen kann ein wirksames Mittel darstellen, um den Ausgang des Rechtsstreits entscheidungserheblich zu beeinflussen. 1253

Freilich darf man die Bedeutung von Rechtsfragen nicht überschätzen. Häufig ist es in der Praxis wichtiger, die tatsächlichen Besonderheiten des einzelnen Falles deutlich herauszustellen. »Eine Flut von Zitaten und Fundstellen« ist erst in Verbindung mit dem konkreten Fall interessant (Anders/Gehle/Hunke § 321a Rn. 26; Doms NJW 2002, 778: 90 % der anwaltlichen Arbeit entfallen [oder sollten zumindest] auf die Ermittlung und Darstellung des Sachverhalts und nur 10 % auf die Erörterung von Rechtsfragen).

bb) Pflicht zum Vortrag von Rechtsansichten

Der alte römisch-rechtliche Grundsatz **»da mihi facta, dabo tibi ius«** (»Du gibst mir die Tatsachen, 1254 ich gebe dir das Recht«) gilt heute nur noch insoweit, als das Gericht an die von den Parteien vorgetragenen Rechtsansichten nicht gebunden ist. Dass die Parteien zum Vortrag von Rechtsansichten nicht verpflichtet oder gar nicht berechtigt wären, kann daraus nicht (mehr) abgeleitet werden.

Der **Anwalt** schuldet seinem Mandanten nicht bloß die formal fehlerfreie Vornahme erforderlicher 1255 Prozesshandlungen. Er ist vielmehr **verpflichtet**, zu versuchen, das Gericht zu einer für seinen Mandanten günstigen Entscheidung zu bewegen. Dazu ist es erforderlich, sowohl die tatsächlichen als auch die rechtlichen Grundlagen so umfassend wie möglich vorzutragen und dafür zu sorgen, dass sie vom Gericht berücksichtigt werden (BGH NJW 2009, 987). Darüber hinaus ist der Anwalt verpflichtet, das Gericht von seiner Rechtsansicht zu überzeugen (BGH WuM 2008, 602).

»Ein Rechtsanwalt ist kraft des Anwaltsvertrages verpflichtet, die Interessen seines Auftraggebers in den Grenzen des erteilten Mandats nach jeder Richtung umfassend wahrzunehmen. Er hat, wenn mehrere Maßnahmen in Betracht kommen, diejenige zu treffen, die die sicherste und gefahrloseste ist, und wenn mehrere Wege möglich sind, um den erstrebten Erfolg zu erreichen, den zu wählen, auf dem dieser am sichersten erreichbar ist. Gibt die rechtliche Beurteilung zu begründeten Zweifeln Anlass, so muss er auch die Möglichkeit in Betracht ziehen, dass sich die zur Entscheidung berufene Stelle der seinem Auftraggeber ungünstigeren Beurteilung der Rechtslage anschließt. Im Prozess ist er verpflichtet, den Versuch zu unternehmen, das Gericht davon zu überzeugen, dass und warum seine Auffassung richtig ist. [Im Übrigen] … hat der RA seinen Mandanten vor voraussehbaren Fehlentscheidungen durch Gerichte und Behörden zu bewahren. Welche konkreten Pflichten aus diesen allgemeinen Grundsätzen abzuleiten sind, richtet sich nach dem erteilten Mandat und den Umständen des Falles.« (BGH NJW 2006, 3494, 3495).

Die Verpflichtung zum Vortrag von Rechtsansichten umfasst damit grundsätzlich die **Darlegung** 1256 **der rechtlichen Erwägungen**, aus denen heraus der Anwalt seinen Antrag für gerechtfertigt hält.

Der Klägervertreter muss eine Anspruchsgrundlage benennen und dartun, warum deren Voraussetzungen vorliegen. Der Beklagtenvertreter ist zu Rechtsansichten nur verpflichtet, wenn seine Verteidigung über das bloße Bestreiten hinausgeht, wenn also Gegenrechte (Einwendungen, Einreden) geltend gemacht werden.

1257 Die Verpflichtung zum Vortrag von Rechtsansichten umfasst zudem die Pflicht, einen absehbaren **Fehler des Gerichts nach Möglichkeit abzuwenden.** Absehbar werden kann der drohende Fehler durch Hinweise, Rechtsausführungen des Gerichts in der mündlichen Verhandlung oder durch Zwischenentscheidungen.

Dazu muss das Gericht auf seinen Fehler hingewiesen werden. Übersehene Rechtsnormen, fehlende Normvoraussetzungen, die Auslegung gesetzlicher Vorgaben durch die höchstrichterliche Rechtsprechung sind aufzuzeigen.

Hieran kann die Entsprechung zu der richterlichen Hinweispflicht aus § 139 ZPO gesehen werden: Das Gericht hat den Anwalt auf erkennbar übersehene rechtliche Gesichtspunkte hinzuweisen, hat darauf hinzuwirken, dass ein sachdienlicher Antrag gestellt und dazu ausreichend vorgetragen wird. Gericht und Anwalt sind gehalten, nicht nur einen formal einwandfreien Ablauf des Verfahrens zu gewährleisten, sondern nach Möglichkeit eine richtige, »gerechte« Entscheidung herbeizuführen.

Dabei ergibt sich die Pflicht des Anwalts nicht aus seiner Stellung als Organ der Rechtspflege, sondern aus seinem Vertrag mit dem Mandanten, aus dem er verpflichtet ist, »alles« zu tun, was erforderlich ist, um das Prozessziel zu erreichen. Sind Rechtsausführungen dazu erforderlich, werden sie auch geschuldet.

1258 Genügt der bloße Vortrag von Tatsachen, um das Prozessziel zu erreichen, besteht eine Notwendigkeit zum Vortrag von Rechtsansichten nicht. Grundsätzlich wird der Anwalt darauf vertrauen dürfen, dass das Gericht das einschlägige Recht allein finden und richtig auf den Fall anwenden wird. Ist ein Fehler nicht absehbar, stellt das Unterlassen von Rechtsausführungen damit keine Pflichtverletzung dar.

Bereits in der Klageschrift/Klageerwiderung dürfte eine entsprechende Verpflichtung nur hinsichtlich entlegener und mit Standardhilfsmitteln (gebräuchliche Kommentare und verbreitete Fachzeitschriften) nicht zu ermittelnder Rechtsfragen bestehen.

Werden Fehler des Gerichts absehbar, muss der Anwalt eine Gelegenheit zur Darlegung des eigenen Rechtsstandpunktes einfordern (Antrag auf Verfahrensunterbrechung, Terminsvertagung oder Schriftsatznachlass; BGH a.a.O.) und durch eigene Rechtsausführungen, Hinweise auf einschlägige Normen oder Rechtsprechung versuchen, das Gericht hiervon abzubringen.

1259 Gelegentlich wird diese Verpflichtung des Anwalts unzutreffend als **»Haftung des Anwalts für Fehler des Gerichts«** bezeichnet.

Behauptet wird, der Anwalt müsse nicht nur juristisch allwissend, sondern auch klüger als das Gericht sein und diesem notfalls Rechtsbelehrung erteilen (kritisch E. Schneider MDR 1998, 69, 72; ders. NJW 1998, 3695), erforderlich sei gewissermaßen ein »juristischer Supermann«.

Selbst das Bundesverfassungsgericht hat sich dieser Kritik zunächst nicht verschlossen: »Verfassungsrechtlich bedenklich ist allerdings die Auffassung des BGH (NJW 2002, 1048), dass rechtsfehlerhaftes Unterlassen eines Gerichts, das die Folgen eines anwaltlichen Fehlers perpetuiert, obwohl ihr Eintritt durch prozessordnungsgemäße Beweisaufnahme hätte verhindert werden können, haftungsrechtlich unbeachtlich ist. Vorliegend hätte sich dem BGH die Frage aufdrängen müssen, ob in die Berufsausübungsfreiheit eines Rechtsanwaltes eingegriffen wird, wenn er für eine missverständliche Formulierung haftbar gemacht wird, obwohl sie bei fehlerfreiem Verhalten des Gerichts nicht zum Schadenseintritt geführt hätte. Auch wenn eine Amtshaftung wegen des Richterprivilegs regelmäßig ausscheidet, legitimiert dies nicht die Haftungsverschiebung zulasten der Rechtsanwälte, ohne in Rechnung zu stellen, dass hierbei deren Grundrechte berührt werden. Auch als »Organe der Rechtspflege« (§ 1 BRAO) haften die Rechtsanwälte nicht ersatzweise für Fehler der Rechtsprechung, nur weil sie haftpflichtversichert sind. … Rechtskenntnis und -anwendung sind vornehmlich Aufgabe der Gerichte. Fehler der Richter sind – soweit möglich – im Instanzenzug zu korrigieren. Soweit dies aus Gründen des Prozessrechts ausscheidet, greift grundsätzlich nicht im Sinne eines Auffangtatbestandes die Anwaltshaftung ein. Kein Rechtsanwalt könnte einem Mandanten mehr zur Anrufung der Gerichte raten, wenn er deren Fehler zu verantworten hätte. Nach der ZPO treffen die Gerichte Hinweis- und Belehrungspflichten. Die Parteien und ihre Anwälte … tragen im Wesentlichen Verantwortung hinsichtlich des … Sachverhaltes und der Antragstellung … Die Gerichte sind verfassungsrechtlich nicht legitimiert, den Rechtsanwälten auf dem Umweg über den Haftungsprozess auch die Verantwortung für die richtige Rechtsanwendung zu überbürden.« (BVerfG NJW 2002, 2937, 2938).

Dabei wird nach Auffassung des BGH verkannt, dass der Anwalt nicht für einen Fehler des Gerichts, 1260
sondern für einen **eigenen Fehler** haftet. Dass daneben auch ein Fehler des Gerichts vorliegt, ändert an der Pflichtverletzung des Anwalts seinem Mandanten gegenüber nichts. Unbefriedigend – wenn auch sowohl gesetzlich (BGH NJW 2010, 73 mit Anm. Römermann NJW 2010, 21; BGH NJW 2009, 987) als auch verfassungsrechtlich (BVerfG NJW 2009, 2945) legitim – mag es sein, dass die an sich nebeneinanderstehende Haftung von Anwalt und Gericht wegen des Haftungsprivilegs aus § 839 Abs. 2 BGB praktisch nur den Anwalt (bzw. seine Haftpflichtversicherung) allein trifft.

Der Anwalt muss damit nicht »klüger sein als der Richter«, ggf. sogar als ein Kollegialgericht. An 1261
die Rechtskenntnis von Richtern und Anwälten werden grundsätzlich die gleichen Anforderungen gestellt.

»Unterlässt es der Berufungsanwalt, auf ein die Rechtsauffassung seines Mandanten stützendes Urteil des Bundesgerichtshofs hinzuweisen, und verliert der Mandant deshalb den Prozess, wird der Zurechnungszusammenhang zwischen dem Anwaltsfehler und dem dadurch entstandenen Schaden nicht deshalb unterbrochen, weil auch das Gericht die Entscheidung des Bundesgerichtshofs übersehen hat.

Nach gefestigter Rechtsprechung des Bundesgerichtshofs ist der mit der Prozessführung betraute Rechtsanwalt seinem Mandanten gegenüber verpflichtet, dafür einzutreten, dass die zugunsten des Mandanten sprechenden tatsächlichen und rechtlichen Gesichtspunkte so umfassend wie möglich ermittelt und bei der Entscheidung des Gerichts berücksichtigt werden (BGH NJW 1988, 3013, 3016; NJW 1996, 2648, 2650; WM 2007, 1425, 1426 f.; ZMR 2008, 602; Zugehör NJW 2003, 3225, 3226 unter 2a). Zwar weist die Zivilprozessordnung die Entscheidung und damit die rechtliche Beurteilung des Streitfalles dem Gericht zu; dieses trägt für sein Urteil die volle Verantwortung. Es widerspräche jedoch der rechtlichen und tatsächlichen Stellung der Prozessbevollmächtigten in den Tatsacheninstanzen, würde man ihre Aufgabe allein in der Beibringung des Tatsachenmaterials sehen. Der Möglichkeit, auf die rechtliche Beurteilung des Gerichts Einfluss zu nehmen, entspricht im Verhältnis zum Mandanten die Pflicht, diese Möglichkeit zu nutzen. Mit Rücksicht auf das auch bei Richtern nur unvollkommene menschliche Erkenntnisvermögen und die niemals auszuschließende Möglichkeit eines Irrtums ist es Pflicht des Rechtsanwalts, nach Kräften dem Aufkommen von Irrtümern und Versehen des Gerichts entgegenzuwirken (BGHZ 174, 205, 210 Rn. 15; BGH NJW 1974, 1865, 1866). Dies entspricht auch dem Selbstverständnis der Anwaltschaft (§ 1 Abs. 3 BORA).

Entgegen der Ansicht der Beklagten ist eine Kausalität zwischen der Pflichtverletzung des Anwalts und dem Schaden nicht deshalb ausgeschlossen, weil das Gericht »eigenverantwortlich« und »autonom« entschieden hat. Von einem fehlenden Kausalzusammenhang könnte man ausgehen, wenn das Gericht die Rechtsprechung des Bundesgerichtshofs gesehen, aber bewusst unberücksichtigt gelassen hätte oder bewusst von ihm abgewichen wäre.« (BGH NJW 2009, 987).

cc) Taktische Überlegung zum Vortrag von Rechtsansichten

Sind **Rechtsausführungen** nicht zwingend erforderlich, ist also insbesondere ein Fehler des Gerichts 1262
nicht absehbar, stellt das Unterlassen von Rechtsausführungen keine Pflichtverletzung dar. Dennoch kann sie aus taktischen Gründen sinnvoll sein. Für den Vortrag von Rechtsausführungen sprechen in jedem Fall folgende Gesichtspunkte:

(1) Die Notwendigkeit, den eigenen Standpunkt auch rechtlich zu begründen, führt zu einer **Selbst-** 1263
kontrolle des Anwalts.

Er wird damit gezwungen, sich selbst klar zu werden über die nach seiner Ansicht einschlägigen Rechtsnormen, deren Auslegung und Voraussetzungen. Häufig wird erst bei der schriftlichen Ausformulierung deutlich, wo Probleme des gegebenen Falles liegen und wie sie – ggf. durch den Vortrag weiterer, bislang für unerheblich gehaltener Tatsachen – behoben oder umgangen werden können.

(2) Nur anhand von der Partei gemachter Rechtsausführungen kann das Gericht beurteilen, ob diese 1264
einen rechtlichen Gesichtspunkt übersehen bzw. die Rechtslage falsch beurteilt haben. Es muss die Parteien dann auch darauf **hinweisen** (§ 139 Abs. 2 ZPO; z.B. BGH NJW-RR 1997, 441; unten Rdn. 1675).

Anders als die bloße »Bitte um einen Hinweis«, die rechtlich unbeachtlich ist und praktisch so gut wie nie zu einem Hinweis führt, zwingt die Offenlegung des eigenen Rechtsstandpunkts das Gericht zu einem Hinweis oder schafft – bei einer Verletzung der Hinweispflicht durch das erstinstanzliche Gericht – die Voraussetzungen für einen erfolgreichen Berufungsangriff (§§ 513 Abs. 1, 1. Alt., 520 Abs. 3 Nr. 2 und 4, 531 Abs. 2 Nr. 2 ZPO).

1265 (3) Rechtsausführungen der Parteien können einem Fehler des Gerichts **vorbeugen** und dazu führen, dass das Gericht eine falsche Beurteilung der Rechtslage korrigiert.

Werden die Rechtsansichten, die nach dem Erkennbarwerden eines gerichtlichen Fehlers notwendig vorzutragen sind, präventiv schon vorher vorgetragen, kann der – psychologisch immer schwierige – nachträgliche Hinweis des Gerichts auf den Fehler vermieden werden.

1266 (4) Wenn die eigene Ansicht überzeugend und gut begründet vorgetragen wird, ist es für das Gericht auch einfacher, sich dieser Meinung **anzuschließen**, als Argumente dagegen zu finden.

Das Gericht ist unter dem Gesichtspunkt des rechtlichen Gehörs grundsätzlich verpflichtet, sich (in den Urteilsgründen) mit Rechtsansichten der Parteien auseinanderzusetzen (BVerfG NJW-RR 1993, 383). Sind die vorgetragenen Argumente stark, ist es schwer, sie zu widerlegen.

Dadurch können die Prozesschancen u.U. erhöht werden, da fast immer verschiedene Ansichten vertreten werden können. Es kann dabei keineswegs vorausgesetzt werden, dass jedem Richter die konkrete Streitfrage bekannt ist und er zu jeder Rechtsfrage immer auch eine eigene, bereits festgelegte Ansicht hat.

Gerade, wenn dem Richter damit ein Weg aufgezeigt wird, den Rechtsstreit ohne großen (weiteren) Aufwand, insbesondere ohne Beweisaufnahme, in rechtlich (noch) vertretbarer Weise zu entscheiden, besteht gewisse Aussicht, dass das Gericht dieser Ansicht folgt (z.B. Chab AnwBl 2000, 448: streng-formale, dogmatisch kaum zu begründende Betrachtungsweise entspringt vermutlich zumindest auch dem Wunsch, lästige Ansprüche im Reiseprozess abzuwehren). Dazu kommt noch, dass Justiz und Öffentlichkeit vom Richter rasches Arbeiten erwarten und die Statistik erledigter Fälle nur allzu oft Leistungskontrolle richterlicher Tätigkeit ist (Stürner DRiZ 1976, 205).

Sofern möglich, sollten Streitfragen mit ungewissem Ausgang am besten überhaupt vermieden und der »sicherste Weg« beschritten werden. Statt ausführlich sämtliche vertretenen Meinungen darzustellen und abzuwägen, kann es sich entsprechend der Parteirolle empfehlen, zunächst nur den eigenen Standpunkt klar herauszustellen. Jedenfalls dann, wenn die anderen Rechtsansichten vom Gericht oder Gegner angesprochen werden, muss dem argumentativ entgegengetreten werden.

Dabei stellen die immer wieder in den Schriftsätzen zu findenden Begriffe wie »zweifellos«, »offensichtlich« etc. keine Begründung dar, sondern erzeugen allenfalls den Eindruck eines Argumentationsdefizits. Steigernde Floskeln und Superlative schwächen ab, »selbstverständlich« ist nichts (Franzen NJW 1984, 2263). Ebenso wenig sollten gute Argumente durch den Vortrag zahlreicher schwächerer »verwässert« werden.

1267 (5) Sind **Rechtsausführungen durch den Gegner** erfolgt oder zu erwarten, sind eigene Rechtsausführungen häufig zwingend. Nur so kann verhindert werden, dass das Gericht sich dieser Auffassung unkritisch anschließt.

Nicht immer ist alles, was vom Gegner vorgetragen wird, dummes Zeug. Dass substanziellen Rechtsausführungen des Gegners eine eigene Stellungnahme entgegenzusetzen ist, versteht sich von selbst. Aber auch dann, wenn diese Ausführungen unzutreffend sind (oder bloß dafürgehalten werden), dürfen sie nicht unwidersprochen bleiben.

Stets besteht die Gefahr, dass das Gericht sich auch objektiv falschen Ausführungen anschließt. Dies gilt insbesondere, wenn es eigene Rechtsausführungen bislang nicht gegeben hat und die Ausführungen des Gegners damit die einzigen Rechtsausführungen darstellen. Zumindest aber werden die eigenen Ausführungen relativiert, in ihrer Überzeugungskraft gemindert, sodass es sinnvoll ist, insoweit noch einmal »nachzulegen«.

Zudem kann mit dem Vortrag einer eigenen, der des Gegners widersprechenden Rechtsauffassung möglicherweise verhindert werden, dass das Gericht dem Gegner einen Hinweis nach § 139 ZPO erteilt.

dd) Inhaltliche Anforderungen an den Vortrag von Rechtsansichten

Werden Rechtsausführungen gemacht, ist dabei insbesondere folgendes zu bedenken: 1268

(1) Die Rechtsausführungen haben wesentlich mehr Gewicht, wenn sich diese auf **Entscheidungen** 1269 **anderer Gerichte** und auf **Kommentarmeinungen** stützen können.

Die verlässlichste Stütze bieten – insbesondere höchstrichterliche oder obergerichtliche – **Gerichtsentscheidungen**. Denn das sorgfältig ausgewählte Präjudiz beherrscht die Rechtspraxis weit mehr als das wissenschaftliche System (E. Schneider MDR 1997, 305; Rösler ZZP 2013, 295). Bei der gegenwärtigen Veröffentlichungsflut ist es sehr wahrscheinlich, eine – mehr oder weniger – passende Entscheidung zu finden. Hierzu bieten die modernen elektronischen Medien dem Anwalt »nahezu unbegrenzte Recherchemöglichkeiten« (OLG Stuttgart NJW-RR 1999, 437: Kosten hierfür i.d.R. nicht erstattungsfähig).

Ein **blindes Zitieren** von Entscheidungen aus dem Kommentar ist nicht nur unseriös, sondern kann zum Bumerang werden. Nicht selten passt die Entscheidung nicht auf den konkreten Fall oder kann sogar für gegensätzliche Auffassungen herangezogen werden. Im Telegrammstil der Kommentare gehen wichtige Details – und damit auch entscheidende Einschränkungen oder Ergänzungen – verloren. Vom Gegner angeführte Fundstellen sollten immer geprüft und nachgelesen werden. Weil die »judikative Überproduktion« den Blick darauf verstellt, dass es identische Fälle nur sehr selten gibt (E. Schneider MDR 1997, 305), muss hierbei das Augenmerk auf die Unterschiede und Besonderheiten des konkreten Falles gerichtet werden.

Kann die Sichtweise nicht aus der höchstrichterlichen oder obergerichtlichen Rechtsprechung belegt werden, so empfiehlt es sich, die **gängigen Kommentare** zu zitieren, die typischerweise zum Handapparat des typischen Richters zählen (insbesondere Zöller, Thomas/Putzo, Grüneberg). Häufig genügen den Gerichten die reinen Belege, wobei eine halbe Zeile aus dem Grüneberg oder dem Zöller mehr Überzeugungskraft entfalten kann als langatmige eigene Ausführungen (E. Schneider Beilage 4 zu ZAP 13/1999; Beilage 1 zu ZAP 6/05 S. 12: »Was darin steht, das gilt bei den Gerichten«). Da Gerichte dazu tendieren, das Denken den Kommentatoren zu überlassen und deren Erläuterungen ungeprüft als Prämissen zu übernehmen (E. Schneider MDR 1998, 1115), können Kommentarfundstellen auch dann helfen, wenn sie eigene Sondermeinungen der Kommentatoren wiedergeben.

Unveröffentlichte Gerichtsentscheidungen und **Spezialpublikationen** sollten im Wortlaut zitiert oder in Kopie beigelegt werden. Spezialpublikationen – gerade spezialisierte Kommentare – können aufschlussreich sein, weil Standardkommentare den Meinungsstand oft nur rudimentär wiedergeben und damit möglicherweise Ressourcen übergehen, die der eigenen Partei zur Verfügung stehen.

(2) Die Gerichte neigen allgemein dazu, sich der **herrschenden Meinung** und der **Rechtsprechung** 1270 **des BGH** anzuschließen.

Dies hat in Teilbereichen, z.B. bei dem kasuistisch ausdifferenzierten AGB-Recht, bereits zu faktisch bindenden Präjudizien geführt (Rösler ZZP 2013, 295). Dieser schon in der juristischen Ausbildung gepflegte »Präjudizienkult« wird durch den Echokammereffekt juristischer Recherchetools noch verstärkt. Er kann dazu beitragen, dass Irrtümer und Fehlentscheidungen perpetuiert werden.

So befolgt »so gut wie jedes deutsche Gericht mehr oder weniger kritiklos« eine einschlägige BGH-Entscheidung. Solche Entscheidungen sollen sogar zielstrebig gesucht werden, um sich »das eigene Nachdenken zu ersparen« (kritisch E. Schneider ZAP Fach 13, S. 1224; ZAP-Kolumne 2000, 195: »Subsumtion per CD-ROM«) und eine mögliche Aufhebung in der höheren Instanz zu vermeiden (Köhler JR 1984, 45). Die h.M. und die BGH-Rechtsprechung dienen dabei als eigenständiges Argument.

Es ist natürlich nicht ausgeschlossen, dass ein Gericht einer Mindermeinung folgt, vor allem dann, wenn dadurch ein komplizierter Rechtsstreit schnell und einfach, ohne Beweisaufnahme entschieden werden kann. Dann aber riskiert es einen Willkürvorwurf, insbesondere wenn das Gericht sich mit der h.M. nicht auseinandersetzt (kritisch Anders/Gehle/Becker Einl. III) oder auf das beabsichtigte Abweichen nicht hinweist (unten Rdn. 1691; auch VG Stuttgart JZ 1976, 277: Abweichen allein kein Befangenheitsgrund).

Jedenfalls empfiehlt sich für den Anwalt in diesem Fall zu argumentieren, während sonst der Hinweis auf die h.M. bzw. auf BGH-Rechtsprechung – am besten mit Angabe einer vom Richter überprüfbaren Fundstelle in einem Standardkommentar – meistens ausreicht.

Praxistipp:

1271 Bei Abweichen von der höchstrichterlichen Rechtsprechung können Rechtsmittel unter dem Gesichtspunkt der »Sicherung einer einheitlichen Rechtsprechung« in Betracht kommen.

Zulassungsberufung (§ 511 ZPO; unten Rdn. 2274); keine Beschlusszurückweisung der Berufung (§ 522 Abs. 2 Nr. 3 ZPO; unten Rdn. 3148); Rechtsbeschwerde (§ 574 ZPO); Revision (§§ 543, 566 ZPO; die frühere Divergenzrevision gem. § 546 Abs. 1 Nr. 2 ZPO a.F.).

Als Gegner sollte man die Behauptung von der h.M. oder ständigen Rechtsprechung eines Gerichts genau überprüfen bzw. ihr widersprechen, vor allem, wenn keine Fundstellen angegeben sind. Denn häufig erfolgt dies nur »ins Blaue hinein« oder sogar bewusst wahrheitswidrig (OLG Koblenz NJW 2001, 1364: kein versuchter Prozessbetrug). Etwaige angeführte Literatur- oder Rechtsprechungsnachweise sind natürlich meistens einseitig ausgewählt und geben praktisch niemals das gesamte Spektrum der vorhandenen Ansichten wieder.

1272 (3) Oft wenig Erfolg versprechend ist eine Berufung auf **Generalklauseln**.

Dass ein Rechtsgeschäft »sittenwidrig« sei (§ 138 BGB), ein Sachverhalt »gegen Treu und Glauben« verstoße (§ 242 BGB) oder eine Klausel in Allgemeinen Geschäftsbedingungen den Vertragspartner »unangemessen benachteilige« (§ 307 BGB) ist meist nicht mehr als Ersatz für fehlende Argumente. Die meisten Gerichte sind zu einem Nachdenken über solche Argumente erst bereit, wenn die Ansicht (etwa durch Herausarbeiten einer konkreten Fallgruppe oder durch das Zitieren entsprechender Rechtsprechung) konkretisiert wird.

1273 (4) Dabei bleibt es den Parteien grundsätzlich unbenommen, ihre Rechtsansichten im Rechtsstreit zu ändern und auch von einer Rechtsansicht, die sie bei vorausgegangenen Vertragsverhandlungen eingenommen haben, nach Einleitung des Rechtsstreits abzurücken (BAG NJW 2003, 1548, 1550; BGH NJW 2005, 1354, 1356) – und damit erforderlichenfalls dem Prozessverlauf anzupassen.

B. Die Verteidigung des Beklagten (Klageerwiderung)

1274 Wird nicht der Kläger, sondern der Beklagte vertreten, stellen sich die taktischen Überlegungen anders dar.

I. Taktische Überlegungen

1275 Der Beklagte wird **gegen seinen Willen** in den Rechtsstreit involviert. Nach Zustellung der Klage muss er – oft sehr schnell und manchmal sogar unvorbereitet – die Weichen für die weitere Prozessführung stellen. Hierbei muss er festlegen, wie er sich dem Kläger gegenüber verhalten will und ob weitere Personen in den Prozess einbezogen werden müssen.

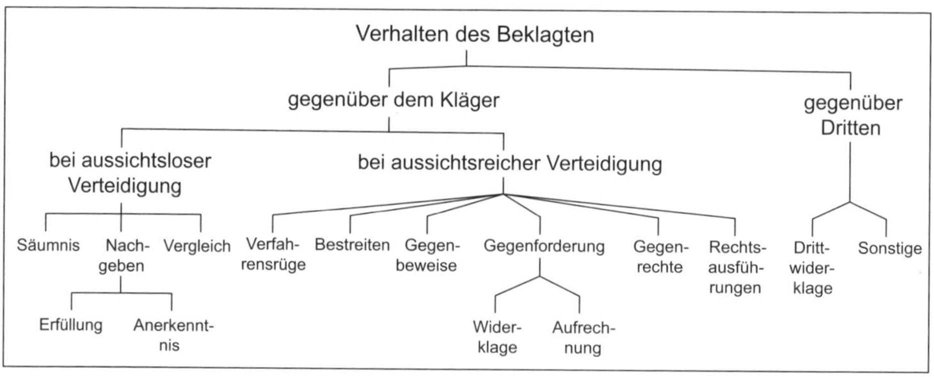

Abb. 3: Verhalten des Beklagten

Das Verhalten dem Kläger gegenüber hängt davon ab, welches **Prozessziel** erreichbar scheint. Ist es aussichtslos, eine Klageabweisung zu erreichen, kann als subsidiäres Prozessziel wenigstens noch eine Kostenminimierung angestrebt werden. 1276

Die **Einbeziehung Dritter** in den Rechtsstreit kann sinnvoll sein, um diese als Zeugen im vorliegenden Rechtsstreit auszuschalten oder um sich ihnen gegenüber bestehende (Regress-)Ansprüche zu sichern. 1277

II. Verhalten gegenüber dem Kläger

Maßgeblich für die Wahl der Vorgehensweise ist also eine Prüfung der **Erfolgsaussichten**. 1278

1. Verhalten bei aussichtsloser Verteidigung

Auch in einer objektiv aussichtslosen Prozesslage kann es eine geschickte Verteidigung dem Kläger erheblich erschweren, seinen Anspruch gerichtlich durchzusetzen. 1279

Erstes und einfachstes Verteidigungsmittel ist ein möglichst lückenloses, ggf. substantiiertes Bestreiten des klägerischen Sachvortrags, reicht doch für eine Klageabweisung bereits eine einzige nicht bewiesene entscheidungserhebliche Tatsache aus. Schwachstellen und Lücken treten gerade bei Indizienketten immer wieder auf. Außerdem sollte die Schlüssigkeit der Klage genau geprüft werden. Hierbei muss allerdings prozesstaktisch berücksichtigt werden, dass der Kläger im weiteren Verfahren (ggf. auf entsprechende Hinweise) – ebenso wie bei den Beweisangeboten – nachbessern kann.

Es kann sich lohnen, bei den Verjährungsfristen nachzurechnen. Denn es ist nicht ausgeschlossen, dass sich der Kläger diesbezüglich getäuscht hat oder einfach darauf spekuliert, dass die eingetretene Verjährung vom Beklagten übersehen wird. So bereitet das Thema Verjährung »nach wie vor vielen Juristen Kopfschmerzen, Richtern gleichermaßen wie Anwälten« (Bräuer AnwBl 2004, 720). Die Verjährungseinrede kann grundsätzlich auch in zweiter Instanz erhoben werden (BGH NJW 2008, 1312; a.A. noch OLG Frankfurt a. M. OLGR 2004, 249); dies gilt allerdings dann nicht, wenn die den Verjährungseintritt begründenden tatsächlichen Umstände streitig sind und die Präklusion, § 531 Abs. 2 ZPO, greift (OLG Koblenz MDR 2021, 1061).

Auch sollte man sich nicht von zahlreichen Beweisangeboten blenden lassen. Gerade unter angebotenen Zeugen finden sich erfahrungsgemäß immer wieder solche Personen, welche keine Angaben zum Beweisthema machen können. Schließlich bestehen auch noch während der Zeugenvernehmung gewisse Einflussmöglichkeiten auf den Inhalt der Aussage (unten Rdn. 2026).

Steht die Aussichtslosigkeit der eigenen Prozessposition fest, kann entweder versucht werden, den Gegner zu einem **Vergleich** zu bewegen (dazu oben Rdn. 567) oder zumindest die anfallenden **Kosten** so gering wie möglich zu halten (Schneider NJW-Spezial 2012, 731; ders. NJW-Spezial 2013, 27). 1280

So fallen bei einem Endurteil die vollen 3,0 Gerichtsgebühren an (Nr. 1210 KV-GKG) sowie für jeden Anwalt eine 1,3-Verfahrensgebühr (Nr. 3100 VV-RVG) sowie eine 1,2-Terminsgebühr (Nr. 3104 VV-RVG) an. Bei vorausgehender außergerichtlicher Tätigkeit kommt noch eine (teilweise anzurechnende) Geschäftsgebühr hinzu (Nr. 2400 i.V.m. Vorb. 3 [4] VV-RVG; zu den Vergleichsgebühren oben Rdn. 623).

Zur Kostenminimierung kann der Partei zum Stillhalten geraten werden, sodass der Prozess durch Versäumnisurteil gegen die Partei endet. Denkbar ist auch, dass die Partei sich dem klägerischen Begehr unterwirft, sei es, indem der geltend gemachte materielle Anspruch erfüllt wird, sei es, indem der prozessuale Anspruch anerkannt wird. Im ersten Fall werden die Voraussetzungen für eine Rücknahme oder eine Erledigungserklärung des Klägers geschaffen, im zweiten Fall ergeht ein Titel in Form eines Anerkenntnisurteils.

Unter rein kostenrechtlichen Gesichtspunkten gilt dabei Folgendes (hierzu Focken/Marten MDR 2005, 850 mit konkreten Rechenbeispielen): 1281

- Für den zur Kostentragung verpflichteten Beklagten am günstigsten ist es, vor der mündlichen Verhandlung eine **Erledigungserklärung des Klägers** herbeizuführen, dieser dem Gericht gegenüber zuzustimmen und gleichzeitig die Kostentragungspflicht anzuerkennen.
- Ist dieser Weg nicht gangbar (weil der Beklagte die Hauptforderung mangels Leistungsfähigkeit nicht erfüllen kann), so kommt es darauf an, ob der Beklagte im Prozess anwaltlich vertreten

ist (praktisch damit häufig auf die Frage, ob der Anwalt des Beklagten bereit ist, auf einen Teil der ihm zustehenden Gebühren zu verzichten). Ist keine Partei oder nur eine Partei anwaltlich vertreten, so ist für den Beklagten stets das **Anerkenntnisurteil** die billigste Lösung. Sind beide Seiten anwaltlich vertreten, ist grundsätzlich das **Versäumnisurteil** am kostengünstigsten; aufgrund der abweichenden Gebührenstaffelung bzw. Degression ist allerdings bei Streitwerten unter ca. 1.000 € und über ca. 100.000 € das Anerkenntnisurteil grundsätzlich kostengünstiger.

1282 Manchmal spielen für die zu wählende Taktik auch andere Umstände eine Rolle.

Relevant werden können dabei prozessual die Rechtskraft und die Zwangsvollstreckung, aber auch soziale, kulturelle oder sonstige Motive.

a) Versäumnisurteil

1283 Ein Versäumnisurteil führt zur Verurteilung entsprechend dem schlüssigen Klageantrag (§ 331 ZPO).

Der Hauptvorteil für den Beklagten liegt in der 2-wöchigen Überlegungsfrist für den Einspruch §§ 338, 339 ZPO). Außerdem wird seine unterlegene Position nicht so deutlich.

Allerdings muss bei einer taktischen Entscheidung für ein Versäumnisurteil bedacht werden, dass dem Kläger in der Regel Verzugszinsen sowie vorgerichtliche Mahn- und Inkassokosten auch dann zugesprochen werden, wenn sie überhöht und unzureichend belegt sind. Deshalb kann es sich lohnen, das Gericht trotz der Säumnis auf diese Umstände hinzuweisen, um auf ein beschränktes Versäumnisurteil hinzuwirken. Außerdem ist nach dem Gebot des sichersten Wegs zu prüfen, ob diese (überhöhten) Kosten die Ersparnis an Gebühren übersteigen (werden) und sich hinsichtlich der Nebenforderungen ein teilweise klageabweisendes Endurteil lohnt, zumal sich bei einem Versäumnisurteil die Gerichtsgebühren nicht ermäßigen (unten Rdn. 1291, 1537).

Die nicht säumige Partei sollte den Antrag auf Erlass eines Versäumnisurteils nicht mechanisch und unbedacht stellen. Für den Antrag spricht, dass Gerichte regelmäßig nicht dazu neigen, die Zulässigkeit und Schlüssigkeit vor Erlass eines Versäumnisurteils allzu gründlich zu prüfen, und dass Beklagte relativ selten gegen ein erlassenes Versäumnisurteil Einspruch einlegen. Sofern der Rechtsstreit schon einmal mündlich verhandelt wurde, kommt allerdings auch eine Entscheidung nach Lage der Akten in Betracht (§ 331a ZPO). Mit der danach zu erlassenden Sachentscheidung ist die Instanz abgeschlossen; der Beklagte kann hiergegen nur ein Rechtsmittel einlegen, so dass ihm – im Gegensatz zur Situation nach dem Einspruch gegen das Versäumnisurteil – weiterer Sachvortrag abgeschnitten ist (§ 531 Abs. 2 ZPO). Liegen die Voraussetzungen sowohl für ein Urteil nach Lage der Akten als auch für ein Versäumnisurteil vor, so besteht der Königsweg darin, eine Verurteilung nach Lage der Akten, hilfsweise ein Versäumnisurteil, zu beantragen.

b) Erfüllung

1284 Kostengünstig ist eine **Klaglosstellung** des Klägers durch sofortige Erfüllung vor Klageerwiderung und (außergerichtliche) Übernahme der Kosten (§ 29 Nr. 2 GKG) unter Verzicht auf die Stellung eines Kostenantrages bzw. Abgabe einer Kostenübernahmeerklärung, wenn der Kläger daraufhin die Klage zurücknimmt oder beide Parteien den Rechtsstreit für erledigt erklären.

An Gebühren fallen dann nämlich nur an: In der Regel keine Terminsgebühr; 1,3 Kläger-Verfahrensgebühr; 0,8 Beklagten-Verfahrensgebühr gem. Nr. 3101 Nr. 1 VV-RVG; 1,0 Gerichtsgebühr gem. Nr. 1211 Nr. 1 u. 4 KV-GVG.

1285 Wegen möglicher Folgeprobleme nur bedingt ratsam ist die häufig gewählte Lösung, nur die Hauptforderung zu begleichen und darauf zu spekulieren, dass der Gläubiger die Zinsansprüche fallenlässt bzw. trotz unvollständiger Zahlung die Erledigung erklärt.

1286 Unter Umständen kann es vorteilhaft sein, **keine Kostenübernahmeerklärung** abzugeben bzw. sich der Kostentragung zu widersetzen.

Nach Erledigungserklärung des Klägers (oben Rdn. 503) sollte der Beklagte den Sachvortrag des Klägers – soweit mit der Wahrheitspflicht vereinbar – bestreiten, etwaige Gegenbeweise anbieten und sich der Erledigungserklärung anschließen.

Praktisch gesehen besteht damit die Chance, dass das Gericht nach § 91a ZPO die Kosten beschließt und somit der Beklagte nur seine eigenen Kosten voll und die Gerichtskosten zur Hälfte zu tragen hat (§ 92 Abs. 1 ZPO). Denn bei der Kostenentscheidung nach § 91a ZPO ist auf den voraussichtlichen Ausgang des Rechtsstreits abzustellen, ohne dass noch eine Beweisaufnahme (zugunsten des Klägers) stattfindet. Allerdings kann hierbei das Angebot von Zeugen gewürdigt werden (Thomas/Putzo/Hüßtege § 91a Rn. 46). Bei ungewissem Prozessausgang werden in der Regel die Kosten gegeneinander aufgehoben (Thomas/Putzo/Hüßtege § 91a Rn. 48; E. Schneider JurBüro 2002, 510: Neigung nicht weniger Gerichte). Dies gilt umso mehr, wenn die Sach- und/oder Rechtslage sehr kompliziert ist.

▶ Praxistipp:

Der Beklagte trägt grundsätzlich dann voll die Kosten, wenn er die Klageforderung vorbehalts- und kommentarlos erfüllt hat. 1287

(OLG Frankfurt a. M. MDR 1996, 426; Thomas/Putzo/Hüßtege § 91a Rn. 47 a.E.: »so ist grundsätzlich bei freiwilliger Erfüllung zu verfahren«; aber auch Thomas/Putzo/Hüßtege § 91a Rn. 35: die vorbehaltlose Erfüllung des Klageanspruchs erübrigt [bei einseitiger Erledigterklärung] nicht die Prüfung der Begründetheit der Klage).

Im Übrigen aber ist ein allgemeiner Grundsatz, dem zufolge die Kosten stets der Partei aufzuerlegen seien, die sich freiwillig in die Rolle des Unterlegenen begibt, nicht anzuerkennen (Zöller/Althammer § 91a Rn. 25), es sei denn, der Beklagte hat noch erklärt, die Kosten übernehmen zu wollen (BGH RVG-B 2004, 20).

Um diese nachteilige Folge zu vermeiden, muss der Beklagte (deshalb) verständliche Gründe dafür 1288
vorbringen, weshalb seine Leistung **keine Anerkennung** der Klageforderung habe bedeuten sollen.

Als solche Gründe werden vom OLG Frankfurt a. M. (a.a.O.) genannt: Vermeidung weiterer Kosten, Ersparnis weiteren Zeitaufwandes und Ärgers.

Da allerdings im Rahmen der Kostenentscheidung nach § 91a ZPO auch der Grundgedanke des § 93 ZPO (reziprok) zugunsten des Klägers angewendet wird (Zöller/Vollkommer § 91a Rn. 25; Zöller/Herget § 93 Rn. 2), ist es wichtig, dass der Beklagte die Veranlassung zur Klageerhebung ebenso bestreitet wie das Bestehen eines zu berücksichtigenden materiellen Kostenerstattungsanspruchs (z.B. wegen Verzugs, pVV bzw. § 280 BGB, Zöller/Herget vor § 91 Rn. 12; N. Schneider NJW 2008, 3317).

Zur Risikovermeidung kommt für den Kläger – statt einer Erledigterklärung – eine Klageänderung 1289
auf Erstattung des Verzugsschadens in Betracht (oben Rdn. 520).

c) Anerkenntnis

Ein Anerkenntnis beendet den Prozess nicht unmittelbar mit der Folge, dass dem Gericht wie bei 1290
einer Klagerücknahme die Möglichkeit zu entscheiden genommen ist. Erst die aufgrund eines Anerkenntnisses ausgesprochene Verurteilung erledigt die Hauptsache. Der weitere Prozessverlauf nach dem Anerkenntnis folgt den allgemeinen Regeln (BGH NJW-RR 2022, 205). Die Beendigung des Rechtsstreits durch ein Anerkenntnisurteil (§ 307 ZPO) ist für den Beklagten – der im Normalfall die Kosten zu tragen hat (§ 91 ZPO) – kostengünstiger als durch ein streitiges Urteil (Ermäßigung um 2 Gerichtsgebühren; Nr. 1211 Nr. 2 KV-GKG).

Bei einer Entscheidung vor streitiger Verhandlung (§ 307 ZPO) tritt eine Reduzierung der Anwaltsgebühren (im Gegensatz zur bisherigen BRAGO) nicht mehr ein. So fallen jeweils eine 1,3 Verfahrensgebühr (Nr. 3100 VV-RVG) sowie eine 1,2 Terminsgebühr (Nr. 3104 VV-RVG) an (zur Problematik der Terminsgebühr bei Anerkenntnis ohne mündliche Verhandlung Henke AnwBl 2005, 642).

Die Gerichtsgebühren ermäßigen sich in dieser Höhe auch im Fall eines Rechtsmittelverzichts bei einem Urteil, welches sogleich im Verhandlungstermin verkündet wird (sog. Stuhlurteil; § 313a Abs. 2 ZPO, Nr. 1211 Nr. 2 V-GKG). Hierzu kann das Gericht insbesondere durch den Rechtsmittelverzicht bereits vor der Verkündung des Urteils (§ 313a Abs. 3 ZPO) bewogen werden. Diese Möglichkeit bietet sich an, wenn der Beklagte zwar eine Verurteilung durch das Gericht akzeptiert, aber aus bestimmten Gründen nicht anerkennen will.

1291 Im Vergleich zu einem Versäumnisurteil hingegen ist ein Anerkenntnisurteil in bestimmten Fällen **teurer.**

Erscheint nur der Kläger im Termin oder ergeht das Versäumnisurteil im schriftlichen Vorverfahren bei fehlender Verteidigungsanzeige (§ 331 Abs. 3 ZPO), so entsteht lediglich auf Klägerseite (neben der 1,3 Verfahrensgebühr) eine 0,5 Terminsgebühr (Nr. 3105 VV-RVG) und der Beklagtenvertreter erhält nur eine reduzierte 0,8 Verfahrensgebühr (Nr. 3101 Nr. 1 VV-RVG). Dabei werden die Mehrkosten im Fall eines Anerkenntnisurteils durch die geringeren Gerichtskosten (1,0 statt 3,0 Gebühren beim Versäumnisurteil, Nr. 1211 Nr. 2 KV-GKG) nicht aufgefangen, da die Anwaltskosten bei gleichem Streitwert immer höher sind als die Gerichtsgebühren (König NJW 2005, 1243: Anerkenntnis nach dem RVG vielfach ein anwaltlicher Kunstfehler; Schroeder/Riechert NJW 2005, 2187).

Ein Anerkenntnis ist für den Beklagten jedoch dann günstiger, wenn sich die Aussichtslosigkeit der Verteidigung erst im Termin ergibt. Sind nämlich beide Anwälte im Termin erschienen, so entsteht in jedem Fall (zwar) jeweils eine 1,2 Terminsgebühr (Teil 3 Vorb. 3 [3] i.V.m. Nr. 3104; 3105 Abs. 3 VV-RVG), jedoch fällt nur die ermäßigte Gerichtsgebühr an. Aber auch dann, wenn begründete Aussicht besteht, dass die Kosten dem Kläger nach § 93 ZPO auferlegt werden, sollte der Anwalt zu einem Anerkenntnis raten.

1292 Nachteilig kann das Anerkenntnis wegen seiner Auswirkungen auf Kosten (§ 91 ZPO), Zwangsvollstreckung (§ 708 Nr. 1 ZPO) und Rechtskraft auch im Vergleich zur tatsächlichen Erfüllung des Anspruchs sein.

1293 Sofern der Beklagte durch sein Verhalten zur Klageerhebung **keine Veranlassung** gegeben hat, sollte er bei unzweifelhaft begründeter Klage den Klageanspruch sofort anerkennen. Denn dann muss die Kostenentscheidung zulasten des Klägers ergehen (§ 93 ZPO; **sofortiges Anerkenntnis**).

Sofern umgekehrt die Klage mit großer Wahrscheinlichkeit abgewiesen werden wird, kann man in geeigneten Fällen durch Anerkenntnis eines Teilbetrages dem Kläger die Möglichkeit der Streitwertberufung nehmen. Der Kläger könnte daraufhin die Klage entsprechend erhöhen oder versuchen, die Zulassung der Berufung zu erlangen.

Ob allerdings die Gerichtskostenermäßigung auch bei einer Kostenentscheidung nach § 93 ZPO eintritt, ist umstritten (bejahend h.M., z.B. OLG Naumburg JurBüro 2004, 324; verneinend LG Magdeburg JurBüro 2004, 325: arg. Nr. 1211 Ziff. 4 KV-GKG).

▶ Praxistipp:

1294 Falls § 93 ZPO in Betracht kommt, empfiehlt es sich, das Gericht (rechtzeitig und deutlich) darauf hinzuweisen. Die übliche Formulierung »unter Verwahrung gegen die Kosten« kann zu ungenau bzw. auslegungsbedürftig sein (Zöller/Herget § 93 Rn. 4).

Ausführungen hierzu sind sogleich in dem anerkennenden Schriftsatz erforderlich, da sonst der Beklagte ohne mündliche Verhandlung und ohne (klägerischen) Antrag gem. § 91 ZPO regelmäßig zur Kostentragung verurteilt werden wird. So ist der Erlass eines Anerkenntnisurteils nach § 307 ZPO jederzeit möglich. Noch ungeklärt ist, ob auf Antrag einer Partei eine mündliche Verhandlung erfolgen muss (Knauer/Wolf NJW 2004, 2861: arg. Art. 6 Abs. 1 EMRK). Sofern man im Einzelfall hierauf Wert legt, etwa um möglicherweise noch richterliche Hinweise zu erhalten, sollte man daher das Anerkenntnis dann auch erst dort abgeben.

1295 Außerdem trägt der Beklagte hinsichtlich der Voraussetzungen des Ausnahmetatbestands des § 93 ZPO die **Darlegungs- und Beweislast** (Thomas/Putzo/Hüßtege § 93 Rn. 4).

Das hat zur Folge, dass der Beklagte z.B. auch beweisen muss, dass er keine Rechnung erhalten hat, wenn er sich auf mangelnde Kenntnis von der Verpflichtung beruft (Zöller/Herget § 93 Rn. 6.11 – »Beweislast«; OLG Naumburg NJW-RR 2000, 1666: Verlust von vier einfachen Schreiben, während zwei Schreiben förmlich zugestellt werden konnten). Hierzu muss der Beklagte wenigstens einen Sachverhalt darlegen, der den Verlust der mit gewöhnlicher Post versandten Rechnung plausibel macht (negative Tatsache!), was der Kläger daraufhin qualifiziert bestreiten muss. Selbst wenn der Beklagte auf mehrere außerprozessuale Mahnungen überhaupt nicht reagiert und nicht um Zusendung der fehlenden Rechnung bittet, darf der Kläger davon ausgehen, dass der Beklagte die Rechnung erhalten hat und es nur darauf anlegt, weiter Zeit zu gewinnen (LG München I, Beschl. vom 17.07.2002 – 23 T 8174/02: § 12 GOÄ).

Ob dies auch dann gilt, wenn der Zugang der Rechnung Fälligkeitsvoraussetzung ist, für die eigentlich der Kläger darlegungs- und beweispflichtig ist, ist umstritten (z.B. OLG Frankfurt a. M. NJW-RR 1996, 62: § 16 Nr. 3 Abs. 1 VOB/B – arg. Ausnahmecharakter des § 93 ZPO). Da es nach bejahender Ansicht nicht auf die materielle Rechtslage ankommt, kann es u.U. in Bezug auf die Kostenfolge insgesamt günstiger sein, die Forderung zu bezahlen und einer Erledigungserklärung des Klägers zuzustimmen (nicht anerkennen!). Auch wenn bei der Kostenentscheidung nach § 91a ZPO der Grundgedanke des § 93 ZPO anwendbar ist, trägt grundsätzlich derjenige die Kosten, der voraussichtlich unterlegen wäre (Thomas/Putzo/Hüßtege § 91a Rn. 48; hier der Kläger mangels Fälligkeit der Forderung! – was letztlich naheliegender und dem Richter leichter zu vermitteln ist).

Sofort bedeutet jedenfalls vor Stellung eines Klageabweisungsantrags. Je nach Art des Vorverfahrens heißt dies konkret: 1296

- Ist ein früher erster Termin angeordnet, geht diesem regelmäßig die Aufforderung zur Klageerwiderung voraus. Das Anerkenntnis muss dann zum einen in dieser Klageerwiderung enthalten sein, zum anderen muss diese innerhalb der vom Gericht hierfür gesetzten Frist eingehen (BGH NJW 2019, 1525; MüKoZPO/Giebel § 93 Rn. 10; Vossler NJW 2006, 1034). 1297

▶ Praxistipp:

Reicht die vom Gericht zur Klageerwiderung gesetzte Frist zur Abklärung eines eventuellen Anerkenntnisses nicht aus, sollte in jedem Fall eine Fristverlängerung beantragt werden, auch wenn eine Zurückweisung nach Ablauf der Frist eingehenden Verteidigungsvorbringens nach § 296 ZPO wegen ausreichendem Abstand zur mündlichen Verhandlung nicht zu erwarten ist.

- Im schriftlichen Vorverfahren steht entgegen der früher von der h.M. vertretenen Auffassung eine vorbehaltlose Anzeige der Verteidigungsbereitschaft der Sofortigkeit eines in der nachfolgenden Klageerwiderung erklärten Anerkenntnisses jedenfalls dann nicht entgegen, wenn mit der Anzeige der Verteidigungsbereitschaft noch kein Klageabweisungsantrag verbunden war (BGH NJW 2019, 1525; BGH NJW 2006, 2490). 1298

▶ Praxistipp:

Steht bei Anzeige der Verteidigungsbereitschaft noch nicht fest, ob die Klageforderung anerkannt werden soll, darf in dem Anzeigeschriftsatz ein Klageabweisungsantrag noch nicht gestellt werden.

Dies gebietet die anwaltliche Vorsorge, obwohl der BGH bislang noch nicht entschieden hat, ob ein Anerkenntnis auch nach einem (nicht begründeten) Klageabweisungsantrag noch sofortig sein kann.

Fehlt es zunächst an einer schlüssigen Klage, kann die beklagte Partei nach Behebung dieses Mangels noch »sofort« anerkennen, auch wenn sie zuvor Verteidigungsbereitschaft angezeigt und einen Klageabweisungsantrag gestellt hat. Sie ist nicht gehalten, einen erst im weiteren Verlauf des Rechtsstreits substantiiert vorgetragenen Klageanspruch schon zuvor – gleichsam auf Verdacht – als begründet anzuerkennen, nur um sich der Kostentragungslast entziehen zu können (BGH NJW 2020, 1442; BGH NJW-RR 2004, 999). Die Partei kann daher mit dem Anerkenntnis zuwarten, ob es der Klagepartei gelingt, etwaige Entscheidungshindernisse zu beseitigen.

Hingegen geht ein Irrtum des Beklagten über das Vorliegen von Klage begründenden Tatsachen und deren Bestreiten zu seinen Lasten, wenn die Zweifel später (insbesondere durch Beweisaufnahme) ausgeräumt werden (Zöller/Herget § 93 Rn. 6.42 – Unschlüssige Klage). Auf ein Verschulden des Beklagten kommt es dabei nicht an, sodass ein Anerkenntnis dann verspätet ist.

Veranlassung zur Klageerhebung hat der Beklagte allgemein dann gegeben, wenn durch sein Verhalten vor Prozessbeginn der Kläger annehmen musste, er werde ohne Klage nicht zu seinem Recht kommen. Dies ist vor allem der Fall, wenn der Beklagte in Verzug gesetzt war (Prütting/Gehrlein/Schneider § 93 Rn. 3; Zöller/Herget § 93 Rn. 3), den Anspruch bestritten oder die Leistung verweigert hat. 1299

Besonders praxisrelevant sind im Einzelnen u.a. die folgenden Beispiele (i.Ü. die Auflistung bei Zöller/Herget § 93 Rn. 6 ff.): 1300

- Das bloße **Überschreiten des Fälligkeitstermins** ohne eine Aufforderung des Gläubigers zur Zahlung begründet für sich allein nicht ohne Weiteres den Anlass zur Klage (Thomas/Putzo/Hüßtege § 93 Rn. 5, 6; OLG Frankfurt a. M. NJW-RR 1993, 1472; OLG Naumburg JurBüro 1999, 597). Dies muss vor allem dann gelten, wenn dem Schuldner die Höhe nicht bekannt ist.
- Insbesondere bietet der nicht zahlende, berechtigterweise eine **Rechnung** fordernde Schuldner mangels Verzugs keinen Anlass zur Klageerhebung (§§ 273, 286 BGB). Legt der Kläger die (ordnungsgemäße) Rechnung erst im Prozess vor, hat er die Kosten gem. § 93 ZPO zu tragen, wenn der Beklagte daraufhin sofort die Klageforderung anerkennt (BGH NJW-RR 2005, 1005).

  Sofern der Kläger im Klageantrag das Zurückbehaltungsrecht jedoch mitberücksichtigt hat (»Zahlung von × Euro, Zug um Zug gegen Erteilung einer Rechnung«), ist der Beklagte gehalten, den Klageanspruch sofort anzuerkennen, um ein »sofortiges Anerkenntnis« i.S.d. § 93 ZPO erwirken zu können.

- Bei Kfz-Haftpflichtfällen billigt die Rechtsprechung der in Anspruch genommenen **Haftpflichtversicherung** eine Prüfungszeit von 3–4 Wochen zu, je nach den Umständen des Einzelfalles (Zöller/Herget § 93 Rn. 6.27; Haftpflichtversicherung; OLG Koblenz NJW-Spezial 2020, 746 – in der Praxis wird diese häufig nicht abgewartet).
- Bei einer **Räumungsklage** ist umstritten, ob der Mieter bereits dann Anlass hierzu gegeben hat, wenn er dem Vermieter nach einer Kündigung trotz Aufforderung keinen bestimmten Auszugstermin mitgeteilt und zugesichert hat (Anders/Gehle/Göertz § 93 Rn. 52). Im Übrigen besteht nach Fälligkeit nur dann kein Klageanlass, wenn der Beklagte vor Klageerhebung räumt, da er andernfalls die Leistung verweigert (Thomas/Putzo/Hüßtege § 93 Rn. 6a; auch § 93b ZPO).
- Im **Wettbewerbsrecht** muss vor gerichtlicher Geltendmachung von Unterlassungsansprüchen grundsätzlich eine Abmahnung erfolgt sein. Erkennt der Beklagte einen Anspruch ohne vorherige Abmahnung an, so hat er keinen Anlass zur Klageerhebung gegeben (Zöller/Herget § 93 Rn. 6.59). Dabei setzt nach der überwiegenden Meinung in der Rechtsprechung die Wirksamkeit der Abmahnung nicht den Nachweis des Zugangs beim Adressaten (Verletzter) voraus (z.B. OLG Braunschweig NJW 2005, 372 m.w.N.; a.A. Zöller/Herget a.a.O.).
- Im **Mahnverfahren** schließt die Einlegung eines Widerspruchs ein sofortiges Anerkenntnis zwar nicht notwendig aus, jedoch kann darin ein Indiz zum Anlass zur Klageerhebung gesehen werden, sofern der Widerspruch nicht auf die Kosten beschränkt wird (Thomas/Putzo/Hüßtege § 93 Rn. 7b, 11; Thomas/Putzo/Nordmeier § 694 Rn. 5, str.). Insbesondere wenn die Berechtigung des Anspruchs in der Widerspruchsbegründung bestritten wird, kommt ein sofortiges Anerkenntnis nicht mehr in Betracht (Zöller/Herget § 93 Rn. 6.33: Mahnverfahren; Fischer MDR 2001, 1336).

1301 Ob neben der Anerkenntniserklärung auch die alsbaldige Erfüllung der Geldschuld Voraussetzung des § 93 ZPO ist (nicht bloß verbales, sondern **tatsächliches Anerkenntnis**), ist streitig. Während der BGH eine solche sofortige Zahlung bislang nicht verlangt (OLG München MDR 2003, 1134; BGH NJW 1979, 2041; OLG München MDR 2003, 1134; Thomas/Putzo/Hüßtege § 93 Rn. 13) finden sich gegenteilige Auffassungen zunehmend in der neueren Literatur und Rechtsprechung (Zöller/Herget § 93 Rn. 6.22; Anders/Gehle/Göertz § 93 Rn. 92, jeweils m.w.N.).

▶ Praxistipp:

1302 Soll die Kostenprivilegierung des § 93 ZPO für den Mandanten erhalten bleiben, sollte dem wörtlichen (schriftsätzlichen) Anerkenntnis zeitnah entweder die tatsächliche Erfüllung der Forderung folgen oder diese zumindest zusätzlich ausdrücklich angeboten werden.

Nur darin liegt der vom Anwalt geschuldete sicherste Weg.

In der bloßen Erfüllung ohne ausdrückliche Anerkenntniserklärung sieht die Rechtsprechung jedenfalls dann ein konkludentes Anerkenntnis, wenn beide Parteien den Rechtsstreit übereinstimmend für erledigt erklären (OLG Stuttgart JurBüro 2011, 542).

1303 Für die Kostenentscheidung nach § 93 ZPO kommt es grundsätzlich nicht darauf an, ob die Klage im Zeitpunkt des Anerkenntnisses schlüssig und begründet war.

Eine Ausnahme gilt, wenn der Beklagte das Anerkenntnis erst abgegeben hat, nachdem der Kläger die anfänglich unschlüssige Klage durch ergänzenden Vortrag schlüssig gemacht hat (oben Rdn. 1298). Erkennt der Beklagte den geltend gemachten Anspruch bei unverändert unschlüssigem Klagevorbringen an, kann er aus der fehlenden Schlüssigkeit und Begründetheit des Klageanspruchs nichts mehr für die Kostenentscheidung nach § 93 ZPO herleiten (BGH NJW 2020, 1442).

▶ Praxistipp:

Zur Vermeidung von Kostennachteilen darf der Beklagte eine unschlüssige Klage nicht anerkennen. Dies kommt erst in Betracht, nachdem der Kläger nachträglich ausreichend Vortrag gehalten hat. Auch ein erst dann abgegebenes Anerkenntnis ist sofortig i.S.d. § 93 ZPO.

d) Vergleich

Oft führt schon die bloße Kundgabe der »Kampfbereitschaft« dazu, dass der Kläger, um eine auf- 1304
wendige und mit Risiken behaftete streitige Entscheidung zu vermeiden, bereit ist, sich zu vergleichen. Auch wenn dieser Vergleich nicht auf »Halbe/Halbe« lautet, ist er für den Beklagten günstiger als ein vollständiges Unterliegen. Das kann dafür sprechen, die Aussichtslosigkeit der eigenen Verteidigung nicht erkennen zu lassen, vielmehr den **Eindruck siegesgewisser Stärke** zu erwecken.

Möglicherweise ist dem Kläger die ungünstige Beweislage des Beklagten nicht bewusst, vor allem dann, wenn der Beklagte eine Reihe von Gegenzeugen angeboten hat. Zudem könnte es sonst dem Gericht psychologisch leichter fallen, die Klage zuzusprechen, ohne (eigenen) restlichen Zweifeln oder Unklarheiten nachzugehen.

Frage des Einzelfalles sollte es sein, wann und wie man die Vergleichsmöglichkeit in den Prozess einbringt. Einen entsprechenden Vorschlag bereits in der Klageerwiderung zu machen, wird vom Kläger oft »durchschaut«. Ihn erst in der mündlichen Verhandlung zu machen, bedeutet, zusätzlich auch die Terminsgebühren der beteiligten Anwälte (zumindest anteilig) tragen zu müssen. Andererseits kann dann das Gericht veranlasst werden, einen Vergleichsvorschlag zu machen. Dieser hat beim Gegner regelmäßig deutlich größere Akzeptanzchancen als ein eigener Vorschlag.

Sofern es dem Beklagten nur um eine Ratenzahlung geht, ist ein Vergleich kostenmäßig am ungünstigsten. Häufig ist der Kläger im Termin bereit, eine entsprechende Bereitschaft zu Protokoll zu erklären, sofern der Beklagte den Anspruch anerkennt. Selbst wenn der Kläger später dann (treuwidrig?!) doch keine Ratenzahlungen akzeptieren sollte, kann der Beklagte solche in der Regel während der Zwangsvollstreckung vom Vollstreckungsorgan eingeräumt bekommen.

2. Verhalten bei aussichtsreicher Verteidigung

a) Klageerwiderung

Der Beklagte hat seine Verteidigungsmittel vor allem in der **Klageerwiderung** vorzubringen (§§ 275, 1305
276, 277 Abs. 1 ZPO). Zur Vermeidung eines Versäumnisurteils im schriftlichen Vorverfahren muss der Beklagte rechtzeitig seine Verteidigungsabsicht anzeigen (§§ 276, 331 Abs. 3 ZPO).

Dies sollte auch dann geschehen, wenn der Kläger in der Klageschrift kein Versäumnisurteil beantragt hat. Denn zum einen kann er den Antrag nachholen, ohne dass der Beklagte davon in Kenntnis gesetzt werden müsste (str.), und zum anderen könnte das Gericht einen solchen Antrag auch als stillschweigend gestellt ansehen (Thomas/Putzo/Seiler § 331 Rn. 2). Dabei ersetzt ein Widerspruch im vorausgegangenen Mahnverfahren die Anzeige nicht (Zöller/Herget § 331 Rn. 12).

Allerdings kann diese Anzeige in manchen Fällen auch nachteilig sein, ebenso wie die routinemäßige Beantragung von Klageabweisung oder ein (vorsorgliches) pauschales Bestreiten des Klagevortrags (oben Rdn. 1296; unten Rdn. 1340).

Der Klageerwiderungsschriftsatz sollte – wie jeder Schriftsatz – **strukturiert** sein. Zu mehr Über- 1306
sichtlichkeit und Verständlichkeit führt es, wenn der Beklagte die unstreitigen und akzeptierten Tatsachen zunächst am Anfang zusammenfasst und in einem Einleitungssatz in groben Zügen mitteilt, womit er sich verteidigt (Vorwerk NJW 2017, 2326).

Es empfiehlt sich, eine in der Klageschrift befindliche Reihenfolge, insbesondere bei Punktesachen zu übernehmen. Dies bietet dem Anwalt eine gewisse Kontrolle der Vollständigkeit seiner Ausführungen. Fehlt eine (sachlogische) Gliederung, kann der Beklagte durch eine eigene Gliederung (z.B. chronologisch) seine Position vor allem bei umfangreicherem Sachverhalt klarer darstellen. Bei komplexen Geschehnissen (z.B. Verkehrsunfall) kann eine vollständige und in sich geschlossene Schilderung aus eigener Sicht verständlicher sein, als nur einzelne Punkte herauszugreifen.

Da nicht vorhersehbar ist, ob und inwieweit das Gericht durch den klägerischen Vortrag von eigentlich unwesentlichen Nebentatsachen und unsachlichen Äußerungen beeinflusst wird, sollte der Gegner solches nicht unwidersprochen lassen.

Zuweilen versuchen manche Beklagtenvertreter durch »Nebelschießen, mit komplizierten und scharfsinnigen, aber irreführenden Gedankenfolgen, mit Halbwahrheiten, mit schiefen Analogien, mit zeitraubend lesbaren und fernab liegenden Präjudizien« (Franzen NJW 1984, 2263: ultima ratio des Anwalts – standesrechtlich dubios!) einen klaren Klagevortrag zu torpedieren und das Gericht zu verwirren. Auch wenn davon im Normalfall abzuraten ist, bleibt diese Methode nicht immer ganz erfolglos.

▶ Praxistipp:

1307 Es ist zu vermeiden, dass die Klage (erst) durch den Beklagtenvortrag verständlich, schlüssig bzw. begründet wird, indem z.B. (nur) der Beklagte (substantiiert) den Vertragsabschluss oder den Eintritt bestimmter Bedingungen vorträgt.

Denn bei unschlüssigem (bzw. unbegründetem) Klagevortrag kann die gerichtliche Entscheidung hilfsweise auf den Beklagtenvortrag (und eine andere Rechtsgrundlage) gestützt werden, wenn sich der Kläger diesen wenigstens hilfsweise zu eigen gemacht hat (sog. Gleichwertigkeit des Parteivorbringens; BGH NJW-RR 1994, 1405; Thomas/Putzo/Seiler § 138 Rn. 6; Schneider, Beil zu ZAP 5/2001 S. 11: »wird erfahrungsgemäß vielfach von Anwälten übersehen«). Dann kann bei nachteiligem Parteivortrag sogar Geständniswirkung eintreten (Zöller/Greger § 288 Rn. 3a; sog. vorweggenommenes Geständnis). Für den Kläger bedeutet dies, dass er zum Verteidigungsvorbringen des Beklagten ebenfalls eine Schlüssigkeitsprüfung anstellen und sich dieses gegebenenfalls ausdrücklich zu eigen machen sollte.

1308 Etwaige **Rügen zur Zulässigkeit** der Klage (§ 282 Abs. 3 ZPO) sollten vor sämtlichen anderen Einwendungen gebracht werden, zumal der Richter diese dort normalerweise erwartet und zuerst prüft.

Vorher sollte der Anwalt abklären, ob nicht insbesondere die Klageerhebung bei einem unzuständigen Gericht für den Beklagten sogar möglicherweise günstig wäre.

1309 Da man sich auf den Erfolg eines bestimmten Verteidigungsmittels nicht verlassen kann, ist es riskant, weitere Verteidigungsmittel (zunächst) **zurückzuhalten** (z.B. wegen Präklusion oder Vergessen!).

1310 Deshalb sollte insbesondere nach erhobener Rüge der örtlichen Zuständigkeit immer auch vorsorglich zum sachlich-rechtlichen Klagevorbringen Stellung genommen sowie zur Sache verhandelt werden. Bei Einwendungen gegen den Haftungsgrund darf nicht von einer Verteidigung gegen die Forderungshöhe abgesehen werden, auch nicht im Vertrauen darauf, einen Hinweis des Gerichts zu erhalten (BGH NJW-RR 1990, 1241).

1311 Im Übrigen muss sich das Verhalten des Beklagten nach Art und Weise des klägerischen Angriffs sowie nach der Sach- und Rechtslage richten.

Das Ziel der Verteidigung ist im Regelfall die Abweisung der Klage, hilfsweise die Minimierung der vom Beklagten im Fall des Prozessverlusts zu tragenden Kosten.

Manchmal wird aber – in Kenntnis der Berechtigung des Klageanspruchs – seitens des Beklagten auch nur versucht, den Rechtsstreit möglichst in die Länge zu ziehen. Sofern er hierbei nur verfahrensrechtlich zulässige Mittel einsetzt, kann dagegen grundsätzlich nichts eingewandt werden. Denn regelmäßig wird der Kläger durch das gerichtliche Verfahren nach Maßgabe seiner gesetzlichen Ausgestaltung geschützt. Erreicht der Beklagte dies aber mithilfe unlauterer Mittel, insbesondere durch Aufstellung bewusst unwahrer Behauptungen, kann er dem Kläger gegenüber nach § 826 BGB schadensersatzpflichtig sein (BGH NJW 2004, 446: Verzögerung bis zum Eintritt der bereits drohenden Insolvenz des Schuldners). Zudem ist bei verschuldeter Verzögerung die Auferlegung einer Verzögerungsgebühr möglich (§ 38 GKG).

Ansonsten gelten die **allgemeinen Empfehlungen** für die Anforderungen an den Sachvortrag bei einer Klageschrift (oben Rdn. 1103) in entsprechender Weise auch für die Klageerwiderungsschrift. Die Besonderheiten für die Beklagtenseite werden nachfolgend dargestellt. 1312

b) Anträge

aa) Klageabweisung

Anders als der Sachantrag des Klägers ist ein Antrag des Beklagten **nicht** in jedem Fall **erforderlich.** 1313

Ist die Klage (unheilbar) unzulässig oder unschlüssig, muss sie von Amts wegen unabhängig vom Verhalten des Beklagten abgewiesen werden. Auch in diesen Fällen indes ist ein Antrag des Beklagten zumindest möglich und sollte deswegen vorsorglich stets gestellt werden.

Der Antrag des Beklagten ist darauf gerichtet, die Klage abzuweisen. 1314

Diese Formulierung gilt für alle Fälle der Erfolglosigkeit. Unabhängig davon, ob die Klage als unzulässig oder als unbegründet abgewiesen werden soll, unabhängig davon, ob die Unbegründetheit aus rechtlichen oder tatsächlichen Gründen erfolgt. Insoweit besteht ein Unterschied zu den Rechtsbehelfen, die bei Unzulässigkeit verworfen, bei Unbegründetheit zurückgewiesen werden.

Grundsätzlich bedarf der Antrag auch keiner Ergänzung um begründende Elemente. Die Frage, ob die Unzulässigkeit der Klage in den Urteilstenor aufgenommen werden sollte (»Die Klage wird als unzulässig abgewiesen«), stellt sich für den Beklagten nicht. Vertreten wird dies, um deutlich zu machen, dass der Klageabweisung keine materielle Rechtskraft zukommt. Hieran kann der Beklagte kein Interesse haben. Dies gilt auch für die gesetzlich vorgesehene Ergänzung bei der unzulässigen Klage im Urkundenprozess (§ 597 Abs. 2 Satz 2 ZPO: »Die Klage wird als in der gewählten Prozessart unstatthaft abgewiesen«). In allen Fällen reicht für den Beklagten der schlichte Klageabweisungsantrag, hält das Gericht einen Zusatz für erforderlich, mag es ihn hinzufügen, ohne dass damit ein kostenrelevantes Teilunterliegen des Beklagten verbunden wäre.

Der Prüfung im Einzelfall bedarf die Frage, ob der prozessuale Klageabweisungsantrag materiellrechtlich als ernsthafte und endgültige Erfüllungsverweigerung angesehen werden kann und dem Kläger damit weitere Rechte einräumt. 1315

So kann der Gläubiger ohne vorherige Fristsetzung vom Vertrag zurücktreten (§ 323 Abs. 1 BGB) oder Schadensersatz statt der Leistung verlangen (§§ 280 Abs. 1, 3, 281 Abs. 1 BGB). Annahmeverzug des Schuldners kann bereits aufgrund eines nur wörtlichen Angebots eintreten (§ 295 BGB).

Eine konkludente Erfüllungsverweigerung kann nur aus einer umfassenden Betrachtung des gesamten Schuldnerverhaltens hergeleitet werden. In der veröffentlichten Rechtsprechung finden sich jedoch zahlreiche Beispiele dafür, dass bereits der Klageabweisungsantrag alleine als ausreichend angesehen wurde. Nachvollziehbar ist dies, soweit Abweisung der auf Nacherfüllung gerichteten Klage begehrt wird, zweifelhaft, soweit Abweisung der Klage auf Schadensersatz oder Rückabwicklung verlangt wird (Schneider MDR 2015, 1394).

▶ Praxistipp:

Der klagende Gläubiger sollte sich nicht darauf verlassen, dass allein der Klageabweisungsantrag des Schuldners als Erfüllungsverweigerung genügt, sondern sollte durch eine separate Fristsetzung eine materielle Klarstellung herbeiführen. 1316

Der beklagte Schuldner sollte durch ausdrücklichen Hinweis auf sein übriges Verhalten klarstellen, dass mit dem Klageabweisungsantrag lediglich die prozessualen Rechte gewahrt werden sollen.

bb) Sonstige

Auch für den Beklagten kann es erforderlich oder zumindest sinnvoll sein, neben dem Hauptantrag weitere **Verfahrensanträge** zu stellen. 1317

1318 Hat der Kläger die Klage vor der Zivilkammer anhängig gemacht, kann auch der Beklagte (bei Vorliegen der Zuständigkeitsvoraussetzungen im Übrigen) die Zuständigkeit der **Kammer für Handelssachen** herbeiführen, indem er einen darauf gerichteten Antrag stellt (§ 98 GVG).

1319 Prozessgestaltungen, die der Kläger bei der Klageerhebung vorgenommen hat, können vom Gericht geändert werden. Dies gilt auch für bereits vom Gericht getroffene Anordnungen. Vielfach bedürfen solche Anordnungen des Gerichts keines besonderen Antrags des Beklagten, sondern sind von Amts wegen möglich, können aber von den Parteien zumindest »angeregt« werden. Dabei empfiehlt es sich, einen entsprechenden »Antrag« zu begründen, dem Gericht Tatsachen mitzuteilen, anhand derer die Voraussetzungen oder die Sinnhaftigkeit einer entsprechenden Anordnung beurteilt werden können. In Betracht kommen dabei folgende Fälle:

- Hat der Kläger etwa mehrere Ansprüche in der Klage zusammengefasst (objektive Klagehäufung, § 260 ZPO), kann das Gericht anordnen, dass die Ansprüche in **getrennten** Prozessen verhandelt werden (§ 145 ZPO).
- Hat der Kläger mehrere Parallelprozesse vor demselben Gericht anhängig gemacht, kann das Gericht diese zur gemeinsamen Verhandlung und Entscheidung **verbinden** (§ 147 ZPO).
- Will der Beklagte die Entscheidung einer Behörde bzw. eines anderen Gerichts oder eines Strafverfahrens abwarten, kann er die **Aussetzung** des Verfahrens anregen (§§ 148, 149 ZPO).
- Hat das Gericht dem Beklagten eine Frist zur Klageerwiderung gesetzt, kann der Beklagte eine **Fristverlängerung** beantragen (§ 224 ZPO); nicht möglich ist dies für die Notfrist zur Anzeige der Verteidigungsbereitschaft.
- Hat das Gericht einen Termin bestimmt, zu dem der Beklagte oder sein Vertreter verhindert ist, kann eine **Verlegung** beantragt werden (§ 227 ZPO; Ulber NJ 2014, 226).
- Will der Beklagte Vergleichsverhandlungen mit dem Kläger führen, kommt ein Ruhen des Verfahrens in Betracht; hierzu ist die Zustimmung des Klägers erforderlich (§ 251 ZPO).

1320 Der Antrag auf **Erlass eines Versäumnisurteils** ist regelmäßig unsinnig. Im schriftlichen Vorverfahren kann ein solches gegen den Kläger nicht ergehen, ist der Kläger im Termin zur mündlichen Verhandlung säumig, kann der Antrag noch dort gestellt werden.

c) Verfahrensrügen

1321 Mängel von Prozesshandlungen des Gerichts darf jede Partei, Mängel von Prozesshandlungen einer Partei nur der jeweilige Gegner rügen.

▶ Praxistipp:

1322 Vielfach ist eine solche Rüge Voraussetzung für die Beachtlichkeit des Verfahrensfehlers, ohne ausdrückliche Rüge wird der Fehler geheilt und spielt weder für die Entscheidung noch für ein Rechtsmittel (§§ 534, 556 ZPO) eine Rolle.

Wichtigster Fall einer solchen Heilung ist § 295 ZPO. Danach kann die Verletzung einer das Verfahren und insbesondere die Form einer Prozesshandlung betreffenden Vorschrift nicht mehr gerügt werden, wenn rügelos verhandelt wurde. Ausgenommen sind nach § 295 Abs. 2 ZPO Vorschriften, auf deren Befolgung eine Partei nicht wirksam verzichten kann. Zu diesen gehören z.B. alle Vorschriften, die nicht nur dem Interesse einer Partei, sondern auch dem öffentlichen Interesse dienen. Keiner Rüge bedürfen damit die Vorschriften über die Besetzung des Gerichts, die Öffentlichkeit der Verhandlung, die Ausschließung vom Richteramt, die Zulässigkeitsvoraussetzungen und die Bindung an den Antrag. Auch in diesen Fällen indes ist eine Rüge möglich und praktisch zu empfehlen. Zum einen besteht bei zahlreichen Vorschriften Streit über die Frage, ob sie § 295 Abs. 1 oder § 295 Abs. 2 ZPO unterfallen, zum anderen kann nur über eine Rüge sichergestellt werden, dass das Gericht den Verstoß nicht übersieht.

1323 Einer Rüge bedürfen insbesondere:

- Mängel der sachlichen und örtlichen **Zuständigkeit** (§ 39 ZPO). Folge einer rügelosen Einlassung (in der mündlichen Verhandlung) ist hier die Begründung einer ansonsten nicht bestehenden Zuständigkeit;

- Mängel der **Ladung** und **Zustellung**, soweit nicht Notfristen betroffen sind;
- das Fehlen der Voraussetzungen einer Nebenintervention (§ 71 Abs. 1 ZPO);
- Fehler bei der **Beweisaufnahme**;
- das Vorliegen von **Zulässigkeitshindernissen**, die nur auf Einrede hin berücksichtigt werden, so die Einrede der Schiedsgerichtsabrede (§ 1032 ZPO), die Einrede der mangelnden Kostensicherheit (§§ 110 ff., 269 Abs. 4 ZPO) und gewillkürte, zwischen den Parteien vereinbarte Zulässigkeitsvoraussetzungen. Diese Rügen sind im Interesse der Prozessbeschleunigung vor der Verhandlung zur Hauptsache (im Termin) anzubringen (§§ 282 Abs. 3, 296 Abs. 3 ZPO).

Auch wenn solche Rügen prozessual erst in der mündlichen Verhandlung geboten sind, sollten sie 1324
in der Klageerwiderung bereits angekündigt werden.

d) Bestreiten

Mangels Amtsaufklärung im Zivilprozess ist das Gericht darauf angewiesen, dass die Parteien sich 1325
über die Wahrheit oder Unwahrheit der vom Gegner vorgetragenen Tatsachen erklären. Es obliegt deswegen dem Beklagten, sich zu den vom Kläger vorgetragenen Tatsachen zu erklären (§ 138 Abs. 2 ZPO). Wird eine Tatsache zugestanden (§ 288 ZPO), gilt sie als prozessuale wahr und wird der Entscheidung zugrunde gelegt. Ist eine vom Gegner vorgetragene Tatsache unwahr, muss sie bestritten werden. Der so entstehende Streit über die Tatsache führt dazu, dass das Gericht sie einer Entscheidung erst zugrunde legen kann, wenn es sie nach einer Beweisaufnahme für wahr hält.

aa) Formen des Bestreitens

Bestreiten kommt in unterschiedlichen **Formen** vor: 1326

(1) Unter Beachtung der prozessualen Wahrheitspflicht (§ 138 Abs. 1 ZPO) können nur Tatsachen 1327
bestritten werden, von denen man positiv weiß, dass sie unwahr sind (»**Bestreiten mit Anderswissen**«).

Die Wahrheitspflicht gilt auch für den Beklagten. Unzulässig ist es danach, Vortrag des Klägers wider besseres Wissen nur deshalb zu bestreiten, um ihn zum Beweis zu zwingen und darauf zu hoffen, dass dieser nicht gelingt.

(2) Dabei reicht es aus, die vom Gegner vorgetragenen Tatsachen schlicht zu leugnen, zu behaupten, 1328
sie träfen nicht zu (»**schlichtes Bestreiten**« oder »Klageleugnen«).

Für den Beklagten liegt hierin eine privilegierte Form der Verteidigung. Anders als der Kläger muss er nicht schlüssig und substantiiert vortragen, sondern kann sich auf das einfache Leugnen der klägerischen Tatsachen beschränken. Nur ausnahmsweise trifft auch den Beklagten eine besondere Pflicht zur Substantiierung seines Vortrags (dazu unten Rdn. 1335).

(3) Generell unzulässig sind dabei jedoch die (in der Praxis recht häufigen) Fälle des »**pauschalen** 1329
Bestreitens«, in denen der Beklagte mit einer »salvatorischen Klausel« versucht, alle nicht unmittelbar angesprochenen Tatsachen streitig zu stellen.

(Zöller/Greger § 138 Rn. 10a: ein »nullum«, woraus bei Wiederholung im Schriftsatz aus dem nullum nulla werden; Doms MDR 1991, 498: stereotype, schon seit Juristengenerationen überkommene Formulierung, die in nahezu jedem Zivilprozess früher oder später vorgetragen wird). Zwar ist im Einzelnen zweifelhaft, ob diese Form des Bestreitens unzulässig oder unsubstantiiert ist, doch kann dies dahinstehen, da Einigkeit darüber besteht, dass solche Formulierungen im Ergebnis unbeachtlich sind (BGHZ 12, 49 [50]; Doms MDR 1991, 498).

▶ Beispiel:

Unwirksam sind Floskeln wie 1330

»Der gegnerische Vortrag wird bestritten, soweit er nicht ausdrücklich zugestanden ist.«

»Es wird alles bestritten.«

»Der klägerische Vortrag entbehrt jeglicher tatsächlichen Grundlage.«

1331 (4) Neben dem **ausdrücklichen Bestreiten**, bei dem der Vortrag des Gegners expressis verbis erfolgt (»wird bestritten«, »trifft nicht zu«), ist auch ein bloß **konkludentes Bestreiten** möglich. § 138 Abs. 3 ZPO lässt es ausreichen, dass die Absicht, eine Tatsache bestreiten zu wollen, aus den übrigen Erklärungen der Partei hervorgeht.

Allerdings kann dem schlichten Klageabweisungsantrag nicht entnommen werden, dass alle Behauptungen des Klägers bestritten werden sollen. Hinzukommen müssen vielmehr weitere Umstände, die es nahelegen, dass ein bestimmter Teil des klägerischen Vorbringens nicht ohne Weiteres zugestanden werden soll. Regelmäßig wird das bloß konkludente Bestreiten Anlass für eine aufklärende Rückfrage bei der Partei nach § 139 ZPO sein.

1332 (5) Ein Bestreiten liegt auch dann vor, wenn den vom Gegner vorgetragenen Tatsachen eigene, widersprüchliche Tatsachen entgegengesetzt werden (»**qualifiziertes Bestreiten**«).

Praktisch besteht die Gefahr bei dieser Form des Bestreitens darin, dass der Beklagte sich auf die Schilderung des Geschehens aus seiner Sicht beschränkt, ohne sich hinreichend mit den vom Kläger vorgetragenen Tatsachen auseinanderzusetzen und dabei möglicherweise relevanten Tatsachenvortrag unbestritten lässt.

1333 (6) Ausnahmsweise können auch Tatsachen bestritten werden, von denen man gar nicht weiß, ob sie zutreffen oder nicht. Will man diese Tatsachen im Prozess nicht ohne Weiteres gegen sich gelten lassen, den Gegner also zwingen, sie zu beweisen, müssen sie bestritten werden (»**Bestreiten mit Nichtwissen**«). Wegen der prozessualen Wahrheitspflicht ist dies nur bei Tatsachen möglich, die man nicht kennt und auch nicht kennen muss (§ 138 Abs. 4 ZPO; NJW 2019, 3788; OLG Düsseldorf NJW-RR 1993, 1128; Ambs, Bestreiten mit Nichtwissen, 1997; Grootens/Egner NJW 2019, 3182; Lange NJW 1990, 3223). Durch das Bestreiten mit Nichtwissen wird die bestrittene Tatsache streitig, die Substantiierungslast des Gegners bleibt davon unberührt (BGH NJW 2019, 607).

Hierzu unten Rdn. 1367.

1334 (7) Tatsachen, die der Gegner noch nicht behauptet hat, können vorsorglich bestritten werden (sog. **vorweggenommenes Bestreiten**; BVerfG NJW 1992, 679; BGH NJW-RR 2001, 1294).

Sinn macht dies, wo aus der vorprozessualen Korrespondenz absehbar ist, dass ein bestimmter Vortrag des Gegners kommen wird. Zu empfehlen ist es nicht. Zum einen sollte im Prozess grundsätzlich auf Maßnahmen des Gegners erst reagiert werden, wenn sie vorgenommen wurden, zum anderen birgt das vorweggenommene Bestreiten die Gefahr, dass es vom Gericht übersehen wird.

1335 (8) Nicht möglich ist das »**Bestreiten von Negativbehauptungen**«. Das Fehlen oder Nichtvorliegen bestimmter tatsächlicher Umstände kann grundsätzlich nicht schlicht bestritten werden. Da die darlegungspflichtige Partei über die bloße Behauptung, die Tatsache liege nicht vor, hinaus zunächst nichts weiter vortragen kann, obliegt es dem Gegner im Rahmen qualifizierten Bestreitens, mögliche positive Tatsachen darzutun (BGH NJW 2001, 64; BGH NJW 1999, 2887).

▶ Beispiel:

1336 Macht der Kläger einen Bereicherungsanspruch aus § 812 BGB geltend, so reicht es aus, wenn er zum Fehlen des rechtlichen Grundes entweder überhaupt nicht oder nur die pauschale Behauptung vorträgt, ein solcher Rechtsgrund existiere nicht. Dem Beklagten obliegt es dann, den in diesem Fall denkbaren Rechtsgrund zu behaupten. Hierdurch wird die Beweislast nicht berührt: Lässt sich nicht klären, ob der – vom Beklagten vorgetragene – Rechtsgrund vorliegt oder nicht, wird die Klage wegen Beweisfälligkeit des Klägers abgewiesen (Musielak, Grundlagen der Beweislast im Zivilprozess, 1975, 144 f.; Grüneberg/Sprau § 812 Rn. 107).

bb) Fehlervermeidung

1337 Beim Bestreiten sollten Fehler möglichst vermieden werden. In erster Instanz können sie nur beschränkt, in den Folgeinstanzen so gut wie nie behoben werden.

So ist das Bestreiten als Verteidigungsmittel vor allem nach § 531 Abs. 2 Nr. 3 ZPO nur zuzulassen, wenn es im ersten Rechtszug nicht erfolgt ist, ohne dass dies auf einer Nachlässigkeit der Partei beruht. Maßstab ist hierbei bereits die einfache Fahrlässigkeit (Begr. RegE. S. 102).

Auch wenn häufig das bloße Bestreiten ausreicht, um den Prozess zu gewinnen, soll man deshalb nicht vergessen, trotzdem (sicherheitshalber) etwaige Gegenbeweise anzubieten.

Typische – und praktisch häufig vorkommende – Fehler des Bestreitens liegen zum einen darin, dass **1338** »**zu wenig**« getan wird, das Gericht nicht von einem wirksamen Bestreiten ausgeht und so klägerischer Vortrag unkritisch der Entscheidung zugrunde gelegt wird. Zum anderen tut der Beklagte manchmal zu viel, sodass sein Verhalten als Geständnis gewertet wird.

Auch wenn die Anforderungen an ein wirksames Bestreiten nicht hoch sind, müssen gewisse Min- **1339** deststandards eingehalten werden. Gelingt dies nicht, bleibt die Tatsache unstreitig und wird der Entscheidung ohne Weiteres zugrunde gelegt.

(1) Vermieden werden muss, dass das Gericht das Bestreiten als zu »**pauschal**« unberücksichtigt lässt. **1340**

Dies nehmen Gerichte nicht nur bei floskelhaften Formulierungen (oben Rdn. 1329), sondern häufig schon dann an, wenn eine konkrete Zuordnung des Bestreitens zu einzelnen klägerischen Behauptungen nicht nachvollziehbar ist.

Prozessual unbeachtlich ist deshalb auch die gebräuchliche Formulierung, wonach eine spezifizierte Forderung »dem Grunde und der Höhe nach« bestritten wird (E. Schneider MDR 1962, 363: »gedankenlose Redensart«).

Eine widerspruchsvolle, in sich unstimmige Darlegung genügt ebenfalls nicht den Anforderungen, die an einen substantiierten Vortrag zu stellen sind (BGH NJW-RR 1992, 848).

(2) Prozessual unbeachtlich ist (ähnlich wie die »Behauptung ins Blaue hinein« durch den Kläger) **1341** auch ein (vorsorgliches) Bestreiten »**ins Blaue hinein**«.

Praktisch kommt dies vor, wenn der Prozessbevollmächtigte des Beklagten neuen, überraschenden Vortrag des Klägers in der mündlichen Verhandlung ohne vorherige Rücksprache mit seiner Partei bestreitet. Ein solches, erkennbar ohne konkrete tatsächliche Grundlage »aus der Luft gegriffene«, »aufs Geratewohl« erfolgendes Bestreiten ist prozessual unbeachtlich (BGH NJW-RR 2015, 829; OLG Köln NJW-RR 1992, 572; Thomas/Putzo/Seiler § 138 Rn. 8). Dies gilt auch, wenn das Bestreiten »mit Nichtwissen« erfolgt, da sich der Anwalt die fehlenden Informationen vom Mandanten beschaffen muss (§ 138 Abs. 4 ZPO; Zöller/Greger § 138 Rn. 13; Ausweg: § 283 ZPO oder § 227 ZPO).

(3) Sichergestellt werden muss, dass das Gericht das Bestreiten als solches **erkennt**. **1342**

Dies ist nicht der Fall, wenn das Bestreiten konkludent erfolgt und das Gericht die Umstände, aus denen sich das Bestreiten ergibt, anders würdigt. Beim vorweggenommenen Bestreiten übersieht das Gericht das Bestreiten häufig.

Nicht zu erkennen ist das Bestreiten auch dann, wenn Formulierungen verwendet werden, die offenlassen, ob bestritten werden soll.

▶ Beispiel:

Kein eindeutig als Bestreiten zu erkennendes Verhalten liegt in Formulierungen wie:

»Der Kläger hat noch nicht nachgewiesen, dass …«

»Dies möge der Kläger erst noch unter Beweis stellen.«

»Der Kläger hat hierzu keine Beweismittel angeboten.«

»Der Kläger soll angeblich …«

»Das vom Kläger vorgetragene Geschehen ist dem Beklagten unbekannt.«

»Der Vortrag des Klägers ist nicht nachvollziehbar.«

1343 (4) Es ist darauf zu achten, dass **vollständig** bestritten wird.

Bezieht sich das Bestreiten nur auf einzelne Teilaspekte des klägerischen Vorbringens, bleibt der Rest unbestritten. Diese Gefahr liegt nahe, wenn der Beklagte sich nicht konsequent mit dem gegnerischen Vortrag auseinandersetzt, sondern sich darauf beschränkt, den Sachverhalt aus seiner Sicht darzustellen. Dort, wo dieser Sachverhalt den des Klägers ausschließt, wird er »qualifiziert« bestritten, im Übrigen aber bleibt der Vortrag des Gegners dann unbestritten.

Bei genauer Prüfung lässt sich oft viel mehr bestreiten (u.U. auch mit Nichtwissen), als man zunächst annimmt. Je mehr bestritten wird, umso größer ist die Chance, damit letztlich auch Erfolg zu haben und etwaige – u.U. von der Klagepartei bewusst in Kauf genommene – Beweisbarkeitslücken aufdecken zu können.

Insbesondere muss jeder neue Schriftsatz des Gegners auf neues Vorbringen durchgesehen und – soweit möglich – entsprechend bestritten werden. Sicherheitshalber sollte man auch auf Behauptungen des Gegners, die man für unerheblich hält, eingehen. Bei sich länger hinziehenden Prozessen mit umfangreichem Schriftsatzwechsel wird neuer entscheidungserheblicher Sachvortrag oftmals nicht mehr bestritten. Vor allem in Abrechnungs- und Punktesachen muss bis zur letzten Position »durchgehalten« werden. Um vollständig bestreiten zu können, sind auch die auf Beklagtenseite in Betracht kommenden Anspruchsgrundlagen genau zu prüfen.

Vergessen wird in der Praxis immer wieder, geltend gemachte, über dem gesetzlichen Verzugszinssatz hinausgehende Zinsen und sonstige Nebenforderungen – insbesondere Inkassokosten – (mit Nichtwissen) zu bestreiten. Dies sollte generell erfolgen, und zwar – wie üblich – am Ende der Klageerwiderung, um vom Gericht nicht übersehen zu werden.

1344 Zur Vermeidung dieser Gefahren sollte das Bestreiten stets konkret, ausdrücklich, vollständig und nach Aufstellen der Behauptung durch den Gegner erfolgen.

Dazu ist es erforderlich, die vom Kläger behaupteten Tatsachen so aufzugreifen, wie sie vorgetragen wurden, dessen Gliederung beizubehalten, die gleichen Formulierungen zu verwenden und auf der gleichen Substantiierungsebene zu bleiben. Auch auf die Gefahr redundanten, ermüdenden Vortrags hin ist jede dieser Behauptungen gesondert und ausdrücklich »zu bestreiten«. Dazu sollte der gesamte Vortrag einschließlich der Nebenforderungen und der für unerheblich gehaltenen Tatsachen abgearbeitet werden. Diese Arbeitsweise ist nicht nur in der Klageerwiderung, sondern in der Erwiderung auf jeden weiteren Schriftsatz des Gegners mit neuem Vortrag erforderlich.

Ist eine Behauptung bereits vorab bestritten worden, muss das Bestreiten wiederholt werden (BGH NJW-RR 2001, 1294: konkludentes Bestreiten nachfolgender Behauptungen in einem vorangegangenen widersprechenden Vortrag).

1345 Vermieden werden sollte nach Möglichkeit auch ein Geständnis. Dies gilt schon für den Fall, dass eine Tatsache als zutreffend akzeptiert wird, und erst recht für den Fall, dass sie bestritten werden soll.

▶ Praxistipp:

1346 Ein Geständnis entfaltet ausschließlich nachteilige Folgen und bringt keine Vorteile.

Zur Bindungswirkung des Geständnisses BGH NJW 2011, 2794; Gehrlein MDR 2016, 1.

1347 Soll eine vom Kläger vorgetragene Tatsache eingeräumt werden, ist es regelmäßig besser, sie bloß **unbestritten** zu lassen (§ 138 Abs. 3 ZPO) und sie nicht ausdrücklich zuzugestehen (§ 288 ZPO).

1348 Mit dem Geständnis wird die Wahrheit einer vom Gegner behaupteten Tatsache ausdrücklich **zugestanden.** Damit wird die zugestandene Tatsache unstreitig, sie bedarf keines Beweises mehr und muss der Entscheidung durch das Gericht zugrunde gelegt werden.

Ein Geständnis entfaltet Bindungswirkung und kann allein unter den engen Voraussetzungen des § 290 ZPO widerrufen werden. Dazu ist es erforderlich, dass die gestehende Partei nachträglich dartut, das Geständnis sei nicht nur falsch, sondern auch durch einen Irrtum veranlasst worden (BGH NJW 1992,

2818; Pawlowski MDR 1997, 7; Orfanides NJW 1990, 3174; Schneider MDR 1991, 297). Das bewusst wahrheitswidrige Geständnis ist damit in jedem Fall unwiderruflich. Nach einem irrtümlichen Geständnis kehrt sich die Beweislast praktisch um, weil nicht die darlegungspflichtige Partei die Richtigkeit ihrer Behauptung, sondern die gestehende Partei die Unrichtigkeit ihres Geständnisses beweisen muss. Die Bindung wirkt im Berufungsverfahren fort (§ 535 ZPO). Allerdings ist dort nachprüfbar, ob überhaupt ein Geständnis (in erster Instanz) vorliegt.

Das Geständnis unterliegt bestimmten Formerfordernissen: Es muss in mündlicher Verhandlung erklärt werden (§ 288 Abs. 1 ZPO), nach § 160 Abs. 3 Nr. 3 ZPO ist es als wesentliche Förmlichkeit zu protokollieren, den Parteien vorzulesen und von ihnen zu genehmigen (§ 162 Abs. 1 ZPO). Keines dieser Formerfordernisse ist Wirksamkeitsvoraussetzung des Geständnisses: Allein die in der Antragstellung in mündlicher Verhandlung zu sehende Bezugnahme auf den bisherigen schriftsätzlichen Vortrag kann zur Wirksamkeit des bis dahin nur angekündigten Geständnisses führen, Protokollierungsfehler berühren die Beweisbarkeit des Geständnisses (§ 165 ZPO), nicht seine Wirksamkeit (BGH NJW-RR 1990, 1150; BGH NJW 1990, 392). Nach überwiegender Ansicht unterliegt das Geständnis nicht dem Anwaltszwang, sodass die Partei selbst im Anwaltsprozess wirksam ein Geständnis abgeben kann (BGHZ 8, 235). Auch bedarf das Geständnis keiner bestimmten Formulierung, kann vielmehr im Rahmen einer Parteivernehmung oder ausnahmsweise sogar stillschweigend (konkludent), grundsätzlich jedoch nicht bei einer Parteivernehmung erklärt werden (BGH NJW-RR 1996, 699; BGH NJW 1995, 1432; OLG Hamm NJW-RR 1997, 405; vgl. aber auch BGH NJW 1991, 1683; OLG Hamm WM 1996, 669; Hülsmann NJW 1997, 617).

Möglich ist ein Geständnis nur in Bezug auf Tatsachen, nicht auf rechtliche Bewertungen (BGH MDR 2017, 839: Zustandekommen verbundener Verträge).

Abzugrenzen ist das Geständnis vom **Anerkenntnis**. Während ersteres nur einzelne Tatsachenbehaup- 1349
tungen erfasst und dazu führt, dass diese unstreitig werden (= Ausfluss der Beibringungsmaxime), unterwirft sich der Beklagte mit dem Anerkenntnis dem Klagebegehren, akzeptiert die beantragte Rechtsfolge, sodass auf der Grundlage der sich jetzt deckenden Begehren ein Anerkenntnisurteil ergehen kann (= Ausfluss der Dispositionsmaxime).

Gemäß § 138 Abs. 3 ZPO gelten die **nicht bestrittenen** Tatsachen als zugestanden, sodass hier die 1350
Rechtsfolgen des Geständnisses greifen: Die Tatsache wird als unstreitig behandelt, eine Beweisaufnahme ist nicht erforderlich. Anders als beim echten Geständnis kann hier eine Bindung der Partei nicht eintreten: Das unterlassene Bestreiten kann – in den Grenzen der Verspätungsvorschriften – jederzeit nachgeholt werden (BVerfG NJW 2001, 1565; Thomas/Putzo/Seiler § 138 Rn. 18; a.A. OLG München MDR 1984, 321: arg. § 138 Abs. 3 ZPO).

Voraussetzung einer Anwendung des § 138 Abs. 3 ZPO ist, dass die Partei einerseits die Möglichkeit zum Bestreiten hatte, ihr also rechtliches Gehör und ausreichend Zeit zur Erwiderung gewährt wurden, und sie andererseits den Vortrag des Gegners weder ausdrücklich noch konkludent bestritten hat. Insbesondere die Frage, ob eine (konkludente) Bestreitensabsicht aus den Erklärungen der Partei zu entnehmen ist, verlangt in der Regel eine Ausübung des richterlichen Fragerechts (§ 139 ZPO) und eine Auslegung des Gesamtvorbringens (BGH NJW-RR 1997, 984; Thomas/Putzo/Seiler § 138 Rn. 17).

Soll eine vom Kläger vorgetragene Tatsache bestritten werden, muss eine Formulierung gewählt 1351
werden, die dies zweifelsfrei zum Ausdruck bringt und nicht als Geständnis missverstanden werden kann. Die **Abgrenzung** zwischen beiden ist häufig nicht einfach.

Ein Geständnis in Bezug auf den Abschluss eines streitigen Vertrages hat der BGH auch darin gesehen, indem der Beklagte u.a. vorgetragen hat, »er sei voll und ganz seinen Zahlungsverpflichtungen aus dem Vertrag nachgekommen« (BGH NJW-RR 2003, 1578). Hierbei betont der BGH, dass Gegenstand eines Geständnisses nicht nur Tatsachen, sondern auch »juristisch eingekleidete Tatsachen« sein können, wozu auch der Vortrag zu rechnen ist, wer Vertragspartei geworden sei.

Auch die ausdrückliche Aufgabe früheren Bestreitens oder die ausdrückliche Beschränkung des Bestreitens auf die Höhe der Klageforderung kann genügen (Zöller/Greger § 288 Rn. 5b). Hingegen reicht Stillschweigen auf gegnerische Erklärungen nach ständiger Rechtsprechung des BGH nicht aus (BGH NJW 2000, 276).

Kein Geständnis können enthalten Erklärungen einer Partei bei der Parteivernehmung oder bei ihrer Anhörung (str.; unten Rdn. 1615) sowie in der Güteverhandlung (unten Rdn. 1649, 2192).

Ein Geständnis in einem Strafverfahren entfaltet in einem Zivilprozess nicht die Wirkungen der §§ 288, 290 ZPO (BGH NJW-RR 2004, 1001: nur Indiz für die Wahrheit der zugestandenen Tatsache).

▶ Beispiel:

1352 Abgrenzungsprobleme zwischen Nichtbestreiten und Geständnis lassen folgende Formulierung zu:

»... soll nicht bestritten werden ...«

»... bedarf keiner weiteren Stellungnahme ...«

»... kann dahinstehen ...«

»... wird eingeräumt ...«

»... ist nicht unzutreffend ...«

»... mag so gewesen sein ...«

»... wird außer Streit gestellt ...«

Zweifelhafte Formulierungen können nur im Wege der Auslegung des gesamten Parteivorbringens im Einzelfall dem einen oder anderen Institut zugeordnet werden. Verbleiben Unklarheiten, bedarf es einer Rückfrage durch das Gericht bei der Partei nach § 139 ZPO. In Grenzfällen dürfte stets nur einfaches Nichtbestreiten vorliegen, da die Bindungswirkung des förmlichen Geständnisses nur bei eindeutigen Erklärungen der Partei gerechtfertigt ist (BGH NJW 2000, 276; BGH NJW 2000, 1999).

1353 Hierauf darf es der Anwalt nicht ankommen lassen und muss deshalb eine Formulierung verwenden, die Zweifel erst gar nicht zulässt. Empfehlenswert ist deswegen entweder die Verwendung der gesetzlichen Termini oder im Fall des Nichtbestreitens ein vollständiges Unerwähntbleiben in der Erwiderung.

cc) Substantiiertes Bestreiten

1354 Ob der Beklagte sich mit »schlichtem Bestreiten« begnügen darf oder ob er eigene Tatsachen entgegensetzen muss (»qualifiziertes Bestreiten«) und wenn ja, in welchem Umfang, ist Frage der **Substantiierungslast.**

Diese trifft den Beklagten in grundsätzlichem gleichem Maß wie den Kläger (dazu oben Rdn. 1166).

Der Vortrag einer Partei ist ausreichend substantiiert, wenn sie Tatsachen vorträgt, die in Verbindung mit einer Rechtsnorm geeignet sind, das geltend gemachte Recht als entstanden erscheinen zu lassen; unsubstantiiert ist ein Vorbringen nur, wenn das Gericht aufgrund dieser Darstellung nicht beurteilen kann, ob die gesetzlichen Voraussetzungen der an die Behauptung geknüpften Rechtsfolge erfüllt sind (ständige Rechtsprechung, zuletzt BGH NJW 2002, 1488; BGH NJW 1999, 579; OLG Koblenz NJW-RR 2001, 65; Meyke, S. 13).

Die Instanzgerichte tendieren dazu, an die Substantiierungslast zu hohe Anforderungen zu stellen; zu Unrecht verlangt wird häufig die Angabe der Modalitäten eines Geschehens, also wann, wo und wie sich ein Vorgang zugetragen hat.

1355 Je detaillierter der Vortrag des Behauptenden, umso detaillierter muss auch das Bestreiten ausfallen. Im Rahmen dieses Wechselspiels zwischen Behaupten und Bestreiten kann sich das Maß der Substantiierungslast im Laufe des Prozesses durch weiteren Vortrag des Gegners verändern, sodass es ständig neuer Prüfung bedarf, inwieweit der Vortrag beider Parteien ausreichend substantiiert ist (BGH NJW-RR 1992, 258; OLG Hamburg NJW-RR 1990, 63; Thomas/Putzo/Seiler § 138 Rn. 16).

Einfaches Bestreiten genügt insbesondere nur gegenüber einem Klagevortrag, der ohne nähere Einzelheiten mitzuteilen, ausschließlich allgemeine Begriffe verwendet sowie dann, wenn es um einfache Vorgänge geht, bei denen es nur ein Entweder-Oder gibt.

▶ Beispiel:

Zunächst sind die Anforderungen an die Substantiierung der Klage gering: Hier reicht ein pauschaler Vortrag, ggf. sogar die Verkürzung des Tatsachenvortrages in einem Rechtsbegriff (»Kaufvertrag«, »Eigentum«, »Schenkung«; OLG Koblenz NJW-RR 1993, 571). Wird dieser Vortrag vom Beklagten bestritten – was zunächst ebenfalls recht pauschal in Form schlichten Bestreitens erfolgen kann –, obliegt es dem Kläger, seinen Vortrag zu präzisieren, Details nachzuliefern. Will der Beklagte diese neuen Tatsachen nicht unstreitig werden lassen, muss er nun auch sein Bestreiten näher substantiieren, insbesondere zu den vom Kläger vorgetragenen Details Stellung nehmen, ggf. indem er diese nun qualifiziert bestreitet (BGH NJW 1991, 2908; BGH NJW 1991, 2707). 1356

Beruft sich der aus einem Bauvertrag klagende Kläger für den Umfang des Auftrags auf eine nicht vorgelegte Leistungsbeschreibung, so genügt aufseiten des Beklagten schlichtes Klageleugnen, ggf. das Bestreiten (mit Nichtwissen) der Durchführung und Notwendigkeit der Arbeiten sowie der Angemessenheit der in Rechnung gestellten Positionen. Nachdem der Kläger das Leistungsverzeichnis vorgelegt hat, obliegt es dem Beklagten, einzelne Punkte hieraus aufzugreifen und konkrete Gegentatsachen darzutun. Das Gleiche gilt für Klagen aus anderen Abrechnungen: Je detaillierter die einzelnen Rechnungsposten dargestellt sind, umso detaillierter ist auf jeden einzelnen Posten einzugehen, u.U. kann es erforderlich sein, eine substantiierte Gegenrechnung aufzumachen (BGH NJW 1961, 828; OLG Hamm NJW 1998, 3358; Thomas/Putzo/Seiler § 138 Rn. 16).

Behauptet der Kläger in der Klage den Abschluss eines anspruchsbegründenden Vertrages, so reicht es zunächst aus, dass der Beklagte den Abschluss einfach bestreitet. Daraufhin hat der Kläger die konkreten Umstände darzulegen, die nach seiner Ansicht zu einem Vertragsschluss geführt haben. Er hat genaue Angaben zu den handelnden Personen (insbesondere bei einer Gesellschaft) sowie über Zeit, Ort, Form und Inhalt der entsprechenden Willenserklärungen zu machen. Der Beklagte hat nun konkrete vorgetragene Behauptungen im Einzelnen zu bestreiten und gegebenenfalls darzulegen, warum bei einer z.B. unstreitigen Besprechung keine Einigung erzielt wurde. Ein bloßes »stimmt nicht« ist jetzt nicht mehr ausreichend. Auch reicht es seitens des Beklagten nicht aus, etwa nur das Handeln im eigenen Namen zu bestreiten. Er muss vielmehr diejenige Person nennen, in dessen Namen er gehandelt haben will.

▶ Praxistipp:

Je genauer der Kläger seine Behauptungen im Verlauf des Prozesses vorträgt, umso substantiierter muss auch der Beklagte bestreiten. Die Anforderungen an das Vorbringen des Beklagten steigen daher während des Prozesses meistens. 1357

Eine erhöhte Substantiierungslast kann die bestreitende Partei auch aus anderen Umständen treffen. 1358

Im Zivilprozess des Geschädigten gegen den Schädiger aus unerlaubter Handlung hat die rechtskräftige strafrechtliche Verurteilung des Schädigers im vorausgegangenen Strafprozess zwar keine bindende Wirkung, führt aber zu einer gesteigerten Erwiderungslast des Anspruchsgegners, wenn ein deliktischer Schadensersatzanspruch auf die Verurteilung gestützt wird. In diesem Fall muss der Verurteilte konkrete Umstände für die von ihm behauptete Unwahrheit seines im Strafverfahren abgelegten Geständnisses darlegen, erst danach obliegt dem Anspruchsteller der Beweis der Richtigkeit des Geständnisses (BGH NJW 2022, 705).

Folge eines nicht hinreichend substantiierten Vorbringens ist in der Regel ein richterlicher Hinweis nach § 139 ZPO (OLG Düsseldorf NJW 1993, 2543). Erst wenn auch daraufhin eine weitere 1359

Substantiierung unterbleibt, kann bei der Entscheidung davon ausgegangen werden, dass die Tatsache nicht vorgetragen wurde.

Ein unsubstantiiertes Vorbringen des Klägers hat dann die Unbegründetheit (nicht die Unzulässigkeit) der Klage zur Folge, ein unsubstantiiertes Bestreiten des Beklagten führt dazu, dass das Vorbringen des Klägers unbestritten bleibt.

dd) Sekundäre Darlegungslast

1360 Ihre Grenzen findet die Substantiierungslast in der Darlegungslast: Eine über die Pflicht zum substantiierten Bestreiten hinausgehende allgemeine Aufklärungspflicht besteht für die nicht darlegungspflichtige Partei nicht (BGH ZZP 104 [1991], 203 m. Anm. Stürner und Schreiber in JR 1991, 415; Arens ZZP 96 [1983], 1; Laumen MDR 2016, 370 und 2019, 193; Stürner ZZP 98 [1985], 237).

1361 Die über das bloße Bestreiten hinausgehende Darlegung von Tatsachen durch den Beklagten ist nach der Rechtsprechung jedoch dort erforderlich, wo die (primär) darlegungspflichtige Partei außerhalb des von ihr darzulegenden Geschehensablaufs steht und **keine nähere Kenntnis** der maßgebenden Tatsachen hat, während (nur) der Prozessgegner sie hat (oder leicht erlangen kann) und ihm nähere Angaben zumutbar sind (sog. sekundäre Darlegungslast).

(Zöller/Greger § 138 Rn. 8b, Vor § 284 Rn. 34, 34d: »ausufernde und unberechenbare Rspr.«; BGH st. Rspr., z.B. NJW 2003, 1449: gilt auch für den Beklagten als Erben; sekundäre Darlegungslast, deren Behandlung von den Instanzgerichten nicht sicher beherrscht wird – so Kiethe MDR 2003, 781; arg. § 138 Abs. 2 u. 4 ZPO).

Allein der Umstand, dass die Darlegung im Einzelfall der beweisbelasteten Partei wesentlich schwerer fällt als ihrem Gegner, genügt hierfür aber nicht (BGH NJW 1997, 129). So besteht für die nicht darlegungs- und beweispflichtige Partei keine allgemeine prozessuale Aufklärungspflicht (BGH NJW 1990, 3151).

1362 Bei **Nichterfüllung** der sekundären Behauptungslast gilt die Behauptung des primär Darlegungspflichtigen trotz mangelnder Substantiierung als zugestanden (§ 138 Abs. 3 ZPO).

Dies führt somit letztlich für den Kläger zu einer (zunächst) günstigen beweisrechtlichen Situation. Auf deren Dauerhaftigkeit während des Prozessverlaufs kann er sich jedoch nicht verlassen. So kann der Gegner den Kläger regelrecht in eine »zivilprozessuale Falle« (Kiehte MDR 2003, 782) laufen lassen, wenn er nicht rechtzeitig die notwendigen Auskünfte und Informationen eingeholt hat und der Beklagte (überraschend) bislang unbekannten substantiierten Gegenvortrag bringt. Denn dann obliegt dem Kläger wieder die volle Beweislast.

▶ Beispiel:

1363 Eine solche sekundäre Behauptungslast wurde angenommen für einen gem. § 3 UWG auf Unterlassung verklagten Pressedienst, der mit der großen Anzahl und dem Rang seiner Korrespondenten geworben hatte und diese dementsprechend im Prozess zwar nicht namentlich, aber wenigstens der Zahl nach hätte mitteilen müssen (BGH NJW 1961, 826).

Im Fall überhöhter Telefonrechnungen (mit dem Telefonkunden erteilten Einzelgesprächsnachweisen und berechtigter Löschung der Verbindungsdaten durch den Anbieter) hat der auf die Gebühren verklagte Kunde eine sekundäre Behauptungslast (Angabe der Rufnummer der jeweils bestrittenen Verbindung, den Tag und die Uhrzeit ihres Beginns sowie ihrer Dauer; BGH NJW 2004, 3183; LG Kiel NJW-RR 1998, 1366; auch unten Rdn. 1910). Abgesehen davon ist es in jedem Fall ungenügend, einfach pauschal zu behaupten, die Telefonrechnung sei unrichtig.

Im Übrigen ist die vom LG München I (NJW-RR 1996, 893) vertretene Auffassung, die berechtigte Löschung der Daten entbinde den Anbieter nicht vom substantiierten Vortrag hinsichtlich der einzelnen berechneten Verbindungen, jedenfalls mit Inkrafttreten von § 16 Abs. 2 Satz 1 TKV (Telekommunikations-Kundenschutzverordnung vom 14.04.1999, BGBl. I, S. 705) überholt (BGH NJW 2004, 3183, 3185).

Zur Verteidigung des Bestellers gegenüber einer Klage auf Werklohn reicht es nicht aus, wenn er allgemein die Mangelfreiheit als Fälligkeitsvoraussetzung bestreitet (unten Rdn. 2343). Vielmehr muss der Beklagte die (wesentlichen) Mängel bzw. die Mangelerscheinungen (Symptome) konkret bezeichnen, wobei er sich zu deren Ursachen nicht zu äußern braucht (Grüneberg/Sprau §§ 634 Rn. 12; 635 Rn. 3).

Beim Kauf einer komplizierten technischen Sache genügt (aber für den Laien-Käufer) nicht die Behauptung, diese »funktioniere nicht«, »versage den Dienst« oder »führe nicht zu dem gewünschten Erfolg«. Vielmehr ist ein konkretes »Fehlerbild« vorzutragen, das es dem Verkäufer ermöglicht, nachzuvollziehen, ob ein Bedienungsfehler oder ein Sachmangel vorliegt und worin dieser seine Ursache haben kann. Bei EDV-Anlagen sind konkrete Angaben darüber erforderlich, bei welchen Arbeitsschritten und Programmfunktionen Störungen aufgetreten sind und in welcher Weise sich diese, z.B. durch bestimmte Fehlermeldungen, bemerkbar gemacht haben (OLG Düsseldorf NJW-RR 1999, 563; aber Zahrnt NJW 2002, 1531: manche Gerichte sind in diesem Punkt sehr nachsichtig z.B. OLG Hamm CR 1990, 715: »unkontrollierte Programmausfälle«, »temporäre Betriebsunfähigkeit«).

Bei missbräuchlicher Verwendung der EC-Karte mit der persönlichen Geheimzahl hat das kartenausgebende Kreditinstitut hin sichtlich der von ihm im Rahmen des Zumutbaren und gegebenenfalls in verallgemeinernder Weise die Sicherheitsvorkehrungen darzulegen. Dadurch wird der Karteninhaber in die Lage versetzt, Beweis für von ihm vermuteten Sicherheitsmängel antreten zu können (BGH NJW 2004, 3626).

In den Diesel-Abgasfällen weist die Rechtsprechung dem Hersteller eine sekundäre Darlegungslast für die Frage zu, wer die Entscheidung über den Einsatz der unzulässigen Abschalteinrichtung getroffen hat und ob der Vorstand hiervon Kenntnis hatte (BGH MDR 2020, 790 und 1180).

Die sekundäre Behauptungslast besteht vor allem bei sog. **negativen Tatsachen**. Diese darf der 1364
Beklagte nicht einfach bestreiten, sondern muss gem. § 138 Abs. 2 ZPO positive Gegenbehauptungen aufstellen (BGH NJW-RR 1999, 1152; Prütting/Gehrlein/Prütting § 138 Rn. 11) bzw. im Einzelnen darlegen, dass die von ihm bestrittene Behauptung unrichtig ist (BGH NJW 1981, 577).

Solche Tatsachen sind dann gegeben, wenn das materielle Recht ihr Nichtvorliegen zur Anspruchsvoraussetzung erhebt oder sonst das Nichtvorliegen eines Umstandes bewiesen werden muss (z.B. fehlende Kenntnis bei § 932 Abs. 2 BGB; unterlassene Mängelrüge bei § 377 HGB).

Dadurch erfolgt indessen keine grundsätzliche Umkehr der **Behauptungs- und Beweislast**. Son- 1365
dern diese wird für den – primär darlegungspflichtigen – Kläger insoweit erleichtert, als er nur die konkreten Gegenbehauptungen des Beklagten widerlegen, nicht aber alle theoretisch denkbaren gegenteiligen Möglichkeiten ausschließen muss. Dabei dürfen an die widerlegende Beweisführung keine zu strengen Anforderungen gestellt werden (BGH NJW 1983, 1782).

▶ Beispiel:

Bei einer Klage des Unternehmers auf den üblichen **Werklohn** gem. §§ 631 Abs. 1, 632 Abs. 2 1366
BGB mit der Behauptung, eine Preisvereinbarung sei nicht getroffen worden, muss der Besteller die Vereinbarung einer bestimmten Vergütung nach Ort, Zeit und Höhe der Vergütung substantiiert darlegen (BGH NJW-RR 1992, 848; unten Rdn. 2283).

Dadurch ist es auch dem Schuldner erschwert, leichtfertig oder gar wahrheitswidrig bestimmte Vergütungsabreden zu behaupten.

Bei einer Klage aus ungerechtfertigter Bereicherung nach § 812 BGB muss der Beklagte konkrete Tatsachen für einen bestimmten Rechtsgrund dartun. Eine bloß pauschale Behauptung ist nicht ausreichend (zum Schenkungseinwand unten Rdn. 2280).

In beiden Fällen muss der primär darlegungspflichtige Kläger dann (lediglich) die Unrichtigkeit der Behauptung des beklagten Schuldners beweisen (BGH NJW 2003, 1039; Grüneberg/Sprau § 632 Rn. 11; § 812 Rn. 106).

ee) Erklärung mit Nichtwissen

1367 Ein substantiiertes Bestreiten ist nicht erforderlich, wenn es sich um Tatsachen handelt, die weder eigene Handlungen der Partei noch Gegenstand ihrer eigenen Wahrnehmung gewesen sind. In diesen Fällen steht eine Erklärung mit Nichtwissen dem (schlichten) Bestreiten gleich, grundsätzlich (zu Ausnahmen unten Rdn. 1374 ff.) ohne Verpflichtung zu näherer Substantiierung, auch wenn der Gegner substantiiert vorträgt (§ 138 Abs. 4 ZPO). Als Folge davon muss der Kläger die betreffenden Tatsachen beweisen.

1368 Bevor ein Bestreiten mit Nichtwissen erfolgt, sollte indes sorgfältig geprüft werden, ob nicht ein **schlichtes Bestreiten** möglich ist.

Ein Verstoß gegen die Wahrheitspflicht liegt bei beiden Bestreitensformen nur vor, wenn eine Tatsache »wider besseres Wissen« bestritten wird, die bestreitende Partei also positiv um das Vorliegen der Tatsache weiß. Beim Bestreiten mit Nichtwissen offenbart der Beklagte, dass er die bestrittene Tatsache nicht kennt und deren Wahrheitsgehalt nicht beurteilen kann. Für das schlichte Bestreiten ist nicht das sichere, eindeutige, zweifelsfreie Wissen um die Unwahrheit der Tatsache erforderlich, es genügt vielmehr die subjektive Überzeugung von der Unwahrheit. Ob diese vorliegt, ist von Dritten (und damit auch vom Gericht) nicht überprüfbar.

Schlichtes Bestreiten ist stets prozessual zulässig, Bestreiten mit Nichtwissen kann vom Gericht beim Fehlen der Voraussetzungen des § 138 Abs. 4 ZPO als unzulässig behandelt werden. Allerdings bedarf das schlichte Bestreiten mit Nichtwissen ggf. der Substantiierung, was beim Bestreiten mit Nichtwissen nicht gefordert werden kann.

▶ Praxistipp:

1369 Das unnötige Bestreiten »mit Nichtwissen« anstelle des schlichten Bestreitens ist häufig ein anwaltlicher Kunstfehler. Sinn macht es nur, wenn zu befürchten ist, dass eine Substantiierung erforderlich werden wird, die nicht geleistet werden kann.

1370 Dem Bestreiten mit Nichtwissen kommt große **praktische Bedeutung** zu (Dötsch MDR 2014, 13363). Hierdurch erweitert sich der Umfang dessen, was bestritten werden kann, in vielen Fällen erheblich.

So können z.B. die Kausalität und die behauptete Höhe eines Schadens oder die Ortsüblichkeit des eingeklagten Werklohns bzw. die Zahl der berechneten Arbeitsstunden in der Regel mit Nichtwissen bestritten werden.

1371 Das Bestreiten mit Nichtwissen sollte ausdrücklich als solches bezeichnet werden, um es von dem schlichten Bestreiten abzugrenzen.

Ein konkludentes Bestreiten mit Nichtwissen kann bereits darin liegen, dass der klägerische Sachvortrag als »angeblich« bezeichnet wird. Sicherer ist es, unbekannte Geschehnisse ausdrücklich mit Nichtwissen zu bestreiten. Auch ohne eine solche Bezeichnung muss das Gericht erkennen, ob es sich aus der Sicht der Partei um ein Bestreiten mit Nichtwissen handelt, und dann auf die erforderliche Substantiierung verzichten.

▶ Beispiel:

1372 Trägt der Beklagte den Sachverhalt aus seiner Sicht vor, bleibt dies aber lückenhaft und beruhen diese Lücken erkennbar auf mangelnder Kenntnis von Einzelheiten oder auf fehlendem Fachwissen, so darf dieses Vorbringen deshalb nicht als unsubstantiiert zurückgewiesen werden (BGH NJW-RR 1989, 42, 43).

Voraussetzung für das Bestreiten mit Nichtwissen ist, dass die Partei die Tatsache nicht kennt und nicht kennen kann. **1373**

Zurechnen lassen muss eine Partei sich dabei das Wissen ihrer gesetzlichen Vertreter (Zöller/Greger § 138 Rn. 15) sowie ihrer Erfüllungs- und Verrichtungsgehilfen nach §§ 278, 831 BGB (Anders/Gehle/Anders § 138 Rn. 50).

Diese von der Rechtsprechung vorgenommene teleologische Reduktion von § 138 Abs. 4 ZPO findet ihre Rechtfertigung in der Überlegung, dass eine Partei sich nicht durch arbeitsteilige Organisation ihres Betätigungsbereichs ihren prozessualen Erklärungspflichten entziehen kann (Prütting/Gehrlein/Prütting § 138 Rn. 18). Ansonsten würde sie gegenüber einer selbst handelnden Partei ohne sachlichen Grund privilegiert (Lange NJW 1990, 3233, 3235). Eine das Bestreiten mit Nichtwissen grundsätzlich ausschließende Arbeitsteilung liegt aber nicht nur bei Personen vor, die im engeren Sinne in die geschäftliche Organisation der Partei eingegliedert sind, sondern auch bei selbstständigen Dritten, deren sich eine Partei bedient. Hätten die Organe der Partei die Handlung selbst vorgenommen, müssten sie sich zu dem Inhalt äußern, ohne diesen mit Nichtwissen bestreiten zu können. Dem können sie sich nicht dadurch entziehen, dass die Handlung Dritten überlassen wird. Sie müssen sich vielmehr bei dem Dritten nach dem Gesprächsinhalt erkundigen und sich hierzu im Prozess substantiiert (§ 138 Abs. 2 ZPO) erklären (BGH NJW-RR 2016, 1251).

Dabei hat die Partei, bevor sie sich erklärt, eine – jedoch nicht hoch angesetzte – **Informationspflicht**, sich das Wissen über Geschehnisse im Bereich ihrer eigenen Wahrnehmungsmöglichkeit zu beschaffen (BGH NJW 2019, 3788; Thomas/Putzo/Seiler § 138 Rn. 20). Erst im Fall des (glaubhaften) Misslingens der Informationseinholung ist ein Bestreiten mit Nichtwissen zulässig. **1374**

Diese Informationspflicht trifft auch Streitgenossen und Streithelfer der Partei.

Für den Gegner der bestreitenden Partei kann es sich empfehlen, das Gericht auf diese Grundsätze hinzuweisen und auf deren Einhaltung zu bestehen. Damit kann der Gefahr entgegengetreten werden, dass das Gericht das Bestreiten mit Nichtwissen allzu leicht akzeptiert.

▶ Praxistipp:

Die mit dem Bestreiten wegen Nichtwissens verbundene Informationspflicht kann eine erhöhte Substantiierungspflicht begründen und sich damit für die Partei als kontraproduktiv erweisen (Dötsch MDR 2014, 1363: »Substantiierungsfalle«). Dies wird aber nur ausnahmsweise in Betracht kommen (BGH NJW 2019, 607). **1375**

Eine **Informationspflicht** besteht z.B.: **1376**
- bei Vorhandensein von Unterlagen (z.B. bei Banken),

  Ein substantiierter Vortrag ist nur dann unzumutbar, soweit die Partei glaubhaft macht, die Schriftstücke tatsächlich nicht mehr in ihren Händen zu haben, insbesondere weil diese nach Ablauf der Aufbewahrungsfrist vernichtet wurden (BGH NJW 1995, 131).

- bei unter Aufsicht und Verantwortung oder Anleitung der Partei tätig gewesenen Personen (BGH NJW 1986, 3199; BGH NJW 1990, 453),
- bei Unternehmern über Vorgänge im eigenen Geschäfts- oder Verantwortungsbereich (Thomas/Putzo/Seiler § 138 Rn. 20; Zöller/Greger § 138 Rn. 16),

  So ist z.B. bei einem substantiierten Vortrag des Reisenden zum Vorliegen von Reisemängeln der Reiseveranstalter gehalten, nach Einholung von Informationen bei der örtlichen Reiseleitung ebenfalls substantiiert hierzu Stellung zu nehmen. Sein Vortrag, er bestreite den Klagevortrag vorsorglich mit Nichtwissen, da er keine Kenntnis von Reisemängeln habe, ist unbeachtlich (LG Frankfurt a. M. NJW-RR 1991, 378; Führich/Staudinger Rn. 514).

- bei Forderungsabtretung und Prozessstandschaft bei dem (ursprünglichen) Rechtsinhaber (Zöller/Greger § 138 Rn. 16 a.E.; OLG Düsseldorf MDR 2002, 1148; § 402 BGB),
- bei Kreditkartengeschäften muss sich der Kunde bei den einzelnen Geschäftspartnern erkundigen (OLG Hamm 1998, 3358).

1377 Auch eigene Handlungen und Wahrnehmungen der Partei können ausnahmsweise mit Nichtwissen bestritten werden, wenn die Partei sich nach der Lebenserfahrung glaubhaft **nicht (mehr) erinnert** und die vom Gegner behauptete Tatsache nicht gegen sich gelten lassen will (Thomas/Putzo/Seiler § 138 Rn. 21). Die bloße Behauptung, sich nicht zu erinnern, reicht indessen nicht aus (BGH NJW 1995, 131).

1378 Ein »**Sich-nicht-mehr-Erinnern**« ist z.B. glaubhaft:
- bei zeitlich lange zurückliegenden Vorgängen (ohne vorhandene Unterlagen),
- bei alters- oder krankheitsbedingten Erinnerungslücken,
- bei täglicher Beschäftigung mit einer Vielzahl von ähnlichen Vorfällen – z.B. Vertragsabschlüsse im kaufmännischen Geschäftsverkehr – ohne dass der streitgegenständliche Vorfall besonders aufgefallen sein müsste,
- bei für die Partei unbedeutenden Tatsachen.

▶ Beispiel:

1379 Als nicht glaubhaft wurde ein behaupteter Erinnerungsverlust bei einem Kreditkartengeschäft angesehen mit folgendem Text auf dem Kontoauszug: »4.4. China Palast Dresden 84,70 DM« (OLG Hamm NJW 1998, 3358).

▶ Praxistipp:

1380 Soll eine Tatsache mit Nichtwissen bestritten werden, bei der die Möglichkeit besteht, dass das Gericht davon ausgeht, sie falle unter die eigenen Handlungen oder Wahrnehmungen, muss zusätzlich zum Bestreiten vorgetragen werden, warum eine eigene Kenntnis nicht (mehr) vorliegt oder beschafft werden kann.

ff) Ausgewählte Einzelfälle

1381 (1) **Zugang**. Der Beklagte sollte unbedingt prüfen, ob die vom Kläger angeführten rechtlich relevanten Schreiben (z.B. Kündigung, Anfechtung, Mahnschreiben, Mängelrügen etc.) ihm auch tatsächlich zugegangen sind. Falls nicht, muss er dies bestreiten, wobei auch die Erklärung mit Nicht(mehr) wissen (§ 138 Abs. 4 ZPO) möglich sein kann, falls die Schreiben weder auffindbar noch erinnerlich sind (OLG Hamm VersR 1982, 1045).

Da der Kläger einen Zugang bei Versendung mit einfacher Post, per Fax oder per E-Mail in der Regel nicht beweisen kann (unten Rdn. 2235), erfolgt ein solches Bestreiten in der Praxis nicht selten bewusst unwahr – unter klarem Verstoß gegen die Wahrheitspflicht nach §§ 138 Abs. 1 ZPO, 263 StGB.

1382 (2) **Echtheit von Privaturkunden**. Entscheidend für die Beweiskraft von zu Beweiszwecken vorgelegten Urkunden ist ihre Echtheit (unten Rdn. 2137).

1383 Will man die Beweiswirkung nicht gelten lassen, so muss man die Echtheit der **Unterschrift** bestreiten. Wird nämlich die Echtheit nicht bestritten, so wird die Urkunde als anerkannt angesehen, während sonst der Beweisführer die Echtheit zu beweisen hat (§§ 439 Abs. 3, 440 ZPO, aber § 510 ZPO, der in der Praxis meist übersehen wird).

Allerdings wird die Partei die Echtheit nur in seltenen Fällen (bei einer Urkundenfälschung oder bei Urkunden ohne eigene Beteiligung) bestreiten können, ohne gegen die Wahrheitspflicht zu verstoßen. Da es sich meistens um Urkunden handelt, welche die Partei selbst unterschrieben hat (z.B. Kaufvertrag, Mietvertrag, Darlehensvertrag etc.), ist auch ein Bestreiten mit Nichtwissen kaum möglich.

Die vom Beweisführer zum Beweis der Echtheit einer Unterschrift vorzulegenden Vergleichsunterschriften können vom Gegner (§ 441 Abs. 3 ZPO) oder von Dritten vorzulegen sein (§ 441 Abs. 1 und 2 ZPO), soweit Voraussetzungen eines materiell-rechtlichen Vorlageanspruchs nach §§ 421 bis 426 ZPO gegeben sind. Für eine Anordnung des Gerichts gemäß § 142 Abs. 1 Satz 1 ZPO, dass die nicht beweisbelastete Partei in ihrem Besitz befindliche Urkunden vorlegt, reicht die Bezugnahme der beweisbelasteten Partei auf eine im Besitz des Prozessgegners befindliche Urkunde aus. Die Bezugnahme muss nicht ausdrücklich geschehen, sondern kann sich sinngemäß aus dem Sachvortrag oder aus anderen eingereichten Unterlagen ergeben. Sie muss aber so konkretisiert sein, dass die Urkunde identifizierbar ist. Für die gerichtliche Anordnung einer Beweiserhebung von Amts wegen nach § 144 Abs. 1 Satz 1 ZPO ist kein Raum, soweit es um die Vorlage von Vergleichsurkunden geht, die für den Beweis der Echtheit oder Unechtheit einer Urkunde nach § 441 Abs. 1 ZPO benötigt werden. Insoweit gehen die Regelungen in § 441 Abs. 3 und 4 ZPO der Vorschrift des § 144 ZPO vor (BGH NJW 2017, 3304).

(3) **Aktivlegitimation.** Manchmal werden Prozesse dadurch gewonnen, dass der Beklagte einfach 1384 die Aktivlegitimation (mit Nichtwissen) bestreitet. Zuweilen gelingt es dem Kläger nämlich nicht, diese zu beweisen.

So werden z.B. – falls überhaupt – Grundbuchauszüge vorgelegt, bei welchen eine Zuordnung der Partei zu einem konkreten – nämlich dem streitgegenständlichen – Grundstück nicht möglich ist. Bei beweistauglichen Grundbuchauszügen – welche aber meistens einige Wochen alt sind – wird nur selten deren Aktualität angezweifelt. In diesen Fällen sollte der Beweisführer eine Parteivernehmung von Amts wegen anregen, da dann eine gewisse Wahrscheinlichkeit für die Eigentümerstellung besteht (§ 448 ZPO).

Auch die Eigentümerstellung hinsichtlich eines Kraftfahrzeugs (Schauseil MDR 2012, 446) muss bei Bestreiten bewiesen werden, wobei die Eintragung im Kfz-Brief lediglich die Haltereigenschaft dokumentiert und für die Frage des Eigentums (allenfalls) ein (mehr oder weniger starkes) Indiz sein kann (§ 286 ZPO!).

Manchmal stellt sich auch heraus, dass tatsächlich die falsche Partei geklagt hat.

Dann könnte der Kläger die Klage noch retten, wenn er die Forderung vom richtigen Rechtsträger durch Abtretung erlangen oder diese in gewillkürter Prozessstandschaft geltend machen kann. Des Weiteren besteht die Möglichkeit einer Parteiänderung auf Klägerseite.

Vor allem wenn der Beklagte die Aktivlegitimation erst in der mündlichen Verhandlung bestreitet, erfolgt darauf oftmals keinerlei Reaktion des gegnerischen Anwalts. Der Prozess ist dann in den meisten Fällen – nach dem ZPO-Reformgesetz in der Regel endgültig – vom Beklagten gewonnen, sofern der Kläger nicht bereits in erster Instanz hierzu (vorsorglich) substantiiert vorgetragen und Beweis angeboten hat.

Dabei darf der Beklagte es nicht versäumen, vorsorglich auch die anderen (unzutreffenden) Punkte zu bestreiten und weiteren Sachvortrag zu bringen beziehungsweise diesen zumindest anzukündigen, sofern das Gericht dies für erforderlich erachtet (OLG Düsseldorf NJW-RR 1993, 1341: Hinweispflicht!). Dies gilt auch für den Fall, dass die Passivlegitimation bestritten wird.

(4) **Vertragsschluss durch Vertreter.** Bei behauptetem Vertragsschluss durch einen Vertreter kann die 1385 **Vertretungsmacht** (mit Nichtwissen) bestritten werden. Häufig wird vom Kläger weder eine Vollmachtserteilung bzw. ein **Handeln im fremden Namen** (schlüssig) vorgetragen, noch kann er diese Behauptungen beweisen (unten Rdn. 2276).

Dies trifft vor allem bei beteiligten Gesellschaften zu, sofern die handelnde Person nicht ersichtlich der vertretungsberechtigte Geschäftsführer ist.

Besonders schwierig ist ein Beweis, wenn dem Kläger die Identität der aufseiten des Beklagten handelnden Person nicht bekannt ist. Selbst wenn der Vertreter des Klägers als Zeuge angeboten werden könnte, erfolgt dies nicht in allen Fällen. Eine schriftliche Vollmacht wird in der Praxis nur selten vorgelegt. Hinsichtlich einer etwaigen Anscheins- und Duldungsvollmacht (Grüneberg/Ellenberger § 173 Rn. 9), worauf sich die Parteien dann oftmals berufen, sind deren tatsächlichen Voraussetzungen im Einzelnen vorzutragen und können vom Gegner meist (mit Nichtwissen) bestritten werden. Ein Nachweis dieser Ausnahmetatbestände gelingt dabei eher selten.

(5) **Erlöschenseinwand.** Nicht ausreichend ist es, das Fortbestehen einer Forderung lediglich zu 1386 bestreiten. Bei Berufen auf Erlöschen einer Forderung ist anzugeben, auf welche Weise – z.B. gem. §§ 362, 365, 387, 397 BGB – diese erloschen sein soll, da es keinen einheitlichen Erlöschenstatbestand gibt.

Dazu sind regelmäßig bestimmte Tatsachen zu behaupten, die wenigstens einen einzelnen Lebensvorgang erkennen lassen, dem aus Rechtsgründen ein Erlöschen der geltend gemachten Forderung zu entnehmen ist (BGH NJW 1997, 129).

Trotz Gutschrift auf dem Klägerkonto kann eine Erfüllungswirkung ausnahmsweise ausgeblieben sein, nämlich wenn die Buchung mangels näherer oder unrichtiger Angaben (insbesondere Rechnungs- und Kundennummer) wegen der Vielzahl der beim Gläubiger laufenden Geschäftsvorgänge (z.B. Versandhandel, Telefonrechnungen) nicht der schuldrechtlichen Verpflichtung des Beklagten zugeordnet werden konnte (LG Karlsruhe MDR 2002, 570; AG Hannover MDR 2002, 814; AG Frankfurt MDR 2003, 320; Grüneberg/Grüneberg § 362 Rn. 9). Sofern die Zuordnung erst nach Rechtshängigkeit möglich geworden und somit auch erst dann die Erfüllung eingetreten ist, sind die Kosten aufgrund der dadurch eingetretenen Erledigung der bis dorthin begründeten Klage dem Beklagten aufzuerlegen (oben Rdn. 503).

Bei Abrechnungsstreitigkeiten mit mehreren Forderungen muss der Gläubiger, der die (unstreitige) Zahlung auf eine andere Forderung anrechnen will, diese darlegen und beweisen, während der Schuldner darlegen muss, warum die Leistung (gerade) auf die eingeklagte Forderung anzurechnen ist (§§ 366, 367 BGB; Grüneberg/Grüneberg § 366 Rn. 11).

Bei einem behaupteten Verzicht des Gläubigers ist zwar ein entsprechender Vertragsabschluss vorzutragen (§ 397 BGB). Für die Annahme des lediglich vorteilhaften Angebots reicht es jedoch gewöhnlich aus, dass dieses zugeht und nicht durch eine nach außen erkennbare Willensäußerung des Begünstigten abgelehnt wird (BGH NJW 2000, 276; BGH NJW 1999, 2179: arg. §§ 151, 516 Abs. 2 BGB; Grüneberg/Ellenberger §§ 151 Rn. 4, 397 Rn. 6: i.d.R. genügt bloßes Schweigen). Mehr ist zur schlüssigen Darlegung durch den Beklagten nicht erforderlich.

▶ Praxistipp:

1387 In der (widerspruchslosen) Einlösung eines mit dem Vorschlag eines Teilerlasses versandten Schecks über eine die Forderung des Gläubigers mehr oder minder unterschreitende Summe (üblich bei Reiseveranstaltern als Reaktion auf die Anspruchsanmeldung wegen Reisemängeln) kann eine konkludente Annahme des entsprechenden (Vergleichs-)Angebots gesehen werden (**Erlass-/Vergleichs-/Scheckfalle**).

(Grüneberg/Ellenberger § 151 Rn. 2; Grams AnwBl 2000, 620; Schönfelder NJW 2001, 492; E. Schneider MDR 2000, 857; BVerfG NJW 2001, 1200: ein solcher Schluss ist regelmäßig gerechtfertigt, es sei denn, vor der Scheckeinlösung erfolgt eine Ablehnung des Vergleichsangebots – z.B. dass der Scheck nur als Anzahlung angesehen wird; BGH NJW 2001, 2324: nicht bei krassem Missverhältnis).

1388 (6) **Rechnungserteilung**. Häufig wird vom Zahlungspflichtigen auch die Erteilung bzw. der Zugang einer Rechnung bestritten. Dabei kommt dem unterschiedliche Bedeutung zu:

– Die Erteilung einer Rechnung ist grundsätzlich **keine Fälligkeitsvoraussetzung** (Grüneberg/Grüneberg §§ 271 Rn. 7; 284 Rn. 28; 433 Rn. 23).

  Ausnahmen: § 16 Nr. 3 VOB/B, § 8 HOA, § 12 Nr. 2 GOÄ; § 8 Abs. 1 RVG, § 7 StBGebV; § 29 ADSp oder rechtsgeschäftliche Vereinbarung. Wird keine Rechnung oder keine den gesetzlichen Anforderungen entsprechende Rechnung erteilt, ist die jeweilige Forderung unverjährbar (§ 199 BGB; Grüneberg/Ellenberger § 199 Rn. 6). Sonst aber ist die Rechnungsstellung keine Voraussetzung für die Verjährung.

  Bei Nichterteilung einer Rechnung kann aber ein Schuldnerverzug ausgeschlossen sein (unten Rdn. 1448 – Zurückbehaltungsrecht) und dem Schuldner im Fall der Vorlage einer Rechnung erst nach Klageerhebung ein sofortiges Anerkenntnis ermöglichen (oben Rdn. 1296).

– Nach § 286 Abs. 1 und 3 BGB kommt der Schuldner einer Entgeltforderung grundsätzlich entweder durch Mahnung oder spätestens 30 Tage nach Fälligkeit und Zugang einer Rechnung oder gleichwertigen Zahlungsaufforderung in **Verzug**.

  Letzteres gilt jedoch gegenüber einem Schuldner, der Verbraucher ist, nur dann, wenn auf diese Folgen in der Rechnung oder Forderungsaufstellung besonders hingewiesen wurde. Dabei werden in der Praxis Rechnungen im Gegensatz zu Mahnungen noch viel seltener in beweisbarer Form versandt, sodass ein (unredlicher) Schuldner die zweite Alternative leicht unterlaufen kann.

  Sofern der Verzugszinsanspruch über die Rechnungsstellung herbeigeführt wird, beginnt auch dessen Verjährung erst nach Ablauf von 30 Tagen ab Zugang der Rechnung zu laufen (§ 199 Abs. 1 Nr. 1 BGB).

- Im Übrigen kann das für den Verzug notwendige **Verschulden** hinsichtlich der Nichtzahlung (§ 286 Abs. 4 BGB; Beweislast: Schuldner) fehlen, soweit ohne Rechnung Unklarheit über die Höhe der Schuld besteht.

  Dies kann auch Bedeutung haben für die Frage, ob ein im Prozess abgegebenes Anerkenntnis des Beklagten ein »sofortiges« i.S.d. § 93 ZPO darstellt (oben Rdn. 1296).

- Schließlich kann eine Rechnung unter den Voraussetzungen der **§§ 315, 316 BGB** auch dazu dienen, das geschuldete Entgelt verbindlich festzulegen.

  Abgesehen davon kommt einer Rechnung allein jedoch keinerlei Beweiswert hinsichtlich des Anspruchsgrundes und der Höhe des Anspruchs zu (aber unten Rdn. 1239).

e) Gegenbeweisantritte

1389 Der Beklagte muss sich nicht darauf beschränken, die vom Kläger vorgetragenen Tatsachen zu bestreiten und dann abzuwarten, ob und inwieweit der Kläger seine Tatsachen beweisen kann. Verteidigen kann der Beklagte sich auch, indem er aktiv in diese Beweisführung des Klägers eingreift und seinerseits beweist, dass die vom Kläger vorgetragenen Tatsachen unzutreffend sind. Dabei müssen der Gegenbeweis und der Beweis des Gegenteils unterschieden werden.

1390 Gegenstand des **Hauptbeweises** sind die Tatbestandsmerkmale der anzuwendenden Rechtsnorm (Anspruch oder Gegenrecht). Geführt ist dieser Beweis, wenn die volle Überzeugung des Gerichts von der Wahrheit der zu beweisenden Tatsache herbeigeführt ist.

Ein solcher Beweis wird regelmäßig durch eine Beweisaufnahme nach den §§ 355 ff. ZPO geführt. Die Überzeugung des Gerichts kann aber auch durch eine Beweiserleichterung herbeigeführt werden (dazu unten Rdn. 1829).

In dieser Form hat der Kläger seine anspruchsbegründenden Tatsachen zu beweisen, der Beklagte seine Gegenrechte.

1391 Der **Gegenbeweis** soll die Unrichtigkeit dieser Tatsachen dartun. Hierzu reicht es aus, dass die Überzeugung des Gerichts erschüttert wird, dass Zweifel des Gerichts an der im Rahmen des Hauptbeweises gewonnenen Überzeugung vom Vorliegen der Haupttatsache begründet werden. Ist dies der Fall, kann im Rahmen der für den Hauptbeweis vorzunehmenden Beweiswürdigung die volle, zweifelsfreie Überzeugung des Gerichts nicht mehr eintreten.

Dieser Gegenbeweis ist die Regelform der Beweiswiderlegung. Sie gilt für alle Fälle, in denen der Kläger seine Tatsache in Form einer regulären Beweisaufnahme nachgewiesen hat, und für die meisten der Beweiserleichterungen.

Soll ein Anscheinsbeweis widerlegt werden, müssen konkrete Tatsachen feststehen, aus denen sich die ernsthafte Möglichkeit eines vom gewöhnlichen abweichenden Geschehensverlaufs ergibt (BGH NJW 1993, 3259; OLG Düsseldorf NZV 1993, 393). Erschüttert ist die Vermutung, wenn ein vom gewöhnlichen (typischen) Verlauf abweichender Gang des Geschehens feststeht. Ist die Erschütterung des Anscheinsbeweises gelungen, tritt die »beweisrechtliche Normalsituation« wieder ein, d.h., der Beweisführer muss die Haupttatsache mit den regulären Beweismitteln beweisen (BGH NJW 1998, 79).

1392 Beim **Beweis des Gegenteils** muss das kontradiktorische Gegenteil des Hauptbeweises bewiesen werden. Die Anforderungen hieran entsprechen denen des Hauptbeweises, d.h., geführt ist der Beweis des Gegenteils erst, wenn das Gericht von der Unwahrheit der Haupttatsache überzeugt ist. Der Gegner muss nach den allgemeinen Grundsätzen zur vollen Überzeugung des Gerichts beweisen, dass die Tatsache oder das Recht in Wirklichkeit nicht besteht. Eine bloße »Erschütterung«, die Darlegung einer anderen Möglichkeit des Geschehensablaufs oder auch der Nachweis, dass die vermutete Tatsache unwahrscheinlich ist, genügen nicht (BGHZ 16, 217; Anders/Gehle/Nober § 292 Rn. 7; Rosenberg/Schwab/Gottwald, § 117 Abs. 1 Satz 4; Thomas/Putzo/Seiler § 292 Rn. 4; a.A. Zöller/Geimer § 292 Rn. 2 m.w.N., wonach überwiegende Wahrscheinlichkeit für das Gegenteil der gesetzlichen Vermutung ausreichen soll).

Ein solcher Beweis des Gegenteils ist erforderlich zur Widerlegung gesetzlicher Vermutungen (§ 292 ZPO). Wird etwa das Eigentum des Klägers nach § 1006 BGB vermutet, so muss der Beklagte beweisen, dass der Kläger nicht Eigentümer ist. Bleiben Zweifel am Bestehen der vermuteten Tatsache oder des vermuteten Rechts, so gehen diese zulasten des Gegners. Die gesetzliche Vermutung bleibt bestehen, bis ihre Unrichtigkeit eindeutig nachgewiesen ist.

Unwiderleglich sind nur die Vermutungen aus § 551 ZPO und § 1566 BGB sowie die gesetzlichen Fiktionen (BGH NJW 1965, 584).

1393 Der Beklagte hat in der Klageerwiderung seine Verteidigungsmittel vorzubringen (§ 277 Abs. 1 ZPO) und dabei die Beweismittel zu bezeichnen, deren er sich zum Nachweis seiner oder zur Widerlegung der klägerischen Behauptungen bedienen will (§ 130 Nr. 5 ZPO). Für diese Beweisantritte kann auf die zur Klageschrift gemachten Ausführungen Bezug genommen werden (oben Rdn. 1212).

Für die Verteidigung des Beklagten macht es dabei formal keinen Unterschied, ob er eigene Gegenrechte unter Beweis stellen oder Behauptungen des Klägers widerlegen will.

Inhaltlich allerdings sollte der Anwalt sich klar werden darüber, welche Funktion der Beweis erfüllen soll und welchen Anforderungen er dabei genügen muss.

f) Gegenforderungen

1394 Steht dem Beklagten gegen den Kläger eine Gegenforderung zu, so kann er diese im Prozess verwenden. Er kann sie entweder bloß verteidigungsweise im Wege der Aufrechnung oder als Gegenangriff im Wege der Widerklage einsetzen und dies entweder unbedingt oder nur für den Fall tun, dass die Klage überhaupt Erfolg hat (Hilfsaufrechnung, Hilfswiderklage).

aa) Widerklage (§ 33 ZPO)

▶ Praxistipp:

1395 Die Widerklage ist kein Verteidigungsmittel, sondern ein selbstständiger Gegenangriff.

1396 Deswegen kann sie noch in der letzten mündlichen Verhandlung erhoben werden, ohne dass die Gefahr einer Zurückweisung wegen Verspätung gem. §§ 282, 296 ZPO bestehen würde (Thomas/Putzo/Seiler § 146 Rn. 2).

aaa) Zulässigkeit der Widerklage

1397 Die Widerklage begründet zwischen den bereits am Prozess beteiligten Parteien ein weiteres Prozessrechtsverhältnis, das in seinen Voraussetzungen, seinem Bestand und seinen Folgen von dem der Klage unabhängig ist.

1398 Deswegen müssen für die Widerklage – unabhängig von der Klage – die **allgemeinen Zulässigkeitsvoraussetzungen** vorliegen. Dabei gelten indes einige Besonderheiten:

1399 (1) Eine ordnungsgemäße **Klageerhebung** kann nicht nur durch Zustellung eines Schriftsatzes nach § 261 Abs. 2 2. Alt. ZPO i.V.m. § 253 Abs. 2 Satz 2 ZPO erfolgen, sondern auch in mündlicher Verhandlung durch Verlesung des Antrags aus einem vorbereitenden Schriftsatz (§ 261 Abs. 2 1. Alt., § 297 ZPO).

Ein Kostenvorschuss ist für die Zustellung nicht erforderlich (§§ 12 Abs. 2 Nr. 1, 17 GKG i.V.m. Nr. 9002 KV-GKG). Auch wenn die Partei vom Gericht trotzdem zur Einzahlung aufgefordert werden sollte (so aufgrund einer hausinternen Anordnung z.B. durch das AG München Mitt. Münchener Anwaltverein 3/2004 S. 6), dürfte dies die Zustellung (eigentlich) nicht hindern. Auch eines Vorverfahrens nach § 15a EGZPO bedarf es nicht.

1400 (2) Die **örtliche Zuständigkeit** kann sich – neben den allgemeinen Vorschriften – auch aus dem besonderen Gerichtsstand des § 33 ZPO ergeben.

So zumindest die heute herrschende Meinung. Voraussetzung ist zum einen das Bestehen eines rechtlichen Zusammenhangs zwischen Klage- und Widerklageforderung, zum anderen darf für die Widerklage keine ausschließliche Zuständigkeit begründet sein (§§ 33 Abs. 2, 40 Abs. 2 ZPO). Fehlt die Konnexität zwischen Klage und Widerklage, muss die örtliche Zuständigkeit sich aus anderen Regelungen ergeben.

(3) Für die **sachliche Zuständigkeit** enthält § 33 ZPO keine Regelung. Diese ist ausschließlich nach allgemeinen Grundsätzen zu beurteilen; eine Addition von Klage und Widerklage findet nicht statt (§ 5 Satz 2 ZPO). 1401

▶ Beispiel:

Wird vor dem Amtsgericht Widerklage mit einer Forderung erhoben, die in die Zuständigkeit des Landgerichts gehört, so müssen die Parteien belehrt werden; auf ihren Antrag hin erfolgt Verweisung des gesamten Rechtsstreits (Klage und Widerklage) an das Landgericht (§ 506 ZPO). Ohne Verweisungsantrag liegt möglicherweise eine zuständigkeitsbegründende rügelose Einlassung nach § 39 ZPO vor. 1402

Wird vor dem Landgericht Widerklage mit einer Forderung erhoben, die in die Zuständigkeit des Amtsgerichts fällt, so ist das Landgericht für die Widerklage auch dann zuständig, wenn der Widerbeklagte sich hierauf nicht rügelos eingelassen hat (arg. § 10 ZPO a.F.; h.M.: Zöller/Schultzky § 33 Rn. 12).

Jedoch kann sich der Gebührenstreitwert durch die Widerklage erhöhen (§ 45 GKG, § 23 RVG), wobei die Gebühren aber nur einmal anfallen. Einer gesonderten Geltendmachung der Widerklageforderung gegenüber ist die Widerklage dennoch regelmäßig billiger (degressive Gebührenstaffelung).

(4) **Funktionell zuständig** ist unbeschränkt die Zivilkammer, unabhängig davon, ob eine oder gar beide Klagen Handelssachen sind; die Kammer für Handelssachen ist nur zuständig, wenn beide Klagen Handelssachen sind. 1403

▶ Beispiel:

Wird vor der Kammer für Handelssachen Widerklage mit einer Nicht-Handelssache erhoben, ist der Rechtsstreit insgesamt an die Zivilkammer zu verweisen (§ 99 GVG). Die vor einer Zivilkammer erhobene Widerklage mit einer Handelssache ändert an der Zuständigkeit nichts. 1404

(5) Die für die Klage erteilte **Prozessvollmacht** erstreckt sich auch auf die Widerklage (§ 81 ZPO). 1405

Zusätzlich zu den allgemeinen Prozessvoraussetzungen müssen einige **besondere Prozessvoraussetzungen** vorliegen. Dazu gehört, dass die Klage (schon und noch) rechtshängig ist, sie und die Widerklage in der gleichen Prozessart ablaufen und die Parteien von Klage und Widerklage identisch sind. 1406

§ 33 ZPO

(Zusammenhang mit dem Klageanspruch) begründet nach heute h.M. keine besondere Prozessvoraussetzung, sondern schafft nur einen zusätzlichen Gerichtsstand (Thomas/Putzo/Hüßtege § 33 Rn. 1; a.A. z.B. BGH NJW 1975, 1228: auch besondere Prozessvoraussetzung, aber Heilung gem. § 295 ZPO möglich).

Ist die Widerklage rechtshängig geworden, ist sie in ihrem (Fort-)Bestand von der Klage unabhängig, kann also nicht etwa durch Rücknahme der Klage beseitigt werden. 1407

bbb) Sonderfälle der Widerklage

Zu beachten ist eine Reihe von **Sonderfällen** der Widerklage: 1408

(1) Praktisch häufig kommt die Widerklage in Form einer **Feststellungswiderklage** vor. Hierbei bedarf – wie bei jeder Feststellungsklage – das Rechtsschutzbedürfnis und die Selbstständigkeit des Streitgegenstands der Klage gegenüber einer besonderen Prüfung, es sei denn, es handelt sich um 1409

eine **Zwischenfeststellungswiderklage** (§ 256 Abs. ZPO). Dies ist der Fall, wenn die Feststellung sich auf ein für die Klage vorgreifliches Rechtsverhältnis bezieht (OLG Nürnberg MDR 1985, 417).

Bei der Feststellungswiderklage besonders zu beachten ist, dass mit ihr ein Streitgegenstand geltend zu machen ist, der nicht bereits (mit der Klage) rechtshängig ist (§ 261 Abs. 3 Nr. 1 ZPO). Die Widerklage muss deswegen über die Klage hinausgehen.

▶ Beispiel:

1410 Bei einer Klage auf Feststellung des Bestehens des Eigentums ist eine Widerklage auf Feststellung, dass der Kläger nicht Eigentümer sei, unzulässig (derselbe Streitgegenstand mit entgegengesetztem Antrag). Zulässig wäre hingegen der Widerklageantrag, der Beklagte sei Eigentümer.

Die Zwischenfeststellungswiderklage kommt gem. § 256 Abs. 2 ZPO in Betracht, wenn im Laufe des Prozesses ein entscheidungserhebliches Rechtsverhältnis streitig geworden ist. Dadurch erreicht man eine Ausdehnung der Rechtskraftwirkung auf dieses Rechtsverhältnis, während sonst das Gericht darüber lediglich inzident ohne Rechtskraftwirkung entscheidet. Das Rechtsschutzbedürfnis für die Zwischenfeststellungsklage liegt regelmäßig in der Vorgreiflichkeit. So reicht hierfür die Möglichkeit aus, dass das inzident zu klärende Rechtsverhältnis zwischen den Parteien noch über den Streitgegenstand hinaus Bedeutung gewinnen kann (Thomas/Putzo/Seiler § 256 Rn. 28).

Eine negative Feststellungswiderklage kommt vor allem als Antwort auf eine Teilklage des Klägers in Betracht (oben Rdn. 1072). Während der Beklagte nur vorzutragen braucht, welcher Ansprüche sich der Kläger berühmt, hat der Kläger diese substantiiert darzulegen und zu beweisen (Zöller/Greger § 256 Rn. 18). Wenn unklar bleibt, ob die streitigen Ansprüche bestehen, ist die negative Feststellungsklage ebenso begründet, als wenn das Nichtbestehen feststeht. Es kann aber auch nur für den Fall der Abweisung der Teilklage Hilfswiderklage auf negative Feststellung des Restanspruchs erhoben werden (Zöller/Schultzky § 33 Rn. 26).

Das Rechtsschutzbedürfnis (§ 256 Abs. 1 ZPO) entfällt jedoch bei entsprechender Klageerweiterung seitens des Klägers. Da sich damit die Feststellungswiderklage erledigt, muss der Beklagte diese zur Vermeidung einer Abweisung für erledigt erklären.

1411 (2) Die Widerklage kann von einer (innerprozessualen) Bedingung abhängig gemacht werden (sog. **Hilfswiderklage**).

Dazu unten Rdn. 1433.

1412 (3) In der **Berufungsinstanz** kann eine Widerklage nur noch erhoben werden, wenn der Gegner einwilligt oder das Gericht dies für sachdienlich hält und sie zusätzlich auf Tatsachen gestützt werden kann, die das Berufungsgericht seiner Verhandlung und Entscheidung über die Berufung ohnehin nach § 529 ZPO zugrunde zu legen hat.

Diese Voraussetzungen liegen nur ausnahmsweise vor. Eine Zustimmung des Gegners wird kaum zu erlangen sein, die Sachdienlichkeit wird von den Gerichten überaus restriktiv beurteilt (Zöller/Heßler § 533 Rn. 10). Dass alle zur Begründung der Widerklage erforderlichen Tatsachen bereits erstinstanzlich vorgetragen waren, ist kaum zu erwarten. Neue Tatsachen indes dürfen zur Begründung nur verwendet werden, wenn sie unstreitig bleiben (§§ 529 Abs. 1 Nr. 2; 531 Abs. 2 Nr. 3 ZPO; BGH NJW-RR 2005, 437).

1413 (4) Eine besondere **Privilegierung** sieht das Gesetz für Widerklagen vor, die gerichtet sind auf:
- Schadensersatz wegen unzutreffenden Vorbehaltsurteils (§§ 302 Abs. 4, 600 Abs. 2 ZPO),
- Schadensersatz wegen unberechtigter vorläufiger Vollstreckung (§§ 717 Abs. 2, 1042c Abs. 2 ZPO) oder
- Herausgabe einer durch unberechtigte vorläufige Vollstreckung erzielten Bereicherung (§§ 717 Abs. 3, 1042c Abs. 2 ZPO).

Zum einen wird die Rechtshängigkeit bereits auf den Zeitpunkt der Zahlung bzw. Leistung vordatiert (wichtig u.a. für die Prozesszinsen), zum anderen ist eine solche Widerklage entgegen § 595 Abs. 1 ZPO auch im Urkundenprozess sowie entgegen §§ 533, 559 ZPO auch im höheren Rechtszug zulässig (Nieder NJW 1975, 1000; Rosenberg/Schwab/Gottwald § 99 II 1; Thomas/Putzo/Hüßtege § 717 Rn. 15).

(5) Wird gegen eine auf Besitzschutz gestützte Klage eine auf das Eigentumsrecht gestützte Widerklage erhoben (sog. **petitorische Widerklage**), muss prozessual der materielle Vorrang der Besitzschutzansprüche vor den Eigentumsschutzansprüchen beachtet werden (§ 863 BGB). 1414

Danach kann der aus § 861 BGB in Anspruch genommene Beklagte sein aus Eigentum herrührendes Recht zum Besitz nicht als Einwendung geltend machen. Die Erhebung einer Widerklage indes ist damit nicht ausgeschlossen, weil diese Norm die klageweise Geltendmachung des Besitzrechts nicht verbietet. Wenn – wie in der Regel – die possessorische Klage wegen der einfacheren Voraussetzungen vor der Widerklage entscheidungsreif ist, kann hierüber ein Teilurteil ergehen; zu einer Kollision mit § 863 BGB kommt es dann nicht, weil der possessorische Anspruch schnell durchgesetzt und die Entscheidung über die Besitzberechtigung zurückgestellt wird. Sind dagegen ausnahmsweise beide Klagen gleichzeitig entscheidungsreif, ist in analoger Anwendung des § 864 Abs. 2 BGB die Entscheidung nur nach der materiellen Besitzlage zu treffen, der Anspruch aus Besitz ist dann erloschen (BGH NJW 1979, 1358; BGH NJW 1970, 707; Schreiber Jura 1993, 440).

(6) Als **Wider-Widerklage** und nicht als Klageänderung behandelt die Rechtsprechung eine Erweiterung des Streitgegenstands durch den Kläger als Reaktion auf eine Widerklage des Beklagten. 1415

Dies hat für den Kläger den Vorteil, dass hierfür die Voraussetzungen des § 263 ZPO (Einwilligung des Gegners oder Bejahung der Sachdienlichkeit durch das Gericht) nicht vorliegen müssen.

Die Wider-Widerklage ist nicht mehr möglich, wenn über die Widerklage bereits rechtskräftig entschieden worden ist (BGH NJW 2009, 148).

(7) Richtet sich die Klage (auch) gegen eine Person, die bislang am Rechtsstreit nicht beteiligt war (sog. parteierweiternde oder **Drittwiderklage**), so werden diese neu in den Rechtsstreit einbezogen. Die Widerklage erschöpft sich in diesen Fällen nicht in der Änderung eines bereits bestehenden Prozessrechtsverhältnisses, sondern begründet diese zu den Dritten neu (Riehm/Bucher ZZP 123, 34; Mantzouranis ZZP 127, 375). 1416

Die grundsätzliche Zulässigkeit einer solchen Drittwiderklage und deren prozessuale Voraussetzungen sind streitig (zu den Literaturauffassungen Oberheim, Zivilprozessrecht für Referendare, § 24 Rn. 17). Nach Auffassung der Rechtsprechung kann die Drittwiderklage nicht nur gegen einen Dritten oder nur von einem Dritten erhoben werden. Auf beiden Parteiseiten der Widerklage müssen auch die bisherigen Parteien der Klage beteiligt sein (BGH NJW 1996, 196; BGH NJW 1998, 196; OLG Dresden NJW-RR 2000, 901; zu Ausnahmen BGH NJW 2007, 1753; BGH NJW 2001, 2891; Luckey MDR 2002, 743). 1417

▶ Beispiel:

Widerklage kann damit erhoben werden 1418
- vom Beklagten gegen den Kläger und einen Dritten oder
- vom Beklagten und einem Dritten gegen den Kläger.

Nicht möglich ist die Widerklage
- nur eines Dritten gegen den Kläger
- des Beklagten nur gegen einen Dritten.

Die zulässigen Fälle der Drittwiderklage sind nicht nur den Voraussetzungen der **Widerklage**, sondern auch denen der **Streitgenossenschaft** (§§ 59, 60 ZPO) und des **Parteibeitritts** (oben Rdn. 361) zu unterwerfen, weil hier aufseiten des Klägers bzw. des Beklagten nachträglich eine weitere Person als Streitgenosse hinzutritt. Insbesondere prüft die Rechtsprechung, die den Parteibeitritt als Fall der **Klageänderung** nach § 263 ZPO ansieht, die Drittwiderklage deswegen unter dem Gesichtspunkt der Sachdienlichkeit; damit können dann auch unbillige Beeinträchtigungen des Dritten durch Bindung an die bereits erreichten Prozessergebnisse vermieden werden (BGH NJW 1996, 196). 1419

Wegen der Einbeziehung neuer Prozessbeteiligter können nicht alle Privilegierungen der Widerklage gelten (Riehm/Bucher ZZP 123, 34): 1420

- Grundsätzlich nicht anwendbar ist **§ 261 Abs. 2 ZPO**: Die Widerklageerhebung gegen oder durch einen Dritten bedarf grundsätzlich der Form des § 253 Abs. 2 ZPO und kann nicht mündlich erfolgen.
- Während **§ 12 Abs. 2 Nr. 1 GKG** eine auch auf die Drittwiderklage anwendbare gesetzliche Regelung enthält, sodass es eines Vorschusses auf die Gerichtsgebühr in keinem Fall bedarf, stellt **§ 110 Abs. 2 Nr. 3 ZPO** auf die Identität der Parteien ab und ist daher auf die von einem Ausländer (egal ob dieser Beklagter oder Dritter ist) erhobene Drittwiderklage nicht anwendbar.
- Anwendbar ist auch **§ 506 Abs. 1 ZPO**: Auf Antrag ist der gesamte Rechtsstreit an das Landgericht zu verweisen, auch wenn (nur) mit der Drittwiderklage ein in die Zuständigkeit des Landgerichts fallender Anspruch geltend gemacht wird.
- Für die Anwendbarkeit des **§ 533 ZPO** auf die in zweiter Instanz erstmals erhobenen Drittwiderklagen ist zu differenzieren: Während die Widerklage eines Dritten dem widerbeklagten Kläger eine Instanz entzieht und deswegen von dessen Zustimmung oder der Bejahung der Sachdienlichkeit durch das Gericht abhängt, ist die Widerklage gegen einen Dritten nur mit dessen Zustimmung möglich, eine Sachdienlichkeitsprüfung des Gerichts ist ausgeschlossen (BGH NJW-RR 1990, 1265, 1267).
- Seine bisherige Ansicht (BGH MDR 1993, 1121), für die Widerklage gegen einen bislang am Prozess nicht Beteiligten könne **§ 33 ZPO** keinen besonderen Gerichtsstand abgeben, hat der BGH nunmehr zumindest für den Zedenten aufgegeben (BGH MDR 2010, 1483 mit Anm. Fellner MDR 2011, 146).

Grund für die bisherige Ablehnung einer Anwendung des § 33 ZPO war, dass der Dritte, anders als der Kläger, der bereits einen Prozess vor dem Gericht führt und den die zusätzliche Verhandlung auch der Widerklage dort nicht unzumutbar belastet, keinen Anlass zu der gegen ihn gerichteten Klage gegeben hat und eine Gerichtsstandsbenachteiligung nicht hinnehmen muss; Gründe der Prozessökonomie müssten demgegenüber zurückstehen (BGH NJW 2000, 1871; BayObLG NJW-RR 2000, 1375; KG NJW-RR 2000, 1374).

Nunmehr stellt der BGH die Verfahrenskonzentration in den Vordergrund, sieht in der Zusammenfassung der Verfahren über einen einheitlichen Lebenssachverhalt auch eine Vermeidung der Gefahr widersprüchlicher Entscheidungen und geht davon aus, dass der Zedent mit der Zession die Ausübung des Wahlrechts nach § 35 ZPO durch den Zessionar bei einer Klage gegen den Schuldner der abgetretenen Forderung bewusst in Kauf genommen habe.

bb) Aufrechnung (§ 322 Abs. 2 ZPO)

1421 Der Beklagte kann gegen die Klageforderung mit einer gleichartigen Gegenforderung aufrechnen und sich zu seiner Verteidigung im Prozess darauf berufen (Thomas/Putzo/Seiler § 145 Rn. 14).

1422 Zu unterscheiden sind hierbei je nach **Zeitpunkt der Aufrechnungserklärung** folgende zwei Varianten:

- Der Beklagte trägt im Prozess vor, dass er bereits **vorprozessual** die Aufrechnung erklärt hat.

Hier hat der Beklagte vorprozessual ein materielles Gestaltungsrecht ausgeübt, dessen Voraussetzungen und Folgen sich ausschließlich aus den §§ 387 ff. BGB ergeben. Prozessual wird die materiell eingetretene Erfüllung als Verteidigungsmittel vorgetragen, was zur Unbegründetheit der Klage und zur Klageabweisung führt (Zöller/Greger § 145 Rn. 11). Die Kosten trägt der Kläger (§ 91 ZPO).

- Der Beklagte erklärt die Aufrechnung erstmals **im Prozess.**

Auch diese Aufrechnung führt zum Erlöschen beider Forderungen (§ 389 BGB) und damit zur Unbegründetheit der Klage. Allerdings fallen die Ausübung des materiellen Gestaltungsrechts und die prozessuale Geltendmachung zusammen. Es handelt sich deswegen bei der Prozessaufrechnung um einen Doppeltatbestand, dessen Voraussetzungen und Folgen sich gleichermaßen aus den §§ 387 ff. BGB wie aus § 322 Abs. 2 ZPO (Rechtskrafterstreckung auf die zur Aufrechnung gestellte Gegenforderung) ergeben.

Mängel nur in einem Teilbereich führen zur Unwirksamkeit der Prozessaufrechnung insgesamt, da davon auszugehen ist, dass die Partei diese nur insgesamt oder gar nicht will (§ 139 BGB analog).

Beispiel:

Wird prozessual wirksam, aber unter Verstoß gegen das materielle Aufrechnungsverbot aus § 393 BGB gegen eine deliktische Forderung aufgerechnet, darf das Gericht die Aufrechnungserklärung bei seiner Entscheidung nicht berücksichtigen. 1423

Die prozessual unsubstantiierte Bezeichnung der zur Aufrechnung gestellten Gegenforderung führt auch materiell nicht zum Erlöschen der beiden Forderungen.

Voraussetzung für eine wirksame Prozessaufrechnung ist, dass die Aufrechnung (ausdrücklich) **erklärt** wird. Nicht ausreichend ist der bloße Hinweis auf etwaige Gegenforderungen (Prütting/Gehrlein/Dörr § 145 Rn. 15; Prütting/Gehrlein/Oberheim § 530 Rn. 7). Im Zweifel muss das Gericht jedoch fragen (§ 139 ZPO). 1424

Die Prozessaufrechnung kann als Prozesshandlung nach überwiegender Ansicht zurückgenommen werden. In diesem Fall wird auch die materielle Aufrechnung unwirksam. Die Aufrechnungserklärung kann auch bedingt erklärt werden, solange es sich um eine »innerprozessuale Bedingung« handelt, z.B. also für den Fall des Widerrufs eines Vergleichs (OLG Schleswig NJW-RR 2010, 216).

Zudem muss die Gegenforderung so exakt **bezeichnet** werden, dass über sie eine der Rechtskraft fähige Entscheidung (§ 322 Abs. 2 ZPO) ergehen kann. Erforderlich ist deshalb eine Individualisierung der Gegenforderung, die der Individualisierung der Klageforderung nach § 253 Abs. 2 ZPO entspricht (dazu oben Rdn. 1143 ff.). 1425

Umstritten ist die Frage, wie zu verfahren ist, wenn die Aufrechnung mit einer rechtswegfremden Forderung erfolgt. Einigkeit besteht, dass die Aufrechnung zu berücksichtigen ist, wenn die Forderung unstreitig bleibt oder im zuständigen Rechtsweg bereits rechtskräftig festgestellt wurde. Ist die Forderung streitig, bejaht nur eine Mindermeinung die Befugnis des Prozessgerichts zur Entscheidung hierüber. Die h.M. verlangt eine Aussetzung des Verfahrens (§ 148 ZPO) bis zur Entscheidung des Fachgerichts; vertreten wird aber auch der Erlass eines Vorbehaltsurteils über die Klageforderung (§ 302 ZPO), verbunden mit einer Verweisung an das zuständige Gericht (§ 17 Abs. 2 GVG).

Für eine Sachentscheidung des unzuständigen Gerichts: Hofmann, Die Prozessaufrechnung mit einer rechtswegfremden Forderung, JR 2010, 328; für die Aussetzung: OLG Dresden VIZ 2001, 54; LG Saarbrücken MDR 2012, 669; BAG NJW 2002, 317; BFH NJW 2002, 3126; OVG Lüneburg NJW 2005, 1004; Thomas/Putzo/Seiler § 145 Rn. 22 ff.; für ein Vorbehaltsurteil mit Verweisung: BAG NJW 2008, 1020 m. Anm. Wieser, Zur Aufrechnung mit einer rechtswegfremden Forderung, MDR 2008, 785; offen gelassen von BGH NJW-RR 2005, 1138.

Beispiel:

Erklärt die vor einem Zivilgericht von einem Privatmann auf Zahlung in Anspruch genommene Gemeinde die Aufrechnung mit einer nicht rechtskräftig festgestellten öffentlich-rechtlichen Forderung, so muss zunächst abgewartet werden, ob diese Forderung unstreitig wird. Ist dies der Fall, ergeht ein Urteil über die Klage- und die Aufrechnungsforderung durch das Zivilgericht. Wird die Aufrechnungsforderung vom Kläger bestritten, kann entweder nur ein Aussetzungsbeschluss oder ein Vorbehaltsurteil mit Verweisungsbeschluss ergehen, um den Parteien Gelegenheit zur gerichtlichen Klärung vor dem Verwaltungsgericht zu geben.

Praxistipp:

Die Gegenforderung muss nach Grund und Höhe schlüssig und substantiiert dargelegt werden. 1426

Nicht ausreichend und sogar schädlich ist die oftmals am Ende von Schriftsätzen zu findende **Floskel**, wonach zudem mit einer Gegenforderung hilfsweise aufgerechnet werde, die die Klageforderung weit übersteige bzw. zumindest die Klageforderung erreiche. 1427

Erachtet das Gericht diese Aufrechnung wegen ungenügender Substantiierung für sachlich unbegründet, besteht die Gefahr, dass der Beklagte wegen der Rechtskraftwirkung des § 322 Abs. 2 ZPO seine (tatsächlich bestehende) Forderung (bis zur Höhe der Klageforderung) verliert (BGH VersR 1994, 1003; Thomas/Putzo/Seiler § 145 Rn. 18, § 322 Rn. 46; Zöller/Greger § 145 Rn. 16, 16a). Handelt es sich um eine bloß hilfsweise zu berücksichtigende Aufrechnung (dazu unten Rdn. 1433 ff.), haben sich aufgrund der Verdoppelung des Streitwertes zudem die Kosten erhöht.

Wird die Gegenforderung später mit der Berufung konkretisiert, ist die Aufrechnung – im Gegensatz zu einer unbestimmten, nicht individualisierten und deshalb vom Erstgericht nicht berücksichtigten Aufrechnung – nicht »neu« i.S.v. §§ 531 Abs. 2, 533 ZPO (Zöller/Heßler § 531 Rn. 23, § 533 Rn. 25, Anders/Gehle/Göertz § 533 Rn. 6; E. Schneider MDR 1975, 1008 Urteilsanmerkung, str.), jedoch dürfte die Nachholung der Substantiierung gem. §§ 533 Nr. 2, 529, 531 Abs. 2 ZPO in der Regel unzulässig sein.

Im Übrigen unterliegt das der Aufrechnung als Verteidigungsmittel zugrunde liegende tatsächliche Vorbringen samt Beweismitteln den Präklusionsvorschriften, sodass die Gefahr des endgültigen Verlusts der Gegenforderung besteht (Thomas/Putzo/Seiler § 322 Rn. 48; §§ 296, 282, 531 Abs. 1 ZPO).

Einer drohenden Abweisung einer solchen Aufrechnung kann man dadurch entgehen, indem diese noch vor Schluss der Verhandlung wieder zurückgenommen bzw. als Verteidigungsmittel fallen gelassen wird (OLG Zweibrücken NJW-RR 2004, 651: allgemeine Auffassung; BGH NJW-RR 1991, 156; NJW 1998, 2977; Zöller/Greger Vor § 128 Rn. 18, § 145 Rn. 11, § 282 Rn. 2; a.A. Anders/Gehle/Bünnigmann § 145 Rn. 12). Der Zustimmung des Klägers bedarf es hier nicht.

Ebenso schädlich kann es sein, wenn man sich (weiterer) Ansprüche berühmt und mitteilt, dass man sich deren Geltendmachung vorbehält. Damit riskiert man eine negative Feststellungsklage des Gegners. In diesem Fall wäre der Beklagte gezwungen, (unerwartet und unvorbereitet) den Anspruch so darzulegen und zu beweisen, als wäre er Kläger (Zöller/Greger § 256 Rn. 18).

1428 Unerheblich ist, dass die Gegenforderung unter Umständen schon in einem anderen Verfahren eingeklagt oder bereits dort zur Aufrechnung gestellt ist (**Doppelaufrechnung**).

Denn die Geltendmachung der Aufrechnung begründet nach ständiger Rechtsprechung des BGH keine Rechtshängigkeit der Gegenforderung (Thomas/Putzo/Seiler § 145 Rn. 20). Die Entscheidungen in beiden Prozessen sind wechselseitig präjudiziell, d.h. wirksam wird die erste der beiden Entscheidungen, egal, ob diese im Klageverfahren oder im Aufrechnungsverfahren ergeht (BGH NJW 1999, 1179; NJW-RR 2004, 1000: zweckmäßig, den zweiten Prozess gem. § 148 ZPO bis zur Erledigung des anderen Verfahrens auszusetzen; ebenso Zöller/Greger § 145 Rn. 18a). Welcher der beiden Prozesse sinnvollerweise ausgesetzt wird, ist Frage des Einzelfalles (dazu Skamel NJW 2015, 2460).

Die Forderung ist erst dann verbraucht, sobald über sie rechtskräftig entschieden ist (§ 389 BGB, § 322 Abs. 2 ZPO). Ob die Gegenforderung (noch) besteht, hat das mit der Zweitaufrechnung befasste Gericht selbst zu prüfen.

1429 Bei mehreren, die Klageforderung insgesamt betragsmäßig übersteigenden Gegenansprüchen ist wegen der Rechtskraftwirkung des § 322 Abs. 2 ZPO die **Reihenfolge** anzugeben, in der die Gegenansprüche zur Aufrechnung gestellt werden.

▶ Praxistipp:

1430 Es empfiehlt sich, zunächst die aussichtsreichsten Gegenforderungen zur Aufrechnung zu verwenden.

Sonst besteht die Gefahr, dass bei einer (eventuellen) Aufrechnung mit mehreren Forderungen der Beklagte im Fall einer Klageabweisung (nur) wegen der zuletzt geltend gemachten Gegenforderung zum überwiegenden Teil die Kosten zu tragen hat (§ 92 ZPO; Zöller/Herget § 92 Rn. 3; Thomas/Putzo/Hüßtege § 3 Rn. 19, § 92 Rn. 4). So erhöht sich der Streitwert, wenn und soweit über die hilfsweise aufgerechnete Gegenforderung rechtskraftfähig entschieden wird (§ 45 Abs. 3 GKG).

1431 Die **Verjährung** der (gleichartigen) Gegenforderungen hingegen wird (im Unterschied zum Zurückbehaltungsrecht) durch eine Aufrechnung unabhängig davon, in welcher Reihenfolge diese zur Aufrechnung gestellt wurden, gehemmt (§ 201 BGB).

Dadurch ist es möglich, die Verjährung kostenfrei zu hemmen, wenn die Klage ohne Berücksichtigung der Aufrechnung abgewiesen wird (§ 45 Abs. 3 GKG). Dies kann besonders bei umfangreichen Vertragsbeziehungen zwischen den Parteien nützlich sein. Da die Hemmung erst sechs Monate nach Erledigung des Verfahrens endet (§ 204 Abs. 2 BGB – bisher §§ 209 Abs. 2 Nr. 3, 215 BGB), verbleibt dem Gläubiger noch Zeit, andere verjährungshemmende Maßnahmen einzuleiten.

Im Übrigen besteht ein Vorteil der Aufrechnung darin, dass diese unter bestimmten Voraussetzungen auch bei einer bereits verjährten Forderung noch möglich ist (§ 215 BGB – bisher § 390 Satz 2 BGB; BGH NJW 1974, 1864: Haftung des Anwalts, weil er bei möglicher Verjährung der Mängelansprüche nicht wenigstens hilfsweise gegenüber der Klageforderung aufgerechnet hat).

Die Prozessaufrechnung kann jederzeit, auch noch nach Schluss der letzten mündlichen Verhand- 1432
lung, ohne Zustimmung des Gegners **zurückgenommen** werden (BGH NJW 2009, 1071). Sie ist dem Gericht gegenüber zu erklären und kann – wie die Aufrechnung selbst – auch unter eine innerprozessuale Bedingung gestellt werden (OLG Schleswig NJW-RR 2010, 216). Mit der Rücknahme entfällt prozessual die Möglichkeit des Gerichts, über die Aufrechnungsforderung zu entscheiden; eine vorinstanzlich ergangene Entscheidung ist im Rechtsmittel aufzuheben. Die Doppelnatur der Aufrechnung muss dazu führen, dass diese entgegen §§ 388 Satz 2, 130 Abs. 1 Satz 2 BGB auch materiell-rechtlich als wirksam zurückgenommen anzusehen ist (BGH NJW 2009, 1071; BGH NJW-RR 1991, 156; Staudinger/Gursky, BGB, Rn. 27 ff. vor §§ 387 ff.). Dogmatisch sind die damit verbundenen Fragen bislang aber nur unzureichend geklärt, im Einzelnen (Wirkungszeitpunkt, Verjährungshemmung, Verzugszinsen) ist vieles streitig (Leichsenring NJW 2013, 2155).

cc) Hilfswiderklage und Hilfsaufrechnung

Sowohl die Widerklage als auch die Aufrechnung können von einer innerprozessualen Bedingung, 1433
insbesondere dem Erfolg weiteren Verteidigungsvorbringens abhängig gemacht werden.

(1) Bei der Aufrechnung ist dies die Regel, sie kommt praktisch nahezu ausschließlich als **Hilfsauf-** 1434
rechnung vor. Verteidigt sich der Beklagte gegen die Klageforderung durch das Bestreiten anspruchsbegründender Voraussetzungen, das Geltendmachen anderer Gegenrechte oder auch nur durch Rechtsausführungen, so wird er den zur Aufrechnung gestellten Gegenanspruch nur für den Fall verlieren wollen, dass diese Verteidigung erfolglos bleibt. Die Aufrechnung erfolgt damit nur hilfsweise (Thomas/Putzo/Seiler § 145 Rn. 15; Grüneberg/Grüneberg § 388 Rn. 3).

Im Gegensatz dazu ist die Primäraufrechnung die einzige Verteidigung des Beklagten. Die Klageforderung bleibt unbestritten, der Rechtsstreit dreht sich ausschließlich um die Aufrechnungsforderung. Dies ist praktisch überaus selten.

▶ Praxistipp:

Zur Vermeidung von Missverständnissen sollte die nur hilfsweise geltend gemachte Aufrech- 1435
nung nicht nur als solche bezeichnet, sondern besser noch die Bedingung, unter die die Aufrechnung gestellt werden soll, ausformuliert werden.

Ansonsten nämlich läuft der Beklagte Gefahr, dass das Gericht auf die Aufrechnung nur eingeht, wenn die Hauptverteidigung vollständig erfolglos bleibt. Sinnvollerweise erklärt man die Aufrechnung deswegen für den Fall, »dass und soweit« die Hauptverteidigung erfolglos bleiben sollte.

Praktisch macht sich der **Unterschied** zwischen der **Haupt-** und der **Hilfsaufrechnung** bei der Kos- 1436
tenentscheidung bemerkbar. Bei einer erfolgreichen Primäraufrechnung – d.h. ohne Bestreiten der Klageforderung – trägt die Kosten voll der Kläger, während bei einer hilfsweisen Aufrechnung – für den Fall des Bestehens der Klageforderung – die Kosten geteilt werden (Prütting/Gehrlein/Schneider § 92 Rn. 22 ff.).

Sofern die Aufrechnungsforderung streitig ist, geht das Interesse des Klägers dahin, die Unbegründetheit der Gegenforderung festzustellen und damit eine Verurteilung mit voller Kostentragungspflicht des Beklagten zu erreichen.

Ist diese Forderung hingegen unstreitig oder anderweitig bereits rechtskräftig festgestellt, kann der Kläger bei begründeter Klageforderung einer eigenen Kostenbelastung nur durch eine Erledigungserklärung entgehen (Zöller/Greger § 145 Rn. 22).

Eine hilfsweise Erledigungserklärung des Klägers – für den Fall, dass die Gegenforderung besteht – bei aufrechterhaltenem Klageantrag wäre indes unzulässig (Zöller/Greger § 145 Rn. 22, str.).

Die Kostenverteilung erfolgt bei Zustimmung des Beklagten zur Erledigungserklärung gem. § 91a ZPO nach billigem Ermessen. Danach trägt die Kosten diejenige Partei, der es billigerweise zuzumuten war, die Aufrechnung bereits vorgerichtlich zu erklären (BGH NJW 2003, 3134). Dies ist in der Regel (insbesondere bei unstreitiger Klageforderung) der Beklagte, sofern ihm der Kläger vorprozessual hierzu auch – mittels Zahlungsaufforderung – Gelegenheit gegeben hat (sonst § 93 ZPO; auch N. Schneider MDR 2000, 507; ders. BGHReport 2003, 1304 – Urteilsanmerkung).

Wenn hingegen der Beklagte nicht zustimmt, ist die nunmehrige Feststellungsklage begründet und die Kosten muss nach § 91 ZPO der Beklagte tragen. Denn die – vorausgesetzt ursprünglich zulässige und begründete – Klage ist durch die Aufrechnung nach Rechtshängigkeit unbegründet geworden (BGH NJW 2003, 3134: Erledigendes Ereignis ist erst die Aufrechnungserklärung! str.). Bei einer Klagerücknahme hingegen müsste die Kosten gem. § 269 Abs. 3 Satz 2 ZPO der Kläger tragen (§ 269 Abs. 3 Satz 3 ZPO kommt nicht in Betracht, BGH NJW 2004, 223; Schröcker NJW 2004, 2204).

Fazit: Für den Beklagten ist es bei unstreitiger Klageforderung und Gegenforderung kostenmäßig am besten, bereits vorprozessual die Aufrechnung zu erklären. Der Kläger kann, auch wenn er mögliche Gegenforderungen zu erwarten hat, grundsätzlich ohne Kostenrisiko klagen. Übersteigt die Forderung des Klägers eine etwaige unstreitige Gegenforderung, kann es für den Kläger am sichersten sein, diese vom Gesamtanspruch bereits im Klageantrag abzusetzen.

1437 (2) Bei der **Widerklage** besteht das Bedürfnis nach einer Bedingung nur ausnahmsweise (Prütting/Gehrlein/Wern § 33 Rn. 23; Thomas/Putzo/Hüßtege § 33 Rn. 14).

Denkbar ist, dass der Beklagte zur Vermeidung unnötigen Streits das zusätzliche Prozessrechtsverhältnis nur für den Fall seines Unterliegens in der Klage entschieden haben will. Bei einer Klage auf Restansprüche aus einem Vertrag ist es sinnvoll, hilfsweise Widerklage auf Rückzahlung des bereits vom Beklagten Geleisteten zu erheben, falls Nichtigkeit (vor allem aufgrund Anfechtung) oder ein wirksamer Rücktritt in Betracht kommt (§§ 812 ff., 142, 346 BGB).

Häufiger (und häufig recht geschickt) ist eine Kombination von (Hilfs-)Aufrechnung und (Hilfs-)Widerklage: Primär bestreitet der Beklagte die Klageforderung, hilfsweise (= für den Fall, dass die Klageforderung doch besteht) rechnet er mit einer Gegenforderung auf. Hilfsweise (= für den Fall, dass die Klageforderung nicht besteht und seine Gegenforderung für die Aufrechnung nicht benötigt wird) macht er dieselbe Gegenforderung im Wege der Widerklage geltend. Das Gericht muss dann zunächst das Bestehen der Klageforderung prüfen; besteht diese, folgt eine Prüfung der Aufrechnung, besteht sie nicht, wird die Widerklage entschieden.

dd) Taktische Überlegungen zur Abgrenzung

1438 Die Frage, ob die Gegenforderung besser im Wege der Widerklage oder im Wege der Aufrechnung geltend zu machen ist, kann nur im Einzelfall nach dem Interesse des Beklagten beantwortet werden. Zwischen beiden Instituten gibt es eine Reihe von **Unterschieden und Gemeinsamkeiten**.

- Bei der Aufrechnung handelt es sich um eine bloße **Verteidigung** im bisherigen Prozessrechtsverhältnis, mit der Widerklage dagegen wird ein **eigenständiger Angriff** in einem neuen Prozessrechtsverhältnis geführt. Dieser Unterschied bewirkt z.B., dass die Aufrechnung wegen Verspätung nach § 296 ZPO zurückgewiesen werden kann, nicht dagegen die Widerklage.
- Eine **Rechtshängigkeit** des Gegenanspruchs begründet nur die Widerklage, nicht die Aufrechnung. Eine bereits anderweitig rechtshängige Forderung kann deswegen zwar zur Aufrechnung gestellt, nicht aber zum Gegenstand einer Widerklage gemacht werden.
- Eine für den Gegenanspruch laufende **Verjährung** wird sowohl durch die Aufrechnung (§ 204 Abs. 1 Nr. 5 BGB) als auch durch die Widerklage (§ 204 Abs. 1 Nr. 1 BGB) gehemmt.
- Innerprozessuale **Bedingungen** können sowohl mit der Aufrechnung als auch mit der Widerklage verbunden werden.

- Die allgemeinen **Zulässigkeitsvoraussetzungen** müssen für eine Widerklage, nicht indes für eine bloße Aufrechnung vorliegen.
- Der **Zuständigkeitsstreitwert** wird weder durch eine Aufrechnung noch durch eine Widerklage erhöht (§ 5 ZPO), der Kostenstreitwert steigt bei Hilfsaufrechnung und Hilfswiderklage nur, wenn und soweit darüber entschieden wird, bei der unbedingten Widerklage stets, bei der Primäraufrechnung nicht (§ 45 GKG; BGH NJW 2009, 231).

  Wird vor dem Amtsgericht ein in die sachliche Zuständigkeit des Landgerichts fallender Anspruch hilfsweise geltend gemacht, wird dieser sofort (wenn auch auflösend bedingt) rechtshängig, sodass auf Antrag eine Verweisung an das Landgericht zu erfolgen hat (§ 506 ZPO; zweifelnd OLG Celle NJW-RR 2009, 1512); andernfalls wird die Zuständigkeit des Amtsgerichts auch für den Widerklageanspruch durch rügelose Einlassung begründet (§ 39 ZPO).

- Eine der **Rechtskraft** fähige Entscheidung ergeht über die Aufrechnungsforderung bis zur Höhe der Klageforderung (§ 322 Abs. 2 ZPO), bei der Widerklage in jedem Fall in voller Höhe.
- Eine eigene **Vollstreckungsmöglichkeit** erhält der Beklagte nur bei der Widerklage, nicht bei der Aufrechnung.

Für eine **Widerklage** können damit sprechen: 1439

- Erlangung der Gegenleistung bei besonderem Interesse an deren Durchsetzung (z.B. Mängelbeseitigungsanspruch bei undichtem Hausdach).

  Denn ein Zug-um-Zug-Urteil berechtigt, verpflichtet den Kläger aber nicht, bei gleichzeitigem Anerbieten der Gegenleistung gem. § 756 ZPO gegen den Beklagten zu vollstrecken.

- Ausschaltung von Zeugen des Klägers mittels Drittwiderklage (unten Rdn. 1461).
- Erlangung eines vorteilhaften Gerichtsstands bei gegenseitigen Ansprüchen.

  Nach § 33 ZPO ist das vom Kläger angerufene Gericht in der Regel für die Widerklage örtlich zuständig. Dies ist im Normalfall das Wohnsitzgericht des Beklagten, während er sonst die isolierte Klage am Gerichtsstand des Klägers erheben müsste (§§ 12, 13 ZPO).

  Zudem muss das Amtsgericht auf Antrag des Widerklägers den Rechtsstreit an das Landgericht verweisen, wenn die Widerklage den Zuständigkeitsstreitwert des Amtsgerichts übersteigt (§ 506 ZPO). Dadurch kann man zunächst einem u.U. für die eigene rechtliche Position »ungünstigen« Richter entfliehen oder später ein »günstiges« Berufungsgericht (OLG statt LG) erlangen. Zudem benötigt der sich vor dem Amtsgericht (i.d.R. aus Kostengründen) selbst vertretende Kläger beim Landgericht nunmehr einen Rechtsanwalt.

- Verhinderung des Verfahrens nach § 495a ZPO und somit der prozessualen Ausgestaltung nach dem Ermessen des Richters (unten Rdn. 2424).
- Ein weiterer Vorteil der Widerklage besteht darin, dass bei drohender Zurückweisung einer Aufrechnung wegen Verspätung gem. §§ 282, 296 ZPO die zur Aufrechnung gestellte Forderung durch eine (Eventual-)Widerklage trotzdem noch bei Gericht (vor Schluss der mündlichen Verhandlung, § 296a ZPO!) eingeführt werden kann. Eine Präklusion ist dann nicht möglich (unten Rdn. 1554).
- Ein eventuelles (vertragliches oder gesetzliches) Aufrechnungsverbot kann mittels der Widerklage umgangen werden.

  Dabei sind vertragliche Aufrechnungsverbote grundsätzlich wirksam, sofern keine gesetzlichen Vorschriften entgegenstehen. Im kaufmännischen Geschäftsverkehr sind Aufrechnungsausschlüsse oft in bestimmten Klauseln enthalten (Grüneberg/Grüneberg § 387 Rn. 14).

  Bei Aufrechnungsverboten in Allgemeinen Geschäftsbedingungen beurteilt sich deren Wirksamkeit nach § 309 Nr. 3 BGB. Hierbei ist das Regelwerk der Klageforderung und nicht das der zur Aufrechnung gestellten Gegenforderung maßgebend (Grüneberg/Grüneberg § 387 Rn. 14).

  Sofern die Zulässigkeit der geltend gemachten Aufrechnung zweifelhaft ist, sollte Widerklage auf Zahlung der Gegenforderung hilfsweise – für den Fall der Unzulässigkeit – erhoben werden (BGH NJW 1961, 1862; BGH NJW 1999, 1179; Zöller/Schultzky § 33 Rn. 26; Zöller/Greger § 145 Rn. 18).

- Mit der Widerklage können weitere, die Klageforderung betreffende Verteidigungsmittel vorgebracht werden, ohne Gefahr zu laufen, insoweit als verspätet präkludiert zu werden (»Flucht in die Widerklage«; unten Rdn. 1462).
- Die Widerklage schafft eine günstigere Basis für Vergleichsverhandlungen.

Durch den Gegenangriff wird dem Kläger möglicherweise die Ernsthaftigkeit und Entschlossenheit des Beklagten eher bewusst als bei einer Aufrechnung oder einem Zurückbehaltungsrecht, wo die ihm drohende »Gefahr« durch die Gegenforderung nicht so deutlich wird. Zudem erhält man dadurch eine größere Verfügungsmasse für eine vergleichsweise Regelung (»Vergrößerung des Kuchens, bevor man ihn teilt«).

1440 Für eine **Aufrechnung** können sprechen:
- Die Aufrechnung ist einfacher geltend zu machen und rechtfertigt die Klageabweisung. Praktisch genügt sie damit meist den Bedürfnissen des Beklagten.
- Die Aufrechnung begründet keine Probleme beim Gerichtsstand.
- Mit der Aufrechnung können prozessuale Widerklageverbote manchmal umgangen werden, etwa im Urkundenprozess, in dem zwar eine Widerklage, nicht jedoch eine Aufrechnung untersagt ist (§ 595 Abs. 1 ZPO, aber §§ 595 Abs. 2, 598 ZPO bei bestrittener Aufrechnungsforderung).

1441 Entscheidend für die Auswahl können auch **prozessuale Konstellationen** sein:

1442 (1) Die Klageforderung ist begründet.

Hier ist zu empfehlen, die Aufrechnung aus Kostengründen (ausdrücklich) unbedingt zu erklären.

Denn eine Hilfsaufrechnung oder Widerklage erhöhen den Streitwert (§ 45 GKG). Die Kosten der Klageabweisung bei einer erfolgreichen Hauptaufrechnung trägt außerdem der Kläger (§ 91 ZPO; Zöller/Greger § 145 Rn. 27), sofern er nicht die Hauptsache für erledigt erklärt (Thomas/Putzo/Seiler § 145 Rn. 26). Eine nur hilfsweise Erledigungserklärung des Klägers ist nicht möglich (Zöller/Greger § 145 Rn. 22; str.).

1443 (2) Die Klageforderung ist zweifelhaft.

Hier kann der Beklagte die Aufrechnung hilfsweise für den Fall des Bestehens der Klageforderung erklären, verbunden mit der Eventualwiderklage für den umgekehrten Fall.

Dadurch bleibt der für die Aufrechnungsforderung eingeführte gesamte Sachvortrag verwertbar. Zudem erspart sich der Beklagte die Einleitung eines neuen Rechtsstreits, sofern er auf jeden Fall eine gerichtliche Entscheidung über die Gegenforderung erreichen will. Andernfalls wird die Klage abgewiesen, ohne dass noch über diese entschieden werden müsste.

1444 (3) Die Gegenforderung übersteigt die Klageforderung.

Da die Aufrechnung nur in Höhe der Klageforderung zum Tragen kommt, erhält der Beklagte nur mit der Widerklage eine Entscheidung über den darüber hinausgehenden Betrag.

Hierbei empfiehlt es sich, die Widerklage hinsichtlich des Überschusses unter der Bedingung zu erheben, dass die Klage wegen der – hilfsweise geltend gemachten – Aufrechnungsforderung abgewiesen wird (BGH NJW 2002, 2183: zulässige innerprozessuale Bedingung). Für den Fall des Nichtbestehens der Klageforderung kann auch die Erweiterung der Widerklage auf die gesamte Gegenforderung erklärt werden. Durch diese Eventualwiderklage wird die Verjährung insgesamt gehemmt (Grüneberg/Ellenberger § 209 Rn. 3; Zöller/Greger § 260 Rn. 4). Hingegen hemmt die Geltendmachung der Aufrechnung die Verjährung nur bis zur Höhe der Klageforderung und erfasst nicht den darüber hinausgehenden Betrag (§ 204 Abs. 1 Nr. 5 BGB – bisher § 209 Abs. 2 Nr. 3 BGB).

g) Gegenrechte

1445 Gegenrechte können materiell die Entstehung eines Anspruchs verhindern, einen bereits entstandenen Anspruch wieder vernichten oder die Durchsetzbarkeit des Anspruchs (dauernd oder vorübergehend) hemmen. Prozessual können sie zur endgültigen oder nur vorübergehenden, zur vollständigen oder nur teilweisen Abweisung der Klage führen.

So führt die erfolgreiche Einrede der Verjährung zur endgültigen und vollständigen Abweisung der Klage, die Einrede der Vorausklage nur zur Abweisung als »derzeit« unbegründet, die Einrede des nicht erfüllten gegenseitigen Vertrags nur zur Zug-um-Zug-Verurteilung und zur Abweisung der Klage im Übrigen.

aa) Einwendungen und Einreden

Die **Begriffe** »Einwendungen« und »Einreden« werden im Prozessrecht anders verstanden als im materiellen Recht. Die Gesamtheit des Verteidigungsvorbringens bezeichnet man als Einwendungen, die tatsächlichen Voraussetzungen einer Gegennorm sind Einreden (Rosenberg/Schwab/Gottwald § 105 I.). Das ändert indes nichts daran, dass die im Prozess geltend zu machenden Gegennormen dem materiellen Recht zu entnehmen sind. 1446

Die materielle Unterscheidung zwischen den von Amts wegen zu berücksichtigenden Einwendungen und den nur auf Geltendmachung hin zu berücksichtigenden Einreden ist praktisch nur bedingt von Bedeutung: Auch zur Geltendmachung von Einwendungen bedarf es des Vortrags der entsprechenden Voraussetzungen durch die Parteien, allein im Vortrag der tatsächlichen Voraussetzungen eines Gegenrechts kann im Wege der Auslegung bereits dessen Geltendmachung gesehen werden.

Die rechtshindernden Einreden hindern von Anfang an das Wirksamwerden eines Rechts. Hierzu gehören die Geschäftsunfähigkeit des Erklärenden, der Verstoß gegen ein gesetzliches Verbot, die Sittenwidrigkeit oder der Nichteintritt einer aufschiebenden Bedingung.

Rechtsvernichtende Einreden beseitigen nachträglich die Wirksamkeit des Rechts. Beispiele dafür sind die Erfüllung und ihre Surrogate, insbesondere die Aufrechnung, und der Eintritt einer auflösenden Bedingung.

Rechtshemmende Einreden bestehen in einem Gestaltungsrecht, durch dessen Ausübung die Geltendmachung des Rechts ausgeschlossen werden kann. Dies ist der Fall bei der Verjährung, der Stundung oder dem Zurückbehaltungsrecht (dazu oben Rdn. 1356).

Entsprechend der Klägerseite muss sich auch der Beklagte darüber klar sein, welche Rechte er konkret geltend machen will. So kommen z.B. bei einer mangelhaften Werkleistung des Klägers, der den Werklohn einklagt, eine Reihe von Alternativen in Betracht (Einwand fehlender Fälligkeit, Minderung, Rücktritt, Schadensersatz, Nachbesserung, Mangelbeseitigungskosten, Kostenvorschuss).

In vielen Fällen kann dem Beklagten auch ein »Mitverschulden« seitens des Klägers zugutekommen (§ 254 BGB). Dabei kann dessen Mitverantwortlichkeit sogar bis zu 100 % betragen und den Klageanspruch damit gänzlich zu Fall bringen (Grüneberg/Grüneberg § 254 Rn. 52).

Prozessual können die Gegenrechte zur endgültigen oder nur vorübergehenden, zur vollständigen oder nur teilweisen Abweisung der Klage führen. 1447

▶ Beispiel:

So führt die erfolgreiche Einrede der Verjährung zur endgültigen und vollständigen Abweisung der Klage, die Einrede der Vorausklage nur zur Abweisung als »derzeit unbegründet« (BGH, Urt. vom 28.07.2011 – VII ZR 180/10), die Einrede des nicht erfüllten gegenseitigen Vertrags nur zur Zug-um-Zug-Verurteilung und zur Abweisung der Klage im Übrigen.

bb) Zurückbehaltungsrecht (§§ 320, 273 BGB)

Das Zurückbehaltungsrecht eignet sich zur Verteidigung gegen Ansprüche aller Art (§ 273 BGB). Allgemeine Voraussetzung ist ein fälliger Gegenanspruch aus demselben rechtlichen Verhältnis, wofür ein natürlicher und wirtschaftlicher **Zusammenhang** zwischen beiden Ansprüchen ausreicht. 1448

Dabei kann ein Gegenanspruch auch in einem Anspruch des Zahlungspflichtigen auf Erteilung einer Rechnung bestehen; ein solcher ist vor allem immer im kaufmännischen Verkehr gegeben (wegen § 14 Abs. 1 Satz 1 UStG; OLG München NJW 1988, 270; BGH NJW-RR 2005, 1005). Sonst besteht ein solcher Anspruch nur dann, wenn es geschäftsüblich ist und der Preis vom Schuldner nicht ohne Weiteres errechnet werden kann (Grüneberg/Grüneberg §§ 271 Rn. 7, 433 Rn. 23). Sofern das Zurückbehaltungsrecht auch (ausdrücklich oder stillschweigend) ausgeübt wurde bzw. wird, konnte bzw. kann der

Schuldner nicht nach 286 Abs. 3 BGB in Verzug kommen, was auch den Anspruch auf Prozesszinsen ausschließt (Grüneberg/Grüneberg §§ 273 Rn. 20; 284 Rn. 28, 39).

1449 Bei **gegenseitigen Verträgen** kommt als besonderes Leistungsverweigerungsrecht die Einrede des nicht erfüllten Vertrages in Betracht (§ 320 BGB).

Allerdings ist wegen vereinbarter Vorleistungspflicht diese Einrede oftmals ausgeschlossen (§ 320 Abs. 1 Satz 1 BGB). Auch das Gesetz geht bei einigen Vertragstypen von der Vorleistungspflicht eines Vertragspartners aus (z.B. Vermieter, § 551; Dienstpflichtiger, § 614; Werkunternehmer, § 641 BGB).

Das Zurückbehaltungs- bzw. Leistungsverweigerungsrecht kann nur im kaufmännischen Verkehr mittels Allgemeiner Geschäftsbedingungen ausgeschlossen werden (§§ 309, 310 BGB). Vorleistungsklauseln hingegen beurteilen sich nach § 307 BGB und sind zulässig, wenn für sie ein sachlich berechtigter Grund gegeben ist und keine überwiegenden Belange des Kunden entgegenstehen (Grüneberg/Grüneberg § 309 Rn. 13; z.B. Eintrittskarten, Nachnahmeversendungen, Ehevermittlervertrag).

Materiell-rechtlich führt eine Mahnung zur Erfüllung einer im Gegenseitigkeitsverhältnis stehenden Forderung nicht zum Verzug des Schuldners, wenn dieser gem. § 320 BGB zur Zurückbehaltung berechtigt ist. Der Geltendmachung des Zurückbehaltungsrechts bedarf es hierzu (im Gegensatz zu § 273 ZPO) nicht (BGH NJW-RR 2003, 1318).

1450 Das Zurückbehaltungsrecht und die Einrede des nicht erfüllten Vertrages werden im Rechtsstreit nicht von Amts wegen berücksichtigt, sondern müssen vom Beklagten durch Einrede geltend gemacht werden. Dies erübrigt sich dann, wenn der Kläger dem Bestehen des Zurückbehaltungsrechts von sich aus Rechnung trägt und Leistung nur Zug um Zug verlangt.

Die Geltendmachung führt allerdings nicht zur Klageabweisung, sondern zur Verurteilung Zug um Zug (§§ 274, 322 BGB; i.d.R. Kostenteilung bei Klage auf unbeschränkte Verurteilung gem. § 92 Abs. 1 ZPO). Auch erlangt der Beklagte keinen Titel, um die ihm vom Kläger geschuldete Leistung seinerseits beitreiben zu können. Sofern der Kläger das Urteil nicht weiter verfolgt, hat der Beklagte keine Möglichkeit, seinen Gegenanspruch zu erzwingen. Allerdings ist die Geltendmachung des Zurückbehaltungsrechts u.U. auch noch mit einem verjährten Anspruch möglich (§ 215 BGB).

h) Rechtsausführungen

1451 Rechtsausführungen sind für den Beklagten genauso wenig erforderlich wie für den Kläger, ebenso wie für diesen aber sehr wohl **zu empfehlen**. Insoweit kann auf die zur Klageschrift gemachten Ausführungen Bezug genommen werden (oben Rdn. 1252).

1452 Rechtsausführungen des Beklagten können sich auf die vom Kläger vorgetragenen Rechtsansichten beziehen oder auf eigene Verteidigungsrechte.

III. Einbeziehung Dritter in den Rechtsstreit

1453 Für den Beklagten kann sich von Anfang an die Notwendigkeit ergeben, Dritte in den Rechtsstreit einzubeziehen.

Dies ist der Fall, wenn er davon ausgehen darf, (Regress-)Ansprüche gegen Dritte zu haben, er Rechte, die er dem Kläger entgegensetzen kann, von einem Dritten herleitet oder er befürchten muss, aus dem gleichen Rechtsverhältnis auch von Dritten in Anspruch genommen zu werden.

1. Streitverkündung

1454 Will der Beklagte verhindern, dass tatsächliche oder rechtliche Fragen in einem Regressprozess, den er gegen Dritte zu führen beabsichtigt, anders entschieden werden und ihm dadurch ein Nachteil entsteht, so kann er den Dritten in den bereits laufenden Prozess einbeziehen und sicherstellen, dass dieser in einem Folgeprozess an die Ergebnisse des Erstprozesses gebunden wird. Diese Einbeziehung erfolgt im Wege der Streitverkündung.

Insoweit entsprechen die Möglichkeiten des Beklagten denen des Klägers, sodass auf die Ausführungen zur Streitverkündung im Allgemeinen Bezug genommen werden kann (oben Rdn. 377). Darüber hinaus existieren für den Beklagten zwei besondere Formen der Streitverkündung, der Gläubigerstreit (§ 75 ZPO, auch Prätendentenstreit genannt) und die Urheberbenennung (§§ 76, 77 ZPO).

(1) Kann der Beklagte davon ausgehen, für den Fall des Prozessverlusts einen Anspruch auf Gewährleistung oder Schadloshaltung gegen einen Dritten geltend machen zu können, oder muss er davon ausgehen, einem solchen Anspruch eines Dritten ausgesetzt zu sein, so kann er diesem allgemein den **Streit verkünden** (§ 72 ZPO). 1455

Tritt der Dritte daraufhin dem Beklagten bei, so wird er dessen Streithelfer, sodass gemeinsam versucht werden kann, den Prozess zu gewinnen. Unabhängig davon, ob ein solcher Beitritt erfolgt oder nicht, wird der Dritte im Verhältnis zum Beklagten an die Entscheidung des Gerichts gebunden (Interventionswirkung, §§ 74, 68 ZPO).

▶ Beispiel:

Geht der auf Herausgabe einer Sache gemäß § 985 BGB in Anspruch genommene Beklagte davon aus, er habe die Sache wirksam gutgläubig erworben, so kann er – falls er doch zur Herausgabe verurteilt wird – Regress von demjenigen verlangen, von dem er die Sache erworben hat. Um zu vermeiden, dass der gutgläubige Erwerb im Folgeprozess anders entschieden wird als im Erstprozess, kann der Beklagte dem Dritten den Streit verkünden. 1456

(2) Ist dem Beklagten klar, dass er die Leistung, auf die er in Anspruch genommen ist, erbringen muss, weiß er aber nicht, an wen, weil sich ihm gegenüber mehrere Gläubiger der Forderung berühmt haben, so kann der von einem Gläubiger verklagte Schuldner dem anderen potenziellen Gläubiger den Streit verkünden und den Betrag der Forderung zugunsten der **streitenden Gläubiger** unter Verzicht auf das Recht der Rücknahme hinterlegen (§ 75 ZPO). 1457

▶ Beispiel:

Haben vorprozessual mehrere Gläubiger vom Beklagten Herausgabe einer Sache aus § 985 BGB verlangt und weiß der Beklagte nur, dass nicht er, nicht aber, wer Eigentümer ist, so muss er befürchten, bei Herausgabe der Sache an einen klagenden Gläubiger in einem Folgeprozess vom Dritten auf Schadensersatz in Anspruch genommen zu werden. Da er nicht weiß, ob der Kläger oder ein Dritter Eigentümer ist, kann er den Dritten durch die Streitverkündung in den Prozess einbeziehen und selbst nach Hinterlegung der Sache aus dem Prozess ausscheiden, sodass Kläger und Dritter in dem Prozess unter sich austragen können, wer zur Herausgabe berechtigt ist. 1458

Tritt der weitere Gläubiger in den Rechtsstreit ein, so wird der bisherige Beklagte auf seinen Antrag aus dem Prozess entlassen. In diesem Fall hat er nur diejenigen Kosten zu tragen, die durch seinen unbegründeten Widerspruch entstanden sind. Das Verfahren wird dann zwischen den streitenden Gläubigern alleine fortgesetzt (BGH NJW 1996, 1673; Peters NJW 1996, 1246).

Tritt der Streitverkündungsempfänger nicht in den Rechtsstreit ein, tritt zu seinen Lasten die Interventionswirkung ein (§§ 74, 68 ZPO).

(3) Ist der Beklagte als Besitzer einer Sache (d.h. aus § 985 oder § 1007 Abs. 2 BGB) auf Herausgabe verklagt und leitet er sein Besitzrecht von einem Dritten ab, der seinerseits mittelbarer Besitzer ist (§ 868 BGB), so kann er diesen als **Urheber** seines Besitzrechts **benennen** und ihm den Streit verkünden (§ 77 ZPO). 1459

▶ Beispiel:

Leitet der auf Herausgabe in Anspruch genommene Beklagte ein Recht zum Besitz von einem Dritten ab (der die Sache z.B. vom Kläger geliehen und an den Beklagten weiter verliehen hat), so kann er diesem Dritten den Streit verkünden. Tritt der Dritte in den Prozess ein, so wird der Prozess zwischen ihm und dem Kläger fortgesetzt (§ 76 Abs. 3, 4 ZPO); tritt er nicht 1460 ein, so kann der Beklagte an den Kläger herausgeben, ohne hieraus dem Dritten zu haften (§ 76 Abs. 2 ZPO).

Übernimmt der mittelbare Besitzer anstelle des bisherigen Beklagten den Rechtsstreit, so wird Letzterer aus dem Prozess entlassen und der Prozess zwischen dem Kläger und dem mittelbaren Besitzer fortgesetzt. Erklärt der mittelbare Besitzer sich dagegen nicht, so wird der Beklagte ihm gegenüber dadurch, dass er die Sache an den Kläger herausgibt, von jeder Haftung frei.

Entsprechendes gilt, wenn der Beklagte als Störer aus § 1004 BGB in Anspruch genommen wird und er sein Besitzrecht von einem mittelbaren Besitzer herleitet (§ 77 ZPO).

2. Drittwiderklage

1461 Hängt das Bestehen eines Anspruchs des Beklagten nicht vom Ausgang des vorliegenden Rechtsstreits ab, so kann er seinen Anspruch gegen den Dritten bereits im vorliegenden Verfahren durch eine gegen den Dritten gerichtete Widerklage rechtshängig machen.

Für den Beklagten sind die taktischen Gestaltungsmöglichkeiten hinsichtlich der Erlangung von Zeugen geringer als für den Kläger. Vor allem scheidet die Herbeiführung der Zeugenstellung des Schuldners praktisch aus, da eine Schuldübernahme ohne Zustimmung des Gläubigers nicht möglich ist (§ 415 BGB).

1462 Prozesstaktisch kann der Beklagte die Drittwiderklage insbesondere einsetzen, um den Dritten als **Zeugen auszuschalten** und so die Beweissituation des Klägers zu schwächen.

Besondere Bedeutung hat dies, um dem Versuch des Klägers zu begegnen, einen Dritten Partei werden zu lassen und so den Forderungsinhaber als Zeugen zu gewinnen. Mit seinem Eintritt als Drittwiderbeklagter in den Prozess verliert der Forderungsinhaber seine Zeugeneigenschaft (Uhlmannsiek MDR 1996, 114; Luckey MDR 2002, 743). Der BGH hat dies nunmehr ausdrücklich für zulässig erklärt (BGH NJW 2008, 2852). Zwar richte sich die Drittwiderklage in diesem Fall nur gegen einen Dritten und nicht auch gegen die gegnerische Partei, dies sei aber ausnahmsweise möglich, weil die geltend gemachten Ansprüche auf einem Vertragsverhältnis beruhten, an dem der Kläger und der Widerbeklagte in gleicher Weise beteiligt gewesen seien. Die bei der Sachentscheidung zu berücksichtigenden tatsächlichen und rechtlichen Verhältnisse seien damit in Bezug auf die geltend gemachten Ansprüche dieselben. Die Aufspaltung in zwei Prozesse wäre prozessökonomisch unsinnig und trüge das Risiko sich widersprechender Sachentscheidungen. Ein Feststellungsinteresse gegen den Dritten ergebe sich nicht aus § 256 Abs. 2 ZPO, der nur für die bisherigen Parteien gelte, wohl aber daraus, dass die Beklagte nur bei wirksamer Abtretung vor einer neuen Klage des Dritten geschützt sei, der dann nach § 325 Abs. 1 Satz 1 ZPO an die Rechtskraft des Urteils gebunden sei. Stelle sich die Abtretung dagegen als unwirksam heraus, sei dem Dritten eine eigene Klage möglich, gegen die die Beklagte sich mit der negativen Feststellungswiderklage schützen könne.

Die Drittwiderklage kann auch gegen einen Zeugen erhoben werden, der zuvor nicht Forderungsinhaber war. Inwieweit in diesem Fall die vorstehenden Erleichterungen ebenfalls greifen, ist bislang offen und im Zweifel wohl nicht zu begründen.

▶ Praxistipp:

1463 Die Drittwiderklage muss noch vor Vernehmung des Zeugen erfolgen. Denn eine vor der Widerklage erfolgte Aussage des Zeugen bleibt als solche wirksam.

1464 Nach der Rechtsprechung müssen folgende **Voraussetzungen** für deren Zulässigkeit vorliegen:

- Die Widerklage muss sich auch gegen den Kläger richten.
  Zur möglichen Ausnahme einer isolierten Drittwiderklage vorstehend BGH NJW 2019, 1610; BGH NJW 2014, 1670; BGH NJW 2008, 2852; Fellner MDR 2011, 146.
- Es müssen die Voraussetzungen der nachträglichen Parteierweiterung vorliegen, analog §§ 263 ff. ZPO, also Einwilligung des Dritten oder Sachdienlichkeit (a.A. Thomas/Putzo/Hüßtege § 33 Rn. 12: § 263 ZPO unanwendbar, sondern §§ 59, 60 ZPO). Da mit der Drittwiderklage in der Regel kein neuer Streitstoff in den Prozess eingeführt wird, dürfte sie meist auch sachdienlich sein (Thomas/Putzo/Seiler § 263 Rn. 8).

– Seine bisherige Ansicht (BGH MDR 1993, 1121), für die Widerklage gegen einen bislang am Prozess nicht Beteiligten könne § 33 ZPO keinen besonderen Gerichtsstand abgeben, hat der BGH nunmehr zumindest für den Zedenten aufgegeben (BGH MDR 2010, 1483 mit Anm. Fellner MDR 2011, 146).

▶ Beispiel:

Häufig erfolgen Drittwiderklagen bei Schadensersatzklagen nach Verkehrsunfällen. Diese werden nicht nur gegen den Haftpflichtversicherer und klagenden Halter erhoben, sondern es wird der Fahrer mit einbezogen, um ihn als Zeugen für die Beweisführung der Klägerseite über den Unfallhergang auszuschalten. Sachdienlichkeit kann hier wegen der Gesamtschuldnerschaft bejaht werden (§§ 7, 18 StVG; § 3 Nr. 1, 2 PflVG; § 840 BGB; u.U. gemeinsamer Gerichtsstand gem. § 32 ZPO). **1465**

Ist die Drittwiderklage zulässig, so stellt sich die Frage, inwieweit die Besonderheiten der regulären Widerklage insbesondere im Rahmen der Zulässigkeit auch für sie gelten. **1466**

– Auf die Drittwiderklage grundsätzlich nicht anwendbar ist § 261 Abs. 2 ZPO: Die Widerklageerhebung gegen oder durch einen Dritten bedarf grundsätzlich der Form des § 253 Abs. 2 ZPO und kann nicht mündlich erfolgen.
– Während § 12 Abs. 2 Nr. 1 GKG eine auch auf die Drittwiderklage anwendbare gesetzliche Regelung enthält, sodass es eines Vorschusses auf die Gerichtsgebühr in keinem Fall bedarf, stellt § 110 Abs. 2 Nr. 4 ZPO auf die Identität der Parteien ab und ist daher auf die von einem Ausländer (egal ob dieser Beklagter oder Dritter ist) erhobene Drittwiderklage nicht anwendbar.
– Anwendbar ist auch § 506 Abs. 1 ZPO: Auf Antrag ist der gesamte Rechtsstreit an das Landgericht zu verweisen, auch wenn (nur) mit der Drittwiderklage ein in die Zuständigkeit des Landgerichts fallender Anspruch geltend gemacht wird.
– Für die Anwendbarkeit des § 533 ZPO auf die in zweiter Instanz erstmals erhobenen Drittwiderklagen ist zu differenzieren: Während die Zustimmung des von einem Dritten widerbeklagten Klägers bei Bejahung der Sachdienlichkeit durch das Gericht entbehrlich ist, ist dies bei der Widerklage einer bisherigen Partei gegen einen Dritten nicht möglich. Der Dritte muss in diesem Fall wegen des Verlusts einer Instanz in jedem Fall zustimmen (BGH NJW-RR 1990, 1265).
– Während der Kläger, der bereits einen Prozess vor dem Gericht führt und den die zusätzliche Verhandlung auch der Widerklage dort nicht unzumutbar belastet, hat der Dritte keinen Anlass zu der gegen ihn gerichteten Klage gegeben und muss eine Gerichtsstandsbenachteiligung nicht hinnehmen. Die h.M. hat deswegen eine Zuständigkeit für die Drittwiderklage aus § 33 ZPO zunächst verneint (BGH MDR 2008, 1296 und 1178; 2007, 969; 2001, 952; OLG München NJW 2009, 2609; BayObLG NJW-RR 2000, 1375; KG NJW-RR 2000, 1374; Cuypers ZAP Fach 13, 1795). Nunmehr stellt der BGH prozessökonomische Überlegungen (Vermeidung einer Vervielfältigung und Zersplitterung von Prozessen über einen einheitlichen Lebenssachverhalt mit der Gefahr sich widersprechender Entscheidungen) und die materielle Verpflichtung des Dritten (insbesondere des Zedenten) in den Vordergrund und wendet § 33 ZPO analog an, so dass bei Bestehen eines Sachzusammenhangs auch die Drittwiderklage vor dem Gericht der Klage erhoben werden kann (BGH MDR 2010, 1483; Beck WRP 2011, 414; Fellner MDR 2011, 146).

▶ Beispiel:

Hat der Kläger den Beklagten an dessen Wohnort Frankfurt am Main verklagt und erhebt der Beklagte Widerklage gegen ihn und einen in Hamburg wohnenden Dritten, so ist die Drittwiderklage dort nicht nur zulässig, wenn es diesbezüglich einen besonderen gesetzlichen Gerichtsstand gibt oder die Parteien einen solchen (durch rügelose Einlassung oder einen Antrag nach §§ 36 Nr. 3, 37 ZPO) schaffen, sondern auch bei Vorliegen eines Sachzusammenhangs zwischen Klage und Widerklage.

1467 Dass dem Dritten die Möglichkeit genommen wird, als Zeuge auszusagen, steht der Drittwiderklage nicht entgegen.

(BGH NJW 1987, 3138; NJW 2001, 2094 – bei Abtretung; ebenso LG Köln VersR 1983, 403; a.A. Rechtsmissbrauch: OLG Frankfurt VersR 1969, 546; AG Köln VersR 1980, 272; kritisch auch OLG Frankfurt VersR 1978, 259 »Es ist nicht vertretbar, überflüssigerweise auch den Fahrer mitzuverklagen«).

1468 Auch die wirksame Drittwiderklage kann die Vernehmung des Dritten zu Beweiszwecken nicht in jedem Fall verhindern. Es besteht die Möglichkeit, dass das Gericht

- durch Teilurteil vorab über die Widerklage entscheidet. Dies hat zur Folge, dass eine Vernehmung als Zeuge wieder in Betracht kommt (str., OLG Karlsruhe BB 1992, 97 hält ein solches Vorgehen für angemessen; Zöller/Schultzky § 33 Rn. 27 f.: ist vorab durch Teilurteil zu entscheiden);
- zur Herstellung der »Waffengleichheit« eine Parteivernehmung oder gem. § 141 ZPO eine bloße Anhörung des Drittwiderbeklagten durchführt (str., Thomas/Putzo/Seiler § 448 Rn. 4; Zöller/Schultzky § 33 Rn. 27 f.). Schließlich bleibt u.U. noch die Verwertung einer protokollierten Aussage des Drittwiderbeklagten in einem anderen Verfahren (insbesondere Strafverfahren).

C. Das Vorverfahren (Weitere Schriftsätze)

1469 Nachdem der Kläger in der Klageschrift Gegenstand und Grund des erhobenen Anspruchs bezeichnet und der Beklagte in der Klageerwiderung seine Verteidigungsmittel bezeichnet hat, geht es der **Beibringungsmaxime** folgend im weiteren Vorverfahren darum, den entscheidungserheblichen Sachverhalt in den Rechtsstreit einzubringen. Zudem soll die mündliche Verhandlung (Haupttermin) so weit vorbereitet werden, dass es möglich ist, in diesem einen Termin den Rechtsstreit zu erledigen (§ 272 Abs. 1 ZPO).

Auch wenn insoweit im Rahmen des Amtsbetriebs in erster Linie der Richter zu vorbereitenden Maßnahmen angehalten ist (§ 273 Abs. 1 ZPO), kann das Ziel nur erreicht werden, wenn die Parteien dabei aktiv mitwirken. Der Sachverhalt wird nicht von Amts wegen ermittelt, Beweise werden nur ganz ausnahmsweise von Amts wegen erhoben.

1470 **Aufgabe der Parteien** im Vorverfahren muss es deswegen sein, den eigenen Vortrag zu vervollständigen und sich mit dem Vorbringen des Gegners auseinanderzusetzen. Die Chancen und Möglichkeiten dazu hängen von der vom Gericht gewählten Art des Vorverfahrens ab (oben Rdn. 1469) und werden regelmäßig durch die Einreichung weiterer Schriftsätze wahrgenommen (dazu unten Rdn. 1474). Größte Gefahr dabei ist die Verspätung des Parteivorbringens (dazu unten Rdn. 1477).

I. Vorverfahrensart, Kammerbefassung

▶ Praxistipp:

1471 Die Ausgestaltung des Verfahrens obliegt weitgehend dem Gericht. Diesbezüglich müssen die Parteien nichts veranlassen, haben aber auch kaum Gestaltungsmöglichkeiten.

Dies folgt aus dem Grundsatz des Amtsbetriebs, der den früheren Parteibetrieb insoweit abgelöst hat.

1472 Auf die Wahl der **Vorverfahrensart** (§ 272 Abs. 2 ZPO) haben die Parteien keinen Einfluss. Ob die Hauptverhandlung durch einen frühen ersten Termin (§ 275 ZPO) oder durch ein schriftliches Vorverfahren (§ 276 ZPO) vorbereitet wird, liegt im freien Ermessen des Vorsitzenden. Die Parteien haben insoweit weder ein Antrags- noch ein Beschwerderecht.

Praktisch wenig Sinn macht auch eine Anregung, selbst wenn zu deren Begründung begründende Umstände vorgetragen werden. Viele Richter entscheiden über die Wahl der Vorverfahrensart aufgrund fest etablierter Kriterien, von denen sie kaum abzubringen sind.

1473 Entsprechendes gilt beim Landgericht auch für die Frage, ob der Rechtsstreit vor dem Einzelrichter oder vor dem **Spruchkörper** verhandelt wird.

Zwar sollen sowohl der Kläger (§ 253 Abs. 3 ZPO) als auch der Beklagte (§ 277 Abs. 1 Satz 2 ZPO) sich dazu äußern, ob einer Entscheidung der Sache durch den Einzelrichter Gründe entgegenstehen. Einfluss auf die Besetzung des Gerichts haben sie damit nur bedingt. Selbst durch übereinstimmenden Antrag können die Parteien allenfalls die Vorlage an die Kammer durch den Einzelrichter erreichen, nicht indes, dass diese auch zuständig wird (§§ 348 Abs. 3 Nr. 3, 348a Abs. 2 Nr. 2 ZPO; oben Rdn. 1091).

II. Weitere Schriftsätze beider Parteien

Die Parteien sind im Zivilprozess gehalten, ihre Angriffs- und Verteidigungsmittel so **früh** und so **vollständig** wie möglich vorzubringen. Nicht erforderlich ist der Vortrag »in eventum«, vorsorglich bereits für den Fall, dass er relevant werden könnte, ohne dass er dies jetzt bereits wäre. Jede Partei muss die Prozesslage, insbesondere den Vortrag des Gegners und die Maßnahmen des Gerichts (Hinweise!) ständig beobachten und laufend neu entscheiden, inwieweit es hierauf einer angemessenen Reaktion, insbesondere der Geltendmachung weiterer Angriffs- und Verteidigungsmittel bedarf. 1474

Den Parteien obliegt insoweit eine **Prozessförderungspflicht**. Für die mündliche Verhandlung ergibt sich diese aus § 282 ZPO. Das Gebot der schriftlichen Vorbereitung der mündlichen Verhandlung im Haupttermin zwingt dazu, diese laufende Prozessgestaltung über weitere Schriftsätze während des Vorverfahrens vorzunehmen. 1475

Für Form und Inhalt dieser Schriftsätze gibt es weder besondere prozessuale Vorgaben noch lassen sich dafür allgemeine Regeln aufstellen.

Formell haben die Schriftsätze lediglich die allgemeinen Vorgaben des § 130 ZPO zu erfüllen.

Vorzubringen sind Angriffs- und Verteidigungsmittel. Dazu gehören alle – zur Begründung des Klageantrags oder zur Verteidigung gegen diesen – möglichen tatsächlichen und rechtlichen Umstände. In tatsächlicher Hinsicht umfasst werden vor allem das Behaupten, Bestreiten oder Beweisen von Tatsachen, in rechtlicher Hinsicht Einwendungen, Einreden oder anspruchserhaltende Institute.

Nicht zu den bloßen Mitteln von Angriff und Verteidigung gehören der Angriff und die Verteidigung selbst. Zum Angriff gehört der Sachantrag von Klage oder Widerklage sowie seine Änderungen. Diese Unterscheidung ist vor allem für die Möglichkeit einer Zurückweisung wegen Verspätung von Bedeutung (dazu unten Rdn. 1477).

Erweist sich das Vorbringen von Angriffs- und Verteidigungsmitteln nach der Prozessförderungspflicht als geboten, so hat es unverzüglich und vollständig zu erfolgen. Nicht möglich ist der nur »häppchenweise«, sukzessive Vortrag von Tatsachen.

Nicht dem Gebot des rechtzeitigen Vortrags unterfallen bloße **Rechtsausführungen**. Da diese seitens der Parteien nicht erforderlich sind, können sie jederzeit vorgebracht werden. 1476

III. Die Präklusion verspäteten Vorbringens

Ein rationeller Verfahrensablauf und eine zeitnahe Sachentscheidung sind nur möglich, wenn die Parteien ihre Angriffs- und Verteidigungsmittel so früh wie möglich vorbringen. Das Gericht kann den Parteien hierfür Fristen setzen. Wo dies nicht der Fall ist, kann sich die Notwendigkeit zu alsbaldigem Vortrag aus der allgemeinen Prozessförderungspflicht (§ 282 ZPO) oder aus dem Verfahrensablauf (etwa der Prüfung der Zulässigkeit vor der Begründetheit der Klage) ergeben. Genügen die Parteien diesen Anforderungen nicht, wird der Prozess ohne Rücksicht auf das mögliche, aber unterlassene Vorbringen fortgesetzt. Wird das Vorbringen dann später nachgeholt, so kann dies nur ausnahmsweise noch berücksichtigt werden. 1477

§ 296 ZPO lässt es deswegen zu, verspäteten Vortrag der Parteien zurückzuweisen, verspäteten Vortrag für die Entscheidung unberücksichtigt zu lassen (**Präklusion**; Nasall NJW 2020, 1939). 1478

Praktisch kann eine solche Präklusion dazu führen, dass das Gericht davon ausgehen muss, dass die – tatsächlich gegebenen – Voraussetzungen einer Rechtsnorm, aus der eine Partei für sich günstige Rechtsfolgen herleiten konnte und wollte, nicht vorliegen oder – unwahrer – Vortrag des Gegners mangels rechtzeitigen Bestreitens zugestanden und damit wahr (§ 288 ZPO) ist.

Die Nichtberücksichtigung (auch verspäteten) Parteivortrags ist ein Verstoß gegen das aus dem Grundsatz der Gewährung rechtlichen Gehörs folgende Gebot der Berücksichtigung des Parteivortrags und stellt damit die materielle Richtigkeit (Gerechtigkeit) der gerichtlichen Entscheidung infrage.

Daraus folgt, dass die Präklusion nur in engen, verfassungsrechtlich vorgegebenen Grenzen möglich ist. Diese Grenzen folgen nur bedingt aus dem Wortlaut des § 296 ZPO. Umfangreiche, zum Teil auch unübersichtliche Rechtsprechung hierzu führt in der Praxis häufig dazu, dass viele Instanzrichter die Präklusionsmöglichkeiten völlig ignorieren und jegliche Fristversäumnisse tolerieren.

Daher sind richterliche Fristsetzungen oft nur »**Scheingeschäfte**« in dem Bestreben, den Prozessablauf zu straffen, während aber eigene notwendige vorbereitende Maßnahmen gem. §§ 358a, 273 ZPO hierzu unterbleiben. Nicht selten erfolgen Fristsetzungen routinemäßig und gedankenlos.

1479 Trotzdem muss auch in solchen Fällen immer damit gerechnet werden, dass verspätetes Vorbringen zurückgewiesen wird. Dies gilt insbesondere dann, wenn der Richter sich damit eine Verlängerung und Verkomplizierung des Prozesses ersparen und sich auf diese Weise eines lästigen Sachvortrags im Interesse einer »ökonomischen Arbeitsweise« entledigen kann. Zudem betrachten manche Richter die Verspätungsvorschriften als »**Strafnormen**« gegen nachlässige Anwälte, was sie jedoch unzweifelhaft nicht sind (z.B. BGH NJW 1999, 585). Dabei kann ein Rechtsstreit allein aufgrund verspäteten Vorbringens verloren werden.

So hat die Zurückweisung beispielsweise einer Klageerwiderung zur Folge, dass nur noch das Vorbringen des Klägers als unbestritten übrig bleibt und das Gericht nur die Zulässigkeit und Schlüssigkeit der Klage zu prüfen hat. Die Zurückweisung eines Beweisantrages kann dazu führen, dass ein bestrittenes und entscheidungsrelevantes Vorbringen gänzlich unberücksichtigt bleiben muss.

1480 Der **Anwalt** ist deswegen **verpflichtet**, zur Vermeidung von Nachteilen für seinen Mandanten auf die Einhaltung gesetzlicher und richterlicher Fristen zu achten und u.U. Fluchtmaßnahmen zu ergreifen (OLG Düsseldorf VersR 1989, 287).

Schon wegen der haftungsrechtlichen Folgen besteht daher ein vitales Interesse eines jeden Anwaltes, eine Zurückweisung wegen Verspätung zu vermeiden.

1481 Die Zurückweisungsgefahr wird indes dadurch gemindert, dass das Gericht gem. § 139 ZPO verpflichtet ist, auf eine beabsichtigte Zurückweisung **hinzuweisen** (Thomas/Putzo/Seiler § 296 Rn. 42), sodass der Anwalt die Chance hat, diese durch taktische Maßnahmen (unten Rdn. 1514, 1528) noch zu verhindern.

Dabei wird die Hinweispflicht des Gerichts, welche sich auf die Frage des Verschuldens und auf den Aspekt der Verfahrensverzögerung erstrecken soll, nicht etwa dadurch entbehrlich, dass der Gegner die Verspätung rügt (OLG Hamm NJW-RR 2003, 1651; Zöller/Greger § 296 Rn. 32: u.U. entbehrlich, wenn der Gegner die Verzögerung geltend macht).

Nach Deubner (NJW 1978, 357) soll zudem die Signalisierung der Entschlossenheit dem Gericht erster Instanz gegenüber, das Vorbringen notfalls auf dem Weg über die Berufung in den Prozess einzuführen (§ 531 Abs. 2 Nr. 2 ZPO), »gar nicht selten« dazu führen, dass eine Zurückweisung unterbleibt.

1482 Die Voraussetzungen und Folgen von verspäteten Angriffs- und Verteidigungsmitteln sind in den §§ 296, 296a ZPO gesetzlich geregelt. Sie können von den Parteien nicht modifiziert werden. Daher ist die gelegentlich anzutreffende **Floskel** »Weiterer Sachvortrag bleibt ausdrücklich vorbehalten« zumindest in präklusionsrechtlicher Hinsicht völlig wirkungslos und überflüssig.

1. Vorbringen nach Schluss der mündlichen Verhandlung: § 296a ZPO

1483 Nach § 296a ZPO können Angriffs- und Verteidigungsmittel nach Schluss der mündlichen Verhandlung nicht mehr vorgebracht werden. Dies sollte indes den Rechtsanwalt nicht davon abhalten, auch nach Schluss der mündlichen Verhandlung entscheidungserheblichen, bislang unterlassenen Sachvortrag noch schriftsätzlich vorzutragen.

Als bewusstes Mittel der Prozesstaktik sollten verspätete Prozesshandlungen indes nur im Einzelfall und nach gründlicher Überlegung eingesetzt werden (Stackmann NJW 2011, 3537).

(1) Zum einen könnte der neue Vortrag das Gericht zur **Wiedereröffnung** der Verhandlung veranlassen (§§ 156 Abs. 1, 296a Satz 2 ZPO; oben Rdn. 823). 1484

So darf das Gericht einen nicht nachgelassenen Schriftsatz (§ 283 ZPO) nicht nur nicht zurückgeben (Aktenbestandteil!), sondern muss ihn sogar dann noch zur Kenntnis nehmen und eine Wiedereröffnung der mündlichen Verhandlung prüfen, wenn ein Urteil bereits gefällt, aber noch nicht verkündet ist (BGH NJW 2002, 1426; Zöller/Greger § 132 Rn. 4; Fischer NJW 1994, 1319; teilw. str.).

Da aber die Bereitschaft hierzu in der Praxis relativ gering sein dürfte, sollte der Schriftsatz möglichst bald eingereicht werden und nicht etwa – was immer wieder vorkommt – erst einen Tag vor dem Verkündungstermin. Unter Umständen kann die rechtzeitige Ankündigung weiteren Vortrages binnen einer bestimmten Frist den Richter dazu veranlassen, diesen Schriftsatz vor Ausarbeitung des Urteils noch abzuwarten. Dies gilt besonders für angekündigte Rechtsausführungen, von denen sich der Richter vielleicht eine Erleichterung für seine Entscheidung erwartet.

Im Übrigen ist eine Verwertung ohne wiedereröffnete Verhandlung zwar fehlerhaft, in der Praxis erfolgt dies zuweilen aber trotzdem (z.B. OLG Zweibrücken ProzRB 2004, 320: nachgereichte Original-Urkunde). Deshalb sollte der Gegner – sofern noch möglich – das Gericht auf die Unzulässigkeit der Verwertung hinweisen und zu diesem Vorbringen inhaltlich Stellung nehmen.

(2) Zum anderen kann dieser Sachvortrag dann u.U. noch in der **Berufungsinstanz** Berücksichtigung finden. 1485

So kommt ein völliger Ausschluss nach § 531 Abs. 1 ZPO nicht in Betracht, da es an einer Zurückweisung fehlt (Thomas/Putzo/Seiler § 528 Rn. 9).

Allerdings sind nach § 531 Abs. 2 Nr. 3 ZPO neue Angriffs- und Verteidigungsmittel in der Berufungsinstanz nur dann zuzulassen, wenn sie im ersten Rechtszug nicht aus Nachlässigkeit der Partei nicht geltend gemacht worden sind (unten Rdn. 2995). Von dieser Regelung wird auch das verspätete Vorbringen i.S.d. § 296a ZPO erfasst (OLG Düsseldorf ProzRB 2004, 300; Zöller/Heßler § 531 Rn. 22).

Obsiegt die Partei aufgrund des neuen Vorbringens, trägt sie jedoch ganz oder teilweise die Kosten der Berufung (§ 97 Abs. 2 ZPO). Von daher sollte der verspätet vortragende Anwalt in jedem Fall zunächst versuchen, noch die vorteilhaftere Wiedereröffnung und Fortsetzung der erstinstanzlichen Verhandlung zu erreichen.

(3) Letztlich können **Rechtsausführungen** immer vorgetragen werden, da diese nicht unter die Angriffs- und Verteidigungsmittel fallen (Thomas/Putzo/Seiler § 146 Rn. 2). 1486

Eine Verwertung könnte bei neuen rechtlichen Gesichtspunkten erst nach rechtlichem Gehör der anderen Partei erfolgen (Thomas/Putzo/Seiler § 283 Rn. 2: § 283 ZPO anwendbar; E. Schneider ZAP Fach 13, S. 1093). In der Praxis wird dies aber nicht immer beachtet. Abgesehen davon, dass manche Richter dies gar nicht wissen, hätte dies für ihn doch die (für ihn unangenehme) Konsequenz, den sonst entscheidungsreifen Rechtsstreit noch nicht abschließen zu können.

2. Zurückweisung verspäteten Vorbringens: § 296 ZPO

Im Prozess, d.h. vor Schluss der mündlichen Verhandlung vorgetragene Angriffs- und Verteidigungsmittel bleiben für die Entscheidung unberücksichtigt, wenn sie als verspätet zurückgewiesen wurden. Nach § 296 ZPO ist dies möglich, 1487

- wenn der Vortrag erst nach Ablauf einer vom Gericht hierfür gesetzten Frist (§ 296 Abs. 1) erfolgte, oder
- wenn der Vortrag später erfolgte, als der Grundsatz der Prozessförderungspflicht (§ 282 ZPO) dies erforderte (§ 296 Abs. 2), oder
- wenn Zulässigkeitsrügen nicht vor Beginn der mündlichen Verhandlung erhoben wurden (§ 296 Abs. 3 ZPO).

1488

Eine Zurückweisung verspäteten Vorbringens in erster Instanz			
nach	§ 296 Abs. 3 ZPO	§ 296 Abs. 1 ZPO	§ 296 Abs. 2 ZPO
ist	zwingend		nach dem Ermessen des Gerichts möglich
bezüglich	verzichtbarer **Zulässigkeitsrügen**	streitiger **Angriffs- und Verteidigungsmittel**	
wenn es verspätet erfolgt, weil	die **Rüge** nicht vor Beginn bzw. Fortsetzung der mündlichen Verhandlung erhoben wurde,	eine vom Gericht ordnungsgemäß gesetzte **Frist** nach §§ 273, 275, 276, 277 ZPO oder §§ 340, 697, 700 ZPO nicht eingehalten wurde,	gegen die allgemeine **Prozessförderungspflicht** aus § 282 Abs. 1 ZPO verstoßen wurde,
dies von der Partei zu vertreten ist	was zunächst widerleglich **vermutet wird**, bis die Partei die Verspätung nachträglich genügend entschuldigt,		was in Form grob nachlässigen Verhaltens **positiv festgestellt** werden muss, wobei eine nachträgliche Entschuldigung unbeachtlich ist,
und seine Zulassung zu einer Verzögerung der Erledigung des Rechtsstreits führen würde	**Unbeachtlich.**	– nach dem realen Verzögerungsbegriff (h.M.), weil der Prozess bei Zulassung des verspäteten Vorbringens länger dauern würde als bei dessen Zurückweisung (= Vergleich Prozessdauer bei Zulassung und Zurückweisung); nach dem **hypothetischen Verzögerungsbegriff** (a.A.), weil der Prozess bei rechtzeitigem Vorbringen schneller abgelaufen wäre (= Vergleich hypothetisches rechtzeitiges und tatsächliches verspätetes Vorbringen); ohne dass die Verspätung durch zumutbare Maßnahmen des Gerichts **kompensiert** werden kann.	

a) Allgemeines

1489 Während eine Präklusion nach § 296 Abs. 1 ZPO nur bei den im Gesetz ausdrücklich geregelten Fällen möglich und **zwingend** ist (analoge Anwendung ist nicht zulässig, Thomas/Putzo/Seiler § 296 Rn. 11, 21), entscheidet das Gericht über das Vorliegen der Voraussetzungen des § 296 Abs. 2 ZPO und über die Zurückweisung nach freier Überzeugung bzw. nach seinem **Ermessen** (Thomas/Putzo/Seiler § 296 Rn. 33 ff.; Prütting/Gehrlein/Deppenkemper § 296 Rn. 48).

Dabei findet § 282 Abs. 1 ZPO nur dann Anwendung, wenn innerhalb der Instanz mehrere Verhandlungstermine stattgefunden haben und das Vorbringen nicht bereits im ersten Termin erfolgt ist. Vorbringen im ersten Termin kann dagegen nie nach § 282 Abs. 1 ZPO verspätet sein. Im Fall des § 282 Abs. 2 ZPO muss bzw. sollte sich der Beklagte darauf berufen, dass er nicht in der Lage war, wegen der verspäteten Einreichung des gegnerischen Schriftsatzes noch die erforderlichen Erkundigungen einzuziehen (BGH NJW-RR 2005, 1007).

1490 Nicht um neue Angriffs- und Verteidigungsmittel im Sinne des § 296 Abs. 2 ZPO handelt es sich, wenn eine Partei im Laufe des Verfahrens die materiell-rechtlichen Voraussetzungen für den Anspruch erst schafft und alsdann in den Prozess einführt (BGH NJW-RR 2004, 167: Vorlage einer neuen Schlussrechnung), sog. nova producta im Gegensatz zu den nova reperta.

1491 Als **präklusionsgefährdete Fristen** kommen zahlreiche, in § 296 Abs. 1 ZPO abschließend genannte Fristen in Betracht. Dabei handelt es sich um

- die Klageerwiderungsfrist für den Beklagten (§§ 275 Abs. 1 Satz 1, Abs. 3, 276 Abs. 1 Satz 2 ZPO);
- Frist zur Stellungnahme auf die Klageerwiderung für den Kläger (§§ 275 Abs. 4, 276 Abs. 3, 277 ZPO);

- Frist zur Ergänzung oder Erläuterung des schriftlichen Sachvortrags für beide Parteien (§ 273 Abs. 2 Nr. 1 ZPO);
- Frist zur Vorlage von Unterlagen für beide Parteien (§§ 142, 273 Abs. 2 Nr. 5 ZPO; unten Rdn. 2145);
- die Frist zur Begründung des Einspruchs gegen ein Versäumnisurteil (§ 340 Abs. 3 ZPO).

Da die Verspätung im Fall des § 296 Abs. 2 ZPO auf einer **groben Nachlässigkeit** in Bezug auf 1492 die Prozessförderungspflicht beruhen muss, erfolgt eine Zurückweisung nach dieser Variante in der Praxis zwar seltener, jedoch ist sie schwieriger kalkulierbar.

So liegt grobe Nachlässigkeit nur dann vor, wenn die Partei ihre Prozessförderungspflicht in besonders hohem Maße vernachlässigt, was jeder Partei nach dem Stand des Verfahrens als notwendig hätte einleuchten müssen (Thomas/Putzo/Seiler § 296 Rn. 37). Dabei besteht nur unter besonderen Umständen eine Verpflichtung der Partei, Ermittlungen zur Feststellung ihr nicht bekannter tatsächlicher Umstände anzustellen (BGH NJW 2003, 200).

Die bloße Nichteinhaltung der mit § 282 Abs. 2 ZPO korrespondierenden Schriftsatzfrist des § 132 Abs. 1 ZPO (zur Fristberechnung Duckenbrodt NJW 2013, 2390) kann eine Zurückweisung jedoch nicht rechtfertigen (BGH NJW 1997, 2244), wobei beim Amtsgericht die mündliche Verhandlung erst bei einer entsprechenden richterlichen Anordnung durch Schriftsätze vorbereitet werden muss (§§ 78, 129, 273 Abs. 1 ZPO; Zöller/Greger § 282 Rn. 4). § 282 Abs. 1 ZPO ist nur einschlägig, wenn innerhalb einer Instanz mehrere Verhandlungstermine stattfinden; ein Vorbringen im ersten Termin zur mündlichen Verhandlung kann nach dieser Vorschrift niemals verspätet sein (BGH NJW-RR 2005, 1007; BGH MDR 2012, 1366).

Die Prozessförderungspflicht zwingt die Parteien nicht zum Verzicht auf jegliche **Prozesstaktik** (so 1493 ausdrücklich BVerfGE 54, 117, 127; Zöller/Greger § 282 Rn. 3).

Sofern keine Fristen gesetzt sind, kann man daher in geeigneten Fällen durchaus erst einmal das Vorbringen der Gegenseite abwarten, »bis die fortschreitende Entwicklung des Prozesses oder eine Aufforderung des Gerichts« die Einführung bestimmter Gesichtspunkte »unumgänglich machen«. Denn unterbunden werden soll lediglich ein Prozessverhalten, das vornehmlich der Verzögerung und Verschleppung dient (BVerfGE 54, 117, 127; BGH NJW-RR 2019, 695).

Zu bedenken ist aber, dass die Einführung einer wichtigen Tatsache, deren Bedeutung für die Klage auf der Hand liegt, bei großer Verzögerung Misstrauen gegen die Richtigkeit dieser neuen Behauptung wecken kann und deswegen ihren Niederschlag in der gerichtlichen Beweiswürdigung finden kann und muss (BGH NJW-RR 1999, 573).

Dabei ist zu beachten, dass für eine Prozesstaktik in der Form des sukzessiven Vorbringens (nur) insofern Raum bleibt, als ein zunächst zurückgehaltenes Vorbringen nach der Prozesslage, also in erster Linie maßgeblich nach dem gegnerischen Vorbringen, noch nicht veranlasst sein darf (BGH MDR 2003, 408: Vorbringen soll grundsätzlich nicht aus prozesstaktischen Erwägungen zurückgehalten werden; Zöller/Greger § 282 Rn. 3). Unzulässig ist daher eine »tröpfchenweise« Information des Gerichts und des Gegners, nur um Zeit zu gewinnen oder den Gegner zu zermürben, auch wenn die Praxis oft großzügig verfährt (Anders/Gehle/Anders § 282 Rn. 7, 9; BVerfG NJW 2005, 1768).

Hingegen ist anerkannt, dass eine Erklärungspflicht zu vor- bzw. außerprozessualem Vorbringen des Gegners nicht besteht. Des Weiteren ist es möglich, Tatsachen oder Beweismittel für bestimmte Prozesslagen zunächst anzukündigen. Wenn das Gericht diese Tatsachen dann für erforderlich hält, muss es die Partei darauf hinweisen (MüKoZPO/Prütting § 282 Rn. 21 ff.: sonst unzulässige Überraschungsentscheidung).

Im **Mahnverfahren** kommt § 296 ZPO bei Versäumung der gesetzlichen Frist von 2 Wochen zur 1494 Anspruchsbegründung nach Widerspruch und nachfolgender Abgabe an das Streitgericht mangels Verweisungsnorm nicht in Betracht (Frist gem. § 697 Abs. 1 ZPO; OLG Nürnberg MDR 1999, 1151; Zöller/Seibel § 697 Rn. 4; keine analoge Anwendung des § 296 ZPO auf im Gesetz nicht ausdrücklich genannte Fälle, Thomas/Putzo/Seiler § 296 Rn. 11).

Präklusion droht erst bei Terminsbestimmung auf Antrag des Gegners mit gesetzter Frist zur Begründung des Anspruchs gem. § 697 Abs. 3 ZPO und deren Versäumung. Es ist jedoch auf den Ablauf der Verjährungsfrist zu achten.

Bei Einspruch gegen einen Vollstreckungsbescheid droht Präklusion ebenfalls erst bei Fristsetzung durch das Gericht gem. § 700 Abs. 5 ZPO.

▶ Praxistipp:

1495 Abweichend von § 276 Abs. 1 Satz 2 ZPO können im **schriftlichen Vorverfahren** bei Eingang einer Anspruchsbegründung nach Überleitung des Mahnverfahrens in das Streitverfahren die Fristen für die Verteidigungsanzeige und die Klageerwiderung zusammenfallen und insgesamt nur zwei Wochen betragen (§ 697 Abs. 2 ZPO; Prütting/Gehrlein/Sommer § 697 Rn. 7).

1496 Auch wenn über die Frage der Präklusion **ohne Antrag** von Amts wegen zu entscheiden ist, kann es sich für die andere Partei empfehlen, das Gericht durch die Verspätungsrüge darauf aufmerksam zu machen.

Denn zum einen kann dadurch verhindert werden, dass das Gericht das Vorliegen der Voraussetzungen für eine Präklusion (bewusst oder unbewusst) übersieht, zum anderen kann ein solcher Antrag den Richter u.U. psychologisch und argumentativ bei der Zurückweisung unterstützen. Auch kann der Richter dann möglicherweise nicht auf den Gedanken kommen, die Gegenpartei sei mit der Zulassung des verspäteten Sachvortrags einverstanden. Dies könnte zwar nur bei der Ermessensentscheidung nach § 296 Abs. 2 ZPO eine Rolle spielen (Zöller/Greger § 296 Rn. 8b), jedoch kann eine (verfahrenswidrige) Zulassung verspäteten Vorbringens ein Rechtsmittel des Gegners nie rechtfertigen (Zöller/Greger § 296 Rn. 35: da es der Wahrheitsfindung dient!).

b) Wirksame Fristsetzung

1497 Die Wirksamkeit der Fristsetzung setzt nach der Rechtsprechung des BGH die Wahrung zahlreicher **Förmlichkeiten** voraus (BGHZ 76, 236 = NJW 1980, 1167; Prütting/Gehrlein/Deppenkemper § 296 Rn. 11):

1498 (1) Die richterliche Verfügung muss ordnungsgemäß **unterschrieben** sein – die in der Praxis häufig anzutreffende bloße sog. Paraphe genügt nicht (§ 329 Abs. 1 Satz 2; § 317 Abs. 2 Satz 1 ZPO; BGH VersR 1983, 33; OLG Karlsruhe NJW-RR 2004, 1507; zur Unterschrift oben Rdn. 712).

Da die Partei normalerweise lediglich ein Formblattschreiben von der Geschäftsstelle erhält (»im richterlichen Auftrag wird mitgeteilt«), kann eine Heilung nach § 295 ZPO wegen fehlender Kenntnis der Partei von dem Mangel praktisch nicht eintreten. Manchmal sind richterliche Verfügungen sogar überhaupt nicht unterschrieben. Um dies alles zu erfahren, ist Akteneinsicht notwendig, aber auch OLG Frankfurt a. M. (NJW 1983, 2395): Nur die Ausfertigung des Urteils sei allein für die Frage der rechtswirksamen Zustellung und die Auslösung des Fristlaufs maßgebend, denn nur sie trete nach außen in Erscheinung, wobei ein Mangel der Unterschrift des Richters jederzeit nach § 319 ZPO berichtigt werden könne.

1499 (2) Die Frist zur schriftlichen Stellungnahme des Klägers auf die Klageerwiderung (§ 275 Abs. 4 ZPO) ist durch das Gericht zu setzen, nicht durch den Vorsitzenden oder den Berichterstatter allein (h.M. OLG Köln NJW-RR 2000, 1086; Thomas/Putzo/Seiler § 275 Rn. 8).

Nach § 275 Abs. 4 ZPO kann (außerhalb der mündlichen Verhandlung) der Vorsitzende die Frist setzen.

1500 (3) Die Verfügung muss der Partei, an die sie sich richtet, in beglaubigter Abschrift förmlich **zugestellt** werden (§§ 170 Abs. 1; 329 Abs. 2 ZPO). Eine formlose Übersendung einer Mitteilung der Geschäftsstelle genügt nicht. Zustellungsmängel können nicht nach § 295 ZPO, möglicherweise aber nach § 189 ZPO geheilt werden (Prütting/Gehrlein/Deppenkemper § 296 Rn. 11).

Zu den einen Fristbeginn infrage stellenden Zustellungsmängeln unten Rdn. 2357. Für Rechtsanwälte besteht dabei die Versuchung, das Empfangsbekenntnis überhaupt nicht, verzögert oder mit falschem Datum zurückzuschicken.

Der Umstand, dass die Zustellung an einen Rechtsanwalt erst wirksam wird, wenn dieser das zuzustellende Schriftstück in der Absicht zur Kenntnis nimmt, es als zugestellt anzusehen, und die fehlende Möglichkeit des Gerichts, einen vom Anwalt angegebenen Zustellungszeitpunkt zu widerlegen (§§ 175, 418 ZPO; BVerfG NJW 2001, 1563), legt es nahe, den Fristbeginn insoweit zu manipulieren und auf dem Empfangsbekenntnis erst ein späteres als das tatsächliche Datum einzutragen (»selbst gewährte Fristverlängerung«; Wagner/Ernst NJW 2021, 1564). Wird das Empfangsbekenntnis nicht zurückgeschickt, kann eine spätere Fristversäumung vom Gericht überhaupt nicht begründet werden. Die Beweiswirkung eines anwaltlichen Empfangsbekenntnisses entfällt, wenn sein Inhalt vollständig entkräftet und jede Möglichkeit ausgeschlossen ist, dass die Angaben richtig sein können; der Gegenbeweis ist nicht etwa schon dann geführt, wenn lediglich die Möglichkeit der Unrichtigkeit besteht, die Richtigkeit der Angaben also nur erschüttert ist (BGH, Beschl. vom 19.04.2012 – IX ZB 303/11). Während der Anwalt zur Rücksendung früher (wohl) nicht verpflichtet war (Henke AnwBl 1996, 403: keine berufsrechtliche Verpflichtung, wenn nicht vorfrankiert; Anders/Gehle/Vogt-Beheim § 212a Rn. 9: Rücksendung ist keine prozessuale Pflicht; a.A. Meyer, GKG, vor KV-GKG 9000 Rn. 10: Empfangnahme [nur] standesrechtliche Pflicht), lässt sich eine Verpflichtung dem § 175 Abs. 4 ZPO entnehmen. Sanktionen bei einem Verstoß gegen die Rücksendepflicht sieht die ZPO zwar nicht vor, doch muss ein Anwalt damit rechnen, dass ihm das Gericht zukünftig nur noch gegen Zustellungsurkunde zustellt. Über die Frage der Kostenlast für die Frankierung indes ist eine bundesweite Kontroverse zwischen Anwaltschaft und Justizverwaltung entstanden (Henke AnwBl 2002, 713; Jaspersen ProzRB 2002, 83: Kosten trägt der Adressat), wobei die Rücksendung – wesentlich günstiger als durch die Post – ebenso per Telefax möglich ist (§ 175 Abs. 4 ZPO).

(4) Die Fristen für die Klageerwiderung und Replik müssen eine **Belehrung** über die Folgen der Fristversäumung enthalten (§§ 277 Abs. 2, 4 ZPO; Thomas/Putzo/Seiler § 296 Rn. 31). 1501

(5) Die Fristen zur Replik des Klägers (§ 276 Abs. 3 ZPO) dürfen nicht in einer einzigen Verfügung zusammen mit der Klageerwiderungsfrist gesetzt werden, sondern **erst nach Eingang der Klageerwiderung** mit deren Zustellung (Thomas/Putzo/Seiler § 276 Rn. 11). 1502

Ein Ausschluss von (Verteidigungs-)Vorbringen gem. § 296 Abs. 1 ZPO ist auch dann nicht möglich, wenn die gesetzte Frist **unangemessen kurz** war, trotz der Möglichkeit einer Verlängerung der Frist gem. § 224 Abs. 2 ZPO (Thomas/Putzo/Seiler § 275 Rn. 7). 1503

Von den Gerichten wird dabei insbesondere die Situation des Beklagten häufig nicht gebührend berücksichtigt (Lange NJW 1986, 1728: Regelfall sollte nicht unter drei bis vier Wochen liegen). Thomas/Putzo/Seiler § 275 Rn. 6: Mindestfrist von 2 Wochen für Klageerwiderung ist im RA-Prozess i.d.R. zu kurz und richtet sich nach dem Einzelfall, z.B. Umfang der Sache und der noch fehlenden Aufklärung, Schwierigkeit bei der Beschaffung nötiger Unterlagen, Wohnort des Beklagten, Suche nach einem geeignet erscheinenden Rechtsanwalt, Terminsvereinbarung und Besprechung mit dem Rechtsanwalt, u.U. Korrespondenz mit Versicherung, Umsetzung im Schriftsatz, dessen Absetzung im Kanzleibetrieb; ebenso z.B. OLG Dresden NJW-RR 1999, 214; OLG Brandenburg NJW-RR 2001, 63).

Freilich sollte und kann man sich darauf nicht verlassen, sondern sicherheitshalber bei zu kurzer Frist deren Verlängerung beantragen (unten Rdn. 1515).

c) Verzögerung des Rechtsstreits

Eine Zurückweisung kommt vor allem nicht infrage, wenn nach der freien Überzeugung des Gerichts die Zulassung des verspäteten Vorbringens die Erledigung des Rechtsstreits nicht (nach Zöller/Greger § 296 Rn. 18: nicht unerheblich; str.) verzögert. 1504

Eine **Verzögerung** liegt vor, wenn die Fristversäumung den Prozessablauf verlängert. 1505

Nach Einführung des § 296 ZPO wurden hierzu zwei verschiedene Auffassungen vertreten. Nach dem »hypothetischen Verzögerungsbegriff« ist hierfür ein Vergleich zwischen einem hypothetisch rechtzeitigen und dem tatsächlich verspäteten Vorbringen anzustellen. Verspätet ist ein Vorbringen dabei, wenn der Prozess bei rechtzeitigem Vorbringen schneller abgelaufen wäre, als er es bei Berücksichtigung des nun bei verspätetem Vorbringen tut. Dies führt in fast allen Fällen der objektiven Verspätung auch zu einer Verzögerung des Rechtsstreits. Die heute h.M. sieht hierin eine verfassungsrechtlich nicht zulässige »Überbeschleunigung« des Verfahrens und stellt für die Verzögerung deswegen auf einen Vergleich zwischen der Prozessdauer bei Zulassung und bei Zurückweisung des (verspäteten) Vorbringens ab. Dieser »reale Verzögerungsbegriff« kommt zu einer Verzögerung nur, wenn der Prozess bei Zulassung des verspäteten Vorbringens länger dauern würde als bei dessen Zurückweisung.

Verspätet ist der Parteivortrag, wenn bei einem entscheidungsreifen Rechtsstreit ein verspäteter Sachvortrag oder die Vernehmung verspätet genannter Zeugen eine (weitere; gegenbeweisliche) Beweisaufnahme in einem weiteren Termin erforderlich machen (Thomas/Putzo/Seiler § 296 Rn. 12 ff.; Zöller/Greger § 296 Rn. 11). Wenn hingegen das Verfahren auf der Grundlage des bisherigen Vorbringens sowieso weitergeführt und z.B. ohnehin ein weiterer Beweis erhoben werden muss, kann sich verspätetes Vorbringen nicht verzögernd auswirken (z.B. BGH NJW-RR 1999, 787: noch einzuholendes Sachverständigengutachten). Die Beweisbedürftigkeit kann hierbei durch Bestreiten des verspäteten Sachvortrags herbeigeführt werden.

Bei einer vorgelegten Urkunde als präsentes Beweismittel kann allenfalls das Bestreiten der Echtheit zur Verzögerung führen, da die erforderliche Einholung eines Schriftgutachtens den Prozessablauf verlängert. Bei angekündigten Urkunden indes kann eine Präklusion ausscheiden, wenn das Gericht es – wie häufig – unterlassen hat, eine zeitlich frühere Vorlage und eine Erklärung des Gegners hinsichtlich der Echtheit gem. § 273 Abs. 2 Nr. 1 ZPO anzuordnen.

Rechtsausführungen sind weder Angriffs- und Verteidigungsmittel noch verzögern sie – da sofort verwertbar – den Rechtsstreit (Zöller/Greger § 296 Rn. 4). Eine etwaige Verzögerung durch Gewährung einer Schriftsatzfrist gem. § 283 ZPO wäre zum einen nicht der Partei anzulasten (Zöller/Greger § 283 Rn. 2b), und zum anderen ist dies eine gesetzliche Folge, die keine Zurückweisung rechtfertigen kann.

d) Früher erster Termin

1506 In einem frühen ersten Termin scheidet eine Zurückweisung wegen Verletzung der allgemeinen Prozessförderungspflicht, d.h. ohne Fristsetzung gem. §§ 296 Abs. 2, 282 ZPO nach h.M. im Allgemeinen aus (Thomas/Putzo/Seiler § 282 Rn. 1).

Möglich ist dagegen eine Zurückweisung gem. § 296 Abs. 1 ZPO bei Versäumung einer Frist.

Dies kommt nur dann in Betracht, wenn der frühe erste Termin als Haupttermin konzipiert und nicht (eindeutig erkennbar) bloß ein sog. Durchlauftermin zur Vorbereitung des Haupttermins ist (Thomas/Putzo/Seiler § 282 Rn. 1, § 296 Rn. 8, 17; Zöller/Greger § 296 Rn. 5, 22; sonst Überbeschleunigung).

Ein Durchlauftermin kann i.d.R. bei sog. Sammelterminen angenommen werden (BVerfG NJW 1985, 1149): 50 Sachen zur selben Zeit anberaumt, wenn das Gericht erkennbar keine, für eine Streitentscheidung erforderliche Verfahrensvorbereitung (§ 273 ZPO) getroffen hat; wenn bei umfangreicher und/oder komplizierter Sach- und Rechtslage des Streitfalles der frühe erste Termin offensichtlich für eine abschließende streitige Verhandlung, einschließlich Beweisaufnahme, ausscheidet (OLG Frankfurt a.M. NJW 1987, 506: 15 Minuten sind zu kurz; BGH NJW-RR 2005, 1296), wenn die Zeitspanne zwischen Ende der Klageerwiderungsfrist und Termin zu kurz ist, um dem Gegner noch eine Stellungnahme zu ermöglichen und Zeugen laden zu können (BGH NJW 1983, 575, 577: z.B. ein oder zwei Tage vor der mündlichen Verhandlung).

▶ Praxistipp:

1507 Findet der frühe erste Termin in Form eines Sammeltermins statt, ist die Gefahr einer Präklusion sehr gering, kann aber dennoch nicht völlig ausgeschlossen werden (BayVerfGH NJW 1990, 1653; BVerfG NJW 1987, 2733).

Die Verspätungsvorschriften können daher hauptsächlich bei Fristen, die im schriftlichen Vorverfahren (Klageerwiderung und Replik) und vor dem Haupttermin (§ 273 Abs. 2 Satz 1 ZPO) gesetzt wurden, zur Anwendung kommen.

1508 Davon ist zu unterscheiden, dass bei **Entscheidungsreife** der frühe erste Termin der letzte Termin (ohne nachfolgenden Haupttermin) sein kann (Prütting/Gehrlein/Geisler § 275 Rn. 8; BGH NJW 1983, 574, 576: ein vollwertiger Termin; § 275 Abs. 2 ZPO), mit der Folge, dass § 296a ZPO Anwendung findet.

e) Nichtzahlung des Auslagenvorschusses

1509 Die Ladung eines Zeugen oder die antragsgemäße Beweiserhebung mittels Sachverständiger wird in der Regel von der Zahlung eines Auslagenvorschusses binnen einer (vom Gericht) bestimmten Frist abhängig gemacht (§§ 402, 379 ZPO).

Davon nicht gedeckt ist die Anordnung einer Frist, innerhalb derer die Einzahlung dem Gericht gegenüber nachzuweisen ist (Bräuer AnwBl 1999, 552). Da es oft relativ lange dauert, bis das Gericht Nachricht von der Einzahlung erhält, empfiehlt es sich, diese sogleich (u.U. unter Vorlage des Einzahlungsbeleges/Kontoauszugs) mitzuteilen bzw. dass sich der Anwalt im Übrigen für die Kostenhaftung verbürgt (§ 29 Nr. 2 GKG; Zöller/Greger § 379 Rn. 2).

Bei Nichteinhaltung dieser Frist ist das Beweismittel **nicht** (allein deshalb) **präkludiert**. Es ist damit 1510
noch keine Ausschlusswirkung verbunden, sondern die Versäumung führt lediglich zum Unterbleiben der Ladung, ohne dass es einer Androhung dieser Folge bedürfte (§ 231 Abs. 1 ZPO). Die Partei ist aber nicht gehindert, den Zeugen im Termin zu stellen oder den Antrag auf Zeugenvernehmung aufrechtzuerhalten. Auch wenn der Zeuge trotz fehlenden Vorschusses geladen wird, ist er bei Erscheinen zu vernehmen.

Dabei beseitigt eine Gebührenverzichtserklärung des Zeugen die Vorschusspflicht, auch wenn eine Vorschussleistung bereits angeordnet ist (Zöller/Greger § 379 Rn. 3). Eine Vorschusspflicht besteht auch nicht, wenn Prozesskostenhilfe bewilligt ist (§ 122 ZPO), was in der Praxis zuweilen übersehen wird. Bei unangemessener Höhe kommen nur Gegenvorstellung oder Anfechtung des Urteils in Betracht (Zöller/Greger § 379 Rn. 6).

Zum Ausschluss des Beweismittels kann dies nur unter den (weiteren) Voraussetzungen des **§ 296** 1511
Abs. 2 ZPO (Verstoß gegen die Prozessförderungspflicht) – ohne weitere Fristsetzung – führen. Da das Beweismittel selbst ja rechtzeitig vorgebracht worden ist, ist es fehlerhaft, wenn der Ausschluss auf § 296 Abs. 1 ZPO gestützt wird (Thomas/Putzo/Seiler § 379 Rn. 6; OLG Hamm NJW-RR 1995, 1151, BVerfG NJW-RR 2004, 1150; zum Ganzen Sass MDR 1985, 96; bei überhöhter Vorschussanordnung Zöller/Greger § 379 Rn. 6). Daneben kann aber u.U. noch eine Zurückweisung nach §§ 230, 356 ZPO in Betracht kommen, ohne dass es einer zweiten Fristsetzung bedarf (Prütting/Gehrlein/Lindner § 356 Rn. 8; a.A. Thomas/Putzo/Seiler § 356 Rn. 3).

Notwendige Voraussetzung einer Anwendung sowohl von § 379 ZPO als auch von § 356 ZPO ist 1512
die Anordnung der Vorschusszahlung unter **Fristsetzung**.

Dieses Erfordernis sollte vom Anwalt genau geprüft werden, da nicht ausgeschlossen werden kann, dass die (handschriftliche) Anordnung der Zeugenladung samt Vorschussanforderung mit Fristsetzung des Richters in der für die Partei bestimmten Ausfertigung nicht vollständig wiedergegeben ist (BVerfG NJW 2004, 1150). Zudem muss die Anordnung mit Fristsetzung zugestellt sein (§ 329 Abs. 2 Satz 2 ZPO).

Berücksichtigt das Gericht das Beweisangebot nicht, ohne dass ein wirksamer Ausschluss nach den 1513
vorstehenden Ausführungen erfolgt ist, liegt ein Verstoß gegen den Grundsatz der Berücksichtigung erheblicher Beweisanträge bzw. gegen den Anspruch der Partei auf rechtliches Gehör vor (Art. 103 Abs. 1 GG; unten Rdn. 1780).

3. Vorbeugende Vermeidung der Präklusion

Bevor man etwaige »Fluchtwege« ergreift, sollte man prüfen, ob nicht einfachere Ausweichmaß- 1514
nahmen möglich sind.

In Betracht kommen folgende Maßnahmen:

a) Antrag auf Fristverlängerung

Zu den Voraussetzungen einer Fristverlängerung, insbesondere des Antrags auf Fristverlängerung 1515
an das Gericht oben Rdn. 802 ff.

Erforderlich ist der schriftliche (BGHZ 93, 300) Antrag, aus dem sich ergeben muss, welche Frist aus welchem Grund verlängert werden soll. Die in § 224 Abs. 2 ZPO vorgesehene Glaubhaftmachung (§ 294 Abs. 1 ZPO) liegt regelmäßig in der in dem anwaltlichen Schriftsatz zu sehenden stillschweigenden anwaltlichen Versicherung (BayObLG WuM 1994, 296; OLG Köln MDR 1986, 152; OLG Köln NJW 1964, 1039; einschränkend BGH VersR 1974, 1021). Eine weiter gehende Glaubhaftmachung ist nur auf besondere Anforderung des Gerichts erforderlich, die ergeht, wenn Zweifel am Vorliegen des behaupteten Verlängerungsgrundes bestehen (OLG Karlsruhe AnwBl 1998, 109; a.A. MüKoZPO/

Rimmelspacher § 519 Rn. 14, der eine unaufgeforderte Glaubhaftmachung in der Antragsschrift für erforderlich hält.) Der Verlängerungsantrag muss vor Ablauf der Frist beim Gericht eingehen. Geht er erst nach Ablauf der Frist bei Gericht ein, ist er wirkungslos, eine Fristverlängerung kann darauf nicht mehr gewährt werden (BGH FamRZ 1996, 543; BGHZ 116, 377; BGHZ 83, 217 Großer Zivilsenat).

Soweit die Fristverlängerung von weiteren Voraussetzungen abhängig ist (z.B. nach § 520 Abs. 2 Satz 2 ZPO von der Einwilligung des Gegners), muss diese vor Ablauf der Frist vorliegen, im Zweifel durch den Antragsteller herbeigeführt und dem Gericht mitgeteilt werden.

Eine Wiedereinsetzung in die Versäumung der Antragsfrist ist nicht möglich (BGH VersR 1987, 308), eine Wiedereinsetzung in die versäumte Frist scheitert regelmäßig an der Schuldhaftigkeit der Fristversäumung. Etwas anderes gilt nur, wenn der Anwalt darauf vertrauen durfte, dass seinem Antrag auf erstmalige Verlängerung der Frist stattgegeben wird (BGH NJW 2010, 1610). Trotzdem sollte der Verlängerungsantrag so früh gestellt werden, dass noch eine Nachfrage bei Gericht und ggf. Vornahme der fristabhängigen Prozesshandlung möglich ist (BGH AnwBl 2007, 795).

Im Fristenkalender darf die alte Frist erst nach Bewilligung der Fristverlängerung gestrichen werden (BGH NJW RR 2006, 1649; oben Rdn. 773).

1516 Hat das Gericht es **unterlassen**, über einen rechtzeitig gestellten Antrag auf Verlängerung der Frist überhaupt **zu entscheiden**, ist eine Präklusion nicht zulässig (Thomas/Putzo/Seiler § 296 Rn. 9: Klageerwiderungsfrist). Hat das Gericht die Fristverlängerung zu Unrecht abgelehnt, ist der Beschluss zwar unanfechtbar (§ 225 Abs. 3 ZPO), jedoch ist die Wiedereinsetzung begründet (BGH BB 1997, 68; BVerwG NJW 1996, 2808; BVerfG NJW 1998, 3703; BayVerfGH MDR 1996, 1974).

Trotzdem sollte der Verlängerungsantrag so früh gestellt werden, dass noch eine Nachfrage bei Gericht und ggf. Vornahme der fristabhängigen Prozesshandlung möglich ist (BGH AnwBl 2007, 795). Sonst kann es passieren, dass bei Erhalt des die Verlängerung verweigernden Beschlusses die Frist bereits abgelaufen ist.

1517 Eine Wiedereinsetzung in die Versäumung der Frist zur Stellung des Verlängerungsantrags ist nicht möglich (BGH VersR 1987, 308), eine Wiedereinsetzung in die versäumte Frist für die Prozesshandlung scheitert regelmäßig an der Schuldhaftigkeit der Fristversäumung. Etwas anderes gilt nur, wenn der Anwalt darauf vertrauen durfte, dass seinem Antrag auf erstmalige Verlängerung der Frist stattgegeben wird (BGH NJW 2010, 1610). Es besteht deswegen keine Notwendigkeit für eine fernmündliche Erkundigung bei Gericht vor Ablauf der Frist. Sofern der ablehnende Beschluss erst nach Ablauf der Frist zugeht, kommt eine Wiedereinsetzung in Betracht.

Auf die Stattgabe seines ordnungsgemäßen Fristverlängerungsantrags darf der Anwalt vertrauen, wenn entsprechenden erstmaligen Anträgen bei hinreichender Begründung bislang stets stattgegeben worden ist (BGH NJW 2010, 1610). Vertrauen darf der Anwalt auch auf eine zweite Verlängerung der Berufungsbegründungsfrist, wenn die Einwilligung des Gegners hierzu vorliegt; des Vorliegens »erheblicher« Gründe hierfür bedarf es nach § 520 Abs. 2 Satz 2 ZPO nicht (BGH NJW 2009, 3100). Auch darf der Anwalt darauf vertrauen, dass die Gerichte bei der Entscheidung über Verlängerungsanträge und über die Wiedereinsetzung in den vorigen Stand ein Verhalten nicht als schuldhaft ansehen, das nach der Rechtsprechung eines obersten Bundesgerichts eindeutig nicht zu beanstanden ist. Wenn aber dem betroffenen Rechtsanwalt bekannt sein muss, dass bei dem angerufenen Gericht eine strengere Handhabung von Verfahrensvorschriften zu erwarten ist, kann eine andere Beurteilung gerechtfertigt sein (BVerfG NJW 2000, 1634; BGH NJW 2001, 812; BGH NJW-RR 2001, 1076: Arbeitsüberlastung; LG München I NJW 2004, 79: dreimaliger Hinweis auf eine restriktivere Praxis erfolgt).

b) Antrag auf Terminsverlegung

1518 Durch eine Verlegung des Termins gewinnt man nur dann Zeit zum (weiteren) Vortrag, wenn dieser auf einen (späteren) Zeitpunkt verlegt wird. Hierfür sind »erhebliche Gründe« notwendig (§ 227 ZPO).

Eine Verlegung kann man vor allem bei Antragstellung knapp vor dem Termin erreichen (telefonischer Antrag kann genügen, Zöller/Feskorn § 227 Rn. 24), sowie dann, wenn als Grund z.B. noch andauernde bzw. beabsichtigte außergerichtliche Vergleichsverhandlungen angegeben wird. Das »Einvernehmen der

Parteien allein« ist zwar kein ausreichender Grund (§ 227 Abs. 1 Satz 3 ZPO), kann aber die Bereitschaft des Richters zur Verlegung erhöhen.

Bei kurzfristigen Anträgen bleibt zudem kaum Zeit, womöglich noch die (in der Praxis indes unübliche; BGH NJW 1999, 430; NJW-RR 1989, 1280; MDR 1994, 942 zu § 224 Abs. 2 ZPO) Glaubhaftmachung zu verlangen (§ 227 Abs. 2 ZPO) oder dem Gegner vorher rechtliches Gehör zu gewähren (Thomas/Putzo/Hüßtege § 227 Rn. 33). So könnte sich dieser allenfalls einer Terminsverlegung widersetzen.

Die Entscheidung steht im **Ermessen** des Gerichts und ist grundsätzlich unanfechtbar (§ 227 Abs. 4 **1519**
Satz 2 ZPO).

Das (pflichtgemäße) Ermessen kann sich jedoch zu einer Rechtspflicht zur Vornahme einer Terminsänderung verdichten, sofern die Gewährleistung des rechtlichen Gehörs dies erfordert (z.B. OLG Hamm NJW-RR 1992, 121). Teilweise wird sogar angenommen, dass bei (unzweifelhaftem) Vorliegen eines erheblichen Grundes generell ein Anspruch auf die beantragte Terminsänderung besteht (MüKoZPO/Gehrlein § 227 Rn. 5; Zöller/Feskorn § 227 Rn. 8a; a.A. Stein/Jonas/Leipold § 227 Fn. 8: entspricht nicht der gesetzlichen Konzeption; BayOblG NJW-RR 2004, 804: Verfahrensfehler; Ulber NJ 2014, 226: strenge Anforderungen).

Häufiger Grund für die Ablehnung eines Verlegungsantrags ist die Prozessverschleppung. Diese muss vom Gericht indes aufwendig begründet werden (BGH NJW 2019, 695). Dem kann der Anwalt durch den substantiierten Vortrag von Verlegungsgründen entgegenwirken.

Gegen die Versagung der Verlegung kann in Ausnahmefällen ein Befangenheitsantrag in Betracht kommen (unten Rdn. 2617). Eine Anfechtungsmöglichkeit (insbesondere für den Kläger) besteht allenfalls bei einer unangemessen weit hinausgeschobenen Terminsbestimmung (Zöller/Greger § 252 Rn. 1; Thomas/Putzo/Hüßtege § 227 Rn. 35; § 227 Abs. 4 ZPO).

Dabei muss ein Antrag auf Terminsverlegung (oder Fristverlängerung) kurz vor dem Termin (oder des Fristablaufs) auch verbeschieden werden. Unzulässig ist es, von den Parteien zu verlangen, diese Anträge »unverzüglich« bzw. »sofort« oder bis zu einem bestimmten Zeitpunkt vor dem Termin (oder Ablauf der Frist) einzureichen (E. Schneider ZAP Fach 13, S. 991, ZAP-Report Justizspiegel S. 1006). Ebenso wenig sieht die ZPO vor, dass der Antragsteller dem Gericht Ausweichtermine vorschlagen muss, auch wenn dies zur Vermeidung eigener Terminskollisionen natürlich sinnvoll sein kann.

c) Antrag auf vorbereitende Maßnahmen

Das **Gericht** hat bei verspätetem Vorbringen die Pflicht, durch zumutbare und geeignete Maßnah- **1520**
men (§§ 273, 358a ZPO) eine drohende Verzögerung abzuwenden.

Sofern dies noch möglich ist, darf weder eine Präklusion erfolgen (BGH NJW 1999, 585; NJW 2001, 151; NJW-RR 2002, 646; BVerfG NJW-RR 1999, 1079; Thomas/Putzo/Seiler § 273 Rn. 4, § 296 Rn. 9) noch eine Verzögerungsgebühr nach § 38 GKG verhängt werden (OLG München NJW-RR 2001, 71). Eine Fristüberschreitung ist dann relativ risikolos.

Dabei dürfte ein nicht mehr rechtzeitig einzuholender Kostenvorschuss in der Regel kein Hindernis sein, einen verspätet benannten Zeugen noch zum Termin zu laden (Thomas/Putzo/Seiler § 379 Rn. 1; § 379 ZPO: »kann« = Vorschussanforderung im Ermessen des Gerichts). Vielfach wird von den Gerichten anstelle des Vorschusses auch die Erklärung des Rechtsanwalts akzeptiert, wonach er die »Kostenhaftung« für die Auslagen des Zeugen übernimmt (Zöller/Greger § 379 Rn. 2).

Zumutbar ist insbesondere die Vernehmung von vier bis sechs statt eines Zeugen (BVerfG NJW 1990, 2373; BGH NJW 1991, 1181; BGH NJW 1999, 3272: Ladung von acht Zeugen unzumutbar; BVerfG NJW-RR 1999, 1079: sechs Zeugen zumutbar).

▶ Praxistipp:

Um dem Gericht den Einwand zu verwehren, vorbereitende Maßnahmen seien wegen des **1521**
Umfangs und des damit verbundenen Zeitaufwandes nicht möglich, empfiehlt es sich, möglichst wenig Zeugen, am besten nur den wichtigsten zu benennen.

(Zöller/Heßler § 527 Rn. 18: »prozessualer Kunstfehler« wahllos zahlreiche Zeugenbeweisantritte nachzuschieben/höchstens drei Zeugen!).

1522 Da in der Praxis solche vorbereitenden Maßnahmen (von Amts wegen) oft nicht erfolgen, empfiehlt sich ein entsprechender **Antrag**, der die in Betracht kommenden Maßnahmen (vorwiegend Zeugenladung) konkret bezeichnet. Dies gilt insbesondere dann, wenn ein (neuer) Beweisantrag nach Terminierung, aber noch rechtzeitig vor dem Termin gestellt wird.

Wenn dann ein verspätet angebotener – aber noch rechtzeitig geladener – Zeuge zum Termin nicht erscheint, kommt mangels Ursächlichkeit der Verzögerung nach Ansicht des BGH keine Zurückweisung in Betracht (Thomas/Putzo/Seiler § 296 Rn. 12) und es muss vertagt werden.

Die sich hieraus ergebende Chance zu weiterem Sachvortrag bzw. der Berücksichtigung bereits verspäteten Vorbringens würde man freilich auch bei Benennung eines untauglichen und/oder zum bereits anberaumten Termin verhinderten Zeugen erhalten. Ob dies allerdings noch lauterer Prozessführung entspricht, muss bezweifelt werden.

Dagegen dürfte es nicht möglich sein, z.B. durch »versehentliche« Angabe einer falschen Hausnummer eine kausale Verzögerung zu vermeiden (arg. § 356 ZPO; auch BGH NJW 1989, 719: Präklusion möglich, wenn die auf den verspäteten Beweisantritt erfolgte Ladung den Zeugen nicht mehr erreicht).

1523 Der **Gegner** kann die vorbereitende Ladung von Zeugen vereiteln, indem er umfangreiche Gegenbeweisangebote macht, da das Gericht zur Ladung zahlreicher Zeugen nicht verpflichtet ist (Zöller/Heßler § 527 Rn. 12).

Dies gilt auch, wenn die Gegenzeugen nicht mehr rechtzeitig zum Termin geladen werden können und eine Vertagung erforderlich wäre. Die Verzögerung kann in der Regel nicht bei Beantragung eines Sachverständigengutachtens aufgefangen werden (BGH NJW 1983, 1495), es sei denn, eine Gutachtenserstattung im Termin ist (bei einfachen Fragen) ausreichend und der Sachverständige kann noch rechtzeitig geladen werden.

d) Verspätung entschuldigen

1524 Wenn man verspäteten Sachvortrag (spätestens im Termin) entschuldigt bzw. sich die Entschuldigung ohne Weiteres aus den Umständen ergibt, kann man u.U. einer Präklusion entgehen (§ 296 Abs. 1, 2 ZPO).

In Betracht kommt hierfür z.B., dass die gesetzte Frist aus nachträglicher Sicht im Hinblick auf den Umfang oder Schwierigkeit des Stoffes nicht angemessen war (OLG Brandenburg NJW-RR 2001, 63; Thomas/Putzo/Seiler § 296 Rn. 28) oder etwaige Informationsschwierigkeiten des Anwalts (Zöller/Greger § 296 Rn. 23).

Da umstritten ist, ob (nicht vorhersehbare) zeitliche Arbeitsüberlastung des Anwalts entschuldigt, sollte die Verspätung damit besser nicht entschuldigt werden.

Eine Erwiderung auf neues Vorbringen des Gegners nach Fristablauf ist entweder überhaupt nicht verspätet oder nicht verschuldet. So bleiben die Parteien befugt, ihr Vorbringen auf das nach der Prozesslage Notwendige zu beschränken (§ 277 Abs. 1 ZPO), welches insbesondere durch das gegnerische Vorbringen bestimmt wird (Zöller/Greger § 277 Rn. 1, § 282 Rn. 3, § 296 Rn. 23). Eine klare Unterscheidung zwischen völlig neuem Vorbringen und bloßen Ergänzungen ist dabei häufig nur schwer möglich.

e) Zeugen stellen

1525 Wenn man Zeugen zum Termin mitbringt (Zöller/Greger § 296 Rn. 13; Hinweispflicht des Gerichts – BGH NJW 1980, 1849, Thomas/Putzo/Seiler § 296 Rn. 9), wird grundsätzlich ein neuer Termin überflüssig und eine Verzögerung kann vermieden werden.

Die Zeugen sind trotz fehlenden Kostenvorschusses (§ 379 ZPO) zu vernehmen (Thomas/Putzo/Seiler § 379 Rn. 6). Hierbei kann der etwaige Zeitdruck des Gerichts durch die nicht vorgesehene Beweiserhebung dem Beweisführer grundsätzlich nicht als dessen Verschulden angelastet werden, wenn die Beweiserhebung nicht außergewöhnlich zeitaufwendig ist (Zöller/Greger § 296 Rn. 13; Anders/Gehle/Bünnigmann § 296 Rn. 21: es kommt auf die nach der Terminsplanung verfügbare zusätzliche Zeit an).

▶ Praxistipp:

Der Gegner kann als Abwehrmaßnahme (sofort) Gegenbeweismittel anbieten oder der Vernehmung widersprechen. 1526

Denn eine Verzögerung tritt dann ein, wenn die Vernehmung des mitgebrachten Zeugen bei einer günstigen Aussage z.B. weitere Vernehmungen nicht präsenter Gegenzeugen oder gar ein Sachverständigengutachten erforderlich machen würde oder andere unter Beweis gestellte Behauptungen entscheidungserheblich werden würden und deshalb hierfür ein neuer Termin notwendig wäre (BGH NJW 1986, 2257; Thomas/Putzo/Seiler § 296 Rn. 18). 1527

Ob die Gegenzeugen auch tatsächlich etwas zum Beweisthema hätten aussagen können oder ob der Gegner nur »blufft«, lässt sich im Fall der Zurückweisung der mitgebrachten Zeugen nicht feststellen. Zudem kann er deren Vernehmung sowie die Erholung eines etwaigen angebotenen Sachverständigengutachtens in der Regel mittels Nichtzahlung des Auslagenvorschusses verhindern. Ein neuer Termin wäre auch dann erforderlich, wenn der Gegner der Vernehmung nicht angekündigter, aber anwesender Zeugen widerspricht und ankündigt, nach Einholung weiterer Informationen dem Zeugen Vorhaltungen zu machen (OLG Hamm MDR 1986, 766, bestätigt von BGH NJW 1986, 2257). Denn aufgrund der Gesichtspunkte der Gewährung rechtlichen Gehörs sowie der Parteiöffentlichkeit (§ 357 Abs. 1; § 397 Abs. 2 ZPO) kommt eine sofortige Vernehmung des Zeugen in diesem Fall nicht in Betracht (Zöller/Greger § 296 Rn. 13).

4. Nachträgliche Vermeidung der Präklusion

Wurden präventive Maßnahmen versäumt, stehen dem Anwalt noch eine Reihe von sog. **Fluchtmöglichkeiten** zur Verfügung (z.B. Abrahams AnwBl 1999, 111, 168; E. Schneider MDR 2002, 684; Baudewin/Wegner NJW 2014, 1479). 1528

Während sich durch das ZPO-Reformgesetz bei der »Flucht in die Berufung« erhebliche Einschränkungen ergeben haben, ist die in der Praxis am weitesten verbreitete »Flucht in die Säumnis« trotz der schon seit Langem dagegen vorhandenen kritischen Stimmen in der Literatur unverändert geblieben (z.B. Bohlander MDR 1996, 1094: »Missbrauch prozessualer Befugnisse«).

Selbst wenn zu deren Ergreifung für den Beklagten meistens Veranlassung besteht, kann diese grundsätzlich auch der Kläger nutzen. Folgende Maßnahmen können zur Vermeidung der Präklusion eingesetzt werden: 1529

- Für beide Parteien: Flucht in die Säumnis, Flucht in die Berufung, Befangenheitsantrag, Widerrufsvergleich, Ruhen des Verfahrens, Rüge der Zulässigkeit des Rechtsweges.
  Für den Kläger: Klage-/Parteiänderung, Klagerücknahme.
  Für den Beklagten: Widerklage.

a) Flucht in die Säumnis

Hierzu lässt die Partei (meistens der Beklagte), die eine Zurückweisung ihres (neuen) Vorbringens befürchten muss oder bereits etwas verspätet vorgetragen hat, gegen sich ein Versäumnisurteil ergehen und legt sodann gem. § 338 ZPO Einspruch ein. Bei zulässigem Einspruch folgt daraufhin ein mündlicher Verhandlungstermin über die Hauptsache (§ 341a ZPO), aufgrund dessen das Gericht neu entscheidet (§§ 342, 343 ZPO). 1530

▶ Praxistipp:

Die Flucht in die Säumnis ist nicht im Einspruchstermin möglich. 1531

Ein Einspruch ist nur gegen ein sog. erstes Versäumnisurteil statthaft (§§ 345, 514 Abs. 2 ZPO) und nicht bei einem sog. zweiten Versäumnisurteil, welches im Termin nach einem Einspruch – gegen ein Versäumnisurteil oder einen Vollstreckungsbescheid – ergangen ist (§§ 341a, 700 ZPO).

1532 Nach einer »Flucht in die Säumnis« ist der Anwalt grundsätzlich verpflichtet, auch ohne ausdrückliche Weisung des Mandanten den Einspruch einzulegen (BGH NJW 2002, 290).

Sofern der Anwalt nach eingehender Prüfung der Erfolgsaussichten eine Fortsetzung des Verfahrens für aussichtslos erachtet, hat er rechtzeitig vor Fristablauf mit dem Mandanten Rücksprache zu halten und dessen Entscheidung einzuholen.

1533 Es ist dabei zu unterscheiden:

- Ein bislang unterbliebener Vortrag kann mit der Einspruchsbegründung nachgeholt werden (§ 340 Abs. 3 ZPO). Bei Einhaltung der Einspruchsbegründungsfrist (2 Wochen; Verlängerung möglich: § 340 Abs. 3 ZPO) liegt keine Verspätung vor.
- Bereits verspätetes Vorbringen bleibt zwar weiterhin verspätet (arg. § 342 ZPO). Die Frage der Verzögerung bemisst sich – ebenso wie bei Versäumung der Einspruchsbegründungsfrist mit neuem Vorbringen – jedoch danach, ob der Rechtsstreit in dem Einspruchstermin erledigt werden kann (Thomas/Putzo/Seiler § 340 Rn. 9).

1534 Während verspätete Zeugenangebote im Einspruchstermin regelmäßig noch berücksichtigt werden können, dürfte dies bei Sachverständigengutachten meist ausscheiden. So ist nach Ansicht des BGH eine Beweisaufnahme sogar mit bis zu sechs Zeugen stets zumutbar, sofern es sich um einfache und klar abgrenzbare Streitpunkte handelt, die ohne unangemessenen Zeitaufwand geklärt werden können (BGH NJW 2002, 290).

Die säumige Partei verschafft sich daher nicht nur eine »Gnadenfrist« bis zum Einspruchstermin. Durch die für eine ordnungsgemäße Ladung rechtzeitige Benennung der Zeugen kann sich die säumige Partei vielmehr die volle Absolution für ihre bisherigen Verzögerungssünden verschaffen (Deubner Anm. zu BGH NJW 1982, 2559).

▶ Praxistipp:

1535 Wenn bereits zu Beginn des Termins die Anträge (vorbehaltlos) gestellt wurden, ist dieser Weg nicht mehr möglich (Antragsfalle!).

1536 Denn dann liegt keine Säumnis mehr vor, da bereits i.S.v. §§ 330, 331, 333 ZPO verhandelt wurde (Thomas/Putzo/Seiler § 333 Rn. 2). Eine Rücknahme der Anträge ist nicht möglich (Zöller/Greger § 137 Rn. 1, 3; Thomas/Putzo/Seiler § 333 Rn. 1), auch nicht durch die Erklärung des Anwalts, dass er nicht mehr auftrete (Termin als Einheit!, OLG Hamm NJW 1974, 1097).

So soll ein Anwalt in der Praxis durchaus damit rechnen müssen, dass ein Gericht eine Partei bewusst in diese Antragsfalle laufen lässt (E. Schneider ZAP-Kolumne, 02.11.2000, S. 1269).

Bei drohender Präklusion empfiehlt es sich daher, vor Antragstellung diese Frage zunächst mit dem Richter zu erörtern und ihn bei der – oftmals selbstständigen und raschen – Protokollierung der Anträge u.U. sofort zu unterbrechen (§ 278 Abs. 1 ZPO; Zöller/Greger § 137 Rn. 1; Anders/Gehle/Anders § 279 Rn. 7; aber BVerfG, Beschl. vom 13.06.1990 – 2 BvR 407/90: Der Richter ist nicht gehalten, vor Antragstellung die Partei auf eine mögliche Verspätung bei einem erstmals im Termin offenbarten Vortrag hinzuweisen). Allerdings muss man damit rechnen, dass mancher Richter dies unter Hinweis auf § 137 Abs. 1 ZPO verweigert.

Erwogen wird teilweise eine Antragstellung unter der Bedingung, dass keine Zurückweisung wegen Verspätung erfolgt, zu erwägen; dies dürfte indes unzulässig sein, da es für den Fall der Zurückweisung an einem (unbedingten) Antrag fehlt; a.A. Thomas/Putzo/Seiler Einl. Rn. 14; 253 Rn. 1; Zöller/Greger Vor § 128 Rn. 20, § 253 Rn. 1).

Dabei gehen Rechtsprechung und Literatur überwiegend davon aus, dass ein ausdrücklicher Klageabweisungsantrag (im Gegensatz zum Klageantrag in der ersten mündlichen Verhandlung, Thomas/Putzo/Seiler § 297 Rn. 2, § 137 Rn. 1; Zöller/Greger § 297 Rn. 2; Zöller/Herget § 333 Rn. 1; OLG Frankfurt a. M. NJW-RR 1998, 280; BAG NJW 2003, 1548; BGH MDR 2004, 1298 – zu § 269 Abs. 1 ZPO; § 137 Abs. 1 ZPO) allerdings nicht gestellt werden braucht. Ein »Verhandeln« i.S.d. § 333 ZPO kann beim Beklagten daher bereits allein in der Erörterung der Sach- und Rechtslage angenommen werden, sodass eine »Flucht in die Säumnis« durch bloße Nicht-Antragstellung dann ebenso wenig mehr möglich wäre (einschränkend Zöller/Greger § 297 Rn. 1) wie auch eine Rücknahme des Verhandelns (OLG Frankfurt a. M. MDR 1982, 153; Thomas/Putzo/Seiler § 333 Rn. 1 a.E.). Es kann daher u.U. ratsam sein, vor einer Einlassung erst abzuklären, ob das Gericht darin bereits eine Verhandlung zur Hauptsache sieht.

Unter Umständen kann es sich empfehlen, zum Termin gar nicht erst zu erscheinen, da bei anwaltlich vertretener Partei (aus standesrechtlichen Gründen bzw. aufgrund ständiger Übung) häufig kein Versäumnisurteil beantragt und erlassen, sondern vertagt wird (Thomas/Putzo/Hüßtege § 227 Rn. 8; Thomas/Putzo/Seiler § 337 Rn. 3; Zöller/Herget vor § 330 Rn. 12: kann Verschulden ausschließen, es sei denn, den Interessen des vertretenen Mandanten gebührt der Vorrang). In einem Folgetermin ist ein Versäumnisurteil auch nur noch bei einem gänzlichen Nichterscheinen möglich (Einheit der mündlichen Verhandlung!).

Allerdings besteht bei Nichterscheinen die Gefahr einer Entscheidung nach Lage der Akten, sofern in einem früheren Termin bereits einmal mündlich verhandelt wurde (§§ 331a, 251a ZPO). Gegen diese Sachentscheidung wäre dann kein Einspruch möglich.

Die Flucht in die Säumnis hat folgende **Nachteile**: 1537

- die säumige Partei trägt selbst bei späterem Obsiegen die Säumniskosten (§ 344 ZPO; sowie u.U. Verzögerungsgebühr gem. § 38 GKG).

  Sofern der Prozessbevollmächtigte im Termin erschienen ist, entsteht in jedem Fall die volle 1,2 Terminsgebühr (Nr. 3104, 3105 Nr. 3 VV-RVG; OLG Koblenz NJW 2005, 1955). Da die Antragstellung nach dem RVG nicht mehr von Belang ist, kann sein Nichtverhandeln oder Nicht-mehr-Auftreten zu keiner Gebührenermäßigung führen. Der Anwalt, welcher in die Säumnis fliehen will, sollte bzw. darf daher auch aus diesem Grunde zum Termin nicht erscheinen.

  Bei einem Einspruchstermin fällt jedoch keine zusätzliche Anwaltsgebühr an, welche nach § 344 ZPO sonst die säumige Partei tragen müsste. Als »Säumniskosten« kommen daher z.B. insbesondere die Kosten nochmaliger Ladung von Zeugen/Sachverständigen oder die Kosten der Wahrnehmung des weiteren Termins durch die Gegenpartei in Betracht, wobei diese Vorschrift in der Praxis nicht ganz selten übersehen wird (Schneider NJW 2019, 556; Anders/Gehle/Anders § 344 Rn. 2).

  Endet das Verfahren durch das Versäumnisurteil, ohne dass Einspruch eingelegt wird, tritt eine Ermäßigung der gerichtlichen Verfahrensgebühr nach h.M. nicht ein. Die Nichterwähnung des Versäumnisurteils in Nr. 1211 KV-GKG ist bewusste gesetzgeberische Entscheidung, keine durch Analogie zu schließende Lücke (Hartmann, GKG, Nr. 1211 KV-GKG Rn. 9; a.A. für das klageabweisende Versäumnisurteil [Flucht des Klägers!] N. Schneider RVG-B 2005, 84 – Urteilsanmerkung: Ist den Kostenbeamten weitgehend unbekannt).

- das Versäumnisurteil ist ohne Sicherheitsleistung vorläufig vollstreckbar (§ 708 Nr. 2 ZPO; Abwehrmaßnahme: Antrag auf einstweilige Einstellung der Zwangsvollstreckung gem. §§ 719, 707 ZPO)
- Risiko, dass wegen kurzfristiger Terminierung (Ladungsfrist: § 217 ZPO) eine volle Berücksichtigung der (bereits) verspätet angebotenen Beweismittel scheitert (Thomas/Putzo/Seiler § 341a Rn. 2).

  Das wird von einigen wenigen Rechtsanwälten (offenbar) unterlaufen, indem sie das Empfangsbekenntnis von der Ladung nicht oder erst verzögert zurücksenden (§§ 175; 217; 227; 335 Abs. 1 Nr. 2 ZPO).

  Im Übrigen obliegt es auch hier dem Gericht, im Rahmen einer umfassenden Terminsvorbereitung nach § 273 ZPO alles Zumutbare zu unternehmen, um die Folgen der Fristversäumung auszugleichen (st. Rspr. BGH NJW 2002, 290; OLG Düsseldorf MDR 2005, 1189).

b) *Flucht in die Berufung*

Diese früher beliebte Fluchtmöglichkeit wurde durch das ZPO-Reformgesetz erheblich eingeschränkt. 1538
Dem Vortrag neuer Tatsachen in zweiter Instanz steht heute § 531 mit seinen Abs. 1 und 2 ZPO entgegen.

Die Verschärfung der Präklusionsvorschrift für die Berufungsinstanz ist erklärtes Ziel des Reformgesetzgebers. Es soll damit der Wertungswiderspruch beseitigt werden, wonach bislang diejenige Partei besser dastand, welche in erster Instanz Vorbringen völlig unterlassen hat, als eine Partei, die, wenn auch verspätet, noch in erster Instanz vorgetragen hat (Begr. RegE S. 60).

aa) Zurückgewiesener Vortrag

1539 Wird in der 1. Instanz ein verspäteter Vortrag »zu Recht« gem. § 296 ZPO zurückgewiesen, so bleibt dieser auch in der Berufungsinstanz gem. **§ 531 Abs. 1 ZPO** ausgeschlossen (wie bisher gem. § 528 Abs. 3 ZPO). Umgekehrt bedeutet dies, dass rechtsfehlerhaft zurückgewiesenes Vorbringen in der Berufungsinstanz vom Gericht ohne Weiteres zu berücksichtigen ist.

1540 Dabei sind Rechtsfehler bei Anwendung der Präklusionsvorschriften in der Praxis nicht selten. Daher kann es sich empfehlen, die Gerichtsakten (§ 299 ZPO) und speziell das Urteil daraufhin genau durchzusehen (Oberheim, Anwalt im Berufungsverfahren, Rn. 22 ff.).

1541 Mögliche Rechtsfehler:
- Fehlerhafte Fristsetzung in der 1. Instanz.
- Fristversäumnis war nicht kausal für Verzögerung bzw. Überbeschleunigung bzw. es wurde zu Unrecht eine Verzögerung angenommen.
- Gericht hat Hinweispflicht verletzt (Thomas/Putzo/Seiler § 296 Rn. 42).
- Gericht hat es unterlassen, die Verzögerung durch vorbereitende Maßnahmen abzuwenden.

Es ist zwar verfahrensfehlerhaft, wird aber trotzdem von den Richtern häufig praktiziert, nämlich »Schriftsätze lediglich an den jeweiligen Gegner weiterzuleiten, den Termin mechanisch anzusetzen und bis zum Verhandlungstermin den Dingen ihren Lauf zu lassen« (Zöller/Greger § 273 Rn. 1; auch E. Schneider MDR 1998, 137: »Unsitte«; ders. ZAP Fach 13, S. 773: »Verletzung der Mitwirkungspflichten der Gerichte ist ein Dauerthema der Alltagspraxis«).

- Gericht hat seine Entscheidung auf eine falsche Norm gestützt (z.B. auf § 296 Abs. 1 ZPO statt Abs. 2 ZPO) bzw. nur pauschal § 296 ZPO angegeben (BGH NJW 1990, 1302; OLG Oldenburg Nds. Rpfl. 1996, 120).
- Gericht hat das Vorbringen nur pauschal zurückgewiesen, ohne konkret die verspäteten Angriffs- und Verteidigungsmittel bzw. die Tatsachen, die die gesetzlichen Voraussetzungen für die Zurückweisung ausfüllen, anzugeben (BGH FamRZ 1996, 1076; Thomas/Putzo/Seiler § 296 Rn. 43).
- Partei hat die Verspätung in erster Instanz genügend entschuldigt (BGH NJW 1980, 1102, 1104; a.A. Thomas/Putzo/Seiler § 528 Rn. 10).

Eine Nachholung der Entschuldigung in der zweiten Instanz ist nicht mehr möglich. Neue Entschuldigungsgründe sind (allenfalls) zu berücksichtigen, wenn die Partei diese trotz rechtlichen Gehörs in erster Instanz (schuldlos) nicht vorbringen konnte (z.B. gehindert durch Unfall/Krankenhausaufenthalt; Zöller/Heßler § 528 Rn. 16, 33). Die erstinstanzliche Annahme grober Nachlässigkeit i.S.d. § 296 Abs. 2 ZPO kann die Partei noch in zweiter Instanz ausräumen.

bb) Neues Vorbringen

1542 **Neu** sind Angriffs- und Verteidigungsmittel, soweit sie erstmals in der Berufungsinstanz vorgebracht werden.

Hierunter fällt auch verspätetes erstinstanzliches Vorbringen nach Schluss der mündlichen Verhandlung (§ 296a ZPO). Dies gilt jedoch nicht für Tatsachen, die erst danach entstanden oder durch einen neuen Vortrag des Gegners veranlasst worden sind.

Hingegen fallen bloße Rechtsausführungen nicht darunter (Anders/Gehle/Göertz § 531 Rn. 11; Zöller/Greger § 282 Rn. 2; auch §§ 513; 531 Abs. 2 Nr. 1 ZPO).

Dabei kann ein neues Angriffsmittel i.S.d. § 531 Abs. 2 ZPO auch ein neuer Tatsachenvortrag sein, der das Gericht nötigt, eine neue Anspruchsgrundlage zu prüfen, sofern sich der Anspruch nicht bereits aus dem erstinstanzlichen Vortrag ergibt und der Vortrag in der Berufungsinstanz diesen Umstand nur verdeutlicht oder erläutert (BGH NJW-RR 2003, 1321).

Wird ein sehr allgemein gehaltenes Vorbringen der ersten Instanz konkretisiert oder erstmals substantiiert, ist es neu, nicht aber dann, wenn ein bereits schlüssiges Vorbringen aus der ersten Instanz durch weitere Tatsachenbehauptungen zusätzlich konkretisiert, verdeutlicht oder erläutert wird (BGH NJW 2004, 2825).

Nach der Neuregelung des **§ 531 Abs. 2 ZPO** sind solche neuen Angriffs- und Verteidigungsmittel in der Berufungsinstanz nur noch zuzulassen (dazu unten Rdn. 2995), wenn sie 1543

- einen Gesichtspunkt betreffen, der vom Gericht des ersten Rechtszuges erkennbar übersehen oder für unerheblich gehalten worden ist (z.B. statt vertraglicher Anspruchsgrundlage ist ein Bereicherungsanspruch gegeben),
- infolge eines Verfahrensmangels im ersten Rechtszug nicht geltend gemacht wurden (BGH NJW 2005, 2624: Verletzung der Hinweispflicht) oder
- im ersten Rechtszug nicht geltend gemacht worden sind, ohne dass dies auf einer Nachlässigkeit der Partei beruht.

Allerdings ist ein Vortrag stets zu berücksichtigen, wenn er **unstreitig** ist. Dies gilt nach Ansicht des BGH in der Berufung auch dann, wenn dadurch eine Beweisaufnahme erforderlich wird. 1544

(BGH NJW 2005, 291; a.A. OLG Oldenburg MDR 2003, 48; OLG Nürnberg MDR 2003, 113: nur wenn seine Berücksichtigung eine Sachentscheidung ohne weitere Beweisaufnahme ermöglicht; OLG Hamm MDR 2003, 650: jedenfalls bei evident ungerechten Entscheidungen).

Ebenso wenig sind im Berufungsrechtszug unstreitig gewordene Tatsachen, die in erster Instanz bestritten und zu Recht als verspätet zurückgewiesen worden waren, nach § 531 Abs. 1 ZPO ausgeschlossen (Zöller/Heßler § 531 Rn. 8).

▶ Praxistipp:

Unberührt davon bleibt – wie bisher –, dass die neuen Angriffs- und Verteidigungsmittel in der Berufungsinstanz selbst präkludiert sein können, wenn sie dort nicht rechtzeitig (vollständig) vorgebracht werden (§ 530 ZPO i.V.m. §§ 296 Abs. 1, 520 Abs. 2 ZPO). 1545

cc) Taktische Hinweise

Die Neuregelung stellt insgesamt eine Verschärfung dar, weil bislang neues Vorbringen nur dann zurückgewiesen werden konnte, wenn es die Erledigung des Rechtsstreits verzögert hat (§ 528 Abs. 1 und 2 ZPO). Aufgrund der Vorbereitungspflicht des Gerichts kam eine Zurückweisung bislang nur selten in Betracht, sodass auch Fehler des Anwalts noch korrigiert werden konnten. 1546

Da die Frage der Verzögerung nach § 531 Abs. 2 ZPO keine Rolle mehr spielt, ist neuer Vortrag zwar einerseits bei einer noch so langen Verzögerung unter den genannten Voraussetzungen zuzulassen, andererseits aber bleibt vor allem fahrlässig verspätetes Vorbringen auch dann ausgeschlossen, wenn es die Entscheidung des Rechtsstreits nicht verzögern würde. 1547

▶ Praxistipp:

Aufgrund dieser Neuregelung kann es u.U. besser sein, eine Zurückweisung des verspäteten Vortrages in erster Instanz zu riskieren und auf etwaige Verfahrensfehler des Ausgangsgerichts zu spekulieren. 1548

Der »sichere Weg« ist jetzt freilich ein rechtzeitiger und vollständiger Sachvortrag samt Beweisangeboten in erster Instanz.

Die frühere Taktik, zurückweisungsgefährdetes Vorbringen in der ersten Instanz ganz zurückzuhalten oder wieder fallen zu lassen und erst in der Berufungsinstanz (**»Flucht in die Berufung«**; BGH NJW 1998, 2977; grundlegend BGH NJW 1980, 945; a.A. Zöller/Greger § 296 Rn. 41; Begr. RegE. S. 60: »Wertungswiderspruch«) oder nur bedingt vorzutragen (umstr. ob zulässig: bejahend z.B. Deubner NJW 1978, 356; ders. NJW 1979, 343; dagegen Zöller/Greger § 296 Rn. 41) ist jetzt nur noch in seltenen Ausnahmefällen Erfolg versprechend. Denn das nachträgliche Vorbringen wird im Regelfall als nachlässig i.S.d. § 531 Abs. 2 Nr. 3 ZPO beurteilt werden müssen. 1549

Trotzdem sollte sich die Partei nicht davon abhalten lassen, in der Berufung noch neuen Sachvortrag vorzubringen. Denn es besteht die Chance, dass dieser nicht bestritten wird und damit vom Gericht zu berücksichtigen ist.

Der Gegner muss daher prüfen, ob der neue Sachvortrag zu bestreiten ist, und darf sich nicht nur darauf beschränken, die Verspätung zu rügen. Auch hierbei ist freilich die Wahrheitspflicht zu beachten, auch wenn das Risiko, im Berufungsverfahren der Wahrheitswidrigkeit überführt zu werden, gering ist, da der Vortrag ja insgesamt unberücksichtigt bleibt (Braunschneider ProzRB 2005, 94 – Urteilsanmerkung: gleichwohl strafrechtlich Prozessbetrug!).

1550 Des Weiteren ist es nur sehr begrenzt möglich, diese Einschränkungen mittels einer Klageänderung, Widerklage oder Aufrechnungserklärung zu umgehen.

Denn in zweiter Instanz ist hierfür insbesondere erforderlich, dass diese Maßnahmen auf Tatsachen gestützt werden können, die das Berufungsgericht ohnehin nach § 529 ZPO zugrunde zu legen hat (§ 533 ZPO). Damit soll gerade verhindert werden, dass das Berufungsgericht auch über eine »Flucht in die Klageänderung/Widerklage/Prozessaufrechnung« nicht mit Tatsachenstoff konfrontiert werden kann, der nach der Neuregelung in §§ 529, 531 ZPO ausgeschlossen ist (Begr. RegE. S. 102). Allerdings sieht der BGH Änderungen des Klageantrags nach § 264 Nr. 2 und 3 ZPO auch in der Berufungsinstanz nicht als Klageänderung an (BGH NJW 2004, 2152: Umstellung des Klageantrages auf Leistung an den Abtretungsempfänger; zur Widerklage allgemein oben Rdn. 1395, zur Widerklage in der Berufungsinstanz unten Rdn. 3041).

▶ Praxistipp:

1551 Ein bloßer Klageabweisungsantrag des Beklagten ohne jeglichen Sachvortrag in der ersten Instanz führt in der Regel zu einem völligen Ausschluss von weiteren Verteidigungsmitteln in der Berufungsinstanz und damit zum endgültigen Prozessverlust.

1552 Man kann bzw. muss auch versuchen,

- Verfahrensfehler zu finden bzw. eigene Anwaltsfehler als Fehler des Richters darzustellen (z.B. ungenügende Erfassung des Parteivortrags, Mängel der Beweisaufnahme und Beweiswürdigung samt Kausalität für das Unterlassen des Sachvortrags; insbesondere unterbliebene notwendige Hinweise, die zu entsprechendem Vorbringen in erster Instanz Anlass gegeben hätten – BGH NJW 2004, 2152),
  das Gericht von fehlender Nachlässigkeit zu überzeugen, was weitaus schwieriger ist.

Dabei ist jede Partei grundsätzlich gehalten, schon im ersten Rechtszug die Angriffs- und Verteidigungsmittel vorzubringen, deren Relevanz für den Rechtsstreit ihr bekannt ist oder bei Aufwendung der gebotenen Sorgfalt hätte bekannt sein müssen und zu deren Geltendmachung sie dort imstande ist. Sorgfaltsmaßstab ist dabei die einfache Fahrlässigkeit (BGH NJW 2004, 2815; bisher grobe Nachlässigkeit gem. § 528 Abs. 2 ZPO a.F.). Hierbei können prozesstaktische Gesichtspunkte nicht generell entlasten (Zöller/Heßler § 531 Rn. 32).

Die Zulassung neuen Vorbringens in der Berufungsinstanz setzt daher voraus, dass die Partei darlegt, warum sie gehindert war, diesen Vortrag bereits in der ersten Instanz einzubringen. Dies wäre insbesondere dann der Fall, wenn das neu vorgebrachte Beweismittel erst nach Schluss der erstinstanzlichen mündlichen Verhandlung bekannt geworden bzw. das neue Angriffs- oder Verteidigungsmittel danach entstanden ist.

Stellt der Anwalt erst nach Abschluss des erstinstanzlichen Verfahrens Ermittlungen an, die zur Benennung eines geeigneten Zeugen führen, ist die Partei mit diesem neuen Beweismittel nach § 531 Abs. 2 Nr. 3 ZPO ausgeschlossen (LG Schwerin NJW-RR 2003, 1292: nachlässiges Prozessverhalten). Er muss vielmehr darlegen, warum der nunmehr benannte Zeuge nicht vorher hätte ermittelt werden können (BVerfG NJW 2005, 1768).

Letztlich ist die Partei aber weitgehend vom »guten Willen ihres Richters« abhängig, wobei dieser Wille erfahrungsgemäß häufig dahin gehen soll, zulasten der Partei zu entscheiden, um »kurzen Prozess« machen zu können (E. Schneider NJW 2003, 1435; Haftungsgefahr für den Anwalt!). Im Übrigen kann das Berufungsgericht auch die Glaubhaftmachung verlangen (§ 531 Abs. 2 ZPO).

- das neue Vorbringen als eine bloße Verdeutlichung oder Erläuterung des Vorbringens erster Instanz darzustellen.
- das Gericht davon zu überzeugen, dass die Berücksichtigung aufgrund der Gerechtigkeit und Wahrheit erfolgen sollte.

Möglicherweise wird das verspätete Vorbringen dann deswegen noch berücksichtigt. Dabei kann ein Hinweis darauf, dass eine gesetzeswidrige (erweiternde) Zulassung des neuen Vortrags nicht mit der Revision angegriffen werden kann (BGH NJW 2004, 1458), »dem Gerechtigkeitsempfinden des Berufungsgerichts helfen« (Braunschneider ProzRB 2004, 125 – Urteilsanmerkung). Damit liegt die Anwendung des § 531 ZPO praktisch in seinem Ermessen. Beim Ausschluss der Revisibilität hat der BGH vor allem das Bemühen um eine materiell richtige Entscheidung und die Feststellung des wahren Sachverhalts als maßgebend angesehen (auch BGH NJW 2004, 275: Maßstab für das Berufungsgericht soll die richtige, d.h. die sachgerechte Entscheidung des Einzelfalls sein). Letztlich wird dadurch den Berufungsgerichten im Zweifel eine Tendenz zur Zulassung neuen Vorbringens nahegelegt (Lechner NJW 2004, 3598; Gaier NJW 2004, 2044: aber kein »Freibrief« für das Berufungsgericht – Grenze Willkür!).

Die Flucht in die Berufung hat folgende **Nachteile**: 1553
- Erhebliches Risiko, dass das (neue) Vorbringen nicht zugelassen wird,
- Klagepartei erhält in der 1. Instanz ein vorläufig vollstreckbares Urteil,
- Kosten der Berufung hat die Partei gem. § 97 Abs. 2 ZPO ganz oder teilweise zu tragen, wenn sie aufgrund des (neuen) Vorbringens obsiegt.

c) Flucht in den neuen Angriff

§ 296 ZPO lässt allein die Zurückweisung verspäteter Angriffs- und Verteidigungsmittel zu. Selbstständige Angriffe werden hier nicht erfasst (Thomas/Putzo/Seiler § 146 Rn. 2). 1554

Ein solcher selbstständiger Angriff liegt: 1555

(1) auf Klägerseite in einer **Klageänderung** in Form eines Klagewechsels oder einer Klageerweiterung (BGH NJW 1986, 2258; LM § 264 ZPO a.F. Nr. 6); als Klageänderung behandelt die Rechtsprechung auch die subjektive Klageänderung (Parteiwechsel bzw. Parteierweiterung; Prütting/Gehrlein/Geisler § 263 Rn. 9; dazu oben Rdn. 341). 1556

Gegenüber der allgemeinen objektiven Klageänderung (§§ 263, 267 ZPO) ist eine Klageerweiterung nicht von besonderen Zulässigkeitsvoraussetzungen abhängig (§ 264 Nr. 2 ZPO). Dabei spielt eine etwaige Verzögerung des Rechtsstreits für die Frage der Sachdienlichkeit i.S.d. § 263 ZPO keine Rolle (Thomas/Putzo/Seiler § 263 Rn. 8). Für eine Klageerweiterung kommt etwa in Betracht die Geltendmachung eines weiteren Teilbetrags bei einer Teilklage oder weiterer Zinsen oder anderer Nebenforderungen, z.B. Kosten vorgerichtlicher Mahnschreiben. Im Übrigen lässt sich eine lediglich quantitative Erhöhung ohne Weiteres mit einem Rechenfehler erklären. Insoweit kommt auch die Geltendmachung einer von vornherein aussichtslosen Forderung in Betracht, soweit darin nicht erkennbar ein Rechtsmissbrauch liegt (Zöller/Heßler § 528 Rn. 13).

(2) auf Beklagtenseite in der **Widerklage**. 1557

Sie kann notfalls erst im Termin erhoben werden (§§ 261 Abs. 2, 297 ZPO; § 12 Abs. 2 Nr. 1 GKG: grundsätzlich kein Kostenvorschuss!) und ist bis zum Schluss der mündlichen Verhandlung, auf die das Urteil ergeht, zulässig (Thomas/Putzo/Seiler § 296a Rn. 1). Bei einer mündlichen Erhebung ohne (vorbereitenden) Schriftsatz könnte jedoch die Begründung problematisch werden (§ 160 Abs. 4 ZPO).

Gegenansprüche (u.U. auch unbegründete, vorstehend) zu finden, dürfte in vielen Fällen gelingen. In Betracht kommen z.B. eine (negative) Widerklage auf Feststellung, dass dem Kläger keine weiteren, über die Klageforderung hinausgehenden Ansprüche zustehen/bei Einklagung des restlichen Kaufpreises/Werklohn kann mit der Widerklage die geleistete Anzahlung zurückverlangt werden mit der Behauptung, dass der Vertrag unwirksam bzw. nichtig sei oder Schadensersatz wegen Nichterfüllung verlangt werden/bei Aufrechnung Geltendmachung des der Klageforderung überschießenden Betrages/Gegenforderung in Verkehrsunfallsachen bei Mitverschulden/Mitursächlichkeit des Klägers.

Zur Widerklage oben Rdn. 1395.

1558 In all diesen Fällen muss ein bestimmender Schriftsatz zugestellt werden (§§ 270, 261 ZPO). Bleiben die Verfahrensbeteiligten unverändert, kann dies durch Übergabe in der mündlichen Verhandlung geschehen. Ansonsten ist ein neuer Termin erforderlich.

1559 Wenn über den neuen Angriff nicht im bereits anberaumten Termin entschieden werden kann, verhindert dies eine Zurückweisung von bisherigem verspätetem Vortrag.

Eine solche Entscheidung ist insbesondere dann regelmäßig nicht möglich, wenn der Angriff neue, unter Beweis gestellte Tatsachenbehauptungen enthält. Es sollte deswegen darauf geachtet werden, dass der neue Angriff entsprechendes Vorbringen enthält.

1560 Durch den neuen Angriff wird dem Rechtsstreit insgesamt die Entscheidungsreife genommen. Auch die den früher bereits rechtshängig gemachten Teil des Streitgegenstands betreffenden Angriffs- und Verteidigungsmittel dürfen jetzt nicht mehr zurückgewiesen werden.

Nach der Rechtsprechung des BGH kommt eine Verzögerung nur in Betracht, wenn der Rechtsstreit ohne das verspätete Vorbringen im Ganzen entscheidungsreif ist (BGH NJW-RR 1999, 787). Eine Zurückweisung durch Vorabentscheidung über den Teil der Klage, welcher das verspätete Vorbringen betrifft, kommt gerade nicht in Betracht (Zöller/Greger § 296 Rn. 12, 43; Zöller/Heßler § 528 Rn. 14 ff.; einschränkend BGH NJW 1986, 2258 für den Fall eines Rechtsmissbrauchs; a.A. LG Berlin MDR 1983, 63; Gounalakis MDR 1997, 216).

Dies gilt »erst recht« (BGH NJW 1985, 3080), wenn der Beklagte die Widerklage mit verspätetem Verteidigungsvorbringen gegen die Klage stützt (sog. doppelrelevantes Vorbringen).

Bei einer Klageerweiterung dürfte ein Teilurteil ohnehin ausscheiden, da weder ein Fall der subjektiven noch der objektiven Klagehäufung vorliegt. Ursprünglicher und erweiterter Klageantrag bilden einen einheitlichen, unteilbaren Streitgegenstand (§ 301 ZPO; Zöller/Feskorn § 301 Rn. 4).

▶ **Praxistipp:**

1561 Der Gegner kann die »Flucht in den neuen Angriff« verhindern, wenn er den neuen Anspruch nicht bestreitet oder sofort anerkennt.

Dann ist (auch) der neue Angriff (ohne Beweisaufnahme) entscheidungsreif und das verspätete Vorbringen kann zurückgewiesen werden.

Im letzteren Fall muss dann insoweit ein Anerkenntnisurteil ergehen (Thomas/Putzo/Seiler § 307 Rn. 11) und u.U. sogar mit der günstigen Kostenfolge des § 93 ZPO.

So wird die Partei vorgehen, wenn sie entweder die Widerklage für begründet erachtet oder diese nur mit einem geringen Streitwert erhoben wurde.

▶ **Praxistipp:**

1562 Das Gericht kann die »Flucht in den neuen Angriff« unter den Voraussetzungen des § 145 ZPO verhindern, indem es den neuen Anspruch abtrennt.

1563 Eine solche Trennung ist nach § 145 Abs. 2 ZPO möglich, wenn kein rechtlicher Zusammenhang zwischen dem alten und dem neuen Angriff besteht.

Ein solcher Zusammenhang besteht stets bei einer sog. Zwischenfeststellungswiderklage gem. § 256 Abs. 2 ZPO und bei einer Eventualwiderklage für den Fall, dass die Klage begründet ist (Thomas/Putzo/Seiler § 145 Rn. 5). Eine solche Trennungsentscheidung ist unanfechtbar (allenfalls im Rahmen der Berufung gegen das Endurteil geltend zu machen).

1564 Bei der Geltendmachung des neuen Angriffs sollte beachtet werden, dass sich dadurch u.U. der Gebührenstreitwert erhöht (§ 45 Abs. 1 GKG). Der neue Anspruch sollte deswegen nur mit einem möglichst geringen Streitwert erhoben werden, der allerdings wiederum nicht so niedrig sein darf, dass der Gegner sofort anerkennt und damit die Entscheidungsreife der Widerklage herbeiführt.

Ggf. kann der neue Anspruch auch nur bedingt (hilfsweise für den Fall der [präklusionsbedingten] Erfolglosigkeit des bisherigen Antrags) erhoben werden; für den Gebührenstreitwert gilt dann § 45 Abs. 1 Satz 2 GKG. 1565

d) *Sonstige Möglichkeiten*

Nur bedingt tauglich oder gar gänzlich untauglich zur Abwehr einer drohenden Präklusion sind folgende Maßnahmen. 1566

(1) Befangenheitsantrag

Ein Befangenheitsantrag in der mündlichen Verhandlung ist – anders als früher – kein taugliches Mittel mehr zur Vermeidung der Präklusion. 1567

Nach § 47 Abs. 2 ZPO kann der Termin unter Mitwirkung des abgelehnten Richters fortgesetzt werden, wenn die Entscheidung über die Ablehnung eine Vertagung der Verhandlung erfordern würde. Von dieser Möglichkeit (Ermessen!) machen Richter in aller Regel Gebrauch, es sei denn, sie sehen darin (im Einzelfall) eine (willkommene) Gelegenheit, eine aufwendige Beweisaufnahme zunächst nicht durchführen zu müssen. 1568

Weiterhin möglich ist es jedoch, eine Verlegung des Termins bei einem Ablehnungsgesuch (knapp) vor der mündlichen Verhandlung zu erreichen. Denn für diesen Fall gilt wie bisher die Wartepflicht des § 47 Abs. 1 ZPO, welche lediglich bei (offenkundig) rechtsmissbräuchlichen Ablehnungsgesuchen nicht besteht (Zöller/Vollkommer § 47 Rn. 3).

Zur Befangenheitsablehnung unten Rdn. 2616.

(2) Widerrufsvergleich

Der Abschluss eines widerruflichen Vergleichs mit der Absicht, diesen zu widerrufen, ist nur ein begrenzt tauglicher Fluchtweg. Abgesehen davon, dass die Gegenpartei mitwirken muss, wird der Prozess nach Widerruf des Vergleichs normal fortgesetzt. 1569

Sofern der Rechtsstreit entscheidungsreif ist, beurteilt sich daher verspätetes Vorbringen vor Vergleichsabschluss weiterhin nach § 296 ZPO. Sachvortrag und sonstige Angriffs- und Verteidigungsmittel nach Vergleichsabschluss sind gem. § 296a ZPO grundsätzlich ausgeschlossen, sofern das Gericht – wie üblich – im Vergleichstermin sogleich einen Termin zur Verkündung einer Entscheidung bestimmt hat und die nachträgliche Erklärung nicht von einem Schriftsatznachlass gedeckt ist (§§ 139 Abs. 5, 283 ZPO – Antrag!).

Lediglich wenn der Vergleichstermin noch nicht den Schluss der mündlichen Verhandlung darstellt, kann man zusammen mit dem Widerruf des Vergleichs grundsätzlich weiter vortragen, was man jedoch in der Regel auch ohne Widerrufsvergleich hätte machen können (u.U. aber §§ 282, 296 Abs. 2 ZPO!).

Allerdings gewinnt man aufgrund der Widerrufsfrist hierfür Zeit. Unter Umständen veranlasst der ergänzende Sachvortrag das Gericht zur Wiedereröffnung einer bereits geschlossenen Verhandlung. Damit findet der verspätete Sachvortrag dann doch Berücksichtigung, wenn nicht sogar (verfahrensfehlerhaft) ohne Wiedereröffnung. Zudem wird in der Praxis im Fall des Vergleichswiderrufs – um einen weiteren Verhandlungstermin entbehrlich zu machen – auch gerne in das schriftliche Verfahren übergegangen, ohne dessen Notwendigkeit immer genau geprüft zu haben (sogleich unten).

(3) Ruhen des Verfahrens

Das Ruhen des Verfahrens ist nur insofern bedingt taktisch einsetzbar, als dies beide Parteien beantragen müssen und zudem dem Gericht diese Anordnung wegen Schweben von Vergleichsverhandlungen oder aus sonstigen wichtigen Gründen zweckmäßig erscheinen muss (§ 251 ZPO). Wenn der Gegner erkennt, dass Vergleichsbereitschaft nur zwecks Vermeidung der Präklusion signalisiert wird, dürfte er kaum einem Ruhen des Verfahrens zustimmen. 1570

Einer Präklusion lässt sich dadurch entgehen, dass zum einen richterliche Fristen nicht weiterlaufen (Thomas/Putzo/Hüßtege § 251 Rn. 1; § 249 ZPO; hins. Verjährung § 204 Abs. 2 BGB) und zum anderen nach dem Ende des Ruhens das Verfahren – meist mit einem neuen Verhandlungstermin mit entsprechenden Vorbereitungsmöglichkeiten – nach § 273 ZPO weitergeführt werden muss.

Dabei kann das Verfahren nach § 251 ZPO jederzeit wieder aufgenommen werden. Die frühere dreimonatige Sperrfrist gilt nicht mehr. Es ist deshalb nicht mehr nötig, das Ruhen »unter Terminsvorbehalt« zu beantragen.

(4) **Klagerücknahme**

1571 Mit der Klagerücknahme endet die Rechtshängigkeit und damit die Befugnis des Gerichts, über die Verspätung zu entscheiden. Mangels einer rechtskraftfähigen Entscheidung kann grundsätzlich jederzeit erneut geklagt werden, mit dann umfassendem und rechtzeitigem Sachvortrag. Zu beachten ist, dass der Beklagte nach Beginn der mündlichen Verhandlung in die Rücknahme einwilligen muss (§ 269 Abs. 1 ZPO).

Eine Klagerücknahme enthält jedoch eine Reihe von Risiken und Nachteilen (oben Rdn. 849).

(5) **Rüge der Zulässigkeit des Rechtsweges**

1572 Wenn eine Partei die Zulässigkeit des Rechtsweges gem. § 17a Abs. 3 GVG rügt, muss das Gericht darüber vorab entscheiden. Die hiergegen eingelegte sofortige Beschwerde (§ 17a Abs. 4 GVG) hindert bis zur Entscheidung hierüber den Fortgang des Verfahrens. Auch hier muss der Vorwurf erkennbaren Rechtsmissbrauchs vermieden werden.

Unterlässt das erstinstanzliche Gericht eine nach § 17a Abs. 3 Satz 2 GVG gebotene Vorabentscheidung, kann die Rechtswegzuständigkeit noch im Rahmen eines Rechtsmittels gegen die Sachentscheidung geprüft werden (BGH NJW-RR 2022, 217; BGHZ 121, 367). Daneben kann die Entscheidung nach dem Grundsatz der Meistbegünstigung auch mit der sofortigen Beschwerde angefochten werden (BAG NJW 1993, 2458).

(6) **Übergang ins schriftliche Verfahren**

1573 Folge des Übergangs ins schriftliche Verfahren gem. § 128 ZPO ist, dass der Schluss der Verhandlung mittels Gewährung einer Schriftsatzfrist für beide Parteien hinausgeschoben wird. Damit erhalten die Parteien noch Gelegenheit zu weiterem Sachvortrag.

1574 Zweifelhaft ist, ob dann auch ein bereits verspäteter Sachvortrag wieder zu berücksichtigen ist. Jedenfalls entfällt die Kausalität, wenn – nach Ablauf der Schriftsatzfrist – ein etwaiger weiterer (Beweisaufnahme-)Termin (auch) aufgrund neuer, fristgerecht eingereichter Schriftsätze erforderlich wird.

1575 Voraussetzung für dieses Verfahren ist allerdings, dass beide Parteien zustimmen.

Dies sollte der Gegner bedenken, wenn ein solcher Übergang in der mündlichen Verhandlung ins Gespräch kommt, und daher seine Zustimmung besser nicht erteilen.

In der Praxis indes wird erfahrungsgemäß oft völlig unüberlegt zugestimmt und seitens des Gerichts zuweilen auch nicht bedacht, dass ein solcher Übergang (eigentlich) nicht zulässig ist, wenn der Rechtsstreit aufgrund der mündlichen Verhandlung bereits entscheidungsreif ist. Sofern das Urteil auf diesem Fehler beruht – was bei Berücksichtigung entscheidungserheblichen neuen oder verspäteten Vorbringens in der Regel der Fall sein dürfte –, ist es auf Rechtsmittel hin sogar aufzuheben (BGH NJW 1992, 2146: »schwerer Verfahrensmangel«; Zöller/Greger § 128 Rn. 3).

Soll einer Partei eine Erwiderung auf das verspätete Vorbringen ermöglicht werden, so ist in der Regel auch nicht nach § 128 ZPO zu verfahren, sondern gem. § 283 ZPO Schriftsatzfrist zu gewähren (unten Rdn. 1749).

(7) **Streitverkündung**

1576 Die Streitverkündung hat auf den Fortgang des Prozesses keinen Einfluss (§ 74 ZPO). Mit ihr kann damit eine sofortige Entscheidung unter Zurückweisung des verspäteten Vortrags nicht verhindert werden.

D. Die mündliche Verhandlung

1577 Das persönliche Zusammentreffen der Verfahrensbeteiligten zum Zwecke der Erörterung des Streitstoffs gehört zu den grundlegenden Prinzipien des deutschen Verfahrensrechts. Die ZPO sieht dies als Regelfall vor (§ 128 Abs. 1 ZPO). Für den Anwalt ist es zentraler Teil der Prozessführung, erfordert Flexibilität und Spontaneität (Goldkamp ZAP Fach 13, S. 2023). Hier können Fehler in den vorbereitenden Schriftsätzen ausgebügelt, aber auch neue Fehler gemacht werden.

Die Mündlichkeit der Verhandlung ist erforderlich, um den bis dahin nur in vorbereitenden Schriftsätzen angekündigten Sachvortrag zum Prozessstoff zu machen (Verhandlungsmaxime). Die Öffentlichkeit dieser Verhandlung ermöglicht die Kontrolle der rechtsprechenden Staatsgewalt, die Unmittelbarkeit der Verhandlung begründet die persönliche Verantwortung der beteiligten Richter.

Nur ausnahmsweise kann von einer solchen mündlichen Verhandlung ganz oder teilweise abgesehen werden.

- Im schriftlichen Verfahren (dazu oben Rdn. 680) kann entschieden werden
  - mit Zustimmung der Parteien (§ 128 Abs. 2 ZPO);
  - über die Kosten des Rechtsstreits oder Nebenforderungen (§ 128 Abs. 3 ZPO);
  - wenn die Entscheidung nicht in Form eines Urteils ergeht (§ 128 Abs. 4 ZPO);
  - wenn der Streitwert vor dem Amtsgericht 600,– € nicht übersteigt (§ 495a ZPO).
- Im Wege der Videokonferenz kann auf Antrag verhandelt werden (§ 128a Abs. 1 ZPO).
  In diesem Fall befinden sich die Verfahrensbeteiligten an verschiedenen Orten, zwischen denen zeitgleich eine Bild- und Tonübertragung ohne Aufzeichnung stattfindet. Praktische Bedeutung hat diese Form der Verhandlung derzeit vor allem bei der Vernehmung von Zeugen oder Sachverständigen (dazu unten Rdn. 2028, 2032), wird während der Pandemie aber auch verstärkt zur Kontaktvermeidung genutzt.

1578 Die mündliche Verhandlung der Parteien vor dem erkennenden Gericht erfolgt regelmäßig als Haupttermin i.S.d. §§ 272 Abs. 1, 278 ZPO. Zu deren Vorbereitung kann alternativ zu einem schriftlichen Vorverfahren ein früher erster Termin abgehalten werden (§§ 272 Abs. 2, 275 ZPO).

Kein eigenständiger Termin ist der Gütetermin, der der ersten mündlichen Verhandlung vorauszugehen hat und damit entweder Teil des frühen ersten Termins oder Teil des Haupttermins ist (§ 278 Abs. 2 ZPO). Eine erneute mündliche Verhandlung hat auch nach Abschluss der Beweisaufnahme zu erfolgen (§ 285 ZPO; unten Rdn. 1987).

1579 Ablauf und Inhalt von frühem erstem Termin und Haupttermin unterscheiden sich nicht wesentlich.

I. Chancen und Risiken

1580 Sobald es zur mündlichen Verhandlung im Rechtsstreit kommt, entsteht eine zusätzliche Verantwortung für den Anwalt. Die Verhandlung ist das **Kernstück des Zivilprozesses.** Sie kann ein erhebliches Tempo erreichen und rasche Reaktionen erfordern. Sie setzt die volle Beherrschung des Tatsachenstoffes und der Rechtslage voraus. Sie kann durch prozessuale, unerwartete Maßnahmen erschwert werden. Sie hat die Unwägbarkeiten des Streitgesprächs zum Gegenstand (so wörtlich und zutreffend Hartmann, Kostengesetze, 48. Aufl., zu Nr. 3104 RVG-VV; auch Zuck, ZAP-Kolumne 2000, S. 766: »faktisch hohes Überraschungspotenzial«).

Der Anwalt darf sich in der mündlichen Verhandlung nicht mit dem vom Gericht dargebotenen Inhalt beschränken. Die Verhandlung dient der Durchsetzung der Interessen der Parteien. Sie – und damit ihre Prozessbevollmächtigten – sind im eigenen Interesse gehalten, darauf zu achten, dass der Prozessstoff vollständig und richtig vom Gericht berücksichtigt wird, dass alle Unklarheiten beseitigt werden und dass alle Rechtsfragen erschöpfend behandelt werden. Insbesondere Letztere bleiben im Termin oft vage, auch weil das Gericht hier unzureichend vorbereitet und/oder noch unentschlossen ist. Diese Chance zu nutzen, ist Aufgabe des Anwalts. Zu Recht weist Hirtz (AnwBl 2012, 21) deswegen darauf hin: »Einforderung des Rechtsgesprächs im Zivilprozess ist Anwaltssache«.

Gerade in der mündlichen Verhandlung reagieren Rechtsanwälte auf neue Prozesssituationen oft überhaupt nicht, ungeschickt oder falsch. Dies passiert überwiegend bei Unterbevollmächtigten, da sie mit dem Akteninhalt häufig nicht ausreichend vertraut sind (OLG Düsseldorf NJW 1982, 1888: Anwaltskartell: keine ordnungsgemäße Prozessführung und grob nachlässig; aber OLG München NJW-RR

2001, 66: Bei Unmöglichkeit einer sofortigen Stellungnahme einer auswärtigen, durch einen Korrespondenzanwalt vertretenen Partei zu in der Verhandlung erteilten Hinweisen muss nach § 278 Abs. 4 ZPO a.F. vertagt werden – jetzt aber § 139 Abs. 5 ZPO). Dabei können nicht nur gerichtliche Hinweise, sondern vor allem auch der mündliche Vortrag der Gegenpartei eine bisher übersehene Einzelheit aufdecken, welche dem Verfahren eine völlige Wendung geben kann (Anders/Gehle/Anders § 137 Rn. 22).

Da man auch mit Verfahrensfehlern des Gerichts rechnen muss, hat der Anwalt in der mündlichen Verhandlung »hellwach und misstrauisch« zu sein (E. Schneider ZAP-Kolumne 2000, S. 1269), und die Partei bzw. ihr Prozessbevollmächtigter müssen »das ihre dazu beitragen, dass ihre Rechte am Prozess nicht verkürzt werden« (BGH NJW 1988, 2302).

Ferner darf der Anwalt nie dem Gericht zuliebe auf ein Recht des Mandanten verzichten oder eine günstige prozessuale Position aufgeben, wenn kein Vorteil für ihn damit verbunden ist (E. Schneider, Anwalt 12/2001 S. 17; MDR 1991, 299).

Für ein sicheres Auftreten in der Verhandlung – insbesondere in Vergleichsgesprächen –ist es dienlich, wenn man etwaige mögliche Entwicklungen des Termins im Voraus bedenkt und Vergleichsoptionen mit dem Mandanten vorab bespricht.

1. Chancen

1581 Vor allem die mündliche Verhandlung bietet die **Gelegenheit**,

- einen für die Partei günstigen Aspekt besonders herausstellen zu können, der sonst womöglich in den zahlreichen Schriftsätzen untergegangen wäre,
- den Sachverhalt durch die Partei persönlich überzeugend darzustellen und bei dem Richter Interesse für den Fall zu wecken sowie Verständnis für den eigenen Standpunkt zu erlangen,
- Fehlinterpretationen und falsche Schlüsse des Gerichts zu vermeiden helfen und bisher unerkannte Missverständnisse zu klären sowie neue entscheidungserhebliche Umstände aufzudecken.

Manchmal wird erst durch die mündliche Erörterung beim Gericht das notwendige Problembewusstsein für den Streitfall erzeugt. Zudem fördert die direkte Kommunikation der Beteiligten die richtige Erfassung der Komplexität des Geschehens.

So vermag ein Gericht gerade »im offenen Schlagabtausch« in einer mündlichen Verhandlung mit den Parteien seine vorgefasste Meinung zu korrigieren und akzeptiert dort auch Hinweise auf bislang Übersehenes (Nassall ZRP 2004, 167). Durch das Rechtsgespräch lässt sich ein unterschiedliches Verständnis oft leichter herauskristallisieren und alsdann gemeinsam weiterentwickeln, als wenn der Anwalt sich lediglich einseitig äußert und deshalb nicht auf Reaktionen erwidern kann (Schmude/Eichele BRAK-Mitt. 2001, 255).

Dabei kann Rechtsanwälten der weitere Vortrag nicht generell untersagt werden (§ 157 Abs. 2 ZPO). Gegen Ablesen und bei zu weitschweifigen Erklärungen hingegen kann das Gericht einschreiten (§§ 136 Abs. 2, 137 ZPO), wobei aber grundsätzlich ein Recht der Partei selbst auf den (freien) mündlichen Vortrag in der Verhandlung besteht (§§ 136 Abs. 3, 137 Abs. 2 und 4, 138, 139 Abs. 1, 278, 285 ZPO; Art. 103 Abs. 1 GG). Das Gericht »muss selbstverständlich« (»sollte«, d. Verf.) jeder Ausführung einer Partei im tatsächlichen und rechtlichen Bereich mitdenkend folgen und durch Rückfragen usw. reagieren (Anders/Gehle/Anders § 137 Rn. 23).

- die Ansicht des Gerichts zur Sach- und Rechtslage zu erfahren, rechtliche Hinweise einzufordern und zu erhalten und u.U. sofort darauf zu erwidern,
- etwaige bisherige eigene Fehler zu korrigieren, noch weitere Angriffs- und Verteidigungsmittel vorzubringen sowie die Klage zu ändern.

Dies alles ist nur bis zum Schluss der mündlichen Verhandlung in der ersten Instanz möglich (§ 296a ZPO; oben Rdn. 1483). In der Berufungsinstanz hingegen braucht nach der ZPO-Reform sowohl neuer Tatsachenvortrag als auch eine Klageänderung nur noch sehr selten berücksichtigt werden (§§ 518 Abs. 1; 529 Abs. 1 Nr. 1; 531 Abs. 2, 533 ZPO).

- die Einigungsbereitschaft der Gegenpartei zu erhöhen, einen Prozessvergleich auszuhandeln und abzuschließen.

2. Risiken

Die mündliche Verhandlung schafft aber auch Risiken und Fehlerquellen. 1582

(1) Vorsicht geboten ist, wenn Tatsachen **eingeräumt** werden. 1583

Denn darin kann ein konkludentes Geständnis mit Bindungswirkung gem. § 290 ZPO gesehen werden (oben Rdn. 1345). 1584

Von einem schriftsätzlich angekündigten Geständnis kann man in der mündlichen Verhandlung wieder abrücken. Prozessual wirksam wird ein Vorbringen nämlich grundsätzlich erst mit Vortrag in der mündlichen Verhandlung (Thomas/Putzo/Seiler § 129 Rn. 1; Zöller/Greger § 288 Rn. 5; Ausnahme: schriftliches Verfahren).

Daher sollte man den Gegner bzw. das Gericht nicht unbedingt voreilig darauf aufmerksam machen. Dies ist aber bereits dann gefahrlos möglich, nachdem die Gegenpartei im Termin den Antrag vorbehaltlos gestellt hat, wodurch ein in den Schriftsätzen enthaltenes Geständnis nunmehr wirksam erklärt ist.

(2) Vorsicht geboten ist auch, wenn auf etwas **verzichtet** werden soll. 1585

Denn ein Verzicht ist grundsätzlich unwiderruflich. Um zu verhindern, dass insbesondere bei einem Schweigen oder Einverständnis mit einer bestimmten prozessualen Vorgehensweise ein konkludenter Verzicht unterstellt werden kann, ist es zweckmäßig, sich ausdrücklich die bisherigen bzw. etwaigen weiteren Rechte vorzubehalten, wenn eine solche Annahme auch nur entfernt denkbar erscheint. 1586

So wird z.B. von manchen Gerichten ein anwaltlich vorbehaltlos erklärter Verzicht auf die Begründung einer gerichtlichen Entscheidung – auch vor deren Verkündung – als stillschweigend erklärter Rechtsmittelverzicht ausgelegt (OLG Köln MDR 2000, 472; OLG Köln MDR 2002, 109: § 91a Beschluss; Zöller/Heßler § 567 Rn. 15). Das wesentliche Argument der Kritiker (E. Schneider MDR 2000, 987), nämlich der § 514 ZPO a.F., woraus gefolgert wurde, dass ein Verzicht vor Urteilserlass nicht möglich ist, dürfte nunmehr mit den §§ 515, 313a Abs. 3 ZPO entfallen sein.

Zur Vermeidung speziell dieses Risikos sollte der Anwalt daher sicherheitshalber einem nicht zugleich als Rechtsmittelverzicht gewollten Begründungsverzicht den Zusatz »ohne Verzicht auf Rechtsmittel« hinzufügen (OLG Köln MDR 2002, 109: »kann von anwaltlich vertretenen Parteien erwartet werden«; auf Protokollierung achten, § 165 ZPO – Wirksamkeit eines Verzichts davon aber unabhängig, Zöller/Schultzky § 162 Rn. 6; im Fall eines Rechtsmittel- und Begründungsverzichts aber Ersparnis von zwei Gerichtsgebühren, Nr. 1211 Ziff. 2 KV-GKG i.V.m. § 313a Abs. 2 ZPO).

Vorsicht ist auch geboten bei Verzicht auf einen Zeugen (unten Rdn. 2019).

(3) Sorgfältiger Überlegung bedarf, zu welchem Zeitpunkt, insbesondere in welcher Reihenfolge Prozesshandlungen vorgenommen werden. Die Vornahme bestimmter Prozesshandlungen kann andere Prozesshandlungen ausschließen. Insbesondere stellt das »Verhandeln«, also das Stellen der Anträge, eine Zäsur dar, die die eigenen taktischen Gestaltungsmöglichkeiten einschränkt. 1587

▶ **Beispiele:**

Will der Kläger sich die Möglichkeit erhalten, die Klage ohne Einwilligung des Beklagten zurückzunehmen, darf er zunächst keinen Antrag stellen. 1588

Mit der Stellung des Antrags verliert der Kläger die Möglichkeit, eine Flucht in die Säumnis anzutreten.

Werden verzichtbare Verfahrensfehler nicht vor der nächsten Antragstellung gerügt, tritt eine Heilung ein (§§ 39, 295 ZPO). 1589

Die rügelose Stellung der Anträge begründet eine bis dahin nicht gegebene sachliche und/oder örtliche Zuständigkeit des angerufenen Gerichts, der Beklagte kann die Unzuständigkeit danach nicht mehr rügen (§ 39 ZPO).

Verzichtbar i.S.d. § 295 ZPO sind Verfahrensrügen, die den äußeren Prozessablauf betreffen.

▶ **Beispiele:**

1590 Rügen zum Inhalt des Protokolls (§§ 159, 160 ZPO).

Rügen zur Wirksamkeit der Zustellung (§§ 166 ff., 271 ZPO) oder der Ladung (§ 274 ZPO).

Rügen zum Ablauf der Beweisaufnahme (§§ 355 ff. ZPO).

Von Bedeutung ist der Verlust des Rechts zur Rüge von Verfahrensfehlern vor allem für die Berufung, wo neue Angriffs- und Verteidigungsmittel hauptsächlich auf Verfahrensfehler gestützt werden können (unten Rdn. 2019). Der Verlust des Rügerechts in der ersten Instanz wirkt in der Berufungsinstanz fort (§ 534 ZPO).

1591 (4) Verhindert werden muss zudem, beim Gericht einen schlechten **persönlichen Eindruck** zu hinterlassen.

1592 Denn der Anwalt und auch die Partei selbst sollten es vermeiden, in der mündlichen Verhandlung (besonders) »negativ« aufzufallen und sich provozieren zu lassen. Auf »Privatfehden« mit dem Richter sollte tunlichst verzichtet werden. Unsachlichen Äußerungen – sei es vom Gegner oder vom Gericht – sollte man am besten ruhig, aber bestimmt entgegentreten.

Es kann nicht ausgeschlossen werden, dass sonst – zumindest unbewusst – (nachteilige) Voreingenommenheiten und gewisse Antipathien beim Richter entstehen. Dabei personifiziert sich gewissermaßen die nicht persönlich anwesende Partei für den Richter vornehmlich in der Person ihres Prozessbevollmächtigten, wobei manche Richter Rechtsanwälten gegenüber von vornherein eher kritisch eingestellt sind. Durch persönliche Angriffe gegen den Richter bzw. dessen fachliche Kompetenz, unterschwellige vermeintliche Drohungen, unsachliche Äußerungen gegenüber der anderen Seite oder auch nur durch ein unangebracht überhebliches, forsches Auftreten riskiert man eine für die Partei nachteilige innere Einstellung auch eines zunächst wohlgesinnten Richters.

Auch wenn die lautstarke Selbstdarstellung des Anwalts den anwesenden Mandanten möglicherweise zunächst beeindruckt, kann dadurch die Enttäuschung über einen verlorenen Prozess sicherlich nicht ausgeglichen werden. Erfolgreiche Prozesstaktik muss – vor allem im Interesse des eigenen Mandanten – mit der »Prozesspsychologie« harmonieren. Ihre Reduktion ausschließlich auf die Eigeninteressen kann das Gegenteil dessen bewirken, was erstrebt wird (zutreffend E. Schneider MDR 1987, 725).

Dabei ist zu bedenken, dass viele Ergebnisse wertende Entscheidungen sind, die von ganz individuellen, kaum verifizierbaren Tendenzen subjektiv geprägt sind. Es gibt häufig eben nicht nur die »richtige« Rechtsanwendung für den zu entscheidenden Einzelfall, sondern mehrere sich widersprechende, aber trotzdem allesamt vertretbare Lösungsmöglichkeiten. Außerdem ist die für die Entscheidung notwendige »persönliche Gewissheit« allein des Tatrichters von der Wahrheit einer Behauptung naturgemäß personengebunden und kaum nachprüfbar (BGHZ 53, 245, 256: Nur hierauf kommt es an, auch wenn andere zweifeln oder eine andere Auffassung erlangt haben würden).

So kann derjenige, der sein »Handwerk versteht, nahezu jede Entscheidung begründen oder zumindest wasserdicht machen« und damit die »Willens-Bestandteile« seines Urteils kaschieren (Lamprecht DRiZ 1988, 162). Auch wird behauptet, dass die Praxis die juristischen Methoden der Rechtsfindung dazu benutzen würde, um »die nach dem eigenen Vorverständnis des jeweiligen Juristen angemessenste Entscheidung nach außen lege artis zu begründen, d.h. scheinzubegründen« (Esser, Vorverständnis und Methodenwahl in der Rechtsfindung, 2. Aufl. 1972, S. 7 – zit. Schwöbbermeyer ZRP 2001, 571; Reinelt ZAP-Sonderheft S. 63: es gibt irrationale Tendenzen im Recht).

Ebenso hat der Richter prozessual einen weiten Handlungsspielraum (Anders/Gehle/Anders § 139 Rn. 13), nicht zuletzt aufgrund von unbestimmten, kaum definierbaren Rechtsbegriffen und »Kann«-Bestimmungen.

So schreibt Rinsche (Rn. 169) treffend: »Man täusche sich nicht: In Fällen, die auf des Messers Schneide stehen, kann die Verärgerung eines Richters (ohne dass es diesem bewusst wird) durchaus prozessentscheidend sein.«

Etwas anders gilt allerdings, wenn der Anwalt in ruhiger und sachlicher Form selbstbewusst auf der Wahrung seiner Verfahrensrechte besteht. Hierbei ist die verbreitete Sorge, dass man dann mit Repressalien rechnen muss, unangebracht. Weit eher ist davon auszugehen, dass ein Richter diesen Anwalt respektiert (E. Schneider, www.beck.de, 2004).

II. Vorbereitung

Auch wenn das Gebot umfassender Vorbereitung der mündlichen Verhandlung (§§ 272 Abs. 1, 1593
273 ZPO) unmittelbar nur für das Gericht gilt, muss auch der Anwalt entsprechend tätig werden.

1. Teilnahme des Mandanten

Eine wichtige vorbereitende Überlegung betrifft die Frage, ob es erforderlich oder sinnvoll ist, den 1594
eigenen Mandanten zur mündlichen Verhandlung mitzunehmen.

a) Zweckmäßigkeit der Teilnahme

Die Parteien dürfen natürlich an der mündlichen Verhandlung und der Beweisaufnahme teilnehmen. 1595

▶ Praxistipp:

Für die Teilnahme der Partei an der mündlichen Verhandlung gibt es keine pauschale Lösung: 1596
Ihre Zweckmäßigkeit ist im Einzelfall abzuwägen.

Die Frage, ob es zweckmäßig ist, dem Mandanten die Teilnahme zu empfehlen, muss der Anwalt 1597
im jeweiligen Einzelfall entscheiden. Die zuweilen zu lesende Bemerkung, wonach diejenige Partei, welche persönlich erscheint, regelmäßig »der Dumme« ist, ist in dieser Allgemeinheit keinesfalls zutreffend (Lange NJW 2002, 480 Fn. 50: »Wer seine Partei lieb hat, lässt sie zu Hause«).

Dabei sind die Reisekosten der Partei zur Teilnahme an der mündlichen Verhandlung grundsätzlich auch dann gem. § 91 Abs. 1 ZPO erstattungsfähig, wenn sie anwaltlich vertreten ist und das Gericht das persönliche Erscheinen nicht angeordnet hat (OLG Celle NJW 2003, 2994: arg. Ausweitung des Stellenwertes der mündlichen Verhandlung durch das ZPO-Reformgesetz 2002; Zöller/Herget § 91 Rn. 13.79). Anderes gilt nur dann, wenn sich die persönliche Anwesenheit im Einzelfall als missbräuchlich darstellt (OLG Celle a.a.O.: z.B. bei grobem Missverhältnis der Reisekosten zum Wert des Streitgegenstands; OLG Düsseldorf NJW-RR 1996, 1342: wenn offenkundig nur ein sog. Durchlauftermin ansteht).

aa) Nachteile

Nachteilig auswirken kann sich die Anwesenheit der Partei aus folgenden Gründen: 1598

(1) Sie kann insbesondere Fragen des Gerichts und des Gegners ausgesetzt sein, ohne deren Bedeu- 1599
tung für den Rechtsstreit zu erkennen, und sich deshalb **ungeschickt einlassen**.

Auch wird das Gericht bei Anwesenheit der Partei auf tatsächliche Fragen sofort eine Antwort erwarten, während sonst eine Vertagung oder Schriftsatzfrist die Möglichkeit einer gründlichen Überlegung und einer Rücksprache mit dem Prozessvertreter eröffnet (z.B. Thomas/Putzo/Seiler § 370 Rn. 1: bei nicht voraussehbarem, überraschendem Ergebnis der Beweisaufnahme oder bei Fragen, die der Anwalt nicht ohne Rücksprache mit seinem Mandanten beantworten kann). Durch die Äußerungen der Partei kann möglicherweise die gesamte Strategie des Anwalts zunichtegemacht werden.

(2) Erteilt das Gericht in der mündlichen Verhandlung einen Hinweis, ist es der anwesenden Partei 1600
meist möglich, sich hierzu sofort zu erklären. Da eine Schriftsatzfrist gem. § 139 Abs. 5 ZPO somit regelmäßig nicht in Betracht kommt (OLG Hamm NJW 2003, 2543; unten Rdn. 1749), verbleibt der Partei **kaum Zeit zum Nachdenken** und Besprechen mit ihrem Prozessbevollmächtigten.

(3) Bei gerichtlichen Vergleichsvorschlägen besteht die Gefahr, dass das Gericht **Druck auf die** 1601
anwesende Partei – über den (ablehnenden) Anwalt hinweg – ausübt und der Vergleichsabschluss später reut.

1602 (4) Die Äußerungen einer sehr **emotional auftretenden Partei** können zu gewissen Spannungen führen, den Gegner provozieren und das Gericht negativ beeinflussen. Unter Umständen ist der Gegner dann zu einem – für die Partei günstigen – Vergleichsabschluss nicht mehr bereit.

Somit kann nach »alter forensischer Erfahrung« die persönliche Anwesenheit der Parteien auch Prozess erschwerend sein (Kahlert NJW 2003, 3391). Die Hoffnung, dass durch die Anwesenheit von Parteien die Vergleichsbereitschaft erhöht wird, soll auch »meist ein Trugschluss« sein (Zierl NJW-Editorial Heft 39/2002; a.A. MüKoZPO/Prütting § 279 Rn. 16: wichtige Voraussetzung erfolgreicher Vergleichsbemühungen ist die persönliche Anwesenheit der Parteien). So lässt sich einerseits ohne die Parteien in der Tat häufig ein sachlicheres und offeneres Gespräch über die Probleme des Falles führen, wobei andererseits zuweilen auch erst durch die persönliche Anhörung der Parteien offenkundig wird, was der eigentliche Streitpunkt ist.

Der Umgang mit den Parteien wirft in der mündlichen Verhandlung für Gericht und Anwälte zusätzliche soziale, kommunikationstheoretische und psychologische Probleme auf.

Ferner kann durch die Art des Auftretens der Partei die gegnerische Darstellung des Sachverhalts u.U. für das Gericht plausibel und glaubwürdig werden (z.B. wenn ein sehr aggressiv und kräftig wirkender Beklagter die behauptete Körperverletzung des Klägers bestreitet (z.B. auch OLG Hamburg MDR 2000, 115: dafür »dass insbesondere die Telefonate [des, sein Zeithonorar einklagenden Rechtsanwaltes] mit der Beklagten selbst oft zeitraubend gewesen sein können, [...] hat sie in der Verhandlung mit ihren mündlichen Ausführungen ein Beispiel gegeben«).

bb) Vorteile

1603 Die Anwesenheit der Partei kann aber auch vorteilhaft sein:

1604 (1) Der (sachkundige) Mandant kann komplizierte Sachverhalte dem Gericht **verständlich machen** sowie entscheidungserhebliche Punkte sogleich klären. Der Anwalt wird hierzu häufig ebenso wenig in der Lage sein, wie Äußerungen der Gegenpartei sofort zu erwidern.

Der Prozessvertreter ist dann nicht auf die Gewährung einer Schriftsatzfrist bzw. Vertagung angewiesen und erspart sich eine – vielfach mühsame – außergerichtliche Rückfrage beim Mandanten und weiteren Schriftverkehr. Auch können etwaige Unklarheiten, Auslassungen und Widersprüche infolge mangelhafter Information vermieden werden, wobei insbesondere mündliche Ausführungen der Gegenpartei oder Hinweise des Gerichts die Erörterungen in eine vorher nicht zu bedenkende Richtung lenken können. Im Übrigen belegt die gerichtliche Praxis vielfältig, dass ein nach Aktenlage als feststehend erscheinender Sachverhalt sich erst im Gespräch mit den Parteien als unvollständig oder missverstanden erweisen kann (OLG Düsseldorf NJW-RR 1996, 1342).

1605 (2) Unter Umständen sieht sich das Gericht veranlasst, der persönlich anwesenden Partei **mehr Hinweise** zu erteilen als einem Rechtsanwalt. Insbesondere wenn die Partei »zur Aufklärung des Sachverhalts« persönlich geladen wurde, ist das Gericht verpflichtet, ihr Gelegenheit zu geben, einen etwaigen unzureichenden Tatsachenvortrag zu vervollständigen (BGH NJW-RR 1999, 605).

1606 (3) In manchen Fällen kann nicht ausgeschlossen werden, dass die unmittelbare Schilderung der Ereignisse durch die Partei das Gericht vor allem in Zweifelsfällen oder bei noch ungeklärten Restfragen **überzeugt** (§ 286 ZPO; z.B. OLG Frankfurt a. M. MDR 1979, 762: überzeugendes Auftreten des Beklagten) oder zur Parteivernehmung von Amts wegen führt (OLG Celle VersR 1982, 500: der in der Verhandlung von der Persönlichkeit beider Parteien gewonnene Eindruck).

1607 (4) Wenn es z.B. um Schmerzensgeld wegen Körperverletzung geht, kann der unmittelbare Anblick der **sichtbaren Folgen** beim Kläger einen günstigen Einfluss auf die Höhe des Schmerzensgeldes haben (z.B. bei Gesichtsverletzung entstellende Narben!).

Hierbei sollte der Kläger darauf achten, dass das Gericht die Verletzungen als Inhalt der Augenscheinseinnahme besonders genau protokolliert (tatsächliche Beschreibung und nicht nur das würdigende Ergebnis – insbesondere Grad der Auffälligkeit von Narben). Andernfalls besteht die Gefahr, dass das Berufungsgericht einen Verstoß gegen § 160 Abs. 3 Nr. 5 ZPO annimmt und eigene Feststellungen trifft, während es sonst an die Feststellungen des Erstgerichts grundsätzlich gebunden ist (§ 529 Abs. 1 Nr. 1 ZPO; OLG Hamm NJW-RR 2003, 1006: Halbierung des Schmerzensgeldes in der Berufungsinstanz, weil die Narben inzwischen verheilt waren).

(5) Vorteilhaft kann die Teilnahme auch bei der Beweisaufnahme oder Anhörung des Gegners sein, um **ergänzende Fragen stellen** zu können. 1608

Denn oft kann nur die Partei vor allem bei einer Zeugenaussage, die entscheidend falsche oder widersprüchliche Stelle sogleich erkennen und zur Sprache bringen (Anders/Gehle/Anders § 137 Rn. 40). Da erfahrungsgemäß viele Parteien nicht in der Lage sind, (konkrete) Fragen zu stellen und ihren Einwand zielgerichtet artikulieren zu können, sollte dies am besten der Anwalt – nach kurzer Rücksprache mit dem Mandanten – übernehmen.

(6) Für den Anwalt besteht ein Vorteil darin, dass ein etwaiger **Vergleich unwiderruflich** abgeschlossen werden kann. 1609

Damit kann er sich Erklärungs- und Überzeugungsarbeit beim Mandanten ersparen. Denn es ist in der Regel davon auszugehen, dass das Gericht zum Zwecke eines Vergleichsabschlusses entsprechende Ausführungen im Termin macht. Besonders bei »uneinsichtigen« Mandanten kann dies für den Anwalt hilfreich sein.

In jedem Fall empfiehlt es sich, den persönlich teilnehmenden Mandanten **vorher** über den Ablauf einer mündlichen Verhandlung samt etwaigen Unwägbarkeiten zu informieren und mit ihm die Vorgehensweise **abzusprechen.** 1610

Zur Vermeidung von Überraschungen sollte der Anwalt den Mandanten vor dem Termin auch nach etwaigen Umständen fragen, die ihm zwar möglicherweise unangenehm sind, welche jedoch im Termin zur Sprache kommen könnten.

b) Anordnung des persönlichen Erscheinens

Das Gericht soll nach § 141 ZPO das persönliche Erscheinen beider Parteien anordnen, wenn dies zur Aufklärung des Sachverhalts **geboten** erscheint. Eine solche Anordnung erfolgt in der Praxis regelmäßig für die Güteverhandlung (§ 273 Abs. 3 ZPO). 1611

Trotz des ungebrochenen Interesses an einschlägigen Gerichtsshows deutscher Privatsender hält sich die Begeisterung von Mandanten, in ihren eigenen Prozessen vor Gericht zu erscheinen, oftmals in Grenzen. Der Anwalt kann sicher sein, Fragen wie »Muss ich da wirklich hin?« beantworten zu müssen, umso eher, wenn es um geringe Streitwerte und absehbar einseitige Rechtsstreitigkeiten geht. Gerade Selbstständige wie Ärzte oder Steuerberater sehen es – vielfach zu Recht – als unnötig an, einen Gerichtstermin »nur« dafür wahrzunehmen, dass sie dem Erlass eines Versäumnisurteils beiwohnen (Luckey ProzRB 2005, 44).

Ggf. kann die Belastung der Partei durch das persönliche Erscheinen reduziert werden durch einen Antrag auf Durchführung der Verhandlung im Wege der Bild- und Tonübertragung (Videokonferenz, § 128a ZPO), was jetzt auch für die Güteverhandlung möglich ist (§ 278 Abs. 2 S. 4 ZPO)

Obgleich auch hier eine Äußerungspflicht der Partei nicht besteht (Prütting/Gehrlein/Prütting § 141 Rn. 10 – es gelten jedoch §§ 138, 286 ZPO!), kann trotzdem bei unentschuldigtem Ausbleiben einer Partei ein **Ordnungsgeld** verhängt werden (§ 141 Abs. 3 ZPO). 1612

Auch wenn viele Richter davon nur zurückhaltend Gebrauch machen dürften (Ermessen!), muss immer damit gerechnet werden.

Bei verhängtem Ordnungsgeld kann die Partei entweder gem. § 380 Abs. 3 ZPO sofortige Beschwerde einlegen (Notfrist von zwei Wochen!) oder auch versuchen, eine Aufhebung des Ordnungsgeldbeschlusses durch nachträgliche Entschuldigung zu erreichen (§ 381 ZPO). Insbesondere wenn der Prozess inzwischen bereits abgeschlossen ist oder (sowieso) ein neuer Termin wegen fehlender Zeugen erforderlich geworden war, dürften nicht wenige Richter geneigt sein, den Beschluss dann – ohne eingehende Prüfung der vorgetragenen Gründe – aufzuheben.

Dabei kann der Anwalt darauf hinweisen, dass die Anordnung des persönlichen Erscheinens der Förderung des Verfahrens und der Sachverhaltsaufklärung dient (Zöller/Greger § 141 Rn. 12; Thomas/Putzo/Seiler § 141 Rn. 5) und die Verhängung von Ordnungsgeld (zumindest nicht vorrangig) keine Ungehorsamsstrafe für die Missachtung des Gerichts und des Gesetzes darstellt (Zöller/Greger § 141 Rn. 12; LAG Frankfurt a.M. NJW 1965, 1042: kein allgemeiner Autoritätsschutz der Gerichte schlechthin; LAG Niedersachsen MDR 2002, 1333: keine Sanktion für das Scheitern von Vergleichsverhandlungen; a.A. z.B. OLG München NJW-RR 1992, 827) und dass davon nur zurückhaltend Gebrauch gemacht werden sollte (Anders/Gehle/Bünnigmann § 141 Rn. 30). Dabei kann das Nichterscheinen als Verweigerung einer Erklärung gesehen werden (Thomas/Putzo/Seiler § 141 Rn. 5).

1613 **Voraussetzungen** sind insbesondere,

- dass das Ausbleiben nicht entschuldigt ist (z.B. wegen großer Entfernung, Krankheit, sonstiger dringender Geschäfte; Prütting/Gehrlein/Prütting § 141 Rn. 11; Thomas/Putzo/Seiler § 141 Rn. 5);

Ob die falsche Auskunft des Anwalts, nicht erscheinen zu müssen, die Partei entlasten kann, ist umstritten (verneinend Anders/Gehle/Bünnigmann § 141 Rn. 40; Zöller/Greger § 141 Rn. 13 – arg. § 85 Abs. 2 ZPO; bejahend Thomas/Putzo/Seiler § 141 Rn. 6; verneinend OLG Schleswig ProzRB 2003, 290 – persönliches Parteiverschulden erforderlich). Es ist aber gut vorstellbar, dass die meisten Richter dies als ausreichende Entschuldigung gelten lassen.

Die Partei ist vor allem aber dann entschuldigt, wenn sie die – meist formlose (§ 141 Abs. 2 Satz 2 ZPO) – Ladung überhaupt nicht erhalten hat (Luckey ProzRB 2005, 49: »Wird mithin der Zugang der Ladung bestritten, ist das Gericht regelmäßig hilflos«).

- dass die Anordnung einen Hinweis auf die Folgen des Ausbleibens enthält und als Zweckangabe »zur Aufklärung des Sachverhalts« angefügt ist, was in der Praxis häufig nicht erfolgt (Thomas/Putzo/Seiler § 141 Rn. 6; Zöller/Greger § 141 Rn. 10; einschränkender OLG München MDR 1987, 147: Gericht muss zu erkennen geben, welche Ergänzungen oder Erläuterungen es im Termin erwartet; Terminsladung genau lesen!);
- dass Aufklärung auch tatsächlich noch erforderlich (OLG Brandenburg MDR 2001, 411) bzw. die Sache aufgrund des Ausbleibens nicht entscheidungsreif ist (OLG Brandenburg NJW-RR 2001, 1649; str.) oder die Sache sich nicht bereits erledigt hat (z.B. durch Vergleich, Klagerücknahme, Versäumnisurteil, Endurteil; Prütting/Gehrlein/Prütting § 141 Rn. 11; LAG Niedersachsen MDR 2002, 1333);

Der Anwalt kann deshalb auch versuchen, dem drohenden Ordnungsgeldbeschluss durch Abschluss eines Widerrufsvergleichs zu entgehen (Zöller/Greger § 141 Rn. 12, 18; Luckey ProzRB 2005 Fn. 39: »Der Charme der »Widerrufslösung« liegt natürlich auf der Hand«; a.A. Anders/Gehle/Bünnigmann § 141 Rn. 50).

- dass kein Vertreter oder Prozessbevollmächtigter erscheint, der zur Abgabe der gebotenen Erklärungen, insbesondere zu einem Vergleichsabschluss, ermächtigt, und zur Aufklärung des Tatbestandes in der Lage ist (§ 141 Abs. 3 ZPO).

Gegebenenfalls kommt der Anwalt selbst als Vertreter in Betracht (a.A. OLG Stuttgart NJW-RR 2014, 447; OLG Karlsruhe MDR 2012, 1062: Vertreter kann nur sein, wer unmittelbare eigene Wahrnehmungen wiedergeben kann). Dabei hängt es vom jeweiligen Richter ab, welchen Anforderungen diese Vollmacht entsprechen muss. Während manchen Richtern die mündliche anwaltliche Versicherung ausreicht, bestehen andere auf der Vorlage einer diesbezüglichen (besonderen) Vollmacht. Deshalb sollte der Anwalt eine solche im Original sicherheitshalber immer in der Verhandlung dabei haben, welche Anerkenntnis und Verzicht mit einschließen muss (Zöller/Greger § 141 Rn. 18; OLG München NJW-RR 1992, 827: Vollmacht gem. § 81 ZPO genügt nicht). Nach einer Ansicht (Anders/Gehle/Bünnigmann § 141 Rn. 50; AG Königstein NJW-RR 2003, 136) muss der Vertreter bereit und ermächtigt sein, einen etwaigen Prozessvergleich unbedingt abzuschließen. Im Übrigen kommt der Anwalt als Vertreter in diesem Sinne nicht in Betracht, wenn es auf höchstpersönliche Kenntnisse der Partei ankommt (Anders/Gehle/Bünnigmann § 141 Rn. 48), weil der Wissensstand des Vertreters dem der Partei entsprechen muss (Zöller/Greger § 141 Rn. 17).

Die Partei trägt das Risiko für den Fall, dass sich der Vertreter als nicht genügend unterrichtet erweist (OLG Stuttgart MDR 2009, 1301; NJW-RR 2012, 447).

Ist das persönliche Erscheinen des gesetzlichen Vertreters einer juristischen Person angeordnet, kann bei seinem Ausbleiben ein Ordnungsgeld nur gegen die Partei, nicht aber gegen den gesetzlichen Vertreter angeordnet werden (OLG Hamm NJW-RR 2013, 575).

▶ Praxistipp:

Für den (Prozess-)Bevollmächtigten selbst besteht ebenfalls keine Pflicht, sich zur Sache einzulassen. Weigert sich der Vertreter daher, eine Erklärung abzugeben, kann kein Ordnungsgeld verhängt werden (Zöller/Greger § 141 Rn. 19). 1614

Am sichersten indes vermeidet man das Risiko eines Ordnungsgeldes durch die Aufhebung der gerichtlichen Anordnung. Angesichts der vorhandenen Unwägbarkeiten sollte der Anwalt versuchen, zunächst dies zu erreichen, und mit dem Gericht in Kontakt treten.

Denn das Gericht kann sich insbesondere dann zu einer Aufhebung veranlasst sehen, wenn der Anwalt vor dem Termin mitteilt, dass sein Mandant zu keiner Erklärung bereit oder fähig (weil mit der Sache nicht befasst) ist und auch ein Vergleich nicht in Betracht kommt bzw. der Prozessbevollmächtigte zu einem Vergleichsabschluss ermächtigt ist. Denn die Anordnung erfolgt in der Praxis häufig nur routinemäßig und gedankenlos – ohne Rücksicht auf die berufliche oder sonstige Belastung der Parteien oder deren persönliche Informationsfähigkeit – und mit der Absicht, unmittelbar auf die Parteien zur Herbeiführung eines Vergleichsabschlusses einzuwirken (Kahlert NJW 2003, 3390).

So kommt nach einer Ansicht die Verhängung eines Ordnungsgelds gegen die ausbleibende Partei nicht in Betracht, wenn diese zur Sachaufklärung nichts beizutragen vermag (OLG Stuttgart MDR 2004, 1020; LG Berlin RuS 2003, 404: Vorstandsvorsitzender einer Versicherungsgesellschaft).

Im Übrigen ist nach § 141 Abs. 1 Satz 2 ZPO von der Anordnung des persönlichen Erscheinens abzusehen, wenn einer Partei wegen großer Entfernung oder aus sonstigem wichtigen Grund die persönliche Wahrnehmung des Termins nicht zuzumuten ist.

Nicht sicher kann die Anordnung des persönlichen Erscheinens mit dem Hinweis auf eine (z.B. beruflich oder urlaubsbedingte) terminliche Verhinderung der Partei beseitigt werden. Möglich ist hier eine bloße Terminsverlegung durch das Gericht, was dem Mandanten unter Umständen »Steine statt Brot« bringt (Luckey ProzRB 2005 Fn. 20: Vorsicht!).

Erfolgt eine solche Anordnung trotzdem, sollte man das Gericht auf solche Umstände hinweisen (z.B. berufliche Termine, Urlaub, erheblicher Fahrt- und Zeitaufwand) und um Aufhebung bitten, wobei die Ankündigung der Vorlage einer Vollmacht nach § 141 Abs. 3 ZPO noch unterstützend wirken kann. Manche Richter akzeptieren eine telefonische Erreichbarkeit der Partei (per Mobiltelefon) während der Sitzung.

Das OLG Celle (NJW-RR 2002, 72) hat sogar einen Befangenheitsantrag für begründet erachtet, weil der Richter ohne erkennbaren Grund auf der Anordnung des persönlichen Erscheinens einer über 300 km vom Gerichtsort wohnenden Partei beharrt hat, obwohl sie mitgeteilt hat, dass sie sich in ihrem Jahresurlaub befinden werde (§ 141 Abs. 1 Satz 2 ZPO). In diesem Fall war zudem nicht abzusehen, welcher Aufklärungsbedarf nach der angekündigten anwaltlichen Klageerwiderung überhaupt noch bestehen würde und warum er gegebenenfalls allein durch die Partei persönlich befriedigt werden sollte.

c) Parteianhörung

Mit der (**informatorischen**) Anhörung der Partei dürfen nach h.M. lediglich Unklarheiten und Lücken im Parteivortrag beseitigt und geklärt werden (BGH MDR 1967, 834; Thomas/Putzo/Seiler Vorb. § 445 Rn. 2; Kockentiedt/Windau NJW 2019, 3348). Sie kann deshalb nicht zum Gegenstand der Beweiswürdigung gemacht werden. Trotzdem bedient sich eine weit verbreitete Praxis der Zivilgerichte dieser zur direkten Wahrheitsermittlung (Meyke MDR 1987, 358) und verwendet sie faktisch als Beweismittel (Schöpflin NJW 1996, 2134). 1615

Bei dieser Handhabung kann vor allem eine etwaige »drohende« aufwendige Beweisaufnahme vermieden werden, wenn das Gericht bereits durch die Äußerungen der beweisbelasteten Partei vom Vorliegen der streitigen Tatsache überzeugt ist.

So hat auch der BGH in einer Entscheidung aus dem Jahr 1952 festgestellt, dass das Gericht seine Überzeugung allein auf das Vorbringen einer Partei stützen darf (BGH LM § 286 ZPO Nr. 4), ohne dass der hierzu angebotene Beweis noch erhoben werden müsste (§ 286 ZPO; BGH NJW 1982, 940 Anm. Deubner). Nach einer jüngeren Entscheidung indes sollen bestrittene, erhebliche Tatsachenbehauptungen in der Regel mit den in der ZPO vorgesehenen Beweismitteln bewiesen werden müssen (BGH NJW

1997, 1988). Die Frage, ob der Tatrichter seine Entscheidung auf eine Anhörung stützen kann, soll sich grundsätzlich nur stellen, wenn sich die Partei in Beweisnot befindet, d.h. ihr keine Beweismittel zur Verfügung stehen oder diese nicht ausreichen.

1616 Deshalb ist darauf zu achten, dass die Anhörung des Gegners nicht in einer **Parteivernehmung** ausartet, welche nur unter bestimmten engen Voraussetzungen zulässig ist (Prütting/Gehrlein/Müller-Christmann § 445 Rn. 6; unten Rdn. 2192 – dort auch zur Parteianhörung beim sog. Vier-Augen-Gespräch).

Die Verwertung der Aussagen einer Partei als Beweismittel, ohne ausdrücklich als Partei vernommen zu sein, ist grundsätzlich ein Verfahrensfehler. Die Parteiäußerungen können aber einen Anfangsbeweis als Voraussetzung für eine Parteivernehmung schaffen (§ 448 ZPO). Die Anhörung ist im Rahmen der Beweiswürdigung zu berücksichtigen (§ 286 Abs. 1 Satz 2 ZPO) und kann sogar für sich allein geeignet sein, die Überzeugung des Gerichts zu begründen (BGH NJW-RR 2018, 249). Es ist daher durchaus möglich, dass eine Partei die Richtigkeit ihrer Angaben auch ohne Beweismittel – insbesondere ohne die für § 448 ZPO erforderliche Anfangswahrscheinlichkeit – »beweisen« kann. Diese Überlegungen dürfen einerseits aus anwaltlicher Sicht nicht zu der leichtfertigen Hoffnung verleiten, eine streitige Tatsache werde auch ohne verfügbare Beweismittel festgestellt. Andererseits bleibt das Gericht verpflichtet, die von den Parteien zu entscheidungserheblichen Tatsachen angebotenen Beweismittel auszuschöpfen, und es darf hiervon nicht aufgrund von Plausibilitätserwägungen oder des Ergebnisses einer Parteianhörung absehen (Jäckel MDR 2018, 1037).

1617 In jedem Fall darf die Parteianhörung im Rahmen der (freien) Beweiswürdigung als Inhalt der Verhandlungen (§ 286 Abs. 1 ZPO) berücksichtigt werden (einschränkend Eschelbach/Geipel MDR 2012, 198: »Es ist nach den Regeln des Strengbeweisverfahrens nicht möglich, aufgrund freier Beweiswürdigung bei widersprechenden Parteiangaben allein aufgrund der Angaben einer Partei in deren Anhörung zu einem der gesetzlichen Beweislastverteilung widersprechenden Ergebnis zu gelangen, indem den Angaben der beweisbelasteten Partei gefolgt wird. Es muss mindestens eine förmliche Parteivernehmung nach dem Maßstab der §§ 445 ff. ZPO zugrunde liegen. Lässt sich nur eine Partei im Rahmen einer Anhörung nach § 141 ZPO zur Sache ein, so kann aus der Nichteinlassung der anderen Partei alleine ebenfalls noch nicht der Schluss gezogen werden, den Angaben der sich der Anhörung stellenden Partei sei zu folgen. Angaben zur Aufklärung und Angaben zur Beweisführung sind streng zu trennen.«).

So darf das Gericht einer Parteierklärung, auch wenn sie außerhalb einer förmlichen Parteivernehmung erfolgt ist, sogar den Vorzug vor den Bekundungen eines Zeugen geben (BGH NJW 1999, 364); zumindest kann diese als gleichwertig angesehen werden (BGH NJW-RR 1990, 1061: bei Interessenverflechtung des Zeugen). Von daher wird das oben angesprochene Verbot, die Anhörung zu Beweiszwecken zu verwenden, freilich erheblich relativiert. Eine Abgrenzung von zulässiger und unzulässiger Anhörung ist letztlich kaum möglich.

Für die Beurteilung der Glaubwürdigkeit etwaiger noch zu vernehmender Zeugen dürfte es im Allgemeinen günstiger sein, wenn die Parteianhörung in deren Abwesenheit stattfindet (Zöller/Greger § 278 Rn. 2), obgleich diese nicht von der öffentlichen Verhandlung ausgeschlossen werden können (§ 394 ZPO, § 169 GVG). Hierauf ist seitens des Prozessbevollmächtigten besonders bei mitgebrachten Zeugen zu achten.

Freilich sollte hierbei »Anlass zur Skepsis und Zurückhaltung« bestehen, die Feststellung von streitigen Tatsachen ohne unterstützende Anhaltspunkte allein auf die eigene Aussage einer Partei als der am Verfahren am meisten Interessierten zu stützen (Lange NJW 2002, 481). In der Praxis haben Aussagen von Zeugen grundsätzlich erheblich mehr Gewicht als die Äußerungen von Parteien.

1618 Dabei kann das Gericht die Partei zwar auch gegen den Willen des Prozessbevollmächtigten direkt befragen (§§ 137 Abs. 4; 278 Abs. 2 Satz 3 ZPO). Eine **Einlassungspflicht** besteht aber nicht, sodass die Partei auch Tatsachenvortrag zurückhalten darf (Prütting/Gehrlein/Prütting § 141 Rn. 10).

1619 Sofern die **Gegenseite** sehr gesprächsbereit ist, sollte der Anwalt diese Gelegenheit nutzen und selbst Fragen stellen, um z.B. etwaige Widersprüche aufzuzeigen oder in den Schriftsätzen enthaltene Übertreibungen aufzudecken. So weichen manchmal tatsächlich die mündlichen Äußerungen der

Partei von der Darstellung in den Schriftsätzen ab. Denn es fällt leichter, dem Anwalt eine einseitig gefärbte Version zu geben, als sie vor Gericht unter den Augen und Ohren des Prozessgegners, der den Sachverhalt ebenso genau kennt, wiederzugeben (Lange NJW 2002, 478; auch Würfel MDR 2003, 1213: Nach den Erfahrungen seines Senats am OLG Celle wird in etwa der Hälfte aller Fälle nach der persönlichen Anhörung der Parteien ein Sachverhalt festgestellt, der mit dem schriftlich Vorgebrachten nur teilweise oder überhaupt nicht übereinstimmt).

Zur Vermeidung ungünstiger Äußerungen des Mandanten kann es daher im Einzelfall ratsam sein, dass dieser nur über seinen Anwalt antwortet. So ist der Rechtsanwalt allgemein verpflichtet, den Mandanten vor unüberlegten Erklärungen zu warnen (BGH NJW 2000, 1944). Wenn sich der Vortrag der Partei und ihres Anwaltes widersprechen, ist bei der Würdigung nach § 286 ZPO regelmäßig der Parteierklärung der Vorzug zu geben (Thomas/Putzo/Hüßtege § 78 Rn. 7). Bei überraschenden Fragen sollte der Anwalt daher am besten um eine kurze Unterbrechung bitten, um sich mit dem Mandanten besprechen zu können.

Zwar kann das Gericht auch die Verweigerung einer Auskunft nach § 286 ZPO würdigen. Es ist jedoch »nur schwer vorstellbar«, wie ein Gericht daraus für die Partei nachteilige Schlüsse ziehen will (Meyke MDR 1987, 360; im Gegensatz zu § 446 ZPO).

Die Partei braucht ihre Weigerung nicht zu begründen, allerdings kann die Angabe eines plausiblen Grundes verhindern, dass insgeheim doch vermutet wird, sie habe etwas zu verbergen. Dies gilt insbesondere dann, wenn die Partei vorgibt, nichts zu wissen, der Gegner aber darlegt, worauf das Wissen der Partei beruhen kann (Zöller/Greger § 446 Rn. 1). Auch soll unrichtiger – und auch bewusst unwahrer – Vortrag häufig daran zu erkennen sein, dass eine Partei entgegen ihrer in § 138 Abs. 1 ZPO geregelten Verpflichtung zum vollständigen Vortrag beharrlich nur erläutert, wie sich die Sache nicht zugetragen habe (Würfel MDR 2003, 1214).

Der Anwalt kann aber – vor allem bei einer zu umfangreichen Anhörung – z.B. auf die Bestimmungen der §§ 445 ff. ZPO verweisen oder darauf, dass die ebenfalls persönlich geladene Gegenpartei sich der Anhörung durch ihr Fernbleiben entzogen hat.

Vorsicht ist auch hier in Bezug auf ein gerichtliches Geständnis geboten (oben Rdn. 1354). 1620

Zwar können die Erklärungen einer Partei bei ihrer Anhörung oder Einlassung nach § 137 Abs. 4 ZPO nach wohl überwiegender Ansicht nicht als Geständnis angesehen werden (Thomas/Putzo/Seiler § 288 Rn. 4; Zöller/Greger § 288 Rn. 3c), was aber nicht unbestritten ist (a.A. LG Arnsberg MDR 2003, 1198). Außerdem lassen sich Sachvortrag und die Erklärung eines Geständnisses nicht immer klar voneinander trennen (§ 289 ZPO), wobei auch im Anwaltsprozess die Partei selbst ein wirksames Geständnis abgeben kann (BGHZ 8, 235; a.A. Zöller/Greger § 288 Rn. 3c).

2. Sonstige Terminsvorbereitung

Die **Konzentrationsmaxime** verpflichtet das Gericht, einen möglichst effizienten Verlauf der mündlichen Verhandlung sicherzustellen (§ 273 ZPO). Hierzu ist der Termin so weit vorzubereiten, dass die Erledigung des Rechtsstreits möglich ist. 1621

Das Gericht hat insoweit die Möglichkeit (und die Pflicht!: Thomas/Putzo/Seiler § 273 Rn. 1), an der Sammlung des Prozessstoffs mitzuwirken, sicherzustellen, dass der entscheidungserhebliche Sachverhalt so weit in das Verfahren eingeführt wird, dass eine materiell gerechte Entscheidung ergehen kann.

Die Pflicht des Gerichts erstreckt sich dabei nicht darauf, Verspätungen der Parteien durch Eilanordnungen auszugleichen (BGH NJW 1980, 1102).

Die dem Gericht nach § 273 Abs. 2 ZPO eingeräumten Möglichkeiten reichen dabei von der Veranlassung der Parteien zum Vortrag von Tatsachen (Nr. 1) über die organisatorische Vorbereitung der Sachaufklärung (Nr. 2, 3) bis hin zu eigenen Nachforschungen (Nr. 2, 4). Inhaltlich erlaubt § 273 Abs. 2 ZPO keine Amtsermittlung und keine Ausforschung: Das Gericht muss den Beibringungsgrundsatz beachten, die Maßnahme darf nur der Aufklärung bereits erfolgten Sachvortrags dienen (OLG Naumburg OLGR 2007, 2).

Die terminsvorbereitenden Anordnungen des Gerichts ergehen **von Amts wegen**, ohne dass es hierzu besonderer Anregungen oder Anträge der Parteien bedürfte. Denkbar ist allerdings, die teilweise über die Möglichkeiten der Parteien hinausgehenden Befugnisse des Gerichts zur Aufklärung zu nutzen. 1622

1623 Nach § 273 Abs. 2 Nr. 2 ZPO kann das Gericht Behörden oder Träger eines öffentlichen Amtes um Mitteilung von Urkunden oder um Erteilung amtlicher Auskünfte **ersuchen**. Diese Amtsauskunft ist zulässiges Beweismittel (BGH BB 1976, 480) und kann andere Beweise (etwa Zeugenaussagen oder Sachverständigengutachten) ersetzen (BGH MDR 1964, 223). Nach § 273 Abs. 2 Nr. 5 i.V.m. §§ 142, 144 ZPO kann das Gericht anordnen, dass eine Partei oder ein Dritter Urkunden, sonstige Unterlagen oder Augenscheinsobjekte vorlegt.

1624 Über solche Ersuchen können Tatsachen in den Prozess eingeführt werden, die den Parteien anders nicht zugänglich sind. Dass das Gericht auch im Rahmen des § 273 ZPO nicht zu Amtsermittlungen befugt ist (BGH NJW 2004, 1324, 1325), hindert die Parteien nicht, sich auf entsprechende Unterlagen zu beziehen und deren Beiziehung durch das Gericht **anzuregen**.

Erforderlich hierzu ist der hinreichend substantiierte Vortrag entscheidungserheblicher Tatsachen, die durch die Bezugnahme auf die im Besitz des Gegners oder eines Dritten befindlichen Unterlagen unter Beweis gestellt werden. Auch diese Bezugnahme muss dabei hinreichend substantiiert sein, darf sich also nicht bloß in der pauschalen Verweisung auf »Unterlagen« oder »Urkunden« erschöpfen, sondern muss das vorzulegende Objekt möglichst genau bezeichnen. Um dem Vorwurf einer bloßen »Behauptung ins Blaue hinein« (oben Rdn. 1229) zu begegnen, kann es zusätzlich sinnvoll sein, darzustellen, woher die Partei um die Existenz der Urkunde und ihres Inhalts weiß.

Die Bereitschaft der Gerichte, entsprechende Maßnahmen von Amts wegen vorzunehmen, ist nur gering. Eine Möglichkeit für die Parteien, sie zu erzwingen, besteht nicht. Deswegen kommt dieser Weg allenfalls ergänzend in Betracht, eine verlässliche Prozesstaktik kann darauf alleine nicht gestützt werden. Zumindest hilfsweise ist es erforderlich, andere Beweise für die eigenen Behauptungen anzubieten.

3. Antrag auf Terminsverlegung

1625 In der anwaltlichen Praxis sind Anträge auf Terminsverlegung häufig erforderlich. Die **Gerichte** jedoch sind ihnen »spinnefeind«, weil sie ihre Terminsplanung durchkreuzen (E. Schneider ZAP Fach 13, S. 1163: ein Dauerproblem der forensischen Praxis). Dementsprechend sind die Reaktionen der Gerichte darauf oft geradezu ein Ärgernis (E. Schneider ZAP-Buch Report, Beilage 1 zu ZAP 6/05 S. 16). Will der Anwalt dennoch eine Verlegung erreichen, muss er mehr tun, als bloß einen Antrag zu stellen.

Die Terminsverlegung kann auch zur Vermeidung einer etwaigen Präklusion eingesetzt werden (oben Rdn. 1518).

Da die Termine von den Gerichten im Zivilverfahren in der Regel einseitig und ohne Absprache mit den Anwälten anberaumt werden, empfiehlt es sich, bereits bekannte Verhinderungen (z.B. gebuchten Urlaub) dem Gericht rechtzeitig und deutlich mit der Bitte um Berücksichtigung anzuzeigen.

a) Vermeidung eines Versäumnisurteils

1626 Ist eine Verlegung nicht erfolgt, droht der Erlass eines – ohne Sicherheitsleistung vorläufig vollstreckbaren – Versäumnisurteils (§§ 330, 331, 708 Nr. 2 ZPO), auch in Folgeterminen (§ 332 ZPO), wenn man zu der Verhandlung nicht erscheint.

1627 Lediglich wenn das Gericht davon ausgeht, dass die Einlassungs- oder Ladungsfrist zu kurz bemessen oder die Partei ohne ihr Verschulden am Erscheinen verhindert ist, muss die Verhandlung vertagt werden (§ 337 ZPO) – d.h. ein Versäumnisurteil ist dann nicht zulässig.

Die Rechtsprechung sieht hierin die Gewährleistung eines fairen Verfahrens (Art. 6 Abs. 1 MRK, Art. 19 Abs. 4, Art. 20 Abs. 3 GG) und unterlässt den Erlass eines Versäumnisurteils, wenn eine Partei nicht erscheint, weil sie auf die erfolgte Stattgabe eines Verlegungsantrags vertrauen durfte, oder wenn eine bedürftige Partei zwar erscheint, aber nicht verhandelt, weil über ihren Prozesskostenantrag nicht zuvor entschieden wurde. Keine ausreichende Entschuldigung stellen dagegen Behinderungen im Straßenverkehr (Stau) oder der Ausfall öffentlicher Verkehrsmittel dar (BGH NJW 2016, 3248; BGH NJW-RR 2017, 638; BGH VRR 2017, Nr. 5, 2).

▶ Praxistipp:

Um ein Versäumnisurteil zu vermeiden, sollte entweder Terminsverlegung beantragt oder etwaige unverschuldete Hinderungsgründe dem Gericht unverzüglich, spätestens zum Termin, mitgeteilt werden. 1628

Ergeht dann trotzdem ein Versäumnisurteil oder erfolgt die Mitteilung nicht mehr rechtzeitig, kann dagegen innerhalb von 2 Wochen Einspruch eingelegt werden mit der Folge, dass der Prozess in derselben Instanz weitergeführt wird (§§ 338, 342, 343 ZPO). Ein sog. zweites Versäumnisurteil indes kann lediglich mit der Berufung angefochten werden und auch nur insoweit, als diese auf ein fehlendes Verschulden bezüglich der Fristversäumung gestützt wird (§§ 345, 514 Abs. 2 ZPO).

Dabei wird in der Rechtsprechung für die Beurteilung des Verschuldens das objektive Vorliegen eines Vertagungsgrundes unabhängig von der Kenntnis des Gerichts als ausreichend angesehen (a.A. Zöller/Heßler § 514 Rn. 9: unverschuldete Säumnis nur dann, wenn die Partei den ihr bekannten Hinderungsgrund dem Gericht rechtzeitig mitgeteilt hat und dadurch die Vertagung mindestens ermöglicht hat, es sei denn, eine solche Mitteilung war der Partei nicht – mehr rechtzeitig – möglich oder zumutbar; OLG Celle NJW 2004, 2534: bei Funkloch muss der Anwalt [auf der Autobahn] eine Raststätte oder Tankstelle aufsuchen, um die Benachrichtigung über das Festnetz zu veranlassen).

Bei angezeigten unvorhergesehenen kurzfristigen Verhinderungen (z.B. Verkehrsstau) muss das Gericht mit dem Erlass eines Versäumnisurteils angemessen warten, andernfalls ist das Nichterscheinen unverschuldet. 1629

Thomas/Putzo/Seiler § 337 Rn. 3; Zöller/Herget Vor § 330 Rn. 12; BerlVerfGH NJW-RR 2000, 1451; BGH NJW 2004, 1158: Auch in einer Großstadt muss man sich – nach der BGH-Rspr. (z.B. BGH MDR 1999, 178: OLG hätte [nur] 10 Minuten – wie vom Anwalt telefonisch angekündigt – warten müssen!) – auf unvorhersehbare Verkehrsunfälle und damit verbundene Staus nicht einstellen und keine Zeitreserve einplanen.

Von daher ist es für den Anwalt wichtig, sowohl immer ein Mobiltelefon als auch die entsprechenden Telefonnummern (Richter, Geschäftsstelle, Sitzungssaal) bei sich zu führen.

Die in der Praxis übliche Wartezeit liegt vor Erlass eines Versäumnisurteils bei 15 Minuten (Zöller/Herget Vor § 330 Rn. 12; E. Schneider MDR 1999, 1034; ders. MDR 1998, 577: absolute Mindestwartepflicht; MüKoZPO/Prütting § 337 Rn. 21: gewohnheitsrechtlich verfestigt – bewusste Nichtbeachtung verstößt gegen Art. 103 Abs. 1 GG, BVerfG NJW 1987, 2067).

Bestehen Zweifel an der Richtigkeit der angegebenen Gründe, kann das Gericht zunächst trotzdem verhandeln und einen Verkündungstermin anberaumen. Geht innerhalb einer bestimmten Frist keine (glaubhafte) Entschuldigung ein, so kann das Gericht durch Versäumnisurteil entscheiden, andernfalls beraumt es einen neuen Verhandlungstermin an (Anders/Gehle/Anders § 337 Rn. 5). Hierauf sollte die erschienene Partei hinwirken, um etwaige vom Gegner beabsichtigte Verzögerungen zu vermeiden, sofern nicht eine Entscheidung nach Lage der Akten in Betracht kommt (§ 331a ZPO).

Ist hingegen der Anwalt zur angesetzten Terminsstunde rechtzeitig erschienen, dürfte er als entschuldigt anzusehen sein, wenn sich der Aufruf **verzögert**, ihm weiteres Zuwarten nicht mehr zumutbar war (insbesondere wegen anderer Terminspflichten) und er dies dem Gericht mitgeteilt hat (Zöller/Feskorn § 220 Rn. 3; Anders/Gehle/Becker § 220 Rn. 5: Wartepflicht von einer Stunde grundsätzlich zumutbar). 1630

Zuvor freilich sollte der Anwalt versuchen, eine förmliche Terminsverlegung zu erreichen. Unter Umständen führt die Mitteilung von der eigenen Terminskollision zu einer vorgezogenen Verhandlung.

Da auch ein etwaiger gegnerischer Anwalt ebenso wenig unbegrenzt Zeit zur Verfügung haben dürfte, kann man versuchen, sich mit diesem zu verständigen, und gemeinsam den Termin nicht mehr wahrnehmen. Dabei kann ein Urteil (nach Lage der Akten) nur ergehen, wenn in einem früheren Termin bereits mündlich verhandelt wurde. Sonst muss das Gericht vertagen oder das Ruhen des Verfahrens anordnen (§ 251a ZPO). Entgegen früherer Regelung (§ 251 Abs. 2 ZPO a.F.) kann ein ruhendes Verfahren jederzeit (ohne Zustimmung des Gegners) wieder aufgenommen werden.

Im Übrigen aber ist ein Versäumnisurteil grundsätzlich auch gegen eine anwaltlich vertretene säumige Partei auf Antrag des erschienenen Gegenanwalts zulässig. Das Gericht hat dann auch ein sol- 1631 ches Urteil bei Vorliegen der sonstigen Voraussetzungen zu erlassen, sofern es nicht möglicherweise nach § 227 ZPO vertagt.

Zöller/Herget Vor § 330 Rn. 12; Zöller/Heßler § 514 Rn. 10; § 13 BerufsO vom 29.11.1996 wurde vom BVerfG NJW 2000, 347 für nichtig erklärt; auch BGH NJW 1999, 2120; a.A. wohl Thomas/ Putzo/Seiler § 337 Rn. 3 bzgl. § 337 ZPO allerdings unter Hinweis auf § 13 BerufsO. Aber auch nach § 13 BerufsO war dies – ohne vorherige Ankündigung – zulässig gewesen, »wenn es die Interessen des Mandanten erfordern«. Da der Mandant durch ein Versäumnisurteil immerhin einen (vorläufig) vollstreckbaren Titel erhält, dürfte die Antragstellung im Regelfall in seinem Interesse sein. Dabei ist auch zu bedenken, dass die Mandanten »für ihr Geld entschlossenes Auftreten statt falsch verstandener kollegialer Rücksichtnahme auf die gegnerischen Anwälte, Behörden und Gerichte erwarten« (Tödtmann Anwalt 3/2003 S. 20).

Sofern dem erschienenen Anwalt bekannt ist, dass der gegnerische Anwalt mit einem Versäumnisurteil einverstanden ist, sollte er dies – wie in der Praxis üblich – dem Gericht in der Verhandlung zur Vermeidung einer etwaigen Vertagung mitteilen.

b) Erhebliche Gründe

1632 Da nach § 227 Abs. 1 ZPO ein Termin lediglich aus »erheblichen Gründen« verlegt werden kann, sollten solche Gründe vorgetragen werden.

Hingegen ist ein in den Zeitraum vom 1. Juli bis 31. August (frühere Gerichtsferien vom 15.07. bis 15.09.) fallender Termin auf Antrag zwingend zu verlegen (§ 227 Abs. 3 ZPO; mit Ausnahmen). Der Antrag muss nicht begründet werden. Allerdings muss der Verlegungsantrag innerhalb einer Woche nach Zugang der Ladung oder Terminsbestimmung erfolgen (Ausschlussfrist!, § 224 Abs. 2 ZPO).

Da dies manchen Gerichten noch nicht bekannt zu sein scheint (Soehring NJW 2001, 3319: stößt man nicht selten auf völlige Unkenntnis oder Überraschung), kann es sich empfehlen, bei der Antragstellung ausdrücklich auf § 227 Abs. 3 ZPO hinzuweisen, nicht zuletzt deshalb, weil der ablehnende Beschluss unanfechtbar ist (§ 227 Abs. 4 Satz 3 ZPO).

1633 Zu beachten ist, dass nach § 227 Abs. 2 ZPO als »erheblicher Grund« insbesondere die **mangelnde Vorbereitung** einer Partei sowie die **Ankündigung**, nicht zu erscheinen, ausscheidet, es sei denn, die Partei entschuldigt dies genügend. Als genügende Entschuldigung ist nicht anzusehen eine zu späte Mandatierung des Prozessbevollmächtigten (Thomas/Putzo/Hüßtege § 227 Rn. 10).

1634 Das »**Einvernehmen der Parteien**« allein ist (eigentlich) ebenfalls kein erheblicher Grund.

Dies wird in der Praxis zuweilen durch behauptete außergerichtliche Vergleichsverhandlungen umgangen (Zöller/Feskorn § 227 Rn. 7). Kaum ein Richter wird in Erwartung einer für ihn mühelosen Erledigung des Rechtsstreits die begehrte Terminsverlegung nicht vornehmen. Dies erfolgt in gleicher Weise bei der übereinstimmenden Ankündigung der Parteien, zur Verhandlung nicht zu erscheinen. Denn in diesem Fall müsste – nach der Anordnung des Ruhens des Verfahrens (auf Antrag) – ohnehin ein neuer Termin stattfinden, es sei denn, die Voraussetzungen für eine Entscheidung nach Lage der Akten liegen vor (§ 251a ZPO; frühere 3-monatige Sperrfrist nach § 251 Abs. 2 ZPO a.F. ist aufgehoben!).

1635 Am sichersten erreicht man eine Terminsverlegung, wenn die Partei bzw. deren Prozessbevollmächtigter **ohne Verschulden** am Erscheinen verhindert ist (§ 227 Abs. 2 Nr. 1 ZPO).

1636 Die diesbezüglich am häufigsten vorgetragenen und von den Gerichten in der Regel **akzeptierten Gründe** sind:

- Terminskollision (u.U. Abwägung erforderlich, welcher Termin leichter zu verlegen ist; Beweistermin hat grundsätzlich Vorrang vor bloßem Verhandlungstermin; Prütting/Gehrlein/Kazele § 227 Rn. 3).
- eine langfristig geplante Auslandsreise (Zöller/Feskorn § 227 Rn. 6 f.) oder der bevorstehende (Jahres-)Urlaub (Thomas/Putzo/Hüßtege § 227 Rn. 6 ff.;
- unvorhergesehene Erkrankung des sachbearbeitenden Anwalts.

Hierbei darf nach (wohl) überwiegender Meinung – ebenso wie bei einer Terminskollision – der Antrag grundsätzlich nicht mit der Begründung abgelehnt werden, ein anderes Mitglied der Sozietät könne und müsse den Termin wahrnehmen und sich in die Sache einarbeiten (Zöller/Feskorn § 227 Rn. 6; Thomas/Putzo/Hüßtege § 227 Rn. 6; a.A. LG Lübeck MDR 1999, 57 mit abl. Anm. E. Schneider; BVerwG NJW 1995, 1231 bei Terminskollision; Anders/Gehle/Becker § 227 Rn. 23). Dies muss natürlich erst recht bei einem Einzelanwalt gelten (E. Schneider ZAP-Buch-Report, Beilage 1 zu ZAP 6/05 S. 16 unter Hinweis auf die durch eine Unterbevollmächtigung entstehenden Mehrkosten).

In der Praxis werden Verlegungsanträge immer wieder mit dieser Begründung abgewiesen und stoßen immer häufiger auf immer weniger Entgegenkommen und Verständnis (E. Schneider ZAP 2004 Fach 13, S. 1267). Um einer Diskussion mit dem Gericht von vornherein aus dem Weg zu gehen, empfiehlt es sich für den Anwalt, im Verlegungsantrag gleich auf etwaige Verhinderungen der Sozietätskollegen sowie auf das besondere Vertrauensverhältnis zwischen ihm und dem Mandanten hinzuweisen.

Ob im Übrigen allein ein ärztliches Attest ausreicht, in welchem lediglich »Arbeitsunfähigkeit« bescheinigt wird, hängt vom jeweiligen Richter ab. Allerdings muss man immer mit einer strengeren Handhabung rechnen. So verlangt z.B. das OLG Köln eine schlüssige Darlegung der nicht vorhersehbaren Verhinderung, wobei eine ärztliche Bescheinigung so substantiiert sein muss, dass das Gericht aufgrund der darin enthaltenen Angaben in der Lage ist, die Frage der Reise- und/oder Verhandlungsfähigkeit selbst zu beurteilen. Wird ein Antrag auf Terminsverlegung wegen Krankheit »in letzter Minute« gestellt, so sind solche Angaben ohne gesonderte gerichtliche Aufforderung beizulegen (OLG Köln OLGReport 2004, 404: unzureichend: »Frau M ist vom 15.06.2004 bis 16.06.2004 akut erkrankt und ist nicht reisefähig«).

Der Antrag auf Terminsverlegung muss förmlich **beschieden** und kurz **begründet** werden (§ 227 Abs. 2 ZPO). 1637

In der Praxis wird dies häufig nicht eingehalten werden. In einer Entscheidung des OLG Karlsruhe (MDR 1991, 1195: Lediglich konkludente Ablehnung durch Schweigen des Gerichts ist nicht zulässig, wenn der Antrag erstmals und so rechtzeitig gestellt ist, dass eine förmliche Entscheidung und deren Mitteilung an die Parteien vor dem Termin noch möglich ist) führte dies dazu, dass eine Richterablehnung als begründet erachtet wurde (dort: Gericht hat Antrag, den Termin zur mündlichen Verhandlung aufzuheben und im schriftlichen Verfahren zu entscheiden, nicht beschieden). Aber auch bei ungerechtfertigter Weigerung, einen Termin zu verlegen, kann ein Befangenheitsgesuch begründet sein (unten Rdn. 2635 – Verfahrensverstöße).

III. Ablauf

Die ZPO enthält keine zusammenfassende Regelung des Inhalts und des Ablaufs eines Termins zur mündlichen Verhandlung. Vielmehr existiert eine Vielzahl von Normen, aus denen sich einzelne für die mündliche Verhandlung relevante Punkte ergeben. Für die dem Vorsitzenden (§ 137 Abs. 1 ZPO) obliegende Gestaltung der mündlichen Verhandlung ergeben sich damit erhebliche Gestaltungsspielräume. 1638

Wesentliche im Termin zur mündlichen Verhandlung vorzunehmende Prozesshandlungen sind: 1639

(1) Die Feststellung, ob die mündliche Verhandlung **öffentlich** oder nicht öffentlich ist und ob dies gewährleistet ist (§§ 169 ff. GVG); 1640

Mit dem Gesetz zur Erweiterung der Medienöffentlichkeit in Gerichtsverfahren und zur Verbesserung der Kommunikationshilfen für Menschen mit Sprach- und Hörbehinderungen (BGBl. I, 2017, 3546) sind insbesondere die Befugnisse der Presse auch in den unteren Instanzen erweitert worden (§ 169 Abs. 1 Satz 3 GVG; Hoeren NJW 2017, 3339; Koch/Wallimann MDR 2018, 241).

Für die Partei kann sich eine Kontrolle der Einhaltung der Vorschriften über die Öffentlichkeit im Hinblick auf spätere Rechtsmittel lohnen. Zwar sind Beschlüsse des Gerichts in diesem Bereich grundsätzlich unanfechtbar (§ 169 Abs. 4 GVG), doch stellt die Verletzung der Öffentlichkeitsvorschriften einen absoluten Revisionsgrund dar, d.h. die Kausalität eines solchen Verfahrensverstoßes für das Urteil wird unwiderlegbar vermutet. Zu weiteren Einzelfragen des Protokolls unten Rdn. 1763.

(2) Der **Aufruf** der Sache (§ 220 Abs. 1 ZPO) und die **Eröffnung** der mündlichen Verhandlung durch den Vorsitzenden (§ 136 Abs. 1 ZPO); 1641

Bei Anwesenheit aller Beteiligten im Sitzungssaal genügt hierfür der erkennbare Beginn der Verhandlung, fehlt ein Beteiligter, ist ein förmlicher Aufruf – ggf. sogar vor dem Sitzungssaal (BVerfG NJW

1977, 1443) – erforderlich. Vor der festgesetzten Zeit darf ein Aufruf nur mit Zustimmung der Parteien erfolgen (KG NJW 1987, 1338). Für die Parteien ist die Wirksamkeit des Aufrufs von Bedeutung, wenn sie als säumig angesehen werden (§ 220 Abs. 2 ZPO).

1642 (3) Die Feststellung der **Präsenz** der erschienenen Prozessbeteiligten ins Protokoll (§ 160 Abs. 1 Nr. 4 ZPO).

Eine den Erfordernissen des § 313 Abs. 1 Nr. 1 ZPO genügende Bezeichnung der Parteien (»volles Rubrum«) ist dabei nur erforderlich, wenn das Protokoll einen Vollstreckungstitel, insbesondere einen Vergleich, enthält (§§ 794, 750 Abs. 1, 795 ZPO). Im Übrigen ist die Bedeutung dieses Punkts für die Parteien nur gering.

1643 (4) Der streitigen Verhandlung hat eine **Güteverhandlung** vorauszugehen.

Dazu unten Rdn. 1648.

1644 (5) Die eigentliche **streitige Verhandlung** der Parteien besteht im Stellen der Anträge (§ 137 Abs. 1 ZPO). Danach begründen die Parteien (vertreten durch ihre Prozessbevollmächtigten) ihre Anträge, indem sie die tatsächlichen und rechtlichen Aspekte des Streitverhältnisses aus ihrer Sicht mündlich vortragen (§ 137 Abs. 2 ZPO). Praktisch wird dazu häufig auf die bisher gewechselten Schriftsätze Bezug genommen (§ 137 Abs. 3 ZPO). Soweit die Parteien dies wünschen, muss ihnen auch persönlich Gelegenheit zur Äußerung gegeben werden (§ 137 Abs. 4 ZPO).

Dazu unten Rdn. 1670.

Vereinzelt vertreten wird, eine Bezugnahme auf Schriftsätze könne vom Gericht verweigert werden, wenn es sich um umfangreiche, typisierte Schriftsätze in Massenverfahren handele; hier könne das Gericht (nach entsprechender Ankündigung) die Parteien zu mündlichem Vortrag zwingen und eine Berücksichtigung schriftsätzlichen Tatsachenvortrags verweigern (Gutdeutsch/Maaß NJW 2022, 1567). Gegen eine solche Vorgehensweise bestehen praktisch und verfassungsrechtlich größte Bedenken, dass Gerichte in ihrer Not durch massenweisen und extrem umfangreichen schriftsätzlichen Parteivortrag (insbesondere in Dieselfällen) zu einem solch verzweifelten Befreiungsschlag greifen, darf indes nicht verwundern. Vorsorglich sollte erforderlichenfalls darauf bestanden werden (§ 160 Abs. 4 ZPO), dass im Protokoll die dennoch erklärte anwaltliche Bezugnahme auf die Schriftsätze vermerkt wird, um die Basis für einen Berufungsangriff zu schaffen. Auch dürften Richter von diesem Vorgehen rasch abrücken, wenn angekündigt wird, den kompletten Schriftsatzinhalt dann mündlich vorzutragen, was nach Art. 103 Abs. 1 GG keinesfalls verhindert werden kann.

1645 (6) Das Gericht soll im offenen Gespräch mit den Parteien die entscheidungserheblichen rechtlichen oder tatsächlichen Gesichtspunkte erörtern und auf eine allseits sachdienliche Verfahrensführung hinwirken (**materielle Prozessleitung**, § 139 ZPO). Dies gilt in jeder Lage des Verfahrens.

Dazu unten Rdn. 1675.

1646 (7) Hat der Vortrag der Parteien ergeben, dass diese über Tatsachen streiten, so erfolgt die dann notwendige **Beweisaufnahme** im Rahmen der mündlichen Verhandlung. Im Anschluss an die Beweisaufnahme ist der Sach- und Streitstand erneut mit den Parteien zu erörtern (§ 279 Abs. 2 ZPO), die Parteien haben erneut streitig zu verhandeln (§ 285 Abs. 1 ZPO).

Dazu unten Rdn. 1768.

1647 (8) Die mündliche Verhandlung wird – wenn nicht eine weitere mündliche Verhandlung erforderlich ist – vom Vorsitzenden **geschlossen** (§ 136 Abs. 4 ZPO).

Auf diesen Zeitpunkt des Schlusses der letzten mündlichen Verhandlung ist die Sach- und Rechtsprüfung für die Entscheidung zu beziehen. Nach diesem Zeitpunkt können die Parteien – soweit ihnen nicht ein Schriftsatznachlass eingeräumt ist (§ 283 ZPO; dazu unten Rdn. 1749) – keine weiteren Angriffs- und Verteidigungsmittel mehr geltend machen (§ 296a ZPO). Es erfolgt nur noch die Verkündung der Entscheidung des Gerichts, sei es im Termin bzw. an dessen Ende, sei es in einem besonders hierzu anberaumten Termin (§ 310 Abs. 1 Satz 1 ZPO).

Vor der Verkündung kann die mündliche Verhandlung wiedereröffnet werden (§ 156 ZPO). Hierzu ist das Gericht verpflichtet, wenn sich nachträglich herausstellt, dass es einen Verfahrensfehler begangen, insbesondere einen Hinweis nach § 139 ZPO oder die Gewährung rechtlichen Gehörs unterlassen hat (BGH MDR 2017, 107 m. Anm. Vossler 263; BGH MDR 2016, 1111). Die Geltendmachung neuer Angriffs- und Verteidigungsmittel durch eine Partei rechtfertigt die Wiedereröffnung regelmäßig nicht (vgl. §§ 283, 296a ZPO), es sei denn, hieraus ergibt sich ein Grund zur Wiederaufnahme des Verfahrens (§§ 579, 580 ZPO).

IV. Die Güteverhandlung

Mit Einführung der Güteverhandlung wurde der Schlichtungsgedanke im Zivilprozess **institutionalisiert.** Damit kann zum einen die hohe Belastung der Zivilgerichtsbarkeit abgebaut und zum anderen eine gütliche Streitbeilegung in einem möglichst frühen Prozessstadium erreicht werden. Denn eine gütliche Einigung dient dem Rechtsfrieden nachhaltiger als eine Streitentscheidung durch Urteil. Leitbild hierbei ist der Gütetermin im arbeitsgerichtlichen Verfahren. 1648

Ob diese Ziele wirklich erreicht werden, wurde in der Literatur von Anfang an stark bezweifelt, die Güteverhandlung überwiegend kritisiert. Beispielhaft sei hier nur die prägnante Äußerung Schellhammers erwähnt: »Der Versuch, den Richter auf eine kleinlich-bürokratische Manier zu zwingen, jeder mündlichen Verhandlung eine Güteverhandlung vorauszuschicken, um so die Zahl der Vergleiche zu erhöhen und die Berufung überflüssig zu machen, wird fehlschlagen, da er jeglicher praktischen Vernunft ermangelt« (MDR 2001, 1082). Zudem ist die Anlehnung an das arbeitsgerichtliche Güteverfahren wegen der dort meist völlig anderen Interessenlage als in den zivilrechtlichen Streitigkeiten verfehlt (Hansens AnwBl 2002, 125; Greger JZ 2004, 806).

Nachdem die Praxis die Güteverhandlung auch zunächst weitgehend leer laufen ließ, hat sie diese zwischenzeitlich zunehmend akzeptiert. Nur vereinzelt finden sich noch frühe erste Termine ohne Güteverhandlung (Luckey ProzRB 2005 Fn. 7; Greger JZ 2004, 806, 816). In der Umsetzung finden sich indes noch immer gravierende Unterschiede (Bamberger ZRP 2004, 137), die vom bloß formelhaften Abfragen von Vergleichsmöglichkeiten bis hin zu intensiven Vergleichsbemühungen des Gerichts reichen.

Eine gesonderte Gebühr für die (Mehr-)Tätigkeit des Anwalts in der Güteverhandlung existiert nicht. Die Güteverhandlung gehört gebührenrechtlich zum Rechtszug und ist damit mit der Terminsgebühr abgegolten.

Die Güteverhandlung ist **eigenständiger** Teil des Prozesses und gehört nicht zur mündlichen Verhandlung. Dies gilt auch dann, wenn beide Prozessteile in einem Termin zeitlich nacheinander stattfinden (§ 279 Abs. 2 ZPO). 1649

Dies ist von Bedeutung für alle Prozesshandlungen, die »in mündlicher Verhandlung« vorgenommen werden müssen. Die im Rahmen einer persönlichen Anhörung gemachten Angaben sind kein Geständnis i.S.d. § 288 ZPO, eine Säumnis bei der Güteverhandlung führt nicht unmittelbar zum Versäumnisurteil (§§ 330, 331 ZPO), doch ist ein solches möglich, wenn der Güteverhandlung die mündliche Verhandlung unmittelbar folgt und die Säumnis hier fortdauert (§ 279 Abs. 2 ZPO).

1. Voraussetzungen der Güteverhandlung

Nach §§ 278, 279 ZPO hat der mündlichen Verhandlung grundsätzlich eine Güteverhandlung vorauszugehen, es sei denn 1650

- es hat bereits ein Einigungsversuch vor einer außergerichtlichen Gütestelle stattgefunden (z.B. ein Schlichtungsverfahren nach § 15a EGZPO)
- oder die Güteverhandlung erscheint erkennbar aussichtslos (hierzu Foerste NJW 2001, 3103).

Eine gütliche Streitbeilegung im Rahmen der Güteverhandlung bietet sich insbesondere an bei Konflikten, die aus einer dauerhaften Beziehung erwachsen, wie dies etwa der Fall ist bei Mietrechtsstreitigkeiten und sonstigen Dauerschuldverhältnissen, aber auch bei Nachbarschaftsstreitigkeiten und sonstigen, aus einer persönlichen Beziehung resultierenden Streitigkeiten.

1651 Die Güteverhandlung findet – anders als in arbeitsgerichtlichen Verfahren – regelmäßig nicht in einem besonderen **Termin** statt, sondern geht dem ersten Termin zur mündlichen Verhandlung unmittelbar voraus.

Eine gesonderte Güteverhandlung kommt dabei z.B. dann in Betracht, wenn der Durchführung der mündlichen Verhandlung noch Hindernisse entgegenstehen, wenn etwa im Hinblick auf eine zunächst günstig eingeschätzte Vergleichschance eine weitere Verfahrens- und/oder Terminsvorbereitung, insbesondere etwa die Ladung von Zeugen, unterblieben ist oder wenn die Güteverhandlung nur teilweise erfolgreich war und mit einem bedingten oder widerruflichen Vergleich endete (Begr. RegE. S. 84; Hinz NZM 2001, 603).

Hat das Gericht einen frühen ersten Termin zur Vorbereitung der Hauptverhandlung bestimmt, so erfolgt die Güteverhandlung in diesem frühen ersten Termin. Nach einem schriftlichen Vorverfahren geht sie der mündlichen Verhandlung im Haupttermin voraus. Ist im schriftlichen Vorverfahren ein Versäumnisurteil ergangen, so ist die Güteverhandlung im Einspruchstermin durchzuführen (Foerste NJW 2001, 3104 a.A. arg. § 341a ZPO als Sonderregelung). Im Verfahren nach § 495a ZPO hingegen kann das Gericht nach seinem Ermessen von einer Güteverhandlung absehen, sofern überhaupt eine mündliche Verhandlung stattfindet (unten Rdn. 2424).

Die Ladung muss den Zweck des Termins (Güteverhandlung, früher erster Termin, mündliche Verhandlung, ggf. über den Einspruch) zweifelsfrei erkennen lassen, soweit nicht die Parteien darauf (und insbesondere auch auf die damit verbundenen Einlassungs- und Ladungsfristen) verzichten (Zöller/Greger § 278 Rn. 17). Fehlt eine Ladung zur mündlichen Verhandlung, kommt ein Versäumnisurteil nach § 335 Nr. 2 ZPO nicht in Betracht. Dabei ist indes zu beachten, dass der frühe erste Termin ein solcher zur mündlichen Verhandlung ist (§ 275 Abs. 1 ZPO) und der Termin zur Durchführung einer Beweisaufnahme zugleich zur Fortsetzung der zur mündlichen Verhandlung bestimmt ist (§ 370 Abs. 1 ZPO).

Die Anordnung oder Nicht-Anordnung eines (u.U. auch gesonderten) Gütetermins dürfte nicht (separat, § 534 ZPO) anfechtbar sein (Zöller/Greger § 273 Rn. 5: kein Recht auf Entscheidung; 567 Rn. 35). Zweifelhaft ist, ob bei Zurückweisung eines entsprechenden Gesuchs die sofortige Beschwerde statthaft ist (§ 567 Abs. 1 Nr. 2 ZPO; Thomas/Putzo/Seiler § 567 Rn. 14; Hartmann NJW 2001, 2581; Foerste NJW 2001, 3104).

2. Ablauf des Gütetermins

1652 In der Güteverhandlung hat das Gericht den Sach- und Streitstand mit den Parteien unter freier Würdigung aller Umstände zu **erörtern** und, soweit erforderlich, Fragen zu stellen (§ 278 Abs. 2 ZPO). Die erschienenen Parteien sollen persönlich gehört werden (§ 278 Abs. 3 ZPO).

Auch wenn die hier gemachten Äußerungen nicht als bindendes Geständnis i.S.d. §§ 288, 290 ZPO gewertet werden können, weil die Güteverhandlung nicht Teil der mündlichen Verhandlung ist, bleibt im Hinblick auf die dem Gericht mögliche Verwertung des gesamten Prozessstoffs nach § 286 ZPO Vorsicht geboten.

1653 Ob eine **Antragstellung** im Gütetermin zulässig ist, erscheint zweifelhaft. Erforderlich jedenfalls ist sie nicht. Umstritten ist, ob eine Urteilsverkündung im Gütetermin möglich ist (Wieser MDR 2002, 11: bejahend für Verzichts- und Anerkenntnisurteile sowie für die Antragstellung). Ein Versäumnisurteil kann im Gütetermin selbst jedenfalls nicht ergehen (arg. § 279 Abs. 1 ZPO).

1654 Die (eigentliche) **mündliche Verhandlung** soll sich im Regelfall bei Erfolglosigkeit der Güteverhandlung dieser unmittelbar anschließen (§ 279 Abs. 1 Satz 1 ZPO). In der Praxis erfolgt dieser Übergang meistens ohne merkliche Zäsur. Dabei kann bereits in einem sich anschließenden frühen ersten Termin – als ein vollwertiger Termin – eine Sachentscheidung getroffen werden (§ 275 Abs. 2 ZPO; OLG Hamm NJW 2003, 2543).

1655 Die **Beweisaufnahme** ist nach § 279 Abs. 2 ZPO für den Haupttermin nach der streitigen Verhandlung vorgesehen und deshalb im Gütetermin unzulässig (ebenso i.E. Foerste NJW 2001, 3104).

Für zulässig gehalten wird überwiegend eine bloß informelle oder informatorische Befragung anwesender Zeugen. Auch hierzu indes ist das Gericht in diesem Prozessstadium nicht verpflichtet (Begr. RegE. S. 83).

Nehmen nicht alle Verfahrensbeteiligten am Gütetermin teil, so sind folgende Alternativen zu unterscheiden: 1656

(1) Die **nicht erschienene Partei ist** (durch ihren Anwalt) **vertreten.** 1657

Dann kann das Gericht gleichwohl eine Güteverhandlung durchführen. Jedoch kann auch vertagt werden, wenn es die persönliche Anhörung der Parteien als wichtig ansieht und nicht ein wiederholtes Fernbleiben anzeigt, dass eine solche Verhandlung aussichtslos ist (Foerste NJW 2001, 3104). Das hat freilich für die persönlich erschienene Partei samt deren Prozessbevollmächtigten die nachteilige Konsequenz, zu einem zweiten Termin nochmals erscheinen und u.U. von weit her anreisen zu müssen. 1658

Wegen der Nichtbefolgung der persönlichen Ladung kann Ordnungsgeld entsprechend § 141 ZPO verhängt werden. 1659

Dabei wird einerseits vertreten, dass die Festsetzung eines Ordnungsgeldes unzulässig ist, wenn sich eine Partei gegen einen Gütetermin ausgesprochen hat (Wieser MDR 2002, 11). Andererseits aber wird befürwortet, diese Sanktion vermehrt und unabhängig davon einzusetzen, ob das Ausbleiben zu einer Verzögerung des Rechtsstreits geführt hat oder nicht (Zöller/Greger § 141 Rn. 12; a.A. LAG Niedersachsen MDR 2002, 1333).

(2) Eine **Partei ist säumig** i.S.v. §§ 330, 331 ZPO, d.h. weder persönlich erschienen noch wirksam vertreten (§ 78 ZPO gilt auch hier!). 1660

Eine Güteverhandlung ist in diesem Fall nicht möglich. Die Säumnis in der Güteverhandlung ist prozessual nicht unmittelbar mit einer Rechtsfolge verknüpft, sondern führt nach § 279 Abs. 2 ZPO dazu, dass sich die mündliche Verhandlung unmittelbar anschließt. Dauert die Säumnis hier fort, liegen die Voraussetzungen eines Versäumnisurteils (§§ 330, 331 ZPO) vor. Im amtsgerichtlichen Bagatellverfahren kommt eine Endentscheidung nach § 495a ZPO in Betracht. 1661

▶ Praxistipp:

Bei Säumnis im Gütetermin droht ein Prozessverlust. 1662

Die ein Versäumnisurteil rechtfertigende ordnungsgemäße Ladung (§ 335 Abs. 1 Nr. 2 ZPO) setzt dabei entweder voraus, dass die Ladung bereits »zur Güteverhandlung und zur mündlichen Verhandlung« erfolgte, oder sie – im Fall einer Ladung nur »zur Güteverhandlung« – den Hinweis enthält, dass sich (der erfolglosen Güteverhandlung) die mündliche Verhandlung anschließt (Zöller/Greger § 278 Rn. 20; Anders/Gehle/Anders § 279 Rn. 4).

(3) Beide Parteien sind säumig. 1663

In diesem Fall ist zwingend das Ruhen des Verfahrens anzuordnen (§ 278 Abs. 4 ZPO). Dann muss aber bei Fortsetzung des Prozesses, was jederzeit auf (Termins-)Antrag einer Partei möglich ist, die Güteverhandlung grundsätzlich nachgeholt werden. Bei »sinnlos wiederholtem Ausbleiben« indes sollte das Gericht wie nach einer gescheiterten Güteverhandlung verfahren (Anders/Gehle/Anders § 278 Rn. 34). 1664

3. Taktische Hinweise

Bei Verhandlungen vor einem unbekannten Gericht ist nicht vorhersehbar, wie dieses dem gesetzlichen Gebot einer Güteverhandlung entspricht. Während einige Gerichte hierin eine bloße **Formalität** sehen, der durch eine floskelhafte Frage nach Vergleichsmöglichkeiten entsprochen werden kann, nutzen andere Gerichte diesen Verfahrensteil zu **extensiven Vergleichsverhandlungen** bis hin zur Ausübung unangemessenen Drucks auf die Parteien. 1665

Die floskelhafte Beschränkung der Güteverhandlung erinnert an den früher nach altem Scheidungsrecht erforderlichen Sühneversuch gemäß § 608 ZPO a.F.: Waren die Parteien mit ihrem Scheidungsbegehren bis vor den Richter gelangt, war die Zerrüttung der Ehe in nahezu allen Fällen endgültig, eine Einigung praktisch ausgeschlossen. Auch heute vertreten viele Gerichte die Ansicht, eine vergleichsweise Einigung sei zu Beginn des Prozesses in den meisten Fällen aussichtslos, wenn die vorprozessualen Bemühungen gescheitert seien und man sich zum Prozess entschlossen habe. Solche Richter beschränken die Güteverhandlung häufig auf die Frage nach Vergleichsmöglichkeiten und stellen auf das bloße Kopfschütteln hin oder gar ohne eine Antwort abzuwarten bereits zur streitigen Verhandlung über (E. Schneider NJW 2001, 3757; Zierl NJW-Editorial Heft 39/2002).

Auch der Versuch, jeden Fall ohne Rücksicht auf die Besonderheiten der Parteiinteressen zu vergleichen, hat Vorläufer im alten Recht. Mit dem Vergleich kann das Gericht ein langdauerndes Verfahren abkürzen und sich eine eventuell erforderliche aufwendige Beweisaufnahme genauso ersparen, wie ein arbeitsintensives Urteil. Hier wird die Güteverhandlung nicht durch das Interesse der Parteien an einer konsensualen Streitbeilegung motiviert, sondern durch richterliche Faulheit.

1666 Taktisch kann das **Interesse der Partei** auf die Durchführung oder Nichtdurchführung einer Güteverhandlung gerichtet sein. Versucht werden kann deswegen, das Gericht dazu zu bewegen, die Güteverhandlung den eigenen Vorstellungen entsprechend zu gestalten.

Besser als das Gericht können die Parteien mögliche Erfolgschancen von Vergleichsgesprächen abschätzen. Solche verbieten sich nicht allein schon deshalb, weil eigene vorprozessuale Vergleichsbemühungen gescheitert sind. Häufig hat ein Vergleichsvorschlag des – wegen seiner Entscheidungskompetenz naturgemäß mit größerer Autorität ausgestatteten – Gerichts auch dann eine Chance, wenn er inhaltsgleich mit eigenen Vorüberlegungen ist.

1667 Hält die Partei die Güteverhandlung für **aussichtslos**, so kann der damit verbundene Aufwand – unabhängig davon, ob der Gütetermin separat oder im Zusammenhang mit der mündlichen Verhandlung stattfinden soll – vermieden werden, indem dem Gericht rechtzeitig mitgeteilt wird, dass außergerichtliche Vergleichsverhandlungen gescheitert sind bzw. eine gütliche Beilegung des Rechtsstreits in keinem Fall in Betracht kommt.

Dann kann das Gericht von der Aussichtslosigkeit einer Güteverhandlung ausgehen (Wieser MDR 2002, 10: Dann in der Regel aussichtslos, Foerste NJW 2001, 3104: Persönlicher Widerspruch beider Parteien dürfte eine Güteverhandlung unzulässig machen). Das verbietet es natürlich nicht, in der mündlichen Verhandlung trotzdem einen Vergleich zu schließen.

Der Verzicht auf eine Güteverhandlung führt häufig auch zu einem Wegfall der Anordnung des persönlichen Erscheinens der Parteien.

Wird die Güteverhandlung vom Gericht dennoch angesetzt, darf auf ein Erscheinen im Termin nicht verzichtet werden (oben Rdn. 1594). Erfolgt die Ansetzung indes durch Formblatt, und ist zu vermuten, dass das Gericht sich mit den vorgetragenen, gegen eine Güteverhandlung sprechenden Umständen nicht auseinandergesetzt hat, kann es sich empfehlen, ausdrücklich nachzufragen, ob es trotz dieses Vortrags bei der Güteverhandlung bzw. dem persönlichen Erscheinen der Parteien bleiben soll.

Will die Partei eine Güteverhandlung vermeiden, kann sie sich darauf berufen, es handele sich um eine einmalige, rein wirtschaftliche Streitigkeit zwischen (anonymen) Unternehmen (Foerste NJW 2001, 3104: bei Großunternehmen, die grundsätzlich oder in Streitigkeiten dieser Art nie vergleichsbereit sind) oder um einen Inkassoprozess über ersichtlich unstreitige Forderungen. Zumindest dürfte in diesen Fällen das persönliche Erscheinen der (gesetzlichen) Unternehmensvertreter entbehrlich sein.

Einen Gütetermin ersparen sich Klagepartei und Anwalt – vorläufig oder endgültig – auch bei Erlass eines Versäumnisurteils im schriftlichen Vorverfahren (oben Rdn. 691, 1469). Hat der Beklagte weder außergerichtlich noch im Widerspruch gegen einen Mahnbescheid Einwendungen gegen die Klageforderung erhoben und sind solche auch im Prozess nicht zu erwarten, sollte man dies dem Gericht in der Klageschrift deutlich mitteilen, verbunden mit dem Antrag auf Einleitung eines schriftlichen Vorverfahrens.

1668 Liegt die Durchführung eines Gütetermins umgekehrt im Interesse der Partei und hält sie diese für **aussichtsreich**, kann sie dies ausdrücklich anregen bzw. beantragen. Dann muss das Gericht einen Einigungsversuch durchführen und wird dies in der Regel auch tun.

Da viele Rechtstreitigkeiten ihren Ursprung in einer fehlgeschlagenen bzw. missverstandenen Kommunikation haben, kann eine Güteverhandlung in Anwesenheit der Parteien in geeigneten Fällen durchaus auch eine Chance für eine (verfahrensverkürzende) einvernehmliche Lösung des Konflikts bieten. Eine sorgfältig vorbereitete und erfolgreich durchgeführte Güteverhandlung erspart dann dem Anwalt sogar viel (weitere) Zeit und Arbeit.

Kommt es nicht zu der von der Partei gewünschten **Form** der Güteverhandlung, muss dies hingenommen werden. 1669

Weder das Absehen von noch die Anberaumung der Güteverhandlung ist mit der sofortigen Beschwerde anfechtbar, selbst wenn dies gegen den ausdrücklichen Willen der Parteien geschieht (Wieser MDR 2002, 10).

V. Die streitige Verhandlung

Nach § 137 Abs. 1 ZPO wird die mündliche Verhandlung durch die Antragstellung eingeleitet 1670
(Jerger JR 2014, 47).

Diese Bestimmung wird häufig dahin missverstanden, dass die Stellung der Anträge an den Beginn des Termins zur mündlichen Verhandlung gehöre und vor anderen Prozesshandlungen zu erfolgen habe. Tatsächlich aber besteht insoweit Gestaltungsermessen des Vorsitzenden. § 137 Abs. 1 ZPO stellt nur klar, dass »verhandelt« im Sinne der ZPO frühestens durch die Stellung der Anträge wird.

Demnach kann vor der Antragstellung noch nicht von einer Verhandlung gesprochen werden, selbst 1671
wenn der Sach- und Streitstand bereits erörtert worden ist (BAG NJW 2003, 1548; OLG Dresden NJW 1997, 765; OLG Frankfurt a. M. NJW-RR 1998, 280; Thomas/Putzo/Seiler § 137 Rn. 1, einschränkend § 333 Rn. 1, str.). Daher erfordert »**mündliches Verhandeln**« i.S.d. § 128 Abs. 1 ZPO beides.

Die bloße Stellung der Sachanträge ist jedoch dann ein Verhandeln, wenn – regelmäßig – darin zugleich stillschweigende Bezugnahme auf das vorbereitende schriftsätzliche Vorbringen liegt (§ 137 Abs. 3 ZPO; Thomas/Putzo/Seiler § 333 Rn. 2; zum Klageabweisungsantrag oben Rdn. 1313).

Dann wird in aller Regel der gesamte, bis zum Termin angefallene Akteninhalt, einschließlich der in Bezug genommenen und vorgelegten Schriftstücke, Gegenstand der Verhandlung und ist vom Gericht zu verwerten (Thomas/Putzo/Seiler § 137 Rn. 3; Zöller/Greger § 137 Rn. 1, Zöller/Herget § 333 Rn. 1).

Die Anträge sind nach § 297 Abs. 1 ZPO zwar grundsätzlich aus den vorbereitenden Schriftsätzen zu verlesen. Üblich ist jedoch die Bezugnahme auf die Schriftsätze, welche die Anträge enthalten (§ 297 Abs. 2 ZPO).

Dies muss ausdrücklich erfolgen und sich auf bestimmte schriftliche Anträge beziehen (»Antrag aus dem Schriftsatz vom …«). Denn das Gericht ist nicht befugt, sich zusammenzusuchen, welcher Sachvortrag zu welchem schriftsätzlichen Antrag passt (BAG NJW 2003, 1548).

Mit Zustimmung des Vorsitzenden (§ 297 Abs. 1 ZPO) können die Anträge im Termin auch mündlich zu Protokoll erklärt werden. Normalerweise wird dies gestattet.

Andernfalls muss der Antrag – u.U. nach einer kurzen Unterbrechung – auf Papier gebracht und das Schriftstück als Protokollanlage vorgelegt und verlesen werden (§§ 297, 160 Abs. 5 ZPO, auch § 496 ZPO). Dies ist relevant, wenn unvorbereitet im Termin die Klage erweitert bzw. Widerklage erhoben werden soll – vor allem zum Zwecke der Vermeidung der Präklusion. Der Gegner kann dies nicht verhindern, insbesondere nicht durch Verweigerung der Annahme des Schriftstückes oder der Genehmigung des Protokolls (§§ 160 Abs. 3 Nr. 2, 162 Abs. 1, 261 Abs. 2 ZPO; Thomas/Putzo/Seiler § 162 Rn. 2).

Aufgrund der Einheit der mündlichen Verhandlung müssen Klageanträge grundsätzlich nur einmal und nicht in jedem Termin oder nochmals nach einer Beweisaufnahme wiederholt werden (zu den Besonderheiten der Beweisverhandlung nach § 285 ZPO unten Rdn. 1987). Bei deren Unterbleiben darf daher kein Versäumnisurteil gegen die erschienene Partei ergehen (Zöller/Greger § 297 Rn. 1; Zöller/Herget § 332 Rn. 2; Thomas/Putzo/Seiler § 285 Rn. 1, § 332 Rn. 2), auch wenn es in der Praxis weitgehend üblich sein soll, prozessual eine Säumnislage anzunehmen, wenn ein Anwalt nach der Beweisaufnahme nicht mehr auftritt (E. Schneider MDR 1992, 827).

Bei Stellung der **Sachanträge** ist darauf zu achten, dass nicht ein Antrag übersehen oder ein bereits 1672
überholter Antrag gestellt wird. Es empfiehlt sich, den aktuellen Antrag zusammenzufassen (Terminzettel!), wenn die Anträge im Laufe des Verfahrens mehrfach geändert wurden, und darauf zu achten, welchen Antrag der Richter – oftmals selbstständig – ins Protokoll diktiert.

So werden z.B. Widerklagen und Hilfsanträge leicht übersehen. Stellt der Kläger einen anderen Antrag als schriftsätzlich angekündigt, muss der Beklagte widersprechen, wenn er eine rügelose Einlassung in die Klageänderung verhindern will (§ 267 ZPO).

Entscheidet das Gericht über die Klage, obwohl überhaupt kein Antrag gestellt wurde, rechtfertigt dies wegen eines Verstoßes gegen §§ 137, 308 ZPO im Berufungsverfahren die Aufhebung des erstinstanzlichen Urteils (OLG Koblenz MDR 2002, 415). Gibt das Sitzungsprotokoll die gestellten Anträge nicht oder nur unvollständig wieder, sollte dessen Berichtigung beantragt werden (unten Rdn. 2679).

1673 An die **Antragstellung** und den Beginn der mündlichen Verhandlung knüpfen sich eine Reihe von Rechtsfolgen:

- Klagerücknahme erfordert Einwilligung des Beklagten, nachdem er zur Hauptsache mündlich verhandelt hat (§ 269 Abs. 1 ZPO).

  Hierbei ist zu beachten, dass für eine solche Verhandlung ein konkreter (Klageabweisungs-)Antrag nicht erforderlich ist (oben Rdn. 1313).

  Im Übrigen gilt nach § 269 Abs. 2 ZPO die Einwilligung bereits als erteilt, wenn der Beklagte der Zurücknahme nicht innerhalb einer Notfrist (Wiedereinsetzung möglich!) von zwei Wochen seit der Zustellung des Schriftsatzes widerspricht und er zuvor auf diese Folge hingewiesen worden ist.

- Zuständigkeitsbegründung (§ 39 ZPO) und anzunehmende Einwilligung in eine Klage- (und Partei-)änderung (§ 267 ZPO) durch rügelose bzw. widerspruchslose Einlassung.
- Heilung von Verfahrensmängeln gem. § 295 ZPO, welche damit nicht über die Instanz hinaus weiterwirken (§ 534 ZPO).
- Verlust des Ablehnungsrechts wegen Besorgnis der Befangenheit (§ 43 ZPO).
- Eintritt der Geständniswirkung (§ 288 ZPO; OLG Saarbrücken MDR 2002, 109).
- Begründung der Rechtshängigkeit der im Laufe des Prozesses erhobenen Ansprüche (§ 261 Abs. 2 ZPO).
- Präklusionswirkung (§§ 296, 296a ZPO).

  Der Antragstellung selbst kommt keine Präklusionswirkung zu. Jedoch muss zur Vermeidung einer drohenden Präklusion in der mündlichen Verhandlung sachgerecht reagiert werden. Dies gilt auch für den Gegner für etwaige Abwehrmaßnahmen. Durch eine voreilige Antragstellung kann man sich auch Fluchtmöglichkeiten, insbesondere die Flucht in die Säumnis verbauen (oben Rdn. 1530).

1674 Keine Bedeutung hat die Antragstellung und Erörterung zur Sache mehr für die **Anwaltsgebühren**.

Im Gegensatz zu der früheren Regelung in der BRAGO (Verhandlungs-/Erörterungsgebühr) reicht es für das Entstehen der Terminsgebühr jetzt aus, dass der Rechtsanwalt zu einem Termin erschienen ist, unabhängig von dessen weiterer Teilnahme und Verlauf (Teil 3 Vorbem. 3 [3] VV-RVG). Es kommt allenfalls für deren Höhe darauf an, welche weitere Tätigkeit der Anwalt entfaltet.

VI. Materielle Prozessleitungspflicht des Gerichts

1675 Wie in kaum einem anderen Bereich des Zivilprozessrechts finden sich im Verständnis der materiellen Prozessleitungspflicht Unterschiede zwischen anwaltlicher und richterlicher Tätigkeit. Extrem formuliert will der Anwalt sich darauf verlassen dürfen, dass das Gericht ihm vorgibt, was er zur Erreichung des Prozessziels tun soll, und er so mit minimiertem eigenen Aufwand in den Prozess gehen kann. Richter dagegen weigern sich, die Arbeit des Anwalts zu erledigen, dessen Fehler zu kompensieren. Wie so oft liegt auch hier die richtige Lösung zwischen den Extrempositionen (BGH MDR 2018, 1209; Beck MDR 2018, 1474; Beck MDR 2018, 1474).

Praxistipp:

1676 Richterliche Hinweise werden nicht in dem Umfang erteilt, in dem sie von anwaltlicher Seite oft erhofft werden. Sie sind nicht dafür gedacht, dem Anwalt Arbeit zu ersparen oder ihm die Verantwortung für hinreichenden Sachvortrag und eigenverantwortliche Rechtsbewertung abzunehmen.

1. Bedeutung

Die richterliche Hinweispflicht als die »Magna Charta des Zivilprozesses« (Anders/Gehle/Anders § 139 Rn. 1) bildet schon seit jeher einen »Dauerbrenner« (Gehrlein MDR 2004, 542) des Prozessrechts, dem eine erhebliche Bedeutung zukommt. 1677

Deren besondere Problematik liegt im **Spannungsverhältnis** zwischen dem Gerechtigkeitspostulat, der Parteimaxime, der Chancengleichheit und der Neutralitätspflicht des Gerichts. So verändert jeder richterliche Hinweis zwar einerseits zwangsläufig die Prozesschancen, kann andererseits aber unter Umständen eine gerechte Entscheidung erst ermöglichen. Mit jedem Hinweis verlässt der Richter seine Position als neutraler Dritter, der zu beiden Parteien die gleiche Distanz wahrt. Er verhilft einer Partei zum Prozesserfolg, den sie ohne den Hinweis nicht erreichen würde. Damit läuft er Gefahr, sich befangen zu machen und deswegen abgelehnt zu werden. 1678

Die bei Inkrafttreten der ZPO im Jahr 1879 dominierenden liberalen Prinzipien der Vertragsfreiheit, der Parteiherrschaft und der Beibringungsmaxime (dazu oben Rdn. 17), die letztlich dazu führten, »dass jeder selbst seines Glückes Schmied« und der Staat nicht verpflichtet ist, die »Schlafenden« vor selbst verschuldeten Rechtsnachteilen zu beschützen (Herr DRiZ 1988, 57), sind seither in Gesetzgebung, Rechtsprechung und Literatur zunehmend durch ein soziales Gerechtigkeitspostulat zurückgedrängt worden. Die Verantwortung des staatlichen Gerichts erschöpft sich nicht mehr in der Gewährleistung eines formell einwandfrei ablaufenden Verfahrens (§ 137 ZPO), sondern erstreckt sich auf das materielle Ergebnis, das nach Möglichkeit richtig und gerecht sein soll. Auch wenn damit noch keine Amtsermittlung stattfindet und weiterhin »die Partei als mündiger Bürger« ihren Prozess selbst führen muss (Thomas/Putzo/Seiler § 139 Rn. 10), schafft § 139 ZPO nicht bloß eine Möglichkeit, sondern eine Pflicht des Gerichts zur Mitwirkung bei der Verwirklichung materieller Rechtslagen, deren Missachtung den Bestand des Urteils gefährdet (Zöller/Greger § 139 Rn. 1).

Solange der Richter sich im Rahmen der ihm durch § 139 ZPO eingeräumten Möglichkeiten hält, ist er weder befangen (§ 42 Abs. 2 ZPO) noch verletzt er andere ihm obliegende Pflichten (OLG Oldenburg NJW 2004, 3194; Prütting/Gehrlein/Graßnack § 42 Rn. 42). 1679

Die früher in den §§ 139, 278 Abs. 3 ZPO a.F. geregelten und durch die Rechtsprechung (auch des BVerfG konkretisierte) Aufklärungs- und Hinweispflichten des Gerichts wurden mit der **ZPO-Reform 2002** zur materiellen Prozessleitungspflicht des Gerichts umgestaltet und sind nunmehr ausschließlich in § 139 ZPO geregelt. Die dabei eingetretenen inhaltlichen Änderungen sind bloß marginaler Natur. Durch die Reform wurde nicht Inhalt oder Umfang der Hinweispflicht umgestaltet, sondern die Bedeutung einer Verletzung dieser Pflicht (Rensen AnwBl 2002, 639; Schaefer NJW 2002, 852). 1680

Eine Verletzung der materiellen Prozessleitungspflicht kann alle denkbaren Berufungsgründe ausfüllen. Sie kann eine Rechtsverletzung i.S.d. §§ 520 Abs. 3 Nr. 2, 513 Abs. 1 1. Alt., 546 darstellen, konkrete Anhaltspunkte für Zweifel an der Richtigkeit oder Vollständigkeit der erstinstanzlichen Tatsachenfeststellungen begründen (und damit Anlass für eine erneute oder erstmalige Beweisaufnahme in zweiter Instanz sein), §§ 520 Abs. 3 Nr. 3, 513 Abs. 1 2. Alt., 529 Abs. 1 Nr. 1 oder nach §§ 520 Abs. 3 Nr. 4, 513 Abs. 1 2. Alt., 529 Abs. 1 Nr. 2, 531 Abs. 2 Nr. 2 Grund für die Zulassung neuer Angriffs- und Verteidigungsmittel in zweiter Instanz sein.

Nach der ZPO-Reform haben sich deswegen Zahl und Umfang gerichtlicher Hinweise deutlich **erhöht** (Neuhaus MDR 2002, 438). Viele Gerichte tendieren, um ihre Urteile »rechtsmittelfest« zu machen, dazu, möglichst viele und umfassende Hinweise zu erteilen. Dies birgt die Gefahr, dass tatsächlich relevante Punkte in der Masse der Hinweise untergehen und von den Parteien nicht ernst genommen werden. Nach wie vor aber finden sich zahlreiche Fälle unterlassener oder unwirksamer Hinweise. 1681

Rechtstatsächliche Untersuchungen führen insoweit zu sehr unterschiedlichen Ergebnissen. E. Schneider (ZAP-Kolumne 2002, 857) findet die Befürchtung bestätigt, dass sich an der »Verweigerungshaltung« der meisten Richter nichts geändert hat und die Instanzpraxis »in den neuen Schuhen des Gesetzgebers« den alten Trott fortsetzt. Während die von Greger (JZ 2004, 809) durchgeführten Befragungen dies zu bestätigen scheinen, meint Bamberger (ZRP 2004, 138), dass die Hinweis- und Fragepflicht jetzt ernster genommen wird und im Zweifel mehr Hinweise gegeben werden. Erklärbar dürften diese unterschiedlichen Erhebungsergebnisse durch die regional, instanziell und vor allem individuell sehr unterschiedliche Handhabung des § 139 ZPO in der Praxis sein.

Die Gründe hierfür liegen manchmal in der mangelnden oder fehlenden Vorbereitung des Termins (sei es als Gütetermin mit oder ohne anschließendem frühen ersten Termin), der nur durchgeführt wird, um erst einmal die Vergleichsmöglichkeiten auszuloten (van Bühren AnwBl 2003, 619). Häufiger resultiert die mangelnde Hinweiserteilung aus »der oft zu beobachtenden (verfehlten) richterlichen Praxis, sich erst kurz vor der mündlichen Verhandlung eingehend mit einer Sache zu befassen« oder aus dem Bestreben, möglichst keine Beweisaufnahme durchführen zu müssen, um den Rechtsstreit schnell und problemlos erledigen zu können. Alle diese Gründe dürften im Wesentlichen auf der großen Arbeitsbelastung der erstinstanzlichen Gerichte beruhen (Rensen AnwBl 2002, 640; E. Schneider MDR 1996, 866: »Die Amtsrichter sind die Prügelknaben der Entlastungsgesetzgeber. Sie laufen Gefahr, den Belastungsdruck weiter nach unten an die Parteien und deren Prozessbevollmächtigte abzugeben«).

Dass Hinweise auch bewusst (überraschend) erst in der mündlichen Verhandlung gegeben werden, in der Hoffnung, dass eine Erwiderung ausbleibt (Bohlander MDR 1996, 1095: »perfide Richter, welche die ahnungslosen Anwälte in der mündlichen Verhandlung in das unter der Robe verborgene Messer des unsubstantiierten Vortrags laufen lassen«), sollte (hoffentlich!) nicht vorkommen.

2. Umfang

1682 § 139 ZPO macht für den Inhalt der zu erteilenden Hinweise **keine konkreten Vorgaben**, enthält vielmehr in Abs. 1 die allgemeine Erörterungspflicht des Gerichts und in den Abs. 2 und 3 besondere Hinweispflichten (zu Fallgruppen Nober/Ghassemi-Tabar NJW 2017, 3265).

1683 Der in § 139 ZPO geregelten Pflicht des Gerichts zur Erwirkung einer sachgerechten Entscheidung steht die **Pflicht zur Unparteilichkeit** entgegen. In dieser findet die **Hinweispflicht** ihre Grenze. Hinweise an die eine Partei dürfen nicht zur Benachteiligung der anderen Partei führen. Verhilft der Richter durch die Hinweise einer Partei zum Prozesserfolg, so verlässt er seine Position als neutraler Dritter, verhilft einer Partei zum Prozesserfolg, den sie ohne den Hinweis nicht hätte. Verfahrensfehlerhaft sind damit sowohl zu weitreichende, überschießende Hinweise, als auch zu dürftige, fehlende Hinweise.

Diese Pflichtenantinomie lässt sich mit zivilprozessualen Überlegungen alleine nicht lösen. Beide Pflichten resultieren aus verfassungsrechtlichen Grundprinzipien, sodass letztlich die Pflicht zur Unparteilichkeit des Richters mit dem materiellen Gerechtigkeitsgebot kollidiert (BVerfG NJW 1976, 1391). Umfang und Grenzen der Hinweispflicht lassen sich deswegen häufig nur durch eine Güterabwägung unter Berücksichtigung aller Umstände des Einzelfalles bestimmen.

Es ist aber weiterhin nicht Aufgabe des Gerichts, durch Hinweise neue Anspruchsgrundlagen, Einreden oder Anträge einzuführen. Damit fehlt es grundsätzlich an der Befugnis des Gerichts, auf mögliche, bislang aber nicht ausgeübte Rechte hinzuweisen. Die gilt für weitere Klagegründe genauso wie für die Möglichkeit der Erhebung einer Einrede (Zurückbehaltungsrecht) oder der Ausübung eines Gestaltungsrechts (Begr. RegE S. 77; Anders/Gehle/Anders § 139 Rn. 67; BGH NJW 2004, 164).

1684 Die Rechtsprechung versucht, diese Antinomie der sich widersprechenden Ziele (materielle Gerechtigkeit versus Befangenheit) durch eine Floskel **aufzulösen**:
- **Geboten** ist ein Hinweis auf Umstände, die im bisherigen Vortrag der Partei bereits angelegt sind, die lediglich fortentwickelt werden.
- **Verboten** ist ein Hinweis auf Umstände, die im bisherigen Parteivortrag keine Grundlage haben, die die Partei auf einen völlig neuen rechtlichen Weg bringen würden.

▶ Beispiel:

Der Kläger verlangt vom Beklagten Zahlung aus einem jahrzehntelang zurückliegenden Sachverhalt.

Verteidigt sich der Beklagte damit, er könne zum Sachverhalt wenig sagen, er könne sich daran nicht mehr erinnern, Unterlagen darüber habe er nicht mehr, dann stellt der Hinweis des

Gerichts auf die Möglichkeit einer Verjährungseinrede lediglich die rechtliche Konkretisierung dieser Verteidigung dar, mit der geltend gemacht wird, was Grund für das Institut der Verjährung ist: »die verdunkelnde Kraft der Zeit« nämlich.

Verteidigt sich der Beklagte dagegen mit der Behauptung, das Vorbringen des Klägers sei unzutreffend, schildert er einen abweichenden Geschehensablauf und behauptet er Erfüllung, dann ist der Hinweis auf eine mögliche Verjährungseinrede unstatthaft.

Nur selten aber wird in der Praxis eine Abgrenzung nach dieser Floskel sauber möglich sein.

Während die Literatur in **Zweifelsfällen** einen Hinweis für erforderlich hält (Anders/Gehle/Anders § 139 Rn. 40), folgt dem die Praxis nicht immer. Für die Partei, an die Hinweis ergehen muss, ist die Erteilung die bessere Lösung, weil sie so noch in der ersten Instanz reagieren und den Prozess gewinnen kann. Aus der Sicht der durch den Hinweis benachteiligten Partei dagegen ist die Nichterteilung des Hinweises vorteilhafter. 1685

Dies folgt aus den unterschiedlichen Folgen eines zu Unrecht erteilten und eines zu Unrecht nicht erteilten Hinweises. Im erstgenannten Fall stehen der durch den Hinweis an den Gegner benachteiligten Partei allein die Ablehnung des Richters (§ 43 ZPO) und ggf. die sofortige Beschwerde (§ 46 ZPO) zur Verfügung. Erfolgt die Ablehnung nicht sofort, das heißt noch in erster Instanz vor der nächsten eigenen Einlassung, sondern wird bis zur Sachentscheidung zugewartet, kann mit der Berufung weder der Hinweisfehler des Gerichts noch die Ablehnungsentscheidung gerügt werden. Der nicht oder nicht ausreichend erteilte Hinweis auf die später zum Unterliegen führenden Umstände stellt dagegen einen Verfahrensfehler dar, auf den die Berufung gestützt werden kann.

a) Allgemeine Erörterungspflicht des Gerichts (§ 139 Abs. 1 ZPO)

Generell besteht eine Hinweispflicht in den Fällen, in denen die Erforderlichkeit ergänzenden Vortrags von der **Bewertung des Gerichts** im Einzelfall abhängt (BGH NJW 1999, 1264), speziell bei nicht zu erwartenden Anforderungen an den Sachvortrag (BVerfG NJW 1991, 2823; BGH NJW-RR 1993, 569). Bei erkennbar mehrdeutigem Sachvortrag muss das Gericht sein Fragerecht ausüben, damit der Partei eine Klarstellung ihres Vorbringens ermöglicht wird (BGH NJW-RR 2002, 1071). 1686

Keinen Hinweis braucht das Gericht jedenfalls zu erteilen, sofern nur eine Nebenforderung betroffen ist (§ 139 Abs. 2 Satz 1 ZPO). Hierunter fallen insbesondere Zinsen, aber auch einzelne Teile aus einer Vielzahl von Schadenspositionen (Zöller/Greger § 139 Rn. 8; Anders/Gehle/Anders § 139 Rn. 43: auch ein geringfügiger Teil der Hauptforderung bleibt Hauptforderung).

aa) Sachgerechte Anträge

Ein Antrag ist dann nicht sachdienlich, wenn er nach Auffassung des Gerichts das im Prozess erkennbar gewordene Rechtsschutzziel nicht erreichen lässt. 1687

Hinweisen muss das Gericht auf die Unzulässigkeit eines Antrags (zum Beispiel wegen Unbestimmtheit oder fehlendem Rechtsschutzbedürfnis) oder auch auf Bedenken an der Durchsetzbarkeit des Antrags in der Zwangsvollstreckung. Zur Hinweispflicht kann auch die Pflicht gehören, bei der Klarstellung oder Präzisierung des Antrags zu helfen. Dies gilt insbesondere für praktisch schwer zu fassende Unterlassungsanträge (BGH NJW 2000, 1794). Ist ein angekündigter Antrag erkennbar versehentlich nicht gestellt oder zurückgenommen worden, muss das Gericht seine Stellung anregen. Das Gebot, auf die Stellung sachdienlicher Anträge hinzuwirken, erstreckt sich auch auf Verfahrensanträge, zum Beispiel die Anregung einer Erledigungserklärung oder das Verhältnis von Haupt- und Hilfsanträgen, nicht jedoch auf die Möglichkeit einer Flucht in die Säumnis (OLG München NJW 1994, 60) oder die Möglichkeit einer Wiedereinsetzung in den vorigen Stand (BGH VersR 1965, 981, 982).

bb) Tatsachenergänzung

Tatsachenvortrag ist unzureichend, wenn sich aus ihm der erstrebte Prozesserfolg nicht begründen lässt. Im Vordergrund stehen dabei die mangelnde **Schlüssigkeit** des Klägervortrags, die mangelnde 1688

Erheblichkeit des Beklagtenvortrags oder die unzureichende **Substantiierung** von Tatsachenbehauptungen.

Der Hinweis kann hier dazu erforderlich sein, einen allgemein gehaltenen Tatsachenvortrag zu konkretisieren, Rechtsbegriffe (»Kaufvertrag«; »Vorfahrt«) in Einzeltatsachen aufzulösen oder fehlende Anspruchsvoraussetzungen (Fälligkeit des Darlehensrückzahlungsanspruchs) nachzutragen. Nimmt eine Partei erkennbar ein Recht für sich in Anspruch (Anspruchsgrundlage, Einwand/Einrede) und reichen die vorgetragenen Tatsachen zur Ausfüllung der dafür erforderlichen Voraussetzungen nicht aus, bedarf es eines richterlichen Hinweises.

▶ Praxistipp:

1689 Die Abweisung eines Rechts mangels Schlüssigkeit oder Substantiierung ohne vorherigen Hinweis stellt regelmäßig eine Verletzung des § 139 ZPO dar.

Der Hinweis auf die Geltendmachung von Gegenrechten (Einrede der Verjährung, Zurückbehaltungsrecht, Entlastungsbeweis) ist nur ausnahmsweise möglich, wenn im Vortrag der Partei nicht nur die Voraussetzungen des Rechts, sondern auch die Absicht, sich hierauf berufen zu wollen, zumindest ansatzweise bereits erkennbar sind (BGH NJW 1969, 691, 693; OLG Hamburg NJW 1984, 2710; BGH LM § 13 StVO Nr. 6).

cc) Beweismittelbezeichnung

1690 Auf die Notwendigkeit der Benennung von Beweismitteln für **streitiges, entscheidungserhebliches** Vorbringen ist hinzuweisen, wenn sich aus dem übrigen Vorbringen der Partei ergibt, dass das Fehlen des Beweisantritts auf einem Versehen (BGH NJW 1998, 155, 156) oder auf einem Fehler bei der rechtlichen Bewertung, insbesondere bei der Beweislast beruht (BGH MDR 1991, 223, 224). Bejaht wird eine Hinweispflicht auch bei Antritt eines unzureichenden Beweises (anwaltliche Versicherung: BGH NJW 2020, 627).

Nicht verpflichtet ist das Gericht dagegen, auf das Erfordernis weiterer, zusätzlicher Beweise hinzuweisen, wenn die bisherige Beweisaufnahme nicht zu dem gewünschten Ergebnis geführt hat (Piekenbrock NJW 1999, 1360, 1362).

b) Hinweispflicht auf entscheidungserhebliche Umstände (§ 139 Abs. 2 ZPO)

1691 § 139 Abs. 2 ZPO erstreckt die Hinweispflicht über die Anträge und die Angriffs- und Verteidigungsmittel hinaus auch auf die **rechtliche Beurteilung** des Rechtsstreits durch die Parteien und verbietet Überraschungsentscheidungen (BGH NJW-RR 2011, 487).

Regelmäßig wird jede Partei davon ausgehen, aufgrund ihres Vortrags den Prozess zu gewinnen, und wird von einem ihr ungünstigen Ausgang des Rechtsstreits überrascht. Sie muss, auch wenn die Rechtslage umstritten oder problematisch ist, grundsätzlich alle vertretbaren rechtlichen Gesichtspunkte von sich aus in Betracht ziehen und ihren Vortrag darauf einstellen. § 139 Abs. 2 ZPO ist dabei nur dann verletzt, wenn die Partei diejenigen rechtlichen Erwägungen, auf die das Gericht seine Entscheidung stützt, vorher überhaupt nicht ernstlich in Betracht gezogen hat, das darin liegende Risiko nicht gesehen oder falsch eingeschätzt hat und deswegen in ihrer Prozessführung hierauf auch nicht ausreichend eingegangen ist. Eine unzulässige Überraschungsentscheidung liegt dann vor, wenn auch ein gewissenhafter und kundiger Prozessbeteiligter selbst unter Berücksichtigung der Vielfalt vertretbarer Rechtsauffassungen mit dieser rechtlichen Bewertung nicht zu rechnen brauchte.

▶ Beispiel:

1692 Eine unzulässige **Überraschungsentscheidung** liegt vor, wenn die Parteien um das Bestehen eines vertraglichen Schuldverhältnisses streiten und auch nur hierzu vortragen, das Gericht diese Frage dann dahinstehen lässt und seine Entscheidung auf Bereicherung stützt.

Nicht verpflichtet ist das Gericht nach Ansicht des BVerfG (NJW 1996, 3202; NJW-RR 2002, 69) allerdings, die beabsichtigte Entscheidung vorab bekannt zu geben oder zu begründen, auf seine Rechtsauffassung hinzuweisen oder ein Rechtsgespräch zu führen. Erwarten darf die Partei allein, dass das Gericht auf die Möglichkeit einer bestimmten Rechtsanwendung hinweist, ohne dass daraus zu folgern wäre, dass eine entsprechende Bewertung tatsächlich beabsichtigt ist.

Dass eine Hinweispflicht des Gerichts auch dann besteht, wenn **beide Parteien** einen Gesichtspunkt übersehen haben oder falsch beurteilen, ist eine Selbstverständlichkeit, die in § 139 Abs. 2 Satz 2 ZPO ausdrücklich wiederholt wird. 1693

c) Hinweispflicht auf Zulässigkeitsbedenken (§ 139 Abs. 3 ZPO)

Hinzuweisen hat das Gericht auch auf Bedenken hinsichtlich der von Amts wegen zu berücksichtigenden Punkte. Dies sind Sachentscheidungs- und Prozessfortsetzungsvoraussetzungen, d.h. die **Zulässigkeitsvoraussetzungen** von Klage und Rechtsmittel (z.B. §§ 56 Abs. 1, 522 Abs. 1 ZPO). 1694

Auch insoweit hat das Gericht nicht die Befugnis (oder gar Pflicht) zur Amtsermittlung, kann also keine eigenen Nachforschungen anstellen, sondern allein ergänzenden Parteivortrag veranlassen (BGH NJW 1989, 2064, 2065).

Erforderlich ist ein Hinweis, wo ohne ihn eine Überraschungsentscheidung droht, so also die Partei erkennbar von der Zulässigkeit der Klage ausgeht und einen insoweit gegebenen Mangel nicht erkannt hat.

3. Erfüllung

a) Konkretisierung

Die gesetzlich beabsichtigte Wirkung kann ein Hinweis nur haben, wenn er von der Partei **verstanden** wird und ihr Gelegenheit gibt, den Mangel im Vortrag zu beseitigen (BGH NJW-RR 2011, 1556). Unzureichend sind deswegen Hinweise, die den vom Gericht beanstandeten Punkt nur allgemein, pauschal oder floskelhaft bezeichnen. 1695

Hinweise wie »Die Sach- und Rechtslage wurde mit den Parteien erörtert«, »Die Frage ist in Rechtsprechung und Lehre streitig«, »Es bestehen Bedenken gegen die Zulässigkeit/Begründetheit/Schlüssigkeit/Substantiierung der Klage« oder »Der Vertrag dürfte unwirksam sein« sind ebenso nichtssagend wie die Frage an die Parteien, ob noch etwas vorgetragen werden soll (OLG Hamm MDR 1977, 940).

Vielmehr muss das Gericht auf den inkriminierten Punkt unmissverständlich hinweisen. Der Hinweis muss »zielgerichtet, inhaltlich klar und eindeutig« sein (OLGR Schleswig 2005, 146). Ggf. kann das Gericht sogar verpflichtet sein, die Partei zur Ergänzung des mangelnden tatsächlichen Vorbringens aufzufordern (BGH NJW 1986, 776; OLG Brandenburg NJW-RR 2002, 1215: bloße Erörterung in der mündlichen Verhandlung genügt nicht).

Erkennt das Gericht, dass die Partei einen Hinweis falsch aufgenommen hat, so muss es den Hinweis **wiederholen** und präzisieren (BGH NJW 1999, 1264). Dies gilt insbesondere, wenn eine Reaktion der Partei auf den Hinweis den Mangel nach Auffassung des Gerichts nicht behebt (OLG München NJW-RR 1997, 1425). Da man sich darauf in der Praxis nicht immer verlassen kann, sollte der Anwalt sicherheitshalber bei Gericht anfragen, ob die Bedenken durch den ergänzenden Vortrag nunmehr ausgeräumt sind. 1696

Dies gilt bei einem Hinweis im Termin umso mehr, wenn dort für die Partei (nur) ein (amtlich bestellter) Vertreter ihres Prozessbevollmächtigten auftritt (BGH NJW 1999, 2123).

Das Gericht darf auch nicht ohne vorherigen Hinweis von einer geäußerten Auffassung bzw. einem bei einer Partei von ihm erweckten Eindruck, ausreichend vorgetragen zu haben, später abweichen (BGH NJW 2002, 3317, 3320). Dies ist z.B. der Fall, wenn das Gericht zunächst zum Haftungsgrund Beweis erhebt und ohne entsprechenden Hinweis die Schadensersatzklage dann wegen mangelnder Schlüssigkeit bzw. Substantiierung zurückweist (OLG Saarbrücken NZBau 2002, 98; OLG Saarbrücken MDR 2003, 1372).

Eine Wiederholung des Hinweises kommt nicht in Betracht, wenn der ursprüngliche Hinweis eindeutig und unmissverständlich war. Hier könnte sich ein weiterer Hinweis lediglich auf die Wiederholung des ursprünglichen Hinweises beschränken, was der Partei nicht weiterhelfen würde (BGH NJW 2008,

2036). Es liegt nahe, dass das Gericht seine Hinweise stets für klar hält, sodass es einer Rüge der Partei bedarf, wenn dies aus deren Sicht nicht der Fall ist.

Es kann deshalb nützlich sein, das eigene Verständnis eines Hinweises dem Gericht mitzuteilen. Damit kann auch der Gefahr vorgebeugt werden, dass das Berufungsgericht einen Verfahrensmangel mit der Begründung verneint, der Hinweis sei doch unmissverständlich gewesen und neuen Sachvortrag nicht zulässt (§ 531 Abs. 2 Nr. 3 ZPO).

Abgesehen davon sind Hinweise nach § 139 Abs. 4 ZPO »so früh wie möglich« zu erteilen und daher in der mündlichen Verhandlung in der Regel (eigentlich) zu spät (Greger JZ 2004, 809: »richterlicher Kunstfehler«). Allerdings akzeptiert die Rechtsprechung solche Hinweise unter Hinweis darauf, die gesetzlich geforderte Frühzeitigkeit beziehe sich nicht auf das Interesse der Parteien, sondern auf die sachgerechte Bearbeitung durch das Gericht. Nur so lässt sich vermeiden, dass das Gericht beim Eingang eines jeden Schriftsatzes erneut zur sofortigen Prüfung der Relevanz verpflichtet ist.

b) Zeitpunkt, Form und Dokumentation

1697 Die Hinweispflicht besteht während des gesamten Prozesses, auch noch in höheren Instanzen. Sinn macht ihre Erfüllung aber nur zu Beginn des Prozesses, weil nur hier eine Steuerung des Prozessstoffs möglich ist. Hinweise sind deswegen nach § 139 Abs. 4 Satz 1 1. HS ZPO **so früh wie möglich** zu erteilen.

Dies kann nicht bedeuten, dass das Gericht verpflichtet wäre, im Prozess laufend zu prüfen, inwieweit neuer Parteivortrag ergänzungsbedürftig ist. Das Gericht bleibt auch nach Einführung dieser zeitlichen Voraussetzung befugt, seine Rechtsprüfung auf die Terminsvorbereitung zu beschränken. Dass erst in der mündlichen Verhandlung erteilte Hinweise einen Anspruch der Partei auf Gewährung eines Schriftsatznachlasses begründen, muss dann hingenommen werden (dazu unten Rdn. 2232).

1698 Für die Erfüllung der materiellen Prozessleitungspflicht ist eine bestimmte **Form** nicht vorgeschrieben. Regelmäßig wird sie in Form eines Hinweises erfolgen (»Die Partei wird darauf hingewiesen, dass ...«). Möglich ist aber auch die sprachliche Fassung als bloße Feststellung eines Mangels (»Die klagende Erbengemeinschaft ist nicht parteifähig«) oder als Frage (»Womit soll der behauptete Vertragsschluss unter Beweis gestellt werden?«).

1699 Hinweise müssen **aktenkundig** sein (§ 139 Abs. 4 Satz 2 ZPO). Welche Hinweise erteilt wurden, kann sich deswegen nur aus der Akte selbst ergeben.

Das Gebot der Aktenkundigkeit soll einen Streit der Parteien in zweiter Instanz darüber ausschließen, ob und mit welchem Inhalt Hinweise in der Vorinstanz erteilt wurden.

1700 Aktenkundig im Sinne dieser Vorschrift sind Hinweise dann, wenn sie schriftlich in der Akte fixiert sind. Dies kann erfüllt werden z.B.

- durch einen Aktenvermerk über ein Telefonat mit der Partei,
- durch eine in die Akte aufgenommene Abschrift einer Hinweisverfügung oder den Ausdruck einer Hinweis-E-Mail,
- durch einen schriftlichen, den Parteien mitgeteilten Hinweisbeschluss,
- durch die Protokollierung eines mündlichen Hinweises im Termin,

Der Hinweis ist »wesentlicher Vorgang der Verhandlung« und als solcher nach § 160 Abs. 2 ZPO zu protokollieren (Zöller/Schultzky § 160 Rn. 3, Zöller/Greger § 278 Rn. 9). Insoweit kommt § 139 Abs. 4 Satz 1 ZPO nur eine klarstellende Funktion zu (Begr. RegE. S. 78).

Eine Protokollberichtigung kommt in Betracht, wenn ein Hinweis im Protokoll falsch wiedergegeben ist, nicht dagegen, wenn ein Hinweis unprotokolliert geblieben ist, weil dessen Aktenkundigkeit anders herbeigeführt werden kann.

- durch die Aufnahme des Hinweises (nur) in den Tatbestand der Entscheidung selbst.

Selbstverständlich kann der Hinweis in dieser Form nicht erteilt werden. Ist er – insbesondere in einer mündlichen Verhandlung – erteilt, aber versehentlich nicht protokolliert worden, so kann er noch im Tatbestand der Entscheidung aktenkundig gemacht werden (OLG Frankfurt a. M. MDR 2005, 647).

Zu beachten ist dabei, dass »Tatbestand« in diesem Sinn alle tatsächlichen Feststellungen in der Entscheidung sind (BGH NJW-RR 2003, 1006; BGH NJW 1987, 1200) und Hinweise deswegen auch in den Entscheidungsgründen dokumentiert werden können (»Im Termin zur mündlichen Verhandlung ist dieser Umstand mit den Parteien erörtert worden«).

Nicht zu verkennen ist die damit bestehende Gefahr, dass das Gericht die Notwendigkeit eines Hinweises erst bei Abfassung des Urteils erkennt und seine Erteilung als erfolgt darstellt. Ist dies der Fall, ist eine Tatbestandsberichtigung erforderlich.

– Fraglich ist, ob die Aktenkundigkeit auch durch einen anwaltlichen Schriftsatz erfüllt werden kann.

Hat das Gericht in der mündlichen Verhandlung einen Hinweis erteilt, diesen aber (versehentlich) nicht ins Protokoll aufgenommen, kann ein Anwalt den erteilten Hinweis in einem nachfolgenden Schriftsatz bestätigen.

Die Aktenkundigkeit setzt den Nachweis eines Zugangs an die Parteien nicht voraus, doch können aus der Akte ersichtliche Umstände den Nichtzugang des Hinweises belegen und damit die Vermutung für die Erteilung des Hinweises entfallen lassen (BVerfG NJW 1995, 2095). 1701

Eine förmliche Zustellung außerhalb der mündlichen Verhandlung erteilter Hinweise ist deswegen genauso wenig erforderlich wie die Verkündung von Hinweisbeschlüssen in der mündlichen Verhandlung. Dass ein Hinweis die Partei erreicht hat, kann sich auch aus deren Reaktion ergeben.

Gegen den Inhalt der Akten ist nur der Nachweis der Fälschung möglich. 1702

▶ Praxistipp:

Wenn sich die Erteilung des Hinweises nicht aus den Akten ergibt, gilt der Hinweis als nicht erteilt. 1703

Auch wenn die Partei vorträgt, der Hinweis sei gleichwohl erteilt, kann hierzu in der Berufung keine Beweisaufnahme stattfinden (OLG Frankfurt a. M. NJW-RR 2004, 428).

Die (obsiegende) Partei hat daher jetzt stärker darauf zu achten, dass in der mündlichen Verhandlung erteilte Hinweise an den Gegner im Protokoll (oder im Tatbestand) festgehalten sind, um ihm keinen Anfechtungsgrund zu liefern. Außerdem könnte der Gegner sonst unter Hinweis auf fehlende erforderliche Hinweise (Verfahrensmangel!) neue Tatsachen in das Berufungsverfahren einführen (§ 531 Abs. 2 Nr. 2 ZPO).

Bei Hinweisen gegenüber der eigenen Partei gilt dies nur dann, wenn sie unrichtig sind, um in der Berufung vortragen zu können, darauf entsprechend falsch reagiert zu haben.

Vor allem während eines allseitigen Rechtsgesprächs in der Verhandlung kann es leicht vergessen werden, beiläufig gegebene gerichtliche Hinweise zu Protokoll zu nehmen.

Hierbei muss man aber darauf achten, dass man sich damit nicht selbst eines etwaigen Berufungsgrundes beraubt. Wurde z.B. die Klage abgewiesen und ein der Klagepartei erteilter erforderlicher Hinweis nicht dokumentiert, so kann hierauf die Berufung gestützt werden (unten Rdn. 3003).

Über das Gebot der Aktenkundigkeit hinaus ist eine bestimmte Form oder ein bestimmter Inhalt des Hinweises nicht vorgeschrieben. 1704

Nicht erforderlich ist die Dokumentation des vollen Wortlauts, die bloß stichwortartige Zusammenfassung genügt jedenfalls dann, wenn für das Rechtsmittelgericht der Inhalt des Hinweises nachvollziehbar ist.

Unberührt hiervon bleibt die notwendige Konkretisierung des Hinweises (dazu oben Rdn. 1695).

Wurde der Hinweis erfüllt, bedarf es dessen Aufnahme in die Akte nicht mehr.

c) Bitte um Hinweis

Differenziert muss die Frage nach der Sinnhaftigkeit der Bitte an das Gericht um Erteilung eines Hinweises beantwortet werden. 1705

1706 Die häufig am Ende von Anwaltsschriftsätzen stereotyp zu lesende, **floskelhafte** Bitte um einen richterlichen Hinweis, »falls das Gericht weiteren Sach- oder Rechtsvortrag für erforderlich halten sollte«, ist völlig nutzlos und daher überflüssig (Zöller/Greger § 139 Rn. 13: »Diese Floskel hat keinerlei Rechtswirkung«; BGH NJW-RR 1990, 1241, 1243: »verpflichtet für sich allein das Gericht nicht dazu«; Bohlander MDR 1996, 1093: »Beschwörungsformel«).

Besteht eine Hinweispflicht nach § 139 ZPO nicht, so kann diese durch eine solche Bitte nicht begründet werden. Ob die Voraussetzungen des § 139 Abs. 2 ZPO (»erkennbar übersehen oder für unerheblich gehalten«) bestehen, kann der pauschalen Bitte nicht entnommen werden.

Dass solch salvatorische Klauseln des Anwalts die Hilfsbereitschaft des Richters aktivieren und dieser psychologisch motiviert werde, sein besseres Wissen (vor dem Urteil) kundzutun (so aber E. Schneider, Anwalt 12/2001 S. 16), muss genauso bezweifelt werden wie die Vermutung, der Richter werde die Bitte zum Anlass nehmen, über das Bestehen einer Hinweispflicht nachzudenken, was ohne die Bitte möglicherweise nicht der Fall sei.

1707 Sinn kann die Bitte um einen Hinweis nur machen, wenn sie **konkret** auf einen bestimmten Punkt bezogen und erkennbar individuell formuliert, nicht allgemein verwendeter Textbaustein ist.

Zwar begründet auch eine konkrete Bitte für sich allein keine Hinweispflicht, doch kann sie deutlich machen, dass die Partei einen Gesichtspunkt für unerheblich gehalten oder falsch beurteilt hat. Damit kann das Bestehen einer Hinweispflicht dem Vortrag entnommen werden.

Ein Gericht, dem der Anwalt aus regelmäßigem Auftreten bekannt ist, kann eher beurteilen, ob es sich um eine stereotype Floskel oder eine aus konkretem Bedürfnis heraus formulierte Bitte handelt. Hinzu kommt, dass hier das persönliche Verhältnis zwischen Gericht und Anwalt ein kollegiales Zusammenwirken leichter möglich macht, als bei anonymen.

Vermieden werden sollte die Bitte um einen Hinweis auf Banalitäten. Diese wird vom Gericht regelmäßig nicht ernst genommen und kann die eigene Position schwächen (OLG Karlsruhe, Urt. vom 19.12.2002 – 12 U 164/02: Erbitten eines Hinweises auf die Notwendigkeit der Bezifferung eines Zahlungsanspruchs).

▶ Praxistipp:

1708 Falls man sich hinsichtlich eines Punktes unsicher ist, sollte man diesbezüglich konkret um einen Hinweis unter Bezugnahme auf § 139 ZPO bitten, u.U. mit der Ankündigung, auf den Verstoß gegen die Hinweispflicht gegebenenfalls die Berufung zu stützen. Bei unklarem Hinweis sollte eine Präzisierung verlangt werden.

1709 Zur Verbesserung der eigenen Position in einer sich möglicherweise anschließenden Berufungsinstanz kann die Bitte um Erteilung eines Hinweises regelmäßig nicht dienen.

Ein zum Vortrag neuer Tatsachen in zweiter Instanz berechtigender Verfahrensverstoß des erstinstanzlichen Gerichts (§ 531 Abs. 2 Nr. 2 ZPO) liegt nur vor, wenn das Gericht einen gebotenen Hinweis nicht erteilt hat. Ob ein Hinweis erforderlich war, beurteilt das Berufungsgericht ex ante (BGH NJW-RR 2005, 213). Das Bestehen einer Hinweispflicht kann durch die Bitte nicht beeinflusst werden.

1710 Abzuraten sein dürfte von dem Versuch, einen Hinweis durch ein **Gespräch mit dem Richter** außerhalb der mündlichen Verhandlung zu erhalten.

Unvorbereitet persönlich oder telefonisch angesprochen, können viele Richter Auskunft zu einem konkreten Fall in Anbetracht der Vielzahl parallel laufender Verfahren oft gar nicht geben. Auch wo ihnen dies möglich ist, besteht häufig keine Bereitschaft dazu, weil hierdurch für den Prozessgegner schnell die Unvoreingenommenheit infrage gestellt wird. Zahlreiche Richter empfinden eine solche Anfrage als unangenehm oder gar unangemessen und entziehen sich ihr bewusst. Dies kann – in sicher überzogener Form – sogar dazu führen, dass generell keine Telefongespräche mit Anwälten geführt werden. Ein Anspruch auf telefonische Erreichbarkeit des Richters besteht jedenfalls nach der ZPO nicht (LAG Sachsen MDR 2001, 516: generelle Anweisung an die Geschäftsstelle, keine Telefonanrufe der Prozessbeteiligten durchzustellen, ist kein Befangenheitsgrund).

Generell darf der Anwalt sich **nie darauf verlassen**, einen Hinweis zu erhalten. Zum einen kann das Gericht die Erforderlichkeit anders beurteilen als der Anwalt, zum anderen kann das Gericht eine bestehende Hinweispflicht verletzen. Der gebotene sichere Weg setzt deswegen stets die umfassende eigene Überprüfung der Sach- und Rechtslage und im Zweifel Vortrag und Beweisantritte zu allen Punkten voraus, auf die es für die Entscheidung ankommen kann. 1711

Der Rechtsanwalt darf einen Sachvortrag nicht im Vertrauen darauf zurückhalten, noch einen, für den Fall der Erforderlichkeit erbetenen gerichtlichen Hinweis zu erhalten (BGH NJW-RR 1990, 1241). Daran hat sich durch die ZPO-Reform nichts geändert. Die materielle Prozessleitungspflicht des Gerichts ist kein »Freibrief für schlampigen, unsubstantiierten oder unvollständigen Sachvortrag« (Zierl NJW-Editorial Heft 39/2002). Wer seinen Sachvortrag auf wenige Worte beschränkt, kann nicht erwarten, dass er vom Gericht ausführliche und fundierte Hinweise erhält (Doms NJW 2002, 778). Dass das Gericht von seiner Hinweispflicht Gebrauch machen kann und muss, hat der Anwalt durch hinreichenden eigenen Vortrag zu bewirken.

4. Rechtsfolgen

a) Erteilter Hinweis

aa) An gegnerische Partei

Grundsätzlich hat jede Partei ein Interesse daran, dass dem Gegner keine Hinweise erteilt werden, die diesem den Prozesserfolg erleichtern. Eine Möglichkeit, solche Hinweise zu verhindern, besteht nicht. 1712

Versucht werden kann indes, auf einen Mangel im Vortrag des Gegners **selbst hinzuweisen**. Nach überwiegender Ansicht entfällt eine Hinweispflicht des Gerichts, wenn eine Partei auf Mängel in ihrem Vortrag bereits durch den Gegner hingewiesen wurde (unten Rdn. 1735). Praktisch werden solche Hinweise oft nicht so ernst genommen wie solche des Gerichts, sodass die Chance besteht, dass der Gegner den Mangel nicht behebt.

▶ Praxistipp:

Es kann sinnvoll sein, den Gegner auf Mängel in seinem Vortrag hinzuweisen, damit das Gericht dies nicht tut. 1713

Einen **Rechtsbehelf** gegen vom Gericht erteilte Hinweise gibt es nicht. Grundsätzlich hat auch ein Befangenheitsantrag gegen den hinweisenden Richter wenig Aussicht auf Erfolg. 1714

Hat der Richter sich dabei im Rahmen der Möglichkeiten des § 139 ZPO gehalten, begründet dies die Besorgnis der Befangenheit auch dann nicht, wenn sich dadurch die Prozesschancen verschieben (BVerfG NJW 1976, 1391; Peters FamRZ 1990, 1007 m.w.N.) oder wenn das Gericht dabei von einer unzutreffenden Rechtsansicht ausgegangen ist (BGH NJW 1998, 612). Das gilt nicht bloß für Hinweise, sondern auch für Anregungen, Hinweise, Belehrungen, Ratschläge oder Empfehlungen, insbesondere zu den zu stellenden Anträgen. Sehr streitig ist, inwieweit eine Ablehnung dort in Betracht kommt, wo der Richter über die Grenzen des § 139 ZPO hinausgegangen ist, er etwa auf die Möglichkeit zur Geltendmachung von Einreden und Gegenrechten (Verjährung, Aufrechnung, Zurückbehaltung) hingewiesen hat. Die h.M. bejaht dies (BGH NJW 2004, 164, 165; a.A. Zöller/Vollkommer § 42 Rn. 27 m.w.N.).

In diesem Fall ist es wichtig, die Ablehnung unverzüglich geltend zu machen, da das Ablehnungsrecht mit der nächsten rügelosen Einlassung verloren wird. Deswegen ist es meist nicht möglich, die Auswirkungen des Hinweises auf den weiteren Prozessverlauf (Reaktion des Gegners, Entscheidung des Gerichts) abzuwarten.

bb) An eigene Partei

Hinweise des Gerichts an die eigene Partei müssen **ernst genommen** werden. Der Versuch, den inkriminierten Mangel als Reaktion darauf zu beseitigen, ist schon aus haftungsrechtlichen Gründen unverzichtbar. 1715

Warum dennoch in der Praxis zahlreiche Hinweise reaktionslos hingenommen werden, ist kaum nachzuvollziehen. Vertretbar scheint ein solches Verhalten nur, wenn der Mangel sich nicht beheben lässt und eine alternative Verfahrensbeendigung (Klagerücknahme, Anerkenntnis) entweder nicht zu einer Kosteneinsparung führt oder aus anderen Gründen nicht opportun ist.

1716 Eine **Reaktion** ist auch dann erforderlich, wenn er auf einem Rechtsfehler des Gerichts beruht.

Ob der Hinweis richtig ist oder nicht, muss der Anwalt aufgrund eigenverantwortlicher Sach- und Rechtsprüfung feststellen. Die kritiklose Hinnahme eines gerichtlichen Fehlers befreit ihn weder von seinen Anwaltspflichten noch entbindet sie ihn von seinem Haftungsrisiko. Falsche richterliche Hinweise schützen, wenn der Anwalt ihnen folgt, nicht vor einem Regress. Zu beachten ist aber auch der allgemeine Grundsatz, dass einer Partei aus Fehlern des Gerichts keine Nachteile erwachsen dürfen (BGH NJW 2004, 1598: zu schützendes Vertrauen der Partei in einen falschen gerichtlichen Hinweis in Bezug auf ein nicht statthaftes Rechtsmittel). Dies gilt vor allem dann, wenn der Hinweis einer ständigen BGH-Rechtsprechung widerspricht (BGH NJW-RR 2004, 501: Klagerücknahme aufgrund fehlerhaften Hinweises) bzw. die Rechtslage klar ist, obgleich das Gericht aus eigenen oder ihm zurechenbaren Fehlern, Unklarheiten oder Versäumnissen grundsätzlich keine Verfahrensnachteile ableiten darf (BVerfG NJW 2004, 2887).

1717 Eine solche Reaktion muss das Gericht der Partei nach dem Hinweis ermöglichen. Es darf seine Entscheidung auf einen Gesichtspunkt, der Gegenstand eines Hinweises war, nur dann stützen, wenn es den Parteien noch Gelegenheit zur Äußerung dazu gegeben hat (§ 139 Abs. 2, 5 ZPO, Art. 103 GG).

Zur Setzung einer entsprechenden Frist ist das Gericht auch ohne ausdrücklichen Antrag der Partei auf Einräumung eines Schriftsatznachlasses (§ 283 ZPO) verpflichtet (Prechtel DRiZ 2013, 330). Praktisch unterbleibt dies jedoch häufig. Sofern das Gericht hierzu keine Frist gesetzt hat, ist die Erklärung der Partei in angemessener Frist einzureichen, in der Regel innerhalb von 2 Wochen.

1718 Ist der Hinweis erst in der mündlichen Verhandlung erteilt worden, wird die Reaktion darauf nur ausnahmsweise **sofort** möglich sein.

Dies gilt jedenfalls dann, wenn weiterer Tatsachenvortrag erforderlich ist. Dieser ist dem Anwalt ohne Rücksprache mit dem Mandanten oder weitere Sachverhaltsermittlungen regelmäßig nicht möglich.

Auch wenn der Mandant anwesend ist, ist eine sofortige Einlassung nicht immer möglich oder zumutbar. Jede Partei hat ein Recht darauf, ihr Prozessverhalten sorgfältig zu überdenken, mit dem Anwalt zu beraten und Alternativen abzuwägen. Es sollte deswegen eine Selbstverständlichkeit für das Gericht sein, auch die anwesende Partei nicht zu einer spontanen Einlassung zu zwingen (Anders/Gehle/Anders § 139 Rn. 44). Praktisch indes lehnen viele Richter die Gewährung einer Schriftsatzfrist ab (z.B. OLG Hamm NJW 2003, 2543). In diesen Fällen kann nur versucht werden, den Richter von der Notwendigkeit einer Schriftsatzfrist zu überzeugen, wozu es häufig schon genügt, die geforderte Erklärung schlicht nicht abzugeben, oder jedenfalls den Antrag auf Gewährung einer Schriftsatzfrist aktenkundig zu machen (dazu unten Rdn. 1752) um zumindest für das Berufungsverfahren die Möglichkeit zu neuem Vorbringen zu behalten. Notfalls bleibt die Flucht in die Säumnis.

Zu den Fällen, in denen eine sofortige Stellungnahme sinnvoll sein kann, unten Rdn. 1753.

▶ **Praxistipp:**

1719 Wird der Hinweis vom Gericht erst in der mündlichen Verhandlung gegeben, sollte der Anwalt hierauf sogleich Schriftsatzfrist beantragen und (erforderlichenfalls) darlegen, dass eine sofortige Erklärung nicht möglich ist.

1720 Grundsätzlich soll das Gericht nach § 139 Abs. 5 ZPO auf Antrag einer Partei eine Frist bestimmen, in der diese »die Erklärung« in einem Schriftsatz **nachbringen** kann, sofern ihr eine sofortige Erklärung zu einem gerichtlichen Hinweis nicht möglich ist. Der Vorteil einer solchen Schriftsatzfrist liegt dabei auf der Hand.

Die Schriftsatzfrist wird also nicht von Amts wegen, sondern nur auf Antrag gewährt (OLG Hamm NJW 2003, 2543: zumindest bei einer anwaltlich vertretenen Partei). Ein solcher Antrag muss vom Anwalt gestellt werden, auf die Notwendigkeit des Antrags wird er nicht gesondert hingewiesen (OLG Rostock OLGR 2004, 382).

Die fristgerecht nachgebrachte Erklärung ist vom Gericht (auch nach dem Schluss der mündlichen Verhandlung) zu berücksichtigen (§ 296a Satz 2 ZPO). Aber auch eine sofortige Erklärung im Termin kann selbstverständlich nicht als verspätet zurückgewiesen werden (BVerfG NJW 1992, 678).

Dabei erschöpft sich diese Gelegenheit zur Äußerung nicht in der Möglichkeit, Rechtsausführungen zu dem Hinweis vorzutragen, sondern schließt – je nach Sachlage und dem Inhalt des Hinweises – auch die Nachbesserung bisher lückenhaften oder unvollständigen Vorbringens und damit den Vortrag neuer Tatsachen oder Beweisantritte ein (BGH NJW-RR 2004, 1653).

Der Anwalt muss darauf achten, dass die gewährte Frist nicht zu kurz ist, vor allem wenn der Richter umfangreiche Hinweise ins Sitzungsprotokoll diktiert hat. Denn häufig benötigt es geraume Zeit, bis die Anwälte das Protokoll zugesandt erhalten. Notfalls muss Fristverlängerung beantragt werden (§ 224 Abs. 2 ZPO).

Kein Schriftsatznachlass wird dort gewährt, wo der entsprechende Antrag erkennbar der Prozessverschleppung dient (BGH NJW-RR 2019, 695). Wird dies vom Gericht erkennbar in Betracht gezogen, kann es sich empfehlen, darzulegen, wozu die Schriftsatzfrist genutzt werden soll (Rücksprache mit dem Mandanten, Sachverhaltsermittlungen bei Dritten, eigene Sach- und Rechtsprüfung).

Ohne Schriftsatznachlass kann das erforderliche rechtliche Gehör auch durch Vertagung (§§ 156, 1721
227 ZPO; BGH NJW-RR 2013, 1358) oder durch Anordnung des schriftlichen Verfahrens (§ 128 Abs. 2 ZPO) gewährt werden (OLG Köln NJW-RR 1998, 1076; OLG München NJW-RR 2001, 66).

In Betracht kommt dies insbesondere, wenn beide Parteien Gelegenheit zum weiteren Vortrag erhalten sollen, sei es, weil beiden ein Hinweis erteilt wurde, sei es, weil der Gegner sich die Möglichkeit einer Erwiderung auf die Reaktion erhalten will (dazu sogleich).

Für den Gegner kann es sich empfehlen, im Termin seinen Anspruch auf rechtliches Gehör **einzufordern.** 1722

Die Gewährung einer Schriftsatzfrist auf die gegebenenfalls eingehende Erklärung der Gegenpartei sieht die ZPO zwar nicht ausdrücklich vor, sie lässt sich aber mit einer entsprechenden Anwendung des § 283 ZPO rechtfertigen. Die Reaktion der einen Partei auf den ihr erteilten Hinweis stellt keine bloße Erklärung auf verspäteten Vortrag des Gegners dar, sodass es diesem möglich bleiben muss, seinerseits zu replizieren.

Ist eine Stellungnahme zu neuem Vorbringen des Gegners mit den vom Gericht vorgesehenen Instrumenten nicht möglich (z.B. weil die Einlassung der Partei erst mit dem Schluss des schriftlichen Verfahrens eingeht), bleibt die Möglichkeit, die Wiedereröffnung der Verhandlung zu beantragen (§ 156 Abs. 2 Nr. 1 ZPO).

Für die Partei, an die der Hinweis ergangen ist, kann es angesichts dieser Erwiderungsmöglichkeiten der Gegenpartei u.U. geschickter sein, soweit möglich, in der mündlichen Verhandlung sofort auf den gerichtlichen Hinweis zu erwidern und auf eine Nachbringfrist zu verzichten. Denn manchmal vergessen die gegnerischen Anwälte daraufhin, die Schriftsatzfrist nach § 283 ZPO zu beantragen, womit der Partei dann doch das »letzte Wort« verbleibt.

Im Übrigen sollte sich der Anwalt der Gewährung einer Schriftsatzfrist widersetzen, sofern der anderen Partei eine sofortige Äußerung zumutbar ist (z.B. bei nur ergänzenden Tatsachen, die ihr geläufig sein müssten) oder ersichtlich ist, dass die Partei ihr Recht auf Äußerung als »Vorwand für Denkfaulheit oder Verzögerungstaktik« missbraucht (Anders/Gehle/Anders § 139 Rn. 45).

b) Nicht erteilter Hinweis

War ein Hinweis nach § 139 ZPO erforderlich, ist aber nicht erteilt worden, so stellt dies einen 1723
Verfahrensfehler des Gerichts dar.

Neben der Verletzung der Vorschriften der ZPO kann auch ein Verstoß gegen den verfassungsrechtlichen Anspruch auf »rechtliches Gehör« vorliegen (Art. 103 Abs. 1 GG; BVerfG NJW 2003, 2524).

Das Gleiche gilt, wenn einer Partei keine Möglichkeit eingeräumt wird, auf einen gerichtlichen Hinweis zu reagieren und daraus Konsequenzen zu ziehen (§ 139 Abs. 5 ZPO; Zöller/Greger § 139 Rn. 14).

Wichtigste Konsequenz eines solchen Fehlers ist, dass das Recht der Partei zur Behebung dieses 1724
Mangels nicht beschränkt werden kann.

Dies gilt zum einen für die erstinstanzliche Präklusion. Angriffs- und Verteidigungsmittel, die einen Mangel beheben, auf den das Gericht hätte hinweisen müssen, können auch dann nicht nach § 296 ZPO zurückgewiesen werden, wenn sie verspätet sind (Thomas/Putzo/Seiler § 296 Rn. 9).

Erhalten bleibt auch die Möglichkeit zum Vortrag in zweiter Instanz. Hier können Mängel behebende Angriffs- und Verteidigungsmittel ausnahmsweise nach §§ 529 Abs. 1 Nr. 2, 531 Abs. 2 Nr. 2 ZPO neu vorgetragen werden.

1725 Erkennt der Anwalt die Notwendigkeit eines bislang nicht erteilten Hinweises, so kann er das Gericht vor Schluss der mündlichen Verhandlung hierauf formlos hinweisen und abwarten, ob der Hinweis noch erteilt wird. Ist die mündliche Verhandlung bereits geschlossen, bleiben ihm als Reaktionsmöglichkeiten:

1726 – der Antrag auf **Wiedereröffnung** der Verhandlung.

Nach § 156 Abs. 2 ZPO muss das Gericht die Wiedereröffnung einer geschlossenen (mündlichen) Verhandlung anordnen, wenn es einen entscheidungserheblichen und rügbaren Verfahrensfehler (§ 295 ZPO), insbesondere eine Verletzung der Hinweis- und Aufklärungspflicht (§ 139 ZPO) oder eine Verletzung des Anspruchs auf rechtliches Gehör, feststellt (so auch die bisherige Rechtsprechung, BGH NJW 2000, 143; Thomas/Putzo/Seiler § 156 Rn. 2). Dies kann sich anlässlich der Entscheidungsfindung oder auch aus neuem Vorbringen einer Partei in einem nachgereichten Schriftsatz ergeben (BGH NJW-RR 2003, 742).

▶ Praxistipp:

Obgleich das Gericht die Wiedereröffnung von Amts wegen anordnen muss, empfiehlt sich u.U. ein entsprechender Antrag (mit Begründung), wenn der Anwalt nachträglich einen Verfahrensfehler erkennt.

Dabei lässt sich ein (erneuter) Verhandlungstermin u.U. vermeiden, wenn beide Parteien dem schriftlichen Verfahren zustimmen (§ 128 Abs. 2 ZPO). In Verfahren mit geringem Streitwert wird in der Regel sowieso ohne mündliche Verhandlung entschieden (§ 495a Satz 2 ZPO).

Nicht verkannt werden sollte, dass die Bereitschaft der Gerichte zur Wiedereröffnung nur sehr gering ist. Ein entsprechender Antrag kann sich dennoch empfehlen, um dem späteren Vorwurf zu begegnen, die Partei habe auf ihr Recht zum Vortrag verzichtet (§ 295 Abs. 1 ZPO). Ein Antrag empfiehlt sich allerdings nicht, wenn eine erhöhte Wahrscheinlichkeit erkennbar ist, den Rechtsstreit zu gewinnen. Denn durch eine Wiedereröffnung erhält auch der Gegner Gelegenheit, weiter vorzutragen (§ 296a ZPO).

– die Berufung.

Ist eine Entscheidung bereits ergangen, scheidet eine Wiedereröffnung der mündlichen Verhandlung aus. Für die Rechtsdurchsetzung bleibt damit nur die Chance der zweiten Instanz (unten Rdn. 2743).

– die Gehörsrüge.

Sofern das Urteil mit der Berufung nicht anfechtbar ist (§ 511 Abs. 2 ZPO), kommt bei Verletzung des Anspruchs auf rechtliches Gehör als Rechtsbehelf das Abhilfeverfahren gem. § 321a ZPO in Betracht (unten Rdn. 2708).

– die Verfassungsbeschwerde.

In Einzelfällen kann – nach Erschöpfung des Rechtsweges, insbesondere auch nach der Gehörsrüge des § 321a ZPO – auch eine Verfassungsbeschwerde zu erwägen sein (unten Rdn. 3259). So wurde bisher die weit überwiegende Zahl aller Verfassungsbeschwerden mit einer Verletzung des Anspruchs auf Gewährung rechtlichen Gehörs begründet, wobei die Erfolgsquote aber minimal ist.

5. Einzelfälle

a) Anwaltlich vertretene Partei

1727 Nach der **h.M.** besteht die Hinweispflicht grundsätzlich auch gegenüber einer anwaltlich vertretenen Partei (BGH NJW-RR 1991, 256).

Zöller/Greger § 139 Rn. 13; BVerfG NJW 1987, 2733, 2736; BVerfG NJW 1995, 3173: »Risikosphäre der Partei«; BVerfG WuM 2002, 23: keine Hinweispflicht bei fehlender Aktivlegitimation und entsprechender substantiierter Darlegung, da der Anwalt dies »bei Anwendung der gebotenen Sorgfalt und unter Berücksichtigung der in gängigen Kommentaren bzw. Handbüchern vertretenen Auffassungen« hätte erkennen können; kritisch auch Renk DRiZ 1996, 102.

Die sehr umstrittene **gegenteilige Auffassung** des VIII. Zivilsenats des BGH in einer Entscheidung aus dem Jahr 1983 (Urt. vom 09.11.1983 – NJW 1984, 310), wonach eine Hinweispflicht auf die Unschlüssigkeit einer Klage bei einer anwaltlich vertretenen Partei gänzlich verneint wurde, wird von der Rechtsprechung allgemein abgelehnt. 1728

Z.B. OLG Köln NJW-RR 2001, 1724; OLG Schleswig NJW 1986, 3146, OLG Frankfurt a. M. NJW 1989, 722, OLG Düsseldorf NJW 1989, 1489, OLG Köln ZIP 1989, 604, OLG Hamm AnwBl 1984, 93; unklar, ob a.A. OLG Nürnberg MDR 2000, 227.

Auch der BGH selbst ist davon inzwischen wieder abgerückt (z.B. NJW-RR 1997, 441; OLG Köln NJW-RR 2001, 1724; zur Entwicklung dieser BGH-Rspr. Schaefer NJW 2002, 850): 1729

»Auf Bedenken gegen die Zulässigkeit (oder Schlüssigkeit) der Klage muss das Gericht gem. § 139 ZPO grundsätzlich auch eine anwaltlich vertretene Partei hinweisen. Dies gilt insbesondere dann, wenn der Anwalt die Rechtslage falsch beurteilt oder ersichtlich darauf vertraut, sein schriftsätzliches Vorbringen sei ausreichend« (BGH NJW-RR 2002, 1436; BGH NJW 2002, 3317; BGH NJW 1999, 1264: »jedenfalls dann«; BGH NJW 2001, 2548, 2549: »insbesondere dann«; MDR 1993, 469: Hinweispflicht auf mangelnde Substantiierung auch im Anwaltsprozess).

Auch der Gesetzgeber des ZPO-Reformgesetzes hat – sicherlich in Kenntnis dieser Problematik – bei der Neufassung der Hinweisvorschrift des § 139 ZPO keine diesbezügliche Einschränkung gemacht, zumal auch beim Amtsgericht die Parteien im Regelfall anwaltlich vertreten sind.

Trotzdem ist in der Praxis immer noch **damit zu rechnen**, dass sich manche Gerichte noch auf die überholte Entscheidung des BGH stützen. 1730

Neuhaus MDR 2002, 441: »auch heute noch ab und an«; so z.B. AG München, Urt. vom 28.01.1998 – 122 C 25949/97; LG Zweibrücken – OLG Zweibrücken, Urt. vom 17.03.1999 – 1 U 89/98, ZAP 1999, Fach 1, S. 92; auch OLG Köln NJW-RR 2001, 1724: Unterlassen eines Hinweises angesichts dieses BGH-Urteils kein eindeutiger und offenkundiger Verstoß gegen Verfahrensrecht in Bezug auf § 21 Abs. 1 GKG; BVerfGE 52, 131, 161: »Das Fachgericht ist (...) grundsätzlich nicht gehalten, den Parteivortrag zum Nachteil des Gegners schlüssig zu machen (...)«, vor allem dort nicht »wo die für den Rechtsstreit wesentlichen Sach- und Rechtsprobleme den anwaltschaftlich vertretenen Parteien bekannt« sind (ähnlich Zierl NJW-Editorial Heft 39/2002).

Ein Hinweis ist damit nicht nur erforderlich zur Vermeidung von Überraschungsentscheidungen, sondern **in allen Fällen des § 139 ZPO** (oben Rdn. 1686 ff.). 1731

Diese grundsätzliche Hinweispflicht wird praktisch allerdings in **geringerem Umfang** wahrgenommen als gegenüber einer sog. Naturalpartei. Stellt sich dem Gericht die Frage, ob etwas übersehen oder bewusst nicht vorgetragen wurde, wird es beim Anwalt regelmäßig vom bewussten Nichtvortrag ausgehen. 1732

Bei einem Anwalt muss unterstellt werden, dass er die Sach- und Rechtslage vollständig und richtig erkannt hat, gestellte Anträge auch so gewollt sind und nicht vorgetragene Umstände auch nicht vorliegen. Seltener als bei Nichtanwälten wird das Gericht deswegen die (an sich gleichen) Voraussetzungen für einen Hinweis bejahen (vgl. unten Rdn. 1745).

Natürlich steckt hinter dieser restriktiven Handhabung des § 139 ZPO Anwälten gegenüber manchmal auch der **Ärger der Richter** über Anwälte, die sich die Arbeit dadurch erleichtern, dass sie im Vertrauen auf einen Hinweis anfänglich unvollständig vortragen und die »Feinarbeit« an ihrem Vorbringen dem Gericht überlassen wollen. 1733

Anwälte sollten sich deswegen bemühen, diesen Eindruck zu vermeiden. Geht das Gericht davon aus, der Anwalt habe sich redlich um einen schlüssigen und substantiierten Vortrag bemüht, wird es, wenn es selbst zu einem Punkt eine andere Auffassung vertritt, eher bereit sein, den Anwalt darauf hinzuweisen.

1734 Der Unterschied in der Handhabung der Hinweispflicht zwischen anwaltlich vertretenen und nicht anwaltlich vertretenen Parteien beruht nicht selten auch auf einer **Übersteigerung der gerichtlichen Fürsorgepflicht** für die nicht vertretene Partei. Die Hinweispflicht ist kein Instrument zur Gewährleistung prozessualer Waffengleichheit.

Deswegen kann es für den Anwalt geboten sein, Hinweise an die nicht vertretene Gegenpartei kritisch zu prüfen und das Gericht ggf. auf die Grenzen der Hinweispflicht hinzuweisen.

b) Hinweis durch Gegner

1735 Das Gericht braucht nach h.M. – zumindest gegenüber einer anwaltlich vertretenen Partei – Hinweise grundsätzlich nicht zu wiederholen, die bereits der Gegner gegeben hat.

Jeder Rechtsanwalt muss sich inhaltlich auch mit dem Vorbringen des Gegners auseinandersetzen und darf dies nicht per se als bedeutungslos unbeachtet lassen. Ist ein Mangel im Vortrag vom Gegner deutlich aufgezeigt worden, wäre die Wiederholung durch das Gericht bloße Förmelei (Anders/Gehle/Anders § 139 Rn. 46, 55, 83: sei es auch in einem im Übrigen verspäteten Vortrag; RGZ 150, 161, BGH NJW 1980, 224; BGH NJW 1984, 310; BVerfGE 52, 161; BayVerfGH NJW 1992, 1094 [einhellige Rechtsauffassung]; OLG Nürnberg MDR 2000, 227; OLG Oldenburg NJW-RR 2000, 949, a.A. E. Schneider MDR 2000, 752: »verstößt gegen das Gesetz«; OLGR Schleswig 2005, 146: »Die Erörterungspflicht des § 139 Abs. 1 ZPO richtet sich gerade an das Gericht, sie kann nicht ersatzweise durch den Prozessgegner erfüllt werden.«).

1736 **Voraussetzung** ist allerdings, dass die gegnerische Rüge den Mangel im Vortrag so exakt darlegt, wie dies auch ein Hinweis tun müsste. Allgemein gehaltene Rügen, wie z.B. das Klagevorbringen sei nicht hinreichend substantiiert, reichen deswegen nicht (OLG Köln NJW-RR 2001, 1724).

1737 Außerdem ist ein gerichtlicher Hinweis bzw. eine Rückfrage geboten, wenn für das Gericht offensichtlich ist, dass der Prozessbevollmächtigte einer Partei die von dem Prozessgegner erhobenen Bedenken **falsch aufgenommen** hat (BGH NJW 2001, 2548; NJW-RR 2004, 1247: Bedenken gegen die Fassung des Klageantrags oder die Schlüssigkeit der Klage).

Dies ist nach Ansicht des OLG Hamm bereits schon dann erforderlich, wenn die Partei auf den Hinweis des Gegners nicht reagiert (NJW-RR 2003, 1651).

1738 In § 139 Abs. 2 ZPO ist nunmehr ausdrücklich geregelt, dass das Gericht auf einen Gesichtspunkt hinweisen muss, den das Gericht anders beurteilt als **beide Parteien**.

Hieraus ergibt sich m.E. (im Umkehrschluss), dass die bisherige h.M. zur vorliegenden Problematik weiterhin bzw. erst recht vertretbar erscheint.

1739 Ob der Anwalt auf unschlüssigen oder unsubstantiierten Sachvortrag des Gegners hinweisen sollte, erscheint prozesstaktisch zweifelhaft.

Nach einer Ansicht soll er hierzu haftungsrechtlich sogar verpflichtet sein (OLG Köln AnwBl 1984, 92; Anders/Gehle/Anders § 139 Rn. 55).

1740 Denn dadurch ist erfahrungsgemäß meistens der Gegner veranlasst, noch ergänzend vorzutragen und damit den Mangel zu beseitigen.

Dem kann man auch nicht sicher dadurch entgehen, dass man den Hinweis erst in der (letzten) mündlichen Verhandlung gibt. Denn dann müsste der Gegner noch (ausreichend) Gelegenheit zum ergänzenden Sachvortrag erhalten (Vertagung oder Schriftsatzfrist). Freilich dürfte manchen Richtern die Möglichkeit zur unmittelbaren Stellungnahme im Termin, ggf. nach kurzer Unterbrechung der Verhandlung, diesbezüglich als ausreichend erscheinen.

1741 Allerdings gibt es regelmäßig Fälle, in welchen der Gegner die (schriftsätzlichen) Hinweise der anderen Partei nicht ernst nimmt oder übersieht. Da dann möglicherweise ein Hinweis des Gerichts im Hinblick auf die h.M. unterbleibt, kann es sich in geeigneten Fällen durchaus empfehlen, zusätzlich zum sonstigen Sachvortrag das gegnerische Vorbringen als unsubstantiiert zu bezeichnen (z.B. bei Sach-/Reisemängeln).

Sofern der Hinweis sich bereits in einem Schriftsatz befindet und der Gegner hierauf noch nicht reagiert hat, ist es taktisch unklug, diesen nochmals in der mündlichen Verhandlung zu wiederholen. Spätestens dann reagieren die meisten Anwälte sofort und versuchen, den mangelhaften Sachvortrag zu heilen. Dem gegenüber ist die Wahrscheinlichkeit eher größer, dass das Gericht einen solchen anwaltlichen Hinweis nicht übersieht und seine Entscheidung darauf stützt.

c) Substanzloses Vorbringen

Eine Hinweispflicht wird zuweilen verneint bei **nicht nur ergänzungsbedürftigem**, sondern »substanzlosem« Vorbringen. 1742

(BGH NJW 1982, 1708, 1710 a.E.: unzulängliche Substantiierung – ablehnend Anm. Deubner unter Hinweis darauf, dass die Hinweispflicht nach dem Gesetz auch bei grober Nachlässigkeit besteht; OLG Düsseldorf NJW-RR 1995, 636; OLG Nürnberg JurBüro 1999, 486; sogar BVerfG NJW 1999, 1856 verwendet diesen Begriff; Anders/Gehle/Anders § 139 Rn. 83, 87: Gericht darf die von Anfang an völlig unschlüssige Klage nicht durch seine Hinweise erst erfolgreich machen).

So wurde z.B. die Behauptung, an einem Kraftfahrzeug seien Lackschäden vorhanden, als substanzlos angesehen, da nicht mitgeteilt worden sei, wo genau sich die Lackschäden befunden hätten (OLG Rostock ZfSch 1997, 215 – zit. Piekenbrock NJW 1999, Fn. 48).

Dem kann man nur durch einen möglichst detaillierten und umfassenden Sachvortrag vorbeugen.

Da der ZPO-Reformgesetzgeber davon absehen wollte, den Gerichten inhaltlich engere Vorgaben als das bisherige Recht zu machen (Begr. RegE. S. 77), lässt sich diese Ansicht wohl auch zukünftig (in Ausnahmefällen) noch vertreten (§ 139 Abs. 1 Satz 2: »ungenügende Angaben … ergänzen«; a.A. Rensen AnwBl 2002, 635: der richterlichen Willkür sei dadurch Tür und Tor geöffnet).

d) Offenkundigkeit des Mangels

Eine Hinweispflicht besteht auch dann nicht, wenn 1743

– der Mangel oder die zu entscheidende Rechtsfrage sozusagen klar »auf der Hand« liegt;

(Zöller/Greger § 356 Rn. 4; BGH NJW 1993, 2441; NJW-RR 2002, 501).

– sich die Antwort bei einer anwaltlich vertretenen Partei schon aus den »Grundprinzipien des Prozessrechts« ergibt;

(OLG Karlsruhe, Urt. vom 19.12.2002 – 12 U 164/02: aufgerechneter Zahlungsanspruch muss beziffert werden; OLG Celle, Urt. vom 24.09.2003 – 9 U 114/03; BGH NJW 1984, 310 bzw. es sich um eine »gesetzlich normierte prozessuale Möglichkeit« handelt; OLG Rostock OLGR 2004, 382; § 139 Abs. 5 ZPO);

– eine Partei, die ihr eröffnete Gelegenheit zur Äußerung (aus prozesstaktischen Gründen) bewusst nicht nutzt;

(BGH NJW-RR 1990, 1241, 1243: bewusstes Zurückstellen von Vortrag zur Schadenshöhe bei angestrebter abgesonderter Verhandlung über die Zuständigkeit und den Haftungsgrund; NJW 2002, 2180: Partei vermeidet es, die entscheidenden Punkte anzusprechen; OLG Saarbrücken MDR 2003, 1372: Zweck der Regelung des § 139 ZPO ist es, die Parteien vor einem bloßen Versehen zu schützen; die Partei soll nicht überrumpelt werden).

– eine Partei den Mangel selbst erkannt, aber nicht behoben hat;
– eine Partei den Mangel erkennbar nicht beseitigen kann.

In diesen Fällen kann es nützlich sein, dem Gericht die eigene rechtliche Beurteilung des Falles mitzuteilen, um sich den prozessualen Anspruch auf etwaige Hinweise offen zu halten. 1744

Im Übrigen spricht die **Vermutung** für das Nichterkennen eines nicht ausdrücklich angesprochenen Gesichtspunkts, da sich niemand selbst benachteiligen will (Zöller/Greger § 139 Rn. 6), wobei aber eine rechtskundig vertretene Partei weniger übersehen mag (Anders/Gehle/Anders § 139 Rn. 40: freilich sind auch hier Fehler denkbar, wobei im Zweifel ein Hinweis erforderlich ist). Auf ein Verschulden – Erkennenkönnen – kommt es dabei jedoch nicht an (vgl. oben Rdn. 1732). 1745

BGH NJW 1993, 667: »Davon, dass ein rechtlicher Gesichtspunkt übersehen wurde, ist in der Regel auszugehen, wenn keine Partei auf ihn eingegangen ist.«

e) Praxisrelevante Beispiele

1746 Aus der Fülle der hierzu vorhandenen Rechtsprechung werden hier nur einige praxisrelevante Beispiele aufgezählt. Im Übrigen sei auf die Darstellung in den ZPO-Kommentaren verwiesen. Bei der Suche nach Verfahrensfehlern dürfte man dort häufig fündig werden, um entsprechende Rechtsmittel und Rechtsbehelfe darauf stützen zu können.

1747 In den folgenden ausgewählten Fällen muss das Gericht einen Hinweis erteilen:

▶ Beispiel:

1748 Fehlende Zulässigkeit der Klage (§ 139 Abs. 2 ZPO; Thomas/Putzo/Seiler § 139 Rn. 11).

Unrichtige juristische Bezeichnung des Beklagten (OLG Hamm MDR 1977, 940: nicht rechtsfähige Schule statt deren Träger; m.E. übertragbar auf Geschäftsbezeichnungen).

Klarstellung unklarer oder Änderung fehlerhafter Anträge/Bezifferung geltend gemachter Teilbeträge/Anpassung des Antrags an veränderte Prozesssituationen, z.B. bei Erledigung oder Rechtsnachfolge auf der Klägerseite (Thomas/Putzo/Seiler § 139 Rn. 10).

Fehlende bzw. zweifelhafte Schlüssigkeit, einschließlich fehlender Aktivlegitimation (z.B. OLGR Schleswig 2005, 146).

Mangelnde Substantiierung (Thomas/Putzo/Seiler § 139 Rn. 10, BGH NJW-RR 1993, 570; OLG Frankfurt a. M. NJW 1989, 722).

Unvollständigkeit des Vortrags zur Höhe einer (nur) dem Grunde nach ausreichend dargelegten Schadensersatzforderung (BGH NJW 2001, 75; BGH NJW 2002, 3317), insbesondere wenn die »zur Aufklärung des Sachverhalts« geladene Partei persönlich anwesend ist (BGH NJW-RR 1999, 605).

Unsubstantiiertes Bestreiten (str., Anders/Gehle/Anders § 139 Rn. 58; Zöller/Greger § 138 Rn. 10: im Zweifelsfall muss das Gericht aufklären, ob Bestreiten durch schlüssiges Verhalten vorliegt).

Ungenügende pauschale Bezugnahme auf Anlagen oder Beiakten (Anders/Gehle/Anders § 139 Rn. 60).

Antragsrecht nach § 283 ZPO auf Gewährung eines Schriftsatznachlasses (Thomas/Putzo/Seiler § 283 Rn. 1; wohl nur bei verspätetem Vorbringen des Gegners und nicht allgemein, BGH NJW 1985, 1539).

Von den Parteien erkennbar falsch beurteilte Beweislast (Zöller/Greger Vor § 284 Rn. 16).

Fehlender Beweisantrag/Beweismittel, vor allem bei möglicher Unklarheit über die Beweislast oder wenn dies offensichtlich vergessen wurde (OLG Köln NJW 1995, 2116; Zöller/Greger § 139 Rn. 10).

Ungenügende Bestimmtheit des Beweismittels (Zeuge N.N., OLG Koblenz MDR 2015, 975) oder des Beweisthemas (Thomas/Putzo/Seiler § 139 Rn. 8a; a.A. hinsichtlich N.N. Zöller/Greger § 356 Rn. 4; BGH NJW 1987, 3077, 3080 – bei anwaltlich vertretener Partei).

Fehlende, im Schriftsatz genannte Urkunden (BGH NJW 1991, 2081; OLG Köln CR 1992, 546).

Widersprüche zwischen dem schriftsätzlichen Vortrag und den dazu eingereichten Unterlagen (BGH NJW-RR 2003, 742) oder auch sonst bei widersprüchlichem Parteivortrag (BGH ProzRB 2004, 35; Zöller/Greger § 139 Rn. 17).

Das Gericht will ein für notwendig erachtetes Sachverständigengutachten nicht von Amts wegen gem. § 144 ZPO erholen. Wenn der Hinweis erfolglos bleibt, ist das Gericht nicht verpflichtet, dieses von Amts wegen anzuordnen (Thomas/Putzo/Seiler § 144 Rn. 1 a.E.).

Ein Zeuge, der nicht mehr rechtzeitig geladen werden kann, kann noch gestellt werden (BGH NJW 1980, 1848).

Das Gericht beabsichtigt, von der höchstrichterlichen Rechtsprechung (BVerfG NJW 1998, 1853: strengere Handhabung von Verfahrensvorschriften; BAG BB 1988, 487) oder von einer bei den Zivilgerichten üblichen Verfahrensgestaltung (BVerfGE 84, 188, 191) abzuweichen.

Das Gericht will von einer allgemein vertretenen Rechtsauffassung abweichen (BVerfG NJW-RR 2002, 69; BayObLGZ 86, 285; LG Hamburg NJW 1988, 215).

VII. Schriftsatznachlass

Einen Schriftsatznachlass kann die Partei vor allem in folgenden **Fällen** erhalten: 1749
- Nach § 139 Abs. 5 ZPO bei richterlichem Hinweis in mündlicher Verhandlung (oben Rdn. 1720).
- Bei überraschendem Beweisergebnis (unten Rdn. 2061).
- Gemäß § 283 ZPO bei nicht rechtzeitig mitgeteiltem Vorbringen des Gegners in der mündlichen Verhandlung (nachfolgend).

1. Voraussetzungen und Folgen

Es gehört zum gerichtlichen Alltag, dass Schriftsätze kurz vor oder erst im Verhandlungstermin über- 1750
geben werden. Ferner kommt es häufig vor, dass sich eine Partei erst in der mündlichen Verhandlung, etwa nach einem Hinweis des Gerichtes, zu bestimmten Punkten erklärt. In beiden Fällen müsste spontan vor Schluss der mündlichen Verhandlung (§ 296a ZPO) erwidert werden. Das Prozessrecht indes gewährleistet es, dass vor einer solchen Stellungnahme **ausreichend Zeit zur Überlegung** des eigenen Verhaltens verbleibt (§ 132 ZPO: mindestens eine Woche).

Nach § 132 Abs. 1 Satz 1 ZPO sind vorbereitende Schriftsätze, die neue Tatsachen oder anderes neues Vorbringen enthalten, so rechtzeitig einzureichen, dass sie zumindest eine Woche vor der mündlichen Verhandlung zugestellt werden können. Trotz seiner praktischen Bedeutung finden sich klare Grundsätze über die Berechnung dieser Rückwärtsfrist in Rechtsprechung und Lehre nicht (Duckenbrodt NJW 2013.

In entsprechender Anwendung der §§ 187, 188 BGB (§ 222 ZPO) muss dem Gegner zwischen Zugang und mündlicher Verhandlung eine volle Woche verbleiben. Dies setzt voraus, dass bei einem Termin am Mittwoch die Zustellung vor Beginn des Mittwochs der Vorwoche (mit Ablauf des Dienstags) erfolgt sein muss. Offen ist, ob dabei auf den objektiven Zugang beim gegnerischen Anwalt (so Anders/Gehle/Anders § 132 Rn. 10) oder auf dessen Empfangsbereitschaft (so allgemein BVerfG NJW 2010, 3381; BGH NJW 2007, 601) abzustellen ist. Erfolgt die Zustellung nicht von Anwalt zu Anwalt (§ 185 Abs. 1 ZPO) – was als sicherster Weg bei drohender Fristversäumung zu empfehlen ist –, muss die Einreichung des Schriftsatzes unter Einbeziehung der zu erwartenden Postlauf- und Bearbeitungszeiten entsprechend früher erfolgen.

Deswegen kann der Gegner: 1751
- einer Bezugnahme gem. **§ 137 Abs. 3 ZPO** auf diesen Schriftsatz widersprechen und so u.U. erreichen, dass das Gericht diese als unangemessen ausschließt (Zöller/Greger § 137 Rn. 3a: Gerichte sollten dies stärker beachten; auch § 129 ZPO). Der Inhalt kann dann nur noch mündlich eingeführt werden, Verlesen ist grundsätzlich unzulässig (§§ 137 Abs. 2, 3, 157 Abs. 2 ZPO).

Es ist aber sehr unwahrscheinlich, dass sich das Gericht auf eine solche Verfahrensweise einlässt, auch wenn es immer wieder formularmäßige Hinweise der Gerichte gibt, »dass die ZPO es nicht vorsieht, Schriftsätze in der mündlichen Verhandlung zu überreichen und entgegenzunehmen« (E. Schneider ZAP-Report: Justizspiegel 2004 S. 518: einzelne Kammern des LG Bonn). Dabei sprechen gegen eine Nichtberücksichtigung des neuen Vorbringens Art. 103 Abs. 1 GG (rechtliches Gehör) sowie § 296a ZPO (auch oben Rdn. 1483). Die Nichteinhaltung der Frist des § 132 ZPO führt zur Nichtberücksichtigung nur unter den Voraussetzungen des § 296 ZPO und sofern keine Abhilfe nach § 283 ZPO möglich ist (Zöller/Greger § 132 Rn. 3).

– gem. **§ 283 ZPO** eine Schriftsatzfrist erhalten, wenn der Schriftsatz neues Vorbringen enthält und die Partei sich hierzu wegen der nicht rechtzeitigen Mitteilung nicht erklären kann.

Hierzu rechnen neben Tatsachenbehauptungen, Anträgen, Beweismitteln, Einwendungen, auch bloße Rechtsausführungen

(h.M.; Thomas/Putzo/Seiler § 283 Rn. 2; unklar Zöller/Greger § 283 Rn. 2a und widersprüchlich Thomas/Putzo/Seiler § 132 Rn. 2; differenzierend Anders/Gehle/Anders § 283 Rn. 4). Dies gilt daher auch für die Vorlage von kopierten Urteilen oder Rechtsliteratur erstmals im Termin (OLG München, Beschl. vom 12.07.2002 – 23 W 1775/01 – Anm. E. Schneider ZAP Fach 13, S. 1093).

Einen Schriftsatznachlass zum Zweck der Beweiswürdigung sieht das Gesetz an sich nicht, praktisch wird ein solcher häufig dennoch gewährt. Kann oder soll zu dem Ergebnis einer Beweisaufnahme nicht sofort im Termin Stellung genommen werden (§§ 279 Abs. 3, 285 Abs. 1 ZPO), ist ein Antrag auf Schriftsatznachlass deswegen nicht nur möglich, sondern auch aussichtsreich (Schäfer NJW 2013, 654).

Dabei schiebt ein solcher Schriftsatznachlass den Schluss der mündlichen Verhandlung – jedenfalls teilweise – für die begünstigte Partei bis zum Fristende hinaus (§ 296a ZPO). Unzulässig ist es, beiden Parteien (auf den gleichen verspäteten Schriftsatz) Schriftsatznachlass zu gewähren, es sei denn, das Gericht geht – mit Zustimmung beider Parteien – ins schriftliche Verfahren gem. § 128 Abs. 2 ZPO über (Dötsch MDR 2015, 564; Schneider NJW-spezial 2014, 539; Zöller/Greger § 128 Rn. 3; § 283 Rn. 3).

Nicht rechtzeitig ist ein schriftsätzliches neues Vorbringen, wenn es unter Abkürzung der Wochenfrist des § 132 Abs. 1 ZPO erfolgt (oben Rdn. 1750). Da § 132 ZPO lediglich eine Mindestfrist ist, kann die Rechtzeitigkeit je nach Art und Umfang des späten Vorbringens unter gebotener Berücksichtigung der für den Gegner zumutbaren Erwiderungsmöglichkeit auch eine längere Frist erfordern (Zöller/Greger § 283 Rn. 2b; a.A. wohl Thomas/Putzo/Seiler § 283 Rn. 2).

Unabhängig davon muss der Beklagte im frühen ersten Termin eine Frist zur schriftlichen Klageerwiderung erhalten, wenn er auf die Klage noch nicht oder nicht ausreichend erwidert hat und ihm hierzu ausnahmsweise noch keine Frist gesetzt war (§ 275 Abs. 3 ZPO).

▶ Praxistipp:

1752 Für die Gewährung einer Schriftsatzfrist ist ein Antrag erforderlich, wobei darauf geachtet werden sollte, dass der Antrag (zwingend) ins Protokoll aufgenommen wird (§ 160 Abs. 3 Nr. 2 ZPO; für die Verfahrensrüge in der 2. Instanz bei Nichtgewährung).

In der Praxis wird dieser Antrag aber häufig vergessen, insbesondere in folgenden Situationen: Zustellung des Schriftsatzes knapp vor dem Termin, insbesondere bei Zustellung von Anwalt zu Anwalt; von (vom Hauptbevollmächtigten nicht oder schlecht informierten) Unterbevollmächtigten; bei Abschluss eines Widerrufsvergleichs für den Fall des Widerrufs.

1753 Eine Schriftsatzfrist sollte in jedem Fall **zumindest vorsorglich beantragt** werden. Auch wenn davon auszugehen ist, dass der Vortrag des Gegners zu einer (weiteren) Beweisaufnahme mit neuem Verhandlungstermin (§ 370 ZPO) führt und damit im weiteren Prozessverlauf an sich genug Zeit zur Stellungnahme verbleibt, muss Vorsorge für den Fall getroffen werden, dass das Gericht den Rechtsstreit für sofort entscheidungsreif hält. Dann nämlich ergeht ein Urteil unter Verwertung des nicht rechtzeitigen und unter Umständen unbestrittenen Vorbringens des Gegners (§ 138 Abs. 3 ZPO).

Dabei ist unbeachtlich ein sofortiges Bestreiten »ins Blaue hinein« oder mit Nichtwissen, wenn dem Rechtsanwalt (im Termin) mangels Information nicht sogleich eine Erklärung auf den gegnerischen Vortrag möglich ist (oben Rdn. 1229). Allerdings ist dies einem bloßen Bestreiten kaum anzusehen, sofern es nicht ausdrücklich nur »vorsorglich« erfolgt.

Ferner stellt es kein konkludentes Bestreiten i.S.d. § 138 Abs. 3 ZPO dar, wenn der Beklagtenvertreter im Termin nur Klageabweisung beantragt und erklärt, er habe keine Information (Thomas/Putzo/Seiler § 138 Rn. 17).

Nach Schluss der mündlichen Verhandlung sollte geprüft werden, ob ein weiterer Schriftsatz notwendig ist. Ergibt die Prüfung, dass von dieser Möglichkeit kein Gebrauch gemacht werden muss, ist durch die Antragsstellung dennoch kein unnötiger Aufwand entstanden.

Zur ausnahmsweisen Verpflichtung des Gerichts, eine Schriftsatznachlassfrist auch ohne Antrag von Amts wegen zu setzen, Prechtel DRiZ 2013, 330.

Rechtzeitig innerhalb der Schriftsatznachlassfrist eingegangenes Vorbringen muss berücksichtigt werden; verspätetes Vorbringen kann hingegen noch vor Absetzung der Entscheidung berücksichtigt werden (§ 283 Satz 2 ZPO). 1754

Auch wenn die gesetzte Frist nicht eingehalten werden kann, sollte deswegen weiterer Vortrag erfolgen. Über die Berücksichtigung hat das Gericht dann nach pflichtgemäßem Ermessen (willkürfrei!) zu entscheiden (BGH NJW-RR 2014, 505).

Die mit dem Schriftsatznachlass verbundene Chance auf das »**letzte Wort**« im Prozess ist meistens ein Vorteil. 1755

Dies gilt vor allem für Rechtsansichten. Außerdem kann die Partei (bei Entscheidungsreife im Übrigen) nur durch Bestreiten im nachgelassenen Schriftsatz (noch) verhindern, dass neues Vorbringen im verspäteten Schriftsatz der Gegenseite als zugestanden behandelt wird.

Diese Chancen sollte der Anwalt seiner Partei in jedem Fall offenhalten und daher auch dann Schriftsatzfrist beantragen, wenn er nicht sicher ist, ob der verspätete Schriftsatz überhaupt noch einer Erwiderung bedarf oder ob er von seiner Partei noch weitere Informationen hierzu erlangen kann.

Bei drohender Überschreitung der gewährten Schriftsatzfrist kann ein Verlängerungsantrag gem. § 224 Abs. 2 ZPO und u.U. zugleich ein Antrag auf Verlegung des Verkündungstermins (§ 227 ZPO) gestellt werden.

Wegen § 296a Satz 1 ZPO hat die verspätet vortragende Partei kein Recht, auf den nachgelassenen Schriftsatz nochmals zu erwidern, sofern nicht das Gericht die Verhandlung gem. § 156 ZPO wieder eröffnet. Hierzu kann allerdings auch ein nicht zu berücksichtigender Erwiderungsschriftsatz Veranlassung geben (Thomas/Putzo/Seiler § 283 Rn. 7, § 156 Rn. 7; daher u.U. Schriftsatzfrist voll ausschöpfen).

▶ Praxistipp:

Deshalb kann es in (erkennbar) entscheidungsreifen Fällen manchmal besser sein, auf eine Schriftsatzfrist zu verzichten und u.U. direkt auf das neue Vorbringen zu erwidern. 1756

Es ist außerdem möglich, die Schriftsatzfrist (sicherheitshalber) nur hilfsweise (vorsorglich) für den Fall (bedingt) zu beantragen, dass das neue Vorbringen entscheidungserheblich ist bzw. die Entscheidung zulasten der Partei ausfällt. Dies ermöglicht dem Gericht in jedem Fall eine sofortige Entscheidung, während es sonst auch ohne Entscheidungserheblichkeit des neuen Vorbringens zunächst die Schriftsatzfrist gewähren muss (Thomas/Putzo/Seiler § 283 Rn. 2; a.A. Zöller/Greger § 283 Rn. 2a; m.E. keine Ausschlussgefahr in der Berufung gem. § 531 Abs. 2 Nr. 3 ZPO).

An sich darf in dem nachgelassenen Schriftsatz nur auf das nicht rechtzeitige Vorbringen des Gegners erwidert werden. Der Vortrag neuer eigener Tatsachen ist unzulässig. In der Praxis allerdings wird diese Beschränkung nicht sonderlich streng gehandhabt. Will das Gericht auch den neuen Vortrag berücksichtigen, muss es an sich die mündliche Verhandlung wiedereröffnen (BGH NJW-RR 2011, 1558). Immer wieder kommt es indes vor, dass eine Verwertung auch ohne Wiedereröffnung erfolgt (OLG Koblenz NJW-RR 2001, 65: wesentlicher Verfahrensmangel i.S.d. § 539 ZPO), nicht zuletzt deshalb, weil eine klare Trennung zwischen Erwiderung und neuem Vortrag oft nicht möglich ist. 1757

Der Übergabe eines ausgedruckten Schriftsatzes im Termin steht die Nutzungspflicht der elektronischen Form entgegen (§ 130d ZPO). Nur vereinzelt wird vertreten, insoweit sei der klare Gesetzeswortlaut teleologisch zu reduzieren (Hettenbach/Müller NJW 2022, 815). Ein Schriftsatz muss vor Schluss der letzten mündlichen Verhandlung in elektronischer Form bei Gericht eingegangen sein; diskutiert werden kann allenfalls, ob er im Termin zusätzlich auf Papier ausgedruckt vorgelegt werden kann, um allen Beteiligten eine sofortige Kenntnisnahme zu ermöglichen.

Grundsätzlich ist stets zu überlegen, ob ein Schriftsatz knapp vor oder im Termin überhaupt noch eingereicht bzw. übergeben werden soll. Erfahrungsgemäß wiederholen viele Schriftsätze oft nur das bereits Vorgetragene. Dies birgt das Risiko, dass der Gegner dennoch Schriftsatzfrist erhält, insbesondere wenn vielleicht auch nur eine kurze Passage ein neues, womöglich noch unerhebliches Vorbringen enthält. Zu berücksichtigen ist ferner, dass sich in der Regel durch eine Zustellung von Anwalt zu Anwalt (§ 195 ZPO) ein schnellerer Zugang des Schriftsatzes beim Gegner erreichen lässt, als durch den Umweg über das Gericht. Zur Verpflichtung des Anwalts, an der Zustellung von Anwalt zu Anwalt mitzuwirken, Steiner BRAK-Mitteilungen 2014, 294; a.A. AnwG Düsseldorf Urt. vom 17.03.2014 – 1 BVR 537/81, 1 BVR 195/87 und 1 BVR 362/79).

Auf jeden Fall muss entscheidungserhebliches Vorbringen (spätestens) in diesem letzten Schriftsatz unter Beweis gestellt werden. Denn sonst bleibt dies bei Bestreiten im nachgelassenen Schriftsatz des Gegners beweislos.

Ist der Beklagte im Termin säumig, kann sich der Kläger durch die späte Übergabe eines Schriftsatzes die Möglichkeit der Erlangung eines Versäumnisurteils verbauen (§ 335 Abs. 1 Nr. 3 ZPO). Im Termin sollte der Anwalt daher einen mitgebrachten Schriftsatz erst vorlegen, wenn der Gegner anwesend ist.

2. Verhältnis zu § 296 ZPO

1758 Während sich die Frage der Rechtzeitigkeit i.S.d. § 283 ZPO (im Anwaltsprozess) nach § 132 ZPO beurteilt, richtet sich die Frage der **Verspätung** allein nach den §§ 296, 282 ZPO.

Daher kann ein Vorbringen bei bloßer Nichteinhaltung der Fristen des § 132 ZPO nicht wegen Verspätung gem. § 296 ZPO zurückgewiesen werden (BGH NJW 1997, 2244). Allerdings dürfte ein Vorbringen eine Woche vor oder sogar erst im Termin in der Regel tatsächlich verspätet sein. Beim Amtsgericht kommt ein Verstoß gegen § 282 Abs. 2 ZPO nur in Betracht, wenn eine Anordnung nach § 129 Abs. 2 ZPO getroffen wurde, was in der Praxis aber relativ selten ist.

1759 Damit findet § 283 ZPO auch bei verspätetem Vorbringen i.S.d. § 296 ZPO Anwendung. Hieraus ergibt sich:

1760 (1) Die gegnerische Partei hat wegen ihrer Erklärungspflicht nach § 138 Abs. 2 ZPO kein Recht, die Einlassung ganz zu verweigern und das Gericht (damit) zur Zurückweisung des Vorbringens zu zwingen (Thomas/Putzo/Seiler § 283 Rn. 1; aber § 335 Abs. 1 Nr. 3 ZPO: kein Versäumnisurteil gegen den Beklagten zulässig).

Erklärt sie sich nicht, so ist das nicht rechtzeitige Vorbringen gem. § 138 Abs. 3 ZPO als zugestanden anzusehen. Wenn dem Prozessbevollmächtigten Informationen seiner Mandantschaft fehlen, ist eine Erklärung mit Nichtwissen nicht möglich (§ 138 Abs. 4 ZPO). Auf das Antragsrecht nach § 283 ZPO hat das Gericht in diesem Fall hinzuweisen (Thomas/Putzo/Seiler § 283 Rn. 1).

1761 (2) Die allein durch die Einräumung einer Schriftsatzfrist nach § 283 ZPO herbeigeführte Verzögerung rechtfertigt keine Zurückweisung eines unentschuldigt verspäteten Vorbringens. Nur wenn aufgrund der Ausführungen im nachgelassenen Schriftsatz entscheidungserhebliche, unter Beweis gestellte Fragen streitig werden und daher einer Beweisaufnahme und/oder eines neuen Verhandlungstermins bedürfen, kommt eine Verzögerung des Rechtsstreits in Betracht. Die Frage der Verzögerung kann daher erst nach der Erwiderung des Gegners beurteilt werden (Prütting/Gehrlein/Deppenkemper § 296 Rn. 20; Thomas/Putzo/Seiler § 283 Rn. 1).

▶ Praxistipp:

1762 Verspätetes (entscheidungserhebliches) Vorbringen des Gegners muss somit spätestens im nachgelassenen Schriftsatz, soweit unter Beachtung der Wahrheitspflicht möglich, unbedingt bestritten werden.

Im Termin mündlich – verspätet – vom Gegner Vorgetragenes könnte zwar sofort bestritten werden, sofern es nicht »ins Blaue hinein geschieht« (oben Rdn. 1229). Allerdings kann dies den Gegner dazu veranlassen, hierfür gleich Beweismittel anzubieten und z.B. auch sofort eine präsente Urkunde vorzulegen, was er sonst vielleicht vergessen hätte. Falls die Beweislast dann auch noch bei ihm liegt, kommt bei fehlendem Beweisangebot zwar keine Präklusion, aber eine Beweislastentscheidung zu seinen Lasten in Betracht.

VIII. Protokoll

Über den Inhalt der mündlichen Verhandlung und der Beweisaufnahme ist eine Niederschrift zu 1763 fertigen (§ 159 ZPO). Wegen dieser **Beweiskraft** des Protokolls (§ 165 ZPO) muss die Partei darauf achten, dass die aus ihrer Sicht bedeutsamen Umstände darin vollständig und zutreffend aufgenommen werden.

Einerseits sind die Zeiten einer Aufnahme des Protokolls durch besonders geschulte und erfahrene Urkundsbeamte der Geschäftsstelle bei nahezu allen Gerichten längst vergangen, andererseits haben moderne Kommunikations- oder Aufzeichnungstechniken in die Protokollierung bislang keinen Eingang gefunden (zu den insoweit de lege ferenda zu stellenden Anforderungen Stürner JZ 2016, 137). Praktisch nutzt der Richter meist die Möglichkeit vorläufiger Tonaufzeichnung, die später schriftlich ausgefertigt wird (§ 160a ZPO), zunehmend muten die Justizverwaltungen auch die körperliche Herstellung der Reinschrift dem Richter selbst zu, sei es durch unmittelbare Tastatureingabe, sei es in Form eines Spracherkennungsprogramms (Dölling DRiZ 2014, 336).

Den **Inhalt** dieses Protokolls bestimmt allein der vorsitzende Richter, es hat die wesentlichen Förm- 1764 lichkeiten der Verhandlung wiederzugeben (§ 160 Abs. 2 ZPO), deren Einhaltung kann nur durch das Protokoll bewiesen werden (§ 165 ZPO).

Eine Pflicht zur Protokollierung von Parteierklärungen oder Beweisanträgen besteht nicht. § 160 Abs. 3 Nr. 2 ZPO betrifft nur Sach- nicht Prozessanträge; § 160 Abs. 3 Nr. 4 ZPO gilt nicht für Parteierklärungen. Deshalb kann es z.B. Probleme geben bei einer Klageänderung oder Widerklage, insbesondere wenn diese auf einen neuen Sachverhalt gestützt werden.

Ein (mündliches) Geständnis ist im Protokoll festzustellen (§§ 160 Abs. 3 Nr. 3, 510a ZPO). Zwar ist die Protokollierung kein Wirksamkeitserfordernis, jedoch sollte der Anwalt wegen der Beweiskraft des Protokolls unbedingt auf der Protokollierung gegnerischer Geständnisse bestehen. Die Gefahr, dass der Gegner dann erst auf die drohende Bindungswirkung aufmerksam gemacht wird und daraufhin ein »Rückzugsgefecht« über den Inhalt der Erklärung beginnt (E. Schneider MDR 1991, 297, der deshalb davon abrät), muss dabei als das »geringere Übel« in Kauf genommen werden.

Die Aufnahme von Prozessanträgen und sonstigen Erklärungen ist gem. § 160 Abs. 2 ZPO nur erforderlich, wenn es sich nach dem Ermessen des Richters um einen »wesentlichen Vorgang« handelt (OLG Köln NJW-RR 1999, 288: weiter Ermessensspielraum, Zöller/Schultzky § 160 Rn. 6: aber zweckmäßig; auch § 510a ZPO). Hierzu soll z.B. auch die Erwiderung der Parteien auf Hinweise des Gerichts gehören (Zöller/Schultzky § 160 Rn. 3).

Die Parteien können nach § 295 Abs. 1 ZPO auf eine förmliche Protokollierung **verzichten.** 1765

Dies gilt nicht für die Einhaltung der von Amts wegen zu beachtenden Protokollierungserfordernisse (BGH MDR 2011, 213; BGH MDR 2003, 989; BGH MDR 1987, 209), wohl aber für eine Reihe von nicht zwingenden Inhalten (insbesondere den Inhalt von Zeugenaussagen) und für die Einhaltung der Protokollierungsform (Dötsch MDR 2014, 755). Entweder unterbleibt eine Protokollierung dann vollständig oder sie wird durch einen formlosen »Berichterstattervermerk« ersetzt. Die zum Teil vertretene Auffassung, ein Verzicht auf die Protokollierung komme für den Anwalt zumindest »zurückhaltend« in Betracht (Doms MDR 2001, 73; ders. NJW 2002, 777), scheint indes bedenklich. Ohne förmliches Protokoll trägt allein die Partei das Risiko, dass das Gericht erforderlichenfalls die mündliche Verhandlung wiedereröffnet oder eine beantragte Protokollberichtigung tatsächlich erfolgt. Die Beweiskraft des Protokolls (§§ 165, 314 ZPO) und dessen Bedeutung für die Rechtsmittelinstanzen machen dieses Risiko unkalkulierbar. Zu Recht konstatiert Dötsch deswegen, von einem Protokollierungsverzicht »sollte man die Finger lassen« (Dötsch MDR 2014, 755).

1766 Protokolliert das Gericht nicht bereits von sich aus das aus der Sicht der Partei Erforderliche, kann die Partei – bis zum Schluss der mündlichen Verhandlung – die Aufnahme des Umstands ins Protokoll **beantragen** (§ 160 Abs. 4 ZPO).

Der in der Praxis immer wieder zu beobachtende »Kampf ums Protokoll« (Geipel/Prechtel MDR 2011, 336, 339) macht indes meist wenig Sinn, ist regelmäßig nur eine Machtfrage ohne inhaltliche Bedeutung. So wie erfahrene Richter zu Recht dazu raten, einem Protokollierungsantrag des Antrags schlicht zu entsprechen, auch wenn die Voraussetzungen des § 160 Abs. 2 ZPO nicht vorliegen (Dötsch MDR 2014, 1122), kann Anwälten nur geraten werden, die Nichtprotokollierung gleichmütig hinzunehmen. Rechtsnachteile entstehen daraus regelmäßig nicht.

Wird ein förmlicher Protokollierungsantrag gestellt, so muss dessen Inhalt nicht ins Protokoll aufgenommen werden (Thomas/Putzo/Seiler § 160 Rn. 13; Zöller/Schultzky § 160 Rn. 14).

Über den Antrag entscheidet das Gericht nach freiem Ermessen. Bei Spruchkörperverhandlungen genügt damit die bloße Entscheidung des Vorsitzenden alleine nicht, erforderlich ist eine Beratung und Entscheidung des Spruchkörpers. Unabhängig davon, ob Einzelrichter oder Spruchkörper entschieden haben, muss die Entscheidung selbst ins Protokoll (§ 160 Abs. 3 Nr. 6 ZPO). Häufig ist damit dem Anliegen der Partei schon Rechnung getragen, die Grundlage für die Rüge einer Rechtsverletzung für die Folgeinstanz gelegt.

Die Entscheidung ergeht durch Beschluss, der grundsätzlich unanfechtbar ist. In der Literatur wird für Ausnahmefälle eine Beschwerde gegen einen die Protokollberichtigung ablehnenden Beschluss nach § 567 ZPO für möglich gehalten (Anders/Gehle/Bünnigmann § 160 Rn. 21), denkbar ist auch ein Antrag auf Protokollberichtigung gem. § 164 Abs. 1 ZPO (dazu unten Rdn. 2679).

Wegen der nur geringen Chancen solcher Rechtsbehelfe und der erheblichen Bedeutung des Protokollinhalts sollte man sich nicht so schnell mit der Weigerung des Gerichts oder der üblichen Floskel – »Die Sach- und Rechtslage wurde mit den Parteien erörtert« – zufrieden geben, sondern unbedingt auf einer Protokollierung bestehen. So führt in der Praxis eine gewisse Hartnäckigkeit manchmal zum Erfolg. Das Risiko, dass hierunter das Verhandlungsklima leidet, kann durch sachliches, ruhiges und höfliches Auftreten minimiert werden.

1767 Ist der **Protokollierungsantrag endgültig abgelehnt**, bleibt die Möglichkeit, die Erklärungen oder Vorgänge selbst schriftlich in das Verfahren einzuführen (Zöller/Schultzky § 160 Rn. 14).

Werden Inhalt und Ablauf in einem Parteischriftsatz anders dargestellt als im Protokoll, so kann dies Anhaltspunkte für eine unvollständige oder unrichtige Tatsachenfeststellung begründen, die eine erneute Tatsachenfeststellung durch das Berufungsgericht ermöglichen (§ 529 Abs. 1 Nr. 1 ZPO).

Falls die Einreichung eines Schriftstücks nicht sofort in der mündlichen Verhandlung gelingt, kann man versuchen, den Schluss der mündlichen Verhandlung hinausgeschoben zu bekommen, z.B. mittels Anträgen auf Schriftsatzfrist oder Vertagung, notfalls durch Fluchtmaßnahmen (oben Rdn. 1528). Wenn auch dies keinen Erfolg hat, sollte man trotz § 296a ZPO noch einen entsprechenden Schriftsatz einreichen.

Als Notmaßnahme kann man auch einen Befangenheitsantrag in Betracht ziehen (z.B. OLG Köln NJW-RR 1999, 288: begründet, wenn der Richter ohne triftige Gründe »Anträge« der einen Partei in das Protokoll aufnimmt, »Anträge« der anderen aber nicht; LG Bochum AnwBl 1978, 101: Weigerung allein noch kein Befangenheitsgrund).

Dies gilt auch bei einer verfahrenswidrigen Weigerung, Schriftsätze im Termin entgegenzunehmen, soweit diese unter Geltung des Nutzungszwangs der elektronischen Form überhaupt noch in Betracht kommen (oben Rdn. 1757; KG MDR 2001, 1435; E. Schneider ZAP-Justizspiegel 2002 S. 675: Gehörsverletzung – Anwalt sollte Schriftsatz einfach auf den Richtertisch legen, wodurch dieser in die Verfügungsgewalt des Gerichts gerät; ders. ZAP-Kolumne vom 19.01.2005 S. 50: »So wird seit einhundert Jahren in der ZPO-Praxis verfahren«), wobei möglicherweise bereits dessen bloße Ankündigung die Verweigerungshaltung des Richters beseitigen kann. Im Übrigen sollte eine Ablehnung durch den Vorsitzenden beanstandet und eine Kammerentscheidung beantragt werden (§§ 140, 295 ZPO).

Kapitel 7: Beweis und Beweisaufnahme

Übersicht Rdn.

Vorbemerkung

1768 Häufiger als rechtliche sind tatsächliche Fragen entscheidend für den Erfolg eines Zivilprozesses. Die Möglichkeit, den Vortrag des Gegners zu bestreiten, wird in der Praxis überwiegend genutzt und führt dazu, dass es in den meisten Fällen einer Beweisaufnahme bedarf.

»Das Beweisrecht ist die Schnittstelle zwischen Prozessrecht und materiellem Recht und die Bewährungsstelle für die forensische Kunst des Anwalts und des Richters« (Michel/Bruns S. 162).

A. Beweisgrundsätze

1769 Zahlreiche Fragen der Beweisaufnahme gelten unabhängig von dem konkreten Beweismittel.

I. Übersicht

1770 Grundsätzlich werden nur die von den Parteien angebotenen Beweise erhoben. Insoweit bedarf es eines Beweisantritts (unten Rdn. 1778).

Von den Ausnahmemöglichkeiten der §§ 142–144, 273 Abs. 2 ZPO machen Gerichte so gut wie nie Gebrauch.

1771 Beweis erhoben wird nur über **beweisbedürftige** Tatsachen.

Des Beweises bedürfen Tatsachen, die streitig und erheblich sind. Letzteres ist der Fall, wenn sie den Voraussetzungen einer für die Entscheidung einschlägigen Rechtsnorm angehören. Keines Beweises bedürfen Tatsachen, die prozessual nicht berücksichtigt werden können. Dies kann der Fall sein, weil sie präkludiert (§ 296 ZPO) oder unter Verletzung der Wahrheitspflicht (§ 138 Abs. 1 ZPO) bewusst unwahr vorgetragen sind. Schließlich müssen auch solche Tatsachen nicht bewiesen werden, deren Wahrheit bereits feststeht, sei es, weil sie bereits bewiesen sind, sei es, weil ihre Wahrheit aufgrund von Beweiserleichterungen feststeht (unten Rdn. 1829).

1772 Der Beweisaufnahme oder zumindest der Verwertung bereits erhobener Beweise können in seltenen Fällen **Verbote** entgegenstehen (unten Rdn. 1804).

1773 Die Beweiserhebung beginnt mit einer entsprechenden **Anordnung** des Gerichts, die förmlich als Beweisbeschluss (§§ 358 ff. ZPO) oder formlos durch schlichte Erhebung des Beweises ergehen kann.

1774 Die Beweisaufnahme ist grundsätzlich **öffentlich** (§ 357 ZPO) und erfolgt **unmittelbar** vor dem Prozessgericht (§ 355 ZPO). Der den Zivilprozess im Übrigen beherrschende Grundsatz der Dispositionsmaxime gilt hier nicht. Ob und wie Beweis zu erheben und wie ein Beweisergebnis zu würdigen ist, steht nicht zur Disposition der Parteien, sondern ist zwingend und unabänderlich im Gesetz geregelt und dem Gericht zugewiesen (**»Strengbeweis«**).

Der Grundsatz des Strengbeweises führt zunächst zu einem Numerus clausus der zur Verfügung stehenden Beweismittel. Beweis kann nur mit einem der gesetzlich vorgesehenen Beweismittel (Zeuge, Parteivernehmung, Sachverständiger, Augenschein, Urkunde) erbracht werden.

Jede dieser Beweisarten wird in dem im Gesetz vorgegebenen Verfahren erhoben.

Der Grundsatz der Parteiöffentlichkeit schließt es nicht aus, dass verdeckte, einer Partei vorab nicht bekannt zu machende Beweiserhebungen durchgeführt werden, wenn zu befürchten ist, dass diese durch ihr Verhalten ein sachgerechtes Beweisergebnis verhindern (Messungen von durch den Beklagten verursachten Lärm; OLG Hamm MDR 2015, 301).

Beim Streit über Lärmbeeinträchtigungen kann es geboten sein, den mutmaßlichen Lärmverursacher nicht vorab über Messtermine des gerichtlichen Sachverständigen zu informieren. Über solche verdeckten Messungen ist die betroffene Partei anschließend aus Gründen des rechtlichen Gehörs zu informieren.

Berührt das Verfahren ein Geschäftsgeheimnis, so kann das Gericht auf Antrag einer Partei streitgegenständliche Informationen ganz oder teilweise als geheimhaltungsbedürftig einstufen und den Zugang zu diesen (für die Öffentlichkeit und für Verfahrensbeteiligte) beschränken (§§ 174 Abs. 3 GVG, 16, 19 GeschGehG; BGH NJW-RR 2020, 1386 und 1389; OLG Dresden NJW-RR 2021, 1364).

Über das Ergebnis der Beweisaufnahme wird verhandelt, den Parteien wird insoweit rechtliches Gehör gewährt. Bewiesen ist eine Tatsache indes nur, wenn sie für das Gericht aufgrund einer freien Würdigung der erhobenen Beweise **zweifelsfrei** feststeht. 1775

Hierzu muss das Gericht von der Wahrheit der zu beweisenden Tatsache vollständig überzeugt sein. Die Tatsache muss mit an Sicherheit grenzender Wahrscheinlichkeit feststehen, vernünftige Zweifel dürfen nicht mehr bestehen.

Eine Tatsache, die bewiesen wurde, steht für die Entscheidung fest, eine Tatsache, die nicht bewiesen werden konnte, wird prozessual als nicht vorliegend behandelt (»**Negativfiktion**«). Dies wirkt zulasten der Partei, die aus der Tatsache eine für sich günstige Rechtsfolge herleiten wollte (»**Beweislast**«). 1776

Auf nahezu allen diesen Ebenen haben die Parteien erhebliche Gestaltungsmöglichkeiten. 1777

II. Beweisantrag

Anträge auf Erhebung eines Beweises (= Beweisantritte) sind Teil der vorbereitenden Schriftsätze im Prozess (§ 130 Nr. 5 ZPO). 1778

In der Klageschrift, der Klageerwiderung und den weiteren Schriftsätzen sind die Beweismittel zu bezeichnen, deren sich die Partei zum Nachweis oder zur Widerlegung tatsächlicher Behauptungen bedienen will.

Wegen der dafür geltenden formellen und inhaltlichen Anforderungen sowie einige taktischer Hinweise siehe oben Rdn. 1212.

Taktische Fragen stellen sich für den Anwalt, wenn das Gericht zum Nachteil der eigenen Partei über einen solchen Beweisantrag entscheidet. Dies kann der Fall sein, indem ein eigener Beweisantrag abgelehnt (unten Rdn. 1780) oder einem Beweisantrag des Gegners entsprochen wird. 1779

1. Ablehnung von Beweisanträgen

Folge von Beibringungsgrundsatz und Parteiherrschaft im Zivilprozess ist die grundsätzliche Pflicht des Gerichts zur Erschöpfung der Beweismittel, d.h. das Gericht muss grundsätzlich alle angebotenen Beweise erheben. 1780

Nur ausnahmsweise kommt eine **Ablehnung von Beweisanträgen** in Betracht. Die Gründe hierfür sind in der ZPO nicht ausdrücklich normiert, sie ergeben sich allein aus allgemeinen Überlegungen und einer teilweisen analogen Anwendung des § 244 Abs. 3 StPO (BVerfG NJW 1993, 254; BGHZ 53, 245, 259 = NJW 1970, 946; OLG Saarbrücken NJW-RR 1998, 1685; Thomas/Putzo/Seiler § 284 Rn. 2, 6; Prütting/Gehrlein/Laumen § 284 Rn. 36; Musielak/Stadler, Grundfragen des Beweisrechts, 1984, Rn. 35 ff., alle m.w.N.; Laumen MDR 2020, 193). 1781

1782 Möglich ist die Ablehnung eines Beweisantrags,

(1) wenn die **Beweisvoraussetzungen** nicht vorliegen,

▶ Beispiel:

1783 Beweis für eine unerhebliche oder unstreitige Tatsache; unwirksamer oder verspäteter Beweisantritt, Nichteinzahlung eines angeforderten Auslagenvorschusses BGH NJW 1991, 2707; Burkhard Schmidt MDR 1992, 637; zur konkludenten Rücknahme des Beweisantrags BGH NJW-RR 1997, 342.

1784 (2) wenn der Beweisaufnahme gesetzliche Hinderungsgründe entgegenstehen, also ein **Beweiserhebungsverbot** besteht.

▶ Beispiel:

1785 Antrag auf Vernehmung eines Zeugen im Urkundenverfahren (§ 595 Abs. 2 ZPO). Antrag auf Vernehmung eines Beamten, dem eine Aussagegenehmigung endgültig verweigert wurde (§ 376 ZPO i.V.m. § 61 BBG). Antrag auf »peinliche Befragung« eines Zeugen.

1786 (3) wenn der angebotene Beweis erkennbar völlig **ungeeignet** ist.

Eine solche kann ausnahmsweise nur dann in Betracht kommen, wenn Umstände vorhanden sind, welche die zweifellose Wertlosigkeit des Beweismittels ergeben (BGH NJW-RR 2021, 861; Thomas/Putzo/Seiler § 284 Rn. 7). So muss der »völlige Unwert eines Beweismittels« vorab feststehen, um es ablehnen zu dürfen (BVerfG NJW 1993, 254; BGH MDR 2019, 302; FamRZ 2012, 1938). Dazu genügt es nicht, dass der Zeuge den Vorgang nicht wahrgenommen hat, weil sich aus der Aussage zumindest Indizien ergeben können (BGH MDR 2021, 185). Nur ausnahmsweise kann dies der Fall sein, wenn beispielsweise nach dem Ergebnis der durchgeführten Beweisaufnahme jede Möglichkeit ausgeschlossen ist, dass der übergangene Beweisantrag Sachdienliches ergeben und die vom Gericht bereits gewonnene gegenteilige Überzeugung erschüttern könnte.

▶ Beispiel:

1787 Möglich ist die Zurückweisung eines Antrags auf Vernehmung eines Polizeibeamten, der unstreitig erst nach dem Unfall herbeigerufen wurde, zum Ablauf des Unfalls. Dies gilt auch für einen Antrag auf Einholung eines Sachverständigengutachtens zu einer Rechtsfrage.

Vorsicht ist bei dieser Fallgruppe geboten, weil eine antizipierte Beweiswürdigung in jedem Fall unzulässig ist. Beweisanträge können daher nicht schon dann abgelehnt werden, wenn das Beweisthema bloß unwahrscheinlich oder das Beweismittel nur bedingt überzeugungskräftig ist (BVerfG NJW 1993, 254; BGH NJW 1999, 143 und 922; OLG Düsseldorf VersR 1993, 1167). Nicht ungeeignet sind Beweise auch dann, wenn sie bereits in einem anderen Verfahren (z.B. einem vorhergehenden Strafverfahren) erhoben wurden, und Gegenbeweise, wenn das Gericht bereits von der Haupttatsache überzeugt ist.

▶ Beispiel:

1788 Nicht möglich ist die Zurückweisung des Antrags auf Vernehmung des Ehegatten einer Partei mit der Begründung, dieser habe ein so großes Eigeninteresse, dass seiner Aussage kein Beweiswert zukomme. Dies gilt auch für die Ablehnung eines Zeugen mit der Begründung, bei diesem handele es sich amtsbekannt um einen Lügenbold, dem man nicht glauben könne.

1789 (4) wenn die zu beweisende Tatsache **als wahr unterstellt** werden kann (BGHZ 53, 260). Meist wird hier schon die Beweisvoraussetzung »Erheblichkeit« fehlen, sodass diesem Ablehnungsgrund kaum eigenständige Bedeutung zukommt.

Eine solche Wahrunterstellung wird im Zivilprozess – anders als im Strafprozess, von wo diese Fallgruppe in analoger Anwendung des § 244 StPO hergeleitet wird – kaum in Betracht kommen, weil mit jeder Unterstellung zugunsten einer Partei eine Benachteiligung der anderen Partei verbunden ist

(BGH NJW 1970, 946, 950; Thomas/Putzo/Seiler § 284 Rn. 4). Soweit die Praxis diese Fallgruppe zur Ablehnung von Beweisantritten bemüht, liegt meist ein Fall des Fehlens von Beweisvoraussetzungen vor, weil nur unerhebliche Tatsachen als wahr unterstellt werden können (BGH NJW-RR 2017, 72; BGH NJW-RR 2018, 647).

Zu den Voraussetzungen einer zulässigen Wahrunterstellung gehört es, dass die unter Beweis gestellte Behauptung so übernommen wird, wie die Partei sie aufgestellt hat. Das bedingt bei abwägungsrelevanten Umständen (z.B. den Härtegründen aus § 574 BGB), dass diese grundsätzlich auch mit dem ihnen vom Behauptenden beigelegten Gewicht als wahr unterstellt werden (BGH MDR 2017, 21; BGH NJW 2017, 1474).

(5) wenn das Gericht die erforderliche **Sachkunde** selbst besitzt und deswegen auf die Einholung eines Sachverständigengutachtens verzichtet. 1790

Erforderlich ist hierfür aber ein vorheriger Hinweis des Gerichts an die Parteien (den diese zu ergänzendem Vortrag zu den Anforderungen an die Sachkunde nutzen können) und die Darlegung der eigenen Sachkunde des Gerichts in den Entscheidungsgründen, die von den Parteien mit Rechtsmitteln angefochten werden können (BGH MDR 2018, 885; BGH NJW-RR 1997, 1108).

▶ Beispiel:

Erfahrene Mietrichter können die Ortsüblichkeit einer Miete auch ohne Mietspiegel oder aufwendiges Sachverständigengutachten bestimmen. 1791

(6) wenn die zu beweisende Tatsache **bereits bewiesen** ist. 1792

▶ Beispiel:

Hat eine Partei ihre Behauptung mit fünf Zeugen unter Beweis gestellt, kann das Gericht die Vernehmung der restlichen Zeugen unterlassen, wenn es bereits nach der Vernehmung von zwei Zeugen überzeugt ist, die Behauptung der Partei sei wahr. 1793

Dies gilt nicht, wenn die noch nicht vernommenen Zeugen (auch) zum Beweis des Gegenteils benannt waren, der Gegner sich auf sie ebenfalls berufen hat, um zu beweisen, dass die gegnerische Behauptung nicht wahr ist (BGH NJW-RR 2002, 1073; Thomas/Putzo/Seiler § 284 Rn. 6).

Liegt keiner dieser Ausnahmetatbestände vor, ist die Nichtberücksichtigung erheblicher Beweisanträge **verfahrensfehlerhaft** (§ 286 ZPO) und verstößt gegen Art. 103 Abs. 1 GG (BVerfG NJW-RR 2004, 1150; BGH NJW-RR 2010, 1217). Eine solche unrechtmäßige Ablehnung kann deswegen mit Rechtsmitteln (Berufung, Revision) genauso gerügt werden wie mit der Verfassungsbeschwerde. 1794

Dennoch kommen solche Fehler in der **Praxis** immer wieder vor. Die Beweisaufnahme verzögert die Entscheidungsreife und macht dem Gericht viel Arbeit, sodass manche Richter bemüht sind, »mit allen möglichen prozessualen Ausflüchten und Tricks um Beweisaufnahmen herumzukommen« (E. Schneider MDR 2000, 189), die Sache ohne größere eigene Arbeit zunächst einmal »weg vom Tisch« zu haben (Zöller/Greger Vor § 284 Rn. 8). Grund für solche »Kardinalfehler des Gerichts« ist oft auch eine mangelhafte Bearbeitung der Akte und die unzureichende Herausarbeitung der entscheidungserheblichen Tatsachen. 1795

▶ Beispiel:

Das Gericht ist nicht befugt, eine Auswahl unter den benannten Zeugen zu treffen (BVerfGE 60, 250). 1796

Kein Ablehnungsgrund ist der in der Praxis immer wieder anzutreffende Hinweis darauf, dass die Beweiserhebung (insbesondere Sachverständigengutachten) unökonomisch sei (BVerfG NJW 1979, 413), was bei zahlreichen angebotenen Zeugen manchmal auch nur zum Zwecke der Einsparung richterlicher Arbeitsbelastung als Grund vorgeschoben wird.

2. Beweisantrag des Gegners

1797 Nachteilig für die eigene Partei kann es auch sein, wenn das Gericht einem Beweisantrag des Gegners stattgibt und darauf einen Beweisbeschluss erlässt.

Dabei besteht der Nachteil nicht (nur) darin, dass der Anwalt – im Gegensatz zur früheren BRAGO – für die bei einer Beweisaufnahme anfallenden weiteren Tätigkeiten keine zusätzliche Beweisgebühr mehr erhält (im RVG ist der mit der Beweisaufnahme zusammenhängende Aufwand durch die erhöhte [allgemeine] Terminsgebühr abgegolten; Teil 3 Vorb. 3 [3]; Nr. 3105 VV-RVG).

▶ Beispiel:

1798 Ist der entscheidungserhebliche Vortrag des Gegners unschlüssig oder unsubstantiiert, so ist die Klage zu dessen Nachteil entscheidungsreif. Ordnet das Gericht dennoch eine Beweisaufnahme an, besteht die Gefahr, dass das Gericht bei positivem Beweisergebnis eine Entscheidung zu seinen Gunsten erlässt.

Mangelt es an einer konkreten, unter Beweis gestellten Tatsachenbehauptung des Gegners, so besteht die Gefahr, dass die erheblichen Tatsachen erst durch die Beweisaufnahme ausgeforscht werden und der Gegner erst hierdurch Aussicht auf Erfolg in der Hauptsache hat.

1799 Ein erlassener Beweisbeschluss ist **nicht gesondert anfechtbar** (§ 355 Abs. 2 ZPO). Dies gilt auch dann, wenn er verfahrensfehlerhaft ergangen ist.

▶ Praxistipp:

1800 Trotz der Unanfechtbarkeit von Beweisbeschlüssen sollte deren Fehlerhaftigkeit dem Gericht gegenüber sofort gerügt werden.

Zum einen ist eine richterliche Selbstkorrektur jederzeit möglich (Gegenvorstellung; Zöller/Greger § 360 Rn. 1), wenn auch praktisch nicht allzu häufig. Zum anderen ist auf der Grundlage einer solchen Rüge die spätere Darlegung der Verfahrensfehlerhaftigkeit des Beschlusses (im Berufungs- oder Revisionsverfahren) deutlich leichter.

1801 Fehlerhafte Beweisbeschlüsse werden im Berufungsverfahren zusammen mit dem ergangenen Endurteil überprüft (§ 512 ZPO).

Erforderlich ist es deswegen, den Ausgang der ersten Instanz abzuwarten: Endet diese für die Partei nachteilig, kann die Berufung gegen das Endurteil auch mit der Fehlerhaftigkeit des Beweisbeschlusses begründet werden.

1802 War die fehlerhafte, überflüssige Beweisaufnahme mit erheblichen **Kosten** verbunden (so insbesondere bei teuren Sachverständigengutachten), sollte ein Antrag nach § 21 GKG gestellt werden. Danach werden Kosten (Gebühren und Auslagen), die bei richtiger Behandlung der Sache nicht entstanden wären, nicht erhoben.

Der Antrag ist erforderlich, weil die an sich von Amts wegen mögliche Kostenniederschlagung nur selten erfolgt.

▶ Beispiel:

1803 Hierzu gehören Beweiserhebungen über nicht (mehr) streitige Tatsachen sowie über erkennbar nicht beweiserhebliche Umstände (OLG München NJW-RR 2003, 1294; MDR 1998, 1437: dort hat zudem die Partei in fünf Schriftsätzen auf die fehlende Beweisbedürftigkeit hingewiesen) oder aufgrund eines Ausforschungsbeweises (OLG Naumburg, Beschl. vom 27.06.2002 – 14 WF 83/02: Kosten eines trotzdem erholten Sachverständigengutachtens sind daher nicht zu erheben).

III. Beweisverbote

Eine Beweisaufnahme ist grundsätzlich zulässig, es sei denn, ihr steht ausnahmsweise ein Beweisverbot entgegen. Solche Verbote können entweder die Beweiserhebung oder die Beweisverwertung betreffen. 1804

▶ Praxistipp:

Der Verstoß des Gerichts gegen ein Beweisverbot bedarf der unverzüglichen Rüge durch die Partei. 1805

Verstöße gegen Beweiserhebungs- oder Beweisverwertungsverbote können nach § 295 Abs. 1 ZPO geheilt werden, indem beide Parteien ohne ausdrückliche Rüge des Verstoßes streitig zur Hauptsache verhandeln (Musielak/Stadler, Grundfragen des Beweisrechts, 1984, Rn. 58 m.w.N.). Ist die Rüge erstinstanzlich unterblieben, kann sie grundsätzlich auch mit der Berufung nicht mehr erhoben werden (§ 534 ZPO).

1. Beweiserhebungsverbote

Ausdrückliche gesetzliche Beweiserhebungsverbote kennt die ZPO insbesondere für **besondere Verfahrensarten.** 1806

▶ Beispiel:

So dürfen im Urkundenverfahren anspruchsbegründende Tatsachen nur mit Urkunden, andere Tatsachen mit Urkunden oder Parteivernehmung bewiesen werden (§ 595 Abs. 2 ZPO). Im Wiederaufnahmeverfahren dürfen die Restitutionsgründe nicht mit Parteivernehmung bewiesen werden (§ 581 Abs. 2 ZPO). 1807

In **allen Verfahrensarten** – und damit insbesondere auch im allgemeinen Klageverfahren nach §§ 253 ff. ZPO – ist die Beweisaufnahme unzulässig: 1808

– über bestimmte **Beweisthemen.** 1809

▶ Beispiel:

Wird ein Beamter als Zeuge vernommen und hat er nur eine eingeschränkte Aussagegenehmigung (§ 61 BBG, § 37 Abs. 3 BeamtStG), so darf er über diese hinaus nicht befragt werden (§ 376 Abs. 1 ZPO). Insoweit besteht ein unverzichtbares Vernehmungshindernis (Zöller/Greger § 376 Rn. 9; ähnlich § 383 Abs. 3 ZPO und OLG Köln NJW-RR 1993, 1073).

– durch bestimmte **Beweismittel.** 1810

Nach dem Grundsatz des Strengbeweises kann Beweis nur mit einem der in der ZPO vorgesehenen Beweismittel (Augenschein, Zeuge, Sachverständiger, Urkunde, Parteivernehmung) erbracht werden.

▶ Beispiel:

Eine Partei kann nicht als Zeuge vernommen werden (Zöller/Greger Vor § 373 Rn. 5). Im Wege der Parteivernehmung wird grundsätzlich der Gegner (§ 445 ZPO), nur ausnahmsweise der Beweisführer selbst (§§ 447, 448 ZPO), bei prozessunfähigen Parteien deren gesetzlicher Vertreter (§ 455 ZPO) vernommen.

– mittels bestimmter **Beweismethoden.** 1811

Grenzen der Beweiserhebung können sich dabei aus der ZPO selbst, aus Verfassungsrecht oder aus sonstigen Bereichen der Rechtsordnung ergeben. Der zivilprozessuale Grundsatz des Strengbeweises regelt den Ablauf der Erhebung der einzelnen Beweise verbindlich, eine Abweichung hiervon ist unzulässig. Aus dem Verfassungsrecht folgt das Gebot, Menschenwürde und Persönlichkeitsrechte (Art. 1, 2 GG) der Beteiligten, aber auch ihr Vermögen (Art. 14 GG) zu schützen.

Beispiel:

Zeugen sind vor ihrer Vernehmung über ihr Zeugnisverweigerungsrecht zu belehren (§ 383 Abs. 2 ZPO). Ein Verstoß hiergegen kann der Verwertung der Aussage entgegenstehen (Zöller/Greger § 383 Rn. 21).

Eine Vernehmung von Zeugen unter Folter ist gar nicht, unter Hypnose oder mittels Lügendetektor nur in sehr engen Grenzen zulässig (Art. 1, 2 GG; BGH MDR 2003, 1127; OLG Düsseldorf NJW-RR 2001, 959).

Beweismittel dürfen nicht gestohlen (§ 242 StGB), Zeugen nicht genötigt werden (§ 240 StGB; Kiethe MDR 2006, 965). Die Beweisaufnahme darf auch nicht den Lebens- und Geheimbereich (§§ 201 ff. StGB) verletzen. Dies ist z.B. der Fall, wenn eine heimlich aufgenommene Tonbandaufnahme abgespielt werden soll, weil bereits die Abspielung selbst gegen § 201 StGB verstößt.

2. Beweisverwertungsverbote

1812 Streitig ist, inwieweit für bereits erhobene Beweise ein Verwertungsverbot besteht. In Betracht kommt ein solches für Beweise, die entweder rechtswidrig erlangt oder rechtswidrig erhoben wurden.

1813 (1) Nur eine Mindermeinung (»**Verbotstheorie**«) nimmt ein prozessuales Verwertungsverbot ausnahmslos für alle rechtswidrig erlangten Beweismittel an, weil nach dem Grundsatz der Einheit der Rechtsordnung im Prozessrecht nicht zulässig sein könne, was nach materiellem Recht rechtswidrig sei. Um die rechtswidrige Beschaffung von Beweisen zu verhindern, sei das Beweisverwertungsverbot schon aus generalpräventiven Gründen erforderlich (LG Kassel NJW-RR 1990, 62).

1814 (2) Nach der Gegenauffassung (»**Verwertungstheorie**«) existieren im Zivilprozess Beweisverwertungsverbote nicht, sodass alle erhobenen Beweise einschränkungslos zur Entscheidungsfindung verwendet werden dürfen. Der Schutz der Parteien vor einer Rechtsbeeinträchtigung bei der Beweisbeschaffung bzw. Beweiserhebung werde ausschließlich durch das materielle Recht gewährleistet (Dauster/Braun NJW 2000, 313).

1815 (3) Die herrschende Meinung vertritt eine **vermittelnde Auffassung**, nach der ein Verwertungsverbot besteht, wenn bereits die Erhebung des Beweises oder seine Verwendung verfassungsrechtliche Gewährleistungen verletzt und dem Beweisführer ein höherrangiger rechtfertigender Grund nicht zusteht. Erforderlich ist damit eine Interessenabwägung im Einzelfall. Fallgruppen können zur Gewinnung eines Überblicks über die Rechtsprechung, nicht aber zur abschließenden Erfassung aller Erscheinungsformen der Beweisverbote gebildet werden.

BVerfG NJW 1973, 891; BGH NJW 1991, 1180 m. Anm. Helle, JZ 1991, 929; BGH JZ 1988, 304; OLG Karlsruhe NJW 2002, 2799; Bartl WRP 1996, 386; Gamp DRiZ 1981, 41; Habscheid ZZP 96 (1983), 306; Heinemann MDR 2001, 137.

1816 (a) Wegen Verletzung des »Rechts am gesprochenen Wort« (Art. 2 Abs. 1 GG) nicht verwertet werden können Beweise, die auf – sei es unter Benutzung eines Abhörgeräts, sei es unmittelbar, aber verborgen – heimlich mitgehörten Telefon- und anderen Gesprächen beruhen (»Lauschzeugen«). Dies gilt unabhängig vom Gesprächsinhalt und davon, ob das Lauschen auf Veranlassung des Beweisführers oder aus sonstigen Gründen erfolgte. Ohne Weiteres zulässig ist die Vernehmung des Lauschzeugen über die Tatsache, dass überhaupt ein Gespräch stattgefunden hat, sowie über die Wortbeiträge des anwesenden Gesprächspartners.

Vergleichbar sind die Fälle, in denen der Aussagende sein Wissen durch eine andere grundrechtswidrige Handlung erlangt hat.

Praxistipp:

Geklärt werden muss deswegen in jeder Vernehmung, wie der Zeuge bzw. die Partei ihr Wissen erlangt hat. 1817

(b) Weitere Formen der rechtswidrigen Erlangung von Beweismitteln können der Verwertung von Urkunden oder der Einnahme des Augenscheins entgegenstehen. Solche Beweisverwertungsverbote dürfen nicht dadurch umgangen werden, dass eine Vernehmungsperson zu deren Inhalt aussagt (Zeuge zum Inhalt des verbotenen Beweises). 1818

Beispiel:

Unter Verletzung verfassungsrechtlicher Rechtspositionen erlangt sein können heimlich erlangtes DNA-Material, heimlich gefertigte Bild- oder Tonaufnahmen (Art. 2 GG) oder gestohlene Urkunden (Art. 14 GG) (Art. 2 GG). 1819

BVerfG NJW 2007, 753; BGH NJW 2003, 1727; BGH NJW 1970, 1848; Anm. Arzt JZ 1971, 382; Anm. Bökelmann JR 1971, 65; OLG Karlsruhe NJW 2000, 1577; OLG Düsseldorf NJW 2000, 1578; OLG Hamm NJW-RR 1996, 735; BAG NJW 1983, 1691 (»Bürosprechanlagen-Urteil«); LAG Bremen MDR 1994, 597; LAG Köln NZW 1994, 48; Helle JR 2000, 353; Lenz MDR 2000, 73.

Zur Verwertbarkeit von E-Mails aus einem vom Arbeitgeber eingerichteten Postfach Sander CR 2014, 292.

(c) Stehen zwingende gesetzliche Vorschriften der Beweisaufnahme entgegen, besteht regelmäßig bereits ein Beweiserhebungsverbot. Ob und wann Verfahrensfehler bei der Beweisaufnahme zur Unverwertbarkeit des dadurch gewonnenen Beweisergebnisses führen, ist im Einzelnen stark umstritten. 1820

> »Die Frage der Verwertung unzulässig erlangter Beweismittel ist in der Zivilprozessordnung nicht ausdrücklich geregelt. Aus der Rechtsprechung des Bundesgerichtshofs, die insbesondere zu mit Eingriffen in das verfassungsrechtlich gewährleistete Persönlichkeitsrecht des Betroffenen verbundenen Lauschangriffen oder heimlichen Tonbandaufnahmen ergangen ist, ergibt sich jedoch, dass rechtswidrig geschaffene oder erlangte Beweismittel im Zivilprozess nicht schlechthin unverwertbar sind. Über die Frage der Verwertbarkeit ist vielmehr in derartigen Fällen aufgrund einer Interessen- und Güterabwägung nach den im Einzelfall gegebenen Umständen zu entscheiden.« (BGH Urt. vom 10.12.2002 – VI ZR 378/01, NJW 2003, 1123).

Beispiel:

Dies gilt für unterbliebene Belehrungen, die Überschreitung einer Aussagegenehmigung, fehlende Vereidigung eines Dolmetschers oder Sachverständigen oder die Verletzung der Beweisunmittelbarkeit oder der Parteiöffentlichkeit. 1821

Praxistipp:

Verfahrensfehler bei der Beweisaufnahme müssen zur Vermeidung einer Heilung nach § 295 ZPO grundsätzlich unverzüglich gerügt werden. Da die Erhebung und Verwertung des Beweises unterschiedliche Verfahrensfehler darstellen können, muss bereits der Durchführung der Beweisaufnahme widersprochen werden. Bleibt diese Rüge erfolglos, muss sich eine weitere Rüge gegen die Verwertung des erhobenen Beweises richten. Dies gilt zur Wahrung der eigenen Rechte in der Rechtsmittelinstanz (§ 534 ZPO) auch dann, wenn die zweite Rüge vor dem Prozessgericht erkennbar aussichtslos bleiben wird. 1822

Keines Beweisverwertungsverbots bedarf es für den »Lügendetektor«. Die polygraphische Untersuchung mittels Kontrollfragentests oder des Tatwissenstests wird von den maßgebenden Fachkreisen nicht allgemein und zweifelsfrei als richtig und zuverlässig eingestuft und ist deswegen nach der Rechtsprechung des BGH ein völlig ungeeignetes Beweismittel (BGH NJW 2003, 2527; BVerfG NJW 1998, 1988; BVerfG NJW 1982, 375; BGH JR 1999, 379; zu arbeitsrechtlichen Grundrechtsverstößen Altenburg/Leister NJW 2006, 469).

1823 (d) Selten, aber möglich sind Fälle, in denen nicht die Beschaffung, sondern allein die Verwertung des Beweises einen Verfassungsverstoß darstellt.

▶ Beispiel:

1824 Verlesung höchstpersönlicher, nicht verfassungswidrig erlangter Aufzeichnungen (Tagebuch) in öffentlicher Sitzung.

1825 (e) Die im Rahmen der Güterabwägung zu berücksichtigenden Interessen des Beweisführers folgen aus seinem ebenfalls mit Verfassungsrang ausgestatteten Recht auf Beweisführung.

Justizgewährungsanspruch, Rechtswegsgarantie und Anspruch auf rechtliches Gehör stellen nicht bloß Formalrechte dar, sondern beinhalten das Recht, die eigene Sachdarstellung zu beweisen.

▶ Beispiel:

1826 Ein Rechtfertigungsgrund für die Verwertung rechtswidrig erlangter Beweismittel kann in Notwehr oder in der Wahrung überwiegender eigener Interessen liegen (BGH NJW 1982, 1397 und 277; OLG Düsseldorf NJW-RR 1998, 241; OLG Köln VersR 1994, 213).

1827 (f) Die zwischen beiden verfassungsrechtlich abgesicherten Rechtspositionen der Beteiligten erforderliche Abwägung entzieht sich jeder systematisierenden Betrachtung und ist nur unter Berücksichtigung aller Umstände des Einzelfalles möglich.

▶ Beispiel:

1828 So kann z.B. in den Tonband- und Lauschzeugenfällen gegen eine Verwertung sprechen, dass ausdrücklich oder stillschweigend Vertraulichkeit des Gesprächs vereinbart war oder umgekehrt von einer (auch stillschweigenden) Einwilligung in das Mithören auszugehen ist. Das Aufzeichnen oder der Einsatz technischer Geräte stellt einen gravierenderen Eingriff in die Persönlichkeitssphäre dar als das bloße Mithören. Das Belauschen in der Öffentlichkeit und im geschäftlichen Verkehr wiegt weniger schwer als im privaten Bereich und in der eigenen Wohnung. Ist der Belauschte anonym aufgetreten oder hat selbst eine Straftat begangen, ist er nur bedingt schutzwürdig. Für eine Verwertung von Beweisen kann angeführt werden, dass auf andere Weise ein Angriff auf eigene Rechte nur schwer oder gar nicht abzuwehren ist oder das Gespräch in der Öffentlichkeit und nicht in der durch Wohn- oder Geschäftsräume vermittelten Atmosphäre der Abgeschlossenheit und Intimität geführt wurde.

BGH NJW 1994, 2289 (2292 f.) m. Anm. Baumgärtel MDR 1994, 766; LAG Bremen MDR 1994, 597.

IV. Beweiserleichterungen

1829 Nicht immer ermöglichen es die allgemeinen Beweisgrundsätze (Beweisbedürftigkeit, Strengbeweis, Vollbeweis, Negativfiktion; oben Rdn. 1776), im Prozess zu einem richtigen, gerechten Ergebnis zu kommen. Liegen Umstände vor, die es dem Beweisführer unmöglich oder unzumutbar machen, den Beweis so zu führen, droht er, den Prozess zu verlieren. Um dabei unbillige Ergebnisse zu vermeiden, lassen Gesetz und Rechtsprechung Ausnahmen von den Beweisgrundsätzen zu: sog. Beweiserleichterungen.

1. Beweisformen

a) Strengbeweis und Freibeweis

Als **Strengbeweis** bezeichnet man den Grundsatz, dass die gesetzlichen Beweisvorschriften nicht zur Disposition der Parteien stehen, also unabänderlich sind. **1830**

Daraus folgt, dass Beweis nur mit den in der ZPO vorgesehenen Beweismitteln und nur in den vorgesehenen Formen erhoben werden kann. Diese Form der Beweisaufnahme ist Gegenstand der Darstellung unter B. (unten Rdn. 1839).

Ausnahmsweise kann die Beweisaufnahme frei von diesen Bindungen erfolgen. **1831**

Eine solche Ausnahme stellt der **Freibeweis** dar, der seinen Namen von der Befreiung der regulären Beweisvorschriften herleitet. Wo der Freibeweis möglich ist, ist das Gericht weder an Beweisantritte der Parteien noch an die Beweismittel und Beweisverfahren der ZPO gebunden. Es kann vielmehr Umfang und Form der Tatsachenfeststellung nach freiem Ermessen bestimmen. **1832**

▶ Beispiel:

Eigene Recherchen, formlose Auskünfte, dienstliche Erklärungen, eidesstattliche Versicherungen der Parteien oder Dritter (BGH NJW 1992, 627). Befragung von Zeugen und Sachverständigen telefonisch oder per E-Mail. **1833**

Möglich ist das Freibeweisverfahren **1834**

- in den **gesetzlich** ausdrücklich zugelassenen Fällen;

  Im amtsgerichtlichen Bagatellverfahren erlaubt § 495a ZPO dem Gericht, das (Beweis-)Verfahren nach billigem Ermessen zu gestalten, in den Verfahren der freiwilligen Gerichtsbarkeit gestattet § 29 FamFG, die geeignet erscheinenden Beweise zu erheben (Pohlmann ZZP 106 [1993], 181; Köller/Feskorn § 29 FamFG Rn. 3).

- bei der Klärung derjenigen Tatsachen, die nicht für die Entscheidung der materiell-rechtlichen Streitfragen zwischen den Parteien von Bedeutung sind, sondern allein das **Verfahren** selbst betreffen (BGH NJW-RR 2012, 509; 539; BGH NJW 1997, 3319; BGH NJW 1996, 2038; Anders/Gehle/Anders, Einf. § 284 Rn. 9; Koch/Steinmetz MDR 1980, 901; Stein/Jonas/Leipold, vor § 355 Anm. III 1).

  So ist der Freibeweis zum Beispiel möglich im Prozesskostenhilfeverfahren (§ 118 Abs. 2 ZPO), zur Feststellung ausländischen Rechts (§ 293 Satz 2 ZPO; Geissler ZZP 91 [1982], 176; Sommerlad/Schrey NJW 1991, 1377), der Zulässigkeitsvoraussetzungen oder der Frage, ob eine prozessuale Frist eingehalten wurde (BGH NJW 2000, 2280; BGH NJW 2000, 814; BGH 1996, 2038).

- mit **Zustimmung** der Parteien. Hier ermöglicht § 284 Satz 2 ZPO den Freibeweis im gesamten Zivilprozess (BGH WuM 2016, 290).

  Erforderlich ist das Einverständnis beider Parteien. Dieses kann pauschal für die gesamte Beweisaufnahme oder für einzelne Beweiserhebungen erteilt werden und muss bei Beginn der Beweiserhebung vorliegen; bis dahin kann es nur bei wesentlicher Änderung der Prozesslage, danach gar nicht mehr widerrufen werden.

Auch im Freibeweisverfahren muss das **rechtliche Gehör** der Beteiligten gewahrt werden. Inwieweit andere Beweis- und Verfahrensgrundsätze (Unmittelbarkeit, Mündlichkeit und Parteiöffentlichkeit) verzichtbar sind, ist bislang nicht abschließend geklärt. **1835**

So hat bereits der Deutsche Anwaltverein in seiner Stellungnahme zur Änderung des § 284 ZPO (Nr. 35/2003 S. 17) Fragen aufgeworfen, die bis heute unbeantwortet sind: Ist der Richter nicht mehr an die Beweisanträge der Parteien mit entsprechenden Beweismitteln gebunden? Bestimmt das Gericht, welche Beweismittel herangezogen werden? Kann es Beweisanträge der Partei unberücksichtigt lassen? Wer bestimmt, wann eine wesentliche Änderung der Prozesslage eingetreten ist? Wenn der Freibeweis für den Beweisführer nicht zum Ergebnis führt, besteht dann Anspruch auf eine weitere Beweisaufnahme?

Unklar ist auch, ob eine Wiederholung im Strengbeweis erfolgen muss bzw. kann (verneinend Bericht des Rechtsausschusses, BT-Drs 15/3482 S. 46; bejahend Huber ZRP 2003, 270 im Hinblick auf das

Fragerecht der Parteien gem. §§ 397, 402, 411 Abs. 4 Satz 1 ZPO; Knauer/Wolf NJW 2004, 2862: legitimes Anliegen der Partei).

Dadurch macht der Freibeweis die Beweisführung unkalkulierbar. Er wird deswegen in der Anwaltsliteratur durchgehend abgelehnt (Hirtz AnwBl 2004, 503: »dringende Empfehlung an die Praxis, ein Einverständnis zum Freibeweis nicht zu erteilen«; E. Schneider AnwBl 2003, 549: »Kein Anwalt, der seine fünf Sinne beieinander hat, wird seine Partei durch Zustimmung dieser Prozedur ausliefern«; ders. ZAP-Kolumne 2004, 2: »Attentat auf das Beweisrecht«; Huber ZRP 2003, 269: »viel zu kompliziert«; Knauer/Wolf NJW 2004, 2862: »wird es in der Praxis in der Regel nicht zur Einwilligung in den Freibeweis kommen«).

Relativ unproblematisch erscheint eine solche Vorgehensweise allenfalls bei Zeugen, die ihre Kenntnis nur schriftlichen Unterlagen entnehmen, bei ergänzenden technischen Angaben eines Sachverständigen oder wenn geklärt werden soll, ob der Zeuge überhaupt etwas zum Beweisthema aussagen kann.

▶ Praxistipp:

1836 Bei Unzufriedenheit der Partei mit dem Verlauf einer solchen Beweiserhebung ist ein Widerruf des Einverständnisses nicht mehr möglich.

1837 **Ergebnis** des Freibeweises muss wie im normalen Beweisverfahren die volle Überzeugung des Gerichts von der Wahrheit der zu beweisenden Tatsache sein, bloße Wahrscheinlichkeit reicht nicht aus (= keine Ausnahme vom Vollbeweis; BGH MDR 2000, 290). Der vollen Überzeugung des Gerichts kann bereits der von einer Partei erbrachte Gegenbeweis entgegenstehen.

1838 Streitig ist der **Beweiswert** von im Freibeweisverfahren gegenüber den im Strengbeweis erhobenen Beweisen. So will das OLG Frankfurt a. M. (AnwBl 1978, 310) den Beweiswert einer eidesstattlichen Versicherung angesichts der Strafbarkeit einer falschen Abgabe (§ 156 StGB) mit dem einer Zeugenaussage gleichsetzen, während der BGH (NJW 2003, 2460) dies unter Hinweis auf den Beweiswert einer bloßen Glaubhaftmachung (§ 294 ZPO) ablehnt.

b) Glaubhaftmachung

1839 Eine **Ausnahme vom Strengbeweis**, gleichzeitig aber auch vom Grundsatz des **Vollbeweises** stellt die Glaubhaftmachung dar (§ 294 ZPO).

Nach dem Grundsatz des Vollbeweises ist ein Beweis erst geführt, wenn das Gericht von der Wahrheit der zu beweisenden Tatsache vollständig überzeugt ist. Diese hohen Anforderungen an die richterliche Überzeugung mindert das Institut der Glaubhaftmachung, das einen deutlich geringeren Grad an Wahrscheinlichkeit ausreichen lässt; um diesen herbeizuführen, kann die Glaubhaftmachung auch mit anderen als den üblichen Beweismitteln erfolgen (§ 294 ZPO).

1840 Als Ausnahme vom Strengbeweis ist der Katalog der zur Verfügung stehenden **Beweismittel** modifiziert. Eine Glaubhaftmachung kann zunächst mit den regulären Beweismitteln der ZPO erfolgen.

Von besonderer Bedeutung sind dabei Urkunden. Speziell bei einem Antrag auf Eintragung der Vormerkung einer Bauunternehmersicherungshypothek kann die Höhe der Werklohnforderung glaubhaft gemacht werden durch Vorlage der prüffähigen Schlussrechnung mit den dazugehörigen Vertrags- und Abrechnungsunterlagen sowie einer eidesstattlichen Versicherung ihrer Richtigkeit (Grüneberg/Sprau § 650f Rn. 13, § 648 Rn. 11). Hiergegen kann der Bauherr Mängel geltend machen sowie eine Gegenrechnung ebenfalls unter eidesstattlicher Versicherung der Richtigkeit vorlegen. Da der Unternehmer bis zur Abnahme für die Mängelfreiheit beweispflichtig ist, muss er diese Mängelfreiheit darlegen und glaubhaft machen (BGHZ 68, 180). Die erforderliche Identität zwischen Besteller (Schuldner der Werklohnforderung) und Grundstückseigentümer kann durch Vorlage eines Grundbuchauszuges glaubhaft gemacht werden (§ 650f Abs. 1 BGB).

1841 Daneben steht zur Glaubhaftmachung zusätzlich die **eidesstattliche Versicherung** zur Verfügung.

Bei den regulären Beweismitteln besteht keine Bindung an die strengen Formvorschriften der ZPO. Möglich sind damit zum Beispiel uneidliche Parteibefragungen, schriftliche Zeugenanhörungen über die Voraussetzungen des § 377 Abs. 4 ZPO hinaus, die Bezugnahme auf dem Gericht zugängliche Akten oder die Vorlage unbeglaubigter Kopien von Urkunden (OLG Köln FamRZ 1983, 709; Zöller/Greger § 294 Rn. 5; zur Beweiswürdigung in diesen Fällen OLG Köln MDR 1981, 765).

Die eidesstattliche Versicherung kann von dritten Personen oder vom Beweisführer selbst herrühren. Sie hat grundsätzlich schriftlich zu erfolgen und eine eigene Darstellung der glaubhaft zu machenden Tatsachen zu enthalten (BGH NJW 1988, 2045; OLG Köln MDR 1986, 152; Zöller/Greger § 294 Rn. 4). Vielfach lässt die Praxis auch die bloße Bezugnahme auf den Vortrag in einem gesonderten Schriftsatz zu, darauf sollte sich die anwaltliche Sorgfalt insbesondere in Eilfällen jedoch nicht verlassen. Möglich ist auch die Abgabe der Versicherung per Telefax (Zöller/Greger § 294 Rn. 4). Enthalten sein muss in der Erklärung in jedem Fall die Versicherung ihrer Richtigkeit an Eides statt (§ 156 StGB). Bei einem Rechtsanwalt kommt, da er Organ der Rechtspflege ist, anstelle der Versicherung an Eides statt eine sog. anwaltliche Versicherung in Betracht, wenn es um Vorgänge geht, die er im Rahmen seiner Berufstätigkeit wahrgenommen hat (vgl. § 104 Abs. 2 ZPO; BayObLG WuM 1994, 296; OLG Köln und Koblenz GRUR 1986, 196; einschränkend BGH VersR 1974, 1021; zur Beweiskraft einer solchen anwaltlichen Versicherung BGH NJW 2015, 113).

Nicht möglich ist die eidesstattliche Versicherung dort, wo sie ausdrücklich für unzulässig erklärt ist, wie z.B. in den §§ 44, 511 Abs. 3 ZPO.

▶ Praxistipp:

Die eidesstattliche Versicherung muss sich auf alle glaubhaft zu machenden Tatsachen erstrecken (»Schlüssigkeitsprüfung«). Sie sollte diese nicht bloß in Bezug nehmen (Verweis auf den anwaltlichen Schriftsatz), sondern sie ausdrücklich wiederholen. 1842

In der Praxis erfolgt die Glaubhaftmachung häufig nur unvollständig. Daraus ergeben sich für den Gegner gute Chancen, etwaige diesbezügliche Lücken aufzuspüren.

Die Glaubhaftmachung setzt nach § 294 Abs. 2 ZPO voraus, dass die Beweisaufnahme sofort erfolgen kann. Alle Beweismittel müssen in der mündlichen Verhandlung präsent, d.h. von den Parteien gestellt oder vom Gericht terminsvorbereitend bereitgestellt sein (LAG Köln NZA 1998, 280). Ein neuer Termin zur Durchführung einer Beweisaufnahme wird nicht bestimmt. 1843

Diese Einschränkung gilt nicht, wo das Gesetz die Glaubhaftmachung nicht erfordert, sondern nur genügen lässt (z.B. in den §§ 104 Abs. 2, 605 Abs. 2 ZPO: Da hier nur eine Erleichterung, jedoch keine Erschwerung für die Partei eintreten soll, ist auch die nicht sofort mögliche Beweisaufnahme statthaft) (Thomas/Putzo/Seiler § 294 Rn. 3; Zöller/Greger § 294 Rn. 2, 3).

Wichtiger noch als die Erweiterungen der Beweismittel ist die Erleichterung bezüglich des **Beweismaßes**: Eine Tatsache ist bereits dann glaubhaft gemacht, wenn für ihr Vorliegen eine bloß »überwiegende Wahrscheinlichkeit« spricht (BGH NJW 2002, 1429), eine »an Sicherheit grenzende Wahrscheinlichkeit« ist nicht erforderlich. 1844

Selbst wenn das Gericht vom Vorliegen der Tatsachen nicht überzeugt ist und hieran mehr als nur unerhebliche Zweifel hegt, steht das einer Zugrundelegung dieser Tatsachen für die Entscheidung nicht im Wege, solange das Vorliegen der Tatsache wahrscheinlicher ist als ihr Nichtvorliegen.

Die Glaubhaftmachung ist eine nicht nur für den Beweisführer, sondern auch für den Gegner geltende Beweiserleichterung, sodass dieser den **Gegenbeweis** in gleicher Form führen kann (Prütting/Gehrlein/Laumen § 284 Rn. 13; Thomas/Putzo/Seiler § 294 Rn. 3; zum Gegenbeweis unten Rdn. 1945). 1845

▶ Praxistipp:

Zur Glaubhaftmachung sollten so viele Mittel wie möglich herangezogen werden. 1846

Erfolgt die Glaubhaftmachung ausschließlich durch eine eigene eidesstattliche Versicherung, ist diese durch eine eigene eidesstattliche Versicherung des Gegners bereits erschüttert. Eine erhöhte Wahrscheinlichkeit für die Richtigkeit des eigenen Vortrags kann sich auch in den Fällen sich gegenseitig neutralisierender eidesstattlicher Versicherungen aus zusätzlichen Beweismitteln (z.B. Urkunden) ergeben.

Statthaft ist die Glaubhaftmachung anstelle der regulären Beweisaufnahme nur, wo das Gesetz sie entweder erfordert oder zumindest genügen lässt. 1847

Dies ist insbesondere der Fall in den Eilverfahren (§§ 920 Abs. 2, 936 ZPO), daneben im Prozesskostenhilfeverfahren (§ 118 Abs. 2 Satz 1 ZPO), bei der Richterablehnung (§ 44 ZPO), der Wiedereinsetzung (§ 236 Abs. 2 ZPO) oder der Entschuldigung der Säumnis (§ 251a Abs. 2 Satz 4 ZPO). Eine entsprechende Anwendung auf andere Fälle ist wegen des Ausnahmecharakters grundsätzlich nicht möglich (Thomas/Putzo/Seiler § 294 Rn. 3).

2. Offenkundige Tatsachen

1848 Liegt die Wahrheit einer Tatsache auf der Hand, wäre die Durchführung einer Beweisaufnahme bloße Förmelei. Gemäß § 291 ZPO **bedürfen** offenkundige Tatsachen daher **keines Beweises.**

▶ Beispiel:

1849 Die Beklagte verpflichtete sich der Klägerin gegenüber vertraglich, deren Liebhaber, der sie verlassen hat, mit parapsychologischen Mitteln zur Rückkehr zu bewegen. Als dies nicht gelang, verlangte die Klägerin ihr Geld mit der Begründung zurück, die Leistung sei von Anfang an unmöglich gewesen (§§ 311a, 283, 281 BGB); die Beklagte behauptete dagegen, die geschuldete Leistung sei grundsätzlich möglich, sie selbst habe sogar schon Menschen totgehext. Hier bedarf es einer Beweiserhebung nicht: Sie könnte nur ergeben, was jeder vernünftige Mensch ohnehin schon weiß, nämlich dass es magische Kräfte nicht gibt. Hiervon kann auch ohne Beweisaufnahme ausgegangen werden.

1850 **Voraussetzung** des § 291 ZPO ist die **Offenkundigkeit** der Tatsache. Dazu gehören:

1851 – die **allgemeinkundigen** Tatsachen.

Dies sind Tatsachen, die einer beliebig großen Personenzahl bekannt oder aus allgemein zugänglichen Quellen ermittelbar sind. Um nicht verbreiteten Vorurteilen oder Fehlvorstellungen Eingang in den ohne Beweisaufnahme feststehenden Bereich zu verschaffen, wird auf die Kenntnis »verständiger«, »vernünftiger« oder »besonnener« Kreise abgestellt (BGH MDR 1989, 63; BVerwG NJW 1987, 1433; OLG Saarbrücken VersR 1989, 955; Anders/Gehle/Nober, § 291 Rn. 1).

▶ Beispiel:

Geografische, geschichtliche und naturwissenschaftliche Fakten oder in den Medien widerspruchslos veröffentlichte, auch einem Besonnenen glaubhafte Mitteilungen, Gewohnheiten und Bräuche (BGH NJW 1992, 2088).

1852 – die **gerichtskundigen** Tatsachen.

Das sind Tatsachen, die dem Gericht in seiner bisherigen amtlichen Tätigkeit bekannt geworden sind (BGH NJW-RR 1990, 1376; BVerwG NVwZ 1990, 571; VGH Mannheim VBlBW 1990, 180; Stackmann NJW 2010, 1409).

▶ Beispiel:

Das Ergebnis der Beweisaufnahme eines früheren Verfahrens, insbesondere eines Sachverständigengutachtens, einer dienstlichen Erklärung oder einer amtlichen Auskunft.

1853 **Nicht** offenkundig sind dagegen

– **aktenkundige** Tatsachen.

Hierzu rechnet man die Tatsachen, die das Gericht ohne Weiteres aus anderen Akten desselben Gerichts feststellen kann oder die sich aus Eintragungen in bei diesem Gericht geführten Registern (Handelsregister, Grundbuch usw.) ergeben (OLG Hamburg FamRZ 1982, 426; OLG Frankfurt a. M. NJW 1977, 768; Anders/Gehle/Nober, § 291 Rn. 4; Stein/Jonas/Leipold, § 291 Rn. 5; Zöller/Greger § 291 Rn. 1; a.A. BGHSt 6, 292; OLG Nürnberg JurBüro 1978, 762; Musielak/Stadler, Grundfragen des Beweisrechts, 1984, Rn. 25).

1854 – »formlos bewiesene« Tatsachen.

Beispiel:

Der Richter sieht sich außerhalb einer mündlichen Verhandlung und in Abwesenheit der Parteien eine Unfallstelle an und lehnt deswegen eine förmliche Augenscheinseinnahme ab.

Eine Tatsache, die das Gericht nicht bereits kennt, sondern erst feststellen muss, ist auch dann nicht offenkundig, wenn die Feststellung ohne große Schwierigkeiten möglich ist. Zudem werden bei der »formlosen« Feststellung zwingende Beweisverfahrensregeln umgangen.

– die bloß **privatkundigen** Tatsachen.

Tatsachen, die dem Richter nicht im Rahmen seiner beruflichen Tätigkeit, sondern als Privatperson bekannt geworden sind, rechtfertigen ein Absehen von der förmlichen Beweisaufnahme nicht (BSG NJW 1970, 1814; BGH MDR 1967, 745; Zöller/Greger, § 291 Rn. 1a). Gegebenenfalls kommt der Richter hierbei als Zeuge in Betracht; wird er vernommen, so ist er nach § 41 Nr. 5 ZPO kraft Gesetzes von der weiteren Ausübung des Richteramtes in diesem Fall ausgeschlossen. Unzutreffend ist die gegenteilige Auffassung des OLG Nürnberg (MDR 2020, 1315).

Streitig ist, ob auch offenkundige Tatsachen dem **Beibringungsgrundsatz** unterliegen, d.h. ob sie 1855
auch ohne Vortrag durch eine der Parteien berücksichtigt werden dürfen:

(1) Eine Auffassung (Rosenberg/Schwab/Gottwald, § 117 I 3; Schlosser Rn. 169) folgert aus dem 1856
den Parteien obliegenden Gebot, Tatsachen vollständig und der Wahrheit gemäß vorzutragen (§ 138 Abs. 1 ZPO), der Pflicht des Gerichts, an der Wahrheitsfindung mitzuwirken (§ 139 ZPO), und der Unsinnigkeit, ein den tatsächlichen Gegebenheiten zuwiderlaufendes Urteil zu erlassen, die Berücksichtigung offenkundiger Tatsachen auch ohne entsprechenden Parteivortrag.

(2) Zu Recht stellt die Gegenansicht (BGH NJW-RR 1993, 1122; Anders/Gehle/Nober, § 291 1857
Rn. 6 m.w.N.; Musielak/Stadler, Grundfragen des Beweisrechts, 1984, Rn. 26) darauf ab, dass es den Parteien freisteht, Tatsachen in den Prozess einzuführen oder nicht, sie so die Entscheidungsgrundlage des Gerichts beschränken können (vgl. §§ 138 Abs. 3, 288 ZPO) und § 291 ZPO nur eine Ausnahme von der Beweisbedürftigkeit, nicht vom Beibringungsgrundsatz, beinhaltet. Das hindert das Gericht nicht, die Tatsache schon vorher zum Gegenstand der mündlichen Verhandlung zu machen, damit eine der Parteien sie sich ggf. zu eigen machen kann.

Der Grundsatz der Gewährung **rechtlichen Gehörs** (Art. 103 Abs. 1 GG) zwingt das Gericht regel- 1858
mäßig, darauf hinzuweisen, dass und welche Tatsachen als offenkundig behandelt werden sollen (BGH NZA 1988, 261; MüKoZPO/Prütting § 292 Rn. 14; Musielak/Stadler, Grundfragen des Beweisrechts, 1984, Rn. 26; Schellhammer, Arbeitsmethode, Rn. 236; Thomas/Putzo/Seiler § 291 Rn. 1, 2). Ausnahmsweise kann dies bei allgemeinkundigen Tatsachen, die allen Beteiligten mit Sicherheit gegenwärtig sind und von denen sie wissen, dass sie für die Entscheidung erheblich sind, entbehrlich sein (BGH JR 1993, 1229; BGHZ 31, 45).

Praxistipp:

Ist absehbar, dass das Gericht seiner Entscheidung Umstände als »offenkundig«, »gerichts-« 1859
oder »amtsbekannt« zugrunde legen will, empfiehlt es sich, zuvor darauf zu drängen, dass diese Tatsache offengelegt und eine Möglichkeit zur Stellungnahme hierzu eingeräumt wird.

Nur so kann verhindert werden, dass das Gericht zum Nachteil der Partei bestimmte Umstände ohne förmliche Beweisaufnahme annimmt und diesen erst in der Berufung entgegengetreten werden kann. Immer wieder kommt es zudem vor, dass das Gericht eigene Vorurteile als offenkundige Tatsache behandelt (Stackmann NJW 2010, 1409).

Folge des § 291 ZPO ist, dass die Tatsache auch ohne Beweisaufnahme feststeht und einer Entschei- 1860
dung zugrunde zu legen ist. Ob die Tatsache vom Gegner bestritten oder zugestanden wird, ist dabei unbeachtlich. Das Gericht ist indes nicht gehindert, angebotene Beweise zu erheben.

1861 Hält der Gegner die Tatsache trotz ihrer Offenkundigkeit für unwahr, steht ihm der **Gegenbeweis** offen. Hierbei reicht es aus, die im Rahmen des Hauptbeweises gewonnene Überzeugung des Gerichts von der Wahrheit der Tatsache ins Wanken zu bringen, da Zweifel an der Wahrheit der Tatsache bereits dazu führen, dass diese als nicht bewiesen und damit als nicht vorliegend zu behandeln ist (BGH NJW-RR 1990, 1376; BGH NJW 1983, 1740; Thomas/Putzo/Seiler Vorb § 284 Rn. 8).

3. Gesetzliche Vermutungen

1862 An verschiedenen Stellen trägt bereits das Gesetz dem Umstand Rechnung, dass bestimmte, schwer zu beweisende Tatsachen **typischerweise** mit anderen Umständen verknüpft sind und dass deswegen aufgrund dieser Umstände das Vorhandensein der Tatsachen vermutet werden kann (Baumgärtel FS für Schwab, 1990, 43 ff.; Holzhammer FS für Kralik, 1986, 205 ff.; Musielak, Grundkurs, 60 ff.).

▶ Beispiel:

1863 Gemäß § 938 BGB wird vermutet, dass jemand, der zu zwei Zeitpunkten Eigenbesitz an einer Sache hatte, auch in dem dazwischen liegenden Zeitraum Eigenbesitzer war; andere Fälle von Tatsachenvermutungen enthalten die §§ 1117 Abs. 2, 1377 Abs. 1, 3, 2009 BGB, § 437 Abs. 1 ZPO.

Wer Besitzer einer beweglichen Sache ist, zu dessen Gunsten wird sein Eigentumsrecht vermutet (§ 1006 BGB); weitere Rechtsvermutungen enthalten die §§ 891, 1362, 2365 BGB.

1864 **Folge** einer solchen Vermutung ist einerseits, dass die vermutete (Haupt-)Tatsache keines Beweises bedarf, ihr Vorliegen im Wege einer Positivfiktion aufgrund des Vorliegens der Vermutungstatsache unterstellt wird. Voraussetzung ist allerdings, dass diese Vermutungstatsache feststeht, d.h. unstreitig oder bewiesen ist.

▶ Praxistipp:

1865 Soll eine gesetzliche Vermutung in Anspruch genommen werden, müssen deren tatsächliche Voraussetzungen dargelegt und erforderlichenfalls bewiesen werden. Zudem sollte das Gericht auf den Vermutungstatbestand hingewiesen werden.

1866 Gesetzliche Vermutungen sind grundsätzlich **widerleglich**. Der anderen Partei steht es frei, zu beweisen, dass die vermutete Tatsache im konkreten Fall nicht vorliegt (§ 292 ZPO).

Hierzu allerdings genügt es nicht bloß, die Vermutung zu erschüttern, erforderlich ist der volle Beweis des Gegenteils (BGHZ 16, 217; Anders/Gehle/Nober § 292 Rn. 7; Thomas/Putzo/Seiler § 292 Rn. 4; unten Rdn. 1945 ff.; dort auch zu den ausnahmsweise unwiderleglichen Vermutungen).

1867 Keine gesetzliche Grundlage haben die »tatsächlichen Vermutungen«, mit denen die Rechtsprechung in jüngerer Zeit versucht, Beweisschwierigkeiten zu lösen. Anders als bei den gesetzlichen Vermutungen kommt es hier nicht zu einer echten Verschiebung des Beweisthemas (Beweisverlagerung), sondern zu einer Umkehr der objektiven Beweislast, sodass bis zum Beweis des Gegenteils vom Vorliegen der vermuteten Tatsache auszugehen ist.

▶ Beispiel:

1868 So soll tatsächlich vermutet werden,

- dass eine Vertragsurkunde den Inhalt der Parteivereinbarung vollständig und richtig wiedergibt (BGH NJW 2002, 3164; MDR 2000, 19);
- dass das Tätigwerden eines Maklers ursächlich für den Abschluss eines Vertrags geworden ist, der in zeitlichem und sachlichem Zusammenhang damit steht (BGH NJW-RR 2014, 1272; MDR 2008, 309);
- dass die Verletzung einer vertraglichen Beratungspflicht durch einen Notar, Rechtsanwalt oder Steuerberater oder bei einer Kapitalanlage für einen späteren Schaden kausal gewor-

den ist, weil der Vertragspartner sich einer richtigen Beratung gemäß verhalten hätte (BGH NJW 2014, 2951; 2013, 1801; MDR 2012, 1033; 2012, 1031; 2014, 960);
- dass ein auffälliges objektives Missverhältnis von Leistung und Gegenleistung auf einem subjektiv verwerflichen Verhalten des Vertragspartners beruht (BGH MDR 2014, 456; MDR 2013, 705; FamRZ 2006, 1024);
- dass ein Fahrzeug, dem eine Betriebsbeschränkung oder -untersagung droht und bei dem im Zeitpunkt des Erwerbs in keiner Weise absehbar ist, ob dieses Problem behoben werden kann (»Diesel-Abgasfälle«), vom Käufer nicht erworben worden wäre (BGH MDR 2020, 790).

Zutreffender Ansicht der Lehre zufolge bedarf es hierfür der Kategorie der »tatsächlichen Vermutung« nicht. In den genannten Fällen handelt es sich nicht um eine Umkehr der objektiven Beweislast, vielmehr erfolgt die Schlussfolgerung auf das Vorliegen der zu vermutenden Tatsache im Rahmen der Beweiswürdigung aufgrund eines Erfahrungssatzes. Hier können schwache Erfahrungssätze als Indizien, starke als Anscheinsbeweis berücksichtigt werden (Laumen MDR 2015, 1). Auch wenn dem Tatrichter die Heranziehung solcher Erfahrungssätze grundsätzlich freisteht (§ 286 ZPO), kann er im Fall allgemeiner Anerkennung dennoch hieran gebunden sein (BGH MDR 2002, 82).

Praktisch unterscheiden sich die Auffassungen von Rechtsprechung und Lehre insbesondere in den Folgen der Vermutung. Während die Rechtsprechung für eine Widerlegung den vollen Beweis des Gegenteils (§ 292 ZPO) verlangt, lässt die Lehre den bloßen Gegenbeweis zu.

4. Indizienbeweis

Kann oder soll das Vorliegen einer Tatsache nicht unmittelbar bewiesen werden, kommt eine mittelbare (**indirekte**) **Beweisführung** in Betracht. Dabei wird aus dem Vorliegen anderer, nicht zu den Normvoraussetzungen gehörender Hilfstatsachen (Indizien) auf das Vorliegen der erforderlichen Haupttatsachen geschlossen. Möglich ist eine solche **Schlussfolgerung**, wenn die Hilfstatsachen in ihrer Gesamtheit bei vernünftiger Betrachtung nur den Schluss zulassen, dass die Haupttatsache vorliegen muss (BGH NJW 1991, 1894; Nack MDR 1986, 198; Thomas/Putzo/Seiler Vorb § 284 Rn. 11). 1869

▶ Beispiel:

Der Kläger ist bei einer Wirtshausschlägerei vom Beklagten mit einem Bierglas niedergeschlagen worden und verlangt Schadensersatz. Auf die Täterschaft kann, wenn Zeugen für den Schlag nicht existieren, aufgrund von Fingerabdrücken auf der Tatwaffe geschlossen werden. Steht fest, dass der Beklagte mehrfach gezielt zugeschlagen hat, kann aufgrund dieses Verhaltens vom Vorsatz ausgegangen werden. 1870

Der Indizienbeweis spielt in der Praxis eine große Rolle. **Innere Tatsachen** sind dem unmittelbaren Beweis nie zugänglich, können immer nur mittels Indizien belegt werden (BGH MDR 2004, 497; BGH NJW 1993, 1649; Zöller/Greger Vor § 284 Rn. 10a). 1871

▶ Beispiel:

Kenntnisse (Gut- bzw. Bösgläubigkeit), Absichten, Vorsatz. 1872

Aber auch für objektive, **äußere Tatsachen** ist der Indizienbeweis unverzichtbar. 1873

▶ Beispiel:

Um Ansprüche aus dem Versicherungsvertrag geltend machen zu können, muss der Versicherungsnehmer den Eintritt des Versicherungsfalles nachweisen. In der Kraftfahrt-, Hausrat- und Reisegepäckversicherung besteht dieser häufig in einer Entwendung der versicherten Sache. Dies zu beweisen, muss dem Versicherungsnehmer naturgemäß schwerfallen, weil er weder Täter noch Tathergang kennt und häufig nicht mehr weiß, als dass die versicherte Sache weg ist. Hiermit allein kann sich die Versicherung nicht zufriedengeben, muss sie sich doch vor 1874 gerade in diesem Bereich nicht seltenen Versicherungsbetrügereien schützen. Die Rechtsprechung (BGH NJW-RR 1997, 152; OLG Köln NVersZ 2001, 34; Bach VersR 1989, 982; Hoegen VersR 1987, 221; Knoche MDR 1992, 101; Kollhosser NJW 1997, 969; Römer r+s 2001, 45; ders. NJW 1996, 2329; Zopfs VersR 1993, 140) trägt dieser Interessenlage durch eine Auslegung des Versicherungsvertrages im Sinne einer von den Parteien gewollten, materiell-rechtlichen Verschiebung des Beweisrisikos Rechnung und leitet hieraus ein dreistufiges Beweismodell ab, das auf allen Ebenen mit Indizien operiert (vereinzelt wird hier auch bereits eine »typische« Fallgestaltung und damit ein Anscheinsbeweis angenommen: OLG München VersR 1986, 1065; zur Abgrenzung unten Rdn. 1889):

- Zum Nachweis des Versicherungsfalles reicht es zunächst aus, dass der Versicherungsnehmer einen Sachverhalt nachweist, der nach der Lebenserfahrung mit hinreichender Wahrscheinlichkeit den Schluss auf die Entwendung zulässt bzw. das äußere Bild eines solchen erkennen lässt. Dies ist z.B. der Fall, wenn der Versicherungsnehmer den Wagen an einer bestimmten Stelle abgestellt, verschlossen und dort bei seiner Rückkehr nicht mehr vorgefunden hat. Zusätzlich erforderlich sind Anzeichen dafür, dass das Verschwinden gegen seinen Willen erfolgte; hierfür reicht die bloße Anzeige des Diebstahls bei der Polizei nicht (BGH NJW 1996, 1348; BGH NJW 1993, 719; OLG Frankfurt a. M. r+s 2018, 252; OLG Karlsruhe VersR 1989, 619; OLG Karlsruhe VersR 1989, 619; Laumen MDR 2016, 560).
- Hat der Versicherungsnehmer diesen Beweis erbracht, muss der Versicherer nun Tatsachen beweisen, die eine erhebliche Wahrscheinlichkeit dafür begründen, dass die naheliegende Möglichkeit der Vortäuschung des Versicherungsfalles besteht. Hierauf kann z.B. geschlossen werden, wenn der Versicherungsnehmer falsche Angaben über den Verbleib der Originalfahrzeugschlüssel und die Anfertigung von Nachschlüsseln macht; nicht ausreichend sind allein falsche Angaben des Versicherungsnehmers über die Schadenshöhe oder die gehäufte Verwicklung des Versicherungsnehmers in frühere Versicherungsfälle (BGH NJW 1996, 993 und 1348; BGH NJW 1995, 2169; BGH NJW-RR 1993, 719; OLG Saarbrücken NJW-RR 1996, 409; OLG Frankfurt a. M. VersR 1994, 976; OLG Karlsruhe VersR 1993, 1096; OLG Hamm VersR 1993, 694).
- Ist auch dies gelungen, so tritt die beweisrechtliche Normalsituation ein, d.h., der Versicherungsnehmer muss nach allgemeinen Regeln den vollen Beweis des Versicherungsfalles erbringen, wobei auch dies mittels Indizien möglich ist (OLG Düsseldorf NVZ 1994, 196).

Umgekehrt ist die Situation, wenn der Versicherer in der Haftpflichtversicherung davon ausgeht, dass es sich um einen betrügerisch gestellten Anspruch handelt und er seine Leistungspflicht wegen vorsätzlicher oder grobfahrlässiger Herbeiführung des Versicherungsfalles (§ 81 VVG) oder wegen einer vorsätzlichen Obliegenheitsverletzung (§ 28 Abs. 2 S. 1 VVG) verweigern will. Für die Voraussetzungen beider Normen trifft ihn die Beweislast (BGH VersR 1986, 53; BGH VersR 1984, 30; BGH VersR 1981, 450; Pienitz/Flöter, AKB, § 7 Anm. II 3). Auch hier hat die Rechtsprechung eine Reihe von Beweiserleichterungen geschaffen, insbesondere einen Katalog von Indizien, die den Schluss auf eine Vortäuschung des Versicherungsfalles zulassen (BGH NJW-RR 1993, 719, 720; BGH NJW-RR 1990, 92; OLG Frankfurt a.M. ZfS 1997, 6; OLG Hamm NJW-RR 1995, 224; OLG Köln DAR 1993, 349; Birkner ZfS 1994, 113; Goerke VersR 1990, 707; Hoegen VersR 1987, 221; Kääb NZV 1990, 5; Römer NJW 1996, 2329; Verheyen ZfS 1994, 313; zu Tendenzen, hierauf den weitergehenden Anscheinsbeweis anzuwenden: Knoche MDR 1992, 919 m.w.N.; Zopfs VersR 1993, 140).

So sprechen z.B. für einen vorgetäuschten Verkehrsunfall:

- verdächtige Umstände hinsichtlich des Unfallgeschehens (abgelegener Unfallort, ungewöhnliche Unfallzeit [nachts], keine Zeugen),

- verdächtige Umstände hinsichtlich der unfallbeteiligten Fahrzeuge (geschädigt wurde ein schon älterer Wagen der gehobenen Preisklasse, der vor Abschluss des Verfahrens veräußert oder verschrottet wurde; verursacht wurde der Unfall von einem geringwertigen oder [ohne nachvollziehbaren Grund] gemieteten Fahrzeug, häufig einem LKW),
- verdächtige Umstände hinsichtlich der unfallbeteiligten Personen, die häufig schon mehrfach einschlägig in Erscheinung getreten und miteinander bekannt sind (ohne dies zuzugeben) und die über Unfallhergang und Schadenshöhe unzutreffende Angaben machen.

Einen praktisch wichtigen Anwendungsfall stellt der »**Zeuge vom Hörensagen**« dar. Dieser soll eine Tatsache beweisen, die ein Dritter wahrgenommen und dem Zeugen erzählt hat (BGH NJW 1984, 2039; NJW-RR 1990, 1276: fremdes Gespräch mit angehört). 1875

Entgegen manchen anwaltlichen Vorstellungen in der Praxis ist ein solcher Beweisantrag grundsätzlich zulässig (BGH NJW-RR 2002, 1433; BGH NJW 1992, 2489 und Zöller/Greger Vor § 284 Rn. 10a: auch bezüglich innerer Tatsachen einer bestimmten Person).

Wie jedem nur mittelbaren Beweis kommt auch dem Zeugen vom Hörensagen ein geringerer Beweiswert zu als unmittelbaren Beweisen. Dies ist bei der Beweiswürdigung zu berücksichtigen. Bei einem solchen Zeugen besteht ganz allgemein eine erhöhte Gefahr der Entstellung oder Unvollständigkeit in der Wiedergabe der ihm von Dritten übermittelten Tatsachen. Dabei ist der Beweiswert umso geringer, je größer die Zahl der Zwischenglieder ist (BGH NJW 2000, 3505: »Schon dieser Gesichtspunkt mahnt zur Vorsicht«). So dürfen im Strafprozess nach ständiger Rechtsprechung aller Strafsenate des BGH-Feststellungen auf ein solches Beweismittel regelmäßig nur dann gestützt werden, wenn der Beweisgehalt dieses Beweismittels durch andere wichtige Beweisanzeichen bestätigt worden ist (BGH NJW 2000, 1123, 1128). Mit einem Zeugen vom Hörensagen allein kann ein Beweis nicht geführt werden.

Besondere Vorsicht ist angebracht, wenn der Zeuge nur ihm gegenüber bekundete Äußerungen seitens der Partei wiedergibt, obgleich diese nicht völlig ohne Beweiswert sind (§ 286 ZPO!; z.B. Schilderung des Vorfalls gegenüber dem behandelnden Arzt unmittelbar nach einer Körperverletzung). Sie können glaubwürdig sein, wenn sie vorprozessual zu einem Zeitpunkt und in einer Situation erfolgt sind, bei welcher für die Partei (noch) keinerlei Veranlassung zu unrichtigen Angaben bestand. Gegebenenfalls kann dadurch auch die für eine Parteivernehmung von Amts wegen erforderliche »Anfangswahrscheinlichkeit« begründet werden (unten Rdn. 2196).

Der Indizienbeweis ist nicht auf die Fälle beschränkt, in denen ein unmittelbarer Beweis nicht möglich wäre. Vielmehr hat der Beweisführer ein Wahlrecht, ob er den **unmittelbaren** oder den **mittelbaren Beweis** anbietet (OLG Frankfurt a. M. NJW 2005, 3148). 1876

Ein Indizienbeweisantrag kann zwar nicht als an sich unzulässig abgelehnt werden, wohl aber wegen Wahrunterstellung (oben Rdn. 1789), weil die behaupteten Indizien – ihre Richtigkeit unterstellt – ihn von der Wahrheit der Haupttatsache nicht überzeugen würden (BGH NJW 1970, 946, 950; Thomas/Putzo/Seiler Vorb § 284 Rn. 11). Der Beweisantrag ist danach unerheblich, wenn das Indiz für sich allein oder im Zusammenhang mit den weiteren Indizien sowie dem sonstigen Sachverhalt für den Richter nach seiner Lebenserfahrung nicht den ausreichend sicheren Schluss auf die beweisbedürftige Haupttatsache zulässt. Das Absehen von der Beweiserhebung ist hierbei keine verbotene vorweggenommene Beweiswürdigung.

Wer einen Indizienbeweis führen will, muss aber nicht nur die von ihm zu beweisende **Haupttatsache** (Beweisziel), sondern auch die **Hilfstatsachen**, aus denen sich die Haupttatsache ergeben soll, konkret bezeichnen (BGH NJW-RR 1988, 1529). 1877

Der Beweisantrag, einen Zeugen zu einer nicht in seiner Person eingetretenen inneren Tatsache zu vernehmen, ist im Allgemeinen nur erheblich, wenn schlüssig dargelegt wird, aufgrund welcher Umstände der Zeuge von der inneren Tatsache Kenntnis erlangt hat. Dies gilt ausnahmsweise nicht, wenn es nach der Lebenserfahrung nahe liegt, dass eine Person regelmäßig Kenntnis von den bei einer anderen Person eingetretenen inneren Tatsachen hat – etwa im Verhältnis von Ehegatten (BGH NJW 1983, 2034; NJW-RR 2002, 1433). Aber gerade hier darf der Beweisführer auch nur von ihm vermutete innere Tatsachen unter Beweis stellen (BGH NJW 1993, 1649).

1878 Für die Prüfung, ob aus den Indizien auf die Haupttatsache geschlossen werden kann, dürfen nur solche **Indizien** herangezogen werden, die feststehen, sei es, weil sie unstreitig, sei es, weil sie erwiesen sind.

Die Hilfstatsachen können daher Gegenstand einer nach allgemeinen Grundsätzen durchgeführten Beweisaufnahme sein; von ihrem Vorliegen darf das Gericht erst ausgehen, wenn es hiervon voll überzeugt ist. Insoweit liegen Ausnahmen von den Grundsätzen des Streng- und Vollbeweises oder der Beweislastverteilung nicht vor.

Allerdings wird über Indizien erst dann Beweis erhoben, wenn diese schlüssig sind, wenn sie in ihrer Gesamtheit – ihre Wahrheit unterstellt – den Schluss auf die Haupttatsache zulassen (BGH NJW-RR 2001, 887; BGH NJW-RR 1993, 443).

1879 Der Kern des Indizienbeweises liegt in der sich an die Feststellung der Indizien anschließenden **Schlussfolgerung**. Ein Indizienbeweis ist überzeugungskräftig, wenn andere Schlüsse aus den Indiztatsachen ernstlich nicht in Betracht kommen. Hierbei darf aber nicht jedes Indiz und Beweisanzeichen für sich gewertet werden, sondern vielmehr ist eine Gesamtschau und Gesamtwürdigung nötig. So kann das auffallende Zusammentreffen mehrerer für sich allein unergiebiger oder unscheinbarer Indizien eine andere Schlussfolgerung ergeben oder ermöglichen (BGH NJW 1970, 946, 949; NJW 1993, 935). Ob die Haupttatsache aufgrund einer Gesamtwürdigung aller Indizien und unter Berücksichtigung sämtlicher Umstände des Einzelfalles feststeht, ist unter Zuhilfenahme von Erfahrungssätzen zu beantworten. Je sicherer dieser Erfahrungssatz, desto sicherer ist auch der Indizienbeweis (Döhring, Erforschung des Sachverhalts, S. 335, 339 f.; Kopp/Schmidt JR 2015, 51).

▶ Beispiel:

1880 Wird die Vaterschaft des Ehemanns der Kindesmutter aufgrund eines Blutgruppengutachtens (§ 372a ZPO) ausgeschlossen, so handelt es sich hierbei bloß um ein Indiz, da die Übereinstimmung von Blutmerkmalen nicht identisch ist mit der zu beweisenden Abstammung. Der diesem Indizienbeweis zugrunde liegende Erfahrungssatz beruht auf naturwissenschaftlich gesicherten erbbiologischen Erkenntnissen, die den Schluss auf die Abstammung ohne Zweifel erlauben, sodass hier von »absolutem Beweiswert« gesprochen werden kann (Thomas/Putzo/Seiler § 372a Rn. 1; Thomas/Putzo/Hüßtege § 178 FamFG Rn. 5).

1881 Manchmal können auch **logische Grundsätze** weiterhelfen. Zu diesen gehört die Unterscheidung zwischen abhängigen und unabhängigen Indizien. Erstere lassen einen Schluss auf die Haupttatsache nur gemeinsam zu, die Überzeugungskraft kann insgesamt nur so groß sein wie beim schwächsten Indiz allein; Letztere lassen jedes für sich allein den Schluss auf die Haupttatsache zu, die Überzeugungskraft wächst mit jedem weiteren Indiz.

▶ Beispiel:

1882 Ist der Kläger während einer Wirtshausschlägerei von hinten niedergeschlagen worden, kann auf die Täterschaft des Beklagten geschlossen werden, wenn feststeht,
1a) dass der Kläger mit einem Bierglas niedergeschlagen wurde und
1b) der Beklagte nach der Schlägerei ein zerbrochenes Glas in der Hand hielt;
2a) dass der Kläger dem Schläger im Fallen einen Knopf von der Jacke riss und
2b) ein ebensolcher Knopf an der Jacke des Beklagten fehlt.
Hier stellen die Indizien 1) und 2) voneinander unabhängige Hilfstatsachen dar, während innerhalb derselben die Indizien a) und b) voneinander abhängig sind, nur zusammengenommen einen Rückschluss erlauben.

1883 Der Schluss auf die Haupttatsache ist nur möglich, wenn sämtliche berücksichtigungsfähigen Umstände einbezogen wurden und alle anderen denkbaren Schlussfolgerungen ausgeschlossen werden können. Der Schluss wird umso leichter, je mehr Indizien darauf hindeuten.

Beispiel:

Stehen im vorgenannten Beispiel nur die Indizien 1a) und 1b) fest, so kann dies nicht nur darauf beruhen, dass der Beklagte den Kläger niedergeschlagen hat, sondern auch darauf, dass er den Krug in zerbrochenem Zustand vom Boden aufgehoben hat. Stellt sich heraus, dass neben dem Beklagten auch andere Gäste einen zerbrochenen Krug in der Hand hielten, sind Rückschlüsse auf die Täterschaft des Beklagten kaum mehr möglich. 1884

Ist der Indizienbeweis gelungen, konnte also aus feststehenden Hilfstatsachen geschlossen werden, dass auch die Haupttatsache vorliegt, so wird Letztere der Entscheidung zugrunde gelegt. 1885

Weil der Schluss von den Indizien auf die Haupttatsache im Rahmen einer regulären Beweiswürdigung vorgenommen wird, sind hierbei auch die vom Gegner zur Widerlegung der Schlussfolgerung vorgebrachten Umstände zu berücksichtigen. Will der Gegner einen bereits geführten Indizienbeweis beseitigen, so muss er – wie zur Beseitigung eines regulär geführten Hauptbeweises auch – **Gegenbeweis** führen (BGH NJW-RR 1997, 238; unten Rdn. 1945), wofür es genügt, die Überzeugung des Gerichts vom Vorliegen der Haupttatsache zu erschüttern. 1886

5. Anscheinsbeweis

Das Vorliegen der Haupttatsache kann auch dann vermutet werden, wenn sie nach der Lebenserfahrung innerhalb eines **typischen Lebenssachverhalts** grundsätzlich gegeben ist. 1887

Die Anscheinsvermutung erleichtert nicht nur die Beweisführung, sondern auch die Darlegung. Es genügt, dass der Anknüpfungssachverhalt vorgetragen wird, des zusätzlichen Vortrags auch der Haupttatsache bedarf es nicht (BGH NJW 2005, 2454).

Nunmehr enthält § 371a Abs. 1 Satz 2 ZPO (§ 292a ZPO a.F.) einen gesetzlich geregelten Anscheinsbeweis hinsichtlich der Echtheit einer in elektronischer Form vorliegenden und mit einer qualifizierten elektronischen Signatur versehenen Erklärung.

Beispiel:

Der Beklagte ist auf den vor ihm fahrenden Wagen des Klägers aufgefahren. Will der Kläger Schadensersatz, so muss er ein Verschulden des Beklagten beweisen. Hierauf kann allein aus dem objektiven Geschehensablauf geschlossen werden: Nach allgemeiner Lebenserfahrung ist es zu dem Unfall deshalb gekommen, weil der Beklagte einen zu geringen Sicherheitsabstand hatte oder unaufmerksam war; in jedem Fall hat er fahrlässig gehandelt. Andere Unfallursachen (z.B. ein Bremsversagen) sind nicht ausgeschlossen, aber so unwahrscheinlich, dass sie zunächst einmal außer Acht bleiben können. 1888

a) Abgrenzung vom Indizienbeweis

Schwierig ist die Abgrenzung des Anscheinsbeweises vom Indizienbeweis und von den gesetzlichen Vermutungen: In allen Fällen zieht das Gericht aus dem Vorliegen einer Tatsache anhand von Erfahrungssätzen eine **Schlussfolgerung** auf das Vorliegen einer anderen, für die Entscheidung erforderlichen (Haupt-)Tatsache. Bei den gesetzlichen Vermutungen hat der Gesetzgeber die Schlussfolgerung in den geregelten Fällen vorgegeben, beim Anscheins- und beim Indizienbeweis beruht sie auf Erfahrungssätzen der allgemeinen **Lebenserfahrung**. 1889

Ein Teil des neueren Schrifttums verneint einen Unterschied zwischen Anscheins- und Indizienbeweis (Gottwald, Schadenszurechnung und Schadensschätzung, 1979, S. 202, 244; Walter, Freie Beweiswürdigung, S. 214, 258; Huber, Das Beweismaß im Zivilprozess, 1983, S. 135; Musielak/Stadler, Grundfragen des Beweisrechts, 1984, Rn. 159, 182).

Die h.M. dagegen sieht einen Unterschied hinsichtlich des Regel-/Ausnahmeverhältnisses. Das Vorliegen von Indiztatsachen begründet den Schluss auf andere Tatsachen nur ausnahmsweise, nämlich dann, wenn im Einzelfall eine möglichst große Zahl schlüssiger Indizien vorliegt. Beim Anscheins- 1890 beweis dagegen ist der Zusammenhang der feststehenden und der vermuteten Tatsache so typisch, dass sich der daraus abzuleitende Schluss gleichsam aufdrängt, von seinem Vorliegen grundsätzlich ausgegangen werden kann (BGH NJW-RR 1993, 720; Hansen JS 1992, 327, 330, 417).

1891 Damit bedarf der **Indizienbeweis** des Vortrags möglichst vieler Einzelheiten, aus deren Gesamtheit der Schluss auf die Haupttatsache gezogen werden kann. Der Sachvortrag muss deswegen so umfassend wie möglich erfolgen.

1892 Im Gegensatz dazu bedarf der **Anscheinsbeweis** eines typischen Sachverhalts. Jedes Detail aber kann den Fall von der Vielzahl typischer Fälle abgrenzen, ihn als individuell und atypisch erscheinen lassen. Deswegen muss der Sachvortrag hier spärlich bleiben und sich auf einen möglichst grob und mit wenigen Tatsachen umschriebenen Sachverhalt beschränken (Lepa NZV 1992, 129, 131).

▶ Praxistipp:

1893 Anscheins- und Indizienbeweis schließen sich regelmäßig gegenseitig aus. Soll eine Beweiserleichterung in Anspruch genommen werden, muss von Anfang an klar sein, ob diese im Indizien- oder im Anscheinsbeweis liegen soll.

Bei Indizienbeweis müssen möglichst viele Hilfstatsachen und Details des Einzelfalles vorgetragen werden. Beim Anscheinsbeweis dagegen muss der Sachvortrag auf die typischen Elemente beschränkt werden.

b) Voraussetzungen

1894 Voraussetzung für einen Anscheinsbeweis ist das Vorliegen eines typischen Geschehensablaufs.

1895 **Typisch** ist ein Vorgang, wenn er regelmäßig, üblich, gewöhnlich und häufig so abläuft (BGH NJW 2001, 1140; BGH NZV 1990, 386, 387; BGHZ 100, 214, 216), wenn es sich um einen häufig wiederkehrenden und nicht steuerbaren Geschehensablauf handelt, bei dem bestimmte Tatsachen erfahrungsgemäß mit anderen Tatsachen verknüpft sind (grundlegend RGZ 21, 104, 110; RGZ 130, 357, 359; RGZ 134, 237, 242; BGH NJW-RR 1988, 789; BGHZ 100, 214; BGH LM § 286 C Nr. 26; Greger VersR 1980, 1091; Lepa NZV 1992, 129).

▶ Praxistipp:

1896 Da die in Betracht kommenden typischen Geschehensabläufe nicht abschließend festliegen, ist vor allem bei Beweisnot zu prüfen, ob nicht ein solcher Beweis in Betracht kommt.

Anders als zum Beispiel bei der Beweislastumkehr gibt es hier keinen abschließenden Katalog von Fallgruppen. Vielmehr kann im Einzelfall versucht werden, das Gericht von dessen Typizität zu überzeugen. Bei entsprechender Argumentation lässt sich (noch) eine Reihe von solchen Geschehensabläufen finden. Ob ein Fall zu einer typischen Kategorie gehört, entscheidet der Richter letztlich nach seiner Lebenserfahrung. Mit argumentativem Geschick gelingt es immer wieder, Gerichte vom Vorliegen eines Anscheinsbeweises auch dort zu überzeugen, wo ein solcher an sich nicht gegeben ist, weil bloße Wahrscheinlichkeit mit Typizität verwechselt wird.

1897 Die Typizität muss auch bei Berücksichtigung aller Umstände des Einzelfalles noch gegeben sein (BGH VersR 1986, 343; Lepa NZV 1992, 129, 130 f.).

▶ Beispiel:

1898 Ist das vorausfahrende Fahrzeug erst unmittelbar vor dem Auffahrunfall aus einer Parklücke ausgeschert, so kommt als Unfallursache auch ein Verschulden des Vordermannes in Betracht, auf ein Verschulden des Auffahrenden kann im Wege des Anscheinsbeweises nicht geschlossen werden (BGH NJW 1996, 1828; LG Gießen ZfS 1995, 409; LG Frankfurt a. M. ZfS 1993, 259 m. Anm. Diehl; Geipel NZV 2015, 1; Nugel NJW 2013, 193). Je mehr Details des Falles bekannt sind, umso eher wird die Typizität des Geschehens entfallen; dann scheidet der Anscheinsbeweis aus, möglich bleibt der Indizienbeweis.

Liegt ein typischer Sachverhalt vor und ist er unstreitig oder bewiesen, so steht damit auch die vermutete **Haupttatsache** zunächst fest. 1899

Die Vermutung ist **widerleglich**. Dem Gegner steht es frei, zu beweisen, dass die Vermutung im vorliegenden Fall ausnahmsweise nicht zutrifft. Feststehen müssen konkrete Tatsachen, aus denen sich die ernsthafte Möglichkeit eines vom gewöhnlichen abweichenden Geschehensverlaufs ergibt (BGH NJW 1993, 3259; OLG Düsseldorf NZV 1993, 393). Nicht erforderlich ist, dass das Gericht das Nichtvorliegen der vermuteten Tatsache positiv feststellt. Anders als bei der gesetzlichen Vermutung, die positiv widerlegt werden muss (= Beweis des Gegenteils), indem voller Beweis für die Unrichtigkeit der Vermutung erbracht wird, reicht bei den Anscheinsvermutungen der Gegenbeweis, d.h. eine bloße »**Erschütterung**« der Vermutung aus, die bereits dann vorliegt, wenn ein vom gewöhnlichen (typischen) Verlauf abweichender Gang des Geschehens feststeht. 1900

Ist die Erschütterung des Anscheinsbeweises gelungen, tritt die »beweisrechtliche Normalsituation« wieder ein, d.h., der Beweisführer muss die Haupttatsache mit den regulären Beweismitteln beweisen (BGH NJW 1998, 79). 1901

▶ Beispiel:

Trägt der Auffahrende vor, seine Bremse habe versagt, und wird dies unstreitig, so entfällt der Anscheinsbeweis des Verschuldens. Der beweispflichtige Kläger muss das Verschulden des Beklagten nach den allgemeinen Grundsätzen beweisen. Bestreitet der Kläger das Bremsversagen, so reicht die bloße Behauptung eines möglichen anderen Geschehensablaufs zur Erschütterung des Anscheinsbeweises nicht aus; hier muss der Beklagte seinen Vortrag beweisen, um der gegen ihn gerichteten prima-facie-Vermutung zu entgehen. 1902

Der Anscheinsbeweis ändert nicht die **Beweislast**. Wer nach allgemeinen Grundsätzen für eine Tatsache beweispflichtig ist, muss diese entweder im Wege des Anscheinsbeweises oder mit den allgemeinen Beweismitteln beweisen; gelingt ihm dies nicht, hat er die hieraus resultierenden prozessualen Nachteile zu tragen. 1903

Auch wenn ein Anscheinsbeweis (noch) nicht in Betracht kommt, kann die allgemeine Lebenserfahrung im Rahmen der (freien) Beweiswürdigung gem. § 286 ZPO Bedeutung erlangen. Manchmal genügt der Umstand, der einen typischen Sachverhalt nicht ausfüllen konnte, als Indiz (BGH NJW 1998, 79, 81; Thomas/Putzo/Seiler Vorb. § 284 Rn. 15).

Da die Gerichte oftmals viel zu starr im herkömmlichen Beweismittelsystem denken, empfiehlt es sich für die beweisbelastete Partei, in geeigneten Fällen entsprechend vorzutragen. Wahrscheinlichkeiten können helfen, etwaige Zweifel zu überwinden (Meyke NJW 1989, 2036; BGH NJW 1984, 2888: Wie wahrscheinlich die Darstellung ist, kann sich auf die Beweisführung und Beweiswürdigung auswirken; BGH NJW 1993, 3259; BGH NJW 1994, 3295: »aus der Sicht eines vernünftig urteilenden Menschen«; zum sog. Immer-so-Beweis unten Rdn. 2048). Auch aus der konkreten Interessenlage können Rückschlüsse gezogen werden (z.B. BGH NJW 1994, 3295; BGH NJW 1998, 531; BGH NJW 2002, 2873; BGH NJW-RR 1988, 962).

▶ Beispiel:

Bei Ladenkäufen besteht nach der Lebenserfahrung die Vermutung, dass Zahlung erfolgt ist, wenn die Ware übergeben wurde (z.B. beim Brötchenkauf oder beim Erwerb von Elektroartikeln in einem Fachmarkt). Behauptet der Verkäufer, die Ware sei nicht bezahlt worden, ist die Erfüllung durch den Käufer bereits bewiesen, sodass es dem Verkäufer obliegt, den Gegenbeweis zu führen (LG Coburg, Urt. vom 06.12.2002 – 32 S 121/02; LG Aurich NJW-RR 1999, 1225: für Nachnahmesendungen). 1904

Die widerspruchslose Hinnahme von Rechnungen bzw. deren vorbehaltslose Begleichung ist zwar in der Regel kein Anerkenntnis, kann jedoch unter bestimmten Umständen ein Indiz für die Berechtigung der Forderung sein (Grüneberg/Sprau § 781 Rn. 8 f.; Werner/Pastor Rn. 2041 mit Rechtsprechungsübersicht; bei Saldoausgleich, Bitte um Stundung oder Ratenzahlung u.U. [negatives] deklaratorisches Schuldanerkenntnis, OLG Köln NJW-RR 1998, 1133).

Es ist nach allgemeiner Lebenserfahrung äußerst ungewöhnlich, dass ein wichtiger Vorfall gegenüber den am Unfallort erschienenen Polizeibeamten nicht erwähnt wird (OLG Hamm NJW-RR 2004, 1264: nachträglich behaupteter Wildunfall gegenüber der Kfz-Versicherung trotz gegenteiliger Zeugenaussage nicht bewiesen).

c) Anwendungsbereiche

1905 Häufigste Anwendungsbereiche für solche Anscheinsvermutungen sind das Verschulden in Form einfacher **Fahrlässigkeit** und die **Kausalität** bei Schadensersatzansprüchen (zum Anscheinsbeweis im Straßenverkehrsrecht Laumen MDR 2020, 1345 und 1415; Metz NJW 2008, 2806).

Dabei wird von einem feststehenden Erfolg auf eine bestimmte Ursache oder von einer feststehenden Ursache auf einen bestimmten Erfolg geschlossen.

▶ Beispiel:

1906 Fährt ein Autofahrer auf seinen Vordermann auf, so kann unterstellt werden, dass er schuldhaft gehandelt hat. Verursacht ein infolge Alkoholgenusses absolut verkehrsuntüchtiger Autofahrer einen Verkehrsunfall, so wird vermutet, dass der Unfall kausal auf der Trunkenheit beruhte (BGH NJW-RR 1986, 323; OLG Düsseldorf BauR 1993, 233; Hoffmann NZV 1997, 57; Weber, Der Kausalitätsbeweis im Zivilprozess, 1997).

Ungeeignet für einen solchen Beweis sind individuelle Verhaltensweisen bzw. Willensentschließungen, z.B. die Ursächlichkeit einer arglistigen Täuschung oder das Vorliegen von Vorsatz. Der Anscheinsbeweis des Verschuldens geht daher immer nur auf einfache Fahrlässigkeit, nie auf grobe Fahrlässigkeit oder gar auf Vorsatz (BGH NJW 1988, 2040; BGH WM 1983, 1009; OLG Karlsruhe TranspR 1995, 439; OLG Celle NZV 1993, 187).

▶ Beispiele:

1907 Wird bei einem von A verursachten Auffahrunfall ein mitfahrender Arbeitskollege verletzt und will der Sozialversicherungsträger für dessen Schaden Regress von A, so muss die dafür erforderliche grobe Fahrlässigkeit nach allgemeinen Regeln bewiesen werden, der Anscheinsbeweis greift hier nicht, möglicherweise aber der Indizienbeweis.

Das Abkommen eines Pkw von der Straße bei gerader und übersichtlicher Fahrbahn spricht nach allgemeiner Lebenserfahrung für einen schuldhaften Fahrfehler des betreffenden Kraftfahrers (überhöhte Geschwindigkeit oder Unaufmerksamkeit: BGH NJW 1996, 1828: nicht aber, wenn der Pkw unmittelbar zuvor bei Gegenverkehr überholt worden ist). Bei einem alkoholbedingt absolut fahruntüchtigen Fahrer spricht ein Anscheinsbeweis dafür, dass die Alkoholisierung unfallursächlich war, falls ein nüchterner Fahrer die Verkehrslage hätte meistern können (Anders/Gehle/Nober Anh. § 286 Rn. 106).

Stürzt ein Fußgänger in unmittelbarer Nähe einer Gefahrenstelle (hier: Loch in der Pflasterung des Gehweges und lose darum herumliegende Pflastersteine), so liegt nach den Grundsätzen des Anscheinsbeweises der Schluss nahe, dass die Gefahrenstelle Ursache des Sturzes war (BGH NJW 2005, 2454).

Bei Glatteisunfällen spricht ein Anschein dafür, dass der Unfall bei Beachtung der Streupflicht vermieden worden wäre, wenn der Unfall innerhalb der zeitlichen Grenzen der Streupflicht stattgefunden hat. Dafür ist es notwendig und ausreichend, dass ein Glättezustand im Verantwortungsbereich des Streupflichtigen nachgewiesen wird (OLG Celle NJW-RR 2004, 1251: aber keine Pflichtverletzung bei gefrierendem Regen, wofür der Streupflichtige beweispflichtig ist; BGH NJW 1994, 945; BGH NJW 1984, 432). Im Übrigen kommt bei Glatteisunfällen häufig ein Mitverschulden des verletzten Fußgängers in Betracht.

Bei der Schadensersatzklage aus einer Verletzung von Beratungs-, Hinweis- oder Aufklärungspflichten wird zugunsten des Geschädigten vermutet, dass er sich beratungsgemäß verhalten hätte, die Pflichtverletzung also kausal war (BGH NJW 1998, 749).

Der Beweis des ersten Anscheins kommt auch bei der Feststellung von Brandursachen in Betracht. Dabei genügt es, dass der Geschädigte den typischerweise schadensauslösenden Geschehensablauf (hier: Hantieren mit einem feuergefährlichen Gegenstand in einer extrem brandgefährdeten Umgebung) darstellt. Entsteht in unmittelbarem zeitlichen Zusammenhang damit ein Feuer und fehlen konkrete Anhaltspunkte für eine andere Brandursache, obliegt es dem In Anspruch Genommenen, den Anschein zu entkräften (BGH NJW 2010, 1072).

Für einige andere Verkehrsereignisse hingegen hat der BGH einen Anscheinsbeweis bzw. die Geltung einer Beweisregel **verneint**: 1908

▶ Beispiele:

So lehnt der BGH bei den für Verkehrsunfälle typischen HWS-Verletzungen die von manchen 1909 Gerichten vertretene schematische Annahme einer sog. Harmlosigkeitsgrenze ab (BGH NJW 2003, 1116). Allein der Umstand, dass sich ein Heckunfall mit einer geringen kollisionsbedingten Geschwindigkeitsänderung ereignet hat, schließt hiernach die tatrichterliche Überzeugungsbildung nach § 286 ZPO von der Ursächlichkeit für eine HWS-Verletzung nicht aus. Es gibt auch keinen Grundsatz, nach dem das Nichtbeachten des Rotlichts einer Verkehrsampel stets als grob fahrlässig (i.S.d. § 28 Abs. 2 Satz 2 VVG) anzusehen ist (BGH NJW 2003, 1118 – jedoch in aller Regel, wobei die bloße Berufung des Kraftfahrers auf ein »Augenblicksversagen« kein ausreichender Grund ist, grobe Fahrlässigkeit zu verneinen).

Trotz immer wieder zu findender abweichender Entscheidungen von Untergerichten kann aus der ordnungsgemäßen Absendung eines Briefes durch die Post auf dessen (für das Wirksamwerden der Willenserklärung nach § 130 BGB entscheidenden) Zugang beim Empfänger nicht geschlossen. Zwar geht nur ein verschwindend geringer Teil aufgelieferter Sendungen auf dem Postweg verloren, sodass von einem typischen Vorgang durchaus gesprochen werden kann, doch ergibt sich zum einen aus der Wertung des § 130 BGB ausdrücklich, dass der Zugang und nicht bloß die Absendung bewiesen werden muss, zum anderen kann der Absender (zum Beispiel durch Versendung als Einschreiben mit Rückschein) den Zugang beweisen, während dem Empfänger der Gegenbeweis unmöglich wäre (BGHZ 24, 308, 312 ff.); OLG Hamm NJW-RR 1995, 363; OLG Dresden NJW-RR 1994, 1485; OLG Köln MDR 1987, 405; AG Düsseldorf NJW-RR 1999, 1510; Drescher NVwZ 1987, 771; Huber JR 1985, 177; Laumen in: Baumgärtel/Laumen/Prütting § 130 BGB Rn. 2 ff. m.w.N. auch zu Besonderheiten bei Fernschreiben und Telefax; a.A. AG Offenburg MDR 1989, 992).

In vielen anderen Bereichen ist die Frage eines Anscheinsbeweises **in Bewegung**. 1910

▶ Beispiel:

Wird eine EC-Karte unter Verwendung der PIN (Geheimnummer) von einem Dritten miss- 1911 bräuchlich benutzt, so wurde bis Mitte der 90er Jahre überwiegend ein Verschulden des Karteninhabers vermutet, weil nur dieser die Nummer kennt und sie entweder vorsätzlich (arglistiges Zusammenwirken mit dem Dritten) oder fahrlässig (Verlust der schriftlich notierten Zahl zusammen mit der Karte) herausgegeben haben muss (BGH NJW 2004, 3623: bei zeitnaher Verwendung nach dem Diebstahl sowie sekundäre Darlegungslast des kartenausgebenden Kreditinstituts hinsichtlich der Sicherheitsvorkehrungen; Grüneberg/Sprau § 675f Rn. 24; OLG Stuttgart NJW-RR 2002, 1274 mit gelungener Entkräftung des Anscheinsbeweises).

Seither wird ein Anscheinsbeweis zunehmend abgelehnt, weil sowohl ein Ausspähen der PIN an den Geldautomaten (z.B. mithilfe einer Minikamera und einem Kartenlesegerät) als auch deren Errechnen aus der Karte möglich sei (z.B. BGH NJW 2016, 2024; LG Osnabrück BKR 2003, 509 m. Anm. Metz; OLG Hamm 1997, 1711; AG Essen, BKR 2003, 514; AG Frankfurt a.M. BKR 2003, 514; AG München NJW-RR 2001, 1056; AG Frankfurt a.M. NJW 1998, 687; AG Osnabrück NJW 1998, 688; LG Dortmund u. AG Duisburg NJW-CoR 1999, 498 [LS]: sogar neueste Verschlüsselungsmechanismen sind entschlüsselbar; AG München NJW-RR 2001, 1057: die theoretischen Möglichkeiten, die PIN-Nummer zu erhalten, reichen zur Erschütterung eines Anscheinsbeweises aus; BGH NJW 2004, 3623: die Möglichkeit eines Ausspähens und damit die Erschütterung des Anscheinsbeweises kommt nur dann in Betracht, wenn die EC-Karte in einem näheren zeitlichen Zusammenhang mit der Eingabe der PIN durch den Karteninhaber an einem Geldausgabeautomat oder einem POS-Terminal entwendet worden ist).

Kein Anscheinsbeweis für ein Mitwirken des Karteninhabers kann angenommen werden, wenn die Daten ohne Entwendung der Original-EC-Karte auf Blanko-Karten übertragen wurden (BGH MDR 2012, 239).

Zum Anscheinsbeweis bei Einwurf-Einschreiben unten Rdn. 2557.

▶ **Beispiel:**

1912 Eine automatische Aufzeichnung von Gebühreneinheiten beim Telefon, wenn eine Zählerüberprüfung keine Fehlfunktion ergeben hat bzw. hierfür keine Anhaltspunkte bestehen, begründet einen Anscheinsbeweis dafür, dass die Gebühreneinheiten in dieser Höhe bzw. Anzahl vom betreffenden Telefonanschluss ausgelöst wurden (Kausalität; überwiegende bisherige Rspr.; z.B. LG Saarbrücken NJW-RR 1996, 894: »funktioniert monatlich millionenfach, ohne dass es Probleme gäbe«; OLG Celle NJW-RR 1997, 568: bezieht sich aber nur auf die Aufzeichnung über Einzelgespräche, nicht auf die [pauschale] Gesamtrechnung selbst). Streitig ist, wodurch dieser Anscheinsbeweis widerlegt werden kann, ob hierzu die deutliche Abweichung von den bisher verbrauchten Gebühren ausreicht oder ob es weiterer Umstände (z.B. der Möglichkeit der Anzapfung des Anschlusses durch Dritte) bedarf. Eine Erschütterung des Anscheinsbeweises kann bei Vervielfachung bisheriger durchschnittlicher Telefonrechnungen (Gebührensprung) oder bei sehr hohen Gesprächskosten in Betracht kommen (LG Berlin NJW-RR 1996, 895: 18 000 DM innerhalb von 4 Tagen; auch AG Bonn NJW-RR 2002, 1426: hierfür ausreichend, dass zumindest ein berechnetes Telefongespräch nicht geführt worden sein kann; OLG Stuttgart MMR 2000, 97; OLG Köln NJW-RR 1998, 1363; OLG Celle NJW-RR 1997, 568; LG Bielefeld MMR 2000, 112; LG Oldenburg NJW-RR 1998, 1365; LG Saarbrücken NJW 1998, 1367; div. LG NJW-RR 1996, 893 ff.).

Nach Auffassung des BGH (NJW 2004, 3183) trägt die Darlegungs- und Beweislast dafür, dass der Kunde die Leistung des Telefonnetzbetreibers, die Herstellung einer Verbindung, in Anspruch genommen hat, grundsätzlich Letzterer (allg. Meinung). Die Beweislast für Einwendungen des Kunden gegen die Höhe der berechneten Verbindungsentgelte richtet sich nach § 16 TKV (Telekommunikations-Kundenschutzverordnung vom 11.12.1997, BGBl. I, S. 2910); § 7 Abs. 3 TDSV 2000 (Telekommunikationsdienstunternehmen-Datenschutzverordnung). Der häufig in den AGB der Anbieter zu findende Einwendungsausschluss »unterlassene Erhebung von Einwendungen gegen die Höhe der Verbindungspreise nach Ablauf einer bestimmten Frist gilt als Genehmigung der Rechnung« ist unwirksam (a.A. z.B. OLG Köln MDR 1998, 106).

Im Übrigen muss der Netzbetreiber weiterhin nachweisen, dass er seine Leistung bis zur Schnittstelle, an der der allgemeine Netzzugang dem Kunden bereitgestellt wird, technisch einwandfrei erbracht und richtig berechnet hat. Er gibt die technische Prüfung Mängel, die die beanstandete Entgeltermittlung beeinflusst haben könnten, wird widerleglich vermutet, dass die Verbindungsentgelte unrichtig ermittelt sind. Hinsichtlich der weiteren Einzelheiten sei auf die eingehenden Ausführungen in der Entscheidung verwiesen.

▶ Beispiel:

Wird einem Patienten, der zu keiner HIV-gefährdeten Risikogruppe gehört und durch die Art seiner Lebensführung keiner gesteigerten HIV-Infektionsgefahr ausgesetzt ist, Blut eines Spenders übertragen, der an Aids erkrankt ist, und wird bei ihm und bei anderen Empfängern dieses Blutes später eine Aids-Infektion festgestellt, so spricht ein Anscheinsbeweis dafür, dass er vor der Bluttransfusion noch nicht HIV-infiziert war, und ihm das HIV erst mit der Transfusion übertragen wurde. Erkrankt auch der Ehegatte des Blutempfängers an Aids, so spricht ein Anscheinsbeweis ferner dafür, dass er von dem Blutempfänger angesteckt wurde (BGH NJW 1991, 1948; Kausalität). 1913

▶ Beispiel:

Steht fest, dass im Rahmen eines Beratungsvertrags eine Falschberatung erfolgt ist, wird deren Ursächlichkeit für den Schadenseintritt vermutet, vom XI. Senat des BGH sogar als Beweislastumkehr (BGH MDR 2012, 1033; BGH NJW 2014, 2951; BGH BKR 2017, 164). Dies gilt nach der neueren Rechtsprechung auch dann, wenn sich der Anleger bei richtiger Beratung in einem Entscheidungskonflikt befunden hätte (BGH MDR 2017, 23). 1914

6. Schätzung

Steht zwar fest, dass dem Kläger ein Anspruch gegen den Beklagten zusteht, kann er dessen Höhe aber nicht beweisen, so hilft **§ 287 ZPO** die an sich fällige Klageabweisung zu vermeiden, indem er die Anforderungen an den Beweis für einen Teil der Anspruchsvoraussetzungen lockert (Lepa NZW 1992, 129 [132 ff.]; zu den historischen Grundlagen MüKoZPO/Prütting § 287 Rn. 2 m.w.N.). 1915

Die Schätzung stellt eine Ausnahme sowohl vom Grundsatz des Strengbeweises (weil sie ohne förmliche Beweisaufnahme erfolgt (BGH NJW 1991, 1412) als auch vom Grundsatz des Vollbeweises dar (weil die Tatsache auch dann zugrunde gelegt wird, wenn das Gericht nicht völlig von der Richtigkeit der Schätzung überzeugt ist, sondern sie nur für wahrscheinlich hält (BGH NJW-RR 1987, 339; BGH NJW 1976, 1145; MüKoZPO/Prütting § 287 Rn. 3; a.A. AK-ZPO/Rüßmann § 287 Rn. 5). Dagegen bleibt die grundsätzliche Beweislastverteilung unverändert, eine Umkehr der Beweislast findet nicht statt (BGH NJW 1970, 1970).

a) Anwendungsbereich

§ 287 ZPO lässt eine Schätzung lediglich für **haftungsausfüllende**, nicht für haftungsbegründende Tatsachen zu. Die zum Grund der Haftung gehörenden Fragen sind nach den allgemeinen Grundsätzen voll zu beweisen, erst wenn sie feststehen, kommt eine Schätzung in drei Bereichen in Betracht (BGH NJW 1968, 985; KG NJW 2000, 877; OLG Düsseldorf r+s 1996, 288): 1916

(1) Stehen die haftungsbegründenden Voraussetzungen eines (gesetzlichen oder vertraglichen) Schadensersatzanspruchs fest, so kann nach § 287 Abs. 1 ZPO geschätzt werden, **ob** ein Schaden entstanden sei, **wie hoch** er sich belaufe und ob der Schaden kausal auf dem Haftungsgrund beruht (haftungsausfüllende Kausalität). 1917

(2) Da § 287 ZPO in Fällen der Beweisnot des Klägers eine unangemessene Entlastung des Beklagten vermeiden, nicht dagegen eine Sachaufklärung verhindern soll (BVerfG JZ 1979, 23; RG JW 1901, 398 Nr. 11; OLG Köln JurBüro 1969, 645) setzt Absatz 1 als ungeschriebene Voraussetzung – ähnlich wie in Absatz 2 ausdrücklich formuliert – die **Schwierigkeit der regulären Beweisführung** 1918

voraus. Erforderlich ist ferner, dass der Kläger Tatsachen angibt, aufgrund derer dem Gericht eine Schätzung möglich ist.

▶ Beispiel:

1919 Verlangt die Ehefrau eines bei einem Verkehrsunfall getöteten Mannes Ersatz ihres Unterhaltsschadens (§ 844 Abs. 2 BGB) vom Schädiger, so muss sie zunächst nach allgemeinen Grundsätzen beweisen, dass dieser den Unfall verschuldet hat. Geschätzt werden kann dann, ob, in welcher Höhe und wie lange die Ehefrau von ihrem Mann unterhalten worden wäre, sowie, ob der erst sechs Monate nach dem Unfall eingetretene Tod des Verletzten auf dem Unfall beruht. Eine Schätzung zur Höhe ist dem Gericht nur möglich, wenn die Partei Angaben zum bisherigen Einkommen gemacht hat. Zur Berechnung des Unterhaltsschadens BGH NJW-RR 1990, 221; OLG Frankfurt a.M. NJW-RR 1990, 1440; Grüneberg/Sprau § 844 Rn. 8.

1920 (3) Nach § 287 Abs. 2 ZPO ist eine Schätzung im haftungsausfüllenden Bereich auch bei **sonstigen vermögensrechtlichen Ansprüchen** möglich. Voraussetzung ist das Feststehen aller haftungsbegründenden Voraussetzungen sowie die Schwierigkeit vollständiger Sachaufklärung.

▶ Beispiel:

1921 Lässt sich die Höhe eines dem Grunde nach feststehenden Minderungsanspruchs nur mittels einer umfangreichen, zur Höhe des Anspruchs außer Verhältnis stehenden Beweisaufnahme feststellen, so kann sie geschätzt werden.

b) Folgen

1922 Liegen die Voraussetzungen des § 287 ZPO vor, so steht die Anwendung dieser Norm nicht im Ermessen des Gerichts, sondern ist **zwingend** geboten (BGH NJW 1996, 1077; BGH NJW 1994, 663, 664 f.; BGH NJW 1992, 2753). Unterbleiben darf die Schätzung nur, wenn ihre Voraussetzungen nicht vorliegen, sie insbesondere mangels hinreichender konkreter tatsächlicher Anhaltspunkte völlig in der Luft hinge und deshalb willkürlich wäre (BGH WM 1992, 36).

Die Möglichkeit einer Schadensschätzung führt in vielen Fällen ohne weiteres unmittelbar zur Entscheidungsreife und erlaubt unter Absehen von bloßen Beweislastentscheidungen sachlich gerechte Urteile. Das Nichtausschöpfen der durch § 287 ZPO eingeräumten Freiheiten ist ein häufiger und typischer Fehler des Beweisverfahrens.

▶ Praxistipp:

1923 Eine Schätzung bedarf tatsächlicher Anhaltspunkte durch das Gericht. An die Stelle der konkreten Schadensdarlegung muss deswegen die Darlegung »Schätzungstatsachen« treten. Der bloße Hinweis, das Gericht möge den Schaden schätzen, genügt regelmäßig nicht.

1924 Bei der eigentlichen Schätzung entscheidet das Gericht (wie im Rahmen des § 286 ZPO auch) »unter Würdigung aller Umstände nach freier Überzeugung«. Trotz des im Ansatz ähnlichen Wortlauts wie in § 286 ZPO besteht dieser Norm und damit dem regulären Beweisverfahren gegenüber eine Reihe von Unterschieden:

1925 (1) Das Gericht **muss** angebotene **Beweise nicht erheben**, sondern kann sich mit einer Bewertung der vorliegenden tatsächlichen Umstände begnügen (BGH NJW 1991, 1412). Wichtig ist hierbei, dass alle Umstände berücksichtigt werden und die Schätzung nicht bloß auf einzelne, »genehme« Tatsachen gestützt wird, während andere, nicht zum Ergebnis passende Tatsachen unberücksichtigt bleiben.

Allerdings ist das Gericht zur Schätzung nicht verpflichtet, kann also trotz des Vorliegens aller Voraussetzungen des § 287 ZPO Beweis nach den allgemeinen Grundsätzen erheben. Dies stellt auch dann keinen Verstoß gegen das Gebot eines fairen Verfahrens dar, wenn es mit erheblichen Kosten verbunden ist (BGH NJW-RR 2021, 76).

(2) Wo im Anwendungsbereich des § 287 ZPO eine Beweisaufnahme stattfindet, ist diese an die strengen Formanforderungen der ZPO nicht gebunden (BGH NJW 1991, 1412). Eine wichtige Erweiterung der Beweismöglichkeiten stellt die »**Schätzungsvernehmung**« nach § 287 Abs. 1 Satz 3 ZPO dar, bei der das Gericht im Rahmen der (ggf. sogar eidlichen: § 452 ZPO) Parteivernehmung nicht, wie nach § 445 ZPO üblich, den Gegner, sondern den Beweisführer selbst vernimmt, und zwar sowohl zur Feststellung der einzelnen Merkmale, aus denen sich die Schadenshöhe ableiten lässt, als auch zur Abgabe einer Schadensschätzung durch die betroffene Partei selbst (MüKoZPO/Prütting § 287 Rn. 25). Diese Möglichkeit besteht ausschließlich für die Schadensersatzansprüche nach Absatz 1 und dort nur über die Höhe des Schadens. 1926

(3) Für die richterliche Überzeugungsbildung ist die persönliche Gewissheit des Vollbeweises nicht erforderlich; vielmehr reicht eine bloß **erhebliche Wahrscheinlichkeit** der Tatsache aus, soweit das Wahrscheinlichkeitsurteil auf einer gesicherten Grundlage beruht (BGH JZ 1991, 262; OLG Koblenz NVersZ 2001, 269; OLG Brandenburg NJW-RR 2000, 467). Wo anhand der vorgetragenen Tatsachen konkrete Berechnungen möglich sind, ist eine Rundung oder Pauschalierung nach § 287 ZPO nicht statthaft. Wo geschätzt wird, muss sie unter Ausnutzung aller verwertbaren Erkenntnismöglichkeiten möglichst nahe an die materielle Wahrheit heranführen. 1927

(4) Dagegen bleibt die grundsätzliche **Beweislastverteilung** unverändert, eine allgemeine Umkehr der Beweislast ergibt sich aus § 287 ZPO nicht (BGH NJW 1970, 1970). Kann der Kläger die Voraussetzungen seines Anspruchs nicht beweisen und können diese auch nicht geschätzt werden, so wird die Klage abgewiesen. 1928

▶ Praxistipp:

Eine Schätzung bleibt häufig hinter den tatsächlichen Beträgen zurück. 1929

Geschätzt wird oft nur ein »Mindestbetrag«, sodass es für die Partei sinnvoller sein kann, eine konkrete Schadensberechnung anzustreben, auch wenn dabei nicht alle Positionen Berücksichtigung finden können.

Wurde eine Schätzung vorgenommen, so werden die geschätzten Tatsachen der Entscheidung als feststehend zugrunde gelegt und stehen insoweit den regulär bewiesenen Tatsachen gleich. 1930

7. Beweisvereitelung

Muss eine Partei eine Tatsache beweisen und wird ihr dies aufgrund eines Verhaltens des Prozessgegners unmöglich gemacht, so wäre es **unbillig**, hier eine von den Ursachen der Beweisfälligkeit losgelöste reine Beweislastentscheidung zu treffen. 1931

Grundsätzlich ist »keine Partei verpflichtet, dem Gegner das Material für den Prozesssieg zu verschaffen, über das er nicht schon von sich aus verfügt«, wobei jedoch besondere Umstände eine andere Beurteilung rechtfertigen können (BGH NJW 1997, 128; Anders/Gehle/Anders § 282 Rn. 8: »Keine Partei braucht sich selbst ans Messer zu liefern«; Zöller/Greger Vor § 284 Rn. 5: Es besteht weder eine generelle Aufklärungspflicht der Parteien noch ein Menschenrecht auf Zugang zu den Informationsquellen des Prozessgegners). Eine solche Ausnahme stellt nicht nur teilweise die Lehre von der Beweisvereitelung dar, sondern z.B. auch die sog. sekundäre Darlegungslast des Gegners.

Beweisvereitelung liegt nach der Rechtsprechung vor, wenn eine Partei »dem beweisbelasteten Gegner die Beweisführung schuldhaft bzw. ohne triftigen Grund unmöglich macht oder erschwert, indem sie vorhandene Beweismittel vernichtet, vorenthält oder ihre Benutzung erschwert« (Thomas/Putzo/Seiler § 286 Rn. 17). 1932

»Dies kann vorprozessual oder während des Prozesses durch gezielte oder fahrlässige Handlungen geschehen, mit denen bereits vorhandene Beweismittel vernichtet oder vorenthalten werden. Eine Beweisvereitelung kann aber auch in einem fahrlässigen Unterlassen einer Aufklärung bei bereits eingetretenem Schadensereignis liegen, wenn damit die Schaffung von Beweismitteln verhindert wird, obwohl die spätere Notwendigkeit einer Beweisführung dem Aufklärungspflichtigen bereits erkennbar sein musste« (BGH NJW 1989, 79, 81).

Ist während eines anhängigen Rechtsstreits für die Partei absehbar, dass eine sachverständige Begutachtung der streitgegenständlichen Sache erforderlich werden könnte, muss sie ihre Absicht, diese zu verändern oder zu veräußern, so rechtzeitig ankündigen, dass die Gegenpartei zumindest beweissichernde Maßnahmen ergreifen kann. Andernfalls ist die dadurch bedingte Beweisnot als von der Partei schuldhaft verursacht anzusehen (BGH NJW-RR 1996, 883). Dabei verlangt der subjektive Tatbestand der Beweisvereitelung einen doppelten Schuldvorwurf. Das Verschulden muss sich sowohl auf die Zerstörung bzw. Entziehung des Beweisobjekts als auch auf die Beseitigung seiner Beweisfunktion beziehen, also darauf, die Beweislage des Gegners in einem gegenwärtigen oder künftigen Prozess nachteilig zu beeinflussen (BGH NJW 2004, 222).

▶ Beispiel:

Der Kl. macht restlichen Werklohn für Bauarbeiten geltend. Die Beklagte hat wegen Mängeln die Aufrechnung erklärt. Die Mängel hatte sie unmittelbar nach Erbringung der Arbeiten gerügt und Nachbesserung verlangt, der Kl. hatte eine Verantwortung für die gerügten Mängel abgelehnt. Die Beklagte entzog der Schuldnerin den Auftrag hinsichtlich der Mängelbeseitigung und ließ die gerügten Mängel durch einen Dritten beseitigen. Im Prozess konnte die ursprüngliche Mangelhaftigkeit wegen der Nachbesserung nicht mehr bewiesen werden.

Die Klage hatte in allen Instanzen Erfolg. Zwar trägt der Auftragnehmer vor Abnahme seiner Werkleistung die Beweislast für deren Mangelfreiheit. Die Beweislast kehrt sich nicht allein deshalb um, weil der Auftraggeber die Mängel der Werkleistung im Wege der Ersatzvornahme hat beseitigen lassen. In einer fehlenden oder unzureichenden Dokumentation der durch Ersatzvornahme beseitigten, angeblichen Mängel kann aber eine Beweisvereitelung liegen, wenn das Vorliegen von Mängeln erst im Laufe der Mängelbeseitigungsarbeiten überprüft werden kann und der Auftraggeber dem Auftragnehmer keine dahin gehenden Feststellungen ermöglicht. Beruht die Beweisvereitelung auf einer Verletzung der Kooperationspflicht des Auftraggebers, kann hieraus eine Umkehr der Beweislast für das Vorliegen der Mängel zu seinen Lasten folgen. (BGH NJW 2009, 360).

1933 Allerdings vermag nach der Ansicht des BGH »nur ein vorwerfbares, missbilligenswertes Verhalten den mit beweisrechtlichen Nachteilen verbundenen Vorwurf der Beweisvereitelung zu tragen« (BGH NJW-RR 1996, 1534).

Davon kann z.B. keine Rede sein, wenn die die Aussagegenehmigung verweigernde Partei Anlass zur Besorgnis hat, dass der Zeuge aufgrund der mandantschaftlichen Verbundenheit bzw. unter dem Eindruck einer drohenden Schadensersatzpflicht dazu neigen könnte, einseitig den Rechtsstandpunkt zu untermauern. Im Übrigen reicht nach Ansicht des BGH nicht jede »prozesstaktische« Überlegung der die Aussagegenehmigung verweigernden Partei als triftiger Grund in diesem Sinne aus.

Als unzumutbar kann es auch angesehen werden, wenn ein für ein Sachverständigengutachten erforderlicher Eingriff in den Beweisgegenstand dazu führt, dass der ursprüngliche Zustand nicht wiederhergestellt werden kann oder der Beweisführer keine Sicherheit für die damit verbundenen finanziellen Risiken leistet. Dies gilt insbesondere im Bauprozess, wo häufig zerstörende Eingriffe in das Bauwerk oder die Freilegung von Bauteilen erforderlich sind (OLG Braunschweig NZBau 2004, 550: Freilegung des Regenwassertanks).

▶ Beispiele:

1934 Beseitigung von Beweismitteln (BGH VersR 1968, 58: Beseitigung von Reifen bei Verkehrsunfall; BGH VersR 1958, 785 f.: Wegwerfen eines bei einer Voroperation in der Operationswunde zurückgelassenen Tupfers nach der Folgeoperation durch den Arzt);

Nichtzugänglichmachen von Beweismitteln für Gericht oder Sachverständige durch Ausübung Hausrecht (BGH NJW 1994, 2773);

Unzulässige Beeinflussung von Zeugen (OLG Dresden OLG-NL 2001, 97);

Nichtvorlage von Handakten durch Rechtsanwalt im Prozess seines Mandanten gegen ihn (OLG Köln MDR 1968, 674);

Nichtvorlage von Röntgenaufnahmen durch beklagten Arzt (BGH NJW 1963, 389);

Nichtangabe der Adressen von Unfallzeugen (BGH NJW 1960, 821);

Verweigerung der Entbindung des Arztes als Zeuge von der Schweigepflicht (BGH NJW-RR 1996, 1534; OLG München NJW-RR 1987, 1021);

Nichterhebung oder -sicherung medizinisch zweifelsfrei gebotene Befunde (BGHZ 99, 391);

Vernichtung der Originale nach Mikroverfilmung durch einen Versicherer (BGH NJW-RR 2000, 1471: Beweislastumkehr für die Fälschung der Unterschrift auch ohne Pflichtverstoß gem. § 242 BGB);

Verweigerung der Mitwirkung bei einem vertraglich vereinbarten gemeinsamen Aufmaß (OLG Celle NJW-RR 2002, 1675);

Unterschriftsgestaltung bewusst in einer großen Vielfalt und Variationsbreite, um der Unterschrift ihren Beweiswert zu nehmen (BGH NJW 2004, 222).

Fließend sind die Grenzen zwischen der Beweisvereitelung und dem auch im Zivilprozess geltenden Grundsatz von **Treu und Glauben**. 1935

▶ Beispiel:

Erweckt ein Telefonkunde zunächst den Eindruck, er wolle die Höhe der Rechnung nicht bestreiten, und tut dies nach Löschung der Verbindungsdaten dann dennoch, verhält er sich treuwidrig (venire contra factum proprium). Ob hier das Bestreiten über § 242 BGB als unzulässig angesehen oder eine Beweiserleichterung aus den Grundsätzen der Beweisvereitelung angenommen wird, ist Frage des Einzelfalles. 1936

(Fall OLG Celle NJW-RR 1997, 568; zur Abgrenzung der Beweisvereitelung von § 242 BGB BGH NJW-RR 2000, 1471)

Damit führt nicht jede **Beweisschwierigkeit** zur Beweisvereitelung. 1937

▶ Beispiel:

Keine Beweisvereitelung liegt vor, wenn der Beweisführer es unterlassen hat, den Beweis rechtzeitig sichern zu lassen (BSG NJW 1994, 1303). 1938

Keine Beweisvereitelung, sondern Beweisfälligkeit liegt vor, wenn die beweisführende Partei selbst die Beweiserhebung verhindert (OLG Düsseldorf NJW-RR 1993, 1433).

Die Folgen der Beweisvereitelung sind für einzelne Fälle gesetzlich geregelt. 1939

▶ Beispiel:

Wird eine im Besitz des Gegners befindliche Urkunde nicht vorgelegt, kann eine Abschrift als richtig angesehen werden (§ 427 ZPO). 1940

Werden Vergleichsunterschriften durch den Gegner nicht beschafft, kann die Urkunde als echt angesehen werden (§ 441 Abs. 3 ZPO).

Wird eine Urkunde vom Gegner beseitigt oder zur Benutzung untauglich gemacht, so können die Behauptungen des Beweisführers über Beschaffenheit und Inhalt der Urkunden als bewiesen angesehen werden (§ 444 ZPO).

Weigert sich eine Partei, sich vernehmen zu lassen, oder erscheint hierzu nicht, kann die Tatsache als bewiesen angesehen werden (§§ 446, 453 Abs. 2, 454 Abs. 1 ZPO).

Vereitelt eine Partei die ihr zumutbare Einnahme des Augenscheins, können die Behauptungen des Gegners als bewiesen angesehen werden (§ 371 Abs. 3 ZPO).

1941 Hieraus und aus dem auch im Prozessrecht geltenden Grundsatz von Treu und Glauben (§ 242 BGB) hat sich über die gesetzlich geregelten Fälle hinaus ein allgemeines Institut der Beweisvereitelung herausgebildet.

BGH NJW-RR 2000, 1471; BGH NJW 1986, 59; BGH NJW 1987, 1482; OLG Stuttgart, NZV 1993, 73; Gerhardt AcP 169, 289; Lepa NZV 1992, 129 (135 f.); Michalski NJW 1991, 2069; Musielak/Stadler, Grundfragen des Beweisrechts, 1984, § 12.

1942 Die Beweisvereitelung ermöglicht je nach dem Grad des Verschuldens verschiedene **Rechtsfolgen**:

1943 (1) Hat die den Beweis vereitelnde Partei **vorsätzlich** gehandelt, so kann die zu beweisende Tatsache auch ohne den Beweis als wahr behandelt werden. Hierbei handelt es sich um eine echte Umkehr der Beweislast, weil damit der Gegner die Nachteile aus der Unerweislichkeit der Tatsache trägt.

1944 (2) Erfolgte die Beweisvereitelung nur **fahrlässig**, so können – je nach dem Grad der Fahrlässigkeit und den Umständen des Einzelfalles – zugunsten des Beweisführers Beweiserleichterungen von der Möglichkeit der eigenen Parteivernehmung über die Zulassung bloßer Glaubhaftmachung bis hin zur vollständigen Beweislastumkehr eintreten (BGH NJW 2006, 434; BGH NJW 1986, 2365; OLG München NJW-RR 1987, 1021; OLG Frankfurt a.M. NJW 1980, 2758).

V. Gegenbeweis, Beweis des Gegenteils und unwiderlegliche Vermutung

1945 Bedarf eine Tatsache des Beweises, weil sie streitig ist, so ist sie bewiesen, wenn das Gericht nach dem Ergebnis der Beweisaufnahme von der Wahrheit der Tatsache zweifelsfrei überzeugt ist. Zu dieser Überzeugung gelangt das Gericht durch eine freie Würdigung aller erhobenen Beweise. Die Beweisaufnahme ist nicht beschränkt auf die von der formell beweisbelasteten Partei angebotenen Beweise. Dem Gegner steht es frei, Beweis dafür anzubieten, dass die Tatsache nicht vorliegt. Ein solcher **Gegenbeweis** ist grundsätzlich immer möglich.

Ein solcher Gegenbeweis muss nicht zur Überzeugung des Gerichts vom Nichtvorliegen der zu beweisenden Tatsache führen. Der Gegenbeweis wird zusammen mit dem Hauptbeweis im Rahmen der einheitlichen Beweiswürdigung berücksichtigt. Erfolg hat er bereits, wenn es gelingt, durch ihn Zweifel beim Gericht am Vorliegen der Tatsache zu wecken, die Überzeugung des Gerichts »zu erschüttern«. Dann kann das Vorliegen der Tatsache nicht festgestellt werden, sodass als Folge des non liquet eine Entscheidung zum Nachteil der (formell und materiell) beweisbelasteten Partei ergeht.

Für den Gegenbeweis kann bereits ein einziges Beweismittel ausreichen, auch wenn der anderen Partei zahlenmäßig mehr Beweismittel zur Verfügung stehen (BGHZ 53, 245, 260). In der Praxis führt die Vernehmung eines einzigen Gegenzeugen meist schon zu Zweifeln des Gerichts und damit zu einem non liquet (Einmahl NJW 2001, 473), weil die Gerichte es in vielen Fällen vorziehen, nach der Beweislast zu entscheiden, anstatt diffizile Beweiswürdigungen vorzunehmen.

1946 Nicht frei widerleglich sind gesetzliche Vermutungen. Ist kraft Gesetzes vom Vorliegen einer Tatsache auszugehen, so genügt es nicht, dass die Partei, zu deren Nachteil diese Vermutung wirkt, Zweifel an der Tatsache weckt. Erforderlich ist hier vielmehr der vollumfängliche Beweis, dass die (vermutete) Tatsache nicht vorliegt. Gelingt ihr dieser **Beweis des Gegenteils** nicht zur zweifelsfreien Überzeugung des Gerichts, verbleibt es bei der gesetzlichen Vermutung (BGHZ 16, 217; Anders/Gehle/Nober § 292 Rn. 7; Thomas/Putzo/Seiler § 292 Rn. 4).

Zu den Fällen der gesetzlichen Vermutungen oben Rdn. 1862.

Erforderlich für das Eingreifen einer solchen gesetzlichen Vermutung ist regelmäßig, dass eine Partei deren Voraussetzungen dargetan, d.h. vorgetragen und – soweit diese Vermutungsvoraussetzungen streitig geworden sind – bewiesen hat.

▶ Beispiel:

Macht der Kläger einen Herausgabeanspruch aus § 985 BGB geltend, so wird das – grundsätzlich von ihm zu beweisende – Eigentum zu seinen Gunsten aus § 1006 BGB erst dann vermutet, wenn er vorgetragen und erforderlichenfalls auch bewiesen hat, dass er im Besitz der Sache war. 1947

Greift die Vermutung dann, kann der Beklagte sie widerlegen, indem er beweist, dass der Kläger trotz des Besitzes nicht Eigentümer war.

Nicht einmal der Beweis des Gegenteils genügt, wenn die gesetzliche Vermutung **unwiderleglich** ist. In diesen (seltenen) Fällen handelt es sich nicht um Beweiserleichterungen, d.h. um eine Modifizierung des Verfahrens zur Feststellung von Normvoraussetzungen, sondern um eine Änderung der Normvoraussetzungen (BGH NJW 1965, 584; Zöller/Greger § 292 Rn. 2). 1948

▶ Beispiel:

Unwiderleglich ist die Vermutung des § 267 ZPO, nach der die Einwilligung des Beklagten in eine Änderung der Klage zu vermuten ist, wenn er dieser nicht widersprochen hat. Damit soll praktisch nicht der Beweis der Einwilligung erleichtert, sondern das Erfordernis der Zustimmung aufgegeben werden. 1949

Andere unwiderlegliche Vermutungen ergeben sich aus §§ 39, 547, 755 ZPO, §§ 892, 893, 1138, 1155, 1566 BGB.

VI. Beweislast

Die Beweislast regelt, wer die Nachteile daraus zu tragen hat, dass eine Tatsache, die des Beweises bedarf, weil sie streitig und erheblich ist, nicht bewiesen werden konnte. 1950

Dabei betrifft die formelle Beweislast (auch »Beweisführungslast« genannt) die Fälle, in denen die Tatsache nicht bewiesen werden konnte, weil es an einem Beweisantritt der beweisbelasteten Partei fehlt.

Die materielle Beweislast betrifft die Fälle, in denen die Tatsache in einer durchgeführten Beweisaufnahme nicht bewiesen werden konnte, weil ihre Wahrheit nicht mit der erforderlichen Gewissheit feststeht (»non liquet«).

An sich kommt es auf die Beweislast damit erst an, wenn feststeht, dass eine Sachklärung nicht möglich war BGH NJW 2019, 2169).

▶ Beispiel:

Hat das Gericht unter Verkennung der formellen Beweislast eine Beweisaufnahme durchgeführt, und hat diese zu einem überzeugenden Ergebnis geführt, so wird die Entscheidung hierauf – und nicht auf die Beweislast – gestützt. 1951

Dennoch ist es praktisch häufig geboten, über die Beweislast schon in früheren Stadien des Prozesses nachzudenken. Die Beweislast bestimmt:
- welche Partei streitige Tatsachen unter Beweis zu stellen hat,
- wer einen etwaigen Auslagenvorschuss zahlen muss,
- insgesamt die Erfolgsaussichten im Prozess.

Zur Vermeidung fehlerhafter und unnötiger Beweisbeschlüsse kann es sich in komplizierteren Fällen empfehlen, Ausführungen zur Beweislastverteilung zu machen, vor allem wenn die Gegenpartei die Beweislast trägt. Hierzu finden sich Ausführungen in Standardkommentaren zum materiellen Recht (Grüneberg), zudem kann es hilfreich sein, Spezialliteratur (z.B. Baumgärtel/Laumen/Prütting, Handbuch der Beweislast) beizuziehen.

1. Grundregel

1952 Für die Beweislast gilt als Grundregel, dass jede Partei die tatsächlichen Voraussetzungen einer ihr **günstigen** Rechtsnorm behaupten und beweisen muss (Prütting/Gehrlein/Laumen § 286 Rn. 51).

Dies folgt aus dem materiellen Recht, wo der Gesetzgeber entscheidungsrelevante Tatsachen entweder anspruchsbegründenden oder anspruchshemmenden bzw. -vernichtenden Normen als Voraussetzung zugewiesen hat (»Normentheorie«).

▶ Beispiel:

1953 Ein Herausgabeanspruch aus § 985 BGB soll materiell-rechtlich nur bestehen, wenn der Kläger Eigentümer und der Beklagte Besitzer ist, aber kein Recht zum Besitz hat. Hätte der Gesetzgeber dies so in die Anspruchsnorm aufgenommen, läge die Beweislast für alle drei Voraussetzungen beim Kläger. Durch die Abspaltung des Besitzrechts in eine separate Norm (§ 986 BGB) stellt dessen Fehlen ein vom Beklagten zu beweisendes Gegenrecht dar.

1954 Die Verteilung der Beweislast regelt das materielle Recht nicht nur über die Aufteilung auf verschiedene Normen. Möglich ist auch, dass durch sprachliche Wendungen wie »es sei denn« oder »wenn nicht« klargestellt wird, welche Voraussetzungen für den Eintritt der Rechtsfolge erforderlich sein sollen und unter welchen Voraussetzungen diese Rechtsfolge nicht eintreten soll (»**Satzbaulehre**«).

1955 Schließlich regelt das materielle Recht die Beweislast verschiedentlich: **ausdrücklich** (z.B. § 179 Abs. 1; § 355 Abs. 2 Satz 4; § 363 BGB) oder durch Vermutungen (z.B. § 280 Abs. 1 Satz 2; § 476 BGB; § 1006 BGB).

Eine für die Praxis wichtige gesetzliche Vermutung findet sich für den Verbrauchsgüterkauf in § 476 BGB.

Richtlinienkonform (EuGH NJW 2015, 2237) greift die dort geregelte Beweislastumkehr zugunsten des Käufers schon dann ein, wenn ihm der Nachweis gelingt, dass sich innerhalb von sechs Monaten ab Gefahrübergang eine Mangelerscheinung gezeigt hat. Dagegen muss der Käufer nicht nachweisen, auf welche Ursache dieser Zustand zurückzuführen ist und dass diese Ursache in den Verantwortungsbereich des Verkäufers fällt (BGH NJW 2017, 1093). Die Widerlegung der Vermutung des § 476 BGB erfordert den »Beweis des Gegenteils« (§ 292 Satz 1 ZPO), also den Vollbeweis i.S.v. § 286 Abs. 1 ZPO.

1956 Vortragen und ggf. beweisen müssen damit
- der **Kläger** die abstrakten Tatbestandsmerkmale einer anspruchsbegründenden oder anspruchserhaltenden Norm,
- der **Beklagte** die Tatbestandsmerkmale von Normen, die den Eintritt der dem Kläger günstigen Rechtswirkung hindern bzw. diese Wirkung vernichten oder hemmen.

1957 Die Verteilung der Beweislast entspricht grundsätzlich der der **Darlegungslast** (oben Rdn. 1136 mit zahlreichen weiteren Beispielen). Ausnahmsweise können Darlegungs- und Beweislast auseinanderfallen. Dies gilt insbesondere für die negativ formulierten Normvoraussetzungen.

▶ Beispiel:

1958 Wird der vollmachtlose Vertreter in Anspruch genommen, so muss der Kläger vortragen, dass dieser keine Vertretungsmacht hatte, während die Beweislast für das Vorliegen einer Vollmacht hingegen dem Vertreter obliegt (§ 179 BGB).

Macht der Kläger einen Bereicherungsanspruch geltend, so muss der Beklagte den möglichen Rechtsgrund darlegen, die Beweislast für das Nichtvorliegen des Grundes bleibt beim Kläger.

2. Umkehr der Beweislast

1959 Mit dem Grundsatz, dass Rechtsfolgen zugunsten einer Partei (sei es der Anspruch für den Kläger, sei es ein Gegenrecht für den Beklagten) nur dann eintreten, wenn die Partei die tatsächlichen Voraussetzungen dieser Norm zweifelsfrei bewiesen hat, werden alle Beteiligten vor vorschnellen, ungerechtfertigten Entscheidungen geschützt. Die Beweislastverteilung dient damit der Findung »gerechter«, den Wertungen des materiellen Rechts entsprechender Entscheidungen für den Fall einer Unaufklärbarkeit des Sachverhalts.

Eine Umkehr der Beweislast kann daher **nur ausnahmsweise** dort in Betracht kommen, wo die Normalverteilung zu evident »ungerechten«, sozial unerträglichen Ergebnissen führen würde. Bloße Billigkeits- oder Bequemlichkeitserwägungen, wem ein Beweis eher möglich oder zumutbar ist, reichen hierbei nicht aus (BGH NJW 1997, 892; Reinhardt NJW 1994, 93, 97; Huster NJW 1995, 112). 1960

Mit der Umkehr der Beweislast wird im Ergebnis das Vorliegen einer Tatsache für die Entscheidung unterstellt. Im Regelfall wird bei Unerweislichkeit einer Tatsache von ihrem Nichtvorliegen ausgegangen. Nach einer Umkehr der Beweislast hingegen wird die Tatsache im Wege einer **Positivfiktion** als gegeben angesehen, solange der Gegner nicht deren Nichtvorliegen beweist. 1961

Weil damit nicht nur eine Wertungsentscheidung des materiellen Gesetzgebers missachtet, sondern auch ein grundsätzliches Gerechtigkeitsprinzip aufgegeben wird, ist die Rechtsprechung mit einer solchen Beweiserleichterung überaus zurückhaltend (Belling/Riesenhuber ZZP 108 [1995], 453; Gottwald Jura 1980, 225; Reinhardt NJW 1994, 93; Thomas/Putzo/Seiler Vorb § 284 Rn. 26 ff., Grüneberg/Grüneberg § 282 Rn. 6 ff., Grüneberg/Sprau § 823 Rn. 169). 1962

▶ Praxistipp:

Wenig Sinn macht es, im Prozess die Umkehr der Beweislast lediglich zu fordern oder mit Billigkeitserwägungen zu begründen. Erforderlich ist die Darlegung, dass der gegebene Sachverhalt einer Fallgruppe zugehört, für die die Rechtsprechung eine Beweislastumkehr bereits zugelassen hat. 1963

In diesen Fällen ist ein Hinweis geboten, um zu verhindern, dass das Gericht routinemäßig von der normalen Beweislastverteilung ausgeht.

Den wichtigsten Fall einer **gesetzlichen Beweislastumkehr** enthält § 280 Abs. 1 Satz 2 BGB. Nach dieser Vorschrift muss das Vertretenmüssen einer Pflichtverletzung nicht vom Gläubiger bewiesen, sondern vom Schuldner widerlegt werden (BGH NJW 2009, 2298). Für den Anspruch auf vertraglichen Schadensersatz muss der Gläubiger nach § 286 ZPO beweisen, dass der Schuldner objektiv eine ihm obliegende Pflicht verletzt hat und hierdurch (haftungsbegründend) kausal eine Rechtsgutsverletzung (= Primärschaden) eingetreten ist. Ob und in welcher Höhe daraus ein (Sekundär-) Schaden erwachsen ist (haftungsausfüllende Kausalität), kann unter den erleichterten Voraussetzungen des § 287 ZPO festgestellt werden (Rn. 1353 ff.). Das Verschulden (§ 276 BGB) muss der Gläubiger weder vortragen noch beweisen, insoweit obliegt es dem Schuldner, sich zu exkulpieren. An diesen Entlastungsbeweis dürfen keine allzu hohen Anforderungen gestellt werden. 1964

Für das zu den Voraussetzungen eines vertraglichen Schadensersatzanspruchs gehörende Verschulden ist die Beweislast damit zugunsten des Gläubigers umgekehrt, sodass der Schuldner sich entlasten muss und das Risiko einer Unerweislichkeit des Vertretenmüssens trägt. Grund hierfür ist, dass der Gläubiger die Vorgänge, die zur Pflichtverletzung geführt haben, gar nicht kennen kann, wohl aber der Schuldner, in dessen Sphäre sie sich ereignet und ausgewirkt haben und der mit der Schuld vertraglich auch das Leistungsrisiko übernommen hat (BGH NJW 1965, 1583 [1584]; Soergel/Wiedemann, § 282 Rn. 3 m.w.N.; Wahrendorf, Die Prinzipien der Beweislast, 1976, S. 100).

Diese Regelung erklärt sich daraus, dass die das Verschulden begründenden Umstände für den Gläubiger kaum feststellbar sind, weil sie in der Sphäre des Schuldners liegen und dieser mit der Schuld vertraglich auch das Leistungsrisiko übernommen hat (BGH NJW 1965, 1583; Soergel/Wiedemann, BGB, 13. Aufl. 2013, BGB § 282 Rn. 3 m.w.N.).

▶ Beispiel:

Erleidet ein im Rahmen eines entgeltlichen Verwahrvertrags untergestelltes Pferd einen Schaden, ohne dass sich feststellen lässt, wie es dazu kam, ist nach § 280 Abs. 1 Satz 2 BGB von einer zu vertretenden und den Schaden verursachenden Pflichtverletzung des Verwahrers auszugehen. § 280 Abs. 1 Satz 2 BGB beinhaltet nicht nur eine Beweislastumkehr hinsichtlich des Vertretenmüssens der Pflichtverletzung, sondern zwingt über seinen Wortlaut hinaus den Schuldner, darzulegen und gegebenenfalls zu beweisen, dass ihn keine Pflichtverletzung trifft, wenn die für den Schaden in Betracht kommenden Ursachen allein in seinem Gefahrenbereich liegen (BGH MDR 2017, 334; NJW 2009, 142; OLG Frankfurt a.M. RdL 2018, 34).

Erbracht hat der Schuldner den Entlastungsbeweis, wenn er nachweist, dass er die konkrete Ursache des Schadens nicht zu vertreten hat. Ist die Schadensursache unaufklärbar, kann er nachweisen, dass er alle in Betracht kommenden Sorgfaltspflichten beachtet hat. Ist ein Erfüllungsgehilfe für ihn tätig geworden, muss sich der Entlastungsbeweis auch auf diesen erstrecken (BGH NJW 1987, 1938; 1980, 2187; NJW 1965, 1585).

1965 Nach § 477 BGB wird vermutet, dass die Sache bereits bei Gefahrübergang mangelhaft war, wenn sich ein Sachmangel innerhalb von sechs Monaten seit Gefahrübergang zeigt. Der kaufende Verbraucher muss nach § 286 ZPO beweisen, dass sich innerhalb der Frist ein Mangelsymptom gezeigt hat, nicht dagegen, auf welche Ursache es zurückzuführen ist und dass es bereits bei Gefahrübergang vorlag (BGH NJW 2017, 1093 unter Aufgabe der früheren Rspr., z.B. NJW 2004, 2299). Dem Verkäufer obliegt die Widerlegung der Vermutung durch den vollen Beweis des Gegenteils (§ 292 Satz 1 ZPO). Gelingt dies nicht, stehen dem Verbraucher die Gewährleistungsrechte zu.

Auch dies folgt aus der Risikosphärenabgrenzung: Bei Übergabe kann und muss der Verkäufer die Mangelfreiheit der Kaufsache prüfen (§ 433 Abs. 1 Satz 2 BGB).

▶ Beispiel:

Gerät ein gebrauchtes Auto wenige Wochen nach Übergabe in Brand, so lag der Mangel (Brand) bei Übergabe sicher noch nicht vor, möglicherweise aber die Mangelursache (schadhafte Elektrik). Nach § 477 BGB muss der Verkäufer beweisen, dass die aufgrund eines binnen sechs Monaten nach Gefahrübergang eingetretenen mangelhaften Zustands eingreifende gesetzliche Vermutung, bereits zum Zeitpunkt des Gefahrübergangs habe – zumindest ein in der Entstehung begriffener – Sachmangel vorgelegen, nicht zutrifft. Er hat also darzulegen und nachzuweisen, dass ein Sachmangel zum Zeitpunkt des Gefahrübergangs noch nicht vorhanden war, weil er seinen Ursprung in einem Handeln oder Unterlassen nach diesem Zeitpunkt hat und dem Verkäufer damit nicht zuzurechnen ist. Gelingt ihm diese Beweisführung nicht ›rechtlich hinreichend‹, greift zugunsten des Käufers die Vermutung des § 476 BGB auch dann ein, wenn die Ursache für den mangelhaften Zustand oder der Zeitpunkt ihres Auftretens offengeblieben ist, also letztlich ungeklärt geblieben ist, ob überhaupt ein vom Verkäufer zu verantwortender Sachmangel i.S.v. § 434 Abs. 1 BGB vorlag.

Daneben verbleibt dem Verkäufer die Möglichkeit, nachzuweisen, dass die Vermutung des § 477 BGB mit der Art der Sache oder eines derartigen Mangels unvereinbar ist.

1966 Rechtsprechung und Lehre leiten aus diesen und aus ähnlichen Normen (z.B. §§ 548, 694 BGB) einen **allgemeinen Rechtsgedanken** her. Wo indes eine Abweichung von den allgemeinen Beweislastgrundsätzen geboten ist, ist bis heute nicht zweifelsfrei geklärt. Die vorhandenen Einzelfallentscheidungen werden in kaum verallgemeinerbarer Form mit »besonderen Interessenlagen«, »Zumutbarkeiten bei der Beweisführung«, »schutzwürdigen Interessen« oder allgemein mit »Billigkeitserwägungen« begründet und sind damit nur schwer fassbar; zudem sind die Grenzen zu anderen Beweiserleichterungen fließend. Traditionell wird die Beweislastumkehr in Fallgruppen gefasst (ständige Rechtsprechung seit BGHZ 8, 241; BGHZ 48, 312; BGH VersR 1970, 179; Thomas/Putzo/Seiler § 284 Vorb. Rn. 25; Stoll AcP 176 [1976], 145 [146]; Nachweise bei Reinhardt NJW 1994, 93).

1967 (1) **Produkthaftung.** Ist ein Industrieerzeugnis fehlerhaft hergestellt und kommt es bei dessen bestimmungsgemäßer Nutzung zu einem Schaden, so muss der Hersteller beweisen, dass ihn an dem Fehler kein Verschulden trifft.

Dieses ursprünglich von der Rechtsprechung (BGH NJW 1996, 2507; BGHZ 80, 186, 196 ff.); OLG Koblenz NJW-RR 1999, 1624; Kullmann NJW 1999, 96) für den Bereich der deliktischen Haftung herausgearbeitete Ergebnis hat inzwischen durch die Einführung einer Gefährdungshaftung Eingang ins Produkthaftungsgesetz (§ 1 ProdHaftG) gefunden und sich damit praktisch weitgehend erledigt (OLG Koblenz NJW-RR 1999, 1624).

(2) **Umwelthaftung.** Kommt es durch eine schadstoffemittierende Anlage zu einem Schaden, so 1968
trägt deren Betreiber die Beweislast dafür, dass die Emissionen sich im Rahmen der ortsüblichen Grundstücksbenutzung halten und dass er die wirtschaftlich zumutbaren Vorkehrungen zur Eindämmung der Umweltbelastung getroffen hat (BGHZ 92, 143 [150 f.]; BGHZ 90, 255; Hager NJW 1991, 134, 137).

Auch hier hat der Gesetzgeber die Erwägungen der Rechtsprechung inzwischen übernommen (vgl. § 6 Umwelthaftungsgesetz).

(3) **Arzthaftung.** Gesetzlich geregelt ist heute auch die über viele Jahre in der Rechtsprechung ent- 1969
wickelte Beweislastverteilung im Arzthaftungsrecht (Jorzig, Arzthaftungsprozess – Beweislast und Beweismittel, MDR 2001, 481; MMartis/Winkhart-Martis MDR 2011, 709; Schärtl, Die Beweislastverteilung im Arzthaftungsprozess, NJW 2014, 3601; zur Anwendung der Grundsätze auf Tierärzte BGH NJW 2016, 2502).

Entsprechende Ansprüche können sich aus der Verletzung vertraglicher Pflichten des Behandlungsvertrags (§ 280 BGB) oder aus deliktischen Rechtsgutverletzungen (§ 823 BGB) ergeben. Sie können sich gegen den behandelnden Arzt oder gegen Dritte (insbesondere das Krankenhaus) richten (zu den Rechtsverhältnissen zwischen Patient, Arzt und Krankenhaus Grüneberg/Weidenkaff, BGB, § 630 Rn. 4). Weil im Rahmen der Heilbehandlung kein Erfolg versprochen werden kann, nur sachgerechte Behandlung geschuldet wird, muss trotz unverkennbarer praktischer Beweisschwierigkeiten (Narkose, Nichtnachvollziehbarkeit ärztlicher Maßnahmen) das Erfolgsrisiko der Tätigkeit beim Patienten verbleiben und darf mit der Beweislastverteilung nicht umgekehrt werden.

Weil der Arzt keinen Erfolg versprechen kann, er nur sachgerechte Behandlung schuldet, trägt nicht er, sondern der Patient das Erfolgsrisiko der Behandlung. Dieser Grundsatz darf mit der Beweislastverteilung nicht umgekehrt werden, sodass der Patient trotz unverkennbarer praktischer Beweisschwierigkeiten (Narkose, Nichtnachvollziehbarkeit ärztlicher Maßnahmen) grundsätzlich ein Fehlverhalten des Arztes (»Kunstfehler«) nachweisen muss (BGH NJW 1988, 2949).

§ 630h BGB regelt die Beweislastverteilung für diese Ansprüche abweichend von den allgemeinen 1970
Regeln.

(a) Nach § 630h Abs. 1 BGB wird vermutet, dass ein Behandlungsfehler vorliegt, wenn eine einge- 1971
tretene Rechtsgutverletzung auf einem für den Arzt voll beherrschbaren Behandlungsrisiko beruht. Voll beherrschbar sind diejenigen Risiken, die auf Grund eigener Herrschafts- und Organisationsmacht zum Schutz des Patienten ausgeschlossen werden können. Beweist der Patient den Eintritt eines solchen Risikos und eines darauf beruhenden Primärschadens, so muss der Arzt beweisen, dass eine schuldhafte Pflichtverletzung nicht vorliegt.

Voll beherrschbar sind das nicht ordnungsgemäße Funktionieren von eingesetzten Instrumenten, Geräten und Apparaten (Röntgen, Beatmung), die Regeln der Hygiene, die Art und Weise der Lagerung von Patienten (BGHZ 171, 358 [360] = NJW 2007, 1682; Martis/Winkhart-Martis, Aktuelle Rechtsprechung zu voll beherrschbaren Risiken und Dokumentationsversäumnissen im Arzthaftungsrecht, MDR 2018, 449 m.w.N.).

▶ Beispiel:

Erleidet ein Patient während einer Narkose einen Hirnschaden und lässt sich später nicht 1972
mehr klären, ob dies auf einem Bedienungsfehler des Narkosegeräts oder dessen Fehlerhaftigkeit zurückzuführen ist, wird der Behandlungsfehler vermutet.

Allerdings kann der Arzt keine verschuldensunabhängige Garantie für das fehlerfreie Funktionieren des Geräts übernehmen: Für nicht erkennbare Konstruktionsmängel z.B. haftet allein der Hersteller.

1973 (b) Nach § 630h Abs. 2 BGB muss der Arzt beweisen, dass er den Patienten hinreichend **aufgeklärt** und seine Einwilligung in den Eingriff eingeholt hat (§§ 630e, 630d Abs. 2 BGB). Gelingt dies nicht, ist das ärztliche Handeln pflichtwidrig. Dass eine Rechtsgutverletzung eingetreten ist und diese kausal auf der durchgeführten oder unterlassenen Aufklärung beruht, muss der Patient beweisen (BGH NJW 2012, 850; NJW 2005, 1718).

Die Aufklärung muss Art, Umfang, Durchführung, Erfolgsaussichten, Risiken und Folgen einer Behandlung, ihre Notwendigkeit und Eignung zur Diagnose oder Therapie, Heilung oder Linderung einer Krankheit umfassen und dem Patienten eine autonome Entscheidung über durchzuführende Maßnahmen ermöglichen (»Selbstbestimmungsaufklärung«). Nicht von § 630h Abs. 2 BGB erfasst wird die »Sicherungsaufklärung«, etwa über therapieunterstützendes eigenes Verhalten des Patienten oder eine Ansteckungsgefahr (BGH NJW 2009, 2820; BGHZ 172, 254 = NJW 2007, 2774; BGHZ 166, 336 [339] = NJW 2006, 2108; BGH, NJW 2005, 1718; BGHZ 144, 1 [5] = NJW 2000, 1784).

Eine schriftliche Erklärung des Patienten ist Indiz für ein inhaltsgleiches Aufklärungsgespräch, eine allgemeine Erklärung, aufgeklärt worden zu sein, genügt nicht (BGH NJW-RR 2001, 1431; NJW 1985, 1399).

▶ Beispiel:

1974 Der Kläger leidet an einer Afterfistel. Diese kann auf herkömmliche Weise beseitigt werden, wobei die Gefahr einer dauerhaften Stuhlinkontinenz besteht. Eine neuere Behandlungsmethode ist aufwendiger, mit einem entsprechenden Risiko aber nicht verbunden. Nach dem auf herkömmliche Weise durchgeführten Eingriff leidet der Kläger an Stuhlinkontinenz und verlangt deshalb vom Arzt Schadensersatz. Der Arzt behauptet, den Kläger über alle Alternativen und Risiken vollständig aufgeklärt zu haben. Da sich dies nicht sicher feststellen lässt, trägt der Arzt hilfsweise vor, der Kläger hätte auch bei ausreichender Aufklärung dem weniger aufwendigen herkömmlichen Eingriff zugestimmt.

Die Kausalität der fehlenden Einwilligung für die Rechtsgutverletzung kann aber entfallen, wenn dem Arzt der Beweis gelingt, dass der Patient bei ordnungsgemäßer Aufklärung eingewilligt hätte (»hypothetische Einwilligung«, § 630h Abs. 2 Satz 2 BGB).

1975 (c) Nach § 630h Abs. 3 BGB wird vermutet, dass in der Patientenakte nicht (mehr) **dokumentierte** Maßnahmen oder Befunde nicht vorgenommen bzw. erhoben wurden. Auf die Kausalität für den eingetretenen Schaden erstreckt sich die Vermutung nicht. Stellt das (vermutete) Unterlassen der Maßnahme einen groben Behandlungsfehler dar, kann zusätzlich die Beweiserleichterung aus Abs. 5 greifen. Die Nichtdokumentation von Aufklärung und Einwilligung unterfällt dem Abs. 3 nicht.

Eine lückenlose und aussagekräftige Patientenakte ist für den Nachweis von Pflichtverletzungen durch den Patienten unverzichtbar. Ihre Führung fällt allein in den Verantwortungsbereich des Arztes und wird durch die drohende Haftung sichergestellt. Zu der Beweiserleichterung führen deswegen fehlende, unvollständige oder nicht auffindbare Dokumentationen genauso, wie solche, die erst nachträglich angefertigt wurden (BGH NJW 2004, 1871; OLG Hamm VersR 2005, 412; Martis/Winkhart-Martis, Aktuelle Rechtsprechung zu voll beherrschbaren Risiken und Dokumentationsversäumnissen im Arzthaftungsrecht, MDR 2018, 449 m.w.N.).

▶ Beispiel:

1976 Bei der Klägerin ist es nach einem Routineeingriff zu schweren Lähmungserscheinungen gekommen. Im Schadensersatzprozess behauptet der Arzt, die Schäden seien psychogen und nicht auf einen Behandlungsfehler zurückzuführen. Der vom Gericht beauftragte Sachverständige kann dies nicht aufklären, da sich herausstellt, dass die Krankenunterlagen der Klägerin lediglich aus einer Fieberkurve und einem Verzeichnis der verabreichten Medikamente bestehen. Ein Operationsbericht ist genauso wenig vorhanden wie Aufzeichnungen über die Nachbehandlung (BGH NJW 1983, 332).

Dem Arzt obliegt es, zu beweisen, dass die Maßnahme trotz fehlender Dokumentation durchgeführt wurde.

(d) Nach § 630h Abs. 4 BGB wird vermutet, dass die mangelnde Befähigung des Arztes ursächlich für eine eingetretene Rechtsgutverletzung war. Kann der Patient den Befähigungsmangel nachweisen, trägt der Arzt die Beweislast dafür, dass dieser für den Schadenseintritt nicht ursächlich war. 1977

Die notwendige fachliche Qualifikation fehlt regelmäßig personenbezogen bei noch in der Ausbildung befindlichen Personen und Berufsanfängern, kann aber auch fehlen, wenn die eingesetzten Personen nicht über hinreichende mit der konkreten Maßnahme verfügten (BGH NJW 1994, 1594; KG VersR 2008, 1267).

▶ Beispiel:

Der zuständige Oberarzt überlässt eine schwierige Operation einem in der Ausbildung befindlichen Assistenzarzt, der mit derartigen Eingriffen bisher nur geringe Erfahrungen hat, ohne ihn dabei zu beaufsichtigen. Der Assistent verletzt einen Nerv, sodass der Kläger dauerhafte Lähmungen erleidet. Mit dem (letztlich nicht zu beweisenden) Einwand, auch ein erfahrener Oberarzt hätte die Verletzung nicht verhindern können, wird der in Anspruch genommene Krankenhausträger nicht gehört. 1978

Widerlegt werden kann ein solcher **Organisationsmangel** durch den Nachweis, dass die eingesetzten Personen dennoch über die erforderliche Befähigung im Einzelfall verfügten.

(e) Nach § 630h Abs. 5 BGB wird vermutet, dass ein **grober Behandlungsfehler**, der geeignet ist, eine Rechtsgutverletzung wie die eingetretene herbeizuführen, für diese kausal war. Gleiches gilt bei einem groben Verstoß des Arztes gegen die ihm obliegende Befunderhebungs- und Befundsicherungspflicht. Hier muss der Patient den groben Behandlungsfehler und dessen Schadenseignung beweisen, der Arzt trägt die Beweislast dafür, dass der Fehler für den Schadenseintritt nicht ursächlich war. 1979

Ein grober Behandlungsfehler liegt vor bei grober Fahrlässigkeit des Arztes, d.h. dann, wenn dieser eindeutig gegen bewährte ärztliche Behandlungsregeln oder gesicherte medizinische Erkenntnisse und Erfahrungen verstößt und einen Fehler begangen hat, der aus objektiver Sicht nicht mehr verständlich erscheint, weil er einem Arzt schlechterdings nicht unterlaufen darf (BGH NJW 2014, 688; BGH NJW 2012, 2653; BGH NJW 2008, 1381 und 1304; BGH NJW-RR 2007, 744; BGH NJW 2004, 2011).

▶ Beispiel:

Stirbt eine Patientin an Nierenversagen, nachdem der Arzt einen »hochpathologischen Harnbefund« nicht beachtet hat, und lässt sich nicht mehr feststellen, ob die Frau bei sofortigem Eingreifen überhaupt noch hätte gerettet werden können, so wird der Schadensersatzklage der Angehörigen stattgegeben (BGHZ 72, 132 = NJW 1978, 2337). 1980

Die Kausalität des groben Fehlers fehlt, wenn der Patient eine eigene Ursache für den Primärschaden gesetzt hat, wenn sich nicht das Risiko verwirklicht hat, dessen Nichtbeachtung den Fehler als grob erscheinen lässt, oder wenn der haftungsbegründende Kausalzusammenhang äußerst unwahrscheinlich war (BGH NJW-RR 2010, 831; BGHZ 159, 48 [54 f.] = NJW 2004, 2011).

(4) **Grobe Verletzung von Berufspflichten**. Nicht nur beim Arzt können Berufspflichten, die zum Schutz des Körpers oder der Gesundheit anderer bestehen, in grober Weise verletzt werden. Auch bei anderen Berufsgruppen hat der Schädiger dann zu beweisen, dass sein Verhalten nicht kausal für den eingetretenen Schaden war. Angenommen hat dies die Rechtsprechung etwa bei Bademeistern, Krankenhauspersonal oder Hebammen. 1981

▶ Beispiel:

Angenommen hat dies die Rechtsprechung z.B. bei Bademeistern, Krankenhauspersonal oder Hebammen (BGH MDR 2018, 301 und 256; NJW 2017, 2108; NJW 1971, 241; OLG Köln r+s 1996, 353; OLG Braunschweig VersR 1987, 76; Laumen, Die Beweislastumkehr für die haftungsbegründende Kausalität bei groben Pflichtverletzungen, MDR 2017, 797). Eine grobe Verletzung von Berufspflichten nimmt die Rechtsprechung auch bei der Verletzung von 1982

DIN-Normen an (BGH NJW 2018, 301; 2017, 2108; 2016, 2502; 2013, 2901; 2005, 68; Koch/Rupp, Die Beweislast im Rahmen der Schwimmbadaufsicht, NJW 2018, 267).

1983 (5) **Verletzung vertraglicher Aufklärungs- und Beratungspflichten.** Werden Aufklärungs- oder Beratungspflichten aus einem Vertrag verletzt, so muss der Verletzte beweisen, dass der Schaden auch bei pflichtgemäßem Verhalten eingetreten wäre (BGH NJW 2016, 3430; NJW-RR 1997, 144; 1989, 1102; BGH NJW-RR 1997, 144; BGH NJW-RR 1989, 1102; OLG Bamberg AnwBl 1987, 331; zur Kritik hieran Heinemann NJW 1990, 2345, 2348 m.w.N.; Stodolkowitz VersR 1994, 11).

Aus vielen Vertragstypen ergibt sich die Pflicht, den Vertragspartner über bestimmte Umstände und Risiken aufzuklären bzw. ihn über komplexe Sachverhalte und Zusammenhänge zu beraten. Für eine ganze Reihe von Berufsgruppen ist eine solche Verpflichtung geradezu typisch. Dazu gehören nicht nur Ärzte, sondern z.B. auch Rechtsanwälte und Notare (BGH NJW 2015, 2646; NJW-RR 2015, 158; BGH NJW 1987, 1322; Heinemann NJW 1990, 2345; Fischer NJW 1999, 2996; Borgmann NJW 2000, 2953; ders. NJW 2002, 2145), Steuerberater, Wirtschaftsprüfer, Architekten oder Banken (BGH NJW 1993, 2433; BGH NJW 1992, 1694; Weyer BauR 1987, 131). Wird aus der Verletzung einer solchen Pflicht geklagt, so trägt der Kläger nach allgemeinen Grundsätzen die Beweislast für die Pflichtverletzung. Der durch die Statuierung der Aufklärungspflicht bezweckte Schutz der Vertragspartner würde gefährdet, beließe man ihm auch die Beweislast für die Kausalität. Deswegen wird hier verbreitet eine Beweislastumkehr angenommen: Dass die Schlechterfüllung der Beratungspflicht für den entstandenen Schaden ursächlich war, braucht der Kläger nicht zu beweisen. Davon wird vielmehr ausgegangen, wenn nicht der Schädiger beweist, dass der Klient sich auch bei ordnungsgemäßer Beratung über jeden Rat und Hinweis hinweggesetzt und genauso gehandelt hätte.

1984 (6) **Sportunfälle.** Wird jemand bei Ausübung eines Sports von einem Mitspieler verletzt, so muss er nach allgemeinen Beweislastregeln für seinen deliktischen Anspruch die Verletzungshandlung, seinen Schaden und den Ursachenzusammenhang zwischen beiden beweisen. Handelt es sich um eine kämpferische, d.h. »gegen-«, nicht »miteinander« ausgeübte Sportart (z.B. Fußball, Handball oder Squash, nicht jedoch Tanzen, Golf oder Leichtathletik), so muss er darüber hinaus auch die Rechtswidrigkeit beweisen, da hier, anders als bei normalen deliktischen Ansprüchen, der Tatbestandsmäßigkeit der Handlung keine Indizwirkung dafür zukommen kann: Beweisen muss der Geschädigte die Regelverletzung, nicht der Schädiger die Rechtmäßigkeit seines Spielverhaltens (BGH VersR 1976, 591; BGH VersR 1975, 155, 156; BGHZ 63, 140; Baumgärtel/Laumen/Prütting § 823 BGB Anh. C I, Rn. 4 m.w.N.).

▶ Beispiel:

1985 Bei einem Fußballspiel prallen Kläger und Beklagter zusammen, der Kläger erleidet einen Bänderriss und verlangt Schadensersatz mit der Begründung, der Beklagte habe ihn gefoult. Der Beklagte trägt vor, ein Foul liege nicht vor, er habe den Ball gespielt, der Kläger sei in ihn hinein gelaufen.

Bringt eine Beweisausnahme insoweit keine Klarheit, so muss die Klage abgewiesen werden, da der Geschädigte die Beweislast für die Regelverletzung trägt.

Steht der Regelverstoß fest, so kann auf das Verschulden im Wege eines Anscheinsbeweises nicht geschlossen werden, da es in aller Regel an der hierfür erforderlichen Typizität des Geschehens fehlt (BGH NJW 1982, 2555; OLG Hamm NJW-RR 1988, 1245). Daher wird in der Literatur eine Beweislastumkehr vertreten, sodass der Schädiger, dessen Regelverstoß feststeht, nachweisen muss, dass ihn hieran kein Verschulden trifft (MüKoBGB/Mertens § 823 Rn. 329 ff., 348; Deutsch VersR 1974, 1045, 1050, beide m.w.N.; Fritzweiler DAR 1997, 137; Pardey ZfS 1995, 281).

Die Rechtsprechung hält zutreffend an der sich aus allgemeinen Grundsätzen ergebenden Beweislast des Geschädigten fest, da eine Umkehr die von den Spielern gewollte Risikoentlastung der Mitspieler praktisch unwirksam machen würde (BGHZ 63, 140, 149; OLG Hamm MDR 1997, 553; Scheffen NJW 1990, 2658). Nicht jeder geringfügige Regelverstoß stellt ein schuldhaftes (fahrlässiges) Verhalten dar, abzustellen ist auf die Besonderheiten der Sportart, der Spielsituation, der beteiligten Spieler und des konkreten Fouls (BGH NJW 1976, 2161, 2162; OLG Hamm VersR 1985, 296; LG Marburg NJW-RR 1988, 1243, 1244; Baumgärtel/Laumen/Prütting § 823 Anh. C I, Rn. 5, 8 ff. m.w.N. zu einzelnen Sportarten).

(7) **Sonstige.** Zu einer Umkehr der Beweislast kann es auch in einigen Fällen der Beweisvereitelung 1986
(dazu oben Rdn. 1931 ff.) und in weiteren, hier nicht dargestellten Fallgruppen kommen.

Solche weiteren Fallgruppen finden sich z.B. im Baurecht (Baumgärtel ZfBR 1989, 231), im Wohnungsmietrecht (Lammel ZMR 1990, 41) im Privatversicherungsrecht (Bach VersR 1989, 982; Kääb NZV 1990, 5; Looschelders/Pohlmann § 81 VVG Rn. 81 ff.; Krahe/Prütting in Halm/Engelbrecht/Krahe S. 286) oder im Bank- und Kapitalmarktrecht (Assies/Lang in Assies/Beule/Heise/Strube S. 1649 ff.; Schwintowski § 11 Rn. 18 f.)

VII. Beweisverhandlung

Im Anschluss an die Durchführung der Beweisaufnahme haben die Parteien durch Stellen der Anträge 1987
erneut streitig zu verhandeln (**§§ 279 Abs. 3, 285 ZPO**). Damit erhalten die Parteien rechtliches Gehör zum Ergebnis der Beweisaufnahme (BGH NJW 2016, 2890).

Das Gericht kann eine schriftliche Stellungnahme zum Ergebnis der Beweisaufnahme gestatten, ein Anspruch darauf besteht indes nur, wenn eine sofortige Verhandlung unzumutbar ist (BGH BeckRS 2021, 9648; BGH NJW 1991, 1547; BGH MDR 1988, 953; Schäfer, NJW 2013, 654).

▶ Beispiel:

Hat der Sachverständige in seiner mündlichen Anhörung neue Ausführungen gemacht, muss 1988
die Partei Gelegenheit erhalten, sich vor der Stellungnahme hierzu sachkundig beraten zu lassen (BGH NJW 2009, 2604).

Zur Beweiswürdigung können die Parteien entweder Tatsachen oder eigene Wertungen vortragen. 1989
Möglich (und insbesondere nicht verspätet!) sind aber auch neue Beweisanträge, wenn diese sich aus dem nunmehr vorliegenden Beweisergebnis ergeben (BGH MDR 2013, 487).

Neue, für die Beweiswürdigung relevante Tatsachen (»**Beweiseinreden**«) kommen praktisch nur selten 1990
vor (BGH NJW 2001, 830; Schneider MDR 2001, 781; zu Hilfstatsachen BGH NJW 1993, 1391).

▶ Beispiel:

Hat der Beklagte etwa Kenntnis davon, dass ein vom Kläger benannter Zeuge von diesem 1991
bestochen worden ist, so ist dies für die Beweiswürdigung selbstverständlich von Interesse. Trägt er es vor und bestreitet der Kläger dies, so ist hierüber gegebenenfalls Beweis zu erheben.

Häufiger nutzen die Parteien in diesem Rahmen die Gelegenheit, die erhobenen Beweise aus ihrer 1992
Sicht zu würdigen. Auf diese Chance sollte insbesondere in Grenzfällen nicht verzichtet werden. Nur so kann sichergestellt werden, dass das Gericht die eigene Position auch sieht und zumindest in Erwägung zieht. Praktisch nicht selten ist auch, dass das Gericht sich die Mühe einer eigenen **Beweiswürdigung** erspart und die von einer Partei vorformulierte Würdigung mehr oder weniger übernimmt. Auch wenn dies nicht geschieht, muss das Gericht sich mit den vorgetragenen Argumenten zumindest auseinandersetzen.

VIII. Beweiswürdigung

Die Beweiswürdigung ist Sache des Gerichts. Der Anwalt kann und muss sie im Rahmen der anzu- 1993
stellenden Erfolgsprognose antizipieren. Dass dabei ein nicht abzuschätzendes Risiko verbleibt, liegt in der Natur des Zivilprozesses. Dieses Risiko ist indes nicht so groß, wie vielfach vermutet, da das Gericht bei der Beweiswürdigung nicht völlig frei, sondern an nachprüfbare Grundsätze gebunden ist.

Zentrale Regelung und zugleich wichtigstes Prinzip des Beweisrechts ist der **Grundsatz der freien** 1994
Beweiswürdigung (§ 286 ZPO).

Historisch entstanden aus der Abkehr von früheren gesetzlichen Beweisregeln, soll dieser den Richter von jedem Zwang bei der Würdigung eines Beweismittels befreien, es ihm erlauben, über den konkreten Beweiswert nach freier Überzeugung zu befinden. So kann der Richter einer Partei mehr glauben als einem Zeugen, kann gegen mehrere bestätigende Zeugenaussagen das Gegenteil als erwiesen erachten oder Sachverständigengutachten verwerfen.

Freiheit bedeutet aber nicht Beliebigkeit oder Willkür. Die Beweiswürdigung muss auf einer zutreffenden Basis erfolgen (Gegenstand der Beweiswürdigung), unterliegt zahlreichen Einschränkungen (Grenzen) und muss nachvollziehbar sein (Begründung).

1995 In die Beweiswürdigung ist der berücksichtigungsfähige Prozessstoff **vollständig** einzubeziehen. Dazu gehört insbesondere

- der gesamte Inhalt der Verhandlungen, also alle vorgetragenen oder sonst berücksichtigungsfähigen (z.B. zu-Eigen-gemachte) erheblichen Tatsachen, auch innere, negative oder Hilfstatsachen, sowie das prozessuale und außerprozessuale Verhalten der Beteiligten.
- das Ergebnis einer etwaigen Beweisaufnahme, d.h. der zulässig erhobenen Beweise und Gegenbeweise und die sonst (z.B. im Rahmen einer Beweiserleichterung) festgestellten Tatsachen.
- das amtliche Wissen des Gerichts, insbesondere also die gerichtskundigen Tatsachen. Privates Wissen des Richters kann nur berücksichtigt werden, wenn dieses allgemeinkundig ist.
- die Erkenntnisse aus beigezogenen Akten anderer Verfahren, seien es vorangegangene Nebenverfahren (Arrest, einstweilige Verfügung, Prozesskostenhilfe, selbstständiges Beweisverfahren), seien es beigezogene anderweitige Hauptsacheverfahren.

1996 Die Freiheit des Richters bei der Würdigung von Beweisen unterliegt einer ganzen Reihe von **Einschränkungen**.

- Dies gilt zunächst, wenn Verfahrensvorschriften eine bestimmte Vorgehensweise oder Entscheidung erzwingen (Säumnis, Anerkenntnis, Geständnis, Beweisverwertungsverbot).
- Einschränkungen erfährt die Freiheit der Beweiswürdigung auch durch den Zwang, die gewonnene Überzeugung zu begründen (§ 284 Abs. 1 Satz 2 ZPO). Dabei müssen die wesentlichen Gesichtspunkte der richterlichen Überzeugungsbildung für die Parteien und vor allem auch für das Rechtsmittelgericht nachvollziehbar dargelegt werden. Gelingt dies nicht, droht die Aufhebung des Urteils.
- Nicht frei in der Beweiswürdigung ist der Richter im Rahmen des Anwendungsbereichs von gesetzlichen Beweisregeln (§ 286 Abs. 2 ZPO). Solche existieren z.B. für die Beweiskraft des Protokolls und des Urteilstatbestands (§§ 165, 314 ZPO), für den Zugang von Schreiben (z.B. § 270 Satz 2 ZPO) und für die Beweiskraft von Urkunden (§§ 415 ff. ZPO).
- Eingehalten werden müssen die Denkgesetze (insbesondere die Logik; Schlüssigkeit abhängiger und unabhängiger Indizien), die Naturgesetze (Statik im Bauprozess, Mechanik im Verkehrsunfallprozess, Vererbungslehre im Abstammungsprozess) und die anerkannten Erfahrungssätze (absolute Fahruntüchtigkeit ab 1,1 ‰).

Hier werden häufig Erkenntnisse der Wahrscheinlichkeitstheorie oder Statistik von laienhaften Irrtümern verdrängt und verbreitete Vorurteile manifestiert.

Erfahrungssätze folgen aus der allgemeinen Lebenserfahrung. Lassen sie sich verallgemeinern, erstarken sie zum Anscheinsbeweis, sind sie vom Gesetzgeber übernommen, werden sie zu (gesetzlichen) Vermutungen. Auf unzutreffende Erfahrungssätze gestützte Beweiswürdigungen sind stets rechtsfehlerhaft.

1997 Handwerklich lässt sich der **Vorgang der Beweiswürdigung** in drei Schritte zerlegen:

- Zunächst ist der objektive Beweisinhalt festzustellen, d.h. zu fragen, was die Beweisaufnahme konkret ergeben hat. Dabei ist zu beachten, dass Beweisinhalt nur die Feststellung von Tatsachen sein kann, nicht auch von Wertungen. Rechtsbegriffe müssen in Tatsachen und Wertungen aufgelöst, Unklarheiten durch Auslegung beseitigt werden.
- Es folgt die Feststellung der Beweisergiebigkeit, d.h. der Möglichkeit der Nutzbarmachung des Beweisinhalts für die Entscheidung. Nur wenn aus dem Beweisinhalt überhaupt Rückschlüsse

auf die (Un-)Wahrheit von beweiserheblichen Tatsachen gezogen werden können, muss der tatsächliche Beweiswert beurteilt werden.

- Letzter und entscheidender Schritt ist die Frage nach der Beweisüberzeugung, d.h. ob der Beweiswert zur Herbeiführung der erforderlichen Überzeugung für die Wahrheit der zu beweisenden Tatsache genügt. Dieser Schritt ist nicht (nur) für das einzelne Beweismittel, sondern im Wege einer Gesamtschau für die Gesamtheit des Ergebnisses der Beweisaufnahme durchzuführen.

Bis in die 1980er Jahre hinein sah die Rechtsprechung in der Überzeugungsbildung die Gewinnung 1998
persönlicher Gewissheit des Richters. Erforderlich und ausreichend war eine rein subjektive Wertung. Wie man zu einer Überzeugung gelangte und ab welchem Grad man überzeugt sein durfte, war allein den zur Entscheidung berufenen Richtern überlassen, eine Überprüfung im Rechtsmittel war nur beschränkt möglich. Entscheidend war, ob der Tatrichter die an sich möglichen Zweifel überwunden und sich von einem bestimmten Sachverhalt als wahr überzeugen konnte.

BGH, Urt. vom 09.02.1957 – 2 StR 508/56 – NJW 1957, 1039: Freie Beweiswürdigung bedeutet, dass es allein darauf ankommt, ob der Tatrichter die Überzeugung von einem bestimmten Sachverhalt erlangt hat oder nicht; diese persönliche Gewissheit ist für die Verurteilung notwendig, aber auch genügend. ... Ohne Bindung an gesetzliche Beweisregeln und nur seinem Gewissen verantwortlich hat der Tatrichter zu prüfen, ob er die an sich möglichen Zweifel überwinden und sich von einem bestimmten Sachverhalt überzeugen kann oder nicht.

Um sich die Möglichkeit zu eröffnen, negative Beweisfeststellungen durch übertrieben skrupulöse Beweiswürdigungen in der Revision anzugreifen, wurde die subjektivistische Beweiswürdigung nach unten durch die Einbeziehung der allgemeinen Lebenserfahrung erweitert. Zweifel an der Überzeugung dürfen der Überzeugung nur entgegengestellt werden, wenn sie nicht »bloß theoretisch«, »abstrakt«, »überspannt« oder »gedanklich« sind.

BGH, Urt. vom 28.11.1950 – 2 StR 42/50 – NJW 1951, 122: Für die aus dem Inbegriff der Verhandlung zu schöpfende richterliche Überzeugung ist ein nach der Lebenserfahrung ausreichendes Maß an Sicherheit erforderlich, aber auch genügend, damit gegenüber diesem vernünftige Zweifel nicht mehr laut werden können.

BGH, Urt. vom 17.02.1970 – III ZR 139/67 – NJW 1970, 94: § 286 ZPO stellt nur darauf ab, ob der Richter selbst die Überzeugung von der Wahrheit einer Behauptung gewonnen hat. Der Tatrichter hat zu entscheiden, ob er die an sich möglichen Zweifel überwinden und sich von einem bestimmten Sachverhalt als wahr überzeugen kann. Eine von allen Zweifeln freie Überzeugung setzt das Gesetz aber nicht voraus. Der Richter darf und muss sich aber in tatsächlich zweifelhaften Fällen mit einem für das praktische Leben brauchbaren Grad von Gewissheit begnügen, der den Zweifeln Schweigen gebietet, ohne sie völlig auszuschließen.

Etwa seit Beginn der 1990er-Jahre eröffnet sich der BGH den Zugang auch zu positiven Beweisfeststellungen, indem er verlangt, dass die subjektive Überzeugung für eine Tatsachenfeststellung auf objektiven Anhaltspunkten beruht, die diese Überzeugung rational begründbar machen. Dies vertreten heute die Zivil- wie die Strafsenate des BGH, das BVerfG hat sich dem angeschlossen.

BGH, Urt. vom 24.11.1992 – 5 StR 456/92 – SrtV 1993, 510: Die zur richterlichen Überzeugung erforderliche persönliche Gewissheit des Richters setzt objektive Grundlagen voraus. Diese müssen aus rationalen Gründen den Schluss erlauben, dass das festgestellte Geschehen mit hoher Wahrscheinlichkeit mit der Wirklichkeit übereinstimmt. Das ist der Nachprüfung durch das Revisionsgericht zugänglich (BVerfG, Urt. vom 30.04.2003 – 2 BvR 2045/02 – NJW 03, 2444; Kopp/Schmidt JR 2015, 51).

In der Revision ist der Inhalt der Beweiswürdigung mit der Sachrüge angreifbar. Die Anforderungen des BGH an die Beweisführung haben sich stark verändert. Während die frühere Rechtsprechung Schlussfolgerungen des Tatgerichts, die nach der Lebenserfahrung möglich sind, genügen ließ, wird nunmehr vorausgesetzt, dass der Schuldspruch auf einer tragfähigen Beweisgrundlage aufbaut, die die objektiv hohe Wahrscheinlichkeit der Richtigkeit des Beweisergebnisses ergibt.

Methodisch stehen damit die die Überzeugung stützenden objektiven Gesichtspunkte des Beweisergebnisses im Vordergrund. Erkenntnistheoretisch kann dabei regelmäßig nicht festgestellt werden, dass eine Tatsache nicht vorliegt, sondern nur, dass sie vorliegt. Praktisch bedeutet dies, dass für die Überzeugungsbildung nach objektiven Kriterien für die Richtigkeit des Beweisergebnisses gesucht werden muss.

> OLG Stuttgart, Beschl. vom 15.10.2003 – 2 Ss 437/03 – Justiz 2004, 248: Bei der Bewertung des Inhalts von Aussagen ist nicht in erster Linie festzustellen, wer die Unwahrheit gesagt hat, sondern – umgekehrt – was dafür spricht, dass eine Auskunftsperson die (irrtumsfreie) Wahrheit berichtet hat.

Das muss nicht bedeuten, dass das »Bauchgefühl« seine praktische Bedeutung verloren hat. Als Ergebnis Verwendung finden kann es indes nur, wo es sich (nachträglich) auf objektive Gründe stützen lässt. Insofern besteht eine Parallele zur »Drecksackmethode« bei der Entscheidungsfindung.

1999 Nach § 284 Abs. 1 Satz 2 ZPO sind im Urteil die Gründe anzugeben, die für die richterliche Überzeugung leitend gewesen sind. Diese Begründungspflicht dient

- der Selbstkontrolle des Richters, der dadurch gezwungen wird, sich die wesentlichen Gesichtspunkte seiner Überzeugungsbildung selbst zu vergegenwärtigen und sie zu rationalisieren,
- der Überzeugung der Parteien, die erkennen können müssen, dass der von ihnen vorgetragene Prozessstoff für die Entscheidung auch berücksichtigt wurde (Art. 103 Abs. 1 GG), und
- der Überprüfung der Entscheidung durch das Rechtsmittelgericht, das die Vollständigkeit und Richtigkeit der getroffenen Feststellungen kontrollieren muss.

Unzureichend als Begründung ist die Beschränkung auf das bloße Ergebnis der Beweiswürdigung ohne jede Begründung oder deren Beschränkung auf bloße Floskeln und Leerformeln.

2000 Die Begründung muss erkennen lassen,

- die Vollständigkeit der Grundlage der Beweiswürdigung, dass also der gesamte Inhalt der Verhandlungen und alle Beweisergebnisse in die Würdigung einbezogen wurden.
- zu welchem Ergebnis die Beweiswürdigung geführt und welche subjektive Überzeugung der Richter gewonnen hat.
- aus welchen objektiven Umständen die subjektive Gewissheit hergeleitet wird. Hier sind rationale, intersubjektiv akzeptable, in hohem Maß plausible Argumente erforderlich, die die zugrunde gelegten Erfahrungssätze offenlegen.

> BGH, Urt. vom 19.01.1999 – 1 StR 171/98 – NJW 1999, 1562: Das Gericht ist zwar in seiner Beweiswürdigung frei, seine Feststellungen dürfen sich aber nicht bloß auf Spekulationen über innere Vorgänge oder Vermutungen zu allenfalls möglichen Sachverhalten stützen.

Das Gericht braucht dabei nicht auf jedes einzelne Detail ausführlich einzugehen. Die Begründung muss die wesentlichen Elemente der Beweiswürdigung umfassen, in sich geschlossen und widerspruchsfrei sein.

> Die Beweiswürdigung darf sich nicht auf die das eigene Ergebnis stützenden Beweise beschränken, sondern muss sich kritisch insbesondere mit den widersprechenden Beweisen auseinandersetzen, naheliegende oder ausdrücklich gerügte Bedenken aufgreifen und widerlegen.

> OLG Stuttgart, Beschl. vom 15.10.2003 – 2 Ss 437/03 – Justiz 2004, 248: Das Gericht ist verpflichtet, die erhobenen Beweise in Verbindung mit den sonst festgestellten Tatsachen erschöpfend zu würdigen. Diese Würdigung ist in den Urteilsgründen darzulegen. Das bedeutet nicht, dass stets in allen Einzelheiten dargelegt werden muss, auf welche Weise das Gericht zu bestimmten Feststellungen gelangt ist. Keinesfalls genügt jedoch die bloße Wiedergabe der Aussagen von Angeklagten und Zeugen.

> OLG Köln Urt. vom 01.10.1997 – 17 U 16/97 – NJW-RR 1998, 1143: In Abweichung von § 313 Abs. 3 ZPO, der zwingend vorschreibt, dass die Entscheidungsgründe eines Urteils lediglich eine »kurze Zusammenfassung« der Erwägungen des Gerichts in tatsächlicher und rechtlicher Hinsicht enthalten, hat das Gericht in Erfüllung des § 286 Abs. 1 Satz 2 ZPO in den Entscheidungsgründen seines Urteils für den Fall, dass eine Beweiswürdigung vorzunehmen ist, »die Gründe anzugeben, die für die richterliche Überzeugung leitend gewesen sind«, und zwar ohne jegliche Abkürzung. Der Bundesgerichtshof (Urt. vom 22.01.1991 – VI ZR 97/90) verlangt deshalb auch, dass der Tatrichter die wesentlichen Gesichtspunkte für seine Überzeugungsbildung nachvollziehbar darzulegen habe.

BGH Urt. vom 23.07.2008 – 2 StR 150/08 – BGHSt 52, 314: Ein Urteil kann keinen Bestand haben, wenn die Beweiswürdigung rechtsfehlerhaft ist. Das ist etwa der Fall, wenn sie lückenhaft ist, namentlich wesentliche Feststellungen nicht berücksichtigt oder naheliegende Schlussfolgerungen nicht erörtert, wenn sie widersprüchlich oder unklar ist, gegen Denkgesetze oder Erfahrungssätze verstößt oder wenn an die zur Verurteilung erforderliche Gewissheit überspannte Anforderungen gestellt werden. Dabei ist der Tatrichter gehalten, sich mit den von ihm festgestellten Tatsachen unter allen für die Entscheidung wesentlichen Gesichtspunkten auseinanderzusetzen, wenn sie geeignet sind, das Beweisergebnis zu beeinflussen. Eine Beweiswürdigung, die über schwerwiegende Verdachtsmomente hinweggeht, ist rechtsfehlerhaft. Aus den Urteilsgründen muss sich auch ergeben, dass die einzelnen Beweisergebnisse nicht nur isoliert gewertet, sondern in eine umfassende Gesamtwürdigung eingestellt wurden.

BGH, Urt. vom 09.11.1999 – 5 StR 252/99 – StV 2000, 243: Die unstrukturierte Beweiswürdigung genügt nicht den in ständiger Rechtsprechung des Bundesgerichtshofs entwickelten Darstellungsanforderungen an die Beweiswürdigung. Die schriftlichen Urteilsgründe dienen nicht dazu, all das zu dokumentieren, was in der Hauptverhandlung an Beweisen erhoben wurde; sie sollen nicht das vom Gesetzgeber abgeschaffte Protokoll über den Inhalt von Angeklagten- und Zeugenäußerungen ersetzen, sondern vielmehr das Ergebnis der Hauptverhandlung wiedergeben und die Nachprüfung der getroffenen Entscheidung ermöglichen. Eine solche Darstellungsweise ersetzt nicht die Würdigung der Beweise und begründet hier die Besorgnis, der Tatrichter sei davon ausgegangen, eine breite Darstellung der erhobenen Beweise könne die gebotene eigenverantwortliche Würdigung ersetzen. Denn eine rechtsfehlerfreie Beweiswürdigung muss auch eine Abwägung und Gewichtung der einzelnen Beweise enthalten.

Dass richterliche Entscheidungen praktisch nicht immer (nur) auf den Gründen des schriftlichen Urteils **2001**
beruhen, sondern hierbei zahlreiche unbewusste Motive mitgewirkt haben (»apokryphe« Entscheidungsgründe), ist nicht Gegenstand der vorliegenden Betrachtung.

IX. Beweismaß

Durch die Beweiswürdigung entscheidet sich, was der Richter für erwiesen hält. Ob damit der prozes- **2002**
sual erforderliche Beweis gelungen ist, regelt das Beweismaß. Es bestimmt den Grad der Gewissheit, der erreicht sein muss, um von der Wahrheit einer zu beweisenden Tatsache ausgehen zu dürfen. Das Beweismaß ist gesetzlich geregelt (und damit einerseits der Parteidisposition entzogen, andererseits revisibel), ob es erreicht ist, beurteilt der Richter (als nicht revisible Tatfrage) im konkreten Fall.

Beweis kann einerseits nicht schon bei bloßer Wahrscheinlichkeit als geführt angesehen werden, andererseits ist naturwissenschaftliche Gewissheit mit menschlichen Erkenntnismöglichkeiten grundsätzlich nicht erreichbar. Im Regelfall muss deswegen für eine behauptete Tatsache eine sehr hohe Wahrscheinlichkeit sprechen. Das Beweismaß muss die subjektive Überzeugung des Richters herbeiführen, sich aber auch an der objektiven Wahrheit orientieren. In dieser Kombination von subjektiven und objektiven Faktoren ist ein Beweis geführt, wenn für das Vorliegen der Tatsache ein für das praktische Leben brauchbarer Grad von Gewissheit vorliegt, der Zweifeln Schweigen gebietet, ohne sie völlig auszuschließen (sog. Vollbeweis).

Der BGH geht (für Vaterschaftsfeststellungen) davon aus, eine Tatsache sei bei einer Wahrscheinlichkeit von

> 99,8 %	praktisch erwiesen
99,0 %–99,7 %	höchstwahrscheinlich
95,0 %–98,9 %	sehr wahrscheinlich
90,0 %–94,9 %	wahrscheinlich
darunter	unentschieden.

Eine Wahrscheinlichkeit von weniger als 95 % begründet schwerwiegende Zweifel, bei einer Wahrscheinlichkeit zwischen 95 % und 99 % komme es auf die Umstände des Einzelfalles an, und nur bei einer Wahrscheinlichkeit von über 99 % könne von einer Überzeugung im Sinne von Gewissheit ausgegangen werden.

Praktisch ist eine exakte objektive Quantifizierung der Wahrscheinlichkeit kaum je möglich, sie dann noch zwischen 99 % und 100 % in drei Stufen zu kategorisieren, ist rein verbale Scheinbegründung.

Hinzu kommt, dass Wahrscheinlichkeiten vielfach grob fehlerhaft eingeschätzt werden (»Geburtstagsparadoxon«) und mathematische Grundlagen der Wahrscheinlichkeitsrechnung nur wenig verbreitet sind.

2003 Eine noch über die bereits vom Regelbeweismaß geforderte sehr hohe Wahrscheinlichkeit hinausgehende **Steigerung** des Beweismaßes tritt ein, wo das Gesetz (z.B. §§ 319 Abs. 1, 562a Satz 2, 660 Abs. 1 Satz 2, 2155 Abs. 3, 2217 Abs. 1 Satz 1 BGB) oder die Rechtsprechung (etwa bei Klagen gegen rechtskräftige Urteile aus § 826 BGB) das Vorliegen von Tatsachen als »offenbar« oder »offensichtlich« fordert.

In einer Vielzahl von Fällen senkt das Gesetz das Regelbeweismaß ab und begnügt sich mit einem **geringeren Grad** an richterlicher Überzeugung. Dazu gehören

- Vorschriften, die durch ihren Wortlaut die Anforderungen an die richterliche Überzeugung absenken, z.B. § 252 Satz 2 BGB (»mit Wahrscheinlichkeit erwartet werden konnte«), § 651a Abs. 2 BGB (»wenn der Anschein begründet wird«), § 844 Abs. 2 BGB (»mutmaßliche Lebensdauer«), § 22 AGG (»vermuten lassen«) oder § 375 Abs. 1, 1a ZPO (»wenn ... anzunehmen ist«).
- richterrechtliche Rechtsfortbildungen, z.B. der Beweis für das äußere Bild (Laumen MDR 2016, 560).
- ohne gesetzliche Grundlage und ohne Billigung durch die obergerichtliche Rechtsprechung werden die Anforderungen an das Beweismaß im Zivilprozess praktisch häufig herabgesetzt, vor allem durch die Tendenz, Zeugen zu glauben.

Die praktisch wichtigsten Reduzierungen des Beweismaßes eröffnen sich bei der Glaubhaftmachung und der Schätzung (oben Rdn. 1839, 1915).

B. Beweiserhebung

2004 Nach dem Grundsatz des Strengbeweises kann nur mit einem der in der ZPO vorgesehenen Beweismittel Beweis geführt werden. Dabei kommen in Betracht

- die **Vernehmung einer natürlichen Person**, die je nach ihrer prozessualen Beteiligung Partei (unten Rdn. 2192), Sachverständiger (unten Rdn. 2100) oder Zeuge (unten Rdn. 2005) ist,
- die Berücksichtigung **schriftlich verkörperter Gedankenerklärungen** (Urkunden; unten Rdn. 2137) oder
- die **eigene sinnliche Wahrnehmung** von Umständen durch das Gericht (Augenschein; unten Rdn. 2206).

Abgegrenzt werden muss die Beweisaufnahme von der bloßen Mitwirkung des Gerichts beim Tatsachenvortrag der Parteien nach § 139 Abs. 1 ZPO. So ist ein Urkundenbeweis nicht bereits dann erhoben, wenn die Urkunde auf Aufforderung des Gerichts (mit einem Schriftsatz oder in der mündlichen Verhandlung) vorgelegt wurde. Vielmehr werden damit regelmäßig zunächst nur Existenz und Inhalt der Urkunde als Tatsache vorgetragen. Bleiben diese unstreitig, bedürfen sie des Beweises nicht (BGH NJW-RR 2016, 957). Erst nach einem (substanziierten) Bestreiten muss das Gericht über den mit der Urkundenvorlegung verbundenen Beweisantritt (§ 420 ZPO) entscheiden. Die Beweisaufnahme ist tatsächlich erfolgt, wenn die Urkunde »zu Beweiszwecken« zum Gegenstand der mündlichen Verhandlung gemacht wurde, ansonsten kommt auch eine bloße Mitwirkung des Gerichts beim Tatsachenvortrag in Betracht.

Entsprechendes gilt für mündliche Angaben einer Partei im Termin, die als Parteianhörung Tatsachenvortrag oder als Parteivernehmung Beweiserhebung sein können.

I. Zeugen

2005 Zeugen sind in der Gerichtspraxis die wichtigsten bzw. häufigsten, zugleich aber auch die problematischsten Beweismittel. Kein anderes Beweismittel ist so anfällig für Verfälschung wie der Zeugenbeweis (Prütting/Gehrlein/Trautwein § 373 Rn. 19), die Fehlerquellen hierbei sind zahlreich (z.B. Anders/Gehle/Gehle Übers. § 373 Rn. 6).

Die Leistungsfähigkeit von Zeugen bzw. ihres Gedächtnisses wird allgemein überschätzt. Die Zeugen überschätzen sich selbst, und die Richter überschätzen wiederum die Zeugen (E. Schneider MDR 1966, 561).

Die (unbewusste) Fehlerhaftigkeit einer Aussage kann sowohl auf einer mangelhaften Wahrnehmung als auch auf einer mangelhaften Wiedergabe des Wahrgenommenen beruhen.

Ein geschicktes Vorgehen, vor allem bei der Vernehmung der Zeugen, eröffnet dem Anwalt Einflussmöglichkeiten auf das Beweisergebnis. **2006**

1. Tauglichkeit von Zeugen

Zeuge kann jede **natürliche Person** sein, die eigene Wahrnehmungen vergangener Tatsachen bekunden soll und nicht als Partei zu vernehmen ist (Thomas/Putzo/Seiler Vorb. § 373 Rn. 1). Ganz grundsätzlich ist die Zeugentauglichkeit streng zu unterscheiden von der Glaubwürdigkeit des Zeugen. **2007**

Die Zeugentauglichkeit setzt keine Geschäftsfähigkeit voraus; auch Kinder und nicht Geschäftsfähige können Zeugen sein. **2008**

Nur in Ausnahmefällen ist ein Zeuge ein ungeeignetes Beweismittel. Dies kann z.B. bei einem Kleinstkind, einem Blinden hinsichtlich optischer Wahrnehmungen, einem geisteskranken Zeugen oder auch einem Zeugen der Fall sein, der sich auf sein Zeugnisverweigerungsrecht berufen hat (§ 386 Abs. 3 ZPO). Die Frage der Neutralität des Zeugen ist für die Feststellung der Eignung völlig unerheblich; sie stellt sich nur bei der Beweiswürdigung.

Auch der prozessbevollmächtigte Anwalt kann Zeuge sein (Zöller/Greger § 373 Rn. 3, 5). Während der Vernehmung des Prozessbevollmächtigten ist die Partei nicht säumig, da die Verhandlung erst nach Erledigung der Beweisaufnahme beginnt (§§ 367, 370 ZPO). **2009**

Der Zeugentauglichkeit stehen nicht entgegen: Ehe, Verwandtschaft oder Freundschaft mit einer Partei, gesellschaftsrechtliche Beteiligung an einer Partei, mögliche eigene Interessen am Ausgang des Rechtsstreits (z.B. eigene Regressansprüche bzw. Regresspflichten einer Partei gegenüber). Ebenso wenig existiert eine Beweisregel bzw. ein Erfahrungssatz, dass der Aussage eines am Ausgang des Verfahrens interessierten Zeugen (z.B. eines wirtschaftlich Interessierten, Freundes, Verwandten oder Mitfahrers) überhaupt nicht oder nur bei Bestätigung durch objektive Beweismittel geglaubt werden darf. Denn es verstößt gegen den Grundsatz der freien Beweiswürdigung, solchen Aussagen nur für den Fall Beweiswert zuzuerkennen, dass sonstige objektive Gesichtspunkte für die Richtigkeit der Aussagen sprechen (vgl. für die sog. Beifahrer-Rechtsprechung BGH NJW 1988, 566 mit Anm. Walter). **2010**

Ungeeignet ist ein Zeuge, wenn er die in sein Wissen gestellten Tatsachen unzweifelhaft nicht kennen kann. Ob dies auf einen Zeugen zutrifft, der für länger zurückliegende Vorgänge benannt worden ist, weil auszuschließen ist, dass er die in sein Wissen gestellten Wahrnehmungen gemacht und zuverlässig in seinem Gedächtnis behalten hat, ist anhand allgemeiner Lebenserfahrung unter Berücksichtigung aller Umstände zu beurteilen. **2011**

Maßgeblich hierfür ist insbesondere, ob der Vorgang, zu dem der Zeuge aussagen soll, für ihn bedeutsam gewesen ist, sein Interesse geweckt hat und ob sich der Zeuge auf Erinnerungshilfen stützen kann. Insofern ist eine Vorwegnahme der Beweiswürdigung in Grenzen zulässig, wobei jedoch feststehen muss, dass eine verwertbare Aussage keinesfalls zu erwarten ist. Jedenfalls gibt es keinen allgemeinen Erfahrungssatz, dass ein Zeuge den Wortlaut einer Äußerung nach Ablauf von vielen Jahren nicht mehr zuverlässig wiedergeben kann (BGH NStZ-RR 2005, 78).

Die Eignung des Zeugen sollte vor seiner Benennung auch in inhaltlicher Hinsicht überprüft werden. Die weitverbreitete Ansicht, eine **vorprozessuale Kontaktaufnahme** zum (potenziellen) Zeugen sei dem Anwalt untersagt, findet im Prozessrecht keine Stütze. Ganz im Gegenteil gilt, dass die Benennung eines Zeugen ohne Kenntnis des Inhalts der zu erwartenden Aussage einen anwaltlichen **2012**

Kunstfehler darstellt (oben Rdn. 244). Der Anwalt ist auf Kenntnisse des Zeugen zur Ermittlung des vorzutragenden Sachverhalts genauso angewiesen, wie zur Abschätzung des prozessualen Beweisrisikos; z.B. muss er klären, ob es eines sichernden selbstständigen Beweisverfahrens bedarf. Eine rote Linie wird bei vorprozessualen Kontakten überschritten, sobald eine Beeinflussung von Zeugen stattfindet oder zu befürchten ist (Hoffmann/Maurer NJW 2018, 257).

Noch nicht überschritten ist die rote Linie dann, wenn mit dem Zeugen erörtert wird, wie seine Vernehmung ablaufen wird, mit welchen Fragen er rechnen muss und in welchem Rahmen ggf. ein Zeugnisverweigerungsrecht besteht. Sicher darf der Zeuge nicht veranlasst werden, wahrheitswidrige Angaben zu machen oder bestimmte Tatsachen zu verschweigen.

Es sollte aber berücksichtigt werden, dass vorprozessuale Kontakte zu einem Zeugen von vielen Richtern »nicht geschätzt werden« (Ullrich NJW 2014, 1341) und deswegen bei ihrem Bekanntwerden häufig Zweifel an der Wahrheit der Aussage wecken.

▶ Praxistipp:

2013 Aus vorprozessualen Kontaktaufnahmen zum Zeugen resultierenden Beweiseinreden des Gegners und Bedenken des Gerichts kann durch Transparenz begegnet werden.

Es kann also vorteilhaft sein, den Kontakt zum Zeugen proaktiv offenzulegen und seinen Inhalt zu offenbaren. Um eine verlässliche Dokumentation zu schaffen, sollten die Gespräche mit den Zeugen protokolliert oder in Vermerken festgehalten werden. Unter Umständen können der Inhalt und der Verlauf solcher Kontaktgespräche auch mit Zeugen belegt werden.

2. Die Benennung der Zeugen

a) Normalfall

2014 Die Zeugen sind im Beweisantrag ausreichend konkretisiert mit Namen und ladungsfähiger Anschrift anzugeben (§ 373 ZPO; BVerwG NJW 1999, 2608: nicht Postfach). Praktisch ausnahmslos akzeptieren die Gerichte hierbei wohl die gebräuchliche Formulierung »zu laden über den Kläger/Beklagten« (Anders/Gehle/Gehle § 373 Rn. 4; a.A. LG Hagen MDR 1984, 1034).

b) Zeuge »N.N.«

Im Zivilprozess wird die Abkürzung »N.N.« (nomen nominandum) verwendet, um auf einen Zeugen hinzuweisen, dessen Name noch nicht gemäß § 373 ZPO angegeben werden kann. Dies ist z.B. der Fall, wenn der Name des Zeugen zwar bekannt ist, aber noch nicht genannt werden darf oder noch nicht alle erforderlichen Informationen über den Zeugen vorliegen.

2015 Das häufig anzutreffende Beweisangebot der Vernehmung eines Zeugen »N.N.« ist eine zivilprozessuale Problemzone. Der Beweisantritt mit »N.N.« ist **grundsätzlich unbeachtlich** und kann bei der Terminsladung übergangen werden, auch wenn dieser Zeuge »viel gehört, gesehen und alles mitbekommen hat« und daher »alltäglich durch anwaltliche Schriftsätze geistert« (OLG Koblenz MDR 2015, 975; Gottschalk NJW 2004, 2939).

▶ Praxistipp:

2016 Können oder sollen die erforderlichen Angaben zu einem Zeugen in einem Schriftsatz noch nicht gemacht werden, muss dem Gericht gegenüber klar und unmissverständlich mitgeteilt werden, dass die Nachreichung der Angaben möglich und beabsichtigt ist, sofern die Aussage des Zeugen relevant ist.

Der Beweisführer kann nur dann mit einer Fristsetzung zur Benennung eines als »N.N.« bezeichneten Zeugen rechnen, wenn dieser hinreichend individualisiert wurde (BGH NJW 1987, 3077, 3080; BGH NJW 1998, 2368; Zöller/Greger § 356 Rn. 4; a.A. Thomas/Putzo/Seiler § 139 Rn. 8; E. Schneider MDR 1987, 725; ders. MDR 1998, 1115). Ein Beispiel für eine solche Individualisierung wäre »der mit N.N. bezeichnete Mitarbeiter der Klägerin des zuständigen Referats »IV a 4«, der die betreffenden Zahlen ermittelt hat« (vgl. BGH NJW 1998, 2368). Andernfalls genügt die Bezeichnung »N.N.« grundsätzlich nicht für einen Beweisantritt (BGH NJW 1983, 1905, 1908), worauf die anwaltlich vertretene Partei nicht hingewiesen werden muss (vgl. BGH NJW 1987, 3077). Die Nachreichung der Angaben in der Berufungsinstanz stellt einen neuen Beweisantrag dar (Zöller/Heßler § 530 Rn. 12) und ist daher nur eingeschränkt möglich (§§ 530, 531 Abs. 2 Nr. 2 ZPO).

Zu **beachten** ist der Beweisantritt mit dem Zeugen »N.N.«, wenn aus der Sicht des Gerichts eine realistische Chance besteht, eine damit gemeinte konkrete Person auszumachen. Dass dies der Fall ist, muss die Partei in Ergänzung ihres Beweisantritts klarstellen. 2017

Ausreichend ist z.B. »der Sachbearbeiter der Versicherung X, der für den Buchstaben Y zuständig ist«, »Zeuge Hans Müller, ladungsfähige Anschrift wird nachgereicht« oder »der sachkundige Bankangestellte N.N.« (insbesondere zum Beweis des Zinsschadens; Zöller/Greger § 356 Rn. 4). Die bloße Konkretisierung »zuständiger Mitarbeiter« genügt nicht (BGH NZI 2015, 191).

Bei einer individualisierten Angabe darf das Gericht nicht von einer Vernehmung absehen, ohne dem Beweisführer zuvor eine Frist zur Beibringung der fehlenden Daten gem. § 356 ZPO gesetzt zu haben (BGH NJW 1998, 2368; Thomas/Putzo/Seiler § 356 Rn. 3; Verlängerung der Ausschlussfrist gem. § 224 Abs. 2 ZPO möglich, wirksam nur bei förmlicher Zustellung, § 329 Abs. 2 Satz 2 ZPO, BGH NJW 1989, 227; § 296 ZPO nicht anwendbar, BGH NJW 1993, 1926). Der Zeuge kann unabhängig davon (notfalls) auch zur mündlichen Verhandlung mitgebracht werden, das Gericht muss diesen dann grundsätzlich trotz Fristablauf vernehmen. In der Praxis soll es schon vorgekommen sein, dass zunächst ein Zeuge mit erfundener Anschrift und/oder Namen bzw. ungeeignete Zeugen angegeben wurde, um Zeit zur Ermittlung des richtigen Zeugen zu gewinnen (§ 360 ZPO); die richtigen Zeugen wurden erst dann in Auswechselung der bisherigen vor dem Beweistermin benannt.

Die Konkretisierung muss nicht notwendig durch den Beweisführer erfolgen. Denkbar ist sie auch durch den **Gegner**. Ist anzunehmen, dass der Gegner die Personalien des Zeugen kennt (z.B. weil er dessen Arbeitnehmer oder Familienangehöriger ist), sollte er zugleich aufgefordert werden, diese zu nennen. 2018

Falls die nicht beweisbelastete Partei der Aufforderung der beweisbelasteten Gegenpartei grundlos nicht nachkommt, die nur ihr bekannte Anschrift eines Zeugen mitzuteilen, kann dies im Rahmen der Beweiswürdigung zu ihren Lasten als Beweisvereitelung berücksichtigt und der verhinderte Beweis als geführt angesehen werden (Thomas/Putzo/Seiler § 286 Rn. 19).

c) Verzicht auf Zeugen

Bei Verzicht auf einen benannten Zeugen (§ 399 ZPO) ist Vorsicht geboten. Verbunden ist damit eine Verschlechterung der eigenen Beweissituation, die häufig nicht so **begrenzt** werden kann, wie dies von der Partei beabsichtigt wird. 2019

Der Verzicht ist regelmäßig endgültig, kann nicht zurückgenommen werden.

Ob ein Verzicht nur für die jeweilige Instanz wirkt, ist umstritten (Verzicht wirkt nur für die Instanz: Zöller/Greger § 399 Rn. 3; Verzicht gilt grundsätzlich auch für Berufungsrechtszug: Thomas/Putzo/Seiler § 399 Rn. 1). Anders könnte es zwar sein, wenn ausdrücklich nur für die jeweilige Instanz verzichtet wird; das Risiko, mit dem Zeugen für den gesamten Rechtszug ausgeschlossen zu sein, besteht dennoch (BGH NJW-RR 2002, 1500: Berufungsgericht muss im Zweifel nachfragen, ob der Verzicht auch für die zweite Instanz gelten soll; OLG Saarbrücken ProzRB 2003, 321: gem. § 531 Abs. 2 Nr. 3 ZPO ausgeschlossen).

3. Schriftliche Aussagen

Die Verwertung **schriftlicher Aussagen bzw. Äußerungen von Zeugen im Urkundenbeweis** ist nur ausnahmsweise möglich. Dies ist dann der Fall, wenn beide Parteien einverstanden sind (§§ 295, 284 Satz 2 ZPO; BGH NJW-RR 2011, 568; Prütting/Gehrlein/Trautwein § 373 Rn. 18). Außerdem ist die Verwertung im Urkundenbeweis möglich, wenn die Aussage zur Beweisaufnahme in einem anderen Verfahren (z.B. in einem Strafverfahren oder einem PKH-Verfahren) erfolgt ist (BGH, Urt. vom 20.9.2011, II ZR 4/10, Rn. 13; MüKoZPO/Heinrich § 355 Rn 10); unzulässig ist eine solche 2020

Verwertung früherer Aussagen jedoch, wenn eine Partei die Vernehmung des Zeugen zum Zwecke des unmittelbaren Beweises beantragt oder wenn die Beurteilung der Glaubwürdigkeit des Zeugen deren unmittelbare Vernehmung erfordert (BGH, Urt. vom 20.09.2011, II ZR 4/10 Rn. 13).

Ebenso kann eine Vernehmung nicht durch die Vorlage einer **eidesstattlichen Versicherung** des Zeugen ersetzt werden. Die eidesstattliche Versicherung ist nur Mittel zur Glaubhaftmachung gem. § 294 ZPO; aus ihr kann sich aber die für eine Parteivernehmung nach § 448 ZPO erforderliche Anfangswahrscheinlichkeit ergeben. Zur Bedeutung der eidesstattlichen Versicherung im Freibeweisverfahren oben Rdn. 1883.

2021 Eine **schriftliche Befragung** ohne Zustimmung der Parteien ist durch das Gericht gem. § 377 Abs. 3 ZPO zwar möglich (Thomas/Putzo/Seiler § 377 Rn. 3), führt in der Praxis aber ein »Schattendasein« (Huber ZRP 2003, 270), zumal der Zeuge nicht dazu verpflichtet ist, eine schriftliche Auskunft zu geben (Zöller/Greger § 378 Rn. 10).

2022 Es sollte auf jeden Fall vor der Durchführung der schriftlichen Vernehmung auf eine klare und vollständige Formulierung der Beweisfrage geachtet und eine entsprechende Ergänzung beantragt werden (§ 360 ZPO).

2023 Da eine schriftliche Befragung häufig nicht zielführend ist (z.B. weil die Beweisfragen nur mit »ja« oder »nein« beantwortet werden oder weil es auf die Glaubwürdigkeit des Zeugen ankommt), stellt sich die Frage, ob der Kläger eine mündliche Vernehmung erzwingen kann.

Das Gericht hat nach § 377 Abs. 3 ZPO das Ermessen, einen Zeugen von Amts wegen oder auf Antrag zu laden, wenn es dies zur Klärung der Beweisfrage für notwendig erachtet. Gerade zur Beurteilung der Glaubwürdigkeit ist es wichtig, dass das Gericht einen persönlichen Eindruck vom Zeugen gewinnt oder auf eine aktenkundige und der Stellungnahme durch die Parteien zugängliche Beurteilung zurückgreifen kann (BGH NJW 1997, 1586). Beantragt eine Partei einen Termin, um dem Zeugen Fragen zu stellen (§ 397 ZPO), so muss das Gericht den Zeugen laden. Dabei muss die Partei die Fragen weder vorher mitteilen noch darlegen, warum eine mündliche Befragung für notwendig erachtet wird (§ 397 ZPO; Zöller/Greger § 377 Rn. 10, § 397 Rn. 2, § 398 Rn. 2; a.A. Anders/Gehle/Gehle § 397 Rn. 5). Es kann sich anbieten, bereits bei Bekanntwerden der beabsichtigten schriftlichen Vernehmung auf eine mündliche Vernehmung, notfalls durch einen ersuchten Richter (§ 375 ZPO), hinzuwirken.

▶ Praxistipp:

2024 Wurde ein Zeuge von Amts wegen schriftlich befragt, ist zu erwägen, auf seine Ladung und persönliche Vernehmung hinzuwirken.

Hierzu hat E. Schneider (MDR 1998, 1133) treffend festgestellt: »Was ein Zeuge weiß, was er sagen will und gerne verschweigen möchte, das lässt sich nur Auge in Auge, durch Frage, Antwort und Beobachtung herausfinden – wenn überhaupt. Ein schriftlicher Bericht ist dazu jedenfalls untauglich.«

Dies dürfte besonders bei Zeugen gelten, die in näherer Verbindung zu einer Partei stehen (z.B. Angehörige, Freunde, Mitarbeiter).

Vor allem wenn die schriftliche Aussage das Vorbringen des Gegners stützt, kann man den Wahrheitsgehalt der Aussage allenfalls durch eine persönliche Vernehmung hinterfragen und gegebenenfalls erschüttern. Außerdem kann man sich dadurch einen Berufungsgrund schaffen, wenn das Gericht einen entsprechenden Antrag (fehlerhaft und aus Bequemlichkeit?) ablehnt.

2025 Auch bei einer **kommissarischen Vernehmung** durch einen beauftragten oder ersuchten Richter nach § 375 ZPO liegt letztlich nur eine (protokollierte) schriftliche Aussage vor.

Eine solche ist – neben weiteren Voraussetzungen – jedoch nur zulässig, wenn es nicht auf den persönlichen Eindruck des Prozessgerichts vom Zeugen ankommt. Dies ist vor allem dann der Fall, wenn es voraussichtlich zu einander widersprechenden Aussagen mehrerer Zeugen in entscheidenden Punkten kommen wird (Zöller/Greger § 375 Rn. 1). Erweist sich die Prognose als unrichtig, so ist die Vernehmung vor dem Prozessgericht zu wiederholen (§ 398 ZPO).

Bei einer Beweiserhebung in Abweichung von § 375 ZPO liegt ein – durch Rügeverzicht gem. § 295 ZPO heilbarer – Verfahrensfehler vor. Sofern kein Widerspruch erfolgt, kann dann auch ein Vermerk des vernehmenden Richters über seinen persönlichen Eindruck von der Glaubwürdigkeit der Zeugenaussage verwertet werden.

Andererseits wäre es eine unzulässige vorweggenommene Beweiswürdigung, die kommissarische Vernehmung eines Zeugen – beispielsweise eines im Ausland lebenden Zeugen – abzulehnen, nur weil der persönliche Eindruck für die Beurteilung seiner Glaubwürdigkeit als wichtig erachtet wird. Schließlich besteht ja die Möglichkeit, den Zeugen später dennoch persönlich zu vernehmen.

4. Die Zeugenvernehmung

Jeder Zeuge ist einzeln und in Abwesenheit der später anzuhörenden Zeugen zu vernehmen (§ 394 2026 Abs. 1 ZPO). Die Öffentlichkeit der Verhandlung erlaubt es Zeugen jedoch, vor dem Beginn der Vernehmung des ersten von ihnen im Sitzungssaal zu verbleiben. Personen, die als Zeugen in Betracht kommen könnten (»mitgebrachte Zeugen« bzw. »präsente Zeugen«), dürfen gemäß § 169 GVG ebenso während der Zeugenvernehmung anwesend sein, wie bereits entlassene Zeugen (Anders/Gehle/Gehle § 394 Rn. 4).

Das Gericht kann daher diesen Personen die Anwesenheit im Sitzungssaal nicht verbieten, sondern diese allenfalls darum bitten, während der Zeugenvernehmung einstweilen vor dem Saal (freiwillig) zu warten. Der Anwalt des Beweisführers sollte hierauf bedacht sein, um etwaige Angriffspunkte gegen deren Glaubwürdigkeit auszuschließen. Dabei kann eine sog. informatorische Anhörung eine Entscheidungshilfe dafür bieten, ob diese auch tatsächlich als Zeugen benötigt werden; eine förmliche Vernehmung kann dadurch jedoch nicht ersetzt werden (BGH NJW-RR 1998, 1601).

Ebenso kann es in manchen Fällen sinnvoll sein, der Entlassung eines bereits vernommenen Zeugen zu widersprechen. Dadurch erhält man sich die Möglichkeit, diesem Zeugen etwaige Vorhalte aus der widersprechenden Aussage anschließend vernommener Zeugen zu machen (§§ 394 Abs. 2, 398 ZPO).

a) Video-Vernehmung

Die Zeugenvernehmung findet grundsätzlich an der Gerichtsstelle, d.h. im Gerichtsgebäude, statt 2027 (§ 219 ZPO). Ist ein Zeuge am Erscheinen verhindert oder befindet sich der Wohnsitz weit entfernt, erfolgt die Vernehmung in der Regel durch den ersuchten Richter (§ 375 ZPO) oder im Wege der schriftlichen Beantwortung der Beweisfrage (§ 377 Abs. 3 ZPO).

Nach **§ 128a Abs. 2 ZPO** können Zeugen, Sachverständige und Parteien auch im Wege der Bild- 2028 und Tonübertragung an einem anderen Ort vernommen (sowie belehrt und vereidigt) werden (auch §§ 375, 479 ZPO; Videovernehmung). Die Verhandlung wird dazu zeitgleich in Bild und Ton an den Ort, an dem sich die Parteien, Bevollmächtigten und Beistände aufhalten und in das Sitzungszimmer übertragen. Eine Aufzeichnung der Übertragung ist nicht statthaft (§ 128a Abs. 6 Satz 1).

Die Videokonferenz ist Teil der seit Jahren gesetzgeberisch verfolgten Konzeption des papierlosen, elektronischen Zivilprozesses. Sie hat insbesondere durch die Kontaktbeschränkungen während der Corona-Pandemie praktisch erheblich an Bedeutung gewonnen und ist dadurch in den Blick des Gesetzgebers geraten, der eine deutliche Ausweitung des Anwendungsbereichs vorbereitet. Zu den aktuell noch vorhandenen Problemen Windau NJW 2020, 2753.

Regelmäßig erfolgt die Videokonferenz auf Antrag, der nach dem Wortlaut der Norm nicht nur von 2029 den Parteien, sondern auch von dem Zeugen oder Sachverständigen gestellt werden kann. Nicht (mehr) erforderlich ist das Einverständnis beider Parteien. Vielmehr kann das Gericht von Amts wegen, d.h. ohne Antrag, eine solche Form der Verfahrensgestaltung anordnen.

Damit dürfte auch der früher vertretenen Auffassung von der Notwendigkeit eines Einverständnisses des Zeugen bzw. Sachverständigen in dieser Form der Vernehmung (Anders/Gehle/Anders § 128a Rn. 3, 4: arg. Art. 1, 2 GG; a.A. Schultzky NJW 2003, 316) der Boden entzogen sein.

Weder ergibt sich aus § 128a ZPO ein Anspruch der Parteien auf Ausstattung des Gerichts mit den 2030 für eine Videokonferenz erforderlichen technischen Einrichtungen noch ein Anspruch auf Nutzung einer vorhandenen Anlage. Das Abhalten einer Videokonferenz steht allein im Ermessen des Gerichts, dessen Entscheidung über die Anordnung oder Versagung ist nicht anfechtbar (§ 128a Abs. 7 S. 1 ZPO).

2031 Die Einrichtung der eigenen Kanzlei mit entsprechender Technik (um z.B. auch die Möglichkeit der Verhandlung vom eigenen Büro aus [§ 128a Abs. 1 ZPO] zu nutzen,) ist mit ganz erheblichen Kosten verbunden, deren Amortisation derzeit ungewiss ist. Mit einer flächendeckenden Ausstattung der Gerichte ist in Anbetracht klammer Justizhaushalte auf absehbare Zeit nicht zu rechnen. Ob und wann sich Richter und Rechtsanwälte in ausreichend großer Zahl bereitfinden, auf den Grundsatz der Unmittelbarkeit in weiten Bereichen zu verzichten, insbesondere den für eine Beweiswürdigung unabdingbaren persönlichen Eindruck und die nonverbalen Umstände der Aussage auf die elektronisch übermittelten Informationen zu beschränken, ist fraglich und wird in der Literatur sehr unterschiedlich beantwortet (Hartmann NJW 2001, 2583; Schultzky NJW 2003, 318). Störungen in der Übertragung von oder zu einem Verfahrensbeteiligten müssen sich am Grundsatz der Gewährung rechtlichen Gehörs messen lassen (Anders/Gehle/Anders § 128a Rn. 7) und begründen so (weil sie weder beherrschbar noch für die übrigen Beteiligten ohne weiteres erkennbar sind) ein nicht unerhebliches Prozessrisiko.

2032 Dennoch bietet die Videokonferenz gerade für den Anwalt auch große Vorteile, sodass die Möglichkeit eines Antrags nach § 128a ZPO häufiger überdacht werden sollte.

Evident im Vordergrund stehen dabei die möglichen Einsparungen an (Reise-)Kosten, Zeit und Aufwand. Auch den in der Praxis nicht seltenen Alternativen zur Ladung des Zeugen vor das Prozessgericht bietet die Videovernehmung Vorteile. Anders als bei der schriftlichen Beantwortung der Beweisfrage durch den Zeugen (§ 377 Abs. 3 ZPO) können unmittelbar Nachfragen gestellt und Vorhalte gemacht werden. Hier – wie auch bei der Vernehmung im Wege der Rechtshilfe – entsteht wenigstens ein beschränkter persönlicher Eindruck. Ausländische Zeugen, die nicht in der Lage oder nicht willens sind, in die Bundesrepublik zu reisen, sind möglicherweise zu einer Videovernehmung bereit und bleiben so für das Verfahren nicht unerreichbar (Zöller/Greger § 128a Rn. 7; auch § 375 Abs. 1 Nr. 2, 3 ZPO).

Fragen der technischen Realisierbarkeit beantworten sich häufig aus dem Internetportal der Justiz (www.justiz.de), in dem sich ein Verzeichnis aller gerichtlichen Videokonferenzanlagen in Deutschland mit den jeweiligen Ansprechpartnern und deren Kontaktdaten findet.

2033 Besondere Bedenken sind angebracht, wenn ein Dolmetscher nicht im Sitzungssaal anwesend sein, sondern sich im Wege der Videokonferenz beteiligen soll (§ 185 Abs. 1a GVG).

Gegenüber dem persönlichen Erscheinen bietet die Videokonferenz kaum Vorteile. Demgegenüber scheiden in einem solchen Fall (nicht verfahrensöffentliche) Übersetzungen zwischen Partei und Prozessbevollmächtigtem genauso aus, wie die Übersetzung von schriftlichen Aktenbestandteilen.

b) Ausübung des Fragerechts

2034 Die Zeugen werden grundsätzlich zunächst vom Gericht vernommen.

2035 Hierbei ist zunächst ein vorhergehender zusammenhängender **Bericht des Zeugen** nicht nur gesetzlich vorgeschrieben (§ 396 ZPO), sondern auch »vernehmungspsychologisch sinnvoll«, weil dieser mehr oder weniger spontan ist und nicht durch Fragen bzw. bestimmte Erwartungshaltungen beeinflusst und verfälscht wird (Rüßmann DRiZ 1985, 45).

Ein Verstoß hiergegen ist ein Verfahrensfehler und macht die Aussage unverwertbar, sofern dieser von den Parteien gerügt wurde (§ 295 ZPO; Zöller/Greger § 396 Rn. 1).

In der Praxis dürfte es viele ungeduldige Richter geben, die bei einer kurzen Sprechpause des Zeugen oder bei Äußerungen, die nicht (sofort) den Kern des Beweisthemas treffen, sogleich mit konkreten Einzelfragen die Vernehmung weiterführen. Dies hat zur Folge, dass der Zeuge nur noch auf Fragen wartet und antwortet, sodass z.B. wichtige Randbeobachtungen untergehen und spontane Erinnerungen ausbleiben. Ebenso schädlich sind (ständige) Zwischenrufe der Parteien, die das Gericht oder der gegnerische Anwalt sofort beanstanden sollte.

Es gilt der Grundsatz: »Wer viel redet, erfährt wenig« (Kirchhoff MDR 2000, 187).

Nach § 397 Abs. 2 ZPO hat der Vorsitzende den Rechtsanwälten zu gestatten, an den Zeugen unmittelbar **Fragen** zu richten. 2036

▶ Praxistipp:

Von seinem Recht, dem Zeugen Fragen zu stellen, sollte der Anwalt unbedingt Gebrauch machen. 2037

Manchmal geben sich die Gerichte nämlich mit einer kurzen Beantwortung des Beweisthemas zufrieden (entgegen § 396 Abs. 2 ZPO) und übernehmen die Aussage unkritisch, insbesondere wenn der Zeuge die Behauptungen des Beweisführers bestätigt. Dies gilt vor allem bei der Vernehmung durch einen ersuchten Richter (§ 375 ZPO). 2038

Zeugenvernehmungen sollten gründlich vorbereitet werden; die Akte und etwaige andere Vernehmungsprotokolle sollten präsent sein, dies auch im Ausdruck, um sie vorhalten zu können. Der Gang der Vernehmung sollte in Notizen festgehalten werden, die um mögliche Fragen ergänzt werden können. Häufig kommt es nämlich vor, dass nicht schriftlich festgehaltene Fragen im Eifer des Gefechts vergessen werden.

Zur Beurteilung der Richtigkeit einer Zeugenaussage sollte der Tatrichter auf die umfangreichen Erkenntnisse der Vernehmungspsychologie zurückgreifen können (Zöller/Greger Vor § 373 Rn. 14; Einmahl NJW 2001, 469) und die »erforderliche Sachkunde auf dem Gebiet der Aussagepsychologie« besitzen (Meyer/Goßner § 261 Rn. 4). Die Praxis sieht nicht selten anders aus (E. Schneider MDR 1984, 1055: »Es fehlt am aussagepsychologischen Problembewusstsein«). Ein Erlernen einer professionellen Vernehmungstechnik würde eine intensive praktische Schulung erfordern, welche kaum zu leisten ist und auch durch die Justizverwaltung nicht angeboten wird (Kirchhoff MDR 2000, 189).

Wird der Richter bei einer anwaltlichen Befragung ungeduldig, sollte man sich davon nicht beeinflussen lassen. Eine nützliche Strategie ist es, dem Gericht den Zweck der Frage darzulegen. Unter Umständen kann auch hier eine gewisse Hartnäckigkeit sowie das Bestehen auf einen förmlichen Beschluss (§ 397 Abs. 3 ZPO) dem Anwalt einen gewissen Freiraum für seine weiteren Fragen verschaffen (Geipel/Prechtel MDR 2011, 336, 33). Die Protokollierung einer abgelehnten Frage kann in der Berufungsinstanz nützlich sein (§§ 513, 529 Abs. 1 Nr. 1 ZPO). In bestimmten Fällen kann es psychologisch klüger sein, auf eine unwichtige Frage zu verzichten, um eine negative Beeinflussung der Verhandlungsatmosphäre zu vermeiden.

Bei der **Fragestellung** ist besonders Folgendes zu beachten (Bender/Röder S. 63 ff.): 2039

- Eine (gute) Frage sollte deutlich, eindeutig und konkret sowie subjektiv auf den Zeugen gefasst sein.
- Es sollte niemals mehr als eine Frage gleichzeitig gestellt werden.
- Dabei sollten kurze, prägnante Formulierungen gewählt und langatmige Einleitungen vermieden werden. Negative Fragen, besonders doppelte Verneinungen, führen häufig zu Missverständnissen – sowohl akustisch als auch inhaltlich – und verwirren den Zeugen.
- Eine provozierende Wortwahl kann bei an sich auskunftsbereiten Personen, die bei abgemilderter Wortwahl den Sachverhalt zugeben würden, Abwehrreflexe auslösen.
- Ein – auch versteckt – in der Frage liegender Vorwurf reizt zum Widerspruch und kann zur Verfälschung der Aussage führen. Generell kann eine negative Ansprache die Auskunftsbereitschaft lähmen.
- In die Frage sollten möglichst keine Worte einfließen, die positive oder negative Assoziationen wecken und dadurch die Antwort verfälschen können.

Ist die Beweisfrage durch den Zeugen im Rahmen der gerichtlichen Befragung bereits beantwortet, muss es in der ergänzenden Befragung durch den Anwalt darum gehen, die **Glaubhaftigkeit** der Aussage und die **Glaubwürdigkeit** des Zeugen abzuklären. 2040

(1) Zu klären ist, ob der Zeuge tatsächlich **eigene Wahrnehmungen unverfälscht** bekundet. 2041

Erfahrungsgemäß geben viele Zeugen lediglich Informationen wieder, die sie von Dritten erhalten haben, oder vermengen diese mit ihren eigenen Wahrnehmungen (»Zeuge vom Hörensagen«).

Teilweise findet auch ein unbewusstes Dazudichten statt. Die wiederholte Erörterung des Geschehens mit anderen Personen kann ebenso zu verfälschenden Beeinflussungen führen wie anderweitige Vernehmungen (z.B. in einem staatsanwaltschaftlichen Ermittlungsverfahren). Nicht selten ist die Erinnerung an diese späteren Schilderungen des Vorgangs stärker als die an den ursprünglichen Vorgang selbst. Dabei können auch Vorurteile eine Rolle spielen. Häufig wird die Wahrnehmung und damit auch die Wiedergabe unbemerkt und ohne Hinweis um einen lediglich vermuteten Ursachenzusammenhang erweitert, der nicht erinnert oder bewusst wahrgenommen wurde.

So beantworteten nach einer Untersuchung 35 % der am Unfallort befragten Zeugen, die nach eigenen Angaben die »Pre-Crash-Phase« des Verkehrsunfalls nicht wahrgenommen hatten (sog. Knallzeugen), dennoch die Frage, woher das Fahrzeug kam, und zwar überwiegend falsch (zur Irrtumsanfälligkeit der Aussage von Unfallzeugen ausführlich Einmahl NJW 2001, 469). Ähnliche kognitive Fehlleistungen finden sich auch bei Aussagen zum Inhalt eines Gespräches zwischen Dritten, das der Zeuge selbst aber nur teilweise mit angehört hat.

Das Fragerecht kann zur Prüfung der Realitätstreue von Aussagen und zur Aufdeckung solcher Fehlleistungen beitragen (Stimpfig MDR 1996, 438). Unpersönliche Formulierungen mit »man« oder »wir« geben Anlass zu Zweifeln, ob der Zeuge den Sachverhalt selbst (sinnlich) wahrgenommen hat. Häufig reicht schon die einfache Frage, ob der Zeuge den eben geschilderten Vorfall eigentlich auch selbst gesehen hat, aus, um aufzudecken, dass dies gerade nicht der Fall ist.

Eine zurückhaltende, behutsame Fragetechnik kann der Wahrheitsfindung und dem Prozesserfolg dienen. In der Praxis behaupten viele Anwälte mit Bestimmtheit, der Zeuge könne das geschilderte Geschehen nicht (richtig) wahrgenommen haben. Sollte der Zeuge die Wahrnehmung jedoch tatsächlich gemacht haben, so sieht er sich umso stärker zur Rechtfertigung gedrängt, je vehementer seine Glaubwürdigkeit infrage gestellt wird. Dies kann paradoxerweise dazu führen, dass die belastenden Aussagen des Zeugen durch die Schilderung weiterer Details und Umstände seiner Wahrnehmung sogar noch deutlich glaubwürdiger wirken.

2042 (2) Zu klären ist ferner, ob **Unsicherheiten oder Widersprüche** in der Aussage des Zeugen vorhanden sind.

Es kommt häufig vor, dass eine eindringliche und gründliche Befragung Unsicherheiten des Zeugen aufdeckt und zu einer Relativierung der anfangs die Beweisfrage klar bestätigenden Aussage führt. Oft stellt sich dann z.B. heraus, dass der Zeuge keineswegs bei den gesamten Vertragsverhandlungen anwesend war oder den Hergang des Tatgeschehens doch nicht vollständig mitbekommen hat, sodass seiner Aussage weit weniger Gewicht beizumessen ist. Hierbei empfehlen sich einzelne, klare Fragen. Sonst könnten der Zeuge und die Gegenpartei etwaige Widersprüche leicht mit Verständnisschwierigkeiten erklären.

Auch Vorhalte von Aussagen des Zeugen, die dieser in anderen Verfahren, insbesondere in einem Ermittlungs- bzw. Strafverfahren gemacht hat, führen oft zu Unsicherheiten und Widersprüchen in seiner jetzigen Aussage.

Um Widersprüche zu entdecken, ist es bei längeren Vernehmungen hilfreich, sich die wesentlichen Punkte der Aussage, u.U. auch wörtlich zu notieren, um dem Einwand begegnen zu können, die Aussage sei so nicht erfolgt.

Treten Widersprüche oder Unwahrscheinlichkeiten in der Aussage eines gegnerischen Zeugen auf, sollte man diesen nicht um eine Erklärung bitten. Andernfalls besteht die Gefahr, dass er seine Aussage nachträglich stimmig macht.

2043 (3) Letztlich kommt es drauf an, ob der Zeuge die **Unwahrheit** gesagt hat.

Bewusst falsche Aussagen sind seltener als Irrtümer, aber dafür leichter aufzudecken (Einmahl NJW 2001, 469). Wenn Gericht und Gegenpartei sich konzentriert um eine Aufklärung bemühen, ist es erfahrungsgemäß schwierig, die Wahrheit zu verbergen.

Grundsätzlich sollte es der Fragende vermeiden, dem Zeugen sein Wissen preiszugeben, also Informationen darüber zu vermitteln, was er bereits von der Sache weiß.

Dabei hat eine Aussage, die »allen Vorhalten uneingeschränkt standhält, die sich weder durch Fangfragen noch durch falsche Fährten beeinflussen lässt«, eine hohe Vermutung der Wahrheit für sich (Meyke NJW 1989, 2035; auch sehr anschaulich zu Wahrheits- und Lügensignalen Bender/Nack, Tatsachenfeststellung vor Gericht Bd. I, 2. Aufl. 1995). Für die Wahrheit der Aussage spricht es auch, wenn ein Zeuge sich selbst belastet (E. Schneider MDR 1966, 564).

Zu präzise Erinnerungen sollten allerdings stutzig machen: Es spricht nicht für die Wahrheit der Aussage, wenn sich der Zeuge noch genau daran erinnern will, was er vor Jahren an einem bestimmten Tag zu einer bestimmten Stunde getan oder wahrgenommen hat (E. Schneider MDR 1966, 561: »Das kann im Regelfall einfach niemand beantworten«).

Auch durch Fragen in schneller Reihenfolge kreuz und quer durch den Sachverhalt kann man erfundene Lügen entlarven (Bender/Röder S. 80 – »Zick-Zack-Verhör«); dies lässt sich auch damit begründen, dass sich Lügner in der Regel einen erdachten chronologischen Geschehensablauf verinnerlichen und sich daher schwerer damit tun, von Aspekt zu Aspekt zu wechseln, als wahrheitstreue Zeugen. Jedoch lässt eine Lüge nicht ohne Weiteres auf allgemeine Unglaubwürdigkeit schließen (»Wer einmal lügt, dem glaubt man nicht«; Bender/Röder S. 69: ein weitverbreiteter Irrtum).

Nicht immer bemühen sich Richter darum, den Dingen auf den Grund zu gehen, wenn sich bei ihnen der Eindruck ergibt, der Zeuge sage die Unwahrheit (Meyke NJW 1989, 2032). Es muss immer damit gerechnet werden, dass der Richter mit einer durch das Aktenstudium geprägten Überzeugung in die Beweisaufnahme geht, was die Bereitschaft, eine bestätigende Zeugenaussage kritisch zu hinterfragen, aus psychologischen Gründen herabsetzen kann (Geipel AnwBl 10/2005: die das Vorurteil stützenden Informationen werden überbewertet).

▶ Praxistipp:

Eine allzu aggressive oder spitzfindige Befragung eines glaubwürdigen Zeugen birgt Risiken. 2044

Wenn ein Zeuge zu konfrontativ befragt wird, kann dies dazu führen, dass das Gericht sich unbewusst 2045 mit ihm – und somit im Ergebnis mit der gegnerischen Partei – solidarisiert. Außerdem besteht die Gefahr, dass ein Zeuge, der bisher ausweichend geantwortet hat, weil er einen Konflikt zwischen der Wahrheit und der Begünstigung einer Partei vermeiden wollte, diesen Konflikt nun durch eine Falschaussage zugunsten der nahestehenden Partei löst, um sich von den Nachfragen zu befreien.

»Es zeugt nicht von anwaltlichem Können, wenn ein Prozessbevollmächtigter die von der Gegenseite benannten Zeugen mit großer Lautstärke anbrüllt und sie dadurch zu verunsichern sucht. Nicht selten führt das nur zu einer »Verhärtung« der Sachdarstellung des angegriffenen Zeugen.« (Rinsche Rn. 162)

Wenn der Anwalt sich bei seinen Fragen allzu sehr nur auf vorhandene Unsicherheiten konzentriert, könnte der Zeuge bestrebt sein, die Hauptpunkte erst recht zu bestätigen. Denn damit kann er sich selbst als brauchbaren Zeugen noch retten und die an ihn vom Beweisführer und u.U. (aus seiner Sicht) auch vom Gericht gestellten Erwartungen erfüllen.

Um eine »Verwässerung« einer für die Partei günstigen Aussage zu verhindern, kann der Beweisführer nach der gegnerischen Befragung den Zeugen bitten, abschließend nochmals kurz die Richtigkeit seiner Aussage zum entscheidungsrelevanten Geschehen zu bestätigen und das Gericht auf die Unerheblichkeit des Randgeschehens hinzuweisen.

Bei alledem ist zu bedenken, dass die Erinnerung nicht auf Knopfdruck reproduziert werden kann, 2046 sondern auch die Wiedergabe ein dynamischer Prozess ist, zu dessen Optimierung es auf Assoziationen und auch auf Entspanntheit ankommt. Dabei haben die meisten Zeugen mehr Erinnerungen, als sie in der Vernehmungssituation abrufen können (Kirchhoff MDR 2000, 188 – mit Ratschlägen zur Vernehmungstechnik).

Besonders schwierig ist für die Zeugen eine datumsmäßige Einordnung von Geschehnissen. Häufig machen hier selbst sorgfältige Zeugen, die sich um exakte Aussagen bemühen, gravierende Fehler (OLG Schleswig NJW 1991, 304). Dies gilt erfahrungsgemäß ebenso für Zeitangaben, Geschwindigkeits-, Entfernungs- und Mengenschätzungen.

Die Irrtumsanfälligkeit ist bei einem Verkehrsunfall (Aussagen zum Unfallhergang/Geschwindigkeit der beteiligten Fahrzeuge) besonders hoch (hierzu ausführlich Einmahl NJW 2001, 469). Hierbei kann es hilfreich sein, wenn der Zeuge seine Wahrnehmungen anhand einer selbst gefertigten Skizze erläutert.

Mitunter kann man die Erinnerung des Zeugen dadurch aktivieren, dass man angrenzende Ereignisse in Erinnerung ruft. Es ist z.B. denkbar, dass sich ein Zeuge deshalb daran erinnert, den streitgegenständlichen Vorfall im August gegen 18 Uhr beobachtet zu haben, weil er um 18:30 Uhr zu einer Grillfeier bei Freunden eingeladen war und bereits dorthin aufbrechen wollte (zur Verbesserung der Erinnerungsleistung durch das »kognitive Interview«, Kirchhoff MDR 2000, 188).

So soll bei alltäglichen Einzelheiten die Frage nach dem Grund der Erinnerung eine (geringe) Chance bieten, Glaubwürdigkeitskriterien zu gewinnen, da diese nur behalten werden, wenn irgendein Umstand emotional erregt oder Interesse weckt (Kichhoff MDR 2001, 666). Im Übrigen ist die Chance, dass eine Information im Gehirn fest verankert wird, umso größer, je mehr Assoziationen dafür im Gedächtnis vorhanden sind (Bender/Röder S. 62).

Eine Hilfestellung für den Zeugen können auch Skizzen (z.B. bei einem Verkehrsunfall), Pläne, Fotos von den tatsächlichen Gegebenheiten und vor allem ein örtlicher Augenschein sein. Dadurch versetzt man ihn gedanklich und/oder gefühlsmäßig in die damalige Lage zurück.

Wenn relevante Aufzeichnungen oder sonstige Unterlagen beim Zeugen vorhanden sein können, sollte bei Gericht rechtzeitig vor dem Termin angeregt werden, ihm aufzugeben, diese zur Vernehmung mitzubringen (§ 378 ZPO).

2047 Der Beweisgegner sollte darauf achten, ob der Zeuge nur den »Normalfall« darstellt, aber zum konkreten Geschehensablauf letztlich keine Angaben machen kann.

Viele Zeugen machen bei ihrer Aussage diesbezüglich keinen Unterschied, sodass auch hier konkretes Nachfragen den Nutzen der Aussage für die beweisbelastete Partei sehr stark einschränken kann.

2048 Unter Umständen kann es trotzdem zur Beweisführung ausreichen, wenn – was häufig der Fall ist – der Zeuge sich zwar nicht mehr konkret erinnert, jedoch ganz sicher ist, dass die übliche, von ihm geschilderte Vorgehensweise immer eingehalten wurde.

So reicht dies nach einer verbreiteten Rechtsprechung zum Beweis des ärztlichen Aufklärungsgesprächs – sofern nicht wichtige Gründe im Einzelfall dagegen sprechen – regelmäßig aus (OLG Karlsruhe NJW 1998, 1800; OLG Hamm VersR 1995, 661: unerheblich ist, dass der Arzt das Gespräch nicht dokumentiert hat; Jorzig MDR 2001, 481: sog. Immer-so-Beweis speziell durch Arzthelferinnen als Zeugen; BGH NJW 1986, 2885: wichtiges Indiz auch im Einzelfall).

2049 Wenn sich der Zeuge nicht mehr erinnert oder zulasten der Partei ausgesagt hat, versuchen viele Anwälte mit der Frage »Können Sie es ausschließen, dass …« trotzdem noch, Nutzen aus der Aussage für ihren Mandanten zu ziehen. Diese Frage wird von vielen Zeugen erfahrungsgemäß verneint. Der Erkenntniswert dieser Antwort kann sehr unterschiedlich sein.

Weiß der Zeuge nichts (mehr), kann er natürlich kaum etwas mit Sicherheit ausschließen, zumal viele Geschehnisse schon längere Zeit zurückliegen. Außerdem ist es vor allem bei komplexen Sachverhalten oft auch kaum möglich, sämtliche theoretisch denkbaren Alternativen auszuschließen. Eine bejahende Antwort ist daher besonders auf ihre Glaubwürdigkeit zu hinterfragen. Dann ergibt sich nämlich häufig, dass diese Antwort vorschnell und unüberlegt gegeben wurde, nicht zuletzt auch deshalb, weil manche Zeugen diese Frage zunächst auch gar nicht richtig verstanden oder lediglich eine bloße Vermutung wiedergegeben haben. Im Übrigen steht bei einer verneinenden Antwort das Positivum noch keineswegs fest.

Eine solche Frage kann aber auch dazu beitragen, den Beweiswert einer Zeugenaussage zu relativieren, sofern der Zeuge nicht völlig fernliegende Alternativen nicht (sicher) ausschließen kann, womit zumindest Zweifel an der Richtigkeit der bekundeten Tatsachen verbleiben.

c) Unzulässige Fragen

2050 Unzulässige Fragen des Gerichts oder des Gegners sollten vom Anwalt sofort **beanstandet** werden (§§ 140, 397 Abs. 3 ZPO). Über deren Zulässigkeit entscheidet sodann das Gericht (§ 397 Abs. 1 ZPO).

Zwar ist der daraufhin ergehende Beschluss des Gerichts selbst unanfechtbar, jedoch kann eine rechtsirrige Ablehnung oder Zulassung einer Frage Rechtsmittel gegen das Urteil begründen. Ohne Herbeiführung eines Gerichtsbeschlusses indessen kann das Rechtsmittel hierauf nicht gestützt werden (Thomas/

Putzo/Seiler § 140 Rn. 5, § 397 Rn. 2). Hierzu sollte die nicht zugelassene Frage zweckmäßigerweise am besten wörtlich ins Protokoll aufgenommen werden, wenngleich eine diesbezügliche Pflicht des Gerichts nicht besteht.

Dabei lässt sich oft durch eine Umformulierung die Zulassung einer beanstandeten Frage erreichen.

Selbst solche Fragen zu stellen, ist nicht verboten und kann, wenn sie weder vom Gegner noch vom Gericht beanstandet werden, durchaus Vorteile bringen (Zöller/Greger Vor § 284 Rn. 5, 5a, §§ 397 Rn. 4, 398 Rn. 4): 2051

(1) Unzulässig sind Fragen, die mit dem **Beweisthema** nichts zu tun haben oder Werturteile und nicht tatsächliche Wahrnehmungen zum Gegenstand haben (Zöller/Greger § 373 Rn. 1: Wertung ist dem Zeugen verwehrt). 2052

Äußert ein absolut glaubwürdiger Zeuge seine Einschätzung vom Geschehensablauf, ist es nicht ausgeschlossen, dass das Gericht in seiner Entscheidungsbildung dadurch beeinflusst wird. Dabei ist allerdings eine Tatsachenbekundung ohne jede Wertung oft nicht möglich (Zöller/Greger § 373 Rn. 1).

Jedoch sind solche Fragen zulässig, die für die Beurteilung der Zuverlässigkeit der Bekundungen erforderlich erscheinen, insbesondere nach Ort, Zeit und Umständen der behaupteten Tatsachen (§ 396 Abs. 2 ZPO; BGH NJW-RR 1998, 1409; BGH NJW 2000, 3287; OLG Köln NJW-RR 1999, 1155).

Dass sich die Fragen im engsten Raum des Beweisbeschlusses halten müssten, ist ein verbreiteter und schädlicher juristischer Aberglaube (Anders/Gehle/Gehle § 396 Rn. 5: Prozesswirtschaftlichkeit und Wahrheitsermittlung verlangen weitherzige Fragestellung; Thomas/Putzo/Seiler § 396 Rn. 2: nicht engherzig). Erforderlichenfalls ist einem Widerspruch des Gerichts im Termin sofort mit einem entsprechenden Beweisantrag zu begegnen.

(2) Unzulässig sind Fragen zur **Ausforschung** von Tatsachen, der Erschließung von Erkenntnisquellen, die es vielleicht ermöglichen, bestimmte Tatsachen zu behaupten und sodann unter Beweis zu stellen. Die Grenzen sind hierbei freilich fließend. 2053

Davon zu unterscheiden sind Fragen nach Einzelheiten, insbesondere auch nach Ort, Zeit und Umständen behaupteter Abreden, zur Beurteilung der Zuverlässigkeit und Glaubwürdigkeit der Bekundungen, die im Einzelfall sorgfältig zu ermitteln sind (§ 395 Abs. 2 Satz 2 ZPO; BGH NJW 1984, 2888). Denn (unbewusste) Beeinflussungen und persönliche Beziehungen, spielen bei Zeugen erfahrungsgemäß eine große Rolle (Anders/Gehle/Gehle § 395 Rn. 4). Da die Gerichte diesbezüglich manchmal relativ gutgläubig bzw. blauäugig sind, sollte der Anwalt darauf ein besonderes Augenmerk legen. Gegen die Glaubwürdigkeit kann z.B. sprechen, wenn der Zeuge mit Entschiedenheit die Behauptung einer Partei – obwohl lange Zeit zurückliegend – im Detail bestätigt, im Übrigen aber hinsichtlich des Randgeschehens keinerlei Erinnerung zu haben scheint.

(3) Unzulässig sind **Suggestivfragen**, welche die Antwort bereits beinhalten bzw. nahelegen. Streng genommen fallen darunter schon Fragen, die nur mit »ja« oder »nein« zu beantworten sind. 2054

Hierbei besteht die Gefahr, dass der Zeuge seine eigenen Erinnerungsbedenken zugunsten einer klaren Aussage zurückstellt, um weiteren Nachfragen aus dem Weg zu gehen (Prütting/Gehrlein/Trautwein § 397 Rn. 4 und 46; Zöller/Greger § 396 Rn. 1, § 397 Rn. 3). Außerdem suggerieren vor allem Auswahlfragen, dass eine Antwort die richtige sein muss und es keine Alternativen gibt (Kirchhoff MDR 2000, 187; Stimpfig MDR 1996, 436). Speziell wenn der Zeuge vermutet, der fragende Anwalt oder das Gericht werde schon wissen, welche Möglichkeiten es gibt, besteht die Gefahr, dass er seine Sachverhaltsschilderung der Auswahlfrage anpasst.

Sobald der Anwalt erkennt, dass der (gegnerische) Zeuge bei der Beantwortung einer Frage unsicher ist und der Gegenanwalt versucht, den Zeugen auf diese Aussage festzulegen, kann es sich empfehlen, den Zeugen darauf hinzuweisen, dass er nicht jede Frage beantworten können muss.

Im Idealfall werden offene Fragen gestellt: Statt »Trug Herr X einen schwarzen Hut?« wäre es besser, zu fragen »Hatte Herr X eine Kopfbedeckung oder/und welche Farbe hatte diese?«, die auch stufenweise erfolgen können – statt »Ist es richtig, dass Herr Y den Herrn X mehrmals geschlagen hat?« Zunächst: »Wurde Herr X geschlagen?« – »Von wem?« – »Wie oft?«. Andernfalls wird dem Zeugen suggeriert, es sei bereits geklärt, dass Herr X überhaupt einen Hut getragen hat bzw. von Herrn Y geschlagen worden war.

In der Praxis lassen sich geschlossene Fragen in der Form von Auswahlfragen nicht vermeiden. Sie sind auch deshalb so beliebt, weil die Antworten eindeutig und schnell erfasst werden können. Jedenfalls sollte zunächst eine möglichst offene Frage gestellt werden. Wenn der Zeuge den Inhalt der Frage jedoch nicht (richtig) verstanden hat oder den fraglichen Punkt nicht anspricht, kann und muss die Frage konkretisiert werden.

Die Beeinflussungsgefahr des Zeugen besteht freilich auch dann, wenn eine solche Frage nicht zugelassen wird, da er diese ja zuvor vernommen hat.

Hierbei kann auch die Wortwahl einen gewissen Einfluss haben. So wurde z.B. Versuchspersonen eine Filmaufnahme eines Verkehrsunfalls vorgeführt. Anschließend wurden sie zur Geschwindigkeit befragt: Bei der Frage »Mit welcher Geschwindigkeit haben die Fahrzeuge sich berührt?« lag der Mittelwert bei 45 km/h, bei der Frage »Mit welcher Geschwindigkeit krachten die Fahrzeuge aufeinander?« hingegen bei 60 km/h (Einmahl NJW 2001, 472 Fn. 36).

Wenn die Art der Fragestellung beim Zeugen den Eindruck erweckt, dass er die Antwort eigentlich wissen muss, kann dies dazu führen, dass der Zeuge sich veranlasst sieht, mehr zu sagen, als er weiß (Bender/Röder S. 63 ff.; »Wissen Sie nicht, dass ...?«). Vor allem – auch versteckte – vorwurfsvolle Fragen reizen zum Widerspruch und können die Aussage bis zu direktem Lügen verfälschen. Beeinflussend kann es schließlich auch sein, wenn mit der Frage dem Zeugen vorzeitige Informationen darüber vermittelt werden, welche Antworten der Fragende erwartet.

Dabei lässt sich die Beeinflussbarkeit eines Zeugen durch Testfragen überprüfen, indem man ihm eine unzutreffende Behauptung suggeriert (Bender/Röder S. 81).

2055 (4) Unzulässig sind schließlich Fragen, die **bereits beantwortet** sind (Zöller/Greger § 397 Rn. 3).

Hier besteht die Gefahr, dass der Zeuge eine für die Partei günstige Aussage einschränkt bzw. sich dann nicht mehr so genau erinnert. Erfahrungsgemäß werden Zeugen immer unsicherer, je öfter man sie dasselbe fragt. Dann sollte auf jeden Fall die vorangegangene Aussage ebenfalls protokolliert werden, damit das Gericht beide Aussagen würdigen kann und muss. Auch bei einer Diskussion mit dem Zeugen kann es zu einer Veränderung seiner bisherigen Aussage kommen. Dabei kann man unter Umständen auch an der Reaktion des Richters bzw. an dessen Mienenspiel erkennen, ob er den Beweis bereits als geführt ansieht und sich deshalb weitere (Nach-)Fragen erübrigen.

An den selbst benannten Zeugen sollten daher möglichst kurze und präzise Fragen gestellt werden. Sofern der Gegenzeuge sich nicht erinnert, ist eine (bestätigende) Nachfrage zu vermeiden. Positive Randbemerkungen sollte man hingegen aufgreifen.

Allerdings muss es dem Anwalt erlaubt sein, bei Zweifeln an der Richtigkeit der – für die eigene Partei nachteiligen – Aussage nochmals nachzufragen.

d) Verhalten nach der Beweisaufnahme

2056 Im Anschluss an die Beweisaufnahme hat das Gericht gem. § 279 Abs. 3 ZPO erneut den Sach- und Streitstand und – soweit bereits möglich – das Ergebnis der Beweisaufnahme mit den Parteien zu erörtern (sog. **Schlusserörterung**).

Der Umfang dieser Regelung im Einzelnen ist umstritten und noch nicht höchstrichterlich geklärt (Greger JZ 2004, 810). Das Gericht ist einerseits nicht verpflichtet, seine (vorläufige) Beweiswürdigung mitzuteilen, darf andererseits aber keine Überraschungsentscheidung treffen. Verletzt ist § 279 Abs. 3 ZPO damit nur, wenn die Partei berechtigt auf ein bestimmtes Beweisergebnis vertrauen durfte, das Gericht hiervon aber abweicht (BGH ZfBR 2016, 669). Zumindest muss – auch bei komplexen Erkenntnisprozessen – den Parteien Gelegenheit zur Beweiserörterung gegeben werden (§ 285 ZPO). Dies bietet die Chance, der »Fixierung einer ungünstigen Zeugenaussage in den Köpfen der Richter durch sofortiges Aufzeigen von Widersprüchen und Merkwürdigkeiten entgegenzutreten« (Sommer ZAP 1994 Fach 22, S. 102).

Grundsätzlich ist die Verhandlung zum Ergebnis der Beweisaufnahme unmittelbar im Anschluss an die Beweisaufnahme im Termin zur mündlichen Verhandlung geboten. Die Einräumung einer Frist zur schriftsätzlichen Stellungnahme (»Schriftsatznachlass«, § 283 Satz 1 ZPO) sieht das Gesetz an sich nicht vor, kann ausnahmsweise sogar geboten sein (BGH NJW 2018, 2723), praktisch wird sie häufig gewährt. Ein entsprechender Antrag ist deswegen nicht nur möglich, sondern auch nicht aussichtslos (Schäfer

NJW 2013, 654). Bei Unzumutbarkeit sofortiger Äußerung, insbesondere bei mündlicher Gutachtenserstattung im Termin zu schwierigen Fragen, muss der nicht sachkundigen Partei nach Vorliegen des Protokolls noch Gelegenheit zur Stellungnahme gegeben werden (Zöller/Greger § 285 Rn. 2). Dabei sind auch Ausführungen in einem nicht nachgelassenen Schriftsatz vom Gericht zur Kenntnis zu nehmen.

Zudem hat das Gericht grundsätzlich darzulegen, ob es die unter Beweis gestellte Behauptung als bewiesen erachtet, zumindest muss es die wesentlichen Aspekte der Beweiswürdigung zur Diskussion stellen (Zöller/Greger § 279 Rn. 5). Hieraus kann – insbesondere für die beweisbelastete Partei – erkennbar sein, dass es noch weiterer Beweismittel bedarf.

Wenn das Gericht die von den Parteien begehrte Verhandlung verweigert, verletzt dies das Recht auf rechtliches Gehör gem. Art. 103 Abs. 1 GG und stellt einen **Verfahrensfehler** seitens des Gerichts dar, der zur Unverwertbarkeit des Beweisergebnisses führt (Prütting/Gehrlein/Geisler § 279 Rn. 5; Zöller/Greger § 279 Rn. 6, § 285 Rn. 1). Lässt das Gericht eine Erörterung des Beweisergebnisses und eine erneute Antragstellung nicht zu, sollte dies unverzüglich gerügt werden, sei es zu Protokoll, sei es in einem nachgereichten Schriftsatz. 2057

Durch **rügeloses Verhandeln** (nicht durch bloßes Schweigen: Prütting/Gehrlein/Geisler § 279 Rn. 5) können die Parteien auf ihr Erörterungsrecht – nicht auf die Erfüllung der vorgenannten Informationspflicht – verzichten oder sich mit einer nachzureichenden schriftlichen Stellungnahme begnügen (§ 295 Abs. 1 ZPO; Zöller/Greger § 279 Rn. 6, § 295 Rn. 6). 2058

Die erfolgte Erörterung muss aus dem Protokoll ersichtlich sein. Fehlt ein entsprechender Vermerk, so gilt die Verhandlung wegen der formellen Beweiskraft des Protokolls als unterblieben. Aus der Nichtprotokollierung ist nach § 165 ZPO zu schließen, dass die Parteien keine Gelegenheit zur abschließenden Stellungnahme hatten (BGH NJW 1990, 121). Einem formelhaften und unrichtigen Vermerk, dass eine solche Erörterung erfolgt ist, sollte man sich daher widersetzen, sofern man sich dadurch eine etwaige Berufungsmöglichkeit erhalten möchte.

Nach der Beweisaufnahme kann sich die Notwendigkeit **weiteren Sachvortrags** ergeben. 2059

Sofern z.B. ein Zeuge einen der Partei günstigen Sachverhalt mitteilt, der bisher von keiner Partei vorgetragen wurde, sollte sich die Partei diesen Vortrag zu eigen machen, damit er vom Gericht berücksichtigt werden kann (BGH NJW-RR 1990, 507: arg. Parteimaxime; aber auch BGH NJW-RR 2014, 1147: Partei macht sich die bei einer Beweisaufnahme zutage tretenden Umstände jedenfalls hilfsweise zu eigen, soweit sie geeignet sind, ihre Rechtsposition zu stützen).

Der Gegner muss daher damit rechnen, dass dadurch ein bislang ungenügendes Parteivorbringen nunmehr – ohne weiteres Dazutun der Partei – schlüssig oder substantiiert sein kann (BGHReport 2004, 173). Um hierauf noch erwidern zu können, muss er eine Schriftsatzfrist nach § 283 ZPO beantragen.

Falls man nicht sofort im Termin (§ 370 Abs. 1 ZPO) hierzu vortragen kann, gibt es eine Reihe von Möglichkeiten einer Präklusion nach §§ 296a, 531 ZPO zu entgehen: 2060

(1) Bei überraschendem Ergebnis der Beweisaufnahme und Notwendigkeit der Rücksprache mit der Partei ist zu vertagen oder **Schriftsatzfrist** zu gewähren (Prütting/Gehrlein/Lindner § 370 Rn. 3; Zöller/Greger § 370 Rn. 1; Antrag stellen!). 2061

(2) Die bekannten »Fluchtmöglichkeiten«, wobei eine Säumnislage auch dann vorliegt, wenn der Rechtsanwalt nach Erledigung der Beweisaufnahme in einem gesonderten Beweistermin nicht mehr auftritt oder nicht verhandelt (§§ 285, 332, 367, 370 ZPO; Thomas/Putzo/Seiler § 332 Rn. 2, § 333 Rn. 1). 2062

Allerdings kann in diesem Fall auf Antrag des Gegners Entscheidung nach Aktenlage ergehen (§ 331a ZPO). Hingegen ergeht bei einer Beweisaufnahme (Vernehmung von prozessleitend geladenen Zeugen) nach vorheriger Verhandlung im gleichen Termin (§ 278 Abs. 2 ZPO) ein streitiges Urteil (OLG Hamm MDR 1974, 407).

(3) Ein lediglich **beweiswürdigender Schriftsatz** bzw. Rechtsausführungen sind jederzeit zulässig (Prütting/Gehrlein/Deppenkemper § 296a Rn. 2). 2063

Der Anwalt kann z.B. versuchen, dem Gericht etwaige Widersprüche oder Unsicherheiten der Zeugenaussage bewusst zu machen. Hilfreich kann sein, darauf hinzuweisen, dass die Abweichungen in den Zeugenaussagen nicht unbedingt auf einer (bewussten) Falschaussage (der gegnerischen Zeugen) beruhen, sondern überwiegend auf Wahrnehmungs- und Erinnerungsfehlern. Ist das Gericht noch unentschlossen, können solche Ausführungen die Entscheidung im Einzelfall durchaus beeinflussen. Insbesondere könnte es dem Richter leichter fallen, einer Zeugenaussage den Vorzug zu geben, da er die Zeugen (der Gegenseite) nicht der Falschaussage bezichtigen bräuchte. Die anwaltliche Beweiswürdigung verliert allerdings an Überzeugungskraft, wenn nur die Aussagen der eigenen Zeugen herausgestellt und diejenigen der Gegenzeugen übergangen oder pauschal als unrichtig bezeichnet werden.

Bei einem Indizienbeweis sollte die davon begünstigte Partei (nochmals) die zu ziehenden Schlussfolgerungen deutlich machen, um zu vermeiden, dass das Gericht die »Flucht in die Beweislastentscheidung« vorzieht. In der Praxis geschieht dies – trotz starker Indizien – nämlich oft in dem Bemühen, »um jeden Preis nachweisbare Fehler zu vermeiden«, oder auch nur, weil dies einfacher ist als komplizierte Überlegungen anstellen zu müssen.

Sofern eine Entscheidung am Ende der Sitzung ergeht, sollte der Schriftsatz möglichst schnell gefaxt oder – besser noch – per Boten zum zuständigen Richter gebracht werden. Abgesehen davon kann bzw. sollte auch mündlich über das Beweisergebnis unmittelbar nach der Beweisaufnahme verhandelt werden (§ 279 Abs. 3 ZPO, § 285 Abs. 1 ZPO).

Es erscheint dabei nicht unproblematisch, dass in der Praxis die Gegenpartei oft keine Gelegenheit erhält, hierzu Stellung zu nehmen, bzw. ihr dieser Schriftsatz schon gar nicht mehr zugeleitet wird (arg. rechtliches Gehör sowie § 283 ZPO anwendbar!).

5. Protokollierung der Zeugenaussage

▶ **Praxistipp:**

2064 Wichtiger als die Aussage des Zeugen selbst ist für die Entscheidung die Protokollierung der Aussage.

2065 Es sollte auf die Protokollierung der Zeugenaussage durch das Gericht (§ 160 Abs. 3 Nr. 4 ZPO) **geachtet** werden, da es vielfach auf Ungenauigkeiten, Widersprüche und Nuancen in der Aussage ankommt und sich selbst ein Richter nicht immer einer gewissen Voreingenommenheit über den Ausgang einer Beweisaufnahme mit Blick auf das bereits gedanklich entworfene spätere Urteil entziehen kann.

So wird davon gesprochen, dass »der Richter selten etwas ins Protokoll diktiert, das der Zeuge nicht gesagt hat, oft aber, was er so nicht gesagt hat. Die feinen, aber immer deutlichen Nuancen lassen erkennen, wie dieser Satz des Zeugen später im Urteil auftauchen wird: Er wird passen« (Senfft, Richter und andere Bürger, 1988 S. 53, zit. Kirchhoff MDR 2000, 187 Fn. 8). Nach Rüssmann (DRiZ 1985, 47) droht die größte Verfälschungsgefahr aus dem Glattschleifen der Aussage auf das rechtsrelevante Kerngeschehen im »anwendungsgerechten Juristenjargon«.

Es ist z.B. ein großer Unterschied, ob der Zeuge über die Frage des Vertragsabschlusses nichts (mehr) weiß oder ob er (positiv) weiß, dass ein Vertrag nicht geschlossen wurde. Bei der Formulierung, »dass ein Vertrag geschlossen wurde, kann ich nicht bestätigen«, oder »kann ich nicht sagen« bleibt dies unklar. Auch ist es z.B. für die spätere Beweiswürdigung von Bedeutung, wenn der Zeuge zwar erklärt, dass eine Zahlung geleistet oder ein Vertrag abgeschlossen wurde, ohne jedoch konkret angeben zu können, wann und auf welche Weise.

So wird z.B. der Gewissheitsgrad einer Aussage völlig verfälscht, wenn sich statt »Ich glaube, das Fahrzeug kam von rechts« im Protokoll »Das Fahrzeug kam von rechts« wiederfindet.

2066 Es wäre daher am besten, wenn die entscheidenden Äußerungen des Zeugen möglichst in direkter Rede – **wortgetreu** – in dessen Diktion protokolliert würden, ebenso wie die ihm gemachten Vorhalte.

Gegen die Formulierung können die Beteiligten Einwendungen erheben, die zu protokollieren sind (§ 162 Abs. 1 Satz 3 ZPO). Über den Wert der Einwendungen hat später das Gericht frei zu befinden.

Eine ungenaue Formulierung sollte der Anwalt keinesfalls ohne Weiteres hinnehmen, »auch wenn die Folge eventuell heftige Debatten sind« (Bode/Trompetter ProzRB 2003, 187).

Dabei ist zu bedenken, dass das Vernehmungsprotokoll nicht nur für die Entscheidungsbildung des erstinstanzlichen Richters, sondern auch erhebliche Bedeutung vor allem für das **Berufungsverfahren** hat. 2067

Denn das Berufungsgericht ist nach § 529 ZPO an das Ergebnis der Beweisaufnahme grundsätzlich gebunden, sofern dieses rechtsfehlerfrei zustande gekommen ist. Dabei kann gerade auch eine begründete protokollierte Verweigerung der Genehmigung des Protokolls ein konkreter Anhaltspunkt für »Zweifel an der Richtigkeit oder Vollständigkeit der entscheidungserheblichen Feststellungen« (§ 529 Abs. 1 Nr. 1 ZPO) begründen.

6. Verwertungsverbot bei Mithörzeugen

Häufig sind in der Praxis Zeugen, die über eine Mithörschaltung das Telefongespräch zwischen den Parteien – ohne Wissen (und Einwilligung) der anderen Partei – mit angehört haben, die einzigen Beweismittel. 2068

Wie für alle Verwertungsverbote (oben Rdn. 1812) wurden bzw. werden auch hierzu unterschiedliche Auffassungen vertreten (Lenz/Meurer MDR 2000, 73). 2069

Verwertbar z.B. BAG NJW 1983, 1691; BGH NJW 1982, 1397: Telefongespräch mit geschäftlichem Inhalt auch bei einem privaten Telefonanschluss; Thomas/Putzo/Seiler § 286 Rn. 8.

Unverwertbar: z.B. BAG NJW 1998, 1331: auch bei einem geschäftlichen Gespräch, OLG Karlsruhe MDR 2000, 847: entsprechender Sachvortrag auch dann unverwertbar, wenn unbestritten; arg. Verletzung des Persönlichkeitsrechts).

Differenzierend Zöller/Greger § 286 Rn. 15d: nur bei Gesprächen erkennbar persönlichen Inhalts, nicht unbedingt bei geschäftlichen Gesprächen.

Dass die Verwertung der Aussage von Mithörzeugen unzulässig sein kann, haben sowohl das BVerfG (NJW 2002, 3619) als auch der BGH (NJW 2003, 1727) inzwischen festgestellt. 2070

Das BVerfG betont dabei, dass die Gewährleistung des allgemeinen Persönlichkeitsrechts insbesondere vor dem Hintergrund neuartiger Gefährdungen der Persönlichkeitsentfaltung geboten ist, die in Begleitung des wissenschaftlich-technischen Fortschritts auftreten. Der Schutz des Rechts am gesprochenen Wort hänge weder davon ab, ob es sich bei den ausgetauschten Informationen um personale Kommunikationsinhalte oder gar besonders persönlichkeitssensible Daten handelt, noch komme es auf die Vereinbarung einer besonderen Vertraulichkeit der Gespräche an. Auf dieses Recht könne sich auch eine juristische Person des Privatrechts berufen. Der Schutz der Vertraulichkeit könne durch Einwilligung aufgehoben werden. Die bloße faktische Verbreitung von Mithöreinrichtungen bzw. die Üblichkeit des heimlichen Mithörens in bestimmten Bereichen (z.B. im Geschäftsverkehr) könne eine fehlende Einwilligung nicht ersetzen. Dabei könne die Einwilligung auch konkludent erteilt werden. Kann etwa der andere Teilnehmer an der Geräuschkulisse (z.B. öffentliche Telefonzelle oder Gespräch mit Mobiltelefon jeweils ohne räumliche Abtrennung) oder anderweitig erkennen, dass sein Partner nicht in einem abgeschlossenen Raum telefoniert, vermag er selbst zu entscheiden, ob er das Gespräch fortsetzen oder sich inhaltlich auf die Mithörmöglichkeit Dritter einstellen will.

▶ Praxistipp:

Verwertbar ist die Vernehmung eines Lauschzeugen, wenn er das Gespräch nicht heimlich, sondern offen und mit Zustimmung der Beteiligten angehört hat. 2071

Eine solche Einwilligung kann ausdrücklich, aber auch konkludent erteilt worden sein. Eine stillschweigende Einwilligung des Gesprächspartners kann angenommen werden, wenn trotz Kenntnis von einem Mithören der andere Gesprächsteilnehmer widerspruchslos weiter kommuniziert (BVerfG NJW 2003, 2375: Hinweis darauf, dass der Lautsprecher eingeschaltet wird und sich in der Wohnung noch eine andere Person befindet). Über eine zu Beginn des Telefonats behauptete Offenbarung vom Mithören eines Dritten kann im Bestreitensfall dieser als Zeuge angeboten werden.

Eine konkludente Einwilligung kann sich auch aus den Umständen des Gesprächs ergeben, etwa, wenn dies im öffentlichen Raum geführt wurde, wo jederzeit mit dem – absichtlichen oder zufälligen – Mithören Dritter zu rechnen war (Straßencafé).

Praxistipp:

2072 Die Vernehmung eines Lauschzeugen ist verwertbar, wenn dieser sein Wissen nur aus dem Mithören des anwesenden Gesprächspartners gewonnen hat.

Damit können zumindest die Tatsache, dass zu einem bestimmten Zeitpunkt überhaupt ein Telefongespräch stattfand, sowie die Wortbeiträge der einen Partei bewiesen werden. In Bezug auf die zu beweisende Haupttatsache stellen diese Aussagen – lediglich, aber immerhin – Indizien dar (oben Rdn. 1869).

Zweifelhaft ist hingegen, ob eine Aussage über den Gesprächsinhalt verwertbar ist, welcher dem Zeugen von einer Partei nach dem Telefonat mitgeteilt wurde (Indiz!).

Denn das BVerfG (NJW 2002, 3619) hat weiter ausdrücklich festgestellt, dass der Sprecher im privaten Bereich gerade wegen des Inhalts des Gesprächs ein schutzwürdiges Interesse daran hat, dass Dritte hiervon keine Kenntnis erhalten (»Schutz der Privatsphäre«). Entsprechende Äußerungen seien unabhängig davon geschützt, wie der Inhalt an einen Dritten gerät, also auch dann, wenn der Gesprächspartner entgegen einer Vertraulichkeitserwartung des Sprechers einem Dritten von dem Gesprächsinhalt berichtet. Auch der BGH (NJW 2003, 1727) weist darauf hin, dass der »Kommunikationsinhalt« selbst von Art. 2 Abs. 1 i.V.m. Art. 1 Abs. 1 GG geschützt wird.

Praxistipp:

2073 Verwertbar ist die Vernehmung eines Lauschzeugen auch dann, wenn das Interesse des Beweisführers das des Belauschten überwiegt.

Da bei den Beweisverboten das (verfassungsrechtlich abgesicherte) Recht auf Beweisführung mit dem (ebenfalls grundrechtlich abgesicherten) Recht am eigenen Wort kollidiert, ist – wie bei allen Grundrechtskollisionen – eine Güterabwägung erforderlich (BGH NJW 2003, 1727).

Ein Überwiegen der Interessen des Beweisführers kann etwa in Fällen angenommen werden, in denen sich der Beweisführer in einer Notwehrsituation oder einer notwehrähnlichen Lage befindet (z.B. BGH NJW 1988, 1016 – Aufnahmen zur Dokumentation erpresserischer Drohungen oder ähnlicher strafbarer Handlungen; BGH NJW 1982, 277 – zur Feststellung der Identität eines anonymen verleumdenden Anrufers).

Nicht ausreichend ist allein das allgemeine private Interesse, sich über den Inhalt eines Gesprächs ein Beweismittel zu verschaffen, um dieses dann in einem etwaigen Prozess zur Durchsetzung zivilrechtlicher Ansprüche zu verwenden (BGH NJW 2003, 1727; BVerfG NJW 2002, 3619).

Praxistipp:

2074 Ist die Aussage eines Lauschzeugen unverwertbar, kann sich aus ihr zumindest der Anlass für eine Vernehmung (auch) des Beweisführers als Partei ergeben.

Eine solche Vernehmung (Anhörung oder eine Parteivernehmung beider Gesprächspartner) hält die Rechtsprechung immer dann nicht nur für möglich, sondern sogar für geboten, »wenn andere Beweismittel nicht zur Verfügung stehen« (BVerfG NJW 2002, 3619).

2075 Engere Grenzen als dem bloßen Mithören sind dem heimlichen Mitschneiden von (Telefon-)Gesprächen gesetzt. Dies gilt auch für Besprechungen in geschäftlichen Angelegenheiten (Thomas/Putzo/Seiler § 286 Rn. 8, Vor § 371 Rn. 6; Prütting/Gehrlein/Laumen § 284 Rn. 27).

7. Zeugen im Ausland

2076 Befindet sich der zu vernehmende Zeuge im Ausland, ist dessen Vernehmung mit erheblichen zusätzlichen **Problemen** verbunden. Die Vernehmung ist organisatorisch aufwendig, verursacht zusätzliche Kosten (Übersetzungskosten, Kosten für einen Vertrauensanwalt der Botschaft, etc., § 379 ZPO) und erhöht die Verfahrensdauer. In der Praxis lässt sich all dies häufig nicht vermeiden: Hängt der Prozesserfolg von der Vernehmung ab, muss diese durchgesetzt werden.

Mangelnde Erfahrung, der zusätzliche Arbeitsaufwand und die drohende Verfahrensverzögerung machen eine Auslandsbeweisaufnahme bei Gerichten »ungefähr genauso beliebt wie beim Teufel das Weihwasser« (Dötsch MDR 2011, 269). Ist die Partei zur Durchsetzung ihrer Rechte auf einen ausländischen Zeugen angewiesen, muss sie regelmäßig erheblich auf das Gericht einwirken, um die Beweisaufnahme sicherzustellen (unten Rdn. 2080).

Auslandszeugen werden vor allem im Reiseprozess von Reiseveranstaltern häufig als Gegenzeugen für das Nichtvorliegen von Mängeln angeboten, die durch Mitreisende bewiesen wurden. Handelt es sich dabei um Reiseleiter oder saisonales Hotelpersonal, kommt oft zusätzlich erschwerend hinzu, dass deren Aufenthaltsort ständig wechselt.

Dabei hat das Gericht nach § 286 ZPO (verfassungsrechtlich aus dem Anspruch auf effektiven Rechtsschutz, dem Recht auf Beweis und dem Anspruch auf rechtliches Gehör: BVerfG NJW-RR 2001, 1006, 1007) eine **Pflicht** zur möglichst vollständigen Aufklärung des Sachverhalts (BGH NJW 1992, 1768), insbesondere zur Erhebung angetretener Beweise (Prütting/Gehrlein/Laumen § 284 Rn. 36). **2077**

Unklar ist, ob gegebenenfalls auf die Vorschrift des § 244 Abs. 5 StPO zurückgegriffen werden kann, wonach das (Straf-)Gericht einen Beweisantrag auf Vernehmung eines im Ausland zu ladenden Zeugen dann ablehnen darf, wenn der Beweis nach pflichtgemäßem Ermessen des Gerichts zur Erforschung der Wahrheit nicht erforderlich ist (Beweisantizipation!).

Kann die Aussage nicht (in absehbarer Zeit) beigebracht werden, nehmen die Gerichte eine **Unerreichbarkeit** des Zeugen an. Dann fällt diese Beweismöglichkeit ersatzlos weg. Gangbar ist dieser Weg aber erst, wenn sich das Gericht zuvor ernstlich um eine Vernehmung bemüht hat. Das ist erst dann der Fall, wenn es – unter Beachtung seiner Aufklärungspflicht – alle der Bedeutung des Zeugnisses entsprechenden Bemühungen zur Beibringung des Zeugen vergeblich entfaltet hat und keine begründete Aussicht besteht, dass das Beweismittel in absehbarer Zeit beschafft wird (BGH NJW-RR 2015, 1151; BGH RdTW 2021, 430; Prütting/Gehrlein/Laumen § 284 Rn. 49). **2078**

Möglich ist eine Vernehmung ausländischer Zeugen **2079**

– durch das deutsche Gericht im Inland;

Hierzu wird der Zeuge vor das deutsche Gericht gebeten. Dazu unten Rdn. 2080.

– durch das deutsche Gericht im Ausland;

Hoheitliche Tätigkeiten deutscher Gerichte dürfen im Ausland nur ganz ausnahmsweise durchgeführt werden. Die Voraussetzungen hierfür sind so eng, dass diese Form der Vernehmung von Auslandszeugen praktisch nicht vorkommt. Dazu unten Rdn. 2081.

– durch ein ausländisches Gericht im Ausland.

Bleibt etwa eine versuchte Ladung vor das Prozessgericht erfolglos, so hat das Gericht die Beweiserhebung im Ausland zu veranlassen (Leipold ZZP 105, 1992, 507 – Anm. zu BGH NJW 1992, 1768; Thomas/Putzo/Seiler § 355 Rn. 4).

a) Ladung vor das Prozessgericht

Dies erfolgt nur sehr selten. Denn die Ladung ist kompliziert und das Erscheinen ist nicht nach § 380 ZPO erzwingbar. Da zudem die Anreise mit hohen Kosten verbunden ist, ist eine Ladung selten zweckmäßig (Zöller/Greger § 377 Rn. 1a). **2080**

In der Praxis überlässt das Gericht die völkerrechtskonforme, formlose Bitte an die Zeugen, (freiwillig) zu erscheinen, meist der beweispflichtigen Partei (Zöller/Geimer § 363 Rn. 14). Ein Anspruch der Parteien auf Ladung durch das Gericht besteht im Übrigen grundsätzlich nicht (arg. § 363 ZPO; Thomas/Putzo/Seiler § 355 Rn. 2: Ausnahme vom Unmittelbarkeitsgrundsatz).

Hängt die Beurteilung der Glaubwürdigkeit des im Ausland vernommenen Zeugen wesentlich von dessen persönlichem Eindruck ab und ist das Vernehmungsprotokoll diesbezüglich – wie meist – unergiebig, kann es geboten sein, die Wiederholung seiner Vernehmung gem. § 398 Abs. 1 ZPO vor dem Prozessgericht zumindest zu versuchen und ihn andernfalls im Wege der Rechtshilfe erneut zu vernehmen (BGH, Urt. vom 02.08.1989, 2 StR 723/88: beide Parteien hatten die Vernehmung beantragt und der Zeuge soll nach Angaben des Klägers bereit gewesen sein, vor einem deutschen Gericht zu erscheinen und auszusagen).

b) Eigene Anhörung im Ausland bzw. Anhörung eines im Ausland ansässigen Zeugen

2081 Auf dem Gebiet fremder Staaten dürfen deutsche Gerichte nur mit deren Zustimmung sowie mit Zustimmung der Bundesregierung, die über die Landesjustizverwaltung einzuholen ist, tätig werden (Zöller/Geimer § 363 Rn. 1 f.). Ohne eine solche Erlaubnis sind das Abhalten eines Termins und die förmliche Vernehmung eines Zeugen unzulässig.

Die Verwertung eines Beweises im Prozess ist unzulässig, wenn dieser unter Verstoß gegen Völkerrecht oder deutsches Recht beschafft wurde. Beweisaufnahmen im Ausland werden durch die EU-Beweisaufnahmeverordnung i.V.m. § 1072 ZPO erleichtert, die eine Form der Rechtshilfe darstellt.

2082 Grundsätzlich unzulässig ist nicht nur die im Ausland durchgeführte Befragung eines Zeugen, sondern auch die Befragung eines im Nicht-EU-Ausland bzw. in Dänemark ansässigen Zeugen aus dem Inland. Dies gilt nicht nur für die Befragung per Bild- und Tonübertragung (§ 128a ZPO) oder Telefon (§ 495a ZPO), sondern auch für die schriftliche Befragung (BGH NJW 1984, 2039; Thomas/Putzo/Seiler § 363 Rn. 5).

2083 Möglich ist allenfalls die formlose Befragung auf freiwilliger Basis, die (mit Zustimmung der Parteien) im **Freibeweisverfahren** durchgeführt und später im Prozess nach § 284 Satz 2 ZPO verwertet werden kann. Dann kann die Befragung auch telefonisch oder per E-Mail erfolgen (Zöller/Geimer § 363 Rn. 11; oben Rdn. 1832).

2084 Deutlich erleichtert ist die Befragung, wenn sich der Zeuge in der Europäischen Union (Ausnahme: Dänemark) aufhält. Hier setzen eine schriftliche Befragung des Zeugen und die Anhörung eines Sachverständigen per Bild- und Tonübertragung kein Rechtshilfeersuchen voraus (EuGH, Urt. v. 21. 2. 2013 – C-332/11). Nunmehr gestattet Art. 26 Abs. 2 Justizdigitalisierungs-VO auch die Vernehmung eines aus dem EU-Ausland zugeschalteten Zeugen nach § 128a ZPO.

Zu den dabei zu bedenkenden Umständen oben Rdn. 2027. Bei einer Auslandsberührung werden die Vorteile die Nachteile häufig überwiegen. Inwieweit die dabei auftretenden praktischen und technischen Probleme (geeignete Videoanlagen im Sende- und im Empfangsland) zu bewältigen sind, kann nur im Einzelfall geklärt werden. Hierbei können die im Internetportal der Justiz (www.justiz.de) mit ihren Kontaktdaten verzeichneten Ansprechpartner für die Videoeinrichtungen der einzelnen Gerichte eine große Hilfe darstellen, da diese auch über Erfahrungen mit dem Auslandseinsatz verfügen und ggf. Hinweise auf andere Videoeinrichtungen (Botschaften, internationale Organisationen und Firmen sowie die Polizei) geben können.

c) Vernehmung im Ausland

2085 Praktisch bleibt meist nur die Vernehmung im Ausland über ein förmliches internationales **Rechtshilfeersuchen** oder durch einen Bundeskonsul (§§ 183, 363 ZPO).

Inwieweit ein Rechtshilfeersuchen zum Erfolg führt, hängt vor allem von der Kooperationsbereitschaft des jeweiligen Landes ab, in welchem die Vernehmung durchgeführt werden soll.

Sofern die Beweisaufnahme in einem EU-Mitgliedstaat erfolgen soll, kann das deutsche Gericht nunmehr nach § 1072 Nr. 1 ZPO unmittelbar das zuständige Gericht in dem anderen Mitgliedstaat um Vernehmung ersuchen (§ 1072 Nr. 1 ZPO; Zöller/Geimer 1072 Rn. 6). Die unmittelbare Vernehmung durch das deutsche Gericht auf dem Territorium eines Mitgliedstaates (§ 1072 Nr. 2 ZPO) kommt in der Praxis wegen des erheblichen Aufwandes nur in ganz seltenen Ausnahmefällen in Betracht, wobei die Vernehmung nur auf freiwilliger Grundlage erfolgen kann (Art. 17 Abs. 2 EG-VO Nr. 1206/2001; Alio NJW 2004, 2706).

Das Gericht kann in Ausnahmefällen die Beweiserhebung der beweisführenden Partei selbst überlassen (§ 364 ZPO), z.B. wenn die ausländischen Behörden untätig bleiben bzw. die eingeleitete ausländische Zeugenvernehmung über ein Jahr lang auf sich warten lässt und kaum Aussicht auf ihre Durchführung besteht oder wenn mit dem ausländischen Staat keine diplomatischen Beziehungen bestehen (BGH MDR 1989, 233; Thomas/Putzo/Seiler § 364 Rn. 1; Tempel S. 475: bei mehrfachem Wechsel des Aufenthaltsorts des Zeugen). Nach fruchtlosem Ablauf einer gesetzten Frist (§ 364 Abs. 2 ZPO) bleibt das Beweismittel dann praktisch in der jeweiligen Instanz ausgeschlossen. Dieses Verfahren wird jedoch selten praktiziert (Zöller/Geimer § 364 Rn. 2).

d) Taktik

Der **Beklagte** kann mit der Benennung eines im Ausland befindlichen Zeugen zumindest eine Verfahrensverzögerung, möglicherweise sogar eine Klageabweisung, erreichen. 2086

Erhebt das Gericht den angebotenen Beweis, verzögert sich die Entscheidungsreife durch das aufwendige Beweisverfahren zumindest um einige Monate.

Scheut das Gericht den mit der Beweisaufnahme verbundenen Aufwand, wird es möglicherweise einen Lösungsweg suchen, der es erlaubt, von der Beweisaufnahme abzusehen. Dabei bietet es sich an, die Klage für unbegründet (unschlüssig, unsubstantiiert) zu halten, sodass es auf die Verteidigungseinwände des Beklagten nicht ankommt und die unter Beweis gestellte Gegentatsache nicht geklärt werden muss. Zu Recht wird sogar von richterlicher Seite gerügt, dass sich die Zivilgerichte in der Vergangenheit oft als kreativ darin erwiesen haben, Beweisantritten mit Auslandszeugen nicht nachzukommen (Fölsch MDR 2011, 269).

Nachteilig für den Beklagten können die mit einer Auslandsbeweisaufnahme verbundenen zusätzlichen Kosten sein, die ggf. als Vorschuss von ihm eingefordert werden, jedenfalls aber im Fall eines Unterliegens zu tragen sind.

Benennt der **Kläger** ausländische Zeugen, ist er zur Durchsetzung seines Rechts auf die Vernehmung meist angewiesen. Er hat dabei häufig nicht nur den Beklagten, sondern auch das Gericht gegen sich. 2087

▶ Praxistipp:

Soll der ausländische Zeuge unbedingt vernommen werden, darf der Beweisführer sich nicht auf dessen bloße Benennung beschränken. Er muss den praktisch regelmäßig zu befürchtenden Vermeidungstaktiken des Gerichts nach Möglichkeit entgegenwirken. 2088

Möglich ist dies etwa durch Hinweis auf die dem Gericht obliegenden Pflichten, die aufgrund der Schwierigkeiten der Vernehmung ausländischer Zeugen nicht entfallen. Untermauert werden kann dies durch Zitatstellen aus der neueren Literatur und Rechtsprechung, die die früher h.M., das Gericht sei zu einem Tätigwerden im Ausland nicht verpflichtet, unter Hinweis auf den verfassungsrechtlichen Anspruch auf Beweis überwinden (umfassende Nachweise bei Fölsch MDR 2011, 269).

So hat das OLG Stuttgart (Urt. vom 24.03.2010, 3 U 214/09) festgestellt, dass auch aufwendige Auslandsbeweisaufnahmen grundsätzlich durchgeführt werden müssen und nicht mit der Begründung unterlassen werden dürfen, durch eine Rechtshilfevernehmung sei ohnehin kein persönlicher Eindruck von der Glaubwürdigkeit des Zeugen zu gewinnen.

»In rechtlicher Hinsicht nicht haltbar ist allerdings die Begründung des Landgerichts, eine Beweisaufnahme im Ausland könne unterbleiben, wenn es auf die Beurteilung der Glaubwürdigkeit der Beweisperson durch das erkennende deutsche Gericht ankomme. Abgesehen davon, dass in den seltensten Fällen schon vor Kenntnis des Inhalts der Zeugenaussage beurteilt werden kann, ob es maßgeblich auf dessen Glaubwürdigkeit ankommt, bestand jedenfalls im vorliegenden Fall die Möglichkeit für die Einzelrichterin, an der Beweisaufnahme durch das ersuchte italienische Gericht teilzunehmen, um sich ein eigenes Bild von der Glaubwürdigkeit der Zeugen zu machen (§§ 363 Abs. 3 Satz 2, 1073 ZPO). Im Übrigen würde die Argumentation des Landgerichts dazu führen, dass die Gerichte mehr oder weniger willkürlich jede Vernehmung von Auslandszeugen ablehnen könnten (so im Ergebnis auch Zöller/Geimer § 363 Rn. 6).« (OLG Stuttgart, Urt. vom 24.03.2010, 3 U 214/09).

Möglich ist eine Förderung der Bereitschaft des Gerichts zur Durchführung der Beweisaufnahme auch, indem der damit verbundene Aufwand reduziert wird. So kann eine schriftliche Erklärung des Zeugen die Beweiserheblichkeit seiner Aussage dokumentieren, ggf. sogar als Urkundenbeweis dienen (selbstständige schriftliche Erklärungen des Zeugen – ggf. unter Versicherung an Eides statt – können eine verwertbare Zeugnisurkunde darstellen: BGH MDR 1970, 135; NJW 1984, 2039). Nach einer Voranfrage beim Zeugen kann mitgeteilt werden, dieser sei bereit, freiwillig vor dem deutschen Gericht zu erscheinen. Manchmal genügt schon ein Hinweis auf die (praktisch nicht immer bekannten) Rechtsgrundlagen einer Auslandsvernehmung oder deren praktischen Ablauf.

Hilft alles nichts, kann der Zeuge immer noch geladen und als präsenter Zeuge gestellt werden.

8. Der Beweiswert von Zeugen

2089 Kein Beweismittel ist so anfällig für Verfälschung wie die Zeugenaussage, sodass diese nicht einfach unkritisch übernommen werden kann (Zöller/Greger Vor § 373 Rn. 14). Die ZPO lässt es offen, die Frage zu klären, ob einem Zeugen grundsätzlich zu glauben ist und dies nur dort nicht der Fall ist, wo Anhaltspunkte für eine Falschaussage vorliegen, oder ob umgekehrt einem Zeugen grundsätzlich zu glauben ist und es Anhaltspunkte für eine wahrheitsgetreue Aussage bedarf.

2090 Die höchstrichterliche **Rechtsprechung** (BVerfG NJW 2003, 2444; BGH NJW 1999, 2746; BGH NStZ 2009, 106) verlangt – zumindest für den Strafprozess – beides:
- Ausgehend von der Annahme, die Aussage sei unwahr, muss zunächst überprüft werden, was gegen diese Hypothese spricht;
- danach ist zu prüfen, welche Umstände gegen die Annahme sprechen, die Aussage sei wahr.

2091 **Beide Hypothesen** müssen verifiziert oder falsifiziert werden; ist dies nicht möglich, liegt ein non liquet vor. Im Ergebnis führt dies dazu, dass einem Zeugen grundsätzlich weder zu glauben noch grundsätzlich nicht zu glauben ist. Es bedarf vielmehr der positiven Feststellung eines bestätigenden oder verneinenden Beweisergebnisses in jedem Einzelfall.

2092 Die **Praxis** der Tatgerichte geht diesen aufwendigen Weg im Zivilprozess nicht. Hier wird regelmäßig nur eine Hypothese zugrunde gelegt und überprüft. Welche dies ist, entscheidet regelmäßig das allgemeine Menschenbild des Richters. Praktisch dominiert dabei die Beweisregel: »Dem Zeugen ist zu glauben, wenn nicht ganz gewichtige Anhaltspunkte dagegensprechen, die sich auch in die Entscheidungsgründe schreiben lassen.«

Foerste NJW 2001, 321; Reinecke MDR 1986, 630 – Die Krise der freien Beweiswürdigung im Zivilprozess oder Über die Schwierigkeit, einem Zeugen nicht zu glauben; Geipel AnwBl 10/2005: »Die contra legem Beweisregel«; Einmahl NJW 2001, 470: Nach einer Untersuchung wurde in Fällen, in denen nur eine Partei einen Zeugen aufzubieten hatte, diesem Zeugen in ca. 97 % aller Fälle geglaubt; E. Schneider NJW 2001, 3757 u. Kirchhoff MDR 1999, 1474; ders. MDR 2010, 791: Von etwa 1400 untersuchten Zeugenvernehmungen wurden lediglich etwa 65 Zeugen nicht geglaubt.

2093 Die gerichtliche **Beweiswürdigung** reduziert sich dann auf die Frage, welche Umstände gegen die Glaubhaftigkeit der Aussage und/oder die Glaubwürdigkeit des Zeugen sprechen. Finden sich hier nicht genügend gewichtige Argumente, gilt die Aussage als wahr und das Beweisthema als erwiesen.

Im Ergebnis bleiben damit viele Falschaussagen unentdeckt. Dass Zivilrichter an Zeugen nicht mit der erforderlichen kritischen Distanz herangehen und deren Aussagen nicht mit aktuellen wissenschaftlichen Beweiswürdigungsmethoden analysieren, liegt einerseits sicher an der insoweit mangelnden Ausbildung in Vernehmungs- und Analysetechniken, andererseits aber auch an dem damit verbundenen Aufwand, den nicht alle Gerichte zu leisten bereit oder in der Lage sind. Ob und inwieweit daneben auch gesetzliche Vorgaben für den Aufklärungsmangel verantwortlich sind (Geipel, ZAP Fach 13, S. 1735: »einengende Funktion des Beweisbeschlusses bzw. der Beweisanordnung«), kann hier dahinstehen. Umso mehr ist der Anwalt in die Pflicht genommen, absehbar unzureichenden Beweiserhebungen oder Beweiswürdigungen entgegenzuwirken.

2094 **Praktisch** führt dies dazu, dass sich in einem Urteil faktisch keine Begründung von Glaubhaftigkeit und Glaubwürdigkeit findet. Selbst bei erkennbarem Unbehagen des Gerichts am eigenen Ergebnis fehlt es oft an einer nachvollziehbaren Artikulation der Bedenken (Meyke MDR 1987, 360). Dies kann insbesondere deswegen nicht befriedigen, weil der Zeuge unbestritten ein denkbar schlechtes Beweismittel ist. Zeugen können lügen, sich irren oder missverstanden werden; die möglichen Fehlerquellen sind zahlreich (Kirchhoff MDR 2001, 666). Dass eine solche Fehlerquelle nicht vorliegt, kann kaum einfach unterstellt werden.

Zu Recht kritisiert Bull (DRiZ 1972, 205), dass auch die sich in den Entscheidungsgründen häufig zu findende floskelhafte Formulierung »aufgrund der glaubhaften Aussage des Zeugen X« keine Begründung darstellt, sondern der Bequemlichkeit des Gerichts dient.

Vielfach arbeiten Gerichte bei der Beurteilung von Zeugenaussagen regelmäßig mit bloßen »Alltagstheorien« (instruktiv zu Beurteilungskriterien Kirchhoff MDR 1999, 1474; Stimpfig MDR 1995, 451) und bei der Begründung mit nichtssagenden Leer- und Beschwörungsformeln (z.B. OLG Düsseldorf NJW-RR 1996, 631: »Die Angaben des Zeugen sind einleuchtend, plastisch und glaubhaft, er hat in plausibler Weise erläutert …«).

Über diese allgemeine Grundeinstellung hinaus wird bestimmten Zeugengruppen verstärkt geglaubt (Meyer-Mews NJW 2000, 916: »Vor Gericht privilegierte Tatzeugen«). Dazu gehören z.B. Polizeibeamte, körperlich geschädigte Opfer von Straftaten oder Verkehrsunfällen.

Nicht verkannt werden darf dabei, dass die schriftlich fixierte Beweiswürdigung die **wirklichen Gründe** des Gerichts nur bedingt widerspiegelt. Zu der für das Beweisergebnis entscheidenden Überzeugung gelangt das Gericht in der Regel aus einer mehr intuitiven Bewertung des persönlichen Eindrucks von Verhandlung und Beweisaufnahme. Diese lässt sich nur bedingt verbalisieren. Die nach § 286 Abs. 1 Satz 2 ZPO erforderliche Angabe der Gründe, die für die Überzeugung leitend gewesen sind, erfolgt ergebnisorientiert und besteht überwiegend aus floskelhaften Standardargumenten. 2095

Für den Anwalt eröffnen sich damit oft **nur bedingte Einflussmöglichkeiten** auf die Beweiswürdigung des Gerichts. Kaum ein Richter wird sich von schriftlich vorgebrachten Argumenten für oder gegen ein bestimmtes Beweisergebnis von der bereits gewonnenen persönlichen Überzeugung abbringen lassen. 2096

Dies bedeutet nicht, dass der Anwalt auf eine eigene Beweiswürdigung verzichten sollte. Hat das Gericht sich noch keine abschließende Meinung zum Beweisergebnis gebildet oder geht es von einem »Grenzfall« aus, können die besseren Argumente der Parteien den Ausschlag geben. Auch sichere Beweisergebnisse können mit starken Argumenten dagegen zumindest erschüttert, das Gericht zu einem nochmaligen Überdenken veranlasst werden. Trifft die Beweislast den Gegner, genügt es, die Gewissheit des Gerichts insoweit zu erschüttern, dass es im Zweifel von einem non liquet ausgeht.

Argumente, die für oder gegen den Beweiswert einer Zeugenaussage sprechen, können sich spontan ergeben, aber auch durch Fragenkataloge erarbeitet werden. 2097

Ein solcher Fragenkatalog kann sich z.B. aus den Anforderungen, die an einen Zeugen gestellt werden (er muss etwas wahrgenommen, in Erinnerung behalten und wiedergegeben haben), und deren Erfüllung (Möglichkeit, Fähigkeit und Bereitschaft hierzu) ergeben.

▶ Beispiel:

Die Möglichkeit zur Wahrnehmung hatte der Zeuge nicht, wenn die Lichtverhältnisse eine Beobachtung nicht zuließen. Die Möglichkeit zur Erinnerung kann in den Fällen einer Amnesie fehlen, die Möglichkeit zur Wiedergabe setzt eine störungsfreie Vernehmung voraus.

Die Fähigkeit zur Wahrnehmung in fremder Sprache geführter Gespräche setzt entsprechende Sprachkenntnisse voraus. Die Fähigkeit zur Erinnerung kann bei Kindern, Senioren oder Kranken anders entwickelt sein als bei gesunden Erwachsenen. Die Fähigkeit zur Wiedergabe komplexer Sachverhalte hängt von den sprachlichen Fähigkeiten des Zeugen ab.

Die Bereitschaft zur Wahrnehmung fehlt bei »Knallzeugen«, die von einem Unfall nur den Knall gehört und sich den Hergang danach zusammengereimt haben. Die Bereitschaft zur Erinnerung hängt davon ab, ob es sich um ein alltägliches oder um ein besonderes Ereignis gehandelt hat. Zur Wiedergabe nicht bereit sind unwillige Zeugen, die lieber nicht aussagen wollen.

Hilfreich ist es oft auch, wenn man sich die möglichen Fehlerquellen vor Augen hält (hierzu Anders/Gehle/Gehle Übers § 373 Rn. 5).

Wenig erfolgversprechend ist es dagegen, wenn Unrichtigkeiten lediglich in Nebenpunkten gefunden werden, die Aussage im Kerngeschehen jedoch unangreifbar bleibt. So sind Erinnerungslücken im Randbereich völlig normal (Kirchhoff MDR 1999, 1474; aber Geipel AnwBl 2005, 347 Fn. 38: Ein bewusst falsch aussagender Zeuge kann – wenn überhaupt – regelmäßig nur durch Fragen zum Randgeschehen überführt werden).

Andererseits kann es genügen, um der Aussage des Zeugen auch zum Kerngeschehen glauben zu können, dass die Aussage von einem anderen Zeugen auch nur in Randbereichen bestätigt wird (BGH NStZ-RR 2003, 268). Überhaupt erhöht sich die Glaubwürdigkeit, wenn Zeugen unabhängig voneinander Übereinstimmendes bekunden (BGH NJW 1961, 132).

2098 Beweiswürdigungsargumente können sich auch aus Umständen ergeben, die dem **Gericht nicht bekannt** und bei der Beweisaufnahme nicht zur Sprache gekommen sind.

▶ Beispiel:

Der Zeuge steht zu der Partei in einer besonderen geschäftlichen oder persönlichen Beziehung.

Zwischen dem Zeugen und dem Gegner hat es vor oder nach der Beweisaufnahme ungewöhnliche Kontakte gegeben.

Hierzu schreibt der Bundesgerichtshof: »Es verstößt gegen den Grundsatz der freien Beweiswürdigung, wenn der Tatrichter die Glaubwürdigkeit eines Zeugen allein deshalb verneint, weil der Zeuge einer der Prozessparteien nahesteht oder am Abschluss des dem Prozess zugrunde liegenden Vertrages beteiligt war und bei seiner Vernehmung keine Umstände zutage getreten sind, die die von vornherein angenommenen Bedenken gegen die Glaubwürdigkeit des Zeugen zerstreut hätten (Leitsatz). Es gibt keinen Erfahrungssatz des Inhalts, dass Zeugen, die einer Prozesspartei nahestehen und/oder am Abschluss des dem Prozess zugrunde liegenden Vertrages beteiligt waren, von vornherein als parteiisch und unzuverlässig zu gelten haben und ihre Aussagen unbrauchbar sind« (BGH NJW 1995, 955).

Diese Umstände können sowohl die Erinnerung zugunsten der dem Aussagenden nahestehenden Person beeinflussen als auch zu einer bewussten Falschaussage führen. So ist es auch nicht unüblich, dass im Kreis der Freunde und Familie über die bevorstehende Aussage ausführlich gesprochen wird – was auch nicht verboten ist. Dies kann dazu führen, dass gerade die Prozesspartei maßgeblich bei der Bildung einer gemeinsamen Auffassung als Ergebnis eines solchen Gespräches »mitwirkt« und die Aussage des Zeugen beeinflusst. Daher kann es angebracht sein – bei entsprechenden Anhaltspunkten –, diesbezüglich Fragen und Erwägungen anzustellen (Zöller/Greger Vor § 373 Rn. 14). Zieht der Tatrichter den Umstand eines Näheverhältnisses des Zeugen zur Partei überhaupt nicht in seine Beweiswürdigung mit ein, kann ein berufungsrelevanter Verstoß gegen § 286 ZPO vorliegen, insbesondere wenn eine Partei entsprechende Bedenken geäußert hat.

2099 Letztlich wird sich der Anwalt damit abfinden müssen, dass die Beweiswürdigung selbst kein naturwissenschaftlich exakter Vorgang ist, der in allen Fällen den gleichen Kriterien folgt und logisch nachvollziehbar ist. Ob ein Richter einem Zeugen glaubt, also eine Tatsache für erwiesen hält, ist Teil seiner subjektiven Einschätzung und beruht damit auf seinen Kenntnissen und Fähigkeiten, seiner Lebenserfahrung und Persönlichkeit, seiner Menschenkenntnis und seiner Einschätzung der Gesamtumstände. Dass mit gleich guten Argumenten auch ein anderes Ergebnis begründbar gewesen wäre, macht die Beweiswürdigung nicht falsch, nicht einmal mit der Berufung anfechtbar, sondern muss hingenommen werden, weil die Beweiswürdigung letztlich dem Gericht (und nicht den Parteien oder ihren Anwälten) zugewiesen ist.

Bewusst hat das Gesetz sich deswegen grundsätzlich gegen feste Beweisregeln ausgesprochen (§ 286 Abs. 2 ZPO) und dem Richter bei der Beweiswürdigung weitgehend freie Hand gelassen (§ 286 Abs. 1

ZPO) (Prütting/Gehrlein/Laumen § 286 Rn. 2). Aussagepsychologische Beweiswürdigungsmodelle und Kriterienkataloge für die Glaubwürdigkeitsbeurteilung können in der Praxis deswegen nicht zur Beantwortung der Frage herangezogen werden, ob einem Zeugen zu glauben ist oder nicht. Sie taugen allenfalls für die nach § 284 Abs. 1 Satz 2 ZPO erforderliche rationale Begründung des richterlichen Ergebnisses.

II. Sachverständigengutachten

Bedarf die Beantwortung einer Beweisfrage besonderer Sachkunde, über die das Gericht nicht selbst verfügt, kann es sich hierbei der Mithilfe eines entsprechend sachkundigen Dritten bedienen. Dieser beantwortet die ihm vorgelegte Frage in Form eines Gutachtens. Zu alternativen Möglichkeiten der Einbindung fachlicher Expertisen in den Zivilprozess Schobel MDR 2014, 1003. 2100

Aufgabe des Gerichts beim Sachverständigenbeweis ist die Bestimmung des Beweisthemas – häufig unter konkretisierender Vorgabe des der Begutachtung zugrunde zu legenden Sachverhalts –, die Auswahl des Sachverständigen (BGH NJW 2017, 2354), dessen Anleitung, die Kontrolle des Gutachtens auf Schlüssigkeit und Vollständigkeit und schließlich die rechtstechnische Umsetzung des Ergebnisses in die anstehende Entscheidung. Der Anwalt muss alle diese Arbeitsschritte sorgfältig und kritisch begleiten und Mängel sofort rügen.

1. Bedeutung in der Praxis

Wenn hinsichtlich einer entscheidungserheblichen Frage ein gerichtlich angeordnetes Sachverständigengutachten vorliegt, entscheidet sich fast ausnahmslos danach der Prozess. Dem Gutachten kommt damit regelmäßig **prozessentscheidende** Bedeutung zu. 2101

Denn die Gerichte schließen sich in aller Regel (mit stereotypen Leerformeln) den »überzeugenden und widerspruchsfreien Ausführungen des Sachverständigen« an (nach einer empirischen Untersuchung erfolgt dies in 95 % der Fälle, Sendler NJW 1986, 2909: ärztliche Sachverständige als »Richter im weißen Kittel«; Klaaßen SZ 12.11.2003: Baugutachter – »Die Schattenrichter« – oft fällt ihr Votum das Urteil).

Wollte das Gericht davon abweichen, so müsste es nach der Rechtsprechung des BGH seine abweichende Überzeugung begründen und dabei erkennen lassen, dass die Beurteilung nicht von einem Mangel an Sachkunde geprägt ist (Thomas/Putzo/Seiler § 286 Rn. 3). Hierzu sind die Gerichte in der Regel jedoch z.B. in schwierigen bautechnischen oder medizinischen Fragen oder bei Messungen und Berechnungen im Bereich des Immissionsschutzrechts nicht in der Lage.

Diese strengen Anforderungen an den Tatrichter begründen gleichsam die »beweisrechtliche Vermutung der Richtigkeit eines Gutachtens« (E. Schneider MDR 1985, 199). Es ist deshalb für ihn einfacher, die Entscheidung auf den vom Sachverständigen festgelegten Wahrscheinlichkeitsgrad zu stützen, statt sich selbst eine eigene persönliche Überzeugung zu bilden (Prütting/Gehrlein/Laumen § 286 Rn. 12).

Speziell im Arzthaftungsprozess darf das Gericht einen groben Behandlungsfehler entgegen den medizinischen Ausführungen des Sachverständigen nicht aus eigener Wertung bejahen (BGH NJW 2002, 2944).

Dabei kann die »prozessentscheidende Weichenstellung« schon in der **Auswahl** des Sachverständigen liegen, vor allem im medizinischen Bereich (BGH MDR 2017, 896; Franzki DRiZ 1991, 317; Oehler ZRP 1999, 285; Cramer ZMGR 2014, 171). 2102

Hierbei können auch etwaige finanzielle oder persönliche Beziehungen des Gutachters zur Partei eine Rolle spielen. Die Justiz indes ist häufig »blind gegenüber den Verflechtungen ihrer Gutachter« (Lanz ZRP 1998, 337; Tätigkeit als Privatgutachter für Dritte in vergleichbarem Fall als Ablehnungsgrund: BGH NJW-RR 2017, 569; a.A. OLG Celle NJW-RR 2003, 135: Milde NJW 2018, 1149), zumal dem Sachverständigen insoweit bislang auch keine Anzeigepflicht zukommt.

Die Sachverständigen werden vom Gericht ausgewählt, wobei viele Richter einfach irgendeinen Gutachter beauftragen, ohne sich (entgegen den gesetzlichen Anforderungen) irgendwelche Gedanken zu machen (Lanz ZRP 1998, 339). § 404 Abs. 2 ZPO begründet nunmehr zumindest die Möglichkeit, die Parteien zur Auswahl anzuhören, und die Pflicht, sich mit Einwendungen gegen einen Sachverständigen auseinanderzusetzen (Jäckel MDR 2018, 1037). Es kann daher in besonderen Fällen sinnvoll sein, wenn sich die Parteien auf eine bestimmte – kompetente und wirklich neutrale – Person einigen (§ 404 ZPO). Da von einer Partei einseitig vorgeschlagene Sachverständige vom Gegner regelmäßig abgelehnt werden und das Gericht bei vorhandenen Alternativen meistens von deren Bestellung absieht, besteht eine gewisse Chance, auf diese Weise unliebsame Sachverständige zu verhindern. Es bleibt aber die Möglichkeit, vom bevorzugten Sachverständigen ein Privatgutachten anfertigen zu lassen (sogleich unten Rdn. 2120).

2103 Da die Gerichte erfahrungsgemäß von der möglichen Beweiserhebung von Amts wegen (§ 144 ZPO) sehr zurückhaltend Gebrauch machen, empfiehlt sich in der Regel ein entsprechender **Antrag**.

Damit das Gericht den Antrag nicht ohne Weiteres übersehen bzw. diesem ausweichen kann, sollte hierauf sicherheitshalber in der mündlichen Verhandlung nochmals hingewiesen bzw. der Antrag wiederholt werden. Zum Beweisantritt gem. § 403 ZPO genügt zwar die summarische Bezeichnung der zu begutachtenden Frage (Thomas/Putzo/Seiler § 403 Rn. 1), trotzdem empfiehlt sich eine möglichst genaue Darlegung der Gegebenheiten. Dadurch kann das Risiko, dass das Gericht den Beweisantritt als Ausforschungsbeweis oder mangels ausreichend bestimmter Anknüpfungstatsachen ablehnt, vermieden werden (OLG München MDR 2000, 393).

Bei strafrechtlich relevanten Sachverhalten wird häufig Strafanzeige erstattet, um die Klärung der Sachverständigenfrage auf Staatskosten zu erreichen (Lilie/Orben ZRP 2002, 156: in Arzthaftungsprozessen, wobei der Nutzen wegen der erheblichen Dauer der Ermittlungen und der mit dem Zeitablauf einhergehenden Beweisführungsschwierigkeiten für den Zivilprozess eher gering sei).

▶ Praxistipp:

2104 Bei einem Sachverständigenbeweis von Amts wegen darf das Gericht dessen Einholung nicht von einem Vorschuss nach §§ 379, 402 ZPO abhängig machen.

(BGH NJW 2000, 743: 15 000 DM; Zöller/Greger § 379 Rn. 3; § 144 Rn. 1) Was manchmal trotzdem geschehen soll, um Druck auszuüben, damit die Partei vor der hohen Entschädigung für den Sachverständigen zurückschreckt (E. Schneider MDR 2000, 751); jedoch kann Vorschuss gem. § 17 Abs. 3 GKG angefordert werden (Thomas/Putzo/Seiler § 144 Rn. 1); i.Ü. zur Frage der Präklusion bei Nichtzahlung eines angeordneten Vorschusses oben Rdn. 1782. Ebenso wenig besteht eine Vorschusspflicht bei bewilligter Prozesskostenhilfe (§ 122 ZPO).

Im Übrigen aber ist eine – überhöhte – Vorschussanordnung nicht selbstständig anfechtbar. Ihre Rechtmäßigkeit kann erst bei einem Rechtsmittel gegen die Entscheidung in der Hauptsache überprüft werden. Im Ausgangsverfahren bleibt nur die Gegenvorstellung oder Anfechtung des Urteils (Zöller/Greger § 379 Rn. 6).

Dem Antrag des Sachverständigen auf Erhöhung seiner Vergütung sollte nicht in jedem Fall spontan widersprochen werden. Die gesetzlichen Stundensätze sind nicht üppig, qualifizierte Spezialisten zu diesen Bedingungen oft nicht zu bekommen. In jedem Fall darf der Sachverständige eine Zustimmung zur Erhöhung motivationsfördernd sowie als Würdigung seiner eigenen Tätigkeit verstehen.

2105 Der Sachverständige wird vom Gericht nicht nur ausgewählt, sondern auch angeleitet (§ 404a Abs. 1 ZPO). Dazu gehört seit der Reform 2016 die Notwendigkeit, eine Frist zur Erstattung zu setzen (§ 411 Abs. 1 ZPO). Geboten ist aber auch eine inhaltliche Vorgabe. Will der Anwalt der Tätigkeit des Sachverständigen eine bestimmte Richtung geben, bestehen hier also zumindest mittelbare Möglichkeiten. Insbesondere in tatsächlich komplexen Angelegenheiten wird eine sachgerechte Klärung die Mitwirkung aller Beteiligten erfordern (Seibel NJW 2014, 1628: »konstruktive Kooperation«).

2106 Hierbei ist immer abzuklären, ob der Mandant bei kleinen Streitwerten bzw. bei nur noch geringem streitigem Restbetrag oder bei einer durchaus im üblichen Rahmen liegenden Höhe des Klageanspruchs das durch ein Sachverständigengutachten wesentlich erhöhte **Kostenrisiko** in Kauf nehmen will.

Manchmal kann sich ein Gutachten aufgrund der Möglichkeiten nach § 287 ZPO (Schadensschätzung und Vernehmung des Beweisführers) erübrigen (auch §§ 441 Abs. 3 Satz 2, 633 Abs. 3 Satz 2 BGB). Hierauf sollte man das Gericht in geeigneten Fällen durchaus hinweisen, weil von dieser Vorschrift in der Praxis »zu wenig und zu ängstlich« Gebrauch gemacht wird.

Ferner ist zu prüfen, ob für ein Erfolg versprechendes Gutachten überhaupt ausreichende Anknüpfungstatsachen oder vielleicht andere (kostengünstigere) Beweismittel vorhanden sind. So ist aufgrund zwischenzeitlicher Veränderungen oft auch nur noch der gegenwärtige – und nicht mehr der entscheidungserhebliche frühere – Zustand der streitgegenständlichen Sache feststellbar.

Ein (trotzdem) beantragtes und erholtes Gutachten würde hier nur unnötige Kosten verursachen, sofern nicht entsprechende Rückschlüsse möglich sind. Hat man neben einem Sachverständigengutachten noch Zeugen angeboten, muss man damit rechnen, dass das Gericht zunächst oder ausschließlich das Gutachten erholt.

Dies lässt sich nicht dadurch vermeiden, indem man das Sachverständigengutachten nur unter der Bedingung beantragt, dass das Ergebnis der Zeugenvernehmung zum Beweis der behaupteten Tatsachen dem Gericht nicht ausreicht.

Sofern es um die Anspruchshöhe geht, bleibt dann nur die Möglichkeit, das insofern häufig nur routinemäßig erfolgte Bestreiten nicht weiter aufrechtzuerhalten.

Um zu vermeiden, dass nach Erholung eines teureren Gutachtens die Klage bereits dem Grunde nach in der Berufung abgewiesen wird, kann es sich empfehlen, hierüber zunächst eine rechtskräftige Entscheidung im Wege eines Grundurteils zu erlangen (§ 304 ZPO). Obgleich dessen Erlass im Ermessen des Gerichts liegt, erscheint ein Antrag einer oder beider Parteien unter Darlegung der Zweckmäßigkeit eines Grundurteils sehr förderlich. Denn solche Urteile ergehen in der Praxis relativ selten. Man muss sich hierbei aber bewusst sein, dass ein Grundurteil von den Gerichten dann wiederum oft vorschnell erlassen wird (Prütting/Gehrlein/Thole § 304 Rn. 2 a.E.).

Die **Haftung** des gerichtlichen Sachverständigen auf Ersatz des Schadens, der einer Partei durch eine gerichtliche Entscheidung (nicht bei Prozessvergleich!) entsteht, die auf einem unrichtigen Gutachten beruht, ist in § 839a Abs. 1 BGB geregelt. 2107

Voraussetzung ist der – nur schwierig zu erbringende – Nachweis von Vorsatz oder grober Fahrlässigkeit, wobei zudem die »Grenze zwischen abwegiger Mindermeinung und schlicht falschen Gutachten« zu ziehen ist (Brückner/Neumann MDR 2003, 906). Grob fahrlässig ist die Begutachtung, wenn die Unrichtigkeit des Ergebnisses einem Sachkundigen (nicht dem Gericht oder einem Normalbürger) einleuchten muss. Dass das Gericht das Gutachten gebilligt hat, lässt den Verschuldensvorwurf nicht entfallen; sie ist ja gerade Voraussetzung für die Haftung des Sachverständigen gemäß § 839a BGB, weil diese nur dann eingreift, wenn die Entscheidung des Ausgangsprozesses auf seinem Gutachten – und damit auch auf dessen Billigung durch die Gerichte des Ausgangsprozesses – beruht (Festhaltung BGH NJW-RR 2014, 90). Schuldlos kann der Sachverständige allerdings dann sein, wenn er eine ausdrückliche Weisung des Gerichts befolgt (§ 404a ZPO; BGH, Urt. vom 24.07.2014, III ZR 412/13).

Außerdem tritt die Ersatzpflicht nicht ein, wenn der Verletzte es zumindest fahrlässig unterlassen hat, den Schaden durch Gebrauch eines Rechtsmittels abzuwenden (§§ 839a Abs. 2 BGB, 839 Abs. 3 BGB).

Der Anwalt muss zumindest jedes Sachverständigengutachten auf seine Schlüssigkeit prüfen. Sofern das Gutachten auch nur im Geringsten unklar oder unvollständig ist, sollte er auf Ergänzung (§ 411 Abs. 3 Satz 1 ZPO) drängen. Außerdem sollte der Anwalt seiner Partei raten, das Gutachten von einem Fachmann überprüfen zu lassen, wenn er (oder die Partei) außerstande ist, es inhaltlich selbst zu überprüfen (Jaeger ZAP Fach 2, S. 454) bzw. Anhaltspunkte für ein unrichtiges Gutachten vorhanden sind (Huber NJW-Editorial 19/2003).

2. Entkräftung eines Gutachtens

Ein Sachverständigengutachten zu Fall zu bringen, ist nur sehr **schwer erreichbar**. Dies aber erscheint meist als einzige Chance, einer Verurteilung unter Zugrundelegung des Gutachtens zu entgehen, da Gerichte sich nur selten gegen das Ergebnis eines Sachverständigen wenden, dessen Schlussfolgerungen sie meist mehr oder weniger unkritisch übernehmen. 2108

Soweit das Gutachten nicht allein prozessual-formal, sondern inhaltlich angegriffen werden soll, setzt dies eine dem Sachverständigen überlegene oder doch zumindest gleichwertige Sachkunde voraus. Nur ausnahmsweise wird diese beim Anwalt selbst vorhanden sein (so etwa beim erfahrenen Fachanwalt: Hartmann-Hilter NZFam 2015, 600), manchmal kann die Partei selbst ihre Kenntnisse einbringen. In allen anderen Fällen wird es erforderlich sein, die Sachkunde durch Beiziehung von Privatgutachtern einzubringen (unten Rdn. 2120).

a) Prozessuale Möglichkeiten

2109 Das Prozessrecht bietet eine Reihe von Möglichkeiten, das Ergebnis eines gerichtlichen Gutachtens infrage zu stellen.

2110 (1) Zunächst können die Parteien **Einwendungen gegen das Gutachten** vorbringen und den Sachverständigen befragen, wenn das Gericht das Erscheinen des Sachverständigen zum Termin (zur Erläuterung des schriftlichen Gutachtens) angeordnet hat.

Hierbei bietet sich die Herbeiführung einer ergänzenden schriftlichen Stellungnahme des Sachverständigen an, was von den Gerichten überwiegend so gehandhabt wird. In vielen Fällen lässt dies die Zweifelspunkte ausreichend klären.

Das Gericht muss aber den Sachverständigen (hingegen keine von diesem eingeschalteten Hilfspersonen) laden, wenn eine Partei die Ladung beantragt. Diese Pflicht besteht, auch wenn dem Gericht das schriftliche Gutachten vollständig und überzeugungsfähig erscheint und es eine Erläuterung nicht für erforderlich hält. Unerheblich ist auch, ob zu erwarten ist, dass der Gutachter seine Auffassung ändert (BVerfG NJW-RR 1996, 183; BGH ZUM 2017, 753; BGH NJW-RR 2017, 762; BGH r+s 2018, 559; Prütting/Gehrlein/Katzenmeier § 411 Rn. 22; Zöller/Greger § 411 Rn. 2; zum Ganzen Pantle MDR 1989, 312; arg. Fragerecht gem. §§ 402, 397 Abs. 1 – unabhängig von § 411 Abs. 3 ZPO).

Beschränkungen des Antragsrechts ergeben sich nur aus den Gesichtspunkten des Rechtsmissbrauchs und der Prozessverschleppung. Ein beabsichtigter Rechtsmissbrauch lässt sich nicht daraus herleiten, dass nicht mitgeteilt wird, welche Fragen dem Sachverständigen gestellt werden sollten. Es kann von der Partei, die einen Antrag auf Ladung des Sachverständigen stellt, nicht verlangt werden, dass sie die Fragen, die sie an den Sachverständigen zu richten beabsichtigt, im Voraus konkret formuliert. Es genügt, wenn sie allgemein angibt, in welcher Richtung sie durch ihre Fragen eine weitere Aufklärung herbeizuführen wünscht (BGH MDR 2003, 168 – st. Rspr.).

Hingegen soll ein solcher Antrag – als rechtsmissbräuchlich – abgelehnt werden können, wenn bei einem vollständigen und überzeugungsfähigen Gutachten die Notwendigkeit einer Erörterung überhaupt nicht begründet wird, wenn die an den Sachverständigen zu richtenden Fragen nicht genau genannt oder nur beweisunerhebliche Fragen angekündigt werden (BVerfG NJW-RR 1996, 183; Zöller/Greger § 411 Rn. 5) bzw. die Fragen eindeutig beantwortet sind, ohne dass insoweit ein Erläuterungsbedarf besteht oder zumindest nachvollziehbar geltend gemacht wird (OLG Oldenburg NJW 1999, 178).

Da hiernach die Abgrenzungskriterien der Rechtsprechung nicht völlig klar und einheitlich erscheinen und die Gerichte »es nicht schätzen, wenn der Gutachter auf Antrag einer Partei noch zur mündlichen Verhandlung geladen werden soll, weil dessen Anhörung zeitaufwendig ist« (E. Schneider ProzRB 2003, 276), empfiehlt sich zur Vermeidung einer Ablehnung, zumindest eine konkrete, beweiserhebliche Frage zusammen mit dem Antrag anzukündigen. Dabei dürfte gerade bei einem Antrag vonseiten der Klagepartei die Annahme eines Rechtsmissbrauchs eher seltener in Betracht kommen, da diese naturgemäß auf die Förderung des Verfahrens bedacht ist.

Allerdings dürfen bei nur geringer Sachkunde einer Partei an ihre Einwendungen keine hohen Anforderungen gestellt werden. Speziell im Arzthaftungsprozess ist die Partei nicht verpflichtet, ihre Einwendungen gegen das Gerichtsgutachten auf die Beifügung eines Privatgutachtens oder auf sachverständigen Rat zu stützen oder selbst oder durch Dritte in medizinischen Bibliotheken Recherchen anzustellen, um Einwendungen gegen ein gerichtliches Sachverständigengutachten zu formulieren (BGH NJW 2003, 1400). Zu dem damit verbundenen Risiko mangelnder Kostenerstattung (BGH ZfBR 2017, 349).

Auch nach einem Ergänzungsgutachten hat die Partei ein Recht darauf, den Sachverständigen hierzu mündlich zu befragen, sofern neue und ernst zu nehmende Bedenken gegen Teile des Gutachtens erhoben werden (BGH NJW 1986, 2886).

Die Einwendungen und der Antrag auf Ladung müssen rechtzeitig, insbesondere innerhalb einer vom Gericht gesetzten Frist mitgeteilt werden (§ 411 Abs. 4 ZPO). Denn bei Verspätung droht eine Zurückweisung nach §§ 282, 296 ZPO (Prütting/Gehrlein/Katzenmeier § 411 Rn. 23).

Der Antrag ist spätestens in dem nächsten Verhandlungstermin zu stellen, in dem das Gutachten von den Parteien vorgetragen wird (BGH NJW 1961, 2308; BGH NJW-RR 1997, 1487). Danach kann die Partei die Anhörung nicht mehr erzwingen, vielmehr entscheidet das Gericht darüber nach Ermessen (§§ 402, 398 Abs. 1 ZPO). Insbesondere lebt der in erster Instanz durch Nichtausübung verlorene prozessuale Anspruch der Partei in der Berufungsinstanz nicht wieder auf.

Unabhängig davon ist jedoch die Ladung von Amts wegen geboten, wenn das Gutachten zur Behebung von Zweifeln oder zur Beseitigung von Unklarheiten und Widersprüchen der mündlichen Erläuterung bedarf (Zöller/Greger § 411 Rn. 3). Ein verspätet vorgebrachter Antrag einer Partei steht dem nicht entgegen.

Dabei steht das unmittelbare Fragerecht jedenfalls dem Anwalt und – nach Ermessen des Gerichts – auch den Parteien zu (§§ 402, 397 ZPO).

Dritte Personen, z.B. Privatsachverständige haben kein Fragerecht und müssen dieses durch den Anwalt ausüben. Da dies zeitintensiv ist, kann man versuchen, zu erreichen, dass das Gericht eine unmittelbare Befragung (ausnahmsweise) gestattet. Im Übrigen kann das Fragerecht durch den Anwalt natürlich wesentlich effektiver wahrgenommen werden, wenn er sich zuvor mit einem anderen (Privat-)Sachverständigen hinsichtlich der kritischen Punkte besprochen hat.

▶ Praxistipp:

Inhaltlich führt die Anhörung eines Sachverständigen regelmäßig nur dann zu einem vom schriftlichen Gutachten abweichenden Ergebnis, wenn es gelingt, den Sachverständigen zur Einräumung eines Fehlers zu bewegen. 2111

Dies ist schon aus psychologischen Gründen nicht einfach. Der Sachverständige wird stets versuchen, sein Gutachten zu verteidigen. Er wird grundsätzlich nicht bereit sein, sich von einem – von ihm für inkompetent gehaltenen – Anwalt einen Fehler nachweisen zu lassen. Manchmal ist es deswegen sinnvoll, den eigenen Privatgutachter zur Befragung mitzubringen. Vermieden werden muss dann, dass die beiden Sachverständigen anfangen, über die jeweils höhere Kompetenz zu streiten. Erfolg versprechender ist es, die Befragungsatmosphäre so zu gestalten, dass alle Beteiligten das Gefühl haben, gemeinsam die richtige Lösung der Beweisfrage zu suchen.

Bei der Befragung ist zu bedenken: »Unterstatement bringt den Sachverständigen eher ins Wanken. Der Mut zu naiven Fragen des aufgeschlossenen Laien lässt den Sachverständigen sehr viel argloser den Routinepfad der unangreifbaren Standards verlassen. Nicht zuletzt die Eitelkeit veranlasst ihn, dem wissbegierigen, aber vorgeblich unwissenden Fragesteller auf das von diesem vorbereitete Terrain zu folgen (…). Das dauernde Lamento des Rechtsanwalts, er habe die Schlussfolgerungen des Sachverständigen nicht verstanden, lässt unter Umständen auch den entnervten Richter erklärend eingreifen, wodurch er ungewollt Blößen im eigenen Verständnis der Materie offenbart« (Sommer ZAP 1994 Fach 22, S. 113).

Trotz alledem sollte der Anwalt gut vorbereitet sein, um das Fragerecht auch aktiv wahrnehmen zu können. So wird sich der Richter bei einem durch Antrag erzwungenen Anhörungstermin vermutlich mit der eigenen Befragung des Sachverständigen eher zurückhalten.

Enthalten die mündlichen Ausführungen des Sachverständigen gegenüber dem (früheren) schriftlichen Gutachten neue und ausführlichere Beurteilungen, muss der Partei unter Umständen Gelegenheit gegeben werden, nochmals Stellung nehmen zu können, nachdem sie sich anderweitig sachverständig hat beraten lassen. Ein solcher Wunsch sollte im Anschluss an die Beweisaufnahme unbedingt kundgetan werden, da die Partei dieses Recht sonst verlieren kann (BGH NJW 1988, 2302: Arzthaftungsprozess).

(2) Der Anwalt sollte genau prüfen, ob der Sachverständige von den richtigen **Anknüpfungstatsachen** ausgegangen ist und nicht etwa einen unbewiesenen, widerlegten oder irrelevanten Sachverhalt zugrunde gelegt hat. 2112

Es empfiehlt sich daher, bei einem Augenscheinstermin des Sachverständigen zu erscheinen, um zu verhindern, dass der Gegner dem Sachverständigen einen abweichenden Sachverhalt unterbreitet.

(3) Ebenso wichtig ist es, dass der Sachverständige aus den richtigen Tatsachen auch richtige, insbesondere nachvollziehbare logische **Schlussfolgerungen** gezogen hat. 2113

Da manche Richter zuweilen nur die »Zusammenfassung« am Ende des Gutachtens lesen, sollte auch geprüft werden, ob diese den Inhalt – einschließlich etwaiger Einschränkungen – oder besondere Voraussetzungen zutreffend wiedergibt.

2114 (4) Ein (gerichtlich bestellter) Sachverständiger kann wegen Besorgnis der **Befangenheit** abgelehnt werden (§ 406 ZPO).

Eine solche Ablehnung hat in der Praxis erfahrungsgemäß nur selten Erfolg. Da Sachverständige als Naturwissenschaftler aber häufig mit den zivilprozessualen Regeln und Denkweisen nicht vertraut sind, können Ablehnungsgründe häufiger gefunden werden als beim Richter.

Voraussetzung hierfür ist allgemein, dass die Partei aus ihrer Sicht mit einer plausiblen, gedanklich nachvollziehbaren Erklärung Zweifel an der Unbefangenheit des Sachverständigen haben kann. Maßgebend ist dafür die Sicht einer einigermaßen verständigen Partei, nicht Querulantentum oder übersteigertes Misstrauen (vgl. Zöller/Vollkommer § 42 Rn. 9).

Sowohl die angebliche als auch die tatsächliche Unrichtigkeit oder Lückenhaftigkeit eines Gutachtens begründen die Besorgnis der Befangenheit eines Sachverständigen grundsätzlich genauso wenig wie Ausführungen über den Gutachtenauftrag hinaus (OLG Düsseldorf AG 2015, 439).

Dem Sachverständigen obliegt als Richtergehilfen die Verpflichtung zur Objektivität und strengen Sachlichkeit. Dazu gehört insbesondere, dass er auf Kritik, die ihm entgegengebracht wird, sachlich reagiert (OLG Zweibrücken VersR 1998, 1438). Ein Mangel an Sachkunde, Unzulänglichkeiten oder Fehlerhaftigkeit des Gutachtens mögen das Gutachten entwerten, rechtfertigen aber für sich allein nicht die Ablehnung des Sachverständigen wegen Befangenheit (BGH NJW 2005, 1869).

Sofern der Sachverständige seine Ablehnung mindestens grob fahrlässig verschuldet hat, kann dessen Vergütungsanspruch und somit auch die entsprechende Kostenbelastung der unterliegenden Partei entfallen (OLG Hamburg MDR 2004, 906).

2115 Besonders praxisrelevant sind die folgenden möglichen **Befangenheitsgründe** (Prütting/Gehrlein/Katzenmeier § 406 Rn. 10 ff.):

- Sachverständiger hat zum Ortstermin nur eine Partei zugezogen (Jaeger ZAP Fach 2, S. 1043: »Todsünde«) oder bei einer Partei Informationen eingeholt.
- Sachverständiger hat mit überzogener Ausdrucksweise Kritik an einem von der Partei vorgelegten Privatgutachten geübt (OLG Zweibrücken VersR 1998, 1438: angekündigtes Privatgutachten sei ein Gefälligkeitsgutachten; OLG Oldenburg NJW-RR 2000, 1166: Privatgutachter habe »keine Ahnung«).
- einseitige negative Bewertung der Partei und deren Anwalt (OLG Köln MDR 2002, 53: Sachverständiger bezeichnete die Äußerungen des Anwalts – »ein außerordentlich oberflächliches und lapidares Gutachten, welches mit schneller Hand geschrieben wurde« – als »flegelhaft« und »rüpelhaft«).
- Sachverständiger lässt sich außergerichtlich in eine Sachdiskussion mit einer Partei über die Richtigkeit seiner gutachterlichen Ausführungen ein und deutet in diesem Zusammenhang an, dass noch weitere – bislang nicht gerügte – Mängel oder Mängelursachen vorhanden sein könnten (OLG München, Beschl. vom 06.05.1999 – 28 W 1494/99: Befangenheitsgrund, weil allein die »Optik« maßgebend ist, auch wenn der Sachverständige sich dem Anruf der Partei grundsätzlich nicht entziehen konnte und sich subjektiv in einer Verteidigungsstellung sah und möglicherweise eine prompte Antwort auch als ein Gebot der Höflichkeit ansah).
- eigenmächtige Feststellungen über den erteilten Gutachtensauftrag hinaus, ohne zuvor auf eine Ergänzung der Beweisfragen hingewirkt zu haben (OLG Celle NJW-RR 2003, 135).
- Umformulierung des Beweisthemas und gänzliche Nichtberücksichtigung von substantiiertem Vortrag einer Partei.
- Sachverständiger erweckt den Eindruck, eine streitige Behauptung zulasten einer Partei für erwiesen zu halten oder den Angaben des Gegners mehr Glauben zu schenken (OLG Hamburg MDR 2004, 906: »die Klage sei berechtigt«).

Im Übrigen ist besonders auf die Frist für den Ablehnungsantrag nach § 406 Abs. 2 ZPO zu achten.

Nach § 406 Abs. 2 Satz 1 ZPO ist der Ablehnungsantrag grundsätzlich binnen zwei Wochen nach der Zustellung des Beschlusses über die Ernennung des Sachverständigen zu stellen. Man darf also nicht erst abwarten, ob das Gutachten für die Partei ungünstig ausfällt.

Ergeben sich die Ablehnungsgründe aus dem Inhalt des Gutachtens, ist die Frist des § 406 Abs. 2 Satz 2 ZPO maßgebend. In diesem Fall ist der Antrag nach der Rechtsprechung grundsätzlich unverzüglich nach dessen Kenntnis – so früh wie möglich – zu stellen. Dabei ist es aber noch rechtzeitig, wenn der Befangenheitsantrag innerhalb einer zur Stellungnahme nach § 411 Abs. 4 ZPO vom Gericht gesetzten – u.U. auch verlängerten – Frist eingereicht wird, sofern sich die Besorgnis der Befangenheit erst aus einer inhaltlichen Auseinandersetzung mit dem schriftlichen Gutachten ergibt (BGH NJW 2005, 1869; str.). Aber auch sonst steht der Partei eine angemessene Prüfungs- und Überlegungsfrist zu (Zöller/Greger § 406 Rn. 11; OLG Brandenburg NJW-RR 2001, 1433: in aller Regel Zwei-Wochen-Frist – einmonatige Überlegungsfrist ist zu lang).

Bei begründeter Ablehnung ist das Gutachten für das Urteil nicht mehr verwertbar, wodurch die ablehnende Partei die Chance auf ein neues, für sie günstigeres Gutachten erhält.

Allerdings kann der Beweisführer den wirksam abgelehnten Sachverständigen als sachverständigen Zeugen benennen bezüglich seiner Wahrnehmungen bei einer Augenscheinseinnahme (§ 414 ZPO; Zöller/Greger § 414 Rn. 2 a.E.). Als Zeuge kann er nämlich nicht abgelehnt werden und ist zwingend zu vernehmen. Die tatsächlichen Feststellungen des Sachverständigen können auf diese Weise in den Prozess eingeführt werden (Befundtatsachen), nicht aber dessen Schlussfolgerungen. Ferner kann die Partei bei dem abgelehnten Sachverständigen selbst ein Privatgutachten in Auftrag geben und dieses vorlegen. Dadurch können u.U. für den Beweisführer günstige Feststellungen des Sachverständigen noch gerettet werden.

Dabei kommt der Aussage eines sachverständigen Zeugen ein dem Sachverständigengutachten angenähertes Gewicht zu. Denn will das Gericht von dessen Aussage über sachkundig getroffene Feststellungen abweichen, muss es seine bessere Sachkunde darlegen (BGH NJW 2003, 426).

Auch die erfolgreiche Ablehnung eines Sachverständigen steht der **Verwertbarkeit** seiner vor der Ablehnung erstatteten **Gutachten** allerdings nicht notwendig entgegen (BGH NJW 2007, 2702). 2116

Für möglich hat der BGH die Verwertung gehalten, wenn die Partei, die sich auf die Befangenheit des Sachverständigen beruft, den Ablehnungsgrund durch eine unzulässige Streitverkündung an den Sachverständigen in rechtsmissbräuchlicher Weise provoziert hat und kein Anlass zu der Besorgnis besteht, dass die Unvoreingenommenheit des Sachverständigen schon bei Erstellung seiner bisherigen Gutachten beeinträchtigt war. Abzuwarten bleibt, ob der BGH eine Verwertung auch ohne vorangegangene Streitverkündung (dazu unten Rdn. 2117) bejaht.

(5) Die **Drohung**, Sachverständige wegen des angeblich falschen Gutachtens auf Schadensersatz 2117
aus § 839a BGB in Anspruch zu nehmen, ist in der Praxis selten zu sehen (Rickert/König NJW 2005, 1829).

Kurzfristig wurde diese Drohung in den Jahren 2005/2006 auch durch eine Streitverkündung an den Sachverständigen verstärkt. Trat er daraufhin dem Rechtsstreit bei, erweckte er den Anschein, auf der Seite der von ihm unterstützten Partei zu stehen und damit nicht mehr neutral zu sein. Dies rechtfertigte in der Regel meist seine Ablehnung wegen Besorgnis der Befangenheit, nach a.A. war er sogar von Amts wegen § 41 ZPO in entsprechender Anwendung ausgeschlossen. Sehr schnell und nahezu zeitgleich haben Rechtsprechung und Gesetzgeber dieser Vorgehensweise einen Riegel vorgeschoben: Zum einen ist der Sachverständige nicht »Dritter« i.S.d. § 72 Abs. 1 ZPO (BGH NJW 2006, 3214), zum anderen regelt § 72 Abs. 2 ZPO ausdrücklich, dass Sachverständigen der Streit nicht verkündet werden kann.

Geblieben ist die Möglichkeit der »Drohung« mit einer Schadensersatzklage ohne Streitverkündung. 2118

Ob es damit gelingt, den Sachverständigen zu einer der Partei günstigeren Begutachtung zu veranlassen, darf für die weitaus überwiegende Zahl der Fälle zumindest bezweifelt werden.

(6) Erfolg versprechender ist die Erholung eines weiteren Gutachtens eines anderen Sachverständi- 2119
gen (»**Obergutachten**«), welches allerdings nur ausnahmsweise möglich ist.

Allgemeine Voraussetzung ist nach § 412 ZPO, dass das Gericht das Gutachten für ungenügend erachtet. Dabei darf – im Gegensatz zu Zeugenaussagen – die Einschaltung eines zweiten Gutachters aber auch dann abgelehnt werden, wenn das erste Gutachten bereits das Gegenteil der behaupteten Tatsache bewiesen hat (BGH NJW 1970, 946). Nach der Rechtsprechung kommt ein zweites Gutachten vor allem in Betracht bei substantiierten Einwendungen gegen das erste schriftliche Gutachten, wenn diese nicht von vornherein widerlegbar sind (BeckRS 2014, 22646), oder es sich um einen schwierigen Fall handelt, grobe Mängel besitzt oder die Sachkunde des ersten Gutachters zweifelhaft ist bzw. der neue Gutachter über überlegene Forschungsmittel verfügt oder wenn es in anderer Weise nicht aufklärbare Widersprüche enthält (Prütting/Gehrlein/Katzenmeier § 412 Rn. 4).

Obgleich das Gericht diese Voraussetzungen gem. § 286 ZPO selbstständig prüfen müsste, empfiehlt sich ein ausdrücklicher und begründeter Antrag der vom Gutachten nachteilig betroffenen Partei.

Falls die beiden Gutachten zu unterschiedlichen Ergebnissen kommen, kann insbesondere bei besonders schwierigen Fragen ausnahmsweise noch die Erholung eines sog. Obergutachtens infrage kommen, wenn der Richter ohne einleuchtende, logisch nachvollziehbare Begründung nicht einem den Vorzug geben kann (BGH VersR 2020, 639; Prütting/Gehrlein/Katzenmeier § 412 Rn. 4).

Dabei kennt die ZPO weder diesen Begriff, noch normiert sie eine irgendwie geartete Reihenfolge unter verschiedenen Gutachten. Als Obergutachter wird in der Praxis ein Sachverständiger verstanden, der aufgrund überragender Sachkunde oder besonderer Autorität die durch gegensätzliche Auffassung mehrerer Sachverständiger entstandenen Zweifel zu klären hat (Prütting/Gehrlein/Katzenmeier § 412 Rn. 1).

b) Bedeutung eines Privatgutachtens

2120 Gerade ein Privatgutachten einer Partei kann dazu führen, dass **Einwendungen** vom Gericht ernst genommen werden (BGH NJW 1986, 1930; Zöller/Greger Vor § 402 Rn. 3; problematisch kann allerdings die Kostenerstattung sein! – BGH NJW 2003, 1398; Quadflieg NJW-Spezial 2013, 649; Zöller/Greger § 91 Rn. 13.73). So haben Anträge auf Erholung eines zweiten (gerichtlichen) Gutachtens in der Regel nur dann Aussicht auf Erfolg, wenn die Einwendungen durch ein Privatgutachten gestützt werden (BGH NJW 2015, 411; BGH NJW 2017, 3661).

Denn das Gericht hat sich damit ebenso sorgfältig auseinanderzusetzen und auf eine weitere Aufklärung des Sachverhalts hinzuwirken wie wenn es sich um die abweichende Stellungnahme eines von ihm bestellten weiteren Gutachters handeln würde (BGH NJW 2015, 411; BGH NJW 2017, 3661; NJW 1998, 2735: Arzthaftungsprozess; OLG Saarbrücken NJW-RR 1999, 719; BGH NJW 1992, 1459: schriftliche Ergänzung des Gutachtens/Ladung des Sachverständigen/weiteres Gutachten gem. § 412 ZPO).

Dabei sind gerade in Arzthaftungsprozessen die Äußerungen medizinischer Sachverständiger kritisch auf ihre Vollständigkeit und Widerspruchsfreiheit zu prüfen, vor allem bei Widersprüchen aufgrund von Privatgutachten (BGH NJW 1996, 1597), gerade weil manche Sachverständige Behandlungsfehler nur sehr zurückhaltend ansprechen.

Es ist verfahrensfehlerhaft, wenn nicht dargelegt wird, warum das Gericht der Ansicht des gerichtlichen Sachverständigen den Vorzug gibt bzw. warum es dessen Ausführungen für »überzeugend« hält (OLG Zweibrücken NJW-RR 1999, 1156).

Die unkritische Übernahme z.B. von Bewertungsansätzen im Gutachten und Ergänzungsgutachten eines gerichtlichen Sachverständigen verletzt das Gebot rechtlichen Gehörs, wenn ein Privatgutachten zu deutlich anderen Bewertungsergebnissen gelangt (BVerfG NJW 1997, 122: zur Ermittlung des Wertes eines Unternehmens im Rahmen des Zugewinnausgleichs).

Zur Erfüllung all dieser Voraussetzungen dürfte dem Gericht meist die erforderliche Sachkunde fehlen, sodass die Einholung eines zweiten Gutachtens häufig unumgänglich sein wird, sofern die noch offenen Fragen nicht bereits durch die Anhörung des Sachverständigen geklärt werden konnten.

2121 Sonst kann ein Privatgutachten als Sachverständigengutachten im Prozess nur mit Zustimmung beider Parteien **verwertet** werden (Prütting/Gehrlein/Katzenmeier Vor § 402 Rn. 8; a.A. Zöller/Greger § 402 Rn. 3).

▶ Praxistipp:

2122 Die Zustimmung zur Verwertung eines vom Gegner vorgelegten Privatgutachtens als gerichtliches muss nicht immer nachteilig sein. Bestehen an der Unvoreingenommenheit und Qualifikation des Sachverständigen keine Zweifel, können damit erhebliche Kosten für ein weiteres Gutachten erspart werden.

Sofern das Gericht dieses Gutachten zur Beantwortung der Beweisfrage für ausreichend hält, ist die Einholung eines gerichtlichen Gutachtens entbehrlich (BGH VersR 1989, 587). 2123

Soweit die Ausführungen im Privatgutachten nicht ausreichen, um die von einer Partei zum Beweisthema angestellten Überlegungen und die von ihr in ihrem Vortrag angesprochenen aufklärungsbedürftigen Fragen zu beantworten, muss der Richter auf Antrag der Partei einen Sachverständigen hinzuziehen und eine schriftliche oder mündliche Begutachtung anordnen. Dabei kommt es nicht darauf an, ob die Behauptung der Partei in der anderen Begutachtung eine Stütze findet oder nicht (BGH NJW 2002, 2324 – st. Rspr.).

Im Übrigen ist ein Privatgutachten ein urkundlich belegter (qualifizierter) substantiierter **Parteivortrag.** 2124

(BGH NJW-RR 1994, 255 – st. Rspr.; Thomas/Putzo/Seiler Vorbem. § 402 Rn. 5), den das Gericht im Rahmen freier Beweiswürdigung – ohne Einholung eines weiteren Gutachtens – auch bei Widerspruch einer Partei (ausnahmsweise, meist bei besonders einfacher Sachlage, sonst nur Beweis dafür, welche Erklärungen vom Privatgutachter abgegeben worden sind, nicht aber für die inhaltliche Richtigkeit, OLG Oldenburg NJW-RR 2000, 949) für zuverlässig und ausreichend halten kann (Zöller/Greger § 402 Rn. 2: urkundenbeweisliche Verwertung). Es ist dann Sache des Gegners der vorlegenden Partei, den Gegenbeweis anzubieten, am besten durch Antrag auf Einholung eines (gerichtlichen) Sachverständigengutachtens.

Dadurch ist die Gegenpartei gezwungen, zumindest – soweit möglich (§ 138 Abs. 4 ZPO!) – entsprechend substantiiert zu bestreiten (Müther MDR 1998, 1336), was in der Praxis häufig nicht erfolgt. Es verbleibt meistens beim bloßen Widerspruch gegen die Verwertung des Privatgutachtens als solches. 2125

Der Privatgutachter kann allerdings auch als **(sachverständiger) Zeuge** über seine Feststellungen bei der Besichtigung des Streitobjekts vernommen werden (§ 414 ZPO). 2126

Das Übergehen eines entsprechenden (erforderlichen und spezifizierten) Beweisantrages stellt einen Verfahrensfehler dar (BGH NJW-RR 2004, 1361: Zustand eines Baggers nach einem Unfallereignis).

Damit kann das Privatgutachten beweisrechtlich letztlich doch wieder Berücksichtigung finden, wenngleich dieser Zeuge (streng genommen) nur zu einem Beweisthema gehört werden kann, das zulässiger Gegenstand eines Zeugenbeweises ist. Die Abgrenzung ist im Einzelfall schwierig.

Vernimmt das Gericht den Privatgutachter zu Sachverständigenfragen, so hat es ihn damit zum gerichtlichen Sachverständigen bestellt, über dessen Aussage sich das Gericht daher nicht mehr »einfach hinwegsetzen« kann (BGH NJW-RR 1994, 567).

Im Übrigen handelt die beweispflichtige Partei grob nachlässig, wenn sie lediglich ein Privatgutachten vorlegt und keinen Beweisantrag auf Einholung eines gerichtlichen Gutachtens stellt (OLG Oldenburg NJW-RR 2000, 949; §§ 528 Abs. 2, 282 Abs. 1 ZPO).

c) Beweissicherungsgutachten

Häufig ist vorprozessual zum Zwecke der Beweissicherung ein Gutachten im selbstständigen Beweisverfahren nach **§§ 485 ff. ZPO** eingeholt worden (dazu unten Rdn. 2303). 2127

Praktische Bedeutung hat die schriftliche Begutachtung durch einen Sachverständigen im selbstständigen Beweisverfahren nach § 485 ZPO neben Arzthaftungs- und Straßenverkehrsverfahren vor allem in Bauprozessen, wo es meist darum geht, Mängel an einem Bauvorhaben sowie den hierfür jeweils Verantwortlichen von mehreren Beteiligten festzustellen. Zudem wird durch die Zustellung des Antrages die Verjährung gehemmt (§ 204 Abs. 1 Nr. 7 BGB).

▶ Praxistipp:

Der Anwalt sollte den Beweiserhebungen im selbstständigen Beweisverfahren dieselbe kritische Aufmerksamkeit widmen wie im Hauptsacheprozess. 2128

Denn eine solche Begutachtung, welche regelmäßig außerhalb eines Streitverfahrens erfolgt, hat nach § 493 Abs. 1 ZPO dieselbe Bedeutung wie ein erst im Prozess eingeholtes Gutachten. So folgt auch die Beweisaufnahme den hierfür geltenden allgemeinen Vorschriften (§ 492 ZPO). Dazu im Übrigen unten Rdn. 2303.

2129 **Besonderheiten** des vorangegangenen Beweissicherungsverfahrens sind:

- dass der Gegner einen eigenen Gegenantrag stellen (z.B. Erweiterung der Beweisfrage) und Gegenbeweis antreten kann (Prütting/Gehrlein/Ulrich § 487 Rn. 8 ff. und § 493 Rn. 5; zu den Zulässigkeitsvoraussetzungen OLG Jena MDR 1997, 1160, str.),
- dass eine Streitverkündung zulässig ist (unten Rdn. 2319),
- dass eine Ablehnung des Sachverständigen wegen der Besorgnis der Befangenheit bereits im selbstständigen Beweisverfahren möglich und geboten ist (§ 406 ZPO), im Hauptsacheprozess hingegen nur noch in Ausnahmefällen (Thomas/Putzo/Seiler § 487 Rn. 6),
- dass Einwendungen, die Begutachtung betreffende Anträge und Ergänzungsfragen rechtzeitig mitzuteilen sind.

Dies hat entweder innerhalb einer vom Gericht hierfür gesetzten Frist oder innerhalb eines angemessenen Zeitraums (nach Erledigung der Beweisaufnahme) zu erfolgen (§ 411 Abs. 4 ZPO). Ob damit bis zum Hauptsacheverfahren zugewartet werden kann, ist sehr zweifelhaft (unten Rdn. 2323). Dies gilt auch für die Frage, ob im Hauptsacheverfahren ein »Obergutachten« i.S.d. § 412 ZPO eingeholt werden kann, wenn die Voraussetzungen dafür bereits im Beweissicherungsverfahren vorlagen (BGH MDR 2010, 767).

- dass im Hauptsacheprozess eine erneute Begutachtung nur ausnahmsweise unter den – in der Praxis nur selten vorliegenden – engen Voraussetzungen des § 412 ZPO zulässig ist (Zöller/Herget § 493 Rn. 2; auch § 485 Abs. 3 ZPO).

2130 Für die Frage der **Verwertung** des Gutachtens im Streitverfahren gilt Folgendes:

2131 (1) Von Amts wegen, wenn sich eine Partei – ohne besondere Antragstellung – auf die darin festgestellten Tatsachen beruft (§§ 493 Abs. 1, 285 Abs. 2 ZPO). Im Gegensatz zum Privatgutachten ist hierfür die Zustimmung des Gegners nicht erforderlich.

Da dem Streitgericht das Vorhandensein eines solchen Gutachtens erfahrungsgemäß nicht immer ohne Weiteres bekannt ist (anders Zöller/Herget § 493 Rn. 1), sollte der Antragsteller ein nachteiliges Gutachten tunlichst nicht erwähnen, wenn er angesichts dessen trotzdem noch Klage erhoben hat. Ein vorteilhaftes Gutachten hingegen sollte nicht nur erwähnt, sondern am besten mit vorgelegt werden, um die Kenntnisnahme durch das Streitgericht sicherzustellen.

2132 (2) Die Zulässigkeit des selbstständigen Beweisverfahrens ist keine Voraussetzung der späteren Verwertung der Beweise (Thomas/Putzo/Seiler § 493 Rn. 1).

Vor allem nur dann, wenn eine Partei von einem Ortstermin (nachweisbar) nicht benachrichtigt war, ist das Gutachten nicht verwertbar (Zöller/Herget § 493 Rn. 4). Hierbei ist darauf zu achten, der Verwertung rechtzeitig zu widersprechen, um den Eintritt der Heilungswirkung des § 295 ZPO zu verhindern.

2133 (3) Es muss Identität der Parteien gegeben sein.

Es ist daher zu empfehlen, möglichst alle in Betracht kommenden Schuldner als Antragsgegner zu nennen oder ihnen (kostenrechtlich günstiger) den Streit zu verkünden (z.B. bei einem Bauvorhaben den Bauunternehmer, Handwerker, Subunternehmer, Architekten; oben Rdn. 377; unten Rdn. 2319).

3. Verfahrensfremde Gutachten

2134 Eine besondere Regelung besteht für die Verwertbarkeit von schriftlichen gerichtlichen Sachverständigengutachten aus anderen Verfahren. So kann nach **§ 411a ZPO** die schriftliche Begutachtung durch die Verwertung (als Sachverständigenbeweis!) eines gerichtlichen Sachverständigengutachtens aus einem anderen Verfahren ersetzt werden.

Die Verwertung ist auf Antrag einer Partei aber auch von Amts wegen möglich, entweder auf einen Beweisantrag einer Partei, ein Sachverständigengutachten einzuholen oder nach § 144 Abs. 1 ZPO (Begr.

RegE. S. 20). Vor Erlass eines entsprechenden Beweisbeschlusses ist den Parteien rechtliches Gehör zu gewähren (BGH NJW-RR 2016, 833; BGH NZBau 2018, 201).

Als solche Gutachten kommen z.B. in Betracht: verkehrsanalytische Gutachten, Gutachten bei ärztlichen »Kunstfehler«-Prozessen, Insolvenzgutachten, Gutachten aus Sozialgerichtsverfahren sowie Schrift vergleichende Gutachten.

Die Verwertung des verfahrensfremden Gutachtens liegt im pflichtgemäßen Ermessen des Richters. 2135

Daher sollte die Partei bei einem für sie ungünstigen Gutachten versuchen, den Richter durch begründete Einwendungen zur Erholung eines (weiteren) originären Gutachtens zu bewegen. Dies kann dann veranlasst sein, wenn das Gericht auf seine entsprechende Absicht hinweist oder der Gegner die Verwertung beantragt; spätestens bei Anordnung der Beweiserhebung (Thomas/Putzo/Seiler § 358 Rn. 1).

Anknüpfungspunkte hierfür könnten u.U. die unterschiedlichen Beweismaßstäbe in den anderen Verfahrensarten bieten. So werden z.B. Gutachten im Strafverfahren in der Regel unter anderen rechtlichen Gesichtspunkten erstattet als im Zivilverfahren (BGH NJW 1983, 121). Während im Strafverfahren aufgrund der dort geltenden Beweisgrundsätze (»in dubio pro reo«!) zweifelhafte Tatsachen zugunsten des Angeklagten zugrunde gelegt werden müssen, ist im Zivilprozess die davon regelmäßig abweichende – oft komplexe – Darlegungs- und Beweislast maßgebend. Auch gilt im Strafverfahren ein anderer Fahrlässigkeitsmaßstab als im Zivilrecht. Dies wird häufig eine Ergänzung des Gutachtens erfordern.

Unterschiede in den Kausalitäts- und Beweisanforderungen bestehen z.B. auch im Zivil- und Sozialrecht (BGH NJW-RR 2005, 897; OLG Köln VersR 1998, 1249: LG hat es versäumt, dem medizinischen Sachverständigen die für die haftungsrechtliche Beurteilung maßgeblichen Kriterien als Grundlage für die Gutachtenserstattung vorzugeben).

Des Weiteren ist zu prüfen, ob die Beweisthemen auch deckungsgleich sind. Vorhandene Unterschiede zum Zivilverfahren sollte der Anwalt herausarbeiten und gegenüber dem Gericht deutlich machen. Dann dürfte sicherlich mancher Richter dem Verlangen der Partei nach einem eigenständigen Gutachten nachgehen, nicht zuletzt auch deshalb, um etwaige spätere Auseinandersetzungen zu vermeiden.

Die Mitwirkungs- und **Beteiligungsrechte der Parteien** nach den Vorschriften über den Beweis 2136
durch Sachverständige gem. §§ 402 ff. ZPO bleiben hierbei unberührt.

Das bedeutet insbesondere, dass die Parteien das Recht haben, eine Ergänzung des Gutachtens und eine mündliche Anhörung zu beantragen (§ 411 Abs. 3, 4 ZPO; oben Rdn. 2110; E. Schneider AnwBl 2003, 550: »Rettungsmaßnahme« für den Anwalt). Auch kann ein weiteres Gutachten erholt werden, wenn das Gericht das ursprüngliche gerichtliche Gutachten für ungenügend erachtet (§ 412 Abs. 1 ZPO). Für die Parteien besteht auch die Möglichkeit, den »fremden« Sachverständigen wegen Besorgnis der Befangenheit abzulehnen (§ 406 ZPO). Deshalb sind die praktischen Auswirkungen der Neuregelung eher gering.

Schließlich kommt hierbei auch eine etwaige Haftung des Sachverständigen nach § 839a BGB (bei Vorliegen der sonstigen Voraussetzungen) in Betracht, während dies bei einer bloß urkundlichen Verwertung sehr zweifelhaft ist (verneinend Huber ZRP 2003, 270).

III. Urkunden

Urkunden gelten zu Recht als gute Beweismittel und spielen in der Praxis eine große Rolle. 2137

Es ist immer vorteilhaft, wenn sich eine Partei auf Schriftstücke als objektive Beweismittel berufen kann. Sofern dieses dann noch vom Gegner stammt, hat dieser jedenfalls zu erklären, wie dieses Schriftstück zu seinem abweichenden Vortrag passt.

Allerdings führt nicht jede im Prozess vorgelegte Urkunde zu einer Urkundenbeweisaufnahme nach 2138
§§ 425 ff. ZPO.

Zunächst einmal erfolgt die Vorlage von Urkunden zur **Substantiierung** des eigenen Parteivor- 2139
trags. Der Inhalt umfangreicher Urkunden muss nicht schriftsätzlich wiedergegeben werden, durch Vorlage der Urkunde (im Original oder in Ablichtung) wird der Inhalt der Urkunde vorgetragen.

Besonderer Beachtung ist dabei der Frage zu schenken, ob die Bezugnahme auf die Urkunde den eigenen Sachvortrag ersetzen kann und ob die Urkunde einen ausreichend substantiierten Vortrag enthält.

▶ **Beispiel:**

2140 Durch die Vorlage von Lieferscheinen oder Rechnungen wird weder der Vortrag eines Vertragsschlusses noch der einer Erbringung der geschuldeten Leistung ersetzt.

2141 Erst wenn die mit der Urkunde vorgetragene Tatsache streitig wird, stellt sich die Frage nach einem **Beweis**. Regelmäßig ist die vorgelegte Urkunde dann auch als Beweisantritt anzusehen.

Hierzu kommt es in der Praxis eher selten. Meist genügt die Vorlage der Urkunde, um ihren Inhalt unstreitig werden zu lassen, sodass es einer förmlichen Beweisaufnahme nicht bedarf.

Dies gilt insbesondere, weil die gesetzliche Beweiskraft insbesondere von Privaturkunden nur gering ist, insbesondere nur die Abgabe der Erklärung, nicht ihre Wirksamkeit oder Wahrheit bewiesen wird (§ 419 ZPO).

Allerdings kann das Bestreiten der Echtheit einer Privaturkunde durchaus Erfolg versprechend sein, weil insbesondere größere Wirtschaftsunternehmen Originalurkunden häufig vernichten und allenfalls Mikrofilmkopien aufbewahren, mit denen eine Beweisführung deutlich schwerer ist (Roßnagel/Nebel NJW 2014, 886).

1. Beweisantritt

a) Urkunde beim Beweisführer

2142 Befindet sich die Urkunde in den Händen des Beweisführers, wird der Urkundenbeweis gem. §§ 420, 595 Abs. 3 ZPO durch die **Vorlage** der Urkunde angetreten.

Nicht ausreichend ist das bloße Anerbieten der Vorlage – wie es in der Praxis ständig geschieht (Prütting/Gehrlein/Preuß § 420 Rn. 2, 3 und 4). Grundsätzlich sind etwaige Grundbuch- und Handelsregisterauszüge vorzulegen.

Jedoch hat das Gericht die Partei in der mündlichen Verhandlung bei angekündigten Urkunden zur Vorlage und damit zum Beweisantritt aufzufordern (BGH NJW 1986, 428; OLG Frankfurt a. M. NJW-RR 1987, 656; Prütting/Gehrlein/Preuß § 420 Rn. 4). Das Gericht kann eine Partei ohne entsprechenden Hinweis keinesfalls als beweisfällig behandeln, wenn diese erkennbar davon ausgeht, dass sich die Urkunde bereits bei den Akten befindet (§ 139 ZPO, auch § 356 ZPO; BGH NJW 1986, 428).

Häufig wird in anwaltlichen Schriftsätzen die Vorlage der entsprechenden Urkunde für den Bestreitensfall angekündigt. Erfahrungsgemäß wird dies dann jedoch oft vergessen, sodass es sich empfiehlt, die Urkunden dem Schriftsatz sicherheitshalber – in Kopie – gleich beizulegen, was in der Praxis meist auch ausreicht.

2143 Als Ausweg bei vergessenen Urkunden kommen in der mündlichen Verhandlung im Prinzip dieselben Fluchtmöglichkeiten wie bei einer drohenden Präklusion in Betracht oder – falls nicht präkludiert – ein Beweisantrag auf Zeugenvernehmung (jeweils neuer Termin erforderlich; sonst ausgeschlossen nach § 296a ZPO).

(auch BGH im Urt. vom 15.05.1996, XII ZR 21/95: Pflicht zur Wiedereröffnung der Verhandlung bei nachträglicher Einreichung von Belegen, deren Beibringung in der mündlichen Verhandlung zugesagt war, § 156 ZPO).

Sonst kann ohne entsprechende Reaktion des Anwalts aufgrund der Beweisfälligkeit der Prozessverlust drohen.

b) Urkunde beim Gegner

2144 Befindet sich die Urkunde beim Gegner (z.B. die Original-Vertragsurkunde; Krankenunterlagen im Arzthaftungsprozess), so wird der Beweis angetreten durch den **Antrag**, dem Gegner die **Vorlage** der Urkunde aufzugeben (§ 421 ZPO).

Eine Verpflichtung des Gegners zur Vorlage besteht aber nur, wenn er selbst auf die Urkunde im Prozess Bezug genommen hat (§§ 134, 423 ZPO) oder dem Beweisführer gegen ihn ein materiell-rechtlicher Anspruch auf Herausgabe oder Vorlage zusteht (§ 422 ZPO).

Die Vorlage kann nicht erzwungen werden. Wenn der Gegner die Urkunde auf gerichtliche Anordnung hin nicht vorlegt, können die Behauptungen des Beweisführers über den Inhalt der Urkunde als bewiesen angenommen oder eine vom Beweisführer vorgelegte Abschrift als richtig angesehen werden. Dies gilt allerdings dann nicht, wenn das Gericht – nach Vernehmung des Gegners – davon überzeugt ist, dass er die Urkunde nicht mehr besitzt und nach ihr sorgfältig geforscht hat (§§ 425 ff. ZPO).

Daneben kann das Gericht nach §§ 142 Abs. 1, 273 Abs. 2 Nr. 5 ZPO – unabhängig von einem Beweisantritt – **von Amts wegen** anordnen, dass eine Partei die in ihrem Besitz befindlichen Urkunden vorlegt, auf die sich eine Partei bezogen hat. 2145

Entgegen der bisherigen Regelung des § 142 ZPO a.F. sowie entgegen § 423 ZPO gilt dies für beide Parteien, somit auch für solche Urkunden, auf die sich nur die Gegenpartei bezogen hat, selbst wenn diese nicht darlegungs- und beweispflichtig ist oder die Unterlagen ihr ungünstig sind. Sofern die Voraussetzungen für einen Beweisantritt nach §§ 421 ff. ZPO nicht vorliegen, kann eine solche Anordnung vom Anwalt angeregt werden (BGH NJW 2007, 2989).

▶ **Beispiel:**

Der beklagte Ersatzpflichtige kann die Vorlage der Rechnung einer durchgeführten Reparatur anregen, wenn sich der klagende Geschädigte zum Nachweis des (fiktiven) Verkehrsunfall-Schadens auf ein Schätzgutachten beruft. Die tatsächlichen Reparaturkosten stellen gegenüber einem Schätzgutachten ein aussagekräftiges Indiz für die Höhe der erforderlichen Kosten dar (Greger NJW 2002, 1477). 2146

Zwar ist auch diese Anordnung (Ermessensentscheidung) weder anfechtbar (allenfalls Gegenvorstellung) noch erzwingbar. An deren Nichtvorlage können sich aber beweisrechtliche Folgen knüpfen (§§ 286, 427 ZPO), sodass Urkunden einer Partei auch gegen deren Willen im Prozess Bedeutung erlangen können. Hierbei ist zu berücksichtigen, dass diese Vorschriften nicht die Befugnis verleihen, »schutzwürdige Geheimbereiche« von Verfahrensbeteiligten auszuforschen.

Der Anwalt muss darauf achten, welche Urkunden er in seinen Schriftsätzen erwähnt. Dabei kann die Existenz von weiteren Urkunden auch aus eingereichten Unterlagen hervorgehen, welche daher zuvor entsprechend durchgesehen werden sollten.

Die Partei, welche sich auf die Urkunde bezieht, wird dadurch aber nicht von ihrer Darlegungs- und Substantiierungslast befreit. 2147

Denn mit der Regelung des § 142 ZPO ist nicht eine unzulässige Ausforschung bezweckt. Diese gibt dem Gericht keine Befugnis, unabhängig von einem schlüssigen Vortrag zum Zwecke der Informationsgewinnung Urkunden anzufordern.

c) Urkunde bei Dritten

Befindet sich die Urkunde bei einem Dritten, so wird der Beweis angetreten durch den **Antrag**, zur **Herbeischaffung** der Urkunde (der beweisführenden Partei) eine Frist zu bestimmen oder die Vorlage (dem Dritten gegenüber) anzuordnen (§ 428 ZPO). Der weitere Inhalt des Antrags ergibt sich aus den §§ 430, 424 ZPO. 2148

Eine Fristsetzung für die Vorlage ist nur Erfolg versprechend, wenn der Beweisführer einen materiell-rechtlichen Anspruch gegen den Dritten auf Vorlage bzw. Herausgabe hat. 2149

Während er dann aber wie bislang – notfalls im Wege der Klage (§ 429 ZPO) – die Urkunde selbst herbeischaffen muss, ist die gerichtliche Vorlageanordnung unmittelbar an den Dritten gerichtet.

Nach **§ 142 Abs. 2 ZPO** sind Dritte nunmehr prozessual zur Vorlegung verpflichtet, soweit ihnen dies zumutbar ist und ihnen kein Zeugnisverweigerungsrecht (§§ 383, 384 ZPO) zusteht (bisher: § 429 ZPO). 2150

Die Vorlageanordnung, welche aufgrund eines Beweisantrages gegen den – nicht am Prozess beteiligten – Dritten ergeht, steht grundsätzlich nicht im Ermessen des Gerichts, allerdings müssen die sonstigen Voraussetzungen für einen wirksamen Beweisantrag vorliegen (Erheblichkeit der zu beweisenden Tatsache und Geeignetheit der Urkunde zum Beweis hierzu).

Wegen seiner Verschwiegenheitspflicht kann insbesondere der gegnerische Anwalt nicht zur Herausgabe der Handakten, insbesondere des Schriftwechsels mit seiner Partei aufgefordert werden (§ 383 Abs. 1 Nr. 6 ZPO). Sofern der Antrag die Rechtsschutzversicherung betrifft, dürfte die entscheidende Frage sein, ob ihr die Herausgabe z.B. der Korrespondenz mit dem Anwalt zumutbar ist. Auch Ärzten steht ein Zeugnisverweigerungsrecht zu, sofern sie nicht von der Verpflichtung zur Verschwiegenheit entbunden sind (§ 385 Abs. 2 ZPO; LG Saarbrücken VersR 2003, 234: Klage des Versicherungsnehmers gegenüber seiner Krankenversicherung).

Gegenüber Behörden gilt nur § 432 ZPO (Zöller/Greger § 432 Rn. 1).

Die Begründung des Regierungsentwurfs (Begr. RegE S. 92), wonach das Gericht dem Gesuch auf Anordnung der Urkundenvorlegung (nur) dann zu entsprechen hat, wenn es davon überzeugt ist, dass die Urkunde sich im Besitz des Dritten befindet, hat im Gesetzeswortlaut indes keinen Niederschlag gefunden. So ist bei einem Antrag nach § 428 ZPO lediglich glaubhaft zu machen, dass sich die (existierende) Urkunde in den Händen des Dritten befindet. Für die Anordnung von Amts wegen nach § 142 ZPO ist nichts dergleichen ausdrücklich im Gesetz vorgesehen (Greger NJW 2002, 3050: Anordnung der Vorlage einer Urkunde möglich, wenn nach allgemeiner Erfahrung mit dem Vorhandensein einer solchen zu rechnen ist).

Die Neuregelung kann zum Zwecke der Prozessverschleppung auch missbraucht werden. Denn es ist zu erwarten (Zekoll/Bolt NJW 2002, 3133), dass sich die am Prozess unbeteiligten Personen häufig durch zwei Instanzen gegen die Vorlageanordnung wehren werden (§§ 142 Abs. 2 Satz 2, 387 ZPO). So wird es vor allem auch Streit über die äußerst unklare Voraussetzung der »Zumutbarkeit« geben (Begr. RegE. S. 79: Berücksichtigung berechtigter Interessen des Dritten). Ferner kann gegen die möglichen Ordnungsmittel bei Nichtbefolgung sofortige Beschwerde eingelegt werden (§ 390 ZPO).

d) Urkunden in anderen Akten

2151 Nicht selten sind für das anhängige Zivilverfahren relevante Schriftstücke in anderen Akten enthalten. Diese können als Urkundenbeweis im Zivilprozess auch gegen den Widerspruch einer Partei verwertet werden (§ 286 ZPO).

▶ Beispiel:

2152 Vernehmungsniederschriften, Urteile, polizeiliche Ermittlungsvermerke, Strafakten, Insolvenzakten, Parallelverfahren.

Einem solchen Beweismittel kommt allerdings grundsätzlich ein geringerer Beweiswert zu als einer unmittelbaren Vernehmung (BGH, Urt. vom 19.12.1969, VI ZR 128/68; BGH, Urt. vom 13.06.1995, VI ZR 233/94) und auch eine verfahrensrechtlich zulässige Beurteilung der Glaubwürdigkeit des Zeugen ist nicht möglich (BGH NJW 2000, 1420; BVerfG NZV 1993, 185: kein Verstoß gegen Art. 103 Abs. 1 GG).

Hierbei darf aber nicht unbeachtet bleiben, dass eine polizeiliche Zeugenvernehmung in einem strafrechtlichen Ermittlungsverfahren oder nach einem Verkehrsunfall in der Regel zeitnah zum Geschehen erfolgt und die Zeugen meist bereitwillig Auskunft geben. Deshalb ist dort die Erinnerung der Zeugen erheblich besser als bei einer wesentlich späteren Vernehmung im Zivilverfahren. Allerdings sind hierbei erfahrungsgemäß den Inhalt verfälschende Protokollierungsfehler nicht ausgeschlossen.

Eine solche Aussage ist jedoch nur dann verwertbar, wenn dort eine erforderliche Belehrung des Zeugen erfolgt ist (Prütting/Gehrlein/Trautwein § 383 Rn. 8; Zöller/Greger 383 Rn. 21; BGH NJW 2003, 1123: differenzierend bei unterbliebener strafprozessualer Belehrung der Partei als Beschuldigter, § 295 ZPO beachten!).

Besonders geregelt ist die Verwertung gerichtlich eingeholter Sachverständigengutachten aus anderen Verfahren (oben Rdn. 2134).

2153 Auch ein (rechtskräftiges) **Strafurteil** stellt eine Beweisurkunde dar, auf die der Tatrichter seine Überzeugung stützen kann (BGH NJW-RR 1988, 1527: u.U. anders bei einem Strafurteil, das in abgekürzter Form und daher ohne Beweiswürdigung ergangen ist; OLG Saarbrücken NJW-RR 2019, 953).

Eine bindende Wirkung für den Zivilrichter besteht jedoch nicht; als öffentliche Urkunde kommt einem Urteil nur eine formelle Beweiskraft zu (§§ 415, 417 ZPO), sodass hinsichtlich der inhaltlichen

Richtigkeit § 286 ZPO gilt. Zumindest aber wird dadurch die prozessuale Stellung einer Partei mehr oder weniger stark verbessert.

Deshalb sollte die davon voraussichtlich bevorzugte Partei bei Verdacht einer Straftat, die mit dem Klageanspruch in Zusammenhang steht, auch eine Antragstellung auf Aussetzung des Zivilverfahrens gem. § 149 ZPO erwägen. Dieser Anregung kommen die Gerichte vor allem in komplizierten Fällen in der Regel gerne nach. Ein Strafverfahren kann dem Gläubiger jedoch auch unmittelbar zugutekommen, wenn er seinen Anspruch dort im Wege des sog. Adhäsionsverfahrens geltend macht (unten Rdn. 2480).

Insoweit ist ein im Strafverfahren abgelegtes Geständnis auch nur als (ein wichtiges) Indiz für die Wahrheit der zugestandenen Tatsache zu berücksichtigen, ohne die Wirkungen der §§ 288, 290 ZPO zu entfalten. In diesem Rahmen kann das Geständnis aber auch dann zur richterlichen Überzeugungsbildung ausreichen, wenn es widerrufen worden ist, wobei zuvor erst alle angetretenen Beweise für dessen Unrichtigkeit erhoben sein müssen (BGH NJW-RR 2004, 1001). Faktisch führt ein solches Geständnis damit zu einer Beweislastumkehr.

Zu beachten ist dabei aber, dass dem Geschädigten im Strafverfahren die (in der Praxis generell glaubwürdigere) Zeugenstellung zukommt und Strafurteile häufig (auch) auf dessen Aussage beruhen. In diesem Fall sollte der (verurteilte) Beklagte das Gericht durchaus darauf hinweisen, dass der Beweiswert eines solchen Urteils (wohl) eher gering ist. Dies gilt erst recht für bloße (rechtskräftige) Strafbefehle, da diese gänzlich ohne mündliche Verhandlung ergehen. Dabei dürfte eine Einspruchsrücknahme in der Regel gegen den Beklagten sprechen, sofern er hierfür nicht plausible Gründe überzeugend darlegt (z.B. schlechte oder fehlende anwaltliche Beratung, Ausübung von Druck seitens des Strafrichters oder der Staatsanwaltschaft). Hingegen kann bei einem Freispruch der geschädigte Kläger darauf hinweisen, dass im Strafrecht der Grundsatz »in dubio pro reo« gilt.

Nicht Gesetz geworden sind die Vorschläge des Regierungsentwurfs zum Justizmodernisierungsgesetz dahin gehend, dass rechtskräftige Urteile über Straftaten und Ordnungswidrigkeiten grundsätzlich vollen Beweis der darin für erwiesen erachteten Tatsachen begründen (§ 415a JuMoG-RegE) und die Vernehmung eines Zeugen durch die Verwertung der Niederschrift über seine richterliche Vernehmung in einem anderen Verfahren (ohne Einverständnis der Parteien) ersetzt werden kann (§ 374 JuMoG-RegE). Das geplante rechtsstaatlich bedenkliche »Attentat auf das Beweisrecht« (E. Schneider ZAP-Kolumne vom 07.01.2004) konnte aufgrund der zahlreichen ablehnenden Stellungnahmen im Gesetzgebungsverfahren somit im Wesentlichen noch abgewendet werden.

▶ Praxistipp:

Als Beweisantritt reicht es nicht aus, nur pauschal die Beiziehung der Akten anzubieten bzw. 2154
zu beantragen, es sind die einzelnen Schriftstücke darin zu benennen (sonst unzulässige Beweisermittlung; § 432 ZPO).

Denn nach dem im Zivilprozess geltenden Beibringungsgrundsatz ist es nicht Aufgabe des Gerichts, Akten anderer Behörden daraufhin zu überprüfen, ob sie Tatsachen enthalten, die einer beweisbelasteten Partei günstig sind.

So ist deshalb z.B. anzugeben, welche konkreten Vernehmungsniederschriften beigezogen werden sollen (OLG München OLGR 2007, 440). Freilich ist deren Berücksichtigung am sichersten gewährleistet, wenngleich Kopien der entsprechenden Aktenstücke vorgelegt werden, insbesondere auch bereits ergangene Urteile in einem etwaigen Strafverfahren.

Der Inhalt gleichwohl beigezogener Akten, auf den sich keine Partei substantiiert bezogen hat, gehört selbst dann nicht zum Prozessstoff, wenn die Akte ausweislich des Sitzungsprotokolls zum Gegenstand der mündlichen Verhandlung gemacht wurde (BGH NJW 1994, 3295; OLG Hamm NJW-RR 2002, 504).

Im Übrigen besteht nach der ZPO kein allgemeines Recht auf Beiziehung von Verfahrensakten eines anderen Prozesses. Der Anwalt kann zwar eine Beiziehung oder eine Amtsauskunft (als zulässiges Beweismittel) nach § 273 Abs. 2 Nr. 2 ZPO anregen, es besteht aber weder ein Recht auf Entscheidung hierüber noch ist die Unterlassung einer Beschwerde zugänglich (Zöller/Greger § 567 Rn. 32). Die erfolgten Maßnahmen sind den Parteien jedenfalls mitzuteilen (§ 273 Abs. 4 Satz 1 ZPO), andernfalls verstößt deren Verwertung gegen den Grundsatz des rechtlichen Gehörs (BVerfG NJW 1994, 1210; Prütting/Gehrlein/Geisler § 273 Rn. 15; Zöller/Greger § 273 Rn. 14; Thomas/Putzo/Seiler § 273 Rn. 14).

Praxistipp:

2155 Urkunden, welche sich der Beweisführer selbst beschaffen kann, müssen hingegen von ihm zum Beweis vorgelegt werden (§§ 420, 432 Abs. 2 ZPO).

Dies gilt z.B. für Grundbuch- und Handelsregisterauszüge sowie für Strafakten (OLG Hamm NJW-RR 2002, 504; Zöller/Geimer § 432 Rn. 5). So haben der Verletzte sowie sonstige Dritte bei Darlegung eines »berechtigten Interesses« bei Strafakten ebenso ein Akteneinsichtsrecht wie sonst der Verteidiger des Beschuldigten auch (§§ 147, 406e, 475, 477 StPO). Ebenso muss für die Akteneinsicht in die Prozessakte eines anderen Zivilverfahrens ein »rechtliches Interesse« vorliegen (§ 299 Abs. 2 ZPO). Sofern Kopien einzelner Aktenbestandteile als Beweismittel in einem Zivilprozess benötigt werden, dürfte wohl jeweils das geforderte Interesse vorliegen.

2156 Allerdings muss eine beantragte Zeugenvernehmung trotz Verwertung anderer Akten, insbesondere darin enthaltener **Vernehmungsniederschriften**, durchgeführt werden. Es ist dann nicht zulässig, anstelle der Vernehmung die protokollierte Aussage zu verwerten (BGH NJW-RR 1988, 1527; Prütting/Gehrlein/Laumen § 286 Rn. 9; primärer Beweisantrag und nicht Wiederholung der Beweisaufnahme nach Ermessen des Gerichts i.S.d. § 398 ZPO).

Nach wohl h.M. ist ein ausdrücklicher Antrag erforderlich (Zöller/Greger Vor § 373 Rn. 12; BGH VersR 1970, 322; BGH NJW-RR 1992, 1214). Nach Seiler soll im Widerspruch des Gegners hinsichtlich einer Verwertung von Vernehmungsniederschriften ein konkludenter Antrag auf Vernehmung des Zeugen liegen (Thomas/Putzo/Seiler § 286 Rn. 11). Selbst wenn die Einverständniserklärung mit der beweismäßigen Verwertung nicht ohne Weiteres den Verzicht auf eine beantragte Vernehmung bedeutet (OLG Hamm NJW-RR 2002, 1653), ist es ratsam, dies sicherheitshalber ausdrücklich klarzustellen.

Ein solcher Antrag ist bei einer ungünstigen Aussage regelmäßig zu empfehlen, da man nur so die Chance hat, von dieser »wegzukommen«. Zeugenaussagen in einem Strafverfahren sind zudem von der dortigen Beweislastsituation geprägt und erfahrungsgemäß auch nicht immer fehlerfrei protokolliert, insbesondere bei Vernehmungen von ausländischen Zeugen. Dort kann es ratsam sein, Dolmetscher hinzuzuziehen.

Natürlich kann auch die beweisbelastete Partei bei Zweifeln an der Überzeugungskraft der urkundlichen Aussage diesen Antrag stellen. Bei der Vernehmung können dem Zeugen dann – bei Widersprüchen oder Erinnerungslücken – Vorhalte aus der anderen Aussage gemacht werden. Da sich manche Richter dabei aber auf die Frage beschränken, ob die protokollierte Aussage richtig ist, und sich mit der bejahenden Antwort des Zeugen zufriedengeben, muss der Anwalt unbedingt entsprechend nachfragen.

2. Beweiswirkung

2157 Unterzeichnete **Privaturkunden** begründen vollen Beweis dafür, dass die in ihnen enthaltenen Erklärungen von dem Aussteller abgegeben sind (§ 416 ZPO).

Diese formelle Beweiskraft gilt nur für den Text, der über der Unterschrift steht (§§ 416, 440 Abs. 2 ZPO; Zöller/Feskorn §§ 416 Rn. 9; 440 Rn. 3).

2158 Davon nicht mit erfasst wird die materielle Beweiskraft der Urkunde, also Zugang, inhaltliche Richtigkeit (speziell auch hinsichtlich des angegebenen Datums), Vollständigkeit und rechtliche Wirksamkeit der Erklärung (Zöller/Feskorn § 416 Rn. 10). Dies unterliegt sämtlich der richterlichen Beweiswürdigung (§ 286 ZPO).

Die aus dem rein privaten Bereich bekannte kritische Distanz zum Inhalt von Urkunden ist auch im geschäftlichen Bereich berechtigt.

2159 Die Rechtsprechung bedient sich hierbei (widerlegbarer) tatsächlicher **Vermutungen**:

- So enthält z.B. eine **Quittung** ein außergerichtliches Geständnis hinsichtlich des Leistungsempfangs und als solches ein Indiz für die Wahrheit der zugestandenen Tatsache; denn erfahrungsgemäß pflegt niemand ohne Not eine ihm ungünstige Tatsache zuzugeben, der nicht von ihrer Wahrheit überzeugt ist (OLG Saarbrücken MDR 1997, 1107; OLG Köln NJW 1993, 3079: Beweiswert einer Bankquittung ist sehr hoch und kann nur in Ausnahmefällen erschüttert werden; BAG NJW 2004, 2848: kein Beweiswert der quittierten Lieferscheine, wenn diese erst nach unkontrollierter Verteilung der Lieferung unterzeichnet wurden).

- Speziell der **Schuldschein** über ein Darlehen beweist nach § 416 ZPO, dass der Schuldner eine entsprechende Erklärung abgegeben, nicht jedoch auch, dass er die Darlehenssumme erhalten hat. Hierfür spricht nach der Lebenserfahrung eine tatsächliche Vermutung (RGZ 72, 279), welche durch jeden Gegenbeweis entkräftet werden kann (BGH NJW 2001, 2096, 2099; oben Rdn. 1945).
- Insbesondere spricht eine tatsächliche Vermutung dafür, dass eine von beiden Vertragspartnern unterschriebene Urkunde (insbesondere ein **Vertrag**) über ein Rechtsgeschäft die Willenserklärungen der Parteien richtig und vollständig wiedergibt (Thomas/Putzo/Seiler § 416 Rn. 3; Grüneberg/Ellenberger § 125 Rn. 15; st. Rspr. des BGH).

Speziell diese Vermutung wird praktisch wie eine Beweisregel gehandhabt, ohne dass noch eine Beweiswürdigung im Einzelfall stattfindet. Dies kann durch die in Allgemeinen Geschäftsbedingungen zulässige und übliche Klausel »Mündliche Nebenabreden sind nicht getroffen« möglicherweise noch verstärkt werden (BGH NJW 1985, 2329; BGH NJW 2000, 207).

- Ein **ärztliches Attest** hat die tatsächliche Vermutung der Richtigkeit für sich (BAG MDR 1997, 581; LAG Hamm NZA-RR 2004, 292: Arbeitsunfähigkeitsbescheinigung; a.A. LAG München NJW 1989, 998 unter Hinweis darauf, dass Ärzte keine »Übermenschen« seien, denen in größerem Maße als anderen die Fähigkeit gegeben wäre, unwahre Angaben ihrer Patienten zu durchschauen).

Für den Beweiswert ist daher entscheidend, ob die attestierte Krankheit bzw. Verletzung objektiv verifizierbar ist oder der Arzt nur subjektive Bekundungen und Empfindungen des Patienten wiedergibt und ob das Attest zeitnah zum ursächlichen Geschehen ausgestellt wurde (OLG Köln VersR 1998, 1249: einer zeitnahen ärztlichen Untersuchung und Beurteilung ist besonderes Gewicht beizumessen; Heß/Burmann NJW-Spezial 2004, 303: häufig handelt es sich (bei HWS-Schleudertrauma) mangels objektivierbarer Feststellungen um Verdachtsdiagnosen, die der Arzt aus der Sicht des Therapeuten stellt, wobei der Beweiswert noch weiter dadurch geschmälert wird, wenn die Diagnose nur Alltagsbeschwerden wiedergibt (z.B. Verspannungen).

Im Übrigen gilt der Inhalt einer Urkunde (als Parteivortrag) als unstreitig, wenn der Gegner die 2160
Richtigkeit nicht **bestreitet** (§ 138 Abs. 3 ZPO).

Die Beweislast für außerhalb der Urkunde liegende Umstände trifft dann die Partei, die sich darauf 2161
beruft (BGH NJW 1999, 1702; BGH NJW 2002, 3164).

An den Beweis der Unrichtigkeit, Unvollständigkeit oder eines vom Urkundentext abweichenden Auslegungsergebnisses sind dabei strenge Anforderungen zu stellen, insbesondere wenn der Verwender eines Formulars geltend macht, zu seinen Gunsten sei eine mündliche Nebenabrede getroffen worden. Der Widerlegbarkeit stehen dabei Schriftformklauseln nicht entgegen, da diese jederzeit formlos und stillschweigend aufgehoben werden können (Grüneberg/Ellenberger § 125 Rn. 14 BGB).

Aufgrund der lediglich formellen Beweiskraft ist auch noch eine Irrtumsanfechtung gem. § 119 Abs. 1 BGB mit der Begründung möglich, das Unterschriebene nicht (vollständig) gelesen oder verstanden zu haben. Im Übrigen ist ein solcher Einwand jedoch unerheblich. Denn wer vorbehaltlos unterschreibt, ohne vom Inhalt der Urkunde Kenntnis zu nehmen, unterwirft sich damit ohne Weiteres der in der Urkunde enthaltenen Verpflichtung.

Für die Anwendung dieser Grundsätze ist indes kein Raum, wenn die Vertragsurkunde – wie so oft 2162
in der Praxis – **unklar** oder mehrdeutig ist (BGH NJW 2002, 1500).

Die Aufklärung des Inhalts der Urkunde muss nach den allgemeinen Beweislastregeln erfolgen. Dabei hat die Auslegung von Vertragserklärungen in Zweifelsfällen den mit dem Rechtsgeschäft verfolgten Zweck und die beiderseitige Interessenlage zu berücksichtigen und grundsätzlich davon auszugehen, dass beide Parteien mit der vereinbarten Regelung ihre Interessen wahren wollen. Dabei kann für die Ermittlung des tatsächlichen Vertragswillens der Beteiligten auch deren nachträgliches Verhalten durchaus Bedeutung haben (BGH MDR 1997, 331). Im Übrigen können zur Auslegung insbesondere die

Begleitumstände des Vertragsabschlusses, dessen Entstehungsgeschichte sowie Äußerungen der Parteien außerhalb der Urkunde herangezogen werden (BGH NJW 2002, 3164).

2163 Die oben genannte Beweisregel gilt dabei nur für »**echte**« Urkunden in der Urschrift.

Vorzulegen ist daher grundsätzlich das Original (Prütting/Gehrlein/Preuß § 416 Rn. 1). Dabei muss der Inhalt vom angeblichen Aussteller herrühren. Bei Privaturkunden, deren Unterschrift echt ist, wird dies für den übrigen Inhalt vermutet (§ 440 Abs. 2 ZPO).

Wird die Echtheit nicht bestritten, so wird die Urkunde als anerkannt angesehen, während sonst der Beweisführer die Echtheit zu beweisen hat (§§ 439 Abs. 3, 440 Abs. 1 ZPO). Beim Amtsgericht allerdings muss die Partei zuvor zur Erklärung über die Echtheit aufgefordert worden sein (§ 510 ZPO). Erkennt diese die Echtheit an, so hat dies die Folge eines Geständnisses (§ 288 ZPO; OLG Saarbrücken MDR 2002, 109).

Den Einwand, der Text sei verfälscht oder vereinbarungswidrig nach der Unterzeichnung eingesetzt worden, muss bei Echtheit der Unterschrift der Unterzeichner beweisen (§ 292 ZPO, BGH NJW 1986, 3086; Thomas/Putzo/Seiler § 440 Rn. 2; Zöller/Geimer §§ 440 Rn. 3, 416 Rn. 5; gilt auch bei Blankounterschriften und Blankettmissbrauch). Dabei kann bei Auffälligkeiten im Schriftbild die Beweiskraft aufgehoben sein (§ 419 ZPO). Im Übrigen kann der Beweis auch durch den Antrag auf Parteivernehmung des Gegners geführt werden (§ 292 Satz 2 ZPO; BGH NJW 1988, 2741).

Zum Beweis der Echtheit bleibt – neben dem Zeugenbeweis und in Ausnahmefällen – bei ganz offensichtlichen Abweichungen im Schriftbild – mittels Augenschein durch das Gericht selbst – meistens nur die (nicht ganz billige) Schriftvergleichung, die erfahrungsgemäß jedoch eher selten zu einem sicheren Nachweis führt (Beweisantrag § 441 Abs. 2 ZPO).

Denn ob und inwieweit eine gutachterliche Aussage möglich ist, hängt nicht zuletzt von der Ergiebigkeit der fraglichen Schreibleistung (materielle Beschaffenheit, Umfang und Eigenprägung) und der Güte des Vergleichsschriftmaterials ab. Vor allem bei einer kurzen, paraphenförmigen Schreibweise und einer geringen grafischen Komplexität sind hochwertige Urheberschaftsaussagen nicht zu erwarten. Häufig verhindern Unzulänglichkeiten im Schriftmaterial eine schlüssige Wahrscheinlichkeitsaussage gänzlich, vor allem bei Vernichtung der Originale nach Mikroverfilmung (BGH NJW-RR 2000, 1471: in diesem Fall aber Beweislastumkehr für die Fälschung der Unterschrift).

Die Frage, ob aus prozesstaktischen Gründen die Echtheit vom Gegner vorgelegter Dritturkunden grundsätzlich (mit Nichtwissen) bestritten werden soll, kann nicht allgemein beantwortet werden. So ist in Anbetracht der regelmäßig hohen Sachverständigenkosten nicht nur die Beweislast des Gegners mit in die Überlegungen einzubeziehen, sondern auch zu bedenken, dass Urkunden mit gefälschter Unterschrift als Beweismittel im gewöhnlichen Zivilprozess nur sehr selten vorgelegt werden (E. Schneider MDR 1987, 725: Bestreiten in aller Regel nur ein Pyrrhussieg).

2164 Eine **Abschrift** unterliegt freier Beweiswürdigung, selbst wenn es sich um eine beglaubigte Abschrift handelt (BGH NJW 1980, 1047; Prütting/Gehrlein/Preuß § 420 Rn. 5; differenzierend Thomas/Putzo/Seiler § 435 Rn. 1; a.A. Zöller/Greger §§ 592 Rn. 15, 597 Rn. 5; auch § 427 ZPO).

Falls der Gegner den Inhalt vorgelegter Abschriften nicht bestreitet, insbesondere sich zum Inhalt rügelos einlässt, wird dadurch der Beweis für die Echtheit und Existenz des Originals sowie die Übereinstimmung der Abschriften mit ihm bzw. die Beglaubigung bei öffentlichen Urkunden (§ 435 ZPO) entbehrlich (§ 138 Abs. 3 ZPO; Zöller/Geimer §§ 435 Rn. 1, 439 Rn. 2). Auch wenn in der Praxis in der Regel eine Abschrift ausreicht, sollte die Originalurkunde in der Verhandlung immer vorgelegt werden können.

2165 Dies gilt auch für sonstige (insbesondere nicht unterschriebene) Urkunden.

Deren Beweiswert hat das Gericht ebenfalls nach § 286 ZPO frei zu würdigen. Sie sind folglich durchaus zum Beweis geeignet und in der Praxis nicht selten (z.B. Rechnungen, Quittungen, Kontoauszüge, Notizen etc.).

In Bezug auf Zeitnotizen des Rechtsanwalts (bei vereinbartem Zeithonorar) hat z.B. das OLG Hamburg (MDR 2000, 115) festgestellt, dass ihnen ein erheblicher Beweiswert zukommt. Den Aufzeichnungen darüber, welche Zeit der Anwalt für welche Angelegenheit aufgewandt hat, sei zu folgen. Der Beweiswert sei nur dann anders zu bewerten, wenn Anhaltspunkte dafür vorhanden wären, dass es sich um gefälschte Aufzeichnungen handelt. Beweispflichtig sei insoweit der Beklagte. Dabei ergäben sich solche Anhaltspunkte nicht bereits aus der Verwendung verschiedenfarbiger Kugelschreiber. Diese Entscheidung lässt sich sicherlich auch auf andere Berufsgruppen übertragen, wenn die berechneten Arbeitsstunden bestritten sind (z.B. Steuerberater, Architekten etc.).

3. Einzelfälle

a) Vorprozessualer Schriftwechsel

Besondere Bedeutung kann dem meistens vorhandenen vorprozessualen Schriftwechsel der Parteien zukommen. 2166

- So kann es etwa als **Indiz** angesehen werden, wenn der Beklagte in der außergerichtlichen Korrespondenz die Bezahlung einer nunmehr bestrittenen Forderung zugesagt hat.

Nach der Rechtsprechung des BGH können Bestätigungserklärungen eines Schuldners – wie etwa die durch eine Zahlungszusage zum Ausdruck gebrachte Erfüllungsbereitschaft – als »Zeugnis« des Erklärenden »gegen sich selbst« gewertet werden, das jedenfalls den Schluss auf die Richtigkeit des Vorbringens des Gläubigers zulässt und darüber hinaus sogar zu einer Umkehr der Beweislast führen kann (Grüneberg/Sprau § 781 Rn. 6; BGH NJW 1976, 1259; BGH NJW-RR 1991, 1214; BGH NJW 2001, 2096: kann durch jeden Gegenbeweis entkräftet werden). Urkundlichen Beweiswert für die Richtigkeit ihres Inhalts haben die Schreiben als Privaturkunden nicht.

- Das Schreiben einer Partei kann auch ein außergerichtliches **Geständnis** enthalten.

Eine Geständniswirkung nach § 288 Abs. 1 ZPO kann es jedoch nur dann begründen, wenn es vom Gestehenden – und nicht vom Gegner – in den Prozess eingeführt wird (BGH NJW-RR 2005, 1297; Gehrlein MDR 2016, 1; Zöller/Greger § 288 Rn. 4).

- Bei Hinzutreten weiterer Umstände kann eine darin enthaltene Behauptung eine Wahrscheinlichkeit für deren Richtigkeit begründen und damit Anlass zu einer **Parteivernehmung** nach § 448 ZPO sein (BGH NJW 1989, 3222).
- Abgesehen davon, dass Schreiben selbst Willenserklärungen enthalten bzw. als kaufmännische Bestätigungsschreiben Rechtswirkungen erzeugen können, ist es zuweilen möglich, aus dem Schriftwechsel gewisse **Rückschlüsse** zu ziehen.

So können sich dadurch der Wille der Parteien in Bezug auf eine vorhergehende und nunmehr streitige Vereinbarung ermitteln oder sonstige Auslegungsfragen klären lassen (BGH MDR 1997, 331: Berufungsgericht hat den Schriftwechsel zu Unrecht unberücksichtigt gelassen; BGH MDR 1987, 117; BGH NJW 2002, 3110; Brandenburgisches OLG MDR 1999, 1501). Ebenso lässt sich z.B. das Bestreiten des Zugangs eines bestimmten Schreibens oder die Verneinung der Identität des Absenders einer E-Mail leicht als unwahr aufdecken, wenn diese Sendungen im nachfolgenden Schriftverkehr vom Empfänger bzw. Absender mehr oder weniger direkt angesprochen bzw. darauf Bezug genommen wird. Dies gilt auch für die Behauptung, etwas nicht zu wissen bzw. gewusst zu haben.

Im Übrigen dürften die Äußerungen der noch nicht anwaltlich vertretenen Parteien in der Vorkorrespondenz, wenn noch nicht mit einem Rechtsstreit gerechnet wird, häufig unverfälschter sein als während eines Prozesses.

- Hat der Erklärungsempfänger den Zugang eines Schreibens nicht ausdrücklich bestritten, obwohl der Absender das Schreiben in der vorprozessualen Korrespondenz angesprochen hatte, kann der Beweis des **Zugangs** als geführt angesehen werden, wenn der Adressat den Zugang erst viel später im Prozess bestreitet (LG Hamburg VersR 1992, 85 mit Anm. Laumen; BGHZ 24, 308, 315 – jeweils Mahnschreiben).
- Die Schreiben der Gegenseite enthalten oft entscheidende Informationen bezüglich der Identität ihres Mandanten, insbesondere bei Gesellschaften. Darauf kann man sich jedoch nicht immer verlassen (siehe oben Rdn. 947). Außerdem können die Schreiben Hinweise auf mögliche Zeugen geben.
- Die Verwendung des unternehmenseigenen Briefpapiers kann für eine **Anscheins- oder Duldungsvollmacht** der unterzeichnenden Person sprechen, ebenso wenn der Name eines bereits aus der Gesellschaft ausgeschiedenen Mitglieds noch im Briefkopf aufgeführt ist (Grüneberg/Ellenberger § 173 Rn. 15).

- Aus der vorprozessualen Korrespondenz kann sich die Existenz von **(weiteren) Urkunden** ergeben, welche für die Partei als (weitere) Beweismittel dienen können.

b) Stundenlohnzettel

2167 Bei Bauwerksarbeiten und vereinbarter Zeitvergütung führen vom Besteller – oft (leichtfertig) ohne nähere Überprüfung und Kontrollmöglichkeit – unterschriebene Stundenlohnzettel zu einer **Umkehr der Beweislast.**

Der Auftraggeber kann und muss die Unrichtigkeit der darin nach Art und Umfang als erbracht bezeichneten Arbeiten sowie seine Unkenntnis hiervon bei der Unterzeichnung beweisen (z.B. OLG Bamberg BauR 2004, 1623; KG KGReport Berlin 2002, 361: deklaratorisches Schuldanerkenntnis; Werner/Pastor Rn. 2026, 2027), während hierfür sonst der Unternehmer darlegungs- und beweispflichtig ist (Grüneberg/Sprau § 632 Rn. 11; für den VOB-Werkvertrag § 15 VOB/B).

2168 Für die **Erforderlichkeit** der ausgeführten Arbeiten bzw. des Stundenaufwands sowie für die Vereinbarung einer Vergütung nach geleisteter Zeit erbringt der Stundenlohnzettel hingegen weder einen Beweis noch eine endgültige und bindende Bestätigung.

(BGH NJW-RR 1995, 80; OLG Frankfurt a. M. NJW-RR 2000, 1470; Werner/Pastor Rn. 1215 a.E.; a.A. OLG Hamburg BauR 2000, 1491: Anerkenntnis auch hinsichtlich der grundlegenden Abrede einer Abrechnung nach Arbeitsstunden).

2169 Jedoch wird hinsichtlich der Erforderlichkeit ebenfalls eine Beweislastumkehr angenommen (OLG Celle NJW-RR 2003, 1243: beim VOB- und BGB-Werkvertrag).

So muss der Auftraggeber substantiiert darlegen und gegebenenfalls beweisen, dass die von ihm bestätigten Stunden tatsächlich nicht erforderlich waren. Hierzu genügt es nicht, dass er der bescheinigten Gesamtstundenzahl eine andere Zahl gegenüberstellt. Vielmehr muss er darlegen, aus welchen Gründen und in welchem Umfang die einzelnen abgerechneten Stunden nicht erforderlich waren (z.B. mittels Aufmaß über den Umfang der geleisteten Arbeiten oder durch ein Sachverständigengutachten; auch KG KG-Report Berlin 2002, 361: Stundenlohnzettel würden sonst ihren Sinn verlieren; OLG Karlsruhe, Urt. vom 15.10.02 – 17 U 96/01).

2170 Bloße **Zeiterfassungsbögen** indes, aus denen sich lediglich entnehmen lässt, welcher Arbeiter an welchem Tag wie viele Stunden auf welchem Bauvorhaben geleistet haben soll, reichen dafür nicht aus.

Erforderlich sind vielmehr die Angabe der jeweils geleisteten Arbeitsstunden, der eingesetzten Personen nebst ihrer Funktion, die Art des Einsatzes und die konkret ausgeführten Arbeiten (KG NJW-RR 2000, 1690).

2171 Zwar führt allein die Tatsache, dass die Arbeiten in den Listen nicht ausgewiesen sind, noch nicht dazu, dass der Anspruch von vornherein unbegründet ist. Der Auftragnehmer muss in solchen Fällen aber jedenfalls im Prozess darlegen, welche Arbeiten in den jeweils abgerechneten Stunden ausgeführt worden sein sollen.

c) Privates Protokoll

2172 Kommt es auf den aktuellen **Zustand einer Sache** an, wird dieser von den Beteiligten häufig in Form eines Protokolls festgehalten.

Praktisch verbreitet sind Übergabe-/Übernahmeprotokolle beim Gefahrübergang im Rahmen von Kauf-, Miet- oder Leasingverträgen (OLG Brandenburg, Urt. vom 29.02.2009, 5 U 54/08). In Abnahmeprotokollen werden verbliebene Mängel im Rahmen der Abnahme einer Werkleistung (§ 640 BGB) insbesondere im Baugewerbe dokumentiert. Hält der Reisende Leistungen des Reiseveranstalters für mangelhaft, kann er noch am Urlaubsort ein Mängelprotokoll erstellen (§§ 651e, 651f BGB).

2173 Beweiskraft kann dem Protokoll zukommen, wenn es nicht nur vom Beweisführer, sondern auch vom Prozessgegner oder zumindest von Dritten **unterschrieben** wurde. Prozessual kommt ihm dann die Eigenschaft als Privaturkunde zu.

2174 Bewiesen werden können regelmäßig nur Umstände zum **Zeitpunkt** der Protokollerrichtung.

So behaupten Reisende oft, sie hätten die protokollierten und weitere Mängel bereits vor Protokollerrichtung mündlich gerügt. Das Protokoll sei erst am Ende der Reise errichtet und nur auf einen Teil der Mängel eingegangen worden.

Hierzu hat das LG Frankfurt a. M. (NJW-RR 1986, 540) festgestellt: »Das Gericht lehnt es im Hinblick auf die Funktion des Mängelprotokolls und die aus einer Vielzahl von Verfahren gewonnene gerichtsbekannte Tatsache, dass es üblicherweise erst zum Schluss der Reise angefertigt wird, obwohl mündliche Mängelrügen vorher erfolgt sind, ab, den Zeitpunkt der Protokollerrichtung im Rahmen der Beweiswürdigung über die früher erfolgte mündliche Rüge zu berücksichtigen. Dies würde nicht gelten, wenn im Protokoll – von der Unterschrift des Reisenden gedeckt – ein Vermerk über den Zeitpunkt der erstmals erfolgten Rüge enthalten wäre.«

Mit dem Protokoll wird im Prozess später sowohl versucht, das **Vorliegen** der dokumentierten Umstände 2175 (Mängel) als auch das **Nichtvorliegen** der nicht dokumentierten Umstände zu beweisen. Feste Regeln für die Beweiskraft gibt es dabei nicht, Gerichte entscheiden hier nach den Umständen des Einzelfalles.

Zu den möglichen **Beweiswirkungen** werden folgende Ansichten vertreten: 2176
- Als Minimalbeweiswert wird verbreitet lediglich angenommen, das Protokoll beweise, dass der Mangel gerügt bzw. angezeigt worden sei. Dass er auch tatsächlich vorgelegen habe, ergebe sich aus dem Protokoll nicht (LG Hannover NJW-RR 1988, 1454; LG Berlin NJW-RR 1989, 1213; MüKoBGB/Tonner § 651d Rn. 4).
- Nach h.M. stellt das Protokoll ein Indiz auch für das **Vorliegen** der festgehaltenen Umstände (Baumgärtel/Laumen/Prütting § 651c Rn. 2); ein Indiz für das Nichtvorliegen nicht festgestellter Umstände wird dagegen überwiegend verneint (Baumgärtel/Laumen/Prütting § 651d Rn. 5).
- In Betracht kommt auch eine **Beweislastumkehr** zulasten desjenigen, der die Mängel ausdrücklich bestätigt hat (Führich/Staudinger Rn. 265d Fn. 19).
- Die Annahme eines deklaratorischen **Anerkenntnisses** der Mängel mit der Folge, dass diese nicht mehr bestritten werden können, bedarf über die bloße Protokollierung hinaus weiterer Umstände oder Erklärungen der Beteiligten.

Soll ein Anerkenntnis sicher vermieden werden, empfehlen sich entsprechende Vorbehalte bzw. Einschränkungen im Protokoll, etwa: »zur Kenntnis genommen« oder »Empfang bestätigt« (LG Frankfurt a. M. NJW-RR 1989, 309); »Die Erstellung der Niederschrift bedeutet keine Anerkennung der Beanstandung« oder »unter Vorbehalt einer späteren Überprüfung« (Führich/Staudinger Rn. 256).

d) Schuldbekenntnis an der Unfallstelle

Ein Schuldbekenntnis nach einem Verkehrsunfall stellt in aller Regel weder ein konstitutives noch 2177 ein deklaratorisches **Schuldanerkenntnis** nach § 781 BGB dar (KG MDR 2018, 581).

Im Normalfall fehlt einer solchen Erklärung der rechtsgeschäftliche Charakter. Es handelt sich vielmehr nur um eine Äußerung, mit der der Erklärende unter Verwendung eines (einfachen) Rechtsbegriffs zusammenfassend zum Unfallhergang Stellung nimmt (BGH NJW 1984, 799; Grüneberg/Sprau § 781 Rn. 10). Dies gilt erst recht bei nur mündlichen Erklärungen (Baumgärtel/Laumen/Prütting § 781 Rn. 32 m.w.N.).

Im Einzelfall kann jedoch eine andere Wertung möglich sein, wenn die Parteien unter den konkreten Umständen dazu Anlass gehabt haben, ihre Beziehungen – ganz oder teilweise – dem Streit oder der Ungewissheit über den Unfallhergang zu entziehen und sie insoweit auf eine das Haftpflichtverhältnis verstärkende vertragliche Grundlage zu stellen (BGH NJW 1984, 799: z.B. wenn der Erklärung ein Gespräch der Beteiligten über Haftpflichtansprüche vorausgegangen ist). Eine abstrakte Vermutung für einen Anerkenntnisvertrag gibt es nicht (BGH NJW 1982, 996).

Dabei würde der Vorteil eines rechtsgeschäftlichen Schuldanerkenntnisses für den Erklärungsempfänger im (mehr oder weniger) umfassenden Ausschluss von Einwendungen bestehen (Grüneberg/Sprau § 780 Rn. 9, § 781 Rn. 4).

Jedoch verbessert ein solches Bekenntnis die Beweislage des Erklärungsempfängers: So muss er die 2178 einen Schadensersatzanspruch begründenden Behauptungen erst dann beweisen, wenn dem Erklärenden der Nachweis der **Unrichtigkeit des Anerkannten** gelungen ist.

Dabei hat es der BGH dahingestellt sein lassen, ob dies auf einer Umkehr der Beweislast beruht oder ob in der Erklärung nur ein »Zeugnis gegen sich selbst« mit entsprechender Indizwirkung zu sehen ist (BGH NJW 1982, 996: starkes Indiz; BGH NJW 1984, 799). Vor allem wenn der Erklärungsempfänger dadurch abgehalten wurde, auf einer polizeilichen Unfallaufnahme und damit auf einer Beweissicherung zu bestehen, wird die Annahme einer Beweislastumkehr vertreten (Baumgärtel/Laumen/Prütting § 781 Rn. 33; a.A. Tempel S. 587: deklaratorisches Anerkenntnis – auch bei mündlichen Erklärungen).

2179 Wird über Erklärungen der Unfallbeteiligten ein polizeiliches Protokoll aufgenommen, handelt es sich dabei um eine Urkunde i.S.d. § 418 Abs. 1 ZPO, die beweist, dass die Erklärungen abgegeben wurden. Zwar ist damit weder ein bestimmter Geschehensablauf noch ein Verschulden bewiesen, das Protokoll ist aber wichtiger Teil der nach § 286 Abs. 1 Satz 1 ZPO vorzunehmenden Gesamtwürdigung (KG MDR 2018, 339).

e) Übergabeprotokoll

2180 Bei der Übergabe und Rückgabe einer Miet- oder Leasingsache (insbesondere Mietwohnung und Kfz-Leasing) wird üblicherweise ein Protokoll erstellt, was in der Regel von beiden Vertragsparteien unterschrieben wird.

2181 Dieses kann unterschiedliche rechtliche Bedeutung haben, was letztlich nur im Einzelfall durch Auslegung zu ermitteln ist.

(1) Beweissicherung

2182 Der Zweck eines solchen Protokolls besteht in erster Linie darin, dass der Erhalt der Mietsache (Schlüsselübergabe!) sowie deren tatsächlicher Zustand beweissicher festgehalten werden (Beweismittelschaffung).

Es erleichtert zumindest den Beweis und kann gegebenenfalls zu einer Umkehr der Beweislast führen (§ 286 ZPO; §§ 363, 368 BGB; BGH NJW 1988, 204; LG Aachen WuM 1981, 163: »typisches Übergabeprotokoll«; KG Grundeigentum 2003, 524).

Zweifelhaft erscheint die Auffassung, dass der Mieter tatsächliche Feststellungen dann nicht mehr bestreiten können soll (so aber Blank/Börstinghaus § 548 BGB Rn. 6; Schmitt/Futterer § 556 BGB Rn. 82).

(2) Schuldanerkenntnis

2183 Wenn der Mieter darüber hinaus Erklärungen abgibt, z.B. dass er die Kosten für die Renovierung oder Schadensbeseitigung übernimmt, kann darin ein deklaratorisches Schuldanerkenntnis liegen. Dies hat zur Folge, dass der Mieter mit allen Einwendungen tatsächlicher und rechtlicher Art ausgeschlossen wird, die er bei Abgabe kannte oder mit denen er gerechnet hat (Grüneberg/Sprau § 781 Rn. 4).

Ein konstitutives Schuldanerkenntnis, wodurch neben der Verpflichtung aus dem Mietvertrag eine neue, rechtlich selbstständige Verpflichtung begründet wird, kann hingegen nur in Ausnahmefällen angenommen werden (Schmitt/Futterer a.a.O. Rn. 84; LG Aachen WuM 1981, 163: so außergewöhnlich, dass es insoweit einer eindeutigen Formulierung bedarf; §§ 780, 781 BGB).

(3) Negatives Schuldanerkenntnis

2184 Ein solches Protokoll soll ferner dazu dienen, Streit der Parteien über den Zustand des Mietobjekts und das Vorhandensein von Schäden zu vermeiden und spätere Einwendungen der Parteien auszuschließen.

2185 Sofern der Vermieter darin (vorbehaltlos) bestätigt, dass die Mietsache im vertragsgemäßen bzw. mangelfreien Zustand zurückgegeben wurde, liegt hierin ein negatives Schuldanerkenntnis bzw. ein Verzicht zugunsten des Mieters, welches bzw. welcher etwaige Ansprüche des Vermieters zum Erlöschen bringt (§ 397 Abs. 2 BGB).

Der Mieter kann nur für diejenigen Schäden verantwortlich gemacht werden, die im Übergabeprotokoll vermerkt sind, nicht aber für weitere bekannte oder erkennbare Schäden (BGH NJW 1983, 446, 448; OLG Celle MDR 1998, 149: Kfz-Leasingvertrag). 2186

Ohne eine ausdrückliche Regelung im Protokoll besteht keine Vermutung für die eine oder andere Auslegungsvariante (Schmid ZMR 1999, 407 – Anm. zu LG Hamburg). 2187

So sind an die Feststellung eines gewollten Verzichts allgemein strenge Anforderungen zu stellen, wobei es ein Erfahrungssatz ist, dass ein Erlass nicht zu vermuten ist (Grüneberg/Grüneberg § 397 Rn. 4). Insbesondere wenn der tatsächliche (schlechte) Zustand der Wohnung bei Rückgabe offenkundig ist, kann man dem Vermieter nicht ohne Weiteres einen Verzichtswillen hinsichtlich seiner (offensichtlichen) Ansprüche unterstellen.

Im Übrigen muss diejenige Partei, die sich auf eine (weiter gehende) rechtsgeschäftliche Bedeutung beruft, das Zustandekommen der entsprechenden Vereinbarung darlegen und beweisen (Einwendung!).

f) Elektronische Dokumente

Elektronische Dokumente (zum Begriff oben Rdn. 738), seien es solche nach § 126a BGB oder solche nach § 130d ZPO, können im Prozess als Beweismittel dienen. Sie gelten grundsätzlich als Augenscheinsobjekte (§ 371a ZPO), werden rechtlich aber wie Urkunden behandelt. Dazu unten Rdn. 2222 ff. 2188

Als Urkunde können elektronische Dokumente im Prozess nur ausnahmsweise behandelt werden:

Die Übermittlung des Ausdrucks eines elektronischen Dokuments als Papierdokument stellt die Ankündigung des Beweisantritts dar, die das Gericht nach §§ 139, 356 ZPO zu einem Hinweis mit Fristsetzung verpflichtet. 2189

Mit dem Ausdruck des elektronischen Dokuments wird eine (Ersatz-)Urkunde hergestellt. Eine besondere Beweiskraft der Urkunde kommt nur dem Ausdruck öffentlicher elektronischer Dokumente (§ 416a ZPO), nicht auch dem Ausdruck privater elektronischer Dokumente zu. 2190

Auch § 416 ZPO findet mangels Unterschrift des Ausstellers keine Anwendung (Sander CR 2014, 292). Genau wie das elektronische Dokument selbst ist der Ausdruck damit nur nach § 286 ZPO frei zu würdigen, wobei der Beweiswert des Ausdrucks wegen der mit seiner Herstellung verbundenen zusätzlichen Fehler- und Manipulationsmöglichkeiten geringer ist. Wegen der im Rahmen des § 286 ZPO anzustellenden Beweiswürdigungsüberlegungen s. unten Rdn. 2231. 2191

IV. Parteivernehmung

Wenn die Partei den ihr obliegenden Beweis noch nicht vollständig geführt hat oder andere Beweismittel nicht vorhanden sind, bleibt als letzte Möglichkeit (**Subsidiarität** der Parteivernehmung), sich selbst oder den Gegner als Beweismittel im Wege der Parteivernehmung heranzuziehen. Nicht zulässig ist die Parteivernehmung jedoch zur Führung des Gegenbeweises (§ 445 Abs. 2 ZPO). 2192

Für den Beweisantritt reicht der in den Schriftsätzen häufig anzutreffende stereotypische Antrag auf »Parteivernehmung« (eigentlich) nicht aus und ist streng genommen unbeachtlich. Aufgrund der unterschiedlichen Voraussetzungen muss angegeben werden, welche Partei vernommen werden soll. Zu unterscheiden (Ahrens MDR 2015, 185; Greger MDR 2014, 313) sind: 2193

– die **Anhörung** des Beweisführers oder des Gegners (§ 139 Abs. 1 ZPO);

  Hierbei handelt es sich um die vom Gericht formlos vorgenommene Anhörung einer oder beider Parteien zur Herbeiführung einer vollständigen Erklärung über die erheblichen Tatsachen (§ 139 Abs. 1 ZPO; oben Rdn. 1615 ff.). Die Anhörung ist keine Form der Beweisaufnahme und kann von den Parteien nicht beantragt werden. Ohne Befragung durch das Gericht kann die Partei lediglich Erklärungen in der mündlichen Verhandlung nach § 137 Abs. 4 ZPO abgeben (BGH MDR 2018, 172).

- die **Vernehmung der Gegenpartei** auf Antrag (§ 445 ZPO);

  Diese stellt den Regelfall der Parteivernehmung dar. Allerdings besteht hieran regelmäßig kein Interesse. Für den Gegner besteht regelmäßig keine Veranlassung, seinen bisherigen Parteivortrag im Rahmen der Parteivernehmung aufzugeben. Weil Voraussetzung für die Parteivernehmung das Nichtvorhandensein anderer Beweismöglichkeiten ist, kann auch eine eventuelle Falschaussage nicht bewiesen werden.

- die **Vernehmung des Beweisführers** auf Antrag (§ 447 ZPO);

  Dazu unten Rdn. 2194.

- die **Vernehmung** des Beweisführers oder des Gegners **von Amts wegen** (§§ 287, 448 ZPO).

  Dazu unten Rdn. 2196.

1. Vernehmung des Beweisführers auf Antrag

2194 Die Voraussetzungen einer Vernehmung des Beweisführers auf Antrag nach § 447 ZPO liegen nur selten vor, da jeweils der **Gegner einverstanden** sein muss.

Die Vernehmung der Gegenpartei ist am einfachsten zu erreichen, da das Gericht die behauptete Tatsache bei Weigerung, sich vernehmen zu lassen, nach freier Überzeugung als erwiesen ansehen kann (§§ 446, 453, 454 ZPO).

Dies vor allem dann, wenn die Ablehnung ohne überzeugende, triftige Gründe erfolgt oder der Wahrung anderer Interessen der Vorrang eingeräumt wird (Thomas/Putzo/Seiler § 446 Rn. 1). Erklärt der Gegner, nichts zu wissen, so können nachteilige Schlüsse daraus nur gezogen werden, wenn der Antragsteller darlegt, worauf das Wissen beruhen kann (Zöller/Greger § 446 Rn. 1). Im Übrigen sollte die Gegenpartei den Beweisbeschluss genau prüfen, ob es sich nicht um einen unzulässigen Ausforschungsbeweis handelt, an welchem sie mitzuwirken nicht verpflichtet ist (E. Schneider ZAP 2004 Fach 13, S. 1256: »Manche Gerichte gehen solchen Beweisanträgen auf den Leim«; Zöller/Greger §§ 445 Rn. 3a; 446 Rn. 1: »Bei der Parteivernehmung liegt ein Missbrauch zu Ausforschungszwecken besonders nahe«).

Allerdings hat die Vernehmung des Gegners naturgemäß nur geringe Erfolgsaussichten und die Aussage wird fast immer seinem Sachvortrag entsprechen. Weil diese dadurch aber Beweiswert erlangt, sollte man die Parteivernehmung nur ausnahmsweise beantragen.

Trotzdem ist sie nicht generell als völlig untauglich anzusehen, da bei einer beeideten Falschaussage (§ 452 ZPO) eine Strafbarkeit wegen Meineides droht. In der Praxis ist der Parteieid im Zivilprozess zwar nahezu »ausgestorben« (E. Schneider MDR 1987, 726). Jedoch wird der zu vernehmenden Partei durch den »symbolischen Akt des Platzwechsels« und die Belehrung »die Verbindlichkeit der Aussage und die mit ihrer Aussage verbundene Verantwortung für die Entscheidung stärker vor Augen geführt als bei einer formlosen Anhörung« (Lange NJW 2002, 483; Zöller/Greger § 141 Rn. 1: »psychologischer Unterschied«). So sind die Parteien bei einer förmlichen Vernehmung erfahrungsgemäß meist auch aussagebereiter, was der Anwalt durch intensives und geschicktes Fragen und Konfrontation der Partei mit etwaigen Ungereimtheiten oder anderweitigen Beweisergebnissen nutzen sollte. Daher ist es gerade bei der Parteivernehmung wichtig, die Akten genau zu kennen.

Hingegen dürfen aus der Verweigerung des Einverständnisses zur Vernehmung des Beweisführers keine nachteiligen Schlüsse gezogen werden (Zöller/Greger § 447 Rn. 4). Wird der Beweisführer trotzdem vernommen, ohne dass die Voraussetzungen des § 448 ZPO vorliegen, darf die Aussage bei Rüge der Gegenpartei nicht verwertet werden (§ 295 ZPO; Zöller/Greger § 447 Rn. 4).

Keinesfalls darf man voreilig sein Einverständnis erteilen, da dieses unwiderruflich ist (Zöller/Greger § 447 Rn. 3). Bei Unsicherheiten über die Beweislast kann man folgende zulässige Erklärung abgeben: »Beweis: Vernehmung des Gegners, falls ich beweispflichtig bin« oder »mit der Vernehmung des Gegners bin ich einverstanden, falls ich beweispflichtig bin« (Anders/Gehle/Gehle § 447 Rn. 6). Dadurch vermeidet man die Gefahr, dass das Einverständnis dem beweispflichtigen Gegner zu seiner Vernehmung verhilft. Im Übrigen kann sich die Partei sicherheitshalber schon vorsorglich der Vernehmung des Gegners widersetzen, insbesondere wenn dieser keine (sonstigen) Beweismittel angeboten hat bzw. ersichtlich sind.

Der Gläubiger sollte sich daher bei einem Mangel an sonstigen Beweismitteln rechtzeitig überlegen, ob nicht eine Abtretung der Klageforderung in Betracht kommt, damit er als Zeuge vernommen werden kann (oben Rdn. 277).

Sofern die Partei bereits in einem anderen Verfahren ausgesagt hat (z.B. im Ermittlungsverfahren), ist zu erwägen, ob nicht die urkundliche Verwertung der Aussage in Betracht kommt, was nach § 286 ZPO grundsätzlich möglich sein müsste, sowie bei Zeugenaussagen auch.

Möchte das Gericht eine Partei (versehentlich oder rechtsirrig) als Zeugen vernehmen, muss dies vom Gegner rechtzeitig gerügt werden, da dieser Verfahrensfehler sonst gem. § 295 ZPO geheilt werden kann (Thomas/Putzo/Seiler §§ 295 Rn. 2, 448 Rn. 18). Gerade wenn der gesetzliche Vertreter einer juristischen Person als Zeuge benannt wird, ist die Unzulässigkeit einer solchen Vernehmung nicht immer sofort ersichtlich.

Das Gericht hat die Aussage der Partei nach § 286 ZPO frei zu **würdigen** (§ 453 ZPO). 2195

Für den Beweiswert kann es günstiger sein, wenn die Partei bei der Zeugenvernehmung nicht anwesend ist (Zöller/Greger § 453 Rn. 1; grundsätzlich darf die Partei aber anwesend sein, §§ 451, 394 ZPO).

Dabei spricht nach der Lebenserfahrung für den Wahrheitsgehalt einer Aussage, wenn eine Partei für sich ungünstig aussagt. Denn normalerweise wird niemand lügen, um sich selbst zu schaden (E. Schneider MDR 1966, 565). Allerdings hat eine solche Aussage in der Praxis absoluten Seltenheitswert.

2. Vernehmung (auch) des Beweisführers von Amts wegen

Eine Vernehmung von Amts wegen – einer oder beider Parteien – kommt nach § 448 ZPO in Betracht, 2196 wenn die Ergebnisse der Verhandlung und einer etwaigen Beweisaufnahme nicht ausreichen, um zur Wahrheitsfindung zu gelangen. Diese Vorschrift verschafft dem Gericht »unter Durchbrechung des Beibringungsgrundsatzes ein Mittel zur Gewinnung letzter Klarheit« (BGH NJW 2002, 2247).

Hierbei besteht rechtlich kein Aussagezwang (wohl aber faktisch wegen §§ 446, 453 Abs. 2, 454 ZPO, wenn nachvollziehbare Gründe fehlen), worüber aber nicht belehrt werden muss (Anders/Gehle/Gehle § 451 Rn. 3).

Voraussetzung ist, dass alle angebotenen, zulässigen und erheblichen Beweise erhoben sind und 2197 noch kein voller Beweis geführt ist, jedoch eine gewisse Wahrscheinlichkeit für die Richtigkeit der zu beweisenden Tatsache spricht (BGH NJW 1999, 363 – st. Rspr.). Ein solcher **Anfangsbeweis** kann sich ergeben

- aufgrund einer vorausgegangenen Beweisaufnahme,
- auch ohne Beweisaufnahme aufgrund der Lebenserfahrung (Thomas/Putzo/Seiler § 448 Rn. 2),
- aufgrund des sonstigen Verhandlungsinhalts (z.B. positiver Eindruck aus einer vorangegangenen Parteianhörung, Prütting/Gehrlein/Müller-Christmann § 448 Rn. 4),
- aufgrund vorprozessualer Behauptung (insbesondere in der Korrespondenz), sofern weitere Umstände hinzutreten (BGH NJW 1989, 3222).

§ 448 ZPO kommt hingegen nicht zur Anwendung, wenn sich widersprechende Parteibehauptungen 2198 gänzlich **beweislos** gegenüberstehen – ungeachtet etwa der Vorlage von vorprozessualen Schreiben, in denen die streitige Tatsache lediglich behauptet wird (Prütting/Gehrlein/Müller-Christmann § 448 Rn. 4).

Die Beweisnot einer Partei allein führt nicht dazu, dass an ihre Behauptungen ein geringerer Wahrscheinlichkeitsmaßstab anzulegen ist. Verneint der Richter in diesem Fall die Wahrscheinlichkeit, ist an die Begründung aber eine erhöhte Anforderung zu stellen; es muss erkennbar sein, dass er die Beweisnot der Partei in Erwägung gezogen hat. Auch ein unverschuldeter Mangel an Beweismitteln rechtfertigt keine Vergünstigung gegenüber der anderen Partei (BGH NJW 1990, 1721; kritisch Zöller/Greger § 448 Rn. 4a).

Hingegen entfällt bei § 287 Abs. 2 Satz 3 ZPO (Entstehung und Höhe eines Schadens, nicht jedoch haftungsbegründende Kausalität) das Erfordernis einer »gewissen Wahrscheinlichkeit« des Schadenseintritts und die Subsidiarität gegenüber anderen Beweismitteln (Zöller/Greger § 287 Rn. 6). Diese Schätzungsvernehmung kommt auch in Betracht, wenn der Schaden nicht genau substantiiert ist (Thomas/Putzo/Seiler § 287 Rn. 12).

2199 **Welche Partei** bzw. ob beide Parteien zu vernehmen sind, steht im pflichtgemäßen Ermessen des Gerichts. Dieses richtet sich – ohne Rücksicht auf die Beweislast – vor allem nach der Wahrscheinlichkeit der Behauptungen, dem bisherigen Verhandlungsergebnis, dem bisherigen Verhalten der Parteien im Prozess, der vermutlich besseren Kenntnis der Tatsachen bzw. danach, welche Partei zum Beweisthema eigene Wahrnehmungen bekunden kann, insgesamt nach der größeren Vertrauens- und Glaubwürdigkeit (Prütting/Gehrlein/Müller-Christmann § 448 Rn. 14 f.; Thomas/Putzo/Seiler § 448 Rn. 4; Zöller/Greger § 448 Rn. 5).

Zöller/Greger § 448 Rn. 5: Vernehmung beider Parteien ist oft angezeigt;

Thomas/Putzo/Seiler § 448 Rn. 4: von der Vernehmung nur der beweispflichtigen Partei ist zurückhaltend Gebrauch zu machen;

LG Mönchengladbach NJW-RR 1998, 501: nur die (beweisbelastete) Partei, für deren Vortrag eine überwiegende Wahrscheinlichkeit spricht;

BGH NJW 1999, 363: bestimmt sich allein danach, welche Partei zum Beweisthema eigene Wahrnehmungen machen kann – dies kann ohne Weiteres auch der Prozessgegner des Beweisführers sein.

▶ Praxistipp:

2200 Da die Neigung der Gerichte sehr gering ist, eine Parteivernehmung von Amts wegen durchzuführen, sollte eine solche in geeigneten Fällen – zusätzlich zu etwaigen Beweisanträgen – unbedingt angeregt werden, um das Gericht zur Prüfung zu veranlassen. Hierbei kann es hilfreich sein, die für die Richtigkeit des eigenen Vortrages sprechenden Umstände aufzuzeigen und insbesondere im Fall der Beweisnot den Gesichtspunkt der Waffengleichheit zu betonen.

So muss nach Ansicht des BGH das Gericht in nachprüfbarer Weise darlegen, weshalb es von einer Parteivernehmung von Amts wegen abgesehen hat, wenn sich eine Partei in Beweisnot befindet, sie Parteivernehmung beantragt hat und für die Richtigkeit ihres Vortrags eine gewisse Wahrscheinlichkeit spricht (BGH NJW 1990, 1721; kritisch Zöller/Greger § 448 Rn. 4a). Etwaige Bedenken gegen den Beweiswert einer Parteivernehmung können allenfalls in die Beweiswürdigung einfließen (BVerfG NJW 2001, 2531).

3. Sonderfall: Vier-Augen-Gespräch

2201 Nach inzwischen h.M. gebietet der Grundsatz der **Waffengleichheit** eine Parteivernehmung – ohne Ermessensspielraum des Gerichts und ohne einschränkende Voraussetzungen, unabhängig vom sonstigen Beweisergebnis – dann, wenn der Inhalt eines Vier-Augen-Gesprächs vom Gegner durch einen Zeugen bewiesen werden konnte.

In bürgerlich-rechtlichen Streitigkeiten muss jeder Partei eine vernünftige Möglichkeit eingeräumt werden, ihren Fall – einschließlich ihrer Aussage – vor Gericht unter Bedingungen zu präsentieren, die für diese Partei keinen wesentlichen Nachteil gegenüber ihrem Gegner darstellen. Der Umstand, dass von den beiden Teilnehmern eines Vier-Augen-Gesprächs der eine Prozesspartei wird, während der andere die spätere Prozesspartei nur vertreten hat, rechtfertigt es nicht, die Möglichkeit der Beweisführung auf sie zu beschränken.

Grundlegend: EuGHMR NJW 1995, 1413; BVerfG NJW 2001, 2531; BVerfG NJW 2004, 3407; BGH NJW 2002, 2247; BGH NJW-RR 2003, 1003; Thomas/Putzo/Seiler § 448 Rn. 4; zur Waffengleichheit Zöller/Vollkommer Einl. 102; a.A. noch OLG München NJW-RR 1996, 958: auch dann keine Parteivernehmung, wenn es sich bei dem einzigen vorhandenen Zeugen etwa um den Ehepartner, sonstige Verwandte, einen Geschäftspartner oder eine sonstige befreundete Person handelt; LAG Köln MDR 2001, 712: Entscheidung des EuGHMR ist auf die deutsche Rechtslage nicht übertragbar.

Zu weit geht allerdings die Rechtsprechung des BAG (NJW 2007, 2427), das eine Pflicht zur Parteianhörung oder -vernehmung über ein Vier-Augen-Gespräch bereits dann angenommen hat, wenn hieraus dem Gegner kein Beweisvorteil erwachsen ist. Zu Recht kritisiert Noethen (NJW 2008, 334), dass hierdurch die gesetzlichen Voraussetzungen für eine Parteivernehmung (§§ 447, 448 ZPO) ausgehebelt werden. Die Entscheidung des BAG ist deswegen abzulehnen.

Die neuere obergerichtliche **Rechtsprechung** schränkt die Notwendigkeit einer Parteivernehmung indes wieder ein. 2202

So soll eine Parteivernehmung nicht erforderlich sein, wenn sich eine Partei durch Forderungsabtretung die Zeugenstellung verschafft hat (Thomas/Putzo/Seiler § 448 Rn. 4; Kluth/Böckmann MDR 2002, 616; BGH NJW 1999, 363, 364: offengelassen, ob zwingend; a.A. LG Mönchengladbach NJW-RR 1998, 501).

Nicht erforderlich ist eine Parteivernehmung auch dann, wenn der Zeuge als neutraler Vermittler zwischen den Parteien oder gar »im Lager« der beweisfälligen Partei steht (BGH, Urt. vom 30.09.2004, III ZR 369/03).

Einer förmlichen Parteivernehmung bedarf es insbesondere dann nicht, wenn die beweisbelastete Partei **anderweitig** genügend Gelegenheit hatte, ihre Darstellung des Sachverhalts in den Rechtsstreit einzubringen. Hierzu kann es genügen, dass die Partei formlos informatorisch angehört wurde oder sie in der mündlichen Verhandlung persönlich anwesend war oder anwesend hätte sein können und dem Gericht ihren Standpunkt vortragen konnte (BGH NJW 1999, 363; ebenso BVerfG NJW 2001, 2531; Prütting/Gehrlein/Müller-Christmann § 448 Rn. 10; Thomas/Putzo/Seiler § 286 Rn. 2; OLG Zweibrücken NJW 1998, 167: vor allem, wenn die Aussage eines Zeugen gewürdigt werden soll, bei dem eine Interessenverflechtung und eine mehr »formale« Zeugenstellung zu gewärtigen ist). 2203

BVerfG NJW 2008, 2170: »Deshalb besteht von Verfassungs wegen keine Notwendigkeit zu einer Parteivernehmung oder einer Anhörung nach § 141 ZPO von Amts wegen, wenn der Partei das Ergebnis der Vernehmung der vom Prozessgegner benannten Zeugen bekannt ist und sie aufgrund ihrer Anwesenheit bei der Beweisaufnahme oder in einem nachfolgenden Termin in der Lage war, ihre Darstellung vom Verlauf eines Vier-Augen-Gesprächs durch eine Wortmeldung nach § 137 Abs. 4 ZPO persönlich vorzutragen.«

BGH NJW 2002, 2247: Die Parteivernehmung nach § 448 ZPO »kann im Fall der Beweisnot einer Partei aus dem Gesichtspunkt der prozessualen Waffengleichheit notwendig sein. Die Voraussetzungen dafür lagen hier jedoch nicht vor. Es geht nämlich nicht um den Inhalt eines Vier-Augen-Gesprächs zwischen einer Partei und dem Vertreter der anderen Partei (dazu EGMR NJW 1995, 1413), sondern um das Gespräch zwischen einer Prozesspartei und einem außenstehenden Dritten. In einem solchen Fall lässt sich eine vom sonstigen Beweisergebnis unabhängige Pflicht zur Parteivernehmung nicht allein aus dem Grundsatz der Waffengleichheit herleiten«. (...) So darf das Gericht von § 448 ZPO »nur dann Gebrauch machen, wenn es aufgrund der Gesamtwürdigung von bisheriger Verhandlung und Beweisaufnahme weder von der Wahrheit noch von der Unwahrheit der zu beweisenden Behauptung überzeugt ist, also eine echte non-liquet-Situation besteht.«

BGH NJW 1999, 363: Im Rahmen der Ermessensentscheidung nach § 448 ZPO kann auch der Umstand berücksichtigt werden, dass es um die Aufklärung eines sog. Vier-Augen-Gesprächs geht, das die zu vernehmende Partei mit einem als Zeugen vernommenen Mitarbeiter der Gegenseite geführt hat (BGH NJW-RR 2003, 1003: Diese Frage stellt sich dann nicht, wenn das Gericht seine Überzeugung nicht allein auf die Bekundungen eines Zeugen der einen Seite stützt).

Eine gegenläufige – und mit den zivilprozessualen Vorschriften nicht mehr vereinbare – Tendenz ist in der Rechtsprechung des **BAG** zu beobachten. Hier wird eine Vernehmung der beweisbelasteten Partei in allen Fällen des Vier-Augen-Gesprächs auch dann zugelassen, wenn dem Gegner kein Beweis zur Verfügung steht. 2204

BAG (NJW 2007, 2427): »Art. 103 Abs. 1 GG sichert – i.V.m. Art. 2 Abs. 1 GG und dem in Art. 20 Abs. 3 GG gewährleisteten Rechtsstaatsprinzip – den Anspruch auf rechtliches Gehör vor Gericht und das mit ihm im Zusammenhang stehende Recht auf Gewährleistung eines wirkungsvollen Rechtsschutzes. Er gebietet ein Ausmaß an rechtlichem Gehör, das sachangemessen ist, um den in bürgerlich-rechtlichen Streitigkeiten – wie hier eine vorliegt – aus dem Rechtsstaatsprinzip folgenden Erfordernissen eines wirkungsvollen Rechtsschutzes gerecht zu werden. Insbesondere müssen die Beteiligten einer bürgerlichen Rechtsstreitigkeit die Möglichkeit haben, sich im Prozess mit tatsächlichen und rechtlichen Argumenten zu behaupten. Auch gehört es zu den für einen fairen Prozess und einen wirkungsvollen Rechtsschutz in bürgerlichen Rechtsstreitigkeiten unerlässlichen Verfahrensregeln, dass das Gericht über die Richtigkeit bestrittener Tatsachenbehauptungen nicht ohne hinreichende Prüfung entscheidet. Ohne eine solche Prüfung fehlt es an einer dem Rechtsstaatsprinzip genügenden Entscheidungsgrundlage. Um sie zu gewährleisten, bedarf es eines Mindestmaßes an rechtlichem Gehör (vgl. BVerfG, NJW 2001, 2531, zu III 1a der Gründe).

Die aus der Verfassung folgende Pflicht zur Prüfung verbietet es, einer Partei, die – wie hier – ihre Behauptung über den Inhalt eines Gesprächs allein durch ihre eigene Vernehmung führen kann, dieses Beweismittel zu verwehren. Damit würde die Partei in ihrer Beweisnot belassen. Bei einer derartigen Fallgestaltung ist es geboten, die Partei entweder selber im Wege der Parteivernehmung nach § 448 ZPO, soweit dessen Voraussetzungen vorliegen, oder im Wege der Parteianhörung nach § 141 ZPO persönlich zu hören. Ein Beweisantrag auf Heranziehung der Partei als Beweismittel ist dann nicht unzulässig (Eschelbach/Geipel MDR 2012, 198).

Dies ist für die Fallgestaltung, dass in einem Zivilprozess eine Seite auf einen ihr nahestehenden Zeugen zurückgreifen kann, während die andere Seite an einem Vier-Augen-Gespräch lediglich allein beteiligt war, in der Rechtsprechung anerkannt (BVerfG NJW 2001, 2531, zu III 1b der Gründe; BAG BAGE 100, 52, zu B III 2b bb der Gründe; zu Unrecht skeptisch: Sächsisches LAG NZA-RR 2000, 497). Für diese Konstellation ist auch anerkannt, dass bei einer anderen Handhabung ein Verstoß gegen Art. 6 Abs. 1 der Europäischen Menschenrechtskonvention vorliegt (EGMR NJW 1995, 1413). Die Grundsätze sind darüber hinaus auch auf eine Fallgestaltung, wie sie hier vorliegt, zu übertragen, dass ein Gespräch allein zwischen den Parteien stattgefunden hat und deshalb kein Zeuge, auch kein »gegnerischer« Zeuge, zugegen ist. Auch in diesem Fall stünde die Partei vor einer nicht behebbaren Beweisnot, würde ihr nicht Gelegenheit gegeben, den notwendigen Beweis überhaupt zu führen (vgl. BAG AP GrO kath. Kirche Art. 4 Nr. 1 = EzA BGB § 611 Kirchliche Arbeitnehmer Nr. 45, zu II 2 f dd der Gründe; im Ergebnis wie hier Zwanziger DB 1997, 776, 778).«

2205 Auch in den Fällen eines Vier-Augen-Gesprächs ist ein **Beweisantrag** auf (eigene) Anhörung oder Parteivernehmung unverzichtbar.

BVerfG NJW 2008, 2170: »Der Zivilprozess wird durch das Prinzip der Parteifreiheit und der Parteiverantwortung beherrscht. Dies kommt in dem Verhandlungs- oder Beibringungsgrundsatz zum Ausdruck, der den Zivilprozess prägt und nach dem allein die Parteien den Streitstoff in den Prozess einführen, über seine Feststellungsbedürftigkeit entscheiden und grundsätzlich auch seine Feststellung ermöglichen... Verfahrensrechtlich ist damit die Vernehmung der Zeugen der Klägerin davon abhängig gewesen, dass diese entsprechende Beweisanträge gestellt hatte...Eine verfahrensrechtliche Gleichstellung der Parteien eines Zivilprozesses verlangt daher nicht, dass die über keine Zeugen verfügende Partei von Amts wegen angehört oder vernommen wird, sondern nur, dass ihre diesbezüglichen Anträge nicht abgelehnt werden. Solche Fälle liegen auch – soweit ersichtlich – der bisherigen Rechtsprechung und Literatur zugrunde. Durch eine zwingende und von Amts wegen durchzuführende Anhörung oder Vernehmung der sich in Beweisnot befindenden Partei würde diese gegenüber ihrem Gegner mit Blick auf dessen Obliegenheit zur Stellung eines Beweisantrages begünstigt.«

Dieser Antrag sollte bereits vor Vernehmung des gegnerischen Zeugen gestellt werden. Denn wenn bereits ein Zeuge zu einem strittigen Punkt vernommen wurde und diesen bestätigt hat, haben die Gerichte in der Regel wenig Neigung, dann noch die (Gegen-)Partei zu vernehmen oder anzuhören (Freyberger ProzRB 2004, 6 – Urteilsanmerkung: »Viele Richter weigern sich, die Partei anzuhören«). Trotzdem sollte der Anwalt seinen Mandanten zum Termin mitbringen und auf dessen mündliches Äußerungsrecht nach § 137 Abs. 4 ZPO bestehen.

V. Augenschein

2206 Kann das Gericht eine streitige tatsächliche Frage durch eigene sinnliche Wahrnehmung (sehen, hören, riechen, schmecken, fühlen) klären, so wird diese durch den/die entscheidenden Richter selbst vorgenommen.

1. Bedeutung

2207 Die Einnahme eines Augenscheins durch das Gericht als unmittelbarer Beweis geht aufgrund der größeren Informationsnähe als sachliches Beweismittel der Zeugenvernehmung vor (BGH NJW 1961, 280; KG NJW 1980, 894: im Gegensatz zu einer Zeugenaussage ein wesentlich offensichtlicherer Beweis). Während Zeugenaussagen dem Richter nur einen Gedankeninhalt vermitteln, kann er sich beim Augenschein selbst »ein Bild machen«, sodass die Fehlerquellen dementsprechend gering sind.

Es erscheint ratsam, dass sich der Anwalt vor Beantragung eines Augenscheins das Objekt selbst ansieht, um entscheiden zu können, ob die Augenscheinseinnahme zugunsten seines Mandanten förderlich sein kann. Auch kann es u.U. nützlich sein, wenn die Partei zum Augenscheinstermin einen Privatgutachter hinzuzieht, was zulässig ist (Thomas/Putzo/Seiler § 372 Rn. 4).

Insbesondere sollte man prüfen, ob sich womöglich die örtlichen Verhältnisse oder die Beschaffenheit des Gegenstandes seit dem für den Rechtsstreit maßgeblichen Zeitpunkt geändert haben.

Allerdings machen die Richter davon angesichts des in der Regel nicht unerheblichen Aufwandes 2208
sehr **zurückhaltend** Gebrauch.

Deshalb erscheint ein entsprechender Beweisantrag (§ 371 ZPO) – trotz § 144 ZPO – empfehlenswert.

Allerdings kann ein solcher Antrag abgelehnt werden, wenn ein Augenschein nach gerichtlichem Ermessen zur Wahrheitserforschung nicht erforderlich ist (Prütting/Gehrlein/Trautwein § 371 Rn. 8), insbesondere wenn der Richter sich durch andere Beweismittel einen sicheren Eindruck von den entsprechenden Örtlichkeiten machen kann (Thomas/Putzo/Seiler § 371 Rn. 2, § 284 Rn. 6), etwa durch Zeugen oder Sachverständigengutachten.

Das Unterlassen eines Augenscheins kann lediglich in Grenzfällen, wenn der persönliche Eindruck unerlässlich ist, verfahrensfehlerhaft sein (Thomas/Putzo/Seiler § 284 Rn. 2: die angebotenen Beweise sind zu erschöpfen). Das ist z.B. der Fall, wenn es auf das eigene Empfinden des Tatrichters ankommt, wie etwa bei der Frage der Lästigkeit eines Geräusches (BGH NJW 1992, 2019: die Grenze kann nur aufgrund einer wertenden Beurteilung festgelegt werden).

Vor allem bei Gegebenheiten im Ausland, insbesondere bei Reisevertragssachen, scheidet eine Ortsbesichtigung praktisch aus. Möglicherweise kann sich das Gericht zukünftig durch einen »Tele-Augenschein« ein »Bild machen« (§ 128a ZPO; Schultzky NJW 2003, 314, 316).

Schließlich ist ein Augenschein nicht erzwingbar (Ausnahme: § 371a ZPO). Wird ein solcher von den Parteien verweigert, hat dies unterschiedliche prozessuale Auswirkungen (Thomas/Putzo/Seiler vor § 371 Rn. 3; § 357 Rn. 1).

Nach § 144 Abs. 1 ZPO kann das Gericht einer Partei eine **Frist** zur Vorlage eines in ihrem Besitz 2209
befindlichen Gegenstandes setzen. Bei Fristversäumnis kommt Präklusion gem. § 296 Abs. 1 ZPO in Betracht.

Vereitelt eine Partei die ihr zumutbare Einnahme des Augenscheins, können die Behauptungen des Gegners über die Beschaffenheit des Gegenstandes als bewiesen angesehen werden (§ 371 Abs. 3 ZPO).

Eine Vereitelung liegt vor, wenn die Gegenpartei die Herausgabe des Anscheinsobjekts verweigert, es zerstört oder beiseiteschafft oder zur Duldung eines ihr zumutbaren Augenscheins nicht bereit ist (Begr. RegE S. 91).

Nach § 144 Abs. 2 ZPO sind nunmehr auch **Dritte** zur Vorlegung oder Duldung verpflichtet, 2210
soweit nicht eine Wohnung betroffen ist, ihnen dies zumutbar ist und sie kein Zeugnisverweigerungsrecht besitzen.

Der Beweisantritt ist in § 371 Abs. 2 ZPO geregelt. Bei unberechtigter Nichtbefolgung der gerichtlichen Anordnung können Ordnungs- und Zwangsmittel verhängt werden (§§ 386 bis 390 ZPO).

2. Vorlage von Lichtbildern

a) Beweiswirkung

Der Vorlage von Fotografien oder Videoaufnahmen kommt besondere Bedeutung zu (insbesondere 2211
bei Mängeln im Gewährleistungsprozess, Straßenführung im Verkehrsunfallprozess, Grundstückslage in einer Nachbarstreitigkeit, äußerer Verletzung bei Schmerzensgeldklagen). Denn diese sind naturgemäß dazu geeignet, einen umfangreichen Sachvortrag zu ersetzen oder erst verständlich und anschaulich zu machen.

Praxistipp:

2212 Zum Beweisantritt sind die Fotos bzw. das Filmmaterial entsprechend § 420 ZPO vorzulegen, spätestens in der mündlichen Verhandlung.

Nicht ausreichend ist das bloße Anerbieten der Vorlage – wie es in der Praxis oft geschieht (Thomas/Putzo/Seiler § 420 Rn. 2). Dabei ist Entscheidungsgrundlage nur, was Gegenstand der mündlichen Verhandlung war (Thomas/Putzo/Seiler § 128 Rn. 6) bzw. im schriftlichen Verfahren zu den Akten gelangt ist.

Bei Filmaufnahmen kann es die Beweisaufnahme erleichtern, wenn die Gegenpartei und das Gericht jeweils eine Kopie erhalten, um sich die Aufnahmen außerhalb der Verhandlung selbst anzusehen. Sind beide Parteien damit einverstanden, dürften dem keine verfahrensrechtlichen Hindernisse entgegenstehen (§ 295 ZPO). Aber auch bei den Gerichten dürfte nunmehr wohl die entsprechende technische Ausrüstung vorhanden sein, um die Aufnahmen in der mündlichen Verhandlung anschauen zu können. Dabei kann es sich empfehlen, dass die Partei sicherheitshalber vor dem Termin das Gericht ausdrücklich darum bittet, die Gerätschaften zum Termin bereitzustellen.

Es handelt sich hierbei richtigerweise um eine Augenscheinseinnahme (Zöller/Geimer Vor § 415 Rn. 2). Es sollten aussagekräftige Fotos – am besten aus unterschiedlichen Perspektiven aufgenommen – vorgelegt werden. Wenig hilfreich sind schlechte Schwarz-Weiß-Fotokopien von Lichtbildern, die in der Regel überwiegend dunkel bzw. kontrastarm sind und kaum Einzelheiten erkennen lassen. Nützlich ist es auch, die Fotos zu beschriften bzw. zu nummerieren, sodass sich diese dem vorgetragenen Sachverhalt klar zuordnen lassen.

Aus naheliegenden Gründen sollte man sie nicht nur lose dem Schriftsatz beilegen. Es bieten sich hierzu z.B. spezielle Klarsichthüllen zum Einstecken der Fotos an. Im Gegensatz zu Fotografien, welche in verschlossenen Kuverts »versteckt« sind, geraten diese und z.B. auch (Farb-)Kopien davon beim Durchblättern der Akte zwangsläufig ins Blickfeld des Richters (Kostenanspruch hierfür gem. § 91 Abs. 1 ZPO oder als Schadensersatz).

2213 Wenn der Gegner die Authentizität bzw. Identität des Augenscheinsobjekts (Zeitpunkt/Ort der Aufnahme) nicht **bestreitet**, kann das Gericht die Fotos verwerten und von einer weiteren Beweisaufnahme, insbesondere von einem gegenständlichen Augenschein, absehen (Zöller/Greger Vor § 284 Rn. 12; § 371 Rn. 3).

Sofern die Beweisfrage allein durch den unmittelbaren optischen Eindruck entschieden werden kann, brauchen m.E. etwaige Gegenzeugen nicht mehr vernommen werden. Denn die Aussagekraft des Augenscheins ist einer Zeugenaussage absolut überlegen.

Deshalb sollte sich der Gegner auch immer die Originalfotos – entweder im Termin oder mittels Akteneinsicht – anschauen und sich nicht mit undeutlichen Kopien zufriedengeben.

2214 Wird die Unzulänglichkeit der Fotos als Beweismittel jedoch konkret bestritten, muss Beweis angeboten werden durch Vernehmung des Fotografen.

In der Praxis erfolgen seitens der Prozessbevollmächtigten häufig keinerlei Äußerungen zu den vom Gegner vorgelegten Fotos, obgleich manches zumindest mit Nichtwissen bestritten werden könnte.

Bei digitalen Fotos ist zu bedenken, dass diese – zumindest von Laien – nachträglich leichter manipuliert werden können als herkömmliche analoge Bilder, bei welchen zudem Veränderungen anhand des Originalnegativstreifens unschwer nachzuweisen sind (Mühlhausen/Prell NJW 2002, 99; dagegen Bleutge/Uschold NJW 2002, 2766: kein Unterschied zu analogen Bildern, wobei falsche Digitalbilder durch Spezialisten sogar eher zu detektieren seien). In der Praxis indes dürften solche Fälle bewusster Manipulationen die große Ausnahme sein, sodass insoweit den inzwischen allgemein verbreiteten Digitalfotos nicht generell ein geringerer Beweiswert zukommt als den herkömmlichen Bildaufnahmen.

2215 Dabei besteht die größte **Verfälschungsgefahr** durch die Wahl des Sichtwinkels und Bildausschnitts. Ebenfalls die Vorlage zahlreicher Fotos, etwa zur Dokumentation von Mängeln, die jeweils dasselbe Objekt aus unterschiedlichen Perspektiven zeigen, kann das Ausmaß der Mängel erheblich größer als in Wirklichkeit erscheinen lassen.

b) Verwertungsverbote

Bei der Vorlage von Fotos wird in der Praxis die Frage der Verwertbarkeit nur sehr selten geprüft bzw. von der Gegenpartei gerügt. Dabei gibt es auch hier (von der Verfassung abgeleitete) Verwertungsverbote (OLG Karlsruhe MDR 2000, 847; allgemein Prütting/Gehrlein/Laumen § 284 Rn. 25; zu den verschiedenen Ansichten Thomas/Putzo/Seiler § 286 Rn. 7). 2216

Zu den Verwertungsverboten im Allgemeinen oben Rdn. 1812 ff.

Besondere praktische Bedeutung erhält diese Problematik aufgrund der vorhandenen technischen Möglichkeiten. So lassen sich z.B. Videokameras im Mikro-Format leicht in alltäglichen Gegenständen verstecken.

Zumindest grundsätzlich geklärt sein dürfte die lange Zeit umstrittene Frage nach der Zulässigkeit einer Verwertung von Videoaufnahmen von Kameras, die in Kraftfahrzeugen anlassunabhängig das Verkehrsgeschehen aufzeichnen (sog. Dashcams). Nach Auffassung des BGH (NJW 2018, 2883) ist die permanente anlasslose Aufzeichnung des gesamten Geschehens auf und entlang der Fahrstrecke zwar datenschutzrechtlich unzulässig, weil sie ohne Einwilligung der Betroffenen erfolgt. Dies führt aber nicht zur Unverwertbarkeit der Aufnahmen als Beweismittel, weil das Interesse der auf Schadensersatz klagenden Partei – insbesondere angesichts der häufigen besonderen Beweisnot bei Verkehrsunfällen und der Schnelligkeit des Verkehrsgeschehens – gegenüber dem Recht des Unfallgegners auf informationelle Selbstbestimmung überwiegt.

Die Verwertung von »Zufallsfunden« aus einer verdeckten Videoüberwachung (§ 26 Abs. 1 Satz 2 BDSG) wird vom BAG grundsätzlich zugelassen (BAG NJW 2017, 843).

Auch nach der Zulassung von Dashcam-Aufzeichnungen sind Fragen im Zusammenhang mit der Verwertung automatisch erhobener Fahrzeugdaten (Datenrecorder) weitgehend ungeklärt (EuGH NJW 2015, 463; Balzer/Nagel NJW 2016, 193).

Unzulässig ist ein Eingriff in den absolut geschützten Kernbereich der privaten Lebensgestaltung, die **Intimsphäre**, z.B. die Aufzeichnung von geschlechtsbezogenen Handlungen, selbst wenn diese im Freien ausgeübt werden (BGH NJW 1998, 762, 763). 2217

Nach der neuen Vorschrift des § 201a StGB (36. StrÄndG vom 30.07.2004) ist die unbefugte Herstellung von Bildaufnahmen von einer anderen Person, die sich in einer Wohnung oder einem gegen Einblick besonders geschützten Raum befindet, strafbar und somit grundsätzlich unverwertbar, wenn dadurch deren höchstpersönlicher Lebensbereich verletzt wird.

Bei unverwertbaren Lichtbildern dürfen die Aussagen von Zeugen über deren Inhalt nicht verwertet werden. Andernfalls könnte das auf einem Beweiserhebungsverbot beruhende Beweisverwertungsverbot unschwer umgangen werden (OLG Karlsruhe NJW 2002, 2799: verdeckte Videoüberwachung).

Soweit die Aufnahmen in der **Öffentlichkeit** oder im sozialen Außenbereich (Sozialsphäre) erfolgen und weder in die Intim- noch in die Privatsphäre eingegriffen wird, ist das (abzuwägende) Gewicht des Eingriffs in das allgemeine Persönlichkeitsrecht gering. Da das Interesse an der Wahrheitsfindung und Durchsetzung berechtigter Ansprüche in diesem Fall überwiegt, wird eine Aufnahme zu Beweiszwecken meist als zulässig erachtet. 2218

KG NJW 1980, 894: spielendes Kind; OLG Schleswig NJW 1980, 352: Diebstahl; OLG Düsseldorf NJW-RR 1998, 241: Körperverletzung, die in Ermangelung anderer zuverlässiger Beweismittel sonst nicht nachgewiesen werden kann; a.A. OLG Hamm JZ 1987, 308 mit abl. Anm. Helle; zur (gezielten) Videoüberwachung LG Braunschweig NJW 1998, 2457; BGH NJW 1995, 1955: verneinend; offen gelassen, wenn damit die Erlangung von Beweismitteln bezweckt wird; auch LG Itzehoe NJW-RR 1999, 1394: maßgeblich Abwägung im Einzelfall; BayObLG NJW 2002, 2893: Videoüberwachung im Kaufhaus.

Obgleich der **Arbeitsplatz** nicht schon als solcher zu dem Bereich privater Lebensgestaltung zählt, sind auch im Arbeitsverhältnis die allgemeinen Persönlichkeitsrechte, speziell das Recht am gesprochenen Wort und am eigenen Bild, zu beachten. 2219

Die Frage, wann das heimliche Herstellen einer Bildaufnahme rechtswidrig ist, kann nicht generell-abstrakt, sondern nur anhand aller Umstände des konkreten Einzelfalles beantwortet werden (OLG Schleswig NJW 1980, 352: im Zählraum eines Spielcasinos zulässig).

So ist etwa eine heimliche Videoüberwachung eines Arbeitnehmers zulässig, wenn der konkrete Verdacht einer strafbaren Handlung oder einer anderen schweren Verfehlung zulasten des Arbeitgebers besteht, weniger einschneidende Mittel zur Aufklärung des Verdachts erschöpft sind, die verdeckte Videoüberwachung praktisch das einzig verbleibende Mittel darstellt und insgesamt nicht unverhältnismäßig ist (BAG NJW 2003, 3436: Videokameras über der Kasse und im Gang eines Getränkemarktes). Die insoweit gefertigten Videoaufnahmen unterliegen daher keinem Beweisverwertungsverbot.

2220 Im Übrigen führt die Vorlage der Aufnahmen in einer Gerichtsverhandlung nicht zu einer (unzulässigen) Veröffentlichung, da dort nur ein begrenzter Personenkreis zugegen ist (KG NJW 1980, 894) bzw. dies zum Zwecke der Rechtspflege geschehen darf (§ 24 KunstUrhG; OLG Schleswig NJW 1980, 352).

2221 Schließlich sei noch darauf hingewiesen, dass im Strafprozess weit weniger kritisch mit heimlich gefertigten Aufnahmen umgegangen wird als im Zivilprozess. Auch deshalb kann sich bei Ansprüchen, die aus einer Straftat resultieren, empfehlen, (zunächst) Strafanzeige zu erstatten bzw. im Adhäsionsverfahren vorzugehen (unten Rdn. 2480).

3. Elektronische Dokumente

2222 Als elektronische Dokumente bezeichnet man Dateien, die auf Datenträgern aufgezeichnet werden können, unabhängig davon, ob es sich dabei um Text-, Grafik-, Audio-, Video- oder sonstige Dateien handelt (Zöller/Greger § 130a Rn. 3; § 371a Rn. 1; Berger NJW 2005, 1017).

Sie spielen in der Praxis eine stetig zunehmende Rolle. Im elektronischen Rechtsverkehr (z.B. im Online-Handel) finden Rechtsbeziehungen originär in dieser Form statt, im klassischen Rechtsverkehr können Erklärungen in dieser Form abgegeben und übermittelt werden. Hierher gehören E-Mails (dazu oben Rdn. 821, 732, 1381, 2166 und unten Rdn. 2262), Word- oder PDF-Dokumente oder im Internet ausgefüllte elektronische Eingabeformulare sowie zunächst in Papierform vorliegende Dokumente, die gescannt und elektronisch archiviert wurden. Für die im Zusammenhang damit auftretenden Rechtsfragen bieten die vorhandenen gesetzlichen Regelungen nur teilweise befriedigende Lösungen an.

2223 Elektronische Dokumente können die Beweisaufnahme erleichtern, vereinfachen und beschleunigen, bringen aber auch eine Reihe von technischen und rechtlichen Problemen mit sich.

2224 Zum Beweis geeignete materielle elektronische Dokumente müssen grundsätzlich eine Erklärung enthalten, den Namen des Erklärenden erkennen lassen und durch eine qualifizierte elektronische Signatur authentifiziert sein (§ 126a BGB). Einen Anscheinsbeweis für die Echtheit solcher Privatdokumente postuliert § 371a Abs. 1 Satz 2, Abs. 2 ZPO für De-Mail-Nachrichten. Bei prozessualen Dokumenten genügt für die Authentifizierung anstelle der qualifizierten elektronischen Signatur die Übermittlung auf einem sicheren Weg (§ 130a ZPO; oben Rdn. 738). Zu den nicht authentifizierten elektronischen Dokumenten unten Rdn. 2231.

Anders als in der forensischen Kommunikation spielt die qualifizierte elektronische Signatur in der materiell-rechtlichen Praxis bislang nur eine untergeordnete Rolle. Die erforderliche Hard- und Software i.V.m. der von einem zertifizierten Anbieter (z.B. Signtrust, T-Systems, Rechtsanwaltskammern) zur Verfügung gestellten Magnetkarte mit Geheimnummer (PIN) ist nicht überall vorhanden (Voigt/Danz NJW 2020, 2991).

2225 Elektronische Dokumente sind grundsätzlich Augenscheinsobjekte (§ 371a Abs. 1 Satz 2 ZPO). Dies gilt auch dann, wenn es sich um Textdateien handelt.

2226 Beweis angetreten wird insoweit durch die Vorlegung oder Übermittlung der Datei (§ 371 Abs. 1 Satz 2 ZPO) an das Gericht. Wird dazu nicht der elektronische Rechtsverkehr genutzt (§ 130a ZPO), ist die Übergabe eines Datenträgers (z.B. USB-Stick oder CD-ROM) erforderlich, auf dem die Datei abgespeichert ist. Befindet sich die Datei nicht im Besitz des Beweisführers, kommt Beweisantritt analog §§ 144, 371 Abs. 2, 422 ff. ZPO in Betracht. Die Nichtherausgabe der Datei kann sich als Beweisvereitelung darstellen. Die Übermittlung eines Ausdrucks der E-Mail als Papierdokument stellt die Ankündigung des Beweisantritts dar, die das Gericht nach §§ 139, 356 ZPO zu einem Hinweis mit Fristsetzung verpflichtet.

Für die Beweiskraft nimmt § 371a ZPO die Vorschriften über Urkunden (§§ 415 ff. ZPO) in Bezug. 2227

- Private elektronische Dokumente begründen vollen Beweis dafür, dass die in ihnen enthaltenen Erklärungen von den Ausstellern abgegeben wurden (§ 371a Abs. 1 Satz 1, §§ 416, 419 ff. ZPO; OLG Stuttgart NJW-RR 2018, 758). Dies gilt nicht für einfache Scans früherer Papierdokumente. 2228

Entkräftet wird diese Vermutung nicht erst durch den vollen Beweis des Gegenteils, sondern bereits durch Tatsachen, die ernstlich Zweifel daran begründen. An diese Zweifel sollen keine besonders hohen Anforderungen zu stellen sein (Roßnagel NJW 2001, 1826; Zöller/Greger § 371a Rn. 2). Der damit praktisch häufige Einwand des Beweisgegners, die elektronische Erklärung sei durch unberechtigten Gebrauch von Signaturkarte und PIN von einem Dritten abgegeben worden (sog. Fremdsignaturproblem, Jandt NJW 2015, 120), führt aber nur zum Verlust der gesetzlichen Vermutung, lässt andere Formen der Beweisführung und materielle Zurechnungen und Haftungen unberührt (Stein/Jonas/Berger § 271a Rn. 18).

▶ Beispiel:

Hat der auf vertragliche Leistung in Anspruch genommene Beklagte Tatsachen vorgetragen, die ernstliche Zweifel daran begründen, dass er die vom Kläger vorgelegte elektronische Vertragserklärung abgegeben hat, steht dies zwar nicht aufgrund von §§ 371a Abs. 1, 416 ZPO fest, kann aber vom Gericht nach § 286 ZPO aufgrund von Zeugenaussagen oder Indizien als bewiesen angesehen werden. Gelingt dieser Beweis nicht, kommt eine materielle Zurechnung der Erklärung über die Grundsätze der Rechtsscheinvollmacht in Betracht. Möglicherweise haftet der Beklagte aus der Verletzung seiner Sorgfaltspflichten beim Umgang mit dem Signaturzugang.

Bestreitet der Beweisgegner die Übereinstimmung der vorgelegten Datei mit der ursprünglichen (Integrität), bedarf es der Klärung durch ein Sachverständigengutachten, die aber praktisch häufig an Grenzen stößt (Berger NJW 2005, 1020). Selbst dort, wo die Integrität des Dokuments feststeht, besteht das technisch kaum zu vermeidende Risiko einer unterschiedlichen Darstellung der Datei auf verschiedenen Ausgabegeräten oder bei dynamischen Inhalten (sog. Präsentationsproblem, Jandt NJW 2015, 1205).

▶ Beispiel:

Kommt es für die Wirksamkeit einer Verbraucherbelehrung nicht nur auf deren Inhalt an, sondern auch auf deren besondere Hervorhebung, kommt der grafischen Gestaltung (Einrückung, Fett- oder Farbdruck, Grauhinterlegung, Rahmen usw.) besondere Bedeutung zu. Deren Wiedergabe kann je nach verwendeter Druckertreibersoftware variieren.

Enthält das Dokument ein automatisch erzeugtes Datum, kann dieses – je nach Einstellung – bei jedem Aufruf, jedem Ausdruck oder jeder Abspeicherung neu generiert werden.

- Öffentliche elektronische Dokumente i.S.d. § 415 ZPO begründen vollen Beweis ihres Inhalts (§§ 371a Abs. 3, 415, 417, 418 ZPO), ihre Echtheit wird nach § 437 ZPO vermutet. 2229

Öffentlichen Urkunden vollständig gleichgestellt sind auch diejenigen elektronischen Dokumente, die durch Scannen einer ursprünglich in Papierform existierenden öffentlichen Urkunde entstanden sind (§ 371b ZPO). Voraussetzung ist, dass die Übertragung nach dem Stand der Technik erfolgte, von der Behörde selbst vorgenommen und deren bildliche und inhaltliche Übereinstimmung mit dem Original bestätigt wurde. Mit zusätzlicher qualifizierter elektronischer Signatur wird auch die Echtheit vermutet (§ 437 ZPO).

Dies gilt nach § 416a ZPO auch für den durch eine Behörde erstellten Ausdruck elektronischer Dokumente auf Papier. Diesen kommt die volle Beweiskraft beglaubigter Abschriften (§ 435 ZPO) öffentlicher Urkunden zu.

Nicht qualifiziert elektronisch signierte Dokumente stellen einfache Augenscheinsobjekte dar, die nach § 286 Abs. 1 ZPO frei zu würdigen sind. 2230

Im Rahmen der Beweiswürdigung können alle Umstände der Erstellung, Speicherung und Vorlage des Dokuments relevant werden (Roßnagel/Nebel NJW 2014, 886). Der Beweiswert eines elektronischen Dokuments kann davon abhängen,

- von wem dies erledigt wurde (Partei oder Dritte),
- aus welchem Anlass dies geschah (Standardroutine oder Einzelfall),
- welche technischen Standards dabei beachtet wurden (Zertifizierung, Qualitätssicherung, Kontrolle, Protokollierung),
- welches Dateiformat gewählt wurde (marktübliches Format PDF/Word oder benutzerspezifisches Format; Text- oder Grafikdatei),
- welche Qualität das Dokument aufweist (Schwarz/Weiß oder Farbe, Auflösung),
- welche Möglichkeiten (Gefahren) der Nachbearbeitung/Manipulation objektiv bestanden (Zugriffsrechte, Integritätsschutz im System und im Dokument).

▶ Praxistipp:

Die bislang geringen Erfahrungen der Gerichte mit der Würdigung elektronischer Dokumente machen es sinnvoll, beweiswürdigende Argumente ausdrücklich vorzutragen.

2231 Ein weitergehender Beweiswert kann elektronischen Dokumenten seit Sommer 2016 über die Europäische Verordnung über die elektronische Identifizierung und Vertrauensdienste für elektronische Transaktionen im Binnenmarkt (eIDAS-VO) zukommen. Diese auch im deutschen Zivilprozess unmittelbar geltende Regelung kennt mit dem qualifizierten Siegel, dem qualifizierten Zeitstempel und dem qualifizierten Einschreiben dem nationalen Recht fremde Institute und knüpft an diese gesetzlichen Vermutungen, die vom Beweisgegner nur durch den vollen Beweis des Gegenteils widerlegt werden können, an. Deren Umfang und ihr Konkurrenzverhältnis zu den teilweise abweichenden deutschen Vorschriften muss erst noch geklärt werden (Jandt NJW 2015, 1205).

C. Beweisaufnahme in besonderen Verfahren

2232 Die vorstehenden Ausführungen gelten für die Beweisaufnahme im allgemeinen Klageverfahren (§§ 253 ff. ZPO).

2233 In besonderen Verfahrensarten (unten Rdn. 2336) können Ausnahmen auch für die Beweisaufnahme gelten.

- Im **Mahnverfahren** findet eine Beweisaufnahme nicht statt. Wird der geltend gemachte Anspruch durch die Erhebung eines Widerspruchs oder Einspruchs bestritten, endet das Mahnverfahren und wird ins allgemeine Verfahren übergeleitet (§§ 696, 700 Abs. 3 ZPO).
- Im **Urkundenverfahren** sind grundsätzlich nur Urkunden als Beweismittel zulässig. Die Echtheit oder Unechtheit einer Urkunde sowie andere als anspruchsbegründende Tatsachen (z.B. auf Einwendungen oder Einreden des Beklagten hin) können zusätzlich auch im Wege der Parteivernehmung bewiesen werden (§ 595 Abs. 2 ZPO).
- Für das **amtsgerichtliche Verfahren** gelten grundsätzlich keine Besonderheiten (§ 495 ZPO). Im amtsgerichtlichen Bagatellverfahren kann das Gericht das Verfahren und damit auch die Beweisaufnahme nach billigem Ermessen gestalten, sodass hier das Freibeweisverfahren Anwendung findet (dazu oben Rdn. 1830).
- Im **Musterverfahren** gelten keine Besonderheiten bei der Beweisaufnahme. Diese erfolgt nach den allgemeinen Vorschriften (§ 9 Abs. 1 Satz 1 KapMuG).
- Im **Adhäsionsverfahren** folgt die Beweisaufnahme nicht zivilprozessualen, sondern strafprozessualen Grundsätzen (§ 244 StPO).

D. Wichtige Beweisthemen

Bestimmte Konstellationen führen zu typischen, wiederkehrenden Problemstellungen. 2234

I. Zugang

In vielen Fällen kommt es auf den Zugang einer Willenserklärung an (z.B. bei Kündigungen, Rechnungen für Verzug, Mängelrügen, Fristsetzungen; Grüneberg/Ellenberger § 130 Rn. 5). 2235

Die **Beweislast** für den Zugang eines Schreibens hat derjenige, der sich darauf beruft; dies ist in der Regel der Erklärende. 2236

▶ Praxistipp:

Es muss stets damit gerechnet werden, dass der Empfänger den Zugang (u.U. wahrheitswidrig) bestreitet und den Erklärenden dadurch in Beweisnot bringt. 2237

In der Praxis gelingt dieser Beweis mangels entsprechender **Vorsorge** häufig nicht bzw. ist absehbar, dass dieser Beweis nicht gelingen wird. 2238

In diesen Fällen kann und muss die Willenserklärung – in beweisbarer Form – nachgeholt werden. Dies kann ggf. mit der Klageschrift geschehen oder, falls nötig, noch während des laufenden Prozesses. Es ist auch zu prüfen, ob vielleicht ein Sonderfall vorliegt, der den Zugang entbehrlich macht. So entspricht es z.B. allgemeinen Rechtsgrundsätzen, dass eine an sich erforderliche Fristsetzung entbehrlich ist, wenn sie reine Förmelei wäre, z.B. wenn der Schuldner seine Leistungsverpflichtung endgültig verweigert (§ 281 Abs. 2 BGB; BGH NJW-RR 2005, 1321).

Die Beweisbarkeit des Zugangs der Willenserklärung hängt wesentlich von der Art der Übermittlung ab. In Betracht kommen die folgenden Möglichkeiten: 2239

1. Schreiben mit einfacher Post

Im Normalfall werden Schreiben mit einfacher Post versandt. 2240

Es besteht für diese Versendungsart nach der Rechtsprechung **kein Anscheinsbeweis**, dass eine zur Post gegebene Sendung den Empfänger erreicht, da Postsendungen (sogar Einschreibesendungen) verloren gehen können (Grüneberg/Ellenberger § 130 Rn. 21, BVerfG NJW 1991, 2757). 2241

Aufgrund der hohen Wahrscheinlichkeit eines Zugangs ohne Verlust durch die Post liegen zwar die Voraussetzungen für eine Parteivernehmung des Empfängers vor (§§ 445, 448 ZPO; BGHZ 24, 308, 314). Diese verspricht aber wenig Aussicht auf Erfolg.

Der in der Praxis häufig angebotene Nachweis der Absendung des Schreibens genügt nicht als Beweis für den Zugang. Nur wenn das vorprozessuale Verhalten des Empfängers, wie es sich insbesondere aus der Korrespondenz ergeben kann, einen Rückschluss auf den Zugang zulässt, kann dieser als bewiesen gelten (Baumgärtel/Laumen/Prütting § 130 Rn. 6).

So kann es beweisrechtlich von Bedeutung sein, wenn der Adressat nicht den Zugang eines Schreibens bestreitet, das der Absender in der vorprozessualen Korrespondenz angesprochen hat (Umkehr der Beweislast bzw. Anscheinsbeweis; LG Hamburg VersR 1992, 85 mit Anm. Laumen).

Um einem späteren Bestreiten des Empfängers vorzubeugen, ist es ratsam, diesen vorsorglich zu einer Rückmeldung bzw. Äußerung zum Zugang zu veranlassen. Denn wer den Zugang bestreitet, nachdem die Belegaufbewahrungsfrist abgelaufen ist und der Absender die Unterlagen vernichtet hat, handelt gegen Treu und Glauben (BGHZ 24, 308, 313).

Teilweise wird jedoch ein Anscheinsbeweis bei mehreren, mit einfacher Post abgesandten Schreiben, die sämtlich nicht zum Absender zurückgelangt sind, bejaht. 2242

LG München I, Beschl. vom 21.09.1998 – 13 T 16124/98: bereits bei zwei Schreiben; ebenso LG Hamburg VersR 1992, 85 bei einer Reihe von Schreiben in engem zeitlichen Zusammenhang abgesandt; AG Grevenbroich MDR 1990, 437: vier Briefe im Abstand von jeweils einigen Wochen; OLG Naumburg JurBüro 1999, 597: Es obliegt dem Empfänger, wenigstens einen Sachverhalt darzustellen, der eine gewisse Plausibilität für den Verlust der vier Schreiben ermöglicht.

Nicht zulässig ist allerdings der Schluss auf den Zugang eines bestimmten Schreibens. Für die Bestimmung des Verzugsbeginns muss als Zugangszeitpunkt das letzte Mahnschreiben angenommen werden.

2243 Neben dem Zugang des Schreibens kann der Empfänger auch den Inhalt, die ordnungsgemäße Adressierung und Frankierung (jeweils mit Nichtwissen) bestreiten. Hierfür ist ebenfalls Beweisvorsorge zu treffen.

In der Praxis hat es sich bewährt, das Adressfeld und den Inhalt zu scannen und anschließend durch einen Zeugen die Kuvertierung sowie die Aufgabe (oder Zustellung) des vollständigen Schreibens schriftlich bestätigen zu lassen, dies z.B. auf der Kopie des Schreibens.

2244 Soweit es auf die Rechtzeitigkeit ankommt, muss auch der **Zeitpunkt** des Zugangs keinen Anscheinsbeweis.

Ist lediglich der Zugangszeitpunkt streitig, muss der Gegner einen konkreten abweichenden Zeitpunkt substanziiert darlegen. Die gesetzliche Vermutung des § 270 Satz 2 ZPO findet Anwendung (LG Frankfurt a. M. NJW-RR 1987, 569).

2. Einschreiben

2245 Sicherer ist das Einschreiben, das in verschiedenen Formen angeboten wird. Der Beweis des Zugangs kann weder über den Einlieferungsbeleg noch durch die Online-Sendungsverfolgung geführt werden. Hierfür kommen Bestätigungen der Übergabe oder des Empfangs in Betracht.

a) Übergabe-Einschreiben

2246 Bei dieser herkömmlichen Form des Einschreibens (Einschreiben Standard oder Einschreiben Rückschein) muss der Empfang vom Empfänger quittiert werden. Wenn der Adressat oder ein sonstiger Empfangsberechtigter vom Postzusteller nicht angetroffen wird, ist eine Einschreibesendung auch dann nicht zugegangen, wenn daraufhin ein Benachrichtigungszettel über die Hinterlegung bei der Post hinterlassen wird (Grüneberg/Ellenberger § 130 Rn. 7; BGH NJW 1998, 976; OLG Brandenburg NJW 2005, 1585).

2247 Da die Sendung erst mit der **Abholung** von der Post zugeht (vgl. nur BAG NJW 1997, 146), kann der Absender durch eine – unbeabsichtigt oder beabsichtigt – verspätete Abholung einzuhaltende Fristen vereiteln. Probleme können sich auch ergeben, wenn keine brauchbare Empfangseinrichtung vorhanden ist oder wenn die Echtheit der Unterschrift bestritten wird.

2248 Unerheblich ist, ob das Einschreiben mit oder ohne **Rückschein** versandt wurde. Der vom Empfänger unterschriebene und an den Absender zurückgelangte Original-Rückschein kann jedoch den Beweis des Zugangs erleichtern. Bei anderen Einschreibeformen erhält der Versender die Empfangsbestätigung online.

▶ Praxistipp:

2249 Der Inhalt des dem Empfänger übersandten Schreibens muss indes gesondert bewiesen werden (AG Köln ZMR 1977, 278).

2250 Allerdings dürfte der Empfänger substantiiert darzulegen haben, was **Inhalt** der Sendung gewesen sein soll, wenn er den vom Absender behaupteten Inhalt bestreitet (sonst § 138 Abs. 3 ZPO).

Es wird vermutet, dass der Inhalt des Schreibens der üblichen Mahnung des Versicherers entspricht, solange keine gegenteiligen Anhaltspunkte für eine andere wichtige Mitteilung vorliegen (Looschelders/Pohlmann § 38 VVG Rn. 9). Außerdem soll ein Erfahrungssatz dafür sprechen, dass regelmäßig nur Erklärungen von einer gewissen Bedeutung per Einschreiben versandt werden (Baumgärtel/Laumen/Prütting § 130 Rn. 10).

2251 Falls er – nach seinem Vorbringen – nur ein leeres Blatt erhalten oder der Briefumschlag überhaupt nichts enthalten oder eine (maßgebende) Seite gefehlt hat, können vom Empfänger selbstverständlich keine weiteren Angaben verlangt werden.

Dem Einwand eines leeren Kuverts soll durch Verwendung von Fensterbriefumschlägen vorgebeugt werden können (Benedict, NVwZ 2000, 168, Fn. 13: kann gänzlich ausgeschlossen werden).

Wird jedoch die beim Postamt hinterlegte Sendung vom Adressaten **nicht abgeholt**, ist diese nicht zugegangen. 2252

Allenfalls wenn der Absender daraufhin unverzüglich einen zweiten Zustellungsversuch unternimmt, kann der Empfänger sich nach einer Ansicht gem. § 242 BGB nicht auf einen fehlenden Zugang berufen und ein Zugang durch den ersten Zustellversuch wird fingiert (BGH NJW 1998, 977; a.A. wohl die h.M. – Rückwirkungslösung – BGH LM § 130 Nr. 1: Empfänger kann sich u.U. gem. § 242 BGB bei ihm zurechenbaren Zugangshindernissen lediglich nicht auf die Verspätung berufen).

Unklar ist, ob der zweite Zustellungsversuch ohne Weiteres dem ersten entsprechen darf. Nach Ansicht des BGH (NJW 1998, 977) hängt die Art dieses zweiten Versuchs von den konkreten Umständen, wie den örtlichen Verhältnissen, dem bisherigen Verhalten des Adressaten, den Möglichkeiten des Erklärenden und von der Bedeutung der abgegebenen Erklärung ab. Freilich wird ein juristischer Laie kaum auf den Gedanken kommen, dass er durch einen zweiten Zustellversuch nach Fristablauf die Frist noch wahren kann.

Bei grundloser **Annahmeverweigerung**, obwohl der Adressat mit dem Eingang rechtserheblicher Mitteilungen seines Vertrags- oder Verhandlungspartners rechnen musste, oder bei arglistiger Zugangsvereitelung oder Verzögerung ist ein erneuter Zustellversuch nicht erforderlich. Der Zugang wird dann ebenfalls fingiert (BGH NJW 1998, 976). 2253

Ansonsten existiert keine allgemeine Obliegenheit, Willenserklärungen zu empfangen und deshalb auf eine Benachrichtigung hin Briefe von der jeweils zuständigen Poststelle abzuholen (OLG Brandenburg NJW 2005, 1585).

Bei alledem trägt der Erklärende die **Beweislast**. Sofern bestritten, muss er bei einer nicht abgeholten Sendung beweisen, dass er den Benachrichtigungszettel tatsächlich erhalten bzw. gewusst hat, wer der Absender ist. Dabei ist dieser aus dem Niederlegungsschein nicht erkennbar. 2254

b) Einwurfeinschreiben

Bei dem »Einschreiben Einwurf« wird die Sendung mit der Tagespost in den Hausbriefkasten oder das Postfach des Empfängers **eingeworfen**. Dieser Einwurf wird vom Briefzusteller mit Datums- und Zeitangabe sowie der Unterschrift des Briefzustellers auf einem Auslieferungsbeleg bestätigt. Einer Unterschriftsleistung des Empfängers bedarf es nicht. Das Einwurfeinschreiben geht dem Empfänger zu, sobald mit der Leerung des Hausbriefkastens zu rechnen ist. Dem Empfänger ist es daher nicht möglich, den Zugang zu vereiteln. 2255

Die **Dokumentation** des Einwurfs durch den Postzusteller (in Verbindung mit dem Einlieferungsbeleg) könnte den Beweis des Einwurfs erbringen. Allerdings wird der Auslieferungsbeleg – ebenso wie beim Übergabe-Einschreiben – nach dem Einscannen zentral für ganz Deutschland im Beleglesezentrum in Mannheim der Deutschen Post AG vernichtet. Die Daten bleiben dort drei Jahre lang elektronisch gespeichert. Auf Wunsch erhält der Absender davon gegen Zahlung einer Gebühr einen schriftlichen Auszug mit dem Einwurf-Datum (zum Ganzen instruktiv Ante NJW 2020, 3487). 2256

Damit scheidet ein Urkundenbeweis nach § 416 ZPO aus, wobei damit auch nicht die Richtigkeit des Inhalts bewiesen werden könnte. Wegen der privaten Rechtsnatur der Deutschen Post AG würde auch keine öffentliche Urkunde mit der (vollen) Beweiswirkung des § 418 ZPO vorliegen.

Möglich ist es, den Briefzusteller als Zeugen zu benennen. Zwar wird er vermutlich bestätigen, den Auslieferungsbeleg grundsätzlich immer richtig auszufüllen; an den konkreten Brief indes wird er sich nicht mehr erinnern können (LG Potsdam NJW 2000, 3722). Inwieweit die Aussage zur »üblichen Vorgehensweise« ausreicht, ist Frage der Beweiswürdigung durch das jeweilige Gericht (LAG Köln NZA-RR 2011, 244). Die Benennung des Zustellers als Zeugen sollte deswegen zumindest ergänzend stets in Betracht gezogen werden (Ante NJW 2020, 3487; Uth/Barthen NJW 2021, 685).

Heftig diskutiert wird die Frage, ob aus einem vollzogenen Einwurfeinschreiben nach den Grundsätzen des Anscheinsbeweises auf den Zugang geschlossen werden kann. 2257

Erforderlich hierfür ist, aus dem Vorliegen der entsprechenden Zustellungsnachweise einen typischen Geschehensablauf herzuleiten, der nach allgemeiner Lebenserfahrung auf den tatsächlichen Zugang der Erklärung hinweist. Bejaht wird dies in Anlehnung an eine (an sich zu § 21 Abs. 1 Satz 2 GmbHG ergangene) Entscheidung des BGH (BGHZ 212, 104) von der h.M. (a.A. die h.M. in der Arbeitsgerichtsbarkeit), wenn sowohl der Einlieferungsbeleg (im Original) als auch der Auslieferungsbeleg (als Online-Reproduktion) vorgelegt werden (Uth/Barthen NJW 2021, 685).

Für eine Erschütterung dieses Anscheinsbeweises kann die bloße Behauptung, die Erklärung nicht erhalten zu haben, nicht ausreichen; erforderlich sind weitere konkrete Umstände (z.B. frühere Fehlzustellungen oder Fehlbeurkundungen im Bezirk).

Im Detail ist hier nach wie vor vieles ungeklärt, eine Verallgemeinerung der zahlreich vorhandenen Einzelfallentscheidungen kaum möglich (AG Paderborn NJW 2000, 3722: Anscheinsbeweis – Entkräftung möglich durch Beweis, dass bei Leerung des Briefkastens das Schreiben nicht vorgefunden wurde; AG Hannover VersR. 2004, 317: keine Entkräftung, wenn die übrige Post den Empfänger erreicht hat; LAG Hamm, Urt. vom 22.05.2002 – 3 Sa 847/01: Zugang durch Aussage des Zustellers als Zeugen bewiesen; LG Berlin Grundeigentum 2001, 770: bei Zustellung mittels Einwurfeinschreibens schlichtes Bestreiten des Zugangs nicht ausreichend; a.A. LG Potsdam NJW 2000, 3722: keine tatsächliche Vermutung für Zugang, da Fehlleitungen nicht ausgeschlossen werden können – dort wurde zudem der Beleg noch vor dem Einwurf in den Briefkasten in der Postfiliale vom Zusteller abgenommen und ausgefüllt; auch AG Bonn NJW 2003, 1130: Auslieferungsbeleg war fehlerhaft datiert – Deutsche Post AG ist verpflichtet, eine ladungsfähige Anschrift des Zustellers bekannt zu geben; OLG Düsseldorf RuS 2002, 274).

2258 Die Frage des Beweises bleibt daher letztlich der freien richterlichen **Beweiswürdigung** überlassen (§§ 371, 286 ZPO), was die Zustellungsform unsicher macht.

▶ Praxistipp:

Soll das Einwurfeinschreiben dennoch genutzt werden, müssen Ein- und Auslieferungsbeleg vorgelegt werden können. Letzterer muss ggf. vor Vernichtung der Unterlagen durch die Post angefordert werden.

3. Telefax

2259 Telefaxe gehen regelmäßig bereits mit dem vollständigen Eingang der Signale bei dem Empfangsgerät zu (BGH NJW 2006, 2263). Zeitlich erfolgt der Zugang bei Privatleuten regelmäßig erst am Abend oder am Morgen des nächsten Tages, bei Geschäftsleuten zu üblichen Geschäftszeiten.

▶ Praxistipp:

2260 Wenn der Empfänger den Ausdruck bestreitet oder das Vorliegen eines Defekts an seinem Empfangsgerät behauptet, kann ein Zugang im Normalfall nicht bewiesen werden.

Nach höchstrichterlicher Rechtsprechung begründet der Sendebericht mit dem »OK«-Vermerk keinen Anscheinsbeweis für den Zugang (BGH MDR 2016, 846). Durch ihn wird nur die Herstellung der Verbindung zwischen dem Sende- und dem Empfangsgerät belegt, allenfalls noch für die geglückte Übermittlung der Daten. Für einen Ausdruck beim Empfangsgerät besitzt das Sendeprotokoll hingegen keinerlei Aussagewert. Als Fehlerquellen kommen technische Störungen und Bedienungsfehler in Betracht (z.B. Senden der leeren Rückseite, gleichzeitiger Ein- oder Durchzug mehrerer Blätter; aufgebrauchter Toner beim Empfangsgerät). Zudem besteht die Möglichkeit einer Manipulation des Sendeberichts.

2261 Vor allem bei Schreiben zur Wahrung von Fristen ist daher eine Übermittlung per Telefax mit gewissen **Risiken** verbunden (zur Wiedereinsetzung oben Rdn. 823). Um diese zu mindern, empfiehlt es sich, ein Empfangsbekenntnis anzufordern oder unmittelbar nach der Versendung telefonisch eine Bestätigung des vollständigen Erhalts durch einen Zeugen (ggf. den Anwalt selbst) einzuholen. Schließlich erhöht eine wiederholte Versendung zu auseinanderliegenden Zeiten zumindest die Indizwirkung, auch wenn dies für die Begründung eines Anscheinsbeweises in der Regel nicht genügt.

4. E-Mail

Außerhalb formeller Verfahren stellt die Versendung von Dokumenten per E-Mail seit langem den 2262
absoluten Regelfall dar. E-Mails werden typischerweise nur einfach signiert (d.h. durch Angabe des Absendernamens) und nicht über sichere Übermittlungswege versandt. Nicht formbedürftige Erklärungen können so wirksam abgegeben werden.

Erklärungen, die der Schriftform bedürfen, können in elektronischer Form nur abgegeben werden, wenn diese mit einer qualifizierten elektronischen Signatur versehen wird (§ 126a BGB, § 130a ZPO). Die prozessuale Schriftform kann auch ohne eine solche qualifizierte elektronische Signatur durch die Nutzung eines sicheren Übermittlungswegs erfüllt werden (§ 130a ZPO).

Zu elektronischen Dokumenten allgemein oben Rdn. 738, zu den rechtlichen und tatsächlichen Voraussetzungen der Wirksamkeit von E-Mails im Prozess oben Rdn. 732, 820 und 2188.

Stehen Formerfordernisse der Wirksamkeit einer E-Mail nicht entgegen, so stellen sich im Prozess beweisrechtlich besondere Probleme (Willems MMR 2013, 551).

Der **Beweisantritt** erfordert die Vorlegung oder Übermittlung der E-Mail-Datei (§ 371 Abs. 1 Satz 2 2263
ZPO) an das Gericht. Wird dazu nicht der elektronische Rechtsverkehr genutzt (§ 130a ZPO), ist die Übergabe eines Datenträgers (z.B. USB-Stick) erforderlich, auf dem die Datei abgespeichert ist. Die Übermittlung eines Ausdrucks der E-Mail als Papierdokument ist entweder die Ankündigung des Beweisantritts, die das Gericht nach §§ 139, 356 ZPO zu einem Hinweis mit Fristsetzung verpflichtet, oder die Herstellung einer (Ersatz-)Urkunde, die nach § 420 ZPO vorgelegt wird.

Der **Beweiswert** einer privaten E-Mail entspricht dem einer Privaturkunde (§§ 371a, 415 ff. ZPO) 2264
nur, wenn sie mit einer qualifizierten elektronischen Signatur authentisiert wurde. Ist dies – wie praktisch stets – nicht geschehen, handelt es sich um ein einfaches Augenscheinsobjekt, das nach § 286 Abs. 1 ZPO frei zu würdigen ist. Dies gilt auch für den Ausdruck der E-Mail, der als eigene Urkunde anzusehen ist: Besondere Urkundenbeweiskraft kommt nur dem Ausdruck öffentlicher elektronischer Dokumente zu (§ 416a ZPO), nicht auch dem Ausdruck privater elektronischer Dokumente. Auch § 416 ZPO findet mangels Unterschrift des Ausstellers keine Anwendung (Sander CR 2014, 292).

Häufig bestritten wird der **Zugang** der E-Mail (§ 130 BGB). In den Machtbereich des Empfängers 2265
ist die E-Mail dann gelangt, wenn sie auf dem Mailserver des Empfängers gespeichert wird, und zwar unabhängig davon, ob sie abgerufen wird oder nicht. Zeitlich wird bei Privatleuten im Regelfall mit einem Zugang nach spätestens 24 Stunden (hier besteht keine einhellige Meinung), bei Geschäftsleuten zu üblichen Geschäftszeiten zu rechnen sein.

Die Möglichkeit eines Anscheinsbeweises für den Zugang anhand der nachgewiesenen Absendung scheidet weitgehend aus. Eine erhöhte Zugangssicherheit im Vergleich zu einfachen Postsendungen oder Übermittlungen per Telefax kann nicht unterstellt werden.

Die Möglichkeit eines Anscheinsbeweises für den Zugang anhand der nachgewiesenen Absendung 2266
scheidet weitgehend aus. Eine erhöhte Zugangssicherheit im Vergleich zu einfachen Postsendungen oder Übermittlungen per Telefax kann nicht unterstellt werden.

Beruft sich der Empfänger auf den Zugang einer E-Mail, trägt er die volle Beweislast dafür, dass die 2267
E-Mail wirklich vom angegebenen **Absender** stammt.

Dabei wird in der Praxis meist nicht die Zurechnung einer E-Mail-Adresse zu einer Person, sondern vielmehr die Tatsache, dass eine bestimmte E-Mail mit einem bestimmten Inhalt vom E-Mail-Adressen-Inhaber verschickt worden ist (Ernst MDR 2003, 1091).

Aufgrund der »virulenten Unsicherheit elektronischer Erklärungen« (Ernst MDR 2003, 1091) 2268
gelingt dieser Beweis in der Regel nicht.

Praxistipp:

Um den Zugang einer E-Mail beweisen zu können, sollte der Absender in der Regel um eine Empfangsbestätigung bitten oder die E-Mail so formulieren, dass sie eine Antwort provoziert.

5. beA-Zustellung

2269 Ist die gegnerische Partei bereits anwaltlich vertreten, so bietet es sich an, Schriftsätze von Anwalt zu Anwalt per beA zu übermitteln. Soweit der gegnerische Bevollmächtigte seiner Verpflichtung zur Abgabe des Empfangsbekenntnisses (§ 14 BORA) nicht nachkommt (was in der Praxis häufig geschieht), kommt möglicherweise die Fiktion des Zugangs am vierten Tag nach dem auf der automatisierten Empfangsbestätigung ausgewiesenen Tag in Betracht (§ 174 Abs. 4 Satz 4 ZPO).

6. Förmliche Zustellung

2270 Die sicherste Zustellungsart ist weiterhin die förmliche Zustellung. Diese kann durch Vermittlung des **Gerichtsvollziehers** erfolgen (§ 132 Abs. 1 BGB, § 192 ZPO). Auf besonderen Antrag hin hat er selbst zuzustellen (§ 193 ZPO; §§ 19, 21 GVGA – Geschäftsanweisung für Gerichtsvollzieher). Für die Zustellung elektronischer Dokumente gilt § 193a ZPO.

2271 Läuft ein gerichtliches Verfahren bereits oder ist es ohnehin erforderlich, kann die materiell-rechtliche Willenserklärung auch in die Klageschrift oder einen sonstigen vorbereitenden Schriftsatz aufgenommen und über das Gericht zugestellt werden.

Eine solche förmliche Zustellung hat den Vorteil, dass damit sowohl der Inhalt des zugestellten Schriftstücks als auch der Zeitpunkt des Zugangs mit einer Urkunde bewiesen werden kann (§§ 192 ff., 418 ZPO). Zudem ist eine Zustellungsvereitelung wegen der Möglichkeiten einer Ersatzzustellung praktisch ausgeschlossen.

Da sie – neben hohen Kosten – den Nachteil einer langen und unkalkulierbaren Dauer des Zustellverfahrens hat, kommt eine förmliche Zustellung bei fristgebundenen Erklärungen regelmäßig nicht in Betracht.

2272 Sofern der Adressat anwaltlich vertreten ist, kann eine Zustellung von **Anwalt** zu Anwalt gem. § 195 ZPO in Betracht kommen.

7. Private Übergabe/Botenzustellung

2273 Sicher ist auch die private Übergabe des Schriftstücks. Wird eine solche durch den Versender/Erklärenden selbst vorgenommen, muss berücksichtigt werden, dass dieser später als Zeuge nicht zur Verfügung steht, wenn er Partei des Rechtsstreits wird. Erfolgt die Übergabe in Anwesenheit Dritter oder durch einen Boten, müssen diese nicht nur den Übergabevorgang, sondern auch den Inhalt der übergebenen Erklärung kennen.

8. Sicherster Weg

2274 Wie bei all seinen Tätigkeiten muss der Rechtsanwalt auch für den Zugang von Erklärungen den sichersten Weg beschreiten. Dieser kann darin bestehen, mehrere Zugangsalternativen kumulativ zu veranlassen, deren Erfolg zeitnah zu überwachen und sie erforderlichenfalls zu wiederholen (LG Bonn, Urt. vom 14.05.2004 – 15 O 569/03 – zit. Lindner AnwBl 2005, 215).

Für eine solche Vorgehensweise besteht insbesondere dann Anlass, wenn mit einem Bestreiten oder einer Vereitelung des Zugangs gerechnet werden muss (OLG Nürnberg NJW-RR 1991, 414).

Die mehrfache Zugangsveranlassung macht ein Bestreiten des Empfängers zudem unglaubwürdig.

II. Wert

2275 Viele privatrechtliche Ansprüche führen zu einem Wertersatz in Geld. Schon der Vortrag des Gläubigers erfordert hier eine substantiierte Darlegung der konkreten Wertberechnungsmethode; bei der

Beweisaufnahme ist darauf zu achten, dass die Feststellung auf den zutreffenden Wert (Substanzwert, Ertragswert, Gebrauchswert, Sachwert, Marktwert, Neuwert, Zeitwert, Restwert, Wiederbeschaffungswert usw.) gerichtet ist und nach einer von der Rechtsprechung akzeptierten Methode erfolgt (z.B. BGH ErbR 2015, 376).

III. Stellvertretung

Wird der **Vertretene** in Anspruch genommen, trägt der Kläger die Darlegungs- und Beweislast für das Handeln in fremdem Namen und das Bestehen einer Vertretungsmacht (§ 164 BGB). 2276

Wird hingegen der **Vertreter** in Anspruch genommen, so trägt dieser die Beweislast für seine Vertretungsmacht sowie dafür, dass er nicht im eigenen Namen aufgetreten ist (§§ 164 Abs. 2, 179 Abs. 1 BGB; Grüneberg/Ellenberger § 164 Rn. 18). Wenn ihm der Beweis nicht gelingt, haftet er selbst. Dies gilt entsprechend bei einem Handeln für eine nicht bestimmte oder nicht existente Person (BGH MDR 2005, 1394; zu Billigkeitserwägungen nach Klagerücknahme OLG Karlsruhe MDR 2020, 716). 2277

Obwohl bei Bestreiten der Vertretungsmacht der Vertreter bzw. der Vertretene als Zeuge in Betracht kommt, gelingt in der Praxis der Beweis der Vertretungsmacht zuweilen nicht. Dabei fehlt es meistens bereits an einem schlüssigen Sachvortrag.

▶ Praxistipp:

Bei zweifelhaften Vertretungsverhältnissen ist es taktisch am geschicktesten, (zunächst) den (beweispflichtigen) Vertreter zu verklagen und dem (potenziell) Vertretenen den Streit zu verkünden (oben Rdn. 423). 2278

Hierbei ist an die zahlreichen **Sonderfälle** zu denken, welche im Alltag bzw. Geschäftsleben eine große Rolle spielen. Diesbezüglich muss aber ausreichend vorgetragen werden. 2279

So dürfte z.B. häufig eine Anscheins- oder Duldungsvollmacht vorliegen. Bei (erkennbar) unternehmensbezogenen Geschäften wird in der Regel von einem Handeln für den Betriebsinhaber ausgegangen (z.B. Reparaturauftrag für einen Lieferwagen oder Werbeanzeige; Grüneberg/Ellenberger § 164 Rn. 2, 18: tatsächliche Vermutung). Bei Bargeschäften des täglichen Lebens kommt der Vertrag ohne Weiteres mit dem zustande, den es angeht (Grüneberg/Ellenberger § 164 Rn. 9). Auch die Sonderfälle des § 1357 BGB bei Ehegatten sowie § 1629 BGB bei Minderjährigen sind zu beachten.

Eine Vollmacht kann auch durch schlüssiges Verhalten erteilt werden. So muss z.B. derjenige, der einem anderen Aufgaben überträgt, deren ordnungsgemäße Erfüllung nach der Verkehrsauffassung eine bestimmte Vollmacht voraussetzt, diesen als bevollmächtigt gelten lassen, auch wenn er tatsächlich keine oder eine zu geringe Vollmacht erteilt hat (Grüneberg/Ellenberger §§ 167 Rn. 1, 173 Rn. 21; insbesondere §§ 54, 56 HGB: Ladenangestellte; Vertretungsmacht aufgrund besonderer Stellung bzw. Funktion).

IV. Schenkungseinwand

Gegenüber der Klage auf Rückzahlung eines bestimmten Geldbetrages wird in der Praxis häufig Schenkung eingewandt. Da der Kläger (Gläubiger) grundsätzlich die Behauptungs- und Beweislast für die anspruchsbegründenden Tatsachen trägt, muss er beweisen, dass die Hingabe des Geldes als Darlehen oder ohne Rechtsgrund erfolgt ist (Grüneberg/Weidenkaff § 516 Rn. 19, § 607 Rn. 22; keine echte Einwendung, sondern Klageleugnen). 2280

Selbst wenn die Parteien zunächst offen gelassen haben, ob eine hingegebene Geldsumme als Schenkung oder als Darlehen gelten soll, muss der Geldgeber die Behauptung des Empfängers, man habe sich später auf Schenkung geeinigt, widerlegen (OLG Schleswig MDR 1982, 317).

Hingegen trifft den Beklagten die Beweislast für die Behauptung, der Kläger habe ihm die Darlehensschuld nachträglich im Wege der Schenkung erlassen.

Beruft sich der Kläger für seine Rückforderung auf § 812 BGB, hat er das Fehlen des behaupteten Rechtsgrundes zu beweisen (Grüneberg/Sprau § 812 Rn. 106).

2281 Der Beweis kann vor allem durch etwaige Zeugen oder einen vorhandenen Schuldschein geführt werden. Dabei kann ein Schuldschein unterschiedliche beweisrechtliche Bedeutung haben, was von der Auslegung der in ihm enthaltenen Erklärungen abhängt (Baumgärtel/Laumen/Prütting § 607 Rn. 18 ff.; Grüneberg/Grüneberg § 371 Rn. 2, § 607 Rn. 22; BGH NJW 2001, 2096, 2099; BGH NJW 1986, 2571; BGH JR 1978, 413).

Die in einem Schuldschein enthaltene Bestätigung, ein Darlehen empfangen zu haben, kann entweder ein abstraktes oder kausales Schuldanerkenntnis oder eine bloße Wissenserklärung als sog. Zeugnis gegen sich selbst (ähnlich einer schlichten Quittung) darstellen.

In den ersten beiden Fällen führt die Vorlage eines Schuldscheins zu einer Beweislastumkehr, d.h. der Schuldner muss beweisen, dass die Verpflichtung nicht entstanden ist. In der Regel dient ein Schuldschein jedoch dazu, eine bereits bestehende Darlehensverbindlichkeit zur Beweissicherung und Beweiserleichterung zu bestätigen. In diesem Fall kann der in der Regel durch den Schuldschein erbrachte Hauptbeweis schon durch einen Gegenbeweis entkräftet werden.

2282 Unter Umständen kommen dem Gläubiger Beweiserleichterungen zugute. Hierbei kann nur im Einzelfall entschieden werden, ob insbesondere bei engen persönlichen oder verwandtschaftlichen Beziehungen zwischen den Beteiligten ein Darlehen oder eine Schenkung anzunehmen ist (Baumgärtel § 607 Rn. 6 ff.).

So spricht z.B. nach OLG Koblenz (MDR 1998, 540) eine tatsächliche Vermutung für eine Darlehensgewährung, wenn bei einer noch jungen Liebesbeziehung ein Partner das nicht unerheblich überzogene Bankkonto des anderen ausgleicht. Bei Verlobten soll auch die Begleichung persönlicher Verbindlichkeiten, die nicht mit der beabsichtigten Eheschließung in Zusammenhang stehen, als stillschweigende Darlehensgewährung anzusehen sein. Hingegen kann bei nicht schenkungsteuerpflichtigen Zuwendungen unter Ehegatten in der Regel von einer Schenkung ausgegangen werden, nicht aber bei Tilgung von Geschäftsschulden. Während bei Zuwendungen zwischen Partnern nichtehelicher Lebensgemeinschaften eine tatsächliche Vermutung gegen das Vorliegen eines Darlehensvertrages spricht, wird man bei einer Geldhingabe unter nicht näher bekannten Personen im Zweifel von einem Darlehen ausgehen dürfen.

V. Werkvertrag

2283 Die in der Praxis beim Werkvertrag relevanten Streitpunkte betreffen im Wesentlichen die Frage etwaiger Mängel des Werkes, die Erforderlichkeit der Arbeiten sowie die Höhe der Vergütung. Hierbei gibt es vielfältige Beweislastvarianten, die in der Praxis häufig Schwierigkeiten bereiten.

Sonderregelungen enthält die VOB/B, welche als Allgemeine Geschäftsbedingungen nur bei wirksamer Einbeziehung Vertragsbestandteil wird (§ 305 BGB).

2284 Wendet der Besteller gegenüber der eingeklagten Vergütung Mängelrechte ein, kommt der »Abnahme« für die Beweislast entscheidende Bedeutung zu.

Denn mit der Abnahme (§ 640 BGB) kehrt sich die Beweislast um. So hat bis zur Abnahme der Unternehmer die Mangelfreiheit und Vollständigkeit seiner Werkleistung darzulegen und erforderlichenfalls zu beweisen. Nach der Abnahme trägt der Besteller die Beweislast (Zöller/Greger Vor § 284 Rn. 19; Grüneberg/Sprau § 634 Rn. 12; § 641 Rn. 14).

Dabei wird die Vergütung erst mit Abnahme »des vertragsmäßig hergestellten Werkes« fällig (§§ 640, 641 BGB). Ihre berechtigte Verweigerung wegen vorhandener Mängel hindert die Fälligkeit (Grüneberg/Sprau § 640 Rn. 8: fehlende Abnahmereife; § 641 Rn. 4) und die Vergütungsklage ist als zurzeit unbegründet abzuweisen (Grüneberg/Sprau § 641 Rn. 2).

Aufgrund der jetzigen Möglichkeit des Unternehmers, durch Fristsetzung die Fälligkeit herbeizuführen (§ 640 Abs. 1 Satz 3 BGB), ist zweifelhaft, ob er vor einer Vergütungsklage diese Möglichkeit nutzen muss oder ob er – wie bisher – unmittelbar auf Zahlung klagen kann (Grüneberg/Sprau § 641 Rn. 4).

2285 Für die Erforderlichkeit des dem Vergütungsanspruch zugrunde gelegten Leistungsumfangs sowie für diesen selbst trifft die Darlegungs- und Beweislast regelmäßig den Unternehmer. Ist die Höhe des Werklohns nicht speziell vereinbart, so gilt die übliche Vergütung als vereinbart (§ 632 Abs. 2 BGB).

Verlangt der Unternehmer die vereinbarte Vergütung, muss er die (bestrittene) Vereinbarung beweisen. Verlangt der Unternehmer die übliche Vergütung, muss er beweisen, dass die vom Besteller behauptete bestimmte Vergütung nicht vereinbart ist (Grüneberg/Sprau § 632 Rn. 11). Mit diesem Einwand der Festgeldabrede wird in der Praxis häufig versucht, den Anspruch des Unternehmers auf die (höhere) übliche Vergütung zu Fall zu bringen. Denn gelingt ihm der Beweis nicht, steht ihm nur der (geringere) Werklohn zu, der sich aus der behaupteten Preisvereinbarung ergibt, wobei an diese Beweisführung keine strengen Anforderungen zu stellen sind (BGH NJW-RR 1992, 848).

Dabei ist die Entgeltlichkeit einer Werkleistung der Regelfall. Zwar muss grundsätzlich der Unternehmer die »Umstände« i.S.d. § 632 Abs. 1 BGB beweisen, jedoch dürften ihm hierbei meist Erfahrungssätze zu Hilfe kommen (z.B. BGH NJW 1987, 2742: Erfahrungssatz, dass Architekten üblicherweise nur entgeltlich tätig werden; Grüneberg/Weidenkaff § 612 Rn. 4, § 632 Rn. 4: i.d.R. Entgeltlichkeit, wenn die Leistung in den Rahmen des ausgeübten Hauptberufs gehört; auch § 611 Abs. 1; § 653 Abs. 1 BGB). Den Ausnahmefall muss dann der Besteller beweisen (z.B. Werkleistung für Verwandte oder Freunde).

Insbesondere muss eine Zeitvergütung vereinbart sein. 2286

Der Unternehmer muss daher eine solche (bestrittene) Vereinbarung substantiiert vortragen und beweisen (sog. Stundenlohnvertrag bzw. Arbeiten auf Regiebasis).

In der Regel wird diese Vereinbarung vor Ausführung der betreffenden Arbeiten getroffen. Insbesondere kann in der bloßen Abzeichnung von Stundenlohnzetteln in der Regel keine entsprechende nachträgliche stillschweigende Vereinbarung gesehen werden (BGH NJW-RR 1995, 80).

Beim BGB-Bauvertrag kann eine Abrechnung nach Stundenlöhnen (nebst verbrauchtem Material) bei kleineren Leistungen auch als die übliche Vergütung anzusehen sein (Werner/Pastor Rn. 1210).

Außerdem trägt der Unternehmer die Darlegungs- und Beweislast für die von ihm aufgewandten Stunden (zur Bedeutung von Stundenlohnzetteln oben Rdn. 2167). Bei einem Bauwerkvertrag ist hierzu detailliert darzulegen, welcher Arbeiter auf welcher Baustelle an welchen Tagen wie viele Stunden welche Arbeiten ausgeführt hat (Werner/Pastor Rn. 1215; OLG Hamm NJW-RR 2005, 893). In der Baupraxis ist der Stundenlohnvertrag aber die Ausnahme. Dabei reicht es zum Nachweis der erbrachten Stunden nicht aus, sich allein auf das Zeugnis von Mitarbeitern zu berufen, ohne schriftsätzliche Erläuterung von vorgelegten Stundenlohnzetteln oder entsprechenden substantiierten Vortrag. Bei einer vereinbarten zeitabhängigen Vergütung muss der Besteller – entgegen der Grundregel – nicht der Auftragnehmer die Angemessenheit darlegen und beweisen, dass der geltend gemachte Zeitaufwand überhöht ist (BGH NJW 2000, 1107; a.A. Werner/Pastor Rn. 1211; OLG Celle NJW-RR 2003, 1243). Dabei ist diese Vergütung, anders als es beim Dienstvertrag der Fall sein mag, grundsätzlich von Quantität und Qualität der Leistung nicht unabhängig. Vielmehr ist der Unternehmer zu einer wirtschaftlichen Betriebsführung verpflichtet (§ 242 BGB). Da der Besteller im Allgemeinen keine konkreten Kenntnisse darüber haben kann, was sich in der Sphäre des Unternehmers zugetragen hat, können an die Substantiierung seines Vorbringens indes keine hohen Anforderungen gestellt werden (BGH NJW 2000, 1107).

VI. Mängelanzeige im Reiserecht

Im Reisemängelprozess berufen sich die beklagten Reiseveranstalter häufig auf die fehlende bzw. verspätete Mängelanzeige. Denn nach § 651d Abs. 2 BGB tritt die Minderung nicht ein, »soweit es der Reisende schuldhaft unterlässt, den Mangel anzuzeigen«. 2287

Die dogmatische Einordnung einer solchen Anzeige und entsprechend auch die Darlegungs- und Beweislast sind **umstritten** (zur Bedeutung von Mängelprotokollen oben Rdn. 2172, 2180). 2288

Für das tatsächliche Vorliegen eines Mangels jedoch trägt die Darlegungs- und Beweislast unzweifelhaft der Reisende (Grüneberg/Sprau § 651d Rn. 6).

Es werden folgende Auffassungen vertreten: 2289

– Der Reisende ist beweispflichtig für die Mängelanzeige, da es eine (formelle) Anspruchsvoraussetzung darstellt, es sei denn, er kann die Unterlassung entschuldigen oder die Nutzlosigkeit eines Abhilfeverlangens dartun (BGH NJW 1985, 132; LG Hannover NJW-RR 1990, 1020).

- Der Reiseveranstalter ist beweispflichtig dafür, dass die Anzeige schuldhaft unterlassen wurde, weil § 651d Abs. 2 BGB Ausschlusstatbestand bzw. Einwendung ist (Grüneberg/Sprau § 651d Rn. 6; LG Frankfurt a. M. NJW-RR 1988, 1451).
- Vermittelnde Meinung (wohl h.M., Grüneberg/Sprau § 651d Rn. 7; Tempel S. 428, 473; MüKoBGB/Tonner § 651d Rn. 15; Baumgärtel § 651d Rn. 3; grundlegend und ausführlich LG Frankfurt a. M. NJW-RR 1986, 540).

Einwendungstatbestand, sodass sich der Reiseveranstalter zunächst auf den Ausschlusstatbestand berufen muss. Falls der Reisende dem widerspricht, hat der Reiseveranstalter darzulegen und gegebenenfalls zu beweisen, dass eine Möglichkeit der Mängelanzeige bestand (z.B. Erreichbarkeit des örtlichen Reiseleiters, Person, Ort und Sprechstunde der Reiseleitung).

Sodann hat der Reisende substantiiert darzulegen, dass und wann er den Mangel bei der angegebenen Stelle bzw. wem gegenüber gerügt hat. Dabei wäre z.B. auch die Behauptung ungenügend, er habe die Reiseleiterin nicht angetroffen, wenn nicht vorgetragen wird, an welchem Tag er um welche Uhrzeit vergeblich versucht hat, bei ihr vorzusprechen (LG Kleve NJW-RR 1997, 1207).

Gelingt es dem Reiseveranstalter im Einzelfall nachzuweisen, dass speziell die behauptete Mängelanzeige tatsächlich nicht stattgefunden hat, hat er zugleich bewiesen, dass eine Anzeige auch sonst nicht erfolgt ist (arg. unterbliebene Mängelanzeige als sog. Negativtatsache, die grundsätzlich von niemandem bewiesen werden kann, sondern nur ein entsprechender substantiierter Sachvortrag, LG Kleve NJW-RR 1997, 1207; auch Zöller/Greger vor § 284 Rn. 24).

Ein im Fall einer Beweisaufnahme über die behauptete Mängelanzeige – meist – (Führich/Staudinger Rn. 271; Mitreisende als gegenbeweisliche Zeugen!) eintretendes »non-liquet« geht dann zulasten des Reiseveranstalters, d.h. es verbleibt bei dem Normaltatbestand des § 651d Abs. 1 BGB, der Minderung des Reisepreises.

Dass das Unterlassen der (rechtzeitigen) Anzeige ausnahmsweise nicht schuldhaft war, hat der Reisende ebenso darzulegen und zu beweisen (§§ 282, 285 BGB a.F. analog) wie die Tatsachen, aus denen sich ausnahmsweise eine Entbehrlichkeit der Mängelanzeige herleiten lässt. Hingegen trägt der Reiseveranstalter zuletzt die Beweislast dafür, dass er bei (rechtzeitiger) Anzeige zur Abhilfe bereit und in der Lage gewesen wäre.

VII. Innere Tatsachen

2290 Materiell bedeutsame Rechtsfolgen knüpfen an innere Tatsachen an. Dazu gehören Kenntnisse, Absichten oder Schuldformen. In all diesen Fällen ist ein unmittelbarer Beweis nicht möglich. Erforderlich ist vielmehr ein Rückschluss, meist über die Grundsätze des Indizienbeweises. Hierzu müssen zunächst objektive äußere Tatsachen festgestellt werden.

Praktisch häufiges Beispiel ist die Arglist. Dazu Geipel ZAP Fach 13, S. 2039.

E. Beweisrechtliche Verfahrensfehler

2291 Angesichts der Komplexität der Beweisaufnahme sind Fehler in der Praxis nur schwer auszuschließen. Diese zeigen sich regelmäßig erst in der nächsthöheren Instanz.

I. Bedeutung für die Berufung

2292 Wenn das Gericht gegen beweisrechtliche Vorschriften verstoßen hat, liegt ein Verfahrensfehler und damit auch eine Rechtsverletzung vor (§§ 286, 546 ZPO; Art. 103 Abs. 1 GG).

Dies kann sowohl bei der Feststellung des Sachverhalts im Wege der Beweisaufnahme als auch bei der Beweiswürdigung der Fall sein.

▶ Praxistipp:

2293 Wegen etwaiger Heilungsmöglichkeit nach §§ 295, 534 ZPO sind Verfahrensfehler bei Bekanntwerden rechtzeitig zu rügen.

Aufgrund der erheblichen Bedeutung von Verfahrensfehlern für die **Berufung** muss der Anwalt künftig in der Beweisstation der ersten Instanz verstärkt nach Rechtsfehlern suchen. 2294

Dabei kann sich die Partei auch sonst durch entsprechende Mitwirkung im erstinstanzlichen Verfahren die Berufungsmöglichkeit erhalten.

Wird z.B. ein Sachverständigengutachten mehr oder weniger widerspruchslos hingenommen, so macht es kaum Sinn, dem Gericht in der Berufungsbegründung vorzuwerfen, sich nicht bis in alle Einzelheiten mit dem Gutachten auseinandergesetzt zu haben. Denn dann ist gegen die übliche Floskel »nach den überzeugenden Feststellungen des Sachverständigen …« kaum etwas einzuwenden.

Des Weiteren kann die Partei durch Stellung von beweisrechtlichen Anträgen (z.B. auf Ladung und Vernehmung von lediglich schriftlich vernommenen Zeugen oder Sachverständigen) Verfahrensfehler provozieren (Flotho BRAK-Mitt. 2000, 108: »alle denkbaren Fußangeln in Form von Beweis- und sonstigen Anträgen auslegen«). Damit kann man auch verhindern, dass vom Berufungsgericht entweder ein konkludenter Verzicht seitens der Partei angenommen oder ein (gerügtes) Unterlassen des Erstgerichts mit dem Bemerken gerechtfertigt wird, angesichts der eindeutigen Situation sei ein entsprechendes, im Ermessen des Gerichts liegendes Handeln nicht erforderlich gewesen. Neben der Verletzung der Hinweispflicht sind beweisrechtliche Verstöße (insbesondere übergangener Sachvortrag bzw. Beweisangebote) in der Praxis die häufigsten Verfahrensmängel in erster Instanz.

1. Berufungsgrund

Auf die Rechtsverletzung kann die Berufung gestützt werden (§ 513 Abs. 1 ZPO; unten Rdn. 2969). 2295

Zweifelhaft ist, ob ein Nachschieben von weiteren Rechtsverletzungen nach Ablauf der Berufungsbegründungsfrist möglich ist (verneinend Schellhammer MDR 2001, 1143 f.; BGH NJW 2004, 1878: Das Berufungsgericht prüft einen Mangel des Verfahrens nur dann, wenn er in der Berufungsbegründung gerügt worden ist; aber: § 529 Abs. 2 Nr. 1 ZPO verweist nicht auf § 520 Abs. 2 ZPO). Für von Amts wegen zu berücksichtigende Mängel gilt die Frist jedenfalls nicht, sofern nur überhaupt eine zulässige Berufung bzw. Rüge vorliegt.

2. Notwendigkeit erneuter Tatsachenfeststellung

Aufgrund einer fehlerhaften Beweisaufnahme oder Beweiswürdigung können »konkrete Anhaltspunkte Zweifel an der Richtigkeit oder Vollständigkeit der entscheidungserheblichen Feststellungen begründen und deshalb eine erneute Feststellung gebieten« (§ 529 Abs. 1 Nr. 1 ZPO). In diesem Fall erhält man die Chance, in der zweiten Instanz durch eine erneute Tatsachenfeststellung zu einem günstigeren Urteil zu kommen (unten Rdn. 2978). 2296

Ausreichend sind bereits vernünftige Zweifel, d.h. wenn aus der Sicht des Berufungsgerichts eine gewisse – nicht notwendig überwiegende – Wahrscheinlichkeit dafür besteht, dass im Fall der Beweiserhebung die erstinstanzliche Feststellung keinen Bestand haben wird (BGH NJW 2003, 3480; BGH NJW 2004, 2828: vernünftige Zweifel sowie die konkrete Möglichkeit eines anderen Beweisergebnisses genügen).

Insbesondere sollen solche Zweifel an der Richtigkeit einer Gerichtsentscheidung schon dann begründet sein, wenn ein tragendes Element der erstinstanzlichen Beweiswürdigung in seiner Aussagekraft geschmälert wird (BGH NJW 2004, 1876).

Häufig findet sich in erstinstanzlichen Urteilen sogar überhaupt keine ernsthafte Beweiswürdigung, sondern lediglich nichtssagende Leerformeln, aufgrund derer sich ebenfalls konkrete Anhaltspunkte gegen die Richtigkeit des erstinstanzlichen Ergebnisses ergeben können (Geipel AnwBl 2005, 346).

Daneben können sich Zweifel auch aus neuen Beweisangeboten ergeben, wenn diese nach § 531 Abs. 2 ZPO in der Berufungsinstanz zu berücksichtigen sind (BGH NJW 2004, 2152).

Bei einem Sachverständigengutachten können sich solche Zweifel aus dem Gutachten oder der Person des Gutachters ergeben, insbesondere wenn das Gutachten in sich widersprüchlich oder unvollständig ist, wenn der Sachverständige erkennbar nicht sachkundig war, sich die Tatsachengrundlage durch zulässigen neuen Sachvortrag geändert hat oder wenn es neue wissenschaftliche Erkenntnismöglichkeiten zur Beantwortung der Sachverständigenfrage gibt (BGH NJW 2003, 3480).

Weitergehend sollen sich nach Ansicht des BVerfG (Beschl. vom 12.06.2003; NJW 2003, 2524) solche Zweifel für das Berufungsgericht schon aus der »Möglichkeit einer unterschiedlichen Wertung« bzw. einer vom Gericht der Vorinstanz abweichenden Beweiswürdigung ergeben können.

Diese Interpretation der Voraussetzungen für eine anderweitige Tatsachenfeststellung würde fast in jedem Prozess mit einer Beweisaufnahme deren Wiederholung erfordern und damit vom Urteil des ersten Rechtszugs abweichende Feststellungen ermöglichen (kritisch auch Greger NJW 2003, 2882: die Möglichkeit unterschiedlicher Beweiswürdigung besteht so gut wie immer).

2297 Sofern diese Voraussetzungen vorliegen, muss nach § 538 Abs. 1 ZPO das Berufungsgericht grundsätzlich selbst die notwendigen Beweise erheben und sodann in der Sache entscheiden (BVerfG NJW 2003, 2524).

Dabei setzt eine erneute Tatsachenfeststellung eine darauf bezogene Berufungsrüge nicht voraus, auch wenn sich dies freilich empfiehlt. Vielmehr hat das Berufungsgericht von Amts wegen den gesamten Prozessstoff der ersten Instanz – unter Einbeziehung des Ergebnisses einer Beweisaufnahme – auf Zweifel an der Richtigkeit und Vollständigkeit der Tatsachenfeststellung zu prüfen (BGH NJW 2020, 2276; BGH BB 2005, 1077).

2298 Die Frage, ob und inwieweit das Berufungsgericht zu einer **Wiederholung der erstinstanzlichen Beweisaufnahme** verpflichtet ist, beurteilt sich nach Ansicht des BGH nach denselben Grundsätzen wie aus der Zeit vor Geltung des Zivilprozessreformgesetzes.

Insbesondere muss es einen bereits in erster Instanz vernommenen Zeugen nochmals vernehmen, wenn es dessen Glaubwürdigkeit abweichend vom Erstrichter beurteilen will (BVerfG NJW 2005, 1487; BGH NJW 2004, 1876; NJW 2004, 2828: ist immer geboten, wenn die konkrete Möglichkeit eines anderen Beweisergebnisses besteht), aber auch dann, wenn es seinen Bekundungen eine andere Tragweite oder ein anderes Gewicht beilegen will als das erstinstanzliche Gericht (BGH MDR 1998, 793).

Dies gilt aber auch bei einer völlig ungenügenden erstinstanzlichen Beweiswürdigung.

So genügt es nach der Rechtsprechung des BGH z.B. nicht, nur durch formelhafte Wendungen zum Ausdruck zu bringen, das Gericht sei von der Wahrheit einer Tatsache überzeugt oder nicht überzeugt. Vielmehr müssen die wesentlichen Grundlagen dafür mit Bezug zu den konkreten Fallumständen nachvollziehbar dargelegt werden (BGH MDR 2000, 323) bzw. es bedarf einer konkreten tatrichterlichen Würdigung der Zeugenaussagen nach ihrer objektiven Stimmigkeit und der persönlichen Glaubwürdigkeit der Zeugen. Dabei gilt es, nach Wahrhaftigkeits- und Unwahrhaftigkeitskriterien im Aussageverhalten und in dem Inhalt sowie der Struktur der Aussage selbst zu suchen (BGH NJW 1988, 566).

Die nochmalige Vernehmung eines Zeugen kann allenfalls dann unterbleiben, wenn sich das Berufungsgericht für seine von der Vorinstanz abweichende Würdigung der Aussage auf solche Umstände stützt, die weder die Urteilsfähigkeit, das Erinnerungsvermögen oder die Wahrheitsliebe des Zeugen noch die Vollständigkeit oder Widerspruchsfreiheit seiner Aussage betreffen.

Noch weitergehend hat das BVerfG festgestellt, dass bei Zweifeln i.S.d. § 529 Abs. 1 Nr. 1 ZPO nach der gesetzlichen Neuregelung eine erneute Beweisaufnahme zwingend geboten ist (BVerfG NJW 2003, 2524).

2299 Es kann aber auch unter Aufhebung des Urteils das Verfahren an das erstinstanzliche Gericht **zurückverweisen**, wenn aufgrund eines wesentlichen Mangels eine umfangreiche oder aufwendige Beweisaufnahme notwendig ist (§ 538 Abs. 2 Nr. 1).

Weitere Voraussetzung hierfür ist der Antrag einer Partei.

Als Gesichtspunkte für eine solche Antragstellung kommen in Betracht die Erlangung von Zeitgewinn sowie die Frage, von welchem Gericht die sorgfältigere Beweisaufnahme zu erwarten ist. Vor allem lebt dadurch die Befugnis der Parteien zum Vortrag neuer Angriffs- und Verteidigungsmittel – unabhängig von den Beschränkungen des § 531 ZPO – wieder auf und auch das Verschlechterungsverbot (sog. reformatio in peius) zugunsten des Berufungsklägers gilt nicht (Zöller/Heßler § 538 Rn. 61). Außerdem erlangt man dadurch erneut die Berufungsmöglichkeit (der Gegner allerdings auch).

Dabei könnte das Berufungsgericht zu einer Aufhebung vor allem deshalb geneigt sein, um die Sache wenigstens – zunächst einmal – wieder loszuhaben und nicht selbst eine u.U. aufwendige Beweisaufnahme durchführen zu müssen, was in der Tat »verhältnismäßig bequem« ist (Hartmann NJW 2001, 2591; Geipel AnwBl 2005, 346: »große Unlust der Gerichte in der Berufungsinstanz«).

Allerdings hat nunmehr der BGH den Grundsatz der eigenen Beweiserhebung betont und festgestellt, dass die Zurückverweisung auf wenige Ausnahmefälle beschränkt sein wird und das Berufungsgericht grundsätzlich auch ein notwendiges Sachverständigengutachten einzuholen hat (BGH BauR 2005, 590).

Im Übrigen aber hat das Berufungsgericht nach § 529 Abs. 1 Nr. 1 ZPO seiner Verhandlung und Entscheidung die vom Gericht **festgestellten Tatsachen** zugrunde zu legen, d.h. es ist an die erstinstanzliche Beweisaufnahme und Würdigung gebunden (keine vollwertige zweite Tatsacheninstanz mehr!). 2300

Festgestellt sind dabei nicht nur solche Tatsachen, hinsichtlich derer das erstinstanzliche Gericht aufgrund einer freien Beweiswürdigung gem. § 286 Abs. 1 ZPO die Entscheidung getroffen hat, dass sie wahr oder nicht wahr sind. Vielmehr hat das Berufungsgericht auch solche Tatsachen zu berücksichtigen, die auch das erstinstanzliche Gericht seiner Entscheidung ohne Prüfung der Wahrheit zugrunde gelegt hat, sei es, weil sie offenkundig oder gerichtsbekannt (§ 291 ZPO), ausdrücklich zugestanden (§ 288 ZPO) oder unstreitig (§ 138 Abs. 3 ZPO) waren, oder weil sie sich aus gesetzlichen Vermutungen oder Beweis- und Auslegungsregeln ergeben haben (BGH NJW 2004, 2152).

II. Beispiel

Als beweisrechtliche Verfahrensfehler kommen in Betracht: 2301

▶ Beispiel:

Verkennen der Beweislast (Anders/Gehle/Göertz § 529 Rn. 3). 2302

Übergehen wirksamer und erheblicher Beweisantritte ohne zulässigen Ablehnungsgrund (BVerfG NJW-RR 2004, 1150; KG MDR 2005, 1071 – Gegenzeugen; Zöller/Greger vor § 284 Rn. 8a; es ist daher darauf zu bestehen, dass mündlich gestellte Beweisanträge protokolliert werden).

Dies erfolgt häufig wegen (angeblich) unzureichender Substantiierung oder mit der (meist fehlerhaften) Begründung, der Beweisantrag sei nur »ins Blaue hinein« gestellt worden bzw. diene nur der »Ausforschung« (E. Schneider ZAP Fach 13, S. 1129: »untaugliche Leerformeln«; BGH NJW 2020, 1679: »Der Anspruchsgegner ist grundsätzlich nicht gehindert, einen von ihm nur vermuteten Umstand, über den er kein zuverlässiges Wissen besitzt und auch nicht erlangen kann, zu behaupten und unter Beweis zu stellen.«).

zur Bedeutung der Nichtzahlung eines angeordneten Auslagenvorschusses oben Rdn. 1782).

Verneinung der Beweiserheblichkeit wegen vermeintlich unzureichender Substantiierung (Zöller/Heßler § 539 Rn. 16; OLG München NJW-RR 2001, 66; insgesamt E. Schneider MDR 1998, 997).

Beweisaufnahme bei unzulässigem Ausforschungsbeweis (Zöller/Greger Vor § 284 Rn. 5, 11; OLG Köln VersR 1977, 577: über offensichtlich unsubstantiierte Forderungen).

Beweisantizipation (vorweggenommene Beweiswürdigung), insbesondere bei Ablehnung einer Beweisaufnahme mit der Begründung, das Gegenteil sei (u.U. aufgrund von Indizien) bereits bewiesen (BGH MDR 2002, 963; Zöller/Greger Vor § 284 Rn. 10, 12) oder unterlassener Vernehmung einen Zeugen wegen (vermuteter) Unglaubwürdigkeit (Zöller/Greger vor § 284 Rn. 10a) oder weil der Aussage von vornherein kein Beweiswert zukomme (BGH NJW 2023, 2042, Rn. 16).

Verstoß gegen Beweiserhebungs- und Verwertungsverbote (oben Rdn. 1812).

Verstoß gegen die Aufklärungspflicht (§ 396 Abs. 2 ZPO; BGH NJW 1992, 1768; u.U. auch unklare und lückenhafte Vernehmungsprotokolle).

Verstoß gegen § 286 ZPO bei unzureichender Beweiserhebung oder wenn die Beweiswürdigung z.B. unvollständig oder in sich widersprüchlich ist, oder wenn sie gegen Erfahrungssätze oder Denkgesetze verstößt, z.B. wenn Umständen Indizwirkungen zuerkannt werden, die sie nicht haben können, oder wenn die Ambivalenz von Indiztatsachen nicht erkannt wird (BGH NJW 2004, 1876).

Missachtung des § 279 Abs. 3 ZPO (Schlusserörterung; Thomas/Putzo/Seiler § 285 Rn. 1: Unverwertbarkeit der Beweisaufnahme im Urteil; Zöller/Greger § 279 Rn. 6, § 285 Rn. 1: kann im Berufungsverfahren zur Aufhebung des Urteils führen).

Übersehen einer Urkunde, die im Widerspruch zu einer erheblichen Zeugenaussage steht, oder eines persönlichen Umstandes, der die Glaubwürdigkeit eines Zeugen erschüttert.

Verwechslung von Personen (Anders/Gehle/Göertz § 520 Rn. 34).

Unauflösbare Widersprüche zwischen dem Protokoll der Vernehmung und den daraus gezogenen Schlüssen.

Nichtstattgabe eines Antrags auf Anhörung eines Sachverständigen gem. §§ 402, 397 ZPO (BGH NJW 2004, 2828).

F. Selbstständiges Beweisverfahren (§§ 485 ff. ZPO)

I. Allgemeines

2303 Mit dem selbstständigen Beweisverfahren wird nicht die Vollstreckung eines Anspruchs gesichert, sondern die Beweisbarkeit seiner Voraussetzungen (OLG Nürnberg NJW-RR 2011, 1216).

1. Taktische Überlegungen

2304 Das selbstständige Beweisverfahren kommt aus zwei unterschiedlichen Überlegungen heraus in Betracht:

- Streiten die Parteien nur um Tatsachen, nicht auch um Rechtsfragen, so genügt es häufig, diese Tatsachen im Rahmen einer gerichtlich betriebenen Beweisaufnahme zu klären, ohne dass es der übrigen Teile eines allgemeinen Klageverfahrens (mündliche Verhandlung, Urteil) bedarf (»**isolierte Beweisaufnahme**«).

Insoweit stellt sich das selbstständige Beweisverfahren als Alternative zur Erhebung einer allgemeinen Klage dar.

- Droht ein Beweismittel verloren zu gehen oder seine Benutzung erschwert zu werden, kann die Beweisaufnahme vorgezogen werden (»**vorweggenommene Beweisaufnahme**«).

Insoweit ist das selbstständige Beweisverfahren Eilverfahren zur Sicherung eigener Prozessrechte und damit Gegenstand der vorliegenden Betrachtung. Diese Funktion trug der früheren Bezeichnung dieser Verfahrensform, »Beweissicherungsverfahren«, Rechnung.

2305 **Sinn** macht ein solches Beweissicherungsverfahren nicht nur, wenn zu befürchten ist, dass Feststellungen später nicht mehr nachgeholt werden, Beweismittel verloren gehen oder in Zukunft nur noch schwer zugänglich sein können. Erbringt die Beweisaufnahme im selbstständigen Beweisverfahren den erforderlichen Beweis nicht, kann eine nutzlose und teure Klage erspart werden. Ein ganz oder teilweise positives Beweisergebnis kann Grundlage für fundierte Vergleichsgespräche der Parteien sein, die vom Gericht (§ 492 Abs. 3 ZPO) oder privat initiiert werden können.

Praktisch folgen der überwiegenden Zahl selbstständiger Beweisverfahren denn auch keine streitigen Verfahren mehr (Fellner MDR 2014, 66).

Für das selbstständige Beweissicherungsverfahren ist es grundsätzlich unerheblich, ob das **Klageverfahren** bereits anhängig ist oder nicht. In beiden Fällen kann ein Interesse daran bestehen, mit der Durchführung der Beweisaufnahme nicht abzuwarten, bis diese durch das Prozessgericht angeordnet wird. Unerheblich ist generell auch der Grund für die drohende Beweisverschlechterung. Ist das Beweisergebnis für eine bereits anhängige Hauptsache vorgreiflich, kann die Aussetzung des Hauptsacheverfahrens beantragt werden (§ 148 ZPO; BGH NJW-RR 2007, 456; Werner/Pastor Rn. 6). 2306

Beruht die drohende Verschlechterung der eigenen Beweissituation indes auf einem Verhalten des Gegners, kann an die Stelle der Beweissicherung aus den Grundsätzen der Beweisvereitelung eine Beweiserleichterung treten (dazu oben Rdn. 1931).

Mit dem Antrag auf Einleitung eines selbstständigen Beweisverfahrens wird die **Verjährung** unterbrochen (§ 204 Abs. 1 Nr. 7 BGB, § 167 ZPO). Erforderlich ist es dabei, alle in Betracht kommenden Schuldner als Antragsgegner aufzunehmen. 2307

Da nach § 270 Abs. 2 ZPO eine (förmliche) Zustellung von Amts wegen nicht ohne Weiteres erforderlich ist, empfiehlt es sich, diese ausdrücklich zu beantragen (dazu oben Rdn. 813). Will der Bevollmächtigte des Antragstellers jedes Haftungsrisiko vermeiden, so sollte er sich die Zustellung in geeigneter Form bestätigen lassen (Nierwetberg Editorial NJW 28/2005).

Zu beachten ist, dass die Hemmungswirkung sechs Monate nach Beendigung des Verfahrens endet (§ 204 Abs. 2 BGB; Thomas/Putzo/Seiler § 492 Rn. 3) und man sich deshalb gegebenenfalls um eine erneute Hemmung kümmern muss. Beginn und Ende der Verjährungshemmung können für einzelne Mängel separat laufen.

▶ Praxistipp:

Für ein Beweissicherungsverfahren kann auch sprechen, dass hier ein günstiger Beweis leichter zu erlangen ist als in einem streitigen Verfahren. 2308

So sind die Voraussetzungen für die Anordnung eines Sachverständigengutachtens relativ gering (§ 485 ZPO); das »rechtliche Interesse« in § 485 Abs. 2 ZPO ist weit auszulegen (Thomas/Putzo/Seiler § 485 Rn. 7) und das Gericht darf im Übrigen nicht zu hohe Anforderungen stellen (Zöller/Herget § 487 Rn. 4). Unerheblich ist die Frage, ob das Beweismittel für einen etwaigen späteren Hauptsacheprozess relevant ist sowie dessen Erfolgsaussicht (Thomas/Putzo/Seiler § 485 Rn. 4). Mittels der Begutachtung kann daher eine gewisse Ausforschung betrieben werden, insbesondere kann der Antragsteller ermitteln lassen, wer z.B. für einen bestimmten Baumangel verantwortlich ist (§§ 485 Abs. 2, 494 ZPO).

Eine weitere Erleichterung kann daraus resultieren, dass das Gericht den Voraussetzungen eines selbstständigen Beweisverfahrens weniger Sorgfalt widmet, als der Beweiserhebung in einem streitigen Verfahren. So werden die vorgegebenen Fragen vom Gericht häufig unverändert und ohne genauere Prüfung im Anordnungsbeschluss übernommen.

Auch der Gegner wird sich in einem selbstständigen Beweisverfahren häufig nicht so aufwendig verteidigen wie gegen ein streitiges Verfahren. Im selbstständigen Beweisverfahren werden namentliche Vorschläge des Antragstellers in Bezug auf die Person des Sachverständigen erfahrungsgemäß eher akzeptiert als im Urteilsverfahren, obgleich diese (im Gegensatz zu früher) für das Gericht nach h.M. nicht bindend sind (§§ 492 Abs. 1, 404 Abs. 1 Satz 1 ZPO; Thomas/Putzo/Seiler § 487 Rn. 399; a.A. Anders/Gehle/Hartmann § 487 Rn. 5; Ausnahme: Einigung der Parteien auf einen bestimmten Sachverständigen § 404 Abs. 4 ZPO). Einwendungen des Antragsgegners hinsichtlich des Beweisthemas und des erstellten Gutachtens erfolgen ebenso selten wie Anträge auf persönliche Anhörung des Sachverständigen.

Selbst wenn der Gegner sich verteidigen will, sind seine Möglichkeiten beschränkt. Da der Beweisbeschluss nicht anfechtbar ist, kann der Gegner dessen Änderung, insbesondere eine

Einschränkung durch das erlassende Gericht, nur durch eine Anregung bzw. Erhebung von Einwendungen erreichen (§ 490 Abs. 2 Satz 2 ZPO; KG MDR 1999, 564).

2309 Der **Beweiswert** solchermaßen erhobener Beweise geht über den einer privaten Beweissicherung deutlich hinaus.

Dieses Verfahren hat die Wirkung einer vorweggenommenen gerichtlichen Beweisaufnahme, es macht in einem späteren Verfahren die erneute Beweisaufnahme entbehrlich, tritt an deren Stelle (§ 493 Abs. 1 ZPO). So ist ein eingeholtes Sachverständigengutachten im nachfolgenden Streitverfahren grundsätzlich nicht bloß als Parteigutachten, sondern als vollwertiges gerichtliches Gutachten zu behandeln.

Hierin liegt aber auch ein gewisses Risiko, weil der Antragsteller auch an ein negatives Beweisergebnis gebunden ist.

2310 Das mit dem selbstständigen Beweisverfahren verbundene **Kostenrisiko** hält sich in Grenzen.

Während bei einem vorprozessual eingeholten Privatgutachten die Kosten nur ausnahmsweise in bestimmten Fällen als Verfahrenskosten nach § 91 Abs. 1 ZPO vom unterlegenen Gegner zu erstatten sind, gelten die Kosten eines selbstständigen Beweisverfahrens generell als gerichtliche Kosten des nachfolgenden Hauptsacheverfahrens (Thomas/Putzo/Hüßtege §§ 91 Rn. 49; 494a Rn. 5; BGHReport 2004, 1529). Dabei kommt es nur darauf an, dass Parteien und Streitgegenstand des Beweisverfahrens wie des Hauptprozesses identisch sind und ob der Kläger das selbstständige Beweisverfahren – objektiv betrachtet – zur Zeit der Einleitung für notwendig halten durfte, auch wenn das Beweisergebnis später nicht verwertet worden ist.

Sofern sich der Streit vor Erhebung der Hauptsacheklage erledigt, so ist der Antragsteller auf seinen ggf. gesondert einzuklagenden materiell-rechtlichen Kostenerstattungsanspruch verwiesen.

▶ Beispiel:

Wird der begutachtete Mangel des Gebäudes vom Antragsgegner im laufenden Beweisverfahren beseitigt, ist eine Kostengrundentscheidung nach § 91a ZPO – auch in entsprechender Anwendung der Norm – ausgeschlossen. Nach Rechtsprechung des BGH ist eine übereinstimmende Erledigungserklärung im selbständigen Beweisverfahren nicht möglich, da sich die Kostentragungspflicht grundsätzlich nach dem materiellen Ergebnis des Hauptsacheprozesses und der Notwendigkeit der Kosten für die Rechtsverfolgung beurteilt (BGH NJW 2007, 3721; BGH NJW-RR 2011, 931). Die Erfolgsaussichten des Hauptverfahrens können im Beweisverfahren nicht mit der notwendigen Verlässlichkeit bestimmt werden (NJW 2007, 3721).

Die Parteien sind daher auf den materiell-rechtlichen Kostenerstattungsanspruch verwiesen, den sie in einem gesonderten Verfahren geltend machen müssen. Im vorliegenden Fall sind die zur Mangelfeststellung im Beweisverfahren entstandenen Kosten als Mangelfolgeschaden nach § 280 Abs. 1 BGB erstattungsfähig.

2311 Gegen die Durchführung eines selbständigen Beweisverfahrens spricht die damit nicht selten einhergehende Verfahrensverzögerung. Typisch sind Verzögerungen durch Handlungen des Antragsgegners (z.B. Einwendungen gegen den Gutachter) oder eine langsame Bearbeitung durch das Gericht. Gerade bei grundsätzlich vergleichsbereiten Parteien lassen sich eilbedürftige Beweisfragen daher oft effizienter und schneller mittels eines Privatgutachtens oder eines Schiedsgutachtens klären (Mally NJW 2017, 1081).

2. Antrag

Die über die Mindestanforderungen des § 253 Abs. 2 ZPO hinausgehenden besonderen Inhalte des Antrags (für den kein Anwaltszwang besteht, §§ 486 Abs. 4, 78 Abs. 5 ZPO) sind in **§§ 487, 485 ZPO** geregelt. 2312

(1) Bezeichnet werden müssen die **Parteien**, insbesondere der Gegner, die **Tatsachen**, über die Beweis erhoben werden soll, und die zu erhebenden **Beweise**. Da die Wirkungen des selbstständigen Beweisverfahrens nur im Rahmen des gestellten Antrags eintreten, ist darauf zu achten, dass alle potentiellen Hauptsachegegner und alle denkbaren Streitfragen (insbesondere Mängel) in das selbstständige Beweisverfahren einbezogen werden. 2313

Ersteres folgt daraus, dass der Antrag außerhalb eines anhängigen Prozesses die Klageschrift ersetzen muss, Letzteres daraus, dass es sich um einen Beweisantrag handelt. Anders als bei einem normalen Beweisantrag im Erkenntnisverfahren wird im selbstständigen Beweisverfahren die **Beweiserheblichkeit** der behaupteten Tatsache nicht geprüft; ob es auf die Tatsache ankommt oder nicht, kann erst im Hauptprozess untersucht werden, weil erst dort der Streitgegenstand bestimmt wird. Der Antrag muss deswegen weder eine Sachverhaltsdarstellung noch die schlüssige Darlegung eines Anspruchs oder eine sonstige materielle Begründung für den Beweisantrag enthalten. Etwas anderes kann allenfalls gelten, wenn evident ist, dass der behauptete Anspruch keinesfalls bestehen kann (BGH NJW 2004, 3488).

Auch das selbstständige Beweisverfahren muss indes auf konkrete Tatsachenbehauptungen gestützt werden und darf nicht zum Ausforschungsbeweis werden. Allerdings genügt es, wenn in Unkenntnis der eigentlichen Mangelursachen nur die vorhandenen Mangelerscheinungen konkret beschrieben werden.

Hat es bereits eine selbstständige Beweiserhebung über die gleiche Tatsache gegeben, so kommt ein weiterer Antrag nur unter den Voraussetzungen in Betracht, unter denen in einem laufenden Prozess die Beweisaufnahme wiederholt werden kann (§§ 398, 412 ZPO). Dies gilt grundsätzlich auch zu Lasten eines Rechtsnachfolgers des Antragstellers.

Das selbstständige Beweisverfahren kann gerichtet werden auf die Einnahme eines **Augenscheins**, die Vernehmung von **Zeugen** oder die Einholung eines **Sachverständigengutachtens**. 2314

Parteivernehmung und **Urkundenbeweis** können damit nicht selbstständig durchgeführt werden.

Zu **benennen** sind vom Antragsteller nur die zu vernehmenden Zeugen. Der früher bestehende Streit, ob der Sachverständige vom Antragsteller zu benennen sei, ist durch die Neufassung des § 487 ZPO entfallen; aus dem Wortlaut folgt nun eindeutig, dass der Sachverständige im selbstständigen Beweisverfahren wie im normalen Verfahren auch (§ 404 ZPO) vom Gericht ausgesucht wird.

- Sachverständigengutachten (insbesondere, aber nicht nur in Bausachen) erstrecken sich typischerweise (Mally NJW 2017, 1081) auf die Fragen
- ob die behaupteten Schäden bzw. Mängel vorliegen,
- sie über das erkennbare Maß hinausgehen,
- auf welchen Ursachen sie beruhen,
- wer dafür verantwortlich ist,
- wie sie beseitigt werden können,
- welcher Kostenaufwand mit der Beseitigung verbunden ist,
- welcher Minderwert nach der Beseitigung verbleibt.
- Nach der neueren Rechtsprechung kommen auch Beweisfragen zu Inhalt und Umfang der ärztlichen Aufklärungspflicht als Gegenstand eines selbständigen Beweisverfahrens nach § 485 Abs. 2 ZPO in Betracht (BGH MDR 2020, 989 und 1122).

(2) Angegeben werden müssen darüber hinaus Tatsachen, aus denen sich die Zulässigkeit des selbstständigen Beweisverfahrens ergibt. Hierfür ist danach zu differenzieren, ob die Beweissicherung während oder außerhalb eines Hauptsacheverfahrens beantragt wird. 2315

Während eines bereits anhängigen Hauptverfahrens ist das selbstständige Beweisverfahren zulässig mit Zustimmung des Gegners oder wenn die Erschwerung bzw. der Verlust des Beweismittels droht (§ 485 Abs. 1 ZPO). Die Zustimmung des Gegners ist praktisch recht häufig, weil oft beide Parteien an der Klärung interessiert sind und dann eine außergerichtliche Regelung möglich wird. Ansonsten kann das selbstständige Beweisverfahren angezeigt sein, wenn ein Zeuge infolge Alters, Krankheit oder wegen bevorstehender Auswanderung zum Haupttermin nicht mehr ohne Weiteres zur Verfügung stehen wird. Zur Zulässigkeit bei drohendem Erinnerungsverlust des Zeugen Effer-Uhe MDR 2018, 707.

Ist ein Rechtsstreit noch nicht anhängig, kann eine Partei gem. § 485 Abs. 2 ZPO die schriftliche Begutachtung durch einen Sachverständigen beantragen, wenn der Zustand einer Person oder Sache, die Ursache eines Schadens oder Mangels oder der Aufwand für die Beseitigung eines Schadens oder Mangels festgestellt werden soll und dies der Vermeidung eines Rechtsstreits dienen kann. Dabei genügt es, wenn die Möglichkeit (nicht Wahrscheinlichkeit) besteht, dass ein Rechtsstreit vermieden wird.

2316 Außerhalb eines Hauptsacheverfahrens sind die Gerichtskosten vorab zu zahlen (§ 22 Abs. 1 GKG). In besonders eilbedürftigen Fällen kann es sich empfehlen, als Vorschuss nicht bloß die Gebühr nach Nr. 1610 KV-GKG, sondern auch die zu erwartenden Auslagen für ein Sachverständigengutachten zu leisten.

3. Verfahren

2317 Eine **mündliche Verhandlung** ist dem Gericht grundsätzlich freigestellt (§ 490 Abs. 1 ZPO). Geprüft werden allein die prozessualen Voraussetzungen des selbstständigen Beweisverfahrens, eine Sachprüfung findet nicht statt. Die Entscheidung ergeht immer in Form eines **Beschlusses** (§ 490 Abs. 2 ZPO), der inhaltlich einem normalen Beweisbeschluss entspricht.

Wird der Beschluss erlassen, so gibt es dagegen kein **Rechtsmittel** (§ 490 Abs. 2 Satz 2 ZPO); wird der Erlass des Beschlusses abgelehnt, so steht dem Antragsteller hiergegen die sofortige Beschwerde zu (§ 567 Abs. 1 Nr. 2 ZPO).

2318 **Gegenbeweisanträge** des Gegners sind grundsätzlich möglich.

Der Gegner kann die Beweisfrage erweitern, ein weiteres Beweismittel benennen, oder den Gegenbeweis antreten (Zöller/Herget § 485 Rn. 3; § 487 Rn. 4; Thomas/Putzo/Seiler § 485 Rn. 1). Nur vereinzelt wird dies noch von einschränkenden Voraussetzungen abhängig gemacht (OLG Nürnberg MDR 2001, 51: »wenn keine Verzögerung eintritt und derselbe Sachverständige beauftragt werden kann«; OLG Düsseldorf BauR 1995, 430: »jedenfalls dann, wenn der Beweisantrag präzisiert wird«; OLG Hamburg: »wenn der Antragsteller Herr des Verfahrens bleibt«) oder gar gänzlich abgelehnt (Anders/Gehle/Hartmann § 487 Rn. 6).

2319 Auch eine **Streitverkündung** und eine **Nebenintervention** werden heute ganz überwiegend für zulässig gehalten (BGH MDR 2016, 380; BGH NJW 1997, 857; Wust NJW 2017, 2886).

Unbestritten ist dies nicht. Die Gegenauffassung lehnt dies unter Hinweis darauf ab, beim selbstständigen Beweisverfahren handele es sich nicht um einen anhängigen Rechtsstreit i.S.d. §§ 66, 72 ZPO, die herrschende Meinung wendet die §§ 66 ff. ZPO auf das selbstständige Beweisverfahren insoweit analog an. Der Streit kann umgangen werden, wenn der Dritte als weiterer Antragsgegner bezeichnet wird.

▶ Praxistipp:

2320 Kommt die Verwertung des im selbstständigen Beweisverfahren gewonnenen Ergebnisses einem Dritten gegenüber in Betracht, so ist es für den Antragsteller sinnvoll, diesem nicht bloß den Streit zu verkünden, sondern ihn im Wege der stets möglichen Parteimehrheit zum weiteren Antragsgegner zu machen.

Der Streit um die Frage, ob auf das selbstständige Beweisverfahren die allgemeinen Vorschriften in vollem Umfang anwendbar sind, erstreckt sich auch auf die Möglichkeit der Anordnung einer Urkundenvorlage (§§ 142, 144 ZPO). Die überwiegende Ansicht verneint dies (KG NJW 2014, 85; Willer NJW 2014, 22). 2321

Einen »Übergang« vom selbstständigen Beweisverfahren in das Hauptsacheverfahren sieht das Prozessrecht nicht vor. Eine entsprechende Erklärung kann in eine Rücknahme des Antrags auf Durchführung des selbstständigen Beweisverfahrens und eine davon zu trennende Erhebung der Hauptsacheklage umgedeutet werden (BGH NJW 2015, 2590). 2322

Besteht Anlass, an der Unparteilichkeit des Sachverständigen zu zweifeln, so kann (und muss) dieser bereits im selbstständigen Beweisverfahren wegen Befangenheit **abgelehnt** werden (§ 406 ZPO; oben 2114; unten Rdn. 2329, 2642). 2323

Will eine der Parteien den vom Gericht bestimmten Sachverständigen wegen Befangenheit ablehnen, so ist streitig, ob sie dies schon im selbstständigen Beweisverfahren tun kann und muss oder erst im Hauptverfahren. Anwaltliche Sorgfalt gebietet es, einen entsprechenden Antrag nach Bekanntwerden des Ablehnungsgrunds sofort zu stellen.

Das Verfahren **endet** mit dem Abschluss der Beweisaufnahme automatisch, ohne dass eine besondere Entscheidung des Gerichts ergeht. Im Interesse der Parteien kann es liegen, dennoch einen Termin zu beantragen. 2324

Ein solcher kann sinnvoll sein, wenn der Sachverständige sein schriftlich erstelltes Gutachten erläutern soll (§ 411 Abs. 3 ZPO), oder wenn Vergleichsmöglichkeiten mit dem Gegner erörtert werden sollen (§ 492 Abs. 3 ZPO).

Die Bindung an das Ergebnis des selbstständigen Beweisverfahrens schließt Einwendungen gegen die erhobenen Beweise, die dort nicht geltend gemacht wurden, regelmäßig aus (BGH NJW 2011, 594; Seibel MDR 2017, 1397; Wintermeier NZBau 2015, 409).

Nicht abschließend geklärt ist, ob ein Antrag nach § 411 ZPO für das Hauptsacheverfahren vorbehalten werden kann. Dies dürfte jedenfalls dann nicht möglich sein, wenn das Gericht hierfür eine Frist nach § 411 Abs. 4 ZPO bereits im Beweissicherungsverfahren gesetzt hat.

Unterbleibt der Antrag ohne Fristsetzung, muss zumindest damit gerechnet werden, dass das Gericht den Antrag im Hauptverfahren als verspätet zurückweist (§§ 282, 296 ZPO; unklar Zöller/Herget §§ 492 Rn. 1, 493 Rn. 2; OLG Hamm BauR 2000, 1372: jedenfalls unter den Voraussetzungen der §§ 398, 412 ZPO zulässig; OLG Düsseldorf BB 1988, 721: Partei trifft beim Unterlassen einer möglichen und zumutbaren Einwendung die volle Beweislast dafür, dass das im Beweissicherungsverfahren erzielte Beweisergebnis unzutreffend ist).

Die Dauer des Zeitraums, welcher noch als angemessen angesehen werden kann, richtet sich allgemein nach dem Umfang und dem Schwierigkeitsgrad des Gutachtens. Jedenfalls sind regelmäßig 6 Monate ab Übersendung des schriftlichen Gutachtens an die Parteien zu lang (OLG Köln BauR 1998, 591; OLG Frankfurt a. M., BauR 1994, 139: auch bei sehr umfangreichem Gutachten) und 4 Monate dürften im Normalfall die Obergrenze darstellen (z.B. OLG München BauR 2001, 837: auch bei einem fachlich komplexen und umfangreichen Gutachten; OLG Köln NJW-RR 1998, 210: 4 Monate bei einfach gelagertem Sachverhalt zu lang; LG Dortmund NJW-RR 2001, 714: 1 Monat).

Da in der Praxis das Ende des selbstständigen Beweisverfahrens häufig vorverlegt wird, um Anhörungsanträgen nicht stattgeben zu müssen (ZAP Fach 1, S. 196), sollten die dargestellten Grenzen möglichst nicht voll ausgenutzt werden.

Die durch das selbstständige Beweisverfahren entstandenen **Gebühren** (Nr. 1610 KV-GKG) und Auslagen des Gerichts müssen durch Vorschüsse des Antragstellers nach §§ 12, 17 GKG abgedeckt werden. Ein Kostenausgleich unter den Parteien findet grundsätzlich erst im Hauptverfahren statt, wo die **Kosten** des selbstständigen Beweisverfahrens zu den Kosten des Rechtsstreits nach § 91 ZPO 2325 zählen. Kommt es später zu einem solchen Hauptprozess nicht, kann der Antragsgegner dem Antragsteller durch das Gericht eine Frist zur Klageerhebung setzen lassen (§ 494a Abs. 1 ZPO) und nach deren fruchtlosem Verstreichen einen Kostenbeschluss des Gerichts herbeiführen (§ 494a Abs. 2, 269 Abs. 3 S. 2 ZPO; zur dabei einzuhaltenden Frist BGH NJW 2010, 1460). Eine Anwendung des § 269 Abs. 3 S. 3 ZPO ist im selbstständigen Beweisverfahren nicht möglich (BGH MDR 2021, 84). Liegen diese Voraussetzungen nicht vor, kann der materiellrechtliche Kostenerstattungsanspruch im Wege einer selbstständigen Leistungsklage geltend gemacht werden (BGH NJE 2018, 402).

Während die überwiegende Meinung für das Beweissicherungsverfahren als **Streitwert** früher nur einen Bruchteil der Hauptsache annahm, wird nun mehrheitlich der volle Streitwert der Hauptsache zugrunde gelegt.

Zu Gebühren und Kostenerstattung Enders JurBüro 2015, 169; Mischke/Girkens ZAP Fach 13, S. 1739.

4. Wirkungen

2326 Die Zustellung des Antrags auf Durchführung eines selbstständigen Beweisverfahrens hemmt die **Verjährung** im Umfang des gestellten Antrags (BGH NJW 2011, 594).

2327 Kommt es später zu einem **Hauptverfahren**, so stehen dort die im selbstständigen Beweisverfahren erhobenen **Beweise** den in diesem Erkenntnisverfahren erhobenen Beweisen gleich. Sie werden nicht bloß auf besonderen Antrag einer Partei hin, sondern von Amts wegen berücksichtigt, wenn die Tatsache, über die Beweis erhoben wurde, beweiserheblich und beweisbedürftig wird (§ 493 Abs. 1 ZPO; BGH MDR 2018, 358; OLG Düsseldorf NVwZ-RR 1993, 339). Dies gilt nach Abtretung der Forderung auch für den Zessionar (BGH NJW-RR 2012, 224).

▶ Beispiel:

2328 Hat ein im selbstständigen Beweissicherungsverfahren eingeholtes Sachverständigengutachten ergeben, dass ein Schaden von beiden Parteien zum Teil verursacht wurde, und ist über die Verursachung im Hauptprozess Beweis zu erheben, so kann ein neues Gutachten auch dann nicht eingeholt werden, wenn beide Parteien dies wünschen, da der Beweis bereits eingeholt ist.

2329 Werden Einwände im selbstständigen Beweisverfahren nicht erhoben, bewirkt dies für das spätere Hauptverfahren keine Umkehr der Beweislast, kann aber dazu führen, dass die Partei damit dann ausgeschlossen (präkludiert) ist (oben Rdn. 2323; BGH IBR 2011, 310; a.A. Praun BauR 2013, 1041; Wintermeier NZBau 2015, 409).

2330 Eine solche umfassende Verwertung des Beweisergebnisses ist nicht möglich, wenn den Parteien im selbstständigen Beweisverfahren kein hinreichendes **rechtliches Gehör** gewährt wurde.

Praktisch lohnt es sich deswegen häufig, anhand der Akte des Beweissicherungsverfahrens zu prüfen, ob das rechtliche Gehör gewährt wurde, z.B. ob dem Gegner alle Schriftsätze zugeleitet wurden und ob die Parteien von allen Beweiserhebungsakten, insbesondere den Ortsterminen des Sachverständigen, benachrichtigt wurden (§ 493 Abs. 2 ZPO, BGH NJW 1970, 1919, 1921).

2331 Zum praktisch besonders wichtigen Sachverständigengutachten und dessen Bedeutung im Folgeprozess siehe oben Rdn. 2127.

II. Antrag vor Hauptsacheverfahren

2332 Vor Anhängigwerden des Hauptverfahrens kann ein selbstständiges Beweisverfahren beantragt werden, wenn ein rechtliches **Interesse** an der Feststellung des Werts bzw. des Zustands einer Sache oder einer Person besteht, die Ursache eines Schadens bzw. Mangels oder der zur Beseitigung erforderliche Aufwand festgestellt werden soll (§ 485 Abs. 2 ZPO).

Ein solches **rechtliches Interesse** ist großzügig zu beurteilen: Es liegt immer schon dann vor, wenn die Möglichkeit (nicht Wahrscheinlichkeit) besteht, dass ein Rechtsstreit vermieden wird. Es fehlt nicht schon deshalb, weil der Gegner in einer Stellungnahme erklärt, er lehne jegliche gütliche Einigung ab (Zöller/Herget § 485 Rn. 7a, str.).

Zuständig ist grundsätzlich das Gericht, bei dem die Hauptsache anhängig zu machen wäre (§ 486 2333
Abs. 2 ZPO), in Fällen dringender Gefahr auch das Amtsgericht, in dessen Bezirk sich das Beweismittel befindet (§ 486 Abs. 3 ZPO).

Dabei spielen praktisch Gerichtsstandsvereinbarungen und – vor allem bei einer Mehrheit von Antragsgegnern – gerichtliche Zuständigkeitsbestimmungen eine große Rolle (NJW-Spezial 2014, 428; Cuypers ZAP Fach 13, S. 1989).

III. Antrag während Hauptsacheverfahren

Während eines bereits anhängigen Hauptverfahrens ist das selbstständige Beweisverfahren zulässig 2334
mit Zustimmung des Gegners oder wenn die Erschwerung bzw. der Verlust des Beweismittels droht (§ 485 Abs. 1 ZPO).

Die Zustimmung des Gegners ist **praktisch** recht häufig, weil oft beide Parteien an der Klärung interessiert sind und dann eine außergerichtliche Regelung möglich wird. Ansonsten kann das selbstständige Beweisverfahren angezeigt sein, wenn ein Zeuge infolge Alters, Krankheit oder wegen bevorstehender Auswanderung zum Haupttermin nicht mehr ohne Weiteres zur Verfügung stehen wird.

Zuständig ist dann das Gericht, bei dem die Hauptsache schon anhängig ist (§ 486 Abs. 1 ZPO); 2335
in Fällen dringender Gefahr kann die Beweisaufnahme auch durch das Amtsgericht durchgeführt werden, in dessen Bezirk sich das Beweismittel befindet (§ 486 Abs. 3 ZPO).

Kapitel 8: Rechtstitulierung in besonderen Verfahren

Übersicht

Vorbemerkung

2336 Für besonders gelagerte Fälle stellt das Gesetz zur Erlangung eines vollstreckungsfähigen Titels Alternativen zu dem bislang als Regelfall dargestellten allgemeinen Klageverfahren (§§ 253 ff. ZPO) zur Verfügung (Übersicht oben Rdn. 8).

2337 In sog. **summarischen Verfahren** wird unter Verkürzung von Parteirechten »kurzer Prozess« gemacht: mit geringerem Aufwand, kostengünstig und rasch kann hier ein die Zwangsvollstreckung legitimierender Titel erlangt werden. Zu diesen summarischen Verfahren gehören (neben dem bereits dargestellten Eilverfahren, unten Rdn. 2520) insbesondere

– das **Mahnverfahren** (§§ 688 ff. ZPO), mit dem unstreitige Zahlungsansprüche tituliert werden können.

Bei den Mahnverfahren rechtfertigt sich die Verfahrensvereinfachung aus dem Unstreitigbleiben des vom Kläger behaupteten Anspruchs und besteht in einem Verzicht nicht nur auf die mündliche Verhandlung, sondern auf jegliche Sachprüfung. Ausgeglichen wird dies durch eine Beschränkung der so titulierbaren Ansprüche und besondere, vereinfachte Rechtsbehelfe des Schuldners.

– das **Urkundenverfahren**, mit dem evidente, urkundlich belegbare Ansprüche (§§ 592 ff. ZPO) tituliert werden können.

Bei den Urkundenverfahren rechtfertigt sich die Verfahrensvereinfachung aus der Offenkundigkeit bzw. leichten Beweisbarkeit des vom Kläger behaupteten Anspruchs und besteht in einem Verzicht auf eine umfassende Sachprüfung durch eine Beschränkung der Beweismöglichkeiten für beide Parteien. Ausgeglichen wird dies – soweit erforderlich – durch ein zweites, zeitlich nachfolgendes Verfahren und die dort bestehende Möglichkeit, den Titel wieder zu beseitigen.

2338 Abweichungen von den allgemeinen Verfahrensvorschriften sieht die ZPO vor für:

– das **Verfahren vor dem Amtsgericht** (§§ 495 ff. ZPO), das nicht in vollem Umfang den für das landgerichtliche Verfahren geltenden Vorschriften der §§ 253 ff. ZPO folgt.

Die Verfahrensbesonderheiten rechtfertigen sich hier aus dem grundsätzlich geringeren Streitwert und bestehen in Erleichterungen für die Parteien und das Gericht.

Außerhalb der ZPO geregelt sind weitere Sonderformen des Verfahrens auf Durchsetzung privater Ansprüche. Dazu gehören 2339

- das **Musterverfahren** (§ 1 KapMuG), das die praktische Bewältigung der Geltendmachung im Wesentlichen gleichgelagerter Ansprüche durch eine große Vielzahl von Klägern erleichtern soll.

  Diese Form des Massenverfahrens ist bislang ausschließlich für Schadensersatzansprüche aus öffentlichen Kapitalmarktinformationen gegeben, eine allgemeine Regelung steht noch aus.

- das **Adhäsionsverfahren**, in dem der Geschädigte einer Straftat bereits im Strafverfahren eine Entschädigung erlangen kann.

  Dadurch kann ein dem Strafverfahren nachfolgender Zivilprozess vermieden werden.

Nicht Gegenstand der vorliegenden Darstellung sind die Verfahren nach dem **FamFG**. Auch die – praktisch derzeit (noch) nicht relevanten – **EU-Verfahren bleiben unerörtert.** 2340

Das **Europäische Mahnverfahren** nach der Verordnung (EG) Nr. 1896/2006 bietet einem Gläubiger die Möglichkeit, schnell und kostengünstig einen Titel zu bekommen, wenn der Schuldner die Forderung voraussichtlich nicht bestreiten wird. Anwendbar ist die Verordnung bei Geldforderungen. Es muss außerdem ein grenzüberschreitender Fall vorliegen, d.h. die Parteien müssen grundsätzlich in verschiedenen Mitgliedstaaten der EU ansässig sein. Das Formular des Europäischen Mahnverfahrens ist durch Ankreuzfelder anwenderfreundlich gestaltet. Es ist in der Sprache oder einer der Sprachen auszufüllen, die das zu befassende Gericht anerkennt. Das Formblatt ist in allen Amtssprachen der EU erhältlich, sodass es auch ohne Sprachkenntnisse in der verlangten Sprache ausgefüllt werden kann.

Ist der Antrag nicht offensichtlich unbegründet, erlässt das Gericht den Zahlungsbefehl. Zuständig ist grundsätzlich das Gericht, in dessen Bezirk der Antragsgegner seinen Aufenthalt hat. Diesen Zahlungstitel stellt das Gericht dem Antragsgegner zu. Er hat dann die Möglichkeit, den Zahlungsbefehl entweder zu akzeptieren oder Einspruch einzulegen. Legt der Antragsgegner innerhalb von 30 Tagen keinen Einspruch ein, erklärt das Gericht den Zahlungsbefehl automatisch für vollstreckbar. Der Zahlungstitel ist dann in jedem EU-Mitgliedstaat zwangsweise durchsetzbar. Im Fall eines Einspruchs des Antragsgegners beginnt ein gewöhnlicher Zivilprozess nach dem Recht des Staates, in dem dieser seinen Aufenthalt hat.

Das Gesetz zur Verbesserung der grenzüberschreitenden Forderungsdurchsetzung und Zustellung vom 30.10.2008 (BGBl. I, S. 2122) enthält die erforderlichen nationalen Durchführungsvorschriften für die vorgenannte EG-Verordnung und trat am 12.12.2008 in Kraft. Hiernach ist in Deutschland für die Bearbeitung von Anträgen im Europäischen Mahnverfahren allein das Amtsgericht Berlin-Wedding zuständig, soweit es nicht um arbeitsrechtliche Ansprüche geht. Anträge sollen im Europäischen Mahnverfahren weitgehend automatisiert bearbeitet werden, soweit es sich nicht um arbeitsrechtliche Ansprüche handelt. Das Land Berlin schafft derzeit die dafür erforderlichen technischen Voraussetzungen. Die verbindliche Einführung der maschinellen Bearbeitung wird durch eine Verordnung des Landes Berlin erfolgen.

Einen weiteren Schritt zu einer einheitlichen europäischen Zivilprozessordnung stellt die Einführung eines **europäischen Verfahrens zur grenzüberschreitenden Beitreibung von Forderungen bis 2 000 €** dar. Die Verordnung (EG) Nr. 861/2007 schafft ein einheitliches europäisches Zivilverfahren, das vor den Gerichten der Mitgliedstaaten der EU – mit Ausnahme Dänemarks – Anwendung findet. Forderungen bis 2 000 € können damit leichter durchgesetzt werden. Die Verordnung gilt – wie das Europäische Mahnverfahren – nur für grenzüberschreitende Fälle. Das Europäische Verfahren für geringfügige Forderungen ist einfach, effizient und kostengünstig. Für die Verfahrenseinleitung durch den Kläger und die Erwiderung des Beklagten stehen standardisierte Formulare mit Ausfüllhinweisen zur Verfügung. Die Vertretung durch einen Rechtsanwalt ist nicht vorgeschrieben. Das Verfahren wird grundsätzlich schriftlich geführt. Eine mündliche Verhandlung findet nur statt, wenn das Gericht sie für notwendig erachtet.

Das Gesetz zur Verbesserung der grenzüberschreitenden Forderungsdurchsetzung und Zustellung vom 30.10.2008 (BGBl. I, S. 2122) enthält die erforderlichen nationalen Durchführungsvorschriften für die vorgenannte EG-Verordnung und trat am 12.12.2008 in Kraft. Zum Europäischen Verfahren für geringfügige Forderungen enthält das nationale Gesetz nur einige Anpassungen und Klarstellungen sowohl für das Verfahren bis zum Urteil als auch für die Zwangsvollstreckung. Sie betreffen insbesondere die Regelungen über die Beweisaufnahme und zum Gang des Verfahrens. Zugleich wird die Geltendmachung grenzüberschreitender Forderungen bis 2 000 € nach dem europäischen Verfahren in den deutschen Zivilprozess eingebettet.

Einstweiligen Rechtsschutz bieten die Regelungen über vorläufige europäische Kontenpfändung und Präventivrechtsschutz. Die beabsichtigte Pfändung eines Kontos zur Vollstreckung aus der aus einer grenzüberschreitenden Streitigkeit resultierenden Geldforderung kann – unabhängig davon, ob diese bereits tituliert ist oder nicht – bei Vorliegen eines Anordnungsgrundes vorbereitend gesichert werden.

Rechtsgrundlage ist die EuKoPfVO (Verordnung [EU] Nr. 655/2014 des Europäischen Parlaments und des Rates vom 15. Mai 2014 zur Einführung eines Verfahrens für einen Europäischen Beschluss zur vorläufigen Kontenpfändung im Hinblick auf die Erleichterung der grenzüberschreitenden Eintreibung von Forderungen in Zivil- und Handelssachen, Celex Nr. 32014R0655; Kreutz GPR 2017, 307; Weimann/Heukamp MDR 2017, 673) die in den §§ 946 – 959 ZPO in nationales Recht umgesetzt wird. Zuständig ist das Gericht, das den Titel geschaffen hat oder hierfür zuständig wäre (Art. 6 VO, § 946 ZPO). Hier findet ein einfach strukturiertes Formularverfahren statt, bestehend aus einem Pfändungsgesuch des Gläubigers (Art. 8 VO) und einem Beschluss des Gerichts (Art. 17 VO). Das rechtliche Gehör des Schuldners wird ausschließlich über Rechtsbehelfe gewahrt, die sich gegen den Pfändungsbeschluss oder gegen die Vollstreckungsmaßnahme richten können (Art. 33, 34 VO; §§ 953 ff. ZPO). Unberechtigte Sicherungsmaßnahmen begründen einen Schadensersatzanspruch (Art. 13, § 958 ZPO).

Der Text der zitierten EG-Verordnungen ist über das Portal »EUR-Lex« (http://eur-lex.europa.eu/de/index.htm) abrufbar.

A. Mahnverfahren (§§ 688 ff. ZPO)

2341 Wenn eine Verteidigung des Beklagten nicht zu erwarten ist, stellt das Mahnverfahren für den Kläger eine einfache, schnelle und billige Alternative zum Klageverfahren dar.

I. Allgemeines

2342 Das Mahnverfahren ist ein vereinfachtes **Verfahren** zur Durchsetzung unstreitiger Geldforderungen (§§ 688 ff. ZPO). Es hat trotz rückgängiger Fallzahlen enorme praktische Bedeutung: Im Jahr 2021 ließen sich etwa 4,1 Mio. Mahnverfahren verzeichnen (Statistisches Bundesamt, Fachserie 10, Reihe 2.1, 2021, S. 14).

Für Rechtsanwälte besteht eine grundsätzliche Pflicht zur Einreichung aller Anträge in maschinenlesbarer Form (§§ 702 Abs. 2; 130d ZPO); die amtlichen Vordrucke dürfen also nicht mehr benutzt werden. Die Übermittlung per Telefax oder E-Mail ist unzulässig. Zur Erfüllung ihrer elektronischen Einreichungspflicht müssen Rechtsanwälte primär sichere elektronische Übermittlungswege nutzen. Dies geschieht entweder über die Online-Mahnantrag-Download-Variante, bei der der erfasste Antrag als Datensatz (EDA-Datei) auf den PC heruntergeladen und von dort über einen sicheren Übermittlungsweg gemäß § 130a ZPO (insbesondere über das beA des Versenders) an das Gericht übermittelt wird. Alternativ kann bei höherem Antragsaufkommen der Fachdatenaustausch genutzt werden, bei dem die EDA-Dateien direkt in der Rechtsanwaltssoftware erzeugt und über sichere Übermittlungswege (z.B. beA) versandt werden. Obwohl er maschinell lesbar ist, ist der Barcodeantrag für Rechtsanwälte nur als Ausnahme im Falle einer glaubhaft zu machenden, vorübergehenden Nichterreichbarkeit des elektronischen Weges zulässig; er stellt also keine reguläre Einreichungsart dar.

2343 An **Vorteilen** bietet das Mahnverfahren gegenüber einer Klageerhebung vor allem die Einfachheit seiner Einleitung und den geringeren Gerichtskostenvorschuss. Außerdem erfolgt beim Mahnverfahren grundsätzlich keine Schlüssigkeitsprüfung, es sei denn, der Anspruch ist offensichtlich unbegründet oder gerichtlich undurchsetzbar (Prütting/Gehrlein/Sommer § 691 Rn. 3), was zum Beispiel bei der Geltendmachung von Zinseszinsen oder gesetzlichen Zinsen in unzulässiger Höhe der Fall sein kann.

Der Vorteil des Klägergerichtsstands nach § 689 Abs. 2 ZPO ist durch die in den meisten Bundesländern erfolgte Zuweisung des Mahnverfahrens an bestimmte Amtsgerichte als zentrale Mahngerichte weitgehend entfallen (§ 689 Abs. 3 ZPO; Zöller/Seibel Vor § 688 Rn. 4, § 689 Rn. 4).

Vom Gericht **geprüft** wird nur die formelle Richtigkeit des gestellten Antrags, eine inhaltliche Prüfung des geltend gemachten Anspruchs (Schlüssigkeitsprüfung) findet nicht statt. Dies ermöglicht den Missbrauch des Mahnverfahrens zur Titulierung unberechtigter Forderungen. 2344

▶ Praxistipp:

Im Mahnverfahren können auch Ansprüche tituliert werden, die einer Sach- und Rechtsprüfung durch ein Gericht nicht standhalten. 2345

Nur im Bereich des sittenwidrigen Ratenkredits, in dem diese Möglichkeit in größerem Rahmen ausgenutzt worden war, hat der Gesetzgeber Sicherungen eingebaut (§§ 688 Abs. 2 Nr. 1, 690 Abs. 1 Nr. 3 ZPO). Ansonsten findet eine Schlüssigkeitsprüfung durch das Gericht nicht statt.

In anderen Fällen muss der Schuldner sich gegen die unberechtigte Forderung wehren, d.h. gegen den Mahnbescheid Widerspruch einlegen und gegen einen bereits ergangenen Vollstreckungsbescheid Einspruch. Sowohl vor als auch nach Ablauf der Einspruchsfrist besteht die Möglichkeit einer materiellen Klage gegen den Gläubiger aus § 826 BGB. Zu den unterschiedlichen kostenrechtlichen Folgen Minwegen ZAP Fach 13, S. 2059.

Streitig ist auch, ob ein Missbrauch des Mahnverfahrens auch dann vorliegt, wenn der Gläubiger noch nicht bestehende Ansprüche durch Mahnantrag geltend macht, um die Verjährung zu hemmen. Diskutiert wird dies insbesondere für Schadensersatzansprüche aus einem Beratungsverschulden bei Kapitalanlagen, wenn der Anleger seine Beteiligung noch innehat (Schultz NJW 2014, 827).

Ein Mahnbescheid hat dieselben **Wirkungen** wie eine Klageerhebung. Der auf der Grundlage des Mahnbescheids ergehende Vollstreckungsbescheid ist ebenso wie ein Urteil ein Vollstreckungstitel (§ 794 Abs. 1 Nr. 4 ZPO). 2346

Zu einem solchen rechtskräftigen Titel in Form eines Vollstreckungsbescheids (§ 794 Abs. 1 Nr. 4 ZPO) führt das Mahnverfahren nur, wenn der Schuldner gegen den Mahnbescheid keinen Widerspruch und gegen den Vollstreckungsbescheid keinen Einspruch eingelegt hat (§ 699 Abs. 1 ZPO). Hat der Schuldner von einer dieser Möglichkeiten Gebrauch gemacht, wird das Verfahren regelmäßig als allgemeines Klageverfahren vor dem Streitgericht fortgesetzt. Auch wenn in diesem Fall besondere Kosten durch das vorgeschaltete Mahnverfahren nicht entstehen, hat das Mahnverfahren zumindest verzögernd gewirkt.

▶ Praxistipp:

Das Mahnverfahren ist dem allgemeinen Klageverfahren vorzuziehen, wenn zu erwarten ist, dass der Schuldner sich nicht verteidigen wird. 2347

Deshalb kann die Bewilligung von Prozesskostenhilfe für eine Klage wegen Mutwilligkeit (§ 114 ZPO) versagt werden, wenn das Mahnverfahren genügt, z.B. bei unbestrittener Forderung bzw. fehlenden erkennbaren Einwendungen gegen den Anspruch (LG Lüneburg NJW-RR 2002, 647; Thomas/Putzo/Seiler § 114 Rn. 7).

Im Mahnverfahren selbst ist die Beiordnung eines Verfahrensbevollmächtigten bei der Gewährung von Prozesskostenhilfe in der Regel selbst dann nicht geboten, wenn der Gegner anwaltlich vertreten ist (BGH MDR 2010, 585).

Ist die Zulässigkeit einer Klage aufgrund des § 15a EGZPO von der Durchführung eines außergerichtlichen **Güteverfahrens** abhängig (dazu oben Rdn. 278), kann dieses durch die Einleitung eines Mahnverfahrens umgangen werden (§ 15a Abs. 2 Nr. 5 EGZPO). 2348

▶ Praxistipp:

Das Mahnverfahren ist dem allgemeinen Klageverfahren auch dann vorzuziehen, wenn dadurch ein obligatorisches außergerichtliches Güteverfahren zu vermeiden ist. 2349

II. Verjährungshemmung

2350 Regelmäßig kann mit dem Mahnbescheid die Verjährung der Forderung genauso gehemmt werden wie mit der Klage. Häufiger als bei der Klage treten beim Mahnverfahren Verzögerungen bei der Zustellung oder beim Weiterbetrieb des Verfahrens auf. Dann ist die Berechnung der Fristen nicht einfach.

Keinesfalls sollte der Kläger sich deswegen von einer Verjährungseinrede des Beklagten oder auch einem vagen Hinweis des Gerichts auf eine »möglicherweise eingetretene Verjährung« zu einer vorschnellen Klagerücknahme verleiten lassen (Bräuer AnwBl 2004, 722; auch Ebert NJW 2003, 732).

2351 Die Verjährung wird grundsätzlich mit **Zustellung** des Mahnbescheids (§ 204 Abs. 1 Nr. 3 BGB) gehemmt, ausnahmsweise bereits mit **Einreichung** des Mahnbescheids, wenn dessen Zustellung »demnächst« erfolgt (§ 167 ZPO).

»Demnächst« nach Einreichung des Antrages i.S.v. § 167 ZPO bedeutet eine Zustellung innerhalb einer nach den Umständen angemessenen, auch längeren Frist, sofern die Partei alles ihr Zumutbare für eine alsbaldige Zustellung getan hat und schutzwürdige Belange der Gegenpartei nicht entgegenstehen (BGH NJW 1999, 3125).

Da die Zustellung von Amts wegen geschieht, darf dabei nicht nur auf eine rein zeitliche Betrachtungsweise abgestellt werden. Ziel ist es, die Parteien vor Nachteilen durch Verzögerungen innerhalb des gerichtlichen Geschäftsbetriebs zu bewahren; diese können von ihnen nicht beeinflusst werden. Es besteht daher keine absolute zeitliche Grenze, selbst mehrmonatige Verzögerungen können unschädlich sein (BGH NJW-RR 2019, 1465). Allerdings darf der Kläger nach längerem Ausbleiben der Zustellung bzw. der vorgelagerten Kostenanforderung des Gerichts (z.B. 6 Monate, BGH NJW 2009, 984) nicht völlig untätig bleiben. Eine Klage bzw. ein Antrag ist daher nicht demnächst zugestellt, wenn das Gericht einen Kostenvorschuss unter einer falschen Anschrift anfordert, der Prozessbevollmächtigte aber längere Zeit (hier: 6 Monate) untätig zuwartet (BGH NJW 2009, 984).

Verzögerungen im Zustellungsverfahren, die durch eine fehlerhafte Sachbehandlung des Gerichts verursacht sind, muss sich der Kläger bzw. Antragsteller grundsätzlich nicht zurechnen lassen (BGH NJW 2006, 3206; BGH NJW-RR 2019, 1465). Hat der Kläger alle von ihm geforderten Mitwirkungshandlungen für eine ordnungsgemäße Klagezustellung erbracht, insbesondere den Gerichtskostenvorschuss eingezahlt, sind er und sein Prozessbevollmächtigter im Weiteren grundsätzlich nicht mehr gehalten, das gerichtliche Vorgehen zu kontrollieren und durch Nachfragen auf die beschleunigte Zustellung hinzuwirken (BGH NJW 2006, 3206; BGH NJW-RR 2022, 1167).

Demgegenüber sind der Partei Verzögerungen zuzurechnen, die ihr Prozessbevollmächtigter bei gewissenhafter bzw. sachgerechter Prozessführung hätte vermeiden können (BGH NJW 1999, 3125; BGH NJW-RR 2019, 1465). Bei der Prüfung, ob die Klage »demnächst« zugestellt wurde, sind bis zum Fristablauf eingetretene Versäumnisse des Klägers nicht in die Frist einzurechnen, die für die Bewertung als unmaßgebliche Verzögerung bedeutsam ist (BGH NJW-RR 2022, 1167).

2352 Unterschieden werden müssen für die Frage der Zustellung **»demnächst«** drei Phasen:

2353 (1) Nur geringfügige Verzögerungen der Zustellung sind unbeachtlich, unabhängig davon, worauf sie beruhen. Das gilt auch dann, wenn der Gläubiger die Verzögerung (insbesondere durch ungenügende Angaben im Mahnantrag) verschuldet. Während dieser Zeitraum bislang auf 14 Tage beschränkt war (BGH NJW 2005, 291 – gemessen vom Tag des Ablaufs der Verjährungsfrist; schädlich daher eine Zeitspanne von 18 Tagen, BGH NJW 1999, 3125), akzeptiert der BGH nunmehr eine Frist von **bis zu einem Monat** (BGH NJW 2002, 2794: arg. § 691 Abs. 2 ZPO; Prütting/Gehrlein/Waldner § 167 Rn. 11).

2354 (2) Verzögerungen, die **darüber hinausgehen**, können nur dann noch als »demnächst« erfolgt angesehen werden, wenn sie nicht vom Gläubiger verursacht wurden, sondern allein vom gerichtlichen Geschäftsbetrieb verursacht wurden. Aus solchen Fehlern des Gerichts dürfen der Partei keine Nachteile erwachsen (NJW 1999, 1022; BGH NJW 2000, 2282; BGH NJW 2001, 885; BGH NJW 2003, 2830: keine absolute zeitliche Obergrenze). Beruht die über einen Monat hinausgehende Zustellungsverzögerung auf einem Verhalten des Gläubigers, ist sie nicht mehr »demnächst« erfolgt.

(3) Schutzwürdige Belange des Gegners lassen es nicht zu, eine Zustellung noch als »demnächst« anzusehen, wenn sie zeitlich erst sehr lange nach Ablauf der Verjährungsfrist erfolgt. Ist eine Zustellung auch **mehrere Monate** nach Einreichung des Antrags noch nicht erfolgt, kann vom Gläubiger erwartet werden, dass er nachfragt, an die Zustellung erinnert, ggf. Untätigkeitsbeschwerde erhebt. Wann genau diese Phase beginnt, wird sehr unterschiedlich beantwortet (OLG Hamm NJW-RR 1998, 1104: Zuwarten mit Rückfrage weit über vier Wochen hinaus [hier: 5 Monate]). 2355

▶ Praxistipp:

Um eine Verjährungsfrist bereits mit Einreichung des Mahnantrags zu wahren, muss der Kläger mit dem Antrag die Zustellungsvoraussetzungen erfüllen und auf Anforderungen des Gerichts unverzüglich reagieren. Er sollte auch spätestens nach einem Monat nachfragen, warum eine Zustellung bislang nicht erfolgt ist. 2356

Folgende **Beanstandungen**, welche die Zustellung verzögern können, kommen in der Praxis häufig vor (Beispiele entnommen aus Rechtspfleger-Formblättern): 2357

– Der Antrag muss in der gebotenen Form und fehlerfrei gestellt werden.

  Rechtsanwälte können Anträge auf Erlass eines Mahnbescheids nur noch in einer maschinell lesbaren Form stellen (§ 690 Abs. 3 ZPO). Wird das Barcodeverfahren genutzt, können schwache Druckerpatronen zur Unlesbarkeit führen. Im automatisierten Mahnverfahren führen bereits kleinste Fehler oder Unregelmäßigkeiten zu Beanstandungen (z.B. ein Zahlendreher bei der Postleitzahl; Chab AnwBl 2002, 718; § 703c ZPO; Zöller/Seibel § 703c Rn. 8).

– Besonderer Sorgfalt bedarf die Bezeichnung der gegnerischen Partei. Da das Mahnverfahren – im Gegensatz zum normalen Klageverfahren – meist ohne aktive Beteiligung des Antragsgegners stattfindet, fallen Fehler oft erst bei der – erfolglosen – Vollstreckung auf und sind nach Abschluss des Verfahrens nur schwer oder gar nicht mehr zu korrigieren (Gräve/Salten MDR 2003, 1097).

  Es muss ersichtlich sein, ob es sich um eine Einzelfirma oder um eine juristische Person handelt. Bei einer Einzelfirma ist der Inhaber grundsätzlich mit ausgeschriebenem Vor- und Zunamen und mit dem Zusatz »eingetragener Kaufmann/Kauffrau« oder einer allgemein verständlichen Abkürzung dieser Bezeichnung (§ 19 Abs. 1 HGB) anzugeben.

  Bei einer Gesellschaft ist die Rechtsform anzugeben (z.B. OLG Oldenburg NVersZ 2000, 150: Verzögerung wegen fehlendem Rechtsformzusatz), der nach dem Gebot des sichersten Wegs die namentliche Bezeichnung des gesetzlichen Vertreters unter Angabe des Vertretungsverhältnisses (z.B. Geschäftsführer, Komplementär, persönlich haftender Gesellschafter, Vorstand) hinzugefügt werden sollte, um die Zustellung zu erleichtern.

– Der Anspruch ist nach Rechtsgrund, Art, Entstehungszeitpunkt und Fälligkeit vollständig zu bezeichnen. Unzureichend ist allein die Angabe: »Rechnung vom …«.

  Vollständig bezeichnet werden müssen auch die geltend gemachten Nebenforderungen. Ein Zinsanspruch ist nach Zinssatz, Grundbetrag und Zinsbeginn zu konkretisieren, außergerichtliche Kosten sind zu benennen und ggf. vorzurechnen.

Ist die Nachbesserung eines mangelhaften Mahnantrags ohne erhebliche Zustellungsverzögerungen nicht mehr möglich, kann eine **Klageeinreichung** innerhalb eines Monats ab der Zustellung der Zurückweisung rückwirkend auf den Zeitpunkt der Einreichung des Mahnbescheidsantrags die verjährungshemmende Wirkung des Mahnbescheids noch retten (§ 691 Abs. 2 ZPO). Dann muss aber die Zustellung der Klage »demnächst« erfolgen (oben Rdn. 2352). 2358

Hinsichtlich der **Dauer der Hemmung** gilt nach § 204 Abs. 2 BGB Folgendes: 2359

– Die Hemmung nach Absatz 1 endet sechs Monate nach der rechtskräftigen Entscheidung oder anderweitigen Erledigung des eingeleiteten Verfahrens.
– Gerät das Verfahren infolge einer Vereinbarung oder dadurch in Stillstand, dass es nicht betrieben wird, so tritt an die Stelle der Erledigung des Verfahrens die letzte Verfahrenshandlung der Parteien, des Gerichts oder der sonst mit dem Verfahren befassten Stelle.

– Die Hemmung beginnt erneut, wenn eine der Parteien das Verfahren weiter betreibt (z.B. mittels Antrag auf Durchführung des streitigen Verfahrens gem. § 696 ZPO, Einzahlung der weiteren Gerichtskosten oder Begründung des Anspruchs gem. § 697 ZPO).

2360 Entgegen früherer Regelung entfällt die verjährungshemmende Wirkung nicht, wenn nach Erlass des Mahnbescheids weder Widerspruch eingelegt noch ein Vollstreckungsbescheid beantragt wird.

Zwar fällt nach einer Frist von sechs Monaten seit Zustellung des Mahnbescheids gem. § 701 ZPO dessen Wirkung weg. Die Verjährungshemmung beurteilt sich indes allein nach § 204 Abs. 2 BGB (Grüneberg/Ellenberger § 204 Rn. 36).

III. Risiko: Unzureichende Individualisierung

2361 Seine Wirkungen kann der Mahnbescheid nach ständiger Rechtsprechung des BGH nur entfalten, wenn die Forderung darin ausreichend individualisiert ist (z.B. BGH MDR 2017, 847 und 1044; BGH NZM 2008, 404; eingehend BGH NJW 2000, 1420).

Hier liegt ein wesentlicher Nachteil des Mahnverfahrens: Während in der Klage die Individualisierung des Anspruchs durch die erforderliche Angabe von Gegenstand und Grund des erhobenen Anspruchs kaum Probleme bereitet, ist die im Mahnverfahren gebotene »Bezeichnung des Anspruchs« praktisch nur rudimentär möglich und deswegen nicht immer einfach.

2362 Auch wenn die **Individualisierung** keine Substantiierung voraussetzt, verlangt sie mehr als die bloße Benennung eines Begehrens („500 €", „Mietvertrag"). Erforderlich ist die Bezeichnung des **Anspruchs im prozessrechtlichen Sinne** unter bestimmter Angabe der verlangten Leistung. Zur Individualisierung sollten also der Gegenstand des Begehrens und der Lebenssachverhalt, aus dem das Begehren hergeleitet wird, stichpunktartig angegeben werden (z.B. »Restkaufpreis für VW-Golf, Vertrag vom 02.05.2011«). Nicht erforderlich ist eine nähere bzw. stimmige Angabe des konkreten Rechtsgrunds – etwa Auftrag, Geschäftsführung ohne Auftrag, Bürgschaft, Bereicherungsausgleich und Schadenersatz (BGH NJW 1991, 44; Zöller/Seibel § 690 Rn. 14).

Die Individualisierung eines geltend gemachten Anspruchs im gerichtlichen Verfahren muss **zwei zentrale Anforderungen** erfüllen (st. Rspr., vgl. BGH NJW 2023, 2773 Rn. 21): Erstens soll sie die Vollstreckungsfähigkeit des Titels gewährleisten, der der materiellen Rechtskraft fähig ist; Maßstab ist insoweit die zur Vollstreckungsfähigkeit notwendige Bestimmtheit des Titels. Zweitens muss sie den Anspruch von anderen Forderungen klar unterscheiden und abgrenzen. Nur eine hinreichend individualisierte Forderung ermöglicht es dem Schuldner, die Zusammensetzung eines verlangten Gesamtbetrages aus für ihn unterscheidbaren Einzelansprüchen zu erkennen und entsprechend zu beurteilen, ob und in welchem Umfang er sich zur Wehr setzen will (BGH NJW 2001, 305). Beurteilungsgrundlage für die Individualisierung der Forderung im Mahnbescheid ist ausschließlich der Erkenntnishorizont des Schuldners (BGH NJW-RR 2022, 1286).

Wenn, z.B. bei Schadensersatzansprüchen, **Einzelpositionen** geltend gemacht werden, ist entscheidend, ob diese jeweils eigene Streitgegenstände darstellen (so dass sie gesondert zu individualisieren sind) oder ob diese lediglich unselbstständige Rechnungsposten eines einheitlichen Streitgegenstands bilden (BGH NJW 2009, 56; OLG Celle NJW 2015, 90; Grothe NJW 2015, 17). Die alte Rechtsprechung, wonach bei mehreren Forderungen eine spätere Individualisierung der Teilbeträge im Prozess auf den Zeitpunkt der Einreichung zurückwirke (zuletzt BGH NJW 2002, 520), wurde schon vor längerem aufgegeben (BGH NJW 2009, 56).

2363 Wann diesen Anforderungen Genüge getan ist, kann nicht abstrakt bestimmt werden (BGH NJW 2020, 3653). Art und Umfang der erforderlichen Angaben hängen vom Einzelfall, nämlich von dem zwischen den Parteien bestehenden Rechtsverhältnis und der Art des Anspruchs ab. Eine knappe oder pauschale Bezeichnung kann ausreichen, wenn sonst keine weiteren Rechtsbeziehungen bestehen und somit keine Zweifel für den Beklagten bestehen, um welche Forderung es sich handelt. Allerdings dürfen mehrere in Betracht kommende Ansprüche nicht verwechselt werden (z.B. Schadensersatzanspruch wegen Nichterfüllung und Werklohnanspruch, BGH NJW 1992, 1111).

Beispiele:

Nicht ausreichend individualisiert sind z.B. folgende Angaben: »Forderung aus Kaufvertrag«; »Schadensersatz wegen nicht vertragsgemäßer Rückgabe der Wohnung X-Straße 190, 42115 Wuppertal«; »Mietnebenkosten – auch Renovierungskosten für die Wohnung in Köln gemäß Vertrag – 050.018 vom 14.05.2011« (Salten MDR 1998, 1144). 2364

Praxistipp:

Die Darstellung der Forderung erfordert größte Sorgfalt, da der Rechtspfleger beim Mahngericht die Individualisierung des Anspruchs mangels Kenntnis des Wissensstands des Schuldners und des Lebenssachverhalts weder prüfen kann noch prüft. Der Antragsteller sollte sich nicht auf die knappen Vorgaben des Formulars verlassen, sondern den Anspruch im Freitextfeld „sonstiger Anspruch" (163 Zeichen) detaillierter bezeichnen. Generell sollte in verjährungskritischen Sachverhalten abgewogen werden, ob das mit einem Mahnbescheid verbundene Risiko in Kauf genommen werden soll; im Zweifelsfall ist die Antragstellung bei einer Gütestelle der deutlich risikoärmere Weg. 2365

Die Individualisierung kann auch durch ergänzende Dokumente (z.B. Rechnungen, Forderungsaufstellungen, Erläuterungen) erfolgen. Da sich die Anforderungen an die Individualisierung ausschließlich nach dem Erkenntnishorizont des Schuldners richten, ist es ohne Bedeutung, ob die Individualisierung des Anspruchs durch an das Gericht gerichteten Schriftsatz oder außerhalb des Gerichtsverfahrens erfolgt (BGH NJW 2023, 2773 Rn. 22; BGH NJW-RR 2022, 1286). Ohne Bedeutung ist auch, ob sich der Mahnbescheid auf die Dokumente bezieht, solange der Zusammenhang für den Schuldner erkennbar ist (BGH NJW 2023, 2773). Allerdings kann das Dokument nur zur Verjährungshemmung beitragen, sobald es dem Schuldner zugegangen ist. 2366

Praxistipp:

Es muss sichergestellt und beweisfest dokumentiert sein, dass die Dokumente dem Schuldner rechtzeitig vorliegen. Eine Rückwirkung nach § 167 ZPO dürfte im Hinblick auf diese begleitenden Dokumente nicht in Betracht kommen (vgl. BGH NJW 2023, 2773: hemmt „ab dem Zeitpunkt ihrer Vornahme"). Wurde z.B. ein nicht ausreichend individualisierter Mahnbescheid rechtzeitig vor der Verjährung zum 31.12. eingereicht, aber erst zu Beginn des Folgejahres individualisiert, dürfte der Anspruch ungeachtet der späteren Zustellung des Mahnbescheids verjährt sein. 2367

Der häufig anzutreffende Ratschlag, dem Mahnbescheid selbst Anlagen beizufügen, dürfte indes an der Praxis scheitern: Das standardisierte Mahnverfahren sieht keine solchen Anlagen vor. 2368

Speziell bei komplexen Forderungen ist zu erwägen, ob nicht besser gleich ein nach § 204 Nr. 4 BGB verjährungshemmender **Gütestellenantrag** eingereicht oder eine **Klage** erhoben werden sollte. Dafür spricht, 2369

- dass auch dabei bereits die Einreichung fristwahrend wirkt und viele Probleme der Verjährungshemmung dort erst gar nicht auftreten.

  Dies gilt für die einer »demnächst« erfolgenden Zustellung entgegenstehenden Probleme (oben Rdn. 2352) genauso wie für die in der unterschiedlichen Beurteilung der erforderlichen Anspruchsindividualisierung durch Rechtspfleger und Richter.

- dass es beim automatisierten Mahnverfahren in der Praxis häufig Probleme beim individuellen Ausfüllen der Vordrucke und beim Beifügen von Anlagen gibt.

  Trotzdem ist die Gefahr, zu wenig oder zu ungenau zu schreiben, beim Mahnbescheidsverfahren angesichts des im Formular hierfür vorgegebenen relativ kleinen Feldes wesentlich größer als bei einer Klageschrift. Zudem wird die Problematik der unzureichenden Individualisierung bei einer Klageschrift in der Praxis überhaupt nicht thematisiert.

- dass vor allem bei Verträgen mit gemischter Struktur die zutreffende Wahl des Anspruchsgrundes aus dem vorgegebenen Katalog Schwierigkeiten bereiten kann (Chab AnwBl 2002, 718).

Ob und inwieweit die durch ergänzende Angaben kompensiert werden, ist bei dem heutigen Automatisierungsgrad des Mahnverfahrens sehr zweifelhaft. Die Einreichung von Unterlagen führt hierbei in der Praxis zu längeren Erledigungszeiten, und außerdem erfolgt deren Beifügung zum Mahnbescheid regelmäßig nicht (Salten MDR 1998, 1147, der deshalb davon abrät). Ist, wie inzwischen weitgehend der Fall, das maschinelle Mahnverfahren eingeführt, so wird durch einen nicht in maschinenlesbarer Form eingereichten Mahnantrag die Verjährungsfrist nicht gewahrt (Zöller/Seibel § 703c Rn. 12).

IV. Weitere Nachteile

2370 Nicht immer ist das Mahnverfahren so **schnell**, wie der Gläubiger das erwartet.

Teilweise dauert die Bearbeitung von Mahnanträgen infolge einer Überlastung der gerichtlichen Mahnabteilungen sehr lange. Dies gilt für die zentralen Mahngerichte und beim automatisierten Mahnverfahren indes kaum mehr.

Legt der Schuldner Widerspruch oder Einspruch ein, wird das Mahnverfahren ins allgemeine Klageverfahren übergeleitet und der Kläger zur Klagebegründung aufgefordert, steht er dort, wo er beim Verzicht auf das Mahnverfahren gleich hätte stehen können. Das Mahnverfahren hat sich dann als unnötige zeitliche Verzögerung erwiesen. Durch Zustellung, Widerspruchseinlegung, Anforderung und Einzahlung des weiteren Gerichtskostenvorschusses und Abgabe an das zuständige Gericht für das streitige Verfahren können Monate bis zur eigentlichen streitigen Auseinandersetzung vergehen.

2371 Werden **mehrere Schuldner** in Anspruch genommen, kann es nach Widerspruchseinlegung beim Übergang ins streitige Verfahren Probleme geben mit der Zusammenführung der einzelnen Verfahren.

Dies ist vor allem dann der Fall, wenn der Kläger als Abgabegericht – mehr oder weniger routinemäßig – jeweils die Wohnsitzgerichte der Beklagten (allgemeiner Gerichtsstand) bezeichnet hat, statt einen etwaigen gemeinsamen (besonderen) Gerichtsstand anzugeben (z.B. bei einem Verkehrsunfall mit unterschiedlichen Wohnsitzen des verklagten Fahrers, Halters sowie der Haftpflichtversicherung; Fischer MDR 1993, 198: Einleitung des Mahnverfahrens sollte in solchen Fällen tunlichst unterlassen werden). Aber auch innerhalb desselben Gerichts verursacht die Zusammenführung zuweilen gewisse Schwierigkeiten. Anders als bei der gemeinsamen Klageerhebung gegen alle Streitgenossen hat der Kläger nach vorangegangenem Mahnverfahren nur noch bedingt Einfluss auf die Verbindung der Verfahren.

2372 Es kann sich auch das **Kostenrisiko** erhöhen. Der Gläubiger kann bei einem Obsiegen nicht sicher sein, dass er seine außergerichtlichen Kosten in vollem Umfang erstattet bekommt.

- Wenn von vornherein erkennbar war, dass ein nicht allein aus Zeitgewinn motivierter Widerspruch zu erwarten ist, sind die Kosten von zwei nacheinander beauftragten Rechtsanwälten (unterschiedliche örtliche Zuständigkeiten: §§ 689 Abs. 2 Satz 1, 690 Abs. 1 Nr. 5 ZPO) bzw. die Gebühren des Mahnanwalts, der dann als Prozessbevollmächtigter den Rechtsstreit weiterführt, grundsätzlich nicht erstattungsfähig (Thomas/Putzo/Hüßtege § 91 Rn. 37 f.; differenzierend Zöller/Herget § 91 Rn. 13.59 »Mahnverfahren«).
- Nach einer Entscheidung des OLG Nürnberg (MDR 1997, 1068) sollen die Kosten eines lediglich für das Mahnverfahren hinzugezogenen Anwalts sogar regelmäßig nicht notwendig i.S.d. § 91 ZPO und daher überhaupt nicht erstattungsfähig sein (a.A. allerdings OLG Nürnberg NJW 1999, 656, KG AnwBl 1999, 416: beide mit überzeugender Begründung; ablehnend auch Zöller/Herget § 91 Rn. 13.59: »Mahnverfahren«).
- Kann der erlassene Mahnbescheid wegen unbekanntem Aufenthalt des Beklagten nicht zugestellt werden, muss Klage erhoben werden.

Denn weder ist – im Gegensatz zu einer Klage – eine öffentliche Zustellung des Mahnbescheids zulässig (§ 688 Abs. 2 Nr. 3 ZPO), noch kommt in diesem Fall eine Überleitung ins streitige Verfahren entsprechend § 696 ZPO in Betracht (BGH MDR 2004, 1310; Thomas/Putzo/Nordmeier § 688 Rn. 5; a.A. Zöller/Seibel § 688 Rn. 7). Da auch § 691 Abs. 2 ZPO nicht anwendbar ist, besteht zudem die Gefahr, dass die Verjährung nicht rechtzeitig gehemmt wird. Daher ist es unerlässlich, vor Einleitung des Mahnverfahrens die zustellungsfähige Anschrift des Antragsgegners abzuklären (BGH a.a.O.: »Dazu wird er regelmäßig in der Lage sein«).

– Erfüllt der Schuldner den geltend gemachten Anspruch im laufenden Mahnverfahren ganz oder teilweise, kommt eine Erledigungserklärung des Gläubigers nur in Betracht, wenn die Erfüllungswirkung nach Eintritt der Rechtshängigkeit eintritt. Rechtshängigkeit tritt spätestens mit Eingang der Akten beim Prozessgericht ein (BGH NJW 2009, 1213), wenn sie nicht aufgrund der §§ 696 Abs. 3, 700 Abs. 2 ZPO auf den Zeitpunkt der Zustellung des Mahnbescheids vorverlegt ist. Vor Eintritt der Rechtshängigkeit bedarf es einer Rücknahmeerklärung, wobei je nach Verfahrensstand die Klage (§ 269 ZPO), der Mahnantrag (§ 690 ZPO) oder der Antrag auf Durchführung des streitigen Verfahrens (§ 696 Abs. 1 ZPO) zurückgenommen werden kann. Zur Vermeidung von Kostennachteilen müssen diese Alternativen sorgfältig gegeneinander abgegrenzt werden (Petzold NJW 2019, 822).

Hat der Schuldner gegen den Mahnbescheid rechtzeitig Widerspruch eingelegt, gibt das Mahngericht das Verfahren auf Antrag an das Prozessgericht ab, das den Antragsteller dann auffordert, seinen Anspruch binnen zwei Wochen in einer der Klageschrift entsprechenden Form zu begründen (§ 697 Abs. 1 Satz 1 ZPO). 2373

Praxistipp:

Die Frist zur Begründung der Klage nach einem Widerspruch gegen den Mahnbescheid kann nicht verlängert werden, weil es insoweit an einer gesetzlichen Ermächtigung fehlt (§§ 224 Abs. 2, 697 Abs. 1 ZPO). 2374

Die Versäumung der Frist aus § 697 Abs. 1 ZPO hat indes keine nachteiligen Folgen. Da das Verfahren nicht betrieben wird, endet die Verjährungshemmung nach sechs Monaten (§ 204 Abs. 2 Satz 2 BGB). Eine Präklusion droht dem Gläubiger erst, wenn auf einen Antrag des Beklagten eine richterliche Frist gesetzt und versäumt wird (§§ 697 Abs. 3 Satz 2, 296 Abs. 1 und 4 ZPO; Hogenschurz MDR 2014, 1055).

Bleibt die Anspruchsbegründung hinter dem Mahnantrag (richtig: hinter dem Antrag auf Durchführung des streitigen Verfahrens, N. Schneider NJW 2020, 2454), gilt die Klage als teilweise zurückgenommen, wenn der Antragsteller zuvor auf diese Folge hingewiesen worden ist (§ 697 Abs. 2 Satz 2 ZPO). 2375

Damit wird der bisherige Streit, wie im Mahnverfahren mit überhöht geltend gemachten Verzugskosten und Zinsen als Nebenforderungen, die dann im streitigen Verfahren aber nicht weiterverfolgt werden, umzugehen ist, obsolet. Zudem wird der früher mit einem richterlichen Hinweis und dem Hinwirken auf eine prozessuale Erklärung des Klägers verbundene Aufwand vermieden.

B. Urkundenverfahren (§§ 592 ff. ZPO)

Das Urkundenverfahren ist ein vereinfachtes Verfahren zur schnellen Titulierung **evidenter** Geldforderungen. Es setzt voraus, dass die Anspruchsvoraussetzungen durch Urkunden oder Parteivernehmung bewiesen werden können (§ 592 Satz 1 ZPO). 2376

Aufgrund einer eingeschränkten Sach- und Rechtsprüfung kann im Urkundenprozess schnell ein Vollstreckungstitel erwirkt werden. Zu erwägen ist diese Klageart also dann, wenn zügig die Zwangsvollstreckung betrieben werden soll. Wenn es auf eine rasche Vollstreckung ankommt, weil der Zugriff anderer Gläubiger bevorsteht, kann für den Anwalt sogar eine Pflicht bestehen, das Urkundenverfahren – auch als Alternative zum Arrest, der nur bei Vorliegen eines Arrestgrundes in Betracht kommt – in Erwägung zu ziehen (BGH NJW 1994, 3295: eingeleitete Zwangsversteigerung eines Grundstücks).

Ein weiterer Vorteil des Urkundenprozesses ist, dass dem Beklagten Einwendungen zunächst verwehrt werden können (§§ 595, 598 ZPO). Das Urkundenverfahren macht also auch dann Sinn, wenn mit absehbar erfolglosen, aber verfahrensverzögernden Einwendungen des Gegners zu rechnen ist.

Das Urkundenverfahren bringt aber auch Risiken mit sich, die diese Vorteile überwiegen können: Wegen des für den Kläger unvermeidbaren Nachverfahrens ist der durch das Vorbehaltsurteil erzielbare Vorteil aber nur vorübergehend. Die Vollstreckung aus einem im Urkundenprozess errungenen Titel bringt die Gefahr mit sich, bei Aufhebung des Vorbehaltsurteils im Nachverfahren Schadensersatz leisten zu müssen (§§ 600 Abs. 2, 302 Abs. 4 ZPO). Zudem erhöhen sich durch das Nachverfahren die Anwaltskosten (§ 17 Nr. 5 RVG).

I. Besonderheiten

2377 Das Urkundenverfahren erreicht eine Verfahrensbeschleunigung auf Kosten einer Verkürzung der Rechte beider Parteien:

2378 (1) Die **Zulässigkeit** des Urkundenprozesses hängt auch im Anwendungsbereich des § 15a EGZPO nicht davon ab, dass ein außergerichtliches Schlichtungsverfahren durchgeführt wurde (oben Rdn. 282).

Wenn ein solches Verfahren erforderlich wäre, aber vermieden werden soll, empfiehlt es sich, die Klage im Urkundenprozess zu erheben.

Auch im Urkundenprozess gilt indes die Verpflichtung des Gerichts, auf eine gütliche Einigung der Parteien hinzuwirken (§ 278 Abs. 1 ZPO) und zu diesem Zweck der streitigen Verhandlung eine Güteverhandlung voranzustellen (§ 278 Abs. 2 ZPO).

2379 (2) Als **Beweismittel** sind – für beide Parteien – nur Urkunden und Parteivernehmungen zugelassen (§§ 592, 602, 605a ZPO).

Verzögerungen des Verfahrens, die durch Zeugenvernehmungen und Sachverständigengutachten eintreten können, werden so vermieden. Auf die Rechte der Parteien wirkt sich dies aber unterschiedlich aus:

Der Kläger wird das Urkundenverfahren deswegen nur dort in Gang setzen, wo er die gebotenen Beweismittel hat, sodass sich diese Besonderheit für ihn lediglich als besondere Zulässigkeitsvoraussetzung darstellt.

Für den Beklagten dagegen bedeutet dies, dass ihm Verteidigungsvorbringen, das er mit den beschränkten Mitteln nicht beweisen kann, abgeschnitten wird und er ungeachtet materiell-rechtlich begründeter Einwendungen verurteilt wird. Dies kann bedeuten, dass er bei bestehenden Gegenansprüchen i.S.d. § 320 BGB, z.B. bei einem schriftlichen Kaufvertrag, faktisch – ungesichert – vorleistungspflichtig wird (hierzu kritisch Greiner NJW 2000, 1314). Die Insolvenz des Klägers geht dann zulasten des Beklagten.

2380 Die Beschränkung der Beweismittel gilt auch
- für den Beweis der Echtheit der Urkunden durch den beweispflichtigen Kläger, wenn der Beklagte diese bestreitet (§§ 439, 440, 510 ZPO; hierfür noch Antrag auf Parteivernehmung [des Beklagten] zulässig; § 595 Abs. 2 ZPO). Hierbei ist eine Schriftvergleichung (§ 441 ZPO) oder ein Sachverständigengutachten nach h.M. ausgeschlossen.
- für den Beklagten zum Beweis des Einwandes, eine echte Urkunde sei nachträglich erst abredewidrig (z.B. auch bei Blankounterschriften) ausgefüllt worden (§ 440 Abs. 2 ZPO).

2381 Kann der Kläger die bestrittene Echtheit der Urkunden – wie häufig – nicht beweisen, so wird die Klage lediglich als im Urkundenprozess nicht statthaft abgewiesen (§ 597 Abs. 2 ZPO). Sie kann im ordentlichen Verfahren erneut erhoben werden.

Demgegenüber erfolgt in diesem Fall im Wechsel- und Scheckprozess eine Klageabweisung als unbegründet mit entsprechender Rechtskraftwirkung, da bei Unechtheit des Wechsels bzw. Schecks der Anspruch selbst hinfällig wird.

▶ Praxistipp:

2382 Sofern der Kläger den Anspruch bzw. die (bestrittene) Echtheit der Urkunden nicht mit den Beweismitteln des Urkundenprozesses beweisen kann oder das Gericht diese Verfahrensart für unzulässig hält, ist zur Vermeidung der Klageabweisung (als in der gewählten Prozessart unstatthaft, § 597 Abs. 2 ZPO) vom Urkundenprozess Abstand zu nehmen und in das ordentliche Verfahren überzugehen.

Der Wechsel zum ordentlichen Verfahren ist (in analoger Anwendung des § 263 ZPO) auch in der Berufungsinstanz möglich, wobei einer Annahme der Sachdienlichkeit weder der Fortschritt des Nachverfahrens in erster Instanz noch die Möglichkeit einer Hilfsaufrechnung entgegenstehen (BGH NJW 2020, 2407). Dies ist – auch im Wechsel- und Scheckprozess – ohne Einwilligung des Beklagten bis zum Schluss der mündlichen Verhandlung möglich (§ 596 ZPO). Eine innerprozessual bedingte Abstandnahme vom Urkundenprozess ist – wohl – unzulässig, da die Klage bzw. ein späterer terminsvorbereitender Schriftsatz (vgl. BGH NJW 1977, 1883) die eindeutige Erklärung beinhalten muss, dass im Urkundenprozess geklagt wird (OLG München, Urt. vom 21. März 2013 – 14 U 2912/12).

(3) Verfahrensverzögernde Prozessgestaltungen müssen vermieden werden (BGH NJW-RR 2021, 638). Insbesondere sind **Widerklagen** nicht statthaft (§§ 595, 598 ZPO). 2383

Auch hierdurch werden mögliche Verfahrensverzögerungen verhindert. Ein bedeutsamer Nachteil für den Beklagten ist damit nicht verbunden, weil es ihm möglich bleibt, Gegenansprüche in Form einer eigenständigen Klage geltend zu machen.

(4) Urteile sind **ohne Sicherheitsleistung** vorläufig vollstreckbar (§ 708 Nr. 4 ZPO, aber § 711 ZPO sowie §§ 600 Abs. 2, 302 Abs. 4 ZPO!). 2384

Kompensiert werden diese Rechtsnachteile der Parteien durch die Vorläufigkeit des Titels und das Erfordernis eines Nachverfahrens, in dem die Berechtigung des geschaffenen Titels unter Zugrundelegung allgemeiner Verfahrensgrundsätze nachgeprüft wird. 2385

Praktisch kehrt sich damit oft der allgemeine Grundsatz um, nach dem ein Recht erst dann tituliert wird, wenn seine Berechtigung vollständig und zweifelsfrei geklärt wurde. Im Urkundenverfahren ergeht (nach bloß beschränkter Prüfung) erst ein Urteil, danach wird seine Berechtigung geprüft.

II. Voraussetzungen

1. Zulässigkeit

Neben den allgemeinen, für jede Klage erforderlichen Zulässigkeitsvoraussetzungen bedarf die Urkundenklage einiger zusätzlicher, besonderer Zulässigkeitsvoraussetzungen. 2386

(1) Die Klage muss auf die **Zahlung von Geld** oder auf die **Leistung einer bestimmten Menge vertretbarer Sachen oder Wertpapiere** gerichtet sein (§ 592 ZPO). 2387

Nach h.M. können auch rückständige Mietzinsansprüche bei Wohnraummiete im Urkundenprozess – durch Vorlage des Mietvertrages – geltend gemacht werden (BGH NJW 2009, 3099; BGH NJW 2005, 2701; Börstinghaus NZM 1998, 101 – ders. NZM 1998, 89: Muster einer Mietzinsklage im Urkundenverfahren), zumindest dann, wenn der Mieter die Mietsache als Erfüllung angenommen hat (BGH NJW-RR 2013, 1232). Der Vorteil für den Vermieter besteht darin, dass der Mieter zunächst durch Vorbehaltsurteil zur Zahlung der Miete verurteilt wird und Gegenansprüche, insbesondere Minderung, regelmäßig erst im Nachverfahren geltend machen kann. Der verurteilte Mieter kann jedoch die Zwangsvollstreckung durch Sicherheitsleistung gem. § 711 ZPO einstweilen abwenden.

Werklohnforderungen können im Urkundenprozess nur geltend gemacht werden, wenn eine Abnahme bereits erfolgt ist. Eine vor Abnahme erhobene Zahlungsklage ist nämlich konkludent als auch auf Abnahme gerichtet anzusehen; ein solcher, auf Abgabe einer Willenserklärung gerichteter Anspruch kann im Urkundenverfahren nicht geltend gemacht werden (OLG Schleswig NJW 2014, 945).

▶ Praxistipp:

Auch wenn Ansprüche aus Wohnraummietverhältnissen im Urkundenprozess zulässig geltend gemacht werden können, stellt die Notwendigkeit des Nachweises der anspruchsbegründenden Umstände bei streitigen Abrechnungen oft eine nur schwer zu überwindende Hürde dar, die es sinnvoll erscheinen lässt, im regulären Verfahren vorzugehen. 2388

Erweist sich die Befürchtung eines Streits über Abrechnungsdetails als unberechtigt, bieten sich auch hier mit dem Anerkenntnis oder der Säumnis einfache und schnelle Erledigungsalternativen an, selbst eine streitige Entscheidung erfordert dann keinen unnötigen Aufwand (Schmid MDR 2013, 1266).

Möglich ist auch die Durchsetzung noch nicht fälliger Ansprüche im Wege der Klage auf künftige Leistung oder die Durchsetzung von Ansprüchen Zug um Zug gegen Erbringung einer Gegenleistung (Thomas/Putzo/Seiler § 592 Rn. 3). Statthaft – praktisch aber selten – sind auch Klagen auf Leistung vertretbarer Sachen und Wertpapiere und aus Grund- bzw. Schiffspfandrechten.

2389 (2) Die Klage muss die unbedingte **Erklärung** enthalten, dass im Urkundenprozess vorgegangen werden soll (§ 593 Abs. 1 ZPO).

Zu empfehlen ist dabei, die Klage bereits in der Überschrift als solche zu bezeichnen (»Klage im Urkundenverfahren«). Möglich ist indes auch die Angabe im Antrag (»den Beklagten im Urkundenverfahren zu verurteilen, ...«) oder an anderer Stelle in der Klageschrift. Wird das Urkundenverfahren nicht mit einer Klageschrift, sondern durch einen Mahnbescheid eingeleitet, so ist dieser besonders zu bezeichnen (Urkunden-, Wechsel- oder Scheckmahnbescheid; § 703a ZPO).

Die Erklärung kann später nur noch unter den Voraussetzungen des § 263 ZPO (Klageänderung) nachgeholt werden. Ansonsten wird die Klage im normalen Verfahren weitergeführt und es erfolgt kein Wechsel in den Urkundenprozess (Thomas/Putzo/Seiler § 593 Rn. 1).

2390 (3) Die anspruchsbegründenden Tatsachen müssen durch **Urkunden** bewiesen werden.

Entgegen dem Wortlaut des § 592 Satz 1 ZPO muss der geltend gemachte Anspruch nicht in einer Urkunde verbrieft sein. Den Anforderungen des § 592 ZPO ist bereits dann entsprochen, wenn der Inhalt der vorgelegten Urkunden für das Gericht ausreicht, um im Wege der freien Beweiswürdigung nach § 286 ZPO den von dem Kl. behaupteten Sachverhalt feststellen zu können (BGH NJW-RR 2006, 760, Rn. 16; zum Streitstand vgl. Anders/Gehle/Gehle § 592 Rn. 13).

Ist der Beklagte säumig, muss der Kläger hingegen alle anspruchsbegründenden Umstände durch Urkunden belegen, da die Geständnisfiktion des § 331 Abs. 1 ZPO nur die Echtheit der Urkunden umfasst (§ 597 Abs. 2 ZPO; Zöller/Greger § 597 Rn. 8). In diesem Falle reichen Kopien bzw. Scans der Urkunden aus.

2391 (4) Weitere Voraussetzungen und Besonderheiten gelten für die **Sonderformen** des Urkundenverfahrens, den Wechselprozess (§§ 602 ff. ZPO) und den Scheckprozess (§ 605a ZPO).

2392 Streitig ist, ob auch diese besonderen Zulässigkeitsvoraussetzungen der Sachentscheidung vorgehen.

▶ Beispiel:

2393 Kann der auf Rückzahlung eines Darlehens Klagende die streitige Kündigung des Darlehens nicht mit Urkunden beweisen, ist die Klage unzulässig; lässt der Kläger gleichzeitig die Behauptung des Beklagten, der Darlehensbetrag sei bereits zurückbezahlt, unbestritten, so ist die Klage auch unbegründet.

Die überwiegende Ansicht will hier ausnahmsweise kein Prozessurteil nach § 597 Abs. 2 ZPO, sondern ein Sachurteil nach § 597 Abs. 1 ZPO zulassen, weil schon jetzt die materielle Unbegründetheit der Klage feststeht und kein Grund besteht, das Nachverfahren durchzuführen (OLG Jena OLG-NL 1999, 67; Stein/Jonas/Schlosser, § 597 Rn. 9; Thomas/Putzo/Seiler § 597 Rn. 6; a.A. Anders/Gehle/Gehle § 597 Rn. 4; Rosenberg/Schwab/Gottwald, § 164 III 5c).

2. Urkunden

2394 Für die den Kern des Urkundenverfahrens bildenden Urkunden sind verschiedene Aspekte zu beachten.

2395 (1) Urkunden sind alle verkörperten **Gedankenerklärungen**, die zum Beweis geeignet und bestimmt sind.

Die Urkunde muss nicht selbst Träger des geltend gemachten Rechts sein oder den Anspruch verkörpern. Als Urkunden kommen sämtliche Schriftstücke, auch unbeglaubigte Ablichtungen und Telekopien, in Betracht (OLG Köln BB 1983, 105; OLG Köln NJW 1992, 1774: Telefax; Zöller/Greger § 592

Rn. 13, § 593 Rn. 4, § 597 Rn. 5, § 598 Rn. 5). Danach sind auch Computerausdrucke, wie z.B. von E-Mails, von elektronischen Dateien oder Dokumenten aus dem Internet, Urkunden in diesem Sinne.

Im Wechsel- und Scheckprozess (§§ 602 ff. ZPO) ist jedoch in jedem Fall erforderlich, dass der Scheck oder Wechsel im Original vorgelegt werden kann bzw. (spätestens im Termin) vorgelegt wird, da zur sachlichen Berechtigung für die Rückgriffsansprüche der Besitz des Wertpapiers gehört (OLG Frankfurt a. M. MDR 1982, 153). Sonst kann folglich bei Säumnis des Beklagten auch kein die Klage zusprechendes Versäumnisurteil ergehen. Das Original sollte jedoch nicht bei den Akten verbleiben, da es für die Zwangsvollstreckung benötigt wird (Thomas/Putzo/Seiler § 756 Rn. 2).

(2) Für die **Zulässigkeit** des Urkundenverfahrens ist die Beweiskraft der vorgelegten Urkunden ohne Bedeutung. Erforderlich ist lediglich, dass die Urkunden »in einer gewissen Beziehung zum geltend gemachten Anspruch stehen«. Ob diese zum Beweis des Anspruchs ausreichen, wird erst im Rahmen der Begründetheit untersucht. 2396

Nicht erforderlich, aber selbstverständlich ausreichend, sind sog. Anspruchsurkunden, bei denen das Recht selbst in der Urkunde verkörpert wird (Vertrag, Schuldanerkenntnis, Wertpapier). Ausreichend sind darüber hinaus sog. Indizurkunden, aus denen auf das Bestehen des Anspruchs rückgeschlossen werden kann (BGH NJW 1985, 2953: Lieferschein, Rechnung, Mahnung). Nicht ausreichend sind sog. Ersatzurkunden, die nur einen grundsätzlich in anderer Form zu erbringenden Beweis ersetzen sollen (BGH NJW 2008, 523; OLG Koblenz MDR 2012, 541: schriftliches Sachverständigengutachten, schriftliche Zeugenaussage).

(3) Abweichend von den Regeln des Urkundenbeweisverfahrens (§§ 420, 595 Abs. 3 ZPO) müssen diese Urkunden für die Zulässigkeit des Urkundenverfahrens nicht im Original vorgelegt werden. Vielmehr reicht es nach § 593 Abs. 2 ZPO aus, dass sie in **Abschrift** vorgelegt werden (Zoller NJW 1993, 429). 2397

Wegen der Gefahr eines Verlusts ist von der Einreichung von Originalurkunden grundsätzlich abzuraten. Geschieht dies dennoch, muss das Gericht auf die besondere Verantwortung für das Original ausdrücklich hingewiesen werden.

Der Urkundenbeweis kann nur durch Vorlage der Urkunde erfolgen, nicht aber durch den Antrag, Akten beizuziehen. Die Partei darf sich jedoch auf Akten des Prozessgerichts in anderer Sache oder auf fremde Akten, die dem Gericht bereits vorliegen, beziehen (Thomas/Putzo/Seiler § 595 Rn. 3).

Werden die Urkunden dem Beklagten nicht rechtzeitig vor der mündlichen Verhandlung zugänglich gemacht, kann der Kläger sie in der mündlichen Verhandlung nachreichen (Zöller/Greger § 593 Rn. 4; Thomas/Putzo/Seiler § 593 Rn. 3a). Lässt der Beklagte sich hierauf rügelos ein (§ 295 ZPO), ist die Verspätung folgenlos. Rügt der Beklagte die Verspätung, muss zur Wahrung der Einlassungsfrist (§§ 274 Abs. 3; 593 Abs. 2 ZPO) ein neuer Termin bestimmt werden. Ist der Beklagte säumig, kann der Vortrag des Klägers nicht als wahr unterstellt werden, sondern bedarf des vollen Beweises aller anspruchsbegründenden Tatsachen durch Urkunden (§ 597 Abs. 2 ZPO). Kann der Kläger diesen Beweis nicht führen, ist die Klage mittels unechten Versäumnisurteils abzuweisen (BGHZ 62, 290), wenn der Kläger nicht vom Urkundenprozess Abstand nimmt und ins ordentliche Klageverfahren übergeht. Genügen die erst in der mündlichen Verhandlung nachgereichten Urkunden, können sie einem Versäumnisurteil nicht zugrunde gelegt werden (§ 335 Nr. 3 ZPO). Der Kläger muss dann Vertagung beantragen.

(4) Von der Zulässigkeit des Urkundenverfahrens zu unterscheiden ist die im Rahmen der **Begründetheit** zu prüfende Frage, ob eine streitige Tatsache durch die vorgelegten Urkunden bewiesen ist. 2398

Während es für die Statthaftigkeit der Urkundenklage genügt, dass der Beweis durch Urkunden überhaupt angetreten werden kann (§ 597 Abs. 2 ZPO), ist für die Beweisführung selbst die Vorlage der (Original-)Urkunde erforderlich (§ 595 Abs. 3 ZPO; Zöller/Greger § 595 Rn. 10). Auch insoweit genügt der bloße Antrag, fremde Akten beizuziehen, grundsätzlich nicht. In Betracht kommt dies allenfalls für die Bezugnahme auf Akten, die dem Prozessgericht (als eigene oder beigezogene) bereits vorliegen (Thomas/Putzo/Seiler § 595 Rn. 3).

Dass der Kläger bei Säumnis des Beklagten alle anspruchsbegründenden Umstände urkundlich belegen muss, wird im Rahmen der Zulässigkeit der Urkundenklage gefordert (§ 597 Abs. 2 ZPO), sodass insoweit die Vorlage bloßer Ablichtungen genügt und Originale nicht erforderlich sind (Zöller/Greger § 597 Rn. 8, str.).

Praxistipp:

2399 Bei Klageerhebung genügt es, die erforderlichen Urkunden in Ablichtung vorzulegen. Kommt es im Urkundenverfahren zu einer förmlichen Beweisaufnahme über streitige Tatsachen, bedarf es der Nachreichung der Originalurkunden.

III. Reaktionsmöglichkeiten des Beklagten

2400 Die Möglichkeiten des Beklagten zur Verteidigung sind dem allgemeinen Verfahren gegenüber in rechtlicher und tatsächlicher Hinsicht beschränkt.

2401 (1) Will der Beklagte diese Nachteile nicht ohne Weiteres hinnehmen, kann er das Vorliegen der besonderen Prozessvoraussetzungen für das Urkundenverfahren (§ 592 ZPO) prüfen und deren Fehlen ggf. ausdrücklich **rügen**.

Dazu gehört auch die Prüfung, ob dem Beklagten der Nachweis aller (streitigen) anspruchsbegründenden Voraussetzungen möglich ist.

Praxistipp:

2402 Für den Beklagten kann es sinnvoll sein, anspruchsbegründende Voraussetzungen zu bestreiten, um dem Kläger die Möglichkeit des Vorgehens im Urkundenprozess zu nehmen, wenn er nicht alle Voraussetzungen urkundlich belegen kann.

Auch im Urkundenverfahren gilt das Wahrheitsgebot (§ 138 Abs. 1 ZPO), sodass ein Bestreiten jedenfalls dann nicht in Betracht kommt, wenn der Beklagte positiv um die Wahrheit der Tatsache weiß.

2403 (2) Ausgeschlossen ist die Geltendmachung einer **Gegenforderung** in Form einer Widerklage (§ 595 Abs. 1 ZPO).

Dies gilt auch dann, wenn die Widerklage ihrerseits als Urkundenprozess geführt werden soll (Thomas/Putzo/Seiler § 595 Rn. 1; a.A. Stein/Jonas/Schlosser § 595 Rn. 1).

Nicht ausgeschlossen sind die Geltendmachung der Gegenforderung im Wege der Aufrechnung (BGH WM 1981, 386) und Gegenanträge nach §§ 600 Abs. 2, 302 Abs. 4 Satz 4, 717 Abs. 2 ZPO. Wird die Gegenforderung dabei streitig, muss sie mit den im Urkundenprozess zugelassenen Mitteln bewiesen werden. Gelingt dies nicht, bleibt die Gegenforderung im Urkundenverfahren materiell unberücksichtigt und muss im Nachverfahren geprüft werden.

§ 596 Abs. 1 ZPO steht auch anderen Prozessinstituten nicht entgegen, selbst wenn diese zu einer Verfahrensverzögerung führen. So sind Streitverkündung und Nebenintervention möglich.

2404 (3) Der Beklagte kann alle Angriffs- und Verteidigungsmittel geltend machen, die ihm auch im allgemeinen Verfahren zustehen. Werden diese streitig, können sie indes nur mit im Urkundenverfahren zugelassenen **Beweismitteln** bewiesen werden (§ 595 Abs. 2 ZPO). Gelingt dies nicht, bleiben sie im Urkundenverfahren unberücksichtigt (§ 598 ZPO) und können erst im Nachverfahren geltend gemacht werden.

Dies gilt für materielle Einwendungen und Einreden, Gestaltungsrechte, Gegenbeweisantritte und natürlich für das Bestreiten von Tatsachen.

2405 Probleme entstehen dabei, wenn zwar die **Hilfs-**, nicht aber die **Hauptverteidigung** statthaft bewiesen werden kann.

Die Staffelung einer Verteidigung in Haupt- und Hilfsverteidigung zwingt das Gericht, die Einwände in dieser Reihenfolge zu prüfen.

▶ Beispiel:

Beruft sich der Beklagte hauptsächlich auf Erfüllung, die er – nach Bestreiten des Klägers – nur mit einem Zeugen unter Beweis stellen kann, und rechnet er hilfsweise mit einem Gegenanspruch auf, den er mittels einer Urkunde belegen kann, so steht fest, dass die Klage keinen Erfolg haben kann. Ob erfüllt wurde, kann im Urkundenprozess mangels wirksamen Beweisantritts nicht festgestellt werden. Auf die Aufrechnung kann die Klage (wegen § 322 Abs. 2 ZPO) erst gestützt werden, wenn feststeht, dass der Erfüllungseinwand erfolglos bleibt. 2406

Überwiegend wird hier vorgeschlagen, die Klage analog § 597 Abs. 1 ZPO »als in der gewählten Prozessart unstatthaft« und damit als unzulässig abzuweisen, sodass es nicht zu einer Verurteilung des Beklagten kommt, ohne dass ein der Rechtskraft fähiger Ausspruch über die Verteidigungseinwände ergeht.

(5) Ist dem Beklagten der Beweis in der erforderlichen Form absehbar nicht möglich, wird seine Verteidigung zwar im Urkundenverfahren erkennbar erfolglos bleiben. Das muss aber nicht auch ein Unterliegen im **Nachverfahren** bedeuten. 2407

In diesen – praktisch häufigen – Fällen muss der Beklagte seine Rechte für das Nachverfahren wahren. Die Ausübung dieser Rechte im Nachverfahren wird ihm im Urkundenprozess vorbehalten, wenn er dem geltend gemachten Anspruch widerspricht.

Dafür genügt die (beim Anwalt elektronische: § 702 Abs. 2 Satz 2 ZPO) Erklärung, dem geltend gemachten Anspruch werde widersprochen. Der Beklagte muss den Widerspruch weder begründen noch den Antrag stellen, »ihm die Ausführungen seiner Rechte im Nachverfahren vorzubehalten«. Auch wenn der Widerspruch (konkludent) in jeder Verteidigung gegen eine unbedingte Verurteilung liegen kann, z.B. auch schon im Klageabweisungsantrag, empfiehlt es sich, diesen ausdrücklich und an hervorgehobener Stelle zu erklären (Anders/Gehle/Gehle § 599 Rn. 4: »Der Widerspruch muss deutlich sein«).

▶ Praxistipp:

Der nicht näher begründete Widerspruch gegen den erhobenen Anspruch führt zwar zu einem Nachverfahren, kann dort aber dazu führen, dass einige Punkte bereits bindend feststehen und nicht mehr infrage gestellt werden können (unten Rdn. 2418). 2408

Bei vorhandenen Bedenken oder zweifelhafter Rechtslage in Bezug auf die Klageforderung empfiehlt sich daher bereits im Vorverfahren unbedingt eine sachliche Verteidigung, zumal das Gericht geneigt sein könnte, im Vertrauen auf eine vermeintliche Korrekturmöglichkeit im Nachverfahren ein Vorbehaltsurteil ohne nähere Prüfung zu erlassen.

▶ Beispiel:

Ergibt sich aus dem Vortrag des Klägers, dass die dem Klageanspruch zugrunde liegende Vereinbarung eine Allgemeine Geschäftsbedingung ist, muss der Beklagte schon im Urkundenprozess etwaige Einwendungen aus dem AGB-Gesetz (§§ 305 ff. BGB) vorbringen. Unterlässt er dies, so hat das trotz Unwirksamkeit der Vereinbarung ergangene und nicht angefochtene (fehlerhafte) Vorbehaltsurteil Bindungswirkung. Diese Rechtsfrage hätte bereits im Urkundenprozess (von Amts wegen) geprüft werden müssen, da bejahendenfalls die Klage dann von vornherein unbegründet bzw. unschlüssig war (BGH MDR 1991, 423). 2409

Dass bei Säumnis des Beklagten sein bisheriger Vortrag für die Entscheidung unberücksichtigt bleibt (§ 331 Abs. 1 ZPO), gilt auch für den Widerspruch, sodass ein Versäumnisurteil gegen den Beklagten stets ohne Vorbehalt ergeht. Legt der Beklagte Einspruch gegen das Versäumnisurteil ein, kann er den Widerspruch nachholen und so ein Vorbehaltsurteil bekommen (Zöller/Greger § 599 Rn. 2, 7).

Gleichzeitig muss der Beklagte aber auch das Urkundenverfahren möglichst kostengünstig beenden. 2410
Dafür bietet sich – wie auch sonst – ein sofortiges Anerkenntnis mit der Möglichkeit einer völligen Kostenfreistellung nach § 93 ZPO an. Das Anerkenntnis kann auch unter Vorbehalt der Rechte im

Nachverfahren erfolgen, was allerdings zur Folge hat, dass sich der Beklagte auf die günstige Rechtsfolge des § 93 ZPO nicht berufen kann (Zöller/Greger § 599 Rn. 4).

▶ Praxistipp:

2411 Erkennt der Beklagte im Urkundenverfahren an, muss er eindeutig klarstellen, ob er sich seine Rechte für das Nachverfahren vorbehalten will, da es das Anerkenntnis mit und ohne Vorbehalt gibt.

Bei Abgabe eines Anerkenntnisses ist zu bedenken, dass u.U. die Bindungswirkung für den Beklagten nachteilig sein kann (unten Rdn. 2418). Gefährlich sind im Urkundenprozess voreilige Geständnisse sowie das Anerkenntnis der Echtheit von Urkunden, da diese Prozesshandlungen im Nachverfahren wirksam bleiben (Zöller/Greger § 600 Rn. 1, 12 ff.).

IV. Nachverfahren

2412 Ist im Urkundenverfahren ein Urteil ohne Vorbehalt ergangen, handelt es sich um ein **Endurteil**, gegen das nur noch mit der Berufung vorgegangen werden kann.

Der Vorbehalt muss sich dabei im Tenor des Urteils finden. Regelmäßig wird dabei der gesetzliche Wortlaut übernommen und »dem Beklagten die Ausführung seiner Rechte im Nachverfahren vorbehalten«.

Fehlt der Vorbehalt im Urteil, sollte der Beklagte entweder dessen Ergänzung beantragen (§§ 599 Abs. 2, 321 ZPO) oder – vor allem bei Versäumung der Frist des § 321 Abs. 2 ZPO oder wenn der Vorbehalt (fälschlich) bewusst unterblieben ist – Berufung einlegen. Andernfalls kann das Vorbehaltsurteil im Nachverfahren nicht mehr aufgehoben werden (Zöller/Greger § 599 Rn. 7 ff.).

2413 Bei einem Vorbehaltsurteil bleibt der Rechtsstreit anhängig und wird im sog. Nachverfahren fortgesetzt (§ 600 ZPO).

Dies gilt auch dann, wenn das Vorbehaltsurteil noch nicht rechtskräftig, sondern mit der Berufung angefochten ist.

2414 Streitig ist und praktisch unterschiedlich behandelt wird die Frage, ob es zum Fortgang des Verfahrens durch Bestimmung eines Termins zur mündlichen Verhandlung von Amts wegen oder nur auf besonderen **Antrag** des Beklagten hin kommt.

Für die Erforderlichkeit eines Antrags Thomas/Putzo/Seiler § 600 Rn. 2; für eine Fortsetzung von Amts wegen Zöller/Greger § 600 Rn. 8).

▶ Praxistipp:

2415 Erfolgt eine Terminsbestimmung nicht unverzüglich nach Zustellung des Vorbehaltsurteils (§ 216 Abs. 2 ZPO), muss der Beklagte diese förmlich beantragen.

Eine Fortsetzung der mündlichen Verhandlung sogleich nach Verkündung des Vorbehaltsurteils im Urkundenprozesstermin ist nicht ausgeschlossen, aber nur mit Einverständnis der Parteien möglich. Hierauf muss sich insbesondere der Kläger nicht einlassen, der in der Regel zu den Einwendungen des Beklagten bislang noch nicht (ausreichend) vorgetragen hat.

2416 Bei dem Nachverfahren handelt es sich um ein **allgemeines Verfahren**, für das nicht die besonderen Vorschriften der §§ 592 ff. ZPO, sondern die allgemeinen Vorschriften der §§ 253 ff. ZPO gelten.

2417 Der Grundsatz, dass es sich bei Vor- und Nachverfahren um ein und **dasselbe Verfahren** handelt, macht klar,
- dass zuständig für das Nachverfahren das Gericht bleibt, das das Vorbehaltsurteil erlassen hat;
- dass Klageänderung und Widerklage im Nachverfahren möglich sind (BGHZ 17, 31);
- dass bindende Prozesslagen fortwirken, ein Geständnis (§ 288 ZPO) also seine Bindungswirkung behält, eine mangels Geltendmachung verlorene Rüge (§ 295 ZPO) nicht neu erhoben werden kann; zweifelhaft ist die Fortwirkung für die Möglichkeit der Zurückweisung verspäteten Vorbringens nach § 296 ZPO;

– dass das Vorbehaltsurteil für das Nachverfahren Bindungswirkungen entfaltet (§ 318 ZPO), soweit es nicht auf den Beschränkungen des Urkundenprozesses beruht. Alles, was im Vorverfahren im vollen Umfang geprüft werden musste, damit das Vorbehaltsurteil ergehen konnte, steht für das Nachverfahren fest (BGH WM 1993, 99, 100; Bilda NJW 1983, 142). 2418

Eine Bindungswirkung für das Nachverfahren kommt einem Vorbehaltsurteil (nur) insoweit zu, als es nicht auf den eigentümlichen Beschränkungen der Beweismittel im Urkundenprozess beruht (§ 318 ZPO; z.B. BGH NJW-RR 1992, 183, st. Rspr.; Zöller/Greger § 600 Rn. 1, 19; Anders/Gehle/Gehle § 600 Rn. 5; Bilda NJW 1983, 142; OLG Brandenburg NJW-RR 2002, 1294: auch bei einem Anerkenntnisvorbehaltsurteil; im Einzelnen str.).

Hieraus folgert der BGH, dass jedenfalls diejenigen Teile des Streitverhältnisses nicht mehr infrage gestellt werden können, die in dem Vorbehaltsurteil, damit es überhaupt erlassen werden konnte (statt die Klage abzuweisen), als Grundvoraussetzungen endgültig beschieden werden mussten (BGH NJW 1960, 576; BGH NJW 1968, 2244; Zöller/Greger § 600 Rn. 19). Darüber hinaus bejaht der BGH eine Bindung auch dann, soweit der jeweilige Streitpunkt Gegenstand des Vorverfahrens und deshalb auch dort bereits zu entscheiden war bzw. abschließend beschieden wurde (BGH NJW 1960, 576; BGH NJW 1982, 183 – ausdrücklich offen gelassen hat der BGH die Frage, ob eine Ergänzung des Tatsachenvortrages im Nachverfahren die Bindungswirkung in allen Fällen aufhebt).

▶ **Beispiele:**

Von der Bindungswirkung erfasst wird 2419

- die (bejahte) Zulässigkeit der Klage (Prozessvoraussetzungen),
- die rechtliche Beurteilung der Klage (jedenfalls) in Bezug auf ihre Schlüssigkeit,
- die rechtliche Beurteilung der Begründetheit von Einwendungen,
- die (bejahte) Passivlegitimation des Beklagten,
- ein Geständnis (§ 288 ZPO),
- das Anerkenntnis der Echtheit einer Urkunde.

Hat das Gericht im Vorverfahren insoweit einen Fehler gemacht, so lässt sich die Bindungswirkung des Vorbehaltsurteils nur unter Heranziehung von Rechtsmitteln gegen das Vorbehaltsurteil beseitigen (§ 599 Abs. 3 ZPO; zu deren Verhältnis zum Nachverfahren Zöller/Greger § 600 Rn. 24).

Keine Bindung besteht an Fragen, die im Vorverfahren wegen der Beschränkung der Beweismittel nicht (umfassend) geprüft werden konnten.

▶ **Beispiel:**

Die Parteien können im Nachverfahren die Echtheit der Urkunde (bzw. der Unterschrift) und sonstige Tatsachen, insbesondere im Vorbehaltsurteil bejahte Anspruchsvoraussetzungen (jedenfalls) auch dann noch bestreiten, wenn sich der Beklagte hierzu im Vorverfahren nicht erklärt hat und dies somit vom Gericht noch nicht berücksichtigt werden konnte (BGH NJW 1982, 183; BGH NJW 1988, 1468; BGH NJW 2004, 1159; kritisch Zöller/Greger § 600 Rn. 19, 20), 2420

Die Parteien können auch sonstige neue Tatsachen sowie Angriffs- und Verteidigungsmittel, z.B. Beweismittel, anbieten oder auch die Einrede der Verjährung erstmals geltend machen (Thomas/Putzo/Seiler § 600 Rn. 6),

Schließlich können die Parteien als unsubstantiiert zurückgewiesene Einwendungen durch neuen Sachvortrag ergänzen, sofern dies nicht zugleich einen zur Begründung des Klageanspruchs von Amts wegen zu prüfenden Umstand oder rechtlichen Gesichtspunkt betrifft (BGH NJW 1960, 576).

Dabei ist es ohne Bedeutung, dass dies bereits im Urkundenprozess hätte vorgebracht und mit den dort zulässigen Beweismitteln bewiesen werden können (oder auch nicht; BGH NJW-RR 1992, 254: Verjährungseinrede). Eine **Präklusion** des Vortrags findet nicht statt. 2421

Selbst wenn der Beklagte keine statthaften Beweismittel für seine Einwendungen angegeben hat, muss der Kläger bereits im Vorprozess versuchen, diese zu entkräften bzw. zu bestreiten, um durch deren Zurückweisung eine für ihn vorteilhafte Bindungswirkung zu erlangen. Außerdem besteht die Beweisbedürftigkeit erst bei einem streitigen Sachverhalt, wobei unstreitige Einwendungstatsachen zum Nachteil des Klägers – (wohl) mit Bindungswirkung – berücksichtigt werden und damit zur endgültigen Klageabweisung führen.

Kann der Beklagte hingegen die Einwendungen noch nicht fundiert und vollständig vortragen, sollte er diese besser erst im Nachverfahren vorbringen, statt diese im Urkundenprozess mit der Gefahr einer bindenden Zurückweisung nur oberflächlich anzusprechen (BGH WM 1979, 272: Einwand der Sittenwidrigkeit des Wechselbegebungsvertrages).

C. Amtsgerichtliches Verfahren

2422 Der Regelfall des in den §§ 253 ff. ZPO geregelten allgemeinen Klageverfahrens ist das Verfahren vor einer Kammer des Landgerichts. Einige wenige Besonderheiten gelten dann, wenn das Verfahren vor dem Amtsgericht läuft (§§ 495 ff. ZPO).

I. Das amtsgerichtliche Verfahren im Allgemeinen

2423 Wird der Rechtsstreit nicht vor dem Landgericht, sondern vor dem Amtsgericht verhandelt, so ergeben sich gegenüber dem allgemeinen Verfahren Unterschiede. Wegen des geringeren Streitwerts und der Möglichkeit, dass die Entscheidung mit einem Rechtsmittel nicht anfechtbar sein wird, ergeben sich **Erleichterungen** für die Parteien und für den Verfahrensablauf (BGHZ 93, 245):

Die Parteien bedürfen grundsätzlich keines Rechtsanwalts (§ 78 ZPO). Anträge und Erklärungen (einschließlich der Klageerhebung) unterliegen erleichterten Formvorschriften, können auch mündlich zu Protokoll der Geschäftsstelle (§§ 496, 129a ZPO) oder in mündlicher Verhandlung zu Protokoll gegeben werden (§§ 510a, 160 Abs. 4 ZPO). Das Gericht muss die Parteien stärker als sonst auf mögliche Rechtsnachteile hinweisen, so z.B. nach § 504 ZPO auf die zuständigkeitsbegründende Wirkung einer rügelosen Einlassung (§ 39 ZPO), nach § 510 ZPO auf die Anerkenntnisfiktion bei unterlassener Erklärung zur Echtheit einer Urkunde (§ 439 Abs. 3 ZPO) oder nach § 499 ZPO auf die Folge eines Anerkenntnisses (§ 307 ZPO). Gemäß § 510b ZPO können Ansprüche auf Vornahme einer Handlung, Fristsetzung und Zahlung von Schadensersatz in einem Prozess verbunden werden.

II. Das amtsgerichtliche Bagatellverfahren (§ 495a ZPO)

2424 Eine erhebliche Vereinfachung des Verfahrens lässt § 495a ZPO zu: Übersteigt der Streitwert **600 €** nicht (sog. Bagatellverfahren), so braucht das Gericht die mündliche Verhandlung nur auf Antrag hin zu bestimmen und kann sein Verfahren nach billigem Ermessen bestimmen.

1. Voraussetzungen und Gefahren

2425 Das vereinfachte Verfahren nach § 495a ZPO vor dem Amtsgericht kann – im Gegensatz zum Mahnverfahren und Urkundenprozess – nicht von der Partei gewählt werden. Es liegt im **Ermessen des Gerichts**, ob es »sein Verfahren nach billigem Ermessen« bestimmen will oder nicht. Dieses Verfahren ist grundsätzlich bei Ansprüchen jeder Art möglich.

2426 **Voraussetzung** ist, dass der (Zuständigkeits-)Streitwert 600 € nicht übersteigt.

Wegen der Verfahrenskosten stehen regelmäßig insgesamt jedoch mehr als 600 € zur Entscheidung. Dies gilt auch bei Widerklage und Aufrechnung (Zöller/Herget § 495a Rn. 5). Beträgt der eigene Wert der Widerklage indes mehr als 600 €, wird § 495a ZPO unanwendbar (§ 5 ZPO; z.B. MüKoZPO/Deubner § 495a Rn. 8). Allerdings soll eine trotzdem in diesem Verfahren ergehende Entscheidung wirksam und grundsätzlich unanfechtbar sein (Anders/Gehle/Bünnigmann § 495a Rn. 100).

Nach h.M. kann die Streitwertfestsetzung nicht separat (mit der – sofortigen – Beschwerde) angefochten werden (§§ 62 GKG, § 32 Abs. 2 Satz 1 RVG; OLG Koblenz NJW-RR 2009, 499). Dies gilt selbst dann, wenn der Streitwert bewusst zu niedrig angesetzt wurde (Anders/Gehle/Becker Einf. §§ 3–9 Rn. 10; a.A. LG München I MDR 2001, 713: analog § 567 Abs. 1 ZPO a.F., arg.: Bei § 495a ZPO hängt die Verfahrensordnung von der Streitwertfestsetzung ab und es darf keiner Partei ein gänzlich andersgeartetes Verfahren – hier: »Verfahren zweiter Klasse« – aufgezwungen werden).

Die Urteile in diesem Verfahren sind deshalb auch grundsätzlich unanfechtbar. 2427

Denn die Berufung ist nur zulässig, wenn der Wert des Beschwerdegegenstandes 600 € übersteigt (§ 511 Abs. 2 Nr. 1 ZPO).

Allerdings ist das Berufungsgericht bei der Prüfung der Zulässigkeit nicht an die Streitwertfestsetzung durch das erstinstanzliche Gericht gebunden (§ 522 Abs. 1 ZPO; BGH NJW-RR 2005, 219: eigenes freies Ermessen des Berufungsgerichts gem. § 3 ZPO).

Ausnahmsweise können aber das Abhilfeverfahren (§ 321a ZPO) oder auch die Zulassungsberufung (§ 511 Abs. 2 Nr. 2 ZPO) in Betracht kommen (unten Rdn. 2708, 3218).

Das Verfahren nach § 495a ZPO bietet eine Reihe von **Gefahren** für die Parteien, die in der Praxis 2428
gelegentlich unterschätzt werden.

(1) So können erhebliche Abweichungen vom normalen **Ablauf** zum Nachteil der Parteien vorkom- 2429
men. Mangels einheitlicher Handhabung muss man sich auf die konkrete Gestaltung des Verfahrens durch das jeweilige Gericht im Einzelfall einstellen, wobei nahezu jede gesetzliche oder gewohnheitsrechtliche Regel des Normalprozesses nach § 495a ZPO abgewandelt, aufgeschoben, vorweggenommen oder aufgehoben werden kann (Anders/Gehle/Bünnigmann § 495a Rn. 12).

Wesentliche Verfahrensgrundsätze müssen allerdings (eigentlich) beachtet werden (Thomas/Putzo/Seiler § 495a Rn. 2).

Zu den wesentlichen Verfahrensgrundsätzen zählt vor allem das Gebot des rechtlichen Gehörs (insbesondere die Hinweispflicht). Daher werden »die Entscheidungen des BVerfG, die sich mit der Auslegung des Art. 103 Abs. 1 GG befassen, im vereinfachten Verfahren zur Prozessordnung« (MüKoZPO/Deubner § 495a Rn. 17).

Dazu gehören daneben das Prinzip der Parteiherrschaft und der Beibringungsgrundsatz. Außerdem haben die Parteien in gleichem Umfang wie im normalen Verfahren einen Anspruch auf erschöpfende Berücksichtigung ihrer Beweisanträge (MüKoZPO/Deubner § 495a Rn. 22). Auch § 286 ZPO gilt in vollem Umfang. Selbstverständlich besteht kein Ermessen in der Anwendung des sachlichen Rechts und in der Beurteilung der Beweislast.

Das Verfahren kann also (eigentlich) nicht völlig nach den persönlichen Vorstellungen der Richter gestaltet werden.

Prozessleitende Anordnungen, die im Ermessen des Gerichts stehen und keinen Antrag erfordern, sind grundsätzlich nicht anfechtbar (Zöller/Greger § 273 Rn. 5). Wenn allerdings eine nach § 495a ZPO erlassene verfahrensleitende Anordnung in außergewöhnlich grober Weise Verfahrensgrundrechte der Parteien verletzt, kann dies aber u.U. einen Befangenheitsantrag rechtfertigen (KG MDR 2001, 1435).

(2) Des Weiteren ist dieses Verfahren aufseiten der Gerichte missbrauchsanfällig, nicht zuletzt wegen 2430
der grundsätzlichen **Unanfechtbarkeit**.

(Anders/Gehle/Bünnigmann § 495a Rn. 4: zu beobachtende Gefahr des Missbrauchs durch faule Richter; E. Schneider Beil. zu ZAP 5/1998 S. 10: »rechtsstaatlicher Horrorkatalog« unter Hinweis auf die Ergebnisse der rechtstatsächlichen Untersuchung von Rottenleuthner NJW 1996, 2473).

Wenn das Gericht die Berufung nicht zulässt, braucht das Urteil außerdem keinen Tatbestand zu enthalten, und für die Entscheidungsgründe genügt die Aufnahme ihres wesentlichen Inhalts in das Protokoll (§§ 511 Abs. 2 Nr. 2, 313a Abs. 1 ZPO). Dies kann zu oberflächlichen und unüberlegten »Schnellschüssen« verführen.

(3) Das Verfahren wird in der Regel nur **schriftlich** geführt. Die sich in der mündlichen Verhand- 2431
lung bietenden Chancen kann man dann nicht wahrnehmen. Es besteht daher in erhöhtem Maße die Gefahr, dass Missverständnisse unerkannt und neue entscheidungserhebliche Umstände verborgen bleiben.

▶ Praxistipp:

2432 Es kann sich aufgrund der Risiken dieses Verfahrens u.U. empfehlen, einen bisher zurückgehaltenen (geringen) Anspruch mit geltend zu machen, um über die Streitwertgrenze zu gelangen, was auch noch während des Verfahrens durch Klageerweiterung erfolgen kann.

2. Beispiele abweichender Verfahrensgestaltung

2433 Im Folgenden werden einige wichtige Möglichkeiten der gerichtlichen Verfahrensgestaltung aufgezeigt (im Übrigen z.B. die Auflistungen bei Anders/Gehle/Bünnigmann § 495a Rn. 34 ff.; Fischer MDR 1994, 980).

2434 Dabei hat das Gericht eine vom Regelverfahren abweichende Verfahrensweise den Parteien unter Wahrung rechtlichen Gehörs bekannt zu geben.

(BVerfG NJW-RR 1994, 254; z.B.: die Formblattverfügung des AG Leipzig DRiZ 1996, 193; des AG Leer ZAP-Report: Justizspiegel 2003, 899; die »BaBagVfO« des AG Nordenham DRiZ 1992, 106; zu weiteren eigenen Verfahrensordnungen kritisch E. Schneider ZAP 2002, 483; ZAP-Report: Justizspiegel 2003 S. 1237: »derzeitiger Trend mancher Gerichte, sich durch Erfinden einer Privat-ZPO auf Kosten der Parteien oder der Anwälte die Arbeit zu erleichtern«; skeptisch Zöller/Herget § 495a Rn. 8).

2435 Solche Hinweise des Gerichts sollten unbedingt beachtet werden. So selbstverständlich dies sein mag, erstaunt es in der Praxis doch immer wieder, dass gerichtliche Hinweise offenbar von manchen Rechtsanwälten überhaupt nicht zur Kenntnis genommen bzw. beachtet werden.

2436 (1) **Anspruchsbegründung:** Wenn der Kläger bei vorausgegangenem Mahnverfahren nach Überleitung ins streitige Verfahren innerhalb der ihm gesetzten Frist zur Begründung des Anspruchs (§§ 697 Abs. 1, 700 Abs. 3 Satz 2 ZPO) eine solche nicht einreicht, kann die Klage durch Endurteil mangels Schlüssigkeit (sowie mangels Notwendigkeit eines Termins) als unbegründet abgewiesen werden (Anders/Gehle/Bünnigmann § 495a Rn. 59; a.A. für das Normalverfahren Thomas/Putzo/Nordmeier § 697 Rn. 8: Klageabweisung als unzulässig).

2437 (2) **Beweisaufnahme:** In der Regel erfolgen Zeugenvernehmungen schriftlich (§ 377 Abs. 3 ZPO). Hierzu kann das Gericht der beweispflichtigen Partei aufgeben, eine schriftliche Stellungnahme des Zeugen beizubringen (Anders/Gehle/Bünnigmann § 495a Rn. 79).

2438 Die Partei kann aber auch selbstständig eine schriftliche Zeugenaussage einreichen. Damit kann man verhindern, dass der Zeuge sonst möglicherweise – aus welchen Gründen auch immer – völlig unbeachtet bleibt.

Jedoch sind diese Aussagen oft sehr ungenau und oberflächlich, insbesondere wenn die Beweisfrage lediglich mit einem bloßen »ja« oder mit »ist zutreffend« beantwortet wird. In diesem Fall sollte die davon nachteilig betroffene Partei versuchen, eine wiederholte Vernehmung bzw. eine Ladung des Zeugen zu erreichen (§§ 398, 377 Abs. 3 Satz 3 ZPO: Ermessen des Gerichts). Dabei darf das Gericht Beweisergebnisse zum Nachteil einer Partei nicht verwerten, wenn sie ihr nicht vorher mit der Gelegenheit zur Stellungnahme bekannt gegeben worden sind (BayOblG MDR 1981, 409).

So kann der Anwalt insbesondere auf etwaige Unklarheiten oder Widersprüche in der Aussage hinweisen und auf sein grundsätzliches Fragerecht nach § 397 ZPO bestehen (oben Rdn. 2034). Nützlich kann diesbezüglich auch sein, wenn er etwaige vorhandene persönliche Beziehungen des Zeugen zur Gegenpartei oder sonstige relevante Besonderheiten in der Person des Zeugen selbst (z.B. vorbestraft wegen Aussagedelikten) aufzeigt.

Vor allem ein Antrag auf mündliche Verhandlung kann förderlich sein, da der Termin dann sowieso stattfinden muss. Trotzdem ist das Gericht nicht verpflichtet, eine (wiederholte) Beweisaufnahme in einem Termin durchzuführen (Zöller/Herget § 495a Rn. 11). Da auch Art. 103 Abs. 1 GG keinen Anspruch auf eine mündliche Verhandlung gewährt, besteht dementsprechend nicht die Garantie, dass eine Zeugenvernehmung unmittelbar in der mündlichen Verhandlung erfolgt (BVerfG NZV 1993, 185).

So ist zwar grundsätzlich eine telefonische Vernehmung der Zeugen durch den Richter zulässig, jedoch nicht praktikabel (Zöller/Herget § 495a Rn. 9a f.: rechtliches Gehör der Parteien; ergänzende Befragung muss erlaubt sein).

§ 495a ZPO deckt nicht die faktische Anordnung der Zeugenstellung durch die Parteien (LG Paderborn MDR 2000, 171, str.). Unzulässig ist z.B. auch folgende Verfügung: »Ist eine Zeugeneinvernahme angeordnet und erscheint ein Zeuge auch im zweiten Beweistermin nicht, gilt der Beweis als nicht einbringbar« (KG MDR 2001, 1435). 2439

(3) **Fristen:** Da bei Versäumnis von Fristen erhebliche Nachteile entstehen können, muss auf deren Einhaltung genau geachtet werden. 2440

Es muss damit gerechnet werden, dass richterliche Fristen eher streng gehandhabt werden. In der Praxis wird die Gefahr, dass ein Schriftsatz wegen Fristversäumnis nicht mehr beachtet wird, von den Anwälten immer wieder unterschätzt. Da die meist formularmäßigen Hinweise im Bagatellverfahren umfangreich und verwirrend sein können, sollten diese sorgfältig gelesen und vor allem auf gesetzte Fristen überprüft werden.

Kann eine Frist nicht eingehalten werden bzw. erscheint sie von vornherein zu kurz, muss daher unbedingt rechtzeitig und formgerecht Fristverlängerung beantragt werden (§ 224 Abs. 2 ZPO).

Dies ist auch dann erforderlich, wenn eine Klageerwiderung wegen laufender Vergleichsverhandlungen noch zurückgestellt werden soll.

Die Verbescheidung des Gesuchs hat dabei grundsätzlich – soweit zeitlich noch möglich – so rechtzeitig vor Ablauf der Frist zu erfolgen, dass der Antragsteller in der Lage ist, die befristete Prozesshandlung noch in offener Frist vornehmen zu können (Zöller/Feskorn § 225 Rn. 2).

Sofern man vom Gericht diesbezüglich keine Nachricht erhält, sollte man vor Fristablauf (sicherheitshalber) entweder telefonisch nachfragen oder den Schriftsatz noch rechtzeitig einreichen. Denn sonst besteht die Gefahr, dass zugleich mit dem ergehenden Endurteil der Verlängerungsantrag abgewiesen wird, ohne dass der (verspätete) Schriftsatz noch Berücksichtigung finden kann.

Eine Wiedereinsetzung in eine versäumte Frist ist nicht möglich (oben Rdn. 823), allenfalls kann das Abhilfeverfahren in Betracht kommen (unten Rdn. 2708).

Das Gericht hat den Ablauf der gesetzten **Äußerungsfrist** abzuwarten. Eine vorher ergehende Entscheidung verstößt gegen den Anspruch auf rechtliches Gehör (BayObLG MDR 1981, 409; Prütting/Gehrlein/Thole § 321a Rn. 7). 2441

Da dies nicht gelten soll, wenn aufgrund einer abgegebenen Äußerung nicht mit weiteren Ausführungen zu rechnen ist, kann es sich empfehlen, vorsorglich einen weiteren Sachvortrag anzukündigen. Dabei kann die Ankündigung von weiteren Ausführungen oder die Mitteilung von der Prüfung etwaiger Vergleichsmöglichkeiten den Richter dazu bringen, mit dem Erlass einer Entscheidung noch gewisse Zeit über den Fristablauf hinaus zu warten. Andernfalls muss man mit einer Entscheidung bereits einen Tag nach Fristablauf rechnen (BVerfG NJW 1999, 1176, 1777: kein leichtfertiger Umgang mit dem Anspruch auf rechtliches Gehör – daher Nichtannahme der Verfassungsbeschwerde).

Die Chancen der Bewilligung einer beantragten Fristverlängerung dürften sich erheblich erhöhen, wenn der Antrag auf mündliche Verhandlung hilfsweise für den Fall der Ablehnung der Fristverlängerung gestellt wird.

Hat das Gericht hingegen keine Frist für eine etwaige Erwiderung gesetzt, insbesondere nach einem gerichtlichen Hinweis, muss es mit der Entscheidung »angemessene Zeit« warten, in der Regel zwei Wochen (BVerfG NJW 1982, 1691). 2442

Sofern der Anwalt noch längere Zeit für die Einreichung einer Erklärung benötigt, sollte er dies dem Gericht unbedingt unter Angabe eines konkreten Zeitraums oder Datums mitteilen. In der Regel dürfte der Richter seine Wiedervorlageverfügung danach richten. Die damit quasi selbst gesetzte Frist sollte der Anwalt dann freilich auch einhalten.

Im Übrigen ist zu prüfen, ob nicht bereits bei der ersten Verfügung im Voraus Erwiderungsfristen für künftige Schriftsätze der Gegenseite gesetzt wurden. 2443

Eine solche Fristsetzung erhöht die Gefahr einer Fristversäumung beträchtlich, da der Anwalt sich die genaue Frist bei Zugang der fristsetzenden Verfügung noch nicht notieren kann. Ob diese Verfahrensweise – im Gegensatz zum normalen Erkenntnisverfahren (Thomas/Putzo/Seiler § 276 Rn. 13) – hier überhaupt zulässig ist, scheint zweifelhaft (die Begründung des BGH in NJW 1980, 1176: Frist für die Replik des Klägers gem. § 276 Abs. 3 ZPO).

Insbesondere im weiteren Verlauf des Verfahrens wird in der Praxis häufig für beide Parteien dieselbe (Abschluss-)Frist gesetzt. Geht dann jedoch erst kurz vor ihrem Ablauf ein erheblicher Schriftsatz ein, muss der Gegner Gelegenheit bekommen, hierauf nochmals erwidern zu können (Anders/Gehle/Anders § 128 Rn. 28; BVerfGE 50, 280, 285).

2444 (4) **Sachvortrag:** Es sollte möglichst frühzeitig alles Entscheidungsrelevante nebst Beweisangeboten vorgetragen werden, da die Partei damit rechnen muss, dass das Gericht aufgrund ihres eventuell einzigen bisherigen Schriftsatzes bereits endgültig und unanfechtbar – ohne »Vorwarnung« – entscheidet. Daher sind an den Sachvortrag eher höhere Anforderungen zu stellen als sonst (Anders/Gehle/Bünnigmann § 495a Rn. 53, 80).

So sind nämlich eine Verkündung und somit auch ein Verkündungstermin nicht erforderlich. Die Entscheidung ist erlassen, wenn diese von der Geschäftsstelle zur Zustellung gegeben ist (Zöller/Herget § 495a Rn. 12; BGH, Urt. vom 01.04.2004 – IX ZR 117/03), ohne dass den Parteien der Zeitpunkt vorher mitgeteilt werden braucht.

2445 (5) **Säumnis:** Bei Säumnis einer Partei im Termin oder bei Nichteinhaltung einer vom Gericht gesetzten Klageerwiderungsfrist im schriftlichen Verfahren darf anstelle eines (beantragten) Versäumnisurteils ein die Instanz abschließendes Endurteil nach Aktenlage ergehen.

Hierfür ausdrücklich Städing NJW 1996, 693; LG München I, Beschl. vom 23.08.2000 – 13 T 15020/00: auch wenn durch Niederlegung zugestellt/keine Gehörsverletzung; AG Ahrensburg NJW 1996, 2516; a.A. Peglau NJW 1997, 2222, einschränkend Fischer MDR 1994, 981, der diesbezüglich zur Vorsicht rät. Nach LG Wiesbaden (MDR 2002, 1212) ist aber bei Einleitung eines schriftlichen Vorverfahrens ein vorheriger Hinweis erforderlich, dass beabsichtigt ist, ohne mündliche Verhandlung zu entscheiden (sonst Verstoß gegen Art. 103 Abs. 1 GG).

Im Gegensatz zum Versäumnisurteil ist hiergegen ein Einspruch und deshalb auch eine »Flucht in die Säumnis« nicht möglich. Deshalb sollte sicherheitshalber in jedem Fall, selbst bei einer (vermeintlich) unschlüssigen Klage, eine Klageerwiderung eingereicht werden.

Sofern dennoch ein Versäumnisurteil ergangen ist, sollte der Einspruch sofort begründet werden, da auch in diesem Fall – im Gegensatz zu § 341a ZPO – ohne mündliche Verhandlung entschieden werden kann.

3. Antrag auf mündliche Verhandlung

2446 Auf Antrag einer Partei muss mündlich verhandelt werden (§ 495a Satz 2 ZPO).

Unzulässig ist hierbei folgende Anordnung: »Im Termin werden Schriftsätze und neuer mündlicher Vortrag nicht entgegengenommen« (KG MDR 2001, 1435: Verstoß gegen Art. 103 Abs. 1 GG).

2447 Ein solcher Antrag sollte ausdrücklich unter Hinweis auf § 495a Satz 2 ZPO gestellt werden, da damit zu rechnen ist, dass die Standardanträge auf Anberaumung eines Termins zur mündlichen Verhandlung keine Berücksichtigung finden (Anders/Gehle/Bünnigmann § 495a Rn. 55: »Im Zweifel liegt kein solcher Antrag vor«; Städing NJW 1996, 693: hält offenbar entsprechenden Hinweis seitens des Gerichts für erforderlich).

Sicher unzureichend sind allgemeine Floskeln wie »im Termin zur mündlichen Verhandlung werde ich beantragen, …« oder »bitte ich um Anberaumung eines frühen ersten Termins« (Thum NJW 2014, 3198).

Es empfiehlt sich, den Antrag optisch deutlich erkennbar und gegebenenfalls wiederholt zu stellen, um dessen Übersehen seitens des Gerichts oder einer Nichtberücksichtigung wegen angeblicher Verspätung (E. Schneider, ZAP-Report: Justizspiegel Nr. 1 vom 14.01.1998: Privat-Prozessordnung des AG Bergisch-Gladbach, wonach solche Anträge innerhalb einer bestimmten Frist gestellt werden müssen – m.E. unzulässig!) vorzubeugen.

Die Ansicht des BFH (NJW 2003, 1550; BStBl. 2000 II, 32), wonach ein Beweisantrag auf Zeugenvernehmung oder Augenscheinseinnahme – unabhängig von seiner Erheblichkeit – auch den Antrag auf Durchführung der mündlichen Verhandlung i.S.d. § 94a FGO (welcher dem § 495a ZPO entspricht) enthält, wird – soweit ersichtlich – im Zivilprozess bislang nicht vertreten.

Bei **Übergehen** eines solchen Antrages kann man 2448
- sofern noch kein Urteil ergangen ist, Beschwerde wegen unterlassener Terminierung einlegen (Zöller/Stöber § 216 Rn. 21) und notfalls auch Befangenheitsantrag stellen,
- nach Urteilserlass das Abhilfeverfahren nach § 321a ZPO betreiben oder (stattdessen unter bestimmten Voraussetzungen) Berufung einlegen (unten Rdn. 2708, 3218).

Nach einer Entscheidung des BGH wird nämlich durch die Nichtbeachtung des Terminsantrags der Anspruch der Partei auf Gewährung rechtlichen Gehörs (Art. 103 Abs. 1 GG) verletzt (BGH GRUR 2003, 1067 – zu § 69 Nr. 1 MarkenG; auch BGH NJW 1996, 1496 – zu §§ 90, 121 FGO).

Der **Vorteil** eines solchen Antrags besteht darin, 2449
- dass dies eine sichere Möglichkeit darstellt, der Gefahr eines nachteiligen Fristversäumnisses im schriftlichen Verfahren – zunächst – zu entgehen. Im weiteren Verlauf kann der Antrag dann u.U. zurückgenommen werden, was bis zum Termin einseitig möglich ist.
- dass er verhindert, von einem Urteil gleichsam überrascht zu werden (kein Verkündungstermin erforderlich!).
- dass man Gelegenheit erhält, noch vorzutragen (§ 296a ZPO) bzw. auf einen gegnerischen Schriftsatz zu erwidern, der knapp vor Ende einer etwaigen vom Gericht gesetzten Schriftsatzfrist eingegangen ist (ein entsprechend bedingter Antrag dürfte zulässig sein!).
- dass das Gericht dann möglicherweise eher geneigt ist, einem Antrag auf Ladung und mündliche Vernehmung des Zeugen stattzugeben (oben Rdn. 2437).
- dass man eine Zuständigkeitsbegründung gem. § 39 ZPO erreichen (nach Zöller/Vollkommer § 39 Rn. 8 ist § 39 ZPO wohl nicht anwendbar, a.A. gut vertretbar) bzw. eine solche verhindern kann (Anders/Gehle/Weber § 39 Rn. 7: vorbehaltlose schriftliche Einlassung steht der Verhandlung zur Hauptsache gleich, solange nicht ein rechtzeitiger Antrag gem. § 495a Abs. 1 Satz 2 ZPO vorliegt).
- dass man allgemein die sich in einer mündlichen Verhandlung bietenden Chancen wahrnehmen kann (OLG Koblenz NJW 2003, 2100, 2103: »Der Wert der mündlichen Verhandlung ist als sehr hoch anzusetzen«).

Der Antrag auf Durchführung einer mündlichen Verhandlung kann aber auch mit **Nachteilen** verbunden sein. 2450
- Die mündliche Verhandlung kostet Zeit, Geld (Verhandlungsgebühr) und Mühe.
- Stellt der Kläger den Antrag gleich in der Klageschrift, so nimmt er sich die Möglichkeit, ohne mündliche Verhandlung alsbald ein Urteil zu erlangen, wenn der Beklagte eine gesetzte Klageerwiderungsfrist versäumt hat (oben Rdn. 2445).

D. Massenverfahren

Massenverfahren sind kein neues Phänomen, haben aber in den letzten Jahren stark an Bedeutung gewonnen. Unter Massenverfahren werden Rechtsstreite verstanden, die in einer Vielzahl von Fällen weitgehend gleiche Lebenssachverhalte und Rechtsfragen aufweisen, aber als individuelle, einzelne Prozesse geführt werden. Sie werden begünstigt durch den Einsatz standardisierter Abläufe. 2451

Massenverfahren finden sich in nahezu allen Bereichen des Privatrechts. Fehlerhafte Kapitalanlage- (Lehmann-Bank) oder Versicherungsmodelle (AIG), Schneeballsysteme (Luxus-Pfandhaus), Prospekthaftung, Belehrungs- und Aufklärungsfehler, undurchsichtige Beitragsanpassungen von Versicherungen, Verletzung von Aktionärsrechten (Telekom, Wirecard), Produkthaftung (VW-Diesel, Kindertee), Reiserecht (Fluggastrechte) oder Arbeitsrecht (Massenentlassungen, Tarifstreitigkeiten).

Zum Problem werden diese Verfahren zum einen durch ihre bloße Anzahl, die die Kapazitäten der Justiz rasch erschöpft, zum anderen wegen der anwaltlichen Bearbeitungsstrategien. 2452

- Anwälte spezialisieren sich auf entsprechende Verfahren, betreiben einzelne Konflikte als eigenes Geschäftsmodell und werben systematisch um möglichst viele potenzielle Parteien, die weitgehend von eigenem Aufwand, Kosten und Risiken freigestellt werden. Insoweit konkurrieren sie mit Inkassodienstleistern, Prozessfinanzierern oder Online-Tools (»Klageindustrie«, »amerikanische Verhältnisse«). Die Verfahren werden unter Einsatz moderner EDV-Systeme automatisiert.
- Dem Gericht gegenüber erfolgt der Vortrag durch standardisierte, aus Textbausteinen zusammengesetzte und mit einer Vielzahl von Anlagen überfrachtete Schriftsätze, die in Anzahl und Umfang deutlich über das übliche Maß hinausgehen und mit zahllosen, für den Einzelfall meist nicht oder nur am Rande relevanten Umständen überfrachtet und redundant sind.
- Im Termin zur mündlichen Verhandlung treten nicht informierte und zu Sachgesprächen nicht bereite Terminsvertreter auf. Vergleiche kommen so gut wie nie zustande.
- Bewusst wird die eigene strukturelle Überlegenheit anderen Prozessbeteiligten gegenüber ausgenutzt: Unternehmen werden mit einer Vielzahl von Verfahren überzogen und unter Druck gesetzt, sie setzen im Gegenzug ihre wirtschaftliche Macht ein. Während der Einsatz anwaltlicher Arbeitskraft nur durch den finanziellen Einsatz des Mandanten beschränkt wird, steht justizielle Arbeitskraft nur sehr beschränkt zur Verfügung.

E. Kollektivverfahren

2453 Allgemeine Regeln zur Bewältigung einer Vielzahl rechtlich und tatsächlich weitgehend gleich gelagerter Fälle enthält unsere Rechtsordnung nicht. Erforderlich ist es deswegen grundsätzlich, jedes Verfahren gesondert zu betreiben.

Nur dies entspricht dem individualistisch geprägten deutschen Privat- und Prozessrecht, das eine Rechtskrafterstreckung auf Nichtverfahrensbeteiligte, wie sie die amerikanische »**class action**« oder die englische »**group litigation**« vorsehen, ausschließt (Nittel in Assies/Beule/Heise/Strube S. 1659).

2454 Auch der klassische individualistische Zivilprozess bietet Möglichkeiten zur Bündelung der Rechtsverfolgung durch eine Vielzahl gleichartig Betroffener in einem einzigen Verfahren (»kollektiver Rechtsschutz«). Die einzelnen Gläubiger

- können ihre materiellen Ansprüche an einen Dritten abtreten, der sie dann als **Zessionar** in einem Prozess geltend macht;

  Soweit dies gewerblich geschieht, indem ein Unternehmen die Ansprüche einzelner Verbraucher sammelt, diese im eigenen Namen einklagt und dafür einen Anteil der im Erfolgsfall erlangten Summe einbehält, stößt dies auf Bedenken. Zahlreiche Instanzgerichte haben hierin einen Verstoß gegen das RDG gesehen. Die beiden Entscheidungen, in denen der BGH ein solches Vorgehen für zulässig gehalten hat (BGH WuM 2020, 212 »Lexfox«; BGH MDR 2021, 1119 »Airdeal«), lassen sich nur bedingt verallgemeinern (LG Stuttgart AnwBl 2022, 306 »Rundholzkartell«).

- können die prozessuale Geltendmachung ihrer Ansprüche einem Dritten überlassen, der sie als **Prozessstandschafter** in einem Prozess geltend macht.

  Zessionar und Prozessstandschafter erbringen eine Inkassodienstleistung und bedürfen deswegen einer Erlaubnis nach §§ 2 Abs. 2, 10 Abs. 1 Nr. 1 RDG (BGH, Beschl. vom 11.06.2013 – II ZR 246/11; Faulmüller/Wiewel, Die Sammelklage im Kapitalanlageprozess, VuR 2014, 452). In beiden Fällen setzt die gemeinsame Geltendmachung eine Zuständigkeit des angerufenen Gerichts für alle Einzelansprüche voraus, hemmt dann aber die Verjährung für alle Ansprüche (§ 204 Abs. 1 Satz 1 BGB). Das Gericht kann eine Trennung der Ansprüche anordnen (§ 145 Abs. 1 ZPO), ansonsten findet eine gemeinsame Verhandlung und Beweisaufnahme statt. Auch nach einer Rückabtretung an die einzelnen Gläubiger bleiben Rechtskraft und Vollstreckbarkeit der Entscheidung erhalten (§ 325 ZPO).

- können als **Streitgenossen** gemeinsam klagen, wenn sie hinsichtlich des Streitgegenstands in Rechtsgemeinschaft stehen, wenn sie aus demselben rechtlichen oder tatsächlichen Grund berechtigt oder verpflichtet sind oder wenn gleichartige und auf im Wesentlichen gleichartigen tatsächlichen oder rechtlichen Gründen beruhende Ansprüche oder Verpflichtungen gerichtlich geltend gemacht werden sollen (§§ 59, 60 ZPO).

Eine gemeinsame Zuständigkeit desselben Gerichts muss vorliegen; die Klagen wirken verjährungshemmend. Das Verfahren wird gemeinsam betrieben, insbesondere die Beweisaufnahme, soweit das Gericht nicht eine Trennung der Verfahren vornimmt. Jeder Streitgenosse trägt sein Kostenrisiko (§ 100 ZPO), Kostenreduzierungen sind bei Beauftragung desselben Prozessbevollmächtigten möglich (Nr. 1008 VV-RVG). Im Übrigen bleiben die Prozessrechtsverhältnisse selbstständig, gegenüber dem allgemeinen Verfahren gibt es insbesondere hinsichtlich der Rechtskraft keine Besonderheiten.

– können als **Nebenintervenient** einem zwischen anderen Personen anhängigen Rechtsstreit zur Unterstützung einer Partei beitreten, wenn sie ein rechtliches Interesse daran haben, dass diese Partei obsiegt (§ 66 ZPO).

Ein rein tatsächliches Interesse genügt dabei genauso wenig wie ein rein wirtschaftliches. Eine Zuständigkeit des Gerichts für die Streitverkündung ist nicht erforderlich, eine Abtrennung des Verfahrens nicht möglich. Auch der Nebenintervenient trägt ein Kostenrisiko (§ 101 ZPO). Die rechtskraftähnliche Interventionswirkung wirkt stets nur zuungunsten des Nebenintervenienten, nie zu dessen Gunsten (§ 68 ZPO).

– können als **Musterklage** geltend gemacht werden, indem nur der Anspruch eines Gläubigers oder nur der Teil eines Anspruchs eingeklagt wird.

Weil dem Musterprozess Wirkung über den konkreten Einzelfall hinaus zukommen soll, hat er grundsätzliche Bedeutung. Daraus können sich die erstinstanzliche Kammerzuständigkeit beim Landgericht und die Zulässigkeit von Berufung und Revision ergeben (§§ 511 Abs. 4 Nr. 1, 522 Abs. 2 Nr. 2, 543, 566 Abs. 4 Nr. 1 ZPO; BGH NJW 2003, 65; aber BGH NJW-RR 1998, 1445: Nichtzulassung der Revision in einem Musterprozess ist keine greifbare Gesetzeswidrigkeit).

Allerdings laufen bei solchen Musterklagen etwaige Ausschluss- und Verjährungsfristen für nicht rechtshängig gemachte Ansprüche grundsätzlich weiter (BGH NJW 1993, 1779). Dies gilt auch, wenn von mehreren nur eines als Musterverfahren weiterbetrieben wird und die anderen Verfahren in Stillstand geraten (§ 204 Abs. 2 BGB; BGH NJW 1983, 2496; MDR 2005, 766; NJW 2005, 1947; Grüneberg/Ellenberger BGB § 204 Rn. 47; Zöller/Greger ZPO § 148 Rn. 5, § 249 Rn. 2; a.A. LG Freiburg NJW 2003, 3424). Dann endet die Hemmungswirkung der Klageerhebung sechs Monate nach der letzten Verfahrenshandlung (§ 204 Abs. 2 BGB). Enden kann die Hemmung der Verjährung auch, wenn die Parteien den Prozess im Hinblick auf den laufenden Musterprozess nicht fördern und das Gericht mit Einverständnis des Klägers von einer Terminierung auf unbestimmte Zeit absieht (BGH NJW 1983, 2496; MDR 2005, 766; Grüneberg/Ellenberger § 204 Rn. 47; a.A. Brommann AnwBl 1985, 5). Demgegenüber würde die gehemmte Verjährung bei einer Aussetzung sechs Monate nach dem Wegfall des Aussetzungsgrundes enden, sofern die Parteien das Verfahren nicht weiter betreiben. Es ist jedoch umstritten, ob das Gericht nach § 148 ZPO die Verhandlung bis zur Erledigung der Parallelverfahren aussetzen darf (verneinend BGH NJW 2005, 1947: anders u.U. bei »Massenverfahren« oder bei Zustimmung beider Parteien; Zöller/Greger § 148 Rn. 5, § 249 Rn. 2; a.A. LG Freiburg NJW 2003, 3424: in analoger Anwendung).

Verhindert werden kann eine Verjährung nicht rechtshängig gemachter Ansprüche durch eine Vereinbarung mit dem Gegner (Verzicht auf die Verjährungseinrede; Stundungsabrede bzw. Stillhalteabkommen, sog. pactum de non petendo; oben Rdn. 803).

Die Entscheidung auf eine Teilklage hin entfaltet Rechtskraft nur für und gegen die beteiligten Parteien und im Umfang des erhobenen Anspruchs (subjektive und objektive Grenzen der Rechtskraft, § 325 ZPO). Häufig genügt diese beschränkte Rechtskraft, weil die Beteiligten bereit sind, zu akzeptieren, dass andere Verfahren genauso entschieden werden würden, und lassen es deswegen nicht auf einen Folgeprozess ankommen.

Ist dies nicht der Fall, können die Beteiligten die Erstreckung der Rechtskraft auf die prozessual nicht einbezogenen Streitgegenstandsteile oder Parteien vertraglich vereinbaren (Prütting/Gehrlein/Völzmann-Stickelbrock § 325 Rn. 54). Eine solche vertragliche Bindungswirkung kann ggf. auf den Anspruchsgrund beschränkt werden, wenn die Höhe der den einzelnen Gläubigern entstandenen Schäden unterschiedlich oder unklar ist. Sinnvollerweise sollte sie auf die Kostenfrage erstreckt werden. Nur bedingt möglich ist eine solche Vereinbarung durch Allgemeine Geschäftsbedingungen (§ 307 BGB: BGH NJW 1984, 2408). Nicht möglich ist hingegen eine Rechtskrafterstreckung auf an der Vereinbarung nicht beteiligte Dritte (Zöller/Vollkommer § 325 Rn. 43a, b).

Gegen ein Urteil in einem Musterprozess kommen als Rechtsmittel Berufung und Revision in Betracht, sodass damit auch eine höchstrichterliche Klärung erreicht werden kann.

Allerdings kann die beklagte Musterprozesspartei eine (streitige) Entscheidung mit Gründen verhindern, indem sie den Anspruch anerkennt. Denn nach § 307 Abs. 2 ZPO ist ein Anerkenntnisurteil, das weder Tatbestand noch Entscheidungsgründe enthalten muss, auch ohne Antrag zu erlassen (§ 313b ZPO).

2455 In einem durch Massengeschäfte geprägten Wirtschaftsleben hinterlassen unrechtmäßige Verhaltensweisen von Anbietern mitunter eine Vielzahl gleichartig geschädigter Verbraucher. Praktische verfahrensrechtliche Probleme treten dabei vor allem auf, wenn der Schaden des einzelnen Gläubigers im Einzelfall so gering ist, dass sich eine gerichtliche Durchsetzung für ihn nicht lohnt (»Streuschäden«) oder die Schäden massenhaft auftreten, auf überdurchschnittlich komplexen Sachverhalten beruhen und in ihrem Ausgang nicht kalkulierbar sind (sog. Massenschäden). Hier genügt die bloße Kumulation individualistischer Rechtsdurchsetzung regelmäßig nicht.

▶ Beispiele:

Um Streuschäden handelt es sich bei Bankgebühren (BGH NJW 2017, 3649).

Massenschäden liegen vor bei den Telekom-Aktien (Kranz MDR 2006, 1021) und beim VW-Diesel-Skandal (Legner VuR 2018, 251) oder bei Flugzeugabstürzen.

Die Einführung einer Anspruchsbündelung durch eine Gruppenklage wurde deswegen unverbindlich sowohl vom 64. DJT (Beschluss 1.15 der Abteilung Wirtschaftsrecht, 2002) als auch von der EU (Empfehlung der Kommission 2013/396/EU, Gemeinsame Grundsätze für kollektive Unterlassungs- und Schadensersatzverfahren in den Mitgliedsstaaten bei Verletzung von durch Unionsrecht garantierten Rechten vom 11.06.2013 – Abl. L 201/60 v. 26.07.2013) empfohlen. In der Bundesrepublik existieren insoweit verschiedene spezielle Verfahrensarten (Cuypers ZAP Fach 13, 2101).

2456 Hierfür stehen verschiedene besondere Verfahren zur Verfügung. Kollektiven Rechtsschutz gewähren das Unterlassungsklageverfahren nach §§ 5 ff. UKlaG, das Kapitalanleger-Musterverfahren nach §§ 1 ff. KapMuG und das Musterfeststellungsverfahren nach §§ 606 ff. ZPO (Lühmann NJW 2020, 1706).

I. Gewinnabschöpfungsverfahren

2457 Mit der Gewinnabschöpfungsklage können im **Wettbewerbs-** (§ 10 UWG) und im **Kartellrecht** (§ 34a Abs. 1 GWB) vorsätzlich und rechtswidrig erlangte Vorteile durch klagebefugte Verbände herausverlangt werden (BGH NJW 2018, 3581).

Normiert ist hier lediglich ein besonderer materiell-rechtlicher Anspruch auf Herausgabe des Geldbetrags an den Bundeshaushalt, der die auf die gleiche Rechtsfolge gerichteten öffentlich-rechtlichen Ansprüche der Aufsichtsbehörden ergänzt. Prozessual durchgesetzt wird der Anspruch nach den Regeln der ZPO über das allgemeine Verfahren. Praktisch spielt er wegen der schwer zu beweisenden Voraussetzungen (Vorsatz, Anspruchshöhe) keine Rolle.

II. Unterlassungsverfahren

2458 Mit einer Unterlassungsklage nach dem UKlaG können verbraucherschutzgesetzwidrige Praktiken, insbesondere die Empfehlung und Verwendung unzulässiger **Allgemeiner Geschäftsbedingungen** untersagt werden (BGH MDR 2018, 609; BGH DB 2003, 146).

Das UKlaG enthält neben entsprechenden materiell-rechtlichen Ansprüchen auch die für die Durchsetzung zu beachtenden prozessualen Vorschriften. An die Stelle des gerichtlichen Verfahrens kann ein Schlichtungsverfahren treten (§ 14 UKlaG).

Anspruchsberechtigt und klagebefugt sind nur die in §§ 3 ff. UKlaG aufgeführten Verbände, überwiegend aus den Bereichen Mieter- und Verbraucherschutz. Individuelle Ansprüche einzelner Betroffener können nach dem UKlaG nicht geltend gemacht werden. Das Verfahren folgt den Vorschriften der ZPO mit den aus §§ 5 ff. UKlaG folgenden Besonderheiten. Zuständig ist sachlich stets das Landgericht, örtlich der allgemeine Gerichtsstand des Beklagten, soweit sie nicht durch Landesgesetz bei einzelnen Gerichten konzentriert ist.

Antrag und Tenor müssen den Wortlaut der beanstandeten Klausel und die Art der Rechtsgeschäfte bezeichnen, auf die sich die Unterlassung beziehen soll (§§ 8 f. UKlaG).

Beispiel:

Die Beklagte wird verurteilt, es zu unterlassen, im Rechtsverkehr mit Verbrauchern in ihren AGB folgende Klausel zu verwenden: ...

Zuwiderhandlungen gegen ein Urteil sind als unwirksam anzusehen (§ 11 UKlaG). Ergeht nach Eintritt der Rechtskraft eine Entscheidung des BGH, kann dies mit einer Klage nach § 767 ZPO geltend gemacht werden (§ 10 UKlaG).

III. Kapitalanleger-Musterverfahren (§§ 1 ff. KapMuG)

Die einer Mehrzahl von Schadensersatzansprüchen wegen falscher, irreführender oder unterlassener 2459
öffentlicher **Kapitalmarktinformationen** gemeinsamen tatsächlichen oder rechtlichen Vorfragen können in einem Kapitalanleger-Musterverfahren nach dem KapMuG geklärt werden.

Das ursprüngliche KapMuG aus dem Jahr 2005 trat – nach einer Verlängerung seiner Geltungsdauer – zum 31.10.2012 außer Kraft und wurde zum 01.11.2012 durch ein neues Gesetz (das KapMuG 2012, im Folgenden: KapMuG) ersetzt (Gesetz zur Reform des Kapitalanleger-Musterverfahrensgesetzes vom 19.10.2012; BGBl. I, S. 2182). Dieses wurde weiter vom Kapitalanleger-Musterverfahrensgesetz vom 16. Juli 2024, BGBl. 2024 I Nr. 240, abgelöst.

Im KapMuG-Verfahren werden Tatsachen oder Rechtsfragen festgestellt, auf die es in verschiedenen separaten, auf Schadensersatz geführten Zivilprozessen gleichermaßen ankommt. Nicht entschieden wird über die Begründetheit der einzelnen Ausgangsverfahren selbst (§ 2 Abs. 1 KapMuG; BGH WM 2008, 1353; Schwintowski, Bankrecht, 4. Aufl. 2016, § 13 Rn. 88). Streng genommen schafft das KapMuG damit eigentlich kein Musterverfahren, sondern ein Gruppenverfahren, bei dem sich die Rechtswirkungen der auf einige Vorfragen begrenzten Entscheidung auf sämtliche Gruppenmitglieder erstrecken (Wolf/Lange NJW 2012, 3751). Sachlich zuständig für die Klärung dieser Vorfragen ist das OLG, dem die entsprechenden Fragen vorzulegen sind.

Das Musterverfahren hat sich praktisch als wenig geeignet erwiesen und ist deswegen auf sehr wenige Fälle beschränkt geblieben (Stackmann NJW 2010, 3185).

Eine neue **Klage** kann nicht unmittelbar im Kapitalanleger-Musterverfahren erhoben werden. Erfor- 2460
derlich ist ein Ausgangsverfahren (§ 1 KapMuG), in dem entweder

- ein Schadensersatzanspruch wegen falscher, irreführender oder unterlassener öffentlicher Kapitalmarktinformationen (auch solchen des sog. Grauen Kapitalmarktes: BGH NZG 2008, 592; Nittel/Ebermann in Assies/Beule/Heise/Strube S. 1527) oder
- ein Schadensersatzanspruch wegen Verwendung einer falschen oder irreführenden öffentlichen Kapitalmarktinformation oder wegen Unterlassung der gebotenen Aufklärung darüber, dass eine öffentliche Kapitalmarktinformation falsch oder irreführend ist (Fälle der Anlegervermittlung und Anlegerberatung; anders noch das KapMuG 2005: BGH NJW 2009, 513), oder
- ein Erfüllungsanspruch aus Vertrag, der auf einem Angebot nach dem Wertpapiererwerbs- und Übernahmegesetz beruht,
- ein Schadensersatzanspruch nach Artikel 75 Abs. 8 der Verordnung (EU) 2023/1114 des Europäischen Parlaments und des Rates vom 31. Mai 2023,

geltend gemacht wird (§ 1 Abs. 1 KapMuG). Öffentliche Kapitalmarktinformationen können sich in Prospekten, Wertpapier- und Vermögensanlagen-Informationsblättern, Krypto-Whitepapern, Mitteilungen über Insiderinformationen, Informationen in der Hauptversammlung oder Bilanzen und Ratings ergeben (§ 1 Abs. 2 KapMuG). Als Grundlagen für Schadensersatzansprüche kommen damit § 44 BörsG, §§ 37b und 37c WpHG, Prospekthaftung im engeren und weiteren Sinn oder auch § 823 Abs. 2 BGB in Verbindung mit § 400 Abs. 1 Nr. 1 AktG und § 826 BGB in Betracht.

Im erstinstanzlichen (BGH ZIP 2008, 526) Ausgangsverfahren kann sowohl vom Kläger als auch 2461
vom Beklagten ein »**Musterverfahrensantrag**« gestellt werden (§ 2 KapMuG).

In diesem müssen die Feststellungsziele und die öffentlichen Kapitalmarktinformationen, die Tatsachen und Beweismittel angegeben und die Bedeutung über den Einzelfall hinaus dargelegt werden. Das Feststellungsziel ist also unter bewusster Abweichung von § 256 Abs. 2 ZPO die abstrakt formulierte Frage der Erfüllung eines Tatbestandsmerkmals bezüglich einer öffentlichen Kapitalmarktinformation.

▶ Beispiele:

2462 Es wird festgestellt, dass sich aus der Klausel … »Alle etwaigen Schadensersatzansprüche aus der Beteiligung verjähren mit Ablauf von sechs Monaten seit Kenntniserlangung des Anlegers von den unzutreffenden und/oder unvollständigen Angaben, spätestens jedoch drei Jahre nach Beitritt zu der Beteiligungsgesellschaft« in dem am … über die Beteiligung an der …-fonds GmbH & Co. KG herausgegebenen Prospekt keine Verjährungseinrede und kein Ausschluss des Schadensersatzanspruchs ergibt (BGH, Beschl. vom 13.12.2011 – II ZB 6/09 –).

Es wird festgestellt, dass die Ad-hoc-Mitteilung vom 22.03.2000 unrichtig war (BGHZ 190, 383).

Es wird festgestellt, dass das vorzeitige Ausscheiden des S. bereits im Mai 2005 feststand und daher als Insidertatsache bereits zu diesem Zeitpunkt zu veröffentlichen gewesen wäre (BGH VersR 2008, 1658).

Dem Prozessgericht kommt im Vorfeld der Entscheidung über die Zulässigkeit des Musterverfahrensantrags eine besondere Verantwortung zu. Zum einen hat es nach § 139 ZPO darauf hinzuwirken, dass mit dem Musterfeststellungsantrag die in Betracht kommenden Fragen ausgeschöpft werden, um eine umfassende Klärung in einem einzigen Musterverfahren zu erreichen und die Nachverfahren zu entlasten. Zum anderen hat es gemäß § 139 ZPO konkrete Formulierungshilfen zu geben.

▶ Praxistipp:

2463 Da das Gericht die übrigen Ausgangsverfahren oft besser kennt als der Antragsteller, sollte § 139 ZPO bewusst genutzt und das Gericht auf seine Verpflichtung zur Mitwirkung an der Formulierung ausdrücklich hingewiesen werden.

2464 Ein zulässiger Musterverfahrensantrag ist vom Prozessgericht mit unanfechtbarem Beschluss im elektronischen Bundesanzeiger öffentlich bekannt zu machen (§§ 3 Abs. 1, 5 KapMuG). Damit wird das Verfahren unterbrochen (§ 6 KapMuG).

▶ Praxistipp:

2465 Besteht die Möglichkeit, dass das eigene Mandat Gegenstand eines Musterverfahrens ist oder werden kann, sollte Einsicht in den elektronischen Bundesanzeiger (www.ebundesanzeiger.de) genommen werden.

Ein unzulässiger Musterverfahrensantrag wird nach § 3 Abs. 1 KapMuG vom Prozessgericht durch Beschluss verworfen. Hiergegen ist mangels besonderer Regelung im KapMuG die sofortige Beschwerde gemäß § 3 Abs. 1 EGZPO nach den allgemeinen Bestimmungen der §§ 567 ff. ZPO zulässig.

2466 Werden innerhalb von vier Monaten nach Bekanntmachung eines zeitlich ersten Musterverfahrensantrages in neun weiteren Verfahren (ggf. auch vor anderen Gerichten) gleichgerichtete, auf dem gleichen Lebenssachverhalt beruhende Musterverfahrensanträge gestellt, so legt das zuerst befasste Prozessgericht die Sache nach Anhörung des Antragsgegners durch Beschluss seinem im Rechtszug übergeordneten Oberlandesgericht vor (§ 7 KapMuG; **Vorlagebeschluss** des Landgerichts München I vom 14. März 2022 in Sachen Wirecard, Az. 3 OH 2767/22 KapMuG).

Ausreichend ist, dass 10 Streitgenossen aus demselben Verfahren jeweils einen Musterverfahrensantrag stellen (BGH NJW 2008, 2187).

Der Vorlagebeschluss hat nach § 7 Abs. 3 KapMuG das Feststellungsziel und eine knappe Darstellung des den Musterverfahrensanträgen zugrunde liegenden gleichen Lebenssachverhalts zu enthalten. Er wird im Musterverfahrensregister öffentlich bekannt gemacht. Damit wird jeder weitere gleichgerichtete Musterverfahrensantrag unzulässig, § 8 KapMuG.

Der Streitgegenstand des Vorlagebeschlusses (»Feststellungsziel«) und später des Musterverfahrens ist damit ein anderer als der in der ZPO herrschende zweigliedrige Streitgegenstandsbegriff aus Antrag und dazu vorgetragenem Lebenssachverhalt. Vielmehr kommt der Streitgegenstandsbegriff des KapMuG dem Tatbegriff des § 264 StPO nahe. Dies entspricht dem vom Gesetzgeber gewollten »weiten Ansatz«.

Der Vorlagebeschluss ist gemäß § 7 Abs. 1 Satz 3 KapMuG unanfechtbar und für das Oberlandesgericht bindend. Wie weit diese Bindung reicht, ist umstritten. Sie besteht wohl nicht an einem rechtswidrigen Vorlagebeschluss und nicht an in sich unschlüssigen Darstellungen des Sach- und Streitstandes.

Kommt es indes nicht zu den zehn Musterverfahrensanträgen, weist das Prozessgericht den Musterverfahrensantrag zurück und setzt das Verfahren fort (§ 7 Abs. 5 KapMuG).

Das eigentliche Musterverfahren vor dem Oberlandesgericht beginnt mit der **Bestimmung der** 2467
Beteiligten am Musterverfahren.

Beteiligte des Musterverfahrens sind nach § 11 Abs. 1 KapMuG der Musterkläger, der Musterbeklagte und die Beigeladenen. Den Musterkläger bestimmt das Gericht nach billigem Ermessen aus den Klägern bei dem Gericht, bei dem der erste Musterverfahrensantrag gestellt worden ist, durch unanfechtbaren Beschluss. Auf Beklagtenseite findet eine solche Auswahl nicht statt, da hier die Zahl der Parteien naturgemäß beschränkt ist; alle Beklagten werden Musterbeklagte (§ 11 Abs. 3 KapMuG). Alle nicht ausgewählten Kläger werden Beigeladene. Es folgt die öffentliche Bekanntmachung des Musterverfahrens im Musterverfahrensregister (§ 4 KapMuG) durch das Oberlandesgericht.

Will ein Kapitalanleger seine Ansprüche im Musterverfahren wahren, wegen des hohen Kostenrisikos aber nicht selbst klagen und damit Beteiligter werden, so kann er seinen Anspruch schlicht anmelden (§ 13 KapMuG). Damit erstrecken sich zwar die Rechtswirkungen eines Musterentscheids nicht auf ihn, wenigstens aber wird die Verjährung seines Anspruchs gehemmt. Diese Möglichkeit besteht nicht für Anleger, die eine eigene Klage bereits erhoben haben, auch nicht nach deren Rücknahme (keine »Flucht in die Anmeldung«, § 13 Abs. 3 KapMuG).

Die Statthaftigkeit des Musterverfahrens, d.h. die Frage, ob das erstinstanzliche Gericht einen Vorlagebeschluss erlassen durfte, wird vom OLG nicht geprüft (KG NZG 2009, 677).

Für das Musterverfahren vor dem OLG gelten die §§ 253 ff. ZPO (§ 14 Abs. 1 Satz 1 KapMuG), allerdings mit einigen Besonderheiten. Ein Verzicht ist nicht möglich, der Einzelrichter darf nicht tätig werden, Streitverkündung und Nebenintervention sind ausgeschlossen (BGH NJW 2017, 3718; Giesen, Streitverkündung und Nebenintervention im KapMuG-Verfahren, NJW 2017, 3691). Seit der Neufassung des Kapitalanleger-Musterverfahrensgesetzes vom 16. Juli 2024 ist es nicht mehr nur möglich, sondern zwingend, die Beigeladenen nicht im Rubrum aufzuführen (RegE eines Zweiten Gesetzes zur Reform des Kapitalanleger-Musterverfahrensgesetzes, S. 44). An sie kann durch öffentliche Bekanntmachung (Eintragung ins Musterverfahrensregister) zugestellt werden. Die Rücknahme des Musterverfahrensantrags bleibt folgenlos, die Rücknahme der Klage durch den Musterkläger führt zur Bestimmung eines neuen Musterklägers (§ 18 KapMuG).

Das größte tatsächliche Problem des Musterverfahrens ist die Gewährleistung des rechtlichen Gehörs für alle Verfahrensbeteiligten des Musterverfahrens, insbesondere für die zahlreichen Beigeladenen. § 14 Abs. 2 KapMuG lässt die Zustellung von Terminsladungen an Beigeladene durch Eintragung in das Musterverfahrensregister zu. Alle Schriftsätze (auch solche der Beigeladenen) werden in einem elektronischen Informationssystem, das nur den Beteiligten zugänglich ist, bekannt gegeben, § 16 Abs. 2 Satz 1 KapMuG. Problematisch ist auch, wer einer vergleichsweisen Beilegung des Streits zustimmen muss. Während das KapMuG 2005 hier noch eine Zustimmung aller Beteiligten einschließlich der Beigeladenen erforderte, kann das Gericht heute einen zwischen Musterkläger und Musterbeklagten geschlossenen **Vergleich** (§ 20 KapMuG) genehmigen (§ 21 KapMuG). Dieser Vergleich muss das Feststellungsziel des Musterverfahrens und die Ansprüche der Ausgangsverfahren umfassen (§ 20 Abs. 1 Satz 1 KapMuG). Mit der Zustellung wird dieser Vergleich auch für die Beigeladenen wirksam, wenn diese nicht innerhalb eines Monats austreten (»opt-out«; § 22 KapMuG). Treten mehr als 30 % der Beigeladenen aus, wird der Vergleich insgesamt nicht wirksam (§ 22 Abs. 3 KapMuG). Ansonsten beendet der Vergleich das Musterverfahren (§ 26 Abs. 2 KapMuG).

Streitig ist, ob einzelne Tatsachen (mit der Bindungswirkung des § 288 ZPO) zugestanden werden können. Zum KapMuG 2005 wurde dies von der h.M. durch analoge Erweiterung des Anerkenntnisverbots in § 14 Abs. 3 KapMuG 2005 verneint. Für den geltenden § 14 Abs. 1 Satz 2 KapMuG wird die Möglichkeit einer Analogie unter Hinweis auf die amtliche Begründung des Gesetzentwurfs, die ein Geständnis für möglich hält, infrage gestellt.

2468 Das Oberlandesgericht beendet das Musterverfahren nach mündlicher Verhandlung (und ggf. erforderlicher Beweisaufnahme) durch Beschluss, den sog. **Musterentscheid** (§ 19 Abs. 1 Satz 1 KapMuG).

Dieser wird den Beteiligten (nunmehr auch den Beigeladenen) und den Anmeldern zugestellt. Er bindet die Prozessgerichte in allen Ausgangsverfahren, wirkt für und gegen alle Beteiligten des Musterverfahrens und ist der Rechtskraft fähig (§ 25 KapMuG).

Die Entscheidung über die im Musterverfahren angefallenen Kosten bleibt den Prozessgerichten der ausgesetzten Verfahren vorbehalten (§ 19 Abs. 2 KapMuG).

Die den Musterparteien und den jeweils auf ihrer Seite Beigeladenen im erstinstanzlichen Musterverfahren erwachsenen Kosten gelten anteilig als Kosten des ersten Rechtszugs der jeweiligen Prozessverfahren (§ 27 KapMuG). Die Anteile bestimmen sich nach dem Verhältnis der Höhe des von dem jeweiligen Kläger geltend gemachten Anspruchs, soweit dieser Gegenstand des Musterverfahrens war, zu der Gesamthöhe der von dem Musterkläger und den auf seiner Seite Beigeladenen des Musterverfahrens in den Prozessverfahren geltend gemachten Ansprüche, soweit diese Gegenstand des Musterverfahrens sind (§ 27 Abs. 2 und 3 KapMuG). Ein Anspruch ist hierbei nicht zu berücksichtigen, wenn die Klage innerhalb von zwei Wochen ab Zustellung des Aussetzungsbeschlusses nach § 13 KapMuG zurückgenommen worden ist (§ 27 Abs. 4 KapMuG). § 96 ZPO gilt nach § 27 Abs. 5 KapMuG entsprechend. Für die Kosten des Rechtsbeschwerdeverfahrens gilt § 29 KapMuG.

2469 Gegen den Musterentscheid findet die **Rechtsbeschwerde** zum BGH statt (§ 23 Abs. 1 Satz 1 KapMuG).

Beschwerdeberechtigt sind alle Beteiligten nach § 11 Abs. 1 KapMuG, also auch die Beigeladenen.

2470 Nach Eintritt der Rechtskraft des Musterbescheids werden die ausgesetzten Ausgangsverfahren wieder aufgenommen (§ 25 Abs. 4 KapMuG). Dies geschieht mittels Einreichung des rechtskräftigen Musterentscheides durch einen Beteiligten (§ 25 Abs. 4 KapMuG). Die Fortsetzung dieser Verfahren folgt den Vorschriften der ZPO, richtet sich also nicht mehr nach dem KapMuG.

Die Prozessgerichte müssen für die nun zu treffenden Entscheidungen über die Schadensersatz- bzw. Erfüllungsansprüche die im Musterbescheid getroffenen Feststellungen zugrunde legen (§ 25 Abs. 1 Satz 1 KapMuG). Den Beigeladenen sind Einwendungen gegen die Musterfeststellung nur im Rahmen des § 25 Abs. 3 KapMuG (verspäteter Beitritt, mangelhafte Prozessführung) möglich.

2471 Praktisch sind die KapMuG-Verfahren nicht nur wegen des beschränkten Anwendungsbereichs des Gesetzes seltene Ausnahmen geblieben. Sowohl von anwaltlicher als auch von richterlicher Seite aus wird an den existierenden gesetzlichen Regelungen lautstark Kritik geübt. Allgemein wird beklagt, dass das zur Verfügung stehende Instrumentarium eine sachgerechte Lösung von Massenverfahren nicht erlaubt (Stackmann NJW 2010, 3185; Wolf/Lange NJW 2012, 3751).

IV. Verbandsklagen

2472 Alle bislang vorhandenen Instrumente des kollektiven Rechtsschutzes führen lediglich zu einer verbindlichen Feststellung wichtiger Voraussetzungen des individuellen Leistungsanspruchs (Sachverhalt und Rechtslage). Will der einzelne Betroffene Leistung (Schadensersatz, Reparatur, Ersatzleistung, Preisminderung, Vertragsauflösung, Erstattung des Kaufpreises), bedarf es einer (zusätzlichen) individuellen Leistungsklage.

Hier wird nun die Richtlinie (EU) 2020/1828 des Europäischen Parlaments und des Rates vom 25. November 2020 über Verbandsklagen zum Schutz der Kollektivinteressen der Verbraucher eine Änderung bringen. Diese verpflichtet die nationalen Gesetzgeber, bis Ende 2022 eine unmittelbar auf Leistung gerichtete Sammelklage einzuführen, die am 25.06.2023 in Kraft treten wird.

Die Richtlinie versucht dabei, das »notwendige Gleichgewicht« zwischen den Verbraucherinteressen einerseits und dem Schutz der Unternehmen vor missbräuchlichen Klagen (wie sie insbesondere der US-amerikanischen »class action« vorgeworfen werden) herzustellen. Dabei beinhaltet die Richtlinie nur rudimentäre Mindeststandards und lässt den nationalen Gesetzgebern große Ausgestaltungsspielräume. Wie diese genutzt werden sollen, ist derzeit Gegenstand heftig geführter, interessengeleiteter Diskussionen.

Dabei geht es primär um den Anwendungsbereich des Verfahrens (nur Verletzung von EU-Recht oder alle Streitigkeiten zwischen Verbrauchern und Unternehmern), die Beteiligung der betroffenen Verbraucher am Verfahren (opt-in oder opt-out), den Zeitpunkt dieser Beteiligung (nur zum Verfahrensbeginn oder auch noch nach einer Sachentscheidung), die Auswirkungen der Klage auf die Verjährung der Ansprüche und die Festsetzung der individuellen Anspruchshöhe (Treuhänder oder gesetzliches Verteilungsverfahren). Hinzu kommen Fragen der Zuständigkeit, Klagebefugnis, einer Verpflichtung zur Offenlegung von Beweismitteln, von Streitwert und Kostentragung.

Zum Zeitpunkt der Drucklegung der vorliegenden Auflage waren all diese Fragen noch völlig offen.

Allgemeines zu Verbandsklagen
- Abhilfeklage
- Musterfeststellungsklage

Die **Musterfeststellungsklage** war seit 1.11.2018 bereits in §§ 606 ff. ZPO aF geregelt, wird nun aber gemeinsam mit der Abhilfeklage im VDuG geregelt, um eine Zersplitterung der Rechtsmaterie der Verbandsklagen zu vermeiden (Köhler/Feddersen/Scherer, 43. Aufl. 2025, VDuG § 41 Rn. 1). Festgestellt werden können mit ihr tatsächliche und rechtliche Voraussetzungen, von denen die Beurteilung der Rechtsverhältnisse zwischen **Verbrauchern** und einem Unternehmer abhängt.

Wie das KapMuG-Verfahren ist auch das Musterfeststellungsverfahren nicht auf die Erlangung eines vollstreckbaren Leistungstitels gerichtet, sondern bloß auf die Feststellung hierfür erheblicher einzelfallübergreifender Vorfragen. Dem einzelnen Verbraucher bleibt die Erhebung einer eigenen Leistungsklage nach Abschluss des Musterfeststellungsverfahrens nicht erspart. Der Anwendungsbereich ist zwar nicht auf ein bestimmtes Rechtsgebiet, wohl aber auf Verbraucherangelegenheiten beschränkt. Die Musterfeststellung kann nur von einem Verband erhoben werden, einzelne Verbraucher können sich ihr nur »anschließen«. Gemeinsam sind beiden Klagen die Fristwahrung und die Bindungswirkung zugunsten des einzelnen Anspruchsberechtigten.

Maßgeblicher Anlass für die Einführung dieses Verfahrens waren Schadensersatzansprüche von weltweit rund 12 Millionen Käufern von Kraftfahrzeugen, deren Abgaswerte von den Herstellern manipuliert worden waren (»Diesel-Abgas-Fälle«). Ein in Deutschland von fast 250.000 Verbrauchern gegen VW geführtes Musterfeststellungsverfahren konnte nach rund eineinhalb Jahren durch einen Vergleich beendet werden, weitere weit über 100.000 Individualklagen aber nicht verhindern.

Die Musterfeststellungsklage hat (über die Voraussetzungen des § 253 ZPO hinaus) eine Reihe besonde- 2473
rer Zulässigkeitsvoraussetzungen. Klagebefugt sind nicht die geschädigten Verbraucher), sondern allein qualifizierte Verbraucherverbände und qualifizierte Einrichtungen i.S.d. § 2 Abs. 1 VDuG. Damit sollen das Entstehen einer kommerziellen Klageindustrie und der Missbrauch der Musterfeststellungsklage zu Wettbewerbszwecken verhindert werden. Mit der Klage muss ferner glaubhaft gemacht werden, dass von den Feststellungszielen die Ansprüche von wenigstens zehn Verbrauchern abhängen, binnen zwei Monaten müssen sich mindestens 50 Verbraucher der Klage angeschlossen haben.

Der Antrag enthält die Feststellungsziele. Diese müssen Rechtsverhältnisse von Verbrauchern mit dem oder Ansprüche gegen das beklagte Unternehmen betreffen.

▶ Beispiel:

Es wird festgestellt, dass Käufern von Fahrzeugen der Marken …, die mit einem Motor der 2474
Baureihe … ausgeliefert wurden und die eine von dem Kraftfahrt-Bundesamt oder einer vergleichbaren Genehmigungsbehörde in der Europäischen Union als unerlaubt eingestufte Abschalteinrichtung verbaut haben und deshalb einem amtlichen Rückruf unterliegen, gegen die Musterbeklagte dem Grunde nach ein Anspruch auf Schadensersatz zusteht.

Es wird festgestellt, dass die Beklagte insoweit vorsätzlich gehandelt hat.

2475 Zuständig für die Klage ist erstinstanzlich ausschließlich das (im Bundesland ggf. konzentriert auf ein) Oberlandesgericht im allgemeinen Gerichtsstand des Beklagten (§§ 119 Abs. 3 GVG, 32c ZPO).

Damit soll das Verfahren beschleunigt werden, doch bleiben dem beklagten Unternehmen zahlreiche weitere Möglichkeiten einer Verfahrensverzögerung.

2476 Die Klage wird in einem vom Bundesamt für Justiz geführten Register im Internet (https://www.bundesjustizamt.de/; Verbandsklageregisterverordnung vom 24.10.2018, BGBl. I, 1804, zuletzt geändert durch Art. 2 des Gesetzes v. 8. Oktober 2023, BGBl. 2023 I Nr. 272) öffentlich bekannt gemacht (§ 44 VDuG). Verbraucher können nun ihre Ansprüche, soweit diese von den Feststellungszielen abhängen, zur Eintragung in diesem Register anmelden (§ 46 Abs. 1 VDuG). Dies ist unabhängig davon, ob sie selbst bereits Klage erhoben haben oder nicht; schon rechtshängige Klagen werden ausgesetzt, neue Klagen können nicht erhoben werden. Die Anmeldung (wie auch ihre Rücknahme) ist bis zur mündlichen Verhandlung möglich, muss in Textform erfolgen und die Angaben nach § 46 Abs. 2 VDuG enthalten. Sie unterliegt nicht dem Anwaltszwang, ist frei von jedem Kostenrisiko und hemmt die Verjährung (§ 204 Abs. 1 Nr. 1a BGB).

Durch die Anmeldung werden die Verbraucher nicht Parteien des Verfahrens, sie können keine Anträge stellen und keine Angriffs- und Verteidigungsmittel vorbringen, müssen die Prozessführung des Verbands und die (ggf. negativen) Folgen des Verfahrens hinnehmen. Daraus folgende, berechtigte Bedenken an der Gewährung rechtlichen Gehörs weist die überwiegende Ansicht unter Hinweis auf die Autonomie des Rechtsverzichts durch die Freiwilligkeit des Beitritts zurück.

Ob der Verbraucher die strengen Voraussetzungen der Anmeldung erfüllt hat, wird erst im nachfolgenden individuellen Leistungsprozess geprüft. Ggf. stellt sich erst dann heraus, dass wegen eines Formmangels weder die Verjährungshemmung noch die Bindungswirkung eingetreten ist.

2477 Das Verfahren folgt gem. § 13 Abs. 2 Satz 2 VDuG grundsätzlich den §§ 253 ff. ZPO. Dem klagenden Verband obliegt es damit, den Sachverhalt zu ermitteln, vorzutragen und zu beweisen. Besonderheiten des Verfahrens bestehen im Ausschluss des Einzelrichter- und des schriftlichen Verfahrens sowie im Wegfall der Güteverhandlung. Eine Widerklage ist möglich, Nebenintervention und Streitverkündung hingegen nur für Personen, die die Voraussetzungen einer Anmeldung eigener Ansprüche nicht erfüllen. Das Verfahren kann durch Rücknahme oder übereinstimmende Erledigungserklärung enden, nicht indes durch Verzicht. Regelmäßig endet es durch Vergleich oder Urteil.

2478 Ein Vergleich (§ 9 VDuG) kann mit Wirkung für und gegen die im Verbandsklageregister angemeldeten Verbraucher geschlossen werden, deren Interessen durch das Gericht gewährleistet werden. Der Vergleich soll Regelungen enthalten, die nachfolgende Individualklagen entbehrlich machen, und stellt einen Vollstreckungstitel dar (§ 794 Abs. 1 Nr. 1 ZPO). Jeder Verbraucher kann binnen eines Monats seinen Austritt aus dem Vergleich erklären; früher durfte die Anzahl der Austretenden 30 % der angemeldeten Verbraucher nicht übersteigen, so wurde der Vergleich insgesamt nicht wirksam. Die Regelung wurde zu Recht aufgegeben, weil man es den Vergleichsparteien überlassen kann, ein solches **Quorum** im Vergleich selbst zu vereinbaren. Der Austritt eines Verbrauchers aus dem Vergleich berührt nicht die **Wirksamkeit seiner Anmeldung** im Verbandsklageregister und deren Folgen. Er profitiert daher von der **Verjährungshemmung** (§ 204a Abs. 1 Nr. 3, 4 BGB n.F.) und kann seinen Anspruch individuell verfolgen. Eine Bindungswirkung nach § 11 Abs. 3 VDuG tritt nur ein, wenn der Vergleich in einem Abhilfeverfahren erst nach Erlass eines Abhilfegrundurteils geschlossen wurde, was der Regelfall sein dürfte (Musielak/Voit/Stadler, 22. Aufl. 2025, VDuG § 10 Rn. 3).

2479 Ein Musterfeststellungsurteil spricht die begehrte Feststellung aus oder weist die Klage ab. Es entfaltet Bindungswirkung zwischen den angemeldeten Verbrauchern und dem Beklagten für eventuell folgende Leistungsklagen. Angefochten werden kann das Urteil – das stets grundsätzliche Bedeutung hat – nur mit der Revision zum BGH (§ 42 VDuG).

Die Kostenentscheidung ergeht nach §§ 91 ff. ZPO zwischen den Parteien, angemeldete Verbraucher werden daran nicht beteiligt. Der Kostenstreitwert ist auf 250.000,– € beschränkt (Hartmann MDR 2018, 1477).

F. Adhäsionsverfahren (§§ 403 ff. StPO)

Das in den §§ 403 bis 406c StPO (»Entschädigung des Verletzten«) geregelte Adhäsionsverfahren soll dem Verletzten einen einfachen und kostengünstigen Weg zu einem vollstreckbaren Titel ebnen. Das Gesetz gibt dem Geschädigten mit diesem Verfahren die Möglichkeit der »privilegierten Durchsetzung« seiner zivilrechtlichen Ansprüche im **Strafprozess** (Köckerbauer NStZ 1994, 307). 2480

Es handelt sich dabei nicht um ein eigenständiges gerichtliches Verfahren, sondern um einen besonderen Teil des Strafverfahrens. Trotz mehrerer Änderungen der StPO, die seine Akzeptanz steigern sollten, führt das Adhäsionsverfahren in der Praxis ein Schattendasein (zu den Gründen Haller NJW 2011, 970).

I. Voraussetzungen

Ein Adhäsions- oder Anhangsverfahren kann der durch eine Straftat Verletzte oder sein Erbe im Rahmen eines gegen den Täter laufenden Strafverfahrens herbeiführen (§ 403 StPO). 2481

Im Strafbefehlsverfahren kann über Adhäsionsanträge nicht entschieden werden, sofern es nicht aufgrund des Einspruchs des Angeklagten zu einer Hauptverhandlung kommt (Meyer-Goßner/Schmitt § 404 Rn. 12, § 406 Rn. 1).

Die Berechtigung setzt nicht voraus, dass der Verletzte einen Strafantrag gestellt oder sich als Nebenkläger angeschlossen hat bzw. anschließen könnte (§§ 395 ff. StPO; Meyer-Goßner/Schmitt § 403 Rn. 2). Andere Rechtsnachfolger als Erben (z.B. Zessionare, private Haftpflichtversicherer oder Pfändungsgläubiger) haben kein Antragsrecht (Meyer-Goßner/Schmitt § 403 Rn. 4).

Gegen Jugendliche findet das Adhäsionsverfahren nicht statt, wohl aber gegen Heranwachsende, und zwar unabhängig davon, ob Jugend- oder Erwachsenenstrafrecht angewendet wird (§§ 109 Abs. 1, 81 JGG).

Im Adhäsionsverfahren können ausschließlich vermögensrechtliche Ansprüche gegen den Beschuldigten geltend gemacht werden, die aus der Straftat erwachsen und noch nicht anderweitig gerichtlich geltend gemacht sind. 2482

Typischerweise sind dies Schadensersatz- und Schmerzensgeldansprüche (insbesondere wegen Sachbeschädigung, Diebstahl, Körperverletzung, Betrug und Untreue; §§ 253, 823 BGB). Ansprüche allein aus dem Gesichtspunkt der Gefährdungshaftung (d.h. ohne Verschulden) können (bei Freispruch!) nicht geltend gemacht werden, da ein Schuldspruch Voraussetzung für eine strafrechtliche Verurteilung ist (Ausnahme: bei einer selbstständigen Anordnung einer Maßregel der Besserung und Sicherung gem. § 71 StGB [§ 406 Abs. 1 Satz 1 StPO]).

Da die Ansprüche zur Zuständigkeit der ordentlichen Gerichte gehören müssen, scheiden vermögensrechtliche Ansprüche aus einer Straftat, die im Rahmen eines Arbeitsverhältnisses begangen wurde, hierfür aus (Arbeitsgerichtsbarkeit!).

Unerheblich ist die zivilprozessuale Streitwertgrenze beim Amtsgericht (§ 403 StPO); auch ein Anwaltszwang wie im Zivilprozess (§ 78 ZPO) besteht nicht.

Wer nur zivilrechtlich (mit oder neben dem Angeklagten) haftet, kann nicht in das Adhäsionsverfahren mit einbezogen werden.

Da somit weder der private Haftpflichtversicherer des Verletzten noch der des Beschuldigten unmittelbar beteiligt werden können, ist dieses Verfahren insbesondere für Verkehrsdelikte ungeeignet, zumal eine Verurteilung ohne Verschulden allein aus dem Gesichtspunkt der Gefährdungshaftung in der Regel nicht in Betracht kommt. Außerdem würde der Geschädigte damit seinen Direktanspruch nach § 3 PflVersG gegen die Kraftfahrzeughaftpflichtversicherung aufgeben (Schirmer DAR 1988, 121: »Hierzu kann ihm nicht geraten werden«).

▶ Praxistipp:

Mehrere Beteiligte an der Straftat haften als Gesamtschuldner (§§ 830 Abs. 1 Satz 1, 840 BGB). Um später mehrere Vollstreckungsschuldner zu haben, sollte sich der Antrag auch auf alle Beteiligten an der Straftat erstrecken. 2483

2484 Eingeleitet wird das Adhäsionsverfahren durch einen **Antrag (§ 404 Abs. 1 StPO)**. Bis zur Erhebung der Anklage ist der Antrag an die Staatsanwaltschaft zu richten, danach an das zuständige Gericht.

Die Antragstellung im Ermittlungsverfahren kann bereits in der Strafanzeige erfolgen. Er ist grundsätzlich schriftlich oder zu Protokoll des Urkundsbeamten zu stellen, kann aber in der Hauptverhandlung (bis zu Beginn der Schlussvorträge) mündlich erfolgen. Hierbei kann sich der Antragsteller von einem Rechtsanwalt oder einem anderen Bevollmächtigten vertreten lassen oder mit anwaltlichem Beistand erscheinen (§§ 406f, g StPO). Meist wird er aber als geladener Zeuge persönlich erscheinen müssen.

Der Antrag hat dieselben Wirkungen wie die Erhebung einer Zivilklage (insbesondere Rechtshängigkeit und Verjährungshemmung). Beide Wirkungen treten bereits mit Eingang des Antrags bei Gericht und nicht erst mit Zustellung an den Antragsgegner ein (§ 404 Abs. 2 Satz 2 StPO). Der Antrag kann – ohne Zustimmung des Angeklagten – bis zur Urteilsverkündung zurückgenommen werden (§ 404 Abs. 4 StPO).

▶ Praxistipp:

2485 Es empfiehlt sich, eine Adhäsionsschrift so frühzeitig wie möglich, jedenfalls aber rechtzeitig vor Beginn der Hauptverhandlung, einzureichen.

Dies hat zumindest dann, wenn der Antragsteller nicht nur Schmerzensgeld begehrt (vgl. § 406 Abs. 1 Satz 6 StPO), nicht nur psychologische Gründe: Nach § 406 Abs. 1 Satz 4 StPO kann das Gericht von einer Entscheidung absehen, wenn sich der Antrag nicht zur Erledigung im Strafverfahren eignet. Dies ist nach § 406 Abs. 1 Satz 5 StPO dann der Fall, wenn die Entscheidung – auch dem Grunde nach oder nur über einen Teil des Anspruchs – das Verfahren erheblich verzögern würde, was bei einer späten Antragstellung eher anzunehmen sein wird. Für eine Antragstellung vor der mündlichen Verhandlung spricht auch, dass sie es dem Gericht gestattet, im Antrag genannte Beweismittel zu berücksichtigen (§§ 404 Abs. 1, 244 Abs. 2 StPO) und die Anfechtungsmöglichkeit (unten Rdn. 2499) das Benachrichtigungsrecht des Antragstellers wahrt (unten Rdn. 2488).

2486 Da das Adhäsionsverfahren in das Strafverfahren eingebettet ist, gelten vorrangig auch die strafprozessualen Grundsätze. Von den **zivilprozessualen Verfahrensvorschriften** sind insbesondere anwendbar:
- § 139 ZPO (insbesondere Hinweis auf Schlüssigkeitsmängel, Meyer-Goßner/Schmitt § 404 Rn. 3; arg. Art. 103 Abs. 1 GG).
- § 287 ZPO (Schadensschätzung; Meyer-Goßner/Schmitt § 404 Rn. 11, § 244 Rn. 16).
- § 308 Abs. 1 ZPO (Gericht darf dem Antragsteller nichts zusprechen, was er nicht beantragt hat).

2487 Der Antrag muss den »Gegenstand und Grund des Anspruchs bestimmt bezeichnen« (§ 404 Abs. 1 StPO). Wie im Zivilverfahren bedarf es also grundsätzlich eines **bestimmten Antrags**, wobei bei Schmerzensgeldforderungen auch hier ein **unbezifferter Antrag** ausreicht (Meyer-Goßner/Schmitt § 404 Rn. 3: entsprechend § 253 Abs. 2 Nr. 2 ZPO; hierzu oben Rdn. 1021).

Hierbei sollten die Rechtshängigkeitszinsen, die ebenfalls nur auf Antrag zugesprochen werden, nicht vergessen werden. Diese stehen dem Antragsteller bei einem unbezifferten Antrag zwar grundsätzlich erst ab Rechtshängigkeit des Adhäsionsantrages zu (§ 286 Abs. 1 Satz 2 BGB, § 404 Abs. 2 StPO; BGH StraFo 2004, 144; NJW 1995, 733), häufig aber werden im deliktischen Bereich die Voraussetzungen eines Verzugs ohne Mahnung vorliegen (§ 286 Abs. 2 Nr. 4 BGB; Grüneberg/Grüneberg § 286 Rn. 25). Wie hoch die Anforderungen an die Darstellung des Anspruchsgrundes sind, hängt vom Einzelfall ab. Nach dem Gebot des sichersten Wegs sollte sich der Antragsteller hier nicht auf einen bloßen Verweis auf die Anklage verlassen – die ausreichend sein kann, vgl. Meyer-Goßner/Schmitt § 404 Rn. 3 –, sondern zumindest alle Tatsachen vortragen, die den **Anspruch schlüssig** machen; dies erscheint auch deshalb sinnvoll, weil es wegen der Möglichkeit eines Anerkenntnisses (s.u.) erforderlich sein kann, den Streitgegenstand zu umreißen.

Zu raten ist auch, das Gericht ausdrücklich um Erteilung von Hinweisen entsprechend § 139 ZPO zu bitten.

II. Rechte des Antragstellers

Obgleich es in § 404 Abs. 3 Satz 2 StPO nur lapidar heißt: »Der Antragsteller, sein gesetzlicher Vertreter und der Ehegatte oder Lebenspartner des Antragsberechtigten können an der Hauptverhandlung teilnehmen«, hat der Antragsteller im Adhäsionsverfahren zahlreiche Rechte: 2488

- Recht auf **Einsicht** in die Strafakten durch einen Rechtsanwalt (§ 406e Abs. 1 StPO).
- Recht auf **Benachrichtigung** von Ort und Zeit der Hauptverhandlung (§ 404 Abs. 3 Satz 1 StPO).
- Recht auf **Anwesenheit und Anhörung** in der Hauptverhandlung (§ 404 Abs. 3 Satz 2 StPO).

  Der § 58 Abs. 1 StPO gilt für ihn nicht – d.h., er darf auch als noch nicht vernommener Zeuge während der Vernehmung der anderen Zeugen anwesend sein. Für die Beurteilung der Glaubwürdigkeit seiner Aussage empfiehlt sich für den Antragsteller allerdings, den Sitzungssaal währenddessen freiwillig zu verlassen bzw. unter Hinweis auf sein Fragerecht beim Gericht anzuregen, dass er als erster Zeuge vernommen wird. Sein anwaltlicher Beistand darf und sollte hingegen während der gesamten Hauptverhandlung im Sitzungssaal verbleiben.

  Im Rahmen des Anhörungsrechts kann und darf er auch zur Frage der strafrechtlichen Beurteilung des Sachverhalts Stellung nehmen.

- Recht auf **Frage- und Beweisantragstellung** in der Hauptverhandlung, soweit seine erhobenen vermögensrechtlichen Ansprüche betroffen sind (BGH NJW 1956, 1767: arg. § 404 Abs. 3 Satz 2 StPO).
- Recht zur **Ablehnung des Richters** wegen Befangenheit (str.).
- Recht zur **Ablehnung eines Sachverständigen** wegen Befangenheit.
- Anspruch auf Gewährung von **Prozesskostenhilfe** (§ 404 Abs. 5 StPO).
- **Beanstandungsrecht** nach § 238 Abs. 2 StPO, womit der Antragsteller auch allgemein auf einen sachgerechten Verfahrensablauf hinwirken kann.

III. Entscheidung des Gerichts

Es kommen folgende Entscheidungsalternativen in Betracht: 2489

1. Absehen von einer Entscheidung

Das Gericht sieht nach **§ 406 StPO** von einer Entscheidung über den Zivilanspruch ab, »wenn der Antrag unzulässig ist oder soweit er unbegründet erscheint« (Satz 3). Im Übrigen kann es von einer Entscheidung nur absehen, 2490

> »wenn sich der Antrag auch unter Berücksichtigung der berechtigten Belange des Antragstellers zur Erledigung im Strafverfahren nicht eignet. Der Antrag ist insbesondere dann zur Erledigung im Strafverfahren nicht geeignet, wenn seine weitere Prüfung, auch soweit eine Entscheidung nur über den Grund oder einen Teil des Anspruchs in Betracht kommt, das Verfahren erheblich verzögern würde. Soweit der Antragsteller den Anspruch auf Zuerkennung eines Schmerzensgeldes (§ 253 Abs. 2 BGB) geltend macht, ist das Absehen von einer Entscheidung nur nach Satz 3 zulässig.«

Dies führt zu einer wesentlichen Einschränkung der gerichtlichen Ablehnungsmöglichkeit. So muss insbesondere eine etwaige Verzögerung »erheblich« sein. Zudem ist ausdrücklich festgelegt, dass bei der Beurteilung der Frage der »mangelnden Eignung« die »berechtigten Belange des Antragstellers« zu berücksichtigen sind. 2491

Eine mangelnde Eignung kann z.B. gegeben sein, wenn schwierige bürgerlich-rechtliche Rechtsfragen entschieden werden müssen und damit die besondere Sachkunde des Zivilrichters erfordern (BGH StV 2004, 61: ist bei internationalem Privatrecht regelmäßig der Fall) oder wenn ein Schadensersatzanspruch von außergewöhnlicher Höhe geltend gemacht wird (Löwe/Rosenberg § 403 Rn. 17; § 405 Fn. 15; LG Mainz StV 1997, 627).

Im Übrigen hängt die Frage der erheblichen Verzögerung von den Umständen des Einzelfalles ab, wobei diesbezüglich keine klare Linie festzustellen ist (Wohler MDR 1990, 763). So kann z.B. bei einer mehrtägigen Verhandlung eine einmalige (kurze) Unterbrechung unwesentlich sein (Löwe/Rosenberg § 405 Rn. 11).

▶ Praxistipp:

2492 Bei Schmerzensgeldforderungen besteht bei einem zulässigen und begründeten Antrag für das Gericht überhaupt kein Ermessensspielraum mehr.

2493 Deshalb dürfte in der Tat in diesen Fällen »für die Gerichte am Erlass jedenfalls eines Grundurteils kein Weg mehr vorbeiführen« (Ferber a.a.O. S. 2565; Begr. RegE S. 39).

Erwägt das Gericht, von einer Entscheidung abzusehen, muss es die Verfahrensbeteiligten so früh wie möglich darauf hinweisen (§ 406 Abs. 5 StPO). Der Anwalt sollte dann deutlich machen, dass die Durchführung des Adhäsionsverfahrens nunmehr der gesetzlich vorgesehene Normalfall ist.

2494 Sofern das Gericht den zivilrechtlichen Anspruch insgesamt für unbegründet erachtet oder den Angeklagten freispricht, sieht es lediglich (durch Beschluss oder im Urteil) – ganz oder teilweise – von einer Entscheidung über den Antrag ab (§ 406 Abs. 1 und 5 StPO; BGH NStZ 2003, 565: dies ist ausdrücklich zu tenorieren).

2495 Eine rechtskraftfähige Klageabweisung kommt im Adhäsionsverfahren nicht in Betracht (BGH NStZ 2003, 565). Auch sonst kommt dem Absehen von einer Entscheidung keinerlei Rechtskraftwirkung zu. Die nicht entschiedenen Ansprüche des Verletzten können somit noch vor einem anderen Gericht – Zivilgericht oder strafgerichtliche Berufungskammer – geltend gemacht werden (§ 406 Abs. 3 Satz 3 StPO).

2. Stattgabe des Anspruchs

2496 Die Entscheidung im Adhäsionsverfahren erfolgt nach dem Ergebnis der Hauptverhandlung in dem **Strafurteil**. Über den Antrag wird nur entschieden, wenn der Angeklagte gerade auch wegen der Straftat, auf welcher sich der geltend gemachte Anspruch gründet, schuldig gesprochen oder gegen ihn eine Maßregel der Besserung und Sicherung angeordnet wird (BGH StV 2004, 62 – Identität!).

Bei einer Einstellung des Verfahrens nach den §§ 153, 153a, 154 StPO kann daher keine Entscheidung ergehen. Auch ist kein Versäumnisurteil möglich.

Das Gericht ist dabei an den Antrag gebunden (§ 308 ZPO) und spricht den Anspruch, soweit er begründet ist, ganz oder teilweise zu (§ 406 Abs. 1 StPO). Meistens wird hierbei ein beziffertes oder unbeziffertes Leistungsurteil in Betracht kommen; bei künftig zu erwartenden Schäden ausnahmsweise auch ein Feststellungsausspruch.

Der Angeklagte ist vor der Entscheidung anzuhören (BGHSt 37, 260). Erforderlichenfalls muss die Hauptverhandlung gem. § 228 Abs. 1 StPO unterbrochen werden. Vor allem kann er auf eine etwaige Unzulässigkeit oder Unbegründetheit hinweisen bzw. durch entsprechenden Sachvortrag hinwirken, um ein Absehen von einer Entscheidung zu erreichen. Das Gericht muss nämlich den zivilrechtlichen Anspruch nicht endgültig klären. So genügt es für die Unbegründetheit bereits, dass deren Möglichkeit nicht ohne größere Schwierigkeiten auszuschließen ist, somit das Bestehen des geltend gemachten Anspruchs nicht oder jedenfalls nicht mit der erforderlichen Sicherheit festgestellt werden kann (Meyer-Goßner/Schmitt § 406 Rn. 12).

Im Übrigen kann er eine zusprechende Entscheidung des Gerichts nur im Strafbefehlsverfahren durch Rücknahme des Einspruchs verhindern, wodurch allerdings der Strafbefehl rechtskräftig wird.

Dem Angeklagten ist es aber auch erlaubt, zu schweigen, was nicht zu seinen Lasten verwertet werden darf. Vom Antragsteller vorgetragene Tatsachen können deshalb – im Gegensatz zu § 138 ZPO – nicht unstreitig werden.

In Betracht kommen auch: 2497

Grund- und Teilurteil (§ 406 Abs. 1 Satz 2 StPO).

Der Strafrichter kann sich darauf beschränken, die Ersatzpflicht des Angeklagten nur dem Grunde nach festzustellen. Die Höhe des Anspruchs bleibt dann dem Zivilgericht im Betragsverfahren überlassen (§ 406 Abs. 3 StPO i.V.m. §§ 304 Abs. 2, 318 ZPO). Bei einem unbezifferten Feststellungsantrag, namentlich bei Schmerzensgeldansprüchen, muss eine Quotierung unter Berücksichtigung eines etwaigen Mitverschuldens des Verletzten erfolgen (BGH NJW 2002, 3560). Daran dürfte dann auch das Zivilgericht im Betragsverfahren gebunden sein (a.A. Groß Anm. zu BGH JR 2003, 258 unter Hinweis darauf, dass der Ausspruch im Adhäsionsverfahren wohl aber präjudiziell wirke).

Anerkenntnisurteil gem. § 307 ZPO (§ 406 Abs. 2 StPO).

Damit ist die frühere Rechtsprechung des BGH überholt, welche im Adhäsionsverfahren ein Anerkenntnisurteil als unzulässig angesehen hatte (BGH NStZ 1991, 198).

Ungeklärt ist, ob das (als Prozesserklärung) grundsätzlich unwiderrufliche Anerkenntnis auch dann Bestand haben und Grundlage für ein Anerkenntnisurteil sein kann, wenn sich im weiteren Verlauf der Verhandlung dessen Unrichtigkeit herausstellt (verneinend Neuhaus StV 2004, 626: § 406a Abs. 3 StPO analog; Meyer-Goßner/Schmitt § 406 Rn. 4).

Das rechtskräftige Strafurteil, welches dem Antragsteller einen Anspruch zugesprochen hat, stellt 2498
einen **Titel** dar, der nach den allgemeinen Vorschriften der ZPO vollstreckt werden kann (§ 406b StPO). Hierzu ist die Entscheidung vom Gericht auch nach den entsprechenden zivilprozessualen Vorschriften für vorläufig vollstreckbar zu erklären (§ 406 Abs. 3 Satz 2 StPO; früher § 406 Abs. 2 StPO a.F.: kann).

Die im Adhäsionsverfahren auf Antrag des Geschädigten gegen den Schädiger ergehende Entscheidung entfaltet weder Rechtskraft gegenüber dem Haftpflichtversicherer des Schädigers noch bindet sie das in einem Folgeprozess gegen Dritte zur Entscheidung berufene Zivilgericht (BGH NJW 2013, 1163).

3. Rechtsmittel

Ein **ablehnender Beschluss** kann vom Antragsteller – mit der sofortigen Beschwerde – angefochten 2499
werden, sofern der Antrag bereits vor Beginn der Hauptverhandlung gestellt wurde und noch keine den Rechtszug abschließende Entscheidung ergangen ist (§§ 406 Abs. 5 Satz 2; 406a Abs. 1 StPO; Effer-Uhe StV 2015, 510).

Dadurch ist keine Vollzugshemmung und somit auch nicht die Hemmung des zwischenzeitlichen Abschlusses des Strafverfahrens verbunden (§ 307 Abs. 1 StPO). Eine stattgebende Beschwerdeentscheidung würde dann ins Leere gehen, es sei denn, das Gericht stellt die Erledigung des Strafverfahrens bis zu dieser Entscheidung zurück.

Hierbei ist einerseits »zu befürchten, dass sich die Richter in der Praxis mit der Beschlussentscheidung Zeit lassen werden, um Beschwerdeentscheidungen zu umgehen« (Meyer-Goßner/Schmitt § 406 Rn. 15, § 406a Rn. 4: »Diese Regelung erscheint wenig glücklich«). Andererseits aber wird damit vermieden, dass der Richter vorschnell von der Entscheidung absieht (Begr. RegE. S. 41).

Gegen den **zivilrechtlichen Teil des Urteils** können weder Antragsteller noch Staatsanwaltschaft, Pri- 2500
vat- oder Nebenkläger ein Rechtsmittel einlegen (§ 406a Abs. 1 Satz 2 StPO – fehlende Beschwer!; Meyer-Goßner/Schmitt § 406a Rn. 4).

Die dem Antrag **stattgebende Entscheidung** kann jedoch der Angeklagte – auch ohne den straf- 2501
rechtlichen Teil des Urteils – mit den strafprozessualen Rechtsmitteln (Berufung und Revision; auch nur teilweise) anfechten (§ 406a Abs. 2 u. 3 StPO).

Im Übrigen muss die zivilrechtliche Entscheidung aufgehoben werden, wenn der Angeklagte hinsichtlich der Straftat in der Rechtsmittelinstanz freigesprochen wird (§ 406a Abs. 3 StPO).

IV. Vor- und Nachteile für den Geschädigten

2502 Das Adhäsionsverfahren, welches dem Geschädigten einen Zivilprozess erspart, bietet für die geschädigte Partei fast nur Vorteile. Nachteilig kann allein eine etwaige Kostenbelastung sein (unten Rdn. 2510).

So ist weder eine umfassende Klageschrift erforderlich noch sind irgendwelche Kosten- oder Auslagenvorschüsse zu zahlen. In dem unkomplizierten Verfahren (kein Schlichtungsverfahren, keine Güteverhandlung erforderlich, kein aufwendiger Schriftwechsel, i.d.R. nur ein Termin, keine Widerklage möglich) besteht auch keine Präklusionsgefahr (gem. §§ 296, 282 ZPO). Da der Sachverhalt – auch hinsichtlich des Adhäsionsanspruchs – von Amts wegen ermittelt wird (§ 244 Abs. 2 StPO; Amtsaufklärung statt Dispositionsmaxime! – »optimale Tatsachengrundlage« – BGH StV 2004, 60), sind Beweisanträge nicht erforderlich, aber möglich. Des Weiteren ist das Kostenrisiko in Bezug auf die Verfahrenskosten erheblich vermindert.

Vor allem gibt es weder eine Sachentscheidung zulasten des Antragstellers noch eine negative Rechtskraftwirkung bei einem Absehen von einer Entscheidung (teilweise oder in vollem Umfang; Zivilklage daher noch möglich, § 406 Abs. 3 Satz 2 StPO).

2503 Hervorgehoben sei die Tatsache, dass dem Geschädigten im Adhäsionsverfahren die Zeugenstellung quasi in eigener Sache zukommt, während er im Zivilprozess lediglich Partei ist.

Obgleich für die Glaubwürdigkeit einer Aussage nicht allein die formale Stellung des Aussagenden im Prozess maßgebend ist, messen manche Strafrichter den Bekundungen des Anzeigeerstatters und Geschädigten schon im Ansatz ein höheres Gewicht bei als den Angaben des Angeklagten (Vahle Kriminalistik 2004, 545; Geipel AnwBl 10/2005: »Die contra legem-Beweisregel«; aber BGH NStZ 2004, 635 – unzulässig!). Von Bedeutung kann dies vor allem bei der Beweissituation »Aussage gegen Aussage« sein.

Im Zivilprozess hingegen kann der Geschädigte allenfalls als Partei vernommen werden und dies auch nur unter sehr engen Voraussetzungen (oben Rdn. 2194, 2196). Hinzu kommt noch, dass sich die – in der Gerichtspraxis als besonders glaubwürdig angesehenen – Polizeibeamten als Zeugen im Zivilverfahren – im Gegensatz zum Strafverfahren – erfahrungsgemäß oft nicht mehr an den Fall erinnern (Geipel AnwBl 10/2005).

2504 Im Übrigen besteht ein allgemeiner Vorteil für den Geschädigten in der Zwangssituation des Angeklagten, der möglicherweise von einer ernsthaften Verteidigung gegen zivilrechtliche Ansprüche absieht, weil er sich zum einen auf das Strafverfahren konzentriert und zum anderen dadurch eine Strafmilderung erhofft (§ 46a StGB).

Dabei kann dem Geschädigten ein Geständnis unmittelbar zugutekommen, während sonst das in einem Strafverfahren abgegebene Geständnis im Zivilverfahren keine bindende Wirkung entfaltet. So wird nämlich der Tathergang im späteren Zivilprozess vom Beklagten erfahrungsgemäß nicht selten umfassend bestritten oder Notwehr geltend gemacht (OLG Bamberg NJW-RR 2003, 1223: es habe sich nur um einen »Deal« gehandelt, damit er [der Angeklagte] die ausgesprochene Bewährungsstrafe noch erhalten konnte).

Dies gilt auch bei einer Verurteilung. Die mit dem 1. Justizmodernisierungsgesetz geplante Einführung der Beweiskraft rechtskräftiger Strafurteile im Zivilverfahren (§ 415a ZPO i.d.F. des Entwurfs) wurde nicht Gesetz.

Zudem sind die Strafverteidiger in der Regel mit der zivilrechtlichen Materie eher weniger vertraut. Wird der Adhäsionsantrag erst in der Hauptverhandlung gestellt, kommt diesem auch ein gewisser Überraschungseffekt zu. Auch wenn dem Angeklagten daraufhin rechtliches Gehör gewährt werden muss, so entspricht dessen Umfang keinesfalls dem im Zivilprozess, bei welchem dem Verhandlungstermin in der Regel ein eingehender Schriftsatzwechsel der Parteien vorausgeht.

Möglicherweise kann man beim Strafrichter ein tendenziell höheres Schmerzensgeld erlangen. So ist es denkbar, dass diese etwa bei einem mehrfach vorbestraften Angeklagten geneigt sein könnten, die Zuerkennung eines höheren Betrags als eine zusätzlich verdiente Strafe anzusehen. Dabei dürften sich die Strafrichter, welche ebenfalls mit der zivilrechtlichen Materie in der Regel eher weniger vertraut sind, auch häufiger an Schmerzensgeldtabellen orientieren als Zivilrichter. Erwartet man hingegen insofern

»mehr« vom Zivilgericht, kann und sollte man im Adhäsionsverfahren nur den Erlass eines Grundurteils beantragen.

Den Vorteilen des Adhäsionsverfahrens stehen auch Nachteile entgegen. Neben der Unerfahrenheit 2505
des Gerichts im Umgang mit zivilrechtlichen Ansprüchen, z.B. bei der Bemessung des Schmerzensgelds, besteht insbesondere die Gefahr, durch die Rechtskraft des Urteils im Adhäsionsverfahren weitere Ansprüche zu verlieren.

So vertritt der BGH in ständiger Rechtsprechung (MDR 2015, 1094; NJW 1988, 2300), dass ein im Adhäsionsverfahren ergangenes rechtskräftiges Urteil über einen unbezifferten Schmerzensgeldantrag, mit dem dem Geschädigten ein Schmerzensgeld zugesprochen und weiter festgestellt ist, dass der Schädiger verpflichtet ist, den aus der Tat entstandenen weiteren materiellen und immateriellen Schaden zu ersetzen, die Geltendmachung eines weiteren Schmerzensgeldes im Zivilprozess hindert. Eine erneute Klage zwischen denselben Parteien über denselben Streitgegenstand ist gemäß § 322 ZPO unzulässig. Berücksichtigt man zudem, dass der Grundsatz der Einheitlichkeit des Schmerzensgeldes es gebietet, die Höhe des dem Geschädigten zustehenden Anspruchs aufgrund einer ganzheitlichen Betrachtung der den Schadensfall prägenden Umstände unter Einbeziehung der absehbaren künftigen Entwicklung des Schadensbildes zu bemessen, ist klar, dass eine abschließende Bemessung des Schmerzensgelds häufig erst mit einem gewissen zeitlichen Abstand zur schädigenden Handlung erfolgen kann und eine zu frühe Klage gegebenenfalls einen zu niedrigen Schmerzensgeldbetrag auslöst.

Mit einer separaten Folgeklage können Verletzungsfolgen geltend gemacht werden, die zum Beurteilungszeitpunkt noch nicht eingetreten waren und deren Eintritt objektiv nicht vorhersehbar war, mit denen also nicht oder nicht ernstlich gerechnet werden musste und die deshalb zwangsläufig bei der Bemessung des Schmerzensgeldes unberücksichtigt bleiben müssen und unberücksichtigt geblieben sind.

V. Abschluss eines Vergleichs

Durch § 405 Abs. 1 StPO ist klargestellt, dass im Adhäsionsverfahren auch ein zivilrechtlicher Ver- 2506
gleich zu Protokoll des Strafgerichts geschlossen werden kann. Dabei soll das Gericht auf übereinstimmenden Antrag des Verletzten und Angeklagten sogar einen Vergleichsvorschlag unterbreiten.

Ein solcher Vorschlag kann dann regelmäßig auch keinen Befangenheitsgrund darstellen (Meyer-Goßner/Schmitt § 405 Rn. 5; kritisch Hilger GA 2004, 485: diese Regelung könnte sich »kontraproduktiv als Einfallstor für Befangenheitsanträge »enttäuschter« Beschuldigter und Verteidiger erweisen«).

Dabei ist der Vergleichsgegenstand nicht auf vermögensrechtliche oder bürgerlich-rechtliche Ansprü- 2507
che begrenzt und der Vergleichsschluss ist auch unabhängig davon möglich, ob der Angeklagte verurteilt wird oder nicht. Unklar ist, ob diese Regelung auch generell für das Strafverfahren gilt.

Nach überwiegender Ansicht indes ist es allgemein im Strafverfahren möglich, dass ein nicht betei- 2508
ligter Dritter oder ein Zeuge mit dem Angeklagten einen Vergleich schließt, ohne dass dieser dem Verfahren als Nebenkläger beigetreten ist.

(arg. § 794 Abs. 1 Nr. 1 ZPO: »vor einem deutschen Gericht«; Pecher NJW 1981, 2170; Köckerbauer a.a.O. S. 308; Zöller/Geimer § 794 Rn. 5; Löwe/Rosenberg § 404 Rn. 21; Meyer JurBüro 1984, 1122: »das Gericht hat keine Handhabe, die förmliche Feststellung eines Vergleichs zu Protokoll zu verweigern«).

Darüber hinaus besteht noch eine andere Möglichkeit, aufgrund der Zwangssituation des Angeklagten aus der Straftat erwachsene Ansprüche realisieren zu können (Meyer a.a.O.). So kommt die Schadenswiedergutmachung als Auflage bei einer Einstellung gem. § 153a StPO oder als Bewährungsauflage (§ 56b StGB) in Betracht, was selbst bei Verjährung des zivilrechtlichen Anspruchs möglich ist. Dabei kann die Auflage auch darin bestehen, dass der Angeklagte dem Geschädigten einen vollstreckbaren Titel in Form eines Vergleichs in die Hand gibt. Der Vorteil besteht darin, dass der Geschädigte daraus selbstständig Befriedigung erlangen kann, unabhängig von den strafprozessualen Vorschriften und Einschränkungen.

Einen direkten Einfluss auf die Entscheidung des Strafgerichts hat das geschädigte Opfer freilich nicht (Betmann Kriminalistik 2004, 573). Es kann gegenüber dem Gericht aber anregen, dass bei der Festsetzung von Auflagen seine Interessen insoweit mitberücksichtigt werden. Hierzu kann es hilfreich sein, die erlittenen Verletzungen anschaulich vorzutragen bzw. vorzuzeigen.

Dabei besteht für den Verletzten ein Anwesenheitsrecht in der Hauptverhandlung nicht nur bei Stellung eines Adhäsionsantrags, sondern auch dann, wenn er nebenklageberechtigt ist (§§ 395, 406g Abs. 1 StPO) oder sich als Nebenkläger – mit weitgehenden Rechten – der öffentlichen Klage angeschlossen hat (§ 397 Abs. 1 StPO).

▶ Praxistipp:

2509 Sofern ein Vergleich für den Verletzten grundsätzlich in Betracht kommt, ist eine Teilnahme an der Hauptverhandlung unbedingt zu empfehlen.

Denn dort schließen die Angeklagten einen (meist unwiderruflichen) Vergleich häufig relativ unkritisch ab, während sich der Verletzte sonst seine Ansprüche erst zeit- und kostenaufwendig in einem Zivilverfahren erstreiten muss.

Dabei ist auch daran zu denken, dass ein Vergleich zur Abwendung einer strafrechtlichen Verurteilung durch Verpflichtung zur Rücknahme des Strafantrags (als Prozessvoraussetzung) durchaus zulässig ist (§ 77d StGB; Grüneberg/Sprau § 779 Rn. 8; Thomas/Putzo/Seiler § 794 Rn. 16). Dies kann für den Angeklagten ein erheblicher Anreiz sein. Hierbei muss der Verletzte aber mitberücksichtigen, dass er dann die Kosten sowie die notwendigen Auslagen des Angeklagten tragen muss (§ 470 Satz 1 StPO). Obgleich diese Kosten auch dem Angeklagten auferlegt werden können, soweit er sich zur Übernahme bereit erklärt (§ 470 Satz 2 StPO), ist es sicherer, im Vergleich auch die Kostenfrage zu regeln.

Die Rücknahme einer Strafanzeige hingegen kann eine Bestrafung des Täters bei den sog. Offizialdelikten ebenso wenig verhindern (z.B. §§ 224, 226 StGB) wie die Rücknahme des Strafantrags, wenn die Staatsanwaltschaft zugleich das besondere öffentliche Interesse beja ht hat (z.B. § 230 StGB).

VI. Kosten und Gebühren

2510 Die Kostentragungspflicht regelt **§ 472a StPO**.

2511 Bei uneingeschränkter Stattgabe des Adhäsionsantrages hat der Angeklagte die dadurch entstandenen besonderen Kosten und notwendigen Auslagen des Antragstellers zu tragen (Abs. 1). In den übrigen Fällen entscheidet das Gericht nach pflichtgemäßem Ermessen, wobei die gerichtlichen Auslagen der Staatskasse auferlegt werden können, soweit es unbillig wäre, die Beteiligten damit zu belasten (Abs. 2).

Die allgemeinen Verfahrenskosten indes treffen entweder – bei Verurteilung – den Angeklagten (§ 465 StPO) oder – bei Freispruch – die Staatskasse (§ 467 StPO), in keinem Fall jedoch den Antragsteller.

▶ Praxistipp:

2512 Um eine für den Antragsteller negative Kostenentscheidung zu vermeiden, sollte dessen Anwalt deutlich darauf hinweisen, dass letztlich der Angeklagte das Verfahren veranlasst hat.

Insbesondere wenn das zugesprochene Schmerzensgeld eher gering ist, kann es unbillig sein, wenn sich dieses für den Verletzten dadurch im Ergebnis noch verringert, dass er einen Anteil an den Rechtsanwaltskosten tragen müsste (BGH MDR 1966, 560). Hingegen spricht ein Mitverschulden des Verletzten für eine Kostenteilung.

Da diese Kostenentscheidung (im Urteil oder in einem Beschluss) vom Gericht leicht vergessen werden kann, empfiehlt es sich für den Verletzten, das Gericht hierauf besonders aufmerksam zu machen bzw. einen ausdrücklichen Kostenantrag zu stellen.

Denn beim Fehlen einer ausdrücklichen Kostenentscheidung verbleiben die notwendigen Auslagen beim Antragsteller, der jedoch eine Nachholung des unterbliebenen Ausspruchs gem. § 33a StPO erwirken kann (Meyer-Goßner/Schmitt § 464 Rn. 12, § 472a Rn. 4).

2513 Nach dem Rechtsanwaltsvergütungsgesetz erhält der für den Geschädigten nur im Adhäsionsverfahren tätige Rechtsanwalt zwei Gebühren (Verfahrensgebühr gem. Nr. 4143 VV-RVG; Teil 4 Abschnitt 3 Vorb. 4.3 [2]). Bei Abschluss eines Vergleiches fallen zusätzlich noch 1,5 Gebühren (Einigungsgebühr gem. Nr. 1000 VV-RVG) an.

Sofern der Anwalt auch noch Nebenklägervertreter ist, erhält er zusätzlich die Gebühren für das Strafverfahren (Verfahrens- und Terminsgebühr; Nr. 4106 ff. VV-RVG).

Erhebt der Geschädigte nach Beendigung des Adhäsionsverfahrens noch eine notwendige Zivilklage, wird die Verfahrensgebühr zu einem Drittel auf die in einem nachfolgenden Zivilverfahren wegen desselben Anspruchs entstehende Verfahrensgebühr angerechnet (Nr. 4143 Abs. 3 VV-RVG; Nr. 3100 u. 3200 VV-RVG).

Dem Antragsteller und Angeklagten kann auf Antrag auch **Prozesskostenhilfe** nach den Regeln der ZPO – unter Beiordnung seines anwaltlichen Beistands – bewilligt werden (§ 404 Abs. 5 StPO; §§ 114 ff. ZPO). 2514

Ist dem Antragsteller als Nebenkläger gem. § 397a Abs. 1 StPO ein Rechtsanwalt als Beistand bestellt, so erstreckt sich nach der Rechtsprechung des BGH die Beiordnung nicht auf das Adhäsionsverfahren. Der Rechtsanwalt ist nur dann befugt, für den Nebenkläger vermögensrechtliche Ansprüche gegen den Angeklagten im Adhäsionsverfahren einzuklagen und seine diesbezüglichen Gebühren gegen die Staatskasse geltend zu machen, wenn er dem Nebenkläger im Rahmen der Gewährung von Prozesskostenhilfe gem. § 404 Abs. 5 Satz 2 StPO, § 121 Abs. 2 ZPO gesondert für das Adhäsionsverfahren beigeordnet worden ist (BGH NJW 2001, 2486; Meyer-Goßner/Schmitt § 397a Rn. 17).

Kapitel 9: Arrest und einstweilige Verfügung

Übersicht

Vorbemerkung

2515 Nicht selten besteht für die Rechtswahrung ein besonderes Eilbedürfnis.

2516 In typischen Fällen aus dem Bereich des Mietrechts hat der Gesetzgeber diesem durch ein ausdrückliches gesetzliches **Beschleunigungsgebot** für das gerichtliche Verfahren Rechnung getragen.

§ 272 Abs. 4 ZPO verpflichtet das Gericht, **Räumungssachen** vorrangig und beschleunigt zu bearbeiten.

Nach dem Willen des Gesetzgebers ursprünglich dem Schutz des Vermieters gegen Zahlungsverzug dienend, wird eine teleologische Reduktion des Anwendungsbereichs auf diese Fälle vertreten (Emmerich WuM 13, 330), von der h.M. aber abgelehnt. Danach ermöglicht diese Vorschrift eine rasche Klärung streitiger Fragen im Interesse beider Mietparteien und ist nicht auf Wohnraummietsachen beschränkt (Anders/Gehle/Hunke § 273 Rn. 17 m.w.N.)

Nach § 44 EGZPO sind Verfahren über die **Anpassung der Miete**, der Pacht für Grundstücke oder Räume, die keine Wohnräume sind, wegen staatlicher Maßnahmen zur Bekämpfung der COVID-19-Pandemie vorrangig und beschleunigt zu behandeln. Ein früher erster Termin soll spätestens einen Monat nach Zustellung der Klageschrift erfolgen (Klein MDR 2021, 393; Brinkmann/Thüsing NZM 2021, 5).

Ergänzt wird damit Art. 240 EGBGB § 7, nach dem für vermietete Grundstücke und Gewerberäume, die pandemiebedingt nicht oder nur eingeschränkt verwendbar sind, ein Wegfall der Geschäftsgrundlage nach § 313 Abs. 1 BGB vermutet wird. Gelten soll die Beschleunigung nicht nur, wenn der gewerbliche Mieter als Kläger Anpassung seiner Miete oder Mietminderung begehrt, sondern auch dann, wenn er als Beklagter eine entsprechende Einrede erhebt.

Die erreichbare Beschleunigung hält sich praktisch in Grenzen. Die Monatsfrist ist nicht zwingend (»soll«) und kann durch einen bloß fristwahrenden Durchlauftermin konterkariert werden. Der gesetzliche Ausschluss eines schriftlichen Vorverfahrens kann zudem kontraproduktiv wirken.

2517 Ist die beabsichtigte Rechtsdurchsetzung bedroht, weil zu befürchten ist, dass sie innerhalb der zur Durchsetzung in einem allgemeinen Verfahren erforderlichen Zeitspanne vereitelt oder wesentlich erschwert wird, kann es erforderlich sein, rechtssichernde Maßnahmen zu ergreifen.

2518 Droht der Nachteil allein aus dem Ablauf einer **Frist**, kommen fristwahrende Maßnahmen in Betracht; insoweit kann auf die oben unter Rdn. 765 ff. gemachten Ausführungen verwiesen werden.

2519 **Anderen Gefahren** kann begegnet werden:
– durch eine auf die **Sicherung des Anspruchs** und seiner Durchsetzbarkeit gerichtete Eilanordnung des Gerichts (unten Rdn. 2520);

Dabei unterscheidet die ZPO zwischen Arrest (§§ 916 ff. ZPO) und einstweiliger Verfügung (§§ 935 ff. ZPO). Der Arrest dient der Sicherung eines Geldzahlungsanspruchs, die einstweilige Verfügung der Sicherung anderer, nicht auf Zahlung gerichteter Ansprüche.

– durch eine auf die **Sicherung von Beweismitteln** gerichtete Vorwegnahme der Beweisaufnahme (oben Rdn. 2303).

Das heutige selbstständige Beweisverfahren der §§ 485 ff. ZPO umfasst neben diesem Zweck auch die Vermeidung unnötiger Hauptsacheverfahren. Streiten die Parteien nur um Tatsachen, nicht auch um Rechtsfragen, so genügt es häufig, diese Tatsachen im Rahmen einer gerichtlich betriebenen Beweisaufnahme zu klären, ohne dass es der übrigen Teile eines allgemeinen Klageverfahrens (mündliche Verhandlung, Urteil) bedarf.

A. Arrest

I. Allgemeine Grundsätze

Arrest und einstweilige Verfügung gehören (wie auch das Mahn- und das Urkundenverfahren) zu den sog. **summarischen Verfahren** der ZPO. Die bezweckte raschere Durchführung des Verfahrens wird durch Vereinfachungen erreicht, die häufig mit einer teilweise Preisgabe wesentlicher Grundsätze des allgemeinen Verfahrens (rechtliches Gehör, mündliche Verhandlung, umfassende Sach- und Rechtsprüfung) einhergehen. Solche Vereinfachungen bedürfen stets einer besonderen Rechtfertigung und müssen durch Mechanismen ergänzt werden, die eine nachträgliche Berücksichtigung dieser Prinzipien sowie Kompensationsmöglichkeiten für die Gegenpartei gewährleisten. 2520

Im Eilverfahren rechtfertigt sich die Verfahrensvereinfachung durch die Notwendigkeit, bedrohte Ansprüche schnell und effektiv zu schützen, regelmäßig also zu einer raschen Vollstreckung zu gelangen. Dies bringt mit sich, dass tragende Verfahrensgrundsätze wie das rechtliche Gehör, die mündliche Verhandlung und eine vollständige Sachprüfung teilweise zurückgeschraubt werden. Um diesen Eingriff in die Rechte der Beteiligten auszugleichen, ist die Vollstreckung eines in einem Eilverfahren ergangenen Titels eingeschränkt. Zudem besteht ein Schadensersatzanspruch gemäß § 945 ZPO, falls die Entscheidung zu Unrecht ergangen ist. Darüber hinaus hat die Gegenpartei das Recht, in einem Widerspruchsverfahren oder in einem erzwungenen Hauptsacheverfahren eine vollständige Prüfung der Sach- und Rechtslage zu verlangen, wodurch die unterlassenen Verfahrensteile nachgeholt werden.

Arrest und einstweilige Verfügung **unterscheiden** sich hinsichtlich des zu sichernden Anspruchs: Ist der zu sichernde Anspruch auf Geldzahlung gerichtet (§ 926 Abs. 1 Alt. 1 ZPO) oder kann er in eine solche übergehen (§ 926 Abs. 1 Alt. 2 ZPO), ergeht ein Arrest; ist der Anspruch auf eine andere Leistung (z.B. Herausgabe oder Vornahme einer Handlung) gerichtet, ergeht eine einstweilige Verfügung. Praktisch besteht indes mitunter ein Wahlrecht des Gläubigers, da – zumindest über die Unmöglichkeitsregeln – nahezu alle Ansprüche »in einen Zahlungsanspruch übergehen« können. 2521

▶ Beispiel:

Befürchtet der Käufer, dass der Verkäufer die Sache einem Dritten übereignet, so kann er seinen Herausgabeanspruch aus § 433 BGB durch eine einstweilige Verfügung sichern. 2522

Erwirbt der Dritte gutgläubig Eigentum, so wird dem Verkäufer die Übergabe an den Käufer unmöglich, sodass dieser statt der Herausgabe Zahlung von Schadensersatz verlangen kann (§§ 280, 283 BGB). Diesen Anspruch kann der Käufer durch einen Arrest sichern.

Bei der Wahl des Sicherungsinstituts soll deswegen nicht auf den Anspruchsinhalt, sondern auf das **Interesse des Gläubigers** abgestellt werden. 2523

▶ Praxistipp:

Zur Sicherung eines nicht auf Zahlung gerichteten Anspruchs dient die einstweilige Verfügung, wenn es dem Gläubiger um die Sicherung seines (primären) Erfüllungsinteresses geht. Genügt dem Gläubiger die Sicherung seines (sekundären) Schadensersatzinteresses, ist ein Arrest zu beantragen. 2524

Der materiell-rechtliche Anspruch (Arrestanspruch bzw. Verfügungsanspruch) bildet – neben dem Arrest- bzw. Verfügungsgrund – die Grundlage für den Erlass einer Eilanordnung (BGH NJW 1980, 191). Prozessualer **Streitgegenstand** des Eilverfahrens ist jedoch nicht dieser materiell-rechtliche Anspruch selbst, sondern dessen Sicherung (BGH NJW 1980, 191). Folglich können Eil- und 2525

Hauptsacheverfahren grundsätzlich parallel oder nacheinander ablaufen, da keine Rechtshängigkeitssperre besteht und die Rechtskraft der Entscheidung im Eilverfahren die Klageerhebung nicht hindert. Ein Rechtsschutzbedürfnis für eine Eilanordnung kann entfallen, wenn bereits anderweitig eine ausreichende Sicherung gewährleistet ist. Dies bedarf insbesondere bei Vorliegen vollziehbarer Sicherungstitel, Hauptsachetiteln und gegebenenfalls dinglicher Sicherungsrechte (z. B. Pfandrechte) einer besonderen Prüfung im Einzelfall. Rechtshängigkeit des Eilverfahrens tritt nicht erst mit der Zustellung an den Beklagten, sondern bereits mit dem Eingang bei Gericht ein. Anhängigkeit und Rechtshängigkeit fallen also zeitlich zusammen, sodass sich die Frage der Erledigung zwischen Eingang bei Gericht und Zustellung des Antrags überhaupt nicht stellt. Eine Hemmung der Verjährung des zu sichernden Anspruchs tritt ohne die (ggf. nachträgliche) Zustellung indes nicht ein (§ 204 Abs. 1 Nr. 9 BGB).

2526 Im Übrigen handelt es sich um ein reguläres Verfahren der ZPO, auf das die allgemeinen **Verfahrensgrundsätze** durchweg Anwendung finden.

Uneingeschränkt anwendbar sind die Vorschriften über Prozesskostenhilfe (§§ 114 ff. ZPO), Antragsänderung (§§ 263 ff. ZPO), Antragsrücknahme (§ 269 ZPO), Erledigung (§ 91a ZPO), Anerkenntnis und Verzicht (§§ 306 f. ZPO) und Vergleich (§ 794 Abs. 1 Nr. 1 ZPO). Die materielle Prozessleitungspflicht des Gerichts gilt ebenfalls uneingeschränkt, doch kommt eine Frist zur Stellungnahme für die Parteien grundsätzlich nicht in Betracht (§ 139 Abs. 5 ZPO). Es bleibt auch bei den allgemeinen Regeln über die Darlegungs- und Substantiierungslast, sodass insoweit Erleichterungen für den Antragsteller nicht greifen. Dies gilt auch für das Erfordernis der Abfassung von Entscheidungen (Urteile, Beschlüsse) durch das Gericht; über die allgemeinen Vorschriften hinausreichende Möglichkeiten zur Vereinfachung oder gar zum Verzicht auf eine Begründung kennen die Eilverfahren nicht (anders für stattgebende Beschlüsse: OLG Nürnberg WRP 1991, 827, 828; Walker Rn. 357). In der Praxis wird dem jedoch häufig dadurch entsprochen, dass in dem stattgebenden Beschluss anstelle einer eigenen Begründung auf die Antragsschrift verwiesen wird.

2527 Im Wege einstweiligen Rechtsschutzes kann grundsätzlich nur eine **Sicherung** des Anspruchs erreicht werden. Eine Befriedigung kommt nur ausnahmsweise in Betracht, wenn die Erbringung der Leistung durch den Schuldner erforderlich ist, um wesentliche Nachteile vom Gläubiger abzuwenden und andere Maßnahmen hierzu nicht ausreichen.

Das im Eilverfahren geltende Prinzip der Sicherung, nicht aber der Erfüllung des Anspruchs zeigt sich auch bei der Durchsetzung der Eilanordnung. Ihre Sicherungswirkung entfaltet diese mit ihrer Vollziehung, die nach den Regeln der Zwangsvollstreckung erfolgt (§§ 928, 936 ZPO), wobei Verfahrensbeschleunigung und Gegnerüberraschung abweichende Regelungen für die Vollstreckungsklausel (§ 929 Abs. 1 PO), die Vollziehungsfrist (§ 929 Abs. 2 ZPO), den Beginn der Vollziehung (§ 929 Abs. 3 ZPO), die Pfändung beweglicher Sachen und Forderungen (§ 930 ZPO) sowie von Schiffen (§ 931 ZPO), die Vollziehung in das unbewegliche Vermögen (§ 932 ZPO), die Vollziehung des persönlichen Arrests (§ 933 ZPO) und für die Aufhebung der Arrestvollziehung (§ 934 ZPO) bedingen. Wichtige Ausnahmen von der grundsätzlichen Unzulässigkeit der Vorwegnahme der Hauptsache durch die Eilanordnung gelten im Bereich der Leistungsverfügung, wo der Gläubiger bereits aufgrund der im Eilverfahren angeordneten Maßnahme sein endgültiges Rechtsschutzziel erreicht. Eilanordnungen – egal, ob sie in Form eines Urteils oder eines Beschlusses ergehen – sind auch ohne besonderen Ausspruch stets sofort vollstreckbar (Prütting/Gehrlein/Fischer § 929 Rn. 2). Die Parteien können auf Rechtsbehelfe und sogar auf ein Hauptsacheverfahren verzichten und so die Entscheidung als endgültige akzeptieren (»Abschlusserklärung«).

2528 Die besonderen Verfahrensmaximen des Eilverfahrens führen auch im Bereich der **Rechtsbehelfe** zu Besonderheiten (dazu unten Rdn. 2732).

II. Arrest (§§ 916 ff. ZPO)

1. Taktische Überlegungen

2529 Der Arrest ist die passende Eilverfahrensart, wenn der Gläubiger ein Geldzahlungsinteresse sichern will.

Die Besonderheiten des Arrestverfahrens ermöglichen eine **Überraschung** des Gegners, womit verhindert werden kann, dass dieser die Rechtsdurchsetzung vereitelt oder erschwert. Durch den Verzicht auf eine gründliche Sachprüfung ist die Chance des Gläubigers auf Erlangung eines Titels größer als im Hauptsacheverfahren. Für spätere Vergleichsverhandlungen kann damit die eigene Position deutlich verbessert werden. 2530

Vor allem die einstweilige Verfügung auf Eintragung einer Vormerkung für eine Bauunternehmersicherungshypothek soll meist nur den Zweck verfolgen, den Bauherrn und/oder die vorrangigen Grundpfandrechtsgläubiger »nervös« zu machen und/oder den Bauherrn bei seinen Verkaufsbemühungen zu stören und mit ihm »ins Gespräch zu kommen«, um auf diese Weise unter Umständen eine außergerichtliche Einigung über die umstrittene Bauforderung zu erzielen (Siegburg BauR 1990, 290).

Das Gericht muss im Einzelfall prüfen, ob es wirklich eines Überraschungseffekts bedarf. Ist dies nicht der Fall, so darf wegen des Grundsatzes der Waffengleichheit und des rechtlichen Gehörs prinzipiell nicht ohne vorherige Anhörung des Gegners entschieden werden (vgl. BVerfG NJW 2018, 3631).

Ob durch den Antrag auf Erlass einer einstweiligen Verfügung die **Verjährung** gehemmt werden kann, liegt nicht allein in der Macht des Gläubigers. Voraussetzung für den Eintritt der Hemmungswirkung ist die Zustellung des Eilantrags durch das Gericht oder die Zustellung der Eilanordnung durch den Antragsteller (§ 204 Abs. 1 Nr. 9 BGB). 2531

Hält das Gericht den Antrag für unzulässig oder unbegründet und weist ihn deswegen ohne Zustellung an den Antragsgegner zurück, tritt eine Verjährungshemmung nicht ein (Grüneberg/Ellenberger § 204 Rn. 24). In diesem Fall muss daher die Hemmung erforderlichenfalls anderweitig herbeigeführt werden (§ 204 BGB).

▶ Praxistipp:

Soll die Verjährungsfrist gewahrt werden, muss das Gericht entweder auf die Notwendigkeit einer Zustellung besonders hingewiesen werden (oben Rdn. 813) oder es müssen (zusätzlich) andere Möglichkeiten der Hemmung genutzt werden. 2532

Die durch den Arrest erzielbaren Vorteile sind nur **vorläufig.** 2533

So ist schon die Vollziehung nicht auf die Befriedigung des Gläubigers, sondern nur auf die Sicherung des Anspruchs gerichtet. Zudem stehen dem Gegner über die allgemeinen Rechtsmittel hinaus (sofortige Beschwerde, Berufung) weitere Rechtsbehelfe zu, mit denen er die Eilanordnung angreifen (§§ 924, 926, 927 ZPO) – dazu unten Rdn. 2732 – oder gar Schadensersatz fordern kann (§ 945 ZPO; BGH MDR 2015, 154). Die Rechtskraft einer Entscheidung ist beschränkt auf den durchgesetzten Sicherungszweck und erfasst die Hauptsache nicht.

2. Voraussetzungen

Voraussetzungen für den Erlass eines Arrests sind: 2534

(1) Die Stellung eines **Arrestgesuchs** durch den Gläubiger. 2535

Über die allgemeinen formellen Voraussetzungen des § 253 Abs. 2 ZPO hinaus bedarf dieser Antrag gem. § 920 ZPO der Bezeichnung und der Glaubhaftmachung des Anspruchs und des Arrestgrundes. 2536

Es muss ein bestimmter Antrag gestellt werden. Dieser sollte auf Anordnung des dinglichen oder des persönlichen Arrests lauten. Konkrete Gegenstände, in die der Arrest vollzogen werden soll, sind nicht anzugeben. Ausreichend ist der Antrag auf Anordnung des Arrests »in das Vermögen des Schuldners«. Beabsichtigt der Gläubiger die Vollziehung in eine Forderung, sollte zugleich der Antrag auf Erlass eines Pfändungsbeschlusses gestellt werden (§ 829 ZPO), wofür das Arrestgericht als Vollstreckungsgericht zuständig ist (§ 930 Abs. 1 Satz 3 ZPO; Cuypers ZAP Fach 13, S. 1945). 2537

Ein Gerichtskostenvorschuss (§ 12 GKG) ist nicht erforderlich, der Antrag kann auch beim Landgericht ohne Anwalt gestellt werden (§§ 920 Abs. 3, 78 Abs. 5 ZPO). 2538

2539 Für den Arrest bestehen nach §§ 919, 802 ZPO ausschließliche konkurrierende Zuständigkeiten: Es ist sowohl das Gericht der Hauptsache als auch das Amtsgericht zuständig, in dessen Zuständigkeitsbereich sich die belegene Sache befindet. Maßgeblich für die Auswahl des Gerichts ist gerade hier eine zügige und pragmatische Arbeitsweise, weshalb es nicht selten vorkommt, dass Antragsteller das Amtsgericht dem Landgericht vorziehen. Vorsicht geboten ist allerdings vor einem Wechsel des Gerichts (»Forum-Shopping«). Wird ein bereits gestellter Antrag zurückgenommen und vor einem anderen, aussichtsreicher erscheinenden Gericht erneut geltend gemacht, wird häufig ein Fehlen des besonderen Rechtsschutzbedürfnisses angenommen (für das einstweilige Verfügungsverfahren: OLG Hamburg NJW-RR 2007, 763).

2540 (2) **Arrestanspruch** kann nur ein Anspruch sein, der auf Geldzahlung gerichtet ist oder in einen solchen übergehen kann.

2541 Er ist zu beziffern, nach seinem Rechtsgrund so konkret wie möglich zu bezeichnen und schlüssig vorzutragen. Neben dem Hauptanspruch kommen – ggf. pauschalierte – Ansprüche auf Ersatz von Kosten, Auslagen und Zinsen in Betracht.

2542 (3) Je nach Art der späteren Arrestvollziehung sind unterschiedliche Anforderungen an den **Arrestgrund** zu stellen.

2543 Ein **dinglicher Arrest** (§ 917 ZPO) führt zur Sicherungsvollstreckung in das Vermögen des Schuldners (§§ 928 ff. ZPO) und ist statthaft, wenn zu besorgen ist, dass ohne seine Verhängung die spätere Hauptsachevollstreckung vereitelt oder wesentlich erschwert werden würde (§ 917 ZPO). Hier müssen Umstände oder Verhaltensweisen des Schuldners vorliegen, aus denen der Schluss gezogen werden kann, er wolle sein Vermögen dem Zugriff der Gläubiger entziehen.

▶ Praxistipp:

2544 Mit dem dinglichen Arrest kann der Gläubiger die vom Schuldner herbeigeführte drohende Verschlechterung seiner Situation verhindern, nicht aber seine Position anderen Gläubigern gegenüber verbessern.

2545 Arrestgründe können z.B. sein (Thomas/Putzo/Seiler § 917 Rn. 2):

- die beabsichtigte oder begonnene Verschwendung, Verschleuderung, Veräußerung oder ungewöhnliche Belastung des Vermögens, jedenfalls dann, wenn kein gleichwertiges Äquivalent erlangt wird oder die Form des erworbenen Vermögens die Vollstreckung bedroht (Geld anstelle von Immobilien; str.),
- ein häufiger Wechsel des Wohnsitzes, ggf. ohne Ummeldung,
- die Verlagerung des eigenen Wohnsitzes oder wesentlicher Teile des Vermögens ins Ausland (§ 917 Abs. 2 ZPO).

Diese schlagwortartige Aufzählung ist nur ein gewisser Anhaltspunkt. Denn letztlich kommt es entscheidend auf die Würdigung der Umstände des Einzelfalles an, wobei häufig mehrere Umstände zusammenkommen (z.B. OLG Koblenz NJW-RR 2002, 575).

2546 Kein Arrestgrund ist dagegen

- die bloße Vertragsverletzung (z.B. unpünktliche Zahlung) des Schuldners.
- die (unverändert) schlechte Vermögenslage des Gläubigers oder
- die bloße (drohende) Konkurrenz mit anderen Gläubigern.

In Zweifelsfällen kann es dennoch sinnvoll sein, solche Umstände zusätzlich zu dem eigentlichen Arrestgrund vorzutragen, weil dies die Bereitschaft des Gerichts zum Erlass der beantragten Eilanordnung oft fördert.

2547 Der Arrestgrund (oder das Rechtsschutzbedürfnis) kann auch dann fehlen, wenn dem Gläubiger anderweitig ausreichend Sicherheiten eingeräumt sind oder wenn er bereits im Besitz eines rechtskräftigen bzw. ohne Sicherheitsleistung vorläufig vollstreckbaren Titels ist.

▶ **Beispiel:**

Hat sich der Schuldner wirksam der sofortigen Zwangsvollstreckung unterworfen (§ 794 Abs. 1 Nr. 5 ZPO) oder hat der Gläubiger bereits ein (vorläufig) vollstreckbares Urteil erwirkt (§ 704 ZPO), so bedarf es eines weiteren Titels nicht. 2548

Frage des Einzelfalles muss es sein, inwieweit Sicherungsrechte (Eigentumsvorbehalt) den Eilgrund entfallen lassen können.

Der **persönliche Arrest** (§ 918 ZPO) sichert die Zwangsvollstreckung durch eine Behinderung der persönlichen Freiheit des Schuldners, ggf. sogar durch dessen Inhaftierung. Er ist wegen des Grundsatzes der Verhältnismäßigkeit dem dinglichen Arrest gegenüber nur subsidiär und kommt praktisch so gut wie nicht vor. Er muss erforderlich sein, um die gefährdete Zwangsvollstreckung zu sichern, und soll verhindern, dass der Schuldner glaubhaft vorhandene und pfändbare Vermögensgegenstände beiseiteschafft. Der Zweck besteht nicht darin, den Schuldner zur Beschaffung von Vermögensstücken zu zwingen. 2549

In Betracht kommt er z.B., um zu verhindern, dass sich der Schuldner durch Flucht ins Ausland der Abgabe der eidesstattlichen Versicherung entzieht, oder wenn er Angaben über den Verbleib wesentlichen Vermögens verweigert (Prütting/Gehrlein/Fischer § 918 Rn. 3; Thomas/Putzo/Seiler § 918 Rn. 2). Eine klare (dogmatische) Abgrenzung zum dinglichen Arrest ist kaum möglich.

(4) Die **Glaubhaftmachung** von Arrestanspruch und Arrestgrund richtet sich nach § 294 ZPO. 2550

Zur Glaubhaftmachung oben Rdn. 1839.

Die Glaubhaftmachung erspart dem Gläubiger den Vollbeweis der Arrestvoraussetzungen. Das Gericht muss von der Wahrheit der Gläubigerbehauptungen nicht restlos überzeugt werden (Vollbeweis); es genügt, wenn hierfür eine gewisse Wahrscheinlichkeit spricht. Herbeigeführt werden kann diese nicht nur durch die regulären Beweismittel der ZPO, sondern zusätzlich auch durch eine eidesstattliche Versicherung. Allerdings muss die Glaubhaftmachung »sofort« erfolgen. Berücksichtigt werden können damit nur präsente Beweismittel. Eine Vertagung zum Zwecke der Beschaffung oder Erhebung der Beweise ist nicht möglich.

Wichtigste Form der Glaubhaftmachung ist die Abgabe einer (eigenen) eidesstattlichen Versicherung. 2551

Die eidesstattliche Versicherung kann von einem Dritten, der Partei oder auch ihrem Anwalt herrühren. Sie hat grundsätzlich schriftlich zu erfolgen, wobei die Einreichung per beA (Warmuth/Beutler RDi 2023, 326) und – soweit noch relevant – auch per Telefax (Zöller/Greger § 294 Rn. 4) erfolgen kann. Die eidesstattliche Versicherung hat eine eigene Darstellung der versicherten Tatsachen und die Versicherung der Richtigkeit dieser Tatsachen »an Eides statt« (§ 156 StGB) zu enthalten. Bei Anwälten kann die »anwaltliche Versicherung« genügen, wenn es um Vorgänge geht, die sie im Rahmen ihrer Berufstätigkeit wahrgenommen haben (§ 102 Abs. 2 ZPO; Prütting/Gehrlein/Laumen § 294 Rn. 3).

▶ **Praxistipp:**

Es ist darauf zu achten, dass alle Voraussetzungen des Arrests – ggf. durch eidesstattliche Versicherung – glaubhaft gemacht werden. 2552

Mitunter werden zur Glaubhaftmachung eidesstattliche Versicherungen vorgelegt, die sich in einer bloßen Bezugnahme auf den Schriftsatz des Anwalts erschöpfen. Dies ist nicht ausreichend, es bedarf einer eigenen Darstellung der glaubhaft zu machenden Tatsachen.

Auch in der Verteidigung des Antragsgegners spielt die Glaubhaftmachung der behaupteten Tatsachen eine zentrale Rolle. Für die Verteilung der Darlegungs- und Beweislast gelten die allgemeinen Grundsätze. 2553

▶ **Beispiel:**

Will ein Bauunternehmer seine Werklohnforderung durch Eintragung der Vormerkung einer Bauunternehmersicherungshypothek sichern, kann er deren Höhe durch Vorlage der prüffähigen Schlussrechnung mit den dazugehörigen Vertrags- und Abrechnungsunterlagen sowie 2554 einer eidesstattlichen Versicherung ihrer Richtigkeit glaubhaft machen (Grüneberg/Sprau § 650f Rn. 11). Die erforderliche Identität zwischen Besteller (Schuldner der Werklohnforderung) und Grundstückseigentümer kann durch Vorlage eines Grundbuchauszuges glaubhaft gemacht werden (§ 650f Abs. 1 BGB). Verteidigt sich der Bauherr dagegen mit Mängeln des Bauwerks, so genügt es, dass er deren Vorliegen behauptet und die Höhe der Mangelbeseitigungskosten durch eine eigene eidesstattliche Versicherung glaubhaft macht. Da der Unternehmer bis zur Abnahme für die Mängelfreiheit beweispflichtig ist, muss er diese Mängelfreiheit darlegen und glaubhaft machen (BGHZ 68, 180).

2555 Gelingt die Glaubhaftmachung nicht, kann das Gericht die Maßnahme in Ausnahmefällen trotzdem anordnen, aber nur mit Sicherheitsleistung (§ 921 Abs. 2 Satz 1 ZPO). Diese kann man hierzu bei Mängeln in der Glaubhaftmachung auch (hilfsweise) ausdrücklich anbieten.

3. Verfahren

2556 Über das Vollstreckungsgesuch entscheidet das Gericht zunächst stets durch einen **Beschluss**.

2557 Dieser Beschluss kann auf **Zurückweisung** des Antrags lauten.

Gemäß § 922 Abs. 3 ZPO erhält der Gegner hiervon keine Nachricht, um dem Gläubiger die Möglichkeit einer Überraschung zu erhalten, wenn er die Eilanordnung im Rechtsmittelverfahren (sofortige Beschwerde gegen die Zurückweisung, § 567 ZPO) erwirkt.

2558 Alternativ kann der Beschluss auf **Anordnung** des Arrests lauten.

Hierdurch erreicht der Antragsteller sein Ziel am sichersten und schnellsten. Die Entscheidung ergeht dann ohne mündliche Verhandlung und in der Regel sogar ohne vorherige Anhörung des Antragsgegners. Weil damit die Rechte des Schuldners zunächst völlig unberücksichtigt bleiben, kommt eine solche Vorgehensweise an sich nur dort in Betracht, wo sie zur Erreichung des Sicherungszwecks erforderlich ist. Tatsächlich aber wird in einer großen Zahl von Fällen so verfahren. Ein nicht zu unterschätzender Aspekt ist dabei die damit einhergehende Verminderung des Arbeitsaufwands für den Richter. Durch die Entscheidung im Beschlusswege entfällt zunächst die Notwendigkeit, eine mündliche Verhandlung durchzuführen und die Entscheidung zu begründen (Zöller/Vollkommer § 922 Rn. 12). Eine Ausnahme bildet lediglich die Begründung der besonderen Dringlichkeit (Prütting/Gehrlein/Fischer § 937 Rn. 3), die in der juristischen Praxis formelhaft ausfällt.

2559 Die Möglichkeit einer Entscheidung ohne vorherige Anhörung des Gegners hat das BVerfG in den letzten Jahren deutlich eingeschränkt.

In Presse- und Wettbewerbssachen bedarf es vor der gerichtlichen Geltendmachung von Unterlassungsansprüchen einer Abmahnung. Das BVerfG sieht den Grundsatz der Waffengleichheit im Prozess verletzt, wenn der Prozessgegner vor Erlass der gerichtlichen Unterlassungsverfügung nicht in den gleichen Kenntnisstand versetzt wurde wie der Antragsteller. Dem verfassungsrechtlichen Grundsatz der prozessualen Waffengleichheit genügen die Erwiderungsmöglichkeiten auf eine vorprozessuale Abmahnung nur dann, wenn der Verfügungsantrag im Anschluss an die Abmahnung unverzüglich nach Ablauf einer angemessenen Frist für die begehrte Unterlassungserklärung bei Gericht eingereicht wird, die abgemahnte Äußerung sowie die Begründung für die begehrte Unterlassung mit dem bei Gericht geltend gemachten Unterlassungsbegehren identisch sind und der Antragsteller ein etwaiges Zurückweisungsschreiben des Antragsgegners zusammen mit seiner Antragsschrift bei Gericht eingereicht hat (BVerfG NJW 2018, 3631; BVerfG NJW 2020, 2021; BVerfG NJW 2021, 1587; Mantz NJW 2020, 2007; Schmitt-Gaedke ZAP 2022, 627).

Verallgemeinernd lässt sich daraus folgern, dass eine Eilanordnung nur auf einen dem Gegner bekannten Sachverhalt gestützt werden kann. Die Kenntnis kann auf eine vorprozessuale Abmahnung nur gestützt werden, wenn diese mit der Antragsschrift deckungsgleich (»kongruent«) ist. Kennt der Gegner den Sachverhalt nicht oder nicht vollständig, muss er vom Gericht vor der Entscheidung angehört werden, sei es schriftlich (E-Mail), telefonisch oder durch Anberaumung eines Termins zur mündlichen Verhandlung.

Praxistipp:

Will der Antragsteller eine Entscheidung ohne vorherige Anhörung des Schuldners und ohne mündliche Verhandlung erreichen, muss er auf die besondere Dringlichkeit oder die Notwendigkeit, dem Schuldner keine Möglichkeit zur weiteren Vermögensverschleierung zu lassen, besonders hinweisen. 2560

Eine Entscheidung ohne mündliche Verhandlung kann der Anwalt fördern, indem er eine Entscheidung ohne mündliche Verhandlung als solche ausdrücklich beantragt und eine (etwaige) besondere Dringlichkeit, welche über den Verfügungsgrund an sich hinausgeht, vorträgt (z.B. Gefahr der Vereitelung). Wenn dann noch etwaige Bedenken des Richters telefonisch geklärt werden können (besonders anbieten!), der Antrag wörtlich für die Tenorierung des Beschlusses übernommen werden kann und keine Lücken bei der Glaubhaftmachung vorhanden sind, ist in vielen Fällen ein sofortiger Erlass der einstweiligen Verfügung zu erwarten.

Die Gefahr einer Vermögensverschleierung lässt sich gut begründen, wenn schon der zu sichernde Anspruch aus Arglist oder einem vorsätzlichen Vermögensdelikt herrührt oder wenn der Arrestgrund in der bereits begonnenen Vermögensverschiebung besteht.

Soll auf die besondere Dringlichkeit abgestellt werden, muss zusätzlich zu den diese objektiv begründenden Umständen deutlich werden, dass auch der Antragsteller selbst so schnell wie möglich tätig geworden ist. Daran kann es fehlen, wenn der Antragsteller in Kenntnis der maßgeblichen Umstände lange Zeit untätig geblieben ist (Prütting/Gehrlein/Fischer § 940 Rn. 3). Die Rechtsprechung nimmt eine »Selbstwiderlegung« der Dringlichkeit an, wenn eine erkennbar große Zeitspanne zwischen dem Diktat (Schriftsatzdatum) und dem Eingang des Antrags bei Gericht liegt, manchmal sogar schon dann, wenn der Schriftsatz nicht erkennbar beschleunigt behandelt versandt wurde.

Dabei ist es sicherlich hilfreich, wenn man zur Glaubhaftmachung nicht nur die eidesstattliche Versicherung des Antragstellers vorlegen kann, sondern auch eine solche von Zeugen oder Urkunden. Außerdem können gerade hier etwaige Rechtsausführungen einen schnellen Erlass durch den erfahrungsgemäß oft unter Zeitdruck stehenden Richter sehr begünstigen. Denn zum einen ist der Umfang der rechtlichen Prüfung nach h.M. gegenüber dem Hauptsacheverfahren nicht eingeschränkt (Zöller/Vollkommer § 922 Rn. 6) und zum anderen nehmen manche Gerichte im Beschluss zur Begründung einfach auf die Antragsschrift Bezug, vor allem wenn in dieser sämtliche Voraussetzungen nebst Angabe der einschlägigen Vorschriften überzeugend dargestellt werden. Hat der Richter hingegen Zweifel, könnte er statt der Anberaumung eines Verhandlungstermins eher geneigt sein, den Antrag – und zwar ohne mündliche Verhandlung – zurückzuweisen (§ 937 Abs. 2 ZPO).

Benötigt man den Beschluss noch am Tag der Antragstellung, muss der Antrag unbedingt während der üblichen Dienststunden, am besten bis spätestens mittags, gestellt sein. Denn richterliche Bereitschaftsdienste bestehen nur an dienstfreien Tagen und dort in der Regel nur zu bestimmten Zeiten (Dombert NJW 2002, 1628). Bis wann der Beschluss gegebenenfalls persönlich abgeholt werden kann, ist am besten mit der Geschäftsstelle des Richters abzustimmen.

Bei Beschlussentscheidung ohne rechtliches Gehör wird vertreten, dass der Antragsteller, falls sich aus seinem Vortrag Hinweise ergeben, dass dem Antragsgegner möglicherweise eine Einwendung zusteht (z.B. Verjährung oder Mängeleinrede), diese glaubhaft zu widerlegen hat (Thomas/Putzo/Seiler Vorbem. § 916 Rn. 9). Erscheint das als nicht machbar, kann es ratsam sein, etwaige Einwendungen besser gar nicht zu erwähnen und auch entsprechende Anlagen (z.B. Schriftverkehr mit dem Antragsgegner) nicht vorzulegen.

Die bei dieser Vorgehensweise unberücksichtigt bleibenden Rechte des Antragsgegners werden auf dessen »Antrag« hin nachgeholt: Legt der Gegner Widerspruch (§ 924 ZPO) ein, findet eine mündliche Verhandlung statt, an deren Ende über die Aufrechterhaltung oder Aufhebung des durch Beschluss erlassenen Arrests durch Urteil entschieden wird (zum Widerspruch unten Rdn. 2736).

Hält der Richter eine Entscheidung ohne vorherige Anhörung des Gegners und ohne mündliche Verhandlung für untunlich, so kann er durch Beschluss einen **Termin** bestimmen. 2561

Der Ablauf des Verfahrens entspricht dann formal dem des allgemeinen Klageverfahrens. Das Gericht kann eine Frist zur Klageerwiderung setzen, muss die Ladungsfrist (§ 217 ZPO, Abkürzung auf Antrag möglich, § 226 ZPO), nicht aber die Einlassungsfrist (§ 274 ZPO) beachten. Im Termin kann eine Beweisaufnahme durchgeführt werden, allerdings nur mit präsenten Beweismitteln (§ 294 Abs. 2 ZPO), für den Inhalt des Termins gelten die allgemeinen Regeln (Güteversuch, Erörterung, Vergleich, Erledigung, Rücknahme, Säumnis usw.). Ausgeschlossen ist jedoch die Widerklage, auch in Form eines Wider-Arrestantrags. Vor dem Landgericht besteht Anwaltszwang.

Bei Gewährung rechtlichen Gehörs vor der Entscheidung entspricht die Behauptungs- und Beweislast nach h.M. grundsätzlich den allgemeinen Regeln (Prütting/Gehrlein/Fischer § 920 Rn. 6). Für die Parteien bedeutet dies, dass sie genauso sorgfältig vortragen und bestreiten sollten wie in einem Hauptsacheverfahren. So sind insbesondere unstreitige Tatsachen nicht glaubhaft zu machen (§ 138 Abs. 3 ZPO).

Der Streit um die Anwendbarkeit der Verspätungsvorschriften §§ 282, 296 ZPO (dagegen Zöller/Vollkommer § 922 Rn. 15; dafür Zöller/Greger § 296 Rn. 7) sollte für den Anwalt keine Rolle spielen, da er ohnehin gehalten ist, vollständig und rechtzeitig vorzutragen.

▶ Praxistipp:

2562 Wird eine mündliche Verhandlung anberaumt, empfiehlt es sich, alle in Betracht kommenden Beweismittel – insbesondere Zeugen –mitzubringen. Empfehlen kann sich auch das persönliche Erscheinen der Partei, um erforderliche Ergänzungen des Sachvortrags sofort vornehmen zu können.

B. Einstweilige Verfügung (§§ 935 ff. ZPO)

2563 Die einstweilige Verfügung dient der vorläufigen Sicherung von Individualansprüchen mit Ausnahme von Geldforderungen (Sicherungsverfügung, § 935 ZPO; unten Rdn. 2568) sowie der einstweiligen Regelung streitiger Rechtsverhältnisse (Regelungsverfügung, § 940 ZPO; unten Rdn. 2570). Über diese beiden gesetzlich geregelten **Fälle** hinaus hat die Rechtsprechung die Leistungsverfügung entwickelt (unten Rdn. 2575).

Nach § 936 ZPO finden auf die einstweilige Verfügung die Arrestvorschriften entsprechende Anwendung. Erhebliche Unterschiede ergeben sich jedoch im Hinblick auf die Notwendigkeit der Gewährung **rechtlichen Gehörs** und die Anwendung der **Waffengleichheit** (zu den Einzelheiten vgl. Mantz NJW 2019, 953; Hahn NJW 2025, 399). Durch die neuere Rechtsprechung des BVerfG ist auch wieder in das Blickfeld gerückt, dass die Durchführung einer **mündlichen Verhandlung** (die ggf. durch eine schriftliche Anhörung ersetzt werden kann) im einstweiligen Verfügungsverfahren im Gegensatz zum Arrest den Regelfall darstellt, von dem nur

»in dringenden Fällen« abgewichen werden kann (§ 937 Abs. 2 ZPO). Eine solche besondere Dringlichkeit, die eine Ex-parte-Verfügung erlaubt, ist nur gegeben, »wenn nach dem Ermessen des Gerichts die Anordnung der mündlichen Verhandlung den Zweck der einstweiligen Verfügung gefährden würde, weil der Antragsteller nur durch einen möglichst rasch erwirkten Titel zur Sicherung seines Anspruchs kommen kann« (Thomas/Putzo/Seiler § 937 Rn. 2) und »selbst eine innerhalb kürzester Frist terminierte mündliche Verhandlung nicht abgewartet werden kann« (Zöller/Vollkommer § 937 Rn. 2).

2564 Ein wichtiger Unterschied zwischen Arrest und einstweiliger Verfügung besteht bei der Bindung des Gerichts an den **Antrag** des Gläubigers. Während diese Bindung für den Arrest allgemeinen Grundsätzen (§ 308 Abs. 1 ZPO) folgend uneingeschränkt besteht, ist sie für die einstweilige Verfügung aufgehoben. Das Gericht bestimmt die zur Erreichung des Zwecks erforderlichen Anordnungen nach freiem Ermessen (§ 938 ZPO).

Damit genügt es an sich, dass der Verfügungsgläubiger nur das Rechtsschutzziel angibt, ohne es in Form eines Antrags zu konkretisieren (Zöller/Vollkommer § 935 Rn. 4, § 938 Rn. 2: Ausnahme bei Unterlassungsverfügung). In der Regel jedoch sind die Richter geneigt, den Antrag (»das Gesuch«) des Gläubigers so weit wie möglich wörtlich zu übernehmen. Daher sollte der Anwalt ihn besonders sorgfältig formulieren, zumal er dann einen etwaigen Entscheidungsspielraum zu seinen Gunsten nutzen kann.

Dabei dürfen die beantragten/angeordneten Maßnahmen grundsätzlich nicht zur Befriedigung des Gläubigers führen. Auch die einstweilige Verfügung dient nur der Sicherung, nicht der Befriedigung des Anspruchs. Als sichernde Maßnahmen kommen neben der Sequestration (§ 938 Abs. 2 ZPO) insbesondere Gebote und Verbote (z.B. § 136 BGB) in Betracht (Zöller/Vollkommer § 938 Rn. 5 ff.). Dingliche Ansprüche lassen sich häufig durch Eintragung einer Vormerkung oder eines Widerspruchs sichern. In diesen Fällen ist es zweckmäßig, das Gericht schon im Antrag zu bitten, das Grundbuchamt um die Eintragung zu ersuchen (§ 941 ZPO). Zur Vermeidung von Eintragungsproblemen sollte auf die korrekte Grundbuchbezeichnung geachtet werden.

► Beispiel:

Bei Herausgabeansprüchen kann nicht Herausgabe an den Gläubiger verlangt werden, sondern allenfalls Herausgabe an einen Sequester. 2565

Räumung einer Wohnung darf nur unter den Voraussetzungen des § 940a ZPO angeordnet werden (dazu oben Rdn. 1082; Börstinghaus NJW 2014, 2225).

Die gemeinschaftliche Nutzung von Sachen kann durch räumliche oder zeitliche Abgrenzungen geregelt werden.

Ist eine Sicherung ohne gleichzeitige (teilweise) Erfüllung nicht möglich, kommt allenfalls eine Leistungsverfügung in Betracht. Ist auch diese ausgeschlossen, muss hingenommen werden, dass nicht alle Ansprüche prozessual gesichert werden können. 2566

Praktisch ohne Bedeutung ist der Streit, ob **Unterlassungsverfügungen** einen Unterfall der Sicherungs- oder der Leistungsverfügung darstellen. Zwar beinhaltet jede Form der Unterlassungsanordnung eine zumindest zeit- oder teilweise Erfüllung der Hauptsache, doch ist die Eilanordnung wegen des abwehrenden Charakters der Unterlassungsansprüche als »vorbeugend negatorischer Rechtsschutz« allgemein anerkannt (Zöller/Vollkommer § 940 Rn. 1 ZPO).

Nur gering sein dürfte auch das praktische Bedürfnis nach **Feststellungsverfügungen**, mit denen nicht Ansprüche, sondern Rechtsverhältnisse vorläufig gesichert werden. Die Rechtsprechung bejaht dies zum Teil bei der Feststellung von Aufsichtsratsbeschlüssen oder der Verpflichtung zum Schadensersatz bei Wettbewerbsverstößen, die Lehre hat sich damit bislang kaum befasst (Vogg NJW 1993, 1357). Im Übrigen siehe die Ausführungen zur Regelungsverfügung unten Rdn. 2570 ff.

Im Übrigen müssen die Anordnungen einen vollstreckungsfähigen Inhalt haben, wobei es zweckmäßig ist, bei einem Unterlassungsanspruch sogleich die Ordnungsmittelandrohung zu beantragen (§ 890 Abs. 2 ZPO).

► Praxistipp:

Nach der Antragstellung sollte der Anwalt (telefonisch) erreichbar sein und hierauf in der Antragsschrift besonders hinweisen. 2567

Denn häufig hat der Richter noch ergänzende Fragen bzw. weist auf einzelne fehlende Voraussetzungen hin, die meistens leicht beigebracht werden können. Manchmal lassen sich im Gespräch etwaige Missverständnisse oder Unklarheiten beseitigen. Ebenso nützlich kann es sein, wenn der Mandant an diesem Tag telefonisch erreichbar ist, damit z.B. eine mangelhafte eidesstattliche Versicherung schnell nachgebessert werden kann.

Wenn dann etwaige Bedenken des Gerichts gegen den Erlass nicht beseitigt werden können, sind eine Rücknahme und eine erneute Antragstellung vor einem anderen Richter (bei einem anderen Gericht, zu einem späteren Zeitpunkt oder bei einem Bereitschaftsrichter am Wochenende) zu erwägen. Dadurch erhält man die Chance, dass vielleicht der andere Richter die Rechtslage im Sinne des Antragstellers beurteilt oder die Voraussetzungen einfach nicht ganz so genau prüft. Hingegen kann ein zurückgewiesener Antrag nicht wiederholt werden (OLG Frankfurt a. M. NJW 2005, 3222).

I. Sicherungsverfügung

Bei der Sicherungsverfügung (§ 935 ZPO) tritt an die Stelle des Arrestanspruchs der Verfügungsanspruch, an die Stelle des Arrestgrunds der Verfügungsgrund. 2568

Leistungsanspruch kann dabei jeder nicht auf Zahlung gerichtete Anspruch sein.

▶ Beispiel:

2569 Ansprüche auf Herausgabe und Unterlassung (speziell im Wettbewerbs-, Marken-, Urheber-, Presse- und Mietrecht sowie auf dem Gebiet des Ehrenschutzes bei Persönlichkeitsverletzungen; §§ 12, 823, 824, 862, 1004 BGB; § 938 Abs. 2 ZPO), Ansprüche auf Auflassung, Grundbuchberichtigung (§ 894 BGB) und Werklohnforderungen des Bauunternehmers (Bauunternehmer- bzw. Bauhandwerkersicherungshypothek gem. § 650f BGB); Sicherung durch Eintragung einer Vormerkung (§§ 883, 885 BGB) bzw. eines Widerspruchs (§ 899 BGB); Anordnungen nach dem Gewaltschutzgesetz (weitere Beispiele bei Zöller/Vollkommer § 940 Rn. 8).

Ein Verfügungsgrund besteht, wenn zu besorgen ist, dass durch eine Veränderung des bestehenden Zustands die Verwirklichung des Rechts vereitelt oder wesentlich erschwert werden könnte. Insoweit entsprechen die Voraussetzungen denen des dinglichen Arrests.

Bei der einstweiligen Verfügung auf Abänderung oder Anpassung eines Bauvertrags wird der Verfügungsgrund (widerleglich) vermutet (§ 950d BGB).

II. Regelungsverfügung

2570 Die Regelungsverfügung (§ 940 ZPO) dient nicht der Sicherung eines Anspruchs, sondern der vorläufigen Regelung eines **Rechtsverhältnisses**.

In Betracht kommen dabei vor allem Dauerschuldverhältnisse (Miete, Pacht, Gesellschaft, Gemeinschaft, Nachbarschaft u.Ä.).

▶ Beispiel:

2571 Soll dem Gesellschafter einer Personenhandelsgesellschaft nachträglich die Geschäftsführungs- oder Vertretungsbefugnis entzogen werden (was in der Hauptsache eine Gestaltungsklage nach §§ 117, 127 HGB erfordert), kann die Befugnis zur Vertretung bzw. Geschäftsführung der Gesellschaft vorläufig nach § 940 ZPO geregelt werden (»Dem Antragsgegner wird die Befugnis zur Vertretung der OHG bis zum Abschluss des Hauptsacheverfahrens einstweilen entzogen.«).

2572 Ein Eilgrund liegt nur vor, wenn die einstweilige Regelung **notwendig**, d.h. eilbedürftig, ist i.S.d. §§ 935, 940 ZPO (sog. Dringlichkeit). Es müssen Umstände bestehen, die nach dem objektiven Urteil eines vernünftigen Menschen befürchten lassen, dass die Verwirklichung des Individualanspruchs durch bevorstehende (und durch die einstweilige Verfügung abzuwendende) Veränderung des bestehenden Zustandes gefährdet ist, d.h. vereitelt oder erheblich erschwert werden würde.

▶ Beispiele

2573 Bejaht werden kann die Dringlichkeit bei drohender Veräußerung, Wegschaffung, Belastung, Verarbeitung, Zerstörung oder bevorstehendem Eingriff in Rechte (Thomas/Putzo/Seiler § 935 Rn. 6). Hingegen ist die Dringlichkeit zu verneinen, wenn für den Gläubiger gegenüber dem Fall der Durchführung eines Hauptsacheverfahrens keine Nachteile ersichtlich sind.

Dabei darf der Verfügungsgrund nicht mit der materiellrechtlichen Wiederholungsgefahr verwechselt werden. So widerlegt z.B. die Abgabe einer strafbewehrten Unterlassungserklärung im Wettbewerbsrecht nur die Wiederholungsgefahr, der Verfügungsgrund wird dagegen ohnedies gesetzlich vermutet (§ 12 Abs. 2 UWG; OLG Dresden NJW 2005, 1871).

Die Rechtsprechung nimmt eine »Selbstwiderlegung« der Dringlichkeit an, wenn der Antragsteller in Kenntnis der maßgeblichen Umstände lange Zeit untätig geblieben ist (Thomas/Putzo/Seiler § 940 Rn. 5) oder eine erkennbar große Zeitspanne zwischen dem Diktat (Schriftsatzdatum) und dem Eingang des Antrags bei Gericht liegt, manchmal sogar schon dann, wenn der Antrag nicht erkennbar beschleunigt behandelt wurde.

In Ausnahmefällen ist die Eilbedürftigkeit nicht erforderlich bzw. wird gesetzlich vermutet: 2574
- Verbotene **Eigenmacht** (arg. § 863 BGB; Grüneberg/Bassenge § 861 Rn. 11),
- Eintragung einer **Vormerkung** (§ 885 Abs. 1 Satz 2 BGB) bzw. eines Widerspruchs ins Grundbuch (§ 899 BGB),
- **Unterhaltszahlung** (§ 1615o BGB),
- **Wettbewerbsrechtliche** und **markenrechtliche Unterlassungsansprüche** (gesetzliche Vermutung nach §§ 12 Abs. 1 UWG, 140 Abs. 3 MarkenG). Im Design- und Urheberrecht wird de facto – aber nicht de jure – von einer Dringlichkeitsvermutung ausgegangen.

III. Leistungsverfügung

Ist die Sicherung eines Rechts ohne gleichzeitige Erfüllung nicht möglich, scheidet eine Eilanord- 2575
nung an sich aus. Ergibt indes eine Abwägung, dass die Interessen des Schuldners an einem Schutz vor ungerechtfertigter endgültiger Inanspruchnahme hinter den Interessen des Gläubigers an einem Schutz des Rechts zurücktreten müssen, so kommt eine Leistungsverfügung in Betracht. Im Gesetz nicht vorgesehen hat die Rechtsprechung diese Form des einstweiligen Rechtsschutzes analog §§ 935, 940 ZPO in Ausnahmefällen zugelassen (OLG Jena NJW-RR 2012, 862).

Ein **Verfügungsgrund** besteht insoweit nur, wenn der Antragsteller auf die sofortige Erfüllung so 2576
dringend angewiesen ist, dass er ein ordentliches Verfahren nicht abwarten kann, ohne einen unverhältnismäßig großen, gar irreparablen Schaden zu erleiden (Thomas/Putzo/Seiler § 940 Rn. 6). Demgegenüber darf dem Antragsgegner allenfalls drohen, die angeordnete Leistung nicht rückabwickeln zu können.

Erforderlich ist deswegen insoweit eine Interessenabwägung im Einzelfall.

Für den **Verfügungsanspruch** kann auf die von der Rechtsprechung hierzu entwickelten Fallgruppen 2577
zurückgegriffen werden. Dazu gehören beispielsweise:
- Ansprüche auf **Zahlung** von Geld (soweit diese nicht, vor allem im Familienrecht [§§ 49 ff. 2578
  FamFG i.V.m. §§ 119, 157, 214, 226, 242, 246 ff., 300 ff., 331 ff., 427 FamFG], besonders geregelt sind), wenn diese der Behebung einer existenziellen Notlage bzw. zur Abdeckung des Existenzminimums erforderlich sind;

▶ Beispiel:

Abschlagszahlungen auf laufende Unterhalts- oder Lohnansprüche; Lieferung von Gas, Wasser und Strom.

- Ansprüche auf **Herausgabe** von Gegenständen, soweit diese zur Bestreitung des eigenen Lebens- 2579
  unterhalts unverzichtbar sind;

▶ Beispiel:

Herausgabe der Arbeitspapiere oder sonstiger unentbehrlicher persönlicher Gegenstände.

- Ansprüche auf **Weiterbeschäftigung** des gekündigten Arbeitnehmers für die Dauer des Kündigungsschutzprozesses;
- Ansprüche auf **Wiederherstellung** des durch verbotene Eigenmacht entzogenen Besitzes; 2580

▶ Beispiel:

Hat der Vermieter dem Mieter den Besitz an der Wohnung durch verbotene Eigenmacht entzogen, könnte der Mieter sich den Zutritt zur Wohnung im Wege der Selbsthilfe wieder verschaffen (§§ 859, 861 BGB). Nimmt er gerichtliche Hilfe in Anspruch, müssen die Befugnisse des Gerichts zumindest so weit gehen wie die der Partei selbst (arg. § 940a ZPO; Zöller/Vollkommer § 940 Rn. 8; 940a).

- Ansprüche auf **Gegendarstellung** im Presserecht nach den Sonderregelungen in den meisten Landespressegesetzen.

IV. Verteidigungsressourcen: Schutzschrift und Abschlusserklärung

2581 Wer – insbesondere nach Erhalt einer Abmahnung – mit einem Antrag auf Erlass einer einstweiligen Verfügung rechnet, sollte die Hinterlegung einer **Schutzschrift** (§ 945a ZPO) in Betracht ziehen. Eine Schutzschrift ist ein vorbeugender Verteidigungsschriftsatz gegen einen erwarteten Antrag auf Arrest oder einstweilige Verfügung. Ihre Bedeutung verdankt die Schutzschrift der bis heute fortbestehenden gerichtlichen Übung, eine erhebliche Zahl der einstweiligen Verfügungen trotz der von §§ 937 Abs. 1, 922 Abs. 1 ZPO gesetzten Hürde im Beschlusswege anzuordnen und hierbei die Antragsgegner auch nicht schriftlich anzuhören, wie dies im Regelfall geboten ist. Aber auch dann, wenn eine Anhörung des Mandanten, d.h. des Antragsgegners, zu erwarten ist, erfüllt die Schutzschrift eine wichtige prozesstaktische Funktion: Sie verhindert, dass sich das Gericht unbewusst davon beeinflussen lässt, dass ihm zunächst nur der unwidersprochene Vortrag des Antragstellers vorliegt.

Im Anders als dies § 945a Abs. 1 ZPO annehmen lässt, stehen dem Antragsgegner mehrere Wege zur Einreichung einer Schutzschrift zur Wahl. Gemäß § 49c BRAO sind Rechtsanwälte zwar beginnend mit dem 1.1.2017 dazu verpflichtet, Schutzschriften ausschließlich zum elektronischen Schutzschriftenregister nach § 945a ZPO (https://www.zssr.justiz.de/) einzureichen; bei ordnungsgemäßer Hinterlegung im Register ist gewährleistet, dass die Schutzschrift von allen Gerichten in Deutschland abgerufen wird. Für solche Einreicher, die nicht dem anwaltlichen Standesrecht verpflichtet sind, besteht daneben noch die Möglichkeit, die Schutzschrift – in Papierform oder per EGVP – bei Gericht einzureichen, was jedoch nur selten praktikabel ist.

Mit der Einreichung der Schutzschrift im Zentralen Schutzschriftenregister wird eine Gebühr in Höhe von 83,– € fällig (§ 15a JVKostG, Nr. 1160 Gebührenverzeichnis). Zur gebührenrechtlichen Behandlung der Schutzschrift Prütting/Gehrlein/Schneider § 916 Rn. 24 und Schuschke/Walker/Kessen § 945b Rn. 11 ff. Zur Kostenerstattung Schmitt-Gaedke, ZAP Fach 13, S. 2091.

▶ Praxistipp:

2582 Bei der Hinterlegung der Schutzschrift im zentralen Schutzschriftenregister sollten beide Parteien präzise und möglichst umfassend bezeichnet werden, um sicherzustellen, dass die Schutzschrift später dem Verfahren auch dann zugeordnet werden kann, wenn die Antragsschrift eine von der vorprozessualen Korrespondenz abweichende Bezeichnung enthält.

2583 Der Antrag lautet auf Zurückweisung des Antrags auf Erlass einer Eilanordnung.

▶ Praxistipp:

2584 »Hilfsanträge« auf Anberaumung eines Termins zur mündlichen Verhandlung, Anordnung einer Sicherheitsleistung oder Festsetzung einer Abwendungsbefugnis sind regelmäßig überflüssig. Zum einen handelt es sich nicht um echte Anträge, sondern lediglich um Anregungen zu an sich von Amts wegen zu treffenden Entscheidungen. Schaden können sie indes nicht.

Die Begründung der Schutzschrift entspricht der einer Erwiderungsschrift oder eines Widerspruchs. Insbesondere kann die eigene Glaubhaftmachung von Tatsachen der des Antragstellers entgegengesetzt werden und im Rahmen der gerichtlich erforderlichen Würdigung dem erforderlichen Beweismaß entgegenstehen. Dabei muss die mögliche Antragsbegründung antizipiert, mögliche Alternativen einbezogen werden. Negiert werden kann das Vorliegen des Eilanspruchs genauso wie das eines Eilgrunds. Häufig genügt es, beim Gericht Verständnis dafür zu wecken, dass aktuelle Entwicklungen dem Schuldner bei Abfassung der Schutzschrift noch nicht bekannt sein konnten und deswegen eine mündliche Verhandlung geboten ist.

2585 Stichhaltige Einwände gegen den Eilantrag führen in der Praxis regelmäßig zur Anberaumung einer mündlichen Verhandlung (§ 922 ZPO), was für den Antragsgegner ein Teilerfolg ist. Aber selbst wenn die Schutzschrift keine durchschlagenden Argumente liefert, geht von ihr zumindest das starke psychologische Signal aus, dass im Fall des Erlasses mit einem Widerspruch zu rechnen ist und sich eine Entscheidung ohne mündliche Verhandlung nicht anbietet.

Die Notwendigkeit, den Antragsgegner zur Wahrung der prozessualen Waffengleichheit vor Erlass einer Entscheidung in den gleichen Kenntnisstand zu versetzen wie den Antragsteller, wird durch eine Schutzschrift nicht beseitigt, weil der Antragsgegner bei Einreichung der Schutzschrift den erforderlichen hinreichenden Kenntnisstand grundsätzlich noch nicht hat (Mantz NJW 2020, 2007).

Mitunter kann eine nicht durchdachte Schutzschrift nachteilig wirken. Da der Vortrag des Antrag- 2586
stellers noch nicht bekannt ist, besteht die Gefahr, anspruchsbegründende Voraussetzungen (durch Nichtbestreiten) unstreitig zu stellen, zuzugestehen (mit Bindungswirkung: § 290 ZPO) oder diese (über den Vortrag des Antragstellers hinaus) gar selbst vorzutragen (Schuschke/Walker/Kessen § 945b Rn. 8; a.A. Borck MDR 1988, 908, 913, der eine Berücksichtigung der Schutzschrift zum Nachteil des Schuldners für treuwidrig hält). Solche Nachteile können bis ins Widerspruchs- oder Rechtsmittelverfahren fortdauern. Bestellt sich ein Anwalt in einer Schutzschrift für die Partei, wird er zum Zustellungsempfänger für die folgenden gerichtlichen Anordnungen (§ 172 ZPO; OLG Hamburg OLGR 2006, 565 und 297; OLG Düsseldorf GRUR-RR 2005, 102; OLG Köln GRUR 2001, 456 und 71; a.A. Anders WRP 2003, 204). Will der Anwalt dies vermeiden, muss er auf die Beschränkung seines Mandats ausdrücklich hinweisen.

▶ Praxistipp:

Die Notwendigkeit, sich in der Schutzschrift gegen noch nicht bekannte Angriffe verteidigen 2587
zu müssen, darf nicht dazu führen, dass dem Gläubiger bislang noch nicht bekannte Tatsachen offengelegt oder gar dessen Antrag erst schlüssig gemacht wird (»äquipollentes Parteivorbringen«).

Die **Abschlusserklärung** bezweckt die Beendigung des Verfahrens und – vor allem – die Vermeidung 2588
eines kostenintensiven Hauptsacheverfahrens. Diese rechtsgestaltende Erklärung erkennt die einstweilige Verfügung als endgültig an, mit der Folge, dass die einstweilige Verfügung in Bestand und Wirkung einem rechtskräftigen Hauptsacheurteil gleicht (BGH GRUR 2010, 855).

Bei der Abschlusserklärung kann sich der Schuldner vorbehalten, gegen einzelne Ansprüche oder gegen die Kostenentscheidung vorzugehen („Kostenwiderspruch"). Dies führt dazu, dass die einstweilige Verfügung nur im Übrigen Rechtskraft erlangt. Der Umfang des Schuldnerverzichts auf Rechtsbehelfe ist durch Auslegung zu bestimmen. Ein wirksamer Verzicht macht einen dennoch eingelegten Rechtsbehelf jedenfalls ab dem Zeitpunkt, zu dem der Gegner sich darauf beruft, unzulässig (BGHZ 27, 60). Der Verzicht ist als Prozesshandlung grundsätzlich unwiderruflich und unanfechtbar. Ausnahmen lässt die Rechtsprechung allein in den Fällen zu, in denen auch gegen ein rechtskräftiges Urteil noch vorgegangen werden könnte (§§ 580, 581 ZPO).

Auch wenn eine besondere Form für die Abschlusserklärung nicht vorgeschrieben ist, verlangt die h.M. eine schriftliche Erklärung (KG GRUR 1991, 258). Einer ausdrücklichen Annahmeerklärung durch den Gläubiger bedarf es nach § 151 BGB nicht.

▶ Praxistipp:

Bloße Abschlusserklärungen bringen oft Auslegungsprobleme hinsichtlich des Umfangs des 2589
gewollten Verzichts. Besser ist es deswegen, ausdrücklich klarzustellen, worauf der Verzicht sich erstrecken soll. Als die Interessen beider Parteien wahrend bietet sich an, dass der Antragsgegner die Eilanordnungen als endgültige, einem rechtskräftigen Titel gleichstehende Regelung der Hauptsache anerkennt und in dem hierzu erforderlichen Umfang auf die Rechte aus §§ 924, 926 und 927 ZPO sowie auf die Berufung verzichtet (OLG Hamm GRUR 1993, 1001; Schuschke/Walker/Kessen Anh. § 935 C Rn. 5).

Wenn der Gläubiger den Schuldner nach Einhaltung einer Schonfrist von zwei Wochen nach Vollziehung der einstweiligen Verfügung mit einem sog. Abschlussschreiben zur Abgabe der Abschlusserklärung auffordert, kann er nach den Grundsätzen einer berechtigten Geschäftsführung ohne Auftrag (§§ 677, 683 S. 1, 670 BGB) Kostenerstattung verlangen; diese berechnet sich als 1,3-Gebühr nach Nr. 2300 VV-RVG aus dem Wert der Hauptsache (BGH GRUR 2015, 822). Um diese Kosten zu vermeiden, muss der Schuldner innerhalb einer Zweiwochenfrist nach Vollziehung handeln. Entweder sollte er selbst eine Abschlusserklärung abgeben oder aber den Gläubiger darüber informieren, dass es keines Abschlussschreibens durch diesen bedarf, weil er fest Widerspruch zu erheben beabsichtigt (BGH GRUR 2023, 897) oder weil er bereits über Rechtsnatur, Voraussetzungen und Rechtswirkungen einer Abschlusserklärung belehrt ist und diese ggf. in einer Frist von 1 Monat nach Vollziehung der einstweiligen Verfügung abgeben wird.

2590 Alternativ zur Abschlusserklärung kann der Antragsgegner sich einseitig der der Eilanordnung zugrunde liegenden Begehr des Gläubigers **unterwerfen** und damit die Wiederholungsgefahr beseitigen (Schuschke/Walker/Kessen Anh. § 935 C Rn. 12). Verhindern kann der Schuldner so zumindest weitere Eilanordnungen, ggf. stellt die Unterwerfung ein kostenbefreiendes sofortiges Anerkenntnis dar (§ 93 ZPO).

Kapitel 10: Rechtsbehelfe

Übersicht

Vorbemerkung

Ist zum Nachteil der Partei ein Rechtszustand eingetreten oder eine Entscheidung ergangen, so hat sie regelmäßig die Möglichkeit, die Aufhebung oder Abänderung zu erreichen, indem sie einen Rechtsbehelf einlegt. 2591

Nur mit den (echten) Rechtsmitteln kann der Eintritt der Rechtskraft der angefochtenen Entscheidung verhindert (Suspensiveffekt) und die Sache in die nächsthöhere Instanz gebracht werden (Devolutiveffekt). Den anderen Rechtsbehelfen fehlt zumindest eine dieser beiden Wirkungen.

A. Allgemeines

Die Anfechtungsmöglichkeiten im Zivilprozess sind breit gestreut. Einen Überblick gibt das nachstehende Schema: 2592

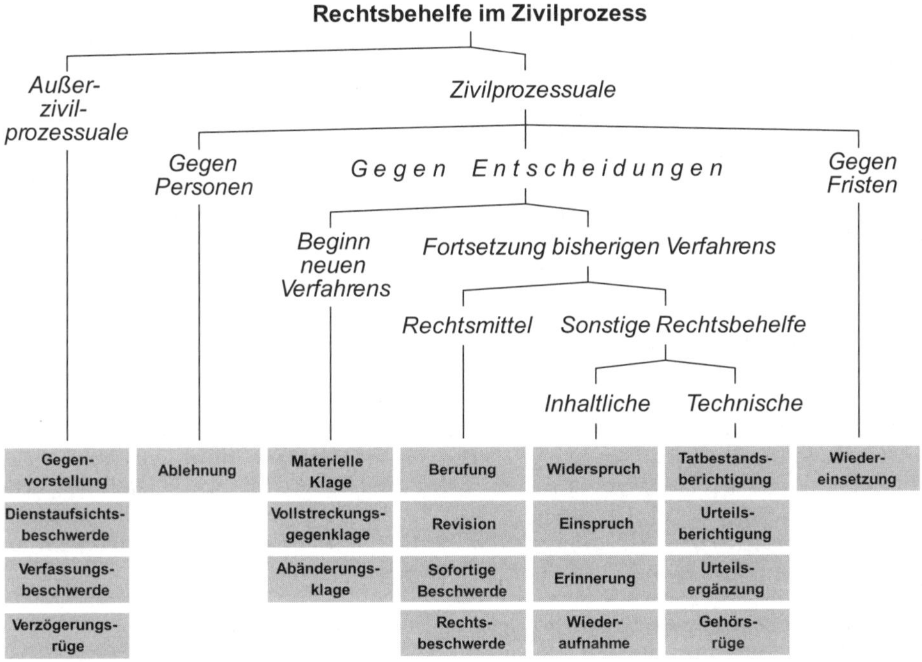

Abb. 4: Rechtsbehelfe im Zivilprozess

Aufgabe der Partei ist es, den statthaften bzw. gewünschten Rechtsbehelf auszuwählen und exakt zu bezeichnen. Das schließt nicht aus, dass ein falsch bezeichneter oder unzulässiger Rechtsbehelf durch das Gericht ausgelegt und als statthafter, zulässiger Rechtsbehelf behandelt wird. 2593

So kann ein Prozesskostenhilfeantrag als Berufungseinlegung, eine bedingte Rechtsmitteleinlegung als unbedingte (BGH MDR 2012, 731; BGH NJW-RR 2012, 755; BGH NJW-RR 2011, 491) ein unzulässiges Rechtsmittel als Anschlussrechtsmittel (BGH NJW 2013, 875; BGH NJW 2011, 1455) und eine Beschwerde als Rechtspflegererinnerung (BGH NJW-RR 2012, 753) behandelt werden. Dennoch sollte der Anwalt es nicht darauf ankommen lassen und den richtigen Rechtsbehelf eigenverantwortlich bestimmen.

Möglich – wenn auch nur im Ausnahmefall zu empfehlen – ist deswegen auch die Einlegung des »statthaften Rechtsbehelfs«.

Die nachfolgende Darstellung beginnt mit den innerhalb des erstinstanzlichen Verfahrens praktisch relevanten Rechtsbehelfen (Befangenheitsablehnung, Dienstaufsichtsbeschwerde, Wiedereinsetzung in den vorigen Stand, Einspruch gegen Vollstreckungsbescheid und Versäumnisurteil, Berichtigung bzw. Ergänzung von Protokoll, Urteil und Tatbestand, Gehörsrüge, Rechtsbehelfe im Eilverfahren), stellt im Anschluss die Rechtsmittel (Berufung, Beschwerde, Revision und Rechtsbeschwerde) dar und endet mit den Rechtsbehelfen in der Zwangsvollstreckung und den außerordentlichen Rechtsbehelfen.

I. Rechtsbehelfsbelehrung durch das Gericht

2594 Seit dem 01.01.2014 hat grundsätzlich **jede anfechtbare gerichtliche Entscheidung** auch im Zivilprozess eine Rechtsbehelfsbelehrung zu enthalten (§ 232 Satz 1 ZPO), unabhängig davon, in welcher Verfahrensart (Erkenntnisverfahren, Eilverfahren, Zwangsvollstreckungsverfahren), in welcher Form sie ergeht (Urteil, Beschluss, Verfügung) und von wem sie aufseiten des Gerichts erlassen wird (Richter, Rechtspfleger, Urkundsbeamter).

Zum einen hat der Gesetzgeber damit der Auffassung Rechnung getragen, dass sich eine Pflicht zur Rechtsbehelfsbelehrung zumindest für Teile des Zivilprozesses unmittelbar aus der Verfassung ergebe (BGH, Urt. vom 26.03.2009 – V ZB 174/08; Rensen MDR 2011, 201), zum anderen wurden damit bereits vorhandene Belehrungspflichten im Zivilprozess (z.B. § 338 Satz 2 ZPO) verallgemeinert und die Zivilprozessordnung insgesamt anderen Verfahrensordnungen angepasst, die eine entsprechende Belehrungspflicht seit Langem kennen.

2595 **Ausgenommen** sind grundsätzlich Verfahren, in denen sich die Parteien durch einen Rechtsanwalt vertreten lassen müssen, grundsätzlich also Verfahren vor den Landgerichten, Oberlandesgerichten oder dem Bundesgerichtshof (§ 78 Abs. 1 ZPO, nicht in den Ausnahmefällen § 78 Abs. 2, 3 ZPO). Auch hier muss indes über die Möglichkeiten eines Einspruchs, Widerspruchs oder eines Rechtsbehelfs für Zeugen oder Sachverständige belehrt werden. Unerheblich ist, ob die Partei tatsächlich anwaltlich vertreten war.

2596 Belehrt werden muss über das mögliche **Rechtsmittel** (Berufung, Revision, sofortige Beschwerde, Rechtsbeschwerde) bzw. den möglichen Einspruch, Widerspruch oder die Erinnerung. Nicht belehrt werden muss über die Möglichkeit der Sprungrevision und sonstiger Rechtsbehelfe (Ablehnung, Wiedereinsetzung, Gegenvorstellung, Dienstaufsichtsbeschwerde, Verfassungsbeschwerde), die Möglichkeit der Beseitigung von Entscheidungen in einem neuen Verfahren (Abänderungsklage, Vollstreckungsgegenklage) und die Möglichkeiten zur Beseitigung formeller Entscheidungsfehler (Berichtigung, Ergänzung). Über die Unanfechtbarkeit sollte das Gericht zumindest in problematischen oder streitigen Fällen belehren (Hartmann NJW 2014, 117), eine Verpflichtung dazu besteht nicht.

▶ Praxistipp:

2597 Aus dem Fehlen einer Rechtsbehelfsbelehrung kann nicht geschlossen werden, dass die Entscheidung unanfechtbar ist. Das Fehlen kann (neben einem Fehler des Gerichts) auf einer – praktisch nicht seltenen – Ausnahme von der Belehrungspflicht beruhen.

2598 **Formal** muss die Belehrung Teil der Entscheidung und von der Unterschrift gedeckt sein, räumlich also vor dieser stehen (BGH NJW 1992, 829; BGHZ 113, 48).

2599 **Inhaltlich** belehrt werden muss über den statthaften Rechtsbehelf, das Gericht, bei dem er einzulegen ist (einschließlich der vollständigen Anschrift) sowie über die einzuhaltende Form und Frist. Offen ist bislang, ob auch auf die Erfordernisse der elektronischen Form (§ 130a ZPO), insbesondere auf das Nichtausreichen einer einfachen E-Mail hinzuweisen ist; dies dürfte zu bejahen sein (LSG Darmstadt, Urt. vom 13.04.2012, L 5 R 154/11; VGH Mannheim, Urt. vom 05.02.2018, A 11 S 192/18; OVG Koblenz, Urt. vom 08.03.2012, 1 A 11258/11; a.A. BSG, Urt. vom 14.03.2013, B 13 R 19/12R; BVerwG, Urt. vom 27.02.1976, IV C 74.74; Kintz NVwZ 2004, 1431). Hinzukommen muss erforderlichenfalls der Hinweis auf einen Anwaltszwang für das Rechtsmittel (BGH NJW 2011, 2887; BGH NJW-RR 2010, 1297), nicht indes auf die Erfordernisse einer Begründung (BAG ZIP 2003, 1850; deutlich zu weit gehend Fölsch NJW 2013, 970). Die Rechtsbehelfsbelehrung muss aus sich heraus verständlich sein und eine nicht anwaltlich vertretene Partei in die Lage versetzen, ohne Mandatierung eines Rechtsanwalts einen Rechtsbehelf wirksam einzulegen. Von Seiten des Gerichts können zwar einzelne Formulierungen formularmäßig vorbereitet werden, es muss dennoch in jedem Einzelfall über die erforderliche Belehrung entschieden werden (Zipperer NZI 2013, 865).

▶ Beispiel:

Die Belehrung gegen ein Urteil des Amtsgerichts könnte lauten: »Gegen dieses Urteil ist das Rechtsmittel der Berufung statthaft. Diese muss durch eine Rechtsanwältin oder einen Rechtsanwalt binnen eines Monats nach Zustellung des Urteils schriftlich beim Landgericht (... Ort und Anschrift) eingelegt werden. Die Berufungsschrift muss das Urteil bezeichnen, gegen das die Berufung sich richtet, und die Erklärung enthalten, dass dagegen Berufung eingelegt werde.«

Für den im Zivilprozess tätigen **Anwalt** hat sich damit nicht allzu viel geändert. Erwarten darf er 2600
erstinstanzlich eine Belehrung über alle Entscheidungen des Amtsgerichts, über Entscheidungen des Landgerichts nur, soweit diese mit dem Widerspruch oder Einspruch anfechtbar sind.

▶ Beispiele:

Arrest- oder einstweilige Verfügungsbeschlüsse, gegen die der Widerspruch gegeben ist; Ver- 2601
säumnisurteile, die mit dem Einspruch anfechtbar sind.

Die anwaltliche **Verantwortung** wird durch die Pflicht des Gerichts zur Belehrung nicht abgenom- 2602
men: Eine fehlende oder fehlerhafte Rechtsbehelfsbelehrung hindert weder die Wirksamkeit der Entscheidung noch das In-Gang-Setzen einer Rechtsbehelfsfrist (BGH NJW-RR 2016, 623) oder den Eintritt der Rechtskraft. Ein objektiv nicht gegebener Rechtsbehelf wird durch eine fehlerhafte Belehrung nicht eröffnet, ein Rechtsmittel nicht zugelassen (BGH NJW 2014, 117, 639 und 2879).

Soweit dem Beteiligten infolge der nicht ordnungsgemäßen Erfüllung der Belehrungspflicht ein Schaden entstanden ist, kann ein Amtshaftungsanspruch in Betracht kommen.

Wird ein falscher Rechtsbehelf angegeben, ist dieser nach dem Grundsatz der Meistbegünstigung genauso statthaft wie der richtige Rechtsbehelf (offen gelassen von BGH FamRZ 2012, 623 m. Anm. Heiter FamRZ 2012, 626). Dem Beteiligten steht dann ein Wahlrecht zu. Dasselbe gilt, wenn das Gericht in der falschen Form entscheidet und über die gewählte Entscheidungsform richtig belehrt. Allerdings stellt eine Rechtsmittelbelehrung, die fälschlicherweise darauf hinweist, dass gegen den Beschluss das Rechtsmittel der Rechtsbeschwerde stattfinde, nicht die Zulassung der Rechtsbeschwerde dar. Eine fehlerhafte Rechtsmittelbelehrung kann nicht zur Anfechtbarkeit einer Entscheidung führen, die kraft Gesetzes unanfechtbar ist (BGH FGPrax 2012, 169). Die Rechtsmittelbelehrung dient allein der Information der Beteiligten über gegebene Rechtsmittel und stellt keine Willensentschließung im Sinne einer Zulassungsentscheidung dar (BGH FamRZ 2011, 1728).

Ob ein Rechtsbehelf, der infolge fehlender Rechtsbehelfsbelehrung beim falschen Gericht eingelegt wurde, ohne Wiedereinsetzungsverfahren unmittelbar als dort fristwahrend eingegangen angesehen werden kann (so OLG Nürnberg FamRZ 2010, 1575), erscheint zweifelhaft. Bejaht hat der BGH dies für eine infolge falscher Belehrung nicht berücksichtigte landesrechtliche Zuständigkeitskonzentration (BGH, Beschl. v. 07.06.2018 – I ZB 48/17).

Grundsätzlich wird nicht einmal die Möglichkeit einer Wiedereinsetzung in den vorigen Stand 2603
geschaffen (dazu oben Rdn. 863; BGH FamRZ 2012, 1287; FamRZ 2012, 367; BGH VersR 1996, 1522, 1523; BGH NJW 1992, 1700; BGH VersR 1985, 1183, 1184; Vorwerk FamFR 2010, 355; überholt insoweit Thiele MDR 2010, 177). Eine solche ist nur möglich, wenn die Einlegung eines Rechtsbehelfs unterbleibt, weil der Beteiligte mangels ordnungsgemäßer Belehrung (dazu oben Rdn. 863) keine Kenntnis von der Möglichkeit oder den Erfordernissen der Einlegung hatte (§ 233). Dass ihn in diesem Fall an der Versäumung der Frist kein Verschulden trifft, wird nach § 233 Satz 2 ZPO vermutet (dazu oben Rdn. 863). Diese gesetzliche Vermutung ersetzt jedoch lediglich das Erfordernis des fehlenden Verschuldens des Antragstellers. Der erforderliche ursächliche Zusammenhang zwischen Belehrungsmangel und Fristversäumung muss auch in diesen Fällen vom Antragsteller vorgetragen und vom Gericht positiv festgestellt werden. Ausgeschlossen ist eine Wiedereinsetzung

deswegen, wenn der Beteiligte wegen vorhandener Kenntnis über seine Rechtsmittel keiner Unterstützung durch eine Rechtsmittelbelehrung bedarf. Dies ist regelmäßig der Fall bei anwaltlich vertretenen Beteiligten (BGH FamRZ 2012, 1287; FamRZ 2012, 367). Dies führt praktisch dazu, dass das Fehlen einer Rechtsmittelbelehrung folgenlos bleibt, wenn die Partei anwaltlich vertreten ist. Auf diese Weise wird zwar der erhöhten Schutzbedürftigkeit nicht anwaltlich vertretener Beteiligter Rechnung getragen, praktisch aber führt dies dazu, dass allein dem Anwalt die Verantwortung für die Überprüfung gerichtlicher Rechtsbehelfsbelehrungen auf ihre inhaltliche Richtigkeit oder auf deren Fehlen zugewiesen wird.

▶ Praxistipp:

2604 Im Rahmen der Kanzleiorganisation muss sichergestellt sein, dass sich weder das Folgepersonal noch der Anwalt selbst auf den Inhalt einer gerichtlichen Rechtsbehelfsbelehrung verlassen, sondern dass die Voraussetzungen der Anfechtbarkeit in jedem Fall autonom und eigenverantwortlich geprüft werden.

2605 Auch von der Rechtsprechung wird diese Risikoverlagerung offensichtlich als unbefriedigend empfunden. Nur so lässt sich erklären, dass die neuere Rechtsprechung der Obergerichte die Ausnahme von der Kausalitätsvermutung restriktiv handhabt. Anders als bei der fehlenden oder unvollständigen Rechtsbehelfsbelehrung darf der Anwalt danach auf die Richtigkeit einer vorhandenen Belehrung vertrauen, sodass es hier an der Ursächlichkeit zwischen Belehrungsmangel und Fristversäumung nur fehlt, wenn die erteilte Rechtsbehelfsbelehrung offenkundig falsch war und beim Anwalt nicht einmal den Anschein der Richtigkeit zu erwecken vermochte (BGH FamRZ 2012, 1287).

Bejaht hat der BGH ein Anwaltsverschulden bei einem Widerspruch zwischen dem zugelassenen Rechtsmittel und dem Inhalt der Rechtsbehelfsbelehrung (BGH MDR 2018, 420; BGH NJW 2017, 1112 m. Anm. Heinemann NJW 2017, 1113), verneint hat er es bei der falschen Belehrung über das Beschwerdegericht in WEG-Sachen (BGH NJW 2018, 164 und 165 m. Anm. Deckenbrock NJW 2018, 1636). Unterlag der Anwalt einem nachvollziehbaren oder unvermeidbaren Rechtsirrtum, bleibt die Wiedereinsetzung möglich (BGH MDR 2017, 841; OLG Brandenburg FamRZ 2012, 1829).

Polemisch wird die Risikoverlagerung von Belehrungsmängeln in der Literatur als »Haftung des Anwalts für Fehler des Gerichts« kritisiert (Klose NJ 2018, 70; Deckenbrock NJW 2018, 1636; Bauer JR 2018, 545; Koch/Wallimann JR 2017; Fischer MDR 2018, 134).

II. Voraussetzungen

2606 Allen Rechtsbehelfen gemein ist ein allgemeines Prüfungsschema, nach dem die Zulässigkeit des jeweiligen Rechtsbehelfs und dessen materielle Begründetheit zu untersuchen sind (Anders/Gehle/Göertz Grundz. § 511 Rn. 5).

I. Zulässigkeit des Rechtsbehelfs

1. Statthaftigkeit

Statthaft ist ein Rechtsbehelf, wenn er gegen die angegriffene Maßnahme seiner Art nach grundsätzlich vorgesehen ist (= stattfinden soll).

2. Form

In der Regel sind Rechtsbehelfe schriftlich einzulegen (zu den Anforderungen an eine Unterschrift, vgl. BGH NJW-RR 1991, 511; so z.B. die Berufung, § 519 ZPO, oder der Einspruch, § 340 ZPO), manchmal auch zu Protokoll der Geschäftsstelle (so die sofortige Beschwerde, § 569 Abs. 3 ZPO, oder der Widerspruch im Arrestverfahren, § 924 Abs. 2 Satz 3 ZPO).

Ausnahmsweise kommen daneben die mündliche Einlegung (z.B. die Richterablehnung, § 44 Abs. 1 ZPO), die Anlehnung an andere Formvorschriften (z.B. bei der Wiedereinsetzung in den vorigen Stand, § 236 ZPO) oder die völlige Formfreiheit in Betracht (z.B. für Dienstaufsichtsbeschwerde oder Gegenvorstellung).

3. Frist

Insbesondere bei Entscheidungen, die praktisch umgesetzt werden sollen, besteht ein Interesse an alsbaldiger Klarheit darüber, ob sie bestandskräftig sind oder noch abgeändert werden können. Diese Klarheit wird durch Bestimmung einer Frist für den Rechtsbehelf geschaffen.

Solche Fristen laufen in der Regel für Einlegung und Begründung zusammen (so z.B. bei sofortiger Beschwerde, § 569 ZPO, und Einspruch, § 339 ZPO); manchmal gibt es getrennte Fristen für die Einlegung des Rechtsbehelfs einerseits und dessen Begründung andererseits (so z.B. bei der Berufung, §§ 517, 520 Abs. 2 ZPO).

Die Einlegungsfristen sind häufig Notfristen, d.h., sie können nicht verlängert oder abgekürzt werden und lassen bei Versäumnis eine Wiedereinsetzung zu (vgl. für den Einspruch § 339 ZPO, für die befristete Erinnerung §§ 11, 21 RPflG).

Fristbeginn ist grundsätzlich die Kenntnis des Anfechtungsberechtigten vom Anfechtungsgrund, bei Entscheidungen deren Zustellung (§§ 517, 586 Abs. 1 ZPO).

4. Beschwer

Die Durchführung eines Rechtsbehelfsverfahrens setzt – obwohl im Gesetz nicht ausdrücklich geregelt – ein Rechtsschutzbedürfnis voraus. Hiervon ist immer dann auszugehen, wenn der Antragsteller nachteilig betroffen und in irgendeiner Form belastet, d.h. beschwert ist (BGH NJW-RR 1996, 765 und 891; Kahlke ZZP 94 [1981], 423).

Das Vorliegen einer solchen Beschwer wird manchmal vom Gesetz unterstellt (so in den Fällen der Richterablehnung oder der Wiedereinsetzung), in anderen Fällen ist es im Einzelfall zu prüfen und häufig von einem bestimmten vermögensrechtlichen Wert abhängig gemacht (so insbesondere bei den Rechtsmitteln, §§ 511 Abs. 2 Satz 1, 567 Abs. 2 ZPO).

Mit dem Rechtsmittel muss zumindest auch die Beseitigung dieser Beschwer erstrebt werden. Die Einlegung eines Rechtsmittels unter ausschließlicher Verfolgung eines anderen Rechtsschutzziels ist unzulässig.

5. Zuständigkeit

Zuständig für die Entscheidung über einen Rechtsbehelf ist manchmal das Organ, das die angefochtene Entscheidung getroffen hat, wobei diesem entweder eine abschließende eigene Entscheidung zusteht (so z.B. bei der Wiedereinsetzung, § 237 ZPO, oder dem Einspruch, § 342 ZPO) oder es nur die Möglichkeit hat, die eigene Entscheidung abzuändern und dem Rechtsbehelf dadurch abzuhelfen, andernfalls die Entscheidungsbefugnis auf ein anderes Organ übergeht (so z.B. bei der Beschwerde, § 572 ZPO, und der Erinnerung, § 11 Abs. 2 RPflG). Manchmal ist zur Entscheidung auch sofort ein übergeordnetes Organ berufen (sog. Devolutiveffekt, insbesondere bei den Rechtsmitteln).

6. Allgemeine Prozesshandlungsvoraussetzungen

Soweit die Einlegung des Rechtsbehelfs eine Prozesshandlung darstellt, bedarf sie des Vorliegens der für alle Prozesshandlungen erforderlichen Sachentscheidungsvoraussetzungen (so alle prozessualen Rechtsbehelfe; zu Sonderfällen BGH NJW 1993, 2943 und Hager ZZP 97 [1984], 174).

Ist der Rechtsbehelf unzulässig, wird er entsprechend der gesetzlichen Terminologie (vgl. z.B. §§ 552 Abs. 1 Satz 2, 522 Abs. 1 Satz 2, 572 Abs. 2 Satz 2 ZPO) verworfen. Ist er dagegen zulässig, so wird die Prüfung fortgesetzt mit: 2607

II. Begründetheit des Rechtsbehelfs

Der Rechtsbehelf ist begründet, wenn die angefochtene Maßnahme unrichtig ist; dazu ist diese auf ihre Zulässigkeit und Begründetheit zu untersuchen und das dabei gefundene Ergebnis mit der angefochtenen Entscheidung zu vergleichen. Die Begründetheit des Rechtsbehelfs setzt sich damit zusammen aus:

1. Zulässigkeit der angefochtenen Maßnahme
2. Begründetheit der angefochtenen Maßnahme

In der Begründetheit des Rechtsbehelfs wird damit die gleiche Prüfung vorgenommen wie vor Erlass der angefochtenen Entscheidung. Bei manchen Rechtsbehelfen ist dabei allerdings der Prüfungsumfang beschränkt, so z.B. bei der Revision, wo nur noch eine Rechtsprüfung stattfindet, in tatsächlicher Hinsicht aber eine Bindung an das Berufungsurteil besteht.

III. Anfechtung falsch bezeichneter Entscheidungen

2608 Ist eine Entscheidung nicht in der prozessual vorgeschriebenen, sondern in einer falschen Form ergangen, ist fraglich, ob die Parteien hiergegen den der theoretisch richtigen Form nach statthaften Rechtsbehelf einlegen müssen.

▶ Beispiel:

2609 Entscheidet das Gericht irrtümlich durch Urteil statt durch Beschluss, so könnte hiergegen entweder die Berufung oder die Beschwerde statthaft sein. Während die sog. subjektive (formelle) Theorie den der äußeren Form der anzugreifenden Entscheidung entsprechenden Rechtsbehelf (hier: Berufung) vorsah, stellte die objektive (materielle) Theorie auf den gegen die richtigerweise ergehende Entscheidung statthaften Rechtsbehelf ab (hier: Beschwerde; BGH NJW 1994, 2098).

2610 Die heute ganz überwiegende Meinung lässt dem Betroffenen ein Wahlrecht, weil er aus dem Fehler des Gerichts keine Nachteile erleiden darf, und hält beide Rechtsbehelfe für statthaft (»Grundsatz der Meistbegünstigung«; BGH MDR 2016, 1282 und 1435 m. Anm. Vossler; BGH NJW 1999, 291 und 583; Schenkel MDR 2003, 136; Zöller/Schneider vor § 511 Rn. 29).

▶ Beispiel:

Ein Beschluss nach § 522 Abs. 2 ZPO, in dem das Gericht die Berufung als unzulässig bezeichnet, kann sowohl mit der gegen die Form der Entscheidung gegebenen Nichtzulassungsbeschwerde (§§ 522 Abs. 3, 544 ZPO) als auch mit der gegen den Inhalt gegebenen Rechtsbeschwerde (§ 522 Abs. 1 Satz 4 ZPO) angefochten werden (BGH MDR 2016, 1282 und 1435 m. Anm. Vossler).

2611 Der Grundsatz der Meistbegünstigung gilt nicht:

2612 Wenn gegen die inhaltlich richtige Entscheidung kein Rechtsbehelf gegeben wäre.

▶ Beispiel:

Hat das Gericht nach einseitiger Erledigungserklärung fälschlich durch Beschluss statt durch Urteil entschieden und reicht die Beschwer zwar für die Beschwerde (§ 567 Abs. 2 ZPO), nicht aber für eine Berufung (§ 511 Abs. 2 Satz 1 ZPO) aus, so ist kein Rechtsmittel statthaft, weil der Fehler des Gerichts nicht zu einer im Gesetz nicht vorgesehenen Anfechtbarkeit der Entscheidung führen kann (BGH NJW 1997, 1448).

2613 Wenn die anzufechtende Entscheidung inhaltlich falsch ist, d.h. das Gericht hat die Voraussetzungen der Entscheidungsform geprüft, aber unzutreffend beurteilt.

▶ Beispiel:

Entfernt sich im landgerichtlichen Verfahren der Rechtsanwalt nach Antragstellung, aber noch vor Ende der Verhandlung, so tritt eine Säumnis nicht ein. Geht das Gericht dennoch von einer Säumnis aus und erlässt auf Antrag des Gegners ein Versäumnisurteil (statt richtigerweise eines kontradiktorischen Endurteils), so kann hiergegen nur Einspruch eingelegt werden, da die Berufung gegen ein Versäumnisurteil mit der Begründung, ein Fall der Säumnis habe nicht vorgelegen, ausgeschlossen ist (§ 514 ZPO; BGH NJW 1994, 666 m.w.N.).

▶ Praxistipp:

2614 Mit der Wahl des Rechtsbehelfs trifft der Rechtsmittelführer auch die Wahl der Verfahrensart.

B. Rechtsbehelfe im Verfahren

Etliche relevante Rechtsbehelfe, z.B. die Befangenheitsablehnung, die Wiedereinsetzung und die Gehörsrüge, sind in das Verfahren eingebettet. 2615

I. Befangenheitsablehnung Verfahrensbeteiligter

Nachteil können einer Partei dann drohen, wenn an dem Gerichtsverfahren Personen mitwirken, 2616 deren Neutralität und Unvoreingenommenheit gegenüber beiden Parteien zweifelhaft ist. Die Partei hat die Möglichkeit, sich hiergegen durch die Ablehnung dieser Personen zu verteidigen. Das Recht auf Ablehnung bezieht sich dabei nicht nur auf Richter (unten Rdn. 2617), sondern auch auf weitere gerichtliche Verfahrensbeteiligte (unten Rdn. 2642).

1. Richter (§ 42 ZPO)

Das Gesetz nennt in § 41 ZPO einige Sachverhalte, in denen der Richter bereits kraft Gesetzes aus- 2617 geschlossen ist und in denen er auch ohne Antrag durch eine Partei am Verfahren nicht teilnehmen darf. Darüber hinaus ist eine Ablehnung wegen Besorgnis der Befangenheit möglich, wenn ein Grund vorliegt, der geeignet ist, Misstrauen gegen die Unparteilichkeit eines Richters zu rechtfertigen.

Ablehnungsfälle haben in den letzten Jahrzehnten drastisch zugenommen. War 1953 nur eine Entscheidung hierzu veröffentlicht, waren es 2003 schon 20 (Schneider MDR 2005, 671; Ghassemi-Tabar/Nober NJW 2013, 3686: »Vielzahl völlig unbegründeter oder gar rechtsmissbräuchlicher Ablehnungsgesuche«) und in den 12 Monaten vor Fertigstellung dieser Auflage über 500.

a) Taktische Überlegungen, praktische Ratschläge

Die Stellung eines Befangenheitsantrages sollte nicht leichtfertig oder impulsiv geschehen. Die Ent- 2618 scheidung will sorgfältig erwogen sein; taktische Aspekte sollten in die Überlegung einbezogen werden.

> Der in der Literatur verbreitete Ratschlag, auf unangemessenes Verhalten des Richters mit einem umgehenden Ablehnungsgesuch zu reagieren (z.B. E. Schneider MDR 1991, 299), ist mit Vorsicht zu genießen.

Die Ablehnung kann vorteilhaft sein, wenn der aktuelle Richter die Rechts- und Sachlage voraus- 2619 sichtlich zum Nachteil der eigenen Partei beurteilt. Bei einer begründeten Ablehnung – die statistisch den absoluten Ausnahmefall darstellt – wird der Fall bekanntlich einem anderen Richter zugewiesen.

> Ein Befangenheitsantrag, der offenkundig lediglich dem Zweck dient, einen Richter wegen einer unerwünschten Rechtsauffassung aus dem Verfahren zu drängen, wurde als rechtsmissbräuchlich und somit unbeachtlich eingestuft (Hessisches LSG MDR 1986, 436).

Andererseits ist zu bedenken, dass der Richter nach einem (unbegründeten) Befangenheitsantrag 2620 tatsächlich befangen sein könnte bzw. das Urteil, sofern es zum Nachteil des Antragstellers ausfällt, möglicherweise besonders sorgfältig und unangreifbar zu begründen sucht (Reaktion auf das Ablehnungsgesuch). Jedenfalls besteht die Gefahr, dass sich ein solcher Antrag eher ungünstig auf die Verhandlungsatmosphäre des weiteren Prozesses auswirkt.

> So besteht eine »unverkennbare Tendenz, Ablehnungsgesuche als Missachtung des Gerichts« bzw. als »persönlichen Affront« anzusehen (E. Schneider MDR 1999, 58; ders., AnwBl 2003, 548; Sommer ZAP 1994 Fach 22, S. 106: »Richter empfinden den Antrag häufig als persönlichen Angriff auf ihre Integrität. Vermittelnden Gesprächen ist der Richter nach einem solchen Antrag zumeist nicht mehr zugänglich«).

> Diese Gefahren bestehen nicht nur in dem Verfahren, in dem das Ablehnungsgesuch gestellt wird, sondern können sich grundsätzlich auf das Verhältnis des antragstellenden Rechtsanwalts zum betroffenen Richter auswirken. Vor allem bei kleineren Gerichten, bei denen der Anwalt häufig mit demselben Richter zu tun hat, besteht so die Gefahr der Entwicklung eines dauerhaft angespannten Verhältnisses. Letztlich hängt dies von der Persönlichkeit des einzelnen Richters ab, die für den Anwalt nur schwer einzuschätzen ist.

> Um Missverständnisse und Verstimmungen zu vermeiden, sollte der Anwalt bei der Stellung eines Befangenheitsantrags deutlich machen, dass es ihm nicht um Kritik am Richter als Person geht, sondern um

die Nutzung eines regulären, gesetzlich vorgesehenen Rechtsmittels. Dabei ist es sinnvoll, zu erwähnen, dass es sich um eine subjektive Einschätzung handelt, die nicht die tatsächliche Befangenheit des Richters behauptet, sondern lediglich den Eindruck mangelnder Unvoreingenommenheit (Zöller/Vollkommer § 42 Rn. 9) beim Antragsteller schildert.

2621 Die Ablehnung eines Befangenheitsgesuches stellt in der Praxis den absoluten Regelfall dar. Nur ein ganz geringer Bruchteil der Befangenheitsgesuche hat Erfolg.

Die Gründe für die mangelnde Erfolgsaussicht sind vielfältig (Thomas/Putzo/Hüßtege § 42 Rn. 9, 14 f.: »missverstandene Kollegialität« oder »im Zweifel sollte einem Ablehnungsgesuch stattgegeben werden«, LG München I NJW-RR 2002, 861; E. Schneider MDR 2005, 671: »überlastungsbedingte Verschlechterung der Rechtsprechung«, »Abwehrmechanismen der Gerichte«; ders. in ZAP-Kolumne 2002, 665: »Erfolgsquote der Ablehnungen steigt«).

Ein nicht zu unterschätzender Grund liegt sicher auch in der Zuständigkeit für die Ablehnungsentscheidung. Gegen die Ablehnung eines Amtsrichters hat ein anderer Richter des Amtsgerichts zu entscheiden, über die Ablehnung eines Richters am Landgericht (unabhängig davon, ob er als Spruchkörpermitglied oder als Einzelrichter tätig geworden ist: BGH NJW 2006, 2492; a.A. Vossler MDR 2006, 304) die Kammer, der er angehört. Fast immer kennen diese Richter sich persönlich (E. Schneider MDR 2001, 1400: »derjenige Richter muss entscheiden, der mit seinem Kollegen in der Gerichtskantine Kaffee zu trinken pflegt«) und entscheiden deswegen selten »gegen« den Kollegen. Insbesondere dann nicht, wenn mangels anderweitiger Regelung im Geschäftsverteilungsplan der Vertreter des abgelehnten Richters entscheidet, welcher bei Stattgabe des Gesuchs das Verfahren dann auch zu bearbeiten hat. Hinzu kommt die fehlende Beschwerdezuständigkeit der Oberlandesgerichte, welche früher eine gewisse Einheitlichkeit des Ablehnungsrechts gewährleistet hatten. So endet der Instanzenzug bei einer Ablehnung eines Amtsrichters beim Landgericht. Gegen zurückweisende Beschlüsse des Landgerichts im zweiten Rechtszug ist nur noch – sofern vom LG ausdrücklich zugelassen – die Rechtsbeschwerde zum BGH eröffnet (§§ 45, 46 Abs. 2; 567 Abs. 1; 574 Abs. 1 ZPO, 72 GVG; E. Schneider ZAP Fach 13, S. 1181: erfahrungsgemäß wird das Ablehnungsrecht, wenn überhaupt, im Wesentlichen nur von den Oberlandesgerichten gesetzmäßig angewandt).

Die Neuregelung des § 47 Abs. 2 ZPO, wonach Teile der bisherigen, nach dem Ablehnungsgesuch fortgesetzten Verhandlung (insbesondere Beweisaufnahmen) bei einer für begründet erklärten Ablehnung wiederholt werden müssen, hat – aus psychologischen Gründen – die »schon nach altem Recht bestehende geringe Neigung, Ablehnungsgesuchen stattzugeben« verstärkt und die Erfolgsaussichten weiter »gegen Null tendieren« lassen (E. Schneider ZAP-Aktuell 2004, 282 – »Der Verfall des Ablehnungsrechts«; AnwBl 2003, 548; ZAP Fach 13, S. 1257).

Bei einer etwaigen wiederholten Vernehmung ist zu bedenken, dass die Zeugen durch die – möglicherweise durch die Befangenheit des bisherigen Richters geprägte – frühere Vernehmung in gewisser Weise in ihrer Aussage bereits festgelegt sein könnten.

2622 Sinnvoll und zu empfehlen ist ein Befangenheitsantrag daher allenfalls in Ausnahmefällen, wenn das Gericht tatsächlich befangen zu sein bzw. sich offensichtlich bereits in seiner Entscheidungsbildung nachteilig gegen die eigene Partei festgelegt zu haben scheint.

Jedenfalls erreicht dadurch »der kühle Rechner« (Gloede NJW 1972, 2068) in der Regel eine Verzögerung des Verfahrens und gewinnt damit (trotz der Möglichkeit der Verfahrensfortsetzung) Zeit für einen ergänzenden Sachvortrag und unter Umständen noch erforderliche Recherchen. Denn eine Entscheidung über das Ablehnungsgesuch benötigt erfahrungsgemäß eine gewisse Zeit. Durch Einlegung der sofortigen Beschwerde gegen eine ablehnende Entscheidung kann dann noch eine weitere Verzögerung herbeigeführt werden. Ein Befangenheitsantrag kann daher auch der Vermeidung der Präklusion dienen (oben Rdn. 1567).

Auch nach der Neufassung des § 47 Abs. 2 ZPO besteht nach h.M. eine Wartepflicht – jedenfalls noch außerhalb der mündlichen Verhandlung – und kann zu einer Verlegung des anberaumten Termins führen. Damit lässt sich eine (abgelehnte) Terminsverlegung rein faktisch erzwingen, insbesondere wenn der Befangenheitsantrag so knapp vor dem Termin gestellt wurde, dass eine rechtzeitige Entscheidung darüber nicht mehr möglich ist (OLG Köln OLGReport 2003, 107; OLG Köln OLGReport 2004, 404: wegen Rechtsmissbrauch unzulässig). Abzuwarten ist grundsätzlich bis zur rechtskräftigen Erledigung des Ablehnungsgesuchs (Zöller/Vollkommer § 47 Rn. 3), sodass der Ablauf der Frist für die sofortige Beschwerde nach § 46 Abs. 2 ZPO bzw. die Entscheidung des Beschwerdegerichts abzuwarten ist.

Die meisten Ablehnungsgründe kommen jedoch während der Verhandlung vor bzw. werden dort erst erkannt und gerügt. In diesem Fall kann (Ermessen des abgelehnten Richters!) der Termin zur Vermeidung einer Vertagung fortgesetzt werden (§ 47 Abs. 2 ZPO). Damit wird nicht nur missbräuchlichen Ablehnungsgesuchen begegnet, eine solche Vorgehensweise ist vielmehr die Regel, da die meisten Richter sich »nicht befangen fühlen« (so die entsprechenden dienstlichen Äußerungen).

Schwierig ist oft die Abgrenzung, welche Entscheidungen durch den abgelehnten Richter noch getroffen werden dürfen (Hirtz AnwBl 2004, 503: »nicht zu Entscheidungen ermächtigt ist«; a.A. Fölsch MDR 2004, 1032: Entscheidungen des erfolgreich abgelehnten Richters, die er nach Anbringung des Ablehnungsgesuchs getroffen hat, entfalten keine Bindungswirkung i.S.d. § 318 ZPO). Richtigerweise ist dem Richter außerhalb der mündlichen Verhandlung eine nicht unaufschiebbare Entscheidung untersagt, in der mündlichen Verhandlung eine endgültige, nicht durch Wiederholung i.S.d. § 47 Abs. 2 Satz 2 ZPO zu beseitigende Entscheidung, sodass prozessleitende Entscheidungen (insbesondere Beweisentscheidungen) meist zulässig, Sachentscheidungen meist unzulässig sind. Für die Partei kann dies aber regelmäßig dahinstehen. Gegen Entscheidungen des erfolglos abgelehnten Richters sind allein die regulären Rechtsbehelfe gegeben. Bei erfolgreichem Ablehnungsgesuch wird die Beseitigung der Entscheidung mithilfe des neuen Richters zu erreichen sein. In diesem Fall ist die Entscheidung indes nicht ipso iure unwirksam, sondern muss förmlich beseitigt werden, sei es durch Rechtsbehelfe der Parteien oder durch Abänderung seitens des Gerichts (ggf. mangels Bindungswirkung aus § 318 ZPO).

Auch bei groben und eindeutigen Verfahrensfehlern oder bei einem ungehörigen Ton kann ein Befangenheitsantrag bzw. dessen In-Aussicht-Stellen als (letzte) Abwehrreaktion in Betracht kommen. 2623

Dies kann dem Richter die Fehlerhaftigkeit seines Verhaltens bewusst machen und gegebenenfalls »zu einem weniger emotionalen Verhandlungsklima« führen (Rinsche Rn. 352). Vor allem wegen des mit einem solchen Gesuch verbundenen zusätzlichen Arbeitsaufwands für den Richter (Abgabe einer dienstlichen Stellungnahme, u.U. neuer Termin mit erneuter Vorbereitung etc.) besteht bei einer bloßen »Androhung« durchaus eine gewisse Aussicht auf Erfolg.

Unzulässig ist es, den Befangenheitsantrag unter der (innerprozessualen) Bedingung zu stellen, dass der Richter ein bestimmtes prozessordnungswidriges Verhalten nicht aufgibt. Dies folgt nicht nur aus der grundsätzlichen Bedingungsfeindlichkeit von Prozesshandlungen, sondern vor allem, um zu vermeiden, dass der Richter unter Druck gesetzt werden kann (OLG Stuttgart NJW-RR 2013, 960). Sonst ist es dem Richter verwehrt, vor Erledigung des Ablehnungsgesuchs weiter zu verhandeln (§ 47 ZPO; E. Schneider ZAP-Kolumne 2002, 665; Fach 13, S. 750, der davon abrät, das Ablehnungsgesuch zurückzunehmen, wenn der Richter trotz Ablehnung unter Änderung seiner bisherigen Haltung weiterverhandelt).

Hierbei ist insbesondere zu bedenken, dass der Richter im weiteren Verlauf des Rechtsstreits vermutlich (auch) mit seinen Äußerungen vorsichtiger sein wird. Dies nimmt dem Anwalt die Möglichkeit, die (wirkliche) Ansicht des Richters zu erkennen und darauf inhaltlich reagieren zu können. 2624

»Der Anwalt und seine Partei sollten es schätzen, wenn der Richter seine Auffassungen während der Erörterung des Sach- und Streitstands deutlich zum Ausdruck bringt. Auch wenn der Richter dabei an die Grenzen der vorweggenommenen Beweiswürdigung stößt, sollte dies nicht als Ablehnungsgrund genutzt werden. Dies sollte vielmehr willkommener Anlass sein, den eigenen Vortrag auf die vom Richter aufgezeigten vermeintlichen Schwachstellen erneut zu fokussieren, ergänzend vorzutragen und die eigene Position stützende Rechtsprechung aufzuarbeiten. Die Offenheit des Richters kann so zur Optimierung des eigenen Prozessverhaltens und damit auch des Prozesserfolgs genutzt werden« (Goebel PA 2004, 92).

b) Richtige Antragstellung und Rechtsmittel

Ein Ablehnungsrecht steht nur den Parteien selbst – und in den Grenzen des § 67 ZPO dem Streithelfer – zu. Am Rechtsstreit nicht beteiligte Dritte sind nicht ablehnungsberechtigt (BGH NJW-RR 2020, 1321). Das Gesuch kann sogleich in der Verhandlung schriftlich oder mündlich vorgebracht werden. In jedem Fall muss es unverzüglich erfolgen (§ 44 Abs. 4 Satz 2 ZPO). 2625

Um etwaigen Auseinandersetzungen über die richtige Form aus dem Wege zu gehen, sollte das Ablehnungsgesuch – u.U. nach einer kurzen Unterbrechung der Verhandlung – am besten schriftlich vorgelegt werden (E. Schneider MDR 2005, 671: die Formfreiheit ist nicht allen Richtern bekannt). Es ist aber trotzdem verfahrenswidrig, wenn der Richter sich weigert, ein mündliches Gesuch entgegenzunehmen (u.U. ein neuer Ablehnungsgrund). Es sollte dessen Aufnahme (samt Begründung) ins Protokoll beantragt werden (§ 160 Abs. 4 Satz 1 ZPO; Prütting/Gehrlein/Graßnack § 44 Rn. 2; Thomas/Putzo/Hüßtege § 44 Rn. 1). Kaum eine praktische Bedeutung kommt hingegen der Möglichkeit zu, das Gesuch (auch) vor der Geschäftsstelle zu Protokoll zu erklären (§ 44 Abs. 1 ZPO).

Das Ablehnungsrecht steht nur den Parteien, nicht dem Prozessbevollmächtigten selbst zu (§ 42 Abs. 3 ZPO). Selbst wenn der Anwalt freilich regelmäßig für die von ihm vertretene Partei handelt, sollte er das Gesuch sicherheitshalber ausdrücklich namens der Partei einreichen.

Praxistipp:

2626 Eine Ablehnung ist nicht mehr möglich, wenn die Partei sich ohne Geltendmachung des ihr bekannten Ablehnungsgrundes in eine Verhandlung eingelassen oder Anträge gestellt hat (§§ 43, 44 Abs. 4 ZPO).

Bekannt ist der Partei nur derjenige Befangenheitsgrund, den sie positiv kennt; fahrlässige Unkenntnis genügt nicht. Dabei ist der Partei das Wissen ihres Prozessbevollmächtigten gem. § 85 Abs. 2 ZPO zuzurechnen. Eine Zusammenrechnung des Wissens der Partei einerseits und des Prozessbevollmächtigten andererseits findet allerdings nicht statt (BGH NJW-RR 2020, 1321).

Entsteht der Ablehnungsgrund in der mündlichen Verhandlung, muss sofort reagiert werden. Am sichersten ist es, das Gesuch sogleich zu erklären sowie Antragstellung und weitere Verhandlung zu verweigern (Zöller/Vollkommer § 43 Rn. 6; unklar Thomas/Putzo/Hüßtege § 44 Rn. 4). Als Verhandeln kann dabei jede Äußerung angesehen werden, die nicht allein das Ablehnungsverfahren betrifft.

Der Anwalt sollte sich daher auch nicht in eine Erörterung von Verfahrensfragen verwickeln lassen, wobei grundsätzlich auch Prozessanträge schädlich sind. Die Gefahr des Verlusts des Ablehnungsrechts kann auch bei bloßen Vertagungsanträgen bestehen (str., Zöller/Vollkommer § 43 Rn. 5); im Gegensatz zu Anträgen auf Unterbrechung der Sitzung zwecks Beratung mit der Partei oder auf Erteilung von Protokollabschriften (BVerwG NJW 1964, 1870; Günther NJW 1986, 281 Fn. 80). Insbesondere wenn die Partei Fragen des Richters zum Sachverhalt beantwortet, verliert sie ihr Ablehnungsrecht (OVG Bremen NJW 1985, 823).

Verhandelt der Richter jedoch entgegen § 47 ZPO weiter, verliert die Partei durch Verhandlung und Antragstellung zur Abwendung eines Versäumnisurteils das Ablehnungsrecht nicht (Zöller/Vollkommer § 43 Rn. 8).

Ausnahmsweise kann aber auch noch auf an sich verwirkte Ablehnungsgründe zurückgegriffen werden, wenn das Ablehnungsgesuch auf einen »Gesamttatbestand« des Verhaltens des Richters in dem laufenden Verfahren gestützt wird, sofern der letzte »Teilakt« in zulässiger Weise vorgebracht werden kann (OLG Schleswig ProzRB 2005, 145; Zöller/Vollkommer § 43 Rn. 8). Damit kann sich die Partei auch gegen »subtile Formen von Benachteiligungstendenzen« wehren (Alpes ProzRB 2005, 145 – Urteilsanmerkung).

Nach vollständigem Abschluss einer Instanz ist ein Ablehnungsgesuch grundsätzlich nicht mehr zulässig, weil die beteiligten Richter ihre richterliche Tätigkeit im konkreten Verfahren damit beendet haben und die getroffene Entscheidung nicht mehr geändert werden kann (BGH NJW-RR 2018, 1461; BGH NJW-RR 2007, 1653).

2627 Die Ablehnung muss sich auf einen einzigen oder mehrere einzelne Richter beziehen.

Unzulässig ist grundsätzlich, das Gericht oder einen ganzen Spruchkörper als solches abzulehnen (Prütting/Gehrlein/Graßnack § 42 Rn 2, § 44 Rn. 3; Zöller/Vollkommer § 42 Rn. 3, 6 a.E., §§ 44 Rn. 1 f.). Der jeweilige Richter muss in der Regel eindeutig individualisierbar und die Begründung spezifisch personenbezogen sein. Handelt es sich um einen Einzelrichter oder den Vorsitzenden, ist dies unproblematisch. Da etwaige Auslegungszweifel zulasten des Ablehnenden gehen, sollte der Richter aber trotzdem am besten namentlich bezeichnet werden, insbesondere wenn nur ein Richter des Kollegiums abgelehnt wird.

Dabei hat jede ablehnungsberechtigte Partei das Recht auf Bekanntgabe der Namen der am Verfahren mitwirkenden Richter (Zöller/Vollkommer § 43 Rn. 3). Es können allerdings durchaus sämtliche Richter eines Spruchkörpers abgelehnt werden, wenn diese an den im Rechtsstreit erheblichen Vorgängen persönlich beteiligt waren, z.B. an einer Beschlussfassung durch Mitunterzeichnung (OLG Köln MDR 1979, 1027: die Kammer hat den Beklagten durch Beschluss auf den übersehenen Ablauf der Verjährung hingewiesen; BVerwG MDR 1976, 783; BGH NJW 1974, 55).

Nach einer Ansicht stellt eine Erklärung, wonach der Richter wegen Befangenheit abgelehnt und eine Begründung hierzu nachgereicht werde, überhaupt kein Ablehnungsgesuch dar (OLG Köln MDR 1964, 423; NJW-RR 1996, 1339; Zöller/Vollkommer § 44 Rn. 2; a.A. Thomas/Putzo/Hüßtege § 44 Rn. 2: kann nachgebracht werden). 2628

Nach OLG Köln ist das Gericht zudem nicht verpflichtet, eine anwaltlich vertretene Partei auf die Notwendigkeit sofortiger Begründung hinzuweisen. Es bedarf dann überhaupt keiner Entscheidung über das »unechte« Gesuch und folglich auch keiner Vorlage an das übergeordnete Gericht.

Es ist daher eine Begründung – jedenfalls in ihrem wesentlichen Kern – mit dem Gesuch einzureichen oder zu Protokoll zu erklären. Auch wenn die ablehnende Partei hierfür grundsätzlich keinen Anspruch auf Schriftsatzfrist hat, ist es natürlich nicht ausgeschlossen, dass das Gericht ihr auf entsprechenden Antrag trotzdem eine solche gewährt. Vor allem, wenn der Partei in der mündlichen Verhandlung keine Gelegenheit gegeben wird, den Ablehnungsgrund zu Protokoll zu geben, muss das Gericht gewisse Zeit abwarten (OLG Schleswig, OLG Report Schleswig 2002, 307: die übliche Frist von 14 Tagen).

Das Ablehnungsgesuch ist gem. § 44 Abs. 2 ZPO glaubhaft zu machen. 2629

Hierzu kann eine eidesstattliche Versicherung des Prozessbevollmächtigten (nicht der Partei!) eingereicht werden (§§ 44 Abs. 2 u. 3 ZPO). Dies ist regelmäßig unproblematisch.

Zur Glaubhaftmachung kann auch auf das Zeugnis des abgelehnten Richters Bezug genommen werden (Vossler MDR 2014, 10). Dies sollte sicherheitshalber ausdrücklich geschehen, da die Annahme einer stillschweigenden Bezugnahme umstritten ist (verneinend Anders/Gehle/Göertz § 44 Rn. 5; bejahend Zöller/Vollkommer § 44 Rn. 5).

Eine Bezugnahme sollte freilich nur dann erfolgen, wenn die Stellungnahme des Richters bereits bekannt ist. Denn viele Richter sind bestrebt, in ihren dienstlichen Äußerungen den objektiven Ablehnungstatbestand zu verwässern, etwa durch eine lückenhafte oder abgeschwächte Darstellung oder Bewertung des Sachverhalts (E. Schneider ZAP-Kolumne 2002, 665). Vor allem wird so gut wie kein Richter eine etwaige Befangenheit eingestehen. Denn Richter empfinden offensichtlich die Tatsache, befangen zu sein, als Makel (Lamprecht DRiZ 1988, 163).

Ist die dienstliche Äußerung des Richters inhaltlich untauglich oder fehlt diese, so kann dies dahin ausgelegt werden, dass er der Begründung des Ablehnungsgesuchs nichts entgegenzusetzen hat (E. Schneider ZAP Fach 13, S. 1274). Im Übrigen nehmen Kontroll- und Beschwerdegerichte in aller Regel jede noch so untaugliche dienstliche Äußerung hin, ohne deren Nachbesserung zu verlangen (E. Schneider ProzRB 2004, 148 – Anm. zu LG München II ProzRB 2004, 148 – Befangenheitsgrund hinsichtlich des Kontrollrichters!; Stein/Jonas § 44 Rn. 2: kann den Schluss auf die Befangenheit nahelegen).

Während die früher h.M. (dazu E. Schneider MDR 2000, 1305) davon ausging, dass verbleibende Zweifel, etwa weil die dienstliche Stellungnahme von der Darstellung der Partei abwich, nicht zulasten der ablehnenden Partei gingen, im Zweifel also von der Darstellung der Partei auszugehen war, hat der BGH dies ausdrücklich aufgegeben und wendet heute auch insoweit die allgemeinen Beweislastregeln an. »Sieht sich das Beschwerdegericht bei der Frage, ob die tatsächlichen Grundlagen eines Ablehnungsgesuchs glaubhaft gemacht sind (§ 44 Abs. 2 ZPO), weder zur Bejahung noch zur Verneinung einer überwiegenden Wahrscheinlichkeit in der Lage (non liquet), führt dies nicht dazu, dass von der die Besorgnis der Befangenheit begründenden Behauptung des Ablehnenden auszugehen ist.« (BGH NJW-RR 2011, 136).

Die Mittel zur Glaubhaftmachung können bis zur Entscheidung über das Ablehnungsgesuch ergänzt werden (Zöller/Vollkommer § 44 Rn. 5; i.Ü. oben Rdn. 1839).

Gegen den Beschluss, durch den das Gesuch für unbegründet erklärt wird, kann sofortige Beschwerde eingelegt werden (§ 46 Abs. 2 ZPO). 2630

Diese ist binnen einer Notfrist (Wiedereinsetzung möglich!) von zwei Wochen einzulegen (§ 569 Abs. 1 ZPO). Nach § 571 Abs. 2 ZPO kann der Partei eine Frist für die Begründung gesetzt und verspätetes Vorbringen präkludiert werden. Dem kann der Beschwerdeführer zuvorkommen, indem er eine Begründung innerhalb einer selbst bestimmten Frist ankündigt.

c) Praktische Ratschläge

2631 Häufig ist die Ablehnung in der mündlichen Verhandlung Folge einer spontan eingetretenen Situation, die auch den Anwalt emotional nicht unberührt gelassen hat. Der Anwalt ist dann gezwungen, den Ablehnungsantrag spontan und unvorbereitet zu stellen. Dies macht das Ablehnungsverfahren besonders fehleranfällig.

E. Schneider (ZAP 1996 Fach 13, S. 460) weist zu Recht darauf hin, dass auch abgelehnte Richter sich manchmal mit dem Ablehnungsverfahren nicht genügend auskennen und entweder selbst falsch handeln oder dem Anwalt falsche Hinweise zur weiteren Vorgehensweise erteilen.

Insbesondere die in den dienstlichen Stellungnahmen immer wieder anzutreffende überflüssige Floskel »Ich fühle mich nicht befangen« lässt erkennen, dass der abgelehnte Richter das Ablehnungsrecht verkennt. So ist dort nämlich nichts belangloser als dessen Gefühlslage; vielmehr geht es ausschließlich um die Besorgnis des Ablehnenden, also um dessen Gefühlslage (E. Schneider MDR 2005, 672; ZAP-Report: Justizspiegel 2004, S. 1332; Thomas/Putzo/Hüßtege § 44 Rn. 5: »diese Feststellung ist unangebracht«; Alpes ProzRB 2004, 91: »offenbar nicht auszurottende Formulierung, die schlicht Nonsens ist«).

2632 Der Anwalt sollte deswegen bei einem Ablehnungsgesuch in der mündlichen Verhandlung die folgenden allgemeinen Verhaltensregeln beachten (E. Schneider ZAP 1996 Fach 13, S. 460):

- Sich nicht von eigenen Emotionen zu vorschnellen Reaktionen verleiten lassen, sondern – ggf. nach einer kurzen Unterbrechung des Verfahrens – kühl und sachlich entscheiden, ob eine Ablehnung erfolgen soll.
- Sich nie vom Gericht verunsichern oder gar in die Irre führen lassen.
- Dem Widerstand des Gerichts gegen die Form der Befangenheitsablehnung nicht nachgeben.
- Grundsätzlich nur einen einzigen, möglichst namentlich bezeichneten Richter ablehnen.
- Bei einem in der Verhandlung entstandenen Befangenheitsgrund sofort das Ablehnungsgesuch mit kurzer Begründung vorbringen und weder weiter verhandeln noch Anträge stellen.

Allerdings muss weiterverhandelt werden, wenn das Gericht nach § 47 Abs. 2 Satz 1 ZPO vorgeht: Danach kann das Gericht, wenn die Ablehnung in einem Termin zur mündlichen Verhandlung erfolgt, diese Verhandlung unter Mitwirkung des abgelehnten Richters fortsetzen. Über die Ablehnung wird dann nach Schluss der mündlichen Verhandlung entschieden. Wird der Ablehnungsantrag zurückgewiesen, kann die Entscheidung verkündet werden. Wird die Ablehnung für begründet erklärt, muss der nach dem Ablehnungsgesuch liegende Teil der mündlichen Verhandlung wiederholt werden.

Weigert sich die Partei, an der Fortsetzung der mündlichen Verhandlung teilzunehmen, läuft sie Gefahr, als säumig behandelt zu werden.

- Die Aufnahme des Gesuchs und der Gründe – zumindest in ihrem Kern – ins Protokoll beantragen. Bei Weigerung des Gerichts die Ablehnung auch hierauf stützen und eine Unterbrechung zur schriftlichen Niederlegung des Antrags beantragen.
- Das Gesuch möglichst sachlich begründen, um dessen Zurückweisung als rechtsmissbräuchlich zu vermeiden.
- Bei unsachlichen Äußerungen des Richters als Reaktion auf das Gesuch dieses sogleich auch damit begründen.
- Bei Zurückweisung gleich noch im Termin sofortige Beschwerde einlegen (mündlich zu Protokoll oder schriftlich).
- Sofort glaubhaft machen durch Bezugnahme auf die dienstliche Äußerung des Richters, durch Benennung des Protokollführers und anderer anwesender Personen einschließlich des Gegenanwalts als Zeugen.

d) Ausgewählte Befangenheitsgründe

2633 Besorgnis der Befangenheit ist anzunehmen, wenn »Umstände vorliegen, die berechtigte Zweifel an seiner Unparteilichkeit oder Unabhängigkeit aufkommen lassen« (Zöller/Vollkommer § 42 Rn. 8).

Nicht erforderlich ist hiernach, dass der Richter auch tatsächlich befangen ist oder sich für befangen hält. Entscheidend ist allein, »ob aus der Sicht des Ablehnenden genügend objektive Gründe vorliegen, die nach der Meinung einer ruhig und vernünftig denkenden Partei Anlass geben, an der Unvoreingenommenheit des Richters zu zweifeln« (Zöller/Vollkommer § 42 Rn. 9). Rein subjektive, unvernünftige Vorstellungen des Ablehnenden scheiden aus.

Hinsichtlich der umfangreichen Kasuistik sei zunächst auf die einschlägigen Kommentierungen verwiesen (z.B. Prütting/Gehrlein/Graßnack § 42 Rn. 7 ff.; Zöller/Vollkommer §§ 42 Rn. 10 ff.). 2634

Hier sollen nur einige besonders praxisrelevante Gründe angesprochen werden, wobei zu beachten ist, dass eine Systematisierung nicht möglich ist und es stets nur um Einzelfälle geht, die individuell zu betrachten und zu entscheiden sind.

(1) Gründe, der Unparteilichkeit des Richters zu misstrauen, können in dessen persönlichen oder sachlichen **Beziehungen** liegen, soweit diese nicht schon von den Ausschlussgründen des § 41 ZPO erfasst sind. 2635

(a) **Persönliche Beziehungen** knüpfen an die Ausschlussgründe des § 41 Nr. 2, 2a, 3 ZPO an. 2636

Freundschaft, Feindschaft, Nachbarschaft oder Bekanntschaft des Richters mit einer Partei schließen ihn nicht kraft Gesetzes aus, können aber je nach ihrem Grad Bedenken an seiner Unvoreingenommenheit begründen. Auch müssen nicht der Richter und die Partei selbst betroffen sein, nahestehende Personen können bereits ausreichen.

▶ Beispiel:

Die Ehefrau des Klägers ist die beste Freundin der Lebensgefährtin des Richters.

Entfernte oder lose persönliche Beziehungen genügen dabei regelmäßig nicht.

▶ Beispiel:

Geschlecht, Religion, Alter, Mitgliedschaft in einer politischen Partei oder im ADAC.

Wo die Kollegialität zu anderen Richtern einzuordnen ist, ist Frage des Einzelfalles (Größe des Gerichts; BGH NJW 1957, 1400; BVerfG NJW 2004, 3550).

Persönliche Beziehungen des Richters ergeben sich häufig auch aus sozialen Netzwerken (Rojahn/Jerger NJW 2014, 1147).

(b) **Sachliche Beziehungen** erweitern die Ausschlussgründe des § 41 Nr. 1, 4, 5, 6 ZPO. 2637

Erhebliche eigene wirtschaftliche Interessen des Richters am Ausgang des Rechtsstreits.

▶ Beispiel:

Als Kleinaktionär einer Groß-AG ist der Richter in deren Prozess nicht befangen, als Großaktionär einer Klein-AG dagegen schon (Prütting/Gehrlein/Graßnack § 42 Rn. 20).

Dass der Richter mit der Sache bereits früher befasst war, ist grundsätzlich in § 41 Nr. 4–6 ZPO abschließend geregelt. Ist der Richter in einem dort nicht genannten Fall wiederholt zuständig, begründet dies eine Befangenheit nicht. Streitig ist, ob dies auch gilt, wenn die Vorbefassung in einer anderen Funktion erfolgte (frühere Tätigkeit als Rechtsanwalt oder Angestellter der Partei; für eine Befangenheit MüKoZPO/Gehrlein § 42 Rn. 17, dagegen Prütting/Gehrlein/Graßnack § 42 Rn. 25).

Auch genügt es, dass nicht der Richter und die Partei selbst betroffen sind, nahestehende Personen können bereits ausreichen (oben Rdn. 2635).

(2) Gründe, der Unparteilichkeit des Richters zu misstrauen, können auch in dessen **Verhalten** liegen. 2638

Dabei begründet nicht jedes unerwünschte und/oder ungewöhnliche Verhalten eines Richters die Besorgnis der Befangenheit. Auch Richter haben ein Recht auf individuelle Eigenheiten, schlechte Manieren oder Marotten. Parteien sollten solchen Auffälligkeiten deswegen zunächst mit Nachsicht und Verständnis begegnen (Conrad MDR 2015, 1048). Eine Ablehnung dient weder der Erziehung noch der

Disziplinierung des Richters, ist also nur dort angezeigt, wo die Gefahr einer unsachlichen, voreingenommenen Entscheidung greifbar wird.

2639 (a) Dabei können sich Bedenken aus Verhaltensweisen **außerhalb des konkreten Verfahrens** ergeben.

Dabei steht das außerdienstliche Verhalten des Richters grundsätzlich nicht zur Überprüfung.

Nicht begründet werden kann die Befangenheit eines Richters mit früheren wissenschaftlichen Äußerungen, selbst wenn diese entgeltlich oder in einem interessengebundenen Rahmen erfolgten.

2640 (b) Die mit Abstand größte Fallgruppe möglicher Befangenheitsgründe ergibt sich aus dem Verhalten des Richters **im konkreten Verfahren**. Sie lehnt an die Ausschlussgründe des § 41 Nr. 2, 2a, 3 ZPO an. In Anbetracht der Vielzahl von Verfahrensgestaltungen lassen sich hier nur exemplarische Aussagen treffen.

– Dem Richter obliegt in jeder Situation ein **angemessenes Verhalten** im Umgang mit den Prozessbeteiligten. Dies gilt für Gestik und Mimik genauso wie für schriftliche und mündliche Äußerungen.

Unangemessen ist der Umgang mit schriftlichen Äußerungen der Parteien, wenn diese mit abwertenden Anmerkungen in der Akte versehen oder in gerichtlichen Zwischenentscheidungen herabgewürdigt werden (»abwegig«).

In der mündlichen Verhandlung können feste Regeln nicht aufgestellt werden. Einerseits kann herablassende Mimik die Befangenheit bereits begründen, andererseits muss das Anbrüllen eines Beteiligten noch kein Befangenheitsgrund sein; entscheidend ist stets die Gesamtsituation mit all ihren Einzelumständen und ihrer Vorgeschichte (Prütting/Gehrlein/Graßnack § 42 Rn. 31).

Nicht hinnehmbar sind Äußerungen oder Gesten, mit denen die Würde eines Prozessbeteiligten erkennbar herabgesetzt wird.

▶ Beispiele:

Schroffer und ungehöriger Ton im Schriftverkehr (Eingabe gehöre in den »Papier-Abfalleimer«);

Bezeichnung der Verhandlungsführung des Anwalts als »Kinkerlitzchen«;

Abfällige, höhnische, kränkende, beleidigende Wortwahl;

Unangebracht bissige Ironie, Bezeichnung der Höhe der Klageforderung als »utopisch«;

Unangemessene Mimik und Gestik während des Parteivortrags;

Abwertende Kritik gegenüber der Prozessführung des Anwalts;

Äußerung des Richters, dass er sich schon vor dem Termin gedacht habe, dass die Rechtsanwältin in eine »Präklusionsfalle« tappen könne (LG München I NJW-RR 2002, 861);

Bezeichnung des Sachvortrags einer Partei als (versuchten) Prozessbetrug (OLG Frankfurt a. M. NJW-RR 1997, 1084 – anders, wenn bereits eine feste, unverrückbare Erkenntnisgrundlage gegeben ist).

– Entscheidungen über den **formellen Verfahrensablauf** muss der Richter treffen, sie begründen deswegen eine Befangenheit auch dann nicht, wenn sie prozessual falsch sind oder zum Nachteil einer Partei ergehen. Etwas anderes kann gelten, wenn sich eine Entscheidung als willkürlich darstellt, weil sie ohne gesetzliche Grundlage ergeht oder offensichtlich unhaltbar ist.

Parteibenachteiligende und damit befangenheitsrelevante Fehler des Gerichts kommen bei der Terminsbestimmung und -verlegung vor, bei der Gestaltung der mündlichen Verhandlung oder der Beweisaufnahme, der Auswahl des Sachverständigen etc. (OLG Karlsruhe MDR 1991, 1195: Häufung prozessualer Fehler; Ablehnung eines berechtigten Antrages auf Terminsverlegung; insbesondere wenn einem Antrag der Gegenpartei zuvor stattgegeben wurde (OLG Köln MDR 2003, 170 »auffällige Ungleichbehandlung«; OLG Zweibrücken MDR 1999, 113: Ablehnung mit formelhafter Begründung unter Hinweis auf die [geringe] Bedeutung der Sache, die »vom Tisch soll«); LG Mönchengladbach NJW-RR 2004, 1003: Verletzung essenzieller Verfahrensgrundrechte.

Auch die Verletzung der Wartepflicht nach § 47 Abs. 1 ZPO kann einen Ablehnungsgrund darstellen (OLG Köln NJW-RR 2000, 591). Ein Verstoß gegen die Wartepflicht bei später als unbegründet zurückgewiesener Beschwerde gilt indes nachträglich als geheilt (Zöller/Vollkommer § 47 Rn. 5).

Die Entscheidung über das Abbrechen der Verhandlung bei einer Ablehnung während der Verhandlung liegt dabei generell im (gebundenen) Ermessen des Richters (§ 47 Abs. 2 ZPO).

Offenkundig rechtsmissbräuchliche Ablehnungsgesuche lösen die Wartepflicht nicht aus (LG Frankfurt a. M. NJW-RR 2000, 1088; OLG Köln NJW-RR 2000, 591 m.w.N.; OLG Frankfurt a. M. MDR 1992, 409; Zöller/Vollkommer § 47 Rn. 1).

Entscheidet der abgelehnte Richter dann selbst über ein solches Gesuch (str., so Zöller/Vollkommer § 42 Rn. 6, Thomas/Putzo/Hüßtege § 42 Rn. 5, § 45 Rn. 4; a.A. LG Frankfurt a. M. NJW-RR 2000, 1088; auch OLG Braunschweig MDR 2000, 846 m.w.N.), ist hierbei jedenfalls eine Begründung erforderlich, durch die nachvollziehbar wird, dass der abgelehnte Richter sich der an die Selbstentscheidung verfassungsrechtlich zu stellenden Anforderungen bewusst war (SächsVerfGH NJW-RR 1999, 287).

Einzelne, für sich genommen unbeachtliche Verfahrensfehler können in ihrer Anhäufung die Voreingenommenheit belegen (Prütting/Gehrlein/Graßnack § 42 Rn. 34, 42).

– Entsprechendes gilt für die **materielle Prozessleitung** des Richters.

Hierher gehören alle Verletzungen des Anspruchs auf rechtliches Gehör. Kommt der Richter seiner Pflicht nicht nach, die Parteien vom Prozessstoff zu informieren (Zustellung gegnerischer Schriftsätze), ausreichend Gelegenheit zur Äußerung hierzu zu geben (Fristsetzung) oder von der Partei vorgetragene Tatsachen bei der Entscheidung zu berücksichtigen, kann dies Zweifel an seiner Unparteilichkeit begründen. (KG MDR 2001, 1435: Weigerung, im Termin Schriftsätze und neuen mündlichen Vortrag entgegenzunehmen; BayObLG NJW-RR 2001, 642: grundlose Verweigerung von Akteneinsicht und ein Verstoß gegen das rechtliche Gehör durch eine übereilte Entscheidung – einen Tag nach Fristablauf – aber BVerfG NJW 1999, 1176: kein leichtfertiger Umgang mit dem Anspruch auf rechtliches Gehör).

Praktisch wichtige Fallgruppe ist die Erteilung verbotener (ausnahmsweise auch Nichterteilung gebotener) Hinweise nach § 139 ZPO. Im Rahmen der richterlichen Aufklärungspflicht gegebene Hinweise, nicht beeinträchtigende Anregungen, Belehrungen, Ratschläge und Empfehlungen sowie die Äußerung von Rechtsansichten rechtfertigen in der Regel keine Ablehnung, selbst wenn dadurch die Prozesschancen einer Partei verringert werden (Zöller/Vollkommer § 42 Rn. 26 ff.). Sehr umstritten ist aber, ob ein erteilter Hinweis auf Einreden und Gegenrechte, z.B. Verjährung, Aufrechnung oder Zurückbehaltungsrecht, einen Befangenheitsgrund darstellt, wenn eine Partei diese Verteidigungsmittel nicht von sich aus in den Prozess eingeführt hat (bejahend die überwiegende Meinung sowie BGH NJW 2004, 164 hins. Verjährung; a.A. z.B. Zöller/Vollkommer § 139 Rn. 11; § 42 Rn. 27; KG NJW 2002, 1732; auch oben Rdn. 1682). Freilich nützt der Partei eine begründete Ablehnung des Richters letztlich nichts mehr, da sich die Gegenpartei etwa von der Erhebung der Verjährungseinrede mit Sicherheit nicht abhalten lässt und diese dadurch auch nicht ihre Wirkung verliert.

Rechtsansichten des Richters lassen eine Befangenheit nur dann befürchten, wenn sie zum einen nicht bloß unzutreffend, sondern so grob fehlerhaft sind, dass sie sich als willkürlich darstellen, und zum anderen Anhaltspunkte dafür bestehen, dass der Richter nicht mehr bereit ist, sie infrage zu stellen, sondern an ihnen festhalten will.

(3) Unabhängig von diesen Fallgruppen gibt es zahlreiche **weitere Probleme** bei der Befangenheit. 2641

– So ist streitig, ob die erfolgreiche Ablehnung des Richters durch einen Streitgenossen, auch aus den Verfahren der übrigen **Streitgenossen** ausschließt (so Zöller/Vollkommer § 42 Rn. 19) oder dann nicht die Verfahren zu trennen sind, um den übrigen Streitgenossen den gesetzlichen Richter zu erhalten (so Prütting/Gehrlein/Graßnack § 42 Rn. 24).
– Eine Befangenheit des Richters kann von der Partei nicht **provoziert** werden.

▶ **Beispiel:**

Beleidigt die Partei den Richter schwer (OLG Koblenz OLGReport 2003, 21: Vorwurf der Rechtsbeugung), kann sie diesen nicht im Anschluss daran mit der Begründung ablehnen, der Richter könne ihr aufgrund dieser Beleidigung nicht mehr unvoreingenommen gegenüberstehen.

Entsprechendes gilt für vorangegangene Beschimpfungen, Dienstaufsichtsbeschwerden etc. (Prütting/Gehrlein/Graßnack § 42 Rn. 8; Knoche MDR 2000, 371).

Weil aber gerade unsachliche Angriffe (trotzdem) die Unparteilichkeit des Richters beeinträchtigen können, sollten diese besser unterbleiben. Zumindest bringen sie meist keinen Nutzen für die vertretene Partei, sondern können allenfalls dem anwaltlichen Ruf schaden. Nur in Einzelfällen werden diese Angriffe zu unsachlichen Reaktionen eines verärgerten Richters führen, welche dann ihrerseits einen Ablehnungsgrund bilden können.

Ausnahmsweise kann ein Befangenheitsgrund dann bestehen, wenn der Richter sich in eine Situation hat drängen lassen, in der er in der Sache selbst nicht mehr zu einer unbefangenen Entscheidung in der Lage ist (z.B. OLG Zweibrücken MDR 1994, 832): Befangenheitsgrund bei verunglimpfender Kritik, die das Maß dessen übersteigt, was ein Richter bei der Ausübung seines Amtes ohne Beeinträchtigung mit Gelassenheit ertragen und als unerheblich und unwesentlich beiseitelassen muss und kann (Prozesspartei trägt vor, dass ihr gesagt wurde, »dass sowohl die fachliche als auch die menschliche Qualifikation von Richter W. nicht unbestritten und dass gravierende Fehlurteile bei ihm keine Seltenheit seien«; BayObLG MDR 1990, 343: kein Befangenheitsgrund, wenn der Richter ein Telefongespräch, in dem eine Partei zum wiederholten Male das Ersuchen um Terminsverlegung vorbringt, schließlich dadurch beendet, dass er den Telefonhörer auflegt).

– Ein (weiterer) Befangenheitsgrund kann auch in der **Reaktion auf** das erste **Ablehnungsgesuch** liegen.

Wenn das Gericht der Partei keine Möglichkeit gibt, ein Ablehnungsgesuch überhaupt anzubringen bzw. dessen Protokollierung verweigert und die Verhandlung einfach weiterführt, kann dies einen Befangenheitsgrund darstellen (OLG Köln NJW-RR 1998, 857). Das Gleiche gilt im Fall einer aufbrausenden und übertriebenen Reaktion auf das Ablehnungsgesuch in der mündlichen Verhandlung oder einer unangemessenen oder unsachlichen Stellungnahme des Richters in der dienstlichen Äußerung (Prütting/Gehrlein/Graßnack § 42 Rn. 43). Insbesondere ist eine Befangenheit anzunehmen, wenn aus der Stellungnahme zum Ablehnungsgesuch ersichtlich ist, dass der Richter im aktuellen Verfahren nicht mehr bereit ist, seine eigene (rechtlich nicht vertretbare) Rechtsauffassung kritisch zu überprüfen und ggf. abzuändern.

(LAG Sachsen MDR 2001, 516: »Ich werde das weitere Prozessvorbringen des Beklagtenvertreters kritisch prüfen« – Anm. E. Schneider MDR 2001, 517: »Freudsche Fehlleistung«; LG Berlin NJW-RR 1997, 315: Richterin hat sehr verärgert reagiert und erklärt: »Doch, das nehme ich persönlich« und »Das werde ich mir merken«; KG MDR 2001, 1435: der Richter hat unter Hinweis darauf, dass »das hier verwendete Formular bereits mehrfach und ohne Erfolg Gegenstand von Ablehnungsgesuchen gegen mich und andere Kollegen gewesen« sei, die Rücknahme des Gesuchs nahelegt. Der Inhalt der dienstlichen Äußerung lautete: »Ich bin nicht befangen«; OLG Saarbrücken MDR 2005, 473: Richter hat infrage gestellt, ob die Partei bzw. ihr Prozessbevollmächtigter ihm juristisch oder intellektuell zu folgen in der Lage gewesen waren).

Zwar kann eine unsachliche Stellungnahme durch eine ebenso unsachliche und den Richter persönlich angreifende Begründung des Ablehnungsgesuchs herausgefordert werden. Jedoch besteht hierbei die Gefahr, dass das Kontrollgericht dann (aus richterlicher Solidarität) von vornherein zur Zurückweisung des Gesuchs neigt.

2. Sonstige Verfahrensbeteiligte (§§ 49, 406, 1036 ZPO, § 191 GVG)

2642 Praktisch nur eine geringe Rolle spielt die Möglichkeit der Ablehnung auch anderer aufseiten des Gerichts am Verfahren beteiligter Personen. In Betracht kommen dabei

– der Urkundsbeamte der Geschäftsstelle (§ 49 i.V.m. §§ 41 ff. ZPO).

In Betracht kommt ein Verstoß gegen die Neutralitätspflicht insbesondere bei der Aufnahme von Protokollen (§§ 159 ff. ZPO) und der Erteilung vollstreckbarer Ausfertigungen (§ 724 ZPO). Wichtiger als die Befangenheitsgründe sind dabei die Ausschlussgründe (§ 41 ZPO).

- der Rechtspfleger (§ 10 RPflG i.V.m. §§ 41 ff. ZPO).

  Auch insoweit sind Befangenheitsgründe – anders als die Ausschlussgründe – praktisch nur schwer vorstellbar.

- der Sachverständige (§ 406 ZPO).

  Die Gründe i.S.d. § 41 ZPO führen beim Sachverständigen nicht kraft Gesetzes zum Verfahrensausschluss, sondern müssen durch ein Ablehnungsgesuch durch die Parteien geltend gemacht werden.

  Sachverständige werden fast so häufig abgelehnt wie Richter. Häufig soll damit ein nachteiliges Gutachten wirkungslos gemacht und eine Neubegutachtung erreicht werden.

  Das Ablehnungsgesuch muss gemäß § 406 Abs. 2 Satz 1 ZPO vor seiner Vernehmung gestellt werden, spätestens jedoch binnen zwei Wochen nach Verkündung oder Zustellung des Beschlusses über die Ernennung. Diese gesetzlich vorgesehene Ablehnung des Sachverständigen vor Erstattung eines Gutachtens verkennt, dass praktisch die meisten Ablehnungsgründe erst aus dem Inhalt des schriftlichen Sachverständigengutachtens ersichtlich werden (E. Schneider MDR 1975, 353). In diesen Fällen lässt § 406 Abs. 2 Satz 2 ZPO die Ablehnung nur dann noch zu, wenn der Antragsteller glaubhaft macht, dass er ohne sein Verschulden verhindert war, die Ablehnungsgründe früher geltend zu machen. Der BGH (NJW 2005, 1869) geht davon aus, dass in einem einfach gelagerten Fall bereits wenige Tage ausreichend sein können, um die das Ablehnungsgesuch stützenden Tatsachen zu erkennen und vorzutragen. Nur wenn der Ablehnungsgrund erst nach sorgfältiger Prüfung des Gutachtens zu erkennen sei, könne sich diese Frist je nach Sachlage verlängern. Ein Ausschöpfen der zur Stellungnahme auf das schriftliche Gutachten vom Gericht gesetzten Frist (§ 411 Abs. 4 Satz 2 ZPO) ist nur dann möglich, wenn sich die Partei zur Begründung des Befangenheitsantrags mit dem Inhalt des Gutachtens auseinandersetzen muss. (Christopoulos/Weinmann MDR 2005, 1201).

  Allein mit dem Ergebnis des Gutachtens kann die Befangenheit nicht begründet werden. Erforderlich sind Umstände, die berechtigte Zweifel an seiner Unparteilichkeit oder Unabhängigkeit begründen. Diesbezüglich kann auf die zur Richterbefangenheit gemachten Ausführungen Bezug genommen werden.

▶ Praxistipp:

Ein schriftliches Sachverständigengutachten muss sofort nach Erhalt einer Prüfung unterzogen 2643
und der Partei mit der Bitte um Prüfung auf etwaige Befangenheitsgründe zugeleitet werden.

- der Schiedsrichter (§ 1036 ZPO).
- der Dolmetscher (§ 191 GVG i.V.m. §§ 41 ff. ZPO).
- der Gerichtsvollzieher (§ 155 GVG).

  Insoweit gibt es nur (im Vergleich zu § 41 ZPO enger gefasste) gesetzlich normierte Ausschließungsgründe, eine Ablehnung wegen Besorgnis der Befangenheit ist ausgeschlossen.

II. Dienstaufsichtsbeschwerde

1. Allgemeine Dienstaufsichtsbeschwerde

Verletzt ein Richter ihm obliegende Dienstpflichten, kann dagegen im Wege der Dienstaufsicht 2644
vorgegangen werden.

Zu beachten ist dabei, dass durch die (Justiz-)Verwaltung kein Einfluss auf eine gerichtliche Entscheidung oder das diesem vorangehende Verfahren genommen werden kann. Der Grundsatz der richterlichen Unabhängigkeit ist insoweit kein Standesprivileg, sondern notwendiger Ausfluss des Gewaltenteilungsprinzips.

Damit ist nicht die gesamte richterliche Tätigkeit der Dienstaufsicht entzogen. Insbesondere erlaubt auch die richterliche Unabhängigkeit keine Rechtsverletzungen. So ist der Dienstaufsicht allein die eigentliche Rechtsfindung entzogen. Dabei sind alle ihr auch nur mittelbar dienenden – sie vorbereitenden und ihr nachfolgenden – Sach- und Verfahrensentscheidungen in den Schutzbereich der richterlichen Unabhängigkeit einbezogen.

Nach der ständigen Rechtsprechung des Dienstgerichts des Bundes unterliegt die richterliche Amtsführung insoweit der Dienstaufsicht, als es um die Sicherung eines ordnungsgemäßen Geschäftsablaufs und die äußere Form der Erledigung der Amtsgeschäfte oder um solche Fragen geht, die dem Kernbereich der eigentlichen Rechtsprechung so weit entrückt sind, dass sie nur noch als zur äußeren Ordnung gehörig anzusehen sind (BGH NJW 1985, 1471 – allgemein erheblich verzögerte Terminierung; § 26 DRiG).

Die Dienstaufsicht kann ausnahmsweise auch eingreifen, wenn keinerlei sachliche Erwägungen mehr für die Entscheidung bzw. Verfügung maßgeblich waren bzw. erkennbar sind, nicht aber schon dann, wenn die Entscheidung irgendwie fehlerhaft sein könnte (Anders/Gehle/Becker §§ 225 Rn. 8; 227 Rn. 59). Dies gilt insbesondere bei Ermessensvorschriften (z.B. § 227 ZPO – Terminsänderung; § 225 ZPO – Friständerung). Der Richter kann auch dann der Dienstaufsicht unterliegen, wenn er sich »eindeutig erheblich vorwerfbar im Ausdruck oder in der sonstigen Verhaltensweise vergreift« (Anders/Gehle/Anders § 136 Rn. 41).

Keinesfalls ermöglicht eine Dienstaufsichtsbeschwerde die Änderung einer rechtskräftigen Entscheidung und ist deshalb auch keine Subsidiaritätsvoraussetzung für eine Verfassungsbeschwerde (BVerfG NJW 2004, 2891).

2645 Auch außerhalb des unzweifelhaften Zuständigkeitsbereichs der Dienstaufsicht kann eine Beschwerde sinnvoll sein.

Ist die Dienstaufsichtsbeschwerde nicht erkennbar querulatorisch oder zweifelsfrei auf den Kernbereich richterlicher Tätigkeit bezogen, wird der Dienstvorgesetzte intern regelmäßig eine Stellungnahme des betroffenen Richters und die Vorlage der Akte fordern. Kaum einem Richter dürfte dies angenehm sein. Insbesondere dann, wenn die Vorgehensweise (auch im richterlichen Kernbereich) zweifelhaft war, liegt in deren Aufdeckung und Bekanntwerden eine Form der Sanktionierung (E. Schneider ZAP-Buch-Report, Beilage zu ZAP 19/2000, S. 14; ZAP Fach 13, S. 279; ZAP-Report: Justizspiegel 2003, S. 501; Braunschneider ProzRB 2003, 49), die auch ohne Beanstandung durch den Dienstvorgesetzten zumindest für die Zukunft zu einer Verhaltensänderung führen kann. So haben z.B. drei Kammern des LG München I eine rechtlich zweifelhafte Fristverlängerungspraxis nach Intervention der Präsidentin des Landgerichts auf Initiative einiger Anwälte aufgegeben (Reinelt ZAP-Sonderheft, S. 68; E. Schneider ZAP-Justizspiegel 2001, S. 582). Die Wirkung der Dienstaufsichtsbeschwerde auf den Richter darf deswegen nicht unbedingt und in allen Fällen mit der dem Beschwerdeführer regelmäßig mitgeteilten Zurückweisung seiner Beschwerde gleichgesetzt werden.

2646 Die Dienstaufsichtsbeschwerde ist form- und fristfrei möglich.

Einzulegen ist sie beim Dienstvorgesetzten des Richters (in der Regel dem Präsidenten des Gerichts, dem der Richter angehört, bei Direktorialamtsgerichten dem Präsidenten des übergeordneten Landgerichts). Gegen dessen Bescheid dürften weitere Dienstaufsichtsbeschwerden beim Präsidenten des Oberlandesgerichts und – letztlich – dem Justizminister möglich sein.

2647 Vorsicht ist bei der Begründung der Dienstaufsichtsbeschwerde geboten. Werden die Grenzen der sachlichen Kritik überschritten, kommen standesrechtliche oder gar strafrechtliche Konsequenzen in Betracht (Anders/Gehle/Anders § 136 Rn. 43).

Die Androhung einer Dienstaufsichtsbeschwerde oder einer Presseveröffentlichung wird jedenfalls (bislang) nur dann als rechtswidrige (versuchte) strafbare Nötigung von Amtsträgern angesehen, wenn eine entstellte Darstellung angedroht wird (Fischer § 240 Rn. 52). Eine unberechtigte Dienstaufsichtsbeschwerde kann sich als falsche Anschuldigung (§ 164 StGB) oder als Beleidigung (§§ 185 ff. StGB) darstellen. Im Übrigen ist eine Beschwerde über Fehler der Prozessführung des Richters sowie die Ausübung von Kritik »das Recht, ja die Aufgabe des Rechtsanwalts« (BVerfG NJW 1989, 3148: in satirischer Form zulässig).

2. Untätigkeitsbeschwerde

2648 Umstritten ist, in welcher Form ein Untätigbleiben des Richters angegriffen werden kann.

Dieses Problem resultiert daraus, dass Rechtsbehelfe der ZPO grundsätzlich eine Entscheidung voraussetzen, die von der beschwerten Partei angegriffen werden kann. Einen auf die Herbeiführung einer Entscheidung gerichteten Rechtsbehelf kennt die ZPO nicht.

2649 Die nach wie vor h.M. sieht im Untätigbleiben eine im Wege der Dienstaufsicht überprüfbare Verletzung allgemeiner Dienstpflichten. Danach stellt die Untätigkeitsbeschwerde einen besonderen Unterfall der Dienstaufsichtsbeschwerde dar.

Andere – vor allem auf die neuere Rechtsprechung des Bundesverfassungsgerichts gestützte – Auffassungen wollen gegen die Untätigkeit eine Befangenheitsablehnung (Thomas/Putzo/Hüßtege § 42 Rn. 12) oder echte Beschwerde nach § 567 ZPO (OLG Düsseldorf NJW 2009, 2388; Zöller/Gummer § 567 Rn. 21 m.w.N.) zulassen.

Seit dem Jahr 2011 kann der Anspruch auf Rechtsgewährung in angemessener Zeit aus Art. 19 Abs. 4, Art. 20 Abs. 3 GG, Art. 13 EMRK mit der Verzögerungsrüge und der später darauf gestützten Entschädigungsklage durchgesetzt werden (unten Rdn. 2651).

Der Unterschied ist relevant für die Form und die Frist, innerhalb derer ein entsprechender Rechts- 2650
behelf eingelegt werden muss.

Derzeit dürfte die Beschwerde nach § 567 ZPO mangels Akzeptanz in der Praxis und auch mangels Einflussmöglichkeiten des Beschwerdegerichts auf die Verfahrensbetreibung durch die Vorinstanz den geringsten Erfolg versprechen. Befangenheitsantrag und Dienstaufsichtsbeschwerde schließen sich nicht gegenseitig aus, können also wahlweise sogar kumulativ erhoben werden.

III. Verzögerungsrüge und Entschädigungsklage (§§ 198 ff. GVG)

Keinen Rechtsbehelf, sondern lediglich eine Möglichkeit zur Durchsetzung des Anspruchs auf Rechts- 2651
gewährung in angemessener Zeit aus Art. 19 Abs. 4, Art. 20 Abs. 3 GG und Art. 13 EMRK bieten die §§ 198 ff. GVG. Besteht Anlass zu der Besorgnis, dass das Verfahren nicht in angemessener Zeit abgeschlossen wird, kann jede Partei bei dem Prozessgericht eine Verzögerungsrüge erheben. Hierüber ergeht keine gerichtliche Entscheidung. Hilft das Gericht der Rüge nicht durch eine Verfahrensbeschleunigung ab, kann frühestens nach 6 Monaten eine Entschädigungsklage bei dem OLG erhoben werden, in dessen Bezirk die zuständige Landesregierung ihren Sitz hat. Auf diese Klage hin kann durch Urteil festgestellt werden, dass die Verfahrensdauer unangemessen war, ggf. eine Entschädigung in Höhe von regelmäßig 1 200, – € pro Jahr Verzögerungsdauer festgesetzt werden.

Althammer/Schäuble NJW 2012, 1; Heine MDR 2012, 327; ders. MDR 2013, 1081 und 1147; ders. MDR 2014, 1008; Steinbeiß-Winkelmann/Sporrer NJW 2014, 177; Keders/Walter NJW 2013, 1697; Dietrich ZZP 127 (2014), 169.

IV. Einspruch gegen Versäumnisurteil und Vollstreckungsbescheid (§§ 340, 700 ZPO)

Gegen ein Versäumnisurteil ist kein echtes Rechtsmittel, sondern lediglich der Rechtsbehelf des 2652
Einspruchs nach § 338 ZPO statthaft. Dies gilt auch für den Vollstreckungsbescheid (§ 700 ZPO).

Dem Einspruch kommt kein Devolutiveffekt zu, der Rechtsstreit bleibt in der gleichen Instanz 2653
anhängig und wird lediglich in die Lage vor der Säumnis zurückversetzt (§ 342 ZPO). Dagegen hat der Einspruch – wie ein echtes Rechtsmittel – einen Suspensiveffekt, der Eintritt der Rechtskraft des Versäumnisurteils wird gehemmt (§ 705 Satz 2 ZPO).

Durch den Einspruch wird das Versäumnisurteil nicht beseitigt; es muss in der auf den Einspruch 2654
hin ergehenden Entscheidung aufgehoben oder bestätigt werden (§ 343 ZPO).

Bis dahin ist es vorläufig vollstreckbar (§ 708 Nr. 2 ZPO), jedoch ist eine einstweilige Einstellung 2655
der Zwangsvollstreckung möglich (§§ 707, 719 ZPO).

Anders als bei anderen Rechtsbehelfen ist beim Einspruch nur dessen Zulässigkeit zu prüfen, nicht 2656
dessen Begründetheit. Ist der Einspruch zulässig, wird der Prozess in die Lage zurückversetzt, in der er sich vor Eintritt der Säumnis befand; dort erfolgt dann die Prüfung von Zulässigkeit und Begründetheit der Klage.

1. Zulässigkeit des Einspruchs

(1) **Statthaft** ist der Einspruch gemäß §§ 338, 345 ZPO gegen ein erstes, echtes Versäumnisurteil, 2657
gemäß § 700 Abs. 1 i.V.m. § 338 ZPO gegen einen Vollstreckungsbescheid.

Gegen ein zweites Versäumnisurteil ist nur die eingeschränkte Berufung/Revision nach §§ 514 Abs. 2, 565 ZPO statthaft (Klose NJ 2014, 359). Gegen ein unechtes Versäumnisurteil sind Berufung und Revision in ihrer normalen Form gegeben (§§ 511, 542 ZPO). Gegen einen Mahnbescheid ist Widerspruch einzulegen.

2658 (2) Der Einspruch muss nach § 340 Abs. 1 ZPO **schriftlich** eingelegt werden.

Da es sich hierbei dann um einen bestimmenden Schriftsatz handelt, muss er nach §§ 129, 130 Nr. 6 ZPO unterschrieben sein. Er muss das Urteil bezeichnen und die Erklärung enthalten, dass Einspruch eingelegt werde (§ 340 Abs. 2 ZPO). § 340 Abs. 3 ZPO enthält dagegen keine Zulässigkeitsvoraussetzungen des Einspruchs, sondern regelt lediglich die Folgen verspäteten Vorbringens (dazu unten Rdn. 2660, 2664, 2671; BGH NJW 1979, 1988; OLG Nürnberg NJW 1978, 2250; OLG München NJW 1977, 1972).

▶ Praxistipp:

2659 Der Einspruch kann begründet werden.

Reicht die gesetzliche Zwei-Wochen-Frist für die beabsichtigte Begründung nicht aus, muss rechtzeitig Fristverlängerung beantragt werden (§ 340 Abs. 3 Satz 2 ZPO).

War die Klage bereits vor Eintritt der Säumnis hinreichend begründet und ist weiterer Vortrag weder erforderlich noch beabsichtigt, genügt die bloße Erklärung des Einspruchs. Soll dagegen ergänzend vorgetragen werden, muss dies in der Einspruchsschrift geschehen, nachträgliches Vorbringen ist regelmäßig nach § 296 ZPO präkludiert. Ein Verschulden an der Verspätung wird grundsätzlich vermutet, kann aber durch Vortrag ausreichender Entschuldigungsgründe widerlegt werden. Eine Verzögerung liegt vor, wenn der nachträgliche Vortrag streitig wird und er eine Beweisaufnahme erforderlich macht, die im Einspruchstermin nicht mehr durchgeführt werden kann (BGHZ 76, 173).

Anders als bei der Berufungsbegründungsfrist besteht ein schutzwürdiges Vertrauen in die Gewährung der beantragten Fristverlängerung nicht. Die Fristverlängerung muss deswegen so rechtzeitig beantragt werden, dass im Fall ihrer Ablehnung noch eine Frist wahrende Begründung erfolgen kann (OLG Schleswig SchlHA 1982, 73; Hartmann NJW 1988, 2660).

2660 (3) Nach § 339 Abs. 1 ZPO muss der Einspruch binnen **zwei Wochen** ab Zustellung des Versäumnisurteils eingelegt werden.

Unwirksame Zustellungen setzen die Einspruchsfrist nicht in Gang, können aber nach § 189 ZPO geheilt werden (BGH NJW 2003, 1192). Umgekehrt läuft eine durch wirksame Zustellung in Gang gesetzte Frist auch bei irrtümlicher erneuter Zustellung weiter (BGH NJW 2011, 522).

Bei den im schriftlichen Vorverfahren ergangenen Versäumnisurteilen beginnt die Frist mit der letzten der Zustellungen an beide Parteien. Erst damit ist die Verkündung nach § 310 Abs. 3 ZPO bewirkt; die Zustellung an eine Partei vor der Verkündung ist nicht möglich (§ 317 Abs. 2 Satz 1 ZPO; BGH NJW 1994, 3359).

Da es sich hierbei um eine Notfrist handelt, ist eine Verlängerung bzw. Abkürzung dieser Frist nicht möglich. Bei Versäumung kann eine Wiedereinsetzung gewährt werden.

2661 (4) Beschwert durch das Versäumnisurteil ist die Partei, gegen die es ergangen ist; nur dieser steht der Einspruch zu (§ 338 ZPO).

Allerdings muss mit dem Einspruch nicht konkret diese Beschwer angegriffen werden (OLG Köln NJW-RR 1993, 1408).

2662 (5) Verhandelt wird der Einspruch vor dem Gericht, das das Versäumnisurteil erlassen hat (§ 340 Abs. 1 ZPO), eine Überwälzung in die nächsthöhere Instanz findet nicht statt.

2663 (6) Wirksam ist der Einspruch nur bei Vorliegen der allgemeinen Prozesshandlungsvoraussetzungen.

Wie bei allen Prozesshandlungen müssen auch bei Einlegung eines Einspruchs die allgemeinen Prozesshandlungsvoraussetzungen (Parteifähigkeit, Prozessfähigkeit, Postulationsfähigkeit, ordnungsgemäße Vertretung) vorliegen.

Ist der Einspruch unzulässig, wird er verworfen. 2664

Diese Entscheidung ergeht – unabhängig davon, ob mündlich verhandelt wurde oder nicht – stets durch Urteil (§ 341 Abs. 2 ZPO). Da mit dem Versäumnisurteil auch dessen Kostenentscheidung fortbesteht, ist nur noch über die »weiteren Kosten«, d.h. über diejenigen zu entscheiden, die nach dem Versäumnisurteil angefallen sind; diese treffen den Einspruchsführer, wobei nur für die Begründung, nicht für das Ergebnis streitig ist, ob dies aus § 91 ZPO oder aus § 97 Abs. 1 ZPO analog folgt. Vorläufig vollstreckbar ist das Urteil ohne Sicherheitsleistung (§ 708 Nr. 3 ZPO).

Auf den zulässigen Einspruch hin wird das Verfahren mit einer Prüfung der Hauptsache fortgesetzt. 2665

2. Verfahrensfortsetzung nach Einspruch

Die Zulässigkeit des Einspruchs ist Prozessfortsetzungsvoraussetzung: Ist der Einspruch zulässig, so 2666
wird der Prozess in die Lage vor der Säumnis zurückversetzt und normal fortgeführt (§ 342 ZPO). Zu prüfen sind dann also Zulässigkeit und Begründetheit der Klage. Besonderheiten ergeben sich dabei nicht für das Verfahren, wohl aber für die an dessen Ende stehende Entscheidung und für die darauf gerichteten Anträge der Parteien.

Die Hauptsacheentscheidung muss der Tatsache Rechnung tragen, dass es bereits einen (vorläufigen) 2667
Titel gibt, über dessen Fortbestand entschieden werden muss (§ 343 ZPO; BAG NJW 1971, 957; OLG Köln NJW 1976, 113). Der Einspruchsführer muss deswegen Aufhebung des (zu bezeichnenden) Versäumnisurteils beantragen und seinen ursprünglichen Antrag wiederholen.

Beispiel:

Der Beklagte hat zu beantragen, 2668

das Versäumnisurteil aufzuheben und die Klage abzuweisen.

Der Kläger hat zu beantragen,

das Versäumnisurteil aufzuheben und den Beklagten zu verurteilen, …

Für den Gegner genügt in allen Fällen (egal ob es sich um den Kläger oder um den Beklagten han- 2669
delt) der Antrag, das Versäumnisurteil aufrechtzuerhalten.

Eines Antrags zu den (weiteren) Kosten bedarf es genauso wenig wie eines Antrags zur vorläufigen 2670
Vollstreckbarkeit. Über beides ist von Amts wegen zu entscheiden.

Wird das Versäumnisurteil aufrechterhalten, bleibt auch dessen Kostenentscheidung bestehen, wird nur noch über die »weiteren«, d.h. nach Erlass des Versäumnisurteils angefallenen Kosten entschieden (§§ 91, 92 ZPO). Wird das Versäumnisurteil aufgehoben, fällt dessen Kostenentscheidung weg. Dann muss über alle Kosten des Rechtsstreits entschieden werden (§§ 91, 92 ZPO), wobei die säumige Partei die durch die Säumnis verursachten Kosten unabhängig vom Ausgang der Hauptsache stets selbst zu tragen hat (§ 344 ZPO). Unterliegt die säumige Partei in der Hauptsache, trägt sie nach § 91 ZPO ohnehin alle Kosten des Rechtsstreits; eines Ausspruchs nach § 344 ZPO bedarf es dann nicht. Obsiegt die säumige Partei, so ist im Wege einer Ausnahme vom Grundsatz der einheitlichen Kostenentscheidung über die Kosten der Säumnis gesondert zu entscheiden. Kommt es auf den Kostenstreitwert an, so ist zu beachten, dass sich die Terminsgebühr des Rechtsanwalts gemäß Nr. 3105 VV auf 0,5 ermäßigt. War vorher schon streitig verhandelt worden oder wird danach (über den Einspruch) streitig verhandelt, wird diese ermäßigte Gebühr mit der normalen 1,2-fachen Terminsgebühr verrechnet, d.h., der Anwalt bekommt für den Säumnistermin nichts extra.

Da die Entscheidung nach dem Einspruch in Form eines kontradiktorischen Urteils ergeht, gelten für die Entscheidung zur vorläufigen Vollstreckbarkeit die normalen Grundsätze aus §§ 708, 709 ZPO. Erfolgt die Entscheidung zur vorläufigen Vollstreckbarkeit aus § 709 ZPO (= gegen Sicherheitsleistung), so muss klargestellt werden, dass die grundsätzlich aufrechterhaltene Vollstreckbarkeitsentscheidung des Versäumnisurteils (= ohne Sicherheitsleistung) insoweit modifiziert wird, d.h. dass auch daraus nur gegen Sicherheitsleistung vollstreckt werden darf (§ 709 Satz 3 ZPO; Prütting/Gehrlein/Hanewinkel § 709 Rn. 6).

3. Säumnis im Einspruchstermin

2671 Deutlich größere Nachteile drohen einer Partei, wenn sie auch im Einspruchstermin säumig ist.

Die Folgen einer verspäteten Einspruchsbegründung regelt § 340 Abs. 3 Satz 3 ZPO: Sie wird wie ein verspätet vorgebrachtes Angriffs- bzw. Verteidigungsmittel nach § 296 Abs. 1, 3 ZPO behandelt (oben Rdn. 2658).

2672 Das Nichterscheinen im Einspruchstermin begründet eine erneute, zweite Säumnis und führt nach § 345 ZPO zu einer besonderen Form des Versäumnisurteils, dem sog. **zweiten Versäumnisurteil** (BGH GRUR-RR 2001, 48; BGH NJW 1998, 3125).

2673 **Voraussetzungen** eines zweiten Versäumnisurteils sind:
- Ein entsprechender Antrag der erschienenen Partei.
- Die Zulässigkeit des Einspruchs.

Ist der Einspruch schon unzulässig, ist er (in Form eines »unechten zweiten Versäumnisurteils«; oben Rdn. 593) zu verwerfen (BGH NJW 1995, 1561; Hövel NJW 1997, 2864).

- Eine Säumnis des Einspruchsführers.

Ist der Gegner des Einspruchsführers säumig, so ergeht gegen diesen ein erstes Versäumnisurteil.

- Eine Säumnis im Einspruchstermin.

Liegt Säumnis in einem späteren Termin vor, so ergeht ein **erneutes erstes Versäumnisurteil** gegen die säumige Partei, mit der das erste Versäumnisurteil aufrechterhalten wird. Abzugrenzen ist das technisch zweite Versäumnisurteil, d.h. das auf die Säumnis des Einspruchsführers im Einspruchstermin ergehende Versäumnisurteil, damit von einem bloß weiteren Versäumnisurteil, das gegen eine Partei ergeht, gegen die zwar früher schon einmal (oder mehrmals) ein erstes Versäumnisurteil ergangen ist, die aber in dem darauf folgenden Einspruchstermin nicht säumig war. In einem Prozess können gegen jede Partei beliebig viele erste Versäumnisurteile ergehen (OLG Schleswig SchlHA 1987, 172; BGH VersR 1984, 288).

- Nicht zu prüfen ist dagegen die Gesetzmäßigkeit des ersten Versäumnisurteils.

Nach h.M. geht § 345 ZPO dem § 342 ZPO vor, sodass ein zweites Versäumnisurteil auch dann ergeht, wenn die Klage bei Erlass des ersten Versäumnisurteils unzulässig oder unschlüssig war.

(BGH NJW 1999, 2599; BGHZ 97, 344; Anders/Gehle/Anders § 345 Rn. 3; Rosenberg/Schwab/Gottwald, § 108 V 4a.; a.A. BAG NJW 1974, 1103; LAG Frankfurt a. M. NZA 1993, 816; OLG Stuttgart MDR 1976, 51; Braun ZZP 93 [1980], 443 [471]; E. Schneider MDR 1985, 377; Zöller/Herget § 345 Rn. 4).

Etwas anderes gilt, wenn der zweiten Säumnis kein erstes Versäumnisurteil, sondern ein Vollstreckungsbescheid vorausgegangen ist. Da hier eine richterliche Prüfung noch nicht stattgefunden hat, sind Zulässigkeit und Schlüssigkeit vor Erlass des zweiten Versäumnisurteils zu prüfen (§ 700 Abs. 6 ZPO).

2674 Das zweite Versäumnisurteil wird als solches bezeichnet (§ 313b Abs. 1 Satz 2 ZPO) und lautet auf Verwerfung des Einspruchs (§ 345 ZPO). Die weiteren Kosten des Rechtsstreits hat der Einspruchsführer zu tragen (§ 97 Abs. 1 ZPO analog). Für die vorläufige Vollstreckbarkeit gilt erneut § 708 Nr. 2 ZPO. Rechtsbehelf gegen das zweite Versäumnisurteil ist nicht der Einspruch, sondern die (nach Maßgabe des § 514 Abs. 2 ZPO beschränkte) Berufung (BGH NJW-RR 2020, 575).

(BGH NJW 1999, 2599 und 2120; Braun JZ 1999, 1157; OLG Brandenburg NJW-RR 1998, 1678; Orlich NJW 1980, 1782).

V. Berichtigungen und Ergänzungen

▶ Praxistipp:

2675 Weist die erstinstanzliche Entscheidung formale Mängel auf, so müssen diese unabhängig von der inhaltlichen Anfechtung durch eigenständige Rechtsbehelfe beseitigt werden.

In Betracht kommt dabei 2676
- eine **Berichtigung des Protokolls**, mit der eine falsche oder unvollständige Protokollierung einer mündlichen Verhandlung erster Instanz korrigiert werden kann (§ 164 ZPO, unten Rdn. 2679),
- eine **Berichtigung des Urteils**, mit der versehentliche Abweichungen des aus dem Urteil ersichtlichen von dem tatsächlichen Willen des Gerichts beseitigt werden können (§ 319 ZPO, unten Rdn. 2682),
- eine **Berichtigung des Tatbestands**, die der Beseitigung von Fehlern der Tatsachenfeststellung durch das Gericht, die nicht auf einem Fehler in der Darstellung, sondern auf einem Fehler in der Willensbildung beruhen (§ 320 ZPO, unten Rdn. 2690), dient oder
- eine **Ergänzung des Urteils**, mit der fehlende Entscheidungen nachgeholt werden (§ 321 ZPO, unten Rdn. 2702).

Diese Rechtsbehelfe dienen der Vorbereitung der Berufung, weil sie der anzufechtenden Entschei- 2677
dung erst die Form geben, die in zweiter Instanz überprüft werden soll (Bräuer AnwBl 2011, 141). Es handelt sich um Möglichkeiten der instanzinternen Selbstkontrolle (BVerfG NJW-RR 2000, 1664), indem sie sich grundsätzlich ohne Devolutiveffekt an das Gericht richten, von dem die Entscheidung stammt. Es handelt sich damit um die Rechtsbehelfe, die kumulativ zur Berufung möglich sind.

Wegen der kurzen Fristen der §§ 320, 321 ZPO ist auch zu überlegen, ob es eines entsprechenden 2678
Antrags selbst dann bedarf, wenn eine eigene Berufung nicht beabsichtigt ist. Der eigenen Partei nachteilige formelle Mängel der Entscheidung können nur hingenommen werden, wenn sicher ist, dass ein Rechtsmittelverfahren auch auf Antrag des Gegners nicht stattfindet. Ist ein solches möglich, sollten Tatbestandsberichtigung und Urteilsergänzung in jedem Fall rechtzeitig beantragt werden. Nur so kann vermieden werden, dass in zweiter Instanz zum eigenen Nachteil von einem unrichtigen Sachverhalt ausgegangen wird und deswegen nicht nur die eigene Rechtsverteidigung, sondern auch ein eventueller Gegenangriff (Anschlussberufung) beschränkt ist.

Auch für die erstinstanzlich obsiegende Partei kann sich deswegen die Notwendigkeit ergeben, das Urteil sofort zu prüfen und gegebenenfalls innerhalb von zwei Wochen nach Zustellung und damit vor Einlegung der Berufung durch den Gegner Tatbestandsberichtigung und Urteilsergänzung zu beantragen (dazu unten Rdn. 2741).

1. Protokollberichtigung

Über jede mündliche Verhandlung und Beweisaufnahme ist ein **Protokoll** aufzunehmen (§ 159 ZPO). 2679
Es enthält zwingend einige Förmlichkeiten der Verhandlung (§ 160 Abs. 1 ZPO) und essenzielle Prozesshandlungen (Anträge, Anerkenntnis, Vergleich, Beweisergebnis, Verkündung und gegebenenfalls Inhalt von Entscheidungen; § 160 Abs. 3 ZPO). Im Übrigen entscheidet der Vorsitzende, was er als wesentlichen Vorgang der Verhandlung aufnehmen will (§ 160 Abs. 2 ZPO). Ist das Protokoll unrichtig, kann es berichtigt werden (§ 164 ZPO). Ein Antrag auf Berichtigung eines solchen Protokolls ist nur selten erforderlich. Dennoch sollte er regelmäßig überdacht und erforderlichenfalls auch gestellt werden, weil dem Protokoll auch in der Berufung besondere Bedeutung zukommen kann.

Eine solche besondere Bedeutung erlangt das Protokoll erster Instanz in der Berufung durch die §§ 529 Abs. 1, 531 Abs. 2 ZPO, die die Möglichkeit neuen Vorbringens beschränken und gegebenenfalls von Verfahrensfehlern abhängig machen. Ob Vorbringen neu ist, richtet sich in erster Linie nach dem Tatbestand des angefochtenen Urteils (§ 314 ZPO), der nur durch das Protokoll widerlegt werden kann. Die Beachtung der für die Verhandlung vorgeschriebenen Förmlichkeiten kann nur durch das Protokoll bewiesen werden (§ 165 ZPO; BGH NJW 2015, 2342). Bei einem Widerspruch zwischen Urteil und Protokoll geht Letzteres vor (Zöller/Schultzky § 164 Rn. 9).

Hat eine Partei in der mündlichen Verhandlung Angriffs- und Verteidigungsmittel vorgetragen, die nicht im Tatbestand des Urteils auftauchen, müssen diese zumindest im Protokoll vermerkt sein. Ist eine wesentliche Förmlichkeit des Verfahrens nicht beachtet worden, muss sich dies aus dem Protokoll ergeben.

Mit der Protokollberichtigung (§ 164 ZPO) können **Unrichtigkeiten** des Protokolls beseitigt werden. 2680

Unrichtig kann das Protokoll sein, weil wesentliche Förmlichkeiten fehlen oder falsch wiedergegeben sind.

Das Fehlen von Förmlichkeiten kann mit Erfolg nur bezüglich des gesetzlich zwingenden Protokollinhalts (§ 160 Abs. 1, Abs. 3 ZPO) geltend gemacht werden. Im Übrigen entscheidet der Vorsitzende nach freiem Ermessen, was er als wesentlichen Vorgang (des Hergangs, nicht des Inhalts) der Verhandlung aufnehmen will (§ 160 Abs. 2 ZPO). Der den Parteien mögliche Antrag auf Aufnahme bestimmter Vorgänge oder Äußerungen ins Protokoll (§ 160 Abs. 4 ZPO) ist nur bis zum Schluss der jeweiligen mündlichen Verhandlung möglich (OLG Frankfurt a. M. MDR 1989, 550), kann also nach Abschluss des Verfahrens nicht mehr gestellt werden. Mit dem Antrag auf Protokollberichtigung kann auch die Ablehnung eines rechtzeitig gestellten Antrags nach § 160 Abs. 4 ZPO nicht gerügt werden (§ 160 Abs. 4 Satz 3 ZPO).

Unrichtigkeiten des Protokolls können inhaltlicher oder förmlicher Art sein. Sie müssen weder »offenbar« noch entscheidungserheblich (OLG München OLGZ 80, 465) sein, im Zweifel aber vom Antragsteller bewiesen werden (BGH NJW 1985, 1782).

2681 Der **Antrag** auf Protokollberichtigung kann jederzeit gestellt werden. Er ist nicht fristgebunden und auch nach Beendigung der Instanz noch möglich, also auch vorbereitend zur Berufung oder nach deren Einlegung.

Der Antrag richtet sich an das erstinstanzliche Gericht. Die Berichtigung erfolgt nach Anhörung des Gegners, gegebenenfalls auch weiterer Beteiligter, durch den protokollführenden Richter (Vorsitzenden) und den Urkundsbeamten der Geschäftsstelle gemeinsam. Sind sich diese nicht einig, unterbleibt die Berichtigung.

Da die Erinnerung des Richters und mit ihr die Wahrscheinlichkeit einer Berichtigung mit dem Zeitablauf immer geringer wird, empfiehlt es sich, bereits unverzüglich nach Erhalt des Protokolls eine notwendige Berichtigung bzw. Ergänzung desselben zu beantragen. In der Regel erhalten die Parteien das geschriebene Protokoll nämlich wesentlich früher als das vollständige Urteil.

Die Entscheidung über den Berichtigungsantrag erfolgt in Form eines Berichtigungsvermerks, der mit dem Protokoll verbunden wird. Rechtsmittel gegen die Berichtigung sind grundsätzlich nicht möglich, da das Rechtsmittelgericht nicht wissen kann, ob das Protokoll falsch ist oder nicht (OLG Hamm NJW 1989, 593); etwas anderes gilt, wenn nicht die Richtigkeit des Protokolls, sondern eine Rechtsfrage überprüft werden soll (OLG Frankfurt NJW-RR 2013, 574; Thomas/Putzo/Seiler § 165 Rn. 5).

2. Urteilsberichtigung

2682 Weist das Urteil eine offenbare Unrichtigkeit auf, so kann diese nach § 319 ZPO jederzeit und auch ohne Antrag berichtigt werden.

2683 Die Urteilsberichtigung erstreckt sich auf alle **Urteilsbestandteile**, auf den Urteilseingang also genauso wie auf den Tenor, den Tatbestand, die Entscheidungsgründe oder die Unterschrift.

Fehler nach § 319 ZPO können damit in der falschen Bezeichnung der Parteien, des Gerichts oder beteiligter Richter liegen, in einer unrichtigen Fassung des Tenors zur Hauptsache und Nebenentscheidungen (Kosten, vorläufige Vollstreckbarkeit, Rechtsmittelzulassung; BGH NZM 2017, 853; BGH NW 2016, 1021) oder darin, dass eine Einzelrichterentscheidung versehentlich von den übrigen Kammermitgliedern ebenfalls unterschrieben wurde (BGHZ 18, 350). Liegt der Fehler im Tatbestand, ist eine Abgrenzung zu § 320 ZPO erforderlich (dazu unten Rdn. 2697).

2684 **Unrichtig** ist ein Urteil, wenn es versehentlich den tatsächlichen Willen des Gerichts nicht zutreffend wiedergibt.

Schon im Gesetz genannte Beispiele hierfür sind Schreib- und Rechenfehler. Ist im tenorierten Zahlungsbetrag ein Zahlendreher (3 250 € statt 3 520 €), kann er genauso problemlos berichtigt werden wie ein Additionsfehler bei mehreren Einzelpositionen oder ein Eingabefehler bei der Verwendung eines Computerprogramms. Ähnliche Unrichtigkeiten sind die falsche Bezeichnung des Klagegegenstands oder der Parteien, doch kommt eine Berichtigung insoweit nur in Betracht, wenn damit keine Auswechslung erfolgt, weil ansonsten ein Klage- bzw. Parteiwechsel nach den §§ 263 ff. ZPO vorliegt. Unrichtig ist das Urteil auch, wenn es unauflösliche Widersprüche enthält (Klagestattgabe im Tenor, Klageabweisung in den Entscheidungsgründen, BGHZ 20, 188, 192; BGH NJW-RR 2001, 61).

Die Unrichtigkeit kann auch in Auslassungen oder Unvollständigkeiten bestehen. Ist über einen Anspruch nur im Tenor oder nur in den Gründen befunden, ist der Anspruch nicht übergangen (§ 321 ZPO).

Unerheblich ist, wer die Unrichtigkeit verursacht hat, sodass eine Urteilsberichtigung auch dann möglich ist, wenn das Gericht einen Rechenfehler oder eine sonstige falsche Angabe der Parteien übernimmt (LG Bonn JurBüro 1991, 125).

Nicht unrichtig ist das Urteil, wenn das Gericht eine **inhaltlich falsche** Entscheidung getroffen hat. 2685
Selbst wenn dem Gericht dieser Fehler klar wird, kann es seine Entscheidung dann nachträglich nicht mehr ändern (§ 318 ZPO).

Hat das Gericht einen zurückgenommenen Anspruch bei der Kostenentscheidung übersehen, kann es diese nicht nachträglich berichtigen (OLG Köln MDR 1980, 761).

Offenbar ist die Unrichtigkeit, wenn sich der Fehler auch für einen Dritten ohne Weiteres ergibt. 2686

Dies ist der Fall, wenn der Fehler aus der Entscheidung selbst erkennbar wird, so etwa bei den oben dargelegten Widersprüchlichkeiten des Urteils, oder wenn die in den Entscheidungsgründen dargelegte Berechnung nicht den im Tenor genannten Betrag ergibt. Offenbar ist der Fehler auch, wenn er sich aus Vorgängen bei Erlass und Verkündung des Urteils (BGH NJW 1994, 2834; OLG Brandenburg MDR 2019, 185), aus mitverkündeten Parallelentscheidungen (BGHZ 78, 23), aus allgemein anerkannten Tabellen (OLG Düsseldorf FamRZ 1997, 1408), aus öffentlichen Registern (LG Stuttgart Rpfleger 1996, 166) oder aus sonst allgemein zugänglichen Informationsquellen (OLG Bamberg FamRZ 1998, 764) ergibt.

Nicht ausreichend ist, dass der Fehler für rechtskundige oder mit dem Einzelfall vertraute Personen erkennbar ist. Deswegen kann auch ein nur gerichtsintern gebliebenes Versehen nicht offenbar sein (BGH NJW 1985, 742).

Nicht erforderlich ist, dass der Fehler sofort oder auf den ersten Blick erkennbar ist. Vielmehr genügt es, wenn er erst nach aufwendigen Kontrollen auffällt (BGHZ 127, 81).

Zur Berichtigung bedarf es eines **Antrags** nicht, sie kann auch von Amts wegen erfolgen. Erkennt das 2687
Gericht den Fehler nicht von alleine, kann es formlos darauf hingewiesen werden. Ein solcher Hinweis ist jederzeit möglich, hierfür laufen weder Fristen noch sind sonstige Zulässigkeitsvoraussetzungen zu beachten. Der Antrag muss sich grundsätzlich an das erstinstanzliche Gericht richten; ist das Berufungsverfahren bereits anhängig, kann auch das Berufungsgericht selbst den Fehler berichtigen.

Wird der Fehler erst in der Berufungsinstanz erkannt, bedarf es weder eines gesonderten Antrags an das erstinstanzliche Gericht noch einer Aussetzung des Berufungsverfahrens zur Berichtigung. Der Berichtigungsantrag kann in einem Schriftsatz an das Berufungsgericht gestellt werden. Dieses ist befugt (nicht verpflichtet), die Berichtigung vorzunehmen.

Im Rahmen des **Berichtigungsverfahrens** ist den Parteien rechtliches Gehör zu gewähren, wobei 2688
dem Gericht eine mündliche Verhandlung freigestellt ist. Findet diese vor dem Land- oder Oberlandesgericht statt, besteht Anwaltszwang. Die Entscheidung ergeht durch Beschluss, der mit der sofortigen Beschwerde nur dann anfechtbar ist, wenn das erstinstanzliche Gericht eine Berichtigung vorgenommen hat (§§ 319 Abs. 3, 567 Abs. 1 ZPO).

Das Verschlechterungsverbot gilt nicht, sodass eine Berichtigung auch zum Nachteil der anregenden Partei möglich ist.

Erfolgt eine Berichtigung, so **wirkt** sie auf den Zeitpunkt der Verkündung zurück, das Urteil existiert 2689
nur in der berichtigten Fassung. Ein (vorher oder nachher eingelegtes) Rechtsmittel richtet sich nur gegen das Urteil in seiner berichtigten Form. Berichtigungsverfahren oder Berichtigungsbeschluss haben auf den Lauf der Berufungsfristen grundsätzlich keinen Einfluss; eine Ausnahme muss gelten, wenn die Anfechtungsmöglichkeit erst durch die Berichtigung geschaffen wird.

Wird durch die Berichtigung klargestellt, dass der Wert der Beschwer für den Berufungskläger weniger als 600 € beträgt (und ist eine Berufung nicht zugelassen), so wird eine bereits eingelegte Berufung nachträglich unzulässig (BGH NJW 1994, 2832).

Ergibt sich nur durch die Berichtigung, welche Partei beschwert ist, gegen welche Partei eine Berufung zu richten wäre, dass eine Partei mit mehr als 600 € beschwert ist oder dass die Berufung wertunabhängig zugelassen wird, so beginnt die Berufungsfrist erst mit Zustellung des Berichtigungsbeschlusses zu laufen (BGH NJW 2001, 211).

3. Tatbestandsberichtigung

2690 Der Urteilstatbestand erbringt **Beweis** für das mündliche Vorbringen der Parteien (§ 314 ZPO; BGH NJW-RR 2021, 1223).

2691 Noch immer nicht unbestritten ist die Frage, welche Bedeutung dem Tatbestand des erstinstanzlichen Urteils für die Berufungsinstanz zukommt (Gruber/Stöbe NZA 2018, 826).

Nach einer Ansicht soll Prozessstoff nur noch der im Tatbestand des erstinstanzlichen Urteils beurkundete Sachverhalt sein (Schellhammer MDR 2001, 1145; Hinz WuM 2002, 352, 355; Grunsky NJW 2002, 800: § 559 Abs. 1 ZPO analog), weil nach § 529 Abs. 1 Nr. 1 ZPO das Berufungsgericht seiner Verhandlung und Entscheidung grundsätzlich die erstinstanzlich festgestellten (und vorgetragenen) Tatsachen zugrunde zu legen hat (Hirtz NJW 2014, 1642) und diese durch den Tatbestand bewiesen sind (Ball NZM 2002, 411: »neue zentrale Bedeutung des Tatbestands«).

Nach anderer Ansicht sind sämtliche in erster Instanz vorgetragenen und in den Schriftsätzen dokumentierten Tatsachen zu berücksichtigen, auch wenn sie nicht im Tatbestand aufgenommen wurden (Barth NJW 2002, 1702; Greger NJW 2002, 3051; Stackmann NJW 2003 Fn. 19: die Bindung spielt keine Rolle, wenn Gegenstand der Rüge das Übergehen des entsprechenden Vortrags ist; ders. NJW 2004, 1839: das schriftsätzlich Vorgetragene ist durch [protokollierte] Antragstellung in Bezug genommen). Die im Tatbestand ausdrücklich (gegebenenfalls auch nur im Wege der Bezugnahme, § 313 Abs. 2 Satz 2 ZPO) wiedergegebenen Umstände beweisen positiv, dass sie vorgetragen wurden, der Platz bzw. die Form ihrer Darstellung, ob sie streitig oder unstreitig gewesen sind. Eine negative Beweiskraft, derzufolge das Schweigen des Tatbestands beweist, dass ein Vorbringen nicht erfolgt ist, wird von der h.M. nur eingeschränkt bejaht (Dräger MDR 2015, 131). Nach BGH NJW 2004, 1876 und 2152 beweist die Nichtaufnahme von Angriffs- und Verteidigungsmitteln in den Tatbestand nur, dass diese nicht ohne vorherige Ankündigung in einem vorbereitenden Schriftsatz in der mündlichen Verhandlung vorgebracht wurden. Sind Angriffs- und Verteidigungsmittel in einem vorbereitenden Schriftsatz enthalten, folgt aus ihrer Nichterwähnung im Tatbestand nicht, dass sie nicht vorgebracht wurden. Praktisch kann damit die negative Beweiskraft des Tatbestands durch in der Akte befindliche Schriftsätze widerlegt werden (Prütting/Gehrlein/Oberheim § 529 Rn. 6).

Damit gelangt nach h.M. mit einem zulässigen Rechtsmittel grundsätzlich der gesamte aus den Akten ersichtliche Prozessstoff der ersten Instanz in die Berufungsinstanz (BGH NJW 2020, 2276). Das Berufungsgericht ist an der Berücksichtigung des übergangenen Vorbringens nicht deshalb gehindert, weil dieser Vortrag weder durch eine Darstellung im Tatbestand noch durch eine § 313 Abs. 2 Satz 2 ZPO genügende Bezugnahme in dem erstinstanzlichen Urteil Erwähnung gefunden hat (arg. Berufungsverfahren dient nicht nur der Rechtsfehlerkontrolle, sondern auch der Kontrolle und Korrektur fehlerhafter Tatsachenfeststellungen).

Auch kommt es hiernach nicht mehr auf die Frage an, ob unter Umständen die allgemeine und in Urteilen weithin übliche, den Tatbestand abschließende Formulierung – »Im Übrigen wird Bezug genommen auf die gewechselten Schriftsätze nebst Anlagen (gar nur: auf die Akte)« – zur Berücksichtigung des gesamten Akteninhalts führen kann (§ 313 Abs. 2 Satz 2 ZPO; Balzer NJW 1995, 2452: Pauschalverweisung; Schumann NJW 1993, 2787: »immer mehr um sich greifende Unart«, BGH NJW 2004, 3777: Urteilstatbestand beweist, dass der gesamte Inhalt der im Tatbestand Bezug genommenen »sämtlichen gewechselten Schriftsätze« vorgetragen worden ist; a.A. Thomas/Putzo/Seiler § 313 Rn. 25; OLG Hamburg MDR 1988, 974: Pauschalverweisung nicht zulässig, was allgemeine Auffassung sei; auch OLG Oldenburg MDR 1989, 551: sinnentleertes Ritual rein fiktionalen Charakters mit pseudojuristischer Färbung; nach BGH NJW 1996, 3343 betrifft die Bezugnahme »wegen der weiteren Einzelheiten« nur den nicht ausdrücklich festgestellten Sachverhalt).

2692 Folgt man der h.M., bedarf es einer Tatbestandsberichtigung folglich nur zur Widerlegung der »positiven Beweiskraft« (Stackmann NJW 2013, 2929; Einsiedler MDR 2011, 1454; Gaier NJW 2004, 2044), also

- wenn eine im Tatbestand wiedergegebene Tatsache nicht vorgetragen worden ist,
- wenn eine vorgetragene Tatsache fälschlich als streitig oder unstreitig dargestellt ist oder
- wenn eine nur in der mündlichen Verhandlung, nicht jedoch in einem Schriftsatz vorgetragene Tatsache sich weder im Tatbestand noch im Protokoll wiederfindet.

Deutlich wird hier, wie wichtig es ist, in der mündlichen Verhandlung darauf zu achten, dass solches Vorbringen in das Sitzungsprotokoll aufgenommen wird. Dies gilt besonders für Verfahrensrügen (§ 295 ZPO), Zustimmungserklärungen (z.B. zur Widerklagerücknahme), Beweisanträge, eine Abänderung des schriftsätzlich Vorgetragenen oder das Bestreiten neuen Vorbringens des Gegners. Sind Erklärungen des Gegners für die eigene Position vorteilhaft, müssen auch sie protokolliert werden, so etwa leichtfertig oder konkludent abgegebene Geständnisse des Gegners.

Nicht erforderlich ist dagegen eine Berichtigung, wenn eine schriftsätzlich vorgetragene Tatsache im Tatbestand nicht erwähnt ist. 2693

Dass diese erstinstanzlich dennoch vorgetragen war, kann im Berufungsverfahren unter Hinweis auf die entsprechenden erstinstanzlichen Schriftsätze dargetan werden.

▶ Praxistipp:

Solange in der Praxis noch die Auffassung von der negativen Beweiskraft vertreten wird, ist es für einen Rechtsanwalt – dem Gebot des sichersten Weges folgend – erforderlich, in jedem Fall unrichtiger oder unvollständiger Sachverhaltsdarstellung eine Tatbestandsberichtigung zu veranlassen (Bausch AnwBl 2012, 126; Müller/Heydn NJW 2005, 1750). 2694

Dies gilt insbesondere, weil in der Revision nur das aus dem Tatbestand oder dem Sitzungsprotokoll ersichtliche Parteivorbringen zu berücksichtigen ist (§ 561 Abs. 1 ZPO; aber auch BGH NJW 1993, 2530; § 559 ZPO) und der Tatbestand des Berufungsurteils regelmäßig auf den des erstinstanzlichen Urteils Bezug nimmt (§ 540 ZPO).

Die Anwälte **beider Parteien** müssen jetzt den Tatbestand auf dessen Vollständigkeit und Richtigkeit – zumindest hinsichtlich des in der Verhandlung mündlich Vorgetragenen – genauer als bisher untersuchen (Ball ZGS 2002, 150: zur Vermeidung von Haftungsrisiken), wobei zu beachten ist, dass tatbestandliche Feststellungen auch in den Entscheidungsgründen enthalten sein können (Prütting/Gehrlein/Thole § 320 Rn. 2). 2695

Während dabei die obsiegende Partei vor allem prüfen muss, ob der Tatbestand die Entscheidung trägt und keine zu ihren Lasten fehlerhaften Feststellungen enthält, sollte die unterlegene Partei darauf achten, ob nicht das Gericht ein entscheidungserhebliches Bestreiten oder einen Beweisantrag unbeachtet gelassen hat.

Die Überprüfung und Berichtigung des Tatbestands gehört zu den Pflichten des erstinstanzlichen Prozessbevollmächtigten. Eine Verletzung dieser Pflicht kann Schadensersatzansprüche auslösen (Doukoff Rn. 32), und zwar unabhängig davon, ob die eigene Partei beabsichtigt, Berufung einzulegen oder nicht. Da Nachteile aus einem falschen Tatbestand auch die obsiegende Partei treffen können, wenn der Gegner Berufung einlegt, muss ein Berichtigungsantrag auch von der obsiegenden Partei verlangt werden.

Tatbestand i.S.d. § 320 ZPO ist dabei nicht nur der so überschriebene (§ 313 Abs. 1 Nr. 5, Abs. 2, § 314 ZPO), sondern jeder Teil des Urteils, in dem Ansprüche der Parteien und die dazu vorgebrachten Angriffs- und Verteidigungsmittel mit Beweiskraft festgestellt werden, kann sich also auch in den Entscheidungsgründen finden (BGH NJW 1997, 1931). 2696

Wiedergegebenes Prozessgeschehen (egal, wo es dargestellt ist) gehört genauso wenig zum Tatbestand i.S.d. § 320 ZPO wie Urteilseingang und Urteilsformel. Nicht nach § 320 berichtigt werden können auch frühere Tatbestandsberichtigungsbeschlüsse (BGH NJW-RR 1988, 408).

Berichtigt werden können **Unrichtigkeiten**, die nicht unter § 319 ZPO fallen, Auslassungen, Dunkelheiten und Widersprüche. 2697

Unter § 319 ZPO – und nicht unter § 320 ZPO – fallen alle versehentlichen Abweichungen des aus dem Urteil ersichtlichen von dem tatsächlichen Willen des Gerichts. Für § 320 ZPO bleiben damit nur diejenigen Unrichtigkeiten übrig, die nicht auf einem Fehler in der Darstellung, sondern auf einem Fehler in der Willensbildung beruhen. Anders als bei § 319 ZPO müssen sie nicht »offenbar« sein.

Eine Auslassung liegt vor, wenn entscheidungserhebliches Vorbringen der Parteien nicht berücksichtigt wurde. Die Entscheidungserheblichkeit ist dabei aus der Sicht des erstinstanzlichen Gerichts zu beurteilen.

Hat das Gericht Vortrag der Parteien, auf den es für seine Lösung nicht ankam, unberücksichtigt gelassen, so ist er, wenn die Partei sich hierauf in zweiter Instanz stützen will, dort zwar »neu« (weil im Tatbestand nicht erwähnt), über § 531 Abs. 2 Nr. 1 ZPO aber zu berücksichtigen; einer vorherigen Tatbestandsberichtigung bedarf es deswegen nicht. Ist ein selbstständiges Verteidigungsmittel sowohl im Tatbestand als auch in den Entscheidungsgründen ausgelassen, so kann über § 320 ZPO nur eine Vervollständigung des Tatbestands erreicht werden, die materielle Berücksichtigung (Änderung der Entscheidungsgründe) ist nur mit der Berufung zu erreichen. Keine Auslassung liegt vor, wenn der Sachverhalt im Wege wirksamer Verweisung auf den Akteninhalt (§ 313 Abs. 2 Satz 2 ZPO) einbezogen wurde (OLG Oldenburg MDR 1989, 551).

Widersprüche können über § 320 ZPO nur beseitigt werden, wenn sie innerhalb der Tatbestandsfeststellung auftreten. Widersprüche zwischen dem Tatbestand und den Entscheidungsgründen können nur mit der Berufung angefochten werden (RGZ 80, 174).

Nicht möglich ist es, im Wege der Tatbestandsberichtigung Sachvortrag zu etablieren, der erstinstanzlich »vergessen« wurde, auch wenn dies immer wieder versucht wird (Müller/Heydn NJW 2005, 1753).

2698 Die Tatbestandsberichtigung erfolgt nicht von Amts wegen, erforderlich ist stets ein **Antrag**.

Dieser muss beim erstinstanzlichen Gericht gestellt werden. Beim Landgericht ist er schriftlich durch einen zugelassenen Rechtsanwalt einzureichen, beim Amtsgericht genügt die Erklärung zu Protokoll der Geschäftsstelle (§ 496 ZPO).

Von besonderer Bedeutung ist die Einhaltung der gesetzlichen Frist. Diese beträgt zwei Wochen und beginnt mit der wirksamen Zustellung des vollständigen Urteils. Die Frist kann vom Gericht nicht verlängert werden (§ 224 Abs. 2 ZPO). Ist sie versäumt, kommt eine Wiedereinsetzung nicht in Betracht (BGHZ 32, 27).

Eines besonderen Rechtsschutzbedürfnisses bedarf der Antrag nicht. Insbesondere muss nicht dargelegt werden, inwieweit die beantragte Berichtigung entscheidungserheblich oder für die weitere Rechtsverfolgung von Bedeutung ist. Dies gilt selbst bei Entscheidungen, gegen die kein Rechtsmittel gegeben ist, weil zumindest die Verfassungsbeschwerde stets möglich ist.

Zu bedenken ist, dass man mit einem (abgelehnten) Berichtigungsantrag seinem Gegner möglicherweise einen Hinweis auf die Angreifbarkeit des Urteils gibt.

2699 Eine **mündliche Verhandlung** findet grundsätzlich nicht statt (§ 320 Abs. 3 Satz 1 ZPO).

Ein solcher Antrag macht praktisch meist wenig Sinn. Verhandelt wird nur über die Berichtigung, nicht über die Hauptsache selbst. Möglichkeiten, die über die des schriftsätzlichen Vortrags hinausgehen, sind in der Verhandlung nicht gegeben. Allerdings kann die Gegenpartei versuchen, durch einen entsprechenden Antrag das Verfahren zu verzögern und darauf zu hoffen, dass mit der Zeit auch die Erinnerung des Gerichts vergeht.

Sachlich entschieden wird allein auf der Grundlage der persönlichen Erinnerung des Gerichts, eine Beweisaufnahme ist ausgeschlossen (RGZ 149, 312), ebenso ein Anerkenntnis. Auch ein Versäumnisverfahren findet nicht statt; erscheint eine Partei nicht, ergeht eine Entscheidung nach Lage der Akten.

Die Entscheidung ergeht durch die an der ursprünglichen Entscheidung beteiligten Richter. Bei Verhinderung einzelner Richter werden diese nicht vertreten; sind alle Richter verhindert, scheidet eine Berichtigung aus.

Besondere Kosten entstehen durch das Berichtigungsverfahren nicht. Es gehört gebührenrechtlich zur Instanz, ist also durch die gerichtliche Verfahrens- und die anwaltliche Prozessgebühr abgegolten. Eine Kostenentscheidung ergeht daher nicht.

Die Entscheidung des Gerichts über den Berichtigungsantrag bedarf keiner Begründung, weil sie – egal ob ihm stattgegeben wird oder nicht – grundsätzlich nicht anfechtbar ist (§ 320 Abs. 4 Satz 4 ZPO). Nach Einlegung einer Berufung ist auch das Berufungsgericht an die Berichtigungsentscheidung gebunden und darf die Entscheidung nach § 320 ZPO nicht über § 512 ZPO prüfen oder abändern. Ausnahmsweise anfechtbar (und deswegen auch zu begründen) ist eine Entscheidung, wenn sie sich nicht sachlich mit dem Berichtigungsantrag auseinandersetzt, sondern diesen als unzulässig verwirft.

Erfolgt eine Berichtigung, ist Grundlage des Berufungsverfahrens der berichtigte Tatbestand. Aber auch die Ablehnung eines Berichtigungsantrags kann für die Berufungsinstanz von Vorteil sein und einen Berufungsgrund ausfüllen: Mit einem unberechtigten Zurückweisungsbeschluss können Zweifel begründet werden, die nach § 529 Abs. 1 Nr. 1 ZPO für eine erneute Tatsachenfeststellung durch das Berufungsgericht erforderlich sind (Doms NJW 2002, 777, 779). Wird die Berichtigung des Tatbestands mit der Begründung abgelehnt, die Tatsachen seien unerheblich, ist damit die Voraussetzung für deren erneuten Vortrag in zweiter Instanz nach § 531 Abs. 2 Nr. 1 ZPO erfüllt. Dagegen kann die zu Unrecht erfolgte Ablehnung nicht als Verfahrensfehler i.S.d. § 531 Abs. 2 Nr. 2 ZPO angesehen werden, weil damit die gesetzlich angeordnete Unanfechtbarkeit der Ablehnung umgangen würde.

Berichtigungsverfahren oder Berichtigungsbeschluss haben auf den Lauf der **Berufungsfristen** keinen Einfluss. 2700

Auch wenn die Berufung auf erst durch die Berichtigung in den Tatbestand gekommene Umstände gestützt werden soll, ist für den Beginn der Berufungsfrist auf die Zustellung des (nicht berichtigten) Urteils abzustellen. Ist vor Ablauf der Berufungsfrist über einen Antrag auf Tatbestandsberichtigung noch nicht entschieden, muss fristwahrend Berufung eingelegt und diese – wenn die Berichtigungsentscheidung ihr den Boden entzieht – zurückgenommen oder für erledigt erklärt werden.

▶ Praxistipp:

Weder hemmt ein Berichtigungsantrag nach §§ 319, 320 ZPO die Berufungsfristen noch hat der entsprechende Berichtigungsbeschluss einen Einfluss auf deren Beginn und Lauf (Prütting/Gehrlein/Röhl § 517 Rn. 13 f.). 2701

Etwas anderes gilt ausnahmsweise nur dann, wenn erst die Berichtigung eine Beschwer schafft oder klar erkennen lässt oder ein Ergänzungsurteil nach § 321 ZPO ergangen ist (§ 518 ZPO).

Der Anwalt hat sich daher bei der Berechnung der Fristen sicherheitshalber immer an der ersten Zustellung des vollständig abgefassten erstinstanzlichen Urteils zu orientieren (Kieserling ProzRB 2003, 358 – Urteilsanmerkung: »Bei der Berechnung der Berufungsfrist darf es keine Kompromisse geben«). Denn mit diesem Zeitpunkt beginnen sowohl die Berufungsfristen als auch die Frist für den Antrag auf Tatbestandsberichtigung zu laufen.

4. Urteilsergänzung

Hat das Gericht einen geltend gemachten Anspruch übergangen, kommt eine Urteilsergänzung in Betracht (§ 321 ZPO). 2702

Mit dem unvollständigen Urteil endet die Rechtshängigkeit des übergangenen Anspruchs (BGH NJW 1991, 1684). Er kann deswegen in der Berufungsinstanz nur wie ein neuer Anspruch geltend gemacht werden, das heißt unter den Voraussetzungen einer Klageänderung (oben Rdn. 341), was nur ausnahmsweise möglich ist. Da keine der Rechtskraft fähige Entscheidung vorliegt, kann der übergangene Anspruch aber auch mit einer neuen Klage geltend gemacht werden (KG Rpfleger 1980, 158), was indes mit zusätzlichen Kosten verbunden ist. Die beste Lösung ist es deswegen, das erstinstanzliche Gericht über § 321 ZPO zu veranlassen, die übergangene Entscheidung nachzuholen.

Etwas anderes gilt für das Fehlen einer Nebenentscheidung. Über die Kosten des Rechtsstreits und über die vorläufige Vollstreckbarkeit des Urteils ist von Amts wegen zu entscheiden. Unterbleibt dies, muss die Entscheidung von Amts wegen im Berufungsurteil nachgeholt werden. Wird Berufung eingelegt, ist eine vorherige Urteilsergänzung damit nicht zwingend erforderlich, wohl aber möglich.

Voraussetzung für eine Urteilsergänzung ist eine **Entscheidungslücke.** Eine solche liegt vor, wenn das erstinstanzliche Gericht versehentlich einen im (gegebenenfalls auch gemäß § 320 ZPO nachträglich berichtigten) Tatbestand enthaltenen Anspruch oder einen (von Amts wegen zu berücksichtigenden, § 308 Abs. 2 ZPO) Nebenpunkt weder im Tenor noch in den Entscheidungsgründen beschieden hat. 2703

In Betracht kommen dabei Hauptansprüche (Punktesache, Hilfsantrag) oder Nebenansprüche (Zinsen, vorgerichtliche Kosten). Auf übergangene, im Tenor zu berücksichtigende Angriffs- und Verteidigungsmittel kann § 321 ZPO entsprechende Anwendung finden, so zum Beispiel, wenn die Verurteilung ohne einen erforderlichen Vorbehalt nach §§ 302, 599 ZPO oder ohne die Zug-um-Zug-Beschränkung nach Geltendmachung eines Zurückbehaltungsrechts ergeht (Thomas/Putzo/Seiler § 321 Rn. 7; zum Teil a.A. BGH NJW 2003, 1463).

Lücken in der Kostenentscheidung bestehen häufig im Übersehen einer Ausnahme vom Grundsatz der Kosteneinheit, sodass abgesonderte Teile der Kosten des Rechtsstreits unabhängig vom Unterliegen zu verteilen sind. Dies ist zum Beispiel erforderlich für die Kosten der Anrufung eines unzuständigen Gerichts (§ 281 Abs. 3 Satz 2 ZPO), die Kosten der Säumnis (§ 344 ZPO) oder die Kosten der Streithilfe (§ 101 ZPO).

Auch das Übergehen oder die Unvollständigkeit der Entscheidung zur vorläufigen Vollstreckbarkeit kann eine Ergänzung rechtfertigen (§ 716, 721 Abs. 1 Satz 3 ZPO), so zum Beispiel, wenn ein Vollstreckungsschutzantrag (§§ 711, 712, 721 ZPO) nicht beschieden wurde.

Sehr streitig ist, ob auch das Übergehen einer Entscheidung über die Zulassung eines Rechtsmittels (§§ 511 Abs. 4, 543 Abs. 2, 574 Abs. 3 ZPO) im Wege der Ergänzung nachgeholt werden kann. Die noch immer h.M. (BGH NJW 1981, 2755; BGH MDR 1985, 43; Greger NJW 2002, 3049; Thomas/Putzo/Seiler § 321 Rn. 8 m.w.N.) lehnt dies ab, weil das Schweigen zur Zulassung nicht als Übergehen der Entscheidung, sondern als Nichtzulassung zu werten ist. Eine neuere, nach der ZPO-Reform im Vordringen befindliche Auffassung lässt die Ergänzung eines Urteils um die Entscheidung über die Zulassung eines Rechtsmittels entsprechend § 321 ZPO zu (Zöller/Feskorn § 321 Rn. 5).

2704 Sorgfältiger Prüfung bedarf die **Abgrenzung** des § 321 ZPO von den §§ 319, 320 ZPO einerseits und der Berufung andererseits.

Sollte der Anspruch von der Partei ausweislich eines vorbereitenden Schriftsatzes zwar erhoben werden, ist er im Tatbestand aber nicht dokumentiert, so ist er nicht geltend gemacht (§§ 297, 314 ZPO). Hier bedarf es zunächst einer Tatbestandsberichtigung nach § 320 ZPO, erst dann kommt die Urteilsergänzung in Betracht.

Ist der Anspruch nur im Tenor oder nur in den Entscheidungsgründen, nicht jedoch an beiden Stellen des Urteils behandelt, so liegt keine Lücke vor, sondern lediglich eine offenbare Unrichtigkeit des Urteils, die nach § 319 ZPO zu berichtigen ist (BGH VersR 1982, 70).

Hat das Gericht über den Anspruch bewusst nicht entschieden, kommt eine Ergänzung nicht in Betracht. Hiervon ist auszugehen, wenn das Gericht ein Teilurteil (§ 310 ZPO) erlassen wollte oder es rechtsirrig davon ausgegangen ist, der Antrag bedürfe keiner Entscheidung, weil er nicht rechtshängig geworden oder bereits wieder zurückgenommen sei. Hier liegt – unter Zugrundelegung der Rechtsauffassung des Erstgerichts – keine lückenhafte Entscheidung vor, sondern eine fehlerhafte Entscheidung, die nur mit der Berufung angefochten werden kann.

Eine nur mit der Berufung anfechtbare inhaltlich fehlerhafte Entscheidung und keine Entscheidungslücke liegt auch dann vor, wenn das Gericht einen geltend gemachten Anspruch zwar beschieden, ihn aber nicht unter allen in Betracht kommenden rechtlichen Gesichtspunkten geprüft hat, oder wenn ein bloßes Angriffs- oder Verteidigungsmittel übergangen wurde (BGH NJW-RR 1996, 379); eine Ausnahme gilt für die im Tenor zu berücksichtigenden Angriffs- und Verteidigungsmittel (Vorbehalt Nachverfahren, Zurückbehaltungsrecht).

Liegt eine versehentliche Lücke vor, kann darauf die Berufung nicht gestützt werden, da eine Beschwer nur in der getroffenen, nicht in der unterlassenen Entscheidung des Gerichts bestehen kann (BAG NJW 1994, 1429).

Sowohl die Urteilsergänzung als auch die Berufung sind möglich, wenn das Urteil durch den übergangenen Anspruch inhaltlich unrichtig geworden ist (BGH NJW-RR 1996, 1238).

▶ **Beispiel:**

2705 Das Gericht hat einen vom Beklagten zur Aufrechnung gestellten Gegenanspruch übergangen und ihn vorbehaltlos verurteilt. Im Wege der Ergänzung nach § 302 Abs. 2 ZPO kann der Beklagte einen Vorbehalt erreichen (und damit eine Fortsetzung des erstinstanzlichen Verfahrens), gegen seine (vorbehaltlose) Verurteilung kann er Berufung einlegen (und damit den gesamten Rechtsstreit einschließlich der Aufrechnungsforderung in die Berufungsinstanz tragen). Entsprechendes gilt beim Fehlen eines Vorbehalts nach §§ 506, 599 ZPO.

Die Berufung tritt auch dann als Alternative neben die Urteilsergänzung, wenn die Entscheidung über die Kosten oder die vorläufige Vollstreckbarkeit völlig fehlt. Praktische Bedeutung erlangt dieses Wahlrecht, wenn die Ergänzungsfrist bereits abgelaufen ist, die Berufungsfrist aber noch läuft (Zöller/Feskorn § 321 Rn. 2).

Der Antrag ist binnen einer **Frist** von zwei Wochen nach Zustellung des Urteils schriftlich beim erstinstanzlichen Gericht zu stellen. 2706

Beim Landgericht ist er schriftlich durch einen zugelassenen Rechtsanwalt einzureichen, beim Amtsgericht reicht die Erklärung zu Protokoll der Geschäftsstelle (§ 496 ZPO).

Die Zwei-Wochen-Frist ist eine gesetzliche Frist und kann deswegen vom Gericht nicht verlängert werden (§ 224 Abs. 2 ZPO). Sie beginnt mit der wirksamen Zustellung des vollständigen Urteils, gegebenenfalls mit der Zustellung des Berichtigungsbeschlusses nach § 320 ZPO (BGH NJW 1982, 1821). Ist die Frist versäumt, kommt – wie bei der Tatbestandsberichtigung (oben Rdn. 315) – eine Wiedereinsetzung nicht in Betracht (BGH NJW 2015, 1826; oben Rdn. 823).

Die **Entscheidung** über die Urteilsergänzung ergeht nach mündlicher Verhandlung durch Ergänzungsurteil. Dieses ist selbstständig mit der Berufung anfechtbar (BGH WM 1982, 491). Die Berufungsfrist für das zuerst ergangene, unvollständige Urteil setzt das Ergänzungsurteil nur dann neu in Gang, wenn es innerhalb der Berufungsfrist ergeht (§ 518 ZPO). 2707

Auf die mündliche Verhandlung kann verzichtet werden, wenn das Urteil lediglich um einen Nebenanspruch oder den Kostenpunkt ergänzt werden soll (§ 321 Abs. 3 Satz 3 ZPO).

Da mit der Urteilsergänzung anders als mit der Tatbestandsberichtigung nicht bloß formelle Mängel einer bereits getroffenen Entscheidung beseitigt werden, sondern eine Entscheidung neu getroffen wird, können an der Entscheidung auch Richter mitwirken, die am ursprünglichen Verfahren nicht beteiligt waren. Erfordert die Ergänzungsentscheidung eine Beweisaufnahme, so wird diese durchgeführt. Ist eine Partei säumig, ergeht die Entscheidung als Versäumnisurteil; zudem ist auch ein Anerkenntnis möglich.

Das Ergänzungsurteil muss eine eigene Kostenentscheidung enthalten. Für die Gerichtsgebühren gelten Urteil und Ergänzungsurteil als Teilurteile (§ 36 GKG), es entstehen keine besonderen Gebühren für den Anwalt (Zöller/Feskorn § 321 Rn. 15).

Ist die Berufungsfrist für das zuerst ergangene Urteil bei Verkündung des Ergänzungsurteils bereits abgelaufen, so bleibt dieses auf die ursprüngliche Berufungs- und Berufungsbegründungsfrist ohne Wirkung (BGH NJW 2009, 442).

VI. Rüge der Verletzung rechtlichen Gehörs (§ 321a ZPO)

Hat das erstinstanzliche Gericht eine Entscheidung unter Verletzung des rechtlichen Gehörs getroffen, die anderweitig nicht anfechtbar ist, so kann die betroffene Partei dies rügen und Nachholung des rechtlichen Gehörs und Erlass einer neuen Entscheidung verlangen (sog. Gehörs- oder Anhörungsrüge, § 321a ZPO; Sturm AnwBl 2018, 94). 2708

Um in den Fällen einer Verletzung des rechtlichen Gehörs nicht sofort die Verfassungsbeschwerde zu eröffnen, hat der Gesetzgeber 2002 die Möglichkeit einer fachgerichtlichen Abhilfe geschaffen und deren Anwendungsbereich nach Vorgaben des BVerfG (NJW 2003, 1924) im Jahr 2005 in allen Verfahrensordnungen noch einmal deutlich erweitert.

Wegen der nach wie vor großen Unsicherheiten im Verhältnis von Anhörungsrüge und Verfassungsbeschwerde gebietet es der sicherste Weg oftmals, die Verletzung rechtlichen Gehörs durch ein letztinstanzliches Zivilgericht parallel sowohl mit der Anhörungsrüge als auch mit der Verfassungsbeschwerde anzugreifen (Sturm AnwBl 2018, 94 und 132).

1. Voraussetzungen

§ 321a ZPO ermöglicht dem erstinstanzlichen Gericht die Selbstkorrektur 2709

(1) einer eigenen **Entscheidung**, 2710

Hierunter fallen alle instanzbeendenden Entscheidungen, unabhängig davon, in welcher Verfahrensart (Klageverfahren, Prozesskostenhilfeverfahren, Eilverfahren) und welcher Form (Urteil oder Beschluss) sie ergangen sind. Ausgeschlossen ist die Anfechtung von Zwischenentscheidungen, denen eine Endentscheidung folgt (Verweisungsbeschlüsse, Beweisbeschlüsse; vgl. § 312 Abs. 1 Satz 2, § 512 ZPO).

2711 (2) gegen die weder ein Rechtsmittel noch ein anderer **Rechtsbehelf** gegeben ist,

Die Gehörsrüge ist damit anderen Rechtsbehelfen gegenüber subsidiär. Sie tritt insbesondere hinter die echten Rechtsmittel (Berufung, sofortige Beschwerde), aber auch hinter andere Rechtsbehelfe, wenn mit diesen die Gehörsverletzung behoben werden kann, zurück (Berichtigungen und Ergänzungen des Urteils nach §§ 319 ff. ZPO; Zöller/Vollkommer § 321a Rn. 4).

Eine Entscheidung kann unanfechtbar sein, weil das Gesetz keine Anfechtung vorsieht oder weil die gesetzlichen Voraussetzungen der Anfechtung nicht (mehr) vorliegen, sodass auch anfechtbare Entscheidungen nach Ablauf der Rechtsmittelfrist unanfechtbar werden (Zöller/Vollkommer § 321a Rn. 5).

Ist nicht sicher, ob der Wert des Beschwerdegegenstandes 600, – € übersteigt, und ist damit zweifelhaft, ob ein Urteil mit der Berufung (§ 511 ZPO) oder der Anhörungsrüge (§ 321a ZPO) anzufechten ist, hat der Rechtsanwalt den für seinen Mandanten sichersten Weg zu beschreiten, selbst wenn dies zu der Notwendigkeit führt, zwei Rechtsbehelfe (hier: Berufung und Anhörungsrüge) parallel anhängig zu machen (BGH MDR 2012, 1116).

2712 (3) wenn es den Anspruch auf **rechtliches Gehör** in entscheidungserheblicher Weise **verletzt** hat.

Darzulegen ist, was bei Gewährung des rechtlichen Gehörs vorgetragen worden wäre und dass nicht auszuschließen ist, dass dieser Vortrag zu einer anderen Entscheidung des Erstgerichts geführt hätte. Dieser Darlegung bedarf es nur dann nicht, wenn die Entscheidungserheblichkeit der Verletzung des Anspruchs auf rechtliches Gehör unmittelbar und zweifelsfrei aus dem bisherigen Prozessstoff ersichtlich ist (BGH NJW-RR 2020, 573; BGH NJW 2016, 2890).

Entscheidungserheblichkeit liegt vor, wenn nicht ausgeschlossen werden kann, dass das Gericht ohne die Verletzung des Anspruchs auf rechtliches Gehör zu einer anderen Entscheidung gekommen wäre (Begr. RegE, S. 85 zu Nr. 49). Dies gilt auch dann, wenn die Gehörsverletzung nur einen Teil der Ansprüche, einen Nebenanspruch oder den Kostenausspruch berührt. Ferner kann das Abhilfeverfahren auf die Nichtzulassung der Berufung gestützt werden. Nicht erforderlich ist daher, dass die Entscheidung für den Rügeführer tatsächlich günstiger ausgefallen wäre (Zöller/Vollkommer § 321a Rn. 11).

Hingegen ist die Gehörsrüge grundsätzlich nicht geeignet, eine – vermeintlich – fehlerhafte rechtliche Würdigung zu beanstanden.

2713 Der Anspruch auf rechtliches Gehör umfasst

- das Recht, sich über den Verfahrensstoff zu **informieren**.

  Im Zivilprozess gehört hierzu die Verpflichtung des Gerichts, jede Partei von den Angriffs- und Verteidigungsmitteln der Gegenseite in Kenntnis zu setzen.

- das Recht, sich im Verfahren vor dem Erlass einer Entscheidung in rechtlicher und tatsächlicher Hinsicht hinreichend **äußern** zu können.

  Hierher gehören im schriftlichen Verfahren ausreichend lange Fristen, in der mündlichen Verhandlung das Rederecht.

- das Recht, mit seinem Vorbringen bei der Entscheidungsfindung **berücksichtigt** zu werden.

  »Der Anspruch auf rechtliches Gehör verpflichtet das Gericht, die Ausführungen der Beteiligten zur Kenntnis zu nehmen und in Erwägung zu ziehen. Art. 103 Abs. 1 GG ist allerdings nur dann verletzt, wenn sich im Einzelfall klar ergibt, dass das Gericht dieser Pflicht nicht nachgekommen ist. Denn grundsätzlich geht das Bundesverfassungsgericht davon aus, dass die Gerichte das von ihnen entgegengenommene Vorbringen auch zur Kenntnis genommen und in Erwägung gezogen haben. Die Gerichte sind dabei nicht verpflichtet, sich mit jedem Vorbringen in den Entscheidungsgründen ausdrücklich zu befassen. Deshalb müssen, wenn das Bundesverfassungsgericht einen Verstoß gegen Art. 103 Abs. 1 GG feststellen soll, im Einzelfall besondere Umstände deutlich ergeben, dass tatsächliches Vorbringen eines Beteiligten entweder überhaupt nicht zur Kenntnis genommen oder doch bei der Entscheidung nicht erwogen worden ist. Solche Umstände können insbesondere dann vorliegen, wenn das Gericht wesentliche, das Kernvorbringen eines Beteiligten darstellende Tatsachen unberücksichtigt lässt. Geht das Gericht in den Entscheidungsgründen auf den wesentlichen Kern des Tatsachenvortrags zu einer Frage, die für das Verfahren von zentraler Bedeutung ist, nicht ein, so lässt dies auf die Nichtberücksichtigung des Vortrags schließen, sofern er nicht nach dem Rechtsstandpunkt des Gerichts unerheblich oder offensichtlich unsubstantiiert ist. Daraus ergibt sich eine Pflicht der Gerichte, die wesentlichen, der Rechtsverfolgung und -verteidigung dienenden Tatsachenbehauptungen in den Entscheidungsgründen zu verarbeiten.« (BVerfGE in ständiger Rechtsprechung, hier: Beschl. vom 16.09.2010 – 2 BvR 2394/08; entsprechend BGH NJW 2018, 2133; BGH NJW-RR 2018, 637; BGH NJW 2009, 2139).

In der Gerichtspraxis kommen Verletzungen des rechtlichen Gehörs – zumeist unabsichtlich – immer wieder vor (Fellner MDR 20, 900; Prütting/Gehrlein/Thole § 321a Rn. 6 ff.). **2714**

Wichtige Fallgruppen sind:

(1) Mangelnde Information der Parteien.

▶ Beispiele:

Unterlassen gebotener Hinweise nach § 139 ZPO; zu notwendigen Hinweisen oben Rdn. 1675.

Keine oder nur unvollständige Weiterleitung von Schriftsätzen an den Gegner (BGH NJW 2019, 1082).

Nichtgewährung von Akteneinsicht (OLG München NJW 2005, 1130).

Überraschungsentscheidungen (BVerfG NJW 2021, 2581; BGH NJW-RR 2020, 188; BGH NJW 2020, 2730).

(2) Mangelnde Gelegenheit zum Vortrag durch die Parteien.

▶ Beispiele:

Bestimmung einer zu kurzen Äußerungsfrist (BGH MDR 2020, 457). Bei Fehlen einer ausdrücklichen Befristung muss das Gericht vor der Entscheidung einen angemessenen Zeitraum für eine etwaige veranlasste bzw. verfügte Stellungnahme warten.

Entscheidung vor Ablauf der gesetzten Äußerungsfrist ergangen (BVerfGE 49, 215; BVerfGE 61, 41; BGH MDR 2020, 715).

Berücksichtigung neuen Vorbringens in einem nicht nachgelassenen Schriftsatz zulasten des Gegners (BVerfGE 55, 99).

Übergehen eines Antrags auf mündliche Verhandlung im amtsgerichtlichen Bagatellverfahren (§ 495a ZPO; oben Rdn. 2424).

Nichterteilung des Worts in der mündlichen Verhandlung (BGH NJW 2012, 2354).

Ermessensfehlerhafte Nichtwiedereröffnung der mündlichen Verhandlung (§ 156 ZPO; BGH MDR 2020, 467).

Nichtladung eines Sachverständigen zur Erläuterung seines schriftlichen Gutachtens (BGH NJW 2018, 2133; BGH MDR 2018, 1014; BGH NJW-RR 2009, 1361).

Unterlassen einer Beweisverhandlung (§§ 279 Abs. 3, 285 ZPO).

Im amtsgerichtlichen Bagatellverfahren (§ 495a ZPO) ist das Gericht verpflichtet, die Parteien vor Erlass eines Urteils über eine beabsichtigte Entscheidung zu informieren und den Zeitpunkt mitzuteilen, bis zu dem die Parteien ihr Vorbringen in den Prozess einführen können, um ihnen die Möglichkeit zu belassen, einen Antrag auf mündliche Verhandlung gem. § 495a Satz 2 ZPO zu stellen (BVerfG NJW-RR 2009, 562).

Keine Verletzung rechtlichen Gehörs liegt vor, wenn die Partei die Möglichkeit zur Äußerung hatte, hiervon aber keinen Gebrauch gemacht hat (BGH NJW 1975, 2321).

(3) Nichtberücksichtigung eines Parteivortrags.

▶ **Beispiele:**

Versehentlich nicht oder nicht rechtzeitig zur Akte gelangte Schriftsätze (sog. Pannenfälle). (BVerfG NJW 1995, 2095: Zugang der Entscheidung an den Betroffenen gegen 8.45 Uhr, wobei am Abend des Vortrages fristgerecht noch Schriftsätze eingereicht wurden, bei einem aus drei Mitgliedern bestehenden Senat).

Übergehen potenziell entscheidungserheblichen Vortrags (BGH MDR 2020, 750; BGH NJW-RR 2021, 720).

Überspannte Anforderungen an Voraussetzungen des Vortrags (Substantiierung: BGH MDR 2018, 1400; BGH NJW-RR 2020, 1454; BGH MDR 2020, 1168 und 1335).

Die Nichtdurchführung erforderlicher Beweisaufnahmen (BVerfG MDR 2012, 599; BGH NJW 2020, 55; BGH NJW 2020, 244; BGH NJW-RR 2020, 979; BGH NJW-RR 2021, 58 und 1294; Laumen MDR 2020, 193), auch in der Berufungsinstanz (BGH NJW 2020, 2276; BGH MDR 2021, 115; BGH NJW-RR 2021, 249, 718, 1072 und 1074).

Fehlerhafte Anwendung von Form- und Fristvorschriften, insbesondere Präklusionsvorschriften (BGH NJW-RR 2020, 55; BVerfGE 69, 145; BVerfG NJW 1987, 2733; BGH FamRZ 2020, 2021; BGH NJW-RR 2021, 56).

Nichterwägung von Rechtsausführungen (BVerfG NJW-RR 2002, 68, 70; BVerfG NJW 1983, 383; NJW-RR 1993, 383; WuM 1999, 383), soweit es sich nicht um ein erkennbar fernliegendes, unerhebliches Vorbringen handelt. Das Gericht ist nicht verpflichtet, sich mit jedem Vorbringen in den Entscheidungsgründen ausdrücklich zu befassen, namentlich nicht bei letztinstanzlichen, mit ordentlichen Rechtsmitteln nicht mehr angreifbaren Entscheidungen (BVerfG WuM 2002, 140).

Nichterfassung oder Missverstehen des Kerns des Parteivortrags (BGH MDR 2019, 758; BGH NJW 2019, 1754; BGH MDR 2020, 56 und 750).

Unrichtige Qualifizierung von Parteivortrag als streitig oder unstreitig.

Nichtbescheidung von Anträgen (BGH NJW 2019, 1950).

2715 Wenig praxisrelevant erscheint die Streitfrage, ob der Gehörsbegriff der ZPO weiter ist als der verfassungsrechtliche gem. Art. 103 Abs. 2 GG (Zöller/Vollkommer § 321a Rn. 5, 6; a.A. Rensen AnwBl 2002, 639: nur Kernbereich der Hinweispflicht – m.E. arg. § 156 Abs. 2 Nr. 1 ZPO sowie Begr. RegE. S. 85 erwähnt ausdrücklich Art. 103 Abs. 1 GG). Denn in den meisten Fällen wird die Verletzung der richterlichen Hinweispflicht zugleich eine Verletzung des Anspruchs auf rechtliches Gehör im verfassungsrechtlichen Sinne darstellen.

2716 Eine (analoge) Anwendung des § 321a ZPO auf andere entscheidungserhebliche Verfahrens-Grundrechtsverletzungen (z.B. Gebot des gesetzlichen Richters, Recht auf ein faires Verfahren, Willkürverbot) wird heute überwiegend abgelehnt (BGH GRUR-RR 2017, 416; BGH NJW-RR 2009, 144).

Gegen die Annahme einer sog. planwidrigen Lücke als Voraussetzung für eine Analogie spricht die vom Gesetzgeber sowohl im ZPO-Reformgesetz als auch im Anhörungsrügengesetz bewusst getroffene Beschränkung auf Gehörsverletzungen (Begr. RegE. AnhörungsrügenG, S. 36; Zöller/Heßler Vor § 567 Rn. 6, § 567 Rn. 21; offenlassend BGHReport 2006, 671). Womöglich ist es aber nur eine Frage der Zeit, bis das BVerfG auch hier das Fehlen klarer Rechtsmittelregeln beanstanden wird (Nassall ZRP 2004, 168; BRAK-Stellungnahme vom 18.05.2004: Gesetz bleibt »zumindest rechtspolitisch auf halbem Wege stehen«).

(a.A. noch Lipp NJW 2002, 1702; Müller NJW 2002, 2743; E. Schneider AnwBl 2002, 623; ders. ZAP Fach 13, S. 646; BFH NJW 2005, 526: § 321a ZPO enthält einen allgemeinen Rechtsgrundsatz in

Bezug auf die Beseitigung schweren Verfahrensunrechts). Hierfür spricht zwar, dass mit der Einführung dieser Vorschrift gerade das BVerfG von einer Korrektur objektiver Verfahrensfehler entlastet werden sollte, die instanzintern einfacher und ökonomischer behoben werden können. Der Verfassungsverstoß ist auf Gegenvorstellung hin durch das Ausgangsgericht zu korrigieren.

▶ Praxistipp:

Soll über die Verletzung rechtlichen Gehörs hinaus die Verletzung weiterer Verfassungsrechte gerügt werden, empfiehlt es sich, dies durch eine parallel zur Gehörsrüge erhobene Gegenvorstellung zu tun. 2717

Diese Vorgehensweise war schon vor der Einführung des § 321a ZPO anerkannt (Begr. RegE, S. 85; BGH NJW 2002, 1577). Im Zweifel bleibt stets die Möglichkeit einer Verfassungsbeschwerde.

Das Abhilfeverfahren erfolgt nicht von Amts wegen, sondern ausschließlich auf Rüge der durch das Urteil beschwerten Partei. Dabei ist eine form- und fristgerechte Rüge Zulässigkeitsvoraussetzung (§ 321a Abs. 4 ZPO). 2718

Die Rüge ist nicht auf das Klageverfahren beschränkt, sondern grundsätzlich in allen Verfahrensarten statthaft (BVerfG, Beschl. vom 27.09.2017 – 1 BvR 1979/17).

Einen besonderen zusätzlichen Kostenvorschuss erfordert das Abhilfeverfahren nicht.

Sofern das Gericht seine Entscheidung von sich aus korrigieren möchte, kann es eine Antragstellung lediglich anregen. Eine direkte Empfehlung kann aber unter Umständen zur Ablehnbarkeit führen (Hartmann NJW 2001, 2587). Im Übrigen besteht wohl keine Belehrungspflicht (Anders/Gehle/Anders § 139 Rn. 57, 79). 2719

Durch die rechtzeitige Einlegung der Rüge wird die Rechtskraft nicht gehemmt (§ 705 Satz 2 ZPO verweist – anders als früher – nicht mehr auf § 321a!). 2720

Auf Antrag der unterlegenen Partei kann die Zwangsvollstreckung (in der Regel gegen Sicherheitsleistung) einstweilen eingestellt werden (§ 707 Abs. 1 Satz 1 ZPO). Es kann sich empfehlen, den Antrag gleich in der Rügeschrift zu stellen.

Dem Gegner ist nach Abs. 3 – soweit erforderlich – Gelegenheit zur Stellungnahme zu geben, natürlich unter Übersendung der Rügeschrift. 2721

Die Anhörung darf allenfalls unterbleiben, soweit das Gericht die Rüge von vornherein als unzulässig oder unbegründet erachtet. Sonst ist ihm eine ausreichende Frist zu geben (Anders/Gehle/Hunke § 321a Rn. 41: in einem nicht zu komplizierten Fall genügen 2–3 Wochen; keine überfallartigen Schnellfristen!).

Es sollte dann prüfen, ob u.U. eine Berichtigung des Tatbestands, der Entscheidungsgründe oder des Sitzungsprotokolls in Betracht kommt (§§ 164, 319, 320 ZPO), wenn das Gericht das rechtliche Gehör zwar gewährt, aber vergessen hat, dies zu dokumentieren. Damit könnte die Rüge hinfällig werden.

2. Rügeschrift

Die Rüge ist durch eine postulationsfähige Person (Anwaltszwang bei LG und OLG: BGH Magazindienst 2018, 371; BGH FA 2018, 120) mittels Einreichung eines Schriftsatzes zu erheben, der Folgendes enthalten muss: 2722

- die Bezeichnung des Prozesses, dessen Fortführung begehrt wird
- die Darlegung der Verletzung des Anspruchs auf rechtliches Gehör und der Entscheidungserheblichkeit der Verletzung.

▶ Praxistipp:

Die Rügeschrift ist innerhalb einer Notfrist von zwei Wochen bei dem Gericht einzureichen, dessen Entscheidung angegriffen wird (nicht beim Rechtsmittelgericht!). 2723

2724 Die Frist beginnt nicht mit der Zustellung des vollständigen Urteils, sondern ab »Kenntnis von der Verletzung des rechtlichen Gehörs« (§ 321a Abs. 2 Satz 1 ZPO). Dieser Zeitpunkt ist glaubhaft zu machen. Die Rüge kann höchstens innerhalb eines Jahres seit Bekanntgabe der angegriffenen Entscheidung erhoben werden (§ 321a Abs. 2 Satz 2; Ausschlussfrist!).

Hieraus ergibt sich (eindeutiger Wortlaut!), dass für den Fristbeginn Kennenmüssen bzw. fahrlässige Unkenntnis ebenso wenig maßgeblich ist (a.A. Treber NJW 2005, 99) wie die bloße Zustellung (insbesondere durch Niederlegung!).

Sie kann nicht verlängert werden (§ 224 Abs. 2 ZPO). Allerdings kommt bei schuldloser Fristversäumnis Wiedereinsetzung in Betracht (§ 233 ZPO).

2725 Ein Nachschieben von Gründen ist nicht möglich, wobei auch nicht (wie bei der Berufung) unterschieden wird zwischen einer Einlegungs- und einer Begründungsfrist.

Die erforderlichen Darlegungen sollten daher zwar einerseits möglichst umfassend erfolgen, andererseits kann die Überzeugungskraft der Ausführungen darunter leiden, wenn sich die rügende Partei im Unerheblichen verliert.

2726 In jedem Fall aber muss genau angegeben werden, was bei Gewährung des rechtlichen Gehörs vorgetragen worden wäre (BGH REE 2017, 69; BGH FA 2018, 222).

Thomas/Putzo/Seiler § 321a Rn. 5: am sichersten wie eine Berufungsschrift formulieren; Zöller/Vollkommer § 321a Rn. 13a: auf die Grundsätze der revisionsrechtlichen Verfahrensrüge kann zurückgegriffen werden – BGH NJW-RR 2003, 1003 (Revisionszulassung bei Gehörsverletzung). Eine Glaubhaftmachung des hypothetischen Vorbringens im Ausgangsverfahren ist im Gesetz nicht vorgesehen.

2727 Des Weiteren ist darzulegen, dass und inwieweit dieses Unterlassen der Partei gegenüber nachteilig entscheidungserheblich war. Unzureichend ist es, nur lapidar zu behaupten, das rechtliche Gehör sei verletzt oder das Urteil sei unrichtig (BGH FA 2017, 270).

Bei einem übergangenen Beweisantrag sollte ausgeführt werden, dass und inwieweit die unterbliebene Beweisanordnung zu einem anderen Prozessergebnis hätte führen können (BGH NJW 1986, 2371 bzgl. Revision), z.B. was der Zeuge voraussichtlich ausgesagt hätte.

Bei Unterlassen eines notwendigen Hinweises ist gegebenenfalls vorzutragen, dass und welche (weiteren/entscheidungserheblichen) Beweise der Antragsteller bei Erteilung des Hinweises angetreten hätte (Zöller/Vollkommer § 321a Rn. 11). Bei einer wegen fehlender Schlüssigkeit abgewiesenen Klage muss der zunächst unterbliebene Sachvortrag so vollständig nachgeholt werden, dass er nunmehr schlüssig ist (BGH NJW-RR 2003, 1003).

Hat das Gericht sein Urteil auf Beweismittel gestützt, die der Partei nicht zur Kenntnis gegeben wurden, muss dem sogleich eine eigene Beweiswürdigung entgegengestellt werden, welche die Möglichkeit einer anderen Entscheidung aufzeigt.

2728 Bei alledem muss der Richter dazu gebracht werden, die Entscheidungserheblichkeit zu erkennen, seinen eigenen Fehler einzugestehen und diesen auch beseitigen zu wollen sowie weitere Arbeit in diesen für ihn bereits abgeschlossenen Rechtsstreit zu investieren. Dies stellt erhebliche Anforderungen an den Vortrag des Antragstellers (Zuck MDR 2011, 399).

Aus der Rügeschrift sollte daher für den Richter erkennbar sein, dass gerade der konkrete Fall nicht zu den sicherlich anzutreffenden querulatorischen und in der Mehrzahl wohl unbegründeten Rügen gehört.

Psychologisch eher ungeschickt dürfte es hierbei sein, die Gehörsverletzungen gleichsam als persönliches Versagen des Richters darzustellen (E. Schneider AnwBl 2002, 621: z.B. der unterschwellige Vorwurf, der Richter habe die Akten nicht sorgfältig gelesen, was eine Abwehrhaltung bei diesem Richter auslösen kann).

Deshalb wird vermutlich in der Praxis ein strenger Maßstab angelegt und Abhilfeentscheidungen dürften eher die Ausnahme bilden (auch hins. zweitem Halbsatz Begr. RegE, S. 63). Die »klugen Gerichte, die in Bereitschaft zur Selbstkritik ruhig abwägen« (Anders/Gehle/Hunke § 321a Rn. 26), dürften in der Minderheit sein.

Dabei kann es sicherlich eine Rolle spielen, dass die ablehnenden Entscheidungen nicht anfechtbar sind und der Richter diese auch nur kurz begründen soll (§ 321a Abs. 4 Satz 5; gebundenes Ermessen).

Die Bereitschaft zur Abänderung des Urteils wird am ehesten bei versehentlichen »Pannen« vorhanden sein (hierzu Zöller/Vollkommer § 321a Rn. 8; Treber NJW 2005, 99: Der Rechtsbehelf gelangt in sog. Willkürfällen an seine »strukturellen Grenzen«). Sonst aber sollen die Gerichte »aller Erfahrung nach« nicht bereit sein, sich selbst zu korrigieren und damit ihre Fehlerhaftigkeit einzuräumen (Nassall ZRP 2004, 167: Gehörsrügen werden deshalb »auch in Zukunft weitgehend wirkungslos sein«; E. Schneider AnwBl 2003, 549; ZAP Fach 13, S. 1277: »Erfolgsaussichten tendieren gegen Null«; ZAP-Kolumne ZAP 2004, S. 641: »Der § 321a ZPO ist ein Flop« – jeweils unter Bezugnahme auf das Ergebnis der Aktenauswertung von Vollkommer, FS Musielak, 2003, S. 619 ff.; ZAP-Buch-Report, Beilage 1 zu ZAP 6/05, S. 17: »Es geht um den Gesichtsverlust«; Bloching/Kettinger NJW 2005, 863: Effektiver Rechtsschutz nur durch einen »absolut unvoreingenommenen Richter denkbar«).

Abgesehen davon ist bislang die Anzahl der Gehörsrügen nach den ersten Erfahrungen »extrem gering« (Huber, Beilage zu NJW 27/2004, ders. Reform der ZPO, S. A 20; König DRiZ 2003, 345: nach 1 1/2 Jahren erst ein Antrag nach § 321a ZPO). Auch die sog. Pannenfälle sollen in der Praxis so gut wie keine Rolle spielen (E. Schneider ZAP-Buch-Report, Beilage 2 zu ZAP 12/04, S. 15).

An der Effektivität des Abhilfeverfahrens kann man daher auch nach dessen Erweiterung durch das Anhörungsrügengesetz durchaus zweifeln. Eine Kontrolle durch die höhere Instanz wäre sicherlich wirkungsvoller.

3. Entscheidung des Gerichts

Bei zulässiger und begründeter Rüge wird der Prozess in der Lage fortgeführt, in der er sich vor dem Schluss der mündlichen Verhandlung befand, und soweit dies aufgrund der Rüge geboten ist (§ 321a Abs. 5 ZPO). Im Übrigen ist entsprechend § 343 ZPO (Einspruch gegen Versäumnisurteil) zu verfahren. 2729

Mit der Ergänzung des § 321a ZPO durch den Passus »soweit dies aufgrund der Rüge geboten ist« soll es nur noch um den Streitgegenstand gehen, der von der Verletzung des Anspruchs auf rechtliches Gehör betroffen ist. Dagegen soll dem Gegner der Rügepartei nicht noch einmal Gelegenheit gegeben werden, sein erstinstanzliches Vorbringen zu Streitpunkten, mit denen er unterlegen ist, zu ergänzen (Begr. RegE., S. 19).

Dies bedeutet letztlich im Ergebnis – bei Teilbarkeit des von der Rüge betroffenen Streitgegenstandes – ein Verschlechterungsverbot (sog. Verbot der reformatio in peius). Denn mit der Rüge angegriffen wird in der Regel natürlich nur derjenige Teil, mit welchem die Partei unterlegen war. Der Rest wird rechtskräftig. Allerdings kann die rügende Partei Vorbringen zu einem solchen Gegenstand, bei dem sie zwar unterlegen war, welcher aber nicht von der Rüge betroffen ist, nicht mehr ergänzen. Auch soweit der nicht angegriffene Teil nicht in Rechtskraft erwächst, ist eine Abänderung zulasten der rügenden Partei möglich (BGH MDR 2012, 988).

Bisher hingegen konnte das Abhilfeverfahren in Einzelfällen bei gemischter Ausgangsentscheidung auch immer zu einem für die rügende Partei ungünstigeren Ergebnis führen, wobei sie aber auch Gelegenheit hatte, ihr Vorbringen unbeschränkt zu ergänzen. Dies dürfte jetzt allenfalls nur noch dann möglich sein, wenn der von der Rüge betroffene Streitgegenstand nicht teilbar ist (Fölsch MDR 2004, 1031).

Allerdings sollen bei Fortführung des Prozesses auch mittelbare Folgen der Gehörsverletzung korrigiert werden können. Wird beispielsweise hierbei ein übergangener Beweisantrag ausgeführt und gibt das Ergebnis dieser (neuen) Beweisaufnahme Anlass für einen weiteren, bisher nicht gestellten Beweisantrag der einen oder der anderen Partei, ist damit an sich die Reichweite der erfolgreichen Rüge überschritten. Dennoch ist es nicht fraglich, dass das Gericht auch dem neuen Antrag – seine Erheblichkeit und sonstigen Voraussetzungen unterstellt – nachzugehen hat. Dies kann dann auch für sonstige Angriffs- und Verteidigungsmittel gelten. Insoweit kann die Neuregelung nicht zu einer Reduzierung des Prozessstoffs des fortgesetzten Verfahrens führen (Hirtz AnwBl 2004, 505).

Durch das Anhörungsrügeverfahren wird die durch das Hauptverfahren eingetretene Hemmung der Verjährung nicht verlängert (BGH MDR 2012, 1184).

Letztlich aber sind die Auswirkungen im Detail nach wie vor unklar (kritisch Dt. Anwaltverein Stellungnahme Nr. 35/2003, S. 19: wird zu »unfruchtbarem Streit« führen; E. Schneider AnwBl 2003, 549: Verstoß gegen Art. 103 Abs. 1 GG).

Im Übrigen ist – zumindest bei beabsichtigter Stattgabe der Rüge – zuvor dem Gegner Gelegenheit zur Stellungnahme zu gewähren (Abs. 3). Er hat dadurch die Möglichkeit, das Gericht noch zu seinen Gunsten umzustimmen.

Gegenüber der daraufhin ergehenden Entscheidung kann das Abhilfeverfahren wiederholt und u.U. dann für den unterlegenen Gegner in Betracht kommen. Zur Vermeidung neuer Gehörsverletzungen kann es sich für die betroffene Partei empfehlen, zusammen mit der Gehörsrüge einen Antrag auf mündliche Verhandlung gem. § 495a Satz 2 ZPO zu stellen (oben Rdn. 2424).

Es ist nicht ausgeschlossen, dass bei teilweisem Obsiegen und teilweisen Unterliegen eine Partei die Gehörsrüge erhebt, während die andere Berufung einlegt. Das Berufungsverfahren muss dann wohl bis zum endgültigen Abschluss der ersten Instanz ausgesetzt werden (Greger NJW 2002, 3051). Dieses Problem hat weder das 1. Justizmodernisierungsgesetz noch das Anhörungsrügengesetz gelöst.

2730 Eine unzulässige oder unbegründete Rüge wird durch Beschluss verworfen bzw. zurückgewiesen (§ 321a Abs. 4), d.h. mit freigestellter mündlicher Verhandlung (§ 128 Abs. 4 ZPO).

Offensichtlich aussichtslose Anträge oder Eingaben müssen vom Gericht nicht beschieden werden. Häufiger als tatsächlich berechtigt gehen Gerichte davon aus, dass es sich bei einer Rüge um »sinnlose Rechthaberei« handelt, »mit der sie durch die rechtsmissbräuchliche Inanspruchnahme ihrer Arbeitskapazität bei der Erfüllung ihrer Aufgaben unverhältnismäßig behindert« werden (BGH FA 2017, 270).

Bei insgesamt erfolgloser Rüge entsteht eine Gerichtsgebühr i.H.v. 50 € (Nr. 1700 KV-GKG).

Obgleich das Abhilfeverfahren für den Instanzanwalt einen zusätzlichen Aufwand erfordert, erhält er keine gesonderte Gebühr. Die Fortsetzung des Verfahrens stellt keine neue gebührenrechtliche Angelegenheit dar (§§ 15 Abs. 2; 19 Abs. 1 Nr. 5 RVG). Nur wenn sich seine Tätigkeit auf die Gehörsrüge (und wohl auch auf dessen Abwehr) beschränkt, erhält er eine Verfahrensgebühr von 0,5 (Nr. 3330 VV-RVG). Im Regelfall dürfte auch nur diese eine Gebühr – und keine Terminsgebühr – entstehen, da die Gerichte vermutlich weit überwiegend ohne (erneute) mündliche Verhandlung entscheiden.

2731 Diese Beschluss-Entscheidungen sind in § 321a Abs. 4 ZPO ausdrücklich für nicht anfechtbar erklärt, wobei die jetzt grundsätzlich wiederum mögliche Gehörsrüge wohl kaum Aussicht auf Erfolg hat. Die inzwischen h.M. lässt eine erneute Anhörungsrüge gegen die Entscheidung über die Anhörungsrüge nicht mehr zu (BGH FamRZ 2017, 1947; Anders/Gehle/Hunke § 321a Rn. 60).

VII. Rechtsbehelfe im Eilverfahren

2732 Besondere Verfahren kennen regelmäßig auch besondere Rechtsbehelfe. Dies gilt insbesondere in den Eilverfahren Arrest und einstweilige Verfügung.

1. Übersicht

2733 Nur auf den ersten Blick unübersichtlich ist das System der Rechtsbehelfe im Eilverfahren. Erforderlich ist dabei eine Differenzierung nach der Form der Entscheidung (dazu oben Rdn. 2520):

- Wurde der Antrag auf Erlass eines Arrests mit Beschluss zurückgewiesen, so steht dem Gläubiger hiergegen die sofortige **Beschwerde** (§ 567 Abs. 1 Nr. 2 ZPO; unten Rdn. 3204) zu.
- Jedes aufgrund mündlicher Verhandlung ergangene streitige Urteil kann – unabhängig davon, ob es den Antrag zurückweist, den Arrest anordnet, bestätigt, abändert oder aufhebt – als normales Endurteil mit der **Berufung** angegriffen werden (§ 511 ZPO; Dötsch MDR 2010, 1429; unten Rdn. 2744); gegen die Berufungsentscheidungen des Landgerichts und des Oberlandesgerichts findet ein Rechtsmittel nicht mehr statt (§ 542 Abs. 2 ZPO).
- Erging aufgrund mündlicher Verhandlung ein Versäumnisurteil, so steht der hierdurch beschwerten Partei der Einspruch zu (§ 338 ZPO; oben Rdn. 2652).
- Die Anordnung des Arrests durch Beschluss kann nur durch Widerspruch angegriffen werden (§ 924 ZPO), Rechtsmittel sind nur gegen die aufgrund der (dann zwingend stattfindenden) mündlichen Verhandlung ergehenden Entscheidungen möglich.
- Gegen alle den Arrest (teilweise) anordnenden oder bestätigenden Urteile sind für den Schuldner zwei besondere Rechtsbehelfe möglich (dazu oben Rdn. 1525):

- Gemäß § 926 ZPO hat das Arrestgericht dem Gläubiger aufzugeben, binnen bestimmter Frist die Hauptsacheklage zu erheben. Kommt der Gläubiger dem nicht nach, kann der Arrest durch Endurteil aufgehoben werden (unten Rdn. 2738).
- Gemäß § 927 ZPO kann der Schuldner die **Aufhebung** des Arrests beantragen, wenn sich die bei Erlass maßgeblichen tatsächlichen **Umstände geändert** haben (unten Rdn. 2738).

Keine Rechtsbehelfe sind: 2734
- Die »**Schutzschrift**«, die der Schuldner prophylaktisch bereits vor dem Antrag des Gläubigers bei Gericht einreicht und in der er den Sachverhalt aus seiner Sicht darlegt; er will damit verhindern, dass das Gericht den Arrest ohne mündliche Verhandlung erlässt (oben Rdn. 2581).
- Die »**Abschlusserklärung**«, mit der der Schuldner – meist auf Aufforderung des Gläubigers – erklärt, dass er die einstweilige Verfügung (nur selten auch den Arrest) als endgültig anerkenne und auf Rechtsbehelfe dagegen verzichte (oben Rdn. 2588).

Der Umfang des Schuldnerverzichts auf Rechtsbehelfe ist durch Auslegung zu bestimmen. Regelmäßig umfasst er einen Verzicht auf die Erhebung eines Widerspruchs und auf das Recht aus § 926 Abs. 1 ZPO. Nach einer Urteilsentscheidung des erstinstanzlichen Gerichts liegt es nahe, auch einen Verzicht auf die Berufung anzunehmen. Der Verzicht ist im Wege der Einrede einem dennoch eingelegten Rechtsmittel entgegenzusetzen, steht aber einem Anschlussrechtsmittel nicht entgegen (§ 524 Abs. 2 ZPO). Er kann durch Parteivereinbarung beseitigt werden, ausnahmsweise auch bei Arglist oder Vorliegen eines Restitutionsgrundes (Zöller/Heßler § 515 Rn. 14). Ein wirksamer Verzicht macht einen dennoch eingelegten Rechtsbehelf – jedenfalls ab dem Zeitpunkt, in dem der Gegner sich darauf beruft – unzulässig (BGHZ 27, 60).

Erweist sich die Anordnung des Arrests nachträglich als ungerechtfertigt, steht dem Schuldner ein Schadensersatzanspruch zu (§ 945 ZPO). Dieser muss im Wege einer Leistungsklage im allgemeinen Verfahren geltend gemacht werden. 2735

Dass die Eilanordnung (un-)gerechtfertigt war, kann für den Schadensersatzprozess aufgrund der Entscheidung über einen Rechtsbehelf oder über die Hauptsache bereits **rechtskräftig** feststehen (BGH NJW 1993, 2685; Teplitzky NJW 1984, 850).

2. Besondere Rechtsbehelfe

a) Widerspruch (§ 924 ZPO)

Eine Frist zur Einlegung des Widerspruchs gibt es nicht. Er kann daher auch nach einer Rücknahme jederzeit wieder eingelegt werden. In Ausnahmefällen ist Verwirkung möglich, wenn der Gläubiger sich auf das Ausbleiben des Widerspruchs wegen sehr langen Zuwartens einstellen durfte und sein Vertrauen schutzwürdig ist (Prütting/Gehrlein/Fischer § 924 Rn. 5). Durch die Widerspruchseinlegung wird zwar die Vollziehung nicht gehemmt, das Gericht kann aber die Zwangsvollstreckung auf Antrag einstweilen einstellen (§§ 924 Abs. 3, 707 ZPO). 2736

In der mündlichen Verhandlung wird dann über die Rechtmäßigkeit der einstweiligen Verfügung nach derzeitiger Rechts- und Sachlage entschieden (§ 925 Abs. 1 ZPO). 2737

Zur Vermeidung der Kostentragungspflicht muss daher der Gläubiger die Hauptsache für erledigt erklären, wenn die Voraussetzungen nachträglich weggefallen sind (Zöller/Vollkommer § 924 Rn. 11, § 922 Rn. 4). Hierzu können beide Parteien auch neue Tatsachen vortragen. Liegt kein Fall der Erledigung vor, kann sich der Verfügungsgläubiger bei offensichtlicher Begründetheit des Widerspruchs durch die Rücknahme des Antrages Gerichtskosten sparen.

b) Antrag auf Anordnung der Klageerhebung (§ 926 ZPO)

Auf Antrag des Schuldners hat das Arrestgericht dem Gläubiger eine **Frist** zu bestimmen, binnen der er Klage zu erheben hat (§ 926 ZPO; BGH NJW 1974, 503; BGH NJW 1973, 1329; OLG Frankfurt a. M. NJW 1972, 1330). 2738

Der Antrag ist möglich, sobald und solange der Arrestbefehl bzw. die einstweilige Verfügung besteht und die Hauptsacheklage noch nicht anhängig ist. Er ist an das Arrestgericht zu richten, hier ist der Rechtspfleger zuständig (§ 20 Nr. 14 RPflG). Eine besondere Begründung ist nicht erforderlich.

Eine Ablehnung kommt nur bei Unzulässigkeit des Antrags in Betracht, sei es wegen Fehlens der allgemeinen Zulässigkeitsvoraussetzungen, sei es wegen Fehlens des Rechtsschutzbedürfnisses. Letzteres kommt in Betracht, wenn der Antragsteller durch die Eilanordnung nicht mehr beschwert ist, z.B. weil eine zeitliche Befristung abgelaufen ist, weil der Anspruch erfüllt wurde, die Wiederholungsgefahr weggefallen ist oder auf den Antrag verzichtet wurde (vor allem durch eine Abschlusserklärung, oben Rdn. 2588).

Die Entscheidung ergeht ohne mündliche Verhandlung (nach h.M. regelmäßig auch ohne Anhörung des Gegners) durch Beschluss. Dem Gläubiger steht gegen die Anordnung die Rechtspflegererinnerung nach § 11 Abs. 2 Satz 1 RPflG zu, dem Schuldner gegen die Ablehnung die sofortige Beschwerde nach § 11 Abs. 1 RPflG, § 567 Abs. 1 Satz 2 ZPO.

Gewahrt ist die Frist, wenn die Klage innerhalb der nach § 926 Abs. 1 ZPO bestimmten Frist bei Gericht eingegangen und dem Gegner »demnächst« im Sinne von § 167 ZPO zugestellt ist (OLG Frankfurt a. M. FamRZ 2020, 2019).

2739 Wird die Klage nicht innerhalb der vom Gericht gesetzten Frist erhoben, ist die Eilanordnung auf einen weiteren Antrag des Schuldners hin **aufzuheben**.

Auch dieser Antrag ist an das Arrestgericht zu richten und bedarf der Schriftform im Rahmen der aktiven Nutzungspflicht der elektronischen Form (§ 130d ZPO). Er ist zulässig, wenn die Eilanordnung noch besteht und den Antragsteller beschwert (wie vorstehend).

Begründet ist er, wenn die Frist verstrichen ist, ohne dass die Hauptsacheklage erhoben wurde. Dass dies geschehen ist, muss der Gläubiger dartun (sekundäre Darlegungslast). »Nicht erhoben« ist die Klage auch, wenn sie den falschen Streitgegenstand verfolgt, (ohne Zustimmung des Schuldners) bereits wieder zurückgenommen oder als unzulässig abgewiesen wurde.

Die Entscheidung ergeht nach obligatorischer mündlicher Verhandlung durch Urteil.

2740 Alternativ zum Antrag auf Fristsetzung nach § 926 Abs. 1 ZPO kann der Schuldner auch seinerseits eine **negative Feststellungsklage** (Nichtbestehen des mit dem Eilantrag geltend gemachten Anspruchs) erheben und im Fall des Obsiegens Aufhebung der Eilanordnung nach § 926 Abs. 2 ZPO verlangen (BGH NJW 1978, 2157; Thomas/Putzo/Seiler § 926 Rn. 20).

c) Antrag auf Aufhebung wegen veränderter Umstände (§ 927 ZPO)

2741 Haben sich nach Erlass einer Eilanordnung die Umstände, die zu ihrem Erlass geführt haben, geändert, kann der Schuldner deren Aufhebung beantragen (§ 927 ZPO).

Im Rahmen des Aufhebungsverfahrens geht es nicht um die Rechtmäßigkeit der Anordnung des Arrests, sondern um nach dem Erlass eingetretene Änderungen, z.B. dass der Arrestanspruch durch Erfüllung erloschen oder der Arrestgrund weggefallen ist, weil der Gläubiger inzwischen ein obsiegendes Urteil in der Hauptsache erwirkt hat und somit anderweitig gesichert ist (BGH WM 1976, 134; KG WRP 1990, 330; zum Verhältnis zu anderen Rechtsbehelfen Teplitzky DRiZ 1982, 41, 45).

Streitig ist, ob die Aufhebung der Eilanordnung im Rahmen einer Widerklage im nachfolgenden Hauptsacheverfahren des Gläubigers verlangt werden kann. Dagegen sprechen die Unterschiede zwischen Eil- und allgemeinem Verfahren, insbesondere hinsichtlich der Zuständigkeit, des Verfahrensablaufs und des Instanzenzugs (OLG Karlsruhe GRUR-RR 2014, 362; Rehart, Widerklage auf Aufhebung einer einstweiligen Verfügung – wirklich zulässig?, WRP 2017, 1307 m.w.N.). Der BGH (BGH WRP 2017, 1094; OLG Hamburg NJW-RR 2007, 40) hat diese Unterschiede (zumindest in dem von ihm entschiedenen wettbewerbsrechtlichen Fall) für nicht ausschlaggebend gehalten und die Widerklage vor allem aus prozessökonomischen Gründen zugelassen.

d) Antrag auf einstweilige Anordnung durch das BVerfG (§ 32 BVerfGG)

2742 Mit mehreren neueren Entscheidungen hat das BVerfG die besondere Bedeutung der prozessualen Waffengleichheit im Eilverfahren herausgestellt.

Der Grundsatz der prozessualen Waffengleichheit verpflichtet den Richter, die Gleichstellung der Parteien durch eine objektive, faire Verhandlungsführung, durch unvoreingenommene Bereitschaft zur Verwertung und Bewertung des gegenseitigen Vorbringens, durch unparteiische Rechtsanwendung und durch korrekte Erfüllung seiner sonstigen prozessualen Obliegenheiten gegenüber den Prozessbeteiligten zu wahren. Verletzt ist dieser Grundsatz insbesondere dann, wenn der Gegner vor der Entscheidung nicht in den gleichen Kenntnisstand wie der Antragsteller versetzt wurde. Dies kann darauf beruhen, dass dem Gegner der Sachverhalt oder ein gerichtlicher Hinweis zur Antragsformulierung bzw. zu den Erfolgsaussichten nicht vollständig bekannt war, weil er hierzu keine Gelegenheit zur Stellungnahme, insbesondere im Rahmen einer mündlichen Verhandlung, erhalten hat. (BVerfG NJW 2018, 3631; oben Rdn. 2582).

Wird der Grundsatz der prozessualen Waffengleichheit verletzt, besteht dagegen die Möglichkeit einer Verfassungsbeschwerde, bei fortdauernder Eilbedürftigkeit die Möglichkeit eines Antrags auf Erlass einer einstweiligen Anordnung durch das BVerfG (§ 32 BVerfGG).

Dem steht die Möglichkeit eines Antrags auf einstweilige Einstellung der Zwangsvollstreckung aus der einstweiligen Verfügung (§ 924 Abs. 3 i.V.m. § 707 S. 2 ZPO) nicht entgegen.

C. Berufung

Anders als zu Zeiten der Singularzulassung findet heute ein Anwaltswechsel zwischen erster und **2743**
zweiter Instanz nur in absoluten Ausnahmefällen statt.

Die Fortführung der Prozessvertretung durch den ursprünglich tätigen Rechtsanwalt bringt das Risiko einer Betriebsblindheit mit sich. Auf eingefahrenen gedanklichen Wegen kann die Chance versäumt werden, den Sachverhalt von einer neuen Seite anzugehen und rechtlich unbefangen neu zu würdigen (Vorwerk/Teubel Kap. 65 Rn. 5). Zudem besteht die Gefahr, sich auf eine bloße Wiederholung des bisherigen Vorbringens zu verlassen, statt sich eingehend mit dem Urteil der Vorinstanz auseinanderzusetzen und dessen Schwächen aufzudecken. Die Kunst der anwaltlichen Tätigkeit in diesem Stadium besteht daher darin, sich dieses Risikos bewusst zu sein und den Fall aktiv mit neuen, unvoreingenommenen Augen zu betrachten. Ausgangs- und Zielpunkt der gesamten Betrachtung muss dabei das angefochtene Urteil sein.

I. Die Anfechtungsentscheidung

In der Regel ist der Anwalt bereits in die Entscheidung eingebunden, ob ein Urteil mit der Beru- **2744**
fung angefochten werden soll.

1. Zulässigkeit der Berufung

Prozessual setzt eine erfolgreiche Berufung voraus, dass **2745**
- sie sich gegen ein im ersten Rechtszug erlassenes Endurteil richtet (§ 511 Abs. 1 ZPO; unten Rdn. 2746),
- der Wert des Beschwerdegegenstandes 600 € übersteigt oder das Gericht des ersten Rechtszuges die Berufung im Urteil zugelassen hat (§ 511 Abs. 2 ZPO; unten Rdn. 2755),
- sie form- und fristgerecht beim zuständigen Gericht eingelegt wird (§§ 517, 519 ZPO; unten Rdn. 2799) und
- sie form- und fristgerecht begründet wird (§ 520 ZPO; unten Rdn. 2887).

a) Endurteil

Mit der Berufung können **Endurteile** angegriffen werden (§ 511 Abs. 1 ZPO). **2746**

Ihnen gleichgestellt sind Vorbehaltsurteile (§§ 302 Abs. 3, 599 Abs. 3 ZPO) und Zwischenurteile über den Grund des geltend gemachten Anspruchs (§ 304 Abs. 2 ZPO). Nicht mit der Berufung anfechtbar sind damit lediglich die Zwischenurteile über prozessuale Zwischenfragen (zum Beispiel nach § 71 Abs. 2, § 135 Abs. 3 oder § 387 Abs. 3 ZPO) und (erste) Versäumnisurteile (§§ 330, 331 ZPO).

Bei Anfechtung eines solchen Urteils unterliegen der Nachprüfung durch das Berufungsgericht auch **2747**
die **Zwischen- und Vorentscheidungen** der ersten Instanz (§ 512 ZPO), soweit diese nicht selbstständig der sofortigen Beschwerde unterliegen.

▶ Beispiel:

2748 Dazu gehören der Beweisbeschluss (§ 358 ZPO), der Verweisungsbeschluss (§ 281 ZPO) oder die Vorlage- und Übernahmebeschlüsse zwischen Kammer und Einzelrichter (§§ 348, 348a ZPO).

2749 Entscheidungen, die verschiedene Entscheidungsformen in sich vereinen (»**Mischentscheidungen**«), werden grundsätzlich der jeweiligen Form entsprechend getrennt angefochten.

▶ Beispiel:

2750 Ist die Klage gegen einen (einfachen) Streitgenossen wegen Säumnis, die gegen den anderen, erschienenen Streitgenossen aufgrund einer Sachentscheidung abgewiesen worden, so liegt teilweise ein Versäumnisurteil, teilweise ein Endurteil vor. Gegen das Versäumnisurteil ist dann der Einspruch gegeben, gegen das Endurteil die Berufung. Das ändert sich auch nicht dadurch, dass beide Entscheidungen in derselben Urteilsurkunde verbunden sind.

Lassen sich die Entscheidungsteile nicht trennen, sind beide Rechtsbehelfe nebeneinander statthaft und lassen eine Überprüfung der Gesamtentscheidung zu. Wichtigster Fall dabei sind die Kostenmischentscheidungen.

▶ Beispiel:

2751 Ist die Klage vom Kläger zurückgenommen oder von beiden Parteien übereinstimmend für erledigt erklärt worden, so ergeht hierüber eine Kostenentscheidung durch Beschluss, der mit der sofortigen Beschwerde anfechtbar ist (§§ 269, 91a ZPO). Betrifft die Erledigung oder Rücknahme nur einen Teil des Streitgegenstands, so muss über den verbleibenden Teil der Hauptsache eine streitige Entscheidung ergehen. Wegen des Grundsatzes der Einheit der Kosten des Rechtsstreits können die auf den erledigten oder zurückgenommenen Teil entfallenen Kosten nicht isoliert tenoriert werden, sondern fließen in die nach §§ 91, 92 ZPO ergehende Kostenentscheidung des Urteils ein.

Diese Kostenmischentscheidung kann zusammen mit der Hauptsacheentscheidung durch die Berufung oder isoliert mit der sofortigen Beschwerde angegriffen werden (OLG Köln NJW-RR 1994, 767; Bergerfurth NJW 1992, 1655, 1660 f.).

2752 Falsch bezeichnete Urteile können sowohl mit dem gegen die Entscheidungsform als auch mit dem gegen den Entscheidungsinhalt gegebenen Rechtsbehelf angefochten werden (sog. **Grundsatz der Meistbegünstigung**).

▶ Beispiel:

2753 Hat das Gericht den unzulässigen Einspruch gegen ein Versäumnisurteil ohne mündliche Verhandlung (wie bis zur ZPO-Reform geboten) fälschlich durch Beschluss statt durch Urteil (§ 341 Abs. 2 ZPO) verworfen, so kann die hiervon betroffene Partei sowohl sofortige Beschwerde als auch Berufung einlegen.

Der Grundsatz der Meistbegünstigung eröffnet jedoch keine Anfechtungsmöglichkeit, die ohne den Fehler des Gerichts nicht gegeben wäre. Wenn gegen die inhaltlich richtige Entscheidung kein Rechtsbehelf möglich gewesen wäre, ist auch der gegen die Form statthafte Rechtsbehelf nicht möglich.

2754 **Nichtige Urteile** und **Scheinurteile** entfalten keine Rechtswirkungen und müssen deswegen nicht mit der Berufung angefochten werden. Zur Beseitigung des von ihnen ausgehenden Rechtsscheins ist die Berufung jedoch möglich.

Dies gilt nicht für »Noch-nicht-Urteile«, d.h. Urteile, die bereits vor ihrer Verkündung angegriffen werden sollen. Eine solche Berufung ist unzulässig.

b) Wert- und Zulassungsberufung

aa) Beschwer

Durch die Entscheidung beschwert ist, wer von ihr nachteilig betroffen ist. 2755

Voraussetzung ist daher zunächst, dass über eine Frage zum Nachteil einer Partei entschieden wurde. Keine Beschwer liegt vor, wenn eine nicht beantragte Entscheidung unterblieben ist. Deswegen kann mit der Berufung nicht gerügt werden, eine erforderliche Entscheidung sei nicht ergangen.

Eine solche Beschwer lässt sich unterschiedlich bestimmen. **Formell** beschwert ist eine Partei, wenn 2756
sich der Tenor des Urteils nicht mit dem von ihr gestellten Antrag deckt. **Materiell** beschwert ist eine Partei, wenn sich aus dem Tenor für sie inhaltliche Rechtsnachteile ergeben. Beide Auffassungen führen meist zum gleichen Ergebnis.

Die formelle Beschwer liegt im Nichterreichen des eigenen Prozessziels (BGH MDR 2021, 103). Dies ist nicht nur dann der Fall, wenn die Klage entgegen dem Sachantrag des Klägers abgewiesen oder ihr entgegen dem Abweisungsantrag des Beklagten stattgegeben wird, sondern auch, wenn auf einen Antrag auf unbedingte Zahlung hin nur eine Zug-um-Zug-Verurteilung erfolgt (BGH NJW 1982, 1048) oder wenn eine Verurteilung nicht aus dem Haupt-, sondern aus dem Hilfsantrag erfolgt (BGHZ 26, 296). Wird die Klage als noch nicht fällig und außerdem verjährt abgewiesen, so liegt eine doppelte Beschwer vor (BGH NJW 2000, 591). Zur Feststellung der Abweichung des Tenors vom Antrag kann es erforderlich sein, ergänzend die Klagebegründung und/oder die Entscheidungsgründe heranzuziehen. Hat der Kläger einen unbezifferten Klageantrag gestellt, ist er formell beschwert, wenn der zugesprochene Betrag hinter der von ihm angegebenen Betragsvorstellung zurückbleibt.

Die materielle Beschwer des Beklagten liegt in seiner Verurteilung, die des Klägers in der Abweisung seiner Klage.

Unterschiede der beiden Arten der Beschwer ergeben sich zum Beispiel bei Abweisung einer Klage als unzulässig, mit der der Beklagte zwar nicht formell (Tenor = Antrag), wohl aber materiell beschwert ist (mindere Rechtskraft des Prozessurteils), oder bei einem Anerkenntnisurteil, wo ebenfalls keine formelle, jedoch eine materielle Beschwer des Beklagten vorliegt.

Einigkeit besteht darüber, dass der **Kläger** zur Einlegung eines Rechtsmittels formell beschwert sein 2757
muss (BGH NJW 1991, 703): Er stellt einen Sachantrag, nur eine Abweichung hiervon begründet für ihn eine Beschwer.

▶ Beispiel:

Hat der Kläger seinen Anspruch auf Rückzahlung eines Darlehens mit 10 000 € beziffert und 2758
insoweit obsiegt, ist er formell nicht beschwert. Stellt er nachträglich fest, dass er irrtümlich eine Tilgungsrate in Höhe von 1 000 € zu viel in Abzug gebracht hat, ist er materiell beschwert, weil er diesen Betrag mit der Rechtskraft des Urteils verliert; für eine Berufung reicht diese bloß materielle Beschwer nicht aus (BGH NJW 1955, 545).

Nicht immer ergibt sich die formelle Beschwer aus dem Vergleich von Antrag und Tenor. In den Fällen des »verdeckten Hilfsantrags« stellt der Kläger nur einen Leistungsantrag, stützt diesen hauptsächlich auf einen Streitgegenstand, hilfsweise auf einen anderen. Wird der Klage hier aus dem Hilfsanspruch stattgegeben, ist der Kläger bezüglich des Hauptantrags formell unterlegen und kann Berufung einlegen. Das ergibt sich richtigerweise aus der im Tenor erforderlichen Abweisung der Klage im Übrigen, jedenfalls aber aus einer Heranziehung der Gründe von Klage und Urteil.

Streitig ist dagegen, ob hiervon auch für den **Beklagten** auszugehen ist. Während ein Teil der Lite- 2759
ratur dies bejaht, lässt die herrschende Meinung für den Beklagten eine bloß materielle Beschwer ausreichen, da der Beklagte nur einen Prozessantrag stellt und hierdurch sein Prozessziel nicht immer detailliert beschrieben werden kann. Für den Beklagten ist deswegen auch eine materielle Beschwer ausreichend (BGH NJW 1955, 545).

Der Beklagte ist damit auch im Fall einer Verurteilung durch Anerkenntnisurteil hinreichend beschwert (BGH FamRZ 2003, 1922). Ebenso, wenn die Klage wegen Bejahung einer Hilfsaufrechnung abgewiesen wird statt wegen Verneinung der Klageforderung (BGHZ 26, 297).

2760 **Streitgenossen** müssen jeweils eine eigene Beschwer aufweisen, **Streithelfer** sind nicht selbst beschwert, abzustellen ist bei ihnen auf die Beschwer der durch sie unterstützten Partei (BGH NJW 1975, 2108).

2761 Für die Beurteilung der Beschwer ist auf den **Zeitpunkt** der Berufungseinlegung abzustellen.

Streitig ist, ob hiervon eine Ausnahme zu machen ist, wenn eine Beschwer zum Zeitpunkt der Urteilsverkündung vorlag, vor der Berufungseinlegung (»zwischen den Instanzen«) aber weggefallen ist. Insbesondere von der neueren Rechtsprechung wird dies zugelassen (BGH NJW 1992, 1032; OLG Schleswig MDR 1997, 1159; Prütting/Gehrlein/Röhl § 511 Rn. 36), die Gegenansicht lehnt dies ab (Anders/Gehle/Gehle § 91a Rn. 101 f. m.w.N.). Praktisch relevant ist dies vor allem für die Frage nach der Zulässigkeit einer Erledigungserklärung (Hausherr MDR 2010, 973). Im Unterschied dazu kann der Wert des Beschwerdegegenstands erst mit der Antragstellung im Termin zur mündlichen Verhandlung bestimmt werden (BGH MDR 2005, 796).

bb) Kostenbeschwer

2762 Die Beschwer des Berufungsführers muss in der Hauptsache liegen, die in der Verpflichtung; die in der Verpflichtung zur Tragung der Kosten des Rechtsstreits liegende Beschwer genügt hierfür nicht. Grundsätzlich unzulässig ist deswegen die Anfechtung eines Urteils allein mit dem Ziel der Abänderung der Kostenentscheidung (§ 99 Abs. 1 ZPO), jedoch kann bei einer Anfechtung der Hauptsacheentscheidung auch die Kostenentscheidung mit angefochten werden.

Die Kostenentscheidung hängt regelmäßig von der Hauptsacheentscheidung ab. Die Kosten trägt, wer in der Hauptsache unterliegt (§§ 91 Abs. 1 Satz 1, 92 Abs. 1 ZPO). Bleibt die Hauptsacheentscheidung unverändert, kann deswegen auch die Kostenentscheidung regelmäßig nicht abgeändert werden.

Ausnahmsweise isoliert kann die Kostenentscheidung in den gesetzlich zugelassenen Fällen mit der sofortigen Beschwerde angefochten werden (BGH NJW-RR 2015, 1405).

§ 99 Abs. 2 ZPO lässt die Anfechtung einer Kostenentscheidung zu, die aufgrund eines Anerkenntnisses ergangen ist. Hier hängen Kosten- und Hauptsacheentscheidung nicht zwingend zusammen (§ 93 ZPO), sodass eine isolierte Abänderung der Kostenentscheidung in Betracht kommt. Ein Anerkenntnisurteil i.S.d. § 99 Abs. 2 ZPO liegt vor, wenn die Entscheidung inhaltlich auf einem Anerkenntnis beruht, selbst wenn das Urteil nicht als Anerkenntnisurteil bezeichnet oder sogar in Form eines streitigen Urteils erlassen wird (MüKoZPO/Schulz § 99 Rn. 21). Es muss eine Kostenentscheidung enthalten, was insbesondere bei Teilanerkenntnisurteilen regelmäßig nicht der Fall ist. Ist teilweise durch Anerkenntnis-, teilweise durch streitiges Urteil entschieden worden, so liegt eine untrennbare Kostenmischentscheidung vor, die mit der sofortigen Beschwerde hinsichtlich des auf das Anerkenntnis entfallenden Teils mit der Berufung gegen die Hauptsache in vollem Umfang angefochten werden kann.

Die auf die Kosten beschränkte sofortige Beschwerde ist auch gegen die Kostenentscheidung nach übereinstimmender Erledigungserklärung (§ 91a Abs. 2 ZPO) und nach Klagerücknahme (§ 269 Abs. 5 ZPO) möglich.

2763 Die Berufung gegen die Beschwer aus der Hauptsache führt stets zu einer Überprüfung der Kostenentscheidung des angefochtenen Urteils von Amts wegen (§ 308 Abs. 2 ZPO). Soll eine Abänderung der Kostenentscheidung erreicht werden, ist es erforderlich und ausreichend, Berufung gegen die Hauptsacheentscheidung einzulegen.

Unschädlich ist es dabei, wenn der Berufungsführer zu erkennen gibt, dass es ihm auch auf die Abänderung der Kostenentscheidung ankommt. Unzulässig wird die Berufung nur, wenn die Anfechtung der Hauptsache eindeutig der Umgehung des § 99 Abs. 2 ZPO dient. Dies nimmt die Rechtsprechung an, wenn erklärter Zweck der Berufung nur die Anfechtung der Kostenentscheidung ist (BGH, Beschl. vom 27.8.2014, XII ZB 266/13, Rz. 8) oder wenn es ausgeschlossen scheint, dass der Berufungsführer an den zur Hauptsache gestellten Anträgen ein schutzwürdiges Interesse hat (OLG Stuttgart NJW-RR 2025, 635).

cc) Wert des Beschwerdegegenstands

Für die Berufung nach § 511 Abs. 2 Nr. 1 ZPO ist nicht nur das Vorliegen einer Beschwer erforderlich, diese muss zudem 600 € übersteigen. Dieser (auch Rechtsmittelstreitwert genannte) Wert ist nicht immer identisch mit dem in der Praxis häufig als »**Streitwert**« verallgemeinerten Gebührenstreitwert. 2764

Unter dem Oberbegriff »Streitwert« werden die Werte für die Abgrenzung der sachlichen Zuständigkeit (§ 1 ZPO i.V.m. § 23 GVG), der für die Zulässigkeit eines Rechtsmittels erforderliche Wert der Beschwer bzw. des Beschwerdegegenstands (§§ 511 Abs. 1 Nr. 1, 567 Abs. 2, 544 Abs. 2 ZPO) und der für die Berechnung der Höhe einzelner Gebühren zugrunde zu legende Wert nach § 3 Abs. 1 GKG, § 2 Abs. 1 RVG) zusammengefasst. Hinzu kann der für die streitwertbezogene Berechnung einer Kostenquote erforderliche Wert nach § 92 Abs. 1 ZPO kommen. Während der Gebührenstreitwert sich nach den §§ 34 ff. GKG bestimmt, richten sich die anderen Werte nach §§ 2 ff. ZPO. Für einzelne Fragen verweist das GKG auf die §§ 2 ff. ZPO (so zum Beispiel für die Klagehäufung, § 48 Abs. 1 Satz 1 GKG i.V.m. § 5 Satz 1 ZPO), für andere Fragen enthalten GKG und ZPO identische Regelungen (so zum Beispiel für die Berücksichtigung von Nebenforderungen; §§ 4 Abs. 1 Satz 2, 43 GKG). Einige Fragen aber sind abweichend geregelt; so werden die Werte der einzelnen Anträge bei der Stufenklage nach § 44 GKG addiert, während nach § 5 Satz 1 ZPO nur der höchste Einzelwert zugrunde zu legen ist.

Wert der Beschwer und Wert des Beschwerdegegenstands werden grundsätzlich nach den §§ 2 ff. ZPO berechnet. Auf einzelne Berechnungsprobleme findet § 45 GKG entsprechende Anwendung. 2765

Beispiel:

Der Wert richtet sich bei Prozessurteilen nach dem Wert der Hauptsache, bei einem Teilurteil nach dem Wert des entschiedenen Teils (BGH NJW 1998, 686); werden mehrere Teilurteile gleichzeitig angefochten, muss der Rechtsmittelwert für jedes einzelne Teilurteil erreicht sein. Wird der Klage aus einem Hilfsantrag stattgegeben, bestimmt sich der Wert der Beschwer für den Kläger aus dem Haupt-, für den Beklagten aus dem Hilfsantrag; sind Haupt- und Hilfsantrag abgewiesen, ist der Kläger um die Summe beider Ansprüche beschwert. Das Gleiche gilt für Klage und Widerklage: Unterliegt eine Partei in beiden Prozessrechtsverhältnissen, bemisst sich ihre Beschwer (entgegen § 5 Satz 2 ZPO; analog § 45 Abs. 1 GKG) aus einer Addition beider Werte (BGH NJW 1994, 3292; Oehlers NJW 1992, 1667). Wird die Klage wegen einer Hilfsaufrechnung des Beklagten abgewiesen, bemisst sich die Beschwer des Klägers allein aus dem Wert der abgewiesenen Klageforderung, die des Beklagten aus der Summe von Klage- und (der Höhe nach durch die Klageforderung begrenzten) Aufrechnungsforderung (analog § 19 Abs. 3 GKG). Eine erstmalig in der Berufungsinstanz erhobene Widerklage erhöht nicht den Wert des Beschwerdegegenstandes der Berufung des Beklagten (BGH MDR 2022, 457). 2766

Der Wert der Berufungsinstanz muss dabei nicht identisch mit dem der ersten Instanz sein. Verfolgt der Kläger nach einem Teilobsiegen in Höhe von 2 000 € den erstinstanzlichen Antrag in Höhe von 8 000 € in der Berufung weiter, bemisst sich der Wert hier nur aus der Differenz (6 000 €). Auch für die Parteien kann der Wert unterschiedlich sein. Ist die Klage auf Auskunftserteilung abgewiesen worden, richtet sich die Beschwer des Klägers nach dem Interesse, das er an der Auskunft haben kann (der Höhe des daraus abzuleitenden Leistungsanspruchs, BGH NJW 1997, 1016), das des Beklagten nach dem Aufwand, der mit der Auskunftserteilung verbunden ist (BGH JZ 1995, 681).

Für die Zulässigkeit der Berufung ist nicht auf den Wert der Beschwer, sondern auf den Wert des Beschwerdegegenstands abzustellen. Die **Beschwer** ist der Nachteil, der der Partei aus dem Urteil erwächst, der **Beschwerdegegenstand** ist der Teil der Beschwer, den die Partei mit dem Rechtsmittel angreift. 2767

Beispiel:

Das Landgericht hat der auf Zahlung von 4 000, – € gerichteten Klage in Höhe von 1 500, – € und der auf Zahlung von 2 500, – € gerichteten Widerklage in Höhe von 500, – € stattgegeben und Klage und Widerklage im Übrigen abgewiesen. Hiergegen richtet sich die Berufung 2768 des Klägers, mit der er seinen Klageantrag in Höhe weiterer 1 500, – €, die Abweisung der Widerklage in Höhe weiterer 1 500, – € und einen neuen Anspruch in Höhe von 1 000, – € verfolgt. Hier ergeben sich folgende Werte:

- Der Kostenstreitwert 1. Instanz ergibt sich aus einer Addition von Klage und Widerklage, beläuft sich also auf 6 500, – € (§ 19 Abs. 1 GKG).
- Der Zuständigkeitsstreitwert 1. Instanz richtet sich nach dem höchsten Einzelwert von Klage bzw. Widerklage und beträgt hier 4 000, – €.
- Der Beklagte ist aus dem Urteil mit der Verurteilung aus der Klage (1 500, – €) und der Abweisung der Widerklage (500, – €), insgesamt also mit 2 000, – €, beschwert.
- Der Kläger ist mit der Abweisung der Klage (2 500, – €) und der Stattgabe der Widerklage (2 000, – €), insgesamt also 4 500, – €, beschwert.
- Der Wert des Beschwerdegegenstands des Klägers beläuft sich auf 3 000, – € (Anfechtung der Entscheidung über die Klage und die Widerklage in Höhe von jeweils 1 500, – €).
- Für den Kostenstreitwert 2. Instanz ist zu dem Wert des Beschwerdegegenstands der Wert des neu erhobenen Anspruchs (1 000, – €) zu addieren, er beläuft sich damit auf 4 000, – € (§ 19 Abs. 1 GKG).

2769 Festgesetzt wird der Wert des Beschwerdegegenstands durch das Berufungsgericht. Dieses ist dabei weder an eine Wertfestsetzung durch das erstinstanzliche Gericht noch an die Angabe des Werts durch die Parteien gebunden (BGH NJW-RR 2004, 1643). Ist der Wert nach freiem Ermessen zu bestimmen (§ 3 ZPO), gibt es insbesondere aufseiten des Beklagten zahlreiche Zweifelsfragen und damit verbundene Unsicherheiten bei der Abschätzung der Erfolgsaussichten des Rechtsmittels.

▶ Beispiel:

2770 Die Beschwer eines zur Auskunftserteilung verurteilten Beklagten richtet sich nach seinem Interesse, die Auskunft nicht erteilen zu müssen. Dafür ist in der Regel der Aufwand an Zeit und Kosten, den die Auskunftserteilung verursacht, maßgebend (BGH FamRZ 2003, 1922; FamRZ 2005, 1064). In den Fällen, in denen der Beklagte gegen eine unbestrittene Gegenforderung aufrechnet, ist er nur in Höhe des Betrages beschwert, zu dessen Zahlung er verurteilt worden ist (BGH FamRZ 2004, 1714). Der Wert des Beschwerdegegenstands erhöht sich nicht über den Betrag der Verurteilung hinaus, wenn der Beklagte, der mit dem Rechtsmittel seinen Antrag auf Klagabweisung weiterverfolgen will, neben anderen Einwendungen auch mit einem hilfsweise geltend gemachten Zurückbehaltungsrecht ohne Erfolg geblieben war (BGH MDR 2005, 345). Bei einem Streit über die Unwirksamkeit eines Vergleichs bemisst sich die Beschwer des Berufungsklägers nach seinem Interesse an der Unwirksamkeit des Vergleichs (BGH FamRZ 2007, 630).

Soweit die Zulässigkeit der Berufung vom Wert des Beschwerdegegenstandes abhängt (§ 511 Abs. 2 Nr. 1 ZPO) und das Berufungsgericht diesen zulässigerweise nach freiem Ermessen (§ 3 ZPO) festgesetzt hat, beschränkt sich die Prüfungskompetenz des Revisionsgerichts darauf, ob das Berufungsgericht von seinem Ermessen einen ungesetzlichen Gebrauch gemacht hat, etwa indem es maßgebliche Tatsachen nicht berücksichtigt oder unter Verstoß gegen die Fragepflicht des § 139 ZPO nicht festgestellt hat (BGH VersR 2007, 707).

2771 Der Wert des Beschwerdegegenstands muss im **Zeitpunkt der Berufungseinlegung** erreicht sein.

Allerdings lässt er sich zu diesem Zeitpunkt noch nicht sicher absehen. In welchem Umfang der Berufungskläger das Urteil anficht, ergibt sich erst aus dem Berufungsantrag, der Teil der Berufungsbegründung ist. Unzulässig ist die Einlegung der Berufung wegen Nichterreichens der Berufungssumme deswegen nur, wenn schon der Wert der Beschwer unter 600 € liegt oder sich aus der Einlegung ergibt, dass der Umfang der Anfechtung diesen Betrag nicht übersteigen soll. Fehlt ein Anhaltspunkt für den Umfang der Anfechtung, ist von einer unbeschränkten Anfechtung des Urteils auszugehen, sodass der Wert des Beschwerdegegenstands zunächst mit dem des Werts der Beschwer gleichgestellt wird. Beschränkt der Berufungskläger (durch einen zu geringen Antrag oder eine teilweise Berufungsrücknahme) sein Begehr willkürlich auf einen Teil unterhalb der Berufungssumme, wird die Berufung unzulässig.

Das Abstellen des Berufungswerts auf den Zeitpunkt der Berufungseinlegung bedeutet nach § 4 ZPO auch, dass nachträgliche Änderungen unbeachtlich bleiben. Das gilt für schwankende Werte (Kursschwankungen von Wertpapieren oder Edelmetallen) genauso wie für nachträgliche Teilerledigungen (teilweise freiwillige Erfüllung durch den Gegner, Teilvergleich).

Der Wert des Beschwerdegegenstands ist vom Berufungskläger **glaubhaft zu machen** (§ 511 Abs. 3 2772
ZPO). Er wird durch das Berufungsgericht bei Bedarf autonom festgesetzt.

Beim bezifferten Klageantrag ist eine Glaubhaftmachung nicht erforderlich. In allen anderen Fällen reicht eine Bezugnahme auf die erstinstanzliche Wertfestsetzung regelmäßig aus. Vortrag und Glaubhaftmachung erfolgen im Rahmen der Berufungsbegründung (§ 520 Abs. 4 Nr. 2 ZPO). Unterbleibt die Glaubhaftmachung, muss das Gericht den Wert nach freiem Ermessen schätzen (§ 3 ZPO), zur weiteren Aufklärung des Werts ist das Gericht nicht verpflichtet (BGH NJW-RR 1999, 573).

Bei der Wertfestsetzung ist das Berufungsgericht an eine Wertfestsetzung des erstinstanzlichen Gerichts nicht gebunden. Die Festsetzung kann zu Beginn der Berufungsinstanz oder an deren Ende erfolgen, sei es in Form eines separaten Beschlusses, sei es in der Entscheidung über die Berufung (Beschluss nach § 522 ZPO, Urteil nach §§ 538 Abs. 1, 540 ZPO). Sie ist isoliert nicht anfechtbar und kann auch mit der Revision nur eingeschränkt gerügt werden (BGH NJW 1992, 2020).

dd) Berufungszulassung

Zulässig ist die Berufung nicht nur, wenn der Wert des Beschwerdegegenstands 600 € übersteigt, son- 2773
dern auch, wenn das erstinstanzliche Gericht die Berufung zugelassen hat (§ 511 Abs. 2 Nr. 2 ZPO).

Kann oder soll ein Urteil nur im Wertbereich unterhalb von 600 € angefochten werden, ist es des- 2774
halb erforderlich, eine **Zulassung der Berufung** durch das erstinstanzliche Gericht zu erreichen. Die Entscheidung hierüber ergeht von Amts wegen, erfordert also keinen Antrag. Dennoch kann es sinnvoll sein, die Zulassung ausdrücklich anzuregen und zu den Zulassungsvoraussetzungen (§ 511 Abs. 4 ZPO) vorzutragen.

Zuzulassen ist die Berufung nach § 511 Abs. 4 ZPO, wenn die Sache grundsätzliche Bedeutung hat oder die Fortbildung des Rechts oder die Sicherung einer einheitlichen Rechtsprechung eine Entscheidung des Berufungsgerichts erfordern. Diese Voraussetzungen entsprechen denen der Revisionszulassung nach § 543 Abs. 2 ZPO, sodass die Rechtsprechung dazu (BGH NJW 2002, 3029; BGH NJW 2003, 65) entsprechend anwendbar ist.

Grundsätzliche Bedeutung hat eine Sache, wenn sie eine entscheidungserhebliche, klärungsbedürftige und klärungsfähige Rechtsfrage aufwirft, die sich in einer unbestimmten Vielzahl von Fällen stellen kann, oder wenn andere Auswirkungen des Rechtsstreits auf die Allgemeinheit deren Interessen berühren (BGH NJOZ 2019, 82; BGH NJW-RR 2010, 1047).

Die Fortbildung des Rechts erfordert eine Entscheidung des Berufungsgerichts, wenn der Einzelfall Veranlassung gibt, Leitsätze für die Auslegung von Gesetzesbestimmungen des materiellen oder formellen Rechts aufzustellen oder Gesetzeslücken auszufüllen. Hierzu besteht nur Anlass, wenn es für die rechtliche Beurteilung typischer oder verallgemeinerungsfähiger Lebenssachverhalte an einer Orientierungshilfe ganz oder teilweise fehlt.

Die Sicherung einer einheitlichen Rechtsprechung erfordert eine Entscheidung des Berufungsgerichts, wenn bei der Auslegung oder Anwendung revisiblen Rechts Fehler über die Einzelfallentscheidung hinaus die Interessen der Allgemeinheit nachhaltig berühren. Dies ist in Fällen der Divergenz (Abweichung von der Entscheidung eines höheren oder gleichrangigen Gerichts) sowie der Wiederholungs- und Nachahmungsgefahr gegeben.

Die Berufung muss im erstinstanzlichen Urteil zugelassen sein. 2775

Sie findet sich sinnvollerweise im Tenor, kann aber auch ausschließlich in den Entscheidungsgründen enthalten sein.

Eine separate Beschlussentscheidung ist nicht möglich.

Eine Zulassung der Berufung bindet das Berufungsgericht (§ 511 Abs. 4 Satz 2 ZPO). Dies gilt auch dann, wenn sie auf einem Irrtum beruht, unzutreffend oder mangelhaft begründet ist (BGH NJW

2024, 3520). Eine Nichtzulassung bindet die Parteien, kann von ihnen nicht angefochten werden; insbesondere ist eine Nichtzulassungsbeschwerde (wie von § 544 ZPO für die Revision vorgesehen) nicht möglich (Greger NJW 2002, 3051).

Ist die Berufung nicht ausdrücklich zugelassen, so ist sie nicht zugelassen. Das Unterbleiben einer Zulassungsentscheidung steht dem Ausspruch einer Nichtzulassung gleich (BGH BeckRS 2016, 3749 Rn. 14).

Allerdings muss die Zulassung nicht ausdrücklich erfolgt sein, möglich ist auch eine bloß konkludente Zulassung. Eine solche hat der BGH angenommen, wenn sich aus den Umständen des erstinstanzlichen Urteils ergab, dass das Gericht von einer Anfechtbarkeit des Urteils ausgegangen ist (BGH NJW 2011, 926). Allein in der Rechtsbehelfsbelehrung über die Möglichkeit der Berufung (§ 232 ZPO) liegt eine Zulassung nicht (BGH NJW 2014, 639).

Hat das Gericht eine Zulassung für irrtümlich entbehrlich oder für nicht möglich gehalten (etwa, weil es den Wert der Beschwer zu hoch angenommen hat oder weil die Zulassungsvoraussetzungen falsch beurteilt wurden), handelt es sich um die bewusste Nichtzulassung des Rechtsmittels, die mit der Ergänzung nach § 321 ZPO nicht berichtigt werden kann, auch wenn sie inhaltlich falsch ist (BGH NJW 2014, 2879; BGH FamRZ 2014, 1100). Von einer der Urteilsergänzung nicht zugänglichen Nichtzulassung geht die herrschende Meinung auch dann aus, wenn das Gericht vergessen hat, über die Frage einer Zulassung zu entscheiden. Die für die Zulässigkeit des Rechtsmittels erforderliche Zulassung fehlt nicht erst, wenn das Erstgericht die Zulassung abgelehnt hat, sondern schon dann, wenn eine Zulassung nicht erfolgt ist, ohne dass es auf den Grund für das Fehlen der Zulassung ankommt (BGH MDR 2002, 1449, 1450; BGH NJW 2004, 779; Greger NJW 2002, 3050; a.A. Stein/Jonas/Leipold § 321 ZPO Rn. 16 m.w.N.).

Eine Berichtigung des erstinstanzlichen Urteils in Bezug auf die Zulassungsentscheidung nach § 319 ZPO setzt voraus, dass das Gericht eine entsprechende Entscheidung getroffen hat und dies bei Urteilserlass auch erkennbar geworden ist, sodass das Fehlen eines entsprechenden Ausspruchs sich als offenbar fehlerhaft darstellt (BGH NJW-RR 2009, 1349; BGH NJW 2014, 2879; OLG Düsseldorf NJW-RR 2015, 360). Eine Berichtigung ist nur dann zulässig und entfaltet auch nur dann eine entsprechende Bindungswirkung für das Rechtsmittelgericht, wenn die Tatsache, dass die Berufungszulassung beschlossen und nur versehentlich nicht im Urteil ausgesprochen worden war, aus dem Zusammenhang des Urteils selbst oder mindestens aus den Vorgängen bei seinem Erlass nach außen hervorgetreten ist. Dabei muss das Versehen selbst für Dritte ohne Weiteres deutlich sein. Ein nur gerichtsintern gebliebenes Versehen, das meist nicht ohne weitere Beweiserhebung überprüft werden könnte, ist demnach keine »offenbare Unrichtigkeit« (BAG NZA 2018, 1216).

Eine nachträgliche Zulassung des Rechtsmittels kann auch mit einer Anhörungsrüge (§ 321a ZPO) nicht erreicht werden. Rechtliches Gehör zur Zulassungsentscheidung ist separat nicht erforderlich, das Fehlen eines Zulassungsgrundes bedarf keiner besonderen Begründung, die bloße Nichterörterung der Zulassungsvoraussetzungen stellt deswegen keine willkürliche Verletzung von Verfahrensgrundrechten dar (BGH MDR 2017, 1072 m. Anm. Norbert Schneider ErbR 2018, 378). Denkbar bleibt, dass die Nichtzulassung objektiv willkürlich war oder der Instanzenzug in sachlich nicht zu rechtfertigender Weise verkürzt wurde (BGH MDR 2018, 690).

Die gesetzlich nicht geregelte Gegenvorstellung kann das Gericht zwar zu einem Überdenken der durch Unterlassen einer ausdrücklichen Zulassung erfolgten Nichtzulassung bewegen, kann die Bindung des Gerichts an seine eigene Entscheidung aber nicht beseitigen und einen gesetzlich nicht vorgesehenen Rechtsweg nicht eröffnen (BGH NJW 2018, 3388; BGH DZWIR 2019, 46).

Das Berufungsgericht ist zur Nachholung einer unterbliebenen Entscheidung über die Zulassung der Berufung nur befugt, wenn das erstinstanzliche Gericht für eine Zulassungsentscheidung keine Veranlassung gesehen hat, weil es wegen eines auf mehr als 600 € festgesetzten Streitwerts von einer entsprechenden Beschwer der unterlegenen Partei ausgegangen ist, während das Berufungsgericht diesen Wert für nicht erreicht hält (BGH MDR 2012, 602). Allein aus dem Ausspruch über die vorläufige Vollstreckbarkeit (kein Unterbleiben der Abwendungsbefugnis nach §§ 713, 711 ZPO wegen unzweifelhaftem Fehlen der Rechtsmittelvoraussetzungen) ergeben sich jedoch keine hinreichenden Anhaltspunkte dafür, dass das erstinstanzliche Gericht von einer Rechtsmittelfähigkeit seiner Entscheidung ausgegangen ist (BGH MDR 2012, 602).

2. Fehlerkontrolle

Sachlich kann die Berufung nur dann Erfolg haben, wenn das erstinstanzliche Urteil fehlerhaft ist, 2776
weil es auf einer Rechtsverletzung beruht oder zweitinstanzlich zu berücksichtigende Tatsachen eine andere Entscheidung rechtfertigen (§ 513 ZPO). Ein solcher Fehler kann im Verfahren oder in der Entscheidung liegen.

Die Berufung ist damit anders als bis zur ZPO-Reform keine »zweite Chance« zur Rechtsverwirklichung mehr, bei der das erstinstanzliche Verfahren einschränkungslos wiederholt wird. Vielmehr handelt es sich um ein Rechtsmittel, mit dem erstinstanzliche Fehler bei der Tatsachenfeststellung oder der Rechtsanwendung korrigiert werden können (BGH NJW 2003, 1271).

Allerdings hat der BGH in neueren Entscheidungen in der Berufung »eine zweite – wenn auch eingeschränkte Tatsacheninstanz« gesehen, deren Aufgabe in der »Gewinnung einer fehlerfreien und überzeugenden und damit richtigen Entscheidung des Einzelfalles« besteht (BGH WuM 2016, 743; BGH MDR 2016, 270 und 817).

Verfahrensfehler lassen sich sicher nur anhand der Gerichtsakte feststellen. Unabdingbar ist es des- 2777
wegen, vor der Berufungseinlegung Einsicht in die Gerichtsakte zu nehmen.

Fehler im Ablauf des erstinstanzlichen Verfahrens liegen vor, wenn zwingende gesetzliche Bestimmungen der Verfahrensordnung nicht eingehalten wurden.

Verfahrensfehler können mit einem Rechtsmittel nur gerügt werden, wenn sie nicht bereits in erster Instanz geheilt wurden. Zustellungsfehler werden durch den tatsächlichen Zugang des Schriftstücks geheilt (§ 189 ZPO), verzichtbare Verfahrensrügen durch die rügelose Einlassung (§ 295 ZPO). Eine Heilung ist auch durch Nachholung zunächst nicht erfüllter Prozessvoraussetzungen möglich.

Gestützt werden kann die Berufung auf einen Verfahrensverstoß nur, wenn die Entscheidung darauf beruht; die Rechtsverletzung muss für die Fehlerhaftigkeit des Urteils ursächlich geworden sein. Erforderlich ist deswegen die Feststellung im Einzelfall, dass bei richtiger Rechtsanwendung eine inhaltlich abweichende Entscheidung ergangen wäre (BGH NJW 1990, 122). Allerdings können Zweifel dabei nicht zulasten des Berufungsführers gehen, sodass es ausreicht, wenn ein anderes Ergebnis nicht ausgeschlossen werden kann (Thomas/Putzo/Seiler § 545 Rn. 12).

Entscheidungsfehler finden sich in allen Teilen des Urteils. 2778

Formelle Fehler rechtfertigen dabei eine Abänderung in der Berufung grundsätzlich nicht (zu einzelnen Fehlern bei Zustellungsvermerk, Urteilseingang, Unterschriften und Tenor Oberheim, Berufungsverfahren, Rn. 42 ff.).

Für die Berufung relevante Fehler finden sich grundsätzlich im Tatbestand oder in den Entscheidungsgründen. Zu ihrer Feststellung bedarf es einer inhaltlichen Auseinandersetzung mit der anzufechtenden Entscheidung.

▶ Praxistipp:

Eine Berufung kann auch wegen der Unrichtigkeit von Nebenentscheidungen geboten sein. 2779

Fehler in den Nebenentscheidungen rechtfertigen die Berufung regelmäßig nicht aus sich heraus. Die isolierte Anfechtung der Kostenentscheidung ist unzulässig (§ 99 Abs. 1 ZPO), die Nichtzulassung der Berufung ist überhaupt nicht anfechtbar, einzig auf die Abänderung des Ausspruchs über die vorläufige Vollstreckbarkeit kann die Berufung beschränkt werden (Thomas/Putzo/Seiler Vorb. § 708 Rn. 16). Dennoch können wirtschaftliche oder rechtliche Nachteile für die Partei aus diesen Nebenentscheidungen ausschlaggebende Bedeutung für die Frage haben, ob die Hauptsacheentscheidung angegriffen und im Rahmen dieser Berufung versucht werden soll, auch eine Abänderung der Nebenentscheidungen zu erreichen (Oberheim, Berufungsverfahren, Rn. 72 ff.).

3. Abwägung der Berufungseinlegung

2780 Wesentlich für die Frage, ob eine Anfechtung des Urteils erfolgen soll, sind für den Mandanten regelmäßig eine Abwägung der damit verbundenen Vor- und Nachteile und eine Abschätzung der Erfolgsaussichten.

2781 Für eine Berufungseinlegung kann sprechen:

– dass damit eine inhaltliche Abänderung des erstinstanzlichen Urteils erreicht werden kann;

  Der Berufungskläger kann damit den erstinstanzlich nicht erreichten Sacherfolg weiter anstreben.

– dass damit eine andere Begründung der Entscheidung erreicht werden kann;

  Berühren Feststellungen des Erstgerichts zu Schuldformen, Mitverschuldensquoten oder angewandten Rechtsnormen andere Rechtsverhältnisse (Regressprozesse, Rechtsschutzversicherung), kann bei unverändert bleibendem Ergebnis bereits eine andere Begründung dem Interesse des Mandanten entsprechen. Dies gilt auch, wenn sich der Mandant durch Formulierungen in seiner beruflichen oder privaten Ehre getroffen fühlt. Dies reicht zwar regelmäßig nicht als Berufungsgrund, kann aber als apokryphes Anfechtungsmotiv von Bedeutung sein.

– Manchmal ist es erforderlich, die Rechtshängigkeit der Sache fortzusetzen, weil in erster Instanz nicht alle erforderlichen Prozesshandlungen vorgenommen wurden.

  Dies gilt, wenn die Hauptsache sich nach Schluss der mündlichen Verhandlung erster Instanz erledigt hat oder wenn einem Dritten noch der Streit verkündet werden soll, sodass dieser an das Ergebnis des Rechtsstreits gebunden wird (Grunsky, Der Anwalt in Berufungssachen, S. 4).

– Obwohl die Partei von der Richtigkeit des erstinstanzlichen Urteils überzeugt ist, muss sie es anfechten, wenn für ihr eigentliches Ziel eine Erschöpfung des Rechtswegs erforderlich ist.

  Wichtigster Fall dabei ist die Verfassungsbeschwerde, die erst erhoben werden kann, wenn alle Instanzen des gegebenen Rechtswegs erfolglos durchlaufen wurden (§ 90 Abs. 2 Satz 1 BVerfGG). Für eine Amtshaftungsklage ist im Fall fahrlässiger Amtspflichtverletzung Voraussetzung, dass keine anderweitige Ersatzmöglichkeit besteht (§ 839 Abs. 1 Satz 2 BGB), was praktisch häufig ebenfalls durch Erschöpfung des Rechtswegs nachgewiesen sein muss.

– Letztlich kommt eine Anfechtung allein mit dem Ziel in Betracht, Zeit vor Eintritt der Rechtskraft zu gewinnen.

  Muss eine vorläufige Vollstreckung nicht befürchtet werden, erscheint eine solche Verzögerung vielen Parteien reizvoll. Zum einen aber entstehen damit weitere ersatzpflichtige Verzugsschäden, zum anderen ist die erreichbare Verzögerung durch die Möglichkeit der Beschlussentscheidung über substanzlose Rechtsmittel (§ 522 ZPO) recht gering geworden.

2782 Mit der Anfechtung sind für den Mandanten aber auch **Nachteile und Risiken** verbunden.

– So entstehen durch die Fortsetzung des Verfahrens weitere Kosten, die die Kosten erster Instanz regelmäßig übersteigen. Insbesondere im unteren Streitwertbereich können damit die Kosten des Rechtsstreits höher werden als der Wert der Hauptsache.
– Durch die Berufung wird der Abschluss des Verfahrens erheblich verzögert.

  Die durchschnittliche Bearbeitungsdauer der Berufungsverfahren liegt bei den Landgerichten bei rund acht Monaten, bei den Oberlandesgerichten bei rund zwölf Monaten (Statistisches Bundesamt, Statistischer Bericht – Zivilgerichte – 2023). Zwischen einzelnen Gerichten und Spruchkörpern gibt es dabei erhebliche Unterschiede, sodass ein Berufungsverfahren im Einzelfall (insbesondere bei einer Beweisaufnahme) auch deutlich länger dauern kann.

– Nicht immer kann eine Verschlechterung der angefochtenen Entscheidung verhindert werden.

  Wie das Gericht erster Instanz (§ 308 Abs. 1 ZPO) ist auch das Berufungsgericht als Folge der Parteiherrschaft an die Anträge der Parteien gebunden, darf nicht über diese hinausgehen (§ 528 Abs. 1 Satz 2 ZPO). Damit ist die Entscheidungsbefugnis des Gerichts in zweifacher Hinsicht beschränkt:

- Das Berufungsgericht darf das angefochtene Urteil nicht über die vom Berufungskläger gestellten Anträge hinaus abändern, dem Berufungskläger kann nicht mehr zugesprochen werden, als er beantragt hat (Verbesserungsverbot, Verbot der reformatio in melius).
- Das Berufungsgericht darf das angefochtene Urteil nicht zum Nachteil des Berufungsklägers abändern, dem Berufungskläger kann nicht weniger zugesprochen werden als in erster Instanz (Verschlechterungsverbot, **Verbot der reformatio in peius**).

Was mit den Berufungsanträgen nicht angegriffen ist, kann auch dann nicht abgeändert werden, wenn es offensichtlich falsch ist. Werden mehrere Ansprüche geltend gemacht, gilt das Abänderungsverbot für jeden einzelnen Anspruch, selbst dann, wenn sie auf einem einheitlichen Klagegrund beruhen. Eine unzulässige Abänderung liegt nicht nur in quantitativen, sondern auch in qualitativen Abweichungen vom Antrag. Beide Verbote beziehen sich allein auf die tenorierte Rechtsfolge zur Hauptsache, nicht auf deren Begründung, sodass eine andere Begründung für das unverändert bleibende Ergebnis möglich ist. Die Abgrenzung zwischen der unzulässigen inhaltlichen Änderung und der zulässigen Änderung der Begründung ist nicht immer einfach.

▶ Beispiel:

Ist die Klage in erster Instanz wegen begründeter Hilfsaufrechnung des Beklagten abgewiesen 2783
worden, kann auf die Berufung des Klägers nur das Bestehen der Aufrechnungsforderung, auf die Berufung des Beklagten nur das Bestehen der Klageforderung überprüft werden (BGH, Urt. vom 08.01.2004 – III ZR 401/02).

Nicht möglich ist bei einer Zug-um-Zug-Verurteilung der Wegfall des Vorbehalts zum Nachteil des Beklagten oder die völlige Klageabweisung zum Nachteil des Klägers. Hat das Landgericht auf Naturalrestitution erkannt, kann das Berufungsgericht ohne Antrag nicht auf Wertersatz umstellen.

Als bloße Änderung der Begründung möglich ist der Austausch von (Anspruchs- oder Gegenrechts-)Normen, eine Änderung der zugrunde gelegten Schuldform (Vorsatz statt Fahrlässigkeit), die Neueinbeziehung, Weglassung oder Umgewichtung von Bemessungsfaktoren für Schmerzensgeld oder Mitverschulden. Auch die Abänderung einzelner Rechnungsposten in einer einheitlichen Abrechnung kann erfolgen, wenn der Gesamtbetrag nicht unzulässig verändert wird. Die Nebenentscheidungen (Kosten, vorläufige Vollstreckbarkeit) können inhaltlich auch zulasten des Berufungsführers neu getroffen werden, weil sie unabhängig von den gestellten Anträgen von Amts wegen erfolgen. Nur eine andere Begründung soll nach herrschender Meinung auch dann vorliegen, wenn die erstinstanzlich als unzulässig abgewiesene Klage vom Berufungsgericht als unbegründet abgewiesen wird (BGH NJW 2022, 2754). Das Gleiche soll gelten, wenn die Klage mangels Fälligkeit der Klageforderung abgewiesen wurde und die endgültige Klageabweisung auf das Nichtbestehen des Anspruchs dem Grunde nach gestützt wird.

Sehr streitig ist, ob eine Abweisung der Klage als unzulässig möglich ist, wenn der Kläger eine teilweise Klageabweisung mit der Berufung angreift. Die herrschende Meinung lässt eine Abänderung zu, wenn zwingende, von Amts wegen zu beachtende Prozessvoraussetzungen fehlen und eine Heilung ausgeschlossen ist (BGH NJW 1986, 1494).

Das Abänderungsverbot gilt nicht in den Fällen notwendiger Streitgenossenschaft (§ 62 ZPO). Da hier aus materiellen oder aus prozessualen Gründen eine einheitliche Sachentscheidung geboten ist, muss das Urteil gegebenenfalls auch über die gestellten Anträge hinaus abgeändert werden (OLG Köln VersR 1974, 64).

Eine Verschlechterung zum Nachteil des Berufungsführers ist möglich, wenn der **Gegner** seinerseits **Anträge** stellt, die einen Entscheidungsspielraum des Berufungsgerichts eröffnen. Dies ist möglich, indem der Berufungsbeklagte ebenfalls Berufung einlegt oder sich der Berufung des Gegners zumindest anschließt (§ 524 ZPO).

▶ Beispiel:

2784 Verfolgt zum Beispiel der Kläger mit der Berufung gegen ein der Klage teilweise stattgebendes Urteil seinen erstinstanzlichen Antrag in vollem Umfang weiter, so kann das Berufungsgericht nur prüfen, ob der Verurteilungsbetrag angehoben werden kann. Schließt sich der Beklagte der Berufung des Klägers an und beantragt Klageabweisung, so erstreckt sich die Prüfungskompetenz des Berufungsgerichts auf den gesamten Streitgegenstand erster Instanz, sodass auch eine Reduzierung des zugesprochenen Betrags in Betracht kommt.

Mit der eigenen Berufung wird dem Gegner damit im Einzelfall die Möglichkeit einer Anfechtung des Urteils eröffnet, die ohne die eigene Berufung nicht bestünde. Dies kann ein Argument gegen das eigene Rechtsmittel sein.

4. Umfang der Anfechtung

2785 Das Berufungsverfahren entspricht grundsätzlich nicht nur subjektiv, sondern auch objektiv dem Verfahren erster Instanz, findet also nicht nur zwischen den gleichen Parteien, sondern auch über denselben Streitgegenstand statt. Die Möglichkeiten, Beteiligte und Streitgegenstand des Berufungsverfahrens zu ändern, sind der ersten Instanz gegenüber deutlich beschränkt.

a) Parteien

2786 Berufungskläger kann werden, wer erstinstanzlich Kläger oder Beklagter war. Richten kann sich die Berufung gegen den erstinstanzlichen Gegner. Auch insoweit gilt der »formelle Parteibegriff« (BGH NJW-RR 2005, 118).

2787 Waren erstinstanzlich **Streitgenossen** beteiligt, so kann und muss jeder von ihnen für sich Berufung einlegen bzw. gegen jeden von ihnen kann Berufung eingelegt werden. Für jeden Streitgenossen läuft eine eigene Berufungsfrist, für jeden ist die Zulässigkeit seines Rechtsmittels (Beschwer) gesondert zu prüfen. Besonderheiten gelten für (praktisch seltene) notwendige Streitgenossen (§ 62 ZPO).

Haben in der Vorinstanz mehrere Streitgenossen obsiegt, richtet sich das hiergegen eingelegte Rechtsmittel im Zweifel gegen die gesamte angefochtene Entscheidung, d.h. gegen alle gegnerischen Streitgenossen. Etwas anderes gilt, wenn die Rechtsmittelschrift eine Beschränkung der Anfechtung erkennen lässt (BGH NJW-RR 2009, 208). Kann die Sachentscheidung allen Streitgenossen gegenüber nur einheitlich ergehen (»notwendige Streitgenossen«), hat bereits die Einlegung einer Berufung von einem oder gegen einen Streitgenossen zur Folge, dass alle Streitgenossen am Berufungsverfahren beteiligt sind.

2788 **Streithelfer** (Nebenintervenienten) erster Instanz können für die Partei Berufung einlegen (§ 67 ZPO). Für deren Zulässigkeit ist auf die Fristen und die Beschwer der Partei abzustellen (BGH NJW-RR 1997, 919). Gegen einen Streithelfer kann keine Berufung eingelegt werden.

Partei des Berufungsverfahrens ist dann die erstinstanzliche Partei, nicht etwa der Nebenintervenient. Dieser bleibt nur Helfer der Partei und in seinen Befugnissen nach § 67 ZPO beschränkt. Haben Partei und Streithelfer Berufung eingelegt, so liegt nur ein einheitliches Rechtsmittel vor. Nimmt die Partei ihre Berufung zurück, bedarf es der Auslegung, ob damit auch der Fortführung des Berufungsverfahrens durch den Streithelfer widersprochen werden soll (BGH NJW-RR 2011, 263).

2789 Das **Ausscheiden** erstinstanzlich am Verfahren beteiligter Streitgenossen ist grundsätzlich unproblematisch möglich. Legen einzelne Streitgenossen keine Berufung ein oder richtet sich die Berufung des Gegners nicht gegen alle Streitgenossen, so nehmen diese am Berufungsverfahren nicht teil. Ihnen gegenüber wird das Urteil rechtskräftig.

Die Frage, ob auf der eigenen oder der gegnerischen Seite alle Streitgenossen erster Instanz beteiligt werden sollen, ist im Einzelfall unter den Gesichtspunkten der Praktikabilität (Erfolgsaussichten der Vollstreckung gegen einen Streitgenossen) und der Prozesstaktik (Ausschluss als Zeugen) zu entscheiden (Müther MDR 1998, 1335).

Etwas anderes gilt nur in den (praktisch seltenen) Fällen der notwendigen Streitgenossenschaft (§ 62 ZPO). Hier nehmen alle Streitgenossen am Berufungsverfahren bereits dann teil, wenn nur von einem oder gegen einen von ihnen Berufung eingelegt wurde; das Ausscheiden Einzelner ist nicht möglich.

▶ Praxistipp:

Da ein Parteiwechsel nach h.M. als Klageänderung zu behandeln ist, werden ihm in zweiter Instanz durch § 533 ZPO enge Grenzen gezogen. 2790

Das **Hinzutreten** eines neuen Streitgenossen erst in der Berufungsinstanz ist grundsätzlich weder aufseiten des Berufungsklägers noch aufseiten des Berufungsbeklagten möglich. 2791

Die h.M. behandelt den Parteibeitritt als Klageänderung. Diese ist in zweiter Instanz nur möglich, wenn sie auf Tatsachen gestützt wird, die berücksichtigt werden können, und der Gegner einwilligt oder das Gericht sie für sachdienlich hält (§§ 263, 533 ZPO). An die Sachdienlichkeit werden dabei schon beim Beitritt auf Klägerseite besondere Anforderungen gestellt, beim Beitritt auf Beklagtenseite kann auf die Einwilligung des neuen Streitgenossen nur verzichtet werden, wenn sich deren Verweigerung als rechtsmissbräuchlich darstellt (BGH NJW 1998, 1497).

Eine Ausnahme gilt für den Beitritt eines weiteren Pfändungsgläubigers zur Drittschuldnerklage nach § 856 ZPO. Diese ist (zur Vermeidung weiterer Klagen) in jeder Lage des Verfahrens und damit auch in der zweiten Instanz zulässig.

Der **Wechsel** einer Partei stellt sich als das Ausscheiden der bisherigen und der Eintritt einer neuen Partei dar und folgt deswegen den bereits dargestellten Grundsätzen. 2792

Beruht ein solcher Parteiwechsel auf dem Willen der Parteien (gewillkürter Parteiwechsel), so ist er nur mit Zustimmung aller Beteiligten zulässig. Mit der Berufung ist ein solcher Parteiwechsel kaum erreichbar. Zulässig ist die Berufung nämlich nur dann, wenn die Beseitigung der Beschwer verlangt wird. Da diese Beschwer im Verhältnis zu dem ursprünglichen Gegner besteht, müssen die bisherigen Prozesssubjekte beibehalten werden.

Auch in der Berufungsinstanz zulässig ist dagegen der gesetzliche Parteiwechsel. Verstirbt eine Partei, so tritt (nach einer zunächst eintretenden Unterbrechung des Verfahrens) der Rechtsnachfolger an ihrer Stelle in den Prozess ein (§ 239 ZPO). Wird über das Vermögen einer Partei das Insolvenzverfahren eröffnet, wird der Prozess mit dem Insolvenzverwalter fortgesetzt (§ 240 ZPO). Ist die Erbfolge bzw. Insolvenzeröffnung erst nach Schluss der mündlichen Verhandlung erster Instanz, aber vor Einlegung der Berufung eingetreten, so kann der Erbe bzw. Insolvenzverwalter die Aufnahme des Rechtsstreits mit der Berufung verbinden.

Berufung kann auch von einem **neuen Streithelfer** eingelegt werden. Hierzu kann er seine Beitrittserklärung mit der Berufung verbinden (OLG Hamm NJW-RR 1994, 1277). 2793

Möglich ist dies insbesondere infolge einer Streitverkündung durch die erstinstanzlich unterlegene Partei (§ 74 Abs. 1 ZPO), die auch nach Verkündung des Urteils bis zum Eintritt der Rechtskraft möglich ist (BGH NJW 1984, 353).

Unbeteiligte **Dritte** können gegen das Urteil grundsätzlich auch dann keine Berufung einlegen, wenn das erstinstanzliche Urteil ihre Interessen verletzt. Etwas anderes gilt nur, wenn mit dem Urteil der Anschein eines gegen den Dritten vollstreckbaren Titels geschaffen wird. 2794

Wird ein Zeuge im erstinstanzlichen Urteil als Lügner qualifiziert, kann er das Urteil genauso wenig anfechten wie der verfahrensunbeteiligte Dritte, der aufgrund des unstreitigen Parteivortrags aber wahrheitswidrig als »vorbestrafter Betrüger« bezeichnet wird. Ist der Beklagte »als Gesamtschuldner neben dem A« verurteilt worden, kann A, wenn er am Verfahren erster Instanz nicht beteiligt war, auch dann hiergegen keine Berufung einlegen, wenn er nicht Gesamtschuldner ist (weitere Beispiele bei Schack NJW 1988, 865). In all diesen Fällen entfaltet das Urteil dem Dritten gegenüber weder materielle Rechtskraft, noch stellt es für oder gegen ihn einen Vollstreckungstitel dar.

Ist in erster Instanz infolge einer Namensverwechslung ein Dritter als Beklagter bezeichnet und verurteilt worden, muss er sich nicht auf vollstreckungsrechtliche Rechtsbehelfe beschränken, sondern kann nach den Grundsätzen über die Anfechtung von Scheinurteilen auch Berufung einlegen (BGH MDR 1978, 307).

b) Streitgegenstand

2795 Taktisch kann es erwünscht sein, den Streitgegenstand für die Berufungsinstanz zu ändern.

Findet sich der Kläger mit einem Teil der Klageabweisung, der Beklagte mit einem Teil seiner Verurteilung ab, so kann der Streitgegenstand auf den noch streitigen Teil beschränkt werden. Will der Kläger anstelle des oder neben dem bislang verfolgten einen anderen Anspruch geltend machen, so muss er seine Klage mit der Berufung ändern. Neue Ansprüche in zweiter Instanz sind auch zu prüfen, wenn der Beklagte über die bisherige Verteidigung hinaus einen Anspruch zur Aufrechnung stellen oder zum Gegenstand einer Widerklage machen will.

2796 Die **Beschränkung** des Streitgegenstands zweiter Instanz auf einen Teil des erstinstanzlichen Streitgegenstands ist weitgehend unproblematisch möglich. Die mit der Berufung nicht verfolgten Punkte werden rechtskräftig. In einer solchen Beschränkung liegt weder eine teilweise Klagerücknahme (§ 269 ZPO) noch ein teilweiser Rechtsmittelverzicht (§ 515 ZPO).

Unerheblich ist dabei, ob (bei objektiver Klagehäufung) ein eigenständiger Streitgegenstand wegfällt oder nur ein quantitativ abgrenzbarer Teil eines ansonsten weiterverfolgten Streitgegenstands. Nicht möglich ist eine Beschränkung auf einzelne Urteilselemente, etwa die Herleitung des Anspruchs aus einer bestimmten Anspruchsgrundlage.

Besonderer Beachtung bedarf, dass der verbleibende Streitgegenstand eine hinreichende Beseitigung der erstinstanzlichen Beschwer ermöglicht, insbesondere der erforderliche Wert des Beschwerdegegenstands (600 €) nicht unterschritten wird.

2797 Nur ausnahmsweise möglich ist dagegen eine **Erweiterung** um neue Streitgegenstände.

Ihrer Funktion als Instrument der Fehlerkontrolle und Fehlerbeseitigung kann die Berufungsinstanz nur dann genügen, wenn der hier zu beurteilende Sachverhalt dem der ersten Instanz entspricht. Grundsätzlich muss deswegen die Befugnis der Parteien, einen anderen Anspruch geltend zu machen, genauso beschränkt sein wie die Befugnis, den bisherigen Anspruch mit neuen Angriffs- und Verteidigungsmitteln zu begründen.

2798 Die Geltendmachung eines neuen Anspruchs im Wege der Klageänderung, Aufrechnung oder Widerklage ist nur unter den engen Voraussetzungen des § 533 ZPO möglich. Erforderlich ist nicht bloß, dass der Gegner zustimmt (wobei eine fehlende Zustimmung durch Bejahung der Sachdienlichkeit seitens des Gerichts ersetzbar ist), sondern auch, dass diese sich ausschließlich auf Tatsachen stützen, die in zweiter Instanz berücksichtigt werden können.

Nach § 529 ZPO hat das Berufungsgericht seiner Verhandlung und Entscheidung grundsätzlich nur die erstinstanzlich festgestellten Tatsachen zugrunde zu legen. Liegen konkrete Anhaltspunkte für einen Tatsachenfeststellungsfehler des Erstgerichts vor, kommt eine erneute Feststellung durch das Berufungsgericht in Betracht. Von den Parteien neu vorgetragen werden dürfen Tatsachen nur, wenn der Vortrag in erster Instanz infolge eines Fehlers des Gerichts ist (§ 531 Abs. 2 Nr. 1 und 2 ZPO) oder unverschuldet (§ 531 Abs. 2 Nr. 3 ZPO) unterblieben ist (Hirtz NJW 2014, 1642).

Da Streitgegenstandsänderungen regelmäßig neuer Tatsachen zur Begründung bedürfen, sind sie nur noch ausnahmsweise statthaft.

Häufig scheitert die Änderung des Streitgegenstands auch daran, dass damit das Ziel einer Beseitigung der erstinstanzlichen Beschwer wegfällt. Ein Rechtsmittel ist unzulässig, wenn es den in der Vorinstanz erhobenen Klageanspruch nicht wenigstens teilweise weiterverfolgt und damit die Richtigkeit des angefochtenen Urteils infrage stellt, sondern lediglich im Wege der Klageänderung einen neuen, bisher nicht geltend gemachten Anspruch zur Entscheidung stellt. Eine bloße Erweiterung oder Änderung der Klage kann nicht das alleinige Ziel des Rechtsmittels sein (BGH MDR 2012, 603).

II. Einlegung der Berufung

2799 An die Einlegung der Berufung stellt das Gesetz keine besonders hohen Anforderungen. Dennoch kommt es diesbezüglich immer wieder zu Fehlern, die die Berufung unzulässig machen. Erforderlich für eine zulässige Berufungseinlegung ist die Wahrung der hierfür laufenden Frist und die Einhaltung einer Reihe von Förmlichkeiten.

Durch die Einlegung wird ein Rechtsmittelverfahren anhängig. Es bleibt bei diesem einen Verfahren, auch wenn das Rechtsmittel (z.B. wegen Unsicherheit über das zuständige Gericht oder in Unkenntnis der Tätigkeit anderer Prozessbevollmächtigter) mehrfach eingelegt wurde. Macht die Partei von einem Rechtsmittel mehrmals Gebrauch, bevor über dasselbe in anderer Form schon früher eingelegte Rechtsmittel rechtskräftig entschieden ist, hat das Rechtsmittelgericht über das Rechtsmittel einheitlich zu entscheiden. Das gilt auch dann, wenn das Rechtsmittel bei unterschiedlichen Gerichten eingelegt worden ist; das einheitliche Rechtsmittel darf nur dann als unzulässig verworfen werden, wenn keine der Einlegungen zulässig ist (BGH NJW 2021, 2121).

Erlangt das Rechtsmittelgericht Kenntnis von einer weiteren Rechtsmitteleinlegung in derselben Sache bei einem anderen Gericht, müssen infolgedessen die zeitgleich anhängigen Rechtsmittelverfahren koordiniert werden, indem die angerufenen Gerichte zunächst ihre Zuständigkeit prüfen. Hält sich eines der Gerichte für unzuständig, hat es die Sache an das andere abzugeben. Sieht sich das Gericht, an das abgegeben wird, als zuständig an, hat es in der Sache über das einheitliche Rechtsmittel zu entscheiden. Im Falle eines (positiven oder negativen) Kompetenzkonflikts muss eine Zuständigkeitsbestimmung gem. § 36 Abs. 1 Nr. 5 oder Nr. 6 ZPO herbeigeführt werden (BGH NJW 2021, 2121).

1. Frist

Die Berufung muss fristgerecht eingelegt werden (§ 517 ZPO). Die Frist **beginnt** mit der wirksamen Zustellung des Urteils. Dazu ist erforderlich, dass das Urteil wirksam zustande gekommen, d.h. verkündet worden ist (§§ 310 ff. ZPO), dass hiervon eine wirksame Ausfertigung bzw. beglaubigte Abschrift erstellt (§ 317 ZPO) und diese den Parteien wirksam zugestellt wurde (§§ 166 ff. ZPO; BGH NJW 2017, 3721; BGH NJW 2010, 2519). 2800

Die ordnungsgemäße **Verkündung** wird nicht durch den Verkündungsvermerk nach § 315 Abs. 3 ZPO, sondern (im Fall der Verkündung nach § 311 ZPO) allein durch das Sitzungsprotokoll oder (im Fall der Verkündung durch Zustellung, § 310 Abs. 3 ZPO) durch den Zustellungsnachweis bewiesen (BGHZ 8, 303). Vor der Verkündung liegt kein Urteil, sondern lediglich ein Urteilsentwurf vor, der nach den Grundsätzen des Scheinurteils angefochten werden kann, wenn der Rechtsschein eines wirksamen Urteils erzeugt wurde. Dabei bedarf es der Einhaltung einer Berufungsfrist nicht. Fehlt ein solcher Rechtsschein, kann das Urteil als »Noch-nicht-Urteil« nicht angefochten werden (oben Rdn. 2754).

Zugestellt wird nicht das Originalurteil, sondern eine Ausfertigung bzw. beglaubigte Abschrift (§ 317 ZPO; oben Rdn. 1498, 1512; zum Wegfall der Beschränkung auf die Ausfertigung BGH NJW 2017, 3721; BGH MDR 2016, 667; LG Wuppertal, Beschl. vom 04.12.2015 – 8 S 80/15 m. Anm. Radke jM 2015, 105). Diese muss die Partei in die Lage versetzen, auf vollständiger und gesicherter Grundlage zu beurteilen, ob sie das Urteil anfechten will oder nicht. Ist dies aufgrund eines Mangels des zugestellten Exemplars nicht möglich, kann die Berufungsfrist nicht zu laufen beginnen. Dies ist der Fall, wenn die zugestellte Ausfertigung überhaupt keine Gründe enthält oder ganze Seiten fehlen oder unleserlich sind (BGH NJW 1998, 1959). Einzelne unleserliche Worte dagegen machen das Urteil nicht unvollständig (BGH VersR 1980, 771). Enthält das Urteil eine Bezugnahme auf andere Entscheidungen (Parallelurteil, Prozesskostenhilfebeschluss), so ist es nur dann vollständig zugestellt, wenn auch diese anderen Entscheidungen den Parteien zugegangen sind. Aus der Ausfertigung bzw. der beglaubigten Abschrift muss ersichtlich sein, dass das Urteil von den mitwirkenden Richtern unterschrieben wurde.

Die Zustellung der Ausfertigung ist fehlerhaft, wenn zwingende Formvorschriften der §§ 166 ff. ZPO nicht eingehalten sind (z.B. Zustellung an die Partei statt an den Prozessbevollmächtigten; Fehlen einer Unterschrift auf der Zustellungsurkunde) und eine Heilung nach § 189 ZPO nicht eingetreten ist. Eine (wirksame) Parteizustellung kann eine (unwirksame) Amtszustellung nicht ersetzen. Sind mehrere Zustellungen erfolgt (zum Beispiel an mehrere Prozessbevollmächtigte einer Partei), so wird die Berufungsfrist durch die erste wirksame Zustellung in Gang gesetzt (Prütting/Gehrlein/Röhl § 517 Rn. 4, 9).

Die Parteien können durch übereinstimmenden Antrag an das Gericht erreichen, dass die Zustellung bis zum Ablauf von fünf Monaten nach der Verkündung hinausgeschoben wird (§ 317 Abs. 1 Satz 3 ZPO), sodass sich die Berufungsfrist entsprechend verlängert.

Mangels wirksamer Zustellung beginnt die Frist erst fünf Monate nach der Verkündung des Urteils (§ 511 letzter Hs. ZPO; dazu unten Rdn. 2803).

▶ **Praxistipp:**

2801 Eine Tatbestandsberichtigung (§ 320 ZPO) ändert an dem Fristbeginn bereits durch Zustellung des ursprünglichen Urteils nichts.

2802 Besonderheiten für den Fristbeginn gelten bei der Urteilsergänzung und bei der Mehrheit von Prozessbeteiligten.

Eine Urteilsberichtigung (§ 319 ZPO) führt zu einem Neubeginn der Frist nur dann, wenn die Anfechtbarkeit sich erst aus der Berichtigung ergibt (dann Neubeginn der Berufungsfrist mit Zustellung des Berichtigungsbeschlusses; BGH FamRB 2017, 97). Die Zustellung eines Ergänzungsurteils (§ 321 ZPO) setzt nicht nur die Frist für die Anfechtung dieses Ergänzungsurteils in Gang, sondern lässt auch die Berufungsfrist für das vorangegangene unvollständige Urteil neu beginnen (§ 518 ZPO).

Für Streithelfer und Partei läuft nur eine einheitliche Frist, die mit der Zustellung des Urteils an die Partei begonnen hat. Für Streitgenossen laufen dagegen jeweils eigene Fristen. Für (auch notwendige) Streitgenossen beginnt die Berufungsfrist mit der Zustellung an jeden Einzelnen selbstständig (BGH NJW-RR 2017, 1086), für Nebenintervenienten (Streithelfer) läuft nur die Frist der Hauptpartei (Zöller/Heßler § 517 Rn. 11). Streitgenössische Nebenintervenienten gelten als Streitgenossen (§ 69 ZPO).

2803 Die Berufungsfrist **dauert** einen Monat.

Dies gilt auch, wenn das Urteil nicht oder nicht wirksam zugestellt wurde. Dann beginnt die Frist allerdings erst fünf Monate nach der Verkündung des Urteils und beträgt damit von der Verkündung an gerechnet sechs Monate. Mängel der Verkündung stehen dem Beginn dieser Frist nur entgegen, wenn sie es ausschließen, dass die Partei das Urteil zur Kenntnis nehmen kann (BGH NJW-RR 1994, 127); in diesem Fall läuft überhaupt keine Frist für die Berufungseinlegung. Die Fünfmonatsfrist läuft auch bei Unterbrechung oder Aussetzung des Verfahrens, eine Verlängerung der Frist ist nicht möglich.

2804 **Berechnet** wird die Frist nach § 222 ZPO i.V.m. §§ 187 ff. BGB. Die Berufungsfrist ist eine Notfrist und kann nicht verlängert werden.

Insoweit kann auf die allgemeinen Ausführungen zur Fristberechnung verwiesen werden.

2805 **Gewahrt** wird die Frist durch den rechtzeitigen Eingang der Berufungsschrift bei dem zuständigen Berufungsgericht.

Unter dem Einfluss des BVerfG hat sich die Rechtsprechung hierzu in den letzten Jahren deutlich geändert. Heute gilt der Grundsatz, dass die Frist bis zur Grenze ausgenutzt und darauf vertraut werden kann, dass alle Behörden die organisatorischen Vorkehrungen zur Annahme von Erklärungen auch außerhalb der regulären Dienststunden treffen und selbst fehlerhaft adressierte Erklärungen sachgerecht weiterleiten.

Die Frist darf voll ausgeschöpft werden (BVerfG NJW 1980, 580), sodass eine Einreichung in den letzten Minuten des letzten Tages ausreicht. Das Gericht muss die hierzu erforderlichen organisatorischen Vorkehrungen schaffen.

▶ **Praxistipp:**

2806 Für die verbreitete Praxis, die Berufungsfrist bis zum letzten Moment auszunutzen, gibt es praktisch kaum noch einen Grund. Anzuraten ist deswegen, die Berufung unmittelbar nach dem Entschluss zur Anfechtung einzulegen.

Die volle Ausschöpfung der Frist ist allenfalls dann sinnvoll, wenn der Gegner möglichst lange über die Anfechtung im Unklaren bleiben soll. Ansonsten bringt die Fristausschöpfung keinen Vorteil, insbesondere wirkt sie sich nicht auf die Dauer der Begründungsfrist aus. Die späte Berufungseinlegung hat aber gewichtige Nachteile: Wer es darauf anlegt, Fristen auszureizen, setzt sich unnötig der Gefahr einer Fristversäumung durch unvorhergesehene Umstände, z.B. eine plötzliche Erkrankung, aus; aufgrund der restriktiven Rechtsprechung kann eine Wiedereinsetzung ein solches Malheur nur in absoluten Ausnahmefällen beheben. Darüber hinaus verliert der Berufungsführer die Möglichkeit, Mängel der Berufungsschrift nach einem gerichtlichen Hinweis zu heilen, da dies nur vor Fristablauf möglich ist.

Der **Nachweis** über Beginn oder Wahrung der Berufungsfrist erfolgt regelmäßig durch die Gerichtsakte. Behauptet der Berufungsführer einen anderen Zeitpunkt, so hat er diesen nachzuweisen. 2807

Der Fristbeginn folgt aus dem Zustellungsnachweis (Zustellungsurkunde, Empfangsbekenntnis), die Fristwahrung aus dem Eingangsstempel der Berufungsschrift.

Dabei handelt es sich um öffentliche Urkunden, deren Beweiskraft nur nach § 418 Abs. 2 ZPO widerlegt werden kann. Dies gilt auch für das Empfangsbekenntnis, obwohl dieses von einer Privatperson und nicht von einer Behörde ausgestellt wird (BGH NJW 2009, 855). Bloßes Bestreiten der beurkundeten Tatsachen unter Benennung der Urkundsperson als Zeugen reicht nicht aus, genauso wenig die Darlegung der bloßen Möglichkeit eines anderen Geschehensablaufs. Vielmehr muss voll bewiesen werden, dass die Erklärung unrichtig ist (BGHZ 16, 227). Für den Gegenbeweis gelten die Regeln des Freibeweises, eine Bindung an Beweismittel und Beweisvorschriften der §§ 355 ff. ZPO besteht nicht.

Bei Versendung durch Fax kann der Zugang nicht durch das Sendeprotokoll bewiesen werden, hierdurch wird nicht einmal ein Anschein begründet (BGH NJW 1995, 665).

Die Beweislast für von den urkundlich belegten abweichenden Daten trägt die Partei, die sich darauf beruft. So muss der Berufungsführer die Rechtzeitigkeit der Berufung beweisen, der Berufungsgegner gegebenenfalls deren Verfristung (BGH ZfBR 2023, 34). Für Umstände, die ausschließlich im Verantwortungs- und Herrschaftsbereich des Gerichts liegen, kann dem Berufungsführer die Beweislast nicht aufgebürdet werden (BVerfG NJW 1991, 2076). Geht der Zustellungsnachweis hier verloren, muss von einer Fristwahrung ausgegangen werden (BGH NJW 1981, 1673). Stets muss das Gericht alle verfügbaren Indizien auswerten und zumutbare Aufklärungsmaßnahmen ergreifen (zum Beispiel durch Einholung dienstlicher Erklärungen von Bediensteten über die Verwendung des Eingangsstempels oder das Funktionieren des Fristenbriefkastens; BGH MDR 2001, 828).

2. Form

In größerem Umfang als bei anderen Prozesshandlungen kommt es bei der Berufungseinlegung auf die Wahrung der gesetzlich vorgeschriebenen Form an. Diese folgt im Wesentlichen aus §§ 519, 130 ZPO und wird von der Rechtsprechung streng geprüft. 2808

Die besondere Bedeutung der Form bei der Berufungseinlegung gegenüber anderen bestimmenden Schriftsätzen folgt aus ihrer Wirkung für die Rechtskraft (Zöller/Gummer § 519 Rn. 21). Nur im Fall einer wirksamen Berufungseinlegung wird der Eintritt der Rechtskraft gehemmt (Suspensiveffekt, § 705 Satz 2 ZPO), andernfalls tritt mit dem Ablauf der Rechtsmittelfrist Rechtskraft des Urteils ein (§ 705 Satz 1 ZPO).

Hinzu kommt, dass dem Berufungsgericht zunächst nicht die Verfahrensakte, sondern nur der Berufungsschriftsatz vorliegt und es allein anhand dessen die erforderlichen Vorprüfungen anzustellen hat. Die Berufungsschrift muss einen geregelten und zügigen Ablauf des Berufungsverfahrens ermöglichen und Klarheit bei Berufungsgericht und Berufungsgegner über die Fortsetzung des Verfahrens oder den Eintritt der Rechtskraft schaffen (BGH NJW 1994, 1879).

a) Notwendiger Inhalt

Funktion der Berufungsschrift ist es, zweifelsfrei klarzustellen, dass es ein Berufungsverfahren geben soll. Dabei ist die Einhaltung der gesetzlichen Mindestanforderungen bezüglich Form und Inhalt der Berufungsschrift weitgehend unverzichtbar. 2809

Mängel in der Berufungsschrift sind heilbar, fehlende Bestandteile können nachgeholt, Unklarheiten im Wege der Auslegung berichtigt werden. Als Auslegungsmittel kommen dabei Anlagen zur Berufungsschrift, weitere Schriftsätze, die Verfahrensakte, gegebenenfalls sogar schriftliche Erklärungen des Gegners in Betracht, nicht jedoch mündliche (telefonische) Erklärungen (BGH NJW 1985, 2650). Möglich ist eine solche Auslegung aber nur, wenn diese Quellen innerhalb der Berufungsfrist vorliegen (BGH NJW 1993, 2943). Auch dies spricht dafür, die Berufung möglichst früh einzulegen, weil nur dann noch die Chance besteht, nach einem Hinweis des Gerichts (der nach § 139 ZPO geboten ist) Formfehler zu heilen.

Mit der Wiedereinsetzung können Formmängel nicht beseitigt werden (BGH NJW 1997, 1309).

Erforderlich ist eine Berufungsschrift. 2810

Wegen des damit verbundenen Schriftformerfordernisses bzw. der elektronischen Form (§§ 130a, 130d ZPO) siehe oben Rdn. 711 ff.

2811 Die Berufungsschrift muss bei dem Berufungsgericht eingereicht werden.

Dabei reicht es aus, dass das Gericht im Anschriftenfeld bezeichnet ist. Erforderlich ist aber, dass das »richtige« Gericht angegeben ist. Dies gilt insbesondere dann, wenn mehrere Gerichte (Land- und Oberlandesgericht) eine gemeinsame Briefeingangsstelle haben. Die Angabe eines falschen Gerichts führt (wenn nicht ausnahmsweise noch innerhalb der Berufungsfrist eine Weiterleitung an das richtige Gericht möglich ist) zur Verwerfung der Berufung (OLG Hamm NJOW 2010, 2537).

Anzugeben ist das »Gericht im organisatorischen Sinn«, also die Behörde. Dazu ist es erforderlich, zu klären, ob die Berufung sachlich beim Landgericht oder beim Oberlandesgericht einzulegen ist und welches Land- bzw. Oberlandesgericht örtlich zuständig ist. Hierzu unten Rdn. 2824.

Nicht erforderlich ist die Angabe des innerhalb des Gerichts zuständigen Spruchkörpers. Etwas anderes gilt, wenn die Berufung beim Landgericht eingelegt und dort vor einer Kammer für Handelssachen verhandelt werden soll. In diesem Fall bedarf es eines Antrags, der auch durch Adressierung der Berufung an eine entsprechende Kammer gestellt werden kann (dazu oben Rdn. 931).

2812 Anzugeben sind auch die Parteien des Berufungsverfahrens, insbesondere die Parteistellung in zweiter Instanz, das heißt, wer Berufungskläger und wer Berufungsbeklagter werden soll.

Dies ist in § 519 ZPO nicht ausdrücklich erwähnt, ergibt sich aber aus der Verweisung des § 519 Abs. 4 ZPO auf § 130 Nr. 1 ZPO.

Zu empfehlen ist die Angabe eines vollen Rubrums unter Beifügung der Parteistellung im Berufungsverfahren (»Berufungskläger«, »Berufungsbeklagter«). Ob dabei die Reihenfolge erster Instanz beibehalten oder mit dem Berufungskläger begonnen wird, ist örtlich unterschiedlich und prozessual unerheblich. Ausreichend ist auch die Angabe, Berufung werde »für den« Kläger oder Beklagten eingelegt.

Anders als in erster Instanz müssen die Parteien nicht zwingend mit ihren vollständigen ladungsfähigen Anschriften angegeben werden (Zöller/Heßler § 519 Rn. 30a f.). Erforderlich ist aber, dass die Beteiligten eindeutig individualisiert, zumindest bestimmbar (BGH NJW-RR 2013, 1278) bezeichnet sind. Zur Vermeidung von Auslegungszweifeln sollte es deswegen anwaltlicher Sorgfalt entsprechen, die vollständige ladungsfähige Anschrift anzugeben.

Gesteigerte Anforderungen an die Parteibezeichnung (insbesondere die des Rechtsmittelgegners: BGH MDR 2011, 181) sind zu stellen, wenn erstinstanzlich eine Mehrheit von Verfahrensbeteiligten gegeben war (BGH NJW-RR 2021, 506; BGH NJW-RR 2019, 640; unten Rdn. 3094). Im Fall notwendiger Streitgenossenschaft wird vermutet, dass auf Kläger- sowie auf Beklagtenseite zweitinstanzlich alle Streitgenossen beteiligt sein sollen. Bei der einfachen Streitgenossenschaft muss jeder Streitgenosse Berufung einlegen. Werden sie von einem gemeinsamen Prozessbevollmächtigten vertreten, muss klargestellt werden, für wen die Berufungseinlegung erfolgt. Richtet sich die Berufung gegen Streitgenossen, muss eindeutig erkennbar sein, wer Berufungsbeklagter werden soll (zu möglichen Auslegungskriterien beim Fehlen eindeutiger Angaben BGH MDR 2000, 539). Streithelfer sollen, müssen aber nicht angegeben werden; Streitverkündete, die erstinstanzlich nicht beigetreten sind, gehören nicht in die Berufungsschrift (§ 74 Abs. 2 ZPO).

Die Prozessbevollmächtigten erster Instanz (wegen der Zustellung nach § 172 Abs. 1 Satz 1 ZPO insbesondere aufseiten des Berufungsbeklagten) sollten angegeben werden; fehlen sie, wird die Berufung deswegen nicht unzulässig (BAG NJW 1978, 2120; Zöller/Heßler § 519 Rn. 34).

▶ **Praxistipp:**

2813 Die Berufungsschrift muss neben den in § 511 Abs. 2 ZPO genannten Inhalten (Bezeichnung des Urteils und Erklärung der Berufungseinlegung) insbesondere eindeutig erkennen lassen, welche Partei das Rechtsmittel einlegt.

Das Erfordernis, anzugeben, für und gegen wen Berufung eingelegt wird, bleibt erstaunlich häufig unerfüllt. Der Anwalt, der den Rechtsstreit, die Parteien und die Entscheidung kennt, hat hier keinerlei Zweifel, weil es vielleicht auch nur eine denkbare Anfechtungsmöglichkeit gibt. Das Berufungsgericht, dem zunächst nur die Berufungsschrift vorliegt, muss aber allein aus dieser die Parteistellung erkennen können. Ist dies nicht möglich, hängt die Zulässigkeit der Berufung allein von der Zufälligkeit ab, ob die vom erstinstanzlichen Gericht angeforderte Akte noch vor Ablauf der Berufungsfrist beim Berufungsgericht eingeht oder nicht und ob sich aus ihr im Wege der Auslegung zweifelsfrei ergibt, welche Parteistellung die Beteiligten haben sollen. Erfolgt eine Verwerfung der Berufung mangels hinreichender Parteibezeichnung, treffen die Kosten des Rechtsmittels den Anwalt persönlich, da er (mangels Bestimmbarkeit der von ihm vertretenen Partei) wie ein vollmachtloser Vertreter behandelt wird (BGH NJW 1988, 50).

Bezeichnet werden muss das Urteil, gegen das die Berufung gerichtet wird (§ 519 Abs. 2 Nr. 1 ZPO). **2814**

Die Bezeichnung des Urteils erfolgt regelmäßig durch Angabe des Gerichts, des Aktenzeichens und des Verkündungsdatums. Sinnvoll kann es darüber hinaus sein, das Zustellungsdatums oder die Urteilsbezeichnung anzugeben (Teilurteil, Schlussurteil) – jedenfalls dann, wenn im erstinstanzlichen Verfahren mehrere Urteile ergangen sind.

Das Fehlen oder die falsche Bezeichnung einer dieser Angaben schadet nicht, wenn das Urteil dennoch zweifelsfrei identifiziert werden kann (BGH NJW 2003, 1950). Ist dies nicht der Fall, kommt eine Berichtigung nach Ablauf der Berufungsfrist nicht in Betracht, weil damit nur Erklärungsfehler, nicht aber Willensfehler korrigiert werden können (oben Rdn. 823).

Die meisten formellen Fehler lassen sich vermeiden, wenn die Sollvorschrift des § 519 Abs. 3 ZPO **2815**
befolgt und eine beglaubigte Abschrift des angefochtenen Urteils beigefügt wird.

Aus einer solchen Abschrift ergeben sich nicht nur die erforderlichen Angaben zum Urteil selbst, sondern regelmäßig auch die Parteien des Rechtsstreits in der prozessual gebotenen Bezeichnung. Nicht aus dem Urteil ersichtlich ist jedoch, für welche Partei das Urteil angefochten werden soll.

Erforderlich ist die Erklärung, dass Berufung eingelegt wird (§ 519 Abs. 2 Nr. 2 ZPO). **2816**

Dabei ist die Verwendung des Wortes »Berufung« nicht zwingend erforderlich, weil jede Handlung, die die Absicht erkennen lässt, ein Urteil durch die übergeordnete Instanz überprüfen zu lassen, als Berufung auszulegen ist (BGH NJW 1987, 1204; BGH NJW-RR 1998, 507). Zur Vermeidung von Auslegungszweifeln ist die Bezeichnung als Berufung zumindest aber anzuraten.

Die Einlegung muss stets unbedingt erfolgen. **2817**

Während von dem allgemeinen Grundsatz, dass Prozesshandlungen bedingungsfeindlich sind, wichtige Ausnahmen für solche Bedingungen gemacht werden, die im weiteren Verlauf des Prozesses selbst bestehen (Rechts- oder Prozessbedingungen), sodass Anträge oder Aufrechnungserklärungen unter die Bedingung der Erfolglosigkeit vorrangiger Anträge oder Verteidigungsmittel gestellt werden können (Hilfsanträge, Hilfsaufrechnung), greift für die Berufungseinlegung die Rückausnahme, nach der auch solche Bedingungen nicht möglich sind, wenn das (Fort-)Bestehen des Prozessrechtsverhältnisses von ihnen abhängt. Die Frage, ob, zwischen wem und worüber der Prozess in zweiter Instanz fortgesetzt werden soll, muss stets unbedingt feststehen, dann sind auch in zweiter Instanz Hilfsanträge oder Hilfsaufrechnungen möglich. Deswegen kann zwar nicht die Berufung – wohl aber die Anschlussberufung – mit einer Prozessbedingung verknüpft werden (unten Rdn. 3083).

Soll die Berufung nur für den Fall der Gewährung von Prozesskostenhilfe eingelegt werden, ist eine entsprechende Bedingung nicht möglich. Berufung kann dann erst nach der Entscheidung über den Prozesskostenhilfeantrag eingelegt werden. Ist bis dahin die Berufungsfrist verstrichen, erfolgt eine Wiedereinsetzung in den vorigen Stand (dazu unten Rdn. 2848).

Die »nur zur Fristwahrung« eingelegte Berufung steht nicht unter einer Bedingung, sondern ist unbedingt eingelegt und soll nur den Gegner veranlassen, sich zur Vermeidung unnötiger Kosten für den Fall vorbehaltener Berufungsrücknahme zunächst nicht am Verfahren zu beteiligen (dazu unten Rdn. 2842).

Auch wenn die Rechtsprechung die Anträge in der Regel relativ großzügig als eine unbedingte Einlegung auslegt (Braunschneider ProzRB 2003, 368; BGH, Beschl. vom 22.06.2005 – XII ZB 34 Rn. 04: wirksam, wenn die Berufung »zunächst nur zur Fristwahrung« eingelegt und die spätere Durchführung von der Bewilligung von Prozesskostenhilfe abhängig gemacht wird), sollte der Rechtsmittelführer alles vermeiden, was den Eindruck erweckt, er wolle eine (künftige) Prozesshandlung nur ankündigen und sie von der Gewährung der Prozesskostenhilfe abhängig machen. Deshalb erscheint eine eindeutige Formulierung ratsam (z.B. die Bezeichnung als »Entwurf« bei vorbehaltener Einlegung) bzw. es sollte die Beifügung eines missverständlichen Zusatzes (bei unbedingter Einlegung) unterlassen werden.

2818 Werden mehrere Anfechtungserklärungen von derselben Partei abgegeben, z.B. durch Mehrfachversendung einer beA-Datei wegen der Besorgnis einer Fehlübermittlung, so handelt es sich um die bloß wiederholte Einreichung desselben Rechtsmittels (vgl. BGH NJW 1993, 3141). Es liegt dann nur eine Berufung vor, über die nur eine Entscheidung ergeht.

Nur eine Berufung liegt vor, wenn sowohl die Partei als auch ihr Streithelfer das Urteil anfechten.

Bedeutung erlangen solche weiteren Einlegungserklärungen einer einheitlichen Berufung, wenn vorangegangene sich als unwirksam erweisen (BGH NJW 1996, 2659).

2819 Die Berufung bedarf der Schriftform, für Rechtsanwälte in den Grenzen der Pflicht zur aktiven Nutzung der elektronischen Form.

Zu den sich aus der Schriftform ergebenden Anforderungen gehört, dass die Berufungsschrift die Unterschrift eines beim Berufungsgericht postulationsfähigen Rechtsanwalts trägt.

Wegen der Anforderungen an die Unterschrift und die elektronische Form oben Rdn. 711 ff.

Die Prüfung der eigenen Postulationsfähigkeit gehört zu den wesentlichen Aufgaben eines Rechtsanwalts, ein Irrtum über die eigene Zulassung oder Vertreterbestellung rechtfertigt keine Wiedereinsetzung (BGH MDR 2003, 480).

Durch die Partei selbst kann eine Berufung nicht wirksam eingelegt werden, da vor den Berufungsgerichten Anwaltszwang herrscht (§ 78 ZPO). Geschieht dies dennoch – sei es ausdrücklich, sei es durch eine Eingabe, die den Willen zur Anfechtung der Entscheidung erkennen lässt und die deswegen als Berufung auszulegen ist –, muss die Berufung grundsätzlich als unzulässig verworfen werden (BGH NJW 1997, 1989). Verbreitet wird der Berufungskläger vom Gericht auf die Unzulässigkeit hingewiesen und ihm vor Zustellung an den Gegner Gelegenheit zur Rücknahme des Rechtsmittels gegeben. Trotz dogmatischer Bedenken (auch für die Rücknahmeerklärung besteht grundsätzlich Anwaltszwang) lässt die h.M. dabei die Rücknahme der Berufung durch die Partei selbst zu (BGH NJW-RR 1994, 759). Von der Erhebung der Gerichtskosten kann dann nach § 21 Abs. 1 Satz 3 GKG abgesehen werden.

2820 Nicht erforderlich ist, dass die Berufungseinlegung Grund und Umfang der Anfechtung benennt.

Beides bleibt regelmäßig der Berufungsbegründung vorbehalten (unten Rdn. 2885). Das schließt es nicht aus, die gesamte Berufungsbegründung schon mit der Einlegung zu verbinden. Erforderlich kann eine Begründung schon mit der Einlegung sein, wenn gleichzeitig Nebenanträge zur vorläufigen Vollstreckbarkeit gestellt werden (dazu unten Rdn. 2861).

Etwas anderes kann sich ergeben, wenn noch nicht feststeht, ob die Berufung durchgeführt und für den Fall einer Rücknahme die Kosten gering gehalten werden sollen (dazu unten Rdn. 2842).

Praxistipp:

2821 Steht noch nicht fest, ob die Berufung durchgeführt werden und die Kosten für den Fall einer Rücknahme vor der Begründung gering gehalten werden sollen, empfiehlt es sich, bereits mit der Einlegung einen (beschränkten) Antrag zu stellen.

2822 Entbehrlich ist auch die Angabe, wann das Urteil zugestellt wurde.

In der Praxis wurde diese Übung aus Zeiten beibehalten, in denen die Zustellung des Urteils im Parteibetrieb erfolgte und das Gericht den Zustellungszeitpunkt deswegen nicht kannte. Da der Zustellungsnachweis heute zur Gerichtsakte gelangt, kontrolliert das Gericht die Rechtzeitigkeit der Einlegung anhand dieser Urkunde, nicht anhand der Angabe in der Berufungsschrift. Eine Angabe kann aber der anwaltlichen Selbstkontrolle dienen, um hierbei nochmals die eigene Fristberechnung zu kontrollieren. Sie kann auch sinnvoll sein, um dem Gericht darzulegen, von welchem Zustellungszeitpunkt die Partei ausgeht, und es so zu einem Hinweis veranlassen, wenn sich aus der Gerichtsakte ein anderer Zustellungszeitpunkt ergibt.

b) Schriftform

Die Berufung muss schriftlich und unter Nutzung der elektronischen Form (§ 130d ZPO) eingelegt werden. Insoweit kann auf die zu den Formerfordernissen der Klage gemachten Ausführungen verwiesen werden (oben Rdn. 711). 2823

3. Zuständigkeit Gericht

Die Berufung ist beim Berufungsgericht einzulegen (§ 519 Abs. 1 ZPO). Primär wird dabei die sachliche und örtliche Zuständigkeit zu klären sein, im Fall der Zuständigkeit eines Landgerichts auch die Frage, ob der Antrag auf Verhandlung vor einer Kammer für Handelssachen möglich und sinnvoll ist. Mitbehandelt werden soll die Frage, in welchen Fällen das Berufungsgericht in der Spruchkörperbesetzung bzw. durch den Einzelrichter entscheidet. 2824

a) Sachliche Zuständigkeit

Die sachliche Zuständigkeit der Gerichte in Zivilsachen bestimmt sich nach dem Gerichtsverfassungsgesetz (§ 1 ZPO). Als Berufungsgericht kommt dabei das Land- oder das Oberlandesgericht in Betracht. Für Berufungen gegen erstinstanzliche Urteile der Landgerichte sind die Oberlandesgerichte zuständig (§ 119 Abs. 1 Nr. 2 GVG), für Berufungen gegen Urteile in den von den Amtsgerichten verhandelten bürgerlichen Rechtsstreitigkeiten nach § 72 GVG die Landgerichte. 2825

Die mit der ZPO-Reform im Jahr 2002 eingeführte Regelung, nach der die Oberlandesgerichte zuständig für die Berufungen gegen die Entscheidungen der Amtsgerichte in Sachen mit formaler Auslandsberührung waren (§ 119 Abs. 1 Nr. 1 GVG a.F.), ist mit dem Inkrafttreten des FamFG (dazu oben Rdn. 61) zum 01.09.2009 weggefallen. Die aus dieser Ausnahmeregelung resultierenden zahlreichen praktischen Probleme haben sich damit erledigt.

Einer Abgrenzung zwischen Zivil- und Familiensachen bedarf es nach dem Inkrafttreten des FamFG nicht mehr. 2826

Über Familiensachen wird nur noch durch Beschluss entschieden, sodass eine Berufung nicht mehr in Betracht kommt (zur Zuständigkeit bei inkorrekter Unterscheidung zwischen »C-« und »WEG-Sachen« in der Übergangszeit OLG Hamm NJW 2010, 879; Roßmann Rn. 47 ff. und 206 ff.).

Sind in einem Bundesland mehrere Oberlandesgerichte eingerichtet, kann für bestimmte Sachen die Sonderzuständigkeit eines Oberlandesgerichts auch für die übrigen Gerichtsbezirke begründet sein (§ 25 Abs. 2 EGGVG). 2827

Diese Vorschriften haben generell nur geringe Bedeutung. Erwähnt seien die Zuständigkeiten für die Anerkennung von Schiedssprüchen (§ 1062 Abs. 5 ZPO) und in Wettbewerbssachen (§§ 92, 93, 116 Abs. 4 GWB). Inwieweit eine entsprechende Zuständigkeitsregelung getroffen wurde, bedarf der Klärung im jeweiligen Landesrecht.

In diesen Fällen ist die Einlegung bei dem Gericht der Sonderzuständigkeit nur erforderlich, wenn die Voraussetzungen der Sonderzuständigkeit aus den Gründen des anzufechtenden Urteils zweifelsfrei ersichtlich sind. Eine bei dem allgemein zuständigen Gericht eingelegte Berufung ist nur unzulässig, wenn die Sonderzuständigkeit zumindest grob fahrlässig übersehen wurde (BGH NJW 2000, 1574). 2828

Ist gegen ein amtsgerichtliches Urteil Berufung zum Landgericht eingelegt worden und erfolgt in zweiter Instanz eine Erhöhung des Streitwerts der Klage über die Streitwertgrenze des § 23 Nr. 1 GVG hinaus, so bleibt das Landgericht als Berufungsinstanz zuständig. § 506 ZPO findet hier – trotz zahlreicher abweichender landgerichtlicher Urteile – keine Anwendung (Prütting/Gehrlein/Schelp § 506 Rn. 9, beide m.w.N.). 2829

b) Örtliche Zuständigkeit

2830 Bei welchem Land- oder Oberlandesgericht die Berufung eingelegt werden muss, ist eine Frage der örtlichen Zuständigkeit, die sich aus den Gerichtsorganisationsgesetzen der einzelnen Länder beantwortet.

Mit diesen Gerichtsorganisationsgesetzen wird das Gebiet jeder politischen Gemeinde zunächst dem Zuständigkeitsbereich eines Amtsgerichts zugeordnet. Verschiedene Amtsgerichtsbezirke bilden dann einen Landgerichtsbezirk, Landgerichtsbezirke den Oberlandesgerichtsbezirk. Die zweitinstanzliche Zuständigkeit richtet sich allein nach diesem durch die Gerichtsorganisation vorgegebenen Instanzenzug. Zuständiges Berufungsgericht kann nur das im Gerichtsorganisationsgesetz bestimmte übergeordnete Gericht sein.

Anders als in erster Instanz gibt es hier weder ein Wahlrecht des Klägers unter mehreren zuständigen Gerichten (§ 35 ZPO) noch die Möglichkeit einer Zuständigkeitsbeeinflussung durch Vereinbarung oder rügelose Einlassung (§§ 38 ff. ZPO).

2831 Nach dem Gerichtsorganisationsgesetz bzw. den in Ausführung hierzu erlassenen Rechtsverordnungen richtet sich auch die Zuständigkeit eventuell eingerichteter auswärtiger Senate des Oberlandesgerichts (§ 116 Abs. 2 GVG). Hierauf muss bei Einlegung der Berufung aber keine Rücksicht genommen werden. Die Einlegung ist wirksam in jedem Fall sowohl beim Stammsitz als auch bei einem auswärtigen Senat möglich.

Ist ein Senat am Stammsitz zuständig, reicht die Einlegung beim auswärtigen Senat, ist ein auswärtiger Senat zuständig, reicht die Einlegung beim Stammsitz oder bei einem anderen auswärtigen Senat (BGH VersR 1978, 562; OLG Karlsruhe OLGZ 84, 223).

Eingerichtet sind solche auswärtigen Senate bei den Oberlandesgerichten Frankfurt am Main [Zivilsenate und Senate für Familiensachen in Darmstadt und in Kassel], Karlsruhe [Freiburg] und München [Augsburg].

2832 Eine zentrale Berufungszuständigkeit kann sich in WEG-Sachen aus § 72 Abs. 2 GVG ergeben. Danach ist für sog. Binnenstreitigkeiten (§ 43 Nr. 1–4 WEG) das für den Sitz des Oberlandesgerichts örtlich zuständige Landgericht für den gesamten Bezirk des Oberlandesgerichts zuständig, sofern nicht durch landesrechtliche Rechtsverordnung auf Grund von § 72 Abs. 2 Satz 2 und 3 GVG ein anderes Landgericht zum gemeinsamen Berufungsgericht bestellt worden ist (Übersicht bei Hogenschurz NJW 2015, 1990).

c) Zuständigkeit der Kammer für Handelssachen

2833 Die beim Landgericht eingerichteten Kammern für Handelssachen können auch für die Berufung zuständig sein (§ 100 GVG; dazu allgemein oben Rdn. 931).

Bei den Oberlandesgerichten gibt es einen den Kammern für Handelssachen vergleichbaren Spruchkörper nicht. Soweit hier nach der Geschäftsverteilung besondere Senate für Berufungen gegen Urteile erstinstanzlicher Kammern für Handelssachen zuständig sind, sind diese Senate wie die übrigen Zivilsenate auch mit drei Berufsrichtern besetzt.

2834 Streitig ist die Zuständigkeit für ein Berufungsverfahren, wenn gegen das gleiche Urteil Berufung von beiden Parteien eingelegt wird und die eine Berufung an die Zivilkammer, die andere Berufung dagegen an die Kammer für Handelssachen gerichtet ist. Nach h.M. richtet sich die Zuständigkeit für das gesamte Berufungsverfahren dann nach dem (ersten) Verweisungsbeschluss, ohne einen solchen nach der zuerst eingelegten Berufung (Kramer Rn. 9 ff.; Anders/Gehle/Hunke § 100 GVG Rn. 2).

Die Gegenauffassung nimmt generell die Zuständigkeit der Kammer für Handelssachen an, weil der Rechtsgedanke der §§ 96 ff. GVG klar mache, dass der Antrag nur einer Partei ausreiche, um den Rechtsstreit vor die Kammer für Handelssachen zu bringen (Zöller/Lückemann § 100 GVG Rn. 3).

d) Zuständigkeit des Einzelrichters

2835 Anders als in erster Instanz (§§ 348 f. ZPO) und bei der sofortigen Beschwerde (§ 568 ZPO) ist für die Berufung grundsätzlich nicht der Einzelrichter, sondern der Spruchkörper zuständig. Das

Gericht kann die Sache indes nach freiem Ermessen dem Einzelrichter zur Entscheidung übertragen (§ 526 ZPO) oder zur Vorbereitung der Entscheidung des Spruchkörpers zuweisen (§ 527 ZPO).

Damit stellt der Gesetzgeber den Gedanken der effektiven Nutzung der Personalressourcen über den der höheren materiellen Richtigkeitsgewähr (»Sechs Augen sehen mehr als zwei«).

Die Übertragung erfolgt durch Beschluss des Spruchkörpers (nicht allein des Vorsitzenden), der 2836
ohne mündliche Verhandlung ergehen kann (§ 128 Abs. 4 ZPO). Sie steht allein im Ermessen des Gerichts und ist von den Parteien nicht entscheidend zu beeinflussen. Ein Antrag auf Übertragung an den Einzelrichter ist weder erforderlich noch möglich, die erfolgte Übertragungsentscheidung kann nicht angefochten und auch mit der Revision nicht gerügt werden (§ 526 Abs. 3 ZPO).

Rechtliches Gehör erhalten die Parteien vor einer Übertragung nach § 526 ZPO dadurch, dass der Berufungskläger in der Berufungsbegründung und der Berufungsbeklagte in der Berufungserwiderung eine Äußerung dazu abgeben sollen, ob einer Entscheidung der Sache durch den Einzelrichter Gründe entgegenstehen (§§ 520 Abs. 4 Nr. 2, 521 Abs. 2 Satz 2, 277 Abs. 1 Satz 2 ZPO).

Die nach altem Recht von der Rechtsprechung zugelassene Ausnahme der Unanfechtbarkeit im Fall willkürlicher Übertragung besteht nach neuem Recht nicht mehr, da die Rechtsprechung für eine außerordentliche Beschwerde keinen Raum mehr sieht (BVerfG NJW 2003, 1924; BGH NJW 2002, 1577).

Durch die Übertragung nach § 526 ZPO wird der Einzelrichter in allen Belangen zum Prozessge- 2837
richt, er ist dann für alle Maßnahmen und Entscheidungen unter Einschluss der Endentscheidung allein zuständig (BGH, Urt. vom 04.04.2012 – III ZR 75/11). Nur ein von beiden Parteien übereinstimmend gestellter Antrag auf Entscheidung durch den Spruchkörper bewirkt, dass der Einzelrichter die Sache dem Spruchkörper vorlegen muss, der dann über eine Rücknahme entscheidet (§ 526 Abs. 2 Nr. 2 ZPO).

Deutlich weitergehende Möglichkeiten bleiben den Parteien bei einer Zuweisung des Rechtsstreits 2838
an den Einzelrichter nach § 527 ZPO. Hier kann das Fehlen der Zuweisungsvoraussetzungen gerügt oder eine Entscheidungskompetenz begründet werden.

Eine Zuweisung nach § 527 ZPO erfolgt nur zur Vorbereitung der Entscheidung. Der Einzelrichter hat die Sache bis zur Entscheidungsreife zu fördern, insbesondere durch Erörterung und Beweiserhebung. Hält der Einzelrichter die Sache für entscheidungsreif, so gibt er sie an den Spruchkörper zurück, der die Endentscheidung trifft (Schneider MDR 2003, 374).

Eine Zuweisung an den Einzelrichter zur Durchführung einer Beweisaufnahme ist nur dann statthaft, wenn anzunehmen ist, dass das Berufungsgericht das Beweisergebnis auch ohne unmittelbaren Eindruck vom Verlauf der Beweisaufnahme sachgemäß zu würdigen vermag. Damit wird dem Grundsatz der Unmittelbarkeit der Beweisaufnahme (§ 355 ZPO) Rechnung getragen. Auf den persönlichen Eindruck aller Richter kann es wegen des Prozessgegenstands (typischerweise bei Arzthaftungssachen, BGH NJW 1994, 802) oder wegen Besonderheiten des konkreten Beweismittels (zum Beispiel bei sich widersprechenden Zeugenaussagen, nicht aber bei nur schriftlichem Gutachten eines Sachverständigen) ankommen. Die Zuweisung an den Einzelrichter zur Beweisaufnahme kann gerügt werden, wenn von Anfang an klar ist, dass die Beweiswürdigung einen persönlichen Eindruck aller zur Entscheidung berufenen Richter erfordern wird. Stellt sich die Erforderlichkeit eines unmittelbaren Eindrucks erst nach der Beweisaufnahme heraus, erfolgt die Rüge in Form eines Antrags auf erneute Vernehmung vor dem Gesamtspruchkörper (§ 398 Abs. 1 ZPO). Bleibt die Rüge erfolglos, kann dies mit der Revision angegriffen werden. Unterbleibt die Rüge, ist der Verstoß nach § 295 ZPO geheilt (BGH NJW 1994, 802).

Ausnahmsweise trifft der Einzelrichter auch Entscheidungen. Geboten ist dies in den in § 527 Abs. 3 ZPO genannten Fällen (Versäumnis-, Verzichts- oder Anerkenntnisurteil und Nebenentscheidungen), in denen eine Sachprüfung nicht erfolgt. Weitere prozessfördernde Entscheidungen sind ihm aufgrund des Sachzusammenhangs erlaubt (§§ 145, 147, 251 Satz 1 Alt. 1 ZPO). Eine streitige Hauptsacheentscheidung ist ihm nur im Einverständnis der Parteien möglich (§ 527 Abs. 4 ZPO). Auch bei übereinstimmenden Einverständnissen »kann« der Einzelrichter entscheiden, er »muss« es nicht (BGH NJW 1989, 229). Die Entscheidung durch den Einzelrichter muss für die Partei kein Nachteil sein. Sie ist regelmäßig schneller zu erreichen als eine Spruchkörperentscheidung, schlechter muss sie nicht sein.

Das Einverständnis kann analog § 128 Abs. 2 ZPO widerrufen werden (BGH MDR 2021, 189), d.h. nach wesentlicher Änderung der Prozesslage. Eine solche kann eintreten durch eine Klageänderung, den Vortrag wesentlicher neuer Angriffs- und Verteidigungsmittel, neue Beweisanträge oder auch durch einen rechtlichen Hinweis des Gerichts nach § 139 ZPO.

▶ **Praxistipp:**

2839 Soll der Einzelrichterentscheidung nicht zugestimmt werden, muss dies ausdrücklich erklärt werden, da bereits eine rügelose Verhandlung als Einwilligung ausgelegt wird (BGH, Urt. vom 19.04.2005 – XI ZR 218/04).

2840 Die Person des Einzelrichters wird durch die spruchkörperinterne Geschäftsverteilung (§ 21g Abs. 2 und 3 GVG) bestimmt und ist in der Regel identisch mit dem Berichterstatter. In der Kammer für Handelssachen kann Einzelrichter nur der Vorsitzende sein (§§ 526 Abs. 4, 527 Abs. 1 Satz 2 ZPO).

Über die Einsichtnahme in einen spruchkörperinternen Geschäftsverteilungsplan – ggf. auch in Form der Übersendung einer Kopie – hat der Präsident oder der aufsichtführende Richter des jeweiligen Gerichts zu entscheiden, wobei es der Darlegung eines besonderen Interesses nicht bedarf (BGH NJW 2019, 3307).

4. Erklärungen und Nebenanträge

2841 Bei Einlegung der Berufung muss weder ein Antrag gestellt noch eine Begründung geliefert werden. Es kann aber sinnvoll oder erforderlich sein, schon hier einzelne Erklärungen zur eigenen Berufung abzugeben oder Nebenanträge zu stellen.

a) Berufung zur Fristwahrung

2842 Ließ sich innerhalb der Berufungsfrist eine abschließende Entscheidung darüber, ob die Berufung durchgeführt werden soll, nicht herbeiführen, kann es erforderlich sein, vor Ablauf der Berufungsfrist vorsorglich Berufung einzulegen.

Vorteil einer solchen Vorgehensweise ist, dass die Frist sicher gewahrt werden kann und es – selbst wenn eine Versäumung der Frist sich später als schuldlos herausstellen sollte – nicht erforderlich ist, auf eine (im Ergebnis ungewisse) Wiedereinsetzung in den vorigen Stand zu vertrauen.

2843 Nachteil der Berufung zur Fristwahrung ist, dass damit in jedem Fall Kosten anfallen.

Aufseiten des Gerichts entsteht eine 1,5-fache Verfahrensgebühr, aufseiten des Berufungsführers eine 1,3-fache Prozessgebühr. Bei diesen Kosten bleibt es auch dann, wenn die Berufung vor der Begründung zurückgenommen wird.

2844 Es kann versucht werden, die anfallenden Kosten zu minimieren. Dazu kann entweder der Streitwert zweiter Instanz niedrig gehalten oder der Gegner veranlasst werden, zusätzliche außergerichtliche Kosten zu vermeiden.

▶ **Praxistipp:**

2845 Soll die Berufung zunächst nur zur Fristwahrung eingelegt werden, empfiehlt es sich, bereits bei Einlegung einen reduzierten Antrag zu stellen.

2846 Gerichts- und Anwaltskosten können dadurch verringert werden, dass die Berufung auf einen Teil der Beschwer beschränkt und damit der Streitwert zweiter Instanz reduziert wird. Möglich ist dies, indem mit der Berufungseinlegung bereits angegeben wird, die Anfechtung erfolge nur bezüglich eines (konkret zu bezeichnenden) Teils.

Unabhängig davon, ob diese Teilanfechtung unter dem Vorbehalt einer eventuellen späteren Antragserweiterung steht oder nicht, wird zunächst der Eintritt der Rechtskraft des angefochtenen Urteils in vollem Umfang gehemmt (BGHZ 7, 143; BGH NJW 1965, 2055). Innerhalb der Beschwer kann die Anfechtung bis zum Ablauf der Begründungsfrist ohne weiteres, bis zum Schluss der mündlichen Verhandlung zweiter Instanz jedenfalls in den Grenzen der in der Begründung angegebenen Berufungsgründe erweitert werden (BGHZ 88, 360). Voraussetzung ist jedoch, dass die Beschränkung auf einen abtrennbaren Teil erfolgt und sich nicht als Verzicht auf die Berufung bezüglich der anderen Teile darstellt (BGH NJW 1989, 170).

Wird die Berufung zurückgenommen, bevor Anträge gestellt wurden, ist für die Wertberechnung auf die Beschwer abzustellen; sind Anträge gestellt, richtet sich der Wert nach ihnen (§ 47 Abs. 1 GKG). Die durch die Anträge vorgenommene Beschränkung kann nachträglich wieder rückgängig gemacht, die Berufung bis zur vollen Beschwer erweitert werden. Allerdings steigt damit dann auch der Streitwert wieder.

Nicht in allen Fällen lässt die Rechtsprechung eine solche Vorgehensweise zu. Als rechtsmissbräuchlich und damit als unwirksam wird eine Berufungsbeschränkung angesehen, die offensichtlich nur zum Zwecke der Kostenersparnis erfolgt. Hiervon ist der BGH zum Beispiel ausgegangen, als die Berufung gegen die Abweisung einer erstinstanzlichen Klage in Höhe von 20 Mio. DM auf den Mindestwert der Beschwer begrenzt wurde (BGHZ 70, 365). Die Instanzgerichte sehen die Grenze des Rechtsmissbrauchs zum Teil deutlich früher erreicht (die Nachweise bei MüKoZPO/Rimmelspacher § 519 Rn. 49). Der gleichzeitig mit der Beschränkung gemachte Vorbehalt späterer Antragserweiterung begründet die Rechtsmissbräuchlichkeit alleine noch nicht.

Viel zu verlieren hat der Berufungskläger bei dem Versuch, den Streitwert zunächst gering zu halten, aber nicht: Gelingt dies nicht, wird – wie ohne Beschränkung auch – der volle Wert der Beschwer zugrunde gelegt.

Außergerichtliche Kosten des Gegners entstehen nicht, wenn dieser auf die Beauftragung eines Rechtsanwalts für die zweite Instanz verzichtet. Erreicht werden kann dies durch Vereinbarung mit dem Gegner, eingeschränkt auch durch die Erklärung, die eigene Berufung werde nur »zur Fristwahrung« eingelegt (oben Rdn. 2842). **2847**

Haben die Parteien ein besonderes Stillhalteabkommen getroffen, so sind die Kosten eines gleichwohl unmittelbar nach Berufungseinlegung für den Berufungsbeklagten tätig werdenden Rechtsanwalts nicht notwendig und werden nicht erstattet, wenn die Berufung später zurückgenommen wird (§§ 516 Abs. 3, 91 Abs. 1 ZPO). Nicht mehr an das Stillhalteabkommen gebunden ist der Gegner, wenn die zunächst nur fristwahrend eingelegte Berufung begründet wird, nach verbreiteter Rechtsprechung sogar schon dann, wenn sich der Berufungsführer die Frist zur Begründung verlängern lässt (OLG Köln NJW-RR 1995, 1457).

Selbst ohne ein besonderes Stillhalteabkommen verringert sich der Kostenerstattungsanspruch der Gegenseite, wenn eine Berufung, die ausdrücklich nur zur Fristwahrung eingelegt wurde, noch vor ihrer Begründung zurückgenommen wird (BGH MDR 2003, 1140).

b) Prozesskostenhilfe für die Berufungsinstanz

Ähnlich wie auch in erster Instanz (oben Rdn. 112) sind beim Antrag auf Gewährung von Prozesskostenhilfe (§ 114 Abs. 1 ZPO) für die Berufung zwei **Alternativen** möglich. Die Berufung kann **2848**
- selbstständig neben der Prozesskostenhilfe, oder
- nur für den Fall der Gewährung von Prozesskostenhilfe

eingelegt werden.

Welche der beiden Alternativen die Partei will, muss sich aus dem Schriftsatz **klar und eindeutig** ergeben (Toussaint NJW 2014, 3209). **2849**

Wird Berufung unabhängig von der Prozesskostenhilfe eingelegt, muss die unbedingte Erklärung, Berufung einlegen zu wollen, sprachlich unmissverständlich zum Ausdruck kommen, der Schriftsatz muss unterschrieben und darf nicht bloß als »Entwurf« bezeichnet sein.

Soll die Berufungseinlegung dagegen erst nach der Gewährung von Prozesskostenhilfe eingelegt werden, kann zur Darlegung der Erfolgsaussichten des beabsichtigten Rechtsmittels zwar ein Entwurf von Berufungsschrift und/oder -begründung beigefügt werden. Dieser muss dann aber ausdrücklich als »Entwurf« bzw. »beabsichtigte Berufung« bezeichnet sein und darf – soweit er in Form eines eigenständigen Schriftsatzes vorgelegt wird – keinesfalls unterschrieben sein. Es empfiehlt sich zudem, die »Bedingung« ausdrücklich zu formulieren und optisch hervorzuheben (BVerfG NJW 2010, 2567; BGH NJW 2002, 1352; Prütting/Gehrlein/Röhl § 517 Rn. 17 f.).

Zwar ist das Gericht im Zweifel verpflichtet, nachzufragen, die der Partei drohenden Nachteile im Fall eines Fehlers sind aber so gravierend, dass hier äußerste Sorgfalt geboten ist.

aa) Berufung unabhängig von der Gewährung von Prozesskostenhilfe

2850 Will der Berufungskläger Berufung in jedem Fall, unabhängig davon, ob ihm Prozesskostenhilfe gewährt wird oder nicht, so muss er alle Formalia der **Berufung** wahren. Für die Prozesskostenhilfe ergeben sich keine Besonderheiten.

Die Berufung muss innerhalb der Frist des § 517 ZPO und in der Form des § 519 ZPO eingelegt sowie innerhalb der Frist des § 520 Abs. 2 Satz 1 ZPO und in der Form des § 520 Abs. 3 ZPO begründet werden.

Für den Prozesskostenhilfeantrag laufen keine Fristen. Er kann vor, mit oder nach der Berufungseinlegung oder Berufungsbegründung gestellt werden, mit dieser verbunden werden oder in einem separaten Schriftsatz enthalten sein. Seine formellen Anforderungen ergeben sich aus § 117 ZPO.

2851 Wie beim Prozesskostenhilfeantrag erster Instanz auch ist das Gericht grundsätzlich verpflichtet, über den Prozesskostenhilfeantrag **vorab zu entscheiden**, die Entscheidung hierüber also nicht bis zur Entscheidung über die Hauptsache aufzuschieben. Ähnlich wie erstinstanzliche Gerichte kommen aber auch Berufungsgerichte dieser Verpflichtung häufig nicht ohne Weiteres nach. Will man dies nicht hinnehmen, bedarf es meist eines besonderen Einwirkens auf das Gericht.

Zu den dafür zur Verfügung stehenden Alternativen oben Rdn. 133.

2852 Wird die Prozesskostenhilfe versagt, so sind auch bei sofortiger Rücknahme **Kosten** bereits entstanden, die der Berufungskläger dann selbst zu tragen hat (§ 516 Abs. 3 Satz 1 ZPO).

Versucht werden kann, den Gegner zu veranlassen, sich bis zur Entscheidung über den Prozesskostenhilfeantrag nicht zu bestellen, indem von Anfang an in Aussicht gestellt wird, das Rechtsmittel bei Nichtgewährung zurückzunehmen. Gelingt dies, können so zumindest die Anwaltsgebühren des Gegners erspart werden. Einen Anspruch darauf, dass der Gegner (bzw. dessen Prozessbevollmächtigter) sich darauf einlässt, besteht indes nicht. Praktisch ist ein entsprechender Versuch auch nur selten erfolgreich.

2853 Gründe, die für eine unbedingte Berufung neben dem Prozesskostenhilfeantrag sprechen, sind grundsätzlich nicht gegeben.

2854 Zudem ist eine solche Vorgehensweise mit der **Gefahr** verbunden, dass der Prozesskostenhilfeantrag trotz Erfolgsaussicht und Bedürftigkeit abgewiesen wird.

Nach einer älteren Entscheidung des BGH (MDR 2008, 994) kommt eine Wiedereinsetzung gegen die Versäumung der Berufungsbegründungsfrist nicht in Betracht, wenn die Berufung unbedingt eingelegt und noch während der laufenden Berufungsbegründungsfrist zur Begründung der Erfolgsaussicht der Prozesskostenhilfe ein »Entwurf« der Berufungsbegründung eingereicht wird. Dann soll die Kostenarmut der Partei für die Versäumung der Frist nicht ursächlich gewesen sein, weil der Anwalt durch den Entwurf der Begründungsschrift gezeigt habe, dass er bereit gewesen sei, die erforderlichen Tätigkeiten auch ohne Gewährung von Prozesskostenhilfe zu erbringen.

Die Praxis hat dieses Urteil sehr zurückhaltend aufgenommen, zumal diesem nicht eindeutig zu entnehmen war, ob es nur für die Fälle der unbedingten Berufungseinlegung oder möglicherweise auch für die Fälle bedingter Berufungseinlegung (unten Rdn. 2856) gelten sollte.

Das BVerfG hat zwischenzeitlich zwar bestätigt, dass ein auf die Mittellosigkeit gestützter Wiedereinsetzungsantrag nur Erfolg haben kann, wenn die Fristversäumung auch auf der Mittellosigkeit beruht (NJW 2010, 2567). Darüber hinaus aber hat es aus dem Grundrecht auf effektiven Rechtsschutz (Art. 2 Abs. 1 GG i.V.m. dem Rechtsstaatsprinzip) eine Ausnahme für den Fall gemacht, dass der Anwalt zu erkennen gibt, zu einem weiteren Tätigwerden in der Berufungsinstanz nur dann bereit zu sein, wenn Prozesskostenhilfe auch gewährt werde. Im Fall des BVerfG hatte der Anwalt ausdrücklich angegeben: »Die Vertretung erfolgt unter dem Vorbehalt der Gewährung einer Prozesskostenhilfe.« Ob mit einem solchen Vorbehalt möglicherweise schon die Berufungseinlegung unter dem Vorbehalt der Prozesskostenhilfegewährung steht, ist Frage der Auslegung im Einzelfall. Zumindest aber darf das Gericht dann nicht davon ausgehen, dass die Mittellosigkeit der Partei nicht ursächlich für die Nichtvornahme einer Prozesshandlung war.

In mehreren neueren Entscheidungen (NJW 2014, 1307; NJW 2011, 230) hat der BGH das Fehlen der Kausalität bei gefertigter Begründung deutlich relativiert. Wird erkennbar nur der Prozesskostenhilfeantrag begründet, nicht jedoch die Berufung selbst, so seien die vergütungspflichtigen Anwaltsleistungen in zweiter Instanz noch nicht erbracht und damit auch nicht die Bereitschaft des Anwalts erkennbar, das Rechtsmittel auch ohne Bewilligung von Prozesskostenhilfe einlegen oder begründen zu wollen.

Solange diese neuere Rechtsprechung sich nicht vollständig durchgesetzt hat, sollte mit Berufungsspruchkörpern gerechnet werden, die an der älteren restriktiven BGH-Rechtsprechung festhalten. Deswegen:

▶ Praxistipp:

Auf die Mittellosigkeit der Partei kann ein Wiedereinsetzungsantrag nur gestützt werden, wenn dem Gericht gegenüber klargestellt wird, dass ohne die Gewährung von Prozesskostenhilfe eine Erbringung aller erforderlichen anwaltlichen Leistungen nicht sichergestellt ist. 2855

bb) Berufung nur bei Gewährung von Prozesskostenhilfe

Besteht die Möglichkeit, dass der Berufungsführer die wirtschaftlichen Voraussetzungen der Gewährung von Prozesskostenhilfe erfüllt, spricht im Regelfall alles für eine Verknüpfung beider Anträge in der Form, dass das Berufungsverfahren nur durchgeführt werden soll, wenn dafür Prozesskostenhilfe gewährt wird. 2856

Die Vorteile eines solchen Vorgehens entsprechen denen des erstinstanzlichen Prozesskostenhilfeantrags: weitgehende (wenn auch nicht völlige) Vermeidung des Kostenrisikos, Vorprüfung der Erfolgsaussichten durch das Gericht (dazu näher oben Rdn. 115).

Besondere Nachteile dagegen sind mit dieser Vorgehensweise nicht verbunden.

Allerdings ist die **praktische Vorgehensweise** schwierig. Die Einlegung der Berufung kann von der Gewährung der gleichzeitig beantragten Prozesskostenhilfe nicht abhängig gemacht werden. 2857

Prozesshandlungen sind grundsätzlich bedingungsfeindlich. Auch sog. innerprozessuale Bedingungen sind nicht möglich, wenn von ihnen das Bestehen eines Prozessrechtsverhältnisses abhängt. Sowohl die Erhebung der Klage als auch die Einlegung eines Rechtsmittels sind damit nur unbedingt möglich. Für die Klage ist dies regelmäßig kein Problem, weil eine für den Fall der Prozesskostenhilfegewährung »bedingte Klageerhebung« als bloßer Prozesskostenhilfeantrag, dem die Klageerhebung erst nach Gewährung folgt, ausgelegt werden kann. Für Rechtsmittel scheitert eine solche Handhabung regelmäßig an der bei Gewährung der Prozesskostenhilfe bereits abgelaufenen Einlegungsfrist (BGH MDR 2006, 43, 44; Prütting/Gehrlein/Röhl § 519 Rn. 26).

In dieser Unsicherheit über die Bewilligung der Prozesskostenhilfe sieht die Rechtsprechung einen Grund, der die Partei ohne ihr Verschulden an der rechtzeitigen Einlegung der Berufung hindert, sodass gegen die deswegen eingetretene Versäumung der Berufungsfrist Wiedereinsetzung in den vorigen Stand gewährt werden kann (§ 233 ZPO).

Will die Partei die Durchführung der Berufung von der Gewährung von Prozesskostenhilfe abhängig machen, muss sie zunächst nur den **Prozesskostenhilfeantrag** stellen. 2858

Der Antrag hat den Voraussetzungen des § 117 ZPO zu entsprechen, insbesondere alle notwendigen Angaben und Anlagen zu enthalten (BGH NJW 2001, 2721). Er muss beim Berufungsgericht eingereicht werden, unterliegt aber nicht dem Anwaltszwang (§§ 117 Abs. 3, 78 Abs. 3 ZPO). Ob eine Begründung schon im Antrag erforderlich ist oder innerhalb der Begründungsfrist nachgereicht werden kann, ist streitig.

Wird der Prozesskostenhilfeantrag nicht begründet, verlässt die Partei sich auf die nach § 529 Abs. 2 ZPO gebotene Prüfung des erstinstanzlichen Urteils von Amts wegen. In jedem Fall besser dürfte es sein, einen konkret erkannten Berufungsgrund zu benennen, um nicht Gefahr zu laufen, dass das Berufungsgericht diesen übersieht und die Erfolgsaussichten des Rechtsmittels deswegen verneint.

Wird zur Begründung des Prozesskostenhilfeantrags die beabsichtigte Berufungsbegründung vorgelegt, muss unmissverständlich deutlich gemacht werden, dass damit nicht bereits Berufung eingelegt werden soll. Erforderlich ist es deswegen, die Berufungsbegründung ausdrücklich als »Entwurf« bzw. »beabsichtigte Berufung« zu bezeichnen und sie – soweit sie bereits in Form eines eigenständigen Schriftsatzes vorgelegt wird – nicht separat zu unterschreiben (BVerfG NJW 2010, 2567; BGH NJW 2002, 1352; BGH NJW-RR 2000, 879).

▶ Praxistipp:

2859 Soll die Einlegung der Berufung von der Gewährung von Prozesskostenhilfe abhängig gemacht werden, müssen sowohl die Berufungs- als auch die Wiedereinsetzungsfrist beachtet werden.

2860 Für diese **Fristen** gilt:

- Der Antrag auf Gewährung von Prozesskostenhilfe muss innerhalb der **Berufungsfrist** gestellt werden (§ 517 ZPO: ein Monat ab Zustellung des anzufechtenden Urteils; BGH NJW 1998, 1230; BGH NJW 2001, 2720).
- Ergeht die Entscheidung über den Prozesskostenhilfeantrag noch innerhalb der laufenden Berufungsfrist, so kann und muss die Berufung innerhalb dieser Frist eingelegt und innerhalb der **Begründungsfrist** des § 520 Abs. 2 Satz 1 ZPO begründet werden. Dem Berufungsführer verbleibt für die Begründung des Rechtsmittels mindestens ein Monat; einer Wiedereinsetzung in den vorigen Stand bedarf es dabei nicht.
- Reicht die nach Ergehen der Entscheidung verbleibende Frist zur Einlegung der Berufung nicht aus – dies nimmt die Rechtsprechung an, wenn weniger als drei Werktage verbleiben – oder ist sie bei der Entscheidung bereits abgelaufen, so muss **Wiedereinsetzung** in den vorigen Stand gegen die Versäumung der **Einlegungsfrist** beantragt werden. Die **Frist** hierfür beträgt zwei Wochen (§ 234 Abs. 1 Satz 1 ZPO) und beginnt bei Bewilligung von Prozesskostenhilfe mit Bekanntgabe des entsprechenden Beschlusses, bei Versagung der Prozesskostenhilfe erst nach Ablauf einer kurzen Überlegungsfrist nach der Bekanntgabe.

  Während bei Bewilligung der Prozesskostenhilfe das der Einlegung entgegenstehende Hindernis (Bedürftigkeit) sofort entfällt, muss die Partei bei Versagung der Prozesskostenhilfe zunächst klären können, ob die zur Durchführung des Berufungsverfahrens erforderlichen finanziellen Mittel anderweitig aufgebracht werden können. Dies bedarf einer zusätzlichen Überlegungsfrist, die die Rechtsprechung mit rund drei Tagen bemisst (BGH NJW 2021, 242). Erst danach ist das Hindernis für die Einlegung entfallen, sodass die Wiedereinsetzungsfrist beginnen kann.

  Problematisch ist die Berechnung der Begründungsfrist, wenn diese zum Zeitpunkt der Bekanntgabe der Prozesskostenhilfe noch nicht abgelaufen war. Eine Wiedereinsetzung kommt hier nach dem Gesetzeswortlaut nicht in Betracht, was dazu führen kann, dass nach der Bewilligung keine Begründungsfrist mehr verbleibt, der Rechtsmittelkläger sich diese vielmehr nur verlängern lassen kann.

  Nach überwiegender Auffassung ist § 234 Abs. 1 Satz 2 ZPO dahin auszulegen, dass bei versäumter Berufungsfrist die Begründungsfrist erst ab Mitteilung der Entscheidung über den Antrag auf Wiedereinsetzung gegen die Versäumung der Berufungsfrist läuft (BGH NJW 2014, 2442; Prütting/Gehrlein/Röhl § 520 Rn. 5; Fölsch MDR 2004, 1029, 1032; Löhnig FamRZ 2005, 578, 579; Lange DB 2004, 2125, 2128 zum gleichlautenden § 56 Abs. 2 Satz 1 FGO). Dieser Auffassung hat sich der BGH ausdrücklich angeschlossen (BGH NJW 2007, 3354).

  Damit dürfte die Auffassung überholt sein, nach der ab Mitteilung des Beschlusses über die Bewilligung der Prozesskostenhilfe eine zweite, gleichlange Begründungsfrist, mithin im Fall der Berufung die zweimonatige Frist des § 520 Abs. 2 Satz 1 Hs. 1 ZPO, laufen soll (Stein/Jonas/Roth § 234 Rn. 13; HK-ZPO/Saenger § 234 Rn. 7; Schultz NJW 2004, 2329, 2334).

- Ergeht die Entscheidung über den Prozesskostenhilfeantrag erst nach Ablauf der Begründungsfrist, muss **Wiedereinsetzung** in den vorigen Stand gegen die Versäumung der **Einlegungs- und Begründungsfrist** beantragt werden. Hierbei reicht ein einheitlicher Antrag, bei dem die versäumte(n) Frist(en) nicht ausdrücklich bezeichnet werden müssen. Die Frist für den Antrag beträgt einen Monat ab Bekanntgabe der Prozesskostenhilfeentscheidung. Innerhalb dieser Frist müssen Einlegung und Begründung nachgeholt werden (§ 236 Abs. 2 ZPO). Die Frist hierfür beträgt zwei Wochen (§ 234 Abs. 1 Satz 1 ZPO) und beginnt bei der Bewilligung von Prozesskostenhilfe mit Bekanntgabe des entsprechenden Beschlusses, bei Versagung der Prozesskostenhilfe erst nach Ablauf einer kurzen Überlegungsfrist nach der Bekanntgabe (BGH NJW 2021, 242; BGH NJW 2009, 3038; BGH NJW-RR 2009, 789: 3–4 Tage).

Auch dann, wenn das Gericht die Ablehnung der Prozesskostenhilfe nicht auf die fehlende Bedürftigkeit der Partei stützt, sondern die Erfolgsaussichten der beabsichtigten Rechtsverfolgung verneint, beginnt die Wiedereinsetzungsfrist grundsätzlich nicht vor der Bekanntgabe der Entscheidung über den Prozesskostenhilfeantrag (BGH NJW-RR 2021, 568).

c) Anträge zur vorläufigen Vollstreckbarkeit

Die Zwangsvollstreckung aus einem Urteil findet statt, wenn dieses rechtskräftig geworden ist und damit unabänderlich feststeht, dass die tenorierte Rechtsfolge eintreten muss. Da mit der Einlegung der Berufung der Eintritt der Rechtskraft gehemmt wird (Suspensiveffekt, § 705 Satz 2 ZPO), kann es recht lange dauern, bis der Gläubiger seinen Anspruch durchsetzen kann. **2861**

Darin kann für den Gläubiger ein Risiko liegen, wenn der Schuldner nach Abschluss der ersten Instanz noch solvent ist, er im Lauf des Rechtsmittelverfahrens aber insolvent wird. Die ZPO trägt dem Rechnung, indem dem Gläubiger eine »vorläufige Vollstreckung«, das heißt eine Vollstreckung vor Eintritt der Rechtskraft, ermöglicht wird. Hierdurch aber kann ein vergleichbares Insolvenzrisiko aufseiten des Schuldners entstehen: Er trägt das Risiko, dass sich sein Anspruch auf Rückgewähr vorläufig vollstreckter Beträge nach einer Abänderung des Urteils in der Rechtsmittelinstanz (§ 717 ZPO) wegen Zahlungsunfähigkeit des Gläubigers nicht durchsetzen lässt. Eine interessengerechte Risikoverteilung wird durch die Sicherheitsleistung erreicht. Der bei der vorläufigen Vollstreckung hinterlegte Betrag steht nach Eintritt der Rechtskraft des Urteils zur Abdeckung des Anspruchs für den Gläubiger oder für den Schuldner zur Verfügung.

Während der Berufungsinstanz ist eine Vollstreckung aus dem angefochtenen Urteil nur als vorläufige möglich. Möglichkeiten und Beschränkungen dieser vorläufigen Vollstreckbarkeit richten sich nach dem erstinstanzlichen Urteil. Zur vorläufigen Vollstreckbarkeit sind in der Berufung verschiedene **Anträge** möglich: **2862**

- Fehlt eine Entscheidung des erstinstanzlichen Gerichts über die vorläufige Vollstreckbarkeit ganz oder teilweise, so muss diese im Wege der Urteilsergänzung nachgeholt werden (§ 716 ZPO; dazu unten Rdn. 2864).
- Ist die Entscheidung des erstinstanzlichen Gerichts über die vorläufige Vollstreckbarkeit des Urteils falsch, so kann – damit schon während der Berufungsinstanz richtig daraus vollstreckt werden kann – eine Vorabentscheidung des Berufungsgerichts über den Ausspruch zur vorläufigen Vollstreckbarkeit beantragt werden (§ 718 ZPO; dazu unten Rdn. 2869).
- Ist zu erwarten, dass das angefochtene Urteil abgeändert werden wird und damit eine vorläufige Zwangsvollstreckung rückgängig gemacht werden müsste, kann die vorläufige Vollstreckung verhindert, die Zwangsvollstreckung bis zum Abschluss des Berufungsverfahrens einstweilen eingestellt werden (§§ 719, 707 ZPO; dazu unten Rdn. 2874).
- Ist die Berufung auf einen Teil des erstinstanzlichen Streitgegenstands beschränkt, so wird zwar das gesamte angefochtene Urteil zunächst nicht rechtskräftig, der nicht angefochtene Teil kann aber mangels Anfechtung nicht abgeändert werden, sodass die Zwangsvollstreckung insoweit nicht von einer vorherigen Sicherheitsleistung abhängig gemacht werden muss, auf Antrag also für unbedingt erklärt werden kann (§ 537 ZPO; dazu unten Rdn. 2880).

Soweit zur Begründung solcher Anträge die Erfolgsaussicht der Berufung darzulegen ist, empfiehlt es sich, diese erst zusammen mit den Sachanträgen und der Berufungsbegründung zu stellen (bzw. die Berufungsbegründung schon mit den Anträgen vorzulegen). In eiligen Fällen und soweit eine Darlegung der Erfolgsaussichten nicht erforderlich ist, kommt eine Antragstellung schon zusammen mit der Einlegung der Berufung in Betracht. **2863**

Verhindert werden muss, dass der Antrag vom Gericht übersehen wird. Dazu kann er entweder in einem gesonderten Schriftsatz gestellt (Doukoff Rn. 83) oder optisch besonders hervorgehoben werden (Einrücken, Fettdruck, farbliche Markierung).

aa) Ergänzung

2864 Ist über die vorläufige Vollstreckbarkeit im erstinstanzlichen Urteil nicht entschieden, so kann das Urteil gemäß § 716 ZPO um die Entscheidung zur vorläufigen Vollstreckbarkeit ergänzt werden.

Zwingend erforderlich ist ein solcher Antrag nicht. Da über die vorläufige Vollstreckbarkeit von Amts wegen zu entscheiden ist, stellt das Fehlen einer entsprechenden Entscheidung einen Fehler dar, der im Berufungsurteil (ebenfalls von Amts wegen) überprüft und berichtigt wird. Diese Korrektur erfolgt regelmäßig erst am Ende der Berufungsinstanz, bis dahin dauern die aus der Unvollständigkeit folgenden Nachteile fort. Vermieden werden können diese durch den rechtzeitigen Antrag aus § 716 ZPO.

2865 Auf die Ergänzung der Entscheidung über die vorläufige Vollstreckbarkeit finden die Vorschriften über die Urteilsergänzung (§ 321 ZPO) Anwendung (dazu oben Rdn. 2702).

2866 Voraussetzung ist, dass über die vorläufige Vollstreckbarkeit entweder ganz oder zumindest in einem relevanten Teil nicht entschieden wurde.

Dies ist der Fall, wenn das Urteil überhaupt nicht (weder gegen noch ohne Sicherheitsleistung, §§ 708, 709 ZPO) für vorläufig vollstreckbar erklärt wurde oder wenn eine erforderliche Schutzanordnung fehlt. Dazu gehören die von Amts wegen anzuordnende Abwendungsbefugnis nach § 711 ZPO genauso wie die Vollstreckungsschutzanträge nach §§ 714, 710, 712 Abs. 1 ZPO. Fehlt die Anordnung der vorläufigen Vollstreckbarkeit völlig, so kann im Ergänzungsverfahren auch ein bislang noch nicht gestellter Schutzantrag nachgeholt werden (§ 714 ZPO).

Nicht mit der Ergänzung beseitigt werden können Entscheidungen zur vorläufigen Vollstreckbarkeit, die zwar getroffen wurden, inhaltlich aber fehlerhaft sind.

2867 Erforderlich für die Ergänzung ist ein Antrag, der binnen einer Frist von zwei Wochen nach Zustellung des Urteils schriftlich beim erstinstanzlichen Gericht gestellt werden muss.

Beim Landgericht ist der Antrag schriftlich durch einen zugelassenen Rechtsanwalt einzureichen, beim Amtsgericht reicht die Erklärung der Partei zu Protokoll der Geschäftsstelle (§ 496 ZPO). Er ist wegen der Zwei-Wochen-Frist häufig vor Einlegung der Berufung erforderlich. Ob später Berufung eingelegt wird oder nicht, ist genauso unerheblich wie die Frage, ob der Antragsteller dort Berufungskläger oder Berufungsbeklagter wird. Die Frist beginnt mit der wirksamen Zustellung des vollständigen Urteils, gegebenenfalls mit der Zustellung des Berichtigungsbeschlusses nach § 320 ZPO. Sie kann weder verlängert (§ 224 Abs. 2 ZPO) noch kann gegen ihre Versäumung Wiedereinsetzung in den vorigen Stand gewährt werden (§ 233 ZPO).

2868 Über den Antrag wird nach mündlicher Verhandlung durch Ergänzungsurteil entschieden.

Das Ergänzungsurteil kann – da es sich um ein Endurteil handelt – selbstständig mit der Berufung angefochten werden (BGH MDR 2019, 1239). Zudem wird durch seine Zustellung die Berufungsfrist für das vorangegangene unvollständige Urteil neu in Gang gesetzt (§ 518 ZPO). Durch das Ergänzungsurteil entstehen keine besonderen Kosten. Die Tätigkeiten von Gericht und Anwalt gehören noch zur Instanz (§ 36 GKG, § 19 Nr. 6 RVG), werden also nicht besonders honoriert, Urteilsgebühren fallen nicht an.

bb) Vorabentscheidung

2869 In der Berufung wird von Amts wegen auch die erstinstanzliche Entscheidung über die vorläufige Vollstreckbarkeit des angefochtenen Urteils überprüft und bei Bedarf berichtigt. Die Entscheidung über die vorläufige Vollstreckbarkeit erfolgt regelmäßig zusammen mit der Entscheidung über die Hauptsache in einem Urteil am Ende der Berufungsinstanz.

Die Zwangsvollstreckung aus dem erstinstanzlichen Urteil findet häufig alsbald nach der Verkündung und damit – weil sie auch durch die Einlegung der Berufung nicht verhindert wird – zu Beginn der Berufungsinstanz statt. Sollen die aus der Fehlerhaftigkeit der Vollstreckungsentscheidung resultierenden Nachteile verhindert werden, muss diese möglichst rasch, jedenfalls vor dem die Berufungsinstanz abschließenden Urteil, korrigiert werden.

2870 Auf Antrag ist über die vorläufige Vollstreckbarkeit des angefochtenen Urteils vorab zu entscheiden (§ 718 ZPO).

Der Antrag ist erst nach Einlegung der Berufung möglich und setzt voraus, dass diese sich nicht bloß isoliert gegen die vorläufige Vollstreckbarkeit, sondern zumindest auch gegen die Hauptsache richtet, weil nur dann »vorab« entschieden wird. Der Antrag kann sowohl vom Berufungskläger als auch vom Berufungsbeklagten gestellt werden. Eine Frist muss dabei nicht eingehalten werden. Auch ein besonderes Rechtsschutzbedürfnis ist nicht erforderlich, insbesondere muss weder eine Beschwer vorliegen noch die Zwangsvollstreckung schon begonnen haben. Allerdings ist der Antrag unzulässig, wenn die Zwangsvollstreckung bereits beendet ist.

Der Antrag muss die begehrte Änderung der Vollstreckungsentscheidung bezeichnen. Der Vollstreckungsschuldner kann zum Beispiel beantragen, ihm eine Abwendungsbefugnis einzuräumen, eine hierfür verlangte Sicherheitsleistung wegfallen zu lassen, die Vollstreckung des Gläubigers nur gegen Sicherheitsleistung zuzulassen oder die Zwangsvollstreckung nach Maßgabe des § 720a ZPO zu beschränken. Der Vollstreckungsgläubiger kann beantragen, ihm die Vollstreckung ohne Sicherheitsleistung zu gestatten oder die Abwendungsbefugnis des Schuldners aufzuheben bzw. von einer Sicherheitsleistung abhängig zu machen. Das Übergehen eines Antrags nach § 108 ZPO (andere Art der Sicherheitsleistung) kann von beiden Parteien gerügt werden. Allerdings darf mit der Vorabentscheidung nicht nur die Art der Sicherheitsleistung gerügt und abgeändert werden, weil hierüber ausschließlich die erste Instanz zu befinden hat; möglich ist eine Abänderung der Art der Sicherheitsleistung jedoch neben anderen Abänderungen (OLG Köln MDR 1997, 392). Nachdem die Höhe der Sicherheitsleistung regelmäßig nicht mehr im Rahmen der Vollstreckbarkeitsentscheidung festgesetzt wird (§§ 709 Satz 2, 711 Satz 2 ZPO), kommt auch eine Abänderung im Rahmen des § 718 ZPO nur noch ausnahmsweise in Betracht.

Zuständig ist das Berufungsgericht, nicht der vorbereitende Einzelrichter nach § 527 Abs. 3 ZPO **2871**
(OLG Frankfurt a. M. MDR 1990, 931; a.A. Zöller/Herget § 717 Rn. 3).

Erforderlich ist, dass die Berufung zulässig ist. Nur dann kann das erstinstanzliche Urteil überprüft und abgeändert werden. Auf die Erfolgsaussichten der Berufung über die Hauptsache kommt es nicht an. Für die Überprüfung der Vollstreckbarkeitsentscheidung ist von der Sachentscheidung des Erstgerichts auszugehen. Deren Richtigkeit wird zunächst nicht infrage gestellt.

Der Antrag ist begründet, wenn sich die Entscheidung zur vorläufigen Vollstreckbarkeit auf der **2872**
Grundlage der erstinstanzlichen Entscheidung als falsch darstellt. Dabei findet eine Prüfung der Hauptsache nicht statt; vielmehr ist die Vollstreckbarkeitserklärung selbst lediglich auf ihre Richtigkeit nach §§ 708 ff. ZPO zu überprüfen. Grundlage für die Beurteilung ist dabei die Sachentscheidung des erstinstanzlichen Urteils (KG NJW-RR 2009, 648).

Falsch ist die Vollstreckbarkeitsentscheidung danach, wenn sie nicht zur Sachentscheidung des Erstgerichts passt. Dies ist der Fall, wenn erstinstanzlich entweder gar nicht oder unzutreffend über die vorläufige Vollstreckbarkeit entschieden wurde. Dabei reicht die Nichtbeachtung von Amts wegen zu beachtender Vorschriften (§§ 708, 709, 711) genauso aus wie die Nichtbeachtung eines Vollstreckungsschutzantrags (§§ 714, 710, 712 Satz 1), soweit dieser erstinstanzlich bereits gestellt war; ein erstinstanzlich versäumter Vollstreckungsschutzantrag kann mit dem Antrag nach § 718 nicht nachgeholt werden.

Falsch ist die erstinstanzliche Entscheidung über die vorläufige Vollstreckbarkeit auch, wenn sie bei Verkündung des erstinstanzlichen Urteils noch richtig war und erst später aufgrund nachträglich geänderter Umstände fehlerhaft geworden ist. Dies ist zum Beispiel der Fall, wenn die Voraussetzungen eines Vollstreckungsschutzantrags erst nachträglich eingetreten sind.

Der Antrag lautet auf Abänderung und Neuformulierung der angefochtenen Entscheidung über die vorläufige Vollstreckbarkeit, für den Gegner auf Zurückweisung der Berufung, soweit diese die vorläufige Vollstreckbarkeit betrifft.

Die Entscheidung des Berufungsgerichts kann ohne mündliche Verhandlung durch Teilurteil erge- **2873**
hen, gegen das ein Rechtsmittel nicht gegeben ist (§ 718 Abs. 2 ZPO).

Das Teilurteil über die vorläufige Vollstreckbarkeit ist durch das Schlussurteil über die Hauptsache auflösend bedingt. Wird durch die spätere Sachentscheidung der Vorabentscheidung der Boden entzogen, so wird diese entweder förmlich aufgehoben oder schlicht wirkungslos. Hat der Beklagte gegen seine ohne Sicherheitsleistung für vorläufig vollstreckbar erklärte Verurteilung zur Zahlung von 10 000 € Berufung eingelegt, wird auf seinen Antrag nach § 718 ZPO hin die Zwangsvollstreckung wegen Verletzung des § 709 ZPO von einer Sicherheitsleistung abhängig gemacht. Wird letztlich die Klage im Berufungsurteil abgewiesen, entfällt die Möglichkeit des Klägers zur Zwangsvollstreckung vollständig.

Durch den Antrag und die Entscheidung nach § 718 ZPO entstehen besondere Kosten nicht; für den Anwalt gehört das Verfahren zur Instanz: § 19 Abs. 1 Satz 2 Nr. 11 RVG; nicht RVG-VV Nr. 3328; Zöller/Herget § 718 Rn. 4).

cc) Einstweilige Einstellung

2874 Ist Berufung eingelegt und ist – bei Abschätzung der Erfolgsaussichten des Rechtsmittels – mit einer gewissen Wahrscheinlichkeit zu erwarten, dass das angefochtene Urteil auf das Rechtsmittel hin abgeändert werden wird, so müsste eine aus dem erstinstanzlichen Urteil durchgeführte vorläufige Vollstreckung später rückgängig gemacht werden (§ 717 ZPO). Ist die Vollstreckung noch nicht erfolgt, kann sie verhindert werden. Solange die Abänderung des angefochtenen Urteils aber noch nicht sicher ist, kann die Zwangsvollstreckung nur »einstweilen«, das heißt bis zum Abschluss des Berufungsverfahrens, eingestellt werden (§§ 719, 707 ZPO).

§ 719 ZPO

verweist für diese Einstellungsmöglichkeit nach Einlegung der Berufung auf die allgemeine Einstellung der Zwangsvollstreckung infolge einer Anfechtung der Hauptsacheentscheidung (§ 707 ZPO). Der Vollstreckungsschuldner kann hier seine Interessen an einem Unterbleiben der Zwangsvollstreckung deutlich leichter geltend machen als über die allgemeine Schutzanordnung aus § 765a ZPO (die neben §§ 719, 707 ZPO aber anwendbar bleibt, Schuschke/Walker, Vollstreckung und vorläufiger Rechtsschutz, Bd. I, § 707 Rn. 4). Der Erlass einer einstweiligen Verfügung gegen die Vollstreckung kommt nur in Betracht, wenn eine Einstellung nach § 707 ausgeschlossen ist oder abgelehnt wurde (BGH LM § 719 Nr. 14). Ausgeschlossen ist eine Einstellung nach §§ 719, 707 ZPO auch, wenn erstinstanzlich ein Vollstreckungsschutzantrag nach §§ 710, 712, 714 Abs. 1 ZPO möglich gewesen wäre, aber nicht gestellt wurde (KG MDR 2000, 478; OLG Koblenz FamRZ 2000, 1165; a.A. KG MDR 2000, 1455).

2875 Voraussetzung einer einstweiligen Einstellung der Zwangsvollstreckung ist in jedem Fall ein Antrag.

Antragsberechtigt ist der Vollstreckungsschuldner. Dies kann auch der Berufungsbeklagte sein, wegen der Notwendigkeit einer mit der Berufung erreichbaren Abänderung der Hauptsacheentscheidung aber nur, wenn er eine eigene Berufung eingelegt oder sich der Berufung des Gegners angeschlossen hat.

Der Antrag muss schriftlich oder in mündlicher Verhandlung gestellt werden und unterliegt dem Anwaltszwang. Er muss erkennen lassen, welche Abänderung der Entscheidung zur vorläufigen Vollstreckbarkeit begehrt wird. Nicht näher spezifizierte Anträge zur Vollstreckbarkeit (»Vollstreckungsschutz zu gewähren«) werden in der Praxis regelmäßig kommentarlos übergangen (Anders/Gehle/Baader Teil C Rn. 85; oben Rdn. 1087). Gerichtet werden kann der Antrag auf einstweilige Einstellung der bevorstehenden Zwangsvollstreckung mit oder ohne Sicherheitsleistung, auf Abhängigmachung der bevorstehenden Zwangsvollstreckung von einer Sicherheitsleistung oder auf Aufhebung bereits durchgeführter Vollstreckungsmaßnahmen.

Vor Einlegung der Berufung ist der Antrag nach §§ 719, 707 nicht möglich, auch die bloße Beantragung von Prozesskostenhilfe für ein beabsichtigtes Berufungsverfahren reicht nicht aus. Im Berufungsverfahren ist der Antrag bis zur Urteilsverkündung möglich.

Zuständig für die Entscheidung ist das Prozessgericht, nach Einlegung der Berufung das Berufungsgericht.

2876 Alle Anordnungen sind grundsätzlich nur gegen Sicherheitsleistung möglich. Soll die Zwangsvollstreckung ausnahmsweise ohne Sicherheitsleistung eingestellt werden, muss der Schuldner zusätzlich glaubhaft machen, dass er zur Leistung einer solchen Sicherheit nicht in der Lage ist und die Vollstreckung einen nicht zu ersetzenden Nachteil bringen würde.

An beide Voraussetzungen stellt die Rechtsprechung sehr strenge Anforderungen. So kann der Schuldner den Nachweis mangelnder Leistungsfähigkeit nicht bereits durch die Weigerung seiner Bank, eine Bürgschaft zu stellen, nachweisen (OLG Hamm OLGR 1995, 167). Unersetzbar ist ein Nachteil nicht schon bei finanziellen Nachteilen, erforderlich ist eine durch die Zwangsvollstreckung drohende Existenzgefährdung.

Zur Einstellung der Zwangsvollstreckung ohne Sicherheitsleistung aus einem (zweiten, § 514 Abs. 2 ZPO) Versäumnisurteil, das in gesetzlicher Weise ergangen ist, muss glaubhaft gemacht werden, dass die Säumnis unverschuldet war (§ 719 Abs. 1 Satz 2 ZPO).

Glaubhaft gemacht werden müssen diese Voraussetzungen nach § 294 ZPO.

Der Antrag bedarf auch der Begründung. Da eine Einstellung der Zwangsvollstreckung nur in Betracht kommt, wenn die Berufung Aussicht auf Erfolg hat, muss die Begründung sich auf das Rechtsmittel selbst beziehen. Regelmäßig ist es deswegen erforderlich, bereits mit dem Antrag auch die Berufungsbegründung einzureichen. 2877

Erfolg hat ein Antrag, wenn die vorläufige Vollstreckung (schon und noch) möglich ist und die Interessen des Vollstreckungsschuldners an einer Einstellung der Zwangsvollstreckung die Interessen des Gläubigers an einer Durchführung bzw. Fortsetzung der Zwangsvollstreckung überwiegen. 2878

Für das Rechtsschutzbedürfnis an einer Einstellung der Zwangsvollstreckung ist erforderlich und ausreichend, dass die Vollstreckungsklausel erteilt wurde und die Vollstreckung nicht bereits beendet ist.

Bei der vorzunehmenden Interessenabwägung kommt den Interessen des Gläubigers kraft der gesetzlichen Wertung Vorrang zu (OLG Düsseldorf NJW-RR 1987, 702). Er hat in der Vorinstanz obsiegt. Die Grundmodelle der vorläufigen Vollstreckbarkeit aus §§ 708, 709 ZPO machen deutlich, dass er vollstrecken darf und der Schuldner die daraus möglichen Risiken zu tragen hat. Eine Abänderung dieser Risikoverteilung kommt nur in Betracht, wenn eine überwiegende Wahrscheinlichkeit dafür besteht, dass die Hauptsacheentscheidung zugunsten des Vollstreckungsschuldners abgeändert werden und damit auch die vom Erstgericht zugelassene Vollstreckung ihre Grundlage verlieren wird.

Aussicht auf Erfolg hat die Berufung nur, wenn sie – zum Zeitpunkt der Entscheidung über den Einstellungsantrag – zulässig ist und eine hinreichende Wahrscheinlichkeit dafür spricht, dass die angefochtene Entscheidung abgeändert werden wird. Soweit in der Berufungsinstanz erkennbar eine Beweisaufnahme erforderlich wird, ist zur Beurteilung der Erfolgsaussicht deren Ergebnis zu prognostizieren (Beweisantizipation).

Das Verfahren steht weitgehend im Ermessen des Gerichts, die Entscheidung ergeht in Form eines unanfechtbaren Beschlusses. 2879

Da die Entscheidung durch Beschluss ergeht, ist eine mündliche Verhandlung freigestellt (§§ 707 Abs. 2 Satz 1, 128 Abs. 4 ZPO). In jedem Fall muss dem Gegner rechtliches Gehör gewährt werden.

Möglich ist eine Entscheidung erst, nachdem das Gericht die Zulässigkeit der Berufung geprüft (§ 522 Abs. 1 ZPO) und eine Zurückweisung wegen evidenter Erfolglosigkeit verneint hat (§ 522 Abs. 2 ZPO).

Ob die Zwangsvollstreckung ganz oder teilweise eingestellt wird, steht im Ermessen des Gerichts (»kann«). Die Praxis einzelner Spruchkörper ist hier sehr unterschiedlich. Während manche Gerichte bei hinreichender Erfolgsaussicht der Berufung regelmäßig eine Einstellung anordnen, stellen andere Gerichte die Gläubigerinteressen auch in diesen Fällen in den Vordergrund und versagen eine Einstellung. Erforderlich ist, dass das Gericht sein Ermessen ausübt, formularmäßige Entscheidungen ohne Sachprüfung sind gesetzeswidrig.

Die Entscheidung lautet auf einstweilige Einstellung der bevorstehenden Zwangsvollstreckung mit oder ohne Sicherheitsleistung, auf Abhängigmachung der bevorstehenden Zwangsvollstreckung von einer Sicherheitsleistung oder auf Aufhebung bereits durchgeführter Vollstreckungsmaßregeln. Regelmäßig erfolgt die Einstellung nur gegen Sicherheitsleistung.

In diesem Fall erfolgt eine Begründung durch das Gericht nicht. Wird die Einstellung dagegen ohne Sicherheitsleistung eingestellt oder der Antrag zurückgewiesen, muss dies begründet werden. Ist bereits das erstinstanzliche Urteil nur gegen Sicherheitsleistung für vorläufig vollstreckbar erklärt, so bedarf es besonderer Darlegungen, warum eine Einstellung der Vollstreckung erforderlich ist (Zöller/Herget § 707 Rn. 13).

Eine Entscheidung über die Kosten des Antrags nach §§ 719, 707 ZPO ist regelmäßig nicht erforderlich. Gerichtsgebühren entstehen hierdurch nicht, für den Rechtsanwalt gehört das Verfahren zum Rechtszug (§ 19 Abs. 1 Satz 2 Nr. 11 RVG).

Der Beschluss ist nicht mit der sofortigen Beschwerde anfechtbar (§ 707 Abs. 2 Satz 2 ZPO). Möglich ist aber die jederzeitige Abänderung der Entscheidung im Rahmen einer erneuten Entscheidung nach §§ 719, 707 ZPO, soweit diese beantragt wird. Jeder gegen den Beschluss nach §§ 719, 707 ZPO gerichtete »Rechtsbehelf« ist als solch neuer Antrag auszulegen (BGH FamRZ 1989, 849; OLG Celle MDR 1986, 63), hat Aussicht auf Erfolg aber regelmäßig nur nach einer Änderung der Sachlage.

Die einstweilige Einstellung wird mit Verkündung des Berufungsurteils wirkungslos, ohne dass es einer förmlichen Aufhebung bedarf.

dd) Unbedingterklärung

2880 Durch Einlegung der Berufung gegen ein Urteil wird verhindert, dass dieses rechtskräftig wird (§ 705 Satz 2 ZPO). Wird die Anfechtung auf einen Teil des Urteils beschränkt, kann Rechtskraft auch nicht teilweise eintreten, weil sich durch nachträgliche Erweiterung der Berufung oder Anschlussberufung der Umfang der Anfechtung ändern kann. Der nicht angegriffene Teil des Urteils kann deswegen zwar nicht endgültig vollstreckbar sein, er kann aber zunächst auch nicht abgeändert werden, sodass zumindest kein Anlass besteht, die vorläufige Vollstreckung noch von Bedingungen abhängig zu machen.

2881 Auf Antrag kann deswegen der mit der Berufung nicht angefochtene Teil des erstinstanzlichen Urteils für unbedingt vorläufig vollstreckbar erklärt werden (§ 537 ZPO).

Streitig ist, ob § 537 ZPO entsprechende Anwendung auf die Kostenentscheidung findet und ob bei Teilanfechtung des Urteils der nicht angefochtene Teil der Kostenentscheidung unbedingt vollstreckt werden kann. Vereinzelt wird dies bejaht (Zöller/Heßler § 537 Rn. 6), überwiegend jedoch verneint (Prütting/Gehrlein/Oberheim § 537 Rn. 5). In Betracht kommt eine Vorabentscheidung allenfalls über die Kostenteile, die bei der infolge der Teilanfechtung vorzunehmenden Überprüfung der Gesamtkostenentscheidung nicht berichtigt werden können, was nur in seltenen Ausnahmefällen der Fall ist.

2882 Voraussetzung der Unbedingterklärung ist der Antrag auf Unbedingterklärung eines nur teilweise angefochtenen Urteils, das nicht oder nur bedingt für vorläufig vollstreckbar erklärt ist.

Der Antrag kann vom Vollstreckungsgläubiger gestellt werden, unabhängig davon, ob dieser Kläger oder Beklagter war bzw. Berufungskläger oder Berufungsbeklagter ist (OLG Hamm NJW-RR 1990, 1470). Er unterliegt dem Anwaltszwang, kann aber, wenn sich für die Berufungsinstanz noch kein anderer Rechtsanwalt gemeldet hat, auch vom erstinstanzlich Bevollmächtigten gestellt werden.

Das angefochtene Urteil darf nicht oder nur bedingt für vorläufig vollstreckbar erklärt sein. Bedingt vollstreckbar ist es, wenn die Vollstreckung von einer Sicherheitsleistung abhängig gemacht (§ 709) oder dem Schuldner eine Abwendungsbefugnis eingeräumt worden ist (§ 711 ZPO). Auch Feststellungsurteile und Klage abweisende Leistungsurteile können – zumindest im Kostenpunkt – vorläufig vollstreckbar sein.

Die Berufung darf sich nur gegen einen abtrennbaren Teil des erstinstanzlichen Urteils richten. Ist bezüglich dieses Teils wirksam auf die Berufung bzw. Anschlussberufung verzichtet worden, so kann teilweise Rechtskraft eingetreten sein; dann ist die Vollstreckung daraus bereits endgültig möglich, eine Unbedingterklärung kommt nicht mehr in Betracht. Dies gilt auch, wenn der nicht angegriffene Teil unstreitig schon erfüllt wurde; die bloß einseitige, streitig bleibende Erfüllungsbehauptung reicht dazu indes nicht aus (OLG Schleswig SchlHA 1987, 172).

2883 Damit klar ist, dass die Anfechtung des Urteils nur in beschränktem Umfang erfolgt, kann der Antrag erst nach Ablauf der Berufungsbegründungsfrist gestellt werden (§ 537 Abs. 1 Satz 2 ZPO).

Liegen die genannten Voraussetzungen vor, ist eine weitere Begründung des Antrags nicht erforderlich. Insbesondere bedarf es nicht der Prüfung von Zulässigkeit oder Erfolgsaussichten der Berufung.

2884 Das Verfahren steht weitgehend im Ermessen des Gerichts, die Entscheidung ergeht durch Beschluss, der nicht anfechtbar ist.

Freigestellt ist dem Gericht, ob es eine mündliche Verhandlung durchführt oder nicht (§ 128 Abs. 4 ZPO). Unterbleibt diese, muss rechtliches Gehör durch schriftliche Anhörung gewährt werden.

Mit dem Beschluss wird das angefochtene Urteil im Umfang der Nichtanfechtung für unbedingt, das heißt ohne Sicherheitsleistung des Gläubigers und ohne Abwendungsbefugnis des Schuldners, vorläufig vollstreckbar erklärt.

Der Beschluss ist – unabhängig davon, ob er dem Antrag stattgibt oder ihn zurückweist – unanfechtbar (§ 537 Abs. 2 ZPO). Dies gilt selbst dann, wenn der für unbedingt erklärte Teil des Anspruchs später doch noch durch Erweiterung der Berufung oder Anschlussberufung angegriffen wird. Auch über einen nachträglich vom Gegner nach § 537 gestellten Antrag kann eine Abänderung nicht erfolgen.

Gerichtliche Gebühren fallen durch das Verfahren nicht an. Nur soweit es sich auf einen vom Berufungsverfahren erstreckten Teil bezieht, gehört es zur Berufungsinstanz und löst keine besonderen Gebühren aus (§ 19 Abs. 1 Satz 2 Nr. 9 RVG). In allen anderen Fällen fällt eine Gebühr nach RVG-VV Nr. 3329 an.

III. Begründung der Berufung

Anders als andere Rechtsbehelfe, bei denen die bloße Einlegung bereits zu einer Überprüfung der angefochtenen Maßnahme von Amts wegen führt (so z.B. die sofortige Beschwerde), ist die Berufung nur zulässig, wenn sie ordnungsgemäß begründet wird (§ 520 Abs. 1 ZPO). 2885

Dies gilt selbst dann, wenn der Inhalt des Berufungsverfahrens nur eine einfache rechtliche oder tatsächliche Frage ist, zu der bereits in erster Instanz umfassend vorgetragen wurde. Die von der Partei eingelegte Berufung kann auch vom Streithelfer begründet werden, die Berufung des Streithelfers auch von der Partei; in beiden Fällen handelt es sich um das gleiche Rechtsmittel (BGH NJW 1985, 2480). Dagegen muss jeder Streitgenosse seine Berufung gesondert begründen, möglich ist aber auch eine gemeinsame Begründung (unten Rdn. 3094). Die Berufung kann bereits mit ihrer Einlegung begründet werden, praktisch ist dies jedoch eine seltene Ausnahme.

Die Berufungsbegründung kann auch dadurch erfolgen, dass auf andere Schriftsätze, z.B. solche im Prozesskostenhilfeverfahren, Bezug genommen wird, wenn diese von einem bei dem Berufungsgericht zugelassenen Rechtsanwalt unterzeichnet sind und inhaltlich den Anforderungen der Berufungsbegründung gerecht werden. Dafür ist nicht erforderlich, dass innerhalb der Begründungsfrist ausdrücklich auf solche Schriftsätze verwiesen wird, wenn sich eine entsprechende Bezugnahme aus den Begleitumständen und aus dem Zusammenhang ergibt.

Erfolgt die Begründung in einem gesonderten Schriftsatz, dann ist die Einhaltung einer Frist (§ 520 Abs. 2 ZPO) und bestimmter formeller Anforderungen (§ 520 Abs. 3–5 ZPO) erforderlich. 2886

1. Frist

Der Berufungsführer muss die Berufung fristgerecht begründen (§ 520 Abs. 2 ZPO). 2887

Die Frist soll sicherstellen, dass zu Beginn des Berufungsverfahrens klar ist, inwieweit das erstinstanzliche Urteil angefochten wird. Gegner und Gericht sollen sich darauf einstellen können, was Prozessstoff für die zweite Instanz sein wird.

Wegen der Anforderungen an die Fristwahrung im Allgemeinen oben Rdn. 274.

Die Frist beginnt mit der Zustellung des Urteils und dauert zwei Monate. 2888

Ist eine wirksame Zustellung nicht erfolgt, beginnt die Begründungsfrist spätestens fünf Monate nach der Verkündung zusammen mit der Einlegungsfrist, sie endet also sieben Monate nach der Verkündung.

Wegen der Fristberechnung kann auf die zur Berufungseinlegung gemachten Ausführungen (oben Rdn. 2800) verwiesen werden. Die Berufungsbegründungsfrist endet nach § 188 Abs. 2 BGB mit dem Ablauf (24:00 Uhr) des Tages des übernächsten auf die Zustellung folgenden Monats, welcher durch seine Zahl dem Tag entspricht, an dem die Zustellung erfolgt ist. Ist die Zustellung am 06.03. erfolgt, endet die Zweimonatsfrist damit am 06.05., bei einer Zustellung am 28.02. am 28.04. Fällt der letzte Tag der Frist auf einen Samstag, Sonntag oder Feiertag (an dem Ort, an dem der Widerruf zu erklären ist, d.h. am Gerichtsstand, nicht am Ort der Kanzlei: BGH MDR 2012, 301), so endet die Frist erst mit Ablauf des darauffolgenden Werktags (§ 193 BGB). Zu weiteren Fragen der Fristberechnung oben Rdn. 141.

Für Streithelfer und Partei läuft nur eine einheitliche Frist, die mit der Zustellung des Urteils an die Partei begonnen hat. Für Streitgenossen laufen dagegen jeweils eigene Fristen.

2889 Berufungs- und Berufungsbegründungsfrist sind voneinander unabhängig, sodass die Begründungsfrist ablaufen kann, bevor die Einhaltung der Einlegungsfrist geklärt ist (BGH MDR 2001, 1072).

Wird gegen die Versäumung der Einlegungsfrist Wiedereinsetzung in den vorigen Stand beantragt, so läuft die Begründungsfrist weiter und kann verstreichen, bevor über die Wiedereinsetzung entschieden ist (BGH NJW 1998, 1155). Wird die Berufung vor Einreichung der Begründung durch Beschluss nach § 522 Abs. 1 ZPO als unzulässig verworfen und dagegen Rechtsbeschwerde eingelegt, läuft die Begründungsfrist dennoch regulär weiter (BGH VersR 1977, 573).

2890 Die Frist zur Begründung der Berufung ist verlängerbar. Erforderlich ist der schriftliche Antrag auf Fristverlängerung eines beim Berufungsgericht zugelassenen Rechtsanwalts, aus dem sich ergeben muss, welche Frist aus welchem Grund verlängert werden soll (BGH BRAK-Mitt 2005, 21). Der Verlängerungsantrag muss vor Ablauf der Frist beim Gericht eingehen und kann auch nach deren Ablauf noch beschieden werden.

Zur Fristverlängerung im Allgemeinen oben Rdn. 791.

Die Angabe des gewünschten Verlängerungszeitraums ist nicht zwingend, aber sinnvoll. Dabei sollte der gesetzlich mögliche Rahmen der Verlängerung (ein Monat, siehe unten) grundsätzlich ausgeschöpft werden, weil weitere Verlängerungen auch dann nur ausnahmsweise möglich sind, wenn sie insgesamt einen Monat nicht übersteigen. Nicht möglich ist eine Auslegung durch das Gericht, dass statt der benannten die gesetzlich maximal mögliche Verlängerung begehrt wird (BGH NJW-RR 2020, 313). Ist die Zustimmung des Gegners erforderlich, ist es nicht bloß sinnvoll, sondern sogar geboten (BGH MDR 2021, 1348), diese vorab einzuholen und dem Antrag beizufügen. Der Verlängerungsgrund ist anzugeben, eine Glaubhaftmachung (§§ 224 Abs. 2, 294 Abs. 1 ZPO) wird von der Rechtsprechung nur auf Anforderung erwartet (OLG Karlsruhe AnwBl 1998, 109), die Kommentarliteratur dagegen hält sie teilweise für sofort erforderlich (MüKoZPO/Rimmelspacher § 519 Rn. 14), sodass ihre Beifügung als Beschreitung des sichersten Weges zu empfehlen ist.

2891 Die **erste Verlängerung** um bis zu einen Monat kann durch den Vorsitzenden erfolgen, wenn dadurch eine Verzögerung nicht eintritt oder erhebliche Gründe dargetan werden (§ 520 Abs. 2 Satz 1 ZPO).

Dagegen darf der Rechtsanwalt grundsätzlich darauf vertrauen, dass einem (wirksamen) ersten Antrag auf Fristverlängerung stattgegeben wird (BGH MDR 2021, 379; BGH NJW 2010, 1610; zum Vertrauen auch in eine zweite Verlängerung BGH NJW 2009, 3100). Erfolgt dies nicht, kann darauf ein Wiedereinsetzungsantrag gegen die dann versäumte Begründungsfrist gestützt werden (BGH NJW 1999, 430).

2892 Jede **weitere Verlängerung** ist nur mit Zustimmung des Gegners möglich (§ 520 Abs. 2 Satz 2 ZPO).

Zugestimmt werden muss explizit, das bloße Führen von Vergleichsverhandlungen genügt nicht (BGH NJW-RR 2012, 1462). Eine Zustimmung kommt in Betracht, wenn zwischen den Parteien Vergleichsverhandlungen laufen oder Einigkeit darüber besteht, dass eine sachgerechte Vorbereitung der Berufung einen größeren Zeitrahmen erfordert. In allen anderen Fällen wird die Zustimmung durch den Gegner häufig versagt. Ob die Zustimmung zu einem Fristverlängerungsantrag des Gegners indes eine Verletzung der Interessen der eigenen Partei darstellt oder ob sie nicht sinnvollerweise erklärt wird, sollte nicht pauschal, sondern im Einzelfall entschieden werden. Hat der Berufungskläger die Zustimmung des Gegners telefonisch eingeholt, genügt es, wenn dies dem Gericht gegenüber anwaltlich versichert wird (BGH NJW 2005, 408).

Auf diese zweite Verlängerung kann und darf der Anwalt jedenfalls so lange nicht vertrauen, wie die Einwilligung des Gegners noch fehlt (BGH NJW 2004, 1742). Nicht unbedenklich erscheint die Auffassung des BGH, ein Vertrauen sei stets (ohne weitere Voraussetzungen) bereits dann gerechtfertigt, wenn die Einwilligung des Gegners vorliegt (BGH NJW 2009, 3100). Der Anwalt muss damit rechnen, dass der Antrag zurückgewiesen wird. Wird ein Verlängerungsantrag abgelehnt, ist das Gericht nicht verpflichtet, die Partei hiervon vor Fristablauf in Kenntnis zu setzen (BGH AnwBl 2007, 795). Es ist Aufgabe des Anwalts, sich nach der Entscheidung zu erkundigen. Deswegen muss der Antrag so rechtzeitig gestellt werden, dass bei seiner Ablehnung noch Zeit genug bleibt, die Begründung innerhalb der nicht verlängerten Frist einzureichen. Das enttäuschte ungerechtfertigte Vertrauen in die Verlängerung rechtfertigt eine Wiedereinsetzung nicht.

Ein ermessensunabhängiger Anspruch auf eine dritte Verlängerung der Begründungsfrist besteht auch in umfangreichen Massenverfahren nicht (OLG Jena MDR 2020, 690).

Praxistipp:

Vor dem zweiten Antrag auf Verlängerung der Begründungsfrist muss der Anwalt die Zustimmung des Gegners einholen und ggf. mit dem Vorsitzenden klären, ob eine Verlängerung erfolgt. In jedem Fall muss er vor Ablauf der Frist nachfragen, ob eine Verlängerung erfolgt ist. 2893

Eine vom Gericht gewährte Verlängerung der Frist ist auch dann wirksam, wenn sie unter Verletzung der gesetzlichen Voraussetzungen erfolgt (BGH NJW 2004, 1480). Einer Unterschrift des Richters bedarf sie nicht (BGH NJW 2017, 2273).

2. Form

Besondere Anforderungen an Form und Inhalt der Berufungsbegründung enthält § 520 Abs. 3–5 ZPO. 2894

Auch die Berufungsbegründung bedarf danach der Schriftform und muss in elektronischer Form eingereicht werden (§ 130d ZPO). Auf die insoweit zur Klage und zur Berufungseinlegung gemachten Ausführungen (oben Rdn. 711, 2823) kann dabei verwiesen werden. 2895

Mit der Unterschrift unter die Berufungsbegründung macht der Rechtsanwalt deutlich, dass er den Prozessstoff selbst durchgearbeitet hat, das Ergebnis seiner Arbeit in dem Schriftsatz niedergelegt hat und bereit ist, hierfür die Verantwortung zu übernehmen. Von wem die Begründung tatsächlich gefertigt wurde, spielt dann keine Rolle mehr, sodass der Prozessbevollmächtigte durch Unterzeichnung einen von der Partei, dem erstinstanzlich Bevollmächtigten oder einem Dritten (Referendar, juristischer Mitarbeiter) gefertigten Entwurf billigen und zur wirksamen Begründung auch dann machen kann, wenn er ihn nur flüchtig gelesen hat (BGH NJW 1989, 3022; BGH NJW-RR 1998, 574). Soweit sich die Tätigkeit des Berufungsanwalts insoweit auf die Hinzufügung der eigenen Kanzleibezeichnung und Unterschrift beschränkt, bezeichnet man sie auch als »Stempelmandat«. Mit der Neuregelung der Anwaltszulassung sind diese Fälle selten geworden.

Die Begründungsschrift ist bei dem Berufungsgericht einzureichen. 2896

Auch hierzu kann auf die zur Berufungseinlegung gemachten Ausführungen (oben Rdn. 2824) verwiesen werden. Wird die Begründung falsch adressiert, ist die Frist nur gewahrt, wenn die Begründung noch innerhalb der Frist beim richtigen Gericht eingeht.

Erforderlich ist zudem die Angabe, zu welchem Verfahren die Begründung gehören soll (OLG Karlsruhe VersR 1993, 1170). Dies geschieht gemäß §§ 520 Abs. 5, 130 Nr. 1 ZPO regelmäßig durch die Bezeichnung der Parteien. 2897

Dabei ist ein volles Rubrum prozessual nicht zwingend, zur Vermeidung von Missverständnissen und Verwechslungen aber sinnvoll. Das Gleiche gilt für die Angabe des bereits bekannten Aktenzeichens des Berufungsgerichts.

Erkennbar sollte sein, dass der Schriftsatz als Berufungsbegründung dienen soll. 2898

Probleme können insoweit auftreten, wenn die Begründung zunächst für einen anderen Antrag (zum Beispiel auf Gewährung von Prozesskostenhilfe oder auf Einstellung der Zwangsvollstreckung) dienen soll. Die ältere Rechtsprechung verlangte, dass der Schriftsatz erkennbar zur Begründung der Berufung bestimmt ist, und ließ einen als »Prozesskostenhilfegesuch und Berufungsbegründungsentwurf« bezeichneten Schriftsatz – obwohl er allen Erfordernissen des § 520 Abs. 3 ZPO entsprach – nicht als Berufungsbegründung ausreichen (BGH VersR 1991, 936). Hieraus resultiert die in der Literatur verbreitete Empfehlung, die Berufungsbegründung eindeutig als solche zu bezeichnen (Kramer Rn. 203).

Die neuere Rechtsprechung ist insoweit großzügiger. Geht innerhalb der Frist keine gesonderte Berufungsbegründung ein, wurde aber vorher ein begründeter Antrag (zum Beispiel auf Gewährung von Prozesskostenhilfe oder auf Einstellung der Zwangsvollstreckung) gestellt, so kann die dazu vorgetragene Begründung im Wege der Auslegung auch als Berufungsbegründung herangezogen werden (BGH NJW-RR 2001, 789). Ist der andere Schriftsatz ausdrücklich nur als »Begründungsentwurf« bezeichnet oder nicht unterschrieben, so bedarf es weiterer Umstände, aus denen auf die Bezugnahme geschlossen werden kann (BGH NJW 2008, 1740).

2899 Eine Angabe des Werts des Beschwerdegegenstands soll die Berufungsbegründung enthalten, wenn dieser nicht in einer bestimmten Geldsumme besteht und wenn von ihm die Zulässigkeit der Berufung abhängt (§ 520 Abs. 4 Nr. 1 ZPO).

Ist die Berufung vom erstinstanzlichen Gericht zugelassen, bedarf es der Angabe des Werts in keinem Fall. Das Gleiche gilt bei einer bezifferten Zahlungsklage, bei der der Wert sich eindeutig aus dem Antrag ergibt. In allen anderen Fällen hat das Berufungsgericht den Wert autonom festzusetzen (dazu oben Rdn. 2764). Es geht dabei von den Angaben des Berufungsklägers aus, die dieser zudem glaubhaft zu machen hat (§ 511 Abs. 3 ZPO). Fehlen solche Angaben, macht dies allein die Berufung nicht unzulässig, sondern führt lediglich zu einer freien Schätzung des Werts durch das Berufungsgericht (§ 3 ZPO), die bei Unterschreiten des Berufungswerts zur Unzulässigkeit des Rechtsmittels führen kann. In seinem eigenen Interesse ist deswegen dem Berufungskläger zu raten, von der Möglichkeit eines Vortrags zum Erreichen der Berufungssumme zumindest in Zweifelsfällen stets Gebrauch zu machen.

2900 Enthalten soll die Berufungsbegründung auch eine Äußerung dazu, ob einer Entscheidung durch den Einzelrichter Gründe entgegenstehen.

Damit wird dem Berufungskläger rechtliches Gehör vor der Entscheidung über eine Befassung des Einzelrichters nach §§ 526, 527 ZPO gewährt. Gestaltungsmöglichkeiten haben die Parteien insoweit indes nicht. Weder die Übertragung zur Entscheidung nach § 526 ZPO noch die Zuweisung zur Vorbereitung nach § 527 ZPO erfordert einen Antrag der Parteien, ist von ihrem Einverständnis abhängig oder kann durch einen ausdrücklichen Widerspruch verhindert werden.

Ob eine Übertragung auf den Einzelrichter aus der Sicht der Partei Sinn macht, ist Frage des Einzelfalles. Grundsätzlich ist die Kollegialentscheidung aufgrund ihrer höheren Richtigkeitsgewähr vorzuziehen (Schneider MDR 2003, 374). Das bedeutet nicht, dass jede Einzelrichterentscheidung falsch sein muss. Häufig ist eine Entscheidung durch Einzelrichter schneller zu erreichen als eine solche des Spruchkörpers.

2901 Wesentlich für die Berufungsbegründung sind nach § 520 Abs. 3 Satz 2 ZPO ein bestimmter Antrag (unten Rdn. 2902) und die Bezeichnung der Umstände, aus denen sich der Grund der Anfechtung ergibt (unten Rdn. 2949).

a) Berufungsantrag

2902 Mit den Berufungsanträgen hat der Berufungskläger klarzustellen, in welchem Umfang er das Urteil anficht und welche Abänderung er begehrt (§ 520 Abs. 3 Satz 2 Nr. 1 ZPO; BGH MDR 2020, 80).

Bei den Anträgen handelt es sich um die »Sachbitte« der Partei an das Gericht. Inhalt der Anträge ist das Prozessziel der Partei, die von ihr begehrte Tenorierung des Urteils.

aa) Grundsätze

2903 Die gestellten Anträge binden das Berufungsgericht, eine Entscheidungsbefugnis besteht nur innerhalb der von den Anträgen gezogenen Grenzen (§ 528 ZPO). Das Berufungsgericht darf dem Berufungsführer weder mehr zusprechen, als er beantragt hat (Verbesserungsverbot, Verbot der **reformatio in melius**), noch weniger, als ihm in der Vorinstanz bereits zugesprochen wurde (Verschlechterungsverbot, Verbot der **reformatio in peius**).

Dies dient beiden Parteien. Der Berufungskläger ist davor geschützt, dass das Ergebnis des Rechtsstreits auf seine Berufung hin für ihn ungünstiger wird, er riskiert allein die Zurückweisung seiner Berufung. Der Berufungsbeklagte kann das Risiko des Berufungsverfahrens abschätzen und überlegen, ob und mit welchem Aufwand er sich gegen das Rechtsmittel verteidigen will.

Was mit den Berufungsanträgen nicht angegriffen ist, kann auch dann nicht abgeändert werden, wenn es offensichtlich falsch ist. Werden mehrere Ansprüche geltend gemacht, gilt das Abänderungsverbot für jeden einzelnen Anspruch, selbst dann, wenn sie auf einem einheitlichen Klagegrund beruhen. Eine unzulässige Abänderung liegt nicht nur in quantitativen, sondern auch in qualitativen Abweichungen vom Antrag. Beide Verbote beziehen sich allein auf die tenorierte Rechtsfolge zur Hauptsache, nicht auf deren Begründung, sodass eine andere Begründung für das unverändert bleibende Ergebnis möglich ist. Die Abgrenzung, zwischen der unzulässigen inhaltlichen Änderung und der zulässigen Änderung der Begründung ist nicht immer einfach.

▶ Beispiele:

Ist in erster Instanz die Klage wegen begründeter Hilfsaufrechnung des Beklagten abgewiesen 2904
worden, kann auf die Berufung des Klägers nur das Bestehen der Aufrechnungsforderung, auf die Berufung des Beklagten nur das Bestehen der Klageforderung überprüft werden.

Nicht möglich ist bei einer Zug-um-Zug-Verurteilung der Wegfall des Vorbehalts zum Nachteil des Beklagten oder die völlige Klageabweisung zum Nachteil des Klägers. Hat das Landgericht auf Naturalrestitution erkannt, kann das Berufungsgericht ohne Antrag nicht auf Wertersatz umstellen.

Als bloße Änderung der Begründung möglich ist der Austausch von (Anspruchs- oder Gegenrechts-)Normen, eine Änderung der zugrunde gelegten Schuldform (Vorsatz statt Fahrlässigkeit), die Neueinbeziehung, Weglassung oder Umgewichtung von Bemessungsfaktoren für Schmerzensgeld oder Mitverschulden. Auch die Abänderung einzelner Rechnungsposten in einer einheitlichen Abrechnung kann erfolgen, wenn der Gesamtbetrag nicht unzulässig verändert wird. Die Nebenentscheidungen (Kosten, vorläufige Vollstreckbarkeit) können inhaltlich auch zulasten des Berufungsführers neu getroffen werden, weil sie unabhängig von den gestellten Anträgen von Amts wegen erfolgen. Nur eine andere Begründung soll nach herrschender Meinung auch dann vorliegen, wenn die erstinstanzlich als unzulässig abgewiesene Klage vom Berufungsgericht als unbegründet abgewiesen wird (BGH NJW 1988, 1983). Das Gleiche soll gelten, wenn die Klage mangels Fälligkeit der Klageforderung abgewiesen wurde und die endgültige Klageabweisung auf das Nichtbestehen des Anspruchs dem Grunde nach gestützt wird.

Sehr streitig ist, ob eine Abweisung der Klage als unzulässig möglich ist, wenn der Kläger eine teilweise Klageabweisung mit der Berufung angreift. Die herrschende Meinung lässt eine Abänderung zu, wenn zwingende, von Amts wegen zu beachtende Prozessvoraussetzungen fehlen und eine Heilung ausgeschlossen ist (BGH NJW 1986, 1494).

Das Abänderungsverbot gilt nicht in den Fällen notwendiger Streitgenossenschaft (§ 62 ZPO). Da hier aus materiellen oder aus prozessualen Gründen eine einheitliche Sachentscheidung geboten ist, muss das Urteil gegebenenfalls auch über die gestellten Anträge hinaus abgeändert werden.

Nicht von § 528 ausgeschlossen ist die Möglichkeit, weniger zuzusprechen als beantragt, wenn das Rechtsmittel im Übrigen zurückgewiesen wird.

▶ Beispiel:

Hat der Kläger in erster Instanz Zahlung von 10 000 € beantragt und gegen die vollständige 2905
Klageabweisung Berufung eingelegt, mit der er an seinem Antrag festhält, kann das Berufungsgericht der Klage in Höhe von 5 000 € stattgeben, wenn es die Berufung im Übrigen zurückweist.

Eine Verschlechterung zum Nachteil des Berufungsführers ist möglich, wenn der Gegner seinerseits Anträge stellt, die einen Entscheidungsspielraum des Berufungsgerichts eröffnen. Dies ist möglich, indem der Berufungsbeklagte ebenfalls Berufung einlegt oder sich der Berufung des Gegners zumindest anschließt (§ 524 ZPO; unten Rdn. 3073).

▶ Beispiel:

2906 Verfolgt zum Beispiel der Kläger mit der Berufung gegen ein der Klage teilweise stattgebendes Urteil seinen erstinstanzlichen Antrag in vollem Umfang weiter, so kann das Berufungsgericht nur prüfen, ob der Verurteilungsbetrag angehoben werden kann. Schließt sich der Beklagte der Berufung des Klägers an und beantragt Klageabweisung, so erstreckt sich die Prüfungskompetenz des Berufungsgerichts auf den gesamten Streitgegenstand erster Instanz, sodass auch eine Reduzierung des zugesprochenen Betrags in Betracht kommt.

2907 Der Antrag sollte grundsätzlich konkret formuliert und seiner Bedeutung entsprechend optisch hervorgehoben werden (NJW-RR 2020, 1188; MüKoZPO/Rimmelspacher § 520 Rn. 30 f.).

2908 Der Sachantrag der Berufung geht grundsätzlich auf »Abänderung« des angefochtenen Urteils.

Dies ergibt sich bereits aus dem Gesetzeswortlaut, an dem sich auch Rechtsprechung und Lehre orientieren (§§ 520 Abs. 3 Satz 2 Nr. 1, 528 Satz 2, 717 Abs. 2 ZPO). Teilweise wird aber auch vertreten, es sei eine »Aufhebung« des Urteils zu beantragen (Nachweise zu beiden Auffassungen bei Doukoff Rn. 136a), was ansonsten nur bei einer Zurückverweisung an das erstinstanzliche Gericht (§ 538 Abs. 2 Satz 1 ZPO) für geboten gehalten wird. Prozessuale Nachteile entstehen durch die Verwendung dieser – nach überwiegender Auffassung unrichtigen – Formulierung aber nicht.

Das angefochtene Urteil sollte zur Vermeidung von Unklarheiten im Antrag nochmals konkretisiert werden, wie z.B. durch »das Urteil des Landgerichts … vom …, Az. …, abzuändern«. Wenn keine Zweifel an der Identität des angegriffenen Urteils bestehen, genügt wohl der Antrag, »das angefochtene Urteil abzuändern«.

2909 Anzugeben ist zusätzlich, welches Ziel mit der begehrten Abänderung erreicht werden soll.

Richtet sich die Berufung des Beklagten gegen ein stattgebendes Urteil, ist zu beantragen, »das angefochtene Urteil abzuändern und die Klage abzuweisen«. Legt der Kläger Berufung gegen ein Klage abweisendes Urteil ein, so muss er beantragen, »das angefochtene Urteil abzuändern und den Beklagten zu verurteilen, an den Kläger … zu zahlen«.

Möglich, aber wegen der damit verbundenen Unklarheiten und der fehlenden Selbstkontrolle des Berufungsklägers aber nicht zu empfehlen ist der Antrag, »unter Abänderung des angefochtenen Urteils nach den erstinstanzlich gestellten Anträgen zu entscheiden«.

2910 Für die Formulierung des Ziels gelten weitgehend die Grundsätze der Antragsformulierung in erster Instanz. Der Antrag muss hinreichend bestimmt, bei Zahlungsklagen grundsätzlich beziffert sein.

Leistungsanträge müssen einerseits Ausfluss des geltend gemachten materiell-rechtlichen Anspruchs sein, andererseits eine geeignete Grundlage für die Zwangsvollstreckung abgeben. Bestehen Bedenken in die eine oder andere Richtung, so ist ein Hinweis nach § 139 ZPO erforderlich (BGH NJW 1999, 954). Feststellungsanträge müssen das festzustellende Rechtsverhältnis zweifelsfrei bezeichnen (BGH VersR 1982, 68).

2911 Die Berufung kann auch auf selbstständige Teile beschränkt werden. Eine solche Beschränkung muss regelmäßig zweifelsfrei aus dem Antrag hervorgehen.

Selbstständig in diesem Sinne sind alle Teile des Streitstoffs, über die eine isolierte Entscheidung in Form eines Teilurteils hätte ergehen können. Beispiele sind die Beschränkung der Berufung auf einzelne (einfache) Streitgenossen sowohl aufseiten des Berufungsklägers als auch aufseiten des Berufungsbeklagten, auf einzelne Streitgegenstände oder abtrennbare Teile des Streitgegenstands (BGH NJW 1999, 2116).

Häufig erfolgt die Beschränkung bereits mit der Einlegung der Berufung. Sinn macht dies, wenn noch nicht klar ist, ob die Berufung durchgeführt und die Kosten für den Fall späterer Rücknahme gering gehalten werden sollen (dazu oben Rdn. 2842).

Bei der Berufungsbeschränkung ist es regelmäßig geboten, eine bloß »teilweise Abänderung« des erstinstanzlichen Urteils zu beantragen.

Missverständnisse resultieren häufig aus der Frage, ob das formulierte Ziel zusätzlich neben die fortdauernde Entscheidung des erstinstanzlichen Gerichts treten soll oder diese mit umfasst. 2912

▶ Beispiel:

Der Kläger hat erstinstanzlich Zahlung von 100 000 € begehrt, jedoch nur 20 000 € zugesprochen bekommen. Beantragt er hier, »den Beklagten unter teilweiser Abänderung des angefochtenen Urteil zur Zahlung von 40 000 € an den Kläger zu verurteilen«, wird nicht eindeutig klar, ob er insgesamt nur 40 000 € begehrt, sodass über die bereits zugesprochenen 20 000 € weitere 20 000 € zuzusprechen sind, oder ob er die 40 000 € zusätzlich zu den bereits zugesprochenen 20 000 € verlangt, sodass ihm letztlich 60 000 € zufließen. 2913

Solche Missverständnisse können vermieden werden, wenn man den erstrebten Prozesserfolg als Neufassung des Urteils formuliert und beantragt, »das angefochtene Urteils teilweise abzuändern und dahin neu zu fassen, dass der Beklagte zur Zahlung von 40 000 € an den Kläger verurteilt wird«. Möglich sind auch andere erläuternde Zusätze wie »den Beklagten unter Abänderung des angefochtenen Urteils zu verurteilen, über die bereits zugesprochenen 20 000 € hinaus weitere 20 000 € an den Kläger zu zahlen« oder »den Beklagten unter Abänderung des angefochtenen Urteils zu verurteilen, nicht bloß 20 000 €, sondern insgesamt 40 000 € an den Kläger zu zahlen«.

bb) Formulierung in Sonderfällen

Besondere Probleme bringt erfahrungsgemäß die Formulierung des Antrags bei Anfechtung eines Urteils, das auf Haupt- und Hilfsanträge hin ergangen ist. 2914

Der Kläger kann gegen die Stattgabe seines Hauptantrags Berufung nicht einlegen, weil er hierdurch nicht beschwert ist. Sind Haupt- und Hilfsantrag abgewiesen worden, kann er mit der Berufung beide Anträge im gleichen Verhältnis weiterverfolgen. Problematisch ist die Berufung des Klägers gegen die Stattgabe des Hilfsantrags. Eine ausreichende formelle Beschwer (dazu oben Rdn. 2755) liegt hier in der Abweisung des Hauptantrags, sodass der Antrag darauf lauten muss, »den Beklagten unter Abänderung des angefochtenen Urteils nach dem Hauptantrag zu verurteilen«. Der Hilfsantrag wird dann nicht mehr gestellt. Er ist bereits zugesprochen und kann nach dem Grundsatz des Verbots der reformatio in peius nicht mehr abgesprochen werden. Hat die Berufung allerdings Erfolg, so muss die Verurteilung aus dem Hilfsantrag entfallen, weil dem Kläger nicht beide Anträge kumulativ nebeneinander zugesprochen werden können. Zur Klarstellung kann deswegen beantragt werden, »den Beklagten in Abänderung des angefochtenen Urteils nicht aus dem Hilfs-, sondern aus dem Hauptantrag zu verurteilen«.

Der Beklagte kann gegen die Abweisung von Haupt- und Hilfsantrag mangels Beschwer keine Berufung einlegen. Wendet er sich mit der Berufung gegen seine Verurteilung aus dem Haupt- oder aus dem Hilfsantrag, so hat das Berufungsgericht nach h.M. nur über das Bestehen des jeweils zugesprochenen Antrags zu entscheiden. Dabei reicht der normale Antrag aus, »die Klage unter Abänderung des angefochtenen Urteils abzuweisen«. Der wegen Zuerkennung des Hauptantrags nicht beschiedene Hilfsantrag des Klägers wird allein durch die Rechtsmitteleinlegung des Beklagten Gegenstand des Berufungsverfahrens (BGH NJW-RR 2005, 220).

Einer besonderen Formulierung bedürfen die Berufungsanträge auch, wenn erstinstanzlich ein erstes Versäumnisurteil ergangen ist. Hier musste schon erstinstanzlich Abänderung des Versäumnisurteils oder Zurückweisung des Einspruchs beantragt werden; dies setzt sich in zweiter Instanz fort. 2915

Ist gegen den Kläger erstinstanzlich ein (Klage abweisendes) Versäumnisurteil ergangen, das er mit dem Einspruch erfolgreich angefochten hat, so lautet der Tenor erster Instanz bei erfolgreicher weiterer Prozessführung des Klägers auf Aufhebung des Versäumnisurteils und Verurteilung des Beklagten, ansonsten auf Aufrechterhaltung des Versäumnisurteils. Legt in der ersten Alternative der Beklagte Berufung ein, so muss er beantragen, »unter Abänderung des angefochtenen Urteils das Versäumnisurteil des … vom …, Az. …, aufrechtzuerhalten«. Legt in der zweiten Alternative der Kläger Berufung ein, hat sein Antrag zu lauten: »In Abänderung des angefochtenen Urteils das Versäumnisurteil des … vom …, Az. …, aufzuheben und den Beklagten zu verurteilen, an ihn … zu zahlen«.

Ist erstinstanzlich gegen den Beklagten ein (Klage stattgebendes) Versäumnisurteil ergangen, das er mit dem Einspruch erfolgreich angefochten hat, so lautet der Tenor erster Instanz bei erfolgreicher weiterer

Prozessführung des Beklagten auf Aufhebung des Versäumnisurteils und Abweisung der Klage, ansonsten auf Aufrechterhaltung des Versäumnisurteils. Legt in der ersten Alternative der Kläger Berufung ein, so muss er beantragen, »unter Abänderung des angefochtenen Urteils das Versäumnisurteil des ... vom ..., Az. ..., aufrechtzuerhalten«. Legt in der zweiten Alternative der Beklagte Berufung ein, hat sein Antrag zu lauten: »In Abänderung des angefochtenen Urteils das Versäumnisurteil des ... vom ..., Az. ..., aufzuheben und die Klage abzuweisen«.

2916 Mit der Berufung gegen ein zweites Versäumnisurteil (§§ 514 Abs. 2, 345 ZPO; oben Rdn. 2746) muss beantragt werden, »unter Abänderung des angefochtenen Urteils das Versäumnisurteil des ... vom ..., Az. ..., aufzuheben«. Zusätzlich ist das eigene Rechtsschutzziel (Sachantrag, Klageabweisungsantrag) hinzuzufügen.

2917 Eine entsprechende Fassung der Anträge ist erforderlich, wenn erstinstanzlich durch Urteil eine zuvor im Beschlussweg erlassene Eilanordnung (Arrest, einstweilige Verfügung) bestätigt wurde (§§ 925 Abs. 2, 936 ZPO).

2918 Hat der Berufungsbeklagte seinerseits Berufung oder Anschlussberufung eingelegt, so bedarf es auf Seiten des Berufungsklägers zusätzlich zum eigenen Sachantrag eines auf deren Zurückweisung gerichteten Antrags (dazu unten Rdn. 3073). Fraglich ist, ob es darüber hinaus eines Antrags auf Klageabweisung bedarf, wenn im Rahmen der Anschlussberufung die Klage erweitert wird.

Dagegen spricht, dass schon mit der Zurückweisung der Anschlussberufung die Klageerweiterung abgewiesen ist. Dafür können dennoch Gründe der Klarheit und das Gebot der Befolgung des sichersten Wegs sprechen, weil manche Berufungsgerichte zusätzlich zur Zurückweisung der Anschlussberufung auf Abweisung der Klage tenorieren und deswegen auch einen entsprechenden Antrag erwarten.

cc) Beseitigung der Beschwer

▶ Praxistipp:

2919 Erforderlich ist, dass mit der Berufung (zumindest auch) die Beseitigung der Beschwer aus dem erstinstanzlichen Urteil wenigstens im Umfang des erforderlichen Werts des Beschwerdegegenstands begehrt wird (BGH MDR 2012, 3081; BAG NZA 2019, 1446).

2920 Nur dann hat der Berufungsführer ein für die Durchführung des Rechtsmittelverfahrens ausreichendes Rechtsschutzbedürfnis.

Die Rechtsmittelinstanz dient nicht der willkürlichen Fortsetzung des Verfahrens oder der Geltendmachung neuer Rechtsschutzziele, sondern ist nur möglich, wenn es dem Rechtsmittelkläger darum geht, die ihm aus der vorliegenden Entscheidung erwachsenen Nachteile zu beseitigen (NJOZ 2023, 364).

2921 Da die grundsätzlich erforderliche formelle Beschwer der Partei in der Nichterreichung des ursprünglichen Antrags, in dem hiervon abweichenden Urteilstenor liegt, erfordert eine Beseitigung der Beschwer regelmäßig einen Angriff auf den Urteilstenor durch die Beibehaltung des erstinstanzlichen Antrags in der Berufungsinstanz. Unzulässig ist sowohl die Berufung, mit der ausschließlich ein neuer Antrag verfolgt wird, als auch die Berufung, mit der die zu beseitigende Beschwer erst geschaffen wird.

Erfüllt ist dieses Erfordernis einer Beseitigung der Beschwer, wenn der mit seiner Klage abgewiesene Kläger in der Berufung seinen erstinstanzlichen Sachantrag weiterverfolgt, der erstinstanzlich verurteilte Beklagte weiterhin Abweisung der Klage begehrt. Eine Beseitigung der Beschwer wird auch erstrebt, wenn der unterlegene Kläger statt der Feststellung mit der Berufung Leistung, statt des ursprünglich geforderten Gegenstands das Interesse (§ 264 Nr. 3 ZPO) begehrt, er vom Befreiungs- auf den Zahlungsanspruch übergeht oder Schadensersatz statt Erfüllung verlangt (BGH NJW-RR 1996, 891).

Hat der Kläger dagegen erstinstanzlich einen Streitgegenstand geltend gemacht und geht nach Klageabweisung mit der Berufung im Wege der Klageänderung ausschließlich aus einem anderen Streitgegenstand vor, fehlt es an der für die Berufung erforderlichen Beseitigung der Beschwer (BGH NJW 2011, 3653 m. Anm. Schmidt; BGH NJW-RR 2002, 520).

Für den erstinstanzlich verurteilten Beklagten fehlt die erforderliche Beseitigung der Beschwer beim Berufungsantrag auf Abweisung der Klage, wenn er vor Einlegung der Berufung vorbehaltlos erfüllt hat.

Dies hat erhebliche Konsequenzen für eine in der zweiten Instanz beabsichtigte Klageänderung. 2922

▶ Praxistipp:

Ist ein Klagewechsel beabsichtigt (Geltendmachung eines neuen anstelle des bisherigen Streitgegenstands, der nicht weiterverfolgt wird), muss zunächst Berufung mit dem alten Antrag eingelegt werden. Die Änderung der Klage ist – unter den Voraussetzungen des § 533 ZPO – erst im danach laufenden Berufungsverfahren möglich. 2923

Auch dabei muss die Beschwer aus dem erstinstanzlichen Urteil bis zum Schluss der mündlichen Verhandlung fortbestehen (BGH NJW-RR 2004, 1365; BGH MDR 2002, 1085).

Mit der Berufungsbegründung möglich bleibt die Klageänderung in Form der Klageerweiterung und der nachträglichen Klagehäufung (Geltendmachung eines neuen neben dem bisherigen Streitgegenstand, der – gegebenenfalls nur hilfsweise – beibehalten wird). 2924

▶ Beispiel:

Ist der Kläger erstinstanzlich mit einem Feststellungsantrag abgewiesen worden, kann er Berufung mit dem Antrag, den Beklagten zur Leistung aus dem Rechtsverhältnis zu verurteilen, nicht einlegen, weil in der Leistungsklage ein neuer Streitgegenstand liegt. Ein Übergang zur Leistungsklage in zweiter Instanz ist dennoch auf zweierlei Weise möglich: Zum einen kann die Berufung zunächst nur mit dem alten Antrag eingelegt und dieser später im laufenden Berufungsverfahren in den neuen Antrag geändert werden; die Zulässigkeit einer solchen Klageänderung in zweiter Instanz muss sich allerdings an § 533 ZPO messen lassen, was zwar im Beispielsfall, aber nicht in allen Fällen gelingen wird. Zum anderen kann die Berufung von Anfang an sowohl auf den alten Feststellungs- als auch auf den neuen Leistungsantrag gestützt werden; da beide Anträge nicht kumulativ verlangt werden, müssen sie zueinander in ein Eventualverhältnis (Haupt- und Hilfsantrag) gesetzt werden, wobei je nach Einzelfall sowohl der alte als auch der neue Antrag als Hilfsantrag gestellt werden kann (BGH NJW 2001, 226; Gaier NJW 2001, 3289). 2925

Keine Änderung der Klage – und damit mit dem Berufungsantrag unproblematisch realisierbar – ist der Austausch einzelner Berechnungspositionen bei einem einheitlichen Sachschaden (BGH NJW-RR 1991, 1279) oder der Übergang von der Auskunfts- zur Zahlungsklage (BGH NJW 1969, 1486).

Da auch die gewillkürte Parteiänderung von der Rechtsprechung als Klageänderung angesehen wird, fehlt es an der erstrebten Beseitigung der Beschwer auch dann, wenn mit der Berufung die Gegenpartei ausgewechselt wird. 2926

Unzulässig ist deswegen eine Berufung, die sich nicht mehr gegen den erstinstanzlichen Gegner, sondern ausschließlich gegen einen bislang nicht verfahrensbeteiligten Dritten richten soll (oben Rdn. 1461).

Nicht erforderlich ist die Beseitigung der Beschwer durch die Berufung, wenn aufgrund einer Änderung der tatsächlichen Umstände zwischen dem Schluss der mündlichen Verhandlung erster Instanz und der Einlegung der Berufung aus dem unverändert bleibenden Lebenssachverhalt ein anderer Gegenstand oder das Interesse gefordert wird (§§ 264 Nr. 3, 265 f. ZPO). 2927

Ist die Klage auf Herausgabe einer Sache in erster Instanz abgewiesen worden, so kann der Kläger Berufung mit dem Antrag auf Zahlung von Schadensersatz verlangen, wenn die Sache zwischen den Instanzen untergegangen und dem Beklagten die Herausgabe damit unmöglich geworden ist (§§ 275, 280 BGB).

Keine Änderung der Klage liegt vor, wenn der Antrag lediglich klargestellt oder neu gefasst, in der Sache aber nicht abgeändert wird. 2928

Denkbar ist dies vor allem bei den wegen ihrer Bestimmtheit schwierig zu formulierenden Unterlassungs- und Widerrufsanträgen (BGH WRP 1989, 478).

2929 Nicht immer ergibt sich die erstrebte Beseitigung der Beschwer allein aus dem Antrag. Ausnahmsweise zulässig kann auch eine Berufung sein, mit der nicht eine Abänderung des Tenors des angefochtenen Urteils begehrt wird, sondern allein eine Änderung der Entscheidungsgründe. Dies gilt insbesondere für die Fälle des verdeckten Hilfsantrags und der Hilfsaufrechnung.

Beim sog. verdeckten Hilfsantrag (zum normalen Hilfsantrag oben Rdn. 562) wird ein Antrag für den Fall, dass der zur Begründung vorgetragene Lebenssachverhalt zur Verurteilung nicht ausreicht, hilfsweise mit einem davon unabhängigen weiteren Lebenssachverhalt begründet. Zumindest nach der Auffassung vom zweigliedrigen Streitgegenstandsbegriff liegen dabei zwei Streitgegenstände vor, die zueinander im Verhältnis der Eventualhäufung stehen, sodass ein Hilfsantrag gegeben ist, der aber (weil inhaltlich mit dem Hauptantrag identisch) nicht ausdrücklich formuliert wird. Ist der Beklagte nur aus dem Hilfsantrag verurteilt worden und will der Kläger mit der Berufung Verurteilung aus dem Hauptantrag erreichen, so schlägt sich das nicht im Tenor, sondern allein in der Begründung nieder. Mit der Berufung kann der Kläger erstreben, die Begründung der Klage auf den Hauptantrag umzustellen. Der Antrag müsste formal auf Abänderung des angefochtenen Urteils unter Beibehaltung des Sachziels (Verurteilung zur Zahlung des identischen Betrages) lauten. Wenn der Antrag in einem solchen Fall zur Vermeidung von Unklarheiten entgegen den allgemeinen Grundsätzen um Begründungselemente erweitert wird, stößt das auf keine Bedenken. Zur Klarstellung kann der Antrag deswegen auch lauten, »den Beklagten in Abänderung des angefochtenen Urteils nicht aus dem Hilfs-, sondern aus dem Hauptantrag (Hauptsachverhalt) zu verurteilen« oder »das angefochtene Urteil dahin abzuändern, dass die Verurteilung des Beklagten zur Zahlung von 10 000 € auf den erstinstanzlichen Hauptantrag gestützt wird«.

▶ Beispiel:

2930 Hat der Kläger erstinstanzlich sowohl mit dem Haupt- als auch mit dem Hilfsantrag 10 000 € begehrt und hat das Gericht der Klage unter Abweisung der Klage im Übrigen (= Hauptantrag) aus dem Hilfsantrag stattgegeben, so kann der Berufungsantrag dahin formuliert werden, das (auf Zahlung von 10 000 € lautende) angefochtene Urteil abzuändern und den Beklagten zur Zahlung von 10 000 € zu verurteilen. Bei entsprechender Abänderung des Urteils wird die Verurteilung auf den Hauptantrag gestützt, die Abweisung der Klage im Übrigen fällt weg.

Ist die Klage aufgrund einer **Hilfsaufrechnung** des Beklagten abgewiesen worden, hat er materiell seinen Gegenanspruch verloren, was beim Erfolg der Primärverteidigung nicht erforderlich gewesen wäre. Der Antrag könnte dann lauten: »die Klage unter Abänderung des angefochtenen Urteils ohne Berücksichtigung der Hilfsaufrechnung abzuweisen«.

dd) Unklare, fehlende, unzulässige Anträge

2931 Fehlt es an einem konkret und eindeutig formulierten Antrag, muss die Berufung deswegen nicht sogleich unzulässig sein. Dem allgemeinen Grundsatz folgend, dass Prozesshandlungen dem wohlverstandenen Prozessziel der Partei entsprechend vernünftig auszulegen sind, können unklare, unvollständige oder sogar fehlende Anträge berichtigt und ergänzt werden (BGH NJW-RR 2020, 1132 und 1188).

2932 Grundlage der Auslegung sind dabei neben den gestellten Anträgen selbst die innerhalb der Berufungsfrist eingegangenen oder zulässig in Bezug genommenen Erklärungen, die ein Begehren hinreichend klar erkennen lassen (BGH NJW-RR 1999, 211).

Dies wird in erster Linie die Berufungsbegründung selbst sein. Möglich sind aber auch weitere, gesonderte Schriftsätze in der Berufungsinstanz und insbesondere das erstinstanzliche Vorbringen der Partei.

▶ Beispiel:

2933 Hat der Berufungskläger allein den Antrag auf Zurückverweisung an die erste Instanz gestellt, und ergibt die Begründung, dass er das angefochtene Urteil für sachlich falsch hält, so kann im Wege der Auslegung davon ausgegangen werden, dass er auch seinen Sachantrag erster Instanz stellt (BGH NJW-RR 1995, 1154). Etwas anderes muss aber gelten, wenn der Berufungskläger das angefochtene Urteil für sachlich richtig hält und die Zurückverweisung nur um ihrer selbst willen begehrt. Dann fehlt es an der erstrebten Beseitigung der Beschwer, die Berufung ist mangels hinreichenden Antrags unzulässig (BGH NJW 1994, 2835).

Die Erklärung, das Urteil werde »voll angefochten«, lässt regelmäßig die Aufrechterhaltung des erstinstanzlichen Sachantrags erkennen (BGH NJW 1992, 698). Die gilt selbst dann, wenn es an der ausdrücklichen Erklärung fehlt und die volle Anfechtung sich allein aus den Gründen ergibt (BGH MDR 2019, 1494).

Ihre Grenzen findet die Auslegung dort, wo Erklärungen Dritter oder nicht zu den Akten gelangte Erklärungen herangezogen werden müssten.

§ 520 Abs. 3 Nr. 1 setzt einen Antrag voraus, nicht jedoch, dass dieser Antrag prozessual zulässig ist. Inhaltliche Mängel des Antrags schaffen zunächst eine wirksame Grundlage für die Fortsetzung des Verfahrens in zweiter Instanz und führen zur Zulässigkeit des Rechtsmittels, auch wenn sie die begehrte Abänderung des angefochtenen Urteils nicht bewirken können, sodass die Berufung eventuell unbegründet ist. 2934

▶ **Beispiel:**

Hat der Kläger erstinstanzlich Zahlung aus zwei Streitgegenständen begehrt und verfolgt mit der Berufung gegen die vollständige Klageabweisung nur einen Teilbetrag weiter, ohne klarzustellen, aus welchem Streitgegenstand welcher Teilbetrag verlangt wird (»unabgegrenzte Teilberufung«), ist die Berufung zulässig. Erfolgt auf einen Hinweis gemäß § 139 keine Klarstellung und lässt sich die Abgrenzung (ausnahmsweise) auch nicht im Wege der Auslegung vornehmen, ist die Berufung unbegründet (BGH NJW-RR 2020, 1132; BGH NJW-RR 2017, 1341). 2935

ee) Änderung der Anträge

Bis zum Ablauf der Begründungsfrist kann der Berufungskläger frei entscheiden, in welchem Umfang und mit welcher Begründung er das Urteil anfechten will. Ein zunächst (egal ob in der Berufungsschrift oder in der Berufungsbegründung) gestellter Antrag ist deswegen nicht endgültig, sondern kann innerhalb der laufenden Begründungsfrist beliebig geändert werden. Dies gilt für eine Beschränkung der ursprünglichen Anfechtung genauso, wie für deren Erweiterung. 2936

Ausgeschlossen ist eine Erweiterung der Berufung, wenn sich aus der beschränkten Einlegung ergibt, dass bezüglich des Rests auf eine Anfechtung verzichtet wird (unten Rdn. 3181). Dies wird indes nur ausnahmsweise bei eindeutigen Anhaltspunkten angenommen werden können. Dies gilt auch für eine nachträgliche Beschränkung.

Selbst **nach Ablauf der Begründungsfrist** und nach dem Anerkenntnis des Gegners kann der Berufungskläger seine Anträge noch ändern. 2937

Dem steht nicht die Rechtskraft des Urteils entgegen. Der Eintritt dieser Rechtskraft wird auch bezüglich des (zunächst) nicht angefochtenen Teils des Urteils durch die Einlegung der Berufung nach § 705 Satz 1 ZPO gehemmt (BGH NJW 1996, 2896). Eine Teilrechtskraft kann nur bezüglich solcher abtrennbarer Teile eintreten, die weder durch Berufungserweiterung noch durch Anschlussberufung in das Rechtsmittel einbezogen werden können, insbesondere, weil insoweit ein wirksamer Rechtsmittelverzicht (§ 515 ZPO) vorliegt.

Hat der Kläger unter dem Vorbehalt der Erweiterung seiner Berufung zunächst beantragt, das die Klage abweisende erstinstanzliche Urteil teilweise abzuändern und den Beklagten zur Zahlung einer bestimmten Summe zu verurteilen. Hat der Beklagte diesen Anspruch anerkannt, so ist der Kläger durch die zunächst nur teilweise Anfechtung des erstinstanzlichen Urteils nicht gehindert, seinen Berufungsantrag zu erweitern. Ein Anerkenntnis beendet den Prozess nicht mit der Folge, dass dem Gericht wie bei einer Klagerücknahme die Möglichkeit zu entscheiden genommen ist. Erst die aufgrund eines Anerkenntnisses ausgesprochene Verurteilung erledigt die Hauptsache. Der weitere Prozessverlauf nach dem Anerkenntnis folgt den allgemeinen Regeln (BGH MDR 2022, 264).

Zulässig ist die Berufung indes nur im Rahmen der innerhalb der Berufungsfrist vorgetragenen Berufungsgründe. Diese können nach Ablauf der Begründungsfrist nicht mehr geändert werden.

▶ **Beispiel:**

2938 Außerhalb der ursprünglichen Berufungsgründe liegt eine Berufungserweiterung vor, wenn mit ihr ein zunächst nicht mit der Berufung angegriffener Streitgegenstand geltend gemacht wird. Hat der Kläger, der erstinstanzlich mit verschiedenen Ansprüchen unterlegen ist, Berufung zunächst nur gegen die Abweisung eines Anspruchs eingelegt, so kann er diese nach Ablauf der Berufungsbegründungsfrist nicht mehr auf andere Ansprüche erweitern.

2939 Möglich ist eine Änderung der Berufungsanträge bis zum Schluss der letzten mündlichen Verhandlung vor dem Berufungsgericht. Dabei muss er sich dann aber innerhalb der ursprünglichen Berufungsgründe halten, eine Änderung oder Erweiterung dieser Gründe ist nach Ablauf der Frist nicht mehr möglich.

Streitig ist, ob mit einer solchen Erweiterung die Zulässigkeit der Berufung herbeigeführt werden kann. Ist der Berufungskläger mit mehr als 600 € beschwert, hat seine Berufung aber zunächst auf einen Teil unterhalb dieses Betrags beschränkt, so ist die Berufung unzulässig. Mit dem Argument, die Zulässigkeitsvoraussetzungen der Berufung müssten innerhalb der Begründungsfrist vorliegen, hält eine Auffassung die nachträgliche Erweiterung der Berufung auf einen Betrag über 600 € für unbeachtlich. Zutreffend lässt es die Gegenansicht ausreichen, dass die Zulässigkeit vor Eintritt der Entscheidungsreife herbeigeführt wird (BGHZ 12, 67; BGH NJW 1993, 269; Prütting/Gehrlein/Röhl § 520 Rn. 28). Auch diese Auffassung lässt es jedoch zu, dass die zunächst unzulässige Berufung ohne mündliche Verhandlung verworfen wird (§ 522 Abs. 1 ZPO). Die Chance zur Erweiterung besteht dann nur im Rahmen der vorherigen Gewährung rechtlichen Gehörs.

2940 Für den Berufungskläger bietet die Möglichkeit der nachträglichen Antragserweiterung damit eine Möglichkeit zur Reduzierung des Kostenrisikos (oben Rdn. 2842).

Denkbar ist, Berufung zunächst nur mit einem beschränkten Antrag einzulegen, um damit die in zweiter Instanz entstehenden Kosten gering zu halten. Lässt sich die Erfolgsaussicht des Rechtsmittels absehen, kann der Antrag auf den gesamten Streitgegenstand erweitert werden.

Unstatthaft ist dies nach der Rechtsprechung, wenn die Beschränkung »offensichtlich« nur zur Minimierung des Kostenrisikos erfolgt; in diesem Fall wird als Kostenstreitwert der gesamte Wert der Beschwer zugrunde gelegt.

ff) Prozessanträge

2941 Neben den Sachanträgen kann es im Einzelfall sinnvoll sein, auch Prozessanträge zu stellen.

2942 Anträge, dem Gegner die Kosten aufzuerlegen oder das Urteil für vorläufig vollstreckbar zu erklären, sind überflüssig. Verfahrensanträge sollten nur gestellt werden, wenn die entsprechenden Voraussetzungen vorliegen.

Insoweit kann auf die zur Klage gemachten Ausführungen Bezug genommen werden (oben Rdn. 1084).

2943 Soll eine Zurückverweisung an das erstinstanzliche Gericht zur erneuten Verhandlung und Entscheidung erfolgen, so muss diese grundsätzlich besonders beantragt werden (§ 538 Abs. 2 ZPO). Der Antrag kann auch hilfsweise für den Fall gestellt werden, dass das Berufungsgericht einen Fall des § 538 Abs. 2 ZPO für gegeben hält und von einer eigenen Sachentscheidung absehen will.

Grundsätzlich hat das Berufungsgericht die notwendigen Beweise zu erheben und in der Sache selbst zu entscheiden (§ 538 Abs. 1 ZPO; BGH MDR 2013, 1063). Eine Aufhebung und Zurückverweisung kommt nur in Betracht, wenn einer der Fälle des § 538 Abs. 2 ZPO vorliegt. Dies ist der Fall, wenn das angefochtene Urteil nur auf Zulässigkeitsvoraussetzungen (Ziff. 2, 3) oder auf sonstige prozessuale Punkte (Versäumnisurteil, Ziff. 6) gestützt ist oder materielle Fragen bewusst offen geblieben sind (Grundurteil, Ziff. 4; Vorbehaltsurteil, Ziff. 5; unzulässiges Teilurteil, Ziff. 7). Die Generalklausel der Ziff. 1 (wesentlicher Verfahrensmangel und Erforderlichkeit aufwendiger Beweisaufnahme) erfasst alle prozessualen Mängel, die so schwerwiegend sind, dass das erstinstanzliche Verfahren keine ordnungsgemäße Grundlage für die Entscheidung abgibt. Allein in den Fällen der Ziff. 7 bedarf es eines Antrags nicht (§ 538 Abs. 2 Satz 3 ZPO).

▶ Praxistipp:

Trotz der mit einer Aufhebung und Zurückverweisung verbundenen Nachteile (längere Verfahrensdauer, höhere Verfahrenskosten) kann der darauf gerichtete Antrag sinnvoll sein, weil mit der Fortsetzung der ersten Instanz auch die Befugnis der Partei zum Vortrag neuer Angriffs- und Verteidigungsmittel wiederauflebt, diese also unabhängig von den Beschränkungen der §§ 529, 531 Abs. 2 ZPO nachgeschoben werden können. 2944

Auch bei Vorliegen der Voraussetzungen des § 538 Abs. 2 ZPO und dem Antrag einer Partei steht die Zurückverweisung im Ermessen des Gerichts, und soll nur ausnahmsweise erfolgen (BGH NJW-RR 2011, 1365), wird aber überwiegend praktiziert. Eine Verpflichtung des Gerichts zur Zurückverweisung wird man nur im Fall eines von beiden Parteien übereinstimmend gestellten entsprechenden Antrags annehmen können.

Für die Gerichtskosten wird das erstinstanzliche Verfahren vor und nach der Zurückverweisung kostenrechtlich als eine Instanz behandelt, sodass alle Gebühren nur einmal anfallen (§§ 35, 37 GKG). Für die Anwaltskosten allerdings entstehen die Gebühren nach der Zurückverweisung (gegebenenfalls ohne die Prozessgebühr) erneut (§ 21 RVG; Anrechnungsvorschrift in Teil 3, Vorbemerkung Abs. 6 RVG-VV).

Nach der Zurückverweisung wird das frühere Verfahren in erster Instanz fortgesetzt. Grundsätzlich erfolgt dies vor dem ursprünglich zuständigen Richter – was nicht immer wirklich sinnvoll, wegen des Gebots des gesetzlichen Richters aber geboten ist –, nur ausnahmsweise kommt die Zurückverweisung an einen anderen Spruchkörper in Betracht (§ 563 Abs. 1 Satz 2 ZPO; Gravenhorst NJW 2018, 2161). Bisherige Prozessergebnisse (Angriffs- und Verteidigungsmittel der Parteien, Beweisergebnisse) dauern genauso fort, wie bindende Prozesslagen, die bereits vorher eingetreten sind (Rügeverlust nach § 295 ZPO, Geständniswirkungen nach § 290 ZPO). Die Gefahr der Zurückweisung von Vorbringen wegen Verspätung (§ 296 ZPO) besteht nur, soweit im neuen Verfahren erster Instanz dadurch eine Verzögerung eintritt. Das erstinstanzliche Gericht hat von Amts wegen einen Termin zu bestimmen, ist für das weitere Verfahren und die erneute Entscheidung aber entsprechend § 563 Abs. 2 ZPO an das zurückverweisende Urteil gebunden, selbst wenn dieses rechtsfehlerhaft war. Bei seiner Entscheidung ist das Erstgericht grundsätzlich frei, das Verschlechterungsverbot zugunsten des Berufungsklägers (Verbot der reformatio in peius) gilt nicht. Allerdings kann das erstinstanzliche Gericht nach § 318 ZPO an seine ursprüngliche eigene Entscheidung gebunden sein, soweit diese in der Berufung nicht abgeändert wurde.

Die Entscheidung über die Zulassung der Revision ergeht von Amts wegen (§ 543 Abs. 2 ZPO). 2945
Ein Antrag der Parteien ist deswegen weder erforderlich noch möglich.

▶ Praxistipp:

Hält eine Partei es für möglich, im Berufungsverfahren zu unterliegen, und ist eine Revision 2946
nicht aussichtslos, sollte das Berufungsgericht um Zulassung der Revision gebeten werden.

Zulässig ist die Revision nur, wenn sie entweder vom Berufungsgericht oder – auf Nichtzulassungsbeschwerde (§ 544 ZPO) hin – vom BGH zugelassen wurde. Statistisch ist die Zulassung der Revision sehr selten. Grund hierfür kann die nur kursorische Prüfung der Zulassungsvoraussetzungen sein oder auch mangelnde Kenntnis der diese Voraussetzungen ausfüllenden Tatsachen. Ob einer Rechtssache grundsätzliche Bedeutung zukommt oder ob die beabsichtigte Entscheidung (insbesondere einer Berufungskammer) möglicherweise von der gleichrangiger Gerichte abweicht, kann von den Parteien manchmal besser beurteilt werden als vom Gericht. In diesen Fällen empfiehlt es sich, hierzu vorzutragen.

Der Versuch, eine Zulassung der Revision bereits beim Berufungsgericht zu erreichen, hat der 2947
Nichtzulassungsbeschwerde gegenüber zahlreiche Vorteile und verdoppelt zumindest die Chance auf eine Zulassung.

Die Zulassung durch das Berufungsgericht bindet den BGH, auch wenn er die Voraussetzungen nicht für gegeben hält (§ 543 Abs. 2 Satz 2 ZPO). Rein tatsächlich ist eine Zulassung durch das Berufungsgericht einfacher zu erlangen als durch den BGH. Eine Zulassung durch das Berufungsgericht ist in allen Fällen möglich, eine Nichtzulassungsbeschwerde kommt nur in Betracht, wenn der Wert des Beschwerdegegenstands 20 000 € übersteigt.

Praxistipp:

Das Erreichen dieser Wertgrenze darf nicht aus dem Blick geraten. Ist dies nicht bereits mit der Beschwer aus dem erstinstanzlichen Urteil geschehen, kommen streitgegenstandserweiternde Prozesshandlungen (Klageerweiterung, Anschlussberufung) in Betracht (Primozic NJW 2020, 1272).

2948 Erfahrungsgemäß führt die bloße Anregung der Revisionszulassung alleine nicht zu besonderen Prüfungen des Berufungsgerichts. Deutlich besser sind die Chancen, wenn in tatsächlicher Hinsicht zu den Zulassungsvoraussetzungen vorgetragen wird.

Liegen die Voraussetzungen für eine Revisionszulassung vor, so muss das Berufungsgericht sie aussprechen, ein Ermessen hat es diesbezüglich nicht. Fehlt ein Ausspruch zur Zulassung, so gilt die Revision als nicht zugelassen, eine Nachholung der Entscheidung im Wege der Urteilsergänzung (§ 321 ZPO) ist nach h.M. nicht möglich (BGH NJW 1983, 929).

b) Berufungsgrund

2949 Über den Antrag hinaus ist die hinreichende Darlegung mindestens eines **Berufungsgrundes** erforderlich.

Die Berufung dient der Kontrolle des angefochtenen Urteils und der Behebung dabei festgestellter Fehler. Eine Partei kann Berufung nur einlegen, wenn sie der Auffassung ist, dass das angefochtene Urteil falsch ist und der Abänderung bedarf. Diese Behauptung muss mit der Berufungsbegründung konkretisiert werden. Erforderlich ist deswegen die Angabe der Gründe, aus denen der Berufungskläger das Urteil für falsch hält.

Falsch kann das Urteil entweder sein, weil das erstinstanzliche Gericht Rechtsnormen falsch angewandt hat, oder weil es von einem falschen Sachverhalt ausgegangen ist. Der Sachverhalt kann falsch sein, weil das Gericht die streitigen Tatsachen falsch festgestellt, also einen Fehler bei der Beweisaufnahme begangen hat, oder weil die Parteien den Sachverhalt falsch oder unvollständig vorgetragen haben.

2950 Dementsprechend legt § 513 Abs. 1 ZPO die möglichen Berufungsgründe fest. Danach kann die Berufung nur darauf gestützt werden, dass die Entscheidung auf einer Rechtsverletzung beruht oder zu berücksichtigende Tatsachen eine andere Entscheidung rechtfertigen.

Die mit der Berufung vorzutragenden Gründe für eine Abänderung sind dabei kein Selbstzweck. Dass das erstinstanzliche Urteil fehlerhaft ist, reicht alleine zur Abänderung nicht aus. Erforderlich ist, dass die Fehlerhaftigkeit sich auch auf das Ergebnis ausgewirkt hat, das Urteil ohne den Fehler deswegen für den Berufungsführer günstiger ausgefallen wäre. Dieser allgemeine Grundgedanke aller Rechtsmittel ist für die Revision in § 561 ZPO normiert, für die Berufung ergibt er sich aus § 513 ZPO, nach dem die Entscheidung »auf der Rechtsverletzung beruhen« bzw. die neue Tatsachengrundlage »eine andere Entscheidung rechtfertigen« muss.

§ 513 Abs. 1 ZPO bestimmt insoweit den möglichen Prüfungsumfang des Berufungsgerichts, normiert die Funktion der Berufung als Instrument der Fehlerkontrolle und -beseitigung sowie die Abkehr des Reformgesetzgebers von dem bis dahin geltenden Grundsatz einer vollständigen Neuverhandlung des Rechtsstreits in zweiter Instanz (§ 525 ZPO a.F.). Eine weitergehende praktische Bedeutung kommt dieser Vorschrift nicht zu.

2951 Ihre konkrete Ausprägung finden die Berufungsgründe in den §§ 546, 529, 531 Abs. 2 ZPO. Hier ist geregelt, unter welchen Voraussetzungen die Fehlerhaftigkeit des Urteils tatsächlich zu einer Abänderung des Urteils führt. Aus diesen Normen beurteilt sich die **Begründetheit der Berufung**.

Nach § 546 ZPO liegt eine Rechtsverletzung vor, wenn eine Rechtsnorm nicht oder nicht richtig angewandt wurde. Eine erneute Tatsachenfeststellung durch das Berufungsgericht ist nach § 529 Abs. 1 Nr. 1 ZPO geboten, wenn konkrete Anhaltspunkte Zweifel an der Richtigkeit oder Vollständigkeit der entscheidungserheblichen Feststellungen erster Instanz begründen. Neue Angriffs- und Verteidigungsmittel dürfen die Parteien vortragen, wenn ihr Vortrag in erster Instanz wegen eines Fehlers des erstinstanzlichen Gerichts oder ohne eigenes Verschulden unterblieben ist (§§ 529 Abs. 1 Nr. 2, 531 Abs. 2 ZPO).

Vorher aber ist im Rahmen der **Zulässigkeit der Berufung** zu prüfen, ob die Darlegungen des Berufungsklägers überhaupt hinreichende Veranlassung zu einer Prüfung dieser Normen bieten. Dies ist der Fall, wenn zur Begründung der Berufung Umstände vorgetragen werden, die das Vorliegen eines Berufungsgrunds als möglich erscheinen lassen. 2952

Mit den Berufungsgründen soll der Berufungskläger angeben, worin nach seiner Auffassung die Fehlerhaftigkeit begründet liegt. Er darf sich dabei nicht bloß mit formelhaften Wendungen begnügen, sondern muss auf den Einzelfall bezogen konkret darlegen, wie er den Fall beurteilt haben will. Nur so kann verhindert werden, dass der Rechtsstreit in vollem Umfang neu verhandelt werden muss. Die Berufungsgründe ermöglichen damit eine Zusammenfassung und Beschränkung des Prozessstoffs zweiter Instanz (BGH NJW 1999, 3126; BGH NJW 1999, 3269).

§ 520 Abs. 3 Nr. 2 bis 4 ZPO konkretisiert die zur Ausfüllung der möglichen Berufungsgründe erforderlichen Darlegungen. 2953

- Wird die Berufung auf eine Rechtsverletzung gestützt, so sind die Umstände zu bezeichnen, aus denen sich die Rechtsverletzung und deren Erheblichkeit für die angefochtene Entscheidung ergeben.
- Soll eine Wiederholung der Beweisaufnahme erreicht werden, sind die Anhaltspunkte zu bezeichnen, die Zweifel an der Richtigkeit oder Vollständigkeit der Tatsachenfeststellungen im angefochtenen Urteil begründen und deshalb eine erneute Feststellung gebieten.
- Will der Berufungskläger neue Angriffs- oder Verteidigungsmittel vortragen, so hat er diese zu bezeichnen und gleichzeitig die Tatsachen anzugeben, aufgrund derer diese (ausnahmsweise) zuzulassen sind.

Nicht eindeutig gesetzlich geregelt ist die **Abgrenzung** zwischen den einzelnen Berufungsgründen. Dabei handelt es sich um ein dogmatisches Problem, dem kaum praktische Bedeutung zukommt. 2954

Die beiden in § 513 ZPO bzw. in § 520 Abs. 3 Nr. 2 und Nr. 3 ZPO genannten Berufungsgründe erfassen teilweise denselben Sachverhalt. Liegt ein Fehler in der Tatsachenfeststellung des Gerichts vor, beruht dieser häufig auf einer Verletzung von Verfahrensrecht. Umgekehrt rechtfertigen Rechtsfehler i.S.d. § 513 Alt. 1 ZPO regelmäßig auch eine andere Entscheidung i.S.d. § 513 Alt. 2 ZPO.

Zur Abgrenzung der Rechtsverletzung von der fehlerhaften Tatsachenfeststellung bieten sich verschiedene Ansätze an. So ist denkbar, die fehlerhafte Tatsachenfeststellung (§ 513 Alt. 2 ZPO) auf die Fälle zu beschränken, in denen aufgrund zulässiger neuer Angriffs- und Verteidigungsmittel eine geänderte tatsächliche Entscheidungsgrundlage geschaffen wird, die eine abweichende Sachentscheidung rechtfertigt. Zu Recht wird dieser Auffassung entgegengehalten, sie berücksichtige die in § 513 Alt. 2 ZPO auch in Bezug genommenen Fälle des § 529 Abs. 1 Nr. 1 ZPO nicht. Besser scheint deswegen der Vorschlag, von §§ 513 Alt. 1, 520 Abs. 3 Nr. 2 ZPO auszugehen, wenn die rechtliche Wertung des vom Erstgericht festgestellten Sachverhalts gerügt werden soll, während §§ 513 Alt. 2, 520 Abs. 3 Nr. 3 ZPO die Fälle erfassen, in denen die Feststellung des Sachverhalts gerügt und eine neue Tatsachenfeststellung durch das Berufungsgericht begehrt wird (Rimmelspacher NJW 2002, 1897).

Praktisch kann diese Abgrenzung regelmäßig offengelassen werden. Der Erfolg der Berufung hängt nicht davon ab, dass der Berufungsgrund korrekt bezeichnet wird, es reicht aus, dass ein Berufungsgrund den Anforderungen des § 520 Abs. 3 ZPO entsprechend dargetan ist und im Ergebnis vorliegt. Auf welche der Alternativen er dabei formal gestützt wird, kann dahinstehen. In Zweifelsfällen kann eine Rüge alternativ auf beide Berufungsgründe gestützt werden. Wird sie nur auf einen bezeichneten Grund gestützt, kann das Berufungsgericht sie unter den anderen Berufungsgrund subsumieren, ohne dass die Berufung hierdurch unzulässig oder unbegründet wird.

aa) Grundsätze

Die Berufungsbegründung soll für Gericht und Gegner klarmachen, warum der Berufungskläger die angefochtene Entscheidung für falsch hält, auf welche Fehler hin das angefochtene Urteil überprüft 2955 werden soll. Dem Berufungskläger gibt die Berufungsbegründung Anlass, sein Vorbringen erster Instanz zusammenzufassen und vor dem Hintergrund der negativen Entscheidung des erstinstanzlichen Gerichts zu prüfen, inwieweit es geändert, ergänzt oder fallen gelassen werden soll. Damit wird der **Prozessstoff** beschränkt und eine konzentrierte und beschleunigte Verhandlung ermöglicht. Dies gilt in tatsächlicher wie in rechtlicher Hinsicht.

Die nach dem alten Berufungsrecht verbreitete Übung, die Berufungsbegründung mit einer Zusammenfassung des eigenen **Sachvortrags** zu beginnen, ist nicht mehr zu empfehlen. Das Berufungsgericht hat seiner Entscheidung die erstinstanzlichen (im Tatbestand) festgestellten Tatsachen zugrunde zu legen (§ 529 Abs. 1 Nr. 1 ZPO). Damit bedarf es einer Wiederholung der im Tatbestand enthaltenen Tatsachen nicht. Wird der Sachverhalt selbstständig zusammengefasst, besteht die Gefahr, Unterschiede zwischen der eigenen Darstellung und dem Tatbestand zu übersehen. Besser ist es deswegen, in tatsächlicher Hinsicht ausschließlich vom (gegebenenfalls berichtigten) Tatbestand auszugehen – der als bekannt vorausgesetzt werden darf und deswegen der Wiederholung nicht bedarf – und hieraus abzuleiten, inwieweit eine erneute Feststellung von Tatsachen geboten ist bzw. welche neuen Tatsachen zusätzlich zu berücksichtigen sind.

Auch in rechtlicher Hinsicht muss die Berufungsbegründung erkennen lassen, bezüglich welcher Punkte **und** warum die Beurteilung des Erstgerichts für falsch gehalten wird. Auch hier ist es deswegen sinnvoll, an die Gründe der Entscheidung anzuknüpfen und ausgehend von diesen die eigene rechtliche Bewertung zu entwickeln. Entbehrlich ist dies nur, wenn sich die Berufung ausschließlich auf neue Angriffs- und Verteidigungsmittel stützt (BGH MDR 1999, 1521).

2956 Das Erfordernis der Berufungsbegründung ist **rein formaler Natur**. Erforderlich ist die Darlegung eines Berufungsgrunds in der Form des § 520 Abs. 3 Nr. 2–4 ZPO. Dagegen ist es nicht erforderlich, dass dieser Berufungsgrund schlüssig (das heißt, seine Wahrheit unterstellt, geeignet ist, eine Abänderung des angefochtenen Urteils zu rechtfertigen) oder auch nur rechtlich vertretbar ist (BGH NJW 1999, 3126; BGH NJW 1999, 3784).

2957 Die Berufungsbegründung sollte klar und eindeutig angeben, auf welchen Berufungsgrund der Berufungskläger sich stützt und die dafür nach § 520 Abs. 3 Nr. 2–4 ZPO erforderlichen Angaben – auch aufbaumäßig – erkennbar werden lassen. Werden mehrere Berufungsgründe vorgetragen, empfiehlt sich eine für den Leser nachvollziehbare **Gliederung**.

Zwingende Voraussetzung für den Erfolg der Berufung ist dies nicht. Praktisch zu empfehlen ist es dennoch, weil damit nicht bloß das Berufungsverfahren klar strukturiert und eine Vorgabe für die Berufungserwiderung und die Sachbearbeitung des Gerichts gemacht wird, sondern weil damit auch die eigene Arbeit systematisiert und transparent gemacht werden kann, was der Selbstkontrolle dient.

2958 Ein **einziger** wirksamer **Berufungsangriff** reicht aus. Trägt der Berufungskläger einen gegen den gesamten Streitgegenstand gerichteten Berufungsgrund vor, so ist die Berufung insgesamt zulässig. Das Berufungsgericht kann dann eine uneingeschränkte sachliche und rechtliche Prüfung vornehmen, ist auf den vorgetragenen Berufungsgrund nicht beschränkt (§ 529 Abs. 2 Satz 2 ZPO; BGH NJW 1994, 1656).

Insoweit ist der systematische Aufbau von § 520 Abs. 3 ZPO misslungen. Die Zulässigkeit der Berufung erfordert den Berufungsantrag und einen Berufungsgrund, vorliegen muss also § 520 ZPO Nr. 1 ZPO und entweder § 520 Abs. 3 Nr. 2, 3 oder 4 ZPO.

Die wirksame Geltendmachung mindestens eines Berufungsgrunds ist Voraussetzung für die Zulässigkeit der Berufung und damit für die Fortsetzung des Verfahrens in zweiter Instanz. Ist diese zweite Instanz erst einmal wirksam eröffnet, erfolgt die Prüfung der Richtigkeit der angefochtenen Entscheidung weitgehend von Amts wegen. Im Rahmen der gestellten Anträge und unter Zugrundelegung des zweitinstanzlich zu berücksichtigenden Streitstoffs werden Zulässigkeit und Begründetheit der Klage auch unter rechtlichen Gesichtspunkten geprüft, die der Berufungskläger nicht ausdrücklich geltend gemacht hat.

Stützt der Kläger seine Berufung auf eine Rechtsverletzung und hält an der bereits erstinstanzlich verfolgten Anspruchsgrundlage fest, muss das Berufungsgericht prüfen, ob nicht eine andere Anspruchsgrundlage gegeben ist. Eine nur auf neue Angriffsmittel gestützte Berufung hindert das Berufungsgericht nicht, das angefochtene Urteil auch auf eine Rechtsverletzung hin zu überprüfen (Kramer Rn. 218).

Nicht ohne Rüge von Amts wegen geprüft werden können verzichtbare Zulässigkeitsrügen (§ 529 Abs. 2 Satz 1 ZPO; unten Rdn. 3028).

Dies darf den Berufungskläger aber nicht dazu veranlassen, seine Berufungsbegründung willkürlich auf einen einzigen Berufungsgrund zu beschränken. Dagegen spricht zum einen die Gefahr, dass das Gericht einen dem Berufungskläger günstigen Aspekt übersieht, zum anderen die Funktion der Berufungsbegründung, den Prozessstoff zweiter Instanz zu konkretisieren und zu konzentrieren. 2959

Hält das Berufungsgericht den einen vorgetragenen Berufungsgrund für unzulässig oder unbegründet, besteht die Gefahr einer Entscheidung im Beschlussweg, sodass keine oder nur eine stark eingeschränkte Möglichkeit besteht, das Gericht noch auf übersehene Gesichtspunkte hinzuweisen. Nach Ablauf der Begründungsfrist können weitere Berufungsgründe nicht nachgeschoben, die Anträge nur im Rahmen der bereits vorgetragenen Gründe erweitert werden. Rechtlich wie tatsächlich ist es daher geboten, alle erkannten und gewollten Berufungsgründe in der Berufungsbegründung darzulegen.

Der Berufungsgrund muss auf den Einzelfall bezogen **konkret** dargetan werden. Pauschale Floskeln oder Formelangriffe reichen nicht aus. Erforderlich ist eine aus sich heraus verständliche, auf den konkreten Streitfall zugeschnittene Angabe, welche bestimmten Punkte des angefochtenen Urteils der Berufungskläger bekämpft und welche tatsächlichen oder rechtlichen Gründe er ihnen im Einzelnen entgegensetzt (BGH NJW-RR 2021, 789, 935 und 1296; BGH NJW-RR 2021, 1438, 1646 und 1647; BGH NJW-RR 2020, 503). 2960

▶ **Beispiel:**

Formulierungen wie »Die Entscheidung ist in rechtlicher und tatsächlicher Hinsicht unzutreffend«, »Gerügt wird eine Rechtsverletzung«, »Die Beweiswürdigung ist unzureichend« stellen in keinem Fall eine ausreichende Berufungsbegründung dar. 2961

Unzureichend ist es auch, wenn die tatsächliche oder rechtliche Würdigung durch den Erstrichter mit formelhaften Wendungen gerügt oder auf das Vorbringen erster Instanz verwiesen wird. Hat das Landgericht die Werklohnklage wegen Unschlüssigkeit abgewiesen und im Einzelnen begründet, warum die vom Kläger vorgelegte Abrechnung den Vergütungsanspruch nicht rechtfertigt, genügt die Berufungsbegründung nicht den Anforderungen des § 520 Abs. 3 Nr. 2 ZPO, wenn der Kläger lediglich einwendet, dass die Forderung umfassend prüfbar sei und alle erbrachten und nicht erbrachten Leistungen enthalte (BGH BauR 2002, 1434).

Einen unzureichenden Pauschalangriff – und zudem einen der Berufungsinstanz unangemessenen Stil – stellen auch persönliche Angriffe auf den Gegner, seinen Prozessbevollmächtigten oder das erstinstanzliche Gericht dar. Eine Verfahrens- oder Urteilsschelte ist weder erforderlich noch ausreichend. Wird eine Rechtsverletzung gerügt, muss die angefochtene Entscheidung nicht als »rechtsirrig«, »abwegig« oder »unvertretbar« abgekanzelt werden. Unzutreffender Vortrag der Gegenpartei ist zu bestreiten, der Vorwurf des »versuchten Prozessbetrugs« bringt verfahrensrechtlich nicht weiter. Starke Worte können schwache Argumente nicht ausgleichen. Auch der bloße Umfang der Berufungsbegründung ist kein Wert an sich, wortreiche, aber substanzarme Begründungen sind ungenügend (OLG Karlsruhe AnwBl 1992, 88).

Der Berufungskläger hat diejenigen Punkte rechtlicher Art darzulegen, die er als unzutreffend ansieht, und dazu die Gründe anzugeben, aus denen er die Fehlerhaftigkeit jener Punkte und deren Erheblichkeit für die angefochtene Entscheidung herleitet. Zur Darlegung der Fehlerhaftigkeit ist somit lediglich die Mitteilung der Umstände erforderlich, die das Urteil aus der Sicht des Berufungsklägers infrage stellen. Das Maß der erforderlichen Konkretisierung, Substantiierung und des Umfangs der Begründung hängen vom Einzelfall ab. Besondere formale Anforderungen werden nicht gestellt; für die Zulässigkeit der Berufung ist insbesondere ohne Bedeutung, ob die Ausführungen in sich schlüssig oder rechtlich haltbar sind (BGH MDR 2003, 1130).

Der Berufungsgrund muss in der Berufungsschrift enthalten sein. **Bezugnahmen** auf andere Unterlagen sind nur ausnahmsweise möglich. Insoweit kann auf die entsprechenden Ausführungen zur Klageschrift Bezug genommen werden (oben Rdn. 1119). 2962

2963 Mit der Berufungsbegründung muss der Berufungskläger sich gegen die in der angefochtenen Entscheidung liegende **Beschwer** wenden.

Dabei reicht es nicht immer aus, dass der Berufungsantrag auf die Abänderung des Urteilstenors gerichtet ist (dazu oben Rdn. 2919). Erforderlich ist auch, dass die Begründung der Berufung sich gegen die Begründung der Beschwer richtet. Dies setzt der alleinigen Geltendmachung neuer Angriffe oder Verteidigungen in der Berufung Grenzen.

▶ Beispiel:

2964 Verteidigt sich der Beklagte mit seiner Berufung gegen ein Klage stattgebendes Urteil mit einer in erster Instanz nicht geltend gemachten Aufrechnung, ist die Berufung unzulässig, weil die Berufungsgründe nicht den Grund seiner Verurteilung angreifen (OLG Brandenburg OLGR 2001, 299).

2965 Hat das Erstgericht seine Entscheidung auch auf eine **Hilfs- oder Alternativbegründung** gestützt, so müssen mit der Berufung Gründe gegen alle im angefochtenen Urteil vorhandenen Begründungen vorgetragen werden, die die Entscheidung selbstständig zu tragen vermögen.

▶ Beispiel:

2966 Wendet sich der Beklagte mit seiner Berufung nur gegen eine von zwei im Urteil genannten Anspruchsgrundlagen, so ist die Berufung unzulässig, weil die Alternativbegründung aus der zweiten Anspruchsgrundlage unangefochten bleibt. Ist die Klage sowohl wegen fehlender Anspruchsvoraussetzungen als auch wegen Verjährung abgewiesen worden, so muss der Kläger beide Begründungen mit der Berufung angreifen (BGH MDR 2021, 899; BGH NJW-RR 2020, 503; BGH MDR 2020, 875).

Hält das Gericht die Klage für unzulässig und führt hilfsweise aus, dass sie auch unbegründet sei, gelten diese Rechtsausführungen des Gerichts und grundsätzlich auch seine dazu getroffenen Feststellungen als nicht geschrieben (BGH MDR 2021, 960; BGH NJW-RR 2020, 1459).

Eine Ausnahme gilt, wenn die Hilfsbegründung im angefochtenen Urteil nicht hinreichend deutlich wird (BGH MDR 2013, 545) oder wenn Haupt- und Hilfsbegründung unterschiedliche Ergebnisse tragen. Hat das erstinstanzliche Gericht die Klage mangels Anspruchsgrund und mangels Fälligkeit abgewiesen, so ist die Berufung, mit der allein der Anspruchsgrund dargetan wird, nicht unzulässig, da dann die Abweisung der Klage nicht vollständig, sondern nur als »zur Zeit unbegründet« erfolgt (BGH NJW 2000, 590).

2967 Wird mit der Berufung die Entscheidung über **mehrere Streitgegenstände** oder über einen teilbaren Streitgegenstand angegriffen, so müssen die Berufungsgründe erkennen lassen, bezüglich welcher Streitgegenstände bzw. Streitgegenstandsteile welcher Berufungsgrund geltend gemacht wird (BGH NJW-RR 2006, 1044).

Praktische Bedeutung erlangt dies häufig für Neben- und Hilfsansprüche (BGHZ 22, 278). So fehlen bei einer Verurteilung zur Zahlung von Haupt- und Zinsforderung in der Berufungsbegründung häufig Ausführungen zur Zinsforderung. Entbehrlich sind diese, wenn die Hauptforderung dem Grunde nach angegriffen wird, da dann auch die akzessorische Zinsforderung entfällt. Nicht entbehrlich sind Ausführungen, wenn die Hauptforderung nur der Höhe nach angegriffen wird (BGH FamRZ 1995, 1138; BGH NJW 1994, 1657). Nicht selbstständig angegriffen werden müssen dagegen die Nebenentscheidungen zu Kosten und vorläufiger Vollstreckbarkeit, weil hierüber auch in zweiter Instanz von Amts wegen zu entscheiden ist (§§ 308 Abs. 2, 708 f. ZPO).

Vereinfacht werden kann die Begründung, wenn ein gemeinsamer tatsächlicher oder rechtlicher Grund vorliegt, wie dies zum Beispiel bei der Stufenklage der Fall ist (BGH NJW-RR 2001, 789; BGH NJW 2001, 2464, 2466).

Streitig ist, welche Rechtsfolgen es hat, wenn sich für einzelne Streitgegenstandsteile eine Begründung nicht erkennen lässt. Während eine ältere Auffassung davon ausgeht, die Berufung sei dann insoweit unzulässig (BGH NJW 1990, 1184; BGH NJW-RR 2000, 1015), nimmt eine neuere Auffassung bei einem zulässigen Teilangriff die Zulässigkeit des ganzen Rechtsmittels an und weist die Berufung wegen der nicht wirksam angegriffenen Teile als unbegründet zurück (BGH NJW 2001, 288; Zöller/Heßler § 520 Rn. 37, 38).

Die Berufung kann auch auf rechtlich oder tatsächlich selbstständige Teile **beschränkt** werden. 2968
Soweit diese Beschränkung nicht bereits im Antrag ihren Niederschlag gefunden hat (dazu oben Rdn. 2902), ist sie in der Begründung deutlich zu machen.

Selbstständig in diesem Sinne sind alle Teile des Streitstoffs, über die eine isolierte Entscheidung durch Grund-, Teil- oder anfechtbares Zwischenurteil hätte ergehen können. Dazu gehört die Zulässigkeit der Klage (BGH MDR 1990, 670), eine einzelne Prozessvoraussetzung (BGH WM 1995, 2046) oder der Grund (BGH NJW 1982, 2380) bzw. die Höhe des Anspruchs (BGH NJW 1979, 551). Möglich ist auch eine Beschränkung auf einzelne selbstständige Verteidigungsmittel, zum Beispiel die Verneinung der Aufrechnungsforderung (BGH NJW 1996, 527; BGH NJW-RR 2001, 1572).

Unzulässig ist eine Beschränkung auf eine von mehreren konkurrierenden Anspruchsgrundlagen (BGH VersR 95, 334) oder auf ein einzelnes Begründungselement (Verschuldensform), weil die Rechtsanwendung nicht zur Disposition der Parteien steht (Prütting/Gehrlein/Röhl § 520 Rn. 25 ff.).

bb) Rechtsverletzung

Grund für die Fehlerhaftigkeit des angefochtenen Urteils und damit dessen Abänderung in der Berufung kann sein, dass die erstinstanzliche Entscheidung auf einer Rechtsverletzung beruht (§ 513 Abs. 1 Alt. 1 ZPO). Das Recht ist verletzt, wenn eine Rechtsnorm nicht oder nicht richtig angewendet worden ist (§ 546 ZPO). Zur Zulässigkeit der Berufung ist es in diesem Fall erforderlich, dass die Umstände bezeichnet werden, aus denen sich die Rechtsverletzung und deren Erheblichkeit für die angefochtene Entscheidung ergibt (§ 520 Abs. 3 Nr. 2 ZPO). 2969

Mit der Verweisung auf § 546 ZPO wird deutlich, dass die Rechtskontrolle des erstinstanzlichen Urteils nicht erst in der Revisionsinstanz, sondern auch schon in der Berufungsinstanz erfolgt. Für die Revision grenzt § 546 ZPO die dort der Nachprüfung zugänglichen **Rechtsfragen** von den einer Nachprüfung entzogenen **Tatfragen** ab. Eine überzeugende, allgemeingültige Abgrenzungsformel existiert bislang nicht, ersetzt wird sie durch eine umfangreiche, nur bedingt in Fallgruppen fassbare Kasuistik.

Für die Anwendung des § 546 ZPO auf das Berufungsverfahren ist diese Rechtsprechung des BGH nur bedingt von Bedeutung. Anders als in der Revision ist die Prüfungskompetenz in der Berufung nicht auf den vorinstanzlich festgestellten Sachverhalt beschränkt. Zumindest in den Grenzen der §§ 529 Abs. 1, 531 Abs. 2 ZPO können die Parteien neue Tatsachen vortragen, kann das Berufungsgericht neue Tatsachen feststellen. Auch eine strenge Bindung an die in der Vorinstanz im Rahmen eines eingeräumten Beurteilungsspielraums getroffenen Wertungsentscheidungen (Ermessen, Schätzung) besteht nicht. Stellt sich deswegen ein vom Berufungsführer gerügter Umstand nicht als Rechtsverletzung, sondern als Verletzung einer Tatfrage dar, kann dies im Rahmen der Berufungsgründe aus §§ 529 Abs. 1 Nr. 1 und 2, 531 Abs. 2 ZPO geprüft werden.

Der Begriff des **Rechts** i.S.d. § 546 ZPO wird dabei sehr weit verstanden. Er umfasst alle Gesetze 2970
im materiellen Sinne, unabhängig davon, ob sie von einem Bundesland, dem Bund, der EU oder einem ausländischen Staat erlassen wurden. Zu den materiellen Gesetzen gehören neben den Gesetzen im formellen Sinne damit auch Verordnungen, EU-Richtlinien, völkerrechtliche Verträge, ausländisches Recht und ungeschriebenes Gewohnheitsrecht.

Keine Rolle spielt, ob es sich bei der verletzten Norm um eine solche des materiellen oder des Ver- 2971
fahrensrechts handelt. Ein Unterschied besteht insoweit nur hinsichtlich der erforderlichen Konkretisierung der Rüge.

Verstößt das angefochtene Urteil gegen **materielles Recht**, so genügt die pauschale Rüge der »Verletzung materiellen Rechts«. Das Berufungsgericht prüft – beim Vorliegen einer aufgrund eines wirksamen Berufungsangriffs zulässigen Berufung – von Amts wegen alle in Betracht kommenden materiellen Normen auch dann, wenn ihre Verletzung nicht gerügt ist.

Verfahrensfragen werden dagegen nur ausnahmsweise von Amts wegen geprüft. So kann das Fehlen der **Zulässigkeitsvoraussetzungen** einer Klage (§ 56 Abs. 1 ZPO) zwar gerügt werden, aber auch ohne eine solche Rüge unterliegen sie der gerichtlichen Kontrolle. Soll die Berufung hierauf gestützt werden, reicht demgemäß die nicht näher konkretisierte »Rüge der Unzulässigkeit der Klage«. Ausgeschlossen ist die Rüge, das erstinstanzliche Gericht habe seine Zuständigkeit zu Unrecht angenommen (§ 513 Abs. 2 ZPO, unten Rdn. 3012).

Unabdingbar ist eine konkrete Rüge im Fall der Verletzung von verzichtbaren **Verfahrensvorschriften** (§ 529 Abs. 2 Satz 1 ZPO). Diese werden ohne Rüge nicht geprüft. Hierunter fallen zum Beispiel die Ladungs- und Einlassungsfristen und die Beweisvorschriften. Beachtlich ist eine solche Rüge nur, wenn sie nicht bereits erstinstanzlich infolge rügeloser Einlassung verloren wurde (§ 295 ZPO). Unterbleibt eine mögliche Rüge, wird der Berufungsführer so behandelt, als hätte er sich rügelos eingelassen, ein möglicher Verfahrensverstoß bleibt dann, auch wenn er dem Gericht auffällt, folgenlos. Bezieht sich die Verfahrensrüge auf die Tatsachenfeststellung des Erstgerichts, konkurriert der Berufungsgrund der Rechtsverletzung mit dem der Erforderlichkeit neuer Tatsachenfeststellung (dazu unten Rdn. 3011).

2972 Recht i.S.d. § 546 ZPO muss nicht notwendig förmlich von einem Träger öffentlicher Gewalt gesetzt sein. Als Rechts- und nicht als Tatfrage hat die Revisionsrechtsprechung auch die Auslegung von Satzungen privater juristischer Personen, von branchenüblichen Allgemeinen Geschäftsbedingungen (§§ 1, 8, 9 UKlaG), von Prozesshandlungen oder Behördenentscheidungen (Verwaltungsakte, Urteile) angesehen.

Tatfrage und damit der Prüfung über die Rechtsverletzungsrüge nur beschränkt zugänglich sind dagegen die Auslegung von Willenserklärungen und die Ausübung von Ermessen oder Schätzung. Diese sind für das Rechtsmittelgericht bindend, wenn sie rechtsfehlerfrei und mit vertretbarem Ergebnis vorgenommen wurden und nicht gegen Erfahrungssätze oder Denkgesetze verstoßen.

Soweit der BGH im Rahmen der Revision auch die Beweiswürdigung zumindest darauf prüft, ob das Tatgericht den dabei vorgegebenen rechtlichen Rahmen eingehalten hat (zum Beispiel gesetzliche Beweisregeln missachtet, eine kritische Auseinandersetzung mit einzelnen Beweisergebnissen unterlassen, Denkgesetze oder Erfahrungssätze falsch zugrunde gelegt, die Beweislast verkannt oder gebotene Beweiserleichterungen unerörtert gelassen hat), gehören solche Rechtsverletzungen nach der hier vertretenen Abgrenzung in den Rahmen des § 529 Abs. 1 Nr. 1 ZPO (unten Rdn. 3011).

Nicht sicher abgrenzbar ist, inwieweit diesbezüglich bereits auf eine bloß pauschale Rüge der Rechtsverletzung hin eine Prüfung von Amts wegen erfolgt.

2973 **Verletzt** ist eine solche Norm, wenn sie falsch angewendet, falsch interpretiert oder falsch subsumiert wurde. Dies ist auf der Grundlage des in der ersten Instanz festgestellten Sachverhalts zu beurteilen.

Anwendungsfehler des Gerichts können darin bestehen, dass eine anzuwendende Norm nicht angewandt wurde (z.B., indem eine einschlägige Norm übersehen bzw. zu Unrecht für unanwendbar gehalten wurde) oder eine unanwendbare Norm angewandt wurde (z.B., weil eine der Entscheidung zugrunde gelegte Norm bereits außer Kraft gesetzt oder aufgrund von Übergangsvorschriften für den zu entscheidenden Sachverhalt nicht galt).

Interpretationsfehler liegen vor, wenn das Gericht Inhalt und Grenzen der Norm verkannt oder unbestimmte Rechtsbegriffe missverstanden hat, zum Beispiel der Voraussetzung einer Norm einen falschen Inhalt beigemessen hat.

Subsumtionsfehler stellen die häufigste Form von Rechtsverletzungen dar. Sie liegen in der Anwendung der Rechtsnorm auf den konkreten Sachverhalt, also bei der Prüfung der Frage, ob die Voraussetzungen der angewendeten Norm im zu beurteilenden Sachverhalt gegeben sind oder nicht. Sie können bei der Auslegung von Willenserklärungen oder Prozesshandlungen auftreten oder in der unterlassenen bzw. fehlerhaften Ausübung eines Ermessens oder einer Schätzung (§ 287 ZPO) bestehen.

Räumt eine Norm dem Gericht ein Ermessen ein, so ist die Norm nicht bereits deswegen verletzt, weil das Ermessen vertretbar auch anders hätte ausgeübt werden können. Eine Rechtsverletzung liegt hier nur dann vor, wenn das Gericht die Voraussetzungen, Kriterien und Grenzen des Ermessens verkannt oder sich nicht danach gerichtet hat.

2974 Auf dieser Verletzung **beruht** das Urteil, wenn ohne die Rechtsverletzung eine andere Entscheidung ergangen wäre, wenn die Rechtsverletzung für die angefochtene Entscheidung **erheblich** war.

§ 561 ZPO

macht deutlich, dass die bloße Rechtsverletzung allein noch kein Grund für die Urteilsabänderung ist. Hinzukommen muss, dass das Urteil ohne den Rechtsfehler für den Berufungskläger günstiger ausgefallen wäre, ihn nicht oder zumindest in geringerem Umfang beschwert hätte.

Bezüglich der Ursächlichkeit gibt es zwischen der Verletzung von materiellen Normen und Verfahrensnormen Unterschiede zu beachten. 2975

- Bei der Verletzung materieller Normen bedarf die Kausalität der Prüfung im Einzelfall. Nur wenn das günstigere Ergebnis positiv festgestellt werden kann, ist die hierauf gestützte Berufung begründet. Allerdings liegt dieses günstigere Ergebnis häufig auf der Hand, sodass es seitens des Berufungsführers insoweit oft nur knapper Ausführungen bedarf.

  Rügt der Beklagte das erstinstanzlich angenommene Zustandekommen eines Vertrages und legt dar, dass dieser den Anspruch nicht stützen kann, so muss er zusätzlich darlegen, dass dann auch andere naheliegende Ansprüche (zum Beispiel aus Bereicherung) nicht in Betracht kommen. Die Anforderungen an das Nichtvorliegen solcher Alternativbegründungen sind aber denkbar gering und führen insbesondere nicht zu einer Umkehr der prozessualen Darlegungslast. Grundsätzlich reicht hier die Unterbreitung einer entsprechenden Rechtsansicht aus, vielfach wird diese sich schon aus dem Schweigen des Berufungsklägers herleiten lassen. Erwähnt der Beklagte im Eingangsbeispiel andere Anspruchsgrundlagen nicht, wird davon auszugehen sein, dass er der Auffassung ist, solche alternativen Anspruchsgrundlagen seien nicht erfüllt.

- Bei der Verletzung von Verfahrensvorschriften greift regelmäßig eine Vermutung, sodass es für die Begründetheit der Berufung ausreicht, wenn das Gericht ohne den Fehler »möglicherweise« zu einem anderen Ergebnis gelangt wäre (BGH NJW 1995, 1841). Im Rahmen der Zulässigkeit jedoch ist die Erheblichkeit der Verletzung von Verfahrensnormen meist aufwendiger zu begründen, weil hier der hypothetische Geschehensablauf, insbesondere das eigene Prozessverhalten im Fall fehlerfreier Verfahrensgestaltung durch das erstinstanzliche Gericht darzutun ist.

  Rügt der Berufungskläger die Verletzung der materiellen Prozessleitung (§ 139 ZPO), muss er grundsätzlich dartun, welcher Vortrag auf einen Hinweis des Gerichts erster Instanz hin erfolgt wäre und inwieweit daraufhin eine andere Entscheidung ergangen wäre.

  Keiner besonderen Darlegung der Ursächlichkeit der Rechtsverletzung bedarf die Rüge eines Verfahrensfehlers, der einen absoluten Revisionsgrund darstellt (§ 547 ZPO); hier wird die Ursächlichkeit auch schon für die Berufung unwiderleglich vermutet.

  Zur **Bezeichnung** der Umstände, aus denen sich Rechtsverletzung und Erheblichkeit ergeben, ist es erforderlich, dass der Berufungskläger den Punkt seines Angriffs genau bezeichnet, er erkennen lässt, welche konkrete rechtliche Wertung des erstinstanzlichen Gerichts er für falsch und welche hiervon abweichende rechtliche Bewertung er für richtig hält. Zu empfehlen ist dabei die Zitierung der Norm (»§ 812 Abs. 1 Satz 1 BGB«), jedenfalls aber eine möglichst konkrete Beschreibung der beanstandeten Rechtsfrage (»bereicherungsrechtliche Gesichtspunkte«).

▶ Praxistipp:

Wird die Berufung auf eine Rechtsverletzung gestützt, sollte die verletzte Norm in jedem Fall, d.h. unabhängig davon, ob es sich um eine von Amts wegen zu berücksichtigende oder eine verzichtbare Norm handelt, aus anwaltlicher Sorgfalt so konkret wie möglich bezeichnet werden. 2976

Bei der Rüge einer verzichtbaren Verfahrensnorm ist dies bereits Voraussetzung für die Zulässigkeit der Berufung. Wird ein Verfahrensverstoß geltend gemacht, muss dieser aus der Rüge nachvollziehbar sein. Die bloße Bezeichnung der angeblich verletzten Norm (»irrige Anwendung des § ...«) oder deren wörtliche Wiedergabe stellt hier keine hinreichende Berufungsbegründung dar (BGH NJW 1995, 1559). Besteht der gerügte Verfahrensfehler zum Beispiel im Übergehen von Sachvortrag oder Beweisantritten, müssen diese unter Angabe der Fundstelle in der Akte (Schriftsatzdatum, Blatt- oder Seitenzahl) benannt werden. Wegen anderer Verfahrensverstöße ist auf das entsprechende Protokoll bzw. das Urteil zu verweisen (Musielak/Voit/Ball § 520 Rn. 3).

Bei der Rüge der Verletzung materiellen Rechts ist die konkrete Benennung der Rechtsnorm oder der Verletzungsform zwar nicht zwingend erforderlich, im Zweifel aber dringend anzuraten. Dies dient zum einen der anwaltlichen Selbstkontrolle der Erfolgsaussichten der Berufung, zum anderen wird nur so sichergestellt, dass das Berufungsgericht den erstinstanzlichen Fehler nicht wiederholt und sich mit der gerügten Frage auseinandersetzt. Auf Floskeln (»Gerügt wird die Verletzung materiellen Rechts«) sollte sich der Berufungskläger deswegen ebenso wenig beschränken wie auf die bloße Wiederholung des erstinstanzlichen Standpunkts, unabhängig davon, ob auf diesen nur Bezug genommen oder ob er inhaltlich wiederholt wird (BGH FamRZ 2000, 813).

2977 Die auf § 520 Abs. 3 Nr. 2 ZPO abstellende Berufungsbegründung sollte nach Möglichkeit also enthalten:

- Zitierung der Norm, an der der Berufungsgrund festgemacht wird,
- Beschreibung der vom Erstgericht begangenen Rechtsverletzung,
- Rechtsanwendung, die nach Auffassung des Berufungsklägers zutrifft,
- Darlegung, inwieweit diese zutreffende Rechtsanwendung ein für den Berufungskläger günstigeres Ergebnis des Rechtsstreits zur Folge gehabt hätte.

Diese Punkte sollten in der Begründung deutlich erkennbar und so konkret wie möglich auf den Einzelfall bezogen sein.

cc) Erneute Tatsachenfeststellung

2978 Grund für die Fehlerhaftigkeit des Urteils und damit dessen Abänderung in der Berufung kann sein, dass das erstinstanzliche Gericht von einem falschen Sachverhalt ausgegangen ist, dass der richtige Sachverhalt eine andere Entscheidung rechtfertigt (§ 513 Abs. 1 Alt. 2 ZPO). Falsch kann der Sachverhalt sein, weil das Gericht die Tatsachen falsch festgestellt hat (§ 529 Abs. 1 Nr. 1 ZPO). Zur Zulässigkeit der Berufung ist es in diesem Fall erforderlich, dass konkrete Anhaltspunkte bezeichnet werden, die Zweifel an der Richtigkeit oder Vollständigkeit der Tatsachenfeststellungen im angefochtenen Urteil begründen und deshalb eine erneute Feststellung gebieten (§ 520 Abs. 3 Nr. 3 ZPO).

2979 Problematisch ist dabei schon der Begriff der **Tatsachenfeststellung** (dazu Prütting/Gehrlein/Oberheim § 529 Rn. 5 ff.).

Obwohl im Zivilprozess Dispositions- und Beibringungsmaxime gelten und deswegen – anders als zum Beispiel in dem von Offizial- und Inquisitionsmaxime beherrschten Strafprozess (§ 267 StPO) – die der Entscheidung zugrunde gelegten Tatsachen im Urteil nicht »festgestellt«, sondern lediglich »dargestellt« werden (§ 313 Abs. 2 ZPO), ist die Auswahl der für das Urteil heranzuziehenden Tatsachen natürlich auch hier Teil der Entscheidung, sodass insoweit auch im Zivilprozess eine Tatsachenfeststellung erfolgt. Diese Feststellung ist dann Beurteilungsgrundlage für die Folgeinstanz (§§ 529, 551 ZPO).

Zweifelhaft ist, ob es zwischen den festgestellten Tatsachen i.S.d. § 529 ZPO (Bindung des Berufungsgerichts an die Tatsachenfeststellungen erster Instanz) und denen des § 551 ZPO (Bindung des Revisionsgerichts an die Tatsachenfeststellungen zweiter Instanz) einen Unterschied gibt. § 551 ZPO stellt das »Parteivorbringen« ausdrücklich neben die »als wahr oder unwahr festgestellten Behauptungen«, § 529 ZPO beschränkt sich auf die »festgestellten Tatsachen«. Hieraus kann aber nicht geschlossen werden, dass § 529 ZPO nur die durch eine Beweisaufnahme festgestellten, nicht aber die von den Parteien vorgetragenen, ohne Beweisaufnahme der Entscheidung zugrunde gelegten Tatsachen erfasst. § 529 ZPO will sicherstellen, dass die tatsächliche Beurteilungsgrundlage des Berufungsgerichts grundsätzlich identisch mit der der erstinstanzlichen Gerichts ist; nur ein Teil der Entscheidungsgrundlage aber beruht auf einer Beweisaufnahme. Ohne Einbeziehung des Sach- und Streitstands im Übrigen wäre die tatsächliche Basis des Berufungsgerichts unvollständig.

Streitig ist auch, ob und inwieweit eine Bindung an erstinstanzliche tatsächliche Feststellungen bei der Berufung gegen Arrest und einstweilige Verfügung besteht. Dagegen spricht die eingeschränkte Rechtskraft dieser Entscheidungen. Dazu Dötsch MDR 2010, 1429.

2980 Festgestellt sind damit alle Tatsachen, die das erstinstanzliche Gericht seiner Entscheidung zugrunde gelegt hat. Dazu gehören zunächst die Tatsachen, deren Vorliegen das Gericht als Ergebnis einer eigenen Beweiswürdigung festgestellt hat. Weiter gehören dazu alle Tatsachen, die das Gericht als von den Parteien vorgetragen, streitig oder unstreitig und für die Entscheidung erheblich festgestellt und verwendet hat.

Der Berufungsgrund aus § 513 Abs. 1 Alt. 2, § 529 Abs. 1 Nr. 1 ZPO dient damit primär dem Angriff gegen ein ungünstiges Beweisergebnis, ist darauf aber nicht beschränkt, sondern kann auch darauf gerichtet sein, dass das Gericht den von den Parteien vorgetragenen Streitstoff falsch oder nicht in vollem Umfang zugrunde gelegt hat.

Welche Tatsachen das erstinstanzliche Gericht festgestellt (seiner Entscheidung zugrunde gelegt) hat, ergibt sich aus dem Urteil, insbesondere aus dessen Tatbestand, aber auch aus den Entscheidungsgründen. **2981**

Unrichtig ist die Feststellung, **2982**
- wenn zugrunde gelegte Tatsachen nicht von den Parteien vorgetragen waren,
- wenn unstreitige Tatsachen als streitig oder streitige Tatsachen als unstreitig behandelt,
- wenn Tatsachen unter Verstoß gegen Beweiswürdigungsgrundsätze als bewiesen angesehen (§ 286 ZPO) wurden.

Unvollständig ist die Feststellung, **2983**
- wenn Vorbringen der Partei übergangen wird,
- wenn offenkundige Tatsachen nicht berücksichtigt,
- wenn vorgetragene Tatsachen zu Unrecht als verspätet zurückgewiesen werden,
- wenn angebotene Beweise nicht erhoben wurden,
- wenn gebotene Schätzungen (§ 287 ZPO) nicht durchgeführt wurden.

Die Unrichtigkeit oder Unvollständigkeit der Tatsachenfeststellung beruht damit regelmäßig auf einem Verfahrensverstoß, sodass auch der Berufungsgrund der Rechtsverletzung in Betracht kommt. Unproblematisch ist die Abgrenzung, soweit der Verfahrensverstoß keine Rechts-, sondern eine Tatfrage betrifft, insbesondere also im Rahmen von Beweiswürdigung oder Schätzung liegt. Im Übrigen kann zur Abgrenzung auf die dazu bereits gemachten Ausführungen (oben Rdn. 1915) verwiesen werden.

Nicht erforderlich ist die definitive Unrichtigkeit oder Unvollständigkeit der festgestellten Tatsachen. Ausreichend für die Notwendigkeit einer erneuten Feststellung durch das Berufungsgericht sind bereits **konkrete Anhaltspunkte** für Zweifel an der Richtigkeit oder Vollständigkeit. **2984**

Diese sind gegeben, wenn auf den Einzelfall bezogene, nicht ohne Weiteres von der Hand zu weisende äußere Umstände vorliegen, die bei objektiver Bewertung geeignet sind, die Richtigkeit oder Vollständigkeit der erstinstanzlichen Tatsachengrundlage infrage zu stellen. Nicht ausreichend sind abstrakte, theoretische oder pauschale Ausführungen, bloß subjektive Zweifel, Vermutungen oder Unterstellungen. **2985**

Unzureichend ist damit die früher häufig anzutreffende pauschale Behauptung, die erstinstanzlichen Tatsachenfeststellungen seien unzutreffend (Stackmann NJW 2002, 781). Erforderlich ist die Anknüpfung dieser Rüge an konkrete, zu bezeichnende Einzelumstände (BGH NJW-RR 2014, 760).

Konkrete Anhaltspunkte können sich aus dem erstinstanzlichen **Verfahrensablauf** ergeben. **2986**

Verfahrensfehler können auch den Berufungsgrund des § 513 Abs. 1 Alt. 1 ZPO ausfüllen. Nach der hier vertretenen Abgrenzung sind darunter Rechtsfehler zu subsumieren, die in einer fehlerhaften Anwendung der festgestellten Tatsachen liegen, während für §§ 513 Abs. 1 Alt. 2, 529 Abs. 1 Nr. 1 ZPO die Rechtsfehler verbleiben, die zu einer fehlerhaften Feststellung der Tatsachen geführt haben. Solche Verfahrensfehler liegen vor, wenn das Gericht nicht, nicht vollständig oder nicht richtig Vortrag der Partei zur Kenntnis genommen (§§ 128, 139, 273, 296 ZPO) bzw. Beweise erhoben und gewürdigt hat (§§ 355 ff. ZPO).

Solche Anhaltspunkte können nicht darin bestehen, dass die festgestellten Tatsachen vom Inhalt der erstinstanzlichen Schriftsätze abweichen. Welche Tatsachen erstinstanzlich vorgetragen wurden, ergibt sich aus dem Tatbestand, dem insoweit Beweiskraft zukommt, die nur durch das Sitzungsprotokoll widerlegt werden kann (§ 314 ZPO; BGH MDR 2013, 1115). Gibt der Tatbestand das Vorbringen der Parteien falsch oder unvollständig wieder, muss er nach § 320 ZPO berichtigt werden, ansonsten gilt der Inhalt des Tatbestands als vorgetragen, auch dann, wenn er materiell falsch **2987** ist. Hat das Gericht die Tatsachen des Tatbestands zugrunde gelegt, sind die Feststellungen nicht unrichtig (Crückeberg MDR 2003, 199; Musielak/Ball § 529 Rn. 6).

Streitig ist, ob dies auch für Tatsachen gilt, die in erstinstanzlichen Schriftsätzen enthalten sind, ohne Eingang in den Tatbestand gefunden zu haben. Dies wird verbreitet mit der Behauptung bestritten, dem Tatbestand komme wegen § 313 Abs. 2 ZPO keine negative Beweiskraft zu (Crückeberg MDR 2003, 199 m.w.N.; dazu oben Rdn. 2691), verkennt aber, dass schriftsätzlicher Vortrag nur angekündigt ist und zum Parteivortrag erst mit dem (gegebenenfalls in Form einer [stillschweigenden] Bezugnahme erfolgenden, § 137 Abs. 3 ZPO) Vortrag in der mündlichen Verhandlung wird, wobei die Frage, ob ein solcher Vortrag erfolgt ist, sich aus dem Tatbestand oder dem Protokoll beantwortet. Die Gegenansicht misst deswegen dem Tatbestand auch negative Beweiskraft zu (BGH VersR 1990, 974), sodass die Unvollständigkeit des Tatbestands nicht mit dem Inhalt von Schriftsätzen belegt werden kann.

2988 Konkrete Anhaltspunkte können sich aus dem angefochtenen **Urteil** ergeben. Ist tatbestandlich festgestelltes Vorbringen in den Gründen übergangen worden, beruht das Urteil auf einem unvollständigen Sachverhalt. Dies gilt auch für widersprüchliche Feststellungen im angefochtenen Urteil.

▶ Beispiel:

2989 Wird im Tatbestand einerseits das Zustandekommen eines Vertrages zwischen den Parteien festgestellt, andererseits, dass sich das entsprechende Vertragsangebot an einen Dritten richtete, entfaltet der Tatbestand keine Beweiskraft, eine unrichtige Feststellung liegt auf der Hand (BGH NJW 2000, 3133). Ist Parteivortrag im Tatbestand als streitig dargestellt, wird in den Entscheidungsgründen aber als unstreitig behandelt (BGH NJW 1996, 2306), ist eine erneute, klarstellende Feststellung in zweiter Instanz geboten.

2990 Konkrete Anhaltspunkte für ein unrichtiges Beweisergebnis können nicht allein darin begründet sein, dass dem Berufungskläger das Beweisergebnis nicht zusagt, er seine (vertretbare) Beweiswürdigung an die Stelle der (ebenfalls vertretbaren) Beweiswürdigung des erstinstanzlichen Gerichts setzt.

Überall dort, wo dem Gericht ein Ermessen eingeräumt ist, liegt es auf der Hand, dass im Rahmen dieses Ermessens auch eine andere Entscheidung möglich gewesen wäre. Dies alleine begründet keine Fehlerhaftigkeit des Urteils, die eine Abänderung in der Berufungsinstanz rechtfertigt (Arnold ZZP 126 [2014], 63). Erforderlich dazu ist vielmehr, dass das Gericht den Rahmen des ihm eingeräumten Ermessens überschritten hat, zum Beispiel, weil die Beweiswürdigung den gesetzlich gebotenen Rahmen verletzt, gesetzliche Beweisregeln unbeachtet bleiben, eine kritische Auseinandersetzung mit einzelnen Beweisergebnissen fehlt, Denkgesetze oder Erfahrungssätze falsch zugrunde gelegt werden oder die Beweislast verkannt wird oder gebotene Beweiserleichterungen unerörtert bleiben (vgl. oben Rdn. 1829).

2991 **Zweifel** an der Richtigkeit oder Vollständigkeit der Tatsachenfeststellung begründen diese Anhaltspunkte, wenn sich aus ihnen die Fehlerhaftigkeit des angefochtenen Urteils ergeben kann. Dabei reicht es aus, dass die Unrichtigkeit der Tatsachenfeststellung aufgrund des Fehlers nicht auszuschließen ist.

Das Maß dieser Zweifel ist im Gesetz nicht weiter bestimmt. Einerseits dürfen daran keine unzumutbaren Anforderungen gestellt werden. Der Gesetzgeber hat die zunächst beabsichtigte Qualifikation »erheblicher« Zweifel bewusst fallen gelassen, sodass auch andere Einschränkungen (»vernünftige« oder »gewisse« Zweifel) keine Rechtfertigung haben. Andererseits kann die stets bestehende bloß theoretische Möglichkeit einer falschen Tatsachengrundlage die erneute Feststellung nicht begründen. Eine hinreichende Konkretisierung dieses Berufungsgrunds wird aber schon über die Anforderungen an die konkreten Anhaltspunkte einerseits und die Notwendigkeit einer neuen Feststellung andererseits erreicht, sodass es einer zusätzlichen Einschränkung des Begriffs »Zweifel« nicht bedarf.

2992 **Geboten** ist die erneute Tatsachenfeststellung, wenn die naheliegende und nicht bloß theoretische Möglichkeit besteht, dass durch sie der entscheidungserhebliche Sachverhalt vollumfänglich oder fehlerfrei ermittelt werden kann.

Auch bei dem Berufungsgrund aus § 520 Abs. 3 Nr. 3 ZPO ist erforderlich, dass ohne den Fehler ein den Berufungskläger nicht oder geringer beschwerendes Urteil ergangen wäre. Wie überall, wo es auf die Kausalität von Verfahrensfehlern ankommt, reicht auch hier die bloße Möglichkeit einer anderen Entscheidung aus. Die Anforderungen an einen entsprechenden Vortrag sind denkbar gering, weil grundsätzlich jede Änderung entscheidungserheblicher Tatsachen eine abweichende Entscheidung zur Folge hat.

Die erneute Tatsachenfeststellung ist der praktisch wohl am häufigsten vorkommende Berufungsgrund. Er ist für den Anwalt aber auch der am schwersten zu kalkulierende. Die Kumulation schwammiger Rechtsbegriffe (»konkrete Anhaltspunkte«, »Zweifel«, »geboten«), das damit dem Gericht in weitem Umfang eingeräumte Beurteilungsermessen und die immer wieder zu beobachtende Abneigung der Berufungsgerichte gegen Beweisaufnahmen eröffnen hier einen regelrechten »Kampf um die zweite Tatsacheninstanz« (Schellhammer MDR 2002, 1144). Für den Anwalt muss dies zu einer sorgfältigen und im Zweifel eher aufwendigen Darlegung dieses Grundes führen. 2993

▶ Praxistipp:

Eine auf § 520 Abs. 3 Nr. 3 ZPO abstellende Berufungsbegründung muss den Vortrag konkreter, objektiver Anhaltspunkte im Verfahrensablauf oder im Urteil enthalten, die Zweifel an der Vollständigkeit oder Richtigkeit der Tatsachenfeststellung, insbesondere dem Beweisergebnis, begründen. 2994

Enthalten muss sie ferner die Darlegung, dass diese Anhaltspunkte eine erneute Feststellung gebieten, weil bei Neufeststellung der Tatsache auch eine andere Entscheidung möglich ist.

dd) Neue Angriffs- und Verteidigungsmittel

Der zur Fehlerhaftigkeit des angefochtenen Urteils führende falsche Sachverhalt kann auch auf einem unrichtigen oder unvollständigen Vortrag der Partei beruhen. Mit der Berufung muss dann der Vortrag so weit ergänzt werden, dass er eine Abänderung rechtfertigt (§§ 513 Abs. 1 Alt. 2, 529 Abs. 1 Nr. 2, 531 Abs. 2 ZPO). 2995

Ein solcher Vortrag neuer Tatsachen ist in der Berufungsinstanz anders als in der Revisionsinstanz nicht vollständig (§ 559 ZPO), wohl aber grundsätzlich ausgeschlossen (§ 529 Abs. 1 Nr. 2 ZPO). Die Parteien sind gehalten, den Prozessstoff in erster Instanz vollständig und richtig vorzutragen. Neuer Vortrag ist nur ausnahmsweise möglich. Insbesondere nicht statthaft ist es, Tatsachenvortrag oder Beweisantritte bewusst zurückzuhalten, um abzuwarten, zu welchem Ergebnis der bisherige Prozessvortrag führt (BGH VersR 2007, 373). Zulässig allerdings ist es, ein zusätzliches Beweismittel deswegen nicht mehr zu benennen, weil nach dem bisherigen Beweisergebnis davon ausgegangen werden durfte, der Beweis sei bereits erbracht (BGH NJW-RR 2007, 774).

Zulässig ist die auf diesen Grund gestützte Berufung deswegen nur, wenn zum einen die neuen Angriffs- und Verteidigungsmittel, zum anderen aber auch die Gründe vorgetragen werden, aufgrund derer diese nach § 531 Abs. 2 ZPO zuzulassen sind (§ 520 Abs. 3 Nr. 4 ZPO). 2996

Da dem Berufungsgericht mit den neuen Tatsachen eine Entscheidungsgrundlage unterbreitet wird, die dem erstinstanzlichen Gericht nicht vorlag, bedarf es einer Auseinandersetzung mit dem Inhalt des erstinstanzlichen Urteils auch nur insoweit, als sich daraus die Gründe für die Zulassung des neuen Vorbringens (§ 531 Abs. 2 ZPO) ergeben (BGH NJW-RR 2007, 934).

Ob eine der Fallgruppen des § 531 Abs. 2 ZPO tatsächlich vorliegt oder auch nur schlüssig oder substantiiert vorgetragen wird, ist erst im Rahmen der Begründetheit zu prüfen. Dies gilt auch für die nach § 531 Abs. 2 Satz 2 ZPO erforderliche Glaubhaftmachung. Für die Zulässigkeit der Berufung reicht die Darlegung von (irgendwelchen) Umständen, mit denen der Berufungsführer ihre Zulassung erreichen will.

▶ Praxistipp:

Soll die Berufung auf neue Tatsachen gestützt werden, muss besonders darauf geachtet werden, dass die im Urteil liegende Beschwer angegriffen wird. Regelmäßig ist dies bei bloßen Angriffs- und Verteidigungsmitteln der Fall, problematisch werden kann es bei eigenständigen Angriffen oder Verteidigungen. 2997

Dazu grundsätzlich oben Rdn. 2755.

2998 **Angriffs- und Verteidigungsmittel** sind alle zur Begründung eines Antrags oder zur Verteidigung dagegen vorgebrachten Umstände, insbesondere Tatsachenbehauptungen, Beweisantritte und Bestreiten.

Keine Angriffs- und Verteidigungsmittel sind die eigentlichen Angriffe (Sachanträge aus Klage oder Widerklage und deren Änderung) und Verteidigungen (Anträge auf Abweisung der Klage oder Zurückweisung des Rechtsmittels). Die Aufrechnung im Prozess ist die Behauptung, materiell sei ein entsprechendes Gestaltungsrecht wirksam geltend gemacht worden (oben Rdn. 1421), ist also bloßes Verteidigungsmittel (zur Gleichbehandlung mit den Verteidigungen unten Rdn. 3029).

Die erstmals im Berufungsrechtszug erhobene Verjährungseinrede ist unabhängig von den Voraussetzungen des § 531 Abs. 2 Satz 1 Nr. 1 bis 3 ZPO zuzulassen, wenn die Erhebung der Verjährungseinrede und die den Verjährungseintritt begründenden tatsächlichen Umstände zwischen den Prozessparteien unstreitig sind (BGH NJW 2008, 2131). Dies gilt nach neuerer Rechtsprechung auch für Gestaltungsrechte (BGH NJW 2019, 80).

2999 **Neu** sind Angriffs- und Verteidigungsmittel, wenn sie in erster Instanz nicht vorgetragen wurden. Ob dies der Fall war oder nicht, ergibt sich aus dem Urteilstatbestand (§ 314 ZPO), hilfsweise aus dem Protokoll erster Instanz.

Dazu zählt ein solches Vorbringen, das in erster Instanz nicht wirksam erhoben (zum Beispiel unzulässiges Bestreiten mit Nichtwissen, § 138 Abs. 4 ZPO) oder das vor dem Schluss der mündlichen Verhandlung erster Instanz wieder fallen gelassen wurde. Neu sind auch die in Ergänzung oder Substantiierung erstinstanzlichen Vorbringens nachgeschobenen Tatsachen oder Beweisantritte, die zwar schon gebracht waren, jetzt aber auf eine andere Behauptung bezogen werden.

Nicht neu ist ein Vortrag, der sich aus dem erstinstanzlichen ergibt, auch dann, wenn er in den Tatbestand des angefochtenen Urteils keinen Eingang gefunden hat. Auch die bloße Konkretisierung, Verdeutlichung oder Erläuterung erstinstanzlichen Vorbringens ist nicht neu (BGH MDR 2007, 670; BGH NJW-RR 2007, 1170).

3000 Diese neuen Angriffs- und Verteidigungsmittel müssen **bezeichnet** werden. Dazu reicht es nicht, sie anzudeuten oder anzukündigen, erforderlich ist ein konkreter Vortrag.

3001 **Zuzulassen** sind solche neuen Angriffs- und Verteidigungsmittel nur in den Fällen des § 531 Abs. 2 ZPO, d.h.

3002 (1) wenn sie einen Gesichtspunkt betreffen, der vom Gericht des ersten Rechtszugs erkennbar **übersehen** oder **für unerheblich gehalten** wurde (§ 531 Abs. 2 Nr. 1 ZPO).

Dass diese Angriffs- und Verteidigungsmittel erstinstanzlich nicht vorgetragen wurden, beruht auf einem materiell-rechtlichen Fehler des Gerichts. Eine zusätzlich mögliche Nachlässigkeit der Partei ist dabei unerheblich.

Übersehen ist ein Gesichtspunkt, wenn er vom erstinstanzlichen Gericht weder ausdrücklich noch der Sache nach in die Überlegungen zum Verfahren oder zur Entscheidung einbezogen wurde (BGH MDR 2004, 1077; BGH MDR 2005, 206).

Für unerheblich gehalten hat das erstinstanzliche Gericht einen Gesichtspunkt, den es zwar erwogen, aber zu keinem Zeitpunkt als erheblich angesehen hat.

Zweitinstanzlich vorgetragen werden können damit Tatsachen, die erstinstanzlich von der Partei nicht vorgetragen wurden, weil es auf sie nach Auffassung des Gerichts nicht ankam. Hier dürfte es sich empfehlen, mit der Berufungsbegründung nicht nur die Rechtsansicht des Gerichts darzulegen (insbesondere dann, wenn diese keinen Niederschlag in der angefochtenen Entscheidung gefunden hat, etwa weil das Gericht sie geändert hat), sondern auch, inwieweit dies der Partei vermittelt wurde (etwa durch einen Hinweis oder die Erörterung in der mündlichen Verhandlung).

3003 (2) wenn sie infolge eines **Verfahrensmangels**, insbesondere einer Verletzung der Hinweispflicht aus § 139 ZPO, nicht geltend gemacht wurden, oder

Dass diese Angriffs- und Verteidigungsmittel erstinstanzlich nicht vorgetragen wurden, beruht ebenfalls auf einem Fehler des Gerichts. Ob die Partei die Tatsachen dennoch hätte vortragen können, ist dabei unerheblich.

Häufigster Verfahrensmangel ist hier die Verletzung der materiellen Prozessleitungspflicht des Gerichts aus § 139 ZPO (BGHR 2004, 333). Danach ist das Gericht verpflichtet, darauf hinzuwirken, dass die Parteien sich rechtzeitig und vollständig über alle erheblichen Tatsachen erklären. Unterbleibt ein Vortrag der Parteien, weil sie auf dessen Erforderlichkeit nicht hingewiesen wurden, muss die Möglichkeit bestehen, diesen Vortrag zur Beseitigung des Verfahrensfehlers in zweiter Instanz nachzuholen.

Andere Verfahrensfehler des Gerichts, die dazu geführt haben, dass ein Vortrag der Parteien in erster Instanz unterblieben ist, können darin bestehen, dass die Sache entgegen § 136 Abs. 3 ZPO in der mündlichen Verhandlung nicht hinreichend erörtert wurde, sachaufklärende Maßnahmen des Gerichts zur Vorbereitung des Termins nach § 273 Abs. 2 Nr. 1 ZPO unterblieben sind oder der Partei eine Schriftsatzfrist zum Nachbringen eines Vortrags nicht eingeräumt wurde (§§ 139 Abs. 5, 283 ZPO).

(3) wenn sie im ersten Rechtszug nicht geltend gemacht worden sind, **ohne** dass dies auf einer **Nachlässigkeit der Partei** beruht (§ 531 Abs. 2 Nr. 3 ZPO). Dies ist der Fall, wenn die Tatsachen erst nach Schluss der ersten Instanz entstanden oder der Partei bekannt geworden sind oder sie den Vortrag bereits bekannter Tatsachen für nicht erforderlich halten durfte. 3004

Dass diese Angriffs- und Verteidigungsmittel erstinstanzlich nicht vorgetragen wurden, beruht weder auf einem vorwerfbaren Fehler des Gerichts noch auf einem solchen der Partei.

Nicht möglich war der Vortrag einer Tatsache, wenn sie erstinstanzlich noch gar nicht vorlag, sondern erst nach Schluss der ersten Instanz entstanden ist (sog. nova producta). Hier hat die Partei die Wahl, ob sie die neue Tatsache mit der Berufung oder mit der Vollstreckungsgegenklage (§ 767 ZPO) bzw. einer neuen Klage geltend machen will.

Die Rechtsprechung fasst den Begriff der neuen Tatsache sehr weit und lässt insbesondere auch solche Tatsachen darunterfallen, die von der Partei selbst erst nach Abschluss der ersten Instanz geschaffen werden (BGH NJW-RR 2010, 1478; BGH NJW-RR 2005, 1687).

▶ Beispiel:

Wird die Honorarklage eines Architekten abgewiesen, weil die von ihm erstellte Schlussabrechnung nicht den Anforderungen der HOAI entsprach, so kann er nach dem erstinstanzlichen Urteil eine neue Abrechnung erstellen und seine Forderung in der Berufung hierauf stützen (BGH NJW-RR 2004, 526; BGH NJW-RR 2005, 1687). 3005

Dies gilt allerdings nur für solche neu geschaffenen Tatsachen, deren Präklusion lediglich zur Unbegründetheit des anhängigen Rechtsstreits führen würde und deren Geltendmachung in einem Folgeprozess nicht zu vermeiden wäre (BGH NJW-RR 2005, 1687; BGH NJW-RR 2004, 526; a.A. Schenkel MDR 2004, 790). Kann dagegen die neue Tatsache in einem Folgeprozess nicht mehr geltend gemacht werden, ist ihre Berücksichtigung auch als neue Tatsache im Berufungsverfahren nicht möglich. Wichtigster Anwendungsfall dafür ist die erst nach Schluss des erstinstanzlichen Verfahrens erklärte Anfechtung oder Abtretung.

▶ Beispiel:

Hat der Beklagte eine Aufrechnungs- oder Anfechtungserklärung, die ihm bereits vor Schluss der mündlichen Verhandlung in erster Instanz möglich gewesen wäre, erst in der Berufung abgegeben, so bleibt diese, wenn nicht die Voraussetzungen des § 531 Abs. 2 ZPO vorliegen, als neuer Vortrag unberücksichtigt. 3006

Hier führt die Präklusion zu einer endgültigen Abweisung der Klage, kann, anders als bei der bloß zur Herbeiführung der Fälligkeit führenden neuen Schlussrechnung, ihr Ziel erreichen, eine abschließende Klärung des zwischen den Parteien bestehenden Streits in angemessener Zeit zu fördern (BGH NJW-RR 2005, 1687; OLG Düsseldorf GRUR-RR 2005, 281; Prütting/Gehrlein/Oberheim, § 531 Rn. 12).

Nicht möglich war der Vortrag einer Tatsache auch dann, wenn sie vor Schluss der mündlichen Verhandlung zwar objektiv vorlag, der Partei aber weder positiv bekannt war noch ihr hätte bekannt sein müssen (sog. nova reperta). Meldet sich auf das wegen Beweisfälligkeit hin ergangene klageabweisende Urteil hin beim Kläger ein Zeuge, von dessen Existenz er vorher nichts wusste, so kann er diesen mit der Berufung neu benennen.

Nicht erforderlich war der Vortrag einer Tatsache, die der Partei vor Schluss der mündlichen Verhandlung bekannt war, wenn sie auch unter Beachtung der ihr obliegenden Prozessförderungspflicht (§ 282 ZPO) davon ausgehen durfte, der Vortrag sei nicht erforderlich. Häufig geht diese Fallgruppe aber bereits in § 531 Abs. 2 Nr. 1 ZPO (wenn auch das Gericht die Notwendigkeit des Vortrags nicht erkannte) oder § 531 Abs. 2 Nr. 2 ZPO (wenn das Gericht die Erheblichkeit der Tatsache erkannte, die Partei hierauf aber nicht hinwies) auf. Für § 531 Abs. 2 Nr. 3 ZPO bleiben nur die Fälle, in denen das Gericht keinen Anlass hat, das Vorliegen der Tatsache zu vermuten, sie im übrigen Vortrag der Partei nicht einmal ansatzweise erkennbar war.

Der Verschuldensmaßstab entspricht dem des § 295 Abs. 1 ZPO, ist also objektiv-abstrakt danach zu beurteilen, inwieweit ein typischer Prozessbeteiligter in dieser Funktion (das heißt als Partei, als Rechtsanwalt) die Tatsachen bereits erstinstanzlich vorgetragen hätte.

3007 Zuzulassen sind neue Angriffs- und Verteidigungsmittel unabhängig von den Voraussetzungen des § 531 Abs. 2 ZPO auch dann, wenn sie **unstreitig** bleiben (BGH RuS 2015, 212; BGH NJW 2005, 291; BGH FamRZ 2005, 1555) oder wenn sie als Reaktion auf einen Hinweis des Berufungsgerichts erfolgen (BGH MDR 2007, 1612).

In der Literatur vertreten wird darüber hinaus, dass neuer Tatsachenvortrag bei der Berufung gegen Arrest und einstweilige Verfügung wegen der Besonderheiten des einstweiligen Rechtsschutzes unbeschränkt zuzulassen ist (Dötsch MDR 2011, 1429).

▶ Praxistipp:

3008 Soll neuer Tatsachenvortrag des Gegners nicht unbesehen für die zweite Instanz berücksichtigt werden können, muss er bestritten werden.

Ob das Berufungsgericht bei der Zulassung neuen Tatsachenvortrags die Voraussetzungen des § 531 Abs. 2 ZPO beachtet hat, ist in der Revision nicht nachprüfbar (BGH NJW 2019, 2169; BGH MDR 2019, 563). Sehr wohl überprüfbar ist hingegen, ob eine Nichtberücksichtigung zu Recht erfolgte. Berufungsgerichte tendieren deswegen im Zweifel eher zu einer Zulassung neuen Vorbringens.

3009 Auch wenn man unstreitige neue Angriffs- und Verteidigungsmittel über die Fallgruppen des § 531 Abs. 2 ZPO hinaus zulässt, kann darauf alleine die Zulässigkeit einer Berufung nicht gestützt werden. Die mit der Berufungsbegründung vorgetragenen neuen Tatsachen sind zum Zeitpunkt der Einlegung der Berufung noch nicht unstreitig und werden es auch bis zur nach § 522 Abs. 1 ZPO erforderlichen Prüfung des Gerichts nicht, sodass die Berufung durch Beschluss verworfen wird.

Dabei kann dahinstehen, ob man das Gericht für verpflichtet hält, vor einer Entscheidung im Beschlussweg (§ 522 Abs. 1, 2 ZPO) eine Stellungnahme des Berufungsbeklagten einzuholen. Auch wenn man – entgegen dem Wortlaut des § 522 Abs. 2 Satz 2 ZPO – davon ausgehen wollte, braucht der Berufungsbeklagte zum Vorbringen des Berufungsklägers nicht Stellung zu nehmen, sodass einem Nichtbestreiten nicht die Wirkungen des § 138 Abs. 3 ZPO zukommen können. Selbst ein schriftsätzliches Einräumen von Behauptungen des Berufungsklägers durch den Berufungsbeklagten kann nicht zu dessen Unstreitigwerden führen. Nach dem Mündlichkeitsgrundsatz im Zivilprozess handelt es sich insoweit nur um die Ankündigung von Vorbringen, das erst durch seine Wiederholung in der mündlichen Verhandlung zum Geständnis wird (MüKoZPO/Rimmelspacher § 531 Rn. 14).

▶ Praxistipp:

3010 Soll eine Berufung nach § 520 Abs. 3 Nr. 4 ZPO begründet werden, ist es geboten, die neuen Angriffs- und Verteidigungsmittel zu bezeichnen. Es ist erforderlich, diese substantiiert und konkret vorzutragen, und es empfiehlt sich, zusätzlich darzulegen, weshalb das Urteil bei Berücksichtigung dieser neuen Tatsachen anders ausfallen muss.

Zudem geboten ist es, die Tatsachen darzulegen, aufgrund derer das neue Vorbringen ausnahmsweise zuzulassen ist; auch hier ist es ratsam, die einschlägige Alternative des § 531 Abs. 2 ZPO zu benennen und die zu ihrer Ausfüllung erforderlichen Voraussetzungen im Einzelnen auszuführen.

ee) Abgrenzung der Berufungsgründe

Nicht immer lassen sich die einzelnen Berufungsgründe sauber voneinander abgrenzen: 3011

- Überwiegend werden **Fehler bei der Sachverhaltsfeststellung** (z.B. fehlerhafte Beweisaufnahme) als Tatsachenfehler, **Fehler aufgrund der Sachverhaltsfeststellung** als Rechtsfehler angesehen. Erstere führen nur unter den Voraussetzungen des § 529 Abs. 1 Nr. 1 ZPO zu einer erneuten Tatsachenfeststellung, Letztere werden ohne Weiteres durch richtige Rechtsanwendung korrigiert.
- Angriffe gegen die **Beweiswürdigung** können auch unter Hinweis auf § 286 ZPO nicht als Rechtsfehler gerügt werden. Die h.M. nimmt, weil die Feststellung, nicht die Verwertung von Tatsachen betroffen ist, einen Fall des § 529 Abs. 1 Nr. 1 ZPO an. Erforderlich ist deswegen, dass das Gericht aufgrund der Fehlerhaftigkeit der Beweiswürdigung Zweifel an der Richtigkeit der festgestellten Tatsachen hat. Dies ist nicht schon deswegen der Fall, weil die Beweise auch anders hätten gewürdigt werden können (BVerfG NJW 2003, 2424; BGH MDR 2005, 945).
- Die unzutreffende **Auslegung von Willenserklärungen** stellt zwar eine Verletzung des § 133 BGB dar, ist aber nach inzwischen h.M. kein Rechtsfehler und ist vom Berufungsgericht bei nur Vorliegen der Voraussetzungen des § 529 Abs. 2 Nr. 1 ZPO in vollem Umfang nachprüfbar (BGH NJW 2004, 2751).
- Entsprechendes gilt für die Ausübung eines **Beurteilungsermessens** oder die Vornahme einer Schätzung durch das erstinstanzliche Gericht: Ermessens- oder Schätzungsfehler stellen einen Rechtsfehler dar. Die Ermessensausübung selbst kann nur unter den Voraussetzungen des § 529 ZPO korrigiert werden (BGH NJW 2006, 1589).

ff) Zuständigkeitsrüge

Kein statthafter Berufungsgrund ist die Rüge, das erstinstanzliche Gericht habe seine **Zuständigkeit** 3012
zu Unrecht **bejaht** (§ 513 Abs. 2 ZPO).

Diese Regelung dient der Entlastung der Rechtsmittelgerichte und der Verfahrensbeschleunigung. Verhindert werden soll, dass die vom Erstgericht geleistete Sacharbeit allein wegen Zuständigkeitsfragen hinfällig wird. Abgeändert werden muss die Entscheidung, wenn sie im Ergebnis falsch ist, nicht schon, wenn sie zwar vom falschen Gericht, im Ergebnis aber zutreffend ergangen ist. Bedenken an der Verfassungsmäßigkeit des § 531 Abs. 2 ZPO werden zwar erörtert (Dörnberg ZAP Fach 13, S. 1987), dürften aber nicht begründet sein.

Das Verbot einer Zuständigkeitsrüge gilt nicht nur für den Berufungskläger, sondern auch für den Berufungsbeklagten und selbst in den Fällen, in denen über die Zuständigkeit gesondert verhandelt und (durch grundsätzlich berufungsfähiges Zwischenurteil nach § 280 ZPO) entschieden wurde. Auch das Übersehen einer ausschließlichen Zuständigkeit begründet die Berufung nicht.

§ 513 Abs. 2 ZPO findet Anwendung auf die sachliche und örtliche Zuständigkeit, auf die fälsch- 3013
liche Annahme, es liege eine Familiensache vor, sowie auf die Abgrenzung der Zuständigkeit zwischen Kammer für Handelssachen und Zivilkammer oder zwischen Prozessgericht und Gericht der freiwilligen Gerichtsbarkeit. Der Nachprüfung durch das Berufungsgericht nicht entzogen sind die Prüfung der Zulässigkeit des Rechtswegs, die wegen ihrer verfassungsrechtlichen Implikationen nur im Rahmen des § 17a Abs. 5 GVG überprüft werden kann (BGH NJW-RR 2022, 217; Boin NJW 1998, 3747), und der internationalen Zuständigkeit, weil § 513 Abs. 2 ZPO nur die Zuständigkeitsverteilung unter den deutschen Gerichten erfasse und nicht diejenige zwischen deutschen und ausländischen Gerichten, der wegen der Abgrenzung der Souveränitätsrechte anderer Staaten und der Bedeutung dieser Frage auch für das anzuwendende Recht ungleich größere Bedeutung zukomme (BGH MDR 2003, 348).

Nicht ausgeschlossen ist von § 513 Abs. 2 ZPO die Rüge, das erstinstanzliche Gericht habe seine 3014
Zuständigkeit zu Unrecht **verneint.**

Ist die Klage mit der Begründung als unzulässig abgewiesen worden, das angerufene erstinstanzliche Gericht sei nicht zuständig, kann der Kläger dies mit der Berufung angreifen und die Zuständigkeit des Erstgerichts dartun. Hier ist in erster Instanz eine Sachentscheidung zu Unrecht unterblieben. Die Zuständigkeitsrüge führt dazu, dass diese nachgeholt werden kann. In der Revisionsinstanz ist dann auch diese Rüge ausgeschlossen (§ 545 Abs. 2 ZPO).

gg) Änderung von Berufungsgründen

3015 **Vor Ablauf der Begründungsfrist** ist eine Änderung von Berufungsgründen ohne Weiteres möglich. Die in der Berufungsbegründung enthaltenen Anträge und Berufungsgründe können beliebig geändert, ergänzt, erweitert oder beschränkt werden.

Die Berufungsbegründung muss innerhalb der Begründungsfrist erfolgen. Dass sie in einem einzigen Schriftsatz zu erfolgen hat, verlangt die ZPO nicht. Mit Einreichung einer Berufungsbegründung ist die Befugnis des Berufungsklägers, die Berufung zu begründen und dabei Inhalt und Umfang des Berufungsverfahrens zu bestimmen, nicht erschöpft.

Der Zulässigkeit einer in mehrere Schriftsätze aufgeteilten Berufungsbegründung steht §§ 530, 296 Abs. 1 ZPO nicht entgegen, solange alle Schriftsätze innerhalb der Frist eingehen. Auch eine Verletzung der allgemeinen Prozessförderungspflicht aus §§ 525, 296 Abs. 2, 282 Abs. 2 ZPO kommt regelmäßig nicht in Betracht.

3016 Nach Ablauf der Begründungsfrist geht dies nicht mehr.

Die Berufungsfrist dient dazu, zu Beginn des Berufungsverfahrens Klarheit darüber herbeizuführen, inwieweit das erstinstanzliche Urteil angefochten wird. Gegner und Gericht sollen sich darauf einstellen können, was Prozessstoff für die zweite Instanz sein wird. Mit dem Verstreichen der Begründungsfrist endet die Dispositionsmöglichkeit des Berufungsklägers.

3017 Möglich bleiben die Ergänzung fristgerecht vorgetragener Berufungsgründe und die Änderung der Berufungsanträge innerhalb solchermaßen fristgerecht vorgetragener Gründe.

Eine bloße Ergänzung von Berufungsgründen nimmt die Rechtsprechung zum Beispiel an, wenn ein Berufungsgrund zu einem einheitlichen, aus mehreren Berechnungspositionen bestehenden Streitgegenstand fristgerecht nur zu einzelnen Positionen substantiiert ist und nach Ablauf der Frist ergänzende Ausführungen bezüglich weiterer Einzelpositionen gemacht werden (BGH NJW-RR 2024, 995).

Wegen der Möglichkeit einer Erweiterung von Berufungsanträgen nach Ablauf der Begründungsfrist oben Rdn. 2842.

c) Beschränkung des Streitstoffs und Präklusion von Vorbringen

3018 Damit die Berufung ihre Funktion als Instrument der Fehlerkontrolle und Fehlerberichtigung erfüllen kann, muss grundsätzlich verhindert werden, dass in zweiter Instanz eine abweichende Entscheidungsgrundlage entsteht. Dazu wird die Befugnis der Parteien, über den Streitgegenstand zu disponieren, ebenso beschränkt wie die Möglichkeit, Angriffs- und Verteidigungsmittel vorzubringen (»**Novenrecht**«). Zudem behalten erstinstanzlich eingetretene Prozesslagen ihre Bindungswirkung auch in zweiter Instanz. Schließlich muss der gesamte Vortrag der Parteien in zweiter Instanz frühzeitig und konzentriert erfolgen.

3019 Der Streitstoff in zweiter Instanz unterliegt deswegen einer Vielzahl von Beschränkungen (Prütting/Gehrlein/Oberheim § 530 Rn. 2):

- Grundsätzlich hat der Berufungskläger seine Angriffs- und Verteidigungsmittel innerhalb der Berufungsbegründungsfrist (§ 520 ZPO), der Berufungsbeklagte innerhalb der Berufungserwiderungsfrist (§ 521 Abs. 2 ZPO) vorzubringen. Nach Ablauf dieser Fristen erfolgender Vortrag unterfällt der Präklusionsmöglichkeit der **§§ 530, 296 Abs. 1 ZPO**; dazu unten Rdn. 3020.
- Vortrag, der in erster Instanz als verspätet zurückgewiesen worden ist, bleibt in zweiter Instanz ausgeschlossen (**§ 531 Abs. 1 ZPO**); dazu unten Rdn. 3025.
- Neuer Vortrag, der in erster Instanz nicht gebracht wurde, ist – unabhängig davon, ob er hätte gebracht werden können oder nicht – nur unter den Voraussetzungen des **§ 531 Abs. 2 ZPO** möglich; dazu unten Rdn. 3026.

- Zulässigkeitsrügen, die nach Ablauf der Fristen aus §§ 520, 521 ZPO vorgebracht werden, sind nur bei genügender Entschuldigung zu berücksichtigen (**§ 532 ZPO**); dazu unten Rdn. 3028.
- Klageänderung, Aufrechnungserklärung und Widerklage dürfen, auch wenn der Gegner einwilligt oder das Gericht sie für sachdienlich hält, nur auf Tatsachen gestützt werden, die ohnehin berücksichtigt werden, neuer Vortrag zur Begründung ist ausgeschlossen (**§ 533 ZPO**); dazu unten Rdn. 3029.
- Verfahrensrügen, die die Partei bereits in erster Instanz verloren hat (§ 295 ZPO), können auch in zweiter Instanz nicht erhoben werden (**§ 534 ZPO**); dazu unten Rdn. 3047.
- Tatsachen, die eine Partei erstinstanzlich zugestanden hat (§ 288 ZPO), können auch in der Berufung nur beschränkt widerrufen werden (**§§ 535, 290 ZPO**); dazu unten Rdn. 3048.
- Hat eine Partei erstinstanzlich ihre Vernehmung verweigert, so kann dies auch einer Vernehmung in zweiter Instanz entgegenstehen (**§ 536 ZPO**); dazu unten Rdn. 3049.

aa) Zurückweisung verspäteten Vorbringens: §§ 530, 296 Abs. 1 ZPO

Die Zurückweisung verspäteten Vorbringens dient der Prozessbeschleunigung. Die Parteien sollen **3020** angehalten werden, ihr Vorbringen frühzeitig und konzentriert vorzubringen, sodass der Rechtsstreit sachgerecht betrieben und alsbald entschieden werden kann. Diese Ratio ist nicht berufungsspezifisch, sondern entspricht der in erster Instanz. Deswegen sind auch die Regelungen über die Zurückweisung weitgehend identisch. § 530 ZPO verweist dazu auf § 296 Abs. 1 ZPO. Daneben besteht die Möglichkeit einer Zurückweisung auch über die allgemeine Verweisungsnorm § 525 ZPO aus § 296 Abs. 1 und 2 ZPO.

Aus der Verweisung des § 530 ZPO wird deutlich, dass beide Parteien ihre Angriffs- und Vertei- **3021** digungsmittel in der ihnen hierfür gesetzten Frist vorzubringen haben, der Berufungskläger in der Berufungsbegründungsfrist (§ 520 ZPO), der Berufungsbeklagte in der Berufungserwiderungsfrist (§ 521 Abs. 2 ZPO).

Dieser besonderen Verweisung (neben der allgemeinen aus § 525 ZPO) bedarf es, weil damit der Katalog der Fristen in § 296 ZPO, deren Versäumung zu einer Zurückweisung führt, erweitert wird. § 530 ZPO stellt für die **Verspätung** allein auf die Versäumung der Berufungsbegründungs- und Berufungserwiderungsfrist ab. Die Begründungsfrist läuft kraft Gesetzes immer, die Erwiderungsfrist nur, wenn sie vom Gericht gesetzt ist. Nicht erfasst wird die Versäumung sonstiger Fristen im Berufungsverfahren, insbesondere der Frist zur Begründung einer Anschlussberufung (§ 524 Abs. 3 ZPO; BGH NJW 2009, 515); auf diese kommt indes § 296 Abs. 1 ZPO über die allgemeine Verweisung des § 525 ZPO unmittelbar zur Anwendung, sodass die nachfolgenden Ausführungen auch dafür gelten.

Die Zurückweisungsmöglichkeit erstreckt sich auf die Mittel des Angriffs und der Verteidigung (insbesondere also Tatsachenbehauptungen, Bestreiten von Tatsachen, Beweismittel und Beweiseinreden), nicht indes auf die Angriffe und Verteidigungen selbst (Klage[-änderung], Widerklage). Die Aufrechnung ist grundsätzlich keine selbstständige Verteidigung, sondern nur Verteidigungsmittel; sie unterfällt damit sowohl § 530 ZPO als auch § 533 ZPO (unten Rdn. 3029).

Die Notwendigkeit, Angriffs- und Verteidigungsmittel innerhalb der genannten Fristen vorzutragen, erstreckt sich gleichermaßen auf neues wie auf altes Vorbringen. Will eine Partei ihren Vortrag erster Instanz auch in der Berufungsinstanz einbringen, so muss sie diesen erneut vortragen. Die Anforderungen hieran sind nicht besonders hoch, eine sogar nur konkludente Bezugnahme wird regelmäßig ausreichen, muss aber innerhalb der von § 530 ZPO gezogenen zeitlichen Grenzen erfolgen.

Vortrag nach Ablauf dieser Fristen ist grundsätzlich verspätet und nur zuzulassen, wenn hierdurch **3022** die Erledigung des Rechtsstreits nicht verzögert wird und die Partei die Verspätung genügend entschuldigt (**§§ 530, 296 Abs. 1 ZPO**).

Nach h.M. ist nicht vom relativen (hypothetischen) Verzögerungsbegriff auszugehen, der die Prozessdauer bei rechtzeitigem Vorbringen mit der bei verspätetem Vorbringen vergleicht. Vielmehr ist grundsätzlich der **absolute Verzögerungsbegriff** maßgeblich, der darauf abstellt, ob der Rechtsstreit bei Zulassung des verspäteten Vorbringens länger dauern würde als bei dessen Zurückweisung.

Zur **Vermeidung** einer verfassungsrechtlich wegen Verletzung des Grundsatzes rechtlichen Gehörs problematischen **Überbeschleunigung** ist dieser absolute Verzögerungsbegriff in einigen Fällen durch eine relative Betrachtungsweise einzuschränken. Keine Verzögerung liegt vor, wenn die Fristversäumung für die Verzögerung nicht kausal wird, zum Beispiel, weil auch bei fristgerechtem Vortrag ein Beweisbeschluss erforderlich geworden wäre, der eine sofortige Entscheidung des Rechtsstreits verhindert hätte, oder weil das Vorbringen von einem Streitgenossen rechtzeitig vorgebracht wurde und deswegen ohnehin zu berücksichtigen ist (OLG Brandenburg NJW 1998, 498). Hierzu gehören auch Fälle, in denen die Fristversäumung der Partei nicht zurechenbar ist, weil etwa ein verspätet benannter, aber noch wirksam zum Termin geladener Zeuge nicht erschienen ist (BGH NJW 1989, 719). Keine Verzögerung liegt auch vor, wenn aufgrund des verspäteten Vorbringens die mündliche Verhandlung länger dauert (etwa, weil Zeugen beigeladen und vernommen werden müssen) oder eine Schriftsatznachlassfrist für den Gegner (§ 283 ZPO) erforderlich wird. Schließlich gehören Fälle hierher, in denen das Gericht zumutbare vorbereitende Maßnahmen unterlassen hat, mit denen die Verzögerung hätte abgewendet werden können; dafür muss schon bei der Terminsbestimmung Vorsorge getroffen werden (kein »Durchlauftermin«).

Das **Verschulden** der Partei wird im Rahmen des § 296 Abs. 1 ZPO widerleglich vermutet. Die Anforderungen an die Entschuldigung entsprechen denen an die Wiedereinsetzung in den vorigen Stand (§ 233 ZPO). Erforderlich ist deswegen die Darlegung, dass die Partei (und ihr Prozessbevollmächtigter, § 85 Abs. 2 ZPO) ohne Verschulden an der Einhaltung der Frist verhindert waren. Selbst einfache Fahrlässigkeit muss dabei ausgeschlossen sein, Prozessverschleppungsabsicht ist nicht erforderlich. Ein Entschuldigungsgrund ist gegeben, wenn der Partei das Angriffs- und Verteidigungsmittel vor Ablauf der Frist nicht bekannt war und sie es auch nicht hätte ermitteln können oder wenn die vom Gericht bestimmte Frist in Anbetracht des Prozessstoffs unangemessen kurz war (OLG Dresden NJW-RR 1999, 214).

Nur auf Verlangen des Gerichts ist der Entschuldigungsgrund glaubhaft zu machen (§ 296 Abs. 4 ZPO).

Die Zurückweisung nach § 296 Abs. 1 ZPO steht nicht im Ermessen des Gerichts, sondern ist zwingend.

Die Zurückweisung ist im Berufungsurteil zu begründen und kann mit der Revision überprüft werden. Die Berücksichtigung verspäteten Vorbringens dagegen bedarf keiner Begründung und ist nicht anfechtbar.

3023 Wird in zweiter Instanz nicht die Frist zur Berufungsbegründung oder -erwiderung verletzt, sondern eine **sonstige**, vom Gericht gesetzte **Frist**, so finden darauf **§§ 525, 296 Abs. 1 ZPO** Anwendung, sodass die vorstehenden Ausführungen ebenfalls gelten.

3024 Kaum praktische Relevanz kommt daneben der Möglichkeit zu, Angriffs- und Verteidigungsmittel, die unter Verletzung der allgemeinen Prozessförderungspflicht in zweiter Instanz verspätet vorgetragen wurden, nach **§§ 525, 296 Abs. 2 ZPO** zurückzuweisen, wenn ihre Zulassung nach der freien Überzeugung des Gerichts die Erledigung des Rechtsstreits verzögern würde und die Verspätung auf grober Nachlässigkeit beruht.

Die allgemeine Prozessförderungspflicht ist in § 282 ZPO geregelt. § 282 Abs. 1 ZPO betrifft nur die mündliche Verhandlung und hat deswegen für die Präklusion kaum praktische Relevanz. Nach § 282 Abs. 2 ZPO kann die allgemeine Prozessförderungspflicht verletzt sein, wenn Schriftsätze nicht rechtzeitig vor dem Termin eingereicht wurden. Der Verzögerungsbegriff entspricht dem des § 296 Abs. 1 ZPO, sodass auf die oben gemachten Ausführungen verwiesen werden kann. Anders als bei § 296 Abs. 1 ZPO wird das Verschulden nicht vermutet, sondern muss positiv festgestellt werden. Erforderlich ist dabei grobe Nachlässigkeit, die anzunehmen ist, wenn die Partei ihre Prozessförderungspflicht in besonders hohem Maß verletzt, sich ausnehmend sorglos verhält und dasjenige unterlässt, was jeder anderen Partei in der konkreten Verfahrenslage als notwendig eingeleuchtet hätte (BGH NJW 1997, 2244; Musielak/Voit/Röß § 296 Rn. 31). Im Unterschied zu § 296 Abs. 1 ZPO steht die Zurückweisung hier im Ermessen des Gerichts.

bb) Erstinstanzlich zurückgewiesene Tatsachen: § 531 Abs. 1 ZPO

3025 Die Präklusionsvorschriften erster Instanz machen nur Sinn, wenn die Zurückweisung verspäteten Vorbringens nicht nur auf die Instanz beschränkt bleibt, sondern für den gesamten Rechtsstreit gilt. Die Präklusionswirkung muss deswegen für die Berufungsinstanz perpetuiert werden (Prütting/Gehrlein/Oberheim § 531 Rn. 1; Angriffs- und Verteidigungsmittel, die in erster Instanz zu Recht zurückgewiesen worden sind, bleiben ausgeschlossen, § 531 Abs. 1 ZPO).

Der Anwendungsbereich des § 531 Abs. 1 ZPO ist damit deutlich beschränkt. Ihm unterfallen nur Angriffs- und Verteidigungsmittel, nicht eigenständige Angriffe und Verteidigungen selbst. Für Vorbringen, das in erster Instanz zu Unrecht zurückgewiesen wurde, gilt § 531 Abs. 1 ZPO genauso wenig, wie für Vorbringen, das aus anderen Gründen unberücksichtigt geblieben ist.

Hat die Partei Tatsachen in erster Instanz trotz einer ihr gesetzten Frist nicht oder erst nach Schluss der mündlichen Verhandlung (§ 296a ZPO) vorgetragen, beurteilt sich die Zulässigkeit des Vortrags in zweiter Instanz allein nach § 531 Abs. 2 ZPO, nicht nach § 531 Abs. 1 ZPO (BGH FamRZ 2020, 2021). Dass damit die verspätet vortragende Partei schlechter steht als die nicht vortragende Partei, ist wenig einleuchtend, aber nicht verfassungswidrig (Musielak/Voit/Ball § 531 Rn. 5).

Bei Beurteilung der Frage, ob die Zurückweisung erstinstanzlich zu Recht erfolgte, ist das Berufungsgericht nicht an die Einschätzung des Erstgerichts gebunden, sondern hat frei zu entscheiden, ob nach seiner Auffassung die Zurückweisungsvoraussetzungen vorlagen. Allerdings darf das Berufungsgericht die Zurückweisung nicht auf eine andere als die von der Vorinstanz angewendete Vorschrift stützen und eine fehlerhafte Begründung nicht durch eine andere ersetzen (BGH NJW 1990, 304).

Das zu Recht zurückgewiesene Vorbringen bleibt zwingend ausgeschlossen. Das Berufungsgericht hat insoweit weder ein Ermessen noch eine Möglichkeit, das Vorbringen zuzulassen. Eine Ausnahme gilt indes für die Tatsachen, die in zweiter Instanz unstreitig geworden sind (BGH NJW 2018, 1686; oben Rdn. 3007). Führt die Berufung zu einer Zurückverweisung in die erste Instanz, so ist das Vorbringen dort zu berücksichtigen, da insoweit eine Verzögerung nicht mehr eintreten kann (Musielak/Voit/Ball § 531 Rn. 12).

Ein Vortrag, der in erster Instanz hätte zurückgewiesen werden können, aber nicht zurückgewiesen wurde, wird uneingeschränkt berücksichtigt, da nunmehr keine Verzögerung droht.

cc) Neue Angriffs- und Verteidigungsmittel: § 531 Abs. 2 ZPO

Gegenstand des Berufungsverfahrens sind die vom erstinstanzlichen Gericht festgestellten (das heißt **3026** die von ihm der Entscheidung zugrunde gelegten) Tatsachen (§ 529 ZPO). Die Parteien hatten in erster Instanz die prinzipiell unbeschränkte Möglichkeit, Tatsachen vorzutragen, hieran sind sie für den weiteren Prozessverlauf gebunden. Sie können in zweiter Instanz keine Tatsachen behaupten, bestreiten oder unter Beweis stellen, soweit sie dies nicht bereits in erster Instanz getan haben. Die Parteien dürfen grundsätzlich weder etwas anderes als in erster Instanz vortragen noch etwas Neues.

Die Möglichkeiten neuen Vortrags sind auf die Fälle des § 531 Abs. 2 ZPO beschränkt. **3027**

Zuzulassen sind neue Tatsachen nur, wenn sie einen Gesichtspunkt betreffen, der vom Gericht des ersten Rechtszugs erkennbar übersehen oder für unerheblich gehalten worden ist, wenn sie infolge eines Verfahrensmangels nicht geltend gemacht wurden oder wenn ihre Nichtgeltendmachung in erster Instanz nicht auf einer Nachlässigkeit der Partei beruht. Zur Ausfüllung dieser Voraussetzungen oben Rdn. 3004.

dd) Verzichtbare Zulässigkeitsrügen: § 532 ZPO

Zu dem Vorbringen, das nach §§ 530, 296 ZPO zurückgewiesen werden kann, wenn es nicht inner- **3028** halb der Berufungsbegründungs- bzw. -erwiderungsfrist vorgebracht wird, gehören auch verzichtbare Rügen, die die Zulässigkeit der Klage betreffen. Anders als die vorgenannten Vorschriften knüpft § 532 ZPO die Zurückweisung nicht an eine drohende Verfahrensverzögerung, sondern ermöglicht sie auch unabhängig davon.

§ 532 ZPO

erreicht damit eine frühzeitige und endgültige Klärung bestimmter Zulässigkeitsfragen.

Aufgrund des engen Anwendungsbereichs ist die praktische Bedeutung dieser Vorschrift gering. Verzichtbare Zulässigkeitsrügen sind die Einrede der mangelnden Prozesskostensicherheit eines ausländischen Klägers (§§ 113, 110 ff. ZPO), der mangelnden Prozesskostenerstattung nach Klagerücknahme (§ 269 Abs. 6 ZPO) und der Schiedsvereinbarung (§ 1032 ZPO). Auf die übrigen Zulässigkeitsvoraussetzungen findet § 532 ZPO keine Anwendung (Prütting/Gehrlein/Oberheim § 532 Rn. 5).

Hätte die verzichtbare Zulässigkeitsrüge bereits in erster Instanz erhoben werden können, muss genügend entschuldigt werden, warum dies nicht geschehen ist (§ 532 Satz 2 ZPO).

ee) Erweiterung des Streitstoffs: § 533 ZPO

3029 § 533 ZPO erstreckt die Beschränkungen der Parteien von den bloßen Angriffs- und Verteidigungsmitteln auf die echten Angriffe.

Die Aufrechnung ist an sich zwar Verteidigungs- oder (wenn vom Kläger bei der negativen Feststellungs- oder der Vollstreckungsabwehrklage vorgebracht) Angriffsmittel, den selbstständigen Angriffen bzw. Verteidigungen aber gleichgestellt, weil sie wie diese zu einer Erweiterung des Streitstoffs führt und alle zweitinstanzlichen Ausweitungen des Streitstoffs im Interesse der Waffengleichheit der Parteien gleichbehandelt werden müssen (BGH NJW 2000, 145).

Anlass zu einer solchen Streitgegenstandserweiterung kann sich insbesondere aus der Notwendigkeit einer Hemmung der Verjährung des erweiterten Streitgegenstands ergeben (Baumert NJ 2014, 145), unterliegt aber dem Risiko einer gerichtlichen Beschlussentscheidung nach § 522 Abs. 2 ZPO, die die Verjährungshemmung entfallen lässt (unten Rdn. 3035).

3030 Mit einer Erweiterung des Streitgegenstands kann eine Berufung nicht zulässig gemacht werden. Nur wenn der Wert des Beschwerdegegenstands die erforderlichen 600 € überschreitet und mit der Berufung die Beseitigung dieser Beschwer durch die erstinstanzlich unterlegene Partei begehrt wird, kommen eine Klageänderung, eine Aufrechnung oder eine Widerklage in Betracht (Kretschmer jM 2016, 90 m.w.N.).

3031 Klageänderung, Aufrechnung und Widerklage sind im Berufungsverfahren nur zulässig, wenn der Gegner einwilligt oder das Gericht die Maßnahme für sachdienlich erachtet und darüber hinaus keine Tatsachen berücksichtigt werden müssen, die nicht bereits der Entscheidung über die Berufung zugrunde zu legen sind (§ 533 ZPO).

3032 Die bei **Sachdienlichkeit** entbehrliche **Einwilligung** entspricht der Voraussetzung für eine Klageänderung in erster Instanz (§ 263 ZPO, oben Rdn. 354).

Eine Einwilligung kann ausdrücklich oder konkludent erklärt werden, die rügelose Einlassung auf den neuen Streitstoff kann dazu ausreichen (§ 267 ZPO). Die Einwilligung ist bedingungsfeindlich und unwiderruflich.

Sachdienlich ist eine Änderung des Streitstoffs, wenn durch die Zulassung ein neues Verfahren vermieden werden kann und der prozessuale Aufwand bei Einbeziehung in das laufende Verfahren geringer ist als bei Beginn eines neuen Verfahrens (Musielak/Voit/Ball § 533 Rn. 5). Die Sachdienlichkeit fehlt, wenn der spruchreife Prozess durch die nicht spruchreife Erweiterung verzögert würde (BGH WM 1976, 1278) oder wenn der neue Streitgegenstand bereits in einem anderen Verfahren rechtshängig ist (BGH FamRZ 1990, 975). Dass durch die Zulassung eine Instanz verloren geht, ist bei Beurteilung der Sachdienlichkeit einzubeziehen, steht dieser aber nicht grundsätzlich entgegen, weil das Gesetz dies mit der Möglichkeit der Zulassung erkennbar in Kauf nimmt (BGH NJW 1992, 2296). Auch der Umstand, dass der neue Streitstoff bereits erstinstanzlich hätte eingeführt werden können, hindert die Sachdienlichkeit nicht.

3033 Klageänderung, Aufrechnung und Widerklage können nur auf solche **Tatsachen** gestützt werden, die das Berufungsgericht seiner Verhandlung und Entscheidung über die Berufung nach § 529 ZPO ohnehin zugrunde zu legen hat.

Nach § 529 ZPO besteht für die Berufungsinstanz grundsätzlich eine Bindung an den erstinstanzlich festgestellten Sachverhalt. Der Vortrag neuer Tatsachen ist nur unter engen Voraussetzungen möglich (§§ 529 Nr. 2, 531 Abs. 2 ZPO). Über Klageänderung, Aufrechnung und Widerklage kann dieses grundsätzliche Verbot des Vortrags neuer Angriffs- und Verteidigungsmittel nicht umgangen werden (keine »Flucht in die Änderung des Streitgegenstands«).

Vorliegen können die Voraussetzungen des § 531 Abs. 2 Nr. 1 ZPO, wenn die der Erweiterung des Streitstoffs zugrunde zu legenden neuen Tatsachen aufgrund der vom erstinstanzlichen Gericht vertretenen Rechtsansicht unerheblich waren (BGH NJW-RR 2010, 1508).

Verhindert werden soll damit auch, dass ein neuer Streitgegenstand zwar wirksam in den Prozess eingeführt wird, er aber rechtskraftfähig (§ 322 Abs. 1, 2 ZPO) abgewiesen werden muss, weil Tatsachen, die zu seiner Substantiierung erforderlich sind, nicht berücksichtigt werden dürfen. Insoweit dient die zweite Voraussetzung des § 533 ZPO auch dem Schutz der Partei vor einem endgültigen Verlust ihrer Forderung.

Die Beschränkung auf ohnehin zu berücksichtigende Tatsachen schränkt die Möglichkeiten der Erweiterung des Streitstoffs praktisch erheblich ein. Statthaft sind diese nur, wenn sie ihren Grund im bisherigen Prozessstoff haben. Im Wesentlichen sind dies Klageerweiterungen.

Liegen diese Voraussetzungen vor, lässt das Berufungsgericht die Klageänderung, Aufrechnung oder Widerklage zu. 3034

Die Zulassung erfolgt inzident im Endurteil über die Berufung, ist für die Revisionsinstanz bindend (BGH NJW 2000, 3273) und bedarf deswegen keiner Begründung.

Die Nichtzulassung erfolgt durch Prozessurteil, das keine materielle Rechtskraft entfaltet und deswegen der isolierten Geltendmachung der Forderung in einem nachfolgenden Prozess nicht entgegensteht (BGHZ 33, 401). Sie führt nur zur Unzulässigkeit von Klageänderung, Widerklage oder Aufrechnung. Die zugrunde liegende (Anschluss-)Berufung ist – wenn keine anderen Gründe greifen – unbegründet. Die Nichtzulassung kann mit der Revision gerügt werden und muss deswegen auch im Berufungsurteil begründet werden (BGH NJW 1977, 49).

Streitig war lange die Frage, wie solche Streitgegenstandsänderungen im Fall einer Entscheidung des Gerichts über die Berufung nach § 522 Abs. 2 ZPO zu behandeln sind. Der BGH folgt insoweit inzwischen der Auffassung der h.L., nach der eine vom erstinstanzlich unterlegenen Kläger in zweiter Instanz vorgenommene Klageerweiterung oder eine vom unterlegenen Beklagten neu erhobene Widerklage bei Zurückweisung der Berufung nach § 522 Abs. 2 ZPO entsprechend § 524 Abs. 4 ZPO ihre Wirkung verliert (BGH NJW 2015, 251; BGH NJW 2014, 151; Prütting/Gehrlein/Oberheim § 533 Rn. 14 m.w.N.), 3035

Nur von einer Mindermeinung vertreten wird noch die Auffassung, eine solche Streitgegenstandserweiterung werde von der Entscheidung über die Berufung nicht erfasst (Bub MDR 2011, 84).

(1) **Klageänderung.** Eine Klageänderung setzt voraus, dass der Streitgegenstand in zweiter Instanz von der ersten Instanz abweicht. 3036

Nach dem eingliedrigen **Streitgegenstandsbegriff** ist dazu eine Änderung des Antrags erforderlich, nach dem zweigliedrigen Streitgegenstandsbegriff reicht auch die Änderung des zur Begründung vorgetragenen Lebenssachverhalts aus.

Die Klageänderung ist in verschiedenen **Arten** denkbar (Prütting/Gehrlein/Oberheim § 533 Rn. 4). Sie kann allgemein im Austausch des bisherigen Streitgegenstands gegen einen neuen (Klagewechsel) oder im Hinzutreten eines weiteren Streitgegenstands neben den verbleibenden (nachträgliche Klagehäufung) liegen; erstinstanzlich richtet sich die Zulässigkeit dann nach §§ 263, 267 ZPO, bedarf also der Zustimmung des Gegners oder der Sachdienlichkeit. Privilegiert, das heißt nach §§ 264–266 ZPO kraft Gesetzes ohne Zustimmung und Sachdienlichkeit zulässig, sind nachträgliche Änderungen des Umfangs der Klage (Klagebeschränkung, Klageerweiterung, § 264 Nr. 2 ZPO) oder Anpassungen der Klage an nachträglich veränderte Umstände (§§ 264 Nr. 3, 265 f. ZPO).

Die Klageänderung bedarf nach § 533 ZPO grundsätzlich der Einwilligung des Gegners oder der Sachdienlichkeit und darf nur auf ohnehin zu berücksichtigende Tatsachen gestützt werden (oben Rdn. 3018, 3019). 3037

Ist die Klageänderung in erster Instanz **ohne Einwilligung** des Gegners und **ohne Sachdienlichkeit** zulässig (§§ 264–266 ZPO), so bedarf sie dieser Voraussetzungen auch in zweiter Instanz nicht. Klageerweiterung, Klagebeschränkung und Klageanpassung sind deswegen allein an § 533 Nr. 2 ZPO zu messen. 3038

Nach den Regeln der Klageänderung wird von der h.M. auch eine Reihe anderer Fallkonstellationen behandelt. 3039

Der **gewillkürte Parteiwechsel** ist im Gesetz nicht geregelt. Während die Literatur in ihm ein Institut sui generis sieht, wendet die Rechtsprechung auf ihn die §§ 263 ff. ZPO entsprechend an. Er ist mit der Berufung regelmäßig nicht möglich, weil die für die Zulässigkeit der Berufung erforderliche Beseitigung der Beschwer nur zwischen den ursprünglichen Parteien begehrt werden kann. Wegen der möglichen Parteierweiterung oben Rdn. 1453.

▶ Beispiel:

3040 Soll das Berufungsverfahren von einer erstinstanzlich nicht beteiligten Partei geführt werden, kann diese dem Rechtsstreit als Nebenintervenientin beitreten oder den Rechtsstreit nach § 265 Abs. 2 ZPO als Rechtsnachfolgerin übernehmen (Kretschmer jM 2016, 90).

Die **Abstandsnahme vom Urkundenprozess** ist in § 595 ZPO nur für die erste Instanz geregelt. Eine entsprechende Erklärung in der Berufung wird von der h.M. als Klageänderung behandelt und damit von einer Einwilligung oder Sachdienlichkeit abhängig gemacht (BGHZ 29, 337; OLG Frankfurt a. M. MDR 1988, 326). Der Ausschluss der Möglichkeit neuen Vortrags zur geänderten Klage macht einen solchen Wechsel nach neuem Recht nahezu unmöglich (Prütting/Gehrlein/Oberheim § 533 Rn. 6). Vertreten wird deswegen auch eine Zurückverweisung an die erste Instanz analog § 538 Abs. 2 Nr. 5 ZPO (Musielak/Voit/Voit § 596 Rn. 7). Zu den kostenrechtlichen Folgen eines Wechsels der Verfahrensart Schneider NJW 2014, 2333.

Durch Erweiterung des Klageantrags kann der Kläger im Wege der **Zwischenfeststellungsklage** beantragen, dass ein im Laufe des Prozesses streitig gewordenes Rechtsverhältnis, von dessen Bestehen oder Nichtbestehen die Entscheidung des Rechtsstreits ganz oder zum Teil abhängt, festgestellt wird (§ 256 Abs. 2 ZPO). Ihre Zulässigkeit richtet sich allein nach §§ 525, 256 Abs. 2 ZPO, die als speziellere Regelung den § 533 ZPO verdrängen (BGHZ 53, 92).

3041 (2) **Widerklage**. Eine Widerklage bedarf nach § 533 ZPO der Einwilligung des Gegners oder der Sachdienlichkeit und darf nur auf ohnehin zu berücksichtigende Tatsachen gestützt werden.

3042 Unter § 533 ZPO fallen grundsätzlich alle **Arten** von neuen Widerklagen, das heißt neben der unbedingten Widerklage des Beklagten auch die Hilfswiderklage, die Wider-Widerklage des Klägers und die Drittwiderklage, unabhängig davon, ob sie von einem oder gegen einen Dritten erhoben werden. Nicht von § 533 ZPO erfasst wird allein die Zwischenfeststellungswiderklage (BGH MDR 2008, 158; Prütting/Gehrlein/Oberheim § 533 Rn. 26).

Neu ist eine Widerklage, wenn sie in erster Instanz noch nicht rechtshängig war.

Die **Hilfswiderklage** steht unter einer (zulässigen) innerprozessualen Bedingung (zum Beispiel Stattgabe oder Abweisung der Klage, BGH NJW 1996, 2166; oben Rdn. 1433).

Von einer **Wider-Widerklage** geht die Rechtsprechung aus, wenn der Kläger als Reaktion auf die Erhebung einer Widerklage durch den Beklagten seinerseits die Klage erweitert. In erster Instanz kann hiermit eine Privilegierung erreicht werden, weil die Wider-Widerklage – anders als die Klageänderung – nicht von den Voraussetzungen des § 263 ZPO abhängt. In der Berufungsinstanz ist dieser Unterschied wegen der Gleichbehandlung von Klageänderung und Widerklage in § 533 ZPO unbeachtlich.

Eine **Drittwiderklage** liegt vor, wenn mit ihr eine Erweiterung des Prozessrechtsverhältnisses auf bislang nicht verfahrensbeteiligte Personen verbunden ist. Der Dritte kann dabei als Widerbeklagter (allein oder gemeinsam mit dem bisherigen Kläger) oder als Widerkläger (allein oder gemeinsam mit dem bisherigen Beklagten) auftreten. Die h.M. lässt eine solche parteierweiternde Widerklage regelmäßig nur zu, wenn der Dritte zusammen mit der bisherigen Partei auftritt und – weil ein nach §§ 263 ff. ZPO analog zu behandelnder Fall des Parteibeitritts vorliegt – er zustimmt oder die Erweiterung sachdienlich ist (oben Rdn. 1461, auch zur Ausnahme).

Die Feststellung vorgreiflicher Rechtsverhältnisse im laufenden Verfahren kann im Rahmen der **Zwischenfeststellungswiderklage** auch vom Beklagten beantragt werden (§ 256 Abs. 2 ZPO; oben Rdn. 1072). Ihre Zulässigkeit richtet sich allein nach §§ 525, 256 Abs. 2 ZPO, die als speziellere Regelung den § 533 ZPO verdrängen (BGHZ 53, 92).

(3) **Aufrechnung**. Die Aufrechnung ist ein **Doppeltatbestand**. Sie stellt sowohl ein materiell-rechtliches Gestaltungsrecht als auch eine Prozesshandlung dar. § 533 ZPO regelt insoweit nur die prozessuale Geltendmachung durch den Beklagten (BGH NJW 1992, 2575), macht diese von der Einwilligung des Gegners oder der Sachdienlichkeit abhängig und beschränkt sie auf ohnehin zu berücksichtigende Tatsachen. 3043

§ 533 ZPO

erfasst deswegen die Aufrechnung des Beklagten, auch die des Widerbeklagten (BGH FamRZ 1990, 975), nicht aber die des Klägers, die im Wege der Replik gegen eine Gegenforderung des Beklagten (BGH NJW-RR 1990, 1470) oder zur Begründung einer negativen Feststellungsklage oder Vollstreckungsgegenklage erklärt wird.

Neu ist die Aufrechnung, wenn sie mit einer Forderung erfolgt, die in erster Instanz nicht zur Aufrechnung stand. 3044

▶ Beispiel:

Hat der Beklagte erstinstanzlich mit einer Forderung aufgerechnet und tauscht er diese in der Berufung gegen eine andere Forderung aus, unterfällt dies § 533 ZPO. Werden mehrere Forderungen hintereinander zur Aufrechnung gestellt, so müssen die Voraussetzungen des § 533 ZPO für alle Aufrechnungsforderungen vorliegen (BGH NJW 2000, 143). 3045

Nicht neu ist eine erstinstanzlich hilfsweise erklärte Aufrechnung, über die nicht entschieden wurde (BGH NJW 1983, 931). Neu dagegen ist die Aufrechnung, die erstinstanzlich zunächst bereits geltend gemacht war, vor der Entscheidung aber fallen gelassen wurde (Musielak/Voit/Ball § 533 Rn. 9).

Die Geltendmachung eines Zurückbehaltungsrechts steht einer Aufrechnung grundsätzlich nicht gleich, es ist allein nach § 531 ZPO zu beurteilen. Allerdings ist die »Zurückbehaltung« bei zwei gegenseitigen Geldforderungen unabhängig von ihrer Bezeichnung regelmäßig eine Aufrechnung (OLG Celle OLGZ 1972, 477).

Unabhängig von der Bezeichnung der Parteien stellt es keine Aufrechnung dar, wenn der Beklagte das Fehlen von Gegenpositionen in einer Abrechnung rügt oder Gewährleistungsansprüche geltend macht (BGH NJW 1978, 814).

Wird die Aufrechnung als unzulässig zurückgewiesen, so erfolgt keine der **Rechtskraft** fähige Entscheidung über sie (§ 322 Abs. 2 ZPO); sie kann zum Gegenstand eines nachfolgenden Verfahrens gemacht werden. 3046

ff) Verlust des Rügerechts: § 534 ZPO

Nach § 295 Abs. 1 ZPO verliert die Partei das Recht, die Verletzung einer verzichtbaren Verfahrensnorm zu rügen, wenn sie sich in der nächsten mündlichen Verhandlung rügelos eingelassen hat. Verfahrensrügen, die die Partei so bereits erstinstanzlich verloren hat, kann sie auch in zweiter Instanz nicht mehr erheben (§ 534 ZPO). 3047

§ 534 ZPO

erfasst alle rügepflichtigen Verfahrensverstöße, die vor Schluss der mündlichen Verhandlung erster Instanz entstanden sind (Prütting/Gehrlein/Oberheim § 534 Rn. 3). Rügepflichtig sind Verstöße derjenigen Verfahrensvorschriften, die allein den Parteiinteressen und nicht (auch) öffentlichen Interessen dienen (BGH GuT 2013, 216). Erhebt die Partei eine entsprechende Rüge, wird sie damit im Berufungsverfahren nicht gehört. Nicht von § 534 ZPO erfasst werden Verfahrensverstöße, die im Erlass des Urteils liegen, nach dessen Verkündung zwischen den Instanzen oder erst im Berufungsverfahren selbst entstanden sind. Diese können im Berufungsverfahren grundsätzlich gerügt werden, allerdings nur bis zur nächsten mündlichen Verhandlung. Eine rügelose Einlassung führt dann auch hier zum Rügeverlust (§§ 525, 295 ZPO).

gg) Gerichtliches Geständnis: § 535 ZPO

3048 Hat eine Partei eine Behauptung des Gegners zugestanden, so gilt die Tatsache als wahr (§ 288 Abs. 1 ZPO). Sie kann im weiteren Prozessverlauf nicht mehr einfach bestritten werden, nur unter engen Voraussetzungen ist der Widerruf eines solchen Geständnisses noch möglich (§ 290 ZPO). Diese Beschränkung dauert in zweiter Instanz fort (§ 535 ZPO).

Voraussetzung dafür ist ein in erster Instanz wirksam erklärtes Geständnis. Klassischerweise treten hier Abgrenzungsprobleme zum bloßen Nichtbestreiten nach § 138 Abs. 3 ZPO auf, das Bindungswirkungen nicht – auch nicht in zweiter Instanz – entfaltet (BGH NJW 1995, 1432; OLG Köln NJW 1997, 213). Entscheidend ist nicht die Beurteilung des Erstgerichts, sondern die des Berufungsgerichts, sodass eine Bindungswirkung auch dann eintreten kann, wenn eine erstinstanzliche Erklärung der Partei in erster Instanz nicht, wohl aber in zweiter Instanz als Geständnis gewertet wird (Prütting/Gehrlein/Oberheim § 535 Rn. 3 f.). Zulässig ist damit auch die mit der Berufung erhobene Rüge, die Annahme eines Geständnisses durch die erste Instanz sei fehlerhaft.

Die Fortdauer der Bindungswirkung des Geständnisses für die Berufungsinstanz kann nicht dadurch ausgeschlossen werden, dass das Geständnis erstinstanzlich ausdrücklich »nur für diese Instanz« erklärt wurde, da eine entsprechende Einschränkung prozessual unbeachtlich ist (E. Schneider MDR 1991, 298).

hh) Parteivernehmung: § 536 ZPO

3049 Nur bedingte Fortdauer in zweiter Instanz hat die erstinstanzlich erklärte Verweigerung einer Parteivernehmung (§ 536 ZPO).

Der Antrag auf Parteivernehmung führt grundsätzlich zur Vernehmung des Gegners. Dieser kann seine Vernehmung und/oder seine Beeidigung verweigern (§§ 446, 453 Abs. 2 ZPO). Eine solche Weigerung entfaltet Bindungswirkung für die zweite Instanz nur, wenn die Gründe dafür fortdauern oder unvernünftig waren (Prütting/Gehrlein/Oberheim § 536 Rn. 4 f.).

IV. Die Tätigkeit des Anwalts für den Berufungsbeklagten und andere Verfahrensbeteiligte

3050 Am Berufungsverfahren nimmt neben dem Berufungskläger der Berufungsbeklagte und ggf. weitere Beteiligte teil. Deren Vertretung wirft eigenständige Fragen auf.

1. Taktische Überlegungen

3051 Taktisch stellen sich für den Prozessbevollmächtigten des Berufungsbeklagten drei Fragen:

– Empfiehlt es sich, aus dem erstinstanzlichen Urteil trotz der Einlegung der Berufung durch den Gegner vorläufig zu vollstrecken?

Dies wird grundsätzlich zu bejahen sein, bedarf jedoch im Hinblick auf die beim Erfolg der Berufung möglichen Schadensersatzansprüche einer Prüfung im Einzelfall (unten Rdn. 3053).

– Empfiehlt es sich, schon auf die Berufungseinlegung zu reagieren, also bereits vor Einreichung der Berufungsbegründung einen eigenen Antrag zu stellen?

Relevant ist diese Frage insbesondere gebührenrechtlich, wenn nicht sicher ist, ob der Berufungskläger das Rechtsmittel weiterverfolgt und so die Gefahr besteht, dass das zweitinstanzliche Verfahren endet, bevor der Berufungsbeklagte sich daran beteiligt hat. Dazu unten Rdn. 3054.

– Wie soll der Berufung inhaltlich entgegengetreten werden?

Bei offensichtlich begründeter Berufung kann zumindest versucht werden, die Kosten zu minimieren. Im Übrigen kann sich neben der bloßen Verteidigung des angefochtenen Urteils dessen eigene Anfechtung anbieten (unten Rdn. 3056).

a) *Vorläufige Vollstreckung*

▶ Praxistipp:

Vor Einleitung von Vollstreckungsmaßnahmen aus dem erstinstanzlichen Urteil sollten daraus mögliche Schadensersatzansprüche des Schuldners bedacht werden. 3052

Macht der Berufungsbeklagte, der erstinstanzlich gewonnen hat, von der ihm eingeräumten Befugnis zur vorläufigen Vollstreckung aus dem Urteil Gebrauch, kann dies bei einer nachfolgenden Abänderung des Urteils in der Berufung eine Schadensersatzpflicht begründen (§ 717 Abs. 2 ZPO). Im Einzelfall kann es deswegen angezeigt sein, vor Abschluss des Berufungsverfahrens auf eine Vollstreckung aus dem Urteil zu verzichten. 3053

Wird das Urteil erster Instanz, auf das die Vollstreckung gestützt wurde, in der Berufung aufgehoben oder abgeändert, so ist der Vollstreckungsgläubiger zum Ersatz des Schadens verpflichtet, der dem Vollstreckungsschuldner durch die Vollstreckung aus dem Urteil oder durch eine zur Abwendung der Vollstreckung gemachte Leistung entstanden ist (§ 717 Abs. 2 ZPO). Der Gläubiger haftet dabei verschuldensunabhängig und ohne Rücksicht darauf, ob das abändernde Urteil richtig ist oder nicht (BGH MDR 1983, 221). Auch eine Beschränkung auf die selbst erlangten Beträge oder eine Berufung auf die Entreicherungseinrede ist nicht möglich. Der Gläubiger muss deswegen unter Wiederherstellung des vor der Vollstreckung bestehenden Zustands nicht nur das herausgeben, was er durch die Vollstreckung erlangt hat, sondern den vollen dem Schuldner entstandenen Schaden ersetzen. Dieser Schaden umfasst alle kausal durch die Vollstreckung eingetretenen Vermögensnachteile des Schuldners und kann den Betrag einer Sicherheitsleistung übersteigen. Kaum im Voraus zu kalkulierende Schäden des Vollstreckungsschuldners können in außergewöhnlichen Aufwendungen zur Beschaffung einer Sicherheit, entgangenem Gewinn oder einem Zinsverlust bestehen (OLG Hamburg MDR 1999, 188).

Hat der Beklagte gegen seine erstinstanzliche Verurteilung zur Erteilung einer Auskunft Berufung eingelegt, kann der Kläger nach § 888 ZPO vorläufig vollstrecken. Ein dabei festgesetztes Zwangsgeld wird auf Antrag des Klägers zugunsten der Staatskasse beigetrieben und kann nach Abänderung des Urteils und Aufhebung des darauf beruhenden Zwangsgeldbeschlusses zurückgezahlt werden (§§ 775, 776 ZPO; BAG NJW 1990, 2579). Die Vollstreckung von Zwangshaft stellt allein keinen ersatzfähigen Vermögensschaden dar, kann aber einen solchen mittelbar (zum Beispiel über entgangene Einkünfte) auslösen.

Der Schuldner (entgegen dem Wortlaut des § 717 Abs. 2 Satz 2 ZPO nicht nur der Beklagte) kann seinen Schadensersatzanspruch in einem gesonderten Prozess oder im noch anhängigen Berufungsverfahren geltend machen. Letzteres geschieht durch einen Zwischenantrag oder (durch den Beklagten) einredeweise im Wege der Aufrechnung gegen den Klageanspruch.

b) *Reaktion auf Berufung zur Fristwahrung*

▶ Praxistipp:

Der Vertreter des Berufungsbeklagten sollte sich bereits auf die Zustellung der Berufungsschrift hin mit dem Antrag auf Zurückweisung der Berufung zu den Akten melden und hiermit nicht bis zur Zustellung der Berufungsbegründung zuwarten. Dies gilt grundsätzlich auch im Fall der bloß »fristwahrend« eingelegten Berufung, wenn keine andere Vereinbarung mit dem Gegner getroffen wurde. 3054

Nimmt der Berufungskläger die Berufung zurück, bevor der Prozessbevollmächtigte des Berufungsbeklagten einen Schriftsatz mit Sachantrag eingereicht hat, reduziert sich dessen Verfahrensgebühr von 1,6 auf 1,1 (RVG-VV Nr. 3200, 3201). Dieser Gefahr gilt es, durch möglichst frühzeitige Antragstellung zu begegnen.

Die Gefahr einer solchen Berufungsrücknahme besteht insbesondere, wenn vor Ablauf der Berufungsfrist eine abschließende Entscheidung über die Durchführung des Berufungsverfahrens nicht getroffen werden konnte. Der Berufungskläger hat dann ein Interesse daran, die durch die Berufungseinlegung entstehenden Kosten möglichst niedrig zu halten. Mit der Bezeichnung seiner Berufung als bloß »fristwahrend« will er den Gegner veranlassen, sich zunächst nicht zur Akte zu melden und so für den Fall späterer Rücknahme Kosten zu sparen. Einen Anspruch auf eine solche Verhaltensweise des Berufungsbeklagten hat der Berufungskläger nicht. Ob der Berufungsbeklagte (im Ergebnis wohl eher dessen Prozessbevollmächtigter) sich hierauf einlässt, ist allein seine Sache.

Etwas anderes kann gelten, wenn die Parteien – etwa weil Vergleichsverhandlungen vor Ablauf der Berufungsfrist nicht abgeschlossen werden können – die Nichtbeteiligung des Beklagten vereinbart haben.

3055 Manche Berufungsgerichte gehen von einer Gebührenreduzierung nach RVG-VV Nr. 3201 auch dann aus, wenn vor der Rücknahme ein Antrag auf Berufungszurückweisung gestellt wurde.

Für den Bevollmächtigten des Berufungsbeklagten ist das Risiko aber gering. Der Aufwand für einen die Vertretung des Beklagten anzeigenden und einen Antrag auf Zurückweisung der Berufung ankündigenden Schriftsatz ist nur gering, eine Begründung ist hier noch nicht erforderlich. Wenn ein solcher Schriftsatz bei dem einzelnen Berufungsgericht keine oder keine volle Prozessgebühr auslöst, ist nicht viel verloren. Unterbleibt ein solcher Schriftsatz, besteht ein Anspruch aber in keinem Fall.

2. Erwiderung auf die Berufung

3056 Nachdem dem Berufungsbeklagten die Berufungsschrift und die Berufungsbegründung zugestellt wurden (§ 521 Abs. 1 ZPO), ist es an ihm, auf die Berufung zu erwidern (§ 521 Abs. 2 ZPO).

a) Erwiderungsschrift

3057 Eine Erwiderung auf die Berufung durch den Berufungsbeklagten ist prozessual **nicht zwingend,** aber sachlich grundsätzlich geboten.

Auch ohne Berufungserwiderung kann das Gericht über die Fehlerhaftigkeit des angefochtenen Urteils entscheiden. Ist die Berufung unzulässig oder schon aufgrund der Berufungsbegründung erkennbar aussichtslos, kommt eine Beschlussentscheidung vor Einreichung der Berufungserwiderung in Betracht.

Mit der Berufungserwiderung macht der Berufungsbeklagte von seinem Anspruch auf rechtliches Gehör Gebrauch, kann seine Rechtsansichten vortragen, bringt seine Angriffs- und Verteidigungsmittel vor und hat die Möglichkeit, den Umfang des Berufungsverfahrens durch eigene Anträge zu gestalten (BGH NJW 1981, 1378). Wie die Klageerwiderung ist auch die Berufungserwiderung konkrete Ausprägung der Prozessförderungspflicht, dient der Straffung des Prozesses und soll die Entscheidung in einem Haupttermin ermöglichen (§§ 525 Satz 1, 272 Abs. 1, 273 ZPO).

3058 Eine **Frist** zur Berufungserwiderung ist nicht gesetzlich vorgeschrieben. § 521 Abs. 2 Satz 1 ZPO erlaubt es dem Gericht, eine Frist zu setzen, was regelmäßig geschieht.

Die mit einem Rechtsmittel überzogene Partei darf bereits vor dessen Begründung einen Rechtsanwalt beauftragen und die entstandenen Kosten im Falle ihres Obsiegens nach § 91 Abs. 1 ZPO vom Gegner erstattet verlangen. Allerdings ist ein die 1,6-fache Verfahrensgebühr auslösender Antrag auf Zurückweisung des Rechtsmittels grundsätzlich nicht notwendig, sofern der Rechtsmittelführer noch keinen Antrag und keine Rechtsmittelbegründung eingereicht hat. Denn im Normalfall besteht kein Anlass für den Rechtsmittelgegner, mit der Verteidigungsanzeige seines Prozessbevollmächtigten zugleich den Sachantrag auf Zurückweisung des Rechtsmittels anzukündigen. Der Rechtsmittelgegner kann sich erst nach Vorliegen der Rechtsmittelbegründung mit Inhalt und Umfang des Angriffs auf die Entscheidung der Vorinstanz sachlich auseinandersetzen und durch einen entsprechenden Gegenantrag sowie dessen Begründung das Verfahren fördern. Es ist nicht ersichtlich, welche Prozessförderung von einem Antrag auf Zurückweisung des Rechtsmittels ausgehen könnte, solange mangels einer Rechtsmittelbegründung eine sachgerechte Prüfung des Rechtsmittels nicht möglich ist (BGH NJW-RR 2014, 185). Liegt die Begründung vor, ist eine Verfahrensgebühr auch dann erstattungsfähig, wenn die Erwiderung nach Ankündigung einer Zurückweisung der Berufung durch das Gericht erfolgt (BGH NJW 2018, 557).

Für die Fristsetzung ist – anders als für die Setzung der Frist zur Klageerwiderung – nur der Vorsitzende oder der komplette Spruchkörper zuständig, nicht der Berichterstatter. Eine ordnungsgemäße Fristsetzung muss unterschrieben sein, eine bloße Paraphe des Richters genügt nicht (BGH VersR 1983, 33) und ist zuzustellen (§ 329 Abs. 2 Satz 2 ZPO). Praktisch erfolgt dies zusammen mit der Zustellung der Berufungsbegründung (§ 521 Abs. 1 ZPO).

Die Dauer der Frist beträgt mindestens zwei Wochen (§ 277 Abs. 3 ZPO), wird aber insbesondere vor dem Oberlandesgericht und in nicht erkennbar unkomplizierten Fällen zur Wahrung der Waffengleichheit regelmäßig einen Monat betragen.

Für die Frist gelten die §§ 221 ff. ZPO. Die Frist beginnt mit Zustellung der Fristsetzung und wird nach §§ 187 ff. BGB berechnet (oben Rdn. 164). Eine – auch wiederholte – Verlängerung ist möglich und erfasst auch die Frist zur Einlegung einer Anschlussberufung (§ 524 Abs. 2 Satz 2 ZPO).

Ist die Frist versäumt, können Angriffs- und Verteidigungsmittel des Berufungsbeklagten nur zugelassen werden, wenn er die Verspätung genügend entschuldigt hat oder wenn deren Zulassung die Erledigung des Rechtsstreits nicht verzögern würde (§§ 530, 296 Abs. 1 ZPO; oben Rdn. 3020). Eine Wiedereinsetzung in den vorigen Stand ist nicht möglich.

Wird eine Frist ausnahmsweise nicht gesetzt, muss die Erwiderung so zeitig vor der mündlichen Verhandlung eingereicht werden, dass der Gegner die erforderlichen Erkundigungen noch einziehen kann (§ 282 Abs. 2 ZPO). Eine verspätete Berufungserwiderung unterfällt dann §§ 525, 296 Abs. 2 ZPO.

Genügt dem Berufungsbeklagten die ihm gesetzte Frist zur schriftlichen Berufungserwiderung nicht, 3059
so kann er einen Antrag auf Verlängerung der Berufungserwiderungsfrist stellen. Da es sich – anders als bei der Berufungsbegründungsfrist – nicht um eine gesetzliche Frist handelt, ist eine Verlängerung auch ohne besondere Regelung im Berufungsrecht allein aufgrund der allgemeinen Vorschrift § 224 Abs. 2 ZPO möglich.

Erforderlich ist ein vor Fristablauf eingehender schriftlicher Antrag, aus dem sich ergeben muss, welche Frist aus welchem Grund verlängert werden soll. An den »erheblichen Grund« können keine höheren Anforderungen gestellt werden als bei der Verlängerung für den Berufungskläger, sodass auch hier Arbeitsüberlastung, Urlaub, besondere tatsächliche oder rechtliche Schwierigkeiten der Sache oder die Notwendigkeit weiterer Sachaufklärung durch Rücksprache mit dem Mandanten ausreichen. Hält das Gericht eine Glaubhaftmachung ausnahmsweise für erforderlich, muss es sie vom Anwalt verlangen.

Einem nach Fristablauf eingehenden Antrag kann nicht mehr entsprochen werden, weil mit der Frist zur Berufungserwiderung die Frist zur Einlegung einer Anschlussberufung verbunden ist (§ 524 Abs. 2 Satz 2 ZPO).

Im Unterschied zur Begründungsfrist bedarf auch eine wiederholte Verlängerung nicht der Zustimmung des Gegners, sondern kann vom Gericht nach freiem Ermessen gewährt werden. Bei Ausübung dieses Ermessens sind aber sowohl die Interessen des Gegners als auch der Grundsatz der Waffengleichheit zu beachten.

Auch für die Form der Berufungserwiderung existieren zwingende gesetzliche Vorgaben nicht. Inso- 3060
weit enthält § 521 Abs. 2 Satz 2 ZPO eine Verweisung auf § 277 ZPO, im Übrigen gelten die Regeln für Schriftsätze im Allgemeinen (§ 130 ZPO). Die Erwiderungsschrift muss damit insbesondere die Parteien bezeichnen, einen Antrag und eine Begründung enthalten sowie von einem zugelassenen Rechtsanwalt unterschrieben sein.

Die nach § 130 Nr. 1 ZPO erforderliche Bezeichnung von Parteien und Gericht kann in abgekürzter Form erfolgen. Es reicht aus, dass der Schriftsatz dem richtigen Verfahren zugeordnet werden kann, wofür regelmäßig ein Kurzrubrum, die Angabe des Gerichts und das Aktenzeichen genügen. Wegen der Anforderungen an die Form kann auf die Ausführungen zur Berufung verwiesen werden (oben Rdn. 2823).

Eine Äußerung dazu, ob einer Entscheidung der Sache durch den Einzelrichter Gründe entgegenstehen (§ 277 Abs. 1 Satz 2 ZPO), ist möglich, aber nicht erforderlich (oben Rdn. 760).

Der Antrag des Berufungsbeklagten lautet regelmäßig auf »Zurückweisung der Berufung«. 3061

Hält der Berufungsbeklagte die Berufung für unzulässig, hat er »Verwerfung« der Berufung zu beantragen. Liegen die Voraussetzungen des § 538 Abs. 2 ZPO vor und will der Berufungsbeklagte eine Zurückverweisung in die erste Instanz, lautet der Antrag auf »Aufhebung und Zurückverweisung«. Hinzukommen können – wie beim Berufungskläger auch – Anträge zur Prozesskostenhilfe, Zwangsvollstreckung oder (hilfsweisen) Zulassung der Revision (oben Rdn. 2941).

Hat der Berufungskläger mit der Berufung durch Klageerweiterung oder Widerklage einen neuen Streitgegenstand eingeführt, so reicht auch insoweit der Antrag, die Berufung zurückzuweisen. Ein zusätzlicher Antrag auf »Klageabweisung« schadet insoweit nicht.

3062 Inhaltlich hat der Berufungsbeklagte in der Berufungserwiderung seine Verteidigungsmittel vorzubringen, soweit es nach der Prozesslage einer sorgfältigen und auf Förderung des Verfahrens bedachten Prozessführung entspricht. Dabei gilt § 520 Abs. 3 ZPO nicht; der Berufungsbeklagte ist auf die dort genannten Berufungsgründe nicht beschränkt, er kann zu dem Vorbringen des Berufungsklägers in der Berufungsbegründung Stellung nehmen oder unabhängig davon neues Vorbringen in den Rechtsstreit einführen (BGH NJW 1981, 1378).

Die Prozesslage zu Beginn der zweiten Instanz erlaubt und gebietet es regelmäßig, die gesamte Verteidigung in der Berufungserwiderung vorzubringen. Weitere Schriftsätze, wie sie in erster Instanz regelmäßig folgen, sind hier eher die Ausnahme und müssen sich an §§ 530, 296 Abs. 1 ZPO messen lassen.

Formal ist es empfehlenswert, sich an die Berufungsbegründung anzulehnen. Mit dieser wird der Gegenstand zweiter Instanz bezeichnet und zusammengefasst. Die Berufungserwiderung muss sich deswegen weder mit dem gesamten erstinstanzlichen Prozessstoff noch mit dem gesamten angefochtenen Urteil auseinandersetzen, sondern kann sich grundsätzlich auf eine Auseinandersetzung mit den vom Gegner geltend gemachten Berufungsgründen beschränken. Sind diese in der Berufungsbegründung in irgendeiner Form gegliedert, empfiehlt es sich, diese Gliederung im Interesse einer einheitlichen Strukturierung des Berufungsstoffs zu übernehmen. Dies dient auch der Selbstkontrolle und der Vollständigkeit der Erwiderung.

b) Verteidigung

3063 Vorrangig ist, das Ziel des Berufungsbeklagten zu bestimmen.
- Bei aussichtsloser Prozesssituation, d.h. bei evident begründeter Berufung, kann der Beklagte durch Säumnis, Klagerücknahme, Anerkenntnis/Verzicht, Vergleich oder Erledigung versuchen, zumindest Kosten zu ersparen.
- Ist auch der Berufungsbeklagte durch das Urteil beschwert, kann versucht werden, eine Abänderung zu seinen Gunsten zu erreichen (unten Rdn. 3073).
- Im Regelfall wird es genügen, eine Abänderung des erstinstanzlichen Urteils zu verhindern; hierzu muss dieses verteidigt werden.

3064 Für eine solche Verteidigung des Urteils stehen die erstinstanzlichen Möglichkeiten zur Verfügung. Zweitinstanzlich stellt sich die Frage, ob der erstinstanzliche Vortrag wiederholt (und ggf. vertieft) oder durch neues Vorbringen ersetzt wird.

▶ **Praxistipp:**

3065 Die bloße Wiederholung des erstinstanzlichen Vortrags oder der Argumente des erstinstanzlichen Gerichts ist nicht erforderlich und nicht ohne Risiko.

3066 Dennoch stellt sie die praktisch häufigste Prozesstaktik des Berufungsbeklagten dar. Sie verlangt keine aufwendigen eigenen Überlegungen, ist regelmäßig nicht abwegig, weil sie bereits von einem Gericht geteilt wurde, und bringt im Fall materieller Richtigkeit des angefochtenen Urteils auch in der Berufung Erfolg.

3067 Erforderlich ist eine solche Wiederholung indes nicht. Gegenstand des Berufungsverfahrens ist das erstinstanzliche Parteivorbringen genauso wie das angefochtene Urteil. Das Berufungsgericht hat sich damit auch dann auseinanderzusetzen, wenn eine »Verteidigung« in Form einer Wiederholung durch den Berufungsbeklagten nicht erfolgt. Mit der Wiederholung des Antrags aus erster Instanz wird konkludent auch das Vorbringen erster Instanz wiederholt (BVerfG NJW 2000, 131), unabhängig davon, ob dieses erstinstanzlich erheblich war oder nicht (KG NJW 1990, 844).

Dies macht auch die floskelhafte Bezugnahme auf den eigenen Vortrag erster Instanz entbehrlich.

Die Gefahr einer solchen Wiederholung liegt darin, dass relevante Argumente des Gegners in der Berufungsbegründung übergangen und Entwicklungen des Rechtsstreits über den erstinstanzlichen Ansatz hinaus übersehen werden. Wird die Verteidigung auf eine Wiederholung beschränkt, bedarf es sorgfältiger Prüfung, ob damit das Vorbringen des Berufungsklägers in vollem Umfang abgedeckt ist. Dies ist regelmäßig dann nicht der Fall, wenn dieser seine Berufung auf neue Angriffs- und Verteidigungsmittel gestützt hat (§ 529 Abs. 1 Nr. 1 ZPO). Vorzuziehen ist deswegen eine eigenständige argumentative Auseinandersetzung mit der Berufungsbegründung. 3068

Ob und inwieweit diese auf neue Angriffs- und Verteidigungsmittel gestützt werden kann, ist Frage des Einzelfalles und der juristischen Fantasie. 3069

Gerade hier macht es sich häufig nachteilig bemerkbar, wenn mit dem Instanzenwechsel kein Anwaltswechsel einhergeht und der erstinstanzliche Prozessbevollmächtigte auch in der Berufung auftritt.

▶ Praxistipp:

Wo möglich, sollte die Verteidigung des angefochtenen Urteils (auch) auf neue Angriffs- und Verteidigungsmittel gestützt werden. Zumindest muss (unwahrer) neuer Vortrag des Berufungsklägers bestritten werden. 3070

Deren Zulässigkeit ist zwar – wie das neue Vorbringen des Berufungsklägers auch – grundsätzlich an § 531 Abs. 2 ZPO zu messen, doch stellt diese Vorschrift für den Berufungsbeklagten meist keine ernsthafte Hürde dar. 3071

Nach § 531 Abs. 2 Nr. 1 ZPO sind neue Verteidigungsmittel zuzulassen, wenn sie einen Gesichtspunkt betreffen, der vom Gericht des ersten Rechtszugs für unerheblich gehalten wurde. Da das erstinstanzliche Vorbringen des Berufungsbeklagten bereits für seinen Prozesserfolg ausgereicht hat, war jedes weitere Vorbringen aus der Sicht des erstinstanzlichen Gerichts unerheblich. Wird es in der Berufung jetzt neu vorgetragen und ist es aus der Sicht des Berufungsgerichts erheblich, so muss es zugelassen werden.

Zu dem erforderlichen neuen Vortrag des Berufungsbeklagten gehört auch die nach § 137 Abs. 2 ZPO erforderliche Erklärung zu den neuen Angriffs- und Verteidigungsmitteln des Berufungsklägers. Sind die vom Gegner behaupteten Tatsachen unwahr, müssen sie bestritten werden, wenn nicht die Geständnisfiktion des § 138 Abs. 3 ZPO greifen soll. 3072

Besondere Bedeutung kommt diesem Bestreiten zu, weil neue Tatsachen, bezüglich derer die Voraussetzungen des § 531 Abs. 2 ZPO nicht vorliegen, in zweiter Instanz jedenfalls dann zu berücksichtigen sind, wenn sie unstreitig bleiben (oben Rdn. 3007).

c) Gegenangriff (eigene Berufung, Anschlussberufung)

Das Berufungsgericht ist bei seiner Prüfung und Entscheidung an die Berufungsanträge gebunden. Es darf eine Abänderung also nur insoweit vornehmen, als diese beantragt ist (§ 528 ZPO). Hat allein der Berufungskläger einen Sachantrag gestellt, so kommt eine Abänderung nur zu seinen Gunsten, nicht auch zu seinen Ungunsten in Betracht (Verbot der reformatio in peius). Für den Berufungsbeklagten kann die zweite Instanz deswegen zunächst nur Verschlechterungen seiner Rechtsposition bringen. Will er eine Abänderung auch zu seinen Gunsten ermöglichen, so muss er einen eigenen Antrag auf Abänderung des Urteils stellen. Dies kann er entweder im Rahmen einer eigenen Berufung oder im Rahmen der vom Gegner bereits eingelegten Berufung tun, indem er sich dieser anschließt. 3073

▶ Praxistipp:

Für einen Gegenangriff des Berufungsbeklagten spricht nicht nur die Möglichkeit, damit eine Abänderung zu eigenen Gunsten zu erreichen. Mit dem Gegenangriff wird das Rechtsmittel für den Berufungskläger zu einem Risiko, das ihn möglicherweise zu einer Rücknahme veranlasst. Zumindest aber wird die Position des Berufungsbeklagten für eventuelle Vergleichsverhandlungen besser, weil er eine eigene Dispositionsmasse erhält. 3074

Dagegen spricht das damit verbundene zusätzliche Kostenrisiko.

Durch den Gegenangriff erhöht sich der Kostenstreitwert zweiter Instanz. Bleibt er erfolglos, entfällt auf den Berufungsbeklagten hieraus eine Kostenquote (§§ 97, 92 ZPO).

3075 Eines Gegenangriffs durch eigene Berufung oder Anschlussberufung bedarf es grundsätzlich, wenn die Abänderung des angefochtenen Urteils über die vom Berufungskläger gestellten Anträge hinaus erfolgen soll, wenn der Streitgegenstand zweiter Instanz über den vom Berufungskläger bestimmten Umfang hinaus erweitert werden soll. Eine solche Erweiterung kann im Rahmen von Klage oder Widerklage erfolgen, sie kann sich auf Punkte erstrecken, die bereits erstinstanzlich Verfahrensgegenstand waren oder die neu ins Verfahren eingeführt werden.

▶ Beispiele:

3076 Ist der Kläger, der erstinstanzlich im Rahmen objektiver Klagehäufung (§ 260 ZPO) mehrere Anträge nebeneinander verfolgte, mit einem Antrag unterlegen und hat zunächst nur der Beklagte Berufung gegen die Stattgabe der übrigen Anträge eingelegt, so kann der Kläger im Wege des Gegenangriffs seinen erstinstanzlich abgewiesenen Antrag in der Berufung weiterverfolgen.

Der Kläger kann auf die Berufung des Beklagten hin seine Klage erweitern und einen Streitgegenstand neu geltend machen, der bisher nicht eingeklagt war. Dies gilt in erster Linie für die Fälle des § 264 ZPO, die das Gesetz nicht den allgemeinen Regeln über die Klageänderung unterstellt und die deswegen auch ohne Zustimmung des Gegners bzw. Bejahung der Sachdienlichkeit durch das Gericht (§§ 263, 533 Nr. 1 ZPO) zulässig sind (in zweiter Instanz aber der Einschränkung des § 533 Nr. 2, oben Rdn. 3029) unterliegen. Denkbar ist aber auch eine nicht der Privilegierung des § 264 ZPO unterfallende Erweiterung des Klagegrundes.

Der Beklagte und Berufungsbeklagte kann in zweiter Instanz eine erstinstanzlich erhobene Widerklage erweitern oder eine bislang nicht realisierte Widerklage neu erheben.

Nicht erforderlich (aber zulässig) ist ein Gegenangriff, wenn der erstinstanzliche Antrag lediglich berichtigt wird (dies hat der BGH bei Umstellung des Klageantrags auf Leistung an einen Zessionar auch angenommen, BGH MDR 1978, 398) oder wenn die Kostenentscheidung geändert werden soll. Nicht erforderlich ist ein Gegenangriff auch, wenn der Beklagte in zweiter Instanz einen neuen Aufrechnungsanspruch einführen will, da das damit verbundene Prozessziel (Klageabweisung) nicht über die bereits gestellten Anträge hinausgeht (BGH MDR 2015, 652; BGH MDR 2016, 227; zu den Erfordernissen aus § 533 ZPO oben Rdn. 3029).

Nicht möglich ist grundsätzlich die Parteierweiterung (oben Rdn. 2786); dies gilt auch für die Anschlussberufung (BGH NJW 1989, 441; Musielak/Voit/Ball § 524 Rn. 7). Nicht mit einem Gegenangriff verfolgt werden können auch Ansprüche, die noch unentschieden in erster Instanz anhängig sind.

3077 Auch im Rahmen einer selbstständigen Berufung oder Anschlussberufung des Berufungsbeklagten können Klageänderung, Aufrechnung und Widerklage nur unter den Voraussetzungen des § 533 ZPO geltend gemacht werden, sind also nur möglich, wenn der Gegner einwilligt oder das Gericht sie für sachdienlich hält und dazu keine, der Berufung nicht ohnehin zugrunde zu legende Tatsachen erforderlich sind (oben Rdn. 2995, 3029).

3078 Zwischen eigenständiger Berufung und Anschlussberufung gibt es eine Reihe von Unterschieden. Als Alternative zu beiden kommt manchmal auch eine neue Klage in Betracht.

Anders als die Berufung kann die Anschließung auch schon erfolgen, wenn der Wert des Beschwerdegegenstands 600 € nicht erreicht. Mit der Anschließung muss auch nicht zwingend die Beseitigung der erstinstanzlichen Beschwer erstrebt werden, die Beschränkung auf den neuen Anspruch ist ausreichend (dazu oben Rdn. 2919).

Berufung kann innerhalb eines Monats nach Zustellung des Urteils eingelegt werden, die Anschlussberufung dagegen bis zum Ablauf der vom Gericht gesetzten und ggf. auch verlängerten Frist zur Berufungserwiderung (§ 524 Abs. 2 Satz 2 ZPO). Diese Befristung gilt nur, wenn der Berufungsbeklagte über die Folgen einer Versäumung der Erwiderungsfrist wirksam belehrt wurde (§§ 277 Abs. 2, 521 Abs. 2 Satz 2, 524 Abs. 3 Satz 2 ZPO; Zöller/Heßler§ 524 Rn. 10). Zur Wirksamkeit der Belehrung gehört auch der Hinweis auf die Notwendigkeit der Vertretung durch einen Rechtsanwalt (BGH MDR 2015, 652). Ohne wirksame Belehrung ist die Anschließung bis zum Schluss der mündlichen Verhandlung möglich. Hat der Berufungsbeklagte auf die Einlegung eines eigenen Rechtsmittels förmlich verzichtet, steht dies zwar einer Berufung, nicht aber einer Anschlussberufung entgegen (§ 524 Abs. 2 Satz 1 ZPO).

Während die Berufung immer selbstständig ist, eine Entscheidung über sie unabhängig vom Schicksal des gegnerischen Rechtsmittels ergeht, ist die Anschließung nur unselbstständig. Wird die Berufung vom Gegner zurückgenommen (§ 516 ZPO) oder vom Gericht verworfen (§ 522 Abs. 1 ZPO) bzw. durch Beschluss zurückgewiesen (§ 522 Abs. 2 ZPO), so verliert auch die Anschließung ihre Wirkung (§ 524 Abs. 4 ZPO).

Erfolgt die Erweiterung des Streitstoffs ausdrücklich im Rahmen einer selbstständigen Berufung, die sich als unzulässig erweist, ist diese in eine Anschlussberufung umzudeuten, wenn deren Voraussetzungen vorliegen.

▶ Praxistipp:

Wegen des mit der Anschlussberufung verbundenen Risikos (Akzessorietät und Kostenlast bei Beschlusszurückweisung) ist für den Berufungsbeklagten stets zu überlegen, ob eine Gegenforderung nicht besser in einem eigenständigen Prozess geltend gemacht wird. Stets erforderlich ist eine solch neue Klage, wenn die Erweiterung des Streitgegenstands erst nach Ablauf der Anschlussfrist geltend gemacht werden soll. 3079

Ob eine vom erstinstanzlich unterlegenen Kläger in zweiter Instanz vorgenommene Klageerweiterung oder eine vom unterlegenen Beklagten neu erhobene Widerklage bei Zurückweisung der Berufung nach § 522 Abs. 2 ZPO ihre Wirkung verliert (so die h.M.: KG NJW 2006, 3505; Prütting/Gehrlein/Oberheim § 533 Rn. 14 m.w.N.), ist keineswegs unbestritten (a.A. Bub MDR 2011, 84).

aa) Selbstständige Berufung

Ist auch der Berufungsbeklagte aus dem erstinstanzlichen Urteil beschwert, so kann er – unabhängig von der Berufung des Gegners – seinerseits eine eigene Berufung einlegen. 3080

Wie alle Prozesshandlungen ist auch die selbstständige Berufung nicht von der korrekten Bezeichnung abhängig. Stellt der Berufungsbeklagte vor Ablauf der eigenen Berufungsfrist einen eigenen Sachantrag, bezüglich dessen auch die übrigen Zulässigkeitsvoraussetzungen einer Berufung erfüllt sind, handelt es sich auch dann um eine selbstständige Berufung, wenn die Erklärung lediglich als »Anschlussberufung« bezeichnet ist (Heiderhoff NJW 2002, 1402).

In diesem Fall wird der Berufungsbeklagte seinerseits zum Berufungskläger. Insoweit gelten deswegen die hierzu gemachten Ausführungen in vollem Umfang. 3081

Die Berufung muss zulässig sein. Insbesondere muss der Berufungsbeklagte hinreichend beschwert oder die Berufung für ihn zugelassen sein, Einlegung und Begründung müssen form- und fristgerecht erfolgen und einen Berufungsgrund ausfüllen.

Beide Rechtsmittel werden im selben Verfahren, inhaltlich aber unabhängig voneinander, auf ihre Zulässigkeit und Begründetheit geprüft. 3082

Es entstehen – ähnlich wie bei Klage und Widerklage – zwei Prozessrechtsverhältnisse. Erweist sich eine Berufung als (un-)zulässig oder (un-)begründet, kommt dem für die andere Berufung grundsätzlich keine Bedeutung zu. Ohne dass ein besonderer Verbindungsbeschluss (§ 147 ZPO) erforderlich ist, werden beide Berufungen in einem Verfahren verhandelt. Entschieden wird über sie (wenn keine Teilurteile ergehen) in einem Urteil.

bb) Anschlussberufung

3083 Konnte oder wollte der Berufungsbeklagte die für ihn im erstinstanzlichen Urteil enthaltene Beschwer zunächst nicht durch ein eigenes Rechtsmittel beseitigen, so kann er eine Abänderung des auf die Berufung des Gegners ohnehin zu überprüfenden Urteils erreichen, indem er sich der Berufung des Gegners anschließt und im Rahmen dieses gegnerischen Rechtsmittels einen eigenen Sachantrag stellt (§ 524 ZPO).

Bei der Anschließung handelt es sich nicht um ein Rechtsmittel, sondern um einen angriffsweise wirkenden Antrag innerhalb der fremden Berufung. Die Möglichkeit der Anschließung, die es auch bei den anderen Rechtsmitteln gibt (§§ 554, 567 Abs. 3, 574 Abs. 4 ZPO), dient der Herstellung der Chancengleichheit der Parteien im Prozess.

3084 Da es sich bei der Anschließung **nicht** um ein eigenes **Rechtsmittel** handelt, bedarf es der Zulässigkeitsvoraussetzungen einer Berufung nicht. Erforderlich ist allerdings das Vorliegen einer wirksamen Berufung, weil nur daran ein wirksamer Anschluss möglich ist. Das Risiko einer wirksamen Berufung trägt insoweit der Berufungsbeklagte.

Die Anschlussberufung setzt keine Beschwer und damit erst recht keinen besonderen Beschwerdegegenstandswert und keine Zulassung durch das Erstgericht voraus, wohl aber ein eigenständiges Ziel. Dieses kann nicht bloß in der Zurückweisung der Berufung oder in der Wiederholung eines (zum Beispiel von einem Streitgenossen) schon gestellten Antrags liegen, erforderlich ist die Verfolgung eines neuen Prozessziels. Im Gegensatz zur Berufung reicht es aus, dass nur dieses neue Ziel (zum Beispiel allein die Klageerweiterung) verfolgt wird und nicht auch eine Beseitigung der erstinstanzlichen Beschwer (oben Rdn. 2919) erstrebt wird (Piekenbrock MDR 2002, 676).

Die Anschlussberufung ist auch nach Ablauf der Berufungsfrist und sogar dann noch möglich, wenn auf ein eigenes Rechtsmittel verzichtet oder eine eigene Berufung bereits zurückgenommen wurde. Sehr streitig ist, ob ein Verzicht auch auf die Anschließung möglich ist (dafür Anders/Gehle/Göertz § 524 Rn. 10, dagegen Zöller/Heßler § 524 Rn. 19, beide m.w.N.). Verzicht oder Anerkenntnis nach §§ 306, 307 ZPO machen die Anschließung nicht unzulässig, wegen der darin liegenden materiellen Verfügung über den Anspruch aber unbegründet.

Erweist sich die Berufung nachträglich als unzulässig oder aussichtslos und ergeht deswegen eine Beschlussentscheidung des Gerichts (§ 522 Abs. 1 und 2 ZPO), verliert die Anschließung nicht nur ihre Wirkung (§ 524 Abs. 4 ZPO), die hierdurch entstandenen Kosten sind auch vom Anschließenden zu tragen (zum Streit hierüber Reuß NJW 2018, 1846). Dies begründet ein erhebliches (Kosten-)Risiko für den Berufungsbeklagten, der eigenverantwortlich prüfen muss, ob die eingelegte Berufung zulässig ist und Aussicht auf Erfolg hat. Ist schon ein Hinweis nach § 522 Abs. 2 ZPO erteilt, sollte eine Anschließung in keinem Fall mehr erfolgen (unten Rdn. 3093). Steht eine solche Entscheidung noch aus, kommt zumindest eine nur hilfsweise für den Fall, dass nicht nach § 522 Abs. 1, Abs. 2 ZPO entschieden wird, erhobene Anschlussberufung in Betracht (unten Rdn. 3090).

3085 Die Anschlussberufung hat eigene **Zulässigkeitsvoraussetzungen.** Sie muss sich zunächst auf eine wirksame Berufung beziehen und sich in deren sachlichem und persönlichem Rahmen halten.

Nur wenn zum Zeitpunkt der Anschließung eine wirksame Berufung vorliegt, kann der Anschluss wirksam werden. Erforderlich ist deswegen, dass die Berufung bereits eingelegt wurde, sie zulässig ist und sie nicht bereits zurückgenommen oder über sie entschieden wurde (BGHZ 17, 399).

Die Anschließung darf sich nicht gegen ein mit der Berufung nicht angefochtenes (Teil-)Urteil und nicht gegen Personen richten, die bislang nicht am Berufungsverfahren beteiligt sind (Zöller/Heßler § 524 Rn. 18 – 21; BGH NJW 1995, 198). Im Fall einfacher Streitgenossenschaft können sich nur die Streitgenossen anschließen, gegen die die Berufung des Gegners eingelegt ist. Hat ein Streitgenosse Berufung eingelegt, kann sich die Anschließung des Gegners nur gegen diesen, nicht gegen die übrigen Streitgenossen richten (BGH NJW 1991, 2569).

3086 Besondere Voraussetzungen enthält § 524 ZPO darüber hinaus für die Frist und die Form der Anschließung.

Die Anschließung kann nur innerhalb der für die Berufungserwiderung laufenden Frist erklärt und begründet werden (§ 524 Abs. 2 Satz 2 ZPO). Wird eine solche Frist nicht oder nicht wirksam gesetzt, kann die Anschlussberufung bis zum Schluss der mündlichen Verhandlung eingelegt werden (BGH NJW 2009, 515). Eine Verlängerung der Berufungserwiderungsfrist verlängert auch die Anschlussberufungsfrist. Wird sie versäumt, ist eine Wiedereinsetzung in den vorigen Stand nicht möglich. 3087

Die Möglichkeit der Anschließung auch noch nach Ablauf der Berufungsfrist macht die vorsorgliche Berufungseinlegung in vielen Fällen überflüssig. Die Abschaffung der »selbstständigen Anschlussberufung« durch die ZPO-Reform hindert die Einlegung der Anschlussberufung vor Ablauf der eigenen Berufungsfrist nicht (v. Olshausen NJW 2002, 802).

Ausnahmsweise kann eine Anschlussberufung auch nach Ablauf der Monatsfrist noch eingelegt werden. 3088

Vertreten wird dies für die Fälle, in denen die Klage aus einem Grund geändert werden soll, der erst nach Fristablauf eingetreten ist. Will der Kläger beispielsweise die Klage um zusätzliche, erst nachträglich entstandene Schadensersatzpositionen erweitern, kann er dies als Berufungskläger nach §§ 265, 533 Nr. 2, 529 Abs. 1 Nr. 2, 531 Abs. 2 Nr. 3 ZPO bis zum Schluss der mündlichen Verhandlung vor dem Berufungsgericht; als Berufungsbeklagter setzt ihm die Anschlussfrist eine zeitliche Grenze. Diese Benachteiligung allein aufgrund der Parteistellung verletzt den verfassungsrechtlich gewährleisteten Grundsatz der Waffengleichheit (Piekenbrock MDR 2002, 676; a.A. Gerken NJW 2002, 1095). Teilweise wird dem Kläger eine solche Antragsänderung auch ohne eigenen Angriff gestattet. Besser erscheint es, eine teleologische Reduktion des § 524 Abs. 2 Satz 2 ZPO vorzunehmen und die Einlegung der Anschlussberufung auch nach Ablauf der Frist noch zu ermöglichen.

Die Form der Anschlussschrift entspricht der von Berufungsschrift bzw. Berufungsbegründung (§§ 519 Abs. 2 und 3, 520 Abs. 3 ZPO). Die Anschließung erfolgt durch Einreichung eines Schriftsatzes beim Berufungsgericht und ist auch bloß hilfsweise möglich. 3089

Enthalten muss die Anschlussschrift neben der Bezeichnung des Urteils, dessen Abänderung beantragt wird, die Erklärung, dass eine Anschließung an die Berufung des Gegners erfolgen soll. Allerdings ist die Verwendung des Begriffs »Anschließung« nicht erforderlich, es genügt jede Erklärung, die ihrem Sinn nach eine dem Erklärenden vorteilhafte, über die bloße Abwehr der Berufung hinausgehende Entscheidung erstrebt. Ist eine selbstständige Berufung eingelegt worden, erweist sich jedoch als unzulässig, so kommt eine Umdeutung in eine Anschließung in Betracht (BGH NJW 2011, 1455).

Die Anschließung kann auch nur hilfsweise erfolgen, sofern es sich bei der Bedingung, von der sie abhängig gemacht werden soll, um eine innerprozessuale handelt. 3090

Bedenken, durch den späten Eintritt der Bedingung könne die Einlegungsfrist verletzt sein (Pape NJW 2003, 1150), verkennen, dass es sich um eine auflösende, nicht um eine aufschiebende Bedingung handelt.

Häufigster Fall einer zulässigen Bedingung ist der Erfolg der Berufung des Gegners (BGH NJW-RR 1991, 510; Grunsky, Taktik im Zivilprozess, Rn. 209); ist die Berufung unzulässig oder unbegründet, fällt die Anschlussberufung weg, ohne besondere Kosten zu verursachen (§ 45 Abs. 1 Satz 2 GKG). Denkbar sind aber auch andere innerprozessuale Bedingungen, zum Beispiel die bestimmte Beurteilung einer entscheidungserheblichen Rechtsfrage durch das Gericht (BGH NJW 1984, 1240) oder das Unterbleiben einer Beschlussentscheidung des Gerichts nach § 522 Abs. 1 und 2 ZPO.

Die Anschließung muss zusammen mit der Einlegung begründet werden. 3091

Die Begründung in einem separaten Schriftsatz ist dann ausreichend, wenn dieser noch innerhalb der Anschlussfrist eingeht. Nach Ablauf der Anschlussfrist ist eine Änderung nur noch im Rahmen der rechtzeitig vorgebrachten Anschließungsgründe möglich.

Auch für die Begründung gelten die Berufungsvorschriften (§ 520 Abs. 3 ZPO) entsprechend. Erforderlich ist neben einem Antrag die Angabe zumindest eines Grundes, auf den das Abänderungsbegehren gestützt wird. Wie die Berufung kann auch die Anschließung nur darauf gestützt werden, dass die Entscheidung auf einer Rechtsverletzung beruht oder nach § 529 ZPO zugrunde zu legende Tatsachen eine andere Entscheidung rechtfertigen (§ 513 Abs. 1 ZPO). Wegen der Darlegung eines solchen Grundes kann auf die zur Berufung gemachten Ausführungen verwiesen werden (oben Rdn. 2949).

3092 Da die Anschließung kein eigenes Rechtsmittel darstellt, ist ihr Schicksal von dem des Hauptrechtsmittels **abhängig**. Wird die Berufung vom Gegner zurückgenommen (§ 516 ZPO) oder vom Gericht verworfen (§ 522 Abs. 1 ZPO) bzw. durch Beschluss zurückgewiesen (§ 522 Abs. 2 ZPO), so verliert auch die Anschließung ihre Wirkung (§ 524 Abs. 4 ZPO).

Das gilt auch für den Verzicht auf das Rechtsmittel durch den Berufungskläger, für die übereinstimmende Erklärung der Erledigung des Rechtsmittels oder den Vergleich über den Streitgegenstand der Berufung. Unberührt bleibt die Anschließung durch ein (Teil- oder Versäumnis-)Urteil, mit dem die Berufung zurückgewiesen oder das angefochtene Urteil abgeändert wird.

Eine Entscheidung über die Anschließung kann wegen der Abhängigkeit von der Berufung erst ergehen, wenn das Schicksal der Berufung klar ist; ein Teilurteil nur über die Anschließung ist nicht möglich (BGH NJW 1994, 2236), wohl aber ein Teilurteil, mit dem sowohl über einen Teil der Berufung als auch über die Anschließung entschieden wird.

Die Wirkungslosigkeit der Anschlussberufung tritt ipso iure ein, bedarf also keiner gerichtlichen Entscheidung, doch wird sie regelmäßig in dem die Berufung erledigenden Beschluss oder Urteil deklaratorisch ausgesprochen.

3093 Die **Kosten** der Anschließung richten sich nach ihrem Erfolg.

Durch Berufung und Anschließung entsteht die allgemeine Verfahrensgebühr des Gerichts (Nr. 1220 KV-GKG) nur einmal, allerdings aus dem kumulierten Wert beider Anträge, wenn diese verschieden sind (§ 45 Abs. 1, Abs. 2 GKG). Auch für die Rechtsanwälte liegt nur eine Gebühreninstanz vor, sodass durch die Anschließung kein besonderer Gebührentatbestand verwirklicht wird, beide Anträge aber bei der Wertberechnung Berücksichtigung finden.

Ergeht eine Sachentscheidung über Berufung und Anschließung, so folgt die Kostenentscheidung den allgemeinen Vorschriften (§§ 91 ff. ZPO). In der Regel erfolgt eine Quotelung nach § 92 ZPO (Finger MDR 1986, 881). Ergeht eine Sachentscheidung über die Anschließung nicht, so ist für den auf die Anschließung entfallenden Teil der Kosten des Rechtsstreits darauf abzustellen, wer die Nichtentscheidung veranlasst hat. Dies ist der Berufungskläger, wenn er die Berufung einseitig zurückgenommen (OLG Oldenburg NJW 2002, 3555; OLG Köln NJW 2003, 1879) hat oder diese nach der Anschließung unzulässig wird. Hat der Anschließende sich einer unzulässigen Berufung angeschlossen oder war die Anschließung selbst unzulässig, so hat er die hierdurch entstandenen Kosten zu tragen (Maurer NJW 1991, 72).

Problematisch ist die Frage, wer die Kosten einer Anschlussberufung zu tragen hat, wenn die Berufung nach § 522 Abs. 2 ZPO mangels Erfolgsaussicht durch Beschluss zurückgewiesen wird. Auch in diesem Fall kommt es nicht zu einer Sachentscheidung über die Anschlussberufung (Prütting/Gehrlein/Röhl § 524 Rn. 32). Anders als bei der Berufungsrücknahme beruht dies jedoch nicht auf einer willentlichen Beendigung der Berufungsinstanz durch den Berufungskläger. Wie im Fall der Nichtannahme einer Revision, der sich der Revisionsbeklagte bereits angeschlossen hat, fallen hier die Kosten der Anschließung dem Anschließenden zur Last, weil er grundsätzlich das Risiko trägt, dass es nicht zur Verhandlung und Entscheidung über seinen Antrag kommt (Pape NJW 2003, 1150; a.A. Ludwig MDR 2003, 670).

3. Die Tätigkeit des Anwalts für sonstige Beteiligte des Berufungsverfahrens

a) Streitgenossen

3094 Streitgenossen sind Personen, die gemeinsam eine Parteirolle (Kläger oder Beklagter) ausfüllen (§§ 59 ff. ZPO). Ihre Rechte und Pflichten sind also die der Parteien, besonderer Regelung bedarf insoweit nur, unter welchen Voraussetzungen eine solche Parteimehrheit zulässig ist und welche Folgen sie im Berufungsverfahren hat.

An die Zulässigkeit der Streitgenossenschaft stellen die §§ 59, 60 ZPO im Interesse der Prozessökonomie keine besonders hohen Anforderungen. Streitgenossen können sich im Prozess durch einen gemeinsamen Bevollmächtigten vertreten lassen (dann liegen gebührenrechtlich mehrere Auftraggeber i.S.d. § 7 RVG, Nr. 1008 RVG-VV vor) oder eigene Bevollmächtigte haben. Für die prozessualen Folgen differenzieren die §§ 61, 62 ZPO zwischen der einfachen und der notwendigen Streitgenossenschaft.

3095 Die einfache Streitgenossenschaft ist die bloß organisatorische Verbindung mehrerer Klagen (Prozessrechtsverhältnisse) zu einem einheitlichen Verfahren zwecks gemeinsamer Verhandlung, Beweisaufnahme und eventuell (aber nicht zwingend inhaltsgleicher) Entscheidung. Sie dient damit ausschließlich der Verfahrensökonomie und soll die mehrfache Vornahme identischer Prozesshandlungen in verschiedenen Verfahren vermeiden; die Verbindung der Klagen ist damit nur zufällig, lose und jederzeit wieder aufhebbar.

Jeder Streitgenosse handelt dabei nur in seinem eigenen Prozessrechtsverhältnis, dieses ist in seinem Bestand und seinem Inhalt von dem Prozessrechtsverhältnis der übrigen Streitgenossen unabhängig. Handlungen eines Streitgenossen gereichen den anderen weder zum Vorteil noch zum Nachteil (§ 61 ZPO). **3096**

Überlagert wird diese grundsätzliche Regelung von der Vermutung, dass die von einem Streitgenossen geltend gemachten Angriffs- oder Verteidigungsmittel in der Regel für alle Streitgenossen vorgetragen sind, soweit sie alle angehen und die Übrigen nicht selbst eine Erklärung abgeben (BGH NJW 2015, 2125).

Bei der praktisch seltenen notwendigen Streitgenossenschaft muss die Sachentscheidung in allen Klagen notwendig einheitlich sein, weil hier aufgrund gesetzlicher Bestimmungen ein enger Sachzusammenhang vorliegt. **3097**

Ein solch enger Sachzusammenhang besteht gemäß § 62 Abs. 1 Alt. 1 ZPO, wenn das »Rechtsverhältnis nur einheitlich festgestellt werden kann«, das heißt, wenn die Streitgenossen, für den Fall, dass sie gemeinsam klagen, solidarisch verbunden sind, ihnen gegenüber nicht unterschiedliche Sachentscheidungen ergehen können; ob die Streitgenossen gemeinsam oder alleine klagen, ist ihnen überlassen, sie müssen nicht gemeinsam vorgehen, sie können es bloß. Die Notwendigkeit einheitlicher Sachentscheidung folgt dann stets aus dem Prozessrecht, regelmäßig aus einer Rechtskrafterstreckung.

Der für die notwendige Streitgenossenschaft erforderliche enge Sachzusammenhang kann gemäß § 62 Abs. 1 Alt. 2 ZPO auch vorliegen, wenn die »Streitgenossenschaft aus sonstigem Grund notwendig« ist, das heißt, wenn das materielle Recht die Streitgenossen dazu zwingt, gemeinsam zu klagen bzw. verklagt zu werden. Hier müssen die Streitgenossen immer zusammen auftreten, Einzelklagen von oder gegen einzelne Streitgenossen sind stets unzulässig. Hier spricht man von einer notwendigen Streitgenossenschaft aus materiellem Recht. Gegeben ist diese zum Beispiel bei der Klage gegen die Mitglieder einer Erbengemeinschaft.

Einfache und notwendige Streitgenossenschaften unterscheiden sich also dadurch, dass bei Ersterer die Sachentscheidung unabhängig voneinander, bei Letzterer zwingend einheitlich ergeht. Innerhalb der notwendigen Streitgenossenschaft wird weiter danach differenziert, ob die Streitgenossen nur zusammen oder auch alleine prozessieren können.

Notwendige Streitgenossen sind in beiden Instanzen gleichermaßen beteiligt (oben Rdn. 2786), einfache Streitgenossen können entweder bereits erstinstanzlich am Verfahren beteiligt gewesen sein oder dem Verfahren erst in der zweiten Instanz beitreten. **3098**

Ein Beitritt erst in zweiter Instanz ist grundsätzlich nur dort möglich, wo ihn das Gesetz ausdrücklich zulässt. **3099**

Dies ist zum Beispiel der Fall beim Beitritt eines weiteren Pfändungsgläubigers zur Drittschuldnerklage nach § 856 ZPO.

Der gewillkürte Beitritt eines weiteren Streitgenossen scheitert dagegen regelmäßig an §§ 263, 533 ZPO. **3100**

Die h.M. behandelt den Parteibeitritt als Klageänderung. Diese ist in zweiter Instanz nur möglich, wenn sie auf Tatsachen gestützt wird, die berücksichtigt werden können. und der Gegner einwilligt oder das Gericht sie für sachdienlich hält (§§ 263, 533 ZPO). An die Sachdienlichkeit (oben Rdn. 3032) werden dabei schon beim Beitritt auf Klägerseite besondere Anforderungen gestellt (BGH NJW 1989, 3225). Beim Beitritt auf Beklagtenseite kann auf die Einwilligung des neuen Streitgenossen nur verzichtet werden, wenn sich deren Verweigerung als rechtsmissbräuchlich darstellt (BGH NJW 1998, 1497).

Einfache Streitgenossen, die schon in erster Instanz beteiligt waren, nehmen am Berufungsverfahren nur teil, wenn sie selbst Berufung eingelegt haben oder sich die Berufung des Gegners gegen sie **3101** richtet. Zulässigkeit und Begründetheit der Berufung müssen dabei für jeden Streitgenossen gesondert geprüft werden und können unabhängig voneinander Erfolg haben.

Da einfache Streitgenossen kein gemeinsames Prozessrechtsverhältnis haben, erfolgt eine Fortsetzung des Prozesses nur in den Verhältnissen, die in die Berufung getragen werden. Ist die Klage gegen zwei Beklagte abgewiesen worden, steht es dem Kläger frei, Berufung nur gegen einen Streitgenossen einzulegen. Die Abweisung der Klage gegen den anderen wird dann rechtskräftig. Umgekehrt kann bei Verurteilung beider Beklagter auch nur einer von ihnen Berufung einlegen, während der andere sich rechtskräftig mit seiner Verurteilung abfindet. Es bedarf deswegen bei der Berufungseinlegung einer eindeutigen Bezeichnung der Streitgenossen, die am Berufungsverfahren teilnehmen sollen (oben Rdn. 2809). Eine nicht auf einzelne Streitgenossen beschränkte Berufung erfasst im Zweifel alle Streitgenossen, jedenfalls dann, wenn diese im Rubrum bezeichnet sind (BGH NJW 2009, 208; BGH NJW 1994, 514).

Die Berufung muss für jeden einzelnen Streitgenossen zulässig sein. Die Berufungsfristen laufen für jeden Streitgenossen mit Zustellung des Urteils an ihn, können also unterschiedlich sein (BGH VersR 1980, 928). Jeder Streitgenosse muss beschwert sein (OLG Köln VersR 1973, 641; BGH MDR 1991, 427), für die Berechnung des Werts können jedoch die einzelnen Werte der Beschwer addiert werden, sodass es ausreicht, wenn nur der Gesamtbetrag die Berufungssumme übersteigt.

Für die Sachentscheidung wird nur das berücksichtigt, was jeder Streitgenosse in seinem Prozessrechtsverhältnis vorgebracht hat. Allerdings ist eine Bezugnahme auf das Vorbringen anderer Streitgenossen auch konkludent möglich. Zu vermuten ist eine solche Bezugnahme regelmäßig, wenn die Prozessführung anderen Streitgenossen überlassen wird und eigener Vortrag nicht erfolgt.

Dispositionsakte (Rücknahme, Verzicht, Vergleich, Erledigung) betreffen nur das Prozessrechtsverhältnis des jeweiligen Streitgenossen.

Gemeinsam ist für alle Streitgenossen die Prozessführung (§ 63 ZPO). Ladungen ergehen stets an alle Streitgenossen, jeder erhält rechtliches Gehör zum Vorbringen aller übrigen Beteiligten, Entscheidungen werden allen zugestellt. Diese Prozessbeteiligung endet, sobald ein Streitgenosse wirksam aus dem Prozess ausgeschieden ist, insbesondere also, wenn er am Berufungsverfahren nicht teilnimmt.

3102 Die Folgen notwendiger Streitgenossenschaft sind im Gesetz nur lückenhaft geregelt. Die Berufungseinlegung von oder gegen einen notwendigen Streitgenossen führt zur Beteiligung der übrigen Streitgenossen am Berufungsverfahren. Zur Kostentragung verpflichtet sind aber nur die Streitgenossen, die sich am Berufungsverfahren auch aktiv beteiligt haben (Zöller/Althammer § 62 Rn. 32).

Nach § 62 ZPO wird ein säumiger Streitgenosse als von einem erschienenen vertreten angesehen. Vermieden wird dadurch, dass es zu inhaltlich divergierenden Entscheidungen kommt, wenn ein Streitgenosse wegen seiner Säumnis unterliegt, während andere Streitgenossen sachlich obsiegen. § 62 ZPO kann nicht verallgemeinernd entnommen werden, dass stets eine übereinstimmende Beurteilung aller Prozesshandlungen dem Streitgenossen oder den Streitgenossen gegenüber vorzunehmen ist. Eine »einheitliche Streitpartei« gibt es nicht. Vielmehr bleiben die Streitgenossen auch hier selbstständige Streitparteien in jeweils besonderen Prozessrechtsverhältnissen zum gemeinsamen Gegner. Ob die Prozesshandlung eines Streitgenossen oder gegenüber einem Streitgenossen Wirkung auch im Verhältnis zu den anderen Streitgenossen entfaltet, ist daher eine Frage des einzelnen Regelungsproblems, die differenzierend unter Berücksichtigung des Zwecks der notwendigen Streitgenossenschaft und des Grundsatzes der Selbstständigkeit der Streitgenossen zu beurteilen ist. Die Vielzahl dabei auftretender, zum Teil ungelöster Streitfragen kann hier – auch in Anbetracht der Seltenheit notwendiger Streitgenossenschaft in der Praxis – nicht dargestellt werden (dazu Oberheim, Zivilprozessrecht, § 16 Rn. 32 ff.).

b) Streithelfer

3103 Die Nebenintervention ist der Beitritt eines Dritten zur Unterstützung einer Partei in einem bereits anhängigen Prozess; sie wird auch als »Streithilfe« bezeichnet. Der Streithelfer ist nicht Partei und nicht Vertreter der Partei, sondern Dritter, der am Prozess zur Unterstützung der Partei teilnimmt und im eigenen Namen und kraft eigenen Rechts handelt (§§ 66 ff. ZPO).

Im Berufungsverfahren kann ein Streithelfer beteiligt sein, der erst hier beitritt oder der bereits in erster Instanz beigetreten war.

Für die Vertretung eines Streithelfers entstehen aufseiten des Rechtsanwalts die gleichen Gebühren wie für die Vertretung einer Partei. Mehrere Streithelfer sind mehrere Auftraggeber i.S.d. § 7 RVG, Nr. 1008 RVG-VV, dies gilt auch für Streithelfer und Partei, es sei denn, beide sind personenidentisch.

aa) Beitritt in der Berufungsinstanz

War der Streithelfer erstinstanzlich am Verfahren noch nicht beteiligt, so kann er diesem auch in der Berufungsinstanz noch beitreten. Der Beitritt kann auch in Verbindung mit der Berufungseinlegung erfolgen (§ 66 Abs. 2 ZPO). 3104

Ein solch zweitinstanzlicher Beitritt kann erforderlich werden, wenn der Streithelfer erst durch den Ausgang der ersten Instanz erkannt hat, dass das Unterliegen der Hauptpartei rechtliche oder tatsächliche Nachteile auch für ihn zur Folge haben kann, weil er dadurch eigenen Regressforderungen ausgesetzt ist oder ihm solche abgeschnitten werden.

Bezüglich der **Voraussetzungen** eines solchen Beitritts bestehen keine grundsätzlichen Unterschiede zur ersten Instanz. 3105

Der Streithelfer muss die Prozesshandlungsvoraussetzungen erfüllen, vor dem Berufungsgericht also auch anwaltlich vertreten sein. Der Beitritt erfolgt mittels eines Schriftsatzes, der den Anforderungen des § 70 Abs. 1 ZPO entspricht, insbesondere also die Parteien des Rechtsstreits bezeichnet, die Erklärung enthält, dass und auf welcher Parteiseite dem Rechtsstreit beigetreten werden soll, und das Interventionsinteresse darlegt. Letzteres besteht, wenn der Streithelfer ein rechtliches Interesse am Obsiegen der Hauptpartei hat. Ein solches ist gegeben, wenn im Fall des Unterliegens der Hauptpartei für den Beitretenden rechtliche oder tatsächliche Nachteile zu erwarten sind, sei es, dass er dann eigenen Regressforderungen ausgesetzt ist bzw. ihm solche abgeschnitten würden, oder sei es, dass die Rechtskraft des Urteils auf ihn erstreckt wird. Von Amts wegen geprüft wird nur das Vorliegen der Prozesshandlungsvoraussetzungen des Beitretenden, alle übrigen Voraussetzungen nur auf »Antrag«, das heißt auf ausdrücklichen Widerspruch einer Partei gegen den Beitritt (§ 71 ZPO). Ein solcher Widerspruch führt zu einem Zwischenstreit über die Zulässigkeit der Nebenintervention und endet entweder mit einem Zwischenurteil oder wird im Endurteil mitentschieden; in beiden Fällen kann die Entscheidung über die Nebenintervention nur mit der sofortigen Beschwerde angegriffen werden.

Auch die **Rechtsstellung** des Streithelfers im Berufungsverfahren entspricht der in erster Instanz. 3106

Der (einfache) Streithelfer ist weder Partei noch Parteivertreter, sondern bloß deren Gehilfe. Er handelt aber im eigenen Namen und kraft eigenen Rechts. Der Nebenintervenient kann alle Prozesshandlungen selbst im gleichen Umfang wirksam vornehmen, wie die Partei dies auch könnte. Beschränkt sind seine Befugnisse nur durch die vorrangigen Kompetenzen der Hauptpartei: Besteht ein Widerspruch zwischen Prozesshandlungen des Nebenintervenienten und der Partei, so gehen die der Partei immer vor (§ 67 Satz 2 ZPO). Soweit die Partei Prozesshandlungen nicht vornehmen kann, kann dies auch der Streithelfer nicht.

Angriffs- und Verteidigungsmittel (insbesondere das Behaupten, Bestreiten oder Beweisen von Tatsachen) kann der Nebenintervenient geltend machen, soweit nicht die Hauptpartei ausdrücklich ein anderes vorgetragen hat oder die Partei (und damit auch der Streithelfer) durch die §§ 529 ff. ZPO hieran gehindert ist. In diesen Grenzen kann der Nebenintervenient auch selbstständig Anträge stellen, dabei aber nicht über den Streitgegenstand disponieren. Unzulässig sind daher Klagerücknahme, Klageänderung, Verzicht, Erledigungserklärung, Anerkenntnis oder Vergleich. Auch materiell-rechtliche Erklärungen (zum Beispiel Gestaltungsrechte oder Einreden) kann nur die Partei als Rechtsinhaber, nicht der Nebenintervenient, abgeben. Die Wiederholung von Prozesshandlungen (zum Beispiel einer bereits durchgeführten Beweisaufnahme) kann der Streithelfer nur verlangen, wenn dies auch die Partei verlangen könnte (etwa nach § 398 ZPO).

Der Nebenintervenient kann auch prozessuale Lasten für die Partei erfüllen. Ist er, nicht aber die Partei anwesend, kann kein Versäumnisurteil ergehen. Hat er, nicht aber die Partei eine Frist eingehalten, so liegt keine Versäumung vor.

Weil die Handlungen des Nebenintervenienten damit im Prozessrechtsverhältnis der Hauptpartei wirken, während die eines Streitgenossen nur dessen eigenes Prozessrechtsverhältnis betreffen, kann es im Einzelfall auch für eine Partei sinnvoll sein, einem Streitgenossen zusätzlich als Streithelfer beizutreten. Die Möglichkeit hierzu besteht (BGHZ 68, 85). 3107

▶ Praxistipp:

3108 Besteht die Befürchtung, dass ein Streitgenosse den Prozess unsorgfältig führt und ihn deswegen zu verlieren droht, kann der andere Streitgenosse ihm zusätzlich als Streithelfer beitreten.

Auch die Notwendigkeit dieses »zusätzlichen« Beitritts eines Streitgenossen ergibt sich häufig erst in zweiter Instanz, wenn der andere Streitgenosse erstinstanzlich relevante Prozesshandlungen nicht oder nicht hinreichend vorgenommen hat, sein Unterliegen aber verhindert werden soll.

▶ Beispiel:

3109 Ist eine Partei säumig, kann ein Versäumnisurteil gegen sie auch bei Erscheinen eines (einfachen) Streitgenossen nicht abgewendet werden (§ 61 ZPO). Ist der Streitgenosse dagegen zugleich Streithelfer, wirkt dessen Erscheinen zugunsten der säumigen Partei (§ 67 Hs. 2 ZPO), sodass ein Versäumnisurteil nicht ergeht.

Streitig ist, ob der Rechtsanwalt hier »mehrere Auftraggeber« i.S.d. § 7 RVG, Nr. 1008 RVG-VV hat. Die h.M. lehnt dies zu Recht ab (OLG München MDR 1994, 735).

3110 Für **Antrag** und Entscheidung ist zu beachten, dass nur der Kläger Leistung verlangen, nur der Beklagte verurteilt werden kann.

Der Streithelfer taucht deswegen weder im Antrag noch im Tenor zur Hauptsache auf. Im Rubrum wird der Nebenintervenient nach der Partei aufgeführt, der er beigetreten ist, und besonders bezeichnet.

▶ Beispiel:

3111 »Klage des … (Klägers)

und des …

gegen den … (Beklagten)«.

Für die Kostenentscheidung enthält § 101 ZPO eine Ausnahme vom Grundsatz der einheitlichen Kostenentscheidung: Die Kosten der Nebenintervention sind von den Kosten des Rechtsstreits zu trennen und gesondert zu verquoteln: Erstere sind zwischen dem Streithelfer und dem Gegner, Letztere zwischen den Parteien zu verteilen.

3112 Besonderheiten für den Streithelfer gelten – wie in erster Instanz auch –, wenn es sich um eine sog. **streitgenössische Nebenintervention** i.S.d. § 69 ZPO handelt.

Der Streithelfer hat dann mehr eigene Befugnisse, ist weniger durch Handlungen der Partei beschränkt und steht damit im Prinzip einem Streitgenossen gleich. Insbesondere kann der streitgenössische Nebenintervenient Prozesshandlungen auch dann wirksam vornehmen, wenn sie im Widerspruch zu solchen der unterstützten Partei stehen. Er kann nur als Partei, nicht als Zeuge vernommen werden und Prozesshandlungen in für ihn eigenständig laufenden Fristen vornehmen. In Teile der Prozesskosten kann er verurteilt werden, da für die hier zu treffende Kostenentscheidung nicht § 101 Abs. 1 ZPO, sondern – wie für den Streitgenossen – § 100 ZPO gilt (§ 101 Abs. 2 ZPO).

Eine streitgenössische und nicht bloß eine einfache Nebenintervention liegt immer dann vor, wenn sich die Rechtskraft der Entscheidung zwischen den Parteien auch auf den Nebenintervenienten erstreckt (§ 69 ZPO). Diesbezüglich kann auf die zur notwendigen Streitgenossenschaft aus Prozessrecht gemachten Ausführungen verwiesen werden. Auch in diesem Fall wirkt die Rechtskraft stets nur im Verhältnis zum Gegner, nicht auch zwischen den Streitgenossen (BGH r+s 2019, 112).

3113 Unabhängig von der Art der Nebenintervention tritt als Folge des Beitritts regelmäßig die »**Interventionswirkung**« (§ 68 ZPO) ein, mit der der Nebenintervenient an die Ergebnisse des Prozesses gebunden wird und mit der erreicht werden soll, dass in einem möglicherweise folgenden Regressprozess zwischen dem Streithelfer und der Partei nicht dieselben Fragen nochmals geklärt werden müssen.

§ 68 ZPO

bestimmt hierzu, dass der Nebenintervenient im Verhältnis zur Hauptpartei mit der Behauptung, der Vorprozess sei falsch entschieden, nicht gehört wird. Bindungswirkung besteht damit zunächst einmal nur zwischen dem Streithelfer und »seiner« Partei, nicht etwa zugunsten oder zulasten des Gegners. Streitig ist, ob Bindungswirkung nur zugunsten der Hauptpartei eintritt oder auch zu deren Lasten; die Rechtsprechung lässt die Interventionswirkung nur für die Partei wirken, weil der Nebenintervenient, wenn er eine für ihn günstige Bindungswirkung erreichen will, ja Partei werden könnte.

Die Interventionswirkung geht im Ergebnis weiter als die Rechtskraft. Sie erfasst neben der tenorierten Rechtsfolge alle entscheidungserheblichen Einzeltatsachen und deren rechtliche Bewertung, soweit die Entscheidung darauf beruht. Damit können der Ablauf von Vertragsverhandlungen, der Hergang eines Unfalls, die Gültigkeit eines Vertrages oder das Eigentum an einer Sache bindend für den Folgeprozess feststehen. Wurde nur ein Teil der Forderung anhängig gemacht, erfasst die Interventionswirkung die gesamte Forderung. Nicht unter die Interventionswirkung fallen sog. obiter dicta, Ausführungen des Gerichts, die zur Entscheidung des konkreten Falles nicht erforderlich gewesen wären. Nicht von der Interventionswirkung erfasst wird auch das Gegenteil der festgestellten Tatsachen: Muss die im Vorprozess unterlegene Partei im Folgeprozess das Gegenteil der ursprünglichen Tatsache beweisen und gelingt ihr das nicht, so unterliegt sie erneut; die Interventionswirkung ändert die Beweislastverteilung nicht. Eine Bindungswirkung für den Folgeprozess tritt auch dann nicht ein, wenn dieser in einem anderen Gerichtsbarkeitszweig stattfindet.

Die Interventionswirkung ist von Amts wegen zu beachten. Dabei wird die Wirksamkeit bzw. Zulässigkeit des Beitritts nicht mehr geprüft, dies erfolgte ja bereits im Vorprozess. Gegen die Interventionswirkung ist lediglich die Einrede der mangelhaften Prozessführung (§ 68 Satz 2 ZPO) möglich: Vermag der frühere Nebenintervenient darzulegen und zu beweisen, dass er im Vorprozess Angriffs- und Verteidigungsmittel nicht geltend machen konnte (zum Beispiel, weil die Partei dem ausdrücklich widersprochen hat), oder dass die Partei selbst dort absichtlich oder grob schuldhaft Angriffs- und Verteidigungsmittel nicht geltend machte, die ihm – dem Nebenintervenienten – damals nicht bekannt waren, so sind diese im Folgeprozess nicht ausgeschlossen. Diese Einrede hat besondere Bedeutung, wenn der Beitritt erst in zweiter Instanz erfolgte und hier die Möglichkeiten des Streithelfers wegen des Novenrechts beschränkt sind.

bb) Beitritt in erster Instanz

War der Streithelfer bereits in erster Instanz am Verfahren beteiligt, so ist er auch am Berufungsverfahren beteiligt, wenn die Partei selbst Berufung einlegt. 3114

Unabhängig davon, ob der Streithelfer aufseiten des Berufungsklägers oder des Berufungsbeklagten beteiligt ist, werden ihm Berufungsschrift und Berufungsbegründung, Berufungserwiderung und weitere Schriftsätze im Berufungsverfahren sowie Ladungen zu Terminen und Entscheidungen des Gerichts im Rahmen seines Anspruchs auf rechtliches Gehör zugestellt (OLG Oldenburg NJW-RR 1996, 829).

Der Streithelfer kann dann entscheiden, ob er sich aktiv am Berufungsverfahren beteiligen will, indem er einen Anwalt bestellt, Schriftsätze einreicht oder an der mündlichen Verhandlung teilnimmt. Tut er dies, entstehen Kosten der Streithilfe, über die im Berufungsurteil nach §§ 97, 101 ZPO zu entscheiden ist. Beteiligt sich der Streithelfer nicht, werden die Kosten des Berufungsverfahrens nur zwischen den Parteien verteilt.

Der Streithelfer kann auch selbst Berufung einlegen. Erforderlich ist, dass er sich dabei im Rahmen seiner Befugnisse hält. Wirksam ist die Einlegung der Berufung durch den Streithelfer nur, wenn sie nicht mit Erklärungen der Partei im Widerspruch steht (§ 67 Hs. 2 ZPO). 3115

Ein solcher Widerspruch besteht, wenn die Partei eindeutig (ausdrücklich oder konkludent) erklärt hat, sie wolle das Urteil rechtskräftig werden lassen. Sorgfältiger Abgrenzung bedarf der Widerspruch jedoch vom bloßen Untätigbleiben der Partei. Deren Erklärungen können nämlich auch dahingehend verstanden werden, sie selbst wolle zwar kein Rechtsmittel einlegen, stelle sich einem Rechtsmittel des Streithelfers aber nicht entgegen.

Als Widerspruch reicht es nicht aus, dass die Partei auf eine eigene Berufung verzichtet (OLG Hamburg NJW 1989, 1362), eine von ihr eingelegte Berufung nicht weiter betreibt (BGH NJW 1985, 2480) oder diese zurücknimmt (BGH NJW 1980, 1693). Als eindeutig gegen die Durchführung eines Berufungsverfahrens durch den Streithelfer gerichtete Erklärung hat die Rechtsprechung einen Vergleich der Hauptpartei mit dem Gegner angesehen (BGH NJW 1988, 712).

Hat die Partei bereits eindeutig widersprochen, so ist die dennoch eingelegte Berufung des Streithelfers unzulässig und nach § 522 Abs. 1 zu verwerfen. Widerspricht die Partei erst nach Einlegung der Berufung, so ist streitig, ob sie – anstelle der stets möglichen Verwerfung – die Berufung zurücknehmen kann (dafür Zöller/Heßler Vor § 511 Rn. 24, dagegen OLG Hamm FamRZ 1984, 810; Prütting/Gehrlein/Röhl § 511 Rn. 54); in jedem Fall treffen die Kosten der Berufung den Streithelfer.

3116 Die vom Streithelfer eingelegte Berufung ist das Rechtsmittel der Partei. Zulässig ist sie nur, wenn auch die Berufung der Partei zulässig wäre.

Deutlich wird dies, wenn Partei und Streithelfer gleichermaßen Berufung einlegen. Dann handelt es sich nur um ein Rechtsmittel, über das nur eine Entscheidung ergeht (BGH NJW 1993, 2944). Gesondert ist das Rechtsmittel des Streithelfers dann zu behandeln, wenn sein Antrag – zulässigerweise – weitergeht als der der Partei (OLG Hamm NJW-RR 1997, 1156). Nimmt die Partei die von ihr eingelegte Berufung zurück, ist das Berufungsverfahren auch für den Streithelfer beendet (BGH NJW 1988, 712). Im Rubrum eines Urteils erscheint die Partei, auch wenn sie sich am Berufungsverfahren nicht aktiv beteiligt hat.

Auch wenn die Berufungseinlegung durch den Streithelfer im eigenen Namen erfolgt, handelt er für die Partei (BGH NJW 1990, 190; BGH NJW 1997, 2386).

Die Fristen zur Einlegung und Begründung der Berufung (ebenso wie die für die vorbereitende Tatbestandsberichtigung, BGH NJW 1963, 1251) beginnen mit der Zustellung des Urteils an die Partei. Ob und wann eine Zustellung an den Streithelfer erfolgt ist, ist unerheblich (BGH NJW 2001, 1355). Der Streithelfer muss sich nach dem Zeitpunkt des Fristbeginns erkundigen; erfährt er diesen unverschuldet nicht oder falsch, so kommt eine auf sein mangelndes Verschulden abstellende Wiedereinsetzung in den vorigen Stand in Betracht (Prütting/Gehrlein/Gehrlein § 67 Rn. 4; anders wohl BGH NJW 1986, 257). Geht innerhalb dieser Fristen eine hinreichende Erklärung der Partei oder des Streithelfers ein, wirkt diese Frist wahrend, Einlegung und Begründung müssen nicht vom selben Beteiligten stammen (BGH MDR 1985, 751). Fristverlängerungen, die einem gewährt werden, wirken zugunsten beider (BGH NJW 1982, 2069).

Abzustellen ist auf die Beschwer der Partei. Auf eine Beschwer des Streithelfers kommt es nicht an, sie ist weder erforderlich noch ausreichend (BGH NJW 1997, 2386).

Die Prozesshandlungsvoraussetzungen, insbesondere also die Vertretung durch einen beim Berufungsgericht postulationsfähigen Rechtsanwalt, müssen vom jeweils handelnden Beteiligten erfüllt werden.

Hat nur der Streithelfer Berufung eingelegt und ist die Partei untätig geblieben, so kann der Streithelfer die Berufung ohne Zustimmung der Hauptpartei zurücknehmen oder beschränken (BGH NJW-RR 1999, 285).

Die Kosten eines erfolglosen Rechtsmittels treffen nur den Streithelfer, wenn die Partei sich am Berufungsverfahren nicht beteiligt hat, ansonsten gelten die §§ 97, 101 ZPO.

3117 Die Grundsätze für die Einlegung der Berufung durch den Streithelfer gelten auch für die Einlegung der Anschlussberufung (RGZ 68, 14).

3118 Besonderheiten gelten auch hier für den streitgenössischen Nebenintervenienten (§ 69 ZPO).

Da der streitgenössische Nebenintervenient prozessual wie ein Streitgenosse behandelt wird, ist seine Berufung auch gegen den Widerspruch der Partei möglich und stellt ein eigenständiges Rechtsmittel dar, über das eine gesonderte Entscheidung ergeht und für dessen Zulässigkeit auf den streitgenössischen Nebenintervenienten abzustellen ist. Für ihn beginnen eigene Berufungsfristen mit Zustellung des erstinstanzlichen Urteils an ihn (RGZ 108, 132).

3119 Gegen einen erstinstanzlichen Streithelfer kann Berufung nicht eingelegt werden.

Die Berufung muss sich gegen die Partei richten, der Streithelfer kann aufseiten des Berufungsbeklagten am Berufungsverfahren teilnehmen.

c) Streitverkündungsempfänger

Die Streitverkündung ist die förmliche Benachrichtigung eines Dritten von einem anhängigen Prozess durch eine der Parteien. Sinnvoll ist sie insbesondere dort, wo die Partei für einen möglichen späteren Regressprozess die ihr günstige Interventionswirkung herbeiführen will, der Dritte dem Prozess aber zunächst nicht freiwillig beitritt. 3120

Die Streitverkündung erfolgt gemäß § 73 ZPO durch Einreichung eines Schriftsatzes bei Gericht. Dieser bezeichnet den Rechtsstreit und seine derzeitige Lage, ferner wird der Streitverkündungsgrund angegeben; das Gericht stellt den Schriftsatz dem Gegner und dem Streitverkündeten zu. Als Streitverkündungsgrund verlangt § 72 ZPO für den Fall des Unterliegens der Partei das Bestehen eines Anspruchs zwischen ihr und dem Dritten.

Eine Streitverkündung kann sowohl in erster Instanz als auch in zweiter Instanz erfolgen. In beiden Fällen stellt sich für den Dritten die Frage nach einem Beitritt zu dem Berufungsverfahren (§ 74 Abs. 1 ZPO). 3121

Tritt der Dritte der streitverkündenden Partei oder deren Gegner bei, so wird er deren Streithelfer. Für einen solchen Beitritt bedarf es der Voraussetzungen des § 66 Abs. 1 ZPO nicht, anstelle dessen müssen die (weitgehend identischen) Voraussetzungen der Streitverkündung vorliegen. Die Rechtsstellung des Streithelfers richtet sich nach § 67 ZPO. Folge des Beitritts ist der Eintritt der Interventionswirkung zulasten des Beitretenden, § 68 ZPO. Zu beiden Punkten kann auf die entsprechenden Ausführungen zur Streithilfe verwiesen werden.

Lehnt der Dritte den Beitritt ab oder erklärt er sich hierzu nicht (wie in der Praxis meist), so wird der Rechtsstreit ohne ihn fortgesetzt. Der Dritte wird dann über den weiteren Prozessverlauf nicht informiert, er erhält weder die Schriftsätze der Parteien noch Ladungen zu den Terminen oder die Entscheidungen des Gerichts. Will sich der Streitverkündungsempfänger über den weiteren Verlauf des Verfahrens auf dem Laufenden halten, so trifft ihn eine Erkundigungspflicht. Ein Recht auf Akteneinsicht steht ihm nur nach § 299 Abs. 2 ZPO (nicht nach § 299 Abs. 1 ZPO) zu, ein materieller Auskunftsanspruch gegen den Streitverkünder ergibt sich häufig aus dem Streitverkündungsgrund. Auch im Fall eines Nichtbeitritts wird der Dritte über die Interventionswirkung an die Prozessergebnisse gebunden (§ 74 Abs. 2, Abs. 3 ZPO), wenn die Streitverkündung wirksam erfolgt ist (§§ 72, 73 ZPO), was dann im Folgeprozess zwischen Partei und Drittem geprüft wird.

Gegen die in allen Fällen eintretende Interventionswirkung ist – wie bei der Nebenintervention auch – nur die Einrede der mangelhaften Prozessführung durch die Partei möglich (§ 68 ZPO), die bei einem Beitritt erst in der Berufungsinstanz auch darauf gestützt werden kann, dass dort präkludiertes Vorbringen nicht schon in erster Instanz vorgetragen war.

Ein Beitritt ist für den Dritten immer dann zu empfehlen, wenn zum einen zu befürchten ist, dass er in einem Folgeprozess von der Partei in Anspruch genommen wird, und zum anderen die Chance besteht, durch Teilnahme am laufenden Verfahren dessen Ergebnis zum eigenen Vorteil zu beeinflussen. 3122

Kann der Dritte aufgrund eigener Rechtsprüfung davon ausgehen, dass ein Regressanspruch gegen ihn nicht besteht, bedarf es eines Beitritts nicht. Entsprechendes gilt, wenn es im Prozess nur um Fragen geht, die im Verhältnis zu ihm unstreitig oder unerheblich sind, oder wenn der Dritte zu diesen Fragen selbst weder rechtlich noch tatsächlich Entscheidendes beizutragen hat und er davon ausgehen darf, die Partei werde sich bezüglich dieser Fragen hinreichend verteidigen.

► **Praxistipp:**

Das Erfordernis eines Beitritts ergibt sich für den Streitverkündungsempfänger häufig erst in zweiter Instanz oder lässt sich hier jedenfalls besser erkennen als in erster Instanz. 3123

Ein Beitritt ist in der Berufungsinstanz möglich, unabhängig davon, ob die Streitverkündung erst hier oder bereits in erster Instanz erfolgt ist (§ 66 ZPO). 3124

Ob ein Regressanspruch von Dritten oder gegen Dritte besteht, lässt sich manchmal erst dem Berufungsurteil oder der Einlassung der Parteien im Berufungsverfahren entnehmen. Manchmal führt auch erst die kritische Auseinandersetzung mit dem eigenen erstinstanzlichen Rechtsstandpunkt zu einer entsprechenden Erkenntnis. Vielfach wird deswegen für den Rechtsanwalt, der einen Streitverkündungsempfänger bereits erstinstanzlich beraten und von einem Beitritt aber abgesehen hat, die Notwendigkeit bestehen, nach dem Urteil erster Instanz die Frage des Beitritts erneut zu prüfen.

Allerdings werden weder das erstinstanzliche Urteil noch Berufungsschriftsätze dem Streitverkündungsempfänger von Amts wegen zugestellt, wenn er dem Rechtsstreit nicht beigetreten ist (§ 74 Abs. 2 ZPO). Daran ändert auch der bei Gericht gestellte »Antrag«, über den weiteren Prozessverlauf informiert zu werden, nichts. Erforderlich ist, dass der Dritte sich nach dem Verfahrensstand und dem Inhalt etwaiger Entscheidungen erkundigt, sei es durch Akteneinsichtsanträge nach § 299 Abs. 2 ZPO, sei es durch Auskunftsverlangen der Partei gegenüber.

3125 Zu prüfen ist auch die Frage, ob eine weitere Streitverkündung an Personen erforderlich ist, die bislang nicht prozessbeteiligt sind. Hierzu ist der Streitverkündete nach § 72 Abs. 2 ZPO unabhängig davon berechtigt, ob er dem Rechtsstreit selbst beitritt oder nicht (BGH WM 1997, 1757).

Praktische Bedeutung hat dies in den Fällen des Kettenregresses, zum Beispiel beim Unternehmerrückgriff im Verbrauchsgüterkauf nach § 478 BGB.

d) Weitere Verfahrensbeteiligte

3126 Ausnahmsweise können auch andere Prozessbeteiligte anwaltlicher Vertretung bedürfen.

3127 Dies gilt insbesondere für **Zeugen.** Diese haben – auch in nichtöffentlicher Sitzung – ein verfassungsrechtlich abgesichertes Recht darauf, ihre Aussage von der Anwesenheit eines eigenen Rechtsbeistands abhängig zu machen (BVerfG NJW 1975, 103). Die Tätigkeit des Anwalts bei der Vertretung eines Zeugen in der Berufungsinstanz unterscheidet sich nicht von einer Vertretung in erster Instanz.

Die Befugnisse des Rechtsbeistands sind auf die Beratung des eigenen Mandanten beschränkt, dem Gericht oder den übrigen Verfahrensbeteiligten gegenüber bestehen keine Befugnisse. So hat der Rechtsbeistand keinen Anspruch auf Teilnahme an anderen nichtöffentlichen Teilen der Verhandlung, hat kein eigenes Fragerecht bei der Vernehmung seines Mandanten, kann keine Beweisanträge stellen und kann Akteneinsicht nicht über § 299 Abs. 1 ZPO, sondern nur über § 299 Abs. 2 ZPO verlangen.

Ein Gebührenanspruch steht dem Anwalt nur gegen seinen Mandanten zu, gegenüber dem Gericht oder einer der Parteien besteht weder ein prozessualer noch ein materiell-rechtlicher Kostenerstattungsanspruch.

3128 Wegen ihrer praktischen Seltenheit insbesondere im Berufungsverfahren keiner besonderen Darstellung bedürfen die in besonderer Form am Verfahren beteiligten **Drittbeteiligten** (Hauptintervenienten, §§ 64 f. ZPO, Prätendenten, § 75 ZPO, Urheber, §§ 76 f. ZPO; Oberheim, Zivilprozessrecht, § 16 Rn. 59 ff.).

3129 Ein aus dem Verfahren resultierendes Interesse an rechtlicher Beratung können auch dritte Personen haben, die in keiner Form am Verfahren beteiligt sind. Solchen **Nichtbeteiligten** stehen prozessuale Befugnisse außerhalb der §§ 64 ff. ZPO grundsätzlich nicht zu.

Enthält das Urteil aufgrund von Vortrag der Parteien tatsächliche Feststellungen auch in Bezug auf einen Dritten, so kann dieser ein Interesse an einer Richtigstellung haben. Da solche Feststellungen dem Dritten gegenüber grundsätzlich weder in materieller Rechtskraft erwachsen noch Vollstreckungswirkung entfalten, gewährt ihm die Zivilprozessordnung über die bloße Akteneinsicht (§ 299 Abs. 2 ZPO) und gegebenenfalls die Möglichkeit eines Beitritts (§§ 64 ff. ZPO) hinaus praktisch keine Rechte. Er ist auf die eigenständige Durchsetzung seiner Rechte in einem eigenen Verfahren angewiesen (Hager NJW 1989, 885).

V. Verfahren der Berufung

3130 Obwohl der Schwerpunkt der anwaltlichen Tätigkeit im Berufungsverfahren eindeutig bei Berufungsbegründung und -erwiderung liegt, können auch im weiteren Verlauf des Berufungsverfahrens taktische Entscheidungen anfallen.

1. Ablauf

Taktische Fragen stellen sich dem Anwalt auch während des Berufungsverfahrens. Dessen Ablauf ergibt sich aus §§ 519 ff. ZPO. 3131

Verfahrensablauf und Entscheidungen im Berufungsverfahren

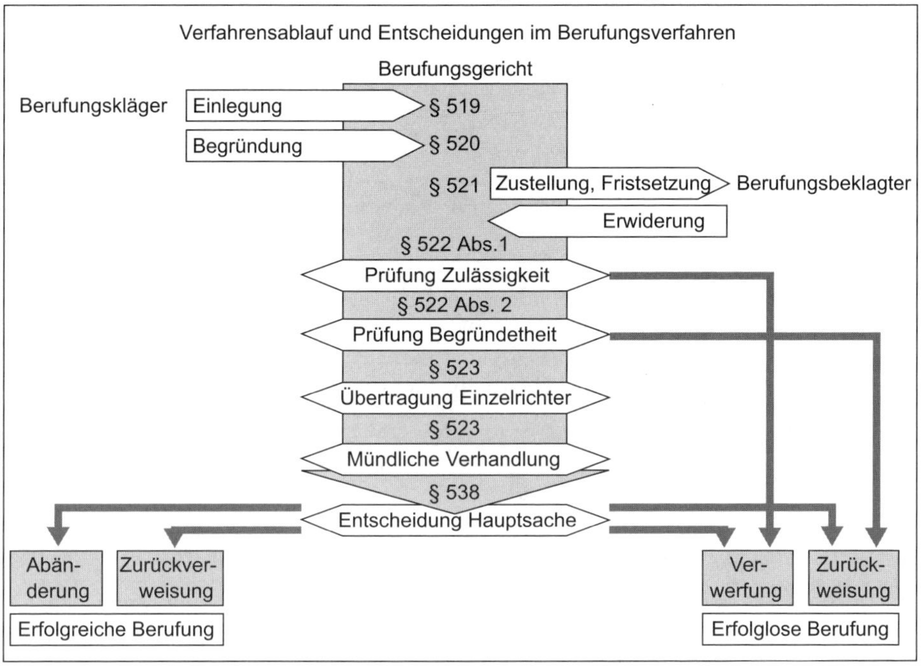

Abb. 5: Verfahrensablauf und Entscheidungen im Berufungsverfahren

Das Berufungsverfahren beginnt mit der Einlegung der Berufung (§ 519 ZPO; oben Rdn. 2799) und setzt sich – gegebenenfalls nach Verlängerung der Begründungsfrist durch das Gericht – mit deren Begründung (§ 520 ZPO; oben Rdn. 2885) durch den Berufungskläger fort. Einlegungs- und Begründungsschrift werden dem Berufungsbeklagten zugestellt, regelmäßig wird ihm eine Frist zur Berufungserwiderung gesetzt (§ 521 ZPO; oben Rdn. 3056).

Liegt die Erwiderung vor, prüft das Gericht Zulässigkeit und Begründetheit der Berufung; eine unzulässige Berufung kann durch Beschluss verworfen, eine unbegründete Berufung durch Beschluss zurückgewiesen werden (§ 522 ZPO; unten Rdn. 3133). Erfolgt eine solche Beschlussentscheidung nicht, entscheidet das Gericht über einen Einsatz des Einzelrichters und bestimmt Termin zur mündlichen Verhandlung (§ 523 ZPO; unten Rdn. 3153), an dessen Ende die Entscheidung über die Hauptsache durch Urteil ergeht (§ 538 ZPO; unten Rdn. 3174). 3132

2. Beschlussentscheidungen Gericht

Nach Eingang von Berufungsbegründung und -erwiderung hat das Gericht in voller Besetzung zu prüfen, ob die Berufung zulässig ist und Aussicht auf Erfolg hat. Ist dies nicht der Fall, ergeht eine Entscheidung im Beschlussweg. 3133

a) Verwerfung unzulässiger Berufung

Die besonderen Zulässigkeitsvoraussetzungen der Berufung sind Voraussetzungen für die Fortsetzung des Verfahrens in der zweiten Instanz. Nur wenn diese vorliegen, kann eine Sachprüfung des 3134 angefochtenen Urteils erfolgen, die ihrerseits die Zulässigkeit und Begründetheit der Klage umfasst. Die Zulässigkeit der Berufung umfasst:

- die Statthaftigkeit (§§ 511, 514 ZPO);
- die form- und fristgerechte Einlegung (§§ 517–519 ZPO);
- die form- und fristgerechte Begründung (§ 520 ZPO);
- das Vorliegen deiner hinreichenden Beschwer (§§ 511 Abs. 1 Nr. 1, 513 ZPO);
- die Zuständigkeit des angerufenen Berufungsgerichts (§§ 72, 119 GVG).

Gesetzlich werden die Statthaftigkeit sowie die Form und Frist von Einlegung und Begründung hervorgehoben (§ 522 Abs. 1 Satz 1 ZPO), die Prüfung hat sich aber auch auf die Beschwer, die Zuständigkeit des Berufungsgerichts und die allgemeinen Prozesshandlungsvoraussetzungen zu erstrecken.

Sind die zur Ausfüllung der Zulässigkeitsvoraussetzungen erforderlichen Tatsachen streitig, so muss hierüber Beweis erhoben werden. Beweismittel und Beweisverfahren sind dabei nicht an die von den §§ 355 ff. ZPO gezogenen Grenzen gebunden, sondern können frei bestimmt werden (sog. Freibeweis; BGH NJW 2000, 814; BGH NJW 1997, 3319). Bewiesen ist eine Tatsache aber wie im Strengbeweisverfahren auch erst bei vollständiger Überzeugung des Gerichts (»Vollbeweis«).

3135 Ergibt die Prüfung die Zulässigkeit der Berufung, so kann diese isoliert in Form eines Beschlusses (§ 522 Abs. 1 Satz 3 ZPO; BGH NJW-RR 2019, 1150) oder – nach vorheriger mündlicher Verhandlung – eines Zwischenurteils (§ 303 ZPO) ausgesprochen werden. Eines Antrags seitens einer Partei bedarf eine solche Entscheidung nicht, dennoch ist ein solcher selbstverständlich möglich.

▶ **Praxistipp:**

3136 Besteht Streit über die Zulässigkeit der Berufung, kann hierüber eine Vorabentscheidung des Gerichts beantragt werden.

Isolierte Entscheidungen können über die Zulässigkeit insgesamt (»Die Berufung ist zulässig«) ergehen oder über einzelne Zulässigkeitsvoraussetzungen (»Die Berufung ist rechtzeitig begründet worden«). Eine solche Entscheidung bindet das Berufungsgericht für das weitere Verfahren (§ 318 ZPO), soweit nicht nachträglich entstandene neue Tatsachen eine andere Entscheidung erfordern (h.M., BGH LM § 238 Nr. 2; a.A. Anders/Gehle/Göertz § 522 Rn. 8). Sowohl Zwischenurteil als auch Beschluss können nicht isoliert, sondern nur im Rahmen der Revision gegen das in der Sache ergehende Endurteil angefochten werden (§ 557 Abs. 2 ZPO).

3137 Regelmäßig wird die Zulässigkeit der Berufung erst in den Entscheidungsgründen des Endurteils festgestellt.

Dabei gilt, wie in erster Instanz auch, dass in den schriftlichen Entscheidungsgründen nur diejenigen Zulässigkeitsfragen Erwähnung finden, bezüglich derer nach Auffassung des Gerichts Zweifel bestehen konnten. Nicht erörterte Zulässigkeitsvoraussetzungen machen kein Ergänzungsurteil erforderlich, sie werden stillschweigend bejaht. Verbreitet wird aus § 522 Abs. 1 Satz 1 ZPO gefolgert, dass Ausführungen zu den dort genannten Zulässigkeitsvoraussetzungen in jedem Fall erforderlich sind, doch erschöpfen sich diese regelmäßig in einer bloßen Floskel (»Die Berufung ist zulässig, insbesondere an sich statthaft sowie form- und fristgerecht eingelegt und begründet worden«).

Auch in diesem Fall kann die Zulässigkeitsentscheidung nur zusammen mit der Hauptsache im Rahmen der Revision angefochten werden.

3138 Ergibt die Prüfung die Unzulässigkeit der Berufung, so kann hierüber – nach vorheriger mündlicher Verhandlung – durch Endurteil oder – ohne vorherige mündliche Verhandlung – durch Beschluss entschieden werden (§ 522 Abs. 1 Satz 2 ZPO). In jedem Fall muss zuvor ein Hinweis nach § 139 ZPO erteilt und rechtliches Gehör gewährt werden (BGH NJW 1994, 392).

Die Frage, ob mündlich verhandelt wird und damit auch, in welcher Form die Entscheidung ergeht, steht im freien Ermessen des Gerichts. Einfluss hierauf haben die Parteien nicht, sodass weder ein Verzicht auf die mündliche Verhandlung erklärt zu werden braucht noch ein Antrag auf Durchführung der mündlichen Verhandlung möglich ist.

Sehr sorgfältig sollte indes die inhaltliche **Reaktion** auf die angekündigte Verwerfung der Berufung überdacht werden. 3139

(1) Ist die zur Unzulässigkeit der Berufung führende Rechtsauffassung des Gerichts unzutreffend, so kann (und muss) hiergegen ausführlich argumentiert werden. 3140

Solchen Rechtsausführungen stehen weder das berufungsrechtliche Novenrecht noch irgendwelche Fristen entgegen.

(2) Das Gleiche gilt, wenn das Gericht seiner Entscheidung einen falschen oder unzutreffenden Sachverhalt zugrunde gelegt hat. 3141

Hier sind die richtigen Tatsachen vorzutragen und ggf. unter Beweis zu stellen. Dabei gilt regelmäßig das Freibeweisverfahren (oben Rdn. 1830).

▶ Beispiel:

Geht das Berufungsgericht aufgrund des Eingangsstempels vom verspäteten Eingang eines Schriftsatzes aus, wurde dieser aber rechtzeitig eingereicht, so ist dies kein Wiedereinsetzungsfall. Vielmehr müssen Zeitpunkt und Umstände der Einreichung (»Einwurf in den Gerichtsbriefkasten am Vorabend durch den Kanzleiangestellten X«) vorgetragen und unter Beweis gestellt werden (»anliegende eidesstattliche Versicherung des Angestellten«, »Einholung einer dienstlichen Erklärung der für den Fristenbriefkasten zuständigen Gerichtsmitarbeiterin«). 3142

(3) Ergibt der Hinweis einen Fehler bei Einlegung oder Begründung der Berufung, kann versucht werden, diesen zu heilen. 3143

Läuft die Frist zur Einlegung oder Begründung noch, können Mängel durch Nachholung der unwirksamen Prozesshandlung geheilt werden; dies dürfte nur ausnahmsweise in Betracht kommen.

Wegen der Fristabhängigkeit von Einlegung und Begründung ist der Spielraum für den Vortrag neuer Tatsachen nur gering, was nicht bedeutet, dass es nicht einen Versuch wert wäre. Bleiben die neuen Tatsachen unstreitig, müssen sie berücksichtigt werden.

Ist eine Frist versäumt worden, besteht vielfach noch die Möglichkeit der Wiedereinsetzung in den vorigen Stand (§§ 233 ff. ZPO, oben Rdn. 823), wenn die Fristversäumung schuldlos erfolgte. Hierfür stehen bei Versäumung der Einlegungsfrist zwei Wochen, bei Versäumung der Begründungsfrist ein Monat zur Verfügung. Ist die vom Gericht gesetzte Frist zur Stellungnahme auf den Hinweis kürzer, sollte hierauf besonders hingewiesen und ggf. eine Fristverlängerung beantragt werden (BGH VersR 2001, 730). Wird die Wiedereinsetzung versagt, ist hiergegen eine weitere Rechtsbeschwerde einzulegen (§ 238 Abs. 2 Satz 1 ZPO), wird Wiedereinsetzung gewährt, fällt die Verwerfungsentscheidung ohne Weiteres weg.

(4) Ist der Versuch, die Verwerfung abzuwenden, erkennbar ohne Aussicht auf Erfolg, bleibt der Versuch einer Kostenminimierung und – soweit ein Anwaltsfehler vorliegt – die Information der eigenen Rechtsschutzversicherung. 3144

Wird die Berufung zurückgenommen, können zumindest zwei Gerichtsgebühren (GKG-KV Nr. 1222), ggf. auch die anwaltlichen Terminsgebühren, erspart werden.

Der Verwerfungsbeschluss unterliegt der Rechtsbeschwerde kraft Gesetzes, das heißt ohne Zulassung (§§ 522 Abs. 1 Satz 4, 574 Abs. 1 Nr. 1 ZPO). Das Verwerfungsurteil kann mit der Revision oder der Nichtzulassungsbeschwerde angefochten werden, wobei Letztere wertunabhängig möglich ist (§ 543 Abs. 1 ZPO). 3145

b) Zurückweisung substanzloser Berufung

Nicht immer muss auf eine zulässige Berufung hin ein aufwendiges Berufungsverfahren mit mündlicher Verhandlung stattfinden. Erkennbar erfolglose Berufungen werden durch Beschluss zurückgewiesen. Hierzu hat das Berufungsgericht in voller Besetzung vor Bestimmung eines Termins und vor Übertragung an den Einzelrichter eine Prüfung der Begründetheit der Berufung durchzuführen. 3146

Die ursprüngliche Regelung stieß wegen der in der Praxis sehr unterschiedlichen Nutzung dieser Möglichkeit und der Unanfechtbarkeit dieser Entscheidung insbesondere in Anwaltskreisen auf große Kritik. Mit Gesetz vom 27.10.2011 (BGBl. I, 2082) hat der Gesetzgeber deswegen das Verfahren reformiert (Baumert MDR 2011, 1145; ders. MDR 2013, 7). Die Kritik ist deswegen aber nicht verstummt. Teile der Literatur (Gehrlein NJW 2014, 3393; weitere Nw. bei Leonhardt, Die Zurückweisung der Berufung durch Beschluss, Diss. Kiel 2011) und der Anwaltschaft möchten die Möglichkeit einer Beschlusszurückweisung ersatzlos abschaffen, die Praxis hält überwiegend daran fest (Radke jM 2015, 228).

3147 Auch wenn das Gericht von der Erfolglosigkeit des Rechtsmittels ausgeht, muss es dieses nicht durch Beschluss zurückweisen, sondern »soll« dies tun. Im Rahmen des gebundenen Ermessens, das dem Gericht eingeräumt wird, ist die Zurückweisung durch Beschluss damit zwar die Regel, kann in Ausnahmefällen aber auch unterbleiben. Damit besteht für den Anwalt eine Möglichkeit der Einflussnahme auf die Entscheidung, indem er Umstände vorträgt, die im Rahmen der Ermessensausübung und der Sachprüfung der Voraussetzungen für das Gericht relevant werden können. Ob das Beschlussverfahren nach § 522 Abs. 2 ZPO für den Anwalt sinnvoll ist oder nicht, kann nur im Einzelfall beantwortet werden.

- Dafür spricht, dass das Verfahren beschleunigt und ohne unnötigen Aufwand an Zeit, Mühe und Kosten durchgeführt werden kann, was vielfach auch im Interesse von Partei und Anwalt liegen wird.
- Dagegen spricht, dass die in einer mündlichen Verhandlung liegenden Chancen nicht genutzt werden können. Unklarheiten und Missverständnisse bleiben unerörtert, ein Rechtsgespräch mit dem Austausch von Argumenten unterbleibt. Für den Mandanten entsteht leicht der Eindruck, vom Gericht nicht ernst genommen worden zu sein und keine Chance gehabt zu haben, seinen Standpunkt vorzutragen.

3148 Voraussetzung der Beschlusszurückweisung ist in materieller Hinsicht, dass die Berufung offensichtlich keine Aussicht auf Erfolg hat, in prozessualer Hinsicht, dass eine mündliche Verhandlung nicht geboten ist und keine der Fallgestaltungen vorliegt, unter denen ein Rechtsmittel zuzulassen wäre. Alle Voraussetzungen müssen vom Spruchkörper einstimmig bejaht werden.

Keine Aussicht auf Erfolg hat die Berufung, wenn das Vorbringen des Berufungsklägers einen Berufungsgrund nach § 513 Abs. 1 ZPO nicht ausfüllt und das angefochtene Urteil weder auf einer Rechtsverletzung beruht noch neue Tatsachen eine andere Entscheidung rechtfertigen. Bei Beurteilung der »Erfolgsaussicht« handelt es sich nicht um eine summarische Prognose-, sondern um eine volle Sachprüfung. Die Angriffs- und Verteidigungsmittel des Berufungsklägers liegen bereits vor, nachträglicher Vortrag ist grundsätzlich verspätet (§ 530 ZPO). Ergibt sich die Erforderlichkeit einer Beweisaufnahme, so wird diese nicht antizipiert, sondern durchgeführt. Die Berufung hat dann Aussicht auf Erfolg. Soweit es für die Beurteilung der Erfolgsaussicht auf Vorbringen des Beklagten ankommt, ist dieses in die Prüfung einzubeziehen. Ist dem Berufungskläger bereits Prozesskostenhilfe gewährt (und damit die Erfolgsaussicht bejaht) worden, scheidet eine Beschlusszurückweisung regelmäßig aus (Hirtz MDR 2002, 1265).

Offensichtlich ist die Erfolglosigkeit nicht erst dann, wenn sie auf der Hand liegt, schon bei kursorischer Prüfung offen zutage tritt, ihr sozusagen »auf die Stirn geschrieben« ist. Vielmehr reicht es, dass sie sich erst als Ergebnis einer gründlichen Prüfung ergibt (BT-Drs 17/6406, S. 9; OLG Stuttgart, Urt. vom 05.03.2012 – 13 U 24/12; OLG München, Urt. vom 05.01.2012 – 1 U 4433/11). Insbesondere ist mit dem neuen Merkmal keine Aussage über die inhaltliche Qualität der Berufung (und damit über die anwaltliche Tätigkeit) verbunden. Weitgehend Einigkeit (a.A. soweit erkennbar nur einige Stimmen aus der Anwaltschaft: Baumert MDR 2013, 7; Lindner AnwBl 2011, 943) besteht heute deswegen in der Literatur dahin, dass die Aufnahme der Offensichtlichkeit in § 522 Abs. 2 ZPO lediglich deklaratorischen Charakter hat und die Bedeutung der einstimmigen Verneinung der Erfolglosigkeit nach gründlicher Prüfung des berücksichtigungsfähigen Prozessstoffs in Form eines gesetzgeberischen Appells besonders hervorheben will (Hirtz/Oberheim/Siebert Kap. 14 Rn. 12 f.; Meller-Hannich NJW 2011, 3393, 3394). Auch erste obergerichtliche Entscheidungen deuten eher auf eine der bisherigen Praxis gegenüber unveränderte Vorgehensweise hin (Baumert MDR 2013, 7, 10, 11 f. unter Hinweis auf OLG München, Beschl. vom 16.02.2012 – 1 U 4433/11 und OLG Stuttgart, Beschl. vom 16.01.2012 – 5 U 126/11). Ausgeschlossen ist eine Beschlussentscheidung über die Berufung nach § 522 Abs. 2 Nr. 4 ZPO, wenn eine mündliche Verhandlung geboten ist. Liegen die Voraussetzungen der Nr. 1 bis 3 vor, ist damit ein Absehen von der mündlichen Verhandlung grundsätzlich gerechtfertigt, besondere Umstände sind erforderlich, um diesen Regelfall auszuschließen. Geboten sein kann die mündliche Verhandlung über die Berufung aus verfassungsrechtlichen Gründen, wenn schon in erster Instanz nicht mündlich über den in zweiter Instanz wesentlichen Prozessstoff verhandelt wurde (Art. 6 EMRK; Anders/Gehle/Göertz § 522 Rn. 17; BVerwG NVwZ 2002, 994 zu § 130a VwGO; OLG Braunschweig ZIP 2003, 1154). Im Übrigen handelt es sich bei dem Gebotensein um einen unbestimmten Rechtsbegriff, der der Ausfüllung bedarf und zu welchem anwaltlicher Vortrag erforderlich ist. Gründe für die mündliche Verhandlung können in der Schwere der betroffenen Rechtsgüter, der wirtschaftlichen oder sonstigen Bedeutung der Sache für die Parteien, der prozessualen Fairness, ggf. auch in der Möglichkeit einer gütlichen Einigung liegen (BT-Drs 17/6406, S. 9; BT-Drs 17/5334, S. 7; OLG München, Urt. vom 16.02.2012 – 1 U 4433/11; OLG Hamm Schaden-Praxis 2012, 378; OLG Oldenburg, Urt. vom 29.11.2011 – 5 U 80/11; Hirtz/Oberheim/Siebert Kap. 14 Rn. 26a ff.; Meller-Hannich NJW 2011, 3393, 3395).

Die Rechtssache darf keine grundsätzliche Bedeutung haben, die Fortbildung des Rechts oder die Sicherung einer einheitlichen Rechtsprechung dürfen eine Entscheidung des Berufungsgerichts nicht erfordern (Baumert MDR 2014, 1181). Das Berufungsgericht ist dabei nicht an eine Beurteilung des erstinstanzlichen Gerichts gebunden, sodass die Zulassung der Berufung durch das erstinstanzliche Gericht eine Beschlussentscheidung des Berufungsgerichts nicht ausschließt, wenn das Berufungsgericht die Voraussetzungen des § 511 Abs. 4 ZPO verneint. Hat das Berufungsgericht mit einer Entscheidung nach § 522 ZPO das Fehlen der Voraussetzungen für die Zulassung eines Rechtsmittels festgestellt, kommt die Zulassung einer Revision nicht in Betracht und ist konsequenterweise ausgeschlossen (§ 522 Abs. 3 ZPO).

Die Notwendigkeit einer Einstimmigkeit beschränkt den Anwendungsbereich der Beschlusszurückweisung auf eindeutige Fälle. Allerdings ist nicht erforderlich, dass die Erfolglosigkeit evident ist, gleichsam »ins Auge springt«. Es reicht aus, wenn diese sich erst nach gründlicher Sachprüfung ergibt und sie aufwendiger Begründung bedarf (BVerfG NJW 2003, 281; OLG Rostock NJW 2003, 1676).

Vor der Zurückweisung der Berufung durch Beschluss sind die Parteien hierauf unter Darlegung der 3149
Gründe hierfür hinzuweisen. Dem Berufungskläger muss eine Frist zur Stellungnahme eingeräumt werden (§ 522 Abs. 2 Satz 2 ZPO).

Sind mehrere Streitgegenstände mit der Berufung angefochten, kommt eine Beschlusszurückweisung für einzelne Teile in Betracht. Wird der Streitgegenstand in der Berufungsinstanz erweitert (Anschlussberufung, Klageänderung, Aufrechnung, Widerklage), wird hierüber im Fall der Beschlusszurückweisung nicht entschieden (§ 524 Abs. 4 ZPO, der auf die übrigen genannten Fälle analog angewandt wird: Hirtz/Oberheim/Siebert Kap. 14 Rn. 76a ff. m.w.N.; a.A. Bub MDR 2011, 84).

Die Frist zur Stellungnahme ist gesetzlich nicht vorgegeben, sie steht im freien Ermessen des Gerichts, wird aber in entsprechender Anwendung des § 277 Abs. 3 ZPO wenigstens zwei Wochen betragen müssen. Nimmt der Berufungskläger zu dem Hinweis Stellung, so muss dem Berufungsbeklagten hierzu rechtliches Gehör nur dann gewährt werden, wenn die Zurückweisungsentscheidung nicht oder nicht wie angekündigt erfolgen soll.

Schriftsätze der Parteien muss das Gericht auch dann berücksichtigen, wenn sie nach Ablauf der gesetzten Frist – aber vor Erlass des Zurückweisungsbeschlusses – eingehen (BGH MDR 2017, 107 m. Anm. Vossler 263; Fellner MDR 2017, 435). Ob dies auch für neuen Tatsachenvortrag gilt, der nach §§ 529, 531 ZPO zuzulassen wäre, hat der BGH ausdrücklich offengelassen.

Praxistipp:

Der Hinweis darf regelmäßig nicht reaktionslos hingenommen werden. Ein Absehen des 3150
Gerichts von der angekündigten Entscheidung ist aber nur schwer erreichbar.

Die reaktionslose Hinnahme eines solchen Hinweisbeschlusses durch den Prozessbevollmächtigten des Berufungsklägers führt zum Verlust der Möglichkeit einer Rüge in der Revision (BGH MDR 2016, 664) und dürfte regelmäßig eine Pflichtverletzung darstellen. Aus dem Hinweis folgt, dass das Rechtsmittel keinerlei Erfolgsaussichten hat. Möglich ist zum einen eine qualifizierte Stellungnahme zu dem Hinweisbeschluss, um doch noch eine mündliche Verhandlung zu erreichen. Dies setzt voraus, dass das Gericht von der Unrichtigkeit der bisherigen Rechtsauffassung überzeugt werden kann, ein in Anbetracht der einstimmig erfolgten Entscheidung nur selten erreichbares Ziel. Zum anderen kommt eine Rücknahme des Rechtsmittels in Betracht. Hierdurch reduziert sich die Verfahrensgebühr von 4 auf 2 Gebühren (Nr. 1222 KV-GKG).

3151 Besonderer Überlegungen bedarf der Hinweisbeschluss nach § 522 Abs. 2 ZPO bei beiden Parteien im Fall der Anschlussberufung.

Diese verliert ihre Wirkung, wenn die Berufung wegfällt, sei es durch Rücknahme oder durch Beschlusszurückweisung (§ 524 Abs. 4 ZPO). Ein Unterschied besteht indes hinsichtlich der Kosten: Diese fallen dem Berufungskläger zur Last, wenn er die Berufung zurücknimmt, dem Anschlussberufungskläger, wenn eine Entscheidung nach § 522 Abs. 2 ZPO ergeht. Der Berufungskläger muss deswegen im Einzelfall abwägen, ob er sein Rechtsmittel zurücknimmt und dann die nach Nr. 1222 KV-GKG reduzierten Gesamtkosten von Berufung und Anschlussberufung trägt oder ob er eine Entscheidung nach § 522 Abs. 2 ZPO ergehen lässt und dann nur die (nicht reduzierten) auf die Berufung entfallenden Kosten trägt.

Auch der Berufungsbeklagte muss das eigene Prozessverhalten nach Zugang des Hinweisbeschlusses überdenken. Ist er durch die erstinstanzliche Entscheidung ebenfalls beschwert und läuft ausnahmsweise die eigene Berufungsfrist noch, kommt die Einlegung einer eigenen selbstständigen Berufung in Betracht, wenn deren Erfolg aus dem Hinweisbeschluss erkennbar ist. Die Einlegung einer Anschlussberufung muss unterbleiben oder hilfsweise auf den Fall der Nichtentscheidung nach § 522 ZPO bedingt werden.

Kommt für den Berufungsführer eine Rücknahme der Berufung auf einen Hinweisbeschluss nach § 522 Abs. 2 Satz 2 ZPO hin nicht in Betracht, so muss der Anwalt alle Rügen wegen Verletzung des rechtlichen Gehörs (Art. 103 Abs. 1 GG) innerhalb der Stellungnahmefrist vorbringen, um die Möglichkeit einer erfolgreichen Nichtzulassungsbeschwerde zu erhalten.

3152 Erschüttert eine eventuelle Stellungnahme des Berufungsklägers die Überzeugung des Gerichts von den Voraussetzungen des § 522 Abs. 2 Satz 1 ZPO nicht, so wird die Berufung durch Beschluss endgültig zurückgewiesen.

Der Zurückweisungsbeschluss bedarf der Begründung (§ 522 Abs. 2 Satz 3 ZPO), doch kann hierbei Bezug genommen werden auf die Gründe des Hinweisbeschlusses. Ist das angefochtene Urteil fehlerfrei, kann für den Hinweis und die Zurückweisung auch allein auf dessen Entscheidungsgründe Bezug genommen werden. Hat der Berufungskläger zu dem Hinweisbeschluss Stellung genommen, muss die Begründung sich damit auseinandersetzen.

Gegen den Beschluss ist das Rechtsmittel gegeben, das bei einer Entscheidung durch Urteil zulässig wäre (§ 522 Abs. 3 ZPO). Statthaft ist damit die Nichtzulassungsbeschwerde, soweit der Wert des Beschwerdegegenstands 20.000 € übersteigt (§ 544 Abs. 2 ZPO; unten Rdn. 3250).

3. Mündliche Verhandlung

3153 Die mündliche Verhandlung vor dem Berufungsgericht entspricht der vor dem erstinstanzlichen Gericht (§ 525 Abs. 1 ZPO). Entgegen der daraus abgeleiteten Erwartung unerfahrener Anwälte bedeutet dies aber nicht, dass auch die Anforderungen an die anwaltliche Tätigkeit die gleichen sind (zu den Unterschieden Hirtz/Oberheim/Siebert Kap. 16 Rn. 155 ff., 193 ff.).

Unterschiede resultieren aus dem Zeitpunkt der Verhandlung und der Funktion der Berufungsinstanz. Während es erstinstanzlich vornehmlich um eine vollständige Sachaufklärung und eine umfassende Sach- und Rechtsprüfung geht, steht der Prozessstoff in der Berufungsinstanz bereits weitgehend fest.

Dies gilt schon für die Vorbereitung des Termins, die dem Berufungsgericht im gleichen Umfang obliegt und für die ihm die gleichen Instrumente zur Verfügung stehen. Seltener als in erster Instanz wird das Gericht in der Berufung die Parteien zu weiteren Stellungnahmen auffordern, ihnen (oder Dritten) die Vorlage von Unterlagen aufgeben oder eine Beweisaufnahme vorbereiten (§§ 142 ff., 273 Abs. 2, 358a ZPO). Häufiger als in erster Instanz wird dagegen das persönliche Erscheinen der Parteien angeordnet (§ 141 ZPO) oder terminsvorbereitend ein Hinweis auf die Erfolgsaussichten gegeben.

3154 Besonderheiten im Ablauf des Termins zur mündlichen Verhandlung ergeben sich der ersten Instanz gegenüber zum einen aus dem Gesetz (§§ 522 Abs. 1 Satz 1, 525 Satz 2 ZPO), zum anderen aus dem Wesen der Berufungsinstanz.

3155 Der Termin zur mündlichen Verhandlung wird regelmäßig mit der Prüfung einiger Formalia eröffnet. Zu diesen gehört in der Berufungsinstanz auch die Zulässigkeit des Rechtsmittels.

Nach dem Aufruf der Sache (§ 220 Abs. 1 ZPO) und der formalen Eröffnung der Verhandlung durch den Vorsitzenden (§ 136 ZPO) ist die Präsenz der Beteiligten (Parteien, Prozessbevollmächtigte, Zeugen, Sachverständige) festzustellen und ins Protokoll aufzunehmen (§ 160 Abs. 1 Nr. 4 ZPO); gegebenenfalls ist zu klären, inwieweit die Verhandlung öffentlich (§§ 169 ff. GVG) ist und ob dem entsprochen wurde. Vielfach wird das Vorliegen der Zulässigkeitsvoraussetzungen, insbesondere die Zeitpunkte von Urteilszustellung und Eingang von Berufung und Berufungserwiderung, ausdrücklich festgestellt (§ 522 Abs. 1 Satz 1 ZPO); zwingend erforderlich ist dies nicht.

Die in erster Instanz gebotene Güteverhandlung ist nicht erforderlich (§ 525 Satz 2 ZPO), auch 3156
hier soll das Gericht aber in jeder Lage des Verfahrens auf eine gütliche Beilegung des Rechtsstreits bedacht sein (§ 278 Abs. 1 ZPO). Die Chancen auf Abschluss eines Vergleichs sind dabei deutlich höher als in erster Instanz.

§ 278 ZPO

Abs. 1, Abs. 6 ZPO finden auch in der Berufungsinstanz Anwendung. § 525 Satz 2 ZPO schließt nur die Güteverhandlung nach § 278 Abs. 2–5 ZPO aus, nicht die Vergleichsmöglichkeiten aus Abs. 1 und 6.

Häufiger als in erster Instanz ergehen schon terminsvorbereitend schriftliche Vergleichsvorschläge, die ohne mündliche Verhandlung angenommen werden können (§ 278 Abs. 6 ZPO). Erbringt die nach § 522 ZPO gebotene Prüfung der Sach- und Rechtslage kein eindeutiges, eine sofortige Beschlussentscheidung rechtfertigendes Ergebnis, kann sie doch geeignete Grundlage für einen sachlich fundierten Vergleichsvorschlag sein. Auch wenn der Vergleichsvorschlag erst im Termin zur mündlichen Verhandlung gemacht wird, sind die Parteien häufig gut beraten und auch geneigt, diesen anzunehmen. Sie kennen das Prozessrisiko besser als in erster Instanz, weitere Instanzen stehen nur noch beschränkt zur Verfügung. Die Erfolgsaussichten lassen sich den Rechtsausführungen des Gerichts schon deutlich entnehmen, ein Vergleichsvorschlag des Gerichts liegt meist nahe bei der zu erwartenden Entscheidung. Entscheidende Änderungen durch weitere Angriffs- und Verteidigungsmittel sind regelmäßig nicht mehr möglich (§ 530 ZPO). Auch wenn durch die Annahme des Vergleichsvorschlages kein oder nur ein geringer Sachvorteil erlangt werden kann, spricht dafür, dass das Verfahren abgekürzt, Kosten und die Notwendigkeit einer Zwangsvollstreckung vermieden oder weiterer Streit verhindert werden kann (Hendel AnwBl 1997, 509). Diese Gründe können auch dafür sprechen, einem Vorschlag auf Berufungsrücknahme oder Anerkenntnis zu folgen.

Das Gericht soll im offenen Gespräch mit den Parteien die entscheidungserheblichen rechtlichen 3157
oder tatsächlichen Gesichtspunkte erörtern und auf eine allseits sachdienliche Verfahrensführung hinwirken (materielle Prozessleitung, § 139 ZPO). Dazu hat das Gericht das Streitverhältnis mit den Parteien zu erörtern, Fragen zu stellen, die Ergänzung tatsächlichen Vorbringens und die Beibringung von Beweismitteln anzuregen und auf rechtliche Gesichtspunkte hinzuweisen, die die Parteien erkennbar übersehen oder anders beurteilt haben.

Die materielle Prozessleitungspflicht obliegt dem Berufungsgericht im Rahmen seiner Verhandlung und Entscheidung genauso wie dem erstinstanzlichen Gericht (oben Rdn. 1675). Fehler hierbei können die Revision begründen. Die Einführung in den Sach- und Streitstand durch das Gericht, die im früheren Recht ausdrücklich normiert war (§ 278 Abs. 1 ZPO a.F.), findet als »Erörterung« aufgrund der §§ 136 Abs. 3, 139 ZPO nach wie vor statt, verlangt aber – anders als in anderen Verfahrensordnungen (§ 324 Abs. 1 StPO, § 103 Abs. 2 VwGO) – keine vollständige Darstellung des bisherigen Prozessstoffs, sondern kann und soll sich auf die wesentlichen Fragen des Berufungsverfahrens beschränken. Im Unterschied zur ersten Instanz wird hier bereits meist deutlich werden, wie das Gericht zu entscheiden beabsichtigt.

Die eigentliche Verhandlung der Parteien besteht im Stellen der Anträge (§§ 137 Abs. 1, 297 ZPO). 3158
Danach begründen die Parteien (regelmäßig durch ihre Prozessbevollmächtigten, gegebenenfalls auch persönlich, § 137 Abs. 4 ZPO) ihre Anträge, indem sie die tatsächlichen und rechtlichen Aspekte des Streitverhältnisses aus ihrer Sicht mündlich vortragen (§ 137 Abs. 2 ZPO). Während sich dies in erster Instanz häufig in einer Bezugnahme auf die bisher gewechselten Schriftsätze erschöpft (§ 137 Abs. 3 ZPO), erwarten Berufungsgerichte, insbesondere Oberlandesgerichte, regelmäßig einen substantiierten Vortrag und eine inhaltliche Auseinandersetzung mit den Darlegungen des Gerichts und des Gegners (»Plädoyer im Zivilprozess«).

Ein solches Plädoyer bedarf neben allgemeinen Kenntnissen über Inhalt, Aufbau und Darstellungsform eines solchen Vortrags im Allgemeinen auch besonderer Vorbereitung im Einzelfall, wobei auf unvorhergesehene Entwicklungen flexibel und angemessen zu reagieren einen versierten Berufungsanwalt auszeichnet. Mangelnde Erfahrung in zivilrechtlichen Berufungssachen tritt hier häufig auffallend deutlich zutage.

Aus Erörterung und Vortrag der Parteien entwickelt sich regelmäßig ein offenes Rechtsgespräch, dessen Bedeutung auch für den Ausgang des Rechtsstreits nicht unterschätzt werden sollte. Trotz Vorbereitung des Termins ist es grundsätzlich immer möglich, das Gericht noch von der eigenen Ansicht zu überzeugen. Viele Spruchkörper beraten terminsvorbereitend nur sehr oberflächlich und gehen zumindest für schwierige Rechtsfragen »offen« in den Termin. Dieser sollte deswegen nicht als bloße Förmelei, sondern als echte Chance zur Durchsetzung der eigenen Position gesehen und entsprechend genutzt werden.

3159 Ist eine Beweisaufnahme erforderlich, so erfolgt diese als Teil der mündlichen Verhandlung (§§ 355 ff. ZPO). Im Anschluss an die Beweisaufnahme ist der Sach- und Streitstand erneut mit den Parteien zu erörtern (§ 279 Abs. 2 ZPO), die Parteien haben nochmals streitig zu verhandeln (§ 285 Abs. 1 ZPO). Hierbei müssen die Anträge nicht erneut gestellt werden, es reicht aus, wenn im Rahmen der Gewährung rechtlichen Gehörs Gelegenheit hierzu besteht.

Wegen der Besonderheiten einer Beweisaufnahme in der Berufungsinstanz oben Rdn. 2677.

3160 Die mündliche Verhandlung wird – wenn nicht eine weitere mündliche Verhandlung erforderlich ist – vom Vorsitzenden geschlossen (§ 136 Abs. 4 ZPO). Es folgt nur noch die Verkündung der Entscheidung des Gerichts, sei es im Verhandlungstermin bzw. an dessen Ende oder in einem besonders hierzu anberaumten Verkündungstermin (§ 310 Abs. 1 Satz 1 ZPO).

▶ Praxistipp:

3161 Nur in seltenen Ausnahmefällen ist es sinnvoll, nach Schluss der mündlichen Verhandlung noch einen Schriftsatz einzureichen.

Mit dem Schluss der mündlichen Verhandlung haben die Parteien das Recht zum Vortrag von Angriffs- und Verteidigungsmitteln verloren (§ 296a ZPO), soweit es ihnen nicht ausdrücklich nachgelassen wurde (§ 283 ZPO). Allein Rechtsansichten kann das Gericht noch berücksichtigen, für relevanten Sachvortrag müsste die mündliche Verhandlung wiedereröffnet werden (§ 156 ZPO). Hierzu ist das Gericht nur verpflichtet, wenn sich nachträglich herausstellt, dass es einen Verfahrensfehler begangen, insbesondere einen Hinweis nach § 139 ZPO oder die Gewährung rechtlichen Gehörs unterlassen hat. Die bloße Geltendmachung neuer Angriffs- und Verteidigungsmittel durch eine Partei rechtfertigt die Wiedereröffnung regelmäßig nicht (vgl. §§ 283, 296a ZPO), es sei denn, hieraus ergibt sich ein Grund zur Wiederaufnahme des Verfahrens (§§ 579, 580 ZPO).

4. Beweisaufnahme

3162 Ihrer Funktion als Instrument der Fehlerkontrolle und Fehlerbeseitigung entsprechend erfolgt in der Berufungsinstanz grundsätzlich eine Nachprüfung der erstinstanzlich durchgeführten Beweisaufnahme. Hat das Erstgericht alle erforderlichen Beweise erhoben und verfahrensrechtlich einwandfrei gewürdigt, wird die Beweisaufnahme nicht wiederholt.

Das Berufungsgericht ist nach § 529 Abs. 1 Nr. 1 ZPO grundsätzlich an die Tatsachenfeststellungen des erstinstanzlichen Gerichts gebunden. Diese Bindung kann nicht schon durch den bloßen Wunsch beseitigt werden, eine Beweisaufnahme zu wiederholen, unabhängig davon, ob dieser von den Parteien oder vom Gericht herrührt.

3163 Eine Beweisaufnahme in zweiter Instanz ist einerseits nur erforderlich, andererseits nur gestattet, wenn sich die Tatsachenfeststellung des erstinstanzlichen Gerichts als fehlerhaft erweist (wiederholte oder ergänzende Beweisaufnahme) oder zulässig neu vorgebrachte, erhebliche Angriffs- und Verteidigungsmittel streitig werden (neue Beweisaufnahme).

3164 Voraussetzung für eine wiederholte oder ergänzende Beweisaufnahme ist, dass konkrete Anhaltspunkte Zweifel an der Richtigkeit oder Vollständigkeit der erstinstanzlich durchgeführten Beweisaufnahme begründen und deshalb eine erneute Tatsachenfeststellung gebieten (§§ 513 Abs. 1 Alt. 2, 529 Abs. 1 Nr. 1 ZPO).

Zu den Voraussetzungen der §§ 513 Abs. 1 Alt. 2, 529 Abs. 1 Nr. 1 ZPO oben Rdn. 2978.

Liegt der Fehler der Tatsachenfeststellung erster Instanz darin, dass eine aufgrund des dortigen Sach- und Streitstands erforderliche Beweisaufnahme nicht durchgeführt wurde, ist diese Beweisaufnahme in zweiter Instanz ergänzend durchzuführen. Liegt der Fehler der Tatsachenfeststellung in der Würdigung erhobener Beweise, so wird die Beweisaufnahme wiederholt (BGH MDR 2017, 231).

Für die Frage, ob die Zweifel an der erstinstanzlichen Feststellung eine solche Wiederholung »gebieten«, kann die zum alten Recht ergangene Rechtsprechung über die Notwendigkeit einer Wiederholung der Beweisaufnahme Bedeutung behalten. Trotz der Zweifel an der Richtigkeit oder Vollständigkeit der erstinstanzlichen Beweiswürdigung bedarf es einer Wiederholung nicht, wenn das Berufungsgericht allein aufgrund des in der Akte schriftlich fixierten Beweisergebnisses zum gleichen Ergebnis gelangt wie das Erstgericht. Erforderlich ist eine bestimmte, nicht notwendig überwiegende Wahrscheinlichkeit dafür, dass die Wiederholung der Beweisaufnahme zu einem anderen Ergebnis führen wird (BGH NJW-RR 2019, 1343; st. Rspr.).

Wiederholt werden muss eine Beweisaufnahme, wenn das Berufungsgericht deren Ergebnis anders würdigen will als die Vorinstanz (BGH MDR 2012, 601). Ob es genügt, nur einzelne Beweise zu erheben, oder ob die Beweisaufnahme vollständig wiederholt werden muss, ist dabei Frage des Einzelfalles (BGH NJW-RR 2021, 1074; BGH FamRZ 2020, 527; BGH WM 2013, 2319).

Voraussetzung für eine neue Beweisaufnahme in zweiter Instanz ist, dass eine Partei aufgrund einer der gesetzlichen Ausnahmefälle zulässig neue Angriffs- und Verteidigungsmittel vorgebracht hat, die vom Gegner bestritten werden und auf die es für Entscheidung ankommt (§§ 513 Abs. 1 Alt. 2, 529 Abs. 1 Nr. 2, 531 Abs. 2 ZPO). 3165

Zu den Voraussetzungen, unter denen neue Angriffs- und Verteidigungsmittel zuzulassen sind, oben Rdn. 2995.

Eine Beweisaufnahme in der Berufungsinstanz findet damit heute deutlich seltener statt als nach altem Recht. Ergibt sich die Erforderlichkeit einer Beweisaufnahme erst in zweiter Instanz, so wird diese auch vom Berufungsgericht selbst durchgeführt, eine Aufhebung und Zurückverweisung in die erste Instanz kommt grundsätzlich nicht in Betracht. 3166

Die bloße Notwendigkeit einer Beweisaufnahme ist nie ein Grund für die Zurückverweisung. Erforderlich ist vielmehr das Vorliegen eines der Ausnahmetatbestände des § 538 Abs. 2 ZPO. Ein solcher kann in einem erheblichen Mangel des erstinstanzlichen Verfahrens bestehen, insbesondere auch in einer unzureichenden Sachaufklärung, zum Beispiel einer fehlerhaften Nichterhebung von Beweisen (OLG FamRZ 1999, 453) oder einer mangelhaften Beweiswürdigung (OLG Köln NJW 1997, 712). Hinzukommen muss – neben dem Antrag einer Partei auf Zurückverweisung – stets, dass die durch den Verfahrensmangel erforderlich werdende Beweisaufnahme »umfangreich oder aufwändig« ist. Umfangreich ist die Beweisaufnahme, wenn zahlreiche Zeugen oder mehrere Sachverständige zu hören sind, aufwendig ist sie, wenn sie an einem weit entfernten Ort, etwa im Ausland, vorzunehmen ist (Prütting/Gehrlein/Oberheim § 538 Rn. 12, 16).

Die Beweisaufnahme durch das Berufungsgericht erfolgt regelmäßig vor dem kompletten Spruchkörper, ist der Rechtsstreit nach § 526 ZPO dem Einzelrichter zur Entscheidung übertragen, vor diesem. Nur in beschränktem Rahmen möglich ist die Durchführung der Beweisaufnahme vor dem Einzelrichter, wenn die Entscheidung später vom Spruchkörper getroffen werden soll. 3167

Nach § 527 ZPO kann der Rechtsstreit zur Vorbereitung der Entscheidung dem Einzelrichter zugewiesen werden. Die vorbereitende Durchführung einer Beweisaufnahme, ist wegen des Gebots der Unmittelbarkeit (§§ 309, 355 ZPO) nur möglich, wenn anzunehmen ist, dass der Spruchkörper, an den die Sache später zur Entscheidung zurückgegeben wird, das Beweisergebnis auch ohne unmittelbaren Eindruck vom Verlauf der Beweisaufnahme sachgemäß zu würdigen vermag. Die Rechtsprechung verneint dies bei einigen typischerweise problematischen Verfahrensgegenständen (zum Beispiel Arzthaftungssachen, BGH NJW 1994, 802) genauso, wie bei einigen typischerweise problematischen Beweismitteln (zum Beispiel sich widersprechenden Zeugenaussagen).

Unter den Voraussetzungen der § 372 Abs. 2 (Augenscheinseinnahme), § 375 (Zeugenvernehmung), § 402 (Sachverständige), § 434 (Urkunden) oder § 451 ZPO (Parteivernehmung) ist auch die Übertragung der Beweisaufnahme auf ein Mitglied des Prozessgerichts als beauftragter Richter möglich; fehlt es an diesen Voraussetzungen, ist die Übertragung rechtswidrig, ihr Ergebnis unverwertbar (BGH NJW 2000, 2024).

3168 Voraussetzungen, Ablauf und Folgen einer Beweisaufnahme entsprechen in vollem Umfang denen erster Instanz (§ 525 Satz 1 ZPO).

Entsprechend anwendbar sind die Vorschriften über das Beweisverfahren und die Beweiswürdigung (§§ 284 ff. ZPO), die allgemeinen Vorschriften über die Beweisaufnahme (§§ 355 ff. ZPO), über die einzelnen Beweismittel (§§ 371 ff., 373 ff., 402 ff., 415 ff., 445 ff. ZPO) und über die Beeidigung (§§ 478 ff. ZPO).

3169 Besonderheiten gelten für die Parteivernehmung.

Der Antrag auf Parteivernehmung führt grundsätzlich zur Vernehmung des Gegners. Dieser kann seine Vernehmung und/oder seine Beeidigung verweigern (§§ 446, 453 Abs. 2 ZPO). Diese Weigerung muss in zweiter Instanz nicht unbedingt fortgelten.

3170 Das Berufungsgericht kann eine in erster Instanz ganz oder teilweise verweigerte Parteivernehmung anordnen, wenn die Verweigerung auf vernünftigen Gründen beruhte, die zwischenzeitlich weggefallen sind (§ 536 Abs. 1 ZPO).

An ihre erstinstanzliche Weigerung ist die Partei damit gebunden, wenn sie willkürlich erfolgte oder wenn die Gründe dafür nach wie vor bestehen.

3171 Ist in erster Instanz eine Partei eidlich vernommen worden, kann die Gegenpartei in zweiter Instanz grundsätzlich nicht ebenfalls eidlich vernommen werden (§ 536 Abs. 2 ZPO).

Verhindert werden soll damit, dass sich zwei widersprechende eidliche Aussagen gegenüberstehen. Zum einen wird so der besondere Beweiswert beeideter Aussagen (BayVerfGH NJW-RR 2009, 1433) geschützt, zum anderen soll das Gericht nicht bei der Leistung eines Meineids mitwirken, auch wenn nicht geklärt werden kann, welche der beiden Aussagen falsch ist.

Eine eidliche Vernehmung auch der zweiten Partei ist dann statthaft, wenn die Vernehmung oder Beeidigung in erster Instanz unzulässig war, da dieser Aussage dann keine Beweiskraft zukommt und der erstinstanzliche Fehler zweitinstanzlich korrigiert werden muss.

5. Säumnisverfahren

3172 Erscheint der Berufungskläger im Termin zur mündlichen Verhandlung nicht, so ist seine Berufung auf Antrag des Gegners durch Versäumnisurteil zurückzuweisen (§ 539 Abs. 1 ZPO). Erscheint der Berufungsbeklagte nicht und beantragt der Berufungskläger den Erlass eines Versäumnisurteils, so ist das zulässige tatsächliche Vorbringen des Berufungsklägers als zugestanden anzunehmen (§ 539 Abs. 2 ZPO). Die Bestimmungen entsprechen den Regelungen der Säumnis im erstinstanzlichen Verfahren (§§ 330 ff. ZPO), auf die wegen der Einzelheiten Bezug genommen wird (§ 539 Abs. 3 ZPO).

Das Versäumnisverfahren, das in erster Instanz rein statistisch eine erhebliche Rolle spielt, kommt in zweiter Instanz nur sehr selten vor. Der Berufungskläger will eine Abänderung des ihn beschwerenden Urteils erreichen, der Berufungsbeklagte will den erstinstanzlichen Erfolg nicht aufs Spiel setzen. Beide Parteien sind deswegen an einer aktiven Beteiligung am Verfahren interessiert.

3173 Für den Anwalt kann das Versäumnisurteil auch in zweiter Instanz das Mittel der Wahl zur Kostenminimierung bei aussichtsloser Prozesssituation (zur Kostenreduzierung oben Rdn. 2842) oder zur Vermeidung einer ansonsten drohenden Präklusion (oben Rdn. 1530) sein. Beides dürfte hier aber deutlich seltener vorkommen.

VI. Beendigung der Berufung

3174 Die Beteiligten müssen es nicht zu einer streitigen Entscheidung über die Berufung durch das Gericht in Form eines Urteils kommen lassen. Bis zum Schluss der mündlichen Verhandlung, teilweise (unten) sogar bis zum Beginn der Urteilsverkündung können sie das Verfahren beenden. In Betracht kommen hierfür Dispositionsakte (Rücknahme, Verzicht, Erledigungserklärung, Vergleich), die sich auf das Rechtsmittel oder auf die Klage beziehen können.

▶ Praxistipp:

Dispositionsakte (Rücknahme, Verzicht, Erledigungserklärung) in zweiter Instanz können sich 3175
auf die Klage oder das Rechtsmittel beziehen. Wegen der höchst unterschiedlichen Rechtsfolgen sind eine klare Unterscheidung und eine eindeutige Bezeichnung erforderlich.

1. Rücknahme

Die häufigste Form alternativer Beendigung des Berufungsverfahrens ist die Rücknahme der Beru- 3176
fung (§ 516 ZPO).

Eine Rücknahme ist häufig mit **Kostenvorteilen** verbunden. 3177

Erfolgt die Rücknahme vor Erlass eines Beweisbeschlusses oder Bestimmung eines Termins, verringert sich die gerichtliche Verfahrensgebühr von 4 auf 1 (Nr. 1221 KV-GKG), aufseiten der Rechtsanwälte kann die Terminsgebühr entfallen. Bei Rücknahme der Berufung nach Bestimmung eines Termins reduziert sich die gerichtliche Verfahrensgebühr auf 2.

Die Rücknahme der Berufung ist nach § 516 ZPO zwischen der Einlegung der Berufung und der 3178
Verkündung des Berufungsurteils (auch noch nach Schluss der mündlichen Verhandlung; BGH MDR 2011, 1001) möglich. Sie ist vom Prozessbevollmächtigten dem Gericht gegenüber schriftlich oder in mündlicher Verhandlung zu erklären. Der Zustimmung des Beklagten bedarf es in keinem Fall.

Die Rücknahmeerklärung muss klar und eindeutig sein, ihr muss der unzweideutige Wille der Partei entnommen werden können, das Verfahren nicht mehr fortzusetzen und ohne Entscheidung des Rechtsmittelgerichts zu beenden (BGH MDR 2006, 1126).

Eine bereits vor Einlegung der Berufung erfolgte »Rücknahmeerklärung« ist als Verzicht zu behandeln (dazu unten Rdn. 3181). Besonderer Form bedarf die Rücknahme nicht, sie ist damit auch konkludent möglich. Voraussetzung ist der eindeutig erkennbare Wille des Berufungsklägers, die Berufung nicht weiter zu verfolgen. Dies kann auch dann der Fall sein, wenn die Erklärung als »Erledigung« bezeichnet ist.

Sind mehrere Berufungen von derselben Partei eingelegt, so ist im Wege der Auslegung zu klären, ob sich die Rücknahmeerklärung nur auf einzelne Einlegungsakte oder auf das gesamte Rechtsmittel erstreckt. Ohne einschränkenden Zusatz der Rücknahmeerklärung verliert die Partei das Rechtsmittel insgesamt (BGH NJW 2007, 3640).

Zurückgenommen werden kann auch eine unzulässige Berufung. Trotz des grundsätzlichen Anwaltszwangs lässt die h.M. die wirksame Rücknahme einer Berufung durch die Partei selbst zu, wenn diese auch die Berufung ohne Anwaltsbeteiligung eingelegt hat, um ihr die durch die Beauftragung eines Anwalts allein zum Zwecke der Rechtsmittelrücknahme entstehenden Kosten zu ersparen.

Hält der Berufungskläger eine außergerichtliche Vereinbarung über die Berufungsrücknahme nicht ein, so steht dem Berufungsbeklagten eine Einrede zu, auf deren Geltendmachung hin die Berufung als unzulässig verworfen wird (BGH NJW 1984, 805).

Die Rücknahmeerklärung ist bedingungsfeindlich und kann (auch mit Zustimmung des Gegners) nicht angefochten oder zurückgenommen werden. Eine Ausnahme gilt nur beim Vorliegen eines Restitutionsgrunds (BGHZ 12, 294; BGHZ 33, 73). Auch die durch einen Irrtum veranlasste Rücknahmeerklärung beendet deswegen die Berufung endgültig.

Die durch die ZPO-Reform über den Schluss der mündlichen Verhandlung vor dem Berufungsgericht hinaus bis zur Verkündung des Urteils verlängerte Möglichkeit einer Rücknahme hat die Befürchtung auftauchen lassen, die zu unterliegen drohende Partei könne noch »in die Verkündung hinein« die Rücknahme erklären, um einen Teil der Kosten zu ersparen (Hartmann NJW 2001, 2577, 2591). Dies hat sich praktisch jedoch als irrelevant erwiesen (von Cube NJW 2002, 40).

3179 **Folge** der Rücknahme ist der kostenpflichtige Verlust des Rechtsmittels, der – auch ohne Antrag – durch Beschluss festgestellt wird, einer neuen Berufung (soweit eine solche fristgerecht noch möglich ist) aber nicht entgegensteht. Das angefochtene Urteil wird dann unverändert rechtskräftig (BGH NJW 2008, 373). Mit der Rücknahme verliert auch eine Anschlussberufung des Gegners ihre Wirkung (§ 524 Abs. 4 ZPO), eine eigenständige Berufung des Gegners bleibt wirksam.

Keine Kostenentscheidung durch Beschluss kann (wegen des Grundsatzes der Einheit der Kosten des Rechtsstreits) ergehen, wenn beide Parteien Berufung eingelegt haben, die Rücknahme aber nur durch eine Partei erfolgt ist; dann ergeht eine, die Kostenlast der zurücknehmenden Partei berücksichtigende einheitliche Kostenentscheidung im Endurteil über die verbleibende Berufung des Gegners. Werden beide Berufungen zurückgenommen, sind die Kosten im Beschluss nach § 516 Abs. 3 ZPO gemäß § 92 ZPO zu quoteln. Erfolgt die Klagerücknahme als Folge einer außergerichtlichen vergleichsweisen Einigung der Parteien, so kann an die Stelle der zwingenden Kostenlast des Berufungsklägers eine Kostenvereinbarung der Parteien treten (BGH NJW 1989, 39).

Wird eine zunächst nur zur Fristwahrung eingelegte Berufung zurückgenommen, so trifft die Kostenlast zwar dem Grunde nach allein den Kläger, im Rahmen der Kostenfestsetzung können aber die dem Beklagten zu erstattenden Kosten herabgesetzt werden (BGH MDR 2003, 1140).

3180 Im Unterschied dazu verliert das angefochtene Urteil seine Wirkung, wenn in der Berufungsinstanz der Kläger (unabhängig davon, ob er Berufungskläger oder Berufungsbeklagter ist) die Klage zurücknimmt (§ 269 Abs. 3 Satz 1 ZPO), was stets die Zustimmung des Beklagten voraussetzt. In diesem Fall bedarf es der zusätzlichen Rücknahme der Berufung nicht, da mit der Klagerücknahme die Rechtshängigkeit der Streitsache insgesamt und damit auch in zweiter Instanz entfällt.

2. Verzicht

3181 Der Berufungskläger kann auf sein Rechtsmittel auch verzichten (§ 515 ZPO). Dies kann durch einseitige Erklärung oder durch Vereinbarung mit dem Gegner geschehen.

Einseitig kann der Verzicht dem Gegner oder dem Gericht gegenüber erklärt werden und ist erst nach Verkündung des anzufechtenden Urteils möglich. Nur wenn er dem Gericht gegenüber erklärt wird, unterliegt er dem Anwaltszwang (BGH NJW-RR 1994, 386), bedarf aber keiner ordnungsgemäßen Protokollierung (BGH NJW-RR 2007, 1451). Die Erklärung dem Gegner gegenüber ist formfrei möglich. Der einseitige Verzicht muss vom Gegner nicht angenommen werden.

Als Vereinbarung zwischen den Parteien ist ein Verzicht auch bereits vor Erlass des Urteils wirksam. Hier ist eine Annahmeerklärung des Gegners erforderlich.

3182 Möglich bleibt der Verzicht bis zum Abschluss des Rechtsmittelverfahrens, das heißt bis zur Verkündung des Berufungsurteils und kann deswegen auch im laufenden Berufungsverfahren noch erklärt werden. Eine Zustimmung des Gegners ist in keinem Fall erforderlich.

3183 Der Verzicht bedarf keiner besonderen Form und muss, auch wenn er dem Gericht gegenüber erklärt wird, nicht unbedingt wirksam protokolliert sein (BGH FamRZ 1984, 372; BGH FamRZ 1986, 1089, 1090). Er ist damit konkludent möglich, entscheidend ist der erkennbar gewordene Wille der Partei, es bei dem erstinstanzlichen Urteil zu belassen, dieses einer Überprüfung durch die Berufung nicht zuführen zu wollen.

Die Erklärung, »man werde keine Berufung einlegen« reicht als Verzicht regelmäßig genauso aus, wie die Erklärung »man akzeptiere die Entscheidung«, während die Erklärung, eine Rechtsmitteleinlegung sei »nicht beabsichtigt«, im Allgemeinen keinen Verzicht darstellt. Der bloße Verzicht auf die Begründung des Urteils (§ 313a Abs. 1, Abs. 2 ZPO) kann sich im Einzelfall als Berufungsverzicht darstellen (OLG Braunschweig MDR 2001, 1009 m. Anm. Schneider). Dies gilt auch für den Antrag auf Erteilung des Rechtskraftzeugnisses, nicht aber für die bloße Beschränkung der Berufung auf einen Teil der Beschwer oder den Kostenfestsetzungsantrag. Zahlt der Beklagte nach dem erstinstanzlichen Urteil, so liegt darin ein Verzicht auf die Berufung, wenn die Zahlung als vorbehaltlose Erfüllung erfolgt, nicht dagegen, wenn sie lediglich die Zwangsvollstreckung abwenden soll (BGH NJW 1981, 1729). Auch ein nach Erlass des erstinstanzlichen Urteils geschlossener Vergleich kann sich im Wege der Auslegung als Verzicht darstellen (BGH MDR 1969, 477). Die Vereinbarung der Parteien über die Einlegung der Sprungrevision gilt kraft Gesetzes als Verzicht auf die Berufung (§ 566 Abs. 1 Satz 2 ZPO).

Folge eines wirksamen Rechtsmittelverzichts ist, dass das Urteil rechtskräftig wird, eine dennoch eingelegte Berufung unzulässig ist und verworfen wird. Trotz des Verzichts auf eine Berufung bleibt eine Anschlussberufung möglich. 3184

Dies gilt auch bei einem nur teilweisen Verzicht. Beschränkt der Berufungskläger sein Rechtsmittel auf einen Teil seiner Beschwer und erklärt im Übrigen einen Verzicht auf die Anfechtung, so wird das Urteil hinsichtlich des nicht angefochtenen Teils rechtskräftig. Die bloße Nichtanfechtung eines Teils des erstinstanzlichen Urteils hat diese Wirkung nicht (§ 705 Satz 2 ZPO), da auch dieser Teil später noch über eine Erweiterung des Berufungsantrags in die Anfechtung einbezogen werden kann. Soweit der Teil, auf den der Rechtsmittelverzicht sich erstreckt, mit der Anschlussberufung angefochten werden kann, tritt Rechtskraft erst mit Ablauf der Anschlussberufungsfrist ein.

Einer Anschließung an die Berufung des Gegners steht der Verzicht auf ein eigenes Rechtsmittel nicht entgegen (§ 524 Abs. 2 Satz 1 ZPO), weil diese Anschließung eben kein solches eigenes Rechtsmittel darstellt. Möglich ist allerdings auch ein Verzicht auch auf die Anschließung. Ob eine solche in der Verzichtserklärung zu sehen ist, bedarf der Auslegung im Einzelfall, wird aber nur ganz ausnahmsweise zu bejahen sein (Prütting/Gehrlein/Röhl § 524 Rn. 14, § 515 Rn. 2).

Eine trotz wirksamen Verzichts eingelegte Berufung ist unzulässig. Von Amts wegen berücksichtigt werden kann der Verzicht nur, wenn er dem Gericht gegenüber erklärt wurde. Erfolgte der Verzicht nur dem Gegner gegenüber, kann er nur auf dessen Einrede hin berücksichtigt werden. Ist die bereits eingelegte Berufung wegen eines Verzichts unzulässig, so wird sie verworfen (§ 522 Abs. 1 ZPO). Das angefochtene Urteil wird dann unverändert rechtskräftig.

Der einmal wirksam erklärte oder vereinbarte Verzicht kann nachträglich beseitigt werden. Dies ist indes – unabhängig davon, wie er zustande gekommen ist – stets nur mit Zustimmung des Gegners möglich (BGH MDR 1985, 830); eine Ausnahme gilt bei Vorliegen eines Restitutionsgrunds (BGH NJW-RR 1994, 386). 3185

Verzichtet der Kläger (unabhängig davon, ob er Berufungskläger oder Berufungsbeklagter ist) in der Berufungsinstanz auf den geltend gemachten (prozessualen) Anspruch, so ergeht ein das angefochtene Urteil abänderndes, klageabweisendes Verzichtsurteil nach § 306 ZPO, dessen Rechtskraft einer erneuten Geltendmachung des Anspruchs entgegensteht. 3186

3. Übereinstimmende Erledigungserklärung

Die übereinstimmende Erledigungserklärung ist im Gesetz nur unvollständig (nämlich lediglich hinsichtlich ihrer Kostenfolge, § 91a ZPO) geregelt. Sie ist Ausfluss der Dispositionsmaxime, nach der eine streitige Entscheidung über die Hauptsache nicht ergeht, wenn die Parteien eine solche nicht mehr wünschen. Die übereinstimmende Erledigungserklärung der Parteien ist in allen Verfahrensstadien möglich, auch in der Berufungsinstanz (BGH NJW 1986, 852). Hier ist eine Unterscheidung danach erforderlich, was sich erledigt hat. Dies kann die Hauptsache selbst oder bloß das eingelegte Rechtsmittel sein. 3187

Voraussetzung ist in beiden Fällen eine Erklärung beider Parteien, dass eine streitige Entscheidung nicht mehr angestrebt wird. 3188

Diese Erklärungen können, müssen aber nicht ausdrücklich auf »Erledigung« lauten. Erforderlich und ausreichend ist eine Erklärung, aus der deutlich wird, dass der bisherige, auf Erlass einer streitigen Entscheidung gerichtete Antrag nicht weiterverfolgt wird, andererseits aber auch keine Bereitschaft besteht, die Kosten des Rechtsstreits zu tragen, weil nur so eine Abgrenzung von der Klagerücknahme möglich ist. Aufseiten des Beklagten reicht eine Zustimmung. Keine solche liegt vor, wenn der bisherige Antrag auf Abweisung der Klage bzw. Zurückweisung der Berufung aufrechterhalten wird. Die Erledigungserklärungen unterliegen nicht dem Anwaltszwang (§ 91a Abs. 1 Satz 1, § 78 Abs. 3 ZPO). Sie können auch unter eine prozessuale Bedingung gestellt, also zum Beispiel hilfsweise für den Fall einer zulässigen Berufung abgegeben werden (OLG Düsseldorf NJW-RR 1998, 776).

In der Berufungsinstanz können Erledigungserklärungen nur abgegeben werden, wenn die Berufung wirksam ist (BGHZ 50, 197). Fehlt es daran, wird die Berufung trotz der Erledigungserklärungen verworfen.

a) Erledigung der Hauptsache

3189 Die Erklärung der Erledigung wird sich regelmäßig auf die Hauptsache selbst beziehen. Dies kommt in Betracht, wenn ein Interesse an der Aufrechterhaltung des erstinstanzlichen Urteils nicht mehr besteht.

Insoweit erledigend wirken können die Erfüllung durch den Beklagten oder einen Dritten, der Wegfall der Rechts- und damit der Parteifähigkeit einer juristischen Person oder ein die Kosten aussparender Vergleich der Parteien. Wird ein klageabweisendes Urteil in der Berufungsinstanz (zum Beispiel durch zulässiges, erhebliches neues Verteidigungsvorbringen des Beklagten) richtig, kann die zwingende Kostenfolge der Klage- oder Rechtsmittelrücknahme durch eine Erledigungserklärung vermieden werden.

3190 Folge einer solchen Erklärung ist, dass die bislang ergangenen Entscheidungen (analog § 269 Abs. 3 Satz 1 ZPO) wirkungslos werden, das Rechtsmittelverfahren endet und eine Entscheidung des Gerichts nur noch über die Kosten zu erfolgen hat (§ 91a ZPO).

Nicht geprüft wird, ob das behauptete erledigende Ereignis vorliegt, ob es erledigend wirkt oder wann es eingetreten ist. Entscheidend ist allein die Erklärung der Erledigung.

3191 Deswegen kann eine übereinstimmende Erledigungserklärung unzweifelhaft auf Umstände gestützt werden, die noch vor Einlegung der Berufung (»zwischen den Instanzen«) eingetreten sind (Hausherr MDR 2010, 973). Ist bereits Berufung eingelegt, sind die Erklärungen dem Berufungsgericht gegenüber abzugeben. Nach der h.M. (BGH NJW 1995, 1096; Bergerfurth NJW 1992, 1655) ist die Einlegung einer Berufung nur zum Zwecke der Erledigungserklärung aber nicht zwingend, vielmehr können die Erklärungen ohne Rechtsmittel auch dem erstinstanzlichen Gericht gegenüber abgegeben werden.

Unerheblich ist dabei, wann das erledigende Ereignis eingetreten ist. Ereignisse nach Verkündung des Urteils stehen denen zwischen Verkündung und Schluss der mündlichen Verhandlung gleich (§ 296a ZPO). Aber auch Umstände, die schon vor Schluss der erstinstanzlichen mündlichen Verhandlung entstanden sind und in erster Instanz noch hätten geltend gemacht werden können, stehen einer Erklärung der Erledigung erst nach Abschluss der Instanz nicht entgegen (OLG Nürnberg FamRZ 2000, 1025).

Die Erklärung dem erstinstanzlichen Gericht gegenüber ist schriftlich möglich, das Gericht kann (analog §§ 159, 321 ZPO) auf Antrag der Parteien aber auch einen Termin zur mündlichen Verhandlung bestimmen. Das erstinstanzliche Gericht erlässt dann einen Kostenbeschluss nach § 91a ZPO, der keinen Verstoß gegen § 318 ZPO darstellt, weil eine Bindung an das vorher erlassene Urteil wegen § 269 Abs. 3 Satz 1 ZPO und der eingetretenen Änderung der Umstände nicht mehr besteht.

3192 Nur dem Berufungsgericht gegenüber abgegeben werden können die Erklärungen beider Parteien, wenn das erledigende Ereignis nach Einlegung der Berufung eingetreten ist.

Problematisch ist hierbei, ob nach der Erledigung der Hauptsache überhaupt noch eine Beschwer vorliegt, die Berufung also noch zulässig ist. Grundsätzlich wird dies bejaht, ausnahmsweise aber zumindest für den Fall der vorbehaltlosen Erfüllung durch den Beklagten verneint, weil der Beklagte nicht einerseits erfüllen und andererseits Berufung einlegen kann (BGH NJW 2000, 1120); die Berufung ist danach zu verwerfen, die Erledigungserklärung geht ins Leere. Nach a.A. (Zöller/Althammer § 91a Rn. 20 f.) ist der Eintritt des erledigenden Ereignisses für die Rechtsmittelbeschwer ohne Bedeutung, die Erledigungserklärung damit uneingeschränkt möglich.

Streitig ist, ob die Kostenentscheidung des Berufungsgerichts nach § 91a ZPO nur die Kosten des Berufungsverfahrens (KG MDR 1986, 592) oder die Kosten des gesamten Rechtsstreits in beiden Instanzen umfasst (MüKoZPO/Schulz § 91a Rn. 128). Zumindest, wenn die Hauptsache selbst für erledigt erklärt wird, muss das Berufungsgericht befugt sein, über alle Kosten neu zu entscheiden.

b) Erledigung der Berufung

Ein praktisches Bedürfnis für eine Erledigung nur des Rechtsmittels besteht ganz ausnahmsweise. 3193
Allein der Umstand, dass das Rechtsmittel durch eine nach Einlegung eingetretene Veränderung unzulässig oder unbegründet geworden ist, reicht dazu grundsätzlich nicht aus. Hinzukommen müssen ein Interesse am Fortbestand des erstinstanzlichen Urteils und der Ausschluss eines sofortigen Anerkenntnisses durch den Beklagten.

Ist der Kläger Berufungskläger, kann er auf Umstände hin, die sein Rechtsmittel unzulässig oder unbegründet machen, problemlos die Hauptsache für erledigt erklären, ein Bedürfnis an der Aufrechterhaltung des (klageabweisenden) Urteils erster Instanz besteht für ihn nicht. Ist der Beklagte Berufungskläger, kann er auf eine in der Berufungsinstanz eintretende Zulässigkeit oder Begründetheit der Klage (und die damit einhergehende Unbegründetheit seiner Berufung) mit einem Anerkenntnis reagieren, wobei seinem Kosteninteresse über § 93 ZPO Rechnung getragen wird.

Eine Erledigung des Rechtsmittels kommt somit nur in seltenen Ausnahmefällen in Betracht. Für den Beklagten kann sie erforderlich sein, wenn ein von ihm eingelegtes Rechtsmittel nachträglich unzulässig oder unbegründet wird und ein sofortiges Anerkenntnis ausgeschlossen ist (nicht bloß, dass das Anerkenntnis nicht »sofort« erfolgte), für beide Parteien, wenn das Rechtsmittel durch eine nachträgliche Fortentwicklung des Prozesses überflüssig wird. Denkbar ist der Wegfall der Beschwer des Beklagten infolge einer Urteilsberichtigung nach § 319 ZPO (OLG Bamberg Rpfleger 1995, 289) oder der Wegfall eines Verfahrensmangels, auf den die Berufung zunächst gestützt war (OLG Frankfurt a.M. NJW-RR 1989, 63; zu weiteren Beispielsfällen MüKoZPO/Schulz § 91a Rn. 118).

Folge einer Erledigung der Berufung ist die Beendigung des Rechtsmittelverfahrens, erforderlich ist 3194
lediglich noch eine Entscheidung über die Kosten (§ 91a ZPO).

Auch wenn nur das Rechtsmittel für erledigt erklärt wird, muss das Berufungsgericht im Interesse der Sachgerechtigkeit befugt sein, über alle Kosten des Rechtsstreits (und nicht bloß über die des Rechtsmittels) neu zu entscheiden (MüKoZPO/Schulz § 91a Rn. 130).

Die erstinstanzliche Entscheidung bleibt in diesem Fall bestehen und wird rechtskräftig. 3195

4. Einseitige Erledigungserklärung

Geht der Kläger davon aus, die Hauptsache habe sich durch ein nachträgliches Ereignis erledigt, 3196
während der Beklagte der Auffassung ist, die Klage sei von Anfang an unzulässig oder unbegründet gewesen, so widerspricht der Beklagte der Erledigungserklärung des Klägers und beantragt weiterhin Abweisung der Klage. Die h.M. sieht in einer solchen einseitigen Erledigungserklärung des Klägers einen Übergang zum Antrag auf Feststellung der nachträglichen Erledigung des ursprünglich zulässigen und begründeten Hauptantrags, sodass nach wie vor eine streitige Entscheidung über die Hauptsache erforderlich ist (OLG Köln ZinsO 2019, 452).

Auch die einseitige Erledigungserklärung in zweiter Instanz bezieht sich regelmäßig auf die Haupt- 3197
sache selbst, nur ganz ausnahmsweise kann sie sich auf die Berufung beziehen.

Zumindest in den oben (oben Rdn. 3193) dargestellten seltenen Ausnahmefällen kann ein Interesse auch an einer einseitigen Erledigungserklärung des Rechtsmittels bestehen, wenn der Gegner einer Erledigungserklärung widersprochen hat.

Die für die übereinstimmende Erledigungserklärung anerkannte Möglichkeit einer Abgabe der 3198
Erklärungen vor Einlegung der Berufung noch gegenüber dem erstinstanzlichen Gericht besteht bei der einseitigen Erledigungserklärung unzweifelhaft nicht. Tritt die Erledigung nach Schluss der mündlichen Verhandlung in erster Instanz (»zwischen den Instanzen«) ein, muss das Verfahren zuerst durch Berufungseinlegung fortgesetzt werden, bevor die Erklärung dem Berufungsgericht gegenüber abgegeben werden kann (BGH NJW-RR 1992, 1032).

Sieht man in der einseitigen Erledigungserklärung eine Klageänderung, muss sie auf die Zeiträume beschränkt werden, in denen Sachanträge gestellt werden können. Zwischen den Instanzen fehlt eine Hauptsache, die sich erledigen und ein Sachantrag, der geändert werden könnte (BGH NJW 1992, 1032).

3199 Auf die einseitige Erledigungserklärung hin hat das Gericht zu prüfen, ob die Klage zulässig und begründet war und sich durch ein nachträglich eingetretenes Ereignis erledigt hat, das heißt unzulässig oder unbegründet geworden ist.

Streitig ist, ob im Fall der Erledigung des Rechtsmittels zusätzlich erforderlich ist, dass das Rechtsmittel ursprünglich zulässig und begründet war (AK/Röhl § 91a Rn. 51). Dies hängt von der zur Rechtsnatur der einseitigen Erledigung vertretenen Ansicht ab und wird von der h.M. verneint.

Hat der Kläger mit seinem einseitig erklärten Erledigungsantrag Erfolg, wird die Erledigung unter Abänderung des erstinstanzlichen Urteils festgestellt. Ist eine Erledigung nicht eingetreten, wird – je nach Inhalt der angefochtenen Entscheidung – die Berufung zurückgewiesen oder die Klage in Abänderung des Urteils abgewiesen.

5. Vergleich

3200 Einen Vergleich können die Parteien jederzeit (§ 278 Abs. 1 ZPO) und damit auch noch in der Berufungsinstanz schließen. Für den Anwalt bleibt der Vergleich auch in zweiter Instanz wichtiges, häufig sogar vorrangiges Prozessziel (Hendel AnwBl 1997, 509).

Vergleiche sind in der Berufung häufiger als in erster Instanz. In der Regel ist zumindest dem Berufungskläger, häufig auch dem Berufungsbeklagten das Prozessrisiko durch den Abschluss der ersten Instanz deutlich geworden, weitere Instanzen stehen gar nicht oder nur mit sehr beschränktem Prüfungsumfang zur Verfügung. Die Erfolgsaussichten lassen sich den Rechtsausführungen des Gerichts schon deutlich entnehmen, ein Vergleichsvorschlag des Gerichts liegt regelmäßig nahe der zu erwartenden Entscheidung. Entscheidende Änderungen durch weitere Angriffs- und Verteidigungsmittel sind oft nicht mehr möglich (§ 530 ZPO). Auch wenn durch die Annahme des Vergleichsvorschlages kein oder nur ein geringer Sachvorteil erlangt werden kann, spricht dafür, dass das Verfahren abgekürzt, weitere Kosten und Notwendigkeit einer Zwangsvollstreckung vermieden oder weiterer Streit verhindert werden kann.

3201 Solange das Urteil noch nicht rechtskräftig ist, verliert es durch den Vergleich seine Wirkung und wird durch diesen als Vollstreckungstitel (§ 794 Abs. 1 Nr. 1 ZPO) ersetzt, es sei denn, die Parteien halten das Urteil durch entsprechende Vergleichsformulierung ausdrücklich aufrecht.

Bei Formulierung des Vergleichs bedarf es der Aufhebung oder Abänderung des angefochtenen Urteils grundsätzlich nicht. Dieses ist durch die Einlegung der Berufung nicht rechtskräftig geworden und wird es auch nicht, da der Rechtsstreit mit Wirksamwerden des Vergleichs endet. Besteht ein Bedürfnis der Parteien, die Wirkungen des angefochtenen Urteils aufrechtzuerhalten, können sie dies im Vergleich wirksam vereinbaren.

Die Leistungspflicht der Parteien sollte autonom und ohne Bezugnahme auf das erstinstanzliche Urteil bestimmt werden. Weil das Urteil mangels Rechtskraft keinerlei Wirkungen entfaltet, kann es auch bei Bestimmung der zu erbringenden Leistung grundsätzlich nicht herangezogen werden. Unterbleiben sollten deswegen Formulierungen wie »über den bereits tenorierten Betrag hinaus weitere … zu zahlen«.

3202 Im Übrigen kann auf die zum erstinstanzlichen Vergleich gemachten Ausführungen Bezug genommen werden.

D. Beschwerde

3203 Die Beschwerde ist das der Berufung gegenüber vereinfachte Rechtsmittelverfahren zur Überprüfung wesentlicher Nebenentscheidungen im Zivilprozess.

I. Sofortige Beschwerde

3204 Seit der ZPO-Reform sind die zivilprozessualen Beschwerden grundsätzlich als sofortige Beschwerden ausgestaltet. Für diese gelten allgemein die §§ 567 ff. ZPO, besondere Voraussetzungen ergeben sich aus der Regelung besonderer Beschwerden (§§ 91a Abs. 2, 99 Abs. 2 ZPO; § 127 Abs. 2, 3 ZPO).

Die früher auch in der ZPO vorzufindende einfache Beschwerde existiert nur noch außerhalb der ZPO (dazu unten Rdn. 3245).

1. Einlegung und Begründung der Beschwerde

Die Beschwerde ist weniger stark formalisiert als die Berufung. 3205

Die Beschwerde muss nicht begründet werden. Deswegen gibt es – anders als bei der Berufung – keine eigenen Form- und Fristanforderungen für die Begründung. Will der Beschwerdeführer sein Rechtsmittel begründen, muss er dies in der für die Einlegung geltenden Form und Frist tun.

a) Statthaftigkeit

Gegeben ist die Beschwerde grundsätzlich nur gegen Beschlüsse. 3206

Die ebenfalls mit der Beschwerde (und nicht mit der Berufung!) anfechtbaren Zwischenurteile (§§ 71 Abs. 2, 135 Abs. 3, 387 Abs. 3 ZPO) kommen praktisch kaum vor.

Ein erstinstanzlicher Beschluss kann nach § 567 Abs. 1 ZPO mit der Beschwerde angefochten werden, 3207

– wenn dies im Gesetz ausdrücklich bestimmt ist;

Diese Anfechtungsmöglichkeit ist in einer Vielzahl von Normen angeordnet (z.B. in den §§ 46 Abs. 2, 91a Abs. 2, 104 Abs. 3, 127 Abs. 2, 252, 336, 793 ZPO).

– wenn er ohne mündliche Verhandlung ergehen kann und ein das Verfahren betreffendes Gesuch zurückweist.

Angenommen werden kann dies bei Ablehnung einer (öffentlichen) Zustellung einer Klage oder Streitverkündung, einer Terminsbestimmung bzw. -verlegung oder einer Fristabkürzung (OLG Schleswig SchlHA 1984, 56; OLG Celle BauR 2006, 722; Zöller/Gummer § 567 Rn. 34 m.w.N.).

Wurde einem Verfahrensantrag stattgegeben, so liegt auch für den widersprechenden Gegner keine »Ablehnung« vor (OLG Karlsruhe MDR 1983, 943). Nicht unter § 567 Abs. 1 Nr. ZPO fallen auch die Ablehnung eines Protokollierungsbegehrens in der mündlichen Verhandlung, der Erlass oder Nichterlass eines Beweisbeschlusses bzw. seiner Änderung oder die Auswahl des Sachverständigen (OLG Hamm AnwBl 1989, 347; KG KGR 2005, 557). Soweit solche Entscheidungen nicht ausdrücklich unanfechtbar sind, unterliegen sie der Nachprüfung im Berufungsverfahren (§ 512 ZPO).

Nicht der Beschwerde, sondern allenfalls der Rechtsbeschwerde unterliegen die Beschlüsse des Berufungs- oder Beschwerdegerichts (Gehrlein MDR 2003, 547, 551).

▶ Praxistipp:

Soll der Beschluss eines Rechtsmittelgerichts angefochten werden, kann beim Gericht die Zulassung der Rechtsbeschwerde angeregt werden. 3208

Außerhalb des § 567 ZPO besteht Streit über die Statthaftigkeit von Sonderformen der Beschwerde. Wegen der Untätigkeitsbeschwerde oben Rdn. 2648 wegen der außerordentlichen Beschwerde unten Rdn. 3256.

b) Zuständigkeit

Als echtes Rechtsmittel gilt für die Beschwerde der Devolutiveffekt. Zur Entscheidung über die Beschwerde ist damit grundsätzlich die **nächsthöhere Instanz** zuständig (§§ 72, 119 Abs. 1 Nr. 2 GVG). 3209

Analog zur Berufung besteht die Sprungzuständigkeit des Oberlandesgerichts für Beschwerden gegen Urteile der Amtsgerichte in Auslandssachen. Dazu oben Rdn. 2825.

Beim Beschwerdegericht entscheidet der **Einzelrichter**, wenn erstinstanzlich ebenfalls ein Einzelrichter oder ein Rechtspfleger entschieden hat (§ 568 ZPO). 3210

Entscheidet erstinstanzlich der Vorsitzende der Kammer für Handelssachen, so handelt er an Stelle der Kammer, ist somit kein »Einzelrichter« (BGH NJW 2004, 856).

Wie generell im Zivilprozess sind die Möglichkeiten der Parteien zur Beeinflussung der Einzelrichterbefassung überaus gering. Da die besonderen Schwierigkeiten der Sache sowohl für die Zuständigkeitsfortdauer des Einzelrichters als auch für die Zulassung der Rechtsbeschwerde von Bedeutung sind, kann der Einzelrichter die Rechtsbeschwerde nicht zulassen (BGH NJW-RR 2022, 570).

▶ **Praxistipp:**

3211 Soll die Option der Rechtsbeschwerde gewahrt werden, sollte bereits zu Beginn des Beschwerdeverfahrens die Übertragung der Sache auf den Spruchkörper angeregt werden.

c) Frist

3212 Die sofortige Beschwerde ist grundsätzlich innerhalb von zwei Wochen ab Zustellung der anzufechtenden Entscheidung einzulegen (§ 569 Abs. 1 Satz 2 ZPO).

Ohne Zustellung beginnt die Frist fünf Monate nach der Verkündung, ohne Zustellung nach h.M. fünf Monate nach der sonstigen Bekanntmachung (OLG Koblenz NJW-RR 2003, 1079), nach a.A. überhaupt nicht, die Beschwerde ist dann unbefristet (OLG Brandenburg Rpfleger 2004, 53). Da die formlose Übersendung sich später möglicherweise als Heilung einer unwirksamen Zustellung darstellen kann (§ 189 ZPO), muss damit gerechnet werden, dass jede Form der Bekanntmachung bereits die Zwei-Wochen-Frist in Gang setzt.

▶ **Praxistipp:**

3213 Anwaltlicher Sorgfaltspflicht entspricht es, bei jeder Form der Kenntniserlangung einer beschwerdefähigen Entscheidung vom Beginn der regulären Beschwerdefrist auszugehen.

3214 Besondere Fristen gelten für die Beschwerde im Prozesskostenhilfeverfahren und für die Wiederaufnahmebeschwerde.

Um die arme Partei nicht schlechter zu behandeln als die vermögende, ist die Prozesskostenhilfebeschwerde der Berufung angeglichen. Die Frist zur Einlegung dieser Beschwerde beträgt deswegen einen Monat (§ 127 Abs. 2, 3 ZPO).

Auch nach Ablauf der allgemeinen Beschwerdefrist kann die Beschwerde gemäß § 569 Abs. 1 Satz 3 ZPO noch eingelegt werden, wenn ein Grund vorliegt, der die Wiederaufnahme gegen ein Urteil rechtfertigen würde (§§ 579, 580 ZPO). In diesem Fall beträgt die Frist einen Monat ab Kenntnis von dem Wiederaufnahmegrund, höchstens aber fünf Jahre nach Eintritt der formellen Rechtskraft.

Als Notfrist kann die Beschwerdefrist weder verlängert noch abgekürzt werden.

3215 Gewahrt wird die Frist durch Einlegung der Beschwerde entweder beim Ausgangs- oder beim Beschwerdegericht (§ 569 Abs. 1 Satz 1 ZPO).

Dieses Wahlrecht kann zur Steuerung der Verfahrensdauer genutzt werden. Wird die Beschwerde beim Beschwerdegericht eingelegt, muss dieses die Sache zur Abhilfeentscheidung zunächst an das erstinstanzliche Gericht zurückgeben. Das Verfahren dauert damit länger, als wenn die Beschwerde beim Erstgericht eingelegt wird, das sofort über die Abhilfe entscheidet und die Sache dann vorlegt.

▶ **Praxistipp:**

3216 Die Beschwerde ist beim Erstgericht einzulegen, wenn das Beschwerdeverfahren beschleunigt werden soll; sie ist beim Beschwerdegericht einzulegen, wenn das Verfahren durch die Beschwerde verzögert werden soll.

d) Form

3217 Die formellen Anforderungen an die Beschwerde entsprechen weitgehend denen der Berufungseinlegung. Gemäß § 569 Abs. 2, 3 ZPO muss die Beschwerde:

3218 (1) **schriftlich** abgefasst und durch elektronische Einreichung eingelegt werden;

Wegen dieser Formerfordernisse im Allgemeinen kann auf oben Rdn. 711 verwiesen werden.

§ 569 Abs. 3 ZPO lässt die Erhebung der Beschwerde in Ausnahmefällen zu Protokoll der Geschäftsstelle zu. Dies dürfte für den Anwalt nicht in Betracht kommen, doch kann er zu einem Hinweis hierauf im Rahmen einer bloßen Beratung verpflichtet sein (Goebel Rn. 110).

Die Möglichkeit der Erklärung der Beschwerde zu Protokoll der Geschäftsstelle führt aber nach § 78 Abs. 5 ZPO dazu, dass in diesen Fällen eine Vertretung durch Anwälte nicht geboten ist. Auch in Beschwerdeverfahren vor dem Land- und Oberlandesgericht besteht Anwaltszwang nicht,

- wenn der Rechtsstreit in erster Instanz nicht als Anwaltsprozess zu führen war, d.h. wenn sich die Beschwerde gegen die Entscheidung eines Amtsrichters in Zivilsachen oder eines Rechtspflegers richtet,
- wenn eine Prozesskostenhilfeentscheidung angefochten wird und
- wenn die Beschwerde von einem Zeugen, Sachverständigen oder Dritten erhoben wird.

Die Privilegierung des § 571 Abs. 4 ZPO hat nach der Neuregelung des anwaltlichen Zulassungsrechts ihre Bedeutung verloren.

Nicht gesetzlich geregelt ist die Frage, ob eine Beschwerde in der mündlichen Verhandlung erhoben und dann ins Protokoll der mündlichen Verhandlung aufgenommen werden kann. Dies wird von der Lehre bejaht (E. Schneider JurBüro 1974, 705; Stein/Jonas/Grunsky § 69 Rn. 9), von der Rechtsprechung jedoch verbreitet abgelehnt (OLG Hamm OLGZ 1966, 433; LG Berlin Rpfleger 1974, 407). Nimmt der Richter eine entsprechende Erklärung ins Protokoll auf, so dürfte diese den Formanforderungen des § 569 Abs. 2 ZPO genügen, weigert er sich indes, so kann die Partei eine Protokollierung nicht erzwingen (so auch Goebel Rn. 116).

▶ Praxistipp:

Die in der mündlichen Verhandlung zu Protokoll erklärte sofortige Beschwerde kann zwar Zeit und Arbeit sparen, birgt mangels ausreichender Prüfung der Erfolgsaussichten aber auch ein Kostenrisiko. 3219

(2) die Bezeichnung des **Beschwerdeführers** enthalten; 3220

Hierzu ist regelmäßig ein den Anforderungen der §§ 253 Abs. 2, 130 ZPO genügendes »volles Rubrum« erforderlich, das eindeutig erkennen lässt, wer Beschwerdeführer und wer Beschwerdegegner sein soll.

(3) die Bezeichnung der angefochtenen **Entscheidung** enthalten; 3221

Praktisch üblich und geboten ist die Angabe von Gericht, Datum und Aktenzeichen. Die Angabe des Zustellungsdatums ist entbehrlich, schadet aber auch nicht. Die Beifügung einer Ablichtung der Entscheidung ist nicht vorgeschrieben, kann aber die Angaben zu der Entscheidung entbehrlich machen und lässt in Zweifelsfällen eine eindeutige Zuordnung des Rechtsmittels zu.

▶ Praxistipp:

Die Beifügung einer (auch unbeglaubigten) Ablichtung der angefochtenen Entscheidung ist zu empfehlen. 3222

(4) die unbedingte Erklärung enthalten, **dass Beschwerde eingelegt** wird. 3223

Auch wenn die Rechtsprechung hier großzügig ist und die Verwendung des Wortes »Beschwerde« nicht zwingend verlangt, es vielmehr ausreichen lässt, dass der Anfechtungs- bzw. Abänderungswille erkennbar wird, sollte das Rechtsmittel insoweit eindeutig bezeichnet sein.

e) Beschwer

Wie alle Rechtsmittel setzt auch die Beschwerde voraus, dass der Beschwerdeführer von der angefochtenen Entscheidung nachteilig betroffen ist und eine Beseitigung dieser Beschwer erstrebt. 3224

Unzulässig ist deswegen eine Beschwerde, mit der allein die Begründung, nicht aber das Ergebnis einer erstinstanzlichen Entscheidung angegriffen wird (OLG Köln Rpfleger 1986, 184). Entfällt die Beschwer im Laufe des Rechtsmittelverfahrens (»prozessuale Überholung«), hat sich die Beschwerde erledigt.

3225 Für einige Beschwerden stellt das Gesetz Mindestanforderungen an den Wert des Beschwerdegegenstands.

§ 567 ZPO

Abs. 2 ZPO bestimmt, dass eine Beschwerde gegen Entscheidungen über Kosten nur zulässig ist, wenn der Wert des Beschwerdegegenstands 200 € übersteigt. Hierunter fallen Kostenentscheidungen nach §§ 104, 107 Abs. 3, 788 ZPO, nicht aber Prozesskostenhilfesachen (Zöller/Gummer § 567 Rn. 49). Den gleichen Wert setzen die besonderen Kosten- und Streitwertbeschwerden aus §§ 66, 68 GKG, § 4 JVEG und § 33 RVG voraus (dazu unten Rdn. 3245).

Der Wert berechnet sich aus der Differenz zwischen den Kosten, die die Partei nach der angefochtenen Entscheidung zu tragen hat, und den Kosten, die sie nach der von ihr für zutreffend gehaltenen Entscheidung zu tragen hätte. Hierzu ist eine Vergleichsrechnung anzustellen. Deren Offenlegung ist in der Beschwerdeschrift nicht zwingend, kann sich aber – jedenfalls in Zweifelsfällen – zur Darlegung der Zulässigkeit des Rechtsmittels empfehlen.

Hilft das erstinstanzliche Gericht der Beschwerde teilweise ab und übersteigt der verbleibende Wert die 200 €-Grenze nicht, ist die Beschwerde unzulässig (BayObLG OLGZ 1994, 374).

3226 Da mit der Beschwerde für Nebenentscheidungen kein weitergehender Rechtsschutz erreicht werden kann als mit der Berufung gegen die Hauptentscheidung, muss bei einigen Beschwerden der Berufungswert (§ 511 ZPO: 600 €) überschritten werden.

Dies gilt für Beschwerden gegen Kostengrundentscheidungen aus §§ 91a, 99 Abs. 2, 269 Abs. 3 ZPO und bei Entscheidungen, mit denen die Prozesskostenhilfe versagt wird.

f) Begründung

3227 Anders als alle anderen Rechtsmittel muss die Beschwerde nicht begründet werden. § 571 Abs. 1 ZPO sieht lediglich vor, dass eine Begründung erfolgen »soll«.

Eine Beschwerde ist deswegen auch dann zulässig, wenn sie weder erkennen lässt, inwieweit die angefochtene Entscheidung für fehlerhaft gehalten wird, noch einen konkreten Antrag enthält.

Dies sollte nicht darüber hinwegtäuschen, dass eine nicht begründete Beschwerde praktisch kaum Erfolgsaussichten hat. Zwar wird das Beschwerdegericht die angefochtene Entscheidung von Amts wegen prüfen, dass dabei aber diejenigen Mängel erkannt werden, die Anlass für die Anfechtung waren, ist allenfalls in evidenten Fällen zu erwarten. Hat das Gericht den Eindruck, dass der Beschwerdeführer selbst keinen konkreten Fehler erkannt hat, sondern lediglich eine Neubescheidung wünscht, wird sich der Umfang der Amtsprüfung in Grenzen halten.

▶ Praxistipp:

3228 Auch bei der Beschwerde gebietet es die anwaltliche Sorgfalt, Grund und Umfang der Anfechtung konkret zu benennen, einen Antrag zu stellen, der den Umfang der Anfechtung und die erstrebte Abänderung umschreibt, und diesen zu begründen, darzulegen, warum und inwieweit die angefochtene Entscheidung für fehlerhaft gehalten wird.

3229 Kann die Begründung nicht sofort im Beschwerdeschriftsatz erfolgen, kann hierzu eine Frist gesetzt werden.

Für die Partei genügt es, in der Beschwerdeschrift darauf hinzuweisen, dass eine Begründung noch beabsichtigt ist. Das Gericht muss dann entweder eine Frist setzen oder eine angemessene Frist abwarten (OLG Naumburg OLGR 2006, 327). Um Zweifel über die Angemessenheit zu vermeiden, empfiehlt es sich, in der Beschwerdeschrift ein konkretes Datum zu benennen, bis zu dem die Begründung erfolgen wird. Das Gericht muss dann entweder diese Frist abwarten oder selbst eine kürzere Frist setzen (Goebel Rn. 163 f.).

3230 Mit der Beschwerde kann die Zulässigkeit der angefochtenen Entscheidung ebenso angegriffen werden wie deren Begründetheit.

Im Rahmen der Zulässigkeit ausgeschlossen ist die Rüge, das erstinstanzliche Gericht habe seine Zuständigkeit zu Unrecht angenommen. Dies betrifft die sachliche, örtliche und funktionelle Zuständigkeit, nicht jedoch die internationale. Möglich bleibt auch die Rüge, das Gericht habe seine Zuständigkeit zu Unrecht verneint.

Anders als bei der Berufung ist die Möglichkeit zum Vortrag neuer Angriffs- und Verteidigungsmittel nicht ipso iure beschränkt. Die Beschwerde kann damit auch auf neue Tatsachen gestützt werden (§ 571 Abs. 2 Satz 1 ZPO). 3231

Verbreitet leitet die Rechtsprechung das Verbot der Berücksichtigung neuer Tatsachen aus anderen Überlegungen her. Zutreffend geschieht dies, wo für die Geltendmachung bestimmter Umstände Fristen gelten, etwa bei der Geltendmachung von Ablehnungs- (§ 43 ZPO) oder Wiedereinsetzungsgründen (§§ 234, 236 Abs. 2 ZPO) oder im Prozesskostenhilfeverfahren (§ 118 Abs. 2 Satz 4 ZPO). Bedenklich erscheint eine Beschränkung dagegen für die Anfechtung der Kostenentscheidung nach § 91a ZPO (so aber OLG Düsseldorf JR 1995, 205).

Nur für den Fall, dass das Gericht für deren Vortrag eine Frist setzt und diese unentschuldigt nicht eingehalten wird, besteht die Möglichkeit einer Zurückweisung bei einer Verzögerung des Verfahrens. Diese Präklusionsmöglichkeit entspricht der des § 296 Abs. 1 ZPO für die erste Instanz (dazu oben Rdn. 1487).

2. Verfahren

a) Rechtliches Gehör

Im Beschwerdeverfahren ist dem Gegner **rechtliches Gehör** zu gewähren. 3232

Wegen der Befassung sowohl des Erst- als auch des Beschwerdegerichts mit dem Beschwerdeverfahren und der Möglichkeit, die Beschwerde bei beiden Gerichten einzulegen, gibt es hierfür verschiedene Möglichkeiten, aber auch ebenso viele Fehlermöglichkeiten.

Ist die Beschwerde beim Beschwerdegericht eingelegt worden, kann dieses sie dem Gegner mitteilen, bevor das Erstgericht zur Abhilfeprüfung aufgefordert wird. Erfolgt eine solche Mitteilung nicht oder wird die Beschwerde beim Erstgericht eingelegt, so muss dieses rechtliches Gehör gewähren, jedenfalls dann, wenn eine Abänderung beabsichtigt ist. Erneutes rechtliches Gehör zu der Abhilfeentscheidung ist nur erforderlich, wenn diese eine über die der angefochtenen Entscheidung hinausgehende Begründung enthält oder die Entscheidung abändert. Ist rechtliches Gehör in ausreichendem Maß vom Erstgericht gewährt worden, bedarf es dessen Wiederholung durch das Beschwerdegericht nicht, andernfalls muss das rechtliche Gehör nachgeholt werden.

Im Rahmen dieses rechtlichen Gehörs haben beide Parteien die Möglichkeit, ihren Standpunkt in rechtlicher und tatsächlicher Hinsicht schriftsätzlich vorzutragen. 3233

An sich muss das Gericht auch dem Beschwerdegegner nach Mitteilung der Beschwerdebegründung hinreichend Gelegenheit zur Stellungnahme geben. Eine Fristsetzung hierzu erfolgt indes nur ausnahmsweise. Will der Gegner Stellung nehmen, sollte er dies – um eine vorherige Entscheidung des Gerichts zu vermeiden – möglichst sofort tun oder eine Stellungnahme (unter Ankündigung einer Frist) zumindest ankündigen.

b) Abhilfeverfahren

Nach § 572 Abs. 1 ZPO hat das Gericht, dessen Entscheidung angefochten wird, zu prüfen, ob der Beschwerde abgeholfen wird. 3234

Ausgeschlossen ist ein solches Abhilfeverfahren bei der Beschwerde gegen Zwischenurteile (§§ 572 Abs. 1, 318 ZPO), wenn das Beschwerdegericht die Sache für eilbedürftig hält (Gehrlein MDR 2003, 552; a.A. Schneider MDR 2003, 253).

Technisch einfach ist das Abhilfeverfahren bei Einlegung der Beschwerde beim Erstgericht, andernfalls muss das Beschwerdegericht die Beschwerde an das Erstgericht weitergeben. Zuständig ist grundsätzlich das Organ, das die angefochtene Entscheidung erlassen hat, d.h. der Rechtspfleger, der Einzelrichter oder das Kollegium. Dieses prüft, ob die angefochtene Entscheidung unter Berücksichtigung des Beschwerdevorbringens (auch der darin ggf. enthaltenen neuen Tatsachen) zu Recht ergangen ist.

Ist dies nicht der Fall, ist die angefochtene Entscheidung abzuändern. Damit ist das Beschwerdeverfahren beendet, wenn nicht der Gegner gegen die nunmehr vorliegende neue Entscheidung seinerseits Beschwerde einlegt.

Bleibt das Erstgericht auch unter Berücksichtigung des Beschwerdevorbringens bei seiner Auffassung, so hilft es der Beschwerde nicht ab und legt die Sache dem Beschwerdegericht vor. Dieser Beschluss bedarf der Begründung (manchmal wird hier erst die im angefochtenen Beschluss fehlende Begründung nachgeholt). Verzichtbar ist die Begründung nur, wenn mit der Beschwerde keine neuen Gesichtspunkte vorgetragen wurden und das Gericht an seiner im angefochtenen Beschluss mitgeteilten Begründung festhält.

Gegen dieses Begründungserfordernis wird praktisch häufig verstoßen, ohne dass das Beschwerdegericht dies – wozu es verpflichtet wäre (Zöller/Gummer § 572 Rn. 11) – rügt. Wird die Nichtabhilfe begründet, sollte der Beschwerdeführer sich hiermit auseinandersetzen und seine Auffassung hierzu dem Beschwerdegericht darlegen. Nur so kann der Vorteil des Abhilfeverfahrens genutzt werden.

▶ Praxistipp:

3235 Eine begründete Nichtabhilfe sollte für den Anwalt stets Veranlassung sein, sich mit den mitgeteilten Argumenten auseinanderzusetzen und dem Beschwerdegericht die abweichende eigene Auffassung darzulegen.

3236 Im Fall der Nichtabhilfe wird die Sache an das Beschwerdegericht abgegeben.

c) Beschwerdeverfahren

3237 Das Berufungsgericht prüft zunächst die Zulässigkeit der eingelegten Beschwerde (§ 572 Abs. 2 ZPO).

Fehlt diese, wird die Beschwerde als unzulässig verworfen. Ohne gleichzeitige Zulassung der Rechtsbeschwerde ist diese Entscheidung unanfechtbar.

3238 Ist die Beschwerde zulässig, hat das Beschwerdegericht die Sach- und Rechtslage eigenständig zu beurteilen.

Dabei ist das Gericht an die vom Beschwerdeführer vorgebrachten Gründe nicht gebunden. Praktisch erfolgt aber eine Überprüfung der angefochtenen Entscheidung nur anhand dieser Punkte und auf evidente Fehler. Für den Anwalt ist es deswegen nicht zu empfehlen, auf die Amtsprüfung durch das Beschwerdegericht alleine zu vertrauen, vielmehr sollte er die beanstandeten Punkte klar bezeichnen.

Die unbegründete Beschwerde wird zurückgewiesen, auf die begründete Beschwerde hin entscheidet das Beschwerdegericht in der Sache, indem es entweder die angefochtene Entscheidung abändert oder sich auf die Aufhebung der angefochtenen Entscheidung beschränkt und die Sachentscheidung dem Erstgericht überlässt. Im letzteren Fall ist das Erstgericht an die Rechtsauffassung des Beschwerdegerichts gebunden (analog § 563 Abs. 2 ZPO).

Für die Sachentscheidung des Beschwerdegerichts gilt grundsätzlich das Verschlechterungsverbot (Verbot der »reformatio in peius«, § 528 Satz 2 ZPO analog). Es gilt jedoch schon für das Beschwerdegericht nicht im Bereich von Ermessensentscheidungen oder bei prozessualer Überholung und es gilt überhaupt nicht für die Sachentscheidung des Erstgerichts nach einer Zurückverweisung (KG NJW 1982, 2326).

▶ Praxistipp:

3239 Das Beschwerdeverfahren kann damit in der Sache auch zu einer Verschlechterung der Rechtsposition des Beschwerdeführers führen.

3. Aufschiebende Wirkung

3240 Die Beschwerde hat grundsätzlich keine aufschiebende Wirkung (§ 570 Abs. 1 ZPO). Die angefochtene Entscheidung wird deswegen trotz der eingelegten Beschwerde vollzogen.

Etwas anderes gilt nur für die Beschwerde gegen die Festsetzung von Ordnungs- oder Zwangsmitteln (§§ 141, 273 Abs. 4, 380, 290, 409, 411 Abs. 2, 613, 640 ZPO) und die damit im Zusammenhang stehenden Kostenbeschlüsse (§§ 180 Abs. 1 Satz 1, 390 Abs. 1 Satz 1, 409 Abs. 1 Satz 1 ZPO). Hier beginnt die aufschiebende Wirkung mit der Einlegung der Beschwerde und endet mit der Bekanntgabe der Beschwerdeentscheidung.

Dem Erstgericht steht es nach § 570 Abs. 2 ZPO frei, die Vollziehung seiner Entscheidung **auszusetzen.** 3241

Diese Entscheidung ergeht von Amts wegen, bedarf keines besonderen Antrags, eine Anregung ist dennoch sinnvoll, um das Gericht zu veranlassen, über diese Möglichkeit überhaupt nachzudenken. Dies gilt jedenfalls dann, wenn eine Vollziehung zu erwarten ist und mit Nachteilen für die Partei verbunden wäre. Letztere sind dem Gericht sinnvollerweise darzulegen.

Erfolgt eine Aussetzung durch das Erstgericht nicht, kann das Beschwerdegericht eine **einstweilige Anordnung** erlassen, mit der die Vollziehung der angefochtenen Entscheidung ausgesetzt wird. 3242

Auch diese Entscheidung ergeht ohne Antrag und setzt besondere Darlegungen oder Glaubhaftmachungen nicht voraus. Entsprechendes Vorbringen erhöht die Wahrscheinlichkeit einer entsprechenden Anordnung indes deutlich.

▶ Praxistipp:

Mit der Beschwerdeeinlegung sollte eine Aussetzung der Vollziehung der angefochtenen Maßnahme angeregt und durch Darlegung der drohenden Nachteile substantiiert werden. 3243

II. Andere Beschwerden

Während die ZPO heute nur noch die (oben Rdn. 3204 dargestellte) sofortige Beschwerde kennt, existieren Sonderformen der Beschwerde in Nebengesetzen. 3244

Mit der einfachen Beschwerde kann insbesondere im **Kostenrecht** angefochten werden: 3245
- die Entscheidung über die Erinnerung gegen den Kostenansatz (§ 66 Abs. 2 GKG);
- die Anordnung einer Vorschusszahlung (§ 67 GKG);
- die Festsetzung des Kostenstreitwerts für die Gerichtsgebühren (§ 68 GKG);
- die Wertfestsetzung für die Rechtsanwaltsgebühren (§ 33 RVG);
- die Auferlegung einer Verzögerungsgebühr (§ 69 ZPO);
- die Festsetzung der Vergütung, der Entschädigung oder des Vorschusses für Sachverständige, Dolmetscher, ehrenamtliche Richter und Zeugen (§ 4 Abs. 3 JVEG);
- der Kostenansatz, die Anordnung einer Vorauszahlung oder die Festsetzung des Geschäftswerts in den gerichtlichen Verfahren der freiwilligen Gerichtsbarkeit (§§ 81 ff. GNotKG);
- die gerichtlichen Entscheidungen in Notarkostensachen (§ 129 Abs. 1 GNotKG);
- die Festsetzung des Gegenstandswerts für die Anwaltsgebühren (§ 33 RVG).

Mit der einfachen Beschwerde können außerhalb des Kostenrechts **daneben** z.B. angefochten werden: 3246
- die Entscheidungen des Rechtspflegers (§ 11 RPflG);
- Entscheidungen in Verfahren in Familiensachen und in den Angelegenheiten der freiwilligen Gerichtsbarkeit (§§ 58 ff. FamFG);
- das Schweigegebot nach Ausschluss der Öffentlichkeit in der mündlichen Verhandlung (§ 174 Abs. 3 GVG);
- die Verhängung von Ordnungsmitteln (§ 181 GVG);
- die Versagung der Rechtshilfe (§ 159 GVG).

Diese und weitere Sonderformen der Beschwerde – z.B. in der freiwilligen Gerichtsbarkeit und im Insolvenzrecht – können vorliegend nicht dargestellt werden. Insoweit sei auf die einschlägige Spezialliteratur verwiesen (Goebel, Das Beschwerderecht im Zivilprozess, Bonn 2007 m.w.N.). 3247

Will der Beschwerdegegner eine Abänderung der angefochtenen Entscheidung zu seinen Gunsten erreichen, so kann er sich – neben der ihm unter den allgemeinen Voraussetzungen zustehenden Möglichkeit einer eigenen, selbstständigen Beschwerde – der Beschwerde des Beschwerdeführers **anschließen** (§ 567 Abs. 3 ZPO). 3248

Dies ist insbesondere auch möglich, wenn auf die Beschwerde bereits verzichtet wurde, der Wert des Beschwerdegegenstands nicht erreicht wird oder die Beschwerdefrist bereits abgelaufen ist. Die Anschließung kann deswegen taktisch zur Verbesserung der eigenen Position im Beschwerdeverfahren auch dann genutzt werden, wenn eine eigene Beschwerde nicht beabsichtigt oder möglich war.

Erfolgt die Anschließung in einer Situation, in der auch die selbstständige Beschwerde des Gegners möglich wäre, muss klargestellt werden, ob eine Anschließung oder eine Beschwerde gewollt ist.

Nachteil der eigenen Beschwerde gegenüber ist die Akzessorietät der Anschließung. Diese verliert – ohne dass der Anschließende dies verhindern kann – ihre Wirkung, wenn die Beschwerde zurückgenommen oder als unzulässig verworfen wird (§ 567 Abs. 3 Satz 2 ZPO).

E. Rechtsbeschwerde und Revision

3249 Rechtsbeschwerde und Revision sind nicht Gegenstand der vorliegenden Darstellung. Beide Verfahrensarten sind den beim BGH zugelassenen Rechtsanwälten vorbehalten (§ 78 Abs. 1 Satz 4 ZPO, § 133 GVG) und kommen für Anwälte der ersten und zweiten Instanz damit nicht in Betracht; Anwälte der Vorinstanzen können lediglich Anträge auf Aussetzung (§ 248 ZPO), Erledigungserklärungen und Kostenübernahmeerklärungen abgeben (vgl. Zöller/Vollkommer, § 78, Rn. 28). Soll die dritte Instanz durchlaufen werden, ist in jedem Fall die Abgabe an einen beim Bundesgerichtshof zugelassenen Rechtsanwalt erforderlich. Ist dies bereits während der Vorinstanzen absehbar, können hier jedoch sinnvolle Vorarbeiten geleistet werden (Siegmann AnwBl 2009, 249).

3250 Bereits im Berufungsverfahren sollte die mögliche spätere Anfechtung des Berufungsurteils mit der Revision bedacht werden, sei es, dass diese für die eigene Partei ermöglicht, sei es, dass sie für die gegnerische Partei ausgeschlossen werden soll.

In erster Linie dient der Vortrag von Tatsachen zu den Voraussetzungen einer Revisionszulassung dazu (§ 543 Abs. 2; Vorwerk WuM 2011, 455). Häufig können die Parteien zum Beispiel die grundsätzliche Bedeutung einer Rechtsfrage besser beurteilen als das Gericht. Lässt das Berufungsgericht eine Revision zu, ist das Revisionsgericht daran gebunden, die Revision in jedem Fall zulässig; ob sie durchgeführt wird, bleibt der Entscheidung der Parteien vorbehalten. Ist die Revision zulässig, bleibt nur die Möglichkeit einer Beschwerde (»Nichtzulassungsbeschwerde«, § 544 ZPO).

Da die Nichtzulassungsbeschwerde erst ab einer Beschwer von mehr als 20 000 € statthaft ist (§ 544 Abs. 2 ZPO), kann es zudem erforderlich sein, den Streitwert des erstinstanzlichen oder des Berufungsverfahrens im Hinblick darauf zu gestalten. Liegt die Beschwer im Grenzbereich, kann sie durch Beschränkung des Werts des Beschwerdegegenstands bei Einlegung der Berufung reduziert oder durch Erweiterung um weitere Ansprüche erhöht werden.

3251 Statistisch ist die Einlegung der Nichtzulassungsbeschwerde nur wenig Erfolg versprechend.

Weniger als 10 % aller Nichtzulassungsbeschwerden haben beim BGH Erfolg.

3252 Kommt es zu einem Verfahren vor dem BGH, können den Berufungsbevollmächtigten Aufgaben der Revisionsinstanz auch dann treffen, wenn er beim BGH nicht zugelassen ist.

Ohne besonderen Gebührenanspruch gehören zur zweitinstanzlichen Tätigkeit (§ 19 RVG) insbesondere die Erörterung von Anfechtungsmöglichkeiten mit dem Mandanten, die Berichtigung oder Ergänzung des Berufungsurteils (§§ 319 ff. ZPO) und die Entgegennahme und Weiterleitung von Zustellungen der Revisionsschrift bzw. -begründung.

An Bedeutung verloren hat die nach altem Recht noch wichtige Tatbestandsberichtigung (§ 320 ZPO). Zwar ist tatsächliche Grundlage des Revisionsverfahrens nach wie vor dasjenige Vorbringen, das aus dem Berufungsurteil ersichtlich ist. Nach § 540 Abs. 1 Nr. 1 ZPO enthält das Berufungsurteil aber keinen eigenständigen Tatbestand mehr, sondern anstelle dessen eine Bezugnahme auf die tatsächlichen Feststellungen im angefochtenen Urteil. Nur soweit das Berufungsgericht darüber hinaus eigene Änderungen oder Ergänzungen wiedergegeben hat, liegt beurkundetes Parteivorbringen vor, das nach § 320 ZPO abgeändert werden kann (Zöller/Vollkommer § 320 Rn. 5). Ansonsten wird auch für die Revision das im Tatbestand des erstinstanzlichen Urteils festgehaltene Vorbringen zugrunde gelegt.

F. Rechtsbehelfe im Vollstreckungsverfahren

Im Vollstreckungsverfahren sind Funktion und Bedeutung der Rechtsbehelfe andere als im Erkenntnisverfahren. Während Rechtsbehelfe im Erkenntnisverfahren durchweg der Fehlerkontrolle und -behebung dienen, sind sie im Vollstreckungsverfahren erforderlich, um die Rechte des Schuldners oder Dritter zu wahren. Sie sind deswegen im Zusammenhang mit dem Vollstreckungsverfahren abschließend im 11. Kapitel dargestellt (unten Rdn. 3456). 3253

Etwas anderes gilt für die Rechtsbehelfe im Eilverfahren (Arrest, einstweilige Verfügung), die im achten Buch der ZPO geregelt sind. Diese wurden im Zusammenhang mit den Rechtsbehelfen im erstinstanzlichen Verfahren dargestellt (oben Rdn. 2732). 3254

G. Weitere Rechtsbehelfe

Nur selten relevant werden weitere, nicht in der ZPO geregelte Rechtsbehelfe. 3255

I. Außerordentliche Rechtsmittel

Auf alter Rechtsgrundlage bis zur ZPO-Reform 2002 war die Möglichkeit der Einlegung einer Beschwerde, ggf. sogar einer Berufung, auch außerhalb der gesetzlich vorgegebenen Zulässigkeitsvoraussetzungen in Rechtsprechung und Lehre zumindest dann anerkannt, wenn die Entscheidung unter Verletzung verfassungsrechtlich zwingender Grundsätze, insbesondere unter Verstoß gegen die Notwendigkeit der Gewährung rechtlichen Gehörs, ergangen oder »greifbar gesetzeswidrig« und anderweitig nicht anfechtbar war (sog. »außerordentliche Beschwerde«; BVerfG NJW 1999, 1176; E. Schneider MDR 2001, 845). 3256

Angesichts der nunmehr bestehenden Möglichkeit des Abhilfeverfahrens nach § 321a ZPO kann die bisherige Rechtsprechung in Bezug auf die Ausnahmeberufung als überholt betrachtet werden (Prütting/Gehrlein/Thole § 321a Rn. 18). 3257

So wird in der Begründung zum Regierungsentwurf (S. 63, 85, 94) davon ausgegangen, dass in solchen Fällen nur noch die Verfassungsbeschwerde eingelegt werden kann und die vorgesehene Abhilfemöglichkeit eine ausdehnende Auslegung des bisherigen § 513 Abs. 2 ZPO insoweit entbehrlich macht. Dabei fordert Art. 19 Abs. 4 GG bzw. das Rechtsstaatsprinzip des Grundgesetzes nach herrschender Ansicht zwar einen wirkungsvollen Rechtsschutz, aber keinen Instanzenzug (Zöller/Vollkommer Einl. Rn. 47; BVerfG NJW 2003, 281; BVerfG NJW 2005, 1768: liegt in der Gestaltungsfreiheit des Gesetzgebers).

Dies gilt in gleicher Weise für die außerordentliche Beschwerde (BGH NJW 2002, 1577). So kommt bei Gehörsverletzungen das Abhilfeverfahren in Betracht; auch bei denjenigen Beschlüssen, mit welchen eine unzulässige oder unbegründete Gehörsrüge verworfen bzw. zurückgewiesen wird (§ 321a Abs. 5 ZPO). Bei Verstößen gegen andere Verfahrensgrundrechte – z.B. gegen das Willkürverbot und die Waffengleichheit – oder Grundrechte – z.B. das Analogieverbot – ist die Anhörungsrüge weder unmittelbar noch entsprechend anwendbar (BGH GRUR-RR 2017, 416, Rn. 5).

Strikt ausgeschlossen dürfte eine außerordentliche Beschwerde auch dann sein, wenn das Gericht im Abhilfeverfahren eine Verletzung des rechtlichen Gehörs offensichtlich zu Unrecht verneint hat (so auch sogar bei schwersten Fehlern des Gerichts Anders/Gehle/Hunke § 321a Rn. 61; § 511 Rn. 21 m.w.N., § 128a Rn. 11 ZPO: allenfalls im Einzelfall unter ganz besonderen Umständen). Denn eine solche kommt allenfalls in »Ausnahmefällen krassen Unrechts« in Betracht, wenn die Entscheidung »jeder gesetzlichen Grundlage entbehrt und inhaltlich dem Gesetz fremd ist« (Thomas/Putzo/Seiler § 567 Rn. 7a, b). Diese könnte daher lediglich bei völligem Ignorieren der Gehörsrüge in Betracht kommen, was jedoch wiederum einen eigenständigen Gehörsverstoß enthält, welcher zur Anwendbarkeit des § 321a ZPO führt.

Schließlich sei noch angemerkt, dass diesbezüglich absolut untauglich die Dienstaufsichtsbeschwerde ist. Diese erstreckt sich gem. § 26 DRiG allein auf die äußere Wahrnehmung der dienstlichen Aufgaben und nicht auf die Ausübung der den Richtern in voller Unabhängigkeit anvertrauten rechtsprechenden Gewalt. Sie ermöglicht daher keinesfalls die Beseitigung einer (rechtskräftigen) richterlichen Entscheidung (BVerfG NJW 2004, 2891).

II. Gegenvorstellung

3258 Die Gegenvorstellung (Remonstration) ist ein allgemeiner, gesetzlich nicht geregelter Rechtsbehelf, mit dem der Urheber einer Entscheidung oder Maßnahme veranlasst werden soll, sein eigenes Tun oder Unterlassen nochmals auf seine Rechtmäßigkeit und Zweckmäßigkeit hin zu überprüfen. Sie bedarf keiner besonderen Zulässigkeitsvoraussetzungen, kann ohne Vorliegen einer eigenen Beschwer (d.h. von jedermann) und ohne Einhaltung von Formen oder Fristen eingelegt werden, hat allerdings auch keine verbindlichen Wirkungen, führt also nicht zu einer Überwälzung in die nächsthöhere Instanz (Devolutiveffekt) und hat keine aufschiebende Wirkung (Suspensiveffekt). Auch besteht weder ein Rechtsanspruch auf Überprüfung der Handlung noch auf Erlass eines Bescheids.

Trotz Fehlens jeder gesetzlichen Regelung wird vertreten, dass auch bei der Gegenvorstellung eine Zwei-Wochen-Frist entsprechend § 321a Abs. 2 ZPO zu wahren sei (BGH NJW-RR 2007, 1654, Rn. 5; BGHReport 2005, 129: zwei Wochen entsprechend der Wiedereinsetzungsfrist). Auch sonst sollte der Anwalt die Formalien des § 321a ZPO schon deshalb beachten, da bei einer (möglicherweise auch noch vorliegenden) Gehörsverletzung § 321a ZPO direkt anwendbar wäre. Für den Fall, dass das Gericht einen Verfassungsverstoß nicht ausräumt, kommt allein die Anrufung des BVerfG in Betracht.

Gegen die Entscheidung über eine Gegenvorstellung ist ein Rechtsmittel nicht eröffnet (OLG Rostock NJW-RR 2010, 215).

III. Verfassungsbeschwerde

3259 Die theoretisch mögliche (subsidiäre) Verfassungsbeschwerde bietet grundsätzlich wenig Aussicht auf Erfolg.

So bewegt sich die Anzahl der erfolgreichen Verfassungsbeschwerden im Promillebereich (kritisch Lamprecht NJW 2000, 3543: »Karlsruher Lotterie«).

Zudem droht die Missbrauchsgebühr bis zu 2.600 € (§ 34 Abs. 2 BVerfGG; zu den Voraussetzungen BVerfG NJW 2004, 2959).

Der aus § 90 Abs. 2 Satz 1 BVerfGG folgende Subsidiaritätsgrundsatz (Erschöpfung des Rechtsweges vor Erhebung der Verfassungsbeschwerde) erfordert bei Verletzung des rechtlichen Gehörs durch ein Amtsgericht im Verfahren nach § 495a ZPO vor Anrufung des BVerfG zunächst die Einholung einer Entscheidung des Zivilgerichts im Abhilfeverfahren (BVerfG NJW 2002, 3388; bislang war Berufung notwendig, BVerfG NJW 1997, 1301).

Im Übrigen verlangt dieser Grundsatz, bei einer unanfechtbaren Entscheidung zunächst Gegenvorstellung zu erheben, sofern mit ihr die Verletzung von Prozessgrundrechten gerügt wird (BVerfG NJW 2003, 575: bei Verletzung des rechtlichen Gehörs oder des Anspruchs auf den gesetzlichen Richter). Sonst aber gehört dieser formlose Rechtsbehelf grundsätzlich nicht zum Rechtsweg gem. § 90 BVerfG und ist daher für die Verfassungsbeschwerde ebenso wenig fristwahrend wie auch eine Dienstaufsichtsbeschwerde (BVerfG NJW 2004, 2891).

In Zweifelsfällen sollte zur Fristwahrung unmittelbar nach Zugang der Entscheidung des letzterkennenden Gerichts vorsorglich Verfassungsbeschwerde erhoben werden (BVerfG NJW 2003, 575: keine Wiedereinsetzung, da Fristversäumnis nicht unverschuldet; aber auch BVerfG NJW 2005, 3059; BVerfG NJW 2002, 3387: keine Kostenerstattung bei Erledigung der unzulässigen Verfassungsbeschwerde wegen sachlicher Bescheidung der zugleich erhobenen Gegenvorstellung mit dem Hinweis, dass von einem Rechtsbehelf grundsätzlich selbst dann Gebrauch zu machen ist, wenn dessen Statthaftigkeit zweifelhaft ist).

So reicht z.B. ein nur »einfaches Versehen« des Richters bei der Bearbeitung des Gerichtsverfahrens nicht aus (BVerfG NJW-RR 1999, 137: Entscheidung des AG vor Ablauf der gesetzten Klageerwiderungsfrist).

Voraussetzung für ihre Annahme ist vielmehr, dass die geltend gemachte Rechtsverletzung besonderes Gewicht hat oder die Partei in existenzieller Weise betrifft (BVerfG NJW 1999, 1176).

3260 In Betracht kommen kann die Verfassungsbeschwerde, wenn nicht der Anspruch auf rechtliches Gehör verletzt wurde, sondern andere Verfassungsrechte, etwa der Anspruch auf den gesetzlichen Richter, der Anspruch auf ein faires Verfahren oder der allgemeine Gleichbehandlungsgrundsatz.

Das Recht der Parteien auf den **gesetzlichen**, d.h. den im Vorhinein nach abstrakten Kriterien bestimmten **Richter** (Art. 101 Abs. 1 Satz 2 GG) ist verletzt bei jedem Verstoß gegen Zuständigkeitsvorschriften oder Regelungen der Geschäftsverteilung (BGH NJW 1994, 1735; Roth NJW 2000, 3692).

Der Anspruch der Parteien auf ein **faires Verfahren** wird aus dem Rechtsstaatsprinzip abgeleitet und dient als Auffangtatbestand für alle nicht speziell geregelten verfassungsrechtlichen Gewährleistungen, insbesondere das Willkürverbot und den Verhältnismäßigkeitsgrundsatz (BVerfGE 75, 183, 190 f.; BVerfGE 69, 126, 139 f.; BGH NJW 1999, 290; OLG Saarbrücken NJW-RR 1998, 1609).

Unzulässig ist danach vor allem widersprüchliches Verhalten des Gerichts, die Ableitung von Nachteilen für die Parteien aus einem Fehler des Gerichts oder die Verletzung von Schutz- und Fürsorgepflichten durch das Gericht (BVerfG NJW 2001, 1343; BVerfG NJW 1988, 2787; BGH NJW 1999, 290; KG NJW 2001, 1296). Vorbringen der Parteien kann nicht als verspätet zurückgewiesen werden, wenn das Gericht den Termin unzureichend vorbereitet hat. Auch Zeugen haben ein Recht darauf, im Prozess mit einem eigenen Rechtsanwalt aufzutreten. 3261

IV. Verzögerungsrüge und Entschädigungsklage

Keinen Rechtsbehelf, sondern lediglich eine Möglichkeit zur Durchsetzung des Anspruchs auf **Rechtsgewährung in angemessener Zeit** aus Art. 19 Abs. 4, Art. 20 Abs. 3 GG, Art. 13 EMRK bieten die §§ 198 ff. GVG (Althammer/Schäuble NJW 2012, 1; Heine MDR 2012, 327; HessStGH NJW-RR 2011, 1559). Besteht Anlass zu der Besorgnis, dass das Verfahren nicht in angemessener Zeit abgeschlossen wird, kann jede Partei beim Prozessgericht eine Verzögerungsrüge erheben. Hierüber ergeht keine gerichtliche Entscheidung. Hilft das Gericht der Rüge nicht durch eine Verfahrensbeschleunigung ab, kann frühestens nach 6 Monaten eine Entschädigungsklage bei dem OLG erhoben werden, in dessen Bezirk das streitgegenständliche Verfahren geführt wurde. Auf diese Klage hin kann durch Urteil festgestellt werden, dass die Verfahrensdauer unangemessen war, ggf. kann eine Entschädigung in Höhe von regelmäßig 1.200,– € pro Jahr Verzögerungsdauer festgesetzt werden. 3262

Der EGMR hat – unter ausdrücklicher Aufgabe seiner früheren Rechtsprechung – erstmals mit Urt. vom 26.10.2000 (Nr. 30210/96) und seither in ständiger Rechtsprechung entschieden, dass bei überlanger Dauer gerichtlicher Verfahren neben dem in Art. 6 Abs. 1 EMRK garantierten Recht auf ein faires und zügiges Verfahren auch das in Art. 13 EMRK verbürgte Recht auf wirksame Beschwerde verletzt sein kann. Art. 13 EMRK garantiert danach einen Rechtsbehelf bei einer innerstaatlichen Instanz, mit dem ein Betroffener sich gegen Gefährdungen und Verletzungen seines Rechts auf angemessene Verfahrensdauer wehren kann.

Diese Lösung stößt überwiegend auf Kritik:

- Das Gericht ist nicht zu einer förmlichen Bescheidung der Verzögerungsrüge verpflichtet, für die Verfahrensbeteiligten besteht keine Beschwerdemöglichkeit. Geschieht nichts, können die Verfahrensbeteiligten einen Fortgang des Verfahrens nicht erzwingen, sondern lediglich eine Entschädigung verlangen. Das ist unbefriedigend und läuft im Ergebnis auf ein »dulde und liquidiere« hinaus.
- Der Regelsatz der Entschädigung bietet für den Staat keinen Anreiz, die Justiz personell und organisatorisch so auszustatten, dass mit einer angemessenen Erledigungsdauer gerechnet werden kann.
- Regressmöglichkeiten des Staats bei grober Fahrlässigkeit bestehen gegen nichtrichterliche Bedienstete, nicht aber gegen Richter. Diese können mit dem vorliegenden Institut deswegen kaum zu zügigerer Arbeit angehalten werden.
- Ist das Verfahren 6 Monate nach Erhebung der Verzögerungsrüge noch nicht entschieden und wird Entschädigungsklage erhoben, führt die Konkurrenz beider Verfahren (z.B. durch die Aktenanforderung) trotz der Aussetzungsmöglichkeit nach § 201 Abs. 3 Satz 1 GVG zu weiteren Verzögerungen.

Eine **Verzögerungsrüge** (§ 198 Abs. 3 GVG) kann erhoben werden, wenn Anlass zu der Besorgnis besteht, dass das Verfahren nicht in angemessener Zeit abgeschlossen wird. Erforderlich hierfür sind konkrete Anhaltspunkte aus dem bisherigen Prozessverlauf und der absehbaren zukünftigen Prozessförderung durch das Gericht. Eine zu früh erhobene Rüge kann eine Entschädigung nicht auslösen (sondern allenfalls eine Feststellung nach § 198 Abs. 3 Satz 3), zu spät erhoben werden kann die Rüge indes nicht, weil Geduld eines Verfahrensbeteiligten nicht »bestraft« werden soll. Vor Ablauf 3263 von sechs Monaten kann sie nur wiederholt werden, wenn besondere Umstände dies rechtfertigen (z.B. nach einem Richterwechsel).

▶ Praxistipp:

3264 Wer zu früh rügt, gefährdet seinen späteren Entschädigungsanspruch. Deswegen darf eine Rüge erst erfolgen, wenn an der Verzögerung keine Zweifel mehr bestehen.

3265 Die Rüge muss bei dem Verfahrensgericht eingelegt werden, um dem bearbeitenden Richter – soweit möglich und erforderlich – die Möglichkeit einer beschleunigten Verfahrensförderung zu geben. Im Anwaltsprozess unterliegt sie dem Anwaltszwang. Sie muss erkennen lassen, dass die Partei die Verfahrensdauer für unangemessen hält und eine Beschleunigung wünscht. Eine besondere Begründung ist nicht erforderlich. Insbesondere müssen weder der bisherige objektive Ablauf des Verfahrens dargelegt noch Alternativen für eine beschleunigtere Verfahrensgestaltung dargelegt werden. Soweit indes Umstände vorliegen, die für das Maß der gebotenen Zügigkeit wichtig, bislang aber noch nicht in das Verfahren eingeführt sind, müssen diese offengelegt, aber weder bewiesen noch glaubhaft gemacht werden.

▶ Beispiele:

Droht dem Gläubiger bei unangemessener Verfahrensdauer der Verlust seiner Wohnung, die Kündigung laufender Darlehen oder die Insolvenz, muss das Gericht dies wissen, um die besondere Beschleunigungsbedürftigkeit des Verfahrens nachvollziehen zu können.

▶ Praxistipp:

3266 Eine Begründung der Verzögerungsrüge empfiehlt sich in den Fällen, in denen die Verzögerung auf Umstände gestützt wird, die sich nicht ohne Weiteres aus der gerichtlichen Verfahrensakte ergeben.

3267 Die **Entschädigungsklage** ist bei dem OLG, in dessen Bezirk das verzögerte Verfahren stattgefunden hat, gegen das Land (§ 200 GVG) zu erheben (§ 201 Abs. 1 GVG). Dabei gelten die allgemeinen Vorschriften der ZPO über Verfahren im ersten Rechtszug, insbesondere der Anwaltszwang und die allgemeinen Zulässigkeitsvoraussetzungen jeder Klage (§ 201 Abs. 1 Satz 1 GVG). Da es sich um eine Leistungsklage handelt, bedarf es eines bezifferten Zahlungsantrags (zur Höhe unten Rdn. 3269); eines zusätzlichen (hilfsweisen) Anspruchs auf Feststellung der Unangemessenheit der Verfahrensdauer bedarf es nicht. Besondere Zulässigkeitsvoraussetzungen gelten für den Zeitpunkt der Klageerhebung: Dieser muss mindestens 6 Monate nach Erhebung der Verzögerungsrüge (Wartefrist, § 198 Abs. 5 Satz 1 GVG) und höchstens 6 Monate nach Rechtskraft der verfahrensbeendenden Entscheidung (Klagefrist, § 198 Abs. 5 Satz 2 GVG) liegen. Begründet ist die Entschädigungsklage nach § 198 Abs. 1 Satz 1 GVG, wenn der Kläger infolge unangemessener Dauer eines Gerichtsverfahrens als Verfahrensbeteiligter einen Nachteil erlitten hat (dazu BGH NJW 2015, 1312).

3268 Die Unangemessenheit der Verfahrensdauer richtet sich nach den Umständen des Einzelfalles, insbesondere nach der Schwierigkeit und Bedeutung des Verfahrens und nach dem Verhalten der Verfahrensbeteiligten und Dritter. Sie ist objektiv und verschuldensunabhängig zu beurteilen. Erforderlich ist eine Gesamtbetrachtung, sodass die Verzögerung einzelner Verfahrensabschnitte in anderen Abschnitten kompensiert werden kann. Nachteile können materieller oder immaterieller Natur (Rufschädigung) sein. Für alle diese Voraussetzungen ist der Kläger darlegungs- und ggf. beweispflichtig, allein die Kausalität wird (widerleglich) vermutet (§ 198 Abs. 2 Satz 1 GVG).

3269 Rechtsfolge einer unangemessenen Verfahrensverzögerung ist im Regelfall die Geldentschädigung. Da es sich dabei nicht um Schadensersatz handelt, gelten die Grundsätze der Naturalrestitution, Kompensation und Totalreparation nicht. Die Entschädigung ist unabhängig vom Umfang des tatsächlich eingetretenen Nachteils pauschaliert und beträgt 1.200,– € für jedes Jahr der Verzögerung

(§ 198 Abs. 2 Satz 3 GVG). Neben oder anstelle der Entschädigung kann auch die Feststellung der Unangemessenheit der Verfahrensdauer treten (§ 198 Abs. 4 GVG); diese ist von einem Antrag des Klägers unabhängig.

Das Verfahren der Entschädigungsklage regelt § 201 GVG. Von Bedeutung ist dort Abs. 4, nach dem das Gericht über die Kosten des Verfahrens nach billigem Ermessen entscheidet, wenn allein die Feststellung der unangemessenen Dauer erfolgt und die Entschädigungsklage im Übrigen abgewiesen wird.

Kapitel 11: Rechtsdurchsetzung im Zwangsvollstreckungsverfahren

Übersicht Rdn.

Rdn.

Vorbemerkung

Erfüllt der Schuldner auch nach Vorliegen eines Vollstreckungstitels nicht freiwillig, muss das Recht gegen ihn zwangsweise durchgesetzt werden. Das hierzu dienende Zwangsvollstreckungsverfahren erfolgt ausschließlich über staatliche Organe (»Gewaltmonopol«). 3270

Im Zentrum steht dabei der Gerichtsvollzieher, dem die Zwangsvollstreckung grundsätzlich zugewiesen ist (§ 753 Abs. 1 ZPO) und der vor allem dort tätig wird, wo gegen den Schuldner unmittelbarer Zwang anzuwenden ist (Abgabe der Vermögensauskunft, Pfändung von Sachen). Die Rechtsstellung des Gerichtsvollziehers ergibt sich im Wesentlichen aus der Gerichtsvollzieherordnung (GVO), seine Tätigkeit aus der Geschäftsanweisung für Gerichtsvollzieher (GVGA); er unterliegt der Dienstaufsicht des Dienstvorgesetzten (Amts- bzw. Landgerichtspräsident) und der Fachaufsicht des Vollstreckungsgerichts.

Vollstreckungsgericht ist ausschließlich (§ 802 ZPO) das Amtsgericht, in dessen Bezirk die Zwangsvollstreckung stattfindet (§ 764 ZPO). Hier wird meist der Rechtspfleger (§ 3 Nr. 1i, § 20 Nr. 15-17 RPflG) anstelle des Richters tätig. Wichtigste Zuständigkeiten sind die Zwangsvollstreckung in Rechte und in das unbewegliche Vermögen, das Verteilungsverfahren und Rechtsbehelfe.

Das Prozessgericht ist (wegen der Sachnähe zum Erkenntnisverfahren) vor allem zuständig für die Zwangsvollstreckung zur Erwirkung und Unterlassung von Handlungen (§§ 887 ff. ZPO) sowie für Rechtsbehelfe.

Abzugrenzen ist die Einzelzwangsvollstreckung zum Zwecke der Durchsetzung von Forderungen einzelner Gläubiger von der – hier nicht erörterten – Gesamtvollstreckung, bei der das gesamte Schuldnervermögen liquidiert wird, um alle Gläubiger gleichmäßig (quotal) zu befriedigen, unabhängig davon, ob deren Forderungen bereits tituliert sind oder nicht (»Insolvenzverfahren«). Nicht Gegenstand der vorliegenden Darstellung sind die Zwangsvollstreckungsmöglichkeiten nach der StPO und der AO (dazu Kraus GDVZ 2013, 29). 3271

Strukturiert sind die Vollstreckungsverfahren im achten Buch der ZPO nach dem Inhalt des Titels, der gerichtet sein 3272
- auf die Zahlung eines Geldbetrags (§§ 803 ff. ZPO);
- auf die Herausgabe von Sachen (§§ 883 ff. ZPO);
- auf die Vornahme von vertretbaren und unvertretbaren Handlungen (§§ 887 ff. ZPO);
- auf die Duldung oder Unterlassung von Handlungen (§ 890 ZPO);
- auf die Abgabe von Willenserklärungen (§ 894 ZPO).

Zahlungs- und Herausgabevollstreckungen sind zusätzlich untergliedert nach dem Vollstreckungsobjekt (Mobiliarvollstreckung mit Fahrnis- und Forderungsvollstreckung; Immobiliarvollstreckung). 3273

3274

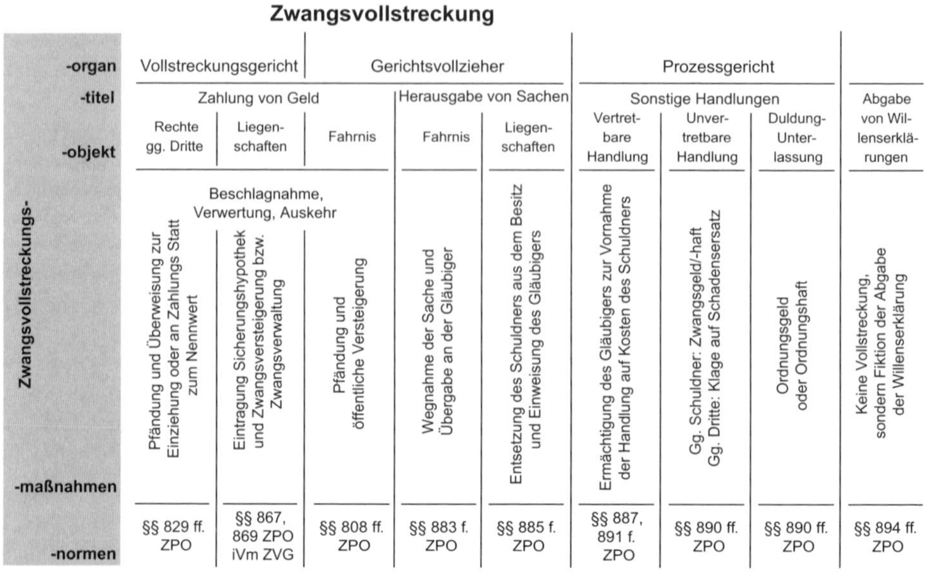

Abb. 6: Zwangsvollstreckung

3275 **Beteiligte** des Vollstreckungsverfahrens sind regelmäßig der Gläubiger und der Schuldner. Diese müssen weder hinsichtlich ihrer Identität noch hinsichtlich ihrer Parteirolle mit den Beteiligten des Erkenntnisverfahrens identisch sein.

3276 So kann nicht nur der ehemalige Kläger als Gläubiger gegen den ehemaligen Beklagten als Schuldner vollstrecken. Wurde die Klage abgewiesen, so vollstreckt der Beklagte (Gläubiger) seine Kosten gegen den Kläger (Schuldner). Wurde der Titel umgeschrieben (§§ 727 ff. ZPO), sind auf Gläubiger- und/oder Schuldnerseite Personen an der Vollstreckung beteiligt, die nicht am Erkenntnisverfahren teilgenommen haben, die möglicherweise auch aus dem titulierten Anspruch weder berechtigt noch verpflichtet sind (Stein/Jonas/Münzberg § 704 Rn. 35). Schließlich können durch die Zwangsvollstreckung auch Dritte betroffen sein, die weder Gläubiger noch Schuldner der zu vollstreckenden Forderung sind.

3277 Die Rechte des **Gläubigers** werden durch die »Dispositionsmaxime« gewahrt. Das Vollstreckungsverfahren beginnt nur auf besonderen Antrag des Vollstreckungsgläubigers (unten Rdn. 3280 ff.). Er bestimmt dabei das Vollstreckungsobjekt, d.h. den Teil des Vermögens auf Schuldnerseite, in den vollstreckt werden soll. Der Gläubiger kann die Zwangsvollstreckung auch jederzeit wieder beenden. Handeln Vollstreckungsorgane nicht den Vorstellungen des Gläubigers entsprechend, kann dieser sich dagegen mit Rechtsbehelfen wehren (dazu unten Rdn. 3456 ff.).

3278 Die Rechte des **Schuldners** werden – anders als im Erkenntnisverfahren – nicht immer über den Anspruch auf rechtliches Gehör geschützt. Dieser Grundsatz muss im Zwangsvollstreckungsverfahren in der Regel hinter dem Gesichtspunkt der Effizienz der Vollstreckung zurücktreten. Der Vollstreckungsschuldner ist zur Wahrung seiner Rechte in erster Linie auf besondere Vollstreckungsrechtsbehelfe verwiesen und muss durch deren Einlegung initiativ werden (dazu unten Rdn. 3448 ff., 3456 ff.). Eine Ausnahme gilt für die Entscheidungen des Prozessgerichts in Zwangsvollstreckungsverfahren, wo rechtliches Gehör gewährt wird (§ 891 Satz 2 ZPO) und wo die Schuldnerinteressen in diesem Rahmen geltend gemacht werden können.

3279 Die Rechte **Dritter** können in der Zwangsvollstreckung ebenfalls betroffen werden (§§ 771, 805, 809, 850h, 829 ZPO). Greift der Schuldner auf Vermögenswerte zu, die nicht nur dem Schuldner, sondern (auch) einem Dritten zuzuordnen sind, an denen er (Mit-)Gewahrsam, (Mit-)Eigentum oder sonstige Rechte beansprucht, muss er auch den weiteren Ablauf der Vollstreckung durch Rechtsbehelfe korrigieren, da er ansonsten Gefahr läuft, seine Rechte zu verlieren (dazu unten Rdn. 3452, 3456 ff.).

A. Der Antrag auf Einleitung der Zwangsvollstreckung

Eine Durchsetzung des Rechts des Gläubigers erfordert dessen darauf gerichteten Antrag. Mit dem 3280 Antrag wird das Zwangsvollstreckungsverfahren nicht nur eingeleitet, sondern auch dessen Inhalt bestimmt. Das Verfahren läuft dann, bis der Gläubiger seinen Antrag zurücknimmt (§ 843 ZPO) oder befriedigt wird – sei es durch freiwillige Leistung des Schuldners, sei es durch zwangsweise Durchsetzung.

Der Antrag ist an das zuständige Vollstreckungsorgan zu richten und muss die formalen Vorausset- 3281 zungen der Vollstreckung darlegen.

I. Taktische Überlegungen

Die Wahl der optimalen Vollstreckungsmaßnahme setzt eine Klärung der Vollstreckungsmöglich- 3282 keiten bzw. eventueller Vollstreckungshindernisse voraus. Die Zwangsvollstreckung bietet vielfältige Ansatzmöglichkeiten für taktische Überlegungen. In rechtlicher Hinsicht muss geprüft werden, inwieweit die erforderlichen Vollstreckungsvoraussetzungen vorliegen bzw. Vollstreckungshindernisse bestehen. In tatsächlicher Hinsicht muss überlegt werden, welche Vollstreckungsmaßnahme die größte Aussicht auf Realisierung des Titels bietet. Beides setzt hinreichende Kenntnisse auch über die Verhältnisse des Schuldners voraus, die ggf. zunächst zu beschaffen sind. Am Beginn der Überlegungen sollte indes wie stets die Frage stehen, ob der Aufwand einer streitigen Durchsetzung des Anspruchs steht oder ob nicht die Möglichkeit einer gütlichen Einigung gesucht werden sollte.

Zu Recht weisen Dierck/Griedl (NJW 2013, 3201) darauf hin, dass die mit dem Gesetz zur Reform der Sachaufklärung in der Zwangsvollstreckung eingetretenen grundlegenden Veränderungen des Vollstreckungsverfahrens auch eine Änderung des Vollstreckungsmanagements erforderlich machen. Die zur Verfügung stehenden Möglichkeiten müssen im Einzelfall abgewogen und individuell bewertet werden. Eine standardisierte, pauschale Vorgehensweise in allen Vollstreckungsfällen verlängert die Verfahrensdauer und mindert die Erfolgsaussichten. So auch Euba AnwBl 2013, 23 (»Wer schnell umdenkt, für den wird vieles leichter«).

1. Ratenzahlungsvereinbarung

Anlass zu einem Vergleich besteht in der Zwangsvollstreckung für den Gläubiger regelmäßig nicht 3283 mehr. Der mit einer Zwangsvollstreckung verbundene Aufwand indes kann vermieden oder zumindest reduziert werden, wenn es gelingt, den Schuldner zur freiwilligen Leistung zu bewegen. Anreiz hierfür kann eine Ratenzahlungsvereinbarung sein. Ggf. kann diese mit einem Teilerlass bei vereinbarungsgemäßer freiwilliger Erfüllung im Übrigen verbunden werden.

Zu beachten sind dabei folgende Punkte: 3284

(1) Der Verzicht des Gläubigers auf **Vollstreckungsmaßnahmen** liegt im Interesse beider Parteien. 3285 Der Gläubiger erspart sich damit weiteren Aufwand, der Schuldner behält seinen wirtschaftlichen Handlungsspielraum.

Dagegen spricht aus der Sicht des Gläubigers nichts für eine Rücknahme bereits gestellter Vollstreckungsanträge oder gar eine Aufhebung bereits erfolgter Pfändungen. Häufig bedarf es des Drucks der bevorstehenden Vollstreckung, um den Schuldner zum Abschluss der Ratenzahlungsvereinbarung und zur freiwilligen Leistung zu bewegen. Werden Sachen oder Forderungen freigegeben, besteht die Gefahr, dass diese von anderen Gläubigern gepfändet werden und der eigene Rang verloren geht.

Die Zwangsvollstreckung kann ausgesetzt (zum Ruhen gebracht) werden, was zu einem Verwertungsaufschub nach § 813a ZPO führt und den Schuldner vor einem endgültigen Verlust des Pfändungsgegenstands bewahrt.

Anders als früher gilt dies auch für die Pfändung laufender Konten. Die erforderliche Verfügungsgewalt über dort eingehende Beträge erhält der Schuldner durch Umwandlung des Kontos in ein Pfändungsschutzkonto (»P-Konto«) auf eigenen Antrag seiner Bank gegenüber (§ 850k Abs. 7 Satz 2 ZPO); der Mitwirkung des Pfändungsgläubigers bedarf er dazu nicht (Ahrens NJW 2010, 2001; Dörndorfer Jur-Büro 2009, 626; Brögelmann NJ 2010, 407).

3286 (2) Decken die durch die Pfändungen bereits erlangten **Sicherheiten** das Vollstreckungsrisiko nicht hinreichend ab, sollte der Gläubiger um die Erlangung weiterer Sicherheiten bemüht sein.

Der Schuldner kann Forderungen freiwillig abtreten, Sachen zur Sicherheit übereignen.

▶ Praxistipp:

3287 Sind Vermögenswerte des Schuldners nicht bekannt, kann dieser vor Abschluss der Ratenzahlungsvereinbarung zur Abgabe einer Selbstauskunft über seine Vermögensverhältnisse aufgefordert werden.

Bietet das Vermögen des Schuldners keine weiteren Sicherheiten, können Dritte als Bürgen herangezogen werden. Dies kommt (trotz der in der Zwangsvollstreckung bereits verschärften Haftung des Geschäftsführers: BGH WM 1994, 1428; BGH NJW 1995, 398) insbesondere bei Titeln gegen eine GmbH in Betracht, wo Geschäftsführer oder Gesellschafter ein Interesse an einer Fortsetzung der Gesellschaft haben.

3288 (3) Da bei freiwilliger Zahlung des Schuldners – anders als bei Vollstreckungsmaßnahmen des Gläubigers – die **Verjährung** (§ 212 Abs. 1 Nr. 2 BGB) nicht neu beginnt, sollte jede Vereinbarung ein Anerkenntnis enthalten, das ebenfalls zu einem Neubeginn der Frist führt (§ 212 Abs. 1 Nr. 1 BGB).

Zum Anerkenntnis als Instrument des Neubeginns der Verjährung oben Rdn. 796.

3289 (4) **Weitere Inhalte** einer Ratenzahlungsvereinbarung können sein:

– die Feststellung, dass die titulierte Forderung aus einer vorsätzlichen unerlaubten Handlung herrührt;

Anlass zu einer solchen Feststellung besteht, wenn sie nicht bereits im Urteil selbst getroffen wurde (zur Möglichkeit einer nachträglichen Feststellungsklage vgl. BGH NJW 2010, 2210), weil Forderungen aus vorsätzlich unerlaubter Handlung von der Bewilligung einer etwaigen Restschuldbefreiung nicht erfasst werden (§ 302 Nr. 1 InsO) und nach Abschluss des Insolvenzverfahrens für sie das Vollstreckungsprivileg des § 850f Abs. 2 ZPO (Reduzierung des Vollstreckungsschutzes) gilt.

– die Versicherung des Schuldners, zur Leistung der versprochenen Raten wirtschaftlich in der Lage und zur Einleitung eines Insolvenzverfahrens nicht gehalten zu sein.

Damit soll es im Fall eines späteren Insolvenzverfahrens dem Insolvenzverwalter erschwert werden, die bereits geleisteten Zahlungen nach § 130 Abs. 1 Nr. 1 InsO anzufechten. Sichergestellt werden kann dies durch eine Erklärung nicht, wohl aber kann dem Insolvenzverwalter so der ihm obliegende Beweis einer Benachteiligung anderer Gläubiger und der Zahlungsunfähigkeit des Schuldners zum Zeitpunkt der Zahlungen erschwert werden.

3290 (5) Um Streitigkeiten über die **Kosten** der Ratenzahlungsvereinbarung zu vermeiden, sollte in die Vereinbarung eine entsprechende Verpflichtung des Schuldners ausdrücklich aufgenommen werden.

Ohne ausdrückliche Vereinbarung besteht die Gefahr, dass hier später § 98 Satz 1 ZPO analog herangezogen wird und die Kosten als gegeneinander aufgehoben gelten (BGH NJW-RR 2006, 567).

Für den an der Vereinbarung mitwirkenden Anwalt fällt eine Einigungsgebühr (in Höhe von 1,0: Nr. 1003 VV-RVG) an. Diese gehört zu den notwendigen Kosten der Zwangsvollstreckung (BGH NJW 2006, 1598).

▶ Praxistipp:

3291 Dem Gerichtsvollzieher sollte der Abschluss einer Ratenzahlungsvereinbarung nicht gestattet werden.

In diesem Fall nämlich kann die Einigungsgebühr nicht geltend gemacht werden (BGH NJW 2006, 3640). Der Gerichtsvollzieher ist weder Vertreter noch Auftragnehmer des Gläubigers, sondern wird hoheitlich tätig.

2. Ermittlung der Vollstreckungsmöglichkeiten

Sinnvoll kann eine Zwangsvollstreckung nur betrieben werden, wenn der Gläubiger weiß, dass und wie er sein Recht verwirklichen kann. Werden Vollstreckungsmaßnahmen ohne Kenntnis um ihre Erfolgsaussicht quasi »ins Blaue hinein« beantragt, bleiben sie nicht nur erfolglos, sondern verursachen zusätzliche Kosten, die – wenn nicht später anderweitig eintreibbar – vom Gläubiger zu tragen sind. 3292

► Praxistipp:

Zwangsvollstreckungsmaßnahmen sollten nur eingeleitet werden, wenn es konkrete Anhaltspunkte dafür gibt, dass diese Erfolg versprechen. 3293

Bei der Vollstreckung von Geldforderungen muss dabei zentrale Frage sein, wo sich im Schuldnervermögen **Zugriffsmöglichkeiten** ergeben. Dazu ist es wichtig, zu klären, wovon der Schuldner lebt. Laufende Einkünfte können sich als Lohn, Rente, Sozialleistungen oder Taschengeld darstellen, sie können aus Kapitalvermögen (Wertpapierdepots), Immobiliarbesitz (Miet-, Pachteinnahmen) oder Gesellschaftsbeteiligungen herrühren. Denkbar ist auch die Vollstreckung in einzelne wesentliche Vermögenszuflüsse (Erbschaften, Abfindungen). Vollstreckungsobjekt kann auch Vermögen sein (Wertpapierdepots, dazu Schmidt DGVZ 2014, 77, Bankkonten, ggf. im Ausland, Bankschließfächer, Grundeigentum, wertvolle Gegenstände). 3294

Häufig werden **Kenntnisse** über die persönlichen und wirtschaftlichen Kenntnisse des Schuldners beim Gläubiger vorhanden sein. Dann bedarf es vor der Einleitung von Vollstreckungsmaßnahmen durch den Anwalt einer weiteren Mandantenbesprechung, bei der diese Punkte konkret zu erfragen sind. Verfügt der Mandant über die erforderlichen Informationen nicht, können diese möglicherweise durch freiwillige Auskünfte bei Personen aus dem Umfeld des Schuldners erlangt werden (Bekannte, Verwandte, geschiedene Ehegatten, Nachbarn, Arbeitgeber oder auch andere Gläubiger). Abhängig von der Höhe der Forderung und vermuteten Vermögenswerten kann es auch lohnen, professionelle Ermittlungen durch eine Detektei anstellen zu lassen. 3295

Letztlich kommt auch der Schuldner selbst als Informationsquelle in Betracht. Hier hat die Reform der Sachaufklärung in der Zwangsvollstreckung (Gesetz vom 29.07.2009, BGBl. I, S. 2258; oben Rdn. 60; Hofmann BRAK-Mitt 2013, 22; Schmidt JurBüro 2015, 8 und 395) die Rechtsstellung des Gläubigers deutlich gestärkt und für ihn eine Reihe von Möglichkeiten geschaffen, sich die für eine erfolgreiche Zwangsvollstreckung erforderlichen Informationen über die Person und das Vermögen des Schuldners von diesem bzw. von Dritten zwangsweise zu verschaffen. Eines vorherigen erfolglosen Vollstreckungsversuchs bedarf es dazu nicht mehr (§§ 802c, 802a Abs. 2 Nr. 2 ZPO). 3296

3. Wahl der Vollstreckungsmaßnahme

Keine Wahlmöglichkeit hat der Gläubiger, soweit es um den Inhalt seines titulierten Rechts geht; insoweit ist er auf die gesetzlich vorgegebenen Formen der Zwangsvollstreckung beschränkt (oben Rdn. 3272; unten Rdn. 3342, 3410). 3297

Dies gilt auch für das Objekt einer zu vollstreckenden Herausgabe (§§ 883 f., 885 ZPO), das im Titel bereits festgelegt ist.

Auswählen kann der Gläubiger das Vollstreckungsobjekt, soweit es um die Vollstreckung von **Zahlungstiteln** geht und das Schuldnervermögen entsprechende Alternativen enthält. Gewählt werden kann hier zwischen der Vollstreckung in das unbewegliche Vermögen, in bewegliche Sachen und in Rechte. Für die Wahl des »richtigen« Vollstreckungsobjekts kommt es stets auf die Umstände des konkreten Einzelfalles an. Allgemein lassen sich dabei folgende Grundsätze aufstellen: 3298

3299 (1) Ist Grundvermögen vorhanden, dürfte dies für die Vollstreckung erste Wahl sein. In Betracht kommt hier zunächst eine Wahrung des eigenen Rechts durch Eintragung einer **Sicherungshypothek** (§§ 866 f. ZPO).

Die Sicherungshypothek verschafft dem Gläubiger nicht unmittelbar das geschuldete Geld, wahrt aber seine Rechte gegenüber dem Schuldner und eventuellen anderen Gläubigern. Erst wenn es später zu einer Verwertung des Grundstücks kommt, erhält der Gläubiger einen seinem Rang entsprechenden Anteil am Erlös.

Die Sicherungshypothek ist verhältnismäßig schnell und preiswert zu erreichen. Sie verschafft dem Gläubiger gegenüber dem Schuldner zumindest ein Druckmittel, das diesen veranlassen kann, freiwillig zu erfüllen. In jedem Fall erhält der Gläubiger die Möglichkeit, (regelmäßig) auch ohne vorherige Duldungsklage die Zwangsvollstreckung zu betreiben (§ 867 Abs. 3 ZPO) und erlangt bei einer künftigen Zwangsversteigerung oder -verwaltung eine Vorrangstellung als Realgläubiger (§ 10 Abs. 1 Nr. 4 ZVG).

Die Zwangsversteigerung des Grundstücks macht nur Sinn, wenn der Gläubiger erwarten darf, dass von dem Erlös nach Befriedigung der vorrangig gesicherten Immobiliargläubiger etwas übrig bleiben wird.

3300 (2) Auch die **Forderungspfändung** ist rasch zu bewerkstelligen, insbesondere dann, wenn ihr eine Vorpfändung (§ 845 ZPO) vorgeschaltet wird. Oft wird der Schuldner bemüht sein, eine Pfändung zu vermeiden, da diese mit über den Verlust des Geldes hinausgehenden Nachteilen verbunden ist. Häufig läuft er nämlich Gefahr, nicht bloß das Ansehen des Drittschuldners zu verlieren, sondern auch seine Arbeitsstelle, seine Kreditwürdigkeit, sein Bankkonto, seine Geschäftsbeziehung.

▶ Praxistipp:

3301 Häufig kann die Ankündigung einer Forderungspfändung den Schuldner zu einer freiwilligen Leistung bewegen.

Eine solche vorherige Ankündigung kommt nicht in Betracht, wenn die Gefahr besteht, dass der Schuldner die Pfändung vereiteln kann.

3302 Ist vorab geklärt worden, dass das Recht werthaltig ist, verspricht die Pfändung regelmäßig auch eine – wenn auch sich über einen Zeitraum hin erstreckende – Befriedigung. Dabei muss sich die Pfändung nicht auf bereits fällige Forderungen beschränken, sondern kann sich auf zukünftige Forderungen erstrecken (was manchmal bereits kraft Gesetzes eintritt, § 833 Abs. 2 ZPO).

3303 Wird dem Schuldner nach erfolgter Pfändung eine Ratenzahlung oder Stundung gewährt, muss die Pfändung nicht zurückgenommen werden. Sie kann mit dem Recht des jederzeitigen Wiederaufrufs zum Ruhen gebracht und bei Bedarf mit der Verwertung fortgesetzt werden.

3304 Gegen eine Forderungspfändung spricht – insbesondere beim Arbeitseinkommen – praktisch häufig der weitreichende Pfändungsschutz (§§ 850 ff. ZPO), der die Zugriffsmöglichkeit des Gläubigers erheblich beschränkt und die Pfändung auch im ungeschützten Bereich kompliziert macht. Leistet der Drittschuldner nicht freiwillig, wird gegen diesen ein weiterer Rechtsstreit erforderlich, der erneut mit Kosten- und Beweisrisiken belastet ist.

3305 (3) Ob eine **Sachpfändung** Aussicht auf Erfolg hat, ist für den Gläubiger häufig nur schwer vorhersehbar.

3306 Werden Wertgegenstände vorgefunden, stellt deren Verwertung rechtlich und tatsächlich häufig kein besonderes Problem dar, insbesondere dann, wenn die Möglichkeiten einer alternativen Form der Verwertung (§ 825 ZPO) genutzt werden. Schon die Pfändung führt zu einem Druck auf den Schuldner, der diesen veranlassen kann, freiwillig zu leisten, ggf. im Rahmen eines Aufschubs der Verwertung, um Ratenzahlungen zu ermöglichen. Auch eine erfolglose Sachpfändung kann durch das Tätigwerden des Gerichtsvollziehers entweder zu Informationen über weitere Vollstreckungsmöglichkeiten (§ 806a ZPO) oder zu einer freiwilligen Ratenzahlungsvereinbarung (§ 806b ZPO) führen.

In Form der Sicherungsvollstreckung (§ 720a ZPO) kann bereits vor rechtskräftigem Abschluss des Verfahrens das Beiseiteschaffen von Vermögenswerten zum Nachteil des Gläubigers vermieden werden. 3307

Gegen eine Sachpfändung kann sprechen, dass größere Geldbeträge sich so nur ausnahmsweise beitreiben lassen. Viele Wertgegenstände des Schuldners unterliegen zudem dem Schuldnerschutz (§ 811 ZPO). In vielen Gerichtsbezirken sind die Gerichtsvollzieher zudem überlastet, sodass es lange dauern kann, bis eine Vollstreckung tatsächlich durchgeführt wird. 3308

(4) Die vorstehend getrennte Darstellung der Vollstreckungsobjekte bedeutet nicht, dass die Vollstreckungsformen sich ausschließen. Sind einzelne Vollstreckungsformen nicht von vornherein erkennbar aussichtslos, können sie zeitlich versetzt nacheinander oder sogar **parallel** zueinander betrieben werden. 3309

Der Antrag auf Erlass eines Pfändungs- und Überweisungsbeschlusses an das Vollstreckungsgericht kann zeitgleich mit dem Antrag auf Durchführung einer Sachpfändung (ggf. verbunden mit dem Antrag auf Erteilung der Vermögensauskunft, § 802c ZPO; unten Rdn. 3340) beim Gerichtsvollzieher gestellt werden. Soll hierfür nicht eine weitere Ausfertigung des Titels besorgt werden (§ 733 ZPO), sollte dieser dem Vollstreckungsgericht vorgelegt werden, da es dort erfahrungsgemäß rasch zu einer Entscheidung und einer Rückgabe des Titels kommt; dem Gerichtsvollzieher gegenüber kann die Nachreichung in Aussicht gestellt werden, hierzu besteht Gelegenheit bis zur Pfändung.

4. Vollstreckungshindernisse

Bevor der Gläubiger eine Zwangsvollstreckung in die Wege leitet, sollte geprüft werden, ob Vollstreckungshindernisse vorliegen, die dazu führen würden, dass das Vollstreckungsverfahren durch das Vollstreckungsorgan von Amts wegen einzustellen oder zu beschränken wäre (§§ 775, 776 ZPO). Dies ist der Fall, 3310

- wenn der Schuldner eine vollstreckbare Entscheidung vorlegen kann, aus der sich die Unzulässigkeit der Zwangsvollstreckung ergibt (abändernde Berufungs- oder Revisionsentscheidung, Vorabentscheidung des Berufungsgerichts nach § 718 ZPO, erfolgreicher Rechtsbehelf des Schuldners);
- wenn der Schuldner eine gerichtliche Entscheidung über die einstweilige Einstellung der Zwangsvollstreckung vorlegen kann (§§ 771 Abs. 3, 767, 769 ZPO; §§ 732 Abs. 2, 766 Abs. 1 Satz 2 ZPO; §§ 709 Satz 3, 707 Abs. 1 Satz 1 ZPO);
- wenn der Schuldner eine öffentliche Urkunde (§ 415 ZPO) vorlegen kann, aus der sich ergibt, dass er eine zur Abwendung der Vollstreckung berechtigende erforderliche Sicherheit (§§ 711, 712, 720a Abs. 3 ZPO) erbracht hat (z.B. durch Zustellung einer schriftlichen Bürgschaftsurkunde an den Gläubiger, § 195 ZPO);
- wenn der Schuldner eine öffentliche Urkunde oder eine vom Gläubiger ausgestellte Privaturkunde vorlegen kann, aus der sich eine Befriedigung oder eine Stundung ergibt;
- wenn der Schuldner eine Bank- oder Sparkassenquittung vorlegen kann, aus der sich eine Befriedigung des Gläubigers ergibt.

Darüber hinaus ist die Zwangsvollstreckung ausgeschlossen, wenn das Insolvenzverfahren bereits eröffnet ist (§ 89 InsO).

II. Vollstreckungsanträge

Die kraft Gesetzes oder aufgrund einer Wahl des Gläubigers durchzuführende Zwangsvollstreckung (oben Rdn. 3297) muss besonders beantragt werden. Zahlreiche Vollstreckungsanträge unterliegen dem **Formularzwang**, so etwa die Forderungspfändung, die Pfändung wegen Unterhaltsforderungen oder Wohnungsdurchsuchungen. Formularzwang besteht insbesondere für den Antrag auf die Vollstreckung von Geldforderungen durch den Gerichtsvollzieher (§ 1 Abs. 1 Satz 1 GVFV). Dieses Formular ist modular aufgebaut und erlaubt auch die Beantragung von Zustellung, Informationsbeschaffung und gütlicher Einigung; dazu unten Rdn. 3340. Die Formulare unterliegen heftiger 3311

Kritik in der Praxis. Diese fußt nicht nur auf der unzureichenden Einbindung der elektronischen Formulare in bestehende Systeme und dem mit dem heute noch notwendigen Wechsel zwischen elektronischer und Papierform verbundenen Aufwand, sondern auch auf dem Inhalt der Formulare. Letzteres hat den BGH (JurBüro 2014, 319 m. Anm. Sturm JurBüro 2014, 284) veranlasst, die Verbindlichkeit der Formulare teilweise einzuschränken.

1. Gütliche Erledigung

3312 Auch in der Zwangsvollstreckung behält der Gedanke des Vorrangs der konsensualen, nichtstreitigen Erledigung seine Gültigkeit. Nach § 802b Abs. 1 ZPO soll der Gerichtsvollzieher in jeder Lage des Verfahrens auf eine gütliche Erledigung bedacht sein. Dies gilt nicht nur für den Fall, dass er ausdrücklich mit dem Abschluss einer Zahlungsvereinbarung beauftragt ist, sondern bei Erledigung aller ihm nach § 802a Abs. 2 ZPO erteilten Aufträge.

3313 Die **Form** einer gütlichen Einigung ist im Gesetz nicht abschließend geregelt. Wichtigster Fall ist die Zahlungsvereinbarung nach § 802b ZPO, bei der der Gerichtsvollzieher mit dem Schuldner entweder eine Zahlungsfrist vereinbart, innerhalb der der gesamte vollstreckbare Betrag gezahlt werden soll, oder eine Ratenzahlung (im Regelfall binnen 12 Monaten). Die entsprechende Vereinbarung umfasst sinnvollerweise Höhe und Zeitpunkt der Zahlung, Zahlungsweg und ggf. Tatsachen der Glaubhaftmachung. Sie kann mündlich geschlossen werden, ist vom Gerichtsvollzieher aber schriftlich zu fixieren (Mroß DGVZ 2002, 181, 182; ders. AnwBl 2013, 16). Der Gläubiger kann der Vereinbarung widersprechen, was deren Unwirksamkeit zur Folge hat (§ 802b Abs. 3 Satz 2 ZPO). Unwirksam wird die Vereinbarung auch, wenn der Schuldner mit seinen Leistungen länger als zwei Wochen in Rückstand gerät.

3314 Obwohl es sich bei der gütlichen Einigung lediglich um eine Vollstreckungsvereinbarung handelt, der materielle Wirkungen (insbesondere hinsichtlich der laufenden Zinsen) nicht zukommen, sind auch materiell-rechtliche Regelungen möglich. In Betracht kommen Sicherungsübereignung, Forderungsabtretung, Vergleich oder Verzicht (Mroß AnwBl 2013, 16, 17). In diesen Fällen handelt der Gerichtsvollzieher als Vertreter des Gläubigers, der nicht bloß zu widersprechen braucht, sondern ausdrücklich zustimmen muss.

Welche Bemühungen der Gerichtsvollzieher zur Erreichung einer gütlichen Einigung unternimmt, liegt allein in seinem Ermessen. Er kann sich dabei auf eine bloße Frage beschränken, konkrete Vorschläge machen oder intensive Überzeugungsversuche unternehmen. Mit der Erinnerung (§ 766 ZPO) angefochten werden kann nur das völlige Unterbleiben jeglicher Einigungsversuche.

▶ **Praxistipp:**

3315 Vor der Einwilligung in eine vom Gerichtsvollzieher getroffene Zahlungsvereinbarung ist sorgfältig zu prüfen, ob der Schuldner diese ernsthaft meint oder nur zur Verschleppung des Verfahrens nutzt. Hierfür dient die in der Vereinbarung mögliche Glaubhaftmachung des Schuldners.

3316 Ein ausdrücklicher, isolierter **Auftrag** an den Gerichtsvollzieher zur gütlichen Einigung (§ 802b Abs. 1 ZPO) empfiehlt sich, wenn nach Titelerlass zunächst unklar ist, ob der Schuldner erfüllen will und kann. Hierdurch werden nur geringe Kosten verursacht, eine Verhärtung der Fronten tritt kaum ein. Mit anderen Vollstreckungsaufträgen kann der Antrag auf gütliche Einigung verbunden werden, wenn der Gerichtsvollzieher an diese alternative Möglichkeit einer Erledigung erinnert werden soll. Auch ohne einen solchen Zusatzauftrag besteht die entsprechende Verpflichtung des Gerichtsvollziehers. Will der Gläubiger eine gütliche Einigung nicht, kann er diese von vornherein ausschließen oder für diese inhaltliche Vorgaben (Beträge, Fristen) machen.

Der Auftrag des Gläubigers an den Gerichtsvollzieher auf gütliche Einigung kann nicht nur isoliert, sondern auch zusammen mit anderen Vollstreckungsanträgen gestellt werden. Kreuzt der Gläubiger in dem verwendeten Formular »Isolierte gütliche Erledigung« an, verbieten sich andere, sonstige Vollstreckungsmaßnahmen (AG Nürnberg DGVZ 2013, 217; AG Wuppertal DGVZ 2013, 217).

Auch gegen den Willen des Gläubigers können dem Schuldner Zahlungsfristen oder Ratenzahlungen im Rahmen des Vollstreckungsschutzes nach § 765a ZPO bewilligt werden.

▶ Praxistipp:

Mit dem Einverständnis in eine gütliche Einigung kann der Gläubiger ggf. weitergehende Schutzanordnungen durch das Gericht vermeiden. 3317

Kommt eine gütliche Einigung nicht zustande, steht dem Gläubiger aufgrund der **Reform der Sachaufklärung in der Zwangsvollstreckung** (Gesetz vom 29.07.2009, BGBl. I, S. 2258; oben Rdn. 60) seit dem Jahr 2013 eine Reihe von Möglichkeiten zu, sich die für eine erfolgreiche Zwangsvollstreckung erforderlichen Informationen über die Person und das Vermögen des Schuldners von diesem bzw. von Dritten zu verschaffen. Eines vorherigen erfolglosen Vollstreckungsversuchs bedarf es dazu nicht mehr (§§ 802c, 802a, Abs. 2 Nr. 2 ZPO). Modernisiert und weitgehend auf elektronische Formen umgestellt wurde das Verfahren über die Abgabe der eidesstattlichen Versicherung. Die Vermögensauskunft des Schuldners wird vom Gerichtsvollzieher als elektronisches Dokument aufgenommen und in landesweit vernetzten Datenbanken gespeichert, auf die Gerichtsvollzieher und bestimmte staatliche Stellen drei Jahre lang zugreifen können. Frei öffentlich zugänglich ist das Schuldnerverzeichnis, das als landesweites Internet-Register geführt wird und in das Schuldner eingetragen werden, die ihren vollstreckungsrechtlichen Auskunftspflichten nicht nachkommen oder gegen die die Vollstreckung erfolglos geblieben ist. Die Möglichkeiten des Zugriffs auf das Schuldnervermögen sind weitgehend unverändert geblieben. Zu praktischen Problemen bei der Umsetzung des Reformgesetzes Schmidt JurBüro 2014, 6; ders. JurBüro 2014, 397. 3318

Sowohl für die Informationsbeschaffung als auch für den Vermögenszugriff müssen die nachfolgend dargestellten Voraussetzungen vorliegen. 3319

2. Vollstreckungsvoraussetzungen

Aussicht auf Erfolg hat ein Vollstreckungsauftrag nur, wenn die Vollstreckungsvoraussetzungen vorliegen. Keiner besonderen Behandlung bedürfen diese hier, soweit sie mit den Sachentscheidungsvoraussetzungen des Erkenntnisverfahrens übereinstimmen. 3320

Dies gilt insbesondere für die deutsche Gerichtsbarkeit (§§ 18 ff. GVG), die Parteifähigkeit (§ 50 ZPO), die Prozessfähigkeit (§§ 50 f. ZPO) und die Postulationsfähigkeit (§§ 78 f. ZPO).

Die Vollstreckungsvoraussetzungen werden vom jeweiligen Vollstreckungsorgan von Amts wegen geprüft. Fehlen sie, wird die beantragte Vollstreckung nicht durchgeführt. Stellt sich das Fehlen von Vollstreckungsvoraussetzungen erst nach der Durchführung von Vollstreckungsmaßnahmen heraus, sind diese fehlerhaft und angreifbar.

a) Vollstreckungsauftrag

Die Zwangsvollstreckung kann nur auf Antrag des Gläubigers erfolgen, eine Vollstreckung von Amts wegen kennt die ZPO nicht. 3321

Der Antrag des Gläubigers auf Einleitung der Zwangsvollstreckung ist eine **Prozesshandlung**. 3322

Er ist deswegen grundsätzlich bedingungsfeindlich, kann ausnahmsweise jedoch von einer innerprozessualen Bedingung abhängig gemacht werden, wenn nicht das Bestehen des Vollstreckungsrechtsverhältnisses insgesamt davon abhängt.

Wird der Vollstreckungsauftrag durch einen Rechtsanwalt gestellt, muss er als elektronisches Dokument übermittelt werden (§§ 753 Abs. 3 und 5, 130d ZPO, § 4 GVGA; Prütting/Gehrlein/Hanewinkel § 753 Rn. 14). Für die Zwangsvollstreckung aus Vollstreckungsbescheiden gelten die Formerleichterungen des § 754a ZPO (Ulrici NJW 2017, 1142). Anwaltszwang besteht nicht. Anträge an andere Vollstreckungsorgane müssen grundsätzlich schriftlich oder zu Protokoll der Geschäftsstelle erfolgen.

3323 Mit dem Antrag müssen die Vollstreckungsvoraussetzungen dargelegt werden. Insbesondere muss dem Antrag an den Gerichtsvollzieher eine **vollstreckbare Ausfertigung** des Titels beigefügt werden (§ 754 ZPO).

Dies ist grundsätzlich in Papierform erforderlich, eine Ausnahme ist nur nach §§ 754a, 829a ZPO möglich. Der Antrag muss ergeben, wer welche Forderung in welcher Höhe gegen wen vollstrecken will. Fehlt es insoweit an konkreten Angaben, ist im Wege der Auslegung davon auszugehen, dass die Forderung aus dem beigefügten Titel in voller Höhe einschließlich Kosten und Zinsen beigetrieben werden soll.

3324 **Antragsberechtigt** ist der im Titel oder in der Klausel genannte Gläubiger, der sich im Rahmen des § 81 ZPO vertreten lassen kann. Mehrere Gläubiger müssen den Antrag gemeinsam stellen, wenn sich nicht aus dem Titel ergibt, dass jeder einzelne Gläubiger Leistung verlangen kann.

3325 Der Antrag kann auf die zwangsweise Beitreibung nur eines Teils der titulierten Forderung **beschränkt** werden, soweit hierin nicht eine treuwidrige Schikane des Schuldners liegt. Gegen mehrere Gesamtschuldner ist die Vollstreckung gesondert zu beantragen, auch wenn aus demselben Titel gegen alle vorgegangen wird.

Werden Vollstreckungsanträge verbunden, können diese dahin beschränkt werden, dass gegen weitere Gesamtschuldner nicht mehr vollstreckt werden soll, wenn die Vollstreckung gegen einen Gesamtschuldner zur Befriedigung geführt hat.

▶ Praxistipp:

3326 Wird der Vollstreckungsantrag von einem Anwalt gestellt, sollte diesem eine Geldempfangsvollmacht beigefügt werden.

Damit wird dem Schuldner die Möglichkeit genommen, den Mangel der Vollmacht zu rügen (§ 62 Abs. 1 GVGA). Die übliche Prozessvollmacht umfasst die Befugnis zur Empfangnahme nicht (§ 62 Abs. 2 GVGA).

3327 Ist der Antrag mit einer **Vorschusspflicht** verbunden, ist darauf zu achten, dass die Kosten alsbald eingezahlt werden, da eine gerichtliche Entscheidung vorher nicht ergeht (§ 12 Abs. 5 und 6 GKG; Nr. 2110 KV GKG).

3328 **Formelle Mängel** des Vollstreckungsantrags (§ 753 Abs. 1 ZPO) hindern die Wirksamkeit einer Pfändung nicht. Dies gilt selbst dann, wenn der Antrag völlig wirkungslos war oder gar nicht gestellt wurde.

Eines Antrags an den Gerichtsvollzieher (Seip NJW 1994, 752) bedarf es bei der Vermögensauskunft (§ 802c ZPO), der Sachpfändung (§ 808 ZPO), der Herausgabe (§ 883 ZPO) und der Räumung (§ 885 ZPO).

b) Allgemeine Vollstreckungsvoraussetzungen

3329 Die Zwangsvollstreckung darf nur beginnen, wenn die Personen, für und gegen die sie stattfinden soll, in dem Titel oder der ihm beigefügten Vollstreckungsklausel bezeichnet sind und der Titel bereits zugestellt ist oder gleichzeitig zugestellt wird (§ 750 Abs. 1 ZPO). Zu den allgemeinen, in jedem Fall erforderlichen Vollstreckungsvoraussetzungen gehören damit:

3330 (1) Die **Zuständigkeit** des angerufenen Vollstreckungsorgans.

Die Zuständigkeiten sind stets ausschließlich, sodass keine Möglichkeiten der Zuständigkeitsbeeinflussung durch die Parteien bestehen (§ 802 ZPO).

Die funktionelle Zuständigkeit grenzt dabei die Zuständigkeitsbereiche der einzelnen Vollstreckungsorgane gegeneinander ab. Zu prüfen ist, welchem Vollstreckungsorgan die vorzunehmende Vollstreckungshandlung zugewiesen ist. So ist die Zwangsvollstreckung in bewegliche Sachen dem Gerichtsvollzieher zugewiesen, das Vollstreckungsgericht ist zuständig für die Vollstreckung in Immobilien und in Rechte, die Vollstreckung von Handlungen (Vornahme vertretbarer und unvertretbarer Handlungen, Dulden und Unterlassen) ist dem Prozessgericht zugewiesen. Wird ein funktionell unzuständiges Vollstreckungsorgan tätig, ist die entsprechende Maßnahme grundsätzlich nichtig. Handlungen eines zwar funktionell, nicht aber örtlich zuständigen Vollstreckungsorgans sind dagegen zwar anfechtbar (§ 766 ZPO), nicht aber nichtig.

Die örtliche Zuständigkeit des Vollstreckungsgerichts folgt aus dem allgemeinen Gerichtsstand des Schuldners (§§ 828 Abs. 2, 23 ZPO), die des Gerichtsvollziehers aus § 20 GVO. Häufig sind im Bezirk eines Amtsgerichts mehrere Gerichtsvollzieherbezirke eingerichtet. In diesem Fall genügt die Einreichung des Antrags bei der Gerichtsvollzieherverteilerstelle des Amtsgerichts. Soll die damit verbundene Verzögerung vermieden werden, kann der zuständige Gerichtsvollzieher telefonisch erfragt werden, vielfach ist er auch über den Internetauftritt des Amtsgerichts ermittelbar.

▶ Praxistipp:

Bestehen Zweifel daran, welches Gericht zuständig ist, sollte der Vollstreckungsantrag von Anfang an vorsorglich (»hilfsweise«) mit dem Antrag auf Abgabe an das zuständige Gericht verbunden werden.

Ein solcher Antrag ist nach § 828 Abs. 3 Satz 1 ZPO möglich.

(2) Ein **Vollstreckungstitel** ist eine öffentliche Urkunde, in der der zu vollstreckende Anspruch verbrieft ist. Dazu gehören Endurteile (§ 704 ZPO), denen Vorbehaltsurteile gleichgestellt sind (§ 302 ZPO), und sonstige Urkunden i.S.d. § 794 ZPO. 3331

Vollstreckungsfähig ist ein solcher Titel nur, wenn er die Parteien und den Gegenstand der Vollstreckung eindeutig bestimmt. Dazu müssen Vollstreckungsgläubiger und -schuldner namentlich, der zu vollstreckende Anspruch nach Inhalt und Umfang eindeutig bezeichnet sein.

Probleme bei der Parteibezeichnung ergeben sich im Hinblick auf die materielle Berechtigung an der in Anspruch zu nehmenden Vermögensmasse, insbesondere bei Rechtsgemeinschaften (Gesellschaften) und Parteien kraft Amtes.

▶ Beispiel:

Soll in einen Nachlass vollstreckt werden, ist ein Titel erforderlich 3332

- gegen alle Erben, solange eine Auseinandersetzung der Erbengemeinschaft noch nicht erfolgt ist;
- gegen den Testamentsvollstrecker, wenn der Nachlass unter Testamentsvollstreckung steht;
- gegen den Insolvenzverwalter, wenn Nachlassinsolvenz angeordnet ist;
- gegen einen Einzelerben, wenn die Erbengemeinschaft auseinandergesetzt ist.

Probleme bei der Anspruchsbezeichnung kommen vor bei Herausgabeurteilen, die die Sache nicht hinreichend konkretisieren, oder bei der Verurteilung zur Vornahme oder Unterlassung von Handlungen, die nicht eindeutig bestimmbar sind. Feststellungs- und Gestaltungsurteile sind nur hinsichtlich der Kosten vollstreckbar.

Praktisch häufiger als solche inhaltlichen sind formelle Mängel des Titels: Ein Urteil muss wirksam verkündet worden sein (was sich nicht aus dem Verkündungsvermerk auf dem Urteil, sondern aus dem Verkündungsprotokoll ergibt!; §§ 310, 311, 317 ZPO), muss einen Rechtskraftvermerk aufweisen (§ 706 ZPO) oder für vorläufig vollstreckbar erklärt sein.

▶ Praxistipp:

Ist das Urteil nur vorläufig vollstreckbar, besteht immer die Gefahr einer abändernden Entscheidung in der Rechtsmittelinstanz, die zu Schadensersatzansprüchen des Schuldners gegen den Gläubiger führt (§ 717 Abs. 2 ZPO). Hierauf muss der Mandant vor Einleitung von Vollstreckungsmaßnahmen hingewiesen werden. 3333

Prozessvergleiche müssen ausweislich des Protokolls »vorgelesen und genehmigt« (§ 162 Abs. 1 ZPO) und Anwaltsvergleiche beim Amtsgericht niedergelegt sein (§ 796a ZPO). Notarielle Unterwerfungserklärungen müssen den Anforderungen des Beurkundungsgesetzes genügen.

Wird der Auftrag zur Zwangsvollstreckung aus einem Vollstreckungsbescheid elektronisch erteilt, muss der Titel unter den Voraussetzungen des § 829a ZPO nicht vorgelegt werden.

3334 (3) Als **Vollstreckungsklausel** bezeichnet man den beurkundeten Vermerk, der einer Ausfertigung des Titels Vollstreckungsfähigkeit verleiht und sie so von anderen, nicht vollstreckbaren Ausfertigungen unterscheidet (§§ 724 f., 795 ZPO). Sie wird auf Antrag des Gläubigers in einem besonderen, der eigentlichen Zwangsvollstreckung vorgeschalteten Verfahren (»Klauselverfahren«) durch das Prozessgericht oder den Notar erteilt.

Der Antrag bedarf keiner besonderen Form (Formulierungsvorschlag bei Rothenbacher/Dörndofer Rn. 23). Ihn bereits als Nebenantrag in die Klageschrift aufzunehmen, ist zwar möglich, aber unsinnig, da er dort regelmäßig übersehen wird und nach Abschluss des Verfahrens wiederholt werden muss. Der Klauselerteilungsantrag kann mit dem Antrag verbunden werden, den Zeitpunkt der Zustellung des Urteils zu bescheinigen.

Besondere Regelungen enthalten die §§ 795a ff. ZPO für die Vollstreckbarerklärung von gerichtlichen Vergleichen, Vollstreckungsbescheiden und Anwaltsvergleichen.

Entbehrlich ist eine Klausel für Vollstreckungsbescheide (§ 796 Abs. 1 ZPO), Arreste, einstweilige Verfügungen (§§ 929 Abs. 1, 936 ZPO) und Kostenfestsetzungsbeschlüsse auf dem Hauptsachetitel, wenn nicht für oder gegen andere als die im Titel bezeichneten Personen vollstreckt werden soll (§§ 795a, 105 ZPO).

Von besonderer Bedeutung ist das Klauselverfahren, wenn der materielle Anspruch oder seine Vollstreckbarkeit bedingt oder befristet tituliert ist (§ 726 ZPO) oder wenn die Zwangsvollstreckung für oder gegen andere als die im Titel bezeichneten Personen stattfinden soll (§ 727 ZPO). Im ersten Fall kann der Titel ergänzt, im zweiten Fall übertragen werden.

Nur ausnahmsweise kann auf Antrag vom Prozessgericht eine weitere vollstreckbare Ausfertigung erteilt werden (§ 733 ZPO). Hierzu muss der Gläubiger einen schutzwürdigen Grund (Verlust der Erstausfertigung, beabsichtigte Doppelvollstreckung) glaubhaft machen (Zöller/Seibel § 733 Rn. 5 f.; Musterantrag bei BeckPFormB/Nickel Form. III. A. 7. Anm. 1–8 Rn. 1). Für den Antrag erhält der Anwalt eine 0,3-fache Gebühr (Nr. 3309 RVG-VV), Gerichtskosten entstehen in Höhe von 15 € (Nr. 2110 KV-GKG), beide können als Vollstreckungskosten gegen den Schuldner geltend gemacht werden.

3335 (4) Die **Zustellung** des Titels erfolgt bei Urteilen von Amts wegen (§§ 317, 329 ZPO), im Übrigen muss sie vor Beginn der Zwangsvollstreckung vom Gläubiger im Parteibetrieb (§§ 191 ff. ZPO) veranlasst werden.

Nicht zugestellt werden müssen Arreste und einstweilige Verfügungen (§§ 929, 936 ZPO) und die Vorpfändung (§ 845 ZPO). Soweit nicht ausnahmsweise eine Wartefrist zwischen Zustellung und Vollstreckungsbeginn einzuhalten ist (§§ 720a, 750 Abs. 3, 798 ZPO: zwei Wochen), kann die Zustellung mit dem Beginn der Vollstreckung zeitlich zusammenfallen. Ist der Titel durch die Klausel ergänzt oder übertragen worden, ist auch diese zuzustellen. Wird die Vermittlung der Zustellung durch den Gerichtsvollzieher beantragt (was sich wegen der damit verbundenen Verfahrensbeschleunigung empfiehlt), müssen die erforderlichen Abschriften (mindestens drei, eine weitere für jeden zusätzlichen Schuldner) beigefügt werden. Dies gilt auch für nachträglich erforderlich werdende Ergänzungen oder Korrekturen des Antrags.

▶ **Praxistipp:**

3336 Vor Beginn der Zwangsvollstreckung sollte die Wirksamkeit der Zustellung nochmals überprüft werden. Dabei ist zu beachten, dass eventuelle Zustellungsmängel durch tatsächlichen Zugang geheilt worden sein können (§ 189 ZPO).

Solche Zustellungsmängel resultieren häufig aus §§ 176, 178 ZPO. War der Schuldner im Erkenntnisverfahren durch einen Prozessbevollmächtigten vertreten, muss auch die Vollstreckungszustellung grundsätzlich an diesen erfolgen.

Dabei ist der Zugang des zuzustellenden Originals nicht erforderlich. Die erfolgreiche Übermittlung einer (elektronischen) Kopie in Form – z.B. – eines Telefaxes, einer Fotokopie oder eines Scans ist ausreichend, nicht jedoch bloße mündliche Überlieferung oder eine handschriftliche oder maschinenschriftliche Abschrift des zuzustellenden Originals (BGH MDR 2020, 750 und 1460).

c) *Besondere Vollstreckungsvoraussetzungen*

Besonderer Vollstreckungsvoraussetzungen bedarf es nur, soweit diese sich aus dem Titel selbst ergeben. 3337

- Lautet der Titel auf **zukünftige Leistung**, so darf die Vollstreckung erst nach Eintritt der im Titel genannten Fälligkeit beginnen (§ 751 Abs. 1 ZPO).
- Ist die Vollstreckung von einer **Sicherheitsleistung** des Gläubigers abhängig gemacht, muss dieser ihre Erbringung durch eine öffentliche Urkunde nachweisen (§ 751 Abs. 2 ZPO). 3338

Will der Gläubiger die Sicherheit durch Hinterlegung leisten, muss er den Betrag bei der Hinterlegungsstelle des Amtsgerichts einzahlen. Hier erhält er einen Hinterlegungsschein. Praktisch häufiger ist die Stellung der Sicherheit in Form einer Bankbürgschaft (»Avalkredit«). Hierzu stellt die Bank des Gläubigers auf dessen Bitte (und sinnvollerweise Vorlage des Urteils hin) eine Bürgschaftsurkunde aus. Hinterlegungsschein oder Bürgschaftsurkunde müssen dem Schuldner vor Beginn der Zwangsvollstreckung zugestellt werden.

▶ Praxistipp:

Ein nur gegen Sicherheitsleistung vollstreckbarer Titel kann auch ohne Sicherheitsleistung nach § 720a ZPO sicherungsvollstreckt werden.

Sind die allgemeinen Vollstreckungsvoraussetzungen gegeben, kann der Gläubiger aus einem Zahlungstitel nach Ablauf einer Wartefrist von zwei Wochen ab Zustellung des Urteils (§ 750 Abs. 3 ZPO) zwar pfänden, aber nicht verwerten. Die Pfändung kann sich auf bewegliche oder unbewegliche Sachen (Sicherungshypothek) erstrecken.

- Aus einem nur gegen Sicherheitsleistung vorläufig für vollstreckbar erklärten Urteil kann die Vollstreckung als Sicherungsvollstreckung eingeleitet werden (§ 720a ZPO). Fortgesetzt werden kann sie indes nur, wenn die Erbringung der Sicherheitsleistung durch öffentliche Urkunde nachgewiesen und dem Schuldner diese Urkunde zugestellt ist (§ 751 Abs. 2 ZPO).
- Hängt die Vollstreckung von einer vom Gläubiger **Zug-um-Zug** zu bewirkenden Leistung ab, so muss er die Erbringung dieser Leistung oder den Annahmeverzug des Schuldners nachweisen (§§ 756, 765 ZPO). 3339

Praktisch wird deswegen häufig bereits die Klage auf Leistung aus einem gegenseitigen Vertrag mit der Klage auf Feststellung verbunden, dass der Beklagte sich in Annahmeverzug befindet. Dadurch ändert sich der Streitwert nicht (BGH NJW-RR 2020, 1517). Ein solcher Titel genügt den Anforderungen der §§ 756, 765 ZPO.

Möglich ist auch eine nachträgliche Klage auf Feststellung, dass der Schuldner hinsichtlich der vom Gläubiger Zug um Zug zu erbringenden Gegenleistung befriedigt ist (BGH NJW 2018, 3029).

▶ Praxistipp:

Häufig ist es sinnvoll, den Gerichtsvollzieher ausdrücklich darauf hinzuweisen, dass eine Leistungsablehnung durch den Schuldner zu erwarten ist und deswegen ein mündliches Angebot genügt (§ 756 Abs. 2 ZPO). Damit kann auch der Nachweis des Annahmeverzugs dem Vollstreckungsgericht gegenüber für später vorzunehmende weitere Vollstreckungsmaßnahmen entbehrlich werden (§ 765 Nr. 1 2. HS ZPO).

Wegen der Vollstreckungshindernisse oben Rdn. 3310.

3. Vollstreckung von Zahlungstiteln

Die Zwangsvollstreckung von Geldforderungen durch den Gerichtsvollzieher kann nur auf einem besonderen, dafür vorgesehenen Formular beantragt werden (§ 1 Abs. 1 Satz 1 GVFV). Dieses ist modular aufgebaut und erlaubt auch die Beantragung der Zustellung, Informationsbeschaffung, gütliche Einigung. Zum Inhalt und zur Nutzung des Formulars Salten MDR 2016, 125; Gottwald ZAP Fach 14, S. 703. 3340

a) Informationsbeschaffung

aa) Auskunft des Schuldners

3341 Von Beginn des Zwangsvollstreckungsverfahrens an ist der Schuldner verpflichtet, dem Gläubiger Auskunft über vollstreckungsrelevante Umstände zu geben, insbesondere sein Vermögen offenzulegen. Für den Gläubiger empfiehlt es sich deswegen grundsätzlich (zu den Ausnahmen unten Rdn. 3356), die Zwangsvollstreckung wegen Geldforderungen mit einem Antrag auf **Abgabe einer Vermögensauskunft** (§ 802c ZPO) zu beginnen.

Dem Gläubiger sollte klar sein, dass bereits dieser Antrag dem Schuldner erhebliche Nachteile bringen kann. So führt etwa die Eintragung in das Schuldnerverzeichnis meist zur Kündigung bestehender Bank- oder Kreditkartenverhältnisse, neue Kredite sind so gut wie nicht mehr zu bekommen. Weiß der Schuldner um diese Nachteile, genügt häufig schon die Ankündigung eines Antrags auf Abgabe des Vermögensverzeichnisses, um den Schuldner zur freiwilligen Leistung, etwa in Form einer Ratenzahlungsvereinbarung, zu bewegen. Umgekehrt sollte der Gläubiger gut überlegen, ob er den Schuldner durch einen solchen Antrag wirklich in diese desolate Situation bringen will, weil danach eine wirtschaftliche Erholung und damit eine Tilgung der Forderung in weite Ferne rücken.

3342 Dem nach § 754 ZPO erforderlichen **Antrag** (dazu oben Rdn. 3321) muss die vollstreckbare Ausfertigung des Titels beigefügt werden. Er muss eine Forderungsaufstellung, differenziert nach Hauptforderung, Kosten und Zinsen, enthalten. Aufgrund des nunmehr großen Katalogs möglicher Maßnahmen des Gerichtsvollziehers (§ 802a ZPO) muss der Auftrag hinreichend konkretisiert sein, also zweifelsfrei erkennen lassen, dass die Abnahme einer Vermögensauskunft begehrt wird. Sobald der Gesetzgeber von der Möglichkeit zur Einführung eines entsprechenden Antragsformulars Gebrauch gemacht hat (§ 753 Abs. 3 ZPO) – womit alsbald zu rechnen ist –, ist dessen Verwendung zwingend erforderlich.

3343 **Zuständig** für die Abnahme der Auskunft ist funktionell der Gerichtsvollzieher. Örtlich zuständig ist derjenige Gerichtsvollzieher, in dessen Bezirk der Schuldner im Zeitpunkt des Antrags seinen Wohnsitz, hilfsweise seinen Aufenthaltsort hat (§§ 753 Abs. 2, 802a Abs. 2 Satz 1 Nr. 2 ZPO). Diese Zuständigkeit bleibt auch im Falle eines späteren Wohnsitzwechsels erhalten. Bei juristischen Personen ist auf deren Sitz abzustellen.

Während für die Begründung des Wohnsitzes einer natürlichen Person eine gewisse Dauerhaftigkeit erforderlich ist, sodass z.B. die Verbüßung einer kürzeren Freiheitsstrafe den Wohnsitz nicht ändert, genügt für den Aufenthaltsort eine Augenblicksbetrachtung; hier genügt selbst eine kurzfristige Anwesenheit, etwa im Rahmen einer Durchreise (BGH NJW 2008, 3288). Für juristische Personen ist es unerheblich, ob sie an ihrem Geschäftssitz tätig sind und wo das zustellungsrelevante Vertretungsorgan wohnt.

Ist der Aufenthalt des Schuldners unbekannt, kommt ein **Antrag auf Aufenthaltsermittlung** in Betracht (§ 755 ZPO; LG Frankenthal DGVZ 2013, 186). Dieser kann nur in Verbindung mit einem Vollstreckungsauftrag gestellt werden, auch wenn dieser erkennbar aussichtslos ist. Zuständig ist der Gerichtsvollzieher am letzten bekannten Aufenthaltsort. Dieser stellt Ermittlungen beim Einwohnermeldeamt, ggf. beim Ausländerzentralregister und beim Ausländeramt an. Bleiben diese erfolglos, erfolgen zusätzliche Nachfragen bei der Deutschen Rentenversicherung (aktuelle Arbeitgebermeldung) oder beim Kraftfahrt-Bundesamt (Kfz-Zulassung). Ergeben die Ermittlungen einen Wohn- oder Aufenthaltsort, wird der Antrag des Gläubigers auf Vermögensauskunft ohne Weiteres an den zuständigen Gerichtsvollzieher weitergeleitet (§ 802e Abs. 2 ZPO); andere Vollstreckungsaufträge werden nur auf Antrag des Gläubigers weitergeleitet.

Gerichtet werden sollte der Antrag grundsätzlich an die Gerichtsvollzieherverteilungsstelle: Ein Antrag unmittelbar an den zuständigen Gerichtsvollzieher persönlich empfiehlt sich – nach vorheriger Absprache – nur in besonders eiligen oder sonst besonders gelagerten Fällen.

3344 Mit dem Antrag auf Abnahme der Vermögensauskunft ist das Vorliegen der **Vollstreckungsvoraussetzungen** nachzuweisen (dazu oben Rdn. 3320 ff.). Besonderer Beachtung bedürfen dabei folgende Punkte:

– Die Vermögensauskunft setzt das Vorliegen eines auf die Zahlung von Geld gerichteten Titels voraus (§ 802c Abs. 1 Satz 1 ZPO).

- Ist der Titel nur gegen Leistung einer Sicherheit vollstreckbar, so bedarf es des Nachweises der Erbringung dieser Sicherheitsleistung (§ 751 Abs. 2 ZPO) nicht, da die Vermögensauskunft auch im Rahmen der Sicherungsvollstreckung nach § 720a ZPO verlangt werden kann (BGH MDR 2007, 486).
- Ist eine Zustellung des Titels bislang noch nicht erfolgt, muss diese Zustellung beantragt werden. Dann sind dem Antrag die zuzustellenden beglaubigten Abschriften beizufügen.
- Ein Rechtsschutzbedürfnis für die Vermögensauskunft hat der Gläubiger, wenn ihm vollstreckungsrelevante Umstände nicht (vollständig) bekannt sind. Dafür dürfte grundsätzlich eine tatsächliche Vermutung sprechen, sodass es des Vortrags von Tatsachen hierzu regelmäßig nicht bedarf. Zu prüfen ist allerdings, ob nicht einer der Fälle vorliegt, in denen die Rechtsprechung das Rechtsschutzbedürfnis verneint.

▶ Beispiele:

Verneint wird das Rechtsschutzbedürfnis, wenn der Gläubiger weiß, dass der Schuldner vermögenslos ist (LG Itzehoe Rpfleger 2000, 89), oder wenn eine gütliche Einigung nach § 802b ZPO zwischen den Parteien zustande gekommen ist. **Nicht verneint** werden kann das Rechtsschutzbedürfnis wegen der (geringen) Höhe der Vollstreckungsforderung, wegen einer vom Schuldner bereits geleisteten Sicherheit oder von ihm angebotener Ratenzahlung (Kindl/Meller-Hannich/Wolf, Das gesamte Recht der Zwangsvollstreckung, § 802c Rn. 11 m.w.N.). Fraglich ist, inwieweit die Kenntnis einzelner vollstreckungsrelevanter Umstände (Bankverbindung, Arbeitgeber) das Rechtsschutzbedürfnis entfallen lässt.

- Ist dem jetzigen Antrag bereits ein früherer vorangegangen, so muss die Wartefrist des § 820d ZPO verstrichen sein.
- Wiederholt werden kann der Antrag frühestens nach Ablauf von zwei Jahren, es sei denn, zwischenzeitlich ist eine wesentliche Veränderung der Vermögensverhältnisse eingetreten (späterer Vermögenserwerb, neues Arbeitsverhältnis o. Ä.). Ist bei Antragstellung ein noch nicht zwei Jahre altes Vermögensverzeichnis vorhanden, so erhält der Antragsteller einen Ausdruck davon, eine neue Vermögensauskunft wird nicht eingeholt.
- Die Abgabe der Vermögensauskunft scheidet aus, wenn der Schuldner hierzu nicht in der Lage ist. An diese Fallgruppe stellt die Rechtsprechung jedoch so hohe Anforderungen (Kindl/Meller-Hannich/Wolf, Das gesamte Recht der Zwangsvollstreckung, § 802c Rn. 11 m.w.N.), dass sie als Risiko für den Gläubiger praktisch vernachlässigbar ist. Zudem obliegt es dem Schuldner, die entsprechenden Tatsachen vorzutragen.

Der Gerichtsvollzieher setzt dem Schuldner eine Frist von zwei Wochen zur Begleichung der Voll- 3345
streckungsforderung und bestimmt zugleich einen Termin zur Abgabe der Auskunft für den Fall der Nichtzahlung (§ 802f ZPO), zu dem er den Schuldner (nicht dessen Prozessbevollmächtigten!) durch Zustellung lädt und von dem er den Gläubiger in Kenntnis setzt.

Dieser Termin findet grundsätzlich im Büro des Gerichtsvollziehers statt (§ 802f Abs. 1 Satz 2 ZPO). Er kann in der Wohnung des Schuldners stattfinden, wenn dieser nicht widerspricht. Zur Möglichkeit der Sofortabnahme der Vermögensauskunft nach erfolglosem Pfändungsversuch wegen Durchsuchungsverweigerung oder Fruchtlosigkeit gemäß § 807 Abs. 1 ZPO unten Rdn. 3369.

An die Stelle nicht prozess- (bzw. geschäfts-)fähiger Personen treten für die Ladung deren gesetzliche Vertreter (BGH MDR 2007, 543; Eltern für ihre Kinder: § 1629 BGB; Geschäftsführer für GmbH: § 35 GmbHG; Vorstand für AG: § 78 AktG; vertretungsberechtigte Gesellschafter für Personengesellschaft [GbR, OHG, KG]: § 125 HGB). Gewillkürte Vertreter (Prokuristen) genügen nicht. Vertreter geben die Auskunft nicht an ihrem Wohnort, sondern am Sitz der Gesellschaft ab.

Ist der Schuldner der deutschen Sprache nicht mächtig, muss der Gerichtsvollzieher einen Dolmetscher beiziehen (§ 10a GVGA). Hierfür wird er aber einen Vorschuss des Gläubigers anfordern.

Der Gläubiger kann an diesem Termin teilnehmen. Vorteil ist, dass er dann selbst Fragen stellen (unten Rdn. 3347) und Vorhaltungen machen kann. Regelmäßig können dabei Umstände zutage gefördert werden, die der Gerichtsvollzieher ohne besonderen Anlass nicht feststellt (Unterhalts- und Taschengeldansprüche, Versicherungsleistungen).

Zur Anberaumung und Ausgestaltung des Termins Giers DGVZ 2014, 252, 253.

3346 Im Rahmen der Auskunft hat der Schuldner sein gesamtes Vermögen zu offenbaren. Dieses umfasst
- alle ihm gehörenden Gegenstände, d.h. alle beweglichen und unbeweglichen Sachen, an denen der Schuldner Eigentum, ein Anwartschaftsrecht oder (bei beweglichen Sachen) Besitz hat, unter Angabe ihres Orts. Ausgenommen sind lediglich die offensichtlich unpfändbaren Sachen.
- alle ihm zustehenden Forderungen, auch künftige, bedingte, zweifelhafte, uneinbringliche oder unpfändbare, unter Angabe aller Umstände, die zur Durchsetzung der Forderung erforderlich sind.
- alle entgeltlichen Veräußerungen an nahestehende Personen aus den letzten zwei Jahren und alle unentgeltlichen Veräußerungen aus den letzten vier Jahren. Diese können ggf. nach §§ 3, 4 AnfG angefochten und so dem Zugriff des Gläubigers zugänglich gemacht werden.

3347 Der Schuldner hat die Richtigkeit und Vollständigkeit seiner Angaben nach bestem Wissen und Gewissen zu Protokoll an Eides statt zu versichern (§ 802c Abs. 3 ZPO). Der Gerichtsvollzieher erstellt aufgrund der Auskunft ein Vermögensverzeichnis als elektronisches Dokument (§ 802f Abs. 5 ZPO; zur praktischen Handhabung durch den Gerichtsvollzieher Mroß AnwBl 2013, 16, 19).

3348 Der Gläubiger kann dem Gerichtsvollzieher über das amtliche Formular des Vermögensverzeichnisses hinaus Fragen vorgeben, die dem Schuldner zu stellen sind. Die Rechtsprechung lässt dies zu, soweit die Fragen auf den konkreten Fall bezogen sind, an der Lebenswirklichkeit des Schuldners nicht vorbeigehen und nicht der Ausforschung der allgemeinen Lebensumstände des Schuldners dienen (LG Koblenz DGVZ 2006, 137). Dies kann hingehen bis zu einem eigenen Fragenformular des Gläubigers. Solche **zusätzlichen Fragen** können sich beziehen auf:
- die Voraussetzungen eines Scheingeschäfts oder eines Rück- bzw. Freigaberechts, wenn Forderungen des Schuldners gepfändet oder abgetreten wurden (LG Stade JurBüro 1997, 325).
- die Abwicklung des Zahlungsverkehrs, wenn der Schuldner keine eigene **Bankverbindung** angegeben hat; geklärt werden muss dann, ob dies ggf. über Konten Dritter erfolgt.

3349 Die neuen Protokollformulare enthalten bereits eine entsprechende Frage. Fraglich ist indes, ob der Schuldner insoweit zur Auskunft verpflichtet ist, als damit in schutzwürdige Rechte des Kontoinhabers eingegriffen wird.
- **Nebenleistungen des Arbeitgebers**, die über das reine Arbeitsentgelt hinaus gewährt werden (Dienstwagen, Dienstwohnung, freie Kost und Logis) und ggf. der Pfändung unterliegen, und zu Trinkgeldern (die stets unbeschränkt pfändbar sind).
- **Gelegenheitsarbeiten**, die der Schuldner neben seiner Arbeitstätigkeit in den zurückliegenden 12 Monaten durchgeführt hat, und die dafür erhaltenen Vergütungen.
- **Kunden, Umsätze, Rechnungsstellungen und Zahlungen** der letzten 12 Monate, soweit der Schuldner (auch) selbstständig tätig war (LG Aschaffenburg JurBüro 2000, 328).

3350 Für Freiberufler folgt aus den Abtretungsverboten einzelner Berufsordnungen nicht zugleich eine Unübertragbarkeit der Honorarforderung (BGHZ 141, 173; BGH NJW-RR 2004, 54; BFH NJW 2005, 1308). Zur Erteilung der Auskünfte, die den Gläubiger in die Lage versetzen, in den Anspruch zu vollstrecken, ist er verpflichtet. Dies gilt auch dann, wenn Honoraransprüche über eine Verrechnungsstelle geltend gemacht werden.

▶ Beispiel:

Ärzte, Steuerberater und Rechtsanwälte müssen die Namen und Anschriften der Patienten/Mandanten sowie die Höhe der gegen diese bestehenden Honorarforderungen offenbaren.

Bei Selbstständigen kommen auch Ansprüche auf Steuererstattung (Umsatzsteuer: BFH NJW 1990, 2645) in Betracht.

- **Tätigkeiten** des Schuldners **für Verwandte**, Lebensgefährten oder Freunde.

Hier muss er Art und Umfang der geleisteten Dienste darlegen, damit geprüft werden kann, ob und inwieweit möglicherweise **verschleiertes Einkommen** vorliegt (§ 850h ZPO; OLG Oldenburg MDR 1995, 344). Sinnvoll sind ergänzende Fragen zu gewährten Unterhalts- oder Sachleistungen und Geschenken oder allgemein dazu, wie der Schuldner – insbesondere dann, wenn er kein Einkommen angegeben hat – seinen Lebensunterhalt bestreitet.
Ob der Schuldner zur Mitteilung des Einkommens seines Ehegatten verpflichtet ist, ist streitig (dafür: OLG München JurBüro 1999, 605; dagegen: LG Stuttgart DGVZ 2003, 58).

- **Schwarzarbeit** des Schuldners.
  Zwar ist der Schuldner schon allgemein zu Angaben von Einkünften verpflichtet, bereit ist er hierzu oft nicht. Konkrete Fragen danach sind zumindest bei Berufsgruppen statthaft (OLG Köln Rpfleger 1995, 469), bei denen Schwarzarbeit häufig vorkommt (Handwerker, Automechaniker usw.).
- **Schenkungen** des Schuldners, soweit diese nicht bereits von § 802c Abs. 2 Nr. 2 ZPO erfasst sind.
  Diese können unter (wenn auch seltenen) Umständen gepfändet werden. Diese Umstände können erfragt werden.
- **Sozialleistungen** des Schuldners.
  Werden solche unter dem Regelsatz bezogen, ist zu vermuten, dass es sich lediglich um ergänzende Leistungen handelt, daneben also weitere Einkünfte vorhanden sein müssen.
- **Versicherungen** des Schuldners.
  Diesen gegenüber können Leistungsansprüche des Schuldners bestehen (Krankengeld, Berufsunfähigkeitsrente; LG Koblenz DGVZ 2006, 137). Insbesondere Lebensversicherungen enthalten darüber hinaus oft einen angesparten Vermögensanteil und bieten zahlreiche Zugriffsmöglichkeiten für den Gläubiger.
- **Kreditkarten** des Schuldners.
  Hieraus können sich eingeräumte und nicht in Anspruch genommene Überziehungskredite, Leasing- oder Mietverträge, auf Wohnverhältnisse und Umstände ergeben, die die Höhe des Anspruchs von Unterhaltsberechtigten betreffen.

Hat der Gerichtsvollzieher eine Zusatzfrage nicht gestellt, ist er zunächst zur **Nachbesserung** anzu- **3351**
halten (unten Rdn. 3355). Erst nach Ablehnung steht die Erinnerung (§ 766 ZPO) offen.

Erscheint der Schuldner im Termin nicht oder verweigert er die Abgabe der Vermögensauskunft, **3352**
ergeht auf Antrag des Gläubigers **Haftbefehl** (§ 802g ZPO).

Von einer Verweigerung ist bereits dann auszugehen, wenn der Schuldner gegen die Verpflichtung zur Abgabe der Vermögensauskunft Erinnerung einlegt. Zu den damit verbundenen Rechtsfolgen kommt es nur dann nicht, wenn gleichzeitig eine Einstellung der Zwangsvollstreckung erfolgt (§§ 766, 732 Abs. 2 ZPO; Neugebauer MDR 2012, 1441, 1443).

Der Haftbefehlsantrag kann (bedingt) mit dem Antrag auf Abnahme der Vermögensauskunft verbunden werden. Für ihn besteht kein Anwaltszwang (LG Amberg JurBüro 2006, 101). Dies ist nur dann nicht sinnvoll, wenn der Gläubiger sich noch nicht sicher ist, ob er dem Schuldner die mit der Vermögensauskunft verbundenen Nachteile tatsächlich zumuten will (z.B. weil er eine gütliche Erledigung anstrebt).

Zuständig für den Erlass des Haftbefehls ist der Richter, für dessen Vollzug der Gerichtsvollzieher (§ 802g ZPO). Die Verhaftung ist unzulässig, wenn sie für den Schuldner mit einer nahen und erheblichen Gefahr verbunden ist oder wenn seit Erlass des Haftbefehls bereits mehr als zwei Jahre vergangen sind (§ 802h ZPO). Gibt der Schuldner die Vermögensauskunft nach seiner Verhaftung ab, wird er aus der Haft entlassen (§ 802i ZPO), ansonsten bleibt er bis zu sechs Monaten in Haft (§ 802j ZPO).

Eine Checkliste zu den Voraussetzungen des Haftbefehlsverfahrens bietet Metz NJW 2015, 3340.

Das vom Gerichtsvollzieher als elektronisches Dokument erstellte **Vermögensverzeichnis** wird dem **3353**
Gläubiger (heute überwiegend noch in Papierform) übermittelt (§ 802f Abs. 5, 6 ZPO). Es bleibt zwei Jahre auf dem Server des Zentralen Vollstreckungsgerichts des zuständigen Bundeslands hinterlegt und wird in einem bundesweiten elektronischen Register verzeichnet (§ 802k Abs. 1 Satz 2 ZPO).

In dieses Verzeichnis können nur Gerichtsvollzieher, Vollstreckungsbehörden, Vollstreckungs-, Insolvenz- und Registergerichte sowie Strafverfolgungsbehörden Einsicht nehmen (§ 802k Abs. 2 ZPO). Will ein Gläubiger wissen, ob es ein noch gültiges Vermögensverzeichnis gibt, muss er einen Antrag auf Abnahme der Vermögensauskunft stellen. Der Gerichtsvollzieher wird dann das Verzeichnis überprüfen und dem Gläubiger eine Abschrift des bereits vorhandenen Verzeichnisses übermitteln (§ 820d Abs. 1 Satz 2 ZPO).

3354 Eine Eintragung des Schuldners in das **Schuldnerverzeichnis** erfolgt auf Anordnung des Gerichtsvollziehers (§ 882c ZPO), wenn der Schuldner seiner Pflicht zur Abgabe des Vermögensverzeichnisses nicht nachkommt, wenn die Zwangsvollstreckung aus dem Inhalt des Vermögensverzeichnisses offensichtlich aussichtslos erscheint oder wenn der Schuldner nicht binnen eines Monats nach Abgabe der Vermögensauskunft die Befriedigung des Gläubigers nachweist.

Das Schuldnerverzeichnis wird beim Zentralen Mahngericht des jeweiligen Bundeslands geführt, kann aber über eine zentrale und länderübergreifende Abfrage im Internet eingesehen werden (§ 882h Abs. 1 ZPO).

Gegen die Eintragungsanordnung kann der Schuldner binnen zwei Wochen Widerspruch beim Vollstreckungsgericht einlegen (§ 882d Abs. 1 ZPO; Wasserl DGVZ 2013, 85).

Zugänglich ist das Schuldnerverzeichnis jedem, der ein berechtigtes Interesse darlegen kann (§ 882f ZPO). Hierfür genügt die beabsichtigte Überprüfung der Solvenz einer Person oder die beabsichtigte eigene Zwangsvollstreckung.

In dem Schuldnerverzeichnis werden neben den persönlichen Daten des Schuldners das Aktenzeichen des Vollstreckungsverfahrens, der Grund für die Eintragung (Verweigerung der Vermögensauskunft, Nichtbefriedigung des Gläubigers) angegeben (§ 882b Abs. 3 ZPO). Eine Löschung erfolgt nach drei Jahren von Amts wegen, früher auf Antrag des Schuldners, wenn die Forderung erfüllt wurde (§ 882e ZPO).

3355 Eine **wiederholte** Vermögensauskunft kann vor Ablauf von zwei Jahren nur verlangt werden, wenn der Schuldner neues Vermögen erworben hat; dies ist vom Gläubiger glaubhaft zu machen.

Dabei sind die von der Praxis gestellten Anforderungen nicht allzu hoch. Genügen können unvorhergesehene Teilleistungen des Schuldners auf die titulierte Forderung (LG Düsseldorf JurBür 1987, 467), die Auflösung des bisherigen Arbeitsverhältnisses (OLG Frankfurt a.M. Rpfleger 1990, 174) oder Aufgabe des bisherigen selbstständigen Gewerbes (LG Augsburg JurBüro 1998, 325), die Möglichkeit, dass der vorher arbeitslose Schuldner eine Arbeitsstelle gefunden haben kann (OLG Karlsruhe Rpfleger 1992, 208; LG Bremen JurBüro 2002, 210).

Nicht ausreichend ist entgegen der vorher h.M. (AG Hannover DGVZ 2000, 78) aber nicht schon die bloße Auflösung einer bisherigen Bankverbindung (BGH MDR 2007, 1159).

3356 Stellt sich heraus, dass die vom Schuldner abgegebene Vermögensauskunft **falsch** war, kommen ein Nachbesserungsverlangen (BGH DGVZ 2012, 93; Giers DGVZ 2014, 252, 254; Rothenbacher/Dörndorfer Rn. 123) oder eine Bestrafung nach § 156 StGB (Freiheitsstrafe bis zu drei Jahren oder Geldstrafe) in Betracht. Druck auf den Schuldner zur Erfüllung der Forderung muss nicht nur von einer Strafanzeige, er kann auch von Auflagen des Strafgerichts bei der Verfahrenseinstellung oder Bewährungsaussetzung ausgehen.

Eine Nachbesserung ist in vielen Fällen erforderlich. Die Erfahrung lehrt, dass die in den Formularen vorformulierten Fragen nicht alle Details umfassen und der Gerichtsvollzieher erkennbar werdenden Ansätzen für Vermögenswerte nicht mit der erforderlichen Konsequenz nachgeht. Ein Rechtsschutzbedürfnis für eine Nachbesserung hat der BGH bejaht, wenn eine Pfändung nicht ausgeschlossen ist und das Nachbesserungsverlangen nicht schikanös oder mutwillig ist (BGH WM 2009, 1431; BGH MDR 2004, 1258).

Auf die Frist zur erneuten Beantragung einer Vermögensauskunft (§ 802d ZPO) bleibt eine Nachbesserung der früheren Auskunft ohne Auswirkungen, weil es sich bei der Nachbesserung nicht um eine neue Auskunft handelt, sondern um eine Fortsetzung des noch nicht beendeten ursprünglichen Auskunftsverfahrens (LG Lübeck Rpfleger 1991, 119; Giers DGVZ 2014, 252).

3357 Die Möglichkeit, über §§ 802c ff. ZPO bereits zu Beginn der Zwangsvollstreckung schnell zu einer Vermögensauskunft zu kommen, birgt aber auch zwei **Gefahren**, deren sich der Gläubiger bewusst sein muss:

– Droht eine Insolvenz des Schuldners, stellt jede im Rahmen und aus Anlass der Zwangsvollstreckung erfolgte Vermögensverlagerung, an der der Schuldner mitgewirkt hat, einen Anfechtungsgrund i.S.d. § 133 InsO dar (BGH MDR 2010, 522). Die Situation des Schuldners, gegen den eine einzelne Zwangsvollstreckungsmaßnahme erfolglos geblieben und dem deshalb demnächst weitere Vollstreckungsmaßnahmen drohen, unterscheidet sich nicht von der Situation des Schuldners, gegen den der Beginn der Zwangsvollstreckung noch bevorsteht. Zahlt also der Schuldner nach Aufforderung des Gerichtsvollziehers innerhalb der zweiwöchigen Frist, um die Abgabe der Vermögensauskunft zu vermeiden, hat er bei der Vermögensverfügung mitgewirkt. Vermieden werden kann eine Insolvenzanfechtung nur, wenn der Gläubiger einseitig und ohne Mitwirkung des Schuldners auf das Vermögen des Schuldners zugreift (BGH MDR 2010, 522; Neugebauer MDR 2012, 1441). 3358

▶ Praxistipp:

Droht eine Insolvenz des Schuldners, darf die Vermögensauskunft nicht isoliert vor Beginn der Zwangsvollstreckung nach § 802c ZPO, sondern muss zusammen mit dem Sachpfändungsantrag beantragt werden (unten Rdn. 3369).

– Beantragt der Gläubiger die Abgabe des Vermögensverzeichnisses isoliert nach § 802c ZPO und stellt ein weiterer Gläubiger den Antrag zusammen mit dem Sachpfändungsantrag, so kann letzterer unmittelbar auf eventuell vorhandene Vermögenswerte zugreifen und kommt so dem Gläubiger zuvor, der erst nach dem eigenen Sachpfändungsantrag zum Zuge kommen kann (Neugebauer MDR 2012, 1441, 1443). 3359

▶ Praxistipp:

Ist zu befürchten, dass weitere Gläubiger zeitnah gegen den Schuldner vorgehen, darf die Vermögensauskunft nicht isoliert vor Beginn der Zwangsvollstreckung nach § 802c ZPO beantragt, sondern muss mit dem Sachpfändungsantrag verbunden werden (unten Rdn. 3369).

bb) Auskünfte Dritter

Hat der Schuldner die Vermögensauskunft verweigert oder ist eine Befriedigung des Gläubigers aufgrund der erteilten Auskünfte nicht zu erwarten, kann der Gläubiger den Gerichtsvollzieher beauftragen, vollstreckungsrelevante Auskünfte von Dritten einzuholen (§ 802l ZPO; Giers DGVZ 2014, 252, 254 m.w.N.; Seip DGVZ 2013, 67). 3360

Der **Antrag** nach § 802l ZPO kann damit nicht zu Beginn der Zwangsvollstreckung gestellt werden, sondern ist dem Antrag nach § 802c ZPO gegenüber nachrangig und setzt dessen Erfolglosigkeit voraus. Er kann indes als (bedingter) Antrag mit ihm verbunden werden. 3361

Auch genügt es, dass dem Gläubiger auf seinen Antrag hin nur der Abdruck eines früheren Vermögensverzeichnisses zugeleitet wurde (§ 802d Abs. 1 Satz 3 ZPO). Ob ein Verzicht auf die Übersendung des Vermögensverzeichnisses möglich ist, ist streitig (dafür LG Arnsberg DGVZ 2014, 18; AG Bad Segeberg DGVZ 2014, 95; dagegen AG Peine FoVo 2013, 178; zum Ganzen Giers DGVZ 2014, 253).

Nach § 802l ZPO kann der Gerichtsvollzieher bei Trägern der gesetzlichen Rentenversicherung Auskünfte über den aktuellen Arbeitgeber, beim Bundeszentralamt für Steuern Auskünfte über laufende Bankverbindungen und beim Kraftfahrtbundesamt Auskünfte über gehaltene Kraftfahrzeuge einholen. 3362

Diese Auskünfte sind in ihrem Anwendungsbereich (§ 802l Abs. 1 Satz 2) und in ihrer Bedeutung beschränkt. So enthält die Auskunft des Bundeszentralamts für Steuern z.B. keine Angaben darüber, ob ein Konto als Pfändungsschutzkonto geführt wird oder nicht. Andere wichtige Vermögenswerte (Grundstücke, Lebensversicherungen) können nach § 802l ZPO überhaupt nicht ermittelt werden.

▶ Praxistipp:

3363 Damit die genannten Behörden die gewünschten Auskünfte erteilen können, ist eine exakte und vollständige Angabe aller Personendaten bereits im Antrag erforderlich, um zeitintensive Nachfragen zu vermeiden.

3364 Die erhobenen Daten dürfen nur für Zwecke der laufenden Vollstreckung verwendet werden. Sie werden weder dauerhaft gespeichert noch anderen Gläubigern zur Verfügung gestellt.

3365 Auskunft kann der Gerichtsvollzieher auch von der zuständigen Polizeidienststelle einholen, wenn er für eine durchzuführende Vollstreckungshandlung Gefahren für Leib oder Leben befürchtet (§ 757a ZPO). Hiervon erhält (nach Erledigung des Vollstreckungsauftrags) nur der Schuldner, nicht auch der Gläubiger Kenntnis (§ 757a Abs. 5 ZPO).

b) Vollstreckung in das bewegliche Vermögen des Schuldners

aa) Sachpfändungsantrag (§ 808 ZPO)

3366 Verfügt der Gläubiger über Kenntnisse von vollstreckungsfähigem Vermögen (unabhängig davon, ob er diese durch eine Vermögensauskunft, Auskünfte Dritter oder in sonstiger Weise erlangt hat), kann er den Gerichtsvollzieher mit der Sachpfändung beauftragen (§§ 802a Abs. 2 Nr. 4, 803 ZPO).

3367 Dem nach § 754 ZPO erforderlichen **Antrag** (dazu oben Rdn. 3321) muss die vollstreckbare Ausfertigung des Titels beigefügt werden. Er muss eine Forderungsaufstellung, differenziert nach Hauptforderung, Kosten und Zinsen enthalten. Sobald der Gesetzgeber von der Möglichkeit zur Einführung eines Antragsformulars (§ 753 Abs. 3 ZPO) Gebrauch gemacht hat (womit zu rechnen ist), muss dieses zwingend verwendet werden.

Wegen der Zuständigkeit oben Rdn. 3330. Gerichtet werden sollte der Antrag grundsätzlich an die Gerichtsvollzieherverteilungsstelle: Ein Antrag unmittelbar an den zuständigen Gerichtsvollzieher persönlich empfiehlt sich – nach vorheriger Absprache – nur in besonders eiligen oder sonst besonders gelagerten Fällen.

3368 Ist eine **Zustellung** des Titels bislang noch nicht erfolgt, muss diese beantragt werden. Dann sind dem Antrag die zuzustellenden beglaubigten Abschriften beizufügen.

Wegen eines Musters für einen Sachpfändungs- und Zustellungsantrag siehe Gottwald/Mock § 754 Rn. 11 Muster 754–1 und § 754 Rn. 12 Muster 754–2; Rothenbacher/Dörndorfer Rn. 183. Im Übrigen oben Rdn. 3335.

bb) Weitere Anträge

3369 Auch nach der Reform der Sachaufklärung in der Zwangsvollstreckung ist ein sog. »Kombi-« oder »Global-Antrag« an den Gerichtsvollzieher möglich, in dem dieser nicht nur mit der Mobiliarvollstreckung beauftragt wird, sondern mit zusätzlichen Maßnahmen i.S.d. § 802a ZPO. In Betracht kommt damit der zusätzliche Auftrag

- zur Einholung einer sofortigen Vermögensauskunft des Schuldners (§ 807 ZPO);
  Möglich ist ein solcher Antrag für den Fall, dass der Schuldner die Durchsuchung seiner Wohnung verweigert oder der Pfändungsversuch ergibt, dass die Pfändung voraussichtlich nicht zu einer vollständigen Befriedigung des Gläubigers führen wird.
  Anders als nach § 802f ZPO bedarf es hier keiner Fristsetzung, die Vermögensauskunft kann sofort abgenommen werden (§ 807 Abs. 1 ZPO), soweit der Schuldner nicht widerspricht (§ 807 Abs. 2 ZPO).
  Mit dieser Form der Vermögensauskunft werden dem Schuldner die Nachteile einer Eintragung ins Schuldnerverzeichnis (oben Rdn. 3340) nur zugemutet, wenn eine schnelle und einfache Befriedigung aus einer Sachpfändung nicht möglich ist. Droht eine Insolvenz des Schuldners oder die Zwangsvollstreckung durch andere Gläubiger, ist diese Form der Verschaffung einer Vermögensauskunft vorzuziehen (dazu oben Rdn. 3340).

- zur Einholung von Auskünften Dritten über das Vermögen des Schuldners (§ 802l ZPO; oben Rdn. 3360),
- zur Durchführung einer Vorpfändung (§ 845 ZPO; unten Rdn. 3373).

Nicht besonders beantragt werden muss (aber kann) auch in diesem Stadium die gütliche Erledigung der Angelegenheit (§ 802b ZPO), die dem Gerichtsvollzieher bereits von Amts wegen obliegt (oben Rdn. 3312).

Die Anträge können – und müssen vielfach sogar – in eine bestimmte Reihenfolge gebracht und/oder von einer Bedingung abhängig gemacht werden. 3370

▶ Beispiel:

Für den Fall des Scheiterns einer gütlichen Einigung soll eine Vermögensauskunft abgenommen und – falls diese pfändbare Gegenstände ergibt – eine Sachpfändung oder eine Vorpfändung bekannt gewordener Forderungen erfolgen.

Weitere Anträge, Anregungen oder Hinweise, die mit dem Auftrag zur Sachpfändung verbunden werden können, sind: 3371

- Die Ermittlung des Aufenthaltsorts des Schuldners aus öffentlichen Registern (§ 755 ZPO; oben Rdn. 3343);
- Der Antrag auf Erlass einer richterlichen Durchsuchungsanordnung, ggf. auch auf Durchführung zur Nachtzeit und an Sonn- und Feiertagen (§ 758a ZPO);
- Die Bitte um Mitteilung der Erkenntnisse nach § 806a ZPO;
- Der Hinweis darauf, dass wegen einer Geldforderung aus dem Verkauf einer Sache vollstreckt wird, die unter Eigentumsvorbehalt geliefert wurde und sich noch im Gewahrsam des Schuldners befindet. Diese Sache unterliegt nicht dem Pfändungsschutz des § 811 ZPO (§ 811 Abs. 2 ZPO);
- Die Bereitschaft zur Austauschpfändung nach § 811a ZPO;
- Der Antrag auf Anschlusspfändung im Fall vorrangiger anderweitiger Pfändung (§ 826 ZPO);
- Die Ermächtigung zur Vornahme einer Vorpfändung nach § 845 ZPO, falls eine Geldforderung bekannt wird (dazu unten Rdn. 3733);
- Der Hinweis auf möglich lohnende Vollstreckungsobjekte, ggf. auf die Möglichkeit einer Taschenpfändung;
- Die Erteilung einer Einzugsermächtigung für die nicht beitreibbaren Vollstreckungskosten. Damit kann zusätzlicher Verwaltungsaufwand vermieden werden, ohne dass damit ein besonderes Risiko verbunden wäre (Rothenbacher/Dörndorfer Rn. 30).

Die Erfahrung lehrt, dass Gerichtsvollzieher individuelle Besonderheiten des Antrags oft nicht zur Kenntnis nehmen, Vollstreckungsaufträge pauschal abarbeiten. Es kann sich deswegen empfehlen, solche Besonderheiten formal besonders **hervorzuheben** (roter Randstrich, Farbmarker, gesonderte Anlage zum Formantrag). 3372

c) Vollstreckung in Rechte des Schuldners

aa) Antrag auf Vorpfändung (§ 845 ZPO)

Bereits unmittelbar nach der Urteilsverkündung und bereits vor Erteilung einer vollstreckbaren Ausfertigung kann der Gläubiger die Vorpfändung eines Rechts des Schuldners beantragen. **Voraussetzung** ist nur die Existenz eines vollstreckbaren Zahlungstitels, dass der Gläubiger ihn bereits in Besitz hat, ist genauso wenig erforderlich wie eine Klausel oder eine Zustellung des Titels an den Schuldner. 3373

Die Vorpfändung bietet damit die rascheste Sicherung des titulierten Anspruchs, wahrt den Rang in der Zwangsvollstreckung und kompensiert so mögliche Verzögerungen, die im Verfahren nach § 829 ZPO entstehen.

Möglich, meist aber nicht zu empfehlen, ist die Anfertigung der Benachrichtigung mit der Aufforderung durch den Gläubiger selbst. Da der Gerichtsvollzieher für die Zustellung ohnehin eingeschaltet werden muss, liegt es nahe, ihm auch die Anfertigung der Erklärung zu überlassen (§ 845 Abs. 1 Satz 2 ZPO).

▶ Praxistipp:

3374 Zur vollen Ausnutzung des in § 845 ZPO liegenden Beschleunigungspotenzials sollte der Antrag unmittelbar nach Urteilsverkündung per Telefax oder elektronisch nach § 193a ZPO gestellt werden.

3375 Erforderlich ist ein **Antrag** an den Gerichtsvollzieher, der auch auf die Anfertigung der Erklärung gerichtet ist. Er muss die zu vollstreckende Forderung und den Titel bezeichnen und die zu pfändende Forderung so genau wie möglich beschreiben. Der Gerichtsvollzieher fügt dann die Benachrichtigung hinzu, dass die Pfändung bevorstehe und fordert den Drittschuldner auf, nicht an den Schuldner zu zahlen, den Schuldner, nicht über die Forderung zu verfügen. Die Erklärung wird dem Schuldner und dem Drittschuldner zugestellt.

Zur Auskunft dem Gläubiger gegenüber ist der Drittschuldner aufgrund des vorläufigen Zahlungsverbots (noch) nicht verpflichtet, hierzu praktisch häufig aber freiwillig bereit.

3376 Die Vorpfändung **bewirkt** eine auflösend bedingte Arrestpfändung (§ 930 ZPO). Sie verliert diese (und damit jede) Wirkung, wenn nicht innerhalb eines Monats ab Zustellung an den Drittschuldner die Vollpfändung nach § 829 ZPO bewirkt wird.

▶ Praxistipp:

3377 Zur Wahrung der Rechte aus einer Vorpfändung muss die Vollpfändung binnen eines Monats nachgeholt werden.

3378 Der **Drittschuldner** ist nach der bloßen Vorpfändung zur Abgabe der Drittschuldnererklärung (unten Rdn. 3393) nicht verpflichtet. Dennoch kann es sinnvoll sein, ihn hierzu bereits aufzufordern, da viele Drittschuldner bereits in diesem Stadium zur Auskunftserteilung bereit sind und damit unnötiger Aufwand vermieden werden kann.

bb) Antrag auf Erlass Pfändungs- und Überweisungsbeschluss

3379 Für das Pfändungsgesuch ist zwischenzeitlich ein verbindlicher Vordruck eingeführt (§ 2 VO des BMJ über Formulare für die Zwangsvollstreckung vom 01.09.2012).

Regelmäßig werden Pfändung und Überweisung der Forderung gleichzeitig beantragt. Geht dies nicht, etwa weil aus einem Arrest vorgegangen wird oder nur eine Sicherungsvollstreckung nach § 720a ZPO erfolgen soll, bedarf es nach der Pfändung eines gesonderten Antrags auf Überweisung der Forderung.

3380 **Zu bezeichnen** sind die Parteien und die Vollstreckungsforderung, Letztere auch der Höhe nach in Form einer Forderungsaufstellung nach (zu belegenden) Kosten, Zinsen und Hauptsache. Soll nur ein Teil oder der Rest der titulierten Forderung beigetrieben werden, muss dieser eindeutig bezeichnet sein.

3381 Besonderer Sorgfalt bedarf die Angabe der zu pfändenden **Forderung** nach Anspruchsgrund und Drittschuldner so genau, dass sie von allen anderen denkbaren Forderungen abgegrenzt (BGH NJW 1988, 2543) und die Angaben in den Pfändungsbeschluss übernommen werden können. Bei der Pfändung wiederkehrender Leistungen muss angegeben werden, für welchen Zeitraum die Pfändung erfolgen soll. Soweit die Angabe der zu pfändenden Forderung das Vollstreckungsgericht zudem in die Lage versetzen soll, das Bestehen der Forderung zu überprüfen, sind an diese Substantiierung keine allzu hohen Anforderungen zu stellen (Zöller/Herget § 829 Rn. 4). Gepfändet werden können auch Forderungen, von denen dem Gläubiger Einzelheiten nicht bekannt sind, möglicherweise sogar Forderungen, deren Bestehen der Gläubiger nicht positiv kennt. Unzulässig ist lediglich die Pfändung »ins Blaue hinein« behaupteter Forderungen ohne jeden konkreten Anhaltspunkt.

Das Zwangsvollstreckungsrecht erlaubt damit – anders als etwa das Beweisrecht im Erkenntnisverfahren – bewusst auch einen Vortrag auf Verdacht, eine »Ausforschungspfändung«.

Wichtigster Fall der Forderungspfändung ist die Pfändung von **Arbeitseinkommen** nach §§ 850 ff. ZPO. 3382

Hier muss der Gläubiger die im Einzelfall oft schwierige Berechnung des pfändbaren Teils des Einkommens (§ 850c ZPO) nicht selbst vornehmen. Es genügt, wenn er insoweit pauschal Bezug auf die Tabelle zu § 850c ZPO nimmt. Die Berechnung erfolgt durch das Vollstreckungsgericht oder obliegt vielmehr dem Drittschuldner, der sich dabei auf die Angaben des Schuldners – insbesondere in der Lohnsteuerkarte – verlassen darf. Das Einkommen des Schuldners ist dabei in den absolut unpfändbaren Sockelbetrag (§§ 850d Abs. 1 Satz 2, 850f Abs. 2 ZPO), den nur für privilegierte Gläubiger pfändbaren Zwischenbetrag (§§ 850d Abs. 1, 850f ZPO) und den allgemein pfändbaren Betrag zu unterteilen.

Ist das Arbeitseinkommen unverhältnismäßig gering (meist direkt unterhalb der Pfändungsfreigrenze), liegt es nahe zu prüfen, ob es teilweise verschleiert wird (§ 850h ZPO). Gepfändet werden kann dann eine ortsübliche Vergütung. Deren Höhe muss der Gläubiger allerdings im Einziehungsprozess gegen den Drittschuldner darlegen und beweisen.

Mitgepfändet werden sollte stets der Anspruch auf Herausgabe der letzten Lohnabrechnungen nach § 836 Abs. 3 ZPO (BGH MDR 2007, 50; BGH MDR 2007, 607; unten Rdn. 3390). Auch wenn dies zur Feststellung der Höhe des Lohns nicht erforderlich ist, ergeben sich daraus häufig Anhaltspunkte für andere pfändbare Vermögenswerte (vermögenswirksame Leistungen, Sparverträge, Kontoverbindungen).

Gepfändet werden können alle Arten von **Geldforderungen**, auch bedingte, betagte oder künftige, selbst öffentlich-rechtliche. In Betracht kommen praktisch insbesondere (umfangreiche Literaturnachweise bei Gottwald/Mock § 829 Rn. 172 ff.): 3383

- **Anwartschaftsrechte**, wobei es hier zusätzlich der Pfändung der Sache bedarf, die dann verwertet werden kann.
- Guthaben auf **Bankkonten;** dabei werden automatisch die Auskunfts- und Rechnungslegungsansprüche miterfasst, sodass die Bank zur Offenlegung der Kontenguthaben verpflichtet ist. Wird ein Girokonto in Form eines Kontokorrent geführt, sind nur die Rechnungsabschlüsse, nicht die Einzelforderungen pfändbar (§ 357 HGB). Ist indes dem Kontoinhaber – wie regelmäßig – das Recht eingeräumt, zwischen den Abschlüssen über ein Guthaben zu verfügen, dann kann dieser Anspruch auf Auszahlung des Guthabens gepfändet werden (BGHZ 84, 371). Gepfändet werden kann auch die noch offene Kreditlinie eines Dispositions- oder Überziehungskredits (BGH NJW 2001, 1937). Ist ein Sparbuch ausgestellt, kann dieses zusätzlich nach § 836 Abs. 3 Satz 2 ZPO gepfändet werden.

  Auch wenn das Konto allein auf den Schuldner lautet, kommt es vor, dass über das Konto auch Beträge laufen, die Dritten zustehen. Die entsprechende bloße Behauptung des Schuldners oder des Dritten sollte den Gläubiger zwar nicht zur vorschnellen Freigabe des Geldes, wohl aber zur sorgfältigen Prüfung veranlassen. Kann der Dritte seine Berechtigung im Rahmen einer Klage nach § 771 ZPO beweisen, trifft den Gläubiger die Kostenlast.

  Soweit auf dem Konto Sozialleistungen eingehen, sind diese sieben Tage lang unpfändbar. Insoweit bedarf es nicht einmal eines Freigabebeschlusses des Vollstreckungsgerichts, die Bank ist verpflichtet, Verfügungen des Schuldners über das Geld nachzukommen, den Betrag auszubezahlen (§ 55 SGB I). Befindet sich das Geld nach Ablauf der 7-Tages-Frist noch auf dem Konto, unterfällt es der Pfändung und steht dem Gläubiger zu. Umgekehrt erfasst der Pfändungsschutz des Schuldners Sozialleistungen auch dann, wenn diese auf dem Konto eines Dritten eingehen (BGH MDR 2007, 1217).

- Guthaben bei Abrechnungsstellen von **Kreditkartenfirmen;** dies empfiehlt sich, wenn der Schuldner etwa aus dem Betrieb eines Gewerbes Zahlungen von Kunden über Kreditkarten erhält. Zur Auskunft über solche Guthaben ist der Schuldner (nicht der Drittschuldner!) nach § 836 Abs. 3 ZPO verpflichtet.
- **Bausparguthaben** können zwar gepfändet, jedoch erst nach Zuteilung oder Kündigung verwertet werden; weitere Einschränkungen können sich aus der Zweckgebundenheit der Bausparsumme ergeben.

- **Erbausgleichs- oder Erbersatzansprüche** (§§ 1934a, 1934d BGB) sind erst nach ihrer Entstehung pfändbar;
- **Miet- und Pachtforderungen** sind grundsätzlich pfändbar, sollen zukünftige Leistungen erfasst werden, ist dies besonders zu beantragen.

Auf Antrag des Schuldners sind Unterhaltungs- und notwendige Instandsetzungskosten von der Pfändung auszunehmen. Einen gesetzlich geschützten Mindestbetrag gibt es nicht, auch nicht, wenn der Schuldner aus den Einnahmen seinen Unterhalt bestreitet (BGH NJW 2005, 681).

- **Kautionsrückzahlungsansprüche** des Mieters können gepfändet werden, lassen sich aber erst bei Beendigung des Mietverhältnisses und nur in der nach Abzug der Vermieteransprüche verbleibenden Höhe realisieren.

Ist ein Kautionssparbuch angelegt, muss der Anspruch auf dessen Herausgabe mitgepfändet werden (§ 836 Abs. 3 ZPO).

- **Zukünftige Renten** (Anwartschaften) sind nach h.M. grundsätzlich pfändbar (BGH NJW 2003, 1457 m.w.N.), unterfallen aber dem Pfändungsschutz aus § 850b ZPO und den pauschalierten Pfändungsfreigrenzen des § 850c ZPO.
- Für die Pfändung von **Sozialleistungen** sind die Sonderregelungen der §§ 54 f. SGB I zu beachten, die einen den §§ 850 ff. ZPO vergleichbaren Pfändungsschutz gewähren.

Sozialhilfeleistungen sowie Leistungen nach dem Bundeserziehungsgesetz sind unpfändbar (§§ 54 Abs. 1, 4 SGB I i.V.m. § 17 Abs. 1 Satz 2 SGB XII, § 54 Abs. 3 Nr. 1 SGB I). Dies gilt auch, wenn diese zusammen mit anderen Einkünften die Pfändungsfreigrenze übersteigen (BGH NJW-RR 2005, 1010). Zur Pfändbarkeit auf einem Konto siehe oben, zum Vollstreckungsschutz nach § 850k ZPO BGH MDR 2007, 608.

- **Steuerrückerstattungsansprüche** gegen Private (Arbeitgeber) können ohne jede Einschränkung, Ansprüche gegen Finanzbehörden nur im Rahmen des § 46 AO (d.h., wenn sie entstanden sind) gepfändet werden.

Steuerrückerstattungsansprüche entstehen erst mit Beginn des Folgejahres; zuvor erfolgte Pfändungen (auch Vorpfändungen!) sind wirkungslos. Will der Gläubiger anderen Gläubigern zuvorkommen, kann der Antrag auf Erlass eines Zahlungsverbots noch im alten Jahr gestellt, der Gerichtsvollzieher aber mit einer Zustellung erst im neuen Jahr beauftragt werden.

Gepfändet werden können Steuerrückerstattungsansprüche auch, wenn der Schuldner zusammen mit seinem Ehegatten veranlagt wird. Das Finanzamt muss dann eine Aufteilung zwischen den Ehegatten vornehmen und den auf den Schuldner entfallenden Teil an den Gläubiger abführen.

- **Versicherungsleistungen** können auch schon beim Eintritt des Versicherungsfalls gepfändet werden, soweit sie nicht bloß auf Befreiung gehen (Rechtsschutz- und Haftpflichtversicherung).

Lebensversicherungsleistungen auf den Todesfall sind bis zu 3 579 € (»Beerdigungskosten«) unpfändbar (§ 850b Abs. 1 Nr. 4 ZPO). Eine Kapitallebensversicherung ist nicht deswegen unpfändbar, weil der Versicherungsnehmer statt einer Kapitalleistung eine Versorgungsrente wählen kann (BFH Rpfleger 2007, 672).

Gepfändete Versicherungen können vom Gläubiger gekündigt werden. Dazu muss er das Bezugsrecht (den Begünstigten) der Versicherung gegenüber ändern (Muster bei Rothenbacher/Dörndorfer Rn. 86). Zur Auszahlung benötigt der Gläubiger die Police im Original, die deswegen nach § 836 Abs. 3 ZPO mitgepfändet werden muss. Findet sie sich nicht, wird ein Aufgebotsverfahren erforderlich (§§ 433 ff. FamFG). Der oft geringe Erlös kann es angezeigt erscheinen lassen, die Versicherung durch Leistungen des Schuldners weiter laufen zu lassen. Auch soweit solche Rechte eine zeitnahe Befriedigung nicht erwarten lassen, bewirkt der damit verbundene Druck auf den Schuldner häufig eine Erfüllung.

- Ist der Schuldner an einer **Gesellschaft beteiligt**, kann der daraus erzielte Gewinnanteil gepfändet werden.

Dies ist regelmäßig unabhängig von der Gesellschaftsform unproblematisch. Ungleich schwieriger ist der Zugriff auf den Gesellschaftsanteil selbst. Dieser erfolgt je nach Gesellschaftsform aus § 857 ZPO (GmbH). Hier ergeben sich zahlreiche gesellschaftsrechtliche Besonderheiten, die sich einer Darstellung im Rahmen des vorliegenden Überblicks entziehen.

Gepfändet werden kann auch der **Miteigentumsanteil** des Schuldners an einer Sache (§§ 741 ff., 1008 BGB). 3384

Bei beweglichen Sachen richtet sich die Pfändung nach §§ 829, 857 Abs. 1 ZPO. Mitgepfändet werden die Ansprüche auf Aufhebung der Gemeinschaft (§ 749 Abs. 1 BGB) sowie auf Zustimmung zur Teilung und Auszahlung des Erlöses (§§ 752, 753, 1233 ff. BGB). Die Sache kann dann durch den Gerichtsvollzieher verwertet werden.

Bei unbeweglichen Sachen finden die Regeln der Immobiliarvollstreckung (§§ 864 Abs. 2, 866 ZPO) Anwendung (Zwangssicherungshypothek, Zwangsversteigerung, Zwangsverwaltung). Zusätzlich besteht auch hier die Möglichkeit einer Aufhebung der Gemeinschaft und Teilungsversteigerung (§§ 180 ff. ZVG; BGH MDR 2006, 832).

Beizufügen sind dem Pfändungsantrag die vollstreckbare Ausfertigung des Titels, der Zustellungsnachweis, ggf. auch Nachweise zum Vorliegen besonderer Vollstreckungsvoraussetzungen. Wird der Antrag durch einen Vertreter gestellt, muss dieser seine Vertretungsmacht nachweisen, wobei für Rechtsanwälte die Erleichterung des § 88 ZPO gilt (vgl. oben Rdn. 3326). 3385

cc) Weitere Anträge

Der Umfang des Vollstreckungsschutzes für den Schuldner hängt zumindest teilweise auch von Anträgen der Beteiligten ab. In Betracht kommen dabei: 3386

- Der Antrag eines Unterhaltsgläubigers auf eine von der gesetzlichen Regelung abweichende **Festsetzung des Rangverhältnisses** der Unterhaltsberechtigten nach § 850d Abs. 2 lit. a ZPO;
- Der Antrag des Gläubigers auf **Nichtberücksichtigung** eines dem Schuldner gegenüber **Unterhaltsberechtigten** mit eigenem Einkommen nach § 850c Abs. 4 ZPO;

  Hierbei ist nicht auf feste Berechnungsgrößen abzustellen, sondern auf alle Umstände des Einzelfalles (BGH NJW-RR 2005, 795), die deswegen zur Begründung des Antrags möglichst umfassend vorzutragen sind. Dementsprechend wirkt eine entsprechende Anordnung des Vollstreckungsgerichts auch nur zugunsten des Antragstellers, nicht auch zugunsten anderer Gläubiger.

  Entsprechende Anwendung findet § 850c Abs. 4 ZPO, wenn der Schuldner bestehenden Unterhaltsverpflichtungen nicht in vollem Umfang nachkommt (BGH MDR 2007, 973), nicht jedoch, wenn überhaupt kein Unterhalt bezahlt wird (Zöller/Herget § 850c Rn. 5).

- Der Antrag des Gläubigers auf **Herabsetzung des unpfändbaren Betrags** nach § 850f Abs. 2;
- Der Antrag eines Unterhaltsgläubigers auf Verrechnung der Differenz zwischen dem **notwendigen Unterhalt** und dem allgemeinen Pfändungsfreibetrag nach § 850e Nr. 4 ZPO.

Zu bedenken ist auch, inwieweit eine Pfändung als bevorrechtigter Gläubiger nach § 850d ZPO oder eine Pfändung **verschleierten Arbeitseinkommens** nach § 850h ZPO in Betracht kommt. 3387

Ist die Einziehung der Forderung mit Schwierigkeiten verbunden (z.B. weil sie bedingt, betagt oder von einer Gegenleistung abhängig ist), kann der Gläubiger anstelle der Überweisung eine **andere Form der Verwertung** beantragen (§ 844 Abs. 1 ZPO). 3388

Relevant ist dies bei Forderungen, die nicht auf Geldzahlung gerichtet sind.

▶ Beispiel:

Ist der Gesellschaftsanteil einer GmbH gepfändet worden, kann dieser durch öffentliche Versteigerung oder freihändigen Verkauf verwertet werden. 3389

Mitgepfändet werden können auch **Nebenrechte und Unterlagen**, die zur Durchsetzung des Rechts erforderlich sind (§ 836 Abs. 3 ZPO). Dies kann bereits im Pfändungs- und Überweisungsbeschluss geschehen (BGH MDR 2007, 50). 3390

Herausverlangt werden können mit dem Pfändungs- und Überweisungsbeschluss nur Urkunden, die den Bestand der Forderung, nicht solche, die die Werthaltigkeit der Forderung beweisen. Erteilt der Schuldner die zur Geltendmachung des Anspruchs erforderlichen Auskünfte nicht, kann der Gläubiger ihn zur Abgabe einer eidesstattlichen Versicherung vor dem Gerichtsvollzieher zwingen (§ 836 Abs. 3 Satz 2 ZPO).

▶ Beispiel:

3391 Bei der Pfändung von Lohn- und Gehaltsansprüchen können die Abrechnungen der letzten drei Monate, der Arbeitsvertrag und vorrangige Pfändungs- und Abtretungsunterlagen herausverlangt werden.

Bei der Pfändung von Transferleistungen kann der Leistungsbescheid herausverlangt werden.

Bei der Pfändung von Mietansprüchen kann der Mietvertrag einschließlich aller Nachträge (Mieterhöhungen) verlangt werden.

Bei der Pfändung von Bankkonten können die Vertragsunterlagen, die Kontoauszüge der letzten zwei Monate verlangt werden.

3392 Regelmäßig wird das Vollstreckungsgericht im Antrag ersucht, den Beschluss zum Zwecke der Zustellung **an den zuständigen Gerichtsvollzieher weiterzuleiten**; dies erspart einen eigenen Antrag des Gläubigers.

dd) Drittschuldnererklärung

3393 Mit der Zustellung des Pfändungs- und Überweisungsbeschlusses an den Drittschuldner (die ebenfalls erforderliche Zustellung an den Schuldner ist hierfür ohne Bedeutung) wird die Pfändung wirksam. Der Gläubiger erwirbt das Recht, die Forderung im eigenen Namen geltend zu machen (§ 804 Abs. 1 ZPO), der Schuldner verliert sein Recht, über den Anspruch zu verfügen (§ 829 Abs. 1 Satz 2 ZPO), dem Drittschuldner wird verboten, an den Schuldner zu zahlen (§ 829 Abs. 1 Satz 1 ZPO).

3394 Der Drittschuldner ist verpflichtet, dem Gläubiger mitzuteilen (»**Drittschuldnererklärung**«),
- ob und inwieweit er die Forderung als begründet anerkenne und zur Zahlung bereit sei,
- ob und welche Ansprüche andere Personen an die Forderung erheben und
- ob und in welcher Höhe die Forderung bereits für andere Gläubiger gepfändet sei.

3395 Die Erklärung kann dem zustellenden Gerichtsvollzieher gegenüber oder in einem separaten Schreiben binnen **zwei Wochen** abgegeben werden.

3396 Erklärt sich der Drittschuldner zur Leistung bereit, liegt hierin **kein Anerkenntnis** i.S.d. § 781 BGB. Es wird kein selbstständiger Rechtsgrund geschaffen, dem Drittschuldner bleiben alle Einwendungen gegen die gepfändete Forderung erhalten. Allerdings kehrt sich insoweit die Beweislast zu seinen Lasten um. Dagegen handelt es sich bei der Drittschuldnererklärung um ein Anerkenntnis i.S.d. § 212 Abs. 1 Nr. 1 BGB, sodass es die Verjährungsfrist neu in Gang setzt.

3397 Ergibt die Auskunft die Abtretung an einen Dritten, sollte diese **kritisch hinterfragt**, insbesondere geprüft werden, ob sie nicht anfechtbar ist (§ 3 AnfG, § 138 InsO).

▶ Praxistipp:

3398 Wird die Drittschuldnererklärung nicht abgegeben, kann der Gläubiger den Drittschuldner sofort auf Leistung in Anspruch nehmen. Es bedarf insoweit keiner Mahnung oder sonstigen Aufforderung. Erfolgt eine solche dennoch, sind hierdurch veranlasste Kosten nicht erstattungsfähig (BGH NJW-RR 2006, 1566).

3399 **Weitergehende Auskunfts- oder Mitwirkungspflichten** hat der Drittschuldner nicht. Ansprüche des Gläubigers bestehen insoweit indes gegen den Schuldner.

▶ Praxistipp:

Nicht der Drittschuldner, sondern der Schuldner ist verpflichtet, dem Gläubiger die zur Durchsetzung des gepfändeten Anspruchs erforderlichen Informationen und Unterlagen auszuhändigen (§ 836 Abs. 3 ZPO). 3400

Hierzu ist der Schuldner dem Gläubiger gegenüber verpflichtet, praktisch bedarf es dazu regelmäßig einer besonderen Aufforderung. Kommt er dieser Verpflichtung nicht nach, kann der Gläubiger beantragen, dass der Schuldner die Erklärung zu Protokoll gibt und seine Angaben an Eides statt versichert.

Zu den herauszugebenden Unterlagen gehören z.B. Vertragsurkunden, Schuldscheine, Abtretungserklärungen, Sparbücher, Verdienstabrechnungen, Versicherungspolicen, Kfz-Papiere oder Beweisurkunden. Sie können aufgrund des ursprünglichen Zahlungstitels ohne besondere Herausgabeanordnung vom Gerichtsvollzieher dem Schuldner weggenommen und dem Gläubiger übergeben werden.

Anträge nach § 836 Abs. 3 ZPO können – soweit sie konkretisierbar sind – bereits im Antrag auf Erlass eines Pfändungs- und Überweisungsbeschlusses gestellt werden (BGH JurBüro 2006, 547). Sinnvoll sein kann das Auskunftsverlangen in Bezug auf alle Umstände des gepfändeten Anspruchs (Grund, Höhe, Fälligkeit, Leistungsort, Titulierung, Beweismittel, Einwendungen und Einreden), aber auch in Bezug auf sonstige pfändungsrelevante Umstände (Einkünfte unterhaltsberechtigter Personen, vorrangige Pfändungen und Abtretungen).

Gibt der Schuldner die verlangte Auskunft nicht freiwillig, kann der Gerichtsvollzieher mit einer Vorladung und der Abnahme der eidesstattlichen Versicherung beauftragt werden (§ 836 Abs. 3 ZPO). Eine Verletzung der Auskunftspflicht macht den Schuldner dem Gläubiger gegenüber schadensersatzpflichtig (§ 840 Abs. 2 Satz 2 ZPO).

d) Vollstreckung in das unbewegliche Vermögen des Schuldners

Gegenstände der **Immobiliarvollstreckung** sind Grundstücke, wobei neben dem Volleigentum auch Miteigentumsanteile (nach § 1008 BGB oder nach dem WEG) und Erbbaurechte hieran relevant sind (§ 864 ZPO). 3401

Ebenfalls darunterfallende Rechte an im Schiffsregister eingetragenen Schiffen und landesrechtliche grundstücksgleiche Rechte nach Art. 69, 196 EGBGB (z.B. Fischereirecht) sind praktisch kaum von Bedeutung.

Die Immobiliarvollstreckung erfolgt durch Eintragung einer **Sicherungshypothek** für die Forderung, durch **Zwangsversteigerung** und durch **Zwangsverwaltung**, die allein oder nebeneinander ausgeführt werden (§ 866 ZPO). 3402

Mit der Hypothek erhält der Gläubiger ein dingliches Sicherungsrecht (§§ 1113, 1184 BGB), kraft dessen er vom Eigentümer Duldung der Zwangsvollstreckung verlangen kann (§ 1147 BGB). Bei einer Verwertung des Grundstücks geht er damit bloß persönlichen Gläubigern vor (§ 10 Abs. 1 Nr. 4, 5 ZVG).

Eine Befriedigung erfolgt erst bei der Verwertung des Grundstücks in Form der Zwangsversteigerung. Bei der Verteilung des Erlöses gehen die Ansprüche besser berechtigter Gläubiger vor, soweit diese nicht nach § 1179a BGB gelöscht wurden. Anstelle der Zwangsversteigerung kann der Gläubiger bei wirtschaftlich genutzten Grundstücken eine Zwangsverwaltung betreiben, die dem Gläubiger Befriedigung aus den Nutzungen bringt und dem Schuldner das Eigentum belässt (§ 155 ZVG).

aa) Antrag auf Eintragung einer Sicherungshypothek

§ 867 Abs. 1 Satz 1 ZPO macht die Eintragung einer Sicherungshypothek von einem **Antrag** des Gläubigers abhängig. Das Eintragungsverfahren richtet sich nach der GBO. 3403

Zuständig für die Eintragung ist damit das Grundbuchamt, in dessen Bezirk sich das zu belastende Grundstück befindet (§§ 1, 2 Abs. 1 GBO). Nach § 13 GBO muss der Antrag schriftlich oder zu Protokoll der Geschäftsstelle gestellt werden und das Grundstück, zu dessen Lasten die Eintragung erfolgen soll, grundbuchmäßig (Amtsgericht, Gemarkung, Band, Blatt, lfd. Nummer des Bestandsverzeichnisses) bezeichnen (§ 28 GBO). Außerdem muss der zu vollstreckende Geldbetrag (mindestens 750 €, unten Rdn. 3404) angegeben werden, wobei es einer detaillierten Forderungsaufstellung nicht bedarf. Sollen mehrere Grundstücke belastet werden, muss die Forderung auf diese verteilt werden (§ 867 Abs. 2 ZPO). Zulässig ist die Belastung mehrerer Grundstücke mit der gleichen (unaufgeteilten) Forderung, wenn sie im Eigentum verschiedener Gesamtschuldner stehen (BayObLG Rpfleger 1991, 53). Besteht am gleichen Grundstück bereits eine rechtsgeschäftliche Hypothek des Gläubigers, fehlt es am Rechtsschutzbedürfnis für die Eintragung einer zusätzlichen Zwangshypothek.

Wird der Antrag von dem Rechtsanwalt gestellt, genügt – in Abweichung von § 29 GBO – dessen Prozessvollmacht, die bei einer Fortdauer der Vertretung aus dem Erkenntnisverfahren nicht neu nachzuweisen ist (§§ 80, 81 ZPO).

3404 Die nach § 19 GBO erforderliche **Eintragungsbewilligung** des Eigentümers wird durch den Vollstreckungstitel ersetzt. Deswegen ist dem Antrag die vollstreckbare Ausfertigung des Titels beizufügen, wobei der darin bezeichnete Schuldner mit dem Eigentümer der Immobilie identisch sein muss (§ 39 GBO). Nachgewiesen werden muss zudem die Zustellung des Titels sowie – erforderlichenfalls – das Vorliegen besonderer Vollstreckungsvoraussetzungen.

Der Titel muss dabei auf Zahlung eines Geldbetrags von mindestens 750 € lauten, wobei eine Addition mehrerer titulierter Forderungen genügt (§ 866 Abs. 3 ZPO). Ein Duldungstitel reicht nur, wenn er nach dem AnfG erwirkt wurde und der Eintragung der Sicherungshypothek auf einem schuldnerfremden Grundstück dient.

3405 Mit der **Eintragung** an nächstbereiter Stelle entsteht die Zwangshypothek in Form einer Buchhypothek (§ 867 Abs. 1 Satz 2 ZPO; § 1184 Abs. 2 BGB). Sie wird auf dem Vollstreckungstitel vermerkt.

Der Gläubiger hat damit neben seinem obligatorischen Anspruch auch einen dinglichen Anspruch. Aus beiden kann er die Zwangsvollstreckung betreiben, wobei der dingliche Anspruch den besseren Rang sichert (§ 10 Abs. 1 Nr. 4 ZVG). Wird die Zwangsversteigerung aus der Zwangshypothek betrieben, erlischt Letztere mit dem Zuschlag, bei einer Zwangsversteigerung aufgrund der persönlichen Ansprüche bleibt die Zwangshypothek bestehen (§ 52 Abs. 1 ZVG).

3406 Wegen der Besonderheiten der aufgrund eines Arrests einzutragenden Sicherungshypothek (»Arresthypothek«, § 932 ZPO) unten Rdn. 3446.

bb) Weitere Anträge

3407 Will der Gläubiger später eine Befriedigung seiner Forderung, muss er die **Zwangsversteigerung** des Grundstücks nach dem ZVG beantragen.

3408 Die vorangegangene Sicherungshypothek aus § 867 ZPO macht dabei den sonst erforderlichen Duldungstitel entbehrlich. Insoweit genügt die Vorlage des vollstreckbaren Zahlungstitels mit dem Vermerk über die Eintragung der Sicherungshypothek (§ 867 ZPO). Der Gläubiger erspart damit Zeit und Kosten.

▶ Praxistipp:

3409 Ist mangels Sicherungshypothek zur Zwangsversteigerung ein Duldungstitel erforderlich, sollte der Schuldner vor Klageerhebung zunächst zur Errichtung einer vollstreckbaren Urkunde nach § 794 Abs. 1 Nr. 5 ZPO aufgefordert werden, da andernfalls ein sofortiges Anerkenntnis mit der Kostenfolge des § 93 ZPO droht.

4. Vollstreckung sonstiger Titel

a) Herausgabe

3410 Eine bestimmte bewegliche Sache (§ 883 ZPO) oder eine bestimmte Menge vertretbarer Sachen (§ 884 ZPO) wird dem Schuldner vom Gerichtsvollzieher **weggenommen** und dem Gläubiger übergeben.

3411 Erforderlich ist damit ein **Vollstreckungsauftrag** an den Gerichtsvollzieher: Diesbezüglich kann auf die entsprechenden Ausführungen Bezug genommen werden (oben Rdn. 3321; Muster bei Gottwald/Mock § 883 Rn. 16, 17, § 885 Rn. 28). Die herauszugebende Sache muss bereits im Titel hinreichend individualisiert sein, einer erneuten Konkretisierung im Vollstreckungsauftrag bedarf es deswegen nicht. Weiß der Gläubiger um den Aufbewahrungsort der Sache, kann er den Gerichtsvollzieher hierauf hinweisen.

▶ **Praxistipp:**

Bestehen trotz der Individualisierung der Sache im Titel Schwierigkeiten, diese zu identifizieren, kann der Gläubiger seine Teilnahme an der Vollstreckung und seine Mithilfe beim Auffinden der Sache anbieten. 3412

Der Titel muss auf eine Herausgabe gerichtet sein, jedoch nicht unbedingt darauf lauten. Ausreichend ist auch eine Verpflichtung zur »Vorlage« einer Urkunde. Zumindest kann § 883 ZPO auf die Verpflichtung zur »Hinterlegung« einer Sache entsprechend angewandt werden, weil hier zwar eine Wegnahme beim Schuldner, nicht jedoch eine Übergabe an den Gläubiger erfolgt (MüKoZPO/Gruber § 883 Rn. 6). Die Herausgabe eines Kindes erfolgt nicht nach § 883 ZPO, sondern nach den §§ 88ff. FamFG (Zöller/Seibel § 883 Rn. 7).

Wie bei jeder Wegnahme prüft der Gerichtsvollzieher bei der Vollstreckung nur den Gewahrsam des Schuldners, nicht die Eigentumslage. Findet er die Sache nicht vor, ist er zu Nachforschungen über deren Verbleib nicht verpflichtet. Ist die Sache im Gewahrsam eines Dritten, kann dieser sie freiwillig herausgeben, andernfalls muss der Gläubiger den Herausgabeanspruch des Schuldners gegen den Dritten nach § 829 ZPO pfänden (§ 886 ZPO).

Der Gläubiger kann dann eine **Offenbarungsversicherung** nach § 883 Abs. 2–4 ZPO verlangen. 3413
Hierzu bedarf es eines weiteren Antrags, in dem durch Vorlage des Protokolls über den erfolglosen Vollstreckungsversuch des Gerichtsvollziehers nachzuweisen ist, dass die Sache nicht vorgefunden wurde.

Erforderlich hierbei ist, dass der Herausgabetitel nicht vollstreckt werden kann, weil die Sache vom Gerichtsvollzieher nicht vorgefunden wird. Möglich ist diese Form der eidesstattlichen Versicherung auch, wenn beim Schuldner Urkunden über eine gepfändete Forderung nicht auffindbar sind, zu deren Herausgabe er nach § 836 Abs. 3 ZPO verpflichtet ist (Rothenbacher/Dörndorfer Rn. 125).

Praktisch wichtigster Fall der Herausgabevollstreckung ist die Räumung und Herausgabe von **Wohnraum**, die sich nach § 885 ZPO richtet. 3414

Ist dem Schuldner eine Räumungsfrist bewilligt worden (§§ 721, 794a, 765a ZPO), muss diese bei der Vollstreckung (nicht bereits bei Erteilung des Vollstreckungsauftrags) abgelaufen sein. Einer zusätzlichen richterlichen Durchsuchungsanordnung für die Wohnung bedarf es nicht (§ 758a Abs. 2 ZPO). Dies gilt nach h.M. auch dann, wenn nicht aus einem Urteil vollstreckt wird.

Praktisch häufigstes Problem ist die Frage, gegen wen die Räumung betrieben werden kann. Grundsätzlich ist dies nur die im Titel namentlich bezeichnete Person.

- Wird die Wohnung von Ehegatten bewohnt, sind sie Mitbesitzer, sodass es eines Titels gegen beide grundsätzlich auch dann bedarf, wenn der Mietvertrag nur von einem Ehegatten abgeschlossen wurde (BGHZ 159, 383). Etwas anderes gilt allenfalls, wenn der nachträgliche Einzug des Ehegatten dem Vermieter nicht mitgeteilt wurde.
- Für die nichteheliche Lebensgemeinschaft und andere Formen häuslicher Gemeinschaften (Wohngemeinschaft) gilt nichts anderes, solange der nichteheliche Lebensgefährte oder Mitbewohner eindeutigen Mitbesitz an der Wohnung hat (BGH NJW 2008, 1959).
- Minderjährige Kinder haben keinen Mitbesitz an der Wohnung, gegen sie ist deswegen ein Titel nicht erforderlich. Nach OLG Hamburg NJW-RR 1991, 909 soll dies auch für noch in der Wohnung lebende erwachsene Kinder gelten.
- Ob andere, dauerhaft in der Wohnung lebende erwachsene Angehörige des Mieters (Eltern, Geschwister) als Mitbesitzer anzusehen sind, gegen die ein eigener Titel erforderlich ist, ist Frage des Einzelfalles. Vorübergehend in der Wohnung anwesende Besucher haben kein eigenes Besitzrecht, sie sind zur Räumung auch ohne eigenen Titel verpflichtet.
- Gegen Untermieter kann aus einem Titel gegen den Hauptmieter die Räumung nicht betrieben werden, es sei denn, der Vermieter kannte die Untervermietung nicht.

Der Gerichtsvollzieher fordert regelmäßig einen erheblichen Kostenvorschuss vom Gläubiger an (Vollstreckungskosten, § 788 ZPO). Danach bestimmt er einen Räumungstermin, der dem Schuldner wenigstens drei Wochen vorher mitgeteilt werden muss (§ 180 GVGA), und informiert das Wohnungs- und Sozialamt, um diesem die Möglichkeit zu geben, eine Unterbringung des Schuldners zu organisieren. Die Wohnung wird – unter Beteiligung einer Spedition – geräumt, die Einrichtung ist, soweit sie nicht selbstständig gepfändet ist, dem Schuldner herauszugeben. Ist der Schuldner zur Übernahme der Sachen nicht bereit oder nicht in der Lage, werden diese eingelagert. Hier kann der Schuldner sie (gegen Bezahlung noch offener Kosten) innerhalb von zwei Monaten abholen. Nach Ablauf der Frist werden wertlose Sachen vernichtet, Wertsachen verkauft. Ein nach Abzug der Räumungskosten verbleibender Überschuss steht dem Schuldner zu.

▶ Praxistipp:

3415 Hat der Gläubiger noch Zahlungsansprüche, kann und muss er den Auszahlungsanspruch des Schuldners pfänden.

Für den Gläubiger macht es in Ausnahmefällen Sinn, die Räumungsvollstreckung nach dem »**Berliner Modell**« vorzunehmen. Dabei beschränkt er seinen Räumungsauftrag auf die Sachen in der Wohnung, die nicht seinem Vermieterpfandrecht unterfallen, erklärt aber gleichzeitig, dass alle vorhandenen Gegenstände vom Vermieterpfandrecht erfasst werden. Der Gerichtsvollzieher hat dies nicht nachzuprüfen, muss praktisch damit nichts mehr aus der Wohnung entfernen und kann sich auf einen Austausch des Türschlosses beschränken. Die Sachen, die tatsächlich nicht dem Vermieterpfandrecht unterfallen (und das ist wegen § 811 Abs. 1 Nr. 1 ZPO meist die gesamte Habe des Schuldners!), muss der Gläubiger dem Schuldner auf Verlangen herausgeben und deswegen im Zweifel für die Dauer der allgemeinen Verjährung aufbewahren. Eine Verwertung ist genauso wenig möglich wie eine Vernichtung.

b) Vornahme vertretbarer Handlungen

3416 Zur Vollstreckung des Anspruchs auf Vornahme einer Handlung, die auch durch einen Dritten vorgenommen werden kann, muss der Gläubiger sich vom Prozessgericht **ermächtigen** lassen, die Handlung auf Kosten des Schuldners vornehmen zu lassen (§ 887 ZPO).

Probleme wirft dabei schon die Frage auf, was unter vertretbaren Handlungen zu verstehen ist. Klar ist zunächst, dass die vollstreckungsrechtlich besonders geregelten Handlungen (Zahlung von Geld, Herausgabe von Sachen, Abgabe von Willenserklärungen) nicht hierher gehören, insoweit ein Auffangtatbestand für sonstige Handlungen vorliegt.

Vertretbar ist eine Handlung, wenn das Erfüllungsinteresse des Gläubigers durch einen Dritten erfüllt werden kann. Hierunter fallen

- mechanische Dienstleistungen (Erfüllung oder Mangelbeseitigung; Quadbeck MDR 2000, 570) aus Dienst- oder Werkverträgen, wenn es nicht ausnahmsweise auf singuläre Fähigkeiten des Schuldners ankommt;
- die Erteilung von Auskünften oder Abrechnungen (Nebenkostenabrechnung im Mietverhältnis, Provisionsabrechnungen), wenn die tatsächlichen Grundlagen für einen Dritten nachvollziehbar sind;
- die Befreiung von einer Verbindlichkeit;
- die Entfernung eines Haustieres aus der Wohnung; die Beseitigung von Besitzstörungen (Nachbarrecht).

3417 Der **Antrag** des Gläubigers (Muster bei Gottwald/Mock § 887 Rn. 25) richtet sich an das Prozessgericht erster Instanz und muss darlegen, dass der Schuldner die titulierte Handlung bislang nicht vorgenommen hat und durch welche Maßnahmen der Gläubiger den geschuldeten Erfolg (vollständig oder bezüglich eines konkret zu bestimmenden Teils) herbeiführen will.

Bei Dauer- oder Mehrfachverpflichtungen muss der Antrag erkennen lassen, welche Handlungen vorgenommen wurden und welche nicht. Die beabsichtigte Ersatzvornahme ist so bestimmt zu bezeichnen, dass nachvollzogen werden kann, ob diese zur Verwirklichung des Rechts geeignet ist. Dabei kann der Gläubiger sich auf die in einem Gutachten aufgelisteten Leistungsbeschreibungen beziehen. Die konkret einzuschaltenden Hilfspersonen müssen nicht benannt werden. Zu empfehlen ist indes eine Abgrenzung dahin, ob die Handlung selbst oder durch einen Dritten vorgenommen werden soll.

Verbunden werden kann der Vollstreckungsantrag mit dem Antrag, den Schuldner in die **Vorauszahlung der Kosten** der Ersatzvornahme zu verurteilen (§ 887 Abs. 2 ZPO). Hierzu bedarf es eines bezifferten Antrags des Gläubigers. 3418

Die Möglichkeit für das Gericht, den Betrag zu schätzen (§ 287 ZPO), enthebt den Gläubiger nicht der Notwendigkeit einer Bezifferung. Der geforderte Betrag muss substantiiert dargelegt werden und in seiner Berechnung nachvollziehbar sein. Häufig wird es dazu der Einholung eines vorbereitenden Kostenvoranschlags oder Privatgutachtens bedürfen (OLG Köln JurBüro 1997, 159: Mindestvoraussetzung).

Der Kostenvorschuss wird als Zahlungstitel vollstreckt. Nach der Ersatzvornahme ist der Gläubiger verpflichtet, dem Schuldner gegenüber abzurechnen und einen nicht verbrauchten Vorschuss zurückzuerstatten. Reicht der Vorschuss nicht aus, steht ihm ein Nachforderungsrecht zu.

Sinnvoll kann es auch sein, den Vollstreckungsantrag nach § 887 ZPO mit **anderen Anträgen** zu verbinden. 3419

Erfordert die Ersatzvornahme das Betreten der Wohnung des Schuldners, kann die Durchsuchungsanordnung mit beantragt werden.

c) Vornahme unvertretbarer Handlungen

Zur Vollstreckung unvertretbarer Handlungen können dem Schuldner **Rechtsnachteile** angedroht und zugefügt werden, um ihn zur Vornahme der Handlung zu veranlassen (§ 888 ZPO). 3420

Unvertretbar ist eine Handlung, wenn die persönliche Mitwirkung des Schuldners zur Herbeiführung des geschuldeten Erfolgs unverzichtbar ist. Dazu können ausnahmsweise auch Handlungen gehören, die grundsätzlich anderen Vollstreckungsformen unterfallen: Die Herausgabe einer Sache ist eine unvertretbare Handlung, wenn nur der Schuldner sie auffinden kann. Die Abgabe einer in einem Prozessvergleich zugesagten Willenserklärung kann (mangels Rechtskraftfähigkeit des Vergleichs) nicht nach § 894 ZPO fingiert, sondern allenfalls nach § 888 ZPO erzwungen werden. Im Übrigen ist insbesondere die Abgrenzung zu den vertretbaren Handlungen Frage des Einzelfalles. Auskunfts- und Rechnungslegungsansprüche werden nach § 888 ZPO vollstreckt, wenn persönliches Wissen oder Fähigkeiten des Schuldners genutzt werden müssen. Ausnahmslos unterfällt der Widerruf ehrverletzender Behauptungen dem § 888 ZPO, weil hier die persönliche Genugtuung des Gläubigers ein persönliches Tätigwerden des Schuldners erfordert.

Nicht nach § 888 ZPO vollstreckt wird die Verpflichtung zur Erbringung von Dienstleistungen (§ 883 Abs. 3 ZPO). Sind diese nicht vertretbar (dann Vollstreckung aus § 887 ZPO), können sie nicht durchgesetzt werden. Auf andere Vertragstypen des BGB findet diese Vorschrift keine Anwendung.

Der **Antrag** des Gläubigers (Muster bei Gottwald/Mock § 888 Rn. 36) richtet sich an das Prozessgericht erster Instanz und ist darauf gerichtet, gegen den Schuldner zur Erwirkung der titulierten Handlung ein Zwangsgeld und – für den Fall, dass dieses nicht beigetrieben werden kann – Zwangshaft anzuordnen. 3421

Die vorzunehmende Handlung muss nicht konkretisiert werden, sie ergibt sich aus dem dem Antrag in Form einer vollstreckbaren Ausfertigung beizufügenden Titel. Die Höhe des festzusetzenden Zwangsgelds muss der Gläubiger genauso wenig beziffern wie den Tagessatz für die Ersatzhaft (OLG Köln MDR 1982, 589), da das Gericht hierüber nach freiem Ermessen entscheidet. Gibt der Gläubiger einen Zwangsgeldbetrag an, darf das Gericht darüber nicht hinausgehen.

▶ Praxistipp:

Die Höhe eines Zwangsgelds nach § 888 ZPO sollte nicht angegeben werden, da damit dem Gericht die Möglichkeit genommen wird, darüber hinauszugehen, ohne dass damit Vorteile für den Gläubiger verbunden wären. Sinnvoll ist es indes, im eigenen Interesse zu der zu erzwingenden Handlung vorzutragen. 3422

Das Zwangsgeld liegt zwischen 2,50 € und 25 000 €, die Zwangshaft zwischen einem Tag und sechs Monaten (Art. 6 Abs. 1 EGStGB) und kann (ohne Gesamtobergrenze) mehrfach hintereinander festgesetzt werden. Die konkrete Festsetzung orientiert sich häufig an der Streitwertfestsetzung im Hauptsacheverfahren (OLG Karlsruhe MDR 2000, 229), richtet sich aber grundsätzlich zum einen nach dem Interesse des Gläubigers, zum anderen nach der Hartnäckigkeit der Verweigerung durch den Schuldner.

Diese Zwangsmittel werden – anders bei § 890 ZPO – nicht vorher angedroht (§ 888 Abs. 2 ZPO). Damit ist es weder erforderlich, dass die möglichen Zwangsmittel bereits im Titel benannt sind, noch dass ein gesonderter Androhungsbeschluss erwirkt wird.

3423 Zur Zwangsvollstreckung des festgesetzten Zwangsmittels bedarf es eines **weiteren Antrags** des Gläubigers.

Eine Vollstreckung von Amts wegen ist nicht möglich. Zwangsgeld wird dabei als Geldforderung nach §§ 808 ff. ZPO vollstreckt. Hierzu muss der Gläubiger entweder beim Gerichtsvollzieher eine Sachpfändung oder beim Vollstreckungsgericht eine Rechtspfändung in die Wege leiten. Beigetriebenes Geld fließt dabei nicht ihm, sondern der Staatskasse zu. Bleibt die Beitreibung des Zwangsgelds erfolglos, kann der Gläubiger die Vollstreckung der festgesetzten Ersatzhaft beantragen (OLG Düsseldorf JurBüro 1989, 277).

d) Duldung/Unterlassung Handlungen

3424 Ein auf das Dulden oder das Unterlassen einer Handlung durch den Schuldner gerichteter Titel macht Vollstreckungshandlungen des Gläubigers erst erforderlich, wenn der Schuldner seiner Verpflichtung zuwider aktiv handelt. Das Gesetz sieht für diesen Fall Ordnungsmittel (Ordnungsgeld und Ordnungshaft) vor, deren Androhung einen bevorstehenden Verstoß verhindern und deren Verhängung einen begangenen Verstoß ahnden soll (§ 890 ZPO).

Praktisch wichtige Anwendungsbereiche von Unterlassungsverpflichtungen sind der gewerbliche Rechtsschutz, das Urheberrecht und das Nachbarrecht. Duldungsverpflichtungen finden sich häufig im Nachbar- und im Mietrecht. Zuwiderhandlungen gegen Duldungspflichten bestehen in der Vornahme der zu unterlassenden bzw. in der Verhinderung der zu duldenden Handlung. Die Schwierigkeit, das zu unterlassende bzw. zu duldende Verhalten hinreichend konkret zu umschreiben, versucht die Praxis durch die »Kerntheorie« zu beseitigen. Danach erfasst die Verpflichtung alle Handlungen, die im Kern tituliert sind. Dieser wird durch die Merkmale bestimmt, die der Verletzungshandlung ihr Gepräge geben, die der im Titel konkretisierten Handlung im Kern gleichwertig sind (BGH GRUR 1973, 429).

▶ Beispiel:

3425 Ist der Kläger verurteilt worden, sein Fahrzeug auf dem Grundstück des Klägers abzustellen, umfasst dies auch die Verpflichtung, sein Fahrzeug von diesem Grundstück zu entfernen, wenn es dort von einem anderen abgestellt wurde (OLG Köln InVo 1996, 133).

3426 Der Verhängung von Ordnungsmitteln muss deren **Androhung** vorangehen (§ 890 Abs. 2 ZPO).

Diese Androhung kann bereits im Unterlassungs- bzw. Duldungsurteil enthalten sein. Voraussetzung ist, dass sie dort ausdrücklich beantragt wurde. Prozessvergleiche können eine Androhung nie enthalten.

Ist eine Androhung noch nicht erfolgt, bedarf es eines gesonderten Androhungsbeschlusses. Dieser ist vom Gläubiger beim Prozessgericht erster Instanz zu beantragen. Er bedarf keiner besonderen Voraussetzungen, insbesondere nicht einer bereits erfolgten und konkret absehbaren Zuwiderhandlung. Für das Rechtsschutzbedürfnis genügen das Vorliegen eines entsprechenden Titels und die (theoretische) Möglichkeit eines Verstoßes (KG NJW-RR 1987, 507). Das anzudrohende Zwangsmittel muss vom Gläubiger nicht benannt oder beziffert werden, seine Festsetzung erfolgt von Amts wegen in aller Regel unter Ausschöpfung des gesetzlichen Rahmens (Ordnungsgeld bis 250 000 €, ersatzweise Haft oder Ordnungshaft bis zu sechs Monaten im Einzelfall und zwei Jahren insgesamt bei mehrfacher Verhängung, Art. 6 EGStGB).

3427 Der an das Prozessgericht erster Instanz zu richtende **Antrag** auf Verhängung von Ordnungsmitteln (Muster bei Gottwald/Mock § 890 Rn. 33) muss die Zuwiderhandlung des Schuldners konkret bezeichnen, das Ordnungsmittel aber nicht bezeichnen oder beziffern.

Dem Grundsatz der Verhältnismäßigkeit folgend wird zunächst nur ein Ordnungsgeld in Betracht kommen. Dessen Höhe bestimmt sich ausschließlich danach, welcher Druck auf den Schuldner erforderlich ist, um ihn zur Befolgung des Titels zu veranlassen. Dabei können die Schwere des Verstoßes, die wirtschaftliche Leistungsfähigkeit des Schuldners und mögliche wirtschaftliche Vorteile des Schuldners berücksichtigt werden. Eine Ordnungshaft ist auf die Fälle beschränkt, in denen der Beugezweck anders nicht erreicht werden kann.

Eines weiteren Antrags zur Vollstreckung des festgesetzten Ordnungsmittels bedarf es bei § 890 ZPO nicht, diese Vollstreckung wird durch den Rechtspfleger des Prozessgerichts von Amts wegen betrieben. 3428

e) Abgabe Willenserklärung

Ein Urteil, mit dem der Schuldner zur Abgabe einer Willenserklärung verurteilt worden ist, bedarf der Zwangsvollstreckung nicht. § 894 ZPO enthält vielmehr eine **Fiktion**, nach der die Erklärung mit Rechtskraft des Urteils als abgegeben gilt. 3429

▶ Beispiel:

Dies gilt etwa 3430

- für die Verurteilung zur Auflassung eines Grundstücks,
- für die Verurteilung zur Zustimmung zu einer Mieterhöhung,
- für die Verurteilung zur Gewährung von Urlaub für einen Arbeitnehmer.

Nicht anwendbar ist § 894 ZPO auf die Verurteilung zur Abgabe tatsächlicher Erklärungen (Erteilung einer Auskunft, Widerruf einer ehrverletzenden Behauptung); hierbei handelt es sich um (nach den §§ 887 f. ZPO) zu vollstreckende Handlungen.

Die Fiktion kann nur eintreten, wenn die abzugebende Erklärung inhaltlich klar und eindeutig bezeichnet ist, wobei Tatbestand und Entscheidungsgründe zur Auslegung herangezogen werden können. Voraussetzung ist ferner die (formelle, § 705 ZPO) Rechtskraft der Entscheidung, sodass nicht der Rechtskraft fähige Titel ausscheiden. 3431

Nicht rechtskraftfähig sind insbesondere vollstreckbare Urkunden (§ 794 Abs. 1 Nr. 5 ZPO) und Prozessvergleiche (§ 794 Abs. 1 Nr. 1 ZPO). Darin enthaltene Verpflichtungen zur Abgabe von Willenserklärungen führen nicht zur Fiktion des § 894 ZPO, sondern müssen mit einer nachfolgenden Leistungsklage tituliert werden (BGHZ 98, 127), wenn sie nicht ausnahmsweise nach § 888 ZPO vollstreckt werden können.

▶ Praxistipp:

In einen Prozessvergleich darf nicht bloß die Verpflichtung einer Partei zur Abgabe einer Willenserklärung aufgenommen werden. Erforderlich ist, dass die Erklärung unmittelbar abgegeben wird. 3432

Der Umfang der Fiktion des § 894 ZPO geht auf eine wirksame Erklärung. Unerheblich ist deswegen eine eventuelle Formbedürftigkeit der Erklärung, die Geschäftsfähigkeit des Erklärenden oder dessen fehlende Verfügungsbefugnis. Nicht ersetzt werden dagegen **Erklärungen des Klägers** oder Dritter. 3433

▶ Praxistipp:

Nach Eintritt der Fiktion des § 894 ZPO kann es erforderlich sein, eine eigene Willenserklärung abzugeben oder einen Dritten zur Abgabe einer Willenserklärung zu veranlassen, um die beabsichtigte Rechtswirkung herbeizuführen. 3434

Soll aufgrund der Willenserklärung eine Eintragung ins Grundbuch erfolgen, gilt zugleich die Eintragung einer inhaltsgleichen Vormerkung als bewilligt (§ 895 ZPO).

5. Vollziehung von Arrest und einstweiliger Verfügung

Die Vollziehung des Arrests richtet sich nach den allgemeinen Vorschriften über die Zwangsvollstreckung (§ 928 ZPO), doch enthalten die §§ 929 ff. ZPO hierfür einige spezielle Regelungen (Zöller/Vollkommer § 928 Rn. 3). Danach 3435

- sind Eilanordnungen – auch vor Eintritt der Rechtskraft und ohne Anordnung vorläufiger Vollstreckbarkeit – vollstreckbar.
- darf die Vollstreckung nur zur Sicherung, nicht zur Befriedigung des Gläubigers führen. Forderungen werden nur gepfändet, nicht auch überwiesen, bewegliches Vermögen kann gepfändet und hinterlegt werden (§ 930 ZPO). Die Vollziehung in Grundstücke erfolgt durch Eintragung einer Sicherungshypothek (§ 932 ZPO).
- bedarf es abweichend von § 724 ZPO einer Vollstreckungsklausel nur im Fall einer Rechtsnachfolge (§ 929 Abs. 1 ZPO).
- kann die Vollziehung nur binnen eines Monats nach Verkündung bzw. Zustellung der Eilentscheidung an den Gläubiger eingeleitet werden (Vollziehungsfrist, § 929 Abs. 2 ZPO).
- ist eine Vollziehung abweichend von §§ 705, 751 ZPO bereits vor Zustellung des Titels an den Schuldner möglich, wenn die Zustellung binnen einer Woche nach der Vollziehung und vor Ablauf der Vollziehungsfrist nachgeholt wird (§ 929 Abs. 3 ZPO; OLG Hamburg MDR 2012, 1249). Bei Arresturteilen genügt grundsätzlich die Amtszustellung, Arrestbeschlüsse und einstweilige Verfügungen müssen zumindest nach h.M. im Amtsbetrieb zugestellt werden (BGH NJW 2006, 1290; 1993, 1077; OLG Frankfurt a. M. NJW-RR 2000, 1236; a.A. OLG Oldenburg WRP 2011, 508 m.w.N.).

Damit der erlangte Titel für den Gläubiger (Antragsteller) nicht wertlos wird, müssen deswegen einige Besonderheiten unbedingt beachtet werden. Aufgrund der komplizierten Verknüpfung des Anordnungs- mit dem Vollstreckungsverfahren kann es hier leicht zu Unklarheiten und unheilbaren Versäumnissen kommen.

a) Fristen

3436 Der Eilcharakter von Arrest und einstweiliger Verfügung macht es erforderlich, für die Vollziehung **zwei Fristen** einzuhalten:

- die **Vollziehungsfrist** gem. § 929 Abs. 2 ZPO.

  Der Gläubiger muss binnen eines Monats die Vollziehung der Eilanordnung beantragen. Die Frist beginnt mit der Verkündung der gerichtlichen Entscheidung (auch ohne Kenntnis des Gläubigers) bzw. deren Zustellung oder Aushändigung an den Gläubiger. Zur Wahrung der Frist ist es nicht erforderlich, dass innerhalb der Frist eine Vollstreckungshandlung vorgenommen wurde, es genügt, dass sie vom Gläubiger beantragt und ohne von ihm zu verantwortende Verzögerung eingeleitet wurde (BGH NJW 1991, 496).

  Der bloße Antrag auf Zustellung der Arrestanordnung an den Schuldner genügt dazu nicht. Bleibt die beantragte Vollstreckungsmaßnahme ohne Erfolg, kann nach Ablauf der Monatsfrist keine weitere Maßnahme beantragt werden.

  Wird die Eilanordnung auf den Widerspruch oder ein Rechtsmittel des Gegners inhaltlich abgeändert, dann muss die Maßnahme erneut vollzogen werden. Dazu beginnt die Vollziehungsfrist neu zu laufen (Prütting/Gehrlein/Fischer § 929 Rn. 8).

- die besondere **Zustellungsfrist** gem. § 929 Abs. 3 ZPO.

  Abweichend von den allgemeinen Regeln für die Zwangsvollstreckung (§ 750 Abs. 1 ZPO) kann der Titel bereits vor seiner Zustellung an den Gegner vollzogen werden. In diesem Fall muss die Zustellung jedoch innerhalb einer Woche nach der Vollziehung nachgeholt werden, spätestens innerhalb der Monatsfrist (§ 929 Abs. 3 ZPO).

  Eine solche Vollziehung vor der Zustellung ist praktisch die Regel, um den mit der Eilanordnung verbundenen »Überraschungseffekt« zu nutzen und dem Schuldner keine Möglichkeit zu geben, den Vollstreckungserfolg zu vereiteln.

  Dieser Zusammenhang zwischen der Vollziehung und der nachzuholenden Zustellung wird in der Praxis häufig übersehen (Siegburg BauR 1990, 307).

  Bei drohendem Fristablauf sollte gegebenenfalls der Gerichtsvollzieher ersucht werden, die Zustellung nicht durch die Post, sondern persönlich vorzunehmen (OLG Hamm MDR 1998, 503: »Eilt«-Hinweis erforderlich). Wird die Frist versäumt, ist eine bereits durchgeführte Vollstreckungsmaßnahme unwirksam (§ 929 Abs. 3 Satz 2 ZPO).

▶ Praxistipp:

Bei Versäumung einer dieser Fristen darf die einstweilige Verfügung oder der Arrestbefehl nicht mehr vollzogen werden und etwaige Vollstreckungsmaßnahmen sind wirkungslos. 3437

Sofern die Vollstreckung nicht bereits vorher eingeleitet wurde, dürfen die Vollstreckungsorgane bei Nichteinhaltung der Vollziehungsfrist nicht mehr tätig werden. 3438

Eine **verfristete** Vollstreckungsmaßnahme ist unwirksam und muss auf Erinnerung gem. § 766 ZPO, der Titel auf Widerspruch, im Berufungsverfahren oder gem. § 927 ZPO auf Antrag aufgehoben werden (Prütting/Gehrlein/Fischer § 939 Rn. 4, 10). Die gesamten Kosten des Verfahrens hat dann der Antragsteller zu tragen. Ihm bleibt nur die Möglichkeit, den Antrag erneut zu stellen. 3439

Die Vollziehungsfrist ist wesentliches Merkmal des Eilcharakters des einstweiligen Rechtsschutzes und wirkt als eine immanente zeitliche Begrenzung des gewährten Rechtsschutzes. Es handelt sich dabei um eine gesetzliche Frist, die nicht verlängert werden kann (§ 224 Abs. 2 ZPO). Ebenso wenig ist Wiedereinsetzung in den vorigen Stand möglich (§§ 233, 224 Abs. 1 Satz 2 ZPO). Jedoch kann der Gläubiger nach Ablauf der Frist erneut den Erlass der einstweiligen Verfügung beantragen, sogar im Widerspruchsverfahren (Zöller/Vollkommer § 929 Rn. 23).

b) Einstweilige Verfügung

Die Vollziehung muss nach h.M. im Regelfall (bei Anordnung einer Unterlassung, bei Geboten und Verboten) neben etwaigen weiteren Vollstreckungsmaßnahmen durch **Zustellung** der einstweiligen Verfügung **im Parteibetrieb** erfolgen (Zöller/Vollkommer § 929 Rn. 12, 18; §§ 191 ff. ZPO). 3440

Dies stellt die geforderte verbindliche Bekundung des Vollziehungswillens gegenüber dem Schuldner dar. Nur in Ausnahmefällen kann eine andere Handlung des Gläubigers ausreichen, worauf sich der Anwalt jedoch nicht verlassen sollte. Bloße (fern-)mündliche Erklärungen bzw. Leistungsaufforderungen unter Bezugnahme auf den Titel genügen jedenfalls nicht (BGH NJW 1993, 1076, 1079).

Bei einer Beschlussverfügung ist die Parteizustellung zudem Wirksamkeitsvoraussetzung (§ 922 Abs. 2 ZPO). Trotz Amtszustellung bei Urteilen ist auch die Urteilsverfügung grundsätzlich durch (zusätzliche) Parteizustellung zu vollziehen, da dieser das »spezifisch vollstreckungsrechtliche Element« fehlt (eingehend BGH NJW 1993, 1076; Zöller/Vollkommer § 929 Rn. 18; str. für Unterlassungsverfügung; § 176 Abs. 2 ZPO beachten!). Wenn der Beschluss auf die Antragsschrift Bezug nimmt und aus sich heraus nicht verständlich wäre, ist auch diese mit zuzustellen. Ansonsten ist eine Ausfertigung oder eine beglaubigte Abschrift zuzustellen (Zöller/Vollkommer § 929 Rn. 13 ff.).

Da die Vollziehungsfrist bei einer Entscheidung nach mündlicher Verhandlung bereits mit Verkündung des Befehls läuft (§ 929 Abs. 2 ZPO), muss der Anwalt darauf achten, dass er die Ausfertigung rechtzeitig erhält (u.U. abgekürzte Fassung beantragen, Thomas/Putzo/Seiler § 317 Rn. 2). Außerdem muss er besondere Sorgfalt auf die Ermittlung der richtigen Anschrift des Antragsgegners verwenden. Allerdings können Zustellungsmängel nach § 189 ZPO geheilt werden, insbesondere der häufige Verstoß gegen § 172 ZPO (BGH NJW-RR 2017, 57, 1086 und 2472; BGH MDR 2012, 1243; BGH NJW 2011, 417; Zöller/Vollkommer § 929 Rn. 14).

Welche (weiteren) **Vollstreckungsmaßnahmen** innerhalb der Frist einzuleiten sind, richtet sich nach dem Inhalt der einstweiligen Verfügung. 3441

Bei einer Unterlassungsverfügung z.B. muss zur »Vollziehungszustellung« bereits die Ordnungsmittelandrohung (§ 890 Abs. 2 ZPO) enthalten sein. Sonst bedarf es der Zustellung einer zusätzlichen Ordnungsmittelandrohung (Zöller/Vollkommer § 929 Rn. 18, str.). Im Übrigen beschränkt sich die Vollziehung bei einer Unterlassungsverfügung auf die Zustellung an den Antragsgegner. Die Zwangsvollstreckung wegen Zuwiderhandlungen gegen ein Gebot oder Verbot ist dann von der Vollziehungsfrist unabhängig, solange die einstweilige Verfügung noch nicht aufgehoben wurde.

Bei einer Gebotsverfügung ist umstritten, ob neben der Parteizustellung noch Vollstreckungsanträge gem. §§ 887, 888 ZPO erforderlich sind (Zöller/Vollkommer § 929 Rn. 18; Thomas/Putzo/Seiler § 936 Rn. 9).

Bei einer Herausgabeverfügung in Bezug auf Gegenstände, die sich in Räumen des Gegners befinden, ist es sinnvoll, sogleich einen Durchsuchungsbeschluss mitzubeantragen (§ 758a ZPO), wobei u.U. auch die Ausnahmevorschrift des § 758 Abs. 1 Satz 2 ZPO vorliegen kann (Zöller/Stöber § 758a Rn. 32).

▶ Praxistipp:

3442 Riskant ist es, die Zustellung im Parteibetrieb zu unterlassen, weil sich der Verfügungsgegner an die einstweilige Verfügung (einstweilen freiwillig) hält.

Denn wenn dies nur zum Schein erfolgt und der Gegner Rechtsmittel einlegt, kann der Titel nach Fristablauf wieder aufgehoben werden.

3443 Bei einer **Eintragung ins Grundbuch** ist die Gefahr einer Fristversäumung besonders groß.

Hierbei gilt bereits die Stellung des Eintragungsantrages beim Grundbuchamt als Vollziehung (Zöller/Vollkommer § 929 Rn. 17). Sofern der Eintragungsantrag vor der Zustellung erfolgt, muss diese innerhalb einer Woche nach dessen Eingang erfolgen (§§ 929 Abs. 3; 932 Abs. 3 ZPO; Zöller/Vollkommer §§ 932 Rn. 9; 941 Rn. 2). Der Antragsteller wird die eingereichte Ausfertigung in der Regel nicht sofort zurückerhalten. Es empfiehlt sich daher, zum Zwecke der Zustellung an den Antragsgegner beim Gericht eine zweite Ausfertigung zu beantragen (§§ 299 Abs. 1, 929 Abs. 1 ZPO).

3444 Insbesondere das **Ersuchen des Gerichts an das Grundbuchamt,** die Eintragung vorzunehmen (§ 941 ZPO), kann seine Tücken haben. So darf der Anwalt die Parteizustellung nicht vergessen, da diese durch das Eintragungsersuchen nicht ersetzt wird. Dabei ist für den Fristbeginn nach § 929 Abs. 3 Satz 2 ZPO unerheblich, wann der Antragsteller vom Eingang des Eintragungsersuchens beim Grundbuchamt Kenntnis erlangt hat. Im Übrigen muss das Ersuchen zur Wahrung der Vollziehungsfrist vom Gericht rechtzeitig abgesandt werden (§§ 929 Abs. 2, 932 Abs. 3 ZPO entsprechend).

c) Arrest

3445 Beim Arrest ist der **Antrag** des Gläubigers beim zuständigen Vollstreckungsorgan auf Vornahme von Vollstreckungshandlungen für die Vollziehung allgemein erforderlich (§ 928 ZPO; Zöller/Vollkommer § 929 Rn. 10).

Die Zustellung des Arrestbefehls ist zwar nicht Voraussetzung seiner Vollziehung, sie muss aber innerhalb der Frist des § 929 Abs. 3 Satz 2 ZPO nachgeholt werden. Der Beschlussarrest ist im Wege der Parteizustellung zuzustellen (§ 922 Abs. 2 ZPO). Beim Urteilsarrest genügt die Zustellung von Amts wegen (Thomas/Putzo/Seiler § 929 Rn. 7). Da der Anwalt auf die Amtszustellung keinen Einfluss hat, kann es sich zur Fristwahrung empfehlen, auch einen Urteilsarrest im Parteibetrieb zuzustellen.

3446 Es ist zwischen den beiden Arten des Arrests zu unterscheiden:

- **Dingliche Arreste** werden gem. § 930 ZPO vollzogen durch Pfändung bei beweglichem Vermögen (insbesondere bewegliche Sachen und Geldforderungen) und bei Grundstücken durch Eintragung einer Sicherungshypothek (§ 932 ZPO).

Eine Überweisung der Forderung ist unzulässig, da diese bereits eine Befriedigung wäre. Ein entsprechender Überweisungsbeschluss wäre nichtig (Thomas/Putzo/Seiler § 930 Rn. 1). Zur Fristwahrung muss bei einer Pfändung von beweglichen Sachen rechtzeitig der Vollstreckungsantrag beim Gerichtsvollzieher (§§ 930 Abs. 1 Satz 1, 808 ZPO) und bei Eintragung einer Zwangshypothek der Eintragungsantrag beim Grundbuchamt gestellt sein.

Die Pfändung der vermeintlichen Forderung ist mit der Zustellung des Pfändungsbeschlusses an den Drittschuldner vollzogen (§ 829 Abs. 3 ZPO; Zöller/Vollkommer § 929 Rn. 24, § 930 Rn. 3). Dabei kann dieser Beschluss bei entsprechendem Gläubigerantrag mit im Arrestbefehl enthalten sein (§ 930 Abs. 1 Satz 3 ZPO). Ab dieser Zustellung läuft dann die Frist des § 929 Abs. 3 Satz 2 ZPO.

Eine Verwertung ist aufgrund der Eilanordnung nicht möglich.

Hierzu muss der Gläubiger in einem nachfolgenden Hauptsacheverfahren einen zumindest vorläufig vollstreckbaren Titel erwirken.

– **Persönliche Arreste** werden vollzogen durch Haft oder sonstige Beschränkungen der persönlichen Freiheit (§ 933 ZPO; z.B. Meldepflicht, Wegnahme der Ausweispapiere, Hausarrest).

Im Gegensatz zur einstweiligen Verfügung kann die Vollziehung eines Arrests durch den Schuldner mittels **Hinterlegung** eines im Arrestbefehl bestimmten Geldbetrages gehemmt bzw. Vollstreckungsmaßnahmen aufgehoben werden (§§ 923, 939 ZPO; sog. »Lösungssumme«). 3447

B. Vollstreckungsschutz

I. Wahrung der Schuldnerinteressen

Anders als im Erkenntnisverfahren wird dem Schuldner im Vollstreckungsverfahren nicht vor jeder Vollstreckungsmaßnahme rechtliches Gehör gewährt. Mit dem Vorliegen eines Titels steht seine Verpflichtung zur Leistung bereits fest, das Vollstreckungsverfahren dient der Durchsetzung des Gläubigeranspruchs. 3448

Vollstreckungsschutz kann der Schuldner schon im Erkenntnisverfahren erlangen, so etwa durch die Beschränkung der vorläufigen Vollstreckbarkeit eines Urteils nach §§ 708 ff. ZPO (dazu oben Rdn. 1087), durch die Einstellung der Zwangsvollstreckung nach §§ 707, 719 ZPO (dazu oben Rdn. 2874 ff.) oder durch vollstreckungsrechtliche Gestaltungsklagen nach §§ 767, 771 ZPO (dazu unten Rdn. 3485 ff.). Im Vollstreckungsverfahren dienen dem Schutz des Schuldners die Vorschriften über Unpfändbarkeit von Sachen (§ 811 ZPO) und Arbeitseinkommen (§§ 850a ff. ZPO), über den Verwertungsaufschub (§ 813a ZPO) und insbesondere die Generalklausel des § 765a ZPO (dazu oben Rdn. 2606). 3449

Soweit diese Vollstreckungsschutzanordnungen nicht bereits von Amts wegen zu beachten sind, bedürfen sie eines Antrags des Schuldners. Die dabei möglichen Anträge sind im Zusammenhang mit den speziell vollstreckungsrechtlichen (unten Rdn. 3456 ff.) oder den allgemeinen Rechtsbehelfen (oben Rdn. 2592 ff.) dargestellt. 3450

Unabhängig davon, ob der Schuldner sich zu einem Antrag des Gläubigers im Rahmen der Gewährung rechtlichen Gehörs vor der Entscheidung einlässt oder er überlegt, sich gegen eine bereits eingeleitete Vollstreckungsmaßnahme durch einen Rechtsbehelf zu wehren, bedürfen aus anwaltlicher Sicht folgende Punkte der Prüfung (detaillierte Checkliste bei Gottwald/Mock Rn. 74 ff.): 3451

– Stehen **formelle Gründe** der Vollstreckungsmaßnahme entgegen?

  Formelle Verstöße gegen das gesetzliche Vollstreckungsverfahren sind regelmäßig mit der Vollstreckungserinnerung anzugreifen und führen zu einer Unzulässigerklärung durch das Vollstreckungsgericht. Formelle Mängel des Vollstreckungstitels können mit der Titelgegenklage analog § 767 ZPO angegriffen werden (BGH NJW 1992, 2160). Ansonsten stehen die Beschwerden aus § 793 ZPO oder § 71 GBO zur Verfügung.

– Stehen **materielle Gründe** der Vollstreckung entgegen?

  Auch nach Abschluss des Erkenntnisverfahrens können sich materiell-rechtliche Entwicklungen ergeben, die der Leistungspflicht des Schuldners entgegenstehen. Regelmäßig werden diese durch eine Vollstreckungsgegenklage nach § 767 ZPO geltend gemacht.

– Sind die **von Amts wegen** zu beachtenden Vollstreckungsschutzbestimmungen eingehalten?

  Ist dies nicht der Fall, sind z.B. unpfändbare Vermögensteile gepfändet worden (§§ 850a ff., 811 ZPO), ist regelmäßig die Art und Weise der Zwangsvollstreckung betroffen, sodass bei beweglichen Sachen die Erinnerung nach § 766 ZPO, bei Forderungen die sofortige Beschwerde nach § 793 ZPO gegeben ist.

– Kann der Vollstreckungsschutz durch **Anträge** erweitert werden (§§ 850c ff. ZPO)?

  Im Vordergrund steht hier der allgemeine Vollstreckungsschutzantrag aus § 765a ZPO (unten Rdn. 3479). Denkbar sind aber auch andere Anträge, die sich nicht notwendig gegen den Gläubiger oder an das

Gericht richten müssen. So kann auch nach Beginn der Zwangsvollstreckung der Schuldner von seiner Bank die Umwandlung eines Girokontos in ein Pfändungsschutzkonto (»P-Konto«) verlangen (§ 850k Abs. 5 Satz 1 ZPO) und damit zumindest teilweise wieder Verfügungsgewalt über dort eingehende Beträge erhalten (Ahrens NJW 2010, 2001; Dörndorfer JurBüro 2009, 626).

II. Wahrung der Interessen Dritter

3452 Nicht selten erfolgt der Zugriff des Gläubigers auf Vermögensgegenstände, an denen ein Dritter eigene Rechte reklamiert.

3453 Praktisch wichtigster Fall der Drittbeteiligung im Vollstreckungsverfahren ist die Pfändung des Gläubigeranspruchs gegen einen Dritten (§ 829 ZPO). Die Beeinträchtigung solcher **Drittschuldner** ist regelmäßig genauso gering, wie die Gefahr eines eigenen Rechtsverlusts.

Dem Dritten wird dann verboten, an den Schuldner zu zahlen. Nach Überweisung der Forderung (§ 835 ZPO) kann eine Zahlung mit befreiender Wirkung nur noch an den Gläubiger erfolgen. Beachtet der Drittschuldner dies nicht, läuft er Gefahr, mehrfach leisten zu müssen und mit der Bereicherungsklage gegen den Schuldner auszufallen. Ob der Dritte zur Leistung verpflichtet ist, wird dabei nicht geprüft. Verpflichtet ist der Dritte nur zur Abgabe einer Erklärung hierüber (§ 840 ZPO). Ist der Dritte zur freiwilligen Leistung nicht bereit, muss er nichts weiter unternehmen, kann vielmehr abwarten, bis der Gläubiger ihn auf Leistung verklagt (»Einziehungsklage«). Dort stehen dem Dritten entsprechend §§ 1275, 404 ff. BGB alle Einwendungen gegen den neuen Gläubiger zu, die er auch seinem bisherigen Gläubiger (dem Vollstreckungsschuldner) gegenüber hatte. Nicht möglich sind dem Drittschuldner hingegen diejenigen Einwendungen, die dem Vollstreckungsschuldner oder einem »Vierten« zustehen (BGH NJW-RR 2007, 927). Formelle Mängel der Zwangsvollstreckung kann auch der Drittschuldner (nur) über eine Vollstreckungserinnerung nach § 766 ZPO geltend machen (OLG Saarbrücken OLGR 2004, 2004, 488).

3454 Ist die Rechtsposition eines **Dritten in anderer Form** durch eine Vollstreckungsmaßnahme **betroffen**, muss er initiativ werden. Lässt der Dritte die Vollstreckung ungestört weiterlaufen, läuft er Gefahr, sein Recht zu verlieren. Für die Auswahl des richtigen Rechtsbehelfs ist danach zu unterscheiden, ob die Rechtsbeeinträchtigung des Dritten in formellen Mängeln der Zwangsvollstreckung besteht oder ob materielle Rechte am Vollstreckungsgegenstand geltend gemacht werden sollen:

- Hat das staatliche Vollstreckungsorgan zwingende Verfahrensvorschriften der Vollstreckung nicht eingehalten, steht auch dem Dritten die **Vollstreckungserinnerung** nach § 766 ZPO zu (dazu unten Rdn. 3469 ff.).
- Hat der private Gläubiger durch seinen Vollstreckungsantrag auf Vermögenswerte des Dritten zugegriffen, muss dies durch eine Klage im Erkenntnisverfahren zwischen dem Dritten und dem Gläubiger geklärt werden. Hierzu stehen die prozessualen Gestaltungsklagen aus § 771 ZPO (**Drittwiderspruchsklage**; dazu unten Rdn. 3509 ff.) und § 805 ZPO (**Befriedigungsklage**; dazu unten Rdn. 3522 ff.) zur Verfügung. Mit Ersterer kann die Vollstreckung für unzulässig erklärt und das Recht des Dritten gewahrt werden, mit Letzterer wird der Dritte als Entschädigung für einen eingetretenen Rechtsverlust lediglich am Erlös der Verwertung beteiligt.

3455 Ob dem Dritten diese Rechtsbehelfe erst zustehen, wenn die Zwangsvollstreckung bereits durchgeführt wurde (nachträglicher Rechtsschutz), oder schon dann, wenn sie bloß drohen (vorbeugender Rechtsschutz), ist Frage des **Rechtsschutzbedürfnisses** im Einzelfall. Erfolgt die konkrete Vollstreckungsmaßnahme während des vorläufigen Rechtsschutzes, kann die Klage nach § 264 Nr. 3 ZPO geändert werden (OLG Hamm NJW-RR 2001, 1575).

C. Rechtsbehelfe

3456 Rechtsbehelfe spielen im Vollstreckungsverfahren eine besondere Rolle. Sie haben eine andere **Funktion** als im Erkenntnisverfahren, ihre **Vielzahl** ist nahezu unüberschaubar.

Im Erkenntnisverfahren sind beide Parteien grundsätzlich gleichermaßen schutzbedürftig. Der Gläubiger erhält einen Titel nur, wenn es ihm gelingt, das Gericht vom Vorliegen der anspruchsbegründenden Tatsachen zu überzeugen, die Rechte des Beklagten werden im Wesentlichen durch die Gewährung rechtlichen Gehörs in einer mündlichen Verhandlung gewahrt. Im Zwangsvollstreckungsverfahren geht es nicht mehr um die Frage, ob das Recht des Gläubigers besteht, sondern nur noch um die Frage, wie es durchgesetzt werden kann. Die Interessen des Schuldners treten dabei denen des Gläubigers gegenüber deutlich in den Hintergrund. Zusätzlich müssen häufig die Interessen Dritter berücksichtigt werden. Das Zwangsvollstreckungsrecht muss damit dem Gläubiger primär eine praktisch taugliche Möglichkeit zur Realisierung seines Anspruchs zur Verfügung stellen. Soweit gleichzeitig aber auch die trotz der Leistungsverpflichtung bestehenden Interessen des Schuldners geschützt und obendrein sichergestellt werden muss, dass durch die Zwangsvollstreckung nicht in die Rechte Dritter eingegriffen wird, bleibt dies überwiegend Rechtsbehelfen vorbehalten. Vollstreckungsorgane haben grundsätzlich nur die formellen Voraussetzungen der Zwangsvollstreckung zu beachten, doch dürfen materiell-rechtliche Fragen auch in diesem Verfahrensstadium nicht völlig ausgeklammert bleiben.

Das Rechtsbehelfssystem im Zwangsvollstreckungsrecht ist komplex, weil es nicht nur die Rechtsbehelfe von Gläubiger und Schuldner, sondern auch die von Dritten umfasst. Zwangsvollstreckungsrechtliche Rechtsbehelfe können außerdem in verschiedenen Verfahrensabschnitten und gegen unterschiedliche Handelnde gegeben sein, sich auf materielle oder formelle Einwendungen stützen und an verschiedene Entscheidungsträger gerichtet sein. Hinzu kommt die Konkurrenz von allgemeinen zivilprozessualen mit besonderen vollstreckungsrechtlichen und speziellen außerzivilprozessualen Rechtsbehelfen.

Dies macht die Wahl des »richtigen« Rechtsbehelfs zu einer zentralen Aufgabe, die den Erfolg der anwaltlichen Tätigkeit maßgeblich bestimmt.

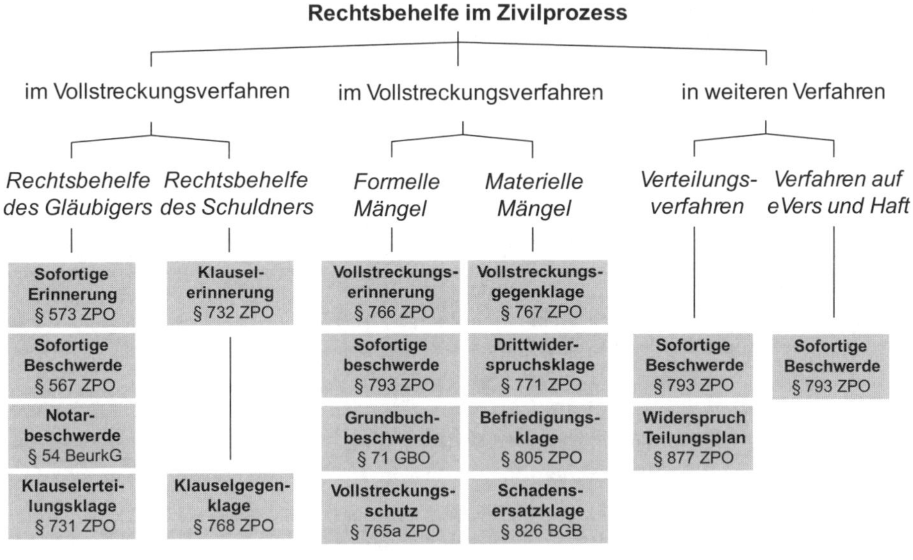

Abb. 7: Rechtsbehelfe im Zivilprozess

I. Klauselverfahren

Das auf Erteilung einer Vollstreckungsklausel gerichtete Verfahren gehört nach überwiegender Ansicht **noch nicht** zum eigentlichen **Vollstreckungsverfahren** (dieses beginnt erst mit einer gegen den Schuldner gerichteten Handlung; Stein/Jonas/Münzberg § 704 Rn. 106), birgt aber für beide Parteien Risiken, die es erforderlich machen, Rechtsbehelfe ins Kalkül zu ziehen. 3457

Gemäß § 724 Abs. 1 ZPO bedarf der Gläubiger für die Zwangsvollstreckung einer mit der Vollstreckungsklausel versehenen Ausfertigung des Titels. Einfache Vollstreckungsklauseln werden vom Urkundsbeamten der Geschäftsstelle erteilt (§ 724 Abs. 2 ZPO), qualifizierte (titelergänzende und -übertragende) Klauseln vom Rechtspfleger (§ 20 Nr. 12 RPflG), Klauseln für vollstreckbare Urkunden vom Notar (§ 797 Abs. 1 Nr. 2 ZPO).

1. Rechtsbehelfe des Gläubigers

3458 Der Gläubiger ist im Klauselverfahren beschwert, wenn seinem Antrag auf Erteilung einer vollstreckbaren Ausfertigung **nicht oder nicht wie** beantragt entsprochen wird. Das mögliche Rechtsmittel richtet sich dabei nach dem für die Erteilung zuständigen Organ.

a) Sofortige Erinnerung (§ 573 ZPO)

3459 Wurde die Klausel durch den **Urkundsbeamten der Geschäftsstelle** verweigert, kann der Gläubiger hiergegen im Wege der sofortigen Erinnerung nach § 573 ZPO die Entscheidung des Prozessgerichts beantragen.

Für diese Erinnerung gelten weitgehend die Regelungen der sofortigen Beschwerde (§ 573 Abs. 1 Satz 3 ZPO). Sie ist binnen einer Notfrist von zwei Wochen einzulegen, die mit der Zustellung der Entscheidung (ohne Zustellung) fünf Monate nach der Verkündung, beginnt. Sie muss schriftlich oder zu Protokoll der Geschäftsstelle eingelegt werden, die angefochtene Entscheidung bezeichnen und die Absicht, Erinnerung einzulegen (bzw. eine Entscheidung des Richters zu begehren), erkennen lassen. Zu richten ist sie an den handelnden Urkundsbeamten oder an das Gericht, dem er angehört. Einer Begründung bedarf die Erinnerung nicht.

Der handelnde Urkundsbeamte hat die Möglichkeit, der Erinnerung abzuhelfen. Geschieht dies nicht, entscheidet der Richter. Die aufschiebende Wirkung bzw. die einstweilige Anordnung nach § 570 ZPO spielen im Klauselverfahren keine Rolle. Eine mündliche Verhandlung ist dem Gericht freigestellt (§ 128 Abs. 4 ZPO), die Entscheidung ergeht in Form eines Beschlusses. Eine unzulässige Erinnerung wird verworfen, eine unbegründete zurückgewiesen. Auf die begründete Erinnerung hin wird der Urkundsbeamte zur Erteilung der Klausel angewiesen.

Gegen erstinstanzliche Erinnerungsentscheidungen ist die sofortige Beschwerde gegeben (§ 573 Abs. 2 ZPO).

b) Sofortige Beschwerde (§ 567 ZPO)

3460 Erfolgte die Verweigerung der Klausel durch den **Rechtspfleger**, ist hiergegen die sofortige Beschwerde nach § 567 ZPO einzulegen.

Auch hier hat der Rechtspfleger ein Abhilferecht (§ 572 Abs. 1 ZPO). Im Übrigen kann auf die Darstellung der sofortigen Beschwerde oben Rdn. 3204 Bezug genommen werden.

c) Notarbeschwerde (§ 54 BeurkG)

3461 Eine Beschwerde nach § 54 BeurkG i.V.m. §§ 58 ff. FamFG zum Prozessgericht ist gegeben, wenn die Ablehnung durch einen **Notar** erfolgt ist.

Seit dem 01.09.2009 setzt die Beschwerde in vermögensrechtlichen Angelegenheiten einen Wert des Beschwerdegegenstands von mindestens 600 € oder eine Zulassung voraus (§ 61 Abs. 1 FamFG), muss binnen einer Frist von einem Monat nach Bekanntgabe der Entscheidung (§ 63 FamFG) schriftlich (§ 64 Abs. 2 FamFG) und (allerdings nicht zwingend: § 65 FamFG) begründet bei dem Notar eingelegt werden (§ 64 FamFG), dem ein Abhilferecht zusteht (§ 68 FamFG).

Der Antrag lautet darauf, »die (zu bezeichnende ablehnende) Entscheidung des Urkundsbeamten/Rechtspflegers/Notars aufzuheben und diesen anzuweisen, die vom Gläubiger beantragte Klausel zu erteilen«.

d) Klauselklage (§ 731 ZPO)

3462 Benötigt der Gläubiger eine qualifizierte Klausel, kann aber den hierzu erforderlichen **Nachweis von Tatsachen** nicht durch die grundsätzlich erforderlichen öffentlichen Urkunden erbringen, kann er das Vorliegen dieser Tatsachen im Rahmen einer Klage auf Erteilung der Vollstreckungsklausel nach § 731 ZPO durch das Prozessgericht feststellen.

Anders als bei den vorgehend dargestellten Erinnerungen und Beschwerden geht es bei der Klauselerteilungsklage damit nicht um die Behebung von Fehlern von Justizorganen, sondern um eine Erleichterung der Voraussetzungen für die Erteilung einer qualifizierten Klausel. Dennoch wird auch für die Klage nach § 731 ZPO überwiegend verlangt, dass die Erteilung der Klausel vom zuständigen Organ abgelehnt wurde. Vereinzelt wird sogar die Einlegung von Rechtsbehelfen dagegen gefordert (Thomas/Putzo/Hüßtege § 731 Rn. 4).

Der häufig anzutreffende Antrag, »dem Kläger eine Vollstreckungsklausel zum (genau zu bezeichnenden) Titel zu erteilen«, ist ungenau. Richtigerweise handelt es sich um eine Feststellungsklage, bei der das Gericht lediglich die Voraussetzungen des Vorliegens der Klauselerteilung feststellt, die Klausel aber nicht selbst erteilt. Besser lautet der Antrag deswegen dahin, »festzustellen, dass dem Kläger eine Vollstreckungsklausel zum (genau zu bezeichnenden) Titel zu erteilen ist.«

▶ Praxistipp:

Das nach § 256 ZPO erforderliche Rechtsschutzbedürfnis fehlt, wenn öffentliche Urkunden vorhanden sind oder zumindest leicht beschafft werden können. Dies ist praktisch häufig der Fall bei Bestehen eines Rechts auf Erteilung von Abschriften (§ 792 ZPO, § 13 Abs. 3 FamFG, § 9 Abs. 2 HGB, § 12 GBO). 3463

Zulässig ist diese Klage auf Erteilung von Klauseln für alle Arten von Titeln (§ 795 ZPO). Sie ist den formellen Anforderungen jeder Klage entsprechend beim Prozessgericht des ersten Rechtszugs einzureichen (§§ 731, 802 ZPO). Die vollstreckbare Ausfertigung wird bei gerichtlichen Urkunden von dem Urkundsbeamten der Geschäftsstelle des die Urkunde verwahrenden Gerichts erteilt, bei notariellen Urkunden grundsätzlich von dem die Urkunde verwahrenden Notar (§ 797 Abs. 1 ZPO).

Den Nachweis des Vorliegens der Klauselvoraussetzungen kann der Gläubiger mit allen prozessual zulässigen Beweisen führen, eine Beschränkung auf öffentliche Urkunden besteht hier nicht.

▶ Praxistipp:

Aus prozessökonomischen Gründen lässt die h.M. auch materiell-rechtliche Einwendungen des Schuldners gegen den titulierten Anspruch zu (Zöller/Seibel § 731 Rn. 4). Für eine spätere Vollstreckungsgegenklage sind diese dann präkludiert. 3464

Dabei bedarf es nicht einer Widerklage aus § 767 ZPO, vielmehr sind bereits bloße Einwendungen aus materiellem Recht beachtlich. Alle materiellen Einwände, die der Schuldner bereits im vorangegangenen Klauselerteilungsklageverfahren hätte erheben können, sind für eine eventuell nachfolgende Vollstreckungsgegenklage nach § 767 Abs. 2 ZPO präkludiert (Thomas/Putzo/Seiler § 731 Rn. 7). Dies ist eine auch von Anwälten häufig übersehene Fallgestaltung.

2. Rechtsbehelfe des Schuldners

Der Schuldner ist im Klauselverfahren beschwert, wenn die **Klausel erteilt** wurde. 3465

a) Erinnerung (§ 732 ZPO)

Im Wege der Erinnerung nach § 732 ZPO kann der Schuldner gegen **formelle Fehler** der Klauselerteilung die Entscheidung des Prozessgerichts beantragen. Dies gilt unabhängig davon, ob der Urkundsbeamte, der Rechtspfleger (§ 11 Abs. 1 RPflG) oder der Notar (§ 797 Abs. 1 Nr. 2a ZPO) die Klausel erteilt hat. 3466

§ 732 ZPO

verdrängt damit als spezieller Rechtsbehelf die sofortige Beschwerde nach § 567 ZPO, die erst gegeben ist, wenn das Gericht die Erinnerung zurückgewiesen hat.

Zuständig ist das Prozessgericht, dem der erlassende Urkundsbeamte oder Rechtspfleger angehört bzw. in dessen Bezirk der Notar seinen Sitz hat. Die Erinnerung ist schriftlich oder zur Niederschrift der Geschäftsstelle zu erheben und ist vom Anwaltszwang nicht umfasst. Sie ist nicht fristgebunden, jedoch fehlt das Rechtsschutzbedürfnis, wenn die Vollstreckung beendet ist. Unzulässig ist die Erinnerung, wenn durch Urteil nach § 731 ZPO rechtskräftig festgestellt ist, dass eine Klausel zu erteilen ist. Der Antrag lautet auf »Unzulässigerklärung der (genau zu bezeichnenden) vollstreckbaren Ausfertigung und der Zwangsvollstreckung aus ihr«.

Begründet ist die Erinnerung, wenn die formellen Voraussetzungen für eine Klauselerteilung nicht vorlagen (Tätigwerden des Urkundsbeamten statt des Rechtspflegers, Titel ohne vollstreckungsfähigen Inhalt, Fehlen von Nachweisurkunden). Materielle Einwendungen gegen den titulierten Anspruch sind hier unbeachtlich (BGH NJW-RR 2006, 567).

b) Klauselgegenklage (§ 768 ZPO)

3467 Stehen **materielle Gründe** der Erteilung der Klausel entgegen, kann der Schuldner Klage gegen die Erteilung der Klausel nach § 768 ZPO bei dem Prozessgericht erheben.

Werden ausschließlich formelle Mängel geltend gemacht, ist alleine die Erinnerung nach § 732 ZPO statthaft.

Hält derjenige, gegen den vollstreckt werden soll (im Fall der Titelumschreibung ist dies nicht mehr der Titelschuldner), die Erteilung einer qualifizierten Klausel für fehlerhaft, weil er den Eintritt der materiellen Voraussetzungen bestreitet, kann er mit der Klage nach § 768 ZPO die Erteilung der vollstreckbaren Ausfertigung, nicht aber den titulierten Anspruch selbst, angreifen. Zuständig ist ausschließlich (§ 802 ZPO) das Prozessgericht. Es besteht keine Klagefrist, jedoch fehlt das Rechtsschutzbedürfnis, solange die Klausel noch nicht erteilt ist oder die Zwangsvollstreckung beendet ist. Unzulässig ist die Klage, wenn durch ein Urteil nach § 731 ZPO rechtskräftig festgestellt ist, dass eine Klausel zu erteilen ist. Der Antrag lautet (weil hier, anders als bei § 731 ZPO nicht bloß eine Feststellungsklage, sondern eine Gestaltungsklage vorliegt) auf »Unzulässigerklärung der (genau zu bezeichnenden) vollstreckbaren Ausfertigung und der Zwangsvollstreckung aus ihr«.

Streitig ist die Frage der Beweislast. Die h.M. erlegt diese dem Kläger auf, die Gegenansicht geht analog zur negativen Feststellungsklage – wohl zu Recht – von einer Beweislast des Beklagten aus (Anders/Gehle/Hunke § 768 Rn. 4; Thomas/Putzo/Hüßtege § 768 Rn. 9; Stein/Jonas/Münzberg § 768 Rn. 7; OLG Köln NJW-RR 1994, 893; a.A. Prütting/Gehrlein/Hansmeier § 768 Rn. 11).

II. Vollstreckungsverfahren

3468 Stellt sich eine Maßnahme in einer laufenden Zwangsvollstreckung aus formellen oder aus materiellrechtlichen Gründen als unwirksam dar, kann dies für den Gläubiger, den Schuldner oder einen Dritten Anlass zur Einlegung von Rechtsbehelfen sein.

Die Zwangsvollstreckung beginnt mit der ersten Vollstreckungshandlung, bei Geldforderungen mit der Pfändung (§ 829 ZPO), der Vorpfändung (§ 845 ZPO) oder dem Erlass des Pfändungsbeschlusses (§§ 846 ff. ZPO), bei Herausgabeansprüchen mit der Erteilung des Vollstreckungsauftrags (§ 883 ZPO).

Die Zwangsvollstreckung endet, wenn sie aus dem Titel schlechthin oder hinsichtlich der eingeleiteten konkreten Vollstreckungsmaßnahme beendet ist, d.h. mit der (auch nur teilweisen) Befriedigung des Gläubigers oder mit der Freigabe des Pfandgegenstands durch den Gläubiger.

1. Formelle Mängel

a) Vollstreckungserinnerung (§ 766 ZPO)

3469 Formelle Mängel von **Vollstreckungsmaßnahmen, die nicht auf einer richterlichen Entscheidung beruhen**, sind in erster Linie durch die Vollstreckungserinnerung nach § 766 ZPO zu rügen.

3470 (1) Klassische Probleme der **Zulässigkeit** der Erinnerung betreffen die Statthaftigkeit, die Zuständigkeit, die Erinnerungsbefugnis und das Rechtsschutzbedürfnis.

3471 – **Statthaft** ist die Erinnerung, soweit Verfahrensfehler der Vollstreckung gerügt werden.

Generalklauselartig lässt diese Vorschrift die Überprüfung der Art und Weise der Zwangsvollstreckung, die Vorgehensweise des Gerichtsvollziehers, die Tätigkeitsverweigerung des Gerichtsvollziehers und seines Kostenansatzes zu. Damit ist die Vollstreckungserinnerung statthaft gegen das gesamte vollstreckungsrelevante Verhalten des Vollstreckungsgerichts (egal, ob hier der Rechtspfleger oder der Richter tätig geworden ist) und des Gerichtsvollziehers.

► Beispiel:

In Betracht kommen:

Mängel bei den Verfahrensvoraussetzungen der Zwangsvollstreckung (Vollstreckungsauftrag, § 753 ZPO; Zuständigkeit des Vollstreckungsorgans; Prozesshandlungsvoraussetzungen);

Mängel bei den allgemeinen Vollstreckungsvoraussetzungen (Titel, §§ 704, 794 ZPO; Klausel, §§ 724 f. ZPO; Zustellung, § 750 ZPO);

Mängel bei den besonderen Vollstreckungsvoraussetzungen (z.B. §§ 751, 756, 761 ZPO);

die Nichtbeachtung von Vollstreckungshindernissen (z.B. §§ 775 f. ZPO);

Mängel beim Pfändungsvorgang (z.B. §§ 758, 808 ff. ZPO);

Mängel bei der Verwertung (z.B. §§ 814 f. ZPO).

– Ist das Vollstreckungsgericht tätig geworden, können mit der Erinnerung nur »Maßnahmen« angefochten werden, nicht »Entscheidungen«; gegen Letztere ist die sofortige Beschwerde nach § 793 ZPO gegeben (unten Rdn. 3476). Der Beschluss des Vollstreckungsgerichts ist eine Entscheidung, wenn er tatsächlich nach Anhörung des Gegners erlassen wurde (nicht bloß, wenn die Anhörung erforderlich gewesen wäre) oder wenn er einen Antrag zurückweist (OLG Köln NJW-RR 1992, 894; OLG Koblenz NJW-RR 1986, 679). 3472

► Beispiel:

Erlässt der Rechtspfleger beim Vollstreckungsgericht einen Pfändungs- und Überweisungsbeschluss, so handelt es sich um eine mit der Erinnerung nach § 766 ZPO anzufechtende »Maßnahme«, wenn eine vorherige Anhörung des Schuldners nicht erfolgt ist. Hat der Rechtspfleger zuvor den Schuldner angehört, muss der Beschluss als »Entscheidung« nach § 793 ZPO mit der sofortigen Beschwerde angefochten werden.

Wird dem Antrag des Gläubigers auf Erlass eines Pfändungs- und Überweisungsbeschlusses ohne Anhörung des Schuldners nur zum Teil stattgegeben und wird er im Übrigen abgelehnt, so steht dem Schuldner die Erinnerung, dem Gläubiger die sofortige Beschwerde zu (Musielak/Lackmann § 766 Rn. 14).

Streitig ist der Charakter einer Durchsuchungserlaubnis. Obwohl diese ohne Anhörung ergeht, nimmt die h.M. dennoch eine mit der Beschwerde anzufechtende Entscheidung an (OLG Saarbrücken Rpfleger 1993, 146).

– **Erinnerungsbefugt** können sowohl der Schuldner oder ein Dritter (§ 766 Abs. 1 ZPO) als auch der Gläubiger sein (§ 766 Abs. 2 ZPO). Voraussetzung ist eine Beeinträchtigung in eigenen Rechten. 3473

Das Verfahren findet ausschließlich zwischen den Beteiligten des Vollstreckungsverfahrens (Gläubiger – Schuldner; ggf. Dritter) statt. Das Vollstreckungsorgan, dessen Maßnahme angegriffen wird, ist nicht Partei. In den Fällen des § 766 Abs. 2 ZPO (»Untätigkeitserinnerung«) ist allein der Gläubiger verfahrensbeteiligt, es handelt sich um ein einseitiges Verfahren ohne Gegner.

► Beispiel:

Der Schuldner kann Erinnerung nicht mit der Begründung einlegen, bei der Pfändung sei der Mitgewahrsam eines Dritten verletzt worden. In diesem Fall ist der Dritte erinnerungsbefugt.

- Ein **Rechtsschutzbedürfnis** besteht, solange die Zwangsvollstreckung schon und noch läuft oder zumindest unmittelbar bevorsteht (BGH NZM 2005, 193).

  Schwere Grundrechtsverstöße (Wohnungsdurchsuchungen) können auch nach Abschluss der Vollstreckung noch gerügt werden. Die Möglichkeit einer Klage nach § 767 ZPO oder § 771 ZPO schließt die Erinnerung nicht aus, da hiermit andere Rechtsschutzziele verfolgt werden.

- Die Erinnerung ist **unbefristet** möglich, muss jedoch in entsprechender Anwendung des § 569 Abs. 2 ZPO **schriftlich** (oder zu Protokoll der Geschäftsstelle) eingelegt werden. **Zuständig** ist ausschließlich der Richter beim Vollstreckungsgericht (§§ 766, 746 Abs. 2, 802 ZPO). Der **Antrag** lautet je nach erhobener Rüge bei § 766 Abs. 1 ZPO auf »Unzulässigerklärung« oder »Aufhebung« einzelner (genau zu bezeichnender) Vollstreckungsmaßnahmen, bei § 766 Abs. 2 ZPO auf »Anweisung des Gerichtsvollziehers zur Vornahme« solcher Vollstreckungsmaßnahmen, ggf. auch auf Vornahme der Maßnahme durch das Vollstreckungsgericht unmittelbar.
- Die Erinnerung hat keine aufschiebende Wirkung. Eine **einstweilige Anordnung** ist nach §§ 766 Abs. 1 Satz 2, 732 Abs. 2 ZPO auch ohne Antrag von Amts wegen möglich, dennoch empfiehlt sich ein entsprechender Antrag.

3474 (2) **Begründet** ist die Erinnerung, wenn ein formeller Mangel der Zwangsvollstreckung tatsächlich vorliegt.

Geprüft wird also, »ob« die Vollstreckung durchgeführt werden durfte und »wie« sie durchgeführt wurde (dazu oben Rdn. 3471).

Materiell-rechtliche Einwendungen des Erinnerungsführers bleiben unberücksichtigt. Sollen solche neben den formellen Rügen auch erhoben werden, muss zusätzlich ein weiterer, materieller Rechtsbehelf (§ 767 ZPO) eingelegt werden.

▶ Beispiel:

3475 Typische Erinnerungsgründe sind das Fehlen, die Unwirksamkeit oder Unbestimmtheit des Titels, Mängel der Vollstreckungsklausel oder der Zustellung, ein Verstoß gegen gesetzliche Schuldnerschutzanordnungen oder die Pfändung einer im Gewahrsam eines Dritten befindlichen Sache ohne dessen Zustimmung.

Eine vollstreckungsbeschränkende Vereinbarung stellt nach überwiegender Ansicht einen im Rahmen des § 767 ZPO beachtlichen materiellen Einwand dar (BGH NJW 1991, 2295).

b) Sofortige Beschwerde (§ 793 ZPO)

3476 Formelle Mängel einer **Vollstreckungsmaßnahme, die auf einer Entscheidung des Gerichts beruhen**, unterliegen nach § 793 ZPO der sofortigen Beschwerde. § 793 ZPO regelt dabei nur die Statthaftigkeit dieses Rechtsmittels, alle anderen Voraussetzungen und das Verfahren richten sich nach §§ 567 ff. ZPO.

Unerheblich ist dabei, ob die Entscheidung konkret vom Richter oder vom Rechtspfleger erlassen wurde (§ 11 Abs. 1 RPflG). Verdrängt wird § 793 ZPO durch § 71 GBO bei Entscheidungen des Grundbuchamts (unten Rdn. 3477), bei der Zwangsversteigerung durch die §§ 95 ff. ZVG.

Nicht immer einfach ist die Abgrenzung zur Vollstreckungserinnerung nach § 766 ZPO. Diese ist gegen »Maßnahmen« des Vollstreckungsgerichts gegeben, die sofortige Beschwerde gegen »Entscheidungen«. Entscheidungen sind Beschlüsse, wenn diese nach einer tatsächlich erfolgten Anhörung des Schuldners ergehen und eine Interessenabwägung zwischen Gläubiger und Schuldner enthalten (Zöller/Geimer § 793 Rn. 1; oben Rdn. 3468).

Hinsichtlich der formellen und inhaltlichen Voraussetzungen der sofortigen Beschwerde kann auf die Ausführungen oben Rdn. 3204 verwiesen werden.

c) Grundbuchbeschwerde (§ 71 GBO)

Entscheidungen des Grundbuchamts im Vollstreckungsverfahren können durch die Grundbuchbeschwerde nach § 71 GBO angegriffen werden. 3477

Mit der Grundbuchbeschwerde können Entscheidungen des Grundbuchamts angegriffen werden. Zu diesen gehören Eintragungen ins Grundbuch auch dann, wenn diese vom Grundbuchamt als Zwangsvollstreckungsorgan vorgenommen werden, also bei der Eintragung einer Zwangssicherungs- oder Arresthypothek nach §§ 867, 932 ZPO. Das Grundbuchamt prüft dabei nicht nur die grundbuchrechtlichen Voraussetzungen der Eintragung (§ 39 GBO), sondern auch die vollstreckungsrechtlichen.

Streitig ist, mit welchen Rechtsbehelfen Fehler bei der Eintragung zu rügen sind. Die h.M. geht davon aus, die Grundbuchbeschwerde nach § 71 GBO sei allein gegeben und verdränge die zwangsvollstreckungsrechtlichen Rechtsbehelfe, insbesondere §§ 766, 793 ZPO (BayObLG Rpfleger 1976, 67; OLG Frankfurt a. M. JB 1998, 382; OLG Zweibrücken Rpfleger 2001, 174; Thomas/Putzo/Hüßtege § 867 Rn. 19 f.). Die Gegenansicht lässt daneben auch die sofortige Beschwerde nach § 567 ZPO zu (Anders/Gehle/Nober § 867 Rn. 24).

Nur die Beschwerde nach § 71 GBO ist dort gegeben, wo die Eintragung auf vollstreckungsrechtlicher Grundlage erfolgt, ohne dass das Grundbuchamt selbst als Vollstreckungsorgan tätig wird, etwa bei der Eintragung einer Vormerkung zur Sicherung des Anspruchs auf Bestellung einer Sicherungshypothek nach § 650f BGB oder der Eintragung einer Vormerkung nach § 895 ZPO (BayObLG NJW-RR 1997, 1445).

Unzulässig ist die Beschwerde gegen Eintragungen, die dem öffentlichen Glauben des Grundbuchs unterfallen (§ 71 Abs. 2 GBO), d.h. die den gutgläubigen Erwerb eines Rechts verhindern können. Ob dies der Beschwerde gegen die Eintragung einer Zwangssicherungshypothek entgegensteht, ist streitig (bejahend OLG Frankfurt a. M. FGPrax 2003, 197; verneinend OLG Celle Rpfleger 1990, 112).

Zuständig ist das Landgericht, in dessen Bezirk das Grundbuchamt seinen Sitz hat (§ 72 GBO). Die Beschwerde ist schriftlich oder zu Protokoll der Geschäftsstelle einzulegen. Für die Beschwerdeberechtigung genügt eine bloß formelle Beschwer nicht, erforderlich und ausreichend ist eine eigene Rechtsbeeinträchtigung (= materielle Beschwer). Eine Begründung ist nicht zwingend, aber zu empfehlen, wobei neue Tatsachen und Beweise unbeschränkt möglich sind (§ 74 ZPO).

d) Rechtspflegererinnerung (§ 11 Abs. 2 RPflG)

Praktisch keine Rolle spielt daneben die sofortige Rechtspflegererinnerung nach § 11 Abs. 2 Satz 1 RPflG, die sich gegen **Maßnahmen des Rechtspflegers** richtet. 3478

Entscheidungen des Rechtspflegers werden grundsätzlich mit den Rechtsbehelfen angegriffen, die gegen eine richterliche Entscheidung gegeben wären (§ 11 Abs. 1 RPflG). Eine Überprüfung durch den Richter desselben Gerichts in derselben Instanz findet nach § 11 Abs. 2 RPflG nur noch statt, wenn die Entscheidung, wäre sie vom Richter getroffen worden, unanfechtbar gewesen wäre.

e) Vollstreckungsschutz (§ 765a ZPO)

Die Möglichkeiten des Gläubigers zur Rechtsdurchsetzung finden ihre Grenzen in den **gesetzlichen Schuldnerschutzanordnungen**. 3479

So verhindern die §§ 811 ff. ZPO die Pfändung von Sachen, die dem Schuldner aus sozialen Gründen verbleiben sollen, und die §§ 850 ff. ZPO belassen dem Schuldner das zur Bestreitung des Lebensunterhalts erforderliche Mindesteinkommen. Bereits gepfändete Sachen werden nach § 813a ZPO nicht verwertet, wenn die Schuld ratenweise beglichen wird. Für die Räumung von Wohnraum kann ein Aufschub gewährt werden (§§ 721, 794a ZPO).

Diese konkreten Einzelschutzanordnungen werden durch den Antrag auf Vollstreckungsschutz nach § 765a ZPO generalklauselartig erweitert. Damit kann der Schuldner eine **sittenwidrige Härte der Zwangsvollstreckung** abwenden. 3480

Der Antrag – der keiner Form bedarf und für den der Rechtspfleger des Vollstreckungsgerichts zuständig ist – richtet sich auf die zeitweise Aufhebung, Untersagung oder Einstellung der Zwangsvollstreckung. Die endgültige Einstellung der Zwangsvollstreckung kommt nur in Extremfällen in Betracht (BVerfG NJW

1979, 2607). Er ist nicht fristgebunden; allerdings ist er in Räumungssachen grundsätzlich spätestens zwei Wochen vor dem festgesetzten Räumungstermin zu stellen (§ 765a Abs. 3 ZPO).

Als Ausnahmevorschrift ist § 765a ZPO bei der Prüfung der Begründetheit eng auszulegen (BGH NJW 2004, 3635). Eine nicht mit den guten Sitten zu vereinbarende Härte für den Schuldner besteht nur dann, wenn die Vollstreckungsmaßnahmen bei Abwägung der beiderseitigen Belange im Einzelfall zu einem untragbaren Ergebnis führten (BVerfGE NJW 1979, 2607; BGH NJW 2004, 3635). Dies setzt kein moralisch vorwerfbares Verhalten des Gläubigers voraus und kann sogar dann gegeben sein, wenn der Schuldner die ihn treffende Härte selbst verschuldet hat.

▶ Beispiel:

3481 Ausgeschlossen ist die Zwangsvollstreckung nach § 765a ZPO bei erheblicher Gefahr für das Leben und die Gesundheit des Schuldners oder seiner Angehörigen.

3482 Da eine mündliche Verhandlung praktisch unumgänglich ist (Thomas/Putzo/Hüßtege § 765a Rn. 14), kann das Gericht in Eilfällen eine **einstweilige Anordnung** erlassen (§ 765a Abs. 1 Satz 2 i.V.m. § 732 Abs. 2 ZPO).

Zwar ist auch hier eine Anhörung des Gläubigers grundsätzlich geboten, kann aber in Eilfällen auch unterbleiben.

▶ Praxistipp:

3483 Zur Vorbereitung des Antrags nach § 765a ZPO kann der Schuldnervertreter darauf hinwirken, dass der Gerichtsvollzieher die Zwangsvollstreckung um bis zu eine Woche aufschiebt (§ 765a Abs. 2 ZPO).

Der Schuldnervertreter sollte wann immer möglich den Erlass einer einstweiligen Anordnung anstreben. Die Bereitschaft des Gerichts, eine Eilanordnung ohne vorherige Anhörung des Gläubigers zu erlassen, kann gefördert werden, wenn die Einstellung nur befristet beantragt wird. Während der Schuldner die Voraussetzungen des § 765a Abs. 1 Satz 1 ZPO beweisen muss, genügt für die einstweilige Einstellung die bloße Glaubhaftmachung (BGH NJW-RR 2011, 419).

f) Einstweilige Anordnungen (§§ 769, 732 ZPO)

3484 Mangels aufschiebender Wirkung von Vollstreckungsabwehr-, Klauselgegen- oder Abänderungsklage muss der Schuldner neben diesen Rechtsbehelfen durch zusätzliche Anträge sicherstellen, dass das eingeleitete Vollstreckungsverfahren nicht weiterläuft und ihm hierdurch wirtschaftliche oder (bei Beendigung des Vollstreckungsverfahrens) sogar rechtliche Nachteile erwachsen. Möglichkeiten hierzu bieten sich ihm in unterschiedlicher Form (Kaiser NJW 2014, 364):

- Neben der Vollstreckungs- und der Klauselgegenklage (§§ 767, 768 ZPO) kann eine einstweilige Einstellung der Zwangsvollstreckung durch einen Antrag nach **§ 769 ZPO** erreicht werden. Inhaltlich setzt dieser eine Erfolgsaussicht der Klage voraus.

  Die Anforderungen hieran werden in der Praxis sehr unterschiedlich hoch angesetzt und reichen von »nicht aussichtslos« über »möglicherweise begründet« bis hin zu »zumindest schlüssig« (Kaiser NJW 2014, 364; HandkommZwVollstr/Schneiders, § 769 Rn. 19 f.). und macht deswegen über die Begründung der Klage selbst hinaus keine weiteren Ausführungen erforderlich. Im Interesse einer Verfahrensbeschleunigung kann es sinnvoll sein, sich vorsorglich mit zu erwartenden Einwänden des Gegners auseinanderzusetzen. Dem im Zweifel vorrangigen Vollstreckungsinteresse des Gläubigers können die auf Seiten des Schuldners drohenden Nachteile einer Vollstreckung entgegengesetzt werden. Eine Einstellung der Zwangsvollstreckung ohne Sicherheitsleistung ist nur selten zu erreichen.

- Eine einstweilige Einstellung der Zwangsvollstreckung neben der Klausel- und Vollstreckungserinnerung (§§ 732 Abs. 1, 766 Abs. 1 ZPO) kann über **§ 732 Abs. 2 ZPO** erreicht werden.

  Hierzu oben Rdn. 2874, 3449, 3466.

– Zu der Möglichkeit einer einstweiligen Einstellung der Zwangsvollstreckung nach unwirksamem Prozessvergleich vgl. BGH, NJW 2014, 394 m. Anm. Kaiser S. 364.

2. Materielle Mängel

Im Interesse einer effizienten Durchsetzung des Gläubigerrechts werden materiell-rechtliche Voraussetzungen der Zwangsvollstreckung durch die Vollstreckungsorgane bei der Vornahme von Vollstreckungshandlungen regelmäßig **nicht mehr geprüft**. Die Prüfung beschränkt sich auf einfach feststellbare, äußerliche Merkmale. So wird das Fortbestehen des titulierten Anspruchs genauso vermutet, wie das Eigentum des Schuldners an den in seinem Gewahrsam vorgefundenen Sachen. Erweisen sich diese Vermutungen als falsch, wird den materiell dadurch Benachteiligten zugemutet, sich dagegen mit Rechtsbehelfen zu wehren. Da die Klärung materieller Fragen dem Prozessgericht vorbehalten ist, bestehen diese Rechtsbehelfe in Klagen gegen den die Vollstreckung betreibenden Gläubiger. Einwendungen, die der Schuldner gegen den titulierten Anspruch hat, kann er mit der Vollstreckungsgegenklage nach § 767 ZPO geltend machen. Erstreckt sich die Zwangsvollstreckung auf Sachen, die zum Vermögen eines Dritten gehören, steht diesem die Drittwiderspruchsklage nach § 771 ZPO zu. 3485

a) Vollstreckungsgegenklage (§ 767 ZPO)

Mit der Vollstreckungsgegenklage nach § 767 ZPO kann der Schuldner der Vollstreckung materiellrechtliche Umstände entgegenhalten, die erst **nach Schluss der letzten mündlichen Verhandlung** im Erkenntnisverfahren eingetreten sind. 3486

Auch hierbei handelt es sich um eine prozessuale Gestaltungsklage, die sich weder gegen einzelne Vollstreckungshandlungen noch gegen den Titel an sich, sondern nur gegen dessen Vollstreckbarkeit richtet. Der Antrag lautet deswegen regelmäßig auf »Unzulässigerklärung der Zwangsvollstreckung«.

aa) Statthaftigkeit

Der angegriffene Titel muss sich nach Inhalt und Form für die Zwangsvollstreckung eignen. Die **Wirksamkeit des Titels** ist indes keine Zulässigkeitsvoraussetzung für die Vollstreckungsabwehrklage (BGH NJW 1957, 23; BGH NJW 1992, 2160). 3487

Die höchstrichterliche Rechtsprechung lässt eine prozessuale Gestaltungsklage analog § 767 ZPO (auch als »**Titelgegenklage**« oder »Vollstreckungsgegenklage sui generis« bezeichnet) darüber hinaus zu, 3488

- wenn der Titel der materiellen Rechtskraft nicht fähig ist, weil nicht erkennbar ist, über welchen Anspruch das Gericht entschieden hat (BGH NJW 1994, 460),
- wenn der Titel aus formalen Gründen unwirksam ist, und zwar unabhängig davon, ob diese aus ihm selbst erkennbar (BGH NJW 2004, 59) oder nicht erkennbar (BGH NJW 1994, 460) sind.
- wenn der Titel aus materiellen Gründen unwirksam ist (BGH NJW 2004, 844 und 1718).

▶ Beispiel:

Ist der Schuldner bei Abgabe der Unterwerfungserklärung nach § 794 Abs. 1 Nr. 5 ZPO nicht wirksam vertreten worden, besteht zwar der titulierte Anspruch, der Titel selbst aber ist formunwirksam. 3489

Ein taktisches Problem stellt die **Abgrenzung** des Anwendungsbereichs der Vollstreckungsgegenklage von anderen Rechtsbehelfen dar. 3490

(1) Konkurrenzprobleme können sich mit der **Vollstreckungserinnerung** (**§ 766 ZPO**) ergeben, wenn materielle Rechte im Vollstreckungsverfahren formell nicht ordnungsgemäß berücksichtigt wurden. 3491

Rügt der Schuldner, dass eine unbedingte Vollstreckung aus einem Titel mit Zug-um-Zug-Vorbehalt (§§ 756, 765 ZPO) nicht erfolgen dürfe, weil die dem Gläubiger obliegende Gegenleistung nicht in der gebotenen Form (insbesondere mangelhaft) angeboten worden sei, handelt es sich um einen materiell-rechtlichen Einwand, der mit § 767 ZPO zu rügen ist (BGH NJW-RR 2005, 144).

Wird dem Schuldner im Privatinsolvenzverfahren Restschuldbefreiung erteilt (§ 301 InsO), so wandelt sich der titulierte Anspruch des Gläubigers in einen sog. unvollkommenen. Er bleibt erfüllbar, ist aber nicht erzwingbar (§ 301 Abs. 3 InsO). Nach h.M. ist dies nicht mit der Vollstreckungserinnerung nach § 766 ZPO, sondern im Rahmen der Vollstreckungsgegenklage nach § 767 ZPO geltend zu machen (BGH NJW 2008, 3640).

Dagegen muss der Schuldner die Nichteinhaltung einer (unstreitigen) individuellen Vollstreckungsvereinbarung zwischen den Parteien mit der Erinnerung rügen (OLG Karlsruhe NJW 1974, 2242; Thomas/Putzo/Seiler § 766 Rn. 26).

3492 (2) Die Abgrenzung zur **Klauselgegenklage (§ 768 ZPO)** kann schwierig sein, weil es sich bei dieser wie bei § 767 ZPO um eine prozessuale Gestaltungsklage handelt, mit der materielle Einwendungen geltend gemacht werden.

Über § 767 ZPO werden Einwendungen geltend gemacht, die sich nur gegen die titulierte Forderung richten und nicht (auch) gegen die Erteilung der Klausel.

Hängen Fälligkeit und Erteilung der Klausel von einer materiellen Voraussetzung ab (Fälligkeit der Restschuld bei Verzug mit in gerichtlichem Vergleich vereinbarter Rate), wendet sich der Schuldner mit der Behauptung, die Voraussetzung liege nicht vor, sowohl gegen die Fälligkeit des Anspruchs als auch gegen die Erteilung der Klausel. Die h.M. differenziert nach der Art der Klausel: Bei der einfachen Klausel (§ 724 ZPO) muss der Schuldner die Erteilungsvoraussetzungen widerlegen und sich gegen die Erteilung mit der Vollstreckungsgegenklage wehren, bei der qualifizierten Klausel (§ 726 ZPO) muss der Gläubiger die Erteilungsvoraussetzungen beweisen, der Schuldner sich mit der Erinnerung zur Wehr setzen (BGH DNotZ 1965, 544).

3493 (3) Mit der **Abänderungsklage (§ 323 ZPO)** können bei der Verurteilung zukünftig fällig werdenden Leistungen tatsächliche Änderungen der anspruchsbegründenden Umstände geltend gemacht werden. Sie ist zu erheben, wenn durch den Zeitablauf bedingte, (theoretisch) absehbare Änderungen von Anfang an erkennbar variabler Faktoren eintreten (z.B. Bedarf des Unterhaltsberechtigten, Leistungsfähigkeit des Unterhaltsverpflichteten). Die Vollstreckungsgegenklage dagegen erfasst die nachträglich eintretende Undurchsetzbarkeit des Anspruchs aufgrund unvorhersehbarer neuer Umstände (z.B. Erfüllung; BGH NJW 2008, 1446; Thomas/Putzo/Seiler § 323 Rn. 3; Meister FamRZ 1980, 864).

Es liegt nahe, dass diese Abgrenzung in der Praxis große Schwierigkeiten bereitet, gerade hinsichtlich denkbarer Überschneidungen im Anwendungsbereich (BGH NJW 1978, 753). Da beide Rechtsbehelfe sich gegenseitig ausschließen, besteht die Gefahr einer Abweisung des eingelegten Rechtsbehelfs als unzulässig.

▶ **Praxistipp:**

3494 Ist eine Abgrenzung zwischen § 767 ZPO und § 323 ZPO nicht eindeutig möglich, kommt auch eine Verbindung als Haupt- und Hilfsantrag in Betracht.

Dies hat die Rechtsprechung ausdrücklich anerkannt (BGH FamRZ 1979, 573).

3495 Die lange Zeit streitige Frage, ob § 323 ZPO entsprechend auf Unterlassungstitel anwendbar ist, hat der BGH inzwischen verneint (BGH NJW 2008, 1446). Ist eine Voraussetzung des Unterlassungsanspruchs nachträglich entfallen, ist dies ausschließlich mit § 767 ZPO geltend zu machen.

3496 (4) Die Titelgegenklage (oben Rdn. 3487) konkurriert mit der **Klauselerinnerung (§ 732 ZPO)**, die für Angriffe gegen die Wirksamkeit des Vollstreckungstitels vorgesehen ist. Solange ein unwirksamer Titel den Rechtsschein der Vollstreckungsfähigkeit entfaltet, kann er sowohl über § 767 ZPO analog als auch über § 732 ZPO angefochten werden (BGH NJW-RR 2007, 1724).

3497 (5) Entsteht nach Schluss der mündlichen Verhandlung in erster Instanz eine Einwendung i.S.d. § 767 ZPO, steht es dem Schuldner frei, ob er diese mittels **Berufung (§ 511 ZPO)** oder mittels einer Vollstreckungsgegenklage nach § 767 ZPO geltend machen will (OLG Frankfurt a. M., JurBüro 1983, 143).

Die Einwendung ist in der Berufungsinstanz zwar neu, über § 531 Abs. 2 Nr. 3 ZPO aber regelmäßig zuzulassen. Ist bereits Berufung eingelegt, fehlt das Rechtsschutzbedürfnis für eine neue Klage aus § 767 ZPO; umgekehrt steht einer erst nach Erhebung der Klage aus § 767 ZPO eingelegten Berufung nichts entgegen (Geißler NJW 1985, 1869).

▶ Praxistipp:

Hat der Schuldner ein Wahlrecht zwischen Berufung und Vollstreckungsgegenklage, weil eine materielle Einwendung gegen den titulierten Anspruch innerhalb der Berufungsfrist entstanden ist, empfiehlt sich im Zweifel die Berufung. 3498

Grund dafür ist das weitergehende Rechtsschutzziel der Berufung: Mit dieser kann das Urteil beseitigt werden, mit der Klage aus § 767 ZPO dagegen nur seine Vollstreckbarkeit.

(6) Weitere Abgrenzungsprobleme sind praktisch eher selten: 3499
- Wird aus einem Kostenfestsetzungsbeschluss vollstreckt, kann die Vollstreckungsgegenklage neben die **Beschwerde (§ 104 Abs. 3 ZPO)** treten.
- Die Möglichkeit einer Vollstreckungsgegenklage aus § 767 ZPO schließt eine **Klage auf Herausgabe des Titels (§ 371 BGB analog)** aus.
- Nach Abweisung einer Vollstreckungsgegenklage wegen Präklusion des Aufrechnungseinwands ist auch eine Klage auf Feststellung (§ 256 ZPO), dass die titulierte Forderung durch dieselbe Aufrechnung erloschen sei, unzulässig (BGH NJW 2009, 1671).
- Erfolgt die Vollstreckung aus einem Prozessvergleich, kann der Schuldner dessen Unwirksamkeit nicht mit der Vollstreckungsgegenklage geltend machen, sondern muss das ursprüngliche Prozessverfahren **fortsetzen** (BGH NJW 1999, 2903).

bb) Weitere Zulässigkeitsvoraussetzungen

(1) Ein **Rechtsschutzbedürfnis** für die Klage besteht nicht erst ab dem Beginn der Zwangsvollstreckung, sondern bereits ab dem Vorliegen eines Vollstreckungstitels. Es fehlt, wenn gegen den Titel Berufung eingelegt ist, und entfällt mit Aushändigung des Titels an den Schuldner. 3500

Der bloße Verzicht des Gläubigers auf die Vollstreckung lässt das Rechtsschutzbedürfnis nicht entfallen, solange er den Titel in Besitz behält.

(2) Ausschließlich **zuständig** für die Klage ist das Prozessgericht erster Instanz (§§ 767 Abs. 1, 802 ZPO). Dort muss nicht notwendig der gleiche Spruchkörper oder gar die gleiche Gerichtsbesetzung tätig werden. 3501

Dies ergibt sich nach der Neuregelung einheitlich aus § 797 ZPO.

cc) Begründetheit

Kläger kann nur der Vollstreckungsschuldner sein, Beklagter der Gläubiger. 3502

Dies ergibt sich aus einer formellen Betrachtung des Titels oder aus einer Titelumschreibung.

Begründet ist die Klage, wenn dem Schuldner eine **Einwendung** zusteht, »die den durch das Urteil festgestellten Anspruch selbst betrifft«. Dazu gehören alle materiell-rechtlichen Einwendungen und Einreden. 3503

▶ Beispiele:

Rechtshindernde Einwendungen (Anfechtung, Sittenwidrigkeit, Minderjährigkeit; BGH NJW 2015, 955). 3504

Rechtsvernichtende Einwendungen (Erfüllung, Aufrechnung, Erlass, Rücktritt).

Rechtshemmende Einwendungen (Zurückbehaltungsrecht, Verjährung, Wegfall der Geschäftsgrundlage).

Mit einem Kostenerstattungsanspruch (auch aus dem titelschaffenden Verfahren) kann aufgerechnet werden, sobald die Kostengrundentscheidung vorliegt und die Höhe des Anspruchs entweder unstreitig oder gerichtlich festgesetzt ist (§ 103 Abs. 1 ZPO).

Ist der Titel auf wiederkehrende Leistungen gerichtet, kann auch eine Gesetzesänderung eine Einwendung i.S.d. § 767 ZPO darstellen. Zumindest für den Bereich des Wettbewerbsrechts hat der BGH dies sogar für eine Änderung der Rechtsprechung angenommen (BGH NJW 2009, 3303).

3505 **Präkludiert** sind Einwendungen, soweit die Gründe, auf denen sie beruhen, erst nach Schluss der mündlichen Verhandlung entstanden sind (§ 767 Abs. 2 ZPO).

Diese Beschränkung gilt nur für rechtskraftfähige Titel (also nicht für Prozessvergleiche und notarielle Urkunden), gegen die materielle Einwendungen erhoben werden können (also nicht für Kostenfestsetzungsbeschlüsse).

3506 Problematisch ist die Präklusionswirkung bei Einwendungen, die auf mehrstufigen Tatbeständen beruhen. Abzustellen ist dabei auf die objektive Entstehung der Einwendung, nicht auf die Kenntnis des Schuldners (BGHZ 34, 274). Bei der nachträglichen Ausübung von Gestaltungsrechten (Aufrechnung, Anfechtung, Rücktritt, Minderung) kommt es nach der Rechtsprechung (a.A. große Teile der Literatur) auf den Zeitpunkt der Entstehung der Gestaltungslage, nicht auf den der Ausübung des Gestaltungsrechts an (BGH NJW-RR 2006, 229).

▶ Beispiele:

3507 Erklärt der Schuldner die Aufrechnung mit einer ihm bereits vor Schluss der mündlichen Verhandlung zustehenden Gegenforderung, so tritt die Aufrechnungswirkung zwar rückwirkend ein (§ 389 BGB), die Vollstreckungsgegenklage kann darauf dennoch nicht gestützt werden, weil ansonsten der Eintritt der Rechtskraft ins Belieben des Schuldners gestellt würde (BGHZ 24, 96, 98; BGHZ 34, 274, 279; a.A. Stein/Jonas/Münzberg § 767 Rn. 38 m.w.N.).

Hat der Schuldner von der schon früher erfolgten Abtretung erst nach Schluss der letzten mündlichen Verhandlung erfahren, kann er den Einwand der fehlenden Aktivlegitimation erst ab Kenntniserlangung erheben. Der BGH dagegen sieht (anders als noch das RG: RGZ 86, 288) in der Kenntnis kein subjektives Tatbestandsmerkmal, sondern stellt allein auf die objektive Lage ab und versagt dem Schuldner die darauf gestützte Vollstreckungsgegenklage (BGH NJW 2001, 231).

Umstritten ist dies noch für die Ausübung eines Verbraucher schützenden Widerrufsrechts (§ 355 BGB). Wird auch hier ausschließlich auf die Möglichkeit zur Erklärung des Widerrufs abgestellt, verkürzt sich die Widerrufsfrist zulasten des Verbrauchers.

3508 Bei Versäumnisurteilen und Vollstreckungsbescheiden sind zudem alle diejenigen Einwendungen ausgeschlossen, die noch innerhalb der Einspruchsfrist entstanden sind. Auf Titel, die der Rechtskraft nicht fähig sind (z.B. Prozessvergleiche), findet § 767 Abs. 2 ZPO keine Anwendung (BGH NJW 1982, 1047).

b) Drittwiderspruchsklage (§ 771 ZPO)

3509 Die Drittwiderspruchsklage nach § 771 ZPO (auch Interventions- oder Widerspruchsklage genannt) erlaubt es einem Dritten, sich gegen eine sein Vermögen beeinträchtigende Zwangsvollstreckungsmaßnahme zu wehren.

Auch bei der Drittwiderspruchsklage handelt es sich um eine prozessuale Gestaltungsklage, mit der der Dritte beantragt, »die Zwangsvollstreckung in einen konkreten Gegenstand für unzulässig zu erklären«, und zur Begründung vorträgt, dieser Gegenstand stehe ihm zu. Die Klage richtet sich gegen den Gläubiger und ist bei dem Prozessgericht (streitwertabhängig beim Amts- oder Landgericht) einzureichen, in dessen Bezirk die Zwangsvollstreckung erfolgt ist. Ein Rechtsschutzbedürfnis besteht ab Beginn der Zwangsvollstreckung und solange diese andauert. Ist die Zwangsvollstreckung bereits beendet, kommt nur noch eine Leistungsklage auf Schadensersatz oder Bereicherungsherausgabe (»verlängerte Drittwiderspruchsklage«) in Betracht (unten Rdn. 3523). Eine Umstellung hierauf im laufenden Verfahren ist unter den Voraussetzungen der §§ 263 ff. ZPO statthaft.

aa) Zulässigkeit

Statthaft ist die Drittwiderspruchsklage, wenn ein Dritter geltend macht, durch die Zwangsvollstreckung in eigenen Rechten beeinträchtigt zu werden. 3510

Der Antrag lautet auf Unzulässigerklärung der Zwangsvollstreckung aus dem Titel in eine bestimmte Sache bzw. ein bestimmtes Recht. Dazu sind sowohl der Titel als auch die Sache/das Recht hinreichend zu konkretisieren. Der Anordnung der Freigabe der Sache bedarf es nicht, ebenso wenig einer Verpflichtung des Gläubigers zur Einwilligung in die Aufhebung der Zwangsvollstreckung.

In **Abgrenzung** zu anderen dem Dritten möglichen Rechtsbehelfen gilt: 3511

- Während mit der **Vollstreckungserinnerung** (§ 766 ZPO) formelle Einwendungen gegen die Art und Weise der Zwangsvollstreckung erhoben werden, steht für die Rüge der Verletzung materieller Rechte die Drittwiderspruchsklage zur Verfügung. Beide Rechtsbehelfe schließen sich indes nicht aus und sind praktisch häufig nebeneinander gegeben (BGH WM 2003, 2484).
- Die Klage auf **vorzugsweise Befriedigung** (§ 805 ZPO) verschafft dem Dritten einen Teil des Vollstreckungserlöses, die Drittwiderspruchsklage wahrt das beeinträchtigte Recht.
- Die **Drittwiderspruchsklage** verdrängt im Wege der Spezialität andere materielle Klagen mit dem gleichen Ziel (Herausgabeklage aus § 985 BGB; Unterlassungsklage aus § 1004 BGB; BGH NJW 1989, 2542).

▶ Praxistipp:

Entsteht dem Dritten durch die Nichtfreigabe ein Schaden (Nutzungsausfall), so kann dieser durch eine Leistungsklage zusammen mit der Drittwiderspruchsklage geltend gemacht werden (BGH NJW 1972, 1048). 3512

Zuständig ist örtlich ausschließlich das Gericht, in dessen Bezirk die Zwangsvollstreckung stattfindet (§§ 771 Abs. 1, 802 ZPO), die sachliche Zuständigkeit richtet sich nach dem Streitwert (§ 6 ZPO). 3513

Das erforderliche **Rechtsschutzbedürfnis** liegt vor, wenn die Zwangsvollstreckung bereits begonnen hat oder unmittelbar bevorsteht und noch nicht abgeschlossen ist (BGH NJW 2004, 1220). 3514

Die bloße Existenz des Titels genügt nicht. Deswegen kann der Gläubiger das Rechtsschutzbedürfnis durch bloßen Verzicht auf die Vollstreckung oder Freigabe des vom Dritten in Anspruch genommenen Gegenstands beseitigen (BGH NJW 2004, 217).

bb) Begründetheit

Begründet ist die Drittwiderspruchsklage, wenn der Dritte an dem Gegenstand der Zwangsvollstreckung ein **»die Veräußerung hinderndes Recht«** hat. Mit dem missglückten Wortlaut gemeint sind alle Rechte, die den Dritten dem Pfändungsgläubiger gegenüber als besser berechtigt erscheinen lassen (Picker JZ 2014, 431). 3515

▶ Beispiel:

Eigentum des Dritten steht einer Verwertung durch Pfändungsgläubiger auch dann entgegen, wenn es sich um Mit-, Bruchteils- oder Gesamteigentum handelt (BGHZ 20, 88). 3516

Einer Vollstreckung von Gläubigern des Vorbehaltskäufers kann der Vorbehaltsverkäufer sein **Vorbehaltseigentum** als Interventionsrecht entgegenhalten (BGHZ 54, 214). Vollstreckt ein Gläubiger des Vorbehaltsverkäufers, steht dem Vorbehaltskäufer die Drittwiderspruchsklage aus seinem Anwartschaftsrecht zu (BGHZ 55, 20).

Hat der Schuldner einem Gläubiger **Sicherungseigentum** an einer Sache verschafft, kann dieser der Vollstreckung anderer Gläubiger in die Sache die Drittwiderspruchsklage entgegensetzen, solange die zu sichernde Forderung (teilweise) noch besteht (BGHZ 80, 296). Auch dem Sicherungsgeber steht ein Interventionsrecht zu, wenn Gläubiger des Sicherungsnehmers in dessen Sicherungseigentum vollstrecken (BGHZ 72, 141; BGHZ 118, 201).

Erstrecken sich **Grundpfandrechte** (Hypothek, Grundschuld) auf Grundstückszubehör, das entgegen § 865 ZPO im Wege der Mobiliarvollstreckung gepfändet wurde, steht dem Hypothekar die Drittwiderspruchsklage zu.

Sonstige dingliche Rechte (Nießbrauch, Dienstbarkeit, Erbbaurecht, Pfandrecht) stellen ein Interventionsrecht dar, soweit sie durch die Vollstreckung beeinträchtigt werden.

Streitig ist, ob der bloße **Besitz** an einer gepfändeten Sache die Drittwiderspruchsklage begründet. Die ältere, noch h.M. bejaht dies (BGHZ 2, 164; Anders/Gehle/Hunke § 771 Rn. 15), eine neuere Auffassung verneint es (OLG Rostock NZM 2005, 966; Thomas/Putzo/Seiler § 771 Rn. 21).

Die **Inhaberschaft an einer Forderung** kann deren Pfändung gegenüber mit der Drittwiderspruchsklage geltend gemacht werden.

Der Vollstreckung in eine Sache können **schuldrechtliche Ansprüche** als Interventionsrecht entgegengehalten werden, wenn sie auf Herausgabe der Sache gerichtet sind (z.B. aus Miet-, Leih-, Pacht- oder Werkvertrag), nicht aber, wenn es sich um bloße Verschaffungsansprüche handelt (z.B. Ansprüche auf Übereignung oder Rückgewähr) (BGH NJW 1994, 128).

Anfechtungsrechte nach dem AnfG und der InsO stellen kein Interventionsrecht dar (BGH NJW 1990, 990).

3517 Das Interventionsrecht des Klägers muss sowohl zum Zeitpunkt der Vollstreckungsmaßnahme als auch zum Zeitpunkt des Schlusses der mündlichen Verhandlung bestehen, darf insbesondere durch **Einwendungen des Beklagten** nicht ausgeschlossen sein (Thomas/Putzo/Seiler § 771 Rn. 14).

Einwendungen des Beklagten können sich gegen das Bestehen oder die Durchsetzbarkeit des Interventionsrechts richten, somit die Entstehung dieses Rechts hindern, hemmen oder vernichten.

▶ Beispiel:

3518 Rügt der Beklagte die Sittenwidrigkeit des Übereignungsgeschäfts oder legt dar, dass es sich bei diesem lediglich um ein Scheingeschäft gehandelt hat, ist ein Interventionsrecht des Klägers nicht entstanden, die Drittwiderspruchsklage ist abzuweisen.

Einwendungen des Beklagten können auch darauf gerichtet sein, eine Zwangsvollstreckung zu ermöglichen, obwohl ein Interventionsrecht besteht.

▶ Beispiel:

3519 Steht dem Beklagten ein rangbesseres Pfand- oder Pfändungspfandrecht zu, ist der Kläger zur Duldung der Zwangsvollstreckung trotz seines Interventionsrechts verpflichtet (OLG Hamm BB 1976, 1047).

Hat der Schuldner eine Sache gepfändet, die im Eigentum eines Dritten steht, muss dieser die Zwangsvollstreckung dulden, wenn er materiell-rechtlich für die titulierte Forderung des Gläubigers (z.B. als Mitschuldner oder Bürge) mithaftet (BGH NJW 1981, 1835).

3520 Die **Darlegungs- und Beweislast** richtet sich nach den allgemeinen Regeln, d.h. der Dritte muss darlegen und beweisen, dass ihm ein Interventionsrecht zusteht.

▶ **Praxistipp:**

Streiten die Parteien darum, ob das Eigentum an der gepfändeten Sache dem Schuldner oder dem Dritten zusteht, spielen die Vermutungen aus § 1006 BGB häufig eine zentrale Rolle. 3521

Praktisch häufig wird der beklagte Gläubiger sich gegenüber der Behauptung des klagenden Dritten, er sei Eigentümer, auf die Eigentumsvermutung aus § 1006 Abs. 1 BGB zugunsten des Schuldners berufen können. Zu deren Widerlegung ist der Beweis des Gegenteils erforderlich. Dabei kommt dem Dritten häufig die Vermutung aus § 1006 Abs. 2 BGB zugute, nach der sein Eigentum für die Dauer seines Besitzes vermutet wird. Dann kann es genügen, zu beweisen, dass der Besitzübergang auf den Schuldner nicht mit einem Eigentumsübergang verbunden war.

c) Befriedigungsklage (§ 805 ZPO)

Die Klage auf vorzugsweise Befriedigung nach § 805 ZPO gewährt einem Dritten, der Inhaber eines besitzlosen Pfand- (§§ 559, 704 BGB; § 440 HGB) oder Vorzugsrechts (z.B. § 369 HGB) an beweglichen Sachen ist, in der Zwangsvollstreckung wegen Geldforderungen ein **Recht auf abgesonderte Befriedigung** an dem gepfändeten Gegenstand. Diesen gesetzlichen Anwendungsbereich dehnt die Praxis auf vertragliche und gesetzliche Besitzpfandrechte aus, wenn der Pfandgläubiger den Gewahrsam an der Sache verloren hat. 3522

Es handelt sich dabei um eine reguläre Klage, für die die allgemeinen Voraussetzungen gelten. Der Antrag lautet darauf, den Kläger aus dem Reinerlös des (genau zu bezeichnenden) gepfändeten Gegenstands bis zum Betrag von (Bezifferung) vor dem Beklagten zu befriedigen. Die Klage ist an das Amts- oder Landgericht zu richten, in dessen Bezirk die Pfändung stattgefunden hat, und richtet sich gegen den Gläubiger.

d) Schadensersatz- und Bereicherungsklage (§§ 826, 812 BGB)

Hat der Gläubiger seine Vollstreckungsposition **arglistig** erschlichen oder nutzt er eine berechtigte Vollstreckungsmöglichkeit arglistig aus, so kann ein hierdurch in seinem Vermögen geschädigter Dritter Herausgabe des Titels und Unterlassung der Zwangsvollstreckung verlangen (BGH NJW 1999, 1257; BGH NJW 2005, 2991; Grüneberg/Sprau § 826 Rn. 52 ff.). 3523

Hat der Gläubiger durch die Vollstreckung dem Dritten gegenüber **ohne rechtlichen Grund** eine Vollstreckungsposition oder Vermögenswerte erlangt, kann er diese unter dem Gesichtspunkt der ungerechtfertigten Bereicherung aus § 812 Abs. 1 BGB herausverlangen. 3524

In beiden Fällen handelt es sich um normale Leistungsklagen, für die prozessual keine Besonderheiten gegeben sind.

III. Weitere Verfahren

Spezielle Rechtsbehelfe kommen in besonderen Teilen des Vollstreckungsverfahrens vor. Zu diesen gehören das Verteilungsverfahren sowie die Eilverfahren (Arrest und einstweilige Verfügung). 3525

1. Verteilungsverfahren

Ein Verteilungsverfahren findet statt, wenn **mehrere Gläubiger** aus demselben Vollstreckungserlös befriedigt werden sollen. Dies ist regelmäßig der Fall in der Immobiliarvollstreckung (§§ 105 ff. ZVG), bei der Mobiliarvollstreckung nur auf die Beschwerde eines Gläubigers hin (§§ 827, 853, 854, 872 ff. ZPO). 3526

Im Verteilungsverfahren fordert der Rechtspfleger die beteiligten Gläubiger zur Einreichung einer Forderungsaufstellung auf, erstellt einen Teilungsplan und bestimmt einen Verteilungstermin. Zu diesem Termin werden die Gläubiger geladen und haben die Möglichkeit, sich über den Teilungsplan zu erklären.

a) *Sofortige Beschwerde (§ 793 ZPO)*

3527 Verfahrensrechtliche Mängel einer gerichtlichen Entscheidung kann der betroffene Gläubiger mit der sofortigen Beschwerde (§ 793 ZPO; § 11 Abs. 1 RPflG) rügen.

Wegen dieser Beschwerdemöglichkeit kann auf die Ausführungen oben Rdn. 3460 Bezug genommen werden.

b) *Widerspruch und Widerspruchsklage gegen Teilungsplan (§§ 876, 878 ZPO)*

3528 Ist ein Gläubiger der Auffassung, ihm stehe im Verteilungsverfahren ein besserer Rang zu (BGH NJW 2002, 1579), kann er gegen den Teilungsplan **Widerspruch** erheben (§ 876 ZPO).

Der Widerspruch kann vor oder im Termin erhoben werden. Er ist nicht formbedürftig und kann deswegen vor dem Termin schriftlich, auch per E-Mail oder zu Protokoll der Geschäftsstelle, sowie im Termin mündlich eingelegt werden. Er bedarf keiner Begründung, muss aber erkennen lassen, was begehrt ist, insbesondere also die gewünschte Änderung des Teilungsplans bezeichnen.

Die an dem Widerspruch beteiligten Gläubiger müssen sich hierzu erklären. Unterlassen sie dies, wird unwiderleglich vermutet, dass sie mit der durch den Widerspruch erstrebten Änderung einverstanden sind (§ 877 ZPO). Das Gericht prüft nicht die materielle Begründetheit des Widerspruchs, sondern lediglich die formelle Berechtigung des Widerspruchsführers. Bejaht es diese, wird der Teilungsplan – soweit er vom Widerspruch betroffen ist – (zunächst) nicht ausgeführt (»Suspensiveffekt« des Widerspruchs).

3529 Kommt eine Einigung zwischen den Gläubigern über den Widerspruch nicht zustande, muss der widersprechende Gläubiger (ohne weitere Aufforderung durch das Gericht) **Klage** gegen den bzw. die übrigen anderen betroffenen Gläubiger erheben (§ 878 ZPO).

Hierfür steht ihm eine Frist von einem Monat nach dem Verteilungstermin zu. Auch nach Ablauf der Frist kann der widersprechende Gläubiger indes aus §§ 812 ff. BGB gegen den ihm zu Unrecht vorrangig behandelten Gläubiger im Wege der Klage vorgehen (§ 878 Abs. 2 ZPO).

Bei der Widerspruchsklage handelt es sich um eine prozessuale Gestaltungsklage, für die die allgemeinen Regeln der Klagen gelten. Zu beantragen ist »die Befriedigung des Klägers mit seiner (genau zu bezeichnenden) Forderung vor der (ebenfalls zu bezeichnenden) Forderung des Beklagten«. Klageberechtigt ist der widersprechende Gläubiger, zu richten ist die Klage gegen sämtliche (§§ 59, 60 ZPO) beteiligten anderen Gläubiger.

Begründet ist die Klage, wenn dem Kläger ein besseres Recht an dem hinterlegten Betrag zusteht als dem vor ihm im Teilungsplan berücksichtigten Beklagten. Dies kann sich aus formellen Mängeln des Vollstreckungsakts ergeben oder aus materiellen Einwendungen, wobei der Kläger dem Beklagten solche Einwendungen entgegenhalten kann, die der Schuldner gegen diesen geltend machen könnte (RGZ 121, 352).

3530 Der **Schuldner** und der **Dritte** können dem Teilungsplan nicht widersprechen. Ihnen bleiben nur die allgemeinen Vollstreckungsrechtsbehelfe aus §§ 766, 767, 768, 793 ZPO bzw. aus §§ 771, 805 ZPO.

2. Eidesstattliche Versicherung und Haft

3531 Eidesstattliche Versicherung und Haft sind mit der Reform der Sachaufklärung weggefallen und mit ihnen auch die in den §§ 899–915h ZPO a.F. früher geregelten besonderen Rechtsbehelfe.

3532 Gegen die Versagung einer **Anordnung zur Abgabe einer** (erneuten) **Vermögensauskunft** steht dem Schuldner die Erinnerung nach § 766 ZPO zu. Dasselbe gilt für den Schuldner gegen die Anordnung der Abgabe.

3533 Ein **Haftbefehl** kann mit der sofortigen Beschwerde (§ 793 ZPO) angefochten werden. Im Beschwerdeverfahren ist die vorläufige Aussetzung der Vollziehung des Haftbefehls nach § 570 Abs. 2 und 3 ZPO möglich (Musielak/Voit § 802g Rn. 10). Nach Ablauf der Beschwerdefrist bleibt die Erinnerung (§ 766 ZPO) zulässig. Der Schuldner kann die Aufhebung des Haftbefehls auch ohne Zustimmung des Gläubigers (praktisch häufig mit dem Antrag, »die Zwangsvollstreckung aus dem Haftbefehl für unzulässig zu erklären«) beantragen, wenn die Voraussetzungen für seinen Erlass entfallen sind (z.B. durch Abgabe der Vermögensauskunft in einem anderen Verfahren) oder wenn der Haftbefehl wirkungslos geworden ist (z.B. durch Zeitablauf nach § 802h Abs. 1 ZPO).

Mit der Vollstreckungserinnerung (§ 766 ZPO) sind auch das Vorliegen bzw. Nichtvorliegen der 3534
Voraussetzungen für eine Unzulässigkeit der Haftvollstreckung nach § 802h Abs. 2 ZPO (nahe und erhebliche Gefahr für den Schuldner) geltend zu machen.

3. Arrest und einstweilige Verfügung

Die gegen die Eilverfahren Arrest und einstweilige Verfügung gegebenen Rechtsbehelfe werden – 3535
trotz ihrer Regelung im achten Buch der ZPO – im Zusammenhang mit den im erstinstanzlichen Verfahren möglichen Rechtsbehelfen dargestellt (oben Rdn. 2732).

Stichwortverzeichnis

Die Ziffern verweisen auf die entsprechenden Randnummern.

N

O

P